מסכת

עבודה זרה

מן

תלמוד בבלי

עם כל המפרשים על הדף כאשר נדפס
מקדם ועם הוספות חדשות כמבואר
בשער השני

נדפס מחדש עם ביאור
הרב עדין אבן-ישראל (שטיינזלץ)

בעיה"ק ירושלים תובב"א
תשפ"ב

הוצאת קורן ירושלים
עבור
המכון הישראלי לפרסומים תלמודיים
ירושלים

מסכת

עבודה זרה

מן

תלמוד בבלי

עם **פירוש רש"י, תוספות, מסורת הש"ס, עין משפט** (מראה מקומות הדינים בפוסקים הראשונים), **ונר מצוה** (סמני מנין הדינים שנסמנו בעין משפט), **ותורה אור,** כל אלה סידר וחיבר הג"מ יהושע בועז ז"ל בעה"מ שלטי הגבורים להרי"ף. **חלופי גרסאות.** הגהות לש"ס והוספות במסורת הש"ס ועין משפט להג"מ **יוסף שמואל** ז"ל אבד"ק פפד"מ (כמש"נ בש"ס אמ"ד ופפד"מ בשנות תע"ד-תפ"א), והגהות ותוספות מראה מקומות להג"מ **ישעיה** (פיק) **ברלין** ז"ל אבד"ק ברעסלויא, ומוקפים בחצאי רבוע. **הגהות הב"ח** להג"מ יואל סירקש ז"ל אבד"ק קראקא (בעהמ"ס בית חדש). **הגהות הגר"א** להג"מ אליהו ז"ל הגאון מוילנא (הוגהו ונתקנו ע"פ כי"ק מגליון הש"ס שלמד בו וזכינו למסכתות רבות ממנו). **מראה יחזקאל** הגהות להג"מ יחזקאל הלוי לנדא ז"ל אבד"ק פראג (בעהמ"ס נודע ביהודה כו'). **מעשה ר"ב** הגהות להג"מ בצלאל רנשבורג ז"ל (בעהמ"ס הורה גבר). **גליון הש"ס** להג"מ עקיבא איגר ז"ל אב"ד דק"ק פוזנן.

כל אלה נסדרו בסדֶר חדש בהשלמת השמטות הצנזורה ובהדגשת דיבור המתחיל ברש"י ובתוספות.

ועליהם נוספו במהדורה זו מאת הרב **עדין אבן**-ישראל (שטיינזלץ), בסדֶר ובעריכה חדשים בצד דפי הגמרא

פירוש חדש פירוש חדש המביא את כל לשון התלמוד מנוקד ומפוסק ומבאר כל פרט בהבנת המלים והתוכן ובהסברת דרך המשא והמתן שבתלמוד. בתוך הפירוש - תרגום מלא, מילולי ותוכני, באותיות מיוחדות, של כל לשון ארמית המצויה בתלמוד.

מבואות וסיכומים לפני כל פרק, ולאחריו, דברי הסבר כלליים וסיכומי דברים, וכן הסברת בעיות מיוחדות וסוגיות מרכזיות המופיעות באותו פרק.

עיונים מבחר שיטות ופירושים של הראשונים והאחרונים, דרכי פירוש נוספות, העמקת דברים, בירור מושגי יסוד, וביאור דרכי המחשבה.

אורח ההלכה מסקנת ההלכה בנושאים הנידונים בתלמוד, מדברי התלמוד עד לפוסקים האחרונים.

מסורת הש"ס מקבילות לנאמר במסכת מן המשנה והתוספתא, מן התלמוד הבבלי והירושלמי וממדרשי ההלכה והאגדה, בתוספת מרובה על מסורת הש"ס שעל הדף.

גרסות שינויי הנוסחות החשובים להבנת הענין, מכתבי־יד, קטעי ה"גניזה", דפוסים ישנים וממקבילות בספרי הראשונים.

אישים תיאורים קצרים של אישים המוזכרים בתלמוד, דמותם וקורות חייהם.

לשון ביאורן והבנת מקורותיהן של מלים משפות זרות המוזכרות בתלמוד.

העולם תיאורים ותמונות של בעלי חיים וצמחים המוזכרים בתלמוד.

החיים תיאורים, תמונות ורישומים של חפצים שהשתמשו בהם בימי התלמוד. תיאור דרכי החיים והרקע ההיסטורי של המאורעות.

תוספתא בסוף המסכת - התוספתא למסכת, מפוסקת פיסוק מלא, בצירוף מראי מקומות למסכת, ופירוש קצר להבהרת עניינים וביטויים סתומים.

איורים תרשימים ותצלומים, מעולם החי, הצומח וממצאים שנחשפו, הבאים להאיר ולהסביר את העניינים שמדובר בהם בתלמוד.

מפתחות בסוף המסכת מפתחות מפורטים של הנושאים, הפסוקים, המונחים, האישים וכו' המופיעים בה.

לעזי רש"י ביאור כל הלעזים המובאים בפירוש רש"י.

הוצאת המכון הישראלי לפרסומים תלמודיים ירושלים

עורך ראשי: הרב עדין אבן ישראל (שטיינזלץ)

עורכים – מסכת עבודה זרה: הרב יהונתן אליאב, הרב אהוד גולדברג, הרב דניאל אליאב

עורכים – מסכת הוריות: הרב אהוד גולדברג, הרב יהונתן אליאב, הרב דוד אלעזר, ר׳ ברוך גולדברג

גרסות למסכת הוריות: ד״ר דוד ליינס

עימוד ואיורים: מיכאל אטקין

ייעוץ היסטורי־ארכיאולוגי למסכת עבודה זרה: ד״ר עמנואל פרידהיים

מרכז המערכת: מאיר הנגבי

הספר יצא לאור בסיוע משרד המדע, התרבות והספורט – מנהל התרבות

ובסיוע קרן MATANEL

תלמוד בבלי מנוקד – מהדורת קורן
מבואר ומתורגם ע״י הרב עדין אבן ישראל (שטיינזלץ)
מסכתות עבודה זרה והוריות
מהדורה עברית גדולה

The Koren Talmud Bavli with Classic Vilna Format opposite the Steinsaltz Page
Commentary by Rabbi Adin Steinsaltz
Masekhetot Avoda Zara and Horayot
Hebrew Edition, Large

עמודי וילנא: ״תוים הוצאה לאור״
ת״ד 7847 ירושלים
עמודי הביאור: ״ספרי מילתא״
ת״ד 1458 ירושלים

Vilna pages: Tavim Publishing
POB 7847 Jerusalem
Commentary pages: Milta Books
POB 1458 Jerusalem

הוצאת קורן ירושלים בע״מ
ת״ד 4044 ירושלים 9104001
טל: 02-6330530 פקס: 02-6330534
www.korenpub.co.il

Koren Publishers Jerusalem Ltd.
POB 4044, Jerusalem 9104001, ISRAEL
Pob 8531, New Milford, CT 06776-8531, USA
www.korenpub.com

מסת״ב 978-965-301-510-4

ISBN 978-965-301-510-4

נדפס בישראל 2022

Printed in Israel 2022

פתיחה למסכת עבודה זרה

איסור עבודה זרה הוא האיסור החמור שבתורה, ובכלל זה כל אמונה ופולחן לכל האלילים, בין בשיתוף עם הקב"ה ובין לעצמם, בין שהם מהויות רוחניות או כוחות טבע ובין שהם בעלי חיים. וכל פולחן להם, בין במופשט ובין בעבודת דמויותיהם וסמליהם, הוא עבודה זרה. בכל התורה כולה, למן עשרת הדברות ("לא יהיה לך אלהים אחרים על פני"[1], "לא תשתחוה להם ולא תעבדם"[2]) מוזהרים כל ישראל עליה, ואף הרבה מדברי הנביאים באו להרחיק ולהזהיר מן העבודה הזרה. והדבר מובן, שהרי עבודה זרה היא השלילה הגמורה של המהות היהודית, שיסודה באמונה הגמורה בה' אחד, שהוא לבדו הוא אלקי הכל. וכן סיכמו חכמים את הדבר באומרם: "כל המודה בעבודה זרה ככופר בכל התורה כולה"[3].

משום חומר האיסור לא זו בלבד שנאסר באיסור חמור לעבוד עבודה זרה, אלא אף נצטוינו בתורה לאבדה, להרחיק עצמנו ממנה ומעובדיה בכל מיני הרחקות[4], שלא ללכת בדרכיהם ולא להידמות להם[5]. וחכמים שהוסיפו סייגים בכל התורה כולה ראו מקום לגדור אף בענין זה כל פרצה היכולה להביא לידי התדמות והתקרבות לעבודה זרה ולעובדיה.

מסכת עבודה זרה נמצאת בסדר נזיקין כאחת המסכתות הנספחות למסכת סנהדרין, והיא מרחיבה את דיני עבודה זרה מעבר למה שמפורש שם בנושא זה. וביתר דיוק, במסכת סנהדרין דנים בעיקר בצד הפלילי שבעבירה, בעצם איסור העבודה הזרה ובעונשים המוטלים על עובדיה. ואילו במסכת עבודה זרה עוסקים בעיקר בדיני איסור והיתר, בדרכי ההרחקה מעבודה זרה ומעובדי עבודה זרה, ובמסקנות הנובעות מכך לגבי המותר והאסור להיעשות, המותר והאסור באכילה ובהנאה.

צד מיוחד אחר יש באיסור עבודה זרה (שאף הוא נזכר בעיקרו במסכת סנהדרין) שבעוד שרוב מצוות התורה מוטלות על בני ישראל ורק עליהם, הרי איסור עבודה זרה חל על הכל, בין ישראל ובין גוים, כי איסור זה הוא אחד משבע מצוות בני נוח[6] שכל בני האדם נצטוו עליו. ודבר זה עצמו נוגע גם לישראל, שנצטוו לבטל עבודה זרה מארץ ישראל בכניסתם לארץ, ומן הצד העקרוני אף מצווים לבטל עבודה זרה מן העולם כולו[7]. ואף כאשר אין אנו יכולים לעשות דבר זה, מכל מקום מוזהרים אנו מלסייע להם בעבודה זרה, או מלהביאם לידי מכשול באיסור זה, כמו בשאר איסורים שהם מצווים עליהם.

כאמור, רוב עיסוקה של מסכת עבודה זרה הוא בהרחקה מעבודה זרה ומכל הקשור בה. האלילים עצמם, תכשיטיהם והתקרובת שמקריבים להם, אסורים איסור חמור בכל הנאה, וחכמים אף גזרו שיהיו מטמאים את הנוגע בהם כאב הטומאה[8]. וכיוצא בזה ודאי שאסור לאדם מישראל להשתתף בחגיהם ובפולחנם. הרבה מן המסכת הוא בדיון בגבולות האיסורים הללו, בשאלה עד כמה יש לאסור אף הנאה עקיפה והשתתפות סבילה בדברים האסורים משום עבודה זרה.

בכלל איסור ההנאה גם איסורי אכילה — בדברים שיש בהם תקרובת עבודה זרה או תערובתה, ובמה שנאסר לישראל מפני סייג, כדי להרחיק מן האיסור ומקירבה יתירה.

מקום ניכר לעצמו הוא הדיון באיסור החמור על יין נסך. יין נסך במשמעותו המדויקת הוא יין שניסכו ממנו לעבודה זרה, והוא אסור מן התורה בהנאה. מנהג הגוים לנסך מקצת מן היין שהם שותים לשם עבודה זרה היה נפוץ ומקובל, עד שהיה טעם לחשוש שכל יין שנוגע בו גוי הריהו מנסך ממנו לעבודה זרה. משום שכיחותו וחומרתו של איסור זה הוסיפו חכמים וגזרו איסור גם על "סתם יינם" של גוים, שלא השתמשו בו לשם פולחן, גם משום הדמיון בינו לבין יין נסך, וגם משום הדין הכללי של מניעת קירבה יתירה בין ישראל לעמים, וכמאמרם: "גזרו על יינן משום בנותיהן"[9].

מלבד איסורי האכילה וההנאה של דברים של גוים מצד עבודה זרה וכל הנקשר בה, יש גם חשש פשוט אחר ממאכלי הגוים — שהרי הם משתמשים למאכל ושתיה גם בדברים האסורים לישראל מצדדים אחרים, בבעלי חיים האסורים לישראל באכילה ובמוצרים היוצאים מהם. אף דברים שאין בהם איסור או תערובת איסור, יש דברים שאסרו חכמים משום מראית העין ולשם הרחקה מיחסי קרבה.

באיסורים השונים הללו — איסורים על חפצים וקניינים, האיסורים על מאכלים ומשקאות, והאיסורים לגבי כלי מאכל — יש דרגות שונות: מהם אסורים בהנאה כלשהי, ומהם אסורים רק בשימוש ישיר, יש מהם האסורים באכילה בלבד, ויש שנאסרו רק לכתחילה ולא בדיעבד. ומכאן הדיונים במסכת זו לגבי השמדת חפצים שונים האסורים בתכלית, ולגבי גבולות המותר בהנאה באלה שנאסרו רק באכילה בלבד. ועוד, דברים האסורים מכל סוג פעמים שהם מתערבים בדברים המותרים או נבלעים בתוכם; ובאלה יש האוסרים כל תערובת בכל שיעור, ויש מהם הבטלים ברוב, יש דברים שאין להם תקנה כלל, ויש דברים (כגון כלים שונים) שיש תקנה לאיסור שבהם על ידי הכשרתם. ולכן, יש במסכת עבודה זרה כמה גופי הלכות בעניני איסורים בכללם, ולגבי ביטולם והכשרתם.

מתוך שהמסכת עוסקת בהרחקה מעבודה זרה ומעובדיה, דרוש לצורך הענין שיהיו בה תיאורים מפורטים של מיני העבודות הזרות ודרכי הפולחן שלהן. למעשה, רוב התיאורים במסכת מתייחסת לדת היוונית־רומית בכללה, ובפרט לדרכים המיוחדות שבהן היו דברים אלה נעשים בארץ ישראל ובסביבתה בזמן המשנה והתלמוד, ורק מעט נזכר ונדון ביחס לדתות אחרות במקומות אחרים. והדברים מובנים, שאם היו חכמים באים לפרט בכל מיני עבודה זרה היו נצרכים לכמה וכמה ספרים[10]. אלא נאמרו במסכת דברים כלליים וכן דוגמאות פרטיות, ומהן נלמד לנושאים אחרים.

מן התורה יכולים אנו ללמוד מה דינן של דתות של עובדי

עבודה זרה ממש, וכן ברוב זמן המשנה והתלמוד היו אומות העולם כולן עובדות עבודה זרה. ואולם במשך הדורות נוצרו דתות היונקות מן היהדות, כנצרות ואיסלם, שיש בהן אמונה בקב״ה, ושמירת כמה וכמה מצוות[11], והראשונים דנו במעמדן של דתות אלו בדרכים שונות. הכל מסכימים שאין לדון את האומות והדתות הללו כדרך שדנו באומות עובדי האלילים העתיקים. המוסלמים אינם עובדי עבודה זרה ואינם מנסכים יין, ולגבי הנוצרים נחלקו הדעות, היו שהחמירו והיו שהקלו הרבה[12]. ומשום כך, אף שנוהגים מהם מנהגי הרחקה כדרך שנזהרים מאומות העולם בכלל, כדי שלא לבוא לידי התבוללות ונשואין, לא הקפידו על הרחקות שונות (כגון ממסחר בימי חגיהם), וסמכו על דברי האמוראים שבגולה אין ישראל יכולים להימנע כל כך ממשא ומתן[13], וכן על מה שאמרו שנכרים שבחוצה לארץ אינם עובדי עבודה זרה ממש, אלא מנהג אבותיהם בידיהם[14].

במסכת עבודה זרה חמישה פרקים, וכדרך המשנה, יש מהם שעוסקים בנושא מוגדר אחד, ומהם שעוסקים בכמה נושאים העוברים מפרק לפרק.

פרק ראשון ״לפני אידיהן״ — עוסק באיסור משא ומתן עם הגוים בזמנים במקומות ובחפצים מסויימים.

פרק שני ״אין מעמידין״ — דן באיסורים שונים ביחס אל הגוים, ובעיקר בשימוש במאכליהם, אלו מהם אסורים לחלוטין ואלו מותרים בהנאה ולא באכילה, ואלו המותרים לגמרי.

פרק שלישי ״כל הצלמים״ — דן בפסילים ובצורות, בחפצים ובבתים הקשורים לעבודה זרה. אלו מהם אסורים איסור גמור בכל הנאה, ואלו מותרים בהנאה, וכיצד ניתן לבטל עבודה זרה.

פרק רביעי ״רבי ישמעאל״ — ממשיך לדון בפרטי דיני עבודות זרות שונות ובדרכי ביטולן, וכן יש בו תחילת ביאור ודיון בדיני יין נסך.

פרק חמישי ״השוכר את הפועל״ — ממשיך לדון בדיני יין נסך, מתי אסור הוא לגמרי בכל הנאה, ומה הוא היין שיש לחשוש בו משום נסך. ומכאן לבירור כיצד מכשירים כלים לשימוש ישראל, בין אלה שנאסרו מחמת יין נסך, ובין אלה שנאסרו מחמת בישולי הגוים.

1. שמות כ, ג.
2. שם ה.
3. ילק״ש תורה תתעז. וראה בנוסח הפוך בשבועות כט,א.
4. ראה שמות כג, לב—לג. דברים ז, ב—ג ועוד רבים.
5. ראה ויקרא יח, ב. ובדברי הרמב״ם הן ב״משנה תורה״ וביותר ב״מורה נבוכים״, שהוא מסביר הרבה ממצוות התורה כדרכי הרחקה והבדלות מעובדי עבודה זרה ומחוקותיה.
6. סנהדרין נו,ב.
7. ראה משנה תורה לרמב״ם ספר מדע הלכות עבודה זרה פ״ז ה״א. ושם ספר שופטים הלכות מלכים פי״א ה״ד.
8. שבת נז,ב ע״ז לב,ב. ועיי״ש שהיו שגזרו שתטמא אף כמת.
9. שבת יז,ב. ע״ז לו,ב.
10. והוא מה שאמרו ״גמירי דעבודה זרה דאברהם אבינו ארבע מאה פירקי הויין״ (ע״ז יד,ב).
11. ראה רמב״ם ספר שופטים הלכות מלכים פי״א ה״ד במהדורות שתוקנו משיבושי הצנזורה. וראה גם במאירי במקומות רבים, ומהם במסכתנו בפירוש המשנה הראשונה ובדף ו,ב ועוד.
12. שהרמב״ם מחמיר בהם, ואילו בעלי התוספות מקילים, ועוד יותר מהם המאירי.
13. ע״ז ז,ב.
14. חולין יג,ב.

פתיחה לפרק "לפני אידיהן"

"וּבְכֹל אֲשֶׁר אָמַרְתִּי אֲלֵיכֶם תִּשָּׁמֵרוּ וְשֵׁם אֱלֹהִים אֲחֵרִים לֹא תַזְכִּירוּ לֹא יִשָּׁמַע עַל פִּיךָ".
(שמות כג, יג)

"לֹא תְקַלֵּל חֵרֵשׁ וְלִפְנֵי עִוֵּר לֹא תִתֵּן מִכְשֹׁל וְיָרֵאתָ מֵּאֱלֹהֶיךָ אֲנִי יְהוָה".
(ויקרא יט, יד)

"וּנְתָנָם יְהוָה אֱלֹהֶיךָ לְפָנֶיךָ וְהִכִּיתָם הַחֲרֵם תַּחֲרִים אֹתָם לֹא תִכְרֹת לָהֶם בְּרִית וְלֹא תְחָנֵּם".
(דברים ז, ב)

התורה מרבה לצוות על התרחקות מעבודה זרה ומעובדיה, אלא שהחיים בשכנות לגוים עובדי עבודה זרה (שאינם בכלל שבעת עמי כנען שנצטוו ישראל להשמידם בכניסה לארץ) והמשא היום יומי עמם מעלים שאלות רבות הנוגעות ליישום של מצוה זו. עניני עבודה זרה תפסו ותופסים תחומים מוגדרים בדרך כלל בחיי הגוים, הן בזמנים מסויימים, הן במקומות מסויימים, והן בחפצים או בעלי חיים מסויימים הנוגעים לפולחן עבודה זרה, וההתרחקות ממשא ומתן בעניינים אלו הוא עיקר עניינו של פרק זה, בייחוד במה שנוגע לימים המיוחדים לעבודה זרה.

על דעת כולם מוסכם כי יום חגם עצמו הריהו אסור במשא מתן עמם. מלבד צד ההתרחקות ממנהגי עבודה זרה יש טעם לדבר — שכאשר נושא ונותן עם הגוים בימים אלה המיוחדים לחגיהם גורם להם נחת רוח, והם מודים לאליליהם על נחת זו שנגרמה להם. צד אחר של איסור המשא והמתן בימים אלו הוא האיסור לסייע להם בעבודה זרה, שאף הם נצטוו עליה, והרי הנושא ונותן עימם בכלל נותן מכשול לפני עיוור, שמוכר להם דברים שיש בהם ענין לחג של עבודה זרה. השאלה הראשונה העולה בענין זה, היא: מה הם הימים הנחשבים בכלל זה? האם יש מקום להבחנה בין זמנים שונים ומקומות שונים? הטעמים השונים שניתנו לאיסור זה מעלים גם את השאלה האם רק יום החג עצמו אסור במשאו במתן, או גם ימים שלפניו, ואולי אף ימים שלאחריו.

שאלות נוספות העולות בענין זה הן: מה בדיוק כולל איסור משא ומתן? האם דווקא מכירה נאסרה, או אף קניה מהם? מה דינה של מכירה או קניה של חפצים יום יומיים שאין בהם ענין לעבודה זרה דווקא, ומה דינם של יחסי ממון שאינם בגדר מסחר ממש, כגון הלוואה ופירעון חובות? ומה באשר לנתינת מתנה או קבלת מתנה מהם?

בכלל איסור זה של משא ומתן הקשור לחגי עבודה זרה — שלא לעסוק עמהם במקומות שנתייחדו בזמן מסויים לצורך או בקשר לעבודה זרה. משא ומתן במקומות ובאירועים אלו יש בו משום תמיכה כלכלית בעבודה זרה ובכמריה, על ידי גביית מס מן העסקים הנעשים באותם מקומות. ומן הצד השני — גם הנאה של הישראלי מכספים של עבודה זרה. ויש לברר מה נכלל באיסור זה, ומה דינו של רווח כזה שבא באיסור.

מלבד הצד הממוני שיש בהשתתפות באירועים הנעשים לשמה ולכבודה של העבודה זרה, יש בהם גם משום הגדלת שמה וכבודה. ויש איפוא לברר מה מקומם של יחסי ידידות וביקורים בחגים ובמקומות עבודה זרה, ואם קיים איסור כזה, ואם כן מהי תחולתו?

איסור אחר של משא ומתן בענייני עבודה זרה, שאינו נוגע לזמנים ולמקומות מיוחדים, הוא שלא למכור לגוים חפצים ובעלי חיים הקשורים לפולחן עבודה זרה, שכל המוכר להם מאלה הרי זה כמסייע בידם לעשות דבר האסור להם. ויש לברר מה נכלל בזה, האם כל דבר שיש בו חשש כזה, או אולי מדובר בדברים מסויימים שיש צורך לפרטם.

שאלות נוספות קשורות בבניית מבנים של עבודה זרה או כאלו הקשורים באופן כלשהו לעבודה זרה, או למעשה אחר של איסור, מה מותר בענין זה ומה אסור.

מתוך שהוזכרו איסורי מכירה לגוים הקשורים לענייני עבודה זרה, עוסק פרק זה באיסורי מכירה של דברים אחרים לגוים, הן דברים שיש במכירתם משום סיוע לדבר עבירה, הן דברים שיש במכירתם כדי להביא למכשול ונזק לישראל, והן דברים שעצם העברת הבעלות עליהם מהוה מעשה אסור.

אלה עיקר עניניו של הפרק, אף שכדרך הגמרא יש בו גם נושאים אחרים המתבררים אגב הנושאים העיקריים.

א משנה לִפְנֵי אֵידֵיהֶן (חגיהם) שֶׁל גּוֹיִם שְׁלֹשָׁה יָמִים — אָסוּר לָשֵׂאת וְלָתֵת עִמָּהֶם במסחר, לְהַשְׁאִילָן דברים או לִשְׁאוֹל מֵהֶן, לְהַלְווֹתָן כסף או לִלְווֹת מֵהֶן, לְפוֹרְעָן כלומר, לפרוע את החובות להם, וְלִפְרוֹעַ מֵהֶן כלומר, להיפרע חובות מהם, וכל אלה כדי שלא תבוא על ידי כך שמחה לאותו גוי וילך ויודה על כך לעבודה זרה שלו ביום חגו. ר׳ יְהוּדָה אוֹמֵר: נִפְרָעִין מֵהֶן, מִפְּנֵי שֶׁמֵּיצֵר (מצטער) הוּא לוֹ שהוציא מכספו, ועל כך אינו מודה. אָמְרוּ לוֹ: אַף עַל פִּי שֶׁמֵּיצֵר הוּא עַכְשָׁיו בשעת פירעון, שָׂמֵחַ הוּא לְאַחַר זְמַן שנפטר מן ההתחייבות, וילך לעבודה זרה שלו ביום חגו ויודה על כך.

ב גמרא רַב וּשְׁמוּאֵל נחלקו בגירסת לשון המשנה, חַד תָּנֵי [אחד מהם שונה]: "אֵידֵיהֶן", וְחַד תָּנֵי [ואחד מהם שונה]: "עֵידֵיהֶן". ומעירים: מַאן דְּתָנֵי [מי ששונה] "אֵידֵיהֶן" לֹא מִשְׁתַּבֵּשׁ [טועה], וּמַאן דְּתָנֵי [ומי ששונה] "עֵידֵיהֶן" לֹא מִשְׁתַּבֵּשׁ [טועה], שיש מקום לשתי הגרסות. ומסבירים: מַאן דְּתָנֵי [מי ששונה] "אֵידֵיהֶן" לֹא מִשְׁתַּבֵּשׁ [טועה], דִּכְתִיב [שכן נאמר]: "כִּי קָרוֹב יוֹם אֵידָם" (דברים לב, לה); והכוונה היא ליום מפלתם, וימי חגיהם של עובדי עבודה זרה יביאו למפלתם לעתיד לבוא. וּמַאן דְּתָנֵי [ומי ששונה] "עֵידֵיהֶן" לֹא מִשְׁתַּבֵּשׁ [טועה], דִּכְתִיב [שנאמר]: "יִתְּנוּ עֵדֵיהֶם וְיִצְדָּקוּ" (ישעיהו מג, ט), שימי חגיהם יעידו עליהם שעבדו עבודה זרה. ושואלים: וּמַאן דְּתָנֵי [ומי ששונה] "אֵידֵיהֶן", מַאי טַעְמָא לָא תָּנֵי [מה טעם אינו שונה] "עֵידֵיהֶן"? ומשיבים: אָמַר לָךְ [יכול הוא לומר לך]: השימוש בלשון תַּבְרָא [שבר, מפלה] עָדִיף. ושואלים: וּמַאן דְּתָנֵי [ומי ששונה] "עֵידֵיהֶן", מַאי טַעְמָא לָא תָּנֵי [מה טעם אינו שונה] "אֵידֵיהֶן"? ומשיבים: אָמַר לָךְ [יכול הוא לומר לך]: מַאן קָא גָּרֵים לְהוּ תַּבְרָא [מי גורם להם את השבר]? עֵדוּת שֶׁהֵעִידוּ בְּעַצְמָן, הִלְכָּךְ [על כן] לשון עֵדוּת עֲדִיפָא [עדיפה]. ושואלים: וְהַאי [וכתוב זה] "יִתְּנוּ עֵדֵיהֶם וְיִצְדָּקוּ" האם בְּאוּמּוֹת הָעוֹלָם כְּתִיב [נאמר]? הָא [הרי] בְּיִשְׂרָאֵל כְּתִיב [נאמר], שֶׁאָמַר ר׳ יְהוֹשֻׁעַ בֶּן לֵוִי: כָּל מִצְוֹת שֶׁיִּשְׂרָאֵל עוֹשִׂין בָּעוֹלָם הַזֶּה, הֵן בָּאוֹת וּמְעִידוֹת לָהֶם לָעוֹלָם הַבָּא, שֶׁנֶּאֱמַר: "יִתְּנוּ עֵדֵיהֶם וְיִצְדָּקוּ" — אֵלּוּ יִשְׂרָאֵל, שמעשיהם הטובים מעידים עליהם ועושים אותם צודקים, "יִשְׁמְעוּ וְיֹאמְרוּ אֱמֶת" — אֵלּוּ אוּמּוֹת הָעוֹלָם שמודים על כך! אֶלָּא אָמַר רַב הוּנָא בְּרֵיהּ [בנו] של רַב יְהוֹשֻׁעַ: מַאן דְּאָמַר [מי שאומר] "עֵידֵיהֶן" — מֵהָכָא [מכאן] הוא למד את המלה, מן הכתוב: "יֹצְרֵי פֶסֶל כֻּלָּם תֹּהוּ וַחֲמוּדֵיהֶם בַּל יוֹעִילוּ וְעֵדֵיהֶם הֵמָּה בל יראו ובל ידעו" (שם מד, ט), ומכאן ש"עידיהם" הם העבודה הזרה שעבדו.

ג ומביאים מה שדרשו חכמים על הפסוק שעסקנו בו: "כל הגויים נקבצו יחדיו ויאספו לאומים, מי בהם יגיד זאת וראשונות ישמיעונו, יתנו עדיהם ויצדקו וישמעו ויאמרו אמת" (שם מג, ט). דָּרַשׁ ר׳ חֲנִינָא בַּר פַּפָּא, וְאִיתֵּימָא [ויש אומרים שר׳] שִׂמְלַאי: לֶעָתִיד לָבֹא מֵבִיא הַקָּדוֹשׁ בָּרוּךְ הוּא סֵפֶר תּוֹרָה [וּמַנִּיחוֹ] בְּחֵיקוֹ, וְאוֹמֵר: לְמִי שֶׁעָסַק בָּהּ — יָבֹא וְיִטּוֹל שְׂכָרוֹ. מִיָּד מִתְקַבְּצִין וּבָאִין אוּמּוֹת הָעוֹלָם בְּעִרְבּוּבְיָא, שֶׁנֶּאֱמַר: "כָּל הַגּוֹיִם נִקְבְּצוּ יַחְדָּו [וגו׳]", אָמַר (אומר) לָהֶם הַקָּדוֹשׁ בָּרוּךְ הוּא: אַל תִּכָּנְסוּ לְפָנַי בְּעִרְבּוּבְיָא, אֶלָּא תִּכָּנֵס כָּל אוּמָּה וְאוּמָּה

עיונים

מקומה של המסכת מסכת עבודה זרה סדורה כרגיל לאחר מסכת שבועות, ונקבעה בסדר נזיקין משום שבמסכת סנהדרין מדובר בדיני עבודה זרה (ובפרט בעונשים על עבודתה) וכאן ממשיכים ודנים בשאר צדדיו של איסור זה. ואין מסכת עבודה זרה צמודה ממש לסנהדרין, לפי שהוקדמו לה מסכתות מכות ושבועות הקרובות יותר לענין בתי הדין והדיינים (תוס׳).

לפני אידיהם וכו׳ בתוס׳ ועוד העירו כי פעמים שהמשנה מנוסחת באופן שהמנין קודם לנושא, כמו "שבעת ימים קודם יום הכפורים", ופעמים שהנושא קודם למנין, כמו "האשה נקנית בשלוש דרכים", ונראה שאין בדבר זה נוסח קבוע או משמעות מיוחדת (תוס׳).

אידיהם הרמב"ם כותב שאסור לקרוא לימים אלה מועדים, משום שאין אלה מועדי אמת, ולכן מכנים אותם בשם אחר (ואף בשם של גנאי, כמבואר בגמרא).

אסור לשאת ולתת עמהם בפשטות (וכן דעת רוב המפרשים והפוסקים) הכוונה היא שאסור לעשות עמם מסחר כלשהו, בין למכור להם ובין לקנות מהם. ואולם הראשונים (תוס׳ ואחרים) מביאים את שיטת ר"ת הסבור כי לא נאסר אלא למכור להם, וגם מה שאסרו למכור הוא דווקא בדברים שיכולים לשמש כתקרובת עבודה זרה (וכאשר אין לגוי ממין זה בביתו).

ובטעמו של איסור זה יש דיון בגמרא להלן (ו,א) ושם מובאים שני טעמים: טעם אחד, משום הרווחה (לפי רש"י וראשונים רבים — מאחר שיש לגוי הנאה מן העיסקה הריהו מודה לעבודה זרה שלו ביום אידו). וטעם אחר, משום "לפני עיוור לא תתן מכשול", שמאפשר לגוי לעבוד עבודה זרה (דבר שאסור עליו כחלק משבע מצוות בני נח). ובגמרא לא הוכרע הדבר. ובתוס׳ חכמי אנגליה מביאים את שני הנימוקים. אכן, רש"י מביא כאן רק את הנימוק הראשון, שהגוי הולך ומודה. והראשונים דנו בדבריו, ובעיקר מסבירים כי מצד אחד אף שאין מסקנה מפורשת בגמרא, מכל מקום כשיטה זו הולכת סוגית הגמרא, וכך מסביר רבא את כל ההלכות שבמשנה (להשאילן ולשאול מהן וכו׳). וראה במאירי ובריטב"א, שהסבירו להיפך, כי עיקר הטעם הוא משום "לפני עיוור", וענין ההרווחה אינו אלא הסבר מדוע יהא משא ומתן אסור אף במקום שלא שייך בו "לפני עיוור".

להלוותם ר"ת כתב שהאיסור הוא רק כאשר מלוה בלא ריבית, שיש בזה רק הנאה ללווה. אבל אם מלוה בריבית, כיון שהלווה מצטער מותר. אבל רוב המפרשים כתבו שאף הלווה בריבית יש לו הנאה, ולכן קיים החשש שהולך ומודה על כך.

חד תני... וחד תני כעין מחלוקת זו יש עוד כמה פעמים בגמרא שהיו חולקים לגבי נוסח המשנה המדוייק. ומכאן מקצת ראיה שלא היתה המשנה כתובה לפניהם, ולמרות שנערכה וסודרה, היתה עדיין נלמדת בעל פה (וראה גיטין ס,א — ב).

יתנו עדיהם ויצדקו רש"י מסביר שבשלב זה מבינים כי הוא לשון תמיהה: וכי אם יביאו הגוים את עדיהם, ויוכיחו שעבדו עבודה זרה, וכי אז יצדקו?! אבל המהרש"א סבור שאין צורך לפרש כך, אלא אפשר לומר זאת כמשפט חיובי: יבואו הגויים יתנו עדיהם שקיימו שבע מצוות בני נוח ויצדקו. ואף לפי המסקנה שנאמר הכתוב לגבי ישראל יש לפרש שישראל הם שיביאו את נביאי האומות שיעידו בהם שקיימו את התורה.

מאי טעמא לא תני בתוס׳ מעירים כי לא בכל מקום דנים בגמרא כך כאשר ישנם הבדלי גרסות במשנה. והם מסבירים כי פעמים שאין הבדל משמעות בין שתי הנוסחות, ואילו כאן יש הבדל כזה. ועוד הסבירו באופן אחר, שכאן מקשים קושיה על אחת הדעות, ומתוך כך מתרחב הדיון.

באות ומעידות כתב המהרש"א שמכאן, ומכמה מקומות אחרים, עולה דבר המקובל בישראל, שמכל מצווה שאדם עושה (ובכלל זה מצוות מדברי סופרים ותקנותיהם. בן יהוידע) נוצר כוח רוחני קיים (מלאך), ומשום כך המצוות עצמן (כלומר, המלאכים שנוצרו מהן) באות ומעידות (וראה גם בפתח עינים ובבן יהוידע).

ומניחה בחיקו המהרש"א כותב כי הדימוי שהתורה מונחת בחיקו של הקב"ה בא להורות שהדבר אינו גלוי, שבעולם הזה כל האומות סבורות שדתן היא דת האמת, ולפיכך לעתיד לבוא מפרש הקב"ה שהתורה היא היא האמת. והמהר"ל מסביר כי "מניחה בחיקו" הוא דימוי לדבר שקרוב לאדם וחביב עליו, ואף כאן הדימוי של התורה המונחת בחיקו של הקב"ה בא להורות שהיא קרובה אליו, וכל הדבק בתורה הריהו דבק בנותן התורה.

אורח ההלכה

לפני אידיהן שלושה ימים לפני חגיהם של הגויים אסור לקנות מהם ולמכור להם, לשאול מהם ולהשאיל להם, ללוות מהם או להלוותם, לפרוע להם חוב ולהיפרע מהם (כדברי תנא קמא). וכתבו בטור ובשו"ע כי אין כל הדברים האלה אמורים אלא בזמן המשנה והתלמוד, אבל בזמן הזה נהגו היתר בדבר. ונתנו הפוסקים מספר טעמים לדבר, הן משום שאין הגוים בימינו עובדי עבודה זרה, או משום שאינם בקיאים בטיבה ואינם אדוקים בה, ואפילו נותנים את המעות לכהניהם אינם משתמשים בהם לעבודה זרה עצמה. וגם מכיון שיש בדבר משום איבה אם ניבדל מהם בימים אלה, ומשום שאנו שרויים ביניהם וצריכים לשאת ולתת עימהם כל השנה. (רמב"ם ספר מדע, הלכות עבודה זרה פ"ט ה"א. שו"ע יו"ד קמח, א. ושם סעיף יב).

מסורת הש"ס

א. ראה ירושלמי ברכות פ"ח ה"ו. שם עירובין פ"ה ה"א.
ב. ראה ירושלמי מו"ק פ"א ה"ז.
ג. ירושלמי ברכות שם. שם עירובין שם. ע"ז פ"א ה"ב.
ד. ע"ז ד,ב. ילק"ש נ"ך תנב.
ה. תנחומא שופטים ט. תנחומא בובר שם. פסידר"כ פכ"ט. ילק"ש שם.

גרסות

גוים כך כתוב בכת"י ובדפוסים ראשונים, ונשתנו על ידי הצנזורה בצורות שונות: **עובדי אלילים, עובדי עבודה זרה, עובדי כוכבים, עובדי כוכבים ומזלות**, וכן הוא בכל המסכת כולה, יותר מבשאר מקומות שבתלמוד.

לשאת ולתת בירושלמי ועוד: **מלשאת ומלתת** בכתי"מ: **לישא וליתן.**

להשאילן — ולפרוע מהן בירושלמי ועוד: **מלהשאילן ומלשאול מהן מלהלוותן ומללוות מהן מלפורען ומלהפרע מהן.**

שמיצר הוא לו בכתי"ס כבירושלמי ועוד: **שהוא מיצר** ובכתי"מ: **שמיצר.**

אמרו לו בכתי"מ: **אמרו לו חכמים.**

שמיצר הוא בכתי"ס: **שמיצר.**

תברא עדיף בכתי"ס: **עיקר תברא עדיף.**

מאן קא גרים להו תברא עדות שהעידו בעצמן בכתי"מ: **תבריהו במאי בעדות.**

עדות עדיפא בכתי"מ: **עדות עדיפא ליה.**

מאן דאמר עידיהן בכתי"מ: **טעמא דמאן דתני עידיהן.**

מביא... ומניחו בכתי"ס וכתי"מ: **יביא... ויניחה.**

למי שעסק בכתי"ס וכתי"מ: **כל מי שעסק.**

מתקבצין ובאין אומות העולם בערבוביא בכתי"ס: **מתקבצין אומות העולם ובאין בערבוביא.**

אומה ואומה בכתי"ס: **אומה.**

לשון

אידיהן — עידיהן נוסף לטעמים המפורשים כאן, היו מפרשים שהוסיפו ואמרו כי "עידיהן" ניתן להיקרא גם בלשון ובמשמעות של "בגד עדים" (ישעיה סד, ה) שעניינו בגד מזוהם. ואולי יש קשר בין "איד" לחגיהם של הרומאים שהיו נקראים idus.

לפני

אא אידיהן של גוים שלשה ימים
אסור לשאת ולתת עמהם להשאילן ולשאול
מהן להלוותן וללוות מהן לפורען ולפרוע
מהן ברבי יהודה אומר נפרעין מהן מפני
שמיצר הוא לו אמרו לו אע"פ שמיצר הוא
ב עכשיו שמח הוא לאחר זמן: גמ' גרב
ושמואל חד תני אידיהן וחד תני עידיהן מאן
דתני אידיהן לא משתבש ומאן דתני עידיהן
דברים לב לא משתבש מאן דתני אידיהן לא משתבש דכתיב כי קרוב יום אידם ומאן
ישעיה מג דתני עידיהן לא משתבש דכתיב יתנו עידיהם ויצדקו ומאן דתני אידיהן מאי
טעמא לא תני עידיהן אמר לך תברא עדיף ומאן דתני עידיהן מאי טעמא
לא תני אידיהן אמר לך מאן קא גרים להו תברא עדות שהעידו בעצמן הלכך
עדות עדיפא והאי יתנו עידיהם ויצדקו באומות העולם כתיב הא בישראל
[לקמן ז: ע"ש] כתיב ד*דאמר ריב"ל כל מצות שישראל עושין בעולם הזה באות ומעידות
להם לעוה"ב שנאמר יתנו עידיהם ויצדקו אלו ישראל ישמעו ויאמרו אמת אלו
אומות העולם אלא אמר רב הונא בריה דרב יהושע מאן דאמר עידיהן מהכא
ג ישעיה מד יוצרי פסל כולם תוהו וחמודיהם בל יועילו ועידיהם המה דרש ר' חנינא בר
פפא ואיתימא ר' שמלאי הלעתיד לבא מביא הקדוש ברוך הוא ס"ת [ומניחו]
[נ"א כל מין] בחיקו ואומר *למי שעסק בה יבא ויטול שכרו מיד מתקבצין ובאין אומות
ישעיה מג העולם בערבוביא שנאמר כל הגוים נקבצו יחדו [וגו'] אמר להם הקדוש
ברוך הוא אל תכנסו לפני בערבוביא אלא תכנס כל אומה ואומה
וסופריה

לפני אידיהן של גוים ג' ימים אסור לשאת ולתת עמהן. וכולהו משום דאזיל ומודה לעבודה זרה ביום אידו: שאלה במידי דהדר בעין כגון בהמה וכלים דכתיב (שמות כב) כי ישאל איש מעם רעהו וגו' מלוה במידי דלא הדר בעין כגון מעות דכתיב (שם) אם כסף תלוה את עמי דמלוה להוצאה נתנה ומשלם לו מעות אחרים: שמח הוא לאחר זמן. למחר: גמ' יום אידם. היינו עבודה זרה כדכתיב בההיא פרשה יקומו ויעזרכם: יתנו עידיהם ויצדקו. השתא סלקא דעתיה דבגוים כתיב ואתמוהי מתמה יתנו גוים עידיהם יבואו עבודות זרות שעבדו ויעידו עליהם וילדיקום: עדות שהעידו בעצמם. ביום הדין שעבדו לעבודה זרה בעולם הזה: ישמעו. גוים את העדות שאלות מעידות ויאמרו אמת דין הוא שראוין ישראל להצטדק: ועידיהם המה. עבודה זרה תבוא ותעיד על עובדיה לחייבם: בערבוביא. כולן מעורבבין ולא אומה ואומה בפני עצמה: תורה אור

לפני אידיהן. בתר דתני סנהדרין דאיירי בגוי ומזלות תנא נמי להא מסכת דע"ז בסדר ישועות ומיהו מכות ושבועות דשייכי בסנהדרין להכי תני להו בתר סנהדרין ואחרי כן חוזר לסדרו ושונה מס' ע"ז והוריות: לפני אידיהן ג' ימים. זימנין דתני מנינא בסוף כי הכא וכן (קדושין ב.) האשה נקנית בג' דרכים (בכורים פ"ב מ"ו) ואתרוג שוה לאילן בג' דרכים וזמנין דתני מנינא ברישא (נזיר סה:) בשבעה דרכים בודקין את הזב (יומא ב.) שבעה ימים קודם יוה"כ (גיטין ט.) בג' דרכים שוו גיטי נשים וכו'*: אסור לשאת ולתת עמהם. פ"ה משום דאזיל ביום אידו ומודה לעבודה זרה מתוך לשונו משמע שר"ל אף ממקח וממכר וקשה על מה סמכו העולם לשאת ולתת ביום איד הגוים עמהם נהי דרוב אידיהם מן הקדושים הם מ"מ בכל שבוע יום נוצרי יש להם לדרבי ישמעאל (לקמן ו.) לעולם אסור ואין לומר דהיינו טעמא משום (חולין יג:) דגוים שבח"ל לאו עובדי עבודה זרה אלא מנהג אבותיהם בידם דהא אמר שמואל בגמ' (לקמן ז:) בגולה אינו אסור אלא יום אידם בלבד משמע הא יום אידם מיהא אסור לכך נראה דשרי משום איבה כדאמר בגמ' (שם דף ו:) גבי ר' יהודה נשיאה דשדר ליה ההוא מינא דינרא קסריינא ביום אידו אמר היכי איעביד לא אישקליה הויא ליה איבה מיהו אין משם ראיה גמורה דשמא לאו משום איבה לישתרי אלא היה נוטל עצה כילד יעשה שלא יהיה לו איבה ועוד אי טעמא משום איבה תינח להלוותם ולהשאילם ולפרעם כשהגוי תובע חובו אבל לשאת ולתת עמהם דהיינו מקח וממכר מאי איבה איכא וכי לא יוכל ישראל לומר איני צריך עתה למכור ולקנות וכן לשאול ללוות ולפרוע מה ידע הגוי שמניח משום אידו לכך נראה דטעם ההיתר משום דעכו"ם שבינינו קים לן בגוייהו דלא פלחו לעבודה זרה ומהאי טעמא שרי לקמן בפ"ב (דף סה.) רב יהודה דשדר ליה קורבנא לאבידרנא ביום אידו אמר קים לי בגויה דלא פלח לעבודה זרה וכן רבא (שם) דשדר ליה קורבנא לבר שישך ביום אידו אמר קים לי בגויה דלא פלח לעבודה זרה א"נ יש לסמוך אההיא דתנא בירושלמי על מתני' דאסור לשאת ולתת תני בד"א בגוי שאינו מכירו אבל בגוי שמכירו מותר מפני שהוא כמחניף ותניא הנכנס לעיר ומצאן שמחים שמח עמהם שאינו אלא כמחניף להם ור"ת היה מפרש אסור לשאת ולתת עמהם דוקא במידי דתקרובת ולא איירי כלל בלקנות דודאי שרי בין ללישנא דאזיל ומודה בין ללישנא דלפני עור לא תתן דלא אסרו אלא למכור דוקא מידי דתקרובת ולשאת ולתת הכי פי' לשאת מהן המעות ולתת להם מידי דתקרובת חליפי המעות ומביא ראיה מדאיבעיא (לקמן דף ו.) בגמרא טעמא דלשאת ולתת עמהם אי משום הרווחה פירוש משום שמרויח ומשתכר ואזיל ומודה לעבודה זרה או דלמא משום ולפני עור לא תתן מכשול וקאמר נפקא מינה דאית ליה בהמה לדידיה ואי מידי דלאו תקרובת אסור אמאי לא קאמר נפקא מינה למידי דלאו תקרובת דמשום הרווחה איכא אלא ודאי מידי דלאו תקרובת שרי דלא שייכא אזיל ומודה במקח וממכר כיון שנותן המעות תחת החפץ והוא לוקח וגם אינו בטוח כ"כ שירויח בסחורה ובעיא דגמרא הכי מפרש טעמא דאסור לשאת ולתת עמהם במידי דתקרובת משום הרווחה שיהיה לו בהמות רבות בריוח אפי' אית ליה לדידיה נמי אסור שמתוך שיהיה לו הרבה בהמות יקריב מן המובחר או משום לפני עור ונפקא מינה דכי אית ליה בהמה לדידיה שרי ולפי פר"ת אין לתמוה על מנהג העולם שאפילו אם היו מחזיקין אותם כעובדי עבודה זרה שהרי אינם עושים שום תקרובת אלא במעות וזה לא שייך הרווחה והרבה מעות מצויים להם לאותו דבר ומיהו נכון הוא להחמיר כשבא הגוי ואומר הלויני מעות לשקרי שקורין אופרי"ר אבל ר' אלחנן אמר כי גם באותם אופרי"ר אין שום איסור כי מה שהם נותנים אותם לגלחים ולכומרים אינו ממש לשם עבודה זרה אלא לצורך הגלחים: להלוותם. פר"ת דוקא בחנם אבל ברבית שרי משום דמלטער טובא כדאמרינן בקדושין (דף כ.) ליזבין איניש ברתיה ולא לוזיף ברבית: ולפרוע מהן. בגמרא (לקמן דף ו:) פסקינן כרבי יהושע בן קרחה דמלוה על פה נפרעין מהם מפני שהוא כמציל מידם ויכול להיות דאפי' מלוה בשטר נמי נפרעין מהם כדאמר בירושלמי אפי' מלוה בשטר אובדת היא שלא כל שעה אדם זוכה ליפרע מחובו ולכך נראה לר"י דאותה מלוה שבשטרינו או אפי' אותם שיש לנו מהם חותמות שמותר ליפרע מהם ואפי' הוא אזיל ומודה שלעולם הוא חשיב כמציל מידם והא דאמר רבי יהושע בן קרחה מלוה בשטר אין נפרעין היינו כשידנו תקיפה עליהם ואפי' הכי מלוה על פה נפרעין שלא יכפור פעם אחרת והיכא דאיכא משכון אומר בירושלמי דאין מלוה אובדת במשכון מיהו בכל ענין חשיב כמציל מידם שכמה פעמים אובדת אפי' במשכון: מ"ט לא תני עידיהן. פרק מפלין (ב"מ דף לה:) איכא חד תני משילין וחד תני משחילין וכן בהגוזל בתרא (ב"ק דף קטז:) חד תני מליקין וחד תני מסיקין ולא דייק כי האי גוונא ושמא לא שייך לדקדק משום דאידי ואידי חד משמעות לשון הוו להו אבל קשיא מההיא דפרק החליל (סוכה דף נ: ושם ד"ה וחד) שואבה חשובה וכן בפ"ב דיבמות (דף יז. ושם) ראשונה ושניה דלא חד משמעות נינהו ולא דייק הכי וי"ל הכא היינו טעמא דדייק הכי משום דמסתבר ליה טפי לשון עדות לפי שהוא עדות לשברם וקשיא לי על תירוץ זה דמאי מקשה תו ומאן דתנא עידיהן מ"ט לא תני אידיהן הא כבר פירשנו דהמקשה נמי היה יודע אותו טעם דלשון עדות עדיף ול"נ דהכי הקשה מאן דתני אידיהן אמאי לא תני עידיהן דהא עידיהן ממש כתיב בהדיא בקרא אבל אידיהן ממש לא כתיב בקרא אלא אידם ומשני תברא עדיף פי' לשון שבר ופריך א"כ מ"ט דמאן דתני עידיהן הא ודאי דתברא עדיף:

רומי

א א מיי' פ"ט מהלכות עבודת כוכבים הלכה א סמג לאוין עה טוש"ע י"ד סי' קמח סעיף א:

[ועי"ע תוס' קדושין ב. ד"ה האשה]

רבינו חננאל

דרש רבי שמלאי לעתיד לבא מביא הקב"ה ספר תורה ומניחה ואומר כל מי שעוסק בתורה יבא ויטול שכרו מתקבצין ובאין כל האומות בערבוביא דכתיב כל הגוים נקבצו יחדו

גליון הש"ס

תוס' ד"ה לפני. בספר שם הגדולים להרב ר' יוסף אזולאי באות ח כתב בשם רבינו בצלאל בשיטה מקובצת חולין כי התוס' על מס' ע"ז שבידנו הם תוס' רבינו פרץ: ד"ה אסור וכו' שר"ל אף ממקח וממכר. עיין לקמן דף יב ע"ב תוספות ד"ה עיר:

וסופריה שנאמר ויאספו לאומים ואין לאום אלא מלכות שנאמר ולאום מלאום יאמץ ומי איכא ערבוביא קמי הקב"ה אלא כי היכי דלא ליערבבו אינהו [בהדי הדדי] דלישמעו מאי דאמר להו [מיד] נכנסה לפניו מלכות רומי תחלה מ"ט משום דחשיבא ומנלן דחשיבא דכתי' ותאכל כל ארעא ותדושינה ותדוקינה א*אמר רבי יוחנן זו רומי חייבת שטבעה יצא בכל העולם ומנא לן דמאן דחשיב עייל ברישא כדרב חסדא ב*דאמר רב חסדא מלך וצבור מלך נכנס תחלה לדין שנאמר לעשות משפט עבדו ומשפט עמו ישראל [וגו'] וטעמא מאי איבעית אימא לאו אורח ארעא למיתב מלכא מאבראי ואיבעית אימא מקמי דליפוש חרון אף אמר להם הקב"ה במאי עסקתם אומרים לפניו רבש"ע ג הרבה שווקים תקנינו הרבה מרחצאות עשינו הרבה כסף וזהב הרבינו וכולם לא עשינו אלא בשביל ישראל כדי שיתעסקו בתורה אמר להם הקב"ה שוטים שבעולם כל מה שעשיתם לצורך עצמכם עשיתם תקנתם *שווקים להושיב בהן זונות מרחצאות לעדן בהן עצמכם כסף וזהב שלי הוא שנאמר לי הכסף ולי הזהב נאם ה' צבאות כלום יש בכם מגיד זאת [שנאמר *מי בכם יגיד זאת] ואין זאת אלא תורה שנאמר וזאת התורה אשר שם משה מיד יצאו בפחי נפש יצאת מלכות רומי ונכנסה מלכות פרס אחריה מ"ט דהא חשיבא בתרה ומנלן דכתיב וארו חיוא אחרי תנינא דמיא לדוב ד*ותני רב יוסף אלו פרסיים שאוכלין ושותין כדוב ומסורבלין [בשר] כדוב ומגדלין שער כדוב ואין להם מנוחה כדוב אמר להם הקב"ה במאי עסקתם אומרים לפניו רבש"ע הרבה גשרים גשרנו הרבה כרכים כבשנו הרבה מלחמות עשינו וכולם לא עשינו אלא בשביל ישראל כדי שיתעסקו בתורה אמר להם הקב"ה כל מה שעשיתם לצורך עצמכם עשיתם ה*תקנתם גשרים ליטול מהם מכס כרכים לעשות בהם אנגריא מלחמות אני עשיתי שנאמר ה' איש מלחמה כלום יש בכם מגיד זאת שנאמר מי בכם יגיד זאת ואין זאת אלא תורה שנאמר וזאת התורה אשר שם משה מיד יצאו מלפניו בפחי נפש וכי מאחר דחזית מלכות פרס למלכות רומי דלא מהניא ולא מידי מאי טעמא עיילא אמרי אינהו סתרי בית המקדש ואנן בנינן וכן לכל אומה ואומה וכי מאחר דחזו לקמאי דלא מהני ולא מידי מ"ט עיילי סברי הנך אישתעבדו בהו בישראל ואנן לא שעבדנו בישראל מאי שנא הני דחשיבי ומאי שנא הני דלא חשיבי להו משום דהנך משכי במלכותייהו עד דאתי משיחא אומרים לפניו רבש"ע כלום נתת לנו ולא קיבלנוה ומי מצי למימר הכי והכתי' ויאמר ה' מסיני בא וזרח משעיר למו וכתיב אלוה מתימן יבוא וגו' מאי בעי בשעיר ומאי בעי בפארן א"ר יוחנן ו מלמד שהחזירה הקב"ה על כל אומה ולשון ולא קבלוה עד שבא אצל ישראל וקבלוה אלא הכי אמרי כלום קיבלנוה ולא קיימנוה ועל דא תברתהון אמאי לא קבלתוה אלא כך אומרים לפניו רבש"ע כלום כפית עלינו הר כגיגית ולא קבלנוה כמו שעשית לישראל דכתיב ויתיצבו בתחתית ההר ואמר רב דימי בר חמא ז*מלמד שכפה הקב"ה הר כגיגית על ישראל ואמר להם אם אתם מקבלין את התורה מוטב ואם לאו שם תהא קבורתכם מיד אומר להם הקב"ה הראשונות ישמיעונו שנא' וראשונות ישמיעונו שבע מצות שקיבלתם היכן קיימתם ומנלן דלא קיימום ח*דתני רב יוסף עמד וימודד ארץ ראה ויתר גוים מאי ראה ראה ז' מצות שקבלו עליהן בני נח ולא קיימום כיון שלא קיימום עמד והתירן להן איתגורי איתגור ט א"כ מצינו *חוטא נשכר אמר מר בריה דרבינא לומר

רש"י

וסופריה. וחכמיה: **לאום.** מלכות כשהיא לבדה: **ולאום מלאום.** מתרגמינא ומלכו ממלכו ועוד יאמץ לא שייך אלא במלכות וס"ת מסיפיה דקרא נפקא לן לקמן מי (*בכם) יגיד זאת: **ומי איכא ערבוביא קמיה.** והלא כולם נסקרין בסקירה אחת שנאמר היוצר יחד לבם כדאמר בר"ה (דף יח.): **ומשני דלא ליערבבו אינהו.** לדידיה לא מהניא ערבוביא אבל לדידהו מהניא ערבוביא דמבלבלי ומסתתמי טענותיהם: [**רומי חייבת.** רומי הרשעה תרגום של רשעה חייבת:] **טבעה.** שמעה: **נכנס תחלה.** לפני הקב"ה לדין: **משפט עבדו.** שלמה המלך: **דליפוש חרון אף.** של הקב"ה מפני פשעי צבור שמא חס ושלום יפרע מן המלך כל סורחנו מפני החרון: **שווקים** ומרחצאות וכסף וזהב הוא עסקן של רומיים גשרים וכרכים ומלחמות הוא עסקן של פרסיים: **שיתעסקו ישראל בתורה.** שיהא להם פנאי שמוצאין להשתכר בשוק ומוצאין מזונותיהן וצרכיהן בלי טורח ומתעדנין במרחצאות: **וארו.** והנה: **אחרי.** אחרת: **מסורבלין.** שמנים כמו (שבת דף קלז:) קטן המסורבל בבשר ולשון מלבוש הוא כמו כפיתו בסרבליהון (דניאל ג): **דוב.** אין לו מנוחה אלא הולך ובא כל שעה: **אנגריא.** עבודת המלך המוטלת על יושבי כרכים לעשות מלחמות [וללאת בצבא] וליטול בהמתן בעבודתו: **ואנן בנינן.** בית שני בנה כורש: **אינהו.** פרסיים משתעבדין בישראל בגלות בבל וטיטוס הגלם לרומי ועדיין כולם משועבדים [להם]: **פארן.** ארץ ישמעאל דכתיב (בראשית כא) בהגר (ותשב) במדבר פארן: **כלום קבלנוה ולא קיימנוה.** כלומר משום דלא קבלנוה לא קיימנוה: **ועל דא תברתהון.** פירכא היא כלומר נמצא תשובה זו קטיגור להם אמאי לא קבלוה: **כגיגית.** קופא בלע"ז ומטילין בה שכר: **ראה ויתר גוים.** נראה בעיניו וישר להתירן:

תוספות

רומי חייבת. משום דכתיב בהו (מלאכי א) וקראו להם גבול רשעה. רשע תרגום חייבא ונמלא במעשה מרכבה כי במעשה דרבי חנינא בן תרדיון נגזר על רומי חורבן גדול: **אמר להן הקב"ה במה עסקתם.** פירוש שואל להם במה זכו בכל דור ודור:

שווקים להושיב בהם זונות. ה"ה דה"מ למימר לעשות בהם סחורה לכל דבר אלא מגנה אותם בדבר גנאי כל מה שיכול כלומר אפי' לצורך זונות עשיתם שווקים: **וארו חיוא אחרי תנינא דמיא לדוב.** וא"ת אדרבה מלכות בבל עדיפא שנמשלה לארי דכתיב (ירמיה ד) עלה אריה מסבכו והארי מלך בחיות* וי"ל דאע"ג דארי מלך מ"מ דוב הוא *עז יותר ובעל תחבולות כדאמר בפרק קמא דברכות (דף* יג.) גבי צרות האחרונות משכחות הראשונות הניח מעשה ארי וספר מעשה דוב ורבי יצחק מפרש דבבל לא נמשלה לארי אלא בשעה שהיתה מושלת בכל העולם ועתה היא ממלכה שפלה אבל פרס גם עתה היא חשובה אחר רומי ותעמוד בחשיבותה עד סמוך לביאת המשיח כמו שמפרש בסמוך: **הרבה גשרים גשרנו.** אף על גב דרומי נמי תקנו גשרים כדאמר בפרק במה מדליקין (שבת דף לג:) מ"מ אינם חשובים כ"כ בתקון גשרים כמו פרס: **ואנן בנינן.** הא דלא קאמרי שבנו בית המקדש כששאל מהם במה עסקתם דלפי זה לא עשו אלא אותו הדור והקב"ה שואל במה זכו בכל דור ודור: **מאי שנא הני דלא קא חשיב.** פי' בבל ויון שהם(א) ארבע מלכיות שנשתעבדו בישראל וחשובים היו אבל מכל שבעים אומות לא בעי: **משכא מלכותייהו עד דאתי משיח.** והא דאמרינן עתידה פרס שתפול ביד רומי היינו סמוך לביאת המשיח כדאמרינן (סנהדרין* דף צח:) עתידה מלכות רומי שתפשוט על כל העולם תשעה חדשים: **מאי בעי בשעיר ומאי בעי בפארן.** ופארן ארץ ישמעאלים כדכתיב גבי הגר (בראשית כא) במדבר פארן וסמיך אסיפיה דקרא וקדוש מהר פארן סלה ולא גרסינן מאי בעי בתימן דתימן משעיר הוא דכתיב (עובדיה א) וחתו גבוריך תימן למען יכרת איש מהר עשו מיהו קשיא לגירסת רש"י אמאי מייתי קרא דחבקוק למדרש הכי בקרא דאיתא בוזאת הברכה נמי הוזכר פארן וי"ל דאיכא למידרשיה כדדריש ליה בפרק שור שנגח ארבעה וחמשה (ב"ק דף לח. ושם) מפארן הופיע ממונם לישראל והוא הר סיני כדאמר פ' ר"ע (שבת דף פט. ושם) ה' שמות יש לו סיני פארן ורבי אלחנן אומר דגרים שפיר מאי בעי בשעיר ומאי בעי בתימן והאי תימן לאו שם אומה הוא אלא שם רוח דרום כמו עורי צפון ובואי תימן כדדרשינן בספרי פרשת וזאת הברכה מד' רוחות נגלה הקדוש ברוך הוא לישראל שנאמר אלוה מתימן יבא ולכך ניחא שהוצרך להביא פסוק דחבקוק:

כהנים

רבינו חננאל

ויאספו לאומים ואומר להם מי בכם יגיד זאת ואין זאת אלא תורה שנא' וזאת התורה ונכנסת החשובה מכל האומות והיא מלכות רומי שנאמר ותיכול כל ארעא ותדושינה ותדוקינה. וא"ר יוחנן זו מלכות רומי שטבעה יוצא בכל העולם: ומאן דחשיב עאיל ברישא כדרב חסדא דאמר מלך וצבור מלך נכנס תחלה שנאמר לעשות משפט עבדו ומשפט עמו ישראל דבר יום ביומו אמר הקב"ה יש בכם מגיד זאת מיד יצאו בפחי נפש (אומרים לפניו רבש"ע) [וכו'] נכנסת אחריה מלכות פרס דהיא חשובה בתרה שנאמר וארו חיוא אחרי וגו' ותני רב יוסף אלו פרסיים וכו' ויוצאין גם הם בפחי נפש אומרים לפניו רבש"ע כלום קבלנוה ולא קיימנוה ועל דא תברתהון דאמר רבי יוחנן מאי דכתיב ויאמר ה' מסיני בא וגו' מלמד שהחזירה הקב"ה לתורה על כל האומות ולא קיבלוה אומרים לפניו רבש"ע [כלום] כפית עלינו הר כגיגית כישראל ואמרת אם אינכם מקבלים את התורה שם תהא קבורתכם שנא' ויתיצבו בתחתית ההר ולא קיבלנוה אומר להם ראשונות ישמיעונו. שבע מצות שקבלתם היכן קיימתם אותם

הגהות הב"ח

(א) תוס' ד"ה מאי שנא וכו' שהם מד' מלכיות:

*) [וכאן איתא נוסחא אחרת אבל ביומא י. איתא כך כמו שהעתיקו תוס' דהכא]

וְסוֹפְרֶיהָ כלומר, חכמיה ומלומדיה, שֶׁנֶּאֱמַר: "וְיֵאָסְפוּ לְאֻמִּים" (ישעיהו מג, ט), וְאֵין "לְאוֹם" אֶלָּא מַלְכוּת, שֶׁנֶּאֱמַר: "וּלְאֹם מִלְאֹם יֶאֱמָץ" (בראשית כה, כג). ותמהים: וּמִי אִיכָּא [והאם יש] עִרְבּוּבְיָא קַמֵּי [לפני] הַקָּדוֹשׁ בָּרוּךְ הוּא שהוא צריך לגעור בהם שיעמדו כל אחד לעצמו, כדי שיוכל לדון איתם? אֶלָּא המטרה היא כִּי הֵיכִי דְּלָא לִיעַרְבְּבוּ אִינְהוּ [בַּהֲדֵי הֲדָדֵי] [כדי שלא יתערבבו הם זה עם זה], דְּלִישְׁמְעוּ מַאי דְּאָמַר לְהוּ [שישמעו מה שאומר להם] הקב"ה. [מִיָּד] נִכְנֶסֶת לְפָנָיו מַלְכוּת רוֹמִי תְּחִלָּה. ומבררים, מַאי טַעְמָא [מה הטעם] היא נכנסת תחילה? מִשּׁוּם דַּחֲשִׁיבָא [שהיא החשובה] מכל האומות. וּמְנָלַן דַּחֲשִׁיבָא [ומנין לנו שהיא החשובה]? דִּכְתִיב [שנאמר] בספר דניאל על המלכות ("החיה") הרביעית מן האומות העתידות לשלוט בעולם: "וְתֵאכֻל כָּל אַרְעָא וּתְדוּשִׁנַּהּ וְתַדְּקִינַּהּ" [ותאכל את כל הארץ ותדוש ותרמוס אותה] (דניאל ז, כג), אָמַר ר' יוֹחָנָן: מלכות האוכלת את כל העולם זוֹ רוֹמִי חַיֶּיבֶת (הרשעה) שֶׁטִּבְעָהּ יָצָא בְּכָל הָעוֹלָם, שהיא ממלכה גדולה וחזקה מאד הידועה בכל העולם. ושואלים: וּמְנָא לָן דְּמַאן דַּחֲשִׁיב עָיֵיל בְּרֵישָׁא [ומנין לנו שמי שחשוב נכנס בתחילה]? כְּדִבְרֵי רַב חִסְדָּא, שאָמַר רַב חִסְדָּא: כאשר מֶלֶךְ וְצִבּוּר באים לדין — מֶלֶךְ נִכְנָס תְּחִלָּה לַדִּין, שֶׁנֶּאֱמַר: "לַעֲשׂוֹת מִשְׁפַּט עַבְדּוֹ וּמִשְׁפַּט עַמּוֹ יִשְׂרָאֵל" [וגו'] (מלכים א ח, נט). וְטַעְמָא מַאי [ומה הטעם] שמכניסים לדין תחילה את המלך? אִיבָּעֵית אֵימָא [אם תרצה אמור]: לָאו אוֹרַח אַרְעָא לְמֵיתַב מַלְכָּא מֵאַבְּרַאי [אין זו דרך ארץ שישב מלך מבחוץ ויחכה], וְאִיבָּעֵית אֵימָא [ואם תרצה אמור]: דנים אותו לעצמו תחילה, מִקַּמֵּי דְּלִיפּוּשׁ [לפני שיתרבה] חֲרוֹן אַף בגלל חטאיהם של הרבים. נכנסת מלכות רומי, אָמַר לָהֶם הַקָּדוֹשׁ בָּרוּךְ הוּא: בְּמַאי [במה] עֲסַקְתֶּם? אוֹמְרִים לְפָנָיו: רִבּוֹנוֹ שֶׁל עוֹלָם, הַרְבֵּה שְׁוָוקִים תִּקַּנִּינוּ, הַרְבֵּה מֶרְחֲצָאוֹת עָשִׂינוּ, הַרְבֵּה כֶּסֶף וְזָהָב הִרְבֵּינוּ, וְכוּלָּם לֹא עָשִׂינוּ אֶלָּא בִּשְׁבִיל יִשְׂרָאֵל כְּדֵי שֶׁיִּתְעַסְּקוּ בַּתּוֹרָה כשכל אלו מוכנים לפניהם. אָמַר לָהֶם הַקָּדוֹשׁ בָּרוּךְ הוּא: שׁוֹטִים שֶׁבָּעוֹלָם, וכי אותי אתם רוצים לרמות? כָּל מַה שֶּׁעֲשִׂיתֶם — לְצוֹרֶךְ עַצְמְכֶם עֲשִׂיתֶם: תִּקַּנְתֶּם שְׁוָוקִים — לְהוֹשִׁיב בָּהֶן זוֹנוֹת, מֶרְחֲצָאוֹת עשיתם — לְעַדֵּן בָּהֶן עַצְמְכֶם, כֶּסֶף וְזָהָב שאומרים אתם שהרביתם — שֶׁלִּי הוּא ולא שלכם, שֶׁנֶּאֱמַר: "לִי הַכֶּסֶף וְלִי הַזָּהָב נְאֻם ה' צְבָאוֹת" (חגי ב, ח), כְּלוּם יֵשׁ בָּכֶם מַגִּיד זֹאת? [והוא שֶׁנֶּאֱמַר בהמשך הפסוק שאנו דורשים אותו "כל הגוים נקבצו יחדיו" — "מִי בָכֶם יַגִּיד זֹאת" ישעיהו מג, ט)], וְאֵין "זֹאת" אֶלָּא תּוֹרָה, שֶׁנֶּאֱמַר: "וְזֹאת הַתּוֹרָה אֲשֶׁר שָׂם מֹשֶׁה" (דברים ד, מד), ומי שלא עסק בה לא מגיע לו שכר! מִיָּד יָצְאוּ בְּפַחֵי נֶפֶשׁ. יָצְאת מַלְכוּת רוֹמִי, וְנִכְנְסָה מַלְכוּת פָּרַס אַחֲרֶיהָ. מַאי טַעְמָא [מה הטעם] היא נכנסת? דְּהָא חֲשִׁיבָא בַּתְרָהּ [שהיא חשובה אחריה]. וּמְנָלַן [ומנין לנו] דבר זה? דִּכְתִיב [שנאמר] בחזון דניאל: "וַאֲרוּ חֵיוָא אָחֳרִי תִנְיָנָא דָּמְיָא לְדֹב" [והנה חיה אחרת שניה דומה לדוב] (דניאל ז, ה), וְתָנֵי [ושנה] רַב יוֹסֵף: החיה הזו אֵלּוּ פַּרְסִיִּים, שֶׁאוֹכְלִין וְשׁוֹתִין הרבה כְּדוֹב, וּמְסוּרְבָּלִין שמנים ומרובים [בָּשָׂר] כְּדוֹב, וּמְגַדְּלִין שֵׂעָר הרבה כְּדוֹב, וְאֵין לָהֶם מְנוּחָה כְּדוֹב שהוא תמיד נע ונד. אָמַר לָהֶם הַקָּדוֹשׁ בָּרוּךְ הוּא: בְּמַאי [במה] עֲסַקְתֶּם? אוֹמְרִים לְפָנָיו: רִבּוֹנוֹ שֶׁל עוֹלָם, הַרְבֵּה גְּשָׁרִים גָּשַׁרְנוּ, הַרְבֵּה כְּרַכִּים כָּבַשְׁנוּ, הַרְבֵּה מִלְחָמוֹת עָשִׂינוּ, וְכוּלָּם לֹא עָשִׂינוּ אֶלָּא בִּשְׁבִיל יִשְׂרָאֵל כְּדֵי שֶׁיִּתְעַסְּקוּ בַּתּוֹרָה. אָמַר לָהֶם הַקָּדוֹשׁ בָּרוּךְ הוּא: כָּל מַה שֶּׁעֲשִׂיתֶם — לְצוֹרֶךְ עַצְמְכֶם עֲשִׂיתֶם: תִּקַּנְתֶּם גְּשָׁרִים — לִיטּוֹל מֵהֶם מֶכֶס, כְּרַכִּים — לַעֲשׂוֹת בָּהֶם אַנְגַּרְיָא כלומר, להשתמש ביושביהם לעבודת כפיה, מִלְחָמוֹת — אֲנִי עָשִׂיתִי, שֶׁנֶּאֱמַר: "ה' אִישׁ מִלְחָמָה" (שמות טו, ג), כְּלוּם יֵשׁ בָּכֶם מַגִּיד זֹאת? שֶׁנֶּאֱמַר: "מִי בָכֶם יַגִּיד זֹאת", וְאֵין "זֹאת" אֶלָּא תּוֹרָה, שֶׁנֶּאֱמַר: "וְזֹאת הַתּוֹרָה אֲשֶׁר שָׂם מֹשֶׁה"! מִיָּד יָצְאוּ מִלְּפָנָיו בְּפַחֵי נֶפֶשׁ. ושואלים: וְכִי מֵאַחַר דְּחָזֵית [שרואה] מַלְכוּת פָּרַס לְמַלְכוּת רוֹמִי דְּלָא מְהַנְּיָא וְלָא מִידֵי [שאינה מועילה דבר] בטענות מסוג זה, מַאי טַעְמָא עָיְילָא [מה טעם נכנסת]? ומשיבים: בכל זאת, חשבו הפרסיים שלהם יש סיכוי, אָמְרִי [אומרים הם]: אִינְהוּ סָתְרִי [הם הרומאים הרסו] את בֵּית הַמִּקְדָּשׁ (השני), וַאֲנַן בָּנֵינַן [ואנו בנינו] אותו, שהרי ברשות ובעידוד כורש מלך פרס נבנה הבית השני. וממשיך המדרש: וְכֵן נעשה הדיון כעין זה לְכָל אוּמָּה וְאוּמָּה. ושואלים: וְכִי מֵאַחַר דְּחָזוּ לְקַמָּאֵי דְּלָא מְהַנֵּי וְלָא מִידֵי [ששאר העמים רואים את הראשונים, רומי ופרס, שאינם מועילים דבר בטענותיהם], מַאי טַעְמָא עָיְילִי [מה טעם הם נכנסים]? ומשיבים: סָבְרִי [חושבים] הם: הָנָךְ אִישְׁתַּעְבְּדוּ בְּהוּ [אלו, רומי ופרס, שעבדו בהם] בְּיִשְׂרָאֵל ולכן אינם מקבלים שכר, וַאֲנַן [ואנו] לֹא שִׁעְבַּדְנוּ בְּיִשְׂרָאֵל. ושואלים: מַאי שְׁנָא הָנֵי דַּחֲשִׁיבִי [במה שונים אלה, רומי ופרס, שהוחשבו], שהוזכרו במפורש, וּמַאי שְׁנָא הָנֵי דְּלָא חֲשִׁיבִי לְהוּ [ובמה שונים אלה, מלכויות אחרות, שלא הוחשבו], שלא הזכירן? מִשּׁוּם דְּהָנָךְ מָשְׁכִי בְּמַלְכוּתַיְיהוּ עַד דְּאָתֵי מְשִׁיחָא [שאלה, רומי ופרס, נמשכים במלכותם עד שיבוא משיח]. וממשיך המדרש: אחרי שהקב"ה שואל את כל העמים האם עסקו בתורה, אוֹמְרִים לְפָנָיו העמים: רִבּוֹנוֹ שֶׁל עוֹלָם, כְּלוּם נָתַתָּ לָנוּ את התורה וְלֹא קִיבַּלְנוּהָ? וכיון שלא נתת אותה לנו — מדוע עלינו לתת את הדין על שלא קיימנוה? ושואלים: וּמִי מָצֵי לְמֵימַר הָכִי [והאם יכולים לומר כך] שלא נתן להם? וְהָכְתִיב [והרי נאמר] בתיאור נתינת התורה: "וַיֹּאמַר ה' מִסִּינַי בָּא וְזָרַח מִשֵּׂעִיר לָמוֹ" (דברים לג, ב), וּכְתִיב [ונאמר]: "אֱלוֹהַּ מִתֵּימָן יָבוֹא וקדוש מהר פארן" (חבקוק ג, ג), ויש לשאול: מַאי בָּעֵי [מה מבקש] ה' בְּשֵׂעִיר, וּמַאי בָּעֵי [ומה מבקש] בְּפָארָן? שהרי לא שם ניתנה התורה! אלא אָמַר ר' יוֹחָנָן: מְלַמֵּד שֶׁהֶחֱזִירָהּ הַקָּדוֹשׁ בָּרוּךְ הוּא את התורה עַל כָּל אוּמָּה וְלָשׁוֹן, כגון בשעיר לאדומים ובפארן לישמעאלים, וְלֹא קִבְּלוּהָ, עַד שֶׁבָּא אֵצֶל יִשְׂרָאֵל וְקִבְּלוּהָ. ואם כן, איך יכולים הם לטעון שלא נתן להם את התורה?! אֶלָּא הָכִי אָמְרִי [כך הם אומרים]: כְּלוּם קִיבַּלְנוּהָ וְלֹא קִיַּימְנוּהָ? ותמהים על הסבר זה: וְעַל דָּא תְּבַרְתְּהוֹן [ועל זה השבר שלהם], כלומר, הרי דבר זה עצמו הוא הפירכה לטענתם, שהרי הם נשאלים: אַמַּאי [מדוע] לֹא קִבַּלְתּוּהָ? אֶלָּא כָּךְ אוֹמְרִים לְפָנָיו אומות העולם: רִבּוֹנוֹ שֶׁל עוֹלָם, כְּלוּם כָּפִיתָ עָלֵינוּ הַר כְּגִיגִית וְלֹא קִבַּלְנוּהָ, כְּמוֹ שֶׁעָשִׂיתָ לְיִשְׂרָאֵל? דִּכְתִיב [שנאמר]: "וַיִּתְיַצְּבוּ בְּתַחְתִּית הָהָר" (שמות יט, יז), וְאָמַר רַב דִּימִי בַּר חָמָא: מְלַמֵּד שֶׁכָּפָה (הפך) הַקָּדוֹשׁ בָּרוּךְ הוּא את הַר סיני כְּגִיגִית עַל יִשְׂרָאֵל (והוא מה שנאמר שהתייצבו בתחתית ההר), וְאָמַר לָהֶם: אִם אַתֶּם מְקַבְּלִין אֶת הַתּוֹרָה — מוּטָב לכם, וְאִם לָאו [לא] — שָׁם מתחת להר תְּהֵא קְבוּרַתְכֶם! אם כן, יש לעמים טענה שגם אותם היה אפשר לכפות בכך לקבל את התורה! מִיָּד אוֹמֵר לָהֶם הַקָּדוֹשׁ בָּרוּךְ הוּא: הָרִאשׁוֹנוֹת יַשְׁמִיעוּנוּ, כלומר מהמצוות הראשונות נלמד, שֶׁנֶּאֱמַר בפסוק אותו אנו דורשים: "וְרִאשֹׁנוֹת יַשְׁמִיעֻנוּ" (ישעיהו מג, ט), אותן שֶׁבַע מִצְוֹת של בני נח, שלפני מתן תורה, שֶׁאף אתם קִיבַּלְתֶּם, הֵיכָן קִיַּימְתֶּם? ושואלים: וּמְנָלַן [ומנין לנו] שלֹא קִיְּימוּם? דְּתָנֵי [ששנה] רַב יוֹסֵף בפירוש הפסוק "עָמַד וַיְמֹדֶד אֶרֶץ רָאָה וַיַּתֵּר גּוֹיִם" (חבקוק ג, ו), מַאי [מה] רָאָה? רָאָה שֶׁבַע מִצְוֹת שֶׁקִּבְּלוּ עֲלֵיהֶן בְּנֵי נֹחַ וְלֹא קִיְּימוּם, כֵּיוָן שֶׁלֹּא קִיְּימוּם עָמַד וְהִתִּירָן לָהֶן. ותוהים: אִיתַּגּוּרֵי אִיתַּגּוּר? [וכי הרוויחו]? אִם כֵּן מָצִינוּ שחוֹטֵא נִשְׂכָּר בחטאו! אָמַר מָר בְּרֵיהּ [בנו] של רָבִינָא:

עיונים

ואין לאום אלא מלכות כלומר, בניגוד למה שנאמר בתחילה "כל העמים נקבצו יחדיו", שכוונתו שכולם נקבצו יחד בעירבוביה, כאן נאמר הדבר בלא "יחדיו", ובלשון עתיד: "ויאספו לאומים", לומר שהקב"ה מצוה שייאספו כל אחד מהם לעצמו (ראה מהרש"א). וכאן מביאה הגמרא ראיה מהביטוי "לאום" שהכוונה ב"לאומים" היא לאומות רבות ולא לאוסף של אנשים בודדים. ואת הראיה המובאת בגמרא מסביר רש"י בשתי פנים. האחת — שאונקלוס מתרגם כאן "לאום": "מלכו", מלכות. ועוד, שאותו כתוב "לאום מלאום יאמץ" משמע שהוא מדבר בעמים ולא באנשים בודדים. וראה ברשב"ם לתורה שמראה כי יש כעין זה בכתוב "מלכי ארץ וכל לאומים" (תהלים קמח, יא) שבו "לאומים" כוונתו בהכרח לעמים.

ומי איכא ערבוביא וכו' והסביר הרשב"א בפירושו לאגדות הש"ס כי הכוונה כאן לומר שאין הקב"ה משגיח רק על המין האנושי בכללו, כפי שהיו סבורים חכמים שונים באומות העולם, אלא שהוא משגיח על כל אחד ואחד בהשגחה פרטית.

רומי חייבת ו"חייבת" הוא תרגום של רשעה (רש"י), וכעין הכתוב באדום "וקראו להם גבול רשעה" (מלאכי א, ד) (בתוס'). ובאופן אחר מסבירים בתוס' ש"חייבת" משמעו שחייבת עונשים כבדים על מה שעשתה לצדיקי ישראל (וראה במהר"ם).

שטבעה יצא רש"י מסביר ששמעה יצא בכל העולם. ואילו המהרש"א מסביר (כדברי רש"י במקום אחר) ש"טבעה" משמעו: מטבעה. שמטבעותיה של רומי משמשים בכל העולם, מפני חשיבותה של מדינה זו.

וטעמא מאי כלומר, אם היה מדובר בענין של כיבוד מובן מדוע יש למלך עדיפות. אבל לדין, שאינו דבר של כבוד, מפני מה מקדימים את החשוב? (תוס' חכמי אנגליה).

במאי עסקתם כלומר, מה דברים טובים עשיתם בהיותכם בעולם הזה, שבשלהם תזכו לשכר בעולם הבא (תוס').

הרבה שווקים וכו' כתב הרשב"א בפירושו לאגדות הש"ס, כי כשמניח הקב"ה את התורה בחיקו ומראה בכך כי עיקר ותכלית העולם הוא קיום התורה, טוענות אומות העולם כי אף שלא עסקו בעצמן בתורה, מכל מקום מאחר שהעולם צריך לאנשים שיעסקו ביישובו של העולם ויתקינו בו דברים שונים, והן העוסקות בכך — הרי הן פוטרות את ישראל מעבודות אלה, וישראל יכולים לעסוק בתורה.

שוטים שבעולם ונאמרה לשון זו, לפי שוודאי שטות היא לנסות לרמות את הקב"ה בטענות שוא (פתח עינים).

להושיב בהן זונות יכול היה לומר שהשווקים תוקנו לצורך מסחר, אלא בלשון גנאי נאמר הדבר, שתפסו את השימוש המגונה ביותר שגם עבורו נעשים שווקים אלה (וראה כעין זה במסכת שבת לג,ב).

כסף וזהב אני עשיתי אתם טוענים שהרביתם כסף וזהב כדי שלא תצטרכו ליטול מישראל, ויתפרנסו מכם. אבל באמת יכול אדם לעמול ולסחור ולא להתעשר, והעושר בא לכם ממני, על מנת שלא תיטלו כספם וזהבם של ישראל. ואם כן, לא רק שאינכם יכולים לזקוף זאת לזכותכם, אלא אף עומד הדבר לחובתכם (ראב"ד).

מי בכם מגיד זאת שאם באמת התורה היתה חביבה עליהם, היו אף הם עצמם עוסקים בה. וכיון שלא עסקו בה כלל משמע שהטענה שעשו כדי שיעסקו ישראל בתורה טענת שקר היא (עיון יעקב).

דהא חשיבא בתרא וכו' דכתיב וארי וכו' אין מפסוק זה עצמו ראיה לכך שמלכות פרס היא הראשונה בחשיבותה אחרי רומי, שהרי מלכות בבל קודמת לה בנבואת דניאל. אלא שהובא כתוב זה רק להראות שמלכות חשובה היא, שנחשבת בין ארבע המלכויות שבנבואת דניאל, ובאמת עיקר הטעם הוא כמבואר בהמשך הסוגיה — שמלכות פרס, כמו מלכות רומי, נמשכת מלכותה עד בוא המשיח (תוהרי"ד).

מלחמות אני עשיתי טוענים אתם שיצאתם למלחמה כדי שיוכלו ישראל לשבת בשלוה מאויביהם ולעסוק בתורה. אבל היוצא למלחמה אינו בטוח לעולם שינצח. ואני הוא שגרמתי לכם לנצח, כדי שלא תתנכלו לישראל (ראב"ד).

ואנן בנינן ומה שלא אומרים הפרסיים טענה זו מתחילה לשבח עצמם, שהם עזרו לבנות את בית המקדש השני, משום ששאל הקב"ה על תולדות האומה בכללן, ולא על מעשהו של דור מסויים (תוס').

הני דלא חשיבי להו מדברי התוס' עולה שהם מפרשים את השאלה לא לגבי כל האומות, אלא מדוע לא נמנו כאן שאר מלכויות הנזכרות בדניאל, בבל ויון? ולכן מסבירים שממלכות אלה שוב לא תימשך מלכותן עד לימות המשיח.

ואנן לא שעבדנו בישראל ואף על פי שמלכויות רבות אחרות שיעבדו בישראל, כמו מצרים ויון, היה זה שיעבוד לפי שעה ונגמר שיעבודם, מה שאין כן רומי ופרס שנמשכת מלכותם ושיעבודם בישראל עד ימות המשיח (תוהרי"ד).

דהנך משכי במלכותייהו וכו' כתב המהר"ל (והוא כדברי הרי"ד) כי בכלל רומי גם כל הממלכות האחרות שיצאו ונסתעפו ממנה במשך הדורות, ובכלל פרס גם מלכות ישמעאל הנחשבת עם פרס כהמשך אחד. ועל שני גושי ממלכות אלה הוא שאמר שהן מושכות במלכותן עד עת קץ.

כפה עליהם הר כגיגית ורבים מן המפרשים שאלו: הרי בפירוש נאמר שעוד לפני מתן תורה התרצו ישראל וקיבלו את התורה מרצונם שלהם, ואם כן מה טעם הוצרכו לכפיית ההר? ויש שהסבירו כי קיבלו עליהם מתחילה מרצונם רק תורה שבכתב, ולא תורה שבעל פה. ואחרים כתבו כי מתחילה רצו, אבל כאשר נגלה ה' עליהם במורא גדול חזרו בהם, והוצרכו לכפייה (עיון יעקב). והמהר"ל מסביר לפי דרכו כי רצון ה' היה שלא תהא קבלת התורה, שהיא ענין מהותי לקיום העולם כולו, תלויה ברצונם של בני אדם. אלא כפה עליהם הקב"ה כדי שתהא קבלת התורה נעשית מכוחו ולא מכוחם.

מסורת הש"ם

א. שבועות ו,ב.
ב. ר"ה ח,ב. טז,א. ילק"ש נ"ך קצב. שם תנב. שם תתלא.
ג. שבת לג,ב. תנחומא ותנחומא בובר שופטים ט.
ד. מגילה יא,א. קדושין עב,א. ילק"ש נ"ך תנב. שם תתקסב. שם תתרסד.
ה. ראה שבת שם. תנחומא שם.
ו. מכילתא ומכילתא דרשב"י שמות כ,ב. ספרי דברים לג,ב. במדב"ר פי"ד י. דב"ר (ליברמן) עקב. שם וזאת הברכה. איכ"ר פתיחתא כד. תנחומא שופטים ט. שם וזאת הברכה ד. תנחומא בובר שופטים ט. שם וזאת הברכה ג. פסידר"כ נספחים א. שם ב. פסי"ר פכ"א. אג"ב פמ"ד. תנדבא"ז פי"א. פרדר"א פ"מ. ילק"ש תורה תתקנא. שם נ"ך תנב. שם תקנד. שם תתטז.
ז. שבת פח,ב. תנחומא נח ג. שם שופטים ט. שהש"ר פ"ח. שוח"ט פ"א. ילק"ש תורה רפג. שם נ"ך תנב.
ח. ב"ק לח,א. ילק"ש נ"ך תנב. שם תקסג.
ט. יבמות צב,ב. כתובות יא,א. לו,ב. לט,ב. סוטה טו,א. גיטין נה,ב. ב"ק לח,א. לט,א. מנחות ו,ב. נדה ד,ב. ספרי במדבר טו, כא. ילק"ש תורה שמז. שם תעד. שם תשמח. שם נ"ך תקסג.

גרסות

אינהו בהדי הדדי בכת"י חסרות מלים אלה.

דאמר להו בכתי"מ: **דאמר להו לכולהו.**

מיד בכת"י חסרה מלה זו. **במאי עסקתם** בכת"י ועוד: **במאי עסקתם בעולם הזה.**

תקנינו בכתי"ס ועוד: **תיקננו.**

שנאמר מי בכם יגיד זאת בכתי"מ ובדפו"י משפט זה חסר, וכן להלן.

מי בכם יגיד במקרא: **מי בהם יגיד.**

חיוא... תנינא דמיא במקרא: **חיוה... תנינה דמיה.**

וכן לכל אומה בכת"י ועוד: **וכן כל אומה.**

מאי שנא הני בכתי"ס: **מאי שנא הני תרתי.**

אישתעבדו בהו בישראל... לא שעבדנו בישראל בכתי"מ: **אשתעבדו בהן בישראל יותר מדאי... שעבדן בישראל כולי האי.**

מאי בעי בכתי"ס: **קודשא בריך הוא מאי בעי.**

היכן קיימתם בכתי"ס: **היאך קיימתם.**

ולא קיימום כיון שלא קיימום בכתי"מ: **כיון שראה שלא קיימום.**

לשון

אנגריא
מקור המלה הוא ביוונית ἀγγαρεία (אנגריאה) ומשמעה — עבודת כפייה עבור השלטונות.

החיים

מלכות רומי
בקטע זה מתוארים הדברים החיוביים שבהם יכולה להשתבח מלכות רומי — הדבר הבולט ביותר (הניכר גם בשרידים שנשארו מזמן מלכות זו) הוא המאמץ לתכנן ערים, ולעשות כמה מפעלים לתקנתן של ערים אלה שכבשו. שווקים ומרחצאות הם מן המבנים שהכניסו הרומאים לכל מקום שנכבש על ידם.
כמו כן במלכות רומי, בהיותה מדינה מאורגנת למדי, היתה מערכת גביית המסים ממוסדת היטב, ולא זו בלבד, אלא משום הצרכים המרובים של המדינה היא אף הלכה וגדלה. ומשום כך סכומים עצומים של כסף היו מצויים במחזור הכספים של רומי, שלא כמו בממלכות קדומות אחרות. והוא מה שנזכר כאן בשמם: "הרבה כסף וזהב הרבינו".

הרבה מרחצאות עשינו

מלכות פרס
ראה בהשלמות.

ומגדלין שער כדב
דבר זה מתייחס לכך שהפרסים היו נוהגים (שלא כרומאים, ולא כעמים רבים אחרים) לגדל את שיער ראשם וזקנם, ולכן היו נראים שעירים יותר מעמים אחרים.

לעזי רש"י

קופ"א צ"ל: קוב"א, מן הצרפתית העתיקה cuve, שמשמעה — גיגית, מיכל עגול גדול.

מסורת הש"ם

א. ב"ק לח,א. סנהדרין נט,א. ובמדב"ר פי"ג טז. שוח"ט פ"א (בשינוי, עיי"ש). ילק"ש תורה תתקנא.
ב. ב"ק לח,א. פז,א. קדושין לא,א. ילק"ש שם תקפז. שם תשפח.
ג. שבת פח,א. ע"ז ה,א. תנחומא בראשית א. ילק"ש תורה טז. שם נ"ך תתלא. וראה גם שמו"ר פמ"ז ד. שהש"ר פ"א ו. שם פ"ז א. רו"ר פ"א א. שוח"ט פ"כ.
ד. שבת פח,א. תנחומא שמיני ז. פסי"ר פכ"א. שוח"ט פע"ו. ילק"ש תורה טז. שם נ"ך תנב.
ה. מדרש משלי ו (בשינוי לשון).
ו. עירובין כב,א. ע"ז ד,ב. תנחומא בראשית א. ילק"ש תורה תתמו. שם נ"ך תנב.
ז. תנחומא וזאת הברכה ד. תנחומא בובר שם ג. פסידר"כ נספחים פ"א. ילק"ש תורה תתקנא. שם נ"ך תנב.

גרסות

שאפילו גוי בכתי"מ: **שגוי.**

אלא כך אומרים בכתי"מ ובדפו"י ועוד: **אומרים.**

תורתי בכת"י ועוד: **התורה.**

העבירה בכתי"מ ובמקורות: **הערוה.**

ליטול שכר בכת"י ובמקורות: **ליטול שכרן.**

דלית ביה חסרון... קרו ליה בכת"י: **דלית בה חסרון... קרו לה.**

נוטל והולך ועושה סוכה בכת"י: **הולך ועושה סוכה לעצמו.**

לשון

טרוניא
מקור המלה הוא ביוונית τυραννία (טו'רניא) שעניינה: שלטון עריצים, שלטון שרירותי. וכאן משמעה שאין הקב"ה נוהג בבריותיו כך, אלא במידת צדק ורחמים.

מקדיר
פירושו של שרש זה לא נתברר היטב, וראה ברש"י. ויש סבורים שאולי הוא שורש מיוחד, שמשמעו חימום, ואולי ממנו נגזרה גם המלה קדירה.

לוֹמַר, שֶׁאַף עַל פִּי שֶׁמְּקַיְּימִין אוֹתָן את שבע המצוות הללו — אֵין מְקַבְּלִין עֲלֵיהֶם שָׂכָר. ושואלים: וְלֹא? האם הגויים אינם מקבלים שכר עליהן? וְהָתַנְיָא [והרי שנויה ברייתא], הָיָה ר׳ מֵאִיר אוֹמֵר: מִנַּיִן שֶׁאֲפִילּוּ הוא גּוֹי וְעוֹסֵק בַּתּוֹרָה שֶׁהוּא כְּכֹהֵן גָּדוֹל? תַּלְמוּד לוֹמַר: ״אֲשֶׁר יַעֲשֶׂה אֹתָם הָאָדָם וָחַי בָּהֶם״ (ויקרא יח, ה), כֹּהֲנִים לְוִיִּם וְיִשְׂרְאֵלִים לֹא נֶאֱמַר, אֶלָּא ״הָאָדָם״, באופן כללי, הָא לָמַדְתָּ מכאן, שֶׁאֲפִילּוּ גּוֹי וְעוֹסֵק בַּתּוֹרָה — הֲרֵי הוּא כְּכֹהֵן גָּדוֹל, משמע שמקבלים שכר! אֶלָּא לוֹמַר לְךָ, שֶׁאֵין מְקַבְּלִין עֲלֵיהֶם שָׂכָר כְּמִי שֶׁמְּצוּוֶּה וְעוֹשֶׂה, אֶלָּא פחות מזה, כְּמִי שֶׁאֵינוֹ מְצוּוֶּה וְעוֹשֶׂה, כפי שֶׁאָמַר ר׳ חֲנִינָא: גָּדוֹל הַמְצוּוֶּה וְעוֹשֶׂה יוֹתֵר מִמִּי שֶׁאֵינוֹ מְצוּוֶּה וְעוֹשֶׂה. ושבים לדיון שבין הקב"ה ואומות העולם, שאמר להם הקב"ה שלא קיבלו את התורה משום שלא קיימו מה שנצטוו. אֶלָּא כָּךְ אוֹמְרִים הַגּוֹיִם לִפְנֵי הַקָּדוֹשׁ בָּרוּךְ הוּא: רִבּוֹנוֹ שֶׁל עוֹלָם, יִשְׂרָאֵל שֶׁקִּיבְּלוּהָ את התורה הֵיכָן קִיְּימוּהָ? אָמַר לָהֶם הַקָּדוֹשׁ בָּרוּךְ הוּא: אֲנִי מֵעִיד בָּהֶם שֶׁקִּיְּימוּ אֶת הַתּוֹרָה כּוּלָּהּ. אוֹמְרִים לְפָנָיו: רִבּוֹנוֹ שֶׁל עוֹלָם, כְּלוּם יֵשׁ אָב שֶׁמֵּעִיד עַל בְּנוֹ? דִּכְתִיב [שנאמר]: ״בְּנִי בְכוֹרִי יִשְׂרָאֵל״ (שמות ד, כב), ואם כן, הקב"ה, שהוא אב לישראל, אינו יכול להעיד עליהם! אָמַר לָהֶם הַקָּדוֹשׁ בָּרוּךְ הוּא: שָׁמַיִם וָאָרֶץ יָעִידוּ בָּהֶם שֶׁקִּיְּימוּ אֶת הַתּוֹרָה כּוּלָּהּ. אוֹמְרִים לְפָנָיו: רִבּוֹנוֹ שֶׁל עוֹלָם, שָׁמַיִם וָאָרֶץ נוֹגְעִין בְּעֵדוּתָן, יש להם עניין להעיד שישראל קיימו את התורה, שֶׁנֶּאֱמַר: ״אִם לֹא בְרִיתִי יוֹמָם וָלָיְלָה חֻקּוֹת שָׁמַיִם וָאָרֶץ לֹא שָׂמְתִּי״ (ירמיהו לג, כה), וְאָמַר בעניין זה ר׳ שִׁמְעוֹן בֶּן לָקִישׁ, מַאי דִּכְתִיב [מהו שנאמר]: ״וַיְהִי עֶרֶב וַיְהִי בֹקֶר יוֹם הַשִּׁשִּׁי״ (בראשית א, לא), בה"א הידיעה? מְלַמֵּד שֶׁהִתְנָה הַקָּדוֹשׁ בָּרוּךְ הוּא עִם מַעֲשֵׂה בְרֵאשִׁית תנאי זה, וְאָמַר: אִם יִשְׂרָאֵל מְקַבְּלִין אֶת תּוֹרָתִי בזמן מתן תורה — מוּטָב, וְאִם לָאו [לא] — אֲנִי אַחֲזִיר אֶתְכֶם לְתוֹהוּ וָבוֹהוּ; וְהַיְינוּ דְּאָמַר [וזהו שאמר] חִזְקִיָּה באופן אחר: מַאי דִּכְתִיב [מהו שנאמר]: ״מִשָּׁמַיִם הִשְׁמַעְתָּ דִּין אֶרֶץ יָרְאָה וְשָׁקָטָה״ (תהלים עו, ט), אִם יָרְאָה לָמָּה שָׁקָטָה, וְאִם שָׁקְטָה לָמָּה יָרְאָה? והרי מי שירא אינו שקט, ומי ששקט — סימן שאינו ירא! אֶלָּא בַּתְּחִלָּה, כאשר בא הקב"ה לתת את התורה לישראל (״השמעת דין״), יָרְאָה הארץ שמא לא יקבלו ישראל את התורה, ואז תתבטל הארץ מקיומה, וּלְבַסּוֹף, כשקיבלוה, שָׁקָטָה. ואם כן, אין השמים והארץ יכולים להעיד לישראל על התורה! אָמַר לָהֶם הַקָּדוֹשׁ בָּרוּךְ הוּא לאומות: מִכֶּם יָבֹאוּ אנשים וְיָעִידוּ בָּהֶן בְּיִשְׂרָאֵל שֶׁקִּיְּימוּ אֶת הַתּוֹרָה כּוּלָּהּ: יָבֹא נִמְרוֹד וְיָעִיד בְּאַבְרָהָם שֶׁלֹּא עָבַד עֲבוֹדָה זָרָה, יָבֹא לָבָן וְיָעִיד בְּיַעֲקֹב שֶׁלֹּא נֶחְשַׁד עַל הַגָּזֵל, תָּבֹא אֵשֶׁת פּוֹטִיפֶרַע וְתָעִיד בְּיוֹסֵף שֶׁלֹּא נֶחְשַׁד עַל הָעֲבֵירָה של ניאוף, יָבֹא נְבוּכַדְנֶצַּר וְיָעִיד בַּחֲנַנְיָה מִישָׁאֵל וַעֲזַרְיָה שֶׁלֹּא הִשְׁתַּחֲווּ לַצֶּלֶם, יָבֹא דָּרְיָוֶשׁ וְיָעִיד בְּדָנִיֵּאל שֶׁלֹּא בִּיטֵּל אֶת הַתְּפִלָּה (ראה דניאל פרק ו), יָבֹא בִּלְדַּד הַשּׁוּחִי וְצוֹפַר הַנַּעֲמָתִי וֶאֱלִיפַז הַתֵּימָנִי וֶאֱלִיהוּ בֶּן בַּרַכְאֵל הַבּוּזִי, חבריו של איוב (ראה איוב ב, יא. שם לב, ב), וְיָעִידוּ בָּהֶם בְּיִשְׂרָאֵל שֶׁקִּיְּימוּ אֶת כָּל הַתּוֹרָה כּוּלָּהּ, שֶׁנֶּאֱמַר: ״כל הגויים נקבצו יחדיו... יִתְּנוּ עֵדֵיהֶם וְיִצְדָּקוּ״ (ישעיהו מג, ט). כלומר, הגוים שנאספו יתנו עדות לישראל ויראו את צדקתם. אָמְרוּ לְפָנָיו הגוים: רִבּוֹנוֹ שֶׁל עוֹלָם, תְּנָה לָנוּ מֵרֹאשׁ, תן לנו עתה את התורה מתחילה, וְנַעֲשֶׂנָּה. אָמַר לָהֶן הַקָּדוֹשׁ בָּרוּךְ הוּא: שׁוֹטִים שֶׁבָּעוֹלָם, וכי יכולים אתם לבקש זאת? מִי שֶׁטָּרַח בְּעֶרֶב שַׁבָּת הוּא יֹאכַל בְּשַׁבָּת, מִי שֶׁלֹּא טָרַח בְּעֶרֶב שַׁבָּת מֵהֵיכָן יֹאכַל בְּשַׁבָּת? וכבר עבר הזמן שבו האדם יכול להתכונן ולעשות מצוות. אֶלָּא אַף עַל פִּי כֵן, כדי שלא תתרעמו, מִצְוָה קַלָּה יֵשׁ לִי וְסוּכָּה שְׁמָהּ, לְכוּ וַעֲשׂוּ אוֹתָהּ. ושואלים: וּמִי מָצֵית אָמְרַתְּ הָכִי [והאם יכול אתה לומר כך] שאפשר לעשות מצוות לאחר ימי העולם הזה? וְהָא [והרי] אָמַר ר׳ יְהוֹשֻׁעַ בֶּן לֵוִי, מַאי דִּכְתִיב [מהו שנאמר]: ״ושמרת את המצוה... אֲשֶׁר אָנֹכִי מְצַוְּךָ הַיּוֹם לעשותם״ (דברים ז, יא)? מה צורך במלה ״היום״? אלא יש בכך הדגשה: ״הַיּוֹם״, כלומר, בעולם הזה, הוא הזמן לַעֲשׂוֹתָם — וְלֹא לְמָחָר בעולם הבא לַעֲשׂוֹתָם. ועוד הדגשה בעניין זה: ״הַיּוֹם הוא הזמן לַעֲשׂוֹתָם״ — וְלֹא הַיּוֹם לִיטּוֹל שָׂכָר, אלא בעולם הבא! אֶלָּא, בכל זאת נתן להם הקב"ה הזדמנות, לפי שֶׁאֵין הַקָּדוֹשׁ בָּרוּךְ הוּא בָּא בִּטְרוּנְיָא (בעלילה) עִם בְּרִיּוֹתָיו, ורוצה שירגישו שדינם נעשה בצדק. ושואלים: וְאַמַּאי קָרֵי לֵיהּ [ומדוע קורים לכך, לסוכה] ״מִצְוָה קַלָּה״? והתשובה היא: מִשּׁוּם דְּלֵית בֵּיהּ [שאין בכך] חֶסְרוֹן כִּיס, שאין צריך להוציא על כך כסף, אלא אפשר לבנות ממה שיש בידו. מִיָּד כָּל אֶחָד [וְאֶחָד] מן הגוים נוֹטֵל וְהוֹלֵךְ וְעוֹשֶׂה סוּכָּה בְּרֹאשׁ גַּגּוֹ, ומה עושה הַקָּדוֹשׁ בָּרוּךְ הוּא? מַקְדִּיר (מחמם) עֲלֵיהֶם את הַחַמָּה בִּתְקוּפַת תַּמּוּז, וְכָל אֶחָד וְאֶחָד שיושב בסוכה, וכל כך חם לו עד שאינו יכול לסבול, מְבַעֵט בְּסוּכָּתוֹ וְיוֹצֵא, שֶׁנֶּאֱמַר כאשר מתייצבים הגוים על ה׳: ״נְנַתְּקָה אֶת מוֹסְרוֹתֵימוֹ וְנַשְׁלִיכָה מִמֶּנּוּ עֲבֹתֵימוֹ״ (תהלים ב, ג). ושואלים: מפני מה מַקְדִּיר עליהם חמה? וְהָא [והרי] אָמַרְתְּ: אֵין הַקָּדוֹשׁ בָּרוּךְ הוּא בָּא בִּטְרוּנְיָא, עִם בְּרִיּוֹתָיו! ומשיבים: אין זו עלילה סתם, מִשּׁוּם שאצל יִשְׂרָאֵל נַמִּי [גם כן] זִימְנֵי [פעמים]

עיונים

אין מקבלין עליהן שכר כי כביכול ביטל הקב"ה ציוויים אלה לאומות, ולכן גם כאשר הגוים מקיימים מצוות אלה אין זה נחשב להם כקיום מצוה, אלא כמעשה חסר משמעות.

גוי ועוסק בתורה בתוס׳ אמרו כי לפי הגמרא בסנהדרין (נט,א) מדובר כאן כאשר עוסק דווקא בשבע מצוות בני נח, לפי שבשאר דברים הרי נאסר על הגוי ללמוד תורה. והמהרש"א הוסיף שבאמת יש עוד מצוות נוספות לבני נח, לפי ששבע מצוות אלה הן בעיקר מצוות לא תעשה שיש עליהן עונש חמור, אבל יש דברים נוספים שהם מצווים לעשותם בקום ועשה. וראה במאירי (כאן, וביתר הרחבה בסנהדרין) שכתב שהכוונה כאן לכל התורה כולה. שמה שנאסר לגוי ללמוד תורה הוא דווקא כאשר נעשה הדבר לשם ידיעה בלבד ומתוך סקרנות, אבל אם לומדה על מנת להגיע לאמת, או שלומדה ומקיימה לשם שמים — אין בכך איסור, ועליו נאמר שהוא ככהן גדול.

אלא האדם בתוס׳ דנו בדבר, כי מדברי חז"ל במקום אחר משמע כי "אדם" שבכתובים הוא דווקא אדם מישראל ולא גויים (ורש"י בסנהדרין סבור כי אכן יש מחלוקת בדבר). ורבינו תם חילק בין "אדם" לבין "האדם", ש"אדם" כוונתו לאדם מסויים, ו"האדם" עניינו מין האדם בכללו. וכן הסביר שהדבר תלוי בהקשר, שפעמים "אדם" משמעו אדם זה ולא אחר, ופעמים "אדם" עניינו — רק אדם ולא מלך.

ככהן גדול לאו דווקא, שהרי אין הבדל לענין זה בין כל אדם ואדם מישראל, אלא לשון חשיבות היא (רי"ד). והמאירי בסנהדרין הסביר כי הכוונה היא שנוהגים בו כבוד אפילו ככהן גדול.

גדול המצווה ועושה בתוס׳ (וראה גם במאירי בלשון אחרת אבל באופן דומה) מסבירים כי מי שמצווה ועושה נתון בלחץ נפשי, שהרי הוא יודע שאין לו דרך אחרת, ולפיכך יצרו מתגבר שלא לעשות. ודווקא מי שאינו מצווה אין לו פיתוי כזה. וראה במהר"ל שמסביר באופן פנימי יותר, כי העושה דבר מפני שהוא מצווה על ידי הקב"ה יש לכך מעלה בקיום רצונו של ה׳. אבל מי שעושה בלא ציווי, אף שעושה טוב, אינו נקשר על ידי כך בציוויו של הקב"ה.

נוגעין בעדותן וקשה: הרי עצם העובדה שהם קיימים מוכיחה שישראל מקיימים את התורה, שהרי לולא כן היו נהרסים! ותירצו בתוס׳ שמא הם קיימים רק משום שקיבלו ישראל את התורה בשעת נתינתה, אבל אין הם עדות שהם ממשיכים לקיימה.

בריתי יומם ולילה שהתורה היא מצוה שיש בה ברית, וברית זו חלה בין ביום ובין בלילה. וראה ברש"י שפירש כי הכוונה היא שהתורה ניתנה ללימוד יום ולילה, כמו שנאמר: "והגית בו יומם ולילה". ובתוס׳ הר"ש משנץ העיר שבמסכת שבת (קלז,ב) נאמר הדבר לגבי ברית המילה.

יום הששי והוא שונה משאר הימים שבהם כתוב "יום רביעי", "יום חמישי" וכיוצא בהם. ומשום כך נדרש לרמז לענין מתן תורה. ורש"י מסביר כאן כי "יום הששי" בה"א הידיעה הוא יום הששי בחודש סיון שהוא יום מתן תורה. וראה בתוס׳ שהעירו כי יש מחלוקת תנאים בדבר, ויש אומרים שבשביעי בסיון קיבלו את התורה. ותירצו בתוס׳ שאף לשיטה זו היה זמן מתן תורה קבוע מתחילה ליום הששי בחודש, אלא שנדחה על ידי משה רבינו. ובתוס׳ חכמי אנגליה הביאו פירוש אחר (שהוא מעין פירוש ראשון ברש"י לתורה) שדורש "הששי" בדרך אחרת, שהה"א היתירה מרמזת לחמשה חומשי תורה.

ויעיד באברהם וכו׳ כפי שמסופר במדרש שנמרוד הטיל את אברהם לכבשן האש על שסירב לעבוד עבודה זרה (ראה ב"ר פל"ח יג).

ותחילה מונה עדויות לגבי האבות, שהיו בגדר בני נח וקיימו שבע מצוות בני נח (עבודה זרה, גזל, עריות). ואחר כך מביא ראיות ממעשי ישראל בדורות מאוחרים יותר, שקיימו את התורה. ומוסיף כי לא רק קיימו מה שנאסר בה במפורש, אלא גם החמירו על עצמם. ולפי זה מובן הסבר התוס׳ שאומרים כי חנניה מישאל ועזריה לא רק נמנעו מעבודה זרה, כאברהם אבינו, אלא שלא השתחוו לצלם, אף שלא היה ממש עבודה זרה (וראה מהרש"א).

ואליהו בן ברכאל רש"י סבור שיש למחוק מלים אלה, משום שלדעת חז"ל (ב"ב טו,ב) אליהוא היה מישראל. וכן הסבירו שמשום כך לא מנו את איוב, כיון שלפי שיטה אחת גם הוא היה אדם מישראל.

היום לעשותם כתב המהר"ל כי העולם הזה הוא עולם גשמי שיש בו שינוי ותמורות, ולכן הוא עולם המעשה, שבו יכולים בני אדם לשנות את מעשיהם ואת דרכי חייהם. ואילו העולם הבא הוא עולם שאינו גשמי, ומשום כך אין עוד אפשרות לשנות דברים, אלא המציאות שבו היא מציאות קיימת ויציבה לעולם.

ולא היום ליטול שכר כי אם היה מתן שכר מיידי בעולם הזה היתה ניטלת מבני האדם אפשרות הבחירה, ולכן שכר המצוות בעיקרו הוא לעולם הבא (ואף לגבי מצוות מסויימות היוצאות מן הכלל נאמר ש"אדם אוכל מפירותיהן בעולם הזה והקרן קיימת לו לעולם הבא").

ננתקה את מוסרותימו וכו׳ המהרש"א מסביר שבמוסרות ובחבלים קושרים את דפנות הסוכה, ועבותות הן רמז לעצים שמהם עושים סכך. ובמדרש שוח"ט נאמר כי "עבותימו" הוא רמז למצוות ארבעה מינים של הלולב שקולעים אותם באגודה אחת.

אורח ההלכה

גדול המצווה כל העושה מצוה שאינו מצווה עליה לעשותה אין שכרו מרובה כשכר המצווה ועושה, אלא פחות ממנו. וכדברי ר׳ חנינא. (רמב"ם ספר מדע הלכות תלמוד תורה פ"א הי"ג. שו"ע יו"ד רמו, ו).

לומר שאם מקיימין כו'. התרה זו לא טובתם היא אלא שאין מצווין לקיימן ואם יקיימו לא יקבלו שכר: אם לא בריתי יומם ולילה. אם לא בריתי שכתבתי שתהא נוהגת יומם ולילה והיינו תורה דכתיב (יהושע א) והגית בו יומם ולילה וכתיב (דברים כט) אלה דברי הברית: ה' דהששי יתירה וכתבה בסוף מעשה בראשית לדרשה זו והכי משמע ויהי ערב ויהי בקר יום הששי של ששה בסיון שעתידין ישראל לקבל התורה: השמעת דין. מתן תורה: בתחלה יראה. שמא לא יקבלו ישראל התורה ותחזור הארץ לתוהו ובוהו: ולבסוף. כשקבלוה בנעשה ונשמע שקטה: נמרוד. השליך את אברהם אבינו באור כשדים על שלא קיבל עליו לעבוד עבודה זרה שנאסרה לבני נח ואברהם בן נח הוא שלא היה בשעת מתן תורה ועל שם כך נקרא אמרפל בכילד מעברין (עירובין נג.) שאמר והפיל אברהם בכבשן האש: שלא נחשד על הגזל. דכתיב מה מצאת מכל כלי ביתך אפי' סכין אפילו המנק אפילו מחט והחתן הדר בבית חמיו עשרים שנה כשיוצא אינו נוטל עמו כלי קטן ובני נח נצטוו על הגזל ויעקב קיים: ביוסף שלא נחשד על העבירה. אשת איש נאסרה לבני נח דכתיב ודבק באשתו ולא באשת חבירו (סנהדרין דף נח.) ויוסף קיים: ואליהו בן ברכאל. לא גרסינן דישראל הוה כדמפרשינן בבבא בתרא בהשותפין (דף טו:): בערב שבת. בעולם הזה: היום לעשותם. בעולם הזה: ולא למחר. דאינו יכול לעשותם לעולם הבא: בטרוניא. בעלילה: ברא גגו. רוב תשמישתן על הגגות שאין גגותיהן משופעין: מקדיר. [לשון נוקב כלומר] מנקבת בכח חום גדול כמו מקדרין בהרים דעירובין (דף נח.) ענין נקב וחתך: בתקופת תמוז. שנוהגת ומושכת עד שלשה חדשים עד יום תקופת תשרי הויא תקופת תמוז: ננתקה את מוסרותימו. על ה' ועל משיחו קאמר לע"ל כדכתיב למה רגשו גוים ולאומים יהגו ריק כלומר ננתקה מצות סוכה שהטילו עלינו:

לומר שאף על פי שמקיימין אותן אין מקבלין עליהם שכר ולא *והתניא [א]היה רבי מאיר אומר מנין שאפילו גוי ועוסק בתורה שהוא ככהן גדול תלמוד לומר אשר יעשה אותם האדם וחי בהם כהנים לוים וישראלים לא נאמר אלא האדם הא למדת שאפילו גוי ועוסק בתורה הרי הוא ככהן גדול אלא לומר לך שאין מקבלין עליהם שכר כמצווה ועושה אלא כמי שאינו מצווה ועושה [ב]*דאמר ר' חנינא [א]גדול המצווה ועושה יותר משאינו מצווה ועושה [אלא כך] אומרים [הגוים] לפני [הקב"ה] רבש"ע ישראל שקיבלוה היכן קיימוה אמר להם הקב"ה אני מעיד בהם שקיימו את התורה [כולה] אומרים לפניו רבש"ע כלום יש אב שמעיד על בנו דכתיב [ב]בני בכורי ישראל אמר להם הקב"ה שמים וארץ יעידו בהם שקיימו את התורה כולה אומרים לפניו רבש"ע שמים וארץ נוגעין בעדותן שנאמ' [ג]אם לא בריתי יומם ולילה חוקות שמים וארץ לא שמתי (*דאר"ש) בן לקיש [ג]*מאי דכתיב [ד]ויהי ערב ויהי בקר יום הששי מלמד שהתנה הקב"ה עם מעשה בראשית ואמר אם ישראל מקבלין את תורתי מוטב ואם לאו אני אחזיר אתכם לתוהו ובוהו (*והיינו דאמר חזקיה) [ד]מאי דכתיב [ה]משמים השמעת דין ארץ יראה ושקטה *אם יראה למה שקטה ואם שקטה למה יראה אלא בתחלה יראה ולבסוף שקטה אמר להם הקב"ה מכם יבאו ויעידו בהן בישראל שקיימו את התורה כולה יבא נמרוד ויעיד באברהם שלא עבד עבודה זרה יבא לבן ויעיד ביעקב שלא נחשד על הגזל תבא אשת פוטיפרע ותעיד ביוסף שלא נחשד על העבירה יבא נבוכדנצר ויעיד בחנניה מישאל ועזריה שלא השתחוו לצלם יבא דריוש ויעיד בדניאל שלא ביטל את התפלה יבא בלדד השוחי וצופר הנעמתי ואליפז התימני *(ואליהו בן ברכאל הבוזי) ויעידו בהם בישראל שקיימו את כל התורה כולה שנאמר [ו]יתנו עדיהם ויצדקו אמרו לפניו רבש"ע תנה לנו מראש ונעשנה אמר להן הקב"ה שוטים שבעולם [ה]מי שטרח בערב שבת יאכל בשבת מי שלא טרח בערב שבת מהיכן יאכל בשבת אלא אף על פי כן מצוה קלה יש לי וסוכה שמה לכו ועשו אותה ומי מצית אמרת הכי והא [ו]*אמר רבי יהושע בן לוי מאי דכתיב [ז]אשר אנכי מצוך *היום לעשותם ולא למחר לעשותם היום ולא היום ליטול שכר אלא [ז]שאין הקב"ה בא בטרוניא עם בריותיו ואמאי קרי ליה מצוה קלה משום דלית ביה חסרון כיס מיד כל אחד [ואחד] נוטל והולך ועושה סוכה בראש גגו והקדוש ברוך הוא מקדיר עליהם חמה בתקופת תמוז וכל אחד ואחד מבעט בסוכתו ויוצא שנאמר [ח]ננתקה את מוסרותימו ונשליכה ממנו עבותימו מקדיר והא אמרת אין הקדוש ברוך הוא בא בטרוניא עם בריותיו משום דישראל נמי זימני

דמשכא

כהנים ולוים וישראלים לא נאמר אלא האדם. משמע הכא דגוים נמי קרוין אדם ותימה דהא אמר בעלמא (ב"מ דף קיד:) דאין קברי גוים מטמאין באהל משום דכתיב אדם כי ימות באהל אתם קרוים אדם דכתיב (יחזקאל לד) ואתן צאני צאן מרעיתי אדם אתם אתם קרוים אדם ולא גוים קרויין אדם ואור"ת דיש לחלק בין אדם להאדם ולא קשיא מהא דכתיב גבי חירם (יחזקאל כח) ואתה (בן) אדם ולא אל ביד מחללך דאינו אומר כן לקרותו אדם בלשון חשיבות אלא לגנותו בלשון בזיון ושפלות והא דכתיב בקום עלינו אדם רוצה לומר אדם ולא מלך ומדרים גבי המן (מגילה יא.) א"נ ר"ל בקום עלינו אדום והא דכתיב מה יעשה לי אדם ר"ל אדם שהוא בזוי וא"ת הא אמר בפרק השולח (גיטין דף מז.) יש קנין לגוי בארץ ישראל לחפור בה שיחין ומערות שנאמר והארץ נתן לבני אדם ואומר ר"ת דגוים נמי מיקרי בני אדם שרוצה לומר בני אדם הראשון ובפרק שור שנגח ארבעה וחמשה (ב"ק דף לח.) הארכתי*: שאפילו גוי ועוסק בתורה. פי' בשבע מצות שלהם דאילו בשאר מצות אמרינן בסנהדרין פרק ד' מיתות (דף נט.) עובד אלילים העוסק בתורה חייב מיתה: הרי הוא ככהן גדול. להכי נקט כהן גדול משום דכתיב יקרה היא מפנינים ודרשינן (הוריות דף יג.) מכהן גדול הנכנס לפני ולפנים גבי ממזר ת"ח קודם לכהן גדול עם הארץ אבל גוי העוסק בתורה הוא ככהן גדול: גדול המצווה ועושה. פי' מפני שהוא דואג תמיד לבטל יצרו ולקיים מצות בוראו: נוגעים בעדותן הן. וא"ת הרי ראיה גדולה שקיימו שהרי שמים וארץ קיימים הם וי"ל דאין חוששין בזו הראיה דאין אב מעיד על בנו ועוד י"ל שהם קיימים ממה שקבלו כדאמר אם ישראל מקבלים: יום הששי. תימה למ"ד* בשבעה בחדש נתנו עשרת הדברות מאי יום הששי וי"ל דיומא קמא לא אמר להו מידי משום חולשא דאורחא א"נ היתה ראויה לינתן בששי אלא שהוסיף משה יום אחד מדעתו*: שלא השתחוו לצלם. אומר ר"ת דצלם דנבוכדנצר לאו עבודה זרה הוא אלא אנדרטי עשוי לכבוד המלך ובהכי ניחא דנקט גבי אברהם שלא עבד עבודה זרה ובחנניה מישאל ועזריה שלא השתחוו לצלם וניחא נמי הא דאמרינן בפרק אלו נערות (כתובות דף לג:) אלמלי נגדו לחנניה מישאל ועזריה פלחו לצלמא ואילו היה עבודה זרה ממש חס ושלום כי מדאגת שום יסורין שבעולם לא היו משתחוים לצלם כר' חנינא בן תרדיון (לקמן יח.) ששמו ספוגין על לבו ליסרו ור"ע (ברכות סא:) שסרקו בשרו במסרקות פיות והיינו הא דפריך פרק מקום שנהגו (פסחים דף נג:) מה ראו חנניה מישאל ועזריה שמסרו עצמן לתוך כבשן האש פירוש היה להם להשתחוות לצלם כיון שלא היה עבודה זרה ממש ועוד ראיה מפ"ק דמגילה (דף יב.) מפני מה נתחייבו שונאיהם של ישראל כלייה מפני שהשתחוו לצלם וכו' הם לא עשו אלא לפנים ואם היתה עבודה זרה היה להם למסור עצמן על קידוש השם ולישנא דקרא נמי משמע הכי דכתיב לאלהיך לית אנן פלחין ולצלמך לית אנן סגדין משמע דתרי מילי הוו*: יבא בלדד השוחי וצופר הנעמתי ואליפז התימני. אורחא דתלמודא דבהרבה מקומות לא קפיד למנות כסדר וכן הגיורת והשבויה והשפחה שנפדו ושנתגיירו ושנשתחררו (כתובות דף יא.): היום לעשותם ולא למחר לעשותם. תימה אנשי יריחו שהיו כורכין את שמע ולא היו מפסיקין בהיום על לבבך (פסחים נו.) ולפיכך הקפידו עליהם חכמים דמשמע היום על לבבך ולא למחר על לבבך ומה יש לחוש בזה כיון שכך הוא אמת כדמשמע הכא ויש לומר דהתם איכא למיטעי היום ממש וכן למחר ממש אבל היום לעשותם בקרא דבתשלום שכר כתיב (דברים ז) ומשלם לשונאיו ותשלום שכר הצדיקים הוא לעולם הבא:

ומניחין

ב"ק לח. סנהדרין נט.

ב"ק לח. [ע"ז] קדושין לא.

[ג"ל ואר"ש] *[לקמן ה. שבת פח. ע"ש]

[גי' ע"י ואמר חזקיה]

[שבת פח.]

[עי' תוספות ב"ב טו: ד"ה אליהו ופירוש רש"י דהכא]

[לקמן ד: עירובין כב.]

תורה אור: ויקרא יח — שמות ד — ירמיהו לג — בראשית א — תהלים עו — איוב — דברים ז — תהלים ב — ישעיה מג

גליון הש"ס

תוס' ד"ה יבא וכו' וכן הגיורת. וכן בפסחים דף סט ע"ב במתני' וכזמן שבא בשבת: ד"ה היום וכו' תימה אנשי יריחו. עי' פסחים נו ע"א:

ב א מיי' פ"א מהל' ת"ת הל' יג סמג עשין יב טוש"ע י"ד סימן רמו סעיף ו:

[וע"ע תוס' יבמות סא. ד"ה ואין ותוס' סנהדרין נט. ד"ה אלא ותוס' נדה ע: ד"ה אלא ותוס' ב"ק לח. ד"ה אלא ותוס' ב"ב נח. ד"ה מציין ותוס' נזיר נד. ד"ה אין]

[שבת פו:]

[כדאיתא בשבת פז.]

[ג"ל היום לעשותם היום וכו']

[ועי' תוספות כתובות לג: סד"ה אלמלי ותוס' פסחים נג: ד"ה מה]

רבינו חננאל

ומנלן דלא קיימום דכתיב עמד וימודד ארץ ראה ויתר גוים וגו' ותני רב יוסף ראה שלא קיימו שבע מצות: תניא היה רבי מאיר אומר מנין שאפי' גוי ועוסק בתורה הרי הוא כישראל שנא' אשר יעשה אותם האדם וחי בהם כהנים לוים וישראלים לא נאמר אלא אדם וכו' עד יבאו מכם ויעידו בישראל שקיימו את התורה יבא נמרוד ויעיד על אברהם שלא נחשד על עבודה זרה. לבן יעיד ביעקב שלא נחשד על הגזל אשת פוטיפר תעיד ביוסף שלא נחשד על העבירה. דריוש יעיד בדניאל שלא נחשד על התפלה. נבוכדנצר יעיד בחנניה מישאל ועזריה שלא השתחוו לצלם. אליפז התימני ובלדד השוחי וצופר הנעמתי ואליהוא בן ברכאל הבוזי יעידו בישראל שקיימו את התורה שנאמר יתנו עידיהם ויצדקו אלו ישראל ישמעו ויאמרו אמת אלו גוים. אומרים רבש"ע תנה לנו את התורה עכשיו

דמשכא להו תקופת תמוז עד חגא והוי להו צערא *והאמר רבא [א]מצטער פטור מן הסוכה נהי דפטור בעוטי [ב]מי מבעטי מיד הקב"ה יושב ומשחק עליהן שנאמר יושב בשמים ישחק וגו' א"ר יצחק אין שחוק לפני הקב"ה אלא אותו היום בלבד איכא דמתני להא דרבי יצחק אהא דתניא רבי יוסי אומר [ב]לעתיד לבא באין אומות העולם ומתגיירין ומי מקבלינן מינייהו והתניא [ג]*אין מקבלין גרים לימות המשיח כיוצא בו לא קבלו גרים לא בימי דוד ולא בימי שלמה אלא שנעשו גרים גרורים ומניחין תפילין בראשיהן תפילין בזרועותיהם ציצית בבגדיהם מזוזה בפתחיהם כיון שרואין מלחמת גוג ומגוג אומר להן על מה באתם אומרים לו על ה' ועל משיחו שנאמר למה רגשו גוים ולאומים יהגו ריק [וגו'] [ד]וכל אחד מנתק מצותו והולך שנאמר ננתקה את מוסרותימו [וגו'] והקב"ה יושב ומשחק שנאמר יושב בשמים ישחק [וגו'] א"ר יצחק אין לו להקב"ה שחוק אלא אותו היום בלבד איני והא אמר רב יהודה אמר רב שתים עשרה שעות הוי היום [ה]*שלש הראשונות הקב"ה יושב ועוסק בתורה שניות יושב ודן את כל העולם כולו כיון שרואה שנתחייב עולם כלייה עומד מכסא הדין ויושב על כסא רחמים שלישיות [ו]*יושב וזן את כל העולם כולו מקרני ראמים עד ביצי כנים רביעיות יושב ומשחק עם לויתן שנאמר לויתן זה יצרת לשחק בו אמר רב נחמן בר יצחק עם בריותיו משחק ועל בריותיו אינו משחק אלא אותו היום בלבד א"ל רב אחא לרב נחמן בר יצחק מיום שחרב בית המקדש אין שחוק להקב"ה ומנלן דליכא שחוק אילימא מדכתיב ויקרא ה' אלהים צבאות ביום ההוא לבכי ולמספד ולקרחה וגו' דלמא ההוא יומא ותו לא אלא דכתיב אם אשכחך ירושלם תשכח ימיני תדבק לשוני לחכי אם לא אזכרכי דלמא שכחה הוא דליכא אבל שחוק מיהא איכא אלא מהא החשיתי מעולם אחריש אתאפק וגו' ברביעיות מאי עביד [ז]יושב ומלמד תינוקות של בית רבן תורה שנאמר את מי יורה דעה ואת מי יבין שמועה גמולי מחלב עתיקי משדים למי יורה דעה ולמי יבין שמועה לגמולי מחלב ולעתיקי משדים ומעיקרא מאן הוה מיגמר להו איבעית אימא מיטטרון ואיבעית אימא הא והא עביד ובליליא מאי עביד איבעית אימא מעין יממא ואיבעית אימא רוכב על כרוב קל שלו ושט בשמונה עשר אלף עולמות שנאמר רכב אלהים רבותים אלפי שנאן אל תקרי שנאן אלא שאינן ואיבעית אימא יושב ושומע שירה מפי חיות שנאמר יומם יצוה ה' חסדו ובלילה שירו עמי [ח]*אמר רבי לוי כל הפוסק מדברי תורה ועוסק בדברי שיחה מאכילין לו גחלי רתמים שנאמר הקוטפים מלוח עלי שיח ושורש רתמים לחמם [ט]*אמר ריש לקיש כל העוסק בתורה בלילה הקב"ה מושך עליו חוט של חסד ביום שנאמר יומם יצוה ה' חסדו ובלילה שירו עמי מה טעם יומם יצוה ה' חסדו משום דבלילה שירו עמי איכא דאמרי [י]*אמר ר"ל [י]כל העוסק בתורה *בעולם הזה הדומה ללילה הקב"ה מושך עליו חוט של חסד בעולם הבא הדומה ליום שנאמר יומם יצוה ה' חסדו [וגו'] [יא]אמר רב יהודה אמר שמואל מאי דכתיב ותעשה אדם כדגי הים כרמש לא מושל בו למה נמשלו בני אדם כדגי הים לומר לך מה דגים שבים כיון שעולין ליבשה מיד מתים אף בני אדם כיון שפורשין מדברי תורה ומן המצות מיד מתים דבר אחר מה דגים שבים כיון שקדרה עליהם חמה מיד מתים כך בני אדם כיון שקדרה עליהם חמה מיד מתים איבעית אימא בעולם הזה ואיבעית אימא לעולם הבא איבעית אימא בעולם הזה כדר' חנינא [יב]*דא"ר חנינא הכל בידי שמים חוץ מצנים פחים שנאמר צנים פחים בדרך עקש שומר נפשו ירחק מהם ואיבעית אימא לעולם הבא כדרשב"ל [יג]דאמר רבי שמעון בן לקיש *אין גיהנם לעתיד לבא אלא הקדוש ברוך הוא מוציא חמה מנרתיקה ומקדיר רשעים נידונין בה וצדיקים מתרפאין בה רשעים נידונין בה

רש"י

דמשכא תקופת תמוז.[א] ואין תקופת תשרי נופלת עד לאחר החג: **יושב בשמים ישחק.** גבי ננתקה את מוסרותימו כתיב: **אלא שנעשו גרים גרורים.** מאליהן מתגיירין ואנן לא מקבלינן דמשום גדולתן דישראל קא עבדי דכתיב (ישעיהו נד) מי גר אתך בעניותיך עליך יפול בעשירותיך: [**יושב ודן.** כרבי יוסי דאמר במסכת ר"ה אדם נידון בכל יום דכתיב דבר יום ביומו]: **יושב וזן.** קובע להם מהיכן תזדמן להם פרנסתן: **קרני ראמים.** חיה גדולה: **ביצי כנים.** מינא הוא דמתקרי ביצי כנים ודקין הן והוא אינב"א בלשון ארמית ובלע"ז לינטרי"ש: **על בריותיו.** על עבירות שעושין בריותיו אינו משחק אלא אותו היום: **גמולי מחלב.** שמתו כשהן קטנים: **עתיקי.** כמו (איוב ט) המעתיק הרים לשון סילוק: **אלא שאינן.** ב' אלפים חסירין מריבותים: **יומם יצוה.** דן וזן ומלמד תורה: **ובלילה שירו עמי.** ובלילה נוהג שירו (למעלה) עמי למטה שאף דוד לא היה מנמנם אלא כשינת הסוס וכל הלילה מתעסק בשירות ותושבחות ובתורה כדאמרינן בריש מס' ברכות (דף ג:):(א) **חוט של חסד.** נותן חינו בעיני הבריות: **הפוסק מדברי תורה.** מי שעוסק בתורה ופוסק על דברי שיחה בטלה: **מלוח.** דברים לחלוחים ועיקר ל"א הנכתב בלוחות: **הכל בידי שמים.** מחושות ומכאובות הבאים לאדם כולם על ידי גזירת שמים: **חוץ מצנים פחים.** צנים צנה פחים חולי הבא ע"י חום כמו (שיר ב) עד שיפוח היום:

תוספות

ומניחין תפילין בראשיהן וציצית בבגדיהן וכו' עד ננתקה את מוסרותימו. בירושלמי בפרק אין מעמידין דריש ננתקה את מוסרותימו זו מצות תפילין ונשליכה ממנו עבותימו זו מצות ציצית: **אין** שחוק לפני הקב"ה. והא דאמרינן בסוף הזהב (ב"מ דף נט:) אחיך ואמר נצחוני בני אינו אלא בדיחותא בעלמא:

שניות יושב ודן. יש אומרים כי לכך תקנו בקדושת מוסף לומר ממקומו הוא יפן כי שתם מוסף בשניות בא ואז הוא יושב ודן ואנו מתפללין שיפנה מכסא דין לשבת בכסא רחמים ואין נראה דלמאי דמסקינן בסמוך (לקמן ד:) ראשונה יושב ודן לא יתכן אלא ודאי מטבע של תפלה כך הוא: **אם** אשכחך ירושלים תשכח ימיני. פשטיה דקרא כך אם אשכחך ירושלים שנשיר שיר ה' על אדמת נכר תשכח ימיני מלנגן בכנור תדבק לשוני לחכי אם ארצה לשורר בפה אם לא אזכרכי:

הקוטפים מלוח עלי שיח. פשטיה דקרא איירי בעניים האוכלין העשבים שנקראו מלוחים כמו אבותינו אכלו מלוחים אף אנו נאכל מלוחים בפרק האומר בקדושין (דף סו.) עלי שיח כלומר אצל האילנות ולא בבית: **הכל** בידי שמים חוץ מצנים פחים. פי' כל המאורעות הבאות על האדם מידי יום יום בידי שמים ואין אדם יכול להרחיק נפשו מהן חוץ מצנים פחים קור וחום פחים כמו (תהלים יא) ימטר על רשעים פחים ולשון תלמוד יפח בלועך ניפק לקידליה פרק שני דסנהדרין (דף יח:): **שומר** נפשו ירחק מהם. והא דאמרינן בפרק המקבל (ב"מ דף קז: ושם) והסיר ה' ממך כל חולי זו צנה אלמא בידי שמים היא י"ל דהכי קאמר שיתן לך מלבושים שתוכל להציל מן הצנה והא דאמרינן בויקרא רבה *אנטונינוס הוה קא אזיל באורחא א"ל לרבי צלי עלי א"ל יהא רעוא דתישתזיב מן צנתא א"ל דא צלותא בתמיה(ב) ימר דאתכסי וצנתא אזלא אמר ליה יהא רעוא דתישתזיב מן שרבא אמר ליה דא ודאי צלותא דכתיב ואין נסתר מחמתו ור' היה מתפלל שיכסה העת בעננים להיות לו צל אלמא לא היה ביד אנטונינוס להציל מן החמה ויש לומר דהיינו ודאי לאדם שהולך אנה ואנה כאנטונינוס לא היה בידו להסתר מן החמה אבל ביושב בביתו יבנה לו בית הקיץ וחדר קרה והא דאמרינן* הכל בידי שמים חוץ מיראת שמים התם מיירי במה שנגזר עליו בשעת יצירה כגון* גבור או חלש עני או עשיר חכם או טפש אבל צדיק ורשע לא כי שני דרכים נתונים לפניו הטוב והרע:

עין משפט נר מצוה

ג א מיי' פ"ו מהל' סוכה הלכה ב סמג עשין מג טוש"ע א"ח סימן תרמ סעיף ד:
ד ב טוש"ע א"ח סימן תרלט סעי' ז בהג"ה:
ה ג מיי' פי"ג מהלכות איסורי ביאה הל' טו:
ו ד מיי' פ"ג מהל' ת"ת הל' יג סמג עשין יב:

רבינו חננאל

עכשיו ונקיימנה אומר להם שוטים מי שטרח בערב שבת וכו': א"ר יהודה אמר רב י"ב שעות הוי היום. שלש ראשונות הקב"ה מתעסק בתורה. שניות יושב ודן כל העולם כיון שרואה שנתחייב כל העולם כלייה עומד מכסא דין ויושב (בכסא) [על כסא] רחמים. שלישית יושב וזן כל העולם מקרני ראמים ועד ביצי כנים. (נמחק כמו חצי שורה) ואסיקנא מיום שחרב בהמ"ק אין שמחה לפני כסא הכבוד שנא' ויקרא ה' אלהים צבאות וגו' וכתיב החשיתי מעולם אחריש אתאפק וגו' אלא רביעיות מאי עביד מלמד תינוקות של בית רבן שנאמר את מי יורה דעה למי יורה דעה לגמולי מחלב וכו'. איבעית אימא שומע שירה מן החיות שנא' יומם יצוה ה' חסדו ובלילה שירו עמי: א"ר לוי כל הפוסק מדברי תורה ועוסק בדברי שיחה מאכילין אותו גחלי רתמים שנאמר הקוטפים מלוח עלי שיח שורש רתמים לחמם פי' הקוטפים ד"ת שניתנו בלוחות ומתעסקין עלי שיחות שורש רתמים לחמם: אמר ריש לקיש אין גיהנם לעולם הבא אלא הקב"ה מוציא חמה מנרתיקה ומקדירה

הגהות הב"ח

(א) רש"י ד"ה חוט נ"ל אחר ד"ה מלוח: (ב) תוס' ד"ה שומר וכו' בתמיה יהיב חד כסו וצנתא אזלא:

הגהות מהר"ב רנשבורג

א] רש"י ד"ה דמשכא כו'. נ"ב עי' גיטין דף לא ע"ב תוס' ד"ה בקידוס וכו' ודו"ק:

גליון הש"ס

גמ' ג' הראשונות הקב"ה יושב ועוסק בתורה. עיין ילקוט פרשה כי תשא דף קח ע"ב בפסוק וישב העם:

דְּמַשְׁכָא לְהוּ [שנמשכת להם] תְּקוּפַת תַּמּוּז החמה עַד חַגָּא [חג הסוכות] וְהָוֵי לְהוּ צַעֲרָא [ויש להם צער] לשבת בסוכה. ושואלים: וְהָאָמַר [והרי אמר] רָבָא: מִצְטָעֵר פָּטוּר מִן הַסּוּכָּה, ואם כן, מן הדין אף ישראל אין צריכים לשבת בה! ומשיבים: נְהִי [אם אמנם] שֶׁפָּטוּר מן הסוכה ויכול לצאת, בַּעוּטֵי מִי מְבַעֲטֵי [לבעוט האם ישראל בועטים הם]? מִיָּד, הַקָּדוֹשׁ בָּרוּךְ הוּא יוֹשֵׁב וּמְשַׂחֵק (וצוחק) עֲלֵיהֶן, שֶׁנֶּאֱמַר בהמשך הדברים: "יוֹשֵׁב בַּשָּׁמַיִם יִשְׂחָק ה׳ ילעג למו" (תהלים ב, ד). ועל כך אָמַר ר׳ יִצְחָק: אֵין שְׂחוֹק לִפְנֵי הַקָּדוֹשׁ בָּרוּךְ הוּא אֶלָּא אוֹתוֹ הַיּוֹם בִּלְבַד. אִיכָּא דְּמַתְנֵי לְהָא [יש ששונים את זה שאמר] ר׳ יִצְחָק אַהָא [על דבר זה], דְּתַנְיָא [ששנויה בברייתא], ר׳ יוֹסֵי אוֹמֵר: לֶעָתִיד לָבֹא בָּאִין אוּמּוֹת הָעוֹלָם וּמִתְגַּיְּירִין. ומיד תוהים: וּמִי מְקַבְּלִינַן מִינַּיְיהוּ [האם מקבלים אנו מהם גרים]? וְהָתַנְיָא [והרי שנויה ברייתא]: אֵין מְקַבְּלִין גֵּרִים לִימוֹת הַמָּשִׁיחַ, כַּיּוֹצֵא בּוֹ לֹא קִבְּלוּ גֵּרִים לֹא בִּימֵי דָוִד וְלֹא בִּימֵי שְׁלֹמֹה, מפני שאז היתה שעת גדולה לישראל, ולא סמכו על הבאים להצטרף לישראל דווקא בשעת גדולתם, שכוונתם לשם שמים! אֶלָּא הכוונה היא שֶׁנַּעֲשׂוּ גֵּרִים גְּרוּרִים, שמעצמם נגררים אחרי ישראל, וּמַנִּיחִין תְּפִילִּין בְּרָאשֵׁיהֶן, תְּפִילִּין בִּזְרוֹעוֹתֵיהֶם, ושמים צִיצִית בְּבִגְדֵיהֶם, מְזוּזָה בְּפִתְחֵיהֶם. כֵּיוָן שֶׁרוֹאִין אותם גרים מִלְחֶמֶת גּוֹג וּמָגוֹג, אוֹמֵר לָהֶן כל גר כזה לגוג ומגוג: עַל מָה בָּאתֶם? אוֹמְרִים לוֹ: עַל ה׳ וְעַל מְשִׁיחוֹ אנו באים להילחם, שֶׁנֶּאֱמַר: "לָמָּה רָגְשׁוּ גוֹיִם וּלְאֻמִּים יֶהְגּוּ רִיק... על ה׳ ועל משיחו" (תהלים ב, א—ב), וְכָל אֶחָד ואחד מן הגרים הללו מְנַתֵּק מִצְוָתוֹ וְהוֹלֵךְ, שֶׁנֶּאֱמַר: "נְנַתְּקָה אֶת מוֹסְרוֹתֵימוֹ ונשליכה ממנו עבותימו" (שם ג), וְאָז הַקָּדוֹשׁ בָּרוּךְ הוּא יוֹשֵׁב וּמְשַׂחֵק, שֶׁנֶּאֱמַר: "יוֹשֵׁב בַּשָּׁמַיִם יִשְׂחָק ה׳ ילעג למו" (שם ד). אָמַר ר׳ יִצְחָק: אֵין לוֹ לְהַקָּדוֹשׁ בָּרוּךְ הוּא שְׂחוֹק אֶלָּא אוֹתוֹ הַיּוֹם בִּלְבַד. ושואלים: אִינִי [האם כך הוא] שאין להקב"ה שחוק? וְהָא [והרי] אָמַר רַב יְהוּדָה אָמַר רַב: שְׁתֵּים עֶשְׂרֵה שָׁעוֹת הָוֵי [הריהו] הַיּוֹם, שָׁלֹשׁ שעות הָרִאשׁוֹנוֹת — הַקָּדוֹשׁ בָּרוּךְ הוּא יוֹשֵׁב וְעוֹסֵק בַּתּוֹרָה, שלוש שעות שְׁנִיּוֹת — יוֹשֵׁב וְדָן אֶת כָּל הָעוֹלָם כּוּלּוֹ, כֵּיוָן שֶׁרוֹאֶה שֶׁנִּתְחַיֵּיב עוֹלָם כְּלָיָה לפי הדין, עוֹמֵד מִכִּסֵּא הַדִּין וְיוֹשֵׁב עַל כִּסֵּא רַחֲמִים, והעולם נשאר קיים מתוך הרחמים. שלוש שעות הַשְּׁלִישִׁיּוֹת — יוֹשֵׁב הקב"ה וְזָן אֶת כָּל הָעוֹלָם כּוּלּוֹ מִקַּרְנֵי רְאֵמִים עַד בֵּיצֵי כִנִּים, שלוש שעות הָרְבִיעִיּוֹת — יוֹשֵׁב וּמְשַׂחֵק עִם לִוְיָתָן, שֶׁנֶּאֱמַר: "לִוְיָתָן זֶה יָצַרְתָּ לְשַׂחֶק בּוֹ" (תהלים קד, כו), ואם כן יוצא שהקב"ה שוחק בכל יום! אָמַר רַב נַחְמָן בַּר יִצְחָק: עִם בְּרִיּוֹתָיו מְשַׂחֵק, משתעשע, כמו שהוא משחק עם לויתן, וְעַל בְּרִיּוֹתָיו אֵינוֹ מְשַׂחֵק בלעג אֶלָּא אוֹתוֹ הַיּוֹם בִּלְבַד. אָמַר לֵיהּ [לו] רַב אַחָא לְרַב נַחְמָן בַּר יִצְחָק: מִיּוֹם שֶׁחָרַב בֵּית הַמִּקְדָּשׁ אֵין עוד שְׂחוֹק לְהַקָּדוֹשׁ בָּרוּךְ הוּא. ושואלים: וּמְנָלַן דְּלֵיכָּא [ומנין לנו שאין] שְׂחוֹק? אִילֵימָא מִדִּכְתִיב [אם תאמר ממה שנאמר]: "וַיִּקְרָא ה׳ אֱלֹהִים צְבָאוֹת בַּיּוֹם הַהוּא לִבְכִי וּלְמִסְפֵּד וּלְקָרְחָה" וגו׳ (ישעיהו כב, יב), דִּלְמָא הַהוּא יוֹמָא וְתוּ לָא [שמא אותו יום קרא לבכי וכו׳ ולא עוד]! אֶלָּא תאמר שהוא ממה דִּכְתִיב [שנאמר]: "אִם אֶשְׁכָּחֵךְ יְרוּשָׁלָםִ תִּשְׁכַּח יְמִינִי תִּדְבַּק לְשׁוֹנִי לְחִכִּי אִם לֹא אֶזְכְּרֵכִי" (תהלים קלז, ה—ו), אולם גם מכאן אין הוכחה, דִּלְמָא [שמא] שִׁכְחָה הוּא דְּלֵיכָּא [שאין לפניו], אֲבָל שְׂחוֹק מִיהָא אִיכָּא [על כל פנים יש]! אֶלָּא יש ללמוד דבר זה מֵהָא [מזו שנאמר]: "הֶחֱשֵׁיתִי מֵעוֹלָם אַחֲרִישׁ אֶתְאַפָּק כיולדה אפעה" (ישעיהו מב, יד). ושואלים: אם כן, מכיון שאין הקב"ה משחק עוד, בשלוש שעות הרְבִיעִיּוֹת מַאי עָבֵיד [מה הוא עושה]? ומשיבים: יוֹשֵׁב וּמְלַמֵּד תִּינוֹקוֹת שֶׁל בֵּית רַבָּן תּוֹרָה, שֶׁנֶּאֱמַר: "אֶת מִי יוֹרֶה דֵעָה וְאֶת מִי יָבִין שְׁמוּעָה גְּמוּלֵי מֵחָלָב עַתִּיקֵי מִשָּׁדָיִם" (ישעיהו כח, ט), וכוונתו: לְמִי הקב"ה יוֹרֶה דֵּעָה וּלְמִי הוּא יָבִין שְׁמוּעָה? לִגְמוּלֵי מֵחָלָב וּלְעַתִּיקֵי מִשָּׁדָיִם, כלומר: לאותם אלה שזה עתה נגמלו מלינוק. ושואלים: וּמֵעִיקָּרָא מַאן הֲוָה מִיגְמַר לְהוּ [ומתחילה לפני החורבן מי היה מלמד אותם]? ומשיבים: אִיבָּעֵית אֵימָא [אם תרצה אמור]: המלאך מֵיטַטְרוֹן; וְאִיבָּעֵית אֵימָא [ואם תרצה אמור]: הָא וְהָא עָבֵיד [את זה ואת זה היה עושה הקב"ה], גם משחק עם הלויתן וגם מלמד תינוקות, ועכשיו אינו משחק עוד. ושואלים: וּבשתים עשרה שעות של לֵילְיָא מַאי עָבֵיד [ובלילה מה הוא עושה]? ומשיבים: אִיבָּעֵית אֵימָא [אם תרצה אמור]: מֵעֵין [בדומה] למה שעושה בִּימָמָא [יום], וְאִיבָּעֵית אֵימָא [ואם תרצה אמור]: רוֹכֵב עַל כְּרוּב קַל שֶׁלּוֹ וְשָׁט בִּשְׁמוֹנָה עָשָׂר אֶלֶף עוֹלָמוֹת, שֶׁנֶּאֱמַר: "רֶכֶב אֱלֹהִים רִבֹּתַיִם אַלְפֵי שִׁנְאָן" (תהלים סח, יח), אַל תִּקְרֵי "שִׁנְאָן" אֶלָּא "שֶׁאֵינָן", שאם לוקחים שתי רבבות ("רבותים", עשרים אלף) ומוציאים מהם שני אלפים ("אלפי" — אלפיים, "שנאן" — שאינן), הרי נשארים שמונה עשר אלף עולמות. וְאִיבָּעֵית אֵימָא [ואם תרצה אמור]: בלילה יוֹשֵׁב הקב"ה וְשׁוֹמֵעַ שִׁירָה מִפִּי חַיּוֹת, שֶׁנֶּאֱמַר: "יוֹמָם יְצַוֶּה ה׳ חַסְדּוֹ וּבַלַּיְלָה שִׁירֹה עִמִּי" (שם מב, ט). אָמַר ר׳ לֵוִי: כָּל הַפּוֹסֵק מִדִּבְרֵי תוֹרָה וְעוֹסֵק בְּדִבְרֵי שִׂיחָה — מַאֲכִילִין לוֹ גַּחֲלֵי רְתָמִים, שֶׁנֶּאֱמַר: "הַקֹּטְפִים מַלּוּחַ עֲלֵי שִׂיחַ וְשֹׁרֶשׁ רְתָמִים לַחְמָם" (איוב ל, ד). אָמַר רֵישׁ לָקִישׁ: כָּל הָעוֹסֵק בַּתּוֹרָה בַּלַּיְלָה — הַקָּדוֹשׁ בָּרוּךְ הוּא מוֹשֵׁךְ עָלָיו חוּט שֶׁל חֶסֶד בַּיּוֹם, שֶׁנֶּאֱמַר: "יוֹמָם יְצַוֶּה ה׳ חַסְדּוֹ וּבַלַּיְלָה שִׁירֹה עִמִּי". שכך יש להבין את הכתוב: מַה טַּעַם "יוֹמָם יְצַוֶּה ה׳ חַסְדּוֹ" אותו חוט של חסד על האדם? מִשּׁוּם שֶׁ"וּבַלַּיְלָה שִׁירוֹ עִמִּי", כלומר, התורה שנקראת שירה. אִיכָּא דְּאָמְרִי [יש שאומרים] שכך אָמַר רֵישׁ לָקִישׁ: כָּל הָעוֹסֵק בַּתּוֹרָה בָּעוֹלָם הַזֶּה הַדּוֹמֶה לַלַּיְלָה — הַקָּדוֹשׁ בָּרוּךְ הוּא מוֹשֵׁךְ עָלָיו חוּט שֶׁל חֶסֶד בָּעוֹלָם הַבָּא הַדּוֹמֶה לַיּוֹם, שֶׁנֶּאֱמַר: "יוֹמָם יְצַוֶּה ה׳ חַסְדּוֹ ובלילה שירו עמי". ועוד בענין לימוד תורה, אָמַר רַב יְהוּדָה אָמַר שְׁמוּאֵל, מַאי דִּכְתִיב [מהו שנאמר]: "וַתַּעֲשֶׂה אָדָם כִּדְגֵי הַיָּם כְּרֶמֶשׂ לֹא מֹשֵׁל בּוֹ" (חבקוק א, יד), לָמָּה נִמְשְׁלוּ בְּנֵי אָדָם כִּדְגֵי הַיָּם? לוֹמַר לְךָ: מַה דָּגִים שֶׁבַּיָּם — כֵּיוָן שֶׁעוֹלִין לַיַּבָּשָׁה מִיָּד מֵתִים, אַף בְּנֵי אָדָם — כֵּיוָן שֶׁפּוֹרְשִׁין מִדִּבְרֵי תוֹרָה וּמִן הַמִּצְוֹת מִיָּד מֵתִים. דָּבָר אַחֵר: מַה דָּגִים שֶׁבַּיָּם — כֵּיוָן שֶׁקָּדְרָה (התלהטה) עֲלֵיהֶם חַמָּה מִיָּד מֵתִים, כָּךְ בְּנֵי אָדָם — כֵּיוָן שֶׁקָּדְרָה עֲלֵיהֶם חַמָּה מִיָּד מֵתִים. ומעירים: אִיבָּעֵית אֵימָא [אם תרצה אמור] שדבר זה נאמר בפשטות בָּעוֹלָם הַזֶּה, וְאִיבָּעֵית אֵימָא [ואם תרצה אמור] לָעוֹלָם הַבָּא. ומפרשים: אִיבָּעֵית אֵימָא [אם תרצה אמור] בָּעוֹלָם הַזֶּה — כְּדִבְרֵי ר׳ חֲנִינָא, שֶׁאָמַר ר׳ חֲנִינָא: הַכֹּל, כל מאורעות הבאים לו לאדם, באים בִּידֵי שָׁמַיִם, חוּץ מִצִּנִּים פַּחִים (צינה וחום), שֶׁנֶּאֱמַר: "צִנִּים פַּחִים בְּדֶרֶךְ עִקֵּשׁ שׁוֹמֵר נַפְשׁוֹ יִרְחַק מֵהֶם" (משלי כב, ה), משמע: אדם יכול להינצל מהם אם ייזהר. ומכאן למדים שחום יתר הוא דבר העשוי להביא לידי סכנת מוות. וְאִיבָּעֵית אֵימָא [ואם תרצה אמור] שכל זה נאמר לָעוֹלָם הַבָּא, כְּדִבְרֵי ר׳ שִׁמְעוֹן בֶּן לָקִישׁ, שֶׁאָמַר ר׳ שִׁמְעוֹן בֶּן לָקִישׁ: אֵין גֵּיהִנָּם לֶעָתִיד לָבֹא, אֶלָּא מה קורה? הַקָּדוֹשׁ בָּרוּךְ הוּא מוֹצִיא חַמָּה מִנַּרְתִּיקָהּ מן הנרתיק שהיא נמצאת בו בזמן הזה, וּמַקְדִּיר ומחמם בה, רְשָׁעִים נִידּוֹנִין בָּהּ בחום הזה ונשרפים, וְצַדִּיקִים מִתְרַפְּאִין בָּהּ. וראיה לדבר: רְשָׁעִים נִידּוֹנִין

עיונים

הקב"ה יושב ומשחק המהר"ל מסביר כי מצד עצמם אין להם מציאות אמיתית, ואינם אלא כמהתלה. אבל דבר זה אינו נגלה בפועל אלא כאשר הם מראים בעצמם שאף מצוות אינם מקבלים באמת.

גרים גרורים כלומר, אין מקבלים אותם, אלא הם מעצמם נוהגים מנהג גרים (רש"י). והמאירי מסביר שלא היה בית דין רגיל מקבל אותם, אלא היו מתגיירים על ידי בתי דין של הדיוטות (שלושה אנשים סתם) שהיו מקבלים אותם, וגרים שכאלה אין מקרבים אותם מיד, לראותם כגרים אמיתיים, אלא לאחר בירור ודקדוק גדול.

שתים עשרה שעות וכו׳ המהר"ל מסביר שמתחילה הוא זמן התורה, לפי שהתורה היא המגדירה את הסדר הראוי בעולם. ולאחר מכן זמן הדין — לתקן את העיוותים שנעשו בעולם, שאינם כפי סדר התורה. ואחר כך הקב"ה מזמן לבריות את הצריך להם לחייהם. ואחר כך כאשר הם בשלמותם הרוחנית והגופנית הוא מתחבר אליהם ("משחק עם לויתן").

על בריותיו אינו משחק רש"י מסביר שאינו צוחק על עבירות שבידם. ואחרים (ראה במהרש"א ומהר"ל) מסבירים כי בכלל אין הקב"ה צוחק על בריותיו ועל משוגותיהם ועניניהם, אף כי הוא "משחק" עמם בזמן עלייתם. וראה בתו"ח.

אין שחוק לקב"ה כי חורבן הבית אינו רק אסונם של ישראל, אלא הוא פגם לכל העולם כולו, ואף הקב"ה משתתף בצערו של העולם הסובל (וראה בראשית מסכת ברכות ג,א בענין זה).

מלמד תינוקות וכו׳ כלומר, אותם ילדים שמתו בעולם הזה בעודם תינוקות של בית רבן, או שרק נגמלו מלינוק (רש"י). ומדברי מפרשים אחרים משמע כי הכוונה היא לתינוקות של בית רבן שבחיים. והסביר המהר"ל כי כיון שאלה אין בהם דעת כלל הריהם כלי גמור ושלם לקבלה, ולכן ראוי שדווקא המקור הראשון של הנתינה, הקב"ה, הוא שיעניק להם.

רוכב על כרוב קל ושט בשמונה עשר וכו׳ ומסביר המהר"ל כי אלה הן שמונה עשר אלף דרגות שונות של עולמות זה מעל זה, שמעל כולם נבדל ומתעלה הקב"ה ומשפיע את ברכתו הסמויה.

ובלילה שירה עמי רש"י מסביר שדוד אומר שבלילה, כאשר הוא שר ומזמר לקב"ה, הרי הוא שותף לשיר הנשמע לפני הקב"ה ("שירה"). ובמסכת חגיגה (יב,ב) מסביר רש"י כי בלילה נשמעת השירה ברקיע עם השירה שאמר דוד ביום.

הקוטפים מלוח שדורשים את המלה "מלוח" במשמעות דבר לח, כלומר התורה שיש בה חיים, שקוטפים ופוסקים ממנה בגלל ענייני שיחה סתם. או שהכוונה ללוח במובן התורה שניתנה בשני לוחות הברית (רש"י. וכפירוש זה פירש גם ר"ח).

חוט של חסד רש"י מסביר שעניינו שהוא נושא חן בעיני הבריות. והמאירי מסביר כי הוא מסוגל לענות היטב בדברי תורה. ומהרש"א אומר בפשטות כי כרגיל הנעור בלילה פניו זועפות, והעוסק בתורה מושך עליו הקב"ה חן מיוחד שיהו פניו מאירות.

הכל בידי שמים וכו׳ כלומר, כאן מדבר על המאורעות (כגון תאונות ומיחושים. רש"י) המתארעים לבני אדם. ובכלל זה מאורעות החיים הכללים, אבל לגבי היות האדם צדיק או רשע — נאמר במקום אחר כי הכל בידי שמים חוץ מיראת שמים (ברכות מג,א), שהיא תלויה בבחירת האדם (תוס׳).

אין גיהנם לעתיד לבוא כתב המהר"ל כי הגיהנם שייך לדברים שהם מפגמי העולם וחסרונותיו, ולכן בעולם הבא אין גיהנם, אלא המציאות מאירה באמיתותה, והרשעים שאין להם מציאות אמיתית ממילא אינם יכולים להתקיים, ואילו הצדיקים שיש להם מציאות של אמת, אלא שבעולם הזה היתה מציאותם חסרה, הם הגדלים ומושלמים בהארה זו.

אורח ההלכה

מצטער פטור מן הסוכה המצטער פטור מן הסוכה (אבל בלילה הראשון, אפילו מצטער חייב לאכול שם כזית. רמ"א). איזהו מצטער — כל שאינו יכול לישון בסוכה מפני הרוח או מפני הזבובים או מפני הריח, או מפני סיבה אחרת שיש לו מחמתה צער. וכן נכלל בזה כל שאינו יכול להיות בסוכה מפני החולי. וכדברי רבא. (רמב"ם ספר זמנים הלכות סוכה פ"ו ה"ב. שו"ע או"ח תרמ, ד).

בעוטי מי מבעט כשיוצא מן הסוכה מפני הגשמים אל יבעט ויצא, אלא יצא כנכנע, כעבד שמוזג כוס לרבו, ושפך אותו רבו על פניו. (שו"ע שם תרלט, ז. בהגהה).

אין מקבלין גרים לימות המשיח אין בית הדין מקבלים גרים כאשר יש מקום לחשוב שהם מתגיירים שלא לשם שמים. ולכן לא קיבלו גרים בימי דוד המלך שמא מפני הפחד נתגיירו, ולא בימי שלמה שמא בשביל גדולת ישראל באו להתגייר. (רמב"ם ספר קדושה הלכות איסורי ביאה פי"ג הט"ו. שו"ע יו"ד רסח, יב).

העוסק בתורה בלילה אף על פי שמצוה ללמוד ביום ובלילה, אין אדם למד רוב חכמתו אלא בלילה. לפיכך, מי שרוצה לזכות בכתר התורה יזהר בכל לילותיו ולא יאבד אפילו אחד מהן בשינה ואכילה ושתיה ושיחה וכיוצא בהן אלא בתלמוד תורה ודברי חכמה. אמרו חכמים: אין רנה של תורה אלא בלילה, שנאמר: "קומי רוני בלילה", וכל העוסק בתורה בלילה, חוט של חסד נמשך עליו ביום, שנאמר: "יומם יצוה ה׳ חסדו ובלילה שירה עמי תפלה לאל חיי". וכדברי ריש לקיש. (רמב"ם ספר מדע הלכות תלמוד תורה פ"ג הי"ג. שו"ע או"ח רלח, א. שם יו"ד רמו, כג—כד).

מסורת הש"ס

א. סוכה כה,ב. כו,א.
ב. ראה ירושלמי ע"ז פ"ב ה"א (הענין). ילק"ש נ"ך תנב.
ג. יבמות כד,ב. ילק"ש שם.
ד. שוח"ט פ"ב (בשינויים).
ה. ע"ז ד,ב. וראה תנדבא"ר פי"ד. ילק"ש תורה תצא (בשינויים).
ו. שבת קז,ב. ילק"ש נ"ך תנב.
ז. כלה רבתי פ"ב ט. ילק"ש נ"ך שם. ושם תנא.
ח. חגיגה יב,ב. ילק"ש נ"ך תתקיח.
ט. חגיגה שם. מדרש משלי לא. תנדבא"ז פי"ז.
י. חגיגה שם. ילק"ש נ"ך תשמה.
יא. שם תקסב.
יב. כתובות ל,ב. ב"מ קז,ב. ב"ב קמד,ב. ובירושלמי שבת פי"ד ה"ג. ויק"ר פט"ז ח (בשינויים). ילק"ש תורה תתמט. שם נ"ך תקסב. שם תתקס.
יג. נדרים ח,ב. ב"ר פכ"ו ו. קה"ר פ"א ב. שוח"ט פי"ט. ילק"ש תורה תרנג. שם נ"ך תקסב.

גרסות

דמשכא להו בכתי"מ ועוד: **דמשכא.**

ומשחק בכתי"מ: **ושוחק.**

ומי מקבלינן מינייהו בכתי"מ חסרות מלים אלה.

תפילין בזרועותיהן בכתי"ס: **ובזרועותיהם.**

אומר להן... אומרים לו בכתי"ס: **אומרין להן... אומרים להן.**

וכל אחד מנתק מצותו בכתי"מ ועוד: **מיד כל אחד ואחד.**

יושב ומשחק בכת"י: **יושב ומשחק עליהם** ויש במקורות: **יושב בשמים ומשחק עליהם.**

אין לו להקב"ה שחוק בכתי"מ ועוד: **אין שחוק לפני הקב"ה.**

שנתחייב עולם כלייה בכתי"מ ועוד: **שכל העולם כולו נתחייב בדין.**

אין שחוק לקדוש ברוך הוא בכתי"ס, וכעין זה בכתי"מ ועוד: **מכי חרוב בית המקדש דאין שחוק להקב"ה ברביעיות מאי עביד.**

אבל שחוק מיהא איכא בכתי"מ: **הא שחוק איכא.**

מהא החשיתי בכת"י ועוד: **מהכא החשיתי.**

ברביעיות מאי בכתי"מ: **אלא ברביעיות מאי.**

כרוב קל בכת"י ועוד: **עב קל.**

אמר ר׳ לוי כל הפוסק... אמר ריש לקיש... איכא דאמרי אמר ריש לקיש בכתי"מ ועוד כבמקבילה: **אמר ריש לקיש כל העוסק... איכא דאמרי אמר ריש לקיש... אמר ר׳ לוי.**

ומקדיר בכת"י ועוד: **ומקדירה.**

לשון

מיטטרון
משמעותה הלשונית של מלה זו אינה ברורה. יש סבורים כי מקורה בלטינית metator — מדריך, מתכנן. ויש סבורים כי היא מן היוונית μέτα θρόνου (מטא תרונו) שמשמעה: אחרי הכסא (כסא מלכות), ולפי זה — המלאך העומד כביכול אחרי כסא הכבוד, כמשרת ראשון במעלה.

נרתיק
מקור המלה ביוונית ναρθήκιον (נרתיקיון) ומשמעה: ארגז, כלי לכסות בו חפץ.

מקדיר
עיקר מובנו של שרש זה לא נתברר היטב, ורש"י ועוד מפרשים במובן קדר=נקב, שעושה נקב כביכול ברקיע ויוצאת החמה. ויש סבורים שהוא מן השרשים בעלי משמעויות הפוכות, שקדר משמעו זרח, היפך לשון קדר־חשך. ואולי משמעו מחמם, מרתיח. וממנו גם קדירה, ככלי בישול.

העולם

תקופת תמוז

גחלי רתמים
ראה בהשלמות.

לעזי רש"י

לינטרי"ס מן הצרפתית העתיקה lentres — ביצי הכינים.

בָּהּ, — דִּכְתִיב [שנאמר]: "[כִּי] הִנֵּה הַיּוֹם בָּא בֹּעֵר כַּתַּנּוּר וְהָיוּ כָל זֵדִים וְכָל עֹשֵׂה רִשְׁעָה קַשׁ וְלִהַט אֹתָם הַיּוֹם הַבָּא אָמַר ה' צְבָאוֹת אֲשֶׁר לֹא יַעֲזֹב לָהֶם שֹׁרֶשׁ וְעָנָף" (מלאכי ג, יט), ומפרש: לֹא יישאר להם שׁוֹרֶשׁ — בָּעוֹלָם הַזֶּה, וְלֹא יצמח להם עָנָף לָעוֹלָם הַבָּא, ומכאן שהשמש של יום ה' היא עצמה תשרוף ותשמיד אותם. מצד שני, למדים שצַדִּיקִים מִתְרַפְּאִין בָּהּ — דִּכְתִיב [שנאמר] בהמשך אותו כתוב: "וְזָרְחָה לָכֶם יִרְאֵי שְׁמִי שֶׁמֶשׁ צְדָקָה וּמַרְפֵּא בִּכְנָפֶיהָ" וגו' (שם כ); וְלֹא עוֹד, אֶלָּא שֶׁמִּתְעַדְּנִין בָּהּ, שֶׁנֶּאֱמַר: "וִיצָאתֶם וּפִשְׁתֶּם (כלומר, תשמינו) כְּעֶגְלֵי מַרְבֵּק" (שם). ושבים לפרש את הפסוק "ותעשה אדם כדגי הים כרמש לא מושל בו" (חבקוק א, יד). דָּבָר אַחֵר: מַה דָּגִים שֶׁבַּיָּם — כָּל הַגָּדוֹל מֵחֲבֵירוֹ בּוֹלֵעַ אֶת חֲבֵירוֹ, אַף בְּנֵי אָדָם — אִלְמָלֵא מוֹרָאָהּ שֶׁל מַלְכוּת, של השלטון, כָּל הַגָּדוֹל מֵחֲבֵירוֹ היה בּוֹלֵעַ אֶת חֲבֵירוֹ. וְהַיְינוּ דִּתְנַן [וזהו ששנינו במשנה] שר' חֲנִינָא סְגַן הַכֹּהֲנִים אוֹמֵר: הֱוֵי מִתְפַּלֵּל בִּשְׁלוֹמָהּ שֶׁל מַלְכוּת, שיתמיד שלטונה, שֶׁכֵּן אִלְמָלֵא מוֹרָאָהּ שֶׁל מַלְכוּת, היה אִישׁ אֶת רֵעֵהוּ חַיִּים בְּלָעוֹ, ומורא המלכות הוא המסדיר את החיים בעולם.

א רַב חִינָּנָא בַּר פַּפָּא רָמֵי [השליך, הראה סתירה] בין הפסוקים, כְּתִיב [נאמר]: "שַׁדַּי לֹא מְצָאנֻהוּ שַׂגִּיא כֹחַ" (איוב לז, כג), שאין רואים את כוחו, וּכְתִיב [ונאמר] במקום אחר: "גָּדוֹל אֲדוֹנֵינוּ וְרַב כֹּחַ" (תהלים קמז, ה), וּכְתִיב [וכן נאמר]: "יְמִינְךָ ה' נֶאְדָּרִי בַּכֹּחַ" (שמות טו, ו), הרי שכוחו נראה! ומשיבים: לָא קַשְׁיָא [אין זה קשה]: כָּאן שאין רואים את כוחו, הרי זה בִּשְׁעַת הַדִּין, שהוא נוהג ברחמים, כָּאן שרואים את כוחו — בִּשְׁעַת מִלְחָמָה, כשנלחם באויביו. כיוצא בזה ר' חָמָא בְּר' חֲנִינָא רָמֵי [השליך, הראה סתירה] בין פסוקים, כְּתִיב [נאמר]: "חֵמָה אֵין לִי" (ישעיהו כז, ד), וּכְתִיב [ונאמר]: "נֹקֵם ה' וּבַעַל חֵמָה" (נחום א, ב)! ומשיבים: לָא קַשְׁיָא [אין זה קשה]: כָּאן שחימה אין לו — בְּיִשְׂרָאֵל, כָּאן בְּאוּמּוֹת הָעוֹלָם. רַב חִינָּנָא בַּר פַּפָּא אָמַר בפירוש הפסוק שהוזכר: "חימה אין לי מי יתנני שמיר שית במלחמה אפשעה בה אציתנה יחד", חֵמָה אֵין לִי, איני כועס, לפי שֶׁכְּבָר נִשְׁבַּעְתִּי שלא אכלה את ישראל, אבל מִי יִתְּנֵנִי כלומר, הלואי שֶׁלֹּא נִשְׁבַּעְתִּי, שאם לא השביעה — אֶהְיֶה שָׁמִיר וָשַׁיִת במלחמה אפשעה בה אציתנה יחד. וְהַיְינוּ [וזהו] שאָמַר ר' אֲלֶכְּסַנְדְּרִי, מַאי דִּכְתִיב [מהו שנאמר]: "וְהָיָה בַּיּוֹם הַהוּא אֲבַקֵּשׁ לְהַשְׁמִיד אֶת כָּל הַגּוֹיִם" (זכריה יב, ט), אֲבַקֵּשׁ מִמִּי? וכי צריך הקדוש ברוך הוא לבקש רשות? אלא "אבקש" משמעו כמו אחפש, אבדוק, אָמַר הַקָּדוֹשׁ בָּרוּךְ הוּא: אֲבַקֵּשׁ בְּנִיגְנֵי (ברשימה) שֶׁלָּהֶם, אִם יֵשׁ לָהֶם זְכוּת — אֶפְדֵּם, וְאִם לָאו אַשְׁמִידֵם. וְהַיְינוּ [וזהו] שאָמַר רָבָא, מַאי דִּכְתִיב [מהו שנאמר]: "אַךְ לֹא בְעִי יִשְׁלַח יָד אִם בְּפִידוֹ לָהֶן שׁוּעַ" (איוב ל, כד)? אָמַר לָהֶן הַקָּדוֹשׁ בָּרוּךְ הוּא לְיִשְׂרָאֵל: כְּשֶׁאֲנִי דָּן אֶת יִשְׂרָאֵל, אֵין אֲנִי דָּן אוֹתָם כְּאוּמּוֹת הָעוֹלָם, דִּכְתִיב [שנאמר]: "עַוָּה עַוָּה עַוָּה אֲשִׂימֶנָּה" וגו' (יחזקאל כא, לב), שאיני מצרף את כל העוונות לחשבון אחד גדול ונפרע מהם, אֶלָּא אֲנִי נִפְרָע (מעניש) מֵהֶן כְּפִיד (כניקור) שֶׁל תַּרְנְגוֹלֶת, שנוטלת בכל פעם רק דבר מועט. דָּבָר אַחֵר: אֲפִילּוּ אֵין יִשְׂרָאֵל עוֹשִׂין מִצְוָה לְפָנַי כִּי אִם מְעַט, כְּפִיד שֶׁל תַּרְנְגוֹלִין שֶׁמְּנַקְּרִין בָּאַשְׁפָּה, אֲנִי מְצָרְפָן לְחֶשְׁבּוֹן גָּדוֹל, [שֶׁנֶּאֱמַר: "אִם בְּפִידוֹ] לָהֶן שׁוּעַ", שאף שעושים ישראל מעט מעט ("בפידו") תהיה להם תשועה ("שוע"). [דָּבָר אַחֵר]: בִּשְׂכַר שֶׁמְּשַׁוְּעִין ומתפללים לְפָנַי ("שוע") אֲנִי מוֹשִׁיעַ ופודה אוֹתָם ("בפידו" מלשון פדיון). וְדרך זו שהקדוש ברוך הוא נפרע מישראל מעט מעט, ומחסר ממונם ולא מכלה אותם בחמתו, הַיְינוּ [זהו] שאָמַר ר' אַבָּא, מַאי דִּכְתִיב [מהו שנאמר]: "וְאָנֹכִי אֶפְדֵּם וְהֵמָּה דִּבְּרוּ עָלַי כְּזָבִים" (הושע ז, יג)? אֲנִי אָמַרְתִּי אֶפְדֵּם בְּמָמוֹנָם מה שמפסידים ממנו בָּעוֹלָם הַזֶּה, כְּדֵי שֶׁיִּזְכּוּ לָעוֹלָם הַבָּא, וְהֵמָּה דִּבְּרוּ עָלַי כְּזָבִים שהקדוש ברוך הוא זועם עליהם ואינו חפץ בהם. וְהַיְינוּ [וזהו] גם מה שאָמַר רַב פַּפִּי מִשְּׁמֵיהּ [משמו] של רָבָא, מַאי דִּכְתִיב [מהו שנאמר]: "וַאֲנִי יִסַּרְתִּי חִזַּקְתִּי זְרוֹעֹתָם וְאֵלַי יְחַשְּׁבוּ רָע" (שם, טו)? אָמַר הַקָּדוֹשׁ בָּרוּךְ הוּא: אֲנִי אָמַרְתִּי אֲיַסְּרֵם בְּיִסּוּרִין בָּעוֹלָם הַזֶּה כְּדֵי שֶׁיֶּחֶזְקוּ זְרוֹעוֹתָם לָעוֹלָם הַבָּא, ואם כן כל זה הוא לטובה, וְאֵלַי יְחַשְּׁבוּ רָע.

ובענין ייסוריהם של ישראל מסופר, מִשְׁתַּבַּח לְהוּ [היה משבח אותו] ר' אֲבָהוּ לְמִינֵי [למינים] את רַב סָפְרָא שאָדָם גָּדוֹל הוּא, שְׁבַקוּ לֵיהּ מִיכְסָא דִּתְלֵיסַר שְׁנִין [הניחו לו, ויתרו לו, על המכס של שלוש עשרה שנים], שסמכו על ר' אבהו, וחשבו שראוי שיעשו הנחה לאדם גדול. יוֹמָא חַד אַשְׁכְּחוּהוּ [יום אחד מצאוהו], את רב ספרא, אָמְרוּ לֵיהּ [לו], כְּתִיב [נאמר]: "רַק אֶתְכֶם יָדַעְתִּי מִכֹּל מִשְׁפְּחוֹת הָאֲדָמָה עַל כֵּן אֶפְקֹד עֲלֵיכֶם אֵת כָּל עֲוֹנֹתֵיכֶם" (עמוס ג, ב), והוא תמוה: אם ה' אוהב את ישראל מפני מה דווקא עליהם פוקד עוון? וכי מַאן דְּאִית לֵיהּ סִיסְיָא [מי שיש לו כעס], בְּרַחֲמֵיהּ מַסִּיק לֵיהּ [וכי באוהבו הוא מעלה אותו]? אִישְׁתִּיק [שתק] וְלֹא אָמַר לְהוּ [להם] וְלֹא מִידֵי [דבר]. רְמוּ לֵיהּ סוּדָרָא בְּצַוָּארֵיהּ וְקָא מְצַעֲרוּ לֵיהּ [השליכו לו סודר בצוארו והיו מצערים אותו], מושכים אותו ומבזים אותו. אֲתָא [בא] ר' אֲבָהוּ אַשְׁכְּחִינְהוּ [מצא אותם] שהם עושים כן לרב ספרא, אָמַר לְהוּ [להם]: אַמַּאי מְצָעֲרִיתוּ לֵיהּ [מדוע אתם מצערים אותו]? אָמְרוּ לֵיהּ [לו] לר' אבהו: וְלָאו אֲמַרְתְּ לָן [והאם לא אמרת לנו] שאָדָם גָּדוֹל הוּא? [והרי לֹא יָדַע לְמֵימַר לָן פֵּירוּשָׁא דְּהַאי פְּסוּקָא] [אינו יודע לומר לנו את פירושו של פסוק זה]! אָמַר לְהוּ [להם] ר' אבהו: אֵימַר דַּאֲמַרִי לְכוּ — בְּתַנָּאֵי, בְּקָרָאֵי מִי אֲמַרִי לְכוּ [גם אם אמרתי לכם שאדם גדול הוא — הרי זה במשניות, בתורה שבעל פה, אבל במקרא בתורה שבכתב האם אמרתי לכם שהוא יודע]? אָמְרוּ לֵיהּ [לו]: מַאי שְׁנָא אַתּוּן דְּיָדְעִיתוּן [במה שונים אתם, חכמי ארץ ישראל, שאתם יודעים] גם במקרא? אָמַר לְהוּ [להם]: אֲנַן דִּשְׁכִיחִינַן גַּבֵּיכוֹן — רָמֵינַן אַנַּפְשִׁין וּמְעַיְּינַן [אנו, שאנו מצויים איתכם ומתווכחים איתכם בפירוש מקראות — אנו מטילים על עצמנו את החובה ומעיינים במקרא], אִינְהוּ לָא מְעַיְּינִי [הם, חכמי בבל, שאינם צריכים להתווכח עמכם, אינם מעיינים במקרא]. אָמְרוּ לֵיהּ [לו] אותם המינים לר' אבהו: אם כן, לֵימָא לָן אַתְּ [אמור לנו אתה] את פירושו של פסוק זה. אָמַר לְהוּ [להם]: אֶמְשׁוֹל לָכֶם מָשָׁל, לְמָה הַדָּבָר דּוֹמֶה? לְאָדָם שֶׁנּוֹשֶׁה מִשְּׁנֵי בְּנֵי אָדָם שחייבים לו כסף, הָאֶחָד הוא אוֹהֲבוֹ וְאֶחָד הוא שׂוֹנְאוֹ, אוֹהֲבוֹ — הריהו נִפְרָע מִמֶּנּוּ את חובו מְעַט מְעַט, שׂוֹנְאוֹ — נִפְרָע מִמֶּנּוּ בְּבַת אַחַת, והוא מה שנאמר בכתוב שה' בכל פעם פוקד על ישראל את עוונותיהם, כדי שלא ייענשו בבת אחת.

ועוד בענין האופן בו נפרע הקדוש ברוך הוא, אָמַר ר' אַבָּא בַּר כָּהֲנָא, מַאי דִּכְתִיב [מהו שנאמר] בתפלת אברהם לה', כשהודיעו שהוא עומד להפוך את סדום: "חָלִילָה לְּךָ מֵעֲשֹׂת כַּדָּבָר הַזֶּה לְהָמִית צַדִּיק עִם רָשָׁע" (בראשית יח, כה)? מהו "חלילה"? כך אָמַר אַבְרָהָם לִפְנֵי הַקָּדוֹשׁ בָּרוּךְ הוּא: רִבּוֹנוֹ שֶׁל עוֹלָם, חוּלִּין ("חלילה") הוּא לך מֵעֲשׂוֹת כַּדָּבָר הַזֶּה לְהָמִית צַדִּיק עִם רָשָׁע. ושואלים: וְלֹא? האם אין הקדוש ברוך הוא עושה כן? וְהָכְתִיב [והרי נאמר]: "וְהִכְרַתִּי מִמֵּךְ צַדִּיק וְרָשָׁע" (יחזקאל כא, ח)! ומשיבים: שם מדובר בְּצַדִּיק שֶׁאֵינוֹ גָּמוּר, שיכול להיכרת עם הרשע. ותוהים: אֲבָל בְּצַדִּיק גָּמוּר לֹא? וְהָכְתִיב [והרי נאמר] בנבואת חורבן שאמר ה' למשחיתים: "וּמִמִּקְדָּשִׁי תָּחֵלּוּ" (שם ט, ו), כלומר, תתחילו, וְתָנֵי [ושנה] רַב יוֹסֵף בביאור מקרא זה: אַל תִּקְרֵי [תקרא] "מִמִּקְדָּשִׁי" אֶלָּא "מִמְּקוּדָּשַׁי", אנשים המקודשים לי, אֵלּוּ בְּנֵי אָדָם שֶׁקִּיְּימוּ אֶת הַתּוֹרָה מֵאל"ף וְעַד תי"ו, כלומר, את כל מצוותיה ודבריה, ובכל זאת נכרתו עם הרשעים! ומשיבים: הָתָם נַמִּי [שם גם כן] למרות שקיימו את כל התורה כולה, כֵּיוָן שֶׁהָיָה בְּיָדָם לִמְחוֹת ברשעים לבל יחטאו וְלֹא מִיחוּ, הָווּ לְהוּ [הרי הם] נחשבים בשל כך כְּצַדִּיקִים שֶׁאֵינָן גְּמוּרִים. רַב פַּפָּא רָמֵי [השליך, הראה סתירה], כְּתִיב [נאמר] בכתוב אחד: "אֵל זֹעֵם בְּכָל יוֹם" (תהלים ז, יב), ובכל זאת העולם מתקיים, וּכְתִיב [ונאמר] בכתוב אחר: "לִפְנֵי זַעְמוֹ מִי יַעֲמוֹד" (נחום א, ו)! ומשיבים: לָא קַשְׁיָא [אין זה קשה]: כָּאן בְּיָחִיד שאין יכול לעמוד בפני זעמו, אינו זועם, כָּאן בְּצִבּוּר שזכותו מרובה, זועם. תָּנוּ רַבָּנַן [שנו חכמים]: "אֵל זֹעֵם בְּכָל יוֹם" — וְכַמָּה זַעְמוֹ? רֶגַע. וְכַמָּה הוּא רֶגַע? אַחַת מֵחֲמֵשׁ רִיבּוֹא וּשְׁלֹשֶׁת אֲלָפִים וּשְׁמוֹנֶה מֵאוֹת וְאַרְבָּעִים וּשְׁמוֹנֶה בְּשָׁעָה, כלומר, פרק זמן קצר ביותר, וְזוֹ הִיא רֶגַע, וְאֵין כָּל בְּרִיָּה יְכוֹלָה לְכַוֵּין אוֹתָהּ רֶגַע חוּץ מִבִּלְעָם הָרָשָׁע, דִּכְתִיב בֵּיהּ [שנאמר בו]:

מסורת הש"ס

א. אבות פ"ג מ"ב. ויק"ר פט"ז ח.
ב. ראה שוח"ט פ"ב.
ג. (בשינויים) דב"ר (ליברמן) עקב. אסת"ר פ"א ו. תנחומא משפטים ה. תנחומא בובר משפטים ד. ילק"ש נ"ך תקפ.
ד. ילק"ש נ"ך תתקיח.
ה. שם תקכד.
ו. שם.
ז. שם תקמ.
ח. ראה ב"ר פמ"ט. ילק"ש תורה פג. שם שצב.
ט. שבת נח,א. תנחומא משפטים ז. ילק"ש נ"ך שנ.
י. ברכות ז,א. וראה ירושלמי ברכות פ"א ה"א. מדרש שמואל פ"ג. ילק"ש נ"ך תלג. שם תרלח.

גרסות

ומרפא בכנפיה וגו' בכת"י ועוד: **ומרפא בכנפיה.**

חיים בלעו בכתי"ס: **חיים בלענו.**

וכתיב גדול — כח בכת"י ועוד משפט זה חסר.

בניגני בכתי"מ ועוד: **בנוגני.**

אפדם בכת"י: **אניחם.**

אמר להן הקדוש ברוך הוא לישראל בכתי"מ: **אמר הקדוש ברוך הוא.**

אלא אני נפרע מהן בכתי"מ: **אבל ישראל איני פורע מהן אלא.**

תרנגולת בכת"י: **תרנגולין.**

אני אמרתי אפדם בכת"י ועוד: **אמר הקדוש ברוך הוא אני אמרתי אפדם.**

סיסיא בכת"י ועוד: **סוסיא** בכתי"ס: **בישא** ואולי הוא כגרסת כמה מקורות: **סוסיא בישא.**

בתנאי בכתי"ס: **בתנויי.**

ומעיינינן בכת"י: **ומעיינינן בקרא.**

לימא לן בכת"י ועוד: **אימא לן.**

אוהבו נפרע... שונאו נפרע בכת"י: **מאוהבו נפרע... משונאו נפרע.**

שאינו גמור בכתי"מ ובמקורות: **שאינו גמור אוי לרשע ואוי לשכנו.**

שקיימו את התורה בכתי"מ ועוד: **שקיימו את התורה כולה.**

הוו להו כצדיקים בכתי"מ: **הוו צדיקים.**

ושלשת אלפים ושמונה מאות וארבעים ושמונה בכת"י: **וששת אלפים ושמונה מאות ושמונים ושמונה.**

לשון

ניגני
מקורה של מלה זו ועיקר משמעותה אינם ברורים. ולפי התוס' יש קשר בינה ובין המלה (המשמשת גם בעברית החדשה) מנגנון. מקורה של מלה זו ביוונית μάγγανον (מנגנון), ועניינה מכשירים וכלים שיש בהם חכמה ותחבולה, ומן השורש הזה יש גם מלים המשמשות לדברים של מרמה ותחבולות כזב. ואולי המשמעות כאן היא שיחפש בתוך התחבולות וה"מנגנונים" שלהם אם יש שם צד זכות.

פיד
משמעות המלה — דבר מועט כעין ניקור של תרנגול. ויש מקרבים מלה זו לסורסית פדתא, במשמעות דבר מועט, קטן ביותר. וכן היא משמשת בלשון הפייטנים.

סיסיא
נראה שמקור המלה הוא בארמית נסיסיא, ומשמעה: זעף, כעס. וסיסיא היא אולי לשון קיצור.

החיים

מיני
ראה בהשלמות.

אישים

רב ספרא
ראה בהשלמות.

לעזי רש"י

ביקדור"א מן הצרפתית העתיקה bechedure, ומשמעה — ניקור במקור, דקירה.

עיונים

היום הבא רש"י מסביר כי בפסוק זה "היום" משמעו השמש, וכגון האמור "והיום רד מאד" (שופטים יט, יא).

וכתיב גדול אדונינו וגו' והמהרש"א מסביר שהביא תחילה את הפסוק מן הכתובים, לפי שהוא המתאים יותר בלשונו (בהנגדה) לפסוק בספר איוב, ומכל מקום רצו להביא פסוק מן התורה. וראה בגרסות וכן בעין יעקב שלא מובא שם כלל פסוק זה.

והיינו דאמר ר' אלכסנדרי רש"י מסביר כי "והיינו" הוא המשך למה שנאמר בדף הקודם, שאין הקדוש ברוך הוא בא בטרוניא על בריותיו. ובתוס' אמרו בשם רבינו תם שאין זה מסתבר, כי היה הפסק גדול מדי בין הדברים, אלא המאמר מתייחס למה שנאמר שאין דין ישראל והאומות שווה, וכך יש להבין גם את דברי רבא בהמשך, וכן פירש הראב"ד.

דכתיב עוה עוה ראה ברש"י שמסביר שמשמעות הכתוב היא: על העוון ("עוה") שחוטאים בו ("עוה") — תבוא פורענות ("עוה"). ומשמעות הדבר שתבוא עליהם הפורענות בבת אחת וייחרבו לגמרי כשתתמלא סאתם ("עוה אשימנה"). מה שאין כן בישראל, שלמרות החורבן והגלות אינם כלים לגמרי (עיון יעקב). והמהרש"א מעיר שהכתוב ביחזקאל עוסק דווקא בישראל ולא באומות העולם, והוא מסביר שיש להבין את כל שלושת ה"עוה" מלשון עוון, שבא ללמד שאין הקדוש ברוך הוא נפרע מישראל בבת אחת, אלא מעט מעט, על כל עוון ועוון.

ואם לאו אשמידם ומכאן למדים שאינם נידונים במידת הרחמים, אלא לפי דקדוקו של הדין (רש"י).

סיסיא רש"י מסביר שהוא לשון זעף, ומביא ראיה מן התרגום. אף הוא מביא פירוש אחר (והוא לגרסת השאילתות, "סוסיא בישא", וראה בגרסות מעין זה), שהכוונה היא שיש לו לאדם סוס רע, שאינו נותנו לאוהבו אלא לשונאו.

סודרא בצואריה יש שפירש ששמו את הסודר בצווארו כרוצים לחונקו, שסברו שהוא יודע אך אינו רוצה להשיב להם (ראה עיון יעקב). ויש שהבינו שהשליכו את הסודר שהיה על ראשו, לשם בזיון.

מעט מעט ומסביר רש"י שהיא לשון "אפקוד", כמי שפוקד את חבירו, כלומר מבקר אותו לעתים. והמהרש"א סבור כי עיקר הדיוק הוא מהלשון "אפקוד עליכם" (ולא "אפקוד לכם") שמשמעה לפי ר' אבהו שלא יורגש בהם הדבר, לפי שיטיל את פרעון העוון עליהם מעט מעט.

חולין הוא לך ראה בעיון יעקב ועוד שפירשו קצת בדרך דרש. אבל עיקר דבריהם הוא שאם נראה שאין ה' יכול לברור הצדיקים מן הרשעים — הרי זה דבר של חולין, של הורדת קדושת הכל יכול למדרגת מי שיכולתו מוגבלת.

שהיה בידם למחות וראה במאירי שלמדים מכאן שאף חסרון מחאה הוא פגם באדם השלם, שאם לא מחה הריהו יורד ממדרגתו. ובתוס' העירו כי אף שמצאנו שבדברים מסויימים הציעו שלא יבואו חכמים להוכיח את העם, וטוב שיהיו אלה שוגגים ולא מזידים — הרי זה בדבר שברור שלא ישמעו לדברי המחאה. אבל כאשר אין זה ברור — חייב אדם למחות.

בצדיק שאינו גמור שכיון שיש לו חיבור כלשהו לרשעים הריהו נענש יחד עמם (וראה בגרסות "אוי לרשע ואוי לשכנו"). והצדיק הגמור הוא נפרד בעצמותו מן הרע, ולכן אינו נפגע על ידי פורענות (מהר"ל).

אל תקרי ממקדשי אלא ממקודשי שרב יוסף מפרש "מקדשי" לא כשם עצם מוחשי (בית המקדש) אלא כשם עצם מופשט, דבר שהוא מקודש, אנשים מקודשים.

וכמה זעמו רגע והוא שהוזכר בפסוק זה "ואל זועם בכל יום" שם א—ל, שהיא מידת החסד, כמו שנאמר "חסד אל כל היום" (תהלים נב, ג). לומר שמידת החסד גורמת לחלק את הזעם, מקצתו כל יום ויום, ולא להוציא אותו אל הפועל בבת אחת (עץ יוסף).

אחת מחמש ריבוא וכו' משמעו של מספר זה אינה ברורה, וראה גם בגרסות. ור"ת בספר הישר גרס כאן: אחת מרבוא ושלושת אלפים ושמונה מאות ועשרים וארבעה בשעה. והוא מסתמך על החשבון שבתוספתא ברכות (פ"א ג) המונה עשרים וארבע עונות בשעה, עשרים וארבעה עתים בעונה, ועשרים וארבעה רגעים בעת, ולפיכך עולה חשבון זה של מספר הרגעים לשעה. והעירו כבר המפרשים כי מצאנו גם שיעורים אחרים לרגע (וכמבואר בפיוט לפרשת שקלים).

תורה אור

בה דכתיב [כי] הנה היום בא בוער כתנור והיו כל זדים וכל עושה רשעה קש ולהט אותם היום הבא אמר ה' צבאות אשר לא יעזוב להם שורש וענף לא שורש בעולם הזה ולא ענף לעולם הבא צדיקים מתרפאין בה דכתיב וזרחה לכם יראי שמי שמש צדקה ומרפא בכנפיה וגו' ולא עוד אלא שמתעדנין בה שנאמר ויצאתם ופשתם כעגלי מרבק דבר אחר מה דגים שבים כל הגדול מחבירו בולע את חבירו אף בני אדם אלמלא מוראה של מלכות כל הגדול מחבירו בולע את חבירו והיינו דתנן א*רבי חנינא סגן הכהנים אומר הוי מתפלל בשלומה של מלכות שאלמלא מוראה של מלכות איש את רעהו חיים בלעו רב חיננא בר פפא רמי כתיב שדי לא מצאנוהו שגיא כח וכתיב גדול אדונינו ורב כח וכתיב ימינך ה' נאדרי בכח לא קשיא כאן בשעת הדין כאן בשעת מלחמה רבי חמא בר' חנינא רמי כתיב חימה אין לי וכתיב נוקם ה' ובעל חימה ב לא קשיא *כאן בישראל כאן באומות העולם רב חיננא בר פפא אמר חימה אין לי שכבר נשבעתי מי יתנני שלא נשבעתי אהיה שמיר ושית וגו' והיינו דאמר רבי אלכסנדרי ג מאי דכתיב והיה ביום ההוא אבקש להשמיד את כל הגוים אבקש ממי אמר הקב"ה אבקש בניגני שלהם אם יש להם זכות אפדם ואם לאו אשמידם והיינו דאמר רבא ד מאי דכתיב אך לא בעי ישלח יד אם בפידו להן שוע אמר להן הקב"ה לישראל כשאני דן את ישראל אין אני דן אותם כאומות העולם דכתיב עוה עוה עוה אשימנה וגו' *אלא אני נפרע מהן כפיד של תרנגולת דבר אחר אפילו אין ישראל עושין מצוה לפני כי אם מעט כפיד של תרנגולין שמנקרין באשפה אני מצרפן לחשבון גדול [שנאמר אם בפידו] להן שוע [דבר אחר] בשכר שמשוועין לפני אני מושיע אותם והיינו ה דאמר ר' אבא מאי דכתיב ואנכי אפדם והמה דברו עלי כזבים אני אמרתי אפדם בממונם בעוה"ז כדי שיזכו לעולם הבא והמה דברו עלי כזבים והיינו דאמר רב פפי משמיה דרבא ו מאי דכתיב ואני יסרתי חזקתי זרועותם ואלי יחשבו רע אמר הקב"ה אני אמרתי איסרם ביסורין בעולם הזה כדי שיחזקו זרועותם לעוה"ב ואלי יחשבו רע ז משתבח להו ר' אבהו למיני ברב ספרא דאדם גדול הוא שבקו ליה מיכסא דתליסר שנין יומא חד אשכחוהו אמרו ליה כתיב רק אתכם ידעתי מכל משפחות האדמה על כן אפקוד עליכם את כל עונותיכם מאן דאית ליה *סיסיא ברחמיה מסיק ליה אישתיק ולא אמר להו ולא מידי רמו ליה סודרא בצואריה וקא מצערו ליה אתא רבי אבהו אשכחינהו אמר להו אמאי מצעריתו ליה אמרו ליה ולאו אמרת לן דאדם גדול הוא [ולא ידע למימר לן פירושא דהאי פסוקא] אמר להו איפור דאמרי לכו בתנאי בקראי מי אמרי לכו אמרו ליה מ"ש אתון דידעיתון אמר להו אנן דשכיחינן גביכון רמינן אנפשין ומעיינן אינהו לא מעייני אמרו ליה לימא לן את אמר להו אמשול לכם משל למה"ד לאדם שנושה משני בנ"א אחד אוהבו ואחד שונאו אוהבו נפרע ממנו מעט מעט שונאו נפרע ממנו בבת אחת ח א"ר אבא בר כהנא מאי דכתיב חלילה לך מעשות כדבר הזה להמית צדיק עם רשע אמר אברהם לפני הקב"ה רבש"ע *חולין הוא מעשות כדבר הזה להמית צדיק עם רשע ולא והכתיב והכרתי ממך צדיק ורשע בצדיק שאינו גמור אבל בצדיק גמור לא והכתיב וממקדשי תחלו ט*ותני רב יוסף אל תקרי ממקדשי אלא ממקודשי אלו בני אדם שקיימו את התורה מאל"ף ועד תי"ו התם נמי כיון שהיה בידם למחות ולא מיחו הוו להו כצדיקים שאינן גמורים רב פפא רמי כתיב אל זועם בכל יום וכתיב לפני זעמו מי יעמוד לא קשיא כאן ביחיד כאן בצבור *ת"ר אל זועם בכל יום וכמה זעמו רגע וכמה רגע[א] אחת מחמש ריבוא ושלשת אלפים ושמונה מאות וארבעים ושמנה בשעה זו היא רגע ואין כל בריה יכולה לכוין אותה רגע חוץ מבלעם הרשע דכתיב ביה ויודע

רש"י

היום הבא. השמש הבאה דבכמה דוכתין קרינן לשמשא יומא: ויצאתם ופשתם. היפא דוזרחה לכם הוא ופשתם לשון שומן וריבוי ועובי כמו (תרגום בראשית א) פושו וסגו וכמו (איוב לה) ולא ידע בפש מאד: לא מצאנוהו שיהא שגיא כח בעת הדין. אם ישגיא כחו יתחייבו כולם כלייה: ר' אחא בר חנינא אמר תרוייהו בישראל. וה"ק אע"פ שבעל חימה אני חימה אין לי כבר נשבעתי מקלוף עליך: מי יתנני. סיפא דהאי קרא הוא: שמיר ושית. לשון ארץ גזירה וחורבן ודוגמתו (איכה ג) השאת והשבר: והיינו דרבי אלכסנדרי. אדלעיל קאי דאין הקב"ה בא בטרוניא עם בריותיו: בניגני שלהן. בספר זכרון מעשיהם: ואם לאו אשמידם. ודין אפקוד עליהם ולא בחמלה כי אם בדקדוק כדאמרינן לעיל מקדיר עליהם חמה מנרתקה אולי יבעטו: והיינו נמי דאמר רבא. שהקב"ה דן גוים בדקדוק: עוה עוה עוה אשימנה. עיווי עיותה ולעוה אשימנה וכן תרגום יונתן חוביהון חבו בחוביהון אתפרע מינהון: כפיד. ניקור ביקדור"א בלע"ז שמנקרין מעט מעט וכן נפרע מהן מעט מעט בהסתר פנים בוזיה לאכול לפדותם מעונותיהן כדי שיזכו לעוה"ב: להם שוע. אני נותן להם פדיון כמו (שמות יד) ויושע ופרק וכמו (ב"ק דף פ.) ישוע הבן פדיון: והיינו דא"ר אבא. אפדם לישראל בממונם והיינו כפיד של תרנגולין פורעין מעט מעט ונוגשין בצדקה: ידעתי. אהבתי כמו (תהלים א) יודע ה' דרך צדיקים וכמו (שמות לג) ואדעך בשם: מאן דאית ליה סיסיא. זעם: ברחמיה מסיק ליה. מעלהו על אוהבו והנם זועפים (בראשית מ) מתרגמינן נסיסין לשון אחר סוסיא סוס שעסקו רע את אוהבו מעלין עליו כדי שימות: נפרע ממנו מעט מעט. כן ישראל נפרע מהן הקב"ה את כל עונותיהן בעוה"ז כדי שיזכו ליום הדין וגוים אינו נפרע מהן כלל כדי לטרדן מן העוה"ב ופקידה משמע מעט מעט כאדם שפוקד את חבירו לפרקים: ממקדשי תחלו. גבי *(ארבעה) משחיתים שבאו להשחית את ירושלים כתיב ביחזקאל: זועם בכל יום. ואפילו הכי קיימין וכתיב מי יעמוד: ביחיד. מי יעמוד: בצבור. אף על גב דבכל יום זועם מתקיימין:

תוספות

חימה אין לי שכבר נשבעתי. ואין להקשות מפרק ד' נדרים (נדרים לב.) דמוכח דמשה הרגו לחימה דאיכא לשנויי תרי חימה הוו כדמשני נמי התם*: והיינו דר' אלכסנדרי. פ"ה דקאי אהיא דקאמרינן לעיל דאין הקדוש ברוך הוא בא בטרוניא עם בריותיו ולא נהירא פירושו דהא איפסיק ליה טובא ונראה לר"ת דקאי אהא דסליק כאן בישראל כאן בגוים וקאמרינן דבעל חימה קאי אגוים והיינו דרבי אלכסנדרי דקאמר ביום ההוא אבקש שאם לא ימצא להם זכות ישמידם והיינו נמי דרבא דאמר שיש חילוק בין ישראל לגוים: בניגני שלהם. פירוש במעשה שלהם מה נורא מעשיך (תהלים סו) מתרגמינן מה דחילין אינון מניגניא דילך: שהיה בידם למחות. והא דאמרי' בסוף חזקת הבתים (ב"ב דף ס:) מוטב שיהיו שוגגין ואל יהיו מזידין היינו בדבר שידוע שלא יקבלו אם ימחו*:

רבינו חננאל

ורשעים נדונין בה שנאמר כי הנה היום בא בוער כתנור והיו כל זדים וגו' לא שורש בעולם הזה ולא ענף לעולם הבא וצדיקים מתרפאין בה דכתיב וזרחה לכם יראי שמי שמש צדקה ומרפא בכנפיה וגו' ולא עוד אלא שמתעדנין בה שנאמר ויצאתם ופשתם כעגלי מרבק: ותעשה אדם כדגי הים. מה דגים שבים כל הגדול מחבירו בולע את חברו אף בני אדם הגדול בולע את הקטן והיינו דתנן ר' חנניה סגן הכהנים אומר הוי מתפלל בשלומה של מלכות שאלמלא מוראה איש את [רעהו] חיים בלעו: הא דכתיב שדי לא מצאנוהו שגיא כח בעת הדין ימינך ה' נאדרי בכח בשעת מלחמה בגוים. הא דכתיב חמה אין לי בישראל והא דכתיב אל קנא ונוקם ה' נוקם ה' ובעל חמה בגוים: והיה ביום ההוא אבקש להשמיד את כל הגוים אבקש בגנוני שלהם פי' בפינקס שמפרשין בו מעשיהן אם יש להם בו זכות אניחם ואם לאו אשמידם: ואני יסרתי חזקתי זרועותם ואלי יחשבו רע אני אמרתי איסרם בעוה"ז כדי שיתחזקו זרועותיהן לעתיד לבא ואלי יחשבו רע כלומר מתרעמין עלי ביסורין: כתיב חלילה לך מעשות (זאת) כדבר הזה להמית צדיק עם רשע בצדיק גמור והכרתי ממך צדיק ורשע בצדיק שאינו גמור. והדכתיב וממקדשי תחלו ותני רב יוסף ממקודשי אלו בני אדם שקיימו התורה כולה אפ"ה כיון שהיה להם למחות ולא מיחו הוו להו כצדיקים שאינם גמורים: ת"ר ואל זועם בכל יום וכמה זעמו רגע ורגע הוא חלק מה' ריבוא וששת אלפים ותתפ"ח בשעה וזהו רגע ואין כל בריה יכולה לכוין

הגהות מהר"ב רנשבורג

א] אחת מחמש ריבוא ושלשת אלפים ושמונה. כ"ב בברכות דף ז ע"א איתא ושמונת אלפים ושמונה מאות ושמונים ושמונה בשעה:

אבות פ"ג מ"ב | [ע' תוס' שבת נה. ד"ה קלף] | [ועי' תוס' שבת נה. ד"ה קלף] | [וע"ע תוספות שבת נה. ד"ה ולא"ג] | נ"א אבל ישראל אני פורע מהם מעט מעט כו' | [בשאלתות פ' תשא איתא סוסיא בישא ברחמי וכו'] | [נ"ל עבדה וע"ין בבבא] | בראשית יח | [ברכות לב.] | יחזקאל כח | שם ט שבת נה. | תהלים ז נחום א ברכות ז. ע"ש | מלאכי ג | שם ג | שם ג | איוב לז | תהלים קמז | ישעיה כז | נחום א | שמות טו | זכריה יב | איוב ל | יחזקאל כח | הושע ז | שם ז | עמוס ג

ויודע דעת עליון ^א*^ אפשר דעת בהמתו לא במדבר כד
הוה ידע דעת עליון מי הוה ידע ^ב^ מאי דעת
בהמתו לא הוה ידע בעידנא דחזו ליה דהוה
רכיב אחמריה אמרו ליה מאי טעמא לא
רכבתא אסוסיא אמר להו ברטיבא שדאי ליה
מיד ותאמר האתון הלא אנכי אתונך אמר
לה לטעינא בעלמא אמרה ליה אשר רכבת
עלי אמר לה אקראי בעלמא אמרה ליה
מעודך ועד היום הזה ולא עוד אלא שאני
עושה לך רכיבות ביום ואישות בלילה כתיב
הכא ההסכן הסכנתי וכתיב התם ותהי לו
סוכנת ^ג^ אלא מאי ויודע דעת עליון שהיה יודע
לכוין אותה שעה שהקב"ה כועס בה והיינו
מיכה ו דקאמר להו נביא עמי זכר נא מה יעץ
בלק מלך מואב ומה ענה אותו בלעם בן
בעור מן השטים ועד הגלגל למען דעת
צדקות ה' ^ד^ א"ר אלעזר אמר להן הקב"ה
לישראל עמי ראו כמה צדקות עשיתי עמכם
שלא כעסתי עליכם כל אותן הימים
שאם כעסתי עליכם לא נשתייר
משונאיהם של ישראל שריד ופליט והיינו
במדבר כג דקאמר ליה בלעם לבלק מה אקב לא
קבה אל ומה אזעם לא זעם ה' ^ה^ וכמה זעמו
רגע וכמה רגע אמר אמימר ואיתימא רבינא
רגע כמימריה ומנלן דרגע הוה ריתחיה דכתיב
תהלים ל כי רגע באפו חיים ברצונו ואיבעית אימא
ישעיה כו מהכא חבי כמעט רגע עד יעבור זעם אימת
רתח אמר אביי בתלת שעי קמייתא כי חיורא
כרבלתא דתרנגולא כל שעתא ושעתא מחוור
חיורא כל שעתא אית ביה סורייקי סומקי ההיא שעתא לית ביה סורייקי סומקי רבי יהושע בן לוי הוה מצער
ליה ההוא מינא [בקראי יומא חד] נקט תרנגולא [ואוקמיה בין כרעיה דערסא] ועיין ביה סבר כי מטא ההיא
שעתא אלטייה כי מטא ההיא שעתא נימנם אמר שמע מינה לאו אורח ארעא למיעבד הכי [ורחמיו על כל
משלי יז מעשיו כתיב] וכתיב גם ענוש לצדיק לא טוב תנא משמיה דר"מ בשעה שהמלכים מניחין כתריהן בראשיהן
ומשתחוין לחמה מיד כועס [הקב"ה] אמר רב יוסף ^א^ לא ליצלי איניש צלותא דמוספי בתלת שעי קמייתא
דיומא ביומא קמא דריש שתא ביחיד דלמא כיון דמפקיד דינא דלמא מעייני בעובדיה ודחפו ליה מידחי
אי הכי דצבור נמי דצבור נפישא זכותיה אי הכי דיחיד דצפרא נמי לא כיון דאיכא צבורא דקא מצלו לא
[לעיל ג:] קא מדחי והא אמרת *שלש ראשונות הקב"ה יושב ועוסק בתורה איפוך ואיבעית אימא לעולם לא תיפוך
שם כג תורה דכתיב בה אמת דכתיב אמת קנה ואל תמכור אין הקב"ה עושה לפנים משורת הדין דין דלא
כתיב ביה אמת הקב"ה עושה לפנים משורת הדין: יום מעיד טרף בעגל סימן: גופא ^ו^ *אמר רבי יהושע
דברים ז בן לוי מאי דכתיב אשר אנכי מצוך היום לעשותם היום לעשותם ולא למחר לעשותם
ולא היום ליטול שכרן ^ז^ אמר רבי יהושע בן לוי *כל מצות שישראל עושין בעולם הזה באות ומעידות
ישעיה מג אותם לעולם הבא שנאמר יתנו עדיהם ויצדקו ישמעו ויאמרו אמת יתנו עידיהם ויצדקו אלו ישראל
ישמעו ויאמרו אמת אלו אומות העולם ^ח^ ואמר רבי יהושע בן לוי כל מצות שישראל עושין בעולם הזה
דברים ד באות וטורפות אותם לאומות העולם לעולם הבא על פניהם שנאמר ושמרתם ועשיתם כי היא חכמתכם
ובינתכם לעיני העמים נגד העמים לא נאמר אלא לעיני העמים מלמד שבאות וטורפות לאומות העולם
על פניהם לעוה"ב וא"ר יהושע בן לוי לא עשו ישראל את העגל אלא ליתן פתחון פה לבעלי תשובה שנאמר
שם ה מי יתן והיה לבבם זה להם ליראה אותי כל הימים וגו' ^ט^ והיינו דא"ר יוחנן משום ר"ש בן יוחאי לא דוד ראוי
תהלים קט לאותו מעשה ולא ישראל ראוין לאותו מעשה לא דוד ראוי לאותו מעשה דכתיב ולבי חלל בקרבי ולא
ישראל ראוין לאותו מעשה דכתיב מי יתן והיה לבבם זה להם ליראה אותי כל הימים אלא למה עשו
לומר

ויודע דעת עליון. משמע מעצמו ולא בנבואה והכי פריך דעת בהמתו לא הוה ידע: **רגע כמימרא.** וא"ת מה היה יכול לומר בשעה מועטת כזאת ויש לומר היה אומר כלם והקב"ה הפכו ואמר מלך כדכתיב (במדבר כג) ותרועת מלך בו ורבי אליהו היה מפרש שאין צריך רק להתחיל קללתו באותו רגע תדע שהיה רוצה להאריך בקללתו כדאיתא בחלק (סנהדרין דף קה:) מברכותיו של אותו רשע אתה למד מה היה בלבו: ה"ג **ומנלן דרגע הוי ריתחיה שנאמר כי רגע באפו.** ול"ג ומנלן דרגע כמימריה דאם לא כן היכי מפיק מהאי קרא דרגע כמימריה: **בתלת שעי קמייתא.** פי' בשלישית כדאמרינן בסמוך בשעה שהחמה זורחת מלכי מזרח ומערב מניחים את כתריהן ודרכן של מלכים לעמוד בג' שעות כדאמרינן פ"ק דברכות (דף ט:): **שמע מינה לאו אורח ארעא.** לספרים דגרסי' ההוא גוי ניחא דגוים לא מעלין ולא מורידין (לקמן כו.) והוא שבקש לקללו להזיקו בקללתו נתכוין ולא להרגו ולא לדמי להורידה לבור ואפילו לספרים דגרסי ההוא מינא אע"פ שהכופרים מורידין לבור נמי ניחא דודאי ביקש להרוג בקללתו ומ"מ קאמר בתר הכי ש"מ לאו אורח ארעא כי לא היה לו לדחוק בידי שמים ולהעניש מי שאינם רוצים להעניש אע"פ שבזמן הבית הי' מותר להרגו בידים*: **כיון דאיכא צבורא דמצלי לא מדחי.** פי' ר"ת הא דמשמע הכא דמהני אפי' כשהצבור מתפללין במקום אחר היינו דוקא דלא מדחי אבל אינה נשמעת אלא במקום שהצבור מתפללין כדאמרינן בפ"ק דברכות (דף ו.) אין תפלתו של אדם נשמעת אלא עם הצבור:

[ועי' תוס' ברכות ז. ד"ה שבאותה רגע]

וצריכא

ברטיבתא. באחו: **שדאי ליה.** השלכתיו לרעות: **סוכנת.** לשון מחממת: **מן השטים ועד הגלגל.** עד בואם אל הגלגל שהפלתי לפניהם שונאיהם: **כי רגע באפו.** אלמא דרגע הוי אפו: **סורייקי.** נוקיים לשון לע"ז כמו חוטין חוטין ולשון ישמעאל קורין לחוט סוריאק: **לאו אורח ארעא.** לכוין שעת זעמו: **בתלת שעי קמייתא.** בשעת חרון: **דצפרא נמי.** בתפלת יוצר: **לצבורא מצלו.** שחרית בכל מקומות.(א) תפלת מוספין הואיל וזמנה כל היום והיא סיחת שחרית והרים יש שמתפללין אותה בבקר ויש מאחרין: **והא אמרת.** ראשונות יושב ועוסק בתורה שניות דן והכא אמרת בקמייתא דן: **אמת קנה.** הוצא הוצאות על תלמוד תורה: **ואל תמכור.** בחנם למוד אחרים: **דין לא כתיב ביה אמת.** והא דכתיב (תהלים יט) משפטי ה' אמת במשפטים הכתובים בתורה וליום לישראל קא משתעי דלעיל מיניה כתיב פקודי ה' ישרים: מוספי כל השנה הן שבת וסיפורי מעשה אבל מוסף ראש השנה מתוך שהוא מתפלל מלכיות זכרונות שופרות מיפקד דינא טפי ואל יפרוש אדם עצמו מן הצבור: **ולא למחר לעשותם.** דאין מצות לעתיד: **לא עשו ישראל את העגל.** כלומר גבורים ושליטים ביצרם היו ולא הי' ראוי להתגבר יצרם עליהן אלא גזירת מלך היתה לשלוט בם כדי ליתן פתחון פה לבעלי תשובה שאם יאמר החוטא לא אשוב שלא יקבלני אומרים לו לא ולמד ממעשה העגל שכפרו ונתקבלו בתשובה: **מי יתן והיה לבבם זה וגו'.** בסיני נאמר אלמא גבורים ואמילי לבב ביראתם היו: [**לאותו מעשה.** דבת שבע]: **לבי חלל.** יצר הרע חלל בקרבי ואין לו כח לשלוט בקרבי:

לומר

ז א טוש"ע א"ח סימן תקצא סעיף ח:

רבינו חננאל

לכוין אותה שעה אלא בלעם שנאמר בו ויודע דעת עליון. ומתמהינן השתא דעת בהמתו לא ידע וכו' תנא אותו היום שנתכוין בלעם לקלל את ישראל לא זעם הקב"ה שנאמר מה אקב לא קבה אל ומה אזעום לא זעם ה': א) זעם הוא רגע שנא' כי רגע באפו וכתיב חבי כמעט רגע ואימת זועם בתלת שעי קמייתא כד חוורא כרבלתיה דתרנגולא ולא פיישי בה שורייקי סומקי וקאי בחדא כרעא וכו': אמר רב יוסף לא ליצלי איניש בריש שתא צלותא דמוסף בתלת שעי קמייתא וכו': **ירושלמי** ב) א"ר יוסי בר בון רב סבר בראש השנה נברא העולם. דתני בתקיעתא דבי רבי זה היום תחלת מעשיך זכרון ליום ראשון וכו': א"ר יהושע בן לוי כל מצות שישראל עושין בעולם הזה מעידות להן לעולם הבא שנאמר יתנו עדיהן ויצדקו וגו'. א"ר יהושע בן לוי לא עשו ישראל את העגל אלא כדי ליתן פתחון פה לבעלי תשובה כי לא היו הם אלא צדיקים כדכתיב מי יתן והיה לבבם זה להם: אמר רבי יוחנן משום רבי שמעון בן יוחי לא ישראל היו ראוין למעשה העגל ולא דוד היה ראוי למעשה דבת שבע שנאמר ולבי חלל בקרבי. ומפני מה עשו

א) נראה דצ"ל וכמה הוא הזעם רגע וכו'.
ב) בר"ה פ"ב ה"ג ושם איתא דתני בתקיעתא דבי רב וכצ"ל גם כאן:

הגהות הב"ח

(א) רש"י ד"ה לצורא וכו' בכל מקומות אבל תפלת מוספין וכו' והיא שחרית כצ"ל ותבת שיחת נמחק:

סנהדרין קה: ברכות ז.

א עירובין כב. [לעיל ג.]

[לעיל ב. ע"ש]

"וְיֹדֵעַ דַּעַת עֶלְיוֹן" (במדבר כד, טז), ויש לתמוה: וכי אפשר לפרש את הדבר כפשוטו שהיתה בו דעת רבה כל כך? אֶפְשָׁר, דַּעַת בְּהֶמְתּוֹ לֹא הֲוָה יָדַע [היה יודע], דַּעַת עֶלְיוֹן מִי הֲוָה יָדַע [האם היה יודע]? ותחילה מבררים: מַאי [מה] פירוש "דַּעַת בְּהֶמְתּוֹ לֹא הֲוָה יָדַע" [היה יודע]? בְּעִידָּנָא דַּחֲזוּ לֵיהּ דַּהֲוָה רָכֵיב אַחֲמָרֵיהּ [בזמן שראו אותו שרי מואב שהיה רוכב על חמורו], אָמְרוּ לֵיהּ [לו]: מַאי טַעְמָא לָא רְכַבְתָּא אַסּוּסְיָא [מה טעם אין אתה רוכב על סוס], שהוא ראוי לך יותר? אָמַר לְהוּ [להם]: בִּרְטִיבָא שְׁדַאי לֵיהּ [באחו הנחתי אותו], את הסוס, לרעות, ולכן אני רוכב על חמור. מִיָּד: "וַתֹּאמֶר הָאָתוֹן אֶל בלעם, הֲלֹא אָנֹכִי אֲתֹנְךָ" (שם כב, ל) שאתה משתמש בי כל הזמן! אָמַר לָהּ: לִטְעִינָא בְּעָלְמָא [למטען בלבד] אבל לא לרכיבה. אָמְרָה לֵיהּ [לו] האתון: "אֲשֶׁר רָכַבְתָּ עָלַי"! (שם). אָמַר לָהּ: אַקְרַאי בְּעָלְמָא [במקרה בלבד], לא בקביעות. אָמְרָה לֵיהּ [לו]: "מֵעוֹדְךָ וְעַד הַיּוֹם הַזֶּה" (שם)! וְלֹא עוֹד, הוסיפה האתון, אֶלָּא שֶׁאֲנִי עוֹשָׂה לְךָ רְכִיבוֹת בַּיּוֹם ומעשה אִישׁוּת בַּלַּיְלָה, ומסבירים: כְּתִיב הָכָא [נאמר כאן], בדברי האתון: "הַהַסְכֵּן הִסְכַּנְתִּי", (שם), וּכְתִיב הָתָם [ונאמר שם], אצל אבישג ודוד המלך: "וּתְהִי לוֹ סֹכֶנֶת ושכבה בחיקך" (מלכים א א, ב), משמע שלשון זו מרמזת לענין של משכב. ושבים לשאלה הראשונה: אֶלָּא מַאי [מה] פירוש "וְיוֹדֵעַ דַּעַת עֶלְיוֹן"? הכוונה היא שֶׁהָיָה יוֹדֵעַ לְכַוֵּין אוֹתָהּ שָׁעָה שֶׁהַקָּדוֹשׁ בָּרוּךְ הוּא כּוֹעֵס בָּהּ. וְהַיְינוּ דְּקָאָמַר לְהוּ [וזה שאמר להם] הַנָּבִיא לישראל: "עַמִּי זְכָר נָא מַה יָּעַץ בָּלָק מֶלֶךְ מוֹאָב וּמֶה עָנָה אוֹתוֹ בִּלְעָם בֶּן בְּעוֹר מִן הַשִּׁטִּים וְעַד הַגִּלְגָּל לְמַעַן דַּעַת צִדְקוֹת ה'" (מיכה ו, ה), אָמַר ר' אֶלְעָזָר, אָמַר לָהֶן הַקָּדוֹשׁ בָּרוּךְ הוּא לְיִשְׂרָאֵל: עַמִּי, רְאוּ כַּמָּה צְדָקוֹת עָשִׂיתִי עִמָּכֶם שֶׁלֹּא כָּעַסְתִּי עֲלֵיכֶם כָּל אוֹתָן הַיָּמִים שביקש בלעם לקלל את ישראל, ולא יכול היה לכוון לשעת כעס ולקללם, שֶׁאִם כָּעַסְתִּי עֲלֵיכֶם אז, לֹא נִשְׁתַּיֵּיר מִשּׂוֹנְאֵיהֶם שֶׁל יִשְׂרָאֵל (לשון נקייה, והכוונה לישראל) שָׂרִיד וּפָלִיט. וְהַיְינוּ דְּקָאָמַר לֵיהּ [וזהו שאמר לו] בִּלְעָם לְבָלָק בענין זה: "מָה אֶקֹּב לֹא קַבֹּה אֵל וּמָה אֶזְעֹם לֹא זָעַם ה'" (במדבר כג, ח), שכיון שה' לא זעם איני יכול לעשות דבר. ומבררים: וְכַמָּה הוא זַעְמוֹ של ה'? רֶגַע. וְכַמָּה הוא רֶגַע? אָמַר אַמֵימָר, וְאִיתֵימָא [ויש אומרים] שאמר זאת רָבִינָא: רֶגַע כְּמֵימְרֵיהּ [כאמירתו] כמשך הזמן שלוקח להגיד את המלה הזו. ועוד שואלים: וּמְנָלַן [ומנין לנו] שרֶגַע הֲוָה רִיתְחֵיהּ [הוא כעסו] של הקב"ה? דִּכְתִיב [שנאמר]: "כִּי רֶגַע בְּאַפּוֹ חַיִּים בִּרְצוֹנוֹ" (תהלים ל, ו). וְאִיבָּעֵית אֵימָא, מֵהָכָא [ואם תרצה אמור זאת מכאן]: "חֲבִי כִמְעַט רֶגַע עַד יַעֲבָר זָעַם" (ישעיהו כו, כ). ושואלים: אֵימַת רָתַח [מתי הוא כועס], מה הוא הזמן של כעסו? אָמַר אַבַּיֵי: בִּתְלָת שָׁעֵי קַמַּיְיתָא, כִּי חִיוָּרָא כַּרְבַּלְתָּא דְּתַרְנְגוֹלָא [בשלוש השעות הראשונות של היום, כאשר מלבינה כרבולת התרנגול] זוהי השעה. ושואלים: הלוא כָּל שַׁעְתָּא וְשַׁעְתָּא מְחַוַּור חִיוָּרָא [כל שעה ושעה היא מלבינה], ואם כן מה הסימן שבדבר! ומשיבים: כָּל שַׁעְתָּא אִית בֵּיהּ סוּרַיְיקֵי סוּמָּקֵי, הַהִיא שַׁעְתָּא לֵית בֵּיהּ סוּרַיְיקֵי סוּמָּקֵי [בכל שעה יש בה, נשארים בה עדיין ורידים אדומים, באותה שעה אין בה ורידים אדומים]. מסופר, ר' יְהוֹשֻׁעַ בֶּן לֵוִי הֲוָה מְצַעֵר לֵיהּ הַהוּא מִינָא [בִּקְרָאֵי] [היה מצער אותו אחד המינים בשאלות ובפירושי מקראות]. יוֹמָא חַד] נְקַט תַּרְנְגוֹלָא [וְאוֹקְמֵיהּ בֵּין כַּרְעֵיהּ דְּעַרְסָא] [יום אחד לקח ר' יהושע בן לוי תרנגול והעמיד אותו בין רגלי המיטה] וְעַיֵּין בֵּיהּ [והתבונן בו], סָבַר [חשב]: כִּי מְטָא הַהִיא שַׁעְתָּא אֲלַטְיֵיהּ [כאשר תגיע אותה שעה של זעם אקללנו], את אותו מין, ואז תחול הקללה. כִּי מְטָא הַהִיא שַׁעְתָּא נִימְנֵם [כיון שהגיע אותה שעה התנמנם] ר' יהושע בן לוי ולא הצליח לקללו, שכן חלפה השעה. אָמַר: כיון שאירע לי כך, שְׁמַע מִינָּהּ לָאו אוֹרַח אַרְעָא לְמֶיעֱבַד הָכִי [משמע מכאן שאין זה דרך ארץ לעשות כך], שהרי ["וְרַחֲמָיו עַל כָּל מַעֲשָׂיו" כְּתִיב [נאמר] (תהלים קמה, ט)], וּכְתִיב [ונאמר]: "גַּם עֲנוֹשׁ לַצַּדִּיק לֹא טוֹב" (משלי יז, כו), כלומר, לא טוב לצדיק להעניש. ובעניין זעמו של הקב"ה, תָּנָא מִשְּׁמֵיהּ [שנה החכם משמו] של ר' מֵאִיר: בְּשָׁעָה שֶׁהַמְּלָכִים קמים משנתם וּמַנִּיחִין כִּתְרֵיהֶן בְּרָאשֵׁיהֶן וּמִשְׁתַּחֲוִין לַחַמָּה, מִיָּד כּוֹעֵס [הַקָּדוֹשׁ בָּרוּךְ הוּא], ולכן הכעס הוא בשלש שעות ראשונות. אָמַר רַב יוֹסֵף: לָא לִיצַלֵּי אִינִישׁ צְלוֹתָא דְּמוּסָפֵי בִּתְלָת שָׁעֵי קַמַּיְיתָא דְּיוֹמָא, בְּיוֹמָא קַמָּא דְּרֵישׁ שַׁתָּא [אל יתפלל אדם תפילת המוספים בשלש שעות הראשונות של היום ביום הראשון של ראש השנה] כשהוא מתפלל בְּיָחִיד, דִּלְמָא כֵּיוָן דְּמִפְקִיד דִּינָא, דִּלְמָא מְעַיְּינֵי בְּעוֹבָדֵיהּ וְדָחֲפוּ לֵיהּ מִידְחֵי [שמא כיון שאז נפקד הדין על העולם, שמא יעיינו במעשיו וידחפו אותו וידחוהו] מן העולם. ומקשים: אִי הָכִי, דְּצִבּוּר נַמִי [אם כך, תפילה של ציבור גם כן] לא תהא בזמן זה! ומשיבים: הַצִּבּוּר נְפִישָׁא זְכוּתֵיהּ [מרובה זכותו] ואין דוחים אותו גם כשמתפללים בשעה זו. ושואלים: אִי הָכִי, דְּיָחִיד דְּצַפְרָא נַמִי לָא [אם כך, תפילה של יחיד של בוקר, של שחרית, גם כן לא] יתפלל באותן שעות, ולא רק תפילת מוסף! ומשיבים: כֵּיוָן דְּאִיכָּא צִבּוּרָא דְּקָא מְצַלּוּ, לָא קָא מִדְחֵי [שיש ציבור שמתפללים באותה שעה, אינו נדחה], ומקבלים תפילתו עמם. ושואלים: וְהָא [והרי] אָמְרַתְּ במקום אחר: שָׁלֹשׁ שעות רִאשׁוֹנוֹת הַקָּדוֹשׁ בָּרוּךְ הוּא יוֹשֵׁב וְעוֹסֵק בַּתּוֹרָה, ולא בדין! ואומרים: אֵיפּוּךְ [הפוך] את סדרי השעות. וְאִיבָּעֵית אֵימָא [ואם תרצה אמור]: לְעוֹלָם לָא תֵּיפּוּךְ [אל תהפוך], וטעם הדבר שלא יתפלל היחיד מוסף בשלוש השעות הראשונות שבהן הקב"ה עוסק בתורה, הוא משום שלגבי הַתּוֹרָה דִּכְתִיב [שנאמר] בָּהּ "אֱמֶת", דִּכְתִיב [שנאמר]: "אֱמֶת קְנֵה וְאַל תִּמְכֹּר" (משלי כג, כג) — אֵין הַקָּדוֹשׁ בָּרוּךְ הוּא עוֹשֶׂה בשעת התורה לִפְנִים מִשּׁוּרַת הַדִּין, אבל בזמן שעת הַדִּין דְּלָא כְּתִיב בֵּיהּ [שלא נאמר בו] "אֱמֶת", אלא דין הוא ענין של משפט ושל הערכה — הַקָּדוֹשׁ בָּרוּךְ הוּא עוֹשֶׂה גם לִפְנִים מִשּׁוּרַת הַדִּין.

א ושבים לדיון לעיל (ג,א), ומביאים את גּוּפָא [גופם] של הדברים שאָמַר ר' יְהוֹשֻׁעַ בֶּן לֵוִי, מַאי דִּכְתִיב [מהו שנאמר]: "אֲשֶׁר אָנֹכִי מְצַוְּךָ הַיּוֹם לַעֲשׂוֹתָם" (דברים ז, יא)? מכאן נלמד: "הַיּוֹם לַעֲשׂוֹתָם" — וְלֹא לְמָחָר (לעולם הבא) לַעֲשׂוֹתָם, "הַיּוֹם לַעֲשׂוֹתָם" — וְלֹא הַיּוֹם לִיטּוֹל שְׂכָרָן. ועוד אָמַר ר' יְהוֹשֻׁעַ בֶּן לֵוִי: כָּל מִצְוֹת שֶׁיִּשְׂרָאֵל עוֹשִׂין בָּעוֹלָם הַזֶּה, בָּאוֹת וּמְעִידוֹת אוֹתָם לָעוֹלָם הַבָּא, שֶׁנֶּאֱמַר: "יִתְּנוּ עֵדֵיהֶם וְיִצְדָּקוּ יִשְׁמְעוּ וְיֹאמְרוּ אֱמֶת" (ישעיהו מג, ט), וכך הוא מפרש: "יִתְּנוּ עֵדֵיהֶם וְיִצְדָּקוּ" — אֵלּוּ יִשְׂרָאֵל, "יִשְׁמְעוּ וְיֹאמְרוּ אֱמֶת" — אֵלּוּ אוּמּוֹת הָעוֹלָם. וְאָמַר ר' יְהוֹשֻׁעַ בֶּן לֵוִי: כָּל מִצְוֹת שֶׁיִּשְׂרָאֵל עוֹשִׂין בָּעוֹלָם הַזֶּה, בָּאוֹת וְטוֹרְפוֹת אוֹתָם לְאוּמּוֹת הָעוֹלָם לָעוֹלָם הַבָּא עַל פְּנֵיהֶם, שֶׁנֶּאֱמַר: "וּשְׁמַרְתֶּם וַעֲשִׂיתֶם כִּי הִיא חָכְמַתְכֶם וּבִינַתְכֶם לְעֵינֵי הָעַמִּים" (דברים ד, ו), "נֶגֶד הָעַמִּים" כלומר, מול העמים לֹא נֶאֱמַר, אֶלָּא "לְעֵינֵי הָעַמִּים" — על עיניהם ממש, מְלַמֵּד שֶׁבָּאוֹת וְטוֹרְפוֹת לְאוּמּוֹת הָעוֹלָם עַל פְּנֵיהֶם לָעוֹלָם הַבָּא. וְאָמַר ר' יְהוֹשֻׁעַ בֶּן לֵוִי: לֹא עָשׂוּ יִשְׂרָאֵל אֶת הָעֵגֶל אֶלָּא לִיתֵּן פִּתְחוֹן פֶּה לְבַעֲלֵי תְשׁוּבָה, שֶׁנֶּאֱמַר לאחר מתן תורה: "מִי יִתֵּן וְהָיָה לְבָבָם זֶה לָהֶם לְיִרְאָה אֹתִי כָּל הַיָּמִים" וגו' (דברים ה, כו), ואם היו במעלה גדולה זו, כיצד הגיעו לעשות את העגל? אלא לא באו לידי חטא אלא כדי ללמד שאפשר לעשות תשובה על כל עבירה שבעולם, שאפילו עבירה חמורה זו של העגל יש לה תיקון. וְהַיְינוּ [וזהו] שאָמַר ר' יוֹחָנָן מִשּׁוּם ר' שִׁמְעוֹן בֶּן יוֹחַאי: לֹא דָּוִד רָאוּי לְאוֹתוֹ מַעֲשֶׂה של בת שבע, וְלֹא יִשְׂרָאֵל רְאוּיִן לְאוֹתוֹ מַעֲשֶׂה של עגל; לֹא דָּוִד רָאוּי לְאוֹתוֹ מַעֲשֶׂה של בת שבע, דִּכְתִיב [שנאמר]: "וְלִבִּי חָלַל בְּקִרְבִּי" (תהלים קט, כב), שיצרו היה כהרוג בקרבו, ולא היתה סיבה שיוכל לשלוט בו עד כדי כך, וְלֹא יִשְׂרָאֵל רְאוּיִן לְאוֹתוֹ מַעֲשֶׂה, דִּכְתִיב [שנאמר] באותה שעה: "מִי יִתֵּן וְהָיָה לְבָבָם זֶה לָהֶם לְיִרְאָה אוֹתִי כָּל הַיָּמִים" (דברים ה, כו), אֶלָּא לָמָּה עָשׂוּ את מה שעשו?

עיונים

ויודע דעת עליון מסבירים בתוס' שמשמעות לשון זו היא שהיה יודע דעת עליון מתוך הבנתו וידיעתו שלו, ולא רק משום שהיה נביא. ולכן תהו, האם באמת היה חכם עד כדי כך.

דעת בהמתו לא הוה ידע שהרי נכנס עמה לויכוח, ולא ידע שבסופו של דבר תאמר לו האתון דבר של גנאי (תוס' חכמי אנגליה). ובדומה לכך פירש מהרש"א שהאתון ניצחה אותו בדבריה. והמהרש"א מסביר כי לא פירשו בפשטות, שהאתון ראתה את המלאך והוא לא ראה אותו, משום שדבר זה אינו בהכרח סימן לעליונות הבהמה, אלא דבר שנעשה לטובת האדם, שאינו רואה כל דבר.

מאי טעמא לא רכבת וכו' כתב המהרש"א שאף שמצאנו שהיו אנשים חשובים שרכבו על חמורים, מכל מקום אמרו לו שרי מואב כי כדי להגיע אל בלק במהירות למלא את רצונו היה לו לרכב על סוס שהוא מהיר יותר. ובלעם לא רצה לספר האמת (אם משום שלא רצה לגלות שאין לו סוס, או משום שהיתה האתון משמשת לו גם לאישות) ולכן הסתבך בדברי שקר.

רגע כמימריה בתוס' שאלו: מה יכול היה לומר בזמן קצר כל כך? והשיבו שהיה יכול לומר דיבור שאף הוא נמשך רגע — "כַּלֵּם". ועוד אמרו שמשמע שכיון שמתחיל לקלל ברגע זה יכול להמשיך ולקלל גם אחר כך.

לאו אורח ארעא ראה בתוס' שהעירו כי גם לפי הנוסחות שהיה זה אדם שמן הדין מותר להורגו, מכל מקום אין זו דרך ארץ לדחוק ולגרום שייהרג בידי שמים, כאשר הקב"ה עצמו מניח לו לחיות.

אמת קנה ומסביר רש"י שהכוונה היא שראוי לאדם להוציא הוצאות (ואף לשלם שכר לימוד אם תובעים זאת ממנו) על מנת לקנות תורה לעצמו, ואינו ראוי למכור את תורתו בכסף, בכך שמלמדה בשכר, אלא יתננה לאחרים בלא מחיר.

בדין לא כתיב אמת המהרש"א מסביר כי נאמר שכאשר באים אנשים לדין, כל עוד אין הדיין יודע להיכן הדין נוטה יכול הוא להציע להם להתפשר (אף שאין זו אמת גמורה). אבל כאשר הוא יודע מה הדין, שהיא היא דרגת התורה, שהוא יודע מה אומרת התורה לגבי מקרה כזה — שוב אינו רשאי להציע פשרה אלא לחתוך את הדין לאמיתו. ואם כן רואים מכאן שבדין אפשר ללכת לפנים משורת הדין, אבל בתורה יש אמת מוחלטת.

מוספי דריש שתא הראב"ד מסביר שבראש השנה שהוא יום דין לחיים או למיתה צריכים יותר לרחמים. אבל רש"י מסביר ששונה תפילת המוסף של ראש השנה משל שאר ימים (שבתות ומועדים) לפי שרוב תפילות המוסף אינן אלא דברי שבח והזכרת קרבנות היום, ואילו במוסף של ראש השנה יש "מלכויות זכרונות ושופרות", שיש בהם הזכרת מלכותו ודינו של הקב"ה, ודברי בקשה שימלוך ה' על העולם ויעשה בו דין אמת, וכיון שהוא מעורר נושאים אלה, והיא שעת דין — שמא יזכור לו חטאיו ופשעיו ונמצא נדחה בידי שמים.

לא דוד ראוי לאותו מעשה כלומר, לא מצד אישיותו ולא מצדדים אחרים היה זה דבר שהיה שייך שיעשה דוד, אלא סיבה היתה מאת ה'. והוסיף הריא"ף שיש לזכור שבאותו זמן כבר לא היה דוד אדם צעיר ביותר, אלא קרוב לשנת הששים, ואין זה ראוי לו אפילו מצד תאוות הגוף.

לא היו ישראל וכו' שהרי נאמר בכתוב שהיו במעלה יתירה בשעת מתן תורה, והקב"ה עצמו משבחם על כך. ואם כן הם עצמם היו טובים, אלא מאת ה' היתה לתת פתחון פה לדורות הבאים. והמהרש"א כותב שאין לומר שהחטא בא מאת ה' (וראה גם במהר"ל בענין זה) אלא הכוונה היא שמצד מעשיהם הטובים הקודמים ראוי היה שהקב"ה יצילם מעוון חמור זה. ובעיון יעקב כתב כי כרגיל "עבירה גוררת עבירה" ואין אדם נכשל מיד בעבירה חמורה אלא אם כן קדמו לה עברות אחרות, וכאן נראה כי בבת אחת נפלו ממדרגה גבוהה לחטא חמור.

אורח ההלכה

לא ליצלי איניש וכו' אל יתפלל אדם תפילת המוספים של ראש השנה ביחיד עד אחר שלוש שעות ביום. אבל תפילת שחרית שרגילים להתפלל בבוקר בתוך שלוש שעות, כשהוא מתפלל ביחיד — מתקבלת תפילתו בתוך תפילות הציבור. (משנ"ב. וראה בשו"ע הרב). וכדברי רב יוסף. (שו"ע או"ח תקצא, ח).

מסורת הש"ס

א. ברכות ז,א. סנהדרין קה,ב. ילק"ש תורה תשסה.
ב. סנהדרין שם.
ג. ברכות שם. סנהדרין שם.
ד. שם. ילק"ש נך תקנה.
ה. (כל הענין) ברכות שם. סנהדרין שם. ילק"ש שם תלג.
ו. ע"ז ג,א (ושם סומנו מקבילות).
ז. ע"ז ב,א. ילק"ש נ"ך תנב.
ח. ילק"ש תורה תתכד.
ט. ילק"ש נ"ך תתסח.

גרסות

אפשר דעת בכת"י כבמקבילות: **השתא דעת.**

עושה לך רכיבות ביום ואישות בלילה בכתי"ס: **אתונך ביום ואתונך בלילה.**

עמי ראו בכת"י כבמקבילות: **דעו.**

שאם כעסתי עליכם בכתי"מ: **שאם כעסתי באותן הימים.**

לא זעם ה' בכת"י ובמקבילה: **לא זעם ה' אותן הימים לא זעם ה'.**

הוה מצער ליה ההוא מינא בכתי"ס: **הוה ליה ההוא גוי בשיבבותיה והוה קא מצער ליה בקראי.**

נקט תרנגולא — דערסא בכת"י: **אייתי תרנגולא ואסריה בכרעיה דפורייה.**

לאו אורח ארעא — גם ענוש בכתי"מ כבמקבילה: **לאו אורח ארעא דכתיב גם ענוש** ובכתי"ס: **לאו אורח ארעא הוא.**

שהמלכים בכתי"מ כבמקבילה: **שמלכי מזרח ומערב** ובכתי"ס: **שמלכי אומות העולם.**

דילמא כיון דמפקיד דינא — מידחי מאי טעמא בכת"י: **דכיון דמפקיד דינא מידחי.**

נפישא זכותיה בכת"י כבמקבילה: **נפישי רחמי.**

דיחיד דצפרא נמי לא בכת"י: **אי הכי דצפרא נמי לא ליצלי.**

וטורפות בכתי"מ: **ומטרפות.**

אלא ליתן בכת"י: **אלא כדי ליתן.**

לשון

סורייקי סומקי
מקור המלה סורייקי (בנוסחות אחרות שורייקי) אינו ברור, ומשמעו חוטים, שורות. הכוונה היא לכלי הדם הגדולים יותר המצויים בכרבולת, שכאשר היא מלבינה (כלומר, כאשר אין הדם זורם בכלי הדם הנימיים) הם ניכרים לעין כעין חוטים אדומים.

לעזי רש"י

נוקיי"ש צ"ל: טקי"ש, מן הצרפתית העתיקה taches — כתמים.

לוֹמַר לָךְ, שֶׁאִם חָטָא יָחִיד — אוֹמְרִים לוֹ: כְּלָךְ (לך) אֵצֶל יָחִיד שחטא, דוד המלך, ולמד ממנו שאפשר לעשות תשובה, וְאִם חָטְאוּ צִבּוּר — אוֹמְרִים לוֹ: כְּלָךְ (לכו) אֵצֶל צִבּוּר שחטאו. ומעירים: וּצְרִיכָא [וצריך] הדבר להיאמר גם ביחיד וגם בציבור, דְּאִי אַשְׁמוּעִינַן [שאם היה משמיע לנו] רק בְּיָחִיד, היה אפשר לומר שהוא מִשּׁוּם ששם לֹא מִפַּרְסֵם חֲטָאֵיהּ [מתפרסם חטאו] כל כך, אֲבָל צִבּוּר דְּמִפַּרְסֵם חֶטְאַיְהוּ [שמתפרסם חטאם] אֵימָא [אמור] שֶׁלֹּא, שאין להם דרך לעשות תשובה. ומצד אחר, אִי אַשְׁמוּעִינַן [אם היה משמיע לנו] רק בְּצִבּוּר שניתן לעשות תשובה, הייתי אומר — מִשּׁוּם דִּנְפִישֵׁי רַחֲמַיְיהוּ [שמרובים רחמיהם ותפילתם], ונשמעים לפני ה׳, ומתקבלת תשובתם לפניו, אֲבָל יָחִיד שלֹּא אַלִּימָא זְכוּתֵיהּ [חזקה זכותו] כל כך, אֵימָא [אמור] שֶׁלֹּא יוכל לעשות תשובה, על כן צְרִיכָא [צריך הדבר להיאמר]. ומה שנאמר לגבי דוד הַיְינוּ [זהו] שֶׁאָמַר ר׳ שְׁמוּאֵל בַּר נַחְמָנִי אָמַר ר׳ יוֹנָתָן, מַאי דִּכְתִיב [מהו שנאמר], מה פירוש "נְאֻם דָּוִד בֶּן יִשַׁי וּנְאֻם הַגֶּבֶר הֻקַם עָל" (שמואל ב כג, א)? נְאֻם דָּוִד בֶּן יִשַׁי שֶׁהֵקִים עוּלָּהּ שֶׁל תְּשׁוּבָה, שממנו למדים שאפשר ומוטל על האדם לעשות תשובה.

וְעוֹד אָמַר ר׳ שְׁמוּאֵל בַּר נַחְמָנִי אָמַר ר׳ יוֹנָתָן: כָּל הָעוֹשֶׂה מִצְוָה אַחַת בָּעוֹלָם הַזֶּה, מצוה זו מְקַדַּמְתּוֹ וְהוֹלֶכֶת לְפָנָיו לָעוֹלָם הַבָּא, שֶׁנֶּאֱמַר: "וְהָלַךְ לְפָנֶיךָ צִדְקֶךָ וּכְבוֹד ה׳ יַאַסְפֶךָ" (ישעיהו נח, ח), ומן הצד השני, כָּל הָעוֹבֵר עֲבֵירָה אַחַת, העבירה הזו מְלַפַּפְתּוֹ (עוטפת אותו) וּמוֹלִיכַתּוֹ לְיוֹם הַדִּין, שֶׁנֶּאֱמַר: "יִלָּפְתוּ אָרְחוֹת דַּרְכָּם ויעלו בתהו ויאבדו" וגו׳ (איוב ו, יח). ר׳ אֶלְעָזָר אוֹמֵר: העבירה קְשׁוּרָה בּוֹ כְּכֶלֶב ואינה נפרדת ממנו, שֶׁנֶּאֱמַר ביוסף ואשת אדוניו: "וְלֹא שָׁמַע אֵלֶיהָ לִשְׁכַּב אֶצְלָהּ לִהְיוֹת עִמָּהּ" (בראשית לט, י), לומר "לִשְׁכַּב אֶצְלָהּ" — בָּעוֹלָם הַזֶּה, ועל ידי כך "לִהְיוֹת עִמָּהּ" — בָּעוֹלָם הַבָּא.

א ועוד בענין חטא העגל אָמַר רֵישׁ לָקִישׁ: בּוֹאוּ וְנַחֲזִיק טוֹבָה לַאֲבוֹתֵינוּ שחטאו בעגל, שֶׁאִלְמָלֵא הֵן לֹא חָטְאוּ — אָנוּ לֹא בָּאנוּ לָעוֹלָם, שֶׁנֶּאֱמַר: "אֲנִי אָמַרְתִּי אֱלֹהִים אַתֶּם וּבְנֵי עֶלְיוֹן כֻּלְּכֶם" (תהלים פב, ו), והוא לאחר מתן תורה, שהיו נעשים כמלאכים ולא היו מולידים ילדים, אבל לאחר שחִבַּלְתֶּם (קלקלתם) מַעֲשֵׂיכֶם בעגל — "אָכֵן כְּאָדָם תְּמוּתוּן" וגו׳ (שם ז). ושואלים: לְמֵימְרָא [האם לומר] דְּאִי [שאם] לֹא חָטְאוּ בעגל לֹא הֲווּ מוֹלְדוּ [היו מולידים]? וְהָכְתִיב [והרי נאמר] לנח ובניו כציווי: "וְאַתֶּם פְּרוּ וּרְבוּ" (בראשית ט, ז)! ומשיבים: ציווי זה היה עַד מתן תורה בהר סִינַי, שאז היו נעשים כמלאכים — אם לא היו חוטאים. ושואלים: בְּסִינַי נַמִּי כְּתִיב [גם כן נאמר]: "לֵךְ אֱמֹר לָהֶם שׁוּבוּ לָכֶם לְאָהֳלֵיכֶם" (דברים ה, כז), שעניינו שישובו לחיי האישות שלהם! ומשיבים: הכוונה היתה שם לְשִׂמְחַת עוֹנָה של אישות, אבל לא לפריה ורביה. ומקשים: וְהָכְתִיב [והרי נאמר]: "לְמַעַן יִיטַב לָהֶם וְלִבְנֵיהֶם" וגו׳ (שם כו) משמע שימשיכו להוליד! ומשיבים: הכוונה היא לְאוֹתָן בנים הָעוֹמְדִים עַל הַר סִינַי, ולא לבאים אחריהם. ומקשים: וְהָאָמַר [והרי אמר] רֵישׁ לָקִישׁ, מַאי דִּכְתִיב [מהו שנאמר]: "זֶה סֵפֶר תּוֹלְדֹת אָדָם" וגו׳ (בראשית ה, א)? וְכִי סֵפֶר הָיָה לוֹ לְאָדָם הָרִאשׁוֹן? אלא מְלַמֵּד שֶׁהֶרְאָה לוֹ הַקָּדוֹשׁ בָּרוּךְ הוּא לְאָדָם הָרִאשׁוֹן דּוֹר דּוֹר וְדוֹרְשָׁיו (דרשניו), דּוֹר דּוֹר וַחֲכָמָיו, דּוֹר דּוֹר וּפַרְנָסָיו (מנהיגיו), כֵּיוָן שֶׁהִגִּיעַ אדם הראשון לְדוֹרוֹ שֶׁל ר׳ עֲקִיבָא, שָׂמַח בְּתוֹרָתוֹ וְנִתְעַצֵּב בְּמִיתָתוֹ, שכן נהרג ביסורים קשים. אָמַר: "וְלִי מַה יָּקְרוּ רֵעֶיךָ אֵל מה עצמו ראשיהם" (תהלים קלט, יז). ומשמע מכאן שכבר מתחילה עתידים היו להיוולד דורות נוספים. וְכֵן אָמַר ר׳ יוֹסֵי: אֵין מָשִׁיחַ בֶּן דָּוִד בָּא עַד שֶׁיִּכְלוּ נְשָׁמוֹת שֶׁבַּגּוּף שבאוצר הנשמות, שֶׁנֶּאֱמַר: "[כִּי לֹא לְעוֹלָם אָרִיב וְלֹא לָנֶצַח אֶקְצוֹף] כִּי רוּחַ מִלְּפָנַי יַעֲטוֹף וּנְשָׁמוֹת אֲנִי עָשִׂיתִי" (ישעיהו נז, טז). משמע שצריך שייוולדו ילדים אף בעתיד כדי להגיע לקץ הימים! ומשיבים: לֹא תֵּימָא [תאמר] אין הכוונה שאלמלא חטאו אבותינו אָנוּ לֹא בָּאנוּ לָעוֹלָם, שבודאי היו מולידים, אֶלָּא כְּמִי שֶׁלֹּא בָּאנוּ לָעוֹלָם, שלא היינו נחשבים בפני הדורות הראשונים שהיו קיימים עד ימינו. ושואלים: לְמֵימְרָא, דְּאִי לָא חָטְאוּ לָא הֲווּ מָיְיתֵי [האם לומר, שאם לא היו חוטאים לא היו מתים]? וְהָכְתִיב [והרי כתובה] בתורה פָּרָשַׁת יְבָמוֹת (דברים כה, ה—י), העוסקת במקרה שמת אחד מן האחים, וּפָרָשַׁת נְחָלוֹת (שם, כא, טו—יז), העוסקת בירושת נחלת האב שמת על ידי בניו! ומשיבים: כל אלה כתובות עַל תְּנַאי, שאם יחטאו וימותו יחולו דינים אלה. ושואלים: וּמִי כְּתִיבִי קְרָאֵי [והאם כתובים מקראות] עַל תְּנַאי כגון זה? ומשיבים: אִין [כן], דְּהָכִי [שכך] אָמַר ר׳ שִׁמְעוֹן בֶּן לָקִישׁ, מַאי דִּכְתִיב [מהו שנאמר] בסוף מעשה בראשית: "וַיְהִי עֶרֶב וַיְהִי בֹקֶר יוֹם הַשִּׁשִּׁי" (בראשית א, לא)? מְלַמֵּד שֶׁהִתְנָה הַקָּדוֹשׁ בָּרוּךְ הוּא עִם מַעֲשֵׂה בְרֵאשִׁית, וְאָמַר: אִם מְקַבְּלִין יִשְׂרָאֵל אֶת הַתּוֹרָה ביום השישי בסיון — מוּטָב, יתקיים העולם, וְאִם לָאו — אַחֲזִיר אֶתְכֶם את העולם וברואיו לְתוֹהוּ וָבוֹהוּ. מֵיתִיבֵי [מקשים] על מה שנאמר שאילו לא חטאו בעגל לא היו מתים, ממה ששנינו בברייתא על הפסוק שלאחר מתן תורה: "מִי יִתֵּן וְהָיָה לְבָבָם זֶה לָהֶם ליראה אותי כל הימים" (דברים ה, כו), כשישראל הגיעו למעלה העליונה: לְבַטֵּל מֵהֶם מַלְאַךְ הַמָּוֶת אִי אֶפְשָׁר, שֶׁכְּבָר נִגְזְרָה גְּזֵרָה מימי בראשית, הָא לֹא קִיבְּלוּ יִשְׂרָאֵל אֶת הַתּוֹרָה אֶלָּא כְּדֵי שֶׁלֹּא תְּהֵא אוּמָּה וְלָשׁוֹן שׁוֹלֶטֶת בָּהֶן, שֶׁנֶּאֱמַר: "לְמַעַן יִיטַב לָהֶם וְלִבְנֵיהֶם עַד עוֹלָם" (שם). הרי שגם אם לא היו חוטאים היו מתים, שלא כדברי ריש לקיש! ומשיבים: הוּא, ריש לקיש, שאוֹמֵר את דבריו, כִּי הַאי תַּנָּא [כדעת תנא זה] אמר: דְּתַנְיָא [ששנויה ברייתא], ר׳ יוֹסֵי אוֹמֵר: לֹא קִיבְּלוּ יִשְׂרָאֵל אֶת הַתּוֹרָה אֶלָּא כְּדֵי שֶׁלֹּא יְהֵא מַלְאַךְ הַמָּוֶת שׁוֹלֵט בָּהֶן, שֶׁנֶּאֱמַר: "אֲנִי אָמַרְתִּי אֱלֹהִים אַתֶּם וּבְנֵי עֶלְיוֹן כֻּלְּכֶם" (תהלים פב, ו), וכיון שחִבַּלְתֶּם מַעֲשֵׂיכֶם — "אָכֵן כְּאָדָם תְּמוּתוּן" (שם ז). ומקשים: וְר׳ יוֹסֵי נַמִּי [גם כן], הָכְתִיב [הרי נאמר]: "לְמַעַן יִיטַב לָהֶם וְלִבְנֵיהֶם עַד עוֹלָם", ונבין מכאן: טוֹבָה הוּא דְּהָוְיָא [שיש להם] אם יישאר לבבם כפי שהוא, הָא [אבל] מִיתָה אִיכָּא [יש]! ומשיבים: (ר׳ יוֹסֵי) אָמַר לָךְ [יכול היה לומר לך]: כֵּיוָן דְּלֵיכָּא [שאין] מִיתָה, הרי אֵין לְךָ טוֹבָה גְּדוֹלָה מִזּוֹ והיא ההבטחה של "למען ייטב". ושואלים מצד אחר: וְתַנָּא קַמָּא, האומר שלא נפטרו כלל מן המוות, נַמִּי [גם כן] יש לשאול עליו, הָכְתִיב [הרי נאמר]: "אָכֵן כְּאָדָם תְּמוּתוּן" ומשמע שרק לאחר שחטאו בעגל נגזר עליהם למות! ומשיבים: מַאי [מה] פירוש מִיתָה שנגזרה עליהם? עֲנִיּוּת. ומנין שיש לפרש כך? שֶׁאָמַר מָר [החכם]: אַרְבָּעָה חֲשׁוּבִים (נחשבים) כְּמֵתִים, אֵלּוּ הֵן: עָנִי, סוּמָא (עיור), וּמְצוֹרָע, וּמִי שֶׁאֵין לוֹ בָּנִים. וראיה לדבר: עָנִי — דִּכְתִיב [שנאמר] למשה: "לך שוב מצרים כִּי מֵתוּ כָּל הָאֲנָשִׁים המבקשים את נפשך" (שמות ד, יט), וּמַאן נִינְהוּ ויש לתמוה [ומי הם האנשים הללו]? דָּתָן וַאֲבִירָם, וּמִי [והאם] מֵתוּ? מֶיהֱוֵי הֲווּ [הרי היו] ונשארו חיים הלאה עד זמנו של קורח! אֶלָּא צריך לומר שֶׁיָּרְדוּ מִנִּכְסֵיהֶם (איבדו ממונם ונהיו עניים), והרי הם קרויים כמתים. סוּמָא נחשב כמת, דִּכְתִיב [שנאמר]: "בְּמַחֲשַׁכִּים הוֹשִׁיבַנִי כְּמֵתֵי עוֹלָם" (איכה ג, ו). מְצוֹרָע — דִּכְתִיב [שנאמר] על מרים שנצטרעה: "אַל נָא תְהִי כַּמֵּת" (במדבר יב, יב). וּמִי שֶׁאֵין לוֹ בָּנִים נחשב כמת, דִּכְתִיב [שנאמר] בדברי רחל ליעקב: "הָבָה לִּי בָנִים וְאִם אַיִן מֵתָה אָנֹכִי" (בראשית ל, א). תָּנוּ רַבָּנַן [שנו חכמים]: "אִם בְּחֻקֹּתַי תֵּלֵכוּ" (ויקרא כו, ג), אֵין "אִם" האמור כאן אֶלָּא לְשׁוֹן תַּחֲנוּנִים, וְכֵן הוּא אוֹמֵר במקום אחר, שהקב״ה מבקש: "לוּ עַמִּי שֹׁמֵעַ לִי וגו׳ כִּמְעַט אוֹיְבֵיהֶם אַכְנִיעַ" (תהלים פא, יד—טו), וְאוֹמֵר: "לוּ הִקְשַׁבְתָּ לְמִצְוֹתָי וַיְהִי כַנָּהָר שְׁלוֹמֶךָ וגו׳ וַיְהִי כַחוֹל זַרְעֶךָ וְצֶאֱצָאֵי מֵעֶיךָ" וגו׳ (ישעיה מח, יח—יט). ושבים לדון בפסוק שהוזכר קודם. תָּנוּ רַבָּנַן [שנו חכמים]: "מִי יִתֵּן וְהָיָה לְבָבָם זֶה לָהֶם ליראה אותי" (דברים ה, כו), אָמַר לָהֶן מֹשֶׁה לְיִשְׂרָאֵל לאחר זמן: כְּפוּיֵי טוֹבָה בְּנֵי כְּפוּיֵי טוֹבָה, בְּשָׁעָה שֶׁאָמַר הַקָּדוֹשׁ בָּרוּךְ הוּא לְיִשְׂרָאֵל: "מִי יִתֵּן וְהָיָה לְבָבָם זֶה לָהֶם", הָיָה לָהֶם לוֹמַר: תֵּן אַתָּה. ומסבירים: מדוע קוראים להם כְּפוּיֵי טוֹבָה — דִּכְתִיב [שנאמר]: "וְנַפְשֵׁנוּ קָצָה

מסורת הש״ס

א. מו״ק טז,א. ילק״ש נ״ך קסה.
ב. סוטה ג,ב. ילק״ש תורה קמה. שם נ״ך תצג. שם תתק.
ג. סוטה שם. תנחומא וישב ח. ילק״ש תורה קמה.
ד. שם. יומא לה,ב. ב״ר פפ״ז. במדב״ר פי״ד. וראה זהר ח״א קצ,ב. ילק״ש תורה קמה. שם נ״ך תצג. שם תתפח. שם תתק.
ה. ילק״ש נ״ך תתלא. (הביטוי) ראה ב״ב כה,א.
ו. (הענין) ראה מכילתא שמות כ,טו. שמו״ר פל״ב ז. במדב״ר פט״ז כד. תנחומא כי תשא טז. תנחומא בובר הוספה לפרשת שלח ב. תנדבא״ז פ״ד. ילק״ש תורה שא. שם תשסד. שם נ״ך תתלא.
ז. סנהדרין לח,ב. אדר״נ פל״א. סדר עולם רבה פ״ל. תנחומא בובר בראשית כח. מדרש ילמנו ילקוט תלמוד תורה בראשית יא. ב״ר פכ״ד ב. מדרש שמואל פכ״ד. שוח״ט פקל״ט. פסי״ר פכ״ג. ילק״ש תורה מא. שם נ״ך תתלא. שם תתרעב. זהר ח״א נה,א. שם צ,ב. שם רכז,ב. וראה גם מכילתא שמות יז, יד. ספרי דברים לד, ב. שמו״ר פ״מ ג. ויק״ר פכ״ו ז. תנחומא כי תשא יב. שם אמור ב. שם מסעי ד. ילק״ש תורה תרכ. שם נ״ך רס. שם תתפח.
ח. יבמות סב,א. סג,ב. כלה רבתי פ״ב ד. וראה ב״ר (ת״א) פכ״ד. קה״ר פ״א א. ילק״ש נ״ך תפח. שם תתלא.
ט. ע״ז ג,א (ושם סומנו מקבילות).
י. מכילתא שמות כ, טו. ילק״ש תורה שא. שם נ״ך תתלא.
יא. עירובין נד,א. ילק״ש תורה שצא. שם נ״ך תתלא. שם תתקפב.
יב. מכילתא שמות כ, טו. שמו״ר פל״ב א. תנחומא כי תשא טז. תנדבא״ז פ״ד. ילק״ש תורה תשסד. שם נ״ך תתלא.
יג. נדרים סד,ב. ירושלמי נדרים פ״ט ה״ב. ב״ר פע״א ו. וראה שמו״ר פ״א כט. איכ״ר פ״ג ב. תנחומא בובר ויצא יט. פרדר״א פל״א. ילק״ש תורה תשמב. שם נ״ך תד. שם תתלא.
יד. ילק״ש תורה תתקמ. (הביטוי) מכילתא שמות יז, ח. ילק״ש תורה רסא.

גרסות

אומרים לו כלך יש מתקנים: **אומרים להו לכו.**

דאי אשמועינן... ואי אשמועינן בכת״י ועוד: **דאי כתב רחמנא... ואי כתב רחמנא.**

דנפישי רחמיהו בב״ח: **דנפישי זכותייהו.**

מלפפתו ומוליכתו בכת״י ועוד: **בעולם הזה, מלפפתו והולכת לפניו.**

שיכלו נשמות בכתי״מ כבמקבילות: **שיכלו כל נשמות.**

כי — אקצוף בכת״י ובמקבילות משפט זה חסר.

על תנאי בכתי״ס: **על תנאי דאי חטאו.**

עד עולם במקרא: **לעולם.**

ר׳ יוסי אמר לך בכת״י ועוד: **אמר לך.**

שאמר הקדוש ברוך הוא לישראל... היה להם בכת״י: **שאמר לכם הקב״ה... היה לכם.**

עיונים

דמפרסם חטאיהו רש״י מסביר כי חטא מפורסם גורם גם לחילול השם. והיה מקום לומר שעבירה זו אין לה מחילה, ואין תשובה ראויה על כך.

עולה של תשובה אף שמפרשי המקרא (ובכללם גם רש״י) מפרשים את הכתוב במקומו כמשמעו, "הוקם על" — הוקם להיות עליון, מכל מקום בגלל הצורה המיוחדת ("עָל" בקמץ) דורשים כאילו היה כתוב "הוקם עול". ויש שפירש כי "הוקם" (ולא הקים) עניינו לרמוז שמן השמים נגזר עליו שיהא דוגמה לאלה החוזרים בתשובה (עץ יוסף). וענין "עולה של תשובה" יש להבינו במשמעות משא, נטל, שכיון שהראה דוד כי יש אפשרות של תשובה — שוב אין אדם יכול לפטור עצמו מן המאמץ לחזור בו על חטאיו. ויש שהבינו "עולה" מלשון עליה, שדוד הגיע למעלה גדולה ועליונה ("הוקם על") על ידי התשובה, על יד ש"הקים עולה", שהראה כמה גדולה וחשובה היא (בינה לעתים).

קשורה בו ככלב בפשטות עניינו שהיא קשורה בו ומלוה אותו ככלב הנכרך אחר אדם ומלווהו לכל מקום. ובתוס׳ חכמי אנגליה רצו להסביר שהוא רמז לדרכו של הכלב הנכרך אחרי הנקיבה. וכבר העירו המפרשים על כך שברוב המקרים "עבירה" קשורה במיוחד לעבירות בענייני עריות.

אנו לא באנו ומבינים שהכוונה היא שהיו ישראל נעשים כמלאכים, שהם קיימים לעולם ואין המות שולט בהם, ומצד שני — אף אינם פרים ורבים (וראה בדברי מפרשי התורה על חטא עץ הדעת ועונשו).

ולי מה יקרו וגו׳ וכתבו המפרשים כי פרק זה (מזמור קלט בתהלים) כולו נדרש על יצירת אדם הראשון. ואת הקשר בין פסוק זה לענין ר׳ עקיבא, מסביר המהרש״א בכך שהגמרא מתכוונת לדרוש את המשכו "אם תקטול אלוה רשע", לומר: אם תקטול אלוה — תקטול רשע ולא צדיק. והמהר״ל מסביר כי בגמרא מפרשים את "מה יקרו" במשמעות כפולה, מצד אחד במשמעות הרגילה, מה יקרים וחשובים בעיני רעיך — כר׳ עקיבא וחבריו, וגם "יקרו" במשמעות כבדו (כבארמית), מה כבד הוא לראות במיתתו של צדיק זה.

שיכלו נשמות שבגוף רש״י מסביר כי אוצר הנשמות קרוי "גוף", וכל עוד לא נשלמו ויצאו לעולם כל הנשמות הראויות להיוולד — תתאחר הגאולה. והוא מסביר כי "רוח" היא אותו גוף שבו הנשמות מצויות, והוא "יעטוף" = מאחֵר עד שיכלו הנשמות שבו. וראה בתוס׳ שפירשו כי "רוח" היא רוחו של משיח, כאמור: "רוח אפינו משיח ה׳" (איכה ד, כ). ועוד כתבו שאף שיש אוצר מיוחד לנשמות ישראל, ולכן לא היה הקץ יכול לבוא גם אם היו אומות העולם ממשיכות להוליד ילדים. וראה בפרדס רמונים המסביר כי בעודם במקורן אין הנשמות מיוחדות, אלא כלולות כולן כאחת, והנשמות כהויות נפרדות ומוגדרות אינן אלא אותן נשמות המגיעות לידי יצירה בגוף אנושי.

קראי על תנאי כלומר, האם יש במקרא דברים המבוססים על האפשרות שבני האדם יחטאו וישתנה דינם. ומוכיחים מדברי ריש לקיש שאף מאמרות הבריאה לא נאמרו אלא על תנאי.

שכבר נגזירה גזירה שנאמר לאדם הראשון "כי עפר אתה ואל עפר תשוב", שנגזר שכל אדם ימות, ואי אפשר שתתבטל גזירה זו (תוס׳ חכמי אנגליה).

מאי מיתה עניות שכמפורש בהרבה מקומות, לעתים קשה היא מן המיתה, לפי שהיא ממשכת ומכאיבה בכל עת (עיון יעקב). ומסביר המהרש״א שלפי זה מבינים את הכתוב "אכן כאדם תמותון" כך: כמו אדם הראשון שנגזר עליו להתייסר בעולם הזה ("בזעת אפך תאכל לחם... ואכלת את עשב השדה") כך ייגזר עליהם שיהיו משועבדים ולחוצים על ידי המלכויות, ויחיו בעוני ובמחסור.

כי מתו כל האנשים כי דתן ואבירם היו אויביו של משה רבינו, ולפיכך בכל מקום בתורה, למן ספר שמות, שנזכרו אנשים עוברי עבירה (בלא להזכיר את שמם) הכוונה היא להם. ולכן גם האנשים הניצים שהלשינו על משה היו דתן ואבירם (וכן במקרים אחרים).

אלא שירדו מנכסיהם ראה בתוס׳ שהוכיחו שאי אפשר לומר שהיו סומים או מצורעים. ולענין מי שאין לו בנים — ברור שאין זה גורע מסכנתם אם היו ממשיכים להיות בעלי השפעה. ובפרט שכל השאר (אפילו סומין או מצורעים) אם יש בידם ממון יכולים להזיק על ידי ממונם, מה שאין כן עניים שבטלה חשיבותם בעיני השלטונות.

אין אם אלא לשון תחנונים כי אין לפרש "אם" כאן כענין של אפשרות בלבד, שהרי מצווים ישראל לקיים את התורה. אלא יש להבינו כלשון של הבעת משאלה, כמו "אם יהיה אלקים עמדי" (בראשית כח, ב) שאמר יעקב (ראה מהרש״א וריא״ף).

ובאשר למקומה של דרשה זו כאן, הרי זה בפשטות בהקשר של הפסוק שהגמרא עוסקת בו — "מי יתן והיה לבבם זה להם ליראה אותי כל הימים", שאף הוא יש בו לשון של משאלה ותקוה.

כפויי טובה הרבה תמהו המפרשים מדוע אומרים שהם כפויי טובה אם אינם מבקשים לעצמם דבר טוב, שהרי כפיית טובה היא כאשר אין המקבל מעריך וגומל לטובה שנעשתה עמו. ובתוס׳ מסבירים שמה שלא רצו לבקש בקשה זו היה משום שלא רצו להיות במעמד שיצטרכו להיות חייבי טובה לקב״ה. ואחרים הסבירו כי הדרגה שהגיעו אליה באותו מעמד היתה מתנתו של הקב״ה, ומה שלא ביקשו "תן אתה" מורה שאינם מכירים בכך (ראה בן יהוידע).

לומר לך שאם חטא יחיד אומרים לו כלך
אצל יחיד ואם חטאו צבור אומרים *(לו כלך)
אצל צבור וצריכא דאי אשמועינן יחיד משום
דלא מפרסם חטאיה אבל צבור דמפרסם
חטאיהו אימא לא ואי אשמועינן צבור משום
דנפישי(א) רחמייהו אבל יחיד דלא אלימא
זכותיה אימא לא צריכא [א] והיינו *דרבי שמואל
בר נחמני א"ר יונתן(ב) מאי דכתיב נאם דוד
בן ישי ונאם הגבר הוקם על נאם דוד בן
ישי שהקים עולה של תשובה [ב] *וא"ר שמואל
בר נחמני אמר ר' יונתן כל העושה מצוה
אחת בעולם הזה מקדמתו והולכת לפניו
לעולם הבא שנאמר והלך לפניך צדקך
וכבוד ה' יאספך וכל העובר עבירה אחת
מלפפתו ומוליכתו ליום הדין שנאמר ילפתו
ארחות דרכם וגו' [ג] ר"א אומר קשורה בו
ככלב שנאמר ולא שמע אליה לשכב אצלה
להיות עמה [ד] *לשכב אצלה בעוה"ז להיות
א עמה בעוה"ב [ה] אמר ר"ל בואו ונחזיק טובה
לאבותינו שאלמלא הן לא חטאו אנו לא
באנו לעולם [ו] שנאמר אני אמרתי אלהים
אתם ובני עליון כלכם חבלתם מעשיכם אכן
כאדם תמותון וגו' למימרא דאי לא חטאו
לא הוו מולדו והכתיב ואתם פרו ורבו עד
סיני בסיני נמי כתיב לך אמור להם שובו
לכם לאהליכם לשמחת עונה והכתיב למען
ייטב להם ולבניהם וגו' לאותן העומדים על הר סיני והאמר ר"ל [ז] *מאי דכתיב
זה ספר תולדות אדם וגו' וכי ספר היה לו לאדם הראשון מלמד שהראה
לו הקב"ה לאדם הראשון דור דור ודורשיו דור דור וחכמיו דור דור ופרנסיו
כיון שהגיע לדורו של ר"ע שמח בתורתו ונתעצב במיתתו אמר ולי מה
יקרו רעיך אל [וגו'] [ח] וא"ר *יוסי *אין בן דוד בא עד שיכלו נשמות שבגוף
שנאמר [כי לא לעולם אריב ולא לנצח אקצוף] כי רוח מלפני יעטוף
ונשמות אני עשיתי לא תימא אנו לא באנו לעולם אלא כמי שלא באנו
לעולם למימרא דאי לא חטאו לא הוו מייתי והכתיב פרשת יבמות ופרשת
נחלות על תנאי ומי כתיבי קראי על תנאי אין דהכי [ט] *אמר רבי שמעון בן
לקיש מאי דכתיב ויהי ערב ויהי בקר יום הששי מלמד שהתנה הקב"ה
עם מעשה בראשית ואמר אם מקבלין ישראל את התורה מוטב ואם לאו
אחזיר אתכם לתוהו ובוהו מיתיבי מי יתן והיה לבבם זה *להם לבטל
מהם מלאך המות א"א שכבר נגזרה גזרה הא [יא] לא קיבלו ישראל את התורה
אלא *כדי שלא תהא אומה ולשון שולטת בהן שנאמר למען ייטב להם
ולבניהם *עד עולם הוא דאמר כי האי תנא דתניא [יב] רבי יוסי אומר לא קיבלו
ישראל את התורה אלא כדי שלא יהא מלאך המות שולט בהן שנאמר
אני אמרתי אלהים אתם ובני עליון כלכם חבלתם מעשיכם אכן כאדם תמותון ורבי יוסי נמי הכתיב
למען ייטב להם ולבניהם עד עולם טובה הוא דהויא הא מיתה איכא(ג) (*רבי יוסי) אמר לך כיון דליכא
מיתה אין לך טובה גדולה מזו ות"ק נמי הכתיב אכן כאדם תמותון מאי מיתה עניות *דאמר מר [יג] ארבעה
חשובים כמתים אלו הן עני סומא ומצורע ומי שאין לו בנים עני דכתיב כי מתו כל האנשים ומאן נינהו
דתן ואבירם ומי מתו מיהוי הוו אלא שירדו מנכסיהם סומא דכתיב במחשכים הושיבני כמתי עולם
מצורע דכתיב אל נא תהי כמת ומי שאין לו בנים דכתיב הבה לי בנים ואם אין מתה אנכי תנו רבנן
אם בחקתי תלכו אין אם אלא לשון תחנונים וכן הוא אומר לו עמי שומע לי [וגו'] כמעט אויביהם
אכניע ואומר לו הקשבת למצותי ויהי כנהר שלומך וגו' ויהי כחול זרעך וצאצאי מעיך וגו' תנו רבנן
מי יתן והיה לבבם זה להם [יד] אמר להן משה לישראל כפויי טובה בני כפויי טובה בשעה שאמר הקדוש
ברוך הוא לישראל מי יתן והיה לבבם זה להם היה להם לומר תן אתה כפויי טובה דכתיב ונפשנו קצה
בלחם

רש"י

לומר לך. גזירת מלך היתה ליתן פתחון פה לשבים: למפרסם חטאיהן. ואיכא חילול אימא לא ליתקבלו: מלפפתו. מעטפתו לשון מלבוש כמו מלפפין את התינוק בשבת (שבת דף קכט:): לאבותינו. עושי העגל: לא באנו לעולם. שהיו כמלאכים ולא הולידו בנים: לאותם. בנים שהיו כבר בעמידתם בסיני: לשמחת עונה. שעד עתה נאסר להן אל תגשו אל אשה: עד שיכלו וכו'. אוצר יש ושמו גוף ומבראשית נוצרו כל הנשמות העתידות להולד ונתנם לשם: כי לא לעולם אריב. לאחר זמן הגאולה ולא לנצח אקצוף מלגאול כי רוח אשר לפני נשמות שבגוף יעטוף הוא המאחר כמו העטופים ללבן (בראשית ל) ונשמות אני עשיתי: כמי שלא באנו לעולם. לפי שהן חיים לעולם וכל זמן שהן קיימין אין אנו חשובין כלום: הא לא קבלו ישראל את התורה. הוי שומע מכאן שלא קבלוה לקבל שכר היום בעולם הזה אלא שלא תהא אומה ולשון שולטת בהן וזו היא טובה הכתובה כאן למען ייטב להם: הוא דאמר. ר"ל: עניות. שמשסטאו שלטו בהן שונאיהם המכלים את ממונם כל היום בוזזים לאכול: דתן ואבירם. דאמר מר (נדרים דף סד:) כל מקום שנאמר נצים נצבים אינן אלא דתן ואבירם והכא(ד) במבקשי נפשו כתי' נצים היינו אותן עברים שהלשינו עליו: וכן הוא אומר לו עמי שומע לי. שהקב"ה מתחנן לפניהם שישמרו את התורה לו עמי היינו תחינה כמו הן לו יהי כדברך (בראשית ל): כפויי טובה. אין מכירין להחזיק טובה לבעלים: בלחם

תוספות

וצריכא. פי' לכתוב חטאם וקבלת תשובתם: שאלמלא לא חטאו לא באנו לעולם. ואע"ג דאמרינן פ"ק דערובין (דף יג: ושם) נמנו וגמרו נוח לו לאדם שלא נברא היינו בתחלת לידתו שאין ידוע מה יהא בסופו אבל כשהוא צדיק אשריו ואשרי הדור שהוא בתוכו ועוד דלמסקנא דכמי שלא באנו לעולם אתי שפיר: אין בן דוד בא עד שיכלו נשמות שבגוף. וא"ת מ"מ יכלו ע"י גוים שיהו מולידים ואומר הר"ר אלחנן דנשמות של ישראל ושל גוים אינן בגוף א' והא דאמר (שבת ל:) עתידה אשה שתלד בכל יום לימות המשיח שמא י"ל גוף חדש ונשמות חדשות יהיו: כי רוח מלפני יעטוף. משיח נקרא רוח כדכתיב (איכה ד) רוח אפינו משיח ה' וה"פ דקרא המשיח מלפני יאחר כמו העטופים ללבן. על ידי נשמות אשר עשיתי: אלא שירדו מנכסיהם. דליכא למימר סומים היו דהא כתיב בעדת קרח (במדבר טז) העיני האנשים ההם תנקר ומצורעים נמי לא הוו דהא בעדה בתוך המחנה היו יושבין וכ"ת דבמתן תורה נתרפאו דהא אותן שנתרפאו כבר חזרו למומן במעשה העגל* ושלא היו להם בנים ליכא למימר דבשביל כך לא היו פחות קרובים למלכות להלשינו כבתחלה וי"מ דמשמע ליה שירדו מנכסיהם דמחמת כן אין להן כח עוד להזיק אבל כל הנך היו יכולין להזיקו ע"י ממונם ופשטיה דקרא איירי בפרעה(ה) וימת מלך מצרים: כפויי טובה. לכך קראם כפויי טובה שלא רצו לומר אתה תן לפי שלא היו רוצים להחזיק לו טובה בכך: (סייך לע"ב) עד ארבעין שנין לא קאי איניש. פירש"י שאף משה לא נזכר וא"ת אמאי כעס משה על ישראל הלא גם הוא לא נזכר וי"ל שלפי שהוא לא היה צריך לתפלה זו לא נתן לב עד מ' שנה דקם אדעתיה דרביה אבל ישראל שהיו צריכין לתפלה זו היה להם להתבונן מאותה שעה שהרי כבר חטאו בעגל ובמרגלים ור"י פי' שמשה לא הקפיד עליהם על דבר זה עד מ' שנה כי היה סבור דלסוף מ' שנה יעמדו על דעת קונם ויאמרו אתה תן ולא היה בדעתו שהיו מניחים לומר אותו משום כפיית טובה אבל כשעברו ארבעים שנה שראה שהיה להם לדעת הבין עליהם שהיו מניחין בשביל כפיית טובה ואז הוכיחם:

רבינו חננאל

שאם חטא צבור אומר הנה בימי משה חטא צבור ואם הוא יחיד אומר הנה יחיד חטא וחזר בתשובה והיינו דכתיב נאם דוד בן ישי ונאם הגבר הוקם על גבר שהקים עולה של תשובה: העושה מצוה מקדימתו לעולם הבא שנאמר והלך לפניך צדקך וכל העובר עברה מלפפתו בעולם הבא שנאמר ילפתו. ארחות דרכם וגו': אמר ריש לקיש בואו ונחזיק טובה לאבותינו שחטאו ונקנסה מיתה בעולם שאילולי כן לא באנו אנו לעולם שנאמר אני אמרתי אלהים אתם אבל חבלתם עצמכם אכן כאדם תמותון וגו'. ומקשינן וכי אילו לא היו חוטאין לא הוו מולדי והכתיב ואתם פרו ורבו ופרקינן שלא היו מוזהרין בפו"ר [אלא] עד יום מתן תורה בלבד. איני והכתיב למען ייטב להם ולבניהם לעולם. ועוד כתיב זה ספר תולדות אדם מלמד שהראהו הקב"ה כל דור ודור כיון שהגיע בדורו של ר' עקיבא שמח בתורתו ונעצב במיתתו. ועוד אמר ר' אמי אין בן דוד בא עד שיכלו כל הנשמות שבגוף שנאמר ונשמות אני עשיתי. ופרקי' לא תימא לא באנו לעולם אלא אימא כמי שלא באנו לעולם. למימרא דאי לא חטאו לא הוו מייתי והכתיב פרשת יבמין ופרשת נחלות איש כי ימות. על תנאי פי' אם יחטאו ימותו. וכי כתיב קרא על תנאי אין דכתיב ויהי ערב ויהי בקר מלמד שהתנה הקב"ה עם מעשה בראשית וכו' ומותבינן מי יתן והיה לבבם זה להם לבטל מלאך המות אי אפשר שכבר נגזרה מיתה הא לא קיבלו ישראל את התורה אלא כדי שלא תהא אומה ולשון שולטת בהם שנא' למען ייטב להם ולבניהם. ופרקי' ריש לקיש דאמר כר' יוסי דתני לא קבלו ישראל את התורה אלא כדי שלא יהא מלאך המות שולט בהן שנא' אני אמרתי אלהים אתם וגו' והכתיב למען ייטב להם ולבניהם א) ופרקי' הא להיטיב להם אבל מיתה ימותו אמר לך ר' יוסי טובה שהבטיחם היא הטובה שלא ימותו שאין לך טובה גדולה מזו: ואקשי' לתנא קמא דר' יוסי והכתיב אכן כאדם תמותון מכלל שאילו לא חטאו לא היו מתים. ופריק מאי מיתה זו דאמר קרא עניות שאילו לא חטאו היו עשירים כיון שחטאו נתקללו בעניות שהיא כמיתה דאמר מר ד' חשובין כמת עני שנאמר כי מתו כל האנשים ומאן נינהו דתן ואבירם והרי לא מתו אלא שירדו מנכסיהן וקרי להו מתים. מצורע שנאמר אל נא תהי כמת מכלל שהמצורע חשוב מת. סומא דכתיב במחשכים הושיבני כמתי עולם. מי שאין לו בנים דכתיב הבה לי בנים ואם אין מתה אנכי. ת"ר אם בחקתי תלכו אין אם אלא לשון תחנונים שנאמר לו עמי שומע לי וגו' כמעט אויביהם אכניע וגו'. וכתיב לו הקשבת למצותי וגו' ויהי כחול זרעך וגו': ב) היה לכם לומר לפני הקב"ה כיון שאמר מי יתן תאמרו אתה רבון כל העולם תן לנו לב ליראה את שמך ואף רבינו משה לא רמז להם זה הדבר אלא לאחר מ' שנה שנאמר ואולך

גליון הש"ס

תום' ד"ה וצריכא. וקבלת תשובתם. עי' תשובת שער אפרים סי' כ':

הגהות הב"ח

(א) גמ' משום דנפישי זכותייהו אבל יחיד: (ב) שם א"ר יונתן לאמר ר"ש בר נחמני א"ר יונתן מאי דכתיב נאם: (ג) שם הא מיתה איכא אמר לך ר' יוסי כיון דליכא: (ד) רש"י ד"ה דתן וכו' והכא מבקשי כצ"ל ואות ב' נמחק: (ה) תוספות ד"ה אלא וכו' איירי בפרעה כדכתיב וימת:

בלחם הקלוקל בני כפויי טובה דכתיב האשה אשר נתתה עמדי היא נתנה לי מן העץ ואוכל אף משה רבינו לא רמזה להן לישראל אלא לאחר ארבעים שנה שנאמר ואולך אתכם *במדבר ארבעים שנה וכתיב ולא נתן ה' לכם לב וגו' אמר *רבה ש"מ א*לא קאי איניש אדעתיה דרביה עד ארבעין שנין ב*א"ר יוחנן משום רבי בנאה מאי דכתיב אשריכם זורעי על כל מים משלחי רגל השור והחמור אשריהם ישראל בזמן שעוסקין בתורה ובגמילות חסדים יצרם מסור בידם ואין הם מסורים ביד יצרם שנאמר אשריכם זורעי על כל מים ואין זריעה אלא צדקה שנאמר זרעו לכם לצדקה וקצרו לפי חסד ג*ואין מים אלא תורה שנאמר הוי כל צמא לכו למים משלחי רגל השור והחמור תנא דבי אליהו ד לעולם ישים אדם עצמו על דברי תורה כשור לעול וכחמור למשאוי: ג' ימים אסור לשאת ולתת עמהם וכו': ומי בעינן כולי האי והתנן ה* א בארבעה פרקים בשנה המוכר בהמה לחבירו צריך להודיעו אמה מכרתי לשחוט בתה מכרתי לשחוט ואלו הן עיו"ט האחרון של חג עיו"ט הראשון של פסח וערב עצרת וערב ר"ה וכדברי ר' יוסי הגלילי אף ערב יוה"כ בגליל התם דלאכילה סגיא בחד יומא הכא דלהקרבה בעינן תלתא יומי ולהקרבה סגי בתלתא יומי *(והתנן) ו* ב שואלין בהלכות הפסח קודם הפסח שלשים יום רשב"ג אומר שתי שבתות אנן דשכיחי מומין דפסלי ג אפילו בדוקין שבעין בעינן תלתין יומין אינהו דמחוסר אבר אית להו בתלתא יומי סגי ז*דא"ר אלעזר מנין למחוסר אבר דאסור לבני נח דכתיב ומכל החי מכל בשר שנים מכל וגו' אמרה תורה הבא בהמה שחיין ראשי אברים שלה האי מיבעי ליה למעוטי טריפה דלא טריפה מלחיות זרע נפקא הניחא למאן דאמר ח*טריפה י אינה יולדת

אלא

תורה אור: בראשית ג; דברים כט; שם כט; ישעיה לב; הושע י; ישעיה נה; בראשית ו

בלחם הקלוקל. קל הוא המן ומפני שהיה נבלע בכל אבריהם ואינן יוצאין לחוץ קראוהו קלוקל ורגנו על כך והיא היתה להם טובה גדולה שלא היו צריכין לטרוח ולצאת שלש פרסאות לפנות דתניא *(ברכות דף ס) כשהן נפנין אין נפנין לא לצידיהן ולא לפניהן אלא לאחריהן ומחנה ישראל ג' פרסאות היה: **אשר נתתה עמדי.** לשון גנאי הוא שתולה הקלקלה במתנתו של מקום והוא עשאה לו לעזר: **לא רמזה.** לתוכחה זו אלא לאחר מ' שנה במשנה תורה בערבות מואב אמר להם ולא נתן לכם לב לדעת שתהיו יודעים לשאול מה היה מבקש מכם [אלמא] אף משה רבינו לא נזכר לתת על לבו דבר זה עד מ' שנה: **לא קאי איניש אדעתיה דרביה.** לדעת סוף דעתו ותבונתו עד מ' שנה שהרי משה לא רמזה לישראל עד מ' שנה: **משלחי רגל.** משלחים ומשליכין רגלי יצר הרע הבא על האדם מעליהם יצר הרע קרוי אורח כדכתיב ויבא הלך לאיש העשיר (שמואל ב יב): **ומי בעינן כולי האי.** דחיישינן דזבין לה גוי להאי בהמה לצורך יום אידו ג' ימים קודם לכן: **בהני ד' פרקים.** מחזקינן ליה לאינש דכל מאן דזבין בהמה שחיט לה ביומיה ומשום הכי קאמר אמה מכרתי לשחוט ואל תשחט אתה את הבת שאמכור משום אותו ואת בנו דביום אחד מחייב האחרון ואלו ימים א"א בלא בשר וקונין הכל: **ערב יו"ט האחרון של חג.** מפני שהוא יום השלמת קרבנות החג דתנן מי שלא חג וכו': **וי"ד דניסן.** משום פסחים: **ערב עצרת.** משום שלמי חגיגה ועולת ראיה: **וכן לר"ה.** יום טוב הוא ואוכלין בשר: **(*ויוה"כ).** נמי משום כל האוכל ושותה בט' בו וכו': **בגליל.** היו רגילין להרבות שמחה יותר קתני(א) ערב יום טוב אלמא לא זבין איניש מקמי סעודה אלא חד יומא ואילו מכרה אתמול לא היה מזהיר לו היום דהא אין אדם קונה ג' ימים קודם לכן לצרכי סעודת יום ג': **להקרבה.** לעבודה זרה גוי מחזר אחריה ג' ימים: **בדוקין.** טילא בלע"ז: **לאסור לבני נח.** להקריב לגבוה ודומיא דקרבנות שנהגו אבותיהם לשמים הן נוהגין לעבודה זרה שלהן: **ומכל החי.** על שם שהיה עתיד נח להקריב מהן דכתי' ויקח מכל הבהמה הטהורה וגו' (בראשית ח):

תמים

יצרם מסור בידם. דריש ליה ממשלחי רגל דיצה"ר נקרא אורח כדכתיב ויבא הלך לאיש העשיר: **ומי בעינן כולי האי.** פירש רש"י וכי אדם רגיל כ"כ להעלות על לבו שמחתו וחגו דאסרת ג' ימים קודם לפי שהוא יום איד של עבודה זרה ונזכר שם עבודה זרה תדיר בפיו ואזיל ומודי והתנן בד' פרקים וכו' ומסיק התם דלאכילה שאינו טרוד לפני החג אלא על עסקי אכילה סגי בחד יומא הכא דלהקרבה שצריך לחזר אחר עסקי הקרבה בעי תלתא יומי והלכך אסור לשאת ולתת בכל עניני מקח וממכר משום דשם עבודה זרה שגור בפיו ואזיל ומודי: **ערב יו"ט האחרון של חג.** הא דלא נקט (*יום) הראשון של חג לפי שהם טרודים במצות לולב וסוכה ואין להם פנאי להרבות בסעודות וי"מ דבהנך ארבעה פרקים טעמא רבה אית בהו יו"ט האחרון של חג לפי שהוא(ב) זמן בפ"ע וחלוק משלפניו תקנו להרבות בסעודה משא"כ בשביעי של פסח וגם הקרבנות שבשמיני היו בשביל ישראל וכל החג היו מקריבין נגד הגוים* וערב פסח לפי שהוא יום גאולה ויציאה לחירות ועצרת כדאמרינן בפרק אלו דברים (פסחים דף סח:) הכל מודים בעצרת דבעינן נמי לכם ור"ה מפני שהוא תחלת השנה מרבים בסעודה לעשות סימן יפה וכמה עניני' עושים בו לסימן יפה כדאמר במסכת הוריות (דף יב.) וכריתות (דף ה:): **וכדברי ר' יוסי אף עיוה"כ בגליל.** תימה בפ"ק דכתובות (ה. ושם ד"ה אלא) דפריך תלמודא יוה"כ שחל להיות בשני בשבת ידחה גזרה שמא ישחוט בן עוף ואמאי שביק כל הני פרקים דד"ה ופריך לדברי רבי יוסי הגלילי וי"ל דשפיר פריך אליבא דרבנן דעיקר פירכיה מבן עוף דוקא דבהמה איכא טירחא יתירה להפילה ומידכר ובפרקים אלו אינם רגילין רק בבהמות וביוה"כ רגילים בעופות ודגים ודברים קלים כדאמרינן בב"ר (פ' יא) עובדא בההוא חייטא דזבן חד נונא(ג) תריסר דינרין: **והתנן שואלין בהלכות הפסח.** ואע"פ שגם עתה שאין קרבן שואלין בהלכות הפסח קודם ל' יום מ"מ עיקר התקנה על הקרבן נתקנה כדאמר טעמא בפ"ק דפסחים (דף ו:) שהרי נביא עומד בפסח ראשון ומזהיר על פסח שני: **מנין למחוסר אבר וכו'.** פירוש להקריב לגבוה בבמה שלהן דאילו בבית המקדש אפי' בדוקין שבעין נמי אסור דכתיב ומיד בן נכר לא תקריבו ומייתי ליה ומכל החי דהזהיר הקב"ה לנח להביא מחוסר אבר בתיבה מפני שעתיד להביא מהם קרבן וא"ת הא לקמן בסמוך (דף ו.) אמר דהזהירו נמי מלהביא אל התיבה זקן וסריס ולא נאסרו לבני נח ועוד קשיא דקרא גבי בהמה טמאה כתיב שהם שנים שנים דכתיב ומכל החי מכל בשר שנים מכל תביא וגו' והנהו לאו בני קרבן נינהו אף לבני נח כדמשמע פרק בתרא דזבחים (דף קטז.) וי"ל דאין לאסור אלו(ד) זקן וסריס לקרבן במה שמעטם מהבאת התיבה כיון דאיכא טעמא אחרינא דאיכא למימר דהא דמעטן הכתוב היינו לפי שאינם ראוין לקיום העולם אבל מחוסר אבר אי לאו לאסרן לקרבן למה נמעטו מלהביאם לתיבה הרי הם ראוין לקיום העולם ולבהמה טמאה ע"כ נמי לא מצי קאי דכיון דשלמים נמי לא חזו להקרבה: **מנין למחוסר אבר שאסור לבני נח.** יש לדקדק מלשון אסור שהוא איסור גמור ובן נח מוזהר בדבר ותימה מ"ט לא חשיב ליה בהדי ז' מצות שנצטוו ויתחייבו עליו מיתה ואין לומר משום דאזהרתיה לא כתיבא בהדיא הא מכלל הן אתה שומע לאו כדדרשינן* מכל עץ הגן אכל תאכל ולא גזל ודבק באשתו ולא באשת חברו אלא י"ל דהאי קום עשה הוא דמאיש איש מרבינן* שהגוים נודרים נדרים ונדבות כישראל ואם נדר מחוסר אבר אמרינן ליה קום והבא קרבן שלם וקום ועשה לא קחשיב והא דאמרינן פ"ק דקדושין (דף כד:) דמצרכינן מן העוף ולא כל העוף למעוטי יבשה גפה נקטע רגלה ל"ל פשיטא דמי איכא מידי דלישראל שרי ולגוי אסור וי"ל דס"ד כיון שאר מומין הפוסלין בבהמה הותרו בעוף כדאמרינן* תמות וזכרות בבהמה ואין תמות וזכרות בעוף ובבהמה אין חילוק בין במומין בין במחוסר אבר בעוף נמי נימא כיון שהותרו המומין מחוסר אבר נמי נשתרי קמ"ל מן העוף ועוד י"ל דאי לא כתיב מן העוף לאסור מחוסר אבר לישראל הוה אמינא דבני נח משתרו והכתוב בא לאסור לישראל אע"ג דכתיב גבי בני נח כדאמר בפ' ארבע מיתות (סנהדרין דף נט.) כל מצוה שנאמרה לבני נח ולא נשנית בסיני לזה ולזה נאמרה [וע"ע תוס' זבחים סח: ד"ה ושניסמית]:

אלא

עין משפט נר מצוה

ח א מיי' פי"ב מהל' שחיטה הל' יד סמג לאוין קמט טוש"ע יו"ד סימן טז סעיף ו:

ט ב טוש"ע א"ח סימן תכט סעיף א:

י ג מיי' פי"ז מהל' ביאת מקדש הלכה ה ופ"ב מהל' איסורי מזבח הל' א:

יא ד מיי' פ"א מהל' שחיטה הל' א סמג לאוין קלב טוש"ע יו"ד סימן נז סעיף יח וסימן פו סעיף ע:

הגהות הב"ח

(א) רש"י ד"ה בגליל וכו' קתני מיהא ערב יו"ט וכו': (ב) תוס' ד"ה ערב וכו' לפי שהוא יו"ט בפני עצמו וחלוק: (ג) ד"ה וכדברי וכו' נונא בתריסר: (ד) ד"ה מנין וכו' וי"ל דאין לאסור אלו זקן וסריס וכו' תא"מ ונ"ב הגה"ה הוא:

רבינו חננאל

ואולך אתכם ארבעים שנה במדבר וגו' ולא נתן ה' לכם לב לדעת וגו': א"ר יוחנן ש"מ לא קאי איניש אדעתא דרביה עד ארבעין שנין: **פיס'** שלשה ימים לפני אידיהן אסור לשאת ולתת עמהן כו' ומקשי' ומי בעינן לאיתרחוקי מינייהו כולי האי משום דחיישינן דלמא האי דזבני לעבודה זרה שלהן זבני והתנן בשחיטת חולין פרק אותו ואת בנו. בארבעה פרקים בשנה המוכר בהמה לחבירו צריך להודיעו וכו' הנה יום אחד דיי לנו להכנת המועד. ופרקי' גבי יום טוב שלנו דלאכילת שלמים לעצמו הוא דקא זבין סגי ליה בחד יומא הכא דלהקרבה לעבודה זרה בעי ליה מכין מקמיה תלתא יומין. אי הכי טפי בעי דהא תנן שואלין בהלכות הפסח קודם לפסח ל' יום וכו' וקיימא לן דמזכירין להו לישראל כדי שיזמינו קרבנותיהן למועד. ופרקי' אנו דבעינן בהמה מנוקה מכל מום להקרבה ואפילו מדוקין שבעין בעינן ל' יום להכנה איהו דלא חייש משום מום אלא למחוסר אבר סגי שלשה ימים

דתנן

מסורת הש"ס

[עירובין נה:] [נ"ל ארבעים שנה במדבר] [עי' תוספות סוטה כב: ד"ה ועד כמה] ב"ק יז. ע"ש [ב"ק יז. פב.] חולין פג. מגילה כט: פסחים ו. סנהדרין יב: [ר"ה ז. בכורות נח. תוספתא מגילה פ"ג] לקמן נא. זבחים קטז. כל הענין [חולין נז:] [סנהדרין נט:] [נזיר סב.] [קדושין כד:] [בע"י איתא רבא] [נ"ל עיו"ט] [סוכה נה:] [נ"ל והתניא]

גליון הש"ס

תום' ד"ה מנין וכו' אמרינן לו קום והבא קרבן שלם. יש לעיין למה אומרים לו הבא שלם וכי מחוייב הוא בכך להביא קרבן שלם אף בנדר וגם הרי עלי מכל מקום אין בן נח מצווה על לאו דלא יחל ועל מוצא שפתיך אלא דברוצה להקריב מחוסר אבר אומרים לו שלא יקריב אבל להביא אחרת מנין לנו:

בְּלֶחֶם הַקְּלֹקֵל" (במדבר כא, ה); שכך גינו את המן, אף שהיה משובח שבמאכלים. בְּנֵי כְפוּיֵי טוֹבָה — דִּכְתִיב [שנאמר] שאמר אדם הראשון, לאחר שחטא בעץ הדעת: "הָאִשָּׁה אֲשֶׁר נָתַתָּה עִמָּדִי הִיא נָתְנָה לִי מִן הָעֵץ וָאֹכֵל" (בראשית ג, יב). ומשמע מדבריו שניתנה לו לרעתו, והחטיאתו, בעוד שה' נתנה לו להיות עזר כנגדו. ומוסיפים: אַף מֹשֶׁה רַבֵּינוּ, שאמר דבר זה לישראל, לֹא רְמָזָהּ לָהֶן לְיִשְׂרָאֵל על שלא ביקשו בקשה זו, אֶלָּא לְאַחַר אַרְבָּעִים שָׁנָה, שֶׁנֶּאֱמַר: "וָאוֹלֵךְ אֶתְכֶם בַּמִּדְבָּר אַרְבָּעִים שָׁנָה" (ראה דברים כט, ד), הרי שמדובר היה ארבעים שנה לאחר מתן תורה, וּכְתִיב [ונאמר] בדברי משה אז: "וְלֹא נָתַן ה' לָכֶם לֵב לדעת ועינים לראות ואזנים לשמוע עד היום הזה" (שם, ג). אָמַר רַבָּה, שְׁמַע מִינָּהּ [למד מכאן]: לָא קָאֵי אִינִישׁ אַדַּעְתֵּיהּ דְּרַבֵּיהּ עַד אַרְבְּעִין שְׁנִין [אין אדם עומד על דעת רבו עד ארבעים שנה], שהרי משה אמר זאת לישראל רק לאחר ארבעים שנה. אָמַר ר' יוֹחָנָן מִשּׁוּם [משמו] של ר' בְּנָאָה, מַאי דִּכְתִיב [מהו שנאמר]: "אַשְׁרֵיכֶם זֹרְעֵי עַל כָּל מָיִם מְשַׁלְּחֵי רֶגֶל הַשּׁוֹר וְהַחֲמוֹר" (ישעיהו לב, כ) — אַשְׁרֵיהֶם יִשְׂרָאֵל, בִּזְמַן שֶׁעוֹסְקִין בַּתּוֹרָה וּבִגְמִילוּת חֲסָדִים — יִצְרָם מָסוּר בְּיָדָם וְאֵין הֵם מְסוּרִים בְּיַד יִצְרָם, שֶׁנֶּאֱמַר: "אַשְׁרֵיכֶם זֹרְעֵי עַל כָּל מָיִם", וְאֵין זְרִיעָה אֶלָּא צְדָקָה, שֶׁנֶּאֱמַר: "זִרְעוּ לָכֶם לִצְדָקָה וְקִצְרוּ לְפִי חֶסֶד" (הושע י, יב), וְאֵין מַיִם אֶלָּא תּוֹרָה, שֶׁנֶּאֱמַר: "הוֹי כָּל צָמֵא לְכוּ לַמַּיִם" (ישעיהו נה, א). ובפירוש הביטוי "מְשַׁלְּחֵי רֶגֶל הַשּׁוֹר וְהַחֲמוֹר" לפי דרך זו, תָּנָא [שנה התנא] דְּבֵי אֵלִיָּהוּ: לְעוֹלָם יָשִׂים אָדָם עַצְמוֹ עַל דִּבְרֵי תוֹרָה כְּשׁוֹר לָעוֹל וְכַחֲמוֹר לְמַשּׂאוֹי.

א לאחר הקדמה ארוכה זו באים לביאור המשנה. שנינו במשנה שלפני אידיהם של גוים שְׁלֹשָׁה יָמִים אָסוּר לָשֵׂאת וְלָתֵת עִמָּהֶם. ושואלים: וּמִי בָּעֵינַן כּוּלֵּי הַאי [והאם צריכים כל כך] הרבה ימים לקנות בהמה לצורך החג, שאנו אוסרים למכור להם קודם חגיהם? וְהָתְנַן [והרי שנינו במשנה]: בְּאַרְבָּעָה פְּרָקִים (זמנים) בַּשָּׁנָה, הַמּוֹכֵר בְּהֵמָה לַחֲבֵירוֹ צָרִיךְ לְהוֹדִיעוֹ: אִמָּהּ של בהמה זו שאני מוכר לך מָכַרְתִּי היום כדי לִשְׁחוֹט, או את בִּתָּהּ של זו מָכַרְתִּי לִשְׁחוֹט, כדי שקונה זו לא ישחט באותו היום את הבהמה שהוא קונה, ויגרום שיישחטו בהמה ובתה ביום אחד ויעבור על איסור "אותו ואת בנו לא תשחטו ביום אחד" (ויקרא כב, כח). וְאֵלּוּ הֵן ארבעה פרקים אלה: עֶרֶב יוֹם טוֹב הָאַחֲרוֹן שֶׁל חַג (סוכות), עֶרֶב יוֹם טוֹב הָרִאשׁוֹן שֶׁל פֶּסַח, וְעֶרֶב עֲצֶרֶת (שבועות), וְעֶרֶב רֹאשׁ הַשָּׁנָה, וּכְדִבְרֵי ר' יוֹסֵי הַגְּלִילִי — אַף עֶרֶב יוֹם הַכִּפּוּרִים בַּגָּלִיל! משמע שיום אחד קודם החג עוסקים בהכנות לחג, ומדוע כאן אוסרים שלושה ימים? ומשיבים: הָתָם [שם] לעניין "אותו ואת בנו", שלצורך אֲכִילָה קונים את הבהמה, סַגְיָא בְּחַד יוֹמָא [די ביום אחד] להכנות. הָכָא [כאן], שלצורך הַקְרָבָה לעבודה זרה הם מתכוננים, בָּעֵינַן תְּלָתָא יוֹמֵי [צריכים שלושה ימים] למצוא בהמה הראויה לכך, שאין בה מום. ושואלים: וּלְהַקְרָבָה סָגֵי בִּתְלָתָא יוֹמֵי [די בשלושה ימים]? וְהָתְנַן [והרי שנינו]: שׁוֹאֲלִין בְּהִלְכוֹת הַפֶּסַח קוֹדֶם הַפֶּסַח שְׁלֹשִׁים יוֹם, רַבָּן שִׁמְעוֹן בֶּן גַּמְלִיאֵל אוֹמֵר: שְׁתֵּי שַׁבָּתוֹת (שבועות). משמע שכדי להכין להקרבה צריך הרבה יותר זמן! ודוחים: מכאן אין להקשות, אֲנַן דִּשְׁכִיחִי מוּמִין דְּפָסְלִי [אנו, אצלנו היהודים, שמצויים בדינינו מומים רבים שפוסלים את הקרבן], וַאֲפִילּוּ בְּדוּקִין (בתבלול) שֶׁבָּעַיִן, בָּעֵינַן תְּלָתִין יוֹמִין [צריכים אנו שלושים יום] להתכונן לצורך קרבנות החג, אִינְהוּ [הם] הגוים, שרק פסול של מְחוּסַּר אֵבֶר אִית לְהוּ [יש להם], שרק בהמה מחוסרת איבר שלם פסולה עבורם לקרבן, על כן בִּתְלָתָא יוֹמֵי סָגֵי [בשלושה ימים די להם], שֶׁאָמַר ר' אֶלְעָזָר: מִנַּיִן לִמְחוּסַּר אֵבֶר שֶׁאָסוּר לִבְנֵי נֹחַ להקריב לשמים? דִּכְתִיב [שנאמר] בדברי ה' לנח: "וּמִכָּל הַחַי מִכָּל בָּשָׂר שְׁנַיִם מִכֹּל תביא אל התיבה להחיות אתך" (בראשית ו, יט), אָמְרָה תּוֹרָה: הָבֵא בְּהֵמָה שֶׁחַיִּין רָאשֵׁי אֵבָרִים שֶׁלָּהּ, לכן הוא קורא לזה "מכל החי", ומקצת מאלה נועדו אחר כך להקרבה. ומקשים: הַאי מִיבָּעֵי לֵיהּ לְמַעוּטֵי טְרֵיפָה דְּלָא [פסוק זה צריך אותו כדי למעט טריפה שאינה] כשרה לקרבן! ודוחים: פסול טְרֵיפָה לקרבן מִ"לְחַיּוֹת זֶרַע" (שם ז, ג), נַפְקָא [יוצאת], נלמדת, שהרי טריפה אינה יכולה להוליד. ושואלים: הָנִיחָא לְמַאן דְּאָמַר [זה נוח לשיטת מי שאומר] שטְרֵיפָה אֵינָהּ יוֹלֶדֶת, אם כן, מן הכתוב "לחיות זרע" למדים לענין טריפה, ו"מכל החי" — לענין מחוסר אבר.

עיונים

בני כפויי טובה ואף שהזכיר רק אדם הראשון בלבד, רמז כאן גם לדור המבול. שלא הכירו בטובה המרובה שנתן להם הקב"ה בשעתו, ומרדו בו (בן יהוידע).

דכתיב האשה וכו' והיא לשון תרעומת, שאינו מודה לה' שזימן לו אשה, אלא מתרעם שאשה זו היא שגרמה לו לחטוא (רש"י).

לא קאי איניש וכו' רש"י מסביר דבר זה ביחס למשה. שאף משה רבינו לא עמד על כך שהיו יכולים לבקש מה' על זאת, הרי שאף הוא לא עמד על דעת רבו (הקב"ה) אלא לאחר ארבעים שנה. ושאלו בתוס' (בעמוד הקודם): אם כן, מפני מה הוכיחם משה רבינו על כך? הרי אף הוא לא עמד על הדבר! ותירצו שאף שמשה רבינו הבין את כוונת דברי הקב"ה לאחר ארבעים שנה, טענתו היתה שישראל, שהיו צריכים לדבר זה, היו צריכים לבקש זאת באותה שעה. ועוד הסבירו בשם ר"י שהכוונה כאן היא לישראל, שהמתין להם משה ארבעים שנה, כזמן שבו עומד אדם על דעת רבו, ומשלא ביקשו בקשה זו מהקב"ה עד זמן זה הבין שלא עשו זאת אלא מחמת שהם כפויי טובה (וראה מעין זה במהר"ל). אכן בתוהרי"ד הסביר כי "רבו" האמור כאן אינו הקב"ה אלא משה, שאמר להם: עד היום לא נתן לכם ה' לב לדעת, ולכן ארבעים שנה לא הוכחתי אתכם, אבל אותו יום שראה שעמדו על דעתו — רמז להם (עיי"ש).

יצרם מסור בידם והוא "אשריכם" (ראב"ד). כי כיון שעוסקים בתורה הקרויה "טוב", ובגמילות חסדים שהיא עשיית הטוב, אין הרע של יצר הרע יכול להידבק בהם (מהר"ל).

משלחי רגל רש"י מסביר את מדרש הכתוב כך: שאלה העוסקים בתורה ובגמילות חסדים, יכולים לשלח מהם ולדחוק את רגלו של היצר הרע, הקרוי (בדברי תוכחת נתן הנביא לדוד) "הלך" ו"אורח".

ומי בעינן וכו' מדברי רש"י הבינו ראשונים כי עיקר החשש במשא ומתן הוא במכירת בהמה לצורך הקרבה ביום אידם, ולפיכך השאלה היא האם יש צורך בזמן רב כל כך. אלא שהתקשו בכך, שהרי יש דיון בהנחה זו עצמה להלן, האם הטעם הוא משום "לפני עיוור" או משום שהוא הולך ומודה לעבודה זרה שלו על שהצליח בעסקיו. ועוד, שרש"י עצמו מפרש את המשנה לפי הבנתו שעיקר הטעם באיסור המשא ומתן הוא משום שהגוי הולך ומודה לעבודה זרה שלו (ומסוגייתנו אכן הוכיח רבינו תם את שיטתו שכל החשש והאיסור במשנתנו הוא משום הקרבה). ולכן פירשו ראשונים (ראה רי"ד, ר"נ ועוד. וראה גם בתוס') כי ההנחה כאן היא שבימים שהוא עוסק בהכנות לחגו הרי הוא זכור באותם ימים יותר על עבודה זרה שלו, וכל דבר טוב שקורה לו הוא תולה בה. ואם כן יש לשאול: וכי צריכים אנשים שלושה ימים כדי להכין לעצמם קרבנות? ואם כן מפני מה אסרו לשאת ולתת עמהם כל שלושה ימים? וראה בירושלמי שהביאו כמקור לדין משנתנו את הכתוב "והביאו לבקר זבחיכם לשלושת ימים מעשרותיכם" (עמוס ד, ד), ממנו משמע כי ההכנות לחג ארכו שלושה ימים (וראה פנ"מ).

בארבעה פרקים וכו' צריך להודיעו וטעם הדבר, שבארבעה פרקים אלו מרבים בשחיטת בהמות לצורך סעודות, ואנו מניחים כי הקונה בהמה בימים אלו כוונתו לשחוט אותה בו ביום, ונמצא המוכר עלול להכשיל את השני באיסור "אותו ואת בנו" (וראה במאירי שהביא דרשת הכתובים ולפיה חל איסור מיוחד על המוכר). מה שאין כן בימים אחרים — אין אדם צריך לחשוש לכך (מלבד אירועים מיוחדים, כגון המוכר אם ובתה למשפחת החתן ולמשפחת הכלה. ראה חולין פג,א). ומה שהוזכרו כאן בבהמות הנמכרות אם ובתה — הרי זה משום שהאיסור הוא דווקא על אם ולא על אב, ואגב שהוזכרה אם הוזכרה גם בת.

ערב יום טוב האחרון ומסבירים בתוס' ועוד שבערב יום טוב הראשון, כיון שטרודים בבניית הסוכה ובהבאת ארבעה מינים ללולב אין זמנם פנוי לסעודות גדולות. ועוד אמרו שיש צד יחוד בימים אלה דווקא, שביום טוב אחרון (שמיני עצרת) נאמר שהוא יום טוב שכביכול עושה הקב"ה מפני חיבתו לישראל, ולכן נהגו להרבות בו בשמחה. וערב פסח — הן משום שלמי חגיגה הנוספים לקרבן, והן משום שמחת חג הגאולה. וערב עצרת — מפני מתן תורה. וערב ראש השנה — שנהוג להרבות בו בסעודה חשובה לסימן טוב לכל השנה.

ערב יום הכיפורים בגליל שהיו נוהגים לעשות בו סעודות גדולות, שהרי אמרו שכל האוכל בערב יום הכפורים נחשב לו כאילו התענה בו ביום וביום שלאחריו. וכתבו בתוס' ועוד שנראה שבמקומות אחרים לא היו רגילים כל כך בשחיטת בהמות לצורך זה, אלא היו אוכלים מאכלים הקלים יותר לעיכול.

דאסור לבני נח כאן מדובר בקרבנות שהקריבו (ואף מותר להקריב כעת) בני נח לשמו של הקב"ה. אלא כיון שנהגו אבותיהם שלא להקריב מחוסרי אבר לשמים, אף בניהם אחריהם שמקריבים לעבודה זרה שמרו חוקים אלה (רש"י).

ומכל החי ובכלל אלו הבהמות הטהורות שהקריב נח לאחר שיצא מן התיבה. ואף שבאלו לא נאמר "מכל החי" — קל וחומר הדבר (ראב"ד).

אורח ההלכה

בארבעה פרקים וכו' בארבעה פרקים בשנה המוכר בהמה לחבירו צריך להודיעו ולומר לו: כבר מכרתי אמה או בתה לאחר לשחוט, כדי שקונה זה ימתין יום אחד ולא ישחט עד למחר. ואלו הם פרקים אלה: ערב יום טוב האחרון של חג הסוכות, ערב יום טוב הראשון של פסח, ערב חג השבועות וערב ראש השנה. (רמב"ם ספר קדושה הלכות שחיטה פי"ב הי"ד. שו"ע יו"ד טז, ו).

שואלין בהלכות הפסח שואלים בהלכות הפסח שלושים יום קודם לפסח (ומתחילים כבר ביום הפורים, גר"א). וכדברי תנא קמא. (שו"ע או"ח תכט, א).

בדוקין שבעין זה שיש לו נקודה לבנה בתוך השחור שבעינו, והיא צפה על גבי השחור. וכן מי שהיתה נקודה שחורה שוקעת בתוך הלובן שבעינו — זהו "דק" המנוי בתורה בין המומים. ומום זה פוסל הן באדם (מלעבוד בכהונה) והן בבהמה (לקרבן). אבל בקרבנות שמקריבים בני נח לשמים אין פוסל אלא חסרון אבר. (רמב"ם ספר עבודה הלכות ביאת מקדש פ"ז ה"ה).

טריפה אינה יולדת בהמה או עוף שנולד בהם ספק טריפה, אם היתה זו נקבה וילדה — הרי היא בחזקת שלימה כשאר בעלי החיים (שהרי אמרו שטריפה אינה יולדת. כס"מ). ודבר זה נבחן על ידי לידה, ולא די בעיבור בלבד (מהרש"ל). ואם ילדה בהמה נפל, או הטיל העוף ביצים שאינן גמורות — אינו מועיל כסימן להכשיר (פתחי תשובה). (רמב"ם ספר קדושה הלכות שחיטה פי"א ה"א. שו"ע יו"ד נז, יח).

מסורת הש"ס

א. ילק"ש תורה תתקמ.

ב. ב"ק יז,א. תנדבא"ז פ"א.

ג. ב"ק יז,א. פב,א. תענית ז,א. קדושין מ,ב. סנהדרין ז,א. אדר"נ פי"ז (נו"א). מכילתא שמות טו,כב. ספרי דברים יא,כב. ב"ר פנ"ד א. שם פפ"ד טז. שמו"ר פ"ב ה. שהש"ר פ"א ג. קה"ר פי"א א. תנחומא בראשית א. שם בשלח יט. שם ויקהל ח. שם כי תבוא ג. אגדת בראשית מד,א. שוח"ט פי"ח. שם פל"ד. שם פפ"ז. תנדבא"ר פ"ב. שם פי"ח. תנדבא"ז פ"א. ילק"ש תורה רנה. שם תתעג. שם נ"ך תלג. שם תפ. שם תתקטז.

ד. תנדבא"ר פ"ב. תנדבא"ז פ"א. ילק"ש נ"ך קסה. שם תלז.

ה. משנה חולין פג,א. תוספתא חולין פ"ה ט. תו"כ ויקרא כב,כח. ילק"ש תורה תרמג.

ו. פסחים ו,א. ר"ה ז,א. מגילה כט,ב. סנהדרין יב,ב. ע"ז ה,ב. בכורות נח,א. ירושלמי פסחים פ"א ה"א. תוספתא מגילה פ"ג ה. ילק"ש תורה תשיט.

ז. ע"ז נא,א. זבחים קטז,א. ובירושלמי פסחים פ"ט ה"ה. שם מגילה פ"א הי"א. שם סוטה פ"ט ה"ה (בשינוי לשון ועוד). ילק"ש תורה נט.

ח. ע"ז נא,א. זבחים קטז,א (כל הענין). חולין נז,ב. ילק"ש תורה נה.

גרסות

רמזה להן בכתי"ס: **אמרה להן.**

ואולך אתכם במדבר בספר דברים כתוב: **ואולך אתכם ארבעים שנה במדבר** וכפי שהוא כתוב כאן הוא הפסוק בעמוס ב, י.

וקצרו במקרא: **קצרו.**

ולהקרבה סגי בכתי"ס: **ולהקרבה מי סגי.**

אנן דשכיחי בכתי"מ: **אנן דשכיחי לן.**

דמחוסר אבר אית להו בכת"י: **דמחוסר אבר הוא דאית להו.**

למעוטי טריפה דלא בכת"י ובמקבילות: **למעוטי טריפה.**

העולם

דוקין שבעין
הדוקים הם כתמים (כגון מיני תבלול) המצויים בעין. מומים אלה אינם ניכרים היטב, והם עלולים לקרות לבעלי חיים מחמת פציעה קלה או מחמת מחלות עינים שונות.

לעזי רש"י

טיל"א מן הצרפתית העתיקה teile — תבלול, קרום בעין המצמצם את יכולת הראיה.

מסורת הש״ס

א. משנה ע״ז ז,ב. ילק״ש נ״ך תקמב.
ב. ע״ז ז,ב.
ג. משנה ע״ז ח,א. תוספתא ע״ז פ״א ד. וראה דב״ר פ״ז ז.
ד. ירושלמי ע״ז פ״א ה״ב (בשינויים).
ה. פסחים כב,ב. ילק״ש תורה תרט. שם תתפד.

גרסות

דנח גופיה בכתי״מ: **דנח.**

כוותך עייל בכתי״מ: **טרפה כוותך עייל.**

יום אידיהן חשיב להו מעיקרא וחשיב בכת״י: **חשיב להו מעיקרא והדר חשיב.**

נוצרים כן הוא בכתי״מ, ובכתי״ס: **נצרי** ובדפוסים ישנים: **יום נוצרי** ובדפוסים מאוחרים שונה על ידי הצנזורה ל: **יום אחד.**

קלנדא בירושלמי: **קלנדס.**

סטרוניא בכת״י: **סטרנוריא** ובירושלמי ועוד: **סטרנלייא.**

חד יומא הוא חשיב ליה בכתי״מ: **יומא חד חשיב ליה.**

ליתני אידם של גוים שלשה ימים לפניהם בכתי״מ: **ליתני אידיהם של גוים לפניהם שלשה ימים אסור.**

משום הרווחה בכת״י: **אסור לשאת ולתת עמהם משום הרווחה אסור.**

משום עור בכת״י: **משום לפני עור.**

אמר רבי נתן בכת״י ועוד: **ר׳ נתן אומר.**

לשון

קלנדא
מקור המלה הוא בלטינית Kalendae או Calendae, והוא היום הראשון בכל חודש למנין הרומאים. אולם חז״ל מתכוונים בדבריהם לקלנדא של תחילת השנה (Kalendae Januirae). כלומר, היום הראשון של חודש ינואר. והוא כמבואר כאן שיום זה נחוג שמונה ימים לאחר תקופה, כלומר, לאחר תקופת טבת (החלה ב—22 בדצמבר). ביום זה היו הרומאים חוגגים ומקריבים לאליליהם, וכן היו מארגנים משחקי קרקס שונים.

סטרוניא
מקור המלה הוא בלטינית Saturnalia שהיה חג שחגגו הרומאים בין 17—25 בדצמבר. בחג זה היו מקריבים לאליל סטורנוס, וכן נהגו בו מנהגי שמחה רבים (שחרור העבדים לתקופת החג ועוד). עיקרם של ימי איד אלה היה ביום הראשון, אלא שהיו ממשיכים וחוגגים חגיגות מסויימות גם לאחר מכן.

קרטסים
מקור המלה ביוונית κράτησις (קראטיסיס) שיש לה כמה משמעויות קרובות — שלטון ובעלות, השגת מעמד עליון, עלייתו של הקיסר לשלטון.

אֶלָּא לְמַאן דְּאָמַר [לדעת מי שאומר]: **טְרֵיפָה יוֹלֶדֶת, מַאי אִיכָּא לְמֵימַר** [מה יש לומר]? הרי גם היא בכלל "לחיות זרע"! ומשיבים: **אָמַר קְרָא** [המקרא] בעניינם של בעלי החיים שהובאו לתיבת נח מפני המבול: "תביא אל התיבה להחיות **אִתָּךְ**" (בראשית ו, יט), והכוונה ב"אתך" להורות שמדובר **בְּבעלי חיים דּוֹמִין לְךָ**. ושואלים: **וְדִלְמָא** [ושמא] **נֹחַ גּוּפֵיהּ** [עצמו] **טְרֵיפָה הֲוָה** [היה], ואם כן, אין מכאן ראיה כלל! ומשיבים: "**תָּמִים**" **כְּתִיב בֵּיהּ** [נאמר בו] (שם ט), משמע שהיה שלם בכל איבריו. ומקשים: **וְדִלְמָא** [ושמא] **תָּמִים בִּדְרָכָיו הָיָה** ולא מדובר בשלימות הגוף! ומשיבים: לעניין זה "**צַדִּיק**" **כְּתִיב בֵּיהּ** [נאמר בו] (שם), והוא השלם בדרכיו, ואם כן, "תמים" משמע שלם בגופו. ומקשים: **דִּלְמָא** [שמא] "**תָּמִים**" **בִּדְרָכָיו**, במידותיו ובאופן התנהגותו, ו"**צַדִּיק**" **בְּמַעֲשָׂיו** הטובים **הֲוָה** [היה], ועדיין אין אנו יודעים שלא היה טריפה! ודוחים: **לָא סָלְקָא דַּעְתָּךְ** [לא יעלה על דעתך] **שנֹחַ גּוּפֵיהּ** [עצמו] **טְרֵיפָה הֲוַאי** [היה], **דְּאִי סָלְקָא דַּעְתָּךְ** [שאם עולה על דעתך] **שנֹחַ טְרֵיפָה הֲוָה** [היה], וכי **אָמַר לֵיהּ רַחֲמָנָא** [לו הקב״ה]: **כְּוָותָךְ עַיֵּיל, שְׁלֵמִין לָא תְּעַיֵּיל** [טריפות כמותך הכנס לתיבה, ושלמים אל תכניס]? ושואלים: **וְהָשְׁתָּא דְּנָפְקָא לֵיהּ** [ועכשיו שיוצא לו] הלימוד לגבי טריפה שפסולה **מֵ"אִתָּךְ"**, אם כן "**לְחַיּוֹת זֶרַע**" (שם ז, ג) **לָמָּה לִי**? ומשיבים: **אִי** [אם] **מֵ"אִתָּךְ"** בלבד, **הֲוָה אָמִינָא לְצַוְותָא בְּעָלְמָא** [הייתי אומר לצורך חברה בלבד] מביא נח את בעלי החיים לתיבה, **וַאֲפִילּוּ זָקֵן וַאֲפִילּוּ סָרִיס** יכול להכניס איתו (כל עוד אינו טריפה), **כְּתַב רַחֲמָנָא** [כתבה התורה] "**זֶרַע**", דווקא זה שיכול להוליד.

א **אִיבַּעֲיָא לְהוּ** [נשאלה להם ללומדים]: מה ששנינו במשנתנו, "לפני אידיהן **שְׁלֹשָׁה יָמִים**", האם הכוונה היא **הֵן וְאֵידֵיהֶן**, כלומר יום חגם עצמו בכלל השלושה, ועוד שני ימים לפניו, **אוֹ דִּלְמָא** [שמא] **הֵן** שלושה ימים שלמים **בְּלֹא אֵידֵיהֶן**, שהם כשלעצמם ודאי אסורים? ומציעים: **תָּא שְׁמַע** [בוא ושמע] ממה ששנינו במשנה להלן, **ר׳ יִשְׁמָעֵאל אוֹמֵר: שְׁלֹשָׁה לִפְנֵיהֶם וּשְׁלֹשָׁה לְאַחֲרֵיהֶן אָסוּר**. ומעתה, **אִי סָלְקָא דַּעְתָּךְ** [אם עולה על דעתך] **שהֵן וְאֵידֵיהֶן** בכלל "שלושה ימים", אם כן יוצא **שר׳ יִשְׁמָעֵאל יוֹם אֵידֵיהֶן חָשֵׁיב לְהוּ מֵעִיקָּרָא וְחָשֵׁיב לְהוּ לְבַסּוֹף** [מחשיב גם מתחילה ומחשיב גם בסוף], ונמצא שהוא מונה אותו פעמיים! אלא מכאן שמדובר על שלושה ימים מלבד יום אידם. ומשיבים: גם אם יום אידם בכלל "שלושה ימים", ניתן להסביר כי **אַיְּידֵי דִּתְנָא** [מתוך ששנה] בלשון "**שְׁלֹשָׁה לִפְנֵיהֶם**", **תְּנָא נַמִּי** [שנה גם כן] "**שְׁלֹשָׁה לְאַחֲרֵיהֶם**", שהרי מדובר באותו מספר של ימים לפני יום האיד ולאחריו. ומציעים: **תָּא שְׁמַע** [בוא ושמע] פתרון לבעיה ממה **שאָמַר רַב תַּחְלִיפָא בַּר אַבְדִּימִי אָמַר שְׁמוּאֵל: נוֹצְרִים לְדִבְרֵי ר׳ יִשְׁמָעֵאל לְעוֹלָם אָסוּר** לשאת ולתת עמהם, שהרי יום ראשון בכל שבוע הוא יום חגם, ואם שלושה ימים לפניו ושלושה לאחריו אסורים — נמצא שכל השבוע אסור. **וְאִי סָלְקָא דַּעְתָּךְ** [ואם עולה על דעתך] לפרש ששלושה ימים במשנתנו **הֵן וְאֵידֵיהֶן** בכללם, ורק יומיים לפניהם ולאחריהם אסורים, **הָאִיכָּא** [הרי יש] **אַרְבָּעָה וַחֲמִשָּׁה**, כלומר יום רביעי ויום חמישי, **דְּשָׁרֵי** [שצריכים להיות מותרים] לדעת ר׳ ישמעאל! ומשיבים: **אַלִּיבָּא** [לדעת] **ר׳ יִשְׁמָעֵאל לֹא קָמִבַּעְיָא** [נסתפק] **לִי** ששלושה ימים כוונתו **הֵן בְּלֹא אֵידֵיהֶן, כִּי קָא מִבַּעְיָא** [כאשר נסתפק] **לִי** — הרי זה **אַלִּיבָּא דְּרַבָּנַן** [לשיטת חכמים], **מַאי** [מה הדין]? **אָמַר רָבִינָא: תָּא שְׁמַע** [בוא ושמע] ממה ששנינו בהמשך למשנתנו: **וְאֵלּוּ הֵן אֵידֵיהֶן שֶׁל גּוֹיִם: קַלַנְדָּא, סַטְרוּנְיָיא, וּקְרָטֵסִים. וְאָמַר רַב חָנִין בַּר רָבָא**: מתי חוגגים הגויים חגים אלה? **קַלַנְדָּא** — במשך **שְׁמוֹנָה יָמִים אַחַר תְּקוּפָה** (תקופת טבת, היום הקצר בשנה), **סַטְרוּנְיָיא** — **שְׁמוֹנָה יָמִים לִפְנֵי תְּקוּפָה, וְסִימָנָךְ**, כדי שנזכור את סדר הדברים: "**אָחוֹר וָקֶדֶם צַרְתָּנִי**" (תהלים קלט, ה), כלומר, המאוחר ("אחור") הוא המוזכר תחילה, ואחר כך המוקדם ("קדם"). **וְאִי סָלְקָא דַּעְתָּךְ** [ואם עולה על דעתך לומר] שהתנא מונה במשנתנו **הֵן וְגַם אֵידֵיהֶן**, קשה הדבר, שהרי בחגים שהוא הולך ומפרט **עֲשָׂרָה** ימים **הָווּ** [הם] שאסורים, שמונה ימי אידם ועוד יומיים לפני כן! ומשיבים: **הַתַּנָּא, כּוּלֵּיהּ קַלַנְדָּא חַד יוֹמָא הוּא חָשֵׁיב לֵיהּ** [את כל החג של קלנדא יום אחד הוא מונה אותו], ואין מכאן ראיה. **אָמַר רַב אַשִׁי, תָּא שְׁמַע** [בוא ושמע] ראיה מדיוק נוסח לשון המשנה, ששנינו: "**לִפְנֵי אֵידֵיהֶן שֶׁל גּוֹיִם שְׁלֹשָׁה יָמִים**", **וְאִי סָלְקָא דַּעְתָּךְ** [ואם עולה על דעתך] לומר שהכוונה היא **לְהֵן וְאֵידֵיהֶן, לִיתְנֵי** [שישנה] כך: **אֵידֵיהֶן שֶׁל גּוֹיִם** אסורים **שְׁלֹשָׁה יָמִים**! **וְכִי תֵּימָא** [ואם תאמר], **הַאי דְּקָתָנֵי** [זה ששנה] "**לִפְנֵי אֵידֵיהֶן**" — **לְמַעוּטֵי** [למעט] **לְאַחַר אֵידֵיהֶן**, שלא נבין כי החל מיום אידם נאסרים שלושה ימים, אם כן, **לִיתְנֵי** [שישנה] כך: **אֵידָם שֶׁל גּוֹיִם** אסורים **שְׁלֹשָׁה יָמִים לִפְנֵיהֶם**! **אֶלָּא שְׁמַע מִינָּהּ** [למד מכאן], שמה שאמרנו "לפני אידיהן שלושה ימים" כוונתו **הֵן בְּלֹא אֵידֵיהֶן**, ומסכמים: אכן, **שְׁמַע מִינָּהּ** [למד מכאן] שכך הוא.

ב **אִיבַּעֲיָא לְהוּ** [נשאלה להם ללומדים]: האם טעם האיסור לשאת ולתת עם הגוים לפני אידם הוא **מִשּׁוּם הַרְוָוחָה**, שהדבר גורם להם נחת רוח והם באים ומודים לעבודה זרה שלהם, **אוֹ דִּלְמָא** [שמא] **מִשּׁוּם** שהוא עובר על האיסור "**וְלִפְנֵי עִוֵּר לֹא תִתֵּן מִכְשֹׁל**" (ויקרא יט, יד), שהוא מזמן להם בהמה להקריב אותה לעבודה זרה שאסורה להם? ומסבירים: **לְמַאי נָפְקָא מִינָּהּ** [מה יוצא מזה], מהו ההבדל להלכה בין שני הטעמים הללו? כגון במקרה **דְּאִית לֵיהּ** [שיש לו] לגוי **בְּהֵמָה לְדִידֵיהּ** [לעצמו], **אִי אָמְרַתְּ** [אם אומר אתה] שטעם האיסור הוא **מִשּׁוּם הַרְוָוחָה** — **הָא** [הרי] אף במקרה זה **קָא מַרְוַוח לֵיהּ** [מרויח לו] היהודי לגוי. **אבל אִי אָמְרַתְּ** [אם אומר אתה] **מִשּׁוּם** "**לִפְנֵי עִוֵּר לֹא תִתֵּן מִכְשֹׁל**" — **הָא** [הרי] במקרה זה **אִית לֵיהּ לְדִידֵיהּ** [יש לו לגוי בהמה משלו], ואין היהודי מכשילו בכך. ושואלים: **וְכִי אִית לֵיהּ** [וכאשר יש לו משלו] **לֹא עָבַר** המסייע לו **מִשּׁוּם** "**לִפְנֵי עִוֵּר לֹא תִתֵּן מִכְשֹׁל**"? **וְהָתַנְיָא** [והרי שנויה ברייתא], **אָמַר ר׳ נָתָן:**

עיונים

למאן דאמר טריפה יולדת ולשיטה זו מה שנאמר "מכל החי" בא למעט את הטריפה. ושאלו בתוס׳: לשיטה זו שטריפה יולדת, כל שכן שהיא חיה, ואם כן מדוע הביטוי "מכל החי" ממעט טריפה? ותירצו שכוונת הביטוי היא לחיה שיש בה חיות וחיוניות, וטריפה אינה בגדר זה, שאף אם אינה מתה והיא יולדת, מכל מקום היא נחלשת והולכת.

נח גופיה טריפה הוה הראשונים שאלו: איך אפשר לומר שטריפה היה אם חי שנים רבות לאחר המבול? ותירצו שאולי נח לא היה יודע באותה שעה מה מצבו, אם טריפה הוא או לא, ולא היה נמנע מלהביא טריפה. והובא תירוץ זה בתוס׳, ודחו אותו. והסבירו כי כיון שאנו דנים לשיטת האומר שטריפה יולדת, ממילא אף טריפה חיה, ואין להקשות משום כך מחייו של נח.

תמים בדרכיו וכו׳ רש״י מסביר: תמים בדרכיו — שדרך התנהגותו היתה בענוה ובשפלות רוח, וצדיק במעשיו — שלא חטא במעשים כגון בחמס. ובריטב״א מסביר: תמים בדרכיו — עם הבריות, צדיק במעשיו — כלפי הקב״ה.

לצוותא בעלמא ולא כדי שלאחר המבול ימשיכו ויתרבו. ולפיכך טריפה לא היה מכניס משום שיש ספק אם תחיה כל זמן זה. אבל זקן וסריס, אף שאינם מולידים — ראויים הם לצוותא (רש״י).

הן ואידיהן וכו׳ ואף על פי שפשט לשון המשנה מורה בוודאי שמדובר על שלושה ימים לפני אידיהם, מכל מקום נמצא לפי זה שעיקר האיסור — יום אידם עצמו — לא הוזכר כלל איסורו במשנה (שהרי מן התורה לא נאסר בו המשא ומתן). ויש איפוא מקום לשאול האם התנא אכן כולל את עיקר האיסור בדבריו, ואם כן "הן ואידיהן קתני", או שמא הוא מסתמך על קל וחומר בענין זה, שאם לפניו אסור — כל שכן הוא עצמו (תו״ח).

אחור וקדם וסימן הוא שאף שקלנדא היא לאחר התקופה, מכל מקום שנה אותה תחילה, כדרך שאמר בכתוב "אחור" לפני "קדם" (רש״י). ויש שהסביר כי לפי המסופר להלן קבע אדם הראשון תחילה את החג שלאחר התקופה, ולשנה אחרת את החג שלפניה, ולכן מקדים אותו (תוס׳ ר״ש משאנץ).

ואי סלקא דעתך וכו׳ עשרה הוו שאם שלושה ימים שבמשנתנו הם שלושה ימים שלפני אידיהם בלא יום אידם עצמו, נמצא התנא שונה דבר קבוע, בלא קשר למספר הימים של אידיהם. אבל אם התנא כולל בתוך מספר הימים במשנתנו גם את ימי אידיהם, נמצא שאין הדבר מדוייק, שהרי מיד אחרי כן הוא מונה את ימי אידיהם, והשנים הראשונים ברשימה אינם מתאימים להלכה שקבע — "שלושה ימים", שהרי עשרה ימים הם.

משום הרווחה שכיון שיש לו הרווחה והנאה הולך הגוי ומודה על כך לעבודה זרה שלו, כמבואר בסוגיה בעמוד הבא, והישראלי עובר משום "ושם אלהים אחרים לא תזכירו, לא יִשָּׁמַע על פיך" שפירשוהו חכמים שצריך אדם מישראל להיזהר שלא יגרום לגוי להזכיר שם עבודה זרה ולהודות לה (רש״י, וכן הסבירו רוב הראשונים). וכתבו הריטב״א והמאירי שהשאלה היתה האם בנוסף לאיסור של "לפני עיוור" קיים גם הנימוק של הרווחה. כי במקום שיש לחשוש משום "לפני עיוור" ודאי שאסור הדבר מן התורה, ולא דובר אלא אם יש עוד טעם להלכה זו במקום בו לא קיים האיסור.

לפני עיוור שהישראלי מספק לו תקרובת לעבודה זרה. שהרי עבודה זרה היא אחת משבע מצוות בני נח, והיא אסורה לגויים. והאיסור של "לפני עיוור" הוא כאשר גורם לאחר להיכשל ולעשות דבר האסור לו. וראה ברש״י שהעיר שאף לדעת האומר ששבע מצוות הותרו לגויים, מכל מקום הכוונה היא שאם קיימו אותן, אינם מקבלים שכר עליהן כמצווים ועושים (כמבואר לעיל ג,א), אבל עתידים הם לתת את הדין על שלא קיימו מצוות אלה, ומשום כך האיסור עצמו לא בטל.

והסביר הרא״ה כי לפי הטעם האחר שמשום הרווחה לא קיים האיסור של "לפני עיוור", למרות שהגוי הולך ומודה לעבודה זרה שלו, משום שאין איסור "לפני עיוור" אלא במה שחבירו אינו יכול לעשות בלעדיו, והרי בכל מקרה הוא יכול ללכת ולהודות לה. ומה שהוא עושה וגורם לכך אינו בכלל איסור זה. ואילו הראב״ד הסביר כי איסור "לפני עיוור" אינו אלא כאשר מכשיל אותו באיסור עצמו, אבל לא כאשר הדבר רק יכול לגרום לו לעבור על האיסור (וראה במאירי).

ושאלו ראשונים: אמנם ייתכן איסור "לפני עיוור" במכירה לגוי, אבל איזה איסור "לפני עיוור" יש בקניה ממנו? והשיבו כי בהכרח יש לפרש דבר זה כגזירה שלא לקנות מהם משום שלא למכור להם (רי״ד). וראה בנימוקי״י שהסביר כי אף במה שהגוי הולך ומודה לעבודה זרה שלו על שמכר והצליח בעסקיו יש משום "לפני עיוור".

דאית ליה בהמה לדידיה והיו ראשונים שהקשו: מפני מה אינו אומר גם שיש נפקא מינה כגון שקונה הגוי דבר שאינו ראוי לתקרובת עבודה זרה? ותירצו שאכן גם זה בכלל, ולא מנה את כל ההבדלים שיש בין שני הטעמים הללו (ראה בר״ן). ורבינו תם אכן למד מכאן שאין משנתנו אוסרת למכור להם אלא דבר שהוא תקרובת לעבודה זרה.

אורח ההלכה

הן בלא אידיהן שלושה ימים לפני חגם של גוים אסור לקנות ולמכור להם. וכמסקנת הגמרא. ולגבי הנהוג בימינו ראה להלן. (רמב״ם ספר מדע הלכות עבודה זרה פ״ט ה״א. שו״ע יו״ד קמח, א).

נוצרים כתב הרמב״ם (והושמט הדבר ברוב הדפוסים על ידי הצנזורה): הנוצרים עובדי עבודה זרה הם, ויום ראשון הוא יום אידם, לפיכך אסור לשאת ולתת עמהם בארץ ישראל יום חמישי ויום שישי שבכל שבוע, ואין צריך לומר יום ראשון עצמו, שהוא אסור בכל מקום. וראה לעיל (ב,א) ב"אורח ההלכה" שכבר נהגו היתר בדבר זה, משום שאינם עובדי עבודה זרה ממש וטעמים נוספים. (רמב״ם ספר מדע הלכות עבודה זרה פ״ט ה״ד. וראה שו״ע יו״ד קמח, יב).

כולא קלנדא חד יומא היה יום אידם של הגוים כולל ימים אחדים (שלושה או ארבעה, או עשרה), כל הימים הללו נחשבים כיום אחד, וכולם אסורים עם שלושה ימים שלפניהם. (רמב״ם שם ה״ג. שו״ע שם סעיף ג).

עין משפט נר מצוה

יב א מיי' פ"ט מהל' עבודת כוכבים הלכה ג סמג לאוין מה טוש"ע י"ד סי' קמח סעיף ג:

[ע' היטב תוס' חולין קמ. ד"ה טריפות]

יג ב מיי' שם הל' א ד טוש"ע שם סעיף א:

תורה אור

אלא למ"ד טריפה יולדת מאי איכא למימר אמר קרא אתך בדומין לך ודלמא נח גופיה טריפה הוה תמים כתיב ביה ודלמא תמים בדרכיו היה צדיק כתיב ביה דלמא תמים בדרכיו צדיק במעשיו הוה ולא ס"ד דנח גופיה טריפה הואי דאי ס"ד דנח טריפה הוה א"ל רחמנא כוותך עייל שלמין לא תעייל והשתא דנפקא ליה מאתך לחיות זרע ל"ל אי מאתך הוה אמינא לצוותא בעלמא ואפילו זקן
א ואפילו סריס כתב רחמנא זרע איבעיא להו שלשה ימים הן ואידיהן או דלמא הן בלא אידיהן ת"ש א*ר' ישמעאל אומר שלשה לפניהם ושלשה לאחריהן אסור אי ס"ד הן ואידיהן רבי ישמעאל יום אידיהן חשיב להו מעיקרא וחשיב להו לבסוף איידי דתנא שלשה לפניהם תנא נמי שלשה לאחריהם ת"ש ב*דאמר רב תחליפא בר אבדימי אמר שמואל יום נוצרי לדברי רבי ישמעאל לעולם אסור ואי ס"ד הן ואידיהן האיכא ארבעה וחמשה דשרי אליבא דרבי ישמעאל לא קמבעיא לי דהן בלא אידיהן כי קא מבעיא לי אליבא דרבנן מאי אמר רבינא ת"ש ג*ואלו הן אידיהן של גוים קלנדא סטרנוריא וקרטסים ואמר רב חנין בר רבא ד קלנדא ח' ימים אחר תקופה סטרנוריא שמונה ימים לפני תקופה (תהלים קלט) וסימנך אחור וקדם צרתני ואי סלקא דעתך הן ואידיהן עשרה הוו תנא כוליה קלנדא חד יומא הוא חשיב ליה אמר רב אשי ת"ש לפני אידיהן של גוים שלשה ימים ואי ס"ד הן ואידיהן ליתני אידיהן של גוים שלשה ימים וכי תימא האי דקתני לפני אידיהן למעוטי לאחר אידיהן ליתני אידם של גוים ג' ימים לפניהם אלא ש"מ
ב הן בלא אידיהן ש"מ איבעיא להו משום הרווחה או דלמא משום (ויקרא יט) ולפני עור לא תתן מכשול למאי נפקא מינה דאית ליה בהמה לדידיה אי אמרת משום הרווחה הא קא מרווח ליה אי אמרת משום *עור לא תתן מכשול הא אית ליה לדידיה וכי אית ליה לא עבר משום עור לא תתן מכשול והתניא ה*אמר רבי נתן
מנין

רש"י

תמים בדרכיו. עניו ושפל רוח: צדיק במעשיו. בלא חמס: לצוותא בעלמא. לעמוד עמו י"ב חדשים בתיבה ומיהו טריפה לא תעייל שלא תמות ובטל הצוותא אבל זקן וסריס שפיר דמי קמשמע לן: הן ואידיהן. שלשה ולא הוו להו אלא שני ימים קודם: או דלמא הן. שלשה לבד האיד: תנא נמי שלשה לאחריהן. אע"ג דליתנהו אלא שנים דהא חשבינן לאיד בהדי קמאי קרי להו לבתראי נמי ג' וקא חשיב לאיד בהדייהו: יום נוצרי. [ההולך בטעות של אותו האיש שצוה עליהם לעשות יום איד בא' בשבת:] לדברי רבי ישמעאל לעולם אסור. לעשות עמהן משא ומתן ג' ימים לפני יום א' וג' ימים לאחריו הרי כל השבת כולה: ארבעה וחמשה. רביעי בשבת וחמישי בשבת: ח' ימים. לפני תקופת טבת הוי אידיהן כל שמונה: וסימנך. דלא תימא קלנדא לפני התקופה וסטרנלייא לאחר התקופה: אחור וקדם צרתני. אחור כתיב ברישא ומתניתין נמי האיד דלאחר התקופה תנא ברישא: ואי ס"ד. יום איד קא חשיב במתניתין עם ימים שלפניו: עשרה ימים הוו. להו ואמאי קתני שלשה עשרה בעי למתני מאחר דקי"ל דשמונה ימים מושך ימי האיד: ליתני אידיהן של גוים שלשה ימים. אסור לשאת ולתת עמהם דמשמע הכי כשמגיעין ימי אידיהן אסור שלשה ימים משאם ומתנם ולמה לי למיתני לפני דמשמע לפני האיד שלשה: וכי תימא להכי תנא לפני. למעוטי לאחר דאי הוה תני סתמא לא הוה ידעינן הנך שני ימים לבד האיד מתי אי לפני אי לאחר ולהכי תנא לפני למעוטי לאחר: ליתני אידיהן של גוים שלשה ימים לפניהם אסורין. דלישתמע דתנא דידן באידיהן איירי אלא מדלא אדכר במתני' לאסור כלל ש"מ כל הנך ג' דקתני במתני' אלפני קאי ואידיהן ממילא משתמע דכ"ש דאסור והן בלא אידיהן קתני: משום הרווחה. דרווח ואזיל ומודה לעבודה זרה ועבר ישראל משום לא ישמע על פיך (שמות כג): ולפני עור. דמזבין ליה בהמה ומקריבה לעבודה זרה ובני נח נצטוו עליה דהיא אחת משבע מצות בד' מיתות בסנהדרין (דף נו.) והכי דאמרן עמד והתירן מיהו אל יעברו על ידיך שהרי עתידין הן ליתן את הדין על שאין מקיימין אותן ואע"פ שאין להן שכר בקיומ' (*ואהני) קא עבר ישראל משום ולפני עור לא תתן מכשול (בחילול שבת משום דמצוא חפצך ודבר דבר): דאית ליה בהמה. לגוי נא להקריב ואי לא מזבין ליה ישראל אפ"ה פלח ליה בדידיה:
לא

תוספות

אלא למ"ד טריפה יולדת מאי איכא למימר. פירוש ולדידיה אצטריך מכל החי למעט טריפה וא"ת טריפה נמי היכי מימעט' מהאי קרא הא מאן דאית ליה טריפה יולדת כל שכן דאית ליה נמי טריפה חיה דאפילו למאן דאמר טריפה אינה יולדת אמר *דיכול להיות דאית ליה דחיה וא"כ היכי ממעטת מקרא דמכל החי הרי ראויה היא לחיות וי"ל דנפרש לקרא הכי מכל החי שיהא כולו בריא וחריז ולא חולה וטריפה אע"ג דהוא חי מ"מ אינה בריאה אלא חולה כל ימיה ומתמעטה והולכת וממעט שפיר מהאי קרא דמכל החי טפי ממחוסר אבר שכולו בריא וחי חוץ מאבר אחד וכן פירש רש"י לקמן פרק רבי ישמעאל (דף נא.):

אתך בדומין לך. ומ"מ ליכא למעט מהכא מחוסר אבר ובעל מום כיון שלא היה צריך אלא לקיום העולם ומיהו קשיא דהא קיימינן אליבא דמ"ד טריפה יולדת וא"כ טריפה היכי ממעטינן ושמא י"ל דמכל החי איצטריך למעט מחוסר אבר דאי לא כתיב אלא אתך הוה מוקמינן ליה למחוסר אבר ולא לטריפה דמסתבר טפי למעוטי מחוסר אבר דמאים מטריפה דלא מאיסה שאין כאן חסרון וגם יש הרבה טריפות שאינן ניכר הר"י והא דאמר לעיל (דף ה:) האי מיבעי ליה למעוטי טריפה אם כן משמע דמסתבר טפי למעוטי טריפה היינו ממיעוט דכל החי דמשמע בריא ולא טריפה אבל מחוסר אבר כגון אוזן וכיוצא בו בריא גמור הוא בשאר הגוף כדפרישית לעיל: ודלמא נח גופיה טריפה הוה. ואע"ג שחי לאחר מכאן שנים רבות מ"מ באותה שעה לא היה יודע אם היה טריפה או שלם שיניח מלהביא טריפה מטעם דומין לך ולא נהירא תירוץ זה דע"כ לא הזהירו אלא מטרפות הגלוי וניכר דבטרפות שבסתר לא היה יכול להבחין אלא י"ל דהשתא קאי כמ"ד חיה* דקסבר טריפה חיה תדע דהא קיימין אליבא דמ"ד טריפה יולדת ולדידיה טריפה נמי חיה(א): תמים כתיב ביה. וא"ת גבי קרבן (מנחות דף ה:) למה אנו מצריכין מן הבקר להוציא טריפה תיפוק לי' מתמים וי"ל דהתם סברא הוא למדרש תמים ולא בעל מום דמגונה לגבוה יותר מטרפות תדע דבעל מום מגונה הוא ביותר דכתיב גבי בעלי מומין לגבוה הקריבהו נא לפחתך הירצך והיינו טעמא דניכר אבל טרפות יש שאינו ניכר ועוד דקרא גופיה בהדיא מעטיה תמים יהיה לרצון כל מום לא יהיה בו משמע הא אית ביה מום לא מיקרי תמים:

והשתא דנפקא לן מאתך כו'. וא"ת למ"ד טריפה אינה יולדת ונפקא לן טריפה מלחיות זרע וא"כ אתך ל"ל ואין לדחות דאורחיה דקרא הוא דהא גבי משה דרשינן (סנהדרין דף לו:) אתך בדומין לך וי"ל דדרשינן ה"נ אתך שיהו טפלין לך כדדרשינן (ב"מ דף סב.) וחי אחיך עמך חייך קודמין לחיי חבירך ובבראשית רבה דריש והיה לך ולהם לאכלה הם טפלים לך ואי אתה טפל להם: ואי ס"ד הן ואידיהן עשרה יומי הוו. פי' אא"ב דבשלשה ימים דקא חשיב תנא דמתני' אין ימי האיד בחשבונם אלא לפעמים שיום האיד אחד או שנים או כגון אלו ניחא דהשתא נקט דלעולם לפני האיד אסור לשאת ולתת עמהן שלשה ימים אא"א דלעולם עם האיד מחשבים השלשה ימים היכי קתני בתר הכי אלו הן אידיהן קלנדא דמשמע שאז אסור לשאת ולתת עמהן שלשה ימים וליתא דעשרה הוו ונ"ל שיש הפסק בין קלנדא לסטרנוריא לכל הפחות ב' ימים מדקאמר עשרה יומי הוו א"כ יש שני ימים לפני קלנדא שאין בו איד וסברא נמי הוא דאמרינן לקמן שח' ימים של קלנדא הם כנגד ח' ימים טובים שעשה אדם הראשון ומסתמא לא עשאם מיד אחר התקופה שהרי לא היה יכול להבין מיד אריכות הימים: אלא ש"מ הן בלא אידיהן ש"מ. תימה לי אמאי לא קאמר מתני' נמי דיקא דהן בלא אידיהן מדקתני תנא לפני אידיהן ג' ימים דאי ס"ד הן ואידיהן ליתני לפני אידיהן שני ימים וכי תימא דאכתי הוה מיבעי ליה אי הוה איד בכלל פשיטא דלא מדלא הוה תני לפני אידיהן יום אחד קל להבין וצ"ע: הן בלא אידיהן ש"מ. והא דאיצטריך שמואל לאשמועינן לדברי ר' ישמעאל לעולם אסור דלא תימא כיון דאין לו היתר לעולם שבקינן ליה רווחא להתירו בשום פעם אי נמי ה"א דסבר רבי ישמעאל בהא כרבנן דלא אסרי לאחריו אי נמי אשמעינן דחשיב יום איד(א) פי' יום א' לאסור כשאר יום אידם: או דלמא משום ולפני עור לא תתן מכשול.(ב) יש מקשין מכאן לפ"ה דמתני' דפי' דלתת ולשאת היינו מקח וממכר תינח מכר אבל מקח מאי לפני עור איכא ושמא י"ל שממציא לו מעות לקנות צרכי עבודה זרה:

רבינו חננאל

[שלשה ימים] דתנן הן ואידיהן. כלומר מכלל ג' ימים הללו יום אידיהם. (אלא) או דלמא הן בלא אידיהן. ת"ש ר' ישמעאל אומר ג' לפניהם וג' לאחריהם אסור. ואי ס"ד יום אידיהן עצמו מכלל הג' הוא. ר' ישמעאל חשיב ליה בכלל השלשה שלפני אידיהן. ועוד הדר חשיב ליה מכלל הג' שלאחר אידיהן תרתי זימני חשיב ליה. ופרקי' איידי דתנא ג' לפניהם תנא נמי ג' לאחריהן. ואע"פ שאינם ג' ימים לאחריהן אלא שני ימים בלבד. איני והאמר משמיה דשמואל יום א' לדברי ר' ישמעאל דאית ליה שלשה ימים לפניהן וג' לאחריהן לעולם אסור לישא וליתן עמהן. ואם תאמר ר' ישמעאל הן ואידיהן ג' סבירא ליה והא איכא רביעי וחמישי שמותר. פי' יום ראשון של שבוע לעולם יום אידן הוא וכשתחשוב לו ג' ימים הן ואידיהן אתה מתחיל מיום ששי ו' ז' ויום ראשון הרי ג' ואחריהן ב' וג' כי יום אידם חשוב מכלל הג' נשאר לו רביעי וחמישי שמותר לו לשאת ולתת עמהן. ולמה אמר לעולם אסור. ופרקינן אליבא דר' ישמעאל ודאי הן בלא אידיהן. ולרבנן מאי. ופשיט רבינא מהא דתנן אלו אידיהן של גוים קלנדס וסטרנליא. ואמר רב חנן בר אבא קלנדס (ג') [ח'] ימים אחר התקופה. וסטרנליא ח' ימים קודם התקופה פי' ואלו ח' ימים כולם אידם הוא. ואי ס"ד הן ואידיהן ג' בשלמא היכא דיום אידם יום אחד הוא משכחת לה שני ימים לפני אידם. ואידם הרי שלשה. אלא קלנדס שאידם ח' ימים וב' ימים לפניהם. י' ימים אסור לשאת ולתת עמהם. אמאי קא פסק ותני ג' אלא ודאי ג' ימים דתנן הן בלא אידיהן. ודחי' לא לעולם הן ואידיהן. ותנא דידן קלנדס כוליה חד יומא חשיב ליה. ואתא רב אשי ופשטה דג' ימים הן בלא אידיהן ואפי' לרבנן. איבעיא להו איסורא דלמיהב ומישקל בהדיה משום דלא תרויח ליה ואע"ג דאית ליה. בהמה לדידיה כיון דמוספת ליה ומרווחת ליה אסור. או דלמא משום ולפני עור לא תתן מכשול

[לקמן ז:]

שם

[לקמן ח.]

[נ"ל לפני עור]

[פסחים כב:]

[נ"ל והכי]

נראה שאלו התיבות שייכי לדף ז' עמוד א' סוף דבור המתחיל הנראה

גליון הש"ס

גמ' דאית ליה בהמה לדידיה. עיין לקמן דף יד ע"ב תוס' ד"ה מקום:

הגהות הב"ח

(א) תוס' ד"ה הן בלא וכו' יום איד (פי' יום א' לאסור כשאר יום אידם) תא"מ ונ"ב הגה"ה היא: (ב) ד"ה או דלמא וכו'. יש מקשים כ"ב וע"ל בדף יב במה שפרש"י ותוס' במשנה דחנויות מעוטרות:

א) [וע' תוס' זבחים קטז. ד"ה ודלמא]

מנין

יד א ב ג מיי' פ"ט מהל' עבודת כוכבים הלכה א סמג לאוין מה טוש"ע י"ד סי' קמח סעיף ב:
טו ד מיי' שם טוש"ע שם ס"א:
טז ה ו מיי' שם הל' ב וע"ש כ"מ טוש"ע שם ס"ה:
יז ז מיי' פ"ז מהל' יו"ט הלכה כ סמג לאוין עה טוש"ע א"ח סי' תקמו סעיף ה:
יח ח מיי' פ"ט מהל' עבודת כוכבים הלכה א סמג לאוין מה טוש"ע י"ד סי' קמח סעיף א:

תורה אור

א °מנין שלא יושיט אדם כוס של יין לנזיר
ואבר מן החי לבני נח ת"ל ולפני עור לא (ויקרא יט)
תתן מכשול והא הכא דכי לא יהבינן ליה
שקלי איהו וקעבר משום לפני עור לא תתן
מכשול הב"ע ב*דקאי בתרי עברי נהרא דיקא
נמי דקתני לא יושיט ולא קתני לא יתן ש"מ
א איבעיא להו נשא ונתן מאי ר' יוחנן אמר נשא
ונתן אסור ר"ל אמר ג א נשא ונתן מותר איתיביה
רבי יוחנן לריש לקיש באידיהן של גוים
נשא ונתן אסורין מאי לאו לפני
אידיהן לא אידיהן גדוקא א"ד איתיביה ר"ש
בן לקיש לרבי יוחנן אידיהן של גוים
נשא ונתן אסור אידיהן אין לפני
אידיהן לא תנא אידי ואידי אידיהן קרי ליה
תניא כוותיה דר"ל ד*כשאמרו אסור לשאת
ולתת עמהם ילא אסרו אלא בדבר המתקיים
אבל בדבר שאינו מתקיים לא ואפילו בדבר
המתקיים נשא ונתן מותר תני רב זביד
בדבי רבי אושעיא דבר שאין מתקיים
מוכרין להם אבל אין לוקחין מהם ההוא
מינאה דשדר ליה דינרא קיסרנאה לרבי
יהודה נשיאה ביום אידו הוה יתיב ריש
לקיש קמיה אמר היכי אעביד אשקליה
אזיל ומודה לא אשקליה הויא ליה איבה
א"ל ריש לקיש הטול וזרוק אותו לבור בפניו
אמר כל שכן דהויא ליה איבה יכלאחר יד
ב הוא דקאמינא: להשאילן ולשאול מהן כו':
בשלמא להשאילן דקא מרווח להו אבל
לשאול מהן מעוטי קא ממעט להו ואמר
אביי גזרה *לשאול מהן אטו להשאילן רבא
אמר זכולה משום דאזיל ומודה הוא:
להלוותם וללוות מהן: בשלמא להלוותם
משום דקא מרווח להו אלא ללוות מהן
אמאי אמר אביי גזרה ללוות מהן אטו
להלוותם רבא אמר כולה משום דאזיל ומודה
הוא: לפורען ולפרוע מהן כו': בשלמא לפורען משום דקא מרווח להו
אלא לפרוע מהן מעוטי ממעט להו אמר אביי גזירה לפרוע מהן אטו
לפורען רבא אמר כולה משום דאזיל ומודה הוא וצריכי דאי תנא לשאת
ולתת עמהן משום דקא מרווח להו ואזיל ומודה אבל לשאול מהן דמעוטי
קא ממעט להו שפיר דמי ואי תנא לשאול מהן משום דחשיבא ליה
מילתא ואזיל ומודה אבל ללוות מהן צערא בעלמא אית ליה אמר תוב
לא הדרי זוזי ואי תנא ללוות מהן משום דקאמר בעל כרחיה מיפרענא
והשתא מיהא אזיל ומודה אבל ליפרע מהן דתו לא הדרי זוזי אימא צערא
ג איה ליה ולא אזיל ומודה צריכא: רבי יהודה אומר נפרעין מהן כו':
חולית ליה לרבי יהודה אף על פי שמיצר עכשיו שמח הוא לאחר זמן
*והתניא טרבי יהודה אומר אשה לא תסוד במועד מפני שניוול הוא לה
יומודה ר' יהודה בסיד שיכולה לקפלו במועד שטופלתו במועד אע"פ שמצירה
עכשיו שמחה היא לאחר זמן אר"נ בר יצחק הנח להלכות מועד דכולהו מיצר עכשיו(א) שמחה לאחר זמן רבינא
אמר גוי לענין פרעון לעולם מיצר מתניתין דלא יכר' יהושע בן קרחה דתניא *ריב"ק אומר מלוה
בשטר אין נפרעין מהן מלוה על פה נפרעין מהן מפני שהוא כמציל מידם יאיתיב רב יוסף אחוריה דר' אבא ויתיב
רבי אבא קמיה דרב הונא ויתיב וקאמר יחהלכתא כרבי יהושע בן קרחה והלכתא כר' יהודה הלכתא כרבי
יהושע הא דאמרן כר' יהודה(א) דתניא(ב) יבהנותן צמר לצבוע לצבוע לו אדום וצבעו שחור שחור וצבעו אדום
ר"מ

א) נ"ל דתנן ב) ב"ק לח: ק: קב. ב"מ עח: קיז:

[ב"ק קיז.] [תוספ' פ"א] [מ"ק ח: ט:] [נדרים מג.] [תוספתא פ"א ב"ק קב. [ע"ש כל הענין]]

רש"י

לא יושיט אדם כוס יין לנזיר. שמא יבא לשתותו: ואבר מן החי לבני נח. לפי שנאסר להן דכתיב אך בשר וגו' (בראשית ט): דקיימא בתרי עברי נהרא. גוי מצד זה וישראל מצד זה דאי לא יהיב ליה לא מצי שקיל: נשא ונתן. לפני אידיהן עמהן מהו בהנאה: אסור. ליהנות מאותה סחורה: כשאמרו אסור לשאת ולתת עמהן. לפני אידיהן: לא אסרו אלא בדבר המתקיים. עד יום אידיהן דחזי ליה קמיה ביום אידו ואזיל ומודה: אבל דבר שאינו מתקיים. כגון ירק וכיוצא בו מותר: בדבי רבי אושעיא. במתניתא דבי רבי אושעיא דאיהו סידרה למתניתא וכן ר' חייא: אבל לא לוקחין מהן. דמרווח ליה שמתוך שאינו מתקיים מתאוה הוא למכרו: קסרינאה. דינר מלוכה חדשה שפסל קיסר את הראשונה וגזר על זו: כלאחר יד. שלא יבין שמדעת השלכתו וכיון שרואה שאבד ממך לא ישמח: כולה משום דמודה הוא. שהגוי ישמח כשישראל צריך לו: וצריכי. למתני' במתני' לכולהו: משום דקא מרווח להו גרסינן: דחשיבא ליה מילתא. דצריך ישראל לשאול את כליו וידע דהדר ליה את כליו בעין: לא תסוד. לא תתן סיד על פניה במועד: מפני שניוול הוא לה. בעודו על פניה ואף על פי כשנוטלתו מאדימה ומצהיל פניה כיון דהנאה זו אינה אלא עד לאחר המועד וניוול בתוך המועד אסור: לקפלו. לנוטלו מעל פניה: בתוך המועד. כגון שבאה לסוד בתחלת המועד ולבסוף יום או יומים תטלנו ונהנית הימנו בתוך המועד: דכולהו מיצר עכשיו. כל מה שהתירו לעשות במועד מיצר הוא באותה שעה כגון שחיטה ותיקון סעודה והתירו לו משום שמחה דלאחר זמן שבתוך המועד: מלוה בשטר אין נפרעין מהן. לפני אידיהן מפני ששמח הוא לאחר זמן ביום אידו דכיון דנקט(ב) שטרא ישראל עילויה כל שעתא מסתפי מיניה:

נותן

תוספות

מנין שלא יושיט אדם כוס יין לנזיר. נראה דה"ה בכל שאר איסורין אלא להכי נקט כוס יין לנזיר משום דמסתמא למישתי קא בעי ליה כיון דכ"ע חמרא שתו ושמא שכח נזירתו אבל ישראל שאמר הושיט לי נבלה או חזיר או שום איסור אין לחושדו מלהושיט לו אבל אם ידוע לו שרוצה לאכלו אסור להושיט לו ואפי' הוא שלו מדקאמר אי לא יהיב ליה שקיל ליה איהו ולפי זה אסור להושיט למומרים לעבודה זרה דבר איסור אע"פ שהוא שלהם כי הדבר ידוע שיאכלוהו והוא נאסר להם דכישראל גמור חשבינן ליה ומיירי בדקאי במקום שלא יוכל ליקח אם לא יושיט לו זה וכדמסיק דקאי בתרי עברי נהרא:

תניא כוותיה דרשב"ל. נראה לר"י דהלכה כרבי יוחנן אע"ג דתניא כוותיה דרשב"ל ומייתי ראיה מההיא דהחולץ (יבמות לו.) דקא חשיב הני דהלכה כרשב"ל לגבי ר' יוחנן ולא חשיב הא ואין לומר דהא דלא חשיב הא דהכא היינו משום דתניא כוותיה ולא איצטריך למחשבה דהא חשיב התם חלילת מעוברת אע"ג דתניא התם נמי כוותיה ועוד דלקמן (דף ז:) מסיק נשא ונתן איכא בינייהו וקא מפרש דחכמים דמתני' אית להו נשא ונתן אסור כר' יוחנן ומתניתין עדיפא מברייתא*:

לא אסרו אלא בדבר המתקיים. פירוש מכר דוקא דאילו לקנות ודאי אסור בדבר שאינו מתקיים יותר מדבר המתקיים אלא ודאי לא איירי הך ברייתא אלא במכר ואפ"ה קרי ליה בסיפא נשא ונתן כפר"ת* ולפי' הקונטרס קשה: אבל לא לוקחין מהם. לפר"ת דלא אסור שום קניה נ"ל לוקחין קבלת דורון וה"ה נמי בדבר המתקיים שאין מקבלין הימנו דורון ואין לדקדק הא דבר המתקיים לוקחין דהא דינר קיסריינא דבר המתקיים הוא: אמר אביי גזרה לפרוע מהן אטו לפורען. תימה למה ליה לאביי למימר משום גזרה לימא טעמא משום דשמח הוא כדאמר במתני' אע"פ שהוא מיצר עכשיו שמח הוא לאחר זמן וי"ל דמשום האי טעמא דשמח לאחר זמן ליכא *(למיגזר) [נ"ל למיסר] כיון שאינו שמח ביום אידו ומיהו אי לאו דאיכא שום שמחה לא הוה שייך נמי למיגזר דהא דגזרינן בכולהו היינו משום דאיכא שום שמחה כדפריש בסמוך בצריכותא והשתא ניחא דאצטריכו כולהו לאביי נמי כמו לרבא:

אלא ללוות מהן מעוטי קא ממעט להו. מכאן ראיה לפר"ת דמיירי בלא רבית דמאי קאמר מעוטי קא ממעט להו אם מלוה ברבית כדי להרויח:

רבי

[וע"ע תוס' יבמות לו. ד"ה הלכתא] [לעיל ב. ד"ה אסור]

הגהות הב"ח
(א) גמ' להלכות מועד דכולהו מיצר עכשיו ושמח לאחר זמן נ"ב ניהו רבינא: (ב) רש"י ד"ה מלוה וכו' דנקיט ישראל שטרא עילויה:

גליון הש"ס
גמ' מנין שלא יושיט. עי' תוס' פסחים כב ע"ב ד"ה ואבר:

רבינו חננאל

ואוקימנא כגון שהנהר מפסיק ביניהם ואינו יכול לכפותו וליטול ממנו בעל כרחו הוא דעובר. ודייקי' מדקתני לא יושיט ולא קתני לא יתן ש"מ כי הנהר מפסיק ביניהן ש"מ: איבעיא להו נשא ונתן מהו. ר' יוחנן אמר אסור ור"ל אמר מותר ותניא כר"ל. ותניא כשאמרו אסור לשאת ולתת עמהן לא אמרו אלא בדבר המתקיים כגון בהמה וכיוצא בה. אבל דבר שאין מתקיים מותר. ואפי' דבר המתקיים אם נשא ונתן מותר: תני רב זביד בדבי ר' אושעיא דבר שאין מתקיים מוכרין להן. אבל אין לוקחין מהן. וקיימא לן כריש לקיש דתניא כוותיה: ההוא מינא דשדר דינרא קסרינאה לר' יהודה נשיאה ביום אידו אמר היכי איעביד אשקליה [אזיל ומודה לא אשקליה] הויא ליה איבה יאמר גרוע אני אצלו לפיכך החזיר מנחתי. אמר לו ריש לקיש נטלהו וזורקהו לפניו כלאחר יד בבור כדי שילך ויאמר (לו) לא נהנה כלום נפל לו בבור: פיס' מלהשאילן ומלשאול מהם. ואוקמה אביי לשאול שרי אלא גזירה גזרו לשאול אטו להשאיל. אתי למימר לישראל כשם שהשאלתיך אני כך תשאילני אתה. רבא אמר משום דמודה ואומר העבודה זרה סייעני וזכיתי להיות לי רכוש להשאיל לישראל כדי שיהא צריך ליהנות ממני. וכן דרך כל היכא דתני משום דמודה זה פירושו. וכן אוקים רבא למתני' דקתני אסור להלוותן וללוות מהן משום דמודה לעבודה זרה שלו. וכן לפורען ולהיפרע מהן. אמר רבא משום דמודה. וסוגיין כרבא. ואמר וצריכי. דאי תנא לשאת ולתת עמהן אסור הייתי אומר משום דקני ליה לגמרי אבל לשאול מהן דממעט להו הוה אמינא שפיר דמי. ואי תנא לשאול כיון דחשיב ליה מילתא אזיל מודה לעבודה זרה דיליה אבל ללוות מהן דצערא הוא ליה דאמר תוב לא הדרי לי זוזי הוה אמינא שפיר דמי ואי תנא לשאול כיון דחשיב ליה מילתא אזיל ומודה ללוות מהן משום דאמר זוזאי שקילנא מיניה בעל כורחיה אזיל מודה דזכה להלוות לישראל אבל להיפרע מהן דתוב לא הדרי ליה זוזי הוה אמינא צערא ודאי אית ליה ושרי צריכא: פיסקא ר' יהודה אומר נפרעין מהן מפני שהוא מיצר. אמרו לו אף על פי שמיצר עכשיו שמח הוא לאחר [זמן]. וכי לית ליה לר' יהודה האי סברא דאמרו ליה רבנן. והתניא ר' יהודה אומר אשה לא תסוד מפני שניוול הוא לה כו' עד ומודה ר' יהודה בסיד שיכולה לקפלו במועד שטופלתו במועד שאע"פ שמצירה היא עכשיו שמחה לאחר זמן. ופריק רב נחמן בר יצחק הנח להלכות מועד דכולהו מיצר עכשיו ושמח לאחר זמן. רבינא אמר גוי לענין פרעון לעולם מיצר. מתני' דלא כר' יהושע בן קרחה. (ועוד אמר הל' כר' יהודה) דתניא רבי יהושע בן קרחה אומר מלוה בשטר אין נפרעין מהן. מלוה על פה נפרעין מהן מפני שהוא כמציל מידם. אמר רב הונא הלכה כרבי יהושע בן קרחה ועוד אמר הל' כרבי יהודה דסבר כל המשנה ידו על התחתונה דתנן [הנותן צמר כו'] ר'

מִנַּיִן שֶׁלֹּא יוֹשִׁיט אָדָם כּוֹס שֶׁל יַיִן לְנָזִיר (שאסור לו לשתות יין), וְאֵבֶר מִן הַחַי לִבְנֵי נֹחַ? תַּלְמוּד לוֹמַר: ״וְלִפְנֵי עִוֵּר לֹא תִתֵּן מִכְשֹׁל״ (ויקרא יט, יד); וְהָא הָכָא, דְּכִי לָא יָהֲבִינַן לֵיהּ, שָׁקְלֵי אִיהוּ [והרי כאן, בשני מקרים אלה, שאם אין אנו נותנים לו, לוקח הוא בעצמו], וְקָעָבַר [ומכל מקום הוא עובר] מִשּׁוּם ״לִפְנֵי עִוֵּר לֹא תִתֵּן מִכְשֹׁל״! ומשיבים: הָכָא בְּמַאי עָסְקִינַן [כאן במה אנו עוסקים]? דְּקָאֵי בִּתְרֵי עֶבְרֵי נַהֲרָא [שהם עומדים בשני צדדים של הנהר] שהמקבל אינו יכול לקחת בעצמו, ורק על ידי המושיט לו היה מקבלם, ומשום כך הוא עובר על ״לפני עיוור״. ומוסיפים: דַּיְקָא נַמִי [מדוייק גם כן כך], דְּקָתָנֵי [שהוא שונה] בדברי ר׳ נתן, ״לֹא יוֹשִׁיט״, וְלֹא קָתָנֵי [שונה] ״לֹא יִתֵּן״, שְׁמַע מִינָּהּ [למד מכאן] שהכוונה היא שהוא מושיט מצד אחד של נהר לצידו השני.

א אִיבַּעְיָא לְהוּ [נשאלה להם לחכמים השאלה]: אם עבר על דברי חכמים שבמשנה ונָשָׂא וְנָתַן עם הנכרים לפני אידיהם, מַאי [מה] דינו? ר׳ יוֹחָנָן אָמַר: נָשָׂא וְנָתַן — אָסוּר ליהנות מן הרווח. רֵישׁ לָקִישׁ אָמַר: נָשָׂא וְנָתַן — מוּתָּר. כלומר, אף שעבר על דברי חכמים, אין התוצאות אסורות. אֵיתִיבֵיהּ [הקשה לו] ר׳ יוֹחָנָן לְרֵישׁ לָקִישׁ ממה ששנינו בברייתא: אֵידֵיהֶן שֶׁל גּוֹיִם נָשָׂא וְנָתַן — הרווחים שמאותו מעשה אֲסוּרִין, מַאי לָאו [האם לא] הכוונה היא שנשא ונתן עם הגוים לִפְנֵי אֵידֵיהֶן? השיב לו ריש לקיש: לֹא, הכוונה היא למשא ומתן בְּאֵידֵיהֶן דַּוְקָא, ביום אידם ממש, אבל לא לפני כן. אִיכָּא דְּאָמְרִי [יש שאומרים] שלא כך היה הדבר, אלא אֵיתִיבֵיהּ [הקשה לו] ר׳ שִׁמְעוֹן בֶּן לָקִישׁ לְר׳ יוֹחָנָן ממה ששנינו: אֵידֵיהֶן שֶׁל גּוֹיִם אם נָשָׂא וְנָתַן — אָסוּר, ונדייק מכאן: אֵידֵיהֶן — אִין [כן] בהם אסור, אבל לִפְנֵי אֵידֵיהֶן — לֹא! והשיב לו ר׳ יוחנן: הַתַּנָּא, אִידֵי וְאִידֵי [זה וזה], לפני האיד והאיד עצמו, ״אֵידֵיהֶן״ קָרֵי לֵיהּ [הוא קורא לו], ולכן אין מקום לדיוק זה. ומעירים: תַּנְיָא כְּוָותֵיהּ [שנויה ברייתא כשיטתו] של רֵישׁ לָקִישׁ: כְּשֶׁאָמְרוּ חכמים אָסוּר לָשֵׂאת וְלָתֵת עִמָּהֶם — לֹא אָסְרוּ אֶלָּא בְּדָבָר הַמִּתְקַיֵּים, אֲבָל בְּדָבָר שֶׁאֵינוֹ מִתְקַיֵּים — לֹא אסרו, וַאֲפִילּוּ בְּדָבָר הַמִּתְקַיֵּים אם נָשָׂא וְנָתַן — מוּתָּר. תָּנֵי [שנה] רַב זְבִיד בִּדְבֵי [בברייתא מבית מדרשו של ר׳ אוֹשַׁעְיָא: דָּבָר שֶׁאֵין מִתְקַיֵּים מוֹכְרִין לָהֶם, אֲבָל אֵין לוֹקְחִין (קונים) מֵהֶם. מסופר, הַהוּא מִינָאָה דְּשַׁדַּר לֵיהּ דִּינָרָא קֵיסַרְנָאָה [מין אחד ששלח לו דינר קיסרי] לְר׳ יְהוּדָה נְשִׂיאָה [הנשיא] בְּיוֹם אֵידוֹ של אותו מין, הֲוָה יָתֵיב [היה יושב] רֵישׁ לָקִישׁ קַמֵּיהּ [לפניו], אָמַר לו ר׳ יהודה נשיאה: הֵיכִי אֶעֱבִיד [איך אעשה]? ופירט את ספקו: אם אֶשְׁקְלֵיהּ [אקבלנו] לדינר זה — אָזֵיל וּמוֹדֶה [ילך ויודה] לעבודה זרה על שהתקיים רצונו, ואם לֹא אֶשְׁקְלֵיהּ [אקבלנו] — הָוְיָא לֵיהּ [תהיה לו] אֵיבָה כלפי! אָמַר לֵיהּ [לו] רֵישׁ לָקִישׁ כהצעה: טוֹל וּזְרוֹק אוֹתוֹ לַבּוֹר בְּפָנָיו של אותו המין. אָמַר לו ר׳ יהודה נשיאה: כָּל שֶׁכֵּן דְּהָוְיָא לֵיהּ [שתהיה לו] אֵיבָה אם הוא יראה אותי עושה כן! הסביר ריש לקיש את דבריו: כִּלְאַחַר יָד הוּא דְּקָאָמִינָא [שאני אומר]. כלומר, לא שתזרוק כעושה בכוונה, אלא שייראה הדבר כאילו נפל מידך לבור.

ב שנינו במשנה שאסור לְהַשְׁאִילָן וְלִשְׁאוֹל מֵהֶן שלושה ימים לפני אידם. ושואלים: בִּשְׁלָמָא [נניח] לְהַשְׁאִילָן אסור — משום דְּקָא מְרַוַּח לְהוּ [שהוא גורם להם רווח], אֲבָל לִשְׁאוֹל מֵהֶן — הרי מַעוּטֵי קָא מְמַעֵט לְהוּ [ממעט הוא מהם] את קניינם בזמן חגם! אָמַר אַבַּיֵי: חכמים גזרו גְּזֵרָה שלא יבוא גם לִשְׁאוֹל מֵהֶן אַטּוּ [משום] האיסור לְהַשְׁאִילָן. רָבָא אָמַר: כּוּלָּהּ [הכל] נאסר מִשּׁוּם דְּאָזֵיל [שהולך] הגוי וּמוֹדֶה הוּא לעבודה זרה, שפעמים שיש לו נחת רוח מזה שהוא משאיל לישראל. ועוד שנינו במשנה שאסור לְהַלְווֹתָם וְלִלְווֹת מֵהֶן. ושואלים: בִּשְׁלָמָא [נניח] לְהַלְווֹתָם — מִשּׁוּם דְּקָא מְרַוַּח לְהוּ [שהוא גורם להם רווח], אֶלָּא לִלְווֹת מֵהֶן — אַמַּאי [מדוע] זה אסור? אָמַר אַבַּיֵי: גְּזֵירָה היא, לִלְווֹת מֵהֶן אַטּוּ [משום] האיסור לְהַלְווֹתָם. רָבָא אָמַר: כּוּלָּהּ [והכל] נאסר מִשּׁוּם דְּאָזֵיל [שהולך] וּמוֹדֶה הוּא. ועוד שנינו שאסור לְפוֹרְעָן וְלִפְרוֹעַ מֵהֶן. ושוב שואלים: בִּשְׁלָמָא [נניח] לְפוֹרְעָן — מִשּׁוּם דְּקָא מְרַוַּח לְהוּ [שהוא גורם להם רווח] שהוא נותן להם את הכסף באותו זמן, אֶלָּא לִפְרוֹעַ מֵהֶן, מדוע? הרי מַעוּטֵי מְמַעֵט לְהוּ [ממעט הוא להם]! וכמו בדינים הקודמים, אָמַר אַבַּיֵי: גְּזֵירָה לִפְרוֹעַ מֵהֶן אַטּוּ [משום] לְפוֹרְעָן. רָבָא אָמַר: כּוּלָּהּ [הכל] מִשּׁוּם דְּאָזֵיל [שהולך] וּמוֹדֶה הוּא. ומעירים: וּצְרִיכִי [וצריך] לפרש את שלושת האיסורים הללו, ולא די לומר אחד מהם; דְּאִי תְּנָא [שאם היה שונה] רק את האיסור לָשֵׂאת וְלָתֵת עִמָּהֶן, היו אומרים שטעם הדבר הוא מִשּׁוּם דְּקָא מְרַוַּח לְהוּ וְאָזֵיל [שהוא מרויח להם, והולך] הגוי וּמוֹדֶה [לעבודה זרה], אֲבָל לִשְׁאוֹל מֵהֶן, דְּמַעוּטֵי קָא מְמַעֵט לְהוּ [שעל ידי כך הוא ממעט להם] — שַׁפִּיר דָּמֵי [טוב הדבר]. וְאִי תְּנָא [ואם היה שונה] גם לִשְׁאוֹל מֵהֶן, הייתי אומר: מִשּׁוּם דַּחֲשִׁיבָא לֵיהּ מִילְּתָא [שחשוב לו הדבר] שישראל נזקק לו, וְלכן הוא אָזֵיל [הולך] וּמוֹדֶה. אֲבָל לִלְווֹת מֵהֶן, הייתי אומר שהוא מותר, משום שצַעֲרָא בְּעָלְמָא אִית לֵיהּ [צער בלבד יש לו] מזה שהוא נותן כסף, ומדוע? אָמַר [אומר הוא]: תּוּב לָא הָדְרִי זוּזַי [שוב לא יחזרו הכספים שלי], שמא לא יחזיר היהודי את החוב. וְאִי תְּנָא [וגם אם היה שונה] איסור לִלְווֹת מֵהֶן, הייתי אומר מִשּׁוּם דְּקָאָמַר [שהוא, הגוי, אומר]: בְּעַל כָּרְחֵיהּ מִיפַּרַעֲנָא [בעל כרחו איפרע ממנו], מן היהודי, שיכול אני להיפרע ממנו מכוח השטר, וְהָשְׁתָּא מִיהָא אָזֵיל [ועכשיו על כל פנים הולך] וּמוֹדֶה שהיהודי נזקק לו, אֲבָל לִיפָּרַע מֵהֶן לגבות מהם את החוב, דְּתוּ לָא הָדְרִי זוּזֵי [ששוב אין הכספים חוזרים] אליו — אֵימָא צַעֲרָא אִית לֵיהּ, וְלָא אָזֵיל [אמור שיש לו צער בדבר, ואינו הולך] וּמוֹדֶה, על כן צְרִיכָא [צריך] שייאמרו כל אלה.

ג שנינו במשנה, ר׳ יְהוּדָה אוֹמֵר: נִפְרָעִין מֵהֶן משום שבכך מיצר הוא לו. אמרו לו: אף על פי שמיצר הוא עכשיו — שמח הוא לאחר זמן, שפרע את חובו. ושואלים: וְלֵית לֵיהּ [והאם אין לו] לְר׳ יְהוּדָה נימוק זה שאַף עַל פִּי שֶׁמֵּיצֵר עַכְשָׁיו שָׂמֵחַ הוּא לְאַחַר זְמַן? וְהָתַנְיָא [והרי שנויה] ברייתא, ר׳ יְהוּדָה אוֹמֵר: אִשָּׁה לֹא תָּסוּד (תמרח סיד על איברי גופה) בַּמּוֹעֵד כדי להסיר את השיער ולעדן את העור, מִפְּנֵי שֶׁנִּיוּוּל הוּא לָהּ בסיד זה כשהוא עליה, אבל מודה ר׳ יְהוּדָה בְּסִיד כזה שֶׁיְּכוֹלָה היא לְקַפְּלוֹ (להורידו) בְּתוֹךְ הַמּוֹעֵד שֶׁטּוֹפַלְתּוֹ (שיכולה היא למורחו) בַּמּוֹעֵד, משום שאַף עַל פִּי שֶׁמְּצֵירָה עַכְשָׁיו, שְׂמֵחָה הִיא לְאַחַר זְמַן, כשהיא נראית יפה יותר בהמשך המועד. משמע שר׳ יהודה עצמו מקבל נימוק זה! אָמַר רַב נַחְמָן בַּר יִצְחָק: הַנַּח לְהִלְכוֹת מוֹעֵד, כלומר, למלאכות שהתירו לעשותן בחול המועד, דְּכוּלְּהוּ [שכולם] בנויות על כך שהוא מֵיצֵר עַכְשָׁיו, שהוא טורח במלאכה, משום שִׂמְחָה לְאַחַר זְמַן, במועד עצמו, ומשום שמחת המועד. ואינו כן בהלכות עבודה זרה. רָבִינָא אָמַר: גּוֹי לְעִנְיַן פֵּרָעוֹן לְעוֹלָם מֵיצֵר שצריך לשלם את חובו, ואינו שמח אף לאחר מכן. ומעירים: מַתְנִיתִין [משנתנו] שאסרה להיפרע מהם בכל מקרה, היא שלֹא כְּשיטת ר׳ יְהוֹשֻׁעַ בֶּן קָרְחָה, דְּתַנְיָא [ששנויה ברייתא], ר׳ יְהוֹשֻׁעַ בֶּן קָרְחָה אוֹמֵר: מִלְוֶה בִּשְׁטָר אֵין נִפְרָעִין מֵהֶן, שהרי יכול הוא תמיד להיפרע מן הגוי בשטר שבידו. אבל מִלְוֶה עַל פֶּה נִפְרָעִין מֵהֶן, ומדוע? מִפְּנֵי שֶׁהוּא כְּמַצִּיל מִיָּדָם, שהרי אין שטר על המילוה, ושמא לא יחזיר לו חובו בזמן אחר. מסופר, יָתֵיב [יושב היה] רַב יוֹסֵף אֲחוֹרֵיהּ [אחורי] ר׳ אַבָּא בבית המדרש, וְיָתֵיב [ויושב היה] ר׳ אַבָּא קַמֵּיהּ [לפני] רַב הוּנָא כתלמיד לפני רבו, וִיתֵיב וְקָאָמַר [ויושב היה רב הונא ואומר] את הדברים הבאים: הִלְכְתָא [הלכה] כְּר׳ יְהוֹשֻׁעַ בֶּן קָרְחָה, וְהִלְכְתָא [והלכה] כְּר׳ יְהוּדָה. ומסבירים: הִלְכְתָא [הלכה] כְּר׳ יְהוֹשֻׁעַ בן קרחה — הָא דַּאֲמָרַן [זו שאמרנו] בעניין ההיתר להיפרע מהם מילוה על פה. והלכה כְּר׳ יְהוּדָה, לגבי זו דְּתַנְיָא [ששנינו]: הַנּוֹתֵן צֶמֶר לַצַּבָּע לִצְבּוֹעַ לוֹ בגד בצבע אָדוֹם וּצְבָעוֹ בצבע שָׁחוֹר, או שנתן לו בגד לצבוע לו שָׁחוֹר וּצְבָעוֹ אָדוֹם,

מסורת הש״ס

א. פסחים כב,א. וראה ירושלמי דמאי פ״ג ה״א.

ב. ב״ק קיז,א. ילק״ש תורה תרט.

ג. ראה ירושלמי ע״ז פ״א ה״א.

ד. תוספתא ע״ז פ״א א.

ה. (מעשה דומה) ירושלמי שם.

ו. נדרים מג,א (לענין אחר).

ז. ירושלמי שם.

ח. ראה ירושלמי מו״ק פ״א ה״ז. שם ע״ז פ״א ה״א.

ט. מו״ק ח,ב. ט,ב. ירושלמי שם ושם.

י. ב״ק קב,א. תוספתא ע״ז פ״א א.

יא. (כל הענין) ב״ק שם.

יב. משנה ב״ק ק,ב. ב״מ עח,ב. קיז,ב. תוספתא ע״ז פ״ז א.

גרסות

והא הכא — מכשול, הכא בכתי״מ: הכא.

מאי לאו לפני אידיהן בכת״י: **מאי לאו הוא הדין לפני אידיהן.**

אידיהן אין בכתי״מ: **אידיהן דוקא.**

לא אסרו בכת״י ובמקורות יש: **לא אמרו.**

שאינו מתקיים לא בכת״י ובמקורות: **שאינו מתקיים מותר.**

כלאחר יד הוא דקאמינא בכת״י: **כלאחר יד.**

אבל לשאול בכת״י: **אלא לשאול.**

דאזיל ומודה הוא בכת״י: **דמודה הוא.**

ללוות מהן אמאי בכת״י ובמקורות: **ללוות מהן מעוטי קממעיט להו.**

צערא — זוזי בכתי״ס: **דצערא אית ליה דתו לא הדרי זוזי בעיניה.**

ויתיב וקאמר הלכתא בכת״י כבמקבילה: **ויתיב רב הונא וקאמר הלכתא.**

דתניא הנותן צמר בכתי״ס וכן צריך להיות: **דתנן הנותן צמר.**

החיים

תסוד
בכל הדורות נחשבה שעירות הגוף כפגם אסתטי בנשים, ונשים נקטו באמצעים שונים כדי להסיר שיער מפניהן ידיהן ורגליהן. אחת הדרכים לעשות זאת היתה על ידי מריחה (״טפילה״) של חלקי הגוף בסיד שלא מהלוהו לגמרי במים. כדי שהמריחה תפעל היה צורך להשאיר את הסיד על גבי העור במשך זמן ניכר. הסיד אמנם היה גורם להסרת שיער, ואולם היה יוצר תחושה בלתי נעימה וגם מכווה את העור. השימוש בסיד בימי חול המועד תלוי איפוא בשיקולים הנוגדים של אי־הנעימות הזמנית לעומת התוצאות שלאחר מכן.

אישים

ר׳ יהודה נשיאה
לפי סדרי הדורות נראה כי מדובר כאן בר׳ יהודה נשיאה השני (שהיה נכדו של ר׳ יהודה נשיאה הראשון, נכדו של רבי מסדר המשנה). נראה כי בימיו כבר היתה משרת הנשיא רשות ציבורית בלבד, ואילו ראשות הישיבה ובית הדין היתה בידי חכמי הדור הגדולים. ר׳ יהודה נשיאה למד תורה מפי ר׳ יוחנן ובני דורו, וכאמור כאן שאל שאלות בהלכה את ריש לקיש. ממקורות אחרים רואים שהיה כפוף בהלכה גם לגדולי תלמידי ר׳ יוחנן, כר׳ אבהו ור׳ אמי.
גם בתלמוד הבבלי וגם בתלמוד הירושלמי מובאים מעשים רבים עליו, וביניהם על פגישתו עם הקיסר הרומי דיוקליטיאנוס.

עיונים

לנזיר שמא יבוא לשתות מן היין האסור לו. וכתבו בתוס׳ חכמי אנגליה שמדובר פה ב״נזיר גרגרן״ שיודעים בו שמתכוון לשתות. והראשונים תמהו מדוע משתמשים בדוגמה נדירה של נזיר. ובתוס׳ אמרו שבסתם אין אנו מניחים שאדם מישראל לוקח דבר האסור על מנת לאוכלו (אלא אם כן ידוע לנו שכוונתו לכך), אבל בנזיר יש לחשוש שכיון שהכל שותים יין יטעה אף הוא וישתה. ויש שכתבו שהביאו את הדוגמה בנזיר, לומר שאף שאין הדבר עצמו אסור על הנותן, אם אסור הוא על המקבל הרי זה עובר משום ״לפני עיוור״ (ר״ן).

ואבר מן החי וכו׳ שאסור לבני נח (כמפורש בבראשית ט, ד). והחידוש בדוגמה זו הוא שאיסור ״לפני עיוור״ אינו רק כלפי בני ישראל, אלא אף כלפי בני נח (רא״ה).

שקלי איהו כתב הר״ש משאנץ (וכן בתוס׳, וחכמים אחרים) שמכאן משמע שאף אם הדבר שייך למי שמבקש אותו — איסור הוא להגישו לו במקרה שבו המקבל אינו יכול להגיע אל הדבר בעצמו.

בתרי עברי נהרא ונמצא לפי זה כי מסקנת הסוגיה היא שכאשר יש לו לגוי בהמה, אין היהודי עובר משום ״לפני עיוור״. ומכל מקום, אפילו במקום שאין בכך ״תרי עברי דנהרא״, שיכול אותו אדם לעשות עבירה זו בעצמו, צריך להתרחק מכך משום שהוא כמסייע לעוברי עבירה (ריטב״א, מאירי). ולר״ח בעניין זה פירוש שונה משאר המפרשים, שהוא מסביר כי שני עברי הנהר גורמים לכך שלא יוכל הגוי להכריח את היהודי להביא לו את האיסור, ובמקרה זה (למרות שיש לגוי בהמה נוספת) עובר היהודי על ״לפני עיוור״ (ראה ב״יד פשוטה״ על הרמב״ם).

נשא ונתן מותר בירושלמי הוסיפו ואמרו בשם ר׳ יוחנן שלא רק לפני אידיהם אם נשא ונתן מותר, אלא אפילו ביום אידם עצמו. ועוד אמרו שלא נאמרו הדברים לשאת ולתת עמהם אלא בנכרי סתם, אבל בנכרי המכירו, שיש ביניהם מערכת יחסים קבועה — מותר אף ביום אידו ״מפני שאינו אלא כמחניף לו״. והפוסקים מביאים דברים אלה לסמך להיתר שנוהגים בדברים אלה בזמן הזה.

דבר המתקיים רש״י מסביר שאם הוא דבר המתקיים, ויישמר עד יום האיד, יבוא הנכרי ויודה לעבודה זרה שלו ביום אידו. אבל תלמידי רבינו יונה כתבו שלא זה עיקר הטעם, אלא שדבר שאינו מתקיים אינו חשוב בעיני הנכרי ולא יבוא להודות עליו, מה שאין כן בדבר המתקיים.

אבל אין לוקחין שהרי הנכרי שמח שהצליח למכור דבר שעשוי להתקלקל לאחר זמן, והולך ומודה על כך (רש״י). ויש שכתב שכיון שנוטל דבר שאינו מתקיים ונותן לו מעות המתקיימות, ודאי מודה על שיש בידו דבר המתקיים (רא״ה).

והראשונים נחלקו כיצד להבין את היחס בין שתי הברייתות המובאות כאן, ומתוך כך נחלקו גם להלכה. שלדעת רש״י מלמדת הברייתא השניה שהאיסור לשאת ולתת בדבר המתקיים (שמדובר עליו בברייתא הראשונה) אינו אלא למכור להם, אבל לקנות מהם מותר, וכפי שהסביר, שדווקא בדבר שאינו מתקיים יש לו שמחה שהצליח למוכרו. אבל הגאונים סבורים (וכן שיטת הרמב״ם) שדבר המתקיים אסור בין למכור ובין לקנות (כפשט הברייתא הראשונה, וכמשמעות הפשוטה של ״לשאת ולתת״) לפי שבכל מקרה הוא מודה על שהצליח בעסקיו. וכמובא לעיל, שונה לגמרי שיטת רבינו תם בענין זה, שהוא מפרש את הביטוי ״אין לוקחין״ המובא כאן לא במשמעות קנייה, אלא כקבלת מתנה (ר״ן על הרי״ף. וראה ברא״ש בתחילת המסכת).

קיסרנאה כתב רש״י שהכוונה היא שטבע המלך מטבע חדשה ואסר את השימוש במטבעות אחרים. ובתר״י הוסיפו שנתן לו הדינר ביום שנטבע. ועל ידי כך מסבירים מפני מה נחשב דבר זה כמתנה חשובה, אף שאינו סכום מרובה.

כלאחר יד שייראה כאילו נתגלגל הדינר ונפל מעצמו, ולא ייראה כמשליכו בכוונה. ומכל מקום הנותן שוב אינו שמח, שהרי לבסוף לא הגיעה המתנה לידי המקבל. ובירושלמי מסופר מעשה דומה ברבי יהודה הנשיא, ששלח לו הרומאי תיק מלא מטבעות, ונטל ר׳ יהודה הנשיא מטבע אחד ושלח לו את השאר, ואמר לו ריש לקיש שעליו לאבד את המטבע שנטל. והוא אולי מקור דבריו של הרמב״ם בענין זה, ראה אורח ההלכה.

לשאול מהן אטו להשאילן ממשמעות הדברים נראה שאסרו לשאול, משום שיכול הישראלי לטעות ולבוא לידי השאלה לנכרי. והר״ח מסביר כי מאחר ששואל מן הנכרי, יבוא אחר כך הנכרי לשאול מן היהודי ולא יוכל לסרב לו. וראה בתוס׳ (ד״ה אמר אביי) שהסבירו כי גם לדעת אביי שמסביר הלכות אלה (לשאול, ללוות, להיפרע) משום גזירה, אם לא היתה לגוי שמחה מסויימת בדברים אלו לא היה מקום לגזור בהם.

דאזיל ומודה ופירש רבינו חננאל ששבח הוא לו כאשר ישראלי זה נזקק לו, ולכן הולך ומודה לעבודה זרה על הרכוש שיש בידו.

ללוות מהן אמאי ראה בגרסות, וכן גרסו בתוס׳ ״מעוטי ממעט להו״. והעירו שמכאן משמע שהוא כדברי ר״ת, שמדובר בהלוואה בלא ריבית, שאם בהלוואה בריבית — הרי להיפך, הולך ומתרבה ממונו על ידי הלוואה זו.

שכולהו מיצר וכו׳ שכל מה שהתירו כל מיני מלאכה בחול המועד (כגון לשחוט וכיוצא בזה) לא התירו אלא משום שלאחר זמן בתוך המועד עצמו, יש לו שמחה בדבר, והוא חלק ממצוות המועד. אבל בהלכות עבודה זרה — יש לומר שלדעת ר׳ יהודה נאסר לישראל ללוות וכו׳ רק בגלל השמחה שיש לנכרי באותו רגע, שעליה הוא מוזהר משום ״לא יישמע על פיך״, ולא על מה שיקרה בעתיד. וראה בר״ן (על הרי״ף) שפירש כי גם לדעת חכמים, ״שמח הוא לאחר זמן״ אין כוונתו ביום המחרת, כדברי רש״י, אלא מיד לאחר שפרע.

אורח ההלכה

עבר ונשא ונתן מי שעבר ונשא ונתן עם הגויים שלושה ימים לפני חגיהם — הרי זה מותר בהנאה, וכדברי ריש לקיש, שהובאה ברייתא כשיטתו (ולא כתוס׳ שפסקו כר׳ יוחנן. גר״א). (רמב״ם ספר מדע הלכות עבודה זרה פ״ט ה״א. שו״ע יו״ד קמח, ב).

אידיהן דווקא אם נשא ונתן ביום חגם עצמו — הרי זה אסור. כברייתא, ולדברי הכל. (רמב״ם שם. שו״ע שם).

לא אסרו אלא בדבר המתקיים האיסור לקנות ולמכור לגויים שלושה ימים לפני חגם אינו אלא בדבר המתקיים, אבל מותר למכור להם דבר שאינו מתקיים עד יום חגם, כגון ירקות ותבשיל. כשתי הברייתות, וכהבנת הגאונים והרמב״ם (גר״א). (רמב״ם שם. שו״ע שם סעיף א).

טול וזרוק אותו לבור גוי ששלח מתנה לישראל ביום חגו של הגוי — לא יקבל ממנו. ואם חושש משום איבה — יקבלנו ויזרוק אותו כלאחר יד (שאינו נראה כזורקו במתכוון) לבור או לשאר מקום האבד. וכתבו הרמב״ם והטור שאם אינו יכול להימנע מלקבל — יקבלנו בפניו ולא ייהנה ממנו (וראה בש״ך וט״ז). (רמב״ם שם ה״ב. שו״ע שם סעיף ה).

בסיד שיכולה לקפלו במועד מותרת אשה לקשט עצמה במועד בכל מיני תמרוקים, ומותרת גם לטפול עצמה בסיד (לשם יופי) ובלבד שתוכל לסלקו ממנה בתוך המועד. ובזה מודה גם ר׳ יהודה. (רמב״ם ספר זמנים הלכות יום טוב פ״ז ה״ג. שו״ע או״ח תקמו, ה).

מלוה בשטר אין נפרעים וכו׳ שלושה ימים לפני חגיהם של גוים אסור להיפרע מהם או לפרוע להם מילוה בשטר או על המשכון. אבל מילוה על פה נפרעים מהם משום שהוא כמציל מידם. כר׳ יהושע בן קרחה, וכפי שפסק רב הונא. ובזמן שידם של הגוים תקיפה אפילו במילוה בשטר נחשב כמציל מידם (עפ״י ירושלמי). ואם היתה זו מילוה ברבית, אפילו היה משכון נחשב כמציל בידם (עפ״י הרא״ש). ובזמן הזה נהגו להקל בכל אופן (ש״ך). (רמב״ם ספר מדע הלכות עבודה זרה פ״ט ה״א. שו״ע יו״ד קמח, א. וראה שם סעיף יב).

מסורת הש"ס

א. (כל הענין) ב"ק קב,א. (הביטוי) סוכה יא,א.

ב. ברכות ט,א. לז,א. שבת ס,ב. קל,ב. יומא לו,ב. ביצה יא,א. מו"ק כ,א. יבמות מ,א. כתובות כא,א. מו,ב. מז,א. ב"ק קב,א. בכורות לז,א. נדה ל,ב. וראה ירושלמי ברכות פ"ו ה"ה. שם עירובין פ"א ה"א. שם ה"ד. שם תענית פ"ב הי"ג. שם יבמות פ"ד הי"א. שם גיטין פ"א ה"ב. תוספתא ברכות פ"ד יב. שם ביצה פ"ב יב. שם עדיות פ"א ד.

ג. יבמות מב,ב. ב"ק קב,א. וראה גם נדה יא,ב. ירושלמי ערלה פ"ב ה"א. שם פסחים פ"ג ה"ג. שם תענית פ"ב הי"ג. שם מגילה פ"א ה"ד. שם יבמות פ"ד ה"א. שם סוטה פ"ו ה"א.

ד. משנה ב"מ עו,א. ב"ק קב,א. ב"מ עז,ב. קיז,ב.

ה. שבת קנ,א. תוספתא שבת פי"ז א.

ו. ברכות סג,ב. חולין מד,ב. נדה כ,ב. ירושלמי שבת פי"ט ה"א. תוספתא עדיות פ"א ה.

ז. בכורות לא,א. תוספתא דמאי פ"ב ט.

גרסות

בשלמא בכתי"מ כבמקבילה: **אמר בשלמא.**

יחיד ורבים בכתי"ס: **הואיל וקימא לן יחיד ורבים.**

פשיטא דמחלוקת ואחר כך סתם בכת"י כבמקבילה: **מחלוקת ואחר כך סתם הוא ומחלוקת ואחר כך סתם.**

סתם לימא בכתי"מ ועוד: **סתם נמי** ובכתי"ס: **סתם נמי נימא.**

לחכם ויטהר... לחכם ויתיר בכתי"מ ועוד: **לחכם אחר ויטהר... לחכם אחר ויתיר.**

לשון

פרהסיא
מקור המלה הוא ביוונית παρρησία (פריסיא) שמשמעה במקורה — חופש דיבור, ואף משטר חופשי. ובשימוש הלשון של חז"ל — דבר הנעשה בפומבי, דבר הגלוי לכל.

ר' מֵאִיר אוֹמֵר: נוֹתֵן לוֹ האומן לבעל הבית את **דְּמֵי צַמְרוֹ**, שכיון ששינה מדעת בעל הבית שינוי כזה נעשה בכך כגזלן, שדינו שקונה את החפץ הנגזל על ידי השינוי שעושה בו, ונוטלו, ומחזיר את שוויו כבתחילה. **ר' יְהוּדָה אוֹמֵר:** לא קנה האומן את הצמר, וצריך בעל הצמר לתת לו את הוצאותיו, ובלבד שלא יפסיד על ידי כך, ולכן, **אִם הַשֶּׁבַח** כלומר, עליית ערכו של הבגד על ידי הצביעה **יָתֵר עַל הַיְּצִיאָה** (ההוצאה) שהוציא האומן בצביעה — **נוֹתֵן לוֹ** בעל הצמר רק **אֶת הַיְּצִיאָה, וְאִם הַיְּצִיאָה יְתֵירָה עַל הַשֶּׁבַח — נוֹתֵן לוֹ** רק **אֶת הַשֶּׁבַח.** כל זה אמר רב הונא. **אַהַדְרִינְהוּ** [החזיר] **רַב יוֹסֵף לְאַפֵּיהּ** [את פניו], להראות בכך שאין דעתו נוחה בדברים אלה, ומסבירים: **בִּשְׁלָמָא** [נניח] לפסוק **הֲלָכָה כְּר' יְהוֹשֻׁעַ בֶּן קָרְחָה — אִיצְטְרִיךְ** [הוצרך] לומר את הדבר, שכן **סָלְקָא דַּעְתָּךְ אָמִינָא** [יעלה על דעתך לומר]: הואיל ובכל מקום שנחלקו **יָחִיד וְרַבִּים הֲלָכָה כְּרַבִּים** — יהא אף כאן הדין כן, **קָא מַשְׁמַע לָן** [משמיע לנו] שבמקרה זה **הֲלָכָה כְּיָחִיד. אֶלָּא הֲלָכָה כְּר' יְהוּדָה לָמָּה לִי** לומר? **פְּשִׁיטָא** [פשוט] שכן הוא, שהרי כלל ידוע הוא, שאם יש **מַחֲלוֹקֶת** במשנה **וְאַחַר כָּךְ** נאמר הדבר במשנה אחרת **בִּסְתָם,** בלא מחלוקת ובלא להזכיר שזו דעתו של חכם מסויים — **הִלְכְתָא** [הלכה] **כִּסְתָם.** והרי **מַחֲלוֹקֶת** זו בין ר' מאיר ור' יהודה מצויה **בְּבָבָא קַמָּא** [בשער הראשון של מסכת נזיקין], **וּסְתָם** יש בענין הזה **בְּבָבָא מְצִיעָא** [בשער האמצעי], **דִּתְנַן** [ששנינו במשנה] במסכת בבא מציעא: **כָּל הַמְשַׁנֶּה — יָדוֹ עַל הַתַּחְתּוֹנָה, וְכָל הַחוֹזֵר בּוֹ — יָדוֹ עַל הַתַּחְתּוֹנָה.** הרי שסתמו במשנה כשיטת ר' יהודה, האומר שהאומן ששינה מדעת בעל הבית — ידו על התחתונה! ומסבירים: **וְרַב הוּנָא,** מה טעם היה צריך להגיד הלכה זו? **מִשּׁוּם** שהוא סבור **שֶׁאֵין סֵדֶר לַמִּשְׁנָה,** ולכן אי אפשר לדעת אם המשנה שבמסכת בבא קמא קודמת לזו שבבבא מציעא או להיפך, **דְּאִיכָּא לְמֵימַר** [שאפשר לומר] **שֶׁסָּתַם הַתַּנָּא בְּרֵישָׁא** [בתחילה] כפי שהוא במסכת בבא מציעא **וְאַחַר כָּךְ** שנה את **הַמַּחֲלוֹקֶת.** ומקשים: **אִי הָכִי** [אם כן], שאין סדר למשנה, **כָּל מַחֲלוֹקֶת וְאַחַר כָּךְ סְתָם — לֵימָא** [אמור] באותו אופן **שֶׁאֵין סֵדֶר לַמִּשְׁנָה! וְרַב הוּנָא** סבור: **כִּי לָא אָמְרִינַן** [כאשר אין אנו אומרים] **אֵין סֵדֶר** למשנה — הרי זה **בַּחֲדָא מַסֶּכְתָּא** [במסכת אחת], שבכל מסכת לעצמה יש משמעות לסדר הדברים, אבל **בִּתְרֵי מַסֶּכְתֵּי אָמְרִינַן** [בשתי מסכתות אומרים אנו] שאין סדר למשנה, שאיננו יודעים איזו מהן נשנית אחרונה. **וְאִילוּ רַב יוֹסֵף** סבור: **כּוּלָּהּ נְזִיקִין חֲדָא מַסֶּכְתָּא** [כל מסכת נזיקין, בבא קמא, בבא מציעא ובבא בתרא, מסכת אחת] **הִיא,** ויש בה סדר. **וְאִי בָּעֵית אֵימָא** [ואם תרצה אמור], טעם אחר היה לו שסבור היה שיש לפסוק כר' יהודה, לא בגלל סדר המשנה, אלא **מִשּׁוּם דְּקָתָנֵי לָהּ גַּבֵּי הִלְכָתָא פְּסִיקָתָא** [ששנה אותה את ההלכה הזו אצל הלכות פסוקות], ומשמע שאף היא הלכה פסוקה וחתוכה, שכן שנינו שם: **כָּל הַמְשַׁנֶּה — יָדוֹ עַל הַתַּחְתּוֹנָה, וְכָל הַחוֹזֵר בּוֹ — יָדוֹ עַל הַתַּחְתּוֹנָה.**

א מתוך שנזכר כאן שפסקו כר' יהושע בן קרחה, מביאים עוד כמה הלכות שנפסקו כדבריו. **תָּנוּ רַבָּנַן** [שנו חכמים]: **לֹא יֹאמַר אָדָם לַחֲבֵירוֹ** בשבת: **"הֲנִרְאֶה שֶׁתַּעֲמוֹד עִמִּי לָעֶרֶב",** וירמוז לו בכך שהוא רוצה לשכור אותו לעבודה במוצאי שבת. **ר' יְהוֹשֻׁעַ בֶּן קָרְחָה אוֹמֵר: אוֹמֵר אָדָם לַחֲבֵירוֹ, "הֲנִרְאֶה שֶׁתַּעֲמוֹד עִמִּי לָעֶרֶב",** כיון שלא אמר לו דברים במפורש. **אָמַר רַבָּה בַּר בַּר חָנָה אָמַר ר' יוֹחָנָן: הִלְכְתָא** [הלכה] בענין זה **כְּר' יְהוֹשֻׁעַ בֶּן קָרְחָה.**

תָּנוּ רַבָּנַן [שנו חכמים]: **הַנִּשְׁאָל** שאלה **לְחָכָם** בדיני טומאה וטהרה, **וְ**אותו חכם **טִימֵּא — לֹא יִשְׁאַל לְחָכָם** אחר ואותו חכם **יְטַהֵר,** וכן אם נשאל **לְחָכָם וְאָסַר — לֹא יִשְׁאַל לְחָכָם** אחר **וְיַתִּיר. הָיוּ שְׁנַיִם,** שני חכמים, יושבים יחד, **אֶחָד** מהם **מְטַמֵּא וְאֶחָד מְטַהֵר, אֶחָד אוֹסֵר וְאֶחָד מַתִּיר,** והשואל אינו יודע מה לעשות, הכלל הוא כך: **אִם הָיָה אֶחָד מֵהֶם** מהחולקים **גָּדוֹל מֵחֲבֵירוֹ בְּחָכְמָה וּבְמִנְיָן — הֵלֵךְ אַחֲרָיו, וְאִם לָאו — הֵלֵךְ אַחַר הַמַּחְמִיר,** מכיון שאין אתה יודע אחרי מי ללכת. **ר' יְהוֹשֻׁעַ בֶּן קָרְחָה אוֹמֵר:** אם היה הספק הזה **בְּדָבָר שֶׁל תּוֹרָה הֵלֵךְ אַחַר הַמַּחְמִיר,** אם היה זה **בְּשֶׁל סוֹפְרִים** (שמדברי חכמים), **הֵלֵךְ אַחַר הַמֵּיקֵל. אָמַר רַב יוֹסֵף: הִלְכְתָא** [הלכה] **כְּר' יְהוֹשֻׁעַ בֶּן קָרְחָה.**

ועוד, **תָּנוּ רַבָּנַן** [שנו חכמים]: **וְכוּלָּן** כל אלה שאמרו שהם פסולים מחמת חטאיהם ואינם נאמנים, **שֶׁחָזְרוּ בָּהֶן** בתשובה — **אֵין מְקַבְּלִין אוֹתָן** עוד **עוֹלָמִית** (לעולם), אלו **דִּבְרֵי ר' מֵאִיר. ר' יְהוּדָה אוֹמֵר:** אם **חָזְרוּ בָּהֶן בְּמַטְמוֹנִיּוֹת** (בסתר) — **אֵין מְקַבְּלִין אוֹתָן,** אבל אם חזרו בהן **בְּפַרְהֶסְיָא — מְקַבְּלִין אוֹתָן. אִיכָּא דְּאָמְרִי** [יש שאומרים] את הדברים האלה באופן אחר: **אִם עָשׂוּ דִּבְרֵיהֶם** (חטאיהם) **בְּמַטְמוֹנִיּוֹת,** עשו אותם בסתר — כאשר יעשו תשובה **מְקַבְּלִין אוֹתָן,**

עיונים

אם השבח יתר וכו' רש"י מסביר שלדעת ר' מאיר נחשב האומן כגזלן, שקונה את הגזילה אם נעשה בה שינוי של ממש. וטעמו של ר' יהודה — כדי שלא ימצא אומן זה מרויח בכך שעבר על דעת בעל הבית. וראה בתוס' שהעירו כי מצאנו שלדעת ר' יהודה גזלן קונה את הגזילה בשינוי שנעשה בה, אלא שכאן יש מקרה מיוחד, שלא היתה בכך עבירה ולא היה האומן רוצה לקנות את החפץ.

אהדריה רב יוסף לאפיה רש"י בסוכה מפרש שהחזיר פניו בכעס (וכן פירשו כאן בתוס' חכמי אנגליה). ומה שלא אמר דברים במפורש — משום כבודו של רב הונא (וראה בגרסות).

מחלוקת ואחר כך סתם וכו' שאלו בתוס': לכאורה לא היה צריך להיזקק לכלל זה, אלא לסמוך על כלל אחר — שבמחלוקת ר' יהודה ור' מאיר הלכה כר' יהודה! ואם אומרים שרב הונא לא סבור כלל זה, שיש חולקים עליו (שהוא סבור כרבו, רב, שלא קיבל כללים אלו שקבע ר' יוחנן, כמבואר בעירובין מז, ב. ריטב"א) הרי אף הכלל שהלכה כסתם לאחר מחלוקת אינו מוסכם על הכל! והסבירו (וראה באריכות בתוס' שאנץ) שמכל מקום סתם זה משמעו לפחות כדעת רבים כנגד דעת היחיד של ר' מאיר, והרי אין פוסקים כיחיד נגד רבים אלא במקרים מיוחדים (ראה מסכת עדיות פ"א מ"ה).

כולה נזיקין כל שלש המסכתות, בבא קמא, ובבא מציעא ובבא בתרא הן חלקים של מסכת גדולה אחת — מסכת נזיקין, שרק נחלקה לשלושה שערים ("בבי"). וכן מסביר המאירי ומוכיח מן הירושלמי שמסכת זו נחשבה כמסכת אחת.

הלכתא פסיקתא שדין זה לגבי שינוי אינו מעניינה של המשנה שהובא בה, ולא נאמר שם אלא כדי להצמידו לפסקי הלכה ברורים, לומר שאף זו הלכה גמורה היא (רש"י). ובתוס' חולקים על הסבר זה, שהרי אף ההלכה האחרת לגבי כל החוזר בו אינה מוסכמת על הכל. ולפיכך גרסו מעט אחרת בענין זה: "משום דקתני לה כי הלכתא פסיקתא", והסבירו שלשון המשנה עצמה "כל המשנה" וכו' היא עצמה לשון מוחלטת של פסק. וראה בתוס' הר"ש משאנץ שהסביר כי גם אם בסופו של דבר לא נפסקה אותה הלכה שהלכה זו נשנתה עמה — אין זה גורע מעצם ההנחה שהלכה זו שלנו הלכה פסוקה היא כל עוד לא מתברר אחרת. ועוד, שמא אין מקבלים את ההסבר שיש באותה הלכה מחלוקת.

הנראה מדברי רש"י משמע שהוא אומרו כהודעה: הרי נראה שתבוא עמי לערב. ובתוס' מסבירים שהוא לשון שאלה: האם תהיה עמי בערב. וכתב המאירי שכיון שלא הודיעו לאיזו מלאכה הוא רוצה אותו ולא דברו בענייני שכר, הרי אין זו שכירת פועל בשבת, אלא רמז בלבד, שהוא בגדר הרהור על מלאכה (והוא מותר בשבת).

לא ישאל לחכם ויטהר בתוס' מסבירים שהכוונה היא לאדם השואל, שלא ישאל לחכם אחר בלי להודיע לו שכבר שאל שאלה זו לחכם ופסק לו לאסור. והוסיפו בתוס' שמכל מקום צריך החכם השני (היודע שנפסקה הלכה) להיזהר בכבודו של הראשון, ואם אין בידו הוכחה גמורה שהראשון טעה — לא יתיר. אבל רבינו תם מסביר כי עיקר האיסור הוא על החכם השני, שלא יפסוק אחרת מן החכם הראשון. והר"ן סבור כי עיקר האיסור כאן הוא משום כבודו של החכם הראשון, ולכן אם החכם השני ידון עם החכם הראשון ויסכים לדעתו מותר הדבר. אכן, הראב"ד סבור שגם אם הורה החכם השני והתיר — אין הוראתו מועילה, כיון שכבר נעשה הדבר בגדר "חתיכה דאיסורא" (ולפי זה לא יחול הכלל האמור כאן בדיני ממונות, ולא במקרה שהתיר החכם הראשון, ראה בירושלמי שהובא בתוס'. וראה בתוס' שאנץ). ובנמוק"י כתב מעין זה, אך מצד השואל, שכיון שקיבל על עצמו הוראת החכם הרי זה לגביו "חתיכה דאיסורא", ושוב אינו יכול להיות מותר בדבר. וכתב המאירי שגם לשיטת הראב"ד דברים אלה אמורים כאשר החכם השני מורה באותו מקרה עצמו, אבל ודאי מותר לו לדון בבעיה זו כאשר היא מובאת לפניו במקרה אחר, ויכול לפסוק בכך כנראה בעיניו (וכן כתבו המהרי"ק ורדב"ז בתשובותיהם).

במנין יש מסבירים שהכוונה למנין התלמידים, שאם יש לאחד מהם תלמידים רבים יותר והם הולכים בשיטתו — הלכה כמותו (ברא"ה, וכן באור זרוע, והוא כעין שיטת הרמב"ם בהלכות ממרים פ"ב ה"ב). ולדעת רבינו יהונתן "במנין" פירושו — שהרביץ תורה הרבה בכל ישראל. ובאור זרוע סבור כי אם האחד גדול בחכמה והאחר גדול במנין — הולכים אחר המנין. ויש אומרים שהכוונה ב"מנין" היא למנין שנים, שהולכים אחר הזקן שבהם (ראב"ד, וכעין זה כתב הריטב"א שאנו מניחים שהמבוגר מחבירו שימש חכמים יותר ממנו).

וכולם שחזרו בהם רש"י מסביר שכאן מדובר לענין קבלת גדרי "חבר" (שמקבל על עצמו להפריש במדוקדק תרומות ומעשרות ולאכול מאכלין בטהרה), שגזלנים (ושאר פסולים) ועמי הארץ, גם אם חזרו בהם מעבירותיהם — אין מקבלים אותם לסמוך עליהם כחברים לענין הפרשת תרומות ומעשרות ודיני טומאה וטהרה. והר"ח והרי"ף גרסו כאן כנראה: "כל הפושעים שחזרו", וכן פירש הרמב"ם. אכן, בתוס' (ועוד כמה ראשונים) תמהים כיצד יש אפשרות שלא לקבל חזרתם של פושעים בתשובה, ובוודאי שלא לעולם. והם מבינים ש"חזרו בהם" כוונתו שמתחילה קיבלו עליהם דיני חבירות, אלא לאחר מכן חזרו בהם, ועתה רוצים הם לחזור ולקבלם שנית. וכן הביאו כמה ראשונים בשם רבינו תם.

חזרו בהם שאם חזרו בתשובה בסתר מורה הדבר שאין חזרתם בלב שלם, ואם חזרו בפרהסיא הרי זה מורה שקיבלו על עצמם את הדבר בשלימות (ריטב"א). ולפירוש התוס' "חזרו בהם" כוונתו שחזרו בהם מן החבירות, שאם חזרו בהם בסתר, ובפרהסיא המשיכו לנהוג דיני חבירות — אין מקבלים אותם, משום שהם גונבים דעת הבריות, אבל אם חזרו בהם בפרהסיא ולא גנבו דעת הבריות — מקבלים אותם.

עשו דבריהם כלומר, אם רק עשו בצנעא, והראו שהם מתביישים במעשיהם — ולכן מקבלים אותם, מתוך הנחה שתשובתם אמיתית היא. אבל אם עברו עבירות שלהם בפרהסיא — הרי חיללו את השם, ואינם ראויים לתשובה. או כפירוש רש"י — שוב אינם נותנים ליבם לחזור בתשובה שלימה. והמפרשים כדברי התוס' מסבירים שאם עשו דברי חבירות בסתר — מקבלים אותם, שרואים שכוונתם לשם שמים. ואם בפרהסיא עשו — חושדים בהם שמא אינם עושים אלא למראית העין (וראה במאירי).

אורח הלכה

לצבוע אדום וצבעו שחור נתן צמר לצבע לצובעו אדום וצבעו שחור וכיוצא בזה, אם היה השבח של הצמר הצבוע יותר מן ההוצאה שהוציא האומן — נותן לו ההוצאה, ואם היתה ההוצאה יתירה על השבח — נותן לו רק השבח. וכדברי ר' יהודה. (רמב"ם ספר משפטים הלכות שכירות פ"י ה"ד. שו"ע חו"מ שו, ג).

החוזר בו ידו על התחתונה המוכר שדה לחבירו ונתן לו מקצת דמי השדה, והיה המוכר נכנס ויוצא ותובע שאר הסכום — לא קנה הקונה את הכל. חזר בו הלוקח — יד המוכר על העליונה, שאם רצה יכול לומר לו: קח מעותיך, או יאמר לו: קנה רק כנגד מה שנתת לי, ויכול לתת לו חלק הזיבורית שבשדה. ואם חזר בו המוכר — יד הקונה על העליונה, ויוכל לתבוע את את הכסף שנתן, או לקבל חלק השדה ששילם עבורו ונוטל מן החלק היפה שבו. וכן הדין במוכר מיטלטלים. (רמב"ם ספר קנין הלכות מכירה פ"ח ה"א וה"ב. שו"ע חו"מ קצו, י—יא. וראה שם שלג, ד).

הנראה שתעמוד עמי לערב מותר לאדם לומר בשבת לפועל: "הנראה שתעמוד עמי לערב" (אף שמבין מתוך הדברים שרצונו לשוכרו לאחר השבת). אבל לא יאמר לו במפורש שרצונו לשוכרו, ואפילו לא יאמר לו: היה מוכן לי לערב. שהרי זה עושה חפציו ביום השבת. וכר' יהושע בן קרחה. (רמב"ם ספר זמנים הלכות שבת פכ"ד ה"ד. שו"ע או"ח שז, ז).

הנשאל לחכם וטימא וכו' חכם שאסר — אין חבירו רשאי להתיר משיקול הדעת, אבל אם יש לו קבלה מרבותיו שלא כדברי הראשון, או שטעה הלה בדבר משנה, יוכל להתיר. ואפילו אם טעה בשיקול הדעת, יכול לישא וליתן עם המורה עד שיחזור בו. ולכן אין איסור לשואל לשאול לשני, ובלבד שיודיע אותו שכבר הורה הראשון לאסור. ואפילו אם התיר הראשון וכבר חלה הוראתו, אין לשני לאסור מכח שיקול הדעת. וכל זה באותה הוראה עצמה, אבל במעשה אחר, פשוט הדבר שיכול להורות מה שנראה אליו. וראה בש"ך ובשאר נושאי הכלים שנחלקו בהלכות אלו. (שו"ע יו"ד רמב, לא בהגהה).

בשל תורה הלך אחר המחמיר בזמן הסנהדרין, כל ספק שבדין היו לבסוף מכריעים אותו בסנהדרין. ושלא בזמן הסנהדרין, אם היו שני חכמים (או שני בתי דין) חלוקים בדעותיהם, זה אוסר וזה מתיר, זה מטמא וזה מטהר. אם אין ידוע להיכן הדין נוטה, בדברים שמן התורה הולכים אחר דעת המחמיר, ובשל סופרים אחר המיקל. וכדברי ר' יהושע בן קרחה. וכתב בכס"מ שמדברי הרמב"ם נראה שאפילו היה אחד מהם גדול מחבירו הולכים לפי כלל זה. (רמב"ם ספר שופטים הלכות ממרים פ"א ה"ה).

ר"מ אומר נותן לו דמי צמרו רבי יהודה אומר [א]אם השבח יתר על היציאה נותן לו את היציאה ואם היציאה יתירה על השבח נותן לו את השבח [א]*אהדרינהו רב יוסף לאפיה בשלמא הלכה כרבי יהושע בן קרחה איצטריך ס"ד אמינא [ב]*יחיד ורבים הלכה כרבים קא משמע לן הלכה כיחיד אלא הלכה כרבי יהודה למה לי פשיטא [ג]*דמחלוקת ואחר כך סתם הלכתא כסתם מחלוקת בבבא קמא וסתם בבבא מציעא *דתנן [ד]כל המשנה ידו על התחתונה [ג]וכל החוזר בו ידו על התחתונה ורב הונא משום דאין סדר למשנה דאיכא למימר סתם תנא ברישא ואחר כך מחלוקת אי הכי כל מחלוקת ואחר כך סתם לימא אין סדר למשנה ורב הונא כי לא אמרינן אין סדר בחדא מסכת' בתרי מסכתי אמרינן ורב יוסף כולה נזיקין חדא מסכת' היא ואי בעית אימא משום דקתני לה גבי הלכתא פסיקתא כל המשנה ידו על התחתונה וכל החוזר בו

א ידו על התחתונה ת"ר [ה]*לא יאמר אדם לחבירו הנראה שתעמוד עמי לערב רבי יהושע בן קרחה אומר [ד]אומר אדם לחבירו הנראה שתעמוד עמי לערב אמר רבה בר בר חנה א"ר יוחנן הלכתא כרבי יהושע בן קרחה ת"ר [ו]*הנשאל לחכם וטימא לא ישאל לחכם ויטהר לחכם ואסר לא ישאל לחכם ויתיר היו שנים אחד מטמא ואחד מטהר אחד אוסר ואחד מתיר אם היה אחד מהם גדול מחבירו בחכמה ובמנין הלך אחריו ואם לאו הלך אחר המחמיר ר' יהושע בן קרחה אומר [ה]בשל תורה הלך אחר המחמיר בשל סופרים הלך אחר המיקל א"ר יוסף הלכתא כרבי יהושע בן קרחה *ת"ר [ז]וכולן שחזרו בהן אין מקבלין אותן עולמית דברי ר"מ ר"י אומר חזרו בהן במטמוניות אין מקבלין אותן בפרהסיא מקבלין אותן א"ד עשו דבריהם במטמוניות מקבלין אותן בפרהסיא

נותן לו הצבע דמי צמרו. נותן לו צבע זה דמי צמר לבן כבתחלה אם ירצה דסבירא ליה לר"מ כל המשנה מדעת בעליו נקרא גזלן וקנאו בשינוי וכדמפרש בבבא קמא בהגוזל עצים ונוטל הצמר לעצמו אע"פ שהוא מעולה עכשיו בדמים: **ר' יהודה אומר.** א"כ נמצא זה משתכר בשינויו אלא ידו על התחתונה: **ואם השבח שהשביח הצמר יתר על היציאה.** שהוציא הצבע נותן לו בעל הצמר את היציאה סמנים ועצים ושכר פעולה כשכיר יום ולא שכר שלם כמו שהתנה עמו ואם היציאה יתירה על השבח כו': **הלכה כר' יהושע**[(א)]. דשרי במלוה על פה: **מחלוקת.** דרבי מאיר ורבי יהודה בהגוזל בב"ק. ואחר כך סתם לן תנא בבבא מציעא כר' יהודה וכל מחלוקת שנחלקו תנאים ואח"כ סתם לנו במשנתנו כאחד מהן הלכה כמותו דכיון דסתמיה אחר המחלוקת ש"מ דקמו רבנן בטעמייהו ומסתברא טעמא דהאיך: **אין סדר למשנה.** סידרא דמתניתין לאו דוקא ושמא משנה אחרונה היא נשנית ראשונה בבית המדרש: **כל מחלוקת ואחר כך סתם נמי כו'.** אלמה קיימא לן כל מחלוקת ואחר כך סתם הלכה כסתם ביבמות בפ' החולץ (דף מב:): **כי לא אמרינן אין סדר.** אלא סמכינן אסידרא ה"מ בחד מסכתא: **נזיקין כולהו.** תלתא בבי: **ואיבעית אימא.** להכי אהדרינהו רב יוסף לאפיה דאי נמי אין סדר למשנה לא איצטריך לומר הלכה כרבי יהודה דודאי הלכתא כי האי סתמא דכל המשנה לא הוה שייכא למיתנייה התם בהשוכר דהא לא איירי בההוא פירקא בשינוי אלא בחזרה ומדתניא התם ש"מ הלכתא קא פסיק ואזיל: **הנראה.** עתה נראה לשון הבוא נבוא (בראשית לז) לא יאמר לו בשבת הנראה אם תעמוד עמי לערב לעשות במלאכתי לערב: **וכולן שחזרו.** אגזלנין ועמי הארץ קאי: **אין מקבלין אותן.** להחזיקן בתורת חברות לסמוך עליהן: **עשו דבריהן.** בסתר עבירות שעברו עד הנה: בפרהסיא

רבי מאיר אומר נותן לו דמי צמרו. תימה קשיא דר"מ אדר"מ דהכא אמר רבי מאיר נותן לו דמי צמרו אלמא שינוי קני ובהגוזל [קמא] (ב"ק סה. ע"ש) תנן אמר ר"מ הגוזל פרה מעוברת וילדה רחל טעונה וגזזה משלם אותה ואת גיזותיה ואת וולדותיה אלמא קסבר שינוי לא קני וי"ל דשאני התם דקנסא הוא דקא קניס רבי מאיר כדפירש התם משום דעבד איסורא וכן בההיא דהנזקין (גיטין נג:) דהמטמא והמדמע והמנסך קניס ר"מ שוגג אטו מזיד דמזיקו בידים אבל הכא לא שייך לקנסו דלטובתו של בעלים נתכוין וכסבור הוא זוה לעשות כן וא"ת אכתי קשיא דר' יהודה אדרבי יהודה התם א"ר יהודה גזילה חוזרת בעינייה אלמא שינוי קני והכא קתני ידו על התחתונה אלמא שינוי לא קני ואומר ר"ת דהתם נתכוין הוא לקנות אבל הכא שוגג היה ולא נתכוין לקנות:

פשיטא דמחלוקת ואחר כך סתם. תימה למה לן למיפשט משום סתם בלאו הכי פסקינן פרק מי שהוציאוהו (עירובין דף מו:) ר"מ ורבי יהודה הלכה כרבי יהודה ואי משום דאיכא אמוראי התם דפליגי ולית להו הך כללא לגבי הלכה כסתם משנה נמי פליגי אמוראי ואפילו במחלוקת ואחר כך סתם נמי איכא מאן דפליג לקמן בסוף פרקין (דף כא.) גבי שכירות בתים דפליגי ר"מ ור' יוסי ופסיק רב יהודה אמר שמואל הלכה כרבי יוסי אע"ג דבתר הכי סתם כר"מ לכך נראה לפרש דלאו מכח סתם בעי למיפשט דליהוי הלכה כסתם אלא הכי פריך מחלוקת ואח"כ סתם הוא ואפילו למאן דלית ליה הלכה כסתם מ"מ חשיב כרבים לגבי יחיד: ה"ג **משום דקתני לה כי הלכתא פסיקתא.** כלומר דקתני כל המשנה הוא לשון הלכה פסוקה ולא גרסינן גבי כמו שפירש הקונטרס דהא איכא מאן דאמר [ב"מ עו:] התם *דאין הלכה כההיא דכל החוזר בו כו'[(א)]: **הנראה שתעמוד עמי לערב.** פי' ר"י הנראה בעיניך שתוכל לעמוד עמי לערב: **הנשאל לחכם וטימא לא ישאל לחכם ויטהר.** וא"ת וכי לא ישאל לכל החכמים וידונו זה עם זה אולי ישיבוהו מדבריו וי"ל דאינו אסור אלא *לשואל אם לא יודיע לו כבר שאלתי לפלוני ואסר לי אבל אם אומר לו כבר שאלתי פלוני חכם מותר אבל ודאי החכם יזהר שלא יתיר כדאמרי' בפרק כל היד (נדה דף כ: ושם ד"ה אגמריה) חכם שאסר אין חבירו רשאי להתיר אא"כ יוכל להחזירו כגון שטעה בדבר משנה או אפילו בשיקול הדעת וסוגיא כאידך דבהא אמרינן בפ"ק דסנהדרין (דף ו.) דמה שעשה עשוי וישלם מביתו אם נשא ונתן ביד ודוקא אסר אין חבירו רשאי להתיר אבל אם התיר חבירו רשאי לאסור והא דאמרי' בירושלמי בפ' ר"א דמילה ר' סימון שרא ורבי אמי אסר איקפד רבי סימון ולא כן תני הנשאל לחכם והתיר לא ישאל לחכם שמא יאסור אלמא משמע דהתיר אין חברו רשאי לאסור ה"פ התם אמאי איקפד רבי סימון ולא כן תני כלומר והלא אינו שנוי בשום מקום הנשאל לחכם כו' דלא אסרו חכמים אלא להתיר אחר אוסר ומסיק אמר רב יודן להפך היה שאל לר' אמי אסר לר' סימון ושרא ואיקפד רבי אמי כהדא דתני נשאל לחכם ואסר לא ישאל לחכם אחר שמא יתיר והא דאמרינן פרק אלו טרפות (חולין ד' מט.) גבי מחטא דאשתכח בסימפונא רבה דכבדא הונא מר בריה דרב אידי טריף רב אדא בר מניומי מכשר התם שניהם היו בבית המדרש כשנשאלה השאלה[(ג)]: **בשל תורה הלך אחר המחמיר.** רש"י היה פוסק בכל איכא דאמרי שבתלמוד בשל תורה הלך אחר המחמיר בשל סופרים הלך אחר האחרון וריב"א פי' דכל איכא דאמרי לגבי לשון ראשון כטפל לעיקר והלכה כלישנא קמא ור"ת פירש בדאורייתא לחומרא בדרבנן לקולא כרבי יהושע בן קרחה דהכא ורבינו שמשון היה מפרש דבכל מקום שיש להתברר כחד מינייהו משיטת התלמוד בתריה אזלינן: **וכולן שחזרו בהן.** פ"ה אגזלנים ועמי הארץ קאי וקשיא וכי עם הארץ לא יוכל לעשות עוד תשובה ועוד דלשון עולמית משמע שכבר קבלו אותם פעם אחרת ועוד קשה דבבכורות בפ' עד כמה (דף ל:) תניא עם הארץ שקיבל עליו דברי חברות ונחשד לדבר אחד נחשד לכל התורה כולה דברי ר"מ משמע הא לא נחשד מקבלין לכך נראה לפרש אעמי הארץ החשודין על המעשרות ושביעית וכבר קבלו עליהן דברי חבירות ועתה חזרו לסורן ונחלקו אם יקבלום עוד ובמסכת דמאי (פ"ב משנה ג) מיתניא בהדי ההיא ועם הארץ שקבל עליו דברי חברות והכי פירושו וכולן שקבלו עליהן דברי חברות וחזרו לסורן אין מקבלין אותן עולמית דברי ר"מ וחכ"א חזרו בהן במטמוניות פי' שחזרו לסורן בסתר ובפרהסיא נוהגין דברי חברות אין מקבלין אותן לפי שהם גונבים דעת הבריות אבל אם חזרו לסורן בפרהסיא שאינם גונבים דעת הבריות אז מקבלין אותן דודאי אם יעשו תשובה יקיימוה איכא דאמרי עשו דבריהם במטמוניות פירוש אם שכבר עשו בדברי חברות אף במטמוניות מקבלין אותן כי מאחר שנתאמנו כ"כ בתשובה שאף בצנעא החזיקו בה אין להדיחן אם חזרו ונכשלו אבל אם שכבר לא עשו דברי חברות אלא בפרהסיא אין מקבלין אותן כי שמא בסתר היו עושין עבירות והיו מטעין הבריות:

א) [וע"ע תוס' ב"ק קב. ד"ה גבי ותוס' ב"מ עז: ד"ה רב ותוס' מנחות סו. ד"ה זכר] ב) [וע"ע תוס' חולין מז: סד"ה היכי]

סוס

עין משפט נר מצוה

יט א מיי' פ"י מהל' שכירות הל' ד סמג עשין פט טוש"ע ח"מ סי' שו סעיף ג:

כ ב מיי' שם הל' ד וסמג שם טוש"ע שם וסי' שלג סעיף ה בהג"ה:

כא ג מיי' שם פ"ט הלכה ד ופ"ח מהל' מכירה הל' ב ד סמג שם וסי' פב טוש"ע ח"מ סי' שלג סעיף ד וסי' קל סעיף י וסעיף יא:

כב ד מיי' פכ"ד מהל' שבת הלכה ד סמג לאוין סה טוש"ע א"ח סי' שז סעיף ז:

כג ה מיי' פ"א מהל' ממרים הל' ה סמג עשין קיא ולאוין קיז:

רבינו חננאל

ר' יהודה אומר אם השבח יתר על ההוצאה נותן לו ההוצאה כו' ואע"ג דתנן סתמא בבבא מציעא כל המשנה ידו על התחתונה. סבר דלמא אין סדר למשנה ותנא כל המשנה תנא ברישא וחזר ושנאה במחלוקת ר' מאיר ור' יהודה כמו שמפורש בבבא קמא בהגוזל וקיימא לן סתם ואחר כך מחלוקת אין הלכה כסתם לפיכך הוצרך לומר בפירוש הל' כר' יהודה. ורב יוסף אמר לא צריך. כי אמרינן אין סדר למשנה בתרי מסכתי אבל בחדא מסכתא על הסדר היא שנויה. המוקדם מוקדם והמאוחר מאוחר ותלתא בבי חדא מסכתא היא וכבר פירשנוה בהגוזל בעיקר מקומו: **ת"ר** לא יאמר אדם לחבירו בשבת הנראה שתעמוד עמי לערב. ר' יהושע בן קרחה אומר [אומר] הנראה שתעמוד עמי לערב. אמר רבה בר בר חנה א"ר יהושע בן לוי הלכה כר' יהושע בן קרחה: ת"ר הנשאל לחכם וטימא לו לא ישאל לחכם אחר ויטהר לו וכן שאל לחכם ואסר לו לא ישאל לחכם אחר ויתיר. היו שנים אחד אוסר ואחד מתיר. אחד מטהר ואחד מטמא. אם היה אחד מהם גדול מחבירו בחכמה ובמנין הלך אחריו. ואם היו שניהם שוין. הלך אחר המחמיר. ר' יהושע בן קרחה אומר בשל תורה הלך אחר המחמיר בשל סופרים הלך אחר המיקל. אמר רב יוסף הלכה כר' יהושע בן קרחה. ת"ר כל הפושעים שחזרו אין מקבלים אותם עולמית. דברי ר' מאיר ר' יהודה אומר חזרו במטמוניות פי' בסתר אין מקבלין אותם. חזרו בפרהסיא מקבלין אותם. איכא דאמרי ר' יהודה אומר עשו עבירות בסתר כלומר פשיעתם בסתר היתה מקבלין אותם

מסורת הש"ס

[סוכה יא.] [ברכות ט. וש"נ] [יבמות מב:] ב"מ עו. שבת קנ. חולין מד: נדה כ: ע"ש [ברכות סג:] תוספ' עדיו' פ"א בכורות ל: [תוספ' דדמאי פ"ב] [לשאלו. יעב"ץ]

הגהות הב"ח

(א) רש"י ד"ה הלכה כרבי יהושע בן קרחה דשרי:

כד א מיי' פ"י מהל' מטמאי משכב ומושב הלכה ח ופ"ג מהל' תשובה הלכה יד:
כה ב מיי' פ"ט מהל' עבודת כוכבים הלכה א סמג לאוין מה טוש"ע י"ד סי' קמח סעיף ד:
כו ג מיי' פ"כ מהל' שבת הלכה ד:
כז ד מיי' פ"ו מהל' תפלה הלכה ג סמג עשין יט טוש"ע א"ח סי' קיט סעיף א:

בפרהסיא אין מקבלין אותן ר"ש ור' יהושע בן קרחה אומרים אבין כך ובין כך מקבלין שנאמר שובו בנים שובבים א"ר יצחק איש כפר עכו א"ר יוחנן הלכתא כאותו הזוג: **מתני'** א*רבי ישמעאל אומר שלשה לפניהם ושלשה לאחריהם אסור וחכ"א לפני אידיהן אסור לאחר אידיהן מותר: **גמ'** ב*אמר רב תחליפא בר אבדימי אמר שמואל *יום נוצרי לדברי ר' ישמעאל לעולם אסור: וחכ"א לפני אידיהן אסור לאחר אידיהן מותר כו': חכמים היינו ת"ק גהן בלא אידיהן איכא בינייהו תנא קמא סבר הן בלא אידיהן ורבנן בתראי סברי הן ואידיהן איבעית אימא ד*נשא ונתן איכא בינייהו תנא קמא סבר נשא ונתן מותר ורבנן בתראי סברי נשא ונתן אסור ואיבעית אימא דשמואל איכא בינייהו ה*דאמר שמואל ובגולה אין אסור אלא יום אידם תנא קמא אית ליה דשמואל רבנן בתראי לית להו דשמואל איבעית אימא דנחום המדי איכא בינייהו דתניא ו*נחום המדי אומר אינו אסור אלא יום אחד לפני אידיהן תנא קמא לית ליה דנחום המדי ורבנן בתראי אית להו דנחום המדי: גופא נחום המדי אומר אינו אסור אלא יום אחד לפני אידיהן אמרו לו נשתקע הדבר ולא נאמר והאיכא רבנן בתראי דקיימי כוותיה *מאן חכמים נחום המדי הוא תניא אידך נחום המדי אומר מוכרין להן סוס זכר(א) וזקן במלחמה אמרו לו נשתקע הדבר ולא נאמר והאיכא בן בתירא דקאי כוותיה *דתנן זגבן בתירא מתיר בסוס בן בתירא לא מפליג בין זכרים לנקבות איהו מדקא מפליג בין זכרים לנקבות כרבנן סבירא ליה ולרבנן נשתקע הדבר ולא נאמר תניא נחום המדי אומר השבת מתעשר זרע וירק וזירין אמרו לו נשתקע הדבר ולא נאמר והאיכא ר"א דקאי כוותיה דתנן ח*ר' אליעזר אומר השבת מתעשרת זרע וירק וזירין התם בדגנוניתא אמר ליה רב אחא בר מניומי לאביי גברא רבה אתא מאתרין כל מילתא דאמר אמרי ליה נשתקע הדבר ולא נאמר אמר איכא חדא דעבדינן כוותיה דתניא נחום המדי אומר טשואל אדם צרכיו בשומע תפלה אמר(ב) בר מינה דההיא י*דתליא באשלי רברבי דתניא יאר' אליעזר אומר שואל אדם צרכיו ואחר כך יתפלל שנאמר תפלה לעני כי יעטוף ולפני ה' ישפוך שיחו וגו' יבאין שיחה אלא תפלה שנאמר ויצא יצחק לשוח בשדה ר' יהושע אומר יתפלל ואח"כ ישאל צרכיו שנאמר אשפוך לפניו שיחי צרתי לפניו אגיד ור"א נמי הכתיב אשפוך לפניו שיחי הכי קאמר אשפוך לפניו שיחי בזמן שצרתי לפניו אגיד ור' יהושע נמי הכתיב תפלה לעני כי יעטוף הכי קאמר אימתי תפלה לעני בזמן שלפני ה' ישפוך שיחו מכדי קראי לא כמר דייקי ולא כמר דייקי במאי קמיפלגי (ג)כדדריש ר' שמלאי יג[דדריש ר' שמלאי] לעולם יסדר אדם שבחו של מקום ואח"כ יתפלל מנלן ממשה רבינו דכתיב ה' אלהים אתה החלות להראות את עבדך וגו' וכתיב בתריה אעברה נא ואראה את הארץ הטובה רבי

א) [גי' ריטב"ץ אמר ליה] ב) [ברכות לב.]

תוספות

סוס זכר זקן במלחמה. פי' ר' אלחנן דלהכי נקט זכר במלחמה כדאמרינן בירושלמי גבי בן בתירא מתיר בסוס לא אמרו אלא בסוס זכר שהורג את אדונו במלחמה וזקן נמי נקט דשמא ימות במלחמה ויהרוג בעליו עמו ומילי מילי קתני ור"א מביה"ס היה מפרש דזקן נקט לרבותא דאע"פ שעושה בו מלאכה שיש בה חיוב חטאת כדאמר לקמן (דף טו.) מפני שכשמזקין מטחינו בריחים אפילו הכי מותר וזכר במלחמה נמי נקט לרבותא ואע"פ שיש לאסור כדאמר לקמן (דף טו.) מפני ב' דברים אחת משום תורת כלי זיין ואחת משום תורת בהמה גסה ואפי' הכי מותר:

ואין שיחה אלא תפלה דכתיב ויצא יצחק לשוח בשדה. תימה דבפרק תפלת השחר (ברכות דף כו:) אמרינן יצחק קבע תפלת מנחה דכתיב ויצא יצחק לשוח בשדה ואין שיחה אלא תפלה דכתיב *אשפוך לפניו שיחי וי"ל דתרווייהו איצטריך דתרווייהו מלמדים זה את זה דאי מקרא דיצחק הוה אמינא שיצא בשדה לדבר עם שום אדם ולא לתפלה תלמוד לומר אשפוך לפניו שיחי אלמא לשון תפלה הוא ואי מאשפוך לפניו שיחי הוה אמינא דלשון תפלה הוא אבן אינו תפלה קבוע ת"ל קרא דיצחק דכתיב ביה לפנות ערב ולפנות משמע שכן היה דרכו בכל ערב והיינו תפלת מנחה*:

אס

רש"י

בפרהסיא. הואיל ופקרו כל כך שוב אין נותנין לבן לשוב בתשובה שלימה: **שובבים.** משמע מזידים ופרהסיא(ב) לשון מרד וגאוה כמו וילך שובב בדרך לבו (ישעיהו נז): **לעולם אסור.** שלשה לפניו ושלשה לאחריו והוא עצמו כלומר כל שבעת ימי השבת: **ת"ק סבר הן בלא אידיהן.** כדדייקינן לעיל דקתני לפני אידיהן של גוים שלשה ימים ש"מ שלשה לפניהם לבד האיד קאמר: **ורבנן בתראי.** דלא יהבו סימנא איכא למימר הואיל ולא אשכחן מידי בינייהו איכא למימר בהא אתו לאפלוגי דהן ואידיהן ג' קאמר: **רבנן בתראי סברי נשא ונתן אסור.** סתמא קאמרינן ולא קתני אסור לשאת ולתת כתנא קמא דמשמע לכתחלה הוא דלא הא דיעבד שפיר דמי: **בגולה.** אין הגוים אדוקין כל כך בעבודה זרה כדאמרינן (לקמן*) גוים שבחוצה לארץ לאו עובדי עבודה זרה נינהו כו' ועוד דמסתפינן מינייהו: **רבנן בתראי לית להו דשמואל.** דכיון דלא מסיים בהדיא במאי פליגי איכא למימר לטפויי אתו(ג) דשמעינן לתנא קמא דקאמר לפני אידיהן אסור לשאת ולתת עמהם וסתמא דמילתא כשאין יד גוים תקיפה על ישראל קא אמר ואתו אינהו למימר לפני אידיהן לעולם אסורין ואיפכא ליכא לשנויי דתתריץ שפיר דסתם תנא בתרא לטפויי אתא*: **רבנן בתראי אית להו כנחום.** דלא יהבי חושבנא אלא אסור סתמא קאמרי: **נשתקע הדבר.** לא יצא דבר זה מפי אדם לעולם ל"א לא יצא דבר זה לחוץ: **מוכרין להן סוס זכר זקן.** בתוך המלחמה שאינו אלא לקלקל ומלתא דלא שכיחא הוא ולא אתי למילף מינה למכור בהמה אחריתי דהא דאמרי רבנן אין מוכרין להן בהמה גסה לא אסרו אלא משום שאלה או שכירות כדאמר בפירקין דלקמן (ד' טו.) והכא במלתא דלא שכיחא לא גזור רבנן: **בן בתירא מתיר בסוס.** לפי שמלאכתו לרכוב אדם עליו ואין במלאכה זו חיוב חטאת שהחי נושא את עצמו דתנן במשילין פירות (ביצה לו:) אלו הן משום שבות לא רוכבין על גבי בהמה: **לא קא מפליג בין זכר לנקבה.** בין זקן לבחור איהו מדקמפליג ואוסר בבחור: **כרבנן סבירא ליה.** דאסרי משום תורת כלי זיין דקטיל בסיחופיה כדלקמן: **ולרבנן נשתקע הדבר.** שיהא מותר בזקן דכולן אסורין: **השבת.** ירק של תבלין שקורין אני"ט: **מתעשר זרע וירק וזירין.** בין שלקטו כשהוא ירק בין שלקטו כשהוא זירין דולדיל"א בלע"ז ובין שהניחו עד שלמחו גרעיני זרעו בתוכו והוקשו וחבטן צריך לעשר את הזרע מדרבנן דאורחיה למיכליה זרע וירק וזירין הלכך כולהו הוו להו גמר פירי: **בדגנוניתא.** הגדל בגנה דראוי לאכול זרע וירק וזירין אבל הגדל בשדות אינו נאכל ירק אלא זרע כעין חרדל: **מאתרין.** ממקומנו ממדי: **בשומע תפלה.** מאריך בה ושואל צרכיו: **באשלי רברבי.** חבלים עבים וחזקים ויש אומרים באילנות גדולות כמו ויטע אשל (בראשית כא) כלומר הא לאו כוותיה אתון עבדין פלוגתא דרבנן נמי היא כדקתני לקמן וחכ"א כו': **ואח"כ יתפלל.** י"ח: **כי יעטוף.** עטיפת נפשו ודאגת לבו יתפלל תחלה והדר לפני ה' ישפוך שיחו שמונה עשרה: **עטיפה.** לשון כאב ופריחת לב מתוך צרה כמו בהתעטפם כחלל (איכה ב): **לשוח בשדה.** תפלת המנחה תקן בפרק תפלת השחר (ברכות כו:): **בזמן שצרתי לפניו אגיד.** כבר קודם לכן: **לא כמר דייקי כו'.** דהא איכא לשנויי הכי והכי: **יסדר אדם שבחו של הקב"ה.** שלש ברכות ראשונות אבות גבורות וקדושת השם שאין בהן תפלה אלא שבח ואח"כ בשאר ברכות יש דברי תחנה ותפלה:

רבי

לדברי רבי ישמעאל יום עבודת כוכבים לעולם אסור כצ"ל

[שם בגמרא וכן בתוס' שם אי' שנאמר תפלה לעני כי יעטוף]

[בברכות כו: כתבו תוס' בד"ה ואין שיחה וכו' תירוץ אחר]

הגהות הב"ח

(א) גמ' סוס זכר זקן כצ"ל ואות ו' נמחק: (ב) רש"י ד"ה שובבים וכו' ופרהסיא שובב לשון מרד: (ג) ד"ה ורבנן בתראי וכו' אתו דשמעו לת"ק:

רבינו חננאל

בפרהסיא אין מקבלין אותם. ר' שמעון ור' יהושע בן קרחה אומרים בין במטמוניות בין בפרהסיא מקבלין אותם שנאמר שובו בנים שובבים. א"ר יצחק איש כפר (עטוש) [עכו] א"ר יוחנן הלכה כאותו הזוג: (פיסקא) [מתני'] ר' ישמעאל אומר ג' לפניהם וג' לאחריהם אסורין. אמר רב תחליפא בר אבדימי אמר שמואל יום א' לדברי רבי ישמעאל לעולם אסור זה כבר פירשנוהו למעלה: ירושל' אמרו חברייא טעמא דרבי ישמעאל משום בריה דמועדא. א"ר יודן קריא מסייע לחברייא דכתיב וביום עשרים וארבעה לחדש נאספו בני ישראל בצום ובכי ואדמה עליהם ולמה לא עשו בעשרים ושלשה משום בריה דמועדא כלומר יום אסרו חג מן המועד הוא חשוב. לפיכך לא קבעו בו צום. ואם תאמר יום כ"ג שבת היתה לית את יכיל דאת מחשב ומשכח צומא רבא בחד בשבתא וכו' וחכ"א לפני אידיהן אסור לאחר אידיהן מותר. ומקשי' חכמים היינו תנא קמא דפתח לפני אידיהן של גוים אסור לשאת ולתת עמהן ופסקינן איכא בינהו א) אידיהן. תנא קמא סבר הן בלא אידיהן. וחכמים סברי הן ואידיהן. מדתני לאחר אידיהן מותר מיד. איבעי תימא נשא ונתן איכא בינייהו כו' איבעי תימא חכמים כנחום המדי דתני לפני אידיהן אינו אסור אלא יום אחד בלבד דהא סתמא תני לפני אידיהן אסור. ואסיק' מאן חכמים נחום המדי. תניא נחום המדי אומר מוכרין להן סוס זכר זקן במלחמה. אמרו לו נשתקע הדבר ולא נאמר. כלומר לא נאמר דבר זה מפי אחד מן החכמים כלל ואלא הא איכא בן בתירא וכו' ואסיקנא לרבנן נשתקע ולא נאמר. תניא אידך נחום המדי אומר [השבת] מתעשר (החרדל) זרע וירק. אמרו לו נשתקע הדבר ולא נאמר הא אפי' ר' אליעזר דתני השבת מתעשר זרע וירק וזירין לא אמר אלא בדגינוניתא. וכל הני מתניתא דנחום המדי דהאום בר מהא דתליא באשלי רברבי. דתניא נחום [המדי] אומר שואל אדם צרכיו בשומע תפלה ותניא ישאל אדם צרכיו ואח"כ יתפלל שנא' תפלה לעני כי יעטוף ולאחר כך ולפני ה' ישפוך שיחו. ור' יהושע אומר יתפלל ואחר כך ישאל צרכיו שנא' אשפוך לפניו שיחי. ואח"כ צרתי לפניו אגיד. ותרויהו סבירא להו דאין שיחה אלא תפלה. ושקלינן וטרינן ואסקי' מכדי קראי לא דייקי לא כר"א ולא כר' יהושע במאי פליגי. ואמרי' בדר' שמלאי פליגי דדריש לעולם יסדר אדם שבחו של הקב"ה ואח"כ יתפלל. מנא לן ממשה דכתיב ה' אלקים אתה החלות להראות את עבדך. וכתיב בתריה אעברה נא ואראה את הארץ הטובה ר'

א) לכאורה נראה דצ"ל הן בלא אידיהן.

בְּפַרְהֶסְיָא — **אֵין מְקַבְּלִין אוֹתָן. ר' שִׁמְעוֹן וְר' יְהוֹשֻׁעַ בֶּן קָרְחָה אוֹמְרִים: בֵּין כָּךְ וּבֵין כָּךְ** בין בצנעה ובין בפרהסיא **מְקַבְּלִין** אותם, **שֶׁנֶּאֱמַר: "שׁוּבוּ בָּנִים שׁוֹבָבִים** ארפה משובותיכם" (ירמיהו ג, כב). **אָמַר ר' יִצְחָק אִישׁ כְּפַר עַכּוֹ אָמַר ר' יוֹחָנָן: הִלְכְתָא** [הלכה] **כְּאוֹתוֹ הַזּוּג**, ר' שמעון ור' יהושע בן קרחה, שמקבלים אותם בכל אופן, כשחוזרים בתשובה.

א משנה **ר' יִשְׁמָעֵאל אוֹמֵר: שְׁלֹשָׁה יָמִים לִפְנֵיהֶם** לפני אידיהם של הגוים, **וּשְׁלֹשָׁה לְאַחֲרֵיהֶם — אָסוּר** לשאת ולתת עם הגוים.
וַחֲכָמִים אוֹמְרִים: לִפְנֵי אֵידֵיהֶן — אָסוּר, אבל לְאַחַר אֵידֵיהֶן — מוּתָּר.

ב גמרא **אָמַר רַב תַּחְלִיפָא בַּר אַבְדִּימִי אָמַר שְׁמוּאֵל: נוֹצְרִי, לְדִבְרֵי ר' יִשְׁמָעֵאל לְעוֹלָם אָסוּר** לאדם מישראל לשעת ולתת עמו, שהרי יום ראשון הוא יום חגו, ושלושה ימים לפניו ושלושה לאחריו הריהם כל השבוע.
שנינו במשנה: **"וַחֲכָמִים אוֹמְרִים: לִפְנֵי אֵידֵיהֶן אָסוּר, לְאַחַר אֵידֵיהֶן מוּתָּר"**. ושואלים: שיטת **חֲכָמִים הַיְינוּ תַּנָּא קַמָּא** [זו היא שיטתו של התנא הראשון], במשנה הראשונה, שאמר שאסורים שלושה ימים לפני אידיהן! ומשיבים: לגבי השאלה האם **הֵן בְּלֹא** (מלבד) **אֵידֵיהֶן** אסורים **אִיכָּא בֵּינַיְיהוּ** [יש ביניהם הבדל], **תַּנָּא קַמָּא סָבַר** [התנא הראשון סבור]: **הֵן בְּלֹא אֵידֵיהֶן**, ששלושה ימים אסורים מלבד יום אידם, **וְרַבָּנַן בַּתְרָאֵי סָבְרִי** [וחכמים אחרונים שבמשנתנו סבורים]: **הֵן וְאֵידֵיהֶן**, שהאיד בכלל שלושת הימים. **אִיבָּעֵית אֵימָא** [אם תרצה אמור באופן אחר]: בדינו של מי **שֶׁנָּשָׂא וְנָתַן אִיכָּא בֵּינַיְיהוּ** [יש ביניהם הבדל], **תַּנָּא קַמָּא סָבַר** [התנא הראשון סבור]: אם עבר **וְנָשָׂא וְנָתַן — מוּתָּר, וְרַבָּנַן בַּתְרָאֵי סָבְרִי** [וחכמים אחרונים סבורים]: שאם **נָשָׂא וְנָתַן — אָסוּר. וְאִיבָּעֵית אֵימָא** [ואם תרצה אמור]: לגבי מה שאמר **שְׁמוּאֵל אִיכָּא בֵּינַיְיהוּ** [יש הבדל ביניהם], **שֶׁאָמַר שְׁמוּאֵל: בַּגּוֹלָה** הקלו, **וְאֵין אָסוּר אֶלָּא יוֹם אֵידָם** בלבד, **תַּנָּא קַמָּא אִית לֵיהּ** [התנא הראשון יש לו, מקבל] את דברי **שְׁמוּאֵל, רַבָּנַן בַּתְרָאֵי לֵית לְהוּ** [חכמים אחרונים אין להם, אינם מקבלים] את דברי **שְׁמוּאֵל. אִיבָּעֵית אֵימָא** [אם תרצה אמור]: דבריו של **נַחוּם הַמָּדִי אִיכָּא בֵּינַיְיהוּ** [יש הבדל ביניהם], **דְּתַנְיָא** [ששנויה ברייתא], **נַחוּם הַמָּדִי אוֹמֵר: אֵינוֹ אָסוּר אֶלָּא יוֹם אֶחָד לִפְנֵי אֵידֵיהֶן, תַּנָּא קַמָּא לֵית לֵיהּ** [התנא הראשון אין לו, אינו מקבל] את דברי **נַחוּם הַמָּדִי, וְרַבָּנַן בַּתְרָאֵי אִית לְהוּ** [וחכמים אחרונים יש להם, מקבלים] את דברי **נַחוּם הַמָּדִי**, שהרי לא הוזכר בדבריהם מספר הימים האסורים.
גּוּפָא [לגופו] של מאמר זה שהזכרנו, מביאים את הדברים במלואם. **נַחוּם הַמָּדִי אוֹמֵר: אֵינוֹ אָסוּר אֶלָּא יוֹם אֶחָד לִפְנֵי אֵידֵיהֶן. אָמְרוּ לוֹ: נִשְׁתַּקַּע הַדָּבָר וְלֹא נֶאֱמַר**, כלומר דבר זה אינו הלכה כלל, ומוטב שלא ייאמר. ושואלים: **וְהָאִיכָּא רַבָּנַן בַּתְרָאֵי דְּקַיְימִי כְּוָותֵיהּ** [והרי יש חכמים אחרונים במשנתנו שעומדים שסבורים כמותו]! ודוחים: **מַאן** [מי הם] **חֲכָמִים** אלה? **נַחוּם הַמָּדִי הוּא**, והוזכרו דבריו בלשון חכמים.

ג ומביאים דברים נוספים שאמר נחום המדי. **תַּנְיָא אִידָךְ** [שנויה ברייתא אחרת], **נַחוּם הַמָּדִי אוֹמֵר**: למרות שאין מוכרים לגוים בהמה גסה, **מוֹכְרִין לָהֶן סוּס זָכָר וְזָקֵן בַּמִּלְחָמָה** לפי שאינם מועילים כלל ללחימה. **אָמְרוּ לוֹ: נִשְׁתַּקַּע הַדָּבָר וְלֹא נֶאֱמַר.** ושואלים: **וְהָאִיכָּא** [והרי יש] **בֶּן בְּתֵירָא דְּקָאֵי כְּוָותֵיהּ** [שעומד שסבור כמותו], **דִּתְנַן** [ששנינו במשנה]: **בֶּן בְּתֵירָא מַתִּיר בְּסוּס** למוכרו לגוים! ומשיבים: **בֶּן בְּתֵירָא לֹא מַפְלִיג** [מחלק] **בֵּין זְכָרִים לִנְקֵבוֹת, אִיהוּ מִדְקָא מַפְלִיג** [הוא, נחום המדי, כיון שהוא מחלק] **בֵּין זְכָרִים לִנְקֵבוֹת** אם כן, משמע **כְּרַבָּנַן סְבִירָא לֵיהּ** [שכדעת חכמים הוא סבור], שבדרך כלל אסור למכור סוס לגוים, והוא מתיר רק במקרה מיוחד זה. **וּלְרַבָּנַן** [ולדעת חכמים] אמרו לו האוסרים כי **נִשְׁתַּקַּע הַדָּבָר וְלֹא נֶאֱמַר.**
ועוד מחלוקת שצורתה דומה, **תַּנְיָא** [שנויה ברייתא], **נַחוּם הַמָּדִי אוֹמֵר: צֶמַח הַשֶּׁבֶת מִתְעַשֵּׂר**, כלומר, חייב בהפרשת תרומות ומעשרות, בין כאשר משתמשים בו בצורת **זֶרַע**, ובין בצורת **יָרָק**, ובין בצורת **זִירִין** (גבעולים). **אָמְרוּ לוֹ: נִשְׁתַּקַּע הַדָּבָר וְלֹא נֶאֱמַר.** ושואלים: **וְהָאִיכָּא** [והרי יש] **ר' אֱלִיעֶזֶר דְּקָאֵי כְּוָותֵיהּ** [שעומד, סבור, כמותו], **דִּתְנַן** [ששנינו במשנה], **ר' אֱלִיעֶזֶר אוֹמֵר: הַשֶּׁבֶת מִתְעַשֶּׂרֶת זֶרַע וְיָרָק וְזִירִין!** ומשיבים: **הָתָם בִּדְגִנּוּנִיתָא** [שם מדובר בשבת של גינה], שכיון שהוא מין תרבותי ומשובח, הריהו נאכל בכל שלושת האופנים, אבל שבת בר אינו מתעשר אלא זרע וירק, אבל לא זירים.

ד בעקבות דברים אלה שבין נחום המדי וחכמים, **אָמַר לֵיהּ** [לו] **רַב אַחָא בַּר מַנְיוּמִי לְאַבַּיֵי: גַּבְרָא רַבָּה אֲתָא מֵאַתְרִין** [אדם גדול בא ממקומנו, ממדי], נחום המדי, **כָּל מִילְּתָא** [דבר] **שֶׁאָמַר, אָמְרֵי לֵיהּ** [אומרים לו] חכמים: **נִשְׁתַּקַּע הַדָּבָר וְלֹא נֶאֱמַר**, וכי באים לבטל דווקא את דברי חכמי מדי? **אוֹמֵר** לו אביי: **אִיכָּא חֲדָא דְּעָבְדִינַן כְּוָותֵיהּ** [יש דבר אחד שאנו עושים כמותו], **דְּתַנְיָא** [ששנויה ברייתא], **נַחוּם הַמָּדִי אָמַר: שׁוֹאֵל** (מבקש) **אָדָם** בתפילת "שמונה עשרה" על **צְרָכָיו** דברים הנצרכים לו שאינם נכללים בבקשות הקבועות שבסדר התפילה, **בְּבִרְכַּת "שׁוֹמֵעַ תְּפִלָּה"**. **אָמַר** לו רב אחא בר מניומי: **בַּר מִינָּהּ דְּהַהִיא** [חוץ ממנה, מאותה הלכה], שמכאן אין ראיה שקיבלו את דברי נחום המדי, **דְּתַלְיָא** [שכן תלויה] הלכה זו **בְּמחלוקתם של אַשְׁלֵי רַבְרְבֵי** [אילנות גדולים] (כינוי לאנשים גדולים) שעל פיהם אמרו את הדבר, **דְּתַנְיָא** [ששנויה ברייתא], **ר' אֱלִיעֶזֶר אוֹמֵר: שׁוֹאֵל אָדָם צְרָכָיו וְאַחַר כָּךְ יִתְפַּלֵּל** תפילת שמונה עשרה, שיש בה דברי שבח ותהילה, **שֶׁנֶּאֱמַר: "תְּפִלָּה לְעָנִי כִי יַעֲטֹף וְלִפְנֵי ה' יִשְׁפֹּךְ שִׂיחוֹ"** וגו' (תהלים קב, א), הרי שקודם הוא מבקש בצערו ועוניו ("יעטוף"), ואחר כך הוא שופך שיחה, **וְאֵין שִׂיחָה אֶלָּא תְּפִלָּה, שֶׁנֶּאֱמַר: "וַיֵּצֵא יִצְחָק לָשׂוּחַ בַּשָּׂדֶה"** (בראשית כד, סג). **ר' יְהוֹשֻׁעַ אוֹמֵר: יִתְפַּלֵּל** תחילה, **וְאַחַר כָּךְ יִשְׁאַל צְרָכָיו, שֶׁנֶּאֱמַר: "אֶשְׁפֹּךְ לְפָנָיו שִׂיחִי צָרָתִי לְפָנָיו אַגִּיד"** (תהלים קמב, ג), קודם שיחה ואחר כך הזכרת הצרה.
ושואלים: **וְר' אֱלִיעֶזֶר נַמִי** [גם כן], **הָכְתִיב** [הרי נאמר] תחילה: **"אֶשְׁפֹּךְ לְפָנָיו שִׂיחִי"**! ומשיבים: **הָכִי קָאָמַר** [כך אומר] הפסוק לשיטתו: **אֶשְׁפּוֹךְ לְפָנָיו שִׂיחִי — בִּזְמַן שֶׁצָּרָתִי לְפָנָיו אַגִּיד** קודם לכן. ושואלים מצד אחר: **וְר' יְהוֹשֻׁעַ נַמִי** [גם כן], **הָכְתִיב** [הרי נאמר]: **"תְּפִלָּה לְעָנִי כִּי יַעֲטֹף"** ורק אחר כך ישפוך שיחו! ומשיבים: **הָכִי קָאָמַר** [כך אומר] הכתוב לשיטתו: **אֵימָתַי תְּפִלָּה לְעָנִי** כי יעטוף? **בִּזְמַן שֶׁלִּפְנֵי ה' יִשְׁפּוֹךְ שִׂיחוֹ**, שאחר כך מבקש צרכיו. לגופו של דבר שואלים: **מִכְּדֵי קְרָאֵי לָא כְּמָר דַּיְיקִי וְלָא כְּמָר דַּיְיקִי** [הואיל והכתובים עצמם לא כחכם זה מדוייקים ולא כחכם זה מדוייקים], שמפסוק אחד בתהלים עולה סדר אחד ומהפסוק האחר עולה ההיפך, ואם כן, **בְּמַאי קָמִיפַּלְגִי** [במה, באיזה עקרון הם חלוקים]? שהרי נראה שלא על סמך פסוקים אלה הם מתווכחים, אלא מטעם אחר. ומשיבים: **כִּדְדָרֵישׁ** [כמו מה שדרש] **ר' שִׂמְלַאי, [דְּדָרֵישׁ** [שדרש] **ר' שִׂמְלַאי]: לְעוֹלָם יְסַדֵּר אָדָם שִׁבְחוֹ שֶׁל מָקוֹם וְאַחַר כָּךְ יִתְפַּלֵּל** ויבקש, **מְנָלַן** [מנין לנו] דבר זה? **מִמֹּשֶׁה רַבֵּינוּ, דִּכְתִיב** [שנאמר]: **"ה' אֱלֹהִים אַתָּה הַחִלּוֹתָ לְהַרְאוֹת אֶת עַבְדְּךָ** את גדלך ואת ידך החזקה אשר מי אל בשמים ובארץ אשר יעשה כמעשיך וכגבורותיך" (דברים ג, כד), והרי אלו דברי שבחו של מקום. **וּכְתִיב בַּתְרֵיהּ** [ונאמר בפסוק שאחריו] דברים של תחינה ובקשה: **"אֶעְבְּרָה נָּא וְאֶרְאֶה אֶת הָאָרֶץ הַטּוֹבָה"**.

עיונים

שובו בנים שובבים ורש"י מוכיח מן המקראות כי פירוש לשון "שובבים" הוא העושים מעשים רעים במזיד ובגלוי. ובשם רבינו יונה הביאו, שאף שאנשים אלה שנו ושלשו בחטא, עד כדי מצב של חולי שאין אדם יכול לרפאו, מכל מקום הקב"ה מקבל את תשובתם ומרפאם מחולי זה, ככתוב "ארפא משובתיכם" (בתר"י). וכן אנו צריכים להידבק במדותיו ולקבל את השבים (ריטב"א). וראה גם בדברי הרמב"ם ב"אורח ההלכה".

ושלשה לאחריהם בירושלמי נחלקו מהו טעמו של ר' ישמעאל, שיש מסבירים שהוא משום שהגוים נוהגים להוסיף ימים על חגם, כעין מה שאנו נוהגים לעשות את יום "אסרו חג" (היום שלאחר המועד), ולפיכך נחשבים הימים שלאחר אידם כיום איד. ור' אבא מסביר שהוא משום שאם יודע הגוי שלמחרת אין היהודי נושא ונותן עמו הרי הוא ממעט בשמחת עבודה זרה, כדי להותיר דברים למחר. והראשונים הסבירו זאת לפי הטעם של "אזיל ומודה", שבגלל הקירבה ליום חגה של העבודה זרה הרי הוא הולך ומודה גם בימים אלו, או שמא גזירה היא שלושה אחריו משום שלושה שלפניו (ראה רא"ה ומאירי).

הן בלא אידיהן ומסביר רש"י שאין הבדל זה נלמד ממשמעות לשון חכמים במשנתנו (וראה בריטב"א שבעצם היינו צריכים לומר ההיפך, שתנא אחרון בדרך כלל בא להוסיף, כמבואר להלן), אלא מאחר שהוכחנו לעיל מלשון המשנה הקודמת שלדברי תנא קמא שלושה ימים הם מלבד ימי אידם, הרי כדי לחלק בין השיטות צריך לפרש את דברי חכמים כאן להקל.

נשא ונתן אסור שהרי במשנה הראשונה נאמר שאסור לשאת ולתת עמהם, ולא נאמר מה דין הרווחים שהרוויח באיסור. וכאן נאמר בלשון "אסור" כללית, שיש ללמוד ממנה שהמעשה אסור, וכן פירותיו אסורים (רש"י).

בגולה שאין הגויים בגולה אדוקים כל כך בעבודה זרה. ועוד, שאנו פוחדים מהם (רש"י). ולהלן (יא,ב) הסביר רש"י — שאנו חיים בין הגויים ונזקקים להם.

רבנן בתראי לית להו דשמואל לא מן הלשון למדים, אלא מן הכלל שדעה אחרונה במשנה (כאשר אין פירושה ברור לגמרי) יש לפרשה כהוספה והחמרה על דברים ראשונים.

נשתקע הדבר כלומר, דבר זה צריך שישתקע וישכח, לפי שלא נאמר על ידי שום חכם אחר (ר"ח, פירוש אחד ברש"י). ויש גם לפרשו שראוי שיישכח הדבר ולא ייאמר ברבים (לשון אחר ברש"י).

סוס זכר וזקן במלחמה רוב המפרשים גורסים כאן "זכר זקן", שמה שמתיר נחום המדי למכור הוא סוס זכר שהוא גם זקן. ומסביר רש"י שלדעת נחום המדי, למרות שחכמים אסרו למכור לגוי בהמה גסה, גזירה שמא יבוא להשאיל לגוי את בהמתו ויעבוד בה בשבת (וגם סוס בכלל זה), במקרה נדיר כזה של מכירה של סוס זקן במלחמה לא גזרו, משום שסוס כזה אינו מועיל אלא מקלקל ולא יבואו לטעות בדבר למכור בהמה אחרת. והראב"ד הסביר שסוס כזה שוב לא יהא ראוי למלאכה לעולם ואין מקום לאסור דבר זה, ומה שהוזכר זכר — משום שלא משתמשים בנקבה למלחמה. אבל בתוס' הסבירו (ראה שם שני הסברים שונים) כי מדובר כאן על שני היתרים שונים, האחד — בסוס זכר, והשני — בסוס זקן. והוא מתאים יותר לגרסתנו "וזקן".

בן בתירא מתיר בסוס שלדעת בן בתירא, כיון שאסרו על מכירת בהמה גסה לגוים, שמא ישאלנו ויעשה בו מלאכה בשבת, אין מקום לאסור בסוס. לפי שהסוס עומד לרכיבה בלבד, ורכיבה אינה נחשבת למלאכה, ואין בה אלא איסור שבות.

כרבנן סבירא ליה שכיון שאינו מתיר בכל סוס אלא בסוס מיוחד, משמע שהוא סבור בעיקר ההלכה כדעת חכמים, שיש איסור במכירה של סוס לגוים (כמבואר להלן טז,א משום שהוא כלי זין, או משום שהוא בכלל בהמה גסה, עיי"ש), אלא שהוא סבור שבמקרים אלו לא גזרו חכמים, ועל כך אמרו לו ש"נשתקע הדבר ולא נאמר".

מתעשר ירק וזרע וכו' שכיון שאוכלים אותו בכל הצורות הללו, הרי בכל עת שמביאים אותו הביתה לכל צורך יש להפריש ממנו מעשר, לפי שהוא נחשב לעניינו כמוצר מוגמר. וחכמים סבורים כי סתמו עומד לזרע, אבל אינו מתעשר ירק או זירין אלא אם זרע אותו במכוון לשם כך (ואם זרעו לזירין מתעשר אף ירק. ירושלמי מעשרות פ"ד ה"ט, וכן פסק הרמב"ם). ולדעת רש"י דווקא לענין זירין הדין כן (וראה במאירי).

באשלי רברבי רש"י מפרש בשני אופנים: "אשלי" במובן חבלים, שיש עבותות חזקות להחזיק דבר זה. או "אשלי" מלשון עצים, שהדבר תלוי באילנות גבוהים. ועיקרו, שלא על נחום המדי סמכו בענין זה, שהרי תלוי הדבר במחלוקת של חכמים אחרים, שהיו נחשבים כגדולים ממנו, ונחום המדי פסק כדעת חכמים להלן.

שואל אדם צרכיו בפרדס רמונים מסביר כי לדעת ר' אליעזר תחילה צריך לומר לפני הקב"ה דברי בקשה, שיש בכך ביטוי לאמונה בה' שהוא בעל היכולת, ואחר כך יכול לומר לפניו דברי תהילה. ואילו לדעת ר' יהושע אמירת דברי התהילה היא הצהרה על אמונתו הבסיסית, שרק לאחר מכן יכול להתפלל על צרכיו.

כי יעטוף והמלה "יעטוף" מתפרשת מלשון הבעת צער ומצוקה (כמו בכתוב "בהתעטף עלי נפשי", יונה ב, ח).

אין שיחה אלא תפילה שנאמר ויצא יצחק וכו' בתוס' העירו כי במקום אחר מוכיחים כי "לשוח בשדה" הוא תפילה מהשוואה לכתוב "אשפוך שיחי" האמור כאן. והסבירו כי שני המקראות למדים זה מזה, שמצד אחד למדים מהכתוב בתהלים שהליכתו של יצחק לשוח בשדה אינה מלשון טיול או שיחה עם חבירו, אלא להתפלל. ומהזכרת הזמן ביצחק למדים שמדובר בתפילה של קבע, שהיה לו זמן קבוע לכך, ולא בתפילה חד פעמית.

אורח ההלכה

בין כך וכך מקבלין כל הרשעים והפושעים והמשומדים שחזרו בתשובה, בין בגלוי ובין בסתר — מקבלים אותם. שאף שעדיין שובב הוא, שהרי חזר בו בסתר, נאמר בו "שובו בנים שובבים". כר' שמעון ור' יהושע בן קרחה, וכגרסת הרי"ף בענין זה "פושעים" (לח"מ). (רמב"ם ספר מדע הלכות תשובה פ"ג הי"ד).

בגולה אין אסור אלא יום אחד מה שאסרו חכמים לשאת ולתת וכו' עם הגויים שלושה ימים לפני חגיהם אינו אלא בארץ ישראל בלבד. אבל בשאר ארצות אין אסור אלא יום חגם בלבד. וכשמואל. (רמב"ם ספר מדע הלכות עבודה זרה פ"ט ה"א. שו"ע יו"ד קמח, ד).

בן בתירא מתיר בסוס אסור לישראל למכור בהמה גסה לגוי, גזירה שמא יבוא להשכיר או להשאיל לו בהמה גסה ויעשה בה מלאכה בשבת, והרי ישראל מצוות על שביתת בהמתו. אבל מותר למכור להם סוס לפי שאינו עומד אלא לרכיבה, וזו אינה נחשבת כמלאכה גמורה. וכדברי בן בתירא. ועכשיו נהגו היתר בכל. וראה להלן טו, א. (רמב"ם ספר זמנים הלכות שבת פ"כ ה"ד. שו"ע שם קנא, ד).

השבת מתעשרת השבת שזרעה לזרע — הירק שלה פטור מהפרשת תרומות ומעשרות. זרעה לירק — מתעשרת זרע וירק, ואינה מתעשרת זירים. זרעה לזירים — מפריש תרומה ומעשרות מן הזרע ומן הירק ומן הזירים. כחכמים, ולא כשיטת נחום המדי, ולא כשיטת ר' אליעזר. (רמב"ם ספר זרעים הלכות תרומות פ"ב ה"ה).

שואל אדם צרכיו בשומע תפילה בברכת "שומע תפילה" שבשמונה עשרה יוכל אדם להוסיף ולשאול כל צרכיו, לפי שברכה זו כוללת כל הבקשות. כשיטת חכמים להלן וכדברי נחום המדי. (רמב"ם ספר אהבה הלכות תפילה פ"ו ה"ג. שו"ע או"ח קיט, א).

מסורת הש"ס

א. ע"ז ו,א. ילק"ש נ"ך תקמב.
ב. ע"ז שם.
ג. שם ו,א.
ד. שם ו,ב.
ה. שם יא,ב. וראה תוספתא ע"ז פ"א א.
ו. ירושלמי ע"ז פ"א ה"א (בשינוי). תוספתא שם.
ז. משנה פסחים נג,א. ע"ז יד,ב. שבת צד,א. ע"ז טז,א. בכורות ב,א. וראה ירושלמי ע"ז פ"א ה"ו. תוספתא ע"ז פ"ב ג.
ח. משנה מעשרות פ"ד מ"ה. תוספתא שביעית פ"ב ז.
ט. ע"ז ח,א. ובירושלמי ברכות פ"ד ה"ד. שם פ"ה ה"ב. שם תענית פ"א ה"א. שוח"ט פק"ב (בשינויים).
י. (הביטוי) ביצה כז,א. ב"ב לא,ב.
יא. ראה ברכות לא,א. לד,א. ירושלמי ברכות פ"ד ה"ד.
יב. ברכות כו,ב. ירושלמי ברכות פ"ד ה"א. מכילתא ומכילתא דרשב"י שמות יד,י. ב"ר פ"ס יד. שם פס"ח ט. במדב"ר פ"ב א. תנחומא מקץ ט. שוח"ט פנ"ה. שם פק"ב. ילק"ש תורה פו. שם קט. שם רלא. שם נ"ך תתנה.
יג. ברכות לב,א. ילק"ש תורה תתיג. שם נ"ך תתנה.

גרסות

מקבלין בכת"י ובמקורות יש: **מקבלין אותן.**

נוצרי בדפוסים ישנים: **יום נוצרי** ובדפוסים החדשים תוקן על ידי הצנזורה ל: **יום אחד.**

אלא יום אידם בכתי"מ: **אלא יום אידם בלבד.**

סוס זכר וזקן בכתי"מ ועוד: **סוס זכר זקן וסריס** ובכתי"ס ובמקורות: **סוס זכר זקן.**

מדקא מפליג בין זכרים לנקבות בכת"י: **מדקא מפליג.**

אמר איכא בכת"י: **אמר ליה איכא.**

שואל אדם צרכיו בכתי"מ: **שואל אדם כל צרכיו.**

הכי קאמר אשפוך בכת"י: **הכי קאמר אימתי אשפוך.**

יסדר אדם בכת"י: **יסדיר אדם.**

ממשה רבנו בכת"י: **ממשה.**

העולם

שבת
ראה בהשלמות.

אישים

נחום המדי
נחום המדי היה מן התנאים בסוף ימי הבית השני.
אין הוא קרוי 'רבי', כדרך הדורות הראשונים שלא הצמידו לשמו של חכם תואר כלשהו (לא רבי ולא רב וכיוצא בזה). אבל היה אחד מגדולי הדור. הוא נמנה עם אחד משלושה (או ארבעה) "דייני גזירות" שהיו בירושלים, שהיו ראשי הדיינים וקובעי תקנות בדיני ממונות ובדינים אחרים לרבים.
נחום המדי חי עוד זמן מסויים לאחר חורבן בית המקדש השני, אבל כנראה לא האריך ימים לאחר מכן, לפי שאין שמו נזכר בין חכמי כרם ביבנה.
לפי כינויו, ולפי האמור להלן, נראה כי מוצאו היה מארץ מדי. ארץ שלא היתה נחשבת למרכז תורני חשוב, למרות שהיו בה תושבים יהודים מרובים.
אין אנו יודעים דבר על שאר מאורעות חייו ועל משפחתו.

לעזי רש"י

אוי"ר צ"ל: אניי"ד מן הצרפתית העתיקה aneid — צמח התבלין הקרוי שֶׁבֶת (Anis).

אניט"ו מן האיטלקית aneto — שבת.

דולדייל"א צ"ל: טודיל"ש מן הצרפתית העתיקה tudels, שמשמעה — צינורות, וכאן הוא במובן של גבעולי הצמחים.

ר' יהושע סבר [סבור]: ילפינן [למדים אנו] ממשה, וכמוהו אנו עושים: תחילה אומרים תפילה שיש בה שבחיו של מקום, ואחר כך בקשה, ור' אליעזר סבר [סבור]: לא ילפינן [אין אנו למדים] ממשה, שנהג אף אנו כמותו. ומדוע? שאני [שונה] משה דרב גובריה [שגדול כוחו] וגדולים מעשיו, והוא יכול היה לשבח תחילה כראוי. וחכמים אומרים: לא כדברי זה ולא כדברי זה, לא יבקש אדם צרכיו לא קודם התפילה ולא אחריה, אלא שואל אדם צרכיו ב"שומע תפלה", וכדבריהם אמר גם נחום המדי. ובפסק ההלכה בעניין זה, אמר רב יהודה אמר שמואל, הלכה: שואל אדם צרכיו ב"שומע תפלה". אמר רב יהודה בריה [בנו] של רב שמואל בר שילת משמיה [משמו] של רב: אף על פי שאמרו ששואל אדם צרכיו ב"שומע תפלה", אבל (באמת) אם בא לומר בסוף כל ברכה וברכה מעין עניינה של כל ברכה וברכה — אומר. כלומר, בכל ברכה יכול להוסיף ולבקש על ענייניו הפרטיים מעין אותה ברכה. וכעין זה אמר ר' חייא בר אשי אמר רב: אף על פי שאמרו ששואל אדם צרכיו ב"שומע תפלה", אם יש לו חולה בתוך ביתו — אומר בברכת חולים בקשה מיוחדת לחולה זה, ואם צריך לפרנסה — אומר ומבקש על כך בברכת השנים. ובצד אחר — אמר ר' יהושע בן לוי, אף על פי שאמרו: שואל אדם צרכיו ב"שומע תפלה", אבל אם בא לומר דברי תפילה ותחנונים אחר תפלתו, אפילו מאריך כסדר וידוי של יום הכפורים — אומר, ואין רע בדבר.

א משנה ואלו אידיהן של גוים: קלנדא, וסטרנורא, וקרטיסים, ויום גנוסיא (יום חגיגה) של מלכיהם, ויום הלידה ויום המיתה של מלכיהם, אלו דברי ר' מאיר. וחכמים אומרים: כל מיתה שיש בה שריפה פומבית — יש בה חג לעבודה זרה, ושאין בה שריפה — אין בה חג לעבודה זרה. אבל יום תגלחת זקנו ויום תגלחת בלוריתו, ויום שעלה בו מן הים, ויום שיצא מבית האסורין, וגוי שעשה משתה לבנו וחוגג באותו יום — בכל אלה אינו אסור במשא ומתן וכיוצא בזה אלא אותו היום ואותו האיש בלבד ולא אנשים אחרים.

ב גמרא אמר רב חנן בר רבא: קלנדא — זמנה שמונה ימים אחר תקופה של טבת — כלומר, אחרי היום הקצר ביותר בשנה, סטרנורא — שמונה ימים לפני תקופה, וסימנך, לבל תטעה ביניהם: "אחור וקדם צרתני" וגו' (תהלים קלט, ה), שהחג המאוחר יותר ("אחור") הוא הנזכר ראשון במשנה, והמוקדם יותר נזכר אחר כך. ובענין ימי איד אלה תנו רבנן [שנו חכמים]: לפי שראה אדם הראשון את היום שהוא מתמעט והולך, שהימים מתקצרים (מתקופת שוויון היום והלילה עד היום הקצר), ולא ידע עדיין את מנהגו של עולם, אמר: אוי לי, שמא בשביל שסרחתי (חטאתי) עולם חשוך בעדי (מחשיך עלי) ובסופו של דבר הריהו חוזר לתוהו ובוהו, וזו היא אותה מיתה שנקנסה עלי מן השמים ("ואל עפר תשוב", בראשית ג,יט), עמד וישב שמונה ימים בתענית [ובתפלה]. כיון שראה שהגיעה תקופת טבת, וראה יום שמאריך והולך מאותו זמן והלאה, אמר: אם כן, מה שנתמעט היום מנהגו של עולם הוא, הלך ועשה שמונה ימים טובים. לשנה האחרת (הבאה) עשאן לאלו ולאלו כלומר, לשמונה הימים שלפני התקופה שהתענה בהם, וגם לאלה שחגג בהם, ימים טובים. הוא אדם הראשון קבעם את החגיגות הללו לשם שמים, והם הגוים קבעום לשם עבודה זרה. ומבררים: בשלמא למאן דאמר [נניח לדעת מי שאומר]: בתשרי נברא העולם, אם כן, לפי זה יומי זוטי חזא [ימים קטנים ראה], שראה רק כיצד הימים מתקטנים והולכים מתשרי ואילך, יומי אריכי אכתי לא חזא [ימים ארוכים עדיין לא ראה], ולכן סבור היה שעונש משמים הוא. אלא למאן דאמר [לדעת מי שאומר]: בניסן נברא העולם, הא חזא ליה יומי זוטי ויומי אריכי [הרי ראה כבר ימים קצרים וימים ארוכים], שהרי בתקופת ניסן הימים קצרים והם הולכים ומתארכים! ומשיבים: מכל מקום, [דהוי] זוטי כולי האי לא חזא [ימים שיהיו קטנים עד כדי כך, כמו לפני תקופת טבת, לא ראה]. ועוד בענין זה תנו רבנן [שנו חכמים]: יום שנברא בו אדם הראשון, כיון ששקעה עליו חמה, אמר: אוי לי, שבשביל שסרחתי (שחטאתי) עולם חשוך בעדי ויחזור עולם לתוהו ובוהו, וזו היא מיתה שנקנסה עלי מן השמים, היה יושב [בתענית] ובוכה כל הלילה, וחוה בוכה כנגדו. כיון שעלה עמוד השחר, אמר: מנהגו של עולם הוא, שהחמה שוקעת ובא הלילה, עמד והקריב שור שקרניו קודמין בבריאתם לפרסותיו, שנאמר: "ותיטב לה' משור פר מקרן מפריס" (תהלים סט, לב), שהוא השור היחיד שקודם הקרין קרניים ואחר כך הפריס פרסה. ואמר רב יהודה אמר שמואל: שור שהקריב אדם הראשון — קרן אחת בלבד היתה [לו] במצחו, שנאמר: "ותיטב לה' משור פר מקרן מפריס". ושואלים: "מקרין" הלוא תרתי [שתים, שתי קרניים] משמע! אמר רב נחמן בר יצחק: "מקרן" כתיב [נאמר], והוא רומז לכך שהיתה לו רק קרן אחת.

ג אמר רב מתנה: רומי שעשתה קלנדא בתאריך מסויים, וכל העיירות הסמוכות לה משתעבדות לה והן עצמן אינן חוגגות יום זה, האם אותן עיירות אסורות או מותרות לשאת ולתת עם הגוים שבתוכן? ר' יהושע בן לוי אמר: קלנדא אסורה לכל היא, ואף למשועבדים לרומי. ר' יוחנן אמר: אין אסורה אלא לעובדיה בלבד, ואלה שאינם מחזיקים בה — אין זה בשבילם יום של עבודה זרה, ומותר. תנא כוותיה [שנה החכם בברייתא כשיטתו] של ר' יוחנן: אף על פי שאמרו שרומי עשתה קלנדא, וכל עיירות הסמוכות לה משתעבדות לה, מכל מקום היא עצמה (קלנדא) אינה אסורה במשא ומתן אלא לעובדיה בלבד. וממשיכה הברייתא: חגי הגוים שנקראים סטרנליא וקרטסים, וכן יום גנוסיא של מלכיהם, ויום שהומלך בו מלך — לפניו אסור, אחריו מותר. וגוי שעשה (בו) משתה לבנו — אין אסור אלא אותו היום ולא לפניו ולא לאחריו, ואותו האיש שעשה משתה. אמר רב אשי: אף אנן נמי תנינא [אנו גם כן שנינו דבר זה], שאמר ר' יוחנן שאין קלנדא אסורה אלא לעובדיה, דקתני [ששנה במשנה]: יום תגלחת זקנו ובלוריתו, ויום שעלה בו מן הים, ויום שיצא בו מבית האסורין — אין אסור אלא אותו היום בלבד ואותו האיש. ויש לשאול: בשלמא [נניח] מה ששנינו "אותו היום" — הרי זה בא לאפוקי [להוציא] את הימים שלפניו ולאחריו, שבזה לא אסרו, אלא "אותו האיש" לאפוקי מאי [להוציא את מה]? והרי ברור הדבר שחגיגתו של אדם פרטי אחד אינה אוסרת אנשים אחרים! לאו לאפוקי [האם לא להוציא] את משעבדיו, אלה המשועבדים לו? אם כן, שמע מינה [למד מכאן] מלשון המשנה שאותו האיש בלבד אסור, אבל אלה המשועבדים לו אינם בכלל זה.

תניא [שנויה ברייתא], ר' ישמעאל אומר: ישראל שבחוצה לארץ עובדי עבודה זרה בטהרה הן, כיצד? גוי שעשה משתה לנישואי בנו וזימן כל היהודים שבעירו למשתה זה, אף על פי שהם באותה שעה אוכלין משלהן ושותין משלהן מאכלים כשרים, ושמש שלהן עומד לפניהם, בכל זאת מעלה עליהם הכתוב כאילו אכלו מזבחי מתים כלומר, זבחי עבודה זרה, שנאמר: "וזבחו לאלהיהם וקרא לך ואכלת מזבחו" (שמות לד, טו), שהרי בסעודה זו הוא זובח לשם עבודה זרה שלו, ונחשב כאילו אכלו מזבחיו אלה. ושואלים: ואימא [ואמור] שכוונת הכתוב היא עד דאכיל [שיאכל] ממש מזבחו! אמר רבא: אם כן, אם זו היתה המשמעות, נימא קרא [שיאמר המקרא] "ואכלת מזבחו" בלבד, מאי [מה] פירוש התוספת בכתוב "וקרא לך"? לומר שמשעת קריאה אסור. הלכך [על כן],

עיונים

לא ילפינן ממשה כתבו ראשונים שאף לדעת ר' אליעזר אין למדים ממנו לענין תפילת יחיד, אבל למדים ממנו לגבי תפילת הרבים, שהרי היא מסודרת כך שתחילתה דברי תהילה ואחר כך דברי בקשות. וטעם הדבר, שהציבור אף הוא גדול כוחו. ומתוך שתיקנו כן לשם הציבור, אף היחיד שאינו מתפלל בציבור יכול להתפלל כך תפילת שמונה עשרה (ראב"ד, ריטב"א ועוד).

דרב גובריה שכיון שאדם גדול הוא נאה לו לשבח, ויוכל לתלות את מילוי בקשתו בגודל השבח, אבל לאדם סתם נראה הדבר כיוהרה בלבד (רש"י, תורת חיים).

אומר בברכת חולים כתב הר"ן שההבדל בין אמרה זו לאמרה הקודמת הוא במה שרב חייא בר אשי מוסיף שכך צריך אדם לעשות, שמן הדין שיוסיף תפילתו הפרטית לכל בקשה שבתפילה מעין הברכה, ואינו ממתין עד שיגיע ל"שומע תפילה". והריטב"א הביא בשם רבינו יונה כי ההבדל ביניהם הוא במיקומה של בקשתו, האם אומר אותה באמצע הברכה או בסופה. וראה באריכות בב"י או"ח סימן קיט ובאורח ההלכה.

אחר תפילתו וכו' בתוס' מסבירים כי מכאן נראה שאין להוסיף דברים בתוך תפילת שמונה עשרה עצמה, ובוודאי לא בברכות השבח (שלוש ראשונות ושלוש אחרונות). אבל דבר זה נאמר רק בתפילת יחיד, מה שאין כן בציבור, שגדול כוחו ומותר לו להוסיף. ומטעם זה נהגו להוסיף כמה דברי בקשה גם בברכות ראשונות, ומוסיפים בהן פיוטים (וכן האריך הריטב"א בזה).

וכתב המאירי שאף במנהג בשר ודם מי שמגיש בקשה בפני אדם גדול נפטר ואינו חוזר ומבקש מיד לאחר מכן. אבל במלכות שמים, אפילו מאריך כמה שירצה לאחר תפילתו הרי זה משובח, לפי שכבר אמרו חכמים: ולואי יתפלל אדם כל היום כולו (ברכות כא,א).

ואלו אידיהן רשימה זו אינה רשימה מלאה של אידי הגוים, והיא רק כמנהג שהיה נהוג בין הגויים בארץ ישראל בזמן המשנה. וראה להלן גם חגי הבבלים והפרסיים. ולא הובאו אלה אלא משום שהיו רווחים, ומצויים בשעתם (ריטב"א).

ויום הלידה ויום המיתה וכו' לדעת הרמב"ם (וכן ניתן להבין מן הירושלמי) מדובר ביום הלידה והמיתה של כל אדם, ולאו דווקא של מלך, וימים אלו שייכים לרשימה של הימים שאין נוהג בהם איסור אלא אותו האיש, ואינם אסורים אלא באותו יום ולא בימים שלפניו. ורש"י וראשונים אחרים מסבירים כי אף אלה של מלכים הם, ואסורים גם לפניהם, ורק מיום תגלחת זקנו ואילך הרי זה נוגע לכל אדם. וכן משמע מן הירושלמי. אבל הראב"ד ואחרים סבורים כי אף באלו מדובר במלך, אלא שאין אלה נחשבים כימי חג חשובים כל כך, ולכן אין אסור אלא אותו היום.

שיש בה שריפה שהיו מקטירים בה קטורת, או שהיו שורפים את בגדי המת וכלי תשמישו (פיה"מ לרמב"ם). ובירושלמי אמרו שהכוונה היא למיתה שיש בה גם שריפה וגם הקטרת קטורת ("עישון"). והרמב"ם מסביר לשיטתו שמדובר בכל מת. ומדברי רוב המפרשים משמע שמדובר בשריפה שהיו עושים לכבוד המלכים במותם.

יום שעלה בו מן הים לשיטת רש"י — כאשר חזר מנסיעה בים ומודה לעבודה זרה על שניצל מן הסכנה. והמאירי מסביר, לפי שיטת הראב"ד, שכאן מדובר בחגיגה שעושים לכבוד המלך לאחר שעשה סיור באיי הים שתחת שלטונו.

וסימנך אחור וקדם צרתני ואין זה סימן בעלמא, שלפי דברי חכמים במקומות אחרים פסוק זה, כמו המזמור כולו, נאמר על אדם הראשון, וכמבואר מיד בהמשך, שני חגים אלו מיוחסים ביסודם אליו (ראה מהרש"א).

כיון שראה תקופת טבת רוב המפרשים פירשו שמדובר מיד לאחר יום התקופה, כשהימים החלו להתארך (אף כי עדיין היו קצרים מן הלילות). אבל הרי"ד (שגורס כאן "כיון שנפלה תקופת טבת") מסביר כי הכוונה היא לאחר שנסתיימה תקופת טבת, באביב, והימים החלו להיות ארוכים יותר מן הלילות. ולפי דעתו זמנה של קלנדא הוא איפוא בתחילת תקופת ניסן, כשלושה חדשים מאוחר יותר.

שקרניו קודמות לפרסותיו שכן אמרו חכמים שכל מעשי בראשית נבראו בקומתם כפי שהם מבוגרים (וכן מיד שנולד היה זה פר גדול), ולכן קרניו קודמות לפרסותיו, שלא כבעגל רגיל הנולד בלי קרנים. והסביר ר"ח כי שור זה יצא מן הארץ, ותחילה יצא ראשו ואחר כך רגליו.

עיירות משתעבדות לה רש"י מסביר שאותן עיירות משועבדות לרומי, והן חייבות לה מסים ועבודת כפיה, אלא שאינן חוגגות כלל חגיגות אלה, והשאלה היא האם יש לחשוש שמה שמוכרים להן ישמש את בני רומי בקלנדא. והריטב"א מוכיח מן הגמרא להלן שבמקרה כזה בוודאי אין איסור למכור להן. והוא מסביר שאף הן משתתפות, מפני כבוד המלכות, בחגיגת הקלנדא, אלא שאין הן עושות כן בגלל אמונה אלא משום שעבודן. וכן כיוון לדעתו בתורת חיים, שהסביר כי משום כך הוזכר בענין זה דווקא קלנדא, משום שהוא היה החג החשוב יותר לרומאים, ודווקא בו היו תושבי העיירות צריכים להראות עצמם שמחים עמם. וכפירוש זה משמע מן התוספתא, וכן פסק הרמב"ם.

תניא ר' ישמעאל אומר וכו' הקשר לסוגייתנו הוא לכאורה אגב הזכרת גוי שעשה משתה לבנו, וכפי שדנה הגמרא בהמשך הדברים. אלא שיש דוחק מסויים בדבר, שהרי במשנה מוזכר ענין זה ומקומו ראוי בסוף הגמרא על משנתנו. וראה בגרסות למשנה. ובתורת חיים הסביר כי הקשר לסוגייתנו הוא שאף שהמשועבדים לעובדי עבודה זרה אינם נחשבים כעובדיה, למרות שהם חוגגים עימם, מכל מקום קרוב הדבר להיות מעין עבודה זרה.

עובדי עבודה זרה בטהרה כלומר, אין הם מתכוונים לכך, ולבם טהור (רש"י). וכעין זה כתב בתר"י שאינם מתכוונים כלל לענין עבודה זרה, אלא כך נראה מתוך מעשיהם. ובתו"ח הסביר כי הטהרה היא באכילה, שאינם נטמאים במאכליהם.

מזבחי מתים כלומר, זבחים שזובחים לאלילים, שהם כמתים שאין בה חיים וממשות. והוא לשון הכתוב "ויצמדו לבעל פעור ויאכלו זבחי מתים" (תהלים קו, כח).

וקרא לך וכו' משמע — משעה שאדם נקרא להשתתף בחגיגה זו ומסכים לכך הרי זה כאילו אכל מזבחי מתים. שהרי אין האיסור מטעם המאכלות האסורות, אלא משום שחגיגה זו כולה נעשית בקשר לעבודה זרה. ובתר"י אמרו בשם רבינו יונה שאם אמר היהודי באותה שעה שקרא לו הגוי, שבסעודה זו יאכל רק משל עצמו — הרי זה מותר, לפי שבזמן הקריאה לא חל עליו האיסור.

אורח ההלכה

לומר בסוף כל ברכה אם רצה להוסיף בכל ברכה מהאמצעיות מעין הברכה, מוסיף. כיצד? היה לו חולה — מבקש עליו רחמים בברכת "רפאנו", היה צריך פרנסה — מבקש עליה בברכת השנים. כדברי ר' חייא בר אשי. וכתב רמ"א: וכשהוא מוסיף, יתחיל בברכה ואחר כך מוסיף, אבל לא יוסיף ואחר כך יתחיל הברכה. וב"שומע תפלה" יכול לשאול כל צרכיו, שהיא כוללת כל הבקשות. אבל אינו רשאי להוסיף לא בשלוש ראשונות ולא בשלוש אחרונות.

ולרבינו יונה, כשמוסיף בברכה מעין אותה ברכה, הרי אם מוסיף אותו בשביל כל ישראל — אומר אותו בלשון רבים ולא בלשון יחיד, ולא יוסיף אלא בסוף הברכה ולא באמצע (כדי שלא ייראה כמוסיף על הנוסח שתיקנו חכמים). ואם שואל צרכיו ממש, כגון שיש לו חולה בתוך ביתו או שהוא צריך לפרנסה — יכול לשאול אפילו באמצע הברכה, והוא שישאל בלשון יחיד ולא בלשון רבים. ובברכת "שומע תפילה" יכול לשאול בין בלשון יחיד בין בלשון רבים, בין צרכיו ממש בין צרכי רבים. (רמב"ם ספר אהבה הלכות תפילה פ"ו ה"ב וה"ג. שו"ע או"ח קיט, א).

בא לומר אחר תפלתו אם בא לומר אחר התפילה, אפילו כסדר וידוי יום הכיפורים אומר, בין קודם "יהיו לרצון" בין אחריו. ויכול לשאול בין בלשון יחיד בין בלשון רבים, בין צרכיו ממש בין צרכי רבים. וכדברי ר' יהושע בן לוי. (רמב"ם שם ה"ב. שו"ע שם).

גנוסיא של מלכיהם יום שמתכנסים בו הגוים להעמיד להם מלך ומקלסים ומקריבים לאלהיהם הרי הוא כשאר ימי חגיהם, ואסור במשא ובמתן וכו' שלושה ימים לפניו. ולדעת הראב"ד והרא"ש, יום הלידה ויום המיתה של המלך (אם יש בו שריפה) אף הם בכלל זה. (רמב"ם ספר מדע הלכות עבודה זרה פ"ט ה"ה. שו"ע יו"ד קמח, ו).

יום המיתה יום שמת להם מת ועושים אותו חג — אותם העושים אסורים בהם ישראל כל אותו יום. וכל מיתה ששורפים בה כלים ומקטירים קטורת בידוע שיש בה עבודה זרה. כדברי חכמים. ולדעת הראב"ד והרא"ש, יום המיתה של מלך, אם יש בו שריפה אסור שלושה ימים לפניו. (רמב"ם שם).

יום תגלחת וכו' גוי שעושה חג לעצמו ומודה בו לכוכב שלו ביום לידתו או ביום תגלחת זקנו או בלוריתו, או ביום שעלה מן הים או יצא מבית האסורים, או שעושה משתה לבנו — אינו אסור אלא אותו יום ואותו האיש בלבד. (רמב"ם שם. שו"ע שם סעיף ז).

אין אסור אלא לעובדיה אין יום חגם אסור אלא לגבי עובדיה של אותה עבודה זרה. אבל אותם ששמחים בו ואוכלים ושותים בו רק מפני המנהג או מפני כבוד המלך, אבל אינם מודים בו — מותר לשאת ולתת עמהם. וכדברי ר' יוחנן, שהגמרא מביאה ראיה לדבריו. (רמב"ם שם. שו"ע שם סעיף ח).

גוי שעשה משתה לבנו וכו' גוי שעשה משתה לבנו וזימן לו אנשים מישראל — אסור ליהנות מסעודתו. ואפילו היהודי אוכל ושותה משלו ושמש שלו עומד עליו ומשמשו — אסור, הואיל והוא מסיבת עבודה זרה. (רמב"ם שם הט"ו. שו"ע שם קנב, א).

מסורת הש"ס

א. ע"ז ז,ב (ושם סומנו מקבילות)
ב. שם (בשינוי שם).
ג. ע"ז ו,א. תוספתא ע"ז פ"א ד.
ד. ראה ירושלמי ע"ז פ"א ה"ב.
ה. ע"ז יד,א. ירושלמי דמאי פ"ד ה"א. שם גיטין פ"ה ה"ט. שם ע"ז פ"א ה"ג.
ו. ע"ז ו,א. ירושלמי ע"ז פ"א ה"ב (בשינוי, עיי"ש).
ז. ירושלמי שם (בשינוי).
ח. ר"ה י,ב. כז,א. ירושלמי ר"ה פ"א ה"א. שם ע"ז פ"א ה"ב. ב"ר פכ"ב ד. ויק"ר פכ"ט א. ילק"ש תורה לה.
ט. ר"ה י,ב. יא,א. ירושלמי ע"ז פ"א ה"ב. ב"ר פכ"ב ד. ילק"ש תורה לה.
י. אדר"נ (נו"א) פ"א. וראה ירושלמי ברכות פ"ח ה"ג. שם ע"ז פ"א ה"א. ב"ר פי"א יב. רו"ר פ"ח. פסי"ר פכ"ג. פרדר"א פ"כ. ילק"ש תורה תמט. שם נ"ך תתמג. שם תתפח.
יא. שבת כח,א. חולין ס,א. מדרש תהלים לט,ג. ילק"ש תורה שסד. שם נ"ך תתב. וראה גם ב"ר פל"ד ט.
יב. ירושלמי ע"ז פ"א ה"ב.
יג. ראה תוספתא ע"ז פ"א ד.
יד. (בשינוי שם) תוספתא ע"ז פ"ד ו. אדר"נ (נו"א) פכ"ו. ילק"ש תורה ה. וראה ירושלמי ע"ז פ"א ה"א.

גרסות

אמר רב יהודה — בשומע תפלה בכתי"ס ועוד חסר משפט זה.

אבל אם בא בכתי"מ: **אם בא.**

ברכה וברכה בכתי"מ: **ברכה.**

אפילו כסדר יום הכפורים בכתי"מ ועוד: **כסדר וידוי של יום הכפורים.**

ואלו אידיהן בירושלמי וכן בכתי"מ ועוד: **אלו הן אידיהן.**

קלנדא בירושלמי: **קלנדס** ויש בכת"י: **קלנדיס.**

וסטרנורא בירושלמי וכתי"ס ועוד: **וסטרנליא** ובכתי"מ: **וסטרוניא.**

וקרטיסים בכתי"ס: **וקרטיסיס.**

גינוסיא בירושלמי ועוד: **גניסיא.**

של מלכיהם בירושלמי בכת"י ועוד: **של מלכים** ואולי שונה מאימת הצנזורה.

אבל יום תגלחת במשניות ובירושלמי וכת"י ועוד: **יום תגלחת.**

וגוי שעשה משתה לבנו בכתי"מ: **ויום שעשה משתה לבנו** ובירושלמי ובכמה כת"י ועוד חסרות מלים אלה, וראה להלן יד,א.

האיש בלבד בירושלמי ובכת"י: **האיש.**

לפני תקופה בכתי"מ: **קודם תקופה.**

וחוזר בכת"י: **וחוזר עולם.**

בתענית ובתפילה בכת"י ודפו"י: **בתענית.**

כיון שראה בכת"י ועוד: **כיון שנפלה.**

בשביל שסרחתי בכתי"מ ועוד יש: **שמא בשביל שסרחתי.**

בתענית ובוכה בכת"י ודפו"י: **ובוכה.**

מקרין מפריס בכת"י כבמקבילות: **מקרין מפריס מקרין ברישא והדר מפריס.**

אמר רב מתנה בכתי"ס: **בעי רב מתנה.**

אינה אסורה בכתי"מ: **קלנדא אינה אסורה לכל.**

תנא כוותיה בכת"י: **תניא כוותיה.**

אף על פי שאמרו רומי בכתי"ס: **אף על פי שרומי.**

וכל עיירות הסמוכות לה משתעבדות לה היא עצמה אינה אסורה אלא בכתי"מ: **לכל עיירות הסמוכות לה אינן אוסרות אלא.**

מלכיהם בכת"י: **מלכים.**

עומד לפניהם בכתי"מ: **עומד ומשמש עליהן.**

מאי וקרא לך בכתי"מ: **מאי וקרא לך דאפילו.**

לשון

קרטיסים
מקור המלה ביוונית κράτησις (קראטיסיס) שיש לה כמה משמעויות קרובות — שלטון ובעלות, השגת מעמד עליון, עלייתו של הקיסר לשלטון.

החיים

יום גינוסיא
ראה להלן בדף י,א.

מיתה שיש בה שריפה
ראה להלן בדף י,א.

יום תגלחת זקנו
ברומי נהוג היה שביום שבו הקיסר מגלח את זקנו (כטכס בגרות, או מסיבה אחרת) היה נעשה חג, שבו היו זובחים לאלילים וכו'. ובכלל, גידול הזקן וגילוחו היה קשור בפולחנים שונים, וביניהם בפולחן לכבוד אלילת המזל הרומית הממונה על הזקן Fortuna barbata.

רבי יהושע סבר ילפינן ממשה ור"א סבר
לא ילפינן ממשה שאני משה דרב גובריה
וחכ"א לא כדברי זה ולא כדברי זה אלא
שואל אדם צרכיו בשומע תפלה *(אמר רב
יהודה אמר שמואל הלכה שואל אדם
צרכיו בשומע תפלה) אמר רב יהודה בריה
דרב שמואל בר שילת משמיה דרב אע"פ שאמרו שואל אדם צרכיו בשומע
תפלה אבל אם בא לומר בסוף כל ברכה וברכה מעין כל ברכה וברכה
אומר *א"ר חייא בר אשי אמר רב אע"פ שאמרו שואל אדם צרכיו בשומע
תפלה אם יש לו חולה בתוך ביתו אומר בברכת חולים ואם צריך לפרנסה
אומר בברכת השנים אמר ר' יהושע בן לוי אע"פ *שאמרו שואל אדם
צרכיו בשומע תפלה אבל אם בא לומר אחר תפלתו אפילו כסדר יוה"כ
א אומר: **מתני'** *ואלו אידיהן של גוים קלנדא וסטרנורא וקרטיסים
ויום גנוסיא של מלכיהם ויום הלידה ויום המיתה דברי רבי מאיר וחכמים
אומרים כל מיתה שיש בה שריפה יש בה עבודה זרה ושאין בה שריפה
אין בה עבודה זרה אבל יום תגלחת זקנו ובלוריתו ויום שעלה בו מן
הים ויום שיצא מבית האסורין(א) *וגוי שעשה משתה לבנו אינו
ב אסור אלא אותו היום ואותו האיש בלבד: **גמ'** אמר רב חנן בר רבא
קלנדא ח' ימים אחר תקופה סטרנורא ח' ימים לפני תקופה וסימנך אחור
וקדם צרתני וגו' *ת"ר לפי שראה אדם הראשון יום שמתמעט והולך אמר
אוי לי שמא בשביל שסרחתי עולם חשוך בעדי וחוזר לתוהו ובוהו וזו היא
מיתה שנקנסה עלי מן השמים עמד וישב ח' ימים בתענית [ובתפלה] כיון
שראה תקופת טבת וראה יום שמאריך והולך אמר מנהגו של עולם הוא הלך
ועשה שמונה ימים טובים לשנה האחרת עשאן לאלו ולאלו ימים טובים
הוא קבעם לשם שמים והם קבעום לשם עבודה זרה בשלמא למ"ד
*בתשרי נברא העולם יומי זוטי חזא יומי אריכי אכתי לא חזא אלא למ"ד
*בניסן נברא העולם הא חזא ליה יומי זוטי ויומי אריכי [דהוי] זוטי כולי
האי לא חזא ת"ר יום שנברא בו אדם הראשון כיון ששקעה עליו חמה
אמר אוי לי שבשביל שסרחתי עולם חשוך בעדי ויחזור עולם לתוהו ובוהו
וזו היא מיתה שנקנסה עלי מן השמים היה יושב [בתענית] ובוכה כל
הלילה וחוה בוכה כנגדו כיון שעלה עמוד השחר אמר מנהגו של עולם
הוא עמד והקריב *שור שקרניו קודמין לפרסותיו שנאמר ותיטב לה'
משור פר מקרין מפרים(ב) *ואמר רב יהודה אמר שמואל שור שהקריב אדם
הראשון קרן אחת היתה [לו] במצחו שנאמר ותיטב לה' משור פר מקרין
ג מפרים מקרין תרתי משמע אמר רב נחמן בר יצחק מקרן כתיב (*אמר)
רב מתנה רומי שעשתה קלנדא וכל העיירות הסמוכות לה משתעבדות
לה אותן עיירות אסורות או מותרות רבי יהושע בן לוי אמר קלנדא אסורה
לכל היא רבי יוחנן אמר אין אסורה אלא לעובדיה בלבד *תנא כוותיה
דר' יוחנן אע"פ שאמרו רומי עשתה קלנדא וכל עיירות הסמוכות לה
משתעבדות לה היא עצמה אינה אסורה אלא לעובדיה בלבד[א] סטרנליא
וקרטסים ויום גנוסיא של מלכיהם ויום שהומלך בו מלך לפניו אסור אחריו
מותר *וגוי שעשה (בו) משתה לבנו אין אסור אלא אותו היום
ואותו האיש אמר רב אשי אף אנן נמי תנינא דקתני יום תגלחת זקנו ובלוריתו
ויום שעלה בו מן הים ויום שיצא בו מבית האסורין(ג) אין אסור אלא
אותו היום בלבד ואותו האיש בשלמא אותו היום לאפוקי לפניו ולאחריו
אלא אותו האיש לאפוקי מאי לאו לאפוקי משעבדיו ש"מ תניא *רבי ישמעאל
אומר ישראל שבחוצה לארץ עובדי עבודה זרה בטהרה הן כיצד גוי
שעשה משתה לבנו וזימן כל היהודים שבעירו אע"פ שאוכלין משלהן
ושותין משלהן ושמש שלהן עומד לפניהם מעלה עליהם הכתוב כאילו
אכלו מזבחי מתים שנאמר וקרא לך ואכלת מזבחו ואימא עד דאכיל אמר
רבא אם כן נימא קרא ואכלת מזבחו מאי וקרא לך משעת קריאה הלכך
כל

רש"י

ר' יהושע סבר ילפינן ממשה. להסדיר שבח תחלה הלכך יתפלל י"ח תחלה דאיכא שבח בתחלתן: **דרב גובריה.** גדולת מעשיו וחכמתו רבה ונאה לו לשבח ולהעדיף בשבחו של מלך מלכי המלכים אבל איניש בעלמא מיחזי כיוהרא: **מעין כל ברכה וברכה.** אם היה משכח תלמודו מאריך בחונן הדעת אם בעל תשובה הוא מאריך בהרוצה בתשובה וכן כולן: **מתני' ואלו אידיהן.** דאסורין ג' ימים לפניהן: **קלנדא וסטרנורא.** כולהו מפרש בגמרא: **ויום הלידה.** של מלך עושין כל בני מלכותו יום איד משנה לשנה ומקריבין זבחים: **שריפה.** ששרפו עליו כלי תשמישו כדרך המלכים: **יש בה עבודה זרה.** כלומר אותו היום עובדין עבודה זרה והוא להן יום איד וכן משנה לשנה כל ימי(ד) בנו וכל הנך דחשבינן הכא חשיבי ליה ואסור ג' ימים לפניהן: **אבל יום תגלחת זקנו כו'.** שאין זמן קבוע לרבים אלא כל אחד ואחד כשמגלח עושה יום איד: **בלוריתו.** כשמספר פעמים הרבה מניח בלורית מאחריו ומגלחה משנה לשנה ויום שמגלחה עושה יום איד: **ויום שעלה מן הים.** מקריב זבחים לעבודה זרה על דבר שניצל וכל הנך אינו אסור אלא אותו היום ולא לפניו ולא לאחריו דלא חשיבי כולי האי: **גמ' אחר התקופה.** היא תקופת טבת והיו עושין ח' ימים רצופין איד כדלקמן: **וסימנך.** שלא תחליף לומר קלנדא קרי אותן דלפני התקופה: **אחור וקדם צרתני.** אחור כתיב ברישא(ה) מתני' נמי הנך דלאחר התקופה תנא ברישא: **יום שמתמעט והולך.** מתשרי ועד טבת: **הא חזא ליה.** יומי אריכי ביום תקופת תמוז והיה לו לידע שמנהגו של עולם הוא: **שקרנותיו קודמות לפרסותיו.** דאמר מר* כל מעשה בראשית בקומתן נבראו שור עם קרניו מגודלין וכיון שיצא ראשו תחלה נמצאו קרנותיו קודמות לפרסותיו: [**ותיטב לה' משור פר.** אמר דוד ותיטב לה' תפלתי משור שביום שהיה שור דהיינו אותו יום שנולד כדכתיב שור או כשב וגו' הרי עשוי ונגמר כפר שהוא בן ג' שאפילו מקרניו לא חסר]: **רומי שעשתה קלנדא.** תקנו אותו יום להקריב זבחים וכל עיירות הסמוכות לה לרומי יודעין אנו שהן משתעבדות לה לרומי ליתן המס ולהביא להן כל צרכיהן אבל אותן עיירות אין עושין קלנדא מי הוי אסור לשאת ולתת עמהם דנימא הואיל ומשועבדות לרומי יש לומר מה שהן קונין עכשיו יביאו לרומי להקריבן בני רומי: **או מותרות.** הואיל ואין מקריבין הן ואין יום איד זה שלהן: **לעובדים.** בני רומי: **היא עצמה.** כלומר כל עצמה של איסור אינה אלא לעובדיה: **וסטרנליא וקרטסים.** סיפא דברייתא וכולהו מפרש לקמן: **גוי.** ביום משתה בנו פלח לעבודה זרה על שהגיע לכך: **אף אנן נמי תנינא.** כרבי יוחנן דעיירות המשועבדות מותרות: **אלא אותו האיש למעוטי מאי.** פשיטא דמי שלא גילח היום ושאר גוים שלא עלו בו ביום מן הים מותרין: **אלא לאו למעוטי אנשים משועבדים.** לאותו האיש דמותרין דלא אמרינן מאן דזבני ממטו ליה למפלה: **בטהרה.** כלומר בלא כוונה ואין שמים על לב: **וקרא לך.** *משמע שאתה קרוי לו מעלה אני עליך כאילו הוא מזבחו:

תוספות

אם בא לומר אחר תפלתו אף כסדר יוה"כ אומר. משמע אבל באמצע תפלתו לא ומה שנהגו עתה בתעניות ב' וה' שנוהגין להאריך בפסוקי דרחמי ובסליחות בברכת סלח לנו איכא למימר לציבור שאני מידי דהוה אהא דאמרינן (ברכות ד' לד.) אל ישאל אדם צרכיו לא בג' ראשונות ולא בג' אחרונות והא קמן שנהגו קרובץ בג' ראשונות אלא לאו שמע מינה דלצבור שאני*: ה"ג ר"ת*[א] **מקרן כתיב.** *)כי אין נראה לו דמקרן נראה קרן אחת יותר ממקרין:

*) עי' מהר"ם על דברי התוס'.

עין משפט נר מצוה

כח א ב ג מיי' פ"ו מהל' תפלה הל' ג סמג עשין יט טוש"ע א"ח סי' קיט סעיף א:
כט ד ה מיי' פ"ט מהל' עבודת כוכבים הלכה ה ועיין בהשגות סמג לאוין מה טוש"ע י"ד סי' קמח סעיף ז:
[ועי' תוס' ברכות לד. ד"ה אל ישאל]
ל ו מיי' שם טוש"ע שם סעיף ח:
לא ז מיי' שם הל' טו סמג שם טוש"ע י"ד סי' קנב סעיף א:

רבינו חננאל

ר' יהושע סבר ילפינן ממשה. ור' אליעזר סבר לא ילפינן ממשה. דמשה רב גובריה. וחכמים אומרים לא כדברי זה ולא כדברי זה. אלא שואל אדם צרכיו בשומע תפלה. ואסיקנא הלכה שואל אדם צרכיו בשומע תפלה. ואם בא לומר בסוף כל ברכה וברכה מעין כל ברכה וברכה שרי. וכן אם יש לו חולה בתוך ביתו מזכירו בברכת החולים. ואם צריך לפרנסה מזכיר בברכת השנים. ואם בא לומר אחר תפלתו כסדר וידוי יום הכפורים אומר: **מתני'** אלו אידיהן של גוים קלנדס: **גמ'** אמר רב [חנן] בר רבא קלנדס ח' ימים אחר תקופת טבת. סטרנליא ח' ימים קודם תקופת טבת. וסימניך אחור וקדם צרתני. פי' צרתני מלשון מאור. כדכתיב (ישעיה ה) צר ואור חשך בעריפיה: **ת"ר** לפי שראה אדם הראשון יום שמתמעט והולך. א) שעדיין לא ראה יום קצר כולי האי. ואליבא דמאן דאמר בתשרי נברא העולם. אמר אוי לי בשביל שסרחתי עולם מחשיך והולך. וזו היא [מיתה] שנקנסה עלי [מן השמים] התחיל להתענות נתענה ח' ימים. בסוף ח' ימים נפלה תקופת טבת. התחיל היום להאריך עשה ח' ימים ימי שמחה אחר התקופה כנגד ח' ימים תענית שעשה לפני התקופה. לשנה אחרת ראה שדרך העולם הוא להיות זמן ידוע ימים ארוכים וזמן ידוע ימים קצרים. ועשה ח' ימים [תענית] וח' ימים ימי שמחה הוא קבען לשמים והם קבעום לעבודה זרה עכשיו (נמחקו בכ"י כמו ג' תיבות) אומר בתקופת טבת (נמחק כמו תיבה אחת) וכיון שנולד חזר השמש ונתארך היום: פי' קלנדס. בלשון יון טוב יום כלומר קלון דיאס. ת"ר יום שנברא בו אדם הראשון כיון ששקעה החמה אמר [אוי לי] בשביל שסרחתי עולם מחשיך וחוזר לתוהו ובהו. וכיון שעלה עמוד השחר אמר מנהג העולם כך. עמד והקריב שור שקרניו קודמות לפרסותיו. כלומר דרך ארץ נולד קטן ומפרים וכשמתגדל צומחין קרניו. זה יצא מן הארץ גדול וצמח מראשו ויצאו קרנותיו קודם לרגליו. ורב אמר קרן אחד היה לו במצחו. ר' יהושע בן לוי אמר קלנדס לכל אסורה. ר' יוחנן אומר אינה אסורה אלא לעובדיה בלבד. תניא כותיה דרבי יוחנן אף על פי שאמרו רומי שעשתה קלנדס וכל עיירות המשתעבדות לה. קלנדס אינה אסורה אלא לעובדיה בלבד. וסטרנליא. פי' בירושלמי שנאה טמונה. אמר רב אשי מתניתא נמי דיקא כר' יוחנן דאמר משתעבדות לה לא דתנן יום תגלחת זקנו ובלוריתו ויום שעלה בו מן הים ויום שיצא בו מבית האסורין אינו אסור אלא אותו היום ואותו האיש. בשלמא אותו היום איצטריך למעוטי לפניו ולאחריו אלא אותו האיש למאי איצטריך. לאו למעוטי משעבדיו ש"מ. תניא ר' שמעון בן אלעזר אומר [ישראל] שבחוצה לארץ עובדי עבודה זרה בטהרה הן. כיצד גוי שעשה משתה בנישואין לבנו וזימן כל היהודים שבעירו אע"פ שאוכלין ושותין משלהן

א) נראה דל"ל יום שמתמעט והולך ואליבא דמ"ד ניסן נברא העולם מ"מ עדיין לא ראה יום קצר כולי האי.

הגהות הב"ח (א) במשנה מבית האסורין (וגוי שעשה משתה לבנו) תא"מ ונ"ב ס"א אין זה משנה: (ב) גמ' מקרין מפרים ברישא מקרין והדר פרים אמר כל"ל ואות ו' נמחק: (ג) שם מבית האסורין וגוי שעשה משתה לבנו אין אסור אלא. נ"ב כן הוא בס"א: (ד) רש"י ד"ה יש בה וכו' כל ימי (בנו) תז"מ ונ"ב ס"א בכיתו: (ה) ד"ה אחור וכו' ומתניתין נמי האיד דלאחר התקופה:

הגהות הגר"א [א] גמ' אלא לעובדיה בלבד סטרנליא נמחק ב' נקודות הפסק (שבדפו"י קודם מלת סטרנליא):

גליון הש"ס גמ' אע"פ שאמרו שואל אדם צרכיו בשומע תפלה. עי' תענית ע"ב ברש"י ד"ה בשומע תפלה וצ"ע: **שם** קלנדא אסורה. פירש"י שמביאים לרומי להקריבן בני רומי. ק"ל הא הוי לפני דלפני דשרי כדלקמן דף יד ע"א [ועי' בהגר"א יו"ד סי' קל"ט ס"ק לג]:

הגהות מהר"ב רנשבורג א] תוס' ד"ה מקרן כתיב. כי אין נראה לו דמקרן נראה קרן אחת יותר ממקרין. נ"ב ור"ל כי היכי דמקרין יש לפרש על שם דבר ר"ל בעל קרניים ה"נ יש לפרש מקרן או מקרן נ"ל ודו"ק:

גמרא

תורה אור

אכל תלתין יומין בין א"ל מחמת הלולא ובין לא א"ל מחמת הלולא אסור מכאן ואילך אי א"ל מחמת הלולא אסור ואי לא אמר ליה מחמת הלולא שרי וכי א"ל מחמת הלולא עד אימת אמר רב פפא בעד תריסר ירחי שתא ומעיקרא מאימת אסור א*אמר רב פפא משמיה דרבא גמכי רמו שערי באסינתי ולבתר תריסר ירחי שתא שרי והא רב יצחק בריה דרב משרשיא איקלע לבי ההוא גוי לבתר תריסר ירחי שתא ושמעיה דאודי ופירש ולא אכל שאני רב יצחק בריה דרב משרשיא ב*דדאדם חשוב הוא:

א וקרטסים וכו': גמאי קרטסים אמר רב יהודה אמר שמואל יום שתפסה בו רומי מלכות והתניא קרטסים ויום שתפסה בו רומי מלכות אמר רב יוסף שתי תפיסות תפסה רומי אחת בימי קלפטרא מלכתא ואחת שתפסה בימי יונים דכי אתא רב דימי אמר תלתין ותרין קרבי עבדו רומאי בהדי יונאי ולא יכלו להו עד דשתפינהו לישראל בהדייהו והכי אתנו בהדייהו אי מינן מלכי מנייכו הפרכי אי מנייכו מלכי מינן הפרכי ושלחו להו רומאי ליונאי עד האידנא עבידנא בקרבא השתא נעביד בדינא מרגלית ואבן טובה איזו מהן יעשה בסיס לחבירו שלחו להו מרגלית לאבן טובה אבן טובה (*ואינך) איזו מהן יעשה בסיס לחבירו אבן טובה לאינך אינך וספר תורה איזו מהן יעשה בסיס לחבירו אינך לספר תורה שלחו להו [א"כ] אנן ספר תורה גבן וישראל בהדן כפו להו עשרין ושית שנין קמו להו בהימנותייהו בהדי ישראל מכאן ואילך אישתעבדו בהו מעיקרא מאי דרוש

בראשית לג ולבסוף מאי דרוש מעיקרא דרוש הנסעה ונלכה ואלכה לנגדך ולבסוף דרוש

שם לג ויעבר נא אדני לפני עבדו עשרין ושית שנין דקמו בהימנותייהו בהדי ישראל מנא לן *דאמר רב כהנא דכשחלה רבי ישמעאל בר יוסי שלחו ליה רבי אמור לנו שנים וג' דברים שאמרת לנו משום אביך אמר להו מאה ושמנים שנה קודם שנחרב הבית פשטה מלכות הרשעה על ישראל פ' שנה עד לא חרב הבית הגזרו טומאה על ארץ העמים ועל כלי זכוכית ו* המ' שנה עד לא חרב הבית גלתה סנהדרין וישבה לה בחנות למאי

שם יג: יד. הלכתא א"ר יצחק בר אבדימי לומר שלא דנו דיני קנסות סלקא דעתך ז*והאמר רב יהודה אמר רב חברם זכור אותו האיש לטוב ורבי יהודה בן בבא שמו שאלמלא הוא נשתכחו דיני קנסות מישראל נשתכחו לגרסינהו אלא בטלו דיני קנסות מישראל שגזרה מלכות הרשעה גזרה כל הסומך יהרג וכל הנסמך יהרג ועיר שסומכין בה תחרב ותחום שסומכין בו יעקר מה עשה רבי יהודה בן בבא הלך וישב בין שני הרים גדולים ובין שתי עיירות גדולות בין ב' תחומי שבת בין אושא לשפרעם וסמך שם חמשה זקנים ר"מ ור' יהודה ור' יוסי ור"ש ורבי אלעזר בן שמוע ורב אויא מוסיף אף רבי נחמיה כיון שהכירו בהם אויבים אמר להם בני רוצו אמרו לו רבי ואתה מה תהא עליך אמר להם הריני מוטל לפניהם כאבן שאין לה הופכין אמרו לא זזו משם עד שנעצו לגופו ג' מאות *) לולניאות של ברזל ועשאוהו לגופו ככברה אמר רב נחמן בר יצחק לא תימא דיני קנסות טאלא ישלא דנו דיני נפשות מ"ט כיון דחזו דנפישי

דברים יז להו רוצחין ולא יכלי למידן אמרו מוטב נגלי ממקום למקום כי היכי דלא ליחייבו דכתיב יועשית על פי

[סנהדרין יד: ע"ש פב. ע"ש] הדבר אשר יגידו לך מן המקום ההוא י*מלמד שהמקום גורם: מאה ושמנים ותו לא והתני רבי יוסי ברבי

מלכות

*) [בסנהדרין איתא לונביאות ופירש רש"י חניתות ובתרוייהו גירסת הערוך לונביות וכתב המוסף שקורין לרומח לונכי בלשון יוני וכן ראיתי בשל"ה דף רלז: דל"ל לונביות בכ"ק ולא לונביות בכי"ת ע"ש]

רש"י

כל תלתין יומין. דבתר הלולא: בין אמר. גוי זה לישראל מחמת הלולא אני עושה סעודה זו: ובין לא אמר לו. מסתמא להלולא מכוין ואסור דכל ימי הלולא מקריב לעבודה זרה: ומעיקרא. קודם שיכניס את אשתו מאימת חיישינן להלולא אם הזמין אנשים לסעוד אצלו: מכי רמו שערי באסינתי. לעשות שכר ליום המשתה: אסינתי. עריבות ששורין בהן שעורין לעשות שכר ל"א נותנין עפר בעריבות וזורעין שם שעורין קודם ימי החופה ומביאין לפני החתן והכלה כשהן למוחים ואומרים להם פרו ורבו כשעורין הללו שממהרין לצאת מכל התבואה: דאדם חשוב הוא. ושמח ממנו הגוי מאד: יום שתפסה בו רומי מלכות. שנלחמו עם יונים ונצחום ומלכו בכל העולם: בימי קלפטרא מלכתא. של אלכסנדריא כדאמר בהמפלת במסכת נדה (דף ל:) ונלחמו רומיים עמה ונצחוה ותפסו הם המלוכה: עד דשתפינהו. רומאי לישראל בהדייהו: והכי אתנו. רומאי לישראל אי מינן מלכי כו': מרגלית. אינה חשובה כאבן טוב: בסיס. כן(א) תרגום כנו בסיסיה למושב חברתה להושיבה עליה: אינך. הוא נופך קרבונקל"א: כפו להו. רומאי ליונאי: עשרין ושית שנין קמו. רומאי בהימנותייהו לישראל: מעיקרא. כי קמו רומאי בהימנותייהו: מאי דרוש. רומיים: ואלכה לנגדך. יעקב ועשו שוין בגדולה: לפני עבדו. דרך השר להלך לפנים: פשטה. שלטה: מלכות. רומי: בחנות. מקום בהר הבית וחנות שמו: דיני קנסות. אונס ומפתה ושלשים של עבד שנתנה תורה קצבה אחת ליקר ולזולל ומאחר שלא ישבו בלשכת הגזית לא דנו ובטלו דיני קנסות דכתיב בתשלומי כפל שהוא קנס אשר ירשיעון אלהים דהיינו מומחין וסמוכין בשם רבי כדאמרינן בסנהדרין ומי שאינו סמוך אינו דן דיני קנסות: תחום. אלפים אמה סביבות העיר: וסמך שם כו'. והני רבנן בתר חורבן הבית הוו טובא: לולניאות. חניתות: כי היכי דלא ליחייבו. רוצחים קטלא דאין דנין דיני נפשות אפילו בסנהדרין קטנה שבכל עיר אלא בזמן שהיתה סנהדרין גדולה בישיבתה ובמקום המיוחד לה והוא לשכת הגזית: המקום גורם. לחייב הנדון ואם אינם שם לא ידונו והאי קרא בדיני נפשות קאי כי יפלא ממך דבר בפרשת שופטים ושוטרים בזקן ממרא:

מלכות

תוספות

מכי רמו שערי באסינתי. פירש רש"י לשון ראשון להטיל שכר וקשה דבכל התלמוד לא מצינו שהיו עושין שכר משעורין אלא מתמרים או מכשות לכך נראה לשון שני שפירש רש"י וב' הלשונות האלו פי' רש"י אף בכתובות פ"ק (דף ח.):

קרטסים. אומר הר"ר שמעיה בלשון יון הוא תפוס תפיסת שתים קרט לשון תפיסה וסים לשון שתים ופי' דר"ל תפיסה שניה וניחא הא דקא אמרינן לקמן קרטסים ויום שתפסו רומי מלכות וה"פ קרטסים תפיסה שניה ויום שתפסה מלכות בראשונה:

ה"ג נשתכחו לגרסינהו. ול"ג ליכתבינהו שהרי אין כותבין הלכות:

אלא שלא דינו דיני נפשות. ואם תאמר והא אמרינן בפרק אלו נערות (כתובות דף ל. ושם) משחרב בית המקדש אע"פ שבטלו ד' מיתות דין ד' מיתות לא נתבטלו מי שנתחייב סקילה כו' ואמאי נקט משחרב בהמ"ק והא אפי' מ' שנה בפני הבית לא דנו דיני נפשות וי"ל דמ"מ כשהיו רואין לורך שעה היו חוזרין אל הלשכה ודנין שם ומורי ה"ר מנחם אמר לנו בשם רבי יהונתן דמשחרב בית המקדש קאי אהא דקאמר דין ד' מיתות לא בטלו וה"ק אע"פ שבטלו ארבע מיתות לגמרי לא בטלו דינם וכ"ש באותם מ' שנה קודם חורבן שנהגו דין ד' מיתות:

מלמד שהמקום גורם. וא"ת והא ירושלים נמי איקרי מקום לגבי אכילת קדשים ומעשר שני וכתיב במקום אשר יבחר ה' וי"ל דלגבי דיני נפשות לא איקרי מקום אלא לשכת הגזית שהיתה חציה בקדש וחציה בחול והיינו טעמא משום דבעי' סנהדרין סמוך לשכינה והכי נמי אמרינן (לקמן דף נב.) כל המעמיד דיין שאינו הגון כאילו נטע אשרה אצל מזבח דכתיב שופטים ושוטרים וסמיך ליה לא תטע לך אשרה אצל מזבח ה' ולפיכך גלו וישבו בחנות אע"פ שחנות עצמו היה בהר הבית מ"מ לא היה סמוך לשכינה כלשכת הגזית וא"ת מנלן קפידא במקום שאר חייבי מיתות שלא בזקן ממרא דקרא לא כתיב אלא בזקן ממרא ויש לומר דדרשינן כל זמן שסנהדרין גדולה במקומה כדין אצל מזבח אז שופטים תתן לך בכל שעריך לשפוט דיני נפשות נסתלקו הם בטלו כל דיני נפשות [וע"ע תוס' שבת טו. ד"ה אלא ותוס' סנהדרין יד: ד"ה מלמד]:

וגמירי

עין משפט נר מצוה

לב א ב ג ד מיי' פ"ט מהל' עבודת כוכבים הלכה טו סמג עשין יט טוש"ע י"ד סי' קנב סעיף ח:

לג ה ו מיי' פי"ד מהל' סנהדרין הלכה יג סמג עשין קב:

רבינו חננאל

משלהן. מעלה הכתוב עליהם כאילו אכלו זבחי מתים שנ' וקרא לך ואכלת מזבחו. ודאיק קרא משעת קריאה נתחייב: בהילולא דגוי כל ל' יום בין לא אדכר ליה הילולא בין לא אדכר ליה הילולא אסור. לאחר ל' אמר מחמת הילולא אסור לא אמר מחמת הילולא שרי. וכי מדכר הילולא עד אימת אסור אמר [רב פפא] משמיה דרב' עד י"ב ירחי שתא ומקשי' ובתר י"ב ירחי שתא שרי והא רב יצחק בריה דרב משרשיא דזמניה ההוא גוי בתר י"ב ירחי שתא ושמעיה דאודי ולא אכל פי' אמר עבודה זרה דידיה סייעיה למיתא האי בביתי. ופרקי' שאני ר' יצחק בריה דרב משרשיא דאדם חשוב הוה אבל כולי עלמא בתר י"ב ירחי שתא שרי. ובהילולא מעיקרא כמה. אמר רב פפא מכי רמו שערי באסינתי אסור. וקרטסים פי' בלשון יון תפיסה ואסיק' שתי תפיסות הוו אחת בימי קליפטרא מלכתא ואחת בימי יונים. דתלתין ותרתין קרבי עבדו רומאי בהדי יונאי ולא יכלו להו עד דשתפינהו רומאי לישראל בהדייהו ואתנו בהדייהו. אי מינן מלכי מנייכו איפרכי אי מנייכו מלכי מינן איפרכי וכו' כ"ו [שנין] קמו בהימנותיהו בהדי ישראל מיכן ואילך אישתעבדו בהו ומנא לן דכ"ו [שנין] קמו בהימנותיהו דא"ר ישמעאל משם ר' יוסי אביו ק"פ שנה עד שלא חרב הבית פשטה מלכות [הרשעה] של רומי על ישראל כלומר ק"פ שנה בימי הבית נשתעבדו בהן. פ' שנה עד שלא חרב הבית גזרו טומאה על כלי זכוכית וגם על ארץ העמים: מ' שנה קודם חורבן הבית גלתה סנהדרין וישבה לה בחנות לומר שלא דנו דיני נפשות. דכיון דחזו דנפישי להו שפיכות דמים ונפישי להו רצחנין. אמרי ניקום נגלי מן המקום דכתיב וקמת ועלית אל המקום מלמד שהמקום גורם. אבל דיני קנסות דנו דאמר רב יהודה אמר רב ברם זכור אותו [האיש] לטוב ור' יהודה בן בבא שמו שאלמלא הוא שסמך ה' זקנים ר' מאיר ור' יהודה ור' יוסי ור' שמעון ורבי אלעזר בן שמוע ור' אויא מוסיף אף ר' נחמיה. בטלו דיני קנסות משום שגזרה מלכות [הרשעה] גזירה כל הסומך יהרג והנסמך יהרג. ועיר שסומכין בה תיחרב. ותחום שסומכין בו יעקר. וכיון שהכירו בהן אויבים הן ברחו ור' יהודה בן בבא נעצו בו ש' לונביות של ברזל ועשו כל גופו ככברה. ומקשי' וכי כך אמר ר' יוסי כי מלכות הרשעה ק"פ שנה בפני הבית פשטה על ישראל בלבד והתניא ר' יוסי [ברבי] אומר מלכות

הגהות הב"ח

(א) רש"י ד"ה בסים כן למושב חברתה להושיבה עליה תרגום כנו בסיסיה הס"ד:

מסורת הש"ס

כתובות ח.

[ברכות יט. וש"נ]

[גי' הערוך אנך והוא שוהם בלשון מקרא]

שבת טו.

[סנהדרין מא.]

כָּל תְּלָתִין יוֹמִין [שלושים יום] לאחר אותו משתה נישואין שעשה הגוי לבנו, בֵּין אָמַר לֵיהּ [לו] הנכרי לישראל שמֵּחֲמַת הִלּוּלָא (שמחת הנישואין) הוא עושה סעודה זו, וּבֵין לֹא אָמַר לֵיהּ [לו] שמֵּחֲמַת הִלּוּלָא — בכל מקרה אָסוּר, שמן הסתם באותם שלושים ימים משום ההילולא הוא עושה את החגיגה. מִכָּאן וְאֵילָךְ, אִי [אם] אָמַר לֵיהּ [לו] שמֵּחֲמַת הִלּוּלָא הוא עושה — אָסוּר הוא, וְאִי [ואם] לֹא אָמַר לֵיהּ [לו], שמֵּחֲמַת הִלּוּלָא הוא עושה — שָׁרֵי [מותר]. ושואלים: וְכִי [וכאשר] אָמַר לֵיהּ [לו] שהוא עושה את הסעודה מֵחֲמַת הִלּוּלָא, עַד אֵימַת [אימתי] נחשב הדבר כנספח וקשור לעבודה זרה? אָמַר רַב פַּפָּא: עַד תְּרֵיסַר יַרְחֵי שַׁתָּא [שנים עשר חודשי שנה]. ושואלים עוד: וּמֵעִיקָּרָא מֵאֵימַת [ומתחילה, מלפני יום השמחה שלו, מאימתי] אָסוּר? אָמַר רַב פַּפָּא מִשְּׁמֵיהּ [משמו] של רָבָא: מִכִּי רָמוּ שַׂעֲרֵי בַּאֲסִינְתֵּי [מכאשר מטילים את השעורים במכתשת] כדי לעשות מהם שיכר, שעושים זאת זמן מסויים לפני השמחה. ושואלים: וּלְבָתַר תְּרֵיסַר יַרְחֵי שַׁתָּא שָׁרֵי [ולאחר שנים עשר חודשי שנה מנישואי בנו מותר] בכל אופן? וְהָא [והרי] רַב יִצְחָק בְּרֵיהּ [בנו] של רַב מְשָׁרְשִׁיָּא אִיקְלַע לְבֵי הַהוּא גּוֹי לְבָתַר תְּרֵיסַר יַרְחֵי שַׁתָּא [הזדמן לבית גוי אחד לאחר שנים עשר חודשי שנה] מנישואי בנו, וּשְׁמָעֵיהּ דְּאוֹדֵי [ושמע אותו שהוא מודה] לעבודה זרה בגלל השמחה שהיתה לו, וּפֵירַשׁ (ופרש) מהסעודה הזו וְלֹא אָכַל ממנה! ומשיבים: מכאן אין ראיה, כי להלכה מותר הדבר, אלא שָׁאנֵי [שונה] רַב יִצְחָק בְּרֵיהּ [בנו] של רַב מְשָׁרְשִׁיָּא, שאָדָם חָשׁוּב הוּא, ושמח בו הגוי.

א שנינו במשנה: וּקְרַטֵסִים וכו׳. ושואלים: מַאי [מה] עניינו של קְרַטֵסִים? אָמַר רַב יְהוּדָה אָמַר שְׁמוּאֵל: זהו יוֹם שֶׁתָּפְסָה בּוֹ רוֹמִי מַלְכוּת, ומשום כך עושים הם אותו יום שמחה לדורות. ומקשים, וְהָתַנְיָא [והרי שנויה ברייתא]: קְרַטֵסִים וְיוֹם שֶׁתָּפְסָה בּוֹ רוֹמִי מַלְכוּת, משמע שהם שני חגים נבדלים! אָמַר רַב יוֹסֵף: שְׁתֵּי תְפִיסוֹת תָּפְסָה רוֹמִי את המלכות, אַחַת בִּימֵי קְלֶפַּטְרָא מַלְכְּתָא [קליאופטרה המלכה] שכבשו בה את מצרים, וְאַחַת שֶׁתָּפְסָה בִּימֵי יְוָנִים שנים רבות קודם לכן. ומפרטים: דְּכִי אֲתָא [כאשר בא] רַב דִּימִי מארץ ישראל אָמַר: תְּלָתִין וּתְרֵין קְרָבֵי עֲבַדוּ רוֹמָאֵי בַּהֲדֵי יְוָנָאֵי [שלושים ושנים קרבות עשו הרומאים עם היוונים] וְלֹא יָכְלוּ לְהוּ [להם] לנצחם, עַד דְּשָׁתְפִינְהוּ לְיִשְׂרָאֵל בַּהֲדַיְיהוּ [ששיתפו הרומאים את ישראל עימם] ואז ניצחו אותם, וְהָכִי אַתְנוּ בַּהֲדַיְיהוּ [וכך התנו הרומאים איתם, עם הישראלים]: אִי מִינַּן מַלְכֵי, מִנַּיְיכוּ הִפַּרְכֵי [אם מאתנו יהיו המלכים, מאיתכם יהיו המושלים], אִי מִנַּיְיכוּ מַלְכֵי, מִינַּן הִפַּרְכֵי [אם מאיתכם יהיו המלכים, מאיתנו יהיו המושלים]. וְשָׁלְחוּ לְהוּ רוֹמָאֵי לְיוָנָאֵי [להם הרומאים ליוונים]: עַד הָאִידָּנָא עֲבֵידְנָא בִּקְרָבָא [עכשיו עשינו הכרעה בשלטון ובעולם על ידי קרבות], הָשְׁתָּא נַעֲבֵיד בְּדִינָא [עכשיו נעשה בדין], ומה הדין? אם יש מַרְגָּלִית וְאֶבֶן טוֹבָה, אֵיזוֹ מֵהֶן יֵעָשֶׂה בָּסִיס לַחֲבֵירוֹ? שָׁלְחוּ לְהוּ [להם] בתשובה: מַרְגָּלִית תיעשה בסיס לְאֶבֶן טוֹבָה, שהיא יקרה ממנה. חזרו ושאלו: אם היתה אֶבֶן טוֹבָה רגילה וְאִינָךְ (שהוא אבן יקרה ביותר), אֵיזוֹ מֵהֶן יֵעָשֶׂה בָּסִיס לַחֲבֵירוֹ? אמרו להם היוונים: אֶבֶן טוֹבָה לְאִינָךְ. ושוב שאלו הרומאים: אם היו אִינָךְ וְסֵפֶר תּוֹרָה, אֵיזוֹ מֵהֶן יֵעָשֶׂה בָּסִיס לַחֲבֵירוֹ? והשיבו: אִינָךְ לְסֵפֶר תּוֹרָה. שָׁלְחוּ לְהוּ [להם] הרומאים: [אִם כֵּן,] הרי אֲנַן [אנו] סֵפֶר תּוֹרָה גַּבָּן [אצלנו] וְיִשְׂרָאֵל בַּהֲדַן [איתנו], ולכן ראויים אתם להיכנע תחתינו, משום שאנו גם יותר חשובים מכם (אבן טובה), ועמנו ישראל ("אינך") שעמם ספר התורה. כָּפוּ לְהוּ [אותם] הרומאים ולקחו מהם את השלטון בעולם. עֶשְׂרִין וְשִׁית שְׁנִין קָמוּ לְהוּ בְּהֵימָנוּתַיְיהוּ בַּהֲדֵי [עשרים ושש שנים עמדו להם הרומאים בנאמנותם עם] יִשְׂרָאֵל וקיימו את ההסכם ביניהם, מִכָּאן וְאֵילָךְ אִישְׁתַּעְבְּדוּ בְּהוּ [השתעבדו בהם] הרומאים בישראל. ומסבירים: מֵעִיקָּרָא מַאי דְּרוּשׁ [מתחילה מה דרשו] בכתובים, וּלְבַסּוֹף מַאי דְּרוּשׁ [מה דרשו]? מֵעִיקָּרָא דְּרוּשׁ [מתחילה דרשו] את הפסוק שאמר עשו ליעקב בעת שנפגשו: "נִסְעָה וְנֵלֵכָה וְאֵלְכָה לְנֶגְדֶּךָ" (בראשית לג, יב), שעשו משווה עצמו ליעקב, וּלְבַסּוֹף דְּרוּשׁ [ודרשו] את הנאמר בדברי יעקב לעשו: "יַעֲבָר נָא אֲדֹנִי לִפְנֵי עַבְדּוֹ" (שם, יד) שמשמע שיעקב, ישראל, משועבד לעשו ההולך לפניו. ושואלים: עֶשְׂרִין וְשִׁית שְׁנִין דְּקָמוּ בְּהֵימָנוּתַיְיהוּ בַּהֲדֵי יִשְׂרָאֵל מְנָא לָן [עשרים ושש שנה שעמדו בנאמנותם עם ישראל מנין לנו]? ומביאים ראיה לדבר, שאָמַר רַב כָּהֲנָא: כְּשֶׁחָלָה ר׳ יִשְׁמָעֵאל בַּר יוֹסֵי, שָׁלְחוּ לֵיהּ [לו] חכמים: רַבִּי, אֱמוֹר לָנוּ שְׁנַיִם וּשְׁלֹשָׁה דְּבָרִים שֶׁאָמַרְתָּ לָנוּ במסורת מִשּׁוּם אָבִיךָ, ר׳ יוסי בן חלפתא, ואין אנו זוכרים אותם בדיוק. אָמַר לְהוּ [להם]: מֵאָה וּשְׁמֹנִים שָׁנָה קוֹדֶם שֶׁנֶּחֱרַב הַבַּיִת השני — פָּשְׁטָה מַלְכוּת הָרְשָׁעָה (מלכות רומי) עַל יִשְׂרָאֵל ומשלה בהם, שְׁמוֹנִים שָׁנָה עַד שֶׁלֹּא חָרַב הַבַּיִת — גָּזְרוּ חכמים טוּמְאָה עַל אֶרֶץ הָעַמִּים וְעַל כְּלֵי זְכוּכִית, אַרְבָּעִים שָׁנָה עַד שֶׁלֹּא חָרַב הַבַּיִת — גָּלְתָה סַנְהֶדְרִין ממקומה בלשכת הגזית, וְיָשְׁבָה לָהּ בַּחֲנוּת (מקום שהיה סמוך להר הבית). ושואלים: לְמַאי הִלְכְתָא [לאיזו הלכה] מה משנה הדבר היכן ישבה הסנהדרין? אָמַר ר׳ יִצְחָק בַּר אַבְדִּימִי: לוֹמַר, שֶׁלֹּא דָּנוּ דִּינֵי קְנָסוֹת. ותוהים: דִּינֵי קְנָסוֹת סָלְקָא דַּעְתָּךְ [עולה על דעתך] לומר שלא דנו מאותו זמן? וְהָאָמַר [והרי אמר] רַב יְהוּדָה אָמַר רַב: בְּרַם (אולם) זָכוּר אוֹתוֹ הָאִישׁ לְטוֹב וְר׳ יְהוּדָה בֶּן בָּבָא שְׁמוֹ, שֶׁאִלְמָלֵא הוּא נִשְׁתַּכְּחוּ דִּינֵי קְנָסוֹת מִיִּשְׂרָאֵל. ותוהים על הלשון: "נִשְׁתַּכְּחוּ" — לִגְרְסִינְהוּ [שילמדו אותם] ולא ישתכחו! אֶלָּא הכוונה היא שֶׁבָּטְלוּ דִּינֵי קְנָסוֹת מִיִּשְׂרָאֵל, שלא היו דיינים סמוכים שיוכלו לדון בהם, כיצד? שֶׁגָּזְרָה מַלְכוּת הָרְשָׁעָה, רומי, שְׁמָד עַל יִשְׂרָאֵל: כָּל חכם הַסּוֹמֵךְ חכמים לדון יֵהָרֵג, וְכָל הַנִּסְמָךְ יֵהָרֵג, וְעִיר שֶׁסּוֹמְכִין בָּהּ חכם תֵּחָרֵב, ואם לא היה זה בתוך העיר, תְּחוּם (תחום העיר) שֶׁסּוֹמְכִין בּוֹ כולו יֵעָקֵר. מֶה עָשָׂה ר׳ יְהוּדָה בֶּן בָּבָא? הָלַךְ וְיָשַׁב בֵּין שְׁנֵי הָרִים גְּדוֹלִים והרים אלה היו בֵּין שְׁתֵּי עֲיָירוֹת גְּדוֹלוֹת, בֵּין שְׁנֵי תְחוּמֵי שַׁבָּת, בֵּין אוּשָׁא לִשְׁפַרְעָם, כדי שמה שעושה לא יגרום נזק למקום שהוא נמצא בו, כיון שאינו נמצא בשום תחום מסויים, וְסָמַךְ שָׁם חֲמִשָּׁה זְקֵנִים, והם: ר׳ מֵאִיר וְר׳ יְהוּדָה וְר׳ יוֹסֵי וְר׳ שִׁמְעוֹן וְר׳ אֶלְעָזָר בֶּן שַׁמּוּעַ, וְרַב אָוְיָא מוֹסִיף: אַף את ר׳ נְחֶמְיָה סמך. כֵּיוָן שֶׁהִכִּירוּ בָּהֶם אוֹיְבִים והתקרבו למקום, אָמַר לָהֶם ר׳ יהודה בן בבא: בָּנַי, רוּצוּ וברחו מכאן והצילו את עצמכם, שהרי כל הנסמך נהרג בגזירתם. אָמְרוּ לוֹ: רַבִּי, וְאַתָּה מַה תְּהֵא עָלֶיךָ? אָמַר לָהֶם: אני איני יכול לרוץ וַהֲרֵינִי מוּטָל לִפְנֵיהֶם כְּאֶבֶן שֶׁאֵין לָהּ הוֹפְכִין (שאי אפשר להזיז אותה ממקומה). אָמְרוּ חכמים: לֹא זָזוּ הרומאים מִשָּׁם עַד שֶׁנָּעֲצוּ לְגוּפוֹ שְׁלֹשׁ מֵאוֹת לוּלְנִיאוֹת (חניתות) שֶׁל בַּרְזֶל וַעֲשָׂאוּהוּ לְגוּפוֹ כִּכְבָרָה כנפה זו שמלאה חורים. על כל פנים מכאן עולה שהיו דיינים סמוכים, והללו דנו בדיני קנסות שנים רבות אחרי חורבן הבית! אלא אָמַר רַב נַחְמָן בַּר יִצְחָק: לָא תֵּימָא [תאמר] שלא דנו עוד דִּינֵי קְנָסוֹת משגלתה סנהדרין מלשכת הגזית, אֶלָּא שֶׁלֹּא דָּנוּ דִּינֵי נְפָשׁוֹת עוד, כי כשאין סנהדרין במקומה אין בכוח בית דין לדון דיני נפשות. ומסבירים: מַאי טַעְמָא [מה הטעם] שעשו כך, שיצאו חברי הסנהדרין ממקומם וגרמו בכך לביטול דיני נפשות? כֵּיוָן דְּחָזוּ דִּנְפִישֵׁי לְהוּ [שראו שמתרבים להם] רוֹצְחִין וְלָא יָכְלֵי לְמֵידַן [ואין הם יכולים לדון אותם למיתה], אָמְרוּ: מוּטָב נִגְלֵי [שנגלה] מִמָּקוֹם לְמָקוֹם כִּי הֵיכִי דְּלָא לִיחַיְּיבוּ [כדי שלא יתחייבו מיתה] ואנו לא נוכל לקיים בהם את המוטל עלינו. ומנין שהגלות מועילה לעניין זה? דִּכְתִיב [שנאמר]: "וְעָשִׂיתָ עַל פִּי הַדָּבָר אֲשֶׁר יַגִּידוּ לְךָ מִן הַמָּקוֹם הַהוּא" (דברים יז, י), מְלַמֵּד שֶׁהַמָּקוֹם גּוֹרֵם, ואם אין הסנהדרין במקום הראוי, שהוא לשכת הגזית שבהר הבית, שוב אינם יכולים לדון דיני נפשות. כל דיון זה הובא בדרך אגב, ומעתה חוזרים לעיקר הדיון, שר׳ ישמעאל מסר בשם אביו ר׳ יוסי, שמֵאָה וּשְׁמֹנִים שנה לפני החורבן פשטה מלכות רומי על ישראל. ושואלים: מאה ושמונים וְתוּ לָא [ולא יותר]? וְהָתָנֵי [והרי שנה] ר׳ יוֹסֵי בְּרַבִּי (הגדול) כלומר, ר׳ יוסי בן חלפתא עצמו:

עיונים

שערי באסינתי בפירוש ראשון מפרש רש"י שהכוונה שהניחו שעורים בגיגיות כדי לעשות מהן שכר, כהכנה לשמחה שתהא (וראה מה שהעירו בתוס׳ שאף שבאירופה עושים שכר מן השעורים, לא מצאנו שהיה דבר זה נהוג בבבל, אלא היו עושים שכר מתמרים ושאר פירות). ובפירוש שני מסביר שהיו זורעים שעורים בגיגיות, ובשעת החתונה היו מעבירים את העלים והצמחים שבהם לפני החתן והכלה כסימן טוב.

דאדם חשוב הוא וכיון שהיה אדם חשוב, שמח הגוי שמחה גדולה שהוא בא לכבדו בביקורו ומשום כך הודה לעבודה הזרה שלו. וסתם אדם אין הגוי שמח בו כל כך, ואין לחשוש (רש"י). ועוד, שאדם חשוב צריך להיזהר יותר במעשיו שלא יבואו אחרים ללמוד ממנו ולהקל לעצמם.

נעביד בדינא וכו׳ כתבו המפרשים שבא הדבר ללמד כי מאורעות העולם אינם מתרחשים רק בגלל מקרה, אלא יש השגחה וכיוון בדבר. והתוכן הפנימי של ראשית שלטון רומא בעולם היה משום שהיה להם צד של שותפות עם ישראל, ובזכותם היתה להם עדיפות (מהרש"א, מהר"ל).

מאי דרוש כי יעקב ועשו הם בבחינת הפכים, והיחסים ביניהם — הן בין האחים עצמם, והן בין צאצאיהם והנלווים להם — יש להם משמעות פנימית. שמתחילה סברו הרומים כי יריבות זו עשויה להיפתר על ידי הסכם של שיתוף פעולה, ולבסוף החליטו שבעולם הזה יש יתרון לעשו, ועליו לנצל את שלטונו ככל שיוכל (ראה במהר"ל ועוד).

טומאה על ארץ העמים עיקר הדבר שארץ העמים היא ארץ טמאה כבר נאמר במקרא (ראה למשל עמוס ז, יז), אלא שבמשך הדורות החמירו חכמים וגזרו שתיחשב ארץ העמים כטמאה הלכה למעשה, הן אדמתה והן חללה (וראה במסכת שבת יד,ב).

על כלי זכוכית שמן התורה אין הם נמנים בין החומרים המקבלים טומאה, אבל כיון שהם דומים במידה מסויימת לכלי חרס, וכן דומים הם קצת לכלי מתכת, גזרו עליהם מדברי סופרים שיקבלו טומאה.

דיני קנסות כלומר, כל הדינים שבהם מתחייב אדם לשלם סכום גדול יותר מן הנזק שגרם, או סכום קצוב מדין התורה (כגון כפל של גנב, וארבעה וחמישה של הגונב ומוכר שה או שור, ושלושים כסף בשור שנגח עבד כנעני ועוד). ובדינים אלה נאמר בתורה "אלהים" ולמדו שרק חכמים סמוכים רשאים לדון דינים אלה. ולמדו (כמבואר במסכת סנהדרין) שאין הסמיכה יכולה להיעשות אלא על ידי חכם סמוך, הסומך חכמים אחרים בתוך ארץ ישראל.

מלמד שהמקום גורם רש"י מסביר כי הכתוב המדבר לגבי "המקום אשר יבחר ה׳" (דברים יז, ח), הוא מקום המקדש. וראה בתוס׳ שדנו בדבר, שהרי אף ירושלים כולה היא בגדר המקום הנבחר. ולכן הסבירו שכדי שתהא מלוא הסמכות לסנהדרין הריהי צריכה לשבת בתוך המקדש עצמו, סמוך למקום שכינה, וכאשר היא גולה ממקומה בטלו מקצת מן הסמכויות שלה. ואף שסנהדרין גדולה עצמה אינה דנה כרגיל בדיני נפשות, והדבר נעשה בכל מקום על ידי סנהדרין קטנה של עשרים ושלושה, מכל מקום מקור הסמכות הוא בסנהדרין גדולה.

אורח ההלכה

כל תלתין יומין וכו׳ גוי שעשה משתה חתונה לבנו או לבתו אסור לאכול אצלו משיתחיל לעסוק ולהכין צרכי סעודה, ושלושים יום לאחר המשתה. ואם אומר שמזמינו בשביל החופה, אסור עד שנים עשר חודש, כדברי רב פפא. ולאחר שנים עשר חודש מותר, אלא אם כן הוא אדם חשוב. כמעשה ברב יצחק בריה דרב משרשיא (וראה בש"ך). (רמב"ם ספר מדע הלכות עבודה זרה פ"ט הט"ו. שו"ע יו"ד קנב, א).

גלתה סנהדרין וכו׳ ארבעים שנה קודם חורבן הבית בטלו דיני נפשות מישראל אף שהיה המקדש קיים, מפני שגלו סנהדרין מקומם ולא ישבו עוד במקומם שבמקדש. (רמב"ם ספר שופטים הלכות סנהדרין פי"ד הי"ג).

מלמד שהמקום גורם אין דנים דיני נפשות אלא בפני הבית, והוא שיהיה בית דין הגדול במקומו בלשכה שבמקדש, שנאמר בזקן ממרא "לבלתי שמוע אל הכהן" וגו׳, ומפי השמועה למדו שבזמן שיש כהן מקריב על גבי המזבח יש דיני נפשות (ואף בחוצה לארץ), והוא שיהיה בית דין הגדול במקומו. (שם הי"א. וראה שם הי"ד).

מסורת הש"ס

א. כתובות ח,א.
ב. (הכינוי, הענין) ברכות יט,א. שבת יב,ב. נא,א. פסחים קי,א. מגילה כב,ב. מו"ק יא,ב. יב,א. כתובות נב,ב. פו,א. ב"מ עג,א. ב"ב ט,א. ע"ז כח,א. מח,ב. חולין קלד,ב.
ג. ראה ירושלמי ע"ז פ"א ה"ב.
ד. שבת טו,א.
ה. שם יד,ב. ירושלמי שבת פ"א ה"ד. פסחים פ"א ה"ו. שם כתובות פ"ח הי"א.
ו. סנהדרין מא,א.
ז. שם יג,ב.
ח. (הביטוי, ביחס לאחרים) שבת יג,ב. חגיגה יג,א. ב"ב כא,א. מנחות מה,א. חולין נד,א.
ט. ירושלמי סנהדרין פ"א ה"א.
ט. סוטה מה,א. סנהדרין יד,ב. ילק"ש תורה תתקי. שם תתקכג.

גרסות

שמעיה דאודי בכתי"מ: **דאודי לעבודה זרה** בכתי"ס נוסף: **וקריב קמיה** ויש שלא גרסו כלל מלים אלה.

תפסה רומי אחת בכתי"מ: **הן, אחת שתפסה.**

היפרכי בכתי"מ: **איפרכי.**

אם כן אנן — וישראל בהדן בכת"י ועוד: **אנן ישראל בהדן וספר תורה גבן.**

אמר להו מאה בכתי"מ כבמקבילות: **שלח להו כך אמר אבא מאה** ובכתי"ס: **שלח להם כך אמר אבא מארי מאה.**

וישבה לה בכת"י: **וישבה.**

נגרסינהו בכתי"ס נוסף: **דהא מכתב כתיבי.**

שמד על ישראל בדפוסים שונה בגלל הצנזורה: **גזרה.**

אויבים בכתי"ס: **אויבים באו להורגם.**

לולניאות בכתי"מ: **לובלניות** ובמקבילה: **לונביאות** ובערוך: **לונכיות.**

לגופו בכת"י: **כל גופו.**

ולא יכלי למידן בכתי"מ: **ולא יכלי להו.**

כי היכי דלא ליחייבו בכתי"ס חסרות מלים אלה.

לשון

אסינתי
נראה שמקור המלה הוא בארמית אסיתא שפירושו מכתשת. ועניינו לפיכך — משעה שמתחילים לכתוש את השעורים לעשות מהן שכר.

היפרכי
מן היוונית ὕπαρχος (היפרכוס) — מושל מחוז, שר צבא.

אינך
נראה כי מקור המלה הוא ביוונית ὄνυξ (אוניקס), שהיא אבן חן, שבסיסה הוא סיליקה. והיא בנויה משכבות שחורות ולבנות. יש סבורים כי היא אבן השוהם הנזכר במקרא (ראה בראשית ב, יב). ונראה כי אבן זו היתה נחשבת ליקרה יותר מאשר היא נחשבת בימינו.

ברם
המלה מצויה כבר בספר דניאל, והיא לשון ארמית. משמעותה אינה שווה בכל מקום ועיקרה: אבל, אך, אמנם.
ויש סבורים שמקורה בשרש "ברר", ויש אומרים כי היא מעין קיצור של "בר מן" — חוץ מ...

לולניאות
ראה בהשלמות.

אישים

ר׳ יהודה בן בבא
ראה בהשלמות.

החיים

בימי קלפטרא מלכתא, בימי יוונים, תלתין ותרין קרבי וכו׳, חנות
ראה בהשלמות.

העולם

אושא ושפרעם
ראה בהשלמות.

לעזי רש"י

קרבונקל"א מן הצרפתית charbuncle — אבן אודם.

מַלְכוּת פָּרַס היתה מושלת בעולם בִּפְנֵי (בזמן שהיה) הַבַּיִת (בית המקדש) בנוי כבר שְׁלֹשִׁים וְאַרְבַּע שָׁנָה, מַלְכוּת יָוָן משלה בִּפְנֵי הַבַּיִת מֵאָה וּשְׁמוֹנִים שָׁנָה, מַלְכוּת חַשְׁמוֹנַאי משלה בִּפְנֵי הַבַּיִת מֵאָה וְשָׁלֹשׁ שנה, מַלְכוּת בֵּית הוֹרְדוֹס גם כן מֵאָה וְשָׁלֹשׁ שנה, מִכָּאן וְאֵילָךְ אחר זמן זה צֵא וַחֲשׁוֹב את חשבונות הזמנים שלך לפי כַּמָּה שָׁנִים הן אַחַר חוּרְבַּן הַבַּיִת. על כל פנים, אַלְמָא מָאתָן וְשִׁית הָווּ [מכאן שמאתיים ושש שנים היו] מאז שבטל שלטון היוונים, ואז היתה תחילת התפשטותה של רומי, וְאַתְּ אָמְרַתְּ [ואתה אומר] מֵאָה וּשְׁמוֹנִים שנה הָווּ [הם] השנים שמלכות הרשעה פשטה קודם שחרב הבית! אֶלָּא מכאן יש להסיק מה שאמרנו לעיל, שעֶשְׂרִין וְשִׁית שְׁנִין קָמוּ בְּהֵימָנוּתַיְיהוּ בַּהֲדֵי יִשְׂרָאֵל וְלָא אִישְׁתַּעְבְּדוּ בְּהוּ [עשרים ושש שנים עמדו הרומאים בנאמנותם עם ישראל, לפי ההסכם שביניהם, ולא השתעבדו בהם], וְאַמְטוּ לְהָכִי לָא קָא חָשֵׁיב לְהוּ [ומשום כך לא החשיב אותם] ר' ישמעאל בר' יוסי בשם אביו, במנין השנים כְּשֶׁפָּשְׁטָה מַלְכוּת הָרְשָׁעָה עַל יִשְׂרָאֵל.

א אגב ברייתא זו מביאים, אָמַר רַב פַּפָּא: אִי טָעֵי הַאי תַּנָּא [אם טועה תנא זה] שהוא מונה את מנין השנים לפי חורבן המקדש (כמבואר לעיל: "מכאן ואילך צא וחשוב כמה שנים אחר חורבן הבית"), וְלָא יָדַע [ואינו יודע] פְּרָטֵי השנים כַּמָּה הֲוָה [הוא], שמן הסתם אינו טועה ושוכח את המאות אלא את השנה המדוייקת, לִישַׁיְּילֵיהּ לְסָפְרָא [שישאל את הסופר] הכותב שטרות כַּמָּה הוא כָּתֵיב [כותב], שכן הסופרים היו כותבים לפי "מנין שטרות" שהוא ראשית שלטון היוונים, וְנִיטְפֵי עֲלַיְיהוּ עֶשְׂרִין שְׁנִין, וּמַשְׁכַּח לֵיהּ לְחוּמְרֵיהּ [ויוסיף עליהם עשרים שנה, וימצא את מספרו], וזאת משום שמנין השטרות החל שלוש מאות ושמונים שנה לפני חורבן הבית. וְסִימָנֵיךְ [וסימנך] לזכור את הדבר: "זֶה לִּי עֶשְׂרִים שָׁנָה אָנֹכִי בְּבֵיתֶךָ" (בראשית לא, מא). ולהיפך, אִי טָעֵי סָפְרָא [אם טועה הסופר] ואינו זוכר מה פרט השנה, נְשַׁיְּילֵיהּ [שישאל] את הַתַּנָּא כַּמָּה הוא חָשֵׁיב [מונה] לחורבן המקדש, וְנִבְצַר מִינַּיְיהוּ עֶשְׂרִין שְׁנִין, וּמַשְׁכַּח לֵיהּ לְחוּמְרֵיהּ [ויפחית מהם עשרים שנה, וימצא את מספרו], וְסִימָנֵיךְ [וסימנך], שהתנא צריך להוסיף על מספרו של הסופר, והסופר מחסיר ממניינו של התנא: סָפְרָא בְּצִירָא [הסופר ממעט, מקצר], תַּנָּא תּוֹסְפָאָה [התנא שונה התוספתא] כלומר, התנא הוא זה שמוסיף על המספר.

ב ואגב חשבונות השנים, מביאים: תָּנָא דְּבֵי [שנה החכם מבית מדרשו] של אֵלִיָּהוּ: שֵׁשֶׁת אֲלָפִים שָׁנָה הָוֵי [הוא] זמן קיומו של הָעוֹלָם, שְׁנֵי אֲלָפִים ראשונים הם תּוֹהוּ שממה, שלא היתה בהם תורה, שְׁנֵי אֲלָפִים שאחריו הם שנים של תּוֹרָה, שְׁנֵי אֲלָפִים אחרונות הן הזמן המיועד לִימוֹת הַמָּשִׁיחַ, בַּעֲוֹנוֹתֵינוּ שֶׁרַבּוּ יָצְאוּ מֵהֶן מאלפיים של משיח מַה שֶּׁיָּצְאוּ מֵהֶן, כלומר, כך וכך שנים (שכל תנא מונה אותן לפי זמנו) ועדיין לא הגיע המשיח. ושואלים: שְׁנֵי אֲלָפִים תּוֹרָה מֵאֵימַת [מאימתי] אתה מונה אותן? אִי נֵימָא [אם תאמר] מִמַּתַּן תּוֹרָה עַד הָשְׁתָּא [עכשיו], אלפיים של משיח — לֵיכָּא כּוּלֵּי הַאי [אין כל כך הרבה], דְּכִי מְעַיְּינַתְּ בְּהוּ [שכאשר אתה מעיין בדבר], הרי מבריאת העולם עד מתן תורה תְּרֵי אַלְפֵי [שני אלפים] שלמים, ועוד פְּרָטֵי דְּהַאי אַלְפָא הוּא דַּהֲוַאי [פרטים של אלף זה שלישי הוא שישנם], שמתן תורה היה בשנת אלפיים ארבע מאות וארבעים ושמונה לבריאת העולם, ונמצא שעד שהחלו אלפיים של משיח לא נגמרו אלפיים של תורה! אֶלָּא הזמן שמונים לאלפיים שנה של תורה הוא מאותו זמן שנאמר באברהם ושרה: "וְאֶת הַנֶּפֶשׁ אֲשֶׁר עָשׂוּ בְחָרָן" (בראשית יב, ה), שפירשו חכמים שאלה היו אנשים ונשים שאותם קירבו אברהם ושרה לתורה, שאז החלה הפצת התורה בעולם, וּגְמִירִי [ולמודים אנו במסורת] שאַבְרָהָם בְּהַהִיא שַׁעְתָּא בַּר חַמְשִׁין וְתַרְתֵּי הֲוָה [באותה שעה בן חמישים ושתים היה]. וכך עולה החשבון הראוי, שכן כַּמָּה שנים בְּצָרָן [חסרות] לאלפיים שנה של תורה מִדְּתָנֵי [ממה ששונה] הַתַּנָּא, אם אתה מונה ממתן תורה ועד תחילת אלפיים של משיח? אַרְבַּע מְאָה וְאַרְבָּעִים וּתְמַנְיָא שְׁנִין הָוְיָין [ארבע מאות וארבעים ושמונה שנים הן], כִּי מְעַיְּינַתְּ בֵּיהּ [כאשר אתה מעיין בו] בחשבון זה, אתה מוצא כי מֵ"הַנֶּפֶשׁ אֲשֶׁר עָשׂוּ בְחָרָן" עַד מַתַּן תּוֹרָה, אַרְבַּע מְאָה וְאַרְבָּעִים וּתְמַנְיָא שְׁנִין הָוְיָין [ארבע מאות ארבעים ושמונה שנים הן]. וגם לגבי ברייתא זו אָמַר רַב פַּפָּא: אִי טָעֵי תַּנָּא וְלָא יָדַע פְּרָטֵיהּ כַּמָּה הָוֵי [אם טועה התנא ולא יודע את פרט השנים שלו כמה הוא], כשהוא שונה: "וכבר יצאו מאלפיים של משיח כך וכך שנים" ויודע כמה מאות עברו, ואינו זוכר את השנה המדוייקת, לִישַׁיְּילֵיהּ לְסָפְרָא [שישאל את הסופר] כַּמָּה הוא כָּתֵיב [כותב] למניין שטרות, נִיטְפֵי עֲלַיְיהוּ אַרְבְּעִין וּתְמָנֵי [יוסיף עליהם ארבעים ושמונה], וּמַשְׁכַּח לֵיהּ לְחוּמְרֵיהּ [וימצא את מספרו], וְסִימָנֵיךְ [וסימנך] לדבר:

עיונים

ולא ידע פרטי שמן הסתם זוכר אדם באיזה אלף ובאיזה מאה הוא עומד בחשבונו, אלא שאינו בטוח מה מנין השנה המדוייקת בה הוא עומד.
לישיילה לספרא שהסופרים נהגו לכתוב לפי "מנין שטרות" שהוא תאריך של תחילת מלכות יוון, והוא שלוש מאות ושמונים שנה לפני חורבן הבית. ואף שלפי הברייתא המובאת לעיל בעמוד זה נמצא שהוא שש שנים מוקדם יותר (מאה ושמונים שנה של היוונים ועוד מאתים ושש של מלכי חשמונאי ומלכות הורדוד), הרי כמבואר להלן (י,א) אין מונים משנת נפילתה של פרס, שאז שלטו היוונים רק בעילם, אלא שש שנים לאחר מכן.
ונמצא לדוגמה, שאם השנה היא שש מאות וחמשים ושתים למנין שטרות, הרי התנא, שיודע שהוא עומד במאה השלישית לחורבן הבית, צריך להוסיף עשרים שנה לפרטו של הסופר, ונמצא שהוא עומד בשנת מאתים שבעים ושתים לחורבן.
עשרים שנה בביתך הר"ח מסביר שעניינו של הסימן הוא: עשרים שנה יש להוסיף על מנין השטרות כדי למצוא את מספר השנים למנין "ביתך", כלומר למנין השנים מאז חורבן הבית. ובריטב"א מסביר בדרך שונה קצת, שהתנא אומר לסופר: חסרות לי, למנייני, עשרים שנה במניינך.
ספרא בצירא שבכלל היו אומרים שהסופר מקצר, שכן דרכם של כותבי השטרות הרשמיים לקצר בכתיבתם (ואף משתמשים בקיצורים שונים) כדי לחסוך לעצמם כתיבה. והסביר רש"י כי זאת היא הסיבה שרב פפא השתמש בדרך של הוספת עשרים שנה למנין הסופר, ולא להיפך, בחיסור של שמונים שנה (והוא כדברי הערוך). ועוד הסביר כי רב פפא אחז בדרך קצרה.
תנא תוספאה ביטוי זה משמעו — הוא התנא של התוספתא, התנא ששונה את התוספתא. אלא שהשתמשו בביטוי זה לסימן, שבחשבונות השנים התנא הוא זה שמוסיף.
ששת אלפים וכו' שהוא כנגד מנין ימות השבוע (אלף ליום, בבחינת "כי אלף שנים בעיניך כיום אתמול", תהלים צ, ד) והאלף השביעי שהוא כנגד יום השבת הוא יום של מנוחת העולם באחרית הימים (רש"י).
שני אלפים ימות המשיח כלומר, בתוך אלפים שנים אחרונות מגיע הזמן שבו ראוי למשיח לבוא, בין שיבוא בתחילת זמן זה או בסופו (פרדס רמונים, וכן כיוון לדעה זו בתורת חיים).
בעונותינו שרבו לא הגיע המשיח בתחילת שנת ארבעת אלפים לבריאה, שעוונותינו גורמים לעכב את הגאולה.
ממתן תורה וכו' גרסתנו בענין זה היא בעיקרה גרסת רש"י, ולפיה מדובר כאן בדחיה אחת של האפשרות שאלפיים של תורה מתחילים מזמן מתן תורה. והוא שממתן תורה ועד עכשיו ("השתא"), כלומר עד תחילת אלפיים של משיח, יש פחות מאלפיים שנה, שאם מעיינים בדבר הרי מתן תורה היה כאלפיים חמש מאות שנה לאחר בריאת העולם (ובדיוק, אלפיים ארבע מאות ארבעים ושמונה), ונמצא שעברו כאלף וחמש מאות שנה בלבד עד ימות המשיח. והרבה ראשונים לא קיבלו את גרסת רש"י, משום שלשון "השתא" מתאימה יותר לזמן של חכמי הגמרא, ועוד שיש בכך ייתור לשון (ראה בריטב"א). ולפי גרסת שאר הראשונים יש כאן שתי דחיות: זו שפירש רש"י (והיא השניה, המתחילה "ועוד דכי מעיינת בהו" וכו'). וההוכחה הראשונה היא שאם מונים מזמן מתן תורה עד עכשיו, כלומר עד זמן כתיבת הגמרא (בזמנו של רב אשי, שנפטר בשנת ד' אלפים קפ"ו לבריאה, לפי עדותו של רב שרירא גאון) וכל שכן עד זמנו של כותב תנא דבי אליהו (רב ענן) שהיה מוקדם יותר, עדיין לא נשלמו אלפיים שנה של תורה (תוס' ר"ש משאנץ, ריטב"א ועוד). וראה גרסות.
בר חמשין ותרתי הוה והעירו בתוס' (וכן הוכיחו זאת בדרכים אחרות) שצריך לומר ששתי פעמים יצא מחרן לארץ ישראל, לפי שבתורה נאמר שאברהם יצא מחרן בגיל שבעים וחמש, ופעם ראשונה יצא בהיותו בן חמשים ושתים (כמבואר כאן). ומדברי ר"ח עולה כי בן חמשים ושתים שנה היה כשהכניס בני אדם תחת כנפי השכינה, ואין הכוונה כאן לזמן שיצא מחרן.
ניטפי עלייהו ארבעים ותמני שהרי שני אלפים תורה (והוא ארבעת אלפים לבריאת העולם) מסתיימים בשנת מאה שבעים ושתים לאחר החורבן (ראה את החשבון ברש"י בשם סדר עולם), ויש להוסיף לכך שלוש מאות ושמונים שנה של מנין השטרות קודם החורבן, וביחד נמצא ההבדל חמש מאות חמישים ושתים שנה. וכדי להגיע למספר השנה בפרט — יוסיף התנא ארבעים ושמונה (המשלימות לשש מאות). והעיר רש"י כי מה שלא אמר שיחסר חמישים ושתים הוא כדי לשמור את הסימן — שהתנא הוא המוסיף והסופר הוא המחסר. ועוד, שיש סימן נוסף להלן ולפיו הסופר ממעט.

מסורת הש"ס

א. סדר עולם רבה פ"ל. ילק"ש נ"ך תתרסו.
ב. סנהדרין צז,א. תנדבא"ר פ"ב. ילק"ש שם שצד. שם תתפח.

גרסות

מלכות חשמונאי בפני הבית בכת"י ועוד: **מלכות בית חשמונאי.**

צא וחשוב כמה שנים בכתי"מ ועוד: **צא וחשוב.**

מאתן ושית הוו בכתי"ס: **מאתן ושית מלכו בית רומיים.**

אלא עשרין ושית בכת"י: **אלא שמע מינה דעשרין ושית.**

ואמטו להכי בכתי"ס: **ואמטול הכי** ובכתי"מ: **משום הכי.**

טעי האי תנא בכתי"מ: **טעי תנא.**

אנכי בביתך במקרא וכן בכת"י: **בביתך** וראה בראשית לא, לח.

יצאו מהן מה שיצאו בכתי"מ: **יצאו מה שיצאו** ובכתי"ס: **יצאו מהן מה שיצאו.**

דכי מעיינת בהו יש במקורות, וכן הובא גליון בכתי"ס: **ועוד כי מעיינת בהו** וראה עיונים.

תרי אלפי פרטי דהאי אלפא הוא דהואי בכתי"מ: **אלפא וחמש מאה וחמשין ותרתין פרטא דאידך אלפא הוא** ובדומה לכך בכתי"ס: **אלפא ופרטא דהאי אלפא הוא דהוו.**

חמשין ותרתי בכת"י: **חמשין ותרתי שנין.**

לשון

חומריה
מקור המלה הוא כנראה בפרסית הבינונית hamar שמשמעה: מנין, מספר. כאן ניתנה למלה צורה ארמית בדומה למלה חומרא במשמעויות אחרות.

החיים

מלכות פרס וכו'
המספרים השונים הללו מעוררים סוגים רבים של בעיות, בין השאר משום שאין זה ברור מתי בדיוק מתחילה כל ספירה (לפי שאין מאורע מצויין בתחילת כל מספר להדריכנו בזה). לגבי מנין מלכות בית חשמונאי נראה כי נמשך עד לסוף שלטונה של המלכה שלומציון (67 לפסה"נ). ומאז, אף שהיו עוד מלכים מבית חשמונאי (הורקנוס ואריסטובלוס אחיו, בני שלומציון) מכל מקום רוב הזמן היה השלטון הממשי בידי אביו של הורדוס ובידי צאצאיו.

וליטפי עליה
מנין שטרות (שהוא המנין שהסופר כותב בו שטרותיו) מתחיל בשנת ג' תמ"ח (שלושת אלפים ארבע מאות ארבעים ושמונה) לבריאת העולם, ואילו המנין לחורבן הבית מתחיל בשנת ג' תתכ"ח (שלושת אלפים שמונה מאות עשרים ושמונה). כאשר אין מחשיבים את המאות מתברר כי ההבדל בין שני המניינים הוא עשרים שנה, וכל תאריך לחורבן יהא מוקדם בעשרים שנה למנין שטרות.

אי טעי ספרא
אף שהסופר (הלבלר, כותב השטרות) כותב שטרות תדיר, מכל מקום עשוי שיטעה במספרים. כי לעתים היו כותבים שטרות לפי מניינים שונים של המלכות שבה היו חיים (לשנות המלך או המושל) ולפיכך פעמים שלא היה זוכר את המספר המדוייק למנין שטרות.

תורה אור

א מלכות פרס בפני הבית שלשים וארבע שנה מלכות יון בפני הבית מאה ושמונים שנה מלכות חשמונאי בפני הבית מאה ושלש מלכות בית הורדוס מאה ושלש מכאן ואילך צא וחשוב כמה שנים אחר חורבן הבית אלמא מאתן ושית הוו ואת אמרת מאה ושמונים הוו אלא עשרין ושית שנין קמו בהימנותייהו בהדי ישראל ולא אישתעבדו בהו ואמטו להכי לא קא חשיב

א להו כשפשטה מלכות הרשעה על ישראל אמר רב פפא אי טעי האי תנא ולא ידע פרטי כמה הוה לישייליה לספרא כמה כתיב וניטפי עלייהו עשרין שנין ומשכח ליה לחומריה וסימניך זה לי עשרים שנה (אנכי) בביתך אי (בראשית לא) טעי ספרא נשייליה לתנא כמה חשיב ונבצר מינייהו עשרין שנין ומשכח

ב ליה לחומריה וסימניך *ספרא בצירא תנא תוספאה *) ב תנא דבי אליהו ששת אלפים שנה הוי העולם שני אלפים תוהו שני אלפים תורה שני אלפים ימות המשיח בעונותינו שרבו יצאו מהן מה שיצאו מהן שני אלפים תורה מאימת אי נימא ממתן תורה עד השתא ליכא כולי האי דכי מעיינת בהו תרי אלפי(א) פרטי דהאי אלפא הוא דהואי אלא מואת הנפש (שם יב) אשר עשו בחרן וגמירי דאברהם בההיא שעתא בר חמשין ותרתי הוה כמה בצרן מדתני תנא ארבע מאה וארבעים ותמניא שנין הויין כי מעיינת ביה מהנפש אשר עשו בחרן עד מתן תורה ארבע מאה וארבעים ותמניא שנין הויין אמר רב פפא אי טעי תנא ולא ידע פרטיה כמה הוי לישייליה לספרא כמה כתיב וניטפי עלייהו ארבעין ותמני ומשכח ליה לחומריה וסימניך ארבעים

*) סנהדרין לז.

מלכות פרס בפני הבית. בזמן הבית בעודו בנוי לאחר שבנאו כורש נמשכה מלכותו שלשים וארבע שנים ובטלה ותפשוה בני יון ומלכו מאה ושמונים הרי מאתים וי"ד ובני חשמונאי נטלו מלכות מיונים ומלכו ק"ג והורדוס אחריהם ק"ג הרי ד' מאות וכ' שנה שהיה בית שני בישובו: **מכאן ואילך.** ממלכות הורדוס ואילך חרב הבית ובטלה מלכותן: **צא וחשוב.** והבא למנות סדר חכמים וחייהם או שני שטר חוב או שום מעשה המאורע ימנה לחורבן מעכשיו כך וכך שנים לחורבן הבית אלמא מאתן ושית קודם חורבן הבית פשטה דהא אמרן לעיל דרומיים וישראל נטלו יחד המלכות מיונים וקתני הכא דישראל מלכו קודם חורבן מאתן ושית: **אמטו להכי לא חשיב להו.** ר' ישמעאל לעיל בהדי הנך דפשטה על ישראל דהא בהנהו לא שלטה עליהן דשותפי הוו: **אמר רב פפא אי טעי האי תנא.** דתנייה להך מתני' דלא וחשוב אחר חורבן: **ולא ידע.** במנין שנים שאחר חורבן הבית כמה שנים טעה בשנה שהוא עומד בה לא ידע אי שנת כ' היא על המאות או שנת כ"א או שתים: **פרטי כמה הוו.** אין אדם טועה במאות אלא טועה בשנה או בשתים דהיינו פרטי דמאות ואלפים הוו כללי: **נשייליה לספרא כמה.** לסופר הכותב גטין ושטרות שהוא מונה למלכות יון כדאמר לקמן (דף י.) בגולה אין מונין אלא למלכות יון ואין מונין לתחלת מלכותן שהיו שש שנים מקוטעות שלא מלכו אלא בעילם ומשש שנים ואילך פשטה מלכותן ומשם והלאה מונין להן כדאמר לקמן נישייליה האי תנא לספרא כמה פרט השנים יש לו על הכלל שלו: **ונטפי עלייהו.** תנא עשרין שנין אם יש לו לסופר פרט ט"ו על כללו למנין יונים יש לו לתנא ל"ה פרט על כללו למנין שני חורבן: **לחומריה.** קשר כלומר סכום חשבונו ימלא כהוגן שהרי מנין הסופר מתחיל ש"פ שנים קודם החורבן כדתניא לעיל דיון נטלו מלכות לסוף ל"ד לבנין הבית הוסף עליהם שש שנים שאין מונין להן הרי תחלת מניינם לסוף מ' לבניינו דהיינו ש"פ קודם חורבן נמצא כשהתחיל תנא למנות לחורבן ומנה כבר כ' שנה נשלם כלל הסופר להיות ד' מאות וכשהיה לסופר אחת פרט הי' ליה לתנא כ' ואחת כשהיה לסופר עשר שנים פרט היה לו לתנא ל' כשהגיע הסופר לת"ק ואחת יש לו לתנא קכ"א דהוי פרטי כ"א וה"ה דמצי למיתני נבצר מנייהו תמנן ואידי ואידי חד חושבנא ודרך קצרה נקט למלתיה: **ואי טעי ספרא.** בפרטא דידיה נשייליה לתנא כמה פרטא דיליה ונבצר מינייהו עשרין וטעמא כדפרישית ואם יהיו לו לתנא מאתים ול' יהיו לו לסופר שש מאות ועשר ואם יש לתנא מאתים ועשר יהיו לו לסופר חמש מאות ותשעים וה"ה דמצי למיתני ניטפי עלייהו תמנן אלא משום דרך קצרה נקט ועוד דבעי לאוקומי בצירותא אספרא ותוספתא אתנא משום סימנא דספרא בצירא ותנא תוספאה: **וסימנך.** שלא(ב) תתחלף הי מבצר והי מטפי: **ספרא בצירא.** מדקדק בתיבות וכותבן במסורה בחסרון אותיות: **תנא תוספאה.** תני תוספתא: **ששת אלפים שנים.** נגזר על העולם להתקיים כמנין ימי השבוע וביום השביעי שבת ובשבעת אלפים נוח לעולם: **שני אלפים.** ראשונים נגזר עליו להיות תוהו בלא תורה: **ושני אלפים תורה.** בלא ימות המשיח: **ושני אלפים ימות המשיח ובעונותינו שרבו יצאו.** משני אלפים אחרונים מה שיצאו ומשיח לא בא: **אי נימא ממתן תורה ועד עכשיו.** עד גמר ארבעת אלפים לבריאת עולם כדקאמרת ליכא ב' אלפים: **דכי מעיינת בהו.** בשני קמאי דתוהו קודם מתן תורה תרי אלפים ופרטי מאלף ג' תמ"ח שנים משכחת בהו: הכי גרסינן **דכי מעיינת בהו בשני דקודם מתן תורה כו'.** ולא גרסינן ועוד דכי מעיינת כו' ופירושה כדפרישית צא וחשוב שנות דור ודור שחי כל אחד קודם שנולד בנו דשנים שאחרי כן אתה נותן לבן ותמצא מאדם עד שנולד נח תתרנ"ו שנים ונח חי תק"ב שנים קודם שנולד שם דכתיב (בראשית ה) ויהי נח בן חמש מאות שנה וגו' כשנולד בנו הראשון היה בן ת"ק שנים(ג) ויפת הוא הגדול משם שנה ושם גדול מחם שנה הרי תק"ב שנים לנח כשנולד שם כדכתיב (שם יא) *[שם] בן מאת שנה ויולד את ארפכשד שנתים אחר המבול ואם שם לת"ק שנים דנח אתייליד כי מטו שנתים אחר המבול הוה ליה בר ק"ב דהא כתיב (שם ז) ונח בן שש מאות שנה והמבול היה חשוב תק"ב דנח ומאה דשם עד ארפכשד והוסף על נ"ו של פרט הרי תרנ"ח וארפכשד הוליד את שלח בל"ה הרי תרל"ג ומשלח עד עבר ל' הרי תשכ"ג ומעבר עד פלג ל"ד הרי תשנ"ז ומפלג עד רעו ל' הרי תשפ"ז ומרעו לשרוג ל"ב הרי תתי"ט ומשרוג לנחור ל' הרי תתמ"ט ומנחור לתרח כ"ט הרי תתע"ח ומתרח לאברהם ע' הרי תתקמ"ח על אלף ומאברהם עד יצחק ק' הרי אלפים ומ"ח ומיצחק עד מתן תורה ת' שנים כיצד ס' עד שנולד יעקב וכרדתו למצרים כתיב ימי שני מגורי שלשים ומאת שנה הרי ק"צ משנולד יצחק וישראל היו במצרים רד"ו הרי ד' מאות ומ"ח שנים על אלפים לבריאת עולם נמצא ממתן תורה עד ד' אלפים לבריאתו של עולם אלף וחמש מאות וחמשים ושתים: **אלא מן ואת הנפש וגו'.** ומתרגמינן דשעבידו לאורייתא: **וגמירי דההיא שעתא הוה אברהם בר נ"ב.** הוסיפם על אלף ותתקמ"ח שהיו בידך כשנולד אברהם הרי אלפים תוהו: **דכמה בצירן.** לך השתא דתורה דתני תנא: **תמ"ח שנים.** היו בצירן לך: **כי מעיינת מואת הנפש אשר עשו עד מתן תורה.** הכי הוו הוסף אותן על מנין מתן תורה ונמצא אלפים מכוונין מואת הנפש אשר עשו וגו' עד גמר ד' אלפים לבריאת עולם והוא קע"ב שנים לאחר חורבן כיצד הרי מנית עד יציאת מצרים תמ"ח על עודף אלפים וכתיב (מ"א ו) ויהי בשמונים שנה וארבע מאות שנה לצאת בני ישראל עד ויבן שלמה את הבית הרי תתקכ"ח על אלפים כשנבנה הבית וימי בית ראשון ד' מאות ועשר הרי שלשה אלפים ושל"ח שנים וגלות בבל ע' שנים הרי ת"ח וימי בית שני ת"ך הרי תתכ"ח נמצא קע"ב חסרין מד' אלפים והכי תני בסדר עולם: **אי טעי תנא.** דתני ובעונותינו שרבו יצאו מהן מה שיצאו ורוצה למנות כמה יצאו מימות המשיח וטועה בשנה או בשתים או יותר דלא ידע פרטי על כלל המאות כמה הוו דאין אדם טועה במאות לפיכך לא הוצרך רב פפא לתת סימן בטעותא דכללי: **לישייליה לספרא.** המונה למלכות יון כמה פרטי הוא כותב על כללא דידיה: **ונטפיה.** תנא בפרטא דידיה על פרטא דספרא: **מ"ח שנה.** שהרי מנין התנא מתחיל לאחר קע"ב שנים לחורבן הבית שכלמו שני אלפים תורה ומנין הסופר מתחיל ש"פ שנים קודם חורבן הבית הרי מנין הסופר קודם לתנא תקנ"ב שנים וכשמונה התנא ארבעים ושמונה שנה נשלמו כללו של סופר לשש מאות והתחיל פרטו מכאן ואילך כשהיה לו שנה פרט היו לו לתנא מ"ט כשהיו י' שנים פרט היו לו לתנא נ"ח וה"ה דמצי למימר ונבציר מינייהו נ' ושנים שנה שהי' לו לסופר קודם שהתחיל תנא למנות אלא משום דנקט סימנא מ"ח עיר ועוד דבעי לאוקומי בצירותא אספרא משום סימנא דספרא בצירא תנא תוספאה: **תנא תוספאה.** קורא מקרא שלם בתוספת אותיות. לישנא אחרינא קרי תוספאה וזה נראה עיקר דלענין קריאה דקרא לא שייך תנא כלל אלא קרא:
ארבעים

וגמירי דאברהם אבינו בההיא שעתא בר חמשין ותרתי שנין הוה. ואע"ג דכתיב (בראשית יב) ואברם בן חמש [שנים] ושבעים שנה בצאתו מחרן שתי יציאות הוו שהרי בברית בין הבתרים היה בן שבעים ואז היה בא"י ושוב חזר לחרן ועשה שם חמש שנים כדאיתא בסדר עולם ובפ"ק דשבת (דף י. ד"ה ושל) הארכתי היטב:
האי

[פי' מנהג הכותב מקרא לכתוב בחיסור כגון משה בלא וי"ו לאחר בלא וי"ו אבל התנא מנהגו לכתוב התיבה מלא בלא חיסור עי' בערוך ערך ספר ב']

כדפו"י

הגהות הב"ח

(א) גמ' תרי אלפי ופרטי: (ב) רש"י ד"ה וסימנך שלא תתחלף הי: (ג) ד"ה ה"ג דכי וכו' ויפת הוא הגדול. נ"ב עיין בפ' בן סורר ומורה בדף ס"ט:

רבינו חננאל

מלכות פרס בפני הבית ל"ד שנה מלכות יון בפני הבית ק"פ שנה מלכות בית חשמונאי ק"ג שנה מלכות הורדוס ק"ג מיכן ואילך צא וחשוב לחרבן. הנה ממלכות בית חשמונאי מלכות רומי היא אלמא מאתן ושית הוו. ופרקי' ר' יוסי כ"ו דקמו להו בהימנותיהו לא חשיב להו דלא חשיב אלא שנין דאישתעבידו להו והני כ"ו לא אישתעבידו להו. אמר רב פפא אי טעי תנא ולא ידע כמה פרטי. והוא התנא דתני להא מתניתא דר' יוסי ואמר מלכות פרס בפני הבית ל"ד שנה מלכות יון בפני הבית ק"פ שנה מלכות בית חשמונאים ק"ג מלכות הורדוס ק"ג שנה לדברי ר' יוסי אתה מוצא בעת שחרב הבית היה למלכות יון שפ"ו שנים אלא שאין אנו עכשיו מחשבין להן כן לפי ששש שנים מלכו בעילם ואח"כ פשטה מלכותם בכל העולם כדבעינן למימר לקמן הלכך הנך שית שנין דלא פשטה מלכותם בכל העולם לא חשבינן להו וכי בצרת להו משני מלכותם הוו להו בעת שחרב הבית ש"פ שנים שכל ימי הבית ת"כ הוו דל מינייהו ל"ד לפרס ושית שמלכו יון בעילם הא מ' אישתיירו להו ש"פ שנה הלכך כד מוספת על שנות החרבן ש"פ שני משכחת להו א) לשני מלכות יונאי: חרבן הבית תתקע"א זה הוא התנא שמחשב תתקע"א לחרבן וספרא מחשב למלכות יון שהוא קודם החרבן ש"פ שנה. ובזמן שיש לחרבן תתקע"א שנה הוא למלכות יון אלף ב) שנה והוא חשבון השטרות שהתחילו למנות משנת שלשת אלפים וד' מאות [וארבעים ושמונה] לבריאת עולם והסימן ג' תמ"ח לפי שאחר אלפים ותמ"ח שנה לבריאת עולם יצאו בני ישראל ממצרים וניתנה להם התורה והסימן ב' תמ"ח ואחר ת"פ שנה לצאתם ממצרים בנה שלמה בית ראשון ועמד ת"י שנה ואחר ע' שנה לחרבן הבית נבנה בית שני ומלכו בו פרסיים ל"ד שנים ומלכו יון שש שנים בעילם ואחר כך פשטה מלכותם בכל העולם נמצא עתה מעת שנברא העולם עד שפשטה מלכות יון בכל העולם ג' תמ"ח ולפיכך כשאתה משליך משנות העולם ג' תמ"ח הנשאר בידך משני העולם הוא מנין שני מלכות יון כמו שנתינו זו שהיא שנת ד' אלפים ג) ותתי"ג לעולם כשתחסיר מהם ג' תמ"ח נשארו בידך אלף ושל"ה למלכות יון ואם יטעה התנא בפרטן שהן ע"א ישאל לסופר כמה פרטין. יאמר לו נ"א מוסיף כ' הרי ע"א ואלו הן פרטי התנא וסימן זה לי עשרים שנה בביתך. כלומר עשרים שנה למצוא חשבון חרבן הבית וכן אם טעה הסופר בפרטיו שואל לתנא כמה פרטיו ופוחת כ' ומוצא פרטיו וסימן תנא תוספאה ספרא חסריה: תנא דבי אליהו ששת אלפים שנה הוי עלמא שני אלפים תהו.

פי' שני אלפים שנה משנברא העולם עד שבא אברהם אבינו והכניס בני אדם תחת כנפי השכינה כדכתיב ואת הנפש אשר עשו בחרן וגמירי דאברהם אבינו בההיא עידנא בר נ"ב שנין הוה. מ"ח עם נ"ב הרי מאה לא"א כשהוליד את יצחק ועל יצחק נאמר כי גר יהיה זרעך וגו' גירות ועבדות ת' שנה עד שיצאו ממצרים הרי תמ"ח שנים מההיא שעתא ופרטן מ"ח עד שהוליד את יצחק ס' עד שהוליד יצחק את יעקב מאה ול' עד שירד יעקב למצרים מאתים ועשר שנים עד שיצאו ממצרים מנין רד"ו ובשנת אלף תקנ"ב למתן תורה שלמו שני אלפים תורה ואח"כ שני אלפים ימות המשיח ובעונותינו שרבו ויצאו מימות המשיח תת"ג שנה עכשיו אם טעה זה התנא פי' שאמר ובעונותינו שרבו יצאו מהם כך וכך והוא שמחשב לבריאת עולם ובפרטי שואל לסופר פירוש שמחשב למלכות יון כמה פרטי בידו ואמר לו נ"א מוסיף עליהן מ"ח הרי

א) נ"ל לשני מלכות יונאי כמו שנתינו זו שהוא לחורבן הבית תתקע"ה וכו' שמחשב תתקע"ה כו'. ב) נ"ל אלף שנ"ה שנה כצ"ל ועי' בצ"ד ובסה"ד דרבינו נתמנה לנשיאות בשנת ד' אלפים ותת"ד אפשר שזה כתב ז' שנים מקודם. ג) נ"ל ותת"ג כו' אלף ושנ"ה כו' שהן ע"ה כו' יאמר לו נ"ה כו' הרי ע"ה כו'.

לד א עי' במיי' פ"י מהל' שמיטין הלכה ה' וכ"מ שם:

ארבעים ושמונה עיר ואי טעי ספרא נשייליה לתנא כמה קתני וניבצר מינייהו ארבעים ושמונה ומשכח ליה לחומריה וסימניך
א ספרא בצירא תנא תוספאה אמר רב הונא בריה דרב יהושע [א]האי מאן דלא ידע כמה שני בשבוע הוא עומד ניטפי חד שתא ונחשוב כללי ביובלי ופרטי בשבועי ונשקל ממאה תרי ונשדי אפרטי ונחשובינהו לפרטי בשבועי וידע כמה שני בשבוע וסימניך כי זה שנתים הרעב בקרב הארץ אמר רבי חנינא אחר ארבע מאות לחורבן הבית אם יאמר לך אדם קח שדה שוה אלף דינרים בדינר אחד לא תקח במתניתא תנא [א]אחר ארבעת אלפים ומאתים ושלשים ואחת שנה לבריאת עולם אם יאמר לך אדם קח לך שדה שוה אלף דינרים בדינר אחד אל תקח מאי בינייהו איכא בינייהו תלת שנין דמתניתא טפיא
ב תלת שני ההוא שטרא דהוה כתיב ביה
שית

תורה אור: במדבר לה; בראשית מה

ארבעים ושמונה עיר. בערי הלוים כתיב: האי מאן דלא ידע בכמה שני בשבוע. קאי למנין סדר שמיטות שהיו ישראל מונין והולכין בפני הבית דקי"ל שביעית בזמן הזה נהגא ואפי' (*לר"מ) דאמר בזמן שאתה משמט קרקע אתה משמט כספים מודה הוא דמדרבנן נהגא בפ' השולח גט (גיטין דף לו.) ובמשקין בית השלחין (מו"ק דף ב:): נטפי חדא שתא. על שנין דמחורבן ועד שנה שהוא עומד בה מהאי טעמא דתניא (תענית דף כט.) מגלגלין זכות ליום זכאי וחובה ליום חייב כשחרב הבית בראשונה מוצאי שבת היה ומוצאי שביעית היתה ותשעה באב היה וכן בשניה אלמא שתא דחורבן אתחלתא דשמטה למהדר הוות ומאן דמני לשני חורבן לא מני להחיא שתא בהדי שני דחורבן אלא בהדי שני דקם ביתא הואיל ונפק ליה רובא בט' באב הלכך מאן דבעי לממני שמטה לוספה לשנת חורבן על מנין שני דבתר חורבן: ונחשב כללי. המאות ביובלי שתי יובלות למאה לקצר מניינו: ונשקול מכל מאה תרתי ונישדי אפרטי. כר' יהודה דאמר (ר"ה דף ט.) שנת חמשים עולה לכאן ולכאן היא שנת יובל והיא שנת תחלת השמטה הבאה ונמנית לראש יובל הבא דאי כרבנן הא אמרי שנת חמשים היא שנת יובל היא שנת חמשים ובחמשים ואחת מתחיל מנין יובל הבא נמצאת שנה מתוספת על סדר השמטה לכל יובל ולרבי יהודה משהתחילו למנות השמיטין לא זז הסדר משבע שנים לז' שנים: וסימן. דלא תעביד כרבנן אלא כר' יהודה למשקל תרתי שני מכל מאה כי זה שנתים ובמסכת ערכין (דף יב:) פרכינן לר' יהודה חורבן בית שני במוצאי שביעית מי משכחת ליה מכדי בית שני כמה קם ארבע מאות ועשרים פש ליה תמני שני לארבע מאה דיובלי שדינהו אעשרים הרי עשרים ושמונה אשתכח דבשנת השמטה חרב ומשנינן* הנך שית שנין עד דסליק עזרא ומקדיש לא מני שמיטין הלכך דל מנייהו שית שני קמייתא אשתכח דבעשרין ותרתי ליובל חרב והיא מוצאי שביעית: אל תקח. שהיא קץ הגאולה ותקבץ להר הקודש לנחלת אבותיך ולמה תפסיד הדינר: דמתניתא טפיא תלת שנין. לחשבון הברייתא מושך הגלות שלש שנים יותר דאמרינן לעיל אחר קע"ב שנים לאחר חורבן נשלמו ארבע אלפים הוסיף עליהם רל"א דקתני בברייתא הרי הקץ לאחר ת"ג לחורבן ורבי חנינא ת' קאמר כשאמר רבי חנינא למילתיה עדיין לא עברו ת' לחורבן:
שית

[נ"ל לרבי] [שם יג.]

האי מאן דלא ידע בכמה שני בשבוע קאי נטפי חדא שתא כו'. מתוך פירוש רש"י משמע שרוצה לפרש דמוצאי שביעית היה כשחרב הבית בשניה כלומר שנה שמתחלת שמטה לחזור והבית חרב בשנת ת"ך לבניינו ולפי שכבר יצא רוב השנה אין התנא המונה שני החורבן מונה אותה אלא מתחיל משנה של אחריה שהיא שניה של שמיטה לפיכך יש להוסיף שנה אחת על מנין שנות התנא ועוד פירש דבערכין (דף יב:) פריך לר' יהודה ביתא כמה קם ת"ך פש להו תמני שני לארבע מאה משום יובלי שדינהו אעשרים הוו להו כ"ח אשתכח דבשנת שמטה חרב ומסיק הנך שית שנין עד דסליק עזרא ומקדים דלא מני שמיטות לא קא חשיב אשתכח דבעשרים שנין ותרתין ליובל חריב והיא מוצאי שביעית ונראה דאגב חורפיה לא דק הוא[א] מה שפירש דבשנת ת"ך חרב הבית אין זה כי אם תכ"א כדמוכח הסוגיא בהדיא בערכין (שם) ועוד קשיא מה שפירש דבערכין פריך לר' יהודה ליתא דלא פריך אלא לרבנן ואילו לר' יהודה ניחא והכי איתא התם בפ' שני דערכין מוצאי שביעית בשניה מי משכחת לה מכדי ביתא כמה קם ת"ך פירוש מלבד שנת החורבן ארבע מאה תמניא יובלי פירוש כדרבנן ועשרים שנין אשתכח בשנת שמטה חריב פי' בשנת עשרים ואחת ואית ספרים דגרסי בשית בשבוע חריב וקאי אשנת ת"ך דאיירי ביה ומשני הא מני רבי יהודה היא דאמר שנת חמשים עולה לכאן ולכאן פש תמניא מתמניא יובלי וכ' שנין הרי עשרים ושמנה ובשנת תכ"א חרב הבית אשתכח דבמוצאי שביעית חרב[ב] ולאותו תירוץ דעזרא דשית שנין שפ"ה שנויא אחרינא הוא דמסיק רב אשי ליישב אף לרבנן דשית שנין עד דסליק עזרא לא קא חשיב אם כן הוו להו תמני יובלי וארבע עשרה שנה ושנת ארבע מאות ועשרים ואחת שאחריה חרב הבית אשתכח דבמוצאי שביעית חרב אלמא מוכח בהדיא דבשנת ארבע מאות ועשרים ואחת חרב הבית לכך נראה שחזר בו רש"י ממה שפירש כאן בפירושיו מלבד בערכין כמו שפירשתי וגם רשב"ם אומר דודאי בשנת תכ"א חרב הבית והאי דקאמר נטפי חדא שתא היינו לפי שאין התנא מונה שנת כ"א עם שנות חורבן אלא בהדי דקם ביתא ולפי זה מתישבת הסוגיא בערכין כמו שפירש אכן קשיא שמונה שנת תכ"א משנות בנין ובכל דוכתא לא מנינן אלא ת"כ והכי נמי אמר לעיל מלכות פרס ל"ד מלכות יון ק"פ מלכות בית חשמונאי ק"ג מלכות בית הורדוס ק"ג והם שלמו לשנת ת"כ אבל שנת תכ"א היא משני החורבן ועוד קשיא כי לפי זה יהיה שקר מה שנהוג בפי העולם לומר קע"ב אחר החורבן נשלמו ארבעת אלפים ולא היה להם לומר אלא קע"א למנין התנא שמונה תכ"א בבנין ועוד דכל סוגי' ההלכה לעיל ניטפי ארבעין ותמני הכל לפי אותו דרך שבתחלת המנין לא נמנה כי אם ת"ך וכן בסמוך דקאמר מתני' טפיא שלש שנים ואם קם תכ"א לא טפיא אלא שתי שנים ועוד הקשה ר"ת בין לפירוש זה בין לפירוש ראשון דקאמר וסימניך כי זה שנתים דקאי אנשקול מכל מאה תרתי ונותן סימן לעשות כרבי יהודה ולא כרבנן ואין זה כשאר סימני ההלכה דקיימי אנטפי ואניבצר ולא היה לו להניח סימן כי אם אנטפי חדא שתא וה"מ לאתויי נקי יהיה לביתו שנה אחת (דברים כד) לכך נראה לר"ת כגי' ר"ח האי מאן דלא ידע בכמה שני בשבוע ניבצר תרתין שנין או ניטפי חמש שנין ונחשוב כללי ביובלי ופרטי בשבועי וסימניך כי זה שנתים הרעב בקרב הארץ ועוד חמש שנים אשר אין חריש וקציר ולא קאי כלל אשנים דלאחר חורבן אלא אמנין מלכות יונים שהתחלת מלכותם לפשוט בעולם בשנת מ"א לבנין הבית שהרי מלכות פרס ל"ד בפני הבית ויונים מלכו שש שנים שלא פשטה מלכותם דלא חשיב הרי ארבעים ובשנת מ"א התחילו למנות למלכותם ואם כן שנה שלישית למלכותם היא שנת ארבעים ושלש לבנין בית והיא שנה ראשונה של שמטה לרבי יהודה דבתחלת הבנין התחילו למנות השמיטין וה"ק דהבא לידע שנות השמטה יפחות ממניינם שתי שנים ומתחיל שמטה למנות או תוסיף חמש שנים על מניינם ויהיה הדבר מכוון והשתא ניחא שכל הפסוק הוא סימן לתוספת ולפחת ופסק רבינו ברוך בספר התרומה דהלכה כרבי יהודה דאמר שנת חמשים עולה לכאן ולכאן ואע"ג *דבערכין (דף יג) ובפ"ק דראש השנה (דף ט. ושם) קאמר לאפוקי מדרבי יהודה מ"מ כך הלכה דכה"ג אשכחנא[א] פ"ק דכתובות (דף י) דקאמר לאפוקי מדרשב"ג דאמר כתובה דאורייתא אע"ג דהלכה דכתובה דאורייתא ובפ"ק דכתובות הארכתי ובתוספות רבינו יהודה נמי משמע דהלכה כרבי יהודה שמחשב בהם שנת שמטה שבזמן הזה מ"ט שנה לכל יובל וכן פירש לפרש"י בשמעתין שבשנת ת"ך התחילה שמטה לחזור וקע"ב לאחר חורבן נשלמו ד' אלפים והוסיף עליהם שנת ת"ך והרי קע"ג ואלף חמישי כולו וט"ו של ששי הרי אלף וקפ"ח הולא האלף וק"נ ביובלי ונשקול מכל מאה תרתי הרי כ"ג שנים שעלה יתרון היובלות שיהא על ל"ח שנה שנשארו מן האלף וק"נ ועולה ס"א הנ"ו הם ז' ז' נשארו ה' שנים הרי לפי זה שנת י"א לאלף ששי התחלת שמטה לחזור ולפי' רשב"ם שפירש דבשנת תכ"א חרב הבית והיא היתה תחלת שמטה לא התחילה שמטה לחזור עד שנת י"ב לפרט וכן לפר"ת ולא תחשוב ג' מאות ופ' שנה בפני הבית התחילה מלכות יונים וקע"ב לאחר חורבן נשלמו ארבעת אלפים הרי תקנ"ב פחות מהם ב' שנים כדקאמר בציר תרי שני והיו תק"נ וכל אלף חמישי וט"ו שנים מן הששי הרי ט"ו מאות ושסים וחמש שנים הי"ד מאות הולכים בז' ז' נשארו קס"ה הק"מ הולכים בז' ז' ונשארו כ"ה והם ד' שנים אחר שביעיות הרי בשנת שתים עשרה לאלף ששי התחילה שמטה: לאחר ארבעת אלפים ורל"א. היינו דאמר בחלק (סנהדרין דף צז:) אמר ליה אליהו לרב יהודה לא פחות עלמא מפ"ה יובלות וביובל אחרון בן דוד בא א"ל בתחילתו או בסופו אמר ליה איני יודע וארבע אלפים ומאתים הם פ"ד יובלות וקאמר הכא כשיעבור רוב יובל אחרון יבא והתם מסיק רב אשי עד הכא לא תסכי ליה מכאן ואילך סכי ליה:

א) [נ"ל בפ' בתרא (דף קי:)]

ספרא

רבינו חננאל

הרי צ"ט ואלו הן פרטיו וסימן מ"ח עיר. וכן אם טעה הסופר בפרטותיו ישאל לתנא כמה פרטותיו יאמר לו צ"ט יפחות מהן מ"ח נשארו נ"א ואלו הן פרטותיו וסימן תנא תוספאה ספרא חסירה: וסוגיין דשמעתין הוא כי שניהם לא התנא ולא הסופר אינן טועין לא באלפים ולא במאות אלא בפרטים בלבד: אמר רב הונא בריה דרב יהושע מאן דלא ידע כמה שני בשבוע לישאליה להאי תנא דסדר עולם דתני בתוספתא בסוף מסכת שחיטת קדשים ובתלמוד ארץ ישראל במגילה סוף פ"א משנברא העולם עד שיצאו ישראל ממצרים אלפים ותמ"ח שנים. ומאהל מועד שבמדבר ארבעים שנה חסר אחת ושבגלגל י"ד שנה בשילה ש"ע שנה חסר אחת בנוב ובגבעון נ"ב שנה בבית העולמים ת"י שנה לבית ראשון ות"כ שנה לבית האחרון ויש אומרים דהאי תנא הוא דסדר עולם דתני במס' קדושין בסוף פ"א (דף מ ע"ב) בשנת ס"א ליציאת מצרים עשו שמיטה ובשנת ק"ג עשו יובל ותני בהדיא בתלמוד ערכין (דף יב ע"ב) י"ז יובלות מנו ישראל משנכנסו לארץ עד שיצאו הרי תת"נ וז' שכיבשו וז' שחלקו ומ' במדבר ואלפיים ותמ"ח נמצא משנברא העולם עד שחרב הבית בראשונה נגלו ישראל שלשת אלפים ושנ"ב שנה ויש מי שאומר כי שבע שכיבשו וז' שחלקו בכלל תת"נ שנה הן דקיי"ל ג' של"ח חרב הבית ולא משכחת לה אלא אם תחשוב ז' שכיבשו וז' שחלקו מכלל תת"נ שנה שהן י"ז יובלות יפילם משני הבריאה והשנים הנותרו' עד שנה שהוא עומד בה יטול שנתים מכל מאה והשנים שאינן עולות למאה יוסיף עליהן מה שבידו מן השנתים של כל מאה ויוציא בשבועות והנותרות שלא שלמו לשבוע הן שני השבוע של שמיטה וזה שאומר לישאליה לתנא דסדר עולם וליפוק כללי ביובלי ופרטי בשבועי וידע כמה בשבוע א) ויש עוד חשבון אחר קרובי לישייליה לספרא כמה שנין קא חשיב וליבציר מינייהו תרתי שנין או יוסיף חמש שנין עלייהו. וליפקינן בשבועי וידע בכמה שני בשבוע קאי וסימן כי זה שנתים הרעב כבר יצאו סימן לפחיתה ועוד חמש שנים למוסיף: אמר ר' חנינא אחר ת' שנה לחרבן הבית השני כו'. דע שחרב הבית השני בשנת ד' אלפים ליצירה (כ"כ חסר) קע"ב שתבוא שנת ת' שנה לחרבן הבית היא שנת ד' אלפים ורכ"ח לבריאת עולם וזו הברייתא דתני ד' אלפים ורל"א לבריאת עולם הנה שלש שנים בין רכ"ח לרל"א ופשוטה היא:

א) עי' בתוס' כאן ד"ה האי שהביאו ג"כ לגי' רבינו.

ההוא

הגהות הב"ח

(א) תוס' ד"ה האי וכו' לא דק הוא דמה: (ב) בא"ד דבמולאי שביעית חרב ואותו תירוץ:

[לא נמצא שם וע' בערכין לג. ואולי על זה כוון התוס' וכן הרא"ש בסוגיא דהכא סימן ז]

”אַרְבָּעִים וּשְׁמֹנֶה עִיר” (במדבר לה, ז). וְכיוצא בזה לצד האחר, אִי טָעֵי סָפְרָא [ואם טועה הסופר] ואינו זוכר את פרטי השנים למניין השטרות, נְשַׁיְילֵיהּ לְתַנָּא [ישאל את התנא] כַּמָּה קָתָנֵי [הוא שונה] במניין הפרטים מתחילת האלף החמישי, וְנִיבְצַר מִינַּיְיהוּ [ויפחות ממנו] אַרְבָּעִים וּשְׁמוֹנָה, וּמַשְׁכַּח לֵיהּ לְחוּמְרֵיהּ [וימצא את מספרו], וְסִימָנֵיךְ [וסימנך]: סָפְרָא בְּצִירָא, תַּנָּא תּוֹסְפָאָה [הסופר ממעט, התנא מוסיף].

א אָמַר רַב הוּנָא בְּרֵיהּ [בנו] של רַב יְהוֹשֻׁעַ: הַאי מַאן דְּלָא יָדַע [מי שאינו יודע] כַּמָּה (באיזו) שנה מִשְׁנֵי [השנים] בַּשָּׁבוּעַ (בשבע שנות השמיטה) הוּא עוֹמֵד, נִיטְפֵי חַד שַׁתָּא [שיוסיף שנה אחת] על מספר השנים מהחורבן, כדי להתחיל את מניינו בתחילת מחזור שמיטה. וְנַחֲשׁוֹב כְּלָלֵי בְּיוֹבְלֵי [ויחשב את הכללים, את מאות השנים, ביובלות], שבכל יובל נשלמים שבעה מחזורי שמיטה. וּפְרָטֵי בִּשְׁבוּעֵי [ואת הפרטים בשביעיות], כלומר, את מה שנותר לאחר החלוקה ליובלות יחלק לשבע (שנות שמיטה), ואולם הואיל ושנת היובל עצמה גם היא עולה למנין שנות השמיטה, נִשְׁקַל מִמְּאָה תְּרֵי וְנִשְׁדֵּי אַפְּרָטֵי [יקח מכל מאה שנים שעברו שתים ויוסיף על הפרטים], וְנַחְשׁוֹבִינְהוּ לִפְרָטֵי בִּשְׁבוּעֵי [ואז יחשב את הפרטים, יחלק אותם לשביעיות], ולפי הנותר מן החלוקה לשבע יֵדַע כַּמָּה שְׁנֵי [שנים] בַּשָּׁבוּעַ (בשמיטה) בה הוא עומד עברו. ולדוגמה, אם המנין לשנות החורבן הוא אלף ותשע מאות ושלושים, יוסיף עליו שנה אחת, ונמצא חשבון הפרטים שלושים ואחת. לאחר מכן יטול שתי שנים מכל מאה שנה (בסך הכל שלושים ושמונה) ויוסיפו על מניין הפרטים, ונמצא המנין ששים ותשע. וכשהוא מחלקו לשבע, נותרו בידו שש שנים, ונמצא שהוא עומד בשנה הששית לשמיטה. וְסִימָנֵיךְ [וסימנך] שמחסרים שתי שנים מכל מאה: ”כִּי זֶה שְׁנָתַיִם הָרָעָב בְּקֶרֶב הָאָרֶץ” (בראשית מה, ו). אָמַר ר׳ חֲנִינָא: אַחַר אַרְבַּע מֵאוֹת לְחוּרְבַּן הַבַּיִת, אִם יֹאמַר לְךָ אָדָם: קַח (קנה) שָׂדֶה שָׁוֶה אֶלֶף דִּינָרִים בְּדִינָר אֶחָד — לֹא תִּקַּח, כי במהרה תבוא הגאולה ואז יחזרו השדות לבעליהם, ולא כדאי הדבר. בְּמַתְנִיתָא תָּנָא [בברייתא שנה]: אַחַר אַרְבַּעַת אֲלָפִים וּמָאתַיִם וּשְׁלֹשִׁים וְאַחַת שָׁנָה לִבְרִיאַת עוֹלָם, אִם יֹאמַר לְךָ אָדָם: קַח לְךָ שָׂדֶה שָׁוֶה אֶלֶף דִּינָרִים בְּדִינָר אֶחָד — אַל תִּקַּח. ושואלים: מַאי בֵּינַיְיהוּ [מה ההבדל ביניהם] במניין השנים? אִיכָּא בֵּינַיְיהוּ תְּלָת שְׁנִין, דְּמַתְנִיתָא טָפְיָא תְּלָת שְׁנֵי [יש ביניהם הבדל שלש שנים, שהברייתא מוסיפה עוד שלש שנים], שארבע מאות שנים לחורבן הן ארבעת אלפים ומאתיים ועשרים ושמונה לבריאת העולם.

ב מסופר, הַהוּא שְׁטָרָא דַּהֲוָה כְּתִיב בֵּיהּ [שטר אחד שהיה כתוב בו]

עיונים

ואי טעי ספרא וכו׳ ולדוגמה, אם התנא מונה שלוש מאות חמשים ושש שנה לאלף החמישי, יפחית הסופר ארבעים ושמונה ממנין הפרטים (כלומר, מחמשים ושש) ויעלה בידו שמונה. והואיל ואנו מניחים בסוגיה זו כי הסופר יודע כמה מאות שנים עברו למנין שטרות (ובדוגמה זו — שבע מאות שנים) נמצא ששנה זו היא שנת שבע מאות ושמונה לשטרות.

כמה שני בשבוע מחלוקת תנאים היא האם השמיטה נוהגת בזמן הזה מן התורה. אולם גם לדעת רבי הסבור כי מן התורה בטלה שנת השביעית מזמן שלא יכלו לקיים יותר את דיני היובל (עוד מסוף ימי הבית הראשון), מכל מקום דיני השמיטה נוהגים מדברי סופרים, ושמיטת כספים נוהגת לפחות מדברי חכמים בכל זמן ובכל מקום (גם בחוץ לארץ. אלא שהקלו בכך מכמה צדדים). ומשום כך השאלה כמה שנים הן במחזור השמיטה אינה שאלה עיונית בלבד, אלא היא ענין הלכה למעשה.

ניטפי חד שתא רש״י מסביר (עפ״י הברייתא במסכת תענית כט,א) כי חורבן הבית היה לדעת הכל במוצאי שמיטה (בשנה שלאחר שנת השמיטה, שהיא השנה הראשונה במחזור הבא). ולדעת רש״י נחרב הבית בשנת ארבע מאות ועשרים לבניינו, אלא שאת שנות חורבן הבית אין התנא מתחיל משנה זו (כיון שהבית נחרב בסוף שנת ארבע מאות ועשרים, בחודש אב), אלא מן השנה הבאה שהיא השנה השניה לשמיטה, ולפיכך צריך להוסיף שנה על מניינו של התנא כדי להשלים את מנין שנות השמיטה. אכן, רוב הראשונים סבורים (ראה בתוס׳ שהאריכו בענין זה, וכן נמצא בראשונים אחרים) כי הבית עמד בבניינו ארבע מאות ועשרים שנה מלאות, ורק בשנה שלאחר מכן (ארבע מאות עשרים ואחת לבניינו) נחרב, ומשנה זו מונים גם את שנות החורבן. ולפיכך אין הם גורסים כאן כלל ״ניטפי חד שתא״, שהרי מנין השמיטה מתאים בדיוק למנין שנות החורבן. וראה להלן בפירוש הדברים כאן לפי גרסה אחרת המובאת בר״ח.

כללי ביובלי כלומר, אם אינו רוצה לעשות חשבון גדול (באלפים) ולחלקו, יש לו דרך לחשב את המאות שעברו כיובלות, שנשלמים בהם מחזורים שלמים של שמיטה, ואת הנותר לחלק לשבע, ומה שנותר לאחר מכן הוא מספר השנים שעברו במחזור השמיטה הנוכחי.

ונשקול מכל מאה תרתי בענין מנין שנות היובל נחלקו תנאים. לדעת חכמים מונים שבע שמיטות, ולאחריהן שנת החמישים שהיא שנת היובל, ולאחר שנת היובל מתחילים למנות מחזור שמיטה חדש. ונמצא החשבון עד כה פשוט. אבל ר׳ יהודה סבור כי שנת היובל שהיא השנה לאחר השמיטה השביעית אינה יוצאת מן החשבון, אלא היא עצמה נחשבת כשנה ראשונה של השמיטה הבאה. ולפי שיטתו, בכל מאה שנים יש ארבעה עשר מחזורים שלמים של שמיטה, שהם תשעים ושמונה שנים, ועוד שנתיים. וכאן הולכים כשיטת ר׳ יהודה, ולכן צריך להחסיר מכל מאה שנה שעברו שתי שנים ולהוסיפן למנין שנות השמיטה.

ומכאן העלו חכמים (ראה בתוס׳ ועוד) שכאן נפסקה הלכה כדעת ר׳ יהודה (אף כי במקומות אחרים נראה שפסקו שלא כשיטתו). אכן, הרמב״ם סבור (והוא מסתמך על מסורת הגאונים בענין זה) כי בזמן שנהג היובל היתה הלכה כחכמים, ששנת היובל אינה נחשבת ממחזור השמיטות, ומחזור השמיטה מתחיל מן השנה שלאחר היובל. אלא שהוא סבור כי כאשר בטל היובל עם החורבן שוב לא היו מתחשבים כלל ביובל, אלא מנו רק את מחזורי השמיטה בלבד, ובפועל עשו כדברי ר׳ יהודה, אף שלא מטעמו.

וסימניך כי זה שנתים רש״י מסביר כי סימן זה הוא כדי לזכור שיש ליטול מכל מאה שנה שתי שנים (כלומר, כל מאת שנים חסירה, ״רעבה״, שתי שנים). אולם בתוס׳ (וכן מאריך ר״ת בספר הישר וכן רוב הראשונים) סבורים שיש לגרוס כגרסה שהביא רבינו חננאל, ולפיה יש כאן דרך אחרת למצוא את מספר השנה לשמיטה. שבמקום לשאול את התנא המונה את מספר השנים שמן החורבן, יש לשאול את הסופר, המונה למלכות יון (״מנין שטרות״), וחשבון זה מתחיל בשנת ארבעים ואחת שנה אחרי שנבנה הבית, שנתיים לפני תחילת מחזור השמיטה שאחריו (שהתחיל בשנת ארבעים ושלוש לבנין הבית, שמחזורי השמיטה החלו בבנין הבית לשיטה זו). ולפיכך, כדי להגיע לתחילת מחזור שנות השמיטה יש להחסיר שתי שנים ממניינו, או להוסיף עליהן חמש שנים (ואז עולה הסימן מן הפסוק יפה, שכן נאמר בכתוב ״כי זה שנתיים הרעב בקרב הארץ ועוד חמש שנים אשר אין חריש ואין קציר״, שיש בו רמז הן לשנתיים והן לחמש שנים).

אל תקח רש״י מפרש שתאריך זה הוא קץ הגאולה, ולא כדאי לאדם לקנות קרקעות בזמן זה, שהרי במהרה ישובו הכל לנחלת האבות בארץ ישראל. ואילו הריטב״א מסביר שאין זה ציון לגאולה, אלא הודעה שזמן זה, שהוא זמן שיכול להיות זמן של טובה מרובה, יכול להיות גם זמן של פורענות אם לא תבוא הגאולה בגלל עוונותיהם של ישראל, ומפני הגזירות הקשות לא כדאי לקנות קרקעות בזמני סכנה אלה. וכיוצא בזה מביא הרי״ד בשם הגאונים, ששנים אלה, כארבע מאות שנים אחר החורבן, היו שנות שמד גדול על ישראל.

דמתניתא טפיא שהחורבן היה מאה שבעים ושתים שנה לפני סוף האלף הרביעי, כלומר בשנת שלושת אלפים ושמונה מאות ועשרים ושמונה. ולפי זה, שנת ארבעת אלפים ומאתים ושלושים ואחת לבריאת העולם שהוזכרה בברייתא, היא שנת ארבע מאות ושלוש לחורבן, שלוש שנים יותר מדברי ר׳ חנינא (רש״י). וראה גם בתוס׳ שהעירו על ברייתא אחרת במסכת סנהדרין, שגם בה מדובר על תאריך זה.

אורח ההלכה

האי מאן דלא ידע וכו׳ כל הגאונים אמרו שמסורת היא בידיהם איש מפי איש שלא מנו באותן השבעים שנה שבין חורבן בית ראשון ובנין בית שני אלא שמיטות בלבד בלא יובל, וכן משחרב באחרונה לא מנו שנת החמשים אלא שבע שבע בלבד מתחלת שנת החורבן, וכן עולה בתלמוד חשבון זה שהוא קבלה. והוא כדברי רב הונא בריה דרב יהושע ״ונשקול ממאה תרי״ (כס״מ). ושנת השמיטה ידועה היא ומפורסמת אצל הגאונים ואנשי ארץ ישראל, וכולם לא מנו אלא לשני חורבן. שלא כגרסתנו ״ניטפי חד שתא״ (ר״י קורקוס), ועל חשבון זה אנו סומכים לענין מעשרות ושביעית ושמיטת כספים. (רמב״ם ספר זרעים הלכות שמיטה ויובל פ״י ה״ה. שו״ע חו״מ סז, א בהגהה).

מסורת הש״ס

א. ראה סנהדרין צז,ב.

גרסות

טעי ספרא בכתי״ס: טעי ספרא בפרטי.

לתנא כמה קתני בכתי״מ: לתנא כמה חשיב ובכתי״ס: לתנא כמה תני.

כמה שני בשבוע הוא עומד בכת״י: כמה שני בשבוע.

ניטפי חד שתא בכתי״ס: לישייליה לתנא כמה חשיב ובר״ח: נשאליה לתנא דסדר עולם וראה עוד להלן ויש במקורות: ליחשוב כולהו שני משנברא העולם ונטפי חדא שתא.

ניטפי — וסימניך כי זה הר״ח מביא גרסה: לישייליה לספרא כמה שנין קא חשיב וליבציר מינייהו תרתי שנין או יוסיף חמש שנין עלייהו וליפקינן בשבועי וידע בכמה שני בשבוע קאי וסימן.

ממאה תרי בכת״י ובמקורות: מכל מאה תרתי.

טפיא תלת שני בכתי״מ: וטפי אדר׳ חנינא תלת שנין.

שִׁית שְׁנִין יְתֵירְתָּא [שש שנים יתירות] על מנין השטרות (שהוא למלכות יוון). **סְבוּר רַבָּנַן קַמֵּיהּ דְּרַבָּה לְמֵימַר** [חשבו חכמים שישבו לפני רבה לומר]: **הַאי** [זה] **שְׁטָר מְאוּחָר הוּא,** שנכתב לתאריך מאוחר יותר, ותוקפו יהא רק מן התאריך הכתוב בו, ולכן **נִיעַכְּבֵיהּ עַד דְּמָטְיָא זִמְנֵיהּ** [נעכב אותו עד שיבוא זמנו] **וְלָא טָרֵיף** [יטרוף] המלוה מנכסים שיקנה הלווה עד אז. **אָמַר רַב נַחְמָן:** לא כך, אלא **הַאי סָפְרָא דַּוְקָנָא כְּתַבֵיהּ** [שטר זה סופר דקדקן כתבו], **וְהָנָךְ שִׁית שְׁנִין** [ואותן שש השנים] **שֶׁמָּלְכוּ** היוונים **בְּעֵילָם** בלבד, **דַּאֲנַן לָא חָשְׁבִינַן לְהוּ** [שאנו איננו מונים אותם], משום שעדיין לא נתפשטה מלכותם בעולם, **הוּא קָחָשֵׁיב לֵיהּ** [מונה אותם], **וּבִזְמָנֵיהּ כְּתַבֵיהּ** [ובאמת בזמנו כתבו], שתאריך השטר הוא בשנה שנכתב בה. **דְּתַנְיָא** [ששנויה ברייתא], **ר' יוֹסֵי אוֹמֵר: שֵׁשׁ שָׁנִים מָלְכוּ** היוונים **בְּעֵילָם** בלבד, **וְאַחַר כָּךְ פָּשְׁטָה מַלְכוּתָן בְּכָל הָעוֹלָם כּוּלּוֹ,** ומתאריך זה מונים את השטרות. **מַתְקִיף לָהּ** [מקשה] **רַב אַחָא בַּר יַעֲקֹב** על דברי רב נחמן: **מִמַּאי** [מנין] לנו **שֶׁלְּמַלְכוּת יְוָנִים מָנֵינַן** [מונים אנו], ושטר זה נכתב למנין השטרות למלכות יוון, אלא שסופר דקדקן כתבו? **דִּלְמָא** [שמא] **לִיצִיאַת מִצְרַיִם מָנֵינַן** [מונים אנו] את השנים, שתחילת המנין ליציאת מצרים קודם למנין מלכות יוון אלף שנה, **וּשְׁבַקֵיהּ לְאַלְפָּא קַמָּא וְנַקְטֵיהּ אַלְפָּא בַּתְרָא** [והניח הסופר את האלף הראשון ליציאת מצרים ותפס את האלף השני], שכתב רק את מספר פרטי השנים ודילג על האלפים, **וְהַאי** [ואם כן שטר זה] אכן **מְאוּחָר הוּא! אָמַר רַב נַחְמָן:** כלל הוא, **בַּגּוֹלָה אֵין מוֹנִין אֶלָּא לְמַלְכֵי יְוָנִים בִּלְבַד.** ומעירים: **הוּא** רב אחא בר יעקב **סָבַר** [סבור היה] שרב נחמן רק **דַּחוּיֵי קָא מַדְחֵי לֵיהּ** [דוחה אותו] בדחיה כלשהי, ואולם כאשר **נְפַק דָּק וְאַשְׁכַּח** [יצא דקדק ומצא], **דְּתַנְיָא** [ששנויה ברייתא] האומרת כך במפורש: **בַּגּוֹלָה אֵין מוֹנִין אֶלָּא לְמַלְכֵי יְוָנִים בִּלְבַד. אָמַר רָבִינָא: מַתְנִיתִין נַמִּי דַּיְקָא** [משנתנו גם כן מדוייקת] שמונים למלכות יון, **דִּתְנַן** [ששנינו במשנה]: **בְּאֶחָד בְּנִיסָן רֹאשׁ הַשָּׁנָה לִמְלָכִים וְלִרְגָלִים, וְאָמְרִינַן** [ואמרנו]: **לִמְלָכִים — לְמַאי הִלְכְתָא** [למה לאיזו הלכה] נאמר הדבר? **אָמַר רַב חִסְדָּא: לְעִנְיַן שְׁטָרוֹת; וּתְנַן** [ועוד שנינו באותה משנה]: **בְּאֶחָד בְּתִשְׁרֵי רֹאשׁ הַשָּׁנָה לְשָׁנִים וְלִשְׁמִיטִין, וְאָמְרִינַן** [ואמרנו]: **לְשָׁנִים — לְמַאי הִלְכְתָא** [למה לאיזו הלכה]? **וְאָמַר רַב חִסְדָּא: לִשְׁטָרוֹת.** ואם כן, **קַשְׁיָא** [קשה] בענין **שְׁטָרוֹת אַהֲדָדֵי** [מזה על זה], האם מונים מתשרי או מניסן? **וּמְשַׁנֵּינַן** [ותירצנו] קושיה זו: **כָּאן** — הוא כאשר מונים **לְמַלְכֵי יִשְׂרָאֵל, כָּאן** — מונים **לְמַלְכֵי אוּמּוֹת הָעוֹלָם, לְמַלְכֵי אוּמּוֹת הָעוֹלָם מִתִּשְׁרֵי מָנֵינַן** [מונים אנו], **לְמַלְכֵי יִשְׂרָאֵל מִנִּיסָן מָנֵינַן** [מונים אנו]. ומכאן נלמד לענייננו: **וַאֲנַן הָשְׁתָּא** [ואנו עכשיו] הרי **מִתִּשְׁרֵי מָנֵינַן** [אנו מונים] בשטרות, **וְאִי סָלְקָא דַּעְתָּךְ** [ואם עולה על דעתך לומר] **שֶׁלִּיצִיאַת מִצְרַיִם מָנֵינַן** [מונים אנו] ומשמיטים אלף ראשון, אם כן **מִנִּיסָן בָּעֵינַן לְמִימְנֵי** [אנו צריכים למנות] את השנים! **אֶלָּא לָאו** [האם לא] **שְׁמַע מִינָּהּ** [תלמד מכאן] **שֶׁלְּמַלְכֵי יְוָנִים מָנֵינַן** [מונים אנו]? ומסכמים: אכן, **שְׁמַע מִינָּהּ** [למד מכאן] שסתם מנין הוא למלכות יוונים, ויש איפוא מקום לומר כדברי רב נחמן, ששטר זה אינו מאוחר, אלא סופר דקדקן כתבו.

א שנינו במשנתנו בין אידיהן של הגויים **יוֹם גֵּינוּסְיָא שֶׁל מַלְכֵיהֶם.** ושואלים: **מַאי** [מה] פירוש **"וְיוֹם גֵּינוּסְיָא שֶׁל מַלְכֵיהֶם"? אָמַר רַב יְהוּדָה: יוֹם שֶׁמַּעֲמִידִין** (ממליכים) **בּוֹ גּוֹיִם אֶת מַלְכָּם.** ומקשים: **וְהָתַנְיָא** [והרי שנויה ברייתא]: **יוֹם גֵּינוּסְיָא וְיוֹם שֶׁמַּעֲמִידִין בּוֹ אֶת מַלְכָּם,** משמע שאין זה אותו יום חג עצמו! ומשיבים: **לָא קַשְׁיָא** [אינו קשה], **הָא דִּידֵיהּ** [זה, יום גנוסיא, הוא יום ההמלכה שלו, של המלך], **הָא דִּבְרֵיהּ** [זה, יום שמעמידים בו את מלכם, של בנו, שממליכים אותו בחיי אביו]. ומקשים על הסבר זה: **וּמִי מוֹקְמִי מַלְכָּא בַּר מַלְכָּא** [והאם מעמידים הרומאים מלך בן מלך]? **וְהָתָנֵי** [והרי שנה] **רַב יוֹסֵף:** כתוב האמור בנבואה על אדום (רומי): **"הִנֵּה קָטֹן נְתַתִּיךָ בַּגּוֹיִם"** (עובדיה א, ב) כוונתו **שֶׁאֵין** הרומאים **מוֹשִׁיבִין מֶלֶךְ בֶּן מֶלֶךְ, "בָּזוּי אַתָּה מְאֹד"** (שם) כוונתו **שֶׁאֵין לָהֶן לֹא כְּתָב וְלֹא לָשׁוֹן** משלהם, אלא נטלו כתב ולשון מעמים אחרים! **אֶלָּא** יש לדחות מה שאמרנו, ולפרש: **מַאי** [מה] פירוש **יוֹם גֵּינוּסְיָא? יוֹם הַלֵּידָה** של המלך. ומקשים: **וְהָתַנְיָא** [והרי שנויה ברייתא]: **יוֹם גֵּינוּסְיָא וְיוֹם הַלֵּידָה!** ומתרצים: **לָא קַשְׁיָא** [אינו קשה]: **הָא דִּידֵיהּ, הָא דִּבְרֵיהּ** [זה שלו, זה של בנו]. מקשים על כך: **וְהָתַנְיָא** [והרי שנויה ברייתא]: **יוֹם גֵּינוּסְיָא שֶׁלּוֹ, יוֹם גֵּינוּסְיָא שֶׁל בְּנוֹ, וְיוֹם הַלֵּידָה שֶׁלּוֹ וְיוֹם הַלֵּידָה שֶׁל בְּנוֹ,** משמע שיום גינוסיא ויום לידה אינם אותו דבר! **אֶלָּא** אנו צריכים לחזור למה שאמרנו, **מַאי** [מהו] **"יוֹם גֵּינוּסְיָא"? יוֹם שֶׁמַּעֲמִידִין בּוֹ מַלְכָּם, וְלָא קַשְׁיָא** [ואין זה קשה] מה ששנינו בברייתא גם יום גינוסיא וגם יום העמדת מלך, שכן **הָא דִּידֵיהּ, הָא דִּבְרֵיהּ** [זה שלו, זה של בנו], **וְאִי קַשְׁיָא לָךְ דְּלָא מוֹקְמִי מַלְכָּא בַּר מַלְכָּא** [ואם קשה לך מה שאמרנו שאין מעמידים מלך בן מלך], על כך יש להשיב כי **עַל יְדֵי שְׁאֵלָה** בקשה של המלך **מוֹקְמִי** [מעמידים] גם את בנו, **כְּגוֹן אַסְוֵירוּס בַּר** [בן] **אַנְטוֹנִינוּס שֶׁמָּלַךְ** בבקשתו של אנטונינוס אביו, כפי שמסופר **שֶׁאָמַר לֵיהּ** [לו] **אַנְטוֹנִינוּס לְרַבִּי** יהודה הנשיא: **בָּעֵינָא** [רוצה אני] **שֶׁיִּמְלוֹךְ אַסְוֵירוּס בְּרִי תְּחוֹתַי** [בני תחתי] ולא איש אחר, ורצוני גם **שֶׁתִּתְעֲבֵיד טִבֶּרְיָא קָלָנְיָא** [שתיעשה העיר טבריה חופשית ממס], **וְאוּלָם אִי אֵימָא לְהוּ חֲדָא** [אם אומר להם למועצה של חשובי הרומאים שבממלכתי רומי דבר אחד] — **עָבְדִי** [יעשו], **תַּרְתֵּי** [שני דברים] — **לָא עָבְדִי** [יעשו בשבילי]. השיב לו רבי ברמז, **אַיְיתֵי גַּבְרָא, אַרְכְּבֵיהּ אַחַבְרֵיהּ, וִיהַב לֵיהּ יוֹנָה לְעִילָּאֵי [בִּידֵיהּ]** [הביא אדם, הרכיב אותו על גבי חבירו, ונתן לו יונה לעליון בידו], **וַאֲמַר לֵיהּ לְתַתָּאָה** [לו לתחתון]: **אֵימַר לְעֵילָּא דְּלִמְפְּרַח מִן יְדֵיהּ** [אמור לעליון שיפריח מידו] את **הַיּוֹנָה. אָמַר** אנטונינוס: **שְׁמַע מִינָּהּ הָכִי קָאָמַר לִי** [למד מכאן שכך אמר לי] כלומר, כך רצה לרמוז לי: **אַתְּ בְּעֵי מִינַּיְיהוּ** [אתה תבקש מהם] ש**"אַסְוֵירוּס בְּרִי** [בני] **יִמְלוֹךְ תְּחוֹתַי** [תחתי]", **וְאֵימָא לֵיהּ לְאַסְוֵירוּס דְּתִתְעֲבֵיד טִבֶּרְיָא קָלָנְיָא** [ואחר כך תאמר לו לאסוירוס עצמו שתיעשה טבריה חופשית]. **וְעוֹד אָמַר לֵיהּ** [לו] אנטונינוס: **מְצַעֲרִין לִי חֲשׁוּבֵי [רוֹמָאֵי]** [מצערים אותי חשובי הרומאים] שבממלכתי, ומה אעשה כנגדם? מה עשה רבי? **מְעַיֵּיל לֵיהּ לְגִינָּא** [הכניס אותו לגינה], **כָּל יוֹמָא עֲקַר לֵיהּ פּוּגְלָא מִמִּשְׁרָא קַמֵּיהּ** [בכל יום עקר צנון מהערוגה שהיתה לפניו]. **אָמַר** אנטונינוס, **שְׁמַע מִינָּהּ הָכִי קָאָמַר לִי** [למד מכאן שכך אמר לי]: **אַתְּ קְטוֹל חַד חַד מִינַּיְיהוּ** [אתה הרוג אחד אחד מהם], **וְלָא תִּתְגָּרֶה בְּהוּ בְּכוּלְּהוּ** [בהם בכולם] יחד.

עיונים

שטר מאוחר הוא שנכתב בו בכוונה תאריך מאוחר הרבה מזמן ההלוואה, והוא מאפשר לבעל הקרקע למכור את קרקעו לאחר במשך שנים אלה, באופן שלא יוכל המלוה לטרוף ממנו, שהרי אינו טורף אלא קרקע שנשתעבדה מתאריך מסויים ואילך.

ספרא דוקנא כתביה כלומר, שטר זה נכתב על ידי סופר דקדקן, שניסה לדייק בסדר השנים, ולא רצה לכתוב כפי שכותבים כל שאר הסופרים.

ומסביר רש"י את טעמו של רב נחמן, לפי שקשה מאד להניח שיכתוב המלוה שטר מאוחר, שהרי נמצא מפסיד בידיו את השעבוד שיש לו על הלווה, לפי שבתוך זמן זה יכול הלווה למכור מה שירצה ולא יוכל המלוה לעכב בעדו. ומשום שכתיבת שטר מאוחר אינה מצויה כלל, מוטב לנו להניח שהשטר נכתב בזמנו, אלא שהסופר כתב בו תאריך בצורה בלתי רגילה. או שעל כל פנים משום הספק יש לייפות את כוחו של בעל השטר. ואף שבדרך כלל אומרים שיד בעל השטר על התחתונה, מכל מקום הואיל ואין זה מצוי שנכתב שטר מאוחר, עדיף לפרשו שנכתב בזמנו, שהרי כל הסופרים מונים למלכות יון (ריטב"א). ומדברי הראב"ד משמע שרב נחמן ידע בסופר זה שהוא כותב כך את כל שטרותיו, ורק רב אחא בר יעקב היה מסופק בדבר.

ובזמניה כתיבה כתבו התוס' ושאר ראשונים שמתוך המשא והמתן הזה אפשר ללמוד כי גם בימינו אין להקפיד אם נכתב התאריך שבשטר בלא ציון החשבון (לשטרות או לבריאת עולם) או אם נכתב בו פרט השנה ולא נכתב המספר כולו (כגון בהשמטת האלפים או המאות).

בגולה אין מונין וכו' בהסבר הדברים כתבו על פי דברי הראב"ד בעל סדר הקבלה כי לפי דרישת אלכסנדר הגדול קיבלו חכמים על עצמם כמה דברים כדי להנציח את שמו, ואחד מהם היה שיכתבו את התאריכים לפי תחילת שלטונו בעולם. ובאמת כך נהגו לכתוב הן בשטרות של מיקח וממכר והן בכמה מניינים אחרים, שהיו מונים לפי חשבון השטרות שהוא מנין מלכות יון, וכך המשיכו לכתוב תאריכים בספרים רבים (כגון בשלשלת הקבלה ועוד), אלא שלאחר זמן (ברוב המדינות לאחר זמן התלמוד) התחילו למנות לבריאת עולם, מלבד בתימן שנהגו בה לפי מנין שטרות עד לדורות אחרונים.

שמע מינה למלכי יונים מנינן העיר הריטב"א שכמובן מן המשנה עצמה אין ראיה שאנו, מונים דוקא למנין מלכי יונים, אלא רק באופן כללי, שאנו מונים למלכי האומות, אבל ממה שאין אנו מכירים מנין נוסף המקביל בפרטיו ליציאת מצרים אלא מנין מלכי יוון — מכאן יש ללמוד שלמנין זה אנו מונים, ולא לחשבון יציאת מצרים הנמנה מניסן דוקא.

ומי מוקמי מלך בן מלך כלומר, הרומאים. לפי שכל ימי האיד המנויים במשנה הם ימי אידיהם של הרומאים, יש להבין כי גם המשכה של המשנה עוסק בהם (רש"י).

אין להם מלך בן מלך שכך היה הדבר נוהג במלכות רומי, שהמלכים לא היו בניהם של הקודמים להם. והביאו רמז לדבר שאף ברשימת מלכי אדום שבספר בראשית (פרק לו, לא—לט) כל המלכים הם אנשים זרים זה לזה ואין שם שושלת של מלכים (ריעב"ץ).

שאין להם לא כתב ולא לשון רש"י מסביר שאין להם כתב ולשון משל עצמם אלא לקחום מעמים אחרים. ובתוס' רצו לומר שאין מדובר בלשון המדוברת (שאם כן, הרי יש מלכויות נוספות שקיבלו את שפתן מעמים אחרים) אלא שאין להם לשון מלכים, מעין שפה של המעמד העליון, דבר המצוי בכל אומה חשובה. ועוד אמרו שבמשך הדורות נטלו עמים לשונות וכתבים מעמים אחרים שאבדו מן העולם, ואילו הרומאים לקחו לשונם וכתבם מעמים שהיו קיימים בזמנם.

יום גינוסיא של מלכיהם ובירושלמי אומר בפשטות שיום גינוסיא הוא יום הולדת, ומביא כדוגמה לכך את הפסוק "יום הולדת את פרעה" (בראשית מ, כ. וכך מתרגמים פסוק זה בתרגום הארץ ישראלי), ויום גינוסיא של מלכים הוא מן הימים שנאסרו משום שהוא יום חג ציבורי. ולפי זה מה שנאמר יום הלידה הוא יום לידתו לכל אדם, שלא נאסר אלא באותו יחיד.

והתניא יום גינוסיא ויום הלידה ולא הביא ראיה מן המשנה שלנו, משום ששם נאמר "יום גינוסיא של מלכים ויום לידה", ואפשר שיום גינוסיא מדבר במלכים ויום לידה בכל אדם (תוס'. וראה בתוס' ר"א שגרסתו היתה "וקתני", והכוונה היא למשנתנו).

אורח ההלכה

יום גינוסיא וכו' יום שמתכנסים בו הגוים להעמיד להם מלך ומקריבים ומקלסים לאלהיהם, הרי הוא כשאר ימי חגיהם לענין הרחקה מהם. כפירושו של רב יהודה ליום גינוסיא. וכתב בכס"מ שאין הרמב"ם מחלק בינו לבנו, ושמא גרס "יום כינוסיא". (רמב"ם ספר מדע הלכות עבודה זרה פ"ט ה"ה. שו"ע יו"ד קמח, ו).

מסורת הש"ס

א. משנה ר"ה ב,א.
ב. ר"ה ב,א.
ג. משנה ר"ה שם.
ד. ר"ה ח,א.
ה. ראה ירושלמי ר"ה פ"א ה"א.
ו. ראה ירושלמי ע"ז פ"א ה"ב.
ז. גיטין פ,א. וראה שהש"ר פ"ו ח. ילק"ש נ"ך שלב. שם תקמט.

גרסות

קמיה דרבה בכת"י: **קמיה דרב נחמן.**

ניעכביה עד דמטיא זימניה ולא טריף בכתי"ס: **ועד דמטי זימניה לא טריף.**

אמר רב נחמן בכת"י ועוד: **אמר להו רב נחמן.**

ונקטיה אלפא בכת"י: **ונקטיה לאלפא.**

מאי ויום גינוסיא של מלכיהם בכת"י: **מאי יום גינוסיא.**

שמעמידין בו גוים את מלכם בכתי"ס: **שמעמידין בו את המלך ברבים.**

ואי קשיא לך דלא מוקמי בכתי"מ: **ומאי דקשיא לך מי מוקמי.**

אמר ליה אנטונינוס בכתי"מ: **דאמר ליה אנטונינוס.**

אחבריה בכתי"מ: **אכתפא דחבריה.**

אימר לעילא בכת"י: **אימא ליה לעילאי.**

דלמפרח מן ידיה יונה בכתי"מ: **נפרחה יונה מידיה.**

ברי ימלוך תחותי בכתי"מ: **ברך ימלוך תחתך.**

חשובי רומאי בכתי"ס: **חשיבי דרומאי.**

פוגלא ממשרא קמיה בכת"י: **חד פוגלא ויהיב ליה קמיה.**

קטול חד חד מנייהו בכת"י: **כל יומא קטול חד מנייהו.**

תתגרה בהו בכת"י: **תתגרי.**

לשון

גינוסיא
מקור המלה הוא ביוונית γενέσια (גיניסיא) שבעיקר משמש במשמעות יום הולדת. אולם לשורש העיקרי יש גם משמעות רחבה יותר, במובן של התחלה, יצירה של דבר חדש, נקודת מוצא (וגם במשמעות של הצלחה ומזל). ולפיכך מפרשים כאן את המושג יום גינוסיא בשני מובניו, הן במשמעות של יום הולדת, והן במשמעות של יום ההתחלה, עלייתו לשלטון של המלך.

החיים

מלכו בעילם
המנין למלכי יונים (או "מנין שטרות") הוא המנין של המלכות הסלוקית, מזמן שבו החשיב המלך הראשון משושלת זו (סלוקוס הראשון ניקטור) את עצמו כמלך עצמאי על בבל, בשנת ג' תמ"ח לבריאת העולם (312 לפני סה"נ).
לפני תקופה זו משל סלוקוס בארץ בבל במשך כחמש שנים, אלא שנאלץ לברוח משם, ורק לאחר התמוטטות נסיונו של אנטיגונוס מונפתלמוס לבנות שלטון מאוחד לכל מלכות אלכסנדר הגדול, חזר ונעשה סלוקוס מלך על פרובינציית בבל, ואחר כך המשיך והשתלט על אירן סוריה ואסיה הקטנה, עד שממלכת הסלוקים הפכה לגדולה בכל הממלכות היווניות.
ייתכן, איפוא, שהיה מנין אחר שהתחיל משנות שלטונו של סלוקוס בעילם — בבל.

דלמא ליציאת מצרים מנינן
זמן יציאת מצרים, לפי החשבון לבריאה הוא ב' תמ"ח ולפיכך, שטר זה שלא נכתבו בו האלפים אלא הפרטים בלבד (כדרך שעושים כעת אף במנין לבריאת עולם, שמונים בו רק "לפרט קטן", בלא להזכיר את האלפים) אם היה מניינו ליציאת מצרים, שוב לא ניתן היה להסביר את איחורו בדייקנותו של הסופר.

שאין מושיבים מלך בן מלך, שאין להם לא כתב וכו', על ידי שאלה מוקמי, אסוירוס בר אנטונינוס, טיבריא קלניא
ראה בהשלמות.

שית שנין יתירתא סבור רבנן קמיה דרב' למימר האי שטר מאוחר הוא ניעכביה עד דמטיא זמניה ולא טריף אמר רב נחמן האי ספרא דוקנא כתביה והנך שית שנין דמלכו בעילם דאנן לא חשבינן להו הוא קחשיב *ליה ובזמניה כתביה דתניא ר' יוסי אומר שש שנים מלכו בעילם ואח"כ פשטה מלכותן בכל העולם כולו: מתקיף לה רב אחא בר יעקב ממאי דלמלכות יונים מנינן דלמא ליציאת מצרים מנינן ושבקיה לאלפא קמא ונקטיה אלפא בתרא והאי מאוחר הוא אמר רב נחמן בגולה אין מונין אלא למלכי יונים בלבד הוא סבר דחויי קא מדחי ליה נפק דק ואשכח דתניא בגולה אין מונין אלא למלכי יונים בלבד אמר רבינא מתניתין נמי דיקא דתנן [א]*באחד בניסן ר"ה למלכים ולרגלים [ב]ואמרינן למלכים למאי הלכתא אמר רב חסדא לשטרות ותנן [ג]באחד בתשרי ר"ה לשנים ולשמיטין [ד]*ואמרינן לשנים למאי הלכתא ואמר *רב חסדא לשטרות קשיא שטרות אהדדי ומשנינן כאן למלכי ישראל כאן למלכי אומות העולם [ה]למלכי אומות העולם מתשרי מנינן למלכי ישראל מניסן מנינן ואנן השתא מתשרי מנינן ואי ס"ד ליציאת מצרים מנינן מניסן בעינן למימני
א אלא לאו ש"מ למלכי יונים מנינן ש"מ: ויום גינוסיא של מלכיהם וכו': [ו]מאי ויום גינוסיא של מלכיהם אמר רב יהודה [א]יום שמעמידין בו גוים את מלכם והתניא יום גינוסיא ויום שמעמידין בו את מלכם לא קשיא הא דידיה הא דבריה °ומי מוקמי מלכא בר מלכא והתני רב יוסף °הנה קטן נתתיך בגוים שאין מושיבין מלך בן מלך °בזוי אתה מאד [ז]שאין להן לא כתב ולא לשון אלא מאי יום גינוסיא יום הלידה והתניא יום גינוסיא ויום הלידה לא קשיא הא דידיה הא דבריה והתניא יום גינוסיא שלו יום גינוסיא של בנו ויום הלידה שלו ויום הלידה של בנו אלא מאי יום גינוסיא יום שמעמידין בו מלכם ולא קשיא הא דידיה הא דבריה ואי קשיא לך דלא מוקמי מלכא בר מלכא ע"י שאלה מוקמי כגון אסוירום בר אנטונינוס דמלך א"ל אנטונינוס לרבי בעינא דימלוך אסוירום ברי תחותי ותתעביד טבריא קלניא ואי אימא להו חדא עבדי תרי לא עבדי אייתי גברא ארכביה אחבריה ויהב ליה יונה לעילאי [בידיה] וא"ל לתתאה אימר לעילא דלמפרח מן ידיה יונה אמר שמע מינה הכי קאמר לי את בעי מינייהו דאסוירום ברי ימלוך תחותי ואימא ליה לאסוירום דתעביד טבריא קלניא א"ל מצערין לי חשובי [רומאי] מעייל ליה לגינא כל יומא עקר ליה פוגלא ממשרא קמיה אמר ש"מ הכי קאמר לי את קטול חד חד מינייהו ולא תתגרה בהו בכולהו ולימא

תורה אור | עובדיה א | שם

רש"י

שית שנין יתירתא. שבא לפני ב"ד בשנה שנכתב בו ומלא בו שש שנים יותר ממניינם כגון שהיו עומדים בשנת חמש מאות למלכות יון ובו היה כתוב בשנת חמש מאות ושש שנים לוה פלוני מפלוני וסתם היה כתוב ולא היה כתוב בו שום מלכות: **מאוחר הוא.** מלוה עשה עמו טובה ומחל לו שעבוד קרקעות של שש שנים וכל מי שיקנה קרקעו בתוך שש שנים אינו מפסיד שהרי זמן מכירה קודם לזמן טריפת השטר: **ועד דמטי זמניה לא טריף.** אינו יכול לטרוף לקוחות אלא אותן שיקחו ממנו משש ואילך: **ספרא דוקנא כתביה.** מדקדק בחשבונות הוא ואינו הולך אחרינו שאין אנו מתחילין למנות לתחלת מלכות יון אלא לאחר שש שנים שמלכו בעילם והוא מונה לתחלת מלכותן ושיעבודו מיום כתיבתו הוא ומהיום והלאה יטרוף ואין כאן מחילה לפי שחמש מאות שלנו הן חמש מאות ושש לתחלתן: **ממאי.** דהאי דמנינן לשטרי לש"פ שנים קודם חורבן דעתין למלכי יון דתימא דהנך שית שני יתירתא היינו האי דאתחיל למימני מתחלת מלכותן דניחא לך למימר הכי ולא ניחא לך למימר מאוחר הוא לפי שאין דרך למחול שעבודו שמא ימכור זה כל נכסיו בתוך זמן האיחור ויפסיד את חובו: **דלמא.** בין אנן בין הא ספרא האי דמנינן לש"פ שנים קודם חורבן לאו דעתין אמלכות יון אלא ליציאת מצרים מנינן: **ושבקיה לאלפא קמא.** דמיציאת מצרים. ומתחלינן למימני מתחילת אלפא בתרא והיא שנה ראשונה ליון שפשטה מלכותן בכל העולם דמיציאת מצרים ועד חורבן אלף וש"פ שנים ת"פ שנים עד בנין בית ראשון ות"י דבניינו הרי תת"ל ושבעים דגלות בבל ות"כ דבית שני הרי אלף וש"פ שנים ומלכות יון נמי פשטה בכל העולם ג' מאות ושמונים שנים קודם חורבן שהוא תחלת אלף *שנים וכיון דדעתין איציאת מצרים ליכא למתלי הנך שית שנין אלא במחילת השעבוד ושטר מאוחר הוא: **אין מונין אלא למלכי יונים.** וכיון דלמלכות יון מנינן ואיכא למיתלי להנך שית שנין בספרא דוקנא תלינן ביה ולא תלינן ליה במחילת השעבוד שאין כל אדם עושה כן: **דיקא.** דלמלכות יון מנינן: **לשטרות.** דכל אימת דקאי מלכא מכי מטי שילהי אדר סלקא ליה שתא וכניסן ריש שתא תנינא למיכתב בשטרי: **ואנן השתא מתשרי מנינן.** כל תשרי מחדשים שתא אלמא ודאי מניינא דידן למלכי האומות הואי ואין לך מלכות באומות מתחלת שלש מאות ושמונים שנה קודם (א) אלא מלכות יון דאי סלקא דעתך דהאי דמנינן לשלש מאות ושמונים שנה קודם חורבן דדעתין איציאת מצרים מניסן בעו למימני ולחדושי שתא דקיי"ל בשמעתא קמייתא במסכת ראש השנה דליציאת מצרים מניסן מנינן: **הא דידיה הא דבריה.** כשמעמידין בן מלך בחיי אביו להחזיקו במלוכה שמת האב ועושה אותו יום איד: **ומי מוקמי.** רומיים מלכא בר מלכא כל הני יום אידיהן דמתני' דרומיים ניהו כדתניא לעיל יום שתפסה בו רומי מלכות ותניא רומי עשתה קלנדא: כתב ולשון של רומיים מאומה אחרת באה להן אחרים תקנו להן כל ספריהם: **ע"י שאלה.** נוטלין רשות מן השרים ומבקש האב מהן להעמיד בנו תחתיו: **כגון אסוירום בן אנטונינוס.** דמלך על ידי שאלת אביו: **קלניא.** בת חורין שלא תתן מס לעולם משום דאית בה רבנן ואנטונינוס עצמו היה משמש בפני רבי כדלקמן ומשום הכי היה אוהב לרבנן: **אייתי גברא ארכביה וכו'.** כלומר הרכב את בנך עליהן *ועליך ותהא טבריא מסורה בידו: **ואימא ליה.** לבכך דליפרחה ליונה מן ידיה כלומר דליעבד טבריא קלניא להוציאה מתחת עולו: ולימא

לה. יעב"ץ | ר"ה ב. | שם ח. | [שם איתא רב פפא] | [בדפו"י שני] | ריעב"ץ מחק ת"ז

תוספות

ספרא דוקנא כתביה. מכאן יש להכשיר שטר שדלג בו הסופר לבריאת עולם ואפילו דלג האלפים והמאות רק שכתב בכך ובכך לפרט שהרי בימיהם היו כותבין למלכות יונים והסופר דלגו דאי הוה כתיב בשטר בהדיא למלכות יונים מאי הוה קאמר דלמא ליציאת מצרים וכו' ואפ"ה לא אמרינן למניינא אחרינא כתביה ועד דמטי זמניה לא טריף כיון שבגולה אין מונין אלא למלכות יון אף כאן אם דלג לבריאת עולם כיון שאין אנו מונין עתה כי אם לבריאת עולם אין לחוש וגם אם דלג נמי האלפים אין לחוש מדקאמר בסמוך שבקיה לאלפא קמא ונקטיה לאלפא בתרא ויש ספרים שגורסין שבקיה לכללא ונקטיה לפרטא ור"ת עשה מעשה שכתב שטר בכך וכך לפרט ודלג האלפים וגם בריאת עולם: **שאין** להם לא כתב ולא לשון. פירש הקונטרס שנלקט לשונם מלשון אומות ותימה דהא בני ישמעאל ובני קטורה ועמון ומואב שעמדו אחר דור הפלגה מאין בא להם לשונם אם לא מאומה אחרת לכך פירש ר"י כתב לשון חשוב שהמלכים משתמשין בו כעין חכמת יונית והיינו דאמרינן במגילה (דף י: ושם) והכרתי לבבל שם ושאר שם זה לשון ומאי קאמר דהא בלשון ארמי הם מספרים ועודם משתמשין בו אלא בודאי לשון מלכות קאמר ועוי"ל כדאמר בבראשית רבה דבדור הפלגה עלה הים והציף הרבה משפחות מע' אומות וכולן עמדו מישמעאל ובני קטורה ואיכא למימר דכל הנך ירשו לשון אומה ואומה שאבדה אבל רומיים למדו לשונם מאומה אחרת:

והתניא יום גנוסיא ויום הלידה. מהשתא בעי לאתויי ברייתא דמייתי בסמוך כולה אלא השתא מייתי מינה בקוצר ואותו שהיה מתרץ הא דידיה הא דבריה לא *היה יודע הברייתא כמו שהיא בסמוך אלא מתרץ על מה שהביא המקשה עוד יש לומר דודאי ברייתא אחרת היא וממשנתינו לא היה יכול להקשות דמתניתין משמע דמיירי בשני בני אדם שמארכת כ"כ בלשונה יום גנוסיא של מלכים ויום הלידה אבל ברייתא דקתני בה יום גנוסיא ויום הלידה משמע דלא מיירי אלא באדם אחד:

[מקום עיון בתוספות פסחים נז. ד"ה אלא לאו]

עין משפט נר מצוה

לה א מיי' פ"ט מהל' עבודת כוכבים הל' ה טוש"ע י"ד סימן קמח סעיף ו:

רבינו חננאל

ההוא שטרא דהוה כתיב ביה שית שנין יתירא וכו' פי' יצא שטר לפני רב נחמן שעדיין לא הגיע לחשבון הסופר למלכות יון א) שהיה לו שנכתב ד' שנים או ה' ואמר רב נחמן כי זה הסופר שכתב שטר זה דייקנא הוא שמלכות יון משנת ג' אלפים ותמ"ג לבריאת עולם ומוסיף [שית] שנים שמלכו בעילם ואנו מניחין אלו ו' שנים ומחשבין משנת ג' תמ"ט והשטר כשר הוא: אמר רב נחמן בגולה אין מונין אלא למלכי יון בלבד ותניא [כוותיה] דרב נחמן. אמר רבינא מתני' נמי דייקא דקתני באחד בניסן ראש השנה למלכים ותנינן נמי באחד בתשרי ראש השנה למלכים ואסיק' אלא לאו ש"מ למלכות יון ש"מ: **פים'** [יום] גינוסיא של מלכיהם פי' גנוסיא בלשון יון יום הלידה ב) ואוקימ' אלא מאי יום גנוסיא יום שמעמידין בו את מלכם ואף על פי דלא מוקמי מלך בן מלך מיהו על ידי שאלה מוקמי כגון אנטונינוס דשאלינהו למנויי אסוירום בריה דמלכא וקיבלו מיניה. קלוניא שלא תתן מס

א) נראה דצ"ל שהי' לו לכתוב פחות שש שנים ממה שכתב.
ב) עיין בערוך ערך גנס.

הגהות הב"ח

(א) רש"י ד"ה ואנן וכו' קודם חורבן אלא מלכות יון:

גליון הש"ס

גמרא ומי מוקמי מלכא בר מלכא. עיין סמג לאוין אות קנז:

לו א מיי' פ"ד מהלכות תמידין ומוספין הלכה יב:

גמרא

ולימא ליה מימר [בהדיא] אמר שמעי *(בי) חשובי רומי ומצערו ליה ולימא ליה בלחש משום דכתיב (קהלת י) כי עוף השמים יוליך את הקול הוה ליה ההוא ברתא דשמה גירא קעבדה איסורא שדר ליה גרגירא שדר ליה כוסברתא שדר ליה כרתי שלח ליה חסא כל יומא הוה שדר ליה דהבא פריכא במטראתא וחיטי אפומייהו אמר להו אמטיו חיטי לרבי אמר [ליה רבי] לא צריכנא אית לי טובא אמר ליהוו למאן דבתרך דיהבי לבתראי דאתו בתרך ודאתי מינייהו ניפוק עלייהו ה"ל ההיא נקרתא דהוה עיילא מביתיה לבית רבי כל יומא הוה מייתי תרי עבדי חד קטליה אבבא דבי רבי וחד קטליה אבבא דביתיה א"ל בעידנא דאתינא לא נשכח גבר קמך יומא חד אשכחיה לר' חנינא בר חמא דהוה יתיב אמר לא אמינא לך בעידנא דאתינא לא נשכח גבר קמך א"ל א*לית דין בר איניש א"ל *(אימא) ליה להה[ו]א עבדא דגני אבבא דקאים וליתי אזל ר' חנינא בר חמא אשכחיה דהוה קטיל אמר היכי אעביד אי איזיל ואימא ליה דקטיל ב*אין משיבין על הקלקלה אשבקיה ואיזיל קא מזלזלינן במלכותא בעא רחמי עליה ואחייה ושדריה אמר ידענא זוטי דאית בכו מחיה מתים מיהו בעידנא דאתינא לא נשכח איניש קמך כל יומא הוה משמש לרבי מאכיל ליה משקי ליה כי הוה בעי רבי למיסק לפוריא הוה גחין קמי פוריא א"ל סק עילואי לפורייך אמר לאו אורח ארעא לזלזולי במלכותא כולי האי אמר מי ישימני מצע תחתיך לעולם הבא ג"א"ל אתינא לעלמא דאתי א"ל אין א"ל והכתיב (עובדיה א) לא יהיה שריד לבית עשו בעושה מעשה עשו תניא נמי הכי לא יהיה שריד לבית עשו יכול לכל ת"ל לבית עשו בעושה מעשה עשו א"ל והכתיב (יחזקאל לב) שמה אדום מלכיה וכל נשיאיה א"ל מלכיה ולא כל מלכיה כל נשיאיה ולא כל שריה תניא נמי הכי דמלכיה ולא כל מלכיה כל נשיאיה ולא כל שריה מלכיה ולא כל מלכיה פרט לאנטונינוס בן אסוירוס כל נשיאיה ולא כל נשיאיה פרט לקטיעה בר שלום קטיעה בר שלום מאי *(הוי) הדההוא קיסרא דהוה סני ליהודאי אמר להו לחשיבי דמלכותא מי שעלה לו נימא ברגלו יקטענה ויחיה או יניחנה ויצטער אמרו לו יקטענה ויחיה אמר להו קטיעה בר שלום חדא דלא יכלת להו לכולהו דכתיב (זכריה ב) כי כארבע רוחות השמים פרשתי אתכם ו*מאי קאמר אלימא דבדרתהון בד' רוחות האי כארבע רוחות מבעי ליה אלא כשם שא"א לעולם בלא רוחות כך א"א לעולם בלא ישראל ועוד קרו לך מלכותא קטיעה א"ל(א) ז'מימר שפיר קאמרת מיהו כל דזכי (*מלכא) שדו ליה לקמוניא חלילא כד הוה נקטין ליה ואזלין אמרה ליה ההיא מטרוניתא ווי ליה *לאילפא דאזלא בלא מכסא נפל על רישא דעורלתיה קטעה אמר יהבית מכסי חלפית ועברית כי קא שדו ליה אמר כל נכסאי לר"ע וחביריו יצא ר"ע ודרש (שמות כט) והיה לאהרן ולבניו ח*אמחצה לאהרן ומחצה לבניו יצתה בת קול ואמרה קטיעה בר שלום מזומן לחיי העוה"ב(ב) בכה רבי ואמר טיש קונה עולמו בשעה אחת ויש קונה עולמו בכמה שנים אנטונינוס שמשיה לרבי אדרכן שמשיה לרב כי שכיב אנטונינוס א"ר נתפרדה חבילה כי שכיב אדרכן אמר רב נתפרדה

תורה אור: קהלת י; עובדיה א; יחזקאל לב; זכריה ב; שמות כט

א) [סנהדרין לט.] ב) [לקמן יז. יח.]

רש"י

ולימא ליה. בפרהסיא: **דלמא.** מצערי ליה לרבי: **עבדה איסורא.** זנתה: **שדר ליה.** אנטונינוס לרבי עשב ששמו גרגירא רוק"א בלע"ז והבין רבי מה לי ולעשב הזה ודאי סימנא הוא דשלח לי גרגירא נגרר' ונמשך לב גירא עם הנואפים(א) יודע היה ללמוד אנטונינוס: **שדר ליה.** רבי כוסברתא בלע"ז אלוינא"ר"א כלומר שחוט הבת כוס ברתא שתי מלות: **הדר שדר ליה.** אנטונינוס כרתי בלע"ז פורי"ש כלומר אם כן יכרת זרעי: **הדר שדר ליה חסא.** לייטוג"א בלע"ז כלומר חוס עלה: **מטראתא.** דיאסקאות של עור כמין שקים גדולים: [**וחיטי אפומייהו.** שאם יפתחו השקים רואים החטים ולא יבינו]: **ודאתו מינייהו ניפוק עלייהו.** היוצאין מבניך יוציאו הוצאות למלכי רומי העומדין אחרי על סמך הממון הלז: **נקרתא.** מערה לשון נקרת הצור (שמות לג): **לביתיה דרבי.** ללמוד תורה: **משמש ליה.** משמש לפניו בסעודה: **שמה אדום.** בגיהנם משתעי קרא: **מי שיש לו נימא ברגלו.** בשר מת ומצערו: **ויחיה.** ויבריא: **כל דזכי מלכא.** נוצח את המלך בדברים בושת הוא למלך ומשפט האיש להשליכו: **לקמוניא חלילא.** בית מלא עפר: **מטרוניתא.** רומית: **אילפא.** ספינה: **בלא מיכסא.** כלומר אוי לך הואיל ועליהן אתה נהרג שלא מלתה את עצמך ותטול חלק עמהם: **והיתה לאהרן ולבניו.** בלחם הפנים כתיב וכהן נוטל מחצה כדאמרינן בסדר יומא (דף יז:) ונוטל חלה אחת משתי חלות של עצרת וארבע או חמש ממעשה לחם הפנים והתם מפרש לה דפלגא היא והכי נמי השוה אותי נגד כולן שהזכיר שמי לבד: **אדרכן.** שר שבגוים היה: נתפרדה

תוספות

שדר ליה כוסברתא. לפ"ה קשה מה עלה בדעתו של רבי מתחלה לומר שישחטנה ועוד קשה שלבסוף חזר בו רבי מעצמו לכך נראה כפירוש ר"ת והערוך* שדר ליה גרגירא כלומר נאפה גירא הנואף והנואפת תרגום ירושלמי גיירא וגיירתא שדר ליה כוסברתא כסה על קלונה והוכיחנה בסתר ואנטונינוס לא הבין מה ששלח לו והיה סבור שאמר שחוט הבת ושדר ליה כרתי כלומר וכי תתן לי עצה שיכרת זרעי שדר ליה חסא כלומר לא שלחתי לך אלא שתחוס עליה כלומר וכסה אותה אמרתי לך*: **חד קטיל אבבא דבי רב.** וא"ת והלא שפיכות דמים הוא משבע מצות ואפילו לישראל אסור דהא תניא (לקמן כו.) הגוים ורועי בהמה דקה לא היו מעלין ולא מורידין וי"ל שהיה ירא פן יודיעו הדבר אל השרים והיו גורמין להרגו ואמרינן* אם בא להרגך השכם להרגו עי"ל שהיה בורר המינים והמסורות דאע"ג דאין מינים באומות לענין קבלת קרבן מידם לענין הורדה איכא כדפריך בפ"ק דחולין (דף יג:) השתא דישראל היו מורידין דגוים מיבעיא: **אמר ליה א"כ לימא ליה להאי דקאי אבבא וכו'.** ר' אלחנן פירש דל"ג אם כן דאי א"ל(ב) היה לו לרבי חנינא להבין שהיה מת דאם היה ישן מה גבורה יש להקיץ אדם משנתו. אמרינן במדרש חלב מטמא חלב מטהר כשנולד רבי גזרו שלא למול ואביו ואמו מלוהו שלח קיסר והביאו לרבי ואמו לפניו והחליפתו אמו באנטונינוס והניקתו עד שהביאתו לפני קיסר ומצאוהו ערל ופטרוס לשלום ואמר אותו הגמון אני ראיתי שמלו את זה אלא הקב"ה עושה להם נסים בכל עת ובטלו הגזרה ואמרי' נמי בירושלמי שלסוף למד אנטונינוס תורה ונתגייר ומל עצמו: ה"ג כל נשיאיה ולא כל שריה פרט לקטיעה וכו'. ולא גרס שריה ולא כל שריה דקרא כתיב מלכיה וכל נשיאיה ואור"י דנשיא הוא הישיש שמפורש בספר יוסיפון שנשבעו רומיים שלא להמליך עליהם עוד מלך בשביל אחד שלקח אשה אחת בחזקה אלא שהיו ממנים ישיש אחד ולו שלש מאות יועצים ולסוף כמה שנים מלך עליהם אחד בחזקה שמתה אמו בלדתה ונבקעת בטנה ומלאוהו חי ומלך עליהם ונקרא קיסר בלשון רומי והוא לשון כרות בעברית ועל שמו נקראו כל המלכים שלאחריו קיסר: **ווי לה לאילפא דאזלא בלא מכסא.** וא"ת והא אמרינן פרט לאנטונינוס אע"ג דאזל בלא מכסא ויש לומר שגם הוא נימול דגרסינן בירושלמי דמגילה (פ"א) א"ל אנטונינוס לרבי את מאכילני מן לויתן לעתיד לבא א"ל אין א"ל מן אימר פסחא לית את מאכילני ומן לויתן את מאכילני א"ל מה אעביד לך דהא כתיב וכל ערל לא יאכל בו כיון דשמע כן אזל וגזר גרמיה הדא אמרה איגייר אנטונינוס: נכון

רבינו חננאל

פי' גרגירה זינתה גירה מלשון הנואף דמתרגמי' גיירא. שדר ליה כוסברתא כלומר הרוג ברתך כוס ברתא שדר ליה כרתי כלומר אם יהרגנה יכרת זרעו שדר ליה חסא כלומר אם כן חוס עליה ושבקה: פי' נקרתא היתה מערה חפורה תחת הקרקע מבית אנטונינוס עד ביתו של רבינו הקדוש שהיה אנטונינוס בא דרך המערה בכל יום בסתר אצל רבי והיה הורג העבדים שהיו באין עמו כדי שלא יגלו הדבר לבני אדם ובעת שמצא ר' חנינא יושב לפני רבי אמר לו למה יושב לפניך ואני הזהרתיך שלא ימצא כאן אדם בעת בואי אליך אמר לו לית דין ילוד אשה כלומר מלאך הוא אמר לו אם כן יצא ישלח לנו הישן בחוץ והוא העבד ההרוג כלומר אם הוא מלאך יחיה אותו ונפק ואשכחיה דהוה קטיל בעא רחמי עליה ואחיה וכו'. תניא לא יהיה שריד לבית עשו בעושה מעשה עשו ותניא שמה אדום מלכיה ולא כל מלכיה [כל נשיאיה ולא כל שריה מלכיה ולא כל מלכיה] פרט לאנטונינוס וכל נשיאיה פרט לקטיעה בר שלום דהוא דההוא קיסר דהוה סאני ליהודאי ואמר לחשיבי דמלכותא מי שעלתה לו נימא ברגלו יקטענה ויחיה או יניחנה ויצטער אמרו לו יקטענה ויחיה אמר לו קטיעה בר שלום חדא דלא מצית יכלת לכולהו דכתיב כי כארבע רוחות השמים וגו' כשם שאי אפשר לעולם בלא רוחות כך אי אפשר לעולם בלא ישראל ואי קטלת להני דשכיחי גבך קארו לך מלכותא קטיעא אמר ליה [מימר] שפיר קאמרת מיהו כל מאן דזכי למלכא שדו ליה [לקמוניא] חלילא פי' לכבשן האש. פי' אילפא ספינה כי קא שאדו ליה אמר כל נכסיי לרבי עקיבא ולחביריו יצא ר"ע ודרש והיתה לאהרן ולבניו לאהרן מחצה ולבניו מחצה כך זה לרבי עקיבא מחצה ולחביריו מחצה יצתה ב"ק ואמרה קטיעה בר שלום מזומן לחיי העולם הבא בכה רבי ואמר יש קונה עולמו בכמה שנים קטיעה קנה עולמו בשעה אחת. אנטונינוס שמשיה לרבי כי מת אנטונינוס אמר רבי נתפרדה חבילה. אדרכן שמשיה לרב כד מית אמר רב נתפרדה

הגהות הב"ח

(א) רש"י ד"ה שדר ליה וכו' הנואפים (יודע היה ללמוד אנטונינוס) תא"מ ונ"ב ס"א אין זה: (ב) תוס' ד"ה אמר וכו' דאי א"ל הכי היה לו לר' חנינא.

[ערך כרת א'] [ועי' בערוך שכתב עוד פירוש אחר והוא כפירוש רש"י] [ברכות נח. סב: סנהדרין עב.] [בע"י ליתא] [שבת קיב: עירובין כב.] [מגילה טו.] [א"ל ל"נ] [נ"ל היא] [תענית ג: ע"ש] [נ"ל למלכא] [בדברים כח פס' ח מתרגם ירושל' באילפית] יומא יז: סנהדרין כח. ב"ב קמג.

ושואלים: וְלֵימָא לֵיהּ מֵימַר [בְּהֶדְיָא] [ושיאמר לו במפורש] את הדברים הללו, ומדוע עשה רבי בדרך רמז שאפשר גם לטעות בה? ומשיבים: אָמַר רבי: אילו אוֹמַר במפורש, שָׁמְעִי (בִּי) חֲשׁוּבֵי רוֹמִי וּמְצַעֲרוּ לֵיהּ [ישמעו (אותי) חשובי הרומאים ויצערו אותו כלומר, אותי]. ושואלים: וְלֵימָא לֵיהּ [שיאמר לו] בְּלַחַשׁ! ואומרים: גם באופן זה חשש רבי לומר, שמא יישמעו דבריו, מִשּׁוּם דִּכְתִיב [שנאמר]: "כִּי עוֹף הַשָּׁמַיִם יוֹלִיךְ אֶת הַקּוֹל" (קהלת י, כ). ועוד מסופר, הֲוָה לֵיהּ הַהוּא בְּרַתָּא [היתה לו לאנטונינוס בת אחת] שֶׁשְּׁמָהּ היה גִּירָא, קָעָבְדָה אִיסּוּרָא [ועשתה דבר איסור, בזנות], שְׁדַר לֵיהּ [שלח לו] אנטונינוס לרבי את הצמח גַּרְגִּירָא שיש בו רמז: גר (=זנתה) גירא, שְׁדַר לֵיהּ [שלח לו] רבי צמח ששמו כּוּסְבַּרְתָּא, ואנטונינוס הבין שהוא רומז לו: כוס ברתא (=הרוג את הבת). שְׁדַר לֵיהּ [שלח לו] אנטונינוס את הצמח כַּרְתֵּי שיש בו רמז: אני נכרת אם אני אעשה כן. שְׁלַח לֵיהּ [שלח לו] רבי חַסָּא, לומר: חוס עליה. ועוד מסופר, כָּל יוֹמָא הֲוָה שְׁדַר לֵיהּ דַּהֲבָא פְּרִיכָא בְּמַטְרָאתָא, וְחִיטֵּי אַפּוּמַיְיהוּ [כל יום היה שולח לו אנטונינוס לרבי זהב מפורר בתוך שקים גדולים, וחיטים היו מונחים בפיהם של השקים], וכך אֲמַר לְהוּ [היה אומר להם] אנטונינוס לשליחיו: אַמְטִיוּ חִיטֵּי [הביאו חיטים] לְרַבִּי, ולא ידעו שיש שם זהב. אָמַר [לֵיהּ [לו] רַבִּי]: לָא צְרִיכְנָא, אִית לִי טוּבָא [אין אני צריך זהב, שכן יש לי הרבה]. אָמַר אנטונינוס: לֶיהֱווּ לְמַאן דְּבַתְרָךְ, דְּיָהֲבִי לְבַתְרָאֵי דְּאָתוּ בַּתְרָךְ, וּדְאָתֵי מִינַּיְיהוּ נֵיפּוּק עֲלַיְיהוּ [שיהיו לאלה שיבואו אחריך, שיתנו לאחרונים שיבואו אחריך, ומי שיצא מהם יוציא עליהם, על חשבון מה שקיבלו הם ממני]. ועוד מסופר על אנטונינוס: הֲוָה לֵיהּ הַהִיא נִקְרְתָּא דַּהֲוָה עַיְילָא מִבֵּיתֵיהּ [היתה לו מערה מתחת לאדמה שהיתה נכנסת מובילה מביתו] לְבֵית רַבִּי, כָּל יוֹמָא הֲוָה מַיְיתֵי תְּרֵי עַבְדֵי [כל יום היה מביא אנטונינוס שני עבדים] שישרתוהו, חַד קְטָלֵיהּ אַבָּבָא דְּבֵי רַבִּי וְחַד קְטָלֵיהּ אַבָּבָא דְּבֵיתֵיהּ [אחד היה הורג אותו על פתחו של בית רבי, ואחד היה הורג אותו על הפתח של ביתו שלו], כדי שלא יישאר אדם היודע שהלך מביתו לבית רבי. אָמַר לֵיהּ [לו] לרבי: בְּעִידָּנָא דְּאָתֵינָא לָא נִשְׁכַּח גְּבַר קַמָּךְ [בזמן שאני בא אליך אל יימצא איש לפניך]. יוֹמָא חַד אַשְׁכְּחֵיהּ [יום אחד מצאו] אנטונינוס את ר' חֲנִינָא בַּר חָמָא דַּהֲוָה יָתֵיב [שהיה יושב שם]. אָמַר לרבי: לָא אָמִינָא לָךְ, בְּעִידָּנָא דְּאָתֵינָא לָא נִשְׁכַּח גְּבַר קַמָּךְ [האם לא אמרתי לך שבזמן שאני בא לא יימצא אדם לפניך]? אָמַר לֵיהּ [לו] רבי: לֵית דֵּין בַּר אִינִישׁ [אין זה בן אדם] כלומר, הרי הוא כמלאך, ואין אתה צריך לחשוש ממנו כלל. אָמַר לֵיהּ [לו] אנטונינוס לר' חנינא: אֵימָא לֵיהּ לְהַהוּא עַבְדָּא דְּגָנֵי אַבָּבָא דְּקָאֵים וְלֵיתֵי [אמור לו לאותו עבד שישן על הפתח שיקום ויבוא]. אֲזַל [הלך] ר' חֲנִינָא בַּר חָמָא, אַשְׁכְּחֵיהּ דַּהֲוָה קְטִיל [מצא אותו שהיה הרוג], אָמַר: הֵיכִי אַעֲבִיד [איך אעשה]? אִי אֵיזִיל וְאֵימָא לֵיהּ דִּקְטִיל [אם אלך ואומר לו שהוא הרוג], הרי אֵין מְשִׁיבִין עַל הַקַּלְקָלָה כלומר, אין משיבים דבר של קלקלה וגנאי. אֶשְׁבְּקֵיהּ וְאֵיזִיל [אם אעזבנו ואלך], קָא מְזַלְזְלִינַן בְּמַלְכוּתָא [נמצא שאנו מזלזלים במלכות] ואין ממלאים הפקודה. בְּעָא רַחֲמֵי עֲלֵיהּ וְאַחֲיֵיהּ וּשְׁדַרֵיהּ [ביקש רחמים עליו והחייהו ושלחו לאנטונינוס]. אָמַר אנטונינוס לרבי: יָדַעְנָא, זוּטֵי דְּאִית בְּכוּ [יודע אני, שהקטן שבכם] מְחַיֶּה מֵתִים, מִיהוּ בְּעִידָּנָא דְּאָתֵינָא לָא נִשְׁכַּח אִינִישׁ קַמָּךְ [בכל זאת, בזמן שאני בא אל יימצא אדם לפניך], אפילו אדם גדול כר' חנינא. ועוד מסופר, כָּל יוֹמָא הֲוָה [יום היה] אנטונינוס מְשַׁמֵּשׁ את רַבִּי, מַאֲכִיל לֵיהּ [אותו], מַשְׁקֵי לֵיהּ [משקה אותו], כִּי הֲוָה בָּעֵי רַבִּי לְמֵיסַק לְפוּרְיָא [כאשר היה רבי רוצה לעלות למיטתו], הֲוָה גָּחֵין קַמֵּי פּוּרְיָא [היה אנטונינוס מתכופף לפני המיטה], אָמַר לֵיהּ [לו]: סַק עִילָּוַאי לְפוּרְיָךְ [עלה עלי למיטתך]. אָמַר לו רבי: לָאו אוֹרַח אַרְעָא לְזַלְזוּלֵי בְּמַלְכוּתָא כּוּלֵּי הַאי [אין זו דרך ארץ לזלזל במלכות כל כך], אָמַר אנטונינוס: מִי יִשְׁמֵנִי מַצָּע תַּחְתֶּיךָ לָעוֹלָם הַבָּא. ועוד אָמַר לֵיהּ [לו] אנטונינוס: אָתֵינָא לְעָלְמָא דְּאָתֵי [האם אבוא לעולם הבא]? אָמַר לֵיהּ [לו] רבי: אִין [כן]. אֲמַר לֵיהּ [לו], וְהָכְתִיב [והרי נאמר]: "לֹא יִהְיֶה שָׂרִיד לְבֵית עֵשָׂו" (עובדיה א, יח)! אמר לו: מדובר שם בְּמִי שעוֹשֶׂה מַעֲשֵׂה עֵשָׂו, ולא אדם כמותך. ומעירים: תַּנְיָא נַמִי הָכִי [שנויה ברייתא גם כן כך]: "לֹא יִהְיֶה שָׂרִיד לְבֵית עֵשָׂו" — יָכוֹל לַכֹּל? תַּלְמוּד לוֹמַר: "לְבֵית עֵשָׂו", כלומר בממשיך דרכו, בְּעוֹשֶׂה מַעֲשֵׂה עֵשָׂו. אָמַר לֵיהּ [לו] אנטונינוס, וְהָכְתִיב [והרי נאמר] בתיאור השאול: "שָׁמָּה אֱדוֹם מְלָכֶיהָ וְכָל נְשִׂיאֶיהָ" (יחזקאל לב, כט)! אָמַר לֵיהּ [לו] רבי: "מְלָכֶיהָ" — וְלֹא כָּל מְלָכֶיהָ, "כָּל נְשִׂיאֶיהָ" — וְלֹא כָּל שָׂרֶיהָ, שיש ביניהם כאלה שזוכים לחיי העולם הבא. ומעירים: תַּנְיָא נַמִי הָכִי [שנויה ברייתא גם כן כך]: "מְלָכֶיהָ" — וְלֹא כָּל מְלָכֶיהָ, "כָּל נְשִׂיאֶיהָ" — וְלֹא כָּל שָׂרֶיהָ. ומפרשים: "מְלָכֶיהָ" וְלֹא כָּל מְלָכֶיהָ — פְּרָט לְאַנְטוֹנִינוּס בֶּן אַסְוֵירוּס שצדיק היה, "כָּל נְשִׂיאֶיהָ" וְלֹא כָּל שָׂרֶיהָ — פְּרָט לִקְטִיעָה בַּר שָׁלוֹם, שהיה אחד משרי רומי. ושואלים: קְטִיעָה בַּר שָׁלוֹם מַאי הָוֵי [מה הוא מה עניינו? דְּהַהוּא קֵיסָרָא דַּהֲוָה סָנֵי לִיהוּדָאֵי [שאותו קיסר רומאי שהיה שונא את היהודים], אָמַר לְהוּ לַחֲשִׁיבֵי דְּמַלְכוּתָא [להם לחשובי המלכות]: מִי שֶׁעָלָה לוֹ נִימָא (בשר מת) בְּרַגְלוֹ, האם יְקַטְעֶנָּה וְיִחְיֶה אוֹ יַנִּיחֶנָּה וְיִצְטַעֵר? אָמְרוּ לוֹ: יְקַטְעֶנָּה וְיִחְיֶה, והיה זה מעין משל, שמוטב להשמיד את ישראל, שהם גורמים נזק למלכות. אָמַר לְהוּ [להם] קְטִיעָה בַּר שָׁלוֹם: לא כדאי הדבר, משתי סיבות: חֲדָא, דְּלָא יָכְלַתְּ לְהוּ לְכוּלְּהוּ [אחת, שאין אתה יכול להם לכולם להשמידם], דִּכְתִיב [שנאמר]: "כִּי כְּאַרְבַּע רוּחוֹת הַשָּׁמַיִם פֵּרַשְׂתִּי אֶתְכֶם" (זכריה ב, י), ויש לשאול: מַאי קָאָמַר [מה אומר פסוק זה]? אִלֵּימָא דְּבַדַּרְתְּהוֹן [אם תאמר שפירושו שפיזר אותם] בְּאַרְבַּע רוּחוֹת, אם כן, הַאי [זה הכתוב] "כְּאַרְבַּע רוּחוֹת" לא היה צריך להיאמר כך, אלא "לְאַרְבַּע רוּחוֹת" מִבְּעֵי לֵיהּ [צריך היה לו לומר]! אֶלָּא הכוונה היא לומר: כְּשֵׁם שֶׁאִי אֶפְשָׁר לָעוֹלָם בְּלֹא רוּחוֹת, כָּךְ אִי אֶפְשָׁר לָעוֹלָם בְּלֹא יִשְׂרָאֵל, ולא ניתן אפוא להשמידם. וְעוֹד סיבה, שאם תעשה כן קָרוּ [יקראו] לָךְ מַלְכוּתָא קְטִיעָה [מלכות קטועה], שאצלך אין יהודים ובמקומות אחרים יש. אֲמַר לֵיהּ [לו] הקיסר: מֵימַר שַׁפִּיר קָאָמְרַתְּ [לומר יפה אמרת], מִיהוּ כָּל דְּזָכֵי מַלְכָּא שָׁדוּ לֵיהּ לְקָמוֹנְיָא חֲלִילָא [ואולם כל מי שמנצח את המלך בויכוח משליכים אותו לבית מלא אפר] שייחנק שם. כַּד הֲוָה נָקְטִין לֵיהּ וְאָזְלִין [כאשר היו אוחזים אותו והולכים] להוציאו להורג, אָמְרָה לֵיהּ [לו] לקטיעה הַהִיא מַטְרוֹנִיתָא [גבירה אחת]: וַוי לֵיהּ לְאִילְפָא דְּאָזְלָא בְּלָא מִכְסָא [אוי לה לאוניה שהולכת בלא לשלם מכס], שאינה יכולה לעבור! שרמזה לו שאינו נימול, ולפיכך אינו בכלל ישראל לעולם הבא. נְפַל [התכופף] עַל רֵישָׁא דְּעוּרְלָתֵיהּ [ראש עורלתו] קְטָעָהּ [קטע אותה], אָמַר: יְהָבִית מִכְסִי חֲלַפִית וַעֲבַרִית [נתתי את המכס שלי, חלפתי ועברתי]. כִּי קָא שָׁדוּ לֵיהּ [כאשר זרקו אותו לאותו בית], אָמַר: כָּל נִכְסַאי [נכסי] יהיו לְר' עֲקִיבָא וַחֲבֵירָיו. ומעירים כי נשאלה השאלה כיצד יש לחלק את הירושה. מסופר, יָצָא ר' עֲקִיבָא וְדָרַשׁ: נאמר: "וְהָיָה לְאַהֲרֹן וּלְבָנָיו" (שמות כט, כח) — הכוונה היא מֶחֱצָה לְאַהֲרֹן וּמֶחֱצָה לְבָנָיו, ואף כאן כיון שהזכיר את ר' עקיבא לחוד, יש להבין שציוה לחלק את הנכסים מחצה לר' עקיבא ומחצה לחביריו. וממשיכים בסיפור המעשה, יָצְתָה בַּת קוֹל וְאָמְרָה: קְטִיעָה בַּר שָׁלוֹם מְזוּמָּן לְחַיֵּי הָעוֹלָם הַבָּא. כששמע זאת בָּכָה רַבִּי וְאָמַר: יֵשׁ קוֹנֶה עוֹלָמוֹ לעולם הבא בְּשָׁעָה אַחַת כקטיעה בר שלום, וְיֵשׁ קוֹנֶה עוֹלָמוֹ רק בְּכַמָּה שָׁנִים של עבודה. מסופר, אַנְטוֹנִינוּס שַׁמְּשֵׁיהּ [שימש אותו] את רַבִּי, אַדְרַכָּן מלך פרס שַׁמְּשֵׁיהּ [שימש אותו] את רַב. כִּי שְׁכִיב [כאשר מת] אַנְטוֹנִינוּס, אָמַר רַבִּי: נִתְפָּרְדָה חֲבִילָה שהיינו קשורים יחד בחייו, ועכשיו מת. וכן כִּי שְׁכִיב [כאשר מת] אַדְרַכָּן, אָמַר רַב:

עיונים

גרגירא אנטונינוס שלח לרבי צמח זה, כדי שיבין את הרמז שבדבר. רש"י מפרש גרגירא, "גר" — נגררה לעבירה, "גירא" — אותה בת. אבל רוב המפרשים הולכים בעקבות הר"ח (והערוך) המסביר "גר" מלשון ניאוף (שכן היא הלשון בארמית של ארץ ישראל), כלומר: זנתה גירא.

כוסברתא רש"י מפרש ששלח לו כוסברתא לרמז על פי השם שיהרוג את הבת (כוס = שחוט, ברתא = בת) ולאחר שחזר אנטונינוס ושלח לו כרתי לומר שכך יכרת זרעו, שלח לו חסא. וראה בתוס' שתהו מפני מה עלה בדעת רבי שתהא חייבת מיתה. ולכן פירשו שמתחילה התכוון רבי לומר שיכסה על עוונה של הבת. אלא שאנטונינוס לא הבין, והוצרך רבי לחזור ולשלוח לו חסא לרמז שיחוס עליה. והראב"ד פירש כי אנטונינוס לא ידע האם כששלח לו רבי כוסברתא התכוון שיכסה על בתו או שיהרגנה, ולכך שלח לו רבי חסא להבהיר שכוונתו היתה שיחוס ויכסה עליה.

ליהוו למאן דבתרך שידע אנטונינוס (וכן רבי) שמערכת יחסים זו היא מיוחדת במינה, ואין סיכוי שתימשך לאחר מכן, ולעתיד שוב יחזור השלטון הרומי לגבות סכומי כסף גדולים מיהודי ארץ ישראל, ובפרט מבית הנשיא. ולכן הכין לו עבור העתיד סכומי כסף אלה.

הוה ליה ההוא נקרתא כתב באלשיך (בפירושו לשיר השירים) שהכוונה אינה למערה מהעיר רומי שבאיטליה עד ביתו של רבי. אלא שכאשר היה הקיסר מצוי בארץ ישראל, היה דר בארמון שממנו היתה מערה תת קרקעית עד ביתו של רבי (וראה גם בן יהוידע).

חד קטליה וכו' ושאלו הראשונים (ראה בתוס' ועוד) כיצד יכול היה אדם צדיק כאנטונינוס להרוג אנשים שאין בהם חטא. ותירצו בכמה פנים, אם משום שהיה בכך לקיסר סכנת נפשות, שאם ידעו על יחסיו המיוחדים עם רבי יבואו חשובי רומי להורגו. או שמתחילה בחר לעצמו מלוים שהיו חייבים מיתה (אם בשל גזל, או בשל חטאים אחרים. וראה בתוס' ובמהר"ל ועוד), ואת אלה היה הורג.

אכן בספר פרדס רמונים מפרש את הדברים שלא כפשוטם, וסבור שלא היה הורגם ממש, אלא היה מכה אותם בראשם כדי שיאבדו הכרתם, או שהיה משקה אותם בסם. ולפיכך גם מעשהו של ר' חנינא הוא מפרש קרוב לדרך הטבע, שר' חנינא היה חכם ורופא וטיפל באיש שהימם אנטונינוס עד ש"החיהו". ובמהר"ל מפרש מעין זה, שהיתה זו מיתה רוחנית, לא מוחשית.

אבבא דבי רבי וכו' יש שפירשו שהיה נוטל עמו את העבדים משום שאין דרך המלך ללכת לבד, ולא הרג אותם יחד משום שהיו שנים ויכולים היו לעמוד כנגדו. וכשהגיע לבית רבי לקח אחד אתו הצידה והרגו, ולאחר שהלך עם השני חזרה לביתו, הרגו (ראב"ד). והמהרש"א פירש עוד שלקח עבדים אלה כדי לשמור על שני פתחי המנהרה, את האחד השאיר ליד היציאה מביתו ואת האחר לקח עמו עד לביתו של רבי. וראה עוד במהר"ל שהסביר כי אחד מהם נשלח עם המתנה לבית רבי, וחזר לבית אנטונינוס בלא שידע שאנטונינוס הגיע לבית רבי.

לית דין בר איניש כלומר, ר' חנינא הוא אדם מיוחד, וכל החששות שיכולים להיות ממציאותו של אדם נוסף אינם שייכים באדם מיוחד ונעלה כמותו. ובעיון יעקב הבין כי רבי לא אמר אמת, ומותר הדבר משום דרכי שלום.

אין משיבים על הקלקלה דבר זה נזכר בכמה מקומות כענין של דרך ארץ, שאין ראוי לשליח להודיע לשולחו דבר של קלקלה, של פגם או של אסון, וכאשר מגיע אדם לכך — מוטב לו שישתוק ולא יאמר דבר.

כל נשיאיה בתוס' פירשו כי הכוונה היא לצורת השלטון ברומי, בה לא היה מלך, אלא מעין יושב ראש מועצת הזקנים, והוא הנשיא. והראב"ד פירש כי הכוונה היא לאפיפיור, העומד בראש הכנסיה שברומי.

יקטענה ויחיה שאותו קיסר ראה את הקיום היהודי כנגע בגופה של הממלכה, שאם לא יטפלו בו יתפשט ויגרום להתמוטטותה.

כל דזכי מלכא אף שתפקיד היועץ הוא לסייע למלך ולא להסכים עמו בכל דבר, מכל מקום נראה כי כאן כבר החליט המלך על הפעולה והכל הסכימו לדעתו, וקטיעה בר שלום הוכיח שאין זו דרך נכונה ונמצא מנצח את המלך בוויכוח גלוי.

לקמוניא חלילא רש"י מפרש — לבית מלא עפר. ויש אומרים לחפירה מלאה אפר (ערוך), או לכבשן האש (ר"ח).

בלא מיכסא שכיון שהוא הולך ליהרג לשם טובת ישראל, והוא רוצה בהם, הרי אם אינו משלים את הדבר ואינו מתגייר לגמרי, הריהו כאניה הבאה למקום ולא יתנו לה להיכנס משום שלא שילמה את המכס (וראה במהרש"א ועוד, שכתבו כי דבר זה נסמך על מקור אחר (עירובין יט,א) שבו נאמר כי אין אברהם אבינו מניח לערל להגיע לחיי העולם הבא).

מזומן לחיי העולם הבא וכתבו בתוס' (כתובות קג,ב) כי משמעות הביטוי הזה היא שאדם זה מגיע מיד לעולם הבא ומקבל שכר עליון, ואינו נידון בדיני שמים, ואינו מתייסר למרק את חטאיו.

בכה רבי יש שכתב שבכה רבי משום שעל ידי כך הוכיח קטיעה בר שלום שיכול כל אדם להגיע למעלה עליונה על ידי מעשה של רגע אחד, ובזה הוא מחייב את כל אנשי העולם לנסות להגיע למעלתו (עיני יצחק).

יש קונה עולמו בשעה אחת והמהרש"א מסביר בדרך שונה מן המובן הרגיל, שלדעתו בכה רבי על שלא זכה קטיעה בר שלום להאריך ימים. שאם בשעה אחת קנה את עולמו לפי מדרגתו, היה יכול לזכות למעלה עליונה בהרבה אם היה עמל על כך שנים רבות.

נתפרדה החבילה רש"י מסביר כי הכוונה היא שהיו רבי ואנטונינוס מחוברים וקשורים בנפשם, וכך אמר רבי מתוך צערו כי הוא חש שנתפרדה חבילה שהיה חלק ממנה. ויש מפרשים שהסבירו כי הכוונה היא שמעתה שוב אין קשר וחיבור ביניהם (והעירו כי מכאן המקור למנהג לומר לנפטר ששוב אין הוא חבר בשום אגודה וחבורה (ראה עיון יעקב ועץ יוסף). ומפרשים אחרים הסבירו כי הכוונה היא שלמרות מה שזכה אנטונינוס לעולם הבא, שוב לא יהיו יחד באותו עולם, שדרגות דרגות יש (בן יהוידע, עבודת עבודה). והמהר"ל מפרש "חבילה" בכיוון שונה לגמרי, כי כל עוד היה קשר בין ראש ישראל וראש האומות היו ישראל והאומות קשורים כעין חבילה אחת, שלא היה פירוד לבבות ולא מקום לגזירות. וכיון שנפרד קשר זה בין השליטים — מן הסתם יבואו אחריו גם פירודים ומחלוקת, גזרות וייסורים (מהר"ל).

אורח ההלכה

אתינא לעלמא דאתי וכו' חסידי אומות העולם יש להם חלק לעולם הבא. (רמב"ם ספר מדע הלכות תשובה פ"ג ה"ה. וראה שם הלכות מלכים פ"ח הי"א).

מחצה לאהרן ומחצה לבניו כהן גדול רשאי ליטול מכל משמר מחצית מן החלות של לחם הפנים או של שתי הלחם שזכה בהן, שנאמר: "והיתה לאהרן ולבניו" — מחצה לאהרן ומחצה לבניו. ומכאן למדו חכמים כי האומר: "נכסי לפלוני ולבָנַי" — אותו פלוני נוטל מחצה, ובניו של אותו איש נוטלים מחצה. (רמב"ם ספר עבודה הלכות תמידין ומוספין פ"ד הי"ד. שם פ"ח ה"א. שם ספר קנין הלכות זכיה ומתנה פי"א ה"ה. שו"ע חו"מ רמז, ה).

מסורת הש"ס

א. (הביטוי) שבת קיב,ב. עירובין כד,א.
ב. יומא עז,א. מגילה טו,א. תוספתא מגילה פ"ג לז. ילק"ש נ"ך שמז. שם תתרנו.
ג. ראה ירושלמי מגילה פ"א הי"א.
ד. ילק"ש נ"ך שעג.
ה. (כל המעשה, בשינויים) דב"ר פ"ב כד.
ו. תענית ג,ב. ילק"ש תורה שפד. שם תרנו. שם נ"ך שעג. שם תקסט.
ז. (כעין זה) סנהדרין לט,א.
ח. יומא יז,ב. ב"ב קמג,א. סנהדרין כא,א. במדב"ר פ"ד יא. ילק"ש תורה שפד. שם נ"ך שעג. שם תתרעה.
ט. ע"ז יז,א. יח,א. ילק"ש תורה שפד. שם תרנו. שם נ"ך שעג.

גרסות

ולימא ליה מימר בהדיא אמר שמעי בי חשובי רומי בכתי"מ: **ולימא ליה בהדיא שמעי חשיבי דרומי.**

ומצערו ליה בכתי"ס ועוד: **ומצערו לי.**

בלחש בכתי"מ ועוד: **בצנעה** ובכתי"ס: **בלחש בצנעה.**

שדר ליה כוסברתא בכתי"מ: **שדר ליה איהו כוסברתא.**

וחיטי אפומייהו אמר להו אמטיו חיטי לרבי אמר ליה רבי בכתי"מ: **ויהיב חיטי אפומייהו ואמר להו זילו ואייתו האי חיטי לבי רבי שלח ליה.**

אמר ליהוו — דאתי ברתך בכתי"מ: **אמר ליה ליהוו לברך בתרך דיהבי לבני בתרי.**

דהוה עיילא מביתיה לבי רבי בכתי"מ וכעין זה בגליון כתי"ס: **נקירתא תותי ארעא דהוה אתי בה כל יומא מביתיה לבי רבי ומשמש ליה וגמיר תורה מיניה וכי הוה אתי.**

תרי עבדי בכת"י: **תרי עבדי בהדיה.**

לא נשכח גבר בכת"י: **לא נשכח איניש.**

לית דין בר איניש בכתי"ס ועוד: **לית דין ילוד אשה.**

אימא ליה לההוא עבדא דגני אבבא דקאים וליתי בכתי"ס: **אימא ליה דניזיל ונשדריה לההוא גברא דגני קמי בבא** וכעין זה בכתי"מ ועוד.

אזל רבי חנינא בר חמא אשכחיה בכתי"מ: **חזא רבי חנינא בר חמא.**

זוטי דאית בכו בכת"י: **דאפילו זוטי דאית בכו.**

ישימני בכת"י: **יתנני.**

מאי הוי בכת"י ועוד: **מאי היא.**

דההוא קיסרא דהוה סני בכתי"מ ועוד: **קטיעא בר שלום חד מחשיבי מלכותא דקיסר הוה וקיסר הוה סני.**

יניחנה ויצטער בכתי"מ: **יניחנה וימות.**

אמר להו קטיעא בכתי"ס ועוד: **אמר ליה קטיעא.**

דכתיב כי — בלא ישראל בכת"י ועוד חסר קטע זה.

ונפל על רישא דעורלתיה קטעה בכתי"מ ועוד: **שקל סכינא קטעיה לעורלתיה איכא דאמרי גחין רישיה על עורלתיה וקטעיה בשיניה** ובכתי"ס: **נפל על רישא דעורלתיה וקטעה בשיניה.**

אדרכן בכתי"ס ועוד: **ארטבן.**

לשון

גירא
ייתכן כי שם זה קשור ליוונית γερας (גרס) וברבים γερα (גירא) שמשמעה — מתנה של הוקרה, מעמד של כבוד.

נימא
בגרסות שונות גרסו כאן, כבמקומות אחרים "נומי". מקור המלה הוא ביוונית νῆμα (נימא). שעניינה בין השאר: פצע המתפשט והולך, וגם כנראה גנגרנה.

מטרוניתא, קמוניא
ראה בהשלמות.

אישים

אנטונינוס בן אסוירוס, קטיעא בר שלום, אדרכן
ראה בהשלמות.

העולם

גרגירא, כוסברתא, כרתי
ראה בהשלמות.

לעזי רש"י

רוק"א צ"ל: אורוג"א, מן הצרפתית העתיקה oruge — מין צמח מאכל (גרגיר, אורות).

אלוינאר"א צ"ל: אלינדר"א, מן הצרפתית העתיקה aliendre — צמח הכוסבר.

פורי"ש צ"ל: פוריל"ש, מן הצרפתית העתיקה porels — כרשים.

לייטוג"א מן הצרפתית העתיקה laituge — חסה.

נִתְפָּרְדָה חֲבִילָה.

א ועוד בעניין גדולי רומי שנתגיירו, מסופר, **אוּנְקְלוֹס בַּר** [בן] **קַלוֹנִימוֹס אִיגַּיַּיר** [התגייר]. **שְׁדַר קֵיסָר גּוּנְדָּא דְּרוֹמָאֵי אַבַּתְרֵיהּ** [שלח הקיסר גדוד של רומאים אחריו] לתופסו ולהביאו אליו. **מָשְׁכִינְהוּ בִּקְרָאֵי, אִיגַּיּוּר** [משך אותם אונקלוס במקראות שהביא ודרש לפניהם, והתגיירו]. **הֲדַר שְׁדַר גּוּנְדָּא דְּרוֹמָאֵי [אַחֲרִינָא] אַבַּתְרֵיהּ** [חזר הקיסר ושלח גדוד רומאים אחר אחריו], **אָמַר לְהוּ** [להם]: **לָא תֵּימְרוּ לֵיהּ וְלָא מִידֵי** [אל תאמרו לו ולא דבר], כדי שלא יגרור אתכם בדבריו. ואכן כך עשו, ונטלוהו עימם. **כִּי הֲווּ שָׁקְלוּ וְאָזְלוּ** [כאשר היו הולכים], **אָמַר לְהוּ** [להם] אונקלוס לחיילי הגדוד: **אֵימָא לְכוּ מִילְּתָא בְּעָלְמָא** [אומר לכם דבר סתם] שאיננו דרשה: **נִיפְיוֹרָא** שהוא פקיד זוטר **נָקֵט נוּרָא קַמֵּי** [מחזיק את הלפיד להאיר לפני] **הָאַפִּיפְיוֹרָא** שהוא פקיד גבוה יותר, וכמו כן אוחז **אַפִּיפְיוֹרָא לְדוּכָּסָא** [והאפיפיור לדוכס], **דּוּכָּסָא לְהֶגְמוֹנָא** [הדוכס להגמון], **הֶגְמוֹנָא לְקוֹמָא** [ההגמון לשליט], ואולם **קוֹמָא מִי נָקֵט נוּרָא מִקַּמֵּי אֱינָשֵׁי** [השליט האם מחזיק לפיד לפני אנשים]? **אָמְרִי לֵיהּ** [אמרו לו]: **לֹא. אָמַר לְהוּ** [להם]: **ואילו הַקָּדוֹשׁ בָּרוּךְ הוּא נָקֵט נוּרָא קַמֵּי** [מחזיק לפיד לפני] **יִשְׂרָאֵל, דִּכְתִיב** [שנאמר]: **"וַה' הֹלֵךְ לִפְנֵיהֶם יוֹמָם** ולילה בעמוד אש להאיר להם" (שמות יג, כא), **אִיגַּיּוּר [כּוּלְּהוּ]** [התגיירו כולם]. **הֲדַר שְׁדַר גּוּנְדָּא אַחֲרִינָא אַבַּתְרֵיהּ** [חזר הקיסר ושלח גדוד אחר אחריו], אחרי אונקלוס, להביאו, **אָמַר לְהוּ** [להם]: **לָא תִּשְׁתָּעוּ מִידֵי בַּהֲדֵיהּ** [אל תדברו איתו דבר]. **כִּי נָקְטִי לֵיהּ וְאָזְלִי** [כאשר תפסו אותו והלכו], **חֲזָא מְזוּזְתָא [דְּמַנְחָא אַפִּתְחָא]** [ראה מזוזה שמונחת על הפתח], **אוֹתֵיב יְדֵיהּ עֲלָהּ** [הניח ידו עליה] **וְאָמַר לְהוּ** [להם]: **מַאי הַאי** [מהו זה]? **אָמְרוּ לֵיהּ** [לו]: **אֵימָא לָן אַתְּ** [אמור לנו אתה]. **אָמַר לְהוּ** [להם]: **מִנְהָגוֹ שֶׁל עוֹלָם, מֶלֶךְ בָּשָׂר וָדָם יוֹשֵׁב מִבִּפְנִים** בארמון, **וַעֲבָדָיו מְשַׁמְּרִים אוֹתוֹ מִבַּחוּץ, וְאִילּוּ הַקָּדוֹשׁ בָּרוּךְ הוּא, עֲבָדָיו** (בני ישראל) נמצאים **מִבִּפְנִים** בבתיהם **וְהוּא מְשַׁמְּרָן מִבַּחוּץ, שֶׁנֶּאֱמַר: "ה' יִשְׁמָר צֵאתְךָ וּבוֹאֶךָ מֵעַתָּה וְעַד עוֹלָם"** (תהלים קכא, ח), **אִיגַּיּוּר** [התגיירו] גם הם. **תּוּ לָא שְׁדַר בַּתְרֵיהּ** [שוב לא שלח הקיסר אחריו]. וחוזרים שוב לענין אנטונינוס. נאמר לרבקה אמנו בזמן הריונה: **"וַיֹּאמֶר ה' לָהּ שְׁנֵי גוֹיִם בְּבִטְנֵךְ"** (בראשית כה, כג) — **אָמַר רַב יְהוּדָה אָמַר רַב: אַל תִּקְרֵי** (תקרא) **"גוֹיִם" אֶלָּא "גֵּיִים"**, גאים, גדולים, **זֶה אַנְטוֹנִינוּס וְרַבִּי,** שֶׁמרוב עושרם וכבודם **לֹא פָּסְקוּ מֵעַל שׁוּלְחָנָם לֹא חֲזֶרֶת וְלֹא קִישׁוּת וְלֹא צְנוֹן, לֹא בִּימוֹת הַחַמָּה וְלֹא בִּימוֹת הַגְּשָׁמִים**, אף על פי שאינם מצויים בכל עונות השנה. ומדוע הקפידו שיהיו תמיד על שולחנם? **שֶׁאָמַר מַר** [החכם]: **צְנוֹן מְחַתֵּךְ** את **הָאוֹכֶל, חֲזֶרֶת מְהַפֵּךְ מַאֲכָל, קִישׁוּת מַרְחִיב מֵעַיִים.** ומקשים: **וְהָא תָּנָא** [והרי שנה החכם] **דְּבֵי** [מבית מדרשו של] **ר' יִשְׁמָעֵאל: לָמָּה נִקְרָא שְׁמָן קִישׁוּאִין? מִפְּנֵי שֶׁקָּשִׁין לְגוּפוֹ שֶׁל אָדָם כַּחֲרָבוֹת**, ואם כן נמצא שאינם מאכל ראוי!

ומשיבים: **לָא קַשְׁיָא** [אין זה קשה]: **הָא בְּרַבְרְבֵי** [זה בגדולים] שאין הם טובים, **הָא בִּזוּטְרֵי** [זה בקטנים] שטובים הם.

ב שנינו במשנה שיום **הַלֵּידָה וְיוֹם הַמִּיתָה** של מלכים הם בכלל ימי אידיהם של גויים לדברי ר' מאיר, וחכמים אומרים שרק מיתה שיש בה שריפה יש בה עבודה זרה. ואומרים: **מִכְּלָל** הדברים יש להבין **שר' מֵאִיר סָבַר** [סבור] **שֶׁלָּא שְׁנָא** [אינה שונה] **מִיתָה שֶׁיֵּשׁ בָּהּ שְׂרֵיפָה, וְלָא שְׁנָא** [ואינה שונה] **מִיתָה שֶׁאֵין בָּהּ שְׂרֵיפָה — פָּלְחִי** [עובדים] **בָּהּ לַעֲבוֹדָה זָרָה, אַלְמָא** [מכאן] אתה מסיק שהוא סבור **שֶׁשְּׂרֵיפָה** על מלכים **לָאו** [לא] **חוּקָּה** של עבודה זרה **הִיא**, שלא היא גורמת האיסור. ומוסיפים: **מִכְּלָל** דבר זה אתה למד **דְּרַבָּנַן סָבְרִי** [שחכמים סבורים] **שֶׁשְּׂרֵיפָה חוּקָּה** של עבודה זרה **הִיא**, ויש לתמוה: **וְהָא תַּנְיָא** [והרי שנויה ברייתא]: **שׂוֹרְפִין עַל הַמְּלָכִים** מלכי ישראל שמתו, **וְלֹא מִדַּרְכֵי הָאֱמוֹרִי** הוא, אלא מנהג ישראל. **וְאִי** [ואם] שריפה **חוּקָּה** מחוקות עבודה זרה **הִיא, אֲנַן הֵיכִי שָׂרְפִינַן** [אנו כיצד אנו שורפים]? **וְהָכְתִיב** [והרי נאמר]: **"וּבְחֻקֹּתֵיהֶם לֹא תֵלֵכוּ"** (ויקרא יח, ג)! **אֶלָּא** צריך לומר כך: **דְּכוּלֵּי עָלְמָא** [לדעת הכל] **שְׂרֵיפָה** עצמה **לָאו** [לא] **חוּקָּה הִיא, אֶלָּא** משום **חֲשִׁיבוּתָא** [חשיבות יתירה] למלך **הִיא** ששורפים עליו. **וְהָכָא בְּהָא קָמִיפַּלְגִי** [וכאן בזה הם חלוקים], **ר' מֵאִיר סָבַר** [סבור]: **לָא שְׁנָא** [אינה שונה] **מִיתָה שֶׁיֵּשׁ בָּהּ שְׂרֵיפָה, וְלָא שְׁנָא** [ואינה שונה] **מִיתָה שֶׁאֵין בָּהּ שְׂרֵיפָה — פָּלְחִי** [עובדים] **בָּהּ לַעֲבוֹדָה זָרָה, וְרַבָּנַן סָבְרִי** [וחכמים סבורים]: **מִיתָה שֶׁיֵּשׁ בָּהּ שְׂרֵיפָה — חֲשִׁיבָא לְהוּ וּפָלְחִי** [חשובה להם ועובדים] **בָּהּ** לעבודה זרה, **וְשֶׁאֵין בָּהּ שְׂרֵיפָה — לָא חֲשִׁיבָא וְלָא פָּלְחִי** [אינה חשובה ואין עובדים] **בָּהּ**. כיון שהוזכרה ברייתא דנים בה **לְגוּפָא** [לגופה] וכך שנינו בה: **שׂוֹרְפִין עַל הַמְּלָכִים וְאֵין בּוֹ מִשּׁוּם דַּרְכֵי הָאֱמוֹרִי**, וראיה לדבר, **שֶׁנֶּאֱמַר** לצדקיהו: **"בְּשָׁלוֹם תָּמוּת וּבְמִשְׂרְפוֹת אֲבוֹתֶיךָ הַמְּלָכִים** ישרפו לך" (ירמיהו לד, ה), **וּכְשֵׁם שֶׁשּׂוֹרְפִין עַל הַמְּלָכִים** שמתו, **כָּךְ שׂוֹרְפִין עַל הַנְּשִׂיאִים, וּמַה הֵם שׂוֹרְפִין עַל הַמְּלָכִים? מִיטָּתָן וּכְלֵי תַשְׁמִישָׁן**, שלא ישתמש בהם אחר. **וּמַעֲשֶׂה שֶׁמֵּת רַבָּן גַּמְלִיאֵל הַזָּקֵן, וְשָׂרַף עָלָיו אוּנְקְלוֹס הַגֵּר שִׁבְעִים מָנֶה צוֹרִי.** ומקשים: **וְהָאָמְרַתְּ** [והרי אמרת]: **מַה הֵן שׂוֹרְפִין עֲלֵיהֶם — מִיטָּתָן וּכְלֵי תַשְׁמִישָׁן**, ולכאורה משמע שאונקלוס שרף כסף! ומשיבים: **אֵימָא** [אמור] שהכוונה היא לחפצים וכלי תשמיש **בְּשׁווּי שִׁבְעִים מָנֶה צוֹרִי.** ושואלים: **וּמִידֵי אַחֲרִינָא** [ודבר אחר] **לֹא** עושים לכבוד המלכות? **וְהָתַנְיָא** [והרי שנויה ברייתא]: **עוֹקְרִין** חותכים את פרסות הבהמות **עַל הַמְּלָכִים** שמתו, **וְאֵין בּוֹ מִשּׁוּם דַּרְכֵי הָאֱמוֹרִי! אָמַר רַב פַּפָּא**: הכוונה היא **לְסוּס שֶׁרָכַב עָלָיו**, שהוא נחשב ככלי תשמיש מיוחד למלך, ועוקרים את פרסותיו כדי שלא ירכב עליו אדם אחר. ושואלים: **וּבְהֵמָה טְהוֹרָה לֹא** מעקרים אותה? **וְהָתַנְיָא** [והרי שנויה ברייתא]: **עִיקּוּר שֶׁיֵּשׁ בָּהּ טְרֵיפָה** שחותך חלק העושה כך את הבהמה לטריפה **— אָסוּר, וְשֶׁאֵין בָּהּ טְרֵיפָה — מוּתָּר; וְאֵיזֶהוּ עִיקּוּר שֶׁאֵין בָּהּ טְרֵיפָה —**

עיונים

משכינהו בקראי איגיור יש ששאלו: הרי אין ישראל משתדלים להוסיף גרים, אלא מקבלים את הבאים מאליהם, וכיצד משכם אונקלוס? ויש מסבירים שעשה כן משום שרצה להינצל מן המלכות. או שלגר עצמו מותר לו לשכנע גוים שיתגיירו (עיון יעקב).

אלא גיים רש"י מעיר כי בפסוק זה יש כתיב וקרי, הכתיב הוא "גיים" והקרי הוא "גוים", וכאן דורשים את הכתיב "גיים" כמו גאים. והזכיר דברים אלה לגבי אנטונינוס ורבי משום שמדובר כאן בשני "גאים" שהיו בדור אחד (ר"ח), ובגלל קירבתם הגדולה היו אף הם כעין תאומים (מהר"ל). וללמד שגדולה זו מיוחדת לשני האחים הללו, יעקב ועשיו, ולבניהם אחריהם, וכיוצא בזה הסוג המיוחד של היחסים שביניהם (ראה שם).

שלא פסקו מעל שולחנם ואף שאמרו שרבי יהודה הנשיא לא נהנה כלל מן העולם הזה, ובוודאי לא היה משתדל לחזור אחרי מעדנים. הוזכר הדבר משום שהיו אוכלי שולחנו מרובים, והוא היה דואג לספק להם מכל טוב, אף שהוא עצמו לא נהנה מן הדברים (תוס'). והמהר"ל פירש כי מנהג זה שנהגו הוא מנהג של חשיבות, והוא מתאים להגדרה של "שני גאים".

אלמא שריפה לאו חוקה היא ראה בריטב"א שהעיר על קושי מסויים שיש בהסברת הדברים, שהרי בעצם מדברי ר' מאיר אין לדעת בבירור מה דעתו ביחס לשריפה, אם חוקה היא, ואם כן כיצד ניתן לדייק מדבריו על דברי חכמים? ועוד, לכאורה עיקר הראיה היא מדברי חכמים עצמם, שכיון שהם אוסרים רק מיתה שיש בה שריפה, משמע שלדעתם השריפה היא מחוקות הגוים לשם עבודה זרה, ומה צורך לדייק את הדברים מכלל דברי ר' מאיר? (ועיי"ש). ואכן גרסת ר"ח לא מזכירה כלל את ר' מאיר בענין זה, אלא מתקשה מדברי חכמים עצמם. ומצד אחר, הרי"ד גורס כאן להיפך, שמכלל דברי ר' מאיר שאוסר בכל מיתה, משמע שלדעתו שריפה חוק קבוע הוא להם, עיין בדבריו.

והא תניא שורפין בתוס' האריכו להשוות בין דיון זה לדיון במסכת סנהדרין (נב, ב) בענין דומה, שמשם עולה כי השריפה, למרות שהיא חוק של גוים, הואיל והיא נזכרת בתורה אינה נאסרת, משום שלא מהם אנו למדים. ובאמת ר"ת (בספר הישר) סבור כי הסוגיה שלנו מנסה להסביר את הדברים לדעת הכל, ואף לדעת ר' יהודה הסבור כי העובדה שמנהג מסויים נזכר בתורה אינו הוכחה שמותר לישראל לעשות כן. ובתוס' מחלקים בין דבר שהוא פולחן לעבודה זרה, שבדבר כגון זה אף אם נזכר בכתובים כמנהג ישראל — אין לסמוך על כך, ויש לאוסרו משום שהוא נראה כחוקות הגוים בעבודתם, והוא מה שהיינו סבורים כאן מתחילה לגבי שריפה, לבין דבר שאינו חוק עבודה זרה ממש אלא מנהג שבידי גוים, וכיון שמפורש בתורה שאף בישראל נהגו כן — אין לנו לחשוש משום חיקוי הגוים. ולפי מסקנת הסוגיה כאן, שכך יש להבין את עניינה של השריפה, מתבססת הסוגיה בסנהדרין.

וראה בירושלמי ששם מסבירים שמדובר לא בשריפה בלבד אלא בעישון ושריפה, ולפי המפרשים שם הכוונה היא שלדעת חכמים שריפה עצמה אינה מחוקות הגוים, אלא דווקא שריפה שיש בה עישון, כלומר הקטרה ממש של קטורת לעבודה זרה.

כך שורפים על הנשיאים שאף נשיאי הסנהדרין בארץ ישראל היו ראשי האומה ומנהיגיה כעין מלכים, ולכן נוהגים בהם כבוד כבמלכים. ובמקבילה נאמר שהסביר אונקלוס הגר שיש בכך מעין קל וחומר, שאם שורפים על מלכים שהם עצמם כאישים אינם חשובים, כל שכן שראוי לשרוף על אדם גדול בתורה כרבן גמליאל.

ובנימוקי יוסף מביא שהיו נוהגים במקצת מקומות בספרד שהיו שוברים את מטתו של הרב שמת. והוא דן בדבר האם גם הוא בגדר אלה ששורפים עליהם ואין משתמשים בכליהם. וכן האריכו אחרונים לדון בשאלה של שריפת חפצים יקרים שהיתה נוהגת ליד קברו של ר' שמעון בר יוחאי, האם מותר הדבר מפני כבודו.

עוקרים על המלכים בתוס' שאלו, הרי בעקירה כזו יש הן משום "בל תשחית" והן משום צער בעלי חיים! ובעיקר סיכמו כי מאחר שנעשה הדבר לכבוד המלך (הנשיא) שכבודו הוא כבוד הציבור, הרי זה דבר גדול שדוחים מפניו אף צער בעלי חיים.

סוס שרכב עליו שסוס זה נחשב ככלי תשמיש המיוחד למלך, ודבר שהיה מיוחד למלך שוב אין משתמש בו אחר, ולכן עוקרים את הסוס במיוחד, משום שהוא מיוחד לשימושו של המלך, והריהו כאחד משאר כליו (כגון שרביטו וכו').

שיש בה טריפה אסור רש"י מסביר שאם עושה את הבהמה טריפה, אף במקום שאינו רוצה ליהנות ממנה — מכל מקום הדבר אסור. ובתוס' שאנץ מסביר שטעמו של רש"י הוא משום שיש בכך משום "בל תשחית", שהרי גורם שבהמה זו תיאסר באכילה. והריטב"א מוסיף לכך עוד טעם אחר, שכשמעקר באופן שעושה טריפה הרי זה גורם לבהמה צער גדול במיוחד. דרך פירוש אחרת לדבר למדו ראשונים מברייתא המובאת בתוספתא ובמסכת שמחות, כי "אסור" משמעו שאסור באכילה, וכן "מותר" משמעו מותר באכילה. לומר, שבהמות אלה שעוקרים אותן — גם אם טריפה הן — אינן אסורות אלא באכילה בלבד ולא בהנאה, למרות כבודו של המלך (תוס'), ולמרות שהיה מקום לדון עליהן כנויי המת שאסורים בהנאה (ראב"ד).

אורח הלכה

שורפין על המלכים כיון שאין משתמשים בשרביטו או בכתרו של מלך ולא בשאר כלי תשמישו, הרי מלך או נשיא שמת שורפים מיטתו וכל כלי תשמישו. ואין בזה משום השחתה ולא משום דרכי האמורי. אבל בהדיוט נאסר הדבר (טור עפ"י התוספתא).

(רמב"ם ספר שופטים הלכות מלכים פ"ב ה"א. שם הלכות אבל פי"ד הכ"ו. שו"ע יו"ד שמח, א).

מסורת הש"ס

א. מנחות לג,ב.

ב. ברכות נז,ב. שוח"ט פ"ט. ילק"ש תורה קי. שם תשלג.

ג. ע"ז כט,א. ילק"ש תורה קי.

ד. סנהדרין נב,ב. תוספתא שבת פ"ז יח. שמחות פ"ח ו. ילק"ש תורה תקפז.

ה. תוספתא שבת פ"ז יח. שם סנהדרין פ"ד ג. וראה ירושלמי סנהדרין פ"ב ה"ו. מסכת שמחות שם. ילק"ש נ"ך שנא.

ו. תוספתא שבת פ"ז יט. מסכת שמחות שם ה.

ז. ע"ז יג,א. תוספתא שם. מסכת שמחות שם (בשינוי).

גרסות

קלונימוס בכת"י ועוד: קלוניקוס.

דרומאי אחרינא בכת"י: אחרינא.

כי הוו שקלו ואזלו בכתי"מ ועוד: כי נקיטין ליה ואזלי להו.

ניפיורא בכתי"ס: אניפרא.

הקדוש ברוך הוא — דכתיב בכת"י ועוד: ואלו הקב"ה כתיב ביה.

מידי בהדיה בכתי"ס ובמקורות: בהדיה כלל.

מזוזתא דמנחא אפתחא בכת"י: מזוזתא.

ואמר להו מאי האי אמרו ליה אימא לן את יש נוסח: אחיך אמרו ליה אמאי קא מחייך.

גיים בכת"י ועוד: גאים.

מחתך אוכל בכת"י: מחתך מאכל.

לגופו בכתי"מ ועוד: לכל גופו.

שריפה לאו חוקה היא — והא תניא בכתי"מ ועוד: לר' מאיר שריפה לאו חוקה היא ולרבנן חוקה היא ואי חוקה היא אמאי מותר והא תניא ובכתי"ס ועוד: שריפה חוקה היא והא דתניא וראה ברי"ד.

ופלחי בה — פלחי בה בכתי"מ: ופלחי בה לעבודה זרה ומיתה שאין בה שריפה לא חשיבא להו ולא פלחי בה לעבודה זרה.

ומה הן שורפין על המלכים בכת"י: ומה הן שורפין עליהם.

וכלי תשמישן בכתי"מ: וכל כלי תשמישן.

אימא בשבעים מנה בכתי"ס: אימא שוין שבעים מנה.

לשון

אונקלוס
מקור השם הוא כנראה בלטינית Aquila שמשמעו — עיט, או לפי צורתו היוונית Ἀκύλας (אקילס).

קלונימוס
מקור השם הוא ביוונית καλώνυμος (קלונו'מוס) ופירושו — מי שיש לו שם טוב.

גונדא
המלה מצויה גם בפרסית הבינונית gund אבל יש סבורים כי מקורה הוא שמי, מן השרש "גדד", ומשמעה בכל אופן גדוד, קבוצת חיילים.

ניפיורא
נראה שמקור המלה ביוונית νεωποίης (ניאופויס) שהיה תפקיד של שומר — שוער במקדשים, ואולי גם בחצרותיהם של שרים.

אפיפיורא, דוכסא, קומא
ראה בהשלמות.

החיים

ניפיורא נקט נורא וכו', מיתה שיש בה שריפה, שבעים מנה צורי
ראה בהשלמות.

העולם

חזרת וצנון, קישות
ראה בהשלמות.

אישים

אונקלוס בר קלונימוס
ראה בהשלמות.

לעזי רש"י

לייטוג"א מן הצרפתית העתיקה leituge — חסה.

רפנ"א מן הצרפתית העתיקה rafne — צנון.

קושטנטינ"ה הוא שם העיר Constantina — בירתה של הממלכה הביזנטית.

אפוגרימ"ט יש משערים שצ"ל: אישירט"ר, מן הצרפתית העתיקה esjarter — כריתת גידי הברך.

עין משפט נר מצוה

לז א מיי' פ"ד מהלכות דעות הלכה ט:

לח ב ג מיי' פי"א מהל' אבל הלכה כו ופ"ב מהל' מלכים הלכה א טור ש"ע יו"ד סי' שמח סעיף א [וברב אלפס עוד במועד קטן דף לב:]

גמרא

תורה אור

א נתפרדה חבילה אונקלוס בר קלונימוס איגייר שדר קיסר גונדא דרומאי אבתריה משכינהו בקראי איגיור הדר שדר גונדא דרומאי [אחרינא] אבתריה אמר להו לא תימרו ליה ולא מידי כי הוו שקלו ואזלו אמר להו אימא לכו מילתא בעלמא ניפיורא נקט נורא קמי פיפיורא פיפיורא לדוכסא דוכסא להגמונא הגמונא לקומא קומא מי נקט נורא מקמי אינשי אמרי ליה לא אמר להו הקב"ה נקט נורא קמי ישראל דכתיב (שמות יג) וה' הולך לפניהם יומם וגו' איגיור [כולהו] הדר שדר גונדא אחרינא אבתריה אמר להו לא תשתעו מידי בהדיה כי נקטי ליה ואזלי חזא מזוזתא [דמנחא אפתחא] אותיב ידיה עלה *ואמר להו מאי האי אמרו ליה אימא לן את אמר להו מנהגו של עולם א*מלך בשר ודם יושב מבפנים ועבדיו משמרים אותו מבחוץ ואילו הקב"ה עבדיו מבפנים והוא משמרן מבחוץ שנאמר (תהלים קכא) ה' ישמר צאתך ובואך מעתה ועד עולם איגיור תו לא שדר בתריה (בראשית כה) ויאמר ה' לה שני גוים בבטנך *אמר רב יהודה אמר רב ב*אל תקרי גוים אלא גיים זה אנטונינוס ורבי שלא פסקו מעל שולחנם לא חזרת ולא קישות ולא צנון לא בימות החמה ולא בימות הגשמים דאמר מר אצנון מחתך אוכל חזרת מהפך מאכל קישות מרחיב מעיים והא גתנא *דבי רבי ישמעאל למה נקרא שמן קישואין מפני שקשין לגופו של אדם כחרבות לא קשיא הא ברברבי הא בזוטרי:

ב יום הלידה ויום המיתה: מכלל דר"מ סבר לא שנא מיתה שיש בה שריפה ולא שנא מיתה שאין בה שריפה פלחי בה לעבודה זרה אלמא שריפה לאו חוקה היא מכלל דרבנן סברי שריפה חוקה היא והא תניא ד*שורפין על המלכים ולא מדרכי האמורי ואי חוקה היא אנן היכי שרפינן והכתיב (ויקרא יח) ובחוקותיהם לא תלכו אלא דכ"ע שריפה לאו חוקה היא אלא חשיבותא היא והכא בהא קמיפלגי ר"מ סבר לא שנא מיתה שיש בה שריפה ולא שנא מיתה שאין בה שריפה פלחי בה לעבודה זרה ורבנן סברי מיתה שיש בה שריפה חשיבא להו ופלחי בה ושאין בה שריפה לא חשיבא ולא פלחי בה גופא שורפין על המלכים ואין בו משום דרכי האמורי שנאמר (ירמיהו לד) בשלום תמות ובמשרפות אבותיך המלכים וגו' ה*וכשם ששורפין על המלכים גכך שורפין על הנשיאים ומה הם שורפין על המלכים מיטתן וכלי תשמישן ומעשה שמת ר"ג הזקן ושרף עליו אונקלוס הגר שבעים מנה צורי והאמרת מה הן שורפין עליהם מיטתן וכלי תשמישן אימא בשבעים מנה צורי ומידי אחרינא לא והתניא ו*עוקרין על המלכים ואין בו משום דרכי האמורי אמר רב פפא סוס שרכב עליו ובהמה טהורה לא והתניא ז*עיקור שיש בה טריפה אסור ושאין בה טריפה מותר *ואיזהו עיקור שאין בה טריפה המנשר

רש"י

נתפרדה חבילה. אהבתינו שנקשרה נפש בנפש: **גונדא.** גדוד: **ניפיורא נקיט נורא לאפיפיורא.** נוטל ומוליך האבוקה לפני אפיפיור כולן מיני שררה הן זה למעלה מזה: **קומא.** מלך: **שני גיים.** כתיב וקרינן גוים: **אנטונינוס ורבי.** זה בא מעשו וזה בא מיעקב: **חזרת.** לייטוג"א בלע"ז: **צנון.** רפנ"א בלע"ז. חיתוך והיפוך מועילין למאכל: **פלחי בה.** עושין אותו יום איד קבע כל ימי בנו העומד תחתיו: **אלמא.** מדלא תלי ר"מ טעמא בשריפה אלמא לאו חק הגוים הוא לשם עבודה זרה: **ורבנן.** דתלו טעמייהו בה קסברי חוקה היא להם: **ולא מדרכי האמורי.** אינה מדרכי האמורי לחוש ללא תעשה כמעשיהם (שמות כג): **חשיבותא הוא.** מי ששורפין עליו מראין שמיתתו חשובה להם חשיבא להם המיתה ששרפו עלה ופלחי לעבודה זרה: **בשלום תמות.** בצדקיהו כתיב: **שבעים מנה צורי.** משמע הכסף שרף צורי משקל של צור והוא כ"ה סלעים והסלע ד' דינרים והדינר הוא משקל זהוב קוסטנטינ"ה: **בשבעים מנה.** כלי תשמיש היו שוין שבעים מנה: **ומידי אחרינא לא.** מפסדינן אלא כלי תשמישו: **עוקרין.** בהמה הגידין לבד שעל פרסותיה עוקר וחותך אפוגרימ"ט בלע"ז: **בסוס שרכב עליו.** דהוא כלי תשמיש: **עיקור שיש בה טריפה.** שהבהמה נטרפת בו אסור לעשותו ואף על פי שאין סופו ליהנות ממנה אסור לגרום לבהמה טריפות בידים:

מנשר

תוספות

צנון וחזרת לא בימות החמה ולא בימות הגשמים. והא דאמרינן בפרק כילד מעברין (עירובין דף נו.) נראה צנון נראה סם חיים והא תניא נראה סם המות לא קשיא כאן בימות החמה כאן בימות הגשמים י"ל דמיירי הכא בעת שהוא סם חיים ועוד יש ספרים דגרסי התם כאן בעלין כאן באמהות שהאמהות הם לעולם חיים והכא נמי איירי באמהות ואע"ג דאמרינן* שרבי לא נהנה מן העולם אפילו באצבע קטנה מ"מ אוכלי שולחנו היו רבים: **שלא** פסקו משלחנם צנון. אין זה רבותא אלא שהיו מרבים סעודת שולחנם שהיו צריכין לחתך ולהפך מאכל ולהרחיב בני מעיים: **ואי** חוקה היא היכי שרפינן. תימה מאי קפריך דלמא לעולם חוקה היא וכיון דכתיבא באורייתא לא גמרינן מינייהו דהכי אמרינן בפ' ד' מיתות (סנהדרין דף נב:) גבי מצות הנהרגין דרבנן אמרי בסייף כדרך שהמלכות עושה ור' יהודה סבר בקופיץ ותניא אמר להם ר' יהודה לחכמים יודע אני שמיתה מנוולת היא זו אבל מה אעשה שהרי אמרה תורה ובחוקותיהם לא תלכו אמרו לו כיון דכתיב הריגה באורייתא אנן לא גמרינן מינייהו דאי לא תימא הכי הא דתניא שורפין על המלכים ולא מדרכי האמורי אנן היכי שרפינן אלא כיון דכתיבא באורייתא לאו אנן מינייהו קא גמרינן ה"נ וכו' וא"כ מאי פריך ומיהו הא לא קשיא דאיכא למימר דרבנן דמתניתין היינו ר' יהודה דהתם(א) לא חייש לכתיבה דאורייתא אכן קשיא דהכא מסקינן דלכ"ע שריפה לאו חוקה היא והתם משמע דחוקה היא לכ"ע והוה אסירא אי לאו טעמא דכיון דכתיב וכו' לכך פירש ר"י דתרי גווני חוקה הוו אחד שעושין לשם חוק לעבודה זרה ואחד שעושין לשם דעת הבל ושטות שלהם והכא בשמעתין מיירי באותו חק שעושים לשם עבודה זרה וה"פ ר"מ סבר שריפה לאו חוקה היא לעבודה זרה להכי פריך ואי חוקה לעבודה זרה אנן היכי שרפינן והא כתיב ובחוקותיהם לא תלכו ואע"ג דכתיבא באורייתא יש לאסור כיון שלהם הוא חק לעבודה זרה דומיא דמצבה כשהיו מקריבין עליה אבות היתה אהובה לפניו משעשאוה האמוריים חק לעבודה זרה שנאה והזהיר עליה דכתיב (דברים טז) לא תקים לך מצבה ומסיק אלא דכ"ע לאו חוק היא לשם עבודה זרה ומ"מ הוא חק הבל ושטות ובפ' ד' מיתות (סנהדרין דף נב:) משמעי חק כתיבא בדאורייתא(ב) ולאו חק לעבודה זרה הוא משום חשיבות לפי מסקנא דהכא ולהכי אפילו רבי יהודה מודי דלא גמרינן מינייהו אי כתיבא בדאורייתא ולאו חק לעבודה זרה הוא אבל ודאי אי לא הוה כתיבא בדאורייתא לא היה לנו להתנהג אף במנהגן של שטות וסייף אינו כתיב בקרא אלא לשון הריגה כתיב ויש לקיימו בקופיץ ואפילו בעיר הנדחת נמי דכתיב (דברים יג) לפי חרב איכא למימר דקופיץ הוא בכלל חרב ורבנן סברי דאיכא טעמא התם דקופיץ מיתה מנוולת לא עבדינן כדאמרינן התם: **עוקרין** על המלכים. וא"ת ואמאי לא פריך והאיכא צער בעלי חיים כדפריך לקמן (דף יג.) גבי נושא ונותן בשוק של עבודה זרה דבשלמא משום בל תשחית ליכא דכיון דלכבודו של מלך עושין כן אין כאן השחתה אלא הוי כמו תכריכין של מאה מנה אלא צער בעלי חיים איך הותר וי"ל דשאני כבוד המלך שהוא כבוד לכל ישראל ואתי כבוד רבים ודחי צער בעלי חיים*: **עיקור** שיש בה טריפה. פ"ה דאסור לגרום טריפות לבהמה טהורה בידים ותימה וכי קדשים הם שיהא אסור לגרום להם טריפות ואי משום בל תשחית הוא אם כן היכי מוכח מהכא דמיירי בבהמה טהורה אפילו בבהמה טמאה נמי שייך איסור בל תשחית ועוד קשיא דבתוספתא משמע דלאסור ומותר אאכילה קאי לכך נראה לפרש אסור באכילה והכי תניא בהדיא בתוספתא דשבת (פ"ח) עוקרין על המלכים ולא מדרכי האמורי עיקור שיש בה טריפה אסור באכילה ומותר בהנאה עיקור שאין בה טריפה מותר באכילה וא"ת מאי קמ"ל ברישא פשיטא דאסור באכילה ויש לומר דמותר בהנאה אצטריכא ליה שלא לאסור בהנאה מפני כבוד המלך וגם בסיפא אצטריכא לאשמעינן אף היתר אכילה שלא יאסר מפני כבוד המלך:

מגלחת

מסורת הש"ס

מנחות לג: | ברכות נז: ע"ש | לקמן כט. | [תוספתא שבת פ"ח סנהדרין נב:] | [תוספתא שבת פ"ח ותוספתא סנהדרין פ"ד] | [תוספתא שבת שם] | [שם] | [לקמן יג.] | [ועי' תוספות ב"מ לב: ד"ה מדברי סופרים וכו'] | [כתובות קד.] | כ"א אחך א"ל אמאי קא מחייך | [עמ"ש בס"ד על גליון ברכות נז: למצוה להסביר]

הגהות הב"ח

(א) תוס' ד"ה ולאו וכו' רבי יהודה דהתם לית: (ב) בא"ד בדאורייתא דלאו חק:

רבינו חננאל

נתפרדה חבילתי אונקלוס בר קלוניקוס איגייר שדר קיסר גונדא דרומאי בתריה משכינהו בקראי גיירינהו הדר שדר אחריני ואמר להו לא תימרו ולא מידי אמר להו אימא לכו מילתא בעלמא ניפרא נקיט נורא לאפיפירא שהוא פחות ממנו האבוקה לפניו וכן אפיפירא לדוכסא דוכסא להגמונא הגמונא לקומא קומא הוא המלך מי נקיט אבוקה קמי חד אמרו ליה לא אמר להו והא בישראל כתיב וה' הולך לפניהם יומם וגו' יש אומה בעולם כמותם איגיור הדר שדר וכו'. ויאמר ה' לה שני גוים בבטנך שני גאים בדור אחד זה אנטונינוס ורבי שלא פסק משולחנם לא חזרת ולא קישות קישואים קטנים ולא צנון: מתני' יום הלידה ויום המיתה דברי רבי מאיר וחכמים אומרים כל מיתה שאין בה שרפה וכו' ש"מ דשרפה חוקת עבודה זרה היא אי הכי הא דתניא שורפין על המלכים ולא מדרכי האמורי אנן היכי שרפי' ובחקותיהם לא תלכו ודחי' לא דכולי עלמא שרפה לאו חוקת עבודה זרה היא חשיבותא היא ובהא פליגי ר' מאיר סבר לא שנא מיתה שיש בה שרפה ולא שנא מיתה שאין בה שרפה חשיבא להו ופלחי בה לעבודה זרה ורבנן סברי מיתה שיש בה שרפה כלומר מיתת אדם חשוב שיש בה שרפה פלחי לה לעבודה זרה מיתת שאר בני אדם שאין בה שרפה לא חשיבא להו ולא פלחי בה לעבודה זרה: גופא שורפין על המלכים ולא מדרכי האמורי שנאמר בשלום תמות ובמשרפות אבותיך וגו'. וכשם ששורפין על המלכים כך שורפין על הנשיאים ומה שורפין עליהם מיטתן וכלי תשמישן ומעשה ומת רבן גמליאל ושרף עליו אונקלוס בשבעים מנה צורי. ותניא עוקרין על המלכים ואוקי' בסוס שהיה רוכב עליו ומקשי' והבהמה טהורה אין עוקרין עליו והתניא עיקור שיש בה טריפה

המנשר פרסותיה מן הארכובה ולמטה
תרגמא רב פפא בעגלה המושכת בקרון:
יום תגלחת זקנו: איבעיא להו היכי קתני א
יום תגלחת זקנו והנחת בלוריתו או דלמא
יום תגלחת זקנו והעברת בלוריתו ת"ש דתני'
תרוייהו יום תגלחת זקנו והנחת בלוריתו יום
תגלחת זקנו והעברת בלוריתו אמר רב ב
יהודה אמר שמואל עוד אחרת יש [להם]
ברומי אחת לשבעים שנה מביאין אדם
שלם ומרכיבין אותו על אדם חיגר ומלבישין
אותו בגדי אדם הראשון ומניחין לו בראשו
קרקיפלו של רבי ישמעאל ותלו ליה
[בצואריה] מתקל [ר'] זוזא דפיזא ומחפין
את השווקים באינך ומכריזין לפניו סך קירי
פלסתר אחוה דמרנא זייפנא דחמי חמי
ודלא חמי לא חמי מאי אהני לרמאה
ברמאותיה ולזייפנא בזייפנותיה ומסיימין
בה הכי ווי לדין כד יקום דין אמר רב אשי
[א]הכשילן פיהם לרשעים אי אמרו זייפנא
אחוה דמרנא כדקאמרי השתא דאמרי
דמרנא זייפנא מרנא גופיה זייפנא הוא ותנא
דידן מ"ט לא קחשיב להו להאי דאיתא בכל
שתא ושתא קחשיב דליתא בכל שתא
ושתא לא קחשיב [ב]הני דרומאי ודפרסאי מאי
מוטרדי וטוריסקי מוהרנקי ומוהרין הני
דפרסאי ודרומאי דבבלאי מאי מוהרנקי
ואקניתי' בחנוני ועשר באדר אמר רב חנן בר ג
רב חסדא אמר רב ואמרי לה א"ר חנן בר רבא
אמר רב חמשה בתי עבודה זרה קבועין
הן אלו הן בית בל בבבל בית נבו בכורסי
תרעתא שבמפג צריפא שבאשקלון נשרא
שבערביא כי אתא רב דימי *הוסיפו עליהן
יריד שבעין בכי נדבכה שבעכו איכא
דאמרי נתברא שבעכו רב דימי מנהרדעא
מתני איפכא [ג]יריד שבעכו נדבכה שבעין
בכי א"ל רב חנן בר רב חסדא לרב חסדא
מאי קבועין הן א"ל הכי אמר אבוה דאימך קבועין הן לעולם תדירא כולה
שתא פלחי להו [ד]*אמר שמואל בגולה אינו אסור אלא יום אידם בלבד ויום ד
אידם נמי מי אסיר והא רב יהודה שרא ליה לרב *ברונא לזבוני חמרא ולרב
גידל לזבוני חיטין בחגתא דטייעי שאני חגתא דטייעי דלא קביעא:
מתני' [א]עיר שיש בה עבודה זרה חוצה לה מותר היה חוצה לה עבודה ה
זרה תוכה(א) לה מותר מהו לילך לשם [ב]בזמן שהדרך מיוחדת לאותו מקום
אסור ואם היה יכול להלך בה למקום אחר מותר: **גמ'** ה"ד חוצה לה אמר ו
רשב"ל משום ר' חנינא כגון עטלוזא של עזה וא"ד [ה]בעא מיניה רשב"ל מר"ח
עטלוזא של עזה מהו א"ל לא הלכת לצור מימיך וראית ישראל וגוי
ששפתו

רש"י

מנשר. משיר ושומט פרסות שני רגליה: **מן הארכובה ולמטה.** אבל מן הארכובה ולמעלה טריפה אלמא מדאסור לטרפה בבהמה טהורה עסקינן וטהורה מאי כלי תשמיש איכא: **בעגלה המושכת בקרון.** שיושב בו המלך דהיינו כלי תשמישו: **יום תגלחת זקנו והנחת בלוריתו.** יום שמגלח זקנו וכן בו ביום הנחת בלוריתו יום שמגלח זקנו שער(ב) ומניח בלורית אפודלין מאחורי העורף לשם עבודה זרה: **והעברת בלוריתו.** לסוף שנה שמגלח אותה בלורית לבדה: **דתניא תרוייהו יום תגלחת זקנו והנחת בלוריתו יום תגלחת זקנו והעברת בלוריתו.** ותרתי מתני' נינהו ולאו גבי הדדי תניא להו: **עוד אחרת.** עוד איד אחרת יש להם לרומיים שאינה שנויה במשנה: **אדם שלם.** כנגד עשו: **אדם חיגר.** כנגד יעקב צולע על ירכו כלומר עדיין עשו שולט על יעקב: **של אדם הראשון.** והן בגדי חמודות שהיו לעשו: **קרקיפלו של ר' ישמעאל.** כהן גדול ומהרוגי מלכות היה ומתוך יפיו נכנס בלב בת קיסר והפשיט עור פניו וחנטה באפרסמון שתהא מקויימת ולא ישתנה ועדיין מונח בגינזי רומי: **דפיזא.** פז והוא אבן יקרה עד מאד ואינו מצוי בעולם: **סך קירי פלסתר.** חשבון הקלין כזב [הוא] נבואת יעקב שקרא לבניו לאחרית [הימים] שסופן ליגאל כזב הוא: **סך.** חשבון: **קירי.** קלין: **אחוה דמרנא זייפנא.** אחיו של אדונינו עשו זייפן הוא יעקב שרימה לעשו וחשב ליטול ברכה להיות גביר לאחיו: **דחמי חמי.** הרואה בשמחה זו עכשיו רואהו ומי שאינו רואה עכשיו לא יראה עוד לעד ע' שנה אינה נעשית: **מאי אהני לרמאה.** ליעקב שרימה את עשו ולקח את ברכתו: **ווי לדין.** לעשו: **כד יקום דין.** כשיקום יעקב: **ה"ג** ותנא דידן מ"ט לא קחשיב הא הני דאיתנהו בכל שתא קחשיב הא דליתא כל שתא לא קחשיב: **הני דרומאי.** הני ימי אידיהן דמתני' אין אסורין אלא לבני רומי: **מוטרדי וטורייסקי מוהרנקי ומוהרין.** שמות ימי אידיהן קבועות שיש להן בכל שנה: **ועשר באדר.** בעשרה באדר: **קבועין.** ולקמן מפרש קבועין כל השנה שכל ימות השנה עושין עובדיהם יום איד ומקריבין זבחים ואסורים במשא ובמתן לעולם: **תורעתא.** שם עבודה זרה: **ומפג.** שם העיר: **יריד שבעין בכי נדבכה שבעכו. ואית דאמרי נתברה שבעכו.** **ה"ג** ואית דאמרי איפכא הני תרי לישני: **ה"ג** ותדיר כולה שתא: **בגולה.** אין אנו יכולים להעמיד(ג) עצמנו מלישא וליתן עמהם שביניהם אנו יושבין ופרנסתנו מהן ועוד משום יראה: **בחגתא דטייעי.** יום לשנה מתקבלין כל סוחרי העיר לאכול ולשתות ולחוג לשם עבודה זרה פלונית וכאן קורין קופנדריי"א: **דלא קביעא.** אין חוששין לה כל כך אם אין עושין לה בכל שנה: **מתני' עיר שיש בה עבודה זרה.** שיום איד יש לבני העיר היום לעבודה זרה שבעיר: **חוצה לה מותר.** לשאת ולתת עם היושבין חוץ לעיר שאין נמשכין אחר אותה עבודה זרה שכן מנהג זה עובד את שלו וזה עובד את שלו ויום איד של אלו אינו ביום איד של אלו: **היה חוצה לה עבודה זרה.** כלו'(ד) עבודה זרה שהיום עובדין ליראה שלהם: **תוכה מותר.** שאין בני העיר עובדין לאותה יראה: **מהו לילך לשם.** לאותה העיר ביום עבודה זרה שלהם לספר עם אחד מבני העיר: **בזמן שהדרך מיוחדת לאותו מקום.** שאין דרך יוצאה מאותה העיר לילך לעיר אחרת ודרך הכבושה מכאן לאותה העיר מיוחדת לאותה העיר לבדה אסור לילך שם מפני חשד שנראה כמהלך לעובדה: **ואם.** דרך מסלול זה הולך גם לעיר אחרת: **מותר.** דהרואה אומר למקום אחר הולך: **גמ' והיכי דמי חוצה לה.** כמה יהא רחוק אותו שוק שחוצה לה מן העיר ויהא מותר לשאת ולתת עם יושביו: **עטלוזא של עזה.** עטלוזא שוק של בהמה כמו איטליז דתנן (בכורות דף לא.) שוחטין באיטליז ומכרין באיטליז: **עזה.** עיר של פלשתים והיה בה עבודה זרה והיה חוצה לה ישוב סמוך לעיר מאד: **עטלוזא של עזה.** דסמוכה לעיר מאד מהו מי שרי מתני' כה"ג או לא: **לצור.** עיר שישראל וגוים דרין בה:
שפיתת

תוספות

תגלחת זקנו והעברת בלוריתו. נראה דלהכי קתני תגלחת זקנו גבי העברת בלוריתו והנחתו לפי שבשתיהן היו רגילין לגלח: **מתקל זוזא פיזא.** וא"ת והא אמרינן בפ' הנזקין (גיטין דף נח.) תרין איסתרי פיזא נחית לעלמא חד ברומי וחד בכל העולם כולו ואסתירא אמרו בפרק בית כור (ב"ב דף קה. ע"ש) מאי אסתירא פלגא דזוזא וא"כ איך יש מתקל זוזא ברומי ונראה לי דתרין אסתרי לאו דוקא אלא ר"ל(ה) מועטת כדאמרינן בהאיש מקדש (קדושין דף מט:) עשרה קבין: **סך קירי פלסתר.** פ"ה שקורין יעקב קירי ולא נהירא שיקראו ליעקב אדון לכך פירש ר"ת זה יצחק שקורין קירי ולפי שהיה (*זקינו) היו נוהגין בו כבוד כלומר הברכות שנתן ליעקב פלסתר הם ואף על גב שגם הוא אמר והיה כאשר תריד (בראשית כז) מכל מקום אינו נוטל עכשיו הברכות: **עטלוזא של עזה.** פ"ה שוק של עזה והוא חוץ לעיר ומוכרין בו בשר לשון *נשחטין באיטליז ומיבעי ליה מי שרי לשאת ולתת עם בני עטלוזא ביום איד של בני גוים שבעיר או לא מי שריא מתני' בקרוב כ"כ או לא ורשב"ם פירש עטלוזא הוא שם עבודה זרה שמחוץ לעזה ועובדין אותה בני המגרש שמחוץ לעזה יום א' בשנה ומיבעיא(ו) אם מותר לשאת ולתת עם בני עזה ביום איד שחוצה לה וקשיא להר"ר אלחנן על הפירושים דאם הגוי אינו חשוב כמו הכומר לא ניחוש לדמי עבודה זרה ביד גוי בין שיהיה הגוי משוק העבודה זרה ובין שאינו משוק העבודה זרה לכך פר"י דמיירי הכא בשוק שעושין לשם עבודה זרה ולא יום איד הוא לזה יש לחוש לדמי עבודה זרה ביד גוי בתוכה ולפי זה א"צ לחלק מה שחלק רש"י בין הגוי שחוצה לה בין מבני העיר כי אפילו הוא מבני העיר לא חיישינן לדמי עבודה זרה ביד גוי חוצה לה:
דלמא

עין משפט נר מצוה

לט א ב מיי' פ"ט מהל' עבודת כוכבים הל' ט סמג לאוין מה טוש"ע י"ד סי' קמט סעיף א:

מסורת הש"ס

[נ"ל זקינם]

[בכורות לא.]

[נ"ל אמר הוסיפו]

[לעיל ז:]

[ברי"ף כהנא וברא"ש נחמן]

רבינו חננאל

טריפה אסור עיקור שאין בה טרפה מותר. ואיזהו עיקור שאין בה טרפה המנשר פרסותיה מן הארכובה (ולמעלה) [ולמטה] תרגמה רב פפא בעגלה המושכת בקרון והוא יושב עליו שהיא כמו הסוס שהוא רוכב עליו: יום תגלחת זקנו והנחת בלוריתו כולהו אסור אמר רב יהודה אמר שמואל עוד אחרת יש להם והיא יום אחד לע' שנה כלו' תשלום ימי חיי האדם כדכתיב ימי שנותינו בהם שבעים שנה והן ע' שנה גלות הראשונה מביאין אדם שלם ומרכיבין אותו על אדם חיגר פי' מפני שהיה יעקב צולע על ירכו עושין אותו כמו חיגר כלומר עשו שהוא שלם כבש יעקב שהוא חיגר ורוכב על צוארו ומלבישין האדם השלם בגדי של אדם הראשון ומניחין בראשו קרקפלו של ר' ישמעאל שפשטו אותו עם עור פניו הנעימים מעל ראשו ותלו ליה מתקל ארבע זוזי פיזי ומחפין השווקים באינך פי' אבנים טובות ומכריזין ואומרים סך קירי פלסתר פלסתר בלשון יון זיוף ופי' קירי אדון ופי' סך אחי הנה אחוה דמרא זייפי כלו' זה החיגר הוא יעקב אחי אדונינו עשו הזייף שאמר אנכי עשו בכורך ולא היה הוא עשו וכו': פיהם הכשילם באומרם דמריה זייפנא שמשמע הדברים דמרי הוא הזייפנא כו' ודברים פשוטין הן ואומרים מה הועיל יעקב שלקח הברכות במרמה הנה הברכות נתקיימו בנו ומסיימין ווי לדין כד יקום דין פי' אוי לעשו כשיקום יעקב וכו' פשוטה היא: הני מילי כלומר אלו ששנינו במשנתינו כגון קלנדם וסטרגלא וכיוצא בהן הני ימי אידיהן של רומאי. ימי אידיהן של פרסיים איזו הן ופשיט מוסרדי ומהרקני תירסקי (מהרוז) [מוהרין] אלו ימי אידיהן של פרסיים ימי אידיהן דארמאי: באלא איזו הן. פי' גוים שבשדות ופשיט מהרקי ואקניתא כנוני ועיסרי באדר אמר [רב חנן בר רב חסדא] משום דרב ה' בתי עבודה זרה הן קבועין הן לעולם תמיד כל השנה פלחי להן ואלו הן בית בל בבבל בית נבו בבורסיף תרעתא שבמפוג צריפא שבאשקלון נשרא שבערביא. כי אתא רב דימי הוסיפו עליהן נדבכה שבעכו נתבראו שבעין בכי ואיכא דתני להו איפכא: אמר שמואל בגולה אינו אסור אלא יום אידם בלבד וכי יום אידם אסור וקיימא לן כוותיה ומקשי' והא רב יהודה שרא לרב ברונא לזבוני חמרא ולרב גידל שרא ליה לזבוני חיטי בחגתא דטייעי הנה ביום אידם עצמו התיר להם לישא וליתן עמהן למכור ולקנות ופרקי' שאני חגתא דטייעי דלא קביעא: **מתני'** עיר שיש בה עבודה זרה חוצה לה מותר היתה עבודה זרה חוצה לה תוכה מותר: [גמ'] ופשיט ריש לקיש היכי דמי חוצה לה כגון עטלוזה (ע"ז) [של עזה] והיא חוצה מן העיר הנקראת עזה והיא מערי פלשתים. איכא דאמרי בעא מיניה ריש לקיש מר' יוחנן
עטלוזה

הגהות הב"ח

(א) במשנה תוכה מותר כצ"ל ותיבת לה נמחק: (ב) רש"י ד"ה יום תגלחת כו' שער זקנו ומניח: (ג) ד"ה בגולה וכו' להעמיד את עצמנו: (ד) ד"ה היה חוצה וכו' כלו' שהיום כצ"ל ותיבות עבודת כוכבים נמחק: (ה) תוס' ד"ה מתקל וכו' אלא ר"ל דבר מועט כדאמרינן: (ו) ד"ה עטלוזא וכו' ומיבעיא ליה אם:

הַמְנַשֵּׁר (החותך) פַּרְסוֹתֶיהָ של בהמה מִן הָאַרְכּוּבָּה (הברך) וּלְמַטָּה שאינו עושה אותה בכך לטריפה. וכיון שדנים פה בענין טריפה, משמע שמדברים בבהמה טהורה שאסורה או מותרת באכילה! תִּרְגְּמָא [הסביר אותה] את הברייתא רַב פַּפָּא: מדובר כאן בְּעֶגְלָה הַמּוֹשֶׁכֶת בְּקָרוֹן שהמלך יושב בו, והיא הרי בהמה טהורה.

א שנינו במשנה: יוֹם תִּגְלַחַת זְקָנוֹ ובלוריתו. אִיבַּעְיָא לְהוּ [נשאלה להם ללומדים]: הֵיכִי קָתָנֵי [כיצד הוא שונה]? מה כוונת הדברים? האם הכוונה היא ליוֹם תִּגְלַחַת זְקָנוֹ וְהַנָּחַת (השארת) בְּלוֹרִיתוֹ, שמגלח את שער ראשו ומשאיר בלורית שיער מאחוריו לשם עבודה זרה, אוֹ דִּלְמָא [שמא] הכוונה היא ליוֹם תִּגְלַחַת זְקָנוֹ וְהַעֲבָרַת (גזיזת) בְּלוֹרִיתוֹ, שזה מאוחר יותר ליום הנחתה? ומשיבים: תָּא שְׁמַע [בוא ושמע] תשובה לדבר, דְּתַנְיָא תַּרְוַיְיהוּ [ששנינו בברייתא את שניהם], בברייתא אחת: יוֹם תִּגְלַחַת זְקָנוֹ וְהַנָּחַת בְּלוֹרִיתוֹ, ובברייתא אחרת שנינו: יוֹם תִּגְלַחַת זְקָנוֹ וְהַעֲבָרַת בְּלוֹרִיתוֹ.

ב אגב ענין זה של חגי הרומאים מביאים, אָמַר רַב יְהוּדָה אָמַר שְׁמוּאֵל: עוֹד חגיגה אַחֶרֶת יֵשׁ [לָהֶם] בְּרוֹמִי, אַחַת לְשִׁבְעִים שָׁנָה מְבִיאִין אָדָם שָׁלֵם (בלי מום) וּמַרְכִּיבִין אוֹתוֹ עַל אָדָם חִיגֵּר כרמז שעשיו (השלם) רוכב על יעקב (שצלע לאחר שנאבק עם המלאך), וּמַלְבִּישִׁין אוֹתוֹ את הרוכב בִּגְדֵי אָדָם הָרִאשׁוֹן, וּמַנִּיחִין לוֹ בְּרֹאשׁוֹ את קַרְקִיפְלוֹ (עור ראשו) שֶׁל ר׳ יִשְׁמָעֵאל, שפשטו מעליו הרומיים כשהרגוהו, וְתָלוּ לֵיהּ [בְּצַוָּארֵיהּ] מִתְקַל [ר׳] זוּזָא דְּפִיזָא [ותולים לו בצווארו משקל (מאתיים) זוזים של פז], וּמְחַפִּין (ומצפים) אֶת הַשְּׁוָוקִים בְּאִינָךְ (אבן יקרה מאד), וּמַכְרִיזִין לְפָנָיו: סָךְ קִירִי פְּלַסְתֵּר [חשבון האדון כזב], שחשבון הגאולה של יעקב כוזב, אֲחוּהּ דְּמָרָנָא זַיְיפָנָא [אחיו של אדוננו עשיו הוא זייפן], זה דְּחָמֵי [שראה] חגיגה זו חָמֵי [ראה], ומי שלֹא חָמֵי [ראה] לֹא חָמֵי [ראה] בחייו, כי הדבר הוא רק אחת לשבעים שנה, מַאי אַהֲנֵי לְרַמָּאָה בְּרַמָּאוּתֵיהּ וּלְזַיְיפָנָא בְּזַיְיפָנוּתֵיהּ [מה תועלת הועיל לרמאי ברמאותו ולזייפן בזייפנותו], וּמְסַיְּימִין בָּהּ באמירה זו הָכִי [כך]: וַוי לְדֵין כַּד יָקוּם דֵּין [אוי לזה כאשר יקום זה], שכאשר יקום יעקב — יפול עשיו. אָמַר רַב אַשִׁי: הִכְשִׁילָן פִּיהֶם לָרְשָׁעִים הללו, אִי אָמְרוּ [אם היו אומרים] "זַיְיפָנָא אֲחוּהּ דְּמָרָנָא" ["זייפן הוא אחיו של אדוננו"] — היה פירוש הדבר כִּדְקָאָמְרִי [כפי שהם אומרים ומתכונים], הַשְׁתָּא דְּאָמְרִי "אחוה דְּמָרָנָא זַיְיפָנָא" [עכשיו שהם אומרים "אחיו של אדוננו זייפן"], אפשר להבין מכאן שמָרָנָא גּוּפֵיהּ זַיְיפָנָא [אדוננו עצמו זייפן] הוּא. ושואלים: וְתַנָּא דִּידָן מַאי טַעְמָא לָא קָחָשֵׁיב לָהּ [והתנא שלנו במשנה מה טעם אינו מונה אותה] אף את החגיגה הזו? ומשיבים: לְהַאי דְּאִיתָא בְּכָל שַׁתָּא וְשַׁתָּא קָחָשֵׁיב [לזו שישנה בכל שנה ושנה הוא מונה], ואילו לזו דְּלֵיתָא בְּכָל שַׁתָּא וְשַׁתָּא לָא קָחָשֵׁיב [שאינה בכל שנה ושנה אלא אחת לשבעים שנה אינו מונה]. ושואלים: הָנֵי [חגים אלה] שמנינו במשנה הם דְּרוֹמָאֵי [של הרומאים], וחגי עבודה זרה דְּפַרְסָאֵי מַאי [של הפרסיים מהם]? ומשיבים: מוּטְרְדֵי וְטוּרְיַסְקֵי, מוֹהַרְנְקֵי וּמוֹהַרִין. ועוד שואלים: הָנֵי דְּפַרְסָאֵי וּדְרוֹמָאֵי [אלה הם חגיהם של הפרסיים והרומאיים], דְּבַבְלָאֵי מַאי [חגיהם של הבבליים מה הם]? ומשיבים: מוֹהַרְנְקֵי וְאַקְנִיתֵיה, בְּחַנּוּנֵי וַעֲשַׂר בַּאֲדָר.

ג אָמַר רַב חָנָן בַּר רַב חִסְדָּא אָמַר רַב, וְאָמְרִי לָהּ [ויש אומרים] שֶׁאָמַר זאת רַב חָנָן בַּר רָבָא אָמַר רַב: חֲמִשָּׁה בָּתֵּי עֲבוֹדָה זָרָה קְבוּעִין הֵן, אֵלּוּ הֵן: בֵּית בֵּל בְּבָבֶל, בֵּית נְבוֹ בעיר כּוּרְסִי, תַּרְעָתָא שֶׁבעיר מַפָּג, צְרִיפָא שֶׁבְּאַשְׁקְלוֹן, נָשְׁרָא שֶׁבַּעֲרָבְיָא. כִּי אֲתָא [כאשר בא] רַב דִּימִי מארץ ישראל לבבל אמר: הוֹסִיפוּ עֲלֵיהֶן את יָרִיד שֶׁבְּעֵין בֶּכִי, נַדְבְּכָה שֶׁבְּעַכּוֹ. אִיכָּא דְּאָמְרִי [יש שאומרים] שהיה שונה: נַתְבְּרָא שֶׁבְּעַכּוֹ. רַב דִּימִי מִנְּהַרְדְּעָא מַתְנֵי אִיפְּכָא [היה שונה להיפך]: יָרִיד שֶׁבְּעַכּוֹ, נַדְבְּכָה שֶׁבְּעֵין בֶּכִי. אָמַר לֵיהּ [לו] רַב חָנָן בַּר רַב חִסְדָּא לְרַב חִסְדָּא: מַאי [מה] פירוש "קְבוּעִין הֵן"? אָמַר לֵיהּ [לו]: הָכִי אָמַר אֲבוּהּ דְּאִימָּךְ [כך אמר אבי אמך] רב חנן בר רבא: קְבוּעִין הֵן לְעוֹלָם, כלומר, תְּדִירָא כּוּלָּהּ שַׁתָּא פָּלְחִי לְהוּ [תדיר, בכל השנה עובדים אותם], ואין להם יום איד אחד בלבד.

ד אָמַר שְׁמוּאֵל: הלכה היא שֶׁבַּגּוֹלָה אֵינוֹ אָסוּר אֶלָּא יוֹם אֵידָם בִּלְבַד, ולא הימים שלפניהם ואחריהם, משום שאנו חיים בין הגוים ואין אנו יכולים להימנע מלשאת ולתת איתם זמן מרובה כל כך. ושואלים: וְיוֹם אֵידָם עצמו נַמִי מִי אֲסִיר [גם כן האם אסור]? וְהָא [והרי] רַב יְהוּדָה שְׁרָא לֵיהּ [התיר לו] לְרַב בְּרוּנָא לְזַבּוּנֵי חַמְרָא [למכור לגוים יין], וּלְרַב גִּידֵּל לְזַבּוּנֵי חִיטִּין בְּחַגְּתָא דְּטַיָּיעֵי [למכור חיטים בחג של הערבים הסוחרים]! ומשיבים: שָׁאנֵי חַגְּתָא דְּטַיָּיעֵי, דְּלָא קְבִיעָא [שונה חגם של הערבים, שאינו קבוע], ולכן לא גזרו בו.

ה משנה עִיר שֶׁיֵּשׁ בָּהּ עֲבוֹדָה זָרָה — חוּצָה לָהּ מחוץ לעיר הזו מוּתָּר לשאת ולתת עימהם. אם הָיָה חוּצָה לָהּ עֲבוֹדָה זָרָה — תּוֹכָהּ לָהּ בתוך העיר עצמה מוּתָּר. מַהוּ לֵילֵךְ לְשָׁם לאותו מקום שיש בו עבודה זרה? בִּזְמַן שֶׁהַדֶּרֶךְ מְיוּחֶדֶת לְאוֹתוֹ מָקוֹם בלבד — אָסוּר ללכת, מפני שנראה כהולך לחגיגתם, וְאִם הָיָה יָכוֹל לְהַלֵּךְ בָּהּ בדרך זו לְמָקוֹם אַחֵר — מוּתָּר ללכת בדרך.

ו גמרא ושואלים: הֵיכִי דָּמֵי [כיצד הוא בדיוק] חוּצָה לָהּ, כמה הוא המרחק מן העיר שנחשב הדבר מחוצה לה? אָמַר ר׳ שִׁמְעוֹן בֶּן לָקִישׁ מִשּׁוּם (בשם) ר׳ חֲנִינָא: כְּגוֹן עַטְלוּזָא (השוק) שֶׁל עַזָּה שהוא מחוץ לחומות העיר. וְאִיכָּא דְּאָמְרִי [ויש שאומרים], בְּעָא מִינֵּיהּ [שאל אותו] ר׳ שִׁמְעוֹן בֶּן לָקִישׁ מֵר׳ חֲנִינָא: עַטְלוּזָא שֶׁל עַזָּה, מַהוּ? האם מותר לעשות בו מסחר ביום אידם של בני עזה? אָמַר לֵיהּ [לו] וכי לֹא הָלַכְתָּ לְצוֹר מִיָּמֶיךָ, וְרָאִיתָ שם יִשְׂרָאֵל וְגוֹי

עיונים

והנחת בלוריתו ששני תאריכים היו קשורים בבלורית: האחד כאשר היה מגלח את שער ראשו ומניח את הבלורית, והשני לאחר שנה, כשהיה מגלח בלורית זו. ורש״י מסביר כי הנחת הבלורית היתה נעשית ביום תגלחתו, אבל העברתה לא היתה קשורה כלל בתגלחת. אבל בתוס׳ מסבירים כי בשתי הפעמים מקובל היה לגלח גם את זקנו. ובהגדרת הבלורית הסביר רש״י כי הכוונה היא לשיער שהוא משאיר באחורי ראשו. אבל הרמב״ם בפירוש המשניות מסביר כי הכוונה היא שמשאיר את השיער באמצע הראש ומגלח מסביב.

דתניא תרוייהו רש״י מסביר לשיטתו שמדובר כאן בשתי ברייתות שונות, האחת מדברת על יום הנחת בלוריתו, והאחרת על העברתה, שאם בברייתא אחת מדובר — מדוע חוזרים פעמיים בברייתא על תגלחת זקנו (מהרש״א). אבל הרי״ד (שמפרש כפירוש התוס׳ בענין זה) אינו מקבל את פירוש רש״י, שאם שתי ברייתות שונות הן, הרי לא ניתן לפתור את השאלה מכאן, לפי שיש מקום לומר שהן חולקות באיזה משני האירועים עובדים לעבודה זרה. ולכן הוא מסביר כי הכל הוא ברייתא אחת, ולפיה שני הימים אסורים משום כך.

אחת לשבעים שנה ר״ח מסביר כי מספר זה הוא כנגד שנות חייו של אדם. וראה להלן במה שפירש המהר״ל במשמעות ענין זה. ועוד כתב הר״ח כי הוא כנגד שבעים שנות גלות בבל. ופירשו כי יש בכך רמז, שהרי לשבעים שנה יצאו ישראל מגלות בבל, ומשום כך חוגגים ברומי לאחר כל שבעים שנה שעברו ולא נגאלו ישראל מתחת ידם (תוהרי״ד, וכן תורת חיים ועיון יעקב).

בגדיו של אדם הראשון שלפי המדרש הם הם "בגדי החמודות" של עשו, שהגיעו לידו על ידי מעשה רצח (ראה פרדר״א פכ״ד). ופירש המהר״ל כי יש כאן מעין ויכוח מי הוא האדם באמת, יורשו של האדם הראשון, הנברא בצלם אלקים, ומשום כך גם מדובר על אירוע שנעשה כל שבעים שנה כימי חייו של אדם.

קרקיפלו של רבי ישמעאל לפי המפרשים הכוונה היא לר׳ ישמעאל בן אלישע כהן גדול, שכמבואר בפיוט על עשרה הרוגי מלכות, משום יופיו ביקשה בת הקיסר להפשיט את עורו מעל ראשו כדי לחונטו ולשומרו, והוא "קרקיפלו" של ר׳ ישמעאל, שהיה שמור ברומי. ופירש המהר״ל גם כאן מנסה עשיו לעטות עליו את יופיו של יעקב, שנאמר עליו שהוא יופי רוחני, מעין יופיו של אדם הראשון. וכן אמרו במדרש (ראה תנחומא תולדות יב) ש"בגדי החמודות" של אדם הראשון היו בגדי כהונה.

סך קירי פלסתר רש״י מפרש: הסך, המנין, חשבון הקץ של האדון יעקב הוא כזב. ובתוס׳ תהו על כך, שמן הסתם לא יכנו הרומאים את יעקב בשם אדון (קירי). והם מפרשים שהכוונה היא ליצחק, שחשבונו של האדון, יצחק, היה כוזב כשבירך את יעקב. וראה בגרסות. והר״ח מפרש ש"סך" משמעו אח, כלומר אחיו של האדון (עשו) הוא כוזב.

קבועין הן כפי שמפורש להלן, הכוונה היא שבניגוד למקומות אחרים בהם יש יום (או ימים אחדים) של חגי הגוים, מקומות אלה משמשים תדיר לפולחן, שבכל השנה חוגגים בהם, ומשום כך הם אסורים לעולם בכל משא ומתן.

בגולה אין אסור וכו׳ הרשב״א מסביר שדברי שמואל הובאו כאן, דווקא לאחר דברי רב חנן בר רבא, כדי לומר שגם אותם מקומות קבועים אינם אסורים כל השנה כולה, שאף שכל השנה באים היחידים ומביאים קרבנות באותם מקומות, אבל רק פעם או פעמיים בשנה ישנו יום חג מיוחד המוני, ודווקא בו אסורים במשא ומתן. ומעין זה מסר רשב״ם בשם זקנו רש״י, כי פירוש דברי שמואל כאן הוא שאין כל חגיהם אסורים, אלא רק יום אידם המיוחד, ה"ניטל" (במחזור ויטרי).

ולעצם דינו של שמואל, רש״י נותן כאן שני טעמים. הטעם האחד הוא שמפני שישראל בגולה זקוקים לפרנסתם לגוים, הרי הם מפסידים הרבה אם לא ישאו ויתנו אתם לפני ימי אידם (ובפרט שפעמים הרבה היה יום השוק קשור ומחובר ליום האיד). ועוד טעם אחר, שכיון שמצויים בין הגוים, אם יימנעו מכל משא ומתן אתם לפני ימי אידיהם יביא הדבר לשנאה יתירה. ועוד הסביר רש״י לעיל (ז,ב) שהדברים גם מבוססים על ההנחה שהגוים שבחוץ לארץ אינם אדוקים בעבודה זרה, אלא הוא כמנהג אבותיהם בלבד (להלן יג,ב), ולכן יש להקל בימי חגיהם.

וכבר תמהו ראשונים: כיצד יכול שמואל לבוא ולבטל את דברי המשנה שאסרה במפורש משא ומתן שלושה ימים לפני אידיהם? והסבירו כי יש להבין את דברי המשנה לא כגזירה כוללת, אלא כדבר התלוי בכל מקום ומקום לפי עניינו. ומשום כך מצאנו כי חכמים התירו משא ומתן במקרים שונים, כגון בגוי המכירו, ומשום איבה.

בחגתא דטייעי שהסוחרים הערביים היו מתאספים ועושים לעצמם יום חגיגה, וביום זה היה גם פולחן לעבודה הזרה שלהם. אלא שכיון שלא היה תאריך קבוע ליום החגיגה, ואף לא נעשתה בכל שנה ושנה, אלא לפי ההזדמנות בלבד, לא ראוהו חכמים כיום אידם לגזור על כך. וראה במאירי שהבין כי משום שהוא יום חג מיוחד לחלק מאנשי העיר, כגון אגודה של בעלי מקצוע (כפי שפירש רש״י — סוחרים), לכן אין זה נחשב כחג קבוע לאנשי אותה עיר (אף שבעלי אותה אגודה אסורים ביום זה במשא ומתן, כיום איד פרטי שלהם).

שיש בה עבודה זרה וכבר בירושלמי תהו: וכי מפני שיש בה צלם אחד בתוכה תהא אסורה במשא ומתן? אבל רש״י מסביר שאין הכוונה לכל זמן, אלא דווקא ביום האיד של אותה עבודה זרה. והראב״ד מפרש על פי התוספתא כי אין מדובר כאן ביום איד ממש, אלא ביריד שנעשה לכבוד עבודה זרה. וכן אמרו בירושלמי כי מדובר ביריד שגובים מכס ממנו לעבודה זרה, ונמצא מהנה אותה במשאו ומתנו שם. ומצד אחר פירש הרא״ש (סי׳ יא) כי כאן יש חשש מיוחד של דמי עבודה זרה שמגיעים לידו (יותר משל יום אידם והימים שקודם לו), מאחר שבאותו שוק עוסקים בעיקר בקניה ומכירה של עבודה זרה ותקרובתה ומשמשיה. ומדברי הרמב״ם מבואר כי הוא מבין שאין מדובר במשנה על איסור משא ומתן, אלא על איסור כניסה לעיר, והוא משום איסור מוחלט של התקרבות לעבודה זרה (ראה באריכות בפיה״מ).

חוצה לה מותר כיון שעובדי האלילים היו עובדים לאלילים שונים, הרי יום חג של מקום אחד לא היה בהכרח קשור לפולחנו של מקום אחר. ולכן לא רק היושבים במקומות רחוקים, אלא גם הנמצאים בקרבת מקום לעיר, למרות שבוודאי הם נושאים ונותנים עם בני העיר, מכל מקום הם עצמם אינם חוגגים כלל.

מהו לילך לשם כלומר, האם מותר ללכת למקום זה ביום האיד של אותה עבודה זרה, כאשר ההולך מתכוון ללכת לשם מטרה אחרת ולא לצורך משא ומתן. ורש״י כתב שטעם האיסור הוא משום חשד שמא הולך הוא לעבוד שם עבודה זרה באותו יום. ומדברי רש״י למדו הראשונים שככלל חל איסור להיכנס למקום עבודה זרה אם אין דבר אחר שניתן לתלות בו את שהותו שם. והרא״ה הסביר כי החשד שחוששים לו הוא שמא הוא הולך לשאת ולתת עמהם ביום אידם. אבל רבינו יונה מפרש דין זה של המשנה, כמו הראב״ד, דווקא ביריד הנעשה לכבוד עבודה זרה, שהואיל ומתקבץ לשם המון מכל הסביבה לכבודה, הרי זה הבא עמהם נראה אף הוא כבא לכבדה. ולפירוש הרמב״ם, שתחילת המשנה עוסקת באיסור כניסה לעיר שיש בה עבודה זרה, שאלת המשנה כאן היא, אפוא, האם ניתן לעבור דרכה לעיר אחרת.

עטלוזא של עזה מהו רש״י מסביר שהיה זה שוק בהמות שהיה סמוך מאד לעיר עזה, והשאלה היא האם הוא בכלל "חוצה לה" של המשנה. ואילו הרשב״ם סבור שעטלוזא הוא שמה של עבודה זרה, שהיתה מצויה סמוך לעיר, ודנו בשאלה האם מותר לשאת ולתת עם בני העיר ביום חגה של אותה עטלוזא. ובתוס׳ (וביתר אריכות והרחבה בתוס׳ ר״א) מסבירים שאין מדובר כאן ביום איד, אלא ביריד שנעשה לכבוד עבודה זרה בסמוך לעזה, והשאלה היתה האם נאסר שוק זה לגמרי משום חשש שהכסף שהוא מקבל הוא בעצם דמי עבודה זרה. ובירושלמי הלשון כאן היא "יריד עזה".

אורח הלכה

בגולה וכו׳ חגתא דטייעי במה דברים אמורים שימי חגם אסורים שלושה ימים לפניהם — בארץ ישראל. אבל בשאר ארצות אינו אסור אלא יום חגם בלבד. כשמואל. ואם הוא יום חג שאינו קבוע, שאין עושים אותו בכל שנה — אפילו ביום חגם מותר (ש״ך, עפ״י סוגייתנו). (רמב״ם ספר מדע הלכות עבודה זרה פ״ט ה״ב. שו״ע יו״ד קמח, ד).

עיר שיש בה עבודה זרה עיר שעושים בה יריד ביום חגם והגוים מתקבצים מכמה מקומות, והולכים שם לכבוד עבודה זרה — מותר לילך חוצה לה ואסור ליכנס בתוכה. היה חוצה לה — מותר ליכנס בתוכה (וכן לשאת ולתת. גר״א). כמשנה, לפי רבינו יונה והרא״ש (גר״א). (רמב״ם שם ה״י. שו״ע שם קמט, א).

בזמן שהדרך מיוחדת וכו׳ ההולך ממקום למקום — אסור לו להלך בעיר שיש בה עבודה זרה. ודברים אלה אמורים כאשר היתה הדרך מיוחדת לאותו מקום, אבל אם היתה שם דרך לעיר אחרת — מותר. כמשנה. במה דברים אמורים — באכסנאי, אבל בן העיר — מותר. וכן אם הולך בשיירא, מותר (עפ״י ירושלמי). וכן אם יש יותר ממנין יהודים בעיר מותר (ש״ך). וראה שם בהגהה בענין כניסה לחצר של עבודה זרה. וכתב הטור בשם הרשב״א שבמקום שאסור להיכנס — אפילו לצורך רבים, ואפילו מפני פיקוח נפש אסור להיכנס. אבל הר״ן כתב שמפני סכנת נפשות מותר. (רמב״ם שם. שו״ע שם סעיפים א—ב).

מסורת הש"ס

א. (הביטוי) במדב״ר פי״ח י. תנחומא קרח ו.
ב. (בשינויים) ירושלמי ע״ז פ״א ה״ב.
ג. ראה ירושלמי ע״ז פ״א ה״ד. ב״ר פמ״ז י.
ד. ע״ז ז,ב.
ה. (בשינויים) ירושלמי ע״ז שם.

גרסות

יש להם ברומי בכת״י ודפו״י: **יש ברומי.**

מאתן בכת״י: **ארבע.**

לפניו סך קירי פלסתר בכת״מ: **ומכריזין ואומרין קמי בר קירי פלסטר.**

זייפנא ויש שגרס: **דיפלא.**

פיהן הכשילן בכתי״ס: **פיהן מכשילן.**

דמרנא כדאמרי בכת״מ: **דמרנא שפיר.**

מוטרדי בכת״מ: **מוטירדי** ובכתי״ס: **מוסרדי** ובמקבילה בירושלמי: **ניסרדי.**

וטוריסקי בכת״מ ועוד כבירושלמי: **וטירייסקי.**

מוהרנקי בכת״מ: **מוהרסנקי** ובכתי״ס ועוד: **מוהרקני** ובירושלמי: **מתירקנה.**

ומוהרין בכת״מ: **ומוהרן.**

ואקניתיה בכתי״ס ובמקורות: **ואקניתא.**

בחנוני בכתי״ס: **קנוני** ויש במקורות כבירושלמי: **כנוני.**

ועשר באדר בכתי״ס ובמקורות כבירושלמי: **ועשרים באדר.**

בכורסי בכת״מ: **בבורסין** ובכתי״ס: **בבורסיף.**

יריד ויש בכת״מ ועוד: **ירוד.**

אבוה דאימך קבועין הן בכת״מ ועוד: **אבוה דאימך משמיה דרב שקבועין.**

ויום אידם נמי בכת״מ: **ובגולה יום אידם מי** בכתי״ס: **ויום אידם מי.**

תוכה לה מותר במשניות ועוד: **תוכה מותר.**

עטלוזא בכת״י: **עטלוזה.**

לשון

קרקיפלו
מקורה המדוייק של המלה אינו ברור, אולם היא בוודאי הרכבה עם המלה היוונית κεφαλή (קפאלי) שמשמעה: ראש. וכאן נראה שהכוונה היא לעור שעל גבי הגולגולת.

סך
פירוש המלה לא נתברר היטב. יש שהסביר כי היא שיכול אותיות מן κάσις (כאסיס) ביוונית שמשמעה — אח. ולפיכך תהא משמעות המשפט הזה כמו בארמית להלן: אחי האדון הוא רמאי.

קירי
מקור המלה ביוונית κύριος (קיריוס) שמשמעה אדון.

פלסתר
מן היוונית πλαστήρ (פלסתר) שמשמעה — בהשאלה — זייפן, רמאי.

עטלוזא
מלה זו הנזכרת במקורות גם כ—קטלוזא, וגם כ—אטליס, אטליז. מקורה מן היוונית κατάλυσις (קטלוסיס) שמשמעה גם: שוק, מקום מכירות גדול.

החיים

הנחת בלוריתו, עוד אחרת יש להם
ראה בהשלמות.

מוטרדי וכו׳
בגלל ריבוי הגרסות בנושא זה קשה לעמוד על הגדרתם המדוייקת של מה שהיו ימים אלה. מסתבר כי מוהרנקי הוא החג הפרסי שהיה קרוי mihragan שחגגו אותו לכבוד ראשית עונת הגשמים.

בית בל בבבל
בל היה האליל הראשי של הבבלים, והם בנו לכבודו מקדש גדול במקום הנקרא אסגילה. יש תיאורים של מקדש זה מזמן היוונים. הבנין הוחרב על ידי הפרסים (בימי כורש) וחזר ונבנה לאחר זמן והמשיך להתקיים במשך דורות רבים.

בית נבו, תרעתא שבמפג, צריפא שבאשקלון, נשרא שבערביא, יריד שבעין בכי, נדבכא שבעכו, נדבכה שבעין בכי
ראה בהשלמות.

לעזי רש"י

אפודלי״ץ יש סבורים שצ״ל: אבובלי״ל, מן הצרפתית העתיקה afubleil — צמה אסופה וקשורה.

קופנדרי״א אולי קונפנדריא״ה מן הצרפתית העתיקה confredrie — אגודת בעלי מקצוע העושים משתה שנתי.

שֶׁשָּׁפְתוּ שְׁתֵּי קְדֵירוֹת עַל גַּבֵּי כִּירָה אַחַת, וְלֹא חָשׁוּ לָהֶם חֲכָמִים לאסור את הבשר שבקדירה של ישראל, למרות שהאיסור סמוך להיתר? ואף כאן לא חששו חכמים לאסור משא ומתן בעטלוזא הסמוכה לעזה. ושואלים: **מַאי** [מה] עניינו של **״לֹא חָשׁוּ לָהֶם חֲכָמִים״** וכיצד למדים לענייננו? **אָמַר אַבַּיֵי:** לא חששו חכמים לאסור **מִשּׁוּם בְּשַׂר נְבֵילָה, וְלָא אָמְרִינַן** [ואין אנו אומרים]: **דִּלְמָא מַהֲדַר אַפֵּיהּ יִשְׂרָאֵל לַאֲחוֹרֵיהּ** [שמא מחזיר היהודי את פניו לאחוריו] ובאותה שעה **שָׁדֵי** [זורק] **הגּוֹי** בשר **נְבֵילָה** בְּתוֹךְ הַקְּדֵירָה שלו. **דִּכְוָותָהּ הָכָא נַמִי** [שכיוצא בה כאן גם כן] בענין של עטלוזא של עזה **לֹא חָשׁוּ לָהֶם חֲכָמִים** לשאת ולתת בעטלוזא **מִשּׁוּם דְּמֵי עֲבוֹדָה זָרָה** המצויים בידיהם של אנשי עזה הסמוכה. ואילו **רָבָא אָמַר: מַאי** [מה] פירוש **״לֹא חָשׁוּ לָהֶם חֲכָמִים״** בעיר צור? **מִשּׁוּם בִּישּׁוּלֵי גוֹיִם**, שלמרות שהנכרי מבשל בצידו אין חוששים לכך שהיהודי יעבור עבירה ויאכל משלו. **דִּכְוָותָהּ, הָכָא נַמִי** [שכיוצא בה כאן גם כן] **לֹא חָשׁוּ לָהֶם חֲכָמִים** לאסור על היהודים לשאת ולתת בעטלוזא **מִשּׁוּם** חשש שמא ישאו ויתנו עם אנשי עזה **בְּיוֹם אֵידָם. רַבָּה בַּר עוּלָּא אָמַר: לֹא חָשׁוּ לָהֶם חֲכָמִים מִשּׁוּם צִינּוֹרָא** [נֶתֶז], שמא ניתז מתבשילו של הגוי לתוך קדרתו של היהודי, **דִּכְוָותָהּ הָכָא נַמִי** [כיוצא בה כאן גם כן] **לֹא חָשׁוּ לָהֶם חֲכָמִים** לשאת ולתת בעטלוזא **מִשּׁוּם לִפְנֵי אֵידֵיהֶן** של עזה.

א שנינו במשנה: **מַהוּ לֵילֵךְ לְשָׁם** לעיר שיש בה עבודה זרה? בזמן שהדרך מיוחדת לאותו מקום — אסור, ואם היה יכול להלך בה למקום אחר — מותר. ועוד בענין זה **תָּנוּ רַבָּנַן** [שנו חכמים]: **עִיר שֶׁיֵּשׁ בָּהּ עֲבוֹדָה זָרָה — אָסוּר לִיכָּנֵס לְתוֹכָהּ וְלֹא** לצאת **מִתּוֹכָהּ לְעִיר אַחֶרֶת, דִּבְרֵי ר׳ מֵאִיר. וַחֲכָמִים אוֹמְרִים: כָּל זְמַן שֶׁהַדֶּרֶךְ מְיוּחֶדֶת לְאוֹתוֹ מָקוֹם — אָסוּר** להיכנס לתוכה. **אֵין הַדֶּרֶךְ מְיוּחֶדֶת לְאוֹתוֹ מָקוֹם — מוּתָּר. יָשַׁב לוֹ** קוֹץ כלומר, ננעץ ברגלו קוץ, והיה אותו אדם מצוי אז **בִּפְנֵי עֲבוֹדָה זָרָה — לֹא יִשְׁחֶה** (יתכופף) **וְיִטְּלֶנָּה** את הקוץ מתוך בשרו, **מִפְּנֵי שֶׁנִּרְאֶה כְּמִשְׁתַּחֲוֶה לַעֲבוֹדָה זָרָה, וְאִם אֵינוֹ נִרְאֶה — מוּתָּר. וכן אִם נִתְפַּזְּרוּ לוֹ מְעוֹתָיו בִּפְנֵי עֲבוֹדָה זָרָה — לֹא יִשְׁחֶה וְיִטְּלֵם, מִפְּנֵי שֶׁנִּרְאֶה כְּמִשְׁתַּחֲוֶה לַעֲבוֹדָה זָרָה, וְאִם אֵינוֹ נִרְאֶה — מוּתָּר.** וכן **מַעְיָין הַמּוֹשֵׁךְ** ועובר **לִפְנֵי** פסל **עֲבוֹדָה זָרָה — לֹא יִשְׁחֶה וְיִשְׁתֶּה** ממנו, **מִפְּנֵי שֶׁנִּרְאֶה כְּמִשְׁתַּחֲוֶה לַעֲבוֹדָה זָרָה, וְאִם אֵינוֹ נִרְאֶה — מוּתָּר. פַּרְצוּפוֹת** (דמות פרצופים של בני אדם) **הַמְקַלְּחִין מַיִם לִכְרַכִּין** שיוצאים מים מפיהם — **לֹא יַנִּיחַ פִּיו עַל פִּיהֶם וְיִשְׁתֶּה** מהם, **מִפְּנֵי שֶׁנִּרְאֶה כִּמְנַשֵּׁק לַעֲבוֹדָה זָרָה. כַּיּוֹצֵא בּוֹ לֹא יַנִּיחַ פִּיו עַל גַּבֵּי סִילוֹן** (צינור) **וְיִשְׁתֶּה**, והטעם שם הוא **מִפְּנֵי הַסַּכָּנָה.** ושואלים: **מַאי** [מה] פירוש **״אֵינוֹ נִרְאֶה״** שאמרנו באותה ברייתא? **אִילֵימָא דְּלָא מִתְחֲזֵי** [אם תאמר שאינו נראה לאחרים], **וְהָאָמַר** [והרי אמר] **רַב יְהוּדָה אָמַר רַב: כָּל מָקוֹם שֶׁאָסְרוּ חֲכָמִים** דבר **מִפְּנֵי מַרְאִית הָעַיִן, אֲפִילּוּ** עושה זאת **בְּחַדְרֵי חֲדָרִים — אָסוּר**, ואף כאן אף על פי שאין רואים אותו, מכל מקום אסור, שנראה כעושה זאת! **אֶלָּא אֵימָא** [אמור] כך: **אִם אֵינוֹ נִרְאֶה כְּמִשְׁתַּחֲוֶה לַעֲבוֹדָה זָרָה** אלא מפנה צידו או גבו אליה — **מוּתָּר.** ומעירים: **וּצְרִיכָא** [וצריך] לשנות את ההלכות הללו כולן למרות שהן נראות דומות זו לזו. **דְּאִי תְּנָא** [שאם היה שונה] רק **קוֹץ**, הייתי אומר שנאסר הדבר, **מִשּׁוּם דְּאֶפְשָׁר לְמֵיזַל קַמֵּיהּ וּמִשְׁקְלֵיהּ** [שיכול ללכת מעט לפניו מעבר לעבודה זרה וליטלו] את הקוץ ממנו, **אֲבָל מָעוֹת שֶׁלֹּא אֶפְשָׁר** ללכת למקום אחר, אלא צריך ללקטם דווקא משם, **אֵימָא** [אמור] **שֶׁלֹּא** נאסר הדבר. **וְאִי תְּנָא** [ואם היה שונה] רק **מָעוֹת** — הייתי אומר שאסור הדבר כיון שהוא הפסד **דְּמָמוֹנָא** [של ממון] בלבד, **אֲבָל קוֹץ** שהוא עניין **דְּצַעֲרָא** [של צער] **אֵימָא** [אמור] **שֶׁלֹּא** נאסר הדבר, ומותר לו להתכופף. **וְאִי תְּנָא הָנֵי תַּרְתֵּי** [ואם היה שונה את שני אלה] בלבד, הייתי אומר שנאסרו **מִשּׁוּם דְּלֵיכָּא** [שאין] בכך **סַכָּנָה** אם לא יעשה זאת שם, **אֲבָל מַעְיָין דְּאִיכָּא** [שיש] **סַכָּנָה, דְּאִי לָא שָׁתֵי מָיֵית** [שאם אינו שותה ימות], **אֵימָא** [אמור] **שֶׁלָּא** נאסר ואין מקפידים בכך, על כן **צְרִיכָא** [צריך] להיאמר גם דבר זה.

עיונים

ששפתו שתי קדירות רוב המפרשים מסבירים שקדירה אחת היא של היתר והקדירה השניה של הגוי נתבשל בה דבר אסור. ואילו הרמב״ן ועוד מסבירים ששפתו היהודי והגוי שתי קדירות שבשתיהן היה מאכל היתר, והחששות הם שמא יתחלפו להם הקדירות, ועל ידי כך עשוי היהודי להיכשל בעבירה, וכאשר יבואר להלן.

דלמא מהדר אפיה בתוס׳ שאלו: מפני מה חוששים כאן שיסב היהודי את פניו אחורנית, ואילו בשאר מקומות שיש חשש כעין זה די בכך שהיהודי נכנס ויוצא? והסבירו כי בכל מקרה שבו הגוי חושש שמא ייתפס כשהוא עושה דבר אסור ויענש על כך — שם די כשהיהודי נכנס ויוצא. אבל כאן כאשר הגוי אינו חושש, משום שהוא יכול להסביר מה שעשה, שעשה טובה לחבירו שהגיס בקדירה — צריך השגחה יתירה.

ושדי גוי נבילה שלא כרש״י, סבורים שאר המפרשים שגם לדעת אביי אין לחשוש שהגוי עושה דבר מה רק משום שהוא רוצה לגרום לישראל לעבור עבירה, ואין חוששים אלא כשיש לגוי טובת הנאה מכך. ולכן מסבירים בתוס׳ שכאן מדובר בחשש שהגוי רוצה לקחת נתח בשר משובח מקדירתו של היהודי, ובמקומו לשים חתיכה כחושה של נבילה מקדירתו שלו. ואילו רבינו יונה מסביר שהכוונה כאן היא שאין לחשוש כאן שמא מחמת הקירבה והדמיון בין הקדירות יטעה הגוי וישליך חתיכת נבילה לקדירה שאינה שלו, למרות שהיא סמוכה לה, שאין אנו מחזיקים דבר באיסור (וראה גם ברמב״ן).

הכא נמי לא חשו וכו׳ שיטת הגמרא שלנו היא שממה שאמר ר׳ חנינא בענין הקדירות יש מסקנות להלכה גם לענין שלנו, אלא שנחלקו האמוראים בפרטי המסקנות. אולם, שאלה ותשובה זו מובאות גם בירושלמי, ושם סבורים כי אין קשר בין דברי ר׳ חנינא ובין שאלת ריש לקיש (שם — רבי יצחק בר נחמן), ובאמת לא השיב ר׳ חנינא דבר, משום שהיה מקפיד לומר רק דבר ששמע מפי רבו, והלכה זו לא שמע, ולכן ענה לו תשובה שאינה שייכת לענין.

משום דמי עבודה זרה רש״י מסביר שאין חוששים שמא בהמה זו שהוא מוכר לגוי בשוק שמחוץ לעיר באמת מיועדת עבור אנשי העיר עצמה לשם הקרבה, ונמצא שהוא מקבל לידו דמי עבודה זרה, שהם אסורים מן התורה, שנאמר ״ולא ידבק בידך מאומה מן החרם״, ובזה מצוי הדמיון לנבילה, שאף היא איסור תורה. וראה בתוס׳ שהיתה להם כנראה גרסה אחרת בדברי רש״י, שהחשש הוא שמא כסף זה שהוא מקבל עבור הבהמה הוא כסף ששימש לעבודה זרה. ובתוס׳ האריכו הרבה לדון בשאלה האם דמי עבודה זרה שהיו ביד גוי אסורים לישראל. ולשיטת רבינו יונה, כוונת הדברים היא שכשם שאין חוששים שמא נכנסה חתיכת נבילה לקדירת הישראלי, כך אין לחשוש שמא הגיעו לידיו של אותו גוי שבעטלוזא דמי עבודה זרה מעובדי העבודה זרה שבתוך העיר.

רבא אמר וכו׳ יש הסבורים כי אביי ורבא, וכן רבא בר עולא, אינם חולקים כלל, אלא מביאים הסברים שונים (ראה מאירי). אבל שיטת רש״י והתוס׳ היא שרבא מחמיר יותר מאביי, ורבה בר עולא יותר מרבא. ולפי הסבר זה סבור רבא שדווקא בקדירות אין מקום כלל לחשש שיכניס הגוי נבילה, לפי שאינו עושה דבר שאינו נהנה ממנו, ועוד, שהוא מתיירא שמא יתגלה הדבר, אבל לענין דמי עבודה זרה לא היה מקום להקל, שאיסור תורה הוא. ולדעתו החשש בשתי קדירות היה רק משום בישולי גוים, שהוא איסור מדברי סופרים, וכיוצא בזה אין לחשוש משום מסחר ביום אידם שאינו אלא איסור מדרבנן. אבל אחרים מסבירים שרבא סבור שאין לחשוש משום דמי עבודה זרה, שלדעתו דמי עבודה זרה ביד גוי אינם אסורים כלל (ראב״ד ועוד), או שאף אם אסורים הם לא היה ריש לקיש מסתפק שמא יש לחוש במקרה כזה לדמי עבודה זרה (ספר התרומה, רשב״א).

משום בישולי גוים רש״י מסביר: שמא ישכח ויסמוך על הגוי שיבשל עבורו. ורבינו יונה מסביר: שמא בלי דעתו של הישראל יסיר הגוי את הקדירה קודם שנתבשלה כל צרכה, ויחזור וישפות אותה על האש, ונמצא שהיה בכך בישול של גוי בפועל. ואילו רמב״ן מסביר כי החשש הוא שמא יחליפו את הקדירות זו בזו.

משום יום אידם לדברי רש״י — שאין חוששים שמא גוי זה שעושה עמו עסק הוא מאלה המשתתפים עם בני העיר ביום האיד. והר״ח מסביר שלמרות הקירבה בין המקומות אין חוששים ליום איד, כשם שאין חוששים למרות קירבת הקדירות, שזה לעצמו וזה לעצמו.

משום צינורא שהרי בתוך הבישול עלול להינתז משהו מקדירת הגוי אל תוך קדירתו של היהודי. והסבירו המפרשים שהוא חשש רחוק יותר מזה של רבא, לפי שלא תמיד ניתז דבר מקדירה לקדירה, וגם אם ייתנז משם — הרי להלכה מה שנפל לקדירת היהודי בטל ברוב, ואינו אוסר כלל. וראה בר״ח שפירש כי הכוונה היא לחשש שמא ניתז מרוקו של הגוי לקדירתו של היהודי, וכפי שמצאנו שחכמים גזרו טומאה על כך (ראה נדה לד, א).

משום לפני אידיהן רש״י מסביר כי הכוונה היא שלא אסרו לשאת ולתת עם בני העטלוזא בימים שלפני אידיהם כדרך שאסור הדבר עם בני עזה עצמה. ומכאן משמע שרבה בר עולא מחמיר יותר מרבא, והוא סבור שביום אידם של בני עזה אסור משא ומתן גם בעטלוזא שלידה, ואת משנתנו המתירה לשאת ולתת חוצה לה יש להבין במקומות רחוקים יותר. וכן מסביר הר״ח. אכן הראב״ד מסביר כי גם רבא בר עולא מתייחס ליום האיד עצמו, לומר שלא נאסר משא ומתן עם אנשי עזה ביום האיד של העטלוזא משום גזירה שמא יבואו לשאת ולתת עם אנשי העטלוזא לפני אידיהם, שהרחקה יתירה היא.

לא ישחה ויטלם בתוס׳ חכמי אנגליה מעיר כי מותר להרים מטבעות שלו שיש עליהם צורת עבודה זרה, ואין אומרים שהוא כמשתחווה לה, משום שצורה שעל גבי מטבע אינה לצורך פולחן כלל, ואין לחשוש לגביה.

המקלחים מים לכרכין משמע שאין מדובר בדבר שהוא עצמו עבודה זרה, אלא שהוא עשוי לנוי, ולכן הוזכרו ״כרכים״, משום שפרצופות כאלו היו מצויים דווקא בערים גדולות (רש״י), ואף על פי כן נאסר הדבר, משום שנראה הדבר כמנשק לעבודה זרה. וראה באורח ההלכה, שהרמב״ם פירש כי מדובר בפרצופות העומדים בפני עבודה זרה, ונראה הדבר כמנשק לעבודה זרה עצמה. והיא גרסת הרי״ף. והרא״ה פירש כי פרצופות אלו היו צורות נעבדות.

אפילו בחדרי חדרים אסור ועיקר הטעם הוא שלא חילקו חכמים בגזירתם, ובפרט שלעולם אין אדם יודע בוודאות אם אין איש רואהו. ובהלכה זו עצמה נחלקו כבר בגמרא במקומות אחרים. והרי״ף במסכת שבת הוכיח מסוגייתנו שהביאה את דברי רב בתור קושיה, שהלכה כמותו. אבל ראשונים אחרים סבורים שאין הוכחה מסוגייתנו שהלכה כרב, אלא שמנסים להעמיד הברייתא גם כשיטתו (תוס׳ ועוד). והריטב״א מביא דברי הירושלמי (כלאים) הדן בדברי רב וסבור שהם נדחים בגלל כמה וכמה משניות חולקות. וכן סבור רב ניסים גאון. וראה ב״אורח ההלכה״. והריא״ז מסביר כי האיסור לעשות בחדרי חדרים הוא רק כאשר מדובר באיסור עבודה זרה, שהוא חמור ביותר.

דאיכא סכנה מכאן משמע לכאורה שאין לעשות דבר הנראה כעבודה זרה גם אם יש במניעתו משום סכנת נפשות, משום שהוא חלק מאיסור עבודה זרה (״אביזרייהו״) עליו נאמר ש״ייהרג ולא יעבור״. ומכאן למד הרשב״א גם לדין משנתנו באיסור כניסה למקום עבודה זרה. אבל הר״נ סבור כי יש להבחין בין מי שנראה כעובד עבודה זרה לבין מי שנראה כהולך למקום עבודה זרה, שהוא פחות חמור. ועוד כתב הר״נ שאין הכוונה כאן לסכנת נפשות ממש, אלא למצב שיכול לבוא לידי סכנה, כגון זה שאם לא ישתה עכשיו עלול לבוא לידי סכנה אם לא ימצא מים.

אורח ההלכה

ישב לו קוץ וכו׳ ישב לו קוץ ברגלו לפני עבודה זרה — לא ישוח ויטלנו, שלא ייראה כמשתחווה לה. וכן אם נתפזרו לו מעות בפניה לא ישוח ויטלם, אלא ישב ואחר כך יטול, או יפנה אחוריו או צדדיו לעבודה זרה ויטול. וכתב הש״ך בשם הפרישה שאפילו בחדרי חדרים אסור. (רמב״ם ספר מדע הלכות עבודה זרה פ״ג ה״ז. שו״ע יו״ד קנ, ב).

פרצופות המקלחין מים פרצופות המקלחים מים בפני עבודה זרה — לא יניח פיו על פיהם וישתה, מפני שנראה כמנשק לעבודה זרה. כגרסת הרי״ף. ולפי זה, אם היו אותם פרצופות שלא בפני עבודה זרה ממש מותר, והוא שלא כגרסתנו ״לכרכים״. והמחמיר בכל פרצופות תבוא עליו ברכה (ש״ך וט״ז בשם הב״ח). (רמב״ם שם ה״ח. שו״ע שם סעיף ג).

לא יניח פיו על סילון וכו׳ דברים הרבה אסרו חכמים מפני הסכנה, ואין אדם רשאי לעבור עליהם, ואם אינו מקפיד בכך מכים אותו מכת מרדות, ואחד מהם שלא יניח פיו על הסילון המקלח וישתה שמא יבלע עלוקה. כברייתא וכהסבר הגמרא להלן. (רמב״ם ספר נזיקין הלכות רוצח ושמירת הנפש פי״א ה״ה וה״ו. שו״ע יו״ד קטז, ה בהגהה. שם חו״מ תכז, ט).

כל שאסרו מפני מראית העין מי שנשרו בגדיו במים בשבת, מהלך בהם ואינו חושש שמא יסחוט. אבל אסור לו לשוטחם להתייבש אפילו בתוך ביתו, שלא יאמרו הבריות שפלוני כיבס בגדיו בשבת. וכל דבר שאסרו חכמים מפני מראית העין אפילו בחדרי חדרים אסור. וכדברי רב. אבל היו מן הגאונים שחלקו על פסק זה. ולכן כשהוא רק איסור מדברי סופרים אפשר לסמוך על כך (ביאור הלכה). (רמב״ם ספר זמנים הלכות שבת פכ״ב ה״כ. שו״ע או״ח שא, מה).

מעין דאיכא סכנה יש אומרים שכל דבר שאסור רק מפני מראית העין, אם יש סכנה בדבר, כגון אם ימות אם לא ישתה — מותר לשתות ואין בזה משום ייהרג ואל יעבור (ר״נ), ואילו הרשב״א סבור שבמקום שיש חשד אפילו במקום פיקוח נפש אסור. כן כתב הטור, וכן סבור הגר״א. (שו״ע יו״ד קנב, ג בהגהה).

מסורת הש״ס

א. (בשינוי) ירושלמי כלאים פ״ט ה״א. תוספתא ע״ז פ״ו ד.
ב. תוספתא שם ה.
ג. ירושלמי שם. תוספתא שם ו.
ד. שבת סד,א. קמו,ב. ביצה ט,א. ירושלמי כלאים פ״ט ה״א. שם עירובין פ״ח ה״ט.

גרסות

אמר אביי משום בכת״י ועוד: **אמר אביי לא חשו חכמים משום.**

ישראל לאחוריה בכת״י ועוד: **ישראל.**

משום דמי עבודה זרה בכת״י ועוד: **משום דמי עבודה זרה ביד גוי.**

כל זמן שהדרך בכת״י ועוד: **בזמן שהדרך.**

המושך לפני עבודה זרה בכת״י: **המושך מים בפני עבודה זרה.**

מים לכרכין בכתי״מ ועוד: **מים בכרכין.**

על סילון בכת״י ועוד: **על גבי הסילון.**

למיזל קמיה בכתי״מ: **מיזל לקמיה.**

מעות דלא אפשר בכתי״מ: **מעות דאי שביק להו איכא פסידא.**

משום דממונא בכת״י: **משום דפסידא דממונא.**

קוץ דצערא בכת״י: **קוץ דצערא דגופיה.**

לשון

צנורא
מקור המלה אינו ברור, אף שנראה כי היא קשורה למשמעות צינור בלשון משנה שעניינו (כבלשון ימינו) כלי חלול שהמים עוברים דרכו. וכאן המשמעות היא — קילוח גדול או קטן של נוזלים, ובכלל זה גם טיפה של רוק הנתזת ממקומה.

פרצופות
מקור המלה ביוונית πρόσωπον (פרוסופון) ומשמעה — מסכה, וגם מראה הפנים. וכנראה שזו היא משמעות המלה בדברי חז״ל — מראה פנים.

סילון
מקור המלה הוא ביוונית σωλήν (סו׳לין) ומשמעה צינור, תעלה.

החיים

פרצופות המקלחות מים

עמוד שבו צינור מים, ופרצוף שממנו יוצאים המים לשתיה (מפומפי, מזמן המשנה)

במקומות רבים בעולם העתיק (ולעתים עד ימינו) היו עושים בערים ברזים למי שתיה לרבים. ברזים אלה היו לעתים פשוטים, אולם במקומות רבים היו עושים את פתחיהם בצורות שונות, ולעתים קרובות כפרצופים. פרצופים אלה היו לפעמים של אלילים, אבל רבים מהם היו לנוי בלבד, ואולם מפני החשד אסור להניח פיו על הפרצוף שנראה כמנשק לו.

לעזי רש״י

שנשו״א מן הצרפתית העתיקה sansue — עלוקה.

ששפתו שתי קדירות על גבי כירה אחת ולא חשו להם חכמים מאי לא חשו להם חכמים אמר אביי משום בשר נבילה לא אמרינן דלמא מהדר אפיה ישראל לאחוריה ושדי גוי נבילה בקדירה דכוותה ה"נ לא חשו להם חכמים משום דמי עבודה זרה רבא אמר מאי לא חשו להם חכמים משום בישולי גוים דכוותה ה"נ לא חשו להם חכמים משום יום אידם רבה בר עולא אמר לא חשו להם חכמים משום צינורא דכוותה ה"נ לא חשו להם חכמים משום לפני אידיהן: מהו לילך לשם וכו':

ת"ר עיר שיש בה עבודה זרה אסור ליכנס לתוכה ולא מתוכה לעיר אחרת דברי רבי מאיר וחכ"א כל זמן שהדרך מיוחדת לאותו מקום אסור אין הדרך מיוחדת לאותו מקום מותר ישב לו קוץ בפני עבודה זרה לא ישחה ויטלנה מפני שנראה כמשתחוה לעבודה זרה ואם אינו נראה מותר נתפזרו לו מעותיו בפני עבודה זרה לא ישחה ויטלם מפני שנראה כמשתחוה לעבודה זרה ואם אינו נראה מותר מעיין המושך לפני עבודה זרה לא ישחה וישתה מפני שנראה כמשתחוה לעבודה זרה ואם אינו נראה מותר פרצופות המקלחין מים לכרכין לא יניח פיו על פיהם וישתה מפני שנראה כמנשק לעבודה זרה כיוצא בו לא יניח פיו על סילון וישתה מפני הסכנה מאי אינו נראה אילימא דלא מתחזי והאמר רב יהודה אמר רב כל מקום שאסרו חכמים מפני מראית העין אפילו בחדרי חדרים אסור אלא אימא אם אינו נראה כמשתחוה לעבודה זרה מותר וצריכא דאי תנא קוץ משום דאפשר למיזל קמיה ומשקליה אבל מעות דלא אפשר אימא לא ואי תנא מעות דממונא אבל קוץ דצערא אימא לא ואי תנא הני תרתי משום דליכא סכנה אבל מעיין דאיכא סכנה דאי לא שתי מיית אימא לא צריכא

פרצופות

רש"י

שפיתת קדירה. כשמניחין אותה אצל האור על גבי כירה קרי שפיתה לשון שפות הסיר (יחזקאל כד): **ולא חשו חכמים.** אע"פ שסמוך איסור אצל היתר מאד הכא נמי אע"פ שבני העיר האסורין סמוכין לבני חולה לה שאין להם עבודה זרה היום לא חשו: **מאי לא חשו.** איכא למימר בשתי קדירות דלילף הכא דכוותה: **משום בשר נבילה.** ואע"ג דאיכא למיחש לאיסור דאורייתא לא חשו לאחזוקי איסור בקדירות מן הספיקא: **הכא נמי.** לא מחזקינן דמי עבודה זרה בידי גוים שבחולה לה דנימא אסור למכור להם בהמה[(א)] שדמים הללו שהוא מקבל מהן מחמת בהמה זו דמי עבודה זרה הן שהבהמה היום לצורך בני תוכה היא ונקרבים היום לעבודה זרה והוא איסור דאורייתא מלא ידבק בידך מאומה וגו' (דברים יג) וכ"ש היכא דידעינן דמשל חולה לה הן דלספק איסורא דרבנן לא חיישינן דנימא דלמא האי גברא שייך בתר בני תוכה והוי היום יום אידו ועבר האי גברא אדרבנן דאסרי לישראל לשאת ולתת עמם ביום איד: **רבא אמר.** האי לא חשו לאו לבשר נבילה קאמר דנילף מינה דכוותה דלא ניחוש לדמי עבודה זרה דהא לא דמי דהתם לית הנאה לגוי דנישדי נבילה לקדירה[(ב)] דמיסתפי דאי חזי ליה ישראל תבע ליה בדינא אבל הכא מתכוין גוי לעשות רצון חבירו אלא ה"ק לא חשו להם חכמים משום בישולי גוים דלמא סמיך ישראל[(ג)] לגוי לבשליה וקאכיל בשולי גוים דרבנן: **וה"נ.** היכא דפשיטא דדמים הללו מתוך תיבתו לקחם וליכא למיחש לאיסורא דאורייתא לא חשו חכמים לספק איסורא דרבנן: **משום יום אידם.** למיחש דלמא האי גוי שייך בתר בני תוכה ושקיל וטרי האי ישראל בהדיה ביום אידו: **רבה בר עולא אמר.** ביום אידם של בני עזה לא שרא ר"ח לשאת ולתת עם בני עטלוזא ולא דמי לשתי קדירות דהתם ליכא למיחש משום בישולי גוים מכי *אתי ישראל חדא זימנא בגחלים אבל הכא איכא למיחש דלמא האי גוי שייך בתר בני תוכה הואיל וסמוכה לה ומתני' דקתני דחולה לה מותר לאו בסמוכה כולי האי קאמר ור"ח לפני אידיהן הוא דשרי וה"ק לא חשו להם חכמים לשמא נתזה צינורא מתוך קדירת גוי לתוך קדירת ישראל הואיל ואיסור קל הוא חדא דלא שכיח ועוד דאי נמי שכיח בטיל ברובא ה"נ לא חשו לאיסור חולה לה של בני עזה ואע"פ שסמוכה לה ממש: **כל היכא** דתני שיש בה עבודה זרה משמע שהיום עובדין לירא"ה שלהם: **אסור ליכנס לתוכה.** משום חשד דאמרי איהו נמי אזיל למפלח: **ישב לו קוץ.** נתחב לו קוץ ברגלו: **ואם אינו נראה.** מפרש לקמן: **פרצופות המקלחין מים.** פרצופות אדם חלולין ונכנס סילון מים לאחוריהם לתוכן ויוצאין דרך פיהם: **בכרכים.** דרך יושבי כרכים להתנהג בגדולה להכי נקט כרכים: **ע"ג סילון.** צינור מחובר בקרקע: **מפני סכנה.** שלא יבלע עלוקה שנשו"א בלע"ז: **אילימא דלא מיתחזי.** שאין אדם רואהו: **כל מקום שאסרו חכמים.** דבר המותר ואסרוהו מפני מראית העין שהרואהו חושדו בדבר עבירה: **אפילו בחדרי חדרים אסור.** במקום שאין אדם רואה אסרוהו: **ואם אינו נראה כמשתחוה.** שפונה אחריו או צידו לצד עבודה זרה: **למיזל קמיה.** עד שיעבור מכנגד עבודה זרה: **אבל מעיין דאיכא סכנה.** דאי לא שתי מיית בצמא:

פרצופות

תוספות

דלמא מהדר ישראל אפיה. וא"ת מאי שנא משאר איסורים דעלמא דשריא ביוצא ונכנס וי"ל דהא דשרינן בעלמא יוצא ונכנס היינו היכא דנתפס כגנב אם מצאו ישראל ותבע ליה לדינא אבל הכא יכול לתחוב הכף של נבלה בקדירה ויאמר להגים את תבשילך נתכוונתי שלא יקדיח אי נמי הכא איירי בתבשיל אכסנאי דלא מרתת מיניה ולרבא איכא למימר דשרי יוצא ונכנס אפי' באכסנאי ומשום הכי לא מייתי ראיה מבשר נבלה לדמי עבודה זרה ביד גוי דהתם גוי מרתת דלמא חזי ליה ותבע ליה בדינא: **ושדי גוי נבילה בקדיר'.** פירש ר"י שדי בשר כחושה שלו ושקיל בשר שמינה כדי להרויח אבל בחנם כדי להכשיל את ישראל לא חיישינן אפילו הולך למרחוק וראיה מדלקמן בפרק שני (דף לט:) גבי ההיא ארבא דמורייסא דלא חייש לתערובת חמרא כיון דקיסתא דמורייסא בלומא פי' בזוזא וקיסתא דחמרא בארבעה לומי פירוש בארבע זוזי ומהאי טעמא שבקינן בכל יום קדירות שלנו לשפחותינו גויות ולא חיישינן דלמא הטילה איסור בתוכו: **דכוותה** ה"נ לא חשו חכמים לדמי עבודה זרה ביד גוי. פירש הקונטרס דנימא דמים הללו שהוא לוקח מהן בשר זו של בני תוכה הן וכבר היו נקרבים לעבודה זרה ואסורין מדאורייתא דכתיב לא ידבק בידך מאומה משמע דלאביי נמי אם הוה ידעינן בודאי שהם של עבודה זרה אסורין ושאני הכא משום דלא חשו ולרבא אפי' למיחש חיישינן ואסור וקשיא דלקמן בפ"ב (דף סד. ושם ד"ה מסתברא) קאמר הדר יתבי וקמיבעיא להו דמי עבודה זרה ביד גוי אסורין או מותרין ומסיק רב נחמן דמותרין ומייתי ראיה ממתניתין גוי שהיה נושה בו ישראל מנה ומכר עבודה זרה והביא לו המעות מותרים ושמא משום הך קשיא פ"ה דמי עבודה זרה שנקרבים היו לעבודה זרה ולא דמי להאיא דפ"ב דר"ל חליפי עבודה זרה וחליפי עבודה זרה אינם אסורים אלא כשהחליפם ישראל אבל כשהחליפם גוי מותרין מיהו קשיא דאפי' הוו נקרבין לעבודה זרה אינם אסורין דבעינן עבודה שנעשית כעין פנים כדאמרינן לקמן פרק רבי ישמעאל (דף נא.) זרק מקל לפניה חייב משום דדרכה בכך והמקל אינו נאסר דבעינן תקרובת כעין פנים וליכא ויש פירושים אחרים שהגי' רש"י דאביי לא ס"ל הך מתני' דלקמן פרק בתרא (דף סד.) ודוחק הוא לומר דאביי ורבא ורבה בר עולא לא שמיע להו ועוד קשיא מפ"ב אההיא דפרק אין מעמידין (לקמן דף לג.) גבי והולכין לתרפות ת"ר ישראל ההולך ליריד של גוים וכו' גוי שהולך ליריד בין בהליכה בין בחזרה מעותיו מותרין דאמרינן אימור חמרא זבין גלימא זבין משמע הא עבודה זרה זבין אסור אלמא חליפי עבודה זרה אסורין פי' ר"ת דההיא דפ"ב (לקמן סד.) דשרי חליפי עבודה זרה היינו בגוי שפורע חובו מדמי עבודה זרה שמכר דהאי דאמר דעבודה זרה תופסת דמיה היינו מוהיית חרס כמוהו והיינו דוקא כשהחליפה ישראל אבל כשהחליפה גוי לא שייך אבל הכא ובפרק אין מעמידין (לקמן דף לג.) מיירי שהגוי מקלה הדמים לצורך עבודה זרה אחרת ולכך אסורין הדמים וא"ת דאביי קאמר הכא דלא חשו לבני חולה לה משום דמי עבודה זרה הא לבני תוכה אסור משום דמי עבודה זרה ומ"ש מדלקמן פרק אין מעמידין (שם) דפסקינן באימר חמרא זבין גלימא זבין וה"נ נאמר הכי ויהא מותר אף לידועים שהם בני תוכה ואומר ר"י דהכא מיירי ביריד שהוא קבוע לקנות תשמישי עבודה זרה ולרכיה הלכך לבני תוכה אסור דאיכא למיחש לדמי דעבודה זרה אבל התם מיירי ביריד שאינו קבוע לכך ולפיכך יש לתלות באימר גלימא זבין ורבא פליג ואמר אי הוה לן למיחש לדמי עבודה זרה שהיה היריד עשוי לכך חיישינן ואפילו בחולה לה אבל רבא סבר דאין היריד עשוי לכך ומשום יום אידם איבעיא ליה: **כל מקום שאסרו חכמים מפני מראית העין וכו'.** פי' רב נסים גאון דאין הלכה כרב מדתנן פרק שני דחולין (דף מא. וע"ש בתוס') ובשוק לא יעשה כן שלא יחקה המינים ועוד תנן בשבת (דף קמו:) שוטחן בחמה אבל לא כנגד העם אלמא לא אסרו בחצר אע"ג דבשוק אסור מפני מראית העין כך קבלתי בשבת מפי מורי החסיד ובתוספות רבינו יהודה מצאתי נראה לר"י *דהלכתא כרב כדפרישית בשבת פ' במה אשה (דף סה. ושם ד"ה אמר): **והאמר רב יהודה אמר רב וכו'.** ואף על גב דפליגי ביה תנאי בפרק במה אשה (שבת דף סד:) מ"מ לא בעי לתרץ דפליגא הך ברייתא על רב יהודה:

פרלופות

עין משפט נר מצוה

מ א ב מיי' פ"ג מהל' עבודת כוכבים הלכה ז סמג לאוין ט טוש"ע י"ד סימן קנ סעיף ב:
מא ג מיי' שם הלכה ח טור ש"ע שם ס"ג:
מב ד מיי' פי"א מהל' רוצח ושמירת נפש הלכה ו סמג עשין עט טוש"ע י"ד סימן קטז סעיף ה בהג"ה וטוש"ע ח"מ סימן תכז סעיף ט:
מג ה מיי' פכ"ב מהל' שבת הלכה כ סמג לאוין סה טור וש"ע א"ח סימן שא סעיף מה:
מד ו מיי' פ"ג מהלכות עבודת כוכבים הל' ז סמג לאוין יט טור וש"ע י"ד סי' קנ ס"ב:
מה ז מיי' שם הלכה ח בהג"ה:

רבינו חננאל

עטלוזה של עזה מה היא כלו' עזה מותרת או אסורה אמר ליה לא הלכת לצור מימיך וראית ישראל וגוי ששפתו שתי קדירות ע"ג כירה אחת ואמרו חכמים כי קדירת ישראל מותרת ולא חשו לה כלום. מאי לא חשו לה משום בשר נבילה ולא אמרי' דלמא אהדר אפיה ישראל ושדא ליה גוי בשר נבילה בקדירה דכוותה הכא נמי לא חשו לה חכמים בדמים הנמצאים ביד בני עזה משום דמי עבודה זרה ביד גוי ולא אמרי' דלמא בן עטלוזה יהבינהו ליה ולמה דימה לו הדבר לצור שכך היו דירתם ישראל וגוי והיו מבשלין יחדו. רבא אמר לא חשו להן חכמים משום בישולי גוים דכוותה הכא לא חשו להן משום יום אידם כלומר כשם שכל אחד ואחד מבשל קדירתו כך כל אחד מקום שיש בו עבודה זרה הוא יום אידו: רבה בר עולא אמר לא חשו להם חכמים משום צינורא פי' שמא ניתזה צינורא מפי הגוי ונפלה בקדירה של ישראל דכוותה הכא נמי לא חשו להן חכמים משום לפני אידיהן הואיל ואין העבודה זרה עצמה בתוך עזה אבל ביום אידם עצמו אסורה אפילו עזה: **פיס'** מהו לילך לשם פי' שלא לשם משא ומתן אלא (לע"ז) [לעבור] מתוכו למקום אחר בזמן שהדרך מיוחדת לאותו מקום אסור. אבל אם מן הדרך ההוא הוא הולך גם למקום אחר מותר כו'. ת"ר ישב לו קוץ בפני עבודה זרה לא ישחה ויטלנו מפני שנראה כמשתחוה לעבודה זרה ואם אינו נראה כמשתחוה מותר וכן אם נתפזרו לו מעות בפני עבודה זרה לא ישוח ויטלם מפני שנראה כמשתחוה לעבודה זרה ואם אינו נראה כמשתחוה מותר. מעיין המושך מים בפני עבודה זרה לא ישחה וישתה מפני שנראה כמשתחוה לעבודה זרה וכן פרצופות המקלחין מים בכרכין לא יניח פיו על פיהם וישתה מפני שנראה כמנשק לעבודה זרה. וצריכין דאי תנא קוץ וכו' ופשוטה

מסורת הש"ס

[תוספתא פ"ז]

שבת סד: קמו: ביצה ט.

נ"ל חתה

הגהות הב"ח

(א) רש"י ד"ה הכא נמי וכו' להם בהמה מפני שדמים וכו' היום לעבודה זרה ואסורין מדאורייתא כצ"ל ותיבת והוא נמחק: (ב) ד"ה רבא וכו' ומיסתפי: (ג) בא"ד ישראל על הגוי:

גליון הש"ס

גמ' אילימא דלא מתחזי. עיין ירושלמי פ"ט דכלאים על משנה ב:

לפי גי' רש"א הד"א וצ"ל דהלכתא כרב מדפריך הכא והא אר"י א"ר

פרצופות ל"ל משום דקבעי למיתני כיוצא בו לא יניח פיו על גבי הסילון וישתה מפני הסכנה מאי סכנה עלוקה ת"ר אלא ישתה אדם מים לא מן הנהרות ולא מן האגמים לא בפיו ולא בידו אחת ואם שתה דמו בראשו מפני הסכנה מאי סכנה בסכנת עלוקה מסייע ליה לרבי חנינא דאמר רבי חנינא גהבולע נימא של מים מותר להחם לו חמין בשבת ומעשה באחד שבלע נימא של מים והתיר רבי *נחמיה להחם לו חמין בשבת אדהכי והכי אמר רב הונא בריה דרב יהושע ליגמע חלא א*אמר רב אידי בר אבין האי מאן דבלע זיבורא מחייא לא חיי מיהו לשקייה רביעתא דחלא שמגז אפשר דחיי פורתא עד דמפקיד אביתיה ת"ר ב*דלא ישתה אדם מים בלילה ואם שתה דמו בראשו מפני הסכנה מאי סכנה סכנת שברירי ואם צחי מאי תקנתיה אי איכא אחרינא בהדיה ליתרייה ולימא ליה צחינא מיא ואי לא נקרקש בנכתמא אחצבא ונימא איהו לנפשיה פלניא בר פלניתא אמרה לך אימך אזדהר משברירי ברירי רירי ירי רי

א בכסי חיורי: **מתני'** עיר שיש בה עבודה זרה והיו בה חנויות מעוטרות ושאינן מעוטרות זה היה מעשה בבית שאן ואמרו חכמים ההמעוטרות אסורות ושאינן

ב מעוטרות מותרות: **גמ'** גאמר רשב"ל לא שנו אלא מעוטרות בוורד והדס דקא מתהני מריחא אבל מעוטרות בפירות מותרות מאי טעמא דאמר קרא (דברים יג) לא ידבק בידך מאומה מן החרם נהנה הוא דאסור אבל

רש"י

פרצופות ל"ל. הא תנא מעיין דאיכא סכנת נמא וקא אסר: **משום דבעי למיתני כיוצא בו לא יניח פיו על גבי סילון.** דגבי מעיין תנא שחייה ולא תנא הנחת פה הלכך לא שייך למיתני כיוצא בו גביה אבל בפרצופות תנא הנחת פה ושייך למיתני גבייהו כיוצא בו דאסור נמי הנחת פה דאילו לשחות ולשתות בידו ליכא סכנתא דבדיק להו בידיה: **בידו אחת.** ממהר וזורק בפיו ואינו בודק אבל בשתי ידיו יכול לעכבו בידו ויעיין: **נימא.** היא עלוקה: **להחם לו.** מים חמים לשתות בשבת דסכנת נפשות היא כדקתני בברייתא דמו בראשו: **אדהכי והכי.** בתוך זמן שמחממין לו המים ישקוהו חומץ שלא ימהר למות: **זיבורא.** צירעה: **חלא שמגז.** חומץ חזק איגר"א בלע"ז: **שברירי.** שד הממונה על מכת סנוורים לא גרס הכא לא מן הנהרות ומן האגמים דה"ה נמי מן הכלים: **ליתרייה.** יקיצנו משנתו ולימא ליה צחינא מיא: **נקרקש בנכתמא.** יקשקש בכיסוי החצבא על החצב דלידמי כגברא בהדיה: **איזדהר משברירי שברירי ברירי רירי ירי רי בכסי חיורי.** לחש הוא ומתמעט והולך משם השד כאשר הוא שומע מיעוט תיבות אות אחר אות עד רי וכן הוא הלחש להבריחו משם. סנוורים תרגומו שברירי (בראשית יט): **מתני' עיר שיש בה עבודה זרה.** ודרך הגוים להיות להם יום שוק ויריד ביום אידם: **והיו בה חנויות מעוטרות.** וסימן הוא להם שאותן חנויות של עבודה זרה הם ליטול מהם מכס: **מעוטרות אסורות.** מפרש בגמ': **שאין מעוטרות מותרות.** דבאותן שאין מעוטרות לא שקלי מינייהו מכסא לעבודה זרה ולא מטיא לעבודה זרה הנאה מינייהו ואי משום דנושא ונותן ביום אידם ה"מ לזבוני להו דלמא מזבן ליה בהמה ואזיל ומקריב לה לעבודה זרה אי נמי דרך לוקח להיות שמח ואזיל ומודי אבל למזבן מינייהו דבר המתקיים שרי דסתם מוכר עצב הוא: **גמ' בוורד והדס.** של תקרובת עבודה זרה והוא סימן להם שחנויות הללו של עבודה זרה הן: **דקא מתהני מריחא.** וורד והדס דרך לשטחן לפני עבודה זרה ואסורין משום תקרובת עבודה זרה: **אבל בפירות.** מותרין ליקח מהן ואף על גב דמטיא הנאה לעבודה זרה בהנך זביני לית לן בה כדמפרש(א) במהנה מותר:

מהנה

תוספות

פרצופות ל"ל. דאע"ג דמנשק לעבודה זרה אינו חמור כמשתחוה מ"מ כיון דאיכא נמי איסורא דאורייתא במנשק שמעינן לה מהא דלעיל דאסור: **הבולע נימא מותר להחם לו חמין.** ואע"ג דבבכורות פ'(ב) אלו מומין (דף מד:) משמע שגם אחר ששתה העלוקה הוא יכול לחיות הרבה מ"מ מחללין עליו את השבת כיון שיש בה סכנה מידי דהוה אמכה שעל גב היד וגב הרגל (לקמן דף כח.) דחשבינן כמכה של חלל לחלל את השבת אף על גב שפעמים מתרפא מאליו. בערוך גרס ערקא(ג) פי' תולעת קטנה ומצויה במי' וכשנופלת על הבשר נתלית בו ומוללת הדם וכל זמן שמוללת היא נתמלאת מן הליחה שמוללת ומתנפחת עד שיהא כמו חבית קטנה וכשאדם בולע בתוך המים מוללת ליחה שבמעיו ומתגדלת במעיו(ד) ונמלא כריסו נבה וס"א עלקא כרום זלות (תהלים יב) מתרגמינן כעלקא דמוללת דמהון דבני אינשי(ה): **לא ישתה אדם.** פרש"י דל"ג מן הנהרות ולא מן האגמים דה"ה מן הכלים ופי' כן לספרים דגרסי אחרי כן נקרקיש אנכתמא ור"י פירש דבערבי פסחים (פסחים קיב.) גרסינן בהך דשברירי מן הנהרות ומן האגמים בלילה ול"ג נקרקיש אנכתמא ולא גרסינן נמי אי איכא איניש אחרינא בהדיה לימא ליה פלניא וכו' אבל יש בה ברייתא אחרת לעיל מהך דגריס בלילי רביעית ובליל שבתות וגריס נקרקיש אנכתמא: **עיר שיש בה עבודה זרה.** פ"ה רגילות הוא להיות להם שוק ויריד ביום אידם ושאינם מעוטרות היינו טעמא דמותרות משום דלא מטיא מינייהו הנאה לעבודה זרה ואי משום נושא ונותן ביום אידם ה"מ לזבוני אי משום תקרובת אי משום דדרך לוקח להיות שמח ואזיל ומודי אבל למזבן מינייהו שרי דסתם מוכר עצב הוא הכא משמע שחזר בו רש"י ממה שהיה מפרש לעיל (דף ב.) דלשאת ולתת היינו מקח וממכר ומיהו קשיא אי ביום אידו מיירי שיהיה השוק ביום איד היאך לוקחין מהם הא אמרינן לעיל (דף ו:) דאין לוקחין מהם דבר שאינו מתקיים ואילו בגמרא דהכא (דף יג.) אמרינן דרב ירמיה זבן חד פיתא ועלה דההוא עובדא אמרינן בירושלמי א"ל חד לחבריה ואת לא לקחת גלוסקין מימיך לכך פירש רבינו מאיר דהכא מיירי ביריד שעשוי להניח בו מכס ושלא ביום אידם מיירי ולכך בשאינם מעוטרות אין כאן איסור: **אלא בוורד והדס דקמתהני מריחא.** הקשה ר"ת מ"ש מבת תיהא דאמרינן לקמן פ"ב (דף סו:) דשרי משום דריחא לאו מילתא היא ותירץ דשאני וורד והדס דעיקרייהו לריחא קיימי והוי כמו קטורת דאף לאחר שנעשית מצותו נהי שאין מועלין בו איסורא מיהא איכא ואפילו לא הוי עיקרייהו לריחא שמא יש לאסור דהא דאמרינן (פסחים דף כד:) כל איסורין שבתורה אין לוקין עליהן אלא כדרך הנאתן מכל מקום איסורא מיהא איכא ושמא בעבודה זרה אפילו ללקות נמי לקי מידי דהוה אכלאי הכרם דלוקין עליהם אף שלא כדרך הנאתן משום דלא כתיבא בהו אכילה ובעבודה זרה נמי לא כתיב בה אכילה באורייתא אלא בדברי קבלה (תהלים קו) ויאכלו זבחי מתים ואע"ג דכתיב (דברים לב) אשר חלב זבחימו יאכלו מכל מקום לא הוזכר אכילה אלא איסור רק בדברי קבלה דאיתקש זבח למת ויאכלו מזבחי מתים כדאיתא פרק אין מעמידין (לקמן דף כט:) ואפילו אם תמצא לומר דמלקות ליכא איסורא מיהא איכא אבל בת תיהא אע"ג דביין נסך מיירי דבעין איסור עבודה זרה החמירו בו התם ליכא הנאה כי אדרבה חוזק היין נכנס בחוטמו ומזיקו וטעם האוסר לאו משום הנאת הריח אלא משום דחשיב ליה כשתייה שהריח נכנס בגופו והוא חזק ביותר ואפילו את"ל דשתיה גסה מותרת באיסור הנאה הכא כיון דאם היה שותה היין עצמו לא היתה לו שתייה גסה יש לאסור הריח הדומה לממש אע"פ שאינו נהנה (וע' לקמן סו: ד"ה אביי): **אבל מעוטרות בפירות מותרות.** ולרבי יוחנן שאין מעוטרות מיהא מותרות וא"ת לקמן פרק אין מעמידין (דף לג.) דתני ישראל ההולך ליריד דמעות הנמצאים בידו בחזרה אסורין דלימא מעבודה זרה זבין ומסיק דלי גלימא זבין הכא הוה מזבין ליה כלומר ולא היה הולך שם לאיסור משמע שאינו יכול לילך לשם כי אם באיסור ואמאי הוה לן (*למיתני) בהסיה דחנויות שאין מעוטרות לדבר איסור ויש לומר דהתם מיירי בשכל חנויות העיר מעוטרות לדבר איסור לרשב"ל בוורד והדס ולרבי יוחנן מיהא בפירות אי נמי הך ברייתא דלקמן מיירי ביריד שלוקחין מכס מכל מי שאינו רוצה להניח עטרה ואתיא כרבי נתן דבסמוך דאסר בין נהנה בין מהנה ואם תאמר לקמן בברייתא (דף יג.) אמאי לא תלי דזבן מבעה"ב שאינו קבוע דשרי לכולי עלמא למזבן מיניה כל דבר אף פיתא וסנדל כדמשמע לקמן בשמעתין ויש לומר דהתם בברייתא מיירי בישראל תגר דלעולם שקלי מיכסא או מן הלוקח או מן המוכר:

אבל

עין משפט נר מצוה

מו א ב מיי' פי"א מהל' רוצח ושמירת נפש הלכה ו סמג עשין עט טוש"ע ח"מ סימן תכז סעיף ט:

מז ג מיי' פ"ב מהלכות שבת הלכה ו וסמג לאוין סה טוש"ע א"ח סימן שכח סעיף ו:

מח ד מיי' פי"א מהל' רוצח הלכה ו טור וש"ע ח"מ סימן תכז סעיף ט וטוש"ע י"ד סי' קטז סעיף ה בהג"ה:

מט ה מיי' פ"ט מהל' עבודת כוכבים הל' יב סמג לאוין מה טוש"ע י"ד סימן קמט סעיף ג:

רבינו חננאל

היא. כיוצא בו לא יניח פיו על גבי הסילון המושך מן הנהר או מן הבורות וישתה מפני סכנת ערקא א) פי' שלא יבלע עלוקה של מים שהיא סכנה דאמר ר' חנינא הבולע נימא של מים מותר להחם לו חמין בשבת ומעשה באחד שבלע נימא של מים התיר לו ר' נחמיה להחם לו חמין בשבת ואדהכי כלומר עד שיחממו לו חמין יגמע חלא שמועיל לו. אמר רב אידי בר אבין האי מאן דבלע זיבורא לא חיי מיהו נישקיה רביעתא דחלא שמגז פי' חזק אפשר דחיי עד דמפקיד על ביתו: ת"ר לא ישתה אדם מים לא מן הנהרות ולא מן האגמים בלילה ואם שתה דמו בראשו מפני הסכנה מאי סכנה סכנת שברירי: מתני' עיר שיש בה עבודה זרה והיו בה חנויות מעוטרות כו' מעשה היה בבית שאן וחכמים אמרו המעוטרות אסורות ושאין מעוטרות

א) עי' בערוך ערך ערקא א'.

הגהות הב"ח

(א) רש"י ד"ה אבל וכו' במהנה מותר: (ב) תוס' ד"ה הבולע וכו' פרק מומין אלו משמע: (ג) בא"ד ערקא ופי' תולעת קטנה ומצויה במים וכו' ומוללת את הדם וכו' עד שתהא כמו חבית: (ד) בא"ד ונמלא כריסו נבה. נ"ב מדמקשינן עלה בפרק מומין אלו בגמרא כריסו נבה ותיפוק לי משום סכנת עלוקה אלא קיימא להתירא מעשה באחד שבלע נימא וחזינן התם שלא הבתין ונמלא כריסו נבה ומקשינן עלה מפני מה ... (ה) בא"ד דבני אינשי עכ"ל הס"ד:

מסורת הש"ס

[ברא"ש הגי' חנינא]

[גיטין ע.]

פסחים קיב. ע"ש

[צ"ל למיתני]

גליון הש"ס

תום' ד"ה אלא וכו' ושמא בעבודה זרה אפילו ללקות. עיין לקמן דף מג ע"ב תוס' ד"ה אמרו לו ודף מח ע"ב תוס' ד"ה לא: בא"ד לא כתיב בה אכילה באורייתא. לא זכיתי להבין דהתינח אם היה האיסור נכתב בתורה ולשון אכילה לא נזכר רק בדברי קבלה אבל הא בתורה לא כתיב האיסור כלל רק בקרא דדברי קבלה ויאכלו זבחי מתים ובהאי קרא הא כתיב אכילה וא"כ לא נזכר שום איסור רק בלשון אכילה וצ"ע. גם קשה אמאי לא אמר בפשיטות כיון דאיתקש לזבחי מתים לגמרי איתקש ובמת אף שלא כדרכו אסור דבמת לא כתיב אכילה ואי דלא איתקש רק לענין אכילה בפסוק הא לא לגרוע דדרך הנאתו לא הוי אלא דאורייתא הוא בקרא לא נזכר ההיקש רק לענין אכילה ועיין תוס' ב"ק דף מא ע"ב:

ויש לשאול עוד, דין פַּרְצוּפוֹת לָמָּה לִי להזכיר בברייתא? שאם להשמיענו משום ענין סכנת נפשות — כבר למדנו דבר זה במעיין! ומשיבים: דבר זה לא נכתב לגופו, אלא מִשּׁוּם דְּקָבָעֵי לְמִיתְנֵי [שרצה לשנות]: כַּיּוֹצֵא בּוֹ לֹא יַנִּיחַ פִּיו עַל גַּבֵּי הַסִּילוֹן (צינור) וְיִשְׁתֶּה, מִפְּנֵי הַסַּכָּנָה. ומסבירים: מַאי [מהי] סַכָּנָה זו? סכנת בליעת עֲלוּקָה המצויה במים. וכן תָּנוּ רַבָּנַן [שנו חכמים]: לֹא יִשְׁתֶּה אָדָם מַיִם לֹא מִן הַנְּהָרוֹת וְלֹא מִן הָאֲגַמִּים, לֹא בְּפִיו וְלֹא בְּיָדוֹ אַחַת, וְאִם שָׁתָה — דָּמוֹ בְּרֹאשׁוֹ, מִפְּנֵי הַסַּכָּנָה. מַאי [מהי] סַכָּנָה זו? סַכָּנַת עֲלוּקָה. מְסַיֵּיעַ לֵיהּ [לו] דבר זה לְר׳ חֲנִינָא, שֶׁאָמַר ר׳ חֲנִינָא: הַבּוֹלֵעַ נִימָא (עלוקה) שֶׁל מַיִם — מוּתָּר לחלל עליו את השבת מפני הסכנה ולְהָחֵם (לחמם) לוֹ חַמִּין בְּשַׁבָּת כדי להמית את העלוקה בשתיית החמין. וּמַעֲשֶׂה בְּאֶחָד שֶׁבָּלַע נִימָא שֶׁל מַיִם, וְהִתִּיר ר׳ נְחֶמְיָה לְהָחֵם לוֹ חַמִּין בְּשַׁבָּת. ושואלים: אַדְּהָכִי וְהָכִי [בינתיים] עד שמביאים לו את החמין, מה יעשה? אָמַר רַב הוּנָא בְּרֵיהּ [בנו] של רַב יְהוֹשֻׁעַ: לִיגְמַע חַלָּא [שיגמע חומץ]. אָמַר רַב אִידִי בַּר אָבִין: הַאי מַאן דְּבָלַע זִיבּוּרָא [מי שבולע צרעה] — מְחְיָיא לָא חַיֵּי [לחיות לא יחיה], שהעקיצה תגרום למותו, אלא מִיהוּ לִשְׁקְיֵהּ רְבִיעְתָּא דְּחַלָּא שַׁמְגָּז [מכל מקום שישקו אותו רביעית של חומץ חריף], אֶפְשָׁר דְּחַיֵּי פּוּרְתָּא [שיחיה מעט] עַד דְּמַפְקִיד אַבֵּיתֵיהּ [שיצווה לביתו, למשפחתו] כל מה שהוא רוצה לומר בטרם ימות. תָּנוּ רַבָּנַן [שנו חכמים]: לֹא יִשְׁתֶּה אָדָם מַיִם בַּלַּיְלָה, וְאִם שָׁתָה — דָּמוֹ בְּרֹאשׁוֹ, הוא אחראי למותו, והוא מִפְּנֵי הַסַּכָּנָה. ומסבירים: מַאי [מהי] הסַכָּנָה שיש בדבר? סַכָּנַת שַׁבְרִירֵי שהוא רוח רעה השורה על המים. ומוסיפים: וְאִם הוּא צָחֵי, מַאי תַּקַּנְתֵּיהּ [צמא, מה תקנתו לעשות]? אִי אִיכָּא אַחֲרִינָא בַּהֲדֵיהּ [אם יש אדם אחר איתו], לִיתְרְיֵיהּ וְלֵימָא לֵיהּ [שיעיר אותו ויאמר לו]: "צָחֵינָא מַיָּא" [צמא אני למים]. וְאִי [ואם] לֹא אם אין אחר איתו, נַקַרְקֵשׁ בְּנַכְתְּמָא אַחַצְבָּא [שיקיש במכסה על הכד], וְנֵימָא אִיהוּ לְנַפְשֵׁיהּ [ושיאמר הוא לעצמו] לחש זה: "פְּלָנְיָא בַּר פְּלָנִיתָא [פלוני בן פלונית], אָמְרָה לָךְ אִימָּךְ אִזְדַּהַר [היזהר] מִשַּׁבְרִירֵי בְּרִירֵי רִירֵי יְרֵי רֵי בְּכָסֵי חִיוָּרֵי [בכוסות לבנות]", שזהו הלחש לרוח רעה זו.

א משנה עִיר שֶׁיֵּשׁ בָּהּ עֲבוֹדָה זָרָה, וְהָיוּ בָּהּ חֲנוּיוֹת מְעוּטָּרוֹת לשם עבודה זרה, וְשֶׁאֵינָן מְעוּטָּרוֹת, זֶה הָיָה מַעֲשֶׂה בְּבֵית שְׁאָן, וְאָמְרוּ חֲכָמִים: הַמְעוּטָּרוֹת — אֲסוּרוֹת בקנייה מהן, משום שהן עשויות לעבודה זרה זו, וְשֶׁאֵינָן מְעוּטָּרוֹת — מוּתָּרוֹת.

ב גמרא אָמַר ר׳ שִׁמְעוֹן בֶּן לָקִישׁ: לֹא שָׁנוּ שאסורות אֶלָּא חנויות שהן מְעוּטָּרוֹת בְּוֶרֶד וַהֲדַס, דְּקָא מִתְהַנֵּי מֵרֵיחָא [שהוא נהנה מן הריח], שפרחים אלה הרי הם תקרובת לעבודה זרה, אֲבָל אם היו מְעוּטָּרוֹת בְּפֵירוֹת — מוּתָּרוֹת בקנייה מהן, מַאי טַעְמָא [מה טעם הדבר]? שֶׁאָמַר קְרָא [הכתוב]: "לֹא יִדְבַּק בְּיָדְךָ מְאוּמָה מִן הַחֵרֶם" (דברים יג, יח), נֶהֱנֶה הוּא שֶׁאָסוּר כלומר, אסור לו ליהנות, כדי שלא ידבק בו משהו מן העבודה הזרה,

עיונים

פרצופות למה לי שאם בא התנא לומר שאפילו במקום שיש סכנת צמא אסור לו לעשות כן — הרי כבר שנה כעין זה לגבי השתיה מן המעין שלפני עבודה זרה (רש״י). וכתבו בתוס׳ שלכאורה אפשר היה לומר שיש הבדל בין הדברים, לפי שהשוחה לפני עבודה זרה נראה כמשתחווה שהוא איסור סקילה, ואילו המנשק עבודה זרה אינו חמור כל כך. ומכל מקום כיון שיש בכך איסור מן התורה לא היה מקום לחלק.

דקבעי למיתני כיוצא בו שכשם שאסור לשתות מים מן הפרצופות כך אסור לשתות מים מן הסילון, שאף אז הוא מצמיד פיו אל קצה הצינור. אבל במעיין, אין מקום לאסור כיוצא בו, משום שנאסרה רק שחייה (רש״י).

ולא בידו אחת שכך הוא מכניס מיד את המים לפיו ואינו יכול לראות אם יש עלוקה. אבל בשתי ידים — מותר הדבר, משום שיש לו שהות לראות אם יש עלוקה במים (רש״י).

חמין בשבת משום שיש בכך סכנת נפשות (רש״י). והעירו בתוס׳ שלמרות שמוכח מן הגמרא כי לא תמיד מת אדם מחמת בליעת עלוקה, מכל מקום סכנה היא, ובכיוצא בזה מחללים את השבת. וכדרך שהתירו חכמים להתרפא מכל דבר שיש בו סכנה אף כי אינו בהכרח גורם למוות.

סכנת שברירי רש״י מפרש שהוא רוח רעה השורה על המים. וכן משמע מן המשך, שהרי תקנתו בלחש ובסגולה. ועוד כתב ש״שברירי״ הוא תרגום של ״סנוֵרים״ (בראשית יט, יא). וכוונתו שעל ידי רוח רעה זו נגרם לו עוורון.

פלניא בר פלניתא וכן מבואר במסכת שבת (סו,ב) על מיני לחשים וסגולות שעושים בשם האם דווקא.

שברירי ברירי וכו׳ ועניינו, שילך ויתמעט כוחו של אותו שברירי כפי ששמו הולך ומתמעט בלחש זה (רש״י).

שיש בה עבודה זרה גם כאן, כמו במשנה הקודמת, מפרש הרמב״ם כפשט הדברים, שיש בעיר זו עבודה זרה. ואילו רש״י מפרש שהכוונה היא שיש שם יום איד לעבודה זרה. והוא מפרש שהעיטור של החנויות הוא סימן שחנויות אלה משלמות חלק מן הרווח לעבודה זרה, והקונה שם הריהו כמסייע לעבודה הזרה. ואף שלכאורה גם כאשר קונה בחנות שאינה מעוטרת נמצא שהוא נושא ונותן עם הגוים ביום אידם, הסביר רש״י שאם קונה מהם דבר המתקיים, הרי המוכר עצב במכירה, ואין זה אסור (ראה לעיל ו,ב. ובתוס׳ הבינו שרש״י חזר בו מפירושו לתחילת המסכת). והראשונים נתקשו בדבריו, הן מן הסברה, והן מכך שבסוגיה להלן מבואר שר׳ ירמיה קנה מהם פת, שהיא דבר שאינו מתקיים. ובתוס׳ מסבירים בשם רבינו מאיר, שאין מדובר כאן ביום אידם, אלא ביריד שעושים בו הנחה מן המכס לקונים באותן חנויות מעוטרות לשם עבודה זרה, וממילא מובן גם מדוע בחנויות שאינן מעוטרות מותר לשאת ולתת. ורמב״ן מסביר שמדובר כאן בעיר שיש בה יריד שמתחיל ביום אידם, וחנויות מעוטרות הן אלו שחגגו באותו יום ומעלות מכס לעבודה זרה משך כל היריד, ומהן אסור לקנות לאחר יום האיד עצמו. ואילו הראב״ד מפרש משנה זו על פי התוספתא, שמדובר כאן במקום הסמוך ליריד של עבודה זרה, שאף שהיריד עצמו כולו אסור, במקום זה הסמוך לו רק החנויות המעוטרות אסורות.

בוורד והדס ששוטחים אותה לפני עבודה זרה, ויש בהם משום תקרובת לה, ואסור ליהנות מתקרובת עבודה זרה (רש״י). והריטב״א כתב שהן בגדר נוי לעבודה זרה, או שהן משום תשמישי עבודה זרה.

והאיסור מבואר בדברי ריש לקיש — משום שנהנה מן הריח. וכתבו בתוס׳ שאף שאינו מתכוון לכך, מכל מקום יש איסור בדבר. וראה בתוס׳ שהאריכו להבדיל בין ריח זה לבין ריחו של יין, שאין בו איסור, אם משום שהוורד וההדס עשויים לשם ריח דווקא, או משום שריח היין המרוכז אינו בגדר הנאת הריח. והרמב״ן כתב, שלכאורה כיון שאינו מתכוון להריח, הרי זה בגדר דבר שאינו מתכוון וצריך להיות מותר. ותירץ באופן אחד, שריש לקיש סבור שמשנה זו היא כשיטת ר׳ יהודה הסבור שגם הנאת איסור שאינו מתכוון לה מותר. ועוד הסביר (וכן הוא כבר בדברי הראב״ד) שכיון ששוהה שם זמן ניכר עד שגומר מיקחו, יש לחשוש שישכח וייהנה מן הריח בכוונה.

אורח ההלכה

לא ישתה אדם וכו׳ לא ישתה אדם מים בלילה מן הנהרות והאגמים, שמא יבלע עלוקה ויסתכן. כגרסת ר״ח והרי״ף ור״י בתוס׳ ועוד. (רמב״ם ספר נזיקין הלכות רוצח ושמירת הנפש פי״א ה״ו. שו״ע יו״ד קטז, ה בהגהה. שם חו״מ תכז, ט).

הבולע נימא של מים הבולע עלוקה בשבת, מחללים עליו את השבת, מפני שהיא סכנת נפשות, ועושים לו כל שהוא צריך לרפואתו. (רמב״ם ספר זמנים הלכות שבת פ״ב ה״ו. שו״ע או״ח שכח, ו).

היו בה חנויות המעוטרות עיר שיש בה עבודה זרה, והיו בה חנויות מעוטרות ושאינן מעוטרות — אסור ליהנות מן המעוטרות, שחזקתן שבשביל עבודה זרה נתעטרו. ושאינן מעוטרות מותרות בהנאה. וראה בעמוד הבא. (רמב״ם ספר מדע הלכות עבודה זרה פ״ט הי״ב. וראה שו״ע יו״ד קמט, ג).

לא ידבק בידך עבודה זרה, ומשמשיה, ותקרובת שלה, וכל הנעשה בשבילה — אסורים בהנאה, שנאמר: ״ולא תביא תועבה אל ביתך״, וכל הנהנה באחד מכל אלו — לוקה שתים, אחת משום ״ולא תביא״, ואחת משום ״ולא ידבק בידך מאומה מן החרם״. (רמב״ם שם פ״ז ה״ב. שו״ע שם קמב, א).

מסורת הש״ם

א. גיטין ע,א.
ב. (בשינוי) פסחים קיב,א.
ג. ירושלמי ע״ז פ״א ה״ד (בהיפוך השיטות).

גרסות

מאי סכנה בכת״י: **מאי סכנה סכנת.**

עלוקה בכתי״מ ועוד: **עלקה.**

אדהכי והכי בכתי״ס: **אדהכי והכי מאי.**

מיהו לישקייה בכתי״מ כבמקבילה: **אדהכי והכי נשקייה.**

שמגז בכתי״מ: **שמגן.**

מאי תקנתיה בכת״י כבמקבילה: **מאי נעביד.**

איכא אחרינא בכת״י: **איכא אינש.**

ליתרייה בכתי״מ: **ליתעריה** ובכתי״ס: **ננעריה.**

ואי לא בכת״י: **ואי ליכא אינש בהדיה.**

בנכתמא אחצבא בכת״י: **אנכתמא דחצבא.**

פלניא בר פלניתא בכת״י ועוד: **פלניא.**

נהנה הוא דאסור בכת״י: **נהנה אסור.**

לשון

נימא
מקור המלה ביוונית νῆμα (נימא) שפירושה — חוט. ובהקשר זה — עלוקה הדומה בצורתה לנימה עבה.

שמגז
מקור המלה אינו ברור, ויש שרצו למצוא לו מקור פרסי, במשמעות: חזק, חריף. ויש שסבר שמשמעות המלה היא משקה העשוי מתמרים.

שברירי
זהו התרגום הארמי של המלה ״סנורים״, שבמקרא (בראשית יט, יא) ופירושה — טשטוש הראיה המגיע עד כדי עיוורון חלקי. מאחר שתאי החישה של העין המצויים ברשתית מחולקים לתאים שונים, מהם שעשויים לראיית יום ומהם לראיית לילה, ייתכן שעיוורון כזה יפגע רק בחלק מהם, ויגרום לסנוורי לילה — בעיות ראיה המתגלות בעיקר בלילה (והעשויות להגיע עד לידי עיוורון לילה מוחלט), וכיוצא בזה לסנוורי יום — כאשר הראיה ביום דווקא היא הנפגמת (עד שבמקרים קיצוניים עשויה לגרום לחוסר יכולת לראות באור יום).

החיים

עלוקה, בלע זיבורא
ראה בהשלמות.

מעוטרות
נראה ממקורות שונים כי היו מעטרים אלילים שונים (בפרט אלה שהיו מוקדשים לפולחני דיוניסוס, שהיה הפולחן החשוב ביותר בבית שאן) בעיטורים שהיו באים מן הטבע, כגון ורדים והדסים. וכן היו מעטרים בפרחים את דלתותיהם בימי אידם. ומשום כך חנויות מעוטרות מוכיחות כי בעליהן משתתפים בפולחן של אותו יום, ושאינן מעוטרות אינן שייכות לו.

לעזי רש״י

איגר״א מן הצרפתית העתיקה egre — חומץ.

אֲבָל מְהַנֶּה לגרום הנאה לעבודה זרה **שָׁרֵי** [מותר], שאף שהוא גורם הנאה לעבודה זרה, שנוטלת מכס ממה שמכר בעל החנות, אין זה אסור מן התורה. **וְר׳ יוֹחָנָן אָמַר: אֲפִילּוּ היו החנויות מְעוּטָּרוֹת בְּפֵירוֹת — נַמִּי** [גם כן] **אָסוּר**, שהרי **קַל וָחוֹמֶר** הוא: אם **נֶהֱנֶה** מן העבודה זרה — **אָסוּר, מְהַנֶּה** את העבודה זרה — **לֹא כָּל שֶׁכֵּן** שאסור! **מֵיתִיבֵי** [מקשים] על ריש לקיש ממה ששנינו, **ר׳ נָתָן אוֹמֵר: יוֹם שֶׁעֲבוֹדָה זָרָה מַנַּחַת בּוֹ אֶת הַמֶּכֶס** שעושים הנחה בתשלומי המכס לכבודה של עבודה זרה, **שֶׁמַּכְרִיזִין וְאוֹמְרִים: כָּל מִי שֶׁנּוֹטֵל עֲטָרָה** של ורד וכיוצא בה **וְיַנִּיחַ בְּרֹאשׁוֹ וּבְרֹאשׁ חֲמוֹרוֹ לִכְבוֹד עֲבוֹדָה זָרָה — יַנִּיחַ לוֹ אֶת הַמֶּכֶס, וְאִם לָאו** (לא) **— אַל יַנִּיחַ לוֹ אֶת הַמֶּכֶס, יְהוּדִי שֶׁנִּמְצָא שָׁם מַה יַּעֲשֶׂה?** אם **יַנִּיחַ** את העטרה בראשו ובראש חמורו — **נִמְצָא נֶהֱנֶה** מעבודה זרה, **לֹא יַנִּיחַ** עטרה בראשו — **נִמְצָא מְהַנֶּה** אותה, שהרי הם מרויחים מן המכס שהוא נותן! **מִכָּאן אָמְרוּ** חכמים: **הַנּוֹשֵׂא וְנוֹתֵן בְּשׁוּק שֶׁל עֲבוֹדָה זָרָה**, הואיל ובעל כרחו הוא נהנה או מהנה לעבודה זרה, לכן **בְּהֵמָה** שקנה שם **תֵּיעָקֵר, פֵּירוֹת** או **כְּסוּת** או **כֵּלִים יֵרָקְבוּ**, אם היו לו **מָעוֹת וּכְלֵי מַתָּכוֹת**, שאינם נרקבים, **יוֹלִיכֵם לְיַם הַמֶּלַח** ויאבדו שם. **וְאֵיזֶהוּ עִיקּוּר** האמור בבהמה? **הַמְנַשֵּׁר** (חותך) **פַּרְסוֹתֶיהָ מִן הָאַרְכּוּבָּה וּלְמַטָּה**. ומכאן לענייננו, **קָתָנֵי מִיהַת** [שנינו על כל פנים]: אם **יַנִּיחַ — נִמְצָא נֶהֱנֶה, לֹא יַנִּיחַ — נִמְצָא מְהַנֶּה** עבודה זרה, ואסור הדבר, וקשה לריש לקיש שאמר שהוא מותר! **אָמַר רַב מְשָׁרְשְׁיָא בְּרֵיהּ** [בנו] של **רַב אִידִי, קָסָבַר** [סבור] **ר׳ שִׁמְעוֹן בֶּן לָקִישׁ: פְּלִיגֵי רַבָּנַן עֲלֵיהּ** [חלוקים חכמים על] **ר׳ נָתָן, וַאֲנָא דַּאֲמַרִי כְּרַבָּנַן דִּפְלִיגִי עֲלֵיהּ** [ואני שאמרתי כדעת חכמים שחלוקים עליו] אמרתי. ומעירים: **ומכאן** משמע שר׳ **יוֹחָנָן**, שפסק כר׳ נתן, **סָבַר** [סבור]: **לָא פְּלִיגֵי** [אין חכמים חלוקים] אלא הכל מסכימים שמהנה אסור. ושואלים: **וְלָא פְּלִיגֵי** [וכי אין חכמים חלוקים]? **וְהָא תַּנְיָא** [והרי שנויה ברייתא]: **הוֹלְכִין לְיָרִיד** לשוק **שֶׁל גּוֹיִם** שנועד לכבוד עבודה זרה, **וְלוֹקְחִין** (קונים) **מֵהֶם בְּהֵמָה עֲבָדִים וּשְׁפָחוֹת, בָּתִּים וְשָׂדוֹת וּכְרָמִים, וְכוֹתֵב** שטרות **וּמַעֲלֶה** (מאשר) אותם **בְּעַרְכָּאוֹת** (בבתי משפט) **שֶׁלָּהֶן**, שאף שיש להם מכך הנאה וכבוד מותר, **מִפְּנֵי שֶׁהוּא כְּמַצִּיל מִיָּדָם. וְאִם הָיָה כֹּהֵן — מִטַּמֵּא בְּטוּמְאַת חוּצָה לָאָרֶץ**, אף על פי שאסור לכהן לצאת לחוץ לארץ שהיא ארץ טמאה, כדי **לָדוּן וּלְעַרְעֵר עִמָּהֶם** על קניינים שלו. **וּכְשֵׁם שֶׁמִּטַּמֵּא** הכהן **בְּחוּצָה לָאָרֶץ, כָּךְ מִטַּמֵּא** הכהן **בְּבֵית הַקְּבָרוֹת**. ותוהים: **בְּבֵית הַקְּבָרוֹת סָלְקָא דַּעְתָּךְ** [עולה על דעתך] לומר? הלוא **טוּמְאָה דְּאוֹרַיְיתָא** [מן התורה] **הִיא**, וכיצד יתירו לו! **אֶלָּא** אין הכוונה לבית הקברות ממש, כי אם **לְבֵית הַפְּרָס** מקום שנחרש בו קבר, וחכמים טימאוהו מספק שמא יש בו מת, שהוא רק איסור **דְּרַבָּנַן** [של חכמים], ובכגון זה התירו חכמים לכהן. וממשיכה הברייתא: וכן **מִטַּמֵּא** הכהן ויוצא לחוץ לארץ כדי **לִלְמוֹד תּוֹרָה וְלִישָּׂא אִשָּׁה, אָמַר ר׳ יְהוּדָה: אֵימָתַי** אמרו דבר זה? **בִּזְמַן שֶׁאֵין מוֹצֵא** רב **לִלְמוֹד** ממנו בארץ, **אֲבָל בִּזְמַן שֶׁמּוֹצֵא** ממי **לִלְמוֹד — אֵינוֹ מִטַּמֵּא. ר׳ יוֹסֵי אוֹמֵר: אֲפִילּוּ בִּזְמַן שֶׁמּוֹצֵא** ממי **לִלְמוֹד — יִטַּמֵּא, לְפִי שֶׁאֵין אָדָם זוֹכֶה לִלְמוֹד מִכֹּל** אדם, ולכן אף שיש בארץ אדם היכול ללמד, שמא הוא ימצא רב המתאים לו דווקא בחוצה לארץ. וכן **אָמַר ר׳ יוֹסֵי: מַעֲשֶׂה בְּיוֹסֵף הַכֹּהֵן שֶׁהָלַךְ אַחַר רַבּוֹ לְצַיְדָן**, למרות שהיא חוצה לארץ ואדמתה טמאה, **לִלְמוֹד תּוֹרָה. וְאָמַר ר׳ יוֹחָנָן: הֲלָכָה כְּר׳ יוֹסֵי**. ולענייננו, הרי ברייתא המתירה לקנות ביריד ולהנות את העבודה זרה, **אַלְמָא פְּלִיגֵי** [מכאן שחכמים חלוקים] על ר׳ נתן, ודעתו דעת יחיד היא! ומשיבים: **אָמַר לָךְ** [יכול היה לומר לך] ר׳ **יוֹחָנָן: לְעוֹלָם** תאמר **שֶׁלָּא פְּלִיגֵי** [אינם חלוקים], וגם לשיטת ברייתא זו מהנה לעבודה זרה אסור, ומה שהתירה הברייתא לקנות ביריד של גוים — **לָא קַשְׁיָא** [אין זה קשה]: **כָּאן** שאסור, מדובר **בְּלוֹקֵחַ** (קונה) **מִן הַתַּגָּר** (סוחר), **דְּשָׁקְלִי מִיכְסָא מִינֵּיהּ** [שלוקחים מכס ממנו] לעבודה זרה, **כָּאן** כשהתירו, מדובר **בְּלוֹקֵחַ מִבַּעַל הַבַּיִת, דְּלָא שָׁקְלִי מִיכְסָא מִינֵּיהּ** [שאין נוטלים מכס ממנו], ואם כן אינו מהנה לעבודה זרה.

א ושבים לדון בברייתא של ר׳ נתן. **אָמַר מָר** [החכם]: אם קנה **בְּהֵמָה — תֵּיעָקֵר**. ושואלים: **וְהָא אִיכָּא** [והרי יש בכך] **צַעַר בַּעֲלֵי חַיִּים! אָמַר אַבַּיֵי**: אף שיש בזה צער בעלי חיים, במקום הצורך מותר הוא, שכן **אָמַר רַחֲמָנָא** [ה׳] ליהושע: **"אֶת סוּסֵיהֶם תְּעַקֵּר"** (יהושע יא, ו). **אָמַר מָר** [החכם]: **וְאֵיזוֹהִי עִיקּוּר? מְנַשֵּׁר פַּרְסוֹתֶיהָ מִן הָאַרְכּוּבָּה וּלְמַטָּה. וּרְמִינְהִי** [ומשליכים, מראים סתירה] ממה ששנינו בברייתא: **אֵין מַקְדִּישִׁין** דבר למקדש, **וְאֵין מַחֲרִימִין** בחרם (שסתמו לצורך המקדש), **וְאֵין מַעֲרִיכִין** ערכו של דבר לתת דמיו לגבוה (כאמור בויקרא כז) **בַּזְּמַן הַזֶּה**, שהרי אין מקדש, ונמצא שהדבר שהקדיש נעשה תקלה לרבים, שישתמשו בו ויבואו לידי מעילה. **וְאִם** בכל זאת **הִקְדִּישׁ וְהֶחֱרִים וְהֶעֱרִיךְ**, אם היתה זו **בְּהֵמָה — תֵּיעָקֵר**, אם היו אלה **פֵּירוֹת כְּסוּת וְכֵלִים —**

עיונים

מהנה שרי ולכן מותר לקנות פירות בחנות זאת למרות הרווח שיש בכך לעבודה זרה. ומכל מקום אין מדובר באותם פירות המשמשים לקישוט, שאלו דינם כתקרובת עבודה זרה (ראב"ד). וראה בתוס׳ ששאלו על דברי ריש לקיש ממה ששנינו להלן שאסור להרוויח מקום לבנין עבודה זרה, כדי שלא יהנה אותה. ותירצו ששם, כיון שיש בזה הנאה מרובה, אף ריש לקיש מודה שאין לעשות כן. ור"ת פירש שבדרך כלל כל מהנה אסור, אבל במקום כמו כאן, שמהנה לעבודה זרה שלא בדרך כבוד (שהיה מהנה אותה דווקא כאשר אינו נותן עטרה בראשו, שמראה שאינו מכבד אותה כלל) מותר מותר.

מהנה לא כל שכן וכאן הוא מהנה, בין אם נפרש שנותנים מחנויות אלו מכס לעבודה הזרה, ובין אם מדובר בחנויות שנושאות ונותנות עבור הכמרים המשמשים את העבודה זרה (ראה ברש"י, ובמה שהגיהו בדבריו בגליון הדפוסים של התלמוד).

יניח נמצא נהנה רש"י מסביר שנמצא נהנה מחמת ריח הורד שיש בראשו. ואילו ר"ח והרא"ה מסבירים שנהנה ממה שמניחים לו מן המכס. וראה בתוס׳ שבאו להצדיק את דברי רש"י, באומרם שמה שנהנה מן המכס אינו נחשב להנאה, שהרי משלו הוא נהנה. וכן כתבו הרמב"ן והמאירי באופנים דומים שמה שאינו משלם מכס אינו נחשב להנאה האסורה. וראה בהשלמה שמדבריו עולה שאף אין לו לחשוש שאם שם עטרה זו בראשו הריהו כעובד עבודה זרה, שכל דבר שאינו מעשה אסור ממש, כוונתו רק להנאת עצמו — אינו אסור.

יוליך לים המלח ולא יקבור את המעות באדמה, כי קבורת מעות היא אחת מן הדרכים לשמירתם, ונראה כאילו לשם כך טמנם (תוס׳ חכמי אנגליה).

מנשר וכו׳ רש"י כתב שחותך מתחת לארכובה כדי שלא תיעשה טריפה, שאף שאין לו הנאה בדבר, אין לגרום לבהמה איסור זה. ובתוס׳ כתבו שבעיקר בא לומר שאינו צריך לחתוך יותר מזה, שמותר לו ליהנות אם עושה בה מעשה זה של הפחתת ערכה. וראה בראב"ד.

הולכין ליריד של גוים הראשונים תמהו כיצד מותר הדבר, שהרי שנינו (לעיל יא,ב) שעיר שיש בה עבודה זרה אין נכנסים לתוכה, ואם יום איד הוא (ובסתם יריד הוא יום איד) — אסור הדבר שלושה ימים לפניו. וראה בפירוש המשנה בעמוד הקודם, שלדעת רש"י דבר של קיימא מותר לקנות מהם. ובתוס׳ פירשו כי אין מדובר כאן על יריד שביום אידם. ובדומה לכך הראב"ד מסביר שמדובר ביריד המתחיל כעשרה ימים לפני יום אידם, וכאן מדובר בתחילת היריד. וכבר העירו ראשונים שאין מוזכר כאן היתר מכירה, אלא רק היתר של קניה, וכן העמידה הגמרא ברייתא זו בבעל הבית שאינו נותן מכס. ולפי זה הסביר רמב"ן כי האיסור למכור ביריד כזה הוא משום שיש בכך משום הוספת כבוד לעבודה זרה שלכבודה הוא נעשה, אבל ללכת ולקנות מהם ביום כזה, כאשר עובדי העבודה זרה מתמעטים מנכסיהם, אין זה משום כבוד. אכן הראשונים (מן הרמב"ן ואילך) מביאים פירוש אחר לגמרי, שמדובר כאן ביריד שנעשה ביום אידם ממש, וכאן מחדשת הברייתא שאף שבדרך כלל אסור לקנות מהם ביום זה, מכל מקום ביריד, שהמחירים שבו נמוכים, וגם מיעוט רווח למוכרים, ויש בו סחורה שלא ניתן להשיג בזמנים אחרים — הותר הדבר, משום שדבר האבד הוא לו. וכן הביאו להלכה בשם רב האי גאון.

וכותב ומעלה בערכאות כי אף שבכלל אמרו חכמים שלא להזדקק לערכאות של גויים, גם אם הם דנים בדין שאינו שונה מדין תורה, משום שיש בזה משום מתן כבוד וחשיבות להם ולחוקיהם לעומת דיני התורה, מכל מקום במקרים אלה שהוא כמציל מידם מותר לו להזדקק אף לכך.

ללמוד תורה וכו׳ והעירו המפרשים שכהן הוזכר כאן משום הטומאה, אבל לענין יציאה לחוצה לארץ אין הבדל בין כהן לבין אדם אחר, שיש איסור לצאת לחוצה לארץ אם לא בגלל הסיבות המובאות כאן. ועוד העירו שהכוונה כאן היא שהולך לשם לפי שעה ללמוד, או למצוא אשה לעצמו, אבל אין היתר למי שנוסע לשם כך ומתכוון שלא לחזור לארץ ישראל (וראה בריעב"ץ). ובאשר למצוות המנויות כאן, כתבו בתוס׳ שמדובר דווקא במצוות אלה, כי לימוד תורה הוא עיקר גדול ובסיס לכל מעשה, ולשאת אשה הוא מצוה רבה משום "לא תוהו בראה לשבת יצרה", ואין היתר בדברים אחרים. אכן, בשם השאילתות כתבו להיפך, שאפילו במצוות אלה שהן לשם הנאת עצמו התירו לו לצאת, וכל שכן באחרות (וראה בר"ש משאנץ שתמה, כי מן האמור במסכת מגילה עולה שמצוות אלה חשובות, ובשלהן עושים גם דברים אחרים שאין עושים לשם מצוה אחרת).

שאין מוצא ללמוד אבל לגבי אשה אין אומרים כן, שאפילו ר׳ יהודה מודה שאין ראוי לאדם לשאת אשה בלא שיראנה תחילה (ריעב"ץ).

תגר דשקלי מיכסא מיניה שמשום שהוא מפורסם כסוחר יודעים השלטונות על עסקיו ונוטלים ממנו מכס, ואפילו שלא בטובתו (תוס׳ חכמי אנגליה). וכתבו ראשונים שכל זה מדובר במכס שנוטלים לעבודה זרה, אבל מכס שנוטל השלטון או אדם פרטי אינו בכלל זה (למרות החשש שמא ילך ויודה לעבודה זרה). ולא עוד, אלא שאם המכס מיועד לרווחתם של הכמרים ומשפחותיהם ולא לצורך העבודה זרה עצמה — גם זה אינו בכלל האיסור. וגם על כך סמכו הפוסקים מה שנושאים ונותנים עמהם ביריד וביום אידם.

ואת סוסיהם תעקר ואף ששם מדובר בציווי מפורש ליהושע, יש ללמוד ממנו שלצורך מצוה מותר לעשות כן לבהמות. וכן הסביר רמב"ן כי מפסוק זה למדנו שהותר צער בעלי חיים משום צורכיהם ותקנתם של בני האדם, ובכלל זה גם שלא יבואו לידי עבירה. ויש שכתבו שאף שכאן מדובר בתקנת חכמים, וצער בעלי חיים מן התורה הוא, מאחר שחכמים מוצאים שיש לעשות תיקון ותקנה, גדול כוחם אפילו לעקור דבר שמן התורה (תוס׳).

אין מחרימין כתב רש"י שסוגיה זו היא כדעת האומר שסתם חרמים הם לבדק הבית (ולא לכהנים), ולכן יבואו בהם לידי תקלה. ובתוס׳ רבינו אלחנן כתב כי אף לשיטה האחרת שסתם חרמים לכהנים, יש לחשוש לתקלה עד שיגיעו לידיהם.

בהמה תיעקר וכו׳ בתוס׳ הקשו ממה שנאמר במסכת ערכין (כט,א) שהמקדיש שדהו בזמן הזה יכול לפדותו בסכום קטן ולהשליך התמורה לאיבוד. וכתבו בשם ר"ת שיש להבדיל בין קרקע לבין מיטלטלים, שכיון שאין לקרקע תקנה אחרת אין דרך לעשות זאת אלא באופן שנאמר שם כדי שלא להשאיר המכשול לעולם. אכן הרבה ראשונים (ובראשם הרי"ף. וראה ברי"ד ועוד) סבורים כי אין הלכה כברייתא כאן, והלכה למעשה מותר לפדות מה שהקדיש בזמן הזה ולחללו על סכום כלשהו ולאבד את התמורה. ומה שנאמר כאן אינו אלא במקרה שאינו עושה כן.

אורח ההלכה

הנושא ונותן וכו׳ עבר ולקח מן התגר ביום חגם של הגוים, אם קנה בהמה — מנשר פרסותיה מן הארכובה ולמטה, ואם היו אלה בגדים — יירקבו, קנה מעות או כלי מתכות — יוליכם וישליכם לים המלח. וכדברי ר׳ נתן. (רמב"ם ספר מדע הלכות עבודה זרה פ"ט הי"ד. שו"ע יו"ד קמט, ג).

הולכין ליריד וכו׳ הולכים ליריד של גוים ולוקחים מהם בהמה או עבדים ושפחות ובתים ושדות וכרמים, וכותבים ומעלים בערכאות שלהם מפני שהוא כמציל מידם. ודברים אלה אמורים בלוקח מבעל הבית, שאינו מעלה מכס לעבודה זרה, אבל הלוקח מן התגר אסור, מפני שהוא נותן מכס לעבודה זרה ונמצא זה כמהנה עבודה זרה מנכסיו. כמסקנת הגמרא וכשיטת ר׳ יוחנן. וכתב רמ"א בשם הטור שדין זה הוא אפילו אם מניחים לו מן המכס. והט"ז תמה, שאינו כפירוש רש"י ותוס׳ לדברי ר׳ נתן "יניח נמצא נהנה" (וראה גם בגר"א).
וכתב המחבר שאם המכס שנותנים ביריד הוא לצרכי כהני העבודה זרה, ואין לוקחים ממנו לתקרובת עבודה זרה ולא לנוייה — מותר. ועוד כתב רמ"א שסתם יריד בזמן הזה אינו לשם עבודה זרה ומותר. וכבר נהגו היתר בהליכה ליריד, ואפילו ביום אידם, ואפילו נוטלים ממנו מכס לכמרים (ש"ך). ומכל מקום יריד מיוחד לעבודה זרה אסור (ט"ז). (רמב"ם שם. שו"ע שם סעיפים ג—ד).

כהן מיטמא בחוץ לארץ אף שכהן אסור להיכנס לבית הפרס או לארץ העמים, מותר לו להיטמא לדבר מצוה, כגון שאם היה צריך ללכת שם לשאת אשה או ללמוד תורה ואין לו דרך אחרת — מותר לו להיטמא בכך. ואפילו יכול ללמוד תורה בארץ ישראל מותר לו ללכת לארץ העמים, לפי שלא מן הכל זוכה אדם ללמוד. וכן מותר לו להיטמא בטומאה שמדברי סופרים כדי לדון או לערער עמהם, משום שהוא כמציל מידם. אבל אסור לכהן להיכנס לבית הקברות אפילו לדבר מצוה, מפני שבימינו הקברים סתומים ויש בהם חלל טפח כך שטומאה בוקעת ועולה (ט"ז). (רמב"ם ספר שופטים הלכות אבל פ"ג הי"ד. וראה שם הלכות מלכים פ"ה ה"ט. שו"ע שם שעב, א).

אין מקדישין וכו׳ בזמן הזה לאחר שחרב בית המקדש, אין מקדישים ואין מחרימים ואין נודרים בערכים. ואם העריך או הקדיש או החרים, אם היתה זו בהמה נועל דלת בפניה עד שתמות מאליה, ופירות או בגדים מניחם עד שירקבו, ומעות וכלי מתכת יוליכם לים הגדול ויים המלח כדי לאבדם. ומותר לפדות את ההקדשות בזמן הזה לכתחילה אפילו בפרוטה, ומשליך את הפרוטה לים המלח, אבל חכמים אמרו שיפדה בארבעה זוזים או קרוב לכך כדי לפרסם את הדבר. ורמ"א כתב כי המקדיש מיטלטלים בזמן הזה למקדש — צריך להתיר את נדרו (וראה בש"ך). (רמב"ם ספר הפלאה הלכות ערכים וחרמים פ"ח ה"ח וה"ט. שו"ע שם רנח, א בהגהה).

מסורת הש"ס

א. ירושלמי ע"ז פ"א ה"ד. תוספתא ע"ז פ"ג יט.
ב. ע"ז יא,ב.
ג. עירובין מז,א. מו"ק יא,א. ירושלמי ע"ז פ"א ה"א. שם ה"ד. תוספתא מו"ק פ"א יב. שם ע"ז פ"א ח (בשינוי).
ד. עירובין שם. ירושלמי ברכות פ"ג ה"א. שם נזיר פ"ז ה"א. תוספתא שם ושם. מסכת שמחות פ"ד יד.
ה. עירובין שם.
ו. שם. ירושלמי שם ושם. תוספתא שם ושם. וראה מגילה כז,א. ב"ב קנא,ב. ירושלמי ביכורים פ"ג ה"ו.
ז. ע"ז יג,ב. וראה ירושלמי ע"ז פ"א ה"ד.
ח. יומא סו,א. בכורות נג,א. ירושלמי שקלים פ"ח ה"ד.

גרסות

מהנה שרי בכתי"ס: **מהנה מותר.**

מכריזין בכתי"מ: **ומכריזין.**

שנוטל בכת"י: **שיטול.**

חמורו לכבוד עבודה זרה בכת"י ועוד: **חמורו.**

אלא בית הפרס בכתי"מ ועוד: **אלא אימא בית הפרס.**

שאין אדם זוכה ללמוד מכל בכת"י כבמקבילה: **לפי שאין מכל אדם זוכה ללמוד.**

לשון

ערכאות
מקור המלה הוא כנראה ביוונית ἀρχεῖον (ארכיון) שמשמעו בין השאר — מקום מושב השופט, מקום מועצת השלטון המקומי. וכנראה צורפה מלה זו עם השורש העברי "ערך" כדי ליצור מלה שיש לה צילצול עברי. ופירושה בדברי חז"ל — בית המשפט הנכרי הרשמי (להבדיל מבית הדין של ישראל).

העולם

צידן

ציידן (הקרויה במקורות אחרים בית ציידא, ואצל יוסיפוס בשמה הלועזי יוליאס) היתה עיירה בצידו הצפוני של ים כינרת, סמוך למקום שֶׁשֶּׁפֶךְ הירדן אל הכינרת. במקום זה ישבו חכמים שונים לכל אורך תקופת המשנה ולאחריה.

אישים

יוסף הכהן
מסתבר כי יוסף הכהן הנזכר כאן הוא (רבי) יוסי הכהן, שהיה אחד מתלמידיו הגדולים של רבן יוחנן בן זכאי, מחבריהם של ר׳ אלעזר בן ערך ור׳ יהושע, ואף הוא היה כמותם מאלה שהיו עוסקים ודורשים במעשה מרכבה. בדברי השבח של רבן יוחנן בן זכאי לתלמידיו הוא מגדירו בתור "חסיד". וכן מסופרים עליו כמה מעשים המצדיקים תואר זה, ביניהם האופן בו נפטר.
יוסף הכהן חי ופעל בזמן הבית, וכבר אז הוא מתואר כבעל משפחה. אשתו מתה עליו בהיותה צעירה ולאחר מכן נשא את אחותה. ידוע לנו שם בנו — חוניא.

[גמרא]

אבל מהנה שרי ורבי יוחנן אמר אפילו מעוטרות בפירות נמי אסור ק"ו נהנה אסור [א]מהנה לא כ"ש מיתיבי רבי נתן אומר יום שעבודה זרה מנחת בו את המכס מכריזין ואומרים כל מי שנוטל עטרה ויניח בראשו ובראש חמורו לכבוד עבודה זרה יניח לו את המכס ואם לאו אל יניח לו את המכס יהודי שנמצא שם מה יעשה יניח נמצא נהנה לא יניח נמצא מהנה [א]מכאן אמרו [ב]הנושא ונותן בשוק של עבודה זרה בהמה תיעקר פירות כסות וכלים ירקבו מעות וכלי מתכות יוליכם לים המלח [ב]*ואיזהו עיקור [ג]המנשר פרסותיה מן הארכובה ולמטה קתני מיהת יניח נמצא נהנה לא יניח נמצא מהנה אמר רב משרשיא בריה דרב אידי קסבר רשב"ל פליגי רבנן עליה דרבי נתן ואנא דאמרי כרבנן דפליגי עליה ור' יוחנן סבר לא פליגי ולא פליגי והא תניא [ג]* [ד]הולכין ליריד של גוים ולוקחין מהם בהמה עבדים ושפחות בתים ושדות וכרמים וכותב ומעלה בערכאות שלהן מפני שהוא כמציל מידם [ד]ואם היה כהן * [ה]מטמא בחוצה לארץ לדון ולערער עמהם וכשם שמטמא בחוצה לארץ כך מטמא [ה]בבית הקברות [ו]בבית הקברות סלקא דעתך טומאה דאורייתא היא אלא [ו]בית הפרס דרבנן [ז]ומטמא ללמוד תורה ולישא אשה א"ר יהודה אימתי בזמן שאין מוצא ללמוד אבל בזמן שמוצא ללמוד אינו מטמא רבי יוסי אומר [ח]אפילו בזמן שמוצא ללמוד יטמא לפי שאין אדם זוכה ללמוד מכל א"ר יוסי מעשה ביוסף הכהן שהלך אחר רבו לצידן ללמוד תורה ואמר רבי יוחנן הלכה כרבי יוסי אלמא פליגי אמר לך רבי יוחנן לעולם לא פליגי ולא קשיא [ח][ט]כאן בלוקח מן התגר דשקלי מיכסא מיניה כאן בלוקח מבעל הבית דלא שקלי מיכסא מיניה אמר מר בהמה תיעקר והא איכא צער בעלי חיים
א אמר אביי אמר רחמנא [יהושע יא] את סוסיהם תעקר אמר מר ואיזוהי עיקור מנשר פרסותיה מן הארכובה ולמטה ורמינהי [ט]* [י]אין מקדישין ואין מחרימין ואין מעריכין בזה"ז ואם הקדיש והחרים והעריך בהמה תיעקר פירות כסות וכלים ירקבו

רש"י

מהנה לא כ"ש. והא מהנה הוא שהמתנוונין שבתוכן סוחרי מעות של כומרים הן *אי נמי הוא יהיב ליה לבעל(א) המעות מסחורתו שעושה שם ומטיא להו הנאה אבל שאינן מעוטרות לאו דכומרים הן: **נהנה.** מן הריח של עשבים או של בשמים: **מהנה.** נותן מכס: **מן הארכובה ולמטה.** אבל עיקור שתטרף בו אסור לעשות כן בידים בבהמה ואע"פ שהיא אסורה בהנאה: **וכותב.** שטרות: **ומעלה בערכאות שלהן.** מקום גדוליהן ושופטיהן ומעלה שטרותיו לפניהם לחתום ואף על פי שכבוד ותפארת היא להם ואיכא למימר דאזיל ומודה: **שהוא כמציל מידם.** שמתוך כך יהיו לו עדים ומסייעין(ב) להציל מן העוררין: **בית הפרס.** שדה שנחרש בה קבר וחשו חכמים עד מאה אמות דלדלה מחרישה את כתיתי העצמות ושמא יעבור על עצם כשעורה ויסיטנו: **לצידן.** לחוצה לארץ וארץ העמים מטמא מדרבנן כבית הפרס: **ואמר רבי יוחנן הלכה כרבי יוסי.** ומדאיירי (ג)ר' יוחנן ש"מ שמיעא ליה לר' יוחנן הך מתני' ולוקחין מהן בהמה פליגא אדרבי נתן: **דשקלי מיניה מיכסא.** מן הלוקח ונמצא מהנה: **ואת סוסיהם תעקר.** ביהושע כתיב אלמא מותר לרדותן בכך: **ואין מחרימין.** קסבר סתם חרמים לבדק הבית דפלוגתא היא [בערכין] (דף כח:) וכיון דהשתא ליכא בית המקדש אתי בהו לידי תקלה דמתהני מהקדש ומעילה: נועל

תוספות

אבל מהנה שרי. וא"ת לקמן פרק כל הצלמים (דף מז:) גבי מי שהיה כותלו סמוך לעבודה זרה ונפל אסור לבנותו ופריך והא קא שביק רווחא לעבודה זרה ומאי פירכא הא אמרינן הכא דמהנה מותר וי"ל דהתם איכא הנאה יתירא ונראה כנותן מקום לעבודה זרה ור"ת פירש דודאי כל מהנה אסור לבד מהכא מפני שיש באותה הנאה בזיון לעבודה זרה שפורע המכס לפי שאינו מחשיב העבודה זרה כל כך שישים העטרה בראשו*: **ק"ו נהנה אסור מהנה לא כ"ש.** כתב רבינו ברוך דאותו יריד שהכומרים של עבודה זרה לוקחים בו מכס מן המכר מיד אם אותו מכס הוא לבנין עבודה זרה והגוי מפרש קח בסכום כך וכך ועוד פשוט לבנין עבודה זרה אסור דמהנה אסור כר' יוחנן ואף אם לא הזכיר לו לבנין עבודה זרה אלא אחר שפירש לו הסכום אמר לו ועוד פשוט נראה דאסור כי מה שלא הזכיר לבנין עבודה זרה מפני ישראל הוא מניח ומ"מ אם לא היה מפני הבנין היה נותן לו בסכום הראשון ונמצא הפשוט יוצא מכיס הישראל לבנין עבודה זרה והר"ר משה מקולי כתב בספרו כי אם אמר סתמא ועוד פשוט יכול להיות דמותר דשמא יתננו לעניי גוים: **יניח נמצא נהנה.** פ"ה יניח העטרה בראשו ונמצא נהנה מן הריח ואע"פ שמניחין לו את המכס ויהנה אינו נקרא נהנה מעבודה זרה כיון שהמעות שלו: **מעות וכלי מתכות יוליכם לים המלח.** לכאורה משמע דהני מעות אינם אסורים אלא מטעם קנס דומיא דפירות ושאר דברים אבל אינם אסורים מטעם חשש דמי עבודה זרה ותימה דלקמן (דף נג.) גבי ישראל ההולך ליריד משמע דמעות הנמצאות בידו אינם אסורין מטעם קנסא דמשא ומתן אלא מטעם דאמרי' עבודה זרה זבין כך הקשה הר"ר אלחנן ותירץ ר"י דהתם ה"ק (ד)בחזרה אסור אפי' לישא וליתן עמו משום חשש דמי עבודה זרה כיון דהלך ודאי דמי עבודה זרה בידו דאי גלימא זבין הכא הוה מזבין ליה אבל הכא לא מיירי(ה) אלא בנמצא שם וקנס דקנסינן ליה משום דנשא ונתן ביום איד עבודה זרה ולהכי אין לאסור המעות אלא לדידיה דעבד איסורא ואפילו לרבי יוחנן דאמר נשא ונתן אסור מיהו לישא וליתן עמו שרי ולא חיישינן שמא ישא ויתן באותן המעות דכולי האי לא קנסו: **מנשר פרסותיה מן הארכובה ולמטה.** פירש הקונטרס דעיקור של טרפה אסור ולא נהירא כדפרישית לעיל (דף יא. ד"ה עיקור) גבי עוקרין על המלכים אלא ה"ק דיו בכך ויכול להיות שמותרת בהנאה ואע"ג דמעות ופירות וכל איך אסורין בהנאה מ"מ גבי בהמה יכול להיות דסגי בקנסא דעיקור: **ללמוד תורה ולישא אשה.** פירוש ודעתו לחזור לא"י דאילו אין דעתו לחזור אמר בכתובות פ"ב (דף קיא.) אחיו של זה נשא (אשה) [גויה] ומת ברוך המקום שהרגו וזה ירד אחריו לחוצה לארץ ודוקא בהנך מלות שהן חשובות ללמוד תורה שגדול תלמוד תורה שמביא לידי מעשה ואשה נמי דכתיב (ישעיה מה) לא תהו בראה אבל לשאר מלות לא והכי משמע פ"ד דמגילה (דף כז.) אבל[א] בשאלתות דרב אחא* מפורש הנך דקילי וכ"ש לשאר מלות שהם חשובות: **אמר אביי אמר קרא את סוסיהם תעקר.** הקשה הר"ר אלחנן (וא"ת) למ"ד (שבת קכח:) צער בעלי חיים דאורייתא מאי ראיה מייתי מיהושע דלמא שאני התם דעל פי הדבור הוה אבל הכא בקנס דרבנן אין כח ביד חכמים לעקור דבר מן התורה וי"ל דודאי שיש כח בידם לעקור היכא דנראה טעם קלת לעקור כדמוכח פרק האשה רבה (יבמות דף פט:) גבי משיאין האשה על פי עד אחד [ועי' תוס' ב"מ לב: ד"ה מדברי ותוס' לעיל יא. ד"ה עוקרין]: **אין מקדישין בזמן הזה.** וטעמא משום דלא ליתי לידי תקלה ומהאי טעמא בטלי מעשר בהמה בזמן הזה כדאיתא פ"ב דבכורות (דף נג. ושם) והקשה ר"ת מהא דאמרינן פרק במה *(אשה) (שבת דף נד: ושם) תריסר אלפי עיגלי הוה מעשר ר"א בן עזריה מעדרו כל שתא ור"א לאחר חורבן הוה כשבא לכלל מלות דהא בן י"ח שנה בלבד היה כשמינוהו נשיא ומינוהו תחת ר"ג ולכל הפחות ר"ג היה נשיא שתי שנים קודם לר"א מדקאמר אשתקד בר"ה לעריה ורבן יוחנן בן זכאי שהיה נשיא קודם ר"ג משכה נשיאותו עד לאחר חורבן כדתנן (ר"ה דף כט:) משחרב בית המקדש התקין רבן יוחנן בן זכאי א"כ לא היה יכול ר"א להיות בר מלוה עד לאחר חורבן וצריך לומר כי אפוטרופוס היה לו שהיה מעשר עבורו אי נמי לא נתבטלו מיד עד לאחר חורבן כמה שנים [עי' תוס' שבת נד: ד"ה הוה]: **אין מחרימין.** פירש הקונטרס דסתם חרמין לבדק הבית ויפה כוון דלמ"ד סתם חרמין לכהנים ליכא למיחש לתקלה שיכול ליתנו לכהנים מיד כדאמרינן בערכין (דף כט.) אמר עולא אי הואי התם הואי יהיבנא כולהו לכהנים: **ואם הקדיש והחרים והעריך בהמה תיעקר.** תימה דאמרינן בערכין סוף פרק המקדיש שדהו (דף כט. ושם) ההוא גברא דאחרימינהו לנכסיה אתא לקמיה דרב יהודה אמר ליה שקול ד' זוזי ושדי בנהרא ולשתרו לך אלמא אית להו תקנה ופירש ר"ת דשאני התם דמקרקעי היא שהן קיימות לעולם ואין יכולין לכלותם אי לא עביד בהו רבנן תקנה אתי לידי תקלה לעולם ויכול להיות שאף למטלטלין עלתה התקנה לפי שהוקדשו ביחד עם הקרקעות [ועיין תוספות יומא דף סו. ד"ה פירות ותוספות ערכין דף כט. ד"ה שקול ותוספות בכורות דף נג. ד"ה ואין].

עין משפט נר מצוה

נ א ב ג ד מיי' פ"ט מהל' עבודת כוכבים הלכה יב יג יד טו סמג לאוין מה טור וש"ע י"ד סימן קמט סעיף ג [וברב אלפס הלכות טומאה דף סה.]:

נא ה ו ז ח מיי' פ"ג מהל' אבל הלכה יד סמג לאוין רלג טוש"ע י"ד סימן שעב סעיף א [וברב אלפס שם]:

[ועי' תוס' שבת פב. ד"ה אסור לבנותו]

נב ט מיי' פ"ט מהל' עבודת כוכבים הל' יד סמג לאוין מה טוש"ע י"ד סימן קמט סעיף ג:

נג י מיי' פ"ח מהלכות ערכין הלכה ח סמג עשין קלב:

רבינו חננאל

מותרות: [גמ'] ורבי יוחנן אמר מעוטרות בוורד ובהדס אסורות קל וחומר אם הן מעוטרות בפירות. דזה הנהנה מן הריח אסור המהנה לעבודה זרה שקונה מן הפירות לא כל שכן שאסור. מיתיבי רבי נתן אומר יום שעבודה זרה מנחת בו המכס מכריזין ואומרים כל מי שיטול עטרה ויניחה בראשו ובראש חמורו יניחו לו המכס יהודי הנמצא שם מה יעשה יניח נמצא נהנה המכס לא יניח אלא יתן המכס נמצא מהנה לעבודה זרה מיכן אמרו הנושא והנותן ביריד של עבודה זרה אם קנה בהמה תיעקר פירות כסות וכלים ירקבו מעות וכלי מתכות יוליכם לים המלח איזהו הוא עיקור מנשר פרסותיה מן הארכובה ולמטה קתני מיהת יניח נמצא מהנה. קשיא לריש לקיש דאמר מעוטרות בוורד ובהדס בלבד הוא דאסורין שנהנה מהן אבל מעוטרות בפירות אע"ג שמהנה מותר ופריק רב שישא בריה דרב אידי קסבר ריש לקיש פליגי רבנן עליה דרבי נתן והוא דאמר כרבנן. ומקשי' מכלל דר' יוחנן סבר רבנן לא פליגי על ר' נתן והתניא הולכין ליריד של גוים ולוקחין מהן בהמה עבדים ושפחות בתים שדות וכרמים וכותב ומעלה בערכאותיהן מפני שהוא כמציל מידם ואם היה כהן מטמא בחוצה לארץ לדון ולערער עמהן ומטמא נמי בבית הפרס דרבנן ומטמא ללמוד תורה ולישא אשה א"ר יהודה אימתי בזמן שאינו מוצא ללמוד תורה בארץ ישראל בטהרה אבל בזמן שמוצא לא יטמא רבי יוסי אומר אף בזמן שמוצא ללמוד תורה בארץ יצא ויטמא לפי שלא מן הכל אדם זוכה ללמוד ומעשה ביוסף הכהן שיצא אחר רבו לצידן. ואמר רבי יוחנן הלכה כרבי יוסי. קתני מיהת הולכין ליריד של גוים ולוקחין מהן בהמה וכו' אלמא פליגי ופריק רבי יוחנן לעולם לא פליגי והא דרבי נתן בלוקח מן התגר דשקלי מיניה מכסא והא דקתני א) דליתי מהני לעבודה זרה: ומקשי' אהא דתניא בהמה תעקר והא איכא צער בעלי חיים ופרקי' שאני הכא דרחמנא [אמר] (דכתיב) את סוסיהם תעקר. איזהו עיקור מנשר פרסותיה מן הארכובה ולמטה

א) נראה לחסר כאן וצ"ל והא דקתני דלוקחין מהן בהמה בלוקח מבעה"ב דלא שקלי מיניה מכסא דליתא מהני לעבודת כוכבים.

מסורת הש"ם

[צ"ל א"כ. לחם סתרים]

[לעיל יא.]

[מו"ק יא. עירובין מז.]

[שמחות פ"ד ע"ש]

יהושע יא

יומא סו. שקלים יג: בכורות נג.

[פרשת אמור סימן קג]

[גי' בשמה]

הגהות הב"ח

(א) רש"י ד"ה מהנה וכו' יהיב ליה לבעל החנות המעות: (ב) ד"ה שהוא כמציל וכו' ומסייעין אותו להצילו מן העוררין: (ג) ד"ה וא"ר יוחנן וכו' ומדאיירי בה ר' יוחנן: (ד) תוס' ד"ה מעות וכו' בחזרה אסור אפילו לישא. נ"ב פי' ואצ"ל דהמעות עצמן אסורים משום קנס: (ה) בא"ד אלא בנמצא שם. נ"ב פי' שלא הלך לשם אלא שנמצא לשם אף קודס היריד כגון שדר שם:

גליון הש"ס

תום' ד"ה אבל וכו' ומאי פירכא. לא ידעתי מאי קושיא הא ר"ל הוא דאמר הכי דמהנה מותר אבל ר"י אמר מהנה לכ"ש והכי קי"ל א"כ מאי דוחקא לומר דפירכת הש"ס הוא לפי ההלכה:

הגהות מהר"ב רנשבורג

א] תוד"ה ללמוד תורה כו' אבל בשאלתות דר' אחא. כ"ב יעו"ש פ' אמור דף לב ע"א בד"ה ברס וכו' ובשאלת שלום אות קיא דף נא ע"א ודו"ק היטב:

נד א מיי' פ"א מהלכות ערכין הלכה ח סמג עשין קלב:
נה ב מיי' פ"ח מהלכות איסורי מזבח הלכה ז סמג לאוין שעו:
נו ג מיי' פ"י מהל' עבודת כוכבים הלכה ט ופ"ט מהלכות עבודת כוכבים הלכה יד סמג עשין קלב ולאוין מה טור ש"ע י"ד סימן קמט סעיף ג:
נז ד מיי' פ"ט מהל' רוצח הלכה יא ופ"י מהלכות עבודת כוכבים הלכה א סמג לאוין מה טור ש"ע י"ד סי' קנח סעיף א וטוש"ע ח"מ סימן תכה סעיף ה:
נח ה מיי' פ"ט מהלכות עבודת כוכבים הלכה ...
נט ו ז ח מיי' פ"ט מהלכות עבודת כוכבים הלכה ו ז סמג לאוין מה טוש"ע י"ד סימן קנא סעיף א:

תורה אור

ירקבו מעות וכלי מתכות יוליכם לים המלח ואיזהו עיקור [א]נועל דלת בפניה והיא מתה מאיליה אמר אביי שאני התם משום בזיון קדשים ונשחטיה מישחט אתו בהו לידי תקלה ולישויה גיסטרא אמר אביי אמר קרא ונתצתם את מזבחותם [וגו'] לא תעשון כן לה' אלהיכם (דברים יב) רבא אמר מפני שנראה כמטיל מום בקדשים נראה מום מעליא הוא ה"מ [ב]בזמן שבית המקדש קיים דחזי להקרבה השתא דלא חזי להקרבה לית לן בה וליהוי כמטיל מום בבעל מום דאע"ג דלא חזי להקרבה אסור בעל מום נהי דלא חזי לגופיה לדמי חזי לאפוקי הכא דלא לדמי חזי ולא

א לגופיה חזי אשכחיה רבי יונה לרבי עילאי דקאי אפיתחא דצור א"ל קתני בהמה תיעקר עבד מאי עבד ישראל לא קא מיבעיא לי כי קא מיבעיא לי עבד גוי מאי א"ל [ג]מאי קא מיבעיא לך תניא [א]* [ד]הגוים והרועי בהמה דקה לא מעלין ולא מורידין א"ל ר' ירמיה לר' זירא קתני לוקחין מהן בהמה עבדים ושפחות עבד ישראל או דלמא אפי' עבד גוי א"ל מסתברא עבד ישראל דאי עבד גוי למאי מיבעי ליה כי אתא רבין [ב]אמר רבי שמעון בן לקיש [ה]אפילו עבד גוי מפני שמכניסו תחת כנפי השכינה אמר רב אשי אטו בהמה מאי מכנים תחת כנפי השכינה איכא אלא משום מעוטייהו וה"נ דממעטי שרי: [ג]רבי יעקב זבן סנדלא ר' ירמיה זבן פיתא אמר ליה חד לחבריה [ד]*יתמא עבד רבך הכי אמר ליה אידך יתמא עבד רבך הכי ותרווייהו מבעה"ב זבון וכל חד וחד סבר חבראי מתגר זבן דאמר רבי אבא בריה דרבי חייא בר אבא [ה]לא שנו אלא בלוקח מן התגר דשקלי מיכסא מיניה אבל בלוקח מבעה"ב דלא שקלי מיניה מיכסא מותר א"ר אבא בריה דר' חייא בר אבא אילמלא היה ר' יוחנן הא זימנא באתרא דקא שקלי מיכסא אפי' מבעה"ב הוה אסר אלא אינהו היכי זבון מבעה"ב שאינו

ב קבוע זבון: **מתני'** [ו]אלו דברים אסורים למכור לגוי אצטרובלין ובנות שוח ופטוטרות ולבונה [ו]ותרנגול הלבן רבי יהודה אומר [ז]מותר למכור לו תרנגול לבן בין התרנגולין ובזמן שהוא בפני עצמו קוטע את אצבעו ומוכרו לו לפי שאין מקריבים חסר לעבודה זרה [ח]ושאר כל הדברים סתמן מותר ופירושן אסור ר"מ אומר אף דקל טב וחצב *(ונקלב) אסור למכור לגוים: **גמ'** מאי

נועל דלת. ואין לה מה תאכל ותמות: **התם משום בזיון קדשים.** דאי אמרת תיעקר אינה מתה מהרה נראה בזיונה לזמן מרובה: **ונשחטיה מישחט.** דאי משום שחוטי חוץ אבדק הבית לא מיחייב וכדתניא [בשני שעירים] (יומא דף סג:) שומע אני אפילו קדשי בדק הבית שנקראו קרבן וכו': **לידי תקלה.** לאכלה: **גיסטרא.** יחתכנה לשנים הא ליכא בזיון קדשים דמתה מהר ותקלה ליכא דלא אכלי מינה: **ה"מ.** הוא דהוי מטיל מום גמור ואסור משום כל מום לא יהיה בו: **בזמן שבית המקדש קיים.** דקרינא ביה תמים יהיה לרצון (ויקרא כב) להקריב אבל השתא נראה בעל מום הוא ולא אסור מדאורייתא: **וניהוי כמטיל מום בבעל מום.** לרבא פריך דאמר נראה כמטיל מום כלומר מדרבנן הוא דאסור אמאי לא עבר מדאוריית' משום דלא חזי להקרבה הרי מטיל מום בבעל מום דמעיקרא לא חזי להקרבה ופליגי ביה תנאי בבכורות (דף לג:) גבי בכור שאחזו דם ואיכא למ"ד אסור להקיז אפילו הוא מת משום לא יהיה בו מום וה"ל למיתני מפני שמטיל מום בבעל מום ואמאי תנא נראה: **לדמי חזי.** לחללו באחר ומקריב חלופיו וקרינא בו תמים יהיה לרצון משום חלופיו: **לאפוקי.** השתא כשאין בית המקדש קיים דשום בהמה לא חזיא לא לגופה ולא לדמי הלכך נראה בעלמא הוא ולא מיתסר מדאורייתא אלא מדרבנן: **עבד מאי.** לקח שם עבד מאי לרבי נתן מה יעשה לו יעקרנו או לא: **ה"ג הגוים והרועים בהמה דקה.** הן ישראל והן גזלנים הרי הן כגוים: **ואין מעלין.** אותן מן הבור אם נפלו לתוכה אלא יניחם וימותו: **ואין מורידין.** אותן לבור להמית אותן בידים אלמא עבד גוי אסור להמיתו בידים: **קתני.** לרבנן דפליגי עליה דר' נתן לוקחין מהן עבדים ושפחות: **למאי מיבעי ליה.** כלומר מאי מלוה יש כאן דנשרי ליה: **משום מעוטינהו.** שממעט הגוים ומדלדלן שלוקח בהמתם שמשתמשין בהן: **זבן סנדלא.** ביריד של עבודה זרה לקח סנדל מן הגוי: **יתמא.** בלא דעת: **עבד רבך הכי.** לעשות סחורה בשוק של עבודה זרה דשקלי מיניה מכסא ומהנה: **אילמלא היה רבי יוחנן באתרא.** דשקלי מכסא מבעלי בתים הוה אסר ליקח אפילו מבעל הבית והשתא(א) דר' ירמיה קים לן דשקלי מבעלי בתים: **שאינו קבוע.** ולא מסיק מוכסי אדעתייהו למיגבי מינייהו דלא תגר ולאו בעה"ב קבוע: **מתני' אילטרובלין ובנות שוח.** מפרש בגמרא: **אסור למכור לגוי.** דלצורך עבודה זרה קבעי לה: **מוכר לו תרנגול לבן בין התרנגולים.** לקח גוי מישראל תרנגולים הרבה מותר למכור ביניהם תרנגול לבן דכיון דשקיל מיניה אחריני לאו לעבודה זרה קא בעי להו: **סתמן ופירושן.** מפרש בגמרא: **דקל טב חצב ונקלב.** מפרש בגמ':

ירקבו. פי' ויניחם במקום שלא יהא נקל לבא לידי תקלה ושם ירקבו: **יוליכם לים המלח.** משום דשדי להו בעינייהו דבלא שחיקה צריך ים המלח ה"ה בשאר נהרות ע"י שחיקה כדמשמע פרק כל שעה (פסחים דף כח. ושם ד"ה עבודה זרה) וכעובדא שהבאתי גבי רב יהודה ואע"פ שלא הצריך התלמוד להזכיר שחיקה אפ"ה ודאי צריך: **נועל דלת בפניה.** אין לתמוה על בכור בזמן הזה אמאי לא הצריכו לנעול דלת שלא יבא לידי תקלה ולא נצטרך להמתין עד שיפול בו מום דהאי דמצרכינן הכא משום קנסא הוא שהקדיש על חנם ועוד אי נפל ביה מומא הכא לא שרי אלא על ידי פדיון אבל בכור שהוא קדוש מאליו ולא על ידו(ב) בזה הקדושה אין לקנסו אלא ימתין עד שיפול בו מום ויאכל במומו בלא שום פדיה ואף על פי שהוא יכול להטיל בו מום קודם שיצא לאויר העולם ויפקיענו מקדושת בכור למזבח רק שיתננו לכהן ולא תארע בו עוד תקלה אם לא עשה אין לקנסו בכך ולהצריכו נעילת דלת: **ונשחטיה מישחט.** פ"ה ואי משום שחוטי חוץ אקדשי בדק הבית לא מיחייב כדתני' פרק [שני שעירים] (יומא דף סג:) שומע אני כו' משמע דלא איירי הכא אלא בקדשי בדק הבית וקשיא דא"כ כי משני רבא מפני שנראה כמטיל מום בקדשי בדק הבית מאי מטיל מום איכא הא כי כתיב (ויקרא כב) כל מום לא יהיה בו בקדשי מזבח כתיב ועוד מדקמסיק הני מילי בזמן שביהמ"ק קיים דחזי להקרבה אלמא בקדשי מזבח איירי לכך פירש ר"י דבקדשי מזבח איירי ובזמן הזה אין חייב שוחט חוץ מאחר שאינו ראוי לביאת פתח אהל מועד מידי דהוה אשלמים ששחטן בחוץ קודם פתיחת דלתות ההיכל דפטור למ"ד פרק שני שעירים (שם.) מחוסר פתיחה כמחוסר מעשה דמי ועוד י"ל דלעולם בקדשי בדק הבית מיירי ורבא בא לפרש הטעם בקדשי מזבח וגזירה קדשי בדק הבית אטו קדשי מזבח כדאשכחן גבי גיזה ועבודה בפרק ראשית הגז (חולין דף קלה.) דגזרינן קדשי בדק הבית אטו קדשי מזבח והאי כי פריך ונשחטינהו מישחט אקדשי בדק הבית פריך והוה מצי לשנויי גזרה משום קדשי מזבח והתם אסור משום שחוטי חוץ אלא שפיר קא משני*): **עבד גוי.** טעמא דמכניסו תחת כנפי שכינה דחייב בכל המצות שהנשים חייבות דגמרינן לה לה מאשה (גיטין דף מא:): **והרועין בהמה דקה.** שלהן אבל של אחרים לא דאין אדם חוטא ולא לו כדאמר בפרק קמא דב"מ (דף ה:) גבי ההוא רעיא: **הכא נמי משום מיעוטן.** ואידך דמפרש מפני שמכניסו סבר דלא שייך בעבד מיעוטייהו דאדרבה הוי ממעט ישראל שאוכל משלו: **רבי ירמיה זבן פיתא.** וא"ת והלא פת גוים אסורה וי"ל דמיירי במקום שאין פלטר ישראל כדאמרינן לקמן פרק שני (דף לה:) ועוד י"ל דמיירי הכא לצורך עבדו גוי או לצורך בהמתו אכן בירושלמי גבי האי עובדא שנייא היא משום חיי נפש משמע דלצרכו קנאו והכי גרסינן בירושלמי ואתא לא לקחת גלוסקא מימיך אמר ליה שנייא היא משום חיי נפש ואם תאמר והלא פת דבר שאין מתקיים הוא ואמרינן לעיל (דף ו:) דבר שאין מתקיים אין לוקחין מהם וי"ל דפת דבר חשוב הוא וקפץ עליה זבינא והוה כדבר המתקיים:

*) [וע"ע תוספות זבחים נט. ד"ה עד שלא נבנה וכו' ותוס' יומא סג. ד"ה שלמים]

רבינו חננאל

ולמטה. איני דעיקור בנישור הוא ורמינהו אין מקדישין ואין מעריכין ואין מחרימין בזמן הזה ואם הקדיש והעריך או החרים בהמה תיעקר ואיזהו עיקור נועל דלת בפניה והיא מתה מאליה. פירות כסות וכלים ירקבו מעות וכל מתכות יוליכם לים המלח. ופריק אביי לעולם העיקור בנישור הוא אבל קדשים שאני מפני מה אינו מנשר פרסותיה משום בזיון קדשים אלא נועל דלת בפניה. ואמרי' נשחטיה ונקבריה ודחי' חיישינן דלמא אכיל ליה ואתי לידי תקלה. ונשוייה גיסטרא פי' גיסטרא חותכה לשנים חציה נופלת לכאן וחציה נופלת לכאן כלומר שיחתכנה לשנים ונעשית נבילה ואינו בא לידי תקלה. ודחי אביי אסור לעשות כן בקדשים דכתיב ונתצתם את מזבחותם וניתוץ זה הריסה שמשליך אבניו אילך ואילך וכתיב לא תעשון כן לה' אלהיכם כלומר כל דבר שהוא לה' לא תעשה בו כעין הריסה. רבא אמר מפני מה אינו מנשר בקדשים מפני שהוא כמטיל מום בקדש. בעל מום דאע"ג דלא חזי להקרבה לדמי מיהא חזי לאפוקי האי דאקדיש דלא חזי לגופיה ולא לדמיה. אמר ליה ר' יונה לר' אילעא קתני בהמה תעקר עבד גוי מאי אמר ליה מאי קמיבעיא לך והתניא הגוים והרועי בהמה דקה לא מעלין אותם מן הבור ולא מורידין מכלל שאפילו עבד גוי אם קנאו ביריד אינו חייב לאבדו בידים: הא דתניא לוקחין מהן בהמה עבדים ושפחות אסקה רב אשי משום מעוטינהו הוא דשרי ולא שנא עבד גוי ולא שנא עבד ישראל.

הגהות הב"ח

(א) רש"י ד"ה אילמלא היה וכו' אפילו מבעל הבית והשתא דשקלי מבעלי בתים קשיא לן דר' ירמיה הס"ד: (ב) תוס' ד"ה נועל וכו' בזה הקדושה אין לקנסו. נ"ב משמע שאם רצה לנעול לפניו הרשות בידו ואין כאן משום בזיון קדשים אבל הרא"ש בשם הר"מ החמיר בדבר ע"ש ועיין עוד במ"ש הרא"ש סוף בכורות וכן הוא דעת ר"י ורבינו אלחנן שחולקים על הר"א ממיץ כמ"ש הסמ"ג והמרדכי ע"ש:

גליון הש"ס

גמ' הני מילי בזמן שבית המקדש קיים. עיין טורי אבן מגילה דף י' ע"א ד"ה מ"ט הדר ביה: **שם** לדמי חזי. ק"ל הא פלוגתא דר"מ וחכמים בבכור מתני' ובכור הא אין לו פדיון ואין תמורתה קריבה וא"כ לא חזי לדמי ולע"ג: **תוס'** ד"ה נועל וכו' אין לקנסו. עיין בכורות דף כח ע"א תוספות ד"ה עד:

לקמן כו. סנהדרין נז. [תוס' דב"מ פ"ב]

[חולין קיא:]

[נ"ל ונקלם כך איתא לקמן יד: איזה פעמים אכן במשנה שבמשניות וכן בפי' הרמב"ם איתא ונקליבם]

תורניתא

עבד גוי ולא שנא עבד ישראל. א) ביום אידו ר' ירמיה זבן סיתא ואמרי לה ביתא ותרווייהו מבעל הבית זבני ולא שקלי מינייהו מיכסא וכל חד אמר חבראי מתגר זבן לפיכך אמר ליה כל חד לחבריה יתמא עבד רבך דקא זבין מתגר כאשר קנית אתה: אמר ר' אבא בריה דר' חייא אילמלא היה ר' יוחנן האידנא דשקלי מיכסא אפילו מבעלי בתים הוה אסיר. אי הכי ר' יעקב ור' ירמיה היכי זבני ופרקי' מבעל הבית שאינו קבוע זבן דלא שקלי מינייהו מידי: מתני' אלו דברים אסורין למכור לגוי איסטרובלין כו' פי' פירי דארזא. בנות שוח תאנים לבנים בפטטותיהן בעוקציהן מפני שמקריבין אותו דורון לעבודה זרה

א) נראה דצ"ל ר' ירמיה זבן פיתא ביום אידו וכו' ר' יעקב זבן סנדלא ותרוייהו מבעל הבית זבני.

יֵרָקְבוּ, אם היו אלה מָעוֹת וּכְלֵי מַתָּכוֹת — יוֹלִיכֵם לְיָם הַמֶּלַח, שם יאבדו. וְאֵיזֶהוּ עִיקּוּר? נוֹעֵל דֶּלֶת בְּפָנֶיהָ שלא תאכל, וְהִיא מֵתָה מֵאֵילֶיהָ! ומדוע עושה בדרך זו ולא על ידי השרת פרסות? אָמַר אַבַּיֵי: שָׁאנֵי הָתָם [שונה שם] בהקדש, שאין משירים את הפרסות מִשּׁוּם בִּזְיוֹן קֳדָשִׁים. אגב שהובאה ברייתא זו, שואלים: אם צריך להמית את בעל החיים שהוקדש, מדוע לא יעשו בדרך פשוטה יותר, וְנִשְׁחֲטֵיהּ מִישְׁחַט [שישחט אותו]! ומשיבים: אם יעשה כן אָתוּ בְּהוּ [יבואו בהם] לִידֵי תַקָּלָה שמא יבואו לאכול מבשרו, ונמצאים נהנים מן ההקדש. ושואלים: וְלִישְׁוֵיהּ גִּיסְטְרָא [ושיעשהו שבר כלי], שיחבול וישחיתנו וייעשה נבילה, ובוודאי לא יבואו לאוכלו, ולמה לצער אותו במניעת אוכל עד שימות? אָמַר אַבַּיֵי, אָמַר קְרָא [הכתוב]: ״וְנִתַּצְתֶּם אֶת מִזְבְּחֹתָם [וגו׳] ״לֹא תַעֲשׂוּן כֵּן לַה׳ אֱלֹהֵיכֶם״ (דברים יב, ג—ד) משמע שדבר של קודש אסור להשחית אותו בידיים. רָבָא אָמַר טעם אחר, מדוע אינו משיר פרסותיה של בהמה שהקדיש — מִפְּנֵי שֶׁנִּרְאֶה הוא במעשה זה כְּמַטִּיל מוּם בְּקָדָשִׁים. ותוהים: מהי לשון זו של נִרְאֶה? הלוא מוּם מְעַלְּיָא [מעולה, גמור] הוּא, והוא איסור של תורה! ומשיבים: הָנֵי מִילֵּי [דברים אלה] אמורים בִּזְמַן שֶׁבֵּית הַמִּקְדָּשׁ קַיָּים, דַּחֲזֵי [שראויה] בהמה לְהַקְרָבָה והוא מטיל בה מום, ואולם הָשְׁתָּא דְּלָא חֲזֵי [עכשיו שאינה ראויה] לְהַקְרָבָה לֵית לָן בָּהּ [אין לנו בכך] איסור מן התורה של הטלת מום בקדשים, ואינו אלא נראה כעושה כן. ומקשים: וְלֶיהֱוֵי [ושיהא זה] נחשב כְּדִינוֹ של מַטִּיל מוּם בְּבַעַל מוּם, דְּאַף עַל גַּב דְּלָא חֲזֵי [שאף על פי שאינו ראוי] לְהַקְרָבָה — אָסוּר בכל זאת להטיל בו מום! ומשיבים: יש להבחין בין בעל מום בזמן המקדש, לבהמה זו שבימינו, בַּעַל מוּם, נְהִי [אם אמנם] דְּלָא חֲזֵי לְגוּפֵיהּ [שאינו ראוי לגופו], מכל מקום לִדְמֵי חֲזֵי [לדמים הוא ראוי], להקריב בדמיו בהמה אחרת, ואם כן יש בו צד של הקרבה, ולכן אסור להטיל בו מום. לְאַפּוּקֵי הָכָא, דְּלָא לִדְמֵי חֲזֵי וְלָא לְגוּפֵיהּ חֲזֵי [להוציא כאן, בימינו, שלא לדמים הוא ראוי ולא לגופו הוא ראוי].

א אַשְׁכְּחֵיהּ [מצא אותו] ר׳ יוֹנָה לר׳ עִילַּאי דְּקָאֵי אַפִּיתְחָא [שעומד על פיתחה] של העיר צוֹר, אָמַר לֵיהּ [לו]: קָתָנֵי [שנינו] ״בְּהֵמָה תֵּיעָקֵר״, עֶבֶד שקנה שם מַאי [מה] דינו? והסביר את שאלתו: עֶבֶד יִשְׂרָאֵל לֹא קָא מִיבַּעֲיָא [נשאלת] לִי שאלה זו, שכן ברור שאין האדון רשאי לפגוע בו, כִּי קָא מִיבַּעֲיָא [כאשר נשאלת] לִי השאלה, הרי זה בְּעֶבֶד גּוֹי, מַאי [מה] דינו? אָמַר לֵיהּ [לו]: מַאי קָא מִיבַּעֲיָא לָךְ [מה, מדוע נשאלת לך השאלה]? הרי תַּנְיָא [שנויה ברייתא]: הַגּוֹיִם וְהָרוֹעֵי בְּהֵמָה דַּקָּה — לֹא מַעֲלִין אותם מן הבור וְלֹא מוֹרִידִין אותם בידיים לבור, הרי שאסור לגרום להם מיתה. אָמַר לֵיהּ [לו] ר׳ יִרְמְיָה לְר׳ זֵירָא: קָתָנֵי [שנינו] בברייתא השנייה לעיל שלוֹקְחִין (קונים) מֵהֶן ביריד של גוים בְּהֵמָה עֲבָדִים וּשְׁפָחוֹת, האם הכוונה היא דוקא עֶבֶד יִשְׂרָאֵל אוֹ דִּלְמָא [שמא] אֲפִילוּ עֶבֶד גּוֹי? אָמַר לֵיהּ [לו]: מִסְתַּבְּרָא [מסתבר] שמדובר דווקא בְּעֶבֶד יִשְׂרָאֵל, דְּאִי [שאם] עֶבֶד גּוֹי לְמַאי מִיבָּעֵי לֵיהּ [למה צריך אותו]? מה הטעם להתיר לו לקנות אותו? כִּי אֲתָא [כאשר בא] רָבִין מארץ ישראל לבבל אָמַר בשם ר׳ שִׁמְעוֹן בֶּן לָקִישׁ: אֲפִילוּ עֶבֶד גּוֹי קונים מהם, מִפְּנֵי שֶׁמַּכְנִיסוֹ תַּחַת כַּנְפֵי הַשְּׁכִינָה כשנעשה עבד לישראל ומתגייר. אָמַר רַב אַשִׁי על הסבר זה: אַטּוּ [וכי] כשקונה בְּהֵמָה מַאי [מה] ״מַכְנִיס תַּחַת כַּנְפֵי הַשְּׁכִינָה״ אִיכָּא [יש], שהותר הדבר? אֶלָּא מותר הדבר מִשּׁוּם מְעוּטַיְיהוּ [מיעוטם] שממעט מנכסיהם של הגוים, וְהָכָא נַמִּי דִּמְמַעֲטֵי שָׁרֵי [וכאן גם כן משום שמתמעטים על ידי כך מנכסיהם מותר הדבר]. מסופר, ר׳ יַעֲקֹב זְבַן סַנְדְּלָא [קנה סנדלים] ביריד, ר׳ יִרְמְיָה זְבַן פִּיתָּא [קנה פת]. אָמַר לֵיהּ חַד לְחַבְרֵיהּ [לו אחד לחבירו]: יָתְמָא [יתום] כלומר, שאין לו רב ומדריך, עֲבַד רַבָּךְ הָכִי [וכי עשה רבך כן]? אָמַר לֵיהּ אִידָךְ [לו האחר]: יָתְמָא, עֲבַד רַבָּךְ הָכִי [יתום, וכי עשה רבך כן]? ומסבירים, ובאמת, תַּרְוַיְיהוּ [שניהם] מִבַּעַל הַבַּיִת זְבוּן [קנו], וְכָל חַד וְחַד [אחד ואחד] סָבַר: חַבְרַאי מִתַּגָּר זְבַן [חברי מסוחר קנה], שֶׁאָמַר ר׳ אַבָּא בְּרֵיהּ [בנו] של ר׳ חִיָּיא בַּר אַבָּא: לֹא שָׁנוּ שאסור לקנות ביריד של גוים אֶלָּא דווקא בְּלוֹקֵחַ מִן הַתַּגָּר, משום דְּשָׁקְלֵי מִיכְסָא מִינֵּיהּ [שלוקחים מכס ממנו] לעבודה זרה ונמצא מהנה אותה מנכסיו, אֲבָל בְּלוֹקֵחַ מִבַּעַל הַבַּיִת, דְּלָא שָׁקְלֵי מִינֵּיהּ מִיכְסָא [שאין נוטלים ממנו מכס] — מוּתָּר. אָמַר ר׳ אַבָּא בְּרֵיהּ [בנו] של ר׳ חִיָּיא בַּר אַבָּא: אִילְמָלֵא [אם] הָיָה ר׳ יוֹחָנָן הָא זִימְנָא בְּאַתְרָא דְּקָא שָׁקְלֵי מִיכְסָא [בזמן הזה במקום שנוטלים מכס], אֲפִילוּ מִבַּעַל הַבַּיִת הֲוָה אָסַר [היה אוסר] לקנות, שגם מהם נוטלים. אֶלָּא אִינְהוּ, הֵיכִי זְבוּן [הם, איך קנו]? מִבַּעַל הַבַּיִת שֶׁאֵינוֹ קָבוּעַ זְבוּן [קנו].

ב משנה אֵלּוּ דְּבָרִים אֲסוּרִים לִמְכּוֹר לְגוֹי בכל זמן, משום שמשתמשים בהם במיוחד לתקרובת עבודה זרה: אִצְטְרוֹבָּלִין, וּבְנוֹת שׁוּחַ, וּפְטוֹטָרוֹת (שיבוארו להלן בגמרא), וּלְבוֹנָה, וְתַרְנְגוֹל הַלָּבָן. ר׳ יְהוּדָה אוֹמֵר: מוּתָּר לִמְכּוֹר לוֹ תַּרְנְגוֹל לָבָן בֵּין הַתַּרְנְגוֹלִין כאשר הגוי קונה כמה תרנגולים שונים יחד; וּבִזְמַן שֶׁהוּא בִּפְנֵי עַצְמוֹ — קוֹטֵעַ אֶת אֶצְבָּעוֹ וּמוֹכְרוֹ לוֹ, לְפִי שֶׁאֵין הֵם מַקְרִיבִים חָסֵר לַעֲבוֹדָה זָרָה. וּשְׁאָר כָּל הַדְּבָרִים, סְתָמָן שקונה ממנו סתם — מוּתָּר, וּפֵירוּשָׁן כשפירש שהוא לשם עבודה זרה — אָסוּר; ר׳ מֵאִיר אוֹמֵר: אַף דֶּקֶל טַב, וְחָצָב, וְנַקְלָב — אָסוּר לִמְכּוֹר לְגוֹיִם.

עיונים

ירקבו כלומר, יניחם במקום נסתר שלא יבואו בהם בינתיים לידי תקלה, ובאופן כזה שיירקבו במהרה (תוס׳).

יוליכם לים המלח ומה שאמרו במקומות אחרים שכלי מתכת משליך בנהרות — הרי זה כאשר שחק אותם קודם לכן. אבל כאשר משליכם בעינם — יש חשש שימצאום ויבואו להשתמש בהם, ולכן אמרו שישליכם לים המלח (תוס׳).

נועל דלת בפניה והבהמה מתה ברעב, בלי שהאיש עושה מעשה כלשהו בגופה (רש״י). ובתוס׳ שאלו: הרי בימינו יש בכורות (שיש בהם קדושה) ומפני מה אין נוהגים בהם בדרך זו? ותירצו כי כאשר מקדיש בזמן הזה מדעתו קנסו אותו, אבל בכור שקדושתו באה מעצמה אין לקנוס אותו (אבל ראה בראב״ד הסבור שבמקדיש ומעריך בזמן הזה אינו משום קנס, אלא כדי להרחיק מן המכשול). והר״ש משאנץ סבור כי בבכור יש אף איסור להכניסו לכיפה, משום בזיון קדשים, שהרי יש לו תקנה (שאין בשאר קדשים) שאם יפול בו מום הריהו ניתן לכהנים ויכולים לאוכלו. ועוד, שניתן להטיל בו מום קודם שיצא לאויר העולם. וכן כתבו הפוסקים.

משום בזיון קדשים שכיון שאינה מתה במהרה אלא מתנוונת והולכת, הרי נראה בזיונה של בהמה זו במשך זמן רב. וכתב הראב״ד כי זאת עצמה הסיבה מדוע יש לנהוג כך בבהמה שקנה בשוק של עבודה זרה.

ונישחטיה וכתב רש״י שאין בכך חשש של ״שחוטי חוץ״ שהרי כאן מדובר בדברים שמקדיש לבדק הבית, ובהם אין איסור שחוטי חוץ. ובתוס׳ מעלים גם את האפשרות שמדובר כאן אפילו כאשר הקדיש בהמה למזבח, שאין בדבר משום שחוטי חוץ, כי מאחר שאי אפשר להביאה ולהקריבה במקדש אף איסור שחוטי חוץ בטל ממנה.

גיסטרא כתב רש״י שיחתכנה לשני חלקים, ונמצא שאין בכך בזיון לקדשים (שחששנו לו לעיל, שמתה במשך זמן רב), וגם אין בזה תקלה, שלא יבואו לאוכלה, שהרי אין אוכלים ממנה. ובספר עבודת עבודה כתב שאין הכוונה שחותך את הבהמה לשתים, אלא שלאחר ששוחט אותה חותך את מפרקתה לשתים כך שלא יבואו לאוכלה.

לא תעשון כן שיש איסור מיוחד בתורה שלא להשחית ולאבד דברים שיש בהם קדושה, והעושה כן עובר בלא תעשה. והוא הבסיס לאיסור למחיקת שמות קדושים והשחתת ספרי קודש. ובתורת חיים העיר שלא אמר כן לעיל, כדי להסביר מדוע אינו משיר פרסותיה, משום שאין בכך השחתה גמורה של הבהמה.

כמטיל מום בקדשים הראשונים תמהו מה מקום להזכיר כאן הטלת מום בקדשים כאשר מדובר כאן (לדעת רש״י ועוד) בקדשי בדק הבית, שכן דווקא בקדשי מזבח נאמר ״כל מום לא יהיה בו״ (ראה ויקרא כב, כא). ויש מסבירים שרבא מפרש את הדברים במקרה מיוחד, כאשר הקדיש בהמות תמימות לבדק הבית. ובזמן המקדש לא היו מוציאים בהמות אלה לחולין, אלא לאחר פדיונן היו משתמשים בהן לצורך קרבנות, ואם כן יש בהם איסור ממשי של הטלת מום (וראה בתוס׳ רבינו אלחנן שהאריך לדון האם איסור של תורה הוא הוא איסור מדברי סופרים). (תוס׳ רבינו אלחנן, רמב״ן ועוד).

הני מילי בזמן שבית המקדש קיים ומתחילה הבינו כי ״נראה כמטיל מום״ מובנו שאינו מטיל מום ממש בגוף הבהמה. ועכשיו מסבירים כי ״נראה״ אינו מתייחס לעצם המום שאירע בגוף הבהמה, אלא למשמעות ההלכתית שלו, לאיסור של הטלת מום בקדשים (שדרשו ״מום לא יהיה בו״ כמו ״לא יהַיֶּה בו״, שלא יעשה בו מום. מאירי), שנראה הדבר שעובר עליו למרות שאין איסור כזה באמת, שהרי אין בהמה זו ראויה להקרבה.

עבד גוי מאי רש״י וכן ר״ח מפרשים זאת לענין דברי ר׳ נתן בברייתא שבעמוד הקודם, על הקונה ביריד של גוים. אבל הרמב״ם מפרשו גם לענין מי שהקדיש עבד בזמן הזה.

לא מעלין וכו׳ משמע שאסור להרוג כל גוי, אלא אם כן היה חייב מיתה (רש״י). והמאירי כותב שהכוונה היא שאין חובה להצילו, אבל הדבר מותר. וכל שכן שאסור להרגו בידים.

למאי מיבעי ליה הלשון אינה מדוקדקת, אבל השאלה היא: מה צורך קדושה ומצוה יש בקניית העבד שמותר לעשות זאת אפילו ביריד של גוים (רש״י).

מכניסו תחת כנפי השכינה שהרי עבד כנעני, כיון שנמכר להיות עבד לישראל, חייב הוא להימול ולקיים רוב המצות (כמו שהאשה מחוייבת במצוות לא תעשה ובמצוות עשה שלא הזמן גרמן), ונמצא שעבד זה נעשה כאחד מבני ברית (תוס׳).

משום מעוטייהו שכל הקונה מהם דבר של קיימא נמצא שממעט מן הדברים שנמצאים ברשות עובדי עבודה זרה, ויש בכך צד של מצוה. ועוד, שדווקא ביריד הדברים נמכרים בזול יותר מאשר תמיד, וגם ישנם דברים שאינם נמכרים אלא בהזדמנויות כאלו (ראה רמב״ן ועוד).

זבן פיתא ושאלו הראשונים: כיצד קנה פת, כאשר אסור לאכול פת של גוים (ראה להלן לה,ב). ועוד שאלו: והרי פת אינה דבר של קיימא, ויש שמחה לגוי כשמצליח למוכרה, ומדוע קנאה! ובתוס׳ תירצו בכמה דרכים. שמצד אחד אפשר לומר שלא לצורך עצמו קנה את הפת אלא כדי להאכיל אותה לגוי או לבהמה (ובתוס׳ העירו שמן הירושלמי ברור שאינו כן, אלא לצורך עצמו קנאה). ובאופן אחר אמרו שמדובר במקום שאין בו אופה ישראל, שאז מותר לאכול פת גוים. או שכאן מדובר שהוצרך לכך משום חיי נפש (כפי שאכן הוסבר בענין זה בירושלמי). אכן, הר״ח (וכן גם ברי״ד ועוד) הביא הגרסא: זבן ביתא (וראה בגרסות).

אי הוה ר׳ יוחנן וכו׳ שדברים שאמר ר׳ אבא בנו של ר׳ חייא בר אבא, לחלק בין תגר ובעל בית, נאמרו בשם ר׳ יוחנן (ראה בעמוד הקודם, וראה בגרסות כאן). ואמר ר׳ אבא כי חלוקה זו נאמרה על ידו במקום שלא גבו מכס מבעלי בתים, ואילו המעשה בר׳ יעקב ור׳ ירמיה היה במקום שגבו מהם מכס, ואם כן לא זהו הטעם שהתירו לעצמם לקנות.

בעל הבית קבוע כלומר, בעל בית שמקבל סחורה מן התגר באופן קבוע על מנת למכור בסביבתו, וממנו גובים מכס. מה שאין כן בעל בית שעושה זאת באופן אקראי, שאין המוכסים גובים ממנו (ראב״ד).

אלו דברים אסורים וכו׳ כלומר, אסורים כל השנה. שדברים אלה מיוחדים לצורך תקרובת עבודה זרה, או שאינם מצויים כל כך, ויש חשש שיקריב אותם גם אם אין זה יום אידו, או שהם נשארים בידו עד שיקריב אותם ביום האיד (ראב״ד ועוד). וכתב הראב״ד שאף שפעמים קונה הגוי בהמה לצורך תקרובת עבודה זרה, אין האיסור בכל עת, כיון שבהמה מצויה, ויכול הגוי לקנותה בכל זמן. אבל דברים אלה אינם מצויים כל כך, ואסור לו לסייע לגוי בעבודה זרה. והראשונים נחלקו האם יש לדברים האלו המנויים במשנה מעמד של יום אידם או של הימים שלפני אידם (לגבי השאלה מה יהא הדין בדיעבד, אם נשא ונתן. ראה רשב״א וריטב״א).

אורח ההלכה

מטיל מום בקדשים המטיל מום בקדשים — לוקה. ואינו לוקה אלא בזמן שבית המקדש קיים, שהרי היה ראוי לקרבן ופסלו, אבל בזמן הזה, אף על פי שעבר בלא תעשה — אינו לוקה. והוא שלא כשיטת סוגייתנו לפיה אינו עובר בזמן הזה על לאו (מאירי). וראה בר״י קורקוס. (רמב״ם ספר עבודה הלכות איסורי מזבח פ״א ה״ז).

מטיל מום בבעל מום הטיל מום בקדשים ובא אחר והטיל בהם מום אחר — השני אינו לוקה. כדעת חכמים בבכורות (לג, ב). ומכל מקום יש בו איסור מן התורה. ויש סבורים שאין בו אלא איסור דרבנן (ראה ר״י קורקוס). (שם ה״ח).

עבד מאי הקדיש או החרים עבד כנעני שקיבל עליו מצוות — פודהו, וילכו דמיו לים המלח כשאר הקדשות לאחר שנחרב המקדש. ואם היה עבד גוי שלא קיבל עליו מצוות — לא מעלים ולא מורידים (כלומר, אין פודים אותו ואין נהנים ממנו. רדב״ז). וכן מי שעבר וקנה עבד מן התגר בזמן חגם — לא מעלים ולא מורידים. (רמב״ם ספר מדע הלכות עבודה זרה פ״ט הי״ד. שם ספר הפלאה הלכות ערכים וחרמים פ״ח ה״ט. שו״ע יו״ד קמט, ג).

הגוים ורועי בהמה דקה וכו׳ הגוים שאין בינם ובינינו מלחמה, ורועי בהמה דקה בישראל וכיוצא בהם — אין גורמים להם למות, ואין להצילם אם נטו למות מעצמם. ואמרו דין זה ברועי בהמה דקה משום שפקרו בגזל ועוברים עבירה זו תמיד. אבל עבריין העושה עבירות לתיאבון ואינו עומד תמיד ברשעו — מצווה להצילו, ואסור לעמוד על דמו. (רמב״ם ספר נזיקין הלכות רוצח ושמירת הנפש פ״ד הי״א. שו״ע יו״ד קנח, א. שם חו״מ תכה, ה).

אלו דברים אסורים למכור וכו׳ דברים שהם מיוחדים לצורך עבודה זרה מסויימת שבאותו מקום — אסור למכור לעובדיה לעולם (ואפילו בזמן הזה. ש״ך). (רמב״ם ספר מדע הלכות עבודה זרה פ״ט ה״ו. שו״ע יו״ד קנא, א).

תרנגול לבן וכו׳ היו מעורבים דברים המיוחדים לעבודה זרה עם דברים שאינם משמשים לה, כגון שמוכר לבונה שחורה וגם לבונה לבנה — הריהו מוכר הכל סתם, ואינו חושש שמא ילקט הגוי מהם את צורכי העבודה הזרה. (רמב״ם שם. שו״ע שם).

סתמן מותר ופירושן אסור דברים שאינם מיוחדים לעבודה זרה — מוכרים אותם לגוים סתם. ואם פירש הגוי שהוא קונה אותם לצורך עבודה זרה — לא ימכור אותם לגוי אלא אם כן פסלם מלשמש לעבודתה. (רמב״ם שם. שו״ע שם).

מסורת הש״ס

א. סנהדרין נז,א. ע״ז כו,א—ב. תוספתא ב״מ פ״ב לג.
ב. ירושלמי ע״ז פ״א ה״א. שם ה״ד.
ג. ראה ירושלמי ע״ז פ״א ה״ד.
ד. (הביטוי) חולין קיא,ב.
ה. ע״ז יג,א.
ו. ראה תוספתא ע״ז פ״א כא.

גרסות

אתו בהו בכתי״מ: **אתו ביה** בכתי״ס: **משום דאתי בה.**

בעל מום נהי — לגופיה חזי בכת״י: **בעל מום נמי נהי דלגופיה לא חזי לדמי חזי לאפוקי הכא דלא לגופיה חזי ולא לדמי חזי.**

והרועי בכתי״מ: **והרועים** ובכתי״ס: **ורועי.**

מורידין בכתי״מ: **מורידין, המינין והמסורות מורידין אבל לא מעלין.**

אפילו עבד גוי בכת״י: **אחד עבד גוי ואחד עבד ישראל.**

פיתא בכתי״ס: **ביעתא ואמרי לה פיתא** ובר״ח: **פיתא ואמרי לה ביתא.**

לא שנו בכת״י: **אמר ר׳ יוחנן לא שנו.**

אמר רבי אבא בכתי״מ: **והאמר רבי אבא.**

הא זימנא באתרא בכתי״מ: **באתרא** ובכתי״ס ועוד: **האידנא.**

אסורין בירושלמי ועוד: **אסור.**

אצטרובלין בירושלמי: **איצטרובילין.**

ופטוטרות במשניות: **ופטוטרותיהן** בירושלמי ועוד: **בפטוטרותיהן.**

ותרנגול הלבן בירושלמי ובכמה כת״י: **ותרנגול לבן.**

את אצבעו בכתי״מ: **אצבע.**

ונקלב במשניות: **ונקליבם** ובירושלמי: **וניקלבים** ובכתי״ס כבגמרא להלן: **ונקלס.**

לשון

גיסטרא
נראה כי מקור המלה הוא ביוונית γάστρα (גסטרא) ומשמעה: חלקו התחתון, ״בעל הבטן״, של כלי חרס. ובלשון חז״ל מתייחס לכלי חרס שנשברו אזניו או חלק אחר ממנו. וכנראה מכאן הושאל ככינוי לכל דבר שנחבל ונשבר, או לפי חלק מן הפירושים — לחיתוך דבר לשני חלקים (ובפרט באמצע הגוף).

אצטרובלין
מקור המלה הוא מן היוונית στρόβιλος (סטרובילוס) בתוספת א׳ להקלת הקריאה. משמעות המלה היא בכלל דבר עגול, ובין מובניה המיוחדים — פירות של אחד ממיני האורן.

האיצטרובל — פרי האורן

האיצטרובל, שהשתמשו בו גם לפעולות ריפוי, שימש כקרבן במיוחד לאסקלפיוס, אליל הרפואה היווני. הוא מופיע גם כחלק מטקסי פולחן ומסתורין כמו פולחן אטיס וקיבלי.

מתוך ציור יווני המתאר ניסוך והקרבת פירות, וביניהם האיצטרובל, על המזבח

החיים

תרנגול הלבן
בפולחנים רבים של עבודה זרה הקפידו על שימוש בבעלי חיים לבנים דווקא. תרנגולים לבנים היו מן הקורבנות שהקריבו לאלילים שונים, ובמיוחד לאסקלפיוס האליל המיוחד לענייני רפואה.

שאין מקריבים חסר
וכן נמצא בכתבים שהיו מקפידים שיהא קורבנם נאה ונקי מכל פגם. ואף שלא היו מקפידים בכל המומים הפוסלים קורבן לעבודת ה׳, מכל מקום לא הקריבו בעל חיים שהיה בו חסרון הניכר לעין.

א גמרא ומבררים את האמור במשנתנו, **מַאי** [מה] פירוש **"אִיצְטְרוּבָּלִין"?** הוא הצמח הקרוי **תּוֹרְנִיתָא. וּרְמִינְהוּ** [ומשליכים, מקשים מברייתא] ששנינו בה: **הוֹסִיפוּ עֲלֵיהֶן** לעניין איסור שביעית: **אַלְכְּסִין וְאִיצְטְרוּבָּלִין, מוּכְסָסִין וּבְנוֹת שׁוּחַ; וְאִי סָלְקָא דַעְתָּךְ** [ואם עולה על דעתך] לפרש **שאִיצְטְרוּבָּלִין** פירושו **תּוֹרְנִיתָא, תּוֹרְנִיתָא מִי אִיתָא** [האם יש] בה איסור **בַּשְּׁבִיעִית? וְהָתַנְיָא** [והרי שנויה ברייתא], **זֶה הַכְּלָל: כָּל שֶׁיֵּשׁ לוֹ עִיקָּר** שיש לו שורשים — **יֵשׁ לוֹ** דין **שְׁבִיעִית, וְכָל שֶׁאֵין לוֹ עִיקָּר — אֵין לוֹ** דין **שְׁבִיעִית,** ותורניתא זו אין לה שורשים! **אֶלָּא אָמַר רַב סַפְרָא:** תורניתא היא **פֵּירֵי דְּאַרְזָא** [פירות הארז]. **וְכֵן כִּי אֲתָא** [כאשר בא] **רָבִין** מארץ ישראל **אָמַר** בשם **ר' אֶלְעָזָר:** איצטרובלין הוא **פֵּירֵי דְּאַרְזָא** [פירות הארז]. ומבררים את זיהוים של שאר הדברים ששנינו במשנה: **"בְּנוֹת שׁוּחַ" — אָמַר רַבָּה בַּר בַּר חָנָה אָמַר ר' יוֹחָנָן: תְּאֵינֵי חִיוָּרָאתָא** [תאנים לבנות]. **"וּפְטוֹטָרוֹת" — אָמַר רַבָּה בַּר בַּר חָנָה אָמַר ר' יוֹחָנָן:** אין הכוונה למין נוסף, אלא לומר שמיני הפירות שנאסרו במכירה **בִּפְטוֹטְרוֹתֵיהֶן שָׁנוּ** שהם אסורים, כאשר הם נמכרים עם העוקצים שלהם, ולא כאשר הם קצוצים. **"לְבוֹנָה" — אָמַר ר' יִצְחָק אָמַר ר' שִׁמְעוֹן בֶּן לָקִישׁ:** הכוונה היא דווקא **לִלְבוֹנָה זַכָּה,** שבה משתמשים לשם קטורת לעבודה זרה. **תָּנָא** [שנה החכם]: **וּמִכּוּלָּן** מכל המינים האסורים **מוֹכְרִין לָהֶן חֲבִילָה,** כמות גדולה, שהיא בוודאי מיועדת לסחורה ולא להקרבה. **וְכַמָּה** הוא משקלה של **חֲבִילָה? פֵּירֵשׁ ר' יְהוּדָה בֶּן בְּתֵירָא: אֵין חֲבִילָה פְּחוּתָה** ממשקל **שְׁלֹשָׁה מָנִין.** ושואלים: **וְלֵיחוּשׁ דִּלְמָא אָזֵיל וּמְזַבֵּין לְאַחֲרִינֵי וּמַקְטְרִי** [ונחשוש שמא הולך קונה זה ומוכר לאחרים, והם מקטירים]! **אָמַר אַבַּיֵי:** בוודאי הדבר ייתכן, אלא שעל האיסור של **"לִפְנֵי** עיור לא תתן מכשול" (ויקרא יט, יד) **מִפַּקְדִינַן** [מצווים אנו], שלא לגרום להם לעבוד עבודה זרה על ידינו,

אַלִּפְנֵי דְּלִפְנֵי לָא מִפַּקְדִינַן [על "לפני" של "לפני", אין אנו מצווים].

ב שנינו במשנה: **וְתַרְנְגוֹל לָבָן** אסור למכור לגוי. **אָמַר ר' יוֹנָה אָמַר ר' זֵירָא אָמַר רַב זְבִיד, וְאִיכָּא דְּמַתְנֵי** [ויש ששונים] רק **אָמַר ר' יוֹנָה אָמַר ר' זֵירָא:** אם הקונה אומר סתם **"תַּרְנְגוֹל לְמִי",** כלומר, למי יש תרנגול למכירה — **מוּתָּר לִמְכּוֹר לוֹ** גם **תַּרְנְגוֹל לָבָן,** משום שנראה שאינו מקפיד דווקא בלבן. אבל אם הוא שואל **"תַּרְנְגוֹל לָבָן לְמִי" — אָסוּר לִמְכּוֹר לוֹ תַּרְנְגוֹל לָבָן.** ומקשים על כך, **תְּנַן** [שנינו במשנה], **ר' יְהוּדָה אוֹמֵר: מוֹכֵר הוּא לוֹ תַּרְנְגוֹל לָבָן בֵּין הַתַּרְנְגוֹלִין** האחרים. ויש לשאול: **הֵיכִי דָּמֵי** [כיצד בדיוק מדובר]? **אִילֵימָא דְּקָאָמַר** [אם תאמר שהוא אומר] **"תַּרְנְגוֹל לָבָן לְמִי, תַּרְנְגוֹל לָבָן לְמִי",** אם כן, **אֲפִילּוּ** תרנגול לבן **בֵּין הַתַּרְנְגוֹלִין — נָמִי** [גם כן] **לֹא** ימכור, שהרי הודיע שרצונו בתרנגול לבן! **אֶלָּא לָאו** [האם לא] מדובר **דְּקָא אָמַר** [שהוא אומר] **"תַּרְנְגוֹל לְמִי, תַּרְנְגוֹל לְמִי", וַאֲפִילּוּ הָכִי** [כך], **לְר' יְהוּדָה,** אם מוכר תרנגול לבן זה **בֵּין הַתַּרְנְגוֹלִין — אִין** [כן] מותר, **בִּפְנֵי עַצְמוֹ — לֹא, וּלְתַנָּא קַמָּא** [ולדעת התנא הראשון] שאוסר — **אֲפִילּוּ בֵּין הַתַּרְנְגוֹלִין נַמִי** [גם כן] **לָא** ימכור לו! **אָמַר רַב נַחְמָן בַּר יִצְחָק: הָכָא בְּמַאי עָסְקִינַן** [כאן במשנה במה אנו עוסקים]? לא כשמבקש תרנגול סתם, שאז מותר לתת לו לבן לדעת הכל, אלא **כְּגוֹן דְּאָמַר** [שאומר] "מכור לי **זֶה וְזֶה",** כלומר, שהיו בידי היהודי תרנגולים רבים, והוא מצביע על כמה מהם, וביניהם גם לבן. **תַּנְיָא נַמִי הָכִי** [שנויה ברייתא במפורש גם כן כך], **אָמַר ר' יְהוּדָה: אֵימָתַי** אסור? **בִּזְמַן שֶׁאָמַר** "מכור לי **תַּרְנְגוֹל זֶה לָבָן",** שהזכיר שרצונו בתרנגול לבן, **אֲבָל אִם אָמַר** "מכור לי **זֶה וְזֶה" — מוּתָּר.** ומוסיפה הברייתא: **וַאֲפִילּוּ אָמַר** רק **"תַּרְנְגוֹל זֶה",** והצביע על תרנגול לבן, אם היה זה **גּוֹי שֶׁעָשָׂה מִשְׁתֶּה לִבְנוֹ אוֹ שֶׁהָיָה לוֹ חוֹלֶה בְּתוֹךְ בֵּיתוֹ — מוּתָּר** למכור לו, שניכר הדבר שקונה לשמחת בנו או לרפואת החולה. אגב שהובאה ברייתא זו מקשים: **וְהָתַנְיָא** [והרי שנינו במשנה]: **גּוֹי שֶׁעָשָׂה מִשְׁתֶּה לִבְנוֹ, אֵינוֹ אָסוּר אֶלָּא אוֹתוֹ הַיּוֹם וְאוֹתוֹ הָאִישׁ בִּלְבַד.** ומכאן נדייק: **אוֹתוֹ הַיּוֹם וְאוֹתוֹ הָאִישׁ מִיהָא** [על כל פנים] **אָסוּר! אָמַר רַב יִצְחָק בַּר רַב מְשַׁרְשְׁיָא: בְּטַוּוּזִיג תְּנַן** [בסעודת רעות שנינו] שאיננו משתה חתונה, אלא סעודה של ידידות, ואין מקריבים בה קרבנות. ושבים לדון בדבריו של ר' זירא, שגוי המבקש תרנגול סתם מותר למכור לו לבן. ומקשים ממה ששנינו במשנה: **וּשְׁאָר כָּל הַדְּבָרִים, סְתָמָן מוּתָּר, וּפֵירוּשָׁן אָסוּר.** ויש לברר: **מַאי** [מה] בדיוק הכוונה ב"**סְתָמָן" וּמַאי** [ומה] הכוונה ב"**פֵּירוּשָׁן"? אִילֵימָא** [אם תאמר]: **סְתָמָא** [סתם] — **דְּקָאָמַר חִיטֵּי חִיוָּרָתָא** [שהוא אומר שרוצה חיטים לבנות], **פֵּירוּשָׁן — דְּקָאָמַר** [שהוא אומר] **שהוא צריך אותן לַעֲבוֹדָה זָרָה,**

עיונים

תורניתא רש"י מפרש שהוא מין ארז, וכפי שפירשו בגמרא במקומות אחרים שהוא שיטה האמורה במקרא. וראה בתוס' שתהו על פירושו, לפי שאין נראה כן מן ההמשך, שם מבואר שאין לו עיקר. ולפיכך פירשו שיש שני מיני תורניתא, האחד הוא באמת אחד ממיני הארזים. והאחר הוא סוג של אדמה, ועליו אמרו שאין לו עיקר. אכן ראשונים אחרים הסכימו לפירוש רש"י, והסבירו כי יש להבין "אין לו עיקר" במובנים אחרים, ראה להלן בשם הראב"ד והריטב"א.

הוסיפו עליהן ברייתא זו מקוטעת היא, ולא נמצאה בשום מקום אחר. ומן הסוגיה נראה שנאמרה לענין שביעית, שהוסיפו לענין איסור שביעית אף מינים אלה, שלמרות שאינם גידולי תרבות ממש, ואינם מיוחדים לאכילה — יש בהם איסורי שביעית. והראב"ד פירש כי הכוונה היא לדין ביעור, שאלו נוספו לרשימת העצים שיש ללולביהם ולעליהם דין ביעור משום שמין זה כלה מן השדה (ראה משנה שביעית פ"ז מ"ה). ובתוס' פירשו (לענין בנות שוח) שהיה מקום לומר באלו שאין להם דין שביעית משום שתהליך גידולם נמשך לאורך שלוש שנים. וראה להלן.

והתנן כל שיש לו עיקר וכו' כפי שהעירו המפרשים גם משנה כזו אינה מצויה לפנינו, והרי"ד אף מציע למוחקה מכאן. אלא שראשונים אחרים מסבירים כי זהו קיצור ורמז למשנה בפרק שביעי בשביעית, בו מוגדרים המינים שיש בהם דיני שביעית וחובת ביעור (ראה ראב"ד וריטב"א).

ורש"י מפרש: כל שיש לו עיקר — ששורשו מתקיים בארץ, ושאין לו עיקר — כל שאין שורשו מתקיים, אלא לאחר שנגמר גידולו אף השורש מת. וראה בתוס' שתהו על כך, שהרי גם חיטים ושעורים יש בהם איסור בשביעית אף שאין מתקיימים משנה לשנה. והריטב"א פירש בשם הרא"ה כי הכוונה היא לענין ביעור דווקא, ש"כל שיש לו עיקר" כוונתו שלאחר שנלקט נשאר עיקרו בשדה כמאכל לחיה, ואז הוא בכלל חובת ביעור מן הבית אם כלה לחיה מן השדה, אבל תורניתא — עיקרה נאכל על ידי האדם. והראב"ד מסביר שמדובר כאן בצמחים שיש בהם חלקים הראויים לאכילה בשלב מסויים ואחר כך הם מתקשים, כגון לולבים, ו"יש לו עיקר" כוונתו שאם מלבד אותם חלקים יש לצמח זה גזע קבוע, נמצא שהלולבים נחשבים כמיוחדים לאכילה, והם אסורים משום שביעית. ו"שאין לו עיקר" עניינו שאין לו גזע אחר מלבד אותם לולבים, ובמקרה כזה אין רואים אותם כמיוחדים לאכילה, ואין בהם קדושת שביעית. וראה במאירי.

פירי דארזא רש"י מפרש כאן — בלוטים (כעין בלוטי אלון). והרשב"ם בשם רש"י מסביר שכאן מדובר בצנוברים, פירות האורן (כך מובא בתוס'. וכן מובא פירוש זה גם במאירי). ויש שהסבירו שמדובר בענף של ארז שיש בו פירות, שעושים אותו לנוי של עבודה זרה וכתקרובת לה (במאירי). והראב"ד סבור שכאן מדובר בשיבולי חיטים מיוחדות, שמפני גודלן ויופיין היו קוראים להן "פירי דארזא", ואותם היו מניחים לנוי לפני עבודה זרה, או כתקרובת.

בפטוטרותיהן שנו שהיו תולים אותם בפטוטרותיהם לפני העבודה זרה, לשם נוי או תקרובת (רש"י). ויש פירשו שכך הם בשלימותם, ואם היו חסרים — שוב אינם מובאים כתקרובת לעבודה זרה (ראה במאירי). וראה בירושלמי.

לבונה זכה כתב רש"י שהוא מין לבונה מיוחד. וכן כתבו אחרים שהוא מין מובחר שבלבונה, שהיו מקטירים לעבודה זרה, ולא נעשו לשימושים אחרים, ומשום כך יש בהם איסור כל השנה.

שלושה מנין ובירושלמי הגרסה: "חמשה מנין", שהוא לפי הערך כמות גדולה, והלוקח כמות זו מתכוון לעשות סחורה בה ולא לשימושו האישי. וכן העיר הראב"ד שבתוספתא מבואר כי מדובר כאן בתגר דווקא. ושם מבואר עוד כי מדובר כאן בלבונה. ובירושלמי מחלקים לפי עניינו של הקונה, שאם הקונה הוא כומר — אפילו בחבילה אסור למכור לו, ואם הוא רופא — מוכרים לו (אפילו כמות קטנה. רשב"א ועוד), שמן הסתם נצרך לכך לשם תרופות. ובתגר מחלקים שם בין תגר רגיל לבין תגר החשוד להקטיר (שם. וראה בפנ"מ).

אלפני דלפני הראשונים תמהו על דבר זה, שכן להלן (סה,ב) ובעוד מקומות מבואר שאנו אוסרים למכור דבר שיש בו איסור (כגון בגד כלאים, או ירך שיש בה גיד הנשה) לגוי, שמא ימכרנו לישראל. והסבירו כי דווקא בישראל יש לחשוש אף ב"לפני דלפני" (ראה מאירי). ויש שהסבירו כי גם בישראל אין זה ממש בכלל האיסור שמן התורה "לפני עיור", אלא שיש בו חובת זהירות מיוחדת שלא תצא תקלת עבירה מתחת ידינו (ריטב"א. ובחידושי אנשי שם על הרי"ף הוסיף שהוא משום הדין המיוחד של "כל ישראל ערבים"). אבל הרי"ד מחלק באופן אחר, שיש להבדיל בין מקום בו יודע ה"עיור" שהוא עובר עבירה, ויש איסור לסייע לו, ובו אין איסור ב"לפני דלפני", לבין מקום בו לא ידע אותו אדם שיש איסור במה שבא לידו, ואז יש איסור להביאו לידי כך בכל צד שהוא.

בין התרנגולין כלומר, שקונה שנים או יותר, ואחד מהם לבן, שנראה שאינו מקפיד לבחור דווקא זה (רש"י).

זה וזה רש"י מפרש שביקש גם תרנגול לבן וגם תרנגול בצבע אחר. ולפי פירוש זה "זה" אינו בדיוק הלשון אלא קיצור בלבד. אבל בתוס' (וכן ראב"ד ורמ"ה ועוד) אומרים שבכל מקרה אם מפרש שרצונו בלבן (אפילו רצה לבן ושחור) אין מוכרים לו. ומדובר כאן שלא אמר דבר מתחילה, אלא שהיו ביד המוכר היהודי תרנגולים שונים, והקונה אמר שהוא רוצה את זה וזה שהצביע עליהם, ואחד מהם היה לבן. וראה באריכות ברשב"א. ולדעת רוב המפרשים גם לר' יהודה לא הותר למכור לו אלא את כל התרנגולים שביקש. אבל הרי"ד סבור כי לדעת ר' יהודה במקרה כזה מותר לו למכור תרנגול לבן לבדו, וכן הסביר הראב"ד. וראה להלן בשיטת הר"ח.

תרנגול זה לבן רש"י מסביר (לשיטתו) כי "זה" האמור כאן אינו בדווקא, שהרי עיקרו של דבר שהזכיר רק לבן. אבל הראשונים האחרים סבורים כי עיקר הדבר הוא שהצביע על תרנגול לבן לבדו (והראב"ד גרס כאן רק "תרנגול זה").

ואפילו אמר תרנגול זה גוי וכו' אבל אם ביקש במפורש תרנגול לבן — אסור הדבר למרות שהוא עושה משתה, שאם לצורך אכילה — מדוע הוא צריך דווקא לבן? (ראב"ד ועוד). אבל רש"י גורס כאן (והוא לשיטתו) "תרנגול לבן זה", והוא מסביר כי יש שאדם רוצה תרנגול לבן דווקא לשם נוי או לשם רפואה.

ומדברי הר"ח עולה כי יש לו שיטה אחרת בסוגיה זו, שהוא מבין שעצם ההצבעה על תרנגול מסויים (ולא בקשה כללית לתרנגול לבן) מתירה את מכירתו לדעת ר' יהודה, גם אם היה זה תרנגול לבן לבדו, והוא האמור כאן "ואפילו אמר תרנגול לבן זה" (כגרסתו). ולגרסתו ושיטתו בפירוש סוגיה זו, נמצא שהמשפט "גוי שעשה משתה" וכו' הוא ענין חדש.

בטוזיג שאינו משתה חתונה, שבו בוודאי יש עבודה זרה. אלא משתה של סעודת רעים בלבד, ובה אין מקריבים לעבודה זרה. ויש אומרים שהכוונה היא לשמחה בימים שלאחר החתונה, שהם בעצם סעודות חברים בלבד (ראב"ד).

אורח הלכה

ומכולן מוכרין להן חבילה דברים המיוחדים לעבודה זרה, כגון אלו המנוים במשנתנו, אם קונה הגוי הרבה יחד, שניכר הדבר שקונה לצורך סחורה ולא לצורך עבודה זרה לעצמו — מותר למכור לו. שאין אנו מצווים על "לפני דלפני" (ש"ך). וכן כתב רמ"א שאין איסור למכור צרכי עבודה זרה אלא לכומר, או לגוי שחזקתו שישתמש בדבר לעבודה זרה, אבל לסתם גוי מותר הדבר. (שו"ע יו"ד קנא, י).

גוי שעשה משתה וכו' דברים המיוחדים לעבודה זרה, אם הגוי אומר שצריך אותם לדברים אחרים וישראל יודע שכדבריו כן הוא — מותר למכור לו. על פי ברייתא זו (גר"א). (שו"ע יו"ד קנא, י).

מסורת הש"ס

א. (הביטוי) ר"ה כג,א. גיטין נז,א. ב"ב פ,ב.
ב. שבת צ,א. נדה סב,א.
ג. ירושלמי ע"ז פ"א ה"ה (עיי"ש).
ד. (בשינוי) ירושלמי שם. תוספתא ע"ז פ"א כא.
ה. ע"ז כא,א. וראה שם ו,א—ב.
ו. (בשינוי) תוספתא ע"ז פ"א כא.
ז. משנה ע"ז ח,א. ירושלמי דמאי פ"ד ה"ג. שם ע"ז פ"א ה"א.

גרסות

אלכסין בכתי"מ: **אלכסנדרין** ובכתי"ס: **אלוכסין.**

מוכססין בכת"י: **ומוכסין.**

והתנן זה הכלל בכת"י וכן צ"ל: **והתניא זה הכלל.**

בן בתירא בכתי"מ: **בן בתירה ביבנה** ויש במקורות כבמקבילה: **בן בתירה בלבונה.**

אזיל ומזבין בכתי"ס: **אזיל האי ומזבין.**

אלפני מפקדינן בכת"י: **אלפני עור מפקדינן.**

תרנגול לבן למי בכת"י יש: **תרנגול לבן למי תרנגול לבן למי.**

אפילו בין התרנגולין נמי לא בכת"י: **בין התרנגולים מאי הוי.**

ולתנא קמא אפילו בכת"י ובמקורות יש: **מכלל דלתנא קמא אפילו.**

והתניא גוי שעשה יש מתקנים: **והתנן גוי שעשה.**

בטוזיג בכתי"מ: **בטווזא** ובכתי"ס ועוד: **בטוזיג.**

אילימא סתמא בכת"י: **אילימא סתמן.**

לשון

אלכסין
יש מסבירים כי זו היא המלה היוונית ἄκυλος (אקולוס) בשיכול אותיות (ויש גם גרסה: אכלסין). מובנה של המלה — פירות עץ האלון, בלוטים.
ידוע כי בכמה פולחנים היו פירות אלה משמשים כתקרובת.
ויש אומרים כי הכוונה למין צמח שהיה קרוי אלכסנדרין (וראה גם בגרסות) והוא אחד ממיני העצבונית Ruscus.

מוכססין
נראה כי מקור המלה הוא ביוונית μύξα (מו׳כסא), צמח שיש לו ענבות נאכלות (כעין גודגדניות), מזוהה עם Cordia myxa.

בנות שוח
בזיהויין של בנות שוח קיימות כמה שיטות. מדברי הגמרא כאן נראה לכאורה שהוא מין תאנים לבנות. אמנם יש סבורים עפ"י הירושלמי שבנות שוח הוא שמו של האיצטרובל.

מנה
מנה היה שם משקל עתיק ששימש במשך אלפי שנים. לפי ריבוי השנים והמקומות היו גם שינויים במשקל המנה, וכן היו הבדלים בין מנה ששוקלים בו משקלות רגילים ומנה לשקילת מתכות יקרות.
מנה רגיל היה בערך 430 גרם, אולם היה גם מנה כפול שמשקלו בערך פי שתים. נראה כי כאן מדובר במנה רגיל.

טוזיג
מקור המלה הוא בפרסית, ומשמעה — סעודת רעים (פיקניק). הצורה שלפנינו דומה לצורה הערבית של מלה זו طوريج (טוזיג).

החיים

פירי דארזא וכו'
פירות של ארזים ואלונים, כמו גם תאנים, שימשו בפולחנם של אלילים שונים, ובמיוחד היו נפוצים בפולחנם של אלילי פוריות, כמו גם בטכסי מסתורין שונים (פולחני דיוניסוס וקיבלי).

לעזי רש"י

גלנ"ט מן הצרפתית העתיקה glant — בלוטים.

קמפרוייש"א צ"ל: קומפריי"א מן הצרפתית העתיקה comparaje — סעודת רעים.

א מאי איצטרובלין [א]תורניתא ורמינהו הוסיפו עליהן אלכסין ואיצטרובלין מוכססין ובנות שוח ואי סלקא דעתך איצטרובלין תורניתא תורניתא מי איתא בשביעית (*והתנן) [ב]*[א]זה הכלל כל שיש לו עיקר יש לו שביעית וכל שאין לו עיקר אין לו שביעית אלא אמר רב ספרא פירי דארזא וכן כי אתא רבין א"ר אלעזר פירי דארזא: בנות שוח: *אמר רבה בר בר חנה אמר רבי יוחנן תאיני חיוראתא: ופטוטרות: אמר רבה בר בר חנה אמר רבי יוחנן [ג]בפטוטרותיהן שנו: לבונה: אמר רבי יצחק אמר ר"ש בן לקיש לבונה זכה תנא [ד][ב]*ומכולן מוכרין להן חבילה וכמה חבילה פירש ר' יהודה בן בתירא אין חבילה פחותה משלשה מנין וליחוש דלמא אזיל ומזבין לאחריני ומקטרי [ה]*אמר אביי אלפני מפקדינן אלפני דלפני לא
ב מפקדינן: ותרנגול לבן: א"ר יונה א"ר זירא אמר רב זביד ואיכא דמתני אמר ר' יונה אמר ר' זירא תרנגול למי מותר למכור לו תרנגול לבן תרנגול לבן למי אסור למכור לו תרנגול לבן תנן רבי יהודה אומר מוכר הוא לו תרנגול לבן בין התרנגולין היכי דמי אילימא דקאמר תרנגול לבן למי תרנגול לבן למי אפילו בין התרנגולין נמי לא אלא לאו דקא אמר תרנגול למי תרנגול למי ואפילו הכי לרבי יהודה בין התרנגולין אין בפני עצמו לא ולת"ק אפילו בין התרנגולין נמי לא אמר רב נחמן בר יצחק הכא במאי עסקינן כגון דאמר זה וזה תניא נמי הכי [ו]*אמר ר' יהודה אימתי בזמן שאמר תרנגול זה לבן אבל אם אמר זה וזה מותר [ז]ואפילו אמר תרנגול זה גוי שעשה משתה לבנו או שהיה לו חולה בתוך ביתו מותר (*והתניא) [ח]*גוי שעשה משתה לבנו אינו אסור אלא אותו היום ואותו האיש בלבד אותו היום ואותו האיש מיהא אסור אמר רב יצחק בר רב משרשיא בטווזיג תנן ושאר כל הדברים סתמן מותר ופירושן אסור מאי סתמן ומאי פירושן אילימא סתמא דקאמר חיטי חוורתא פירושן דקאמר לעבודה זרה לא

רש"י

תורניתא. מין ארז והיא שטה כדאמר בר"ה (דף כג.): **הוסיפו עליהן.** לענין שביעית: **כל שאין לו עיקר.** להתקיים בארץ בימות הגשמים כגון קישואין ודילועין וכיוצא בהן: **אין לו שביעית.** ומותר לעשות מהן סחורה ואינו מצווה להפקירן: **פירי דארזא.** גלנ"ט: **בפטוטרותיהן שנו.** פטוטרות דמתני' לאו מין הוא באפי נפשיה אלא ה"ק אין מוכרין להן כל אלו איצטרובלין ובנות שוח בעוקציהן לפי שתולין אותן בפני עבודה זרה ודרכן לעובדן בכך: **לבונה זכה.** מין לבונה היא: **שלשה מנין.** משקל שלשת מנין דהא ודאי לסחורה קא מכוין: **אלפני מפקדינן.** על לפני עור אנו מצווין שלא ליתן מכשול בדבר האסור לו וכל הני דאסרינן לזבוני להו משום לפני עור לא תתן מכשול[א] דבן נח מוזהר על עבודה זרה: **אלפני דלפני.** כגון הכא דהאי ודאי לאו לעבודה זרה קבעי ומשום דלא ליזדבן איהו לאחריני[ב] ומקטרי לא מפקדינן למיסר: **מותר למכור לו.** לגוי תרנגול לבן כיון דלא אידכר לבן לאו לעבודה זרה קבעי: **אילימא דאמר תרנגול לבן למי.** וא"ל ישראל לא מזבינא לך אלא בהדי אחרינא: **אפילו בין התרנגולין נמי לא.** דהא גלי דעתיה דלעבודה זרה קבעי ליה וניחא ליה דליזבון שאר התרנגולין בשביל הלבן: **הכ"ע דאמר זה וזה.** מתני' דלר' יהודה בפני עצמו לא ולת"ק לגמרי אסור כגון דמעיקרא אדכר לבן ושחור ואדום הלכך לרבי יהודה בפני עצמו אסור כיון דמעיקרא אדכר והשתא שקיל לבן ואזיל ליה מעיקרא נמי איכוין ללבן והאי דאדכר שחור איערומי אערים דידע הוא דאי שאיל לבן לחודיה לא זבין ליה ישראל ובין התרנגולין מותר דמיגו דשחור לאו לעבודה זרה לבן נמי לאו לעבודה זרה ורבנן אפילו בין תרנגולין נמי אסור הואיל דקתבע לבן ומיהו תרנגול סתמא בין לר' יהודה בין לרבנן מותר למכור לו תרנגול לבן כרבי זירא: **תניא נמי הכי.** כדתרלא רב נחמן דאומר זה וזה פליגי: **אימתי.** תרנגול לבן אסור למכור: **בזמן שאמר תרנגול זה לבן.** מכור לי והאי זה לאו דוקא: **אבל אמר זה וזה.** אינו מותר למכור לו אלא שניהם יחד אלמא רבי יהודה בדאמר זה וזה קאי ומשום הכי בפני עצמו לא הואיל ואמר לבן ומדרבי יהודה נשמע לרבנן: **ואפילו אמר תרנגול זה לבן.** אם היה גוי שעושה משתה לבנו או שיש לו חולה בתוך ביתו: **מותר.** דלסעודתו קבעי ליה משום נוי ולחולה נמי קבעי ליה משום רפואה: **אינו אסור.** לשאת ולתת עמו אלא אותו היום משום דמקריב הוא היום לעבודה זרה ואזיל השתא ומודה: **בטווזיג.** האי משתה דקתני מותר למכור לו תרנגול לבן לאו במשתה חופת בנו דהא ודאי לתקרובת עבודה זרה קבעי ליה אלא במשתה של מריעות שעושין הנערים זה עם זה וקורין קמפרויי"א דלא חשיב כולי האי שיקריבו לעבודה זרה:

תוספות

תורניתא[ג]. פ"ה מין ארז כדאמרי' בר"ה (כג. ושם) בעשרה מיני ארזים שטה תורניתא וקשיא דבסמוך פריך מההיא וכל שאין לו עיקר ופ"ה שאין לו עיקר מתקיים בארץ בימות הגשמים ואי תורניתא ארז הוא הא יש לו עיקר מתקיים ועוד קשיא לפירושו הרי תבואה דאין לה עיקר בימות הגשמים ויש לה שביעית ועוד קשיא אי תורניתא אילן הוא תורניתא הוא דלא מזבנינן הא שאר אילנות מזבנינן והא תנן (לקמן יט:) אין מוכרין להם במחובר לקרקע דהכי דייק לקמן גבי דקל טב לכך פר"ת דתרי גוונא תורניתא נינהו והיא דהכא הוא מין אדמה כעין כבריתא פי' גפרית שאין לה עיקר שורש בקרקע לא בימות החמה ולא בימות הגשמים אבל תבואה יש לה עיקר בימות החמה ומשום הכי פריך עלה מההיא דשביעית וכה"ג פריך בשבת פרק ר"ע (דף צ.) גבי כבריתא וגם רש"י פירש שם כן שתורניתא דהכא כעין כבריתא: **בנות שוח.** לכאורה משמע דפירי גרוע הוא מדהוסיפו עליהם אבל מעיקרא לא הוו נהגו בהו שביעית וכן משמע בריש מס' דמאי (פ"א) דלא נחשדו עליהם עמי הארץ דתנן הקלין שבדמאי השיתין והרימין ועוזרדין ובנות שוח וקשיא דבפ"ק דשבועות (דף יב: ושם ד"ה כבנות) אמר גבי מותרות קיץ למזבח כבנות *שבע לאדם שאוכלין אותם בקנוח סעודה אלמא חשובות נינהו ובנות שבע הם בנות שוח כדאיתא בבראשית רבה (פט"ו) תאנים שאכל אדם הראשון איכא דקרו להו בנות שוח לפי שגרמו שוח לאדם ואיכא דקרו להו בנות שבע שגרמו שבע אבילות לאדם ובפרק ד' נדרים (נדרים דף מ.) נמי גבי הנודר מן הכלכלה והיו בה בנות *שבע ואמר אילו הייתי יודע שבנות שבע בתוכה הייתי אומר תאנים שחורות ולבנות אסורות ובנות שבע מותרות מכל הני משמע דבנות שבע חשובים י"ל דודאי בנות שוח פרי חשוב הוא ומה שלא נחשדו עמי הארץ עליהם היינו מפני שיש מהם הרבה והוא מין פרי הגדל ביערים כמו עוזרדין דחשיב בהדייהו גבי קלים שבדמאי לפי שמצוי להם מן ההפקר לא נחשדו שלא לעשר הגדל סביב גנותיהם וסביב פרדסותיהן ולא מפני שהוא גרוע ולגבי שביעית מעיקרא סבור כיון שאין נגמרים בשנה שנחנטים בה כדאמרינן (ר"ה דף טו:) בנות שוח שביעית שלהן שניה לפי שעושות לשלש שנים הוי סברי דלא שייך למיזל בהו לא בתר חנטה ולא בתר לקיטה ולבסוף הלכו בו אחר חנטה ונוהג דין שביעית שלו בשנה שניה של שמטה אכן קשיא דהכא קא מפרש תלמודא בנות שוח תאני חיורתא וכן בפרק כיצד מברכין (ברכות דף מ:) ובפ' ארבעה נדרים שהבאתי משמע דאינם לא תאנים שחורות ולא תאנים לבנות וי"ל דג' מיני תאנים הם שחורות ולבנות הם סתם תאנים ובנות שוח ומאותם בנות שוח יש מהם רעות ויש מהם טובות ורעות מיירי הכא ובמסכת דמאי ולכך קורא אותם בנות שוח שתולה הקלקלה במקולקל אע"פ שמהם לא אכל אדם כי אם מן הטובות והם אותם בנות שבע דמיירי בהו בשבועות ובנדרים כי מסתמא אדם הראשון מן הטובות אכל ור"ת היה מפרש דגרס הכא גבי שביעית מוכססין בנות שוח ולא גרס ובנות שוח והוא מין בנות שוח ולא בנות שוח ממש ואותו פרי הוא גרוע ומביא ראיה מפ"ק דבכורות (דף ח. ושם) דאמרינן התם הארי והדוב והנמר והברדלס עיבורן ג' שנים וכנגדן באילן בנות שוח נחש ז' שנים ולאותו רשע לא מלינו חבר וי"א מוכססין בנות שוח ופירש"י שם שהוא מין בנות שוח ולא בנות שוח ממש: **פירי דארזא.** פ"ה גלונין והוא מאכל חזירים ורשב"ם בשם רש"י פירש פירות אילן שקורין פין ויש בו גרעינין ואינו ראוי לאכילה וניחא כי גם במס' ר"ה (דף כג. ושם) פירש"י תורניתא פין ושם מדבר בגוף הארז וכאן בפירות והאי דקאמר בב"ב (דף פ: ושם ד"ה מה) ארז אינו עושה פירות ודאי אותו ששמו ארז אינו עושה פירות וזה שמו שטה:

כגון דאמר זה וזה. פרש"י שאמר תרנגול לבן ושחור למי ור"י אומר דמיירי כגון שיש ביד הישראל הרבה תרנגולים לבנים ושחורים וקאמר זה וזה והכי משמע בסמוך דקא אמר אימתי בזמן שאמר תרנגול זה לבן משמע דקמיה קאי ורש"י פירש דזה לאו דוקא:

ויהבו

עין משפט נר מצוה

ס א (מיי' פ"ז מהל' שמטה ויובל הל' יג):
סא ב טוש"ע י"ד סי' קנא סעיף א:

[שבת ל. נדה סב.]

[בספרים שלפנינו שם איתא כבנות שוח וכן ליתו שם בתוס' אבל גי' הערוך שם בשבועות כבנות שבע]

[נדה, לתך, שם]

[נ"ל והתניא] [ברכות מ:] [תוספתא פ"א] [לקמן כא.] [תוספתא פ"א ע"ש] [נ"ל והתנן] [לעיל ח.]

רבינו חננאל

זרה. לבונה פירוש לבונה זכה אסור למכור לגוים מפני שמקטירין אותה לעבודה זרה: **תנא** מכולן מוכרין להן חבילה פי' לסחורה וכמה היא חבילה פירש ר' יהודה בן בתירא אין חבילה פחותה משלשת מנין. ומקשי' דילמא אזיל האי תגרא דזבן שלשת מנין ומזבין לאחריני ומקטרי ופרקי' כי מפקדינן משום ולפני עור לא תתן מכשול דלא למיזבן להנהו דמקטרי אבל לפני דלפני לא מפקדינן: ותרנגול לבן. אוקימנא בזמן שאומר הגוי מי מוכר לי תרנגול לבן אבל אם אמר לבנים או שחורים בכלל ואפי' [א] אמר תרנגול לבן זה מוכרין לו. תניא נמי הכי אמר ר' יהודה בזמן שאמר לו תרנגול לבן אבל אמר זה וזה מותר ואפי' אמר תרנגול לבן זה. ואם יש לו חולה בתוך ביתו מותר. וגוי שעשה משתה לבנו מותר. ומי שרי והתניא גוי שעשה משתה לבנו אותו היום ואותו האיש אסור ופריק ר' נחמן בריה דרב משרשיא בטווזג. ומקשי' ממתני' דתנן ושאר כל הדברים סתמן מותר ופירושן אסור

[א] פי' רבינו הוא כפירוש ר"י בתוס' ד"ה כגון ומיהו זה לר"י אבל לת"ק אסור וצ"ע:

הגהות הב"ח

(א) רש"י ד"ה אלפני מפקדינן וכו' מכשול הוא לבן נח: (ב) ד"ה אלפני וכו' דמקטרי לא: (ג) תוס' ד"ה תורניתא. נ"ב עיין במ"ש התוס' במסכת נדה דף סב ע"א בד"ה כל שאין לו עיקר:

סב א ב מיי' פ"ט מהל' עבודת כוכבים הלכה ז סמג לאוין מה טוש"ע י"ד סי' קנא סעיף ב:
סג ג מיי' פ"כ מהל' שבת הלכה ג ה סמג לאוין סה טוש"ע י"ד סי' קנא סעיף ז:
סד ד מיי' שם הל' ז:

לא סתמן צריכא למימר דמזבנינן ולא פירושן צריכא למימר דלא מזבנינן אלא סתמן דקאמר חיטי פירושן דקאמר חוורתא מכלל דתרנגול אפי' סתמן נמי לא אמרי לעולם סתמן דקאמר חיטי חוורתא פירושן דקאמר לעבודה זרה ופירושן אצטריכא ליה סד"א האי גברא לאו לעבודה זרה קא בעי אלא מיבק הוא דאביק בעבודה זרה וסבר כי היכי דההוא גברא אביק ביה כ"ע נמי אביקו אימא הכי כי היכי דליתבו לי קמ"ל בעי רב אשי תרנגול לבן קטוע למי מהו למכור לו תרנגול לבן שלם מי אמרינן מדקאמר קטוע לאו לעבודה זרה קבעי או דלמא איערומי קא מערים את"ל [א]האי איערומי הוא דקא מערים תרנגול לבן למי תרנגול לבן למי ויהבו ליה שחור ושקל ויהבו ליה אדום ושקל מהו למכור לו לבן מי אמרינן כיון *דיהבו שחור ושקל אדום ושקל לאו לעבודה זרה קא בעי או דלמא
א [ב]איערומי קא מערים תיקו: ר"מ אומר אף דקל וכו': א"ל רב חסדא לאבימי גמירי *דעבודה זרה דאברהם אבינו ד' מאה פירקי הוין ואנן חמשה תנן ולא ידעינן מאי קאמרינן ומאי קשיא דקתני ר"מ אומר אף דקל טב חצב ונקלס אסור למכור לגוים דקל טב הוא דלא מזבנינן הא דקל ביש מזבנינן והתנן [א]*אין מוכרין להם במחובר לקרקע א"ל מאי דקל טב פירות דקל טב וכן אמר רב הונא פירות דקל טב [ב]חצב קשבא נקלס כי אתא רב דימי [ג]א"ר חמא בר יוסף *קורייטי א"ל אביי לרב דימי תנן נקלס ולא ידעינן מהו ואת אמרת קורייטי ולא ידעינן מאי אהנית לן א"ל אהנאי לכו דכי אזלת התם אמרת להו נקלס ולא ידעי אמרת להו
ב קורייטי וידעי וקא מחוו לך: **מתני'** [ד]מקום *שנהגו למכור בהמה דקה לגוים מוכרין מקום שנהגו שלא למכור אין מוכרין *) ובכל מקום אין מוכרין להם בהמה גסה עגלים וסייחים שלמין ושבורין [ה]*ר' יהודה מתיר בשבורה [ו]ובן בתירא *מתיר בסוס:
ג **גמ'** למימרא דאיסורא ליכא מנהגא הוא דאיכא היכא דנהיג איסור נהוג היכא דנהיג היתר נהוג ורמינהי [ז]*אין מעמידין בהמה בפונדקאות של גוים מפני שחשודין על הרביעה אמר רב [ח]מקום שהתירו למכור התירו לייחד מקום שאסרו לייחד אסרו למכור ור"א

*) [גיר' רי"ף ואל ישנה אדם מפני המחלוקת]

לאו סתמא צריכא למימר דמזבנינן. דלא תנינן אלא תרנגול לבן אבל חיטי חוורתי מותר: **אפי' סתמן נמי לא.** וקשיא לרבי זירא דאמר תרנגול למי מותר למכור לו תרנגול לבן: **סד"א האי גברא לאו לעבודה זרה קבעי.** דהא אין דרך חיטין להקריב לעבודה זרה: **אלא מיבק אביק ביה.** קשור ואילו קונין מידו שום חפץ לצורך עבודה זרה היה נותנה בזול מתוך שהוא אדוק לעבודה זרה וסבור כי היכי דאדיקנא בה ויהיבנא כל מידי דאית לי בזול לצורך עבודה זרה כ"ע נמי אדוקין בה סבר אימא לעבודה זרה קבעינא ויהבו לי בזול ומיהו אין לבו לעבודה זרה ולישתרי קמ"ל: **קטוע.** רגל: **איערומי מערים.** דידע הוא שאין קטוע מלוי וימכרו לו שלם אלא להוציא מלבם שלא יבינו שלצורך עבודה זרה הוא תובע קטוע: **ויהבו ליה שחור ושקיל.** כלומר כשמוכרין לו שחור לבדו שקיל ליה ואליבא דר' יהודה מיבעיא ליה הכי ולא לרבנן דרבנן אפי' בין התרנגולים אסרי: **דקל טב ודקל ביש.** שני מיני דקלים הם: **אין מוכרין להן במחובר לקרקע.** כדמפ' לקמן (דף כ.) משום דכתיב לא תחנם לא תתן להם חניי' בקרקע: **קשבא.** מין תמרים כמו (מגילה ז:) מלא טסקא דקשבי ואית דאמר היינו חלובה שבו תיחם יהושע את הארץ (ב"ב דף נו.) ועשב נאה הוא: **קורייטי.** מין פירות וי"א עפרורית קרטי לבונה ואינו נראה דא"כ אמאי לא ידעי: **דכי אזלת להתם.** לא"י: **מתני' מקום שנהגו למכור בהמה דקה.** כגון מקום שלא נחשדו על הרביעה והכי מפרש לה בגמרא. ואל ישנה אדם מפני המחלוק' לא גרס לה הכא אלא בפסחים (דף נ:) גרס לה: **ובכל מקום אין מוכרין להן בהמה גסה.** מפני שמיוחדת למלאכה ועושה בהמתו מלאכה בשבת: **עגלים וסייחים שלמים ושבורים.** ואפילו שבורים שאינן ראוין למלאכה גזרו בהו רבנן דלמא אתי לאחלופי ואתי למזבן להו גדולים ושלמים הראוין למלאכה ואיכא למיחש להו לשאלה ולשכירות ולנסיוני כדמפרש טעמא בגמ': **מתיר בשבורה.** מפרש טעמא בגמ': **מתיר בסוס.** שאין מלאכתו אלא לרכיבה ורכיבה שבות היא ולאו מלאכה משום דחי נושא את עצמו לא איכפת לן אי אתי להשאילו ולהשכירו: **גמ' מפני שחשודין על הרביעה.** ואיכא משום לפני עור לא תתן מכשול דבני נח נלטוו על הרביעה דכתיב (בראשית ב) והיו לבשר אחד יצאו בהמה וחיה שאין נעשין בשר אחד (סנהדרין דף נח.): **אמר רב במקום שהתירו למכור כו'.** כלומר יחוד נמי במנהגא תליא מילתא ומקום שנהגו למכור דקתני מתני' כגון במקום שאין חשודין על הרביעה לפיכך התירו לייחד: **ומקום שאסרו לייחד.** כדקתני אין מעמידין מיירי במקום שחשודין על הרביעה שמנהגם בכך ולפיכך אסורין למכור והכל הולך אחר המנהג ולא קשיא הא דלא קאמר נמי כי האי לישנא מקום שאסרו למכור אסור לייחד כי היכי דקאמר מקום שהתירו למכור התירו לייחד משום דהתירו למכור דקתני קא מהדר אמתני' דקתני מקום שנהגו למכור מוכרין דתנא דידן לא איירי אלא במכירה ומקום שאסרו לייחד(א) דקמהדר אההיא דאין מעמידין דמיירי באיסור יחוד:
ור"א

ויהבו ליה שחור ושקל. נראה דהך בעיא היא אפילו לרבנן דאסרי בין התרנגולים דאיכא למימר דעד כאן לא אסרי אלא בשיש שם לבנים ושחורים ואמר זה וזה ואז יש לחוש דדעתיה אלבן וקונה שחור מפני לבן שעמו אבל הכא כי יהבי ליה שחור ושקיל ליה ואזיל אינו יודע שיתנו לו לבן: **חצב קשבא.** פ"ה והוא מין תמרים והכי נמי משמע בפ"ק דמגילה (דף ז:) דקאמר התם מלי טסקא דקשבי וטסקא הוא סל שמשימין בו תמרים כדאמרינן בריש הזורק (גיטין דף עח.) טסקא דאכלה ביה תמרים וקשבא נמי משמע בפרק הכונס (ב"ק דף נח: ושם ד"ה קשבא) שהוא דקל גבי ההוא דקץ קשבא מחבריה אמר ריש גלותא לדידי חזי לי ותלת תאלתא בקינא הוו קיימי ותאלי הם דקלים בחורים כדמשמע בפרק המוכר את הבית (ב"ב דף סט:) וקשיא אמאי נקט דקל טב כיון דדקלי כולהו אסירי לכך נראה לפרש דתרי מיני קשבא נינהו האחד נושא תמרים ומיניה מיירי בכל הני שהבאתי אבל האי דהכא הוא מין עשב שבו תיחם יהושע לישראל את הארץ וכן משמע בפרק ח"ה (שם דף נו.) שמעמידין אותו על המצרים דאמרינן אין שם לא מילר ולא חלב מאי ובערוך (ערך חלב ה') פירש כל חלבא דהכא שהוא יערת הדבש קנה שגדל בו צוקר"א ובמסקנא דהך שמעתא כתב ר' ברוך בר' כיון דשאר דברים פירושן אסור א"כ אסור לעולם למכור לכומר גוי לבונה דהוי כמו פירושן דדבר ברור הוא דלתקרובת בעי ליה ועובר משום לפני עור וגם אסור למכור שעוה לשום גוי ביום איד ההוא אבל ודאי בשאר ימים מותר וכן אותם כלי עבודה זרה שישראל קונה לאחר שפגמו הגוי ובטלו מ"מ אסור למכרו לגוי כמו שהוא עד שיהא ניתך כולו דבשביל פגימה אחת אינו מניח לתת בו יין לקלס לעבודה זרה והכי נמי ספרי' פסולים הראוים לתיפלה בבית עבודה זרה אסור למכור להם לכומרים דעובר משום לפני עור ואף לגוי שאינו כומר אסור דבודאי יתננו או ימכרנו לכומר: **מקום שנהגו שלא למכור אין מוכרין.** פירוש משום חשש רביעה ועבר אלפני עבר וגו' ומדלא מפליג הכא בין אית ליה בהמה ובין לית ליה בהמה אלמא משמע דאפילו אית ליה לגוי בהמה אחרינתא אסור וקשה להר"ר אלחנן מ"ש מדלעיל (דף ו.) גבי תקרובת דאי אית ליה לדידיה בהמה שרי ללישנא דלפני עור והכא קיימינן לאותו לישנא כדפרי' ותירץ ר' יהודה דשאני רביעה שהוא מתאוה לכל בהמה ובהמה וא"ת במקום שנהגו שלא למכור נמי נימא לשחיטה זבנה כדקאמרינן בגמ' גבי רב הונא דזבין פרה לגוי משום דאימר לשחיטה זבנה וי"ל דסתם בהמה דקה לגדל היא עומדת כעז לחלבה ורחל לגיזתה: **שלמין ושבורין.** פירוש דגזרינן שבורין אטו שלימין ותימה מ"ש מפרה דתלינן באימר לשחיטה זבנה ובשבורין ודאי לשחיטה זבנה וי"ל דשבורין כי חזו להו עלמא בבית הגוי סברי דשלמין נמכרו ובבית הגוי נשתברו וכי זבין לאו לשחיטה זבין אבל פרה אפילו לאחר ימים רבים כי חזו לה עלמא בביתיה דגוי אמר לשחיטה זבנה לפי שאינה ראויה למלאכה כל כך אבל אין לפרש דאינה ראויה למלאכה כלל דהא אמרינן בגמ' (לקמן טו.) ישראל ששכר פרה מכהן משמע דפרה בת מלאכה היא וכן (שם:) לא *ישכור לו פרה החורשת בשביעית אלמא בת מלאכה היא רשב"ס*: **ובן בתירא מתיר בסוס.** פ"ה משום דלרכיבה בעי ליה כיון שאין מלאכתו אלא ברכיבה ואין ברכיבה חיוב חטאת אלא שבות ולא דק דודאי במיוחד לרכיבת אדם אמר בפ' המצניע (שבת דף לד.) דאפילו רבנן מודו דליכא חיוב חטאת משום דחי נושא את עצמו ולא פליגי אלא בסוס המיוחד לעופות וא"ת מנ"ל התם דטעמייהו דרבנן דאסרי הכא היינו משום דס"ל דאין חי כזה דעופות נושא את עצמו דלמא טעמייהו כרבי *דגזר משום תורת כלי זיין וי"ל דמדכיילו ליה עם שאר בהמה גסה דטעמייהו ממה שיש איסור בשעת מכר משום שאלה שכירות ונסיוני אלמא ש"מ בסוס נמי היינו טעמייהו: **אמר רב במקום שאסרו לייחד אסרו למכור כו'.** פירוש דטעמא דשרו רבנן במקום שנהגו למכור היינו משום דלא חשידי על הרביעה וה"ה לייחד אלמא תלי רב טעמא דמכר בחשד דרביעה וקשה לר"י אמאי לא פריך ליה ממתני' דלקמן (דף טו:) בשמעתין מקום שנהגו למכור בהמה דקה לכותים מוכרין ובמקום שנהגו שלא למכור אסור והתם ליכא חשד דרביעה כדפריך לקמן דאין כותים חשודים על הרביעה וצריך עיון ולמאי דהדר ביה רב ניחא:

ושמעה

רבינו חננאל

מאי לאו סתמן דקאמר מאן מזבן חיטי ופירושן בדאמר מאן מזבן חיטי חיורתא מכלל דתרנגול אפילו בסתמא אסור. ופרקי' לא לעולם סתמן דקאמר חיטי חיורתא פירושן דקאמר חיטי לעבודה זרה ופירושן איצטריך ליה סד"א האי גברא לאו לעבודה זרה בעי להו להנהו חיטי אלא מיבק הוא דאביק בעבודה זרה כלומר אוהבה הרבה ודבוק באהבת עבודה זרה וסבר כי היכי דאביק בה הוא הכי אביקי בה אחריני וכיון דשמעי דלעבודה זרה בעינא לה יהבי לי קמ"ל. בעי רב אשי אם אומר הגוי תרנגול לבן קטוע למי מהו למכור לו תרנגול לבן שלם וכו' ועלתה בתיקו. ר"מ אומר אף דקל טב חצב ונקלבם אסור למכור לגוי א"ל רב חסדא לאבימי גמירי דעבודה זרה שהיה שונה אותה אברהם ת' פירקי הות ואנן ה' פירקי תנן ולא ידעי' מאי דקתני ר' מאיר דקל טב אסור לזבוני לגוים הא דקל ביש מזבנינן והתנן אין מוכרין להן במחובר לקרקע ואמר ליה אבימי מאי דקל טב לאו דקל טב דוקא אלא פירות דקל טב משום דאמרינן דלמא לעבודה זרה בעי להו אבל גופיה דדקל אפי' דקל ביש אסור למכור לגוי חצב קשבא נקלבם קורייטי ולא בריירא לן לא זה ולא זה: **מתני'** מקום שנהגו למכור בהמה דקה לגוים מוכרין כו': [גמ'] למימרא דבמנהג תליא מילתא היכא דנהוג לזבוני להו שרי והיכא דלא נהוג אסור ורמינהי אין מעמידין בהמה בפונדקאות של גוים מפני שחשודין על הבהמה פי' רובעין הבהמה ואיך זבנינן להו ועברינן על ולפני עור לא תתן מכשול.

[נ"ל דיהבו ליה שחור כו' רש"א]
[כלומר מסכת' עבודת כוכבים]
[לקמן יט:]
[ברכות נ:]
[פסחים נג. כל המשנה זו]
[לקמן טז:]
שבת לד. בכורות ב. [לעיל ז: לקמן טז. פסחים נג. תוספ' פ"ב]
[לקמן כב.]

הגהות הב"ח

(א) רש"י ד"ה ומקום שאסרו וכו' שאסרו לייחד דקתני קמהדר אההיא:

[נ"ל יימכור]
[ועי' תוס' לקמן טו. ד"ה איסור]
[לקמן טז.]

הרי לא על סתמן צריכא למימר דמזבנינן [צריך לומר שמוכרים אנו], להם, **ולא על פירושן צריכא למימר דלא מזבנינן** [צריך לומר שאין אנו מוכרים], שדברים אלה ברורים מעצמם! **אלא** יש להסביר: **סתמן** פירושו **דקאמר** [שהוא אומר] שרצונו לקנות **חיטי** [חיטים], **פירושן — דקאמר חוורתא** [שהוא אומר שרצונו בחיטים לבנות] שהן משמשות לעבודה זרה. ומכאן נדייק: **מכלל שתרנגול** שאמרו במשנה שלא למכור — **אפילו סתמן נמי** [גם כן] כשלא פירש לבן, **לא** ימכור להם, שלא כדברי ר' זירא! ובתשובה לכך **אמרי** [אומרים]: **לעולם סתמן** פירושו **דקאמר חיטי חוורתא** [שאומר הגוי שרצונו בחיטים לבנות], **פירושן — דקאמר** [שהוא אומר] **שצריך אותן לעבודה זרה; ופירושן אצטריכא ליה** [הוצרך לו לומר], ומדוע? שכן **סלקא דעתך אמינא** [יעלה על דעתך לומר]: **האי גברא** [אדם זה] באמת **לאו** [לא] **לעבודה זרה קא בעי** [הוא צריך] את החיטים, שהרי אין דרכם בכך, **אלא מיבק הוא דאביק** [אדוק הוא] **בעבודה זרה, וסבר** [והוא סבור]: **כי היכי דההוא גברא אביק ביה כולי עלמא נמי אביקו** [כמו שאותו אדם, הוא עצמו, דבוק בה, כולם גם כן דבוקים בה], ולכן הוא אומר בלבו: **אימא הכי כי היכי דליתבו לי** [אומר כך, שרצוני לעבודה זרה, כדי שיתנו לי], אף שבאמת אין הם לעבודה זרה, ויהיה מותר, **קא משמע לן** [משמיע לנו] שכיון שפירש לעבודה זרה — אסור, שיש לחשוש שלכך באמת הוא מתכוון.

בעי [שאל] **רב אשי**: אם אומר הגוי ושואל בין המוכרים: **"תרנגול לבן קטוע למי** יש למכור", **מהו למכור לו תרנגול לבן שלם?** וצדדי השאלה, **מי אמרינן** [האם אנו אומרים]: **מדקאמר** [מכיון שהוא אומר] **קטוע**, סימן **שלאו** [לא] **לעבודה זרה קבעי** [הוא צריך] אותו, שהרי אינם מקריבים קרבן חסר אבר, ויהיה מותר למכור לו, **או דלמא איערומי קא מערים** [שמא מערים הוא] שהוא יודע שלא ימכרו לו שלם אם יבקש זאת, והוא סבור שהואיל וקטוע אינו מצוי, יקבל מהם שלם, ואסור למכור לו? וממשיך רב אשי: **אם תימצי** (תמצא) **לומר האי איערומי הוא דקא מערים** [במקרה שכזה מערים הוא], ואסור הדבר, יש לשאול: אם שאל **"תרנגול לבן למי, תרנגול לבן למי", ויהבו ליה** [ונתנו לו] תרנגול **שחור ושקל** [ולקח], **ויהבו ליה** [ונתנו לו] תרנגול **אדום ושקל** [ולקח], **מהו למכור לו לבן** גם כן? וצדדי השאלה: **מי אמרינן** [האם אנו אומרים]: **כיון דיהבו** [שנתנו] לו **שחור ושקל** [ולקח], **אדום ושקל** [ולקח], **לאו** [לא] **לעבודה זרה קא בעי** [הוא צריך], **או דלמא איערומי קא מערים** [שמא מערים הוא]? שאלה זו לא נפתרה, ונשארה **בתיקו** [תעמוד] השאלה במקומה.

א שנינו במשנה **ר' מאיר אומר: אף דקל טב** וחצב אין מוכרים לגוים. **אמר ליה** [לו] **רב חסדא לאבימי: גמירי** [למודים אנו] במסורת, שמסכת **עבודה זרה** של **אברהם אבינו ארבע מאה פירקי הויין** [ארבע מאות פרקים היו בה], **ואנן חמשה תנן** [ואילו אנו חמישה פרקים בלבד אנו שונים בה], ובכל זאת **לא ידעינן מאי קאמרינן** [אין אנו יודעים מה אנו אומרים]. ושאל אותו: **ומאי קשיא** [ומה קשה], מה אינך מבין במשנתנו? אמר לו: **דקתני** [ששנינו], **ר' מאיר אומר: אף דקל טב, חצב ונקלס אסור למכור לגוים.** ונדייק: **דקל טב** [טוב] **הוא דלא מזבנינן** [שאין אנו מוכרים], **הא דקל ביש מזבנינן** [אבל דקל רע מוכרים אנו]. **והתנן** [והרי שנינו במשנה] להלן: **אין מוכרין להם במחובר לקרקע** כל דבר! **אמר ליה** [לו]: **מאי** [מה] פירוש **"דקל טב** [טוב]**"? פירות של דקל טב** [טוב] שהם תלושים.

וכן אמר רב הונא: פירות דקל טב [טוב].

שנינו במשנה: **"חצב"**, ומסבירים שהוא **קשבא** [מין תמרים]. ובפירוש **"נקלס"** מסופר, **כי אתא** [כאשר בא] **רב דימי** מארץ ישראל לבבל **אמר** בשם **ר' חמא בר יוסף: קורייטי. אמר ליה** [לו] **אביי לרב דימי: תנן** [שנינו במשנה] **"נקלס" ולא ידעינן** [ואין אנו יודעים] **מהו, ואת אמרת** [ואתה אומר] **קורייטי, ולא ידעינן** [ואין אנו יודעים] מהו, אם כן **מאי אהנית לן** [מה הועלת לנו], אם גם את הפירוש איננו יודעים? **אמר ליה** [להם]: **אהנאי לכו** [אני הועלתי לכם], **דכי אזלת התם** [שכאשר תלך לשם] לארץ ישראל **אמרת להו** [אומר אתה להם] **"נקלס" — ולא ידעי** [ואינם יודעים], **אמרת להו** [אומר אתה להם] **"קורייטי" — וידעי, וקא מחוו לך** [ויודעים, ומראים לך מהו].

ב משנה **מקום שנהגו למכור בהמה דקה לגוים — מוכרין, מקום שנהגו שלא למכור — אין מוכרין. ובכל מקום אין מוכרין להם בהמה גסה**, שנמצא עובד בה בשבת, וישראל מצווה על שביתת בהמתו. ואף לא **עגלים וסייחים, בין שלמין ובין שבורין** שאינם יכולים לעשות מלאכה. **ר' יהודה מתיר בשבורה, ובן בתירא מתיר בסוס.**

ג גמרא מדברי המשנה שבמקום שנהגו שלא למכור בהמה דקה אין מוכרים, מדייקים: **למימרא** [לומר] מכאן **דאיסורא ליכא** [שאיסור אין בכך], אלא רק **מנהגא הוא דאיכא** [מנהג הוא שיש], **היכא דנהיג** [במקום שנוהגים] **איסור — נהוג** [נוהגים], **היכא דנהיג** [במקום שנוהגים] **היתר — נהוג** [נוהגים]. **ורמינהי** [ומשליכים, מראים סתירה] ממה ששנינו כאיסור, ולא כמנהג: **אין מעמידין בהמה בפונדקאות של גוים, מפני שחשודין על הרביעה**, וכיוון שהדבר אסור להם הרי זה בכלל הציווי "לפני עיור לא תתן מכשול". **אמר רב**: הלכה זו של העמדת בהמה בפונדקאות תלויה בהלכה שבמשנתנו, **מקום שהתירו למכור** לגוים, הרי זה משום שבאותו מקום אינם חשודים על רביעת בהמה דקה, ובמקום כזה גם **התירו לייחד** עימם בהמה דקה בפונדקאות. וכן לצד האחר, **מקום שאסרו לייחד** בפונדקאות **אסרו** גם **למכור**.

מסורת הש"ס

א. משנה ע"ז יט,ב. ילק"ש תורה תתמה.
ב. ראה ירושלמי ע"ז פ"א ה"ה.
ג. ברכות נ,ב. ובירושלמי שם (בשינוי שם).
ד. (כל המשנה) משנה פסחים נג,א.
ה. ע"ז טז,א. בכורות ב,א. ירושלמי פסחים פ"ד ה"ג. שם ע"ז פ"א ה"ו. תוספתא ע"ז פ"ב ג.
ו. שבת צד,א. ע"ז ז,ב. טז,ב. בכורות ב,א.
ז. משנה ע"ז כב,א. ע"ז טו,ב. ירושלמי ע"ז פ"ב ה"א. תוספתא ע"ז פ"ג ב. ילק"ש תורה כח.
ח. ירושלמי פסחים פ"ד ה"א. שם ע"ז פ"א ה"ו. שם פ"ב ה"א.

גרסות

כולי עלמא אביקו בכת"י יש: **כולי עלמא אביקו בה.**

אימא הכי כי היכי דליתבו לי בכתי"ס: **ואמר הכי כי היכי דניתבו ליה.**

כיון דיהבו — לאו לעבודה זרה בכתי"מ: **מדיהבו ליה שחור ושקיל היא לאו לעבודה זרה.**

ומאי קשיא דקתני בכתי"מ: **ומאי קשיא לך דתנן** וכעין זה בכתי"ס.

חצב קשבא בכתי"מ: **מאי חצב קשבא.**

נקלס בכתי"מ: **ונקלווס מאי נקלווס.**

אהנאי לכו בכתי"מ: **אהנית לך.**

דכי אזלת להתם בכתי"ס: **דכי אזליתו להתם.**

אין מוכרין בירושלמי בכת"י שונים ובמקורות: **אין מוכרין ואל ישנה אדם מפני המחלוקת.**

היכא דנהיג — נהוג בכתי"מ: **היכא דנהג נהג היכא דלא נהג לא נהג.**

לשון

נקלס
ויש בגרסות: נקלווס. נראה שהוא מין תמרים מיוחד (Phoenix dactylifera), הנקרא על שם ההיסטוריון ניקולאוס איש דמשק, אשר היה נוהג לשלוח סוג זה של תמרים לקיסר אוגוסטוס.

קשבא
בסורסית וכן בערבית: قشب (קשב) — מין תמרים.

קורייטי
מין תמרים הדומים קצת במראיהם לאגוזים, ושמם בלטינית (וכיוצא בזה ביוונית) caryotis.

עיונים

סתמן... דמזבנינן שהרי אין איסור למכור חיטים לבנות, שלא נאסר אלא תרנגול לבן שמן הסתם קונים אותו לשם תקרובת עבודה זרה. ואם כן, הקונה חיטים לבנות סתם אין כל חשש בדבר.

אם תמצי לומר כלומר, אם אתה חושש שהוא מערים בדיבור בלבד, שהרי הוא יודע שאין בנמצא תרנגול קטוע, האם יש לחשוש גם כאשר הוא משלם בכספו וקונה דבר שאין בו צורך לעבודה זרה (ראב"ד). ורמב"ן פירש שיש לומר כי דווקא כשמבקש תרנגול קטוע יש מקום לחשד, לפי שדבר זה אינו מצוי. ואילו רב האי גאון גורס ומפרש כאן להיפך: אם במבקש תרנגול קטוע אין אתה חושש, לפי שאין אדם עושה כן בדרך בזיון כשהוא קונה תרנגול עבור עבודה זרה, האם יש לחשוש במי שמבקש תרנגול שלם.

ויהבו ליה שחור ושקיל וכיון שאינו מקפיד שהוא לבן, וקונהו אפילו כשהוא לבדו, משמע שאינו חפץ בתרנגול לשם עבודה זרה. וכתב רש"י ששאלה זו נשאלה דווקא לדעת ר' יהודה המתיר תרנגול בין התרנגולים, כלומר כשביקש כמה תרנגולים וביניהם אחד לבן. אבל בתוס' (וכן עוד ראשונים) סבורים ששאלה זו היא אף לדברי חכמים, שיש לומר שמה שאסרו למכור תרנגול לבן בין התרנגולים, הרי זה משום שאינו מבקש שחור אלא כדי שיקבל גם לבן עמו. אולם כאן — הרי רואים שהוא לוקח תרנגול שחור לבדו (שהרי אינו יודע אם ימכרו לו לבן אחר כך) ואם כן הוא קל יותר. וכיוצא בזה פירש הרי"ד שהיה מקום לומר שלא נאסר אלא כשהוא מבקש מאדם אחד שלושה תרנגולים, והוא מערים. אבל כאן מדובר שהוא מבקש בנפרד משלושה בני אדם שונים, וגם אינו מקפיד כשהוא מקבל תרנגול שחור או אדום.

ארבע מאות פרקי נראה שבא לומר כי בימות קדם היו הרבה יותר סוגים ואופנים של עבודה זרה, ובמשך הדורות התמעט הדבר. ולכן בימות אברהם אבינו היתה מסכת זו צריכה להכיל ארבע מאות פרקים.

חצב קשבא רש"י מפרש בפירוש אחד שקשבא הוא מין מיוחד של תמרים, וכן נזכר בכמה מקומות מין דקל הקרוי קשבא. ובפירוש אחר מסביר שהוא צמח החצב, שאינו נאכל, אבל היו מביאים אותו משום נוי כתקרובת לעבודה זרה (וכן כתב הרי"ד). ובערוך פירש שקשבא הוא קנה סוכר. וכן כתב בפיה"מ לרמב"ם.

קורייטי כנראה הוא מין פירות (רש"י) ולא נתבאר לנו מה הוא (ר"ח). וכתב רש"י שיש אומרים שהכוונה היא לקרטים (פירורים) של לבונה, אלא שאינו נראה, שהרי אביי לא ידע מה עניינו של קורייטי.

שלא למכור בגמרא מבואר שבמקומות רבים חששו שהגוים נוהגים לרבוע בהמות דקות. ודבר זה אסור להם כאחת משבע מצוות בני נוח, ולכן אם מזמן להם בהמה כזו עובר משום "לפני עיור". ובמקומות שנהגו למכור — משום ששם לא היו הגויים שטופים בעבירה זו.

אכן, בירושלמי מעלה עוד סברה בענין זה, שאין מוכרים בהמה דקה משום שעל ידי מכירתה מפקיע אותה ממצוות, כגון ראשית הגז בכבשים ובכורה בעזים. ואף ששם דחו לבסוף הסבר זה שאם כן היה אסור למכור להם אף חטים וכיוצא בהן, שאף הן מופקעות ממצוות על ידי מכירתן לגוי, כתב המאירי שעדיין יש מקום לסברה זו, ויש לחלק בין דברים מצויים ביותר, שלא גזרו בהם, משום צורך פרנסת ישראל, לדברים שאינם מצויים כל כך.

ובירושלמי שאלו עוד: הרי אמרו שאין מגדלים בהמה דקה בארץ ישראל, ואם כן כיצד יש ביד ישראל בהמה דקה למכור? ותירצו שאף בארץ ישראל התירו לגדל במקומות שאינם מקומות ישוב ושדות.

עגלים וסייחים שלמין ושבורין כתב רש"י שגזרו שלא למכור עגלים וסייחים (שאינם ראויים למלאכה עכשיו) ולא שבורים (שאין ראויים כלל למלאכה) שמא יבואו למכור להם גם גדולים ושלמים הראויים למלאכה. ובתוס' אמרו לענין שבורים שהגזירה היא מצד אחר, שהרואה בהמה שבורה של ישראל שנמכרה לגוי, סבור שנמכרה כשהיתה שלימה אלא שביד הגוי אירע בה השבר, ויבוא למכור אף הוא.

מתיר בסוס לפי שבדרך כלל לא היה הסוס משמש למשא או לעבודה אלא לרכב עליו בלבד, ורכיבה על סוס (כמבואר להלן) אינה נחשבת כמלאכה האסורה בשבת מן התורה, ואינה אסורה אלא משום שבות.

אורח ההלכה

איערומי קא מערים אם היה הגוי מחזר לקנות דברים המיוחדים לעבודה זרה ומערים לכלול דברים אחרים עמהם — אסור למכור לו. שבעיה זו לא נפתרה בגמרא, ולמעשה יש להחמיר. (שו"ע יו"ד קנא, ב).

למכור בהמה דקה מקום שנהגו למכור בהמה דקה לגוי — מוכרים, ובמקום שנהגו שלא למכור — אין מוכרים. כמשנה. (רמב"ם ספר זמנים הלכות שבת פ"כ ה"ה. שו"ע שם סעיף ד).

אין מוכרים להם בהמה גסה אסרו חכמים להשאיל או להשכיר בהמה גסה שלו לגוי שמא יעבידנה בשבת ונמצא הישראל עובר משום שביתת בהמתו. וגזרו חכמים שלא ימכור להם אפילו בהמה שבורה, שמא יבוא להשאיל או להשכיר. כמשנה וכמסקנת הגמרא. וראה בעמוד הבא. (רמב"ם ספר זמנים הלכות שבת פ"כ ה"ג. שו"ע שם. וראה שם או"ח רמו, ג).

מתיר בסוס מותר למכור לנכרים סוס, לפי שאינו עומד אלא לרכיבת אדם ולא למשא, ואין ברכיבה עליו איסור תורה בשבת. כבן בתירא. (רמב"ם שם).

בהמה בפונדקאות של גוים אין מעמידים בהמה בפונדקאות של גוים ואין מוסרים בהמה לרועה שלהם, מפני שהם חשודים על הרביעה. ובמקומות שאינם חשודים על כך ואף עונשים על כך — מוסרים להם (מ"מ בשם הרשב"א). (רמב"ם ספר קדושה הלכות איסורי ביאה פכ"ב ה"ה—ו. שו"ע יו"ד קנג, א).

מסורת הש"ס

א. ירושלמי ע"ז פ"א ה"ו.
ב. ע"ז כב,א. ירושלמי שם פ"ב ה"א.
ג. ראה ירושלמי שם פ"א ה"ו.
ד. ירושלמי פסחים פ"ד ה"ג. שם ע"ז פ"א ה"ו.
ה. ראה שם ושם.
ו. שבת קנג,ב. וראה שם קנד,א.
ז. משנה ע"ז כא,א. פסחים ו,א.
ח. משנה תרומות פי"א מ"ט. יבמות סו,ב.
ט. ראה ירושלמי ע"ז פ"א ה"ו.

גרסות

מותר למכור בכתי"י ועוד: **התירו למכור.**

מעביד ביה מלאכה בכתי"מ: **עביד בה מלאכה בשבת** ובכתי"ס: **עביד בה מלאכה בשבת.**

דזבנה לה ניהליה בכתי"מ: **זבין ליה ניהליה.**

נסייה ניהליה בכתי"ס: **נסייה ניהלי.**

והמחמר — חטאת בכתי"ס ועוד לא גרסו משפט זה.

עבודה זרה האי כי בכתי"מ ועוד כבמשנה להלן: **עבודה זרה שנאמר לא תביא תועבה אל ביתך.**

דכתיב לא תביא תועבה אל ביתך בכתי"ס ועוד: **שנאמר ולא ידבק בידך מאומה מן החרם וכתיב לא תביא תועבה אל ביתך.**

שמע מינה שכירות בכת"י: **אלא לאו שמע מינה שכירות.**

אידא בכתי"ס: **אידיה** ויש במקורות: **אגב ספסירא.**

כיון דלאו דידיה היא בכתי"ס ובמקורות מלים אלו חסרות.

ניגלי ביה מומא בכת"י: **ליגלי מומא.**

לשון

ספסירא
מקור המלה הוא בפרסית הבינונית sapser ומשמעה — מתווך, אדם הקונה ומוכר סחורה.

העולם

כרשיני תרומה

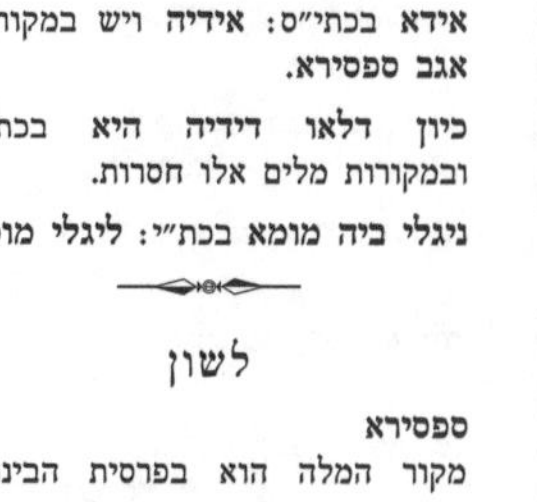

הכרשינה או בקיית הכרשינה (Vicia ervilia) היא צמח חד שנתי ממשפחת הקטניות. גובהו בין 10—50 ס"מ. זרעי הכרשינה הם חומים, כדוריים או מצולעים, וקוטרם 3.5—5.5 מ"מ. לזרעי הכרשינה, כלשאר מיני הקטניות, ערך תזונתי גבוה, ומזון זה מתעכל בנקל אצל הבהמות.
הכרשינה היא גידול שדה חרפי ואביבי בארצות הים התיכון, ועדיין מגדלים אותה בימינו בכפר הערבי.
הצמח וזרעיו משמשים בעיקר כמאכל בהמה. לשם ריכוך הזרעים נוהגים לפעמים להשרותם במים במשך הלילה. אף שבדרך כלל משמשת הכרשינה למאכל בהמה, ניתנים הזרעים גם למאכל אדם, והיו אוכלים אותם בעת הדחק, כגון בשנות רעב. מכיון שהכרשינה יכולה לשמש גם למאכל אדם חל עליה חיוב תרומות ומעשרות, אף כי כרגיל היתה ניתנת לבהמות הכהנים.

וְר' אֶלְעָזָר אוֹמֵר: אַף בְּמָקוֹם שֶׁאָסְרוּ לְיַיחֵד, מוּתָּר לִמְכּוֹר. מַאי טַעְמָא [מה טעם הדבר]? שאם ימכור לו שוב אין חשש לרביעה, לפי **שגּוֹי חַס עַל בְּהֶמְתּוֹ שֶׁלֹּא תֵּעָקֵר** (תיעשה עקרה) מחמת הרביעה, ולכן אין הוא רובע את בהמתו שלו. אבל ליחד אסור, לפי שחשודים הם לרבוע בהמות של ישראל. ומעירים: **וְאַף רַב הֲדַר בֵּיהּ** [חזר בו] מדבריו, **שֶׁאָמַר רַב תַּחְלִיפָא אָמַר רַב שֵׁילָא בַּר אֲבִימִי מִשְּׁמֵיהּ** [משמו] של **רַב:**
גּוֹי חַס עַל בְּהֶמְתּוֹ שֶׁלֹּא תֵּעָקֵר.

א שנינו במשנה: **וּבְכָל מָקוֹם אֵין מוֹכְרִין בְּהֵמָה גַּסָּה כו'.** ומסבירים: **מַאי טַעְמָא** [מה טעם הדבר]? **נְהִי** [אם אמנם] **שלִּרְבִיעָה לָא חָיְישִׁינַן** [אין אנו חוששים], ואולם **מֵעֲבִיד בֵּיהּ מְלָאכָה חָיְישִׁינַן** [לעשיית מלאכה בה בשבת אנו חוששים]. ושואלים: מדוע נחשוש לכך? **וְנִיעֲבֵיד** [ושיעשה] בה מלאכה, **כֵּיוָן דְּזַבְנָהּ קַנְיָיהּ** [שקנאה הגוי קנה אותה לעצמו] לכל דבר, ומותר לו לעבוד בה בשבת! ומשיבים: נאסרה מכירה **גְּזֵירָה מִשּׁוּם שְׁאֵלָה** שמא יבוא להשאיל את הבהמה, או **מִשּׁוּם שְׂכִירוּת,** ואז יעשה בה מלאכה בזמן שהיא שייכת לישראל. ומקשים שוב: הרי גם **שְׁאֵלָה קַנְיָיהּ** [קונה אותה] לשואל, **וְגם אַגְרָא קַנְיָיהּ** [שכירות קונה אותה] לשוכר, אמנם לא לצמיתות אבל לשעתה, ובאותה שעה אינה שלו אלא של הגוי, ומדוע לא יעבוד בה? **אֶלָּא אָמַר רָמִי בְּרֵיהּ** [בנו] של **ר' יֵיבָא:** האיסור למכור הוא **גְּזֵירָה מִשּׁוּם נִסְיוֹנֵי** [נסיונות] שעושים לפני מכירת הבהמה, **דִּזְמְנִין דְּזַבְנָהּ לָהּ נִיהֲלֵיהּ** [שפעמים שהוא מוכר אותה לו] **סָמוּךְ לִשְׁקִיעַת הַחַמָּה דְּמַעֲלֵי שַׁבְּתָא** [של ערב שבת], **וְאָמַר לֵיהּ** [ואומר לו]: **תָּא נַסְיָיהּ נִיהֲלֵיהּ** [בוא נסה אותה], **וְשָׁמְעָה לֵיהּ לְקָלֵיהּ וְאָזְלָא מֵחֲמָתֵיהּ** [והבהמה שומעת את קולו של בעליה היהודי והולכת בגללו], **וְנִיחָא לֵיהּ דְּתֵיזַל** [ונוח לו שתלך], שהרי הוא רוצה שיראה הגוי שהיא מסוגלת לעבודה, **וַהֲוָה לֵיהּ** [ונמצא] **מְחַמֵּר אַחַר בְּהֶמְתּוֹ בְּשַׁבָּת, וְהַמְחַמֵּר אַחַר בְּהֶמְתּוֹ בְּשַׁבָּת — חַיָּיב חַטָּאת.** על מה שהנחנו ששכירות קונה, **מַתְקִיף לָהּ** [מקשה עליה] **רַב שֵׁישָׁא בְּרֵיהּ** [בנו] של **רַב אִידִי: וּשְׂכִירוּת מִי קָנְיָא** [האם היא קונה]? **וְהָתְנַן** [והרי שנינו במשנה]: **אַף בְּמָקוֹם שֶׁאָמְרוּ** שמותר **לְהַשְׂכִּיר** דירה לגוי — **לֹא לְבֵית דִּירָה אָמְרוּ, מִפְּנֵי שֶׁהגוי מַכְנִיס לְתוֹכוֹ עֲבוֹדָה זָרָה. וְאִי סָלְקָא דַּעְתָּךְ** [ואם עולה על דעתך] לומר **שֶׁשְּׂכִירוּת קָנְיָא** [קונה], **הַאי כִּי קָא מְעַיֵּיל** [גוי זה כאשר הוא מכניס] — **לְבֵיתֵיהּ קָא מְעַיֵּיל** [לביתו הוא מכניס] ומה איכפת ליהודי בעל הדירה? ומשיבים: **שָׁאנֵי** [שונה] **עֲבוֹדָה זָרָה דַּחֲמִירָא** [שהיא חמורה] ביותר, ומחמירים בה אף בדבר שאינו שייך לו בשלימות, **דִּכְתִיב** [שנאמר]: **"וְלֹא תָבִיא תוֹעֵבָה אֶל בֵּיתֶךָ"** (דברים ז, כו), ובית זה עדיין שמו של היהודי עליו.
וכן **מַתְקִיף לָהּ** [מקשה על כך] **רַב יִצְחָק בְּרֵיהּ** [בנו] של **רַב מְשָׁרְשְׁיָא: וּשְׂכִירוּת מִי קָנְיָא** [האם היא קונה]? **וְהָא תְּנַן** [והרי שנינו במשנה]: **יִשְׂרָאֵל שֶׁשָּׂכַר פָּרָה מִכֹּהֵן — יַאֲכִילֶנָּה כַּרְשִׁינֵי** (מין ירק) **תְּרוּמָה,** לפי שהיא בהמת כהן ומותר להאכילה תרומה, ולהיפך, **כֹּהֵן שֶׁשָּׂכַר פָּרָה מִיִּשְׂרָאֵל, אַף עַל פִּי** שֶׁלפי ההסכם **מְזוֹנוֹתֶיהָ עָלָיו,** שהכהן השוכר הוא החייב במזונותיה — מכל מקום **לֹא יַאֲכִילֶנָּה כַּרְשִׁינֵי תְּרוּמָה** לפי שהיא פרת ישראל. **וְאִי סָלְקָא דַּעְתָּךְ** [ואם עולה על דעתך] לומר **שֶׁשְּׂכִירוּת קָנְיָא** [קונה], **אַמַּאי** [מדוע] **לֹא יַאֲכִילֶנָּה** הכהן כרשיני תרומה? הלוא **פָּרָה דִּידֵיהּ** [שלו] **הִיא** לפי שעה! **אֶלָּא שְׁמַע מִינָּהּ** [למד מכאן] **שֶׁשְּׂכִירוּת לָא קָנְיָא** [אינה קונה]. ומעירים: **וְהָשְׁתָּא דְּאָמְרַתְּ** [ועכשיו שאתה אומר] **שְׂכִירוּת לָא קָנְיָא** [אינה קונה] ואינה מפקעת את הדבר מרשות בעליו, אם כן אפשר לפרש כמו שפירשנו מתחילה, שאין מוכרים בהמה גסה לגוי **גְּזֵירָה מִשּׁוּם שְׂכִירוּת, וּגְזֵירָה מִשּׁוּם שְׁאֵלָה, וּגְזֵירָה מִשּׁוּם נִסְיוֹנֵי** (נסיונות). מסופר, **רַב אַדָּא שְׁרָא לְזַבּוּנֵי חֲמָרָא אַיְּדָא דְּסַפְסֵירָא** [התיר למכור חמור על ידי ספסר] יהודי, והסביר: **אִי** [אם] **מִשּׁוּם נִסְיוֹנֵי — הָא לָא יָדְעָה לְקָלֵיהּ דְּאָזְלָא מֵחֲמָתֵיהּ** [הרי אינה מכירה את קולו של הספסר שתלך בגללו], **וְאִי** [ואם] **מִשּׁוּם שְׁאֵלָה וּשְׂכִירוּת — כֵּיוָן שלֹּא דִּידֵיהּ** [שלו] **הִיא, לָא מוֹשֵׁיל וְלָא מוֹגַר** [אינו משאיל ואינו משכיר אותה], **וְעוֹד** טעם שאינו משאיל או משכיר — **מִשּׁוּם שלֹּא נִיגְלֵי בֵּיהּ מוּמָא** [יתגלה בה מום] בתוך זמן השכירות והשאלה, שהרי הוא מעוניין למכור את הבהמה. ועוד מסופר, **רַב הוּנָא זַבֵּין הַהִיא** [מכר אותה] **פָּרָה לְגוֹי, אָמַר לֵיהּ** [לו] **רַב חִסְדָּא: מַאי טַעְמָא עֲבַד מָר הָכִי** [מה טעם עשה אדוני כן]? **אָמַר לֵיהּ** [לו] רב הונא: **אֵימוּר** [אמור] **שלִשְׁחִיטָה זַבְנָהּ** [קנה אותה] ולא כדי לעשות בה מלאכה.

עיונים

שאסרו ליחד והוא מפרש את המשנה בענין זה כמשמעה, שאסור ליחד בכל מקום, ואין הדבר תלוי במנהג המקום.
שלא תעקר ומקובל היה בידם שבהמה שנרבעה לאדם נעשית כחושה ועקרה, ולכן אין הגוי עושה כן לבהמתו שלו. ולפיכך מן הדין היה מותר למכור, אלא שבמקצת מקומות נהגו להחמיר על עצמם, שגם לא היו מוכרים (רש"י ועוד). ויש שכתבו שבמקומות שנהגו שלא למכור חששו למיעוט גוים שאינם חסים על בהמתם ורובעים אותה למרות שהיא נעקרת מכך (ראה תוס' חכמי אנגליה). ויש שהבינו כי לדרך זו אין להבין כלל את משנתנו מצד חשש רביעה, ובמקום שנהגו שלא למכור בהמה דקה היה זה כגזירה שמא יבואו למכור בהמה גסה (ראה מאירי).
גזירה משום שאלה שהגוי שואלה לזמן מסויים, ובמשך זמן זה נמצא שבהמתו של ישראל עובדת בשבת, והרי מפורש בתורה (שמות כ, י ועוד) שמצווה שתשבות בהמת ישראל בשבת.
משום נסיוני בתלמוד כאן מפורש שהכוונה היא שמא יעשה בה את הנסיון בערב שבת סמוך לחשיכה, ויש חשש לאיסור מחמר. ובירושלמי אמרו שפעמים שהגוי לוקחה לנסיון לפני קנייתה במשך ימים אחדים (ובתוכם שבת), ואם לאחר מכן מחליט שאינו קונה את הבהמה נמצא שבהמת ישראל עבדה בשבת.
ושמעה לקליה וכו' בתוס' ועוד ראשונים שאלו: מפני מה חושש לאיסור מחמר ואינו חושש למה שהגוי עושה בה מלאכה בשבת, כפי שחששנו לפי הטעם של שאלה ושכירות? ותירצו כי לא היה מקום לאסור מכירה רק מחשש שמא בהמתו לא תשבות באותו פרק זמן קצר של נסיון, אלא רק כאשר מדובר בכל השבת כולה. וכן כתבו הרא"ה והרשב"א כי איסור מחמר, שהוא איסור שבגופו, הוא ודאי חמור יותר מן האיסור של שביתת בהמתו. והרי"ד (על המשנה) מחדש בענין זה כי אין אדם עובר משום שביתת בהמתו אלא אם כן הוא מתחיל לעבוד בה בשבת, אבל לא אם התחיל בה לפני השבת והיא ממשיכה במלאכתה, ולכן היה צורך בנימוק שהיא הולכת לקולו בשבת עצמה.
והוה ליה מחמר אחד בהמתו ויש להבין כי בהמה זו של ישראל היא עד לאחר הנסיון. והמאירי תמה כיצד מעביר היהודי את הבהמה לרשותו של הגוי בשבת. והוא מסביר כי מדובר כאן שהגוי כבר קנה את הבהמה קנין גמור, ומכל מקום אם מחמת קולו של היהודי היא הולכת — הריהו מחמר בשבת, שלענין זה אין הבדל אם מחמר אחרי בהמתו או אחר בהמת חבירו (והוא סבור כי אין לגרוס כאן "בהמתו").
והמחמר אחר בהמתו וכו' המחמר הוא הגורם לבהמה הנושאת משא שתלך עם משאה בשבת, בין שמחמר אחריה במעשה (שמכה אותה) או בקול. ויש מחלוקת אמוראים בנושא זה (ראה שבת קנג,ב ואילך), שיש אומרים שהמחמר בשוגג חייב חטאת ובמזיד חייב סקילה, כמו כל המלאכות האסורות בשבת מן התורה. ויש אומרים שהואיל ואינה בגדר מלאכה שבגופו אינה אלא באיסור לאו. וכן מסקנת ההלכה לדעת הרמב"ם, ומשום כך לא הביא טעם זה של נסיוני כנימוק לדין משנתנו, אלא רק את הגזירה משום השאלה והשכרה.
במקום שאמרו להשכיר בתחילת אותה משנה נאמר שבארץ ישראל נאסר הדבר בכל מקרה, ולא התירו אלא בחוץ לארץ, ועל כך הוסיפו שגם בזה יש הגבלה.
יאכילנה כרשיני תרומה רש"י מסביר שגם כאן, כמו בדין השני במשנה זו, מזונותיה של הפרה על השוכר, ואף על פי כן מותר לו להאכילה כרשיני תרומה מתבואתו, כי אף שהתרומה היא בכללה רכוש הכהנים, הרי ביד הישראלי להחליט למי הוא נותן את התרומה. ואם מאכיל את בהמתו של הכהן בתרומה הרי זה כאילו נתן את התרומה לכהן זה, ואף הכהן נהנה מכך שהרי השוכר יאכילנה בעין יפה. ובאופן אחר פירש שתרומה זו היתה ממונו של הישראל, כגון שירש אותה מאבי אמו שהיה כהן, ולפיכך הוא יכול להשתמש בה לכל צרכיו (אף כי, כישראל, אסור לו לאכול אותה). אבל רוב הראשונים אינם מפרשים כרש"י, הן מן הסברה, והן מכך שבניגוד לדין השני, כאן לא מוזכר שמזונותיה על השוכר. והם סבורים כי כאן מדובר שהותנה ביניהם שמזון הבהמה הוא על הכהן המשכיר, ולפיכך פשוט הדבר שישראל נותן לבהמה זו כרשיני תרומה, שהרי הוא כנותן את התרומה לכהן והכהן מאכיל את בהמתו משלו.
שכירות לא קניא ושאלו ראשונים: הרי לענין אונאה למדו מן הכתוב "וכי תמכרו ממכר" שיש איסור אונאה גם בשכירות, שהיא כממכר לשעה! ותירצו כי רק לענין אונאה למדים מייתור המקראות שדין שכירות ושאלה כממכר, אבל גוף הרכוש אינו נחשב כשייך לשואל ולשוכר, ואין להם אלא זכות שימוש בלבד. וכן כתב המאירי בניסוח אחר, כי שכירות קונה לענין איסור, אבל לגוף הקנין עדיין שם בעליו עליו. ובפשטות זאת היא מסקנת הסוגיה. אבל יש שסברו שלחומרא ששכירות קונה, ולפיכך אם שכר ישראל בהמתו של גוי יש מקום לומר שהוא מצווה על שביתתה (הגהות אשרי).
אידא דספסירא לפי גרסתנו ספסירא זה הוא מתווך, הלוקח בהמה מבעליה ומוכר אותה לאחר, אבל הוא עצמו אינו קונה אותה (ויש שהבינו כן מדברי רש"י). אבל אחרים מפרשים שכאן מדובר באדם שקונה ממש את הבהמה, אלא שהואיל ועסקו בממכר בהמות, שהוא קונה ומוכר הרבה ואינו משהה אותן בידו, לכן אין חשש לא משום השאלה והשכרה ולא משום נסיון, שהרי הסוחר הזה מעוניין רק במכירת הבהמות בלבד (כן נראה מהרי"ף, וכן הביא המאירי).
זבין ההיא פרה לפי רש"י מדובר במכירה סתם, וראה להלן מה שדנו בדבריו. אבל רב האי גאון בספר המקח והממכר כתב שכאן נראה היה לרב הונא שהקונה קונה אותה לשם שחיטה, כגון שהיה הקונה טבח (ראב"ד), שמן הסתם לשם שחיטה הוא קונה (ורב חסדא סבר שיש לחשוש שמא בינתיים עד שישחטנה יעבוד בה וכיו"ב). או שהיה הקונה עושה משתה בביתו, שמסתבר שקונה לשם שחיטה (וראה רמב"ן).
אימור לשחיטה ולפי הסבר זה (כשיטת רש"י) צריך לומר שרב הונא סבור כי המשנה האוסרת מכירת בהמה גסה אינה מדברת בבהמה הראויה לשחיטה, אלא בבהמה טמאה, שאינה משמשת אלא לצורך עבודה. או אף בבהמה טהורה — בשעה שהיהודי יודע שכוונתו של הגוי להשאיר אותה אצלו ולא לשוחטה מיד. והרשב"ם מפרש בשם רש"י שיש להבדיל בין פרה, אותה מכר רב הונא, לפי שבדרך כלל אינה משמשת למלאכה, לבין שור שהוא למלאכה. וראה בתוס' שהביאו דבריו והקשו עליו ממקומות רבים מהם רואים שסתם פרה היתה לצורך עבודה.

אורח ההלכה

ישראל ששכר פרה מכהן וכו' ישראל ששכר פרה מכהן — מותר לו להאכילה כרשיני תרומה. וכהן ששכר מישראל, אף שנתחייב במזונותיה — לא יאכילנה תרומה, מפני שאינה קנין כספו. (רמב"ם ספר זרעים הלכות תרומות פ"ט ה"ז).
זבוני חמרא אידא דספסירא מותר למכור בהמה גסה לגוי על ידי סרסור, לפי שאין הסרסור משאיל או משכיר. כדברי רב אדא. (רמב"ם ספר זמנים הלכות שבת פ"כ ה"ג. שו"ע יו"ד קנא, ד).
אימור לשחיטה זבנה מותר למכור בהמה גסה לגוי אם יודע היהודי שהגוי קונה אותה לשחיטה. כדברי רב הונא, וכפירושו של רב האי גאון (גר"א). ועכשיו נהגו היתר בכל אופן. ומכל מקום אסור להשאיל ולהשכיר בהמתו לגוי כדי שיעשה בה מלאכה בשבת, וראוי לגעור במי שעושה כן. וכל זה בבהמה גסה טמאה, אבל בטהורה יש לומר שלשחיטה קונה אותה הגוי (ש"ך עפ"י רש"י). (שו"ע שם. שם או"ח רמו, ג).

א ור"א אומר אף במקום שאסרו לייחד מותר למכור מאי טעמא ב גוי חס על בהמתו שלא תעקר ג ואף *רב הדר ביה דאמר רב תחליפא א"ר שילא בר אבימי משמיה דרב *גוי חס על בהמתו שלא תעקר: ובכל מקום אין מוכרין בהמה גסה כו': מ"ט נהי דלרביעה לא חיישינן מעביד ביה מלאכה חיישינן ד וניעביד כיון דזבנה קנייה א גזירה משום שאלה ומשום שכירות שאלה קנייה ואגרא קנייה אלא אמר רמי בריה דר' ייבא ה גזירה משום נסיוני דזמנין דזבנה לה ניהליה סמוך לשקיע' החמה דמעלי שבתא וא"ל תא נסייה ניהליה ושמעה ליה לקליה ואזלא מחמתיה וניחא ליה דתיזל והוה ליה מחמר אחר בהמתו בשבת ו *והמחמר אחר בהמתו בשבת חייב חטאת מתקיף לה רב שישא בריה דרב אידי ושכירות מי קניא והתנן ז *אף במקום שאמרו להשכיר לא לבית דירה אמרו מפני שמכנים לתוכו עבודה זרה ואי ס"ד שכירות קניא האי כי קא מעייל לביתי' קא מעייל שאני עבודה זרה דחמירא דכתיב (דברים ז) ולא תביא תועבה אל ביתך מתקיף לה רב יצחק ברי' דרב משרשיא ושכירות מי קניא והא תנן ח* ב ישראל ששכר פרה מכהן יאכילנה כרשיני תרומה וכהן ששכר פרה מישראל אע"פ שמזונותיה עליו לא יאכילנה כרשיני תרומה ואי ס"ד שכירות קניא אמאי לא יאכילנה פרה דידיה היא אלא ש"מ שכירות לא קניא והשתא דאמרת שכירו' לא קניא גזירה משום שכירות וגזירה משום שאלה וגזירה משום נסיוני רב אדא ט ג שרא לזבוני חמרא אידא דספסירא אי משום נסיוני הא לא ידעה לקליה דאזלא מחמתיה ואי משום שאלה ושכירות כיון דלא דידיה היא לא מושיל ולא מוגר ועוד משום דלא ניגלי ביה מומא רב הונא זבין ההיא פרה לגוי אמר ליה רב חסדא מ"ט עבד מר הכי אמר ליה אימור לשחיטה זבנה

ומנא

ור"א אומר אף במקום שאסרו לייחד. כדקתני בההוא דאין מעמידין התירו למכור דיחוד בכל מקום אסור משום מכשול דרביעה ולא במנהגא תליא מילתא אבל במכירה ליכא למיחש לרביעה דגוי חס על בהמתו מלרבעה מאחר שקנאה כדי שלא תעקר שנעשית עקורה ברביע' הלכך במנהגא תליא מילתא היכא דאחמור עלייהו דלא מזבני אחמור והיכא דלא אחמור שרי ולגבי העמדת בהמה בפונדקאות של גוים שהבהמה של ישראל היא אין הגוי חס עליה מלרבעה וקא עבר אלפני עור לא תתן מכשול ואהכי אסור: **ואף רב סדר ביה.** וקסבר כר"א: **נהי דלרביעה לא חיישינן.** דגוי חס על בהמתו שלא תעקר: **כיון דזבנה קנייה.** ואינה של ישראל ומשום לפני עור לא תתן מכשול לא קעבר דבני נח לא נצטוו על השביתה אבל גבי רביעה ליכא למימר הכי משום דהתם קעבר אלפני עור לא תתן מכשול (ויקרא יט) לפי שבני נח נצטוו על הרביעה אבל על השבת לא נצטוו בני נח ומה שאסור לישראל לומר לגוי עשה לי כך זהו משום ממצוא חפצך ודבר דבר (ישעיהו נח) דבור אסור: **גזרה משום שאלה.** אי שרינן לזבוני בהמה גסה ולא חיישינן למאי דעבדה מלאכה בשבת אתי הוא לאושולי בהמתו לגוי ועביד בה מלאכה בשבת וקא עבר בלאו דכתיב (דברים ה) לא תעשה כל מלאכה וגו' וכל בהמתך דהשתא בהמת ישראל היא ומצווה הוא על שביתתה: **שאלה קניי'.** לימי שאלת' דכיון דחייב באונסין הרי היא שלו: **נסיוני.** מנסה לה אי אזלא שפיר כשהיא טעונה: **ואזלא מחמתי'.** מחמת קולו שהיא מכרת והולכת: **מחמר.** לא שייך למימר אלא בבהמה הטעונה משאוי ופעמים שנותן עליה משא לנסותה אם הולכת יפה וה"ל מחמר בשבת ואיכא למ"ד בפרק בתרא במסכת שבת (דף קנד.) דחייב חטאת והתם פלוגתא: **אף במקום.** הכי קתני במתני' אין משכירין להן בתים בא"י אבל בחו"ל משכירין ואף במקום שאמרו להשכיר לא לבית דירה אמרו שידור בו הגוי אלא לבית העצים לבית האוצרות מפני שמכנים לתוכה עבודה זרה: **ואי שכירות קניא.** מאי איכפת ליה לישראל אם עייל לה גוי עבודה זרה בדידיה קא מעייל: **יאכילנה כרשיני תרומה.** אע"פ שמזונותיה עליו אינו גזלן אם האכילה תרומת כהן לפי שתרומה ממון שאין לה תובעים היא שהרי נותנה לכל כהן שירצה ואם רצה היה יכול ליתנה לכהן זה שהשכיר לו פרתו ואותו כהן מסתמא ניחא ליה ומחיל אם האכילה הרבה כרשיני תרומה דמה לו להקפיד והלא אינה מיוחדת לו *לפיכך מתוך שיודע שנותן לבהמתו מאותן כרשינין הרבה בעין יפה יותר משאילו היו שלו ניחא ליה ואינו גזלן אי נמי שנפלו לו מבית אבי אמו כהן: **לא יאכילנה כרשיני תרומה.** לפי שאינה שלו ואינו יכול להאכילה תרומה אלא לבהמתו קנוית כספו: **אידא דספסירא.** ע"י סרסור ישראל והמוכר נמי ישראל: **ועוד דלא מגלי מומא.** כיון דהוא למכרה לקחה אינו רוצה שיודע בה מום שבה הלכך לא מושיל ולא מוגיר: **אימור לשחיטה זבנה.** ותלינן לקולא ומתניתין בבהמה טמאה אפילו בסתמא א"נ בטהורה ומפרש ליה גוי דלקיומיה קאי:

ושמעה לקליה ואזלא מחמתיה. וא"ת ל"ל טעמא דמחמר תיפוק ליה משום שביתת בהמתו לחוד ואור"י דמשום שביתת בהמתו לחוד לא הוי אסרינן מכירה דלית ביה איסור כי אם לפי שעה משום נסיוני ודוקא שאלה או שכירות אסרינן משום שביתת בהמתו משום דעושה כל השבת אבל משום נסיוני דאין בו איסור אלא לפי שעה לא אסרי' אי לאו טעמא דמחמר דחמיר טפי: **ישראל ששכר פרה מכהן יאכילנה כרשיני תרומה.** נראה לר"י דמיירי באין מזונותיה על ישראל אלא על כהן מדלא קתני אע"פ שמזונותיה עליו כדקתני בסיפא ועוד דאם היו על ישראל אדדייק מסיפא דשכירות לא קניא לידוק מרישא וניתא נמי שיכול להאכילה כרשיני תרומה כיון שמזונותיה על הכהן ואין כאן חשש: **והשתא דאמרת שכירות לא קניא.** הכא מסקינן דשכירות לא קניא וקשה דבפרק הזהב (ב"מ דף נו: ושם ד"ה והאי) מסיק דשכירות יש לה אונאה מדכתיב וכי תמכרו ממכר לעמיתך ולא כתיב וכי תמכרו ממכר לעולם אלמא ממכר קרינן ליה וי"ל דמאי דממכר קרינא ליה לפי שעה היינו דוקא לגבי אונאה דכתיב ממכר מיותר מיהו בשאר מקומות אמרינן דשכירות הוא דלא קניא: **שרא ליה למיזבן אידא דספסירא.** תימה אמאי לא אסרינן משום דכשיראוה בבית הגוי יסברו שהבעלים עצמן מכרוה לו ואתי למישרי בבעלים מידי דהוה אשבורה לרבנן כדפריש' במתני' וי"ל דספסירא קלא אית ליה והר"ר שמעי' פירש דהוה גזרה לגזרה גזרה ספסיר' אטו בעל הבית ובעה"ב גופיה אינו אסור אלא גזרה משום שאלה שכירות ונסיוני: **אימור לשחיטה זבנה.** פ"ה ומתני' דקתני אין מוכרין מיירי או בבהמה טמאה ואפי' בסתמא או אפי' בטהורה ומפרש ליה גוי דלקיומיה קא בעי ליה ורשב"ם פירש בשם רש"י דהכא דוקא פרה שאין רגילין לעשות בה מלאכה אבל שוורים שרובן למלאכה אין מוכרין ועגלים וסייחין נהי דהשתא לאו בני מלאכה נינהו מ"מ לכשיגדלו יהיו בני מלאכה וקשיא לר"ת על פירוש זה דאדרבה בכל התלמוד משמע דפרות יותר הן בנות חרישה כדאמרי' בסמוך דפרה החורשת בשביעית ובפ"ק דפסחים (דף יד.) שתי פרות היו חורשות בהר המשחה וכן (ב"מ פ.) השוכר פרה לחרוש בהר(א) השואל פרה כי השוורים היו נוגחים כדאמרי' (ב"ק מו.) שור שנגח ואע"ג דאמרי' שוורים רובא לרדיא זבני בפ' המוכר פירות (ב"ב צג:) מ"מ אינם ראוים למלאכה כמו פרות לכך נראה לר"ת דבין פרות בין שוורים אמר דלשחיטה זבנינהו ומתני' דקתני בהמה גסה היינו בהמה טמאה כפ"ה ועגלים נקט דוקא דלמלאכה קבעי להו דאילו לשחיטה לא היה טורח לקנותם ולגדלם וסייחים נמי לרבותא נקט דאע"ג דהשתא לא חזו למלאכה אסור למכרם וקשה על פירוש ר"ת דלקמן (דף טז.) כי בעי שור של פטם מהו משמע הא שאר שוורים אסירי ואור"י דלעולם שאר שוורים מותרים אבל התלמוד מסופק כי אולי יש להחמיר בשור פטם משום דכי משהי ליה עביד מלאכה על חד תרין וא"כ ראוי הוא למלאכה יותר משוורים אחרים ור"ת פירש שור פטם לאו מפוטם עדיין הוא אלא עומד להתפטם ולכך הוא שואל כי שמא יש לאסור בו יותר משאר שוורים דאדמשהי ליה לפטמו מימליך ועביד ביה מלאכה וא"ת נהי דלשחיטה זבנה מ"מ ניחוש שמא ירביענה קודם שישחטנה כי ההוא עובדא דאין מעמידין (לקמן דף כב:) בגוי שלקח אווזא מן השוק רבעה חנקה ואכלה וי"ל דמילתא דלא שכיח היא ולא גזור ביה רבנן והשתא חזינן דלכ"ע בין לרשב"ם בין לר"ת אסור למכור לגוים עגלים וסייחין וכל בהמה טמאה וע"כ יש לתמוה במה היו סומכין למכור עגלים וסייחין לגוים וגם מסוסים נמי יש לתמוה דבשלמא אותן שאין מיוחדים אלא לרכיבה ניחא דהא פסיק ר' יוחנן (לקמן טז.) כבן בתירא המתיר בסוס לפי שעושה בו מלאכה שאין בה איסור דאורייתא ומטעם האוכף אין לאסור דהאוכף בטל לגבי האדם הרוכב עליו אבל מאותם סוסים שהם מיוחדים למשוך בקרון וגם לפעמים שהגוי מפרש שקונהו בשביל מלאכת חרישה ומשיכת קרון קשיא וי"ל דלפי מסקנת התלמוד דשרי למזבן אידא דספסירא ומפרש טעמא משום דלא ידעה ליה לקליה ניחא דגם בהמות שלנו אין מכירות בקולנו וליכא למיחש לנסיוני גם אין רגילות להשאילם ולהשכירם מיהו מאותם שרגילים לשכור לגוים קשיא וי"ל דודאי הא דאסור למכור בהמה טמאה היינו דוקא בימיהם שהיו הרבה יהודים ביחד ואם היה לו לאדם בהמה שאינו צריך לה היה מוכרה לחבירו ולא היה מפסידה אבל עתה מה יעשה שלא ימצא למכור יפסידנה ולכך נהגו הגאונים שבגולה היתר בדבר וכה"ג איכא לקמן דפריך אפי' חיטי ושערי נמי לא נזדבן ומשני א"א ה"נ[א] אבל כיון דא"א שרי ופסק רבינו ברוך דלפי זה אין להתיר אלא כשקונה הסוס לצורך עצמו ונמלך עליו למכרו דאם לא ימכרנו יפסיד אבל לוקח סוסים למכרם כדי להרויח אסור דלא יקחם ולא יפסיד בהם:

מי

עין משפט נר מצוה

סה א מיי' פ"כ מהל' שבת הל' ג:

סו ב מיי' פ"ט מהל' תרומות הל' ז טוי"ד סי' שלא:

סז ג מיי' פ"כ מהל' שבת הלכה ג סמג לאוין סה טוש"ע י"ד סי' קנא סעיף ז:

רבינו חננאל

ופרקי' כיון דזבנה לא רבעה דאמרי משמיה דרב גוי חס על בהמתו [שלא] תיעקר ואינו רובעה: פים' ובכ"מ אין מוכרין להם בהמה גסה. מאי טעמא נהי דלרביעה לא חיישי' עביד בה מלאכה בשבת והתורה אמרה למען ינוח שורך וגו' ואמרינן מכדי לא אזהר רחמנא הנחה אלא בבהמתו של ישראל אבל גוי כיון דזבנה קנייה בהמת גוי היא ליעביד בה מאי דבעי ודחי' גזרי' מכירה אטו שכירות ואטו שאלה דבהמת ישראל היא. ומקשי' שכירות ושאלה נמי כל ימי שכירותה וכל ימי שאילתה כמכורה היא וקנאה גוי אלא גזירה משום נסיוני פי' מכרה לו על מנת שינסה אותה ואם לא תישר בעיניו יחזירנה לו חיישי' דלמא אתי במעלי שבתא סמוך לשקיעת החמה וא"ל גוי לישראל תא נסייה ושמעה לקליה ואזלה מחמתיה ונמצא כמחמר בשבת ואסור. ומקשי' ושכירות מי קניא והתנן אף במקום שאמרו להשכיר לא לבית דירה אמרו מפני שמכנים עבודה זרה לתוכה ואי ס"ד שכירות קנייה גוי כי קא מעייל בביתיה קא מעייל. ותוב תנן כהן ששכר פרה מישראל אע"פ שחייב במזונותיה לא יאכילנה כרשיני תרומה ואי ס"ד קנייה אמאי לא יאכילנה כרשיני תרומה פרה דידיה היא ונדחה הא סברא דשכירות קנייה ואמרינן השתא דאמרת שכירות לא קנייה גזירה מכירה אטו שאלה אטו שכירות אטו נסיוני: רב אחאי שרא לזבוני חמרא אגב ספסירא. אמר מאי איכא למיחש אי משום נסיוני הא לא ידעה ליה לקליה דאזלא מחמתיה אי משום שאלה ושכירו' ספסירא כיון דלפי א) שעתיה הוא מזבין לא מושיל ולא מוגר ועוד משום דלא נגלו מומי דבהמה: ירושל' עבר ומכר קונסין אותו כשם שקונסין להלכה כך קונסין למנהג. חד בר נש זבן גמלא. אתא עובדא קמי ריש לקיש וקנסיה ב) בדי פלא בגין דיחזיר גמלא. אמר ר' בון לסרסור קנס והוון צווחין לבריה ברא דמסרסר לארמאי: רב הונא זבן פרה לגוי א"ל רב חסדא מאי [טעמא] עבד מר הכי אמר ליה אימור לשחיטה קנאה

א) כ"ה גי' הרי"ף והרא"ש ז"ל ע"ש. ב) בירושלמי בפסחים פ"ד הגי' דקנסיה בכיפלא וכן צ"ל גם כאן.

מסורת הש"ס

[ע' תוס' לקמן כב: ד"ה ורמינהו]

[לקמן כב:]

[שבת קנג. מפי' רש"י דהכל נראה דל"ג ליה רש"א]

לקמן כא. [פסחים ו.]

תרומות פי"א מ"ט [יבמות סו:]

לפיכך מתוך שיודע שנותן כצ"ל רש"א

הגהות הב"ח

(א) תוס' ד"ה אימור וכו' לחרוש בהר בפרק השואל:

גליון הש"ס

תוס' ד"ה ושמעה וכו' דחמיר טפי. עיין תשובת הריב"ש סי' כד:

הגהות מהר"ב רנשבורג

א] תוס' ד"ה אימור לשחיטה וכו' ומשני א"א ה"נ. אפשר ה"ג אבל. מלת אבל נמחק:

גמרא

ומנא תימרא דאמרינן כי האי גוונא דתנן א*בש"א לא ימכור אדם פרה החורשת בשביעית וב"ה אמתירין מפני שיכול לשוחטה אמר *רבה מי דמי התם אין אדם מצווה על שביתת בהמתו בשביעית הכא באדם מצווה על שביתת בהמתו בשבת א"ל אביי וכל היכא דאדם מצווה אסור והרי שדה דאדם מצווה על שביתת שדהו בשביעית *ותנן *בש"א לא ימכור אדם שדה ניר בשביעית וב"ה גמתירין מפני שיכול להובירה מתקיף לה רב אשי וכל היכא דאין אדם מצווה שרי והרי כלים דאין אדם מצווה על שביתת כלים בשביעית ותנן ב*דאלו הן כלים שאין אדם רשאי למוכרן בשביעית המחרישה וכל כליה העול והמזרה והדקר אלא אמר רב אשי כל היכא דאיכא למיתלא תלינן ואע"ג דמצווה וכל היכא דליכא למיתלי לא תלינן
א אע"ג דאינו מצווה רבה זבין ההוא חמרא לישראל החשיד למכור לגוי א"ל אביי מ"ט עבד מר הכי א"ל אנא לישראל זביני א"ל והא אזיל ומזבין ליה לגוי קא מזבין לישראל לא קא מזבין איתיביה מקום שנהגו למכור בהמה דקה לכותים מוכרין שלא למכור אין מוכרין מ"ט אילימא משום דחשידי ארביעה ומי חשידי והתניא ג*האין מעמידין בהמה בפונדקאות של גוים זכרים אצל זכרים ונקבות אצל נקבות ואין צ"ל נקבות אצל זכרים וזכרים אצל נקבות ד*ואין מוסרין בהמה לרועה שלהן ואין(א) מייחדין עמהם [ה] ואין מוסרין להם תינוק ללמדו ספר וללמדו אומנות האבל מעמידין בהמה בפונדקאות של כותים זכרים אצל נקבות ונקבות אצל זכרים ואין צ"ל זכרים אצל זכרים ונקבות אצל נקבות ומוסרין בהמה לרועה שלהן ומייחדין עמהם ומוסרין להם תינוק ללמדו ספר וללמדו אומנות אלמא לא חשידי ועוד תניא ו*יאין מוכרין להם לא זיין ולא כלי זיין ואין משחיזין להן את הזיין ואין מוכרין להן לא סדן ולא קולרין ולא כבלים ולא שלשלאות של ברזל אחד גוי ואחד כותי מ"ט אי נימא דחשידי אשפיכות דמים ומי חשידי האמרת ומייחדין עמהן אלא משום דאתי לזבונה לגוי וכי תימא כותי לא עביד תשובה ישראל עביד תשובה והאמר רב נחמן אמר רבה בר אבוה זכדרך שאמרו אסור למכור לגוי *כך אסור למכור לישראל החשוד למכור לגוי ז*רהיט בתריה תלתא פרסי וא"ד פרסא בחלא ולא אדרכיה א"ר דימי בר אבא כדרך שאסור למכור לגוי חאסור למכור ללסטים ישראל ה"ד אי דחשיד דקטיל פשיטא היינו גוי ואי דלא קטיל אמאי לא לעולם דלא קטיל והב"ע במשמוטא
ב דזימנין דעביד לאצולי נפשיה תנו רבנן אין מוכרין להן תריסין וי"א מוכרין להן תריסין מ"ט אילימא משום דמגנו עליהו אי הכי אפילו חיטי ושערי נמי לא אמר *רב
אי

רש"י

ומנא תימרא. דהיכא דאיכא *למיתלי במכירה דלפני עור תלינן לקולא דתנן כו': לא ימכור לו פרה החורשת בשביעית. ישראל החשוד על השביעית לא ימכור לו חבירו פרה המלומדת לחרוש משום לפני עור וגו': אין אדם מצווה על שביתת בהמתו בשביעית. הלכך ליכא למיגזר משום שאלה ושכירות ונסיוני ואי משום לפני עור לא תתן מכשול תלינן בשחיטה אבל גבי גוי לענין שבת אדם מצווה על שביתת בהמתו בשבת ואיכא למיגזר משום כל הני: אדם מצווה על שביתת שדהו. שנת שבתון יהיה לארץ: לא ימכור. לו לישראל החשוד על השביעית: שדה ניר. חרושה דסתמא לזריעה קיימא ועבר אלפני עור: להובירה. לעשותה שדה בור שלא יזרענה: המחרישה וכל כליה. דסתמייהו לעבודת קרקע(ב) והשתא לאו משום שתא דלקמיה הכא קא זבין להו שהרי כל שעה הן מלוין: המזרה. פל"א שבו זורה את הגורן לרוח להעביר הקש וכשאין גורן עודר בה את הקרקע: והדקר. מרא פישור"א: דאיכא למיתלי. כגון בהמה ושדה ניר דשדה אדם קופץ לקנותו משום דאינו מצוי לו כל שעה לקנות ומשום שתא(ג) דלקמן קא זבין ליה: דליכא למיתלי. כגון כלים הללו: חמרא. ליכא למיתלי בשתיה: לישראל לא מזבן ליה. בתמיה הלכך תלינן בישראל: בהמות. זכרים אצל גוים זכרים דרבעי להו: נקבות. אצל גויות נקבות כדמפרש בפ' שני (לקמן דף כב:) דגוים מצוין אצל נשי חבריהן וזימנין דלא משכח לה ורבע לבהמה דישראל: ואצ"ל זכרים אצל נקבות. לפי שגויה נרבעת לזכר: ואין מוסרין בהמה לרועה גוי. משום רביעה: ואין מתייחדין עמהם. שחשוד על שפיכות דמים: ואין מוסרין להם תינוק. דמשכי ליה למינות ועוד משום משכב זכור והן מוזהרין עליו דכתיב (בראשית ב) ודבק באשתו ולא בזכור: אלמא לא חשידי. כותים ארביעה ואפי' הכי קתני בברייתא קמייתא דבהמה דקה תליא במנהגא הא בהמה גסה אסור לזבוני להו אלמא משום דהדר מזבין ליה לגוי חיישינן: אין מוכרין להן. לגוים: לא זיין. סייף ורומח: כלי זיין. בית יד לרומח ונדן לסייף: סדן. לשום בו רגלי איש ובלשון אשכנז שטו"ק בלע"ז ליפ"י: כבלים. בווי"ש בלע"ז: שלשלאות. פרויי"ש וכל הנך משום דלא ליזקו בהו ישראל: מ"ט. אכותי קאי: אי נימא משום. דכותים אשפיכות דמים חשידי: והא אמרת. לעיל מתייחדין עמהם אלמא לא חשידי: לא עביד תשובה. לחזור בו ולחוש לדברי חכמים שאסרוהו למכור לגוי: עביד תשובה. ולייח ולא מזבין ליה לגוי: רהט. רצה: בתריה. דההוא ישראל למיהדר ולמיזבן חמרא מיניה: בחלא. בין החולות מקום קשה להילוך: ולא אדרכיה. לא השיגו ודומה לו בפלגש בגבעה (שופטים כ) כתרו את בנימין הרדיפוהו מנוחה הדריכוהו *בעריהם מקום מנוחתם השיגום השבטים לבני בנימין: ה"ג לעולם דלא קטיל ובמשמוטא דעביד לאצולי נפשיה. לסטים השומט ממון מיד בעליו ונמלט והולך וכשרודפין אחריו נלחם ומציל עצמו ומאבד זה את ממונו:
אי

תוספות

מי דמי התם אין אדם מצווה על שביתת בהמתו בשביעית. פירש הקונט' הלכך ליכא למיגזר משום שכירות ושאלה ונסיוני ואי משום לפני עור לא תתן מכשול תלינן בשחיטה אבל גבי גוי לענין שבת אדם מצווה על שביתת בהמתו בשבת ואיכא למיגזר משום הני עד כאן לשון הקונטרס וקשיא דא"כ מאי קפריך והרי שדה והא לא שייך בה שאלה ונסיוני תדע דהא לא אסרינן מכירת שדה לגוי מהאי טעמא כי היכא דאסרי' בהמה גסה לכך נראה לפרש התם אין אדם מצווה על שביתת בהמתו בשביעית פירוש לפי שאין האיסור תלוי בגוף הבהמה אלא בגוף הקרקע ואפילו השאיל פרתו לגוי לחרוש בה בשביעית אין שום איסור שביעית על הבהמה דאין כאן גנאי ויש להתיר למכור לישראל חשוד מטעם תלייה דאימר לשחיטה זבנה אבל גבי שבת שהאיסור תלוי בגוף הבהמה ואיכא איסור לבעלים אם יחרוש בו הגוי לפיכך אין להתיר למכרה מטעם תלייה דשחיטה ופריך והרי שדה דאדם מצווה על שביתת שדהו וכשהוא ביד ישראל אחר יש בו איסור דאורייתא אם זרע בו הישראל ותלינן להיתרא: והרי כלים כו'. תימה ודקארי לה מאי קארי לה וכי לא היה יודע דשאני כלים משום שלא היה במה לתלות וכל מה שהתרנו אינו אלא מטעם תליית שחיטה והובירה ושמא י"ל דהוה ס"ד דמקשה דהכא נמי יש לך לתלות שלצורך שנה אחרת הוא קונה ואפי' הכי אסור:

והמזרה. פ"ה שהוא רחת שהופכין בה התבואה וקורין אותה פל"א וקשיא דהא כתיב (ישעיה ל) ברחת ובמזרה אלמא תרי מילי נינהו לכך פר"י דהוא כלי א' של מחרישה: והדקר. פ"ה הוא מרא שקורין פשויו"ר וקשיא לר"י דהא אמרינן (ביצה דף ז:) והוא שיש לו דקר נעוץ ואין דרך [*מרא] להניחו נעוץ בקרקע לכך נראה לו שהוא כלי המחרישה שקורין קולטר"א ודרכו להיות נעוץ בקרקע:

רבה זבין חמרא לישראל החשוד למכור לגוי. ומפרש טעמיה דאיכא למיתלי דלישראל מזבין ליה וקשיא דהא רבה גופיה דחי לעיל טעמא דרב הונא דתליית שחיטה דפריך מי דמי וי"ל דלבתר דשמע מיניה קבלה איהו עוד י"ל דלא דמי דלעיל ליכא למיתלי כל כך בשחיטה דרוצה לרדיא זבני ולספרים דגרסי לעיל רבא והכא רבה ניחא: לגוי מזבין ליה לישראל לא מזבין כו'. ובמסקנא מסקינן דאסור למזבן לישראל חשוד וא"ת מאי שנא מלפני דלפני דלעיל (דף יד.) וי"ל דהתם מיירי בגוי שאינו מוזהר על לפני עור לפיכך אין אנו חוששין אם הגוי ימכור לחבירו אבל הכא דמיירי בישראל החשוד אנו מוזהרין שלא יבא שום ישראל לידי תקלה על ידינו הר"ר אלחנן ועוד דחד לפני הוא שלא יחטא ישראל בשאלה ושכירות ונסיוני: רהיט בתריה. אע"ג דלעיל תלינן אימור דלשחיטה זבנה הכא לא תלינן דלישראל מזבן לה שכך ימכור לזה כמו לזה:
לפרסאי

עין משפט נר מצוה

סח א מיי' פ"ח מהל' שמיטה ויובל הל' ו:
סט ב מיי' פ"כ מהל' שבת הלכה ג סמג לאוין סה טוש"ע א"ח סי' שה סעיף א:
ע ג מיי' פ"ח מהל' שמיטה ויובל הל' ו:
עא ד מיי' שם הל' ב:
עב ה מיי' פכ"ב מהל' איסורי ביאה הלכה ה סמג לאוין קכו טור אה"ע סי' כד:
[עבה ש"ע אה"ע סי' כד סעיף ד]:
עג ו ז ח מיי' פ"ט מהל' עבודת כוכבים הלכה ח ופי"ב מהל' רוצח הלכ' יב יג יד סמג לאוין מה טוש"ע י"ד סי' קנא סעיף ה:

רבינו חננאל

דתנן בית שמאי אומר לא ימכור לו פרה החורשת בשביעית ובית הלל מתירין מפני שיכול לומר לשחיטה מכרתיה. אמר רבה מי דמי התם אין אדם מצווה על שביתת בהמתו בשנה שביעית. הכא אדם מצווה על שביתת בהמתו בשבת. אמר ליה אביי וכל היכא דמצווה אסור והתנן בית שמאי אומר' לא ימכור אדם שדהו נירה בשביעית ובית הלל מתירין מפני שיכול להובירה. מתקיף לה רב אשי וכל היכא דאין אדם מצווה שרי והרי כלים דאין אדם מצווה על שביתת כלים בשביעית ותנן אלו הן כלים שאין האומן רשאי למוכרם בשביעית המחרישה וכל כליה העול והמזרה והדקר אלא אמר רב אשי כל היכא דאיכא למיתלא תלינן ואע"ג דמצווה היכא דליכא למיתלא לא תלינן ואע"ג דאינו מצווה: רבא זבין חמרא לישראל החשוד למכור לגוי אמר ליה אביי מאי טעמא עבד מר הכי אמר ליה אנא לישראל זבני אמר ליה והא חשוד הוא ואזיל זבין לגוי. אמר ליה וכי לגוי מזבין לעולם ואינו מזבן לישראל. איתיביה אביי מקום שנהגו למכור בהמה דקה לכותים מוכרין מקום שנהגו שלא למכור אין מוכרין מאי טעמא אין מוכרין לכותים לאו משום דחשידי למכור לגוי וכי תימא משום דחשידי ארביעה והתניא אין מעמידין בהמה בפונדקאות של גוים וכו' אבל מעמידין בהמה בפונדקאות של כותים זכרים אצל נקבות ונקבות אצל זכרים ואין צריך לומר זכרים אצל זכרים ונקבות אצל נקבות ומוסרין בהמה לרועה שלהן ומתייחדין עמהן ומתלוין עמהן ומוסרין להם תינוק ללמדו ספר וללמדו אומנות. אלמא כותים לא חשידי ארביעה אלא מאי טעמא מקום שנהגו שלא למכור לכותים בהמה דקה אין מוכרין להן דחיישינן דלמא מזבני אינהו לגוים. ועוד תניא אין מוכרין להם כלי זיין ואין משחיזין להן זיין ואין מוכרין להן סכין ולא קולרין ולא כבלין ולא שלשלאות של ברזל אחד גוי ואחד כותי וכי תימא ישראל אפשר דעביד תשובה כותי לא עביד תשובה והאמר רב נחמן אמר רבה בר אבוה כדרך שאסור למכור לגוי כך אסור למכור לישראל החשוד למכור לגוי רהט רבא בתריה דההוא ישראל החשוד תלתא פרסי בחלא כדי לאהדורי ההוא חמרא דזבין ליה ולא אדרכיה. וכן אסור למכור ללסטים ישראל זיין וכלי זיין ואע"ג דלא חשיד למיקטל אלא משמטא בעלמא דזימנין דעביד לאצולי נפשיה מקטלא. ת"ר אין מוכרין להן תריסין.
ויש

מסורת הש"ס

למיתלי בלפני עור כצ"ל. ל"ס
שביעית פ"ה מ"ח
ס"א רבא
[נ"ל ותניא]
תוספתא פ"ג דשביעית ע"ש
שביעית פ"ה מ"ו
[תוספ' פ"ג]
לקמן כב:
[תוספ' פ"ג]
[ע' תוס' לקמן כב. ד"ה תיפוק]
[כתובות ס:]
נ"ל אלא העריס שהם נוחי' בהם שם הדריכוהו השיגוהו כו' וכן פירש"י בשופטים
[ברא"ש איתא רב פפא]

הגהות הב"ח

(א) גמ' ואין מתייחדין עמהם: (ב) רש"י ד"ה המחרישה וכו' לעבודת קרקע והכא לאו משום שתא דלקמיה קא זבין להו השתא שהרי כל שעה: (ג) ד"ה דאיכא וכו' שתא דלקמיה קא זבין ליה:

והוסיף: **ומנא תימרא דאמרינן כי האי גוונא** [ומנין אתה אומר שאנו אומרים כגון זה] שתולים להקל במכירה, ואין חוששים משום "לפני עיור", אף כאשר יש אפשרות של מכשול? **דתנן** [ששנינו במשנה], **בית שמאי אומרים: לא ימכור אדם** לחבירו **פרה החורשת בשנת שביעית**, משום שמן הסתם הקונה מתכוון לחרוש בפרה חורשת זו, דבר האסור בשנה השביעית, **ובית הלל מתירין**, וטעמם — **מפני שיכול** הקונה **לשוחטה**, ולאו דווקא לחרוש בה. משמע שאנו תולים בכך ואין אוסרים. **אמר רבה: מי דמי** [האם הדברים דומים]? **התם** [שם] לענין שביעית, **אין אדם מצווה על שביתת בהמתו בשביעית**, ואין איסור בעצם עבודתה של הבהמה, ואם משום הכשלה של חבירו — יכול הוא לתלות שאינו מתכוון כלל לעבוד בה. אבל **הכא** [כאן] לעניין מכירה לגוי, הרי **אדם מצווה על שביתת בהמתו בשבת**, ואם תעבוד — עבירה שלו היא, ואין לו להיכנס אפילו לספק עבירה! **אמר ליה** [לו] **אביי** לרבה: **וכל היכא** [מקום] **שאדם מצווה** על שביתת דבר מקנייניו — **אסור** למכור למרות הספק? **והרי שדה, שאדם מצווה על שביתת שדהו בשביעית, ותנן** [ושנינו במשנה] בכל זאת, **בית שמאי אומרים: לא ימכור אדם שדה ניר** (שדה חרוש) **בשביעית** משום שמן הסתם יזרע בו הקונה בשנה זו, **ובית הלל מתירין, מפני שיכול להובירה** (להשאירה בורה) ולא לעבד אותה. משמע שאנו תולים באפשרות זו, אף שאדם מוזהר על שביתת שדהו! ומצד אחר **מתקיף לה** [מקשה על כך] **רב אשי: וכל היכא** [מקום] **שאין אדם מצווה על** שביתת דבר מקנייניו — **שרי** [מותר] לו למכור? **והרי כלים, שאין אדם מצווה על שביתת כלים בשביעית, ותנן** [ושנינו במשנה], **אלו הן כלים שאין אדם רשאי למוכרן בשביעית: המחרישה וכל כליה** כל הכלים הנלווים לה, וכן **העול** ששמים על פרה כדי לרתום אותה למחרישה, **והמזרה** שזורים בו את התבואה, **והדקר** שמשתמשים בו לעבודת אדמה! **אלא אמר רב אשי: כל היכא דאיכא למיתלא** [מקום שיש אפשרות לתלות] בדבר אחר — **תלינן** [אנו תולים] **ואף על גב** [ואף על פי] **שהוא מצווה, וכל היכא דליכא למיתלי** — [מקום שאין לתלות] בדבר אחר — **לא תלינן** [אין אנו תולים] **אף על גב** [אף על פי] **שאינו מצווה.**

א מסופר, **רבה זבין ההוא חמרא** [מכר חמור אחד] **לישראל החשיד** [החשוד] **למכור** בהמה גסה **לגוי, אמר ליה** [לו] **אביי** לרבה: **מאי טעמא עבד מר הכי** [מה טעם עשה אדוני כך]? הרי ילך זה וימכרנו לגוי! **אמר ליה** [לו]: **אנא** [אני] **לישראל זביני** [מוכר אני]. **אמר ליה** [לו] אביי: **והא אזיל ומזבין ליה** [והרי הוא הולך ומוכר אותו] **לגוי!** אמר לו רבה כתשובה לכך: וכי **לגוי קא מזבין** [הוא מוכר], **לישראל לא קא מזבין** [אינו מוכר]? אם כן, אין לומר בוודאות שמוכר דווקא לגוי! **איתיביה** [הקשה לו] אביי ממה ששנינו: **מקום שנהגו למכור בהמה דקה לכותים — מוכרין, שלא למכור — אין מוכרין.** ויש לשאול: **מאי טעמא** [מה טעם הדבר]? **אילימא** [אם תאמר] **משום דחשידי ארביעה** [שהכותים חשודים על רביעה], **ומי חשידי** [והאם חשודים הם]? **והתניא** [והרי שנויה ברייתא]: **אין מעמידין בהמה בפונדקאות של גוים**, בהמות **זכרים אצל אנשים זכרים** (גברים), מחשש שירבעו אותן, וכן אין מעמידים בהמות **נקבות אצל נקבות** (נשים), למרות שאין חשש לרביעה, **ואין צריך לומר** שאין מעמידים בהמות **נקבות אצל זכרים** (זכרים) ובהמות **זכרים אצל נקבות. ואין מוסרין בהמה לרועה שלהן, ואין מייחדין** (מתייחדים) **עמהם** במקום מבודד, מחשש סכנה, **ואין מוסרין להם תינוק ללמדו ספר וללמדו אומנות** (מקצוע). **אבל מעמידין בהמה בפונדקאות של כותים, זכרים אצל נקבות ונקבות אצל זכרים, ואין צריך לומר זכרים אצל זכרים ונקבות אצל נקבות**, משום שאין חוששים שהם עוברים על התורה ורובעים בהמה. וכן **מוסרין בהמה לרועה שלהן, ומייחדין עמהם, ומוסרין להם תינוק ללמדו ספר וללמדו אומנות; אלמא לא חשידי** [מכאן שאין הם חשודים]. **ועוד תניא** [שנויה ברייתא]: **אין מוכרין להם** לגויים **לא זיין** (נשק) **ולא כלי זיין** (כלי עזר של נשק), **ואין משחיזין להן את הזיין, ואין מוכרין להן לא סדן** (סד לרגלי אסירים), **ולא קולרין** (שרשרות ברזל לצוואר), **ולא כבלים, ולא שלשלאות של ברזל**, ובענין זה שווים **אחד גוי ואחד כותי.** ונברר: **מאי טעמא** [מה טעם הדבר שאין מוכרים לכותים]? **אי נימא דחשידי** [אם נאמר מפני שהם חשודים] על **שפיכות דמים, ומי חשידי** [והאם חשודים]? **האמרת** [הרי אמרת]: **ומייחדין עמהן**, משמע שאין חוששים לשפיכות דמים! **אלא** וודאי אסור למכור להם **משום דאתי לזבונה** [שיבוא למוכרה] **לגוי.** ואם כן כיצד מותר למכור חמור לישראל החשוד למוכרו לגוי? **וכי תימא** [ואם תאמר]: **כותי לא עביד** [אינו עושה] **תשובה** ובוודאי עשוי למכור, **ישראל עביד** [עושה] **תשובה**, ואולי לא ימכור, **והאמר** [והרי אמר] **רב נחמן אמר רבה בר אבוה: כדרך שאמרו אסור למכור לגוי, כך אסור למכור לישראל החשוד למכור לגוי**, הרי שבפירוש אסרו למכור ליהודי החשוד למכור לגוי! כיון שנוכח רבה שצדק אביי, **רהיט בתריה תלתא פרסי** [רץ אחריו, אחרי אותו חשוד שקנה את חמורו, מרחק שלוש פרסות] כדי לבטל את המכר, **ואיכא דאמרי** [ויש שאומרים] שרדף אחריו מרחק **פרסא בחלא** [פרסה בחולות], **ולא אדרכיה** [השיגו].

אגב שהובאה הברייתא בעניין איסור מכירת כלי נשק, מביאים מה **שאמר רב דימי בר אבא: כדרך שאסור למכור לגוי, אסור למכור ללסטים** (גנב חמוש בנשק) **ישראל.** ומבררים: **היכי דמי** [כיצד בדיוק מדובר]? **אי דחשיד דקטיל** [אם ליסטים זה חשוד שהוא הורג נפשות] — **פשיטא** [פשוט] הדבר, **היינו** [זהו] בדיוק דינו של **גוי**, שאסור למכור לו משום "לפני עיוור"! **ואי דלא קטיל** [ואם הוא לסטים שאינו הורג], **אמאי** [מדוע] **לא** ימכרו לו? ומשיבים: **לעולם** מדובר בליסטים **דלא קטיל** [שאינו הורג נפשות], ואם כן מדוע בכל זאת אסור למכור לו? **הכא במאי עסקינן** [כאן במה אנו עוסקים]? **במשמוטא** [בגנב השומט דברים], **דזימנין דעביד לאצולי נפשיה** [שפעמים הוא עושה, משתמש בנשק, כדי להציל עצמו] כשתופסים אותו, ויש לחשוש שישתמש בנשק ויהרוג בו.

ב **תנו רבנן** [שנו חכמים]: **אין מוכרין להן** לגויים **תריסין** (מגינים) אף על פי שהם רק נשק להגנה ולא להתקפה, **ויש אומרים: מוכרין להן תריסין.** ושואלים: **מאי טעמא** [מה טעם הדבר] שאין מוכרים להם? **אילימא** [אם תאמר] **משום דמגנו עלייהו** [שהם מגינים עליהם] בשעת מלחמה, **אי הכי** [אם כך] אתה חושש, **אפילו חיטי ושערי נמי** [חיטים ושעורים גם כן] **לא** ימכרו להם, שהרי גם הם מועילים להם! **אמר רב:**

עיונים

אין אדם מצווה רש"י מסביר את ההבדל בין הדינים באופן הבא: בשביעית אין אדם מצווה על כך שלא תעבוד בהמתו כלל, ואם כן אין מקום לגזור (כמו במכירה לנכרי) משום שאלה והשכרה או נסיון. ואף שלגבי שביעית היה מקום לאסור משום "לפני עיור" — כיון שיש מקום לומר שהקונה אינו מתכוון לעבירה, תולים בכך. ובתוס' מסבירים בדרך אחרת: בשבת האיסור תלוי בגוף הבהמה, שאסור לה לעשות כל מלאכה בשבת (גם אם היא מצויה במשך זמן בידי גוי). ואילו בשביעית אין האיסור אלא בעבודת האדמה, ולא בעצם העבודה בגוף הבהמה, ובמקרה כזה יש להקל ולתלות שלא ישתמשו בבהמה למלאכה שיש בה איסור. והראב"ד מסביר כי בשבת, מאחר שיש איסור לגבי שביתת בהמתו, נמצא שחל האיסור במקרים מסויימים (שאלה וכיוצא בה) על הבעלים עצמם, ואילו בשביעית אין כל איסור חל על בעל הבהמה אלא על חבירו העושה בה מלאכה. והריטב"א ההולך בשיטה זו מוסיף ומסביר כי לענין מכירה לגוי (ובאיסור שבת) יש חשש למוכר עצמו שייכשל באיסור זה, ואילו לגבי שביעית אין בו אלא משום "לפני עיור", ובזה אפשר לתלות.

והרי כלים וכו' ולכאורה אין מקום לקושיה זו מתחילה, שהרי בכלים אלה אין מקום לתלות שהוא משתמש בהם להיתר (כמבואר להלן בדברי רב אשי עצמו). והראב"ד מסביר כי הקושיה היא מהמשך משנה זו, שם נאמר כי דווקא כלים שמלאכתם לעבירה אסור למכור, אבל כלים שמלאכתם לאיסור ולהיתר — מותר. ואילו בתוס' רבינו אלחנן הסביר כי הקושיה היא על עצם העמדת החלוקה בין דבר שמצווים עליו ושאין מצווים עליו, שאם משום כך היה מקום לתלות אף באפשרות קלושה של היתר, כגון שהוא רוצה את הכלים לשנה הבאה.

דאיכא למיתלא כלומר, אם יש אפשרות סבירה שאין הדברים מגיעים לידי איסור — אפשר לתלות בכך, אבל במקום שהדבר אינו מסתבר (אף שהוא אפשרי מצד המציאות. תוס') אין תולים בזה להקל. ולכן אסרו מכירת המחרישה וכל כליה וכו', שאם במכירת שדה ובהמה התירו — הרי זה משום שייתכן שקונה אותם לשם שימוש בשנה הבאה, ואין אדם מוצא שדה או בהמה שהוא רוצה בכל עת, אבל אינו מסתבר שיקנה כלי עבודה המצויים בכל עת רק כדי להשתמש בהם לשנה הבאה (רש"י).

לישראל החשיד למכור וכו' ומסקנת הדברים היא שהדבר אסור. והקשו בתוס' ועוד ראשונים: הרי כבר אמרנו לעיל כי אנו מצווים על "לפני עור" ולא על "לפני דלפני", ואם כן מפני מה אוסרים למכור למי שחשוד למכור לגוי? ויש מתרצים כי כיון שאותו קונה גם הוא אדם מישראל, הרי הוא עצמו אסור למכור משום "לפני עיור", והמוכר לו מכשילו באיסור זה. ועוד אמרו כי כמבואר בעמוד הקודם, במכירת בהמה לגוי יש אפשרות שהקונה עצמו עובר משום שביתת בהמה בשבת (בהשאלה או השכרה) או משום מחמר (משום "נסיוני"), ולכן אין למכור לו שלא יעבור על כך (תוס', ראב"ד ועוד).

לישראל לא מזבין וכמו בכל הדברים לעיל, יש להסביר כי האיסור של "לפני עיור", שהוא תלוי באדם אחר, אינו קיים אלא במצב בו מן הסתם אכן יעבור עליו אותו אדם. אבל כאן, הרי אין קונה זה מוכר דווקא על מנת למכור לגוי, וייתכן שימכור לישראל.

נקבות אצל נקבות לפי שפעמים גברים באים לבקר את הנשים במקומות אלו, וכשאינן מצויות להם רובעים הבהמות (רש"י, לפי הגמרא להלן כב,ב).

תינוק ללמדו ספר כלומר, ששולח אותו על מנת ללמוד לקרוא בו לכתוב בשפות אחרות, או שאר ענייני חכמה. וכתב רש"י שיש בכך גם חשש משום משכב זכור (שאף הנכרי אסור בו, ויש בזה גם צד של "לפני עיוור"), וגם חשש משום מינות. ועוד הוסיפו שיש בזה גם חשש שפיכות דמים (רש"י על הרי"ף, נמוק"י).

זיין וכלי זיין כלומר, הנשק עצמו וכן כל המכשירים הנספחים ומסייעים לו, כגון קתות של רמחים או נדן של חרב.

סדן וכו' שאף שאין אלה מכשירים של הריגה, מכל מקום בכל אלה משתמשים כדי להחזיק את האדם שמתכוונים להורגו.

לא עביד תשובה שמן הסתם לא יחזור בו ויציית לדברי חכמים שאסרו למכור כל אלה לגוי. ואילו בישראל היה מקום לומר שאף שנחשד על כך, שמא יהרהר תשובה בלבו ולא ימכור לגוי.

רהיט אבתריה וכו' ושאלו ראשונים: בכל זאת הרי אפשר לתלות בו שימכור לישראל, כפי שמצאנו שרב הונא תלה את מכירת הפרה לגוי שהלה זקוק לה לשחיטה, ומפני מה רץ רבה וטרח כל כך לבטל את המיקח? ותירצו כי יש לחלק, לפי שכאן מדובר בסוחר בהמות (ולכן הוא חשוד לדבר זה), ואין מקום לתלות שהוא לוקחו לעצמו. ועוד, שאנו תולים להקל דווקא כאשר יש לקונה עצמו הנאה כשהוא משתמש בה להיתר, כגון לשחיטה. אבל אם אין לגביו הבדל למי הוא מוכר אין מקום לתלות שיעשה דווקא בהיתר ולא באיסור (ראה תוס' וראב"ד). אכן, הרי"ד סבור כי רבה חולק באופן עקרוני על רב הונא בענין זה, וסבור שאין תולים בשחיטה.

אורח ההלכה

פרה החורשת בשביעית מותר למכור לחשוד על מלאכה בשביעית פרה חורשת, שהרי אפשר שקונה אותה לשחיטה. (רמב"ם ספר זרעים הלכות שמיטה ויובל פ"ח ה"ו).

מצווה על שביתת בהמתו אסור לאדם להשאיל או להשכיר בהמה גסה לגוי שמא יעשה בה מלאכה בשבת, והרי הישראלי מצווה על שביתת בהמתו. (רמב"ם ספר זמנים הלכות שבת פ"כ ה"ג. שו"ע או"ח רמו, ג).

שדה ניר בשביעית מותר למכור לחשוד על השביעית שדה ניר בשנת השמיטה, שהרי אפשר שיוביר את השדה. (רמב"ם ספר זרעים הלכות שמיטה ויובל פ"ח ה"ו).

כלים שאין רשאי למוכרן בשביעית כל כלי שמלאכתו מיוחדת למלאכה האסורה בשביעית — אסור למוכרו בשנה זו למי שחשוד על השביעית, כגון המחרישה וכל כליה, העול והמזרה והדקר. וכלי שאפשר לעשות בו הן מלאכה המותרת והן מלאכה אסורה — מותר למוכרו לחשוד. (שם ה"ב).

בהמה בפונדקאות של גוים אין מעמידים בהמה בפונדקאות של גויים, ואין מוסרים בהמה לרועה שלהם, מפני שהם חשודים על הרביעה. ובמקומות שאינם חשודים בה, ואדרבה מכים ועונשים עליה — מותר. (רמב"ם ספר קדושה הלכות איסורי ביאה פכ"ב ה"ה. שו"ע יו"ד קנג, א).

ואין מייחדין לא יתייחד ישראל עם גוים, מפני שהם חשודים על שפיכות דמים. (רמב"ם ספר נזיקין הלכות רוצח ושמירת נפש פי"ב ה"ז. שו"ע שם סעיף ב).

אין מוסרין להן תינוק וכו' אין מוסרים להם תינוק ללמדו ספר או ללמדו אומנות, משום שהם מושכים אותו למינות. (רמב"ם ספר קדושה הלכות איסורי ביאה פכ"ב ה"ה. שו"ע שם סעיף א בהגהה. שם אה"ע כב, ד).

אין מוכרים להם לא זיין וכו' אין מוכרים להם דבר שיש בו נזק לרבים כגון דובים ואריות, ולא שום כלי זיין ולא סדן. ולא כבלים וקולרים, ושלשלאות של ברזל. ועכשיו נהגו בזה היתר על פי הגמרא להלן (ש"ך). (רמב"ם ספר מדע הלכות עבודה זרה פ"ט ה"ח. שם ספר נזיקין הלכות רוצח ושמירת נפש פי"ב הי"ב. שו"ע יו"ד קנא, ה).

אסור למכור לישראל החשוד וכו' כל דבר שאסור למכור לגוי, אסור למוכרו גם לישראל החשוד שימכרנו לגוי. (רמב"ם ספר מדע שם. שם ספר נזיקין שם הי"ג. שו"ע שם).

אסור למכור ללסטים ישראל כל שאסור למכור לגוי מפני היזק הרבים, אסור אף למוכרו לישראל שהוא ליסטים, מפני שנמצא מחזיק ידי עוברי עבירה. (רמב"ם ספר מדע שם. שם ספר נזיקין שם הי"ד. שו"ע שם).

מסורת הש"ס

א. משנה שביעית פ"ה מ"ח. ירושלמי דמאי פ"ו ה"ה.
ב. משנה שביעית שם מ"ו. ירושלמי שביעית פ"ה ה"ג.
ג. ירושלמי ע"ז פ"ב ה"א. תוספתא ע"ז פ"ג
ב. ילק"ש תורה כח.
ד. שם. ע"ז כב,ב.
ה. ירושלמי שם. תוספתא שם א. מסכת כותים פ"א י.
ו. ירושלמי שם. תוספתא שם פ"ב ד. מסכת כותים שם ה (בקיצור).
ז. (הביטוי) כתובות ס,ב.

גרסות

ימכור אדם בכת"י כבמשנה: **ימכור לו.**

הכא אדם מצווה בכתי"מ: **אבל הכא אדם מצווה.**

שדה ניר בשביעית בכתי"מ: **שדה.**

כלים שאין אדם בכת"י כבמשנה: **כלים שאין האומן.**

לגוי קא מזבין בכתי"מ: **אמר ליה לגוי מזבין לה.**

מייחדין בכת"י ובמקורות: **מתייחדין.**

משום דאתי לזבונה בכת"י: **אלא לאו משום דאתי לזבונה.**

שאמרו אסור למכור בכת"י: **שאסור למכור.**

היינו גוי בכתי"מ: **היינו לסטים ישראל היינו גוי.**

במשמוטא בכת"י ועוד: **במשמוטא בעלמא.**

לאצולי נפשיה בכתי"מ: **לאצולי נפשיה וקטיל.**

לשון

קולרין, תריסין
ראה בהשלמות.

החיים

המחרישה וכל כליה

בימי התלמוד היה גוף המחרישה עשוי עץ, ולהב המחרישה (שהיה עשוי מברזל) היה מתחבר אליה. נוסף ללהב זה הצמידו למחרישה (כמו בימינו) עוד יתדות שונות שנועדו לפורר את האדמה וליישר לאחר מכן את התלמים. כמו כן היו גם מכשירים אחרים שהוצמדו למחרישה, כגון מתקנים לזריעה.

מזרה

המזרה הוא כלי כעין קלשון שהיו נוטלים בו מן הדגן ומעיפים אותו בגובה על מנת שהרוח תסלק את המוץ והתבן מן הגרעינים.

דקר
אף שנראה שהיו כמה כלים שנקראו בשם זה, אולם בעיקר היה הדקר כעין יתד מחודדת, שבה היו עושים נקבים באדמה על מנת להכשירה לזריעה. כמו כן השתמשו בדקר כדי לפורר רגבי אדמה גדולים, אולי לסייע בעקירת צמחים שוטים.

לעזי רש"י

פל"א מן הצרפתית העתיקה pele — את, את שטוחה שמשמשת גם לזרייה.

פישור"א צ"ל: פושוי"ר, מן הצרפתית העתיקה fosoir — מכוש.

שטו"ק מן הגרמנית stok — סדן.

צי"ף מן הצרפתית העתיקה cep — סד לרגלי אסירים.

בווי"ש מן הצרפתית העתיקה buies — כבלים.

פרויי"ש צ"ל: פיריי"ש מן הצרפתית העתיקה ferjes — שלשלאות ברזל.

מסורת הש"ס

א. בכורות ב,ב. ירושלמי פסחים פ"ד ה"ג. שם ע"ז פ"א ה"ו. תוספתא ע"ז פ"ב ג.
ב. שבת צד,ב. תוספתא ע"ז פ"ב ג.
ג. ירושלמי פסחים פ"ד ה"ג (בשינויים).

גרסות

הכי נמי בכתי"מ: חיטי אי אפשר הכא אפשר.

שלים בכתי"ס: משלים.

משום דחלשי בכתי"מ ועוד: אילימא משום דחשלי.

אמר רב אשי בכתי"ס ועוד מלים אלה חסרות.

וכיון דמרביעין עליה ויולדת בכתי"מ חסר משפט זה.

עושה בו מלאכה בכת"י ובמקורות: עושה מלאכה.

ברחיים בשבת בכת"י: ברחיים.

דכי משהי ליה אתי בכתי"מ: דאתי.

לא קא אסרי התם בכתי"מ: עד כאן לא קאסרי רבנן התם.

מאי טעמא לאו בכתי"ס ועוד: שאין מקריבין אותו חי אלא שחוט מאי טעמא לאו וכעין זה גם בכתי"מ.

יעקר ואתי בכתי"מ: אעקר ואייתי ובכתי"ס: ועקר ואתא.

בר תורא משהינן ליה ועביד בכתי"מ: בתורי דמשהינן ליה עביד מלאכה בכתי"ס: משהינן ליה ועבדי ביה מלאכה.

וכל דבר שיש בירושלמי ועוד: ולא כל דבר שיש.

בימוסיאות בירושלמי ועוד: דימסיאות.

ובית מרחצאות בכת"י ועוד: ומרחצאות.

אסור לבנות בירושלמי ועוד: אסור לבנותה.

לשון

עששיות
מקור המלה הוא כנראה במלה המקראית "עשת" שבעיקרה יש לה אותה משמעות: גוש, או חתיכה גדולה, של חומר יצוק. העששיות של מתכת (וגם של זכוכית) שימשו כחומר הגלם שממנו נעשו הכלים.

בסילקי, גרדום, איצטדייא, בימוסיאות, פירכוס ראה בהשלמות.

החיים

דכי שלים זינייהו
מגינים של ברזל שימשו גם ככלי מלחמה התקפיים, שהיו מכים בהם ואפילו מנסים להשתמש בקצותיהם ככלי דקירה. עם זאת, לא השתמשו במגינים בזמן הקרב עצמו אלא כאשר היה בידו של הלוחם נשק אחר, שכן בהיעדר כל נשק אחר לא היתה זו דרך לחימה יעילה.

פרזלא הינדואה
הודו היתה באותם הימים מרכז חשוב ביותר לתעשיית הברזל, והיו בה שיטות מתקדמות יותר להתקנת הברזל ולחיסומו (בדומה קצת לפלדה). ולכן שימש ברזל זה בעיקר לכלים שנדרשו לחוזק מיוחד, כגון כלי נשק.

משום תורת כלי זין
בזמן המשנה והתלמוד (ועוד זמן ניכר לאחר מכן) לא השתמשו כמעט בסוסים לצורך עבודה, משום שהסוסים היו יקרים מדי (הן מצד מחירם והן מצד הוצאות כלכלתם), ובמקום זה השתמשו לעבודות קשות בעיקר בבקר, ולנשיאת משא בחמורים. השימוש העיקרי בסוסים היה לצרכי מלחמה. הסוסים שנועדו למלחמה היו מאולפים גם להלחם, על ידי נשיכות ובעיטות ודחיפות, ומשום כך היה מקום לראות את הסוס ככלי נשק לעצמו.

מטחינו ברחיים
סוס זקן אינו יכול עוד לשמש בקרב, לפי שכוחו ומהירותו פוחתים. אבל הטחינה בריחיים של בהמות (כאשר בהמה היא המניעה את אבן הריחיים) היא מלאכה שאינה דורשת מהירות או זריזות, ולעתים היו אפילו בני אדם עושים אותה.

כיפה
ראה בהשלמות.

לעזי רש"י

מש"ש מן הצרפתית העתיקה mases — גושים, מטילים.

פושיו"ר מן הצרפתית העתיקה fosoir — מכוש.

דולדורי"א מן הצרפתית העתיקה deledoire — מעצד.

אדנטי"ר מן הצרפתית העתיקה adenter — להפיל לארץ.

אלמבר"א צ"ל: אלמינבר"א, מן הצרפתית העתיקה almenbre — במה שעושים לכבוד.

אלטי"ר מן הצרפתית alter — מזבח.

אריוולד"י צ"ל: אר"ק וולו"ד, מן הצרפתית העתיקה arc wolud — כיפה, מבנה שיש בו קמרון.

אי [אם] אפשר היה שלא למכור להם בלי שתיגרם איבה, הכי נמי [כך גם כן] היה אסור הדבר, אבל אי אפשר בלא כן. מה שאין כן בתריסים, שניתן להימנע ממכירתם. איכא דאמרי [יש שאומרים]: תריסין היינו טעמא [זהו הטעם] שלא מוכרים להם, דכי שלים זינייהו, קטלי בגווייהו [שכאשר נגמר הנשק שלהם, הם הורגים בהם, בתריסים]. ולפי זה, טעמם של יש אומרים שבברייתא שמוכרים להם תריסין, היא שאין לחשוש לכך, משום דכי שלים זינייהו, מערק ערקי [שכאשר נגמר הנשק שלהם, הם בורחים], ואין הם משתמשים בתריסים להריגה. אמר רב נחמן אמר רבה בר אבוה: הלכה כיש אומרים שמוכרים להם תריסים. אמר רב אדא בר אהבה: אין מוכרין להן עששיות (גושים, מטילים) של ברזל, מאי טעמא [מה טעם הדבר]? משום דחלשי מינייהו [שהם יוצרים מהם] כלי זיין. ומקשים: אי הכי [אם כן], אפילו מרי וחציני נמי [מעדרים וכשילים גם כן] לא נמכור להם, שהרי הם יכולים לחשל מהם כלי נשק! אמר רב זביד: מדובר בפרזלא הינדואה [בברזל הודי] שהוא מובחר ומשתמשים בו לכלי זיין. ומעירים: והאידנא, דקא מזבנינן [ובימינו, שאנו מוכרים] כל כלי נשק, אמר רב אשי: הרי זה לפרסאי דמגנו עילוון [לפרסים שמגינים עלינו].

א שנינו במשנה: עגלים וסייחים אין מוכרים להם. תניא [שנויה ברייתא]: ר' יהודה מתיר בבהמה שבורה למוכרה, מפני שאינה יכולה להתרפאות ולחיות. אמרו לו: והלא מרביעין עליה ויולדת, ומסבירה הגמרא: וכיון שמרביעין עליה ויולדת אתו לשהויה [יבואו להשהות אותה אצלם] וישראל הרואה אותה ברשותם לא יבחין, ויהא סבור שמותר למכור להם בהמה גסה! אמר להן ר' יהודה: לכשתלד בהמה כזו אחשוש לדבר, שאיני חושש לכך. ומעירים: אלמא [מכאן] שהוא סבור ששבורה לא מקבלת זכר, שאין היא נרבעת ויולדת. ועוד שנינו במשנה: בן בתירא מתיר בסוס למוכרו לגוי. תניא [שנויה ברייתא]: בן בתירא מתיר בסוס, מפני שהוא הגוי עושה בו בשבת מלאכה שאין חייבין עליה חטאת, כלומר, משום שרכיבה אינה מלאכה שיש עליה איסור מן התורה, ואין מקום לגזור משום חשש זה. ורבי אוסר למכור סוס מפני שני דברים, אחד משום תורת כלי זיין, שבדרך כלל משתמשים בסוסים במלחמה, ואחד משום תורת בהמה גסה. ושואלים: בשלמא [נניח] לענין תורת כלי זיין איכא [יש] דקטיל בסחופיה [שהסוס הורג במכתו], שמלמדים את הסוס עצמו להרוג. אלא תורת בהמה גסה מאי [מה] היא, מה עניינו? הרי אמרנו שלא נועד אלא לרכיבה! אמר ר' יוחנן: לכשיזקין הסוס ושוב אינו ראוי למלחמה מטחינו (טוחן בו) ברחיים, ונמצא עושה בו מלאכה של ממש בשבת. אמר ר' יוחנן: הלכה כבן בתירא שמותר למכור סוס.

איבעיא להו [נשאלה להם לתלמידים]: שור של פטם שמפטמים אותו לצורך שחיטה, מהו, מה דינו לעניין מכירה? ומעירים: תיבעי [תישאל] השאלה לפי שיטת ר' יהודה, תיבעי לרבנן [תישאל לדעת חכמים]. תיבעי [תישאל] לדעת ר' יהודה: עד כאן לא קא שרי [התיר] ר' יהודה אלא בשבורה, דלא אתי [שלא תבוא] אף בעתיד לכלל מלאכה, אבל האי [זה] שור של פטם, דכי משהי ליה [שכאשר ישהו אותו ולא יפטמו אותו] אתי [יבוא] לכלל מלאכה — אסור למוכרו, או דלמא [שמא] יש לומר ההפך: אפילו לשיטת רבנן [חכמים], לא קא אסרי התם [אין הם אוסרים שם] למכור בהמה שבורה אלא בדבר דסתמיה לאו [שסתמו לא] לשחיטה קאי [עומד] אלא למלאכה, אבל האי [זה] שור של פטם, דסתמיה [שסתמו] לשחיטה קאי [עומד] ולא לעבוד בו, אפילו רבנן שרו [חכמים מתירים]? ומציעים תשובה: תא שמע [בוא ושמע], שאמר רב יהודה אמר שמואל: אנשיו של בית רבי היו מקריבין צריכים היו להביא מתנה לשלטון שור של פטם ביום אידם של הגוים, חסר [חיסרו] משלהם ארבע ריבבן [רבבות] של דינרים כשוחד, כדי להביא לכך שאין מקריבין אותו היום ביום האיד, אלא למחר, וכן חסר [חיסרו] משלהם והוציאו עוד ארבע ריבבן [רבבות] שאין מקריבין אותו להם חי אלא שחוט, חזרו וחסר [חיסרו] עוד ארבע ריבבן [רבבות] שאין מקריבין אותו כל עיקר. ויש לשאול: מאי טעמא [מה טעם הדבר] שנתנו שוחד כדי שלא יצטרכו לתיתו? לאו [האם לא] משום שמכירת פטם לגוי אסורה דלמא אתי לשהויי [שמא יבואו להשהות אותו] ויבוא לכלל מלאכה? ודוחים: ולטעמיך [ולשיטתך] שכך אתה מסביר, אם כן מה שהוציאו כסף מתחילה שאין מקריבין אותו היום אלא למחר — מאי טעמא [מה טעם הדבר]? מה הרוויחו בכך? אלא טעם הדבר שונה הוא, רבי מיעקר מילתא בעי [רצה לעקור את הדבר], את הגזירה הזו, שיהא מוטל עליהם מס זה, וסבר: ייעקר ואתי פורתא פורתא [ייעקר ויבוא מעט מעט]. ולכן בכל פעם שינה במקצת את הגזירה הזו כדי לבטלה לבסוף לגמרי, ונמצא שאין מכאן ראיה לשאלה זו. ועל עצם שאלת הגמרא שואלים: שור של פטם וכי משהי ליה, בריא ועביד [וכאשר משהים אותו, את השור של פטם, הריהו מבריא מתחזק ועושה] מלאכה? אמר רב אשי, אמר לי האיש שהיה מומחה לדבר, ששמו היה זביד: בר תורא [בן שור] שפיטמו אותו, משהינן ליה ועביד על חד תרין [משהים אותו שירזה והוא עושה מלאכה פי שניים משוורים אחרים].

ב משנה אין מוכרין להם לגוים דובין ואריות וכל דבר שיש בו נזק לרבים. וכן אין בונין עמהם בסילקי (אולם עמודים גדול), או גרדום (שדנים בו), או איצטדייא (אצטדיון) ובימה, אבל בונין עמהם בימוסיאות (במות קטנות) וכן בית מרחצאות. אם הגיע בבית המרחץ לכיפה שמעמידין בה הגויים עבודה זרה — אסור לבנות עמהם.

ג גמרא אמר רב חנין בר רב חסדא, ואמרי לה [ויש אומרים] שאמר רב חנן בר רבא אמר רב: חיה גסה הרי היא נידונת כבהמה דקה לענין פירכוס בזמן שחיטה. שאם היתה עומדת למות ושחטוה, הרי אם פירכסה לאחר שחיטתה סימן הוא שעדיין היתה חיה, ומותרת בשחיטתה, אבל אם לא פירכסה — אסורה. אבל לא דומה דין חיה גסה לדין בהמה דקה לענין מכירה, אלא דווקא לבהמה גסה, שאסור למוכרה לגוים כלל. והוסיף רב חנן בר רבא: אלו דברי רב, ואני אומר: אף למכירה דינה כבהמה דקה, שמקום שנהגו למכור — מוכרין, שלא למכור — אין מוכרין. ומקשים על רב, תנן [שנינו] במשנתנו: אין מוכרין להן דובין ואריות ולא כל דבר שיש בו נזק לרבים. ונדייק מכאן: טעמא [הטעם, דווקא] משום דאית ביה [שיש בו] נזק לרבים, לכך אין מוכרים להם. הא לית ביה [אבל חיה גסה אחרת, שאין בה] נזק לרבים שרי [מותר]! אמר רבה בר עולא: אין מכאן ראיה לדחות דברי רב, שכן לשיטתו מדובר במשנה בארי שבור, שאינו ראוי למלאכה,

עיונים

דמגני עילוון שהם נלחמים ומגינים על כל תושבי העיר, ועל היהודים בכללם. ולא אסרו אלא למכור לאויבי ישראל. והיו מן הראשונים שכתבו שמשום כך שמא אסור למכור ליושבי מדינות אחרות שאין יהודים מצויים בהן.

והלא מרביעין עליה וכתבו בתוס' שהוא הדין לזכר, שמשאירים אותו לצורך הרבעה. וראה להלן בדברי הראב"ד.

מתיר בשבורה שהרי החשש במכירת בהמה גסה הוא במכירת בהמות לצורך עבודה, משום מלאכה בשבת, ובהמה שבורה הרי אינה מיועדת לעבודה אלא לשחיטה.

אתו לשהוייה וכתבו בתוס' חכמי אנגליה שלכאורה הרי זו כגזירה לגזירה, שגזרו בשבורה שמא יבואו למכור בהמה בריאה, ואף מכירת בהמה בריאה גזירה היא משום השאלה והשכרה, או משום נסיון. והסבירו שבאמת היתה זו גזירה אחת, שלא למכור בהמה גסה לגויים, ולא חילקו בה בין ראויה למלאכה ושאינה ראויה.

לא מקבלת זכר שכיון שנשברו רגליה שוב אינה יכולה לסבול את הזכר ואינה מקבלת אותו. וכתבו ראשונים (וראה גם בתוס' ועוד) שאין דבר זה שייך למחלוקת האם טריפה יולדת, כי כאן מדובר בשבורה, ולא בטריפה. ואף בשבורה אין מדובר על האפשרות העקרונית שלה ללדת, אלא רק שאינה מקבלת זכר. וכתב הראב"ד שלפי טעם זה יש לאסור בזכר שעדיין יכול להרביע. וראה בירושלמי, שם מבואר כי לדעת ר' יהודה אין הבדל בין זה לזה (ראה רשב"א וריטב"א).

בסחופיה רש"י מסביר: במכת ידו. והר"ח מסביר באופן כללי, שמלמדים אותו להרוג בשיניו וברגליו.

מטחינו בריחיים ועושה מלאכה האסורה בשבת. ואף שבשעת מכירה לא לכך מוכרו, מכל מקום מאחר שראוי למלאכה ומגיע לידי כך — הריהו בכלל הגזירה שלא למכור בהמה העושה מלאכה.

שור של פטם רש"י מסביר כי "פטם" הוא שם בעל המקצוע, העוסק בפיטום של בהמות לצורך שחיטה, ושור שנמצא תחת ידו מפוטם ושמן מאד ואינו ראוי כלל למלאכה. וכבר שאלו ראשונים: הרי לכאורה יש תשובה לשאלה זו מדברי רב הונא שמכר פרה לגוי, ואמר: אימור לשחיטה זבנה (לעיל טו,א)! ואכן יש ראשונים שהסבירו כי שם מדובר כאשר הקונה אמר במפורש שרצונו לשחוט פרה זו, או שמכרה לטבח (שוחט), ואם כן, כאן מדובר במכירה בסתם. ואחרים הסבירו כי כפי שמבואר במסקנת הסוגיה כאן, שור של פטם שמשהים אותו עושה מלאכה יותר משור רגיל, ואם כן דווקא בו יש חשש שהגוי ישהה אותו אצלו ולא ישחטנו (בתוס' שם). ואילו רבינו תם הסביר כי "שור של פטם" הוא שור שעדיין אינו מפוטם, אלא עומד לפני פיטום, ויש לחשוש שמא מתוך שהוא שוהה אצל הגוי יבוא לעשות בו מלאכה.

של בית רבי היו מקריבין לא היה זה קרבן לעבודה זרה, אלא היה זה כעין מס שהיה מוטל עליהם להביא מתנה זו ליום אידם.

מאי טעמא לאו משום דלמא אתי ראה בגרסות, שכפי שהיה הנוסח לפני הראשונים ההוכחה כאן היא מן השלב השני, שנתנו שוחד על מנת שלא יצטרכו להביאו חי אלא שחוט, לפי שכשהוא נמכר שחוט אין כלל מקום לחשש שמא יעבוד בו הגוי.

דילמא אתו לשהויי ואם יבואו להשהותו ויבוא לכלל מלאכה נמצא שהוא בכלל הגזירה של איסור מכירת בהמת עבודה לגוי. או משום התקלה שיראו יהודים את הבהמה לאחר זמן ברשותו של הגוי, ויטעו בדבר לומר שמותר למכור בהמה לגוי.

וליטעמיך שאין מקריבין אותו היום וכו' רמב"ן מסביר: ולשיטתך, שמשום איסור מכירת בהמה גסה הוא, מדוע מתחילה נתנו שוחד כדי שלא יצטרכו להביאו היום אלא מחר? שאם מחמת שזהו יום אידם — הרי אין איסור כאשר מדובר במס קבוע לבית הקיסר, לא משום שמחה יתירה, ולא משום הכשלה באיסור! וראה בתוס' חכמי אנגליה שהסבירו כי גם ביום השני היה יום אידם, ומשום כך לא היו מרויחים בכך דבר. ומצד אחר ראה בריד שהציע לגרוס: "וליטעמיך שאין מקריבין אותו כל עיקר למה לי" (והרשב"א דחה אפשרות זו).

מיעקר מילתא בעי שרצה לבטל מעליו מס זה, אלא שלא יכול היה לבטלו בבת אחת ולכן מיעטו במשך הזמן. ומסביר הרמב"ן שראה רבי בזיון בכך שהוא צריך לתת מתנה זו ליום אידם (וראה לשונו של רש"י), ועוד שרצה לקבוע שאין תלמידי חכמים חייבים במסים כל עיקר.

משהינן ליה ועביד וכו' ומכאן אפשר ללמוד לשור של פטם, שאף שאינו מיועד למלאכה, מכל מקום עשוי הוא עם הזמן שיעבדו בו, ועיקר השאלה לא הגיעה אפוא לידי פתרון בגמרא (ראה ריטב"א בשם הרמ"ה). אבל מדברי הרמב"ם ועוד ראשונים עולה שהבינו כי בכך נפתרה הבעיה לחומרה, שיש לחשוש כי אכן הגוי ישהה שור כזה בביתו כדי לעבוד בו לאחר זמן, ואינו מותר במכירה אלא באופן שמותר למכור בהמה סתם — שמוכרה לטבח למשחה וכיוצא בזה.

בסילקי וכו' שכל אלה הם מקומות של משפט ודין, ובהם היו דנים שלא כדין ושופכים דם נקי, והרי זה כמסייע בידם לעשות דבר שיש בו נזק לרבים (ראה ריטב"א). ורש"י כתב כי יש כאן חשש לסיוע להריגת יהודים. וכתב המאירי שבכל אחד מן המקומות הללו היה נעשה חלק מן התהליך השיפוטי (עיי"ש). והוסיף שאף שכלל ידוע הוא ש"דינא דמלכותא דינא", יש אומרים שאין הדברים אמורים אלא בדיני ממונות ולא בדיני נפשות. והוא עצמו סבור כי החילוק שונה (עיי"ש). ואילו הרמב"ם כתב בפיה"מ כי מקומות אלו הם כולם מיני בימות ומצבות שעושים לכבוד עבודה זרה ובגללה. ובדומה לכך כתב הראב"ד.

בימוסיאות רש"י מסביר מלשון בימוס, מזבח קטן העשוי מאבן אחת. ומסביר כי אין כן משום עבודה זרה ממש, משום שאינו עשוי אלא להניח עליו דברים, והריהו כמשמשי משמשיה של עבודה זרה. אבל רוב הראשונים גרסו כאן כמו בערוך: "דימוסיאות", ופירשו שהוא שם אחר למין מרחץ, או מקום של מעיינות חמים (תוס' בעמוד הבא, רמ"ה בריטב"א) או מבנים אחרים המיועדים לבילוי (רא"ה, ריטב"א). וכן כתב הרמב"ם שהכוונה לארמונות.

לפירכוס בהמה שהיא מסוכנת למות מחמת חולי (אף שאין בה טריפה ברורה) לא תמיד שחיטתה מתירתה, אלא בודקים אם היא מפרכסת בשעת שחיטתה סימן שיש בה חיות מספקת והשחיטה מתירה אותה. ולענין פרכוס יש הבדל בין בהמה גסה, שכל שהיא מניעה ידה בשעת שחיטה הריהי כשרה, ובין בהמה דקה שאם אינה מניעה ידה הלוך ושוב אין זה סימן מספיק של חיות.

אורח ההלכה

מוכרין להן תריסין מוכרים לגוים מגינים, לפי שאינם עשויים אלא להגן ולא להזיק. כדברי יש אומרים, וכפי שפסק רב נחמן בשם רבה. (רמב"ם ספר נזיקין הלכות רוצח ושמירת הנפש פי"ב הי"ב).

אין מוכרין להן עששיות וכו' אין מוכרים לגוים אפילו עשת של ברזל (הינדואה. רמב"ם). וכדברי רב אדא בר אהבה ורב זביד. (רמב"ם שם. שו"ע יו"ד קנא, ה).

לפרסאי דמגנן עלן היו ישראל שוכנים בין הגוים וכרתו להם ברית — מותר למכור כלי זיין לעבדי המלך וגייסותיו מפני שנלחמים עם צרי המדינה ונמצאו מגינים גם על ישראל. ועל כך סומכים בזמן הזה למכור להם כלי זין (ש"ך). (רמב"ם שם. ספר מדע הלכות עבודה זרה פ"ט ה"ט. שו"ע סעיף ו).

שור של פטם אין מוכרים לגוי אפילו שור של פטם (שאינו עומד לעבודה), שמא ישהה אותו ולאחר מכן יעבוד בו. כפי מסקנת הגמרא. (רמב"ם ספר זמנים הלכות שבת פ"כ ה"ד).

אין מוכרין להם דובין ואריות אין מוכרים לגוים דבר שיש בו נזק לרבים כגון דובים ואריות. (רמב"ם ספר מדע הלכות עבודה זרה פ"ט ה"ח. שם ספר נזיקין הלכות רוצח ושמירת הנפש פי"ב הי"ב. שו"ע שם סעיף ה).

אין בונים עמהם בסילקי וכו' אין בונים לגוים מקום שדנים בו בני אדם. כמשנתנו. (שו"ע שם).

אבל בונין עמהם וכו' אסור לבנות עם הגוים כיפה שמעמידים בה עבודה זרה, אבל בונה הוא לכתחילה הטרקלין או החצר שמצויה בהם אותה כיפה. כמשנה. (רמב"ם ספר מדע הלכות עבודה זרה פ"ט הי"א. שו"ע שם קמג, ב).

חיה גסה כבהמה דקה לפירכוס בהמה שהיתה מסוכנת למות, ושחטה, אם לא פרכסה כלל — הריהי אסורה. ואם פרכסה בסוף השחיטה (עד לאחר השחיטה) — הריהי מותרת. ואיזה הוא פרכוס? בבהמה גסה אם פשטה או יד או רגל אף שלא חזרה וכן אם כפפה אף שלא פשטה — הרי זה פרכוס. ובבהמה דקה צריך שתפשוט ידה ותחזיר, או שתפשוט רגלה אף שאינה מחזירה. אבל אם פשטה ידה ולא החזירה הרי היא אסורה. ודין חיה דקה וגסה כדין בהמה דקה לענין פרכוס, וכדברי רב. (רמב"ם ספר קדושה הלכות מאכלות אסורות פ"ד הי"ח. שו"ע שם יט, א).

*אי אפשר ה"נ איכא דאמרי תריסין היינו
טעמא דלא דכי שלים זינייהו קטלי בגוייהו
ויש אומרים מוכרים להם תריסין דכי שלים
זינייהו מערק ערקי אמר רב נחמן אמר
רבה בר אבוה הלכה כיש אומרים אמר רב
אדא בר אהבה ^א^אין מוכרין להן עששיות
של ברזל מ"ט משום *דחלשי מינייהו כלי
זיין אי הכי אפילו מרי וחציני נמי אמר רב
זביד בפרזלא הינדואה והאידנא דקא מזבנינן
א (א)א"ר *אשי לפרסאי ^ב^דמגנו עילוון: עגלים
וסייחים: תניא ^א^*רבי יהודה מתיר בשבורה
מפני שאינה יכולה להתרפאות ולחיות אמרו
לו והלא מרביעין עליה ויולדת וכיון דמרביעין
עליה ויולדת אתו לשהויה אמר להן לכשתלד
אלמא לא מקבלת זכר: ^ב^בן בתירא מתיר
בסוס: *תניא בן בתירא מתיר בסוס מפני
שהוא עושה בו מלאכה שאין חייבין עליה
חטאת ורבי אוסר מפני ב' דברים אחד משום
תורת כלי זיין ואחד משום תורת בהמה
גסה בשלמא תורת כלי זיין איכא דקטיל
בסחופיה אלא תורת בהמה גסה מאי היא
אמר רבי יוחנן ^ג^לכשיזקין מטחינו ברחיים
בשבת א"ר יוחנן *הלכה כבן בתירא איבעיא
להו שור של פטם מהו תיבעי לרבי יהודה
תיבעי לרבנן תיבעי לרבי יהודה עד כאן
לא קא שרי רבי יהודה אלא בשבורה דלא
אתי לכלל מלאכה אבל האי דכי משהי ליה אתי לכלל מלאכה ^ג^אסור
או דלמא אפילו לרבנן לא קא אסרי התם אלא דסתמיה לאו לשחיטה קאי
אבל האי דסתמיה לשחיטה קאי אפילו רבנן שרו ת"ש דאמר רב יהודה
אמר שמואל של בית רבי היו מקריבין שור של פטם ביום אידם חסר
ד' ריבבן שאין מקריבין אותו היום אלא למחר חסר ד' ריבבן
שאין מקריבין אותו חי אלא שחוט חסר ד' ריבבן שאין מקריבין אותו
כל עיקר מ"ט לאו משום דלמא אתי לשהויי וליטעמיך שאין מקריבין
אותו היום אלא למחר מאי טעמא אלא רבי מיעקר מילתא בעי וסבר
יעקר ואתי פורתא פורתא וכי משהי ליה בריא ועביד מלאכה אמר רב
אשי אמר לי זבידא בר תורא משהינן ליה ועביד על חד תרין:
ב **מתני'** ^ד^אין מוכרין להם דובין ואריות וכל דבר שיש בו נזק לרבים אין בונין
עמהם בסילקי גרדום איצטדייא ובימה אבל בונין עמהם *בימוסיאות ובית
מרחצאות ^ה^הגיע(א) לכיפה שמעמידין בה עבודה זרה אסור לבנות:
ג **גמ'** אמר רב חנין בר רב חסדא ואמרי לה אמר רב חנן בר רבא אמר
רב ^ו^חיה גסה הרי היא כבהמה דקה לפירכוס אבל לא למכירה ואני אומר
אף למכירה מקום שנהגו למכור מוכרין שלא למכור אין מוכרין תנן אין
מוכרין להן דובין ואריות ולא כל דבר שיש בו נזק לרבים טעמא דאית ביה
נזק לרבים הא לית ביה נזק לרבים שרי אמר רבה בר עולא בארי שבור
ואליבא

א) [תוס' השייך לכאן הוא לקמן יט:]

רש"י

אי אפשר. בלא איבה: **דכי שלים זינייהו.** כשכלים כלי זיין במלחמה קטלי בתריסין: **עששיות.** חתיכות עבות שקורין מש"ש: **דחלשי מינייהו.** מחלישין אותן בקורנס עד שנעשו דקות ועושין מהן כלי זיין: **אפילו מרי.** פושיו"ר: **וחציני.** דולדורי"א לא נזבין להו דחלישי מינייהו כלי זיין: **בפרזלא הינדואה.** של ארץ הודו שאין עושין אותה אלא לכלי זיין: **דמגני עילוון.** נלחמים לשמור העיר ואת יושביה: **שאינה יכולה להתרפאות.** ומסתמא לשחיטה זבנה ולא משהי ליה ולא חזי ליה ישראל כי גוי דתיפוק חורבה מיניה לזבוני שלימה: **והלא מרביעין עליה.** ומשהו לה ומאן דחזי לה כי גוי יליף מינה לזבוני שלימה: **לכשתלד.** תאסרוהו דלא תלד לעולם: **דקטיל בסיחופיה.** מלמדהו להרוג בידו את הנופלים במלחמה. סיחופיה מכת יד בהמה וחיה קרי סיחופא שמכה כלפי מטה כמו שחופי כסא (שבת דף סו:) אדנטי"ר בלע"ז: **תורת בהמה גסה מאי היא.** כלומר איסור טעם מכירת בהמה גסה מאי היא הא לא עביד מלאכה דחייב חטאת דנגזור משום נסיוני: **מטחינו ברחיים.** ואב מלאכה היא: **שור של פטם.** שפיטמו ושמן מאד ואינו ראוי למלאכה: **מהו.** למכרו לגוי: **אבל האי דאתי לכלל מלאכה אסור.** דמשהו ליה וחזו ליה לאחר זמן בידיה ואע"ג דהשתא ליכא למיחש לנסיוני מיהו נפקא מינה חורבה למכור שאר שוורים לגוי: **לאו לשחיטה קיימא.** דכחושה ומשהו לה לגדל וולדות: **מקריבין.** מס ודורון למלך: **שור של פטם.** ועבודת בזיון היתה: **חיסר ד' ריבבן.** הוליא ד' ריבואות ממון לבטל שלא יקריבוהו ביום אידם: **אלא למחר.** ולמיעקר פורתא מיכוין: **וכי משהו ליה בריא ועביד מלאכה.** אתקפתא היא כלומר ואי משהו ליה בריא תו למעבד מלאכה דקא בעית למיסריה: **בריא.** מתחזק: **זבידא.** פטם היה: **בר תורא.** שור שפטמוהו משהי ליה עד דכחיש: **ועביד על חד תרין.** בשוורים אחרים: **מתני' בסילקי.** לשון טירה גבוהה היא כדאמר בסדר יומא (דף כה.) לשכת הגזית כמין בסילקי גדולה היתה ושם דנין בני אדם ומפילין אותו ומת: **גרדום.** בנין אחד הוא לדון נפשות כמו שנים שעלו לגרדום בר"ה (דף יח.): **איצטדייא.** מקום שעושין שם (ב)איצטדנית שור כמו שור האיצטדין (ב"ק לט.) מנגח והורג אנשים ושחוק הוא להם: **בימה.** נמי כעין מגדל קצר הוא וגבוה כדאמר במס' סוטה (דף מא.) בימה של עץ עושים לו בעזרה ואנו קורין אותו אלמבר"א והיו עושין אותו לדחוף משם איש להמיתו ובכל אלה יש נזק לרבים וכדי שלא יתפש ישראל שם אסור לבנות עמהם: **בימוסיאות.** גרסינן בנין שאינו לצורך עבודה זרה (ג)ומפרש לקמן בפרק רבי ישמעאל (דף נג:) וקורין לו אלט"ר דקתני בימוסיאות של גוים מותרין ומאי בימוס בימה של אבן אחת ומקריב זבחים דהוי תשמיש דתשמיש לעבודה זרה: **ומרחצאות.** בקרקע הן עשוין עמוקין מאד והמים נופלין מתחת ואנשים רוחצים מלמעלה ע"ג הנסרים: **כיפה.** אריוולד"ו דרך גוים להעמיד דמות אפרודיטא בבית המרחץ שלהן: **גמ' כבהמה דקה לפירכוס.** כדאמר גבי בהמה מסוכנת בשחיטת חולין (דף לז.) בהמה דקה שפשטה ידה אחר שחיטתה ולא החזירה אסורה דבהמה מסוכנת היא ואינה מותרת עד שתפרכס ואם לא פרכסה הויא כמתה קודם שחיטה ופישוט יד לדקה אינה אלא הוצאת נפש אבל גסה בין פשטה ולא כפפה בין כפפה ולא פשטה פירכוס היא וכשרה הכי מפרש התם וחיה גסה נמי דרכה לפשוט יד בהוצאת נפש הלכך שחט חיה גסה מסוכנת ולא פרכסה אלא פשטה ידה ולא החזירה אסורה: **אבל לא למכירה.** למיתלי במנהגא אלא כבהמה גסה היא ובכל מקום אין מוכרין: **הא.** ארי דלית ביה ניזקא כגון ארי תרבות שרי אלמא חיה גסה מוכרין להן וקשיא לרב וסייעתא לרב חנן: **בארי שבור.** הא דקתני מתני' דארי תרבות שרי בארי שבור: ואליבא

תוספות

לפרסאי דמגנו עלן. ונראה דאנן נמי שרינן השתא למכור לגוים כלי זיין מהאי טעמא:

מרביעין עליה ויולדת. ובזכר נמי יכול להרביעו על כמה נקבות: **אלמא לא מקבלת זכר.** לאו משום דסבר טריפה אינה יולדת דבפרק אלו טריפות (חולין דף מ:) בעי למימר לר' יהודה דיולדת אלא דלא מקבלת זכר וכדמשמע לישנא מדלא קאמר אלמא דלא ילדה*: **אלא תורת בהמה גסה מאי היא.** קשה לימא דלית ליה חי נושא את עצמו בעופות כרבנן וי"ל מדאסר רבי משום תורת כלי זיין משמע דאפילו המיוחד לרכיבת אדם דמודו כ"ע דחי נושא את עצמו וא"כ תורת בהמה גסה מאי היא וג' מחלוקות בדבר: **אבל האי דאי משהי ליה אתי לכלל מלאכה.** תימה לי"ל האי טעמא תיפוק ליה משום דאי משהי ליה לפיטום אתי למימר כחוש מכרו לו כי היכי דגזרי רבנן בשבורה דלא ליתי למימר שלימה מכרה לו וי"ל דודאי בשבורה יש לגזור דכיון דרבנן אית להו מרביעין עליה זכר א"כ משהה לו זמן מרובה אבל בזמן מועט דפיטום לית לן למיגזר אי לאו טעמא דחזי למלאכה: **אבל האי דלשחיטה קאי.** לאו דוקא נקט האי דהא בסתם שוורים גופייהו אמרינן אימור לשחיטה זבינהו אלא להכי נקט הכי דאתא לאפוקי בהמה גסה דמתני' דמיירי בבהמה טמאה נקט הכי אבל בבהמה טהורה תלינן בשחיטה ואע"ג דסתם שוורים נמי לרדיא זביני:

ארי

עין משפט נר מצוה

עד א מיי' פ"ט מהל' עבודת כוכבים הלכה ח ופי"ב מהל' רוצח הלכ' יב סמג לאוין מה טור ש"ע י"ד סי' קנא סעי' ה:

עה ב מיי' שם הלכה ט ופי"ב מהל' רוצח הלכה יג טור ש"ע שם סעיף ו:

[ועי' תוס' חולין נז: ד"ה ודלמא ותוס' בכורות ב: ד"ה דלא]

עו ג מיי' פ"כ מהל' שבת הלכה ד:

עז ד מיי' פ"ט מהל' עבודת כוכבים הלכה ח ופי"ב מהל' רוצח הל' יב סמ"ג לאוין מה טוש"ע י"ד סי' קנא סעיף ה:

[ברא"ש איתא רב פפא]

עח ה מיי' פ"ט מהל' עבודת כוכבים הל' יא סמג שם טור ש"ע י"ד סי' קמג סעיף ב:

עט ו מיי' פ"ד מהל' מאכלות אסורות הלכה יד סמג לאוין קלב טור ש"ע י"ד סי' יז סעיף א:

רבינו חננאל

ויש אומרים מוכרין להן תריסין. אמר רב נחמן אמר רבה בר אבוה הלכתא כיש אומרים מאי טעמא דכי שלים זינייהו מיערק ערקי. (הא דאמרו אין מוכרין להן תריסין ויש אומרים מוכרין להן תריסין אמר רב נחמן אמר רבה בר אבוה הלכתא כיש אומרים). מ"ט עשתות של ברזל אוקימנא בפרזלא הינדואה. והאידנא דמזבנינן לפרסאי משום דאגנו עילוואן. וכל מקום אין מוכרין להן בהמה גסה עגלים וסייחין שלמין ושבורין. בן בתירא מתיר בסוס. תניא בן בתירא מתיר מפני שעושה בו מלאכה שאין חייבין עליה חטאת. פי' רוכב עליו בלבד אבל אינו חורש עמו ולא מלאכה אחרת כיוצא בה ואע"ג דר' יהודה אוסר למכור סוס לגוי מפני שני דברים אחד שהורג בסיחופיה פי' בידיו ושיניו [ועוד] כשמזקין מטחינו בריחים: ירושלמי כשמזקין כודנו בריחים הא אמר ר' יוחנן הלכה כבן בתירא ור' יהודה מתיר בשבורה שאינה יכולה להתרפאות ולחיות. הא דאמר רב יהודה אמר שמואל של בית ר' היו מקריבין שור של פטם ביום אידם. פי' זה שאמר מקריבין מנחה היו נותנין לבית קיסר מלשון תרגום מנחה תקרובתא אבל לא להקרבה לעבודה זרה ח"ו. ואעפ"כ חסר ד' רבוון כלומר נתן שוחד כדי שלא יהיו מקריבין ומדרינן אותו ביום אידם עצמו אלא למחר ועוד השחיד שלא להדרינו להן חי אלא שחוט. ואסיק' ביקש רבי לבטל הדבר ועשה מעט מעט בשנה אחת ביטל מלשלחו להן ביום אידם אלא למחר ובשנה אחרת ביטל מלשלחו חי ובשנה אחרת ביטלו לגמרי: אמר רב אשי אמר לי זבידא בר תורא דמפטמינן ליה ומשהינן ועביד מלאכה כתרי תורי: **מתני'** אין מוכרין להן דובין ואריות ולא כל דבר שיש בו ניזקא לרבים. אמר רב חנן בר רבא אמר רב חיה גסה הרי היא אסורה לפירכוס כבהמה דקה אבל לא למכירה לגוי ואני אומר אף למכירה מקום שנהגו למכור מוכרין מקום שנהגו שלא למכור אין מוכרין להן. [גמ'] ומקשי' אין מוכרין להן דובין ואריות מפני שיש בהן נזק לרבים כלומר מזיקין לרבים הא חיה גסה שאינה מזקת שרי ופריק רבא בר עולא מתני' דדייקת מינה הא חיה שאינה מזקת לרבים שרי בארי שבור ואליבא

מסורת הש"ס

[פי' כמו אם והרבה אי משמשים בלשון אם]

[עי' רש"י חולין יז: ד"ה מחלים וכו' גרס הכא דחשלי]

[בכורות כ: תוספתא פ"ב]

שבת לג. [תוספתא פ"ב]

[עי' תוי"ט פ"ד מ"ג דפסחים ד"ה בן בתירא דהרמב"ם וכו' לא גרסו להא]

[גיר' הערוך בערך דמוס ג' דימוסיאות ועי' תוס' ב"ב ד"ה בימוסיאות וכן גרס הרב מברטנורה וע"ש בתוי"ט]

הגהות הב"ח

(א) גמ' אמר רב אשי. נ"ב גירסת הר"ן וע"ש אין למחר רב אשי כו': (ב) רש"י ד"ה אילטדייא וכו' אילטדנית כמו שור האילטדין שור הוא מנגח והורג אנשים מרחוק ושחוק: (ג) ד"ה בימוסיאות וכו' שאינו לצורך עבודה זרה וקורין לו אלט"ר ומפרש לקמן בפ' ר' ישמעאל אהא דקתני בימוסיאות של גוים מותרין מאי בימוס בימה של אבן אחת מזבח של אבנים הרבה ומקריב עליה זבחים הוי:

עין משפט
נר מצוה

פ א מיי' פ"כ מהל' שבת הל' ה:

תורה אור

א ואליבא *דרבי יהודה רב אשי אמר סתם ארי שבור הוא אצל מלאכה מיתיבי ב *כשם שאין מוכרין להן בהמה גסה כך א אין מוכרין להן חיה גסה ואפילו במקום שמוכרין להן בהמה דקה חיה גסה אין מוכרין להן תיובתא דרב חנן בר רבא תיובתא רבינא רמי מתניתין אברייתא ומשני תנן אין מוכרין להן דובין ואריות ולא כל דבר שיש בו נזק לרבים טעמא דאית ביה נזק הא לית ביה נזק מוכרין ורמינהי כשם שאין מוכרין בהמה גסה כך אין מוכרין חיה גסה ואפילו במקום שמוכרין בהמה דקה חיה גסה אין מוכרין ומשני בארי שבור ואליבא דר' יהודה רב אשי אמר סתם ארי שבור הוא אצל מלאכה מתקיף לה רב נחמן מאן לימא לן דארי חיה גסה היא דלמא חיה דקה היא רב אשי דייק מתניתין ומותיב תיובתא תנן אין מוכרין להן דובים ואריות ולא כל דבר שיש בו נזק לרבים טעמא דאית ביה נזק הא לית ביה נזק מוכרין וטעמא ארי דסתם ארי שבור הוא אצל מלאכה אבל מידי אחרינא דעביד מלאכה לא תיובתא דרב חנן בר רבא תיובתא וחיה גסה מיהת מאי מלאכה עבדא אמר אביי אמר לי מר יהודה דבי מר יוחני טחני ריחים בערודי א"ר זירא כי הוינן בי רב יהודה אמר לן גמירו מינאי הא מילתא דמגברא רבה שמיע לי ולא ידענא אי מרב אי משמואל חיה גסה הרי היא כבהמה דקה לפירכוס כי אתאי לקורקוניא אשכחתיה לרב חייא בר אשי ויתיב וקאמר משמיה דשמואל חיה גסה הרי היא כבהמה דקה לפירכוס אמינא ש"מ משמיה דשמואל איתמר כי אתאי לסורא אשכחתיה לרבה בר ירמיה דיתיב וקא"ל משמיה דרב חיה גסה הרי היא כבהמה דקה לפירכוס אמינא ש"מ איתמר משמיה דרב ואיתמר משמיה דשמואל כי סליקת להתם אשכחתיה לרב אסי דיתיב וקאמר אמר רב חמא בר גוריא משמיה דרב חיה גסה הרי היא כבהמה דקה לפירכוס אמרי ליה ולא סבר לה מר דמאן מרא דשמעתתא רבה בר ירמיה א"ל ג *פתיא אוכמא מינאי ומינך תסתיים שמעתא איתמר נמי א"ר זירא אמר רב אסי אמר רבה בר ירמיה אמר רב חמא בר גוריא אמר רב חיה גסה הרי היא כבהמה דקה לפירכוס: אין בונין כו': אמר
א רבה בר בר חנה א"ר יוחנן ג' בסילקאות הן של מלכי גוים ושל מרחצאות ושל אוצרות אמר רבא ב' להיתר ואחד לאיסור וסימן לאסור מלכיהם בזיקים ואיכא דאמרי אמר רבא כולם להיתר והתנן אין בונין עמהן בסילקי גרדום איצטדייא ובימה אימא של גרדום ושל איצטדייא ושל בימה
ב ת"ר ד *כשנתפס ר"א למינות העלהו לגרדום לידון אמר לו אותו הגמון זקן שכמותך יעסוק בדברים *בטלים הללו אמר לו נאמן עלי הדיין כסבור אותו הגמון עליו הוא אומר והוא לא אמר אלא כנגד אביו שבשמים אמר לו הואיל *והאמנתי עליך *דימוס פטור אתה כשבא לביתו נכנסו תלמידיו אצלו לנחמו ולא קיבל עליו תנחומין אמר לו ר"ע רבי תרשיני לומר דבר אחד ממה שלימדתני אמר לו אמור אמר לו רבי שמא מינות בא לידך והנאך

ואליבא דר' יהודה. דשרי דכוותיה בבהמה גסה אבל לרבנן אסור ולרבי יהודה נמי ארי שלם אסור וחיה גסה כבהמה גסה כרב: רב אשי אמר. אפילו תימא בארי שלם ומתני' ר' יהודה היא דשרי בשבורה וכל אריות שבורין הן אצל מלאכה דארי לאו בר מלאכה הוא אבל רבנן דאסרי בשבורה אסרי נמי בארי ור' יהודה נמי בשאר חיה גסה כגון ערוד דטחני בהו ריחיא כדלקמן מודה דאין מוכרין: ה"ג ואפילו במקום שמוכרין להם בהמה דקה חיה גסה אין מוכרין. וש"מ חיה גסה אינה כבהמה דקה למכירה: תיובתא דרב חנן בר רבא. דאמר ואני אומר אף למכירה: רבינא רמי מתני' אברייתא כו'. חיה גסה אין מוכרין ואריות קתני מתניתין דמוכרין ואע"ג דחיה גסה הוא: ה"ג מתקיף לה רב נחמן מאן לימא לן. דהאי ארי חיה גסה הוא דלמא חיה דקה הוא: ורב אשי דייק מתני' כו'. ומותיב תיובתא ולא גרסינן ומותיב מברייתא והכי פירושו אנן אותבינן לעיל לרב מדוקיא דמתניתין דנקט דבר שיש בו נזק הא ארי תרבות שרי וקס"ד דהוא הדין לשאר חיה גסה ורב אשי שנייה אליבא דרב ארי שאני דשבור הוא אצל מלאכה ומהן דוקיא דנקט במתני' ארי הא שאר חיה דבת מלאכה היא כדלקמן אע"ג דליכא ניזקא אסור דייק רב אשי ומותיב בתיובתא לרב חנן בר רבא דפליג עליה דרב וגרסינן במסקנא תיובתא דרב חנן בר רבא: דבי מר יוחני טחני ריחיא בערודי. חמור הבר: רב יהודה. תלמידו דרב ותלמידו דשמואל: להתם. לארץ ישראל: לא סבר לה מר. דהא שמעתא רבה בר ירמיה אמרה משמיה דרב אנא אשכחתיה בסוריא דיתיב וקאמר לה משמיה דרב אלמא איהו קיבלה מיניה ואת אמרת רב חמא בר גוריא קיבלה מרב: פתיא אוכמא. כלי שחור כמו (לקמן דף לג:) הני פתוותא דבי מיכסי אוכמא שנשחר ע"י מלאכה כלומר גם אתה רגיל ותדיר בתורה כמו (ברכות דף כח.) מכותלי ביתך ניכר שפחמי אתה חכמה מפוארה בכלי מכוער (תענית דף ז.) דרכן של תלמידי חכמים שמלטערין על לימוד תורה ואינם מכבסים בגדיהם: מינאי ומינך. מינאי דאמינא לך משמיה דרב חמא ומינך דשמעת ליה מדרבה בר ירמיה: תסתיים שמעתא. תיאמר שמועה בשם אומרה דהכי הוה דרב חמא בר גוריא קיבלה מרב ורבה קיבלה מרב חמא: ושל אוצרות. לסגולת המלך בונין בנין חזק: להיתר. בונין עמהן: ואחד. הוא של איסור שאין בונין עמהן: לאסור מלכיהם. של מלכים אסור שדנין שם נפשות: והתנן אין בונין עמהן בסילקי. אלמא איכא בסילקי דאסירי: בסילקי של גרדום. אבל בסילקי סתמא שהיא לדירת מלכים מותרת: למינות. מינין תפסוהו לכופו לעבודה זרה: עליו [הוא] אומר. כלומר הדין עמך דדברים בטילין הן: והוא לא אמר כן. אלא נאמן עלי הדיין האמת שבאמת דנני ליתן לי צרה שפשעתי לקוני: והאמנתי. במה שדנתני עליך: דימוס פטור אתה. דימוס היא היתה שם ירלאתו ונשבע בה: והנאך

ארי שבור הוא אצל מלאכה. פ"ה דאתיא כר' יהודה דשרי בשבורה אבל רבנן דאסרי בשבורה אסרי נמי בארי ור"י אומר דאפילו כרבנן נמי אתיא דעד כאן לא אסרי רבנן אלא משום דאתי למימר שלימה מכרה לו אבל בארי לא שייך האי טעמא דלעולם שבור הוא אצל מלאכה:

מתקיף לה רב נחמן כו'. פר"י דאשנויא דלעיל נמי קאי ויש ספרים שהוא כתוב נמי לעיל ובחנם נמחק: רב אשי דייק מתניתין. אומר ר"י דדייק נמי מן המשנה דארי חיה גסה הוא דדוקא ארי שהוא שבור אצל מלאכה דאי ס"ד דחיה דקה הוא וחיה דקה נמי אסורה א"כ ה"ל למימר סתם כל חיה שיש בה נזק לרבים אין מוכרין:

בימוסיאות. פ"ה בימה של אבן אחת שמקריבין עליהן זבחים לעבודה זרה וקורין להם אלט"ר וכו' ולהכי שרו דלא הוו אלא תשמיש לתשמישי עבודה זרה וקשיא דלא משתמיט דקרי לבימוס משמש למשמשיה אלא משמש לעבודה זרה עצמה קרי בימוס כדתנן לקמן פרק כל הצלמים (דף מז:) אבן שחצבה תחילה לבימוס ופ"ה לשם מקום מושב עבודה זרה עצמה ועובדי הבימוס כעובדי עבודה זרה עצמה ואמר נמי (לקמן נג:) בימוסיאות של מלכי גוים אסורין מפני שמעמידין עליהם עבודה זרה בשעה שהמלכים עוברין אלמא ממש תשמיש עבודה זרה עצמה הוא ועוד דנהי נמי שהוא משמש למשמשי עבודה זרה אמאי מותר לבנות עמהן וכי הוא סברא להתיר לבנות עמהן מקום שיקטירו עליו במחתה לעבודה זרה לכך נראה לר"י כגירסת הערוך שפירש דימוסיאות בדל"ת והוא לשון מרחצאות כדאמרי' בשבת פרק חבית (דף קמז:) אסור לישב בקרקעיתה של דימוסיאות מפני שמעטלת ומרפאה וכן אמר (שם) מיא דדמוסיא וחמרא דפרוגיתא קפחו עשרת השבטים ואמרי' נמי במדרש למחר אני פותח להם מרחאות ודימוסיאות ובפירוש רשב"ם כתב דימוסיאות ופירש שהוא בנין שלא לצורך עבודה זרה:

דימוס פטור אתה. פי' ברחמי עבודה זרה שלו נשבע כי דימוס לשון רחמים הוא כדאמרי' בירושלמי דשביעית (פ"ט) במעשה דר"ש בן יוחי אחר דנפק מן מערתא חמא חד צד עופות שמע בת קלא כד הוה אמרה דימוס הוה פסגה פי' היה העוף נמלט מן הפח וכל הוה אמרה ספיקולא הוה מתצדא פי' הוה מתלכדא בפח קולא הוא תרגום של פח אלמא משמע דדימוס הוא לשון רחמים ושמעת מן הדא אפי' ציפורה קלילה מבלעדי שמיא לא מתצדא כל שכן בר אינש:

ויעקב

[לעיל יד:]
[תוספתא פ"ב]
[עיין לעיל במשנה]
[ערך דמוס ג]
[ברכות ג. פסחים פח. מגילה יד:]
תהלים קמט
[תוספת' חולין פ"ב]
[ליתא בתוספ']
[עי' ערוך ערך דמוס ב' ובמוסף הערוך שבלשון יוני השבועה שנשבע הפרקליט לפטור איש חייב מיתה נקרא דימוס]
והאמנתי. יעב"ץ

רבינו חננאל

ואליבא דרבי יהודה דתנינן במתני' רבי יהודה מתיר בשבורה. מר בר רב אשי אמר סתם ארי שבור הוא אצל מלאכה כלומר מאי טעמא פרקת שבור דלאו בר מיעבד מלאכה הוא אפי' שלם הרי אינו עשוי למלאכה לא לחרוש ולא לטחון א) ודחינן תוב ומאן לימא דארי חיה גסה הוא דלמא חיה דקה הוא ומשום דאית ביה ניזקא אסיר הא לית ביה ניזקא שרי איני והתניא כשם שאין מוכרין להם בהמה גסה כך אין מוכרין להן חיה גסה. ואפי' במקום שמוכרין להן בהמה דקה חיה ב) דקה אין מוכרין להן. ועלתה בתיובתא. רבינא רמי מתני' אברייתא ומשני בארי שבור ואליבא דר' יהודה דמתיר בשבורה רב אשי דייק מתני' ומותיב תיובתא ופשוטות הן וחיה גסה מיהת מאי מלאכה עבדה ופשטנא דטחני בהו בערודי בבית הריחים: פיס' אין בונין עמהם בסילקי וגרדון פי' גרדון בלשון יון בית המשפט אמר רבה בר בר חנה אמר ר' יוחנן שלש בסילקאות הן של מרחצאות ושל אוצרות מותר לישראל לבנות בהן של מלכי גוים אסור וסימן לאסור מלכיהם בזיקים כלומר של מלכים אסור רבה אמר הללו כולן מותר ולא תימא במתני' אין בונין עמהן בסילקי וגרדון ג) פי' אמרו עליו שמודה ד) בשתי רשויות ודברים כיוצא בהן: אמר לו אותו הגמון זקן שבמותך יתעסק בדברים בטלין הללו אמר לו נאמן [עלי] הדיין כסבור אותו הגמון עליו הוא אומר כלומר האמינו על עצמו והוא לא נתכוין אלא כנגד אלהינו שבשמים אמר לו הואיל וכך שהאמנתי עליך דימוס פטור אתה פי' בשבועה

ואליבא [ולפי שיטת] **ר' יהודה** במשנה הקודמת, (לעיל יד,ב) שמתיר למכור בהמה גסה שהיא שבורה. אבל חיה גסה שלימה — אסור למכור, כדרך שאסור למכור בהמה גסה. **רב אשי אמר:** אין צורך להעמיד במקרה מיוחד כזה, אלא **סתם ארי שבור הוא אצל מלאכה** כלומר, אינו מסוגל לעשות מלאכה, וממילא החשש במכירה אינו קיים לגביו. **מיתיבי** [מקשים] ממה ששנינו בברייתא: **כשם שאין מוכרין להן בהמה גסה, כך אין מוכרין להן חיה גסה, ואפילו במקום שמוכרין להן בהמה דקה, חיה גסה אין מוכרין להן.** אם כן, **תיובתא** [קושיה חמורה] על **רב חנן בר רבא**, שהתיר! ומסכמים: אכן, **תיובתא** [קושיה חמורה] היא ונדחו דבריו. ועניין זה שעסקנו בו נידון גם בצורות אחרות. **רבינא רמי מתניתין אברייתא ומשני** [היה משליך מראה סתירה בין משנתנו והברייתא ומתרץ], כיצד? **תנן** [שנינו במשנתנו]: **אין מוכרין להן דובין ואריות ולא כל דבר שיש בו נזק לרבים**, ונדייק מכאן: **טעמא** [הטעם, דווקא] חיה כמו ארי **דאית ביה** [שיש בו] **נזק** אין מוכרים, **הא לית ביה** [אבל דבר שאין בו] **נזק — מוכרין. ורמינהי** [ומקשים על כך] ממה ששנינו בברייתא: **כשם שאין מוכרין בהמה גסה, כך אין מוכרין חיה גסה, ואפילו במקום שמוכרין בהמה דקה, חיה גסה אין מוכרין**, משמע שאין מוכרים כלל חיה גסה, אפילו כשאינה גורמת נזק! **ומשני** [ומתרץ] רבינא: מדובר במשנה **בארי שבור, ואליבא** [ועל פי שיטתו] של **ר' יהודה**. ואילו **רב אשי אמר: סתם ארי שבור הוא אצל מלאכה**. ולעצם הראיה לעניין זה ממשנתנו, **מתקיף לה** [מקשה על כך] **רב נחמן: מאן לימא לן** [מי יאמר לנו] **שארי חיה גסה היא? דלמא** [שמא] **חיה דקה היא**, ואין לדייק מכאן לעניין חיה גסה! ועוד מביאים, **רב אשי דייק מתניתין ומותיב תיובתא** [היה מדייק ממשנתנו ומקשה ממנה קושיה חמורה], כיצד? **תנן** [שנינו במשנה]: **אין מוכרין להן דובים ואריות ולא כל דבר שיש בו נזק לרבים**, ונדייק: **טעמא** [הטעם, דווקא] דבר **דאית ביה** [שיש בו] **נזק, הא לית ביה** [הרי אם אין בו] **נזק מוכרין; ועוד יש לדייק: טעמא** [הטעם, דווקא] **ארי, שסתם ארי שבור הוא אצל מלאכה**, מותר במכירה אם אין בו נזק, **אבל מידי אחרינא דעביד** [דבר אחר, חיה אחרת שעושה] **מלאכה — לא**, אסור למכור אותו, ואם כן מכאן **תיובתא** [קושיה חמורה] על **רב חנן בר רבא** שהתיר! ומסכמים: אכן, **תיובתא** [קושיה חמורה] היא. ושואלים: **וחיה גסה מיהת מאי** [על כל פנים איזו] **מלאכה עבדא** [עושה] היא, שיש לאסור למוכרה? הרי חיה אינה מאולפת למלאכה! **אמר אביי, אמר לי מר יהודה: דבי** [בביתו] של **מר יוחני טחני** [היו טוחנים] **בריחים בערודי** [בערודים], שהם חיה גסה. **אמר ר' זירא: כי הוינן בי** [כאשר היינו בבית מדרשו] של **רב יהודה, אמר לן** [לנו]: **גמירו מינאי הא מילתא, דמגברא רבה שמיע לי** [לימדו ממני דבר זה, שמאדם גדול שמעתי אותה], **ולא ידענא אי** [ואיני יודע, איני זוכר, אם] **מרב שמעתיה אי** [אם] **משמואל: חיה גסה הרי היא נידונת כבהמה דקה לענין פירכוס** לאחר שחיטה. וממשיך ר' זירא ומספר: **כי אתאי** [כאשר הגעתי] **לעיר קורקוניא, אשכחתיה** [מצאתי] את **רב חייא בר אשי, ויתיב וקאמר משמיה** [ויושב היה ואומר משמו] של **שמואל: חיה גסה הרי היא כבהמה דקה לפירכוס, אמינא** [אמרתי]: **שמע מינה משמיה** [למד מכאן שמשמו] של **שמואל איתמר** [נאמר] דבר זה, ונתברר ספיקו של רב יהודה. **כי אתאי** [כאשר הגעתי] **לסורא, אשכחתיה** [מצאתי] את **רבה בר ירמיה דיתיב וקאמר לה משמיה** [שיושב ואומר את ההלכה הזו משמו] של **רב: חיה גסה הרי היא כבהמה דקה לפירכוס**, ומתוך כך **אמינא** [אמרתי]: **שמע מינה איתמר משמיה** [למד מכאן, שנאמר הדבר משמו] של **רב ואיתמר משמיה** [ונאמר גם משמו] של **שמואל. כי סליקת להתם** [כאשר עליתי לשם] לארץ ישראל, **אשכחתיה** [מצאתי] את **רב אסי דיתיב וקאמר** [שיושב ואומר], **אמר רב חמא בר גוריא משמיה** [משמו] של **רב: חיה גסה הרי היא כבהמה דקה לפירכוס, אמרי ליה** [אמרתי לו]: **ולא סבר לה מר דמאן מרא דשמעתתא** [וכי אין אדוני סבור שמיהו בעליה, מוסרה, של שמועה זו] **רבה בר ירמיה**? ומדוע לא אמרת בשמו? **אמר ליה** [לו]: **פתיא אוכמא** [סיר שחור], כלומר אדם המתייגע הרבה בתורה, **מינאי ומינך תסתיים שמעתא** [ממני וממך תסתיים השמועה], שנצרף את שני הדברים למסורת אחת. ומעירים: ואכן, **איתמר נמי** [נאמר גם כן] במסורת הלכה זו כדברי רב אסי: **אמר ר' זירא אמר רב אסי אמר רבה בר ירמיה אמר רב חמא בר גוריא אמר רב: חיה גסה הרי היא כבהמה דקה לפירכוס.**

א שנינו במשנה שאין **בונין** בסילקאות. **אמר רבה בר בר חנה אמר ר' יוחנן, שלש** מיני **בסילקאות הן: של מלכים, ושל מרחצאות, ושל אוצרות** (מחסנים). **אמר רבא: שתים מהם להיתר** שאין בהם צד איסור (ללא חשש הריגה) ומותר לבנותם, **ואחד** מהם **לאיסור, וסימן** לדבר: **"לאסר מלכיהם בזקים"** (תהלים קמט, ח), ומכאן רמז שבסילקאות של מלכים הם האסורות בבניה. **ואיכא דאמרי** [ויש שאומרים], **אמר רבא: כולם להיתר.** ומקשים: כיצד כולם להיתר? **והתנן** [והרי שנינו במשנה]: **אין בונין עמהן בסילקי, גרדום, איצטדייא ובימה!** ומשיבים: **אימא** [אמור] ותקן את לשון המשנה כך: אין בונים עמהן בסילקי **של גרדום ושל איצטדייא ושל בימה**, אבל בסילקי שלא לצרכי דין והריגה — בונים.

ב עקב דברים אלה מספרים כמה מעשים על חכמים שנדונו על ידי המלכות. **תנו רבנן** [שנו חכמים]: **כשנתפס ר' אליעזר למינות** כלומר, כשהואשם על ידי השלטונות באשמת מינות, **העלהו לגרדום לידון. אמר לו אותו הגמון** (שופט): **זקן שכמותך יעסוק בדברים בטלים הללו** של המינות? **אמר לו: נאמן עלי הדיין.** ומסבירים: **כסבור** (סבור היה) **אותו הגמון: עליו הוא אומר**, שר' אליעזר מדבר על ההגמון עצמו שיוציא את דינו כראוי. **ואולם הוא לא אמר אלא כנגד אביו שבשמים** כלומר, הוא התכוון לומר שנאמנים עליו דיני שמים, שאם נתפס בדבר זה מן הסתם כך היה ראוי לו. **אמר לו** ההגמון: **הואיל והאמנתי** (האמנת אותי) **עליך, דימוס**, כלומר **פטור אתה. כשבא לביתו נכנסו תלמידיו אצלו לנחמו** על שהאשימוהו באשמת מינות, **ולא קיבל עליו תנחומין** במה שאמרו לו. **אמר לו ר' עקיבא: רבי, תרשיני לומר דבר אחד ממה שלימדתני? אמר לו: אמור. אמר לו: רבי, שמא דבר של מינות בא לידך**

מסורת הש"ס

א. משנה ע"ז יד,ב.
ב. ירושלמי פסחים פ"ד ה"ג. שם ע"ז פ"א ה"ו (בשינוי).
ג. (הביטוי) ברכות נ,א. פסחים פח,א. מגילה יד,ב.
ד. תוספתא חולין פ"ב כד. ילק"ש נ"ך תקנא.

גרסות

אצל מלאכה בכתי"ס ועוד נוסף כאן: **מתקיף לה רב נחמן בר יצחק מאן לימא לן דארי חיה גסה הוא דלמא חיה דקה הוא.**

חיה גסה אין מוכרין להן בכתי"ס: **חיה דקה אין מוכרין להן** וכן מובא במקורות שונים (ראה ברשב"א).

רב אשי — מלאכה. מתקיף בכתי"מ: **מתקיף.**

חיה גסה היא דלמא חיה דקה היא בכתי"מ: **חיה גסה דלמא חיה דקה הוא.**

ומותיב תיובתא בכתי"ס: **ומותיב תיובתא לרב חנן בר רבא.**

לקורקוניא בכתי"מ: **לאקרוקוניא** ובכתי"ס: **לאקרוקניא.**

ויתיב וקאמר בכתי"מ: **דיתיב וקאמר.**

והתנן אין בונין בכתי"מ: **ואלא הא דקתני אין בונין.**

גרדום ובכתי"ס: **גרדוס.**

אימא של גרדום בכתי"מ: **תני של גרדום.**

והאמנתי עליך בכתי"מ: **והאמנת עלי** ובכתי"ס: **והאמנתני עליך.**

תרשני לומר בכת"י: **תרשני לומר לפניך.**

לשון

פתיא
יש סבורים שמקור המלה הוא בפרסית patu שהוא סוג של כלי חרס.
כאן נראה שמשמעו כעין סיר של חרס, שהושחר מפני רוב השימוש בו. ונעשה כסמל של מי שיגע ועמל הרבה בלימודו.

הגמון
מקור המלה הוא ביוונית ἡγεμών (הגמון) שמשמעה בכלל: מנהיג, שר גבוה. ואף השתמשו בה כתואר יווני לפרוקונסולים הרומיים או נציגיהם שהיו ממונים על פרובינציות שלימות.

דימוס
מקור המלה בלטינית dimissionis במשמעות של פטור, שחרור. דימוס הריהו לפיכך ההוראה — לפטור את הנאשם.

העולם

ערודי

הערוד (Asinus Onager), הוא חמור הבר. חיית בר אשר מקום מגורה במדבר ובימינו במדבריות אסיה, והנזכרת במקרא פעמים אחדות כסמל חופש ופראיות. כמתואר כאן, במקרים נדירים היו משתמשים בערוד כבהמת עבודה.

קורקוניא
משערים כי שם העיר היה בעצם "אקרא דקוניא", כלומר: מבצר העיר קוניא. כנראה בקרבת העיר סורא.

החיים

נתפס למינות
כתות המינים (וביניהם גם הנוצרים) לא נחשבו בעיני הרומאים כדת מוכרת שיש לסובלה, אלא כאמונה תפלה, ואפילו ככישוף (מה גם שלהרבה כתות של מינים היתה תפיסת עולם מיסטית, שגם הגיעה למעשים של כשפים מסוגים שונים). אין אנו יודעים מפני מה נתפס ר' אליעזר בהאשמה זו, אולם ייתכן כי אורח חייו הסגפני והיותו במידה מסויימת נבדל מחבריו גרמו שייחשד בכך.

עיונים

שבור הוא אצל מלאכה כלומר, אין צורך להעמיד את המשנה במקרה מיוחד כזה, של ארי שבור, כדי לתרץ את שיטתו של רב, לפי שהארי כלל אינו ראוי למלאכה, והריהו כחיה שבורה. וכתב רש"י שאף הסבר זה למשנה הוא דווקא לפי שיטת ר' יהודה המתיר למכור בהמה גסה שבורה, וממילא גם חיה גסה שבורה. אבל הרבה ראשונים סבורים שדברי רב אשי הם אפילו לשיטת חכמים. שאם הם מחמירים בבהמה גסה שבורה — הרי זה משום שאפשר לטעות בה ולומר שנמכרה לו שלימה, אבל ארי — הכל יודעים שאינו ראוי למלאכה, ואף הם מתירים (תוס' ועוד).

מתקיף לה רב נחמן שבא לתרץ את דברי רב שאסר מכירת חיה גסה, ודייקו מן המשנה להיפך מדבריו, שדווקא חיה גסה מזיקה כמו אריה אסורה במכירה, אבל חיה גסה אחרת מותרת. ועל כך טען רב נחמן כי אפשר להבין שאריה חיה דקה הוא, ודווקא בחיה דקה יש להתיר מכירה כשאינה מזיקה, משום שממילא אינה ראויה לעבודה, מה שאין כן בחיה גסה שיש מציאות שעובדים בה (כגון ערודים, להלן).

וטעמא דארי לעיל דייקו ממשנתנו רק את הדיוק הראשון, שחיה גסה שאינה מזיקה מותרת, והוא מתאים לשיטת רב חנן בר אבא. אבל רב אשי מוסיף ומדייק במשנה דיוק נוסף, שהופך את מסקנת הדברים, והוא, שעצם השימוש בדוגמה של ארי (ולא אמירה כללית כגון "כל חיה שיש בה נזק לרבים") מלמד שמדובר בסוג מסויים של חיה, שאינה ראויה למלאכה, ומכאן שסתם חיה אסורה במכירה. והסביר בתוס' רבינו אלחנן (ובקיצור בתוס'), כי משום כך גם אין מקום לקושייתו של רב נחמן לעיל שמא מדובר במשנה בחיה דקה, לפי שאין כלל חיה דקה שראויה למלאכה, ולא היה מקום לנקוט בדוגמה מסויימת.

בערודי שהם מין חמורי בר (רש"י). וצריך לומר שבאלה הכל מודים שהם חיה גסה, שהרי דומים הם לחמורי בית, שהם בהמה טמאה גסה.

מרה דשמעתא רבה בר ירמיה חכמים דקדקו הרבה בייחוס השמועות והמימרות למי שאמרן, ומסרו את שמות מוסריהן בדיוק. ויש בזה גם צד מעשי, שעל ידי דיוק זה מתיישבים לעתים קשיים שיש בסתירות לכאורה בדבריו של חכם. ועוד, שיש בזה משום כבוד ומעלה יתירה כאשר הלכה נקשרת בשמו של חכם.
ובענין שלנו יש לומר כי גם רבה בר ירמיה שמע מפי רב חמא את דברי רב, אלא שהוא נקט לפי אחת השיטות בענין זה, שלא תמיד צריך לומר את שמות כל האנשים שמסרו שמועה זו איש מפי איש, ודי לומר את שם בעל השמועה הראשון, רב. ועל כך סמך רב אסי וחיבר את המסורות (ראב"ד).

פתיא אוכמא זהו כעין כינוי חיבה, שמכנים בו תלמיד חכם, המתייגע הרבה בתורה, עוסק בה תדיר, שהוא כסיר שהושחר הרבה מפני שהוא עומד תדיר על האש. וראה בריעב"ץ המוסיף ששחרות זו שנאמר בר' זירא היתה משום שהושחרו פניו מפני תעניותיו הרבות כשעלה לארץ ישראל (ראה ב"מ פה,א).

כשנתפס ר' אליעזר למינות ראה ברש"י ועוד שפירשו שנתפס על ידי המינים. אבל מדברי הר"ח מוכח שהוא מבין שנתפס ר' אליעזר על ידי השלטונות באשמת מינות, כלומר נצרות (וראה באריכות בדק"ס ומרומי שדה ועוד).

דברים בטלים הראב"ד (המפרש בדרכו של רש"י) מסביר שנתכוון ההגמון לדברי תורה. ומדברי הר"ח ועוד עולה שאמר לו ההגמון כיצד אדם זקן יתעסק בדברים בטלים של דעות המינים.

דימוס רש"י פירש שזה היה שמו של אלהיו של אותו הגמון, ולשון שבועה היא (וכן משמע מר"ח). אבל בתוס' ועוד פירשו על פי המדרש כי הכוונה היא לשחרור, כלומר: פטור אתה.

נכנסו תלמידיו אצלו לנחמו שר' אליעזר הצטער הרבה על שהגיע למצב שבכלל היה עליו חשד כזה של מינות. שכן נאמר בברייתא: "אין אדם נחשד בדבר אלא אם כן עשאו, ואם לא עשה כולו עשה מקצתו, ואם לא עשה מקצתו הרהר בלבו לעשותו" (מו"ק יח,ב). ומשום כך הצטער ר' אליעזר, שמא יש בלבו איזה שמץ מינות. והוא שניחמו ר' עקיבא שאמר לו שאין זה משום פגם שיש בלבו, אלא משום ששמע דבר מינות ונהנה ממנו.

אורח ההלכה

אין מוכרין להם חיה גסה כשם שאין מוכרים לגוים בהמה גסה כך אין מוכרים להם חיה גסה. (רמב"ם ספר זמנים הלכות שבת פ"כ ה"ה).

מסורת הש"ס

א. אדר"נ (נו"א) הוספה ב לפ"ב. ילק"ש נ"ך תתקלז.
ב. אדר"נ שם פ"ב. קה"ר פ"א ג.
ג. ילק"ש שם (בשינוי שם).
ד. ילק"ש שם שנו.
ה. שבת יג,א.
ו. שם.
ז. (הביטוי) שם. פסחים מ,ב. יבמות מו,א. ע"ז נח,ב. נט,א. במדב"ר פ"י ח. ילק"ש תורה תקפט.
ח. ילק"ש נ"ך תקסב.
ט. (כעין זה) דב"ר ליברמן ואתחנן.
י. (הביטוי) ע"ז י,ב. יח,א. ילק"ש תורה שפד. שם תרנ. שם נ"ך שעג.

גרסות

ועליו נתפסת בכת"י ועוד: **ועליו נתפסת למינות.**

עקיבא הזכרתני בכתי"ס: **הן, השמים הזכרתני.**

על ידי זה בכת"י: **ועליו.**

קריבה בעלמא בכתי"מ בדומה למקבילה: **אפילו שום קורבה בעולם.**

ההיא בכתי"מ ועוד: **ההיא איתתא.**

ואמר לה רב חסדא בכת"י: **ואמר להו רב חסדא.**

ההוא דלא הדרא — לא מתה בכתי"מ: **ולא מתה. האי דלא מתה משום דלא הדרא בה שפיר.**

איכא דאמרי בכתי"מ ועוד: **איכא דמותבי לה הכי.**

קמיה דרב חסדא בכת"י ועוד נוסף: **ואמרה ליה קלה שבקלות עשתה בנה הקטן מבנה הגדול.**

על רבי אלעזר בכת"י: **על אלעזר.**

והיתה נוטלת בכת"י: **ונוטלת.**

הפיחה... שהפיחה בכתי"מ וכעין זה בכתי"ס: **הפריחה... שהפרחה.**

אמרה בכתי"ס ועוד: **אמרה בת קול.**

בין שני הרים בכת"י: **בין הרים.**

על עצמינו בכת"י: **עלינו.**

אמר אין הדבר בכתי"מ: **כיון שראה כך אמר אין הדבר.**

שבילי בכת"י: **דרכי.**

פצי אפיתחא בכת"י: **פצי לפיתחא.**

אישים

יעקב איש כפר סכניא בספרי הנוצרים מוזכרים לפחות שלושה אנשים בשם יעקב שהיו תלמידיו (או שלוחיו) של ישו הנוצרי. שם הם נזכרים בשמות אבותיהם, כך שאי אפשר לזהות בוודאות למי מהם הכוונה. מבחינת סדרי הזמנים מסתבר שהכוונה היא לזה הקרוי שם יעקב בן חלפי.

וְהִנְאֵךְ (ונהנית ממנו), **וְעָלָיו** (ובגללו) **נִתְפַּסְתָּ** מצד דיני שמים? **אָמַר לוֹ: עֲקִיבָא, הִזְכַּרְתָּנִי** שכך היה, **פַּעַם אַחַת הָיִיתִי מְהַלֵּךְ בַּשּׁוּק הָעֶלְיוֹן שֶׁל צִיפּוֹרִי, וּמָצָאתִי אָדָם אֶחָד מִתַּלְמִידֵי יֵשׁוּ הַנּוֹצְרִי וְיַעֲקֹב אִישׁ כְּפַר סְכַנְיָא שְׁמוֹ, אָמַר לִי, כָּתוּב בְּתוֹרַתְכֶם: "לֹא תָבִיא אֶתְנַן זוֹנָה** ומחיר כלב בית ה' אלהיך" (דברים כג, יט), **מַהוּ לַעֲשׂוֹת הֵימֶנּוּ** מכסף אתנן **בֵּית הַכִּסֵּא לְכֹהֵן גָּדוֹל** בבית המקדש? **וְלֹא אָמַרְתִּי לוֹ כְּלוּם. אָמַר לִי, כָּךְ לִימְּדַנִי יֵשׁוּ הַנּוֹצְרִי** שמותר הדבר, שנאמר: **"כִּי מֵאֶתְנַן זוֹנָה קִבָּצָה וְעַד אֶתְנַן זוֹנָה יָשׁוּבוּ"** (מיכה א, ז), לומר: **מִמְּקוֹם הַטִּנּוֹפֶת בָּאוּ** כספים אלה של אתנן זונה, **לִמְקוֹם הַטִּנּוֹפֶת** של בית הכסא **יֵלְכוּ, וְהֲנָאַנִי הַדָּבָר** כלומר, נהנתי מן החידוד שיש בכך, **וְעַל יְדֵי זֶה נִתְפַּסְתִּי לְמִינוּת** על ידי השלטונות, וזאת משום **שֶׁעָבַרְתִּי עַל מַה שֶּׁכָּתוּב בַּתּוֹרָה: "הַרְחֵק מֵעָלֶיהָ דַרְכֶּךָ"** (משלי ה, ח), ומפרשים: **זוֹ מִינוּת, "וְאַל תִּקְרַב אֶל פֶּתַח בֵּיתָהּ"** (שם) — **זוֹ הָרָשׁוּת** (השלטונות הזרים). ומעירים: **וְאִיכָּא דְּאָמְרִי** [ויש שאומרים] בלשון אחרת: **"הַרְחֵק מֵעָלֶיהָ דַּרְכֶּךָ"** — **זוֹ מִינוּת וְהָרָשׁוּת, "וְאַל תִּקְרַב אֶל פֶּתַח בֵּיתָהּ"** — **זוֹ זוֹנָה.** ושואלים: **וְכַמָּה** היא קירבה האסורה? **אָמַר רַב חִסְדָּא: אַרְבַּע אַמּוֹת.** כיון שהוזכרה אותה דרשת הכתוב, שואלים: **וְרַבָּנַן** [וחכמים], **[הַאי** (פסוק זה)**] "מֵאֶתְנַן זוֹנָה" מַאי דָּרְשֵׁי בֵּיהּ** [מה הם דורשים בו]? ואומרים: **כְּדִבְרֵי רַב חִסְדָּא, שֶׁאָמַר רַב חִסְדָּא: כָּל זוֹנָה שֶׁנִּשְׂכֶּרֶת** על ידי כסף, נקשרת היא כל כך לעניין זה, **עַד שֶׁלְּבַסּוֹף** כאשר שוב אין בה חפץ, **הִיא** עצמה **שׂוֹכֶרֶת** אנשים לזנות עימה, **שֶׁנֶּאֱמַר: "וּבְתִתֵּךְ אֶתְנַן וְאֶתְנַן לֹא נִתַּן לָךְ [וַתְּהִי לְהֶפֶךְ]"** (יחזקאל טז, לד). ומעירים: **וּפְלִיגָא** [וחלוקה] דעת רב חסדא, שאמר שהכתוב אוסר להתרחק מרחק מסויים מזנות, על שיטת **ר' פְּדָת, שֶׁאָמַר ר' פְּדָת: לֹא אָסְרָה תּוֹרָה אֶלָּא קְרִיבָה שֶׁל** מעשה שיש בו **גִּלּוּי עֲרָיוֹת בִּלְבַד,** ולא קירבה אחרת, **שֶׁנֶּאֱמַר: "אִישׁ אִישׁ אֶל כָּל שְׁאֵר בְּשָׂרוֹ לֹא תִקְרְבוּ לְגַלּוֹת עֶרְוָה"** (ויקרא יח, ו), כלומר, איזוהי קירבה אסורה? זו שיש בה גילוי ערוה. מסופר, **עוּלָּא כִּי הֲוָה אָתֵי מִבֵּי רַב, הֲוָה מְנַשֵּׁק לְהוּ לַאֲחָתֵיהּ אַבֵּי יְדַיְיהוּ** [כאשר היה בא, שב לביתו ממקום לימודו, מבית הרב, היה מנשק את אחיותיו על ידיהן] **וְאָמְרִי לַהּ** [ויש שאומרים] שהיה מנשקן **אַבֵּי חֲדַיְיהוּ** [על חזיהן]. ומעירים: **וּפְלִיגָא דִּידֵיהּ אַדִּידֵיהּ** [וחלוק מעשה זה שלו של עולא על דבר אחר שלו], **שֶׁאָמַר עוּלָּא: אפילו קְרִיבָה בְּעָלְמָא** [בלבד] לערוה **אָסוּר, מִשּׁוּם "לֵךְ לֵךְ אָמְרִין נְזִירָא סְחוֹר סְחוֹר לְכַרְמָא לָא תִּקְרַב"** ["לך לך אומרים אנשים לנזיר, סביב סביב, לכרם אל תקרב" שלא תיכשל באכילת ענבים. ובאותו אופן צריך להתרחק מכל קירבה שיש בה צד ערוה.

ובהמשך לדברים על המינות והרשות, מביאים את הפסוק: **"לַעֲלוּקָה שְׁתֵּי בָנוֹת הַב הַב"** (משלי ל, טו), ושואלים: **מַאי** [מה] פירוש **"הַב הַב"**? **אָמַר מָר עוּקְבָא:** אלה הם **[קוֹל] שְׁתֵּי בָנוֹת, שֶׁצּוֹעֲקוֹת מִגֵּיהִנָּם** מרוב יסוריהן, והן אלה **שֶׁאוֹמְרוֹת בָּעוֹלָם הַזֶּה: הָבֵא הָבֵא** ("הב הב"), שדורשות מסים והכנעה להן, **וּמַאן נִינְהוּ** [ומי הן אלה]? **הַמִּינוּת וְהָרָשׁוּת. אִיכָּא דְּאָמְרִי** [יש שאומרים] **שֶׁאָמַר רַב חִסְדָּא אָמַר מָר עוּקְבָא, קוֹל גֵּיהִנָּם צוֹעֶקֶת וְאוֹמֶרֶת** כך: **הָבִיאוּ לִי שְׁתֵּי בָנוֹת שֶׁצּוֹעֲקוֹת וְאוֹמְרוֹת בָּעוֹלָם הַזֶּה "הָבֵא הָבֵא".**

א נאמר בספר משלי על האשה הנכריה: **"כָּל בָּאֶיהָ לֹא יְשׁוּבוּן וְלֹא יַשִּׂיגוּ אָרְחוֹת חַיִּים"** (משלי ב, יט), ומבינים חכמים כי "אשה" זו היא המינות, ותמהים: **וְכִי מֵאַחַר שֶׁלֹּא שָׁבוּ** ("לא ישובון") ההולכים אצל המינות, **הֵיכָן יַשִּׂיגוּ** אורחות חיים? ומה טעם צריך להשמיענו הכתוב כן? ומשיבים: **הָכִי קָאָמַר** [כך הוא אומר] כך יש להבין את הכתוב: בדרך כלל כל באיה לא ישובו, **וְגַם אִם יָשׁוּבוּ — לֹא יַשִּׂיגוּ אוֹרְחוֹת חַיִּים.** ומקשים: **לְמֵימְרָא** [לומר, ללמוד מכאן] **שֶׁכָּל הַפּוֹרֵשׁ מִמִּינוּת** שהיה שם וחזר בו — **מָיֵית** [מת], שאינו יכול לחיות עוד? **וְהָא הַהִיא דָּאתַאי לְקַמֵּיהּ** [והרי אשה אחת שבאה לפני] **רַב חִסְדָּא** להתוודות לפניו, **וְאָמְרָה לֵיהּ** [לו]: **קַלָּה שֶׁבְּקַלּוֹת** העבירה הקטנה ביותר שעשתה, היתה **שֶׁעָשְׂתָה בְּנָהּ הַקָּטָן מִבְּנָהּ הַגָּדוֹל,** כלומר שנבעלה לבנה הגדול והולידה ממנו בן קטן, **וְאָמַר לָהּ רַב חִסְדָּא: טַרְחוּ לָהּ בְּזְוַודְתָּא** [בצידה לדרך] כלומר הכינו לה תכריכים, שוודאי תמות במהרה, ובסופו של דבר **לֹא מֵתָה. מִדְּקָאָמְרָה** [ממה שאמרה] **קַלָּה שֶׁבְּקַלּוֹת** היא מה שעשתה בנה הקטן מבנה הגדול, **מִכְּלָל** הדברים אתה למד **שֶׁמִּינוּת [נַמֵּי] הֲוַאי** [גם כן היתה] **בָּהּ,** ובכל זאת לא מתה! ומשיבים: **הַהוּא** [באותו מקרה] מדובר **שֶׁלֹּא הַדְרָא** [חזרה] **בָּהּ שַׁפִּיר** [היטב], **וּמִשּׁוּם הָכִי** [כך] **לֹא מֵתָה,** משום שלא היתה תשובה זו תשובה גמורה. **אִיכָּא דְּאָמְרִי** [יש שאומרים] שכך היתה הקושיה על מה שנאמר שהפורש ממינות מת: מכלל הדברים אתה למד שדווקא הפורש **מִמִּינוּת** — **אִין** [כן] מת, **מֵעֲבֵירָה** של עריות — **לֹא? וְהָא הַהִיא דָּאתַאי קַמֵּיהּ** [והרי אשה אחת שבאה לפני] **[רַב חִסְדָּא], וְאָמַר לְהוּ** [להם] **[רַב חִסְדָּא]: זְוִידוּ** [הכינו] **לָהּ זְוַודְתָּא** [צידה] לדרך, תכריכים, **וּמֵתָה!** ומשיבים: **מִדְּקָאָמְרָה** [ממה שאמרה] **קַלָּה שֶׁבְּקַלּוֹת, מִכְּלָל** הדברים אתה למד **שֶׁמִּינוּת נַמֵּי הֲוַאי** [גם כן היתה] **בָּהּ.**

ושואלים: והפורש **מֵעֲבֵירָה** של עריות **לֹא** ימות? **וְהָתַנְיָא** [והרי שנויה ברייתא]: **אָמְרוּ עָלָיו עַל ר' אֶלְעָזָר בֶּן דּוּרְדְּיָא, שֶׁלֹּא הִנִּיחַ זוֹנָה אַחַת בָּעוֹלָם שֶׁלֹּא בָּא עָלֶיהָ,** שהיה שטוף כל כך בזנות. **פַּעַם אַחַת שָׁמַע שֶׁיֵּשׁ זוֹנָה אַחַת בִּכְרַכֵּי הַיָּם וְהָיְתָה** זונה זו **נוֹטֶלֶת כִּיס** (ארנק) מלא **דִּינָרִין בִּשְׂכָרָהּ, נָטַל כִּיס דִּינָרִין וְהָלַךְ וְעָבַר עָלֶיהָ** (לקראתה) **שִׁבְעָה נְהָרוֹת** כדי להגיע אליה. **בִּשְׁעַת הֶרְגֵּל דָּבָר** כשהיו מתעסקים בענייני תשמיש, **הֵפִיחָה** רוח מאחוריה, **אָמְרָה** מתוך הדברים: **כְּשֵׁם שֶׁהֲפִיחָה** זו **אֵינָהּ חוֹזֶרֶת לִמְקוֹמָהּ, כָּךְ אֶלְעָזָר בֶּן דּוּרְדְּיָא אֵין מְקַבְּלִין אוֹתוֹ** גם אם יחזור **בִּתְשׁוּבָה.** כששמע את הדבר נזדעזע מאד, **הָלַךְ וְיָשַׁב בֵּין שְׁנֵי הָרִים וּגְבָעוֹת, אָמַר: הָרִים וּגְבָעוֹת, בַּקְּשׁוּ עָלַי רַחֲמִים,** שאתקבל בתשובה! **אָמְרוּ לוֹ: עַד שֶׁאָנוּ מְבַקְּשִׁים עָלֶיךָ, נְבַקֵּשׁ עַל עַצְמֵנוּ, שֶׁנֶּאֱמַר: "כִּי הֶהָרִים יָמוּשׁוּ וְהַגְּבָעוֹת תְּמוּטֶינָה"** (ישעיהו נד, י). **אָמַר: שָׁמַיִם וָאָרֶץ בַּקְּשׁוּ עָלַי רַחֲמִים! אָמְרוּ: עַד שֶׁאָנוּ מְבַקְּשִׁים עָלֶיךָ, נְבַקֵּשׁ עַל עַצְמֵנוּ, שֶׁנֶּאֱמַר: "כִּי שָׁמַיִם כֶּעָשָׁן נִמְלָחוּ וְהָאָרֶץ כַּבֶּגֶד תִּבְלֶה"** (שם נא, ו). **אָמַר: חַמָּה וּלְבָנָה בַּקְּשׁוּ עָלַי רַחֲמִים! אָמְרוּ לוֹ: עַד שֶׁאָנוּ מְבַקְּשִׁים עָלֶיךָ, נְבַקֵּשׁ עַל עַצְמֵנוּ, שֶׁנֶּאֱמַר: "וְחָפְרָה הַלְּבָנָה וּבוֹשָׁה הַחַמָּה"** (שם כד, כג). **אָמַר: כּוֹכָבִים וּמַזָּלוֹת בַּקְּשׁוּ עָלַי רַחֲמִים! אָמְרוּ לוֹ: עַד שֶׁאָנוּ מְבַקְּשִׁים עָלֶיךָ, נְבַקֵּשׁ עַל עַצְמֵנוּ, שֶׁנֶּאֱמַר: "וְנָמַקּוּ כָּל צְבָא הַשָּׁמַיִם"** (שם לד, ד). **אָמַר: אֵין הַדָּבָר תָּלוּי אֶלָּא בִּי, הִנִּיחַ רֹאשׁוֹ בֵּין בִּרְכָּיו וְגָעָה בִּבְכִיָּה עַד שֶׁיָּצְתָה נִשְׁמָתוֹ. יָצְתָה בַּת קוֹל וְאָמְרָה: ר' אֶלְעָזָר בֶּן דּוּרְדְּיָא מְזוּמָּן לְחַיֵּי הָעוֹלָם הַבָּא. וְהָא הָכָא** [והרי כאן] **בַּעֲבֵירָה הֲוָה** [היה] שחטא, **וּמֵית** [ומת] כאשר עשה תשובה! ומשיבים: **הָתָם נַמֵּי** [שם גם כן], **כֵּיוָן דַּאֲבִיק בָּהּ טוּבָא** [שהיה קשור בה ביותר], מעבר לתאוה גופנית בלבד, **כְּמִינוּת דָּמְיָא** [היא דומה], שנעשה לו הדבר כעין עבודה זרה שלו. מסופר, כששמע מעשה זה **בָּכָה רַבִּי וְאָמַר: יֵשׁ קוֹנֶה עוֹלָמוֹ** עולם הבא שלו **בְּמַעֲשִׂים שֶׁל כַּמָּה שָׁנִים, וְיֵשׁ קוֹנֶה עוֹלָמוֹ בְּשָׁעָה אַחַת. וְעוֹד אָמַר רַבִּי** בעקבות מעשה זה: **לֹא דַּיָּין לְבַעֲלֵי תְשׁוּבָה שֶׁמְּקַבְּלִין אוֹתָן, אֶלָּא שֶׁקּוֹרִין אוֹתָן "רַבִּי",** שהרי כך קראו לו מן השמים "ר' אלעזר בן דורדיא".

ב ועוד מסופר בעניין הרחקה מעבודה זרה ומזנות, **ר' חֲנִינָא וְר' יוֹנָתָן הֲווּ קָאָזְלִי בְּאוֹרְחָא** [היו מהלכים בדרך], **מְטוֹ לְהָנְהוּ תְּרֵי שְׁבִילֵי** [הגיעו לאותם שני שבילים], **חַד פָּצֵי אַפִּיתְחָא** [אחד היה פתוח לפתח] **שֶׁל עֲבוֹדָה זָרָה, וְחַד פָּצֵי אַפִּיתְחָא דְבֵי** [ואחד היה פתוח לפתח של בית] **זוֹנוֹת. אָמַר לֵיהּ חַד לְחַבְרֵיהּ** [לו אחד לחבירו]: **נֵיזִיל אַפִּיתְחָא** [נלך על הפתח] שמוליך **לַעֲבוֹדָה זָרָה,**

עיונים

בית הכסא לכהן גדול לפי שהיה הכהן הגדול פורש מביתו שבעה ימים קודם יום הכיפורים ושוהה כל אותו הזמן בבית המקדש, ושם הכינו לו כל צרכיו, ובכלל זה גם בית הכסא.

ובתוס' מסבירים שוודאי אין זו שאלה מדין תורה, כי מן הדין כל מה שאינו בהיכל (או על כל פנים בעזרה) אין בו איסור אתנן זונה, וכאן מדובר בבית הכסא שהיה בתחומי הר הבית. אלא השאלה היתה האם יש בזה משום בזיון למקדש שישתמשו באתנן לצורך דבר השייך למקדש. אבל לדעת הראב"ד משמע שמקומו של בית כסא זה היה בעזרה (לשכת פרהדרין. וראה במאירי ובריטב"א), והוא סבור שמצד מיקומו הרי זה בכלל האיסור, והשאלה היא האם איסור אתנן זונה, שהוא משום מיאוס, קיים גם בדבר שיש בו עצמו גנאי.

זו הרשות והרבה הזהירו חכמים שלא להעשות מקורב לשלטונות הזרים, כאמור בפרקי אבות (פ"ב מ"ג): "אין מקרבין לאדם אלא לצורך עצמן", שמקרבים אותו בשעה שנזקקים לו, וזונחים אותו בשעת מצוקתו. ולא עוד אלא שגורמים לו להוסיף ולשלם להם תשלומים שונים בכל עת.

ארבע אמות והוא האמור "אל פתח ביתה" (ולא "אל ביתה"), וכפי שמצאנו בכמה מקומות שארבע אמות הסמוכות לפתח יש להן שייכות אליו (תורת חיים).

ופליגא דר' פדת בתוס' תמהו: הנה גם אין ר' פדת מסכים שכך היא לשון התורה, מניין שהוא חולק על עצם ההלכה, שחכמים תיקנו דבר זה? והרי חכמים במשנה תיקנו הרחקות בענייני ערוה! והסבירו כי לדעתו, הואיל ואין מקום כלל להבין את לשון קריבה בתורה ולא בדברי הנביאים אלא במובן תשמיש, אין להסתמך על כך אפילו כאסמכתא ולאסור ריחוק ארבע אמות. ובדומה לכך כתב ר"ת (בספר הישר) שאף ר' פדת מסכים שיש לעשות הרחקה (מדברי סופרים) אלא שהרחקה זו יש לעשות רק בדומה לאיסור האמור בתורה, כאשר יש קירבה בין הצדדים, אבל במקום שיש ריחוק (אם מצד הדעות או מצד המעשים) אין צורך להתרחק.

בי ידייהו רש"י מפרש שהיה מנשקן על זרועותיהן, נשיקה של כבוד. כי נראה שמדובר כאן באחיותיו הגדולות ממנו שגדלוהו (ריטב"א). והראב"ד מסביר "בי ידייהו" — כפפות. שלא היה מנשק את ידיהן ממש, אלא מנשק את הכיסוי שעל ידיהן. וכיוצא בזה יש לפרש לגבי "בי חדייהו" (תורת חיים).

פליגא דידיה אדידיה ובתוס' מסבירים שהוא עצמו היה מופלג בצידקתו, ואף נשים אחרות לא הביאוהו לכלל הרהור עבירה, ולכן נהג היתר לעצמו. אבל ככלל קבע שיש להתרחק מכל צד של התקרבות כעין זו.

צועקות מגיהנם מחמת רוב הייסורין שמייסרים אותן בהם (רש"י). והמהר"ל מסביר כי שתי אלה הן תכלית החסרון וחוסר השלימות, ומשום כך הן תובעות ומבקשות כל הזמן בעולם הזה, ולכן הן גם שייכות לגיהנם, שהוא מהות החסרון. ומשום כך נקרא הגיהנם כאן "עלוקה", כעלוקה זו שאין לה משלה, והיא מוצצת את דמו של אדם.

למימרא דכל הפורש וכו' כלומר, מאחר ואתה מפרש כך את הפסוק, שהחוזרים בתשובה מן המינות לא ישיגו אורחות חיים, מילא עולה כי כוונת הדברים היא שלא יחיו בעולם הזה, שאם לעולם הבא — דבר זה ודאי לא יכול להיאמר, שהרי אין דבר שעומד בפני התשובה (תורת חיים). וראה במהר"ל שהבין כי המשמעות הדברים היא שמי שנמשך למינות, שוב אין בידו אפשרות של ממש לעשות תשובה, ומשום כך הוא מת.

דכל הפורש ממינות מיית רש"י מסביר שיש בזה מעין גזירת הקב"ה שימותו, משום שחטאו הרבה, והם מתים בעולם הזה מרוב צרה וכפיית היצר. ובתוס' חכמי אנגליה כתבו שלאחר שפרשו מן המינות, שאז הונו הם כל תאוות העולם, הרי אינם יכולים לעמוד במחים של כפיית היצר וחשים בידם מהמינות, והקב"ה נוטל קודם לכן. והמהרש"א כותב שהוא בעצם צד של רחמי ה', כי קשה לפרוש מן המינות, והקב"ה נוטל אותם מן העולם הזה כדי שלא ישובו ויחטאו. וכתב המהר"ל שכיון שחטאו בחטא המינות לא נשאר בהם עוד צד של קדושה, ולכן כאשר הם נפרדים מן הרע, שוב אין בהם חיות, והם מתים.

אלעזר בן דורדיא כתב המהר"ל ששם זה הוא כעין כינוי, כי "דורדיא" בארמית שמרים, כלומר, שהגיע לדרגה התחתונה, כשמרים הללו הנשארים בתחתית חבית היין. ומצד אחר נקרא "אלעזר", לומר שגם במצב זה, תוך הפסולת, ומתוך הפסולת, הבא ליטהר — עוזרים לו מן השמים, ומקבלים אותו בתשובה.

כשם שהפיחה כתב ריטב"א שרצתה לנסותו בכך, אם ימשיך לדבוק בה גם אחר שאמרה לו דברים אלה. והסביר המהר"ל שמעשה זה הראה לו לאיזו תחתית הגיע, ומתוך כך עלה על דעתו לחזור בתשובה.

הרים וגבעות וכו' כתבו המפרשים שרצה ר' אלעזר להאחז בדבר שיש לו קיום חזק, כדי שגם הוא עצמו יוכל להתקיים בעולם. וענו לו כל אלה שגם הם עצמם אין להם קיום נצחי, אלא סופם לכלות, ומשום כך אין הוא יכול להאחז בכוחם ובזכותם (מהרש"א, מהר"ל).

עד שאנו מבקשים וכו' וכתבו הראשונים שאין לומר שכך היו עונים לו, אלא שהיה מחשב בדעתו שכך ראוי להם לענות, ואין הדבר תלוי אלא בו בלבד (ר"ח, תוס' ועוד).

שקורין אותן רבי כתב המהר"ל כי מאחר שסילק עצמו מגופו הרי נשארה בו רק הנשמה השכלית, ועל זה הוא ראוי שיקרא "רבי". ובספר עבודת הקודש כתב שרבי עצמו הוא המלמד לרבים, ואף ר' אלעזר בן דורדיא בתשובתו הראה לרבים שגם מי שירד לדרגה תחתונה יכול לחזור בו ולשוב, ומשום כך הוא רבם של הרבים (וראה גם במאירי).

אורח הלכה

הרחק מעליה דרכך זו מינות המינים הם התרים אחר מחשבות ליבם ומפקפקים ביחוד ה', בתורה מן השמים ובנבואה, עד שבאים לידי עבירה על גופי תורה בשאט נפש וביד רמה ואומרים שאין בזה עוון. ואסור לספר עמהם ולהשיב להם תשובה כלל. (רמב"ם ספר מדע הלכות עבודה זרה פ"ב ה"ה).

וכמה ארבע אמות לא יעבור אדם על פתח אשה זונה עד שירחיק ארבע אמות. וכן מצוה להתרחק מדרך של עבודה זרה ארבע אמות. על פי דברי רב חסדא (גר"א). (רמב"ם ספר קדושה הלכות איסורי ביאה פכ"א הכ"ב. שו"ע אה"ע כא, א. שם יו"ד קנ, א).

קריבה בעלמא אסור אין קרבים לערוה כלל, בין גדולה בין קטנה, גם אלו שאין לבו של אדם נוקפו עליהם, כגון אחותו הגדולה ואחות אביו וכיוצא בהם, חוץ מהאב לבתו והאם לבנה (וכן בת בתו ואחותו הקטנה. ב"ח). וראה פת"ש. (רמב"ם שם ה"ו. שו"ע שם סעיף ז).

ואם ישובו לא ישיגו וכו' כתב הרמב"ם בהלכות עבודה זרה: המינים מישראל אין מקבלים אותם בתשובה, שנאמר: "כל באיה לא ישובון ולא ישיגו ארחות חיים". ובהלכות תשובה כתב שאף שאין להם חלק לעולם הבא, אם חזרו בתשובה — מקבלים אותם. ופירש הרמב"ם בתשובותיו כי אנו איננו מקבלים אותם, שמא תשובתם אינה שלימה, ואינה אלא למראית העין, אבל אם שבו באמת — ה' שהוא בוחן לבות מקבלם (וראה בלח"מ). (רמב"ם ספר מדע הלכות עבודה זרה פ"ב ה"ה. שם הלכות תשובה פ"ד ה"ז).

מסורת הש"ס

לפני אידיהן פרק ראשון עבודה זרה יז

עין משפט נר מצוה

והנאך ועליו נתפסת אמר לו עקיבא הזכרתני פעם אחת הייתי מהלך בשוק העליון של ציפורי ומצאתי אחד מתלמידי ישו הנוצרי ויעקב איש כפר סכניא שמו אמר לי כתוב בתורתכם לא תביא אתנן זונה [וגו'] מהו לעשות הימנו בהכ"ס לכ"ג ולא אמרתי לו כלום אמר לי ישו הנוצרי כך לימדני [כי] מאתנן זונה קבצה ועד אתנן זונה ישובו ממקום הטנופת באו למקום הטנופת ילכו והנאני הדבר על ידי זה נתפסתי למינות ועברתי על מה שכתוב בתורה א הרחק מעליה דרכך זו מינות ואל תקרב אל פתח ביתה זו הרשות ואיכא דאמרי הרחק מעליה דרכך זו מינות והרשות ב ואל תקרב אל פתח ביתה זו זונה ג וכמה אמר רב חסדא א ארבע אמות ורבנן [האי] מאתנן זונה מאי דרשי ביה כדרב חסדא ד דאמר רב חסדא כל זונה שנשכרת לבסוף היא שוכרת שנאמר ובתתך אתנן ואתנן לא נתן לך [ותהי להפך] ופליגא דרבי פדת ה דא"ר פדת *לא אסרה תורה אלא קריבה של גלוי עריות בלבד שנא' איש איש אל כל שאר בשרו לא תקרבו לגלות ערוה ו *עולא כי הוה אתי מבי רב הוה מנשק להו לאחתיה אבי ידייהו ואמרי לה אבי חדייהו ופליגא דידיה אדידיה דאמר עולא קריבה בעלמא אסור משום ז *לך לך אמרין נזירא סחור סחור לכרמא לא תקרב לעלוקה שתי בנות הב הב מאי הב הב ח אמר מר עוקבא [קול] שתי בנות שצועקות מגיהנם ואומרות בעוה"ז הבא הבא ומאן נינהו מינות והרשות איכא דאמרי אמר רב חסדא אמר מר עוקבא קול גיהנם צועקת ואומרת הביאו לי שתי בנות

א שצועקות ואומרות בעולם הזה הבא הבא כל באיה לא ישובון ולא ישיגו
אורחות חיים וכי מאחר שלא שבו היכן ישיגו ה"ק ואם ישובו כ לא ישיגו
אורחות חיים למימרא דכל הפורש ממינות מיית והא ההיא דאתאי לקמיה
דרב חסדא ואמרה ליה קלה שבקלות עשתה בנה הקטן מבנה הגדול ואמר
לה רב חסדא טרחו לה בזוודתא ולא מתה מדקאמרה קלה שבקלות עשתה
מכלל דמינות [נמי] הויא בה ההוא דלא הדרא בה שפיר ומש"ה לא מתה
איכא דאמרי ממינות אין מעבירה לא והא ההיא דאתאי קמיה דרב חסדא
וא"ל [ר"ח זוידו לה זוודתא] ומתה מדקאמרה קלה שבקלות מכלל דמינות
נמי הויא בה ומעבירה לא והתניא אמרו עליו על ר"א בן דורדיא שלא הניח
זונה אחת בעולם שלא בא עליה פעם אחת שמע שיש זונה אחת בכרכי
הים והיתה נוטלת כיס דינרין בשכרה נטל כיס דינרין והלך ועבר עליה
שבעה נהרות בשעת הרגל דבר הפיחה אמרה כשם שהפיחה זו אינה
חוזרת למקומה כך אלעזר בן דורדיא אין מקבלין אותו בתשובה הלך וישב
בין שני הרים וגבעות אמר הרים וגבעות בקשו עלי רחמים אמרו לו עד
שאנו מבקשים עליך נבקש על עצמנו שנאמר כי ההרים ימושו והגבעות
תמוטינה אמר שמים וארץ בקשו עלי רחמים ט אמרו לו עד שאנו מבקשים
עליך נבקש על עצמנו שנאמר כי שמים כעשן נמלחו והארץ כבגד תבלה
אמר חמה ולבנה בקשו עלי רחמים אמרו לו עד שאנו מבקשים עליך נבקש
על עצמנו שנאמר וחפרה הלבנה ובושה החמה אמר כוכבים ומזלות בקשו
עלי רחמים אמרו לו עד שאנו מבקשים עליך נבקש על עצמנו שנאמר
ונמקו כל צבא השמים אמר אין הדבר תלוי אלא בי הניח ראשו בין ברכיו
וגעה בבכיה עד שיצתה נשמתו יצתה בת קול ואמרה ר"א בן דורדיא מזומן
לחיי העולם הבא [והא הכא בעבירה הוה ומית] התם נמי כיון דאביק בה טובא
כמינות דמיא י *בכה רבי ואמר יש קונה עולמו בכמה שנים ויש קונה עולמו
בשעה אחת ואמר רבי לא דיין לבעלי תשובה שמקבלין אותן אלא שקורין
ב אותן רבי ר' חנינא ור' יונתן הוו קאזלי באורחא מטו להנהו תרי שבילי חד פצי אפיתחא דעבודה
זרה וחד פצי אפיתחא דבי זונות אמר ליה חד לחבריה ניזיל אפיתחא דעבודה זרה
דנכים

תורה אור: דברים כג · מיכה א · משלי ה · יחזקאל טז · ויקרא יח · משלי ל · ישעיה נד · שם נא · שם כד · שם לד

רש"י

והנאך. ישר [הדבר] בעיניך: **לכהן גדול.** שפירש מביתו לפני יום הכפורים ללשכת פרהדרין ושם היו מתקנים לו כל צרכיו: **והרשות.** שולטנות שנותנין עיניהן בבעלי ממון להרגן וליטול ממונן: **ורבנן.** לית להו האי דבר מינות דיעקב: **לבסוף.** היא נבזית בעיני כל ושוכרתן והכי משמע מאתנן זונה קבצה מאתנן הזונה ובאתנן זונה ישוב להינתן: **ופליגא דרבי פדת.** הני ארבע אמות דרב חסדא: **אבי ידייהו.** בזרועותיהן: **אבי חדייהו.** חזה דרך בני אדם כשיוצאין מבית הכנסת מיד הוא נושק לאביו ולאמו ולגדול ממנו בארכובה או בפס ידיו [משום כבוד]: **שצועקות מגיהנם.** על רוב ייסורי גיהנם: **מינות.** צועקת הבא תקרובת לעבודה זרה: **רשות.** צועקת הבא ממון ודורונות וארנונא ומס למלך: **לא ישובון.** כל המשתמדים לעבודה זרה אחר שנאבקו במינות אינם שבין ואם שבין ממהרין למות מתוך צרה וכפיית יצרם וזו גזירת מלך עליהם למות: **קלה שבקלות.** עבירה קלה שבידה זו היא שעשתה בנה קטן מבנה *[גדול בנה] הגדול בא עליה והולידה ממנו בנה הקטן ובאה לקבל דין ולשוב בתשובה: **בזוודתא.** תכריכין צידה לדרך (בראשית מב) מתרגמינן זוודין לאורחא ותכריכין הן צידה לדרך מתים: ה"ג **מדקאמרה קלה שבקלות.** ולא מתה אתקפתא היא ואיכא דמותבי הכי אמינות אין מעבירה לא והא ההיא דאתיא כו' ומתה ומשנינן מדקאמרה קלה שבקלות מכלל דמינות נמי הוה בה ומשום הכי מתה: **הרגל דבר.** תשמיש. הרגל התחלה כמו (אבות פ"ג מי"ג) מרגילין את האדם לערוה ממשיכין [והיינו התחלה]: **הפיחה.** רוח: **פצי אפיתחא לעבודה זרה.** פתוח לפתח עבודה זרה כמו (תהלים כב) פצו עלי פיהם:

ס"י · [שבת יג.] · [שם] · [לקמן נח: וש"נ] · שם ב · [לעיל י: לקמן יח.]

תוספות

ויעקב איש כפר סכניא שמו. נ"ל דאין זה יעקב מינאה דפרק אין מעמידין (לקמן דף כז.) דרמא סמא לרבי אבהו דודאי אותו יעקב לא האריך ימים כ"כ אלא נראה דההוא שבא לרפאות את בן דמא (לקמן כז:) אבל יעקב מינאה דרבי אבהו יכול להיות שהוא אותו דפרק כיסוי הדם (חולין דף פד.) גבי רבא*: **מהו לעשות בית הכסא לכ"ג.** נראה דלאו מדאורייתא קא בעי דפשיטא דשרי דהא אפילו ריקועים דבית קדשי הקדשים הוה שרי אי לאו ריבויא דקרא בפרק כל הצלמים (לקמן דף מו:) אבל מידי דהר הבית פשיטא דשרי דהא אפי' פרה אימעיטא פרק כל הצלמים מקרא דבית ה' פרט לפרה שאינה באה לבית: **הרחק מעליה דרכך זו מינות.** והא דאמרי' בפרק כל כתבי (שבת דף קטז.) דכמה אמוראי הוו אזלי לבי אבידן זהו להתווכח עמם ולא היה מקום מינות ממש אלא מקום ויכוח ומתקבלים שם חכמי גוים ונושאין ונותנים בדינים ומאן דלא הוה אזיל היינו מיראה שלא יהרגום וכן משמע דאמר *)רב נחמן אנא מינייהו ומסתפינא מינייהו ודלא כפ"ה שפירש בסמוך שהוא מקום עבודה זרה: **ופליגא דרבי פדת.** וא"ת ומאי פליגא דלמא לעולם אמרו רב חסדא ור' פדת שמן התורה אינו אסור אלא קריבה של גלוי עריות אבל מגזירת חכמים צריך להרחיק ד' אמות וה"נ קשיא פ"ק דשבת (דף יג.) על ההיא דאמר ואת אשת רעהו לא טמא ואל אשה נדה לא קרב מה אשת רעהו הוא בבגדו והיא בבגדה אסור אף נדה כן ועלה קאמר ופליגא דר' פדת דא"ר פדת לא אסרה תורה אלא קריבה של גלוי עריות בלבד ומאי קאמר וכי בא ר' פדת לומר דאשתו נדה הוא בבגדו והיא בבגדה שרי והלא שנינו במשנה (שם דף יא.) לא יאכל הזב עם הזבה מפני הרגל עבירה לכך נראה לר"י דה"ק הכא והתם דמה שאנו דורשים מלשון קריבה הכא ארבע אמות והתם הוא בבגדו כו' פליגא דר' פדת דלר' פדת אין לשון קריבה בין בדברי תורה בין בדברי קבלה אלא גלוי עריות ממש ואפילו אסמכתא לעשות הרחקה ד' אמות אין ללמוד ממנה: **ופליגא דידיה אדידיה.** ומה שהיה מיקל לעצמו היינו משום דדמיין עליה כי כשורא כדאמרי' בריש פ"ב דכתובות (דף יז.): **לעלוקה.** לפי הפשט היינו גיהנם וכן יסד הפייט בזולת של חנוכה יקדו בהבהבי עלק ור"ת הקשה דבפ"ב דעירובין (דף יט. ושם ד"ה והאיכא) דחשיב שמות גיהנם לא קחשיב האי לכך נראה לו(א) דשם חכם הוא כמו (משלי ל) לאיתיאל (ושם לא) למואל אבל אין לומר שהוא משמות שלמה כמו אגור וקהלת דבמדרש של ג' דברים קחשיב איתיאל בשמות שלמה ולא קחשיב האי בהדייהו: **עד שאנו מבקשים עליך רחמים.** לא השיבו לו כך אלא היה אומר בלבו שכך יוכלו להשיב א"נ שר של הרים היה משיב כן**):

ניזיל

*) [שם בשבת קטז. איתא מר בר יוסף].
**) [עי' תוס' חולין ז. ד"ה אמר].

עין משפט נר מצוה

פא א טוש"ע י"ד סי' קנ סעיף א:
פב ב מיי' פ"ב מהל' עבודת כוכבים הל' ה:

[ועי' תוספות מגילה כג. ד"ה אמר יעקב וכו']

רבינו חננאל

ואסיק' מפני שאמר לפניו יעקב איש כפר סכניא (נמחקין כמו ד' תיבות) אתנן זונה ומחיר כלב אסורין לקרבן אבל לעשות מהן בית הכסא לכהן גדול שרי. ממקום טנופת באו ולמקום טנופת חזרו כדכתיב מאתנן זונה קבצה ועד אתנן זונה ישובו והודה לו על דבר זה בשביל שנתיישר בעיניו ונהנה ממנו ונתפש על זה ואמר עברתי על מה שכתוב הרחק מעליה דרכך זו המינות והרשות ואל תקרב אל פתח ביתה זו זונה וכמה צריך להתרחק מפתח זונה ד' אמות: ר' פדת הוה אמר לא אסרה תורה אלא גילוי עריות בלבד שנא' איש איש אל כל שאר בשרו לא תקרבו לגלות ערוה: עולא הוה מנשק לאחוותיה אבי ידיהו. ופליגא דידיה אדידיה דהא הוא דאמר אפי' שום קריבה בעולם אסור משום לך לך אמרין נזירא סחור סחור לכרמא לא תקרב: לעלוקה שתי בנות זו המינות והרשות כל באיה לא ישובון כל באי במינות לא ישובון ואם ישובו לא ישיגו אורחות חיים: למימרא דכל דהדר ממינות מיית ואסיק' הני מילי ממינות אבל עוברי עבירה כגון ההיא דאתאי קמיה דרב חסדא ואמרה ליה בנה קטן מבנה גדול כלומר בא עליה בנה הגדול ונתעברה ממנו וילדה בנה קטן וכיוצא בה עוברי עבירה אם ישובו שיחיו: למימרא דהחוזר מן העבירות יחיה והרי אלעזר בן דורדיא שלא הניח זונה בעולם כו' בשעת הרגל דבר שמע הוו אומרין אלעזר אינו מתקבל בתשובה כו' והיה נושא ונותן בדעתו אם אתחנן לשמים שיבקשו עלי רחמים הם צריכין שיבקשו אחרים רחמים עליהם שכתוב כך וכך וכן כולם עד אין הדבר תלוי אלא בתשובה מיד חזר בתשובה והניח ראשו בין ברכיו וגעה בבכיה עד שיצתה נשמתו יצתה בת קול ואמרה ר' אלעזר בן דורדיא מזומן לחיי העולם הבא בכה רבי ואמר יש קונה עולמו בשעה אחת כגון זה ולא דיו שנמחלו עונותיו אלא שקראוהו רבי מן השמים. והא אלעזר זה בעבירה הוה דביק וכיון דהדר ביה מית. ופרקי' התם כיון דהוה אדיק בעבירה טובא כי מינות דמי: ר' חנינא ור' יונתן הוו אזלי לאורחא מטו לפרשת דרכים חדא פצי לבית עבודה זרה וחדא לבי זונות אמרו ניזיל

הגהות הב"ח

(א) תוס' ד"ה לעלוקה וכו' דשם חכם הוא. נ"ב והא דמוקי ליה הכא בגיהנם היינו משום דכתיב בתריה שאול ועוצר רחם תוספות ר"פ עושין פסין דף יט בד"ה והאיכא תפתה:

פג א מיי' פ"י מהל' מתנות עניים הלכה ח סמג עשין קסב טוש"ע י"ד סי' רמט סעיף ז:

דנכים יצריה א"ל אידך ניזיל אפיתחא דבי זונות ונכפייה ליצרין ונקבל אגרא כי מטו התם חזינהו [לזונות] איתכנעו מקמייהו א"ל מנא לך הא א"ל ב מזימה תשמור עליך תבונה תנצרכה (משלי ב) א"ל רבנן לרבא מאי מזימה אילימא תורה דכתיב בה זימה ומתרגמינן עצת חטאין וכתיב ב הפליא עצה (ישעיה כח) הגדיל תושיה אי הכי זימה מבעי ליה ה"ק(א) מדבר זימה תשמור עליך תורה תנצרכה ת"ר כשנתפסו רבי אלעזר בן פרטא ורבי חנינא בן תרדיון א"ל ר' אלעזר בן פרטא לרבי חנינא בן תרדיון אשריך שנתפסת על דבר אחד אוי לי שנתפסתי על חמשה דברים א"ל רבי חנינא אשריך שנתפסת על חמשה דברים ואתה ניצול אוי לי שנתפסתי על דבר אחד ואיני ניצול שאת עסקת בתורה ובגמילות חסדים ואני לא עסקתי אלא בתורה [בלבד] וכדרב הונא ג דאמר רב הונא כל העוסק בתורה בלבד דומה כמי שאין לו אלוה שנאמר ד וימים רבים לישראל ללא (דה"ב טו) אלהי אמת [וגו'] מאי ללא אלהי אמת שכל העוסק בתורה בלבד דומה כמי שאין לו אלוה ובגמילות חסדים לא עסק והתניא ד *רבי אליעזר בן יעקב אומר א לא יתן אדם מעותיו לארנקי של צדקה אלא א"כ ממונה עליו תלמיד חכם כר' חנינא בן תרדיון *הימנוה הוא דהוה מהימן מיעבד לא עבד והתניא ה *אמר לו מעות של פורים נתחלפו לי במעות של צדקה וחלקתים לעניים מיעבד עבד ו *כדבעי ליה לא עבד אתיוהו לרבי אלעזר בן פרטא אמרו מ"ט תנית ומ"ט גנבת אמר להו אי סייפא לא ספרא ואי ספרא לא סייפא ומדהא ליתא הא נמי ליתא ומ"ט קרו לך רבי רבן של תרסיים אני איתו ליה תרי קיבורי אמרו ליה הי דשתיא והי דערבא איתרחיש ליה ניסא אתיא זיבוריתא אותיבא על דשתיא ואתאי זיבורא ויתיב על דערבא אמר להו האי דשתיא והאי דערבא א"ל ומ"ט לא אתית לבי אבידן אמר להו זקן הייתי ומתיירא אני שמא תרמסוני ברגליכם [אמרו] ועד האידנא כמה סבי איתרמוס אתרחיש ניסא ההוא יומא אירמס חד סבא ומ"ט קא שבקת עבדך לחירות אמר להו לא היו דברים מעולם קם חד [מינייהו] לאסהודי ביה אתא אליהו אידמי ליה כחד מחשובי דמלכותא א"ל מדאתרחיש ליה ניסא בכולהו בהא נמי אתרחיש ליה ניסא וההוא גברא בישותיה הוא דקא אחוי ולא אשגח ביה קם למימר להו הוה כתיבא איגרתא דהוה כתיב מחשיבי דמלכות לשדורי לבי קיסר ושדרוה על ידיה דההוא גברא אתא אליהו פתקיה ארבע מאה פרסי אזל ולא אתא אתיוהו לרבי חנינא בן תרדיון אמרו ליה אמאי קא עסקת באורייתא אמר להו כאשר צוני ה' אלהי ז מיד גזרו עליו לשריפה ועל אשתו להריגה ועל בתו לישב בקובה של זונות עליו לשריפה שהיה

הוגה

רש"י

דנכים יצריה. נשחט יצרא אנשי כנסת הגדולה בקשו רחמים ונמסר בידם והרגוהו כדאמרי' בד' מיתות בסנהדרין (דף סד.) כלומר ניזיל בההוא שבילא ולא ניזיל אפיתחא דבי זונות שלא ישלוט בנו יצר הרע: **איכנעו זונות מקמייהו.** נכנסו מפניהם לקובתן: **מנא לך הא.** דסמכת אנפשך למיתי הכא ולא מיסתפית מיצר הרע: **זימה ומתרגמי' עצת חטאין.** עצת הוא תרגום של זימה היא(ב) וחטאין הוא תוספת התרגום מפרש שעצה זו רעה היא של חטא אלמא דזימה היינו לשון עצה ותורה נקראת עצה דכתיב (ישעיהו כח) הפליא עצה הגדיל תושיה ומשמע תורה תשמור עליך: **מזימה.**(ג) מן הזנות: **תשמור עליך תורה.** דסיפיה דקרא תבונה תנצרכה מזימה תשמור עליך מכל דבר רע והרהור חטא ואנו הולכין הלוך ודבר בדברי תורה: **על ה' דברים.** חמש עלילות הן שואלין עלי: **כמי שאין לו אלוה.** להגן עליו: **ה"ג מאי ללא**(ד): ר' חנינא בן תרדיון גבאי של צדקה הוה: **מעות של פורים.** שגביתי מבני העיר לחלק לעניים לסעודת פורים ותנן (ב"מ דף עח:) אין העני רשאי ליקח מהן רצועה לסנדלו: **נתחלפו לי במעות של צדקה.** וסבור הייתי שהן של צדקה וחלקתים לעניים שלא לסעודת פורים ואני פרעתי משלי [את] של פורים ל"א מעות שלי לסעודת פורים נתחלפו לי במעות של צדקה וסבור הייתי שהן של צדקה וחלקתים לעניים ולא חזרתי ליפרע מארנקי של צדקה: **גנבת.** גנב ולסטים היית: **מדהא ליתא.** כשם שאין השני' בי דהא אין שתיהן באדם אחד כך אין חבירת' בי והאומר לכם עלי שקרן נמצא בדבריו: **מ"ט קרו לך רבי.** הרי עלילה שלישית: **טרסיים.** גרדיים: **קיבורי.** פקעיות לימשיל"ש: **הי דשתיא הי דערבא.** איזה של שתי ואיזה של ערב: **אתא זיבורא.** זכר אותיבא על דערבא: **ואתאי זיבורתא.** נקבה אותיבא על דשתיא והבין שהוא נס הנעשה(ה) שהשתי מקבל ערב כנקבה המקבלת זכר: **לבי אבידן.** בית שאוכלין ושותין לכבוד עבודה זרה ומזבלים זיבול לעבודה זרה ומפקחין על עסקיה לידע מה היא צריכה ומתנדבין: **עבדך לחירות.** והן גזרו על כך לפי שהוא דת יהודית: **אידמי ליה.** לההוא גברא: **בישותיה הוא דקא אחוי.** רשעך תראה ותודיע שרשע אתה והוא ינצל ע"י נס: **הוה כתיבא ההוא (יומא) איגרתא.** דבעו חשובי רומי לשדורי לקיסר על עסקיהן שדרוה ההוא שעתא בידיה דההוא גברא: **פתקיה.** אליהו וזרקו ד' מאה פרסי למען לא ישוב [עוד לביתו] כמו (ר"ה דף כה.) שקל קלא פתק ביה: **עליו לשריפה.** למה נענש כך לפי שהיה הוגה את השם באותיותיו דורשו בארבעים ושתים אותיות ועושה בו מה שהוא חפץ:

להתלמד

תוספות

ניזיל אפיתחא דבי זונות. מכאן יש ללמוד שדרך להרחיק מפתח עבודה זרה כל מה שיכול משום דכתיב אל תקרב אל פתח ביתה ומוקמי לעיל בעבודה זרה שהרי היה רוצה ללכת יותר אפיתחא דבי זונות: **כל העוסק בתורה בלבד דומה כמי שאין לו אלוה.** מוכח מדכתיב ללא אלהי אמת והדר כתיב ללא תורה משמע דברישא קאמר אע"פ שיש בו תורה הוא כמי שאין לו אלהים:

ובגמילות חסדים לא עסק. תימה מאי פריך מצדקה הלא ב' דברים הם כדאמרינן בסוכה (דף מט:) צדקה לעניים גמילו' חסדים בין לעניים בין לעשירים וי"ל דמ"מ משמע ליה דמי שרגיל בזאת עוסק הוא גם בזאת: **אלא א"כ ממונה עליה כו'.** ומסתמא גם משלו היה נותן הרבה: **מעות של פורים נתחלפו לי במעות של צדקה.** פירש רש"י לשון אחר מעות של סעודת פורים וקשיא כי לא מצינו בכל התלמוד שמזכיר מעות של סעודת פורים וגם(ו) שפירש רש"י מעות של פורים שהפריש הוא לסעודת פורים שלו וחלקם ולא חזר ליפרע מארנקי של צדקה והזכירו לטובה על כך וקשה כי זה חסר מן הספר וגם המצוה שהוא ממה שלא חזר לגבות מארנקי של צדקה היה לו לומר וגם ללשון ראשון שפירש מגבת פורים וחלקתי לעניים לצדקה ואני פרעתי משלי של פורים קשה דעיקר מצוה חסר מן הספר לכך נראה לר"י לפרש הארנקי הוה ממעות של פורים והיה סבור שהוא של צדקה ונזכר שהם של מגבת פורים ואפילו הכי לא חזר בעצמו וחלקם לעניים אע"פ שידע שלא היה בארנקי של צדקה כלום מפני שלא היה רוצה לביישם מאחר שקבלם וזימנם להם ולפי זה עיקר המצוה היא בשעת חלוקה אע"פ שנזכר לא רצה לביישם וודאי מסברא חזר ופרעם משלו לכיס של פורים ולשון נתחלפו כמו (ב"ב דף יז.) אויב באיוב נתחלף לו פירוש שסבר לקחת אויב ולקח איוב וכך היה סבור שהם של צדקה ונזכר שהם של מעות פורים: **רבן של תרסיים אני.** פ"ה גרדיים וכן מוכח כל הסוגיא אבל בסוכה פרק החליל (דף נא:) מונה תרסיים בפני עצמן וגרדיים בפני עצמן וצ"ל שג' מיני תרסיים הם דגרדיים נקראין תרסיים כדמוכח הכא וגם צורפי נחשת נקראים תרסיים כדמוכח בפ' אלו טריפות (חולין דף נז:) דהעלה עליה מטלית של תרסיים והוא עור שמשימין לפניהם שלא יקלקלו בגדיהם והוא חם מאד והם אותם דפרק החליל (שם דף נא:) שמונה כל האומניות בפני עצמן וגם במגילה פרק בני העיר (דף כו.) מעשה בבית הכנסת של תרסיים כי צורפי נחשת אין בני אדם יכולין לסבלם כדמשמע פ' המדיר (כתובות דף עז.) דקא חשיב ליה בהדי הני דכופין אותן להוציא ועוד יש אומה אחת שכולם נקראו טרסיים כדאמרינן מגילה (דף יג:) בגתן ותרש שני טרסיים היו ומספרים בלשון טורסי: **אתיא זיבורתא.** פי' בקונטרס זיבורא זכר זיבורתא נקבה ול"נ שאין ניכר כ"כ במין קטן כזה בין זכר לנקבה וי"מ שהן שני מינין כמו (חולין דף סב:) תרנגול ותרנגולתא דאגמא:

רבינו חננאל

בהאי דמיפצלא בבי זונות וניכפייה ליצרין ונקבל אגרא שנא' מזמה תשמור עליך מדבר זמה התורה תשמור עליך אבל עבודה זרה נכים יצריה: ת"ר כשנתפש ר' אלעזר בן פרטא ור' חנניה בן תרדיון למינות אמר ר' אלעזר בן פרטא לר' חנניה אשריך שנתפשת על דבר אחד אוי לי שנתפשתי על ה' דברים השיבו אתה נתפשת על ה' דברים ואתה ניצול שאתה נתעסקת בתורה ובגמילות חסדים ואני נתעסקתי בתורה בלבד וכדרב דאמר כל העוסק בתורה בלבד דומה כמי שאין לו אלוה שנאמר וימים רבים לישראל ללא אלהי אמת וללא כהן מורה וללא תורה א) מאי ללא תורה כל העוסק בתורה בלבד ואינו מתעסק במצות וגם להוציא הדין לאמיתו וההוראה כתקנה כאילו גם תורה אין לו: ומקשי' ורבי חנניה בן תרדיון לא נתעסק בג"ח והתניא ר' אליעזר בן יעקב אומר לעולם אל יתן אדם מעותיו בקופה אלא אם כן ממונה עליה כר' חנניה בן תרדיון ופרקינן אין ודאי הימוני הוה מהימן ואע"ג דהוה עביד חסדים כדתניא מעות של פורים נתחלפו לו במעות של צדקה וחילקם לעניים ונתן אחרים למעות פורים כמו שהיה ראוי לאדם עשיר כמותו לעשות לא עשה. אתיוהו לרבי אלעזר בן פרטא אמרו לו מאי טעמא תנית וגנבת. כלומר חכם שונה וגנב. אמר להו דרך בני ישראל או סופר או בעל סייף שניהם באיש אחד אין נמצאין וכיון שאני בעל סייף (גם) איני חכם שונה אמרו לו והלא קוראין אותך רבי אמר להן גדול שבאורגים אני ולפיכך קורין אותי רבי של אורגים הביאו לפניו שתי פקעיות של מטוה אמרו לו איזו של שתי ואיזו של ערב נעשה לו נס ופרחה וישבה לה זיבורית נקבה על פקעת דערבא וזיבורא על של שתי אמר הא דשתיא הא דערבא: בי אבידן. פי' לשכה בבית עבודה זרה שלהן ומתקבצין שם כל בעלי חכמה ודנין בדברי חכמה עוד אמרו לו למה שיחררת עבדך בדתן של ישראל. פי' פתקוהו בד' מאה פרסי שדרוהו פרוונקא במקום רחוק ת' פרסי. אתיוהו לר' חנניה בן תרדיון אמרו ליה אמאי עסקת באורייתא אמר להו כאשר צוני ה' אלהי גזרו עליו שריפה

א) גי' רבינו הי' מאי ללא תורה ואפשר שכן הי' ג"כ גי' רש"י וכמו שהגיה הב"ח ואמנם מדברי התוס' נראה דגרסי' כגי' דילן ודו"ק.

מסורת הש"ס

ב"ב י: | [גי' יעב"ץ הימוני] | [לקמן יח.] | [כתובות סז.]

הגהות הב"ח

(א) גמ' ה"ק מזמה מדבר זימה: (ב) רש"י ד"ה זימה וכו' של זימה וחטאין הוא תוספת שהתרגום כצ"ל ותיבת היא נמחק: (ג) ד"ה מזימה מדבר זימה מן הזנות: (ד) ד"ה ה"ג מאי ללא תורה הס"ד: (ה) ד"ה ואתא וכו' הנעשה לו שהשתי: (ו) תוס' ד"ה מעות וכו' וגם מה שפי' רש"י:

דִּנְכִיס יִצְרֵיהּ [לפי שנשחט יצרו] שאין יצר זה תקיף כבר, אָמַר לֵיהּ אִידָךְ [לו האחר]: להיפך, נֵיזִיל אַפִּיתְחָא דְּבֵי זוֹנוֹת וְנִכְפְּיֵיהּ לְיִצְרִין, וּנְקַבֵּל אַגְרָא [נלך על פתח בית הזונות, ונכפה את יצרנו ונקבל שכר] על כך. כִּי מְטוּ הָתָם, חֲזִינְהוּ [כאשר הגיעו לשם, ראו אותם] [הזוֹנוֹת], אִיתְכַּנְעוּ מִקַּמַּיְיהוּ [נכנעו מפניהם] ונכנסו פנימה למקומותיהן, מפני כבודם. אָמַר לֵיהּ [לו] הראשון: מְנָא לָךְ הָא [מנין לך זה] שהזונות הן שתתביישנה מפנינו? אָמַר לֵיהּ [לו], כתוב: "מְזִמָּה תִּשְׁמֹר עליך תְּבוּנָה תִנְצְרֶכָּה" (משלי ב, יא), כלומר, התורה היא תשמור עליך. אָמְרוּ לֵיהּ רַבָּנַן [לו חכמים] לְרָבָא: מַאי [מהי] "מְזִמָּה" הכתובה שם? אִילֵימָא [אם תאמר] שהכוונה לתּוֹרָה שתשמור עליך, דִּכְתִיב [שנאמר] בָּהּ "זִמָּה" (ויקרא יח, יז), וּמְתַרְגְּמִינַן [ומתרגמים דבר זה]: עֲצַת חֲטָאִין, הרי שזימה היא עצה, חכמה, וּכְתִיב [ונאמר] גם כן לגבי התורה ביטוי זה: "גם זאת מעם ה' יצאה הִפְלִיא עֵצָה הִגְדִּיל תּוּשִׁיָּה" (ישעיהו כח, כט), אִי הָכִי [אם כך] "זִימָּה תשמור עליך" מִבָּעֵי לֵיהּ [צריך היה לו לומר], ולא "מזימה"! אלא הָכִי קָאָמַר [כך אומר] הכתוב: מזימה כמו מִזִימה, מִדְּבַר זִימָּה תִּשְׁמוֹר עָלֶיךָ, תּוֹרָה תִּנְצְרֶכָּה.

א ושבים לעניין דינים שדנו את חכמי ישראל בזמן הרומאים. תָּנוּ רַבָּנַן [שנו חכמים]: כְּשֶׁנִּתְפְּסוּ ר' אֶלְעָזָר בֶּן פְּרָטָא וְר' חֲנִינָא בֶּן תְּרַדְיוֹן למלכות כאשר היו גזירות השמד על ישראל, אָמַר לוֹ ר' אֶלְעָזָר בֶּן פְּרָטָא לְר' חֲנִינָא בֶּן תְּרַדְיוֹן: אַשְׁרֶיךָ שֶׁנִּתְפַּסְתָּ עַל דָּבָר אֶחָד שהיתה עליו רק האשמה אחת, שהרביץ תורה ברבים, אוֹי לִי שֶׁנִּתְפַּסְתִּי עַל חֲמִשָּׁה דְּבָרִים חמש האשמות שונות שמעלילים עלי. אָמַר לוֹ ר' חֲנִינָא: להיפך, אַשְׁרֶיךָ שֶׁנִּתְפַּסְתָּ עַל חֲמִשָּׁה דְּבָרִים וְאַתָּה נִיצּוֹל, אוֹי לִי שֶׁנִּתְפַּסְתִּי עַל דָּבָר אֶחָד וְאֵינִי נִיצּוֹל, שֶׁאַתְּ (אתה) עָסַקְתָּ בַּתּוֹרָה וּבִגְמִילוּת חֲסָדִים, וַאֲנִי לֹא עָסַקְתִּי אֶלָּא בַּתּוֹרָה [בִּלְבַד]. ומעירים: והוא כְּדברי רַב הוּנָא, שאָמַר רַב הוּנָא: כָּל הָעוֹסֵק בַּתּוֹרָה בִּלְבַד דּוֹמֶה כְּמִי שֶׁאֵין לוֹ אֱלוֹהַּ, שֶׁנֶּאֱמַר: "וְיָמִים רַבִּים לְיִשְׂרָאֵל לְלֹא אֱלֹהֵי אֱמֶת וללא כהן מורה וללא תורה" (דברי הימים ב טו, ג), מַאי [מה] פירוש "לְלֹא אֱלֹהֵי אֱמֶת"? שֶׁכָּל הָעוֹסֵק בַּתּוֹרָה בִּלְבַד דּוֹמֶה כְּמִי שֶׁאֵין לוֹ אֱלוֹהַּ באמת. ושואלים: וּבִגְמִילוּת חֲסָדִים לֹא עָסַק? וְהָתַנְיָא [והרי שנויה ברייתא], ר' אֱלִיעֶזֶר בֶּן יַעֲקֹב אוֹמֵר: לֹא יִתֵּן אָדָם מְעוֹתָיו לְאַרְנָקֵי שֶׁל צְדָקָה אֶלָּא אִם כֵּן מְמוּנֶּה עָלָיו תַּלְמִיד חָכָם כְּר' חֲנִינָא בֶּן תְּרַדְיוֹן! ומשיבים: הֵימְנוּהּ הוּא דַּהֲוָה מְהֵימַן [להאמין לו הוא שהיה נאמן] שלא נטל כלום לעצמו וחילק ביושר, אבל מִיעֲבַד לָא עֲבַד [לעשות בעצמו צדקה לא עשה]. ומקשים: וְהָתַנְיָא [והרי שנויה ברייתא], אָמַר לוֹ ר' חנינא בן תרדיון: מָעוֹת שֶׁל פּוּרִים נִתְחַלְּפוּ לִי בְּמָעוֹת שֶׁל צְדָקָה וְחִלַּקְתִּים לַעֲנִיִּים, משמע שהוא בעצמו נתן צדקה! ומשיבים: אמנם מִיעֲבַד עֲבַד [לעשות עשה], אבל כִּדְבָעֵי לֵיהּ לָא עֲבַד [כמו שהיה ראוי לו לפי עושרו לא עשה]. וממשיכים בתיאור המעשה, אַתְיוּהוּ [הביאו] את ר' אֶלְעָזָר בֶּן פְּרָטָא לדין, וְאָמְרוּ: מַאי טַעְמָא תָּנֵית, וּמַאי טַעְמָא גָּנַבְתְּ [מה טעם שָׁנִיתָ, ומה טעם גנבת]? שאלה היו האשמות שהאשימוהו. אָמַר לְהוּ [להם]: אִי סַיָּיפָא לָא סָפְרָא [אם אדם הוא סייף, בעל חרב, גנב, אינו סופר העוסק בתורה], וְאִי סָפְרָא לָא סַיָּיפָא [ואם הוא סופר אינו סייף], כלומר, אתם מאשימים אותי בשני דברים הסותרים זה את זה, שמי שמלאכתו בתורה אינו עוסק בגניבה, וכן להיפך, וּמִדְּהָא לֵיתָא הָא נַמִּי לֵיתָא [ומכיון שזה אינו גם זה אינו]. ושאלו אותו: וְאם כן מַאי טַעְמָא קָרוּ לָךְ [מה הטעם קוראים לך] "רַבִּי"? אמר להם: רַבָּן שֶׁל תַּרְסִיִּים (אורגים) אֲנִי, גדול שבהם, ומלמדם, ומשום כך הם קוראים לי "רבי" בלשון כבוד. רצו לבדוק אם אכן הוא מומחה בדבר, אַיְיתוּ לֵיהּ תְּרֵי קִיבּוּרֵי [הביאו לו שתי פקעות של צמר], אָמְרוּ לֵיהּ [לו]: הֵי דְּשַׁתְיָא וְהֵי דְּעָרְבָא [איזו של שתי ואיזו של ערב]? שיש הבדל בין חוטי שתי וערב בעוביים ובחוזקם, ודבר זה יכולים המומחים להבחין בו מיד. אִיתְרְחִישׁ לֵיהּ נִיסָּא [התרחש לו נס], אָתְיָא זִיבּוּרִיתָא אוֹתִיבָא עַל דְּשַׁתְיָא וַאֲתַאי זִיבּוּרָא וִיתֵיב עַל דְּעָרְבָא [באה צירעה נקבה ישבה על פקעת השתי ובא צירעה זכר וישב על פקעת הערב], אָמַר לְהוּ [להם]: הַאי דְּשַׁתְיָא וְהַאי דְּעָרְבָא [זה של שתי וזה של ערב] שהבין שמראים לו משמים דבר זה, שחוט השתי הקבוע בנול הוא המקבל את הערב, כמו הנקבה שמקבלת זכר. אָמְרוּ לֵיהּ [לו]: וּמַאי טַעְמָא לָא אֲתֵית לְבֵי [ומה טעם לא באת לבית] אֲבִידָן? שזה היה המקום שבו היו דנים בענייני חכמה ואמונה! אָמַר לְהוּ [להם]: זָקֵן הָיִיתִי וּמִתְיָירֵא אֲנִי שֶׁמָּא תִּרְמְסוּנִי בְּרַגְלֵיכֶם מרוב הקהל. [אָמְרוּ]: וְעַד הָאִידָּנָא [עכשיו] כַּמָּה סָבֵי אִיתְרְמוּס [זקנים נרמסו שם], שאתה חושש? אִתְרְחֵישׁ נִיסָּא, הַהוּא יוֹמָא אִירְמַס חַד סָבָא [התרחש נס, ואותו יום נרמס זקן אחד], ונמצא שבטלה טענתם. שאלוהו: וּמַאי טַעְמָא קָא שְׁבַקְתְּ [ומה טעם שלחת] את עַבְדְּךָ לְחֵירוּת? והם גזרו שלא יעשו כן. אָמַר לְהוּ [להם]: לֹא הָיוּ דְּבָרִים מֵעוֹלָם, לא עשיתי זאת. קָם חַד [מִינַּיְיהוּ] לְאַסְהוּדֵי בֵּיהּ [עמד אחד מהם להעיד בו], אֲתָא [בא] אֵלִיָּהוּ אִידְמֵי לֵיהּ כְּחַד מֵחֲשׁוּבֵי דְּמַלְכוּתָא [נדמה להם כאחד מחשובי המלכות], אָמַר לֵיהּ [לו]: מִדְּאִתְרְחֵישׁ לֵיהּ נִיסָּא בְּכוּלְּהוּ, בְּהָא נַמִּי אִתְרְחֵישׁ לֵיהּ נִיסָּא [מכיון שמתרחש לו נס בכולם, בזה גם כן יתרחש לו נס], וְהַהוּא גַּבְרָא בִּישׁוּתֵיהּ הוּא דְּקָא אַחֲוֵי [ואותו אדם, אתה, את רשעותו הוא מראה], שלא תצליח בכך, ואינך מראה אלא את רצונך להרע. וְלֹא אַשְׁגַּח בֵּיהּ [השגיח בו] אותו אדם, קָם לְמֵימַר לְהוּ [עמד לומר להם] את עדותו. באותו זמן הֲוָה כְּתִיבָא אִיגַּרְתָּא [היתה נכתבת אגרת] דַּהֲוָה כָּתֵיב מֵחֲשִׁיבֵי דְּמַלְכוּת לְשַׁדּוּרֵי לְבֵי קֵיסָר [שהיתה כתובה מחשובי המלכות לשלוח לבית הקיסר], וּשְׁדַרוּהָ עַל יְדֵיהּ דְּהַהוּא גַּבְרָא [ושלחו על ידי אותו אדם שבא להעיד], אֲתָא [בא] אֵלִיָּהוּ פְּתַקֵיהּ אַרְבַּע מְאָה פַּרְסֵי [וזרקו ארבע מאות פרסות] למרחק, אֲזַל [הלך] וְלֹא אֲתָא [חזר] ונתבטלו איפוא ההאשמות כנגד ר' אלעזר בן פרטא. אַתְיוּהוּ [הביאו] את ר' חֲנִינָא בֶּן תְּרַדְיוֹן לדין, אָמְרוּ לֵיהּ [לו]: אַמַּאי קָא עָסַקְתְּ בְּאוֹרַיְיתָא [מדוע עסקת בתורה]? אָמַר לְהוּ [להם] כלשון הכתוב: "כַּאֲשֶׁר צִוַּנִי ה' אֱלֹהָי" (דברים ד, ה). מִיָּד גָּזְרוּ עָלָיו למות בִּשְׂרֵיפָה, וְעַל אִשְׁתּוֹ גזרו לַהֲרִיגָה בחרב, וְעַל בִּתּוֹ לֵישֵׁב בְּקוּבָּה שֶׁל זוֹנוֹת. ומסבירים מדוע נגזרו עליו משמים העונשים הללו: עָלָיו לִשְׂרֵיפָה — שֶׁהָיָה

עיונים

דנכיס יצריה כמבואר במסכת יומא (סט, ב) שאנשי כנסת הגדולה "שחטו" את היצר הרע של עבודה זרה. כלומר, שיצר זה שהיה תקיף ומפתה בדורות ראשונים שוב אינו שולט באנשים.

ניזיל אפתחא דבי זונות מתוך שהעדיף לעבור ליד פתח של זונות, עליו אמר רב חסדא לעיל שצריך להרחיק ממנו ארבע אמות, למדים בתוס' בקל וחומר שצריך להשתדל ככל האפשר שלא לעבור ליד פתח עבודה זרה (וראה "אורח ההלכה" בעמוד הקודם).

ולעצם הענין שאלו המפרשים: הרי מצד אחר אמרו חכמים שהגדול מחבירו יצרו גדול ממנו? ותירצו כי מאחר שהיו באותה שעה עוסקים בתורה והיו שנים, יש לסמוך על כוחה של התורה שתצילם מכל הרהור רע (מהרש"א, עיון יעקב).

זימה וכתיב עצת חטאין עיקר ההוכחה הוא, כפי שמסביר רש"י, ממה שהמלה "זימה" מתורגמת "עצה". ואף שבאותו מקום במקרא התרגום הוא "עצת חטאין" אין זה אלא לפי ההקשר של דיני עריות שם. אבל בכלל פירוש המלה הוא עצה, תבונה. ומלשון הכתוב במשלי עולה בפשטות כי "מזימה" האמורה שם אינה לשון שלילית אלא היא דבר חיובי (במקביל ל"תבונה" המופיעה באותו פסוק, וכוונתה לחכמת התורה).

מדבר זימה תשמור עליך וכו' ויש איפוא להבין את המלה "תבונה" המופיעה בפסוק זה כמשמשת לפניה ולאחריה (כפי שמצוי כמה וכמה פעמים במקרא, ראה למשל יחזקאל לא, יא) כאילו כתוב: מזימה תשמור עליך תבונה, תבונה תנצרכה.

חמשה דברים ורש"י מפרט אותם במקומם להלן: שהיה עוסק בתורה, שהיה גנב, שנקרא רבי, שאינו הולך לבית הוועד, ששחרר את עבדו. וכל אלה היו עבירות על הגזירות שגזרו הרומאים באותם ימים של שלהי מלחמת בר כוכבא.

כל העוסק בתורה בלבד וכו' בתוס' מסבירים את הראיה מן הכתוב כך: כיון שכתוב בתחילה "ללא אלהי אמת", ורק אחר כך כתוב "ללא תורה" משמע שיש אפשרות שיהא אדם ללא אלהי אמת למרות שיש בו תורה. ובפירוש הדברים לגופם, רש"י הסביר אותם בהקשר של דברי ר' חנינא, שאם אינו עוסק בגמילות חסדים אין לו אלוה שיגן עליו. ומצד אחר כותב המאירי כי העוסק בתורה בלבד ואינו הולך בנתיבותיה נענש ביותר, לפי שיודע את רצון בוראו והולך ופורק את עולו מעליו. וכיוצא בזה שם כותב המהר"ל, וזה לשונו: "שכל מצוה היא עול על האדם, ובזה השם יתברך הוא אלוה שלו, אבל בלימוד התורה שאינו אלא השכלה בלבד דומה כמי שאין לו אלוה". ואילו המהרש"א הסביר שמידת הקב"ה היא גמילות חסדים, ומי שאינו עוסק בה ממילא אין לו "אלהי אמת".

מאי ללא אלהי אמת והר"ח גורס כאן: מאי ללא תורה? והוא מסביר שמי שאין לו "אלהי אמת" — שאינו טורח להוציא דין לאמיתו, ואינו "כהן מורה" — שאינו מורה לרבים, הריהו נחשב כאילו "ללא תורה".

ובגמילות חסדים לא עסק בתוס' העירו שכאן נזכרת גמילות חסדים, ולהלן מדובר בצדקה, ואין הדברים זהים זה לזה. כי צדקה היא בממון, וגמילות חסדים היא בכל סוג של טובה ובעיקר בגופו. אלא שאמרו שמן הסתם מי שעוסק באחד מהם עוסק גם בשני.

הימנוה הוא דהוה מהימן ודעתו של החכם שהביא ראיה זו היתה שאם נאמר עליו "אלא אם כן ממונה עליו תלמיד חכם כר' חנינא בן תרדיון" מן הסתם היתה מצוה זו יקרה בעיניו והוא עצמו נתן משלו הרבה (תוס' רבינו אלחנן, ובקיצור בתוס').

מעות פורים נתחלפו וכו' רש"י מסביר בשתי צורות. באופן אחד מסביר שגבו לצורך מעות פורים (שמיועדות לעניים רק לצרכי פורים בלבד) וטעה ר' חנינא וסבר שהן מעות צדקה וחילקן כצדקה, ולכן נתן משלו כל הכסף שנועד לפורים. ובלשון אחרת מסביר שמעות פורים היו מעות שלו, שהכינן לצורך סעודת פורים שלו, ואותן חילק בטעות לצדקה, ולא לקח לעצמו מקופת הצדקה מה שהוציא בטעות. וראה בתוס' שפירשו על דרך פירושו הראשון של רש"י, כי זכותו בענין זה היתה שעוד קודם שחילק את המעות נודע לו שטעה, ומעות של פורים הן, אלא שלא רצה לאכזב את העניים ונתן להם, ואחר כך החזיר את מעות פורים משלו.

ספרא וסיפא יש מסבירים כי ביטוי זה קשור במאמר חכמים שהספר והסייף ירדו כרוכים מן השמים, וכל אדם יש בידו ברירה באיזה מהם להחזיק (ראה בערוך ערך סייף, וכן הביא הראב"ד). והר"ח פירשו בפשטות, שאין אדם אחד יכול לעסוק בשני מקצועות סותרים אלה, להיות גם סייף וגם סופר.

בי אבידן רש"י מסביר שהיה זה מקום שבו היו מזבחים לעבודה זרה ועוסקים בענייניה וצרכיה. אבל הר"ח כותב כי היה זה מקום, שהיה מצוי בבית עבודה זרה, שהיה מוקדש לדיונים בעניינים של חכמה ואמונות. וחכמים לא רצו ללכת לשם לשמוע דברים של כפירה שלא לצורך. וראה בתוס' שאנץ שאף הוא מוכיח כדברי הר"ח.

אמר להו כאשר ציוני כתבו המפרשים שהוא לא ניסה להתחמק בטענות שונות, משום שידע שלא יוכל להינצל מן הגזירה. וכן נראה, שהרי מסופר שמצאוהו מקהיל קהילות ברבים ומלמד תורה.

אורח ההלכה

אלא אם כן ממונה וכו' לא יתן אדם לקופה של צדקה אלא אם כן יודע שהממונה על קופה זו הוא נאמן וחכם ויודע להנהיגה כראוי. (רמב"ם ספר זרעים הלכות מתנות עניים פ"י ה"ח. שו"ע יו"ד רמט, ז).

מסורת הש"ס

א. ראה יומא סט,ב. סנהדרין סד,א.
ב. ראה מדרש משלי פ"ב. ילק"ש נ"ך תתתקלב.
ג. ילק"ש נ"ך תתרפה. וראה יבמות קט,ב.
ד. ב"ב י,ב. כלה רבתי פ"ב יב. ועיין שם פ"א
כג. ילק"ש נ"ך תתרפה.
ה. ע"ז יח,א. כלה רבתי פ"ב יב. ילק"ש שם.
ו. (הביטוי) כתובות סו,ב.
ז. מסכת שמחות פ"ח יב.

גרסות

מטו התם חזינהו לזונות איתכנעו בכת"י: **מטו להתם חזינהו איכנעו.**

אמר ליה מזימה בכת"י ועוד: **דכתיב מזימה.**

דכתיב בה זימה בכתי"ס: **דכתיב זימה היא.**

בן תרדיון בכת"י ועוד נוסף: **למינות.**

שאת עסקת בכתי"ס: **שאתה עסקת.**

מאי ללא אלהי אמת בכתי"ס ועוד: **מאי ללא תורה** וראה רש"י ותוס' רבינו אלחנן.

הימנוה הוא דהוה מהימן בכתי"מ ועוד: **הימוני הוה מהימן.**

וחלקתים לעניים בכת"י: **וחלקתים לעניים משלי.**

ומאי טעמא קרו בכתי"מ: **אמרו ליה אמאי קרו.**

כחד מחשובי מלכות בכתי"ס: **כחד מינייהו.**

אתרחיש ליה ניסא וההוא — אחוי בכתי"מ: **אתרחיש ניסא להאי גברא אמאי דקאמרת ליה מחוית בישותיה.**

קם למימר — מחשיבי דמלכות בכתי"מ: **הוה כתיבא איגרתא דבעי חשובי דרומאי** ובכתי"ס: **קם למימרא להו הוה כתיבא איגרתא לבי קיסר.**

ושדרוה על ידי בכתי"מ: **ושדרוה בידי.**

אתא אליהו פתקיה בכתי"מ: **פתקיה אליהו** ובכתי"ס: **פתקיה** וראה בר"ח.

אזל ולא אתא בכת"י מלים אלו חסרות.

אמאי קא עסקת באוריתא בכתי"מ ועוד: **מאי טעמא עסקת בתורה.**

לשון

ארנקי
מקור המלה הוא ביוונית ἀρνακίς (ארנקיס) כעין תיבה או כיס להכניס בו מעות.

תרסיים
כאן ברור שהמשמעות היא: אורג, מומחה לאריגה. אולם במקומות אחרים נראה כי תרסיים הוא שם של מקצוע שונה לגמרי. משום כך מסתבר כי מקור המלה (גם בצורה טרסיים) הוא בשמה של העיר TarsusT שבאסיה הקטנה. עיר זו שתחילתה עוד בימי אשור, ונעשתה לימים מרכז יווני חשוב, היתה מפורסמת באומניה. וייתכן כי מלאכות שונות של אומנות משוכללת היו קרויות על שם העיר הזו.

קובה
המלה נזכרת כבר במקרא (במדבר כה, ח) ובדרך כלל מסבירים שהיא מעין אוהל או כיפה. ויש סבורים (בהשוואה לשפות שמיות שונות) שיש למלה זו משמעות מפורשת של קלון, ולפיכך משמעה במקורה מקום של זנות.

החיים

דשתיא ודערבא, בי אבידן, גזרו עליו לשריפה
ראה בהשלמות.

העולם

זיבורא
הצרעה הנזכרת כאן היא מן הסתם הצרעה הגדולה המצויה בארץ (Vespa orientalis). במין הזה ניכר היטב ההבדל בין הזכרים, הגדולים בהרבה מן הנקבות — הפועלות.

אישים

ר' חנינא (חנניא, חנניה) בן תרדיון
ראה בהשלמות.

לעזי רש"י

לימשיל"ש צ"ל: לימוישיל"ש, מן הצרפתית העתיקה lemoisels — פקעות (של חוטים).

מסורת הש״ם

א. ראה משנה סנהדרין צ,א. ירושלמי פאה פ״א ה״א.
ב. שם. אדר״נ (נו״א) פל״ו. מדרש ילמדנו ילקוט תלמוד תורה בראשית א. ילק״ש תורה תתקיח.
ג. שבת עה,א. ר״ה כד,ב. סנהדרין סח,א. ספרי דברים יח, יט. ילק״ש תורה רפו. שם תתקיח.
ד. ראה שבת נד,ב. ירושלמי שבת פ״ה ה״ד. שם ביצה פ״ב ה״ח. שם כתובות פי״ג ה״א. מסכת דרך ארץ פרק המינין כז. ויק״ר פכ״ה א. תנחומא משפטים ז. תנדבא״ר פי״ב. ילק״ש נ״ך נ. שם תתקלד.
ה. ילק״ש נ״ך שיט (בקיצור).
ו. ראה שמחות פ״ח יב. ספרי דברים לב,ד.
ז. ספרי שם לב,ז.
ח. (הביטוי) יבמות יב,ב. מב,א. ק,ב. כתובות לט,א. נדה מה,א. קה״ר פ״ה ו. ילק״ש נ״ך תתעד.
ט. ע״ז יז,ב (ושם סומנו מקבילות)
י. ראה שמחות פ״ח יב. ספרי לב,ד.
יא. ע״ז י,א (ושם סומנו מקבילות)
יב. שבת קי,א. ע״ז כד,ב.

גרסות

והתנן אלו שאין — באותיותיו בכתי״ס: **והתניא אבא שאול אומר אף ההוגה את השם באותיותיו אין לו חלק לעולם הבא.**
משום הוגה את השם בפרהסיא דהוי בכתי״מ: **דהוגה את השם בפרהסיא** בכתי״ס: **משום דהוגה את השם באותיותיו בפרהסיא הוה וכתיב זה שמי לעלם לעלם כתיב.**
מיחה ביה בכתי״מ: **מיחת ליה** בכתי״ס: **מחיה ביה.**
מסובין לו ליום הדין בכתי״מ: **מסובבין אותו לעולם הבא** ובכתי״ס ועוד: **מסבבות אותו ליום הדין.**
בשעה שיצאו שלשתם בכתי״מ: **בשעת הוצאתן** בכתי״ס: **בשעת הוצאת שלשתן.**
צדיקים הללו בכת״י ועוד: **שלשה צדיקים הללו.**
שלש מקראות בכת״י ועוד: **שלשה מקראות הללו.**
בשעת צדוק הדין בכתי״מ: **בשעת הדין.**
אחי אחי בכת״י ועוד: **אחי.**
וספר מונח בכת״י: **וספר תורה מונח** וכן הגיה הב״ח.
ואת ספר תורה באש בכתי״ס: **וספר תורה עמך.**
לקברו והספידוהו בכתי״ס: **לקברו** ובכתי״מ: **והספידוהו.**
אבא אראך בכך בכתי״מ: **בכך אראך** ובכתי״ס: **אבא בכך אראך.**
גליון נשרפין בכתי״ס בעין יעקב ועוד: **גוילין נשרפין.**
בך האש בכת״י: **שלהבת.**
קלטצונירי בכתי״מ: **קליסטנרי** בכתי״ס: **קלסטונירי.**
מזומנין הן בכת״י: **מזומנין.**
מתעביד ניסא בכתי״מ: **אתרחיש לי ניסא** ובכתי״ס: **מתרחיש ניסא.**
פרשא בכתי״מ: **פרשא דמלכא** ובכתי״ס: **בפרדכשא.**
אמר לה השמיעני לי בכתי״ס: **תבעה.**
מתרחנא מרתח בכתי״מ: **מתרחנא.**
נפישין טובא ואיכא טובא הכא יש ספרים שגרסו: **נפישין טובא** ובכתי״מ: **ומאי נפקא מינה הא נפישי טובא.**
לא עבדה איסורא בכתי״מ: **לא איתעביד בה איסורא.**
הבה ניהלה בדפו״י: **הבה ניהלי.**

לשון

קלצטונירי
מלה זו באה כנראה מן היוונית κολαστήρ (קולאסטיר) — האיש הממונה על הענישה, המשתמש בדרכים שונות, למן מלקות עד מוות כדי להעניש את הפושעים.

דשתנא
מקור המלה הוא מן הפרסית daŝtan העתיקה, שמשמעה: נדה, דם נדה.

תרקבא
תרקב הוא כלי מידה של חצי סאה. את משמעו דרשו כמו "תרי וקב" — שני קבים ועוד קב, שהם ביחד שלשה קבים. אולם נראה שמקור המלה ביוונית τρίκαβος (טריקאבוס) — שלושה קבים.

אישים

ר׳ יוסי בן קיסמא
ראה בהשלמות.

אֶת הַשֵּׁם בְּאוֹתִיּוֹתָיו, שהיה מבטאו כמו שהיה כתוב. ושואלים: וּבאמת הָכִי עָבֵיד הָכִי [כיצד עשה כך]? וְהָתְנַן [והרי שנינו במשנה], אֵלּוּ שֶׁאֵין לָהֶם חֵלֶק לָעוֹלָם הַבָּא: הָאוֹמֵר אֵין תּוֹרָה מִן הַשָּׁמַיִם, וְאֵין תְּחִיַּית הַמֵּתִים מִן הַתּוֹרָה. אַבָּא שָׁאוּל אוֹמֵר: אַף הַהוֹגֶה אֶת הַשֵּׁם בְּאוֹתִיּוֹתָיו! ומשיבים: הוא לְהִתְלַמֵּד עֲבַד [עשה], כִּדְתַנְיָא [כמו ששנויה ברייתא] לגבי איסור כשפים: "לֹא תִלְמַד לַעֲשׂוֹת" (דברים יח, ט) אֲבָל אַתָּה לָמֵד לְהָבִין וּלְהוֹרוֹת, משמע שיש דברים שמותר לעשות בדרך לימוד. ושואלים: אם כן, אֶלָּא מַאי טַעְמָא אִעֲנַשׁ [מה טעם נענש]? ומשיבים: מִשּׁוּם הוֹגֶה אֶת הַשֵּׁם בְּפַרְהֶסְיָא [דְּהָוֵי [שהיה]], שהיה צריך לעשות זאת בצינעה, ולא בפני הרבים. וְגזרו עַל אִשְׁתּוֹ לַהֲרֵיגָה, משום שלֹּא מִיחָה בֵּיהּ [מחתה בו] שלא יעשה כן. מִכָּאן אָמְרוּ: כָּל מִי שֶׁיֵּשׁ בְּיָדוֹ לִמְחוֹת בחבירו על עבירה שעובר, וְאֵינוֹ מוֹחֶה — נֶעֱנָשׁ עָלָיו. וְעוד גזרו עַל בִּתּוֹ לֵישֵׁב בְּקוּבָּה שֶׁל זוֹנוֹת, מדוע? אָמַר ר׳ יוֹחָנָן: פַּעַם אַחַת הָיְתָה בִּתּוֹ זאת מְהַלֶּכֶת לִפְנֵי גְּדוֹלֵי רוֹמִי, אָמְרוּ בשיחה ביניהם: כַּמָּה נָאוֹת פְּסִיעוֹתֶיהָ (הליכתה) שֶׁל רִיבָה (נערה) זוֹ, כיון ששמעה כך מִיָּד דִּקְדְּקָה (הקפידה) בִּפְסִיעוֹתֶיהָ להלך כך, באופן שימצא חן בעיני הגברים, ולכן נענשה. וְהַיְינוּ [וזהו] שֶׁאָמַר ר׳ שִׁמְעוֹן בֶּן לָקִישׁ, מַאי דִּכְתִיב [מהו שנאמר]: "עֲוֹן עֲקֵבַי יְסוּבֵּנִי" (תהלים מט, ו)? עֲוֹנוֹת שֶׁאָדָם דָּשׁ בַּעֲקֵבָיו בָּעוֹלָם הַזֶּה, כלומר, עוונות שאדם אינו שם לב אליהם, שהם עוונות קטנים שאינם נחשבים בעיניו, כגון דרך הליכתו, מְסוּבִּין (סובבים) לוֹ לְיוֹם הַדִּין. ומסופר: בְּשָׁעָה שֶׁיָּצְאוּ שְׁלָשְׁתָּן מן הדין צִדְּקוּ עֲלֵיהֶם אֶת הַדִּין, הוּא, ר׳ חנינא בן תרדיון, אָמַר: "הַצּוּר תָּמִים פָּעֳלוֹ כי כל דרכיו משפט" (דברים לב, ד), וְאִשְׁתּוֹ אָמְרָה את המשכו של כתוב זה: "אֵל אֱמוּנָה וְאֵין עָוֶל צדיק וישר הוא". בִּתּוֹ אָמְרָה: "גְּדֹל הָעֵצָה וְרַב הָעֲלִילִיָּה אֲשֶׁר עֵינֶיךָ פְּקֻחוֹת עַל כָּל דַּרְכֵי בני אדם לתת לאיש כדרכיו" (ירמיהו לב, יט). אָמַר רַבִּי: [כַּמָּה] גְּדוֹלִים צַדִּיקִים הַלָּלוּ, שֶׁנִּזְדַּמְּנוּ לָהֶן שָׁלֹשׁ מִקְרָאוֹת אלה שֶׁל צִדּוּק הַדִּין בִּשְׁעַת צִדּוּק הַדִּין.

א ובענין זה של ר׳ חנינא בן תרדיון תָּנוּ רַבָּנַן [שנו חכמים]: כְּשֶׁחָלָה ר׳ יוֹסֵי בֶּן קִיסְמָא, הָלַךְ ר׳ חֲנִינָא בֶּן תְּרַדְיוֹן לְבַקְּרוֹ. אָמַר לוֹ: חֲנִינָא אָחִי, (אָחִי) אִי [אין] אַתָּה יוֹדֵעַ שֶׁאוּמָּה זוֹ, רומי, מִן הַשָּׁמַיִם הִמְלִיכוּהָ? שֶׁהֲרֵי הֶחֱרִיבָה אֶת בֵּיתוֹ וְשָׂרְפָה אֶת הֵיכָלוֹ, וְהָרְגָה אֶת חֲסִידָיו וְאִבְּדָה אֶת טוֹבָיו, וַעֲדַיִין הִיא קַיֶּימֶת, משמע שמן השמים נגזר כך, וַאֲנִי שָׁמַעְתִּי עָלֶיךָ שֶׁאַתָּה יוֹשֵׁב וְעוֹסֵק בַּתּוֹרָה [וּמַקְהִיל קְהִלּוֹת בָּרַבִּים] וְסֵפֶר תורה מוּנָּח לְךָ בְּחֵיקְךָ בניגוד לגזירותיה של אומה זו! אָמַר לוֹ: מִן הַשָּׁמַיִם יְרַחֲמוּ ולא יקרה לי דבר. אָמַר לוֹ: אֲנִי אוֹמֵר לְךָ דְּבָרִים שֶׁל טַעַם עניינים של סברה, וְאַתָּה אוֹמֵר לִי "מִן הַשָּׁמַיִם יְרַחֲמוּ"? תָּמֵהַּ אֲנִי אִם לֹא יִשְׂרְפוּ אוֹתְךָ וְאֶת סֵפֶר תּוֹרָה שמונח לך בחיקך בָּאֵשׁ! אָמַר לוֹ ר׳ חנינא: רַבִּי, מָה אֲנִי לְחַיֵּי הָעוֹלָם הַבָּא, כלומר, האם ראוי אני לכך? אָמַר לוֹ: כְּלוּם מַעֲשֶׂה בָּא לְיָדְךָ? איזה מעשה מיוחד בא לידך שאתה יכול לראות בו סימן? אָמַר לוֹ: מָעוֹת שֶׁל פּוּרִים נִתְחַלְּפוּ לִי בְּמָעוֹת שֶׁל צְדָקָה וְחִלַּקְתִּים את כל הכסף שהייתי צריך לפורים לְצרכי עֲנִיִּים, אָמַר לוֹ: אִם כֵּן, מֵחֶלְקְךָ יְהִי חֶלְקִי וּמִגּוֹרָלְךָ יְהִי גּוֹרָלִי. אָמְרוּ: לֹא הָיוּ (חלפו) יָמִים מוּעָטִים עַד שֶׁנִּפְטַר ר׳ יוֹסֵי בֶּן קִיסְמָא מחוליו, וְהָלְכוּ כָּל גְּדוֹלֵי רוֹמִי לְקָבְרוֹ וְהִסְפִּידוּהוּ הֶסְפֵּד גָּדוֹל, וּבַחֲזָרָתָן מְצָאוּהוּ לְר׳ חֲנִינָא בֶּן תְּרַדְיוֹן שֶׁהָיָה יוֹשֵׁב וְעוֹסֵק בַּתּוֹרָה וּמַקְהִיל קְהִלּוֹת בָּרַבִּים וְסֵפֶר תּוֹרָה מוּנָּח לוֹ בְּחֵיקוֹ. הֱבִיאוּהוּ לדין וּכְרָכוּהוּ בְּסֵפֶר תּוֹרָה, וְהִקִּיפוּהוּ בַּחֲבִילֵי זְמוֹרוֹת וְהִצִּיתוּ בָּהֶן אֶת הָאוּר (אש), וְהֵבִיאוּ סְפוֹגִין שֶׁל צֶמֶר וּשְׁרָאוּם בְּמַיִם וְהִנִּיחוּם עַל לִבּוֹ, כְּדֵי שֶׁלֹּא תֵּצֵא נִשְׁמָתוֹ בִּמְהֵרָה, אלא יתייסר הרבה בשריפה. אָמְרָה לוֹ בִּתּוֹ: אַבָּא, אֶרְאֲךָ בְּכָךְ ביסורים אלה? אָמַר לָהּ: אִילְמָלֵי אֲנִי נִשְׂרַפְתִּי לְבַדִּי, הָיָה הַדָּבָר קָשֶׁה לִי. עַכְשָׁיו שֶׁאֲנִי נִשְׂרָף וְסֵפֶר תּוֹרָה עִמִּי, מִי שֶׁמְּבַקֵּשׁ עֶלְבּוֹנָהּ שֶׁל סֵפֶר תּוֹרָה הוּא יְבַקֵּשׁ עֶלְבּוֹנִי. אָמְרוּ לוֹ תַּלְמִידָיו: רַבִּי, מָה אַתָּה רוֹאֶה? אָמַר לָהֶן: רואה אני גְּלָיוֹן נִשְׂרָפִין וְאוֹתִיּוֹת שבהם פּוֹרְחוֹת למרום. אמרו לו: אַף אַתָּה פְּתַח פִּיךָ וְתִכָּנֵס [בְּךָ] הָאֵשׁ, שתמות מהרה! אָמַר לָהֶן: מוּטָב שֶׁיִּטְּלֶנָּה את נשמתי מִי שֶׁנְּתָנָהּ, הקב״ה, וְאַל יְחַבֵּל הוא האדם בְּעַצְמוֹ להקדים את מותו. אָמַר לוֹ קַלְצְטוֹנִירִי (התליין): רַבִּי, אִם אֲנִי מַרְבֶּה בַּשַּׁלְהֶבֶת וְנוֹטֵל סְפוֹגִין שֶׁל צֶמֶר מֵעַל לִבְּךָ ובכך מקרב את מותך וממעט את יסוריך, אַתָּה מְבִיאֵנִי לְחַיֵּי הָעוֹלָם הַבָּא? אָמַר לוֹ: הֵן. אמר לו התליין: הִשָּׁבַע לִי על כך! נִשְׁבַּע לוֹ. מִיָּד הִרְבָּה בַּשַּׁלְהֶבֶת וְנָטַל סְפוֹגִין שֶׁל צֶמֶר מֵעַל לִבּוֹ, יָצְאָה נִשְׁמָתוֹ בִּמְהֵרָה. אַף הוּא התליין קָפַץ וְנָפַל לְתוֹךְ הָאוּר ומת. יָצְאָה בַּת קוֹל וְאָמְרָה: ר׳ חֲנִינָא בֶּן תְּרַדְיוֹן וְקַלְצְטוֹנִירִי מְזוּמָּנִין הֵן לְחַיֵּי הָעוֹלָם הַבָּא. בָּכָה רַבִּי וְאָמַר: יֵשׁ קוֹנֶה עוֹלָמוֹ בְּשָׁעָה אַחַת כתליין זה, וְיֵשׁ קוֹנֶה עוֹלָמוֹ בְּכַמָּה שָׁנִים כמו ר׳ חנינא בן תרדיון.

ב מספרים כי בְּרוּרְיָא דְּבֵיתְהוּ [אשתו] של ר׳ מֵאִיר, בְּרַתֵּיהּ [בתו] של ר׳ חֲנִינָא בֶּן תְּרַדְיוֹן הֲוַאי [היתה], אָמְרָה לֵיהּ [לו] לר׳ מאיר: זִילָא בִּי מִלְּתָא דְּיָתְבָא אַחְתַּאי [מזולזל בי הדבר שאחותי יושבת] בְּקוּבָּה שֶׁל זוֹנוֹת, עשה משהו להצילה. שְׁקַל תַּרְקְבָא דְּדִינָרֵי וַאֲזַל [נטל תרקב של דינרים והלך לשם], אָמַר: אִי [אם] לֹא אִתְעֲבֵיד [נעשה] בָּהּ אִיסּוּרָא [איסור], מִיתְעֲבֵיד נִיסָּא [ייעשה לה נס], אִי עֲבַדָה אִיסּוּרָא [אם עשתה איסור] — לֹא אִיתְעֲבֵיד [ייעשה] לָהּ נִיסָּא [נס]. אֲזַל נְקַט נַפְשֵׁיהּ כְּחַד פָּרָשָׁא [הלך, ועשה עצמו כאחד הפרשים], אָמַר לָהּ: הַשְׁמִיעִנִי (היבעלי) לִי, אָמְרָה לֵיהּ [לו]: דַּשְׁתָּנָא אֲנָא [נידה אני] ואיני יכולה. אָמַר לָהּ: מִתְרַחֲנָא מִרְתַּח [אני אחכה לך] עד לאחר הזמן. אָמְרָה לוֹ: נְפִישִׁין טוּבָא, וְאִיכָּא טוּבָא הָכָא דְּשַׁפִּירָן מִינַּאי [יש הרבה נשים בקובה זו, ויש כאן הרבה נשים שהן יפות ממני], שדחתה אותו. אָמַר: שְׁמַע מִינָּהּ לָא עֲבַדָה אִיסּוּרָא [למד מכאן, שלא עשתה איסור], כָּל מִי דְּאָתֵי, אָמְרָה לֵיהּ הָכִי [שבא, אומרת לו כך]. אֲזַל לְגַבֵּי [הלך אצל] הַשּׁוֹמֵר דִּידָהּ [שלה], אָמַר לֵיהּ [לו]: הֲבָהּ נִיהֲלָהּ [תן אותה לי], אָמַר לֵיהּ [לו]: מִיסְתַּפֵינָא מִמַּלְכוּתָא [מתיירא אני מן המלכות] שלא יענישוני על כך. אָמַר לֵיהּ [לו]: שְׁקוֹל תַּרְקְבָא דְּדִינָרָא [קח את תרקב הדינרים], פַּלְגָּא פְּלַח וּפַלְגָּא לֶהֱוֵי לָךְ [חצי תיתן לשלטונות כשידרשו ממך את הכסף וחצי יהיה לך]. אָמַר לֵיהּ [לו]: וְכִי שַׁלְמִי, מַאי אִיעֲבִיד [וכאשר יגמרו הדינרים הללו, מה אעשה אז]? אָמַר לֵיהּ [לו]: אֵימָא [אמור] "אֱלָהָא דְּמֵאִיר [אלהי מאיר] עֲנֵנִי" וּמִתְּצְלַתְּ [ותינצל]. אָמַר לֵיהּ [לו] השומר:

עיונים

הוגה את השם רש״י מפרש שהיה מוציא מפיו את השם המפורש בן ארבעים ושתים אותיות, ובכוחו היה יכול לעשות דברים רבים. ומן התוס׳ נראה שהיה קורא את השם ככתבו, ולא כדרך שאנו קוראים אותו (בשם אדנות). ומדברי רבינו אלחנן נראה שמפרש שהיה קורא את אותיות השם זו אחר זו.

להתלמד עבד ובעיקרו נכתב הדבר לענין חוקות הגוים, ומעשי כשפים וכדומה להם. שאף שאסור לעשות דברים אלה לעצמם, אולם החכם הלומד את העניינים יכול לעשות זאת כדרך לימוד ואין בכך איסור.

ומסביר רש״י שגם כאשר עושה זאת על מנת ללמוד, מכל מקום צריך להיזהר בכבוד המקום, ולכן אל ילמד להגות את השם, אף שאין איסור בעצם הענין. ובתוס׳ העירו שמדברי רש״י אלה נראה שלא היה לפניו ההסבר שהיה הוגה את השם בפרהסיא, ולכן ביאר בדרך אחרת.

בפרהסיא מדברי רש״י בסנהדרין (קא,ב) עולה שיש בכך איסור משום שהוא נשמע לעמי הארץ ולאנשים שאינם הגונים. והראב״ד מסביר שהשומע אותו הוגה את השם לא יבין שעושה כן כדי להתלמד, אלא ילמד מכאן לנהוג זלזול בדבר.

דש בעקביו רש״י מפרש בפירוש אחד — עבירות שאדם עושה כשהוא דש בעקביו, כגון ריבה זו שדקדקה בפסיעותיה. ובדרך אחרת מסביר שמדובר בכלל בדברים שנחשבים קלי ערך ולכן אנשים מזלזלים בהם כאילו היו דורסים עליהם ברגלים.

שלש מקראות וכו׳ כתבו בתוס׳ חכמי אנגליה שהתפעל רבי מזה שאף בשעה שדרך בני אדם להיבהל ולהיות מוטרדים ביותר היתה בהם דעת לומר דברים ראויים אלה של צידוק הדין. ובפרטי הדברים כבר הסביר רש״י שהפסוק שאמרה הבת מכוון למה שחטאה בו, שהרי נזכר בו "דרכי בני אדם" — אפילו האופן שהוא הולך בו. ועוד הסבירו "הצור תמים פעלו כי כל דרכיו משפט" הוא מתאים לר׳ חנינא עצמו, שמצדיק עליו את הדין, שכיון שחטא בדבר ראוי הוא לעונש (וראה במהרש״א האומר שכיון שהשתמש בשם הקדוש שבו נברא העולם — "כי בי־ה ה׳ צור עולמים" אמר: "הצור תמים פעלו", שאני לא נהגתי בתמימות ושלימות בענין זה). והאשה הצדיקה את דינה, שאף שהיא לא חטאה ממש, אלא שלא היה לה להניחו לעשות כן — "אל אמונה ואין עול" (מהר״ל ועוד).

דבר של טעם שהרי אני הסברתי לך מפני מה יש לחשוש מן המלכות הזו, שנראה שמן השמים המליכוה ואין להניח שתתמוטט במהרה או שתוכל להתריס כנגדה. והמהרש״א הסביר: אני אומר לך שמן השמים המליכום, ואתה רוצה לסמוך על הנס שיעשו לך משמים.

מעשה בא לידך המהר״ל מסביר כי הקב״ה מראה לצדיקים על ידי סימן מה יהא חלקם בעולם הבא. וכיון שר׳ חנינא בן תרדיון הגיע מתוך טעות למעשה צדקה גדול משמע שמן השמים מראים לו שאדם צדיק הוא (וראה עוד שם).

מה אתה רואה כתבו בתוס׳ ששאלוהו כך משום שהיה נראה להם שבמצב זה אדם רואה דברים מופלאים. ועוד, שנראה שהתלמידים אף הם הרגישו שיש שם גילוי מסויים, ורצו לעודדו שישים לבו לדבר ולא יסבול כל כך מן היסורים (ראה מהרש״א).

אף אתה פתח פיך וכו׳ שכשם שהגויל נשרף והאותיות עולות למעלה, אף אתה הנח לגופך להישרף ותעלה נשמתך במהרה (מהרש״א)

ואל יחבל הוא בעצמו וכתבו בתוס׳ בשם רבינו תם, שמי שאינו בטוח שיוכל לעמוד בנסיון, ושמא יכפור או יעבור עבירה מחמת הייסורים מותר לו לחבל בעצמו ולאבד עצמו. וראה בריטב״א שכתב שלמרות שיש מקום לערער על כך (וכפי שמשמע מכאן. תוס׳ חכמי אנגליה) כבר הורה זקן, וכן נהגו רבים בזמן הגזרות על בעלי התוספות (וכמבואר בקינות לימים אלה).

פלגא פלח רש״י מפרש: תן ממון זה כשוחד אם יבואו עליך בעלילה. ובתוס׳ אמרו שאולי היה האיש צריך לתת מס עבור כל אחת מן הזונות שהוא מחזיק, ולכן נתן לו כסף שיוכל לשלם את המס עבורה. וכתב המהר״ל שמה שלא אמר לו מתחילה שישתמש בסגולה ויאמר "אלהא דמאיר ענני", היה כי מתחילה צריך השומר לתת מן הדין, שהרי הוציא מידו את השבויה. אבל יותר מסכום זה אינו אלא עלילה. ומהרש״א כתב שלא רצה לייעצו לסמוך על נס כל זמן שיש בידו דרך לעשות באופן טבעי.

אורח ההלכה

אלו שאין להם חלק לעולם הבא המינים והאפיקורסים והכופרים בתורה והכופרים בתחיית המתים — אין להם חלק לעולם הבא. ומכלל הכופרים בתורה כל האומר שאין התורה מעם ה׳, אפילו פסוק אחד, אפילו מלה אחת. ואין הרמב״ם מונה ביניהם את ההוגה את השם באותיותיו, ונראה שסבר שהיא דעת יחיד שאין הלכה כמותו. (רמב״ם ספר מדע הלכות תשובה פ״ג ה״ח. וראה שם ספר אהבה הלכות תפילה ונשיאת כפים פי״ד ה״י).

כל מי שיש בידו למחות וכו׳ כל שאפשר בידו למחות ואינו מוחה הוא נתפש בעוון אלו שאפשר לו למחות בהם. (שם ספר מדע הלכות דעות פ״ו ה״ז. וראה שם הלכות תשובה פ״ד ה״א)

הוגה את השם באותיותיו והיכי עביד הכי *והתנן אאלו שאין להם חלק לעולם הבא אהאומר אין תורה מן השמים ואין תחיית המתים מן התורה באבא שאול אומר אף ההוגה את השם באותיותיו להתלמד עבד *כדתניא גלא תלמד לעשות אבל אתה למד להבין ולהורות אלא מאי טעמא אענש משום הוגה את השם בפרהסיא [דהוי] ועל אשתו להריגה דלא מיחה ביה מכאן אמרו ד*כל מי שיש בידו למחות ואינו מוחה נענש עליו ועל בתו לישב בקובה של זונות הדאמר ר' יוחנן פעם אחת היתה בתו מהלכת לפני גדולי רומי אמרו כמה נאות פסיעותיה של ריבה זו מיד דקדקה בפסיעותיה והיינו דאמר ר' שמעון בן לקיש מאי דכתיב עון עקבי יסבני עונות שאדם דש בעקביו בעולם הזה מסובין לו ליום הדין בשעה שיצאו שלשתן יצדקו עליהם את הדין הוא אמר הצור תמים פעלו [וגו'] ואשתו אמרה אל אמונה ואין עול בתו אמרה גדול העצה ורב העליליה אשר עיניך פקוחות על כל דרכי וגו' זאמר רבי [כמה] גדולים צדיקים הללו שנזדמנו להן שלש מקראות

א של צדוק הדין בשעת צדוק הדין תנו רבנן כשחלה רבי יוסי בן קיסמא הלך רבי חנינא בן תרדיון לבקרו אמר לו חנינא אחי (*אחי) אי אתה יודע שאומה זו מן השמים המליכוה שהחריבה את ביתו ושרפה את היכלו והרגה את חסידיו ואבדה את טוביו ועדיין היא קיימת ואני שמעתי עליך שאתה יושב ועוסק בתורה [ומקהיל קהלות ברבים] וספר(א) מונח לך בחיקך אמר לו חמן השמים ירחמו אמר לו אני אומר לך דברים של טעם ואתה אומר לי מן השמים ירחמו תמה אני אם לא ישרפו אותך ואת ספר תורה באש אמר לו רבי *מה אני לחיי העולם הבא אמר לו כלום מעשה בא לידך *אמר לו* טמעות של פורים נתחלפו לי במעות של צדקה וחלקתים לעניים אמר לו אם כן מחלקך יהי חלקי ומגורלך יהי גורלי אמרו לא היו ימים מועטים עד שנפטר רבי יוסי בן קיסמא והלכו כל גדולי רומי לקברו והספידוהו הספד גדול ובחזרתן ימצאוהו לרבי חנינא בן תרדיון שהיה יושב ועוסק בתורה ומקהיל קהלות ברבים וס"ת מונח לו בחיקו הביאוהו וכרכוהו בס"ת והקיפוהו בחבילי זמורות והציתו בהן את האור והביאו ספוגין של צמר ושראום במים והניחום על לבו כדי שלא תצא נשמתו מהרה אמרה לו בתו אבא אראך בכך אמר לה אילמלי אני נשרפתי לבדי היה הדבר קשה לי עכשיו שאני נשרף וס"ת עמי מי שמבקש עלבונה של ס"ת הוא יבקש עלבוני אמרו לו תלמידיו רבי מה אתה רואה אמר להן *גליון נשרפין ואותיות פורחות אף אתה פתח פיך ותכנס [בך] האש אמר להן מוטב שיטלנה מי שנתנה ואל יחבל הוא בעצמו אמר לו קלצטונירי רבי אם אני מרבה בשלהבת ונוטל ספוגין של צמר מעל לבך אתה מביאני לחיי העולם הבא אמר לו הן השבע לי נשבע לו מיד הרבה בשלהבת ונטל ספוגין של צמר מעל לבו יצאה נשמתו במהרה אף הוא קפץ ונפל לתוך האור יצאה בת קול ואמרה רבי חנינא בן תרדיון וקלצטונירי *מזומנין הן לחיי העולם הבא יא*בכה רבי ואמר יש קונה עולמו בשעה

ב אחת ויש קונה עולמו בכמה שנים ברוריא דביתהו דר' מאיר ברתיה דר' חנינא בן תרדיון הואי אמרה לו זילא בי מלתא דיתבא אחתאי בקובה של זונות שקל תרקבא דדינרי ואזל אמר אי לא איתעביד בה איסורא מיתעביד ניסא אי עבדה איסורא לא איתעביד לה ניסא אזל נקט נפשיה כחד פרשא אמר לה השמיעני לי אמרה ליה יב*דשתנא אנא אמר לה מתרחנא *מרתח אמרה לו נפישין טובא (ואיכא טובא הכא) דשפירן מינאי אמר ש"מ לא עבדה איסורא כל דאתי אמרה ליה הכי אזל לגבי שומר דידה א"ל הבה *ניהלה אמר ליה מיסתפינא ממלכותא אמר ליה שקול תרקבא דדינרא פלגא פלח ופלגא להוי לך א"ל וכי שלמי מאי איעביד א"ל אימא אלהא דמאיר ענני ומתצלת א"ל ומי

רש"י

להתלמד עבד כדתניא כו'. ומיהו הקב"ה מדקדק עם הצדיקים כחוט השערה (יבמות דף קכא:) ואפילו להתלמד יש לחוש לכבוד הרב וקרא דלא תלמד לעשות במילי אחריתא מוקמה כמו נטיעת קישואין דסנהדרין (דף סח.) ודמות צורת לבנה דר"ג (ר"ה דף כד.): **בקובה.** אהל זונות כדכתיב (במדבר כה) אל הקובה: **דקדקה.** לפסוע פסיעות נאות וכתיב (תהלים מה) כל כבודה בת מלך פנימה: **שאדם דש בעקביו.** דקדוק פסיעות כי הכא נ"א שאדם דורסן ברגליו שאין חשובין בעיניו כלום: **על כל דרכי.** אפילו דקדוק פסיעות: **שאתה יושב ועוסק בתורה.** והם גזרו על כך: **דבר של טעם.** שהחריבה את ביתו והרגה את חסידיו ועדיין קיימת: **כלום מעשה בא לידך.** ואשמע איך היית נוהג: **מעות של פורים.** שהנחתים לסעודת פורים נתחלפו לי וחלקתים לעניים וסבור הייתי שארנקי של צדקה היא ולא נפרעתי מארנקי של צדקה: **מחלקך יהא חלקי.** הואיל והיית וותרן בממונך: **אראך בכך.** כלומר זו היא שכרה של תורה: **קלצטונירי.** ממונה עליו: **תרקבא.** תרי וקב חצי סאה דינרי זהובים: **נקט נפשיה כחד פרשא.** התקין עצמו לבושו כאחד מן הפרשים: **דשתנא אנא.** דרך נשים לי: **מתרחנא מרתח.** כלומר אמתין לך עד שיפסוק ליך ודוגמתו בב"ק בפרק מרובה (דף פ:) מאן תרח נתרח שמואל: **פלגא פלח.** את השלטון בכל עת שיעליל עליך פייסהו בממון: **וכי שלמי.** כשיכלו הדינרין ממאי פלחנא:

תוספות

הוגה השם. פ"ה שדורשו במ"ב אותיות ועושה בו מה שהוא חפץ ורוב העולם מפרשים שהיה קורא בפי' אותיות של שם המיוחד *באותיות של שאר התיבות וזה אין לעשות כדאמר בפסחים ס"פ אלו עוברין (דף נ.) לא כשאני נכתב אני נקרא אני נכתב בי"ה ונקרא בא"ד ונראה לר"י שאין להזכיר אף אותיות י"ה כמו שרגילין העולם שהרי י"ה הוא שם המיוחד ועוד נראה להר"ר אלחנן כי גם אין להזכיר א"ד מאדני דהא א"ד מאדני י"ה מהשם אין נמחקין ש"ד משדי צ"ב מצבאות נמחקין וכן הגירסא (שבועות לה: ושם לה.) בפירוש ר"ח משמע שא"ד מאדני הוא שם כמו י"ה מה' ומיהו נראה לר"י להתיר דכיון דלא נמצא בכתוב דמה שהוא נמצא כתוב בספרים יש לומר שהסופרים כתבוהו כן ולא נתכוונו להזכיר את השם (ועי' תוס' סוכה דף ה. ד"ה יו"ד): **להתלמד עבד.** פ"ה ומיהו הקב"ה מדקדק כו' ונראה שלא היה כתוב בספרו אלא מאי טעמא איענש הוגה בפרהסיא היה ולכך הוצרך לתת טעם אחר: **מה אתה רואה.** שהיה נראה בעיניהם שהיה לו לראות שום דבר תימה או מלאכים או דבר אחר א"נ בשביל שהיו שומעין קול האותיות הפורחות ולא היו יודעין מהו: **ואל יחבל עצמו.** אור"ת דהיכא שיראים פן יעבירום גוים לעבירה כגון ע"י יסורין שלא יוכל לעמוד בהם אז הוא מצוה לחבל בעצמו כי ההיא דגיטין (דף נז:) גבי ילדים שנשבו לקלון שהטילו עצמם לים (וע"ע תוס' גיטין דף נז: ד"ה קפצו): **וכי שלמי מאי איעביד.** י"מ שהיה נותן להשלטון מס מן הזונות למספר גולגלותם ולכך היה שואל כי שלמי מה אעשה כי איך אתן מס העולה למספרם וכן יש לפרש בריש פירקא (לעיל דף ב:) שווקים להושיב בהם זונות וליטול מס מהם אבל רש"י פירש שכל שעה שיעלילו עליו שישחדם בממון זה: שלא

רבינו חננאל

בעונש שהיה הוגה את השם באותיותיו בפרהסיא. שכל ההוגה את השם באותיותיו אין לו חלק לעוה"ב ואע"ג דהוא להתלמד עבד וכתיב לא תלמד לעשות אבל אתה למד להבין ולהורות הוה ליה להגות בצינעה. וגזרו על אשתו הריגה נענשה משום דלא מחיא ביה שכל מי שיש בידו למחות ואינו ממחה נתפש. ונענשה בתו לישב בקובה דא"ר יוחנן פעם אחת עברה בין גדולי רומי ואמרו כמה נאות פסיעותיה של ריבה זו מיד דיקדקה בפסיעותיה והיינו דכתיב עון עקבי יסובני עון שאדם דש בעקיביו סובבין אותו ליום הדין. בשעת הוצאתן פתחו [כל] א' ואמ' הוא אמר הצור תמים פעלו וגו' אשתו אמרה אל אמונה ואין עול בתו אמרה גדול העצה ורב העליליה אשר עיניך פקוחות על כל דרכי (איש) [בני] האדם לתת לאיש כדרכיו וכפרי מעלליו: כרכוהו בס"ת שהיה קורא בו והקיפוהו חבילי זמורות והציתו בהן את האור כו': ברוריה דביתהו דר' מאיר ברתיה דר' חנינא בן תרדיון הואי אמ' ליה לבעלה זילא בי מילתא דיתבה אחתי בקובה של זונות שקל תרקבא דדינרי ואזיל. פי' דישתנא נידה: נפיש טובא כלומר הדם שותת ויורד עליה הרבה ואינה יכולה ליטהר כו' עד

מסורת הש"ם

סנהדרין צ.

לקמן מג: שבת עה. ר"ה כד: סנהדרין סח.

שבת נד: ע"ש

[בע"י ליתא]

[לעיל יז:]

[בע"י איתא גוילין]

[עי' תוס' כתובות קג: ד"ה מזומן]

[לקמן כב: שבת קי.]

ס"א ל"ג

הגהות הב"ח

(א) גמ' וספר תורה מונח לך בחיקך:

עין משפט נר מצוה

פד א מיי' פ"ג מהלכות תשובה הלכה ח:

נ"ל כאותיות [וכ"ה מהריעב"ץ]

[בע"י איתא א"ל ר' חנינא]

[בע"י א"ל רבי]

[לעיל יז.]

[נ"ל מתרחה ובע"י ליתא ועי' בערוך ערך תרח]

[בכפו"י ניהלי וכ"ה יעב"ץ]

ומי יימר דהכי איכא [א"ל השתא חזית] הוו הנהו כלבי דהוו קא אכלי אינשי שקל קלא שדא בהו הוו קאתו למיכליה אמר °אלהא דמאיר ענני שבקוה ויהבה ליה לסוף אשתמע מילתא בי מלכא אתיוה אסקוה לזקיפה אמר אלהא דמאיר ענני אחתוה אמרו ליה מאי האי אמר להו הכי הוה מעשה אתו חקקו לדמותיה דר' מאיר אפיתחא דרומי אמרי כל דחזי לפרצופא הדין לייתיה יומא חדא חזיוהי רהט אבתריה רהט מקמייהו על לבי זונות איכא דאמרי בשולי גוים חזא טמש בהא ומתק בהא איכא דאמרי אתא אליהו אדמי להו כזונה כרכתיה אמרי חס ושלום אי ר' מאיר הוה לא הוה עביד הכי קם ערק אתא לבבל איכא דאמרי מהאי מעשה ואיכא דאמרי ממעשה דברוריא: תנו רבנן א*ההולך לאיצטדינין

א ולכרקום וראה שם את הנחשים ואת החברין בוקיון ומוקיון ומוליון ולוליון בלורין סלגורין הרי זה מושב לצים ועליהם הכתוב אומר °אשרי האיש אשר לא הלך וגו' כי אם בתורת ה' חפצו הא למדת שדברים הללו מביאין את האדם לידי ביטול תורה ורמינהי *[הולכין] לאיצטדינין מותר מפני שצווח ומציל ולכרקום מותר מפני ישוב מדינה ובלבד שלא יתחשב עמהם ואם נתחשב עמהם אסור קשיא איצטדינין אאיצטדינין קשיא כרקום אכרקום בשלמא כרקום אכרקום ל"ק כאן במתחשב עמהן כאן בשאין מתחשב עמהן אלא איצטדינין אאיצטדינין קשיא תנאי היא [דתניא] באין הולכין לאיצטדינין מפני(א) מושב לצים ור' נתן מתיר מפני שני דברים אחד מפני שצווח ומציל ואחד מפני שמעיד עדות אשה להשיאה תנו רבנן גאין הולכין לטרטיאות ולקרקסיאות מפני שמזבלין שם זיבול לעבודה זרה דברי ר' מאיר וחכמים אומרים מקום שמזבלין אסור מפני חשד עבודה זרה ומקום שאין מזבלין שם אסור מפני מושב לצים מאי בינייהו אמר ר' חנינא מסורא ד*נשא ונתן איכא

ב בינייהו הדרש ר' שמעון בן פזי מאי דכתיב אשרי האיש אשר לא הלך בעצת רשעים ובדרך חטאים לא עמד ובמושב לצים לא ישב וכי מאחר שלא הלך היכן עמד ומאחר שלא עמד היכן ישב ומאחר שלא ישב היכן לץ [אלא] לומר לך שאם הלך סופו לעמוד ואם עמד סופו לישב ואם ישב סופו ללוץ ואם לץ עליו הכתוב אומר °אם חכמת חכמת לך (*ואם לצת) לבדך תשא וא"ר (*אליעזר) כל המתלוצץ יסורין באין עליו שנאמר °ועתה אל תתלוצצו פן יחזקו מוסריכם זאמר להו רבא לרבנן במטותא *בעינא מינייכו דלא תתלוצצו דלא ליתו עלייכו יסורין חאמר רב קטינא כל המתלוצץ מזונותיו מתמעטין שנאמר °משך ידו את לוצצים אמר רבי שמעון בן לקיש כל המתלוצץ נופל בגיהנם שנאמר °זד יהיר לץ שמו עושה בעברת זדון ואין עברה אלא גיהנם שנאמר °יום עברה היום ההוא טאמר ר' אושעיא *כל המתייהר נופל בגיהנם שנאמר זד יהיר לץ שמו עושה בעברת זדון ואין עברה אלא גיהנם שנאמר יום עברה היום ההוא אמר רבי *חנילאי בר חנילאי כל המתלוצץ גורם כלייה לעולם שנאמר ועתה אל תתלוצצו פן יחזקו מוסריכם [כי] כלה ונחרצה שמעתי אמר רבי (*אליעזר) קשה היא שתחילת' יסורין וסופו כלייה דרש ר' שמעון בן פזי *אשרי האיש אשר לא הלך(ג) לטרטיאות ולקרקסיאות של גוים ובדרך חטאים לא עמד זה שלא עמד בקנגיון ובמושב לצים לא ישב שלא ישב בתחבולות שמא יאמר אדם הואיל ולא הלכתי לטרטיאות ולקרקסיאות ולא עמדתי בקנגיון י*אלך ואתגרה בשינה ת"ל ובתורתו יהגה יומם ולילה אמר רב

ג שמואל *בר נחמני א"ר יונתן יאאשרי האיש אשר לא הלך בעצת רשעים זה אברהם

תורה אור: תהלים א | משלי ט | ישעיה כח | הושע ז | משלי כא | צפניה א

מי יימר. שאמת אתך שאגלל בתפלה זו: **שקל קלא.** פיסת רגבים: **אייתוה.** לשומר: **אסקוה לזקיפה.** לתליה. זקיפה פורק"א שצולבין בה: **מאי האי.** דלא מלינא למיזקפיה: **אחת לבי זונות.** כדי שיאמרו לא הוא דאיהו לא הוה עייל: **טמש בהא ומתק בהא.** טבל אחת מאצבעותיו ומלך את חבירתה: **כרכתיה.** חיבקתו כאילו היה רגיל אצלה: **איכא דאמרי.** משום האי מעשה ערק: **ואיכא דאמרי משום מעשה דברוריא.** שפעם אחת ליגלגה על שאמרו חכמים (קדושין דף פ:) נשים דעתן קלות הן עלייהו ואמר לה חייך סופך להודות לדבריהם וצוה לאחד מתלמידיו לנסותה לדבר עבירה והפציר בה ימים רבים עד שנתרצית וכשנודע לה חנקה עצמה וערק רבי מאיר מחמת כסופא: **לאיצטדינין.** מקום שמנגחין את השור: **ולכרקום.** מצור ועושין שם שחוק וליצנות: **את הנחשים.** מנחשים ומכשפים: **ואת החברים.** לוחשי נחשים: **בוקיון מוקיון לוליון סלגריון.** כולן מיני ליצנים הן: **הא למדת.** מדסמיך ליה כי אם בתורת וגו' מכלל דאזיל להכי לאו בתורת ה' חפצו: **שצווח ומציל.** אם רואה שיגיחו שם יהודי צועק ומתחנן להם ומצילו: **מפני ישוב מדינה.** ישראל הדרים באותה העיר שזה מבקש בני(ג) [ישוב] הכרקום להצילם: **שלא יתחשב עמהם.** לחזק גוים ולעשות עמהם מצור: **שמעיד עדות אשה.** אם רואה חבירו ישראל נהרג שם מעיד באשתו ומשיאה: **שמזבלים שם.** מסדרין צרכי עבודה זרה להתנדב לה. מזבלין לשון יזבלני אישי (בראשית ל) ענין חנייה של מיבור ואסיפה אמייסנ"ר בלע"ז: **מפני חשד.** עבודה זרה שלא יחשדוהו [בחזקת זיבול לעבודה זרה]: **מאי בינייהו.** לר"מ נמי כולהו אסירי דהא לר' מאיר כולהו בחזקת זיבול לעבודה זרה נינהו: **נשא ונתן.** לר"מ נשא ונתן (לעבודה זרה) אסור דהא מפני שמזבלין לעבודה זרה סתמא קאמר וסבר דודאי מזבלין לעבודה זרה שם ואיכא למיחש לדמי עבודה זרה בידו וקונין מישראל זה לצורך עבודה זרה ורבנן [דמפרשי] משום חשד ליצנות ולמידי אחריני לא חיישי נשא ונתן מותר דלא חיישינן לדמי עבודה זרה: **אם הלך סופו לעמוד.** הלך משמע בהעברה בעלמא סופו לעמוד ולהתעכב ביניהם מעט וה"ק אשרי שלא הלך ומתוך שלא הלך לא עמד ומתוך שלא עמד לא ישב הא אם הלך סופו לעמוד כו': **אל תתלוצצו פן יחזקו מוסריכם כי כלה ונחרצה שמעתי: מוסריכם.** יסוריכם: **משך.** הקב"ה: **ידו.** הפותח ידו לזון את הכל מושכה מן הלוצצין: **יום עברה היום ההוא.** ביום הדין משתעי קרא שנידונין גוים לגיהנם: **לטרטיאות.** פלטין וכל דבריהן כשהן נאספין לשחוק ולצון: **קיניגון.** לידת חיה על ידי כלבים וכל מעשיהם לשם שחוק ושמחה דוגמתו בשחיטת חולין (דף ס:) וכי משה קניגי הוה: *למד לא גרסינן הכא:

אברהם

שלא יתחשב עמהם. פרש"י לחזק גוים לצור על העיר והר"ר אלחנן פירש להיות ממספר אנשי הגבאה של גוים: **שמזבלין שם.** פ"ה לשון יזבלני אישי ורבינו תם פירש מזבלין מזבחים ולשון גנאי נקט וכן משמע בירושלמי פרק הרואה ראה מקום שמזבלין שם לעבודה זרה אומר זובח לאלהים יחרם: **מאי בינייהו.** תימה טובא איכא בינייהו דר"מ דוקא אמר מפני שמזבלין הא אין מזבלין שם שרי ורבנן אסרי אף במקום שאין מזבלין ונראה לפרש דהכי פריך במקום שמזבלין מאי בינייהו דהא ודאי אף במקום שמזבלין פליג מדהזכירו חכמים בדבריהם מקום שמזבלין דאי ל"פ במקום שמזבלין לא היה להם להזכיר אלא מה שהוסיפו על ר"מ ולומר אף במקום שאין מזבלין אסור ועוד יש לפרש מאי בינייהו בין מקום שמזבלין למקום שאין מזבלין לרבנן דאסרי בתרוייהו ומסיק נשא ונתן איכא בינייהו:

אשרי

רבינו חננאל

קם ר' מאיר ערק לבבל איכ' דאמרי מהאי מעשה איכא דאמרי ממעשה דברוריה: ת"ר ההולך לאצטדין ולכרקום וראה הנחש והחברים בוקיון מוקיון מוליון לוליון סגולרין וסגולדריון ה"ז מושב לצים איני והתניא הולכין לאצטדינין מפני שאם יפול ישראל בידם ובאין להורגו צווח ומצילו ולכרקום משום יישוב מדינה ובלבד שלא יתחשב עמהן כו' ואסיקנא כתנאי דתניא אין הולכין לאצטדינין מפני שהן שופכי דמים ר' נתן מתיר מפני שני דברים אחד שצווח ומציל וא' שאם יהרגוהו יעיד שמת להשיא את אשתו: ת"ר אין הולכין לתיאטריות ולקרקסאות מקום שמזבלין אסור משום לצים *) רב חכמ' וסוגיין המתלוצץ יסורין באין עליו שנאמר ועתה אל תתלוצצו פן יחזקו מוסריכם ומזונותיו מתמעטין ונופל בגיהנם וכן המתייהר וגורם כלייה לעולם: אשרי האיש וגו'. מכאן אמרו אם הלך סופו לעמוד ואם עמד סופו לישב ואם ישב סופו ללוץ ועליו הכתוב אומר אם חכמת חכמת לך ולצת לבדך תשא: פי' בקניגיון בלשון יון מקום הצייד: יכול כיון שלא הלך בכל אלו יגרה בשינה. ת"ל כי אם בתורת ה' חפצו: אשרי האיש. זה

*) נראה דצ"ל מקום שמזבלין אסור משום חשד עבודה זרה ומקום שאין מזבלין אסור משום מושב ליצים.

הגהות הב"ח

(א) גמ' דתניא אין הולכין לאיצטדינין (מפני שהן מושב ליצים) תא"מ ונ"ב ס"א מפני שהן שופכי דמים: (ב) שם אשר לא הלך זה שלא הלך לטרטיאות וכו' לא ישב זה שלא: (ג) רש"י ד"ה מפני וכו' בני יושבי הכרכים:

גליון הש"ס

גמ' אלהא דמאיר ענני. עי' מ"ש הרמ"ע במאמר חיקור הדין סוף ח"ח:

[תוספתא פ"ב] [תוספתא שם] [לעיל ז:] רש"א מ"ז [צ"ל אלעזר] [ב"ב י: עח: ע"ש] ס"א תנחום [צ"ל אלעזר] [צ"ל מאי דכתיב אשרי וכו' כ"א בע"י] [לקמן יט: ע"ש] [בדפו"י הגי' למדת וצ"ל הא למדת] [צ"ל ולצת] [בע"י ליתא וכן בברכות לה. וביומא עב: ליתא מלת בעינא ועי' סנהדרין לז.] [גי' ע"י אר"ש בר נחמן א"ר יוחנן מאי דכתיב]

וּמִי יֵימַר דְּהָכִי אִיכָּא [ומי יאמר שכך הוא] שיש בכוח אמירה זו להצילני? [אָמַר לֵיהּ [לו] ר' מאיר: הַשְׁתָּא חָזֵית [עכשיו תראה]]. הָווּ הָנְהוּ כַּלְבֵי דַּהֲווּ קָא אָכְלֵי אֱינָשֵׁי [היו שם כלבים טורפים שהיו אוכלים אנשים], שְׁקַל קָלָא שְׁדָא בְּהוּ, הָווּ קָאָתוּ לְמֵיכְלֵיהּ [לקח רגב אדמה השליך בהם, היו באים לאוכלו], אָמַר: אֱלָהָא דְּמֵאִיר עֲנֵנִי [אלוהי מאיר ענני]! שְׁבַקוּהּ [הניחוהו]. ראה דבר זה, וִיהָבָהּ לֵיהּ [ונתנה לו] את בת ר' חנינא בן תרדיון לר' מאיר. לְסוֹף אִשְׁתְּמַע מִילְּתָא בֵּי מַלְכָּא [נשמע הדבר בבית המלך], אַתְיוּהּ אַסְקוּהּ לִזְקִיפָה [הביאוהו והעלוהו לתליה], אָמַר: אֱלָהָא דְּמֵאִיר עֲנֵנִי [אלוהי מאיר ענני]! אַחְתוּהּ [הורידו אותו], שלא יכלו לתלותו. אָמְרוּ לֵיהּ [לו]: מַאי הַאי [מה זה]? אָמַר לְהוּ [להם]: הָכִי הֲוָה [כך היה] מַעֲשֶׂה, וסיפר להם כל המעשה שקרה. אָתוּ [באו] וְחָקְקוּ לִדְמוּתֵיהּ [את דמותו] של ר' מֵאִיר אַפִּיתְחָא דְּרוֹמִי [על פתחה של רומי], במקום בו עוברים כולם, אָמְרִי [אמרו]: כָּל מִי דְּחָזֵי לְפַרְצוּפָא הָדֵין [שרואה את הפרצוף הזה] — לַיְיתֵיהּ [שיביא אותו]. יוֹמָא חֲדָא חַזְיוּהִי [יום אחד ראו אותו], רְהַט אַבַּתְרֵיהּ [רצו אחריו], רְהַט מִקַּמַּיְיהוּ [רץ מפניהם], עַל לְבֵי [נכנס לבית] זוֹנוֹת להיחבא. אִיכָּא דְּאָמְרִי [יש שאומרים] שכך התחמק: בִּשּׁוּלֵי גוֹיִם חֲזָא [ראה], טְמַשׁ בְּהָא וּמְתַק בְּהָא [טבל בתבשיל באצבע זו וטעם באצבע זו] כאילו הוא אוכל מתבשילם. אִיכָּא דְּאָמְרִי [יש שאומרים]: אֲתָא [בא] אֵלִיָּהוּ אִדַּמֵּי לְהוּ [נדמה להם] כְּזוֹנָה, כְּרַכְתֵּיהּ [חיבקה אותו], את ר' מאיר, אָמְרִי [אמרו] הרודפים אחריו: חַס וְשָׁלוֹם, אִי [אם] ר' מֵאִיר הֲוָה [היה], לֹא הֲוָה עָבֵיד הָכִי [היה עושה כך], וכך ניצל. קָם עֲרַק, אֲתָא [עמד ברח, ובא] לְבָבֶל משום הסכנה. ומעירים: אִיכָּא דְּאָמְרִי [יש שאומרים]: מֵהַאי מַעֲשֶׂה [ממעשה זה] ברח, וְאִיכָּא דְּאָמְרִי [ויש שאומרים]: מִמַּעֲשֶׂה של בְּרוּרְיָא אשתו שהתאבדה בגללו ברח, ומחמת הבושה.

א תָּנוּ רַבָּנַן [שנו חכמים]: הַהוֹלֵךְ לְאִיצְטָדִינִין או לְכַרְקוֹם (מצור שעושים לאנשי הצבא החונים שם מיני צחוק, וְרָאָה שָׁם אֶת הַנְּחָשִׁים (המנחשים והמכשפים) וְאֶת הַחַבָּרִין (לוחשי לחשים), בּוּקְיוֹן וּמוּקְיוֹן וּמוּלְיוֹן וְלוּלְיוֹן, בְּלוּרִין סַלְגּוּרִין שהם מיני ליצנים — הֲרֵי זֶה מוֹשַׁב לֵצִים, וַעֲלֵיהֶם הַכָּתוּב אוֹמֵר: "אַשְׁרֵי הָאִישׁ אֲשֶׁר לֹא הָלַךְ וגו' ובמושב לצים לא ישב כִּי אִם בְּתוֹרַת ה' חֶפְצוֹ" (תהלים א, א—ב), הָא [הרי] לָמַדְתָּ מכאן, שֶׁדְּבָרִים הַלָּלוּ מְבִיאִין אֶת הָאָדָם לִידֵי בִּיטּוּל תּוֹרָה, שאם אינו יושב במושב לצים — תורת ה' חפצו. וּרְמִינְהִי [ומשליכים, מראים סתירה] ממה ששנינו בברייתא: [הוֹלְכִין] לְאִיצְטָדִינִין מוּתָּר, מִפְּנֵי שֶׁצּוֹוֵחַ בזמן הצורך וּמַצִּיל אדם מישראל שעומד ליהרג שם, וּלְכַרְקוֹם מוּתָּר ללכת מִפְּנֵי יִשּׁוּב מְדִינָה, שלפעמים הוא יכול להציל את בני העיר הנצורים כשהוא נמצא בין הצרים, וּבִלְבַד שֶׁלֹּא יִתְחַשֵּׁב עִמָּהֶם כאחד מהם, וְאִם נִתְחַשֵּׁב עִמָּהֶם — אָסוּר. ואם כן, קַשְׁיָא [קשה] מֵאִיצְטָדִינִין על אִיצְטָדִינִין, וכן קַשְׁיָא [קשה] מִכַּרְקוֹם על כַּרְקוֹם! ומוסיפים: בִּשְׁלָמָא [נניח] מִכַּרְקוֹם על כַּרְקוֹם לֹא קַשְׁיָא [אינו קשה], אפשר לפרש: כָּאן שאסור — בְּמִתְחַשֵּׁב עִמָּהֶן, כָּאן שמותר — בְּשֶׁאֵין מִתְחַשֵּׁב עִמָּהֶן, אֶלָּא מֵאִיצְטָדִינִין על אִיצְטָדִינִין קַשְׁיָא [קשה]! ומשיבים: תַּנָּאֵי [מחלוקת תנאים] הִיא, [דְּתַנְיָא [ששנויה ברייתא]]: אֵין הוֹלְכִין לְאִיצְטָדִינִין מִפְּנֵי שהוא מוֹשַׁב לֵצִים. וְר' נָתָן מַתִּיר מִפְּנֵי שְׁנֵי דְּבָרִים: אֶחָד, מִפְּנֵי שֶׁצּוֹוֵחַ וּמַצִּיל לפעמים אדם שעומדים להרגו. וְאֶחָד, מִפְּנֵי שאם גם אינו מציל, פעמים שֶׁמֵּעִיד עֵדוּת אִשָּׁה לְהַשִּׂיאָהּ, שהוא רואה בעיניו שנהרג בעלה באיצטדיון.

תָּנוּ רַבָּנַן [שנו חכמים]: אֵין הוֹלְכִין לְטַרְטֵיאוֹת וּלְקִרְקְסֵיאוֹת (לתיאטראות ולבתי קרקס), מִפְּנֵי שֶׁמְּזַבְּלִין שָׁם זִיבּוּל כלומר, זובחים שם זבח לַעֲבוֹדָה זָרָה, דִּבְרֵי ר' מֵאִיר. וַחֲכָמִים אוֹמְרִים: ללכת לְמָקוֹם שֶׁמְּזַבְּלִין — אָסוּר מִפְּנֵי חֲשַׁד עֲבוֹדָה זָרָה, וּמָקוֹם שֶׁאֵין מְזַבְּלִין שָׁם — אָסוּר על כל פנים מִפְּנֵי מוֹשַׁב לֵצִים. ושואלים: מַאי בֵּינַיְיהוּ [מה ההבדל ביניהם] בין טעם זה לטעם אחר, שהרי לדעת שניהם אסור? ומשיבים, אָמַר ר' חֲנִינָא מִסּוּרָא: אם נָשָׂא וְנָתַן שם אִיכָּא בֵּינַיְיהוּ [יש ביניהם הבדל], שלדעת ר' מאיר כל מה שעושה שם מסחר יש בו חשש של דמי עבודה זרה, ולדעת חכמים לאו דווקא.

ב לאחר שהוזכר ענין מושב לצים, מביאים כמה דברים בגנות הליצנות. דָּרַשׁ ר' שִׁמְעוֹן בֶּן פָּזִי, מַאי דִּכְתִיב [מהו שנאמר]: "אַשְׁרֵי הָאִישׁ אֲשֶׁר לֹא הָלַךְ בַּעֲצַת רְשָׁעִים וּבְדֶרֶךְ חַטָּאִים לֹא עָמָד וּבְמוֹשַׁב לֵצִים לֹא יָשָׁב" (תהלים א, א)? ויש לשאול: וְכִי מֵאַחַר שֶׁלֹּא הָלַךְ, הֵיכָן עָמַד? וּמֵאַחַר שֶׁלֹּא עָמַד, הֵיכָן יָשַׁב? וּמֵאַחַר שֶׁלֹּא יָשַׁב, הֵיכָן לָץ? שהרי אם לא הולך כלל, ממילא אינו מגיע לכל אותו ענין! [אֶלָּא] לוֹמַר לְךָ, שֶׁאִם הָלַךְ — אז סוֹפוֹ לַעֲמוֹד שם, וְאִם עָמַד — סוֹפוֹ לֵישֵׁב, וְאִם יָשַׁב — סוֹפוֹ לָלוּץ עימם, וְאִם לָץ — עָלָיו הַכָּתוּב אוֹמֵר: "אִם חָכַמְתָּ חָכַמְתָּ לָּךְ וְאִם לַצְתָּ לְבַדְּךָ תִשָּׂא" (משלי ט, יב). אָמַר ר' אֱלִיעֶזֶר: כָּל הַמִּתְלוֹצֵץ יִסּוּרִין בָּאִין עָלָיו, שֶׁנֶּאֱמַר: "וְעַתָּה אַל תִּתְלוֹצָצוּ פֶּן יֶחְזְקוּ מוֹסְרֵיכֶם" (ישעיהו כח, כב), ו"מוסריכם" מלשון יסורים. וכן אָמַר לְהוּ [להם] רָבָא לְרַבָּנַן [לחכמים] שישבו לפניו: בְּמָטוּתָא [בבקשה], בָּעֵינָא מִינַּיְיכוּ [אני מבקש מכם] שלא תִּתְלוֹצְצוּ, כדי שלא לֵיתוּ עֲלַיְיכוּ [יבואו עליכם] יִסּוּרִין. אָמַר רַב קְטִינָא: כָּל הַמִּתְלוֹצֵץ מְזוֹנוֹתָיו מִתְמַעֲטִין, שֶׁנֶּאֱמַר: "מָשַׁךְ יָדוֹ אֶת לֹצְצִים" (הושע ז, ה), לומר שכל המתלוצץ הקב"ה מושך ידו ממנו ואינו מפרנסו. אָמַר ר' שִׁמְעוֹן בֶּן לָקִישׁ: כָּל הַמִּתְלוֹצֵץ נוֹפֵל בַּגֵּיהִנָּם, שֶׁנֶּאֱמַר: "זֵד יָהִיר לֵץ שְׁמוֹ עוֹשֶׂה בְּעֶבְרַת זָדוֹן" (משלי כא, כד), וְאֵין עֶבְרָה אֶלָּא גֵּיהִנָּם, שֶׁנֶּאֱמַר בתיאור יום הדין הגדול ועונשיו: "יוֹם עֶבְרָה הַיּוֹם הַהוּא" (צפניה א, טו). וכן אָמַר ר' אוֹשַׁעְיָא על פרט אחר בפסוק זה: כָּל הַמִּתְיַיהֵר (המתגאה) נוֹפֵל בַּגֵּיהִנָּם, שֶׁנֶּאֱמַר: "זֵד יָהִיר לֵץ שְׁמוֹ עוֹשֶׂה בְּעֶבְרַת זָדוֹן", וְאֵין עֶבְרָה אֶלָּא גֵּיהִנָּם, שֶׁנֶּאֱמַר: "יוֹם עֶבְרָה הַיּוֹם הַהוּא". אָמַר ר' חֲנִילָאי בַּר חֲנִילָאי: כָּל הַמִּתְלוֹצֵץ גּוֹרֵם כְּלָיָיה לָעוֹלָם, שֶׁנֶּאֱמַר: "וְעַתָּה אַל תִּתְלוֹצָצוּ פֶּן יֶחְזְקוּ מוֹסְרֵיכֶם [כִּי] כָלָה (כלייה) וְנֶחֱרָצָה שָׁמַעְתִּי מֵאֵת ה'" (ישעיה כח, כד). אָמַר ר' אֱלִיעֶזֶר: קָשָׁה הִיא הליצנות, שֶׁתְּחִילָּתָהּ יִסּוּרִין וְסוֹפוֹ כְּלָיָיה. דָּרַשׁ ר' שִׁמְעוֹן בֶּן פָּזִי: נאמר: "אַשְׁרֵי הָאִישׁ אֲשֶׁר לֹא הָלַךְ בעצת רשעים" — כוונתו לְטַרְטֵיאוֹת וּלְקִרְקְסֵיאוֹת שֶׁל גּוֹיִם, "וּבְדֶרֶךְ חַטָּאִים לֹא עָמָד" — זֶה שֶׁלֹּא עָמַד בְּקַנְגִּיּוֹן (במקום ציד), "וּבְמוֹשַׁב לֵצִים לֹא יָשָׁב" — שֶׁלֹּא יָשַׁב בְּתַחְבּוּלוֹת במקום בו אנשים יושבים ועוסקים בהתחכמות וליצנות. שֶׁמָּא יֹאמַר אָדָם: הוֹאִיל וְלֹא הָלַכְתִּי לְטַרְטֵיאוֹת וּלְקִרְקְסֵיאוֹת וְלֹא עָמַדְתִּי בְּקַנְגִּיּוֹן, אֵלֵךְ וְאֶתְגָּרֶה בְּשֵׁינָה. כלומר, ארבה בשינה ולא אעשה דבר? תַּלְמוּד לוֹמַר: "וּבְתוֹרָתוֹ יֶהְגֶּה יוֹמָם וָלָיְלָה" (תהלים א, ב), כלומר, לא די לו להימנע מעבירה, אלא צריך לעסוק בפועל בלימוד התורה.

ג כיוון שהוזכר כתוב זה, מביאים דרשה אחרת עליו. אָמַר רַב שְׁמוּאֵל בַּר נַחְמָנִי אָמַר ר' יוֹנָתָן: "אַשְׁרֵי הָאִישׁ אֲשֶׁר לֹא הָלַךְ בַּעֲצַת רְשָׁעִים" (תהלים א, א) — זֶה

עיונים

אלהא דמאיר המהרש"א ואחרים דנו בשאלה כיצד יכול לומר ביטוי כזה, שהרי אמרו (לגבי האבות) שאין הקב"ה מייחד שמו על הצדיקים בחייהם, שיעקב לא אמר "אלהי יצחק" בחייו של יצחק אביו, וכיצד יכול היה לומר "אלהא דמאיר"? והסבירו שאין זה אלא כסימן בלבד, ולא היתה כוונתו לכך. ועוד תירצו שהביטוי הזה הוא כינוי של הקב"ה, שהוא המאיר לעולם, ויש להבינו בדברי ר' מאיר עצמו שכוונתו לומר: אלקים המאיר. ועוד הוסיפו שלפי דברי חכמים שונים אף ר' מאיר היה שמו האמיתי נהוראי, ומאיר היה רק כינוי שלו.

שלא יתחשב עמהם רש"י מסביר שלא יצטרף עמם במלחמה בפועל לחזק את הגוים העושים מצור זה. ותוס' שלנו מביאים בשם ר' אלחנן (וכן הוא בתוספותיו) שהכוונה היא שלא יימנה במנין אנשי הצבא. כי כאשר עושים אנשי הצבא מצור הם מביאים בחשבון מה מספר האנשים שעמם, ואם הוא מתחשב ונמנה עמהם הרי הוא מוסיף להם חיזוק להתחיל במצור זה (וכן כתב הראב"ד).

מפני מושב לצים לפי הנוסח של ברייתא זאת בירושלמי ובתוספתא, הרי זה שופך דמים, שהוא שותף לענין זה כשהוא נמצא שם. וראה בגרסות. ובדומה לכך כן היא כנראה גרסת הראב"ד, שהוא מסביר מצד אחר, שיש בכך חשש לחיי היהודים, שנותנים להילחם בחיות טרף וכיוצא בזה.

מזבלין רש"י מסביר שהוא לשון כינוס ואסיפה של כבוד, כמו "יזבלני אישי" (בראשית ל, כ) וכיוצא באלה. אבל רוב המפרשים מסבירים כדברי ר"ת, שהכוונה היא שמזבחים, אלא שמפני גנותה של עבודה זרה משנים את המלה במקצת ואומרים בלשון מגונה (וכן הורו חכמים שכל מקום שהוא שם עבודה זרה יש לשנות שמו לשם גנאי, כעין כל" יש לקרותו "עין קוץ", וכן שימוש הלשון במקרא שפעמים הרבה מדברים על אלילי הגויים בכינוי "שיקוץ" או "תועבה"). וראה בתוס' שהביאו ראיה להסבר זה מן התלמוד הירושלמי.

מאי בינייהו רש"י מסביר כי לדעת ר' מאיר יש לחשוש בכל מקום לזיבול לעבודה זרה, ולפיכך שואלים מה ההבדל בין ר' מאיר לחכמים, שהרי לכאורה הכל מסכימים שבכל מקרה אין לו ללכת לשם. אבל בתוס' מבינים כי ר' מאיר מקל, שלדעתו במקום שאין זיבול לעבודה זרה אין איסור ללכת לשם, ויש איפוא להבין את השאלה כך: במקום שבו מזבלים, מה ההבדל בין ר' מאיר וחכמים? ובאופן אחר פירשו: מהו ההבדל לדעת חכמים אם אסור ללכת מפני חשד עבודה זרה או מפני מושב לצים.

נשא ונתן לפי רש"י, לדברי ר' מאיר בכל מקרה אם נשא ונתן שם אסורות המעות, שיש לחשוש שדמי עבודה זרה הם. ולדברי חכמים, בכל מקרה אין המעות אסורות, במקום שמזבלים — משום שאינו אלא חשד, ובמקום שאין מזבלים — ודאי מותר, שאין מקום לחשוש לדמי עבודה זרה. ואילו לפי הפירוש האחרון בתוס' משמע כי לדעת חכמים די בחשד עבודה זרה כדי לאסור (וראה במהרש"א ובמהר"ם לובלין שנחלקו כיצד יש לפרש את ה"איכא בינייהו" לפי הפירוש הראשון בתוס').

שאם הלך סופו לעמוד שהוא הגדר של "עבירה גוררת עבירה". והוא גם ענין של מציאות, שההולך לאותו מקום עשוי לשהות מעט מחמת סקרנות, והוא נגרר מעט מעט לדברים עד שהוא נעשה שותף מלא בדברי הליצנות.

ליצנות המהר"ל בספריו מאריך בענין זה ומסביר כי ליצנות היא מהות ריקה מכל, שכל כולה בנויה על ההעדר והחסרון. ומשום כך היא מושכת על האדם העוסק בה את כל סוגי ההעדר והחסרון, אם בחוסר יכולת לעמוד בפני הייסורים, ואם במניעת מזון, עד שהוא נופל בגיהנם, שהוא מקום החסרון וההעדר. וכתב המהרש"א שצריך היה להדגיש במיוחד כל מיני ליצנות מכל סוג, משום שפעמים מצדיק האדם את עצמו בכך שליצנות שהוא עוסק בה יש בה צדדים של חכמה או מליצה או יופי הלשון, ויש בה כדי לשמח אנשים. ולכן היה צריך להדגיש ולומר שכל אלה אינם בעלי ערך כלל, מאחר שהם גורמים לביטול תורה שהיא המשמחת באמת לבבות האנשים.

במטותא בעינא וכו' ולכאורה, הרי הליצנות היא בגדר איסור, ומשום מה פנה רבא בלשון בקשה כאילו היה מדבר עמם על ענין של חסידות יתירה? ומסביר בבן יהוידע כי רבא עצמו נוהג היה לפתוח בדברים של בדיחות הדעת לפני שפתח בדברי תורה, כדי לפתוח את ליבות השומעים, ולכן הוצרך להזהיר שלא יימשכו וימשיכו מעצמם בדברי ליצנות שלא לצורך.

משך ידו אף שאינו בפשט הכתוב, מפרשים אותו כאן שהקב"ה שנאמר בו "פותח את ידך ומשביע" וכו' הוא המושך ידו מן המתלוצצים, וממילא בהעדר תמיכה מאת ה' הם חסרי כל (רש"י).

ישב בתחבולות הראב"ד מסביר שהם יושבי קרנות המדברים דברי בטלה. והמהרש"א מסביר שכאן מדובר במיני ליצנות הנראים כדברי חכמה ("תחבולות"). ובערוך מסביר שהוא מקום שבו שנים נראים כמתאבקים ביניהם ונלחמים זה בזה לשם ליצנות ומשחק.

אתגרה בשינה ביטוי זה משמעו שלא זו בלבד שאותו אדם אינו עושה מאומה והולך לישון, אלא שהוא עושה יותר מזה, שמושך על עצמו (מתגרה) שינה יתירה, שגם כאשר אינו זקוק לכך הוא מרבה בשינה משום בטלתו (בן יהוידע).

מסורת הש"ס

א. ירושלמי ע"ז פ"א ה"ז (בשינויים). תוספתא ע"ז פ"ב ו. ילק"ש נ"ך תריג.
ב. (בשינויים) ירושלמי שם. תוספתא שם ז.
ג. (בשינויים) ירושלמי שם. תוספתא שם ה.
ד. ע"ז ו,ב. ז,ב.
ה. שוח"ט פ"א.
ו. ילק"ש נ"ך תלו. שם תקכג. שם תתקלב.
ז. (הביטוי) ברכות לה,ב. יומא עב,ב. סנהדרין צז,א.
ח. ילק"ש נ"ך תקכג.
ט. ב"ר י,ב. וראה שם עח,ב. ילק"ש נ"ך תתקנב. שם נ"ך תתקנט.
י. ראה ע"ז יט,ב. ילק"ש נ"ך תשכ.
יא. ב"ר פס"א כה. שוח"ט פ"א. ילק"ש תורה קט. שם נ"ך תריד.

גרסות

אמר ליה השתא חזית בכת"י ובדפו"י חסר משפט זה.
קא אכלי בכתי"מ: אכלי ובכתי"ס: דהורקא אכלי.
הוו קאתו למיכליה בכתי"ס: אתו עליה.
ויהבה ליה בכת"י: יהבה ניהליה.
כל דחזי לפרצופא הדין לייתיה בכתי"מ: כל דחזי להאי פרצופא לתפסיה ובכתי"ס: אי אתי גברא דהאי סימניה והאי סימניה תפסוה.
יומא חדא חזיוהי רהט אבתריה רהט בכתי"מ: יומא חדא חזיוה רהיטו בתריה ורהט ובכתי"ס: כי מטא ר' מאיר התם בעו למיתפשיה.
אדמי להו כזונה בכתי"מ: אדמי כזונה ובכתי"ס: אידמי ליה.
ממעשה דברוריא בכתי"מ: משום מעשה דברוריה.
בלורין סלגורין בכתי"מ: סגלוין סגלריין בלרין ובלרין מלרין ומלריון סלגלוריון בכתי"ס: בלדין וסנדולרין וסגלייגן.
הולכין לאיצטדינין מותר בדפו"י: לאיצטדינין מותר בכתי"מ: הולכין לאיצטדינין ובכתי"ס: ההולך לאיצטדינין מותר.
ולכרקום מותר בכתי"מ: לכרכום.
נתחשב בכתי"מ: יתחשב.
מפני מושב לצים בכתי"מ: מפני שפיכת דמים דברי רבי ובכתי"ס וכעין זה בב"ח: מפני שופכי דמים וראה במקבילות.
לטרטיאות ולקרסיאות בכתי"מ: לאצטדינין ולברסקיאות ולקרקסיאות.
פן יחזקו מוסריכם בכתי"מ: פן יחזקו מוסריכם. אמר ריש לקיש קשה היא הליצנות שתחלתה יסורין וסופה כליה שנאמר ועתה אל תתלוצצו פן יחזקו מוסריכם ולהלן הוא חסר.
במטותא בעינא בכתי"ס בע"י ובמקבילות: במטותא.
כל המתלוצץ נופל בכתי"ס: כל המתלוצץ וכל המתייהר נופל.
אמר ר' אלעזר קשה — כלייה בכתי"מ חסר משפט זה והובא לעיל.
בקנגיון בכתי"מ: בקיניגיון שלהם ובכתי"ס: בקנוגיון.
אמר רבי יונתן אשרי בכת"י: אמר ר' יונתן מאי דכתיב אשרי.

לשון

טמש
זו היא מלה ארמית שעניינה הטבלת דבר מאכל בתוך משקה.

איצטדינין
ראה לעיל טז, א. ובהשלמות קרקסיאות.

כרקום
מקור המלה הוא ביוונית χαράκωμα (כרקומא) ופירושה — מחנה מבוצר, חומה שעושה צבא תוך כדי מצור על עיר.

בוקיון
מקור המלה הוא אולי בשם Bucco בצורה יוונית βουκκίων (בוקיון) שהיה דמות הליצן במחזות קומיים מסויימים.

מוקיון
מקור המלה אולי בלטינית muccus או mucchus שמשמעה ליצן.

מוליון
יש משערים שהוא קשור ללטינית mulio שמשמעה פרד. ומוליון הוא לפיכך נוהג פרדות, שגם הוא דמות המופיעה לעתים במחזות קומיים רומיים.

לוליון
יש סבורים שמקור המלה הוא במלה היוונית λαλός (לאלוס) שמשמעה — דברן, פטפטן. ואולי (בצורה לוליון) ניתנה לליצנים המבדחים את הקהל בתיאטרון.

בלורין, סלגורין, טרטיאות, קרקסיאות
ראה בהשלמות.

קנגיון
מן היוונית χυνήγιον (קו'ניגיון) — ציד, מעיקרו ציד בעזרת כלבים.

החיים

מעשה דברוריא, הנחשים והחברים, צווח ומציל
ראה בהשלמות.

לעזי רש"י

פורק"א מן הצרפתית העתיקה forche — קילשון, שעליו מציבים אחר כך חבל לתלייה.

אמיישנ"ר יש סבורים שצ"ל: אמש"ר, מן הצרפתית העתיקה amaser — לאסוף, להקהיל.

מסורת הש"ס

א. ילק"ש נ"ך תתעא.
ב. אבות פ"א מ"ג. אדר"נ נו"א פ"ח. שם נו"ב פ"י. תנחומא כי תצא ב. ילק"ש נ"ך תתעא. שם תתקלו.
ג. שוח"ט פ"א. ילק"ש שם.
ד. (בשינוי) ילק"ש נ"ך תריד.
ה. ילק"ש שם.
ו. ברכות סג,ב. וראה קדושין לב,א.
ז. ילק"ש נ"ך תתעו.
ח. סנהדרין לח,א. ילק"ש נ"ך תתקמג.
ט. ילק"ש שם תתקמ.
י. ילק"ש נ"ך תתקלז. וראה אדר"נ נו"א פ"ג.
יא. עירובין נד,ב.
יב. ילק"ש נ"ך תתקנ.
יג. ילק"ש שם תריד. וראה אדר"נ נו"א פ"ג. שפ פ"ח. שם נו"ב פי"ח.

גרסות

לא עמד בכתי"מ: **לא עמד זה לוט.**

שחטאים היו בכת"י: **שאנשי סדום חטאים היו.**

לא ישב בכתי"מ: **לא ישב זה שמשון.**

מפני שליצנים בכתי"מ: **שאנשי פלישתים ליצנים.**

על יצרו כאיש בכתי"מ ועוד: **על יצרו כשהוא איש.**

שלא על מנת לקבל פרס בכתי"ס וכן יש במקורות: **על מנת שלא לקבל פרס.**

ממקום שלבו בכת"י: **במקום שלבו.**

ליתו לן יש במקורות: **ליתני לן מר.**

אמר לוי נתת לנו בכתי"מ: **קם לוי אכרעיה אמר ליה רבי אתה נתת לי** בכתי"ס: **קם לוי אמר ליה רבי נתת לנו.**

במקום שלבו חפץ בכתי"ס: **בחפץ.**

לעולם ליגריס — מאי קאמר בכתי"מ: **יגמר ואף על גב דמשכח וליגרס אף על גב דלא ידע** ועיי"ש.

אנא עבידתה וקיים בידי בכתי"ס: **אנא עבידתיה ואיקיים בידאי** ובכתי"מ: **אנא עבדית דאקיימיה בידי.**

לאדם שצד בכתי"מ כבמקבילה: **לצייד שצד.**

כולם מתקיימות בידו בכתי"ס: **ראשונה מתקיימת בידו.**

אמר להו הני מילי סברא בכת"י ועוד: **איקפד רב חסדא אמר להו הני מילי סברא.**

מרב אחד עדיף בכתי"מ: **מחד רבא מעלי** ובכתי"ס: **מחד רב עדיף.**

החיים

פסקי סידרא
הסידרא, משמעה כאן (כמו שמסביר רש"י במסכת יומא) שיעור קבוע, פרק מסויים בנביאים או כתובים שהיו נוהגים ללמוד.
ייתכן כי חלוקת המקרא ל"סדרות" (המצויה בכמה כת"י ודפוסים) כעין הפרקים שבידינו (שסידורם הוא מאוחר, ולא יהודי) משקפת מנהג קבוע של לימוד סידרא בכל יום.

אַבְרָהָם אָבִינוּ, שֶׁלֹּא הָלַךְ בַּעֲצַת אַנְשֵׁי דּוֹר הַפַּלָּגָה, שֶׁרְשָׁעִים הָיוּ, שֶׁנֶּאֱמַר בהם שנועצו ואמרו זה לזה: "הָבָה נִבְנֶה לָּנוּ עִיר ומגדל וראשו בשמים" (בראשית יא, ד), וכיוונו להרע. "וּבְדֶרֶךְ חַטָּאִים לֹא עָמָד" (תהלים א, א) — שֶׁלֹּא עָמַד בַּעֲמִידַת סְדוֹם, שֶׁחַטָּאִים הָיוּ, שֶׁנֶּאֱמַר: "וְאַנְשֵׁי סְדֹם רָעִים וְחַטָּאִים לַה' מְאֹד" (בראשית יג, יג), "וּבְמוֹשַׁב לֵצִים לֹא יָשָׁב" (תהלים שם) — שֶׁלֹּא יָשַׁב בְּמוֹשַׁב אַנְשֵׁי פְלִשְׁתִּים, מִפְּנֵי שֶׁלֵּצָנִים הָיוּ, עוסקים במעשי ליצנות ושחוק, שֶׁכֵּן נֶאֱמַר בהם אף בתקופה מאוחרת יותר: "וַיְהִי כְּטוֹב לִבָּם וַיֹּאמְרוּ קִרְאוּ לְשִׁמְשׁוֹן וִישַׂחֶק לָנוּ" (שופטים טז, כה).

לאחר שנדרש הפסוק "אשרי האיש" שבתחילת ספר תהלים, מביאים כאן דרשה על פסוק דומה: "אַשְׁרֵי אִישׁ יָרֵא [אֶת] ה' במצוותיו חפץ מאד" (תהלים קיב, א), ויש לשאול: וכי אַשְׁרֵי אִישׁ וְלֹא אַשְׁרֵי אִשָּׁה? מדוע מדגיש הכתוב דווקא איש? אָמַר רַב עַמְרָם אָמַר רַב: אַשְׁרֵי מִי שֶׁעוֹשֶׂה תְּשׁוּבָה כְּשֶׁהוּא אִישׁ, כשעודו "איש" — במלוא אונו וכוחו, ולא כשהוא זקן. ר' יְהוֹשֻׁעַ בֶּן לֵוִי אָמַר: אַשְׁרֵי מִי שֶׁמִּתְגַּבֵּר עַל יִצְרוֹ כְּאִישׁ בתוקף ועוז. עוד נאמר שם: "בְּמִצְוֹתָיו חָפֵץ מְאֹד" — אָמַר ר' אֶלְעָזָר: בְּמִצְוֹתָיו עצמן, וְלֹא בִּשְׂכַר מִצְוֹתָיו. וְהַיְינוּ דִּתְנַן [וזהו ששנינו] במשנה במסכת אבות דברי אנטיגנוס איש סוכו, הוּא הָיָה אוֹמֵר: אַל תִּהְיוּ כַּעֲבָדִים הַמְשַׁמְּשִׁין אֶת הָרַב (האדון) עַל מְנָת לְקַבֵּל פְּרָס (שכר), אֶלָּא הֱיוּ כַּעֲבָדִים הַמְשַׁמְּשִׁין אֶת הָרַב שֶׁלֹּא עַל מְנָת לְקַבֵּל פְּרָס.

א ושבים לדרוש את הפסוק שעסקנו בו מתחילה: "כִּי אִם בְּתוֹרַת ה' חֶפְצוֹ" (שם א, ב), אָמַר רַב: אֵין אָדָם לוֹמֵד תּוֹרָה אֶלָּא מִמָּקוֹם בתורה שֶׁבּוֹ לִבּוֹ חָפֵץ, שֶׁנֶּאֱמַר: "כִּי אִם בְּתוֹרַת ה' חֶפְצוֹ", בתורה שבה הוא חפץ ללמוד. מסופר, לֵוִי וְר' שִׁמְעוֹן בְּרַבִּי (בנו של רבי) יָתְבִי קַמֵּיהּ [היו יושבים לפני] רַבִּי, וְקָא פָּסְקֵי סִידְרָא [והיו לומדים בסדרי המקרא], סְלֵיק סִפְרָא [נסתיים הספר] שלמדו, והיו צריכים להתחיל אחר, לֵוִי אָמַר: לַיְיתוּ [לָן] [יביאו לנו] ספר מִשְׁלֵי ללמוד בו, ר' שִׁמְעוֹן בְּרַבִּי אָמַר: לַיְיתוּ [לָן] תִּילִּים [יביאו לנו ספר תהלים], כָּפְיֵיהּ לְלֵוִי וְאַיְיתוּ תִּילִּים [כפה אותו ר' שמעון את לוי והביאו ספר תהלים]. כִּי מְטוּ הָכָא [כאשר הגיעו לכאן] לפסוק: "כִּי אִם בְּתוֹרַת ה' חֶפְצוֹ", פָּרֵישׁ [פירש] רַבִּי וְאָמַר: אֵין אָדָם לוֹמֵד תּוֹרָה אֶלָּא מִמָּקוֹם שֶׁלִּבּוֹ חָפֵץ. אָמַר לֵוִי: רַבִּי, נָתַתָּ לָנוּ (כלומר: לי) רְשׁוּת לַעֲמוֹד ולצאת, מתוך דבריך אלו, שהרי אני חפץ ללמוד בספר משלי ולא בספר תהלים. ועוד בדרשת פסוק זה, אָמַר ר' אַבְדִּימִי בַּר חָמָא: כָּל הָעוֹסֵק בַּתּוֹרָה — הַקָּדוֹשׁ בָּרוּךְ הוּא עוֹשֶׂה לוֹ אֶת חֲפָצָיו (רצונו), שֶׁנֶּאֱמַר: "כִּי אִם בְּתוֹרַת ה' חֶפְצוֹ", מי שעוסק בתורת ה' — ה' עושה לו חפצו. וכדברי רבי לעיל גם אָמַר רָבָא: לְעוֹלָם יִלְמוֹד אָדָם תּוֹרָה בְּמָקוֹם שֶׁלִּבּוֹ חָפֵץ, שֶׁנֶּאֱמַר: "כִּי אִם בְּתוֹרַת ה' חֶפְצוֹ". וְעוֹד אָמַר רָבָא בדרשה על אותו הפסוק: בַּתְּחִילָּה נִקְרֵאת התורה עַל שְׁמוֹ שֶׁל הַקָּדוֹשׁ בָּרוּךְ הוּא וּלְבַסּוֹף הִיא נִקְרֵאת עַל שְׁמוֹ של הלומד בה, שֶׁנֶּאֱמַר בתחילה: "בְּתוֹרַת ה' חֶפְצוֹ", ובהמשך — "וּבְתוֹרָתוֹ יֶהְגֶּה יוֹמָם וָלָיְלָה", נמצא שעל ידי שהוגה בה נקראת התורה תורתו של הלומד. ועוד אָמַר רָבָא בדרשת פסוק זה: לְעוֹלָם יִלְמַד אָדָם תּוֹרָה ירבה בידיעתה, וְאַחַר כָּךְ יֶהְגֶּה יעיין ויתעמק בה, שֶׁנֶּאֱמַר בתחילה: "בְּתוֹרַת ה' חפצו", שלומד את התורה כמות שהיא, וַהֲדַר [ואחר כך] נאמר "וּבְתוֹרָתוֹ יֶהְגֶּה", יעיין. וְעוֹד אָמַר רָבָא בדרך לימוד התורה: לְעוֹלָם לִיגְרִיס אִינִישׁ [יגרוס אדם], יחזור על משנתו, וְאַף עַל גַּב דְּמְשַׁכַּח, וְאַף עַל גַּב דְּלָא יָדַע מַאי קָאָמַר [ואף על פי שהוא שוכח, ואף על פי שאינו יודע מה הוא אומר], שֶׁנֶּאֱמַר על לימוד התורה: "גָּרְסָה נַפְשִׁי לְתַאֲבָה אל משפטיך בכל עת" (תהלים קיט, כ), "גָּרְסָה" כְּתִיב [נאמר], וְלֹא כְּתִיב [נאמר] "טְחָנָה", שאפילו גריסה בלבד (כעין טחינה גסה) גם היא דבר טוב שהנפש רוצה וצריכה לו. רָבָא רָמֵי [השליך, הראה סתירה] בין מקראות, כְּתִיב [נאמר] על התורה שהיא קוראת לו לאדם "עַל גַּפֵּי מרומי קרת" (משלי ט, ג), וּכְתִיב [ונאמר]: "עַל כִּסֵּא מרומי קרת" (שם, יד)! ומסביר: בַּתְּחִלָּה לומד התורה הריהו עַל גַּפֵּי שנמצא כאילו על הכנפיים, בצד, וּלְבַסּוֹף, כאשר הוא מתקדם בלימודו, הריהו עַל כִּסֵּא, במקום מיושב ומכובד. ועוד סתירה דומה: כְּתִיב [נאמר] על התורה שהיא "בְּרֹאשׁ מְרוֹמִים" (שם ח, ב), וּכְתִיב [ונאמר] בה שהיא "עֲלֵי דָרֶךְ" (שם)! ומסבירים: בַּתְּחִלָּה לומד אדם בְּרֹאשׁ מְרוֹמִים במקום נסתר, וּלְבַסּוֹף מגיע לכך שהוא אומר את הדברים עֲלֵי דֶרֶךְ בפרסום. עוּלָּא רָמֵי [השליך, הראה סתירה], בין מקראות, כְּתִיב [נאמר] במקום אחד "שְׁתֵה מַיִם מִבּוֹרֶךָ" (שם ה, טו), וּכְתִיב [ונאמר] אחרי כן: "וְנוֹזְלִים מִתּוֹךְ בְּאֵרֶךָ" (שם)! והסביר: בַּתְּחִלָּה שׁוֹתֶה מִבּוֹרְךָ שבבור יש מים מכונסים ממקום אחר, שתחילה לומד את הקיים והידוע, וּלְבַסּוֹף "וְנוֹזְלִים מִתּוֹךְ בְּאֵרֶךָ" שהתורה תהיה נובעת ממנו, ויחדש בה דברים שלא שמע. ועוד בעניין לימוד תורה, אָמַר רָבָא אָמַר רַב סְחוֹרָה אָמַר רַב הוּנָא, מַאי דִּכְתִיב [מהו שנאמר]: "הוֹן מֵהֶבֶל יִמְעָט וְקֹבֵץ עַל יָד יַרְבֶּה" (שם יג, יא)? אִם עוֹשֶׂה אָדָם תּוֹרָתוֹ חֲבִילוֹת חֲבִילוֹת ("מהבל" כמו "מחבל") שלומד הרבה, ואינו חוזר ואינו זוכר — הרי הוא מִתְמַעֵט, וְאִם קוֹבֵץ עַל יָד שלומד מעט מעט, וחוזר כל פעם על מה שלמד — יִרְבֶּה ויתגדל בה. אָמַר רָבָא: יָדְעֵי רַבָּנַן לְהָא מִילְּתָא וְעָבְרֵי עֲלָהּ [יודעים חכמים את הדבר הזה ועוברים עליו]. אָמַר רַב נַחְמָן בַּר יִצְחָק: אֲנָא עֲבִידְתָּהּ [אני עשיתי זאת] וְאִכֵּן נשאר קַיָּים בְּיָדִי. אָמַר רַב שֵׁיזְבִי מִשְּׁמֵיהּ [משמו] של ר' אֶלְעָזָר בֶּן עֲזַרְיָה, מַאי דִּכְתִיב [מהו שנאמר]: "לֹא יַחֲרֹךְ רְמִיָּה צֵידוֹ" (שם יב, כג)? לֹא יִחְיֶה וְלֹא יַאֲרִיךְ יָמִים ("יחרוך" כעין נוטריקון של "יחיה" ו"יאריך") צַיָּיד הָרַמַּאי כלומר, מי שמראה עצמו כלומד הרבה, וכל זה רק כדי להראות לאחרים. וְרַב שֵׁשֶׁת אָמַר: הכוונה בפסוק זה הפוכה היא, שֶׁצַּיָּיד הָרַמַּאי יַחֲרוֹךְ צידו, צייד הנוהג בערמה יגרום לצידו שלא יוכל עוד לברוח ממנו. כִּי אֲתָא [כאשר בא] רַב דִּימִי מארץ ישראל לבבל אָמַר בהסבר הפסוק על דרך זו: מָשָׁל לְאָדָם שֶׁצָּד צִפָּרִין (ציפורים), אִם מְשַׁבֵּר כְּנָפֶיהָ שֶׁל רִאשׁוֹנָה שהוא צד כדי שלא תוכל לעוף ממנו — כּוּלָּם כל הציפורים שהוא צד מִתְקַיְּימוֹת בְּיָדוֹ, וְאִם לָאו [לא] — אֵין מִתְקַיְּימוֹת בְּיָדוֹ, וכשתופס את השניה הראשונה פורחת. וכן בדברים שלומד.

ב נאמר בהמשך הפסוק שנדרש לעיל: "וְהָיָה כְּעֵץ שָׁתוּל עַל פַּלְגֵי מָיִם" (תהלים א, ב), אָמְרִי דְּבֵי [אמרו החכמים של בית] ר' יַנַּאי: כְּעֵץ שָׁתוּל שנעקר ממקומו הראשון ונשתל במקום אחר, וְלֹא כְּעֵץ נָטוּעַ הנשאר קבוע במקומו. לומר שֶׁכָּל הַלּוֹמֵד תּוֹרָה מֵרַב אֶחָד — אֵינוֹ רוֹאֶה סִימַן בְּרָכָה לְעוֹלָם, אלא צריך ללמוד תורה מאנשים שונים, שעל ידי כך תרבה חכמתו. ובעניין זה אָמַר לְהוּ [להם] רַב חִסְדָּא לְרַבָּנַן [לחכמים]: בָּעֵינָא דְּאֵימָא לְכוּ מִלְּתָא, וּמִסְתְּפֵינָא דִּשְׁבַקְיתוּ לִי וְאָזְלִיתוּ [רצוני לומר לכם דבר, ואני מפחד שתעזבו אותי ותלכו], ומהו הדבר? כָּל הַלּוֹמֵד תּוֹרָה מֵרַב אֶחָד — אֵינוֹ רוֹאֶה סִימַן בְּרָכָה לְעוֹלָם, ומסופר כי כששמעו זאת חכמים אכן שְׁבַקוּהוּ וַאֲזוּל קַמֵּיהּ [עזבוהו והלכו ללמוד לפני] רָבָא. אָמַר לְהוּ [להם] רב חסדא לחכמים: הָנֵי מִילֵּי סְבָרָא [דברים אלה שאמרתי הינם לעניין סברה] שלשם חידוד הסברה ראוי להתבונן ולהקשיב לשיטות שונות מפי אנשים שונים, אֲבָל גְּמָרָא [עיקר הלימוד, הגרסה] — מֵרַב אֶחָד עָדִיף, כִּי הֵיכִי [כדי]

עיונים

אברהם אבינו ורש"י מוכיח, על ידי צירוף דרשות חכמים, כי אברהם אבינו כבר היה אדם מבוגר בימי פלג, שנקרא כן משום שבימיו נפלגה הארץ.

שלא הלך וכו' המהרש"א מסביר כי אברהם אבינו "לא הלך" עם אנשי דור הפלגה, שנאמר בהם "ויסעו מקדם", שהוא לא הלך עמם ולא נשתתף בעצתם, שהיתה עצה לרע, למרוד בה'. ו"לא עמד" עם אנשי סדום, שגם כאשר היה טבעי שיעמוד מתחילה יחד אתם במלחמה (שהרי בסופו של דבר נלחם עבורם) לא עשה זאת. ו"לא ישב" עם הפלישתים, שלא נתיישב בארצם אלא נשאר גר בה במשך זמן. וראה בעיון יעקב שהעיר כי שלושה לשונות אלו של הליכה עמידה וישיבה, נאמרו באברהם דווקא לצד השבח: "לך לך" וכו', "ואברהם עודנו עומד לפני ה'", "ואברהם יושב פתח האוהל".

ולא אשרי אשה וכתבו בתוס' שלגבי "אשרי האיש" לא העלה את השאלה, וכי אשרי האיש ולא האשה. משום ששם ההגדרה היא "האיש" בה' הידיעה, אותו אדם מסויים המקיים דברים אלה, להבדילו משאר אנשים. ואילו כאן נאמר רק "איש", ולכן שאל מפני מה נאמרה לשון איש, ולא נאמרה לשון כללית יותר שתכלול איש ואשה (כגון "אשרי אדם"). וראה גם בתוס' הר"ש משאנץ.

כשהוא איש כלומר, כשהוא בבחרותו במלוא כוחותיו, ובמלוא יצריו (ראה ברש"י). וכן כתב המהר"ל ששבחו של בעל התשובה כשהוא מבדיל עצמו מכוחות הגוף העזים המושכים אותו אל החומריות. אבל זקן שאין כוחותיו עמו, אין בו שבח זה של היותו נבדל. ומצד אחר פירשו כי תשובה שלימה היא כאשר האדם נמצא באותו מצב בו חטא ושוב אינו חוטא, ובזקנותו שוב אינו אותו אדם (ראה בענף יוסף).

שמתגבר על יצרו כאיש כלומר, בתוקף וגבורה כגבר בעל כוח (ראה ברש"י). ובא לומר שאין כוח התשובה נמדד לפי גילו של השב, אלא לפי מידת התוקף והגבורה שהוא פועל בה בתשובתו, שגם אם הוא זקן ומתחזק ביותר לעשות הטוב והישר — נאמר בו "אשרי איש" (בן יהוידע).

שלא על מנת לקבל פרס ועניינו, שמקיים התורה ומצוותיה בלב שלם ומאהבה אפילו אין סופו לקבל פרס (וראה נוסח אחר בגרסות, והיא הגרסה שהיתה לפני רש"י: "על מנת שלא לקבל פרס". שעניינה: שמתחילה עושה על מנת שלא לקבל). ובתוס' אמרו שגם העושה על מנת לקבל אינו רשע, אלא שלא הגיע למעלה של אהבה גמורה (וראה ב"אורח ההלכה"), והגנאי הוא במי שעושה רק על מנת לקבל פרס, ואם אינו מקבל — הריהו מתחרט על מה שעשה. וראה במהרש"א.

כפייה ללוי שסמך על הסברה — שספר תהלים קודם בסדר הכתובים לספר משלי. או משום שיש להקדים יראה לחכמה (מהרש"א).

אמר רבא... במקום שלבו חפץ לכאורה הדברים זהים לדברי רבי (שנאמרו קודם), אף שניסוחם שונה מעט. והמהרש"א מסביר שרבי התכוון "במקום שלבו חפץ" — בענין, בנושא ובספר שלבו חפץ. ואילו רבא הוסיף ש"במקום שלבו חפץ" כולל גם את מקום הלימוד ואת הרב שלומד ממנו.

ילמד ואחר כך יהגה רש"י מסביר שתחילה ילמד מרבו את עיקר הגרסה והפירוש, ואחר כך יהגה ויעיין בדברים לעומקם. שאם לא יעשה כן שמא לא ימצא רב שילמדנו. ואחרים מסבירים שאם אין בידו ידיעות רבות מוקדמות אינו יכול להתעמק בסברות, ולא תהיינה הסברות שבידו מאוששות.

ואף על גב דלא ידע רש"י מפרש כאן שאף שאין רבו יודע לפרש לו את הדברים יותר מאשר בגרסה בלבד — ימשיך וילמד תורה. והמהרש"א מביא מפירוש רש"י לברכות, שם משמע שהוא מפרש שאף שאין התלמיד מבין את הדברים — מוטב שקודם ילמד וישנן ואחר כך יעמוד על משמעותם. והגר"א מסביר שגם אם קשה לו מקום אחד, קודם יבין את הענין בפשטותו באותו ענין שלומד, ואחר כך יתעמק ביישוב הקושיות שממקום אחר.

גרסה ולא כתיב טחנה שגריסה היא שבירת הדבר לחלקים קטנים יותר, שכל אחד מהם עדיין אינו טחון (כדרך שעושים לגריסים), וכך בלימוד די לו בגרסה ראשונה, והטחינה שהיא ענין של דקות ההבנה תבוא לאחר מכן.

כתב על גפי וכו' ששני הכתובים המדברים על החכמה, שהיא קוראת לאדם ומעמידה את לומדיה (ראב"ד) נראים דומים בלשונם, אבל שונים. ולכן נדרש: בתחילה "על גפי" על כנפי, כנפים — דבר שאינו קבוע, ולאחר מכן "על כסא" — מושב של כבוד (רש"י). ועוד מפרש: תחילה "על גפי" — כמו "בגפו" שהוא לומד ביחידות, ואחר כך "על כסא" — שיושב ודורש בפני תלמידים רבים (רבינו אלחנן).

בראש מרומים רש"י מסביר: מתחילה "בראש מרומים" — במקום נסתר וחבוי, ואחר כך "עלי דרך" — ברבים ובפרהסיא. והראב"ד מסביר: מתחילה התורה נראית לו "בראש מרומים" — שאינו מבין אותה, ואחר כך, "עלי דרך" — שמובנים לו דרכיה ואורחותיה.

בתחילה שתה מבורך שהבור אינו נובע, אלא ישתה מה שמצוי בידו. ואחר כך יזכה שתהא לו באר מים חיים, שהם מתחדשים ובאים (ר"ח). והראב"ד מפרש: תחילה "שתה מים מבורך" — מן הרב שבמקומך, ואחר כך לך ולמד תורה גם מחכמים אחרים לשם התחדשות.

צייד הרמאי שעל ידי שמרבה בלימוד שטחי מרמה אנשים שסבורים שהוא לומד הרבה. והראב"ד מפרש: מי שאינו חוזר על לימודו ואינו מבין, שלבו ריק מחכמה. והסביר רש"י דרשו "לא יחרוך" לומר שאף שבתורה נאמר "כי הוא חייך ואורך ימיך", זה לא יחיה ולא יאריך ימים (רש"י).

הוא יחרוך ומפרש רש"י שיש לפרש לפי זה את הכתוב בלשון תמיהה: וכי לא יחרוך את צידו? ויש להבין "יחרוך" כפשוטו, ישרוף, יגרום לו שלא יוכל לברוח. והראב"ד מסביר: צייד הרמאי — צייד (לומד) העושה בחכמה, לא יינזק.

שתול רש"י מסביר שהלימוד הוא מ"שתול" בניגוד ל"נטוע". והר"ח סבור כי עיקר הדרשה הוא ממה שכתוב "על פלגי מים" בלשון רבים, שלומד ממורים שונים.

תורה אור

אברהם אבינו שלא הלך בעצת אנשי דור
בראשית יא הפלגה שרשעים היו שנאמר הבה נבנה לנו
עיר ובדרך חטאים לא עמד שלא עמד
שם יג בעמידת סדום שחטאים היו שנאמר ואנשי
סדום רעים וחטאים לה' מאד ובמושב לצים
לא ישב שלא ישב במושב אנשי פלשתים
שופטים טז מפני שלצנים היו שנאמר ויהי כטוב לבם
תהלים קיב ויאמרו קראו לשמשון וישחק לנו אשרי
איש ירא [את] ה' [א]אשרי איש ולא אשרי אשה
א"ר עמרם אמר רב אשרי מי שעושה
תשובה כשהוא איש ר' יהושע בן לוי אמר
אשרי מי שמתגבר על יצרו כאיש במצותיו
חפץ מאד אר"א במצותיו ולא בשכר מצותיו
והיינו *דתנן [ב]הוא היה אומר [א]אל תהיו
כעבדים המשמשין את הרב על מנת לקבל
פרס אלא היו כעבדים המשמשין את הרב
שלא על מנת לקבל פרס כי אם בתורת
ה' חפצו *א"ר אין אדם לומד תורה אלא
שם א ממקום שלבו חפץ שנאמר כי אם בתורת
ה' חפצו לוי ור"ש ברבי יתבי קמיה דרבי
וקא פסקי סידרא סליק ספרא לוי אמר
לייתו [לן] משלי ר"ש ברבי אמר לייתו [לן]
תילים כפייה ללוי ואייתו תילים כי מטו
הכא כי אם בתורת ה' חפצו פריש רבי
ואמר אין אדם לומד תורה אלא ממקום
שלבו חפץ אמר לוי רבי נתת *לנו רשות לעמוד [ג]אמר ר' אבדימי בר
חמא כל העוסק בתורה הקב"ה עושה לו חפציו שנאמר כי אם בתורת
ה' חפצו [ד]אמר רבא לעולם ילמוד אדם תורה במקום שלבו חפץ שנאמר
כי אם בתורת ה' חפצו ואמר רבא בתחילה נקראת על שמו של הקב"ה
[ה]ולבסוף נקראת על שמו שנאמר בתורת ה' חפצו ובתורתו יהגה יומם
ולילה [ו]*ואמר רבא לעולם ילמד אדם תורה ואח"כ יהגה שנאמר בתורת
ה' והדר ובתורתו יהגה ואמר רבא [ז]לעולם ליגרים איניש ואע"ג דמשכח
שם קיט ואע"ג דלא ידע מאי קאמר שנאמר גרסה נפשי לתאבה גרסה כתיב
משלי ט ולא כתיב טחנה [ח]*רבא רמי כתיב על גפי וכתיב על כסא בתחלה
שם ח על גפי ולבסוף על כסא [ט]כתיב בראש מרומים וכתיב עלי דרך בתחלה
שם ה בראש מרומים ולבסוף עלי דרך [י]עולא רמי כתיב שתה מים מבורך
וכתיב ונוזלים מתוך בארך בתחלה שתה מבורך ולבסוף ונוזלים מתוך
שם יג בארך *אמר רבא אמר רב סחורה אמר רב הונא [יא]מאי דכתיב הון מהבל
ימעט וקובץ על יד ירבה אם עושה אדם תורתו חבילות חבילות
מתמעט ואם קובץ על יד ירבה אמר רבא ידעי רבנן להא מילתא ועברי
עלה אמר רב נחמן בר יצחק אנא עבידתה וקיים בידי [יב]*אמר רב שיזבי
שם יב משמיה דר"א בן עזריה מאי דכתיב לא יחרוך רמיה צידו לא יחיה
ולא יאריך ימים צייד הרמאי ורב ששת אמר צייד הרמאי יחרוך *כי
אתא רב דימי אמר משל לאדם שצד צפרין אם משבר כנפיה של
תהלים א ראשונה כולם מתקיימות בידו ואם לאו אין מתקיימות בידו [יג]והיה כעץ
שתול על פלגי מים אמרי דבי ר' ינאי כעץ שתול ולא כעץ נטוע כל
הלומד תורה מרב אחד אינו רואה סימן ברכה לעולם אמר להו רב חסדא
לרבנן בעינא דאימא לכו מלתא ומסתפינא דשבקיתו לי ואזליתו כל
הלומד תורה מרב אחד אינו רואה סימן ברכה לעולם שבקוהו ואזול קמיה
*דרבא אמר להו הני מילי סברא אבל גמרא מרב אחד עדיף כי היכי
דלא

אברהם אבינו. בימי דור הפלגה היה בסוף ימי פלג נפלגה הארץ כדתניא בסדר עולם א"ר יוסי נביא גדול היה עבר שקרא לבנו פלג וא"ת בתחילת ימיו כו' ופלג ראה את אברהם כמה שנים דהא לקל"א דפלג נולד אברהם וחיה פלג אחר כך כמה שנים: **במושב אנשי פלשתים.** כשגר ביניהם דכתיב ויגר אברהם בארץ פלשתים: **כשהוא איש.** כשהוא בחור בכחו כלומר ממהר להכיר בוראו קודם ימי הזקנה: **כאיש.** גבור: **ולא בשכר מצותיו.** שעובד את יוצרו מאהבת שמו ומאהבת מצות פיו ולא לשם קיבול שכר: **על מנת שלא לקבל פרס.** יהי לבך עמו לומר אפילו אין סופי לקבל שכר אוהב אני את בוראי וחפץ במצותיו: **ממקום שלבו חפץ.** לא ישנה לו רבו אלא מסכת שהוא מבקש הימנו שאם ישנה לו מסכת אחרת אין מתקיימת לפי שלבו על תאותו: **חפצו.** באותו שאדם חפץ מדלא כתיב חפץ: **פסקי סידרא.** פרשיות של מקרא: **סליק סיפרא.** סיימו את אחד מן הספרים: **תילים.** ספר תהלים:

א **עושה לו חפציו.** הכי קאמר קרא כי אם בתורת ה' עושה חפצו: **נקראת על שמו.** של [אותו] תלמיד שטרח בה כדכתיב ובתורתו דמשמע של כל אדם: **ילמד אדם.** מרבו עד שתהא גירסת התלמוד ופירושו סגורה לו בפיו: **ואח"כ יהגה.** יעיין בתלמודו לדמות מילתא למילתא להקשות ולתרץ וברשונה לא יעשה כן שמא יבטל והרב לא ימצא לו כל שעה ועוד לאחר ששנה הרבה הוא מתיישב בתלמודו ומתרץ לעצמו דבר הקשה וה"נ אמרינן בהרואה (ברכות דף סג:) הסכת הס ואח"כ כתת ומייתינן להא דרבא התם: **דלא ידע מאי קאמר.** שאין רבו יודע לפרש לו כלום: **גרסה.** לשון גרש וכרמל (ויקרא ב) שלא היה טוחן הדק אלא כריחים של גרוסות המחלקין חיטה לשנים או לארבע [לצורך] מאכל: **גרסה נפשי לתאבה.** מרוב תאותי לתורה הייתי שובר לפי היכולת אע"פ שאיני טוחנה הדק ליכנס בעומקה: **כתיב על גפי.** בתורה משתעי. שלחה נערותיה תקרא תלמידים העוסקין בה על גפי משמע כעל כנפים מושב שאינו קבוע: **וכתיב.** קרא אחרינא על כסא. מקום כבוד קבוע כמו רק הכסא אגדל ממך (בראשית מא) ל"א בתחילה על גפי יחידי בלא תלמידים כמו אם בגפו יבא: **בראש מרומים.**

ב מסתלק במחבואות: **ולבסוף עלי דרך.** מורה הוראה לעין כל: **בורך.** מים מכונסין וסופן כלים: **בארך.** מים חיים ואין פוסקין: **חבילות.** (א)דגרים הרבה [יחד אינו יכול לחזור עליו פעמים רבות ומשכח: **על יד.** מעט]: **יחרוך.** נוטריקון יחיה ויאריך: **לייד הרמאי.** שמרמה אנשים להראות כמה אני חכם להעמיד גירסות הרבה והוא משכח ומקצר ימיו דכתיב (דברים ל) כי הוא חייך ואורך ימיך: **ורב ששת אמר לייד הרמאי הוא יחרוך.** בלשון (שבת דף כ:) איחרוכי איחריך כלומר יש לו עופות לחרוך ולאכול כל מי שלומד וגורס מעט מעט ומחזר על הרבה עד שסגור בפיו ואח"כ חוזר ולומד תלמודו מתקיים וקרא אתמוהי מתמה וכי לא יחרוך מי שצידו רמייה: **כנפיה.** שלא תברח: **שתול.** נעקר מכאן וחוזר ונשתל במקום אחר: **נטוע.** מעיקרו ולא זז משם לעולם כלומר כעץ שתול יעשה תלמיד [את] עצמו לילך וללמוד מכל האדם ולא כעץ נטוע להשתקע לפני רב אחד: **סברא.** ללמוד חריפות וחידוד הלב לאחר שלמד וסגורה בפיו גירסת התלמוד:

אשרי איש ולא אשרי אשה. אבל לעיל גבי אשרי האיש לא דייק הכי דהאיש משמע למעוטי אשה והאיש משמע למעוטי איש אחר: **על מנת לקבל פרס.** פי' בתוהא אם לא תבא שאילתו כמו שעושין גוים אבל אם אינו תוהא דמי להא דאמרינן בפ"ק דב"ב (דף י:) ובפ"ק דפסחים (דף ח.) ובר"ה (דף ד.) דתניא סלע זה לצדקה ע"מ שיחיה בני הרי זה צדיק גמור*: **אמר רבא אמר רב סחורה.** משמע שרב סחורה רבו מובהק היה שהרי בכמה מקומות מצינו שאמר הרבה דברים משמו והא דאמר סוף אלו מציאות (ב"מ דף לג.) אפילו לא האיר עיניו אלא במשנה אחת ומפרש רבא כגון רב סחורה דאסברא לי זוהמא ליסטרון התם אית דגרסי רבה ואית דגרסי רבא וה"פ אפילו לא קבלתי ממנו אלא דבר זה שאין בו כ"כ דבר חידוש אני חייב לקרוע עליו*: **אנא עבידתה.** בדל"ת פירוש עשיתיה ומה שלא אמר קיימתיה שאין לשון קיום שייך אלא בדבר מצוה כי ההיא דסוף במה מדליקין (שבת דף לד.) גבי עשרתם ערבתם הדליקו את הנר וקא אמר דצריך למימרינהו בניחותא כי היכי דליקבלו מיניה וקאמר אנא לא שמענא וקיימתיה מסברא ויש גורסים עבריתה ברי"ש ולא נהירא דא"כ בא לסתור ולהתפאר שעבר על דברי חכמים:

ישלם

פה א מיי' פ"י מהלכות תשובה הלכה א:

[ועי' תוס' פסחים ח: ד"ה שיזכה ותוס' ר"ה ד. ד"ה בשביל]

[ועי' תוס' יבמות קו. ד"ה רבא ותוס' סנהדרין מט: ד"ה אמר]

רבינו חננאל

אברהם אבינו שלא הלך בעצת אנשי הפלגה שרשעים היו ובדרך חטאים אלו אנשי סדום שלא עמד עמהם ולא ישב במושב פלשתים כי הוא מושב לצים. אשרי האיש ירא את ה' אשרי מי שעושה תשובה כשהוא איש כלומר בתוקפו ומתגבר ומשבר את יצרו כאיש. במצותיו חפץ מאד ולא בשכר מצותיו מיכן שנו אל תהיו כעבדים המשמשין את הרב על מנת לקבל פרס אלא הוו כעבדים המשמשין את הרב על מנת שלא לקבל פרס וכו'. כי אם בתורת ה' חפצו אין אדם קורא אלא מה שלבו חפץ: כל העוסק בתורה הקב"ה עושה חפצו שנאמר בתורת ה' חפצו. אמר רבא בתחלה נקראת על שמו של הקב"ה שנאמר כי אם בתורת ה' חפצו [ולבסוף נקראת על שמו שנאמר] ובתורתו יהגה: לעולם ילמד אדם והדר יהגה שנאמר כי אם בתורת ה' חפצו והדר ובתורתו יהגה. ואמר רבא ליגרום איניש אע"ג דשוכח שנאמר גרסה נפשי לתאבה. שתה מים מבורך בתחלה מבור ואחרי כן נוזלים מבאר שנובעת מים חיים. הון מהבל ימעט אם עושה אדם תורתו חבילות חבילו' מתמעטת כלומר שוכח ואם קובץ על יד על יד ירבה. והיינו דכתיב לא יחרוך רמיה צידו וגו' פי' אם אינו משבר כנפי העוף שכבר אינה יכולה לפרוח אם מתעסק לצוד אחרת זו פורחת כך השמועה אם אינו שונה אותה הרבה עד שיתיישב בלבו אלא מתחיל אחרת משכח הראשונה. והיה כעץ שתול שמשלח (א) שרשים וענפים ולא נעוץ ועומד בלבד פלגי מים כלומר שתול על נהרות הרבה מיכן אמרו כל הלומד מרב אחד אינו רואה סימן ברכה לעולם:

א) נראה מדברי רבינו שהיה גורס כעץ שתול ולא נעוץ ועומד ומפלגי מים מפיק לדרשא דהלומד מרב אחד וכו'.

אבות פ"א מ"ג

נ"א תניא

הגהות הב"ח

(א) רש"י ד"ה חבילות הגורס הרבה יחד אינו יכול לחזור עליו פעמים רבות ומשכח:

[נ"ל לין]

[קדושין לב:]

[ברכות סג:]

[סנהדרין לח. ע"ש]

[עירובין נד:]

[נ"ל דרבה]

גליון הש"ס

גמ' בתחלה על גפי. עיין סנהדרין סוף לח ע"א תוס' ד"ה בתחלה:

דלא ליפלוג לישני על פלגי מים א"ר תנחום בר חנילאי א*לעולם ישלש אדם שנותיו שליש במקרא שליש במשנה שליש בתלמוד מי ידע איניש כמה חיי כי קאמרינן אביומי אשר פריו יתן בעתו אמר רבא אם פריו יתן בעתו ועלהו לא יבול ואם לאו על הלומד ועל המלמד עליהם הכתוב אומר לא כן הרשעים כי אם וגו' ב*אמר רבי אבא אמר רב הונא אמר רב מאי דכתיב כי רבים חללים הפילה בזה תלמיד שלא הגיע להוראה ומורה ועצומים כל הרוגיה גזה תלמיד שהגיע להוראה ואינו מודה ועד כמה *עד מ' שנין והא *רבא אורי התם בשוין ועלהו לא יבול *אמר רב אחא בר אדא אמר רב ואמרי לה אמר רב אחא בר אבא אמר רב המנונא אמר רב ג*שאפילו שיחת חולין של ת"ח צריכה *תלמוד שנאמר ועלהו לא יבול וכל אשר יעשה יצליח דא"ר יהושע בן לוי הדבר זה *כתוב בתורה ושנוי בנביאים ומשולש בכתובים כל העוסק בתורה[א] נכסיו מצליחין לו כתוב בתורה דכתיב ושמרתם את דברי הברית הזאת ועשיתם אותם למען תשכילו את כל אשר תעשון שנוי בנביאים דכתיב לא ימוש ספר התורה [הזה] מפיך והגית בו יומם ולילה למען תשמור לעשות ככל הכתוב בו כי אז תצליח את דרכיך ואז תשכיל משולש בכתובים דכתיב כי אם בתורת ה' חפצו ובתורתו יהגה יומם ולילה והיה כעץ שתול על פלגי מים אשר פריו יתן בעתו ועלהו לא יבול וכל אשר יעשה יצליח ומכריז רבי אלכסנדרי מאן בעי חיי מאן בעי חיי כנוף ואתו כולי עלמא לגביה אמרי ליה הב לן חיי אמר להו מי האיש החפץ חיים וגו' נצור לשונך מרע וגו' *(סור מרע ועשה טוב וגו') שמא יאמר אדם נצרתי לשוני מרע ושפתי מדבר מרמה ז[אלך] *ואתגרה בשינה ת"ל סור מרע ועשה טוב ח*אין טוב אלא תורה שנאמר כי לקח

א טוב נתתי לכם תורתי אל תעזובו: הגיע לכיפה מקום שמעמידין בה עבודה זרה: טא"ר אלעזר אמר רבי יוחנן יאם בנה שכרו מותר פשיטא *משמשי עבודה זרה הן ומשמשי עבודה זרה בין לרבי ישמעאל בין לרבי עקיבא האינן אסורין עד שיעבדו אמר רבי ירמיה ילא נצרכה אלא לעבודה זרה עצמה הניחא יאלמ"ד יעבודה זרה של ישראל אסורה מיד ושל גוי עד שתעבד שפיר אלא למ"ד של גוי אסורה מיד מאי איכא למימר אלא אמר רבה בר עולא לא נצרכה אלא במכוש אחרון עבודה זרה מאן קא גרים לה גמר מלאכה ואימת הויא גמר מלאכה במכוש אחרון מכוש אחרון לית ביה שוה פרוטה אלמא קסבר יב*חישנה

ב לשכירות מתחלה ועד סוף: מתני'[ב] ואין עושין תכשיטין לעבודה זרה קטלאות ונזמים וטבעות רבי אליעזר אומר(א) בשכר מותר יג*אין מוכרין להם במחובר לקרקע אבל מוכר הוא משיקצץ ר' יהודה אומר

ג טמוכר הוא על מנת לקוץ: גמ' מנהני מילי אמר רבי יוסי בר חנינא דאמר

רש"י

דלא ליפלוג לישני. שלא יתחלקו הלשונות דהאי גריס שמעתא בהאי לישנא והאי גריס לה בלישנא אחרינא וחדא מילתא היא ומיהו תלמיד דגריס מתרוייהו (לישני) משתבש בגירסיה משום דמבלבל לישני: ביומי. ב' ימים מקרא וב' ימים משנה וכו' וכן כל שבוע ושבוע: אם פריו יתן בעתו. שיקבע עתים לתורה: רשעים. תרי משמע לומד ומלמדו לא אם פריו יתן בעתו שלומד ועושה פרי כלומר מקיים מה שכתוב בתורה וזה עיקר: על הלומד ועל המלמד. שאסור ללמד תורה לתלמיד שאינו הגון: הפילה. לשון נפל שלא מלאו ימיו כלומר תלמיד שלא מלאו ימיו רבים חלליו: ועצומים. המתעלמים והמחרישים ומתאפקים מלהורות הורגין את דורן ועצומים לשון ועוצם עיניו (ישעיהו לג): ועד כמה. הוי ראוי להוראה: עד ארבעין שנין. משנולד: והא רבא אורי. וכל ימיו לא היו אלא ארבעים שנה בפ"ק דראש השנה (דף יח.): התם בשוין. בשאין בעירו גדול ממנו: שיחת חולין. של חכמים צריכה תלמוד כדי להתלמד לדבר בלשונם שהוא בלשון נקיה ועושר ומרפא: ועלהו. הוי דבר קל שבאילן וכתיב לא יבול כלומר לא ילך לאיבוד: פשיטא. דשכרו מותר דהא כיפה זו לאו עבודה זרה היא אלא תשמיש לעבודה זרה: בין לר' ישמעאל ובין לר"ע. דפליגי בעבודה זרה עצמה מאימתי נאסרת בתשמיש מודו דאין אסורין: עד שיעבדו. עד שישתמשו בהן לעבודה זרה בפרק רבי ישמעאל (לקמן דף נא:) בברייתא בגמרא: לא נצרכה. הא דר"א: אלא לעבודה זרה עצמה. שאם עשה ישראל לגוי עבודה זרה בשכר שכרו מותר: הניחא למאן דאמר כו'. פלוגתא דרבי ישמעאל ור"ע היא: של ישראל. שעשה ישראל לצרכו למוכרה לגוי: ושל גוי משתעבד. וזו עדיין לאו נעבדה מש"ה שכרו מותר שזו לצורך גוי נעשית: מאן קא גריס לה. להקראות עבודה זרה: במכוש האחרון. מכת קורנס האחרון: לית ביה שוה פרוטה. הלכך שרי דשכירות שאר מכושות לא מיתסר דההוא לאו שכר עבודה זרה הוא וקסבר ר"א ישנה לשכירות מתחלה ועד סוף אומן המקבל עליו לעשות בשכר לא אמרינן בגמר המלאכה הוא קונה כל השכירות אלא כל פורתא ופורתא דעבד קמא קמא קני אגרא דפלוגתא היא בקדושין (דף מח.)(ג) עשה לי שירין נזמים וטבעות ואקדש כו': לא

תוספות

ישלש אדם שנותיו וכו' אלא ליומי. פ"ה ב' ימים מקרא ב' ימים משנה וב' ימים תלמוד ולשון ליומי דחקו לפרש כן מיהו אכתי איכא לאקשויי מי ידע כמה חיי לכך נראה ליומי בכל יום ולכך תקנו פסוקי התמיד ומשנת איזהו מקומן וברייתא דרבי ישמעאל ונראה לר"ת דאנו שעוסקין בתלמוד בבלי דיינו כי הוא בלול במקרא במשנה ובתלמוד כדאמרינן בסנהדרין (דף כד.) בבל בלולה במקרא בלולה במשנה בלולה בתלמוד:

אם פריו יתן בעתו. נראה לפרש להר"ר אלחנן הוראה כדבסמוך ובקונטרס פירש לענין קביעות עתים לתורה:

*הגיע לכיפה כו'. ואית ספרים דגרסי אין עושין תכשיטין לעבודה זרה קטלאות נזמים וטבעות ר"א אומר מותר אכן נראה דלא גרס דלא מסתברא שיתיר שום תנא לעשות לכתחלה תכשיטי עבודה זרה ואין לומר דשרי ר"א משום איבה כדשריא בפ"ב (לקמן דף כו.) ליילד את הגויה דלא דמי דהתם ודאי איכא איבה דליכא לאשתמוטי אבל הכא איכא לאשתמוטי למימר דאסר לן למעבד שום תכשיטי עבודה זרה וליכא למימר נמי דאתא לאשמועינן דבדיעבד שכרן מותר דא"כ היינו רבי אלעזר האמורה דגמרא דאמר אם בנה שכרו מותר ונראה שלא היה כתוב בספר רבינו שלמה מדלא פירש מאי קטלאות:

מכוש אחרון לית ביה שוה פרוטה. וא"ת מ"מ הלא הוא אסור ליהנות מדמי עבודה זרה אפילו בפחות משוה פרוטה וא"כ נמצא איסור מעורב בשכרו וי"ל כיון דבשביל מכוש זה האחרון לא היה הגוי נותן ממנו משכירותו פחות א"כ אין לו עליו שכר עבודה זרה כלל ואע"פ שגוי מקפיד על פחות משוה פרוטה בגזל *מ"מ הכא ליכא קפידא כולי האי:

אלמא קסבר ישנה לשכירות מתחלה ועד סוף. והכי נמי(ג) פרק האיש מקדש (קדושין דף מח.) גבי ההיא דעשה לי שירין נזמין וטבעות ואקדש אני לך אינה מקודשת ומפרש טעמא דכיון דישנה לשכירות מתחלה ועד סוף א"כ כל פרוטה ופרוטה הויא לה מלוה והוי ליה *מקודש במלוה דאינה מקודשת וקשה מ"ש מההיא דפרק איזהו נשך (ב"מ דף סה. ושם ד"ה שכירות) גבי מרבין על השכר דרבה ורב יוסף דאמרי תרוייהו שכירות אינה משתלמת אלא לבסוף ואמר רבא דקו בה רבנן בהא מלתא ואוקמוה אקרא וי"ל דודאי כל זמן שאין הפועל חוזר אין לו שכרו עד לבסוף ואין לבעה"ב עליו משום בל תלין וגם מותר להרבות על שכר דליכא כאן אגר נטר אבל אם פועל בא לחזור מודו בהא דיוכל לחזור וישתלם שכרו לפי מה שעשה שבשעה שחוזר אז קרוי סוף ולא נפקא לן(ד) כלל התם פלוגתא דישנה בשכירות מתחלה ועד סוף כדמוכח התם מקראי דלא שייך אגר נטר כדאמרי' וגם איסור בל תלין ולא שייך פלוגתא(ה) ישנה לשכירות אלא הכא וגבי קדושין כדפרישית [ועי' תוס' ב"ק דף לט. ד"ה ואי בעית אימא ותוס' קדושין דף מח. ד"ה דכ"ע]:

דאמר

עין משפט נר מצוה

פו א מיי' פ"א מהל' ת"ת הל' יא סמג עשין יב טוש"ע י"ד סי' רמו סעיף ד:
פז ב מיי' שם פ"ה הל' ד סמג שם טוש"ע י"ד סי' רמב סעיף יג [וברב אלפס עוד בסנהדרין פ"א דף רנח.]:
פח ג מיי' שם טוש"ע שם סעיף יד [וברב אלפס שם]:
פט ד מיי' פ"ט מהל' ע"ז הל' יא סמג לאוין מח טוש"ע י"ד סי' קמג סעיף ב:
צ ה מיי' שם פ"ז הל' ד סמג עשין טז טוש"ע י"ד סי' קלט סעיף א:
[שייך למשנה לעיל טז.]
צא ו מיי' שם הל' ה ופ"ט שם הל' יא סמג שם טוש"ע י"ד סי' קמג סעיף ב:
צב ז מיי' שם פ"ז הל' ד סמג שם טוש"ע י"ד סי' קלט סעיף א:
צג ח מיי' פ"ה מהל' אישות הל' כ סמג עשין כח טוש"ע אה"ע סי' כח סעיף טו:
צד ט מיי' פ"י מהל' ע"ז הל' ד סמג לאוין מה טוש"ע י"ד סי' קנא סעיף ז:

מסורת הש"ס

[קדושין ל.] סוטה כב. ע"ש [בסוטה שם איתא רבה ועי"ש בפרש"י] ס"א א"ר זירא סוכה כא: ע"ש [בסוכה איתא לימוד ועי' בפרש"י דהכא ודהתם] [בסוכה ובילקוט איתא מנין שאפי'] [מגילה לא.] [בילקוט ובע"י ליתא] [לעיל יח:] [ברכות ה. מח: מנחות נג: אבות פ"ו מ"ג] [לקמן נא: נב. חולין ח:] [קדושין מח. סג. ב"ק לט.] [לעיל יז:] [נ"ל מקדש]

הגהות הב"ח

(א) במשנה ר"א אומר שכר' מותר: (ב) רש"י ד"ה לית וכו' בקדושין גבי עשה לי: (ג) תום' ד"ה אלמא וכו' וה"נ אמרי' פ' האיש: (ד) בא"ד ולא נפקא לן מינה כלל התם בפלוגת' דישנה לשכירו' מתחלה וכו' מקרא דלא שייך אגר נטר וגם כל"ל ותי' כדאמרי' נמחק: (ה) בא"ד פלוגת' דישנה:

הגהות הגר"א

[א] גמ' נכסיו. נמחק וצ"ל דרכיו: [ב] במשנה ואין עושין תכשיטין לעבודה זרה קטלאות נזמים וטבעות רא"א בשכר מותר. כל זה נמחק (ועי' תוס' ד"ה הגיע):

רבינו חננאל

[לעולם] ישלש אדם כל יום ויום שליש במקרא שליש במשנה שליש בתלמוד. אשר פריו יתן בעתו אמר רבא אם פריו יתן בעתו כלומר בעת שהגיע להוראה ועלהו לא יבול אלא מתקיים ואם לאו עליו הכתוב אומר על המלמד שלא הגיע ללמד ועל הלמד ממנו לא כן הרשעים כי אם כמוץ וגו' והיינו דאמר רב מאי דכתיב כי רבים חללים הפילה זה תלמיד שלא הגיע להוראה ומורה. ומתי הגעתו בהוראה א"ר זירא מבן מ' שנה ולמעלה א) כלומר ישב ראש ישיבה ומת בן מ' שנה כבר פירשנוהו ביבמות ובראש השנה ופרקי' בימי רבה בר נחמני לא הוה עדיף מיניה אלא חכמי דורו כולן שוין הן לו לפיכך הורה. ועצומים כל הרוגיה זה תלמיד שהגיע להוראה וליכא עדיף מיניה ואינו מורה: מנין שאפי' שיחת חכמים צריכה תלמוד שנאמר ועלהו לא יבול ומצאנו שנקראו האילנות שיחים שנאמר וכל שיח השדה טרם יהיה בארץ: כתיב בתורה ובנביאים ובכתובים כל העוסק בתורה נכסיו מצליחין בתורה שנאמר ושמרתם את דברי הברית הזאת למען תשכילו וגו' בנביאים לא ימוש ספר התורה הזה מפיך וגו' כי אז תצליח את דרכיך ואז תשכיל [בכתובים] דכתיב וכל אשר יעשה יצליח מי האיש החפץ חיים וגו' סור מרע ועשה טוב והתעסק בתורה שנקרא לקח טוב (מתני') [פיסקא] הגיע לכיפה שמעמידין בה עבודה זרה אסור לבנותה: א"ר אלעזר אם בנה שכרו מותר. פשיטא. הכיפה משמשי עבודה זרה היא ומשמשי עבודה זרה בין לר' ישמעאל בין לר"ע אינן אסורין אלא עד שיעבדו דהא ר' ישמעאל ור"ע לא נחלקו אלא בעבודה זרה אבל במשמשי עבודה זרה דברי הכל עד שיעבדו חלוקת ר' ישמעאל ור"ע בפ' ר' ישמעאל אומר שלש אבנים (דף נא ע"ב) ופריק ר' ירמיה לא נצרכה להא דר"א אלא בשכירות עבודה זרה עצמה ודחי' ליה הניחא לר"ע איצטריך אלא לר' ישמעאל דאמר עבודה זרה דגוי אינה אסורה אלא משתיעבד ב) פשיטא ופרקי' לא נצרכה אלא למכוש אחרון כלומר אימת נקראת עבודה זרה במכוש אחרון בשעת גמר מלאכה ההוא מכוש אחרון לית ביה שו"פ אלמא קסבר ר"א ישנה לשכירות מתחלה ועד סוף וכל שכירות קודם שתהיה עבודה זרה מותרת: ראינו לגאון זצ"ל שאמר מותר לישראל להשכיר לגוי בין פונדק בין חנות ובין חצר ובין ספינה והגוי מפליג בה בשבת הני כולהו שריאן ואפי' בא"י דכבר פסיקא הלכתא כר' יוסי וכ"ש בשאר ארצות וליכא למיחש אלא במרחץ בלבד ולא בכל מרחץ אלא במרחץ הקרואה על שם ישראל ומפני מראית העין אסור ולא משום שביתה דלית שביתת כלים אלא לבית שמאי ואינה הלכה ואם יש לישראל דירה ובתוכה מרחץ שאין רוחצין בה אלא שוכני הדירה בלבד מותר להשכירה לגוי: מתני' אין מוכרין להן במחובר לקרקע:

א) נ"ל ופרכינן והא רבה אורי כלומר כו'. ב) דברי רבינו כמו שהוא לפנינו אינו מובן דאם הקושיא הוא לר"י דמאי קמ"ל פשיטא מאי מתרץ דלא נצרכה אלא למכוש אחרון ואולי דט"ס נפל בדברי רבינו.

שֶׁלֹּא לִיפְלוֹג לִישָּׁנֵי [ייחלקו הלשונות], שכל אחד מהם גורס את השמועה בלשון אחרת קצת, ואם לא תהיה לאדם גרסה ברורה ממקור אחד יתבלבלו הדברים בידו. ושבים לדרוש את הפסוק שעסקנו בו, שנאמר "והיה כעץ שתול עַל פַּלְגֵי מָיִם" (תהלים א, ג) אָמַר ר' תַּנְחוּם בַּר חֲנִילָאי: יש לדרוש "פלגי" במובן חלוקה, לְעוֹלָם יְשַׁלֵּשׁ אָדָם שְׁנוֹתָיו לשלושה חלקים: בִּשְׁלִישׁ מהם יעסוק בְּמִקְרָא, בִּשְׁלִישׁ האחר יעסוק בְּמִשְׁנָה, וּבִשְׁלִישׁ האחר יעסוק בְּתַלְמוּד, כלומר, משא ומתן והבנה של המשנה. ותמהים: מִי יָדַע אִינִישׁ [והאם יודע אדם] כַּמָּה חַיֵּי [כמה הוא חי] כדי שידע לחלק את שנותיו? ומשיבים: כִּי קָאָמְרִינַן [כאשר אנו אומרים] לחלק — הרי זה בְּיוֹמֵי [בימים], כלומר שיחלק את הימים באופן זה. נאמר בהמשך הפסוק: "אֲשֶׁר פִּרְיוֹ יִתֵּן בְּעִתּוֹ", אָמַר רָבָא בפירוש הפסוק: אִם "פִּרְיוֹ יִתֵּן בְּעִתּוֹ" כלומר, אם יוציא פרי מתורתו, כלומר שיעשה מה שלמד, הרי אז — "וְעָלֵהוּ לֹא יִבּוֹל", התורה מחיה אותו, וְאִם לָאו [לא] לומד לשם מעשה — עַל הַלּוֹמֵד וְעַל הַמְלַמֵּד עֲלֵיהֶם באופן זה הַכָּתוּב אוֹמֵר: "לֹא כֵן הָרְשָׁעִים כִּי אִם כמוץ אשר תדפנו רוח" (שם ד). אָמַר ר' אַבָּא אָמַר רַב הוּנָא אָמַר רַב, מַאי דִּכְתִיב [מהו שנאמר]: "כִּי רַבִּים חֲלָלִים הִפִּילָה" (משלי ז, כו)? זֶה תַּלְמִיד שֶׁלֹּא הִגִּיעַ לְשלב של הוֹרָאָה לאחרים, וּמוֹרֶה לרבים, שהוא כעין נפל ("הפילה"), "וַעֲצֻמִים כָּל הֲרוּגֶיהָ" — זֶה תַּלְמִיד שֶׁהִגִּיעַ לְהוֹרָאָה שהוא כבר התעצם בתורה וְאֵינוֹ מוֹרֶה לאחרים. וְעַד כַּמָּה? עד איזה גיל אינו נחשב ראוי להוראה? עַד אַרְבְּעִין שְׁנִין [שנים]. ומקשים: וְהָא [והרי] רָבָא אוֹרֵי [הורה] לרבים עוד לפני גיל ארבעים! ומשיבים: הָתָם [שם] מדובר שהם שָׁוִין, כאשר אין מי שהוא גדול ממנו, מותר לו להורות קודם שימלאו לו שנים אלה. ועוד על מה שנאמר: "וְעָלֵהוּ לֹא יִבּוֹל" (שם ג), אָמַר רַב אַחָא בַּר אַדָּא אָמַר רַב, וְאָמְרִי לָהּ [ויש אומרים] שאָמַר זאת רַב אַחָא בַּר אַבָּא אָמַר רַב הַמְנוּנָא אָמַר רַב: יש כאן רמז שֶׁאֲפִילּוּ שִׂיחַת חוּלִּין שֶׁל תַּלְמִידֵי חֲכָמִים שהיא בגדר עלים ולא בגדר פירות, גם היא צְרִיכָה תַּלְמוּד, שֶׁנֶּאֱמַר: "וְעָלֵהוּ לֹא יִבּוֹל". ובהמשך הפסוק נאמר: "וְכֹל אֲשֶׁר יַעֲשֶׂה יַצְלִיחַ", אָמַר ר' יְהוֹשֻׁעַ בֶּן לֵוִי: דָּבָר זֶה כָּתוּב בַּתּוֹרָה וְשָׁנוּי בַּנְּבִיאִים וּמְשׁוּלָּשׁ בַּכְּתוּבִים, שֶׁכָּל הָעוֹסֵק בַּתּוֹרָה — נְכָסָיו מַצְלִיחִין לוֹ. ומפרטים: כָּתוּב בַּתּוֹרָה — דִּכְתִיב [שנאמר]: "וּשְׁמַרְתֶּם אֶת דִּבְרֵי הַבְּרִית הַזֹּאת וַעֲשִׂיתֶם אֹתָם לְמַעַן תַּשְׂכִּילוּ אֵת כָּל אֲשֶׁר תַּעֲשׂוּן" (דברים כט, ח), לומר שיש לאדם הצלחה ("תשכילו") במעשיו ובקניניו ("כל אשר תעשון") כאשר הוא עוסק בתורה. שָׁנוּי בַּנְּבִיאִים — דִּכְתִיב [שנאמר]: "לֹא יָמוּשׁ סֵפֶר הַתּוֹרָה [הַזֶּה] מִפִּיךָ וְהָגִיתָ בּוֹ יוֹמָם וָלַיְלָה לְמַעַן תִּשְׁמֹר לַעֲשׂוֹת כְּכָל הַכָּתוּב בּוֹ כִּי אָז תַּצְלִיחַ אֶת דְּרָכֶיךָ וְאָז תַּשְׂכִּיל" (יהושע א, ח). מְשׁוּלָּשׁ בַּכְּתוּבִים — דִּכְתִיב [שנאמר]: "כִּי אִם בְּתוֹרַת ה' חֶפְצוֹ וּבְתוֹרָתוֹ יֶהְגֶּה יוֹמָם וָלָיְלָה, וְהָיָה כְּעֵץ שָׁתוּל עַל פַּלְגֵי מָיִם אֲשֶׁר פִּרְיוֹ יִתֵּן בְּעִתּוֹ וְעָלֵהוּ לֹא יִבּוֹל וְכֹל אֲשֶׁר יַעֲשֶׂה יַצְלִיחַ" (תהלים א, ב—ג). מסופר, היה מַכְרִיז ברבים ר' אֲלֶכְּסַנְדְּרִי, כדרך המוכרים: מַאן בָּעֵי חַיֵּי, מַאן בָּעֵי חַיֵּי [מי רוצה חיים, מי רוצה חיים]? כְּנוּף וַאֲתוּ כּוּלֵּי עָלְמָא לְגַבֵּיהּ [התאספו ובאו הכל אליו לקנות ממנו], אָמְרֵי לֵיהּ [אמרו לו]: הַב לָן חַיֵּי [תן לנו חיים], אָמַר לְהוּ [להם] את הפסוק: "מִי הָאִישׁ הֶחָפֵץ חַיִּים אוהב ימים לראות טוב נְצֹר לְשׁוֹנְךָ מֵרָע ושפתיך מדבר מרמה" (תהלים לד, יג—יד). ומסבירים מה שנאמר בהמשך פסוק זה: "סוּר מֵרָע וַעֲשֵׂה טוֹב", שֶׁמָּא יֹאמַר אדם: נָצַרְתִּי לְשׁוֹנִי מֵרָע וּשְׂפָתַי מִדַּבֵּר מִרְמָה, [אֵלֵךְ] וְאֶתְגָּרֶה בְּשֵׁינָה ולא אעשה דבר? תַּלְמוּד לוֹמַר: "סוּר מֵרָע וַעֲשֵׂה טוֹב", שצריך אדם גם לעשות טוב בפועל, ולא די לו בזה שהוא נמנע מעבירה, וְאֵין "טוֹב" אֶלָּא תּוֹרָה, שֶׁנֶּאֱמַר: "כִּי לֶקַח טוֹב נָתַתִּי לָכֶם תּוֹרָתִי אַל תַּעֲזֹבוּ" (משלי ד, ב).

א שנינו במשנה: בונים עמהם בימוסיאות ומרחצאות, הִגִּיעַ לְכִיפָּה מָקוֹם שֶׁמַּעֲמִידִין בָּהּ עֲבוֹדָה זָרָה מושך הבנאי היהודי ידו ואינו משתתף בבניה. אָמַר ר' אֶלְעָזָר אָמַר ר' יוֹחָנָן: מכל מקום אִם בָּנָה את הכיפה — שְׂכָרוֹ מוּתָּר. ותוהים: פְּשִׁיטָא [פשוט] הדבר, הלוא כיפה זו רק מְשַׁמְּשֵׁי עֲבוֹדָה זָרָה הֵן, דברים שמשתמשים בהם לעבודה זרה, וּמְשַׁמְּשֵׁי עֲבוֹדָה זָרָה בֵּין לְדַעַת ר' יִשְׁמָעֵאל בֵּין לְדַעַת ר' עֲקִיבָא, שנחלקו בענין עבודה זרה לעצמה להלן (נא,ב) — אֵינָן אֲסוּרִין בהנאה עַד שֶׁיֵּעָבְדוּ בהם עבודה זרה. אָמַר ר' יִרְמְיָה: לֹא נִצְרְכָה הלכה זו שאמר ר' אלעזר, אֶלָּא לַעֲבוֹדָה זָרָה עַצְמָהּ, ששכרה מותר אם עשאה. ושואלים: הָנִיחָא לְמַאן דְּאָמַר [זה נוח לשיטת מי שאומר]: עֲבוֹדָה זָרָה שֶׁל יִשְׂרָאֵל אֲסוּרָה מִיָּד כשעושה אותה, וְשֶׁל גּוֹי אינה אסורה בהנאה עַד שֶׁתֵּעָבֵד — שַׁפִּיר [יפה], משום שעבודה זרה זו שבנה אותו ישראל עבור גוים עדיין לא נעבדה, ולכן היא מותרת בהנאה. אֶלָּא לְמַאן דְּאָמַר [לדעת מי שאומר]: עבודה זרה שֶׁל גּוֹי אֲסוּרָה מִיָּד כשהיא נעשית, מַאי אִיכָּא לְמֵימַר [מה יש לומר]? אֶלָּא אָמַר רַבָּה בַּר עוּלָּא: לֹא נִצְרְכָה הלכה זו ששכרה מותרת אֶלָּא בְּמַכּוּשׁ אַחֲרוֹן כלומר, במעשה האחרון שהוא עושה בה להשלים את עבודתה. וטעם הדבר, כי עֲבוֹדָה זָרָה מַאן קָא גָּרֵים [מי גורם] לָהּ שתיעשה לעבודה זרה? גְּמַר מְלָאכָה, וְאֵימַת הָוְיָא [ואימתי הוא] גְּמַר הַמְּלָאכָה? בְּמַכּוּשׁ אַחֲרוֹן, ואולם מַכּוּשׁ אַחֲרוֹן שמכה לֵית בֵּיהּ [אין בו] שָׁוֶה פְּרוּטָה, והשכר שהוא מקבל הריהו על כל מה שעשה קודם לכן, קודם שנאסרה. ומעירים: אַלְמָא קָסָבַר [מכאן שהוא סבור] שֶׁיֶּשְׁנָהּ לִשְׂכִירוּת מִתְּחִלָּה וְעַד סוֹף כלומר, שזכות השכיר לשכר העבודה חלה בכל רגע ורגע של המלאכה ולא רק בגמר המלאכה, ולכן השכר שהוא מקבל נחשב כשכר עבור כל חלק וחלק שעשה במשך הזמן.

ב משנה וְאֵין עוֹשִׂין תַּכְשִׁיטִין לַעֲבוֹדָה זָרָה, קַטְלָאוֹת (שרשרות) וּנְזָמִים וְטַבָּעוֹת. ר' אֱלִיעֶזֶר אוֹמֵר: אם עושה זאת בְּשָׂכָר — מוּתָּר. ועוד בענייני מכירה לגוי: אֵין מוֹכְרִין לָהֶם דבר בִּמְחוּבָּר לַקַּרְקַע, אֲבָל מוֹכֵר הוּא מִשֶּׁיִּקָּצֵץ. ר' יְהוּדָה אוֹמֵר: אינו צריך שייקצץ בפועל, אלא די לו אם מוֹכֵר הוּא עַל מְנָת לָקוֹץ.

ג גמרא ושואלים: מְנָהָנֵי מִילֵּי [מנין הדברים הללו] שאסור למכור להם דבר המחובר לקרקע? אָמַר ר' יוֹסֵי בַּר חֲנִינָא:

עיונים

דלא ליפלוג לישני שכל חכם מלמד דברים בסגנון ובלשון אחרת, וגם כאשר הדברים שווים בתוכנם, התלמיד המתחיל מגיע לשיבוש ההבנה משום שינוי הלשונות (רש"י).

ביומי רש"י מדייק בלשון הגמרא, ומפרש: "ביומי" — בימי השבוע, שלומד בשני ימים בשבוע מקרא, בשנים משנה, ובשנים תלמוד (וכעין זה כתבו רבינו יונתן ונימוק"י, והוסיפו כי ביום השבת יחזור על מה שלמד במשך השבוע). אבל שאר הראשונים (ובראשם התוס' והרמב"ם) מסבירים כי בכל יום יחלק כך את שעות לימודו באותו יום (וראה במאירי שכתב כאן "ימיו ורגעיו"). וככבר כתב רב עמרם גאון בסידורו כי משום כך תיקנו שלפני התפילה אומרים הן פסוקי המקרא — פרשת התמיד, הן פרקי משנה — פרק "איזהו מקומן", והן תלמוד — שלוש עשרה מדות שהתורה נדרשת בהן, שהמדרש בכלל התלמוד הוא (ראה ברמב"ם), כדי לקיים מצוות הלימוד בכל חלקיה של התורה.

ובעצם הענין כתב הרמב"ם שאין הכוונה שיעשה כן כל שנותיו, אלא בתחילת לימודו יקדיש זמן שווה לכל נושא, ואחר כך ירבה להתעסק בתלמוד (וכן כתב הריטב"א בשם רבו ועוד). והוסיף הריטב"א שאין הכוונה שישלש לחלקים שווים תמיד, אלא לפי צורך לימודו וידיעותיו. וראה בתוס' בשם ר"ת שבימינו אנו עוסקים בעיקר בתלמוד, וסומכים על האמור שהוא "בלול במקרא במשנה ובתלמוד" (סנהדרין כד,א).

פריו יתן בעתו רש"י מסביר — שיהא קובע עתים לתורה תמיד. ובאופן אחר פירש (ולדעתו זהו הפירוש העיקרי): שלימודו עושה פירות, שמקיים מה שכתוב בתורה. ורבינו אלחנן בתוספותיו (וכן מובא בתוס' כאן) מסביר שהכוונה היא שיורה הוראה לרבים בזמן הראוי ("בעתו"). וכן כתבו בשם רבינו יונה שהכוונה היא שלא יקדים ולא יורה לפני זמנו. ודבר זה מתאים להמשך הדברים, וראה בגרסות. ואחרונים כתבו שהכוונה שילמד כל חלק מן הלימוד בזמן הראוי לו, הן מבחינת שלבי הלימוד (מהרש"א), והן מצד הזמן, כגון הלכות פסח בפסח וכדומה (עיון יעקב).

ועל המלמד לפי שהמלמד לרשע אף הוא עובר עבירה, ואם מלמד לתלמיד שאינו הגון אף הוא בכלל הרשעים (רש"י).

ועצומים רש"י מפרש "עצומים" כמו עצימת עינים, אלה שעוצרים עצמם ואינם מורים לרבים. ולפיכך גורמים למיעוט התורה (וראה ב"אורח ההלכה"). ומדברי המהר"ל נראה שהוא מפרש כפשוטו: "עצומים" = גדולים, שהם גדולים בתורה ואינם מורים.

עד ארבעין שנין כלומר, עד היותו בן ארבעים שנה, ורמז לדבר שאמרו במשנה: "בן ארבעים לבינה" (אבות פ"ה מכ"א). אבל בתוס' חכמי אנגליה פירשו כאן כדעת תוס' בסוטה (כב,ב), שהכוונה היא לארבעים שנה מאז החל ללמוד (ראה לעיל ה,ב).

רבא אורי וכפי המבואר בגמרא לא חי אלא ארבעים שנה, ובמשך שנים רבות היה מורה לרבים. ולכן הוצרכו לומר שאסור להורות לפני גיל זה כאשר יש גדול ממנו בעירו, אבל בשווים (וכל שכן כאשר הצעיר גדול בתורה) מותר לו להורות אף קודם לכן, וכן עשה רבה. וראה בתוס' סוטה כב,ב.

שיחת חולין שאינה בדברי תורה אלא בשאר עניינים. וכתב רש"י שאף לשונם צריכה תלמוד, שצריך ללמוד לדבר כלשונם משום שהיא בהירה ונקיה, וממנה יש הצלחה ומרפא (ראה משלי יב, יח). והמהרש"א העיר שמהגמרא במקום אחר (סוכה כא,ב) עולה משמעות אחרת לענין זה, שאף שיחת חולין שלהם צריכה לימוד ותשומת לב, משום שאפשר ללמוד ממנה בדרך אגב הרבה גופי תורה.

ועלהו לא יבול שאף שעיקר האילן הוא לפירות, והעלים הם דבר קל ערך — גם זה לא יבול, שאצל תלמיד חכם גם בדברים הנראים כחסרי ערך, ודבר של מה בכך, יש חיות ומשמעות ותוכן.

אתגרה בשינה יש מסבירים שכיון שיש איסור על דיבור לשון הרע, יכול אדם לחשוב שמוטב לו לישון ולא לדבר כלל, שלא יגיע ללשון הרע וכיוצא בו, ולכן נאמר שיש לעשות טוב, ולדבר בדברי תורה.

לית ביה שוה פרוטה והקשו בתוס': ומה בכך? הרי הנאה מעבודה זרה אסורה גם גם אין בה בכך שווה פרוטה, ואם שכר זה אסור נמצא שבתוך שכרו מעורב איסור הנאה גמור! ותירצו כי אף הגוי לא היה מוריד משכרו על מכוש אחרון, והרי זה כאילו אינו משלם עבור זה. ואף שבכלל אמרו שבן נח נהרג על גזל של פחות משווה פרוטה — תלוי הדבר בהקפדה, ואין מקפידים כל כך בכעין זה. ואילו הראב"ד מסביר כי עיקר האיסור ליהנות משכר עבודה זרה אינו מן התורה אלא מדברי חכמים בלבד, וכיון שמדובר בסכום בלתי חשוב לא קנסו לאסור הכל בגללו (ובדומה לזה כתב הרשב"א, וראה במאירי).

ישנה לשכירות כלומר, הפועל זוכה וקונה את שכרו מיד על כל פיסת עבודה שהוא עושה, ולכן מה שעשה קודם שנעשתה עבודה זרה לא נאסר כלל. וכתבו בתוס' שמחלוקת זו לענין מתי ישנה לשכירות אינה ענין אלא לדין זה ולדין קדושין, אבל לענין זמן מתן השכר, אמרו חכמים שמשלמים לשכיר רק בסוף עבודתו, ואינו זכאי לקבלו אלא אז, אלא שאין הדבר קשור לזכייה המהותית בשכר.

בשכר מותר בתוס' ועוד תמהו כיצד יתיר ר' אליעזר לכתחילה לעשות משמשי עבודה זרה, וגם דחו את האפשרות לפרש שמדובר כאן בהיתר הנאה בדיעבד מן השכר. ומשום כך טענו כי יש למחוק מן המשנה קטע זה של המשנה, כפי שאכן איננו מצוי בירושלמי ועוד. וראה בגרסות.

במחובר לקרקע דינה של מכירת קרקע עצמה נידון במשנה הבאה, שבארץ ישראל נאסר לדעת הכל למכור להם קרקע, ובחוץ לארץ נחלקו בדבר. ולפי זה נאמרה המשנה שלנו, שאינה מחלקת בדבר, דווקא לדעת ר' מאיר האוסר בכל מקום (כך משמע מדברי הרי"ף), או דווקא בארץ ישראל (כפי שמשמע מן הדיון בגמרא על משנתנו). או שנאמר כאן באופן סתמי כי דין המחובר לקרקע הריהו כדין הקרקע עצמה, לכל אחד מן התנאים לפי דעתו (כן מפרש גם הרמב"ן בפירוש אחד, וכך נראה מדברי הרשב"א והריטב"א והר"ן). ורמב"ן הציע לפרש כי גם לדעת המתירים למכור קרקע בחוץ לארץ יהא אסור למכור דבר המחובר לקרקע, משום שיש אפשרות למכור להם דברים אלו לאחר שנקצצו.

מוכר משיקצץ שכיון שאין עיקר האיסור אלא משום מתן חנייה בקרקע, הרי אין זה שייך כלל בדבר שנקצץ, ולכן לא גזרו חכמים על הקצוץ משום המחובר (מאירי).

אורח ההלכה

לעולם ישלש אדם וכו' צריך אדם לשלש זמן לימודו, שליש בתורה שבכתב, ושליש בתורה שבעל פה, ושליש בתלמוד (שיעיין ויבין בדברים עד שידע ויבין את מקורות ההלכה, כיצד נובע דבר מדבר, ומדוע זה אסור וזה מותר). במה דברים אמורים — בתחילת לימודו של אדם, אבל כשיגדיל בתורה יקרא בעתים מזומנות תורה שבכתב ותורה שבעל פה, כדי שלא ישכח לימודו, ויפנה כל זמנו לתלמוד בלבד לפי רוחב לבו ויישוב דעתו. וכתב רמ"א כי יש אומרים שבתלמוד הבבלי, שהוא כלול במקרא במשנה ותלמוד, אדם יוצא ידי חובתו (טור בשם רבינו תם). (רמב"ם ספר מדע הלכות תלמוד תורה פ"א הי"א. שו"ע יו"ד רמו, ד).

כי קאמרינן ביומי בכל יום יחלק זמן לימודו: שליש לתורה שבכתב, שליש לתורה שבעל פה, ושליש להבין דבר מתוך דבר (וראה בש"ך סק"ה). וכתב בשו"ע כי משום כך קבעו לאמר בכל יום פרשת התמיד ופרק "איזהו מקומן" ובריתא דר' ישמעאל, כדי שיזכה כל אדם לכך. (רמב"ם שם הי"ב. שו"ע שם. שם או"ח נ, א).

תלמיד שלא הגיע להוראה תלמיד שלא הגיע להוראה ומורה, הרי זה רשע שוטה וגס הרוח, ועליו נאמר: "כי רבים חללים הפילה". (רמב"ם שם פ"ה ה"ד. שם ספר שופטים הלכות סנהדרין פ"כ ה"ח. שו"ע שם רמב, יג. שם חו"מ י, ג).

תלמיד שהגיע להוראה כל תלמיד שהגיע להוראה ואינו מורה, הרי זה מונע תורה ונותן מכשולות בפני הרבים, ועליו נאמר: "ועצומים כל הרוגיה". והוא שיהיה הדור צריך לו, אבל אם הוא יודע שיש מי שראוי להוראה, והוא מונע עצמו מהוראה — הרי זה משובח. (רמב"ם שם ושם. שו"ע יו"ד שם סעיף יד. שם חו"מ שם).

בשוין אין לאדם להורות עד ארבעים שנה אם יש גדול ממנו בעיר, אף על פי שאינו רבו. וראה בש"ך. (שו"ע יו"ד שם סעיף לא בהגהה).

אם בנה שכרו מותר אסור לבנות עם הגויים כיפה שמעמידים בה עבודה זרה, ואם עבר ובנה — שכרו מותר. וכתב הרמ"א שאפילו בנה עבודה זרה עצמה — שכרה מותר, כמו שמשמע מסוגייתנו. וכן פסק הרמב"ם, ראה להלן. אבל נראה כי אין כן דעת השו"ע (וכך נראה מן הירושלמי והרי"ף לאסור. וראה בט"ז בש"ך ובגר"א). (רמב"ם שם הלכות עבודה זרה פ"ט הי"א. שם פ"ז ה"ה. שו"ע שם קמג, ב).

עבודה זרה ומשמשיה עבודה זרה של גוים אסורה בהנאה מיד כשעשאה, ועבודה זרה של ישראל אסורה רק לאחר שתיעבד. ותשמישיה של עבודה זרה, בין של ישראל בין של גוי — אינם אסורים אלא משישתמשו בהם לעבודה זרה. (רמב"ם שם פ"ז ה"ד. שו"ע שם קלט, א).

אלא במכוש אחרון העושה עבודה זרה לאחרים, אף על פי שלוקה — שכרו מותר, ואפילו עשאה עבור גוי, מפני שאינה נאסרת אלא עד שתיגמר, ומכוש אחרון שגומרה אין בו שווה פרוטה. כר' יוחנן וכדברי רבה בר עולא. (רמב"ם שם ה"ה).

ישנה לשכירות מתחילה עד סוף השכירות זוכה בה הפועל מתחילה ועד סוף, שכל זמן שעושה מקצת המלאכה זוכה במקצת מן השכר. ולכן המקדש אשה במלאכה שיעשה עבורה — אינה מקודשת, לפי שהוא כמילוה שמלוה לה, והמקדש במילוה אינה מקודשת. (רמב"ם ספר נשים הלכות אישות פ"ה ה"כ. שו"ע אה"ע כח, טו).

מוכר על מנת לקוץ אין מוכרים לגוים בארץ ישראל כל דבר המחובר לקרקע, כגון אילן או תבואה, אבל מוכר להם לאחר שיקצוץ, או מוכר לגוי על מנת לקצוץ וקוצץ. כר' יהודה. (רמב"ם ספר מדע הלכות עבודה זרה פ"י ה"ד. שו"ע יו"ד קנא, ז).

מסורת הש"ס

א. קדושין ל,א (בשינוי שם). ילק"ש תורה תתמ. שסנ"ך תריד.
ב. (כל הענין) סוטה כב,א. ילק"ש נ"ך תתקמ.
ג. סוכה כא,ב. ילק"ש נ"ך תריז. וראה שוח"ט פ"א. מדרש משלי פ"א. ילק"ש נ"ך תתקכט.
ד. ילק"ש נ"ך ז. שם תריד. שם תתקמ.
ה. (הביטוי) מגילה לא,א. ב"ק צב,א.
ו. ילק"ש תורה תקנו. שם נ"ך תשכ. וראה גם ויק"ר פט"ז ב. תנחומא בובר מצורע ה. שוח"ט פל"ט. שם פנ"ב (בשינויים).
ז. ע"ז יח,ב (ושם סומנו מקבילות).
ח. משנה אבות פ"ו מ"ג. ברכות ה,א. ירושלמי ר"ה פ"ג ה"ח. איכ"ר פתיחתות ב. איכ"ר בובר פתיחתא ב. תנחומא ראה יא. תנחומא בובר ראה ח. ספרי דאגדתא על אסתר (נו"ב) פ"ו. מדרש משלי פ"ב. שם פכ"ב. פסידר"כ פ"י. שם פט"ו. ילק"ש תורה תתצב. שסנ"ך תקכד.
ט. ירושלמי ע"ז פ"ט ה"ז.
י. ע"ז נב,א. חולין ח,ב.
יא. ע"ז נא,ב. נב,א. ירושלמי ע"ז פ"ג ה"ח. שם פ"ד ה"ד. תוספתא ע"ז פ"ה ד. ילק"ש תורה תתעח.
יב. קדושין מח,א. סג,א. ב"ק צט,א—ב.
יג. ע"ז יד,ב.

גרסות

דלא ליפלוג לישני יש במקורות: **דלא ליפגום לישניה.**

הלומד ועל המלמד בכתי"ס: **עליו ועל המלמד.**

כי אם וגו' אמר רבי אבא יש במקורות: **והיינו דאמר רבי אבא.**

נכסיו מצליחין בכתי"ס: **נכסיו מוצלחין** והגר"א גרס: **דרכיו מצליחין.**

שיחת חולין בכתי"מ: **סיחתן.**

כנוף ואתו בכתי"ס: **איכנוף ואזול.**

שמא יאמר אדם נצרתי בכתי"מ: **ושמא תאמר הואיל ונצרתי.**

הניחא למאן דאמר — מאי איכא בכתי"מ: **הניחא לר' ישמעאל דאמר עבודה זרה של נכרי אינה אסורה עד שתעבד אלא לר' עקיבא דאמר אסורה מאי איכא.**

אלמא קסבר ישנה בכתי"מ: **וקסבר ישנה.**

ואין עושין יש בכת"י: **אין עושין.**

ואין עושין — בשכר מותר יש במקורות: **אין עושין לעבודה זרה קטלאות נזמים וטבעות** ובירושלמי והרבה כת"י כל המשפט חסר, וראה בתוס'.

בשכר מותר הב"ח גרס: **שכרה מותר** ובכתי"מ ועוד: **נשברו מותר.**

משיקצץ בכתי"מ ועוד: **מה שקיצץ.**

לשון

קטלאות
מקור המלה בלטינית catella — שרשרת שתולים על הצוואר.

שאָמַר קְרָא [הכתוב]: ״לֹא תְחָנֵּם״ (דברים ז, ב), וכוונתו: לֹא תִּתֵּן לָהֶם חֲנָיָיה בַּקַּרְקַע. ושואלים: הַאי [זה] הכתוב ״לֹא תְחָנֵּם״ מִיבָּעֵי לֵיהּ [צריך אותו] לענין אחר, דְּהָכִי קָאָמַר רַחֲמָנָא [שכך אמרה התורה]: לֹא תִּתֵּן לָהֶם חֵן כלומר, שאסור לדבר בשבחם ולומר כמה הם יפים או טובים! ומשיבים: אִם כֵּן, אם לדבר זה בלבד כוונת הכתוב, לֵימָא קְרָא [שיאמר הכתוב]: ״לֹא תחוּנֵּם״, שאז יהיה ברור שהוא מלשון חנינה וחן, מַאי [מה] הדיוק בכתיבה ״לֹא תְחָנֵּם״ בחסר? שְׁמַע מִינָּהּ תַּרְתֵּי [למד מכאן שניים], לעניין חן ולעניין חניה. וחוזרים ושואלים: וְאַכַּתִּי מִיבָּעֵי לֵיהּ [ועדיין נזקק לו] הפסוק לענין אחר, דְּהָכִי אָמַר רַחֲמָנָא [שכך אמרה התורה]: לֹא תִּתֵּן לָהֶם מַתְּנַת שֶׁל חִנָּם! ואומרים: אִם כֵּן, לֵימָא קְרָא [שיאמר הכתוב] בצורה ברורה: ״לֹא תְחִינֵּם״, מַאי [מה] הדיוק: ״לֹא תְחָנֵּם״? שְׁמַע מִינָּהּ כּוּלְּהוּ [למד מכאן את כולם], כל הדרשות. ומעירים: תַּנְיָא נַמִי הָכִי [שנויה ברייתא גם כן כך], כדרשות הללו: ״לֹא תְחָנֵּם״ — לֹא תִּתֵּן לָהֶם חֲנָיָיה בַּקַּרְקַע, דָּבָר אַחֵר: ״לֹא תְחָנֵּם״ — לֹא תִּתֵּן לָהֶם חֵן, דָּבָר אַחֵר: ״לֹא תְחָנֵּם״ — לֹא תִּתֵּן לָהֶם מַתְּנַת חִנָּם. ומעירים: וּמַתְּנַת חִנָּם גּוּפָהּ [עצמה] תַּנָּאֵי [מחלוקת תנאים] הִיא, דְּתַנְיָא [ששנויה ברייתא]: ״לֹא תֹאכְלוּ כָל נְבֵלָה לַגֵּר אֲשֶׁר בִּשְׁעָרֶיךָ תִּתְּנֶנָּה וַאֲכָלָהּ אוֹ מָכֹר לְנָכְרִי״ (דברים יד, כ), אֵין לִי אֶלָּא לַגֵּר בִּנְתִינָה וּלְגוֹי בִּמְכִירָה, לַגֵּר בִּמְכִירָה מִנַּיִן? תַּלְמוּד לוֹמַר: ״תִּתְּנֶנָּה ואכלה אוֹ מָכֹר״, לְגוֹי בִּנְתִינָה מִנַּיִן? תַּלְמוּד לוֹמַר: ״תִּתְּנֶנָּה וַאֲכָלָהּ אוֹ מָכֹר לְנָכְרִי״, נִמְצָא אַתָּה אוֹמֵר: אֶחָד גֵּר וְאֶחָד גּוֹי בֵּין בִּנְתִינָה בֵּין בִּמְכִירָה, אלו דִּבְרֵי ר׳ מֵאִיר. ר׳ יְהוּדָה אוֹמֵר: דְּבָרִים כִּכְתָבָן, לַגֵּר — בִּנְתִינָה, וּלְגוֹי — בִּמְכִירָה אבל לא בנתינה, שלדעתו אין נותנים להם מתנת חינם. ומעירים: שַׁפִּיר קָאָמַר [יפה אמר] ר׳ מֵאִיר, שהרי מן הכתוב משמע ששני הדברים הם ראויים! וְר׳ יְהוּדָה אָמַר לָךְ [היה אומר לך] בתשובה לכך: אִי סָלְקָא דַּעְתָּךְ כִּדְקָאָמַר [אם עולה על דעתך כמו שאמר] ר׳ מֵאִיר, לִכְתּוֹב רַחֲמָנָא [שתכתוב התורה]: ״תִּתְּנֶנָּה וַאֲכָלָהּ וּמָכֹר״ בו׳ החיבור, ״אוֹ מכור״ שנאמר שם לָמָּה לִי? שְׁמַע מִינָּהּ [למד מכאן] לִדְבָרִים כִּכְתָבָן הוּא דַּאֲתָא [שבא] לחלק ביניהם. ומן הצד השני, וְר׳ מֵאִיר, מה הוא משיב לכך? הַהוּא [אותו] ״או״ בא להבהיר שבכל זאת יש חילוק בין הדברים, לומר שיש לְאַקְדּוּמֵי [להקדים] נְתִינָה במתנה לְגֵר לִפְנֵי מְכִירָה לגוי. וְר׳ יְהוּדָה סבור: כֵּיוָן שֶׁגֵּר אַתָּה מְצוּוֶּה לְהַחֲיוֹתוֹ, שנאמר ״וחי עמך״ (ויקרא כה, לה), וְגוֹי אִי [אין] אַתָּה מְצוּוֶּה לְהַחֲיוֹתוֹ, אם כן לְהַקְדִּים גר לגוי לֹא צָרִיךְ קְרָא [פסוק], שהדבר ידוע לנו ממקור אחר.

א שנינו בברייתא שהובאה קודם, דָּבָר אַחֵר: ״לֹא תְחָנֵּם״ — לֹא תִּתֵּן לָהֶם חֵן. ומעירים: מְסַיֵּיעַ לֵיהּ [לו] הדבר לְרַב, שאָמַר רַב: אָסוּר לְאָדָם שֶׁיֹּאמַר ״כַּמָּה נָאָה גּוֹיָה זוֹ״. מֵיתִיבֵי [מקשים] ממה ששנינו: מַעֲשֶׂה בְּרַבָּן שִׁמְעוֹן בֶּן גַּמְלִיאֵל שֶׁהָיָה עַל גַּבֵּי מַעֲלָה (מקום מוגבה) בְּהַר הַבַּיִת, וְרָאָה גּוֹיָה אַחַת נָאָה בְּיוֹתֵר, אָמַר: ״מָה רַבּוּ מַעֲשֶׂיךָ ה׳״ (תהלים קד, כד)! וְאַף ר׳ עֲקִיבָא רָאָה את אֵשֶׁת טוּרְנוּסְרוּפוּס הָרָשָׁע, רַק (ירק) שָׂחַק וּבָכָה, ומסבירים: רַק — משום שֶׁהָיְתָה בָּאָה (נוצרה) מִטִּיפָּה סְרוּחָה, שָׂחַק — משום שידע שעֲתִידָה היא דְּמִגַּיְּירָא וְנָסֵיב לָהּ [להתגייר והוא ישא אותה] לאשה, בָּכָה — דְּהַאי שׁוּפְרָא בָּלֵי עַפְרָא [שיופי זה סופו שיבלה בעפר]! וְרַב, כיצד מסביר הוא את מעשהו של רבן שמעון בן גמליאל? ומשיבים: אוֹדוּיֵי הוּא דְּקָא מוֹדֶה [הודאה הוא שמודה] לה׳ על מעשיו, ואינו משבח את הגוי לעצמו, וכפי שאוֹמֵר מָר [החכם]: הָרוֹאֶה בְּרִיּוֹת טוֹבוֹת כלומר, יצורים יפים ונאים, אוֹמֵר: ״בָּרוּךְ שֶׁכָּכָה בָּרָא בְּעוֹלָמוֹ״. ושואלים: וּלְאִסְתַּכּוּלֵי מִי שָׁרֵי [ולהסתכל באישה האם מותר]? מֵיתִיבֵי [מקשים] הרי פירשו את הכתוב ״וְנִשְׁמַרְתָּ מִכֹּל דָּבָר רָע״ (דברים כג, י) — שֶׁלֹּא יִסְתַּכֵּל אָדָם בְּאִשָּׁה נָאָה וַאֲפִילּוּ היא פְּנוּיָה, ולא יסתכל בְּאֵשֶׁת אִישׁ וַאֲפִילּוּ היא מְכוֹעֶרֶת,

עיונים

לא תחנם בתוס׳ (וכן בתוס׳ רבינו אלחנן ובתוס׳ הר״ש משאנץ) דנו בשאלה: הרי פסוק זה מדבר בשבע אומות של ארץ כנען, ואינו מדבר בכל הגוים כולם! (אכן, מובן הדבר אם מדובר כאן בארץ ישראל דווקא. ראה במאירי). והסבירו בעיקר כי יש דברים בכתובים שנאמרו לגבי הכנענים שאינם שייכים מצד עניינם אלא לכנענים עצמם, שנצטווינו להשמידם ולגרשם מן הארץ, אבל יש צדדים אחרים שעיקרם הוא הצורך להתרחק מן הגויים כדי שלא ללמוד ממעשיהם, ואיסורים אלה שייכים בכל האומות בשווה, ובכללם שלא לתת להם חנייה בינינו, כדי שלא נלמד ממעשיהם.

לא תתן להם חניה בקרקע שאם לא תהיה להם קרקע, אף ישיבתם ישיבת ארעי היא (רמב״ם), ומשום כך גם אין מוכרים להם דבר במחובר לקרקע, שהוא בכלל הקרקע (ראה ריטב״א), או משום שבדרך זו הם מחזיקים בקרקע (ראה רש״י בסוף העמוד הבא). וראה במאירי שכתב שהוא גזירה משום מכירת קרקע.

לא תתן להם חן הרמב״ם מסביר כי הכוונה היא שלא תתן להם חן בעיניך, משם שכך אתה גורם לעצמך להידבק עמו וללמוד ממעשיו.

שמע מינה תרתי כתב הריטב״א שאין הסברים אלה שייכים למחלוקת המובאת במקומות אחרים בענין דרשת הכתיב או הקרי, כי כאן כל המובנים נכללים בכתוב, ואין הם סותרים זה את זה, וביחוד שאין זה אלא ״גילוי מילתא״ ולא דרשת הכתוב ממש.

דבר אחר וכו׳ ובתוס׳ רבינו אלחנן שאלו: מפני מה לא הזכיר את המשמעות הפשוטה של הכתוב, שעניינה שאסור לחוס עליהם אלא להשמידם? ותירצו כי בכלל האיסור לתת להם חן ודאי נכלל גם זה.

מתנת חינם והעירו ראשונים (ראה תוס׳ ועוד) שאף שמצאנו שחכמים אמרו שמפרנסים עניי גוים מפני דרכי שלום, ותקנות כיוצא בהן, יש להבין כי דבר הנעשה משום דרכי שלום אין בו משום מתנת חינם, שהרי יש מטרה לדבר — השלום עמהם. וכיוצא בזה הביאו מה שמופיע בתוספתא ועוד, שבגוי המכירו מותר הדבר, לפי שהוא חלק מיחסי הגומלין ביניהם.

לגר בנתינה גר זה אינו גר צדק, מי שנעשה יהודי גמור, אלא ״גר תושב״, שקיבל על עצמו שבע מצוות בני נוח, אבל אין הוא נחשב כישראל שיהא אסור באכילת נבילה. וכאמור להלן, אף שגר תושב אינו גר צדק, מכל מקום כיון שקיבל עליו שמירת מקצת מצוות והוא תחת חסותנו, חייבים אנו לדאוג לשלומו ולטובתו.

להקדים נתינה דגר לומר שאם יש במקום גר תושב, הרי זו מצוה לתת לו במתנה את הנבילה ולא למוכרה (רש״י). ובתוס׳ שאלו: ומפני מה יפסיד הישראלי על ידי נתינה זו? שהרי גם בישראל גמור אין מצוה לתת לאדם מישראל מתנה ולא למכור את החפץ! ותירצו כי מאחר שמדובר כאן במקום שרובו ישראל, הרי הנבילה אינה שווה הרבה ליהודי, שאין לה קונים הרבה, ואינה אלא לכלבים וכיוצא בהם, ומשום שעבור היהודי הוא הפסד קטן ועבור הגר הוא מתנה גדולה (שהרי הוא אוכל אותה, ויש לו הנאה בה כמקבל בהמה שלימה) מן הראוי להקדים מתנה זו.

ואף ר׳ עקיבא וכו׳ כתבו המפרשים שלפי הנוסח כאן אין עניינו של ר׳ עקיבא נוגע כלל לענייננו, שהרי לא נאמר ששיבח אותה או אמר לה דבר. ולפיכך יש לומר שהובא הדבר רק משום קשר העניינים לגבי נכרית נאה, ולא לצורך הענין (תורת חיים, רש״ש). אבל ראה בגרסות.

הרואה בריות טובות וכפי שאמרו בירושלמי (ומובא בתוס׳ כאן) אומר ברכה זו לא רק על בני אדם אלא גם על בעלי חיים, ולפיכך אין בזה ענין של אמירת דברי שבח לגוי, אלא הודאה בלבד לקב״ה.

ונשמרת מכל דבר רע ומיד לאחריו בא הכתוב לענין הרואה קרי במחנה, ללמד שיש קשר בין הדברים (רש״י להלן עמוד ב). ועוד כתבו כי בזוהר מבואר כי המוציא זרע לבטלה נקרא ״רע״, ואם כן הוא עניינו של הכתוב ״ונשמרת מכל דבר רע״ — שלא יהרהר בדבר ויבוא לידי טומאת קרי (תורת חיים).

ואפילו פנויה שאף שהיא מותרת לו, מכל מקום אם מסתכל בה בדרך זנות הרי זו ראייה אסורה המביאה לידי חטא (וראה ברמב״ם).

אורח ההלכה

לא תתן להם חניה בקרקע מפני מה אין מוכרים לגוי דבר המחובר לקרקע — שלא תהא להם חניית קבע בקרקע. (רמב״ם ספר מדע הלכות עבודה זרה פ״י ה״ד).

לא תתן להם מתנת חינם אסור לתת מתנת חינם לגוי אלא אם כן הוא מכירו, או אם יש בדבר משום דרכי שלום. (רמב״ם שם ה״ד—ה. ושם ספר קנין הלכות זכיה ומתנה פ״ג הי״א. שו״ע יו״ד קנא, יא. שם חו״מ רמט, ב).

דברים ככתבן אין נותנים לגוי סתם מתנת חינם. אבל נותן הוא מתנה לגר תושב. ולכן נבילה או טריפה שביד ישראל מוכרה לגוי, ומוכרה או נותנה לגר תושב, מפני שישראל מצווין להחיותו. וכדברי ר׳ יהודה. (רמב״ם שם ושם. שו״ע חו״מ שם).

לא תתן להם חן אסור לדבר בשבחם של גוים, ואף לומר ״כמה נאה גוי זה״. וכל שכן שלא ידבר בשבח מעשיו או דבריו. אבל מותר להודות לה׳ שברא בריה נאה כזו. (רמב״ם ספר מדע שם. שו״ע יו״ד קנא, יד).

הרואה בריות טובות הרואה בריות (צמחים או חיות או בני אדם) יפים ומתוקנים ביותר, מברך ״ברוך... שככה לו בעולמו״. ומברך גם על גוי שנזדמן לו לראותו (וראה במג״א). (רמב״ם ספר אהבה הלכות ברכות פ״י הי״ג. שו״ע או״ח רכה, י).

שלא יסתכל באשה נאה צריך אדם להתרחק מן הנשים, ולא לנהוג עמן מנהגי שחוק, ואף לא להביט ביופיה של אשה נאה. ומותר להסתכל בפנויה אם היא יפה לצורך נישואין, אבל לא יסתכל בה לשם הנאתו. (רמב״ם ספר קדושה הלכות איסורי ביאה פכ״א ה״ב וה״ג. שו״ע אה״ע כא, א. שם סעיף ג).

מסורת הש״ס

א. ירושלמי ע״ז פ״א ה״ט. ילק״ש תורה תתמה.
ב. ע״ז סד,ב. ירושלמי שם. ילק״ש שם.
ג. ראה ע״ז שם.
ד. פסחים כא,ב. ב״ק מא,א. חולין קיד,ב. ילק״ש תורה רכ. שם שלט. שם שנט. שם תקמד. שם תקפג. שם תשי. שם תתצא.
ה. פסחים כא,ב. כג,ב. חולין קיד,ב. ספרי דברים יד,כא. ילק״ש תורה תתצא.
ו. (הביטוי, בדברי ר׳ יהודה) פסחים כא,ב. כג,ב. סוטה מח,ב. זבחים נט,א—ב. חולין קיד,ב. (בדברי אחרים) ברכות לה,ב. כתובות מו,א. קדושין יז,ב. סנהדרין קיא,א. זבחים נט,א. ירושלמי יבמות פ״ח ה״א. שם כתובות פ״ד ה״ד. מגילת תענית ד בתמוז.
ז. ראה ערכין יד,א. ילק״ש תורה תתמה.
ח. ירושלמי ברכות פ״ט ה״א. שם ע״ז פ״א ה״ט (בשינוי שם).
ט. (הביטוי) ברכות ה,ב.
י. ברכות נח,ב. ירושלמי שם ושם. תנחומא ויצא ו. תנחומא בובר פנחס א. ילמדנו ילקוט תלמוד תורה בראשית קלו.
יא. ראה ירושלמי שם ושם.
יב. ילק״ש תורה תתקלג.

גרסות

דהכי קאמר רחמנא לא תתן להם חן בכתי״מ: ללא תתן להם חן ובכתי״ס: לכדתניא לא תתן עליהם חן.

אם כן לימא — תרתי בכת״י חסר משפט זה.

דהכי קאמר רחמנא לא תתן בכת״י: ללא תתן.

מתנת של חנם בכתי״מ: מתנת חנם ובכתי״ס: מתנות חנם.

תלמוד לומר תתננה ואכלה בכת״י ועוד: תלמוד לומר תתננה.

שפיר — אמר לך בכתי״ס: ור׳ יהודה שפיר קאמר ר׳ מאיר. אמר לך.

ההוא לאקדומי בכתי״מ: ההוא מיבעי ליה לאקדומי ובכתי״ס: ההוא מיבעי ליה להקדים.

כמה נאה גויה זו בכתי״ס ועוד: כמה נאה גוי זה ובכתי״מ: כמה נאה גוי זה כמה נאה גויה זו.

שהיה על גבי בכת״י ובמקבילות: שהיה עומד על גבי.

נאה ביותר בכת״י: שהיתה נאה ביותר.

דהיא שופרא בלי ארעא בכתי״ס: אמר ווי לשופרא דאזיל ובלע בעפרא.

ורב אודויי הוא דקא מודה בכתי״מ: התם אודויי הוא דקא מודה ובכתי״ס וכן יש במקורות: רבנן אודויי קא מודו.

בריות טובות בכת״י: בריות טובות ואילנות טובות.

שככה ברא בכת״י ועוד: שככה לו.

אישים

טורנוסרופוס
זהו כינויו של הנציב הרומי טיניאוס רופוס (Tineius Rufus) שמשל ביהודה בתקופת מרד בר־כוכבא והשתתף בדיכוי המרד באכזריות רבה. על שום כך נתכנה טורונוסרופוס, כלומר הטירן העריץ (τύραννος — טוראנוס).
כמסופר לפנינו הוא ניהל ויכוחים בענייני אמונות ודעות עם ר׳ עקיבא, והוא הוא שגזר אחר כך להמיתו בייסורים. כמסופר במסכת תענית ציווה גם לחרוש את ההיכל, כדי לסמל את הריסתו המוחלטת.

דאמר קרא ^(דברים ז)^ לא תחנם ^א^לא תתן להם חנייה בקרקע האי לא תחנם מיבעי ליה דהכי קאמר רחמנא לא תתן להם חן א"כ לימא קרא לא תחונם מאי לא תחנם שמע מינה תרתי ואכתי מיבעי ליה דהכי אמר רחמנא ^ב^*לא תתן להם מתנת של חנם אם כן לימא קרא לא תחינם מאי לא תחנם שמע מינה כולהו תניא נמי הכי לא תחנם ^ג^לא תתן להם חנייה בקרקע דבר אחר לא תחנם לא תתן להם חן דבר אחר לא תחנם לא תתן להם מתנת חנם ומתנת חנם גופה תנאי היא *דתניא ^(שם יד)^ ^ד^לא תאכלו כל נבילה לגר אשר בשעריך תתננה ואכלה או מכור לנכרי אין לי אלא לגר בנתינה ולגוי במכירה לגר במכירה מנין תלמוד לומר תתננה או מכור לגוי בנתינה מנין תלמוד לומר תתננה ואכלה או מכור לנכרי נמצא אתה אומר אחד גר ואחד גוי בין בנתינה בין במכירה דברי ר' מאיר ^ה^רבי יהודה אומר ^ו^* ^ג^דברים ככתבן לגר בנתינה ולגוי במכירה שפיר קאמר ר"מ ור' יהודה אמר לך אי סלקא דעתך כדקאמר ר"מ לכתוב רחמנא תתננה ואכלה ומכור או למה לי שמע מינה לדברים ככתבן הוא דאתא ור"מ ההוא לאקדומי נתינה דגר למכירה דגוי ור' יהודה כיון דגר אתה מצווה להחיותו

א וכנעני אי אתה מצווה להחיותו להקדים לא צריך קרא: ד"א לא תחנם לא תתן להם חן: מסייע ליה לרב ^ז^דאמר רב* ^ח^אסור לאדם שיאמר כמה נאה גויה זו: מיתיבי ^ט^מעשה ברשב"ג שהיה על גבי מעלה בהר הבית וראה גויה אחת נאה ביותר אמר ^(תהלים קד)^ מה רבו מעשיך ה' ואף ר"ע ראה אשת טורנוסרופוס הרשע רק שחק ובכה רק שהיתה באה מטיפה סרוחה שחק דעתידה דמגיירא ונסיב לה בכה ^ט^דהאי שופרא בלי עפרא ורב ^ה^אודויי הוא דקא מודה דאמר מר ^י^*הרואה ^י^בריות טובות אומר ברוך שככה *ברא בעולמו ^יא^ולאסתכולי מי שרי מיתיבי ^(דברים כג)^ ^יב^ונשמרת מכל דבר רע שלא ^יג^יסתכל אדם באשה נאה ואפילו פנויה באשת איש ואפי' מכוערת ולא

רש"י

לא תתן להם חן. שלא יאמר כמה גוי זה נאה: **ה"ג אם כן לכתוב לא תחונם.** בקריאתו מלא דמשמע לשון חנינה והוא חן: **מאי לא תחנם.** חסר קרי ביה לא תחנס לשון חניית קרקע: **תניא נמי.** דכולהו ילפי מהאי קרא לא תתן להם חנייה מדלא כתיב תחונם קרי ביה תחנם לא תתן להם חן קרי ביה לא תחונם לשון חנינה והיינו חן מתנת חנם קרי ביה לא תחינם לשון חנם: **לגר אשר בשעריך.** גר תושב שקבל עליו שבע מצות שנצטוו בני נח ונבילה מותרת לו ואתה מצווה להחיותו דכתיב בגר ותושב (ויקרא כה) וחי עמך: **ת"ל או מכור.** וקאי אגר דלעיל מיניה לגר תתננה ואכלה או מכור: **לגוי בנתינה מנין ת"ל תתננה או מכור לנכרי.** ודרוש לתרוייהו אנכרי דאי לדברים ככתבן אתא דלגוי אסור לתתנה הכי איבעי ליה למכתב תתננה ואכלה לגר אשר בשעריך או מכור לנכרי דלא מצי לאוקומי קרייה דנתינה אנכרי: **ולגוי במכירה.** אבל בחנם אסור ליתן לו שום מתנה: **ופרכינן ור' יהודה הא ודאי שפיר קאמר ר"מ.** דבין מכירה בין נתינה איכא למישדינהו אגוי ואגר: **או.** חלוק הוא: **להקדים נתינה לגר.** אם יש גר בשעריך לא ימכרנה לגוי ולהכי אתא או למשמע הכי לגר אשר בשעריך תתננה והוא עיקר מצוה או אם אין גר מוכרה לגוי:

ולא

תוספות

דאמר קרא לא תחנם לא תתן להם חנייה בקרקע. דריש נמי מהאי קרא בסמוך שלא ליתן להם חן ושלא ליתן להם מתנת חנם וסתמא דמלתא מיירי בכולהו גוים וכן משמע בסוגיין בסמוך וקשה דהאי לא תחנם בשבע אומות דוקא כתיב דכתיב (דברים ז) ונשל גוים רבים מפניך החתי וגו' וכתיב לא תכרות להם ברית ולא תחנם ולא תתחתן בם ובפרק הערל (יבמות דף עו.) מוקמינן ליה בשבע אומות דבגירותן לית להו חתנות וכתיב עוד בתריה בתך לא תתן לבנו ואמרינן בספ"ק דיבמות (דף יז.) ובסוף האומר בקידושין (דף סח: ושם) דלרבנן דלא דרשי כי יסיר לרבות כל המסירין לא ילפינן מהאי קרא שאר אומות למימר דלא תפסי בהו קדושין דהא האי קרא בז' אומות כתיב וכן לא תחיה כל נשמה וי"ל דודאי בכל הנך קראי איכא טעמא רבה דלא מצינן לאוקמינן אלא בז' אומות(א) ולא תחיה כל נשמה ליכא לאוקמי בשאר אומות דבהדיא כתיב בהו והיו לך למס ועבדוך וכן כי יסיר לרבנן דלא דרשי טעמא דקרא סברא הוא לאוקמי בשבע אומות דמסירי טפי וכן לא תתחתן ליכא לאוקמי אלא בשבע אומות שהרי כל שאר אומות מותרין לבא בקהל בגירותן חוץ מאותם שאסר הכתוב מצרי עמוני ומואבי אבל מתנת חנם ונתינת חן וחנייה אין שום טעם לחלק בין שאר גוים לז' עממים מיהו קשיא דכריתת ברית שכתוב אצל לא תחנם אי בשאר אומות איירי הכתיב (מלכים א ה) גבי שלמה וחירם מלך צור ויכרתו ברית שניהם ועוד דמשמע כל שאר אומות לא הוזהרו על כריתת ברית דהא בגבעונים כתיב (יהושע ט) בקרבי אתה יושב ואיך אכרות לך ברית משמע הא בשאר אומות מותר וי"ל דלא תכרות ברית נמי לא קאי אלא בשבע אומות וטעמא רבה איכא ועניינא דקרא נמי מוכח דכתיב ונשל גוים רבים ועצומים ממך מפניך החרם תחרימם לא תכרות להם ברית ואיכא למימר דכיון דבשעת כיבוש קיימי בלא תחיה שלא בשעת כיבוש קיימי באיסור כריתות ברית אי נמי משום דלאדוקי בעבודה זרה טפי אבל שאר אומות לא*: **אחד** גר ואחד גוי בין במכירה בין בנתינה. הכא משמע דלכ"ע איכא למדרש תתננה ומכור אדלעיל מיניה ואדבתריה ואפילו רבי יהודה לא פליג אלא משום או וה"נ דרשינן פרק איזהו נשך (ב"מ דף סא.) את כספך לא תתן לו בנשך ובמרבית לא תתן אכלך דשדינן בנשך ובמרבית אכסף דלקמיה ואאכלך דלבתריה וקשה מ"ש מההיא דפרק קמא דקדושין (דף לג:) גבי מפני שיבה תקום והדרת פני זקן דלא שדינן תקום והדרת אשיבה ואזקן ויש לומר דהתם לא שייך והדרת גבי מפני ולא שייך נמי תקום גבי פני וקל להבין ואין להקשות מאותן מקראות שאין להם הכרע (יומא דף נב:) והסימן מהם(ב) מ"ם שו"א פירוש מחר משוקדים שאת ארור וקם אמאי לא אמרינן דקיימי אתרוייהו דהתם לא שייך פירושו בזה כמו בזה שאם עונה שאת אאם תיטיב יהיה שאת לשון נשיאות עון ואם עונה אאם לא תיטיב יהיה שאת לשון פורענות כמו נשא אשא להם וכן ארור אפם כי עז אם אפם מוסב לארור אינו מקלל אלא אפם ואם אפם מוסב על כי אז נמצא מקללם וכן וקם אי קאי אהעם נראה שיזנו אחרי אלהי נכר ואי קאי אהנך שכב וגו' רמז לתחיית המתים ול"ע ממשוקדים וממחר ואין לשם שום חלוק משמעות *וירושלמי מוסיף פסוק שאין לו הכרע בני יעקב באו מן השדה כשמעם או כשמעם ויתעצבו ולשם יש חילוק משמעות דאי כשמעם קאי אבאו משמע שבאו בלא עת ואי כשמעם קאי אויתעצבו א"כ באו בעתם ולאחר שבאו כשמעם אז ויתעצבו: **רבי** יהודה אומר דברים ככתבן. תימה לר' יהודה למה לי לא תחנם לאסור מתנת חנם ותיפוק לי' מהכא וי"ל דלא תחנם אצטריך ליתן בו לאו והאי דהכא נמי אצטריך לעשה אי נמי איכא למימר דהאי דהכא אצטריך לגלות על נתינה דגר שהיא מתנה ממש ולא נתינה בדמים והקשה ריב"ם דהכא אסר מתנת חנם לגוי לר' יהודה ובפרק כל שעה (פסחים דף כב. ושם ד"ה ור') מוקמינן ההיא דשולא אדם ירך לגוי כר' יהודה ותירץ רבי דבתוספתא* תניא גבי מילתיה דר' יהודה דהכא בגוי המכירו מותר מפני שהוא כמוכרו לו והא דאמרי' בפרק הדר (עירובין דף סד:) דא"ל להההוא גוי טול גלוסקין מאילעא ואע"פ שלא היה מכירו כדמשמע התם שאני התם שהיה מתלוה עמו בדרך וא"ת למאן דאסר וכי לית ליה ההיא *דמפרנסין עניי גוים עם עניי ישראל מפני דרכי שלום וי"ל דדרכי שלום אין זו מתנת חנם וא"ת ולמאן דשרי וכי לית ליה ההיא *דהגוים ורועי בהמה דקה לא מעלין ולא מורידין וי"ל דקרא מיירי שאינו מחיה באותה מתנה כי אף אם לא יתן לו כלום לא ימות: **ורבי** מאיר ההוא איצטריך להקדים נתינה דגר למכירה דגוי. וא"ת וכי אם יש לו לאדם חפץ למכור יתננו לגר קודם שימכרנו לגוי והלא אפי' לישראל אינו מצוה על כך וי"ל דדוקא נבילה שאינו שוה אלא דבר מועט לישראל שלא היו גוים מצויים ביניהם ולגר היא שוה הרבה כשאר בשר: **להקדים** לא צריך קרא. וא"ת כיון דמסברא יש לנו להקדים נתינה דגר למכירה דגוי למה נכתבה נתינה דגר כלל מכ"ש ממכירה דגוי ידעינן ליה וי"ל דאי לא כתיב נתינה דגר הוה אמינא דאסור ליתן לו נבילות כדי שיתן לב להתגייר לגמרי: **הרואה** בריות טובות אומר כו'. בירושלמי אומר אפי' גמל נאה סוס נאה חמור נאה אומר ברוך שככה לו בעולמו:

שלא

עין משפט נר מצוה

צה א מיי' פ"י מהל' עכו"ם הלכה ד:
צו ב מיי' שם ופרק ג מהל' זכיה ומתנה הלכה יא סמג עשין עד טור שו"ע יו"ד סי' קנא סעיף יא:
צז ג מיי' פ"י מהלכות עכו"ם הל"ד ופ"ג מהל' זכייה ומתנה הלי"א:
צח ד ה מיי' פ"י מהל' עכו"ם הל"ד טור שו"ע יו"ד סימן קנא סעיף יד:
צט ו מיי' פ"י מהל' ברכות הלי"ג סמג עשין כז טור שו"ע או"ח סימן רכה סעיף י:
ק ז מיי' פכ"א מהלכות איסורי ביאה הל"ב סמג לאוין קכז טור שו"ע אה"ע סימן כא סעיף א:

רבינו חננאל

[גמ'] מנא לן שנאמר לא תחנם ש"מ לא תתן להם חנייה בקרקע וש"מ לא תתן להם חן. אסור לישראל לומר גוי זה נאה הוא או גויה אבל נזדמן לו בקרן זוית שלא במתכוין וראה ורוצה לאודויי ולומר ברוך שככה לו בעולמו כדרך שאומר על האילנות שפיר דמי. אבל לתת לגוי מתנה בחנם תנאי היא ור' מאיר מתיר ור' יהודה אוסר דתניא לא תאכלו כל נבילה לגר אשר בשעריך וגו' אחד הגר ואחד הגוי בין במכירה בין בנתינה. ר"י אומר דברים ככתבן לגר בנתינה ולגוי במכירה כדכתיב או מכור לנכרי: ונשמרת מכל דבר רע שלא יסתכל אדם באשה נאה ואפילו בפנויה באשת

הגהות הב"ח

(א) תום' ד"ה דאמר וכו' בז' אומות דלא תחיה:
(ב) שם ד"ה אחד וכו' והסימן מהם מ"מ שא"ו פירוש:

[וע"ע תוס' יבמות כג. ד"ה ההוא בשבעה ותוס' מגילה דף יד: ד"ה לאגיירה ותוס' סוטה לה: ד"ה לרבות]

[וע"ע בתוס' יומא לא: ד"ה ופשט ודף נב: ד"ה שאת ובחולין קיד: ד"ה או וב"מ סא. ד"ה קרי ובפסחים כא: ד"ה לכתוב]

גליון הש"ס

תום' ד"ה דאמר וכו' שהרי כל שאר האומות מותרים. עי' טורי אבן מגילה דף יד: ד"ה לאגיירה:

מסורת הש"ס

[לקמן סד.]

פסחים כא: ב"ק מא. חולין קיד:

[פסחים שם כג: נזכר לקמן סד.]

[ערכין יז. ע"ש]

ברכות נח:

[ושם אי' ברוך שככה לו בעולמו וכ"א בטור שו"ע או"ח סימן רכ"ה ובירושל' שהביאו תוספו' דהכא ד"ה הרואה]

[פרק ג]

[גיטין סא.]

[לקמן כו.]

תורה אור

ולא בבגדי צבע [של] אשה ולא בחמור ולא בחמורה ולא בחזיר ולא בחזירה ולא בעופות בזמן שנזקקין זה לזה ואפילו מלא עינים כמלאך המות אמרו עליו על מלאך המות שכולו מלא עינים בשעת פטירתו של חולה עומד מעל מראשותיו וחרבו שלופה בידו וטיפה של מרה תלויה בו כיון שחולה רואה אותו מזדעזע ופותח פיו וזורקה לתוך פיו ממנה מת ממנה מסריח ממנה פניו מוריקות קרן זוית הואי: ולא בבגדי צבע [של] אשה: א"ר יהודה אמר שמואל אפילו שטוחין על גבי כותל א"ר פפא ובמכיר בעליהן אמר רבא דיקא נמי דקתני ולא בבגדי צבע *אשה ולא קתני ולא בבגדי צבעונין שמע מינה אמר רב חסדא הני מילי בעתיקי אבל בחדתי לית לן בה דאי לא תימא הכי אנן מנא לאשפורי היכי יהבינן הא קא מסתכל ולטעמיך הא *דאמר רב יהודה מין במינו מותר להכנים כמכחול בשפופרת הא קא מסתכל אלא בעבידתיה טריד ה"נ בעבידתיה טריד אמר מר ממנה מת נימא פליגא דאבוה דשמואל דאמר אבוה דשמואל אמר לי מלאך המות אי לא דחיישנא ליקרא דברייתא הוה פרענא בית השחיטה כבהמה דלמא ההיא טיפה מחתכה להו לסימנין ממנה מסריח מסייע ליה לרבי חנינא בר כהנא דא"ר חנינא בר כהנא אמרי בי רב הרוצה שלא יסריח

א מתו יהפכנו על פניו: *ת"ר ונשמרת מכל דבר רע שלא יהרהר אדם ביום ויבוא לידי טומאה בלילה מכאן *א"ר פנחס בן יאיר תורה מביאה לידי זהירות זהירות מביאה לידי זריזות זריזות מביאה לידי נקיות נקיות מביאה לידי פרישות פרישות מביאה לידי טהרה[א] טהרה מביאה לידי *(חסידות חסידות) מביאה לידי ענוה ענוה מביאה לידי יראת חטא יראת חטא מביאה לידי *(קדושה קדושה) מביאה לידי רוח הקודש רוח הקודש מביאה לידי תחיית המתים וחסידות גדולה מכולן שנאמר אז דברת בחזון לחסידיך ופליגא דרבי יהושע בן לוי דא"ר יהושע בן לוי ענוה גדולה מכולן שנאמר רוח ה' אלהים עלי יען משח ה' אותי לבשר ענוים חסידים לא נאמר אלא ענוים הא למדת *שענוה גדולה מכולן: אין מוכרין להן וכו': ת"ר *מוכרין להן אילן על מנת לקוץ

ב וקוצץ דברי ר' יהודה רבי מאיר אומר אין מוכרין להן אלא קצוצה שחת על מנת לגזוז וגוזז דברי רבי יהודה ר"מ אומר אין מוכרין להן אלא גזוזה קמה על מנת לקצור וקוצר דברי רבי יהודה ר' מאיר אומר אין מוכרין אלא קצורה וצריכא דאי אשמעינן אילן בהא קאמר רבי מאיר כיון דלא פסיד משהי ליה אבל האי דכי משהי לה פסיד אימא מודי ליה לר' יהודה ואי אשמעינן בהני תרתי משום דלא ידיע שבחייהו אבל שחת דידיע שבחייהו אימא מודי ליה לר' מאיר ואי אשמעינן בהא בהא קאמר ר' מאיר אבל בהנך אימא מודי ליה לרבי יהודה צריכא איבעיא להו בהמה על מנת לשחוט מהו התם טעמא מאי שרי ר' יהודה דלאו ברשותיה קיימי ולא מצי משהי להו אבל בהמה כיון דברשותיה דגוי קיימא משהי לה או דלמא לא שנא ת"ש דתניא בהמה ע"מ לשחוט ושוחט דברי רבי יהודה רבי מאיר אומר אין מוכרין לו אלא שחוטה:

ג מתני' אין משכירין להם בתים בארץ ישראל ואין צריך לומר שדות ובסוריא משכירין

רש"י

ולא בבגדי צבע [של] אשה. שזוכר את האשה כמו שהיא מלובשת בהן שמייפין אותה ומהרהר אחריה: קרן זוית הואי. כשפונה לימין או לשמאל ליכנס ממבוי למבוי ופוגעין זה את זה בקרן זוית דאינו רואה אותה מרחוק באה כנגדו שיעצם עיניו: בעליהן. האשה הרגילה ללובשן: צבע אשה. משמע שמכירה: בגדי צבעונין. (א)אינון של נשים ומדקתני בגדי צבע אשה משמע שמכירה: בעתיקי. שלבשתן וכבר ראה אותה מלובשת בהן וכשחוזר ורואה אותן נזכר ביפיה ודוקא בגדי צבעונין לפי שהאשה נאה בהן ולא שכיחי אבל שאר בגדים דשכיחי ואינן נוי לא מסיק אדעתיה להרהר: בחדתי. שלא לבשתן מעולם: לאשפורי. כובס המתקן בגדים חדשים: מין במינו. בהרבעת בהמה: מותר. לאדם להכניס בידים אבר הזכר: כמכחול בשפופרת. מכחול הוא קיסם שמכניסין בשפופרת קנה שהמכחול בתוכה והקיסם קרוי מכחול על שם שכוחלין בו: הא קא מסתכל. ותניא לעיל לא בחמור ולא בחמורה: בעבידתיה טריד. לבו על מלאכתו ושוכח בהרהור: הוה פרענא בית שחיטה. לראות מבחוץ כבהמה אלמא מחתך ממש הוא: ונשמרת מכל דבר רע. וסמיך ליה כי יהיה בך איש אשר לא יהיה טהור מקרה לילה וקא מזהר ליה להשמר שלא יבא לידי כך: תורה. על ידי שעוסק בה ועוד שרואה ומבין אזהרות שבה ונשמר: זריזות. [זריז] ונשמר קודם לכן שלא תבא עבירה לידו כי הכא דאינו מהרהר לבא לידי טומאה: זהירות. כשהעבירה בא לידו זהיר להשמר שלא יכשל והכי אמרינן בכל הבשר בשחיטת חולין (חולין דף קז:) מאי לאו דזהיר ולא נגע לא דזריז קדים ומשי ידיה מעיקרא: נקיות. נקי באין חטא: פרישות. אף מדבר המותר פורש להחמיר על עצמו: טהור. לא מלוכלך ועדיף מנקי: לידי רוח הקודש. להשרות עליו שכינה: אז דברת בחזון לחסידיך. ולא נאמר לירא יך ולענויך: שחת. תבואת חיטין ושעורין קודם שתמלא בזירין ובלע"ז פירינ"א: משהי ליה. גוי במחובר ונמלא שנתן לו ישוב וחנייה בקרקע: לא ידיע שבחייהו. לא מינכר שבח בחיבורין מכאן ואילך דקמה פסדא ואילן נהי נמי דלא פסיד מיהו לא מינכר דלשבח: אבל שחת. דנראה לעיניים דכמה דמשהי ליה משבחת: בהא קאמר ר"מ. בשחת משום דידיע שבחיה: דלאו ברשותיה קיימי. שחת ואילן וקמה בקרקע ישראל נינהו ולא מצי לשהוייניהו דישראל מעכב עליה: אבל בהמה. מכי זבן לה גוי ברשותיה קיימא: על מנת לשחוט. מתנה עמו בפירוש: מתני' אין משכירין בתים. לגוי בא"י גזירה משום מכירה דאיסור דאורייתא היא שנותן להם חנייה בקרקע: ואין צריך לומר שדות. דאיכא תרתי לאיסורא כדמפרש בגמרא: סוריא. ארם צובה וסמוכה לארץ ישראל וכיבשה דוד וחיברה לקדושת ארץ ישראל שלא על פי הדבור ובלא ששים ריבוא וקרי ליה *כיבוש יחיד:

משכירין

תוספות

שלא יהרהר אדם ביום. האי קרא דרשה גמורה היא ולא אסמכתא כדמוכח פרק נערה שנתפתתה (כתובות דף מו.) והקשה ה"ר אלחנן א"כ מאי רבותיה דיחזקאל דאמרינן פרק שני דחולין (דף לז:) ונפשי לא מטומאה שלא הרהרתי ביום ובאתי לידי טומאה בלילה ואור"י דמכל מקום רבותא היא ממה שהיה מציל עצמו מהרהור מה שאין כן בשאר אדם דאינו ניצול מהם בכל יום כדאמרי' בבבא בתרא פרק גט פשוט (דף קסד:) שלשה דברים שאין אדם ניצול מהם בכל יום וקא חשיב הרהור: ענוה מביאה לידי יראת חטא. בירושלמי דשקלים גרים איפכא יראת חטא מביאה לידי ענוה וקא סבר כרבי יהושע בן לוי דבסמוך דאמר ענוה גדולה מכולם והקשה ר' יהודה מפרי"ש דאמרינן במדרש *שלשה דברים שקולים זה כזה יראת חטא חכמה ענוה וי"ל דה"ק דלא סגיא להא בלא הא יראה בלא חכמה וחכמה בלא יראה ושתיהם בלא ענוה וענוה בלא שתיהם*:

חסידים לא נאמר אלא ענוים. וא"ת הא כתיב נמי אז דברת בחזון לחסידיך ולא כתיב לענויך וי"ל התם חסידים כתיב וכ"ש ענוים אבל לענין בשורת הגאולה פשיטא תולה אותם בחשובי' וגדולים יותר: ואי אשמעינן הני תרתי דלא ידיע שבחייהו. והקשה הר"ר אלחנן לישמעינן שחת דידיע שבחא וקמה דפסדא וכ"ש אילן וי"ל דלא זו אף זו קתני: בהמה ע"מ לשחוט מהו. תימה מאי בעי ומאי פליגי ר"מ ורבי יהודה בסמוך הא אפי' בסתם אמרינן לעיל* אימור לשחיטה זבנה ולפי' רשב"ם דלא מיירי לעיל אלא בפרה דוקא ניחא וי"ל לפ"ה דהכא מיירי בעגלים וסייחים שאסור למכור להם:

הא

רבינו חננאל

איש ואפילו מכוערת ולא בבגדי אשה צבועים ולא בחיה ובבהמה ובעוף ולא בחזירים ולא בחמורין בשעה שנזקקין זה לזה ואפי' מלא עינים כמלאך המות שמלאך המות מלא עינים הוא ובשעת פטירת האדם עומד מעל מראשותיו וחרבו שלופה בידו וטיפה של מרה תלויה בו וכיון שרואה החולה מזדעזע ופותח פיו וזורקה לתוך פיו ממנה מת ממנה מסריח ממנה פניו מוריקות: בגדי אשה צבעונין. אפילו שטוחין או מונחין על הכותל והוא שמכיר האשה והני מילי בישנים אבל בחדשים לא ובחדשים מיהא יהבינן להו לאומנים דאמרי' טריד בעבידתיה וכדרב יהודה דאמר מין במינו מותר להכנים כמכחול בשפופרת. ההיא טיפה דזריק לה מלאך המות בפי החולה מחתכה להו לסימנין וממנה מסריח והרוצה שלא להסריח מתו יהפכנו על פניו: ת"ר ונשמרת מכל דבר רע שלא יהרהר אדם ביום ויבא לידי טומאה בלילה מיכן א"ר פנחס בן יאיר זהירות מביאה לידי זריזות וזריזות לידי נקיות ונקיות לידי פרישות כו'. ענוה גדולה מכולם שנ' יען משח ה' אותי לבשר ענוים וגו' לבשר חסידים לא נאמר אלא ענוים הא למדת שענוה גדולה מכולם: פיס' ר' יהודה אומר מוכר על מנת לקוץ וקוצץ וכן קמה על מנת לקצור וקוצר. ושחת על מנת לגזוז וגוזז ר"מ אומר אינו מוכר לו אלא אילן קצוץ וקמה קצורה ושחת גזוזה וצריכא כו' וכן בהמה על מנת לשחוט ושוחט דברי ר' יהודה ר' מאיר אומר אינו מוכר לו אלא שחוטה: מתני' אין משכירין להם בתים בארץ ישראל ואין צריך

עין משפט נר מצוה

קא א מיי' פכ"א מהל' איסורי ביאה הל"כ סמג לאוין קכז טור שו"ע אה"ע סימן כג סעיף ג:

קב ב ג מיי' שם הלכה כ סמג שם טור שו"ע אה"ע סימן כא סעיף א:

קג ד ה מיי' שם הלכה כ סמג שם טור שו"ע אה"ע סי' כג סעיף ג:

קד ו מיי' פרק טז מהל' טומאת אוכלין הלי"ב:

קה ז מיי' [illegible] הלכה ז:

הגהות הב"ח

(א) רש"י ד"ה בגדי צבעונין אינון אלא של:

הגהות הגר"א

[א] גמ' טהרה מביאה לידי חסידות. נ"ב ע"ש ועי' בחלופי גרסאות (וכמ"ש הרש"א):

מסורת הש"ס

כתובות מו.

[צ"ל של אשה]

[ב"מ לא.]

[מס' דרך ארץ פ"ו]

[וע"ע תוספות יבמות קג: ד"ה המסולייס]

[דף טז.]

שקלים ו. ע"ש [במשנה שבמשניות סוף סוטה איתא בנוסחא אחרת ע"ש בתי"ט]

[צ"ל קדושה קדושה]

[צ"ל חסידות חסידות כך היא הגירסא במשנה דבסוף סוטה שבמשניות וכן גרס רב אלפס להכא וע"ש בסוף ההגהות]

[ערכין טז:]

[תוספתא פ"ב]

כיבוש יחיד כיבוש כל"ל [ל"ס]

דברים כג

תהלים פט

ישעיה סא

וְלֹא בְּבִגְדֵי צֶבַע [שֶׁל] אִשָּׁה, וְלֹא בַּחֲמוֹר וְלֹא בַּחֲמוֹרָה, וְלֹא בַּחֲזִיר וְלֹא בַּחֲזִירָה, וְלֹא בְּעוֹפוֹת, בִּזְמַן שֶׁנִּזְקָקִין זֶה לָזֶה (מזדווגים), וַאֲפִילּוּ היה מָלֵא עֵינַיִם כְּמַלְאַךְ הַמָּוֶת ורואה מכל צד — לא יסתכל. אָמְרוּ עָלָיו עַל מַלְאַךְ הַמָּוֶת, שֶׁכּוּלּוֹ מָלֵא עֵינַיִם, בִּשְׁעַת פְּטִירָתוֹ שֶׁל חוֹלֶה עוֹמֵד מלאך המות מֵעַל מְרַאֲשׁוֹתָיו וְחַרְבּוֹ שְׁלוּפָה בְּיָדוֹ, וְטִיפָּה שֶׁל מָרָה (ארס) תְּלוּיָה בּוֹ בקצה החרב, כֵּיוָן שֶׁחוֹלֶה רוֹאֶה אוֹתוֹ הריהו מִזְדַּעֲזֵעַ מפניו ומתוך כך פּוֹתֵחַ פִּיו, וְזוֹרְקָהּ מלאך המות לאותה טיפה לְתוֹךְ פִּיו, מִמֶּנָּה מטיפה זו מֵת החולה, מִמֶּנָּה מַסְרִיחַ, מִמֶּנָּה פָּנָיו מוֹרִיקוֹת! ומשיבים: רבן גמליאל לא הסתכל באישה בכוונה, אלא קֶרֶן זָוִית הֲוַאי [היתה] שם, שהאשה באה לקראתו מעבר לקרן הזוית, וראה אותה. ועל מה שנאמר בברייתא: וְלֹא יסתכל בְּבִגְדֵי צֶבַע [שֶׁל] אִשָּׁה, אָמַר רַב יְהוּדָה אָמַר שְׁמוּאֵל: אֲפִילּוּ כשהבגדים שְׁטוּחִין עַל גַּבֵּי כּוֹתֶל, ולא רק כשהיא לבושה בהם. ומן הצד האחר אָמַר רַב פַּפָּא: ומה שנאסר הוא דווקא בְּמַכִּיר בַּעֲלֵיהֶן את האשה הלובשת בגדים אלה, ולא בבגדים סתם. אָמַר רָבָא: דַּיְקָא נַמִּי [מדוייק גם כן] הדבר בלשון הברייתא, דְּקָתָנֵי [שהוא שונה]: "וְלֹא בְּבִגְדֵי צֶבַע [שֶׁל] אִשָּׁה", וְלָא קָתָנֵי [ואינו שונה] סתם "וְלֹא בְּבִגְדֵי צִבְעוֹנִין", משמע שמדובר בבגדי אישה הידועה לו. ומסכמים: אכן, שְׁמַע מִינָּהּ [למד מכאן] שכך הוא. ועוד בעניין ברייתא זו, אָמַר רַב חִסְדָּא: הָנֵי מִילֵּי [דברים אלה], שאסור להסתכל בבגדי צבע של אשה, אמורים בְּעַתִּיקֵי [בבגדים ישנים] שכבר לבשה אותם האישה, אֲבָל בַּחֲדַתֵּי, לֵית לָן בָּהּ [בבגדים חדשים, אין לנו כלום בכך], דְּאִי לָא תֵּימָא הָכִי [שאם לא תאמר כן], אֲנַן מָנָא לְאַשְׁפּוּרֵי הֵיכִי יָהֲבִינַן [אנו בגד לכבס לפני שימוש איך אנו נותנים]? הָא קָא [הרי הוא] הכובס מִסְתַּכֵּל בהם! ודוחים: וּלְטַעֲמֵיךְ [ולשיטתך] שאתה מוכיח מכובס לכל אדם, הָא [זה] שֶׁאָמַר רַב יְהוּדָה: בעלי חיים שהם מִין בְּמִינוֹ ואין בהם משום הרבעת כלאים — מוּתָּר לעסוק בהרבעה שלהם וּלְהַכְנִיס את איבר הזכר בנקבה כְּמכניס מִכְחוֹל בִּשְׁפוֹפֶרֶת צבע — יש לשאול על כך: הָא קָא [הרי הוא] מִסְתַּכֵּל, ואמרנו שאסור להסתכל בהם בשעת תשמישם! אֶלָּא יש לומר כי בַּעֲבִידְתֵּיהּ טְרִיד [בעבודתו טרוד], ולכן אינו מהרהר, הָכִי נַמִּי בַּעֲבִידְתֵּיהּ טְרִיד [כך גם כן הכובס בעבודתו הוא טרוד], ואין להוכיח מכאן לכל אדם.

אָמַר מָר [החכם] באותה ברייתא: מטיפה זו של מרה שבקצה חרבו של מלאך המות, מִמֶּנָּה הוא מֵת. ושואלים: נֵימָא, פְּלִיגָא דַּאֲבוּהּ [האם נאמר, שחלוק הדבר על אביו] של שְׁמוּאֵל, שֶׁאָמַר אֲבוּהּ [אביו] של שמואל, אָמַר לִי מַלְאַךְ הַמָּוֶת: אִי לָא דְּחָיֵישְׁנָא לִיקָרָא דִּבְרִיָּיתָא [אם לא שהייתי חושש לכבוד הבריות], הֲוָה פָּרַעְנָא [הייתי פורע, מגלה] את בֵּית הַשְּׁחִיטָה כְּדרך שעושים לִבְהֵמָה הנשחטת; משמע שמלאך המות שוחט בחרבו את אלה שהוא הורג, ואין הוא ממית בהטלת טיפת המרה! ודוחים: דִּלְמָא [שמא] הַהִיא [אותה] טִיפָּה של מרה מְחַתְּכָה לְהוּ [מחתכת אותם] את הסִימָנִין את הקנה והושט שבצואר האדם, כעין שחיטה. ועוד מעירים כי מה ששנינו בברייתא: מִמֶּנָּה מַסְרִיחַ, מְסַיֵּיעַ לֵיהּ [לו] לְר' חֲנִינָא בַּר כָּהֲנָא, שֶׁאָמַר ר' חֲנִינָא בַּר כָּהֲנָא, אָמְרִי בֵּי [אומרים בבית מדרשו של] רַב: הָרוֹצֶה שֶׁלֹּא יַסְרִיחַ מֵתוֹ, יַהַפְכֶנּוּ עַל פָּנָיו תחילה, משום שהטיפה המרה נכנסת לפיו, ומשם הוא מסריח.

א ומביאים ברייתא נוספת על הפסוק שדרשנו. תָּנוּ רַבָּנַן [שנו חכמים]: הכתוב "וְנִשְׁמַרְתָּ מִכֹּל דָּבָר רָע" (דברים כג, י), שהמשכו: "כי יהיה בך איש אשר לא יהיה טהור מקרה לילה", בא ללמדנו שֶׁלֹּא יְהַרְהֵר אָדָם בַּיּוֹם וְיָבוֹא לִידֵי טוּמְאָה בַּלַּיְלָה. מִכָּאן שהזהירה התורה בענין זה. אָמַר ר' פִּנְחָס בֶּן יָאִיר: תּוֹרָה מְבִיאָה לִידֵי זְהִירוּת במצוות, זְהִירוּת מְבִיאָה לִידֵי זְרִיזוּת בהן, זְרִיזוּת מְבִיאָה לִידֵי נְקִיּוּת הנפש, נְקִיּוּת מְבִיאָה לִידֵי פְּרִישׁוּת התרחקות מכל רע, פְּרִישׁוּת מְבִיאָה לִידֵי טָהֳרָה והסרת כל תאוה, טָהֳרָה מְבִיאָה לִידֵי חֲסִידוּת, חֲסִידוּת מְבִיאָה לִידֵי עֲנָוָה, עֲנָוָה מְבִיאָה לִידֵי יִרְאַת חֵטְא, יִרְאַת חֵטְא מְבִיאָה לִידֵי קְדוּשָּׁה, קְדוּשָּׁה מְבִיאָה לִידֵי רוּחַ הַקּוֹדֶשׁ, רוּחַ הַקּוֹדֶשׁ מְבִיאָה לִידֵי תְּחִיַּית הַמֵּתִים, וַחֲסִידוּת גְּדוֹלָה מִכּוּלָּן, שֶׁנֶּאֱמַר: "אָז דִּבַּרְתָּ בְחָזוֹן לַחֲסִידֶיךָ" (תהלים פט, כ). ומעירים: וּפְלִיגָא [וחלוק הדבר] על שיטת ר' יְהוֹשֻׁעַ בֶּן לֵוִי, שֶׁאָמַר ר' יְהוֹשֻׁעַ בֶּן לֵוִי: עֲנָוָה היא מעלה גְּדוֹלָה מִכּוּלָּן, שֶׁנֶּאֱמַר: "רוּחַ ה' אֱלֹהִים עָלָי יַעַן מָשַׁח ה' אֹתִי לְבַשֵּׂר עֲנָוִים" (ישעיהו סא, א), "חֲסִידִים" לֹא נֶאֱמַר אֶלָּא "עֲנָוִים", הָא [הרי] לָמַדְתָּ מכאן שֶׁעֲנָוָה גְּדוֹלָה מִכּוּלָּן.

ב שנינו במשנה שאֵין מוֹכְרִין לָהֶן דבר המחובר לקרקע. תָּנוּ רַבָּנַן [שנו חכמים]: מוֹכְרִין לָהֶן אִילָן עַל מְנָת לָקוֹץ וְקוֹצֵץ אותו, דִּבְרֵי ר' יְהוּדָה. ר' מֵאִיר אוֹמֵר: אֵין מוֹכְרִין לָהֶן אֶלָּא קְצוּצָה. וכן מוכר להם שַׁחַת עַל מְנָת לִגְזוֹז וְגוֹזֵז, דִּבְרֵי ר' יְהוּדָה. ר' מֵאִיר אוֹמֵר: אֵין מוֹכְרִין לָהֶן אֶלָּא גְּזוּזָה. וכן מוכרים להם קָמָה עַל מְנָת לִקְצוֹר וְקוֹצֵר, דִּבְרֵי ר' יְהוּדָה. ר' מֵאִיר אוֹמֵר: אֵין מוֹכְרִין אֶלָּא קְצוּרָה. ומעירים: וּצְרִיכָא [וצריך] שייאמרו כל האופנים הללו, אף שלכאורה עניינם אחד, דְּאִי אַשְׁמְעִינַן [שאילו היה משמיע לנו] את מחלוקתם בְּאִילָן בלבד, היינו אומרים: דווקא בְּהָא קָאָמַר [בזו אמר] ר' מֵאִיר שאין מוכרים אלא קצוץ, כי יש לחשוש שכֵּיוָן דְּלָא פָּסֵיד, מַשְׁהֵי לֵיהּ [שאינו נפסד אם ישאר במקומו, משהה אותו] הגוי מחובר לקרקע, אֲבָל הַאי דְּכִי מַשְׁהֵי לָהּ, פָּסֵיד [זה, הקמה, שאם ישהה אותה, יפסיד] — אֵימָא מוֹדֵי לֵיהּ [אמור שמודה לו] לְר' יְהוּדָה, שיכול למכור בעודנה מחוברת על מנת לקוצרה, משום שוודאי יקצור אותה. ומן הצד השני וְאִי אַשְׁמְעִינַן בְּהָנֵי תַּרְתֵּי [ואם היה משמיע לנו בשני אלה], הייתי אומר כי דווקא בהם מתיר ר' יהודה למכור על מנת לקצוץ ולקצור, ואין לחשוש שמא ישהה אותם הגוי, מִשּׁוּם שֶׁלֹּא יְדִיעַ שִׁבְחַיְיהוּ [ידוע שבחם] אם ישארו יותר זמן בקרקע, אֲבָל בְּשַׁחַת דִּידִיעַ שִׁבְחַיְיהוּ [שידוע השבח שלהם] — אֵימָא מוֹדֵי לֵיהּ [אמור שמודה לו] ר' יהודה לְר' מֵאִיר שיש לחשוש שמא ישהה הקונה את הגזיזה. ולהיפך, וְאִי אַשְׁמְעִינַן בְּהָא [ואם היה משמיע לנו את מחלוקתם רק בזו, בשחת], היינו אומרים: בְּהָא קָאָמַר [בזו דווקא אמר] ר' מֵאִיר שצריך לגזוז קודם המכירה, אֲבָל בְּהָנָךְ אֵימָא מוֹדֵי לֵיהּ [באלה שמא מודה לו] לְר' יְהוּדָה, משום שאין שבחם ידוע, על כן צְרִיכָא [צריך] שייאמרו כולם. אִיבַּעְיָא לְהוּ [נשאלה להם לחכמים]: בְּהֵמָה גסה, שאסור למוכרה שמא יעבוד בה (ראה לעיל יד,ב), אם מכר לו עַל מְנָת לִשְׁחוֹט, מַהוּ? ונברר: הָתָם טַעְמָא מַאי שָׁרֵי [שם, במשנתנו, מה טעם התיר] ר' יְהוּדָה למכור אילן על מנת לקצוץ? משום דְּלָאו בִּרְשׁוּתֵיהּ קַיְימִי וְלָא מָצֵי מַשְׁהֵי לְהוּ [שלא ברשותו של הגוי הם עומדים, ואינו יכול להשהות אותם], והיהודי בעל הקרקע דוחק בו שיחתוך, אֲבָל בְּהֵמָה, כֵּיוָן דְּבִרְשׁוּתֵיהּ דְּגוֹי קַיְימָא [שברשותו של הגוי היא עומדת] לאחר מכירתה, האם יש לחשוש שמא מַשְׁהֵי לָהּ [משהה אותה], אוֹ דִּלְמָא לָא שְׁנָא [שמא אינו שונה]? ומציעים, תָּא שְׁמַע [בוא ושמע] תשובה לדבר, דְּתַנְיָא [ששנויה בברייתא]: מותר לו למכור לו בְּהֵמָה עַל מְנָת לִשְׁחוֹט וְשׁוֹחֵט, דִּבְרֵי ר' יְהוּדָה. ר' מֵאִיר אוֹמֵר: אֵין מוֹכְרִין לוֹ אֶלָּא שְׁחוּטָה. משמע שאף בזה נחלקו.

ג משנה אֵין מַשְׂכִּירִין לָהֶם לגוים בָּתִּים בְּאֶרֶץ יִשְׂרָאֵל, וְאֵין צָרִיךְ לוֹמַר שאין משכירין להם שָׂדוֹת, כאשר יבואר בגמרא. וּבְסוּרְיָא

מסורת הש"ס

א. שמחות ספר חיבוט הקבר פ"א ה"ה. שם ברייתות מאבל רבתי פ"ו ה. כלה רבתי פ"ג ה"א. וראה איכ"ר פ"א כט. ילק"ש תורה תתקלג.
ב. ב"מ צא,א. ילק"ש תורה תריג.
ג. ראה ערכין ז,א.
ד. כתובות מו,א. ילק"ש תורה תקג. שם תריב. שם תתקלג. וראה חולין מד,ב.
ה. (בשינויים) סוטה מט,א. ירושלמי שקלים פ"ג ה"ג. שם שבת פ"א ה"ג. כלה רבתי פ"ב ו. שהש"ר פ"א ט. מדרשי משלי פט"ו. ילק"ש תורה תקג. שם תריב. שם תתקלד.
ו. ערכין טז,ב. ילק"ש תורה תתקלג. שם נ"ך תקג.
ז. תוספתא ע"ז פ"ב דוראה מסכת כותים פ"א ג.
ח. (בשינוי) ירושלמי ע"ז פ"א ה"ח. וראה מסכת כותים שם.
ט. תוספתא ע"ז פ"ב ח.

גרסות

צבע של אשה בכתי"מ: **צבע אשה.**

ולא בעופות בכתי"מ ועוד: **ולא בעוף ולא בעופף** ובכתי"ס ועוד: **ולא בעוף ולא בעופפת.**

שנזקקין זה לזה בכתי"מ: **שנזקקין זה עם זה.**

תלויה בו בכתי"ס: **תלויה בה.**

וזורקה בכתי"ס: **ונוטל טיפה וזורקה.**

קרן זוית בכתי"ס ועוד: **התם קרן זוית** ובכתי"מ: **אמרי התם קרן זוית.**

אמר רב חסדא הני מילי בכתי"ס: **והני מילי.**

הא קא מסתכל בכתי"מ ועוד נוסף: **ועבר משום לפני עור לא תתן מכשול.**

לידי טומאה בכתי"ס: **לידי קרי.**

תורה מביאה לידי זהירות בכת"י ובמקורות חסר משפט זה.

טהרה מביאה לידי חסידות, חסידות בכתי"מ בכתי"ס ובמקורות רבים: **טהרה מביאה לידי קדושה, קדושה.**

יראת חטא מביאה לידי קדושה, קדושה מביאה לידי רוח הקודש בכתי"מ ועוד: **יראת חטא מביאה לידי רוח הקודש** ובכתי"ס: **יראת חטא מביאה לידי ענוה.**

ענוה מביאה לידי יראת חטא בכתי"ס: **ענוה מביאה לידי חסידות.**

רוח הקדש מביאה לידי תחית המתים בכתי"מ ועוד: **רוח הקודש מביאה לידי חסידות** ובכתי"ס משפט זה חסר.

חסידים לא נאמר אלא ענוים בכת"י ועוד: **לבשר חסידים לא נאמר אלא לבשר ענוים.**

האי דכי משהי לה פסיד בכתי"מ: **קמה דאי משהי לה איכא פסידא** ובכתי"ס: **קמה דאי משהי לה פסדא.**

בהני תרתי משום בכת"י: **בהני תרתי בהא קאמר ר' יהודה משום.**

דלאו ברשותיה קיימי ולא מצי משהי להו בכתי"ס: **דלא ברשותיה דגוי קיימי לא שביק ליה ישראל לשהויינהו.**

החיים

בגדי צבע של אשה
כפי שעולה מן המקורות הכתובים, ומן המעט שנמצא בארכיאולוגיה, בגדי הגברים היו בדרך כלל בעלי צבע אחיד, אם בצבע המקורי של האריג, או בצבע חום־צהבהב או שחור. יש שהיו מוסיפים תבניות של עיטור לאריגה. בבגדים מיוחדים היו מוסיפים לעתים רצועות מצבע זוהר יותר (כגון פסי ארגמן). גם בגדי העבודה של נשים היו מגוון אחיד. אולם, בגדי נשים חגיגיים, או כאלו הקשורים ליחסי קירבה ומיועדים למשיכת תשומת לב, היו רבי צבעים ורבי ריקמה (וראה בשופטים ה, ל). משום כך היו בגדים כאלה נחשבים כמעוררים ומגרים כשלעצמם.

לעזי רש"י

פירינ"א צ"ל: פירי"א, מן הצרפתית העתיקה feraje — חציר, שחת.

עיונים

בבגדי צבע שאינם בגדים רגילים, אלא בגדים מיוחדים שלובשת לשם נוי, וכיון שמסתכל בהם בא להרהר באשה הלובשת אותם.

מלא עינים וכו' כלומר, אפילו היה מלא עינים מכל צד, שמפני רצונו להביט קשה לו לעצום עיניו — מכל מקום צריך להיזהר (תוס' חכמי אנגליה). ובעיון יעקב מסביר — כגון שנמצא בין הנשים, שלכל מקום שיביט יראה בו אשה. ויש שכתב כי הדימוי למלאך המוות אינו מקרי, אלא מלאך המוות מתמלא עינים מתוך חטאיהם של בני אדם, והמסתכל בדברים אסורים לו הריהו מוסיף עינים למלאך המות (סדר יעקב).

אמרו עליו על מלאך המות וכתב בעיון יעקב שדימוי זה בא משום שנאמר בו שהוא משוטט בארץ (איוב פרק א), ועיניו כביכול רואות הכל, שהרי אין אדם יכול להיחבא ממנו.

ולענין מאמר זה כולו כתב המהר"ל שמפני שיש באדם נשמה עליונה אין המוות דבר טבעי באדם כמו בשאר יצורים המתפרדים לחלקיהם, אלא הוא אופן שנדבק בו כוח עליון של רעה, והוא המביא למותו, והתיאור כאן הוא תיאור סמלי כיצד מתדבק בו כוח הרע עד שמוציאו מן העולם. וכתב שמפני זה סבר אביו של שמואל שדביקה זו של המוות היתה צריכה להיות בכוח גדול עד שייראה הדבר כלפי חוץ, כי משום שנדבק בכוח הרע פניו מוריקות וכו'.

אמר רבי פנחס בן יאיר דברים אלה של ר' פנחס בן יאיר מובאים בכמה מקומות (בסיום המשנה של מסכת סוטה, כמשנה או כברייתא, וכן בירושלמי במסכת שקלים). ורבו בהם הנוסחות (ומקצתם מובאות בגרסות כאן) הן במנין הדברים והן בשינויי הסדר. והרמח"ל כתב את ספר המוסר "מסילת ישרים" כביאור מפורט לברייתא זו.

תורה מביאה לידי זהירות רש"י מסביר שעצם לימוד התורה שומר עליו. ועוד, שכאשר לומד תורה הריהו יודע ממה עליו להישמר, כדי שלא יגיע לנסיון. וכתב המהר"ל שאף שבהרבה נוסחות אין משפט זה מצוי, הכל מודים שצריכה הקדמה של תורה, שהתלמוד מביא לידי מעשה. ומה שיש שלא גרסו דבר זה, הרי זה משום שאינו ממש כעין שאר הדברים שנמנים אחר כך שהם מתיקוני מידות הנפש.

זריזות רש"י מסביר שזריזות היא ההישמרות מלהגיע למקום של חשש עבירה, וזהירות היא היכולת להישמר מלחטוא כאשר העבירה באה לידו. ונראה שלפניו היה הסדר: זריזות מביאה לידי זהירות. וברוב הנוסחות לא גרסו כן, אלא שזהירות מביאה לידי זריזות, וזריזות היא מידה עדיפה. והסביר מהר"ל כי הזהירות מביאה לידי זריזות בהתרחקות יתירה מן החטא. והראב"ד מסביר כי זהירות היא לפני מעשה, בראיית הנולד, וזריזות היא הדרך הראויה בשעת מעשה.

נקיות כלומר, נקיון מכל חטא (רש"י) ומכל הרהור רע (רא"ה, ריא"ז). וכתב ריעב"ץ שבכלל זה נכלל גם ענין נקיון הגוף והבגדים כפשוטו, שאף הוא גורם לאדם תיקון בנפשו.

פרישות מסביר רש"י: שפורש אף מדבר המותר, כדי שלא ייכשל בדבר או בתאוה של איסור. והמהרש"א מפרש כאן פרישות במובן תפילה, שהאדם פורש מכל עסקיו ופורש כפיו בתפילה.

טהרה רש"י מסביר שטהרה היא יותר מנקיות, ועניינה נקיון גמור בלי כל רבב. ואילו ריעב"ץ פירש כי הכוונה לענייני טהרה שאינם מצד השכל (כמו נקיות) אלא מצד התורה, כמו שמצאנו בחסידים הראשונים שנזהרו מטומאה, ויש בזה לטהר את הנפש. וכן פירש בשו"ת מהרשד"ם (או"ח סימן יז) שהוא על דרך חסידים שהיו אוכלים חולין על טהרת הקודש. והריא"ז כתב שהפרישות מביאה למדרגה זו ששוב אינו נמשך כלל אל הרע. וראה כעין זה במהר"ל.

טהרה מביאה לידי חסידות שמאחר שהוא פרוש ולבו טהור מאהבת ענייני עולם הזה, הריהו אוהב ה' ואוהב הבריות, ועושה במידת החסד מעבר למה שהוא מחוייב על פי שורת הדין. ורא"ה כתב כי חסידות היא שכל דרכיו ומעשיו לשם שמים.

חסידות מביאה לידי ענוה שהחסיד אין חסר לו כלום ואינו דואג לעצמו, וממילא יש בו גם ענוה, ששומע חרפתו ואינו משיב (מהרשד"ם).

ענוה לידי יראת חטא וכו' שאינו מחשיב עצמו כאדם שלם שלא יקרה לו כל דבר חטא ועוון, אלא הוא ירא ובורח מן החטא. או שמשום שאינו מחשיב עצמו, והחשוב בעיניו הוא רצונו וכבודו של ה' הריהו חרד מלעשות כל דבר שיש בו לעבור על רצונו. ודבר זה יביא אותו לידי קדושה, שאין לו בחייו אלא העניינים האלקיים, והם עולמו, ואז הוא נעשה מרכבה למקום ומשפיע עליו ה' רוח ממרום (ראה מהרשד"ם ומסילת ישרים).

לידי תחיית המתים שיזכה להחיות מתים בתפילתו, כמו שהנביאים והצדיקים וחכמי המשנה היו עושים (נמוק"י). ומהרשד"ם פירש כי הכוונה היא גם שאדם זה מחזיר אנשים בתשובה, שהרי רשעים קרויים מתים, והוא מחייה את נשמותיהם, על דרך שאמרו: כל מי שיש בו יראת שמים דבריו נשמעים.

וחסידות גדולה מכולן וכו' דבר זה מתאים בפשטות לגרסות האחרות בברייתא זו (ראה גרסות) ולפיהן החסידות היא בראש המעלות (או שעל כל פנים היא המביאה לרוח הקודש). ולגרסתנו יש להבין כי על כל פנים מציינת הברייתא שהכתוב מציין את עבדי ה' בתור חסידים ולא בתואר אחר, ומכאן שיש צד של גדולה יתירה בחסידות לעומת המעלות האחרות.

חסידים לא נאמר ואף שנאמר "בחזון לחסידיך" — כל שכן ענווים. אבל כשמדבר בבשורת הגאולה ודאי מזכיר את המעלה העליונה (תוס').

והעירו בתוס' כי במסכת דרך ארץ נאמר שענוה חכמה וחסידות שקולות זו כזו, והסבירו ששם הכוונה היא שכולן נזקקות זו לזו כדי שיהא להן קיום.

משהי ליה ונמצא עובר בכך על "לא תחנם" — לא תתן להם ישוב וחניה בקרקע (רש"י).

ידיע שבחייהו שבשחת ניכר לעין שככל שמשאיר את התבואה בקרקע ואינו קוצרה היא גדלה ומשביחה, ולכן יש בזה טעם ניכר שישהה הקונה את השחת בקרקע ככל שיוכל.

הני תרי וכו' בתוס' הסבירו כי בכל מקרה אין מקום להסביר מדוע נזכרו שלושה דברים, ולכן צריך לומר שבסוף הם מסודרים לפי הענין "לא זו אף זו".

אין משכירין והוא גזירה משום איסור המכירה, שהיא אסורה משום "לא תחנם" (רש"י ועוד, והוא לפי הגמרא).

אורח ההלכה

לא בחמור וכו' אל יסתכל אדם בבהמה חיה ועוף בשעת זיווגם. (רמב"ם ספר קדושה הלכות איסורי ביאה פכ"א ה"כ. שו"ע אה"ע כג, ג).

בבגדי צבע אל יסתכל אדם בבגדי צבע של אשה שהוא מכירה, אפילו כשאינם עליה, שלא יבוא לידי הרהור. כרב יהודה וכרב פפא. (רמב"ם שם הכ"א. שו"ע שם כא, א).

להכניס כמכחול בשפופרת מותר למגדלי בהמות להכניס כמכחול בשפופרת, מפני שעסוקים במלאכתם ואינם מהרהרים. (רמב"ם שם ה"כ. שו"ע שם כג, ג).

שלא יהרהר אדם ביום אסור לאדם להביא עצמו להרהר במחשבות זימה, שלא יבוא לידי טומאה. (רמב"ם שם הי"ט. שו"ע שם).

פרישות מביאה וכו' אף שמותר מן הדין לאכול ולשתות דברים טמאים (כשאינו נכנס או נוגע בדברים המקודשים), חסידים הראשונים היו אוכלים בטהרה ונזהרים כל ימיהם מן הטומאה, והם הנקראים פרושים, ופרישות מביאה לידי טהרת הגוף, וטהרת הגוף מביאה לידי קדושת הנפש, וקדושת הנפש מביאה להידמות בשכינה. וכדברי ר' פנחס בן יאיר לפי גרסת הירושלמי (כס"מ). (רמב"ם ספר טהרה הלכות טומאת אוכלים פט"ז הי"ב).

בהמה על מנת לשחוט מותר למכור לגוי בהמה על מנת לשוחטה, ושוחט אותה לפניו. וכדברי ר' יהודה שהלכה כמותו נגד ר' מאיר. (רמב"ם ספר זמנים הלכות שבת פ"כ ה"ד).

מַשְׂכִּירִין לָהֶם בָּתִּים אֲבָל לֹא שָׂדוֹת, וּבְחוּצָה לָאָרֶץ מוֹכְרִין לָהֶם בָּתִּים וּמַשְׂכִּירִין שָׂדוֹת, דִּבְרֵי ר׳ מֵאִיר. ר׳ יוֹסֵי אוֹמֵר: בְּאֶרֶץ יִשְׂרָאֵל מַשְׂכִּירִין לָהֶם בָּתִּים אֲבָל לֹא שָׂדוֹת, וּבְסוּרְיָא מוֹכְרִין בָּתִּים וּמַשְׂכִּירִין שָׂדוֹת, וּבְחוּצָה לָאָרֶץ מוֹכְרִין אֵלּוּ וָאֵלּוּ. ומוסיפים: **אַף בְּמָקוֹם שֶׁאָמְרוּ** שמותר **לְהַשְׂכִּיר, לֹא לְבֵית דִּירָה אָמְרוּ, מִפְּנֵי שֶׁהוּא** (הגוי) **מַכְנִיס לְתוֹכוֹ עֲבוֹדָה זָרָה**, והדבר אסור, **שֶׁנֶּאֱמַר: "לֹא תָבִיא תוֹעֵבָה אֶל בֵּיתֶךָ"** (דברים ז, כו), והרי ביתו של ישראל הוא. ועוד אמרו בענין דומה, **וּבְכָל מָקוֹם לֹא יַשְׂכִּיר לוֹ אֶת הַמֶּרְחָץ, מִפְּנֵי שֶׁהוּא נִקְרָא עַל שְׁמוֹ** של המשכיר, והרואים סבורים שהוא עצמו משתמש בו בשבת.

א גמרא ומבררים את משנתנו: **מַאי** [מה] טעם נקטה המשנה בלשון **"אֵין צָרִיךְ לוֹמַר שָׂדוֹת"**? מדוע דין שדות ברור יותר מדין בתים? **אִילֵימָא** [אם תאמר] **מִשּׁוּם דְּאִית** [שיש] **בָּהּ** בשדה רגיל **תַּרְתֵּי** [שני דברים]: **חֲדָא** [אחת], שהוא נותן להם **חֲנָיַית קַרְקַע; וַחֲדָא, דְּקָא מַפְקַע לָהּ** [ואחת, שהוא מפקיע אותה] את הקרקע **מִמַּעֲשֵׂר; אִי הָכִי** [אם כך], **בָּתִּים נַמִּי אִיכָּא תַּרְתֵּי** [גם כן יש שניים]: **חֲדָא** [אחת], **חֲנָיַית קַרְקַע; וַחֲדָא, דְּקָא מַפְקַע לָהּ** [ואחת, שהוא מפקיע אותה] **מִמְּזוּזָה! אָמַר רַב מְשָׁרְשְׁיָא: מְזוּזָה חוֹבַת הַדָּר** בבית **הוּא**, ואינה חובת הבית לעצמו, ולכן בבית שאין ישראל דר בו ממילא אין שייכת מצות מזוזה, ואין השכרת הבית לגוי מפקיעתו ממצות מזוזה.

עוד שנינו: **בְּסוּרְיָא מַשְׂכִּירִין בָּתִּים** וכו׳, ושואלים: **מַאי שְׁנָא** [מה שונה] **מְכִירָה** שלא ימכור בתים שם? גזירה **מִשּׁוּם מְכִירָה** של בתים **בְּאֶרֶץ יִשְׂרָאֵל; אִי הָכִי** [אם כך], **מַשְׂכִּירוּת נַמִּי** [גם כן] **נִגְזוֹר**, שלא ישכירו להם בתים בסוריא, מחשש השכרת בתים בארץ ישראל! ומשיבים: השכרת בתים בארץ ישראל **הִיא גּוּפָהּ** [עצמה] אינה אלא **גְּזֵרָה** שמא יבוא למכור, **וַאֲנַן נֵיקוּם** [ואנו נעמוד] **וְנִיגְזוֹר גְּזֵרָה לִגְזֵרָה**, שיהא כן גם בסוריא? ומקשים: **וְהָא** [והרי] **שְׂכִירוּת שָׂדֶה שֶׁבְּסוּרְיָא**, שגם היא **גְּזֵרָה לִגְזֵרָה הִיא**, שהרי שכירות שדה גם בארץ ישראל היא רק גזירה, ונמצא שיש פה גזירה לגזירה, ובכל זאת **קָא גָּזְרִינַן** [אנו גוזרים]! ומשיבים: לדעת ר׳ מאיר יש להבין אחרת את עצם איסור מכירת בתים ושדות בסוריא, **הָתָם** [שם] בסוריא **לָאו** [לא] **גְּזֵרָה הוּא** משום ארץ ישראל, אלא איסור לעצמו, **קָסָבַר** [סבור הוא] ר׳ מאיר: **כִּיבּוּשׁ יָחִיד שְׁמֵיהּ** [שמו נקרא, נחשב] **כִּיבּוּשׁ**, שכאשר כבש דוד המלך את סוריה — על ידי כיבושו זה נתקדשה בקדושת ארץ ישראל, ולכן **שָׂדֶה דְּאִית בֵּיהּ תַּרְתֵּי** [שיש בו שני נימוקים] לאיסור, משום "לא תחנם" ומשום הפקעת מעשר — **גָּזְרוּ בֵּיהּ רַבָּנַן** [בו חכמים] גם שכירות, כמו ארץ ישראל. **בָּתִּים דְּלֵית בְּהוּ תַּרְתֵּי** [שאין בהם שני נימוקים] — **לֹא גָּזְרוּ בְּהוּ רַבָּנַן** [בהם חכמים]. ועוד שנינו כי לדעת ר׳ מאיר **בְּחוּצָה לָאָרֶץ** מוכרים להם בתים, ומשכירים להם שדות אבל לא מוכרים. ומסבירים: **שָׂדֶה דְּאִית בֵּיהּ תַּרְתֵּי** [שיש בו שני טעמים לאיסור] בארץ ישראל — **גָּזְרוּ בְּהוּ רַבָּנַן** [בהם חכמים] שלא למכור אף בחוצה לארץ, **בָּתִּים דְּלֵית בְּהוּ תַּרְתֵּי** [שאין בהם שני נימוקים] — **לֹא גָּזְרוּ בְּהוּ רַבָּנַן** [בהם חכמים] שלא למכור. ועוד שנינו במשנה, **ר׳ יוֹסֵי אוֹמֵר: בְּאֶרֶץ יִשְׂרָאֵל מַשְׂכִּירִין לָהֶם בָּתִּים** אבל לא שדות. ומסבירים: **מַאי טַעְמָא** [מה הטעם]? **שָׂדוֹת דְּאִית בְּהוּ תַּרְתֵּי** [שיש בהם שני נימוקים] — **גָּזְרוּ בְּהוּ רַבָּנַן** [בהם חכמים] שלא להשכיר, **בָּתִּים דְּלֵית בְּהוּ תַּרְתֵּי** [שאין בהם שני נימוקים] — **לֹא גָּזְרוּ בְּהוּ רַבָּנַן** [בהם חכמים]. ועוד שנינו כי לשיטתו של ר׳ יוסי, **וּבְסוּרְיָא מוֹכְרִין** בתים ומשכירים שדות, אבל לא מוכרים. ומסבירים: **מַאי טַעְמָא** [מה הטעם]? **קָסָבַר** [סבור הוא]: **כִּיבּוּשׁ יָחִיד לָא שְׁמֵיהּ** [אין שמו] **כִּיבּוּשׁ**, ולכן אין בה איסור "לא תחנם" ולא הפקעה ממעשר, **וְשָׂדֶה דְּאִית בָּהּ תַּרְתֵּי** [שיש בו שנים טעמים לאיסור] בארץ ישראל — **גָּזְרוּ בָּהּ רַבָּנַן** [חכמים] שלא למכור אף בסוריא, **בָּתִּים דְּלֵית בְּהוּ תַּרְתֵּי** [שאין בהם שני נימוקים] — **לֹא גָּזְרוּ בְּהוּ רַבָּנַן** [בהם חכמים]. **"וּבְחוּצָה לָאָרֶץ מוֹכְרִין** בתים ושדות". **מַאי טַעְמָא** [מה הטעם]? **כֵּיוָן דְּמִרַחַק** [שמרוחק] המקום מארץ ישראל, ששם עיקר האיסור — **לָא גָּזְרִינַן** [אין אנו גוזרים] כלל כמו שגזרו בסוריא.

ובמסקנת ההלכה בעניין זה, **אָמַר רַב יְהוּדָה אָמַר שְׁמוּאֵל: הֲלָכָה כְּר׳ יוֹסֵי** שמותר למכור בתים לגוי בחוצה לארץ. **אָמַר רַב יוֹסֵף: וּבִלְבַד שֶׁלֹּא יַעֲשֶׂנָּה שְׁכוּנָה** של גוים. **וְכַמָּה הִיא שְׁכוּנָה? תָּנָא** [שנה החכם]: **אֵין שְׁכוּנָה פְּחוּתָה מִשְּׁלֹשָׁה בְּנֵי אָדָם.** ושואלים: **וְלֵחוּשׁ** [ונחשוש] **דִּלְמָא אָזֵיל הַאי יִשְׂרָאֵל וּמְזַבֵּין לְחַד גּוֹי** [שמא הולך ישראל זה ומוכר לגוי אחד], **וְאָזֵיל הֵיאָךְ וּמְזַבֵּין לָהּ לִתְרֵי** [והולך האחר ומוכר לשניים] ונמצא שיהיו שם שלושה גוים, ונעשתה שכונה! **אָמַר אַבַּיֵי**: על **"לִפְנֵי** עור לא תתן מכשול" (ויקרא יט, יד) **מִפַּקְדִּינַן** [אנו מצווים], על **"לִפְנֵי"** של **"לִפְנֵי" לָא מִפַּקְדִּינַן** [אין אנו מצווים] כלומר, אנו מצווים רק כאשר המוכר גורם מכשול באופן ישיר, אבל אם זה דבר שנעשה בעקיפין אין בו איסור.

ב שנינו במשנה **שאַף בְּמָקוֹם שֶׁאָמְרוּ** והתירו **לְהַשְׂכִּיר** לגוי, לא לבית דירה אמרו. ומעירים: **מִכְּלָל דְּאִיכָּא דּוּכְתָּא דְּלָא מוֹגְרֵי** [מכאן שיש מקום שאין משכירים] **דירות כלל.**

מסורת הש"ס

א. פסחים ו,א. ע"ז טו,א. וראה תוספתא ע"ז פ"ב ה"ט.
ב. פסחים ד,א. ב"מ קא,ב.
ג. ביצה ג,א. נדה סז,ב. ירושלמי תרומות פ"ט ה"א. וראה גם ירושלמי פסחים פ"א ה"א. שם סנהדרין פ"ה ה"א. ילק"ש תורה תקעב.
ד. גיטין ח,ב. וראה ירושלמי חלה פ"ב ה"א.
ה. גיטין מז,ב. וראה ירושלמי שם. ספרי דברים יא,כד.
ו. ראה ירושלמי ע"ז פ"א ה"ט.
ז. ראה נדה סא,ב.
ח. ע"ז יד,א. וראה שם ו,א—ב.

גרסות

משכירין להם בירושלמי ובכמה כת"י: **משכירין.**

בארץ ישראל בירושלמי ועוד: **אף בארץ ישראל.**

בתים אבל לא שדות בירושלמי ועוד: **בתים.**

מפני שהוא מכניס בירושלמי ועוד: **שמכניס.**

אל ביתך בירושלמי ועוד: **אל ביתך והיית חרם כמוהו.**

חניית קרקע בכתי"מ ועוד: **חנייה בקרקע.**

אמר רב משרשיא בכתי"ס: **הא אמר רב משרשיא.**

מזוזה בכתי"מ: **זאת אומרת מזוזה.**

מאי שנא מכירה — היא גופה בכתי"מ וכעין זה בכתי"ס: **מאי שנא מכירת בתים דלא גזירה משום מכירה דארץ ישראל אי הכי שכירות בתים נמי נגזר משום שכירות דארץ ישראל, שכירות דארץ ישראל גופה** ובגליון כתי"ס, וכן הוא כנראה במקורות נוספים: **מאי שנא שכירות שדות דלא דגזרינן בתים נמי ליגזור היא גופה גזרה אנן ניקו ניגזור גזרה לגזרה, והא שדות דקא גזרינן, כיון דאיכא תרתי גזרינן** וראה בריי"ד וברא"ה.

משכירות נמי נגזור בכתי"ס: **שכירות בתים נמי ניגזר וכי תימא היא גופה גזירה.**

התם לאו גזירה היא קסבר בכתי"מ: **התם לאו משום גזירה היא אלא קסבר** בכתי"ס: **התם לאו משום גזרה לגזרה היא אלא משום דקסבר.**

מאי טעמא כיון דמרחק לא גזרינן בכתי"מ חסר משפט זה.

משלשה בני אדם בכתי"ס נוסף: **בשלשה בתים.**

האי ישראל ומזבין — לה לתרי בכתי"מ: **האי ומזבין לבי תרי.**

החיים

סוריא

סוריא היא הארץ שמצפון לארץ ישראל, אותן ארצות ארם שכבש דוד המלך — ארם דמשק וארם צובא. תחום זה מקביל בעיקרו לסוריה של ימינו (אף כי גבול ארץ ישראל היה צפונה יותר מאשר הגבול בימינו), והוא מגיע עד ארם צובא — חלב של הזמן הזה. משום שנכבשה ("כיבוש יחיד") על ידי דוד המלך, והיתה תחת שלטון ישראל בתקופות שונות, נקבע לסוריא בהלכה כעין מעמד־ביניים, בין ארץ ישראל לחוץ לארץ. וכמה דינים מיוחדים יש בה שהם ממוצעים בין דיני הארץ וחוץ לארץ.

עיונים

ומשכירין שדות בירושלמי מבואר שגם בארץ ישראל, במקום שאין ישראל מצויים כלל, מותר להשכיר שדות לגוים.

אף במקום שאמרו להשכיר הראב"ד סבור שמה שאסרו בבית מגורים אינו אלא בהשכרה, משום שהבית נקרא על שם ישראל. אבל במכירה מותר לכל הדעות, ואין חוששים שמא יכניס הגוי לתוכו עבודה זרה, לפי שהוא מכניס לביתו שלו.

והרבה דנו הראשונים בשאלה מפני מה נהגו ישראל שבחוצה לארץ להשכיר בתים לגוים. ונתנו טעמים אחדים לדבר (וראה בתוס׳ ד"ה אף). ובשם רבינו תם הביאו כי אין האיסור אלא במי שמכניס עבודה זרה באופן קבוע לבית. ויש שרצו לומר שלא אמרו דבר זה אלא במקום שיש איסור מכירה, בארץ ישראל, אבל בחוץ לארץ אין איסור כזה כלל (רבינו חיים הכהן). ומה שהובא הכתוב "ולא תביא תועבה" וכו׳ אינו אלא רק כאסמכתא בלבד, שהרי עיקר האיסור הוא על ישראל עצמו ולא בדרך של גרמא, ודווקא בארץ ישראל גזרו בגלל קדושתה והחובה המיוחדת לעקור ממנה עבודה זרה (וראה בראב"ד וברשב"א).

דאית ביה תרתי כאן מבואר כי הטעם הוא משום הפקעת מעשר. וראה בתוס׳ ועוד ראשונים שהרבו לדון בענין, ורוב הראשונים סבורים כי לדעת האומר שאין קנין קרקע בארץ ישראל על ידי הגוי מפקיע מידי מעשרות (שאם יודע ישראל שמשדה גוי הובאה התבואה צריך להפריש ממנה בעצמו) הרי אין בכך הפקעה כלל, ולא נאמרו הדברים אלא לשיטת הסבור שיש קנין לגוי בארץ ישראל להפקיע מידי מעשר, שאז יש בכך הפקעה גמורה (שהרי יצא שדה זה מחובת המעשרות לגמרי, ואפילו ישראל השוכר ממנו לא יתחייב בהם, שהמקום נעשה כאילו היה חוצה לארץ). אבל בתוס׳ ועוד מציעים לפרש כי מכל מקום יש צד של הפקעה גם לדרך זו, במה שהשדה לא באה לידי חיוב כלל. והמאירי מסביר בדרך אחרת, שיש בכך גם משום סרך גזל שבט לוי וגזל עניים, שאף שאינו גוזל דבר מן הכהנים ומן העניים (שהרי לא זכו כלל במעשרות מן השדה קודם שהופרשו) מכל מקום ממעט את חלקם, והוא כעין גזל. אכן, בירושלמי נותן טעם אחר, שמלבד איסור חניה בקרקע יש הבדל בין שדה לבית, שהבית אינו מתברך מעצמו, ואילו השדה מתברך מתוך עצמו, והרי זה כמוסיף לגוים דבר יתר.

מזוזה חובת הדר היא שלא הבית הוא החייב במזוזה ("חובת חפצא") אלא הדר בבית הוא החייב בה ("חובת גברא"), ואם כן אין הפקעת מצות מזוזה בבית כלל. ועוד אמרו בתוס׳ שמדין תורה אף יהודי השוכר בית אינו חייב במזוזה, שאינה חובה אלא על בעל הבית הדר בו, והשוכר חייב במזוזה מדברי סופרים, ולפיכך ודאי שאין בבית המושכר לגוי משום הפקעת המצוה.

לאו גזירה היא כלומר, יש לחזור מהנחת היסוד בדיון זה, שהאיסור למכור בתים ושדות בסוריה אינו אלא גזירה משום ארץ ישראל, ולהבין כי הוא איסור העומד בפני עצמו. אלא שגם ר׳ מאיר מסכים שאין זה נעשה ממש כארץ ישראל לכל דיניה, ואין גוזרים בה על השכרת בתים, כמו שמצאנו במספר דברים נוספים שחכמים כשתיקנו תקנותיהם וגזרו גזירות לא נתנו לסוריה דין ארץ ישראל ממש, משום שהיה זה כיבוש יחיד.

כיבוש יחיד רש"י (בעמוד הקודם) מסביר שהכוונה שלא כבש דוד את סוריה בדרך הראויה, על פי הדיבור ובששים רבוא מישראל. ובתוס׳ אמרו בשמו שלא נכבשה בששים רבוא ובאורים ותומים. והרבה הקשו התוס׳ על הסבר זה, שהרי הרבה חלקים מארץ ישראל לא נכבשו על ידי ששים רבוא. ועיקר הסברם הוא לפי הספרי (וכן הביאו הרבה ראשונים הסבר זה, וראה בתר"י שכתב שהוא טעם משובח) שכל מקום בארץ ישראל עצמה (בגבולותיה האמורים בתורה) גם אם נכבש על ידי יחיד הרי זה כיבוש גמור, והרי זו ארץ ישראל לכל דבר, אבל במקום שאינו מעיקר תחומי הארץ, צריך הכיבוש להיעשות כדין, ועיקר הפגם בכיבושו של דוד היה שלפני שגמר לכבוש את ארץ ישראל בגבולותיה כבש את סוריה, ולכן הוא נקרא כיבוש יחיד. והרא"ה מסביר שכיבוש יחיד הוא שנעשה שלא מדעת הסנהדרין, אלא כגון דוד שעשה מדעת עצמו (אבל ראה במאירי). ובדרך אחרת לגמרי כותב הרי"ד (בפסקיו), שדוד לא כבש את סוריה כדי להנחילה לישראל כדרך שכבש יהושע את הארץ, אלא לצורך עצמו כבשה להעלות ממנה מסים.

כיון דמרחק שהרי לפי שיטת ר׳ יוסי אף בסוריה לא גזרו אלא מפני קירבתה לארץ ישראל ויש בה כמה הלכות כהלכות ארץ ישראל. אבל במקומות הרחוקים לא היה מקום לגזור כלל.

שלא יעשה שכונה הרמב"ם מפרש את הדברים ביחס להשכרת בתים בארץ ישראל שהותרה לדעת ר׳ יוסי, ואם כן יש בעשיית שכונה משום איסור "לא תחנם". אבל ראשונים אחרים הבינו כי הכוונה היא למכירת בתים בחוצה לארץ. ומדברי התוס׳ ואחרים עולה שהחשש הוא ששכונת הגוים תהפוך להיות מסוכנת לישראל, ויש בזה משום חשש של שפיכות דמים (כעין האיסור למכור להם נשק), ומשום כך פירש בספר התרומה שהכוונה להשכרה בשכונות ליהודים (וכן הובא להלכה). ולדרך זו כתב רבינו יונה שאם יש שני גוים סמוכים זה לזה — אסור למכור או להשכיר בית סמוך לגוי אחר. ואחרים פירשו שאם שכונה היא, בוודאי יהא בה עבודה זרה (ראה מאירי).

אלפני דלפני לפי המסבירים שיש בכך משום חשש שפיכות דמים הרי יש כאן ממש "לפני דלפני" (ראה בתוס׳), ובדומה לכך אם החשש הוא לעבודה זרה. אבל רש"י ותוס׳ מסבירים כי לא שייך כאן כלל הנימוק הזה, ולא נאמר אלא לסימן בלבד, שמשמעו שאין אנו חוששים לאסור עד כדי כך.

אורח ההלכה

בארץ ישראל משכירין וכו׳ אין מוכרים לגוים בתים ושדות בארץ ישראל, אבל משכירים להם בתים. ובסוריה מוכרים להם בתים אבל לא שדות, ומשכירים אף שדות. ובחוץ לארץ מוכרים בתים ושדות. כדברי ר׳ יוסי, וכפי שפסקו בגמרא. (רמב"ם ספר מדע הלכות עבודה זרה פ"י ה"ג. שו"ע יו"ד קנא, ח).

לא לבית דירה אף במקום שהתירו להשכיר בתים לגוים, לא התירו להשכיר אלא למחסן וכיוצא בו, אבל לא לבית דירה, מפני שמכניסים לשם עבודה זרה בקבע (עפ"י הטעם המובא בתוס׳. גר"א). וכתב רמ"א: ועכשיו נהגו להשכיר אף לדירה כיון שאין נוהגים להכניס עבודה זרה לבתיהם. וראה בש"ך שהביא טעמים אחרים. (רמב"ם שם ה"ד. שו"ע שם סעיף י).

מזוזה חובת הדר מצוות המזוזה אינה חובת הבית, אלא חובתו של זה שדר בבית. ולכן אם משכיר בית לחבירו, על השוכר להביא מזוזה ולקבוע אותה. (רמב"ם ספר אהבה הלכות מזוזה פ"ה הי"א. שו"ע שם רצא, ב).

כבוש יחיד יחיד מישראל או משפחה או שבט שהלכו וכבשו לעצמם מקום, ואפילו היה מקום זה מן הארץ שניתנה לאברהם אבינו — אינו נקרא ארץ ישראל, לענין שינהגו בו כל המצוות התלויות בארץ. (רמב"ם ספר זרעים הלכות תרומות פ"א ה"ב. וראה שו"ע שם שלא, א).

ובלבד שלא יעשנה שכונה לא ימכור ולא ישכיר לשלושה גוים ביחד בשכונת היהודים (אפילו בחוץ לארץ. ש"ך), אבל לאחד או לשנים מותר להשכיר, ואינו צריך לחשוש שמא ימכור השוכר או ישכיר לאחרים. כדברי רב יוסף בגמרא. וראה בדגול מרבבה בדעת הרמב"ם). (רמב"ם ספר מדע הלכות עבודה זרה פ"י ה"ג. שו"ע שם קנא, ט).

משכירין להם בתים. ולא גזרינן אטו מכירה דאי נמי אתי לידי מכירה לא עבר אדאורייתא דכי כתיב לא תתן להם חן ותנייה בא"י כתיב דחשיבא חנייתה ומיהו מכירה לכתחילה לא דגזרינן משום מכירה דארץ ישראל: **אבל לא שדות.** דאיכא תרתי לאיסורא: **וחוצה לארץ.** דמרחק וליכא למיגזר מכירה דהתם אטו מכירה דא"י: **מוכרין בתים ומשכירין שדות.** אבל מכירה דשדות לא כיון דאיכא תרתי גזרינן: **טעמא דרבי יוסי.** מפרש בגמ': **אף במקום שאמרו להשכיר.** בתים לא לבית דירה אמרו אלא לאשתמושי בהו בליבי ותיבנא: **מפני שנקראת על שמו.** והרואה שמחממין בשבת אומר שהבלנים שלוחין של ישראל הן: **גמ' חובת הדר הוא.** ולא חובת הבית הלכך ליכא אפקעתא דכתיב ביתך דרך ביאתך אלמא למי שנכנס ויוצא לתוכה אזהר רחמנא: **היא גופא גזירה.** שכירות אטו מכירה: **והא שכירות שדות דסוריא דגזירה לגזירה היא.** דקס"ד משום שכירות דא"י איתסר: **שמיה כיבוש.** ובמכירה דסוריא איכא איסורא בין בתים בין שדות הלכך שכירות *שדות דסוריא לאו גזירה היא משום שכירות דא"י אלא משום מכירות שדות דלאו גזירה היא אלא איסורא דאורייתא ומיהו לא אסמור בה רבנן למיגזר שכירות דבתים אטו מכירה: **אבל שדות דאיכא תרתי גזרו.** שכירות אטו מכירה: **ובחו"ל כו' שדות דאית בהו תרתי גזרו בהו רבנן.** דמשכירין ולא מוכרין משום מכירה דא"י: **רבי יוסי אומר בא"י משכירין להם בתים.** ולא גזרינן אטו מכירה: **אבל שדות.** דאיכא במכירתן תרתי לאיסור' גזרינן שכירות אטו מכירה: ה"ג **קסבר כיבוש יחיד לאו שמיה כיבוש.** הלכך ליכא איסורא במכירת בתים: **שדות דאית בהו תרתי גזרו בהו רבנן.** מכירתן בסוריא אטו מכירה דא"י: **וניחוש דלמא אזיל האי ישראל.** דשרית ליה לזבוני לחד גוי ומזבין להאי יחיד: **ואזיל.** האי גוי ומזבין לה לתרתי פלגי לתרי ומעכב השלישית לעצמו ואיכא שכונה: **מיפקדינן.** גרסינן: **אלפני דלפני כו'.** כלומר לכולי האי לא חיישינן:

[שכירות בתים בסוריא כצ"ל רש"ל]

[לעיל טו. פסחים ו.] | [פסחים ז. ב"מ קא:] | [ביצה ג. וש"נ] | [גיטין ח:] | [לעיל יד.]

תורה אור

משכירין להם בתים אבל לא שדות ובחו"ל מוכרין להם בתים ומשכירין שדות דברי רבי מאיר רבי יוסי אומר [א] בארץ ישראל משכירין להם בתים אבל לא שדות ובסוריא מוכרין בתים ומשכירין שדות ובחוצה לארץ מוכרין אלו ואלו [א]* [ב] אף במקום שאמרו להשכיר לא לבית דירה אמרו מפני שהוא מכנים לתוכו עבודה זרה שנאמר לא תביא תועבה אל ביתך (דברים ז) ובכל מקום לא ישכיר לו את המרחץ מפני

א שהוא נקרא על שמו: **גמ'** מאי אין צריך לומר שדות אילימא משום דאית בה תרתי חדא חניית קרקע וחדא דקא מפקע לה ממעשר אי הכי בתים נמי איכא תרתי חדא חניית קרקע וחדא דקא מפקע לה ממזוזה אמר רב משרשיא [ב]* מזוזה [ג] חובת הדר הוא: בסוריא משכירין בתים כו': מאי שנא מכירה דלא משום מכירה דארץ ישראל אי הכי משכירות נמי נגזור [ג]* היא גופה גזרה ואנן ניקום וניגזור גזרה לגזרה והא שכירות שדה דבסוריא דגזרה לגזרה היא וקא גזרינן התם לאו גזרה הוא *קסבר [ד] כיבוש יחיד שמיה כיבוש שדה דאית ביה תרתי גזרו ביה רבנן בתים דלית בהו תרתי לא גזרו בהו רבנן: בחוץ לארץ וכו': שדה דאית ביה תרתי גזרו בהו רבנן בתים דלית בהו תרתי לא גזרו בהו רבנן: רבי יוסי אומר בארץ ישראל משכירין להם בתים וכו': מ"ט שדות דאית בהו תרתי גזרו בהו רבנן בתים דלית בהו תרתי לא גזרו בהו רבנן: ובסוריא מוכרין וכו': מ"ט קסבר [ה][ד] כיבוש יחיד לא שמיה כיבוש ושדה דאית בה תרתי גזרו בה רבנן בתים דלית בהו תרתי לא גזרו בהו רבנן: ובחו"ל מוכרין וכו': מאי טעמא כיון דמרחק לא גזרינן [ו] אמר רב יהודה אמר שמואל *הלכה כרבי יוסי אמר רב יוסף [ה] ובלבד שלא יעשנה שכונה וכמה שכונה תנא [ז] אין שכונה פחותה משלשה בני אדם ולחוש דלמא אזיל האי ישראל ומזבין לחד גוי ואזיל היאך

וסתמא ומזבין לה לתרי [ח]* אמר אביי [ז] אלפני מפקדינן אלפני דלפני לא מפקדינן:

ב אף במקום שאמרו להשכיר: מכלל דאיכא דוכתא דלא מוגרי

הא אמר רב משרשיא מזוזה חובת הדר היא. פירוש וא"כ אין לגזור בהו שכירות אטו מכירה דמכירה לא מפקע לה ממזוזה אבל בשדות במכירה מפקע להו ממעשר ויש מפרשים דאתיא אפי' למ"ד אין קנין לגוי בא"י להפקיע מיד מעשר בסוף השולח (גיטין דף מז. ושם ד"ה אמר) דמ"מ חשובה הפקעה מה שהיא עתה ביד גוי והוא זורעה שאינו מפריש ממנה מעשר נמצא שאין מקיימין בזה השדה מצוה התלויה בה אבל בית אין כאן הפקעה מפני שאין הבית עצמו חייב כיון שאין ישראל דר בתוכו ולא נהירא דא"כ מאי קאמר בסמוך לרבי יוסי שדה דאית ביה תרתי גזרו רבנן שכירות אטו מכירה הלא בשכירות גופא [(א)] *איכא תרתי דבשכירות גופיה איכא הפקעה ממעשר שלא יעשר הגוי מאותה תבואה ועוד קשיא דלשון הפקעה משמע שמפקיע החיוב לגמרי מן הקרקע וכאן אין הפקעה גמורה כיון דאין קנין שהרי גם עתה שהוא ביד הגוי אם יזרע בה ישראל תתחייב לעשר לכך נראה לפרש דאתיא *כמ"ד יש קנין וכשמוכרה לגוי הוא מפקיעה ממש ממעשר שאפילו יזרע ישראל לא יתחייב במעשר אבל בית ודאי אינו מפקיע מן המזוזה דאפי' לא ימכרנו לגוי אלא שלא ידור בו ישראל אין כאן חיוב מזוזה מן התורה ואפילו אם שכרה ישראל אחר ודר בתוכה דהכי קיימא לן דהא אמרינן פרק התכלת (מנחות דף מד. ושם ד"ה טלית) השוכר בית בחו"ל כל ל' יום פטורה מן המזוזה מכאן ואילך חייבת בא"י חייבת מיד מכל מקום אין חיוב זה מן התורה דמדאורייתא פטורה לעולם כדכתיב ביתך ולא של אחרים ואף על גב דדרשינן ביתך ביאתך להניחה בימין דרך ביאה מ"מ תרי ביתך כתיבי אבל רבנן הוא דחייבוהו לאחר ל' יום מפני שהיא נראית כשלו מידי דהוה אטלית שאולה דכל ל' יום פטורה מן הציצית וה"ה לעולם מן התורה משום דכתיב כסותך ולא של אחרים ורבנן הוא דגזרו לאחר ל' יום מפני שנראית כשלו:

קסבר כיבוש יחיד שמיה כיבוש. הקשה הר"ר אלחנן דבפ"ק דגיטין (דף ח. ושם) היכא דקתני בג' דרכים שוותה סוריא לארץ ישראל ובשלשה דברים לחו"ל ואמאי לא חשיב הא מילתא דהכא דבמכירת בתים ושכירות שדות (שוות לא"י ובשכירות בתים) שוות לחוצה לארץ דהא אפילו בהדא פליג התם דקאמר עפרה טמא כחו"ל והרוצה ליכנס לה בטהרה יכנס כא"י ואומר ר"י דתני ושייר ואע"ג דנקיט תנא למניינא[(ב)] מ"מ איכא למימר תנא ושייר כדאשכחנא בהרבה מקומות*: **כיבוש יחיד.** פ"ה שלא היה שם אורים ותומים וששים רבוא ויותר נראה כמו שפירש הר"ר יצחק מהרפוט דכל מה שכבש יחיד כגון יאיר בן מנשה אינו א"י אבל קשיא דאי מא"י הוא אין זה קרוי כיבוש יחיד ואם מחו"ל הוא אפי' היו שם ששים רבוא קרוי כיבוש יחיד לכך נראה כל שאין לו רשות לכבש נקרא חו"ל דכל זמן שלא כבש כל א"י לא היה לו רשות לכבוש חוצה לארץ והכי איתא בספרי פרשת עקב כשכבש דוד ארם נהרים וארם צובה אמר לו הקב"ה סמוך לפלטין שלך לא כבשת ואתה הולך ומכבש חוצה לארץ שנאמר ואת היבוסי יושב ירושלים וגו'*: **אלפני לפני לא מפקדינן.** האי סימנא בעלמא הוא כלומר לכולי האי לא חיישינן א"נ כיון דאיסור שכונה שלא יבא היזק לישראל קרי ליה מכשול לפני עור: **אף במקום שאמרו להשכיר לא לבית דירה אמרו וכו'.** יש לפקפק על מה היו סומכים בני אדם למכור ולהשכיר בתים לגוים ואף לבית דירה ויש רוצים להביא ראי' להתיר מדתניא בתוספתא (פ"ג) כאן וכאן לא ישכיר אדם ביתו לגוי מפני שידוע שמכניס לתוכה עבודה זרה אפ"ה משכירין להם ארוות ואוצרות ופונדקאות אע"פ שידוע שמכניס לתוכו עבודה זרה משמע הטעם משום שמחלק בין מקום שמכניס עבודה זרה בקביעות בין שאינו מכניס והנך שאומר אינו מכניס עבודה זרה בקביעות שרי ולפי זה בעת שהגוים שבינינו אינם מכניסין לבתיהם עבודה זרה בקביעות אלא כשיש שם מת או שנוטה למות וגם אותה שעה אין עובדין אותם מותר אכן משם אין ראיה גמורה כי יש לתלות טעם היתר דארוות ואוצרות דשמא לא אסרה התורה אלא בבית העשויה לדירה דכתיב לא תביא תועבה אל ביתך ולשם אפילו דרך עראי אסור אבל אותם בתים שאינם עשוים לדירה לא אסרה תורה ולהכי שרי ארוות ואוצרות ורבינו חיים כהן היה מביא ראיה להתיר מדגרסינן בירושלמי אף במקום שאמרו להשכיר לא לבית דירה אמרו הא במקום שנהגו למכור מוכר אף לבית דירה ומשכיר אף לבית דירה והיה נראה לו הטעם דבחוץ לארץ לא מיקרי ביתך אלא בארץ וקשה בה טובא חדא כי אין נראה לר"י שיגרע ישראל בחוץ לארץ מגוי דאפילו למ"ד אין קנין לגוי בארץ ישראל בחוצה לארץ מיהא יש לו קנין ועוד קשה לרבי יהודה דגבי מזוזה דכתיב ביתך הכי נמי תימא דמי שיש לו בית בחוצה לארץ

רש"א מ"ז | [ע' תוס' מנחו' יח: ד"ה מנין] | [וע"ע תוספות גיטין ח. ד"ה כיבוש]

קו א מיי' פ"י מהלכות עבודת כוכבים ה"ג סמג לאוין מה טוש"ע י"ד סימן קנא סעיף ח:
קז ב מיי' שם הלכה ד טור שו"ע שם סעיף י:
קח ג מיי' פרק ה' מהל' מזוזה הלי"א סמג עשין כג טור שו"ע יו"ד סימן רנא סעיף יב:
קט ד מיי' פ"א מהל' תרומות הל"ב וע"ש:
קי ה ו ז מיי' פ"י מהל' עבודת כוכבים הל"ג סמג לאוין מה טור שו"ע יו"ד סי' קנא סעיף ט:

איכא איסורא דבשכירות כצ"ל [ל"ס]

[עי' תוספות ב"ב פא. ד"ה ההוא כו' לדמת]

[עי' תוס' יבמות מב: ד"ה סתם וכו' מה שהניחו בקושיא]

הגהות הב"ח

(א) תוספות ד"ה הא אמר וכו' הלא בשכירות גופא אע"ג דליכא תרתי דבשכירו' ליכא משום חניית קרקע מ"מ איכא הפקע' ממעשר: (ב) שם ד"ה קסבר וכו' מ"מ איכא למימר. נ"ב וכ"כ תוס' בקידושין דף טז ע"ב ד"ה והא ונ"ע במס' מכות דכ"א ע"ב:

גליון הש"ס

גמ' א"ש הלכה כר' יוסי. עי' לעיל דף ז' ע"א תוס' ד"ה פשיטא:

רבינו חננאל

צריך לומר שדות: [גמ'] גזרי' שכירות אטו מכירה ואמרי' מאי עילויה דשדות מן הבתים אילימא משום דאית בשדות תרתי איסורי חדא דיהבת להו חנייה בקרקע וחדא דקא מפקעת להו מן המעשר בתים נמי הא איכא [חנייה] בקרקע ופקיעת מזוזה ופרקי' מזוזה חובת הדר הוא. בסוריא משכירין בתים לגוים אבל לא שדות אוקימנא קסבר כיבוש יחיד שמיה כיבוש אע"ג דדוד הוא דכבשינהו ארץ ישראל היא שדות דאית בהו [תרי] איסורי כדאמרן גזרי' שכירות אטו מכירה בתים דלית בהו אלא משום חנייה בקרקע בלבד לא גזרו שכירות אטו מכירה. בחוצה לארץ מוכרין בתים כו' ר' יוסי אומר אף בארץ ישראל משכירין להם בתים ובסורי' מוכרין להם בתים ומשכירין שדות ובחוצה לארץ מוכרין אלו ואלו לר' יוסי שדות בא"י דאית בהו תרתי גזור רבנן שכירות אטו מכירה בתים לא גזרו בהו בשכירות בסוריא קסבר ר' יוסי כיבוש דיחיד לאו שמיה כיבוש ואינו א"י מכירת בתים דליכא אלא חדא ושכירות שדות אע"ג דאיכא תרתי לא גזור רבנן ולא גזור אלא מכירת שדות בסורי' בלבד: ובחו"ל מוכרין להן אלו ואלו אמר רב יהודה אמר שמואל הלכה כר' יוסי ובלבד שלא יעשם שכונה. תנא אין שכונה פחותה מג' בני אדם וניחוש דלמא האי דזבנת ליה אזיל ומזבין לאחרים והוו להו שכונה ופרקי' לפני עור לא תתן מכשול מפקדינן לפני דלפני לא מפקדינן: [פיסקא] אף במקום שאמרו להשכיר לא

עין משפט
נר מצוה

קיא א ב ג מיי' פ"ו מהל' שבת הלכה טו סמג לאוין סה טור שו"ע או"ח סימן רמג סעיף א [וברב אלפס עוד בשבת פט"ז דף נא.]:

רבינו חננאל

לא לבית דירה אמרו מפני שמכנים לתוכה עבודה זרה וכתיב לא תביא תועבה אל תוך ביתך מכלל דאיכא דוכתא דאין משכירין להם בתים: וסתמא כר' מאיר דאי ר' יוסי האמר אף בא"י עצמה משכירין להן בתים: בכ"מ לא ישכיר (עצמו) [לו] לא מרחץ מפני שנקראת על שמו וגוי עושה בה מלאכה בשבתות וימים טובים ושדהו לגוי אמאי שרי דאמרי אינהו דחזו ליה דעביד מלאכה בשדה של ישראל אימר אריסותא קעביד ופורני וריחיים נמי אמרי אריסותא קא עביד. נימא במרחץ נמי הכי אמרי מרחץ לאריסותא לא עבדי:

וסתמא כרבי מאיר דאי ר' יוסי בבכל
א דוכתא מוגרי: ובבכל מקום לא ישכור וכו':
תניא א*רבן שמעון בן גמליאל אומר
אלא ישכור אדם מרחצו לגוי מפני
שנקרא על שמו וגוי זה עושה
בו מלאכה בשבתות ובימים טובים אבל
לכותי מאי שרי כותי אימר עביד ביה
מלאכה בחולו של מועד בחולו של מועד
אנן נמי עבדינן אבל בשדהו לגוי
מאי בשרי מאי טעמא אריסא אריסותיה
קעביד מרחץ נמי אמרי אריסא אריסותיה
קעביד גאריסא דמרחץ לא עבדי אנשי
תניא *ר"ש בן אלעזר אומר לא ישכיר אדם שדהו לכותי מפני שנקראת
על שמו וכותי זה עושה בו מלאכה בחוש"מ אבל גוי מאי שרי
דאמרי אריסא אריסותיה עביד א"ה כותי נמי אמרי אריסא אריסותיה עביד
אריסותא

וסתמא כר"מ. דאמר בא"י אין משכירין: **כותי.** לא עביד מלאכה בשבת אבל בחולו של מועד עביד דלמדרש סופרים לא חייש: **בחולו של מועד.** לדידן נמי שרי להאם מרגלאות: **אבל שדהו לגוי שרי.** להשכיר היכא דליכא למיחש לחניית קרקע כגון בח"ל ואע"פ שנקראת על שמו לא חשדי ליה דליהוי גוי שלוחו אלא אמרי אריסא הוא וקיבלה עליו למחצה לשליש ולרביע ועליו מוטל לעשות:
אריסותא

לארץ יפטר מן המזוזה הא אמר בפ' התכלת (מנחות דף מד. ושם) השוכר בית בחו"ל כל ל' יום פטורה מן המזוזה מכאן ואילך חייבת והטעם כדפירשית לעיל שסוברים העולם שהיא שלו משמע דאם היא שלו חייבת מיד ועוד קשי' לר"י על הירושלמי מאותה תוספתא שהבאתי לעיל דקתני רישא (אין) משכירין להם בתים ולא שדות וכרמים ואין נותנין להם(א) ערבות וקבלות אחד הכותים ואחד הגוים בד"א בא"י ובסוריא מוכרין בתים ומשכירין שדות ובחו"ל מוכרין אלו ואלו כאן וכאן לא ישכיר ביתו לגוי מפני שידוע שמכנים לתוכו עבודה זרה אלמא אף במקום שמותר למכור אסור להשכיר מיהו נראה לר"י דהירושלמי שהביא רבינו חיים ראיה גמורה היא ומן התוספתא לא קשיא מידי דכאן וכאן קאי אא"י וסוריא ואף ת"ק דמתני' נמי סבר הכי דאסור בתרוייהו מכירת בתים אבל בחו"ל שהתירו למכור מותר להשכיר כדאי' בירושל' ולאו מטעמיה דרבינו חיים אלא הטעם מפרש הר"ר אלחנן מפני כשאמרה תורה לא תביא תועבה אל ביתך איכא למימר לא אסור אלא בבית הישראל עצמו שהוא דר בתוכו בעודו דר בו ואפי' בא"י כמו במזוזה שאינו חייב בה אלא בביתו בעודו דר בו אבל השוכר בית אף בא"י פטור מן המזוזה מן התורה ורבנן הוא דגזרו שלא להשכיר לגוי מפני שמכנים לתוכו עבודה זרה והשתא דדוקא בתים העשויים לדירה אבל אינם עשויים לדירה לא גזרו ולכך התירו להשכיר ארוות ואוצרות וכיון דשכירות בית דירה אינו אסור אלא מדרבנן אף בארץ אם כן בחוצה לארץ הקלו: **מאי טעמא אריסא אריסותיה קא עביד.** הקשה רבינו יהודה מההיא דתנן בפ"ק דשבת (דף יח. ושם) אמר רשב"ג נוהגין היו של בית אבא שהיו נותנין כלים לכובס גוי ג' ימים קודם השבת ופליג אב"ה דאמרי התם שמותר עם השמש אלמא לית ליה לרשב"ג קבלנא קבלנותיה עביד ותירץ לא שסובר שהלכה כן אלא מחמיר בעצמו היה וכן פרש"י לשם אכן שוב הקשה רבינו יהודה דא"כ בפרק שני דבילה (דף כא:) דקחשיב ג' דברים שהיו מחמירין בבית ר"ג כב"ש אמאי לא קא חשיב נמי הא שהרי ר"ג דיבנה הוא (אבי) אביו של (ב)רשב"ג ואומר דבבילה לא איירי אלא במידי די"ט אבל במילי דשבת איכא טובא ולפ"ז ניחא מה שהקשה ר' אלחנן דאמאי לא קי"ל כרשב"ג בההיא דפ"ק דשבת דהא אמרינן (ב"ב דף קעד.) כל מקום ששנה רשב"ג במשנתינו הלכה כמותו אלא לאחרים ודאי לא היה מחמיר אלא לעצמו: **אריסא אריסותיה קא עביד.** פסק ר"ת הלכה כרשב"ג דאמר אריסא אריסותיה קא עביד ומתוך כך התיר לישראל שנתן ביתו לעשותו בקבלנות לבנות בו אפילו בשבת וק"ו נמי הוא דהשתא אריסות שדה שחלק הישראל משביח במלאכה שרי קבלנות שאין בו שבח לישראל כלל במה שממהר נכרי לעשות קבלנותו לא כ"ש דנימא קבלנא קבלנותיה קעביד ועוד הביא ר"ת ראיה מההיא דפ"ק דשבת (דף יז: ושם ד"ה אין נותנין) דשרי ב"ה ליתן כלים לכובס ועורות לעבדן עם השמש ואפי' מידי דפרהסיא שרו התם דהא ההיא ברייתא דאית ליה בגמרא התם (דף יח.) דאסור ליתן חטין לתוך הריחים של מים אלא כדי שיטחנו מבעוד יום מוקי לה תלמודא כב"ש אבל לב"ה שרו ואע"פ שמשמעת קול ועוד תניא התם (דף יט.) גבי ספינה פוסק עמו ע"מ לשבות רשב"ג אומר אינו צריך שהגוי לא יניח לעשות קבלנותו בשביל הישראל ולפי זה צריך עיון בההיא דפ' מי שהפך (מו"ק דף יב. ושם ד"ה אמר) דאמר שמואל מקבלי קבולת בתוך התחום אסור חוץ לתחום מותר אכן ר"ת מוקי לה לכולה הך שמעתא באבל ומפרש לה הכי אמר שמואל מקבלי קבולת באבל בתוך התחום אסור כו' אמר רב פפא אפילו חוץ לתחום נמי לא אמרן דשרי אלא היכא דליכא מתא דמקרבא להתם אבל איכא מתא דמקרבא להתם אסור פירוש לפי שיראו בני העיר *מלאכתן כשילכו לשם אמר רב ששת וכי ליכא מתא דמקרבא נמי לא אמרן דשרי אלא בשבתות וימים טובים דלא שכיחי אינשי דאזלי מדוכתא לדוכתא פירוש אז מותר חוץ לתחום ע"י קבלנות גוי אבל בחוש"מ דשכיחי אינשי דאזלי מדוכתא לדוכתא אסור וכ"ש בחול גמור אלא חול המועד לרבותא נקט דאע"ג דלא שכיחי דאזלי כולי האי אסור ולפי זה כל מה שאוסר לשם היינו באבל דוקא דבאבל החמירו יותר כדמוכח התם בריש פירקא אמר רב ששת בריה דרב אידי זאת אומרת דברים המותרים בחולו של מועד אסורין בימי אבלו ותניא כוותיה וההוא עובדא דמר זוטרא דבנו ליה אפדנא בימי אבלו חוץ לתחום בשבתות ובימים טובים הוה ומטעם שהתרנו. עד כאן שיטת ר"ת: ור' יצחק פירש דקבלנות דבית אסור והיה דוחה כל ראיות ר"ת דמההיא דעורות לעבדן אינה ראיה דכיון דההוא תלוש ומלאכה ביד אחרים מותר דאפילו באבילות בכה"ג שרי כמו שמפורש דתניא התם (דף יא.) היתה מלאכתו ביד אחרים בביתו לא יעשה בבית אחר וריחים נמי אינה ראיה לכאן דהתם(ג) שהם החטים לתוך הריחים הם נטחנים מאליהן ולא דמי לגוי העושה מלאכה בידים ודומה כמי שישראל מצוה לו לעשות בשבת וגם לא דמי להך דשכירות שדה דשמעתין דלעולם הוא רגילות לקבל שדה באריסות למחצה לשליש ולרביע אבל בבנין בית רגילות לשכור מידי יום יום והרואה אינו אומר קבלנותיה עביד אלא שכירי יום נינהו ועוד דבירושלמי דפ"ק דשבת משמע דקיבולת דבית אסור בין באבל בין בשבת והכי איתא התם אומנים גוים שהיו עושים עם ישראל בתוך ביתו אסור בתוך בתיהם מותר אמר ר"ש בן אלעזר בד"א בקיבולת אבל בשכיר יום אסור בד"א בתלוש אבל במחובר אסור בעיר אחרת בין כך ובין כך מותר ומהו בין כך ובין כך א"ר אילא בין בתלוש בין במחובר ובלבד בקיבולת ר"ש בן ביסנא בשם ר' אחא אמר בשבת ובאבל ובעבודה זרה הלכה כר"ש בן אלעזר אלמא פסיק הלכה כר"ש בן אלעזר דאמר בעירו במחובר דאסור אף בקיבולת והוא הדין בתוך התחום ולא מבעיא הבנין עצמו דאסור אלא אף לפסול האבנים ולתקן הקורות ואפילו רחוק מן החומה ואפילו בביתו של גוי אסור כיון דלצורך מחובר הוא דהא במחובר כה"ג פליגי ופסיק הלכה כר"ש בן אלעזר דאילו לעשות הבנין עצמו אפילו רבנן מודו דאסור דברשות ישראל הוא ולא שרו אף תלוש אלא בביתו של גוי כגון כלים לכובס שמתקנם ביד גוי ואע"פ שהלכה כר"ש בן אלעזר בקיבולת מ"מ באריסות שדה אין הלכה כמותו אלא כרשב"ג דהא סתם לן תנא דמתני' כוותיה והטעם מפרש דאריסא אריסותיה קא עביד ור"ת אע"פ שהקל בקיבולת החמיר על עצמו וכשבנה ביתו לא הניח גוים לבנות בשבת אף על פי שהיו עושים בקבלנות והר"ס היה נותן טעם דלהכי מותר באריסות שדה דכיון שאינו נוטל מעות בשכרו אלא נוטל בגוף הקרקע דמי לשותף אבל בקבלנות דבית שנוטל מעות בשכרו לא הוי כשותף ואסור ולה"ק הכא דמרחץ אסור דאריסותא למרחץ לא עבדי אינשי דכיון שנוטל מעות בשכרו ולא שייך ליטול זה בגוף המרחץ אסור ולפ"ז יש להתיר להשכיר ריחים לגוי היכא שנוטל בקמח לפי חלקו ואינו נוטל מעות דהוי כמו שותפין ומסקנא דשמעתא שמעינן מהכא דקבולת דתלוש אינו מותר אלא בתוך ביתו של גוי אבל במחובר אינו מותר אלא חוץ לתחום אבל תוך לתחום אסור: **אבל לגוי מאי שרי.** תימה מאי קא דייק דלמא נקט כותי וכ"ש לגוי וי"ל דמשמע ליה מדשבק גוי דמיירי ביה רשב"ג ומתני' ונקט כותי דוקא קתני ע"ל דס"ל דסבר דבגוי שרי מדאיירי בכותי דאי בגוי אסור לישמעינן גוי דלית ביה אלא חדא דנקראת על שמו וכ"ש כותי דאית ביה תרתי דאית ביה נמי לפני עור כדאמרינן בסמוך עוד פירש הר"ר אלחנן דדייק ממתני' דשריא שדהו לגוי וליכא מאן דפליג ומהאי טעמא ניחא נמי דקאמר לעיל גבי מילתיה דרבן שמעון בן גמליאל אבל שדהו לגוי שרי דלאו אמילתיה דייק דהא דנקט מרחץ במילתיה איכא למימר דדוקא מרחץ אבל שדהו אפילו לכותי אסור משום שעושה בו מלאכה בחול המועד:
אי

הגהות הב"ח

(א) תוס' ד"ה (בע"א) אף במקום וכו' דקתני רישא אין משכירין להם בתים שדות וכרמים ואין נותני' להם אריסיות וקבלות א' הכותי וא' הגוי בד"א בא"י ובסוריא משכירין בתים אבל לא שדות ובחו"ל מוכרין בתים ומשכירין שדות דברי ר"מ ר' יוסי אומר אף בא"י משכירין בתים ובסוריא מוכרין בתים ומשכירין שדות ובחו"ל מוכרין אלו ואלו וכו' מפני שכשאמרו: (ב) ד"ה מאי טעמא וכו' ר"ג דיבנה הוא אבי אביו של ר"ג: (ג) ד"ה אריסא וכו' אינה ראיה לכאן דהתם כיון שנתן החטים:

מסורת הש"ס

מהרש"א מוחק זה ועי' לחם סתרים

[תוספתא פ"ב ע"ש]

[תוספתא שם ע"ש]

מהרש"א מ"ז

נ"ל מלאכתו רש"ל

וּסְתָמָא [נמצא שסתמה של המשנה] כְּדַעַת ר' מֵאִיר הִיא, שאמר שבארץ ישראל אין משכירים. דְּאִי [שאם] תאמר שהיא כדעת ר' יוֹסֵי, הלוא בְּכָל דּוּכְתָּא מוֹגְרֵי [מקום משכירים], אפילו בארץ ישראל.

א שנינו במשנה, וּבְכָל מָקוֹם לֹא יַשְׂכּוֹר (ישכיר) את המרחץ לגוי, מפני שהוא נקרא על שמו. ועוד תַּנְיָא [שנויה בברייתא], רַבָּן שִׁמְעוֹן בֶּן גַּמְלִיאֵל אוֹמֵר: לֹא יַשְׂכּוֹר אָדָם מֶרְחָצוֹ לְגוֹי, מִפְּנֵי שֶׁנִּקְרָא המרחץ עַל שְׁמוֹ של היהודי, וְגוֹי זֶה עוֹשֶׂה בּוֹ מְלָאכָה בְּשַׁבָּתוֹת וּבְיָמִים טוֹבִים. ומדייקים: דווקא לגוי, אֲבָל לְכוּתִי (שומרוני), מַאי [מה] יהא הדין? שָׁרֵי [מותר], ויש לשאול: הלא כּוּתִי אֵימַר עָבֵיד בֵּיהּ [אמור שיעשה בה] מְלָאכָה בְּחוּלּוֹ שֶׁל מוֹעֵד! ודוחים: בְּחוּלּוֹ שֶׁל מוֹעֵד אֲנַן נַמִי עָבְדִינַן [אנו גם כן עושים] ומחממים מרחץ. ועוד מדייקים: לא ישכיר מרחץ לגוי, אֲבָל להשכיר שָׂדֵהוּ לְגוֹי מַאי [מה] הדין? שָׁרֵי [מותר], מַאי טַעְמָא [מה טעם הדבר]? אין זה קרוי על שמו של היהודי המשכיר, משום שכולם יודעים כי אֲרִיסָא, אֲרִיסוּתֵיהּ קָעָבֵיד [האריס, את אריסותו עושה], ועובד עבור עצמו, ואחר כך ישלם ליהודי חלקו שלו. ויש לשאול: מֶרְחָץ נַמִי אָמְרִי [גם כן אומרים]: אֲרִיסָא אֲרִיסוּתֵיהּ קָעָבֵיד [האריס, אריסותו הוא עושה], ומדוע ייאסר? ומשיבים: אֲרִיסָא דְּמֶרְחָץ לָא עָבְדִי אֱנָשֵׁי [אריס של מרחץ אין אנשים עושים] כרגיל, ולכן הרואים מניחים שהגוי הוא רק שכיר העובד עבור היהודי. ועוד בענין זה תַּנְיָא [שנויה בברייתא], ר' שִׁמְעוֹן בֶּן אֶלְעָזָר אוֹמֵר: לֹא יַשְׂכִּיר אָדָם שָׂדֵהוּ לְכוּתִי, מִפְּנֵי שֶׁנִּקְרֵאת עַל שְׁמוֹ, וְכוּתִי זֶה עוֹשֶׂה בּוֹ מְלָאכָה בְּחוּלּוֹ שֶׁל מוֹעֵד. ומדייקים: דווקא לכותי לא ישכיר אֲבָל גּוֹי מַאי [מה] יהא דינו? שָׁרֵי [מותר] להשכיר, דְּאָמְרִי [שאומרים]: אֲרִיסָא, אֲרִיסוּתֵיהּ עָבֵיד [האריס, את אריסותו עושה] ואינו עושה עבור היהודי. ויש לשאול: אִי הָכִי [אם כן], כּוּתִי נַמִי אָמְרִי [גם כן אומרים]: אֲרִיסָא, אֲרִיסוּתֵיהּ עָבֵיד [האריס, את אריסותו עושה]!

עיונים

וסתמא כר' מאיר וכתב הריטב"א (ובדומה בתוס' חכמי אנגליה) שאף שנאמר הדבר בסתם, ובדרך כלל הלכה כסתם משנה, מכל מקום כאשר יש פסיקה מפורשת של אמוראים אין הולכים אחר כלל זה, והרי בעמוד הקודם נפסקה הלכה כר' יוסי.

אבל לכותי מאי שהכותים אינם עושים מלאכה בשבת, שהרי הם מקיימים את הכתוב בתורה. אבל בחול המועד, שאין איסור מלאכה בו מפורש בתורה, הם עושים כל מלאכה (רש"י).

אבל שדהו לגוי שרי ומסביר רש"י שהכוונה היא: בכל מקום שמותר להשכיר שדה לגוי (שאין חשש משום איסור חניה בקרקע או גזירה משום איסור זה) אין לחשוש משום מלאכה בשבת. שאף על פי שהגוי עושה מלאכה בשדה זה בשבת — מותר לישראל להשכיר לו, ואינו חושש.

אריסא אריסותיה עביד אף על פי שהאריס נותן חלק מן היבול לבעלים, מכל מקום אין הדבר נאסר לישראל. כי הגוי כאשר הוא עובד באדמה אינו עושה כן עבור ישראל ולא בשליחותו, אלא עבור עצמו הוא עושה, ולא נאסרה מלאכה בשבת לגוי כלל.

וראה בתוס' שעסקו בשאלה האם מותר לתת לקבלן גוי לבנות לו בית בשבת. ושיטת ר"ת היא שהדבר מותר, שהרי הגוי עובד למען עצמו, ועושה מלאכה בכל יום הנראה לו. והוא אף עדיף מאריסות, שבאריסות הוא משביח את חלקו של בעל הבית. אבל גם בתוס' וגם רוב הראשונים אינם סבורים כן, שלדעתם, גם אם מעצם הדין אין הקבלן הגוי נחשב כשכירו או שלוחו של ישראל, מכל מקום, כיון שידוע שבית זה של יהודי הוא, ועוד שפעמים הרבה בוני הבתים אינם קבלנים אלא שכיריו של בעל הבית — הרי הדבר נראה כמלאכה של ישראל. והוסיפו לבאר שדווקא באריסות שדה הותר הדבר משום שיש צד של שותפות ובעלות לאריס בגוף הדבר, מה שאין כן במי שבונה בית עבור האחר, שאינו אלא מקבל שכר. וכתבו שאף ר"ת עצמו לא סמך על שיטתו להקל עבור עצמו.

ובירושלמי אמרו שאם היה שדה סמוך לרשות הרבים, שהכל יודעים שהוא של ישראל — לא ישכירנו לגוי, משום שנראה שעובד בו לצורך ישראל. וראה בספר ההשלמה הכותב ששיטת הירושלמי חלוקה על שיטת הבבלי, ולא סמכו בו על הסברה ש"אריס אריסותיה עביד".

אריסא דמרחץ והסבירו הראשונים שהואיל ומעיקר הדין אין בדבר איסור אם הגוי עושה מלאכה במרחץ וכיוצא בו של היהודי, ואין זה אלא משום חשד, לכן יש ללכת אחר מנהג המקום, שאם רגילים באותו מקום רק לשכור אנשים לעבוד במרחץ — אף באריסות אסור, ואם רגילים לתת באריסות — מותר הדבר (ראה רמב"ן ותלמידיו). ועוד כתבו בשם בעל מתיבות ורב האי גאון, שהאיסור הוא רק כאשר משכיר לגוי לזמן מועט, שעדיין שם ישראל עליו. אבל אם היה משכיר לגוי לזמן מרובה — אין עוד שם ישראל עליו, ומותר.

אבל גוי מאי שרי ושאלו בתוס': מפני מה מדייקים שלגוי מותר? הרי היה מקום לדייק שאסור להשכיר שדה לכותי וכל שכן לגוי! והסבירו כי מאחר שרבן שמעון בן גמליאל הזכיר את ההלכה בגוי, ור' שמעון בן אלעזר אמר דווקא בכותי — משמע שבכותי דווקא אמר. ועוד, שהרי להלן אנו אומרים שבכותי יש שני צדדים של איסור ובגוי יש רק איסור אחד, ולכן אין ללמוד שאם נאסר לכותי נאסר גם לגוי.

אורח ההלכה

מפני שנקרא על שמו וכו' מותר לאדם להשכיר שדהו או כרמו לגוי אף על פי שהוא עובד בהם בשבת, מפני שהרואה יודע שהם מושכרים או שניתנו באריסות. (רמב"ם ספר זמנים הלכות שבת פ"ו הטו. שו"ע או"ח רמג, א).

אריסא דמרחץ וכו' כל דבר שקרוי על שמו של ישראל ואין דרך בני המקום להשכירו או למסרו באריסות, כגון מרחץ — לא ישכירנו לגוי, מפני שהוא נקרא על שם ישראל, והרואים סבורים שהגוי עושה מלאכה עבורו. וכדברי רבן שמעון בן גמליאל. וראה באריכות במשנ"ב סיכום ההלכות בענין זה. (רמב"ם שם. שו"ע שם).

מסורת הש"ס

א. תוספתא ע"ז פ"ב ט.
ב. ראה ירושלמי ע"ז פ"א ה"י. תוספתא ע"ז פ"ב.

גרסות

דאי רבי יוסי בכל דוכתא מוגרי בכתי"מ ועוד: **דאי רבי יוסי האמר אף בארץ ישראל משכירין להם בתים** ובכתי"ס חסר משפט זה.

ישכור בכתי"ס: **ישכר** ובמקורות: **ישכיר.**

אימר עביד בכת"י: **אימת עביד.**

אריסא... אריסותיה בכתי"ס: **ארישא... ארישותיה.**

מאי טעמא אריסא בכת"י: **מאי טעמא אמרינן אריסא.**

אריסא דמרחץ בכת"י: **אריסותא למרחץ.**

אריסא אריסותיה עביד בכתי"מ: **אריסא הוא ואדעתא דנפשיה עביד.**

ומשיבים: הטעם הזה של **אֲרִיסוּתָא** [אריסות], שהאריס עושה את אריסותו, ואינו עושה עבור ישראל, **לְר׳ שִׁמְעוֹן בֶּן אֶלְעָזָר לֵית לֵיהּ** [אין לו, אינו מקבל] נימוק זה. ושואלים: **אֶלָּא** על דרך זו, **גּוֹי מַאי טַעְמָא** [מה טעם] **מוּתָּר** להשכיר לו? ומשיבים: **דְּאָמְרִינַן לֵיהּ** [שאנו אומרים לו] שביום זה אסור לעשות מלאכה **וְצָיֵית** [והוא מציית], ואינו עושה מלאכה. ושואלים: **כּוּתִי נַמִּי אָמְרִינַן לֵיהּ וְצָיֵית** [גם כן אומרים אנו לו והוא מציית]! ומשיבים: **כּוּתִי לָא צָיֵית** [אינו מציית], **מִשּׁוּם דְּאָמַר** [שהוא אומר]: **אֲנָא גְּמִירְנָא טְפֵי מִינָּךְ** [אני מלומד יותר ממך] בדין, ואני יודע שהדבר מותר. ושואלים: **אִי הָכִי** [אם כך] אתה מסביר, **מַאי אִירְיָא** [מה שייך] מדוע נתן ר׳ שמעון בן אלעזר את הטעם שאסור להשכיר את שדהו לכותי **מִפְּנֵי שֶׁנִּקְרֵאת עַל שְׁמוֹ? תֵּיפּוֹק לֵיהּ** [תצא לו] הלכה זו מטעם אחר **מִשּׁוּם ״לִפְנֵי עִוֵּר לֹא תִתֵּן מִכְשֹׁל״** (ויקרא יט, יד), שהרי אף הכותי מצווה (כישראל) שלא לעשות מלאכה בחול המועד, והוא עובר על כך! ומשיבים: אכן, סיבה **חֲדָא** [אחת] **וְעוֹד** סיבה **קָאָמַר** [אמר]: **חֲדָא** [אחת] — **מִשּׁוּם ״לִפְנֵי עִוֵּר״, וְעוֹד — מִפְּנֵי שֶׁנִּקְרֵאת עַל שְׁמוֹ** של היהודי. מסופר, **הָנְהוּ מוֹרִיקָאֵי** [מגדלי כרכום] שהיו שותפים בשדה באופן שהגוֹי **נָקֵיט** [היה מחזיק] בשדה ועובד בה **בְּשַׁבְּתָא** [בשבת] **וְיִשְׂרָאֵל בְּחַד בְּשַׁבְּתָא** [באחד בשבת], **אֲתוּ לְקַמֵּיהּ** [באו לפני] **רָבָא** לשאול האם מותר ליהודי להתחלק בשכר בשווה, **שְׁרָא לְהוּ** [התיר להם]. **אֵיתִיבֵיהּ** [הקשה לו] **רָבִינָא לְרָבָא** ממה ששנינו: **יִשְׂרָאֵל וְגוֹי שֶׁקִּיבְּלוּ שָׂדֶה בְּשׁוּתָּפוּת** לעבוד בה וליטול מתבואתה, **לֹא יֹאמַר יִשְׂרָאֵל לַגּוֹי: ״טוֹל** אתה את **חֶלְקְךָ** בעבודה **בְּשַׁבָּת, וַאֲנִי** אטול את חלקי **בַּחוֹל״**, שנמצא הגוי עושה גם את חלקו של היהודי בשבת, **וְאִם הִתְנוּ מִתְּחִלָּה** כשנכנסו לשותפות, שזה יטול חלקו בשבת וזה באחד מימי החול — **מוּתָּר**, שאז כל אחד מהם עובד בשלו. **וְאִם** עשו בסתם, הגוי בשבת והיהודי ביום אחר, ולבסוף **בָּאוּ לְחֶשְׁבּוֹן** כמה עבד היהודי בחול — **אָסוּר**, משום שהיהודי גילה בכך את דעתו שהגוי היה שלוחו בשבת. **אִיכְסִיף** [התבייש] רבא שנמצא שפסק שלא כדין. **לְסוֹף אִיגְלַאי מִלְּתָא דְּהִתְנוּ מֵעִיקָּרָא הָווּ** [לבסוף התגלה הדבר שמתחילה התנו], וגם לפי הברייתא מותר הדבר. **רַב גְּבִיהָה מִבֵּי כְּתִיל אָמַר**, לא כך היה מעשה, אלא קיבלו בשותפות **הָנְהוּ שְׁתִילֵי** [אותם שתילים] של **עָרְלָה** לעבוד בהם ולמוכרם, **הֲוָה גּוֹי אָכֵיל שְׁנֵי דְעָרְלָה** [היה הגוי אוכל את השנים של הערלה] **וְיִשְׂרָאֵל** אוכל **שְׁנֵי דְהֶתֵּירָא** [את השנים של ההיתר], **אֲתוּ לְקַמֵּיהּ** [באו לפני] **רָבָא, שְׁרָא לְהוּ** [התיר להם]. ומקשים: **וְהָא אוֹתְבֵיהּ** [והרי הקשה לו] **רָבִינָא לְרָבָא!** ומשיבים: לא להקשות לו בא אלא **לְסַיּוּעֵי סַיְּיעֵיהּ** [לסייע לו], שאם היתנו שכל אחד יעבור וירויח בשנים מסוימות — מותר. ומקשים: **וְהָא אִכְסִיף** [והרי התבייש] רבא בדבר! ומשיבים: לא התבייש, כי **לֹא הָיוּ דְּבָרִים מֵעוֹלָם. אִיבַּעְיָא לְהוּ** [נשאלה להם לחכמים]: **סְתָמָא מַאי** [סתם מהו], מה דינו? כשלא התנו מתחילה במפורש שהם מחלקים את הימים, וגם לא באו לחשבון להתחלק ברווחים בשווה, יום כנגד יום? **תָּא שְׁמַע** [בוא ושמע] ממה ששנינו בברייתא: **אִם הִתְנוּ מִתְּחִלָּה — מוּתָּר**, ונדייק מכאן: **הָא סְתָמָא** [הרי בסתם] — **אָסוּר**. ודוחים, **אֵימָא סֵיפָא** [אמור את הסוף]: **אִם בָּאוּ לְחֶשְׁבּוֹן — אָסוּר**, ונדייק מכאן: **הָא סְתָמָא** [הרי סתם] — **מוּתָּר! אֶלָּא** מכיון שהדיוקים סותרים זה את זה, **מֵהָא לֵיכָּא לְמִשְׁמַע מִינָּהּ** [מזו אי אפשר לשמוע ללמוד ממנה].

מסורת הש״ס

א. (מעשה כעין זה) גיטין כט,ב. עז,ב. ב״מ פא,א—ב. צז,א. מנחות מב,א.

ב. (הביטוי, בהקשר זה) עירובין מ,א. ב״מ מט,ב.

ג. (הביטוי) ברכות כה,א. שבת צג,ב. קכא,א. עירובין צה,א. יבמות עו,ב. כתובות נח,ב. נדרים ס,ב. עב,א. ב״מ כו,ב. ל,א. לד,א. פא,ב. ב״ב קד,א. קלג,ב. קסב,ב. שבועות לא,ב. לח,א. ע״ז עב,א. זבחים פט,ב. מנחות קה,א. נדה לג,ב.

גרסות

אריסותא בכתי״ס: טעמא דאריסותא.

גוי מאי טעמא מותר בכתי״מ: שדהו לגוי מותר מאי טעמא שרי ובכתי״ס: שדהו לגוי אמאי מותר.

כותי נמי אמרינן ליה וציית כותי לא ציית בכתי״מ: אי הכי כותי נמי כותי לא ציית גוי ציית כותי לא ציית.

חדא משום לפני עור בכתי״מ: חדא דקעבר משום לפני עור לא תתן מכשול.

טול חלקך בשבת ואני בחול בכתי״מ: טול את חלקך בשבת ואני אטול חלקי בחול.

שתילי דערלה הוה יש במקורות: שתלאי דערלה הוו.

גוי אכיל שני דערלה וישראל בכתי״מ: גוי הוה אכיל שתילי דערלה וישראל הוה אכיל.

לסיועי סייעיה בכתי״מ: **רבינא סיועי מסייע ליה** ובכתי״ס: **סיועי סייעיה.**

החיים

כותי לא ציית

הכותים — השומרונים יש להם נוסח תורה משלהם, והם טוענים לאמיתות התורה שבידם. מכיון שהכותי סומך על תורתו שלו, והוא סבור שהיא תורת האמת, לא זו בלבד שלא יציית אלא יטען שהוא יודע את התורה וההלכה טוב יותר מאשר ישראל.

עיונים

אנא גמירנא שהרי הכותים קיבלו עליהם את התורה, אבל לא את דברי חכמים ופירוש התורה שבעל פה, והכותי מסתמך על הכתוב בתורה, והוא טוען שאין הדבר אסור, לפי שאינו מפורש כך, ואינו מציית לדברי בעל הבית הישראלי שלא לעשות מלאכה ביום זה.

אי הכי משום לפני עור בתוס׳ שואלים: לכאורה שאלה זו נשאלת על עצם דבריו של ר׳ שמעון בן אלעזר, מפני מה לא נתן נימוק זה, אבל לפי הניסוח בגמרא ״אי הכי״ משמע שמתחילה לא היה בכך קושי, אלא דווקא על ידי פירוש הדברים בגמרא. והם מסבירים כי היינו יכולים להבין את דברי ר׳ שמעון בן אלעזר באופן אחר, שאמר בכותי שאסור וכל שכן בגוי, והטעם שנתן הוא טעם השווה בשניהם בכותי ובגוי. אבל לפי מה שהסברנו שמדובר בכותי דווקא, אם כן עולה השאלה מפני מה לא תלה את האיסור בנימוק של ״לפני עיור״. ואילו הראב״ד פירש כי ה״אי הכי״ מתייחס לטענה שהכותי לא מציית משום שהוא סבור שהוא יודע טוב יותר, שאם כן הוא נמצא שר׳ שמעון בן אלעזר סבור שהכותים גרי אמת הם, ולפיכך יש לשאול: מדוע לא נימק את דבריו בטעם של ״לפני עיור״. והרמב״ן חלק על פירוש זה. וראה להלן.

לפני עור וכו׳ שהכותי דינו כישראל, אלא שאינו נוהג כראוי והולך אחר דעת מלמדיו שאמרו לו שהוא מותר. ושמא סבור תנא זה שהכותים הם ״גרי אריות״ שאינם גרים לאמיתו של דבר, ואם כן אין בעבודתו בחול המועד כל איסור? ויש שתירץ כי רצה להסביר לפי כל השיטות, אף לשיטה שגרי אמת הם (תוס׳ רבינו אלחנן). אבל בתוס׳ אמרו שמוכח ממקום אחר (חולין ו, א) שר׳ שמעון בן אלעזר סבור שהכותים גרי אמת הם, ואם כן השאלה היא נכונה מאד לפי שיטתו.

ור״ת רצה להוכיח (גם) מכאן שיש איסור של ״לפני עיור״ לא רק בעבירות שמן התורה אלא גם בעבירות שמדברי סופרים, שהרי איסור מלאכה בחול המועד אינו מן התורה אלא מדברי חכמים בלבד. וכן דעת הרמב״ם. אבל בענין זה יש הרבה חולקים על דעתו זו.

חדא ועוד שאל הריטב״א: בכל זאת קשה, מפני מה נקט ר׳ שמעון בן אלעזר בנימוק שאינו אלא משום חשד בלבד, ולא השתמש במפורש בטעם טוב יותר של ״לפני עיור״ שהוא איסור שמן התורה? ותירץ, כי רוב הכותים מקבלים שיש איסור מלאכה בחול המועד, משום שיש לכך רמז אף בתורה, אלא שיש מעטים מהם שאינם מקבלים את הדבר, ולכן בסתם כותי אין ודאות שאכן יעשה מלאכה, אבל מכל מקום יש לחשוש למיעוט שיביא את הישראלי הנותן לו לידי חשד.

שקיבלו שדה בשותפות לשון זו משמעה ששדה זו אינה שלהם, אלא שקיבלוה באריסות על מנת לעבוד בה וליטול את תבואתה תמורת אחוז מסויים שיינתן לבעל הבית. אלא שכפי שהעיר המאירי, דין אחד לאופן כזה או למקרה פשוט של שותפות. וכן כתב הרמב״ם הלכה זו במקרה שמשתתף עמו במלאכה או בסחורה או בחנות.

ואם התנו מתחילה רש״י מפרש: קודם שהוטלה עליו המלאכה, שעדיין אין ליהודי חלק בעבודת השבת. ואילו המאירי מביא כי יש מי שפירש מתחילה — קודם שנכנסה השבת. ותנאי זה משמעו שהגוי נוטל את שכר השבת והיהודי את שכר אחד מימי החול כנגדו בין רב ובין מעט.

ואם באו לחשבון הראב״ד מסביר שהוא המשך הפיסקה הקודמת, שגם אם התנו מתחילה, אם אחר כך באו לחשבון, שהם מחשבים בדיוק מה היתה העבודה בשבת ומה היו הרווחים ביום זה, ומחלקים ביניהם לפי החשבון, אם כן נמצא שתנאי זה שהתנו לא היה ממשי, שהרי הם שותפים גמורים בכל המלאכה בחול ובשבת, ואין זו אלא הערמה. אבל רוב הראשונים אינם מקבלים הסבר זה, והם מסבירים כרש״י, שזו היא פיסקה מיוחדת לעצמה. והיא מתייחסת למקרה שלא התנו מתחילה אבל עשו סתם (שהיהודי לא עבד בשבת והגוי עבד ביום זה), ואחר כך כשמחלקים ביניהם את הרווח, הם מחשבים לכמה ימי רווח זכאי כל אחד, והיהודי נוטל יום חול כנגד כל אחד מימי השבת שנטל הגוי. וטעם האיסור הוא שבכך מראה היהודי שהגוי עבד עבורו בשבת (וראה ברמב״ן ועוד).

שרא להו רש״י מסביר כי התיר להם למרות שלא התנו מתחילה שכל אחד יעסוק ויקבל רווח של שנים מסויימות, כי בשנות הערלה ודאי שאף היהודי מותר לו לעבוד את האילנות, ואין איסור בעצם העבודה של הגוי עבור ישראל. ולענין ההנאה מדמי הערלה (שהרי פירות הערלה אסורים בהנאה וצריכים שריפה), יש שרצה להסביר שכיון שהיה המעשה בחוץ לארץ אין זה איסור מן התורה (בתוס׳ ר׳ אלחנן) אבל גם הוא מסכם כדעת הראשונים, כי סתמו של דבר הוא שהעובד בשדה בשנה מסויימת הוא הנהנה מן הפירות שעבד בהם. והריטב״א פירש כי במקרה של איסורי הנאה היהודי מתחילה כלל אינו יורד לשותפות עם הגוי בפירות אלו, ואפילו הוא עושה עמו חשבון ומקזז לו ממה שהוא הרויח בשנים אחרות — אין זה כחליפין אלא בתורת מתנה. ומצד אחר ראה הר״ן שפירש את הסוגיה לדעת הרמב״ם, שהוא סבור כי אין יש איסור ההנאה מפירות הערלה בדרך זו אלא אם כן התנו מתחילה ששנות הערלה אינן אלא של הגוי.

סתמא מאי כלומר, האם מותר ליהודי ליטול שכר בשווה למרות שלא היתנו מתחילה ששכר השבת הוא של הגוי. ורש״י מסביר כי ההבדל בין מקרה זה לבין המקרה שבאו לחשבון, הוא שכאן אינם מחשבים במפורש יום כנגד יום, אלא מחלקים ביניהם את הרווח בשווה בסתם, באופן שאין זה מפורש שהיהודי עבד בימי החול תמורת עבודת הגוי בשבת. והראב״ד פירש כי הכוונה היא שהגוי הלך בעצמו ועבד בימי שבת שלא במצות היהודי, וכן פירש הרי״ד.

ושאלה זו לא נפתרה בגמרא. והר״ח פסק בה לחומרה, שסבור שהוא איסור מן התורה וספקו לחומרא. והרא״ש פסק לקולא משום שספק דרבנן הוא. ואילו הר״ן הסביר כי הרמב״ם פסק לחומרא משום שהמקרה במוריקאי, שרבא התיר וחזר בו, הוא מקרה כזה של סתמא, ושאלת הגמרא כאן אינה אלא לפי דבריו של רב גביהה מבי כתיל, שאין הלכה כמותו.

אורח ההלכה

ישראל וגוי שקבלו שדה בשותפות ישראל וגוי שיש להם שדה או תנור או מרחץ או ריחיים של מים בשותפות, או שהם שותפים בחנות בסחורה, אם התנו מתחילה בשעה שבאו להשתתף שיהיה שכר השבת לגוי לבדו אם מעט ואם הרבה, ושכר יום אחד כנגד יום השבת לישראל לבדו — מותר. ואם לא התנו בתחלה, כשיבואו לחלוק נוטל הגוי שכר השבתות כולם, והשאר חולקים אותו. (רמב״ם ספר זמנים הלכות שבת פ״ו הי״ז. שו״ע או״ח רמה, א).

הנהו שתילי דערלה גוי וישראל שהיו שותפים בנטיעת אילנות, אם התנו מתחילה שיהא הגוי אוכל את שנות הערלה וישראל אוכל כנגדן משנות היתר — הרי זה מותר, ואם לא התנו מתחילה — אסור. ומה שמותר הוא לבד שלא יבואו לחשבון, שיחשב כמה פירות אכל הגוי בשנות הערלה ויאכל הישראל כנגדן, שאם התנו כן — הרי זה אסור, שנמצא כמחליף פירות ערלה. והיא דעת הרמב״ם, שמפרש שמדובר כאן במקרה שהתנו. וכן הוא מפרש שאם באו לחשבון, אפילו התנו מתחילה הרי זה אסור (גר״א).

וכתב רמ״א: ויש מתירים אפילו לא התנו מתחילה, אלא שיאמר הישראל: טול אתה את שנות הערלה ואני שנות היתר כנגדן (טור והר״ש). והוא כשיטת רש״י (ט״ז). ומכל מקום אם עשו חשבון כמה פירות היו בערלה — אף זה אסור (ש״ך). (רמב״ם ספר קדושה הלכות מאכלות אסורות פ״י הי״ח. שו״ע יו״ד קצד, יג).

סתמא מאי אם לא התנו תחלה שיטול הגוי שכר השבת וישראל יטול שכר אחד מימי החול, וגם לא באו לומר שיקח הישראל יום אחר כנגד שבת, אלא חלקו סתם — יטול הגוי לבדו שביעית השכר, וחולקים השאר. והיא דעת הרמב״ם שפסק לחומרא. ורמ״א כתב: ויש מתירים השכר בדיעבד, אפילו לא התנו אלא חלקו סתם (הרא״ש ורבינו ירוחם), שספק דרבנן הוא ולקולא, ונראה שבמקום הפסד גדול אפשר לסמוך עליהם. (רמב״ם ספר זמנים שם הי״ח. שו״ע שם).

אריסותא לר"ש בן אלעזר לית ליה אלא גוי מ"ט מותר דאמרינן ליה וציית כותי נמי אמרינן ליה וציית כותי לא ציית דאמר אנא גמירנא טפי מינך א"ה מאי איריא מפני שנקראת על שמו תיפוק ליה משום [ויקרא יט] לפני עור לא תתן מכשול חדא ועוד קאמר חדא משום לפני עור ועוד מפני שנקראת על שמו הנהו מוריקאי דגוי נקיט בשבתא וישראל בחד בשבתא אתו לקמיה דרבא שרא להו איתיביה רבינא לרבא [א]ישראל וגוי שקיבלו שדה בשותפות לא יאמר ישראל לגוי טול חלקך בשבת ואני בחול ואם התנו מתחלה מותר ואם באו לחשבון אסור [א]*איכסיף לסוף איגלאי מלתא דהתנו מעיקרא הוו רב גביהה מבי כתיל אמר הנהו שתילי דערלה הוה גוי אכיל שני דערלה וישראל שני דהתירא אתו לקמיה דרבא [ב]שרא להו והא אותביה רבינא לרבא לסיועי סייעיה והא אכסיף [ב]*לא היו דברים מעולם איבעיא להו סתמא מאי ת"ש אם התנו מתחילה מותר [ג]הא סתמא אסור אימא סיפא אם באו לחשבון אסור הא סתמא מותר [ג]*אלא מהא ליכא למשמע מינה:

הדרן עלך לפני אידיהן

*אין [ד]מעמידין בהמה בפונדקאות של גוים מפני שחשודין על הרביעה [ה]ולא תתייחד אשה עמהן מפני שחשודין על העריות [ו]ולא יתייחד אדם עמהן מפני *שחשודין על שפיכות דמים: גמ' ורמינהי

רש"י

אריסותא לר"ש בן אלעזר לית ליה. והאי דנקט כותי דמשמע הא גוי שרי לאו טעמא משום אריסותא אלא משום דאמרינן ליה לא תעשה בה מלאכה בשבת וציית: אי הכי. דכותי יעשה בה מלאכה בחולו של מועד: מאי איריא. דקתני גבי כותי מפני שנקראת על שמו: תיפוק ליה. דבלא חשד נמי איכא משום לפני עור וכותי גר הוא ומצווה על המצות כישראל ולא דמי לגוי העושה מלאכה בשבת שהגוים לא הוזהרו עליה: מוריקאי. זורעי גנות כרכום: נקיט בשבתא. לחרוש לזרוע ולקצור: שקיבלו. שדה באריסותן מבעה"ב ומשקיבלוה הוטלה על שניהם לעסוק בה ביחד: לא יאמר ישראל. טול אתה חלקך בשבת לפי שנעשה שלוחו על חצי היום המוטל עליו: ואם התנו מתחילה. קודם שהוטלה עליו: מותר. דהא לא קיבל עליה ישראל עבודה דשבת ואין הגוי שלוחו: ואם באו לחשבון. לאו אהתנו מתחלה קאי אלא מילתא באנפי נפשה היא כלומר אם קיבלו סתם ועשו סתם ועייל הגוי בשבת וישראל בחול ולא לוו ישראל ובאו לחשבון לאחר זמן לומר כמה ימי שבת נטלת אתה ואני אטול כנגדן ימי החול: אסור. דשכר שבת הוא נוטל דגלי דעתו דגוי שלוחו היה: רב גביהה מבי כתיל אמר. לאו הכי הוה עובדא: אלא שתילי דערלה הוה. ישראל וגוי קיבלו שדה בשותפות [(א)] ונוטעה ויטלו החצי בין שניהם ונתעסק גוי כל צרכו שני ערלה ואכלן וישראל קבל ג' שנים אחרות כנגדן ואכלן: שרא להו. דהיתר גמור הוה דהא אע"ג דקיבלוה יחד לכתחילה ואמר לו ישראל היה אתה עובד בג' שנים הללו ואני ג' אחריהם אין כאן איסור שליחות דהא ישראל נמי שרי לעובדה ואי משום אכילה שישראל אוכל כנגדן ונמצא נהנה מפירות ערלה שמכרן אין זה נהנה שכן המשפט שנה שזה עובד הוא אוכל: והא אותביה רבינא. וא"כ מאי תיובתא גבי שבת איסור שליחות במלאכה מה שאין כן בערלה: לסיועי סייעיה. מדקתני התנו לכתחילה מותר אלמא כי ליכא איסור שליחות דמלאכה שרי ואע"ג דמטיא הנאה לישראל וה"ה לערלה: סתמא מאי. שקיבלו סתם ועשו סתם גוי בשבת וישראל בחד בשבת ולא אמר ישראל מעולם טול אתה את השבת ואני בחול מהו לחלוק סתם בשוה ולא יזכיר ישראל את השבת: אם באו לחשבון. הזכיר לו ישראל של שבת באותה חלוקה וגלי דעתיה דשלוחיה הוא: הא סתמא. דאף בשעת חלוקה סתם מותר:

הדרן עלך לפני אידיהן

אין מעמידין בהמה בפונדקאות. שעושין להתאכסן[(ב)] עוברי דרכים שם ומעלים שכר לבעלים: שחשודין על הרביעה. ובני נח נאסרו בה דכתיב (בראשית ב) והיו לבשר אחד יצאו בהמה חיה ועוף ויש כאן לפני עור לא תתן מכשול: גמ' רובע

תוספות

אי הכי תיפוק ליה משום לפני עור. הקשה הר"י אמאי קאמר א"ה דאמלתי' דר"ש בן אלעזר גופיה היה יכול להקשות תיפוק ליה משום לפני עור ופי' הר"ר אלחנן בשלמא אי אמרת דכותי נקט לרבותא וה"ה גוי ניחא דנקט טעמא דנקראת על שמו דשייך בתרוייהו אלא אי אמרת דנקט כותי דוקא א"כ תיפוק ליה משום לפני עור:

תיפוק ליה משום לפני עור. אליבא דרשב"א פריך דאית ליה כותים גרי אמת הן בפ"ק דחולין (דף ו.) גבי ההיא דר"ש דשדריה לר"מ למזבן חמרא מבי כותאי ומכאן יש להביא ראיה למה שפירש ר"ת דשייך למימר לפני עור אף במידי דלית ביה איסורא אלא דרבנן דהא מלאכה דחש"ה אינה אסורה אלא מדרבנן כדפירש ר"ת (*במו"ק (דף ג)) וראיה נמי מדלעיל (דף טו:) דאסור למכור לישראל החשוד למכור לגוי אע"ג דליכא איסורא אלא דרבנן אבל הר"ר אלחנן הקשה לפר"ת שפירש דמלאכה דחש"ה אינה אסורה מן התורה מדאמר בפ' מי שהפך (מ"ק דף יא:) פתח באבל וסיים בחול המועד לא מיבעיא קאמר לא מיבעיא ימי אבלו דאסור דרבנן אלא אפילו חש"ה דאסור דאורייתא כו' ומפר"ת דקרי ליה דאורייתא לפי שיש לה אסמכתא מן התורה בפ"ק דחגיגה (דף יח.) לאפוקי אבל שאין לו אסמכתא אלא מדברי קבלה דכתיב והפכתי חגיכם לאבל א"נ חש"ה יש לו עיקר מן התורה דאיכא למיגזר אטו י"ט*):

חדא משום לפני עור. נראה דמהאי טעמא נמי[(ג)] להיות אסור כשקבל שדה בשותפות:

לא יאמר לו ישראל לגוי כו'. מעשה כך היה בימי רבינו תם שגבה ישראל אחד בחובו תנור אחד מגוי והיה לו לאופה המסיק התנור חלקו בתנור והיה לו ליהודי ליטול כך וכך ימים בחלקו ולאופה כמו כן כך וכך ולא התנו מתחלה זה לזה טול אתה חלקך בשבת ואני חלקי בחול והיה ר"י ר"ל דמותר דלא דמי לשדה דהכא דגבי שדה חלק הישראל משביח אף בחול במה שהגוי טורח בו בשבת אבל בתנור אינו משביח כלל במה שהגוי עושה בו בשבת וזה בחול ואף בלא התנו מתחלה ולא הודה ר"ת לזה ונראה לו דאין לחלק בין תנור לשדה דאע"פ שאינו משביח במלאכה בשבת מ"מ הוי כאילו מעמיד פועל בידים ונראה להר"ר אלחנן דבתנור אפי' התנו מתחלה לא יועיל כיון שכל התנור של ישראל הוא וה"ל כמשכיר תנורו בשבת ואומר לגוי טול שכר תנורי בשבת כשתסיקנו לי בחול ולא דמי לישראל וגוי שלקחו שדה בשותפות שיש לגוי חלק בגוף הקרקע וגם ר"י חזר בו והביא ראיה לדברי ר"ת דאין חילוק בין תנור לשדה דהא מרחץ כתנור דמי ובתוספתא דמסכת דמאי [פ"ו] תניא ישראל וגוי שלקחו שדה ומרחץ בשותפות לא יאמר לו ישראל לגוי כו' קצרו של דבר בין כרם בין שדה בין מרחץ או תנור אם לקחו ישראל וגוי בשותפות אסור לומר טול אתה חלקך כו' אלא אם כן התנו מתחלה קודם שלקחוהו שאין לישראל בשבת שום חלק וגם ר"ת באותו מעשה דתנור לוה לקבל החוב מן הגוי ולחזור ולהלוות ולהתנות מתחלה מיהו היכא שלקחו הישראל במשכון נראה שא"צ להתנות כלום כיון שהוא ברשות הגוי ושכר התנור הוא לישראל מרבית שהגוי נותן לו ואין הישראל קונה חלק בתנור דדוקא נקט לקחו. העתק מלשון רבינו יהודה: ת"ש אם התנו מתחלה מותר הא סתמא אסור. וא"ת לידוק מרישא וי"ל דאיכא למימר דה"ה סתמא אלא משום דבעי למיתני סיפא ואם התנו מתחלה מותר אף על פי שהתנה לו כך בפירוש: ואם באו לחשבון אסור הא סתמא שרי. וא"ת לימא דה"ק אם באו לחשבון אסור אפי' התנו מתחלה וי"ל דס"ל דודאי אם התנו מתחילה מותר בכל ענין:

הדרן עלך לפני אידיהן

אין מעמידין בהמה בפונדקאות של גוים. ותניא בגמ' אין מוסרין בהמה לרועה שלהם ויש ליתן טעם על מה אנו סומכין לייחד בהמותינו עמהם ואף אנו מוסרין בהמותינו לרועה שלהם ואין לומר כדאמר רב לעיל בפ"ק (דף יד:) מקום שהתירו למכור התירו ליחד דהא לא קם האי מילתא דאף רב הדר ביה אלא אומר ר"ת דסמכינן אהא דמשני ר' פדת בגמ' (דף כג.) דמוקי מתני' כר"א דחייש לרביעה ובריי[י]תא דלוקחין מהן בהמה לקרבן דלא חיישי לרביעה כרבנן ואנן קיימין כרבנן ואע"ג דרבינא שהיה סוף הוראה פליג עליה ושני שנויא אחרינא מ"מ נראין דברי ר' פדת עיקר חדא מדהקדים דברי רבינא לדבריו דהא רבי פדת קודם לרבינא ימים רבים שהיה בנו של ר"א כדאמרינן בפ"ק דברכות (דף יא:) וכן אורי לי' ר"א לר' פדת בריה וגם היה חברו של ר' זירא כדאמר בפ"ק דנדה (דף ח.) א"ר זירא לר' פדת חזי דמינך ומאבוך קשריתו קטפא לעלמא ואותו ר"א אביו הי' תלמידו של ר' יוחנן ועוד דבשל סופרים קי"ל דהלך אחר המיקל ואע"ג דסתם מתני' דאין מעמידין מתוקמא כר"א מ"מ לית הלכתא כוותיה כיון שיש מחלוקת במסכת פרה (פ"ב מ"א) ובתרי מסכתי לכ"ע אין סדר:

*) [וע"ע תוס' חגיגה יח. ד"ה חולו]

רבינו חננאל

הנהו מוריקאי דגוי מלקט ונקיט בשבתא וישראל נקיט בחד בשבתא אתו לקמיה דרבא שרא להו ואותביה רבינא ישראל וגוי שקיבלו שדה בשותפות לא יאמר ישראל לגוי טול חלקך אתה בשבת ואני חלקי בחול ואם התנו מעיקרא על מנת שיום השבת לגוי ויום אחד בשבת לישראל שרי ואם באו לחשבון פי' שיאמר אחד לחבירו לקחת אתה בשבת כך וכך כספים ואני לא לקחתי בחול אלא פחות מרוק לי א) וכן אם אמר הגוי לישראל כעניין הזה אסור ואינו מותר אלא אם התנו מעיקרא מה שיזדמן בשבת הרי הוא לגוי בין רב בין מעט וכן בחול לישראל. איכסיף רבא לסוף איגלאי מילתא דהתנו מעיקרא הוו ושפיר שרא להו רבא. רב גביהה מבי כתיל אמר שתלאי דערלה הוו גוי אכל שני ערלה וישראל אכל שני דהיתירא כו'. איבעיא להו אם התנו מעיקרא מותר סתמא מאי ולא איפשיטא ועבדי' ביה לחומרא דאיסורא דאורייתא היא ב) ירושל' הא במקום שנהגו למכור מוכרין להן אפי' בית דירה ומשכירין להן אפילו בית דירה ר' בון בשם רבנן דתמן זאת אומרת שדה הנתונה על אם הדרך אסור להשכירה לגוי מפני שנקראת על שמו וגוי עושה בה מלאכה בשבתות וי"ט: בתוספתא שאלו לר' יהושע מהו שילמד אדם את בנו חכמת יוונית אמר להן צאו וראו איזו שעה אינה לא מן היום ולא מן הלילה שהיום והלילה חייב בהגיון תורה שנא' והגית בו יומם ולילה. תוספתא לא יטייל ישראל עם שיירא בתרפות אפי' לצאת אפי' מקדים ואפי' מחשיך ואפי' מתיירא מפני ליסטים מפני רוח רעה חיה רעה שנא' לא תלכו אחרי אלהים אחרים ר' אלעזר (בר) [בנו ש"ר] יוסי הגלילי אומר אם ראית רשע יוצא לדרך התרחק ממנו ג' ימים כי מלאכי חבלה יוצאין עמו שנא' הפקד עליו רשע ושטן יעמד על ימינו וכן אם ראית צדיק יוצא לדרך צא עמו כי מלאכי שלום עמו שנא' כי מלאכיו יצוה לך לשמרך בכל דרכיך הדרן עלך לפני אידיהן: אין מעמידין בהמה בפונדקאות של גוים מפני שהן חשודין על הרביעה ורמינהי לוקחין

א) [illegible]

עין משפט נר מצוה

קיב א מיי' פ"ו מהל' שבת הל' יז סמג עשין סה טוש"ע א"ח סי' רמה סעיף א:
קיג ב מיי' פ"י מהל' מאכלות אסורות הלכה יד ועיין בהשגות ובכ"מ טוש"ע י"ד סי' רלד סעיף יג:
קיד ג מיי' פ"ו מהל' שבת הלכה יז סמג עשין סה טוש"ע א"ח סי' רמה סעיף ב:
א ד מיי' פכ"ב מהל' איסורי ביאה הל' ה סמג לאוין קכו טוש"ע י"ד סי' קנג סעיף א:
ב ה מיי' שם הלכה ד סמג שם טוש"ע שם סעיף ד טוש"ע אה"ע סי' כב סעיף ג:
ג ו מיי' פי"ב מהל' רוצח הל' ז סמג עשין מט טוש"ע י"ד סי' קנג סעיף ב:

[נ"ל בחגיגה (דף יח.)]

מסורת הש"ס

[עירובין מ. וש"נ]
[כתובות כה. וש"נ ועיין נדרים עב.]
[לעיל יז:]
[עירובין סב.]

הגהות הב"ח

(א) רש"י ד"ה אלא וכו' בשותפות ונוטעה ויטלו: (ב) ד"ה אין וכו' להתאכסן שם עוברי דרכים ומעלין: (ג) תוס' ד"ה חדא וכו'. נמי יכול להיות אסור:

גליון הש"ס

גמ' איכסיף. עיין עז ע"ב ב"מ נ"ו ע"א: שם לא היו דברים מעולם. עירובין מ ע"א ועיין תוספות יבמות לה ע"ב ד"ה דכ"ע. נדה כד ע"א תוס' ד"ה אר"פ. ב"ב קנד ע"ב ד"ה ונסכה. בכורות ד ע"ב תד"ה אלא:

סיכום פרק "לפני אידיהן"

במשנה נאמר כי אסור לשאת ולתת עם הגוים שלושה ימים לפני יום חגם מלבד יום חגם עצמו, ובגמרא סוכם כי האיסור לשאת ולתת עימם אף לפני ימי חגיהם מיוחד לארץ ישראל, ובגולה לא אסרו אלא יום החג עצמו. וכדרך שנאסר משא ומתן בזמנים אלו, נאסרו גם הלוואה ופירעון חוב, וכן השאלה, חוץ ממקרים בהם ייגרם נזק כספי לישראל אם לא יעשה זאת, או שיגרום הדבר לאיבה.

לא רק בימי חגיהם נאסר משא ומתן עמהם, אלא גם המסחר בירידים הנעשים לכבודה של עבודה זרה, לפי שעבודה זרה נהנית מפירותיו של משא ומתן זה, ואף הישראל נהנה מכספי עבודה זרה. ופירותיו של משא ומתן כזה נאסרו בהנאה.

נתבאר בגמרא גם כן כי על בן ישראל להימנע מכל דרך של השתתפות באירועים הנעשים לכבודה של עבודה זרה, גם אם הם אירועים חברתיים, ובכלל זה נאסר ללכת ולהיכנס לעיר שיש בה חגיגה כזו. כן עליו להימנע מנתינה ומקבלה של מתנות בימי חגם, אלא אם כן יש בדבר משום חשש איבה.

במשנה ובגמרא ניתנה רשימה של ימי חג של הגוים האסורים במשא ומתן, חלקם ימי עבודה זרה מובהקים (שאף לגביהם נאמר שביסודם הם ירידה מדרך האמת לדרכים אחרות) ובחלקם ימי חג של מלכיהם, שיש בהם פולחן של עבודה זרה. בעיקר תוארו במשנה ובגמרא חגי הגוים שהיו נהוגים בארץ ישראל וברחבי האימפריה הרומית, אבל גם מקצת ימי חג אחרים של מדינות אחרות (בבל ופרס). כמו כן נאמר כי לגבי ימי חג פרטיים של מקום מסויים או של איש פרטי לא נאסר המשא ומתן אלא באותם אנשים ובאותו יום.

משך כל השנה כולה נאסר למכור לגוים דברים המשמשים לעבודה זרה, אם כשמפרשים שזו מטרתם או כשעיקר שימושם הוא לצורך זה, אלא אם כן היה ברור (לפי הכמות או הקונה) שאין זו כוונתו. וכן נאסר לבנות עבורם בתים ומבנים של עבודה זרה.

איסורים אלו של משא ומתן עם הגוים בימי חגיהם, והאיסורים התלויים בהם (ראה גם להלן), נהגו בהם היתר במשך הדורות, בכולם או בחלקם, מטעמים שיסודם כבר בגמרא, הן משום שהגוים שעימהם באים ישראל במגע כבר אינם מוגדרים עוד כעובדי עבודה זרה, והן משום תנאי ההיתר הנוספים, שיש בכך משום איבה, ומשום שבירת מטה לחמם של היהודים.

נוסף לאיסורים אלה הקשורים באיסור עבודה זרה עצמה יש גם איסורי מכירה אחרים, מטעמים שונים. אין מוכרים לגויים בעלי חיים העושים במלאכה, משום שהדבר עשוי להביא שיעבדו בבהמות ישראל בשבת. ולא הותר הדבר אלא אם נעשה הדבר באמצעות סוחר בהמות. כמו כן אין בונים עמהם מבנים ציבוריים שיש בהם משום נזק לרבים וסיכון חייהם של ישראל, ואין מוכרים להם דברים העשויים לגרום נזק לישראל (כלי נשק, חיות רעות). אלא שהדבר תלוי בתנאים שונים, שכן מצד אחד במקומות בהם הגויים מגינים על ישראל מותר למכור להם נשק, ומצד שני אסור למכור דברים המזיקים גם ליהודים החשודים להשתמש בהם לשם נזק הרבים.

איסור מכירה מיוחד לארץ ישראל, שאין מוכרים בה קרקע לגוים ואף לא דברים המחוברים לקרקע, אלא אם כן נקצצו ממנה, שאסור לנו לתת להם חניה בה. וכן נאסר להשכיר להם שדות בארץ ישראל, שיש בכך משום הפקעת הארץ ממצוות. ובסוריא שיש בה מקצת קדושת הארץ הותר למכור בתים (אבל לא שדות). ובכל מקום נאסר להשכיר להם בתי דירה שיש חשש שיכניסו בהם עבודה זרה, וכן נאסר להשכיר להם דברים שיש לחשוש בהם למראית העין, שיהודי הוא העושה בהם מלאכה בזמנים האסורים במלאכה.

בפרק זה יש דברי אגדה רבים, ובעיקרם הם עוסקים ביום הדין הגדול שלעתיד לבוא, וביחס שבין אומות העולם וישראל במשך הדורות. ואגב כך — גם ענייני הסטוריה שונים, הנוגעים למנייני ישראל והאומות.

פתיחה לפרק "אין מעמידין"

"וּבְכָל בְּהֵמָה לֹא תִתֵּן שְׁכָבְתְּךָ לְטָמְאָה בָהּ וְאִשָּׁה לֹא תַעֲמֹד לִפְנֵי בְהֵמָה לְרִבְעָהּ תֶּבֶל הוּא. אַל תִּטַּמְּאוּ בְּכָל אֵלֶּה כִּי בְכָל אֵלֶּה נִטְמְאוּ הַגּוֹיִם אֲשֶׁר אֲנִי מְשַׁלֵּחַ מִפְּנֵיכֶם". (ויקרא יח, כג—כד)

"וְלֹא תִתְחַתֵּן בָּם בִּתְּךָ לֹא תִתֵּן לִבְנוֹ וּבִתּוֹ לֹא תִקַּח לִבְנֶךָ. כִּי יָסִיר אֶת בִּנְךָ מֵאַחֲרַי וְעָבְדוּ אֱלֹהִים אֲחֵרִים וְחָרָה אַף ה' בָּכֶם וְהִשְׁמִידְךָ מַהֵר". (דברים ז, ג—ד)

"וַיָּשֶׂם דָּנִיֵּאל עַל לִבּוֹ אֲשֶׁר לֹא יִתְגָּאַל בְּפַת בַּג הַמֶּלֶךְ וּבְיֵין מִשְׁתָּיו וַיְבַקֵּשׁ מִשַּׂר הַסָּרִיסִים אֲשֶׁר לֹא יִתְגָּאָל". (דניאל א, ח)

חלקו הראשון של פרק זה הוא כהמשך לפרק הראשון שעניינו הרחקה מן הגוים. אלא שבעוד שבפרק הראשון דובר בהרחקה בענייני משא ומתן, באופנים בהם נאסר לישראל ליטול חלק או לסייע (באופן ישיר או עקיף) באמצעות כספו ורכושו לענייני עבירה של עבודה זרה ואיסורים אחרים, הרי כאן מדובר בהתרחקות האדם עצמו ממגע וייחוד עם הגוים, בעיקר מחשש לעבירות של גילוי עריות ושפיכות דמים.

ההיכרות עם הגוים עובדי עבודה זרה שבארץ ועם דרכי חייהם, כפי שמתואר כבר בתורה, ועם עוינותם ליהודים עד כדי שפיכות דמים, ובייחוד באזורים בהם אין שלטון של חוק וסדר (או שיש בו אפלייה בין יהודים לאחרים), חייבה זהירות יתר והימנעות ממצבים שיש בהם סיכון בעניינים אלו. ובפרק זה דנים חכמים מה הם אותם אמצעי זהירות שיש לנקוט, ובאלו עניינים ניתן לסמוך על הגוים. האם ניתן להפקיד את חייהם של יהודים בידיהם של בעלי מקצוע גוים, כגון רופאים, מיילדות ומניקות, ובאלו תנאים. ומצד אחר, האם יש רשות, ובאיזה אופן, לעסוק בהצלת חייהם של עובדי עבודה זרה ובעלי עבירה אחרים?

חלקו השני של הפרק דן בעיקר באיסורים שונים הקשורים במאכלי גוים, ואלו מתחלקים למספר קבוצות עיקריות:

יש דברים הנאסרים מפני שהם תקרובת עבודה זרה, או מפני שמעורבת בהם תקרובת כזאת. דברים אלו אינם נאסרים רק באכילה אלא אף בהנאה, שחמור דינה של תקרובת לא פחות משל עבודה זרה עצמה (ויתר עליה, שאין לתקרובת אפשרות של ביטול).

המצוי שבמאכלים אלו הוא יין נסך, או יין שיש לחשוש בו שניסכוהו לעבודה זרה, ולגביו עולות מספר שאלות: מתי יש לחשוש שהגוי ניסך מן היין שהיה בידו או ביד ישראל, ומתי אין לחשוש לכך? באלו יינות יש לחשוש, ובאלו לא גזרו חכמים איסור? על אלו אמצעי בטחון ניתן לסמוך כדי לוודא שהגוי אכן לא נגע ולא ניסך מן היין? האם דינו של יין שנאסר רק משום חשש ומשום גזירה כדינו של יין נסך ממש? ומה דינם של כלים בהם מצוי היה יין של גוים?

צד אחר של איסור יש בשתיית יין של גוי, מעבר לחשש לתקרובת לעבודה זרה, והוא קירוב הדעת הבא כתוצאה של שתייה משותפת, ובעקבותיו יצירת אוירה נוחה להתקרבות הדדית והימשכות אחר אורחות חייו ודתו. מצד זה יש מקום לחשוש ולהימנע אף מסוגים אחרים של מאכלים של גוים, כגון פת, שמן, או שיכר, ואף בהם דן פרק זה.

ועוד רשימה של מאכלי גוים מצויה בפרק זה, והיא של מאכלים שאינם אסורים משום איסור עבודה זרה, ולא משום קירבה יתירה, אלא מפני איסורים אחרים, שמא היו אלה בעלי חיים או דברים האסורים לישראל באכילה, או שמא מעורב בהם דבר איסור. מספר שאלות עולות בעניין זה: כיצד לנהוג במקרים של ספק? האם יש סימנים מיוחדים שעליהם ניתן לסמוך? ומה דינו של ישראל המוכר דברים שכשרותם אינה ברורה?

רשימה אחרת יש בפרק זה, והיא של מוצרי אכילה שחכמים התירו לקחתם מן הגוים, ובעיקר מאכלים שניתן היה לחשוש בהם לאיסור או תערובת איסור, ואולם חכמים לא חששו להחמיר בהם ולא אסרום.

מסורת הש"ם

א. ע"ז יד,ב. וראה תוספתא ע"ז פ"ג ב. ילק"ש תורה כח.
ב. עירובין סב,א. וראה תוספתא שם ג.

גרסות

שחשודין בירושלמי וכמה כת"י: **שהם חשודין.**

הרביעה בירושלמי: **ההרבעה.**

לשון

פונדקאות
מקור המלה הוא ביוונית πανδόκιον (פנדוקיון) — בית הארחה, מלון.

א משנה **אֵין מַעֲמִידִין בְּהֵמָה בְּפוּנְדְּקָאוֹת שֶׁל גּוֹיִם, מִפְּנֵי שֶׁחֲשׁוּדִין עַל הָרְבִיעָה,** שמא הנמצאים בפונדק ירבעו את הבהמה, והדבר אסור להם, ונמצא שבהעמדת הבהמה שם הריהו נותן מכשול בפני עיוור. **וְלֹא תִּתְיַיחֵד אִשָּׁה עִמָּהֶן, מִפְּנֵי שֶׁחֲשׁוּדִין עַל הָעֲרָיוֹת. וְלֹא יִתְיַיחֵד אָדָם** מישראל **עִמָּהֶן, מִפְּנֵי שֶׁחֲשׁוּדִין עַל שְׁפִיכוּת דָּמִים.**

עיונים

אין מעמידין וכיון שהגוים חשודים על עבירה זו, הרי אסור להכשילם בדבר, לפי שהוא בכלל שבע מצוות בני נוח. וראה בתוס' שדנו בשאלה מפני מה לא נהגו בדורותיהם לחשוש לכך, ותירצו שסומכים על שיטת ר' פדת בענין זה (להלן כג, א) שמשנתנו שיטת ר' אליעזר היא, ודעת יחיד היא, ולשיטת חכמים אין אנו חוששים לכך. והר"נ (ואחרים) כתבו הסבר אחר, כי במקום שאין הגוים חשודים, ואדרבה, הדבר נחשב לעבירה והשלטונות מענישים עליה בחומרה, אין עוד מקום לחשש זה.

לא תתייחד וכתב תר"י שמכל מקום אם נתייחדה אין אומרים שהיא אסורה לכהן, משום שאינה דומה לשבויה הנתונה בידיהם, שאין כאן אלא חשש בלבד.

אורח ההלכה

אין מעמידין בהמה אין מעמידים בהמה בפונדקאות של גוים, ואפילו זכרים אצל זכרים ונקבות אצל נקבות. כמשנה. ובמקומות שאין חשודים על כך, ובפרט במקומות שאף מכים ועונשים על עבירה זו — מותר. (רמב"ם ספר קדושה הלכות איסורי ביאה פכ"ב ה"ה. שו"ע יו"ד קנג, א).

ולא תתייחד אשה עמהן אל תתייחד אשה יהודית עם הגוי, ואף על פי שאשתו עמו, לפי שאין אשתו משמרתו. ואפילו לא עם גוים רבים, ואף אם נשותיהם עמהם. (רמב"ם שם ה"ד. שו"ע שם סעיף ד. אה"ע כב, ג).

לא יתייחד אדם עמהן אסור ליהודי להתייחד עם הגוי, מפני שהם חשודים על שפיכות דמים. וכתבו פוסקים שעכשיו אין גוים חשודים על כך בסתם, ובפרט שמעמידים למשפט ודנים על כך. (רמב"ם ספר נזיקין הלכות רוצח ושמירת נפש פי"ב ה"ז. שו"ע יו"ד שם סעיף ב).

תורה אור

אריסותא לר"ש בן אלעזר לית ליה אלא גוי מ"ט מותר דאמרינן ליה וציית כותי נמי אמרינן ליה וציית כותי לא ציית דאמר אנא גמירנא טפי מינך א"ה מאי איריא מפני שנקראת על שמו תיפוק ליה משום (ויקרא יט) לפני עור לא תתן מכשול חדא ועוד קאמר חדא משום לפני עור ועוד מפני שנקראת על שמו הנהו מוריקאי דגוי נקיט בשבתא וישראל בחד בשבתא אתו לקמיה דרבא שרא להו איתיביה רבינא לרבא [א]ישראל וגוי שקיבלו שדה בשותפות לא יאמר ישראל לגוי טול חלקך בשבת ואני בחול ואם התנו מתחלה מותר ואם באו לחשבון אסור °איכסיף לסוף איגלאי מלתא דהתנו מעיקרא הוו רב גביהה מבי כתיל אמר הנהו שתילי דערלה הוה גוי אכיל שני דערלה וישראל שני דהתירא אתו לקמיה דרבא [ב]שרא להו והא אותביה רבינא לרבא לסיועי סייעיה והא אכסיף *°לא היו דברים מעולם איבעיא להו סתמא מאי ת"ש אם התנו מתחילה מותר [ג]הא סתמא אסור אימא סיפא אם באו לחשבון אסור הא סתמא מותר *אלא מהא ליכא למשמע מינה:

הדרן עלך לפני אידיהן

א *אין [א][ד]מעמידין בהמה בפונדקאות של גוים מפני שחשודין על הרביעה [ה]ולא תתייחד אשה עמהן מפני שחשודין על העריות [ו]ולא יתייחד אדם עמהן מפני [ב]*שחשודין על שפיכות דמים: גמ' ורמינהי

רש"י

אריסותא לר"ש בן אלעזר לית ליה. והאי דנקט כותי דמשמע הא גוי שרי לאו טעמא משום אריסותא אלא משום דאמרינן ליה לא תעשה בה מלאכה בשבת וליית: **אי הכי.** דכותי יעשה בה מלאכה בחולו של מועד: **מאי איריא.** דקתני גבי כותי מפני שנקראת על שמו: **תיפוק ליה.** דבלא הכי נמי איכא משום לפני עור וכותי גר הוא ומצווה על המצות כישראל ולא דמי לגוי העושה מלאכה בשבת שהגוים לא הוזהרו עליה: **מוריקאי.** זורעי גנות כרכום: **נקיט בשבתא.** לחרוש לזרוע ולקצור: **שקיבלו.** שדה באריסותן מבעה"ב ומשקיבלוה הוטלה על שניהם לעסוק בה ביחד: **לא יאמר ישראל.** טול אתה חלקך בשבת לפי שנעשה שלוחו על חצי היום המוטל עליו: **ואם התנו מתחילה.** קודם שהוטלה עליו: **מותר.** דהא לא קיבל עליה ישראל עבודה דשבת ואין הגוי שלוחו: **ואם באו לחשבון.** לאו אהתנו מתחלה קאי אלא מילתא באנפי נפשה היא כלומר אם קיבלו סתם ועשו סתם ועייל הגוי בשבת וישראל בחול ולא צוהו ישראל ובאו לחשבון לאחר זמן לומר כמה ימי שבת נטלת אתה ואני אטול כנגדן ימי החול: **אסור.** דשכר שבת הוא נוטל דגלי דעתו דגוי שלוחו היה: **רב גביהה מבי כתיל אמר.** לאו הכי הוה עובדא: **אלא שתילי דערלה הוה.** ישראל וגוי קיבלו שדה בשותפות [א]ונוטעה ויטלו האי בין שניהם ונתעסק גוי כל צרכו שני ערלה ואכלן וישראל קבל ג' שנים אחרות כנגדן ואכלן: **שרא להו.** דהיתר גמור הוא דהא אע"ג דקיבלוה יחד לכתחילה ואמר לו ישראל היה אתה עובד בג' שנים הללו ואני ג' אחריהם אין כאן איסור שליחות דהא ישראל נמי שרי לעובדה ואי משום אכילה שישראל אוכל כנגדן ונמצא נהנה מפירות ערלה שמכרן אין זה נהנה שכן המשפט שנה שזה עובד הוא אוכל: **והא אותביה רבינא.** וא"כ מאי תיובתא גבי שבת איסור שליחות במלאכה מה שאין כן בערלה: **לסיועי סייעיה.** מדקתני התנו לכתחילה מותר אלמא כי ליכא איסור שליחות דמלאכה שרי ואע"ג דמטיא הנאה לישראל וה"ה לערלה: **סתמא מאי.** שקיבלו סתם ועשו סתם גוי בשבת וישראל בחד בשבת ולא אמר ישראל מעולם טול אתה את השבת ואני בחול מהו לחלוק סתם בשוה ולא יזכיר ישראל את השבת: **אם באו לחשבון.** הזכיר לו ישראל של שבת באותה חלוקה וגלי דעתיה דשלוחיה הוא: **הא סתמא.** דאף בשעת חלוקה סתם מותר:

הדרן עלך לפני אידיהן

אין מעמידין בהמה בפונדקאות. שעושין להתאכסן[ב] עוברי דרכים שם ומעלים שכר לבעלים: **שחשודין על הרביעה.** ובני נח נאסרו בה דכתיב (בראשית ב) והיו לבשר אחד יצאו בהמה חיה ועוף ויש כאן לפני עור לא תתן מכשול: **גמ'** רובע

תוספות

אי הכי תיפוק ליה משום לפני עור. הקשה הר"י אמאי קאמר א"ה דאמלתי' דר"ש בן אלעזר גופיה היה יכול להקשות תיפוק ליה משום לפני עור ופי' הר"ר אלחנן בשלמא אי אמרת דכותי נקט לרבותא וה"ה גוי ניחא דנקט טעמא דנקראת על שמו דשייך בתרוייהו אלא אי אמרת דנקט כותי דוקא א"כ תיפוק ליה משום לפני עור:

תיפוק ליה משום לפני עור. אליבא דרשב"א פריך דאית ליה כותים גרי אמת הן בפ"ק דחולין (דף ו.) גבי ההיא דר"ש דשדריה לר"מ למזבן חמרא מבי כותאי ומכאן יש להביא ראיה למה שפירש ר"ת דשייך למימר לפני עור אף במידי דלית ביה איסורא אלא דרבנן דהא מלאכה דמ"ה אינה אסורה אלא מדרבנן כדפירש ר"ת (*במו"ק (דף ב)) וראיה נמי מדלעיל (דף טו:) דאסור למכור לישראל החשוד למכור לגוי אע"ג דליכא איסורא אלא דרבנן אבל הר"ר אלחנן הקשה לפר"ת שפירש דמלאכה דמ"ה אינה אסורה מן התורה מדאמר בפ' מי שהפך (מ"ק דף יא:) פתח באבל וסיים בחול המועד לא מיבעיא קאמר לא מיבעיא ימי אבלו דאסור דרבנן אלא אפילו מ"ה דאסור דאורייתא כו' ומפר"ת דקרי ליה דאורייתא לפי שיש לה אסמכתא מן התורה בפ"ק דחגיגה (דף יח.) לאפוקי אבל שאין לו אסמכתא אלא מדברי קבלה דכתיב והפכתי חגיכם לאבל א"נ מ"ה יש לו עיקר מן התורה דאיכא למיגזר אטו י"ט*):

חדא משום לפני עור. נראה דמהאי טעמא נמי[ג] להיות אסור כשקבל שדה בשותפות:

לא יאמר לו ישראל לגוי כו'. מעשה כך היה בימי רבינו תם שגבה ישראל אחד בחובו תנור אחד מגוי והיה לו לאופה המסיק התנור חלקו בתנור והיה לו ליהודי ליטול כך וכך ימים בחלקו ולאופה כמו כן כך וכך ולא התנו מתחלה זה לזה טול אתה חלקך בשבת ואני חלקי בחול והיה ר"י ר"ל דמותר דלא דמי לשדה דהכא דגבי שדה חלק הישראל משביח אף בחול במה שהגוי טורח בו בשבת אבל בתנור אינו משביח כלל במה שהגוי עושה בו בשבת וזה בחול ואף בלא התנו מתחלה ולא הודה ר"ת לזה ונראה לו דאין לחלק בין תנור לשדה דאע"פ שאינו משביח במלאכה בשבת מ"מ הוי כאילו מעמיד פועל בידים ונראה להר"ר אלחנן דבתנור אפי' התנו מתחלה לא יועיל כיון שכל התנור של ישראל הוא וה"ל כמשכיר תנורו בשבת ואומר לגוי טול שכר תנורי בשבת כשתסיקנו לי בחול ולא דמי לישראל וגוי שלקחו שדה בשותפות שיש לגוי חלק בגוף הקרקע וגם ר"י חזר בו והביא ראיה לדברי ר"ת דאין חילוק בין תנור לשדה דהא מרחץ כתנור דמי ובתוספתא דמסכת דמאי [פ"ו] תניא ישראל וגוי שלקחו שדה ומרחץ בשותפות לא יאמר לו ישראל לגוי כו' קארו של דבר בין כרם בין שדה בין מרחץ או תנור אם לקחו ישראל וגוי בשותפות אסור לומר טול אתה חלקך כו' אלא אם כן התנו מתחלה קודם שלקחוהו שאין לישראל בשבת שום חלק וגם ר"ת באותו מעשה דתנור לוה לקבל החוב מן הגוי ולחזור ולהלוות ולהתנות מתחלה מיהו היכא שלקחו הישראל במשכון נראה שא"צ להתנות כלום כיון שהוא ברשות הגוי ושכר התנור הוא לישראל מרבית שהגוי נותן לו ואין הישראל קונה חלק בתנור דדוקא נקט לקחו. העתק מלשון רבינו יהודה:

ת"ש אם התנו מתחלה מותר הא סתמא אסור. וא"ת לידוק מרישא וי"ל דאיכא למימר דה"ה סתמא אלא משום דבעי למיתני סיפא ואם התנו מתחלה מותר אף על פי שהתנה לו כך בפירוש: **ואם** באו לחשבון אסור הא סתמא שרי. וא"ת לימא דה"ק אם באו לחשבון אסור אפי' התנו מתחלה וי"ל דס"ל דודאי אם התנו מתחילה מותר בכל ענין:

הדרן עלך לפני אידיהן

אין מעמידין בהמה בפונדקאות של גוים. ותניא בגמ' אין מוסרין בהמה לרועה שלהם ויש ליתן טעם על מה אנו סומכין לייחד בהמותינו עמהם ואף אנו מוסרין בהמותינו לרועה שלהם ואין לומר כדאמר רב לעיל בפ"ק (דף יד:) מקום שהתירו למכור התירו ליחד דהא לא קם האי מילתא דאף רב הדר ביה אלא אומר ר"ת דסמכינן אהא דמשני ר' פדת בגמ' (דף כג.) דמוקי מתני' כר"א דחייש לרביעה ובריית' דלוקחין מהן בהמה לקרבן דלא חיישי לרביעה כרבנן ואנן קיימין כרבנן ואע"ג דרבינא שהיה סוף הוראה פליג עליה ושני שנויא אחרינא מ"מ נראין דברי ר' פדת עיקר חדא מדהקדים דברי רבינא לדבריו דהא רבי פדת קודס לרבינא ימים רבים שהיה בנו של ר"א כדאמרינן בפ"ק דברכות (דף יח:) וכן אורי לי' ר"א לר' פדת בריה וגם היה חברו של ר' זירא כדאמר בפ"ק דנדה (דף ח.) א"ר זירא לר' פדת חזי דמינך ומאבוך קשריתו קטפא לעלמא ואותו ר"א אביו הי' תלמידו של ר' יוחנן ועוד דבשל סופרים קי"ל דהלך אחר המיקל ואע"ג דסתם מתני' דאין מעמידין מתוקמא כר"א מ"מ לית הלכתא כוותיה כיון שיש מחלוקת במסכת פרה (פ"ב מ"א) ובתרי מסכתי לכ"ע אין סדר:

*) [וע"ע תוס' חגיגה יח. ד"ה חולו]

ורמינהי

עין משפט נר מצוה

קיב א מיי' פ"ו מהל' שבת הל' יז סמג עשין סה טוש"ע א"ח סי' רמה סעיף א:

קיג ב מיי' פ"י מהל' מאכלות אסורות הלכה יד ועיין בהשגות ובכ"מ טוש"ע י"ד סי' רלד סעיף יג:

קיד ג מיי' פ"ו מהל' שבת הלכה יז סמג עשין סה טוש"ע א"ח סי' רמה סעיף ב:

א ד מיי' פכ"ב מהל' איסורי ביאה הל' ה סמג לאוין קכו טוש"ע י"ד סי' קנג סעיף א:

ב ה מיי' שם הלכה ד סמג שם טוש"ע שם סעיף ד טוש"ע אה"ע סי' כב סעיף ג:

[נ"ל בחגיגה (דף יח.)]

ג ו מיי' פי"ב מהל' רוצח הל' ז סמג עשין מט טוש"ע י"ד סי' קנג סעיף ב:

רבינו חננאל

הנהו מוריקאי דגוי מלקט ונקיט בשבתא וישראל נקיט בחד בשבתא אתו לקמיה דרבא שרא להו ואותביה רבינא ישראל וגוי שקיבלו שדה בשותפות לא יאמר ישראל לגוי טול חלקך אתה בשבת ואני חלקי בחול ואם התנו מעיקרא על מנת שיום השבת לגוי ויום אחד בשבת לישראל שרי ואם באו לחשבון פי' שיאמר אחד לחבירו לקחת אתה בשבת כך וכך כספים ואני לא לקחתי בחול אלא פחות מרוק לי א) וכן אם אמר הגוי לישראל כעניין הזה אסור ואינו מותר אלא אם התנו מעיקרא מה שיזדמן בשבת הרי הוא לגוי בין רב בין מעט וכן בחול לישראל. איכסיף רבא לסוף איגלאי מילתא דהתנו מעיקרא הוו ושפיר שרא להו רבא. רב גביהה מבי כתיל אמר שתלאי דערלה הוו גוי אכל שני ערלה וישראל אכל שני דהיתירא כו'. איבעיא להו אם התנו מעיקרא מותר סתמא מאי ולא איפשטא ועבדי' ביה לחומרא דאיסורא דאורייתא היא ב) ירושל' הא במקום שנהגו למכור מוכרין להן אפי' בית דירה ומשכירין להן אפילו בית דירה ר' בון בשם רבנן דתמן זאת אומרת שדה הנתונה על אם הדרך אסור להשכירה לגוי מפני שנקראת על שמו וגוי עושה בה מלאכה בשבתות וי"ט: בתוספתא שאלו לר' יהושע מהו שילמד אדם את בנו חכמת יוונית אמר להן צאו וראו איזו שעה אינה לא מן היום ולא מן הלילה שהיום והלילה חייב בהגיון תורה שנא' והגית בו יומם ולילה. תוספתא לא יטייל ישראל עם שיירא בתרפות אפי' לצאת אפי' מקדים ואפי' מחשיך ואפי' מתיירא מפני ליסטים מפני רוח רעה חיה רעה שנא' לא תלכו אחרי אלהים אחרים ר' אלעזר (בר) [בנו ש"ר] יוסי הגלילי אומר אם ראית רשע יוצא לדרך התרחק ממנו ג' ימים כי מלאכי חבלה יוצאין עמו שנא' הפקד עליו רשע ושטן יעמד על ימינו וכן אם ראית צדיק יוצא לדרך צא עמו כי מלאכי שלום עמו שנא' כי מלאכיו יצוה לך לשמרך בכל דרכיך הדרן עלך לפני אידיהן: אין מעמידין בהמה בפונדקאות של גוים מפני שהן חשודין על הרביעה. איני והתנן לוקחין

מסורת הש"ס

[עירובין מ. וש"נ]

[ברכות כה. וש"נ ועיין נדרים עב.]

[לעיל יד:]

[עירובין סב.]

הגהות הב"ח

(א) רש"י ד"ה אלא וכו' בשותפות לנוטעה ויטלו: (ב) ד"ה אין וכו' להתאכסן שם עוברי דרכים ומעלין: (ג) תוס' ד"ה חדא וכו'. נמי יכול להיות אסור:

גליון הש"ס

גמ' איכסיף. גיטין עז ע"ב ב"מ נז ע"א: שם לא היו דברים מעולם. עירובין מ ע"א ועיין תוספות יבמות לה ע"ב ד"ה כר"ע. נדה כד ע"א חר"פ. ב"ב קנד ע"ב ד"ה כרם. בכורות ד ע"ב תד"ה אלא:

א) אולי נ"ל מלא לי וכ"ה הלשון בתשובת הגאונים בשם רב שרירא גאון והובא בב"י או"ח סי' רמ"ה ע"ש וכן פי' הרלב"ד ז"ל והובא בר"ן כאן דקאי אהתנו ודלא כפרש"י. ב) עי' ברא"ש כאן דפסק האיבעיא לקולא משום דהוי ספקא בדרבנן וע"ע בר"ן ודברי רבינו צ"ע.

ד א מיי' פ"ג מהלכות איסורי מזבח הל' טו:
ה ב מיי' פכ"ב מהל' איסורי ביאה הל' ו סמג לאוין קנו טור אה"ע סי' כד:
ו ג מיי' שם הלכה טו סמג שם טוש"ע אה"ע סי' כב סעיף יז:
ז ד מיי' שם טוש"ע שם סעיף יז:
ח ה ו ז מיי' שם הל' ה ו ז סמג שם טור אה"ע סי' כד:

ורמינהי *[א]לוקחין מהן בהמה לקרבן ואין חוששין לא משום רובע ולא משום נרבע ולא משום מוקצה ולא משום נעבד בשלמא מוקצה ונעבד אם איתא דאקנייה ואם איתא דפלחיה לא הוה מזבין ליה אלא רובע ונרבע ליחוש *אמר רב תחליפא אמר רב שילא בר אבינא משמיה דרב [ב]גוי חס על בהמתו שלא תעקר התינח נקבות זכרים מאי איכא למימר אמר רב כהנא הואיל ומכחישין בבשר אלא הא דתניא לוקחין בהמה מרועה שלהן ליחוש דלמא רבעה לה רועה שלהן מתיירא משום הפסד שכר אלא הא דתניא [ג]*[ב]אין מוסרין בהמה לרועה שלהן לימא רועה שלהן מתיירא משום הפסד שכרו אינהו דידעי בהדדי מרתתי אנן דלא ידעינן בהו לא מרתתי אמר רבה היינו דאמרי אינשי מכתבא גללא בזע רגלא בחבריה ידע אי הכי זכרים מנקבות לא ניזבון דחיישינן דלמא מרבעא ליה עילוה כיון דמיגרי בה מרתתא אלא *הא [ד]דתני רב יוסף [ג]ארמלתא לא תרבי כלבא [ד]ולא תשרי בר בי רב באושפיזא בשלמא בר בי רב צניע לה אלא כלבא כיון דמיגרה בה מרתתא כיון דכי שדיא ליה אומצא ומסריך אבתרה מימר אמרי אינשי האי דמסריך אבתרה משום אומצא דקא מסריך נקבות אצל נקבות מאי טעמא לא מייחדינן אמר מר עוקבא בר חמא [ה]מפני שהגוים מצויין אצל נשי חבריהן [ה]ופעמים שאינו מוצאה ומוצא את הבהמה ורובעה ואיבעית אימא [ו]אפילו מוצאה נמי רובעה *דאמר מר [ו]חביבה עליהן בהמתן של ישראל יותר מנשותיהן [ז]*דא"ר יוחנן בשעה שבא נחש על חוה הטיל בה זוהמא אי הכי ישראל נמי ישראל שעמדו על הר סיני פסקה זוהמתן גוים שלא עמדו על הר סיני לא פסקה זוהמתן איבעיא להו עופות מאי [ז]תא שמע דאמר רב יהודה אמר שמואל משום רבי חנינא אני ראיתי גוי שלקח אווז מן השוק רבעה חנקה צלאה ואכלה וא"ר ירמיה מדיפתי אני ראיתי ערבי אחד שלקח ירך מן השוק וחקק בה כדי רביעה רבעה צלאה ואכלה
רבינא

ורמינהי לוקחים מהם בהמה לקרבן. תימה אמותיב מבריית' אמתני' לירמי מתני' אהדדי אין מעמידין ורמינהי מקום שנהגו למכור מוכרין אלמא לא חיישינן לרביעה ולשני נמי כדמשני הכא ועוד קשה אמאי לא שני הכא שינויא קמא דרב לעיל (דף יד:) מקום שהתירו למכור כו' וי"ל דהכא רומיא דמתני' כבר מרמה לה בפ"ק (שם) ושניה שפיר ואע"ג דהכא נמי נחית לשנויי שנויא קמא דרב מקום שהתירו ליקח מהם להקריב דלא שני הכא דתידוק דהכא הא במקום שאסרו למכור אסור ליקח אלמא איכא דוכתא דחשידי ותקשי א"כ כל הנך קראי דמותבי מינייהו רבנן לר"א לקמן בשמעתין דמשמע בהו שמותר ליקח מן הגוים בהמה לקרבן ונצטרך להעמידם במקום שנהגו למכור מפני שאינם חשודים על הרביעה ואין זה יכול להיות דהא מייתי קראי דמצרים וכנען ופלשתים דקי"ל שהן חשודים על הרביעה וגם כל צאן קדר שהם ערביים הם חשודים על הרביעה כדמשמע בסמוך ערבי אחד לקח ירך מן השוק כו' ועוד תקשי אטו ניקום וניחא להו לקראי(א) כי כתביהו במקום שנהגו למכור כתביהו ונראה דמהאי טעמא הדר ביה רב לעיל מהאי שנויא דמקום שנהגו למכור כו' לפי שלא היה יכול להעמידו כאן ועוי"ל דידע שפיר שינויא דגוי חס על בהמתו ומ"מ פריך מהכא דלוקחין דס"ד דאיכא למיחש לרביעה כיון שבא למכרה ומשני לעולם חייש שפעמים אינו יכול למכרה או נמלך וניחא נמי לרבינא ולרבי פדת דבסמוך וא"ת כיון דמוקמינן היתר קרבן בכל מקום אף במקום שנהגו שלא למכור תיקשי לן מכל מקום כיון דמה שאין אנו *מעמידין משום חשש רביעה הוא בקרבן איך התירו וי"ל דמקום שנהגו שלא למכור מנהגא הוא דאיכא הא איסורא ליכא ולענין קרבן אפילו מנהגא ליכא שאם היו נוהגין לימנע מליקח מהם בהמה לקרבן אין לדבר סוף דא"א שלא יתערבו בהמות של מקום שנהגו שלא למכור עם בהמות שנהגו למכור ע"י משא ומתן וכל קבוע כמחצה על מחצה דמי ומבהמות הנולדים מביתו של ישראל אין די ליקח לקרבן משום דשכיחי מומי דפסלי אפי' בדוקין שבעין: **מוקצה.** פירוש שיחדו לתקרובת עבודה זרה ומסרו והאכילוהו כרשיי עבודה זרה אבל יחוד גרידא אינו כלום דאין הקדש לעבודה זרה (לקמן מד:) כדמשמע (בפ"ג *דתמורה) [צ"ל דתמורה בפ"ו (דף כט.)]: **אי איתא דאקנייה לא** הוה מזבין ליה. לרווחא דמילתא נקטיה כלומר אפילו במקום דשכיחי דמקנו ופלטו אין לחוש מדמזבין ליה דבלאו האי טעמא בסתמא לא חיישינן דלמא מקנו ופלטו אסרינן למכור אלא משום חשש רביעה ולא משום חשש המוקצה ונעבד: **רגלא בחבריה ידע.** בקונטרס גריס רגלא ברי"ש לשון רגיל כמו לא רגל על לשונו (תהלים טו) ור"ת גרס כפירוש הערוך *דגלא בדלי"ת לשון שקרן שכן מתרגם (משלי טו) משפטו לא ימעל פיו לא ידגל פומיה וה"ק שקרן בחברו מכיר וכן ההוא דפ' במה אשה (שבת סג.) שני תלמידי חכמים המדגילין זה לזה בהלכה הקב"ה אוהבן שנאמר ודגלו עלי אהבה ומפר"ת המכחישין זה לזה ואינם עומדים על העיקר אפי' הכי הקב"ה אוהבן ולהכי קאמר והוא דידעי צורתא דשמעתא ולית להו רבה(ב) למגמר מנייהו ובמדרש נמי משמע ודגלו לשון מעילתו דקאמר מנין לקורא בתורה שקרא לאהרן הרן שיוצא פי' שאע"פ שלא יקרא האלף שנאמר ודגלו עלי אהבה אבל רש"י פירש מדגילין לשון דגל שמקהילים קהלות ברבים וקשיא דאם כן מה ראיה צריך פשיטא שנאהבים לפני המקום: **דאמר מר חביבה עליהם בהמתם של ישראל.** לא נודע לר"י מהיכן נפקא עיקר דבר זה: **גוים שלא עמדו על הר סיני.** ונראה *דגרים נמי דפסקה זוהמתן היינו משום דאף על גב דלאינהו לא הוו מזלייהו הוו*:

רובע ונרבע ומוקצה ונעבד פסול לקרבן דתניא בב"ק (דף מ:) מן הבהמה ולא כל הבהמה להוציא את הרובע והנרבע מן הבקר להוציא את הנעבד מן הצאן להוציא את המוקצה: **מוקצה.** שהקצהו ויחדהו לתקרובת עבודה זרה: **נעבד.** שעשאו עבודה זרה והשתחוה לו: **בשלמא מוקצה ונעבד.** אף ע"ג דודאי חשידי לא קשיא לן דאם איתא דפלחיה כו': **אלא רובע.** אי חשידי ליחוש: **שלא תיעקר.** נעשית עקרה הילכך לא רבע לה אבל אדידן לא חייש כשעומדת בפונדקי: **זכרים מאי איכא למימר.** ניחוש דלמא רבעה גוי דהכא ליכא עיקור וזכר נמי מיפסיל בנרבע דהא קרא דנרבע דמן הבהמה בעולה כתיב ועולה זכר הוא וקאמר להוציא את הרובע ואת הנרבע: **וליחוש דלמא רבעה רועה.** דהא לאו דידיה היא ולא חס עליה: **אינהו ידעי בהדדי.** חד בחבריה דאורחיה למירבעה: **מירתת.** רועה מיניה דאי מיעקרא מרגיש גוי וקא תבע ליה מיניה א"נ כל שעתא אתי חזי לה: **מכתבא גללא בזע רגלא בחבריה ידע.** מכתב שקורין גרפי"א ושל ברזל הוא קורע ורוצץ את הגלל שיש כלומר השייש שהוא קשה ירא מן המכתב לפי שהוא מכיר בו וכן רכיל ובליעל מכיר בחבירו וירא מפניו רגלא [רכיל] כמו (תהלים טו) לא רגל על לשונו וכן וירגל בעבדך (שמואל ב יט): **זכרים מנקבות לא לזבון.** לקרבן הואיל וחשידי דלמא ארבעתיה עלה דליכא הכא עיקור ולא כחש בשר: **כיון דמיסריך.** זכר בתרה ורודפה כל שעה אם תיזקק לו מירתתא שידינו בני אדם בדבר אבל בדידן אי מוקמינן לה גבה לא מירתתא דלפום שעתא הוא דקאי גבה: **לא תרבי כלבא.** שמא תתאוה ותרביענו עליה: **לא תשרי בר בי רב באושפיזא.** דאגב דצניע לא מירתתא שיוציא קול אם תבעל לו: **צניע לה.** ואיכא למיחש כדפרישית: **אלא כלבא.** הא אמרת כיון דמוגרי בה ורודפה מירתתא האשה: **אמרי.** לא דמי כלבא לשאר בהמה: **דכיון דכי שדיא ליה אומצא מיסריך.** כל שעתא בתרה לא מירתתא דסברה אי מיסריך בתראי מימר אמרי אינשי אומצא הוא דשדיא ליה: **אומצא.** מעט בשר: **נקבות אצל נקבות מ"ט לא מייחדינן.** דקתני בברייתא בפ"ק (דף טו:) דאפילו נקבות אצל נקבות לא מייחדינן: **ישראל שעמדו על הר סיני.** ונתקנו מכל מום כדכתיב (שיר ד) כולך יפה רעיתי ומום אין בך:
רבינא

רבינו חננאל

לוקחין מן הגוים בהמה לקרבן ואין חוששין לא משום רובע ולא משום נרבע כו'. ופרקי' משמיה דרב גוי חס על בהמתו שלא תעקר נקבות זכרים שלא יחבשו. ואם תאמר דלמא רבעה רועה רבעם רועה נמי כיון דידעי להו חד לחבריה וכשרואין שהבהמה מרגישין כי רבעה ומתיירא מפני הפסד שכרו ואינו רובעם. אמר רבה היינו דאמרי אינשי מכתבא גלל בזע. פי' א) מכתבא גלל בוע כלומר שעט ברזל הנודרי נוקב ובוקע הצור שהוא אבן גלל. כך רגלא בחבריה ידע פי' רגלא אדם הממונה על המכס ומחזר על הנכנסין ויוצאין ומרגיש בגנובי המכס. כתרגום' בפסחים ב) והוא דרגש בהו רגלא. ומקשי' אי הכי הא דתני רב יוסף ארמלתא לא תרבי כלבא ולא תשרי בר בי רב באושפיזא בשלמא בר בי רב צניע לה אלא כלבא נימא כיון דמגרי בה קמי אינשי מירתתא ולא מירבעא ליה. ופרקינן כיון דכל מה דהיא שדיא ליה אומצא מסריך בה. אמרה אמאי עבד הכי משום אומצא דשדיא ליה. ומפני מה אין מעמידין בהמה בפונדקאות של גוים ולא זכרים אצל זכר. מפני שהגוים מצויין בזנות אצל נשי חבריהן פעמים שבא ואינו מוצאה ורובע הבהמה. איבעי תימא אפי' מוצאה בהמת ישראל חביבא ליה. דאמר (מר) [ר'] יוחנן בשעה שבא נחש על חוה הטיל בה זוהמא. ישראל שעמדו על הר סיני פסקה זוהמתן. גוים [שלא עמדו על הר סיני] לא פסקה זוהמתן. וכן עופות. דא"ר יוחנן ראיתי גוי שלקח אווז מן השוק רבעה חנקה צלאה ואכלה. וערבי אחד קנה ירך מן השוק חקק בה כדי רביעה רבעה צלאה ואכלה

א) וכן הוא בערוך ערך גלל ב' בשם רבינו. ב) דף ע"ב ולפנינו שם הגי' דיילא אך רבינו גורס כמו בערוך ערך דייל ע"ש.

[תוספתא פ"ב]
[לעיל טו.]
[לעיל טו: תוספתא פ"ג]
ב"מ עא.
כ"ה בפרש"י
גיטין לח.
שבת קמו. יבמות קג:

הגהות הב"ח

(א) תוס' ד"ה ורמינהו וכו' כי כתבינהו במקום שנהגו למכור כתבינהו: (ב) ד"ה רגלא וכו' וליה להו רבה במתא למגמר מיניה ובמדרש:

[ערך דגל אמנם בערך גלל ב' גריס בשם רבינו חננאל ורגילא ברי"ש ועי' מה שפירש על זה]
דגרסי' נמי גריס נמי כצ"ל. מהרש"ם

[כל זה הוא להדיא בשבת קמו. וא"כ מלת ונראה שכתבו תוספות צריכה עיון עיין בחדושי הלכות ובמהרש"ם]

א גמרא מן המשנה עולה שגוים חשודים על רביעת בהמות. וּרְמִינְהִי [ומשליכים, מראים סתירה] ממה ששנינו: לוֹקְחִין (קונים) מֵהֶן מן הגוים בְּהֵמָה לְקָרְבָּן, וְאֵין חוֹשְׁשִׁין באותה בהמה לֹא מִשּׁוּם רוֹבֵעַ אדם וְלֹא מִשּׁוּם נִרְבָּע לאדם, וְלֹא מִשּׁוּם מוּקְצֶה שייחדה לעבודה זרה, וְלֹא מִשּׁוּם נֶעֱבַד שעבדו אותו כעבודה זרה, שכל אלה פסולים לקרבן. ונדון: בִּשְׁלָמָא [נניח] שבהמה זו היתה מוּקְצֶה וְנֶעֱבַד אין חוששים, לפי שאִם אִיתָא דְּאַקְצְיֵיהּ [אכן הקצה אותו] לעבודה זרה וְאִם אִיתָא דְּפַלְחֵיהּ [אכן עבד אותו] לֹא הֲוָה מְזַבֵּין לֵיהּ [היה מוכר אותו], ואם מכרו משמע שלא ייחדו ולא עבדו לעבודה זרה, אֶלָּא לפסול רוֹבֵעַ וְנִרְבָּע לֵחוּשׁ [נחשוש], שהרי שנינו במשנתנו שאנו חוששים לכך בגוים! אָמַר רַב תַּחְלִיפָא אָמַר רַב שֵׁילָא בַּר אֲבִינָא מִשְּׁמֵיהּ [משמו] של רַב: אין לחשוש לכך, מפני שגוֹי חַס עַל בְּהֶמְתּוֹ שֶׁלֹּא תֵּעָקֵר, ורביעה זו עשויה לעקר אותה. אבל במשנתנו הרי מדובר על בהמה של ישראל.

ושואלים: הָתֵינָח [דבר זה נוח] בבהמות נְקֵבוֹת שהן נעשות עקרות על ידי רביעת אנשים, ואולם בבהמות זְכָרִים מַאי אִיכָּא לְמֵימַר [מה יש לומר]? אָמַר רַב כָּהֲנָא: אף זכרים שלהם אין הם נוהגים לרבוע, הוֹאִיל וּמַכְחִישִׁין בַּבָּשָׂר על ידי רביעה זו. ושואלים: אֶלָּא הָא דְּתַנְיָא [זו ששנויה בברייתא]: לוֹקְחִין (קונים) בְּהֵמָה מֵרוֹעֶה שֶׁלָּהֶן, לֵיחוּשׁ דִּלְמָא רְבָעָהּ לָהּ [נחשוש שמא רבע אותה], שהרי אינה שלו ואינו חס עליה! ומשיבים: רוֹעֶה שֶׁלָּהֶן מִתְיָירֵא מִשּׁוּם הֶפְסֵד שָׂכָר, שאם יתפסו אותו שעשה כן, יפסיד את שכרו. ומקשים: אֶלָּא הָא דְּתַנְיָא [זו ששנויה בברייתא]: אֵין מוֹסְרִין בְּהֵמָה לְרוֹעֶה שֶׁלָּהֶן, משמע שאנו חוששים לכך, ומדוע? לֵימָא [נאמר] שרוֹעֶה שֶׁלָּהֶן מִתְיָירֵא מִשּׁוּם הֶפְסֵד שְׂכָרוֹ! ומשיבים: אִינְהוּ דְּיָדְעִי בַּהֲדָדֵי, מִרְתְּתִי [הם, שיודעים זה בזה במעשיהם הרעים, הם מפחדים], ולכן לא יעשה כן הרועה בבהמתו של גוי אחר. אֲנַן דְּלָא יָדְעִינַן בְּהוּ, לָא מִרְתְּתִי [אנו, שאין אנו יודעים בהם, אין הם מפחדים מפנינו]. אָמַר רַבָּה, הַיְינוּ דְּאָמְרִי אֱינָשֵׁי [זהו שאומרים בני אדם] בפתגם מקובל: מַכְתְּבָא גְּלָלָא בָּזַע [כשם שהמכתֵב חותך את השיש], רַגָּלָא בְּחַבְרֵיהּ יָדַע [המרגל בחבירו הוא יודע] כלומר, העובר עבירה מכיר באחרים העוברים עליה. ומקשים: אִי הָכִי [אם כך], שלוקחים מהם בהמה לקרבן משום שגוי חס על בהמתו ואינו רובע אותה, בהמות זְכָרִים מִנְּקֵבוֹת (נשים) לֹא נִיזְבּוּן [נקנה], דְּחָיְישִׁינַן דִּלְמָא מַרְבְּעָא לֵיהּ עִילָוָהּ [שאנו חוששים שמא היא מרביעה אותו את הזכר עליה]! ומשיבים: כֵּיוָן דְּמִיגָּרֵי בָּהּ, מִרְתְּתָא [שאם היא נוהגת כך מתגרה בה הזכר ורודף אחריה, היא מפחדת] ואינה עושה כן, שלא יתגלה קלונה ברבים. ומקשים, אֶלָּא הָא דְּתָנֵי [זו ששנה] רַב יוֹסֵף: אַרְמַלְתָּא לָא תְּרַבֵּי כַּלְבָּא [אלמנה לא תגדל כלב], וְלָא תַּשְׁרֵי בַּר בֵּי רַב בְּאוּשְׁפִּיזָא [ולא תשהה בביתה תלמיד ישיבה כאורח], מפני שבשני אלה אנו חוששים בה לזנות; בִּשְׁלָמָא בַּר בֵּי רַב צְנִיעַ לָהּ [נניח תלמיד ישיבה צנוע לה] והיא סומכת עליו שהוא לא יגלה את מעשיה, אֶלָּא כַּלְבָּא [כלב] מדוע יש לחשוש? כֵּיוָן דְּמִיגָּרָה [שמתגרה] בָּהּ ורודף אחריה היא מִרְתְּתָא [מפחדת]! ומשיבים: כלב כֵּיוָן דְּכִי שָׁדְיָא לֵיהּ אוּמְצָא וּמְסָרִיךְ אַבַּתְרָהּ [שכאשר היא זורקת לו חתיכת בשר והוא נכרך אחריה], מֵימַר אָמְרִי אֱינָשֵׁי [אומרים אנשים] הרואים אותו בכך: הַאי דְּמְסָרִיךְ אַבַּתְרָהּ, מִשּׁוּם אוּמְצָא דְּקָא מְסָרִיךְ [זה שהוא כרוך אחריה, משום הבשר הוא כרוך] ואינם חושדים שסיבת הדבר היא רביעה, ועל כך היא סומכת. ומוסיפים לשאול לדרך זו: בהמות נְקֵבוֹת אֵצֶל נְקֵבוֹת (נשים) מַאי טַעְמָא לָא מְיַיחֲדִינָן [מה הטעם אין אנו מייחדים], מה יש לחשוש כאן? אָמַר מָר עוּקְבָא בַּר חָמָא: מִפְּנֵי שֶׁהַגּוֹיִם מְצוּיִין אֵצֶל נְשֵׁי חַבְרֵיהֶן לזנות אתן, וּפְעָמִים שֶׁהַגּוֹי אֵינוֹ מוֹצְאָהּ את האישה, וּמוֹצֵא בביתה אֶת הַבְּהֵמָה הנקבה וְרוֹבְעָהּ. וְאִיבָּעֵית אֵימָא [ואם תרצה אמור]: אֲפִילוּ מוֹצְאָהּ [מוצא] את האישה נַמִּי [גם כן] רוֹבְעָהּ את הבהמה, שֶׁאָמַר מָר [החכם]: חֲבִיבָה עֲלֵיהֶן על הגוים בְּהֶמְתָּן שֶׁל יִשְׂרָאֵל יוֹתֵר מִנְּשׁוֹתֵיהֶן שלהם; וטעם הדבר כפי שאָמַר ר׳ יוֹחָנָן: בְּשָׁעָה שֶׁבָּא נָחָשׁ עַל חַוָּה בחטא עץ הדעת הִטִּיל בָּהּ זוּהֲמָא, וזוהמה זו גורמת שיש לאנשים סטיות ונטיות רעות. ושואלים: אִי הָכִי [אם כך], יִשְׂרָאֵל נַמִּי [גם כן] נחשוש לגביהם! ומשיבים: יִשְׂרָאֵל שֶׁעָמְדוּ עַל הַר סִינַי — פָּסְקָה זוּהֲמָתָן זו, גּוֹיִם שֶׁלֹּא עָמְדוּ עַל הַר סִינַי — לֹא פָּסְקָה זוּהֲמָתָן. אִיבַּעְיָא לְהוּ [נשאלה להם לחכמים]: עוֹפוֹת מַאי [מה] דינם? האם חוששים גם בהם לרביעה? תָּא שְׁמַע [בוא ושמע], פתרון לשאלה שאָמַר רַב יְהוּדָה אָמַר שְׁמוּאֵל מִשּׁוּם (בשם) ר׳ חֲנִינָא: אֲנִי רָאִיתִי גּוֹי שֶׁלָּקַח אַוָּוז מִן הַשּׁוּק, רְבָעָהּ, ואחר כך חֲנָקָהּ, צְלָאָהּ, וַאֲכָלָהּ. וְאָמַר ר׳ יִרְמְיָה מִדִּיפְתִּי: אֲנִי רָאִיתִי עֲרָבִי אֶחָד שֶׁלָּקַח יָרֵךְ של בהמה מִן הַשּׁוּק, וְחָקַק (עשה) בָּהּ חור כְּדֵי אפשרות של רְבִיעָה, רְבָעָהּ, ואחר כך צְלָאָהּ וַאֲכָלָהּ, משמע שהם חשודים גם על העופות.

עיונים

ורמינהי לוקחין מהן בהמה לקרבן הראשונים תמהו מדוע לא הקשו מן המשנה לעיל (יד,ב) שם שנינו שיש מקומות שנהגו למכור ויש שלא נהגו, ראה באריכות הר״ן. ועוד תמהו מדוע לא תלו הלכה זו של בהמה לקרבן במנהג. והסבירו כי לקרבן יש צורך בבהמות תמימות מכל מום, ולפי שהבהמות שביד היהודים אינן מספיקות לכך, לא נהגו בכך איסור בשום מקום.

לא משום רובע וכו׳ שלמדנו מדרשת המקרא שכל אלה (וכן בהמה שהרגה אדם) אסורים ופסולים לקרבנות (רש״י). ואף שאם היו עדים לרביעה נאמר בתורה שסוקלים את האשה ואת הבהמה (וכן עדים לנגיחה), הרי לענין איסור, גם אם אין שני עדים בדבר, אלא עד אחד בלבד, או שסיפרו כן בעלי הבהמה — הרי זה אוסר אותה (מאירי).

מוקצה שהקצוהו לשם תקרובת לעבודה זרה (רש״י). ובתוס׳ ועוד אמרו כי לענין עבודה זרה אין הקצאה בפה בלבד פוסלת, אלא צריך שייחדוהו לשם כך, וימסרוהו לכמרים, והם מאכילים אותו בתקרובת עבודה זרה, שרק לאחר שנעשה בו מעשה מסוים הוא נאסר. ואילו לדעת הראב״ד אם הקצוהו כדי לעובדו — אין צורך במעשה.

זכרים מאי איכא למימר שהרי אף זכרים נפסלים לקרבן אם נרבעו, שכן למדנו פסול רובע ונרבע מן הפסוקים של קרבן עולה, והרי אין עולה באה אלא מן הזכר. ואם כן מדוע אין לחשוש לרביעה במקרה כזה בו אין הרביעה גורמת לעיקור הבהמה? (רש״י).

רגלא בחבריה ידע רש״י מפרש: רגלא = רכיל, הולך רכיל ומלשין יודע בחבירו שהוא מלשין כמוהו וחושש מפניו. והר״ח מפרש רגלא = הממונה על המכס. שהוא יודע בטיבם של מבריחי המכס. ובערוך וכן מסביר ר״ת (בתוס׳, וגם בספר הישר) שיש לגרוס ״דגלא״ ועניינו — שקרן, רמאי.

ארמלתא לא תרבי וכו׳ אף שבכלל אמרו שאין ישראל חשודים על הבהמה, מכל מקום כיון שהיא אלמנה ומגדלת כלב יש פתח לבריות לרנן אחריה, ולכן כדי למנוע אף את החשד לא תגדל כלב ולא תלין בביתה תלמיד (תוס׳ ב״מ עא,א. וראה בר״ן על הרי״ף).

לא תשרי בתוס׳ חכמי אנגליה מפרש בשני אופנים בהם מצויה מלה זו בארמית: האחד מלשון חנייה — שלא תארח אותו אצלה, והאחר מלשון סעודה — שלא יבוא לאכול אצלה. וראה ב״אורח ההלכה״.

בר בי רב צניע לה ולפיכך יש לחשוש במיוחד אם מאכסנת בביתה תלמיד (וראה ב״אורח ההלכה״). שכיון שיודעת בו שהוא צנוע בדרכיו, אינה חוששת שמא יפרסם מעשיה. אבל באדם אחר חוששת שלא יפרסמנה (תר״י).

מפני שהגוים מצויין וכו׳ ובירושלמי מסבירים מטעם זה גם מפני מה אין מייחדים זכרים אצל זכרים, לפי ש״אוהבתו באה אצלו״ ואינה מוצאה אותו, ואז נרבעת לבהמה.

אמר מר חביבה וכו׳ בתוס׳ (וכן בתוס׳ רבינו אלחנן) העירו שלפי הלשון הרי זה ציטוט ממקור אחר, ולא ידוע המקור הראשון.

בשעה שבא נחש על חוה רש״י במסכת שבת (קמו,א) מסביר שהדבר נרמז בכתוב ״הנחש השיאני ואוכל״ (בראשית ג, יג) מלשון נישואין. והמהר״ל מסביר דברים אלה בדרך הרמז, שלדעתו עצם העובדה שחוה נשתתפה עם הנחש והסכימה אתו בדעה אחת, הרי זה יצר קשר ושותפות ביניהם, והוא הנמשל לביאה.

שעמדו על הר סיני לאו דווקא על הר סיני, שהרי לא הורשו להתקרב להר, אלא שעמדו לקבלת התורה לפני הר סיני. והוא שאומרים בהגדה: ״אלו קרבנו לפני הר סיני ולא נתן לנו את התורה דיינו״, שעצם ההתקרבות גרמה לישראל להשתנות בעומק נפשם.

פסקה זוהמתן וכתוב בתוס׳ שהוא הדין לגרים (כך צריך לגרוס. ראה בתוס׳ רבינו אלחנן ובמהר״ם), שאף שהם עצמם ואבותיהם לא היו במעמד הר סיני, מכל מקום אמרו חכמים (במסכת שבת קמו,א) שמזלם ושורש נשמתם היה כבר שם, ולכן אף הם זכו שתבטל זוהמתם.

עופות מאי כתב המאירי שאין מדובר כאן לענין קרבן, שכיון שלקרבן מביאים רק תורים ובני יונה, הרי אלו אין הם ראויים לרביעה כלל. אלא מדובר באיסור לייחד עם הגוים אף עופות הראויים לרביעה.

אורח ההלכה

לוקחין מהן בהמה לקרבן לוקחים כל הקרבנות מן הגוים, ואין חוששים להם לא משום רובע ונרבע ולא משום מוקצה ונעבד, עד שידע בוודאי שזה נפסל. (רמב״ם ספר עבודה הלכות איסורי מזבח פ״ג הט״ו).

אין מוסרין בהמה לרועה וכו׳ אין מוסרים בהמה חיה והעוף לרועה גוי, אפילו זכרים לזכרים ונקבות לנקבות, משום שכולם חשודים על רביעה, ודבר זה אסור להם, ואסור לגרום לכך משום ״לפני עיוור״. ובמקומות שאין חשודים על כך, ואדרבה עונשים על כך — מותר. (רמב״ם ספר קדושה הלכות איסורי ביאה פכ״ב ה״ו. שו״ע יו״ד קנג, א).

ארמלתא לא תרבי כלבא אלמנה לא תגדל כלב מפני החשד. (רמב״ם שם הט״ז. שו״ע אה״ע כב, יח).

ולא תשרי בר בי רב אסור לתלמיד חכם לדור בחצר שיש בה אלמנה אלא אם כן אשתו עמו, מפני החשד. והראב״ד כתב שדווקא להתאכסן אצלה אסור, אבל מותר לדור באותה חצר. ויש שכתבו שלדעת הראב״ד היינו כשאוכל משלה, אבל אם משלם לה מותר (ט״ז). (רמב״ם שם הי״ז. שו״ע שם סעיף יז).

נקבות לנקבות אין מוסרים אף בהמה נקבה לגויה, מפני שהם בחזקת מנאפים, ושמא יבוא הנואף אל הגויה, ואז יבוא לרבוע את הבהמה. כדברי מר עוקבא. (רמב״ם שם ה״ז).

אין מוסרים להם עופות לא בבהמה בלבד אמרו, אלא אף עופות אין מוסרים בידי גוים, שהם חשודים אף עליהם. (רמב״ם שם ה״ו).

מסורת הש״ס

א. ע״ז כג,ב. תוספתא ע״ז פ״ב א.
ב. ע״ז טו,א. ירושלמי ע״ז פ״ב ה״א.
ג. ע״ז טו,ב. תוספתא ע״ז פ״ג ב.
ד. ב״מ עא,א. ילק״ש תורה תרסה.
ה. ירושלמי ע״ז פ״ב ה״א.
ו. גיטין לח,א.
ז. שבת קמו,א. יבמות קג,ב. וראה זהר ח״א קכב,ב. ילק״ש כח. שם קל. תתקמ. ילק״ש נה.

גרסות

רבעה לה רועה שלהן בכתי״מ: רבעה רועה.

מתיירא משום הפסד שכר בכתי״מ: משום הפסד אגריה מירתת.

אלא הא דתניא בכתי״מ: אלמה תניא.

צניע לה בכתי״ס: צניע.

אומצא ומיסריך אבתרה בכתי״מ: אומצא מיסריך סריך אבתרה.

אומצא דקא מסריך בכת״י: אומצא דקשדיא ליה.

מימר אמרי בכתי״ס: אמרה מימר קאמרי.

שהגוים בכתי״מ: שרוב גוים.

אפילו מוצאה נמי רובעה בכת״י: אף על פי שמוצאה רובעה בהמת ישראל עדיפא ליה.

אי הכי ישראל נמי בכת״י ובמקבילה חסר משפט זה.

לשון

אושפיזא
מקורה של המלה הוא בפרסית aspanj שמשמעה מלון.

אומצא
מקורה הראשון של מלה זו הוא כנראה בפרסית הבינונית amic — מאכל ממיני בשר שונים.

החיים

מכתבא גללא בזע
המכתב הוא חרט עשוי ברזל קשה שבו היו משתמשים לחרוט דברים באבן. כתובות שנכתבו על גבי אבנים, אם על ידי חריטה או ביצירת אותיות בולטות נעשו כרגיל על ידי המכתב, רק בכתובות גדולות היו משתמשים במפסלת, כדי לסתת את האבנים לצורות הראויות.

לעזי רש״י

גרפי״א מן הצרפתית העתיקה grafie — חרט ברזל לכתוב בו.

א ועוד ביישוב הסתירה שבין המשנה שאוסרת לייחד בהמות עם גוים, לבין הברייתא המתירה לקנות מהם לקרבן, **רָבִינָא אָמַר, לָא קַשְׁיָא** [אין זה קשה]: **הָא** [זו, משנתנו] אוסרת **לְכַתְּחִלָּה** לייחד עימהם, ואילו **הָא** [זו, הברייתא] עוסקת **בְּדִיעֲבַד** שאין חוששים שאכן רבע. **וּמְנָא תֵּימְרָא** [ומנין אתה אומר] **דְּשָׁאנֵי** [ששונה] הדין בענין זה של חשד בעריות **בֵּין לְכַתְּחִלָּה בֵּין לְדִיעֲבַד**? **דִּתְנַן** [ששנינו במשנה]: **לֹא תִּתְיַחֵד אִשָּׁה עִמָּהֶם, מִפְּנֵי שֶׁחֲשׁוּדִין עַל הָעֲרָיוֹת. וּרְמִינְהוּ** [ומשליכים, מראים סתירה], ששנינו במשנה במסכת כתובות, **הָאִשָּׁה שֶׁנֶּחְבְּשָׁה** (נאסרה) **בִּידֵי גוֹיִם**, אם נאסרה **עַל יְדֵי** (בגלל) חוב של **מָמוֹן — מוּתֶּרֶת לְבַעְלָהּ**, שאין חוששים שמא באו עליה. ואם נחבשה **עַל יְדֵי** האשמה שיש בה חיוב **נְפָשׁוֹת** (מוות) **— אֲסוּרָה לְבַעְלָהּ**, שאז היא נעשית להם כהפקר. ומדוע אומרים שאם נאסרה משום ממונות מותרת ואין חוששים לבעילה, ואילו במשנתנו חוששים לבעילה? **אֶלָּא לָאו שְׁמַע מִינָּהּ** [האם לא תלמד מכאן] **שְׁשָׁאנֵי לָן** [שונה לנו] **בֵּין לְכַתְּחִלָּה** כדין משנתנו, **לְדִיעֲבַד** כענין שנחבשה האשה? ודוחים: **מִמַּאי** [ממה] אתה מדייק כך? **דִּלְמָא** [שמא] **לְעוֹלָם אֵימָא** [אומר] **לָךְ**: בדרך כלל **אֲפִילוּ דִּיעֲבַד נַמִּי** [גם כן] **לֹא** נתיר, משום החשד בעריות, **וְהָכָא** [וכאן] לגבי האשה שנאסרה, **הַיְינוּ טַעְמָא** [זהו הטעם], שהותרה לבעלה — **שֶׁמִּתְיָירֵא** הגוי לבעול אותה **מִשּׁוּם הֶפְסֵד מָמוֹנוֹ**, שאם יבואו עליה לא ירצה הבעל לפדותה ולהחזיר את הממון. **תֵּדַע** שזהו הטעם, **דְּקָתָנֵי סֵיפָא** [ששנה בסוף] שאם נחבשה **עַל יְדֵי נְפָשׁוֹת אֲסוּרָה לְבַעְלָהּ, וְתוּ לָא מִידֵּי** [ושוב אין דבר] כלומר, אין להאריך בענין זה, שהראייה פשוטה וברורה.

ב **ר׳ פְּדָת אָמַר** הסבר אחר לסתירה בין משנתנו, שחוששים בה לרביעה, לברייתא, שמתירה ליקח מגוים בהמה לקרבן, **לֹא קַשְׁיָא** [קשה הדבר]: **הָא** [זו] משנתנו היא לפי שיטת **ר׳ אֱלִיעֶזֶר, הָא** [זו] הברייתא שיטת **רַבָּנַן** [חכמים]. ומה הן שיטות אלה? **דִּתְנַן** [ששנינו במשנה] **גַּבֵּי** [אצל] **פָּרַת חַטָּאת** (פרה אדומה), **ר׳ אֱלִיעֶזֶר אוֹמֵר: אֵינָהּ נִקַּחַת** (נקנית) **מִן הַגּוֹיִם, וַחֲכָמִים מַתִּירִין. מַאי לָאו בְּהָא קָמִיפַּלְגִי** [האם לא בדבר זה הם חלוקים], **שֶׁר׳ אֱלִיעֶזֶר סָבַר** [סבור]: **חָיְישִׁינַן** [חוששים אנו] **לִרְבִיעָה, וְרַבָּנַן סָבְרִי** [וחכמים סבורים]: **לָא חָיְישִׁינַן** [אין אנו חוששים] **לִרְבִיעָה**? ודוחים: **מִמַּאי** [ממה] אתה מסיק דבר זה? **דִּלְמָא דְּכוּלֵּי עָלְמָא לָא חָיְישִׁינַן** [שמא לדעת הכל אין אנו חוששים] **לִרְבִיעָה, וְהָכָא הַיְינוּ טַעְמָא** [וכאן זהו הטעם] של **ר׳ אֱלִיעֶזֶר — כְּדִבְרֵי רַב יְהוּדָה אָמַר רַב, שֶׁאָמַר רַב יְהוּדָה אָמַר רַב: הִנִּיחַ עֲלֵיהֶן** על פרה אדומה **עוּדָה** (חבילה) **שֶׁל שַׂקִּין** ריקים **— פְּסָלָהּ** בעצם ההנחה, שנאמר: ״אשר לא עלה עליה עול״ (במדבר יט, ב), **וּבְעֶגְלָה** ערופה — אינה נפסלת בהנחה אלא **עַד שֶׁתִּמְשׁוֹךְ בָּהּ**, שנאמר: ״אשר לא משכה בעול״ (דברים כא, ג), וזהו טעם המחלוקת, **מָר סָבַר** [חכם זה, ר׳ אליעזר, סבור]: **חָיְישִׁינַן** [חוששים אנו] שמא עשה בה הגוי מלאכה כלשהי, **וּמָר סָבַר** [וחכם זה, חכמים, סבור]: **לָא חָיְישִׁינַן** [אין אנו חוששים] לכך! ודוחים: **לָא סָלְקָא דַּעְתָּךְ** [יעלה על דעתך] שחוששים שהניח עליה משא, כי **מִשּׁוּם נִיחָא פּוּרְתָּא** [נוחות מעט] שמניח עליה דבר מה, **לָא מַפְסִיד טוּבָא** [אינו מוכן להפסיד הרבה] את כל דמי הפרה אדומה. ואומרים: אם כן, **הָכִי נַמִּי לֵימָא** [כאן גם כן, לענין רביעה, נאמר]: **מִשּׁוּם הֲנָאָה פּוּרְתָּא** [מעט] **לֹא מַפְסִיד טוּבָא** [הרבה]! ודוחים: **הָתָם** [שם] לענין רביעה, **יִצְרוֹ תּוֹקְפוֹ** ואינו עושה באותה שעה חשבון של הפסד ממון הכרוך בכך. ומציעים הצעה אחרת, **וְדִלְמָא** [ושמא] נאמר כך: **דְּכוּלֵּי עָלְמָא לָא חָיְישִׁינַן** [לדעת הכל אין אנו חוששים] **לִרְבִיעָה, וְהָכָא הַיְינוּ טַעְמָא** [וכאן זהו הטעם] של **ר׳ אֱלִיעֶזֶר — כִּדְתָנֵי** [כמו ששנה] החכם **שֵׁילָא, דְּתָנֵי** [ששנה] **שֵׁילָא: מַאי טַעְמָא** [מה הטעם] של **ר׳ אֱלִיעֶזֶר**? שנאמר: ״**דַּבֵּר אֶל בְּנֵי יִשְׂרָאֵל וְיִקְחוּ אֵלֶיךָ** פרה אדומה״ (במדבר יט, ב), לדייק מכאן: משל **בְּנֵי יִשְׂרָאֵל יִקְחוּ, וְאֵין** (ולא) משל **הַגּוֹיִם יִקְחוּ**! ודוחים: **לֹא סָלְקָא דַּעְתָּךְ** [יעלה על דעתך] לפרש כך, **דְּקָתָנֵי סֵיפָא** [ששנה בסופה] של אותה ברייתא: **וְכֵן הָיָה ר׳ אֱלִיעֶזֶר פּוֹסֵל בְּכָל הַקָּרְבָּנוֹת כּוּלָּן; וְאִי סָלְקָא דַּעְתָּךְ כִּדְתָנֵי** [ואם עולה על דעתך שהטעם הוא כמו ששנה] **שֵׁילָא, בִּשְׁלָמָא** [נניח] **פָּרָה — כְּתִיב** [כתוב] **בָּהּ** לשון **קִיחָה**, ואפשר ללמוד שאין לוקחים אלא מישראל, **אֶלָּא כּוּלְּהוּ** [כל] **הַקָּרְבָּנוֹת** האחרים, וכי **קִיחָה כְּתִיב בְּהוּ** [כתוב בהם]? ועוד מציעים: **וְדִלְמָא** [ושמא] **עַד כָּאן לֹא** שמענו **שֶׁפְּלִיגִי רַבָּנַן עֲלֵיהּ** [חלוקים חכמים עליו] על **ר׳ אֱלִיעֶזֶר,**

מסורת הש״ס

א. (בשינוי שם) ירושלמי ע״ז פ״ב ה״א (עיי״ש).
ב. משנה כתובות כו,ב. ירושלמי שם.
ג. (הביטוי) עירובין קג,ב. סוכה לו,ב. יבמות לט,א. נזיר כא,ב. סנהדרין סב,א. סו,ב. ע״ז סד,ב. הוריות ט,ב. חולין קט,א. בכורות יא,א.
ד. (בשינוי שם) ירושלמי שם.
ה. פרה פ״ב מ״א. ירושלמי שם. תוספתא פרה פ״ב א. פסי״ר פי״ד. ילק״ש נ״ך קג. שם קכב.
ו. סוטה מו,א. ירושלמי סוטה פ״ט ה״ד. ילק״ש תורה תשס.
ז. ע״ז כג,ב. ילק״ש תורה תשנט.
ח. ע״ז כד,א. ירושלמי ע״ז שם. ילק״ש נ״ך קג. שם קכב.

גרסות

דשאני בכת״י: **דשני לן.**

דיעבד נמי לא והכא היינו טעמא דמתיירא בכתי״מ: **דיעבד נמי והכי היינו טמא דחייש.**

חכמים מתירין בכת״י וכן במקבילה: **וחכמים מכשירין.**

הניח עליהן בכתי״ס ועוד כבמקבילה: **הניח עליה.**

משום ניחא פורתא — התם יצרו בכתי״מ: **דמשום הנאה פורתא לא מפסיד טובא הכא יצרו** וראה בר״ח.

יקחו בכתי״ס: **יקיחו.**

ואי סלקא דעתך כדתני שילא — קרבנות קיחה בכת״י: **דאי סלקא דעתך משום קיחה פליגי קרבנות כולן קיחה.**

עיונים

רבינא אמר וכו׳ בתוס׳ ועוד ראשונים דנו בשאלה כיצד יפרש רבינא את הקושי האחר שיש בסתירה בין מה שאסור ליחד (ופשטות הכוונה לכל מקום) לבין מה שהתירו למכור במקומות מסויימים. שממהלך הסוגיה כאן נראה שרבינא (וכן ר׳ פדת) אינו סבור כדברי רב שגוי חס על בהמתו, ונמצא שהוא מחזיק בשיטתו הראשונה של רב (לעיל יד,ב) שבמקום שהתירו למכור התירו אף לייחד (ראה תוס׳). או שמאחר שרבינא מתיר בדיעבד, אין לחוש למקום שנהגו בו היתר לאסור עליהם (תוס׳ רבינו אלחנן, רשב״א). וראה בתוס׳ ועוד שסבורים שגם רבינא (וגם ר׳ פדת) סבור כרב, אלא שלא היה סומך על טעם זה להתיר לקיחה של בהמה לקרבן אלא בדיעבד.

הא לכתחילה שכך צריך להבין את הדברים: בכלל חוששים לרביעה, בין בבהמתו של ישראל ובין בבהמתו של הגוי. אלא שיש להבחין, במשנה מדובר על לכתחילה, שלא יעשו כן ולא ייחדו בהמה עם הגוים. ואילו בברייתא מדובר בדיעבד, שאין חוששים שמא נרבעה בפועל (רש״י). והעיר הריטב״א כי לפי זה אין להבין כאן ״בדיעבד״ במשמעות הרגילה בכל מקום, לאחר שכבר נעשה הדבר, שהרי נאמר בברייתא ״לוקחים״, שמשמעו אפילו לכתחילה. אלא הכוונה היא שלגבי דבר שיהיה בעתיד אנו צריכים לחשוש שמא יקרה דבר תקלה וקלקלה, אבל אין סומכים על הנחה זו לגבי העבר, לומר שודאי כבר אירע הדבר בפועל. וכעין מה שאמרו חכמים לגבי גט, ש״לשמא ימות״ אנו חוששים, אבל ל״שמא מת״ אין חוששים, שאין אומרים שכבר אירע הדבר.

האשה שנחבשה רש״י מעדיף לפרש שכאן מדובר אפילו באשת ישראל, שיש לחשוש שמא נתרצתה ונבעלה בבית הסוהר מרצונה (ואז היא אסורה גם לבעלה הישראל). אבל התוס׳ ושאר ראשונים תמהים, שהרי כאן מדובר באשה שאונסים אותה לכך, ואין מכאן ראיה למקרה עליו מדובר במשנתנו, באשה שמתייחדת עם גוי מרצונה. והם סבורים, גם בגלל המשך המשא והמתן בגמרא בכתובות, שמדובר כאן באשת כהן, שאסורה על בעלה גם אם נאנסה, שאין חוששים לה שמא נאנסה בבית הסוהר.

תדע שעל ידי נפשות הרי שבמקום שאין כאן הפסד ממון אם תיאנס, יש לאוסרה, שאין הגוים חוששים עוד לדבר. וכבר תמהו בתוס׳ ועוד מה מקום יש מכאן להוכיח מכאן למקרה בו אמנם אין הפסד ממון אבל גם אין חשש נפשות, שהיא אסורה בדיעבד. והסבירו כי יסודו של הדיוק הוא בלשונה של הרישא ״על ידי ממון״, משמע שאם אין הפסד ממון — אסורה (ראה בתוס׳ רבינו אלחנן).

ותו לא מידי שאין מקום לדון ולתרץ עוד, שהרי ברור שהטעם שאין חוששים לה הוא רק משום שהגוי חושש מפני הפסד ממונו, ובכל מקום שחוששים לעריות אצל גוי — אסור אף בדיעבד, שלא כדברי רבינא. וראה בירושלמי שאף שם משווים את ענייני יחוד עם בהמה ועם האשה, ומחלקים שלגבי אשה כיון שדרכה לצווח — אין חוששים, מה שאין כן בבהמה.

וכתבו ראשונים שלדברי רבינא יש להבחין בין מקרה של נאשמת בדיני נפשות, בו נחשבת האשה לגמרי ברשותו של הגוי ובוודאי נאנסה, ואין להתיר אף בדיעבד, לבין מקרה רגיל של יחוד של אשה עם גוי, שאין בו הפסד ממון ולא חשש נפשות, שהוא רק איסור לכתחילה, והוא הדין לבהמה (ריטב״א).

עודה של שקים רש״י מפרש: חבילה של שקים ריקים. וכן פירש הרמב״ם. ועוד פירש שהוא עץ שטווים בו את השקים. אבל הר״ח (וכעין זה פירש הראב״ד בשם גאון) מסביר ש״עודה״ הוא כעין חגורה ששמים על הבהמה, לשם נוי או לצורך אחר.

ובעגלה עד שתמשוך שבעצם הנחת העודה לא די, אלא צריך שתמשוך — שתלך מרחק מסויים והמשא עליה. ואמרו חכמים במסכת סוטה ששיעור הליכה הוא לפחות טפח (ראב״ד, מאירי). וכבר העיר ר׳ אלחנן בתוספותיו שדבר זה שנוי במחלוקת במסכת סוטה, האם משווים את הדינים בין פרה לעגלה או לא. וראה ״אורח ההלכה״.

התם יצרו תוקפו ור׳ פדת סבור שאין הגוי חס על בהמתו כל עיקר, ובאמת אינו מתחשב בהפסד הממון מפני היצר (ראב״ד, רי״ד, ריטב״א). וראשונים אחרים פירשו כי גם ר׳ פדת סבור כרב, שהגוי חס על בהמתו שלא תעקר ולכן אינו רובעה, אלא שלדעתו, מאחר שהוא עומד למכור את הפרה האדומה — אינו חס עליה, וסבור שלא ירגישו בו במה שרבע אותה (תוס׳, וכעין זה גם ברבינו אלחנן).

יקחו רש״י מסביר כי ר׳ אליעזר דורש ״יקחו״ כאילו היה כתוב ״יקיחו״, כלומר הישראלים הם הראויים למכור (להקיח) ולא אחרים. וראה גם בגרסות.

ואי סלקא דעתך כדתני שילא וכו׳ אלא הטעם הוא משום רביעה. ושאל בתורת חיים: ובאמת מה סבור שילא? והסביר כי למסקנת הדברים (להלן כד,א) הרי לדעתו של ר׳ אליעזר שני טעמים אלו קיימים בפרה אדומה, אבל שאר הקרבנות נפסלים דווקא משום רביעה (וכיוון בזה לתוס׳ חכמי אנגליה).

אורח ההלכה

האשה שנחבשה ביד גוים האשה שנחבשה ביד גוים, אם על ידי ממון — מותרת אפילו לכהונה, ואם על ידי אשמת נפשות — אסורה לכהונה. ולפיכך אם היה בעלה כהן נאסרה עליו. וכתב רמ״א: ויש אומרים שעל ידי נפשות אסורה אפילו לבעלה ישראל, שחוששים אנו שמא נתרצית להם כדי שלא יהרגוה (התוס׳ והרא״ש ועוד). ובזמן ובמקום שיד הגוים תקיפה אפילו על ידי ממון אסורה, אלא אם כן העיד עליה עד אחד. ויש שכתבו שבזמן שאין אומות העולם מטים דין וגם מקפידים על דבר זה — אין לאסור אשה שנחבשה בידיהם, אלא באנשים פרטיים (ראה באה״ט). וראה עוד באריכות בדברי רמ״א והמפרשים שם.

וכתב רמ״א: וכל זה בנחבשה בידי גוים ומסורה בידם, אבל אם נתייחדה עם גוי, אפילו חייבת להם כסף — אין אוסרים על היחוד אף על פי שעשתה שלא כדת, ואפילו יצא עליה קול זנות (תשובת הרא״ש). ועל כל פנים אם נתייחדה לשם זנות, יש להחמיר (מהרי״ק). (רמב״ם ספר קדושה הלכות איסורי ביאה פי״ח ה״ל. שו״ע אה״ע ז, יא).

פרת חטאת נקחת מהגוים מותר לקחת פרה אדומה מן הגוים, ואין חוששים שמא רבעה הגוי, שאינו מפסיד בהמתו. וכדברי חכמים. (רמב״ם ספר טהרה הלכות פרה אדומה פ״א ה״ז).

הניח עליה עודה נתן עליה כסות של שקים — פסולה. (שם).

ובעגלה עד שתמשוך כל העבודות פוסלות את העגלה כמו שפוסלות בפרה אדומה, וכמסקנת הגמרא בסוטה מו,א. (שם ספר נזיקין הלכות רוצח ושמירת הנפש פ״י ה״ג).

תורה אור

א רבינא אמר לא קשיא [א]הא לכתחלה הא דיעבד ומנא תימרא דשאני בין לכתחלה בין לדיעבד דתנן לא תתייחד אשה עמהם מפני שחשודין על העריות ורמינהו ב*[א]האשה שנחבשה בידי גוים ע"י ממון מותרת לבעלה ע"י נפשות אסורה לבעלה אלא לאו ש"מ שאני לן בין לכתחלה לדיעבד ממאי דלמא לעולם אימא לך אפילו דיעבד נמי לא והכא היינו טעמא דמתיירא משום הפסד ממונו תדע דקתני סיפא ע"י נפשות אסורה לבעלה [ג]*ותו

ב לא מידי רבי פדת אמר לא קשיא [ד]הא רבי אליעזר הא רבנן *דתנן גבי פרת חטאת [ה]ר' אליעזר אומר אינה נקחת מן הגוים וחכמים [ב]מתירין מאי לאו בהא קמיפלגי דר"א סבר חיישינן לרביעה ורבנן סברי [ג]לא חיישינן לרביעה ממאי דלמא דכ"ע לא חיישינן לרביעה והכא היינו טעמא דרבי אליעזר כדרב יהודה אמר רב [ו]*דאמר רב יהודה אמר רב [ז]הניח עליהן עודה של שקין פסלה ובעגלה עד שתמשוך בה מר סבר חיישינן ומר סבר לא חיישינן לא ס"ד משום ניחא פורתא לא מפסיד טובא ה"נ לימא משום הנאה פורתא לא מפסיד טובא התם יצרו תוקפו ודלמא דכולי עלמא לא חיישינן לרביעה והכא היינו טעמא דר"א כדתני שילא [ז]מ"ט דר' אליעזר (במדבר יט) דבר אל בני ישראל ויקחו אליך בני ישראל יקחו ואין הגוים יקחו לא סלקא דעתך דקתני סיפא [ח]*וכן היה רבי אליעזר פוסל בכל הקרבנות כולן ואי סלקא דעתך כדתני שילא בשלמא פרה כתיב בה קיחה אלא כולהו קרבנות קיחה כתיב בהו ודלמא עד כאן לא פליגי רבנן עליה דרבי אליעזר אלא

רבינא. מהדר לתרוצי מתני' וברייתא דלעיל לעולם חשידי ומתני' לכתחילה קתני דאין מעמידין משום דלמא רבע לה וברייתא דקתני אין חושין משום רובע משום נרבע דיעבד דמשום לשעבר קבעית למיסרה דלמא כבר רבעה ולכבר(א) ארבעה לא חיישינן: **ומנא תימרא.** דלמידי דחשידי ביה שני לן בין לכתחילה בין לדיעבד דלכתחילה לא מייחדינן ליה בהדייהו והיכא דאיתיחד לא מיתסר ולא אמרינן נבעלה לו: **ע"י ממון.** שהיתה חייבת ממון מותרת לבעלה: **הפסד ממון.** דסבר אי בעילנא לה תו לא פרע לי בעלה מידי: **תדע.** דמשום הפסד ממון הוא דשרי לה דקתני על ידי נפשות שנתחייבה הריגה אסורה לבעלה אלמא היכא דלא מירתת להפסד ממונו אפקורי מפקר לה וחיישינן שמא נבעלה לאחד מהן ברצון ואית דמוקמי לה באשת כהן דמיתסרא באונס וראשון עיקר דבכתובות (דף כו:) מוכח דבאשת ישראל קאי: **ותו לא מידי.** (ב)אין להקשות על דבר זה דודאי טעמא ע"י ממון מותר משום דחייש גוי להפסד ממונו: **פרת חטאת.** פרה אדומה: **ס"ד** ממאי דלמא כולי עלמא לא חיישי לרביעה וטעמא דר"א כו': **עודה של שקין.** שקין הרבה ריקנין קשורין ביחד: **פסלה.** דכתיב אשר לא עלה עליה בהעלאה בעלמא: **ובעגלה.** עגלה ערופה אינה נפסלת בהעלאת עול: **עד שתמשוך בו.** דכתיב בעגלה (דברים כא) אשר לא משכה בעול (*לישנא אחרינא עודה עץ שטווין בו שקין): (ג) **לא ס"ד.** דטעמא דר"א משום עודה: **דמשום הנאה פורתא.** להקל מעליו משוי מעט: **לא מפסיד טובא.** דמים יקרים של פרה אדומה אלא ודאי טעמא משום רביעה הוא: **יקחו.** ימכרו קרי ביה ויקיחו: אלא

רבינא אמר הא לכתחילה הא דיעבד. לכאורה משמע דרבינא דהכא ורבי פדת דבסמוך לית להו ההוא שנויא דלעיל דאדם חס על בהמתו כו' מדמהדרי אשנויא אחרינא ותימה א"כ מה יתרצו משני המשניות ההיא דאין מעמידין וההיא דמקום שנהגו למכור מוכרין דלעיל בפ"ק (דף יד:) ואין לומר שיתרצו כשנוייא קמא דרב דלעיל במקום שהתירו למכור התירו ליחד דלא נחשדו ארביעה כיון דלא קם דאף רב הדר ביה משום טעמא דפרשי' וי"ל דודאי בין רבינא בין רבי פדת אית להו שנויא דגוי חס על בהמתו לענין שלא יאסור למכור להם בשום מקום ואף במקום שנהגו שלא למכור נמי ליכא איסורא אלא מנהגא כדפרישית מיהו מיסתבר להו דלענין קרבן יש לנו להחמיר ולאסור אף במקום שמוכרין ולא לסמוך על אותו טעם דגוי חס על בהמתו אי לאו טעמא דדיעבד לרבינא ולר' פדת דמוקי לה כרבנן דלא חיישינן לרביעה כלל וא"ת ור' יוחנן דמשני לקמן (דף כד:) גבול יש לה פחותה מבת שלש נעקרת בת שלש אינה נעקרת מה יתרץ מההיא דמקום שנהגו למכור מוכרין משמע כל בהמות אפילו יתרות על שלש ועוד דפחות מבת שלש נמי היה לו לאסור שמא תשהה אצלו עד שתהיה בת ג' וירבענה וי"ל דכן פירוש דבריו פחותה מבת ג' ודאי נעקרת ובת ג' רוב הפעמים אינה נעקרת אבל אינו ודאי כ"כ הילכך במקום שנהגו מוכרין אפילו בת שלש דגוי חס לפי שאינו יודע בודאי ודואג שלא תעקר ולענין קרבן מוקי ההוא דלוקחין בפחותה מבת ג' ולא מיבעיא במקום שמוכרין דשרי ליקח אלא אף במקום שנהגו שלא למכור לוקחין לקרבן דכיון דודאי נעקרת חיים עלה ולא רבעה ומה שנהגו שלא למכור משום חשש דרביעה לאחר שלש כדפרשינן אבל בת שלש אין לוקחין דאינה נעקרת כ"כ בודאי ואיכא למיחש דלמא רבעה: **על** ידי ממון מותרת לבעלה. פ"ה דמיירי באשת ישראל וקשיא דא"כ היכי מוכח דשריא בדיעבד משום דאמרינן דודאי לא נבעלה דלמא לעולם אימא לך דנבעלה ומיהו להכי שריא משום דאשת ישראל שנבעלה באונס מותרת ואין לאוסרה משום דשמא נתרצית לו דודאי כיון דאינה נתפסת אנפשות לא מפחדה ולא מתרצית ליה לכך נראה לפרש דודאי מיירי באשת כהן דאף באונס אסורה והכא מותרת דאמרינן ודאי לא נבעלה וכן משמע בפרק שני דכתובות (דף כו: ושם) דפשיטא ליה לתלמודא דמתניתין מיירי באשת כהן דמייתי עלה בגמרא התם ההוא מעשה באשה אחת שהורהנה באשקלון ורחקוה בני משפחתה ואי באשת ישראל הוה ההוא עובדא מאי קאמר ורחקוה בני משפחתה לא הוה להו לרחק אלא לבעלה ועוד מתוך המשנה יש להוכיח דמיירי באשת כהן דקתני על ידי ממון מותרת לבעלה טעמא דע"י ממון דמרתת אהפסד ממונו הא שלא על ידי ממון אסורה ואף על פי שאין לתלות(ד) נתרצית כיון שאינו ע"י נפשות ואי באשת ישראל אמאי אסורה אלא ודאי באשת כהן והא דנקט מותרת לבעלה ולא נקט מותרת לכהונה משום סיפא נקט דע"י נפשות אסורה לבעלה והתם אף באשת ישראל אסורה לבעלה דאיכא למימר משום פחד נפשות נתרצית לו וא"ת מאי ס"ד דרבינא דבעי לאוכוחי היתר דיעבד מהכא הא ודאי דמשום הפסד ממונו הוא וי"ל דסבר רבינא דכיון דנתבשה שהיא מסורה בידו היה לו לאסור באשת כהן ולמיחש מיהא לבעילת אונס ואע"ג דאיכא הפסד ממון ומדשרינן הכא דיעבד ה"ה אף היכא דליכא הפסד ממון ותלמודא דחי דלית ליה הן סברא אלא אית ליה הפסד ממונו שאני: **תדע** דקתני סיפא ע"י נפשות אסורה לבעלה. תימה מאי קאמר תדע דלמא שאני ע"י נפשות דאיכא למימר מחמת פחד נתרצית לו ותבעתו אבל שלא ע"י נפשות מותרת ואף היכא דליכא הפסד ממון וי"ל דודאי שלא ע"י ממון אסורה דאי ס"ד מותרת אמאי נקט רישא הפסד ממון ליתני שלא ע"י נפשות מותרת אלא ודאי הפסד ממון דוקא נקט וסיפא דקתני ע"י נפשות ה"ה שלא ע"י נפשות אסורה לכהן דבה איירי אלא בא להשמיענו דאף לישראל אסורה דאיכא למימר מחמת פחד נתרצית לו: **ותו** לא מידי. פי' דודאי הפסד ממון שאני אבל יחוד בעלמא אימא דאסור אף בדיעבד תימה אם כן לא הנחת בת לאברהם אבינו אשת כהן יושבת תחת בעלה דא"א שלא תתיחד עם שום גוי שעה אחת וכיון דליכא הפסד ממון חיישינן וי"ל דאין זה אלא דחוי בעלמא כלומר מהכא לא תוכיח ומכל מקום דברי רבינא אמת הן ועי"ל דאפילו לפי המסקנא אין לאסור יחוד מועט דדוקא נחבשה שאני לפי שהיא מסורה בידו כעין בהמה דהכא דבידו לרבעה אבל היכא שאינה תחת ידו של גוי כלל ויכולה לצעוק ויהיה לה מושיע ודאי הגוי מרתת ואין לאוסרה על אותו יחוד וכן עיקר ובירושלמי דחי דאין דמיון אשה לבהמה שאני אשה שדרכה לצווח ואפילו חרשת דרכה לרמז: **התם** ילכו תקפו. תימה לעיל דאמר רב גוי חס על בהמתו ורבי פדת נמי אית ליה ההוא שנויא כדפרי' נימא ילכו תקפו מכ"ש דפרה דדמיה יקרים וי"ל שאני הכא כיון דדמיה יקרים עומדת למכור לישראל וכיון שהוא ודאי מוכר הפרה וסבור הוא להעלים ואינו חושש כיון שילכו תקפו: ס"מ

ט א מיי' פי"ח מהל' איסורי ביאה הל' ל סמג לאוין קכא טוש"ע אה"ע סי' ז סעיף יא:
י ב ג ד מיי' פ"א מהל' פרה אדומה הלכה ז סמג לאוין שטו:

רבינו חננאל

ופריק רבינא לא קשיא מתני' לכתחילה אין מעמידין הא דאי עבד והעמיד לוקחין ואין חוששין דלמא רבעה מדתנן לא תתיחד אשה עמהן מפני שחשודין על העריות. ותנינן האשה שנחבשה על ידי ממון מותרת לבעלה מאי לאו לכתחילה לא תתיחד ואם נתיחדה דיעבד אין חוששין לה. ודחינן לה שאני הכא דמתיירא לבוא עליה משום הפסד ממונו. תדע שהוא כך דקתני סיפא נחבשה על ידי נפשות אסורה לבעלה כיון דאין לו ממון עליה ודאי בא עליה. ר' פדת משני מתני' ר' אליעזר היא דאסר והא דתני לוקחין רבנן דשרו. דתנן בפרה בפ' שני גבי פרת חטאת ר' אליעזר אומר אינה ניקחת מן הגוים וחכמים מכשירין. ודחינן ודילמא ר' אליעזר ורבנן לאו משום דחיישי לרביעה אלא דכ"ע לא חיישי לרביעה דיעבד כרבינא ואין חשודין בפרה אלא משום מלאכה כדרב דאמר הניח עליה בפרה אדומה עודה של שקאין פסולה. פי' עודה חבק מצוייר א) של עדיים שאוגדין אותה בבהמה ודומה לעול שפוסל את הפרה. ר' אליעזר חייש ורבנן לא חייש. (ובעגלה) [ובפרה] כתיב אשר לא עלה עליה עול משעה שהעלה עליה פסלה. ובעגלה כתיב אשר משכה בעול. ואמרינן בפרה מאי טעמייהו דרבנן דלא חיישי משום עודה של שקאין. דמשום ניחא פורתא לא מפסיד טובא. דאמר דלמא מרגשי ישראל ולא זבני לה הכא נמי בשאר בהמות נימא משום הנאת רביעה לא מפסיד טובא ואפילו לכתחלה ליכשרו. ודחינן גבי רביעה יצרו תקפו. והדרינן לטעמא אחריתי ודלמא כולי עלמא לא חיישי לרביעה כלל. ב) ור' אליעזר בר שילא דתני מאי טעמא דר' אליעזר דכתיב דבר אל בני ישראל ויקחו אליך פרה אדומה תמימה מישראל יקחו ולא מן הגוים. ודחינן לא ס"ד דתנינן וכן היה ר' אליעזר פוסל בכל הקרבנות. וכי כל קרבנות מי כתיבא בהו קיחה. ודלמא לא פליגי רבנן על ר' אליעזר

א) עי' בערוך ערך עד התשיעי מש"כ בשם הגאונים ז"ל בפירוש עודה ע"ש.
ב) נראה דצ"ל וטעמא דר"א כדתני שילא דתני שילא מ"ט דר"א וכו'.

כתובות כו:
[סוכה לו: וש"נ]
פרה פ"ב מ"א
סוטה מו.
[כל זה שייך לעיל בד"ה עודה]
[פרה פ"ב מ"א ע"ש]

הגהות הב"ח

(א) רש"י ד"ה רבינא וכו' ולכבר רבעה לא חיישינן: (ב) ד"ה ותו לא מידי אין להקשות. נ"ב כהאי לישנא הוא בדף סד לקמן ובהוריות ספ"ב וביבמות דף לט ע"א: (ג) ד"ה לא ס"ד וד"ה דמשום וד"ה לא הד"א: (ד) תום' ד"ה על ידי וכו' שאין לתלות שנתרצית:

גליון הש"ס

תום' ד"ה על וכו' משום דשמא נתרצית לו. עי' לקמן דף כה ע"ב תום' ד"ה איכא:

יא א ב ג מיי' פרק א מהל' פרה אדומה הלכה ז סמג לאוין שטו ועשין רלב:

אלא בפרה דדמיה יקרין אבל בשאר קרבנות מודו ליה ואלא הא דתניא [א]*לוקחין מהן בהמה לקרבן מני לא ר' אליעזר ולא רבנן ועוד תניא בהדיא [ב]*מאי אותיבו ליה חברוהי לר' אליעזר כל צאן קדר יקבצו לך יעלו(א) (*לרצון על) מזבחי ע"כ לא פליגי אלא
א בחששא אבל היכא דודאי רבעה פסלה ש"מ דפרה קדשי מזבח היא דאי [ג]*קדשי בדק הבית מי מיפסלא בה רביעה [א]שאני פרה דחטאת קרייה רחמנא אלא מעתה תיפסל ביוצא דופן וכי תימא ה"נ אלמה תניא [ד]*הקדישה ביוצא דופן [ב]פסולה ור"ש מכשיר וכי תימא ר"ש לטעמיה דאמר יוצא דופן ולד מעליא הוא והא"ר יוחנן [ה]*מודה היה ר"ש לענין קדשים שאינו קדוש אלא שאני פרה הואיל ומום פוסל בה [ג]דבר ערוה וע"ז נמי פוסל בה דכתיב כי משחתם בהם מום בם [ו]*ותנא דבי ר' ישמעאל כל מקום שנא' השחתה אינו אלא דבר ערוה וע"ז דבר ערוה דכתיב כי השחית כל בשר את דרכו על הארץ וע"ז דכתיב פן תשחיתון ועשיתם לכם פסל והא פרה נמי הואיל ומום פוסל בה דבר ערוה ועבודה זרה פסלי בה
ב גופא [ז]תני שילא מ"ט דרבי אליעזר דכתיב דבר אל בני ישראל ויקחו בני ישראל יקחו ואין הגוים יקחו אלא מעתה דבר אל בני ישראל ויקחו לי תרומה ה"נ דבני ישראל יקחו ואין הגוים יקחו וכי תימא ה"נ והאמר רב יהודה אמר שמואל [ח]*שאלו את ר"א עד היכן כיבוד אב ואם אמר להם צאו וראו מה עשה גוי אחד לאביו באשקלון ודמא בן נתינה שמו פעם אחת בקשו ממנו אבנים לאפוד בששים

רש"י

אלא בפרה אדומה. דדמיה יקרים דחייש גוי להפסד מרובה וכייף ליצריה: אבל בשאר קרבנות מודו. והא דתניא לעיל לוקחין מהן בהמה אמאן תרמייה לא רבי אליעזר ולא רבנן: כל צאן קדר. קדר ישמעאל וכתיב יעלו (*לרצון על) מזבחי אלמא בשאר קרבנות נמי שרי ושפיר איתרצן רומיין דלעיל: עד כאן לא פליגי כו'. מלתא באפי נפשיה קאמר ואזיל: אלא בחששא. היכא דלא חזינן דרבעה פליגי דמר חייש ומר לא חייש: קדשי מזבח היא. דין קדושת מזבח יש לה ליפסל ברביעה ולענין פדייה דלא נפקא לחול בלא מום ואף ע"ג דלאו למזבח קרבה: דאי ס"ד. לא אלימא קדושתיה(ב) מקדושת בדק הבית ועל כל דבר חל קדושת בדק הבית אפי' על אבנים: אמאי. פסלה בה רביעה: שאני פרה דחטאת קרייה רחמנא. לעולם גבי פדייה והעמדה והערכה דין קדשי בדק הבית עליה ומיהו לענין פסולין *) סגיא מילתא לאתויי בפסול דחטאת קרייה רחמנא למי נדה חטאת היא: תפסל ביוצא דופן. דפסול הוא לשאר קרבנות דתניא (בכורות דף נז.) שור או כשב פרט לכלאים או עז פרט לנדמה כי יולד פרט ליוצא דופן והאי קרא בקרבנות כתיב: הקדיש ביוצא דופן. הקדיש לפרה אדומה יוצא דופן פסולה כו': ולד מעליא הוא. במסכת נדה (דף מ.) יוצא דופן אין יושבין עליו ימי טומאה וימי טהרה ואין חייבין עליו קרבן לידה ר"ש אומר הרי הוא כילוד ויש לו טומאת שבעה לזכר ושבועיים לנקבה וכן ימי טוהר וקרבן: מודה ר"ש. לענין קדשים דבהמה שילאה דרך דופן פסולה לקרבן דגבי טומאה וטהרה דאמו הוא דקאמר(ג) ליה ר"ש מריבוי הכתוב אם נקבה תלד הוסיף (ד)לידה אחרת לרבות יוצא דופן אבל בקדשים מודי והא דר' יוחנן במסכת נדה: ה"ג אלא שאני פרה הואיל ומום פוסל בה דבר ערוה ועבודה זרה פוסל בה דכתיב כי משחתם בהם מום(ה) ותנא דבי ר' ישמעאל כל מקום כו' עד פן תשחיתון כל שמום פוסל בו כו'. לא תימא דטעמא דמיפסלא ברביעה משום דחטאת קרייה רחמנא אלא היינו טעמא דאע"ג דקדשי בדק הבית הואיל ומום פוסל בה כדכתיב אשר אין בו מום: דבר ערוה. נרבע: ועבודה זרה. כגון מוקצה ונעבד פסולין בה דאיתקש השחתה למום: כי השחית כל בשר את דרכו. תשמיש דור המבול בעבירה קלקלו דכתיב ויראו בני האלהים וגו': וכי תימא ה"נ. דאסור לקנות זהב ואבנים טובות למלאכת המשכן מן הגוים: עד היכן כיבוד אב ואם. כמה אדם מצווה להזהר בכיבוד אב ואם: מה עשה גוי. וכ"ש ישראל שמצווה על כך:

*) בדפו"י הגירסא שניא וכ"ה הרש"ש

בששים

תוספות

ש"מ דפרה קדשי מזבח היא. תימה להריב"ם מנליה דקדשי מזבח היא וטעמא משום רביעה דלמא לעולם הויא קדשי בדק הבית וטעמא משום עול דתנן (פרה פ"ב מ"ד) עלה עליה זכר פסולה ויש לומר דרביעת אדם שהיא בקומה זקופה לא שייך בה עול כמו בבהמה ועוד מדקתני עלה וכן היה ר' אליעזר פוסל בכל הקרבנות אלמא לאו טעמא משום עול*: **אלא** מעתה תפסול ביוצא דופן. לפום ריהטא משמע דקאי אהא דשני שאני פרה דחטאת קרייה רחמנא וה"פ אא"ב טעם פסול רביעה משום דקדשי מזבח היא איכא למימר דפליג ר"ש ואמר קדשי בדק הבית היא הילכך לא מיפסלא לא ברביעה ולא ביוצא דופן אלא כיון דאמרת טעמא דרביעה משום דחטאת קרייה רחמנא תפסל ביוצא דופן דמסתמא לא פליג אהך דרשא אלמה תניא כו' עד דקאמר אלא שאני פרה הואיל ומום פוסל בה ולפי גירסא זו משמע דהשתא הדר ביה מטעמא דחטאת קרייה רחמנא אלא לעולם קדשי בדק הבית(ז) לר"ש ורביעה הוא דפסלה כיון דמום פוסל בה אבל ביוצא דופן לא מיפסלא ורבנן דפסלי ביוצא דופן משום דסברי דקדשי מזבח היא וקשה דספ"ק דשבועות (דף יא:) על הך ברייתא דפרה משני [שאני] פרה דקדשי בדק הבית היא ודוחק הוא דנוקי לה כר"ש ועוד דסוגיא דתלמודא פ"ק דזבחים (דף יד:) ופ' *(המזבח מקדש) (דף פח:) ובפ"ק דמנחות (דף ו: ושם) ובפ"ג דבכורות (דף כה.) וביומא פרק טרף בקלפי (דף מב.) ובתמורה פרק (*המזבח) משמע דפרה קדשי בדק הבית(ז) ואין סברא להעמיד כל הני כר"ש ולא כרבנן וע"ק דבפ"ק דחולין (דף יא.) מוכח תלמודא דטרפות פוסל בפרה משום דחטאת קרי רחמנא לכך נראה לפרש אלא מעתה תיפסל ביוצא דופן ולאו אשנוייא דחטאת קרייה רחמנא קאי אלא למאי דאסיקנא דמיפסלא ברביעה או משום דקדשי מזבח או משום דחטאת קרייה רחמנא ואם כן תפסל ביוצא דופן דאין לומר דפליג ר' שמעון על רבותיו ר"א ורבנן ולומר שיכשיר ברביעה אלמה תניא כו' ול"ג אלא ובספרים לא היה כתוב אלא ובקונט' הגיה וכתב ה"ג אלא שאני פרה וכו'(ח) לעולם קדשי בדק הבית היא לכ"ע וטעמא דמיפסלא ברביעה לר"ש הואיל ומום פוסל בה ורבנן טעמייהו משום דחטאת קרייה רחמנא וניחא דכל שיטת התלמוד אתיא נמי לרבנן ומסקנא דפ"ק דחולין נמי כרבנן אתיא וי"ס שכתוב בהן אחר ומודה ר"ש לענין קדשים ואלא מאי קדשי מזבח סוף סוף תפסל ביוצא דופן האי מאי אי אמרת בשלמא קדשי מזבח היא היינו דפליגי ר"ש ורבנן אלא אי אמרת קדשי בדק הבית היא מי מפסלא ברביעה לעולם אימא לך קדשי בדק הבית היא ולענין רביעה אפי' ר"ש מודי דפסלה דכתיב כי משחתם בהם וגו' והאי גירסא משמע כפי' ראשון שפירשתי:

בקשו ממנו אבנים לאפוד. האי דמא בן נתינה על כרחנו בבית שני היה מדקאמר לשנה אחרת נולדה לו פרה אדומה בעדרו דהא קיימא לן *דבימי בית ראשון לא נשרפה שום פרה כי נסתפקו באותה שעשה משה כל ימי בית ראשון ועד עזרא שעשה השניה וכיון דהיה אפוד בבית שני אם כן שמיר נמי היה בו דהכי משמע בפרק מי שאחזו (גיטין סח. ושם ד"ה איכא) דלאפוד צריך שמיר דקאמר התם איכא שמיר דאייתי משה לאבני אפוד ואפי' לר' נחמיה דאמר לא בעי שמיר לאבני המקדש בפרק עגלה ערופה (סוטה מח: ושם) אלא היה מתקן מבחוץ ומכניס מבפנים מכל מקום באבני אפוד מודי דבעי שמיר משום דכתיב במלאתם(ט) כותב עליהם בדיו ומראה להם שמיר והן נבקעות מאיליהן כתאנה זו שנבקעת בחמה ואינה חסרה כלום ואין להקשות מההיא דפרק בתרא דסוטה* דתנן משמתו נביאים הראשונים בטלו אורים ותומים משחרב בהמ"ק בטל השמיר דמשמע משחרב בהמ"ק היינו בית ראשון מדקתני בתריה פולמוס אספסיינוס של טיטוס שהיו קודם חורבן בית שני אלמא לא הוה השמיר בבית שני הא ליתא דודאי ההוא משחרב ב"ה בטל השמיר בבית שני מיירי דאי בבית ראשון ליערבינהו וליתנינהו משחרב בהמ"ק בטלו אורים ותומים ושמיר דהא בגמ' בברייתא אורים ותומים משחרב בית ראשון תני ליה ואורים ותומים לא היו בבית שני שהם מחמשה דברים שחסר בית שני ויש תימה כיון דהוה שמיר בבית שני א"כ לקמן פרק רבי ישמעאל (דף נב:) גבי אבני מזבח ששקצום מלכי יון דפריך היכי ניעביד ניתברינהו אבנים שלמות אמר רחמנא ניחתכינהו פירוש בברזל שלא להיות שם פגימה לא תניף עליהם ברזל אמר רחמנא ומאי קושיא ליעבדינהו על ידי שמיר וי"ל דעל ידי שמיר אינו נעשה חלק כי אם מבקע כתאנה שלא תהא חסרה כלום אבל אין עושה אותן שלימות שלא תחגור בהן לפורן ופגימה בחגירת לפורן פסלה במזבח כדאיתא בפרק קמא דחולין (דף יח. ושם*):

ואבני

רבינו חננאל

אלא בפרה בלבד הואיל ודמיה יקרין. אבל בשאר קרבנות מודו ליה שאין לוקחין מן הגוים. אי הכי הא דתניא לוקחין מן הגוים בהמה לקרבן מני לא רבנן ולא ר' אליעזר. ועוד הא תניא בהדיא דרבנן מכשירי דתניא מאי אותבי חבריא לר' אליעזר כתיב כל צאן קדר יקבצו לך אילי נביות ישרתונך וגו'. ש"מ דבהמת גוי כשירה לקרבן. עד כאן לא פליגי ר"א ורבנן בפרה אלא בחששא. אבל אם נרבעה ודאי פסולה. ש"מ דפרה קדשי מזבח היא. דאי קדשי בדק הבית היא [מי] מפסלא בה רביעה. ופרקינן שאני פרה דחטאת קרייה רחמנא אלא מעתה תפסל ביוצא דופן. אלמא תניא הקדישה ליוצא דופן פסולה. ור' שמעון מכשיר. וכי תימא ר' שמעון לטעמיה דאמר יוצא דופן ולד מעליא הוא. והאמר ר' יוחנן מודה ר' שמעון כו' ואסיקנא א) אלא לרבנן פרה קדשי מזבח היא. ולר' שמעון פרה קדשי בדק הבית היא. ולענין רביעה אפי' ר' שמעון מודה דפסלה בה דכתיב כי משחתם בהם מום בם כל שהמום פוסל בה דבר ערוה וע"ז פוסלין בה כו'. גופא תני שילא מ"ט דר' אליעזר דכתיב ויקחו אליך פרה מישראל יקחו ולא מגוים. אלא ב) משום ויקחו לי תרומה וכתיב וזאת התרומה אשר תקחו מאתם זהב וכסף ונחושת. הכי נמי דמישראל ולא מגוים. והא שאלו את ר"א עד היכן כיבוד אב ואם ואמר צאו וראו מה עשה גוי באשקלון ודמא בן נתינה שמו כו' ובקשו לקנות ממנו אבנים לאפוד

א) גמ' בתוס' כאן ד"ה אלא מעתה.
ב) נראה דצ"ל אלא מעתה גבי תרומת המשכן דכתיב שם ויקחו לי תרומה וכתיב וכו'.

הגהות הב"ח

(א) גמ' יעלו לרצון על מזבחי. נ"ב אף על פי דבקרא לא כתוב כך דהא כתיב יעלו על רצון אלא שהתלמוד משנה משמעו וכה"ג כתבו התוס' בעירובין: (ב) רש"י ד"ה דאי ס"ד לא אלימא קדושתיה טפי מקדושת: (ג) ד"ה מודה ר"ש וכו' דקאמר ר' שמעון כצ"ל ותיבת ליה נמחק: (ד) בא"ד הוסיף לך הכתוב לידה אחרת: (ה) ד"ה ה"ג אלא וכו' מום בם ותנא וכו' משום לחטאת וכו' בדק הבית היא הואיל וכו' אין בה מום: (ו) תום' ד"ה אלא וכו' בדק הבית הוא לר"ש: (ז) בא"ד בדק הבית היא ואין סברא: (ח) בא"ד שאני פרה וכו' וכו' לעולם קדשי בדק וכו' מזבח הוא סוף סוף: (ט) ד"ה בקשו וכו' דכתיב במלאתם והיה כותב:

מסורת הש"ס

[נ"ל על רצון] [לקמן כד. ע"ש] [נ"ל על רצון] [יומא מ"ב. וש"נ] [תוספ' דפרה פ"א] [נדה מ. חולין לח:] סנהדרין נז. בכורות מ. תמורה כח: חולין כג. קדושין לא. [פרה פ"ג מ"ה] [דף מח.] [ועי' תוספות סוכה מט. ד"ה שכל ותוספות גיטין סח. ד"ה איכא ותוספות זבחים כב: ד"ה אבנים ותוס' חולין יח. ד"ה וכמה]

תורה אור: ישעיה ס; ויקרא כב; בראשית ו; דברים ד; במדבר יט; שמות כה

אֶלָּא בְּפָרָה שדָּמֶיהָ יְקָרִין שאין חוששים שירבענה, בגלל ההפסד הגדול שיבוא לו אם יגלו שעשה זאת, אֲבָל בִּשְׁאָר הַקָּרְבָּנוֹת מוֹדוּ לֵיהּ [מודים לו] שלוקחים בהמות מן הגוים כדי להקריבם! ודוחים: וְאֶלָּא הָא דְּתַנְיָא [זו ששנויה בברייתא]: לוֹקְחִין מֵהֶן בְּהֵמָה לְקָרְבָּן, אם כן, מַנִּי [כדעת מי היא]? הרי לדרך זו נמצא שהיא לֹא כדעת ר׳ אֱלִיעֶזֶר וְלֹא דעת רַבָּנַן [חכמים]! וְעוֹד, תַּנְיָא בְּהֶדְיָא [שנויה ברייתא במפורש]: מַאי אוֹתִיבוּ לֵיהּ חַבְרוֹהִי [מה השיבו לו חביריו] לְר׳ אֱלִיעֶזֶר? ממה שנאמר: ״כָּל צֹאן קֵדָר יִקָּבְצוּ לָךְ אילי נביות ישרתונך יַעֲלוּ עַל רָצוֹן מִזְבְּחִי״ (ישעיהו ס, ז), הרי שבהמות של גוים עולים לשם קרבן (״על רצון מזבחי״), ונמצא שאין הם מחלקים בין פרה לבין שאר כל הקרבנות.

א עקב דברים אלה מעירים: עַד כָּאן לֹא שמענו כי פְּלִיגִי [נחלקו] אֶלָּא בַּחֲשָׁשָׁא [בחשש] בפרה שלא ידוע אם נרבעה, אֲבָל הֵיכָא [במקום] שוַדַּאי רְבָעָהּ הגוי — פְּסָלָהּ; שְׁמַע מִינָּהּ [למד מכאן] שפָרָה קָדְשֵׁי מִזְבֵּחַ הִיא שדינה כקרבן לכל דבר, שבו אסור הנרבע, דְּאִי [שאם] היא נחשבת כקָדְשֵׁי בֶּדֶק הַבַּיִת, מִי מִיפַּסְלָא [האם פוסלת] בָּהּ רְבִיעָה? ודוחים: אפשר לומר כי שָׁאנֵי [שונה] פָּרָה אדומה, שאף על פי שקדשי בדק הבית היא, חַטָּאת קָרְיֵיהּ רַחֲמָנָא [קראה אותה התורה] (״חטאת היא״, במדבר יט, ט) ולכן יש בה דין קרבן חטאת לפוסלה ברביעה. ואומרים: אֶלָּא מֵעַתָּה, לדרך זו, תִּיפָּסֵל אף בְּיוֹצֵא דוֹפֶן, כלומר, אם לא נולדה כרגיל אלא על ידי ניתוח, שהולד יוצא מן הדופן — כמו קרבן חטאת, שאינו נלקח אלא מבהמה שנולדה כדרכה! וְכִי תֵּימָא [ואם תאמר]: הָכִי נַמִי [כך הוא גם כן] ובאמת היא פסולה בכך, אַלְמָּה תַּנְיָא [מדוע שנויה הברייתא]: אם הִקְדִּישָׁהּ את הפרה האדומה בְּיוֹצֵא דוֹפֶן — פְּסוּלָה, וְר׳ שִׁמְעוֹן מַכְשִׁיר, משמע שלא הכל סבורים שדין פרה אדומה כדין קרבן! וְכִי תֵּימָא [ואם תאמר] שר׳ שִׁמְעוֹן הולך בענין זה לְטַעֲמֵיהּ [לשיטתו], שאָמַר לענין דין אשה יולדת: יוֹצֵא דוֹפֶן וָלָד מַעַלְיָא [מעולה] הוּא ודינו כשאר ולדות לענין טומאה וקרבן, וְהָאָמַר [והרי אמר] ר׳ יוֹחָנָן: מוֹדֶה הָיָה ר׳ שִׁמְעוֹן לְעִנְיַן קָדָשִׁים שֶׁיוצא דופן אֵינוֹ קָדוֹשׁ! אֶלָּא כך צריך לומר: שָׁאנֵי [שונה] פָּרָה, הוֹאִיל וּמוּם פּוֹסֵל בָּהּ — דְּבַר עֶרְוָה (רובע ונרבע) וַעֲבוֹדָה זָרָה (אם הם נעבדים או משמשים לעבודה זרה) נַמִי [גם כן] פּוֹסֵל בָּהּ, ומנין? דִּכְתִיב [שנאמר] לגבי קרבנות פסולים: ״כִּי מָשְׁחָתָם בָּהֶם מוּם בָּם״ (ויקרא כב, כה), ולכן בהמה שיש בה צד השחתה — הרי היא פסולה לקרבן כבעלת מום; וְתָנָא דְּבֵי [ושנה החכם שמבית מדרשו] של ר׳ יִשְׁמָעֵאל: כָּל מָקוֹם שֶׁנֶּאֱמַר לשון הַשְׁחָתָה אֵינוֹ אֶלָּא דְּבַר עֶרְוָה וַעֲבוֹדָה זָרָה, דְּבַר עֶרְוָה שנקרא השחתה — דִּכְתִיב [שנאמר]: ״כִּי הִשְׁחִית כָּל בָּשָׂר אֶת דַּרְכּוֹ עַל הָאָרֶץ״ (בראשית ו, יב), וַעֲבוֹדָה זָרָה — דִּכְתִיב [שנאמר]: ״פֶּן תַּשְׁחִתוּן וַעֲשִׂיתֶם לָכֶם פֶּסֶל״ (דברים ד, טז); וְהָא פָּרָה נַמִי [ופרה זו גם כן] הוֹאִיל וּמוּם פּוֹסֵל בָּהּ, גם דְּבַר עֶרְוָה וַעֲבוֹדָה זָרָה פָּסְלִי [פוסלים] בָּהּ.

ב גּוּפָא [לגופו] של דבר שהוזכר קודם, תָּנֵי [שנה] החכם שֵׁילָא: מַאי טַעְמָא [מה הטעם] של ר׳ אֱלִיעֶזֶר שאמר שאין לוקחים פרה מן הגוים? דִּכְתִיב [שנאמר]: ״דַּבֵּר אֶל בְּנֵי יִשְׂרָאֵל וְיִקְחוּ אֵלֶיךָ פרה אדומה״ (במדבר יט, ב), בְּנֵי יִשְׂרָאֵל יִקְחוּ, וְאֵין הַגּוֹיִם יִקְחוּ. ותמהים: אֶלָּא מֵעַתָּה לפי שיטה זו, מה שנאמר בתרומה שלצורך המשכן: ״דַּבֵּר אֶל בְּנֵי יִשְׂרָאֵל וְיִקְחוּ לִי תְּרוּמָה״ (שמות כה, ב) הָכִי נַמִי [כך גם כן] תאמר שבְּנֵי יִשְׂרָאֵל יִקְחוּ, וְאֵין הַגּוֹיִם יִקְחוּ, שאין קונים דבר למקדש מן הגוים? וְכִי תֵּימָא [ואם תאמר]: הָכִי נַמִי [כך הוא גם כן], וְהָאָמַר [והרי אמר] רַב יְהוּדָה אָמַר שְׁמוּאֵל, שָׁאֲלוּ אֶת ר׳ אֱלִיעֶזֶר: עַד הֵיכָן גבול החובה של כִּיבּוּד אָב וָאֵם? אָמַר לָהֶם: צְאוּ וּרְאוּ מֶה עָשָׂה גּוֹי אֶחָד לְאָבִיו בְּאַשְׁקְלוֹן וְדָמָא בֶּן נְתִינָה שְׁמוֹ, פַּעַם אַחַת בִּקְשׁוּ לקנות מִמֶּנּוּ אֲבָנִים לָאֵפוֹד

עיונים

דדמיה יקרים ומשום שיש לגוי בכך הפסד מרובה, הריהו כופה את יצרו ואינו רובע אותה (רש״י). ובתלמוד הירושלמי דנו בדבר בצדדים אחרים, ושם נעשתה הבחנה אחרת בין פרה אדומה לשאר קרבנות, שאנו יודעים כי בפרה אדומה עשו כמה וכמה דברים של הידור (״סלסול״) אף יותר מקרבנות, ושמא מטעם זה חששו יותר לפרה אדומה מאשר לקרבנות.

קדשי מזבח היא ודינה כשאר קרבנות, שאינה נפדית אלא אם כן נולד בה מום קבוע, וצריכה העמדה והערכה לפני הפדייה (לדעת הסבורים שאין הדין כן בקדשי בדק הבית). וכיון שדינה כקדשי מזבח, אף כל הדברים הפוסלים בקדשים אלה (כגון נרבע ונעבד ונוגח) פסולים גם בפרה. ובתוס׳ שאלו: הרי אפשר לפרש שהאיסור בנרבעת אינו מטעם הגנאי שבדבר, אלא משום דין מיוחד שבפרה, שצריכה להיות כזו ש״לא עלה עליה עול״, והרובע הריהו כשאר עול! ותירצו מצד אחד שברביעת אדם אין צד זה של עול (וראה גם בתוס׳ רבינו אלחנן ועוד). ועוד תירצו כי דבר זה אי אפשר לאומרו, שהרי שנינו שכך היה ר׳ אליעזר פוסל אף בשאר קרבנות, שאין בהם איסור של עליית עול.

קדשי בדק הבית והסברה שתהא כקדשי בדק הבית היא משום שאין הפרה האדומה מוקרבת כקרבן ואינה בתוך המקדש, אלא שחיטתה ושאר מעשיה נעשים מחוץ למקדש (בהר הזיתים), ולפיכך אינה קרבן אלא דין מיוחד שיש לו קשר עם המקדש, אבל אינו כדין הקדשים ממש.

וקדשי בדק הבית הם כל הדברים שמקדישים לצורך המקדש (ולאו דווקא לשימוש בו אלא בכסף שאפשר להשיג על ידו) וכל דבר שיש לו ערך (ואפילו אבנים) ראוי לכך. ופסול הנרבע אינו אלא בהקרבה למזבח, שאינו יכול לעלות לרצון, אבל לא בקדשי הבית.

דחטאת קרייה רחמנא לפי שנאמרה בפרשת פרה אדומה כמה פעמים לשון חטאת, ומכאן למדים לענין פסולים שבה, שכל הפוסל בחטאת פוסל גם בפרה האדומה, אבל לשאר עניינים (כגון לפדיון) דינה כקדשי בדק הבית. והסבירו ראשונים שאין לומר שכיון שנקראה חטאת תיחשב כחטאת לכל דבר (גם לענין פדיון) משום שהכתוב קורא לה ״חטאת״ רק לאחר שנשרפה ונעשתה למי נדה כדינה, שנאמר: ״והיתה... למשמרת למי נדה חטאת היא״ (במדבר יט, ט). אבל קודם לכן אינה קרויה כן, ודינה ככל קדשי בדק הבית (ריטב״א, מאירי).

אלא מעתה תיפסל ביוצא דופן שאלה זו נתפרשה בשני אופנים בדברי הראשונים: לפי האחד, הקושיה היא על ההנחה כי פרה אדומה פסולה היא משום שנקראה חטאת, שאם הטעם ברביעה משום שקדשי מזבח היא, מובן הדבר מדוע ר׳ שמעון מכשיר ביוצא דופן — משום שהוא סבור שאינה בכלל קדשי מזבח (ולפי זה יש לומר שהוא סבור שאינה נקראת חטאת כדי להשוותה לחטאת לדיניה, אלא מלשון חיטוי והזיה. רי״ד) אבל אם משום שהיא נקראת חטאת, מה ההבדל בין פסול זה לבין פסול יוצא דופן? ואחרים פירשו כי הקושיה חוזרת לעצם ההנחה בסוגיה זו, שפרה אדומה נפסלת ברביעה, שאם כן הוא (ואין זה משנה אם משום שהיא קדשי מזבח או משום שהיא קרויה חטאת) מדוע אין היא נפסלת גם ביוצא דופן? (ראה ראב״ד, תוס׳ ועוד).

לענין קדשים שבדיני יולדת נאמרה פעם יתירה לשון לידה, ומכאן יש ללמוד שהוא הדין לכל דרך שבה יוצא הוולד. אבל לענין קדשים משווים את כל הקדשים בגזירה שווה לבכור, וכשם שבבכור הקדושה היא על הנולד בדרך רגילה דווקא (שהרי נאמר בו ״פטר רחם״) הוא הדין לשאר קרבנות (רש״י וראב״ד עפ״י הסוגיה בנדה מ,א).

אלא שאני פרה משמעות הביטוי ״אלא״ כאן היא שאנו חוזרים מן ההנחה שפרה אדומה נפסלת ברביעה משום שהיא קרויה חטאת, אלא טעם אחר יש לדבר — הואיל ונחשב הדבר כמום. ומשמע שכל זה הוא לדעת ר׳ שמעון שסבור שקדשי בדק הבית היא, אבל לדעת חכמים אין כל קושי, שלשיטתם פרה קדשי מזבח היא (ראה ר״ח וראב״ד ובתוס׳). אבל בתוס׳ ועוד סבורים כי גם לדעת חכמים פרה בכלל קדשי בדק הבית היא, כפי שמוכח מסוגיות אחרות בתלמוד, ולשיטתם אכן למדים פסול רביעה מלשון חטאת שנאמרה בה, ומה שנאמר כאן הובא רק כדי לתרץ את הקושי מדעת ר׳ שמעון. ולפיכך אין לגרוס כאן ״אלא״. וראה בתוס׳ ועוד (תוהרי״ד, ריטב״א) שהביאו כאן גרסה שונה המתאימה לדרך זו.

הואיל ומום פוסל בה שהרי במפורש נאמר בפרה אדומה ״אשר אין בה מום״ (במדבר יט, ב). ולכן, למרות שאינה בגדר קדשי מזבח, מכל מקום יש בה דין מיוחד שתהא נקיה ממומים. ומדברי התנא דבי ר׳ ישמעאל יש ללמוד שבכל מקום שיש בו איסור מום יש בו גם שאר הגדרות והגבלות בפגמים אחרים של השחתה.

כי השחית כל בשר ומהמשך הכתובים אנו למדים שהיתה זו השחתה של גילוי עריות, שהרי קודם לכן (בראשית ו, ב) כתוב בענין ״ויקחו להם נשים מכל אשר בחרו״ (רש״י).

עד היכן כבוד כלומר כמה צריך אדם להשתדל בקיום מצוה זו. וכתב הריטב״א שגם לדעת האומר שאין אדם חייב להוציא הוצאות משלו כדי לכבד את הוריו, מכל מקום במקרה של דמא בן נתינא אין זו הוצאה אלא מניעת רווח בלבד, ואינו רשאי לצערו בשל כך. וכן הובא דבר זה להלכה (ראה שו״ע יו״ד רמ, ח בהגהה).

מה עשה גוי ואם הגוי שאינו מצווה על מצוה זו כך עשה — כל שכן ישראל שיש להם מצוה מיוחדת של כיבוד אב ואם (רש״י).

אורח ההלכה

פרה חטאת היא כל המומים הפוסלים בקדשים פוסלים בפרה אדומה, שנאמר ״אשר אין בה מום״. ואם היתה יוצא דופן, או מחיר כלב, או אתנן זונה, או טריפה, או שנרבעה — הרי זו פסולה כדין הקדשים. ואף שהיא בגדר קדשי בדק הבית, קראה הכתוב ״חטאת״. וכדברי תנא קמא. (רמב״ם ספר טהרה הלכות פרה אדומה פ״א ה״ז).

מסורת הש״ס

א. ע״ז כב,ב. תוספתא ע״ז פ״ב א.
ב. ע״ז כד,א. ירושלמי ע״ז פ״ב ה״א. ילק״ש נ״ך קכב.
ג. ראה יומא מב,א. שבועות יא,ב. זבחים יד,ב. סח,ב. מנחות ו,ב. בכורות כה,א. תמורה כ,א.
ד. תוספתא פרה פ״ב ב.
ה. חולין נא,ב. נדה מ,ב.
ו. סנהדרין נז,א. חולין כג,א. בכורות נז,א. תמורה כח,ב. ילק״ש תורה תלו. שם תרמב. שם תרפא.
ז. ע״ז כג,א.
ח. קדושין לא,א. (בשינויים) ירושלמי פאה פ״א ה״א. שם קדושין פ״א ה״ז. דברים רבה פ״א טו. פסי״ר פכ״ג. ילק״ש תורה שסד.

גרסות

ועוד תניא בהדיא בכתי״מ: **ועוד הא תניא בהדיא.**

לרצון על מזבחי במקרא: **על רצון מזבחי** בכתי״ס: **אילי נביות ישרתונך.**

לא פליגי אלא בחששא בכתי״מ: **לא פליגי רבנן אלא בחששא.**

מי מיפסלא בה בכתי״ס: **מי פסלה בה** ובכתי״מ: **לא מיפסלא.**

וכי תימא הכי נמי בכת״י ועוד חסר משפט זה.

הקדישה ביוצא דופן בכתי״ס: **הקדישה ליוצא דופן.**

מודה היה רבי שמעון לענין קדשים שאינו קדוש בכתי״מ: **מודה ר׳ שמעון לענין קדשים.**

אלא שאני פרה — מום בם בכתי״ס וכן יש במקורות: **אלא מאי קדשי מזבח היא סוף סוף תפסל ביוצא דופן. האי מאי אי אמרת בשלמא פרה קדשי מזבח היא הינו דפליגי רבנן עליה דר׳ שמעון דרבנן סברי קדשי מזבח היא ור׳ שמעון סבר קדשי בדק הבית היא אלא אי אמרת בין לר׳ אליעזר בין לרבנן קדשי בדק הבית היא במאי פליגי רבנן ור׳ שמעון. לא דכולי עלמא קדשי בדק הבית היא כדקאמר אינה פסולה ביוצא דופן ולענין רביעה אפילו ר׳ שמעון מודה דפסלה בה דכתיב כי משחתם בהם מום בם** וראה תוס׳ ותוהרי״ד.

דבר ערוה ועבודה זרה בכתי״מ: **דבר ערוה ודבר עבודה זרה.**

יקחו בכתי״ס: **יקיחו.**

שאלו את רבי אליעזר בכתי״מ: **שאלו תלמידיו את רבי אליעזר.**

לאביו באשקלון בכתי״מ ובמקבילה: **באשקלון.**

אבנים לאפוד בכת״י: **אבנים טובות לאפוד.**

לשון

דמא
זו היא צורה ארמית של שם יווני, כנראה Δαμας (דאמאס) שעניינו כובש, מנצח. ייתכן שהוא שם מלא, או קיצור של שם ארוך יותר. ייתכן גם, כי מדובר בצורה ארמית של המלה היוונית δῆμος (דימוס) שמשמעה — עם.

אישים

דמא בן נתינה
נכרי זה הנזכר לשבח בכמה מקורות היה מחשובי תושבי העיר אשקלון, ושימש בה כחבר מועצת העיר. כפי הנראה היה עשיר מופלג וזכה למעמד חשוב הן בעירו והן במקומות אחרים. הכבוד המיוחד שחלק דמא בן נתינה להוריו נעשה כדוגמה עד היכן מגעת מצוות זו, ובמקורות אחרים מסופרים עוד דברים על הכבוד והמורא שהיה נוהג בהוריו.

בעבור **שִׁשִּׁים רִבּוֹא** (שש מאות אלף) דינרים **שָׂכָר** שהיה מרויח בעסקה זו; **רַב כָּהֲנָא מַתְנֵי** [היה שונה] במעשה זה: **בִּשְׁמוֹנִים רִבּוֹא** (שמונה מאות אלף) דינרים; **וְהָיוּ מַפְתְּחוֹת** של אוצרותיו **מוּנָּחוֹת תַּחַת מְרַאֲשׁוֹתָיו שֶׁל אָבִיו, וְלֹא** העיר אותו כי לא רצה **לְצַעֲרוֹ** בכך, אף על פי שהפסיד על ידי כך את כל הרווח! ומשיבים: **"אַבְנֵי שֹׁהַם"** שכתובות אחרי "ויקחו אליך", כתובות בלי ו׳ החיבור, לומר שכאן **הִפְסִיק הָעִנְיָן**, שאין להן דין של "ויקחו אליך", שצריך לקנות מישראל דווקא. ומקשים: **וְהָא** [והרי] **"וְאַבְנֵי מִלֻּאִים"** (שם) **כְּתִיב** [נאמר] מיד לאחר מכן, **דַּהֲדַר עָרְבֵיהּ** [שחזר הכתוב ועירב אותו] עם הדברים הראשונים, ואם כן ייאסרו גם אבני שהם להיקנות מגוי! **וְעוֹד** יש להקשות על עצם דברי שילא, שלדעת ר׳ אליעזר אין פרה נקנית מגוי: והרי **קָתָנֵי סֵיפָא** [שנויה בסופה] של אותה ברייתא: **לְשָׁנָה אַחֶרֶת נוֹלְדָה לוֹ** לדמא בן נתינה **פָּרָה אֲדוּמָּה בְּעֶדְרוֹ, נִכְנְסוּ חַכְמֵי יִשְׂרָאֵל אֶצְלוֹ** לדון עימו לגבי קנייתה, **אָמַר לָהֶם: יוֹדֵעַ אֲנִי בָּכֶם שֶׁאִם אֲנִי מְבַקֵּשׁ מִכֶּם כָּל מָמוֹן שֶׁבָּעוֹלָם** בעבורה **אַתֶּם נוֹתְנִין לִי, עַכְשָׁיו אֵינִי מְבַקֵּשׁ מִכֶּם אֶלָּא אוֹתוֹ מָמוֹן שֶׁהִפְסַדְתִּי בִּשְׁבִיל אַבָּא** שלא מכרתי את האבנים לאפוד. משמע שאף פרה אדומה אפשר לקנות מגוי! ומשיבים: **הָתָם** [שם] **עַל יְדֵי תַּגָּרֵי יִשְׂרָאֵל זְבוּן** [קנו], שהתגרים קנו את הבהמה מן הגוי, ואחר כך חזרו ומכרוה לציבור, ונמצא שהפרה האדומה נקנתה מישראל. ושואלים: ולדעת שילא, שלדברי ר׳ אליעזר אין קונים פרה מגוי רק בגלל גזירת הכתוב, האם **ר׳ אֱלִיעֶזֶר לָא חָיֵישׁ** [אינו חושש] **לִרְבִיעָה? וְהָתַנְיָא** [והרי שנויה ברייתא], **אָמְרוּ לוֹ לְר׳ אֱלִיעֶזֶר: מַעֲשֶׂה וּלְקָחוּהָ מִן הַגּוֹי וְדָמָא שְׁמוֹ, וְאָמְרִי לָהּ** [ויש אומרים] **רֶמֶץ שְׁמוֹ, אָמַר לָהֶן ר׳ אֱלִיעֶזֶר: מִשָּׁם** מביאים אתם **רְאָיָה? יִשְׂרָאֵל הָיוּ מְשַׁמְּרִין אוֹתָהּ** את העגלה הזו **מִשָּׁעָה שֶׁנּוֹלְדָה,** ובוודאי לא נרבעה. וכיון שמצריך ר׳ אליעזר שמירה זו, משמע שהוא חושש לרביעה! ומשיבים: **ר׳ אֱלִיעֶזֶר תַּרְתֵּי אִית לֵיהּ** [שני חששות יש לו]: הוא חושש משום קִיחָה מגוי, **וְחָיֵישׁ נַמִּי** [וחושש גם כן] **לִרְבִיעָה.**

ודנים במה **שֶׁאָמַר מָר** [החכם]: **יִשְׂרָאֵל הָיוּ מְשַׁמְּרִין אוֹתָהּ מִשָּׁעָה שֶׁנּוֹלְדָה.** ושואלים: **וְנֵיחוּשׁ דִּלְמָא רַבְעִי לְאִמָּא כִּי הֲוָה מְעַבְּרָה** [ועדיין יש לחשוש שמא רבעו את האם כשהיתה מעוברת בפרה זו], ואז היא נאסרה, **שֶׁאָמַר רָבָא: וְוָלַד** פרה **הַנּוֹגַחַת** שהרגה אדם בהיותה מעוברת — **אֲסוּרָה** למזבח, משום שאנו אומרים **שֶׁהִיא וּוְלָדָהּ נָגְחוּ,** וכן **וְוָלַד הַנִּרְבַּעַת — אֲסוּרָה, הִיא וּוְלָדָהּ נִרְבְּעוּ!** ומשיבים: **אֵימָא** [אמור] ותקן את הלשון כך: **יִשְׂרָאֵל הָיוּ מְשַׁמְּרִין אוֹתָהּ מִשָּׁעָה שֶׁנּוֹצְרָה** במעי אמה, ולא נרבעה אמה. ומקשים: **וְנֵיחוּשׁ דִּלְמָא רְבָעוּהָ לְאִמָּא מֵעִיקָּרָא** [ועדיין יש לחשוש שמא רבעו את האם מתחילה] לפני שנתעברה, **דִּתְנַן** [ששנינו במשנה]: **כָּל הַפְּסוּלִין לְגַבֵּי מִזְבֵּחַ** כגון הנעבד והנרבע — **וְלָדוֹתֵיהֶן** שנתעברו בהם לאחר מכן, **מוּתָּרִין, וְתָנֵי עֲלָהּ** [ושנויה ברייתא עליה] **שֶׁר׳ אֱלִיעֶזֶר אוֹסֵר** בזה, ואם כן ר׳ אליעזר צריך לאסור גם בפרה אדומה זו שמא רבעו את אמה! ומעירים: **הָנִיחָא** [זה נוח] **לְשִׁיטַת רָבָא, שֶׁאָמַר רָבָא אָמַר רַב נַחְמָן: מַחֲלוֹקֶת** זו, בין ר׳ אליעזר וחכמים, היא **כְּשֶׁנִּרְבְּעוּ כְּשֶׁהֵן מוּקְדָּשִׁין** שאז אוסר ר׳ אליעזר את הוולדות שנתעברו בהם לאחר מכן, **אֲבָל** כשנעשתה בהן עבירה **כְּשֶׁהֵן חוּלִּין — דִּבְרֵי הַכֹּל מוּתָּרִין** הוולדות, **אֶלָּא** לדעת **רַב הוּנָא בַּר חִינָּנָא אָמַר רַב נַחְמָן** שאמר: **מַחֲלוֹקֶת כְּשֶׁנִּרְבְּעוּ כְּשֶׁהֵן חוּלִּין, אֲבָל כְּשֶׁהֵן מוּקְדָּשִׁין — דִּבְרֵי הַכֹּל אֲסוּרִין, מַאי אִיכָּא לְמֵימַר** [מה יש לומר]? מדוע לא אסר ר׳ אליעזר? ומשיבים: **אֵימָא** [אמור] כך: **יִשְׂרָאֵל הָיוּ מְשַׁמְּרִין אוֹתָהּ** אף **לְאִמָּא** של פרה אדומה זו **מִשָּׁעָה שֶׁנּוֹצְרָה.** וְשואלים: מכל מקום **נֵיחוּשׁ דִּילְמָא רְבָעוּהָ לְאִמָּא דְּאִמָּא** [ועדיין יש לחשוש שמא רבעו את האם של האם]! ודוחים: **כּוּלֵּי הַאי לָא חָיְישִׁינַן** [כל זאת (עד לדור שלישי) אין אנו חוששים]. ודנים בתירוץ **שֶׁאָמַר מָר** [החכם]: **יִשְׂרָאֵל הָיוּ מְשַׁמְּרִין אוֹתָהּ מִשָּׁעָה שֶׁנּוֹצְרָה.** ושואלים: **מְנָא יָדְעִינַן** [מנין אנו יודעים] שתיוולד פרה אדומה, כדי שישמרוה? **אָמַר רַב כָּהֲנָא: כּוֹס אָדוֹם מַעֲבִירִין לְפָנֶיהָ** של הפרה האם **בְּשָׁעָה שֶׁעוֹלֶה עָלֶיהָ זָכָר,** ועל ידי כך הוולד הנוצר יהיה גם כן אדום. ושואלים: **אִי הָכִי** [אם כן], שיש אופן פשוט שכזה ליצירת פרה אדומה, **אַמַּאי** [מדוע] **דָּמֶיהָ** של פרה אדומה **יָקְרִין** כל כך? ודוחים: עדיין פרה אדומה כשרה דבר נדיר הוא, **הוֹאִיל וּשְׁתֵּי שְׂעָרוֹת** בצבע אחר **פּוֹסְלוֹת בָּהּ,** ולא כל פרה נעשית אדומה בשלימות. ועוד שואלים: **וּמַאי שְׁנָא דִּידְהוּ** [מה שונה פרה שלהם] של הגוים שהוצרכו לקנות מהם פרה אדומה, אם יש דרך לעשות כן גם בשל ישראל? **אָמַר רַב כָּהֲנָא:** אצל דמא בן נתינה מדובר היה **בִּמוּחְזֶקֶת,** שהיתה בידו משפחת פרות שהיתה מוחזקת שהיא יולדת וולדות אדומים בדרך זו.

א מסופר: **יָתֵיב** [ישבו] **ר׳ אַמִּי וְר׳ יִצְחָק נַפָּחָא אַקִּלְעָא** [על המרפסת] של ר׳ יִצְחָק נַפָּחָא, **פָּתַח חַד מִינַּיְיהוּ** [אחד מהם] **וְאָמַר: וְכֵן הָיָה ר׳ אֱלִיעֶזֶר פּוֹסֵל** בהמות שנלקחו מן הגוים **בְּכָל הַקָּרְבָּנוֹת כּוּלָּן,** משום חשש רביעה. **פָּתַח אִידָךְ מִינַּיְיהוּ** [האחר מהם] **וְאָמַר: מַאי אוֹתִיבוּ לֵיהּ חַבְרוֹהִי** [מה השיבו, הקשו לו חביריו] **לְר׳ אֱלִיעֶזֶר?** והרי ישעיהו מנבא שלעתיד לבוא **"כָּל צֹאן קֵדָר יִקָּבְצוּ לָךְ" וגו׳** (ישעיהו ס, ז), אם כן לוקחים קרבנות מן הגוים! **אָמַר לָהֶן ר׳ אֱלִיעֶזֶר:** כל הגוים **כּוּלָּם גֵּרִים גְּרוּרִים הֵם לֶעָתִיד לָבֹא,** וממילא לא יהיה עוד חשש שרבעו את בהמותיהם. **אָמַר רַב יוֹסֵף: מַאי קְרָא** [מה המקרא] המלמד שכולם יתגיירו לעתיד לבוא? שנאמר: **"כִּי אָז אֶהְפֹּךְ אֶל עַמִּים שָׂפָה בְרוּרָה** לקרוא כולם בשם ה׳" (צפניה ג, ט). **אָמַר לֵיהּ** [לו] **אַבַּיֵי: וְדִלְמָא** [ושמא] **מֵעֲבוֹדָה זָרָה** בלבד **הוּא דַּהֲדוּר בְּהוּ** [שחוזרים בהם] הגוים לעתיד לבוא, אבל לא משאר עבירות, כגון רביעה! **אָמַר לֵיהּ** [לו] **רַב יוֹסֵף:** הרי **"לְעָבְדוֹ שְׁכֶם אֶחָד" כְּתִיב** [נאמר] (שם), משמע שכולם יקבלו על עצמם את כל המצוות כישראל. **רַב פַּפָּא מַתְנֵי הָכִי** [היה שונה כך], כפי שאמרנו. **וְרַב זְבִיד מַתְנֵי הָכִי** [היה שונה כך], בנוסח אחר, שלא היו ר׳ אמי ור׳ יצחק נפחא מדברים אחר זה, אלא **וְתַרְוַיְיהוּ אָמְרִי** [ושניהם אמרו]: **וְכֵן הָיָה ר׳ אֱלִיעֶזֶר פּוֹסֵל בְּכָל הַקָּרְבָּנוֹת, וְתַרְוַיְיהוּ אָמְרִי** [ושניהם אמרו]: **וּמַאי אוֹתִיבוּ לֵיהּ חַבְרוֹהִי** [ומה השיבו, הקשו לו חביריו] **לְר׳ אֱלִיעֶזֶר? "כָּל צֹאן קֵדָר יִקָּבְצוּ לָךְ" וגו׳** ואת התשובה **אָמַר ר׳ אֱלִיעֶזֶר: כּוּלָּם גֵּרִים גְּרוּרִים הֵם לֶעָתִיד לָבֹא.** ושניהם אמרו: **וּמַאי קְרָאָה** [ומה המקרא] המלמד על כך? **"כִּי אָז אֶהְפֹּךְ אֶל עַמִּים שָׂפָה בְרוּרָה לִקְרֹא כֻלָּם בְּשֵׁם ה׳". מַתְקִיף לָהּ** [מקשה על כך] **רַב יוֹסֵף: וְדִלְמָא** [ושמא] **מֵעֲבוֹדָה זָרָה** בלבד **הוּא דְּהָדְרִי בְּהוּ** [שחוזרים בהם]! **אָמַר לֵיהּ** [לו] **אַבַּיֵי: "לְעָבְדוֹ שְׁכֶם אֶחָד" כְּתִיב** [נאמר]. על הסברה האוסרת לקחת קרבנות מגוים, **מֵיתִיבֵי** [מקשים]: **"וַיֹּאמֶר מֹשֶׁה גַּם אַתָּה תִּתֵּן בְּיָדֵנוּ זְבָחִים וְעֹלֹת"** (שמות י, כה), ואם לוקחים זבחים מפרעה, משמע שאפשר לקחת זבחים ועולות מגוי! ומשיבים: **קוֹדֶם מַתַּן תּוֹרָה שָׁאנֵי** [שונה], שעדיין לא נאסר הדבר. ומקשים עוד, **תָּא שְׁמַע** [בוא ושמע] ממה שנאמר: **"וַיִּקַּח יִתְרוֹ חֹתֵן מֹשֶׁה עֹלָה וּזְבָחִים לֵאלֹהִים"** (שם יח, יב)! ודוחים: מעשה **יִתְרוֹ נַמִּי** [גם כן] **קוֹדֶם מַתַּן תּוֹרָה הֲוָה** [היה]. ומקשים: **הָנִיחָא לְמַאן דְּאָמַר** [זה נוח למי שאומר]: בואו של **יִתְרוֹ** למשה **קוֹדֶם מַתַּן תּוֹרָה הֲוָה** [היה], כסדר הפרשה. **אֶלָּא לְמַאן דְּאָמַר** [לדעת מי שאומר]:

מסורת הש״ס

א. קדושין לא,א. (ובשינויים) ירושלמי פאה פ״א ה״א. שם קדושין פ״א ה״ז. דברים רבה פ״א טו. פסי״ר פכ״ג. ילק״ש תורה שסד.

ב. תוספתא פרה פ״ב א.

ג. (הביטוי) משנה שבת פב,א. סוכה כח,א. יבמות קד,ב. ברכות יא,א. שבת כט,ב. עירובין יב,ב. סוכה יד,ב. לא,ב. לו,א. מגילה כז,ב. יבמות כה,ב. ב״מ סג,א. ב״ב קנו,ב. סנהדרין יב,א. ע״ז מא,ב. מג,א. מד,א. מנחות כח,ב. חולין נז,ב. בכורות מה,ב. נדה נ,ב. סא,א. ירושלמי יבמות פי״ג הי״א. תוספתא תרומות פ״א א. שם יג. שם פ״ג יח. שם עירובין פ״ב יא. שם סוכה פ״ב י. שם יבמות פ״ד ה. שם ב״מ פ,ד ב. שם ב״ב פ״א יא. שם סנהדרין פ״ב ח. שם ע״ז פ״ג יט. ספרי ומדרש תנאים דברים כה,ט.

ד. סנהדרין פ,א. תמורה ל,ב.

ה. משנה תמורה ל,ב. ע״ז מו,ב. תוספתא תמורה פ״ד י. וראה תמורה ל,א.

ו. תמורה ל,ב. ע״ז שם. תוספתא שם.

ז. תמורה שם (עיי״ש).

ח. ע״ז כג,ב (ושם סומנו מקבילות)

ט. ראה ירושלמי ע״ז פ״ב ה״א. ילק״ש נ״ך תקסז.

י. זבחים קטז,א. ירושלמי מגילה פ״א הי״א. ב״ר פכ״ב ה. שם פל״ד ט. ויק״ר פ״ט ו. במדב״ר פי״ג ויהי המקריב. שהש״ר פ״ד א (טז). וראה תנחומא בובר יתרו יא. פסי״ר פ״ה. פסדר״כ פי״ב. ילק״ש תורה לו.

גרסות

רב כהנא — רבוא בכתי״מ משפט זה חסר.

מפתחות מונחות בכתי״מ: **מפתחות.**

ועוד קתני בכת״י ועוד: **ועוד הקתני.**

עכשיו איני בכת״י ובמקבילה: **אלא איני.**

בשביל אבא בכתי״מ ובמקבילה: **בשביל כבוד אבא.**

תרתי אית ליה בב״ח: **תרתי אית ליה אית ליה** ובכתי״ס כל המשפט חסר.

לאמא בכתי״ס: **לאימה.**

כי הוה מעברה בכתי״מ: **כי הוה מעברה בה.**

הנוגחת אסורה... הנרבעת אסורה בכתי״מ ובמקבילות: **הנוגחת אסור... הנרבעת אסור.**

מנא ידעינן בכתי״מ: **מנא ידעי.**

כוס אדום בכתי״מ: **כוס אדום היו.**

כולם גרים בכתי״מ ועוד: **משם ראיה כולם גרים.**

מאי קרא בכת״י ודפו״י: **מאי קראה.**

אמר ליה אביי ודילמא בכתי״מ: **מתקיף לה אביי ודילמא.**

לעזי רש״י

פורק״א מן הצרפתית העתיקה porche — מבנה בכניסה לבית.

עיונים

והא ואבני מלואים כתיב רש״י מפרש שכיון שנאמר "אבני שוהם ואבני מלואים", הרי בגלל ו׳ החיבור של "ואבני מלואים" משמע שהוא חוזר ומחבר את הכתוב הזה כולו (אף באבני שוהם) לענין הראשון, של "ויקחו לך", ולפיכך, אם יש איסור להביא קרבן ותרומה מגוי אף אבני השוהם בכלל איסור זה. ובתוס׳ הרבו להקשות על דברי רש״י, שתמוה לפרש שו׳ החיבור של "ואבני מלואים" תבוא לחבר את הפסוק הזה לענין הראשון, ואינה אלא חיבור למה שקדם לה, ולא עוד. ומשום כך הם מפרשים בדרך אחרת קצת, שאותן אבנים טובות שבאו לקנות לא היו אבני השוהם לאפוד, אלא היו אלה אבנים עבור החושן ("אבני מלואים"), וכיון שנאמר "ואבני מלואים" הרי ו׳ זו באה לחבר את אבני המלואים עצמן למה שנאמר תחילה, ל"ויקחו לך". ואילו לר״ח היתה גרסה שונה בזה, שהוא גורס (לפי התוס׳): והא "ואבני" הדר ערביה. שאמנם בפרשת תרומה נאמר "אבני שוהם " בלי ו׳, אבל כשחוזר על הדברים בפרשת ויקהל (שמות לה, ט), שם נאמר "ואבני שוהם" בו׳ החיבור, משמע שחוזר ומחבר דבר זה למה שלמעלה. ולפירוש זה הסכימו גם בתוס׳ חכמי אנגליה ועוד.

ור׳ אליעזר לא חייש לרביעה כתבו בתוס׳ שהיה יכול להוכיח שהוא חושש לכך משום האמור במשנה שהובאה לעיל, שר׳ אליעזר היה פוסל גם בשאר קרבנות, ושם ודאי הוא מפני חשש רביעה. אלא רצו להוכיח את הדברים מתוך אותו מעשה עצמו (אבל ראה בתוס׳ חכמי אנגליה).

תרתי אית ליה ולכן (לשיטת שילא) גם נשמרה על ידי ישראל משעה שנולדה, מחשש רביעה, וגם נמכרה על ידי תגרים משום "בני ישראל יקחו".

היא וולדה נגחו ששיטת רבא היא ש"עובר ירך אמו הוא", שהעובר נחשב כחלק מגופה של אמו, ולכן אם נעשה איסור באם — אף הולד נאסר. ושאלו בתוס׳: אם כן, מפני מה לא חששו גם כן לענין העול, שמא היה עול על אמה, וייחשב הדבר כאילו היא וולדה נשאו בעול? ותירצו כי אי אפשר להחמיר בכך, שהרי כיון שעלה עליה זכר הרי זה כאילו נשאה בעול, ואם נחשוש לכך — אין פרה אדומה כשירה בעולם. ובתוס׳ רבינו אלחנן מסביר בדרך אחרת, שיש לחלק בין הנוגחת והנרבעת, ששם העובר סמוך למקום הרביעה וכן הוא מוסיף משקל לנגיחה לבין מקרה בו עלה עליה עול, שודאי אין הולד נושא בו. וכעין זה כתב גם הרשב״א.

והריטב״א שאל לעצם הענין: הרי אמרנו שאם נרבעה הבהמה הריהי נעשית עקרה, ואם כן מדוע יש לחשוש שמא רבעו את אמה של פרה זו? ותירץ כי אין לומר שכל בהמה נעשית עקרה, אלא רק חלק מהן, ולפיכך אם ילדה בהמה אין זו הוכחה שלא נרבעה.

ר׳ אליעזר אוסר במסכת תמורה מסבירים שאף ר׳ אליעזר אינו סבור שיש בכך איסור מהותי, אלא לדעתו יש בכך משום בזיון שמקריבים ולד מבהמה פסולה (רש״י). וראה בתוס׳ שכתבו שאף ר׳ אליעזר אינו אוסר את הולד בכל פסול, שהרי ולד אתנן נראה שהוא מותר לדברי הכל, ובתורת חיים הוסיף שאף ולד בעלת מום כשר.

לכולי האי לא חיישינן ואפילו בוודאי נעשתה בה עבירה היה הוולד מדור שלישי מותר, שאין בדבר עוד משום בזיון (ראה ברי״ד).

אמר להן ר׳ אליעזר וכו׳ ובירושלמי הסבירו כי לדעת ר׳ אליעזר אין מקום להוכיח מן העתיד על העבר, ומזמן שיצר הרע בטל על זמן שהוא קיים, עיי״ש.

גרים גרורים רש״י מסביר ביטוי זה כאמור לעיל (ג,ב) שאין מקבלים גרים לימות המשיח, ולפיכך גוים אלה אינם מתקבלים כגרים, אלא מעצמם נגררים אחרי ישראל ועושים כמעשיהם. ולפירושו נמצא שאין לדבר זה עצמו משמעות לענייננו, שהרי עיקר טענתו של ר׳ אליעזר היא שיתגיירו ולא יהיה עוד חשש לרביעה (ולשיטת שילא, גם לא חשש לקיחה ממי שאינם ישראל). וראה גם בר״ח שלא גרס בענין זה "גרורים". אבל בספר עבודת עבודה פירש כי עיקר טענתו של ר׳ אליעזר היא שגרים גרורים הם, ולא גרי אמת כמו שהיו סבורים חכמים, ודווקא משום כך יעלו קרבנותיהם לרצון, לפי שבקרבנות גוים אין פסול של נרבע. ולפי זה הוא מסביר גם את המשך הדיון, עיי״ש.

שכם אחד ומכאן יש ללמוד שאין חילוק בין כל העמים לענין עבודת ה׳, שאף הגוים ינהגו כישראל בכל ענין (וראה במהרש״א).

ורב זביד מתני הכי לענין התוכן אין הבדל בין גרסת רב פפא ורב זביד. אבל בפרטי מוסרי הדברים יש ביניהם הבדל ניכר, מי הוא החכם שאמר כל אחד מן הדברים, מי היה המקשה ומי המתרץ, בין בדברי רב אמי ור׳ יצחק נפחא, ובין בדברי רב יוסף ואביי. ודרך חכמים היתה לדייק הרבה בשמות האומרים, גם לשם זכותם, וגם כדי שלא ליצור סתירה פנימית בדברי חכם אחד.

ויקח יתרו ולא שהיה יתרו חשוד, וביחוד שנתגייר, אלא היה קונה משכניו הגויים (מרומי שדה, וראה רש״ש).

אורח ההלכה

ולד הנוגחת וכו׳ פרה מעוברת שהמיתה את האדם, וכן כל בהמה מעוברת שנעברה בה עבירה — עוברה כמוה, היא ועוברה נגחה, היא ועוברה נרבעה. (רמב״ם ספר נזיקין הלכות נזקי ממון פי״א הי״א. שם ספר עבודה הלכות איסורי מזבח פ״ג הי״ב).

כשנרבעו כשהם חולין נתעברה הפרה לאחר שהמיתה או לאחר שנעשתה בה עבירה — ולדה כשר למזבח. ואין צריך לומר שאם נרבעה כשהיתה חולין ואחר כך הקדישה, שהולד מותר. כדברי רב הונא בר חיננא. (רמב״ם ספר עבודה שם הי״ג).

בששים רבוא שכר רב כהנא מתני בשמונים רבוא והיו מפתחות מונחות תחת מראשותיו של אביו ולא צערו אבני שהם הפסיק הענין והא ואבני מלואים כתיב דהדר ערביה ועוד קתני סיפא א*לשנה אחרת נולדה לו פרה אדומה בעדרו נכנסו חכמי ישראל אצלו אמר להם יודע אני בכם שאם אני מבקש מכם כל ממון שבעולם אתם נותנין לי עכשיו איני מבקש מכם אלא אותו ממון שהפסדתי בשביל אבא התם על ידי תגרי ישראל זבון ורבי אליעזר לא חייש לרביעה והתניא ב*אמרו לו לר' אליעזר מעשה ולקחוה מן הגוי ודמא שמו ואמרי לה רמץ שמו אמר להן רבי אליעזר ג*משם ראיה ישראל היו משמרין אותה משעה שנולדה רבי אליעזר תרתי אית ליה(א) קיחה וחייש נמי לרביעה אמר מר ישראל היו משמרין אותה משעה שנולדה וניחוש דלמא רבעי לאמא כי הוה מעברה ד*דאמר רבא אוולד הנוגחת אסורה היא וולדה נגחו וולד הנרבעת אסורה היא וולדה נרבעו אימא ישראל היו משמרין אותה משעה שנוצרה וניחוש דלמא רבעוה לאמא מעיקרא *דתנן הבכל הפסולין לגבי מזבח ולדותיהן מותרין ותני עלה ר' אליעזר אוסר הניחא לרבא ודאמר רבא אמר רב נחמן *מחלוקת כשנרבעו כשהן מוקדשין אבל כשהן חולין דברי הכל מותרין אלא לרב הונא בר חיננא אמר רב נחמן מחלוקת כשנרבעו כשהן חולין גאבל כשהן מוקדשין דברי הכל אסורין מאי איכא למימר אימא ישראל היו משמרין אותה לאמא משעה שנוצרה וניחוש דילמא רבעוה לאמא דאמא כולי האי לא חיישינן אמר מר ישראל היו משמרין אותה משעה שנוצרה מנא ידעינן אמר רב כהנא כוס אדום מעבירין לפניה בשעה שעולה עליה זכר א"ה אמאי דמיה יקרין הואיל ושתי שערות פוסלות בה ומאי שנא דידהו אמר רב כהנא א במוחזקת יתיב ר' אמי ורבי יצחק נפחא אקלעא דר' יצחק נפחא פתח חד מינייהו ואמר וכן היה ר"א פוסל בכל הקרבנות כולן פתח אידך מינייהו ואמר ח*מאי אותיבו ליה חברוהי לר"א (ישעיה ס) כל צאן קדר יקבצו לך וגו' אמר להן ר"א כולם גרים גרורים הם לעתיד לבא טאמר רב יוסף מאי קרא (צפניה ג) כי אז אהפוך אל עמים שפה ברורה וגו' אמר ליה אביי ודלמא מעבודה זרה הוא דהדור בהו אמר ליה רב יוסף לעבדו שכם אחד כתיב רב פפא מתני הכי ורב זביד מתני הכי ותרוייהו אמרי וכן היה רבי אליעזר פוסל בכל הקרבנות ותרוייהו אמרי ומאי אותיבו ליה חברוהי לרבי אליעזר כל צאן קדר יקבצו לך וגו' אמר רבי אליעזר כולם גרים גרורים הם לעתיד לבא ומאי קראה כי אז אהפוך אל עמים שפה ברורה לקרוא כלם בשם ה' מתקיף לה רב יוסף ודלמא מעבודה זרה הוא דהדרי בהו א"ל אביי לעבדו שכם אחד כתיב מיתיבי (שמות י) ויאמר משה גם אתה תתן בידנו זבחים ועולות קודם מתן תורה שאני ת"ש (שם יח) ויקח יתרו חתן משה עולה וזבחים לאלהים יתרו נמי קודם מתן תורה הוה *הניחא למ"ד יתרו קודם מתן תורה הוה אלא למ"ד יתרו

רש"י

בששים ריבוא שכר. ששים ריבוא דינר היו רוצין ליתן לו ריוח: לא ליערו. להקיצו משנתו: אבני שהם הפסיק הענין. מדלא כתיב ואבני שהם כדכתיב בכולהו וכסף ונחשת ותכלת וארגמן ועורות הפסיק הענין ולא קאי אויקחו: והא ואבני מלואים כתיב דהדר ערבינהו. למילתא קמייתא וליתסרו: ועוד. הא קתני עלה דההיא דר"א: לשנה הבאה נולדה כו'. אלמא לית ליה קיחה לר"א: תגרי ישראל. סרסור ישראל לקחה משלו מן הגוי לעצמו וחזר ומכרה לאבור: ור"א לא חייש לרביעה. לשילא פרקינן דתני טעמא דר"א משום קיחה: ודמא שמו. זהו הנזכר למעלה: אית ליה. קיחה ובעינן תגרי וחייש לרביעה ובעינן שימור: ולד נוגחת. פרה שנגחה ישראל כשהיא מעוברת ומת ולדה פסול לקרבן: דהיא וולדה נגחוהו. ונוגח שנגח בעד אחד או ע"פ הבעלים שהודו מעצמן ואין עדים בדבר אינו נסקל ואמרינן בתורת כהנים מן הצאן להוציא את המוקצה ומן הצאן וי"ו יתירה להוציא את הנוגח: משעה שנולדה. במעי אמה לקמן מפרש מנא ידעי דהאי ולד אדום הוא: ולדותיהן מותרין. אותן שנתעברו בהן אחרי כן: מחלוקת. דר"א ורבנן כשנרבעו כשהן מוקדשין ובמסכת תמורה מפרש טעמא דר"א משום דבזיא מילתא: שתי שערות פוסלות בה. שחורות או לבנות: ומ"ש דידהו. דאזלי ישראל ועבדי לדגוי נעבד הא מלתא בבהמת ישראל: במוחזקת. מין משפחות פרות היו לו לדמא בן נתינה מוחזקות לילד ולדות אדומין בהעברת כוס: אקילעא. פורק"א לפני הטרקלין: וכן היה ר"א כו'. משום דחייש לרביעה: גרורים. מעצמן נגררין להתגייר אע"פ שאין מקבלין אותן: מעבודה זרה הדרי בהו. כדכתיב לקרוא כולם בשם ה' אבל מרביעה לא הדרי: ותרוייהו אמרי. ר' אמי ורבי יצחק נפחא בין דרב פפא לרב זביד איכא טובא דרב פפא מתני פתח חד פתח אידך ומתני מאי קראה ברב יוסף ואתקפתא דדלמא מעבודה זרה הוא דהדרו מתני לה באביי: שכם אחד. משמע אין חילוק בעובדיו ישראל והאומות תהא עבודתן שוה בכל מלותיו: גם אתה תתן. תיקשי לר"א: הניחא למ"ד. פלוגתא דבני רבי חייא ורבי יהושע בן לוי בפ' בתרא דשחיטת קדשים (קטז.): דמי

תוספות

ואבני מלואים כתיב דהדר ערביה. לפ"ה משמע דזה הפסוק בויקחו לי תרומה ומתחלה היה דוחה אבני שהם הפסיק הענין והדר מקשה והא ואבני מלואים כתיב דהדר ערביה שגם אבני שהם נקרא בהם ויקחו ותימה דאטו בתר דכתיב אבני שהם להפסיק הענין לא יכתוב שום וי"ו בפסוקים ועוד קשה אי חשבי עירוב מקראות בכי האי גוונא א"כ פ"ק דשבועות (דף י.) דתנן ר"מ אומר כל השעירים כפרתן שוה ומפיק ליה בגמרא מדכתיב ושעיר ופריך עלרת ויוה"כ דלא כתיב בהו ושעיר מאי איכא למימר ומאי פריך הא כיון דבסוכות דבתריה כתיב ושעיר נמי הדר ערביה לכך נראה דהאי מעשה דדמא בן נתינא לאו באבני שהם הוה אלא באבני החשן ואע"ג דאמר בגמרא בקשו ממנו אבנים לאפוד י"ל כיון שחשן מחובר לאפוד קרי אפוד וכן משמע בירושלמי דפאה דמייתי האי עובדא דדמא בן נתינא גבי פעם אחת אבדה ישפה מבנימן והכי פריך הכא והא כתיב אבני מלואים(ב) והדר ערביה ובאבני מלואים מיהא דכתיב וי"ו לדרוש בהו ויקחו וניחא נמי ההיא דפרק קמא דשבועות (דף י.) דכיון דכתיב ושעיר בסוכות נימא דבההוא *מרביה קרא ור"ח גרס והא ואבני הדר ערביה וקאי אההוא דפרשת ויקהל דכתיב קחו מאתכם תרומה וכתיב ואבני שהם ואבני מלואים הכל בווי"ן בלא שום הפסק:

ור"א לא חייש לרביעה והא תניא אמרו לו וכו'. הוה מצי לאקשויי מההיא דוכן היה ר"א פוסל בכל הקרבנות אלמא חייש לרביעה אלא ניחא ליה לאתויי מההיא מעשה דקיימי' עלה:

וניחוש דלמא רבעה לאמה. הא דלא פריך דלמא עלה עול על אמה והיא ואמה נשאו עול דא"כ לא אשכחן פרה שלא עלה עול על אמה דתנן (פרה פ"ב מ"ד) עלה עליה זכר פסולה:

ותני עלה ר"א אוסר וכו'. לאו דוקא אכל הפסולין קאי דהא אתנן פסול לגבי המזבח ואמרינן במרובה (ב"ק סו. ושם) דבין לב"ש ובין לב"ה ולדות של אתנן מותרים ואין לומר דר"א פליג עלייהו:

ישראל היו משמרין לאמה משעה שנולדה. תימה לאב נמי אמאי אינם צריכים לשמור דאליבא דר"א קיימינן דאית ליה* זה וזה גורם אסור וי"ל כיון דטעמא דאמר נמי אינו אלא משום דבזיא מילתא כדאמרינן בסוף תמורה (דף ל:) ומהאי טעמא אמרי' דנרבעו כשהן חולין מותרין דכיון דאשתנו לא בזיא מילתא הכי נמי בנרבע האב לא מינכרא ולא בזיא מילתא:

עין משפט נר מצוה

יב א ב ג מיי' פ"ג מהל' איסורי מזבח הלכה יב יג סמג סוף לאוין שטו:

רבינו חננאל

והנה בענין האפוד כתיב בהו ויקחו לי תרומה והיאך בקשו לקנותם מגוי. ופרקינן כיון דלא כתיב ואבני שהם. דאמרי' וא"ו מוסיף על ענין ראשון אלא אבני שהם הפסיק הענין שכתוב בהו ויקחו. ומקשינן א) והא בויקהל משה כתיב קחו מאתכם תרומה. וכתיב התם ואבני שהם ואבני מלואים. ועוד הנה קנו ממנו פרה אדומה. ומקשינן ב) היאך א"ר אליעזר שקנה פרה אדומה מגוי. ופרקינן (זו) דמא בן נתינה זו הפרה לא נולדה לו מפרה שלו אלא מתגר ישראל זבנה וישראל היו משמרין את אמה משעה שנוצרה. ור' אליעזר לטעמיה דחייש לרביעה דפרה ולרביעה דאימה. דסבר ולד נרבעת אסורה. ואי אמרת ניחוש לאמה דאמה. כולי האי לא חיישינן. ומנא ידעי דמשמרי לה. אמר רב כהנא כוס אדום מעבירין לפניה בשעה שעולה עליה זכר. אי הכי אמאי דמיה יקרין הואיל ושתי שערות שחורות פסולות בה. ומאי שנא בדידהו אגן נמי נעביד. אמר רבינא במוחזקת. וכן היה ר' אליעזר פוסל בכל הקרבנות כולן. אמרו לו והא כתיב כל צאן קדר יקבצו לך וגו'. אמר להן כולן גרים הם לעתיד לבוא. אמר רב יוסף מהאי קרא לקרא כולן בשם ה' ולעבדו שכם אחד

א) עי' בתוס' כאן ד"ה ואבני. שהביאו גירסת רבינו בזה. ב) נראה דל"ל הא אמר ר"ח לאסור לקנות פרה אדומה כו'

הגהות הב"ח

(א) גמ' תרתי אית ליה אית ליה קיחה: (ב) תוס' ד"ה ואבני וכו' דהדר ערביה דבאבני:

מסורת הש"ס

[קדושין לא. ע"ש] [תוספ' דפרה פ"א] [שבת כט: וש"נ] סנהדרין פ. תמורה ל: תמורה שם [לקמן מו:] [תמורה ל: ע"ש נ"ע ועי' תוס' מנחות נח: ד"ה ואיכא דאמרי] [לעיל כג: ע"ש] [זבחים קטז.] [לקמן מט. ובפסחים כו: כז.] [גי' רש"ל]

יתרו לאחר מתן תורה הוה מאי איכא למימר אלא יתרו מישראל זבן ת"ש א)ויאמר שאול מעמלקי הביאום אשר חמל העם על מיטב הצאן והבקר (המשנים והכרים ועל כל הצאן) למען זבוח לה' אלהיך מאי מיטב דמי מיטב ומ"ש מיטב ב)כי היכי דליקפץ עליהן זבינא ת"ש ג)ויאמר ארונה אל דוד יקח ויעל אדוני המלך (את) הטוב בעיניו (ואת) [ראה] הבקר לעולה והמוריגים וכלי הבקר לעצים אמר רב נחמן ארונה גר תושב היה ד)*מאי מוריגים אמר עולא מטה של טורביל מאי מטה של טורביל עיזא דקורקסא דדיישן אמר רב יוסף מאי קרא הנה שמתיך למורג חרוץ חדש בעל פיפיות תדוש הרים ותדוק וגבעות כמוץ תשים מיתיבי ה)ואת הפרות העלו עולה לה' הוראת שעה היתה ה"נ מסתברא דאי לא תימא הכי עולה נקבה מי איכא ומאי קושיא דלמא בבמת יחיד וכדרב אדא בר אהבה דאמר רב אדא בר אהבה מנין לעולה נקבה שהיא כשרה בבמת יחיד שנאמר ויקח שמואל טלה חלב אחד *ויעלהו עולה ויעלהו זכר משמע אמר רב נחמן בר יצחק ויעלה כתיב ר' יוחנן אמר *גבול יש לה פחותה מבת ג' שנים נעקרת בת ג' שנים אינה נעקרת איתיביה כל הני תיובתא שני להו פחותה מבת ג' שנים ת"ש ואת הפרות העלו עולה לה' בפחותה מבת שלש שנים מתקיף לה רב הונא בריה דרב נתן א"כ היינו ואת בניהם כלו בבית פחותה מבת ג' שנים (ופחותה מבת ג' שנים) מי קא ילדה (*והתניא) ו)*פרה וחמור מבת ג' ודאי לכהן מכאן ואילך ספק אלא ז)מחוורתא כדשנין מעיקרא: וישרנה הפרות בדרך על דרך בית שמש וגו' מאי וישרנה א"ר יוחנן משום ר"מ שאמרו שירה(א) ורב זוטרא בר טוביה אמר רב שישרו פניהם כנגד ארון ואמרו שירה ח)ומאי שירה אמרו א"ר יוחנן משום ר"מ אז ישיר משה ובני(ב) ישראל ור' יוחנן דידיה אמר ואמרתם ביום ההוא הודו לה' קראו בשמו [וגו'] ור"ש בן לקיש אמר מזמורא יתמא מזמור שירו לה' שיר חדש כי נפלאות עשה הושיעה לו ימינו וזרוע קדשו ר' אלעזר אמר ה' מלך ירגזו עמים ר' שמואל בר נחמני אמר ה' מלך גאות לבש ר' יצחק נפחא אמר רוני רוני השיטה התנופפי ברוב הדרך המחושקת בריקמי זהב המהוללה בדביר ארמון ומפוארה בעדי עדיים רב אשי מתני לה להא דר' יצחק(ג) אהא ויהי בנסוע הארון ויאמר משה קומה ה' ישראל מאי אמרו אמר ר' יצחק רוני רוני השיטה [וכו']

ט)אמר רב כמאן קרו פרסאי לספרא דביר מהכא ושם דביר לפנים קרית ספר *(רב אשי) י)אמר כמאן קרו פרסאי לנידה דשתנא מהכא כי דרך נשים לי

וידום

רש"י

דמי מיטב. למוכרן ולקנות בדמיהן בהמות מישראל להקריב: **זבינא.** מכר: **ארונה.** יבוסי היה בספר שמואל: **ראה הבקר לעולה.** אלמא הקריב דוד בהמת גוי לקרבן: **גר תושב.** שקיבל שבע מצות בני נח והרי רביעה בכלל: **טורביל עיזא דקורקסא.** דף גדול ועב מאד ורחב וטרוף בפגימות הרבה לרוחבו עמוקות תכופות זו אצל זו ודשין בו תבואה שמעבירין עליו הבהמות והפגימות נכנסו בדיש והתבואה נחבטת: **למורג חרוץ.** טרוף בפגימות והן פיפיות: **תדוש הרים.** אלמא לדישה עבדי ליה: **ואת הפרות.** באנשי בית שמש מישתעי קרא בפרות שהביאו הארון מארץ פלשתים: **הוראת שעה.** מפני נס שנעשה על ידיהן שהביאו הארון מעצמן ואין איש מנהיגם ואת בניהם כלו בבית ולא געו אחרי בניהם אלא הוליכוהו ואמרו שירה כדלקמן: **דלמא בבמת יחיד.** שרי דהתם בבמת יחיד הואי דבמה גדולה בנוב היתה באותה שעה כשנלקח הארון וחרב משכן שילה ובאו להן לנוב: **טלה חלב.** רחל ומניקה את בנה: **רבי יוחנן אמר.** האי דקתני לעיל לוקחין מהם לקרבן לאו מלתא פשיטתא היא לכל בהמות: **אלא גבול יש לה פחותה מבת ג' שנים נעקרת.** בהרבעת איש ונקחת מן הגוי דחיים עלה: **אבל בת שלש.** שוב אינה נעקרת וחיישינן לרביעה: **כל הני תיובתא.** דהני קראי דשרו בהמות גוי להקרבה: **פרה וחמור כו'.** בבכורות (יט:) תנן הלוקח בהמה מן הנכרי ואינו יודע אם כבר בכרה אם לאו עז בת שנתה ודאי לכהן מכאן ואילך ספק פרה וחמור בת שלש ודאי לכהן ולד ראשון שתלד ביד ישראל אם זכר הוא ודאי לכהן אם אינה יתירה בעת לידתה על בת שלש דודאי לא ילדה בבית נכרי: **מכאן ואילך.** אם יתירה על בת שלש היתה כשילדה בבית ישראל הוי ולדה זה ספק בכור(ד) ואיכא למימר כבר בכרה בבית גוי ואיכא למימר לא בכרה זה בבית הגוי וזה בכור שלה וירעה בכור זה עד שיסתאב שהרי אינו ראוי לקרבן שמא אין זה בכור ולאחר שיש בו מום יאכלנו בעליו ולא יתננו לכהן שבכור בעל מום מותר לזרים ואין בו אלא משום גזילת מתנות כהונה אפי' הוא ודאי וזהו ספק הוה הכהן מוציא מחבירו ועליו הראיה שלא ילדה בבית הגוי וגבי ספק פטר חמור מפריש עליו טלה להתירו בהנאה דכתיב תפדה בשה והטלה יעכב(ה) בעצמו דאפילו ודאי פטר אין קדושה חלה על טלה הניתן אלא משום גזילת כהן יש וכיון שהוא ספק אפילו גזל ליכא דראיה על הכהן: **כלו בבית.** לשון בית הכלא (מלכים א כב) לישנא אחרינא לשון מניעה כמו לא יכלה ממך (בראשית כג) מנעום מלילך אחריהם: **וישרנה.** אז ישיר כי גאה גאה לשלוח יד בפלשתים ובדגון אלהיהם: **יתמא.** שלא הוזכר שם אמרו: **ירגזו.** על שהכם במכת טחורים: **השיטה.** ארון עצי שטים: **התנופפי.** התרוממי: **המחושקת.** קשורה כמו וחשוקיהם כסף (שמות כז): **בריקמי זהב.** מלופה זהב טהור מבית ומחוץ: **המהוללה בדביר ארמון.** שס"ת של משה בתוכו וארון מהולל ומפואר במה שבתוכו: **בעדי עדיים.** ואין לך עדי גדול מזה: **דביר.** הוא ספר בלשון פרסי: **וישראל מאי אמרו.** בנסוע הארון בעת המסעות שבמדבר שהיה משה אומר קומה ה' (במדבר י) ומה ישראל עונין אחריו: **דשתנא.** נוטריקון ד' דרך ש' נשים:

וידום

תוספות

יתרו לאחר מתן תורה הוה. וא"ת א"כ צפורה אשת משה לא באה אלא לאחר מתן תורה ותיקשי על הא דאמרינן בפ' הבא על יבמתו (יבמות דף סב.) ג' דברים עשה משה מדעתו והסכים הקב"ה על ידו וקחשיב פירש מן האשה ומאי קאמר הא לא היתה צפורה עמו וי"ל שהקב"ה* נתן לב לפרוש מן האשה ולמ"ד קודם מתן תורה בא קשיא מה שאמר משה אל יתרו והודעתי את חוקי האלהים ואת תורותיו דהא עדיין לא ניתנה תורה ועוד קשיא מה שפי' רש"י בפרשת יתרו שלא היה לו למשה שהות לשפוט ישראל עד מחרת יום הכפורים ונראה דכל אותה פרשה ראשונה דיתרו נאמרה קודם מתן תורה אבל סוף הפרשה ודאי לא נאמרה עד לאחר מתן תורה אלא אגב שמספר ביאת חותנו מספר כל ענינו עד שחזר לארצו ואפילו למ"ד לאחר מתן תורה בא ק"ק למה נכתבה פרשה זו לכאן וי"ל דלפי שספר בביאת עמלק שהרע לישראל ראשונה מספר נמי מעשה יתרו שהטיב לישראל ראשונה מעלה חשובה שנתן להם: **רבי יוחנן אמר גבול יש לה פחות מבת ג' נעקרת.** וליכא למיחש לרביעה וקאי לשנויי רומיא דמתני' דאין מעמידין והיא דלוקחין מהם בהמה לקרבן ואליבא דרבנן קאמר דאילו ר"א אפי' בבת שתים חייש לרביעה דהא פרה בת שתים וחייש לרביעה ותו דקתני וכן היה ר"א פוסל בכל הקרבנות דמשמע אפילו בני שנה וא"ת לרבי יוחנן היכי שרי ליקח לקרבן פחותה מבת שלש שנים ניחוש דלמא רבעוה לאמה כשהיא מעוברת והיא וולדה נרבעו וי"ל דר' יוחנן לטעמיה דאמר בפ' הערל (יבמות עח. ושם) עובר לאו ירך אמו הוא: **פרה וחמור בת שלש שנים ודאי לכהן.** פי' דקודם שלש ודאי לא ילדה ויש לתמוה דהא מעשה בכל יום דפרה בת שתי שנים יולדת וי"ל דודאי עתה נשתנה העת מכמו שהיה בדורות הראשונים כמו בעינוניתא דורדא דאמרי' פרק אלו טרפות (חולין דף מז. ושם) כל חיויא ברייתא הכי אית להו אלמא גוייתא לית להו ועתה היא בכל הבהמות שלנו*: **מזמורא יתמא.** פ"ה שלא הוזכר שם האומר וקשה דהא כמה מזמורים יש כיוצא בו מזמור לתודה (תהלים ק) מזמור שיר ליום השבת (שם צב) שלא הוזכר שם האומרן ונראה לפרש שקרא לו יתמא משום שלא הוזכר על מה נאמר כמו מזמור לתודה שמפרש שנעשה לאמרו על התודה וכן מזמור שיר ליום השבת ואע"פ שיש יושב בסתר עליון (שם צא) אשרי האיש (שם א) ה' מלך גאות לבש (שם צג) שלא הוזכר על מה נעשו מ"מ אין כתוב בהן מזמור:

למשה

[ועי' תוס' בכורות יט: ד"ה פרה ותוס' חולין מז. ד"ה כל חויא]

הסכים על ידו על שנתן כל"ל

רבינו חננאל

והא כתיב ויאמר ארונה אל דוד יקח ויעל אדוני המלך הטוב בעיניו ראה הבקר לעולה וגו'. אמר רב יוסף ארונה גר תושב היה. מאי מוריגים. אמר עולא מטה של טורביל. פי' היא עיזא דיקורקסא דדישא דושתא כדכתיב הנה שמתיך למורג חרוץ חדש וגו'. ת"ש ואת הפרות העלו עולה לה' וגו'. התם הוראת שעה היתה. ואסיקנא נקבה כשרה לעולה בבמת יחיד שנא' ויקח שמואל טלה חלב אחד ויעלהו עולה וגו'. והא ויעלהו זכר משמע. ויעלה כתיב חסר וא"ו. ר' יוחנן אמר גבול יש לה פחותה מבת ג' שנים אם רובעה נעקרת. וגוי חס על בהמתו שלא תיעקר ואינו רובעה. אבל בת ג' שנים אינה נעקרת. וחייש לרביעה. איתיביה כל הני תיובתא ושני ליה התם בפחותה מבת ג' שנים ת"ש ואת הפרות העלו עולה לה' בפחותות מבנות ג' שנים. ומי מצית אמרת הכי והכתיב ואת בניהם כלו בבית: ירושלמי א) והכתיב ויאמר שאול מעמלקי הביאום וגו'. אין למידין משאול דמר ריש לקיש שאול גרופית של שקמה היה. כלומר לא היה גרופית של זית. ואי פחותה מבת שלש שנים מי ילדה. והתנן פרה וחמור בת ג' ודאי לכהן כלומר ודאי עדיין לא בכרה. אלא מחוורתא כדשנין מעיקרא הוראת שעה היתה: וישרנה הפרות בדרך. מאי וישרנה אמר רב שעקמו פניהם כלפי הארון ואמרו שירה. ואל תתמה שהרי אתון של בלעם דברה עמו. ר' יוחנן אמר משום ר' מאיר אמרו שירת משה אז ישיר משה וגו'. ור' יוחנן דידיה אמר ואמרתם ביום ההוא הודו לה' קראו בשמו הודיעו בעמי' עלילותיו. ריש לקיש אמר מזמורה יתמא ומאי ניהו מזמור שירו לה' שיר חדש כי נפלאות עשה. ואמאי קרו ליה מזמורא יתמא משום דלא כתיב ביה מזמור לתודה ולא מזמור שיר ולא כתיב ביה נמי מזמור לדוד. ר' אלעזר אמר ה' מלך ירגזו עמים. ר' שמואל בר נחמני אמר ה' מלך גאות לבש. ר' יצחק נפחא אמר רומי רומי שיטה פי' הארון שהוא עצי שטים התנופפי ברוב הדרך המחושקה ברקמי זהב המהוללה בדביר וארמון. כי הארון היה נתון בדביר שבארמון. רב אשי מתני להא דר' יצחק נפחא אהא. ויהי בנסוע הארון ויאמר משה קומה ה' וגו'. וישראל מאי אמור. אמר ר' יצחק נפחא רומי רומי שיטה כו': אמר רבא כמאן קרו פרסאי לבית הספר דביר מהכא ושם דביר לפנים קרית ספר: וקרו נמי לנדה דושתנא. כדכתיב דרך נשים לי.

וידום

א) מתיבת ירושלמי על גרופית של זית נראה דמקומו להלן אצל וישרנה הפרות

זבחים קטז: ע"ש מנחות כב. ע"ש

[ויעלה כתיב ויעלהו קרי]

[עי' תוס' לעיל כג. ד"ה רבינא]

[נ"ל והתנן] [בכורות יט:]

הגהות הב"ח

(א) גמ' ורב זוטרא. נ"ב ס"א וכן אמר רב זוטרא כו' שעקמו פניהם כו': (ב) שם משה ובני ישראל. נ"ב ס"א נאמר כאן הלך וגעו ונאמר להלן כי הלך גאה: (ג) שם להא דר' יצחק נפחא אהא וכו' ר' יצחק נפחא רוני: (ד) רש"י ד"ה מכאן וכו' ואיכא למימר וכו' לא בכרה בבית כצ"ל ותיבת זה נמחק: (ה) בא"ד והטלה יעכב לעצמו:

גליון הש"ס

גמ' ה"נ מסתברא. עי' טורי אבן ר"ה דף י ע"א ד"ה עגל: שם גבול יש לה. עי' לקמן דף מו ע"ב תוס' ד"ה כשנרבעו:

[נ"ל אמר רב אשי וכ"א בע"י ובילקוט פ' ויצא ליתא אמר רב ספרא כמאן וכו']

יִתְרוֹ לְאַחַר מַתַּן תּוֹרָה הֲוָה [היה] מַאי אִיכָּא לְמֵימַר [מה יש לומר]? הרי אסור היה לקבל ממנו! אֶלָּא, יש לומר כי יִתְרוֹ מִיִּשְׂרָאֵל זְבַן [קנה] את הבהמות לקרבן. ומציעים ראיה, תָּא שְׁמַע [בוא ושמע]: "וַיֹּאמֶר שָׁאוּל מֵעֲמָלֵקִי הֱבִיאוּם אֲשֶׁר חָמַל הָעָם עַל מֵיטַב הַצֹּאן וְהַבָּקָר לְמַעַן זְבֹחַ לַה' אֱלֹהֶיךָ" (שמואל א טו, טו), משמע שאפשר להקריב בהמות של גוים! ומשיבים: מַאי [מה] פירוש "מֵיטַב"? לא שהשתמשו במיטב הבהמות עצמן, אלא בִּדְמֵי מֵיטַב הבהמות, שמכרון ובדמיהן הביאו קרבנות. ושואלים: וּמַאי שְׁנָא [ומה שונה] מדוע דווקא מֵיטַב? מדוע מכרו דווקא מן המיטב? ומשיבים: כִּי הֵיכִי דְּלִיקְפְּץ עֲלֵיהֶן זְבִינָא [כדי שיקפצו עליהם קונים] על הבהמות הללו שהם מוכרים, שהכל רוצים לקנות מן המיטב. ומציעים עוד, תָּא שְׁמַע [בוא ושמע]: "וַיֹּאמֶר אֲרַוְנָה אֶל דָּוִד יִקַּח וְיַעַל אֲדֹנִי הַמֶּלֶךְ הַטּוֹב בְּעֵינָו [רְאֵה] הַבָּקָר לָעֹלָה וְהַמֹּרִגִּים וּכְלֵי הַבָּקָר לָעֵצִים" (שמואל ב כד, כב), הרי אפשר להשתמש בבהמת גוי לקרבן! אָמַר רַב נַחְמָן: אֲרַוְנָה גֵּר תּוֹשָׁב הָיָה, שקיבל על עצמו שבע מצוות בני נח, ובכללן איסור רביעת בהמה, ולכן מותר היה לקבל ממנו בהמות לקרבן. אגב הזכרת הפסוק שואלים: מַאי [מה] פירוש "מוֹרִגִּים"? אָמַר עוּלָּא: מִטָּה שֶׁל טוּרְבִּיל. ושואלים: מַאי [מה היא] מִטָּה שֶׁל טוּרְבִּיל? שמונח זה לא היה ידוע בבבל; ומשיבים: עִיזָּא דְּקוּרְקְסָא דְּדַיְישָׁן [לוח כבד ומשונן שדשות בו הבהמות]. אָמַר רַב יוֹסֵף: מַאי קְרָא [מהו המקרא] שממנו אפשר ללמוד שזה פירוש "מוריגים"? שנאמר: "הִנֵּה שַׂמְתִּיךְ לְמוֹרַג חָרוּץ חָדָשׁ בַּעַל פִּיפִיּוֹת תָּדוּשׁ הָרִים וְתָדֹק וּגְבָעוֹת כַּמֹּץ תָּשִׂים" (ישעיהו מא, טו), הרי שמורג יש בו חריצים ("חרוץ") ושיניים ("פיפיות"), והוא משמש לדישה. מֵיתִיבֵי [מקשים] ממה שמסופר כי לאחר ששלחו פלישתים את ארון הברית על ידי פרות וחזר לישראל — "וְאֶת הַפָּרוֹת הֶעֱלוּ עֹלָה לַה'" (שמואל א ו, יד)! ומשיבים: הוֹרָאַת שָׁעָה הָיְתָה זו שהקריבום. ומעירים: הָכִי נַמִי מִסְתַּבְּרָא [כך גם כן מסתבר] שהיתה זו הוראת שעה, דְּאִי לָא תֵּימָא הָכִי [שאם לא תאמר כך], עוֹלָה נְקֵבָה מִי אִיכָּא [האם יש]? והרי אין מקריבים עולה אלא מן הזכרים, וכאן מדובר בפרות! ודוחים את הראיה הזו: וּמַאי קוּשְׁיָא [ומה קושיה היא זו]? דִּלְמָא [שמא] בְּבָמַת יָחִיד היה הדבר, וְכִדְרַב אַדָּא בַּר אַהֲבָה, שֶׁאָמַר רַב אַדָּא בַּר אַהֲבָה: מִנַּיִן לְעוֹלָה נְקֵבָה שֶׁהִיא כְּשֵׁרָה בְּבָמַת יָחִיד? שֶׁנֶּאֱמַר: "וַיִּקַּח שְׁמוּאֵל טְלֵה חָלָב אֶחָד וַיַּעֲלֵהוּ עוֹלָה" (שם ז, ט), ו"טלה חלב" מבינים כטלה שנותן חלב, כלומר נקבה. ומקשים: הרי לשון "וַיַּעֲלֵהוּ" האמורה בענין זה זָכָר מַשְׁמַע! אָמַר רַב נַחְמָן בַּר יִצְחָק: "וַיַּעֲלֶהָ" כְּתִיב [כתוב] במקרא, והיא לשון נקבה.

א ועוד בישוב הסתירה שבין משנתנו, לפיה גוים חשודים על הרביעה, לבין הברייתא שהתירה לקחת מהם בהמה לקרבן, ר' יוֹחָנָן אָמַר: גְּבוּל יֵשׁ לָהּ לבהמה, אם היא פְּחוּתָה מִבַּת שָׁלֹשׁ שָׁנִים — הרי היא נֶעֱקֶרֶת (נעשית עקרה) על ידי רביעת אדם, אם היא בַּת שָׁלֹשׁ שָׁנִים — אֵינָהּ נֶעֱקֶרֶת, ומה שהתירה הברייתא לקחת מן הגוים הרי זו בהמה פחותה משלוש שנים, שוודאי לא רבעוה, מחשש שתיעקר בכך. אֵיתִיבֵיהּ [הקשו] לו כָּל הָנֵי תְּיוּבְתָּא [אותן הקושיות שהקשינו], שמביאים קרבנות מן הגוים, שַׁנֵּי לְהוּ [ותירץ להם] שהכל מדובר בִּפְחוּתָה מִבַּת שָׁלֹשׁ שָׁנִים. ומקשים עוד, תָּא שְׁמַע [בוא ושמע] מן הכתוב "וְאֶת הַפָּרוֹת הֶעֱלוּ עֹלָה לַה'" (שמואל א ו, יד)! ומתרצים: מדובר בִּפְחוּתָה מִבַּת שָׁלֹשׁ שָׁנִים. מַתְקִיף לָהּ [מקשה על כך] רַב הוּנָא בְּרֵיהּ [בנו] של רַב נָתָן: אִם כֵּן, הַיְינוּ [זהו] שכתוב "וְאֶת בְּנֵיהֶם כָּלוּ בַבָּיִת" (שם, י), ואתה טוען שמדובר בִּפְחוּתָה מִבַּת שָׁלֹשׁ שָׁנִים, וּפְחוּתָה מִבַּת שָׁלֹשׁ שָׁנִים מִי קָא יָלְדָה [האם היא יולדת]? וְהָתַנְיָא [והרי שנויה ברייתא]: פָּרָה וַחֲמוֹר שנקנו מן הגוי, ולא ידוע אם כבר ילדה הבהמה, אם היתה בהמה זו מִבַּת שָׁלֹשׁ בשנתה השלישית וילדה זכר, — הריהו וַדַּאי לַכֹּהֵן, שהוא ודאי בכור, לפי שאין פרה יולדת בפחות מבת שלוש, מִכָּאן וְאֵילָךְ, אם קנה אותה מבוגרת מבת שלוש שנים, סָפֵק הוא אם ולד זה בכור או אינו בכור! אֶלָּא, מְחַוַּורְתָּא כִּדְשַׁנִּין מֵעִיקָּרָא [מחוור, ברור כמו שתירצנו מתחילה], שהוראת שעה היתה.

ב כיון שהוזכר ענין זה של הפרות שהביאו הפלישתים, דנים עוד בענין זה. נאמר שם: "וַיִּשַּׁרְנָה הַפָּרוֹת בַּדֶּרֶךְ עַל דֶּרֶךְ בֵּית שֶׁמֶשׁ" וגו' (שם, ו, יב), מַאי [מה] פירוש המלה "וַיִּשַּׁרְנָה"? אָמַר ר' יוֹחָנָן מִשּׁוּם (בשם) ר' מֵאִיר: שֶׁאָמְרוּ שִׁירָה. וְרַב זוּטְרָא בַּר טוֹבִיָּה אָמַר רַב: שֶׁיִּשְּׁרוּ פְּנֵיהֶם כְּנֶגֶד אָרוֹן וְאָמְרוּ שִׁירָה. וּמַאי [ומה] שִׁירָה אָמְרוּ? אָמַר ר' יוֹחָנָן מִשּׁוּם (בשם) ר' מֵאִיר: "אָז יָשִׁיר מֹשֶׁה וּבְנֵי יִשְׂרָאֵל" (שמות טו, א ואילך). וְר' יוֹחָנָן דִּידֵיהּ [משלו, משל עצמו] אָמַר שהשירה היתה: "וַאֲמַרְתֶּם בַּיּוֹם הַהוּא הוֹדוּ לַה' קִרְאוּ בִשְׁמוֹ הוֹדִיעוּ בָעַמִּים עֲלִילוֹתָיו" (ישעיהו יב, ד). וְר' שִׁמְעוֹן בֶּן לָקִישׁ אָמַר: מִזְמוֹרָא יַתְמָא [המזמור היתום] כלומר, מזמור שלא נזכר שם אומרו, וגם לא על איזה אירוע נאמר: "מִזְמוֹר שִׁירוּ לַה' שִׁיר חָדָשׁ כִּי נִפְלָאוֹת עָשָׂה הוֹשִׁיעָה לּוֹ יְמִינוֹ וּזְרוֹעַ קָדְשׁוֹ" (תהלים צח, א ואילך). ר' אֶלְעָזָר אָמַר, מזמור זה אמרו: "ה' מָלָךְ יִרְגְּזוּ עַמִּים" (שם צט, א ואילך). ר' שְׁמוּאֵל בַּר נַחְמָנִי אָמַר: "ה' מָלָךְ גֵּאוּת לָבֵשׁ" (שם צג, א ואילך). ר' יִצְחָק נַפָּחָא אָמַר, שכך היתה שירתן: "רוֹנִּי רוֹנִּי הַשִּׁיטָּה (רמז לארון הברית שעשוי היה מעצי שיטים) הִתְנוֹפְפִי בְּרוֹב הֲדָרֵךְ, הַמְחוּשֶּׁקֶת בְּרִקְמֵי זָהָב (שהארון היה מצופה זהב) הַמְהוּלָּלָה בִּדְבִיר אַרְמוֹן (בספר התורה שבו), וּמְפוֹאָרָה בַּעֲדִי עֲדָיִים". רַב אַשִׁי מַתְנֵי לָהּ לְהָא [היה שונה את זו] השירה שאמר ר' יִצְחָק, אַהָא [על זה], שנאמר: "וַיְהִי בִּנְסֹעַ הָאָרֹן וַיֹּאמֶר מֹשֶׁה קוּמָה ה'" (במדבר י, לה), ושואלים: יִשְׂרָאֵל מַאי [מה] אָמְרוּ באותה שעה? אָמַר ר' יִצְחָק: "רוֹנִּי רוֹנִּי הַשִּׁיטָּה" [וכו']. אָמַר רַב: כְּמַאן קָרוּ פַּרְסָאֵי לְסִפְרָא [כמי על סמך מה קוראים הפרסיים לספר] "דְּבִיר"? מֵהָכָא [מכאן], שנאמר: "וְשֵׁם דְּבִיר לְפָנִים קִרְיַת סֵפֶר" (שופטים א, יא) — הרי שדביר קשור לספר. רַב אַשִׁי אָמַר: כְּמַאן קָרוּ פַּרְסָאֵי [כמי, על סמך מה קוראים הפרסיים] לְנִידָּה "דַּשְׁתָּנָא"? מֵהָכָא [מכאן], שנאמר: "כִּי דֶרֶךְ נָשִׁים לִי" (בראשית לא, לה), ו"דשתנא" הוא כעין קיצור של מילים אלה.

עיונים

לאחר מתן תורה ולפי שיטה זו, למרות שנכתב בואו של יתרו לפני מעשה מתן תורה, אין זה כסדר המאורעות.

ואכן, לפי הסבר זה מובנים כמה פרטים בדברי יתרו, אולם יש בכך גם קשיים אחרים. וכדי לתרצם אמרו בתוס' שיש לומר שיתרו בא לפני מתן תורה, אלא שעצתו של יתרו למשה ניתנה לאחר מתן תורה, ונסמכו הדברים רק משום שעניינם אדם אחד.

ויאמר שאול וכו' אף בירושלמי העלו שאלות אלה, ושם תירצו בענין זה שאין להביא ראיה משאול שהיה "גרופית של שקמה", ואין להיתלות בו כראיה (והרי העובדה שהשאיר מן הצאן, אף היא היתה לא כדין).

גר תושב והאברבנאל בפירושו לפסוק זה מצטט מכאן (ואולי גרסה אחרת היתה לו) שארונה גר צדק היה. ובירושלמי מתרצים קושיה זו באומרם שדוד לא הקריב את הבהמות, ומה שנאמר שם "ה' אלקיך ירצך" כוונתו — ירצך בתפילה.

דדיישן ויש מפרש (לפי גרסה "דדיישי דיישא" או בדומה לה, ראה בגרסות) שהכוונה היא לדישה שניה. שלאחר שדשו פעם אחת את החטים בגורן חוזרים ודשים שנית כדי לקצוץ את הקש לחתיכות קטנות (תוס' חכמי אנגליה).

הוראת שעה היתה לפי שנעשו כמה נסים בפרות אלה, ומשום כך נהגו לפי הוראת הנביא בדרך מיוחדת לאותה שעה בלבד, ואין ללמוד ממנה הלכה לדורות (רש"י).

במת יחיד שכל זמן שלא היה משכן קבוע בשילה, אלא בנוב וגבעון, מותר היה להקריב קרבנות מסויימים גם במקום אחר, והוא הנקרא במת יחיד.

טלה חלב רשי מסביר "טלה חלב" — רחל שיש לה חלב. וראה בתורת חיים שהעלה כמה שאלות בענין זה, ולדעתו היה זה טלה צעיר שעדיין יונק חלב, אלא שלפי הכתיב יש ללמוד שגם נקבה כשירה, וכעין זה משמע גם מפירוש רש"י לספר שמואל.

ר' יוחנן אמר גבול וכו' שר' יוחנן מתרץ בדרך אחרת את הקושי הראשון שהקשינו על המשנה, בסתירה בין החשש שהגוים רובעים בהמות ובין ההיתר לקנות מהם בהמות לקרבן. והוא מסביר את שני המקורות כדברי חכמים, כי לשיטת ר' אליעזר לא הותר לקחת כל בהמה מן הגוים, שהרי פרה אדומה כשירה בת שתי שנים ובכל זאת חושש הוא לרביעה (ראה בתוס' ובראב"ד).

מאי וישרנה כי מלה זו אינה מתיישבת היטב לפי הדקדוק, שכן יש בה צורת זכר (י' בתחילה, במקום "ותישרנה") וצורת נקבה בסוף (ורש"י בספר שמואל כותב שהיא "אנדרוגינוס") ולכן דרשוה שלא כמשמעה הפשוט.

שאמרו שירה הרבה מן המפרשים מסבירים את הענין כפשוטו, ואמרו שאף שלא נזכר במשנה אבות (פ"ה מ"ו) עם שאר נסים שנבראו ערב שבת בין השמשות, הרי הוא כעין מעשה אתונו של בלעם, והוא בכללו (ריטב"א). והראב"ד מסביר כי היו גועות כפי שהן רגילות, ומי שמבין שיחת הדקלים והחיות יכול היה להבין שזו כוונתן. ובפרדס רמונים מסביר, לפי דרכו, שאין הכוונה שהפרות שרו, אלא לשון משל הוא, כמו "ההרים רקדו". והמהר"ל כותב אף הוא שלא אמרו מלים בחיתוך לשון, אלא לפי מעשיהן הרי זה כאילו אמרו שירה זו. וכתב המהר"ל באריכות כי כל אחד מן החכמים מפרש בדרך אחרת קצת את משמעות הנס, ולפיכך מביא כל אחד פסוק או פרק אחר של שירה ביחס לשירת הפרות.

שישרו פניהם כנגד ארון הב"ח גרס כאן כמו בכת"י: "שעקמו פניהם כנגד ארון", וכן במקבילות יש: "שהפכו פניהם". וכתב המאירי שכאן רמוזה אותה הלכה שכתב הרמב"ם ומפורשת במדרשים (ראה במדב"ר פ"ה ח), שנושאי הארון צריכים ללכת כשפניהם כלפי הארון.

אז ישיר משה ראה ברש"י (ד"ה וישרנה) שפירש כי אמרו שירה בסגנון של שירת הים. ויש שכתבו שמדובר בשירת הים ממש, משום שנזכר בה "חיל אחז יושבי פלשת" (ראה במהרש"א). ועיקרו של דבר הוא שכאשר שבו הפלשתים את ארון ה', ובכל מקום שהגיע עשה שפטים בפלשתים ובאלהיהם, נתגלתה השגחתו וגבורתו של הקב"ה ומלכותו, והוא בתמצית עניינה של שירת הים.

ואמרתם ביום ההוא שנאמר בסוף הפסוק "הודיעו בעמים עלילותיו", שנודע שם ה' בגוים (ראב"ד, וכן כיוון לכך המהרש"א).

ה' מלך ירגזו עמים כפי שמתואר באותם פרקים, שבכל מקום שהגיע הארון בערי הפלשתים היתה מהומה ומגיפה, ונתגלו מלכותו ומוראו של הקב"ה. וכתב מהרש"א כי יש לדייק כאן מהמשך הפסוק שנאמר: "יושב כרובים תנוט הארץ", ומקומם של הכרובים היה על ארון העדות.

ה' מלך גאות לבש שנתגאה ה' על הפלשתים ולא רצה לשכון עמהם (ראב"ד).

מזמורא יתמא רש"י מפרש שנקרא כן משום שלא נזכר שם אומרו. ובתוס' העירו שיש הרבה מזמורים כאלה, והם מסבירים שהכוונה היא למזמור שלא נזכר מה טעם נאמר (כמו למשל "מזמור לתודה"), ואף שיש עוד פרקים כאלה בתהלים אין אחד מהם קרוי "מזמור". ובר"ח כתב כשני הפירושים, שהוא מזמור שאין בו לא שם אומרו ולא נושא.

לספרא דביר והר"ח גרס כאן: לבית הספר דביר.

מסורת הש"ס

א. ראה ירושלמי ע"ז פ"ב ה"א.
ב. ראה ב"ק ז,ב.
ג. ראה שם.
ד. זבחים קטז,ב. מנחות כב,א.
ה. ראה ירושלמי שם.
ו. משנה בכורות יט,ב.
ז. (הביטוי) עירובין צו,א. צט,ב. פסחים יז,ב. נה,ב. עג,ב. ר"ה ד,א. יומא יב,א. נט,א. מו"ק יג,ב. חגיגה כה,א. יבמות עו,א. כתובות ע,ב. עב,ב. גיטין מב,א. עא,ב. ב"מ ג,א. ב"ב קי,ב.
ח. (בשינויים) ב"ר פנ"ד ד. מדרש שמואל פי"ב. תנחומא ויקהל ז. תנדבא"ר פי"ב. ילק"ש נ"ך קג. וראה זהר ח"א קכג,א. שם ח"ב קלח,א.
ט. ילק"ש נ"ך כד.
י. ראה שבת קי,א. ע"ז יח,ב.

גרסות

מאי איכא למימר בכתי"מ: **מאי איכא למימר פליגי בה בני ר' חייא ור' יהושע בן לוי חד אמר יתרו קודם מתן תורה וחד אמר יתרו אחר מתן תורה, מאן דאמר קודם מתן תורה שפיר אלא למאן דאמר אחר מתן תורה מאי איכא למימר.**

המשנים — **הצאן** במקרא מלים אלו נמצאות בפסוק אחר (שמואל א טו, ט) בשינוי: **והמשנים ועל הכרים ועל כל הטוב** ובכת"י חסרות מלים אלה.

המלך — **הבקר** בכת"י כבמקרא: **הטוב בעיניו ראה הבקר.**

של טורביל בכתי"ס: **של טרוביל.**

דדיישן בכתי"מ ובמקבילה: **דדיישן ביה דשיתא** ובכתי"ס: **דדישי דישָׁתָא.**

מאי קרא בכתי"מ ודפו"י: **מאי קראה.**

מיתיבי ואת הפרות בכת"י ועוד: **תא שמע ואת הפרות.**

מבת שלש שנים נעקרת בכת"י: **מבת שלש נעקרת.**

שני להו פחותה בכתי"מ: **ושני להו בפחותה.**

היינו ואת בניהם בכת"י: **היינו דכתיב ואת בניהם.**

פחותה מי קא ילדה בכת"י: **פחותה משלש שנים מי קא ילדה.**

מבת שלש בכת"י ועוד כבמשנה: **בת שלש.**

שישרו פניהם כנגד ארון בכת"י ועוד: **שעקמו פניהם כלפי ארון** וכן הגיה הב"ח.

ובני ישראל בב"ח מובא בשם ספרים אחרים: **ובני ישראל נאמר כאן הלוך וגעו ונאמר להלן כי גאה גאה.**

מזמור שירו לה' בכתי"מ: **מאי ניהו שירו לה'.**

רוני רוני בכתי"ס ועוד: **רני רני** ובר"ח כבמקבילות: **רומי רומי.**

התנופפי בכתי"מ: **התנופפי התנופפי.**

בדביר ארמון ומקושטת בעדי עדיים בכתי"מ: **בדביר וארמון** בכתי"ס: **בדביר ארמון** ובמקבילה: **בדביר ארמון המעולפת מבין שני הכרובים.**

לספרא בכתי"ס: **לסיפרא** ובר"ח: **לבית הספר.**

לשון

טורביל
מקורה של המלה הוא כנראה ביוונית τρίβολος (טריבולוס), שבין מובניו: מגררה, מכונה של דיש — לוח כבד שבתחתיתו חריצים או בליטות, שכאשר הבהמה גוררת אותו על התבואה שבגורן נעשית פעולת הדישה (הפרדת גרעיני התבואה מן הקש).

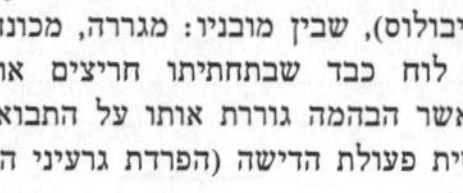

מטה של טורביל

עיזא דקורקוסא
ראה בהשלמות.

דביר
המלה בפרסית היא dabir ומשמעה — סופר. וכבר עסקו חכמים שונים בשאלה האם יש לגרוס כאן סָפרא (בקמץ), במשמעות סופר, או שפירשו את הלשון "קרית ספר" באופן אחר קצת.

דשתנא
מקור המלה הוא מן הפרסית daŝtan העתיקה, שמשמעה — נדה, דם נדה.

א נאמר: "וַיִּדֹּם הַשֶּׁמֶשׁ וְיָרֵחַ עָמָד עַד יִקֹּם גּוֹי אֹיְבָיו הֲלֹא הִיא כְתוּבָה עַל סֵפֶר הַיָּשָׁר" (יהושע י, יג), מַאי [מה] הוא אותו "סֵפֶר הַיָּשָׁר"? אָמַר ר' חִיָּיא בַּר אַבָּא אָמַר ר' יוֹחָנָן: זֶה סֵפֶר אַבְרָהָם יִצְחָק וְיַעֲקֹב (כלומר, ספר בראשית) ונקרא כך משום שֶׁהאבות נִקְרְאוּ "יְשָׁרִים", שֶׁנֶּאֱמַר בדברי בלעם: "תָּמֹת נַפְשִׁי מוֹת יְשָׁרִים" (במדבר כג, י), שביקש שתהא אחריתו כמותם. ושואלים: וְהֵיכָא רְמִיזָא [והיכן נרמז] ענין זה בספר בראשית שהשמש תעמוד ליהושע? שנאמר בברכת יעקב לאפרים: "וְזַרְעוֹ יִהְיֶה מְלֹא הַגּוֹיִם" (בראשית מח, יט), [אֵימָתַי יִהְיֶה איש מזרע אפרים מְלֹא הַגּוֹיִם], שיהיה ידוע בכל העולם? בְּשָׁעָה שֶׁעָמְדָה לוֹ חַמָּה לִיהוֹשֻׁעַ שהוא משבט אפרים. באותו פסוק שבספר יהושע נאמר עוד: "וַיַּעֲמֹד הַשֶּׁמֶשׁ בַּחֲצִי הַשָּׁמַיִם וְלֹא אָץ לָבוֹא כְּיוֹם תָּמִים" (יהושע י, יג), וְכַמָּה זמן עד ששקעה? אָמַר ר' יְהוֹשֻׁעַ בֶּן לֵוִי: עֶשְׂרִים וְאַרְבָּעָה [שָׁעֵי [שעות]], וכך היה הדבר: אָזֵיל שִׁית וְקָם שִׁית, אָזֵיל שִׁית וְקָם שִׁית [הלכה מהלך שש שעות ועמדה שש, הלכה שש ועמדה שש], שזרחה השמש ועלתה כרגיל עד חצי היום, ואז עמדה שש שעות ("ויעמד השמש בחצי השמים") ולאחר מכן שקעה השמש כרגיל, ולפני שקיעתה עמדה שוב שש שעות ("ולא אץ לבוא"), ונמצא כּוּלָּהּ מִלְּתָא [כל הדבר כולו] היה כְּיוֹם תָּמִים, שהוא עשרים וארבע שעות. ר' אֶלְעָזָר אָמַר: שְׁלֹשִׁים וְשִׁית [וּשש] שעות היה המעשה, כיצד? אָזֵיל שִׁית וְקָם תְּרֵיסַר [הלכה שש שעות ועמדה שתים עשרה], אָזֵיל שִׁית וְקָם תְּרֵיסַר [הלכה שש ועמדה שתים עשרה], עֲמִידָתוֹ ("ויעמוד השמש") היתה עשרים וארבע שעות כְּיוֹם תָּמִים, והליכתו שתים עשרה. ואילו ר' שְׁמוּאֵל בַּר נַחְמָנִי אָמַר: אַרְבָּעִים וּשְׁמוֹנֶה שעות נמשך הכל, אָזֵיל שִׁית וְקָם תְּרֵיסַר [הלכה שש ועמדה שתים עשרה], אָזֵיל שִׁית וְקָם [הלכה שש ועמדה] עֶשְׂרִים וְאַרְבָּעָה, [שֶׁנֶּאֱמַר] בתחילה: "ויעמוד השמש בחצי השמים", ואחר כך נאמרה עמידה נוספת: "וְלֹא אָץ לָבוֹא כְּיוֹם תָּמִים", מִכְּלָל דְּמֵעִיקָּרָא [שמתחילה] בעמידה ראשונה לָאו [לא] כְּיוֹם תָּמִים [הֲוָה [היה]] אלא פחות מכן, שתים עשרה שעות. אִיכָּא דְּאָמְרִי [יש שאומרים] שדברים אלה לא נאמרו לגבי אורך המאורע כולו, אלא בְּתוֹסֶפְתָּא פְּלִיגִי [בתוספת שנוסף היום נחלקו] חכמים, שר' יְהוֹשֻׁעַ בֶּן לֵוִי אָמַר: עֶשְׂרִים וְאַרְבָּעָה שעות נוספו לאותו יום, כיצד? אָזֵיל שִׁית וְקָם תְּרֵיסַר, אָזֵיל שִׁית וְקָם תְּרֵיסַר [הלכה שש ועמדה שתים עשרה, הלכה שש ועמדה שתים עשרה], עֲמִידָתוֹ של השמש כְּיוֹם תָּמִים. ר' אֶלְעָזָר אָמַר: שְׁלֹשִׁים וָשֵׁשׁ, כיצד? אָזֵיל שִׁית וְקָם תְּרֵיסַר [הלכה שש ועמדה שתים עשרה], אָזֵיל שִׁית וְקָם [הלכה שש ועמדה] עֶשְׂרִים וְאַרְבָּעָה, ועל עמידת השמש השניה הוא שנאמר "וְלֹא אָץ לָבוֹא כְּיוֹם תָּמִים". ר' שְׁמוּאֵל בַּר נַחְמָנִי אָמַר: אַרְבָּעִים וּשְׁמוֹנֶה שעות היו בתוספת, אָזֵיל שִׁית וְקָם [הלכה שש ועמדה] עֶשְׂרִים וְאַרְבָּעָה, אָזֵיל שִׁית וְקָם [הלכה שש ועמדה] עֶשְׂרִים וְאַרְבָּעָה, וטעמו: מַקִּישׁ (משוה) הכתוב עֲמִידָתוֹ ("ויעמוד השמש") לְבִיאָתוֹ ("ולא אץ לבוא"), ששניהם כתובים יחד, מַה בִּיאָתוֹ של השמש היא כְּיוֹם תָּמִים, אַף עֲמִידָתוֹ היתה כְּיוֹם תָּמִים.

תָּנָא [שנה] החכם: כְּשֵׁם שֶׁעָמְדָה לוֹ חַמָּה לִיהוֹשֻׁעַ, כָּךְ עָמְדָה לוֹ חַמָּה לְמֹשֶׁה וּלְנַקְדִּימוֹן בֶּן גּוּרְיוֹן. ומסבירים: בענין יְהוֹשֻׁעַ — קְרָאֵי [מקראות מפורשים הם]. בענין נַקְדִּימוֹן בֶּן גּוּרְיוֹן, גְּמָרָא [מסורת] היא. לְמֹשֶׁה מְנָלַן [מנין לנו] שעמדה השמש? אָתְיָא [בא, נלמד הדבר] בגזירה שווה של "אָחֵל" "אָחֵל", כְּתִיב הָכָא [נאמר כאן במשה]: "אָחֵל תֵּת פַּחְדְּךָ ויראתך על פני העמים תחת כל השמים" (דברים ב, כה), וּכְתִיב הָתָם [ונאמר שם ביהושע]: "אָחֵל גַּדֶּלְךָ" (יהושע ג, ז). וְר' יוֹחָנָן אָמַר: אָתְיָא [בא, נלמד הדבר] בגזירה שווה של המילים "תֵּת" "תֵּת", כְּתִיב הָכָא [נאמר כאן במשה]: "אָחֵל תֵּת פַּחְדְּךָ", וּכְתִיב [ונאמר] בִּיהוֹשֻׁעַ בקשר לאותו מעשה: "בְּיוֹם תֵּת ה' אֶת הָאֱמֹרִי" (יהושע י, יב). ר' שְׁמוּאֵל בַּר נַחְמָנִי אָמַר, מִגּוּפֵיהּ דִּקְרָא שָׁמְעַתְּ לֵיהּ [מגופו של המקרא אתה לומד זאת], שנאמר: "אחל תת פחדך ויראתך על פני כל העמים אֲשֶׁר יִשְׁמְעוּן שִׁמְעֲךָ וְרָגְזוּ וְחָלוּ מִפָּנֶיךָ" (דברים שם), אֵימָתַי מתקיים "רָגְזוּ וְחָלוּ מִפָּנֶיךָ כל העמים"? בְּשָׁעָה שֶׁעָמְדָה לוֹ חַמָּה לְמֹשֶׁה. מֵיתִיבֵי [מקשים על כך]: הרי נאמר בסוף המעשה של יהושע בעמידת השמש: "וְלֹא הָיָה כַּיּוֹם הַהוּא לְפָנָיו וְאַחֲרָיו" (יהושע י, יד)! ומשיבים: אִיבָּעֵית אֵימָא [אם תרצה אמור]: שָׁעוֹת עמידת השמש אצל משה הוּא שֶׁלֹּא הֲווּ נְפִישׁ כּוּלֵּי הַאי [היו מרובות כל כך], וְאִיבָּעֵית אֵימָא [ואם תרצה אמור]: אַבְנֵי בָרָד לֹא הֲווּ [היו] באותו נס של משה, דִּכְתִיב [שנאמר] ביהושע: "וַיְהִי בְּנֻסָם מִפְּנֵי בְנֵי יִשְׂרָאֵל הֵם בְּמוֹרַד בֵּית חוֹרֹן וַה' הִשְׁלִיךְ עֲלֵיהֶם אֲבָנִים גְּדֹלוֹת מִן הַשָּׁמַיִם עַד עֲזֵקָה וַיָּמֻתוּ" (שם י, יא).

ב ועוד מחלוקת בפירוש הביטוי "ספר הישר", כְּתִיב [נאמר] בקינת דוד על שאול ויהונתן: "וַיֹּאמֶר לְלַמֵּד בְּנֵי יְהוּדָה קָשֶׁת הִנֵּה כְתוּבָה עַל סֵפֶר הַיָּשָׁר" (שמואל ב א, יח), ושואלים: מַאי [מה] הוא אותו "סֵפֶר הַיָּשָׁר"? אָמַר ר' חִיָּיא בַּר אַבָּא אָמַר ר' יוֹחָנָן: זֶה סֵפֶר אַבְרָהָם יִצְחָק וְיַעֲקֹב (ספר בראשית) שֶׁנִּקְרְאוּ "יְשָׁרִים", דִּכְתִיב בְּהוּ [שנאמר בהם] בדברי בלעם: "תָּמֹת נַפְשִׁי מוֹת יְשָׁרִים וּתְהִי אַחֲרִיתִי כָּמֹהוּ" (במדבר כג, י). וְהֵיכָא רְמִיזָא [והיכן נרמז הדבר] בספר בראשית? שנאמר: "יְהוּדָה אַתָּה יוֹדוּךָ אַחֶיךָ יָדְךָ בְּעֹרֶף אֹיְבֶיךָ" (בראשית מט, ח), וְאֵיזוֹ הִיא מִלְחָמָה שֶׁצְּרִיכָה יָד כְּנֶגֶד עוֹרֶף שיד אחת של הלוחם נמצאת סמוך לעורפו? הֱוֵי אוֹמֵר: זוֹ יריה בְּקֶשֶׁת כשהוא מותח אותה לאחוריו, ועל זה נאמר "ללמד בני יהודה קשת". ר' אֶלְעָזָר אוֹמֵר: "ספר הישר" זֶה סֵפֶר מִשְׁנֵה תוֹרָה (ספר דברים), וְאַמַּאי קָרוּ לֵיהּ [ומדוע קוראים לו] "סֵפֶר הַיָּשָׁר"? דִּכְתִיב [שנאמר בו]: "וְעָשִׂיתָ הַיָּשָׁר וְהַטּוֹב בְּעֵינֵי ה'" (דברים ו, יח). וְהֵיכָא רְמִיזָא [והיכן נרמז] בספר דברים שיש ללמד את בני יהודה קשת? שנאמר בברכה לשבט יהודה "יָדָיו רָב לוֹ" (שם לג, ז), וְאֵיזוֹ הִיא מִלְחָמָה שֶׁצְּרִיכָה שְׁתֵּי יָדַיִם (שנאמר "ידיו")? הֱוֵי אוֹמֵר: זוֹ קֶשֶׁת. ר' שְׁמוּאֵל בַּר נַחְמָנִי אָמַר: "ספר הישר" זֶה סֵפֶר שׁוֹפְטִים, וְאַמַּאי קָרוּ לֵיהּ [ומדוע קוראים לו] "סֵפֶר הַיָּשָׁר"? דִּכְתִיב [שנאמר בו]: "בַּיָּמִים הָהֵם אֵין מֶלֶךְ בְּיִשְׂרָאֵל אִישׁ הַיָּשָׁר בְּעֵינָיו יַעֲשֶׂה" (שופטים יז, ו). וְהֵיכָא רְמִיזָא [והיכן נרמז הדבר] בספר שופטים? "ואלה הגוים אשר הניח ה'... לְמַעַן דַּעַת דֹּרוֹת בְּנֵי יִשְׂרָאֵל לְלַמְּדָם מִלְחָמָה" (שם ג, ב), וְאֵיזוֹ הִיא מִלְחָמָה שֶׁצְּרִיכָה לִימּוּד, שאדם צריך ללמוד אותה? הֱוֵי אוֹמֵר: זוֹ ירית קֶשֶׁת. וּמְנָלַן [ומנין לנו] שבִיהוּדָה כְּתִיב [נאמר] הדבר? דִּכְתִיב [שנאמר] בתחילת ספר שופטים: "מִי יַעֲלֶה לָּנוּ בַּתְּחִלָּה אֶל הַכְּנַעֲנִי... לְהִלָּחֶם בּוֹ, וַיֹּאמֶר ה' יְהוּדָה יַעֲלֶה" (שופטים א, א—ב), הרי שהם היו הראשונים להילחם.

ועוד מביאים מחלוקת של אותם אמוראים בפירושו של פסוק אחר: "וַיָּרֶם הַטַּבָּח אֶת הַשּׁוֹק וְהֶעָלֶיהָ וַיָּשֶׂם לִפְנֵי שָׁאוּל" (שמואל א ט, כד), מַאי [מה] פירוש "השוק וְהֶעָלֶיהָ"? ר' יוֹחָנָן אוֹמֵר: שׁוֹק וְאַלְיָה (זנב הכבש), ולפי זה מַאי [מה] משמעות הלשון "וְהֶעָלֶיהָ"? דְּמַסְמְכָא [שסומכת] השוק לְאַלְיָה שהאליה מונחת על השוק. וְר' אֶלְעָזָר אוֹמֵר: שׁוֹק וְחָזֶה, ולפי זה מַאי [מה] מובן "וְהֶעָלֶיהָ" — דְּמַחֵית לָהּ לְחָזֶה עִילָּוֵיהּ דְּשׁוֹק כִּי בָּעֵי אַנּוּפֵי, וּמַנְפִי לֵיהּ [שמניח את החזה על גבי השוק כאשר צריכים הנפה, ומניפים אותו ביחד עמו]. וְר' שְׁמוּאֵל בַּר נַחְמָנִי אָמַר: שׁוֹק וְשׁוֹפִי (עובי בשר הירך) שמסביב, ולפי זה מַאי [מה] פירוש "וְהֶעָלֶיהָ"? הכוונה היא ששׁוֹפִי עִילָּוֵיהּ דְּשׁוֹק קָאֵי [על גבי השוק נמצא], ולכן הוא נקרא "העליה".

ג וחוזרים לפירוש המשנה, ששנינו: לֹא תִּתְיַיחֵד אִשָּׁה עִמָּהֶם עם הגוים. ושואלים: בְּמַאי עָסְקִינַן [במה אנו עוסקים]? אִילֵימָא בְּחַד [אם תאמר באיש אחד], דִּכְוָותָהּ [שכיוצא בה] לְגַבֵּי אדם מִיִּשְׂרָאֵל מִי שָׁרֵי [האם מותר להתייחד]? וְהָתְנַן [והרי שנינו במשנה]: לֹא יִתְיַיחֵד אִישׁ אֶחָד אפילו עִם שְׁתֵּי נָשִׁים!

מסורת הש"ם

א. ב"ר פ"ו ט. ילק"ש נ"ך כב. וראה שיטות נוספות בירושלמי סוטה פ"א ה"י. שה"ש זוטא (בובר) פ"ה.
ב. ילק"ש שם.
ג. ראה פרדר"א פנ"א.
ד. תענית כ,א (בשינויים) ילק"ש תורה תתט.
ה. שם. וראה גם גיטין נו,א. אדר"נ (נו"א) פ"ו. איכ"ר (בובר) פ"א.
ו. ילק"ש תורה קנט. שם תתקנד. שם נ"ך קמא.
ז. ראה ב"ר פ"ו ט.
ח. ילק"ש נ"ך כב. שם קמא.
ט. ירושלמי מגילה פ"א הי"ב. שוח"ט פ"ז. ילק"ש נ"ך קח. ובמדרש שמואל פי"ד (בשינוי).
י. משנה קדושין פ,ב. ירושלמי קדושין פ"ד הי"א. מסכת שמחות פ"ג ב. תנדבא"ר פי"ח.

גרסות

אימתי יהיה בכתי"ס: אימתי יהיה זרעו.

חמה ליהושע בכתי"ס: חמה ליהושע. ור' אלעזר אמר זה ספר משנה תורה ואמאי קרו ליה ספר הישר דכתיב ביה ועשית הישר והטוב בעיני ה' והיכא רמיזא דכתיב ויאמר משה לעיני כל ישראל חזק ואמץ וכתיב ביהושע לעיני כל ישראל ובכתי"מ: חמה ליהושע... רמיזא דכתיב ורגזו וחלו מפניך.

לאו כיום תמים הוה בכת"י ודפו"י: לאו כיום תמים.

בתוספתא פליגי בכתי"ס: בתוספת פליגי.

יהושע קראי בכתי"ס: יהושע קראי כתיבי.

מגופיה דקרא שמעת ליה יש שגרסו: אתיא מגופיה דקרא.

מפני בני ישראל במקרא: מפני ישראל.

דכתיב בהו תמות בכתי"מ ועוד: שנאמר תמות.

והיכא רמיזא יהודה בכתי"מ: והיכא רמיזא דכתיב יהודה.

ואיזו היא מלחמה שצריכה בכתי"ס: אי זהו כלי מלחמה שצריכה.

מי יעלה לנו בתחלה אל הכנעני להלחם במקרא: מי יעלה לנו אל הכנעני בתחלה להלחם.

מאי והעליה דמסמכא שוק לאליה בכתי"ס: מאי והעליה דמסמכא אאליה ובכתי"מ: ואמאי קרי ליה העליה משום דסמכא שוק לאליה.

לשון

שופי
נראה כי מקור המלה הוא בשרש "שפה" במובן של הגבהה (כמו שהבינו את הביטוי "שפי") ולפיכך עניינו כאן — החלק הגבוה יותר של הרגל.

החיים

יד כנגד עורף

קשת ביד חייל מצרי. מתוך ציור קיר

בציור זה רואים כיצד יריה בקשת, כדרך שהיו הקשתות בימי המקרא, מצריכה שתהיה היד המותחת את הקשת מגיעה עד לצד העורף.

מלחמה שצריכה לימוד
היריה בקשת גדולה על מנת לירות למרחק ולפגוע פגיעה שיש בה כדי להרוג, דורשת לא רק כוח ניכר, אלא גם מיומנות ותרגול. בדורות מאוחרים יותר היו אנשים שהתאמנו במשך שנים ביריה בקשת על מנת להיות מסוגלים לירות בה כראוי.

אישים

נקדימון בן גוריון
נקדימון (ששמו העברי היה כנראה בוני) בן גוריון היה אחד מן העשירים המופלגים שחיו בירושלים בדור חורבן הבית השני. רש"י מסביר כי הנס המוזכר כאן מתייחס למסופר במסכת תענית (יט,ב), שנקדימון בן גוריון לווה שנים עשר מעיינות מים לצורך עולי הרגל, וכשהגיע סוף יום הפרעון נעשה לו נס וירדו גשמים מרובים. אלא שבעל חובו הגוי טען כי השמש כבר שקעה, ואז התפלל נקדימון ונתפזרו העבים וזרחה השמש.

לעזי רש"י

הטרי"ל מן הצרפתית העתיקה haterel — עורף.

פולפ"א מן הצרפתית העתיקה polpe — והוא הבשר שעל עצם הירך.

עיונים

וידום השמש וכו' רש"י מסביר שענין זה הובא כאן משום שאף בו (וכן בשני הנושאים הבאים) יש מחלוקת בין ר' אלעזר ור' שמואל בר נחמני בפירוש המקראות. ובדברי רש"י יש גם צד אחר של קישור לדברים, שדובר לפני כן בענין שירה, ואף לשמש יש שירה — כאשר היא הולכת, וכאשר אינה הולכת שתיקה היא.

וזרעו יהיה מלא הגוים וכיון שמבחינת מספר בני שבט אפרים לא נתקיים הדבר, שלא מילאו בני השבט את העולם (ובפועל בדרך כלל מעטים היו אפילו מבני מנשה), צריך איפוא להסביר שכוונת הדברים שאיש מזרע אפרים יעשה דבר שיהיה ניכר לעיני כל הגוים (ראה ברש"י, וראה במהרש"א). וראה עוד בבראשית רבה (פ"ו ט) שהביאו פסוקים נוספים מספר בראשית לענין זה.

אזיל שית וקם שית כל החכמים מסכימים שהיו שתי עמידות לשמש באותו יום, משום שהם מבינים את הכתוב כמדבר בשני אירועים, תחילה "ויעמוד השמש בחצי השמים" ולאחר מכן "ולא אץ לבוא כיום תמים", והם מפרשים שהראשונה היתה בחצי היום, כפי שנאמר "בחצי השמים", והשניה היתה סמוך לשעת השקיעה משום שנאמר "ולא אץ לבוא" — שלא הגיעה השקיעה (ביאת השמש) בזמנה (וראה ברש"י, תוס' רבינו אלחנן, ראב"ד).

למשה ויהושע וכו' ושאלו ראשונים: מפני מה לא מנה גם כן מה שנאמר במדרש שזרחה השמש ליעקב ונשארה יותר מן הזמן הקבוע לה? ותירצו בכמה דרכים, בתוס' אמרו כי ביעקב נאמר גם ששקעה לו השמש שלא בזמנה כשיצא לחרן, ואם כן לא היה כאן שינוי בתוספת שעות, אלא השלמה של שעות שנלקחו קודם לכן. ובאופן זה הם מפרשים גם את עמידת השמש לחזקיהו ב"מעלות אחז", שגם היא היתה החזרת שעות שניטלו קודם בזמן מותו של אחז. והראב"ד והרי"ד פירשו שאצל יעקב וחזקיה לא עמדה השמש, אלא מיהרה או הלכה בחזרה. ויש שפירש שלא הוזכר הדבר לגבי יעקב משום שלא היה ידוע לכל שבשלו עמדה השמש, מה שאין כן ביהושע. ועוד, שביעקב, וכן בחזקיה, לא היתה זו תוספת זמן לצורך, אלא רק אות משמים לאמת דברי הנבואה (רבינו אלחנן).

אחל אחל, תת תת הדרשה אינה מתבססת רק על הגזירה השווה, אלא יש בה מקור גם במשמעות הכתוב, שהרי בפסוק במשה שנאמר בו "אחל תת פחדך" נאמר "על פני כל העמים תחת כל השמים", משמע שהיה שם מאורע שכל העמים בכל העולם ראו את המאורע ולא הקרובים לבדם. ודרשת ר' יוחנן בענין "תת" "תת" היא משום שהפסוק ביהושע "ביום תת ה' את האמורי" מתייחס במישרין לנס זה של עמידת השמש (תורת חיים).

ללמד בני יהודה קשת הקשר עם המאמר הקודם הוא הן במה שבשני הכתובים נזכר "ספר הישר", והן במחלוקת של ר' אלעזר ור' שמואל בר נחמני.

יד כנגד עורף רש"י מפרש בפשטות שבשעה שמותחים את הקשת נמצאת יד אחת משוכה אחרונית סמוך לפנים מול העורף. והמהרש"א רוצה לומר שקשת היא דרך מלחמה שבה פוגעים גם באנשים בורחים המפנים עורף, לפי שהקשת הורגת מרחוק.

זה ספר משנה התורה והמהרש"א הקשה: הלא גם בספר שמות נאמר "והישר בעיניו תעשה", ומפני מה מפרשים ש"ספר הישר" הוא ספר דברים דווקא? ועוד, שבשל מלה אחת לא היה הספר ראוי להיקרא על שם כך! ותירץ כי אין הכוונה לפסוק זה בפרט, אלא לכמה דברים בספר דברים שהעקרון בהם הוא "ועשית הישר והטוב". ובעיון יעקב ובבן יהוידע כתבו כי בספר דברים נזכר כמה פעמים "הישר". ועוד הוסיף בבן יהוידע, שבספר דברים מופיעה המלה "הישר" כמות שהיא בלי תוספת ו'. ועוד, ששם בא הדבר כמצוות עשה, ולא רק כהזכרת תנאי כמו בספר שמות.

וירם וכו' אף זו מחלוקת ר' אלעזר ור' שמואל בר נחמני במקראות (רש"י).

דמחית חזה שבזמן התנופה מניחים את החזה על השוק ומניפים אותו. וכתב רש"י שאף שהיה זה זבח שלמים שהחזה והשוק שבו ניתנים לכהנים, ואילו שאול לא היה כהן, מכל מקום כיון שהיתה זו "במה קטנה" אין דין זה נוהג בה. וכתב הראב"ד שכיבד שמואל את שאול במנה זו כדי לחלוק לו כבוד מיוחד.

אורח ההלכה

לא יתייחד עם שתי נשים לא יתייחד איש אחד עם שתי נשים, ואפילו עם נשים הרבה. וכתב רמ"א: ויש מתירים איש אחד עם נשים הרבה, אם אין עסקו עם הנשים (טור בשם רש"י). (רמב"ם ספר קדושה הלכות איסורי ביאה פכ"ב ה"ח. שו"ע אה"ע כב, ה).

וידום השמש. ביהושע כתיב כשנלחם עם חמשת המלכים האמרים על הגבעונים והכא נקט לה משום דפליגי לעיל ר"א ורבי שמואל בר נחמני במדרש פסוקא דוישרנה ופליגי נמי במדרש דויעמד השמש: וידום. שתק מלומר שירה שבכל עת לכתו אינו שותק ובעמידתו שותק ויהושע אומר שירה בשבילה דכתיב אז ידבר יהושע לה' ביום תת ה' וגו': עד יקום גוי. ינקום ישראל מאויביו: הלא היא כתובה על ספר הישר. שעתיד ליעשות לי נס: ספר אברהם כו'. היינו ספר בראשית שמעשה אבות כתובים בו: מות ישרים. בלעם מבקש על עצמו שימות מיתה של גויעה כמותן: והיכא רמיזא. בבראשית שעתיד יהושע לבא לנס זה יהושע משבט אפרים בא כדכתיב (במדבר יג) למטה אפרים הושע בן נון [וכתיב באפרים וזרעו יהיה] מלא הגוים. כל הארצות נתמלאו מיראתו ומאימתו זרעו של אפרים יהיה מלא הגוים אדם נושא כאן מלחמה ואין בני אספמייא יודעין בה אבל בשעה שעמדה לו חמה ליהושע נראה לכל העולם ויראו מפניו: . ספר משנה תורה. וספר שופטים ל"ג הכא ואגב ריהטא דגירסא דלקמן ניקבעה(ג) היא ושבשתא היא דהא לא רמיזא ביה: ויעמד השמש. יש במשמעה שתי עכבות אחת בחצי השמים והיינו בחצי היום ואחת סמוך לשקיעתו: דכתיב ולא אץ לבוא. אלא שהה כיום תמים דהיינו עשרים וארבע שעות דיום אינו תמים ושלם אלא עם לילו: עשרים וארבעה. היה אותו יום מעלות השחר עד יציאת הכוכבים ויום תמים אכולה מילתא קאי אהלוך ואעמידה: אזיל שית. עד חצי השמים: וקם שית. דכתיב ויעמד השמש: ואזיל שית. עד ערב וקם שית כדכתיב ולא אץ לבוא: כולה מילתא. הילוכו ועמידתו כיום תמים עשרים וארבע של יום ולילה דשאר ימים: ל' ושית. דיום תמים דקרא אעמידה לחוד קאי: ארבעים ושמונה. דיום תמים דקרא אשהיה דשקיעה קאי וקמייתא דלא כתיב ביה כיום תמים סתם עמידה שנים עשר שעות כעמידה שדרכו לעמוד ולשתוק בלילה: איכא דאמרי. הנך שיעורי דהנך רבנן בתוספתא שניתוסף על היום קאמרי להו: רבי יהושע בן לוי אמר עשרים וארבע הואי. התוספתא ויום תמים אעמידה קאי: ור"א אמר ל"ו הוי. תוספתא ויום תמים דקרא אעמידה דלא אץ לבוא קאי וקמייתא סתמא י"ב שעות כתורת לילה: ור' שמואל בר נחמני סבר. דכיום תמים אעמידה דולא אץ לבוא קאי ומיהו מקיש עמידתו דחצי השמים לביאתו דלא אץ לבוא: נקדימון בן גוריון גמרא. שהלווהו הגמון (*אחד) עשר מעיינות כו' במסכת תענית בפ' סדר תעניות אלו (דף יט:): למשה. במלחמת סיחון: לא היה כיום ההוא. במעשה דיהושע כתיב: אבני ברד. דלא היו במשה: ויאמר ללמד בני יהודה קשת. בקינה שקונן דוד על שאול כתיב: הלא היא כתובה. דבני יהודה היו מושכי קשת: יד כנגד עורף. המושך בקשת נותן ידיו כנגד עיניו דהיינו מול העורף הטרי"ל בלע"ז: דכתיב במשנה תורה. ועשית הישר והטוב: איזהו היא מלחמה שצריכה לימוד כו': ומנלן. דקרא ביהודה כתיב: דכתיב. ברישא דסיפרא מי יעלה בתחלה אל הכנעני להלחם בו ויאמר השם יהודה יעלה אלמא סתם מלחמה דסיפרא איהודה קיימי: וירם הטבח את השוק ואת העליה. משום פלוגתא דהני אמוראי גופייהו נקט לה: והעליה. מה שעליה: דמסמכא שוק לאליה. השוק סמוך לאליה שהאליה מלמעלה ונסמכה על השוק ושוק הוא עצם של צומת הגיד המתמוצע בין קולית לארכובה ואיברים התחתונים סומכין את העליונים: דמחית. מניח חזה על השוק גבי חזה ושוק של שלמים בשעת תנופה והיא סעודתא אע"פ דזבח הוה כדכתיב (שמואל א ט) כי הוא יברך (את) הזבח לא הוה חזה ושוק דידהו לכהן דבמה קטנה הוה וקיימא לן בפרק בתרא דזבחים (דף קיט:) חזה ושוק בבמה גדולה ואין חזה ושוק בבמה קטנה: שופי. כף הירך הסובב עצם הקולית וקורין פולפ"א: לא יתייחד איש אחד עם שתי נשים. שהנשים דעתן קלות ושתיהן תתרצינה לעבירה:

תורה אור

וידום השמש וירח עמד עד יקום גוי אויביו הלא היא כתובה על ספר הישר [א]מאי ספר הישר א"ר חייא בר אבא א"ר יוחנן זה ספר אברהם יצחק ויעקב שנקראו ישרים שנא' תמות נפשי מות ישרים והיכא רמיזא וזרעו יהיה מלא הגוים [אימתי יהיה מלא הגוים] בשעה שעמדה לו חמה ליהושע ויעמד השמש בחצי השמים ולא אץ לבוא כיום תמים וכמה [ב]א"ר יהושע בן לוי עשרים וארבעה [שעי] אזיל שית וקם שית אזיל שית וקם שית כולה מלתא כיום תמים [ג]ר' אלעזר אמר שלשים ושית אזיל שית וקם תריסר אזיל שית וקם תריסר עמידתו כיום תמים רבי שמואל בר נחמני אמר ארבעים ושמונה אזיל שית וקם תריסר אזיל שית וקם עשרים וארבעה [שנאמר] ולא אץ לבוא כיום תמים מכלל דמעיקרא לאו כיום תמים [הוה] א"ד בתוספתא פליגי ר' יהושע בן לוי אמר עשרים וארבעה אזיל שית וקם תריסר עמידתו כיום תמים ר"א אמר שלשים ושש אזיל שית וקם תריסר אזיל שית וקם עשרים וארבעה ולא אץ לבוא כיום תמים(א) ר' שמואל בר נחמני אמר ארבעים ושמונה אזיל שית וקם עשרים וארבעה אזיל שית וקם כ"ד מקיש עמידתו לביאתו מה ביאתו כיום תמים אף עמידתו כיום תמים *תנא [ד]כשם שעמדה לו חמה ליהושע כך עמדה לו חמה למשה ולנקדימון בן גוריון יהושע קראי [ה]נקדימון בן גוריון גמרא למשה מנלן *אתיא אחל אחל כתיב הכא אחל תת פחדך וכתיב התם ביהושע(א) אחל גדלך ורבי יוחנן אמר אתיא תת תת כתיב הכא אחל תת פחדך וכתיב ביהושע ביום תת ה' את האמורי ר' שמואל בר נחמני אמר מגופיה דקרא שמעת ליה אשר ישמעון שמעך ורגזו וחלו מפניך אימתי רגזו וחלו מפניך בשעה שעמדה לו חמה למשה מיתיבי ולא היה כיום ההוא לפניו ואחריו איבעית אימא שעות הוא דלא הוו נפיש כולי האי ואיבעית אימא אבני ברד לא הוו דכתיב ויהי בנוסם מפני בני ישראל הם במורד בית חורון וה' השליך עליהם אבנים גדולות מן השמים עד עזקה וימותו כתיב ויאמר ללמד בני יהודה קשת הנה כתובה על ספר הישר מאי ספר הישר א"ר חייא בר אבא א"ר יוחנן זה ספר אברהם יצחק ויעקב שנקראו ישרים דכתיב בהו תמות נפשי מות ישרים ותהי אחריתי כמוהו והיכא רמיזא(ב) יהודה אתה יודוך אחיך ידך בעורף אויביך [ו]ואיזו היא מלחמה שצריכה יד כנגד עורף הוי אומר זו קשת ר"א אומר [ז]זה ספר משנה תורה ואמאי קרו ליה ספר הישר דכתיב(ג) ועשית הישר והטוב בעיני ה' והיכא רמיזא(ג) ידיו רב לו ואיזו היא מלחמה שצריכה שתי ידים הוי אומר זו קשת ר' שמואל בר נחמני אמר [ח]זה ספר שופטים ואמאי קרו ליה ספר הישר דכתיב בימים ההם אין מלך בישראל איש הישר בעיניו יעשה והיכא רמיזא למען דעת דורות בני ישראל ללמדם מלחמה ואיזו היא מלחמה שצריכה לימוד הוי אומר זו קשת ומנלן דביהודה כתיב דכתיב מי יעלה לנו (בתחלה) אל הכנעני *להלחם בו ויאמר ה' יהודה יעלה וירם הטבח את השוק והעליה וישם לפני שאול [ט]מאי והעליה ר' יוחנן אומר שוק ואליה דמסמכא שוק לאליה ורבי אלעזר אומר שוק וחזה מאי והעליה דמחית לה לחזה עילויה דשוק כי בעי אנופי ומנפי ליה ורבי שמואל בר נחמני אמר שוק ושופי מאי והעליה שופי עילויה דשוק קאי: לא תתייחד אשה עמהם: במאי עסקינן אילימא בחד דכוותה גבי ישראל מי שרי *והתנן [י]לא יתייחד איש אחד עם שתי נשים

אלא

א) יהושע ג. ב) בראשית מט. ג) שם לג.

למשה ליהושע ולנקדימון. הא דלא קחשיב נמי יעקב כי שם לא היו רק תשלומין כדאמרי' (חולין דף צא:) שמש ששקעה בעבורו זרחה בעבורו ומהאי טעמא נמי לא חשיב חזקיה שלא היו רק תשלומין ליום שנתקצר בימי אחז והר"ר אלחנן אומר דההוא מעשה דחזקיה לא היה אלא אות בעלמא שהרי לא עמד השמש כלל במקום אחד אלא שהלך לאחוריו דבבראשית רבה איכא נמי למ"ד ויסם ה' לקין אות מלמד(ד) שהעמיד לו גלגל חמה:

לא

יג א מיי' פכ"ב מהל' איסורי ביאה הל' ח סמג לאוין קכו טוש"ע אה"ע סי' כב סעיף ה:

רבינו חננאל

א וידום השמש וירח עמד וגו' מאי על ספר הישר זה ספר בראשית שהוא ספר אברהם יצחק ויעקב שנקראו ישרים כדכתיב תמות נפשי מות ישרים. והיכא רמיזא עמידת השמש וזרעו יהיה מלא הגוים אימתי יהיה כח זרע אפרים ידוע אצל מלא הגוים בשעה שהעמיד חמה ליהושע. כמה עמד. ר' יהושע בן לוי אמר כיום תמים. כ"ד שעה. כיצד אזל שית וקם שית כללו של דבר כיום תמים כו'. פי' כתיב ויעמד השמש בחצי השמים. וכתיב ולא אץ לבוא כיום תמים. כלל עמידתו כיום תמים שהוא כ"ד שעות. כיצד עלה שש כמנהגו עד שהגיע לחצי השמים ועמד שם שש שעות וירד ו' שעות כמנהגו עד שהגיע למערב ולא אץ לבוא כיום תמים ועמד שם ו' שעות אחרות. הרי כ"ד שעות כיום תמים. ר"א אומר כ"ד שעות זולתי י"ב שעות שבכל יום הכל ל"ו שעות. כיצד עלה מן המזרח שש שעות עד שהגיע בחצי השמים ועמד שם י"ב שעות וירד למערב שש שעות וכשהגיע למערב לא אץ לבוא אלא עמד שם י"ב שעות. נמצאת עמידתו בשני מקומות כ"ד שעות כיום תמים. ר' שמואל בר נחמני אמר עלה כמנהגו ו' ויעמד השמש בחצי השמים י"ב וירד ו' ועמד במערב כ"ד שעות שנאמר ולא אץ

ב לבוא אלא עמד כיום תמים כ"ד שעות נמצאת עמידתו בשני מקומות ל"ו שעות. וי"ב כמנהגו הכל מ"ח שעות. איכא דמתני לה אתוספתא גם היא כדרך הזאת. תנא כשם שעמדה לו חמה ליהושע כך עמדה לו

ג למשה ולנקדימון בן גוריון כו'. איני והכתיב ולא היה כיום ההוא לפניו ואחריו לשמע ה' בקול איש וגו'. ופרקי איבעי תימא עמידה הואי מיהו שעות נפישן כולי האי לא הוה. ואיבעי תימא אבני ברד הוא דלא הוו כדכתיב וה' השליך עליהם אבנים גדולות מן השמים וגו': ויאמר ללמד בני יהודה קשת הנה היא כתובה על ספר הישר. מאי על ספר הישר. א"ר יוחנן זה ספר בראשית כו'. כדאמרן. והיכא רמיזא ידך בערף אויביך. איזו היא מלחמה שהיא צריכה יד כנגד העורף הוי אומר זה קשת ר' אלעזר אמר זו ספר משנה תורה כו'. וירם הטבח את השוק והעליה וישם לפני שאול. מאי והעליה ר' יוחנן אמר שוק ואליה. ר' אלעזר אמר שוק וחזה. ר' שמואל בר נחמני אמר שוק ושופי ומאי והעליה דשופי עילוי שוק קאי: לא תתיחד אשה עמהן מפני שחשודין על העריות

תענית כ.

ס"א א"ר אלעזר

הגהות הב"ח

(א) גמ' כיום תמים מכלל דמעיקרא לאו כיום תמים ר' שמואל בר נחמני: (ב) שם דכתיב ביה ועשית הישר וכו' דכתיב ביה בימים: (ג) רש"י ד"ה ספר וכו' ניקבעה הכא ושבשתא: (ד) תוס' ד"ה למשה וכו' מלמד שהזריח לו גלגל חמה:

[בתחלה]

[נ"ל שתים]

קידושין פ:

יד א ב מיי' פכ"ב מהל' איסורי ביאה הל' ח עי' מ"מ סמג לאוין קכו טוש"ע אה"ע סי כב סעי' ה בהג"ה:
טו ג מיי' שם הלכה ד סמג שם טוש"ע שם סעי' ג טוש"ע י"ד סי' קנג סעיף ד:
טז ד ה ו מיי' פי"ב מה' רוצח הל' ז ח סמג עשין עט טוש"ע י"ד סי' קנג סעיף ג:

תורה אור

אלא בתלתא דכוותה גבי ישראל בפרוצים מי שרי *והתנן א[א]אבל אשה אחת מתייחדת עם שני אנשים ב*ואמר רב יהודה אמר שמואל בלא שנו אלא בכשרים אבל בפרוצים אפילו עשרה נמי לא מעשה היה והוציאוה עשרה במטה לא צריכא גבאשתו עמו גוי אין אשתו משמרתו אבל ישראל אשתו משמרתו ותיפוק ליה משום שפיכות דמים א"ר ירמיה גבאשה חשובה עסקינן דמירתתי מינה *רב אידי אמר דאשה כלי זיינה עליה מאי בינייהו איכא בינייהו אשה חשובה בין אנשים ושאינה חשובה בין הנשים תניא כוותיה דרב אידי בר אבין האשה אע"פ שהשלום עמה לא תתייחד עמהן מפני
א שחשודין על העריות: לא יתייחד אדם עמהן: ת"ר ה*ישראל שנזדמן לו גוי בדרך טופלו לימינו ר' ישמעאל בנו של ר' יוחנן בן ברוקה אומר ובסייף טופלו לימינו במקל טופלו לשמאלו זהיו עולין במעלה או יורדין בירידה לא יהא ישראל למטה וגוי למעלה אלא ישראל למעלה וגוי למטה ואל ישוח לפניו שמא ירוץ את גולגלתו חשאלו להיכן הולך ירחיב לו את הדרך כדרך שעשה יעקב אבינו לעשו הרשע [דכתיב] עד אשר אבא אל אדוני שעירה [בראשית לג] וכתיב ויעקב נסע סכותה [שם לג] ימעשה בתלמידי ר"ע שהיו הולכים לכזיב פגעו בהן ליסטים אמרו להן לאן אתם הולכים אמרו להן לעכו כיון שהגיעו לכזיב פירשו אמרו להן [תלמידי] מי אתם אמרו להן תלמידי ר"ע אמרו להן אשרי ר"ע ותלמידיו שלא פגע בהן אדם רע מעולם רב מנשה הוה אזל לבי

רש"י

אלא בתלתא. להכי נקט תלתא דבישראל בתלתא שרו בין בעיר בין בדרך אבל תרי בעיר אין בדרך לא שמא יצטרך אחד מהן לנקביו ונמצא אחד מהן יתייחד עם הערוה בפ' עשרה יוחסין (קדושין דף פא.): **בפרוצין מי שרי.** וגוים למה ליה לתנא לאשמועינן הא אפי' ישראל דכוותייהו אסירי: **והוציאוה עשרה פריצים.** לאשת איש זונה: **במטה.** חוץ לעיר לעבירה כעין קוברי מת שלא ידינו: **באשתו.** של גוי עמו: **גוי אין אשתו משמרתו.** דלא קפדה דאיהו בקרי ואיתתיה בזוליני*: **אבל ישראל אשתו משמרתו.** שרי כדתנן בעשרה יוחסין בזמן שאשתו עמו ישן עמהן בפונדקי מפני שאשתו משמרתו: **ותיפוק ליה.** בלאו עבירה נמי לא תתייחד משום שפיכות דמים: **באשה חשובה.** בין האנשים ובין הנשים אשה יפה וקרובה למלכות דמיסתפו מינה ולא קטלי לה אבל משום עריות איכא דיפה היא ואצטריך לאשמועי' דלא תתייחד חיישינן שמא תתפתה אבל אשה שאינה חשובה בין האנשים וחשובה בין הנשים משום רציחה נמי איכא דבא עליה ואחר כך הורגה דלא ס"ל אשה כלי זיינה עליה וחשובה בין האנשים ולא בין הנשים מותרת להתייחד(א) ומשום עריות ליכא דאינה יפה: **אשה כלי זיינה עליה.** אע"ג דאינה חשובה לא בין האנשים ולא בין הנשים אין הורג אותה אלא בא עליה וכיון שבא עליה אינו הורגה ואפילו אינה קרובה למלכות נמי אי לא אשמועינן דחיישינן לעריות לא הוה מסתברא דמיתסרא משום שפיכות דמים: **מאי בינייהו.** בין לר' ירמי' דמוקי לה באשה חשובה הא לאו חשובה חיישי' לשפיכו' דמים בין לרב אידי דאמר כלי זיינה עליה וליכא משום שפיכות דמים מ"מ משום ערוה איכא בה ולא מתייחדת: **איכא בינייהו.** אשה חשובה בין האנשים קרובה למלכות ואינה חשובה בין הנשים אינה יפה לרבי ירמיה דמוקי לה באשה חשובה דמשמע חשובה בין האנשים ובין הנשים דקרובה למלכות היא ולא קטלי לה אבל משום עריות איכא למיחש דיפה היא הכא חשובה בין האנשים ולא בין הנשים שריא לייחודי דמשום שפיכות דמים ליכא דהא קרובה למלכות ומשום עריות נמי ליכא דהא מכוערת היא לרב אידי אסירא לייחודי דכולהו חיישינן לערוה דהא סתמא קאמר אשה כלי זיינה עליה ולא קאמר הכא באשה יפה עסקינן דכלי זיינה עליה: **אע"פ שהשלום עמה.** דודאי לא יהרגוה דהא כלי זיינה עליה לא תתייחד עמהן כו' והיינו כרב אידי בר אבין השלום עמה משמע היא נושאת את שלומה ואינה צריכה שלום מלכות: **טופלו לימינו.** מחברו לגוי לימינו של ישראל שאם ירצה הגוי להורגו ישלח ישראל יד ימינו ויאחז בו: **בסייף.** דאם היה הגוי חגור סייף טופלו ישראל לימינו כדי שיהא יד שמאל של גוי שהסייף חגור בו לנגד ימינו של ישראל ומזומנת לימין ישראל לאחוז בה: **במקל.** אם ביד גוי מקל: **טופלו ישראל לשמאלו.**(ב) שתהא יד ימין הגוי שהמקל בה סמוכה לישראל ואם יריס יד ימינו תאחוז שמאלו של ישראל במקל הסמוך לה דאי טופלו לימינו יהא המקל רחוק מידו של ישראל: **במעלה.** בהר או בסלע: **לא יהא ישראל למטה אלא למעלה.** בעלייה ילך ישראל לפני הגוי דהיינו למעלה אלא שטופלו לימינו דלא הוי אחריו ממש ובירידה יוליך הגוי לפניו: **ואל ישוח לפניו.** אפי' במישור אל ישחה ישראל לפני הגוי ליטול כלום: **שמא ירוץ את גולגלתו.** ירוצץ: **ירחיב לו את הדרך.** אם היה צריך לו לילך עד פרסה יאמר לו ב' פרסאות אני צריך לילך אולי ימתין הגוי מלהכותו עד פרסה שניה וזה יפרוש ממנו קודם לכן: **נסע סכותה.** ולא הלך עד שעיר: **לעכו.** רחוק מכזיב:

קדושין פ: | [שם סוטה ז.] | [מגילה יב.] | [יבמות קטו.] | חולין לח. תוספתא פ"ג

תוספות

לא צריכא באשתו עמו. לכאורה מוקי לה כר"ש דאמר בפ' עשרה יוחסין (קדושין דף פ:) בזמן שאשתו עמו ישן עמהן בפונדקי שאשתו משמרתו וא"ת אמאי לא מוקי לה בשיש עמה תינוקת דבכי האי גוונא בישראל שרי ליחודי דאמר רבא התם בגמ' מתייחד אדם עם אשה ותינוקת שיודעת טעם ביאה ואינה מוסרת עצמה לביאה וי"ל דלשון לא תתייחד משמע שאין שם שום ישראלית אלא היא: **איכא בינייהו אשה חשובה בין האנשים ושאינה חשובה בין הנשים.** פ"ה חשובה למלכות ואינה יפה לרבי ירמיה דמוקי לה בקרובה למלכות הא לאו הכי לא אמרי' אשה כלי זיינה עליה אלמא איכא אשה דקטלי לה ולא יהיב גוי עלה דעתיה לביאה כגון מכוערת והכא שהיא חשובה למלכות ואינה יפה שריא ליחודי דליכא למיחש לשפיכות דמים כיון שהיא קרובה למלכות ולביאה נמי ליכא למיחש כיון שאינה יפה ולרב אידי אסורה ליחודי דכולהו כלי זיינן עליהן וחיישינן לערוה דהא רב אידי סתמא אמר למילתיה ולא קאמר הכא באשה יפה דכלי זיינה עליה ע"כ פ"ה. וקשיא חדא דלישנא דחשובה לא משמע יפה ועוד דכי אינה יפה נמי מאי הוי הא אמרינן בריש פירקין (לעיל דף כב:) חביבה עליהם בהמתן של ישראל יותר מנשותיהן ק"ו לנשותיהן של ישראל ושמא י"ל דמ"מ דאשה לא טרחי לאנסה כיון דאינה יפה מיהו קשה דלר' ירמיה לא מישתמיט תנא או אמורא בשום מקום לחלק בשבויה בין יפה לאינה יפה להתירה לכהונה ועוד קשה דלפ"ה משמע דאשה חשובה בין האנשים ושאינה חשובה בין הנשים חדא מילתא וא"כ היה לו לומר חשובה בין האנשים ואינה חשובה בין הנשים מדקאמר ושאינה חשובה כו' אלמא תרי מילי נינהו לכך נראה לפרש דודאי תרי מילי נינהו דהא דקאמר אשה כלי זיינה עליה לאו משום דדעתייהו לביאה ומשום הכי לא קטלי לה אלא טעמא מפני שאינה בעלת מלחמות ומריבות כאיש מרחמים עליה וה"פ איכא בינייהו אשה חשובה בין האנשים קרובה למלכות אם מותרת להתייחד עם האנשים גוים דלר' ירמיה אסורה להתייחד כדקאמר טעמא באשה חשובה(ג) ואז לא נפיק לן מידי משום שפיכות דמים אי לאו משום טעמא דעריות לרב אידי שריא דאמר טעמא דליכא למיחש לשפיכות דמים דאשה כלי זיינה ומרחמי עלה אבל לעריות איכא למיחש כשהיא חשובה דמירתתי מינה אף לעריות לא חיישינן ושאינה חשובה בין הנשים נמי אם היא מותרת להתייחד בין הנשים גויות איכא בינייהו דלרבי ירמיה כיון דאינה חשובה קטלי לה דלית ליה טעמא דמרחמי ולרב אידי שריא דכלי זיינה עליה כלומר דמרחמי עלה ואי משום עריות כדאמרי' בריש פירקין שהגוים מצויין אצל נשי חבריהן בת דעת היא וכשתראה שיבא הגוי תלא מיד ובירושל' גרס אשה אינה בכלל שפיכות דמים א"ר ירמיה תפתר בבריאה ורבי בון אמר אפילו בתשה יכולה אשה להטמין ולומר גויה אני ואין האיש יכול להטמין עצמו ולומר גוי אני ונראה לפרש אף כאן כפירוש הירושלמי באשה חשובה בריאה ובעלת כח אבל לעריות איכא למיחש דחיישי' דלמא מפתה לה ורב אידי אמר אשה כלי זיינה עליה מפני שיכולה להטמין עצמה ולא קטלי לה ושרי אי לאו משום עריות ובעי מאי בינייהו בין למר בין למר משום שפיכות דמים ליכא משום עריות איכא ומסיק איכא בינייהו אשה חשובה בין האנשים בריאה ובעלת כח דלר' ירמיה אסירי דאיכא למיחש שמא תפתה ורב אידי לא חייש אלא דלמא מאנסי לה ואי בריאה שריא דכיון שהיא בעלת כח אין לחוש לא לאונס ולא לשפיכות דמים א"נ ושאינה חשובה בין הנשים איכא בינייהו לרב אידי שריא להתייחד דיכולה להטמין עצמה הילכך לשפיכת דמים ליכא למיחש ולעריות נמי כיון שהיא בין הנשים ולרבי ירמיה משום שפיכות דמים דדוקא בבריאה לא חשו וא"ת בפרק האשה שהלכה (יבמות קיד:) דבעי החזיקה היא מלחמה בעולם(ד) מהו ואמרה מת בעלה אי מהימנא או לאו ובעי למיפשט דנאמנת מההיא דנפלו עלינו גוים נפלו עלינו ליסטין נאמנת דהחזיקה מלחמה הוא ודחי התם כדרב אידי דאמר אשה כלי זיינה עליה ולא אמר' בדדמי אלא ודאי המתינה עד שתראהו מת והשתא לר' ירמיה דלית ליה כלי זיינה תפשוט דנאמנת י"ל דנהי דלית ליה האי טעמא לענין התירה להתייחד מ"מ סומכת על זו שיכולה להטמין עצמה להמתין עד שתראה שימות ולא תעיד בדדמי:

רבינו חננאל

אוקימנא אפילו אשתו עמו ולא אמרינן אשתו של גוי משמרתו. ואע"פ שהיא חשובה ולא חייש' לשפיכות דמים כיון שחשודין הן על העריות לא תתיחד עמו. והני מילי גוי אבל ישראל אשתו משמרתו ובישראל אם (הוא) הם כשרים מתיחדת עם שני אנשים ואם הם פרוצים אפילו עשרה לא תתיחד עמהן. מעשה היה והוציאוה עשרה פרוצין במטה. תניא האשה אע"פ שהשלום עמה לא תתיחד עם כותים מפני שחשודין על העריות: לא יתיחד אדם עמהן מפני שחשודין על שפיכות דמים: ת"ר ישראל שנטפל לו כותי בדרך טופלו לימינו ר' ישמעאל בנו של ר' יוחנן בן ברוקה אמר בסייף טופלו לימינו במקל טופלו לשמאלו היו עולין בירידה או יורדין במעלה לא יהא ישראל למטה והכותי למעלה אלא ישראל למעלה והכותי למטה. ואל ישוח לפניו שמא ירצץ גלגלתו. שאלו להיכן אתה הולך ירחיב לו הדרך כמה שעשה יעקב לעשו עד אשר אבא אל ארוני שעירה. והלך הוא למקום אחר. מעשה בתלמידי ר"ע כו'. רב מנשא הוה אזיל

הגהות הב"ח

(א) רש"י ד"ה באשה וכו' מותרת להתייחד דמשום: (ב) ד"ה טופלו ישראל לשמאלו כדי שתהא: (ג) תוס' ד"ה איכא וכו' באשה חשובה עסקינן ולא לא: (ד) בא"ד החזיקה היא מלחמה בעולם ואמרה מת בעלי מהו מי מהימנא וכו' עלינו ליסטין הוא מת ואני נצלתי נאמנת דהחזיקה היא מלחמה ודחי התם וכו' לר' ירמי' דלית ליה אשה כלי זיינה עליה תפשוט דנאמנת וכו' לענין להתירה:

גירדנא

אֶלָּא נאמר שמדובר בִּתְלָתָא [בשלושה], יש לשאול: מדוע מדובר דווקא בגוים? דִּכְוָותָהּ [כיוצא בה] לְגַבֵּי יִשְׂרָאֵל אם היו הם פְּרוּצִים מִי שָׁרֵי [האם מותר להתייחד עימם]? וְהָתְנַן [והרי שנויה במשנה] לגבי ישראל: אֲבָל אִשָּׁה אַחַת מִתְיַיחֶדֶת עִם שְׁנֵי אֲנָשִׁים, וְעל כך אָמַר רַב יְהוּדָה אָמַר שְׁמוּאֵל: לֹא שָׁנוּ אֶלָּא באנשים כְּשֵׁרִים, אֲבָל בִּפְרוּצִים אֲפִילּוּ עֲשָׂרָה נַמִּי [גם כן] לֹא, מַעֲשֶׂה הָיָה וְהוֹצִיאוּהָ אל מחוץ לעיר לאישה אחת עֲשָׂרָה גברים בְּמִטָּה, שהעמידו פנים כאילו הם מוליכים אותה לקבורה, ולאחר מכן כולם חטאו איתה! ומשיבים: לֹא צְרִיכָא [נצרכה] הלכה זו במשנה אלא כשהיתה אִשְׁתּוֹ עִמּוֹ עם הגוי, שבישראל לא נאסר הדבר. וטעם הדבר: גּוֹי אֵין אִשְׁתּוֹ מְשַׁמַּרְתּוֹ שלא יזנה עם נשים אחרות, אֲבָל יִשְׂרָאֵל אִשְׁתּוֹ מְשַׁמַּרְתּוֹ.

שנינו במשנה שטעם האיסור לאשה להתייחד עם גוי הוא חשד לעריות. ושואלים: וְתֵיפּוֹק לֵיהּ [ותצא לו] הלכה זו מטעם אחר, שהרי יש לחשוש מִשּׁוּם שְׁפִיכוּת דָּמִים שמא יהרגו אותה! אָמַר ר׳ יִרְמְיָה: בְּאִשָּׁה חֲשׁוּבָה עָסְקִינַן [עוסקים אנו], דְּמִירְתְתִי מִינָּהּ [שמפחדים ממנה] ולכן לא יהרגוה, אבל איסור יחוד יש בה. רַב אִידִי אָמַר: אִשָּׁה כְּלֵי זֵיינָהּ עָלֶיהָ הנשק שלה נמצא עליה, שלאשה יש הגנה שלא יהרגוה מעצם היותה אשה, ולכן מצד אחד יש לחשוש לאונס או לפיתוי, אך מצד אחר אין דרך להרוג אותה. ושואלים: מַאי בֵּינַיְיהוּ [מה ההבדל ביניהם] אם הטעם הוא זה או זה? ומשיבים: אִיכָּא בֵּינַיְיהוּ [יש ביניהם הבדל]: כאשר היתה זו אִשָּׁה שֶׁחֲשׁוּבָה בֵּין אֲנָשִׁים מפני שקרובה למלכות, וְשֶׁאֵינָהּ חֲשׁוּבָה בֵּין הַנָּשִׁים שאינה יפה, שאשה כזו, לדעת ר׳ ירמיה אין בה חשש לא משום שפיכות דמים ולא משום עריות, ולדעת רב אידי — בכל אשה יש לחשוש משום עריות. תַּנְיָא כְּוָותֵיהּ [שנויה ברייתא כשיטתו] של רַב אִידִי בַּר אָבִין: הָאִשָּׁה אַף עַל פִּי שֶׁהַשָּׁלוֹם עִמָּהּ ואין לחשוש שיהרגו אותה — לֹא תִּתְיַיחֵד עִמָּהֶן, מִפְּנֵי שֶׁחֲשׁוּדִין עַל הָעֲרָיוֹת.

א שנינו במשנה: לֹא יִתְיַיחֵד אָדָם עִמָּהֶן מפני שחשודים על שפיכות דמים. באותו ענין תָּנוּ רַבָּנַן [שנו חכמים]: יִשְׂרָאֵל שֶׁנִּזְדַּמֵּן לוֹ גּוֹי בַּדֶּרֶךְ והם הולכים יחד — טוֹפְלוֹ לִימִינוֹ, ידאג שיהא הגוי מהלך לימינו, ובאופן זה יוכל הישראלי לדאוג לכך (ביד ימינו) שהגוי לא יוכל לפגוע בו. ר׳ יִשְׁמָעֵאל בְּנוֹ שֶׁל ר׳ יוֹחָנָן בֶּן בְּרוֹקָה אוֹמֵר: יש להבחין, אם היה הגוי מזויין בְּסַיִיף — טוֹפְלוֹ לִימִינוֹ, שהחרב נמצאת כרגיל בשמאלו של אדם, וכך יוכל הישראלי למונעו מלשולפה. אם היה הגוי מזויין בְּמַקֵּל — טוֹפְלוֹ לִשְׂמֹאלוֹ שתהא ידו סמוך ליד ימין של הגוי, שהיא מחזיקה באופן קבוע במקל. הָיוּ עוֹלִין בְּמַעֲלֶה אוֹ יוֹרְדִין בִּירִידָה, לֹא יְהֵא יִשְׂרָאֵל לְמַטָּה וְגוֹי לְמַעְלָה, שלא יהא עליו בעמדת יתרון אם ירצה להתקיפו, אֶלָּא יִשְׂרָאֵל לְמַעְלָה וְגוֹי לְמַטָּה. וְאַל יָשׁוּחַ (יתכופף) הישראלי לְפָנָיו, שֶׁמָּא יָרוֹץ (ישבור) אֶת גּוּלְגָּלְתּוֹ. אם שְׁאָלוֹ הגוי לְהֵיכָן הוא הוֹלֵךְ — יַרְחִיב לוֹ אֶת הַדֶּרֶךְ כלומר, יאמר לו מקום מרוחק יותר מהמקום שבאמת אליו הוא הולך, כדי שאם ירצה להרע לו יחשוב שיש בידו זמן מרובה יותר לעשות זאת. והוא כְּדֶרֶךְ שֶׁעָשָׂה יַעֲקֹב אָבִינוּ לְעֵשָׂו הָרָשָׁע, [דִּכְתִיב [שנאמר]] שאמר לו יעקב: ״עַד אֲשֶׁר אָבֹא אֶל אֲדֹנִי שֵׂעִירָה״ (בראשית לג, יד), וּכְתִיב [ונאמר]: ״וְיַעֲקֹב נָסַע סֻכֹּתָה״ (שם, יז), כלומר שאמר לו שנוסע הוא לשעיר, אף שבפועל נסע רק עד סכות. בענין זה מסופר, מַעֲשֶׂה בְּתַלְמִידֵי ר׳ עֲקִיבָא שֶׁהָיוּ הוֹלְכִים לִכְזִיב, פָּגְעוּ בָּהֶן לִיסְטִים (שודדים), אָמְרוּ לָהֶן הלסטים: לְאָן אַתֶּם הוֹלְכִים? אָמְרוּ לָהֶן שהם הולכים לְעַכּוֹ, שהיתה רחוקה יותר מייעדם האמיתי. כֵּיוָן שֶׁהִגִּיעוּ לִכְזִיב פֵּירְשׁוּ ונכנסו לעיר. אָמְרוּ לָהֶן הליסטים: [תַּלְמִידֵי] מִי אַתֶּם? אָמְרוּ לָהֶן: תַּלְמִידֵי ר׳ עֲקִיבָא אנו, אָמְרוּ לָהֶן: אַשְׁרֵי ר׳ עֲקִיבָא וְתַלְמִידָיו, שֶׁלֹּא פָּגַע בָּהֶן אָדָם רַע מֵעוֹלָם, שהבינו שמדברי רבם למדו דבר זה. מסופר, רַב מְנַשֶּׁה הֲוָה אָזַל [היה הולך]

עיונים

אלא בתלתא ובאה המשנה להשמיע לנו שאף שבדרך כלל מותר הדבר, בגוים הוא אסור, משום שהם חשודים על העריות — והרי אין זו הלכה מיוחדת לגוים כגוים, ואף בישראל נאסר הדבר במקרים מסויימים! ורש״י מסביר שנקט שלושה (ולא אמר שנים, שמותר הדבר אם מדובר בישראל), משום שאף בישראל אסור לאשה להתייחד עם שנים בדרך, לפי שמצוי שהאחד יצא לצרכיו ונמצאת מתייחדת עם אחד.

באשתו עמו ראה בגרסות, שכאן חוזרת הגמרא להעמדה הראשונה, שמדובר במשנה בגוי אחד. ומדברי כמה ראשונים משמע שיש כאן המשך הדיון בשלושה או יותר אנשים (ראה להלן). ובתוס׳ שאלו: מפני מה לא אמרו הסבר אחר (שהוא לדברי הכל) שהיתה עמה תינוקת בגיל כזה שיודעת ענין ביאה, אבל צעירה מכדי להתפתות, שהיא נחשבת לענין זה כשמירה? ותירצו שהלשון ״לא תתייחד״ משמע שהיא היהודיה היחידה ואין אחר עמה, לא גדול ולא קטן.

אין אשתו משמרתו שאין האשה הגויה מקפידה תמיד על בעלה לשומרו שלא יזנה, לפי שאף היא רוצה שתהא בידה היכולת לנאוף עם אחרים (רש״י ועוד).

אשתו משמרתו ומשמע — אפילו בישראל פרוצים, אם מצויים שם נשותיהם אין איסור לאשה להתייחד עמהם. ויותר מכך משמע מדברי הרמב״ם, שדי שאשתו של אחד מהם נמצאת שם (מאירי. וראה בטור שתמה על כך).

ותיפוק ליה משום שפיכות דמים שהרי בדין הבא של המשנה ניתן נימוק זה של שפיכות דמים, וכאן לא ניתן, ומשמע שאינו שייך במקרה זה (ריטב״א). וכן שאלו בירושלמי בתמיהה: ואין האשה בכלל שפיכות דמים?

אשה חשובה כגון שהיא קרובה למלכות, שהגוים מתייראים ממנה ואין הורגים אותה. ואיש כגון זה אינו חושש להתייחד עם הגוי, אבל באשה צריך לחשוש משום איסור עריות.

אשה כלי זיינה עליה רש״י מפרש שכרגיל אין הורגים נשים, משום שבאשה יש פיתוי של ביאה, וכיון שבא עליה (או שכוונתו לכך) שוב אינו הורגה. והראב״ד פירש (בשם ״פירוש צרפתי״) שלדעת רב אידי הכוונה היא שאם אשה יפה היא, יופיה מגן עליה משפיכות דמים. ובתוס׳ מסבירים באופן אחר, שהאשה מוגנת (״כלי זינה עליה״) דווקא משום חולשתה, שמפני שהיא חלשה ואינה שייכת למלחמה אין הדרך להרוג אותה.

וכאמור, בירושלמי גם כן העלו שאלה זו, וגם שם נתנו שני הסברים. ההסבר האחד הוא שמדובר באשה בריאה, כלומר אשה חזקה היכולה להגן על עצמה (וראה שבתוס׳ העלו את הסברה שמא אשה חשובה הנזכרת כאן אף הוא משמעו אשה חזקה). ועוד אמרו שם תירוץ אחר (וראה במאירי), שיש הבדל בין איש לאשה, שהאיש היהודי אינו יכול להחביא עצמו ולומר שאינו יהודי, אבל האשה יכולה לעשות כן (וראה בתוס׳ רבינו אלחנן שכתב שהאיש היהודי ניכר הן משום המילה, והן משום שתגלחתו ומלבושיו שונים).

מאי בינייהו כלומר, מה ההבדל ביניהם להלכה, הואיל ותמיד יש איסור על אשה להתייחד עמהם משום עריות?

אשה חשובה בין אנשים וכו׳ רש״י מסביר את המשפט הזה כביטוי אחד (והוא כנראה גורס: ״ואינה חשובה״, ולא ״ושאינה חשובה״, וראה תוס׳ שאנץ) שההבדל בין ר׳ ירמיה ורב אידי הוא במקרה שהיתה אשה חשובה בין האנשים, כלומר מקורבת למלכות, ואינה חשובה בין הנשים — שבתורת אשה אינה נחשבת, משום שהיא מכוערת. שלפי דעת ר׳ ירמיה מותרת להתייחד, שהרי אין לחשוש שיהרגוה (משום שהיא חשובה) ואין חשש שיאנסוה (מפני שאינה יפה), ואילו לדעת רב אידי אין להבחין בין אשה לאשה, ובכל מקרה אסורה להתייחד עמהם. והראשונים הרבו להקשות על פירוש רש״י, גם משום שלא מצאנו שאשה יפה תיקרא ״חשובה״, וגם משום שלא מצאנו בהלכה שיהא מי שמחלק בין אשה יפה ומכוערת לענין אונס. ועוד תמה הריטב״א, שנמצא ש״איכא בינייהו״ אינו עוסק במה שנחלקו בו, בענין שפיכות דמים, כפי שהוא בדרך כלל בתלמוד. והראב״ד מסביר שלדעת רב אידי החשיבות כלל אינה משנה, ולפיכך באשה החשובה בין הגברים ואינה יפה יש לחשוש לדעת רב אידי משום שפיכות דמים, שכיון שאינה יפה אין יופיה מגן עליה (למרות שבכל מקרה יש לחשוש לפיתוי או לאונס).

ואילו ראשונים אחרים גרסו כאן להיפך: ״אשה חשובה בין הנשים ואינה חשובה בין האנשים״, שלדעת רב ירמיה יש לחשוש משום שפיכות דמים, שהרי אינה חשובה, ולדעת רב אידי בכל מקרה ״כלי זינה עליה״, ואין לחשוש אלא משום עריות (ראה רי״ד ורמב״ן באופנים שונים, ובדומה פירש ריטב״א בשם רמ״ה).

ומפרשים אחרים הסבירו את תשובת הגמרא באופן שונה, שמדובר כאן רק בסוג אחד של ״אשה חשובה״, ויש הבדל בין רב ירמיה ורב אידי בשני מקרים שונים, המקרה האחד הוא באשה חשובה, שלדעת רב ירמיה אסור לה להתייחד בין הגברים, שאם אמנם אין חשש שפיכות דמים אבל יש חשש עריות. ואילו לדברי רב אידי, כיון שהיא חשובה אין לחשוש גם מצד עריות, לפי שיתייראו גם לבוא עליה מפני חשיבותה. ועוד הבדל הוא במקרה של אשה שאינה חשובה שבאה להתייחד בין הנשים, שלדעת ר׳ ירמיה אסור הדבר משום חשש שפיכות דמים, שהרי גם הנשים יכולות להרוג אותה. ולדברי רב אידי אין כאן חשש, לפי שלדעתו גם נשים מרחמות על אשה (תוס׳. וראה גם בריטב״א).

אף על פי שהשלום עמה רש״י מפרש: אף על פי שתמיד השלום עמה, לפי שכלי זיינה עליה. וכן כתב הריטב״א שמכאן משמע שלא נחוץ שיהא לה שלום מצד המלכות, אלא די במה ששלום עמה, כדי שלא לחוש לשפיכות דמים, אבל החשש הוא משום ערוה, וכדברי רב אידי. אבל לפירוש הראב״ד (ראה לעיל) נאמר כאן שלמרות שמדובר באשה יפה, שאין לחשוש בה לדעת רב אידי לשפיכות דמים — יש לחשוש משום עריות.

אבוא אל אדוני שעירה ונתנו טעם לדבר, שלא התכוון יעקב ללכת לשעיר, אלא הרחיב הדרך לעשו, שלא יעלה בדעתו להתנפל עליו מיד. ובמדרש (וכן מביא רש״י בפירושו לתורה, וראה במהרש״א) תהו: הרי יעקב הוא אמיתי, ומדוע לא אמר דבר אמת לעשו? ותירצו שבאחרית הימים נאמר ״ועלו מושיעים בהר ציון לשפוט את הר עשו״ (עובדיה א, כא), ואז יתקיימו דברי יעקב. ובעיון יעקב למד מכאן שגם כאשר הוא מרחיב את הדרך לגוי מן הראוי שלא יעשה זאת בשקר ממש, אלא כדרך שעשה יעקב. וכך יש להבין את דבריהם של תלמידי ר׳ עקיבא שנתכוונו בסופו של דבר להגיע לעכו, אף שמעיקר הענין מותר הדבר מפני השלום (ראה יבמות סה,ב).

אורח ההלכה

אבל אשה אחת מתייחדת וכו׳ לא תתייחד אשה אפילו עם אנשים הרבה, עד שתהיה אשתו של אחד מהם שם. כדברי רב בקדושין פא, א שסתם אנשים אינם נחשבים כשרים לענין זה. וכתב רמ״א: ויש אומרים שאשה אחת מתייחדת עם שני אנשים כשרים, אם בעלה בעיר (טור בשם הרא״ש). וסתם אנשים כשרים הם (ר״ן). אבל אם הם פרוצים, אפילו עם עשרה אסור. כדברי רב יהודה בשם שמואל כאן. וכל זה בעיר, אבל בשדה, או בלילה אפילו בעיר צריך שלושה (ב״י בשם הראב״ד) אפילו בכשרים (גם זה טור בשם הרא״ש). (רמב״ם ספר קדושה הלכות איסורי ביאה פכ״ב ה״ח. שו״ע אה״ע כב, ה בהגהה).

באשתו עמו כל אשה שאסור להתייחד עמה, אם היתה אשתו עמו — מותר, מפני שאשתו משמרתו. אבל לא תתייחד אשה אפילו עם גוים רבים, ואפילו נשותיהם עמהם. (רמב״ם שם ה״ד. שו״ע שם סעיף ג. שם יו״ד קנג, ד).

בסייף טופלו לימינו אם פגש גוי בדרך והוא חגור בחרב, טופלו לימינו. וכתב הרמ״א שאם היה לגוי מקל, הרי זה טופלו לשמאלו. וכדברי ר׳ ישמעאל בנו של ר׳ יוחנן בן ברוקה. (רמב״ם ספר נזיקין הלכות רוצח ושמירת נפש פי״ב ה״ז. שו״ע יו״ד קנג, ג).

היו עולים במעלה וכו׳ היו יהודי וגוי עולים במעלה או יורדים בירידה, לא יהא ישראל למטה והגוי למעלה (ומכל מקום טופלו קצת לימינו. רמ״א בשם ר״נ עפ״י רש״י). ולא ישחה היהודי לפני הגוי לעולם. (רמב״ם שם. שו״ע שם).

שאלו להיכן הולך שאל הגוי את היהודי בדרך להיכן הוא הולך, ירחיב לו הדרך, אם הולך מרחק קטן — יאמר לו מרחק גדול. (רמב״ם שם. שו״ע שם).

מסורת הש״ס

א. משנה קדושין פ,ב. ירושלמי קדושין פ״ד הי״א. שם ע״ז פ״ב ה״א. שמחות פ״ג ב. תנדבא״ר פי״ח.

ב. (בשינוי שם) סוטה ז,א. קדושין פ,ב. (בשינוי) ירושלמי קדושין פ״ד ה״ט.

ג. (לעניינים שונים) שבת נט,ב. פסחים קח,א. קי,ב. כתובות עא,ב. עה,א. איכ״ר (בובר) פ״א.

ד. יבמות קטו,א.

ה. ירושלמי ע״ז פ״ב ה״א. תוספתא ע״ז פ״ג ד (בשינויים). ילק״ש תורה קלג.

ו. ילק״ש תורה קלג.

גרסות

אלא בתלתא בכתי״ס: **אלא בתרי.**

לא צריכא באשתו עמו בכתי״מ: **לעולם בחד לא צריכא בשאשתו עמו** ובכתי״ס: **אלא לעולם בחד ולא צריכא בשאשתו עמו.**

גוי אין — משמרתו בכת״י ועוד: **ישראל אשתו משמרתו גוי אין אשתו משמרתו.**

דמירתתי מינה בכת״י ועוד מלים אלה חסרות.

חשובה בין האנשים ואינה חשובה בין הנשים יש במקורות: **חשובה בין הנשים ואינה חשובה בין האנשים** וראה עיונים.

ושאינה חשובה בין הנשים יש במקורות: **ואינה חשובה בין הנשים.**

ישראל שנזדמן לו גוי בכת״י ובמקורות: **ישראל שנטפל לו גוי.**

ירחיב לו בכתי״מ: **ירחיק לו.**

כדרך שעשה יעקב בכתי״מ: **כדרך שהרחיק לו יעקב.**

העולם

כזיב

כזיב (הקרויה גם בהרבה מקומות אכזיב) היא מקום ישוב עתיק מאד, המצוי על שפת הים התיכון כעשרה ק״מ צפונה מעכו (בימינו מצוי בקירבת מקום הקיבוץ גשר הזיו).

נראה כי תלמידי ר׳ עקיבא הלכו מן הצפון (הגליל העליון, או מצור) לדרום בדרך הים, ומשום כך פרשו מן הדרך סמוך לכזיב, הצפונית מעכו.

לְבֵי תוֹרְתָּא, פָּגְעוּ (פגשו) בֵּיהּ גַּנָּבֵי [בו גנבים], אָמְרוּ לֵיהּ [לו]: לְאָן קָאָזְלַתְּ [אתה הולך]? אָמַר לְהֶן: לְפוּמְבְּדִיתָא שהוא מקום רחוק יותר מאשר בי תורתא. כִּי מְטָא [כאשר הגיע] לְבֵי תוֹרְתָּא, פָּרֵישׁ [פרש] מהם, והם התאכזבו משום שהתכוונו לגנוב ממנו קודם שיגיע לפומבדיתא. אָמְרוּ לֵיהּ [לו]: תַּלְמִידָא דִּיהוּדָה רַמָּאָה אַתְּ [תלמידו של יהודה הרמאי אתה]! שהיה תלמידו של רב יהודה, וקראו לו רמאי משום שרימה אותם ומנע מהם בכך מלגנוב. אָמַר לְהוּ [להם] רב מנשה: יָדְעִיתוּ לֵיהּ [מכירים אתם אותו] שהוא רמאי, שאתם קוראים לו כך בשם גנאי? יְהֵא רַעֲוָא דְּלֶיהֱווּ הָנְהוּ אֱינָשֵׁי בְּשַׁמְתֵּיהּ [יהי רצון שיהיו אותם אנשים, אתם, בחרם שלו]. ואכן פעל עליהם הנידוי, כי מאז אָזְלוּ עֲבַדוּ גְּנֵיבְתָא עֶשְׂרִין וְתַרְתֵּין שְׁנִין וְלָא אַצְלְחוּ [הלכו עשו גניבות במשך עשרים ושתים שנים ולא הצליחו]. כֵּיוָן דַּחֲזוּ [שראו] שכך הוא, אֲתוּ כּוּלְּהוּ [באו כולם] תָּבְעוּ שַׁמְתַּיְיהוּ [את נידויים], כלומר באו לבקש מחילה כדי שיתירו להם את הנידוי, וַהֲוָה בְּהוּ חַד גִּירְדָּנָא דְּלָא אֲתָא לְשָׁרוּיֵיהּ שַׁמְתֵּיהּ [והיה בהם אורג אחד שלא בא להתיר את נידויו], ואותו אורג אֲכַלֵיהּ אַרְיָא [אכל אותו אריה]. ומעירים: הַיְינוּ דְּאָמְרִי אֱינָשֵׁי [זהו שאומרים בני אדם] בפתגם מקובל: גִּירְדָּנָא דְּלָא טַיְיזָן [אורג שאינו ביישן], ומחציף פנים, שַׁתָּא בְּצִיר מִשְּׁנֵי [שנה נגרעת משנותיו]. ומעירים: תָּא חֲזֵי [בוא וראה] מַה בֵּין גַּנָּבֵי בָבֶל וְלִסְטִין (שודדים) של אֶרֶץ יִשְׂרָאֵל, שגנבי בבל קראו לרב יהודה בשם גנאי, ואילו הליסטים (שהם אלימים יותר) שבארץ ישראל, דיברו על ר׳ עקיבא בלשון שבח על אותו ענין עצמו.

א משנה בַּת יִשְׂרָאֵל לֹא תְּיַילֵּד אֶת הַנָּכְרִית, מִפְּנֵי שֶׁמְּיַלֶּדֶת בֵּן לַעֲבוֹדָה זָרָה, אֲבָל נָכְרִית מְיַלֶּדֶת בַּת יִשְׂרָאֵל. וכן בַּת יִשְׂרָאֵל לֹא תָּנִיק בְּנָהּ שֶׁל נָכְרִית, אֲבָל נָכְרִית מֵנִיקָה בְּנָהּ שֶׁל יִשְׂרָאֵל כשהיא נמצאת בִּרְשׁוּתָהּ של ישראל.

ב גמרא ובענין ששנינו במשנתנו יש מחלוקת, שכן תָּנוּ רַבָּנַן [שנו חכמים]: בַּת יִשְׂרָאֵל לֹא תְּיַילֵּד אֶת הַנָּכְרִית — מִפְּנֵי שֶׁמְּיַלֶּדֶת בֵּן לַעֲבוֹדָה זָרָה, וְנָכְרִית לֹא תְּיַילֵּד אֶת בַּת יִשְׂרָאֵל — מִפְּנֵי שֶׁחֲשׁוּדִין עַל שְׁפִיכוּת דָּמִים, דִּבְרֵי ר׳ מֵאִיר. וַחֲכָמִים אוֹמְרִים: נָכְרִית מְיַלֶּדֶת אֶת בַּת יִשְׂרָאֵל בִּזְמַן שֶׁיהודיות אֲחֵרוֹת עוֹמְדוֹת עַל גַּבָּהּ ורואות את מעשיה, אֲבָל לֹא בֵּינָהּ לְבֵינָהּ (ביחידות) שיש לחשוש לכך. ומעירים: וְר׳ מֵאִיר אוֹמֵר: אֲפִילּוּ אֲחֵרוֹת עוֹמְדוֹת עַל גַּבָּהּ נַמִּי [גם כן] לֹא תילד בת ישראל, מדוע? דְּזִימְנִין דְּמַנְחָא לֵיהּ יָדָא אַפּוּתָא וְקָטְלָא לֵיהּ, וְלָא מִתְחֲזֵי [שפעמים שהמיילדת מניחה לו לולד הנולד יד בכח על קדקודו וכך מצליחה להרוג אותו, ואין הדבר נראה] גם אם יש שם נשים אחרות, כִּי הַהִיא אִיתְּתָא [כמו מעשה באישה אחת גויה] שֶׁאָמְרָה לַחֲבֶרְתָּהּ, כאשר רבו ביניהן, כינוי גנאי: מוֹלְדָא יְהוּדִיָּתָא בַּת מוֹלְדָא יְהוּדִיָּתָא [מיילדת יהודיות בת מיילדת יהודיות]! אָמְרָה לָהּ אותה המיילדת: נִפִישָׁן בִּישְׁתָּא דְּהַהִיא אִיתְּתָא [מרובות הרעות שיבואו על אישה זו] שמבזה אותי, דְּקָא מַשְׁפִּילְנָא מִינַּיְיהוּ דָּמָא כִּי אוּפְיָא דְּנַהֲרָא [שמוציאה אני מהם דם כמו הקצף של הנהר]. ומן הצד השני, וְרַבָּנַן אָמְרוּ לָךְ [וחכמים יכולים לומר לך] לֹא הִיא, אין הדבר כן, שאין מיילדת חשודה על כך, אלא בְּמִילְּתָא בְּעָלְמָא [בדברים בלבד] הוּא דְּאוֹקִימְתָּהּ [שהעמידה אותה], כלומר, אותה מיילדת סתם התפארה לפני חברתה בדבר שאינו אמת.

ג שנינו במשנה: בַּת יִשְׂרָאֵל לֹא תָּנִיק את בן הגויה. וגם בענין יש מחלוקת בין ר׳ מאיר וחכמים, שכך תָּנוּ רַבָּנַן [שנו חכמים]: בַּת יִשְׂרָאֵל לֹא תָּנִיק בְּנָהּ שֶׁל נָכְרִית — מִפְּנֵי שֶׁמְּגַדֶּלֶת בֵּן לַעֲבוֹדָה זָרָה, וְנָכְרִית לֹא תָּנִיק אֶת בְּנָהּ שֶׁל בַּת יִשְׂרָאֵל — מִפְּנֵי שֶׁחֲשׁוּדָה עַל שְׁפִיכוּת דָּמִים, דִּבְרֵי ר׳ מֵאִיר. וַחֲכָמִים אוֹמְרִים: נָכְרִית מֵנִיקָה אֶת בְּנָהּ שֶׁל בַּת יִשְׂרָאֵל בִּזְמַן שֶׁאֲחֵרוֹת עוֹמְדוֹת עַל גַּבָּהּ, אֲבָל לֹא בֵּינוֹ לְבֵינָהּ שיש סכנה בדבר. ומעירים: וְר׳ מֵאִיר אוֹמֵר: אֲפִילּוּ אֲחֵרוֹת עוֹמְדוֹת עַל גַּבָּהּ נַמִּי [גם כן] לא תניק, דְּזִימְנִין דְּשָׁיְיפָא לֵיהּ סַמָּא לְדַד מֵאַבְּרַאי וְקָטְלָא לֵיהּ [שפעמים שהמינקת מורחת לו סם מוות על השד מבחוץ, קודם שתיכנס לבית, והורגת אותו את היונק] על ידי כך, ואין הדבר ניכר לעומדים לידה. ומעירים: וּצְרִיכָא [וצריכה] היתה מחלוקתם להיאמר גם במינקת וגם במיילדת, דְּאִי אַשְׁמְעִינַן [שאם היה משמיע לנו] רק בִּמְיַלֶּדֶת, היינו אומרים: דווקא בְּהַהִיא קָאָמְרִי רַבָּנַן דְּשָׁרֵי [בזו אמרו חכמים שמותר], משום שלֹא אֶפְשָׁר שתפגע בוולד, מִשּׁוּם שֶׁאֲחֵרוֹת נמצאות בזמן הלידה ורוֹאוֹת אוֹתָהּ, אֲבָל מֵנִיקָה שֶׁאֶפְשָׁר דְּשָׁיְיפָא לֵיהּ [שמורחת לו] סַם לְדַד מֵאַבְּרַאי וְקָטְלָא לֵיהּ [מבחוץ והורגת אותו את היונק] — אֵימָא מוֹדֵי לֵיהּ [אמור שמודים לו] לְר׳ מֵאִיר שאסור. ולהיפך, וְאִי אַשְׁמְעִינַן [ואם היה משמיע לנו] את מחלוקתם רק בִּמֵנִיקָה, היינו אומרים: דווקא בְּהַהִיא קָאָמַר [באותה אמר] ר׳ מֵאִיר שֶׁאָסוּר, מִשּׁוּם דְּשָׁיְיפָא לֵיהּ [שמורחת לו] סַם לְדַד מֵאַבְּרַאי וְקָטְלָא לֵיהּ [מבחוץ והורגת אותו את היונק], אֲבָל מְיַלֶּדֶת, שֶׁלֹּא אֶפְשָׁר שתזיק הֵיכָא [במקום] שֶׁאֲחֵרוֹת עוֹמְדוֹת עַל גַּבָּהּ — אֵימָא מוֹדֵי לְהוּ לְרַבָּנַן [אמור שמודה להם לחכמים בזה], על כן צְרִיכָא [צריכה] המחלוקת להיאמר בשני המקרים.

ד ולכל הדעות שנינו שבת ישראל לא תיילד גויה בכל אופן. וּרְמִינְהוּ [ומשליכים, מראים סתירה] מברייתא, ששנינו בה: יְהוּדִית מְיַלֶּדֶת אֲרַמִּית גויה בְּשָׂכָר, אֲבָל לֹא בְּחִנָּם. אָמַר רַב יוֹסֵף: בְּשָׂכָר שָׁרֵי [מותר] מִשּׁוּם אֵיבָה, שאם לא תעשה כן תהיה איבה כלפי היהודים. ומעירים: וכן סָבַר [סבור היה] רַב יוֹסֵף לְמֵימַר [לומר]: אוֹלוּדֵי [ליילד] נָכְרִית בְּשַׁבְּתָא [בשבת] בְּשָׂכָר, שָׁרֵי [מותר] מִשּׁוּם אֵיבָה. אָמַר לֵיהּ [לו] אַבַּיֵי: יָכְלָה לְמֵימַר [יכולה המיילדת היהודיה לומר] לָהּ: דִּידָן, דְּמִינְטְרֵי שַׁבְּתָא [שלנו, היהודים, ששומרים שבת] — מְחַלְּלִינַן עֲלַיְיהוּ [מחללים אנו עליהם] את השבת, דִּידְכוּ, דְּלָא מִינְטְרֵי שַׁבְּתָא [שלכם, שאין שומרים שבת] — לָא מְחַלְּלִינַן [אין אנו מחללים] את השבת עבורם. ועוד סָבַר [סבור היה] רַב יוֹסֵף לְמֵימַר [לומר]: אָנוּקֵי [להיניק] בן של גויה בְּשָׂכָר שָׁרֵי [מותר] מִשּׁוּם אֵיבָה, כדרך שמותר ליילד. אָמַר לֵיהּ [לו] אַבַּיֵי: יָכְלָה לְמֵימַר [יכולה המינקת לומר] כדי להשתמט בלא איבה, אִי [אם] אשה פְּנוּיָה הִיא שאינה נשואה כעת: בָּעֵינָא לְאִינְסוּבֵי [רוצה אני להינשא] ואיני יכולה להניק, אִי [אם] אֵשֶׁת אִישׁ הִיא המינקת, יכולה לומר: לָא קָא מִזְדַּהֲמְנָא בְּאַפֵּי גַּבְרָא [איני רוצה להיות מאוסה בעיני בעלי], וכיון שיכולה לתרץ את מעשיה אין בכך משום איבה. ובענין דומה סָבַר [סבור היה] רַב יוֹסֵף לְמֵימַר [לומר], הָא דְּתַנְיָא [זו ששנויה בברייתא]: הַגּוֹיִם וְרוֹעֵי בְהֵמָה דַקָּה (יהודים) לֹא מַעֲלִין אותם מתוך הבור אם נפלו לתוכו, וְלֹא מוֹרִידִין אותם לשם — אבל אַסּוּקֵי [להעלות אותם] בְּשָׂכָר שָׁרֵי [מותר] מִשּׁוּם אֵיבָה. אָמַר לֵיהּ [לו] אַבַּיֵי, יָכוֹל לוֹמַר לוֹ לזה שנפל לבור: קָאֵי בְּרִי אַאִיגְּרָא [עומד בני עכשיו על הגג] ואני חושש לחייו, ולכן אני צריך לסולם להורידו משם, ואיני יכול להעלותך. אִי נַמִּי [או גם כן] יכול לומר לו: נְקִיטָא [קבוע] לִי זִימְנָא לְבֵי דַוָּאר [זמן לשלטונות] ואני חייב ללכת, ולכן אני מוותר על השכר, ולא תהיה בכך משום איבה. אגב שהובאה ברייתא זו, מסופר כי תָּנֵי [שנה] ר׳ אַבָּהוּ קַמֵּיהּ [לפני] ר׳ יוֹחָנָן: הַגּוֹיִם וְרוֹעֵי בְהֵמָה דַקָּה לֹא מַעֲלִין

עיונים

ידעיתו ליה רש״י מפרש: וכי יודעים אתם שרמאי הוא? אבל הר״ח גורס ומפרש קצת אחרת: יודעים אתם בו ומכירים אותו, וקוראים אתם לו רמאי?

בשמתיה לא אמר ״בשמתא״ (בנידוי) בכלל, אלא ״בשמתיה״, בנידוי שלו. שאדם גדול הוא, ונידויו יחול עליכם (רש״י). ועניינו, שמפני שפגעו בכבודו של רב יהודה, הרי נידוי זה שרב מנשה מנדה אותם אינו מפני כבודו שלו אלא מפני כבודו של רב יהודה. וכבר אמרו חכמים שהקב״ה תובע כבודו של תלמיד חכם.

גירדנא דלא טייזן כתב רש״י שסתם אורג נחשב לחצוף, והוא מה שאומרים אנשים שאם אורג הוא ואין בו בושה — יתקצרו ימיו, כשם שאירע באורג זה, שהיה היחיד שלא רצה לחזור בתשובה. ויש שפירשו זאת כהוראה: אם חצוף הוא קִצֵּר את ימיו. אכן, לפני כמה ראשונים (ראה בתוס׳ ובר״ח) היתה נוסחה אחרת: גירדנא דלטיה (או: דלייט מזליה). אורג שהתקלל (או שמזלו מקולל) מתקצרות שנותיו, כדרך שאמרו שאחרי העני הולכת העניות.

גנבי וליסטין ומסביר רש״י שסתם ליסטים גרועים מגנבים. כי ליסטים הם שודדים, שיש בהם עזות פנים ואינם מתייראים מן הבריות. ושבחה של ארץ ישראל הוא שאפילו אנשים פחותים שבה מעולים יותר מאלה של בבל.

מניקה בנה של ישראל ברשותה כלומר, ברשותה של הישראלית. ולא נאמר כן במיילדת, משום שבסתם היתה אשה יולדת בביתה (ראה תוס׳ ועוד).

ומן המשנה כאן עולה שאין כל בעיה בעצם היניקה של חלב הגויה. וכן הביאו בירושלמי לענין זה את הפסוק ״והיו מלכים אומניך ושרותיהם מניקותיך״ (ישעיה מג, כג). והראשונים דנו כאן במה שעולה לכאורה מן המדרש שיש פגם בדבר, וכן מסוגיית הגמרא במקום אחר (יבמות קיד,א) שלא הותר הדבר אלא כאשר יש סכנה לתינוק. והרשב״א הסביר כי אין כלל איסור מן הדין, ואין זה אלא ממידת חסידות, לפי שהגויה אוכלת מאכלים אסורים ליהודים, וטבעו של האדם מושפע ממה שהוא אוכל ויונק (ומשום כך נאמר כי מינקת יהודיה גם היא תקפיד שלא תאכל מאכלים אסורים). וראה בריטב״א שהעיר שבכל ספרד נהגו להחמיר בענין זה. וראה במרומי שדה.

גויה לא תיילד את בת ישראל ולשיטת ר׳ מאיר, גם אם אחרים עומדים על גבה ומשגיחים עליה — עדיין יש סכנה בדבר. וכאן מסבירים את טעמו של ר׳ מאיר באופן אחד, ואילו בירושלמי מצוי חילוק אחר, שמותרת ליילד אותה רק כאשר אינה צריכה להכניס ידיה לתוך בית הרחם, משום שאז העומדות מסביב משגיחות עליה. אבל אם מכניסה ידיה לפנים (בתוך בית הרחם), יכולה היא לגרום לאשה (או לוולד) נזק בלי שהדבר ייודע. ועוד אמרו בירושלמי שכשם שהתירו להתרפא מרופא מומחה כך התירו במיילדת, שזו אומנותה. וראה באורח ההלכה.

נפישן בישתא רש״י מסביר: כך רעות יבואו עליך כמו מספר הילדים היהודים שהרגתי. והר״ח מסביר בלשון אחרת קצת, שהיתה זו כעין שבועה, יבואו עלי רעות אם אינני הורגת בהם רבים.

כאופיא דנהרא רש״י (וכן הראב״ד ועוד) מסביר: כמו הקצף שעל גבי הנהר. ואילו הר״ח מסביר: כמו חריות (ענפים יבשים) של דקל הצפים בנהר.

אמר רב יוסף בשכר לכאורה אין רב יוסף מחדש דבר שלא נאמר בברייתא. אלא שמתחילה היו סבורים שלפי הטעם שנתנה המשנה לדין זה, מפני שמיילדת בן לעבודה זרה, אין מקום לחלק בדבר, ויש מחלוקת עקרונית בין הברייתא למשנה. ורב יוסף הסביר כי אין זה כך, ולא התירה הברייתא אלא משום איבה. וכן הסביר הראב״ד כי הברייתא אינה מדברת דווקא בשכר, אלא בכל מקרה שיש בו חשש לאיבה.

בשכר שרי משום איבה כי אם מבקשים ממנה ליילד בחינם יכולה היא לומר שמקצועה הוא להיות מיילדת והיא זקוקה לכסף, ולכן אינה עושה בחינם, ואין הדבר יוצר איבה. ופירשו ראשונים שמדובר כאן דווקא במיילדת מקצועית, אבל אשה סתם הרי יכולה להישמט בטענה שאינה בקיאה מספיק בתחום זה וכיוצא בזה (טור בשם הרשב״א).

אולודי גויה בשבת וכו׳ שאם לא תיילד אותה יש בכך משום איבה, שהרי רואה היא שאותה אשה מיילדת ילדים יהודים בשבת. ותהו בתוס׳: הרי המיילדת היא כמי שעוקר דבר מגידולו, שהוא תולדה של מלאכת קוצר, ודבר זה אסור מן התורה, וכיצד בא רב יוסף להתיר זאת משום איבה? ותירצו כי מאחר שהעובר כבר נעקר לצאת מעצמו, וכבר כלו חודשיו ואינו זקוק עוד לרחם אמו — אין בזה משום עקירת דבר מגידולו. והראב״ד כתב (וכן הרא״ה והריטב״א) כי כאן מדובר כאשר עושה דברים שאין בהם חילול שבת כלל.

דידן דמינטרי שבתא וכו׳ וטעם זה אינו רק דרך להשתמט, אלא טעם אמיתי הוא, לפי שאחד הטעמים שמחללים את השבת בפיקוח נפש הוא משום ״חלל עליו שבת אחת כדי שישמור שבתות הרבה״, וטעם זה שייך דווקא במי שהוא מצווה על שמירת שבת ולא באחרים. וכפי שכתבו המפרשים, גם לדברי אביי אין דברים אלה אמורים אלא במקום שטענה זאת מתקבלת, אך במקום שאין הדבר כך, ויש בדבר משום איבה, הרי גם לדעת אביי (שנפסקה הלכה כמותו) מיילדים ועושים בשבת שאר דברים הקשורים בטיפול והצלה. אלא שנחלקו האם מדובר גם כאשר הדבר כרוך בחילול שבת ממש (דאורייתא או דרבנן). וראה ב״אורח ההלכה״.

ורועי בהמה דקה ותהו הראשונים: מפני מה נאמר דין חמור זה ברועי בהמה דקה. שאמנם הם חשודים לרעות את בהמותיהם בשדות אחרים, והם איפוא גזלנים. אבל גם מי שהוא גזלן גמור לא אמרו בו דין זה של אין מעלין! ובתוס׳ תירצו שהיא הנותנת, כי מאחר שאין הם עושים מעשה בידים, ואינם רואים עצמם כעבריינים, ראוי להחמיר בהם ביותר, כדי להרחיק מן העבירה. ואחרים דחו הסבר זה, וכתבו כי רועי בהמה דקה מאחר שהם שונים בחטא זה ומורגלים בו, שאין הם עוברי עבירה לפי שעה, אלא עושים זאת תדיר בלי חרטה הריהם נחשבים כעין משומדים (רא״ה, וכן בתר״י).

לא מעלין כלומר, אם באו מאליהם למקום הסכנה אין מצילים אותם, ואולם לא ממיתים אותם. ודין זה שאין מעלין כתב הרמב״ם בתשובותיו שהוא משום ״לא תחנם״. ולדעת המאירי דין זה אינו אמור אלא בעמים חסרי דת וחוק, אבל לא בעמי תרבות למרות שאינם בני הדת היהודית. ורוב הראשונים פירשו כי ״אין מעלין״ מובנו שיש בכך איסור, אבל המאירי פירש כי הכוונה היא שאין מצווים להשתדל בהצלתם. ובאותו אופן נחלקו המפרשים בהבנת ״אין מורידין״, האם יש בכך איסור או שאין בכך מצוה (ראה ט״ז).

קאי בני אאיגרא כו׳ כלומר, כל עוד יכול להשתמט לפי שעה ולומר שאינו יכול להוציאו מן הבור, מאחר שאין טעם הדבר ידוע — אין הוא יוצר איבה בכך. וראה בתוס׳ חכמי אנגליה שהסבירו כי לא הוסבר מעין זה במיילדת, משום שמבחינה מעשית אינה יכולה להתחמק באופן כזה.

אורח ההלכה

בת ישראל לא תיילד בת ישראל לא תיילד בנה של גויה, וכן לא תניקנו. וכתב רע״א שאם אינם עובדי עבודה זרה וקיבלו על עצמם שבע מצוות בני נח לא נאסר הדבר. וראה להלן. (רמב״ם ספר מדע הלכות עבודה זרה פ״ט הט״ז. שו״ע יו״ד קנד, ב. וראה שם או״ח של, ח).

בזמן שאחרות עומדות וכו׳ גויה לא תיילד את בנה של ישראלית בינה לבינה אפילו אם היא מומחית (וראה בש״ך), וכן לא תניק בן ישראל בביתה, אפילו אחרים עומדים על גבה. אבל אם היה הדבר בבית ישראל מותר לה ליילד ולהניק אם אחרים עומדים על גבה. והוא הדין אם היו ישראלים נכנסים ויוצאים, אבל לא בלילה (עפ״י התוס׳).

וכתב הרמ״א שמכל מקום לא יניקו תינוק מן הגויה אם אפשר בישראלית, מפני המאכלים האסורים שאוכלת, והוא הדין שלא יינק מאשה יהודיה הנצרכת לאכול איסורים (גם אם היתה מותרת באכילתם). (שו״ע יו״ד שם סעיף א. שם פא, ז בהגהה).

בשכר שרי מה שאמרו שלא תיילד ישראלית את בן הגויה הוא כשעושה בחינם, אבל בשכר — מותר, משום איבה. כדברי רב יוסף. ודווקא בחול, אבל בשבת אסור, ואפילו אין בדבר חילול שבת, כדברי אביי, משום שאין חשש איבה בדבר. וכתבו הפוסקים כי בכל מצב בו מניעת טיפול רפואי יש בה משום איבה ומשום סיכון חיי יהודים בכל מקום שהם מותר הדבר, ואף בשבת ובמלאכות שנאסרו מן התורה (ראה בפת״ש ועוד). (רמב״ם שם. שם ספר זמנים הלכות שבת פ״ב הי״ב. שו״ע שם סעיף ב. שם או״ח של, ב).

אנוקי בשכר ישראלית לא תניק את בן הגויה אפילו בשכר. וכתב הרמ״א שאם יש לה חלב הרבה ומצער אותה — מותרת להניק. (שו״ע יו״ד שם).

הגוים ורועי בהמה הגוים ורועי בהמה דקה יהודים אין גורמים להם מיתה, ואין להצילם כאשר נטו למות מעצמם. ודין זה הוא אפילו בשכר. כאביי. וכל זה הוא כשאין בדבר חשש איבה (שאז אפילו בחינם מותר. רמ״א). וברועי בהמה דקה מדובר ברועים בארץ ישראל בזמן שרוב שדותיה ביד ישראל, ובאלו השטופים בגזל ועומדים ברשעם. (רמב״ם ספר מדע שם פ״י ה״א. שם ספר נזיקין הלכות רוצח ושמירת נפש פ״ד הי״א והי״ב. שו״ע שם קנח, א. שם חו״מ תכה, ה. וראה שם תט, א).

מסורת הש״ס

א. ירושלמי ב״ק פ״ד ה״ג. תוספתא ע״ז פ״ג ג.
ב. שם. וראה יבמות קיד,א. סוטה יב,ב. תוספתא שבת פ״ט כב. שמו״ר פ״א כה. תנחומא שמות ז.
ג. תוספתא ע״ז פ״ג ג.
ד. ראה ירושלמי ע״ז פ״ב ה״א.
ה. (נימוק זה) עירובין פא,א. יומא יב,ב. עג,א. מגילה ט,ב. כתובות מז,א. נח,ב. פא,ב. קדושין סג,א. ב״ק קב,ב. ב״מ לב,ב. הוריות יב,ב.
ו. ע״ז יג,ב (ושם סומנו מקבילות).

גרסות

בשמתיה בכתי״ס: בשמתא.

כיון דחזו — שמתייהו בכתי״מ: אתו כולהו שרו שמתייהו ובכתי״ס: אתו כולהו למישרי שמתייהו.

גירדנא בכת״י: גרדנא.

גירדנא דלא טייזן בר״ח ועוד: גירדנא דלייט מזליה וראה בתוס׳.

טייזן בכתי״מ: טייזיאן ובכתי״ס: טייזא.

שתא בציר משני בכת״י: שתא בצירא משניה.

מפני שמיילדת בן לעבודה זרה בירושלמי וכתי״מ ועוד משפט זה חסר.

בנה של ישראל בירושלמי ועוד: בנה של בת ישראל ובדפו״י ועוד: בנה של ישראלית.

אפותא בכת״י: אפותיה.

ההיא איתתא דאמרה לחברתה בכתי״מ: כי ההיא דאמרה לה לחברתה בכתי״ס: כי ההיא איתתא דהוה מנציא בהדי חברתה אמרה לה לחברתה.

דקא משפילנא בכתי״ס: כדקא משפילנא.

מינייהו דמא בכתי״מ: מינייהו.

אופיא דנהרא בכתי״מ: אופיא דימא.

אבל לא בינו לבינה ורבי מאיר אומר בכת״י: ור׳ מאיר.

דלא אפשר משום דאחרות רואות אותה בכתי״ס: דקמה ניהי.

שייפא ליה סמא בכתי״מ: דשייפא סם המות.

דלא אפשר — על גבה בכתי״מ: דקיימי עלה ובכתי״ס: דקמה ניהי.

אולודי גויה בשבתא בכתי״מ: אולודי בשבתא.

מחללינן עלייהו... לא מחללינן בכת״י: מחללינן עלייהו שבתא... לא מחללינן עלייהו שבתא.

לשון

גירדנא
מקור המלה הוא ביוונית γερδιός (גרדיוס) או γέρδις (גרדיס) ומשמעה — אורג.

טייזן
לגבי מקור המלה ומשמעה נאמרו סברות אחדות. יש סבורים שמקורה בפרסית taziyan שמשמעו ממהר, ולפיכך יהא פירוש המשפט: אורג שאינו ממהר (כאורג זה שאיחר לבקש מחילה) מקצר את שנותיו.

אופיא
לפי ר״ח נראה כי היא אותה מלה כמו אופתא בארמית, כלומר עצים. וכאן הכוונה לעצים (או חתיכות עץ) הצפים בנהר. וראה רש״י שפירש כי הכוונה לקצף, לפי מלה דומה.

בי דואר
מקור המלה הוא כנראה בפרסית davar ובפרסית הבינונית dadvar ומשמעה — שופט.

העולם

ידא אפותא
המיילדת ודאי יכולה — אם רצונה בכך — לגרום בקלות להמתת ילד כאשר אין מתבוננים היטב במעשיה. מלבד האפשרות לגרום לו לחנק, הרי מוחו של התינוק עדיין אינו מכוסה כולו בעצם, ולחיצה על החלק שאינו מכוסה יכולה לגרום למוות בלי שהדבר יהא ניכר לעין.

לעזי רש״י

אשקומ״א מן הצרפתית העתיקה escume — קצף.

לבי תורתא. מקום: **תלמידא דיהודה רמאה את.** תלמידו של רב יהודה הוה וקרו ליה רמאה כלומר ממנו למדת לרמותינו *ליסטין ישראל היו: **ידעיתו ליה.** שהוא רמאי: **בשמתיה.** לפי שהיה אדם גדול ושמתיה חיילא לייטינהו בשמתיה: [**גרדנא.** אורג]: **גרדן דלא טייזן.** עניו שהם גרדן אין לו בושת פנים: **גנבי דבבל.** שפגעו ברב מנשי נתפקרו לחרף אדם גדול: **ולסטין דארץ ישראל.** שפגעו בתלמידי ר"ע ספרו בשבחו ואע"פ שהם לסטין פרולין מגנבים להודיעך שבחה של א"י: **מתני' מניקה בנה של ישראל ברשותה.** דישראלית אבל לא תמסרנו להוליכו בביתה שלא תהרגנו: **גמ' נכרית לא תיילד את בת ישראל.** ואפילו אחרות ישראליות עומדות על גבה: **אפותא.** על מצחו של תינוק מקום שמוחו של תינוק רופס: **ולא מתחזי.** לא מינכרא שהרגתו: **נפישן בישתא דההיא איתתא.** כך וכך רעות יבואו עליך כמנין שהשפלתי מהן והרגתי בהן: **כי אופיא דנהרא.** אשקומא: **ורבנן.** [ג]קסברי בזמן שאחרות עומדות על גבה שרי אמרי לך במילתא בעלמא הוא דאוקימתה: **דשייפא סמא.** סם המות שפה בדדיה: **ולא מיתחזי מאבראי.** לא גרס הכא עד לקמיה: **ואחרות רואות.** דאי מנחא ידא אפותא חזי ליה דאגב דחשידי יהבי ישראליות עינייהו עלה ומירתתא אבל מניקה דאפשר דשייפא סמא לדד מאבראי קודם שתכנס לבית ישראל אימא מודו ליה לר"מ: **בשכר שרי משום איבה.** ומתני' בחנם קמיירי דמצי לאישתמוטי ולמימר לריכה אני לשכר מזונותיי: **אולודי נכרית בשבתא שרי.** בשכר כבחול משום איבה דהא איהו חזו דמיילדין לנשי דידן בשבת כבחול: אסוקי בשכר שרי כו': **קאי ברי אאיגרא.** ואם לא אורידנו ימות ונוח לי להפסיד שכרי ולהצילו: **נקיטא לי זימנא לבי דואר.** השלטון קבע לי זמן ליום וועד ואם לא אלך יצא שכרי בהפסדי:

[זהו התחלת הדיבור ושייך לעיל כה: פגעו בהן לסטין]

[תוספתא פ"ג]

[עי' ערוך ערך אפי א' אי' קלת בנוסחא אחרת ופירוש יפה]

לבי תורתא פגעו ביה גנבי אמרו ליה לאן קאזלת אמר להן לפומבדיתא כי מטא לבי תורתא פריש אמרו ליה תלמידא דיהודה רמאה את אמר להו ידעיתו ליה יהא רעוא דליהוו הנהו אינשי בשמתיה אזלו עבדו גניבתא עשרין ותרתין שנין ולא אצלחו כיון דחזו אתו כולהו תבעו(א) שמתייהו והוה בהו חד גירדנא דלא אתא לשרויה שמתיה אכלי' אריא היינו דאמרי אינשי גירדנא דלא טייזן שתא בציר משני תא חזי מה בין גנבי בבל
א ולסטין דארץ ישראל: **מתני'** [א]בת ישראל לא תיילד את הנכרית מפני שמילדת בן לעבודה זרה [ב]אבל נכרית מילדת בת ישראל [א][ג]בת ישראל לא תניק בנה של נכרית [ד]אבל [ב]נכרית
ב מניקה בנה של ישראל ברשותה: **גמ'** ת"ר [ג]*בת ישראל לא תיילד את הנכרית מפני שמילדת בן לעבודה זרה ונכרית לא תיילד את בת ישראל מפני שחשודין על שפיכות דמים דברי רבי מאיר וחכמים אומרים [ה]נכרית מילדת את בת ישראל בזמן שאחרות עומדות על גבה אבל לא בינה לבינה ור"מ אומר [ד]אפי' אחרות עומדות על גבה נמי לא דזימנין דמנחא ליה ידא אפותא וקטלא ליה ולא מתחזי כי ההיא איתתא דאמרה לחברתה מולדא יהודייתא בת מולדא יהודייתא אמרה לה *נפישן בישתא דההיא איתתא דקא משפילנא מינייהו דמא כי אופיא דנהרא ורבנן א"ל לא
ג היא במילתא בעלמא הוא דאוקימתה: בת ישראל לא תניק: ת"ר בת ישראל לא תניק בנה של נכרית מפני שמגדלת בן לעבודה זרה ונכרית לא תניק את בנה של בת ישראל מפני שחשודה על שפיכות דמים דברי ר"מ וחכ"א [ו]נכרית מניקה
מינין
את בנה של בת ישראל בזמן שאחרות עומדות על גבה אבל לא בינו לבינה ורבי מאיר אומר אפילו אחרות עומדות על גבה נמי לא דזימנין דשייפא ליה סמא לדד מאבראי וקטלא ליה וצריכא דאי אשמעינן מילדת בההיא קאמרי רבנן דשרי דלא אפשר [ה]משום דאחרות רואות אותה אבל מניקה דאפשר דשייפא ליה סם לדד מאבראי וקטלא ליה אימא מודי ליה לרבי מאיר ואי אשמעינן מניקה בההיא קאמר רבי מאיר דאסור משום דשייפא ליה סם לדד מאבראי וקטלא ליה אבל מילדת דלא אפשר
ד היכא דאחרות עומדות על גבה אימא מודי להו לרבנן צריכא ורמינהו יהודית מילדת ארמית בשכר אבל לא בחנם אמר רב יוסף [ז]בשכר שרי משום איבה סבר רב יוסף למימר אולודי נכרית בשבתא בשכר שרי משום איבה א"ל אביי [ח]יכלה למימר לה דידן דמינטרי שבתא מחללינן עלייהו דידכו דלא מינטרי שבתא לא מחללינן סבר רב יוסף למימר אנוקי בשכר שרי משום איבה אמר ליה אביי [ט]יכלה למימר אי פנויה היא בעינא לאינסובי אי אשת איש היא לא קא מזדהמנא באפי גברא סבר רב יוסף למימר הא דתניא [י]הגוים ורועי בהמה דקה לא מעלין ולא מורידין אסוקי בשכר שרי משום איבה אמר ליה אביי יכול לומר לו קאי ברי אאיגרא אי נמי נקיטא לי זימנא לבי דואר *תני רבי אבהו קמיה דר' יוחנן [כ]הגוים ורועי בהמה דקה לא מעלין ולא

[סנהדרין נז. ע"ש לעיל יג: תוספתא ב"מ פ"ב]

גירדנא דלא טייזן. פ"ה עניו כי שהם גירדן עז פנים הוא ובערוך גרים גירדנא דלטייה(ג) קללה כלומר דלייט מזליה שתא בצרא משניה כלומר בתר ענייה אזל עניותא:

נכרית מניקה בנה של ישראל בזמן שאחרות עומדות על גבה אבל לא בינו לבינה. פירוש ואפילו ברשות הישראלית דפלוגתא דהנקה דומיא דמילדת ומילדת סתמא ברשות ישראל היא ואפ"ה אינו שרי אלא באחרות עומדות על גבה ומיהו בישראל יוצא ונכנס שרי דעומד על גביו קרינא ביה כדמוכח פרק רבי ישמעאל (לקמן דף נח.) ואם כן צריך ליזהר שלא להניח ישראלית ההולכת חוץ לעיר את בנה יחידי בבית ביד מינקת נכרית אם אין ישראלית בעיר יוצאות ונכנסות תמיד שם ואפ"ה מזמן שכיבה ואילך אסור להניחו יחיד ועל תינוק ותינוקת שמשהין בבית הגוי יחידים לרפאותן הורה ר"י דאסור מכמה עניינים שהם חשודים על שפיכות דמים ואפילו הם גדולים קלת ימשיכו' למינות ירושלמי נכרית מניקה בנה של ישראל דכתיב (ישעיה מט) והיו מלכים אומניך ושרותיהם מניקותיך תני יונק התינוק והולך מן הנכרית ומבהמה טמאה ומביאין לו חלב מ"מ ואין חוששין לא משום שקץ ולא משום טומאה:

ורמינהו יהודית מילדת נכרית וכו'. והמקשה לא עלה בדעתו להעמיד המשנה בחנם משום דתלי טעמא מפני שמילדת בן לעבודה זרה ורב יוסף אסיק דאפילו הכי בשכר שרי משום איבה: **סבר רב יוסף למימר אולודי בשבת בשכר שרי.** תימה לרב יוסף דס"ד דשרי ולאביי נמי דמשני דליכא איבה משמע הא איכא איבה שרי היכי שרינן משום איבה מילתא דאית ביה איסורא דאורייתא דאמרינן בפרק שמונה שרצים (שבת דף קז:) הושיט ידו למעי בהמה ודלדל עובר שבמעיה חייב משום עוקר דבר מגידולו דהוא תולדה דגוזז וי"ל דהכא ביושבת על המשבר שכבר נעקר לצאת א"נ כיון דכלו לו חדשיו פסקו גידוליו:

והרועים בהמה דקה. פירוש בשלהן דאי בשל אחרים הא אמרינן בפ"ק דב"מ (דף ה:) אין אדם חוטא ולא לו וא"ת מאי האי דאחמור רבנן ברועים שאינם פסולים אלא מדרבנן וגם הם כשרים לעדות אשה כדאיתא בספ"ק דר"ה (דף כב.) ואילו בגזלנין שהם פסולין מן התורה לכל עדות שבתורה לא אחמור כולי האי וכן מומר אוכל נבילות לתיאבון דלכ"ע אמרי' הכא דאיתרבי(ד) בין השבת גופו והשבת ממונו דחייב להעלות ואסור להוריד ואור"י דהיא הנותנת משום דלא פסילי אלא דרבנן עשו חכמים חיזוק כדי שיתנו לב לשוב וב"ד היו מכין ועונשין שלא מה"ת: **לא מעלין.** ואפי' לר"מ דאמר(ה) בפ"ק (דף כ.) לגוי בנתינה: ולא

עין משפט נר מצוה

יז א מיי' פ"ט מהלכות עבודת כוכבים הלכה טז סמג לאוין מה וסה טור וש"ע י"ד סימן קנד סעיף ב:
יח ב מיי' שם טוש"ע שם סעיף א:
יט ג מיי' שם טוש"ע שם סעיף ב:
כ ד ה ו מיי' שם טוש"ע שם סעיף א:
כא ז ח ט מיי' שם טוש"ע שם סעיף ב:
כב י כ מיי' פ"י מהל' עבודת כוכבים הל' א ופ"ד מהלכות רוצח הלכה יא סמג לאוין קנג טוש"ע י"ד סימן קנח סעיף א וטוש"ע ח"מ סימן תכה סעיף ה:

רבינו חננאל

לבי תורתא פגעו ביה גנבי אמרו ליה להיכן קא אזלת הרחיב להן את הדרך ואמר להן לפומבדיתא אמרו הם בדעתם במקום פלוני נקח מה שעמו כי מטא לבי תורתא פריש ועאל למדינתא אמרו ליה תלמיד יהודאה רמאה אנת אמר להו ידעיתו ליה ורמאה קריתו ליה ליהוו הנך אינשי בשמתיה עבוד גנובתא ולא אצלחו אתו כולהו תבעו ושרא להו חד מינייהו לא אתא אכליה אריא: אמר רב פפא היינו דאמרי אינשי גירדנא דלייט מזליה שתא בצירא ליה מן שניה: תא חזי לסטיא דא"י אמרו לתלמידי ר' עקיבא אשרי ר' עקיבא ותלמידיו ולסטיא דבבל אמרו תלמיד יהודאה רמאה אנת: פיס' בת ישראל לא תיילד את הנכרית. אסיקנא בת ישראל לא תיילד בנה של נכרית מפני שמגדלת בן לעבודה זרה נכרית מיילדת בת ישראל בזמן שאחרות עומדות על גבה אבל לא בינה לבינה ואע"ג דאמרה ההיא חייתא נכרית נפישא בישתא דההיא איתתא דקא משפלנא מינייהו כי אופי בנהרא פי' כיון שגינו אותה חברותיה ואמרו לה מיילדת של יהודים השיבה להם המילדת יבואו עליה רעות רבות אם אינה הורגת מהן כמו חריות שעל הנהר כלומר איני מילדת אותם אלא מתכונת להורגן לא חיישינן לה שלא אמרה אלו הדברים באמת אלא לדחות הגנות שגינו אותה: בת ישראל לא תניק בנה של נכרית. אסיקנא בת ישראל לא תניק בנה של נכרית מפני שמגדלת בן לעבודה זרה ונכרית מניקה בת ישראל בזמן שאחרות עומדות על גבה דכתיב והיו מלכים אומניך ושרותיהם מניקותיך והא דתניא יהודית מילדת נכרית בשכר אבל לא בחנם אוקמא רב יוסף למימר אולודי נכרית (בשבת) משום איבה התירו לה בשכר: סבר רב יוסף למימר אולודי נכרית בשבת [בשכר] וכן אנוקי בנה של נכרית וכן הא דתניא

הגהות הב"ח

(א) גמ' תבעו לישרו שמתייהו: (ב) רש"י ד"ה ורבנן דקסברי: (ג) תום' ד"ה גירדנא וכו' דלטייא כלומר כצ"ל ותיבת קללה נמחק: (ד) ד"ה והרועים וכו' דאיתרבי ביה השבת גופו: (ה) ד"ה לא וכו' בפ"ק. נ"ב בדף כ ועיין במ"ש התוספות לעיל בד"ה ר' יהודה:

גליון הש"ס

גמרא הגוים והרועים. עיין לעיל דף ז ע"ב תוספות ד"ה ש"מ ודף י ע"ב תוספות ד"ה חד:

תורה אור

ולא מורידין אאבל המינין והמסורות והמשומדים היו מורידין ולא מעלין א"ל אני שונה אלכל אבידת אחיך בלרבות את המשומד ואת אמרת היו מורידין גסמי מכאן משומד ולישני ליה בכאן במשומד אוכל נבילות לתיאבון כאן במשומד אוכל נבילות להכעיס קסבר ג דאוכל נבילות להכעיס מין הוא איתמר משומד *פליגי(א) רב אחא ורבינא חד אמר לתיאבון משומד הלהכעיס מין הוי וחד אמר אפילו להכעיס נמי משומד אלא איזהו מין זה העובד אלילי כוכבים מיתיבי אכל פרעוש אחד או יתוש אחד הרי זה משומד והא הכא דלהכעיס הוא וקתני משומד התם בעי למיטעם

א טעמא דאיסורא אמר מר היו מורידין אבל לא מעלין השתא אחותי מחתינן אסוקי מיבעי אמר רב יוסף בר חמא אמר רב ששת לא נצרכא שאם היתה מעלה בבור מגררה דנקיט ליה עילא ואמר לא תיחות חיותא עלויה רבה ורב יוסף דאמרי תרוייהו לא נצרכא שאם היתה אבן על פי(ב) הבאר מכסה אמר לעבורי חיותא עילויה רבינא אמר ישאם היה סולם מסלקו אמר בעינא לאחותי

ב ברי מאיגרא ת"ר ד*ישראל מל את הגוי לשום גר לאפוקי לשום מורנא דלא זוגוי לא ימול ישראל מפני שחשודין על שפיכות דמים דברי רבי מאיר וחכמים אומרים גוי מל את ישראל בזמן שאחרים עומדין על גבו אבל בינו לבינו לא ורבי מאיר אומר אפילו אחרים עומדים על גבו נמי לא דזימנין דמצלי ליה סכינא ומשוי ליה כרות שפכה וסבר ר"מ ארמאי לא ורמינהו ה*עיר שאין בה רופא ישראל ויש בה רופא כותי ורופא ארמאי ימול ארמאי ואל ימול כותי דברי ר"מ רבי יהודה אומר ימול כותי ואל ימול ארמאי איפוך ר"מ אומר ימול כותי ולא ארמאי ר' יהודה אומר ארמאי ולא כותי וסבר ר' יהודה ארמאי שפיר דמי והתניא ור' יהודה אומר מנין למילה בגוי שהיא פסולה שנא' זואתה את בריתי תשמור אלא לעולם לא תיפוך והכא במאי עסקינן ברופא

(דברים כב) (בראשית טז)

מינין. כומרין לעבודה זרה בין גוים בין ישראלים: מסורות. מלשינים לשקר המוסרין ממון חבריהם ביד גוים אנסין: לתיאבון. כשאין להם בשר אבל אינו מופקר להיות איסור והיתר לפניו להניח היתר ולאכול איסור ואם עושין כן זה להכעיס: מין הוא. והא תנא ליה רישא מינין בכמה דברים מלינו חילוק בין מין למשומד כגון *ספר תורה שכתבו מין ישרף ודהכא: פרעוש ויתוש. אין אדם אוכלן לתיאבון: לטעום טעמא דאיסורא. לא להכעיס אלא מתאוה לטעום טעמו לפי שאין ישראל טועמו מעולם: שאם היתה מעלה בבור. עשויה בקרקע ויכול לעלות(ג) מגררה והאי לא מעלין דקאמר אין מניחין לעלות קאמר: דנקיט ליה עילא ואמר. כלומר אית ליה לאישתמוטי מאיבה ולמימר ליה: דלא תיחות חיותא דידיה עליה. דרך מעלה זו ותמות בבור: בעינא לאעבורי חיותא עליה. צריך אני להעביר עדר צאני למרעה ודרכי על שפת בור זה וירא אני שלא יפלו: לאפוקי לשום מורנא. תולעת שיש לו בערלתו דלא דאסור לרפאותו בחנם דהא אמרן לא מעלין ולא מורידין: דמצלי. מטה הסכין כדמתרגמינן מטה משפט מצלי דין: כרות שפכה. מי שנכרת לו מן הגיד מן העטרה ולמעלה לצד הגוף ושוב אינו מוליד: רופא. שיודע למול: ימול ארמאי. שאין מילתו לשם עבודה זרה שהרי אין דרכם למול את בניהם: ואל ימול כותי. שמל לשם דמות יונה שמצאו בראש הר גריזים ועובדין לה עבודה כדאמר בהכל שוחטין (חולין דף ו.) ומלין את בניהם לשם יונה זו: כותי. ולא ארמאי מפני שחשוד על שפיכות דמים:

רופא

ולא מורידין. וא"ת הא אמרינן במסכת סופרים (פט"ו) כשר שבכנענים הרוג וי"ל דבירושלמי דקדושין מפרש דהיינו בשעת מלחמה ומביא ראיה מויקח שש מאות רכב בחור ומהיכן היו מהירא את דבר ה' ואע"פ שסתם כנענים עובדי עבודה זרה הם ועוברין על שבע מצות מכל מקום אין מורידין דרבינהו בקרא להתירא דכתי' והיה לך למס ועבדוך (דברים כ): אני שונה לכל אבידת אחיך לרבות המשומד. תימה מאי פריך דלמא לעולם אימא לך דמורידין ואפילו הכי משיבין לו אבידתו דהא במסור לאנסים* אף על פי שממונו אסור לאבד ביד משום דדלמא נפיק מיניה ברא מעליא דכתיב יכין רשע ולדיק ילבש ואפ"ה היו מורידין וי"ל דשאני הכא דמההוא קרא דמרבינן השבת אבידתו ילפינן השבת גוף בישראל והשבותו לרבות אבידת גופו *וכמו דאתרבי ישראל איתרבי(ד) לכולהו בין לממונו בין לגופו ואפילו להעלותו צריך ולפדותו כדמשמע פרק השולח (גיטין דף מז.) דבעי רבי אמי למיפרקיה אם היה משומד לתיאבון אלא לפי שהיה משומד להכעיס קאמר לא שבקינן לי למפרקינך וגם להלוותו ברבית אסור כדמשמע בפרק איזהו נשך (ב"מ דף סג.) אהדר ליה דניחי בהדך ומשומד לתיאבון אתה מצווה להחיותו ומיהו משומדים של זמניהם להכעיס הן דשבקי התירא ואכלי איסורא ומטמעי בין הגוים וכל להכעיס אי אתה מצווה להחיותו כדמשמע מההיא דגיטין (דף מז.) דלא מחייב למפרקיה ומותר ליקח מהם רבית ואע"פ שאסור ליתן להם רבית משום לא תשיך ומשום לפני עור והוי ליה למימר כל היכא דקרינא ביה לא תשיך קרי ביה לא תשוך מ"מ כיון דאין אתה מצווה להחיותו אינך מצווה להלוותו בלא רבית דלא קרינא ביה וחי אחיך עמך ואמרינן(ה) בירושלמי דמכילתין כותאי דקסרי מותר להלוותן ברבית והא דאמרינן *)עודיה לוה מיהורם בן אחאב ברבית כדי לפרנס הנביאים אף על גב דיהורם ישראל משומד הוה ואסור ליתן לו רבית שאני התם לפיקוח נפש הוה ומלוה אבל מסור מיגרע גרע מיניה ובכל מקום שונה מסור אבל מין ולא איתרבי אבל אבדה ושמא מאן דאית ליה* ממון מסור אסור לאבדו ביד אית ליה נמי דמשיבין אבידתו ומטעמא דיכין רשע ולדיק ילבש: סמי מכאן משומד. נראה דדוקא לגבי הורדה לבור מסמי ר' יוחנן משומד מלמתנייה בהדי משומדים אבל לדברים אחרים מלינו בכמה מקומות שונה מינים ומשומדים יחד בפ"ק דראש השנה (דף יז.) המינים והמשומדים והמסורות יורדין לגיהנם ובפרק השולח (גיטין דף מה:) ס"ת שכתבו מין ומשומד ומסור וכו': וחד אמר להכעיס נמי משומד. תימה מדתני בפ"ב דהוריות (דף יא.) אכל חלב הרי זה משומד ואיזהו משומד אוכל נבלות וטרפות שקלים ורמשים ובעי תלמודא מאי קאמר ומסיק ה"ק אכל חלב לתיאבון הרי זה משומד להכעיס הרי זה מין ואיזהו משומד שסתמו מין פי' דמחלב לא ידעינן דשמא אכלו לתיאבון משום שהוא טוב לאכול ומש"ה קאמר זה האוכל נבילות וטרפות פי' נבלה שמתה מחמת חולי וטרפה שנשברה מפרקתה שמתה והולכת ואינה ראויה לאכילה ואם כן לא אכל אלא להכעיס אבל לא מיירי *בשנשחטה בסכין דלא הוי קרוי מין בסתמא דשמא אכלה לתיאבון שהיא טובה לאכול ובשלמא לרבי יוחנן ניחא דקאמר דמשומד אוכל נבלות להכעיס מין הוא אלא למ"ד משומד מאי איכא למימר(ו) הרי זה אוכל נבלות שקלים ורמשים י"ל דמאן דאית ליה הכא דהוי משומד מפ' לברייתא הכי אכל חלב הרי זה משומד סתמו לתיאבון שטוב הוא לאכול ומכריזין על אבידתו ואין מורידין ואיזהו משומד שסתמו להכעיס ואין מכריזין על אבידתו וגם היו מורידין אותו לבור אוכל נבלות וטרפות דמאיסי דומיא דשקלים ורמשים: איזהו מין זה העובד עבודה זרה. הכא משמע דישראל משומד לעבודה זרה נקרא מין ותניא בפ"ק דחולין (דף יג.) שחיטת מין לעבודה זרה פתו פת כותי וכו' וקשה דבפ"ק דחולין (שם:) אמרינן אין מינין בגוים ובעי למאי הלכתא לשחיטה ויין נסך השתא שחיטת מין דישראל אסורה דגוים מיבעיא ומאי קושיא הא אשכחנא ישראל עובד עבודה זרה חמור מגוי דאילו ישראל משומד לעבודה זרה הרי זה מין ולכ"ע משמע הכא דמורידין וגוים אע"פ שכולם עובדי עבודה זרה אין מורידין ואף לענין שחיטה כיון דהוי מין תניא התם שחיטת מין לעבודה זרה ואילו גוי לא אשכחנא דאמר סתם מחשבת גוי לעבודה זרה אלא ר' אליעזר י"ל דהא דאמר שחיטת מין לעבודה זרה היינו בכומר לעבודה זרה שהוא אדוק ביותר אבל ישראל העובד עבודה זרה אין שחיטתו כשחיטת מין וראיה מדאמר בפ"ב דחולין (דף לט.) השוחט לזרוק דמה לעבודה זרה רבי יוחנן אמר אסורה ורשב"ל אמר מותרת ופ"ה לשם דמותרת אף באכילה ואע"פ שהשוחט חייב מיתה כדאמר פרק ארבע מיתות (סנהדרין דף סא.) עד כאן לא אמר רשב"ל אלא בהמה אבל גברא בר קטלא הוא מידי דהוה אמשתחוה להר דהר מותר ועובדו בסייף אלמא אף בעובד עבודה זרה אין שחיטתו נאסרת בסתם: התם בעי למיטעם טעמא דאיסורא. תימה מאי שנא אוכל פרעוש או יתוש מאוכל שקלים ורמשים דהוא מין אף בסתמא בברייתא דהוריות (דף יא.) שהבאתי לעיל י"ל דהכא מיירי במפרש בהדיא דלכך הוא עושה א"נ התם קתני אוכל שקלים ורמשים דמשמע הרבה בזה אחר זה דמקמייתא טעם טעמא אבל הכא קתני פרעוש אחד או יתוש אחד: דלא תיחות חיותא עילויה. משמע דאמר הכי לאשתמוטי כי היכי דלא תהוי איבה ותימה מאי איבה שייכא הכא הא (אין) מורידין ואפילו לכתחלה י"ל דמורידין היינו כשידינו תקיפה בזה"ב אבל לא מעלין אף(ז) אין ידינו תקיפה היכא דאית ליה לאשתמוטי ומעיקרא הכי פריך השתא אחותי מחתינן כשידינו תקיפה אסוקי השתא מיבעיא כיון שיוכל לאשתמוטי ולילך לו:

לאפוקי לשם מורנא דלא. כפ"ה דאסור לרפאות בחנם אבל בשכר שרי משום איבה וראיה(ח) בפרק מי שאחזו (גיטין דף ע.) דרב שימי בר אשי עבדא ליה להוא גוי לדבר אחר ואיתסי אלמא שרי לרפאות גוי אלא ודאי בשכר הוה ועוד י"ל דהתם נמי בחנם הוה ולהתחכם ברפואות יכול להיות מותר וכן משמע מפני שלא היה בקי ברפואות עשה כן:

ברופא

בג א מיי' פ"י מהלכות עבודת כוכבים הל' א ופ"ד מהלכות רוצח ה"י סמג לאוין קנג טוש"ע יו"ד סי' קנח סעיף ב' וטוש"ע חו"מ סי' תכה ס"ה:

בד ב מיי' פי"א מהל' גזילה ואבידה הלכה ב סמג עשין עד טוש"ע ח"מ סי' רסו סעיף ב:

בה ג מיי' פ"ד מהלכות רוצח הלכה יב (ופ"ט מהלכות עבודת כוכבים) סמג לאוין קסג טוש"ע ח"מ סימן תכה סעיף ה וטוש"ע י"ד סימן קנח סעיף א:

בו ד ה מיי' פ"ד מהל' רוצח הלכה י ופי"א מהלכות אבידה הלכה ב סמג שם וסי' עד טוש"ע ח"מ סימן תכה סעיף ה וסימן רסו סעיף ב:

בז ו מיי' פ"ד מהלכות רוצח הלכה י סמג שם טוש"ע ח"מ סימן תכה סעיף ה וטור ש"ע י"ד סימן קנח סעיף ב:

בח ז מיי' פ"ב מהלכות מילה הלכה א סמג עשין כח טור וש"ע י"ד סימן רסד סעיף א:

רבינו חננאל

דתניא הגוים והרועים בהמה דקה לא מעלין ולא מורידין אלו כולן בשכר שרי. ודחאם אביי ואמר המילדת יכולה לומר לגויה דידן דמנטרי שבתא מחללינן עלייהו שבתא דידכון דלא מנטרי שבתא לא מחללינן עלייהו שבתא. באנוקי אי פנויה היא יכולה למימר בעינא לאינסובי ולא מגלינא נפשאי ואי אשת איש היא יכולה למימר לא מזדהמנא באפי בעלי. הגוים והרועים נמי יכיל למימר ברי קאי איגרא ומסתפינא דלמא נפיל ואנא רהיטנא לאחותיה אי נמי נקיטא לי זימנא לבי דוור כלומר קבע לי זמן השופט שאם לא אבוא יחתוך עלי הדין ואני רץ לומר לו הנה באתי: תני רבי אבהו קמי דר' יוחנן המינין והמסורות והמשומדין והאפיקורסין היו מורידין אבל לא מעלין אמר ליה אני שונה לכל אבידת אחיך לרבות את המשומד כי אחיך הוא ואת תנית מורידין סמי מכאן משומד ש"מ דאפיקורוס רע מן המשומד הוא: איתמר (מ"ש) משומד לאכול נבילה פליגי בה רב אחא ורבינא חד אמר לתיאבון משומד להכעיס מין הוא וחד אמר אפילו להכעיס משומד אלא איזהו מין זה העובד עבודה זרה. מיתיבי אכל פרעוש אחד או יתוש אחד הרי זה משומד והא הכא להכעיס הוא וכו' ופשוטה היא: אמר מר היו מורידין ולא מעלין ומקשינן אחותי מחתינן להו אסוקי אצטריך ליה למימר דלא מסקינן. ופרקינן לא נצרכא אלא אם היתה מעלה בבור ויכול לעלות מגררה ואומר לו שלא ירד עליך חיה רעה אני מגררה או מטיל אבן גדולה על פי הבור ואומר לו להעביר בהמותיי אני צריך ומתיירא שמא יפלו בבור כלומר והיו באין בעלילות אבל לא היו הורגין אותם בידים: ת"ר ישראל מל את הגוי לשום גירות אבל לרפאותו משום מורנא אסור פי' מורנא תולעים כדגרסי' בגמ' דטריפות [דף מט] מורנא פליגי בה רב אחא ורבינא: וגוי לא ימול את ישראל מפני שחשודין על שפיכות דמים ואפי' אחרים [עומדים] על גביו זימנין דמצלי ליה לסכיניה ומשוי ליה כרות שפכה דברי ר"מ וחכ"א בינו לבינו לא ימול אבל מל הוא בזמן שאחרים [עומדים] על גביו ולא חיישינן דלמא מצלי ליה לסכינא ומשוי ליה לינוקא כרות שפכה ומקשי' וסבר ר"מ עובד

[גיטין מה:]

הוריות יא.

[כדאיתא ב"ק קיט.]

[כדאיתא ב"ק פא: ובסנהדרין עג.]

[ב"ק קיט.]

מנחות מב.

הגהות הב"ח

(א) גמ' פליגי ביה רב אחא: (ב) שם אבן על פי הבור מכסה אמר בעינא לעבורי חיותא עלויה רבינא אמר לא נצרכא שאם היה סולם: (ג) רש"י ד"ה שאם וכו' לעלות בה מגררה: (ד) תוד"ה אני וכו' וכמו דאתרבי ישראל אתרבי נמי משומד לכולהו: (ה) בא"ד ואמרינן נמי בירושלמי: (ו) ד"ה וחד וכו' מאי איכא למימר בהא דקתני ואיזהו משומד אוכל נבילות וטרפות שקלים ורמשים י"ל: (ז) ד"ה דלא וכו' אף אם אין ידינו: (ח) ד"ה לאפוקי וכו' וראיה מפרק וכו' עבד ליה:

פי' בעובד כוכבים ששחט או בסכין פגומה ויותר נראה להגיה בשנשחטה בלא סכין רש"א

גליון הש"ס

תום' ד"ה ולא וכו' דכתי' והי' לך למס. עיין לקמן דף סד ע"ב תוס' ד"ה איזהו וכבר העיר בזה הגאון מהרי"ף ז"ל:

*) [שמו"ר פל"א ובתנחומא פ' משפטים]

וְלֹא מוֹרִידִין, אֲבָל הַמִּינִין (הכופרים) וְהַמָּסוֹרוֹת (המלשינים) וְהַמְשׁוּמָּדִים שעוברים עבירות באופן קבוע — מוֹרִידִין לבור, גורמים להם למות, וְלֹא מַעֲלִין. אָמַר לֵיהּ [לו]: אֲנִי שׁוֹנֶה על הכתוב ״לְכָל אֲבֵדַת אָחִיךָ״ (דברים כב, ג) שבא הכתוב לְרַבּוֹת אֶת הַמְשׁוּמָּד שמצוה להשיב אף לו את אבידתו, וְאַתְּ אָמְרַתְּ [ואתה אומר] מוֹרִידִין את המשומד? סְמֵי [מחק] מִכָּאן מְשׁוּמָּד! ושואלים: וְלִישְׁנֵי לֵיהּ [ושיתרץ לו]: כָּאן שמצווים להשיב לו את אבידתו, מדובר בִּמְשׁוּמָּד אוֹכֵל נְבֵילוֹת לְתֵיאָבוֹן, כלומר, במי שעושה איסורים להנאתו, שכאשר מזדמן לו דבר איסור שיש לו הנאה ממנו הריהו אינו פורש ממנו, כָּאן שאמרו שמורידים, מדובר בִּמְשׁוּמָּד אוֹכֵל נְבֵילוֹת לְהַכְעִיס שאוכל דווקא איסור ולא היתר. ומשיבים: קָסָבַר [סבור הוא ר׳ יוחנן]: מי שאוֹכֵל נְבֵילוֹת לְהַכְעִיס אינו נקרא רק משומד, אלא מִין הוּא, שהרי הוא מראה בכך ענין של כפירה ומרידה במלכות שמים. ובענין זה אִיתְּמַר [נאמר]: מְשׁוּמָּד פְּלִיגִי [חלוקים] בכך רַב אַחָא וְרָבִינָא, חַד [אחד] מהם אָמַר: מי שהוא משומד לְתֵיאָבוֹן — הוא הנקרא מְשׁוּמָּד, מי שעושה עבירות לְהַכְעִיס — מִין הָוֵי [הוא]. וְחַד [ואחד] מהם אָמַר: אֲפִילּוּ כשעובר לְהַכְעִיס נַמִּי [גם כן] מְשׁוּמָּד הוא נקרא, אֶלָּא אֵיזֶהוּ הנקרא מִין? זֶה הָעוֹבֵד עֲבוֹדָה זָרָה. מֵיתִיבֵי [מקשים על כך] ממה ששנינו בברייתא: אָכַל פַּרְעוֹשׁ אֶחָד אוֹ יַתּוּשׁ אֶחָד — הֲרֵי זֶה מְשׁוּמָּד; וְהָא הָכָא [והרי כאן] שלְהַכְעִיס הוּא, שודאי אינו עושה זאת משום טעמם הטוב, אלא דווקא כדי להכעיס, וְקָתָנֵי [ושנה] שהוא מְשׁוּמָּד! ומשיבים: הָתָם [שם] לא מחמת כפירה הוא, אלא הוא בָּעֵי לְמִיטְעַם טַעְמָא דְּאִיסּוּרָא [רוצה לטעום טעם של דבר אסור] ולכן הוא אוכל את אלה, ועבירה זו היא משום תיאבון ולא כדי להכעיס.

א אָמַר מָר [החכם] בברייתא שהובאה לעיל: מוֹרִידִין אֲבָל לֹא מַעֲלִין. ושואלים: הַשְׁתָּא אֲחוּתֵי מַחְתִּינַן, אַסּוּקֵי מִיבָּעֵי [עכשיו אומר אתה שמורידים אותו, להעלות אתה צריך לומר שאין מעלים]? אָמַר רַב יוֹסֵף בַּר חָמָא אָמַר רַב שֵׁשֶׁת: לֹא נִצְרְכָא [נצרכה] הלכה זו אלא לענין שֶׁאִם הָיְתָה מַעֲלָה (מדרגה) בַּבּוֹר — מְגָרְרָהּ (מושך אותה) אל מחוץ לבור, דְּנָקֵיט לֵיהּ עִילָּא [שמוצא לו עלילה עליו] וְאָמַר [ואומר] שעושה זאת כדי שֶׁלָּא תֵיחוּת חֵיוָתָא עִלָּוֵיהּ [ירדו החיות עליו] בהיותו בבור. רַבָּה וְרַב יוֹסֵף דְּאָמְרִי תַּרְוַיְיהוּ [שאמרו שניהם]: לֹא נִצְרְכָא [נצרכה] הלכה זו שאין מעלים, אלא למקרה שֶׁאִם הָיְתָה אֶבֶן עַל פִּי הַבְּאֵר שנפל אותו אדם לתוכה מְכַסָּהּ בה את הבור, והוא אָמַר [אומר] כתירוץ: הוא עושה זאת לְעַבּוּרֵי חֵיוָתָא עִילָּוֵיהּ [להעביר בהמות שלו עליו] דרך אותו מקום, ואינו רוצה שבהמותיו יפלו בבור. רָבִינָא אָמַר: נצרכה הלכה זו שאין מעלין, למקרה שֶׁאִם הָיָה בבור סוּלָּם מְסַלְּקוֹ, אָמַר [שהוא אומר]: בָּעֵינָא לְאַחוּתֵי בְּרִי מֵאִיגְּרָא [צריך אני להוריד את בני מהגג].

ב תָּנוּ רַבָּנַן [שנו חכמים]: יִשְׂרָאֵל מָל אֶת הַגּוֹי לְשׁוּם (לשם) גֵּר, ומעירים: דבריו נאמרו לְאַפּוּקֵי [להוציא מקרה אחד], שמל אותו לְשׁוּם מוֹרְנָא הסרה של תולעת, שלֹא יעשה זאת, לפי שאסור לרפאותו. וְגוֹי לֹא יָמוּל יִשְׂרָאֵל, מִפְּנֵי שֶׁחֲשׁוּדִין עַל שְׁפִיכוּת דָּמִים, דִּבְרֵי ר׳ מֵאִיר. וַחֲכָמִים אוֹמְרִים: גּוֹי מָל אֶת יִשְׂרָאֵל בִּזְמַן שֶׁאֲחֵרִים עוֹמְדִין עַל גַּבּוֹ ומשגיחים שלא יזיקנו, אֲבָל כשהוא בֵּינוֹ לְבֵינוֹ — לֹא. וְר׳ מֵאִיר אוֹמֵר: אֲפִילּוּ אֲחֵרִים עוֹמְדִים עַל גַּבּוֹ נַמִּי [גם כן] לֹא, ומסבירים: דְּזִימְנִין דְּמַצְלֵי לֵיהּ סַכִּינָא [שפעמים שמטה את הסכין] תוך כדי המילה וּמְשַׁוֵּי לֵיהּ [ועושה אותו] על ידי כך כְּרוּת שָׁפְכָה, שאינו יכול להוליד. ושואלים: וְסָבַר [והאם סבור] ר׳ מֵאִיר שגּוֹי לֹא ימול? וּרְמִינְהוּ [ומשליכים, מביאים סתירה לכך מברייתא]: עִיר שֶׁאֵין בָּהּ רוֹפֵא יִשְׂרָאֵל וְיֵשׁ בָּהּ רוֹפֵא כּוּתִי וְרוֹפֵא אֲרַמַּאי (גוי) — יָמוּל הָאֲרַמַּאי וְאַל יָמוּל כּוּתִי, אלו דִּבְרֵי ר׳ מֵאִיר. ר׳ יְהוּדָה אוֹמֵר: יָמוּל כּוּתִי וְאַל יָמוּל אֲרַמַּאי! ומשיבים: אֵיפּוּךְ [הפוך] את הדעות שם, ר׳ מֵאִיר אוֹמֵר: יָמוּל כּוּתִי וְלֹא אֲרַמַּאי, שהוא חושש בגוים לשפיכות דמים, ור׳ יְהוּדָה אוֹמֵר: אֲרַמַּאי וְלֹא כּוּתִי. ומקשים על כך: וְסָבַר [והאם סבור] ר׳ יְהוּדָה: אֲרַמַּאי שַׁפִּיר דָּמֵי [יפה, ראוי הדבר] שהוא מל? וְהָתַנְיָא [והרי שנויה ברייתא], ר׳ יְהוּדָה אוֹמֵר: מִנַּיִן לְמִילָה בְּגוֹי שֶׁהִיא פְּסוּלָה? שֶׁנֶּאֱמַר: ״וְאַתָּה אֶת בְּרִיתִי תִשְׁמֹר״ (בראשית יז, ט), ולמד מכאן שרק מי שהוא בעצמו בן ברית מצווה לשמור את הברית ולמול! אֶלָּא, לְעוֹלָם לָא תֵּיפּוּךְ [אל תהפוך] את השיטות, וְהָכָא בְּמַאי עָסְקִינַן [וכאן במה אנו עוסקים]? במקרה מיוחד,

עיונים

מינין רש״י מסביר שהם כמרים לעבודה זרה, בין יהודים ובין גוים. ובדומה לכך כתב הרא״ה שהם משמשי עבודה זרה שעובדים אותה מדעתם ובכוונת לב (לעומת גוים האמורים בדין הקודם, שאין מורידין, שהם אלו העושים מחוסר ידיעה ובלא כוונה למרוד). והמאירי כותב שלעומת הגוים סתם שאין מורידין, שהם אלו חסרי כל דת חוק, כאן הכוונה לעובדי עבודה זרה (בין גוים ובין יהודים שפקרו עד שהגיעו לידי כך). והרמב״ם כתב בהלכה הנוגעת לסוגייתנו שמינים הם עובדי עבודה זרה מישראל (הלכות רוצח פ״ד). ובמקום אחר (הלכות עבודה זרה פ״ב) כתב שמינים הם כל המהרהרים אחר מחשבות ליבם בדברים שמעיקרי התורה עד שמגיעים לעבור בשאט נפש על התורה.

ולפני ראשונים רבים (וכן הוא בר״ח) מופיעים ברשימה זו גם אפיקורסים. והרמב״ם הבחין (בהלכות תשובה פ״ג ועוד) בין מינים, שהם כופרים בעיקרים שבענייני האלקות, כגון במציאות ה׳, ביחודו או בהשגחתו, לבין אפיקורסים, שהם הכופרים בתורה ובנבואה, ובכלל זה הכופרים בתורה שבעל פה ובנושאיה. והוא כעין מה שאמרו במסכת סנהדרין (צט,ב) שאפיקורוס הוא המבזה תלמידי חכמים (ראה בר״נ). והמאירי כתב שהם המבזים את המצוות.

מסורות ישראל המלשינים לגוים (השלטונות או אחרים) וגורמים להזיק לאדם אחר מישראל, בין בגופו ובין בממונו הם המסורות, שיש להם דין רודף.

אני שונה... לרבות את המשומד ואם אסור להזיק לו בממונו, ואף מצוה להשיב לו אבידתו, כל שכן שאין לפגוע בגופו, ואף להצילו. ושאלו ראשונים: הרי אמרו שמסור, אף שהוא מאלה שמורידים ואין מעלים, בכל זאת אסור לאבד את ממונו (שמא יהיו לו בנים הגונים, ונמצא שמאבד את ירושתם), ונמצא שאין כאן קל וחומר, שאולי מצוה להשיב אבידתו, אבל מצד אחר מורידים אותו! ותירצו שאי אפשר לומר כן, לפי שמאותו כתוב ״לכל אבדת אחיך״ למדים שכשם שמצוה להשיב לו אבידתו, כך ראוי לדאוג לאדם מאיבוד גופו. ואם כן משמע מכאן שאין להזיק לנכסי המשומד (תוס׳ רבינו אלחנן, תוס׳ ועוד). אבל הריטב״א דוחה הסבר זה, והוא סבור שאם אמרו במסור שאין מאבדים את ממונו משום שייתכן שיהיו לו בנים הגונים, אין ללמוד מכאן למשומד, שמן הסתם גם יגדל בניו לתרבות רעה, ובו אין מקום לחוס על ממונו משום הבנים. וכן מובא בתר״י בשם רבינו תם.

אוכל נבלות להכעיס מין הוא ומצאנו שמין חמור ממשומד, כגון לענין שאם כתב מין ספר תורה — הרי זה יישרף, משום שמן הסתם מכוון לשם עבודה זרה (רש״י). וראה עוד להלן.

פליגי רב אחא וכו׳ ושאל בתר״י: כיון שלמעשה אין הבדל בין מין ומשומד להכעיס, לענין השבת אבידתו ולענין מורידים, תמוה מה מקום למחלוקת זו? שהרי קשה לומר שרב אחא ורבינא שהם אחרונים יחלקו על דברי האמוראים הראשונים בענין זה. ותירצו בשם התוס׳, שמדברי רב אחא ורבינא יש הבדל לגבי גרסת הברייתא, האם מוחקים ממנה את המלה משומד או לא. ובשם רבינו יונה כתבו כי מחלוקת זו אין לה ענין עם הדיון שלנו, אלא הובאה ממסכת הוריות (לפי שהיא עוסקת בבעיה דומה) וההבדל בין רב אחא ורבינא הוא לענין קרבן, שאין מקבלים קרבן מן המין, אבל מקבלים קרבן מן המשומד. וכן יש הבדל בזמן הזה לענין שחיטה, שאם שחט ואחרים עומדים על גבו, הרי אם מין הוא — שחיטתו אסורה, ואם משומד הוא שחיטתו כשרה.

להכעיס נמי משומד הוי כתב הריטב״א שיש לפרש כאן ״להכעיס״ במובן שאינו עושה לתיאבון בלבד, אלא שפוקר במצוה ואינו מבדיל בין היתר לאיסור. אבל אם עושה ממש על מנת להכעיס — ודאי אין מין גדול מזה.

טעמא דאיסורא שהוא מתאווה לדעת מה טעם יש לדבר זה שאין אדם מישראל אוכלו כלל, ואם כן בעל תאוה הוא ואינו מתכוון להכעיס (רש״י).

מעלה בבור וכו׳ וכתבו המפרשים שדברי האמוראים הם מענין אחד, אלא כל אחד מהם תופס דוגמה קיצונית יותר לדבר, עד היכן עושה על מנת שלא להעלות.

דנקיט ליה עילא ושאלו הראשונים: אפילו לאחר הסברים אלה, במה תירצו את הקושי העיקרי, שאם אמרו מורידים ודאי שאין מעלין? ופירש הר״ח כי אמוראים אלה באים לומר שמה שאמרו ״מורידין״ הכוונה היא לא להורדה ממש, אלא שאין מעלים אותו (וכן מביא בריטב״א שיש מרבותיו שפירשו כן, וכן מביא בנמוק״י). ובתוס׳ פירשו שמורידים — בזמן שידינו תקיפה עליהם, ואין מעלים — כשאין ידינו תקיפה. ויש שתירץ שמורידים — כאשר הוא בטוח שזה שהורידו לשם שוב לא יעלה, שאין חושש לאיבתו, ולא מעלים — שאם חושש שאינו יכול להורגו לא יעלנו, וימצא תואנה לדבר שלא יבוא לידי איבה (בנמוק״י). וכיוצא בזה פירשו אחרים שמורידים דווקא במקום שאין אחרים רואים, שאין מקום לחשוש לאיבה, ואין מעלים — גם במקום שרואים, שיש להשתמש בעילה (ראה ראב״ד, רא״ה, ריטב״א).

לשום מורנא מפרש רש״י שיש תולעת בבשרו וצריך לחתוך בשר הערלה. וכתב הרמב״ם שהוא משום הדין של ״אין מעלין״. והסביר רש״י (וראה גם בתוס׳ שמביאים גם הסבר נוסף) שהכוונה היא שאין לעשות זאת בחינם, אבל בשכר מותר לרופא, משום איבה, כדרך שאמרו במיילדת בעמוד הקודם. והוסיף הריטב״א שלפי זה הוא הדין בחינם כשיש מכך משום איבה.

ימול ארמאי שאין לחשוש שמא מל לשם עבודה זרה. שהרי עובדי עבודה זרה אינם מלים כלל, ואין זה חלק מן הפולחן שלהם.

ואל ימול כותי שאף שהכותים נמולים, אלא כיון שאנו חוששים שהם עושים זאת לשם עבודה זרה נמצא שהמילה היתה לשם כוונה זו.

אורח ההלכה

המינין והמסורות מוסרי ישראל והמינים והאפיקורסים מישראל מצוה ״לאבדן ביד ולהורידם עד באר שחת מפני שהם מצירים לישראל ומסירים את העם מאחרי ה׳״. וכתבו הפוסקים שלא נאמרו דינים אלו של ״מורידין״ במינים ובאפיקורסים אלא כדי לגדור פרצות ישראל, אבל בזמן הזה שאין בדבר תועלת אלא להיפך, מוטל עלינו להחזיר את כל התועים בעבותות אהבה ולהעמידם בקרן אורה במה שידינו מגעת (חזו״א). (רמב״ם ספר מדע הלכות עבודה זרה פ״י ה״א. ספר נזיקין הלכות רוצח פ״ד ה״י. שו״ע יו״ד קנח, ב. וראה שם חו״מ שפח, ט—יד).

לרבות את המשומד אפילו היה בעל האבידה רשע ועובר עבירות לתיאבון — מצוה להשיב לו אבידתו ומצוה להחיותו. (רמב״ם ספר נזיקין שם. שם הלכות גזילה ואבידה פי״א ה״ב. שו״ע חו״מ רסו, ב. שם תכה, ב).

אוכל נבילות להכעיס אוכל נבילה להכעיס (והוא הדין לשאר עבירות) הרי הוא מין, והמינים אסור להחזיר להם אבידה, ומצוה לאבדם. כר׳ יוחנן. (רמב״ם ספר מדע שם. ספר נזיקין שם ושם. שו״ע יו״ד שם. שם חו״מ רסו, ב. תכה, ה).

אם היה סולם מסלקו וכו׳ אלו שנאמר בהם שמורידים ואין מעלים, אם יש בידו כח להורגם בפרהסיא — הורג. ואם לאו, יבא עליהם בעלילות עד שיסבב הריגתם. כיצד, ראה אחד מהם שנפל לבאר, והסולם בבאר, קודם ומסלקו ואומר: הריני טרוד להוריד בני מהגג ואחזירנו לך, וכיוצא בדברים אלו. עפ״י סוגייתנו. (רמב״ם ספר נזיקין הלכות רוצח ושמירת הנפש שם. שו״ע יו״ד שם. שם חו״מ תכה, ה).

ישראל מל את הגוי וכו׳ גוי שבא לחתוך ערלתו מפני מכה או מפני שחין שנולד לו בה, אסור לישראל לחתכה, מפני שלא נתכוון הגוי למצוה. לפיכך אם נתכוון הגוי למילה — מצוה לישראל למול אותו. כברייתא וכהסבר הגמרא. ובמקום שנוטלים שכר, או שיש בכך משום איבה — מותר בכל ענין. (רמב״ם ספר אהבה הלכות מילה פ״ג ה״ז. שו״ע יו״ד רסח, ט. שם רסג, ה בהגהה).

גוי לא ימול הכל כשרים למול, ואפילו ערל (ישראל) ועבד ואשה וקטן כשרים לכך במקום שאין איש. אבל גוי לא ימול כלל, כדברי האמוראים בעמוד הבא. אבל אם מל אינו צריך לחזור ולמול שנית, ומכל מקום מטיף דם ברית. (רמב״ם שם פ״ב ה״א. שו״ע שם רסד, א).

מסורת הש״ס

א. מדרש תנאים דברים כב,ג.
ב. ראה גיטין מז,א. סנהדרין כז,א. הוריות יא,א. חולין ג,א. ד,א.
ג. ראה הוריות שם.
ד. תוספתא ע״ז פ״ג יב.
ה. מנחות מב,א.
ו. ראה ירושלמי שבת פי״ט ה״ב. שם יבמות פ״ח ה״א. ב״ר פמ״ו. ט ילק״ש תורה פב. (בשינויי לשון).

גרסות

והמשומדין בכתי״ס מובא: המשומדין והאפיקורסין וכן היה לפני הרבה ראשונים.

ולא מעלין בכתי״מ ובמקורות: אבל לא מעלין.

פליגי רב אחא בכת״י וכעין זה בב״ח: פליגי בה רב אחא.

וקתני משומד בכתי״מ כבמקבילה: וקרי ליה משומד.

מעלה בכת״י: מעלה בבור.

סולם מסלקו אמר בכתי״מ: סולם בבור מסלקו דאמר ליה.

לשום מורנא בכתי״מ: משום מורנא.

דמצלי ליה סכינא בכתי״ס: דמצלי ליה לסכינא.

והכא במאי עסקינן בכתי״מ: כי קאמר ר׳ מאיר התם.

לשון

משומד
אף שמשמעותה של מלה זו ברורה, ועניינה: מי שהמיר את דתו היהודית בדת אחרת. מכל מקום הלשון אינה ברורה לגמרי. היו מן הגאונים שהסבירו כי המלה היא קיצור מן ״משועמד״ שהוא בנין השתפעל של ״עמד״ — שיש בו משמעות של טבילה (לנצרות) וגם משמעות של גנאי (עביט של מי רגלים). ומסתבר שכך חשבו גם חכמי הגוים, ולפיכך במהדורות מצונזרות של התלמוד השמיטו את המלה ״משומד״ (ואפילו שמד) וכתבו במקומה ״מומר״. אבל יש סבורים כי עיקר המלה היא מן המשמעות של השרש ״שמד״ בארמית (שהוא קרוב לעברית ״שמד״) ועניינו קללה, חרם. ולפיכך משומד משמעו: מקולל, מוחרם.

מורנא
יש שהציעו כמקור המלה מלים יווניות ופרסיות, אלא שאין הן מכוונות בדיוק למשמעות הדברים בגמרא. ומן המקבילות נראה כי מורנא הוא שם לתולעת או זחל טפיל החי בבשר, בין בבשר בעלי־חיים (חיות ודגים) או בבשר אדם. אם הגיע טפיל כזה למקום הערלה מובן כי הדרך הטובה ביותר להיפטר מן הכאב והסיכון שיש בכך הוא לחתוך את הערלה לשם ריפוי.

בְּרוֹפֵא מוּמְחֶה שאין חוששים שיקלקל את שמו הטוב ויבוא להזיק. והוא מתאים למסופר דְּכִי אֲתָא [שכאשר בא] רַב דִּימִי מארץ ישראל לבבל אָמַר בשם ר׳ יוֹחָנָן: רופא גוי אִם הָיָה מוּמְחֶה לָרַבִּים — מוּתָּר להתרפא ממנו. ומצד אחר מקשים: וְסָבַר [והאם סבור] ר׳ יְהוּדָה שכּוּתִי שַׁפִּיר דָּמֵי [יפה, ראוי] שימול? וְהָתַנְיָא [והרי שנויה ברייתא]: יִשְׂרָאֵל מָל אֶת הַכּוּתִי, וְכוּתִי לֹא יָמוּל את יִשְׂרָאֵל, מִפְּנֵי שֶׁמָּל לְשֵׁם הַר גְּרִזִּים, ושם מצויה עבודה זרה שלהם, אלו דִּבְרֵי ר׳ יְהוּדָה. אָמַר לוֹ ר׳ יוֹסֵי: וְכִי הֵיכָן מָצִינוּ (מצאנו) שמצוות מִילָה צריכה מִן הַתּוֹרָה להיות לִשְׁמָהּ שיכוון המוהל לשם מצוה? אֶלָּא מָל הכותי וְהוֹלֵךְ עַד שֶׁתֵּצֵא נִשְׁמָתוֹ, ואין לנו לחשוש לכוונותיו! הרי שר׳ יהודה פוסל מילה בכותי! אֶלָּא, לְעוֹלָם אֵיפוּךְ כִּדְאַפְכִינַן מֵעִיקָּרָא [תהפוך את הדעות כמו שהפכנו מתחילה], שר׳ יהודה אוסר מילה בכותי ומתיר בגוי, וּדְקָא קַשְׁיָא [ומה שקשה] מדברי ר׳ יְהוּדָה על דברי ר׳ יְהוּדָה שאמר שהגוי פסול למול — הַהִיא [אותה שיטה] של ר׳ יְהוּדָה הַנָּשִׂיא הִיא, ולא דברי ר׳ יהודה סתם (שהוא ר׳ יהודה בן אלעאי). דְּתַנְיָא [ששנויה ברייתא], ר׳ יְהוּדָה הַנָּשִׂיא אוֹמֵר: מִנַּיִן לְמִילָה בְּגוֹי שֶׁהִיא פְּסוּלָה? תַּלְמוּד לוֹמַר: ״וְאַתָּה אֶת בְּרִיתִי תִשְׁמוֹר״ (בראשית יז, ט). ודנים בברייתא זו שהבאנו. אָמַר רַב חִסְדָּא: מַאי טַעְמָא [מה הטעם] של ר׳ יְהוּדָה שפוסל מילה שלא לשם שמים? דִּכְתִיב [שנאמר]: ״וכי יגור אתך גר ועשה פסח לה׳ המול לו כל זכר״ (שמות יב, מח), ויש לקרוא ״לַה׳ הִמּוֹל״, כלומר שכוונת מעשה המילה צריכה להיות לשם ה׳. ור׳ יוֹסֵי מה טעמו? כתוב: ״הִמּוֹל יִמּוֹל״ (בראשית יז, יג), שלשון כפולה זו משמעה ריבוי — בכל אדם. ושואלים: וְאִידָךְ [והאחר] ר׳ יוסי, הָכְתִיב [הרי נאמר]: ״לַה׳ הִמּוֹל״! ומשיבים: הַהוּא בְּעִנְיַן פֶּסַח כְּתִיב [נאמר] וללמדנו שאת קרבן הפסח צריך להקריב לשמו. ומצד אחר שואלים: וְאִידָךְ נַמִי הָכְתִיב [והאחר ר׳ יהודה גם כן, הרי נאמר]: ״הִמּוֹל יִמּוֹל״! ומה למד הוא מכפל לשון זו? ומשיבים: לדעתו, דִּבְּרָה תּוֹרָה כִּלְשׁוֹן בְּנֵי אָדָם, ואין ללמוד מכך הלכה.

א אִיתְּמַר [נאמר]: מִנַּיִן לְמִילָה בְּגוֹי שֶׁהִיא פְּסוּלָה? דָּרוּ בַּר פַּפָּא מִשְּׁמֵיהּ [משמו] של רַב אָמַר: מן הכתוב ״וְאַתָּה אֶת בְּרִיתִי תִשְׁמֹר״ (בראשית יז, ט), כלומר, אתה, שהנך בן ברית, וזרעך. ור׳ יוֹחָנָן אמר שלומדים מן הפסוק ״הִמּוֹל יִמּוֹל״ (שם, יג), והוא מפרשו: שכוונתו מי שנימול הוא ימול אחרים. ושואלים: מַאי בֵּינַיְיהוּ [מה ההבדל ביניהם] למעשה? ומשיבים: עֲרָבִי מָהוּל וְגִבְנוּנִי מָהוּל, בזה אִיכָּא בֵּינַיְיהוּ [יש ביניהם הבדל להלכה], שמנהגם שהם נימולים אבל אינם בני ברית מישראל, מַאן דְּאָמַר [מי שאומר] שהלימוד הוא מן הכתוב ״הִמּוֹל יִמּוֹל״ — אִיכָּא [יש, מתקיים] במקרים אלה התנאי, שהרי נימולים הם, וּמַאן דְּאָמַר [ומי שאומר] ״אֶת בְּרִיתִי תִּשְׁמֹר״ — לֵיכָּא [אין כאן], שהרי אינם בכלל הברית של ה׳ עם אברהם. ושואלים: וּלְמַאן דְּאָמַר [ולדעת מי שאומר] ״הִמּוֹל יִמּוֹל״ אִיכָּא [יש] היתר שימול גוי נימול? וְהָתְנַן [והרי שנינו במשנה]: מי שנודר ואומר ״קוֹנָם באיסור בנדר שֶׁאֲנִי נֶהֱנֶה מִן הָעֲרֵלִים״ — מוּתָּר בהנאה בְּעַרְלֵי יִשְׂרָאֵל כלומר, באדם מישראל אף שהוא ערל, וְאָסוּר בגוים, ואף בְּמוּלֵי אוּמּוֹת הָעוֹלָם; אַלְמָא [מכאן], אַף עַל גַּב דִּמְהִילִי, כְּמַאן דְּלָא מְהִילֵי דָּמוּ [אף על פי שהם נימולים, כמי שאינם נימולים הם נחשבים]! אֶלָּא כך צריך לומר: אִיכָּא בֵּינַיְיהוּ [יש ביניהם הבדל] לענין יִשְׂרָאֵל שֶׁמֵּתוּ אֶחָיו מֵחֲמַת מִילָה, וְכיון שסכנה היא למול אותו לֹא מָלוּהוּ, לְמַאן דְּאָמַר [לדעת מי שאומר] ״וְאַתָּה אֶת בְּרִיתִי תִּשְׁמֹר״ — אִיכָּא [יש], שהרי בכלל זרעו של אברהם הוא, אלא שהוא אנוס ואינו יכול לקיים מצוה זו, לְמַאן דְּאָמַר [לדעת מי שאומר] ״הִמּוֹל יִמּוֹל״ — לֵיכָּא [אין כאן], שהרי הוא עצמו אינו נימול. ושואלים: והאם לְמַאן דְּאָמַר [ולדעת מי שאמר] ״הִמּוֹל יִמּוֹל״ לֵיכָּא [אין כאן]? וְהָתְנַן [והרי שנינו במשנה]: ״קוֹנָם שֶׁאֲנִי נֶהֱנֶה מִמּוּלִים״ — אָסוּר בְּעַרְלֵי יִשְׂרָאֵל וּמוּתָּר בְּמוּלֵי אוּמּוֹת הָעוֹלָם; אַלְמָא [מכאן] שאַף עַל גַּב דְּלָא מְהִילֵי, כְּמַאן דִּמְהִילֵי דָּמוּ [אף על פי שאינם נימולים, כמי שנימולים הם נחשבים]! אֶלָּא יש לדחות הסבר זה ולומר כי אִיכָּא בֵּינַיְיהוּ [יש ביניהם הבדל] לגבי אִשָּׁה, לְמַאן דְּאָמַר [לדעת מי שאומר] ״וְאַתָּה אֶת בְּרִיתִי תִּשְׁמוֹר״ — לֵיכָּא [אין כאן], אינה יכולה למול, שאִשָּׁה לָאו [אינה] בַּת מִצְוַת מִילָה הִיא, שאין מצוה זו שייכת בה, וּלְמַאן דְּאָמַר [ולדעת מי שאומר] ״הִמּוֹל יִמּוֹל״, שמי שנימול ימול — אִיכָּא [יש כאן], והיא כשרה למול, משום שאִשָּׁה כְּמַאן דִּמְהִילָא דָּמְיָא [כמי שנימולה נחשבת]. ושואלים: וּמִי אִיכָּא לְמַאן דְּאָמַר [והאם יש מי שאומר] שאִשָּׁה לֹא כשרה למול? וְהָכְתִיב [והרי נאמר]: ״וַתִּקַּח צִפֹּרָה צֹר ותכרות את ערלת בנה״ (שמות ד, כה), משמע שאישה מלה! ומשיבים: קְרֵי בֵּיהּ [קרא בו] במקרא זה: ״וַתַּקַּח״ כלומר, שלא לקחה בעצמה, אלא אמרה לאחר לעשות זאת. ומקשים, וְהָכְתִיב [והרי נאמר]: ״וַתִּכְרֹת״! ומשיבים: קְרֵי בֵּיהּ [קרא בו] ״וַתַּכְרֵת״, שאָמְרָה לְאִינִישׁ אַחֲרִינָא וַעֲבַד [לאיש אחר ועשה]. וְאִיבָּעֵית אֵימָא [ואם תרצה אמור]: אֲתָיָא אִיהִי וְאַתְחֲלָה [באה היא והתחילה], וַאֲתָא [ובא] מֹשֶׁה וְאַגְמְרָהּ [וגמרה]. ואם כן אין מכאן ראיה גמורה.

ב משנה מִתְרַפְּאִין מֵהֶן מן הגוים רִיפּוּי מָמוֹן, אֲבָל לֹא רִיפּוּי נְפָשׁוֹת. וְאֵין מִסְתַּפְּרִין מֵהֶן בְּכָל מָקוֹם מפני הסכנה, שלא יחתוך הגוי את צווארו בתער, דִּבְרֵי ר׳ מֵאִיר. וַחֲכָמִים אוֹמְרִים: בִּרְשׁוּת הָרַבִּים מוּתָּר להסתפר, משום שאנשים מצויים שם, אֲבָל לֹא בֵּינוֹ לְבֵינוֹ.

ג גמרא ומבררים: מַאי [מה] פירוש ״רִיפּוּי מָמוֹן״ וּמַאי [ומה] פירוש ״רִיפּוּי נְפָשׁוֹת״? אִילֵימָא [אם תאמר] ש״רִיפּוּי מָמוֹן״ כוונתו בְּשָׂכָר, ״רִיפּוּי נְפָשׁוֹת״ כוונתו בְּחִנָּם — לִיתְנֵי [שישנה] בפשטות: מִתְרַפְּאִין מֵהֶן בְּשָׂכָר אֲבָל לֹא בְּחִנָּם! אֶלָּא תאמר שכך יש לפרש: ״רִיפּוּי מָמוֹן״ — שמתרפא בְּדָבָר שֶׁאֵין בּוֹ סַכָּנָה, ״רִיפּוּי נְפָשׁוֹת״ — דָּבָר שֶׁיֵּשׁ בּוֹ סַכָּנָה, וְהָאָמַר [והרי אמר] רַב יְהוּדָה: אֲפִילּוּ רִיבְדָּא דְּכוּסִילְתָּא לָא מִתַּסִּינַן מִינַּיְיהוּ [חתך של הקזת הדם אין אנו מתרפאים מהם], שיש לחשוש אפילו בפצע קטן כזה! אֶלָּא כך צריך לומר: ״רִיפּוּי מָמוֹן״ — הוא ריפוי בְּהֶמְתּוֹ, ״רִיפּוּי נְפָשׁוֹת״ — כוונתו גּוּפֵיהּ [גופו שלו]. וְהַיְינוּ [וזהו] מה שאָמַר רַב יְהוּדָה: אֲפִילּוּ רִיבְדָּא דְּכוּסִילְתָּא לָא מִתַּסִּינַן מִינַּיְיהוּ [חתך של הקזת הדם אין אנו מתרפאים מהם]. אָמַר רַב חִסְדָּא אָמַר מָר עוּקְבָא: אֲבָל אִם אָמַר לוֹ הגוי שֶׁסַּם פְּלוֹנִי יָפֶה לוֹ לרפואת מחלה זו, וְסַם פְּלוֹנִי רַע לוֹ — מוּתָּר להסתייע בעצתו, ומדוע?

עיונים

ברופא מומחה שכיון שהוא מומחה אינו מרע את שמו הטוב על ידי שיעשה את הילד כרות שפכה (רש״י), וכל שכן שלא ימיתנו. ובתוס׳ הוסיפו שאפילו אין רופא זה מומחה למילה, מכל מקום כיון שמומחה הוא אינו מקלקל מעשיו בזדון.

מילה מן התורה לשמה ומשום כך גם גוי כשר למול. שאף לדעת האומר שכותי פסול — גוי כשר, משום שהוא עושה לדעת ישראל ולא לדעת עצמו. וכתבו בתוס׳ שאין הדבר דומה למצוות אחרות שהגוי פסול לעשותן, משום שהמילה סתמה היא נעשית לשמה, וכל עוד אינו מתכוון לדבר אחר הרי זו מילה כשרה. מה שאין כן בכתיבת גט או ספר תורה, אם אינו מכוון מתחילה לשמו, אין סתמו לשמו אלא לכתיבה בלבד, ולכן אין הגוי כשר בהם.

עד שתצא נשמתו לשון קללה בלבד היא, שכיון שהוזכר כותי, אמרו שיכול להמשיך ולמול ואפילו תצא נפשו, שאין אנו חוששים לו ולא לכוונתו (תפא״י).

ואתה את בריתי תשמור הר״ח מסביר: דווקא אתה — ולא אחר. וכן פירש הראב״ד ש״אתה״ נאמר לאברהם, שהיה מהול. וכן דרשו בירושלמי (שבת פי״ט ה״ב): ״אתה״ — כל שכיוצא בך. ורש״י מסביר זאת לפי המשך הכתוב ״אתה וזרעך אחריך״. ופירש בתוס׳ חכמי אנגליה שאף שגם ישמעאל ועשו מזרעו של אברהם, הרי כבר נאמר ״כי ביצחק יקרא לך זרע״, וכפי שדייקו ״ביצחק״ — ולא כל יצחק (נדרים לא,א).

דברה תורה כלשון בני אדם כלומר, לשון כפולה באופן זה היא רק דרך הדיבור ואין לה משמעות הלכתית. וכלשון הירושלמי ״לשונות כפולות הן, התורה דיברה ריבתה כדרכה״ (שבת פי״ט ה״ב). ובתוס׳ רבינו אלחנן ובתוס׳ כאן ועוד העירו שקשה למצוא בעקרון זה עקביות גמורה, שפעמים גם האומרים ״דיברה תורה כלשון בני אדם״ דורשים ייתור לשון מסוג זה, ופעמים שאינם דורשים.

ר׳ יוחנן המול ימול ואף שיש ברייתא מפורשת בשם ר׳ יהודה הנשיא כרב, יש לומר שלר׳ יוחנן היתה מסורת אחרת בברייתא זאת (ריטב״א). ומה שהתיר ר׳ יוחנן לעיל בראש העמוד ברופא מומחה — יש שהסבירו כי דברי ר׳ יוחנן כאן לא נאמרו לשיטתו שלו, אלא כדי להסביר את דעת הפוסל מילה בגוי (כס״מ). ויש שהסביר להיפך, כי אין מדובר לעיל במילה, אלא ברפואה, ולא הובא אלא כראיה למי שמכשיר מילה בגוי (תורת חיים). וראה בראב״ד.

המול ימול הר״ח מסביר כאילו כתוב כאן ״הַמּוּל יִמּוֹל״. אבל רש״י וכן הראב״ד מפרשים שהרי זה כאילו נכתב ״המל ימול״ (וראה בריטב״א שמבהיר שכך היתה הגרסה לפניהם בגמרא. וראה בגרסות. וכן יש דרשה כזו בירושלמי שבת). ורש״י פירש: כלומר, מי שהוא מהול ימול אחרים. וראה בריטב״א שנתקשה בדבר, ופירש כי לדרך זו צריך לפרש הפוך, שהמוהל (״המל״) יהא עצמו מהול (״ימול״). אכן רש״י מפרש כנראה ״מל״ במובן מהול, כרות, כפי שמצאנו במקרא מעין זה (ראה רש״י איוב כד, כד ובחידושי הראב״ד להלן).

גבנוני יש ראשונים שעמדה לפניהם הגרסה ״גבעוני״. אבל הראב״ד התקשה בדבר, שהרי גרים הם וחייבים במצוות. והר״ח גרס כלפנינו, ופירש שהם מזרע אברהם ושוכנים בהרים (ולכן נקראים ״גבנוני״), והם נוהגים כמו הערבים למול עצמם, אלא שאינם בני ברית. וכן הסביר הראב״ד שכנראה הם מבני קטורה שנשא אברהם לאחר מות שרה. והראשונים דנו בדבר, לפי שמשמע מן הסוגיה בסנהדרין (נט,ב) שבני קטורה, שלא כישמעאל ועשו, נצטוו על המילה. והריטב״א פירש כי רק בני קטורה עצמם נצטוו. ואילו הראב״ד פירש שאף שנצטוו — אין זה משום ברית.

והתנן קונם וכו׳ כתוב בתוס׳ שאין ההוכחה והקושיה מדיני נדרים, כי בנדרים הולכים אחר לשון בני אדם, שאין מפרשים את הנדר אלא באופן שסתם בני אדם מבינים את לשונו, ולא אחר לשון המקרא. אלא שכאן הראיה היא מהמשך הדברים במשנה, שהיא מביאה ראיה מן המקרא ״כי כל הגוים ערלים״, לומר שכל הגוים נחשבים ערלים, גם אלה מהם שבפועל הם נמולים. ולפיכך הקושיה היא מן הכתוב במקרא על המקרא האחר.

אשה כמאן דמהילא דמיא היו ראשונים שכתבו שהיא נחשבת כנימולה שהרי אין לה ערלה (וראה מעין זה בראב״ד, המסביר שהוא עיקר לשון מילה — דבר כרות). אבל אחרים מסבירים (כך נראה מן השאילתות, וכן מבואר ברי״ף במסכת שבת) שכיון שהאשה היא מישראל, הרי כל ישראל נחשבים כנימולים, ואף האשה מישראל בכללם (גליוני הש״ס).

ותקח... ותכרת כתב הריטב״א שאין הכוונה לומר שכך יש לפרש את לשון המקרא, אלא שצריך לומר (כמו במקומות רבים במקרא) שאף שנאמר שהיא עשתה זאת, אין הכוונה שעשתה זאת בעצמה, אלא שהיא ציוותה לעשות כן, ואחר הוא שעשה את הדבר בפועל. ומטעם זה מובן גם מדוע אין מקשים על הסבר זה משיטת האומרים שיש לדרוש את המלים במקרא כמסורת קריאתן (״אם למסורת״) ולא ככתיבתן.

מתרפאין כלומר, הולכים לרופא גוי, ומקבלים ממנו טיפול ותרופות.

ריפוי ממון בשכר ויש טעם בדבר, שכיון שמקבל שכר עבור הפעולה הריהו חושש שלא יאבד את שכרו אם יגרום למוות או לנזק במטופל (רש״י).

ריפוי נפשות בחנם וצריך לפרש ריפוי נפשות — ריפוי שעושה אדם מנפשו, מחמת רצונו הטוב. והביא רש״י ראיה לדבר מן הכתוב ״אם יש את נפשכם״, שמשמעו — האם רצונכם הוא לעשות כן. ובנדרים (מא,ב) מפרש בפירוש המיוחס לרש״י שהוא קרוי ריפוי נפשות משום שאין שכרו בממון אלא שהלה מחזיק לו טובה בנפשו.

רפוי ממון בהמתו וכן היא מסקנת הדברים גם בתלמוד הירושלמי (ואולי זה טעמו של הרי״ף שפסק כשיטה זו. וראה בתר״י ועוד).

ריבדא דכוסילתא רש״י ואחרים מפרשים: אם כואב לו הפצע שנגרם על ידי ההקזה, שהוא פצע קטן ואינו מסוכן. והמאירי מביא פירוש אחר, שהכוונה היא שאף הקזת דם אין עושים על ידם (וכן משמע מהריטב״א ועוד).

אם אמר לו וכו׳ כתבו בשם רבינו יונה, שבחולי שאין בו סכנה — דווקא כשאומר לו סם שהוא מכיר ויודע בו. ובחולה שיש בו סכנה — אפילו מכיר את הסם לא יקבל ממנו, כי פעמים שהסם אכן מועיל, אבל יש ממנו תוצאות אחרות לרעה (בתר״י).

אורח ההלכה

ערבי מהול גוי, אפילו אם הוא מהול — לא ימול כלל. וכמסקנת הגמרא. (רמב״ם ספר אהבה הלכות מילה פ״ב ה״א. שו״ע יו״ד רסד, א).

קונם שאני נהנה וכו׳ נדר מן הערלים — אסור במולי אומות העולם ומותר בערלי ישראל. נדר מן המולים — אסור בערלי ישראל ומותר במולי אומות העולם, שאין הערלה קרויה אלא לשם הגוים, שנאמר ״כי כל הגוים ערלים״, ואין כוונתו של זה אלא למי שהוא מצווה על המילה ולמי שאינו מצווה עליה. כמשנה בנדרים. (רמב״ם ספר הפלאה הלכות נדרים פ״ט הכ״ב. שו״ע שם ריז, מא — מב).

מתו אחיו מחמת מילה כל ישראל כשרים למול, ואפילו ישראל שמתו אחיו מחמת מילה (במקום שאין ישראל מהול). כמסקנת הגמרא. (רמב״ם ספר אהבה הלכות מילה פ״ב ה״א. שו״ע שם רסד, א).

איכא בינייהו אשה אשה כשירה למול (במקום שאין איש. רמב״ם). שהלכה כר׳ יוחנן מרב. וכתב הרמ״א שיש אומרים שאשה לא תמול, משום שבריתא כשיטתו, ולכן נוהגים לחזור אחרי איש. וראה בש״ך ובגר״א. (רמב״ם שם. שו״ע שם).

מסתפרין ברשות הרבים אין מסתפרים אצל הגוי אלא במקום שמצויים בני אדם (שחוששים שמא יהרגנו הספר. רמב״ם). כסתם משנה. (רמב״ם שם הי״א. שו״ע שם קנו, א).

ריפוי נפשות דבר שאין בו סכנה כל מכה וחולי שיש בהם סכנה שמחללים עליהם שבת — אין מתרפאים מגוי שאינו מומחה לרבים, שחוששים אנו לשפיכות דמים. כמשנה. וכדברי ר׳ יוחנן בגמרא להלן עמוד ב, ושלא כדברי רב יהודה כאן, שאסר אף בריבדא דכוסילתא. אבל הרא״ש והטור פסקו כרבינו תם, שרב יהודה מדבר במי שאינו חולה, שיש לחשוש בו לשפיכות דמים מחמת שאין הגוי חושש להורגו (ש״ך, גר״א). וכתב הרמ״א שיש אומרים שהוא כשמתרפא בחינם, אבל בשכר מותר. שאף שדחו העמדה זאת בגמרא, לא היה זה אלא בפירוש המשנה, אבל לא מצד הדין (ש״ך). ובדינם של רופאים שבימינו כתבו פוסקים שדינם כדין רופא מומחה. ועוד שאין גוים חשודים על שפיכות דמים. (רמב״ם ספר נזיקין הלכות רוצח ושמירת הנפש פי״ב ה״ט. שו״ע שם קנה, א).

אמר לו סם פלוני מותר לו לשאול רופא גוי אם סם פלוני יפה לו, כדברי רב חסדא, שהגוי חושש במקרה כזה. אבל לא יקבל ממנו תרופה. (רמב״ם שם ה״י. שו״ע שם קנה, א).

מסורת הש״ס

א. ירושלמי שבת פי״ד ה״ד. שם ע״ז פ״ב ה״א וה״ב. וראה ע״ז כח,א.

ב. ירושלמי שבת פי״ט ה״ב. שם יבמות פפח ה״א. תוספתא ע״ז פ״ג יג. ילק״ש תורה פב.

ג. (הביטוי) ברכות לא,ב. יבמות עא,א. כתובות סז,ב. נדרים ג,א—ב. גיטין מא,ב. קדושין יז,ב. ב״מ לא,ב. צד,ב. סנהדרין נו,א. סד,ב. צ,ב. מכות יב,א. זבחים קח,ב. ערכין ג,א. כריתות יא,א. נדה לב,ב. מד,א. תו״כ ויקרא כ,ב. ספרי במדבר טו,כז. מדרש תהלים פ״ז.

ד. ראה ירושלמי שבת פי״ט ה״ב. שם יבמות פ״ח ה״א. ב״ר פמ״ו יב.

ה. משנה נדרים לא,ב. יבמות עא,א.

ו. שם.

ז. תוספתא ע״ז פ״א ח. שם פ״ג ד. שם חולין פ״ב כא.

ח. ירושלמי ע״ז פ״ב ה״ב.

גרסות

אם היה מומחה בכתי״מ: אם היה רופא מומחה.

ימול ישראל בכת״י: ימול את ישראל.

מילה מן התורה בכתי״מ ובמקורות: מילה בתורה ובכתי״ס: בתורה מילה.

עד שתצא נשמתו בכתי״ס: עד שתצא נפשו ובכתי״מ חסר משפט זה.

ורבי יוחנן המול ימול בכתי״מ: ורבי יוחנן אמר המול ימול כתיב בכתי״ס: ור׳ יוחנן אמר המול ימול המל ימול ויש במקורות: ור׳ יוחנן אמר המול ימול קרי ביה המל ימול.

קונם שאני נהנה מן הערלים בכתי״מ ועוד: קונם שאיני נהנה לערלים ובכתי״ס: קונם שאיני נהנה מן הערלים וכן להלן.

למאן דאמר אשה לא בכת״י ועוד: למאן דאמר אשה לאו בת מילה היא.

לשון

גבנוני
מקור המלה ועיקר משמעה אינם ברורים. לפי הערוך גבנוני הוא אחד מבני השבטים של בני קטורה היושבים בהרים (גבנונים, ראה תהלים סח, טז—יז) שנתחייבו במילה (מן התורה) ואף נהגו בה. אף שבני קטורה נתערבו בבני ישמעאל במשך הדורות, הרי אף ערבים בימינו מבחינים ביניהם, וביחוד שמבני קטורה היו גם עמים נודדים אחרים, כגון המדינים. ויש סבורים שהם התושבים של ״גבל״ (גולן) שהיו גם הם בני שבטים נודדים שנהגו במילה.

ריבדא דכוסילתא
ריבדא נראה קרוב לערבית رَبَذ (רבד׳) במשמעות — דקר, וריבדא הוא איפוא — דקירה. כוסילתא היא המלה הארמית עבור הקזת הדם, פצע ההקזה.

החיים

לשם הר גריזים
בחירת הר גריזים כמקום המקדש תופסת בדתם של הכותים-השומרונים מקום נכבד ביותר. בנוסח התורה שלהם בחירת הר גריזים היא אחת מעשרת הדברות. ומשום כך מניחים שכל מעשה שהם עושים למצוה מכוון לתפיסתם הדתית ולמרכזיות של הר גריזים בתפיסה זו.

שמתו אחיו מחמת מילה
כאשר מתו שני בנים במשפחה מחמת מילה — אין מלים את האח השלישי עד שיגדל. בנוסף לכך יש מחלות תורשתיות אחדות הגורמות לסיכון (ואפילו מוות) מחמת פציעה, וכאשר אין שינוי או שיפור במצב ייתכן שילד זה ישאר לא נימול כל ימיו. אדם כזה פטור מן המילה מחמת אונס, ואין בו פסול מהותי, מלבד לאותן מצוות שנדרש בהן שיהא העושה אותן נימול (כגון אכילת קרבן פסח, או עבודה במקדש).

לעזי רש״י

פיינדר״א (אולי צ״ל: פוינטורא) מן הצרפתית העתיקה pointure — דקירה.

ברופא מומחה דכי אתא רב דימי א"ר יוחנן [א]אם היה מומחה לרבים מותר וסבר רבי יהודה כותי שפיר דמי והתניא [ב]*ישראל מל את הכותי וכותי לא ימול ישראל מפני שמל לשם הר גרזים דברי רבי יהודה אמר לו רבי יוסי וכי היכן מצינו מילה מן התורה לשמה אלא מל והולך עד שתצא נשמתו אלא לעולם איפוך כדאפכינן מעיקרא ודקא קשיא דרבי יהודה אדר' יהודה ההיא דרבי יהודה הנשיא היא דתניא רבי יהודה הנשיא אומר מנין למילה בגוי שהיא פסולה ת"ל ואתה את בריתי תשמור אמר רב חסדא מאי טעמא דרבי יהודה דכתיב לה' המול ורבי יוסי המול ימול ואידך הכתיב לה' המול ההוא בפסח כתיב ואידך נמי הכתיב המול ימול [ג]*דברה תורה כלשון בני אדם איתמר [ד]*מנין למילה בגוי שהיא פסולה דרו בר פפא משמיה דרב אמר ואתה את בריתי תשמור *ורבי יוחנן אמר המול ימול מאי בינייהו ערבי מהול וגבנוני מהול איכא בינייהו מאן דאמר המול ימול איכא ומ"ד את בריתי תשמור [א]ליכא ולמאן דאמר המול ימול איכא והתנן [ה]*[ב]קונם שאני נהנה מן הערלים מותר בערלי ישראל ואסור במולי אומות העולם אלמא אף על גב דמהילי כמאן דלא מהילי דמו אלא איכא בינייהו ישראל שמתו אחיו מחמת מילה ולא מלוהו למ"ד ואתה את בריתי תשמור [ג]איכא למאן דאמר המול ימול ליכא ולמ"ד המול ימול ליכא והתנן [ו]*[ד]קונם שאני נהנה ממולים אסור בערלי ישראל ומותר במולי אומות העולם אלמא אע"ג דלא מהילי כמאן דמהילי דמו אלא איכא בינייהו אשה למ"ד ואתה את בריתי תשמור ליכא דאשה לאו בת מילה היא ולמ"ד המול ימול [ה]איכא דאשה כמאן דמהילא דמיא ומי איכא למאן דאמר אשה לא והכתיב [ו]ותקח צפורה צר קרי ביה *) ותקח והכתיב ותכרות קרי ביה ותכרת דאמרה לאיניש אחרינא ועבד ואיבעית אימא אתיא איהי ואתחלה ואתא משה ואגמרה: **מתני'** [ז]מתרפאין מהן ריפוי ממון אבל לא ריפוי נפשות ואין מסתפרין מהן בכל מקום דברי רבי מאיר וחכמים אומרים [ז]ברה"ר מותר אבל *לא בינו לבינו: **גמ'** מאי ריפוי ממון ומאי ריפוי נפשות אילימא [ח]*ריפוי ממון בשכר ריפוי נפשות בחנם ליתני מתרפאין מהן בשכר אבל לא בחנם [ח]אלא ריפוי ממון דבר שאין בו סכנה ריפוי נפשות דבר שיש בו סכנה והאמר רב יהודה אפילו ריבדא דכוסילתא לא מתסינן מינייהו אלא ריפוי ממון בהמתו ריפוי נפשות גופיה והיינו דאמר רב יהודה אפילו ריבדא דכוסילתא לא מתסינן מינייהו אמר רב חסדא אמר מר עוקבא [ט]אבל אם אמר לו סם פלוני יפה לו סם פלוני רע לו מותר

סבר

*) וַתִּקַּח כו' ביה וַתִּכְרֹת. יעב"ץ

רש"י

רופא מומחה. לא מרע נפשיה לשוייה כרות שפכה: **אלא לעולם איפוך כדאפכינן מעיקרא.** דלרבי יהודה כותי אסור וגוי מותר דגוי אין דרכו למול בניו לשם עבודה זרה ולשפיכת דמים לא חייש הואיל ואחרים על גביו: **ודקשיא לך דרבי יהודה אדרבי יהודה.** דפסיל מילת גוי מגזירת הכתוב ההיא ר' יהודה הנשיא היא: **מ"ט דרבי יהודה.** בר פלוגתא דרבי יוסי דפסיל כותי: **לה' המול.** ועשה פסח לה' המול וגו' ודריש ביה מילה לשמה הלכך כותי פסול דמל שלא לשמה אבל גוי לא מהיל אלא אדעתא דישראל שאומר לו מהול והיינו לשמה: **המול ימול.** רבויא הוא: **בפסח כתיב.** לה' דקרא אפסח קאי שתהא עשייתו לשמה: **ואתה את בריתי תשמור.** וזרעך אחריך ולא גוי: **המול ימול.** קרי ביה המל ימול מי שהוא מהול ימול אחרים: **גבנוני.** אומה מהולה: **קונם שאני נהנה לערלים.** מה שאני נהנה מן הערלים אסור עלי בקונם וקונם הוא לשון הקדש: **שמתו אחיו מחמת מילה.** ולא מהלוהו לזה שלא ימות: **ותקח.** ע"י שליח: **ותכרת.** אמרה לאחר וכרת: **מתני'** **מתרפאין מהן.** מקבלין מהן רפואה: **ממון ונפשות.** בגמרא מפרש: **ואין מסתפרין מהן בכל מקום.** אפילו בשבילי רה"ר שעוברין שם תדיר שמא יחתוך צוארו בתער: **גמ'** **רפוי נפשות בחנם.** כלומר מעצמו ומנפשו הוא עושה כמו אם יש את נפשכם (בראשית כג) בדעתכם: **בשכר.** לא קטיל דחייש להפסדא דאגריה: **ריפוי ממון.** מכה שאין בה סכנה שיכול הגוי לקלקלו שתכאב לו יותר ויוציא ממון לרפאות: **ריבדא דכוסילתא.** כלי אומן המקיז בכתפים רידבא מכת הכלי ובלעז פיינדר"א כלומר אי כבדא לי רידבא דכוסילתא שהקיז לי אומן ישראל לא אמינא לגוי לאסוייה להעביר הכאב דאסור למסור גופו ביד גוי: **ריפוי נפשות גופו.** ואפי' אין סכנה בדבר:

תוספות

ברופא מומחה. ואפילו אינו מומחה למילה לא מרע נפשיה בכל דבר שיתעסק בו: **וכי היכן מצינו מילה לשמה.** הכא משמע דלרבי יהודה אע"ג דבעי מילה לשמה מסקינן דמכשר לה בגוי ותימה מ"ש מגט דבעינן לשמה ופסלינן כתיבת גוי בגט פ' [המביא] (גיטין דף כג. ושם ד"ה גוי) משום דגוי אדעתא דנפשיה קעביד וי"ל דלא דמי דלעולם גוי סתמא קא עביד גבי מילה דסתמא לשמה קאי כל זמן שאינו עושה לשם הר גרזים אם כן בגוי דסתמא קעביד כשרה אבל גט אשה סתמא לאו לשמה דסתם אשה לאו לגירושין עומדת הלכך גט בגוי פסול והלכך צריך שיפרש כותב הגט בתחלת הכתיבה אני כותב לשם פלונית והוא הדין בס"ת צריך שיאמר בפירוש בתחלת הכתיבה אני כותב לשם תורת ישראל והאזכרות לשם קדושה דסתמא לאו לשמו קאי וכן משמע פרק הניזקין (גיטין דף נד:) אזכרות שלו לא כתבתי לשמן משמע לא פירשתי לשמן דאי סתמא כשר עד שיפרש שלא לשמן היה לו לומר כתבתים שלא לשמן וכן משמע נמי בפרק השולח (שם דף מה:) גבי רשב"ג שהתיר בציידן ליקח ספרים מגוי ומקשה ורשב"ג עיבוד לשמן בעי כתיבה לשמן לא בעי ומדפסיל כתיבה בגוי ש"מ דסתמא לאו לשמן דאי סתמא לשמן ליתכשר כמו במילה וא"ת כיון דסתמא לאו לשמן א"כ פרק השולח (שם דף מה:) גבי ס"ת תפילין ומזוזות שכתבן מין מסור גוי ועבד אשה וקטן וכותי וישראל משומד פסולים שנאמר וקשרתם וכתבתם כל שישנו בקשירה ישנו בכתיבה למה לי קרא תיפוק ליה דגוי סתמא עביד וסתמא פסול י"ל דתני גוי אגב אשה וקטן דה"נ תנא מין דבלאו קרא פסול משום דסתמא לעבודה זרה: **דברה** תורה כלשון בני אדם. אומר ר"י דמאן דאית ליה הכא דברה תורה כלשון בני אדם יכול להיות שאינו חולק על השב תשיב ועל הוכח תוכיח וכיוצא בהן דדרשינן להו (ב"מ דף לא.) דלא אשכחנא תנא דפליג ורא"ה דר"ש אמר פרק מציאת האשה (כתובות דף סז:) על העבט תעביטנו דברה תורה כלשון בני אדם ור' שמעון גופיה דריש בפ"ק דר"ה (דף ח.) עשר תעשר וצריך עיון בדבר דמאיזה טעם אומר התלמוד פעמים כך ופעמים כך[א]: ה"ג **קונם** שאני נהנה. ולא גרס ביו"ד דא"כ הוי דברים שאין בהם ממש ואין חל כדאמרינן בנדרים (דף טו.) גבי שאני ישן[ב]: **אלמא** אע"ג[ג] (דלא מהילי כמאן דמהילי) דמו. תימה מאי קפריך מנדרים למ"ד המול ימול דלמא שאני נדרים דהלך בהן אחר לשון בני אדם והתם נמי דקפשיט מקרא קרא ל"ל הא אמר בנדרים הלך אחר לשון בני אדם י"ל דהתם מפיק ליה מקרא כי לא נתברר לנו לשון בני אדם אם לא מן הפסוק וכיוצא בזה איכא בפ"ק דפסחים (דף ג.) והא קמ"ל דאור כוכבים אור הוא ונפקא מינה לנודר *אי נמי שפיר פריך קראי אהדדי דהתם נפיק מקרא דכל הגוים ערלים ואין מילתם חשובה לקרותה מילה וקשה למאן דסבר למימר דהוי ערבי וגבנוני בכלל מהולים: **איכא** בינייהו אשה. תימה אמאי לא אמר איכא בינייהו משומד לערלות דלמ"ד ואתה את בריתי[א] ליכא שאינו בכלל לשמור כדאמרינן פרק השולח (גיטין דף מה.) דישראל משומד לאו בר קשירה כאותה שהבאתי לעיל מפני שאינו חפץ לקשור ה"נ נימא שאינו בר מילה כיון שאינו חפץ לימול ולמ"ד המול ימול איכא דאמרי לעיל אע"ג דלא מהילי כמאן דמהילי דמו ואור"י דמשומד לערלות מיהו בר שמירת ברית הוא אלא שאינו חפץ אבל מיהו בר שמירת ברית הוא אם יחפוץ ובגיטין גבי קשירה הכי קאמר כל שאינו בקשירה כלומר שאינו מקיים מצות וקשרתם אינו בכלל וכתבתם וזה מבטל מצות קשירה מעליו: **אשה** לאו בת מילה היא. יש לפסוק כרב ואין אשה כשרה למול דאף על גב דרב ורבי יוחנן הלכה כרבי יוחנן בהא הלכה כרב דברייתא דרבי יהודה הנשיא קיימא כוותיה אבל בה"ג פסק דאשה כשרה למול ולרב דאמר אינה כשירה למול צריך לפרש בפרק קמא דקדושין (דף כט.) דמצריך אותו ולא אותה למדרש שאינה חייבת למול בנה היינו לבקש למהלו:

לחיי

א) [ועמ"ש תוספות סוטה כז. ד"ה ור' יונתן] ב) [וע"ע תוספות יבמות עא. ד"ה שאני ע"ש היטב ובנדרים הר"ן יד: במשנה ד"ה קונם שאני ישן וע"ע תוספות כתובות נט. ד"ה קונם] ג) [נ"ל דמהילי כמאן דלא מהילי]

עין משפט נר מצוה

כט א מיי' פ"ב מהל' מילה הלכה א סמג עשין כח טוש"ע י"ד סימן רסד סעיף א:

ל ב מיי' פ"ט מהלכות נדרים הלכה כב סמג לאוין רמב טוש"ע י"ד סימן ריז סעיף מא:

לא ג מיי' פ"ב מהל' מילה הלכה א סמג עשין כח טוש"ע י"ד סימן רסד סעיף א:

לב ד מיי' פ"ט מהלכות נדרים הלכה כב סמג עשין כח טור ש"ע י"ד סימן ריז סעיף מב:

לג ה מיי' פ"ב מהלכות מילה הלכה א סמג עשין כח טוש"ע י"ד סי' רסד סעיף א [וברב אלפס שבת סוף פרק יט דף סא: בזה"ל לר' יוחנן דאמר המול ימול כיון דישראל הוא אפי' ערלים כמהולים דמו אתתא נמי בכלל ישראל היא ומהלא]:

לד ו מיי' פי"ב מהלכות רוצח הלכה ט סמג לאוין מה טוש"ע י"ד סי' קנה סעיף א:

לה ז מיי' שם הלכה יא וסמג שם טוש"ע י"ד סימן קנו סעיף א:

לו ח ט מיי' שם הל' ט י סמג שם טור וש"ע י"ד סי' קנה סע"א:

מסורת הש"ס

[תוספתא פ"ג]

[קדושין יז: וש"נ]

[מנחות מב.]

[נ"ל ור' יוחנן אמר המול וכו']

נדרים לא: [יבמות עא.]

נדרים שם יבמות שם

שמות ד

[עי' תוספות לקמן כט. ד"ה אבל לא]

*[דוגמתו בנדרים מח:]

הגהות הב"ח

(א) תוס' ד"ה איכא וכו' את בריתי תשמור ליכא:

נ"ל א"כ. מהרש"א ומהר"ס

רבינו חננאל

גוי כלל כלל לא ימול והתניא עיר שאין בה רופא ישראל ויש בה [רופא] גוי ורופא כותי ימול גוי ואל ימול כותי דברי ר"מ ופרקי' כי קא שרי ר"מ ברופא גוי מומחה דלא מרע נפשיה דחייש דלמא מסקי עליה שם רע ואומרים דקטיל לאינשי וכן כי אתא רב דימי אמר גוי אם היה רופא מומחה לרבים מותר: הא דתניא ישראל מל כותי אבל כותי לא ימול ישראל מפני שמל לשום הר גרזים דברי רבי יהודה אוקימנא בר' יהודה הנשיא דסבר מנין למילה בגוי שהיא פסולה שנאמר ואתה את בריתי תשמור א) אתה ולא כותי וכ"ש גוי ועוד כתיב ועשה פסח לה' הוא שכשר למול אבל גוי לא ורבי יוסי חולק עליו ואומר וכי היכן מצאנו בתורה מילה לשמה אלא כותי כיון שהוא מהול מל והולך עד שתצא נפשו ואמרינן מאי טעמא דר' יוסי דכתיב המול ימול יליד ביתך וגו' המול ימול מכל מקום ואפילו כותי: איתמר מנין למילה בגוי שהיא פסולה משום רב אמרי ואתה את בריתי תשמור ר' יוחנן אמר מהכא המול ימול יליד ביתך פי' המהול ימול לאפוקי גוי דלאו מהול הוא: ואמרינן מכדי רב ור' יוחנן תרוייהו פסלי בגוי מאי בינייהו ואמרינן ערבי מהול וגבנוני פי' גבנוני מבני אברהם הם ומהולים ושוכנים בהרי גבנונים לפיכך נקראים גבנונים לרב אפילו אלו שהן מהולים פסולין דלאו בני ברית הן ור' יוחנן אמר כיון שמהולין הן שרי. ומקשינן וכי מולי אומות העולם מהולין נקראין והתנן האומר קונם שאיני נהנה לערלים מותר בערלי ישראל ואסור במולי אומות העולם הנה אומות העולם אפילו הן מולין ערלין הם חשובים אלא איכא בינייהו יהודי ערל כגון שמתו אחיו מחמת מילה כלומר משפחה ידועה כיון שמלין אותן מתים מכח דם המילה לרב מותר כגון זה למול אחרים ור' יוחנן אמר כיון שאינו מהול אסור איני והתנן קונם שאיני נהנה למולים אסור בערלי ישראל וכו' הנה ערלי ישראל מולין הן חשובין והיאך אוסר ר' יוחנן. אלא אשה איכא בינייהו רב אסר אשה למול דלאו בת ברית היא ור' יוחנן שרי דאשה כדמהילא דמיא. ומקשינן לרב איני והכתיב ותקח צפורה צר ודחי קרי ליה ותקח כלומר עשתה אחרים שיקחו וכן פי' ותכרת. איבעי תימא צפורה אתחלה ומשה רבינו גמר המילה: **מתני'** מתרפאין מהן ריפוי ממון אבל לא ריפוי נפשות. אוקימנא ריפוי ממון כגון בהמתו של ישראל שהוא ממונו וריפוי נפשות ריפוי בגופו וכדרב דאמר אפילו ריבדא דכוסילתא לא מתסינן מן הגוים. ואע"פ

שאין

א) נראה מזה דרבינו לא גריס אלא לעולם איפוך אלא סבר כברייתא דר"י הנשיא היא ומפיק לה מקרא לאפוקי כותי אסור למול וכו"ע.

סבר שיולי משאיל לו כי היכי דמשאיל לו משאיל לאיניש אחרינא ואתא ההוא גברא
א לאורועי נפשיה אמר *רבא א"ר יוחנן ואמרי לה אמר רב חסדא אמר ר' יוחנן [א]ספק חי ספק מת אין מתרפאין מהן ודאי מת מתרפאין מהן(א) מת האיכא חיי שעה לחיי שעה לא חיישינן ומנא תימרא דלחיי שעה לא חיישינן דכתיב [מ"ב ז] אם אמרנו נבוא העיר והרעב בעיר ומתנו שם והאיכא חיי שעה אלא לאו [א]לחיי שעה לא חיישינן מיתיבי [ב]לא ישא ויתן אדם עם המינין ואין מתרפאין מהן אפילו לחיי שעה [ג]*מעשה בבן דמא בן אחותו של ר' ישמעאל שהכישו נחש ובא יעקב איש כפר סכניא לרפאותו ולא הניחו ר' ישמעאל וא"ל ר' ישמעאל אחי הנח לו וארפא ממנו ואני אביא מקרא מן התורה שהוא מותר ולא הספיק לגמור את הדבר עד *שיצתה נשמתו ומת קרא עליו ר' ישמעאל אשריך בן דמא שגופך טהור ויצתה נשמתך בטהרה ולא עברת על דברי חביריך שהיו אומרים [קהלת י] ופורץ גדר ישכנו נחש [ב]שאני מינות דמשכא דאתי למימשך בתרייהו אמר מר לא עברת על דברי חביריך [ד]שהיו אומרים ופורץ גדר ישכנו נחש איהו נמי חויא טרקיה [ה]*חויא דרבנן דלית ליה אסותא כלל ומאי ה"ל למימר [ויקרא יח] וחי בהם *ולא שימות בהם ור' ישמעאל [ג]הני מילי בצינעא אבל בפרהסיא לא דתניא *היה רבי ישמעאל אומר מנין שאם אומרים לו לאדם עבוד עבודה זרה ואל תהרג שיעבוד ואל יהרג ת"ל וחי בהם ולא שימות בהם יכול אפילו בפרהסיא ת"ל [שם כב] ולא תחללו את שם
ב קדשי אמר רבה בר בר חנה אמר רבי יוחנן [ז]כל מכה שמחללין עליה את השבת אין מתרפאין מהן ואיכא דאמרי אמר רבה בר בר חנה אמר ר"י כל מכה

סבר. הגוי: **שיולי קא משייל.** האי ישראל מדלא בעי לאיתסי מנאי לא סמיך עלי ושיולי קא משייל לנסותי אם אומר לו אמת: **ספק חי ספק מת.** חולי שאם לא ירפאנו רופא ספק יחיה ספק ימות אין מתרפאין מהן דגוי ודאי קטיל ליה ומוטב שיניח אולי יחיה: **ודאי מת מתרפאין.** היכא דידעינן שאם לא ירפאנו ימות ואין כאן ישראל לרפאותו מתרפאין מהן דגוי מאי עביד ליה [נ"ל רבה] הא בלאו הכי מיית ושמא ירפאנו הגוי: **חיי שעה.** שהגוי ממהר להמיתו ושמא יום או יומים יחיה: **אם אמרנו נבוא העיר.** בארבעה אנשים מצורעים כתיב אם אמרנו נבוא העיר והרעב בעיר ומתנו שם ואם ישבנו פה ומתנו ועתה לכו ונפלה אל מחנה ארם אם יחיונו נחיה ואם ימיתנו ומתנו: **[והאיכא חיי שעה.** ומיתה מיד]: **לא חיישינן.** הואיל וסופו למות כאן: **יעקב איש כפר סכניא.** [תוספ' לחולין פ"ב] כדאמרן בפרק קמא (דף יז.): **מקרא מן התורה.** לקמיה מפרש ליה: **על שילתה נשמתו.** במותר: **ויצתה נשמתך בטהרה.** במותר: **ופורץ גדר.** עובר על דברי חכמים ישכנו נחש כדלקמן: **איהו נמי חויא טרקיה.** [שיצתה נשמתו במותר כצ"ל ר"מ] והיה יכול להתרפאות ולהנצל ולחיות ע"י זה ולחויא דרבנן נמי לא ניחוש שאילו נשכו היה יכול להתרפאות ולחיות: **חויא דרבנן לית ליה אסותא כלל.** שאם נשכו נחש בשביל שעבר על דברי חכמים לא תעלה לו רפואה וימות אם היה מתרפא מנשיכה זו סופו למות על ידי נשיכת חביריו שעובר על [שבת קי.] דברי חכמים חייב מיתה: **מאי הוה ליה.** [לקמן נד. יומא פה: סנהדרין עד.] לדמא למימר מאי מקרא היה רוצה להביא: **בפרהסיא.** יש חילול השם שיוצא [לחוץ] ולמידין ממנו לחלל בקדושת [*סנהדרין עד.] השם: **כל מכה שמחללין עליה את השבת.** דהיינו מכת סכנה אבל שאין בה סכנה מתרפאים ולית ליה דרב יהודה דאפילו רידא דכוסילתא לא מסי(ב):

לחיי שעה לא חיישינן. והא דאמרינן ביומא (דף פה.) מפקחין עליו את הגל בשבת לחוש לחיי שעה אלמא חיישינן דאיכא למימר דהכא והתם עבדינן לטובתו דהתם אם לא תחוש ימות והכא אם תחוש ולא יתרפא מן הגוי ודאי ימות וכאן שבקינן הודאי למיעבד הספק: **לא ישא ויתן עם המינים.** פי' להאריך עמהם בדברים פן ימשכוהו: **שאני מינות דמשכא.** לכאורה משמע דאפי' מרופא מומחה שמתרפאין מהן מ"מ מן המינין אסור להתרפאות שום חולי וא"ת דהא לקמן (דף כח.) בשמעתין ר' אבהו קיבל סמא מן יעקב מינאה וי"ל דאף במינים לא אסרו אלא ברפואה שמזכיר בה שם עבודה זרה ואומר שהעבודה זרה מועלת לכך ובהא ודאי אתי לאמשוכי ואסור כי ההיא דירושלמי דהכא מעשה בר"א בן דמא בן אחותו של רבי ישמעאל שהכישו נחש ובא יעקב איש כפר סכניא שמו לרפאותו בשם רבו ולא הניחו רבי ישמעאל וכן אם אמר הרופא אפילו אינו מין קח ממים של עבודה זרה פלונית או מעלים שלפני עבודה זרה אסור כדאמרינן פרק כל שעה (פסחים דף כה.) בכל מתרפאין חוץ מעצי אשירה ואור"י דמיירי כגון שאומר לו שאותם מים או אותם עלים מועילין ולא אחרים כגון ע"י שד שמטעהו כי לפעמים יש כח ביד שדים להטעות כדי לטרדם כדאיתא לקמן פרק ר' ישמעאל (דף נה.) דההוא בית עבודה זרה דכי הוה מינוף עלמא ולא אתי מיטרא מיתחזי בחילמא ואמר שחוטו לי גברא ושחטו ליה ואתי מיטרא אבל בשאינו תולה תועלת בהם יותר מאחרים אלא שאומר לו הבא לי מים או עלים מותר להביא אף מעבודה זרה והכי איתא בירושלמי בפרק שמונה שרצים בכל מתרפאין חוץ מעבודה זרה עד שאמר לו הב לי עלין מעבודה זרה אבל אמר לו הב לי עלין סתם מביא לו עלין של עבודה זרה והא דאמרינן בירושלמי ר' יונה הוה נמרמורין ואייתי ליה מן זכרות דחווי ולא שתה אייתין לר' אבא ושתה א"ר מנא אילו הוה ידע ר' אבא מן הן הוין לא הוה שתי אמר רב הונא מתניתין נמי אמרה כן אין מתרפאין בגלוי עריות התם נמי מיירי שאומר אותו דבר יועיל ולא אחר: **חויא דרבנן דלית ליה אסותא.**(ג) פ"ה שכל העובר על דברי חכמים חייב מיתה וא"ת איהו נמי לא הוי אסותא י"ל דמעיקרא פריך הכי איהו נמי חויא טרקיה ולמה לא הניחו ר' ישמעאל להתרפאות שהרי אם ישכנו פעם אחרת יתרפא גם ממנה ומסיק חויא דרבנן דלית ליה אסותא אותו ישכנו ולא יתרפא עוד ומוטב שימות בנשיכת נחש זה וזכאי בלא פרילת גדר ואל ימות חייב בפרילת גדר*: **יכול אפילו בפרהסיא ת"ל ולא תחללו את שם קדשי.** ומיהו רבנן פליגי עליה דר' ישמעאל בפרק בן סורר (סנהדרין דף עד.) ואמרי דבפרהסיא אפי' מצוה קלה יהרג ואל יעבור ובצנעא יש חילוק בין עבודה זרה לשאר מצות דבשאר מצות יעבור ובעבודה זרה יהרג ולר' ישמעאל אין שום חילוק דבצנעא בכולן יעבור ואל יהרג ובפרהסיא בכולן יהרג ואל יעבור ומעשה דבן דמא פרהסיא הוה ולפיכך לא הניחו רבי ישמעאל ולפי זה נוכל לומר דהא דעבד ליה יעקב מינאה לר' אבהו לקמן בשמעתין (דף כח.) בצנעא הוה ובשאלתות דרב אחאי (פרשת וארא) פוסק כרבנן דר' ישמעאל וכן מוכח סוגיא דתלמודא פ"ב דכתובות (דף יט.) דאמר רבא מי איכא מידי דאילו אתו עדים לקמן לאמלוכי אמרינן להו חתומו שקר ואל תהרגו *דאמרינן אין לך דבר שעומד בפני פיקוח נפש אלא עבודה זרה וגילוי עריות ושפיכות דמים והיינו כרבנן דאי כר' ישמעאל אי בצנעא אפי' עבודה זרה נמי ואי בפרהסיא אפי' שאר עבירות נמי לא אבל קשיא דרבא גופיה אמר לקמן פרק ר' ישמעאל (דף נד.) הכל היו בכלל לא תעבדם כשפרט לך הכתוב וחי בהם יצא אונס והדר כתיב לא תחללו ואפי' באונס כאן בצנעא כאן בפרהסיא משמע אתאן לר' ישמעאל וצ"ע* ואם רצה להחמיר על עצמו אפי' בשאר מצות רשאי כמו ר' אבא בר זימרא דירושלמי שהיה אצל גוי א"ל אכול נבלה ואי לא קטילנא לך א"ל אי בעית למיקטלי קטול ומחמיר היה דמסתמא בצנעא הוה: **כל מכה שמחללין עליה את השבת אין מתרפאין מהן.** ופ"ה ופליג אדרב יהודה דאמר לעיל אפי' רידא דכוסילתא לא מתסינן מינייהו וקשה דלעיל כי פריך מרב יהודה למאי דמפרש ריפוי ממון אין בו סכנה ומסיק ממון בהמתו נפשות גופו והיינו דרב יהודה ה"ל לאתויי על מתני' מילתא דר' יוחנן דמפליג בין שיש בו סכנה לאין בו סכנה וה"ל למפרך ולרב יהודה מאי איכא למימר אלא לאו שמע מינה דליכא מאן דפליג עליה דרב יהודה לכך נראה לר"ת דודאי לא פליגי ור' יוחנן איירי בחולה ויש בו סכנה כגון מכה שמחללין עליה את השבת אין להתרפאות מהן כי לא מרעי נפשייהו בה כי אם ימות דמצי לאשתמוטי ולומר מסוכן היה וכי אין בו סכנה מותר להתרפאות ואף כשאינו מומחה דודאי לא ימיתנו דלא מצי לאשתמוטי ואי קטלי מרעי נפשייהו אבל בבריא כגון רידא דכוסילתא מיהא אסור שהגוי מזיקו ואינו חושש כי לא מרע נפשיה אם ימיתנו שיאמרו העולם בודאי במזיד הזיקו מפני שהיה שונאו וא"ת לעיל כי פריך מרב יהודה אמאי לא אוקי לה מתני' בחולה דאיכא לפלוגי בין אין בו סכנה ליש בו סכנה וכדקס"ד מעיקרא ממון אין בו סכנה נפשות יש בו סכנה ור' יהודה בבריא הוא דאיירי וי"ל דמשמע ליה דמתניתין מיירי בכל ענין בין בחולה ואי מוקמת ליה כדמעיקרא ריפוי ממון דשרי לא יהא אלא בחולה ואין בו סכנה אבל השתא דממון בהמתו ונפשות גופו איירי בכל ענין בין בבריא בין בחולה שיש בו סכנה אי נמי ניחא ליה לפרש מתניתין דהכא כההיא דנדרים (דף לח:) המודר הנאה מחבירו מרפאהו ריפוי נפשות אבל לא ריפוי ממון ומפרש התם (דף מא:) ממון בהמתו ונפשות גופו והתם ליכא לשנויי ממון אין בו סכנה נפשות יש בו סכנה משום דס"ל דכל דבר של גוף חייב לרפאותו וכל מה שאמרנו שאסור בבריא וחולה שיש בו סכנה היינו ברופא שאינו מומחה אבל במומחה מותר כדאמר ר' יוחנן לעיל אם היה מומחה לרבים מותר ועל זה אנו סומכין להקיז דם מן הגוים דלגבי הקזה כל המקיזים מומחים הם:

מכה

לז א ב מיי' פי"ב מהל' רוצח ושמירת נפש הלכה ט סמג לאוין קסה טוש"ע י"ד סימן קנה סעיף א:
לח ג מיי' פ"ה מהלכות יסודי התורה הלכה ב סמג עשין ה טוש"ע י"ד סימן קנז סעיף א:
לט ד מיי' פי"ב מהל' רוצח הלכה ט סמג לאוין קסה טוש"ע י"ד סימן קנה סעיף א:

רבינו חננאל

שאין מתרפאין מהן אם שואלין אותו ואמר לו סם א) רע לך מותר דאמר כי היכי דשאיל לדידי שאל נמי לרופא אחר ולא אתי לאורועי נפשיה: אמר רבב"ח אמר רבי יוחנן חולה ספק חי ספק מת אין מתרפאין מהן. ודאי מת מתרפאין. לחיי שעה לא חיישינן. איני והתניא לא ישא ויתן אדם עם המינין ב) ואין מתרפאין מהן ואפילו לחיי שעה ומעשה בבן דמא בן אחות רבי ישמעאל שהכישו נחש ובא יעקב איש כפר (סמא) [סכניא] לרפאותו ולא הניחו רבי ישמעאל דסבר אע"ג דכתיב וחי בהם ולא שימות בהם הני מילי בצנעא אבל בפרהסיא לא דתניא היה רבי ישמעאל אומר מנין שאם אומרים לו לאדם עבוד עבודה זרה ואל תהרג שיהרג ואל יעבור ת"ל וחי בהם ולא שימות בהם יכול אפי' בפרהסיא ת"ל ולא תחללו את שם קדשי. ופרקינן הא דתניא אין מתרפאין מהן אפילו לחיי שעה מן המינין כגון יעקב איש כפר (סמא) [סכניא] שהיה מין. ומאי טעמא דמינות משכא ומשום הכי אסור לשאת ולתת עמהן. אמר רבי יוחנן כל

א) נראה דצ"ל סם זה יפה לך וסם זה רע לך.
ב) פי' כופרין.

הגהות הב"ח

(א) גמרא ודאי מת מתרפאין מהן ודאי מת מתרפאין מהן האיכא חיי שעה: (ב) רש"י ד"ה כל מכה וכו' לא מתסינן מינייהו הס"ד: (ג) תום' ד"ה חויא וכו' פ"ה שכל העובר. נ"ב צריך לומר שלא היה לפניו פרש"י שלנו ועיין פי' דבור זה בשו"ת דברי ריבות סימן רי"ג בטוב טעם:

[ועי' תוספות לקמן נד. ד"ה הא בצנעא ותוספות כתובות יט. ד"ה דאמר]

[נ"ל רבה]
[תוספ' לחולין פ"ב]
שיצתה נשמתו במותר כצ"ל ר"מ
[שבת קי.]
לקמן נד. יומא פה: סנהדרין עד.
*[סנהדרין עד.]
[ועי"ע תוס' שבת קי. ד"ה חויא]
דאמר מר כצ"ל ר"מ

גליון הש"ס

תום' ד"ה חויא וכו' וא"ת איהו נמי. עיין תשובת רשד"ם חיו"ד סימן רכט:

סָבַר [סבור] אותו גוי: שֵׁיּוּלֵי מְשַׁאֵיל לוֹ [רק שואל הוא אותו]. כִּי הֵיכִי דִּמְשַׁאֵיל לוֹ, מְשַׁאֵיל לְאִינִישׁ אַחֲרִינָא [וכמו שהוא שואל אותו, שואל הוא אדם אחר] לעצתו, וְאָתָא הַהוּא גַּבְרָא לְאוֹרוּעֵי נַפְשֵׁיהּ [ויבוא אותו אדם להרע לעצמו, למעמדו], אם יתברר שנתן לו עצה רעה, ולכן הוא נותן לו עצה הגונה.

א אָמַר רָבָא אָמַר ר' יוֹחָנָן, וְאָמְרִי לָהּ [ויש אומרים] שֶׁאָמַר רַב חִסְדָּא אָמַר ר' יוֹחָנָן: אם אדם חולה, והוא סָפֵק חַי סָפֵק מֵת מן החולי — אֵין מִתְרַפְּאִין מֵהֶן מן הגוים, כדין המשנה, שמא בתוך כך יהרגנו הגוי. אבל אם וַדַּאי שהוא מֵת מאותו חולי אם לא יתרפא — מִתְרַפְּאִין מֵהֶן שמא בכל זאת יתרפא ממנו, והרי אין לו מה להפסיד. ותוהים: אם מֵת, בכל זאת הָאִיכָּא [הרי יש] חַיֵּי שָׁעָה שיחיה עד שימות מן המחלה, ויש לחשוש שמא יגרום לו הגוי שימות מיד! ומשיבים: לְחַיֵּי שָׁעָה לָא חָיְישִׁינַן [אין אנו חוששים] כאשר יש אפשרות מסוימת להירפא. וּמְנָא תֵּימְרָא [ומנין אתה אומר מוכיח] שלְחַיֵּי שָׁעָה לָא חָיְישִׁינַן [אין אנו חוששים]? דִּכְתִיב [שנאמר] בארבעת המצורעים שישבו בפתח העיר שומרון בזמן המצור עליה, שאמרו זה לזה: "אִם אָמַרְנוּ נָבוֹא הָעִיר וְהָרָעָב בָּעִיר וָמַתְנוּ שָׁם ואם ישבנו פה ומתנו. ועתה נלכה ונפלה אל מחנה ארם אם יחיונו נחיה ואם ימיתונו ומתנו" (מלכים ב ז, ד), הרי שהחליטו ללכת למחנה ארם, אף שיתכן ששם יהרגום מיד; וְהָאִיכָּא [והרי יש] חַיֵּי שָׁעָה, שאם יהיו בעיר מכל מקום יהיו להם חיי שעה! אֶלָּא לָאו [האם לא] נלמד מכאן שלְחַיֵּי שָׁעָה לָא חָיְישִׁינַן [אין אנו חוששים]. מֵיתִיבֵי [מקשים] על כך ממה ששנינו: לֹא יִשָּׂא וְיִתֵּן אָדָם עִם הַמִּינִין, וְאֵין מִתְרַפְּאִין מֵהֶן אֲפִילּוּ לְחַיֵּי שָׁעָה. ומסופר, מַעֲשֶׂה בְּבֶן דָּמָא בֶּן אֲחוֹתוֹ שֶׁל ר' יִשְׁמָעֵאל שֶׁהִכִּישׁוֹ נָחָשׁ, וּבָא יַעֲקֹב אִישׁ כְּפַר סְכַנְיָא, שהיה מין מתלמידי ישו הנוצרי לְרַפְּאוֹתוֹ, וְלֹא הִנִּיחוֹ ר' יִשְׁמָעֵאל לעשות כן, וְאָמַר לוֹ בֶּן דָּמָא: ר' יִשְׁמָעֵאל אָחִי, הַנַּח לוֹ וְאֶרָפֵא מִמֶּנּוּ, וַאֲנִי אָבִיא מִקְרָא מִן הַתּוֹרָה שֶׁהוּא מוּתָּר, וְלֹא הִסְפִּיק לִגְמוֹר אֶת הַדָּבָר עַד שֶׁיָּצְתָה נִשְׁמָתוֹ וּמֵת. קָרָא עָלָיו ר' יִשְׁמָעֵאל: אַשְׁרֶיךָ בֶּן דָּמָא, שֶׁגּוּפְךָ טָהוֹר וְיָצְתָה נִשְׁמָתְךָ בְּטָהֳרָה, וְלֹא עָבַרְתָּ עַל דִּבְרֵי חֲבֵירֶיךָ, שֶׁהָיוּ אוֹמְרִים: "וּפוֹרֵץ גָּדֵר יִשְּׁכֶנּוּ נָחָשׁ" (קהלת י, ח)! הרי שאף במקום חיי שעה אין מתרפאים מן הגוים! ומשיבים, שם הרי לא היה מדובר בגוי סתם, אלא במין, וטעם הדבר שאין להתרפא ממנו כלל, כי שָׁאנֵי מִינוּת דְּמָשְׁכָא, דְּאָתֵי לְמִימְשַׁךְ בַּתְרַיְיהוּ [שונה מינות שהיא מושכת, ויש בה חשש שיבוא להימשך אחריהם]. ודנים בפרטי סיפור זה. אָמַר מָר [החכם] (ר' ישמעאל על בן דמא): לֹא עָבַרְתָּ עַל דִּבְרֵי חֲבֵירֶיךָ, שֶׁהָיוּ אוֹמְרִים: "וּפוֹרֵץ גָּדֵר יִשְּׁכֶנּוּ נָחָשׁ". ותוהים: אִיהוּ נַמִי חִוְיָא טַרְקֵיהּ [והרי הוא גם כן נחש נשכו], וממילא היה מת! ומשיבים: חִוְיָא דְּרַבָּנַן [נחש של קללת חכמים] שונה, דְּלֵית לֵיהּ אָסוּתָא כְּלָל [שאין לו רפואה כלל]. ולבירור הענין שואלים: וּמַאי הֲוָה לֵיהּ לְמֵימַר [ומה היה לו לבן דמא לומר]? מהו המקרא שלא הספיק לאומרו קודם שמת? ומשיבים: היה יכול להביא ראיה מן הכתוב: "ושמרתם את חוקותי ואת משפטי אשר יעשה אותם האדם וָחַי בָּהֶם" (ויקרא יח, ה) וְלֹא שֶׁיָּמוּת בָּהֶם, שבמקרה של פיקוח נפש מותר לעבור על המצוה. ושואלים: וְר' יִשְׁמָעֵאל? מה הוא סבר, שלא הניח לרפא את בן דמא? ומסבירים: הָנֵי מִילֵּי [דברים אלה, שמותר לעבור משום פיקוח נפש, אמורים כשעושה] בְּצִינְעָא, אֲבָל בְּפַרְהֶסְיָא — לֹא, ולגבי בן דמא היה זה דבר מפורסם לרבים. דְּתַנְיָא [ששנויה ברייתא], הָיָה ר' יִשְׁמָעֵאל אוֹמֵר: מִנַּיִן שֶׁאִם אוֹמְרִים לוֹ לְאָדָם "עֲבוֹד עֲבוֹדָה זָרָה וְאַל תֵּהָרֵג", שֶׁיַּעֲבוֹד וְאַל יֵהָרֵג? תַּלְמוּד לוֹמַר: "וָחַי בָּהֶם" — וְלֹא שֶׁיָּמוּת בָּהֶם, יָכוֹל אֲפִילּוּ אמרו לו לעשות כן בְּפַרְהֶסְיָא? תַּלְמוּד לוֹמַר: "וְלֹא תְחַלְּלוּ אֶת שֵׁם קָדְשִׁי" (שם כב, לב), שכל עבירה שנעשית בפרהסיה יש בה משום חילול השם, וייהרג ואל יעבור.

ב אָמַר רַבָּה בַּר בַּר חָנָה אָמַר ר' יוֹחָנָן: כָּל מַכָּה שֶׁמְּחַלְּלִין עָלֶיהָ אֶת הַשַּׁבָּת מפני שיש בה חשש של פיקוח נפש — אֵין מִתְרַפְּאִין מֵהֶן, ובמקום שאין סכנה כזו — מותר. וְאִיכָּא דְּאָמְרִי [ויש שאומרים] לשון אחרת: אָמַר רַבָּה בַּר בַּר חָנָה אָמַר ר' יוֹחָנָן: כָּל

מסורת הש"ס

א. ראה יומא פה,א. סנהדרין מח,ב.
ב. ראה תוספתא חולין פ"ב כא. שמו"ר פט"ז ב. ילק"ש נ"ך תתקפט.
ג. (בשינויים) ירושלמי שבת פי"ד ה"ד. שם ע"ז פ"ב ה"ב. קה"ר פ"א ג. ילק"ש נ"ך שם.
ד. (בעניינים שונים) אדר"נ פ"ג. ירושלמי ברכות פ"א ה"א. שם ה"ד. שם שביעית פ"ט ה"א. שם שבת פי"ד ה"ד. שם סנהדרין פי"א ה"ד. שם ע"ז פ"ב ה"ז. תוספתא חולין פ"ב כג. מסכת שמחות פ"ד ד. ספרי דברים ו,יז. ב"ר פע"ט ו. קה"ר פ"י א (ח). פסידר"כ פי"א.
ה. שבת קי,א.
ו. יומא פה,ב. סנהדרין עד,א. ע"ז נד,א. ירושלמי ע"ז פ"ה ה"ב. תוספתא שבת פט"ו יז. קה"ר פ"א ג. תנחומא בובר מסעי א. ילק"ש תורה רפז. שם שכז. שם תקפז. שם תקפח. שם תקצא.
ז. ע"ז כח,א.

גרסות

שיולי משאיל — לאיניש אחרינא בכתי"מ: שיולי משאיל וסבר כי היכי דשאיל לו הכי נמי משאיל לאחרינא ובכתי"ס: שיולי שייל כי היכי דשאיל לי שאיל נמי לאינש אחרינא.

מת האיכא חיי שעה בכתי"מ וכן בב"ח: ודאי מת האיכא חיי שעה ובכתי"ס: והא איכא חיי שעה.

ומנא תימרא דלחיי שעה לא חיישינן בכתי"מ ועוד חסר משפט זה.

אלא לאו לחיי שעה בכתי"מ ועוד: אלא לחיי שעה.

ובא יעקב בכתי"מ: ובא יעקב מינא.

ואני אביא מקרא בכת"י: ואני אביא לך מקרא.

שיצתה נשמתו ומת בכתי"מ: שיצתה נשמתו.

מינות דמשכא בכתי"מ: מינות.

חויא דרבנן בכתי"מ: חויא דרבנן קאמר ליה.

אישים

בן דמא
בתלמוד הירושלמי מפורש ששמו היה אלעזר בן דמא. ומן הסתם נקרא בן דמא סתם משום שלא נסמך ולא זכה לתואר רבי. ממקורות אחרים רואים שהיה תלמיד מובהק של דודו וקיבל ממנו תשובות לשאלות שלו.

עיונים

שיולי קא משאיל כלומר, הרופא הנכרי סבור שאין החולה היהודי מבקש ממנו תרופה, אלא רק חוקר בענין זה. ולכן הרופא מניח שאותו אדם ישאל עוד מומחים אחרים, ואם יטענו — הריהו מקלקל את שמו הטוב (רש"י).

ודאי מת מתרפאין שכיון שברור שימות אם לא יתרפא מחולי זה, הרי מאחר שיש סיכוי שבכל זאת יתרפא על ידו — מוטב לו לקחת סיכון זה, שיכול אך להרוויח ממנו. והרי"ד פירש ענין זה באופן שונה מצד המסקנות ההלכתיות שלו, שלדעתו בכל מקרה שאין רופא ישראל מצוי מותר לו לאדם להתרפא מן הגוי, ואילו במקרה של ספק אין מתרפאים מן הגוי אם רופא ישראל מצוי במקום, אבל במקרה של מוות ודאי מתרפאים מן הגוי אפילו אם יש רופא ישראל במקום.

לחיי שעה לא חיישינן ושאלו בתוס' ועוד: והרי אנו מוצאים שמחללים את השבת עבור חולה גם כאשר ברור שנותנים לו על ידי כך רק חיי שעה, כגון שמסלקים מעליו גל אבנים שנפל עליו, שאם יישאר שם ימות מיד, ואם יוציאו יחיה עוד זמן קצר! ותירצו כי בכל המקרים מחליטים חכמים רק לטובתו של אדם. שלגבי שבת וכיוצא בזה, אם לא יחששו לחיי שעה נמצאים שגוזרים עליו מיתה ודאית מיד, ולכן אז מתחשבים וחוששים לחיי שעה. ולהיפך לענין רפואה, כיון שיש סיכוי שיבריא לגמרי — אין מתחשבים בסיכון מספק של חיי שעה, אלא מניחים לו לנסות להתרפא, שמא יזכה בחיים של בריאות.

לא ישא ויתן וכו' בתוס' מסבירים (עפ"י תוס' רבינו אלחנן) שאין הכוונה לומר שאסור לשאת ולתת אתם במסחר, אלא הכוונה היא שלא ירבה לעסוק אתם בדיבורים ובוויכוחים, שמא יבוא להימשך אחריהם.

ויצתה נשמתך בטהרה שהרי המלה האחרונה שהוציא בן דמא מפיו היתה "מותר", שהיא ביטוי של כשרות וטהרה (רש"י, והוא כנראה על דרך האמור בב"מ פו,א ברבה בר נחמני). אבל מראשונים אחרים משמע שפירשו שהטהרה היתה שמת בלא שיעבור על דברי חכמים.

שהיו אומרים ופורץ וכו' וחכמים פירשו: כל הפורץ גדרם של חכמים, הגבלותיהם וגזירותיהם (ובכלל זה המזלזל בהם ובכבודם), בסופו של דבר ישכנו נחש וימות בנשיכה זו.

שאני מינות וכו' כלומר, שאם יקרה לו שיתרפא על ידי המינים יש לחשוש שיתחיל להאמין בהם (תוס חכמי אנגליה, רמב"ן). והרי"ד מפרש שיש להרחיק הרבה מן המינים יותר מאשר משאר גוים, משום שהמינים משתדלים כל הזמן למשוך אנשים אחריהם. ויש שהבינו שתירוץ הגמרא הוא שיש להבחין בכלל בין רופא גוי שמתרפאים ממנו לחיי שעה, לבין רופא מין שאין מתרפאים ממנו כלל. אבל הראשונים התקשו ממה שלהלן מבואר כי ר' אבהו התרפא ממין. ולכן הסבירו (ראה בתוס', וכן הרמב"ן ועוד, והסתמכו גם על נוסח שהיה מצוי לפניהם בירושלמי שרצה יעקב ללחוש לו לרפואה בשם ישו) שאם מדובר ברפואה של ממש — אין הבדל מי הוא הרופא, וחולה שאין לו תרופה מותר לו להתרפא אצל רופא גוי ואף מין. אבל אם הרפואה המוצעת היא עצמה ענין של סגולה ושל עבודה זרה, הרי רפואה כזו אסורה לעצמה בכל מקרה משום חשש עבודה זרה, והיא בגדר של "יהרג ואל יעבור". וכעין זה כתב גם המאירי.

חויא דרבנן וכו' לפי רש"י מתחילה שאלו: ומה בכך שהיה ננשך על ידי נחש? והרי גם ממנו יכול היה להירפא! ותשובת השאלה היא שנשיכת נחש זה לא יוכל להירפא ממנה. ושאלו בתוס': והרי ממילא הוא מת! ובתוס' רבינו אלחנן הביאו כי ניתן לפרש ש"חויא" זה שנאמר עליו שחייב מיתה הוא עונש חמור יותר. ובתוס' מבארים יותר: שאם ימות עכשיו מחמת הנשיכה, הרי אינו מקלקל לעצמו, לפי שאם יעבור על דברי חכמים גם אז ימות בנשיכת נחש, ואם כן מוטב לו למות בלא חטא. וראה בירושלמי (ששם מובא מעשה זה בקצת שינויים) ששם נראה שמפרשים ש"נחש דרבנן" אינו בהכרח נחש מוחשי, אלא "שלא ישכנו לעתיד לבוא", שייענש בעונש חמור לעולם הבא.

הני מילי בצנעא זו היא שיטת ר' ישמעאל, שלדבריו הכלל הוא זה: מותר לעבור על כל איסור (ואפילו עבודה זרה) מפני פיקוח נפש, ובלבד שהדבר נעשה בצינעה. אבל בפרהסיא — ייהרג ואל יעבור בשום איסור, אפילו איסור קל. אבל חכמים חולקים עליו, והם סבורים שבשלוש העבירות החמורות — עבודה זרה, גילוי עריות ושפיכות דמים — ייהרג ואל יעבור אפילו בצינעה, ובשאר עבירות — אל ייהרג אלא אם היה זה בפרהסיא (ולדעת התוס' אם רוצה אדם להחמיר על עצמו בשאר עבירות בצנעה — מותר לו. ואין כן דעת הרמב"ם).

בפרהסיא וטעם הדבר, שכל העובר על מצוות ה' בפרהסיא הרי זה מיעוט וחילול כבוד שמים בעצם העבירה על רצונו, בלא קשר לחומרת המעשה עצמו. ועוד, שנמצא שהרבים למדים ממנו ובאים לעבור על דברי תורה, ונמצא שם שמים מתחלל על ידי כך (ראה רש"י).

כל מכה שמחללין וכו' כלומר, כל מכה שיש בה חשש של סכנת נפשות, בין מיידית ובין שיכולה להגיע לכך לאחר מכן.

וכתב רש"י שר' יוחנן אינו מקבל את דברי רב יהודה (בסוף העמוד הקודם) שאפילו בריבדא דכוסילתא אין מתרפאים מן הגוי (וכן סבורים עוד חכמים, כגון הראב"ד וכן הרי"ד ועוד). אבל בתוס' תהו על כך, כי מסוגיית הגמרא נראה שדברי רב יהודה נתקבלו בלא פקפוק כלל (ובאופן אחר נוצר קושי זה על ידי פסקיו של הרי"ף, הפוסק בפירוש המשנה שאסורה כל רפואת גופו, כרב יהודה, ומצד אחר פסק כר' יוחנן כאן). ובתוס' מחלקים בשם ר"ת באופן זה: כאשר מדובר בחולה, הרי אם הוא חולה שיש בו סכנה — אסור לו להירפא מן הגוי, משום שהגוי יגרום למותו ויתלה זאת בקושי המחלה. ואם אין בו סכנה — מותר, משום שהרופא לא יעז להרוג אדם שאין בו סכנה, לפי שלא יבטחו בו עוד כרופא. אבל אדם בריא הבא לטיפול משום פציעה קטנה (כמקרה שהזכיר רב יהודה) יש לו להיזהר יותר, משום שהרופא מסוגל להורגו, לפי שהכל יודעים שהרגו במזיד, ולא משום שאינו בקי ברפואה. ואילו הרמב"ן מסביר שדברי ר' יוחנן כוללים בתוכם את דברי רב יהודה, שלדעתו גם כל דבר שכרוכה בו סכנה עתידית בגלל טיפולו של הגוי גם הוא נאסר, וטיפול בפצע של הקזה הוא בגדר דבר שיש בו סכנה בגלל המקום הרגיש בו היא נעשית (וראה גם בריטב"א ובר"ן ועוד).

אורח ההלכה

ספק חי ספק מת היה החולה מסוכן, ספק חי ספק מת — אין מתרפאים מן הגוי. אבל אם ודאי ימות — מתרפאים ממנו, שבאופן זה אין חוששים לחיי שעה. (רמב"ם ספר נזיקין הלכות רוצח ושמירת נפש פי"ב ה"ט. שו"ע יו"ד קנה, א).

שאני מינות אסור להתרפא מן המין, אפילו נתייאשו מחיי החולה, כדי שלא יימשכו אחריו.

רופא הבא לרפא על ידי לחש — מותר, והוא כשאינו יודע שמזכיר שם עבודה זרה. אבל מזכיר עבודה זרה — אסור, וימות ולא יעבור. ואם הוא מין — אסור בכל לחש, שוודאי יזכיר שם עבודה זרה. (רמב"ם שם. שו"ע שם).

הני מילי בצינעא בשלוש העבירות, עבודה זרה שפיכות דמים וגילוי עריות, אם אומרים לו לעבור על אחת מהן או שיהרג — ייהרג ולא יעבור, בין בפרהסיא ובין בצנעה. ובשאר עבירות — יעבור ולא ייהרג, ואפילו בפרהסיא. והוא כאשר הגוי מתכוון להנאת עצמו בלבד, אבל אם נתכוון להעבירו על המצוות, אם היה הדבר בצינעה (שלא היו שם עשרה מישראל) — יעבור ולא ייהרג (ואם ירצה להחמיר על עצמו וליהרג — רשאי. תוס' ורא"ש ורבינו ירוחם). ואם היה בפרהסיא — ייהרג ואל יעבור אפילו בשאר עבירות. כדברי חכמים החולקים על ר' ישמעאל במסכת סנהדרין. (רמב"ם ספר מדע הלכות יסודי התורה פ"ב ה"ב. שו"ע יו"ד קנז, א).

מכה שמחללין עליה את השבת כל מכה וחולי שיש בהם סכנה עד שמחללים עליהם את השבת — אין מתרפאים מרופא גוי שאינו מומחה לרבים, מחשש לשפיכות דמים. וכר' יוחנן בלשון ראשונה. והוא כפירוש רש"י והרי"ף. אבל הרא"ש והטור פסקו (כרבינו תם) שבדבר שאין בו חולי ואין בו סכנה, כמו הקזת דם ("ריבדא דכוסילתא"), לא יתרפא ממנו, משום שאינו חושש, לפי שאין תולים את הדבר בחסרון ידיעתו ברפואה (ש"ך, גר"א). (רמב"ם ספר נזיקין הלכות רוצח ושמירת נפש פי"ב ה"ט. שו"ע שם קנה, א).

מסורת הש״ס

א. שבת קט,א. ובירושלמי שבת פי״ד ה״ד. שם ע״ז פ״ב ה״ב (בשינוי).
ב. ירושלמי ע״ז פ״ב ה״ב.
ג. משנה שבת קיא,א. ביצה יח,ב. ירושלמי שביעית פ״ח ה״ב. שם מע״ש פ״ב ה״א. שם ע״ז פ״ב ה״ב. תוספתא תרומות פ״ט יא. שם שביעית פ״ו ה״ג. שם שבת פי״ב ט.
ד. (כל הענין) יומא פד,א. (ובשינויים) ירושלמי שבת פי״ד הי״ד. שם ע״ז פ״ב ה״ב.
ה. ע״ז כז,ב.
ו. ע״ז ח,א (ושם סומנו מקבילות).

גרסות

אמר רב שמן — האי אישתא יש במקורות וכן בכב״ח: אמר רב שמן בר אבא אמר ר׳ יוחנן מכה של חלל אינה צריכה אומד והאי אישתא.

פירש ר׳ אמי בכתי״מ: **אמר ר׳ אמי.**

דאקושי נינהו בכתי״מ: **דאקושי טובא.**

עבדא חמשא בכתי״מ: **עבדא ליה חמשא בשבתא.**

למחר נפק בכתי״מ: **נפק.**

רמי מידי בכתי״מ ועוד: **מכי רמי מידי.**

ושמן זית ומלח בכתי״מ כבמקבילה: **ושמן זית ומלח רב אשי אמר שאור גופיה ושמן זית ומלח.**

אמרא חדתא בכתי״מ: **בנורא אמרא חדתא.**

איתקוטלי בכת״י ובערוך ועוד: **איסקוטלי.**

לשון

צפדינא
יש סבורים כי מקור המילה הוא ביוונית σηπεδών (ספידון) במשמעות: ריקבון. ויש סבורים כי מקורה בשרש השמי ״צפד״, במובן של התכווצות.
מן התיאורים בתלמוד נראה כי המכוון הוא למחלת הצפדינה, הנובעת ממחסור בויטמין C. סימני המחלה: התרופפות ונפילת השיניים בפה, שטפי דם פנימיים ואנמיה.

כסא דהרסנא
מאכל נפוץ בבבל, וכנראה מצוי היה גם בין העניים, עיקרו דגים קטנים (דגים מלוחים קטנים) בתוספת קמח (וחומץ) שהיו מטגנים יחד.
מקורה של המלה הרסנא אינו ברור. ייתכן שהיא קשורה במלה הסורית הרסנא, שהוא מין דג השוכן בסלעים שבמים.

פרוונקא
מלה זו היא צורה ארמית של הפרסית הבינונית parvanak שמשמעה הוא ההולך ראשון, גם במשמעות מנהיג ומדריך, וגם זה הנשלח ראשון.

איתקוטלי
מקור המלה וראה בגרסות היוונית σκυτάλη (סקי׳טלי) או בהקטנה σκυταλίς (סקי׳טליס) שענינו: מקל קטן, וכן פרקי האצבעות. ומכאן — מכה שמכים על ידי אצבע וכיוצא בה.

החיים

רמי מידי וכו׳
נפיחות החניכיים ודימום הבא כתוצאה מלחץ קל הוא אחד הסימפטומים הניכרים לעין של מחלת הצפדינה.

מקרירי קרירי וכו׳
מאחר ומחלת הצפדינה היא תוצאה של מחסור חמור בויטמין C, תזונה המורכבת רק ממיני לחם ודגים מטוגנים, עלולה לגרום למחסור של ויטמין זה בגוף.

לחכוה לשקיה
נראה כי בשוקו של ר׳ אבהו היה פצע פתוח, ואותו רופא שם עליו רעל, שהיה עשוי לחדור דרך כלי הדם המצויים שם. רעלים רבים, כגון ארס נחשים (שייתכן שאותו רופא השתמש בו) פועלים רק כאשר הם נכנסים ישירות למערכת הדם, אבל אינם פוגעים על ידי בליעה, שכן הרעל נהרס בקיבה, ומשום כך יכלו שני החכמים ללקק ולמצוץ את הרעל מן הפצע בלא להיפגע.

לעזי רש״י

מלווי״ד מן הצרפתית העתיקה maleveid — מיחושים (ובהקשר זה — קדחת).
דינציב״ש צ״ל: ג׳ינציב״ש, מן הצרפתית העתיקה jenecives — חניכיים.
מישג״א צ״ל: מושג״א, מן הצרפתית העתיקה musge — פטרת.
פושיי״ר צ״ל: פושוי״ר, מן הצרפתית העתיקה fosoir — מכוש.
קרישו״ן מן הצרפתית העתיקה creson — שחליים.
מלנ״ט כנראה צ״ל: בו״ן מלנ״ט, מן הצרפתית העתיקה bon malant — מכה קשה, פצע חמור.
רוד״א מן הצרפתית העתיקה rude — צמח הפיגם.
אפי״א מן הצרפתית העתיקה apie — כרפס.
קלו״ג מן הצרפתית העתיקה clog — מורסה (נפיחות ובה מוגלה).

מַכָּה שֶׁל חָלָל מכה שהיא בחלל הגוף — **אֵין מִתְרַפְּאִין מֵהֶן.** ושואלים: **מַאי בֵּינַיְיהוּ** [מה ההבדל ביניהם] בין שתי הלשונות? ומשיבים: **אִיכָּא בֵּינַיְיהוּ** [יש ביניהם הבדל למעשה] לגבי מכה שהיתה על **גַּב הַיָּד וְגַב הָרֶגֶל, שֶׁאָמַר רַב אַדָּא בַּר מַתָּנָה אָמַר רַב: גַּב הַיָּד וְגַב הָרֶגֶל** שנפצעו — **הֲרֵי הֵן כְּמַכָּה שֶׁל חָלָל, וּמְחַלְּלִין עֲלֵיהֶן אֶת הַשַּׁבָּת,** ובענין זה חלוקות שתי הלשונות של רבה בר בר חנה בשם ר׳ יוחנן, האם גם לענין ריפוי מן הגוים דינן שווה.

א כיון שהוזכרו עניני מחלה ופציעה גם לדיני שבת, מביאים עוד הלכה בנושא זה. **אָמַר רַב זוּטְרָא בַּר טוֹבִיָּה אָמַר רַב: כָּל מַכָּה** שהיא קשה כל כך עד **שֶׁצְּרִיכָה אוֹמֶד** (הערכה) אם יחיה המוכה בה או ימות — **מְחַלְּלִין עָלֶיהָ** לרפואתה **אֶת הַשַּׁבָּת. אָמַר רַב שֶׁמֶן בַּר אַבָּא אָמַר ר׳ יוֹחָנָן: וְהַאי אִישְׁתָּא צְמִירְתָּא** [קדחת של צמרמורת] **כְּמַכָּה שֶׁל חָלָל דָּמֵי** [נחשבת], **וּמְחַלְּלִין עָלֶיהָ אֶת הַשַּׁבָּת.** ושואלים: **מֵהֵיכָן** בגוף נחשבת היא **מַכָּה שֶׁל חָלָל? פֵּירֵשׁ ר׳ אַמִי: מִן הַשָּׂפָה** (השפתיים) **וְלִפְנִים. בָּעֵי** [שאל] **ר׳ אֱלִיעֶזֶר: כָּכֵי וְשִׁינֵּי, מַאי** [טוחנות ושיניים, מה דינם]? **כֵּיוָן דְּאַקּוּשֵׁי נִינְהוּ** [שקשים הם] **כְּמַכָּה דְּבָרַאי דָּמוּ** [של חוץ הן נחשבות], **אוֹ דִּלְמָא** [שמא] **כֵּיוָן דְּגַוַּאי קַיְימִי** [שבפנים, מפנים לשפתיים הן עומדות], **כְּמַכָּה שֶׁל חָלָל דָּמוּ** [נחשבות]? **אָמַר אַבַּיֵי, תָּא שְׁמַע** [בוא ושמע] פתרון לענין ממה ששנינו: **הַחוֹשֵׁשׁ בְּשִׁינָּיו** הסובל מיחוש בשיניו, **לֹא יְגַמַּע בָּהֶן** לא יתן לתוך פיו **אֶת הַחוֹמֶץ** בשבת, כדי לרפא את שיניו, משום שרפואה אסורה בשבת במקום שאין בו סכנה. ונדייק: רק מי **שחוֹשֵׁשׁ** (כואב מעט) **הוּא** שלֹא יעשה כן, **הָא כָּאֵיב לֵיהּ טוּבָא** [הרי אם כואב לו מאד] — **שַׁפִּיר דָּמֵי** [ראוי, מותר הדבר], משום שיש בכך סכנה, ואם כן כבתוך חלל הגוף הן נחשבות. ודוחים: **דִּלְמָא תַּנָּא הֵיכָא דְּכָאֵיב לֵיהּ טוּבָא ״חוֹשֵׁשׁ״ נַמִּי קָרֵי לֵיהּ** [שמא התנא, מקום שכואב לו הרבה ״חושש״ גם כן הוא קורא לו], ואין לדייק דיוק זה מכאן. ומציעים עוד, **תָּא שְׁמַע** [בוא ושמע] ראיה ממה שמסופר, **ר׳ יוֹחָנָן חָשׁ** (סבל, חלה) **בְּצַפְדִּינָא** שהיא חולי המתגלה בשיניים, **אֲזַל לְגַבָּהּ דְּהַהִיא מַטְרוֹנִיתָא** [הלך אצל גברת אחת] גויה ומומחית לרפואות, **עָבְדָה חַמְשָׁא וּמַעֲלֵי שַׁבְּתָא** [עשתה לו ריפוי ביום חמישי ובערב שבת], **אָמַר לָהּ: לְמָחָר מַאי** [מה] אעשה? שביום השבת לא יוכל להגיע אליה. **אָמְרָה לֵיהּ** [לו]: **לָא צְרִיכַתְּ** [אינך צריך] עוד לתרופה. שאל: **אִי צְרִיכְנָא מַאי** [אם אצטרך מה]? **אָמְרָה: אִשְׁתַּבַּע** [הישבע] **לִי דְּלָא מְגַלֵּית** [שאינך מגלה] מהי התרופה, **אִישְׁתַּבַּע לָהּ** נשבע לה: **״לֶאֱלָהָא יִשְׂרָאֵל לָא מְגַלֵּינָא״** [״לאלוהי ישראל איני מגלה״]. **גַּלְיָיה לֵיהּ** [גילתה לו] מה התרופה, **לְמָחָר נְפַק דְּרָשָׁהּ בְּפִירְקָא** [למחרת **בשבת** יצא ר׳ יוחנן ואמרה בפני כל בדרשתו הקבועה]. ותחילה תוהים: **וְהָא אִישְׁתַּבַּע** [והרי נשבע] **לָהּ** שלא יגלה! ומשיבים: נוסח השבועה שלו היה: **״לֶאֱלָהָא דְּיִשְׂרָאֵל לָא מְגַלֵּינָא״** [לאלוהי ישראל איני מגלה], והתכוון לומר: **אֲבָל לְעַמֵּיהּ יִשְׂרָאֵל מְגַלֵּינָא** [לעמו ישראל אני מגלה]. ומקשים: **וְהָאִיכָּא** [והרי עדיין יש בכך] **חִילּוּל הַשֵּׁם,** שהיא הבינה שנשבע לה שלא יגלה והפר שבועתו! ומשיבים: **דְּגַלֵּי** [שגילה] **לָהּ מֵעִיקָּרָא** [מתחילה] לאחר שנשבע, ששבועה זו לא היה בה ממש. ולענייננו, ממה שנזקק ר׳ יוחנן ללמוד ממנה את התרופה כדי להשתמש בה בשבת אם יצטרך, **אַלְמָא** [מכאן] שצפדינא **כְּמַכָּה שֶׁל חָלָל דָּמְיָא** [נחשבת], אף שהיא בשיניים בלבד! **אָמַר רַב נַחְמָן בַּר יִצְחָק:** אין מכאן ראיה, **שָׁאנֵי** [שונה] **צַפְדִּינָא, הוֹאִיל** וחולי זה **מַתְחִיל** אמנם **בַּפֶּה** שבו ניכרים הסימנים הראשונים, **וְ**אולם הוא **גּוֹמֵר בִּבְנֵי מֵעַיִים,** ולכן הריהו כמכה של חלל. ושואלים: **מַאי סִימָנֵיהּ** [מה סימניו] של חולי זה? **רָמֵי מִידֵי בֵּי כָכֵי, וּמַיְיתֵי דָּמָא מִבֵּי דָרֵי** [כאשר שמים דבר בין השיניים הטוחנות, ויוצא דם משורות השיניים, מן החניכיים]. ושואלים: **מִמַּאי הָוֵי** [ממה נהיית מחלה זו]? **מִקְּרִירֵי קְרִירֵי דְּחִיטֵּי** [ממאכל קר מאד של חיטים], **וּמֵחֲמִימֵי חֲמִימֵי דְּשַׂעֲרֵי** [וממאכל חם מאד של שעורים], **וּמִשְּׁיּוּרֵי כָּסָא דְּהַרְסְנָא** [מאכל של דגים מטוגנים בשמן ובקמח]. ושואלים: **מַאי עֲבָדָא לֵיהּ** [מה התרופה שעשתה לו] לר׳ יוחנן אותה מטרונה? **אָמַר רַב אַחָא בְּרֵיהּ** [בנו] של **רָבָא: מֵי שְׂאוֹר** (מים ששרו בהם שאור) **וְשֶׁמֶן זַיִת, וּמֶלַח. וּמָר בַּר רַב אַשִׁי אָמַר: מִשְׁחָא דְּאַוָּוזָא בְּגַדְפָּא דְּאַוָּוזָא** [שומן אווז מרחה לו בנוצה של אווז]. **אָמַר אַבַּיֵי: אֲנָא עֲבַדִי כּוּלְּהוּ וְלָא אִיתַּסַּאי** [אני עשיתי את כולן, את כל התרופות הללו, ולא התרפאתי מהצפדינא], **עַד שֶׁאָמַר לִי הַהוּא טַיָּיעָא** [ערבי אחד]: **אַיְיתֵי קַשְׁיָיתָא דְּזֵיתָא דְּלָא מְלוּ תִּילְתָּא** [הבא גרעיני זיתים שלא השלימו עדיין שליש הבשלתם], **וּקְלַנְהוּ אַמָּרָא חֲדַתָּא, וְדָבֵיק בֵּיהּ דְּדָרֵי** [וקלה אותם על מעדר חדש, והדבק על שורות השיניים, על החניכיים]. **עֲבַדִי הָכִי וְאִיתַּסַּאי** [עשיתי כך והתרפאתי].

ב ושואלים: מצד אחר, **וְר׳ יוֹחָנָן הֵיכִי עָבֵיד הָכִי** [כיצד עשה כך] שהתרפא אצל גויה? **וְהָאָמַר** [והרי אמר] **רַבָּה בַּר בַּר חָנָה אָמַר ר׳ יוֹחָנָן** עצמו: **כָּל מַכָּה שֶׁמְּחַלְּלִין עָלֶיהָ אֶת הַשַּׁבָּת — אֵין מִתְרַפְּאִין מֵהֶן!** ומשיבים: **אָדָם חָשׁוּב שָׁאנֵי** [שונה], שחוששים הגוים שלא לגרום לו נזק. ומקשים: **וְהָא** [והרי] **ר׳ אַבָּהוּ שֶׁאָדָם חָשׁוּב הֲוָה** [היה], **וּרְמָא לֵיהּ יַעֲקֹב מִינָאָה סַמָּא אַשָּׁקֵיהּ** [והניח לו יעקב המין על שוקו סם כדרך רפואה], **וְאִי** [ואם] **לֹא** היו **ר׳ אַמִי וְר׳ אַסִי דְּלַחֲכוּהוּ לְשָׁקֵיהּ** [שליקקו את שוקו] **והוציאו** את הרעל הזה, **פְּסָקֵיהּ לְשָׁקֵיהּ** [היו חותכים את רגלו] מפני הרעל! ומשיבים: מטרונה זו של **ר׳ יוֹחָנָן רוֹפֵא מוּמְחֶה הֲוָה** [היתה], ואפשר לסמוך על מומחה, משום שאינו רוצה לקלקל את שמו הטוב. ושואלים: רופאו של **ר׳ אַבָּהוּ נַמִי** [גם כן] **רוֹפֵא מוּמְחֶה הֲוָה** [היה], ובכל זאת ניסה להזיק לו! ומשיבים: **שָׁאנֵי** [שונה] **ר׳ אַבָּהוּ, דְּמוּקְמֵי בֵּיהּ מִינֵי בְּנַפְשַׁיְיהוּ** [שמעמידים בו המינים על עצמם] את הכתוב: **״תָּמֹת נַפְשִׁי עִם פְּלִשְׁתִּים״** (שופטים טז, ל), שמפני שהיה מתווכח עימם ומוכיח את טעותם היו מוכנים להזיק לו, גם אם הדבר יסכן אותם עצמם.

ג ושוב לעניני תרופות בשבת. **אָמַר שְׁמוּאֵל: הַאי פְּדַעְתָּא סַכַּנְתָּא** [פצע של חרב סכנה] **הִיא, וּמְחַלְּלִין עָלֶיהָ אֶת הַשַּׁבָּת. מַאי אָסוּתָא** [מה הרפואה לזה]? **לְמִיפְסַק דָּמָא** [כדי להפסיק את הדם] — **תַּחְלֵי בְּחַלָּא** [שחליים בחומץ], **לְאַסּוּקֵי** [כדי להעלות בשר לקרום על הפצע] — **גִּרְדָּא** [גרידה] של צמח הנקרא **יַבְלָא, וְגִירְדָּא דְּאַסְנָא** [וגרידה של שיח הסנה], **אוֹ נִיקְרָא מִקִּילְקָלְתָּא** [תולעים מהאשפה]. **אָמַר רַב סָפְרָא: הַאי עִינְבְּתָא פַּרְוָונְקָא דְּמַלְאָכָא דְּמוֹתָא הִיא** [אותן אבעבועות הדומות לענב הם שליחיו של מלאך המוות] כלומר, דבר מסוכן הוא, ועלול להביא למוות. ושואלים: **מַאי אָסוּתָא** [מה התרופה לזה]? צמח הקרוי **טִיגְנָא** שמערבים אותו **בְּדוּבְשָׁא** [בדבש] **אוֹ כַּרְפָּסָא בְּטִילְיָיא** [כרפס ביין]. **אַדְּהָכִי וְהָכִי** [בינתיים] עד שימצא תרופות אלה, **לֵיתֵי עִינְבְּתָא בַּת מִינָא** [שיביא ענבה מהגפן באותו גודל] **וְנִיגַנְדַּר עִילָּוֵי** [ושיגלגל עליה] על האבעבועה, **חִיוַּרְתֵּי לְחִיוַּרְתֵּי וְאוּכַּמְתֵּי לְאוּכַּמְתֵּי** [ענבה לבנה, לאבעבועה לבנה ושחורה לשחורה]. **אָמַר רָבָא: הַאי סִימְטָא פַּרְוָונְקָא דְּאִשְׁתָּא הִיא** [נפיחות שיש בה אדמימות היא שליח של קדחת], שאחריה באה קדחת עזה. **מַאי אָסוּתָא** [מה הרפואה לזה]? **לְמִחְיֵיהּ שִׁיתִּין אִיתְקוּטְלֵי** [שיכה עליה שישים פעמים באצבע], **וְלִיקְרְעֵיהּ** [ושיקרענה] אחר כך **שְׁתִי וָעֵרֶב,** לאורך ולרוחב. **וְהָנֵי מִילֵּי דְּלָא חִיוַּר רֵישֵׁיהּ** [ודברים אלה אמורים שראשה של נפיחות אינו לבן] שעדיין המוגלה בפנים ואינה עומדת לצאת, **אֲבָל** אם כבר **חִיוַּר רֵישֵׁיהּ לֵית לָן בַּהּ** [הלבין ראשה אין לנו בכך סכנה], אלא מעצמו יפתח הפצע. מסופר, **ר׳ יַעֲקֹב חָשׁ** (סבל)

עיונים

מכה של חלל רש״י מסביר: בחלל גופו. ובתוס׳ (ראה תוס׳ רבינו אלחנן) הבינו שהכוונה היא למכה הנמצאת כנגד חלל הגוף (ולא בגפיים למשל). והעירו כי בירושלמי מבואר שאמרו שהיא כל מכה המצויה בחלל הגוף פנימה. והרא״ה כתב שהיא מכה בחלל הגוף או במקום הנוגע בחלל הגוף. וכתבו בתר״י שמדובר כאשר היתה מכה או בועה באבר פנימי, אבל מיחוש סתם אינו בכלל זה (וכן מובא בנמוק״י).

גב היד וכו׳ וכתבו בתוס׳ שמדובר כאן במכה שאינה פצע, אבל בפצע הרי אמרו (לעיל) שכל פצע בגוף יש בו סכנה. וראה בירושלמי שמסרו הלכה זו בשם חכמי בבל שמסרוה בשם ר׳ יוחנן.

גב היד... איכא בינייהו שלפי לשון ראשונה יש לחשוש שמא יגרום הרופא הגוי לחולה להסתכן, ולפי לשון שניה מותר, כי מאחר שהדבר נעשה בגלוי, אם יש שם תרופה מזיקה אפשר להסיר אותה (כמסופר להלן לגבי ר׳ אבהו) (רש״י).
ובתוס׳ ועוד שאלו: הרי היה יכול לומר שיש ביניהם עוד דברים, כגון פצע של חרב, או מכה הצריכה אומד! והרא״ה כתב שאולי מדובר במקרה זה דווקא, משום שהוא מקום חלק וגלוי וקל להסיר משם התרופה. אבל רבינו אלחנן כתב שהביא דבר זה לדוגמה, והוא הדין למקומות אחרים בגוף שאינם מכה של חלל.

שצריכה אומד מסביר רש״י: שהוא חולה עד שצריך לאמוד אם ימות מחולי זה. ותמה הריטב״א, שלכאורה הוא מובן מאליו, שהרי מחללים את השבת אף על ספק של פיקוח נפש! ותירץ שכאן מדובר שלא היה שם רופא, ואף החולה אינו אומר דבר (שכמבואר במקום אחר, אם חולה אומר שהוא מסוכן מחללים עליו שבת), ובכל זאת כיון שלדעת הרואים נראה הדבר כחשש סכנה — יש לחלל עליו את השבת ולא להמתין לרופא.
וראה בגרסות, שהר״ח ועוד ראשונים גרסו כאן: מכה של חלל אינה צריכה אומד. כלומר, שמן הסתם סכנה היא ומחללים עליה את השבת בלא להשתהות. והמשך הדברים לפי זה מובן, שאישתא צמירתא דינה גם כן כך.

ככי רש״י מפרש כאן ובעוד מקומות שהכוונה היא לחניכיים. אבל רוב המפרשים (וראה בתוס׳) סבורים ש״ככי״ הן השיניים הטוחנות, ו״שיני״ הן שאר השיניים.

למחר מאי שמפני שהיה דורש הרבה בבית המדרש לא יוכל לבוא, מפני ביטול התלמידים (רש״י).

דרשה בפירקא שפרסם את התרופה הזו לכל. שחשב שמפני שהוא צורך הרבים ומקום סכנה מותר לו להשתמש בדרך עורמה זו (וראה בענין זה בשו״ת חוות יאיר סימן סט).

והא אישתבע וכו׳ בירושלמי מובא מעין מעשה זה בשינויים (שלא נאמר שם שנשבע לה, אבל היא ביקשה ממנו שלא יגלה). ולאחר שגילה יש אומרים שחנקה עצמה, מחמת שנתגלתה לכל רפואה חשובה זו. ויש אומרים שנתגיירה, משום שראתה עד כמה ר׳ יוחנן דואג לטובת ישראל.
וכתבו ראשונים שמכאן יש ללמוד שכל הנשבע לגוי שבועה שהגוי סבור ששבועה היא, אסור לו לעבור עליה מפני חילול השם עד שיגלה לו קודם לכן (מאירי, ריטב״א).

בגדפא דאווזא כאן מפרש רש״י שמורח את השומן בנוצת אווז. ובמסכת יומא מפרש שמורח גם מן השמן ומן מח העצם בבסיס זרוע האווז (וכן הובא באור זרוע בשם רשב״ם).

תחלי בחלא מלשון רש״י משמע שמשקים אותו שחליים בחומץ. והרשב״ם גורס ״תבלי בחלא״ והוא מסביר שמורחים לו תבלין כגון פלפל או כמון בחומץ על גבי הפצע (אור זרוע. וראה ברבינו אלחנן).

גרדא דיבלא שמגרד שורשיו של העשב הקרוי ״יבלא״, ומניח על הפצע (רש״י). ורשב״ם פירש שהכוונה למוך שמגרדים מבלאי בגדים (או״ז).

ניקרא מקילקלתא רש״י מפרש: תולעים שהתרנגולים מנקרים באשפה. והר״ח מסביר: רעי מן האשפה.

טיגנא רש״י פירש שהוא מין צמח. ויש שפירש שהוא כל דבר המטוגן בדבש (או״ז בשם הרשב״ם).

אתקוטלי היא המכה שמכים כאשר מחברים אצבע לאגודל ושומטים (רש״י, ר״ח).

אורח הלכה

גב היד וגב הרגל מכה שהיא בגב היד או בגב הרגל הרי היא כמכה של חלל, ואין צריכה אומד ומחללין עליה את השבת. (רמב״ם ספר זמנים הלכות שבת פ״ב ה״ה. שו״ע או״ח שכח, ו).

אישתא צמירתא מי שיש לו חום גבוה ביותר, או שגורם לצמרמורת — נחשב כמכה של חלל ומחללים עליו את השבת. (רמב״ם שם. שו״ע שם סעיף ז).

מהיכן מכה של חלל מן השפה ולפנים כל מכה שהיא בתוך חלל גופו, מן השפה ולפנים — הרי זה חולי שיש בו סכנה. ודווקא שנתקלקל אחד מן האיברים הפנימיים מחמת מכה או בועה וכיוצא בזה, אבל מיחושים אינם נקראים מכה (עפ״י רבינו יונה). והוא כלשון הגמרא כאן ״חושש הוא דלא״ (גר״א). (רמב״ם שם. שו״ע שם).

ככי ושיני כל מכה שהיא בחלל הגוף מן השינים ולפנים, מחללים עליה את השבת, ושינים עצמן בכלל זה. שבעיית הגמרא לא נפתרה, וספק נפשות להקל (גר״א). ודווקא שכאב השינים גדול מאד עד שחולה כל גופו, ולא חשש בשיניים בלבד (משנ״ב). (רמב״ם שם. שו״ע שם סעיף ג).

החושש בשיניו וכו׳ החושש בשיניו לא יגמע את החרץ ויפלטנו, אבל מותר לו לגמוע ולבלוע. (רמב״ם שם פכ״א הכ״ד. שו״ע שם סעיף לב).

רופא מומחה כל מכה וחולי שיש בהם חשש סכנה עד שמחללים עליהם את השבת אין מתרפאים מהם מהגוי שאינו רופא מומחה לרבים. וכדברי הגמרא. (רמב״ם ספר נזיקין הלכות רוצח ושמירת הנפש פי״ב ה״ט שו״ע יו״ד קנה, א).

האי פדעתא מחללים שבת על מכה שנעשתה מחמת ברזל (כפירוש רש״י והר״ן). (שו״ע או״ח שכח, ז).

מכה של חלל אין מתרפאין מהן מאי בינייהו איכא בינייהו [א]גב היד וגב הרגל *דאמר רב אדא בר מתנה אמר רב [א]גב היד וגב הרגל הרי הן כמכה של חלל ומחללין עליהן את השבת אמר רב זוטרא בר טוביה אמר רב כל מכה שצריכה אומד מחללין עליה את השבת(א) אמר רב שמן בר אבא אמר ר' יוחנן [ב]והאי אישתא צמירתא כמכה של חלל דמי ומחללין עליה את השבת מהיכן מכה של חלל פירש רבי אמי [ב][ג]מן השפה ולפנים בעי רבי *אליעזר ככי ושיני מאי כיון דאקושי נינהו כמכה דבראי דמו או דלמא כיון דגואי קיימי [ד]כמכה של חלל דמו אמר אביי ת"ש [ג]*[ה]החושש בשיניו לא יגמע בהן את החומץ חושש הוא דלא הא כאיב ליה טובא שפיר דמי דלמא תנא היכא דכאיב ליה טובא חושש נמי קרי ליה ת"ש [ד]רבי יוחנן *חש בצפדינא אזל לגבה דההיא מטרוניתא עבדה חמשא ומעלי שבתא א"ל למחר מאי אמרה ליה לא צריכת אי צריכנא מאי אמרה אשתבע לי דלא מגלית אישתבע לה לאלהא ישראל לא מגלינא גלייה ליה למחר נפק דרשה בפירקא והא אישתבע לה לאלהא דישראל לא מגלינא אבל לעמיה ישראל מגלינא והאיכא חילול השם דגלי לה מעיקרא אלמא כמכה של חלל דמיא אמר רב נחמן בר יצחק שאני צפדינא הואיל ומתחיל בפה וגומר בבני מעיים *מאי סימניה רמי מידי בי ככי ומייתי דמא מבי דרי ממאי הוי מקרירי קרירי דחיטי ומחמימי חמימי דשערי ומשיורי כסא דהרסנא מאי עבדא ליה א"ר אחא בריה דרבא מי שאור ושמן זית ומלח *ומר בר רב אשי אמר משחא דאווזא בגדפא דאווזא אמר אביי אנא עבדי כולהו ולא איתסאי עד דאמר לי ההוא טייעא אייתי קשייתא דזיתא דלא מלו תילתא וקלנהו אמרא חדתא ודביק *ביה דדרי עבדי הכי ואיתסאי ורבי יוחנן היכי עביד הכי והאמר רבה בר בר חנה אמר רבי יוחנן [ה]כל מכה שמחללין עליה את השבת אין מתרפאין מהן [ו]*אדם חשוב שאני והא רבי אבהו דאדם חשוב הוה [ו]רמא ליה יעקב מינאה סמא אשקיה ואי לא רבי אמי ורבי אסי דלחכוהו לשקיה פסקיה לשקיה דרבי יוחנן [ז]רופא מומחה הוה דרבי אבהו נמי רופא מומחה הוה שאני רבי אבהו דמוקמי ביה מיני בנפשייהו [ח]תמות נפשי עם פלשתים אמר שמואל [ז]האי פדעתא סכנתא היא ומחללין עליה את השבת מאי אסותא למיפסק דמא תחלי בחלא (ב)לאסוקי גרדא דיבלא וגירדא דאסנא או ניקרא מקילקלתא אמר רב ספרא האי עינבתא פרוונקא דמלאכא דמותא היא מאי אסותא טיגנא בדובשא או כרפסא בטילייא אדהכי והכי ליתי עינבתא בת מינא וניגנדר עילוי חיורתי לחיורתי ואוכמתי לאוכמתי אמר רבא האי סימטא פרוונקא דאשתא היא מאי אסותא למחייה שיתין איתקוטלי וליקרעיה שתי וערב והני מילי דלא חיור רישיה אבל חיור רישיה לית לן בה רבי יעקב חש בפיקעא

רש"י

של חלל. בחלל גופו: מאי בינייהו. היא היא דהא קי"ל בפ"ב דיומא (דף פד.) דכל מכה של חלל מחללין עליה את השבת:(ג) גב היד. מחללין שבת אע"פ שאינה של חלל ללישנא קמא אין מתרפאין אבל ללישנא בתרא מתרפאין דהואיל ומתחזיא אי חזי דמקלקל בה לאיך ליה לסמא ומעבירו: שצריכה אומד. שמסוכנת כ"כ שצריך לאמדו אם יחיה ואם ימות: מכה של חלל אינה צריכה אומד לא גרסינן לה: אישתא צמירתא. חולי חמה בלע"ז מלווי"ד צמירתא לשון שריפה וחמימות ודוגמתו בהכונס צאן לדיר (ב"ק דף ס.) דצמרא למורי: מן השפה. שפתיים: ככי. זינגיב"ש: דאקושי. קשין הן: לא יגמע בשבת. דכל רפואה אסרו חכמים לעשותה בשבת היכא דליכא סכנה משום שחיקת סממנין במסכת שבת (דף נג:): צפדינא. חולי השינים ובלע"ז מישג"א: מטרוניתא. גויה היתה: עבדה. ליה רפואה חמשא בשבתא ומעלי בשבתא: בשבתא. מאי איעביד דלא מצינא למייתי גבך מפני תלמידי בני כלה: דרשה בפירקא. לימד הרפואה לכל: חילול השם. דאיהי סברה אישתבע ועבר אשבועתיה: דגלי לה מעיקרא. משעה שגילתה לו אמר לה דעי שלא נשבעתי ולא אמרתי באלהא דישראל אלא לאלהא דישראל: אלמא. מדבעי לאסויי בשבתא כמכה של חלל דמיא ולקמיה פריך כיון דהכי הוא היכי מיתסי מגוי והאמר רבי יוחנן כל מכה שמחללין עליה [את השבת] אין מתרפאין מהן והכא לא גרס לה עד לקמן: ה"ג אלמא כמכה של חלל דמיא אמר רב נחמן בר יצחק שאני צפדינא הואיל ומתחיל בפה וגומר בבני מעיים: מאי סימניה. למידע דהוא צפדינא: רמי מידי בי ככי ואתי דמא מבי דרי. כשנותן כלום לתוך פיו יוצא מבין שיניו דם: דרי. הן שורות השינים: מקרירי קרירי דחיטי. מאכל של חיטין ואכלו כשהוא צונן מאד בימי חורף: כסא דהרסנא. דג שטיגנהו בשומן היוצא ממנו עם הקמח: מאי עבדא ליה. מטרונא לרבי יוחנן: משחא דאווזא בגדפא דאווזא. שמן אווזא המחוי באור וסכתן ע"י אחד מכנפי האווז על שיניו מבחוץ: טייעא. ישמעאל: קשייתא דזיתי. גרעינין של זיתים: דלא מלו תילתא. שלא הביאו שליש: וקלנהו אמרא חדתא. ליבן באור מרא חדשה פוסיי"ר בלע"ז ושרפן עליו: ודביק בי דרי. בשורות שינים מבפנים: אדם חשוב הוה. ומיסתפי ממלכותא למיקטליה: לחכוהו לשקיה. להעביר הסם שהוא חזק רבי אבהו הוה קרוב למלכות כדאמרינן בסנהדרין (דף יד.) ובכתובות (דף יז.) דנפקי אמהתא דבי קיסר ומשרו ליה ומלער למיני בקראי: שאני. ההוא מטרוניתא דר' יוחנן: דרופא מומחה הוה. דאמרינן לעיל (דף כז.) אם היה מומחה לרבים מותר דלא מרע אנפשיה: פדעתא. פלע מכת חרב: למיפסק דמא. של פדעתא אם יוצא יותר מדאי: תחלי בחלא. ישקוהו שחלים בחומץ תחלי קרישו"ן בלע"ז: לאסוקי. להעלות בשר שתחיה המכה: גרדא דיבלא. עשב ששמו יבלא כי ההוא דסוטה (דף י.) קמי רפוקא גרידי דיבלי: גירדא. שגורד שרשיה ונותן אותה גירדא עם גירדת עץ הסנה ועושה תחבושת: דאסנא. סנה:(ד) ניקרא מקילקלתא. תולעים שהתרנגולים מנקרין באשפה מאשפות ירים אביון מתרגמינן מקלקלתא מרים תשוכא (תהלים קיג): עינבתא. אבעבוע הדומה לענבה מלנ"ט בלע"ז: פרוונקא דמלאכא דמיתותא הוא. כלומר מסוכן הוא להמית: טיגנא בדובשא. עשב הנקרא רוד"א בלע"ז ושוחקים אותו עם הדבש: כרפסא. אפי"א בלע"ז: בטילייא. יין חזק מאד ומין יין הוא כדאמרינן לקמן (דף ל.) טילא חריפתא דמלרי זיקי: אדהכי. בעוד שהוא מחזר אחר סממנין אלו: עינבתא בת מינא. עינבתא מענבי הגפן בת מינא דוגמתה אם גדולה גדולה ואם קטנה קטנה: וניגנדר עליה. יגלגל עליה: חיורתי לחיורתי. לאבעבוע לבן ענבה לבנה: סימטא. קלו"ג בלע"ז נפח העומד באדם: פרוונקא דאישתא הוא. ע"י חולי ששמו חמה הוא בא וסימן הוא לה: שיתין איתקוטלי. מכת אצבע צרדה מדקיקה בגודלו ושומטה ומכה בצפרנה: ואי חיור רישיה. נתבשל להוציא הליחה היא רפואתו: בפיקעא

תוספות

מכה של חלל. פ"ה שכנגד חלל הגוף וירושלמי מפרש כל שהוא מן החלל ולפנים: מכה שע"ג היד. פי' היינו חולי שעלה שם מאליו או שלא ע"י מכת חרב אבל מכת חרב אמרינן בכל מקום דמחללין עליה את השבת כדאמר שמואל בסמוך האי פדעתא מחללין עליה שבת דסכנה היא ומפרשים פדעתא מכת חרב: איכא בינייהו גב היד. ה"ה דהוה מצי למימר איכא בינייהו פדעתא ומכה שהיא צריכה אומד: ככי. פ"ה מקום מושב השינים זינגיב"ש וקשה דקאמר בסמוך כיון דאקושי ועוד דבפרק אלו טרפות (חולין דף נט:) גבי אריא נתור ככי ושיני ואין דרך להיות הזינגיב"ש נושרות וכן בהחובל (ב"ק דף נב:) שיתין תיכלי מטו לככא דקל חבריה שמע ובסוף המפקיד (ב"מ דף מג:) גבי ההוא תורא דלא ה"ל ככי ושיני למיכל לכך נראה לפרש ככי הם שינים גדולות מישאלי"ש בלע"ז ושיני הם האחרות*: תחלי בחלא. ישקוהו שחלים בחומץ קרסו"ן וי"מ לשום על המכה: בטילייא. פ"ה חזק כדאמרינן לקמן (דף ל.) טילא חריפתא דמלרי זיקי ומיהו מלינו טילא יין חלש דאמר פרק מי שאחזו (גיטין דף ע.) גריעא דכולהו טילא חיורא: סורייני

רבינו חננאל

מכה של חלל אין מתרפאין מהן וכל מכה של חלל מחללין עליה את השבת. אמר רב גב היד וגב הרגל כמכה של חלל הן ומחללין עליהן את השבת. וא"ר יוחנן מכה של חלל אינה צריכה אומר ואישתא צמירתא נמי כמכה של חלל דמי: מהיכן מכה של חלל מן השפה ולפנים וצפדינא נמי שהיא כאב שינים הואיל ומתחלת בפה וגומרת בבני מעיים כמכה של חלל דמי. פי' ככי שיני דרי בשר שעל גבי השינים: ר' יוחנן חש בצפדינא אזיל גבי גויה לאיתסויי מינה. והיכי עביד הכי והא איהו דאמר כל מכה שמחללין עליה את השבת אין מתרפאין מהן והאי צפדינא מחללין עליה השבת. ופרקינן רבי יוחנן אדם חשוב הוה ומתייראין לעשות לו כלום רע. איני והא ר' אבהו דאדם חשוב הוה ורמא ליה יעקב מינאה סם בשוקיו ואילו לא מיהרו ר' אמי ורבי אסי וליחכו הסם מעל שוקי הוה פסקיה לשוקיה. ומשנינן אע"ג דרופא מומחה [הוי] ולא מרע נפשיה. משנאה גדולה דשנאי ליה לר' אבהו הני מינאי מפקרי נפשייהו ואמרי תמות נפשי עם פלשתים: ירושלמי מהו מכחול מינהון רבנן אמרי מאן דבעי מסתמי ליסתמי'. לוי אמר מאן דבעי לימות ימות רב לא עבד עינא א) כחללא והא אנן חמיין לון טעמין הדא קלוריתא נימר כד היא טבא טעם לה כד לית היא טבא קיימא לה וסמיא אהן אופיון סכנה הדא תירייקי ר' סימן אמר אסורה רבי יוחנן אמר מותרת כל שהוא מן השפה ולפנים מרפאין אותו בשבת. ר' חנינא בש"ר מעלין עצם של ראש בשבת וכן מעלין בנות אזנים בשבת ר' אבהו בש"ר יוחנן (אתי) [אהן] סומקא סכנה א"ר אבין ב) לוקטין לו עוקץ בשבת רב אמר חמרא לבר מן עינא שרי לגו מן עינא אסיר שמואל אמר אהן רוק תפל אסור לעין בשבת מינה את יליף לחזיתא וכן עורדענא סכנה הדא גומרתא סכנה ונותנין עליה ג) רומץ בשבת ר' יהושע בן לוי הוה ליה קורוס ואורון ליה ר' חנינא ור' יונתן משחוק תחלופין ומיתן גו חמרא עתיקא ומישתי דלא ליסתכן ר' יעקב בש"ר יוחנן בכל מתרפאין חוץ מעבודה זרה וגילוי עריות ושפיכות דמים עבודה זרה וכן כל כיוצא בהן אמר רב הונא זאת אומרת שאין מתרפאין בגילוי עריות דתני חותרה שבת מכללה פי' להתרפות בדבר סכנה ובמכה של חלל כדאמרן נערה המאורסה לא הותרה מכללה ואפילו להתרפות כהדא חד בר נש רחם איתתא ואיסתכן שאלון לר' אלעזר דתיעבר קומוי או ישמע קולה ולא ימות ואמר לון ימות ולא כן איכא דאמרי אשת איש הות איכא דאמרי פנויה הות אבל נתן עיניו בה והיא כאשת איש א"ר חנינא זאת אומרת. שאין מתרפאין בשפיכות דמים דתנן באהלות פ"ז האשה המקשה לילד מחתכין הוולד במעיה ומוציאין אותו אברים אברים מפני שחייה קודמין לחייו. יצא רובו אין נוגעין בו שאין דוחין נפש מפני נפש ודחי רב חסדא שניא היא תמן דלא נודע מי הורג את מי: האי פדעתא סכנה ומחללין עליה את השבת פי' פצע כדמתר' פצע פידעא. פי' גרדא דיבלא גרידוס שגורדת מעשב שנקרא חצב בלשון רבנן. ניקרא מקוקולתא חתיכה של רעי מן האשפה. פי' עינבתא מורסא שצומחת בבשר בני אדם כמו ענבה והיא שחורה סכנה. סימטא פרונקא דאשתא היא פי' ניפחא אדמומית שלוחה של חמות היא כלומר חמות גדולה באה אחריה. פי' סקוטלי המכה שמכה בעת שאוחז אצבעו בגודלו ומכה המכה ההיא

א) גי' רבינו בירושלמי נראה שהוא כגי' הרמב"ן בספר תורת האדם בשער הסכנה ופי' דרב סבר דלא הוי כמכה של חלל ועי' בנדה דף נה ע"ב. ב) לפנינו בירושלמי הגירסא לוקטין לו עוקץ עקרב בשבת וע"ש פי' בפ"מ. ג) אולי צ"ל נותנין עליה רמץ ובירושלמי לפנינו איתא ונותנין עליה חמץ בפסח ואכן גי' רבינו נראה עיקר ודו"ק.

עין משפט נר מצוה

מ א מיי' פ"ב מהלכות שבת הלכה ה סמג לאוין סה טוש"ע א"ח סימן שכח סעיף ו:
מא ב מיי' שם הלכה ה טוש"ע שם סעיף ז [רב אלפס עוד בשבת פרק יד דף מג. וע"ש וגם ברב אלפס דהכא]:
מב ג ד מיי' שם הלכה ה טוש"ע שם סע"ג:
מג ה מיי' שם פכ"א הלכה כד סמג שם טוש"ע שם סעיף לב:
מד ו (מיי' פי"ב מהל' רוצח) סמג עשין מה טוש"ע י"ד סימן קנה סעיף א:
מה ז (מיי' פ"ב מהל' שבת הלכה ה) סמג לאוין סה טוש"ע א"ח סימן שכח סעיף ז:

[וע"ע תוס' חולין נט: ד"ה נתור]

מסורת הש"ס

שבת קט. — [צ"ל אלעזר] — [ביצה יח:] — יומא פד. — [שם] — [ע"ש היטב ובפרש"י דשם] — [ע"ש] — [ברכות יט. וש"נ] — שופטים טז

הגהות הב"ח

(א) גמ' (אמר רב שמן בר אבא וכו' את השבת) תא"מ ונ"ב ס"א א"ר שמן בר אבא א"ר יוחנן מכה של חלל אינה צריכה אומד והאי אישתא צמירתא נמי כמכה של חלל דמיא כך גורס האלפסי בפרק שמונה שרצים ועיין פירושו בדברי הר"ן בשם הרמב"ן: (ב) שם לאסוקי גרדא דיבלא. נ"ב עיין בערוך: (ג) רש"י ד"ה מאי בינייהו וכו' את השבת הס"ד ואח"כ מ"ה גב הרגל וגב היד מחללין עליהן את השבת אע"פ: (ד) ד"ה ניקרא מקילקלתא. נ"ב וכן הוא בב"ק דף כח:

גליון הש"ס

גמרא ורמא ליה יעקב מינאה. עיין מגילה דף כג ע"א תוספות ד"ה אמר ודע"ק:

מו א ב מיי' פ"ב מהלכות שבת הלכה י ופכ"א הלכה לא סמג עשין סה טוש"ע א"ח סימן שכח סעיף מג [וברב אלפס שבת פי"ד דף מג. ושם כל הענין]:

מז ג מיי' שם פ"ב הל' ד טוש"ע שם סע"ט:

שורייני דעינא בליבא תלו. פ"ה מאור העין(ח) תלוי בטרפשי דליבא ולי נראה באוכמתא דלבא תלו כלומר ראיית העין תלוי בהבנת הלב שורייני בשי"ן כמו (במדבר כד) אשורנו ולא קרוב א"נ סורייני בסמ"ך מלשון סייר נכסיה (חולין קה.) באוכמתא(ט) בבי"ת לשון הבנה כדאמרינן במרכבה (מגילה כד:) באוכמתא דליבא הוי חזי:

חמימי לעקרבא וקרירי לזיבורא וחילופא סכנתא. מכאן פי' *ר"י הא דאמרינן בפ"ק דחגיגה (דף ה.) ומלאוהו רעות רבות וצרות כגון זיבורא ועקרבא שנייהם צרות זו לזו שא"א לעשות לו לא חמימי ולא קרירי ולא *כפ"ה שפירש שעושות לו הרבה צרות ולפירושו קשה מה היה לו להזכיר אלו יותר מהאחרות:

[בחגיגה ה. כתבו זה בשם ר"ת]

[עי' פירוש רש"י שלפנינו בחגיגה שם כתב מש"ה נקט זיבורא ועקרבא דאמרינן במסכת ע"ז חמימי לעקרבא וכו' והיינו כפי' ר"י דהכא]

בפיקעא אורי ליה רבי אמי ואמרי לה רבי אסי אורי ליה ליתי שב ביני אהלא *תולנא וצייר ליה בחללא דבי צוארא וליכריך עילויה נירא ברקא וטמיש ליה בנטפא חיורא וליקליה ובדר ליה עילויה אדהכי והכי ליתי קשיתא דאסנא לינח פיקעא להדי פיקעא וה"מ פיקעא עילאה פיקעא תתאה מאי לייתי תרבא דצפירתא דלא אפתח וליפשר ולישדי ביה ואי לא לייתי תלת טרפא קרא דמייבשי בטולא וליקלי וליבדר עילויה ואי לא(א) לייתי משקדי חלזוני ואי לא מייתי משח קירא ולינקוט בשחקי דכיתנא בקייטא ודעמר גופנא בסיתווא רבי אבהו חש באודניה אורי ליה ר' יוחנן ואמרי(ב) ליה בי מדרשא מאי אורי ליה כי הא אדאמר אביי *אמרה לי אם לא איברי כולייתא אלא לאודנא ואמר רבא אמר לי מניומי אסיא כולהו שקיינו קשו לאודנא לבר ממיא דכולייתא לייתי כולייתא דברחא קרחא וליקרעיה שתי וערב ולינח אמללא דנורא והנהו מיא דנפקי מיניה לישדינהו באודניה לא קרירי ולא חמימי אלא פשורי ואי לא לייתי(ג) תרבא דחיפושתא גמלניתא וליפשר ולישדי ביה ואי לא למלייה לאודניה מישחא וליעבד שב פתילתא דאספסתא וליתי שופתא דתומא וליתוב ברקא בחד רישא וליתלי בהו נורא ואידך רישא מותבא באודנא וליתוב אודניה להדא נורא ויזדהר מזיקא ונישקול חדא ונגח חדא לישנא אחרינא ואי לא לייתי שב פתילתא ביקרא ושייף ליה מישחא דאספסתא ונייתי חד רישא בנורא וחד רישא באודניה ונשקול חדא ונגח חדא ויזדהר מזיקא ואי לא(ד) לייתי אודרא דנדא דלא משקיף ונגח בה ולתלייה לאודניה להדי נורא *ומיזדהר מזיקא ואי לא לייתי גובתא דקניא עתיקא בר מאה שנין *ולימלחיה מילחא גללניתא ולקלי ולידבק וסימנך רטיבא ליבשתא ויבשתא לרטיבא אמר רבה בר זוטרא באמר רבי חנינא אמעלין אזנים בשבת תני רב שמואל בר יהודה ביד באבל לא בסם איכא דאמרי בסם אבל לא ביד מ"ט מזריף זריף אמר רב זוטרא בר טוביה אמר רב עין שמרדה מותר לכוחלה בשבת סבור מיניה הני מילי הוא דשחקי סמנין מאתמול אבל משחק בשבת ואתויי דרך רשות הרבים לא א"ל ההוא מרבנן ורבי יעקב שמיה לדידי מיפרשא מיני' דרב יהודה אפילו מישחק בשבת ואתויי דרך רשות הרבים מותר רב יהודה שרא למיכחל עינא בשבת אמר להו רב שמואל בר יהודה מאן ציית ליהודה מחיל שבי לסוף חש בעיניה שלח ליה שרי או אסיר שלח ליה ג*לכ"ע שרי לדידך אסיר וכי מדידי הוא דמר שמואל היא(ה) ההיא אמתא דהואי בי מר שמואל דקדחא לה עינא בשבתא צווחא וליכא דאשגח בה פקעא עינא למחר נפק מר שמואל ודרש דעין שמרדה גמותר לכוחלה בשבת מאי טעמא דשורייני דעינא באוכמתא דליבא תלו כגון מאי *אמר רב יהודה הכגון רירא דיצא דמא דימעתא וקידחא ותחלת אוכלא לאפוקי סוף אוכלא ופצוחי עינא דלא אמר רב יהודה זיבורא ודחרזיה סילוא וסמטא ודכאיב ליה עינא ואתי עילויה אישתא כולהו בי בני סכנתא חמה לחמה(ו) וסילקא *לצינא וחילופא סכנתא וחמימי לעקרבא וקרירי לזיבורא וחילופא סכנתא חמימי לסילוא וקרירי לחספניתא

בפיקעא. *פי' טבעת של בית רעי ובלע"ז פיג"א: **אורי ליה.** רפואה: **שב ביני אהלא תולאנא.** לשון שבע גרעינין אדומים כתולעת הנמצאים באהל שמכבסין בו כדתנן התם (שבת דף צ.) הבורית והאהל תולאנא לשון תולעת שני: **בחללא דבי צוארא.** חתיכות בגד שנוטלין מבית הצואר של חלוק כשעושין לה פה: **נירא ברקא.** ליל"א של שיער בהמה: **וטמיש.** וטובל: **אדהכי והכי.** בעוד שהוא מחזר אחר סמנים הללו: **קשייתא דאסנא.** גרעין של פרי הסנה בטנים הגדילים בסנה ומלאין גרעינין: **פיקעא להדי פיקעא.** סדק של גרעינין נגד סדק שבבשרו: **פיקעא עילאה.** הנראה מבחוץ למעלה ויכול לדבק שם אותו אפר: **פיקעא תתאה.** בפי הנקב מלמטה: **תרבא דצפירתא דלא אפתח.** חלב שעירה שלא ילדה: **ולפשר.** ימחהו באור וימשחהו בו כדמתרגמינן נמס פשר: **טרפא דקרא דמייבשי בטולא.** עלי דילועין שנתייבשו בצל: **משקדי חלזוני.** נימי"ן בלע"ז מין חלזון: **משח קירא.** שמן זית ושעוה טרופין יחד: **ולינקוט בשחקי דכיתנא בקייטא.** יתכסה בשחקים של פשתן בקיץ שלא יתחמם יותר מדאי: **ודעמר גופנא.** בגדים של צמר גפן שהן חמים: **שקייני.** משקין: **ברחא.** שם לאן: **ברחא קרחא.** עז שאינה מסורבל בצמר כרחל: **אמללא.** גחלים לוחשות: **חיפושתא.** אשקרבו"ט ובלשון כנען קרוקי"ס: **גמלניתא.** גסה והוא הנטו"ן: **פתילה דאספסתא.** עלה ארוך של שחת ירק של חטין: **שופתא(ז) דתומא.** בית יד של שום והן עלין היבשים שהן נאחזין בהן שופתא לשון אחיזה כדאמרינן בגיטין (דף לב.) שופתא דקופינא דמרא רפיא: **ברקא.** כמו נירא ברקא שער של ליל"א: **וניתלי בהו נורא.** יבעיר בהן האור: **ונזהר מזיקא.** לא יתן אזנו לרוח: **ונשקול חדא וניכח חדא.** כשיטול זו מן האזן יתן את זו עד שיכלו כולן: **אודרא דנדא.** מוכין הצבועים בצבע שקורין פויילי"ד: **דלא משקף.** אינו חבוט *בשמן לנפצו משקף לשון עלה נדף (ויקרא כו) טרפא דשקיף נחבט: **גובתא דקניא בר מאה שנין.** שפופרת של קנה ישן שנתלש הרי מאה שנה: **מלחא גללניתא.** מלח של אבן הדומה לשיש בלע"ז שליימ"א: **רטיבא ליבשתא ויבשתא לרטיבא.** כל הרפואות הללו אינן שוות לכל חולי האזן אלא אותן הרפואות שיש בהן דבר לח כגון מיא דכוליתא ומשח קירא וכיוצא בהן מעלין לאוזן יבשה שיש לו חולי ואינה מוליאה לחה ורפואות של יבש כגון גובתא דקניא ומילחא גללניתא לאודנא רטיבא המוליאה לחה: **מעלין אזנים.** גידי אזנים פעמים שיורדין למטה ומתפרקין הלחיים וצריך להעלותן ויש סכנה בדבר: **אבל לא בסם.** הואיל ואפשר ביד: **מיזרף זריף.** *עושה חבורה ויש חילול שבת יותר אבל קשירת סם אין שם חילול דאורייתא: **שמרדה.** שרוצה לצאת כאדם המורד ויוצא: **אבל מישחק ואיתויי דרך רשות הרבים לא.** דלאו סכנת נפשות אלא סכנת עוורון: **אפילו מישחק ואיתויי כו'.** כדאמרינן לקמן שורייני דעינא בליבא תלו מאור העין מעורין ואחוזין בטרפשי הלב: ה"ג **מאן דליית ליה ליהודה מחיל שבי.** השומע דבריו ומקבלם יחלל שבת: **לדידך אסיר.** שאתה אסרת וערערת על דברי: **וכי מדידי הוא.** מדעתי הייתי אומר דבר זה שמחית על ידי: **דמר שמואל היא.** ממנו קיבלתיה: **דקדחא.** אשלפי"ר לשון כקדוח אש (ישעיה סד) חמימות: **ה"ג.** מותר לכוחלה בשבת מ"ט שורייני דעינא באוכמתא דליבא תלו: **כגון מאי.** על איזה חולי העין מחללין שבת: **רירא.** נוטפת עינו רירא בלע"ז קליי"ר: **דיצא.** אישפונג"ט לשון נעיצה ותחיבה: **קדחא.** חמימות: **תחלת אוכלא.** בתחלת החולי: **סוף אוכלא.** שכבר נתרפא ועדיין קודחת מעט: **ופצוחי עינא.** שבא לכוחלה כדי להאיר מראית עינו: **זיבורא ודחרזי' סילוא וסימטא וכאב עינא ודאתי עלה אישתא כולהו בי בני סכנתא.** מי שיש עליו אחת מאלה שנשכתו צרעה או שנתחב קוץ בבשרו דחרזיה לשון מחרוזות של דגים (ב"מ כא.) סילוא קוץ או שיש עליו סימטא קלו"ג ונכנס במרחץ באחת מכל אלה סכנתא היא: **חמה לחמה.**א] נגון יפה לחולי חמה: **וסילקא.** תרדין: **לזיקא.** לשחפת צוננת: **וחילופא סכנתא.** לפי שהצונן מוסיף עליו קור והתרדין מחממין: **חמימי לסילוא.** צריך לשרות המכה בחמין והא דאמרינן לעיל סילוא בי בני סכנתא היכא דרחיץ כל גופו בי בני שמחמם כל גופו:

חוספניתא

רבינו חננאל

ההיא נקראת סקוטלי. פי' פרונקא שליח להודיע להזהר וכבר פרשנוהו בכמה מקומות. פי' חש בפיקעא מלשון בקיעה והיא פיקא כלו' מקום שנבקע בתחתוניות של אדם. לכודה פי' רוח שאוחזת האשה אחרי לידתה נקרא כודא. אכרתא ברוש. קשייתא דאסנא פי' גרעינים של סנה. צפירתא דלא אפתח צפורת שלא נפתחה רחמה כלומר עדיין לא ילדה: ר' אבהו חש באודניה אורי ליה ר' יוחנן מייא דכולייתא דברחא נקרעיה שתי וערב לינחיה אמללא דנורא והנהו מיא דצילי מינה לא קרירי קרירי ולא חמימי חמימי אלא פשורי דלא איברי כוליתא אלא לאודנא: א"ר חנינא מעלין אזנים בשבת. תני רב ושמואל ביד אבל לא בסם. איכא דאמרי בסם דיד מזרף זריף כלומר נגיעת היד קשה היא ושורפת: אמר [רב זוטרא בר טוביא] משמיה דרב עין שמרדה מותר לכוחלה בשבת. ואסיקנא אפילו מישחק סממנין בשבת ואייתויי דרך רשות הרבים שרי: רב יהודה שרא למיכחל עינא בשבתא וכו'. דרש מר שמואל עין שמרדה מותר לכוחלה בשבת דסכנה היא דהא ההיא אמתא בי מר שמואל דקדיחא לה עינא צווחה צווחה בשבת ולא אשגח בה חד ופקעא עינא והני מילי בתחלת אוכלא כגון דירא דיצא דמא ודמעתא וקידחא פי' מורדת ריר וכואבת כאילו נועצין דבר בעינא ואתי דמא ודמעתא ומעלה חמות כדכתיב כי אש קדחה באפי וגו' והוא בתחלת אוכלא מחללין עליה השבת אבל בסוף אוכלא ופצוחי עינא לא: אמר רב יהודה מי שהכתו זיבורא וכן מי שהכהו קוץ וכן מי שיש לו כאב עין וכן מי שהקיז דם לכל אלו הדברים להכנס בבית מרחץ סכנה היא. חמא לחמא פי' וסילקא לזיקא. מי שעקצו עקרב ראוי להאכילו דברים חמים ומי שהכתו זיבורא ראוי להאכילו דברים קרים וחילופא סכנה

מי

הגהות מהר"ב רנשבורג

א] רש"י ד"ה חמה לחמה. נ"ב עי' בערוך ערך חס וממנו לקח רש"י פירושו ומשמע שם דגרים חמא באל"ף לבסוף:

[נ"א פי'] | תולענא. יעב"ץ | [קדושין לג: וש"נ] | ולזדהר. יעב"ץ | ולימלייה | [שבת קכ:] | בשבט. יעב"ץ | ביצה כב. | [גיר' הערוך בערך חס ז' לזיקא ועי' רש"י ד"ה לזיקא נראה שגרסתו ג"כ היה כך] | [עי' רש"י יבמות עו. ד"ה מזרף זריף]

הגהות הב"ח (א) גמ' לייתי משקדי חלזוני. נ"ב בערוך ערך משקר גורס משקרי וע"ש פירושו: (ב) שם ואמרי לה בי מדרשא: (ג) שם תרבא דחיפושתא. נ"ב תולעת השחורה ועיין בערוך: (ד) שם לייתי אודרא דנדאי. נ"ב ס"א דגלא ועיין בערוך: (ה) שם [illegible]

בְּפִיקְעָא [בטחורים] פצעים שבפי הטבעת, אוֹרֵי לֵיהּ [הורה לו] ר׳ אַמִי, וְאָמְרִי לָהּ [ויש אומרים] ר׳ אַסִי אוֹרֵי לֵיהּ [הורה לו] מה רפואתו: לֵיתֵי שַׁב בִּינֵי אַהֲלָא תּוֹלָנָא [יקח שבעה גרגירים של אהל אדומים כתולעת], וְצַיֵּיר לֵיהּ בְּחַלָּלָא דְּבֵי צַוָּארָא [ויצרור אותו בתוך פיסת אריג שנחתכה כאשר פתחו את צוואר הבגד], וְלִיכְרִיךְ עִילָּוֵיהּ נִירָא בַּרְקָא [ויכרוך עליו רצועת שיער], וְטָמֵישׁ לֵיהּ בְּנַטְפָא חִיוָּרָא [ויטבול אותו בנָטָף לבן], וְלִיקְלֵיהּ וּבָדַר לֵיהּ עִילָּוֵיהּ [וישרפנו ויפזרנו, את האפר עליו, על הטחור]. אַדְּהָכִי וְהָכִי [בינתיים] עד שימצא את התרופות הללו, לֵיתֵי קַשְׁיָתָא דְּאַסְנָא [שיקח גרגירים של פרי הסנה], לֵינַח פִּיקְעָא לַהֲדֵי פִּיקְעָא [ויניח את הסדק של הגרעינים מול הסדק הפצע שבבשרו]. וְהָנֵי מִילֵּי פִּיקְעָא עִילָּאָה [ודבר זה מדובר בסדק עליון] שהוא בפי הטבעת, פִּיקְעָא תַּתָּאָה מַאי [סדק, פצע תחתון, שבעומק, מה] יעשה לו? לַיְיתֵי תַּרְבָּא דִּצְפִירְתָּא דְּלָא אִפַּתַּח [שיביא חֵלֶב של עז צעירה שלא נפתחה, ילדה עדיין], וְלִיפְשַׁר וְלִישְׁדֵי בֵּיהּ [ושימיסנו וימשח בו] על אותו מקום. וְאִי [ואם] לֹא יכול לעשות זאת, לַיְיתֵי תְּלָת טַרְפָּא קָרָא דְּמִיַּיבְּשִׁי בְּטוּלָּא [שיביא שלושה עלים של דלעת שנתייבשו בצל], וְלִיקְלֵי וְלִיבַדַּר עִילָּוֵיהּ [וישרפם ויפזר עליו, על הפצע]. וְאִי [ואם] לֹא דבר זה, לַיְיתֵי מַשְׁקְדֵי חֶלְזוֹנֵי [שיקח קונכיות של חלזון]. וְאִי [ואם] לֹא, מַיְיתֵי מְשַׁח קִירָא [מביא שמן ושעוה מעורבים יחד], וְלִינְקוֹט בְּשַׁחֲקֵי דְּכִיתָּנָא בְּקַיְיטָא [וישים בבלאי בגד פשתן בקיץ], וּדְעֲמַר גּוּפְנָא בְּסִיתְוָוא [ובבלאים של צמר גפן בחורף].

א ועוד בענייני רפואה מסופר, ר׳ אַבָּהוּ חָשׁ בְּאוּדְנֵיהּ [כאב לו באוזנו], אוֹרֵי לֵיהּ [הורה לו] ר׳ יוֹחָנָן, וְאָמְרִי לֵיהּ בֵּי מִדְרְשָׁא [ויש אומרים שאמרו לו בבית המדרש], מַאי אוֹרֵי לֵיהּ [מה הורה לו] לעשות? כִּי הָא [כמו זו] שֶׁאָמַר אַבַּיֵי, אָמְרָה לִי אֵם (האומנת שלי): לֹא אִיבְרֵי כּוּלְיָיתָא [נבראה הכליה] אֶלָּא לְאוּדְנָא [לאוזן], וממנה רפואתה. וְאָמַר רָבָא, אָמַר לִי מְנִיוּמֵי אָסְיָא [הרופא]: כּוּלְּהוּ שַׁקְיָינוּ קָשׁוּ לְאוּדְנָא [כל המשקים קשים, מזיקים לאוזן] לְבַר מִמַּיָּא דְּכוּלְיָיתָא [חוץ ממי כליות]. כיצד יעשה? לַיְיתֵי כּוּלְיָיתָא דְּבַרְחָא קַרְחָא [שיביא כליה של תיש קרח], וְלִיקְרְעֵיהּ [ושיקרענו] בצורת שְׁתִי וָעֵרֶב (לאורך ולרוחב) וְלֵינַח אַמְּלָלָא דְּנוּרָא [ושישים אותו על גחלים לוחשות], וְהָנְהוּ מַיָּא דְּנָפְקֵי מִינֵּיהּ לִישְׁדִינְהוּ בְּאוּדְנַיָּא [ואותם מים, נוזלים, שיוצאים ממנו שישים אותם באוזנו], כשהם לֹא קְרִירֵי [קרים] וְלֹא חֲמִימֵי [חמים] אֶלָּא פְּשׁוּרֵי [פושרים]. וְאִי [ואם] לֹא, לַיְיתֵי תַּרְבָּא דְּחִיפּוּשְׁתָּא גַּמְלָנִיתָא [שיביא שומן של חיפושית גדולה], וְלִיפְשַׁר וְלִישְׁדֵי בֵּיהּ [ושימיסנו ויניח בו באוזן]. וְאִי [ואם] לֹא, לְמַלְיֵיהּ לְאוּדְנֵיהּ מִישְׁחָא [שימלא את אוזנו שמן], וְלִיעֲבַד שַׁב פְּתִילָתָא דְּאַסְפַּסְתָּא [ושיעשה שבע פתילות של אספסת], וְלֵיתֵי שׁוּפְתָּא דְּתוּמָא [ושיקח גבעול של שום], וְלֵיתוּב בַּרְקָא בְּחַד רֵישָׁא, וְלִיתְלֵי בְּהוּ נוּרָא [וישים רצועת שיער בקצהו האחד, ושידליק בהם בפתילות אש], וְאִידָךְ רֵישָׁא מוֹתְבָא בְּאוּדְנָא [ואת הקצה השני ישים באוזנו], וְלֵיתוּב אוּדְנֵיהּ לַהֲדָא נוּרָא [וישים את אוזנו מול האש], וְיִזְדַּהַר מִזִּיקָא [וייזהר מרוח] שלא תנשוב באוזנו, וְנִישְׁקוֹל חֲדָא וּנְנַח חֲדָא [ושיטול פתילה אחת ויניח אחת]. לִישָּׁנָא אַחֲרִינָא [לשון אחרת]: וְאִי [ואם] לֹא, לַיְיתֵי שַׁב פְּתִילָתָא בִּיקְרָא [שיקח שבע פתילות] וְשָׁיֵיף לֵיהּ מִישְׁחָא דְּאַסְפַּסְתָּא [וימשחם בשמן אספסת], וְנַיְיתֵי חַד רֵישָׁא בְּנוּרָא וְחַד רֵישָׁא בְּאוּדְנֵיהּ [ושישים ראש אחד באש וראש אחד באוזנו], וְנִשְׁקוֹל חֲדָא וּנְנַח חֲדָא [ויטול אחת ויניח אחת], וְיִזְדַּהַר מִזִּיקָא [וייזהר מרוח]. וְאִי [ואם] לֹא, לַיְיתֵי אוּדְרָא דְּנַדָּא דְּלָא מְשַׁקִּיף וּנְנַח בָּהּ [שיקח מוך צבוע שאינו חבוט ויניח בה, באוזן], וְלִתְלְיֵיהּ לְאוּדְנֵיהּ לַהֲדֵי נוּרָא [ויסמוך את אוזנו אל האש], וּמִזְדַּהַר מִזִּיקָא [וייזהר מרוח]. וְאִי [ואם] לֹא, לַיְיתֵי גּוּבְתָּא דְּקַנְיָא עַתִּיקָא בַּר מְאָה שְׁנִין [שיקח שפופרת של קנה ישן בן מאה שנה] כלומר, שנתלש לפני מאה שנה, וְלִימְלְחֵיהּ מִילְחָא גְּלָלְנִיתָא [וישמלח אותו במלח גס], וְלִקְלֵי וְלִידְבַּק [ושישרפנו וידביק באוזן]. וְסִימָנָךְ בכלל, בענייני רפואת האוזן: רְטִיבָא לִיבֶשְׁתָּא וִיבֶשְׁתָּא לִרְטִיבָא [דבר רטוב לחולי יבש ודבר יבש לחולי רטוב].

ב ושבים לדון בענייני רפואה בשבת. אָמַר רַבָּה בַּר זוּטְרָא אָמַר ר׳ חֲנִינָא: מַעֲלִין אָזְנַיִם בְּשַׁבָּת, שפעמים יש פריקה בלסת וצריך לתקן דבר זה אפילו בשבת משום סכנה. תָּנֵי [שנה] רַב שְׁמוּאֵל בַּר יְהוּדָה: עושים זאת בַּיָּד אֲבָל לֹא בְּסַם (תרופה). אִיכָּא דְּאָמְרִי [יש שאומרים] להיפך: בְּסַם אֲבָל לֹא בַּיָּד. מַאי טַעְמָא [מה הטעם]? ביד יכול הוא מִזְרִיף זָרֵיף [לפצוע] ויש בזה חילול שבת גמור. אָמַר רַב זוּטְרָא בַּר טוֹבִיָּה אָמַר רַב: עַיִן שֶׁמָּרְדָה כלומר, שמרגיש שהיא עומדת לצאת ממקומה — מוּתָּר לְכוֹחֲלָהּ לשים בה כחול בְּשַׁבָּת, שהוא רפואתה. סְבוּר מִינֵּיהּ [סברו חכמים ממנו מדבריו]: הָנֵי מִילֵּי הוּא דְּשַׁחֲקֵי סַמָּנִין [דברים אלה אמורים כאשר שחוקים כבר הסמנים של התרופה] מֵאֶתְמוֹל, אֲבָל מִשְׁחַק [לשחוק] בְּשַׁבָּת אוֹ אַתּוּיֵי [להביא] את התרופה בשבת דֶּרֶךְ רְשׁוּת הָרַבִּים, שיש באלו איסור מן התורה — לֹא. אָמַר לֵיהּ [לו] הַהוּא מֵרַבָּנַן [להם אחד החכמים] וְר׳ יַעֲקֹב שְׁמֵיהּ [שמו], לְדִידִי מִיפַּרְשָׁא מִינֵּיהּ [לי נתפרש הדבר ממנו] מֵרַב יְהוּדָה: אֲפִילּוּ מִישְׁחַק [לשחוק] בְּשַׁבָּת וְאַתּוּיֵי [ולהביא] דֶּרֶךְ רְשׁוּת הָרַבִּים — מוּתָּר, משום שהוא סכנה. מסופר, רַב יְהוּדָה שְׁרָא לְמִיכְחַל עֵינָא [התיר לכחול עין] בְּשַׁבָּת. אָמַר לְהוּ [להם לחכמים] רַב שְׁמוּאֵל בַּר יְהוּדָה: מַאן צָיֵית לִיהוּדָה מַחֵיל שַׁבֵּי [מי שומע ליהודה מחלל השבתות], שסבר שיש בזה חילול שבת לחינם. לְסוֹף חָשׁ הוא עצמו בְּעֵינֵיהּ [בעינו], שְׁלַח לֵיהּ [לו] לרב יהודה בשאלה: שָׁרֵי אוֹ אֲסִיר [מותר או אסור]? שְׁלַח לֵיהּ [לו]: לְכוּלֵּי עָלְמָא שָׁרֵי, לְדִידָךְ אֲסִיר [לכל העולם מותר, לך אסור], שזלזלת במה שהתרתי, וְכִי מִדִּידִי הוּא [משלי היא] הלכה זו? של מָר שְׁמוּאֵל הִיא, ומשמו אמרתי. מסופר, הַהִיא אַמְתָא דַּהֲוַאי בֵּי [שפחה אחת שהיתה בביתו] של מָר שְׁמוּאֵל דְּקָדְחָא לָהּ עֵינָא בְּשַׁבְּתָא [שהיתה לה דלקת בעין בשבת], צָוְוחָא [צווחה] כל השבת וְלֵיכָּא דְּאַשְׁגַּח [ולא היה מי שהשגיח] בָּהּ לבסוף פָּקְעָא עֵינָא [פקעה עינה]. לְמָחָר נְפַק [למחרת יצא] מָר שְׁמוּאֵל וְדָרַשׁ ברבים: עַיִן שֶׁמָּרְדָה — מוּתָּר לְכוֹחֲלָהּ בְּשַׁבָּת, מַאי טַעְמָא [מה הטעם]? דְּשׁוּרַיְינֵי דְּעֵינָא בְּאוּבַנְתָּא דְּלִיבָּא תָּלוּ [שגידי העין בצינורות הלב הם תלויים] ויש בכך סכנה. ושואלים: כְּגוֹן מַאי [מה], כלומר, מהי ההגדרה של עין שמרדה? אָמַר רַב יְהוּדָה: כְּגוֹן שנוטפות עיניו רִירָא [ריר], דִּיצָא [שיש הרגשת דקירה בעיניו], דָּמָא [דם] שותת מן העין, דִּימְעֲתָא [דמעות יתירות], וְקִידְחָא [וחום], וכן תְּחִלַּת אוּכְלָא [דלקת] בעין. ומוסיפים: נאמר כאן דווקא תחילת הדלקת, לְאַפּוּקֵי [להוציא] סוֹף אוּכְלָא [הדלקת], אף שעדיין חמה מעט, וּפַצּוּחֵי עֵינָא [ולפקוח את העיניים] כדי לראות טוב יותר — שלֹא, שדבר זה אינו מחלה ואסור בשבת. אָמַר רַב יְהוּדָה: זִיבּוּרָא [עקיצת דבורה], וּדְחַרְזֵיהּ סִילְוָא [ומי שנכנס בבשרו קוץ], וְסִמְטָא [ובועת מוגלה], וּדְכָאֵיב לֵיהּ עֵינָא [ומי שכואבת לו העין], וְאָתֵי עִילָּוֵיהּ אִישְׁתָּא [ומי שבאה עליו קדחת], כּוּלְּהוּ בֵּי בְּנֵי סַכַּנְתָּא [בכולם בית המרחץ הוא סכנה] וצריך להיזהר מכך. ובכלל לענין תרופות: חַמָּה לְחַמָּה שאכילת צנון מועילה לחולי של חום, וְסִילְקָא [תרד] מועיל לְצִינָּא [להצטננות], וְחִילּוּפָא סַכַּנְתָּא [וחילוף הדברים הוא סכנה]. חֲמִימֵי לְעַקְרַבָּא וּקְרִירֵי לְזִיבּוּרָא [דברים חמים מועילים לעקיצת עקרב ודברים קרים לדבורה], וְחִילּוּפָא סַכַּנְתָּא [וחילוף הדברים הוא סכנה]. חֲמִימֵי לְסִילְוָא [מים חמים לקוץ] וּקְרִירֵי [ומים קרים]

עיונים

אורי ליה רש״י פירש שהורה לו רפואה, ומשמע — בלי קשר לשבת. ובאור זרוע כתב כי כמדומה לו שחולי של סכנה הוא, ויש אפוא לפרש כי הורה לו מה לעשות בשבת.

ואי לא ואם אין תרופה זו מועילה לו, או אם אינו מוצא תרופה זו, מה יעשה במקומה.

רטיבא ליבשתא רש״י מסביר שזו הגדרה כללית לתרופות האוזן. שלכל חולי שיש בו ליחה היוצאת מן האוזן ישתמש בתרופות היבשות האמורות קודם (כגון בקנה היבש וכו׳) ולחולי שאין בו ליחה ישתמש בתרופות שיש בהן דברים רטובים. וראה בראב״ד שתהה על כך, שהרי ״וסימנך״ מופיע בדרך כלל לאחר שנעשתה הבחנה בין שני דברים, וכאן הרי לא נדון תחילה בגמרא מה הוא הקרוי יבש ומה הוא הקרוי רטוב. והוא עצמו סבור שאין לגרוס דבר זה. ועוד הסביר בדוחק, כי כיון שהם עניני רפואה לא נאמרו אלא בקיצור, ולמבינים בדבר זה יש להבדיל בין חולי רטוב לחולי יבש.

עין שמרדה רש״י מסביר: שרוצה לצאת, כאדם שמורד ויוצא. וגם הר״ח פירש דבר זה במובן של יציאה, אלא שהוא הסביר כי הכוונה היא שהעין מפרישה נוזלים, כמתואר להלן בהגדרת דבר זה.

לדידך אסיר שהרי רב שמואל בר יהודה מתחילה לא קיבל את פסקו של רב יהודה, ואינו יכול בשעת צערו לחזור בו ולקבל את הדברים. ולפיכך לכל מותר לעשות זאת, שהרי הם מקבלים את פסק ההלכה הזה, ולחכם שחלק אסור הדבר.

סבור מיניה הני מילי וכו׳ ואף שאין בדבר סכנת נפשות ממש, מכל מקום התירו לעבור על גזירה שגזרו חכמים לעסוק ברפואה בשבת, אם יש בדבר סכנה לאחד מאבריו או חושיו של האדם (ראה רש״י).

שוריינֵי דעינא וכו׳ רש״י מסביר כי מאור העיניים תלוי וקשור בעורקי הלב. אבל ראה בתוס׳ (וכן ברבינו אלחנן ועוד) המסבירים אחרת את המאמר כולו, שראיית העין תלויה בהבנת הלב. כלומר, אין אדם רואה דברים אלא לפי מה שהוא מבין בלבו. ומכל מקום, כוונת הדברים לפי רוב המפרשים היא שיש בדבר סכנת נפשות ממש, ולפיכך מחללים את השבת במקרה של חולי רציני בעין (אפילו במלאכה האסורה מן התורה). וראה בגרסות, שיש הגורסים כאן שאמתו של שמואל מתה מכך שלא טיפלו בעינה (אבל ראה במאירי). ומכאן מסיק הרמב״ן (וכן דעת פוסקים רבים) שכך יש לפסוק בעיקר בענייני רפואה בשבת: במקום שיש סכנת נפשות מחללים את השבת על ידי ישראל ואפילו במלאכה האסורה מן התורה. ובמקום שיש רק סכנת אבר בלבד, כפי שהיו חכמים סבורים מתחילה בענין העין שמרדה, מותר לעשות רק דבר שהוא איסור מדברי סופרים. וממקומות אחרים בתלמוד למד רמב״ן שמי שחולה בכל גופו או שיש לו צער גדול, ואולם אין בו סכנה — מותר לומר לנכרי שיעשה מלאכה עבורו, או שייעשה על יהודי בשינוי (דבר שאסור מדברי חכמים). ואולם במקום בו אין חולי או צער גדול, ולא סכנת אבר, אלא רק מיחושים — לא הותר לעסוק כלל בענייני רפואה בשבת. וראה ביתר פירוט בענין זה בשו״ע או״ח שכח, יז.

לאפוקי סוף אוכלא שכל דבר שאין בו סכנה ודאי אין מחללים את השבת עבורו, למרות שיש לו מיחוש או צער.

חמימי לסילוא רש״י מסביר כאן חמימי — מים חמים, שיש לרחוץ במים חמים, המועילים לכך. ואילו הר״ח מסביר שהכוונה היא שיאכל מאכלים חמים.

אורח ההלכה

מעלין אזנים מותר להעלות אוזנים בשבת בין ביד בין בכלי. כשמואל וכלשון ראשונה (וראה בגר״א שכתב שהוא גם לפי האיכא דאמרי). (שו״ע או״ח שכח, מג).

עין שמרדה החושש בעיניו (או בעינו אחת) ויש בה מוגלה, או שהיו עיניו שותתות דמעות מחמת הכאב, או שהיו שותתות דם, או שהיתה בהן דלקת חמורה — שלא בשלבים האחרונים שלה — מחללים עליו את השבת. כדברי שמואל. (רמב״ם ספר זמנים הלכות שבת פ״ב ה״ד. שו״ע שם סעיף ט).

מסורת הש״ס

א. (הביטוי) שבת סו,ב. קלג,ב. קלד,א. עירובין כט,ב. סה,א. יומא עח,א. מו״ק יב,א. יח,ב. יבמות כה,א. כתובות יב,ב. לט,ב. נ,א. גיטין סז,ב.

ב. ירושלמי שבת פי״ד ה״ד. שם ע״ז פ״ב ה״ב.

ג. שבת קכד,ב.

ד. ירושלמי שבת פי״ד ה״ד. שם ע״ז פ״ב ה״ב (בשינוי שם). וראה ביצה כב,א.

ה. ביצה כב,א.

ו. ירושלמי שבת פ״א ה״י (בשינוי לשון).

גרסות

בפיקעא אורי בכתי״מ: **בפיקעא אתא לבי מדרשא אורי.**

בנטפא חיוורא בכתי״מ: **בניפטא חיוורתא.**

תלת טרפא קרא דמייבשי בכתי״מ: **תלת טרפי קרי דיבשי.**

לייתי משקדי חלזוני בכתי״מ כבערוך: **לייתי משקרי חלזוני וליקלי ושביק עליה.**

וליעבד שב — מזיקא בכתי״מ: **וליתי שופתא דתומי וצאיר ליה משרא ומיתיב חד רישא בנורא וחד רישא באודנא ונישקל חדא וננח חדא, אי לא ליעבד שב פתילתא דאספסתא וליתיב ברקא בחד רישא וליתב בהו נורא.**

לישנא אחרינא — וננח חדא בכתי״מ: **ואי לא ליתי שב פתילי ברקא ושייף לה במשחא דאפרסמא ומנח חד וממלייא לאודניה מישחא.**

ולימלחה מילחא בכתי״מ ועוד: **ולמלייה מילחא.**

מאי טעמא מזריף בכתי״מ: **מאי טעמא יד מזרף.**

הוא שחקי סמנין בכתי״מ: **היכא דשחקי סמנין.**

אפילו מישחק בשבת בכתי״מ: **אפילו מישחק סמנין בשבת.**

מאן ציית בכתי״מ: **מאן ציית ליה.**

וכי מדידי הוא בכתי״מ: **אטו דידי הוא.**

ההיא אמתא בכתי״מ: **מההיא אמתא.**

פקעה עינא בכת״י ועוד: **פקעה עינא ומתה.**

באובנתא דלבא תלו בכתי״מ ועוד: **בליבא תליא** וראה רש״י ותוס׳.

חמה לחמה בערוך: **חמא לחמה.**

וסילקא לצינא בר״ח ובערוך: **וסילקא לזיקא.**

לשון

אסנא, קירא, אספסתא, ברחא, זריף, שוריני, סילוא, סמטא, חמה
ראה בהשלמות.

החיים

מעלין אזנים, שורייני דעינא, לכוחלה
ראה בהשלמות.

העולם

אהלא
ראה בהשלמות.

לעזי רש״י

פיג״א מן הצרפתית העתיקה fige — תאנה. אולי טחור בצורת תאנה.

ליצ״א מן הצרפתית העתיקה lice, אולי משמעו כעין עניבה, בדומה לניר של האורגים.

נימי״ן צ״ל: לימ״ץ, מן הצרפתית העתיקה limaz שמשמעו — חלזון.

אשקרבו״ט מן הצרפתית העתיקה escharbot — חיפושית.

קרוקי״ס המקור לא ברור, יש כאן כנראה מלה סלאווית (״לשון כנען״) אבל אין הדבר ברור.

הנטו״ן מן הצרפתית העתיקה haneton — מין חיפושית שחורה.

לייצ״א ראה לעיל.

פויילי״ד מן הצרפתית העתיקה foilied — צבוע בצבע (אולי בסגול).

שליימ״א מן הצרפתית העתיקה seljeme — מלח הסלע.

אשלפי״ר צ״ל: אשקלפי״ר, מן הצרפתית העתיקה eschalfer ומשמעו ללקות בדלקת.

קצייר״א צ״ל: קצייד״א, מן הצרפתית העתיקה chacide — ליחת העין.

אישפוננ״ט כנראה צ״ל: אישפוינ״ט, מן הצרפתית העתיקה espointes — כאב חד, כעין דקירה.

קלו״ג מן הצרפתית העתיקה clog, ועניינו — מורסה סגורה.

לְחַסְפַּנִיתָא [לסדקים שבפנים], וְחִילוּפָא סַכַּנְתָּא [וחילוף הדברים הוא סכנה]. חַלָּא לְסִיבּוּרֵי [חומץ להקזת דם] וּמוּנִינֵי לְתַעֲנִיתָא [ודגים קטנים לאחר תענית], וְחִילוּפָא סַכַּנְתָּא [וחילוף הדברים הוא סכנה]. תַּחְלֵי וְסִיבּוּרָא סַכַּנְתָּא [אכילת שחליים ואחריה הקזת דם סכנה], אִישְׁתָּא וְסִיבּוּרָא סַכַּנְתָּא [קדחת ואחריה הקזת דם סכנה], כָּאֵיב עֵינָא וְסִיבּוּרֵי סַכַּנְתָּא [כאב עיניים ואחריה הקזת דם סכנה]. שֵׁנִי לְדָג דָּם ביום השני לאכילת דג אפשר להקיז דם, ולהיפך, שֵׁנִי לְדָם דָּג ביום השני אחרי הקזת דם אפשר לאכול דג, אבל לאכול דג ביום הַשְּׁלִישִׁי לוֹ להקזה, וכן להפך — סַכַּנְתָּא [סכנה היא]. תָּנוּ רַבָּנַן [שנו חכמים]: הַמַּקִּיז דָּם לֹא יֹאכַל ארבעה דברים אלו שראשי תיבותיהם: חגב"ש, לֹא חָלָב וְלֹא גְּבִינָה וְלֹא בְּצָלִים וְלֹא שַׁחֲלַיִם. ושואלים: אִם אָכַל מה יעשה? אָמַר אַבַּיֵי: נַיְיתֵי רְבִיעָתָא דְּחַלָּא וּרְבִיעָתָא דְּחַמְרָא [שיביא רביעית חומץ ורביעית יין] וּנְעַרְבְּבִינְהוּ בַּהֲדֵי הֲדָדֵי וְנִישְׁתֵּי [ויערבבם יחד וישתה], וְכִי מִפְנֶה [וכאשר הוא נפנה לצרכיו] — לָא מִפְנֶה [אינו נפנה] אֶלָּא לְמִזְרָחָהּ שֶׁל עִיר, מדוע? מִשּׁוּם שקָשֶׁה רֵיחָא [הריח] של צואתו אחרי טיפול זה, והרוח אינה נושבת בדרך כלל מצד מזרח. אָמַר ר' יְהוֹשֻׁעַ בֶּן לֵוִי: מַעֲלִין אוּנְקָלִי בְּשַׁבָּת. ומבררים: מַאי [מהי] אוּנְקָלִי זו? אָמַר ר' אַבָּא: אִיסְתּוּמְכָא דְּלִיבָּא [קצה הצלעות שליד הלב] שפעמים מתכופף פנימה, ומוסיפים: מַאי אָסוּתָא [מה התרופה לזה]? מַיְיתֵי כַּמּוּנָא כְּרַוְיָיא וְנִינְיָא וְאַגְדָּנָא וְצִיתְרֵי וְאַבְדָּתָא [יקח כמון וכרוייה ונענע ולענה וציתרה ואזוב ביחד], לְלִיבָּא בְּחַמְרָא [למחלת הלב יקח את אלה ביין], וְסִימָנָךְ לזה: "וְיַיִן יְשַׂמַּח לְבַב אֱנוֹשׁ" (תהלים קד, טו), לְרוּחָא [למחלה שבאה מחמת הרוח] ישרה את אלה בְּמַיָּא [במים], וְסִימָנָךְ: "וְרוּחַ אֱלֹהִים מְרַחֶפֶת עַל פְּנֵי הַמָּיִם" (בראשית א, ב). לְכוּדָא [למחלת היולדת] ישרם בְּשִׁיכְרָא [בשיכר], וְסִימָנָךְ: "וְכַדָּהּ עַל שִׁכְמָהּ" (שם כד, טו), "שכם" כמו "שכר". רַב אַחָא בְּרֵיהּ [בנו] של רָבָא שָׁחֵיק לְהוּ לְכוּלְּהוּ בַּהֲדֵי הֲדָדֵי [היה שוחק את כולם יחד], וְשָׁקֵיל לֵיהּ [ונוטל ממנו] מְלֹא חָמֵשׁ אֶצְבָּעָתֵיהּ, וְשָׁתֵי לֵיהּ [אצבעותיו, ושותה אותו]. רַב אַשִׁי שָׁחֵיק כָּל חַד וְחַד לְחוּדֵיהּ [היה שוחק כל אחד ואחד מן המינים הללו לחוד], וְשָׁקֵיל [ונוטל] מְלֹא אֶצְבְּעֵיהּ רַבָּתִי [אצבעו הגדולה] וּמְלֹא אֶצְבְּעֵיהּ זוּטַרְתִּי [אצבעו הקטנה], כלומר, מה שיכול להחזיק בין שתיהן. אָמַר רַב פַּפָּא: אֲנָא עֲבַדִי לְכָל הָנֵי וְלָא אִיתַּסַּאי [אני עשיתי את כל אלה ולא התרפאתי], עַד שֶׁאָמַר לִי הַהוּא טַיָּיעָא [ערבי אחד]: אַיְיתֵי כּוּזָא חֲדַתָּא וּמַלְיֵיהּ מַיָּא [הבא כד חדש ומלא אותו מים], וּרְמֵי בֵּיהּ תַּרְוָודָא דְּדוּבְשָׁא דְּתָלֵי לָהּ בֵּי כּוֹכָבֵי [והטל בו מלוא תרווד דבש התלוי בין הכוכבים] כלומר, בלילה ובחוץ תחת הכוכבים, וּלְמָחָר אִישְׁתֵּי [שתה מזה], עֲבַדִי הָכִי וְאִיתַּסַּאי [עשיתי כך והתרפאתי]. תָּנוּ רַבָּנַן [שנו חכמים]: שִׁשָּׁה דְּבָרִים מְרַפְּאִין אֶת הַחוֹלֶה מֵחָלְיוֹ וּרְפוּאָתָן רְפוּאָה, וְאֵלּוּ הֵן: כְּרוּב, וּתְרָדִין, וּמֵי סִיסִין יְבֵישָׁה (בבונג) כאשר שורה אותם אחר כך במים, וְקֵיבַת בהמה, וְהֶרֶת (רחם של בהמה), וְיוֹתֶרֶת הַכָּבֵד. וְיֵשׁ אוֹמְרִים: אַף דָּגִים קְטַנִּים; וְלֹא עוֹד, אֶלָּא שֶׁדָּגִים קְטַנִּים מַפְרִין וּמַרְבִּין כָּל גּוּפוֹ שֶׁל אָדָם. עֲשָׂרָה דְּבָרִים מַחֲזִירִין אֶת הַחוֹלֶה לְחָלְיוֹ, וְחָלְיוֹ אַף קָשֶׁה משהיה קודם לכן, אֵלּוּ הֵן: הָאוֹכֵל בְּשַׂר שׁוֹר, שׁוּמָּן, בְּשַׂר צָלִי, בְּשַׂר צִיפֳּרִים, וּבֵיצָה צְלוּיָה, וְשַׁחֲלַיִם, וְכֵן העושה תִּגְלַחַת, וּמֶרְחָץ, והאוכל גְּבִינָה, וְכָבֵד. וְיֵשׁ אוֹמְרִים: אַף אֱגוֹזִים. וְיֵשׁ אוֹמְרִים: אַף קִשּׁוּאִין. תָּנָא דְּבֵי [שנה החכם מבית מדרשו] של ר' יִשְׁמָעֵאל: לָמָּה נִקְרָא שְׁמָן קִשּׁוּאִין? מִפְּנֵי שֶׁהֵן קָשִׁין ומזיקים לְכָל גּוּפוֹ שֶׁל אָדָם כַּחֲרָבוֹת.

א וחוזרים לפירוש המשנה, ששנינו בה: וְאֵין מִסְתַּפְּרִין מֵהֶן בְּכָל מָקוֹם לדעת ר' מאיר, ולדעת חכמים מותר הדבר ברשות הרבים. תָּנוּ רַבָּנַן [שנו חכמים]: יִשְׂרָאֵל הַמִּסְתַּפֵּר מִגּוֹי רוֹאֶה בַּמַּרְאָה שלפניו, כדי שלא ינסה הגוי להורגו בתער שבידו. וְגוֹי הַמִּסְתַּפֵּר מִיִּשְׂרָאֵל, כֵּיוָן שֶׁהִגִּיעַ הספר היהודי לְבְלוֹרִיתוֹ של הגוי, לא יטפל בה, לפי שהיא ענין של עבודה זרה, אלא שׁוֹמֵט אֶת יָדוֹ ומניחה. ודנים בפרטי הברייתא. אָמַר מָר [החכם]: יִשְׂרָאֵל הַמִּסְתַּפֵּר מִגּוֹי רוֹאֶה בַּמַּרְאָה. ויש לשאול: הֵיכִי דָּמֵי [כיצד מדובר]? אִי [אם] התספורת נעשית בִּרְשׁוּת הָרַבִּים, לָמָּה לִי להסתכל בְּמַרְאָה? הרי הרבים נמצאים שם, ולא יזיק לו. וְאִי [ואם] בִּרְשׁוּת הַיָּחִיד, כִּי [כאשר] היהודי רוֹאֶה את הגוי מַאי הָוֵי [מה בכך], והרי עדיין הוא יכול לפגוע בו! ומשיבים: לְעוֹלָם מדובר בִּרְשׁוּת הַיָּחִיד, וְכֵיוָן דְּאִיכָּא [שיש] מַרְאָה והוא נראה כמקפיד על מראהו — הרי הוא מִתְחֲזֵי [נראה לו] לגוי כְּאָדָם חָשׁוּב, והוא חושש להזיק לו. ומסופר, רַב חָנָא בַּר בִּיזְנָא הֲוָה [היה] מִסְתַּפֵּר מִגּוֹי בִּשְׁבִילֵי [בשבילים] של העיר נְהַרְדְּעָא, במקום צדדי, אָמַר לֵיהּ [לו] הספר: חָנָא, חָנָא, יָאֵי קוֹעָיךְ לְזוּגָא [יפה צווארך לתער]! אָמַר: תֵּיתֵי [מגיע] לִי שאגיע למצב כזה, על דַּעֲבָרִי [שעברתי] על דברי ר' מֵאִיר במשנתנו, שאסר להסתפר בכל מקום. ושואלים: וְאַדְּרַבָּנַן [ועל דברי חכמים] לֹא עָבַר? אֵימַר דַּאֲמוּר רַבָּנַן [אמור שאמרו חכמים] והתירו להסתפר מגוי בִּרְשׁוּת הָרַבִּים, בִּרְשׁוּת הַיָּחִיד מִי אֲמוּר [האם אמרו]? ומסבירים: וְהוּא רב חנא סָבַר [חשב]: שְׁבִילֵי דִּנְהַרְדְּעָא כֵּיוָן דִּשְׁכִיחִי [שמצויים שם] רַבִּים, כִּרְשׁוּת הָרַבִּים דָּמוּ [הם נחשבים]. שנינו בברייתא: וְגוֹי הַמִּסְתַּפֵּר מִיִּשְׂרָאֵל, כֵּיוָן שֶׁהִגִּיעַ לִבְלוֹרִיתוֹ שׁוֹמֵט אֶת יָדוֹ. ומבררים: וְכַמָּה ירחיק ממקום הבלורית וישמוט ידו? אָמַר רַב מַלְכִּיָּה אָמַר רַב אַדָּא בַּר אַהֲבָה: שְׁלֹשָׁה אֶצְבָּעוֹת לְכָל רוּחַ וְרוּחַ (צד וצד). כיון שהוזכרה הלכה בשמו של רב מלכיה, ויש חכם ששמו דומה לו מאד, רב מלכיו, היה צורך לסדר ולהבהיר מה הן ההלכות המיוחסות לכל אחד מהם. אָמַר רַב חֲנִינָא בְּרֵיהּ [בנו] של רַב אִיקָא: ההלכות בִּשְׁפוּד, בִּשְׁפָחוֹת, ובגוּמוֹת — הן של רַב מַלְכִּיוּ, ההלכות בִּבְלוֹרִית, בְּאֵפֶר מִקְלֶה, וּבִגְבִינָה — הן של רַב מַלְכִּיָּה. אָמַר רַב פַּפָּא: מַתְנִיתִין וּמַתְנִיתָא [משנתנו והברייתות] מה שמתייחס אליהן — אמר רַב מַלְכִּיָּה, שְׁמַעְתָּתָא [הלכות] אחרות הן של רַב מַלְכִּיוּ, וְסִימָנָא [והסימן] לדבר זה: שאומרים מַתְנִיתָא מַלְכְּתָא [המשנה היא מלכה], שהוא דומה לשם "מלכיה". ושואלים: מַאי בֵּינַיְיהוּ [מה ההבדל ביניהם] בין רב פפא לרב חנינא? אִיכָּא בֵּינַיְיהוּ [יש ביניהם הבדל] לגבי שְׁפָחוֹת, שדברים אלה הם מתייחסים למשנה, ולפיכך הם מדבריו של רב מלכיה לדעת רב פפא.

עיונים

חספניתא כאן פירש רש"י שהם סדקים שבפנים. ובמסכת שבת פירש שהוא מין שחין.

שני לדג דם כלומר, אם אוכל דג יקיז דם למחר. וכן להיפך, אם הקיז דם יאכל דג למחר (רש"י). וכתוב בתוס' שמה שאמרו שיש סכנה בהקזת דם אחרי אכילת דג הוא רק כאשר עושה זאת מיד. ולפי זה אכילה ביום לאחריו אין בה תועלת, אלא שאינה מזיקה (וראה בתו"ח). אכן הראב"ד הביא כי יש אומרים שיש בדבר זה תועלת.

כרוייא רש"י מפרש כאן — מלוא אגרוף. אבל מן הערוך משמע שאף הוא מין צמח תבלין.

לכודה רש"י מסביר שהיא הצטננות של אשה שילדה. ובערוך מסביר שהוא רוח האוחזת ביולדת.

ורפואתן רפואה כלומר, שאינם רק מקילים על החולי, אלא מועילים לחולה לאורך זמן, לפי שהם גם מזינים אותו ומועילים לבריאותו הכללית.

רואה במראה מכאן משמע קצת שאם לא היה נזקק לכך מפני הסכנה לא היה רואה במראה. ומן הירושלמי הביאו שגבר לא יסתכל במראה (אלא מפני צורך ברור, ולא לשם נוי) משום שיש בכך משום "ולא ילבש גבר שמלת אשה" (דברים כב, ה), שהסתכלות במראה היא מנהג הנשים. והרבה ראשונים העירו כי מן התלמוד הבבלי לא משמע שיש איסור בזה, אלא שעל פי דברי הירושלמי אפשר לפרש כך גם את המקומות המתאימים בבבלי (וראה ברבינו אלחנן ובתוס' וכן במאירי). והיו ראשונים שכתבו כי לפי זה אם במקום מסויים גם דרך הגברים להשתמש במראה אין בכך עוד איסור, אלא שאף שם יהא מנהג חסידות להימנע מהסתכלות זו.

מתחזי כאדם חשוב שסתם אדם לא היה מקפיד כל כך אם שערו עשוי כהלכה. וזה המסתכל במראה שמקפיד ביותר על מראהו נחשב כאדם מכובד, ולכן יתיירא הגוי ולא יזיקנו.

בשפוד שפחות וכו' "שפוד" הוא הלכה בהלכות יום טוב, ששפוד שצלו בו בשר אסור לטלטלו ויש לשומטו (ביצה כח,ב). "שפחות" הוא בהלכות כתובה, שהלכה כדעת האומר במשנה בכתובות (נט,ב) שאפילו הכניסה האשה עמה בנדוניה מאה שפחות, חייבת היא לעשות מלאכה כלשהי. "גומות" — לענין סימני בגרות, שגומות של שתי שערות (ערוה) נחשבות לסימן בגרות גם אם אין בהן שערות. "בלורית" היא ההלכה האמורה כאן. "אפר מקלה" — ההלכה במסכת מכות (כא,א) שאסור לאדם ליתן אפר של שריפה על גבי פצע, משום שנראה הדבר ככתובת קעקע. "גבינה" — המשנה להלן (עמוד ב) האוסרת גבינה של גוים, שהסביר רב מלכיה בשם רב אדא בר אהבה שטעם הדבר הוא משום שהם מחליקים את פניה בשומן חזיר (להלן לה,ב).

איכא בינייהו שפחות שלדברי רב חנינא הלכה זו היא מדברי רב מלכיו, ולדברי רב פפא היא מדברי רב מלכיה, לפי שהלכה זו מתייחסת למשנה במסכת כתובות. ושאלו קדמונים, אם כן מפני מה לא אמר גם שלגבי אפר מקלה (שאינו נזכר במשנה ובברייתא) יש הבדל ביניהם, שלדברי רב פפא יש לייחס את הדברים לרב מלכיו? ויש שתירצו שבעיקר רצה להסביר את רשימת הדברים לפי רב פפא, שמונה מה שאמר רב מלכיה (רש"י כאן). ורבינו אלחנן הביא פירוש אחר (וכן פירש רש"י במסכת ביצה) שאף אפר מקלה מתייחס (אם כי לא בהזכרת מלים אלה) למשנה במסכת מכות. ואחרים מפרשים כי הכוונה כאן לשפחות ולמה שכנגדה — אפר מקלה, שאותה יש לייחס לרב מלכיו דווקא (ברשב"א, וכן הביא בריטב"א בשם רבינו תם).

אורח ההלכה

האוכל בשר שור וכו' יש מאכלים שהם רעים ביותר וראוי שלא יאכלם כלל, גם אם אינו חולה. כי רוב החלאים שבאים לאדם אינם אלא מפני מאכלים רעים וכיוצא בהם. (רמב"ם ספר מדע הלכות דעות פ"ד ה"ט והט"ו).

ישראל המסתפר מגוי אסור להסתפר מגוי שמא יהרגנו, אלא במקום שמצויים בני אדם, או אם אותו הגוי מדמה שהוא אדם חשוב. כברייתא, וכהעמדת הגמרא. וכתב רמ"א כי יש מחמירים (תוס' ועוד) שלא יסתפר מגוי אפילו במקום רבים אם הגוי משתמש בתער, אלא אם כן רואה במראה. והוא כדברי רב חנא שחשש לדעת ר' מאיר (גר"א). ובמספריים מותר. ונהגו להקל כסברה הראשונה ולהתיר להסתפר מגוי (אפילו בלא מראה) במקום שרבים מצויים. (רמב"ם ספר נזיקין הלכות שמירת נפש פי"ב הי"א. שו"ע יו"ד קנו, ב).

גוי המסתפר מישראל ישראל המספר את הגוי, כיון שמגיע הספר סמוך לבלוריתו (שלוש אצבעות מכל רוח) שומט ידו ואינו מטפל בבלורית. כברייתא וכרב מלכיה. (רמב"ם ספר מדע הלכות עבודה זרה פי"א ה"ב. שו"ע שם סעיף ג).

מסורת הש"ס

א. נדרים נד,ב.
ב. ברכות מד,ב. נז,ב.
ג. ע"ז יא,א (ושם סומנו מקבילות)
ד. ירושלמי ע,ז פ"ב ה,ב. תוספתא ע"ז פ"ג ה.
ה. ביצה כח,ב. כתובות סא,ב. מכות כא,א. נדה נב,א.

גרסות

לחספניתא בכתי"ס ועוד: **לחוספניתא.**

לסיבורי בכת"י: **לדמא.**

שלישי לו סכנתא בכת"י ועוד מלים אלה חסרות.

ולא בצלים בכתי"ס ועוד: **ולא ביצים.**

רביעתא דחלא ורביעתא דחמרא בכתי"מ וכעין זה בכתי"ס: **רביעיתא חמרא ורביעיתא שיכרא.**

ואבדתא בערוך וכת"י ועוד: **ואברתא.**

שחיק להו לכולהו בכתי"מ: **שחיק להו.**

ושקיל ליה בכתי"מ ועוד: **ושקיל מינייהו.**

החולה מחוליו בכתי"מ: **החולה.**

מפרין ומרבין בכתי"ס: **מפרין ומרבין ומברין.**

וחוליו קשה בכת"י: **וחוליו קשה עליו.**

בשר שור שומן בכת"י וכעין זה במקבילה: **בשר שור בשר שמן.**

מתחזי כאדם חשוב בכתי"מ: **מחזי כאדם חשוב ומירתת** וכעין זה בכתי"ס.

בשבילי בכתי"ס: **בשוקי.**

יאי קועיך לזוגא בכתי"מ ועוד: **כמה יאי קועיך לגזיזה.**

דשכיחי רבים בכתי"מ: **דשכיחי בה רבים.**

אמר רב פפא בכתי"מ ובמקבילות: **רב פפא אמר.**

לשון

סיבורי
השורש של מלה זו קשור לערבית سبر (סבר) שמשמעה סכין מיוחדת, וכן אמנם משתמשים במלה זו כדי לציין סכין של מקיזי דם.

אונקלי
מקור המלה הוא ביוונית ἀνάκωλος (אנקו'לוס), שהוא שם לכל דבר מעוקל וכפוף. ובין השאר נקרא כך הסחוס שנמצא בחזה, בין הצלעות.
כפיפתו כלפי פנים (מחמת לחץ או מכה) יכולה לגרום לתחושה קשה של לחץ על הקיבה.

איסתומכא
נראה כי מקור המלה הוא ביוונית στόμαχος (סטומכוס) — קיבה, וביותר חלקה העליון, פיה של הקיבה.

ניניא, כודא, תרוודא
ראה בהשלמות.

החיים

סיסין, וקיבת והרת
ראה בהשלמות.

לעזי רש"י

ניבל"א לא נתברר מקור המלה, ועניינה כפי הנראה עצם — סחוס שבין הצלעות סמוך לסרעפת.

מינט"א מן הצרפתית העתיקה mente — מנתה, נענע.

מרובי"א מן הצרפתית העתיקה marubie — מין צמח מר, כנראה הצמח הקרוי מרוביון מצוי.

שדריא"ה מן הצרפתית העתיקה sadree — צמח תבלין, צתרה.

פוליו"ל מן הצרפתית העתיקה poliol — מין נענע.

אייבר"ש מן הצרפתית העתיקה ebres — סרעפת.

מירדויי"ר מן הצרפתית העתיקה miredoir — ראי.

לחספניתא וחילופא סכנתא חלא לסיבורי (א)ומוניני לתעניתא וחילופא סכנתא תחלי וסיבורא סכנתא אישתא וסיבורא סכנתא כאיב עינא וסבורי סכנתא שני לדג דם שני לדם דג שלישי לו סכנתא ת"ר א*המקיז דם לא יאכל חגב"ש לא חלב ולא גבינה ולא בצלים ולא שחלים אם אכל אמר אביי נייתי רביעתא דחלא ורביעתא דחמרא ונערבבינהו בהדי הדדי ונישתי וכי מפנה לא מפנה אלא למזרחה של עיר משום דקשה ריחא א"ר יהושע בן לוי מעלין אונקלי בשבת מאי אונקלי אמר רבי אבא *איסתומכא דליבא מאי אסותא מייתי כמונא כרוייא וניניא ואגדנא וציתרי *ואבדתא לליבא בחמרא וסימנך (תהלים קד) יין ישמח לבב אנוש לרוחא במיא וסימנך (בראשית א) ורוח אלהים מרחפת על פני המים לכודא בשיכרא וסימנך (שם כד) כדה על שכמה רב אחא בריה דרבא שחיק להו לכולהו בהדי הדדי ושקיל ליה מלא חמש אצבעתיה ושתי ליה רב אשי שחיק כל חד וחד לחודיה ושקיל מלא אצבעיה רבתי ומלא אצבעיה זוטרתי אמר רב פפא אנא עבדי לכל הני ולא איתסאי עד דאמר לי ההוא טייעא אייתי כוזא חדתא ומלייה מיא ורמי ביה תרוודא דדובשא דתלי לה בי כוכבי ולמחר אישתי עבדי הכי ואיתסאי *תנו רבנן בששה דברים מרפאין את החולה מחליו ורפואתן רפואה ואלו הן כרוב ותרדין ומי סיסין יבישה וקיבת והרת ויותרת הכבד ויש אומרים אף דגים קטנים ולא עוד אלא שדגים קטנים מפרין ומרבין כל גופו של אדם עשרה דברים מחזירין את החולה לחליו וחליו קשה(ב) אלו הן אהאוכל בשר שור *שומן בשר צלי בשר ציפרים וביצה צלויה ושחלים ותגלחת ומרחץ וגבינה וכבד וי"א אף אגוזים וי"א אף קשואין ג*תנא דבי רבי ישמעאל למה נקרא שמן קשואין מפני שהן קשין לכל גופו של אדם כחרבות: ואין מסתפרין מהן בכל מקום: ת"ר ד*בישראל המסתפר מגוי רואה במראה וגוי המסתפר מישראל כיון שהגיע לבלוריתו שומט את ידו אמר מר ישראל המסתפר מגוי רואה במראה היכי דמי אי ברשות הרבים ל"ל מראה ואי ברשות היחיד כי רואה מאי הוי לעולם ברה"י וכיון דאיכא מראה מתחזי כאדם חשוב רב חנא בר ביזנא הוה מסתפר מגוי בשבילי דנהרדעא א"ל חנא חנא יאי קועך לזוגא אמר תיתי לי דעברי אדר"מ ואדרבנן לא עבר אימר דאמור רבנן ברה"ר ברה"י מי אמור והוא סבר שבילי דנהרדעא כיון דשכיחי רבים כרה"ר דמו: וגוי המסתפר מישראל כיון שהגיע לבלוריתו שומט את ידו: וכמה אמר רב מלכיה אמר רב אדא בר אהבה ישלשה אצבעות לכל רוח ורוח ה*אמר רב חנינא בריה דרב איקא שפוד שפחות וגומות רב מלכיו בלורית אפר מקלה וגבינה רב מלכיה אמר רב פפא מתני' ומתניתא רב מלכיה שמעתתא רב מלכיו וסימנא מתניתא מלכתא מאי בינייהו איכא בינייהו שפחות:
מתני'

[לעיל יח.]

רש"י

חוספניתא. סדקין שבפני האדם: **מוניני.** דגים קטנים:(ג) **סיבורי.** הקזת דם מכתפיים: **שני לדם דג.** אם הקיז דם היום אוכל דגים למחר: **שני לדג דם.** אכל ביום שלפני הקזה דגים: **חגב"ש.** חלב גבינה בצלים שחלים: **וכי מפנה.** מאן דאכל הני בתר הקזה ובא ליפנות חוץ לעיר לא יפנה(ד) למזרחה של עיר: **משום דקשי ריח.** דברים הללו והרוח מביאתן לעיר: הכי גרסינן **לא יפנה אלא למזרחה של עיר.** שרוח מזרחית אינה חזקה כדתנן בלא יחפור (ב"ב דף כה.) אין עושין בורסקי אלא למזרחה של עיר ובמסכת ברכות (דף מ.) הישן למזרח גורנו דמו בראשו שרוח מערבית מביאה עליו ומסוכן הוא: **איסתומכא דליבא.** דופני בשר שתחת הלב והוא טרפשא לישנא אחרינא תנוך שכנגד הלב שקורין ניבלא ופעמים שנכפף נגד פנים ומעכב את הנשימה וזהו עיקר: **כמונא כרוייא.**(ה) כעין כף אגרוף: **וניניא.** מינט"א: **אגדנא.** עשב מר הוא והוא מרובי"א לבן לענה מתרגמינן גידין: **ציתרי.** שדריא"ה: **אבדתא.** איזוב: **לליבא בחמרא.**א] לאיסתומכא דליבא ישתה אלו ביין: **לרוחא.** לשחפת שמחממת רוח ישתה אלו במים: **לכודא.** חולי אשה יולדת ומצטננת על המשבר: **שכמה.** דומה תיבה זו לשכרא בשתי אותיות: **מלא חמש אצבעתיה.** מלא ידו: **מלא אצבע רבה ומלא אצבע זוטרתי.** שיכול לאחוז בזרת ואגודל יחד: **כוזא.** כלי קטן: **תרוודא.** מלא כף: **בי כוכבי.** תחת הכוכבים בחצר *של בית: **ומי סיסין.** פוליו"ל יבש שורה במים ושותה: **והרת.** רחמה של בהמה: **ויותרת הכבד.** טרפשא דכבדא שקורין איבר"ש: **במראה.** מירדויי"ר לראות אם מסתפר יפה באומנות וסבר הגוי כיון דקפיד אהכי חשוב הוא ומתיירא להורגו: **לבלוריתו.** שהוא מגדל לעבודה זרה שומט את ידו מקודם לכן שלשה אצבעות לכל רוח כדלקמן כדי שלא יהא מתקנה: **בשבילי דנהרדעא.** חוץ לעיר: **לזוגא.** לחתוך: **קועיך.** נואך: **שבילי דנהרדעא.** שהם עוברים ושבים תדיר: **שפוד.** באין לדין במסכת ביצה: **שפחות.** בכתובות בא"פ: **גומות.** בנדה בבא סימן הני תלת שמעתא דרב מלכיו אמרינהו משמיה דרב אדא בר אהבה: **בלורית.** דהכא: **אפר מקלה.** דמכות פרק בתרא לא יתן אדם אפר מקלה על גבי מכתו מפני שנראית ככתובת קעקע אפר מקלה אפר הכירה שקלוי ושרוף מאד ושחור ונראה ככתובת קעקע: **וגבינה.** הכא בפירקא (דף לה:) אמר רב מלכיה אמר רב אדא בר אהבה מפני שמחליקין פניה בשומן חזיר: **מתניתין ומתניתא.** הנך דאיתמר אפירושא דמתני' וברייתא רב מלכיה והנך דאיתמר שמעתתא באפי נפשייהו ולא אפירושא דמתנית' רב מלכיו: **מתני' מלכתא.** היא דמותבינן מינה לאמורא ורב(ו) מלכיה שמו דומה לנקבה: **מאי בינייהו.** בין רב פפא לרב חנינא: **איכא בינייהו שפחות.** דאוקי רב חנינא כרב מלכיו ורב פפא כרב מלכיה ומעייל אפר מקלה כרב מלכיו דהנך תלת שפוד ואפר מקלה וגומות שמעתא נינהו ולא אמתני' קיימא אבל שפחות א"ר מלכיה הלכה כר"א דאמר במשנתינו אפי' הכניסה לו מאה שפחות כופה לעשות בצמר(ז). בלורית דהכא אפירושא דמתניתא קאי דקתני לעיל שומט את ידו ואתי איהו לפרושי שיעורה וכן גבינה דקתני מתני' אלו דברים האסורים כו' אמרינן מפני מה אסרו גבינות הגוים ופי' רב מלכיה* והא דנקיט תלמודא איכא בינייהו שפחות ולא נקט שפחות ואפר מקלה אמילתיה דרב מלכיה דאתנא ביה רב פפא סימן נקט:
מתני'

[נדרים נד: ע"ש היטב]

[בערוך וכרב אלפס איתא איסטומכא]

[בערוך איתא ואברתא עיין שבת קכח.]

[בדפו"י שלא בבית]

[ברכות מד: נז:]

[כלומר חלב טיהור או שומן של שופות ודגים ומלח שומן הוא עיין בפ"ע והלכך ספיר קא חשיב עשרה דברים וכו']

[תוספ' פ"ג]

ביצה כח: כתובות סח: מכות כח. נדה נב.

תוספות

שני לדג דם. והא דאמרינן בנדרים (דף נד:) אין מקיזין לא על העופות ולא על הדגים היינו לאלתר:

*__אבל לא בינו לבינו.__ פי' במקום שאין רגילין בני אדם כ"כ כי הסיא דרב חנא בשבילי דנהרדעא אבל ביחוד ממש לא איצטריך דתיפוק ליה אף בלא מסתפר אסור להתיחד עמהם משום שפיכות דמים וכן יש לפרש לעיל (דף כו.) גבי מניקה:

המסתפר מגוי רואה במראה. תניא בתוספתא פ"ג ובירושלמי דפירקין ישראל המסתפר מגוי רואה במראה מן הכותי אין רואה במראה פי' לפי שאינם חשודים על שפיכות דמים (ח)התירו של בית ר"ג שיהו רואין במראה פי' אף מן הכותי מפני שהיו זקוקין למלכות משמע שאסור לאיש לראות במראה ונראה כי הטעם משום לא ילבש גבר שמלת אשה דמתרגם לא יתקן גבר בתיקוני אתתא והא (*דתנן) בפ' שואל (שבת דף קמט.) אין רואין במראה בשבת ומפרש בגמרא במראה של מתכת מפני שאדם עשוי להשיר בה נימין המדולדלות ומשמע דוקא בשבת הא בחול שרי התם באשה איירי ואדם לאו דוקא דאיש אסור בכל ענין וכן משמע בירושלמי דמפרש טעמא דאין רואין במראה דפעמים שהאשה רואה נימא אחת לבנה ותולשה ובאה לידי חיוב חטאת ומסיים בה והאיש אף בחול אסור שאינו דרך כבוד ג' דברים התירו לבית רבי שיהו רואין במראה ושיהו מספרים קומי ושילמדו לבניהם חכמת יון שהם זקוקין למלכות ואין לדחות דהא דקאמרי אף בחול אסור קאי אהשרת נימין ללקט לבנות מתוך שחורות דה"נ אמרינן פרק המצניע (שם דף צד:) המלקט לבנות מתוך שחורות אפי' אחת בשבת חייב ודבר זה אף בחול אסור משום לא ילבש דהא מדקא מייתי עלה התירו לבית רבי לראות במראה משמע דהא דאסור בחול לראות במראה הוא ומיהו אינו אסור כ"א להתנאות דעבר משום לא ילבש גבר אבל להסתפר ולגלח ולראות במראה שלא יחבל בעצמו או משום מיחוש עינים ודאי מותר ובוחן לבות הוא יודע והלכה למעשה דאסור להסתפר מגוי אלא אם כן רואה(ט) ואפילו ברשות הרבים מדקא אמר רב חנא תיתי לי דעברי אדרבי מאיר ודוקא בתער דשכיח ביה הזיקא בקל אבל במספרים לא שכיח בהו הזיקא שרי אם יש עמו אחר:

[נ"ל דתניא]

עין משפט נר מצוה

מח א מיי' פ"ד מהל' דעות הלכה טו:

זה הדבור שייך במתני'

מט ב מיי' פי"א מהל' רוצח הלכה ה ולא סמג לאוין מה טוש"ע י"ד סימן קנו סעיף א וכהג"ה סעיף ב:

נ ג ד מיי' פי"א מהל' עבודה כוכבים הלכה ב סמג לאוין נ טוש"ע י"ד סי' קנו סעיף ג:

רבינו חננאל

מי שהקיז דם חסא בחומץ מועיל לו ומי דגים קטנים ליושב בתענית דמחזקין הגוף וחילופא סכנה מי שהקיז דם ויאכל שחליים סכנה. וכן מי שיש בו אישתא צמירתא פי' אש של עצמות והקיז דם סכנה וכן מי שיש בו כאב עין והקיז דם סכנה כשהקיז דם יאכל ביום השני דג וכן מי שאכל היום דג יקיז דם למחר ריבדא דכוסילתא ריבדא הן השרוטות ששורט הגרע בצוארו של אדם ומוציא הדם בכוסילתא שם אותו הכלי שמוציץ שמו כוסילתא: ת"ר המקיז דם לא יאכל חלב ולא גבינה ולא ביצים ולא שחלים ואם אכל אמר אביי נייתי רביעתא דחמרא כו'. א"ר יהושע בן לוי מעלין אונקלי בשבת מאי אונקלי א"ר אבהו אסטומכא דליבא פי' אסטומכא בלשון ערבי אלמעדה: ת"ר ששה דברים מרפאין את החולה מחליו ורפואתן רפואה. ואלו הן כרוב ותרדין ומי סיסין יבש וקיבה והרת ויותרת הכבד וי"א אף דגים קטנים שמפרין ומרבין זרע ומברין כל גופו של אדם: ת"ר עשרה דברים מחזירין את החולה לחליו וחליו קשה האוכל בשר שור בשר שמן בשר צלי צפורים ביצה צלויה שחלים תגלחת מרחץ וכבד וגבינה וי"א אף אגוזים וקשואין: **מתני'** ואין מסתפרין מן הגוי בכל מקום דברי ר"מ וחכ"א ברה"ר מותר ת"ר ישראל המסתפר מן הגוי ברה"י רואה במראה ואינו חושש מ"ט כיון דרואה במראה כמדומה הגוי שהוא אדם חשוב ומתיירא ליגע בו. פי' א) קועף וגוי המסתפר מישראל כיון שהגיע לבלוריתו שומט את ידו. פי' בלוריתו מקום בראש שמגלחין אותו הכומרים לעבודה זרה. וכמה מקום שומט את ידו. אמר רב מלכיה אמר רב אדא בר אהבה ג' אצבעות לכל רוח ורוח וקי"ל דהא שמעתתא דרב מלכיה היא דגרסי' שפוד שפחות וגומות רב מלכיו בלורית אפר מקלה וגבינה רב מלכיה רב פפא אמר מתני' ומתניתא רב מלכיה כו' וכבר פירשנוהו בכתובות ובכמה מקומות לפיכך לא הארכנו בכאן פי' שפוד ביום טוב שפחות בכתובות גומות בנדה בלורית

א) נראה דצ"ל פי' קועך גרון וכן הוא בערוך ערך קע.

הגהות מהר"ב רנשבורג

א] רש"י ד"ה לליבא בחמרא. לאיסתומכא דליבא כצ"ל:

אי נמי הא כצ"ל נ"ס

הגהות הב"ח (א) גמ' ומוניני לתעניתא. נ"ב וכן בסנהדרין סוף דף מ"ט: (ב) שם ואלו הן האוכל בשר שור בשר שמן בשר צלי וכו' וככבד. נ"ב בפרק הרואה בדף נז לא קא חשיב כבד ומכניס במקומו חלב וע"ש: (ג) רש"י ד"ה סיבורי נ"ל קודם ד"ה מוניני: (ד) ד"ה וכי מפני וכו' לא יפנה אלא למזרחה: (ה) ד"ה כמונא כרוייא כמון כף אגרוף. נ"ב נראה דרש"י ז"ל מפרש כרוייא מלשון דגורין שהוא תרגומו של חמרים חמרים ותרגום ירושלמי כרוין כרוין אבל הערוך גורס כרויא וכמונא נראה לפי גירסא זו שכרויא הוא מין עשב: (ו) ד"ה מתניתין מלכתא וכו' ור' מלכיא שמו: (ז) ד"ה איכא בינייהו וכו' בצמר וכן בלורית: (ח) תוספות ד"ה המסתפר וכו' על שפיכות דמים ואי תימא של בית ר"ג: (ט) בא"ד אא"כ רואה במראה ואפילו:

יין מנלן. תימה מאי קא בעי מנלן הא מתניתין מיירי בסתם יינם וגזרה דרבנן היא שגזרו על יינם משום בנותיהן וי"ל דודאי עיקר גזרה דסתם יינם (לקמן לו:) משום בנותיהן הוא מיהו לא היו אוסרים אותו בהנאה מטעם זה מידי דהוה אפיתן ושמנם אלא עבדו רבנן כיין נסך גמור שנתנסך לפני עבודה זרה שאסור מן התורה משום דדמי ליה ועל יין נסך שואל התלמוד מנלן וה"ה ויין שנתנסך למה לי קרא מי נפיק מכלל שאר זבח וי"ל דאין הכי נמי דזביחה ונסוך שני עניינים הם ומרבה להו לקמן לאסור בפרק ר' ישמעאל (דף נא.) מזבח כל כעין זביחה וניסוך וזריקה המשתברת כגון שבר מקל לפניה: **ישתו יין נסיכם.** למאן דדריש להאי קרא בגוים ניחא ולמאן דדריש ליה *בגיטין (דף ע:) גבי טיטוס שאמר מקרא זה על ישראל וכן בספרי ר' יהודה ורבי נחמיה חד דורשו כלפי הגוים וחד דורשו כלפי ישראל צריך לפרש שהיו הגוים מגנין ישראל על עבודת המזבח כנגד מה שעושין לעבודה זרה שלהם ויאכלו וישתו קאי אמזבח שאוכל מנחות ושותה נסכים: **אתיא שם שם מעגלה ערופה.** תימה דיליף מקרובת עבודה זרה ממת ומת ומעגלה ערופה נילף את גופיה שם שם מעבודה זרה עצמה כדאמרינן פרק נגמר הדין (סנהדרין דף מז: ושם) גבי האורג בגד למת דרצה יליף דלא מיתסר בהזמנה שם שם מעבודה זרה דכתיב בעבודה זרה אבד תאבדון את כל המקומות אשר עבדו שם וי"ל דהתם ממעטין ממשמשין ממש(ח) דקרא דאבד תאבדון בכלים כשנשתמשו בהן לעבודה זרה הכתוב מדבר. [כדאיתא לקמן דף נא:]:

כפרה כתיב בה כקדשים. תימה בפ"ק דכריתות (דף ו.) דרשינן וערפו שם שם תהא קבורתה וי"ל דאיצטריך תרוייהו דאי משום דכתי' כפרה(ט) אמרי' לאסור עריפתה מותרת דאין לך דבר שנעשית מצותו ומועלין בו ואם מוערפו שם ה"א איסורה עד לאחר מיתה לכך אצטריך כפרה כתיב כקדשים דמיתסר אף מחיים וגם איצטריך לדמותה לקדשים לומר שאינה אלא ביום *ושיהא טרפות פוסל בה כדאמרינן בפ"ק דחולין (דף יא.): **אמר רב אשי הא קמ"ל לאשמועינן חומץ כו'.** ה"ה דהוה מצי לימר דאשמועינן דוקא של איסור שנתנסך בעודו יין אבל של ישראל מותר דלאו בר ניסוך הוא אלא חדא נקט דאשמועינן מינה תרתי: **אי משום אנסוכי חומץ לאו בר ניסוך הוא.** מכאן היה נראה להתיר חומץ שלנו במגע גוי וגם רבינו משולם התירו ור"ת הקפיד עליו ואמר כי אין אנו בקיאין בטיב חומץ ולא מעשים בכל יום בדעות חלוקות יש קורין אותו חומץ ויש קורין אותו יין והמוכר (*את הספינה) (ב"ב דף צו.) נמי פליגי בריחיה אלא וטעמיה תמרא וגם על הבוסר שהתיר רבינו משולם במגע גוי משום דמה שיוצא ממנו לא נקרא מים כדאמר פרק כל הגט (גיטין דף לא.) משעת כניסת מים לבוסר וכן בפרק ד' דמסכת שביעית (מ"ח) הבוסר משהביא מים אוכל בו פתו בשדה הקפיד רבינו תם משום דאין אנו בקיאין מתי קרוי בוסר ועוד כתב שנה אחת לא נתבשלו היינות וכי בשביל שייטותיהם אינם מבושלות כל לרכיהן הכי נמי נאמר שלא יהנה אותה השנה דין יין נסך:

מתני'

א **מתני'** אלו דברים של גוים אסורין ואיסורן איסור הנאה [א]היין [ב]והחומץ של גוים שהיה מתחלתו יין [ג]וחרס הדרייני [ג]ועורות לבובין רשב"ג אומר [ד]בזמן שהקרע שלו עגול אסור משוך מותר [ד]*בשר הנכנס לעבודה זרה מותר והיוצא אסור מפני שהוא *כזבחי מתים דברי ר"ע [ה]*ההולכין לתרפות אסור לשאת ולתת עמהן והבאין מותרין: נודות הגוים וקנקניהן ויין של ישראל כנוס בהן אסורין ואיסורן איסור הנאה דברי רבי מאיר וחכמים אומרים [ו]אין איסורן איסור הנאה: החרצנים והזגין של גוים אסורין ואיסורן איסור הנאה דברי ר"מ וחכ"א [ז]לחין אסורין יבישין מותרין [ו]*המורייס וגבינת בית אונייקי של גוים אסורין ואיסורן איסור הנאה דברי ר' מאיר וחכ"א [ח]אין איסורן איסור הנאה [ז]אמר ר' יהודה שאל ר' ישמעאל את רבי יהושע כשהיו מהלכין בדרך אמר לו(א) מפני מה אסרו גבינות גוים אמר לו [ט]מפני שמעמידין אותה בקיבה של נבילה אמר לו והלא קיבת עולה חמורה מקיבת נבילה(ב) אמרו כהן שדעתו יפה שורפה חיה ולא הודו לו אבל אמרו אין נהנין ולא מועלין אמר לו *מפני שמעמידין אות' בקיבת עגלי עבודה זרה אמר לו אם כן למה לא אסרוה בהנאה *השיאו לדבר אחר [ח]אמר לו ישמעאל(ג) היאך אתה קורא כי טובים דודיך מיין או כי טובים דודיך אמר לו כי טובים דודיך אמר לו אין הדבר כן *שהרי חבירו מלמד עליו לריח שמניך טובים: **גמ'** [ט]יין מנלן אמר רבה בר אבוה אמר קרא ואשר חלב זבחימו יאכלו ישתו יין נסיכם מה זבח אסור בהנאה אף יין נמי אסור בהנאה(ד) זבח גופיה מנלן דכתיב ויצמדו לבעל פעור ויאכלו זבחי מתים מה מת אסור בהנאה *אף [י]זבח נמי אסור בהנאה [י]ומת גופיה מנלן אתיא שם שם מעגלה ערופה כתיב הכא ותמת שם מרים וכתיב התם וערפו שם את העגלה בנחל מה להלן [כ]אסור בהנאה אף כאן נמי [ל]אסור בהנאה והתם מנלן [יא]*אמרי דבי רבי ינאי ב כפרה כתיב בה כקדשים: והחומץ של גוים שהיה מתחלתו יין: פשיטא משום דאחמיץ פקע ליה איסוריה אמר רב אשי הא אתא לאשמועינן [מ]חומץ שלנו ביד גוי אין צריך חותם בתוך חותם אי משום אינסוכי לא מנסכי ואי משום איחלופי [יב]כיון דאיכא חותם לא טרח ומזייף [ג]אמר רבי אילעא שנינו יין מבושל של גוים שהיה מתחלתו יין אסור פשיטא משום דאיבשיל פקע ליה איסורא אמר רב אשי הא אתא לאשמועינן [יד]יין מבושל שלנו ביד גוים אין צריך חותם בתוך חותם אי משום אינסוכי לא מנסכי ואי משום איחלופי

(דברים לב / תהלים קו / במדבר כ / דברים כא — מקורות בגליון)

מתני' **סתם מתחלתו יין.** ביד הגוי לאפוקי היכא דזבין גוי חומץ מישראל דלא מיתסר בהנאה דטעמא דאסור בהנאה משום דדלמא נסכיה הוא וחומץ לא מנסך: **וחרס הדרייני.** בגמרא מפרש שמשריהו במים ויוצא יין הנבלע בו: **ועורות לבובין.** שקורעין כנגד הלב דרכן לעשות כן לעבודה זרה ומוציאין את הלב דרך הנקב ומיתסר משום זבחי מתים: **משוך מותר.** שאין עושין כן לעבודה זרה: **והיוצא אסור.** בהנאה דעושין תקרובת: **לתרפות.** לטעות עבודה זרה לשאת ולתת. דאזיל ומודה לעבודה זרה ועוד דזבחי מידי דאצטריך לעבודה זרה לתקרובת: **נודות גוים.** של עור: **וקנקניהם.** חרס: **כנום בהן.** הכניס בהן יין לקיום: **חרצנים וזגין.** פסולת של ענבים וגרעינין שבתוכן: **לחים.** כל שנים עשר חדש: **אסורין.** אף בהנאה: **המורייס.**(ה) שמן של דגים: **ואיסורן איסור הנאה.** שמא עירב בו יין: **וגבינות בית אונייקי.** שם הכפר אבל שאר גבינות מותרין בהנאה ובגמרא מפרש לה (דף לה:) **מפני מה אסרו.** לרבנן קבעי לה דאסרו לה באכילה ולא בהנאה: **והלא קיבת עולה חמורה.** שהעולה אסורה בהנאה ומועלין בה: **שדעתו יפה.** שאינו קץ ומואס בה: **שורפה.** הומי"ר בלע"ז גומעה: **ולא הודו לו.** *לאומרים כן(ו) להתירה לכתחלה: **אבל אמרו לא נהנין ולא מועלין.** וכל היכא דתנן הכי שרי מדאורייתא אבל רבנן(ז) דגזרו בה והכי משמע לא נהנין מדרבנן ואם נהנה אין בה מעילה אלמא מדלית בה מעילה ש"מ האי חלב הכנוס בקיבת העולה כפירשה בעלמא הוא: **בקיבת עגלי עבודה זרה.** שנעשו לה תקרובת וגבי עבודה זרה אפי' פרש אסור דניחא ליה בנפחיה כדאמרינן בגמרא: **השיאו לדבר אחר.** לא רצה לגלות דבר הבדור כדמפרש בגמרא טעמא: **כי טובים דודיך.** לשון זכר: **או דודיך.** לשון נקבה והכי קאמרה כנסת ישראל ישקני הקב"ה מנשיקות פיהו כי כך אמר לי טובים דודיך מיין: **חבירו מלמד עליו.** שהוא לשון זכר וכנסת ישראל היא דקאמרה לפני שכינה לריח שמניך טובים וגו' עלמות אהבוך לא שייך למימר לנקבה: **גמ' אף יין אסור.** שנתנסך לעבודה זרה: **כפרה כתיב בה.** כפר לעמך ישראל (דברים כא) הלכך אסור בהנאה כקדשים: ה"ג **אמר רב אשי הא קמ"ל לאשמועינן חומץ שלנו.** חומץ של ישראל שהפקידו אצל גוי אינו צריך אלא חותם אחד דהואיל ולאשמועינן מ"ל דלא מנסכי חומץ: **משום איחלופי.** לצורכו להחליפו ברע ממנו: **לא טרח ומזייף.** לסתור חותמו של ישראל ולעשות חותם אחר מזוייף: **יין מבושל.** משמע שהיה מתחלתו יין ביד גוי ובשלו אסור בהנאה משום תחילתו: **הא אתא לאשמועינן.** טעמא דהגוי בשלו הא בשלו ישראל בהיתר מו לא מיתסר בהנאה וקמשמע לן דלא מנסכי גוים

רבינו חננאל

בלורית וגבינה בו המסכתא אפר מקלה במכות: **מתני'** ואלו דברים של גוים אסורין ואיסורן איסור הנאה היין והחומץ של גוים וכו'. יין מנא לן דכתיב אשר חלב זבחימו יאכלו ישתו יין נסיכם איתקש יין לזבח ואיתקש הזבח למת שנאמר ויצמדו לבעל פעור ויאכלו זבחי מתים מה מת אסור בהנאה אף יין של גוים אסור בהנאה ומת שאסור בהנאה מנא לן כתיב שם במיתת מרים ותמת שם מרים וכתיב בעגלה ערופה וערפו שם את העגלה ובעגלה כתיב כפרה שנאמר כפר לעמך ישראל בקדשים ומה קדשים אסורין בהנאה אף מת אסור בהנאה. והחומץ של גוים שהיה מתחלתו יין אסורין בהנאה ומתמהינן פשיטא משום דאחמיץ או משום שנתבשל פקעא ליה איסוריה ומשני רב אשי הא אתא לאשמועינן דלאו כיין נינהו בכל מילי אלא אסורין בהנאה כיין בלבד אבל אי אלונתית אנחינהו

נא א מיי' פי"א מהלכות מאכלות אסורות הל' א סמג לאוין קמח טוש"ע יו"ד סימן קכג סעיף א:
נב ב מיי' שם הלכה יג סמג שם טוש"ע שם סעיף ו:
נג ג טוש"ע שם סעיף יג:
נד ד מיי' פ"ז מהל' עבודת כוכבים הל' ג סמג עשין קלג טוש"ע יו"ד סימן קלט סעיף א:
נה ה מיי' פ"ט שם הלכה יז סמג לאוין מה טוש"ע יו"ד סימן קמט סעיף א:
נו ו מיי' פי"א מהלכות מאכלות אסורות הל' טו סמג לאוין קמח טוש"ע יו"ד סימן קלו סעיף א:
נז ז מיי' שם הלכה יד סמג שם טוש"ע יו"ד סימן קלב סעיף יד:
נח ח ט מיי' פ"ג מהל' מאכלות אסורות הל' יג סמג לאוין קלט טוש"ע יו"ד סימן קטו סעיף ב:
נט י מיי' פ"ז מהל' עבודת כוכבים הל' טו סמג עשין ט טוש"ע יו"ד סימן קמב סעיף ג:
ס כ מיי' פי"ד מהלכות רוצח הלכה ו סמג עשין עת:
סא ל מיי' פי"א מהל' אבל הלכה ה סמג עשין דרבנן ב טוש"ע יו"ד סימן שמט סעיף א:
סב מ מיי' פי"ג מהלכות מאכלות אסורות הלכה י סמג לאוין קמח טוש"ע יו"ד סימן קיח סעיף א וסימן קל סעיף ג:

[כתובות קד:] [עי' פרש"י לקמן לב: ד"ה בשר] [וכולה לזה אמר זבחי ולאמר כזבחי עי' תוס' לקמן לב: ד"ה וביולא] [עי' תוספות לקמן לב: ד"ה עובד כוכבים ועוד שם ד"ה ההולך] [לקמן לה:] רש"ל לא אמרו [עי' תוספות לקמן לב: ד"ה מפני] [עי' תוספות לקמן לה: ד"ה השיאו ולעי לגרס' העירוך ערך הא א' השיאו ופי' הסיעו כלומר העתיקו]

[בכורות מ: וגיטין ע:] [כתוב תוס' ואל לאותה בגיטין ע: על קרא ולאמר לי לאמינו עד חבוו בו זה טיטוס שחרף וגידף וכו' וא"כ עלו על כל הספקוק' המחוכים והיינו קרא אשר חלב זבחימו ואכלו ישתו יין נסיכם תמיה ג"כ הבטחו' טוכבים על ישראל וכמ"ש ג"כ רש"י בפי' האזינו לב פע"ק הפנוי' לדעת רבי נחמיה ע"ש וזה פשוט ובכור בכוונת תוס' ועיין מגלת דף ח"ל ומהולקם מה בגיטין ע"ל ולפת"ש בס"ד ניחא שפיר]

[עי' תוס' לקמן לה:] [כדאיתא במגילה כה:]

גליון הש"ס

גמרא א"ל ישמעאל. עיין בר"ש פ"ב משנה ה' דפרה ועיין בתשובת הריב"ש סימן רפ"ד:

[עי' דאיתא דוד גמרא גמרי לה ואיתא דוד ואסמכיה אקרא ע' תוס' לקמן נב. ד"ה תנהו]

קדושין נז. [מגילה כה.] זבחים ע. חולין יא.]

הגהות הב"ח

(א) גמ' מפני מה אסרו. נ"ב עיין פרש"י ע"ז סוף דף לה: (ב) שם ואמרו כהן וכו' ולא מועלין חזר ואמר לו מפני שמעמידין אותה: (ג) שם ישמעאל אחי היאך אתה: (ד) שם זבח גופיה: (ה) רש"י ד"ה המוריים שמן של: (ו) ד"ה ולא הודו וכו' להתירה: (ז) ד"ה אבל וכו' רבנן הוא דגזרו: (ח) תוספות ד"ה אתיא וכו' ממש גמור דקרא וכו' בכלים שנשתמשו בכ"ל ואות כ נמחק: (ט) ד"ה כפרה וכו' כפרה כתיב בה כקדשים:

א משנה אֵלּוּ דְבָרִים שֶׁל גּוֹיִם אֲסוּרִין וְאִיסּוּרָן אִיסּוּר הֲנָאָה: הַיַּיִן, וְהַחוֹמֶץ שֶׁל גּוֹיִם שֶׁהָיָה מִתְּחִלָּתוֹ יַיִן והחמיץ, וְחֶרֶס הַדְּרִיָּינִי, וְעוֹרוֹת של בהמה לְבוּבִין חתוכים כנגד הלב, שהיו מוציאים אותו לשם עבודה זרה. רַבָּן שִׁמְעוֹן בֶּן גַּמְלִיאֵל אוֹמֵר: בִּזְמַן שֶׁהַקֶּרַע שֶׁלּוֹ עָגוֹל — אָסוּר שכך עושים לעבודה זרה, בזמן שהקרע מָשׁוּךְ (מארך) — מוּתָּר. בָּשָׂר הַנִּכְנָס לְבֵית עֲבוֹדָה זָרָה — מוּתָּר, וְהַיּוֹצֵא ממנה — אָסוּר, מִפְּנֵי שֶׁהוּא כְּזִבְחֵי מֵתִים כלומר, כבשר שנזבח לעבודה זרה, אלו דִּבְרֵי ר׳ עֲקִיבָא. הַהוֹלְכִין לְתַרְפּוּת (מקום חגיגת עבודה זרה) — אָסוּר לָשֵׂאת וְלָתֵת עִמָּהֶן, וְהַבָּאִין משם — מוּתָּרִין במשא ומתן. נוֹדוֹת (שקי עור) הַגּוֹיִם וְקַנְקַנֵּיהֶן (כדי חרס), וְיַיִן שֶׁל יִשְׂרָאֵל כָּנוּס בָּהֶן — אֲסוּרִין, וְאִיסּוּרָן אִיסּוּר הֲנָאָה משום שהיין של הגוים נספג בדפנות הנאדות והקנקנים, אלו דִּבְרֵי ר׳ מֵאִיר. וַחֲכָמִים אוֹמְרִים: אֵין אִיסּוּרָן אִיסּוּר הֲנָאָה. הַחַרְצַנִּים (גרעיני הענבים) וְהַזַּגִּין (קליפות הענבים) שֶׁל גּוֹיִם הנשארים לאחר דריכת הענבים ליין — אֲסוּרִין, וְאִיסּוּרָן אִיסּוּר הֲנָאָה, דִּבְרֵי ר׳ מֵאִיר. וַחֲכָמִים אוֹמְרִים: אם היו לַחִין — אֲסוּרִין, אם היו יְבֵשִׁין — מוּתָּרִין. הַמּוּרַיְיס (מאכל העשוי מציר של דגים קטנים שנותנים לתוכו יין) וּגְבִינַת בֵּית אוּנְיָיקִי ששם היו עושים גבינות מיוחדות שֶׁל גּוֹיִם — אֲסוּרִין וְאִיסּוּרָן אִיסּוּר הֲנָאָה, דִּבְרֵי ר׳ מֵאִיר. וַחֲכָמִים אוֹמְרִים: אֵין אִיסּוּרָן אִיסּוּר הֲנָאָה אלא נאסרו רק באכילה. אָמַר ר׳ יְהוּדָה: שָׁאַל ר׳ יִשְׁמָעֵאל אֶת ר׳ יְהוֹשֻׁעַ כְּשֶׁהָיוּ מְהַלְּכִין בַּדֶּרֶךְ, אָמַר לוֹ: מִפְּנֵי מָה אָסְרוּ חכמים גְּבִינוֹת גּוֹיִם? אָמַר לוֹ: מִפְּנֵי שֶׁמַּעֲמִידִין (מגבנים) אוֹתָהּ בְּקֵיבָה שֶׁל נְבֵילָה. אָמַר לוֹ: וַהֲלֹא קֵיבַת קרבן עוֹלָה חֲמוּרָה איסורה מִקֵּיבַת נְבֵילָה, שהרי העולה אסורה בהנאה, ובכל זאת אָמְרוּ: כֹּהֵן שֶׁדַּעְתּוֹ יָפָה כלומר, שאינו מקפיד במה שהוא אוכל שׁוֹרְפָהּ (גומע אותה) חַיָּה (לא מבושלת), וְלֹא הוֹדוּ לוֹ חכמים, אֲבָל אָמְרוּ: אֵין נֶהֱנִין וְלֹא מוֹעֲלִין בה, משמע שלכל הדעות אין בזה איסור הנאה מן התורה (שאם כן היתה בה מעילה), וכל שכן קיבת נבילה! אָמַר לוֹ ר׳ יהושע לר׳ ישמעאל טעם אחר: מִפְּנֵי שֶׁמַּעֲמִידִין אוֹתָהּ בְּקֵיבַת עֶגְלֵי עֲבוֹדָה זָרָה שהם אסורים בהנאה, ככל תקרובת לעבודה זרה. אָמַר לוֹ: אִם כֵּן, אם לזה חששו, לָמָּה לֹא אֲסָרוּהָ בַּהֲנָאָה? לא ענה לו ר׳ יהושע אלא הִשִּׂיאוֹ (העבירו) לְדָבָר אַחֵר, אָמַר לוֹ: יִשְׁמָעֵאל, הֵיאַךְ אַתָּה קוֹרֵא, האם אתה קורא "כִּי טוֹבִים דֹּדֶיךָ מִיָּיִן" (שיר השירים א, ב) בלשון זכר, אוֹ "כִּי טוֹבִים דּוֹדַיִךְ" בלשון נקבה? אָמַר לוֹ: "כִּי טוֹבִים דּוֹדַיִךְ". אָמַר לוֹ: אֵין הַדָּבָר כֵּן, שֶׁהֲרֵי חֲבֵירוֹ (הפסוק הסמוך לו) מְלַמֵּד עָלָיו: "לְרֵיחַ שְׁמָנֶיךָ טוֹבִים... על כן עלמות אהבוך" (שם, ג), משמע שמדבר הכתוב בלשון זכר ולא בלשון נקבה.

ב גמרא שואלים: יַיִן מְנָלַן [מנין לנו] שהוא אסור? אָמַר רַבָּה בַּר אֲבוּהּ, אָמַר קְרָא [המקרא] לגבי עובדי אלילים: "אֲשֶׁר חֵלֶב זְבָחֵימוֹ יֹאכֵלוּ יִשְׁתּוּ יֵין נְסִיכָם" (דברים לב, לח), מַה זֶּבַח של עבודה זרה אָסוּר בַּהֲנָאָה, אַף יַיִן הכתוב בפסוק זה נַמִּי [גם כן] אָסוּר בַּהֲנָאָה. ושואלים: זֶבַח גּוּפֵיהּ מְנָלַן [עצמו מנין לנו] שאסור? דִּכְתִיב [שנאמר]: "וַיִּצָּמְדוּ לְבַעַל פְּעוֹר וַיֹּאכְלוּ זִבְחֵי מֵתִים" (תהלים קו, כח), ויש ללמוד מהשוואה זו: מַה מֵּת אָסוּר בַּהֲנָאָה, אַף זֶבַח של עבודה זרה נַמִּי [גם כן] אָסוּר בַּהֲנָאָה. ושואלים: וּמֵת גּוּפֵיהּ מְנָלַן [עצמו מנין לנו] שאסור בהנאה? ומשיבים: אָתְיָא [בא נלמד הדבר] בגזירה שווה "שָׁם" "שָׁם" מֵעֶגְלָה עֲרוּפָה, כְּתִיב הָכָא [נאמר כאן במיתה]: "וַתָּמָת שָׁם מִרְיָם" (במדבר כ, א), וּכְתִיב הָתָם [ונאמר שם בעגלה ערופה]: "וְעָרְפוּ שָׁם אֶת הָעֶגְלָה בַּנָּחַל" (דברים כא, ד), מַה לְּהַלָּן (בעגלה ערופה) אָסוּר בַּהֲנָאָה, אַף כָּאן (במת) נַמִּי [גם כן] אָסוּר בַּהֲנָאָה. ושואלים: וְהָתָם מְנָלַן [ושם בעגלה ערופה מנין לנו] שאסורה בהנאה? אָמְרִי דְּבֵי [אמרו מבית מדרשו] של ר׳ יַנַּאי: כַּפָּרָה כְּתִיב [נאמר] בָּהּ כְּקָדָשִׁים, והם אסורים בהנאה.

ג שנינו במשנה: וְהַחוֹמֶץ שֶׁל גּוֹיִם שֶׁהָיָה מִתְּחִלָּתוֹ יַיִן. ושואלים: פְּשִׁיטָא [פשוט] מובן מאליו שהוא אסור, וכי מִשּׁוּם דְּאַחְמִיץ [שהחמיץ] היין פָּקַע לֵיהּ אִיסּוּרֵיהּ [לו איסורו]? אָמַר רַב אַשִׁי: הָא אֲתָא לְאַשְׁמוּעִינַן [דבר זה בא להשמיע לנו] שחוֹמֶץ שֶׁלָּנוּ שנמצא בְּיַד גּוֹי אֵין צָרִיךְ חוֹתָם בְּתוֹךְ חוֹתָם כדי לוודא שהגוי לא ניסך אותו, ולא החליפו באחר, וטעמו של דבר: אִי [אם] מִשּׁוּם חשש אִינְסוּכֵי [ניסוך] — לָא מְנַסְּכִי [אין הם מנסכים חומץ], וְאִי [ואם] מִשּׁוּם חשש אִיחְלוּפֵי [החלפה] בחומץ אחר — כֵּיוָן דְּאִיכָּא [שיש] חוֹתָם אחד, לָא טָרַח [אינו טורח] וּמְזַיֵּיף כדי להחליפו. כיוצא בזה אָמַר ר׳ אֶילְעָא, שָׁנִינוּ: יַיִן מְבוּשָּׁל שֶׁל גּוֹיִם שֶׁהָיָה מִתְּחִלָּתוֹ יַיִן — אָסוּר. ושואלים: פְּשִׁיטָא [פשוט] הדבר, וכי מִשּׁוּם דְּאִיבְשִׁיל פְּקַע לֵיהּ אִיסּוּרָא [שהתבשל פקע לו האיסור]? אָמַר רַב אַשִׁי: הָא אֲתָא לְאַשְׁמוּעִינַן [דבר זה בא להשמיע לנו] שֶׁיַּיִן מְבוּשָּׁל שֶׁלָּנוּ בְּיַד גּוֹיִם אֵין צָרִיךְ חוֹתָם בְּתוֹךְ חוֹתָם, וטעמו: אִי [אם] מִשּׁוּם אִינְסוּכֵי [ניסוך] — לָא מְנַסְּכִי [אין מנסכים] אותו, וְאִי [ואם] מִשּׁוּם

עיונים

שהיה מתחילתו יין כלומר, שחומץ זה נעשה מיין, ויין זה היה יין של גוים. כי אם היה זה יין ישראל והחמיץ ולאחר מכן הגיע לידי הגוי — אין בו עוד איסור (וראה תוי"ט במה שדייק בלשונו של רש"י), לפי שיסודו של האיסור הוא מחשש שמא יין נסך הוא, שניסכוהו לעבודה זרה, וחומץ הרי אינם מנסכים לה (רש"י).

בזמן שהקרע שלו עגול שהיו קורעים את העור ומוציאים את הלב לשם עבודה זרה. ועל כך אמר רבן שמעון בן גמליאל, שלשם עבודה זרה עושים חתך עגול דווקא סביב הלב, ואם אינו חתוך כן — משמע שלא לצורך זה נחתך העור. ובתלמוד ירושלמי הסבירו כי היו עושים דבר זה לבהמה בעודה בחיים, וצורת הקרע, האם הוא עגול או משוך, מוכיחה האם בחיים נעשה הדבר או לאחר מות הבהמה (וראה בגמרא להלן לב,ב ובאור גדול על המשניות).

בשר הנכנס לעבודה זרה אין מדובר כאן בבהמה שידוע שנשחטה לעבודה זרה, שאם כן הוא — בוודאי אסורה היא בהנאה, ושחיטת נכרי סתם אינה לשם עבודה זרה (כל שאינו אדוק בה) ואינה אסורה בהנאה. ורש"י (להלן לב,ב) מסביר כי הכוונה היא לבשר שהגוי מכניסו לעבודה זרה קודם שהספיקו להקריבו. והחידוש הוא שאין בעצם הכוונה להקריבו ואף לא בהקדשה כדי לאוסרו בהנאה, ש"אין הקדש לעבודה זרה" (להלן מד,ב).

והיוצא אסור שמתחילה רק הכינוהו לשם כך, אבל לאחר שהוציאוהו ודאי שימש כבר כתקרובת.

שהוא כזבחי מתים "זבחי מתים" הוא כינוי לזבח שנזבח לעבודה זרה (תהלים קו, כח). וכתבו בתוס׳ (להלן לב,ב) בשם רבינו תם שלא אמר "זבחי מתים" ממש משום שלא נזבח (נשחט) לשם עבודה זרה. וראה בגרסות, שבירושלמי ועוד גרסו "זבחי מתים", ופירוש הדברים הוא שכל מה שהוקרב לעבודה זרה קרוי כך, וגם מה שנותר ממנו (ראה רי"ד).

לתרפות יש שפירשו מלשון "תרפים", כלומר צלמים, עבודה זרה. ויש שאמרו שהיא לשון גנאי (כמו "מקום תורפה" במובן של ערוה). ובירושלמי הביאו גרסה אחרת "לתרבות", ופירשו שהכוונה היא ל"תוריבוס", והכוונה לחגיגה שעושים, שמביאים עבודה זרה גדולה אצל עבודה זרה קטנה (וראה בערוך). וכתב רבינו אלחנן שהפסיק בהלכה זו, שאינה ממין ההלכות האחרות, משום שהיא דומה לענין בשר הנכנס, שיש הבדל בין הנכנס והיוצא.

אסור לשאת ולתת וכו׳ כי מאחר שהולך לעבודה זרה שלו ילך ויודה לה על הרווח שהרויח. ועוד, שפעמים משתמשים הגוים במה שמכר להם לשם עבודה זרה. אבל בחזרה — שוב אין חששות אלו קיימים.

אסורין ואיסורן איסור הנאה הראב"ד פירש שלדעת ר׳ מאיר הכלים עצמם אסורים באיסור הנאה, כמו חרס הדרייני, בגלל היין הספוג בהם. ולדעת חכמים בחרס הדרייני יש ממשות של יין, ובקנקנים רק טעמו, ולפיכך אין מקום לאסור אלא בשתיה. או משום שאין הגוי מוסיף במחירו של הקנקן בגלל היין שבו (ראה תפא"י). אבל בתוס׳ (להלן לב,א) ועוד העירו כי אם בקנקנים עצמם מדובר לא היה צורך להזכיר את היין הכנוס בהם. ומשום כך הסבירו כי המחלוקת כאן אינה על הקנקנים עצמם, אלא על היין של ישראל הכנוס בהם, האם הוא נאסר בהנאה כיינם של הגוים שנותן בהם טעם, או שאין להחמיר בדבר עד כדי כך (וראה במאירי).

המורייס והוא מאכל העשוי מציר של דגים, שר׳ מאיר אסרו בהנאה מחשש שנותנים לתוכו יין נסך כדי לשפר את טעמו. ולדעת חכמים, הואיל ואין האיסור ניכר במורייס אין מקום לאוסרו בהנאה, אלא רק באכילה (ראה להלן לה,א).

וגבינת בית אונייקי שהוא מקום (אולי כפר) שבו היו מייצרים גבינות שהיו מוכרים גם במקומות רחוקים, ומוסבר בגמרא שרוב העגלים באותו מקום (שבמיצי קיבתם מייצרים את הגבינה) היו נשחטים לעבודה זרה, והיו איפוא אסורים בהנאה. וראה עוד בגמרא (להלן לד,ב). ובירושלמי הגרסה אינה "גבינות בית אונייקי", אלא "גבינות תירייקי" (או לפי גרסת הרי"ד "תינייקי", מאכל הנעשה על ידי הרתחה של מי הגבינה). ולפי זה אין מדובר כאן, על גבינות מסויימות, אלא על גבינות גוים בכלל, מה דינן.

מפני מה אסרו גבינות גוים ובפשטות אין לזה ענין למחלוקת ר׳ מאיר וחכמים בענין גבינות בית אונייקי, שלגביהן היתה השאלה האם אסורות הן בהנאה. אלא על גבינות גוים סתם, שנאסרו באכילה. אבל ראה ברש"י להלן לד,ב שפירש כי השאלה נשאלה לדעת חכמים, וראה בדברי הרי"ד לעיל ובמאירי.

ולא הודו לו לאותו חכם שאמר שמותר לכתחילה לשתות את תוכן הקיבה הזו, ואין אנו יודעים מי הוא (רי"ד, תר"י). וראה בתפארת ישראל על המשניות שנתקשה בסגנון הדברים, והסביר (וכן פירש במלאכת שלמה בשם ר׳ יהוסף אשכנזי) שדברים אלו אינם מכלל ההוכחה של ר׳ ישמעאל, אלא דברי סתם משנה הם, שהעיר רבי כי לא הודו לו חכמים לר׳ ישמעאל בראיה זו שהביא, כפי שמצאנו מקומות נוספים במשנה.

לא נהנין ולא מועלין ובכל מקום שאמרו כך משמע שאין בדבר זה איסור מן התורה, אלא חכמים הם שגזרו בו. ואם כן נמצא שמה שבקיבת עולה אינו אסור באכילה. ואף שאסור לאכול מבשרה, תוכן הקיבה נחשב כפרש בלבד, ואינו חשוב חלק ממנה שייאסר מחמתה.

בקיבת עגלי עבודה זרה כתבו בתוס׳ (להלן לד,ב) שמסתבר לומר שאף ר׳ יהושע לא אמר דבר זה אלא כדחיה בלבד, ולא שהוא סבור כן, כי עגלי עבודה זרה הרי מיעוט הם, ואנו יודעים שר׳ יהושע אינו חושש למיעוט. ואפילו ר׳ מאיר החושש למיעוט לא אסר אלא בגבינות בית אונייקי, שרוב העגלים שם נשחטים לעבודה זרה.

השיאו לדבר אחר לא רצה לגלות לו טעמו של דבר, כאשר מבואר בגמרא (להלן לה,א) ולכן עבר לענין אחר כדי להשתמט מלענות תשובה מספקת. ובתוס׳ (להלן לד,ב) אמרו שספק אם יש לקרוא מלה זו בשין שמאלית, כמו משיא עצה וכיוצא בה, או לקרוא בשין ימנית, במובן פיתה, הטעה, כמו "הנחש השיאני" (בראשית ג, יג).

יין מנלן הראשונים שאלו: הרי במשנתנו מדובר ביין סתם של גוים ולא ביין שנוסך לעבודה זרה, ובענין זה נאמר להלן (לו,ב) כי גזירת חכמים היא משום חתנות, שעל ידי שתיית יינם יבוא לידי קירבת הדעת עימם ואחר כך יגיע לידי התבוללות ביניהם, ואילו הסוגיה שלנו נראה שהיא מבררת טיב איסור יין נסך ממש! והיה שרצה לומר כי השאלה כאן לא היתה לגבי שתיית היין (שאסורה משום חתנות) אלא מפני מה אמרו שמגע הגוי אוסר את היין (רשב"א בתורת הבית, וכן מובא ברא"ה). אבל רוב הראשונים תירצו באופן אחר, שבאמת סתם יינם של גוים עיקר איסורו הוא משום חתנות, ומצד זה היה ראוי לתת לו רק דין פיתם או שמנם, שאסרום רק באכילה, אלא שאסרוהו בהנאה כיין נסך שהוא אסור בהנאה, משום שכל שמתקנים חכמים כעין איסור של תורה הם מתקנים (רמב"ן להלן לו,ב, רא"ה ועוד), ומשום שיסודו של איסור ההנאה בסתם יינם הוא יין נסך, מבררים כאן מהו מקורו (תוס׳). וראה ברי"ד שכתב שאלמלא חשש חתנות לא היה נאסר כלל יינם משום חשש ניסוך, אלא מאחר שגזרו משום בנותיהם חששו גם לניסוך. ויש ראשונים שכתבו כי אכן היו שני שלבים, שבתחילה לא נאסר אלא בשתיה משום בנותיהם, ובשלב שני כאשר נתברר שהיו רגילים לנסך — אסרוהו אף בהנאה (ראב"ד להלן לח,ב בשם "הצרפתי", רשב"א בתורת הבית, רא"ש, מאירי).

יין נסיכם וכו׳ וכתבו בתוס׳ שאין ללמוד איסור זה ביינם מזבחיהם, כי בפירוש מחלקים בהלכה בין איסור זבחים לעבודה זרה ואיסור ניסוך להם, ואין הדברים למדים זה מזה.

והעירו כי פסוק זה המשמש ראיה, יש מפרשים אותו (כענין שהוא מובא כאן בפשטות) כתיאור של עבודה זרה. ומכל מקום גם לדעת המפרשים אותו (בספרי) לגבי זבחי ישראל ונסכיהם, מכל מקום מוכח מכאן שיש הקש בין זבחים ליין שמנסכים.

כפרה כקדשים ואסורה בהנאה כמותם, שכל דין מעילה בקדשים מבוסס על איסור הנאה מהם (ובזיהויו של הכתוב המפורש האוסר הנאה בקדשים, ראה רמב"ם תחילת הלכות מעילה).

וכתב רבינו אלחנן שבמקומות אחרים מסביר רש"י כי מעצם הכתוב "שם" בעגלה ערופה, שלמדים ממנו שצריך לקוברה במקומה, משמע שאסור ליהנות ממנה. אלא שהוצרך הדימוי לקדשים כדי להסביר שאיסור ההנאה חל על העגלה הערופה גם לאחר שנעשתה מצוותה.

הא אתא לאשמועינן וכן היה יכול לומר שבא להשמיענו שחומץ של ישראל שנגע בו הגוי אינו נאסר. אלא הדברים תלויים זה בזה, וכשהוא משמיע לנו שאינו נאסר משום שאין בו חשש ניסוך הרי זה כמשמיע לנו שאינו צריך שני חותמות (תוס׳, ריטב"א).

איחלופי שהגוי רוצה לשתות ממנו, או להוציא יין מובחר ולהחליפו ביין גרוע יותר.

אורח ההלכה

היין של גוים סתם יינם של גוים אסור בהנאה משום גזירת יין שנתנסך לעבודה זרה. וכתב רמ"א: בזמן הזה, שאינו שכיח שמנסכים לעבודה זרה יש אומרים שאינו אסור בהנאה. ולכן מותר לגבות בחובו מן הגוים סתם יינם, מפני שהוא כמציל מידם (טור בשם רשב"ם והרא"ש ומרדכי). והוא הדין בשאר הפסד, כגון אם עבר וקנה או מכר, אבל לכתחילה אסור לקנותו ולמכרו כדי להשתכר בו (הגהות מיימוניות ועוד). ויש מקילים גם בזה, וטוב להחמיר. (רמב"ם ספר קדושה הלכות מאכלות אסורות פי"א ה"א. שו"ע יו"ד קכג, א).

חומץ החומץ של גוים אסור בהנאה מפני שנעשה יין נסך קודם שיחמיץ. וראה בגמרא להלן. (רמב"ם שם הי"ג).

חרס הדרייני חרס שבלע הרבה יין של גוים עד שכששורים אותו במים הוא מוציא את יינו — אסור בהנאה. כמשנה. (שו"ע שם סעיף יג).

עורות לבובין אם היה בעור סימן שהוא תקרובת לעבודה זרה, כגון שיש בו קרע עגול כנגד הלב — הרי עור זה כולו אסור בהנאה. כמשנה וכדברי רבן שמעון בן גמליאל. (רמב"ם ספר מדע הלכות עבודה זרה פ"ז ה"ג).

בשר הנכנס וכו׳ בשר או יין או פירות שהכינום להקריבם לעבודה זרה לא נאסרו בהנאה, אף על פי שהכניסום לבית עבודה זרה, עד שיקריבום לפניה. הקריבום לפניה — נעשו תקרובת, ואף על פי שחזרו והוציאום — הרי אלו אסורים לעולם. (רמב"ם שם הט"ו. שו"ע שם קלט, ו וראה שם סעיפים א ה).

ההולכים לתרפות גוים ההולכים לעבודה זרה (ואפילו למרחק. שו"ע) אסור לשאת ולתת עמהם, אבל מותר לשאת ולתת עם הבאים משם. כמשנה. וכבר נהגו לשאת ולתת עמהם בכל אופן. (רמב"ם שם פ"ט הי"ז. שו"ע שם קמח, יא. וראה שם סעיף יב).

נאדות הגוים וכו׳ נאדות של גוים או קנקני חרס שלהם שהכניסו בהם ישראלים את יינם קודם שהוכשרו — היין אסור בשתיה ומותר בהנאה. כדברי חכמים במשנה. (רמב"ם ספר קדושה הלכות מאכלות אסורות פי"א הט"ו. שו"ע שם קלז, א).

החרצנים והזגין של גוים החרצנים והזגים של גוים, כשהם לחים (עד שנים עשר חודש) אסורים בהנאה, ולאחר מכן (כשהם יבשים) מותרים אפילו באכילה. כמשנה וכביאורה בגמרא. ודברים אלו אמורים כששרה אותם במים קודם שייבשם, ואם לא כן — אסורים אפילו ייבשם בתנור.

וכתב רמ"א שכל זה אינו עוסק אלא בחרצנים שהיו על יין נסך, אבל אם שלה אותם מן הגת קודם שיימשך היין לבור — אינם אסורים (ב"י בשם הרי"ף עפ"י ירושלמי). וכן אלו שדורכים את היין בחבית אף על פי שהיין צף עליהם מלמעלה מותרים (כל בו). (רמב"ם שם הי"ד. שו"ע שם קכג, יד).

גבינות של גוים גבינות הגוים אסרון מפני שמעמידים אותן בעור קיבת בהמה שנשחטה על ידיהם, שהיא נבילה. כהסברו של שמואל בגמרא (להלן לה, א). ומכל מקום אפילו העמידוה בעשבים — אסורה, שלא חילקו חכמים בגזירתם. וכתב רמ"א: וכן המנהג, ואין לפרוץ גדר (ב"י), אם לא במקום שנהגו בהן היתר מקדמונים. ואם הישראל רואה את עשיית הגבינות והחליבה, מותר (אגור), וכן המנהג פשוט בכל מדינות אלו (וראה ש"ך ופת"ש). (רמב"ם שם פ"ג הי"ג. שו"ע שם קטו, ב).

זבחי עבודה זרה זבחים ושאר תקרובת של עבודה זרה לאחר שהביאום לפניה כתקרובת, אסורים בהנאה. (רמב"ם ספר מדע הלכות עבודה זרה פ"ז הט"ו. שו"ע שם קלט, א).

עגלה ערופה עגלה ערופה משירדה לנחל (אף שעדיין לא נערפה, ואפילו מתה או נשחטה שם) — אסורה בהנאה. (רמב"ם ספר נזיקין הלכות רוצח ושמירת נפש פ"י ה"ו).

מת אסור בהנאה המת אסור בהנאה. (רמב"ם ספר שופטים הלכות אבל פי"ד הכ"א. שו"ע שם שמט, א).

חומץ ויין מבושל יין מבושל של ישראל, והשכר, וכן יין שעירבו בו דברים אחרים כגון שמן ודבש (עד שנשתנה טעמו. ש"ך), וכן החומץ של ישראל, שכל אלו אסורים בשל גוי רק מדברי סופרים (וראה ש"ך), אם מפקידים אותם ביד גוים — אין צריך שני חותמות, אלא די בחותם אחד בלבד. וכדברי רב אשי. (רמב"ם ספר קדושה הלכות מאכלות אסורות פי"ג ה"י. שו"ע שם קיח, א. שם קל, ג).

מסורת הש"ס

א. ירושלמי תרומות פ"ח ה"ג. שם ערלה פ"ג ה"א.
ב. ע"ז סד,א. ירושלמי ערלה פ"ג ה"א. תוספתא ע"ז פ"ד ח.
ג. ע"ז עד,א. ירושלמי ע"ז פ"ה הי"ב. תוספתא ע"ז פ"ד ז.
ד. תוספתא חולין פ"ב כ.
ה. תוספתא ע"ז פ"א טו.
ו. ראה תוספתא שביעית פ"ה ט.
ז. שהש"ר פ"א א.
ח. תוספתא פרה פ"י ג.
ט. ילק"ש תורה תתקמו.
י. ירושלמי ע"ז פ"ה הי"א. ילק"ש תורה תתקכד. שם תתקמו.
יא. מגילה כא,א. קדושין נז,א. זבחים ע,ב. חולין יא,א. ילק"ש תורה תמג. שם תתקכד.
יב. ראה ע"ז ל,א. לט,ב.
יג. ירושלמי תרומות פ"ח ה"ג.
יד. ראה ירושלמי שם. שם ע"ז פ"ב ה"ג.

גרסות

הדרייני בירושלמי ועוד: **אדרייני.**

משוך בירושלמי ובכמה כת"י: **ומשוך.**

הנכנס לעבודה זרה במקורות וכן הוגה בכתי"ס: **הנכנס לבית עבודה זרה.**

כזבחי מתים בירושלמי ועוד: **זבחי מתים.**

דברי רבי עקיבא בכתי"מ ובמקורות חסרות מלים אלה.

אסור לשאת ולתת בירושלמי ועוד: **אסור מלשאת ומלתת.**

גבינות של בית אונייקי של גויים בכתי"מ: **בית אונייקי** בירושלמי: **והגבינה ותירייקי** ויש בכת"י: **והגבינה ותנייקי.**

מהלכין בכתי"מ: **הולכין.**

אמר לו מפני מה בירושלמי בכתי"ס ועוד: **מפני מה.**

אמרו כהן בירושלמי במשניות ועוד וכן הגיה הב"ח: **ואמרו כהן.**

אבל אמרו בירושלמי ועוד: **אלא אמרו.**

אמר לו מפני במשניות: **חזר אמר לו** ובירושלמי: **חזר ואמר לו.**

אמר לו ישמעאל בירושלמי בכת"י וכן בב"ח: **אמר לו ישמעאל אחי.**

אין הדבר כן בכתי"מ: **אינו כן.**

מה זבח אסור בהנאה אף יין אסור בהנאה בכת"י ועוד: **מה זבח אסור אף יין אסור.**

זבח גופיה בכת"י וכן בב"ח: **וזבח גופיה.**

אסור בהנאה אף כאן נמי אסור בהנאה בכת"י ועוד: **אסור אף כאן אסור.**

שנינו יין מבושל בכתי"מ: **יין מבושל** בכתי"ס: **שונין יין מבושל.**

הא אתא לאשמועינן בכתי"ס: **הא קמשמע לן.**

לשון

תרפות, נודות
ראה בהשלמות.

מורייס
יש סבורים שמקור המלה הוא ביוונית ἁλμυρίς (אלמוריס), ויש סבורים שמקור הקרוב הוא בלטינית muries. משמעות שתי המלים היא — מלוח, מאכל כבוש במלח.
אכן, המורייס הוא במיוחד ציר דגים, שיש בו משמנם של הדגים ומלח מרובה, ושימש כתבלין לאכול בו פת ושאר מאכלים.

בית אונייקי
נראה שאין כאן שתי מלים אלא מלה אחת, שהיא היוונית Βιθυνιακή (ביתוניאקי), שמשמעו — מן המחוז ביתיניה, בצפון־מערב אסיה הקטנה. מחוז זה היה בו ישוב עתיק ותרבות חומרית מפוארת. על הגבינות המשובחות של ביתיניה מעידים גם מקורות רומיים בני אותה תקופה.

שדעתו יפה
בעצם מדובר כאן בלשון נקיה. כלומר, כהן שאינו אנין נפש, שאין נפשו קצה בכך, רשאי לשתות את החלב שבקיבה כמות שהוא.

שורפה
מקור המלה הוא בשרש מיוחד, שמשמעו — לשתות דבר, לגמוע אותו בדרך מציצה. והוא קרוב לערבית شرب (שרב) במשמעות: שתה.

לעזי רש"י

הומי"ר מן הצרפתית העתיקה humer — לגמוע.

אִיחְלוּפֵי [החלפה] ביין שלו — כֵּיוָן דְּאִיכָּא [שיש] חוֹתָם אֶחָד לָא טָרַח [אינו טורח] וּמְזַיֵּיף תָּנוּ רַבָּנַן [שנו חכמים]: יַיִן מְבוּשָּׁל וַאֲלוּנְתִּית שֶׁל גּוֹיִם — אֲסוּרִין בהנאה, משום שתחילתם יין, אֲלוּנְתִּית כְּבְרַיָּיתָא [כבריאתה מתחילתה] שעשה אותה ישראל — מוּתֶּרֶת, למרות שהיא עתה בידי גוי. ומסבירים: וְאֵיזוֹ הִיא אֲלוּנְתִּית? כְּדִתְנַן גַּבֵּי [כמו ששנויה בברייתא אצל] שַׁבָּת, ששנינו שם: עוֹשִׂין בשבת אֲנוֹמְלִין וְאֵין עוֹשִׂין בה אֲלוּנְתִּית, וְאֵיזוֹ הִיא אֲנוֹמְלִין וְאֵיזוֹ הִיא אֲלוּנְתִּית? אֲנוֹמְלִין הוא משקה שיש בו תערובת יַיִן וּדְבַשׁ וּפִלְפְּלִין, והריהו משקה כשאר משקים. אֲלוּנְתִּית הוא משקה מעורב מִיַּיִן יָשָׁן וּמַיִם צְלוּלִין וַאֲפַרְסְמוֹן, דְּעָבְדִי לְבֵי מַסּוּתָא [שעושים לבית מרחץ] כדי לשתותו אחרי הרחצה, וכיון שהוא עשוי לרפואה אין עושים אותו בשבת. רַבָּה וְרַב יוֹסֵף דְּאָמְרִי תַּרְוַיְיהוּ [שאמרו שניהם]: יַיִן מָזוּג במים מותר בשתיה אם הניחו מגולה, וְאֵין בּוֹ מִשּׁוּם גִּילּוּי אין לחשוש שנחש שתה ממנו והטיל בו ארס. יַיִן מְבוּשָּׁל אֵין בּוֹ איסור מִשּׁוּם נִיסּוּךְ, משום שאין הגויים מנסכים אותו. אִיבַּעְיָא לְהוּ [נשאלה להם ללומדים]: יַיִן מְבוּשָּׁל, האם יֵשׁ בּוֹ מִשּׁוּם גִּילּוּי אוֹ אֵין בּוֹ מִשּׁוּם גִּילּוּי? ומציעים, תָּא שְׁמַע [בוא ושמע] פתרון לשאלה, שֶׁהֵעִיד ר' יַעֲקֹב בַּר אִידִי עַל יַיִן מְבוּשָּׁל שֶׁאֵין בּוֹ מִשּׁוּם גִּילּוּי. ועוד מסופר, ר' יַנַּאי בַּר יִשְׁמָעֵאל חֲלַשׁ עַל לְגַבֵּיהּ [חלה נכנס אליו] ר' יִשְׁמָעֵאל בֶּן זֵירוּד וְרַבָּנַן [וחכמים] לְשַׁיּוּלֵי בֵּיהּ [לשאול בו בשלומו]. יָתְבִי וְקָא מִבַּעְיָא לְהוּ [יושבים היו ונשאלה להם השאלה]: יַיִן מְבוּשָּׁל, האם יֵשׁ בּוֹ מִשּׁוּם גִּילּוּי אוֹ אֵין בּוֹ מִשּׁוּם גִּילּוּי? אָמַר לְהוּ [להם] ר' יִשְׁמָעֵאל בֶּן זֵירוּד: הָכִי [כך] אָמַר ר' שִׁמְעוֹן בֶּן לָקִישׁ מִשּׁוּם גַּבְרָא רַבָּה [משמו של אדם גדול], וּמַנּוּ [ומיהו] אדם גדול זה? ר' חִיָּיא: יַיִן מְבוּשָּׁל אֵין בּוֹ מִשּׁוּם גִּילּוּי. אָמְרוּ לֵיהּ [לו] החכמים לר' ינאי בר ישמעאל: נִסְמוֹךְ [האם אפשר לסמוך] על דבר זה שיש בו סכנה? מַחֲוֵי לְהוּ [הראה להם] ר' יַנַּאי בַּר יִשְׁמָעֵאל בתנועה: עָלַי וְעַל צַוָּארִי כלומר, בוודאי אפשר לסמוך על כך. ובענין חשש ניסוך מסופר, שְׁמוּאֵל ומכרו הגוי אַבְלֵט הָווּ יָתְבִי [היו יושבים יחד], אַיְיתוּ לְקַמַּיְיהוּ חַמְרָא מְבַשְּׁלָא [הביאו לפניהם יין מבושל], מַשְׁכֵיהּ לִידֵיהּ [משך אבלט את ידו] שלא רצה לנגוע ביין כדי שלא יאסרנו על שמואל, אֲמַר לֵיהּ [לו] שְׁמוּאֵל, הֲרֵי אָמְרוּ: יַיִן מְבוּשָּׁל אֵין בּוֹ מִשּׁוּם יַיִן נֶסֶךְ. ושוב בענין גילוי של יין מבושל מסופר, אַמְתֵּיהּ [שפחתו] של ר' חִיָּיא אִיגַּלּוּיֵי לָהּ הַהוּא חַמְרָא מְבַשְּׁלָא [נגלה לה יין מבושל], אֲתְיָא לְקַמֵּיהּ [באה לפני] ר' חִיָּיא לשאול מה לעשות ביין, אֲמַר לָהּ, הֲרֵי אָמְרוּ חכמים: יַיִן מְבוּשָּׁל אֵין בּוֹ מִשּׁוּם גִּילּוּי. ובעניין יין מזוג מסופר, שַׁמָּעֵיהּ [שמשו] של רַב אַדָּא בַּר אַהֲבָה אִיגַּלֵּי לֵיהּ חַמְרָא מְזִיגָא [התגלה לו יין מזוג], אֲמַר לֵיהּ [לו] רב אדא, הֲרֵי אָמְרוּ: יַיִן מָזוּג אֵין בּוֹ מִשּׁוּם גִּילּוּי. אָמַר רַב פַּפָּא: לֹא אֲמַרַן [אמרנו] אֶלָּא ביין דְּמְזִיג טוּבָא [שהוא מזוג הרבה במים], אֲבָל מְזִיג וְלָא מְזִיג שָׁתֵי [מזוג ולא מזוג כראוי, עדיין שותה הנחש]. ושואלים: וּמְזִיג וְלָא מְזִיג מִי שָׁתֵי [ומזוג ואינו מזוג האם הוא שותה]? וְהָא [והרי] רַבָּה בַּר רַב הוּנָא הֲוָה קָאָזֵיל בְּאַרְבָּא וַהֲוָה נָקִיט חַמְרָא בַּהֲדֵיהּ [היה הולך בספינה והיה מחזיק יין עימו], וַחֲזְיֵיהּ לְהַהוּא חִיוְיָא דְּצָרֵי וְאָתֵי [וראה נחש אחד שהוא זוחל ובא] שרצה לשתות מן היין, אֲמַר לֵיהּ לְשַׁמָּעֵיהּ [לו לשמשו]: סַמֵּי עֵינֵיהּ דְּדֵין [עַוֵּר את עיניו של זה] כלומר, עשה דבר שיסתלק הנחש, שָׁקֵיל קָלֵי מַיָּא שְׁדָא בֵּיהּ [נטל מעט מים והטיל בו ביין], וְסָר לַאֲחוֹרֵיהּ [והלך הנחש לאחוריו]! ומשיבים: מכאן אין הוכחה שהנחש אינו שותה ממנו, אלא אַחַיָּיא מָסַר נַפְשֵׁיהּ, אַמְּזִיגָא לָא מָסַר נַפְשֵׁיהּ [על יין חי מוסר הנחש את עצמו והולך לשתותו גם כאשר יש שם אנשים, ואילו על יין מזוג אינו מוסר את עצמו], ולכן הלך משם. ושואלים: וְאַמְּזִיגָא לָא מָסַר נַפְשֵׁיהּ [ועל יין מזוג אינו מוסר את נפשו]? וְהָא [והרי] ר' יַנַּאי הֲוָה [היה]

במקום הנקרא בֵּי עַכְבּוֹרֵי, וְאָמְרִי לֵיהּ [ויש אומרים]: זה בַּר הַדָּיָא הֲוָה [שהיה] במקום הקרוי בֵּי עַכְבּוֹרֵי, הֲווֹ יָתְבִי וְהָווּ קָא שָׁתוּ חַמְרָא מְזִיגָא [היו יושבים והיו שותים יין מזוג], פָּשׁ לְהוּ חַמְרָא בְּכוּבָא וּצְרוּנְהִי בִּפְרוֹנְקָא [נשאר להם יין בכלי וצררו אותו את פי הכלי בסמרטוט], וַחֲזָיָא לְהַהוּא חִיוְיָא דְּשָׁקֵיל מַיָּא וּרְמָא בְּכוּבָא עַד דְּמָלֵא בְּכוּבָא, וְסָלֵיק חַמְרָא עִילָּוֵיהּ פְּרוֹנְקָא וְשָׁתֵי [וראה נחש אחד שלקח מים והטיל בכלי עד שהתמלא הכלי, ועלה היין מעל הסמרטוט ושתה אותו] הנחש, למרות שהיו שם אנשים! אָמְרִי [אומרים]: דְּמָזִיג אִיהוּ שָׁתֵי [היין שהוא עצמו מוזג שותה הנחש], דְּמְזִיגֵי אַחֲרִינֵי לָא שָׁתֵי [שמוזגים אחרים, בני אדם, אינו שותה] יין. אָמַר רַב אַשִׁי, וְאִיתֵימָא [ויש אומרים] שאמר זאת רַב מְשַׁרְשְׁיָא: פֵּירוּקָא לְסַכַּנְתָּא [עושים תירוצים כאלה לדבר שיש בו משום סכנה]? שמא אין התירוץ נכון! ובסיכום ההלכה בענין זה, אָמַר רָבָא, הִלְכְתָא [הלכה היא]: יַיִן מָזוּג — יֵשׁ בּוֹ מִשּׁוּם גִּילּוּי וְיֵשׁ בּוֹ גם מִשּׁוּם יַיִן נֶסֶךְ, יַיִן מְבוּשָּׁל — אֵין בּוֹ מִשּׁוּם גִּילּוּי וְאֵין בּוֹ מִשּׁוּם יַיִן נֶסֶךְ. ובענין גילוי של מים מסופר, שַׁמָּעֵיהּ [שמשו] של רַב חִלְקִיָּה בַּר טוֹבִי אִיגַּלְיָא הַהוּא קִיסְתָּא דְּמַיָּא וַהֲוָה נָיֵים גַּבָּהּ [נגלתה לו חבית אחת של מים שהיה ישן לידה], אֲתָא לְגַבֵּיהּ [בא לפני] רַב חִלְקִיָּה בַּר טוֹבִי ושאל מה לעשות, אֲמַר לֵיהּ [לו] הֲרֵי אָמְרוּ: אֵימַת האדם הַיָּשֵׁן עֲלֵיהֶן על הנחשים, ואין לחשוש שניגשו אל החבית. ומוסיפים: וְהָנֵי מִילֵּי בִּימָמָא [ודברים אלה אמורים דווקא ביום], אֲבָל בְּלֵילְיָא [בלילה] — לֹא, שאינם מפחדים. ודוחים: וְלֹא הִיא אינו כן, אלא לָא שְׁנָא בִּימָמָא וְלָא שְׁנָא בְּלֵילְיָא [אינו שונה ביום ואינו שונה בלילה] אֵימַת יָשֵׁן עֲלֵיהֶן לָא אָמְרִינַן [אין אנו אומרים], וכשהאדם ישן הנחש עשוי לבוא ולשתות. מסופר, רַב לֹא שָׁתֵי מִבֵּי אֲרַמָּאָה [היה שותה אפילו מים מבית גוי], אָמַר: לָא זְהִירֵי [אין הם נזהרים] בְּגִילּוּי, ולכן יש לחשוש שמא נחש שתה ממנו. מִבֵּי אַרְמַלְתָּא שָׁתֵי [מבית אלמנה היה שותה], אָמַר: סִירְכָא דְּגַבְרָא נְקִיטָא [את הרגלו של בעלה היא מחזיקה] ולכן היא נזהרת מגילוי. שְׁמוּאֵל לֹא שָׁתֵי מַיָּא מִבֵּי אַרְמַלְתָּא [היה שותה מים מבית אלמנה], אָמַר: לֵית לָהּ אֵימְתָא דְּגַבְרָא וְלָא מִיכַּסְיָא מַיָּא [אין לה אימת בעלה ואינה מכסה את המים], אֲבָל מִבֵּי אֲרַמָּאָה שָׁתֵי [מבית גוי היה שותה], וטעמו היה: נְהִי דְּאַגִּילּוּיָא לָא קָפְדִי, אַמְּנַקְרוּתָא מִיהָא קָפְדִי [אם אמנם על גילוי אינם מקפידים, אבל על נקיון הם מקפידים], ולכן אינם מניחים את המים בלתי מכוסים. אִיכָּא דְּאָמְרִי [יש שאומרים]: רַב לֹא שָׁתֵי מַיָּא מִבֵּי אֲרַמָּאָה [היה שותה מים מבית גוי], אֲבָל מִבֵּי אַרְמַלְתָּא שָׁתֵי [מבית אלמנה היה שותה]. שְׁמוּאֵל לֹא שָׁתֵי מַיָּא, [היה שותה מים], לֹא מִבֵּי אֲרַמָּאָה [מבית הגוי] וְלֹא מִבֵּי אַרְמַלְתָּא [מבית אלמנה]. אָמַר ר' יְהוֹשֻׁעַ בֶּן לֵוִי: שָׁלֹשׁ יֵינוֹת הֵן וְאֵין בָּהֶן מִשּׁוּם גִּילּוּי שאין לחשוש שהנחש שתה מהם והטיל בהם ארס, וְאֵלּוּ הֵן: חַד כלומר חריף, מָר, מָתוֹק. ומסבירים: חַד מהו? טִילָא חֲרִיפָא דְּמַצְרֵי זִיקֵי [יין חריף שבוקע את הנאד] מרוב חריפותו, מַר — הוא יַרְנְקָא, שיש לו טעם מר, מָתוֹק — הוא יין מתוק מאד הקרוי חוּלְיָא. ולהסבר זה מדובר ביינות גרועים. ואילו רַב חָמָא מַתְנֵי לְעִילְּוְיָא [היה שונה את רשימת היינות האלה ביינות משובחים]. אלו הם: חַד — הוא חֲמַר [יין] וּפִלְפְּלִין מעורבים, מַר — הוא אַפְּסִינְתִּין ששמים בו לענה כדי לבשמו, מָתוֹק — הוא מֵי בַּארְג משקה משובח, וכולם אין הנחש שותה מהם. אָמַר ר' שִׁמְעוֹן בֶּן לָקִישׁ: קָרֵינָא אֵין בּוֹ מִשּׁוּם גִּילּוּי. ושואלים: מַאי [מהו] קָרֵינָא? אָמַר ר' אַבָּהוּ: חַמְרָא חַלְיָא דְּאָתֵי מֵעַסְיָא [יין מתוק שבא ממדינת אסיה]. אָמַר רָבָא: וּבִמְקוֹמוֹ יֵשׁ בּוֹ מִשּׁוּם גִּילּוּי. מַאי טַעְמָא [מה הטעם]? חֲמַר [יין] מְדִינָה הוּא, והנחשים רגילים בו. אָמַר רָבָא: הַאי חַמְרָא דְּאַקְרִים [יין שהחמיץ], עַד תְּלָתָא יוֹמֵי [שלושה ימים] לקלקולו — יֵשׁ בּוֹ מִשּׁוּם גִּילּוּי, וְיֵשׁ לחשוש בו מִשּׁוּם יֵין נֶסֶךְ.

עיונים

כברייתא הר"ח ור"ת מסבירים כי היו עושים את האלונתית בדרך זו, שמתחילה היו מערבים את המים ושמן האפרסמון ושומרים אותם, ובשעת השימוש היו מוזגים בתוכה יין. ולכן אלונתית כברייתא היא אלונתית לפני שהכניסו בתוכה יין, ומשום כך היא מותרת. אבל רש"י מסביר שאם היתה האלונתית עשויה מתחילתה ביד ישראל, שהוא זה שנתן בתוכה יין — שוב אין לחשוש לה משום ניסוך, משום שתערובת זו אינה נחשבת עוד כיין שמנסכים אותו (ורש"י כתב כי אלונתית מותרת בהנאה, ומשמע כי בשתיה עדיין אסורה היא. אבל ראשונים אחרים כתבו כי הכוונה היא שמותרת אף בשתיה, לפי שאינה בכלל הגזירה, כמבואר להלן במעשה של שמואל ואבלט. וראה בב"י ובדרישה, וכן ברש"ש בעמוד הקודם שדנו בדברי רש"י).

אנומלין לא נזכר כאן דינו של האנומלין לענין יין נסך, אבל הראשונים הוכיחו מן הירושלמי שאף הוא אינו אסור משום יין נסך. והרמב"ם הסיק בשם "גאוני המערב" כי כל יין שמערבים בתוכו אפילו מעט דבש או פלפלים שוב אינו ראוי לניסוך, ומשום כך אין בו עוד משום חשש יין נסך, ומותר אף בשתיה. אבל כמעט כל הראשונים (ראה בתוס' רבינו אלחנן וברמב"ן ועוד) סבורים כי אף שיין זה אינו ראוי לניסוך על גבי המזבח בדינינו, מכל מקום ייתכן שהגוים מנסכים אותו, ועל כל פנים יש לחשוש בו כסתם יינם משום איסור חתנות. ואם אמרו שאין לחשוש ביין חריף או מר, הרי זה כאשר מערבים בו כמות גדולה של חומרים אחרים עד שנשתנה טעמו כל כך ששוב אינו יכול להיקרא יין (וראה בריא"ז ובמאירי ועוד).

מים צלולין שמניחים למים לעמוד במשך זמן מסויים עד שכל עפרורית שבהם שוקעת (רש"י).

יין מזוג ומזיגה זו שבה עדיין נאסר היין משום יין נסך, יש שכתבו שהיא יותר מכדרך שהיו מוזגים אז, רבע יין ושלושה רבעים מים. ויש שאמרו שהרי זה בכלל איסור כל זמן שיש בו טעם יין. והרשב"א הביא דעת ר"י בעל התוס' שכל שנתערב בששה חלקי מים הרי זה מותר אפילו היה יין נסך ממש.

משום גילוי מדיון זה בענין יינות שונים, האם נחשים שותים מהם או לא, הביא הגר"א (ראה בביאורו לשו"ע יו"ד קטז, א) ראיה לשיטת התוס', לפיה בזמן הזה (ובמקומותם) שנחשים אינם מצויים — אין לחשוש לגילוי, שלא גזרו חכמים איסור אלא במקום שבו קיים חשש זה (אבל ראה בפת"ש שם).

יין מבושל ובהגדרתו של מבושל, היו שאמרו שכיון שרתח על גבי האש הרי הוא מבושל (רב האי גאון), והיו שאמרו שכל שהוא חסר ממידתו הראשונה על ידי הבישול נקרא מבושל (רמב"ן) ושמא הדברים זהים זה לזה, שאין רתיחה בלא שיחסר משהו (רשב"א בתורת הבית). והרמב"ם כתב שהוא כל שנשתנה טעמו (וראה עוד במאירי).

משכיה לידיה שכמבואר בפרק הרביעי של מסכת זו, חכמים גזרו על יין של ישראל שנגע בו גוי במתכוון, שיהא אסור בהנאה כיין נסך, שמא חשב לנסכו.

אין בו משום יין נסך כלומר, אין מנסכים אותו לעבודה זרה, ומשום כך הותר אף בשתיה, כפי שעולה מן המעשה בשמואל. ותמה הרא"ש: גם אם אין מנסכים יין זה לעבודה זרה, מכל מקום מה טעם לא נאסר משום חתנות, שהרי הוא כשאר יין? ותירץ שאולי כיון שאין הדבר מצוי לא גזרו בו חכמים.

שינויא לסכנתא "שינויא" הוא תירוץ קושיה כשמראים שאין הדברים הסותרים דומים לגמרי, ויש מקום לומר ששניהם נכונים, כל אחד במקרה אחר. ואף שיש משמעות לשינויא בדרך המשא והמתן, על מנת לבטל את הצד המוחלט שיש בקושיה, בכל זאת אין זו לעצמה הוכחה מוחלטת, ולכן פעמים שאין סומכים על שינויא הלכה למעשה בדבר חמור, וכן במקום שיש בו חשש של סכנת נפשות.

מבי ארמלתא שבענין גילוי אין הנשים נזהרות, ומשום כך חשש מפני הגילוי בבית שאין בו אלא אשה.

וכתב המאירי שהרמב"ם לא הביא דברים אלה בספר ההלכה שלו משום שסבר שאין בכך איסור ממש, אלא חכמים אלה החמירו על עצמם, ואין זו הלכה כללית.

טילא חריפא וכו' שהוא יין שיש בו חריפות עד שמחמת כן נבקעים הנאדות (רש"י).

חוליא רש"י מפרש שהוא יין שנעשה מענבים שנתייבשו ונתמתקו על ידי השמש, ואינו משובח (כעין יין צימוקים). ובירושלמי משמע שיין מתוק הוא הוא יין מבושל, שהיו מבשלים אותו כדי להשביח ולהמתיק את טעמו.

עד תלתא יומין שיין זה מתחיל להחמיץ, אבל (כפי שמוגדר במקום אחר) יש לו ריח חומץ וטעם יין, ולאחר שלושה ימים הוא מחמיץ לגמרי וטעמו וריחו כשל חומץ.

אורח הלכה

אלונתית יין שמערבים אותו בדבש ופלפלים (וכן בדבש לחוד ופלפלים לחוד. רמ"א) אם נשתנה טעמו מחמתם אינו נאסר במגע גוי. כברייתא. (רמב"ם ספר קדושה הלכות מאכלות אסורות פי"א ה"י. שו"ע יו"ד קכג, ד).

עושין אנומלין וכו' מותר לעשות בשבת אנומלין, שהוא יין ישן מעורב בדבש ופלפלים, משום שהוא לשתיה. ואין עושים אלונתית, שהוא יין ישן ומים צלולים ושמן אפרסמון, שהוא לרפואה. (רמב"ם ספר זמנים הלכות שבת פכ"ב הי"א. שו"ע או"ח שכא, יז).

יין מזוג יש בו משום גילוי יין אפילו הוא מזוג, או שהתחיל טעמו להשתנות לחומץ, עדיין יש בו משום גילוי. וכתב בשו"ע שעכשיו שאין נחשים מצויים בינינו — מותרים משקים שנתגלו. ומכל מקום יש אחרונים שכתבו ששומר נפשו ירחק מזה (ראה פת"ש). (רמב"ם ספר נזיקין הלכות רוצח ושמירת נפש פי"א ה"ז. שו"ע יו"ד קטז, א).

יין מזוג משום יין נסך יין מזוג, אם נגע בו גוי — נאסר. ועד מתי ייאסר — כל זמן שיש בו טעם יין (טור). ויש מתירים בששה חלקים מים כנגד היין. וכן הלכה (ש"ך). (רמב"ם ספר קדושה הלכות מאכלות אסורות פי"א ה"ט. שו"ע יו"ד קכג, ח בהגהה. וראה שם קלד, ה).

יין מבושל לענין גילוי יין מבושל אין בו משום גילוי. (רמב"ם ספר נזיקין הלכות רוצח ושמירת נפש פי"א ה"ח. טרו יו"ד סימן קטז).

יין מבושל אין בו משום יין נסך יין מבושל של ישראל שנגע בו הגוי — אינו נאסר. כדברי רבא. ומאימתי נקרא מבושל — משהרתיחו על גבי האש. (רמב"ם ספר קדושה הלכות מאכלות אסורות פי"א ה"ט. שו"ע שם קכג, ג).

אימת ישן עליהם משקים האסורים משום גילוי, גם אם היה אדם ישן בצדם — הריהם נאסרים, שאין אימת ישן על הזוחלים. (רמב"ם ספר נזיקין הלכות רוצח ושמירת נפש פי"א הי"א. טור יו"ד סימן קטז).

שלושה יינות הן וכו' יין שעירבו בו דבר חריף כגון פלפלין, או דבר מר כגון אפסנתין, עד שנשתנה טעמו — אין בו משום גילוי. והוא הדין לשאר משקים שהתערבו אלה בהם. כר' יהושע בן לוי ורב חמא. (רמב"ם שם ה"י).

חמרא דאקרים יין שהתחיל טעמו להשתנות לחומץ — עדיין אסור משום גילוי (ראה ב"י ופרישה). (רמב"ם שם ה"ז. טור שם).

משום יין נסך כתב הרמב"ם: יין שהתחיל להחמיץ ואפשר שישתוהו, אם נגע בו גוי — אסור. וכדברי רבא. אבל בשו"ע כתב (עפ"י ר"ת) שאין אנו בקיאים בהגדרת החומץ, ולכן רק חומץ שמבעבע כשמשליכים אותו לארץ אינו נאסר במגע הגוי. (רמב"ם ספר קדושה הלכות מאכלות אסורות פיא ה"ט. שו"ע שם קכג, ו. וראה שם סעיף ז).

מסורת הש"ס

א. תוספתא ע"ז פ"ד יב.
ב. שבת קמ,א. וראה משנה שם קלט,ב.
ג. ראה ירושלמי תרומות פ"ח ה"א. שם ע"ז פ"ב ה"ג.
ד. ראה שם ושם.
ה. (הביטוי) פסחים ח,ב.
ו. ראה ירושלמי ע"ז פ"ב ה"ג (ועיי"ש).
ז. ראה ירושלמי שם ה"ב.
ח. ירושלמי תרומות פ"ח ה"א. שם ע"ז פ"ב ה"ג.

גרסות

דאיכא חותם אחד בכתי"מ: **דאיכא חותם.**

כדתנן צ"ל: **כדתניא** אבל גם בכת"י הוא כבדפוס. וראה מסורת הש"ס.

אנומלין בכתי"ס ועוד: **יינומלין.**

לבי מסותא בכתי"מ כבמקבילה: **לבי מסותא דמיקר.**

משום ניסוך בכתי"מ: **משום יין נסך.**

משכיה לידיה בכת"י: **משכיה אבלט לידיה.**

איגלויי לה בכת"י: **איגלי לה.**

בפרונקא בר"ח: **בפראנקא.**

איגליא ההוא בכת"י וכעין זה בב"ח: **איגלי ליה.**

אמנקרותא בכתי"מ: **אנקיותא** ובכתי"ס: **אמנקיותא.**

שלש יינות הן ואין בהן בכתי"מ ועוד: **שלש יינות אין בהן.**

מתני לעילויא בכתי"ס: **מתני להו לעילויא.**

דאקרים בכתי"ס ובערוך ועוד: **דאיקריס.**

לשון

אלונתית
מקורה של מלה זו אינו ברור, אך נראה כי הוא מן היוונית οἰνάνθη (אוינאנטי) — משיחה, משחה העשויה מיין.

אנומלין
מקורה של המלה הוא ביוונית οἰνόμελι (אוינומלי) שמשמעה — יין מעורב בדבש.

כובא
מקור המלה הוא כנראה שמי, וכיוצא בו בערבית كوب (כוב) ועניינו: כלי כעין ספל גדול ללא ידיות. ויש דמיון מסויים למלה העברית "קובעת".
לכלי זה היו יוצקים יין מן החבית, והיו מניחים בו את היין באופן זמני קודם שישתמשו בו למזיגה ולשתייה.

טילא
למילה זו יש מקבילה, או מקור, בערבית במילה طلا (טלא), שעניינה יין חריף.

ירנקא
בערוך הגרסה ירקונא. ויש מפרשים — יין שמכניסין בו מיני ירק, שהם העושים אותו מר.

אפסינתין
מקור המילה ביוונית ἀψίνθιον (אפסינתיון) שהוא יין רקוח עם עשב הלענה. יין זה משמש גם בימינו ונקרא absint.

מי בארג
מקור המלה (או המילים) וכן משמעותה המדוייקת אינם ברורים. יש סבורים כי "מי" אינה מלה עברית או ארמית, אלא מלה פרסית may שמשמעה יין. ומן הגאונים גרסו כאן "מייבאדג" אולי מן הפרסית הבינונית batak (ובזמן אחר baday) שמשמעו יין, יין מתוק.

קרינא
מקורה של המלה הוא ביוונית κάροινον (קרוינון) יין מתוק מאד שמבשלים אותו להוסיף לו ריכוז ומתיקות.

עסיא, דאקרים
ראה בהשלמות.

העולם

בי עכבורי
ראה בהשלמות.

אישים

אבלט
ראה בהשלמות.

לעזי רש"י

פוישו"ן מן הצרפתית העתיקה poison — משקה ששותים לשם בריאות.

קוב"א מן הצרפתית העתיקה cuve — גיגית, מיכל עגול.

אולישנ"א צ"ל: אלוישנ"א, מן הצרפתית העתיקה aloisne — לענה.

איחלופי כיון דאיכא חותם אחד לא טרח ומזייף ת"ר א*יין מבושל ואלונתית של גוים אסורין אאלונתית כברייתא מותרת ואיזו היא אלונתית (*כדתנן) גבי שבת ב* בעושין אנומלין ואין עושין אלונתית ואיזו היא אנומלין ואיזו היא אלונתית גאנומלין יין ודבש ופלפלין דאלונתית יין ישן ומים צלולין ואפרסמון דעבדי לבי *מסותא רבה ורב יוסף דאמרי תרוייהו יין מזוג אין בו משום גילוי יין מבושל אין בו משום ניסוך איבעיא להו גיין מבושל יש בו משום גילוי או אין בו משום גילוי ת"ש העיד רבי יעקב בר אידי על יין מבושל שאין בו משום גילוי רבי ינאי בר ישמעאל חלש על לגביה ר' ישמעאל בן זירוד ורבנן לשיולי ביה יתבי וקא מבעיא להו יין מבושל יש בו משום גילוי או אין בו משום גילוי אמר להו ר' ישמעאל בן זירוד הכי אמר רשב"ל משום גברא רבה ומנו ר' חייא יין מבושל אין בו משום גילוי אמרו ליה נסמוך מחוי להו דר' ינאי בר ישמעאל ה*עלי ועל צוארי שמואל ואבלט הוו יתבי אייתו לקמייהו חמרא מבשלא משכיה לידיה א"ל שמואל הרי אמרו יין מבושל אין בו משום יין נסך ואמתיה דרבי חייא איגלויי לה ההוא חמרא מבשלא אתיא לקמיה דר' חייא אמר לה הרי אמרו יין מבושל אין בו משום גילוי שמעיה דרב אדא בר אהבה איגלי ליה חמרא מזיגא א"ל הרי אמרו יין מזוג אין בו משום גילוי אמר רב פפא לא אמרן אלא דמזיג טובא אבל מזיג ולא מזיג שתי ומזיג ולא מזיג מי שתי והא רבה בר רב הונא הוה קאזיל בארבא והוה נקיט חמרא בהדיה וחזייה להוא חויא דצרי ואתי א"ל לשמעיה סמי עיניה דדין שקיל קלי מיא שדא ביה וסר לאחוריה אחייא מסר נפשיה אמזיגא לא מסר נפשיה ואמזיגא לא מסר נפשיה והא רבי ינאי הוה בי עכבורי ואמרי ליה בר הדיא הוה בי עכבורי הוו יתבי והוו קא שתו חמרא מזיגא פש להו חמרא בכובא וצרונהי בפרונקא וחזיא להוא חויא דשקיל מיא ורמא בכובא עד דמלא בכובא וסליק חמרא עילויה פרונקא ושתי אמרי דמזיג איהו שתי דמזיגי אחריני לא שתי אמר רב אשי ואיתימא רב משרשיא פירוקא לסכנתא אמר רבא הלכתא היין מזוג יש בו משום גילוי ויש בו משום יין נסך יין מבושל זאין בו משום גילוי חואין בו משום יין נסך שמעיה דרב חלקיה בר טובי איגליא(א) ההוא קיסתא דמיא והוה ניים גבה אתא לגביה דרב חלקיה בר טובי א"ל הרי אמרו זאימת ישן עליהן והני מילי בימאמא אבל בליליא לא טולא היא לא שנא בימאמא ול"ש בליליא אימת ישן עליהן לא אמרינן רב לא שתי מבי ארמאה אמר לא זהירי בגילוי מבי ארמלתא שתי אמר סירכא דגברא נקיטא שמואל לא שתי מיא מבי ארמלתא אמר לית לה אימתא דגברא ולא מיכסיא מיא אבל מבי ארמאה שתי נהי דאגילויא לא קפדי אמנקרותא מיהא קפדי א"ד רב לא שתי מיא מבי ארמאה אבל מבי ארמלתא שתי שמואל לא שתי מיא לא מבי ארמאה ולא מבי ארמלתא: חאריב"ל שלש יינות הן ואין בהן משום גילוי ואלו הן יחד מר מתוק חד טילא חריפא דמצרי זיקי מר ירנקא מתוק חוליא רב חמא מתני לעילויא חד חמר ופלפלין מר *אפסינתין מתוק מי בארג אר"ש בן לקיש קרינא אין בו משום גילוי מאי קרינא א"ר אבהו חמרא חליא דאתי מעסיא אמר רבא ובמקומו יש בו משום גילוי מ"ט חמר מדינה הוא אמר רבא כהאי חמרא דאקרים עד תלתא יומי יש בו משום גילוי לומשום יין נסך

מכאן

רש"י

איחלופי. לשתות: **אלונתית.** פושו"ן: **אסור.** שהרי תחלתו יין: **אלונתית כברייתא.** שלא היה יין מתחלה ביד גוי אלא לקחה עשויה מיד ישראל: **מותרת.** בהנאה דהו לא מנסך ליה: **עושין אנומלין.** בשבת שהוא לשתות: **ואין עושין אלונתית.** שהוא לרפואה להצטנן כשיוצאין מבית המרחץ כדמפרש: **ומים צלולין.** שנשאבו ועמדו בכלי יום או יומים להיות צלולין ושופין העליונים בנחת במסננת: **מזוג.** שני חלקי מים ואחד יין: **אין בו משום גילוי.** שאין נחש שותה הימנו: **אבלט.** גוי היה: **משכיה.** אבלט: **לידיה.** שלא יגע בו ויאסרנו: **הרי אמרו וכו'.** ושמעינן מהכא דאף בשתיה מותר: **מזיג ולא מזיג.** שאין בו מים הרבה שותה הנחש: **דצרי ואתי.** מבקע במים ובא כמו (פסחים דף מ.) (*צריא דחיטי) ביקוע כמו דמצרי(ב) זיקי לקמן: **סמי עיניה דדין.** הראה לו לנחש דבר שיקוץ ביין זה וישוב: **קלי מיא.** מעט מים: **מסר נפשו.** למות ובא ושותה לעין כל: **לא מסר נפשיה.** ומיהו כי לא חזו ליה שתי: **בי עכבורי.** מקום: **בכובא.** בלע"ז קופא: **בפרונקא.** כיסוי של בגד קשרו על פיהן: **פירוקא לסכנתא.** לדבר שיש בו סכנה אתה בא לתרץ ולסתור ראיות שאנו מביאין ואנן נסמוך אהני שינויי דליתו אלא ודאי ל"ש הכי ול"ש הכי אסור: **קיסתא.** שם מדת יין שבעיר: **אימת.** אדם הישן על הנחש ולא מסר נפשיה משום מיא ואיהו הוה נייס אגבייהו: **מבי ארמלתא.** ישראל שתי ואע"ג דלא בקיאי בהלכות גילוי: **סירכא.** ומנהגא דגברא נקיטא ואתיא: **אמנקרותא.** נקיון: **קפדי.** ומכסין המים שלא תפול בהן פסולת: **טילא חריפא.** מין יין חזק ואין טעמו טוב ומתוק אלא כחומץ ומתוך חזקו אין נחש שותהו: **דמצרי זיקי.** מבקע נודות מחזקו: **מר ירנקא.** רע ומר: **חוליא מתוק.** מחמת השמש בתוך הענבים ושוב אינו הגון: **רב חמא מתני להו.** להנך ג' יינות שינוי שלהן לשבח: **חד חריף.** מחמת פלפלין וסממנים הנתונין בו: **אפסינתין.** אוליסנ"א בלע"ז: **מי בארג.** משקה משובח בארג לשון פרס משובח כמו סוסיא בארג בחלק* וכולן אין נחש שותה מהן: **קרינא.** חליא מתוק: **ובמקומו.** במדינתו: **חמר מדינה הוא.** והנחשים רגילין בו: **לאקרים.** החמיץ ולא חומץ הגון:

מכאן

תוספות

אלונתית כברייתא מותרת. פרש"י שלא היה תחלתו יין ביד גוי אלא לקחה עשויה ביד ישראל ומותרת בהנאה דתו לא מנסך לה ומכאן ראיה להתיר תבשיל שנתערב בו יין קודם שבשלוהו אי נגע ביה גוי דכיון שנתערב תו לא מנסך ליה גוי והקשה ר"ת דלשון כברייתא לא משמע כן ועוד בפ"ק דחולין (דף ו.) משמע שהוא קרוי אלונתית קודם שנתנו לתוכו יין דתניא הלוקח יין לתת לתוך אלונתית ולא קאמר לעשות אלונתית לכך פירש ר"ת דאלונתית דרך הוא לעשות מתחלה בלא יין ומכניסין אותה לקיום וכשמסתפקין ממנה מעט מעט מערבין בה היין שאם יכניסו לקיום אותה עם היין מתקלקלת וה"פ אלונתית של גוים שמשכוה מן החבית כדי לשתות ולא ראה ישראל בשעה שמשכוה אסורה כי שמא נתן בה יין כברייתא פי' כמו שהיא נעשית מתחלה בלא יין וראהו מושך מן החבית מותרת דודאי לא עירב בו יין ומ"מ יש ראיה להתיר מדתנא בתוספתא אלונתית של גוים אסורה מפני שתחלתו יין כלומר שתחלתו יין של גוי משמע הא אם תחלתו יין של ישראל מותרת במגע גוי שנתערב בה משקין אחרים ואומר ריצב"א דדוקא תבשיל לפי שאין היין ניכר בעין כלל אבל כשמשימין אותו בשומין או בחרדל שמא יש לחוש למגע גוי לפי שהוא בעין יותר וכן הלכה למעשה: **יין** מבושל אין בו משום יין נסך. כן הלכה ומותר במגע גוי מדשתו ליה שמואל ואבלט:

האי חמרא דאקרים עד תלתא יומי. ולא גרס תלתין יומין דהכי נמי מלינו בו חילוק בשלשה ימים ראשונים בפרק המוכר פירות (ב"ב דף צו.) דקאמר כל שלשה ימים ודאי מכאן ואילך ספק:

השתלים

רבינו חננאל

אנחינהו בי גוים לא צריכי חותם בתוך חותם וכו': ת"ר (א) יין אלונתית כברייתא מותרת כלומר מי שאין בה יין רבה ורב יוסף דאמרי תרוויהו יין מזוג אין בו משום גילוי ויין מבושל אין בו משום יין נסך: איבעיא להו יין מבושל יש בו משום גילוי או לאו ופשטה ב) ר"ש בן זירוד משום דריש לקיש דאמר משום דר' חנינא יין מבושל אין בו משום גילוי אמרו ליה נסמוך עליך ואמר להו ר' ינאי בר ישמעאל סמוכו עלי ועל צוארי כל מקרה שיגיע בדבר זה. אמר רב פפא לא אמרן יין מזוג אין בו משום גילוי אלא בדמזיג טובא אבל מזיג ולא מזיג ג) לא מסר נפשיה. איני והא ר' ינאי בעכברא. מקום הוה שתי חמרא ופש ליה חמרא בכובא וצריה בפראנקא וחזייה לחויא דשתא מיא בפומיה ורמא בכובא עד דמלאי כובא וסליק חמרא עילוי פראנקא ושתי. פי' שתה מן היין ונשאר מן היין בכובא. כובא כלי היא כגון אשישה וכיוצא בה והביא פראנקא שהוא סמרטוט וצררו בראש הכובא והיה הנחש שואב מים ומביאו בתוך פיו ומריקו בתוך הכובא עד שנתמלאת הכובא וצף היין מעל הסמרטוט ושתה. ושנינן דמזיג איהו כלומר מה שמוזג הנחש בעצמו הוא ששותה אבל מה שמוזגין בני אדם אינו שותה ממנו. פי' פרונקא שליח ופי' פרנקא סמרטוט. ודחי רב אשי ואמר פירוקי לסכנתא: אמר רבא הלכתא יין מזוג יש בו משום יין נסך ויש בו משום גלוי יין מבושל אין בו משום יין נסך פי' אם נגע בו גוי אין אומרים כי ניסכו: שמואל ואבלט הוו יתבי אייתו לקמייהו חמרא מבשלא משך אבלט לידיה אמר ליה שמואל לאבלט הרי אמרו יין מבושל אין בו משום יין נסך ש"מ דאבלט גוי הוה: קיסתא דמיא יש בו משום גלוי לא שנא ביום ולא שנא בלילה ולא אמרינן אימת ישן עליהם. ד) איכא דאמרי רב לאהוה שתי לא מבי ארמאה ולא מבי ארמלתא שמואל מבי ארמאה לא הוה שתי אמר לא זהירי אגילוי מבי ארמלתא (לא) הוה שתי אמר סירכא דגברא נקיטא: א"ר יהושע בן לוי שלשה יינות אין בהן משום גלוי החד והמר והמתוק חד טולא חריפא דמבקע הנודות מר ירנקא מתוק חוליא רב חמא מתני לעילויא חד חמר פלפלין כו': **ירושלמי** רבי סימון מפרש חד קונדיטון שיש בו דבש ופלפלין מר אפסינתינון. פי' לענה בלשון יון אפסינתין כלומר מר כלענה מתוק חמר מבושל ובלשון פרסי בארגי: קרינא. יין מתוק הבא מעסיא אין בו משום גילוי אבל במקומו כלומר בעסיא יש בו משום גילוי דחמר מדינה הוא. אמר רבא יין שהחמיץ עד שלשה ימים יש בו משום גילוי ויש בו משום יין נסך

מכאן

עין משפט נר מצוה

סג א מיי' פי"א מהל' מאכלות אסורות הל' י טוש"ע י"ד סימן קכג סעיף ד:

סד ב ג ד מיי' פכ"ב מהלכות שבת הלכה יא סמג לאוין סה טוש"ע א"ח סימן שכא סעיף יז:

סה ה מיי' פי"א מהל' רוצח הלכה ז סמג עשין עט טור י"ד סימן קטז:

סו ו מיי' פי"א מהל' מאכלות אסורות הל' ט סמג לאוין קמח טור ש"ע י"ד סימן קכג סעיף ח בהג"ה:

סז ז מיי' פי"א מהל' רוצח הלכה ח סמג עשין עט טור י"ד סימן קטז:

סח ח מיי' פי"א מהל' מאכלות אסורות הל' ט סמג לאוין קמח טוש"ע י"ד סימן קכג סעיף ג:

סט ט מיי' פי"א מהל' רוצח הלכה יא סמג עשין עט טור י"ד סימן קטז:

ע י מיי' שם הלכה י סמג שם (טור שם):

עא כ מיי' שם הל' ז:

עב ל מיי' פי"א מהל' מאכלות אסורות הלכה ט סמג לאוין קמח טור ש"ע י"ד סימן קכג סעיף ו:

מסורת הש"ס

[מ"ש: ברייתא] [נ"ל מסותא למיקר] שבת קמ. [פסחים ח:] [נ"ל חוטי דאית בהו לירי'] [פי' לענה ערוך] [סנהדרין לח. ע"ש וברש"י ול"ע]

הגהות הב"ח

(א) גמ' איגלויא ליה ההוא קיסתא: (ב) רש"י ד"ה לצרי ואתי וכו' דמצרי זיקי. נ"ב וכן הוא ביבמות סוף פ"ק דף יז:

א) נראה דצ"ל יין מבושל ואלונתית של עובדי כוכבים אסורין אלונתית כברייתא וכו'. ב) נראה דצ"ל ופשטה מהא דר"ש בן זירוד אמר משום דריש לקיש וכו'. ג) צ"ל מזיג ולא מזיג שתי אך לא מסר נפשיה. ד) נראה מזה דרבינו הי' לו גי' אחרת בכאן ולא כגי' דידן וצ"ע.

מכאן ואילך אין בו משום גילוי ואין בו משום יין נסך ונהרדעי אמרי אפי' לבתר תלתא *יומי חיישינן משום גילוי מ"ט זימנין מיקרי שתי ת"ר* [א]יין תוסס אין בו משום גילוי וכמה תסיסתו [ב]ג' ימים [ב]השחלים אין בהם משום גילוי ובני גולה נהגו בהן איסור ולא אמרן אלא דלית בהו חלא אבל אית בהו חלא מיגרי בהו כותח הבבלי אין בו משום גילוי ובני גולה נהגו בו איסור אמר רב מנשי אי אית ביה נקורי חיישינן אמר רב חייא בר אשי *אמר שמואל [ג]*[ג]מי טיף טיף אין בו משום גילוי אמר רב אשי [ד]והוא דעביד *טיף להדי טיף אמר רב חייא בר אשי אמר שמואל [ה]פי תאנה אין בו משום גילוי כמאן כי האי תנא דתניא [ד]רבי אליעזר אומר [ו]אוכל אדם ענבים ותאנים בלילה ואינו חושש [ה]משום שנאמר ⁰שומר פתאים ה' [ו]אמר רב ספרא (תהלים קטז) משום ר' יהושע דרומא [ז]שלשה מיני ארס הן של בחור שוקע של בינוני מפעפע ושל זקן צף למימרא דכמה דקשיש כחוש חיליה והתניא [ז]*שלשה כל זמן שמזקינין גבורה מתוספת בהן אלו הן דג נחש וחזיר כח אוסופי הוא דקא מוסיף זיהריה קליש של בחור שוקע למאי הלכתא דתניא [ח][ח]חבית *שנתגלה אע"פ ששתו ממנה תשעה ולא מתו לא ישתה ממנה עשירי מעשה היה ששתו ממנו תשעה ולא מתו ושתה עשירי ומת אמר ר' ירמיה זהו שוקע [ט]וכן אבטיח שנתגלתה אע"פ שאכלו ממנה ט' בני אדם ולא מתו לא יאכל ממנה עשירי מעשה היה ואכלו ממנה תשעה ולא מתו ואכל עשירי ומת א"ר זהו שוקע *ת"ר [י][ט]מים שנתגלו הרי זה לא ישפכם ברשות הרבים ולא ירביץ בהן את הבית ולא יגבל בהן את הטיט ולא ישקה מהן לא בהמתו ולא בהמת חבירו ולא ירחץ בהן פניו ידיו ורגליו אחרים אומרים מקום שיש סירטא אסור אין סירטא מותר היינו תנא קמא איכא בינייהו גב היד וגב הרגל ורומני דאפי אמר מר לא ישקה מהן לא בהמתו ולא בהמת חבירו והתניא אבל משקהו לבהמת עצמו כי תניא ההיא [י]לשונרא אי הכי דחבריה נמי דחבריה כחיש דידיה נמי כחיש הדר בריא דחבריה נמי הדר בריא

א זימנין דבעי לזבונא ומפסיד ליה מיניה א"ר אסי א"ר יוחנן משום ר' יהודה בן בתירא [יא]שלשה יינות הן יין נסך [כ]אסור בהנאה [ל]ומטמא טומאה חמורה בכזית

סתם

רש"י

מכאן ואילך. נתקלקל הרבה ואין בו משום גילוי: **יין תוסס.** יין חדש מגיתו עד שהוא מתמיץ להיות יין קרי ליה תוסס: **השחלים.** קרשי"ן טרוף בכלי ושחוק ויין או מים נתונין בו: **חלא.** חומץ: **מיגרי בהו.** החומץ מתגרה ונלחם בחכן של נחשים ואין שותין בו ממנו: **כותח הבבלי.** חזק הוא כחומץ כדמפרש באלו עוברין (פסחים דף מב.) דיהבו ביה עיפושי פת ונסיובי דחלבא מסג"א בלע"ז: **ניקורי.** כמין מקום נשיכת הנחש: **טיף טיף.** כלי שתחת חבית שמקבל יין הנוטף: **טיף להדי טיף.** שמטפטף תדיר והטיפים רודפות זו את זו ותכופות והנחש שומע ובורח: **פי תאנה.** כשתולשין אותה נעשה לה פה קצר במקום עוקצה: **שוקע.** לפי שחזק הוא וכבד ושוקע בתוך המשקה לקרקעיתו של כלי: **מפעפע.** בינתיים: **זיהריה.** ארס שלו: **לא ישתה עשירי.** שהארס שוקע למטה וישתהו וימות: **אבטיח.** מלפפון מלון בלע"ז וגסה היא וכשפותחין אותה לאכול קצת ועומדת מגולה אוכל נחש ממנה והיא רכה והארס שוקע בה הלכך שמעינן מרב ספרא טובא ראשון לא ישתה שמא נחש זקן שתה שם וצף הארס למעלה אמצעיים שמא נחש בינוני היה ומפעפע שתו תשעה לא ישתה עשירי שמא בחור היה: **לא ישפכם.** שמא יעבור אדם יחף ויעמוד הארס בין קשרי אצבעותיו וכיון שנכנס מעט ונוקב בבשר שוב אין לו רפואה: **ולא ירבץ.** להשכיב את האפר ואבק שלא יעלה: **סירטא.** סדק שהארס מתעכב שם ואינו נופל מהר ונוקב הבשר: **היינו ת"ק.** דהא פנים יד ורגל יש שם פתחים וסדקים כמו בין אצבע לאצבע ובתוך הכף יש סדקים והאוזן והשפתים: **רומני דאפי.** פומיל"א של פנים אשר אצל העין ואין שם סדק ולאחרים שרי: **בשונרא.** דלא מזיק ליה ארס דשונרא אכיל ליה לחיויא כדאמרינן בערבי פסחים (פסחים דף קיב:): **יין נסך.** שנתנסך לעבודה זרה: **טומאה חמורה.** משא ואהל כמת איתקש תקרובת עבודה זרה למת:

סתם

תוספות

השחלים אין בהם משום גילוי. פ"ה קרשי"ן בלע"ז טרוף בכלי ושחוק ויין או מים נתונים בו וקשיא דבסוף נדרים (דף נא:)(א) דמשמע דיש בהם משום גילוי גבי ההוא נואף הוו תחלי א"ל לא תיכול מינייהו דטעמינהו חיויא ואין לפרש שחלים דהכא היינו מאכל של גריסין כי ההיא דפ"ב (לקמן מ.) דקאמר וכן היו בלפורי עושין נותנים חומץ לתוך הגריסין וקורין אותו שחלים דהתם אינו קרוי שחלים עד לאחר נתינת החומץ והכא מיירי קודם נתינת החומץ כדאמרינן(ב) ולא אמרן אלא דלית בהו חלא וי"ל דהכא ודנדרים חד הוא ודאי לפעמים במקרה טועמם נחש כי ההוא עובדא דהתם ולכך נהגו בהן בני גולה איסור*:

פי תאנה אין בו משום גילוי. והא דאמרינן בפ"ק דחולין (דף ט.) (ג)ראה לפור מנקר בתאנה חוששין שמא במקום נקב נקר ואסור שאני התם דאיכא ריעותא דניקורא:

לא בהמתו ולא בהמת חבירו. אין לדקדק השתא בהמתו אמרת* בהמת חבירו מיבעיא דזו ואצ"ל זו קתני ודרך התנא לשנותם יחד:

ומטמא טומאה חמורה בכזית. ואפי' ב"ה דבעו רביעית פרק המוציא יין (שבת דף עז. ושם) גבי נבלות דקא אמר אף כשטמאו ב"ה לא טמאו אלא ברביעית הואיל ויכול לקרוש ולעמוד על כזית הכא מודו דסגי בכזית דהואיל ונאסר מטעם תקרובת מטמא בכזית כמו זבח:

ומטמא טומאת משקין ברביעי'. פירוש לטמא אוכלין ומשקין כתורת משקין טמאין שנטמאו בשרץ שאינו מטמא אדם וכלים אלא אוכלין ומשקין ושיעור(ד) קבול טומאה ברביעית לוג ככל טומאת משקין עכ"ל הקונ' משמע מתוך לשונו שאין לסתם יינם טומאה אא"כ קבל טומאה ממקום אחר וקשה דמה חידוש הוא זה לשנות כאן טומאה מן השרץ וכי גרע משאר משקין ומיהא איכא לשנויי[א] דאשמועינן דמשום חומרייהו לא מקבלי טומאה בפחות מרביעית ועוד קשיא דמשמע דבשאר משקין בעינן רביעית לקבל טומאה ואדרבה בשאר משקין לא בעינן רביעית כדאמרינן בפ"ק דפסחים (יז:) משקה בית מטבחיא דכן לא אמרו אלא ברביעית דחזו להטביל מחטין וצינורות אבל בפחות מרביעית טמאים ואפילו לטמא אחרי' לא בעו רביעית כדמשמע נמי התם (דף יד. ושם) גבי לא נמנעו מלשרוף את הבשר כו' דמוקי לה באיכא משקין בהדי בשר דמטמא בשר מחמת משקין ומסתמא באותן מים הנשארים על הבשר לאחר הדחה אין בהם רביעית וכן משמע בברכות פרק אלו דברים (דף נב.) דקאמר שמא יחזרו מים שאחורי הכוס ויטמאו את הידים והתם לא הוו רביעית ואף לטמא כלים שמשקה מטמא כלים דרבנן לא בעי רביעית כדתנן בפ"ג דטהרות (משנה ג) גוש של זיתים פי' והוא טמא שנפל לתנור והוסק כבילה מכוון טהור פי' התנור טהור(ה) משילתה טיפה ראשונה נתמעט האוכל מכביצה ואין הטיפה יכולה עוד לקבל טומאה מן הגוש דאין אוכל מטמא בפחות מכביצה ומן הגוש לא קבל התנור טומאה דאין הגוש מטמא כלי ומחמת הטיפה שנטמאת עם הגוש אין לטמאותו ואפי' למ"ד בפרק כל שעה (פסחים לג:) משקין מבלע בליעי וכשנטמא הגוש נטמא הטיפה דטומאה להיכן הלכה מ"מ כיון שקיבלתה בעודה אוכל שהיתה בלועה בגוש לא חמירא כמשקה לטמא התנור יותר מכביצה טמא פי' התנור טמא דטיפה ראשונה שילתה קבלה טומאה מן הגוש שיש בו כביצה וחזרה וטמאה את התנור אלמא לא בעינן רביעית ונראה לפרש דהך טומאה דסתם יינם גזרו(ו) ואף בלא מגע שרץ ולא החמירו לגזור טומאה בפחות מרביעית כי הני משקין דפרק דם הנדה (נדה דף נה:) דמעת עיניו ודם מגפתו וחלב שבאשה(ז) מטמאין טומאת משקין ברביעית מדרבנן כדאיתא פרק כיסוי הדם (חולין דף פז:) וקראי דמייתי פרק דם הנדה אסמכתא נינהו וא"ת למה הוצרכו לגזור טומאה על סתם יינם תיפוק ליה משום מגע גוי שגזרו עליהם שיהו כזבים לכל דבריהם וי"ל דאיצטריך למיסר(ח) פחות מכן תשע דליתא הך גזירה כדאמרינן לקמן בפירקין (דף לו. ע"ש) וא"ת הך רביעית דסתם יינם ורביעית דמשקה זב דפרק דם הנדה אמאי לא חשיב להו בנזיר פרק ג' מינים (דף לח.) גבי עשר רביעית הן וליכא למימר דלהכי לא חשיב ליה משום דליתנהו אלא דרבנן דקא חשיב נמי פסול גויה דרבנן וי"ל דכל עניני טומאת משקין ברביעית הם בכלל פסול גויה:

המפקיד

עין משפט נר מצוה

עג א ב ג ד מיי' פי"א מהלכות רוצח הלכה ח סמג עשין עט טור י"ד סימן קטז:

עד ה ו מיי' שם פי"ב הלכה ג סמג שם טור י"ד שם:

רש"א יומי אין בו משום יין נסך משום גילוי חיישינן

עה ז ח מיי' שם פי"א הלכה יד סמג שם טור י"ד שם:

עו ט י מיי' שם הלכה טו סמג שם טור שם:

[וע"ע תוספות שבת קי. ד"ה וליתי]

[פסחים לט:]

עז כ מיי' פי"א מהל' מאכלות אסורות הל' א סמג לאוין קמח טור ש"ע י"ד סי' קכג סע"א:

עח ל מיי' פ"ו מהל' אבות הטומאה ה"ח:

רבינו חננאל

מכאן ואילך חומץ סופתקא הוא אין בו לא משום גילוי ולא משום יין נסך ונהרדעי אמרי אפילו מיכן ואילך משום יין נסך אין בו משום גילוי יש בו דמקרי ושתי: ת"ר יין תוסס פי' חדש אין בו משום גילוי וכמה תסיסתו ג' ימים. שחלים דלית בהו חלא אין בהן משום גילוי ובני גולה נהגו בהן איסור ואי אית בהן חלא מיגרי בהו. וכן כותח הבבלי אין בו משום גילוי ובני גולה נהגו בו איסור ואי אית ביה ניקורי חיישינן. מטפטף דעביד טיף טיף להדי טיף טיף אין בו משום גילוי. פי תאנה לחה שיש בה לחלוחית אין בו משום גילוי דתניא ר' אליעזר אומר אוכל אדם ענבים ותאנים בלילה ואינו חושש שנאמר שומר פתאים ה': אמר רב ספרא ג' מיני ארס הן של נחש בחור שוקע ואם נתגלתה חבית אף על פי ששתו ממנה ט' ולא מתו לא ישתה עשירי מעשה היה ולא מת אלא האחרון וכן באבטיח שנתגלה אכלו ממנה עשרה ולא מת אלא האחרון א"ר ירמיה זהו ארס שוקע של נחש בינוני מפעפע של זקן צף ואע"ג דבבל זמן שמזקינין מוסיפין כח זיהריה מיקלש קליש: ת"ר מים שנתגלו הרי זה לא ישפכם לרה"ר ולא ירבץ מהן הבית ולא יגבל בהן טיט ולא ישקה מהן בהמה ולא ירחץ מהן פניו ידיו ורגליו אחרים אומרים מקום שיש בו סירטא א) ביניהן גב היד וגב הרגל ורומני דאפא: א"ר יוחנן משום רבי יהודה בן בתירא שלשה יינות הן יין שראהו כי ניסך ממנו אסור בהנאה ומטמא טומאה חמורה

א) נראה דחסר כאן וצ"ל מקום שיש בו סירטא אסור אין סירטא מותר ואיכא ביניהן גב היד וכו'.

מסורת הש"ס

סנהדרין ע. [תענית ל. תוספ' תרומות פ"ז]

[גר' רי"ף מיטפטף]

נ"ל טיף טיף רש"א

שבת עז:

[שנתגלתה. יעב"ץ]

ב"ק קטז: [תוספ' תרומות פ"ז]

הגהות הב"ח

(א) תוס' ד"ה השחלים וכו' דבסוף נדרים משמע כל"ל ואות ד' נמחק: (ב) בא"ד ולא אמרן אלא. נ"ב עיין בפרק שמונה שרצים דף קי ע"ב תוס' ד"ה וליתי: (ג) ד"ה פי וכו' ראה לפור. נ"ב נראה דהכי גרסינן ראה לפור דוקר בניקור שסליקתה שבה מכוסה אבל פי תאנה במקום שקלפה הליתה שבה מגולה הלכך אין בו משום גילוי: (ד) ד"ה ומטמא וכו' וכו' קבל טומאה ברביעית: (ה) בא"ד טהור דמשילתה: (ו) בא"ד גזרו אף כל"ל ואות ו' נמחק: (ז) בא"ד וחלב שבאשה דמטמאין: (ח) בא"ד למיסר בגוי פחות מבן תשע:

הגהות מהר"ב רנשבורג

א] תוס' ד"ה ומטמא וכו' טומאת משקין ברביעית וכו' דאשמועינן דמשום חומרייהו וכו'. נ"ב עיין פי' הר"ש במכשירין פ"ג משנה ז' ח':

מִכָּאן וְאֵילָךְ אֵין בּוֹ מִשּׁוּם גִּילּוּי וְאֵין בּוֹ מִשּׁוּם יֵין נֶסֶךְ. וּנְהַרְדְּעֵי אָמְרִי [וחכמי נהרדעא היו אומרים]: אֲפִילּוּ לְבָתַר תְּלָתָא יוֹמֵי חָיְישִׁינַן [לאחר שלושה ימים חוששים אנו] מִשּׁוּם גִּילּוּי, מַאי טַעְמָא [מה הטעם]? זִימְנִין מִיקְרֵי שָׁתֵי [פעמים מזדמן שהנחש שותה ממנו בכל זאת]. תָּנוּ רַבָּנַן [שנו חכמים]: יַיִן תּוֹסֵס כלומר, מיץ הענבים קודם שהפך ליין — אֵין בּוֹ מִשּׁוּם גִּילּוּי, וְכַמָּה זמן תְּסִיסָתוֹ? שְׁלֹשָׁה יָמִים. הַשַּׁחֲלַיִם מעין גרגירים ששוחקים אותם ועושים מהם משקה או תבשיל — אֵין בָּהֶם מִשּׁוּם גִּילּוּי, וּבְנֵי גוֹלָה נָהֲגוּ בָּהֶן אִיסּוּר. ומעירים: וְלֹא אֲמַרַן [אמרנו] דבר זה אֶלָּא בזמן דְּלֵית בְּהוּ חַלָּא [שאין בהם חומץ], אֲבָל אִית בְּהוּ חַלָּא [אם יש בהם חומץ] — מִיגְרֵי בְּהוּ [מתגרה בהם] ואינם שותים ממנו. כּוּתָּח הַבַּבְלִי מאכל חריף שהיו נוהגים לעשותו בבבל אֵין בּוֹ מִשּׁוּם גִּילּוּי, וּבְנֵי גוֹלָה (בבל) נָהֲגוּ בּוֹ אִיסּוּר. אָמַר רַב מְנַשְּׁיָ: אִי אִית בֵּיהּ נִקּוּרֵי [אם יש בו נקירות] — חָיְישִׁינַן [חוששים אנו] שמא היה זה ניקור נחש. אָמַר רַב חִיָּיא בַּר אַשִׁי אָמַר שְׁמוּאֵל: מֵי טִיף טִיף [נוזל המטפטף לתוך כלי] אֵין בּוֹ מִשּׁוּם גִּילּוּי. אָמַר רַב אַשִׁי: וְהוּא בזמן דְּעָבֵיד טִיף לַהֲדֵי טִיף [שנעשה הטפטוף בתדירות, טיפה אחר טיפה] שאז אין הנחש שותה מזה. אָמַר רַב חִיָּיא בַּר אַשִׁי אָמַר שְׁמוּאֵל: פִּי תְאֵנָה כלומר, כעין פתח קטן שיש בתאנה, אֵין בּוֹ מִשּׁוּם גִּילּוּי. ושואלים: כְּמַאן [כדעת מי] אמר זאת? כִּי הַאי תַּנָּא [כדעת תנא זה], דְּתַנְיָא [ששנויה ברייתא], ר׳ אֱלִיעֶזֶר אוֹמֵר: אוֹכֵל אָדָם עֲנָבִים וּתְאֵנִים בַּלַּיְלָה וְאֵינוֹ חוֹשֵׁשׁ שמא יש בהן ניקור של נחש וכיוצא בזה, מִשּׁוּם שֶׁנֶּאֱמַר: ״שֹׁמֵר פְּתָאִים ה׳״ (תהלים קטז, ו). אָמַר רַב סָפְרָא מִשּׁוּם (בשם) ר׳ יְהוֹשֻׁעַ דְּרוֹמָא [הדרומי]: שְׁלֹשָׁה מִינֵי אֶרֶס הֵן של נחשים: שֶׁל בָּחוּר כלומר של נחש צעיר, הוא מרוכז ביותר, ולכן הוא שׁוֹקֵעַ בתוך היין, שֶׁל בֵּינוֹנִי מְפַעְפֵּעַ כלומר, שוקע מעט, וְשֶׁל זָקֵן צָף למעלה. ושואלים: לְמֵימְרָא [האם לומר] דְּכַמָּה דְּקָשִׁישׁ כָּחוּשׁ חֵילֵיהּ [שככל שהנחש זקן יותר כוחו חלש]? וְהָתַנְיָא [והרי שנויה ברייתא]: שְׁלֹשָׁה, כָּל זְמַן שֶׁמַּזְקִינִין גְּבוּרָה מִתּוֹסֶפֶת בָּהֶן, אֵלּוּ הֵן: דָּג, נָחָשׁ, וַחֲזִיר! ומשיבים: כֹּחַ אוֹסוּפֵי הוּא דְּקָא מוֹסִיף [הוספה הוא מוסיף], אבל זִיהֲרֵיהּ קָלֵישׁ [ארסו נעשה קלוש יותר], פחות מרוכז. ועל מה ששנו באותה ברייתא: ארס שֶׁל בָּחוּר נחש צעיר שׁוֹקֵעַ, מסבירים: לְמַאי הִלְכְתָא [למה לאיזו הלכה] נאמר הדבר? דְּתַנְיָא [ששנויה ברייתא]: חָבִית שֶׁנִּתְגַּלָּה, ויש לחשוש ששתה ממנה נחש והטיל בה ארס, אַף עַל פִּי שֶׁשָּׁתוּ מִמֶּנָּה מאותה חבית תִּשְׁעָה אנשים וְלֹא מֵתוּ — לֹא יִשְׁתֶּה מִמֶּנָּה עֲשִׂירִי, שמא שקע ארס לתחתית החבית. ואכן, מַעֲשֶׂה הָיָה שֶׁשָּׁתוּ מִמֶּנּוּ תִּשְׁעָה וְלֹא מֵתוּ וְשָׁתָה עֲשִׂירִי וּמֵת. ועל כך אָמַר ר׳ יִרְמְיָה: זֶהוּ היה ארס נחש שׁוֹקֵעַ. וְכֵן אֲבַטִּיחַ שֶׁנִּתְגַּלְּתָה, אַף עַל פִּי שֶׁאָכְלוּ מִמֶּנָּה תִּשְׁעָה בְּנֵי אָדָם וְלֹא מֵתוּ — לֹא יֹאכַל מִמֶּנָּה עֲשִׂירִי. מַעֲשֶׂה הָיָה וְאָכְלוּ מִמֶּנָּה תִּשְׁעָה וְלֹא מֵתוּ וְאָכַל עֲשִׂירִי וּמֵת, וְאָמַר רַבִּי: זֶהוּ ארס שׁוֹקֵעַ. ועוד בענין גילוי, תָּנוּ רַבָּנַן [שנו חכמים]: מַיִם שֶׁנִּתְגַּלּוּ ויש חשש שנחש שתה מהם — הֲרֵי זֶה לֹא יִשְׁפְּכֵם בִּרְשׁוּת הָרַבִּים, וְלֹא יַרְבִּיץ בָּהֶן אֶת הַבַּיִת כדי שישקע האבק, וְלֹא יְגַבֵּל בָּהֶן אֶת הַטִּיט, וְלֹא יַשְׁקֶה מֵהֶן לֹא את בְּהֶמְתּוֹ וְלֹא בֶּהֱמַת חֲבֵירוֹ, וְלֹא יִרְחַץ בָּהֶן פָּנָיו יָדָיו וְרַגְלָיו. אֲחֵרִים אוֹמְרִים: מָקוֹם בגוף שֶׁיֵּשׁ סִירְטָא [שריטה, סדק] — אָסוּר, שמא יחדור הארס דרכה, אֵין סִירְטָא [שריטה] — מוּתָּר. ומקשים: הרי שיטת אֲחֵרִים הַיְינוּ [זהו] שיטת תַּנָּא קַמָּא [התנא הראשון], שהרי יש סדקים בפניו ידיו ורגליו! ומשיבים: אִיכָּא בֵּינַיְיהוּ [יש ביניהם הבדל] לענין גַּב הַיָּד וְגַב הָרֶגֶל וְרוּמָּנֵי דְּאַפֵּי [רימוני הפנים] מקום עצמות הלחיים, שאין שם סדק, שלדעת תנא קמא אסור ולדעת אחרים מותר (אם אין שם שריטה). אָמַר מָר [החכם]: לֹא יַשְׁקֶה מֵהֶן לֹא בְּהֶמְתּוֹ וְלֹא בֶּהֱמַת חֲבֵירוֹ. ומקשים: וְהָתַנְיָא [והרי שנויה ברייתא]: אֲבָל מַשְׁקֵהוּ לִבְהֶמַת עַצְמוֹ! ומשיבים: כִּי תַּנְיָא הַהִיא [כאשר שנויה אותה ברייתא] הרי זה ביחס לְשׁוּנְרָא [לחתול] שאינו ניזוק מחמת הארס. ומקשים: אִי הָכִי, דְּחַבְרֵיהּ נַמִי [אם כן, שבחתול מדובר שם, הרי חתול של חבירו גם כן] יוכל להשקות! ומשיבים: דְּחַבְרֵיהּ כְּחִישׁ [של חבירו הארס גורם לו להכחיש, לרזות]. ושואלים: דִּידֵיהּ נַמִי כְּחִישׁ [שלו גם כן מכחיש]! ומשיבים: הָדַר בָּרִיא [הוא חוזר ומבריא]. וחוזרים ושואלים: דְּחַבְרֵיהּ נַמִי הָדַר בָּרִיא [של חבירו גם כן חוזר ומבריא]! ומשיבים: זִימְנִין דְּבָעֵי לְזַבּוּנָא [פעמים שהוא רוצה למכור אותו] באותה שעה ונמצא זה מַפְסִיד לֵיהּ מִינֵּיהּ [אותו ממנו].

א אָמַר רַב אַסִי אָמַר ר׳ יוֹחָנָן מִשּׁוּם (בשם) ר׳ יְהוּדָה בֶּן בְּתֵירָא, שְׁלֹשָׁה מִינֵי יֵינוֹת הֵן לענין איסור: יֵין נֶסֶךְ שניסכו ממנו ממש לעבודה זרה — אָסוּר בַּהֲנָאָה, וּמְטַמֵּא טוּמְאָה חֲמוּרָה בִּכְזַיִת.

עיונים

מכאן ואילך שלושה ימים לאחר שהחל להחמיץ הריהו מתקלקל לגמרי, וכדברי הר״ח נעשה חומץ ממש.

שחליים אין הכוונה לשחליים לעצמם, שהם יבשים, ובהם לעצמם לא קיים חשש הגילוי, אלא כדרך שהיו משתמשים בהם כשהם שחוקים להכנה של משקה או מטבל וכיוצא בזה (ראה רש״י וברבינו אלחנן). וכן כתב המאירי בלשון כללית, שהכוונה למשקים שעושים ממיני עשבים.

ובני גולה במקום אחר בגמרא מסבירים כי ״בני גולה״ הוא כינוי לר׳ חייא ובניו, שעלו מבבל לארץ ישראל, והיו מגדולי הדור.

מיגרי בהו רש״י כתב שאם יש בשחליים חומץ הרי זה מכאיב לחיכו של הנחש ואינו טועם ממנו. אבל לפי תוס׳ במסכת שבת (קי,א) יש להבין להיפך, שמפני החומץ הרי זה מגרה את הנחש ואוכל מן השחליים (רש״ש).

כותח הבבלי מאכל העשוי משיירי לחם ומי חלב, שמפני שהוא חריף וחמוץ ביותר אין הנחש טועם ממנו כדרך שאינו שותה חומץ.

טיף טיף רש״י ואחרים מפרשים שזה הוא כינוי של כלי שלתוכו מטפטף משקה, כגון כלי שמניחים ליד חבית שאינה סגורה די צורכה.

טיף להדי טיף שקול הטפטוף, או הבעבוע הבלתי פוסק של המשקה, מפחיד את הנחש ואינו מתקרב לשם. והרמב״ם הביא בענין זה את דברי הירושלמי (תרומות פ״ח ה״ה) שמשקה חם גם כן אין לחשוש בו לגילוי כל עוד עולה ממנו הבל, שגם הוא מבריח את הנחש.

פי תאנה הר״ח מסביר כי הכוונה היא שאין חוששים ללחלוחית היוצאת מ״פי״ הפרי שמא ליקק ממנה הנחש. והסביר הרשב״א שטעם ההיתר הוא משום שהליחה שבה אינה מגולה. ורש״י מסביר ש״פי התאנה״ הוא המקום של עוקץ התאנה, לאחר שתלשוה מן העץ. אבל הריא״ז כותב שדרך התאנה אף בהיותה על העץ שכאשר היא בשלה נפתח מעט חלקה הבשרי (שממול העוקץ) ונראה כפה קטן. ועיקרו של דבר, שיש שם מקום פתוח בפרי שאי אפשר לעמוד אם היה בו סימן של ניקור נחש, או שאין ידוע שניקר, אבל אם היו סימני נקירה — חוששים לכך (תוס׳ ועוד עפ״י חולין ט,א).

שומר פתאים ה׳ פסוק זה מופיע בדברי חכמים בכמה מקומות בהקשר דומה, שאין חכמים מחייבים אדם לחשוש לכל ספק של סכנה בדבר שרבים כבר רגילים בו, ובמקום בו שוב לא יוכלו אנשים להמשיך במהלך החיים הרגיל אם יחששו לכך, ויש לסמוך בענין זה על רחמי שמים (ולענייננו, ראה במעשה המובא בירושלמי תרומות פ״ח ה״ג).

של בחור שוקע למאי הלכתא בתוס׳ חכמי אנגליה שאל: מפני מה לא שאלו גם כן לגבי של בינוני ושל זקן? ואולי לא היה לפניו פירוש רש״י, המסביר שדברים אלה באו לומר בכל מקום בחבית ששותה ממנו (או אוכל מן האבטיח) יש חשש, שהרי הארס יכול להימצא הן למעלה הן באמצע והן למטה.

לא ישפכם וכו׳ שפעמים הולך שם אדם יחף, ושמא ייכנס הארס ברגליו. והוא הטעם מפני מה לא ירבץ את הבית, שהרי אדם עשוי להלך שם יחף. ולא יגבל את הטיט במים אלה, שהרי מגבלים אותו בידיים ועלול הארס להיכנס בהן.

סירטא כפי שפירש רש״י ועוד, אין הכוונה דווקא לשריטה (שבודאי יש בה סכנה) אלא אפילו סדק בגוף, מקום שבו יכול הארס להישאר ולהיספג בגוף.

לא בהמתו וכו׳ לא לבהמתו — שיש בזה משום ״בל תשחית״, שהרי יכול הארס להזיקה או להמיתה. וכל שכן בהמת חבירו, שיש בה איסור נוסף של איבוד ממון חבירו.

לשונרא שמותר משום שאין בכך השחתה, שהרי אינו מזיקו (רש״י). אבל מדברי הר״נ משמע שהחשש הוא שמא יאכל חבירו את הבהמה, ובחתול אין חשש כזה, והוא הדין לכל בהמה טמאה (ב״י).

טומאה חמורה רש״י מפרש כי טומאה חמורה זו (לדעת ר׳ יהודה בן בתירא) היא כטומאת המת, שמטמאה גם במשא וגם באוהל, ולדעתו טומאה שמן התורה היא, כמבואר להלן לב,ב (ריטב״א). אבל לדעת חכמים החולקים עליו (וכמותם פסק הרמב״ם) והם סבורים שטומאה זו (כמו טומאת עבודה זרה עצמה) גזירת חכמים היא, הרי דינה כנבילה, שאינה מטמאה באוהל, אבל מטמאה במגע ובמשא (ראה חולין יג,ב).

בכזית ואף ששיעור טומאה של דם המת הוא ברביעית, מכל מקום כיון שהוקש יין נסך לזבחי מתים, הרי איסורם גם הוא כזבחים — בכזית (תוס׳ ועוד).

אורח ההלכה

יין תוסס אין בו משום גילוי יין תוסס, משעת דריכתו עד שלושה ימים — אין בו משום גילוי. (רמב״ם ספר נזיקין הלכות רוצח ושמירת נפש פי״א ה״ח. טור יו״ד סימן קטז).

מי טיף טיף משקים שהיה משקה יורד לתוכם טיפה אחר טיפה בלא הפסק אין בו משום גילוי. כברייתא, וכדברי רב אשי. (רמב״ם שם. טור שם).

פי תאנה וכו׳ תאנה או ענב שניטל העוקץ שלהם — אין בהם משום גילוי, לפי שהליחה שבהם אינה גלויה (טור עפ״י הרשב״א). ולפיכך אוכל אדם תאנים וענבים בלילה ואינו חושש. (רמב״ם שם פי״ב ה״ג. טור שם).

שלושה מיני ארס וכו׳ חבית שנתגלתה, אף ששתו ממנו הרבה בני אדם — לא ישתה ממנה, שפעמים שארס הנחש שוקע סמוך לתחתיתה. ויש מיני ארס שצפים ויש שנמצאים באמצע, ולפיכך הכל אסור ואפילו סננו במסננת. וכן אבטיח שנתגלה — לא יאכל ממנו, אפילו אכלו ממנו אחרים ולא נזוקו. כברייתא וכדברי ר׳ יהושע דרומא. (רמב״ם שם פי״א הי״ד. טור שם).

מים שנתגלו לא ישפכם וכו׳ מים שנגלו — לא ישפכם ברשות הרבים, ולא ירבץ בהם ביתו ולא ירחץ בהם גופו ולא ישקה מהם לבהמה, בין לבהמת חבירו בין לבהמתו. אבל משקה אותם לחתול. (רמב״ם שם הט״ו. טור שם).

ולא ירחץ בהם פניו ידיו ורגליו מים שנתגלו, לא ירחץ בהם פניו ידיו ורגליו, ואפילו אין בהם בקע (טור), וכדעת תנא קמא. (רמב״ם שם. טור שם).

יין נסך אסור בהנאה יין שנתנסך לעבודה זרה אסור מן התורה בהנאה, והשותה ממנו כלשהו — לוקה מן התורה. עפ״י הגמרא לעיל כט, ב (ראה כס״מ ועוד). (רמב״ם ספר קדושה הלכות מאכלות אסורות פי״א ה״א. טור יו״ד סימן קכג).

ומטמא טומאה חמורה יין שנתנסך לעבודה זרה מטמא אדם וכלים במגעו וכלי חרס באוירו, ומטמא אדם אף במשאו כנבלה, וטומאתו בכזית. שלא כשיטת ר׳ יהודה בן בתירא, אלא כחכמים החולקים עליו (ראה חולין יג,ב). (רמב״ם ספר טהרה הלכות שאר אבות הטומאות פ״ו ה״ח).

מסורת הש״ס

א. תענית ל,ב. סנהדרין ע,א. ירושלמי תרומות פ״ח ה״ג. תוספתא תרומות פ״ז טו.
ב. ראה נדרים צא,ב.
ג. ירושלמי תרומות פ״ח ה״ג. וראה פסחים לט,ב. קיא,ב (הביטוי).
ד. ירושלמי שם.
ה. ראה שם. (הכלל בעניינים שונים) שבת קכט,ב. יבמות יב,ב. עב,א. ק,ב. כתובות לט,א. נדה מה,א. תוספתא סנהדרין פי״ג א. שם נדה פ״ב ו.
ו. ירושלמי שם. שם שבת פ״א ה״ד. שם ע״ז פ״ב ה״ח.
ז. שבת עז,ב.
ח. ראה ירושלמי שבת פ״א ה״ח. שם ע״ז פ״ב ה,ה.
ט. ראה שם ושם.
י. ב״ק קטו,ב. ירושלמי תרומות פ״ח ה״ג. תוספתא תרומות פ״ז יד.
יא. ראה ירושלמי ע״ז פ״ב ה״ג.

גרסות

חיישינן משום גילוי בכתי״מ: נמי יש בו משום גילוי וכעין זה גם בכתי״ס.

מי טיף טיף ויש במקורות: מיטפטף ובכתי״ס: טיף טיף.

דעביד טיף בכתי״ס: דעביד טיף טיף.

ואינו חושש משום שנאמר בכתי״מ: ואינו חושש משום ניקור שנאמר ובכתי״ס: ואינו חושש לניקורין משום שנאמר.

כח אוסופי הוא דקא מוסיף בכת״י: כח מוסיף.

זיהרא קליש בכתי״מ: זיהריה חליש.

חבית שנתגלה בכת״י: חבית שנתגלתה.

אמר רבי זהו שוקע בכת״י ובמקורות: אמר ר׳ ירמיה זהו שוקע.

שיש סירטא... שאין סירטא בכתי״מ: שיש בו סירטא... שאין בו סירטא.

ומפסיד ליה מיניה בכתי״מ: ומפסיד ליה ממונא.

יין נסך בכתי״מ: של עבודה זרה.

החיים

כותח הבבלי
הכותחא (או בעברית כותח) היה מאכל שהותקן לתבל בו את הפת או לעורר תיאבון. מאכל זה היה נפוץ בעיקר בבבל (ומשום כך נתכנה כותח הבבלי), והיה מורכב מלחם שהתעפש, מנסיוב החלב (הנוזל הנשאר לאחר הפרדת הגבינה מן החלב), וממלח.

לא ירחץ וכו׳, שונרא
ראה בהשלמות.

העולם

שחליים, של בחור שוקע, כל כמה שמזקינים וכו׳
ראה בהשלמות.

לעזי רש״י

קרשי״ן צ״ל: קרישו״ן מן הצרפתית העתיקה creson — שחליים.

מישג״א מן הצרפתית העתיקה mesge — מי הגבינה, נסיוב החלב.

מלו״ן מן הצרפתית melon — פרי המלון (כמו שהוא קרוי בימינו).

פומיל״א אולי צ״ל: פומיל״ש, מן הצרפתית העתיקה pomels — תפוחי הלחיים, הבליטות שבלחי.

סְתַם יֵינָם כלומר, יין של גוים שלא ידוע שהשתמשו בו לנסך — אָסוּר בַּהֲנָאָה משום גזירת יין נסך, וּמְטַמֵּא טוּמְאַת מַשְׁקִין בשיעור רְבִיעִית כשאר משקים. הַמַּפְקִיד יֵינוֹ אֵצֶל גּוֹי — אָסוּר היין בִּשְׁתִיָּה אבל מוּתָּר בַּהֲנָאָה. ומקשים, וְהָתְנַן [והרי שנינו במשנה]: הַמַּפְקִיד פֵּירוֹתָיו אֵצֶל גּוֹי — הֲרֵי הֵן כְּפֵירוֹתָיו שֶׁל גּוֹי לִשְׁבִיעִית וּלְמַעֲשֵׂר, משום שאנו חוששים שהחליף אותם הגוי בפירותיו, ואם כן יש לחשוש גם ביין שמא החליף את היין ביינו שלו, ומדוע לא נאסר בהנאה? ומשיבים: מדובר כְּגוֹן שֶׁיִּיחֵד לוֹ הגוי ליהודי קֶרֶן זָוִית (פינה) מוגדרת בביתו ונעל היהודי את המקום בחותם, ואז אין חשש להחלפה. ומקשים: אִי הָכִי [אם כך], שמדובר במקרה שאין חשש להחלפה, בִּשְׁתִיָּה נַמִּי לִישְׁתְּרֵי [גם כן יהיה מותר] היין, דְּהָא [שהרי] ר׳ יוֹחָנָן אִקְלַע [הזדמן] לעיר פָּרוֹד, אָמַר: כְּלוּם יֵשׁ מִשְׁנַת בַּר קַפָּרָא במקום זה? משום שבר קפרא היה גר באותה עיר. תְּנָא לֵיהּ [שנה לו] ר׳ תַּנְחוּם דְּמִן פָּרוֹד בשם בר קפרא: הַמַּפְקִיד יֵינוֹ אֵצֶל גּוֹי — מוּתָּר בִּשְׁתִיָּה! ומסופר, קָרֵי עֲלֵיהּ [קרא עליו] על דבר זה ר׳ יוחנן את הכתוב: ״מְקוֹם שֶׁיִּפּוֹל הָעֵץ שָׁם יְהוּ״ (קהלת יא, ג), ויש לתמוה: ״שָׁם יְהוּ״ סָלְקָא דַּעְתָּךְ [עולה על דעתך]? ברור הדבר שלא יהא העץ במקום אחר! אֶלָּא הכוונה היא שֶׁשָּׁם יְהוּ פֵּירוֹתָיו, והרי זה כמשל לחכם, שמקום שהיה החכם — שם תורתו (״פירותיו״) מצויה, אף אחרי שמת. אָמַר ר׳ זֵירָא: לָא קַשְׁיָא [אין זה קשה], מחלוקת יש בדבר, הָא [ברייתא זו] של בר קפרא שהתיר בשתיה — היא שיטת ר׳ אֱלִיעֶזֶר, הָא [ברייתא זו] שאוסרת בשתיה — היא כשיטת רַבָּנַן חכמים]. דְּתַנְיָא [ששנויה ברייתא]: אֶחָד הַלּוֹקֵחַ וְאֶחָד הַשּׂוֹכֵר בַּיִת בַּחֲצֵירוֹ שֶׁל גּוֹי וּמִלְאוּהוּ את הבית בחביות יַיִן, וּמַפְתֵּחַ של הבית אוֹ חוֹתָם מצויים בְּיַד יִשְׂרָאֵל — ר׳ אֱלִיעֶזֶר מַתִּיר את היין בשתיה וַחֲכָמִים אוֹסְרִין. משמע שחכמים חוששים שמא יחליף הגוי אם אין הדבר שמור היטב. אָמַר ר׳ חִיָּיא בְּרֵיהּ [בנו] של ר׳ חִיָּיא בַּר נַחְמָנִי אָמַר רַב חִסְדָּא אָמַר רַב, וְאָמְרִי לָהּ [ויש אומרים] שכך היתה המסורת, שאָמַר רַב חִסְדָּא אָמַר זְעֵירִי, וְאָמְרִי לָהּ [ויש אומרים]: אָמַר רַב חִסְדָּא אָמַר לִי אַבָּא בַּר חָמָא, הָכִי [כך] אָמַר זְעֵירִי: הֲלָכָה כְּר׳ אֱלִיעֶזֶר. אָמַר האמורא ר׳ אֶלְעָזָר: הַכֹּל מִשְׁתַּמֵּר בְּחוֹתָם אֶחָד, כלומר אם היה חותם אחד על פי הכלי שבו היה מאוחסן דבר ברשות הגוי, הרי הוא נחשב כשמור, ואין צריך לחשוש שמא החליפו אותו, חוּץ מִן הַיַּיִן שֶׁאֵין מִשְׁתַּמֵּר בְּחוֹתָם אֶחָד. וְר׳ יוֹחָנָן אָמַר: אֲפִילוּ יַיִן מִשְׁתַּמֵּר בְּחוֹתָם אֶחָד. ומעירים: וְלָא פְּלִיגֵי [ואין הם חלוקים] בסברות: אלא הָא [זו] שאמר ר׳ יוחנן היא — כְּדַעַת ר׳ אֱלִיעֶזֶר, הָא [זו] שאמר ר׳ אלעזר — היא כְּרַבָּנַן [כדעת חכמים] החולקים עליו. אִיכָּא דְּאָמְרֵי [יש שאומרים], אָמַר ר׳ אֶלְעָזָר: הַכֹּל מִשְׁתַּמֵּר בְּחוֹתָם בְּתוֹךְ חוֹתָם, חוּץ מִן הַיַּיִן שֶׁאֵין מִשְׁתַּמֵּר אפילו בְּחוֹתָם בְּתוֹךְ חוֹתָם אלא בשומר. וְר׳ יוֹחָנָן אָמַר: אֲפִילוּ יַיִן מִשְׁתַּמֵּר בְּחוֹתָם בְּתוֹךְ חוֹתָם. וְתַרְוַיְיהוּ כְּרַבָּנַן [ושניהם כשיטת חכמים], מָר סָבַר [חכם זה סבור]: כִּי פְּלִיגִי רַבָּנַן עֲלֵיהּ [כאשר חלוקים חכמים עליו] על ר׳ אֱלִיעֶזֶר — הרי זה בְּחוֹתָם אֶחָד, אֲבָל בְּחוֹתָם בְּתוֹךְ חוֹתָם שָׁרוּ [התירו], וּמָר סָבַר [וחכם זה ר׳ אלעזר סבור]: אֲפִילוּ חוֹתָם בְּתוֹךְ חוֹתָם אָסְרִי [אוסרים].

א שואלים: הֵיכִי דָּמֵי [כיצד הוא בדיוק] חוֹתָם בְּתוֹךְ חוֹתָם? אָמַר רָבָא: אַגְנָא דְּפוּמָא דְּחָבִיתָא שְׁרִיקָא וַחֲתִימָא [כלי על שפת פיה של החבית, מטויחת בטיט וגם חתומה בחותם] — הָוֵי [הריהו] חוֹתָם בְּתוֹךְ חוֹתָם, וְאִי [ואם] לָא — לָא, אין זה נקרא חותם בתוך חותם. דִּיקוּלָא וּמִיהֲדַק [אם סל מכסה את החבית ומהודק עליה] — הָוֵי [הריהו] חוֹתָם בְּתוֹךְ חוֹתָם, לָא מִיהֲדַק [אינו מהודק] — לָא הָוֵי [אינו נהיה בכך] חוֹתָם בְּתוֹךְ חוֹתָם. נוֹד בְּדִיסַקְיָא (נאד שמונח בתוך אמתחת) אם חֲתִימַת פִּיו של הנוד לְמַטָּה שהנוד הפוך בתוך הדיסקיא — הָוֵי [הריהו] חוֹתָם בְּתוֹךְ חוֹתָם, פִּיו לְמַעְלָה — לָא הָוֵי [אינו נהיה בכך] חוֹתָם בְּתוֹךְ חוֹתָם, וְכִי כָּיֵיף פּוּמֵיהּ לְגֵיו וְצָיֵיר וְחָתֵים [וכאשר כפוף פיו של הנאד לפנים וקשור וחתום] — הָוֵי [הריהו] חוֹתָם בְּתוֹךְ חוֹתָם.

ב תָּנוּ רַבָּנַן [שנו חכמים], בָּרִאשׁוֹנָה הָיוּ אוֹמְרִים: יַיִן שֶׁל עֵין כּוּשִׁי שהוא מקום של כותים אָסוּר מִפְּנֵי בִּירַת סְרִיקָא שהיא עיר גוים הסמוכה לאותו מקום, וְשֶׁל בַּרְקָתָא (של כותים) אָסוּר מִפְּנֵי כְּפָר פַּרְשַׁאי (של גוים), וְשֶׁל זַגְדּוֹר (של כותים) אָסוּר מִפְּנֵי כְּפָר שָׁלֵים (של הגוים). חָזְרוּ לוֹמַר בכל מקרה: חָבִיּוֹת פְּתוּחוֹת — אֲסוּרוֹת, סְתוּמוֹת — מוּתָּרוֹת. ושואלים: מֵעִיקָּרָא מַאי סְבוּר [מתחילה מה סברו], וּלְבַסּוֹף מַאי סְבוּר [מה סברו]? ומסבירים: מֵעִיקָּרָא סְבוּר [מתחילה סברו]: אֵין כּוּתִי מַקְפִּיד עַל מַגַּע גּוֹי, ולכן לָא שְׁנָא [אינו שונה] פְּתוּחוֹת וְלָא שְׁנָא [ואינו שונה] סְתוּמוֹת — הכל אסורות, שמא נגע גוי ממקום סמוך ביין זה. וּלְבַסּוֹף סְבוּר [סברו]: כִּי לָא קָפֵיד [כאשר אינו מקפיד] הרי זה אַפְּתוּחוֹת [על חביות פתוחות] ולא איכפת לו שהגוי יגע בהם, אַסְּתוּמוֹת מַקְפִּיד קָפֵיד [על סתומות הוא מקפיד] שלא יגעו בהן, ושואלים: וּסְתוּמוֹת מוּתָּרוֹת? וּרְמִינְהִי [ומשליכים, מראים סתירה] ממה ששנינו בברייתא:

מסורת הש"ס

א. משנה דמאי פ"ג מ"ד (עיי"ש). בכורות יא,ב. תוספתא דמאי פ"ד כד.

ב. ראה ירושלמי ע"ז פ"ב ה"ג.

ג. (הביטוי) ב"ב קנד,ב. מדרש זוטא קהלת פ"ב. ילק"ש נ"ך תתקסח.

ד. ראה ע"ז סא,א. ירושלמי ע"ז פ"ד ה"ב. תוספתא ע"ז פ"ז ז.

ה. ראה שבת קכב,א.

ו. (בשינויים) ירושלמי ע"ז פ"ה ה"ד.

גרסות

של גוי לשביעית ולמעשר בכת"י מלים אלה חסרות.

כלום יש משנת בכתי"מ: **כלום יש אדם ששונה משנת** ובכתי"ס: **כלום יש כאן אדם ששונה משנת.**

שם יהו במקרא: **שם יהוא.**

אלא שם יהו בכתי"מ: **אלא אימא שם יהו.**

ומפתח או חותם בכתי"ס וכן במקורות: **ומפתח וחותם.**

רבי אליעזר מתיר בכתי"ס: **רבי אליעזר מתיר בשתייה.**

וחכמים אוסרין בכת"י ועוד: **וחכמים אוסרין ר' אליעזר לא חייש לזיופא ורבנן חיישי לזיופא.**

שאין משתמר בחותם בתוך חותם בכתי"מ וכן יש במקורות: **שאינו משתמר אלא בשומר** ובכתי"ס: **שאין משתמר חותם תוך חותם אלא בשומר.**

ותרוייהו כרבנן בכת"י: **ותרוייהו כרבנן סבירא להו.**

אגנא דפומא בכת"י ובמקורות: **אגנא אפומא.**

שריקא וחתימא יש בכת"י ועוד: **שריקא** וראה ראב"ד.

ואי לא לא בכתי"ס וכן בב"ח: **ואי לא לא הוי חותם בתוך חותם.**

נוד בדיסקייא חתימת פיו למטה... פיו למעלה בכתי"ס ועוד: **נוד בדיסקיא חתומה ופיה למטה... פיה למעלה** וראה בעיונים.

וכי כייף פומיה בכתי"מ: **ואי כייף נוד פומיה.**

פומיה לגיו בכתי"ס: **פומיה לגאו וצייר וחתים.**

אסתומות מקפיד קפיד וסתומות מותרות בכתי"מ: **אסתומות קפיד.**

לשון

דיסקיא

מקור המלה הוא ביוונית δισάκκιον (דיסקיון) שמשמעה — שק כפול, אמתחת ששמים על גבי בהמה.

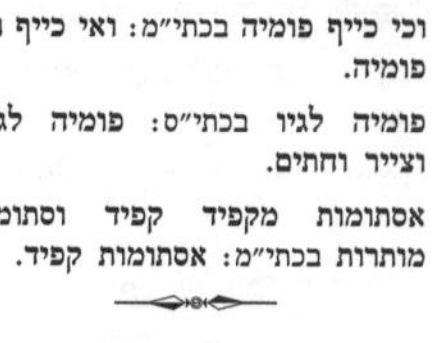

ציור עתיק של חמור שעליו השק הכפול — הדיסקיא

החיים

עין כושי וכו'

זיהויים המדוייק של המקומות הללו אינו ברור. אולם נראה כי כולם מקומות בשומרון, או באיזור השרון, קרוב ל"רצועה של כותים", כלומר, אזור הישוב של הכותים=השומרונים, שהיו מצויים סביב לעיר שכם.

כיון שתחום הכותים לא היה אזור פוליטי מוגדר לעצמו לא היו לו גבולות ברורים, ובמקומות רבים היו ישובים של יהודים וישובים כותיים סמוכים מאד זה לזה. וכאשר לא היו התפרצויות של איבה, היו בני המקומות הללו נושאים ונותנים זה עם זה, ולכן עשויות חביות יין של כותים להגיע לידי ישראל שישתמשו בהם או שיסחרו בהם.

עיונים

טומאת משקין ברביעית רש"י מפרש (ראה גרסה מדוייקת יותר בדבריו בתוס' בעמוד הקודם, ובתוס' רבינו אלחנן ועוד) שהכוונה היא שיין זה מקבל טומאה וכן מטמא אוכלים ומשקים (אבל לא כלים) אם נגע בשרץ, כמו שאר משקים שנגעו בשרץ, ברביעית. ותהו הראשונים: אם כן הוא נמצא שאין לסתם יינם דין טומאה לעצמו, ומה צורך להודיענו דבר זה? (אמנם רבינו אלחנן מציע שלא נאמר הדבר אלא לשם הבלטת ההבדל בינו לבין יין נסך, שיש לו דין טומאה לעצמו). והוסיפו עוד להקשות, שהרי מכמה מקומות יש להוכיח שסתם משקים מטמאים אפילו בפחות מרביעית. ומשום כך פירש רבינו אלחנן (וכן בתוס' ועוד) שחכמים גזרו שסתם יינם מטמא מעצמו גם אם לא נטמא משרץ וכיוצא בו, ודווקא משום שהוא טומאה שמדבריהם נתנו לו דין מיוחד, שלא יטמא אלא ברביעית. וכן משמע מדברי הרמב"ם.

אסור בשתיה ומותר בהנאה ולכאורה דין זה תמוה, שהרי אם חוששים שהגוי חשוד על החלפת היין ביין שלו — צריך היה לאוסרו אפילו בהנאה, ואם אין חוששים להחלפת היין — מפני מה אינו מותר אפילו בשתיה? ותירצו בתוס' שר' יהודה בן בתירא הולך לשיטתו, שהוא סבור שיין של ישראל שנגע בו גוי מותר בהנאה. ונותר, איפוא, רק חשש שמא החליפו בסתם יינו שהוא אסור בהנאה, ואולם כיון שעיקר איסורו הוא רק גזירת חכמים לא החמירו במקרה של ספק, ואסרוהו רק בשתיה.

הרי הן כפירותיו של גוי שחזקה על הגוי שהחליף את הפירות. ולפי הגמרא בבכורות (יא,ב) חייב היהודי לעשר את הפירות שמחזיר לו הגוי, והוא לדעת הסבור שאין מירוח התבואה על ידי הגוי פוטר את התבואה מן המעשר (רש"י שם), או משום שחכמים חייבו את תבואת הגוי במעשר (ראב"ד בהשגות). אבל הרמב"ם פירש דבר זה גם להקל, שאם הפקיד היהודי תבואה שכבר הפריש ממנה מעשר — הרי הפירות פטורים. ולענין שביעית שנזכרה פה, כבר נתקשו המפרשים, כי פירותיו של גוי הרי אין בהם קדושת שביעית וגם לא חיוב של ביעור מן הבית, ואם יש להסתמך על החזקה שגוי מחליף פירות אין זה אלא להחמיר, אבל לא להקל ולהחליט בוודאות שאין אלו פירות של ישראל! (וראה ב"משנה ראשונה").

שייחד לו קרן זוית ובוודאי לא די ביחוד פינה בבית בלבד, אלא מדובר שייחד לו מקום, ויש ליהודי מפתח לאותו מקום, או שיש לו חותם על גבי חבית היין (רש"י). והוא לפי המשך הסוגיה.

שם יהו סלקא דעתך שהרי לא ייתכן לומר לפי הנמשל (שמדובר בתלמיד חכם, אדם גדול הקרוי "עץ") שעדיין הוא נשאר במקומו, שהרי כבר מת (רש"י). והראב"ד פירש: וכי תעלה על דעתך שאינו נשאר במקום בו נפל?

דאמר רב הלכה כר' אליעזר הראשונים דנו הרבה בנושא זה, לפי שמן הסוגיה שלנו מוכח שרב סבור כר' אליעזר, ואף פסק ההלכה בסוף הסוגיה הוא כשיטתו. ואילו ממקומות רבים אחרים רואים ששיטת רב היא שיין צריך חותם בתוך חותם, ואף משמעות מהלך דברי הגמרא היא שצריך חותם בתוך חותם לשמירת היין. ור"ת מחדש כאן שבאמת כאשר מדובר ביין שביד גוי די בחותם אחד, וכדברי הסוגיה כאן, ומה שהצריכו חותם בתוך חותם הרי זה בישראל חשוד, שלענין זה חוששים בו יותר משחוששים בגוי. וכמה מן הראשונים שהביאו דברי ר"ת סבורים שהוא תירוץ דחוק, לפי שאין הדבר מבואר בשום מקום בדרך זו, ואף מן התלמוד הירושלמי נראה בפשטות שמדובר כאן ביין שביד גוי. ולכן תירצו בתוס' ועוד ראשונים שיש לחלק, שאם המפקיד ביד הגוי הוא עצמו חוזר ובודק את חותמו — די לו בחותם אחד, אבל אם שולח את היין לאחר (שאינו יודע טיב חותמו של המשלח) צריך לעשות שמירה יתירה, ולעשות חותם בתוך חותם. אכן בה"ג וכן הרי"ף וראשונים רבים אחרים גורסים בברייתא כאן: "ומפתח וחותם ביד ישראל", והסביר רמב"ן כי זה הוא מה שפסק כאן רב כר' אליעזר, שלמרות שהוא סבור שיש צורך בחותם בתוך חותם, ולמרות שמפתח מהוה שמירה פחותה מחותם, די במפתח וחותם. וראה הסברים נוספים ברמב"ן.

ולא פליגי וצריך לפרש ש"לא פליגי" כוונתו שאינם חולקים בפירוש דעתו של אחד התנאים בברייתא, למרות שהם לעצמם חולקים בפסק ההלכה. או שאינם חולקים בפסק ההלכה (ששניהם סבורים שהלכה כר' אליעזר) ולא נחלקו אלא בפירוש הדברים בברייתא, וכל אחד מפרש דעתו של חכם אחר (תוס').

שאינו משתמר בחותם בתוך חותם ולפיכך אין תקנה ליין אלא כשיש שומר ישראל עליו (ר"ח ועוד). וראה בגרסות.

היכי דמי חותם בתוך חותם כלומר, עד היכן יש להקל ולומר שהדבר נחשב כחותם בתוך חותם, למרות שאין מדובר בשני חותמות ממש (ריטב"א). והראב"ד כתב שהוא הדין לשני קשרים מיוחדים. ואילו הרמב"ם כתב ש"חותם בתוך חותם" כוונתו לשני סימנים שיש לו לאדם בכלי, האחד הוא הטיחה או הקשירה של הכלי, והשני הוא שינוי שהוא משנה מדרך כל אדם. ואילו מדברי רש"י ועוד משמע שגם טרחה כפולה להגיע ליין — גם היא בכלל חותם בתוך חותם (ראה מאירי).

אגנא אפומא דחביתא רשי מסביר ש"אגנא" הוא מִזְרָק (ראה שמות כד,ו ובתרגום אונקלוס), והכוונה היא שהניח כלי על פי החבית וטח בטיט מסביב. ומדברי הרמב"ם משמע שכך היתה הדרך לכסות חבית. והראב"ד הסביר כי כיסוי רגיל של הכלי עצמו אין בו היכר כלל, ודווקא יש כאן היכר מיוחד אם נפתח. אבל בתורי"ד מסביר ש"אגנא דפומא דחביתא" כוונתו למגופת החבית עצמה, שאותה מדביק בטיט, ואין מדובר בכלי שונה.

שריקא וחתימא יש שהבינו כי "שריקא" הוא עצם הטיחה בטיט, ו"חתימא" הוא ההדבקה היטב מסביב (ראה רא"ה). אבל מדברי רש"י והרמב"ם ועוד משמע כי הטיחה בטיט אינה אלא "חותם" אחד, ובנוסף לכך יש צורך בחותם ממש. ויש שכתבו שעצם הנחת הכלי היא חותם אחד, והטיחה עם החותם שעליה היא החותם השני, כגון שכותב עליו אותיות (תוס' חכמי אנגליה). ומדברי הראב"ד משמע (ראה במאירי) ש"חתימא" משמעו שהכלי מכסה וסותם מסביב לשטח המגופה, שרק אז הוא מהווה חותם נוסף.

דיקולא ומיהדק הרשב"א כתב (ב"תורת הבית הקצר") כי לא די לחבית שהיא טוחה, אלא שצריכה גם חותם (וראה בטור ונושאי כליו). אבל רש"י מסביר כי מגופת החבית עצמה שהיא טוחה בטיט הריהי חותם אחד, והסל הריהו החותם השני. וכן הסביר הב"ח כי לדרך זו יש כאן חידוש, שיש מקרה בו אין צורך כלל בחותם, והוא כאשר הסל מהודק (וכן נראה מן הרמב"ם). ורש"י הסביר כי ההידוק של הסל גורם לכך שאין הגוי רוצה לטרוח ולפתוח את החבית. ואילו מדברי הרמב"ם עולה כי עיקר הכוונה היא שמשנה מדרך שבה אנשים עושים.

חתימת פיו למטה וכו' רש"י מסביר (לשיטתו בענין דיקולא) שהניח את הנאד הפוך בתוך הדיסקיא, וכיון שיש בדבר טרחה כפולה, לפתוח את קשר הדיסקיא, להפוך את הנאד כדי להוציאו, לפתוח את קשריו, ואחר כך להחזיר את הכל למקומו — הרי זה כחותם בתוך חותם. אבל יש אחרים המסבירים שאין דרך להניח נאד מלא כשהוא הפוך, אלא הכוונה היא להיפך, שהדיסקיא מונחת הפוכה על גבי הנאד. וכן יש לשנות את הגרסה (רבינו אלחנן ועוד. ראה גרסות).

מפני בירת סריקא וכו' רש"י פירש שמקומות סמוכים היו, וכן פירש הר"ח שהיו הולכים ובאים אצלם. והראב"ד הסביר כי במקומות אלו היו עוברים הכותים מוכרי היין בדרכם למקומם של ישראל.

סתומות מותרות וכו' וכבר תהו ראשונים: הרי כל חבית סתומה היתה בשעתה פתוחה, ואם כן מה התועלת במה שהיא סתומה כעת? (והיה מי שרצה לומר שהכוונה היא שהיה שם ישראל ששמר שלא יגע גוי בחבית, אבל כבר דחו הסבר זה. ראה תוס' רבינו אלחנן). ותירצו כי הכוונה היא שהכותי הרוצה שיקנו היהודים את יינו מקפיד שלא יגעו בו גוים, שהוא חושש שאם ייוודע הדבר לא יוסיפו לקנות עוד ממנו.

אורח ההלכה

סתם יינם יין של גוים שאין יודעים אם נתנסך (והוא הנקרא "סתם יינם") אסור בהנאה מדברי סופרים. והשותה ממנו רביעית מכים אותו מכת מרדות (ככל משקה של איסור, אף שאיסורו לכתחילה בכלשהו. לח"מ). (רמב"ם ספר קדושה הלכות מאכלות אסורות פי"א ה"ג).

ומטמא טומאת משקין סתם יינם של גוים מטמא טומאה קלה כשאר כל משקים טמאים, וברביעית (כס"מ). (רמב"ם ספר טהרה הלכות אבות הטומאות פ"ו ה"ח).

המפקיד יינו אצל גוי המפקיד יינו אצל גוי, שצריך שני חותמות (ראה להלן) והיה חתום בחותם אחד בלבד — הרי זה אסור בשתיה ומותר בהנאה, והוא שייחד לו קרן זוית. כברייתא וכתירוץ הגמרא. וכתב רמ"א: ויש שכתבו שבדיעבד יש להתיר יין זה אפילו בחותם אחד (ב"י לדעת ר"ת). (רמב"ם ספר קדושה הלכות מאכלות אסורות פי"ג ה"ט. שו"ע יו"ד קל, ב).

המפקיד פירות אצל גוי המפקיד פירותיו אצל הגוי הרי הם כפירותיו של גוי שחזקתו להחליף הפקדון. והיאך דינם? אם היו פירות שעדיין לא נגמרה מלאכתם, ונגמרו ביד ישראל אחר שלקח הפקדון — מפריש מעשרותיו, ואם הפקיד טבלים ונגמרה מלאכתם — חייב להפריש מספק שמא לא החליף הגוי. אבל אם הפקיד חולין מתוקנים — אינו צריך להפריש כלום, שאפילו החליף הגוי — פטורים. (רמב"ם ספר זרעים הלכות מעשר פי"א הט"ו).

הלכה כר' אליעזר הקונה או השוכר בית בחצרו של גוי והכניס בו יין, אם היה היהודי גר באותה חצר, אף שהפתח פתוח והגוי יכול להיכנס — היין מותר. ואם אין היהודי גר באותה חצר — צריך לנעול הדלת ויהיו המפתח והחותם בידו. כר' אליעזר, וכגרסת הרי"ף ועוד "מפתח וחותם" (גר"א). ואין צריך לומר אם היו שם שני חותמות. (ולמנהגנו מותר בדיעבד בחותם אחד בלבד, וכשיטת רבינו תם. ש"ך). (רמב"ם ספר קדושה הלכות מאכלות אסורות פי"ג ה"א. שו"ע יו"ד קל, ט).

יין משתמר חותם בתוך חותם מותר ליהודי להפקיד ולשלוח יינו ביד גוי אם הוא חתום בחותם בתוך חותם, או מפתח וחותם. כשיטת ר' אליעזר ולגרסת הרי"ף ועוד (באה"ג). (רמב"ם שם ה"ח. שו"ע שם סעיף א. שם קיח, ד).

היכי דמי חותם בתוך חותם כיצד הוא חותם בתוך חותם? סתם החבית בכלי שאינו מהודק כדרך שסותמים כל אדם, וטח בטיט — הרי זה חותם אחד. אבל היה כלי מהודק, וטח עליו מלמעלה — הרי זה חותם בתוך חותם. וכן אם צר פי הנאד — הרי זה חותם אחד. הפך פי הנאד לתוכו וצר עליו — הרי זה חותם בתוך חותם. כדברי רבא. וכן כל שינוי שמשנה מדברים שאין דרך כל אדם, הרי הם כחותם אחד, והטיחה או הקשירה חותם שני. (רמב"ם שם. שו"ע שם סעיף ד).

סתם יינם [א]אסור בהנאה [ב]ומטמא טומאת משקין ברביעית [א ג]המפקיד יינו אצל גוי אסור בשתיה ומותר בהנאה והתנן *[ד]המפקיד פירותיו אצל גוי הרי הן כפירותיו של גוי לשביעית ולמעשר [ב ה]כגון שייחד לו קרן זוית אי הכי בשתיה נמי לישתרי דהא רבי יוחנן אקלע לפרוד אמר כלום יש [ג]משנת בר קפרא תנא ליה ר' תנחום דמן פרוד המפקיד יינו אצל גוי מותר בשתיה קרי עליה (קהלת יא) מקום שיפול העץ שם יהו ס"ד אלא שם יהו פירותיו א"ר זירא לא קשיא הא ר"א הא רבנן דתניא [ד]אחד הלוקח ואחד השוכר בית בחצירו של גוי ומלאוהו יין ומפתח [ה]או חותם ביד ישראל *ר"א מתיר וחכמים אוסרין א"ר חייא בריה דרבי חייא בר נחמני א"ר חסדא אמר רב ואמרי לה אמר רב חסדא אמר זעירי ואמרי לה א"ר חסדא אמר לי אבא בר חמא הכי אמר זעירי [ו]הלכה כר"א אמר רבי אלעזר הכל משתמר בחותם אחד חוץ מן היין שאין משתמר בחותם אחד ור' יוחנן אמר אפי' יין משתמר בחותם אחד ולא פליגי הא כר"א הא כרבנן איכא דאמרי א"ר אלעזר הכל משתמר בתוך חותם חוץ מן היין שאין משתמר בתוך חותם ורבי יוחנן אמר [ז]אפילו יין משתמר בחותם בתוך חותם ותרווייהו כרבנן מר סבר כי פליגי רבנן עליה דר"א בחותם אחד אבל בחותם בתוך חותם שרו ומר סבר אפילו חותם בתוך חותם אסרי היכי דמי חותם בתוך חותם אמר רבא [ח]אגנא דפומא דחביתא שריקא וחתימא הוי חותם בתוך חותם ואי לא לא(א) [ט]דיקולא ומיהדק הוי חותם בתוך חותם לא מיהדק לא הוי חותם בתוך חותם [י]נוד בדיסקיא חתימת פיו למטה הוי חותם בתוך חותם פיו למעלה לא הוי חותם בתוך חותם וכי כייף פומיה לגיו וצייר וחתים הוי חותם בתוך חותם ת"ר [י]בראשונה היו אומרים יין של עין כושי אסור מפני בירת סריקא ושל ברקתא אסור מפני כפר פרשאי ושל זגדור אסור מפני כפר שלים חזרו לומר חביות פתוחות אסורות סתומות מותרות מעיקרא מאי סבור ולבסוף מאי סבור מעיקרא סבור אין כותי מקפיד על מגע גוי לא שנא פתוחות ולא שנא סתומות ולבסוף סבור כי לא קפיד אפתוחות אסתומות מקפיד קפיד וסתומות מותרות ורמינהי

(gloss: חבית; השולח)

רש"י

סתם יינם אסור בהנאה. משום גזירת יין נסך: **ומטמא טומאת משקין.** מטמא טומאת אוכלין ומשקין כתורת משקין טומאת שרץ שאינו מטמא אדם וכלים אלא אוכלין ומשקין ושיעורן לקבל טומאה ברביעית הלוג ככל טומאת משקין: **והתנן המפקיד פירותיו אצל הגוי הרי הן כפירותיו.** למעשרות ולשביעית דחשידי לחלופי וה"נ דלמא חלפיה והאי חמרא דגוי הוא: **שייחד לו קרן זוית.** ומסר לו מפתח או עשה חותם: **פרוד.** מקום של בר קפרא הוא ונפטר בר קפרא: **שיפול העץ.** ששכן שם תלמידי חכמים: **שם יהו ס"ד.** שהוא עצמו ימלא שם והא שכיב ליה: **אלא שם [יהו פירותיו].** ימלאו פירות העץ שנשרו ממנו אף כאן הצריך לדברי חכמים ישאל את בני העיר ששומעין ולמדין ממנו ומלמדים אותן לאחרים: **מפתח או חותם ר"א מתיר.** אף בשתיה: **וחכמים אוסרין.** לעשות כן ואי עבד שרי בהנאה כדאמרינן לעיל: **ותרווייהו כרבנן.** דאי כר"א בחותם אחד נמי שרי: **אגנא אפומא דחביתא.** כפה מזרק ע"פ החבית: **שריקא.** טח בטיט ודיבק סביבות פי המזרק לדופני החבית: **דיקולא.** כפה סל ע"פ חבית והחבית מגופה דהיינו ב' חותמות מגופת החבית שדבוקה בחבית ונתייבשה וסל כפוי עליה: **ומיהדק.** נכנס בדוחק פי הסל לבלוע את החבית הוי חותם בתוך חותם(ב) ולא טרח לזיופי כולי האי: **לא מיהדק.** (ג)נוח ליטלו הוי כמאן דליתיה: **נוד.** של עור מלא יין וקשור ומונח בתוך דיסקיא של עור: **פיו.** של נוד: **למטה.** בתוך דיסקיא: **הוי חותם בתוך חותם.** דטרח(ד) להפוך ולהתיר קשר הדיסקיא וקשר הנוד ולחזור ולקשרה כולי האי לא טרח: **ואי כייף פומיה.** של נוד לגיו ולייר וחותם כעין שקושרין נודות שלנו של שמן שלאחר שקושרים אותו מכניסין פי הנוד כשהוא קשור בתוכו ועוד קושרים אותה פעם אחרת אפי' אין דיסקיא הוי חותם בתוך חותם: **עין כושי.** מקום כותים: **בירת סריקא.** גוים הן וסמוכין לעין כוש: **ברקתא.** עיר של כותים: **כפר פרשאי.** גוים: **וזגדור.** כותים:

תוספות

המפקיד יינו אצל גוי אסור בשתיה ומותר בהנאה. ובסמוך משמע שהפקידו בחותם אחד ותימה מאי קסבר ר' יהודה בן בתירא אי לא חייש לזיוף כר"א אפילו בשתיה לשתרי ואי חייש לזיוף כרבנן אפי' בהנאה ליתסר שמא נגע בו הגוי ונסכו וי"ל דרבי יהודה בן בתירא לטעמיה דאמר לקמן בפרק ר' ישמעאל (דף נט:) יין של ישראל שנגע בו גוי מותר בהנאה חדא דאין מנסכין יין אלא בפני עבודה זרה ועוד שאומר לו לא כל הימנך שתאסור ייני לאונסי ואע"ג דחייש לזיוף דנגע ביה ושתה מיניה[א] לא החמיר כ"כ לחוש לאחלופי בשלו שיאסר גם בהנאה כיון שכל עיקר יינם אינו אסור אלא מדרבנן:

דאמר רב הלכה כר"א שמתיר יין בחותם אחד. ולקמן פ"ב (דף סט: ושם) נמי אמרינן האידנא קיימא לן כר"א דלא חייש לזיופא ויש להקשות דרב אדרב דהא אמר רב לקמן (דף לט.) חבי"ת בחותם אחד אסור סימן חלב בשר יין תכלת ועוד קשה דרב אשי אמר לעיל (דף כט:) גבי חומץ ויין מבושל א"ל חותם בתוך חותם משמע הא יין גמור צריך חותם בתוך חותם וכן רבא דשקיל וטרי לקמן בסמוך היכי דמי חותם בתוך חותם משמע דס"ל דלא סגי בחותם אחד וכולה סוגיא דשמעתא מיירי בחותם בתוך חותם והיה מתרץ ר"ת דההוא דרב דלקמן מיירי בישראל חשוד וגרע מגוי מפני שהוא בטוח שיאמינוהו ולא מירתת כ"כ וכן ההיא דרב אשי דלעיל (דף כט:) נ"מ לענין ישראל חשוד וכן רבא מפרש חותם בתוך חותם אליבא דרבנן ואפי' אליבא דהלכתא איכא נפקותא כגון ישראל חשוד וההיא *)דרבה בר רב הונא(ה) חתך לה לבישרא אתלתא קרנתא כשמשלחה ביד גוי ולהכי סגי בחותם אחד וקשה קצת פר"ת דנבואה היא להעמיד כל אלו ההלכות בישראל חשוד ואנן בגוים קיימינן ורב אשי לעיל הזכיר חומץ ביד גוי אין צריך חותם בתוך חותם ומשמע הא יין ביד גוי צריך ועוד דבירושלמי משמע דההיא בגוי איירי וגם רש"י וה"ג פירשוהו בגוי לכך נראה לפרש דהכא והתם בגוי איירי ויש לחלק בין שולח לחבירו ואינו חוזר ורואה חותמו להכירו דאז צריך חותם בתוך חותם דלא מרתת שסבור האחר לא יכיר החותם אבל היכא שמניחו ביד הגוי ועתיד לראות חותמו(ו) להכיר די בחותם אחד תדע שכן הוא שהרי ר"א הזכיר בדבריו המפקיד יינו אצל גוי ובסתמא אדם דעתו לחזור שם להכיר חותמו וסתמו אבל רב אשי דלעיל הזכיר בדבריו חומץ שלנו ביד גוי משמע ששולחו ביד גוי ורבא נמי אשכחן לקמן דקאמר נוד בדיסקיא ופיו למטה ואיהו גופיה אמר בפ' בתרא(ז) (לקמן עד:) כי הוה משדר גולפי להרפניא סחיף להו אפומייהו ומלתיה דרב לקמן (דף לט.) מיירי בשולח ביד גוי כפרש"י וה"ג:

ולא פליגי הא ר"א והא רבנן. פירוש לא פליגי אליבא דחד תנא אלא מר סבר כר"א ומר סבר כרבנן א"נ לא פליגי וכולהו כר"א קיימי דפסק רב כוותיה אלא מר מפרש מילתיה דר"א ומר מפרש מילתייהו דרבנן וא"ת ורבי אלעזר היכי קאי כר"א הא ר"א גופיה קאמר בפ"ק דנדה (דף ח.) דאין הלכה כר"א בכולהו סידרי אלא בארבע וי"ל דשאני הכא דקאי ר"מ כוותיה לקמן פרק ר' ישמעאל (דף סא.) בברייתא דאמר הלוקח בית וכו' וכה"ג משני תלמודא התם בפ"ק דנדה (שם:):

ותרווייהו כרבנן. וא"ת אימור דרבי יוחנן סבר כר"א ומפתח וחותם דקתני בברייתא ר"ל תרווייהו דהשתא הוי חותם בתוך חותם וי"ל דתלמודא משמע ליה דמפתח וחותם דקתני בברייתא לא משום דבעינן תרווייהו מדלא קאמר שתי מפתחות או ב' חותמות אלא מפתח או חותם קאמר וגם יש גורסים מפתח או חותם:

סתומות מותרות. ואף על פי שאין לך סתומות שלא יהו פתוחות מתחלה מכל מקום כיון שדעתו לסתמן להתקיים למכור לישראל מנטר קא נטר להו שפיר ואינו חפץ שיחשדוהו ישראל כלל:

*) [ב"מ כג ע"ב ושם בתוס' ד"ה אתלתא].

רבינו חננאל

בכוית כמת וכעבודה זרה. סתם יינו אסור בהנאה ומטמא טומאת משקין ברביעית הפקידו ליינו ישראל אצל גוי אסור בשתיה ומותר בהנאה. איני והתנן בדמאי פ"ג המפקיד פירותיו אצל הכותי ואצל עם הארץ הרי הן בחזקתן למעשר ולשביעית אצל הגוי כפירותיו הנה המפקיד אצל הגוי נעשו אותם הפירות כפירותיו וביינו אמרינן אסור א) בהנאה ומטמא טומאת משקין ברביעית ופריק ר' ירמיה הא דאמר ר' יוחנן משום ר' יהודה בן בתירא כגון שייחד לו הגוי קרן זוית והוא שמותר בהנאה. ומקשינן עליה אי הכי בשתיה נמי לישתרי דהא כדתנא ליה רבי תנחום משנת בר קפרא המפקיד יינו אצל גוי מותר בשתיה קרי עליה ר' יוחנן מקום שיפול העץ שם יהו פירותיו ב) ופירק ר' זירא פירוק אחר ואמר מתני' דדמאי כרבנן דאסרי ור' יוחנן דאמר כרבי ג) אליעזר דתניא אחד הלוקח ואחד השוכר בית בחצרו של גוי ומלאהו יין ומפתח וחותם ביד ישראל רבי אליעזר מתיר בשתיה ולא חייש לזיופא. ואסיקנא משמיה דרב חסדא אמר זעירי הלכתא כר' אליעזר. א"ר אלעזר הכל משתמר חותם בתוך חותם ביד הגוי חוץ מן היין שאינו משתמר אלא בשומר ור' יוחנן אמר אפי' יין משתמר חותם בתוך חותם ביד גוי ותרווייהו רבי יוחנן ור' אלעזר כחכמי' דאסרי ר' יוחנן סבר כי פליגי רבנן עליה דר' אליעזר בחותם אחד אבל חותם בתוך חותם אפילו רבנן שרו. היכי דמי חותם בתוך חותם אגנא שריקא אחביתא וחתימא הרי זה חותם בתוך חותם ואי לא הוי

כי האי גוונא לא הוי חותם בתוך חותם. דיקולא אפומא דחביתא חתימא אי מהדק הוי חותם בתוך חותם ואי לא מהדק לא. נוד צרור בדסקיא צרירא וחתימא אם פי הנוד בתוך הדיסקיא והדיסקיא למעלה צרורה וחתומה הוי חותם בתוך חותם ואי לא הוי פי הנוד למטה בדסקיא לא הוי חותם בתוך חותם והלכתא כר' יוחנן וקיימא לן דכל כסוי שעל פי החבית אי מיהדק ואין אדם יכול להסירו מבלי שבירת החותם הרי זה חותם בתוך חותם: עין כושי מדור של כותים ובירת סריקא קרוב להן מדור גוים וכן ברקתא וכפר פרשה וכן (גנדיד) [זגדור] וכפר שחלים אסרו מדורות של כותים מפני מדור של גוים שהולכין ובאין אצלן: קסברי רבנן אין כותי מקפיד על מגע גוי וכל יין שלהן מגע גוי הוא חזרו לומר חביות פתוחות של כותים אסורות סתומות מותרות לבסוף סברי כי לא קפדי אפתוחות אבל

עין משפט נר מצוה

עט א מיי' פי"א מהל' מאכלות אסורות הלכה ג סמג לאוין קמח טור ש"ע י"ד סימן קכג סעיף א:
פ ב מיי' פי"ז מהלכות אבות הטומאה הל' ח:
פא ג מיי' פי"ג מהל' מ"א הלכה ט סמג לאוין קמח טוש"ע י"ד סימן קל סעיף ב:
פב ד מיי' פי"א מהל' מעשר הלכה טו:
פג ה מיי' פי"ג מהל' מ"א הלכה יב ו סמג לאוין קמח טור ש"ע י"ד סי' קל סעיף ב:
פד ו ז מיי' שם הלכה ח טור ש"ע שם סעיף א:
פה ח ט י מיי' שם הלכה ח טור ש"ע שם סעיף ז:

מסורת הש"ס

[דמאי פ"ג מ"ד בכורות יא:]

[שבת קכב.]

הגהות הב"ח

(א) גמ' ואי לא לא הוי חותם בתוך חותם דיקולא ומיהדק וכו' נוד בדיסקיא וחתמו פיו: (ב) רש"י ד"ה ומיהדק וכו' דלא טרח: (ג) ד"ה לא מיהדק דנוח: (ד) ד"ה הוי וכו' דטורח הוא להפוך: (ה) תוספות ד"ה דאמר רב וכו' וההיא דרבה בר רב הונא ורב דחתך לה לבישרא אתלתא קרנתא מיירי כשמשלחה. נ"ב פרק גיד הנשה בדף לה: (ו) בא"ד לראות חותמו ולהכירו די: (ז) בא"ד בפ' בתרא. נ"ב בסוף דף עד ומשמע מדברי התוס' שס"ל דהסיפא דסחיף כו' לא הוי אלא חותם אחד דלא כפרש"י לשם וכן נראה מדברי התוס' לשם ע"ש:

הגהות הגר"א

[א] תוס' ד"ה המפקיד. לא החמיר כ"כ כו'. נ"ב עיין לעיל כ"ע ב' דמשום אחלופי לא חיישינן בחותם אחד (ועמ"ש רבינו ביו"ד סי' קי"ח ס"ק ס' וסי' ק"ל ס"ק ח'):

גליון הש"ס

תוס' ד"ה ולא וכו' אלא בארבע. עיין נדה דף מח ע"א תוספות ד"ה אמר:

א) ר"ל וא"כ במפקיד יינו אצל עובד כוכבים ג"כ יהי' אסור בהנאה דהא אמרינן דודאי החליפו ביינו. ב) מלשון רבינו ז"ל משמע דגרס בגמ' אלא א"ר זיר ונייד מתני' קמא לגמרי. ג) הדבר צ"ע דא"כ הדרא הקושיא לדוכתא דאפילו בשתי' נמי לשתרי דהא ר"א מתיר אפי' בשתיה.

עין משפט נר מצוה

פו א טור ש"ע י"ד סי' קל סעיף ח:
[א טור ש"ע י"ד סי' קכט סעיף ד]:
פז ב ג ד מיי' פי"ז מהלכות מאכלות אסורות הלכה י סמג עשין קמח טוש"ע י"ד סימן קיד סעיף א:

א השולח חבית של יין ביד כותי ושל ציר ושל מורייס ביד גוי א אם מכיר חותמו וסתמו מותר אם לאו אסור אמר רבי זירא לא קשיא כאן בעיר כאן בדרך מתקיף לה רבי ירמיה מידי הנך דעיר לא בדרך אתו אלא אמר רבי ירמיה [א] בין הגיתות שנינו כיון דכולי עלמא אפכי מירתת אמר

א השתא אי חזי לי מפסדו לי אתמר מפני מה אסרו שכר של גוים רמי בר חמא אמר רבי יצחק ב ב משום חתנות רב נחמן אמר משום גילויא גילוי דמאי אילימא גילוי דנזייתא אנן נמי מגלינן ואלא דחביתא אנן נמי מגלינן לא צריכא באתרא דמצלו מיא אלא מעתה ישן תשתרי ג דא"ר *ישן מותר אין מניחו ליישן החמיץ מותר אין מניחו להחמיץ גזירה ישן אטו חדש רב פפא ג מפיקין ליה לאבבא דחנותא ושתי רב אחאי ד מייתו ליה לביתיה ושתי ותרוייהו משום חתנות(א) רב אחאי עביד הרחקה יתירתא רב שמואל בר ביסנא איקלע למרגואן אייתו ליה חמרא ולא אשתי אייתו ליה שיכרא ולא אשתי בשלמא חמרא משום שימצא שיכרא משום מאי משום שימצא דשימצא אמר רב האי שיכרא דארמאה שרי וחייא ברי לא נישתי מיניה מה נפשך אי שרי לכולי עלמא שרי אי אסיר לכולי עלמא אסיר אלא רב סבר משום גילויא ואזיל מרורא דכשותא וקלי ליה זיהריה ודלקי מלקי ליה טפי וחייא ברי הואיל ולקי לא נישתי מיניה ד אמר שמואל כל השרצים יש להן ארס של נחש ממית של שרצים אינו ממית אמר ליה שמואל לחייא בר רב ה *בר אריא תא ואימא לך מילתא מעלייתא דהוה אמר רב אבוך הכי אמר אבוך הני ארמאי זוקאני דהוו שתו גילויא ולא מתו ו *איידי דאכלי שקצים ורמשים חביל גופייהו אמר רב יוסף האי

תוספות

השולח חבית של יין ביד כותי וציר ומורייס ביד גוי. מדקדק ר"ת דמשמע מדפלגינהו בתרי בבות ש"מ דוקא קתני יין ביד כותי אבל ביד גוי לא סגי בחותם אחד ואתיא כרבנן וא"כ ציר ומורייס סגי בחותם אחד אף לרבנן ותימה א"כ תקשי לאיכא דאמרי דלעיל דא"ר אלעזר הכל משתמר בחותם בתוך חותם דמשמע כל מילי בעינן חותם בתוך חותם וי"ל דהכל לא קאי אלא אשאר מילי דתני"ת אבל תמפ"ג חילתית מורייס פת וגבינה אמרי' לקמן דסגי בחותם אחד ורש"י פי' יין ביד כותי וכ"ש ביד גוי צריך הכרת חותם ובהכרת חותם מיהא שרי כר"א משמע דאף לר"א צריך הכרת חותם בשולח בדרך מעיר לעיר ואף לדברי ר"ת שמעמיד הברייתא כרבנן מדרבנן נשמע לר"א לאו אמרו רבנן בציר ומורייס דסגי בחותם א' דבעי הכרת חותם לר"א נמי ביין דסגי בחותם א' לרי' הכרת חותם וא"כ יש ליזהר בשולח יין לחבירו ואינו הולך שם להכיר חותמו שצריך חותם בתוך חותם או אם שולח כתב להודיע איך חותמו ויודיע לגוי שכך שלא לו מועיל בחותם א' דגוי כיון דידע מירתת ולא מזייף ור"ת פי' דלר"א דלא חייש לזיופא לא בעינן הכרת חותם ואפי' אינו הולך להכיר חותמו וגם אינו שולח באיזה ענין הוא חותם מותר ומייתי ראיה מדקאמר תלמודא לקמן פ"ב (דף סט:) והשתא דקיימא לן כר"א דלא חייש לזיופא אמאי לא מותבינן חמרא ביד גוים כו' ובדיעבד יש לסמוך על פסק ר"ת וענין חתימת החבית פירש רבינו ברוך וזה לשונו נכון הדבר לסתום פי חבית בנעורת או בדבר אחר ולתת עור על הסתימה קבוע במסמרות ולכתוב אותיות חציין על העור וחציין על דופני קרשי החבית שאם יגביה הגוי העור לא יוכל לכוין לישבו כבתחלה ולתת חשוק אחד שקורין לירקל"א סביב השולים במקו' שמחוברי' דופני החבית ולקבוע שם במסמרות מפני הנעורת התחובה שם סביב שלא יוליאם הגוי להוציא היין דרך שם ולתחבו אחרי כן אל מקומו הראשון וכל הברזות לסתוך ולקבוע עליהם עור במסמרות או לקבוע נסרים לכסות כל השולים והברזות עכ"ל וישלח לחבירו כתב כדפרישית. כתב ר' יצחק בר יהודה לר"ש בתשובה כי בימיהם היו החביות של חרס וכאשר היתה פי החבית סתומה אז היה די כר"א אבל חביות שלנו אף לאחר סיתום פי החביות והברזות יכול הגוי לנעוץ סכין בין הנסרים ולהוציא יין ולפי תשובתו יש לאסור אפי' חתמו בענין שפי' ויש מחמירים ומכסים כל דופני החבית בחשוקים וגם השולים בנסרים ואז אין לחוש כלל ויש מקילין לשלוח בחותם אחד אף בלא הכרת חותם ולא הודעת כתב ומיישבים הברייתא דאם היה מכיר חותמו לא שילך להכירו אלא אם הלך ומצא והכיר חותמו מותר גמור כי ודאי לא זייפו אבל אם(ב) לא הכיר כשהלך שם החותם כמו שעשאו יש לחוש שמא זייפו הגוי אבל אם לא הלך אחרי אשר חתמו והישראל מצאו חתום מותר והמחמיר תבא עליו ברכה וכתב הר"ר משה מקוצי בספרו כי אחרי שיש מקילין ויש מחמירין אין לנו ראיה ברורה לאסור ודין חביות ריקניות נפרש בסוף ע"ז (לקמן דף עד: ד"ה רבא) כשנגיע שם אי"ה: **מפני מה אסרו שכר כו'.** איסור שכר לא מצינו לא במשנה ולא בברייתא ושמא בימי האמוראים אסרוהו: **רב נחמן אמר משום גילוי.** וא"ת למ"ד משום גילוי מ"ט לא תני ליה במתניתין עם גבינות דטעמייהו נמי משום גילוי וי"ל דרב נחמן לית ליה לקמן (דף לה: ע"ש) בגבינות טעמא דגילוי אלא טעמא מפני שמעמידין בשרף ערלה וא"ת למ"ד משום גילוי בגבינות אי סבר הכא טעמא דגילוי וי"ל כיון דהכא ליכא למיחש היכא דלא מצלו מיא וה"נ דמשוו ביה כשותא לא פסיקא ליה: **באתרא דמצלו מיא.** וא"ת למ"ד לעיל (דף ל.) אמנקריותא קפדי מאי איכא למימר וי"ל דבשכר לא קפדי כ"כ מפני שסופו להוציא כל גריעות שבו כשיהיה עשוי ותוסס כל צרכו ואם שוקע ישאר עם השמרים שאינם לשתיה: **ותרוייהו משום חתנות רב אחאי עביד הרחקה יתירתא.** ומ"מ שניהן לא היו שותין בבית הגוי וא"כ צריך ליזהר שלא לשתות שכר בבית הגוי דהא רב פפא ורב אחא שהיו בתראי לא היו שותין ומיהו המתאכסן בבית הגוי יכול להיות שמותר לשלוח בעיר לקנות שכר מן הגוים דהוי כמו בביתו של ישראל ואף אם הגוי אכסנאי שלו נותן לו משלו *(ושותה) משום איבה דלא אסרו משום חתנות אלא לקבוע שתיה בחנות או ברגילות לשתות בבית הגוים אבל אקראי בעלמא שרי ובכלל דין שכר של תמרים בין של תבואה ואין לאסור של תבואה משום בשולי גוים כמו(ג) סלקא ודייסא דאע"ג דלא חזי לכוס כשהוא חי דס"ל כאידך לישנא דרב דאמר* כל שאינו עולה על שלחן מלכים אין בו משום בשולי גוים ואשכחנא ר' יוחנן סבר לקמן פרק רבי ישמעאל (דף נט.) כוותיה ובפרק החולץ (יבמות דף מו.) ועוד יש טעם אחר להתיר השכר דאין בו משום בישולי גוים דכי היכי דהתבואה בטלה לגבי המים לענין ברכת שהכל נהיה בדברו ה"נ היא בטלה לענין איסור בישול: **דאכלי שקצים ורמשים חביל גופייהו.** תימה דאמר פרק רבי עקיבא (שבת דף פו:) גבי שכבת זרע של ישראל במעי גויה ישראל דדייגי במצות חביל גופייהו טפי מגוים וי"ל דלענין להנצל מארס אין מועיל חבל דאכילת שקצים ורמשים שיש להם בתוך הגוף ומבטל ארס של נחש: האי

רש"י

חבית של יין ביד כותי. וכ"ש ביד גוי צריך הכרת חותם ואע"פ דכותי אינו מנסך מיהו לא קפיד אמגע גוי: **ושל ציר ומורייס ביד גוי.** צריך הכרת חותם ציר אע"ג דלאו אורחא למירמי ביה חמרא דדמי היין יקרים משל ציר מיהו חיישינן דלמא מחליף ליה בציר של דגים טמאים ומורייס חיישי' איידי דדמי מורייס יקרים מדמי יין דלמא שקיל מורייס ומעייל חמרא ומערב בי' אבל כותי לא חשיד לאחלופי. ציר מזיעה וזיבות של דגים כשכובשין אותן במכבש כדאמרינן במועד קטן (דף יא.) ונעשה חזק כחומץ ומטבל בו. מורייס מערבין בו קרבי דגים כדאמרינן לקמן בפרקין (דף לד:) דנפיש שומניה: **מכיר חותמו וסתמו.** שלא זייף סתימתו: **בעיר.** קפיד כותי דסבר השתא נגע גוי ביייני ולא זבני מייני: **לא בדרך אתו.** וליחוש שמא נגע בהן בבואם בדרך: **בין הגיתות שנו.** הך דקתני סתומות מותרות: **דכ"ע אפכי.** מצויין בדרכים: **משום חתנות.** שלא ירגיל לעשות משתאות אצל גוי ויתן עיניו בבתו: **דנזייתא.** בעוד שהשכר בגיגית שהיא נעשית: **אנן נמי מגלינן.** דקיי"ל דשיכרא לא שתי חויא מיניה: **באתרא דמצלו מיא.** במקום שרגילין להשהות המים בכלי עד שיהו צלולים ומים יש בהן משום גילוי: **ישן מותר.** כל דבר גילוי ששהה אותו עד שנתיישן מותר דאין מניחו ארס של נחש ליישן אם היה בתוכו: **החמיץ מותר.** יין מגתו חדש שנתגלה עד שלא החמיץ והחמיץ מותר בידוע שלא שתה בו נחש דאילו שתה בו נחש לא היה מניחו להחמיץ: **למרגואן.** ישראל חשודין היו ולא היו מקפידין על יינם של גוים: **משום שימצא.** חשד יין נסך: **שימצא דשימצא.** גזרה שיכרא אטו חמרא: **משום גילויא.** ומיהו לכו"ע שרי שאינן חולין והאי זיהרא לא מלקי להו: **משום דאזל מרורא דכשותא.** טעם מרירות של כשות וקלי ליה לזיהרא ואין בו כח להלקות אדם בריא: **ודלקי מלקי ליה.** אדם שהוא חולה קודם לכן ושותהו מזיקו ומכביד חליו: **מלקי.** מזיק: **זוקאני.** נפוחים: דורדיא

[לקמן לה. ע"ש]
[ברכות יב. ע"ש בגליון]
שבת פו: נדה לד:
[נ"ל שותה]
[לקמן לח.]

רבינו חננאל

אבל אסתומות קפדי ומקשינן וסתומות מותרות והתנן השולח חמת של יין ביד כותי ושל ציר ושל מורייס ביד גוי אם מכיר ישראל חותמו וסתמו מותר ואם לאו אסור מ"ט אסרינן להאי חמת דהוא ביד הכותי לאו משום דחיישינן דלמא נגע ביה גוי ואע"ג דסתומה היא דהוא לא קפיד ואי אמרת דקפדי אסתומות אמאי אסורה. ופריק ר' זירא כי קפדי במגע גוי בסתומות בעיר דהא חזו ליה. אבל בדרך לא חיישי. ומקשינן והרי יין דהוא א) השתא בעיר ושנינן בחיצונה סתומות עכשיו מותרות ואע"ג שבא בדרך. בין הגיתות שנו כיון דכולי עלמא אזלי ואתו מרתת למישרי הסתומות אמר השתא ב) מדרכו לי העוברים והשבים: **איתמר** מפני מה אסרו שכר של גוים ר' יצחק אמר משום חתנות רב נחמן אמר משום גילויא גילויא דמאי אילימא גילויא דנזייתא פי' הכדות הגדולות שמגלין אותם שנים ושלשה ימים בשעה שדורכין אותם כדי שיצאו הרוחות שבהן אנן נמי מגלינן להו אלא גילויא דחביות אחרי שמסננין אותן מן השמרים אנן נמי מגלינן להו דלא ליפקעי חביות משום דתוסס ומוקמינן להו באתרא דמצלו מיא פי' נותנין בהם מים כדי שיצלו ואין בהן תסיסה ג' ימים. ומקשינן אלא מעתה ישן נשתרי דאי הוו יהבי בהו מיא לא הוה מתיישן וכדרבי חנינא דאמר ישן מותר ושנינן גזרינן ישן אטו חדש. רב פפא מפקין ליה לבבא דחנותא ושתי ולא שתי בהדייהו משום חתנות רב אחא מייתו ליה לביתיה ושתי עביד הרחקה יתירה משום שמצא דשמצא אמר רב האי שיכרא דארמאי שרי מיהו חיישינן משום גילויא ואזיל מרורא דכשותא וקלי ליה לזיהריה ודלקי מלקי ליה וחייא ברי הואיל והוא חולה לא ישתה ממנו: אמר שמואל כל השרצים יש בהם ארס של נחש ממית של שרצים מלקה פי' ארמאי זוקאני גוים שהן נפוחים כמו בעלי הדרוקן. אמר רב יוסף

א) נראה דצ"ל והרי יין דהוא השתא בעיר ושנינן בברייתא קמייתא דסתומות מותרות ואע"ג שבא מתחילה בדרך. ב) נראה דצ"ל הפתח מחזו לי העוברים והשבים.

הגהות הב"ח

(א) גמ' משום חתנות מיהו רב אחאי: (ב) תום' ד"ה השולח וכו' אבל אם כשהלך לשם לא הכיר החותם כמו שעשאו: (ג) ד"ה ותרוייהו וכו' כמו תורמוסא דשלקו עובדי כוכבים ודייסא דאע"ג דלא חזי לכוס כשהוא חי אין בו משום בשולי עובדי כוכבים דס"ל כאידך לישנא דרב:

השולח חבית של יין ביד כותי, או חבית של ציר דגים ושל מורייס (מאכל העשוי מדגים מלוחים) ביד גוי, אם היה מכיר חותמו וסתמו (וסתימתו) וברור לו שלא נפתח — מותר, אם לאו [לא] — אסור, למרות שהחבית סתומה! אמר ר' זירא, לא קשיא [אין זה קשה]: כאן — מדובר בעיר, שאין לחשוש לזיוף, כאן — בדרך. מתקיף לה [מקשה על כך] ר' ירמיה: מידי הנך [כלום אלה] שבעיר לא בדרך אתו [הגיעו]? אלא אמר ר' ירמיה: גם בעיר יש לחשוש, ומה שהתרנו בחביות סתומות — בין הגיתות שנינו במקום שדורכים את היין, כיון דכולי עלמא אפכי, מירתת [כיון שכל העולם מצויים שם, הכותי מפחד] להניח לגוים לנגוע בו, אמר [אומר הוא] לעצמו: השתא אי חזי לי, מפסדו לי [עכשיו אם יראו אותי עושה כך, יפסידו ממני את שכרי].

א אתמר [נאמר]: מפני מה אסרו שכר של גוים? רמי בר חמא אמר בשם ר' יצחק: משום חתנות שלא יבואו להתקרב אליהם עד שבסוף יתחתנו בהם. רב נחמן אמר: משום גילוי, שאינם מקפידים לכסות את השכר, ונחש עלול הטיל בו את ארסו. ושואלים: אגילוי דמאי [גילוי של מה]? אילימא [אם תאמר] גילוי דנזייתא [של הגיגית] שעושים בהן את השכר, אנן נמי מגלינן [אנו גם כן מגלים]! ואלא דחביתא [גילוי של החבית] בה מניחים שכר, הרי אנן נמי מגלינן [אנו גם כן מגלים]! ומשיבים: לא צריכא, באתרא דמצלו מיא [לא נצרכה אלא במקום שמשאירים את המים שעושים בהם את השכר להצטלל בכלי], ויש לחשוש שמא שתה מהם נחש. ושואלים: אלא מעתה נאמר ששכר ישן תשתרי [יהיה מותר], שהרי אמר רב: דבר שיש לחשוש בו משום גילוי, אם היה ישן — מותר, כי אם היה בו ארס אין מניחו ליישן אלא היה מתקלקל, וכן אם החמיץ יין — מותר, כי אין הארס מניחו להחמיץ! ומשיבים: גזירה בישן אטו [משום] חדש. ומסופר כיצד נהגו חכמים באיסור זה של שכר. רב פפא מפיקין ליה לאבבא דחנותא, ושתי [היו מוציאים לו את השכר לפתח החנות והיה שותה]. רב אחאי מייתו ליה לביתיה, ושתי [היו מביאים לו שכר לביתו והיה שותה]. ומסבירים: ותרווייהו [ושניהם] סברו שהאיסור משום חתנות, אלא שרב אחאי עביד הרחקה יתירתא [עשה הרחקה יתירה]. מסופר, רב שמואל בר ביסנא איקלע [נזדמן] למקום מרגואן שישראלים שבו לא נזהרו ממגע גוים ביין, אייתו ליה חמרא, ולא אשתי [הביאו לו יין, ולא שתה], אייתו ליה שיכרא ולא אשתי [הביאו לו שכר ולא שתה]. ושואלים: בשלמא חמרא [נניח יין] לא שתה משום שימצא [שמץ] כלומר, משום חשש יין נסך, ואולם שיכרא [שכר] משום מאי [מה] לא שתה? ומשיבים: משום שימצא דשימצא [שמץ של שמץ], גזירה בשכר משום יין. אמר רב: האי שיכרא דארמאה שרי [שכר של גוים מותר], וחייא ברי [בני] לא נישתי מיניה [אל ישתה ממנו]. ותמהים: מה נפשך [מה רצונך]? אי שרי, לכולי עלמא שרי [אם מותר, לכל העולם הוא מותר], אי אסיר, לכולי עלמא אסיר [אם הוא אסור, לכל העולם הוא אסור]! אלא מכאן שרב סבר [סבור] כי האיסור בשכר אינו משום חתנות אלא משום חשש גילויא [גילוי], ואזיל מרורא דכשותא וקלי ליה זיהריה [והולכת המרירות של הכשות ששמים בשכר ושורפת את הארס שבו], ודלקי מלקי ליה טפי [ואולם מי שהוא חלוש מחליש אותו הארס יותר] מאדם רגיל, וחייא ברי [בני] הואיל ולקי [והוא חלוש] לא נישתי מיניה [אל ישתה ממנו]. ועוד בענינים של גילוי בכלל, אמר שמואל: כל השרצים יש להן ארס, אלא שיש הבדל ביניהם: ארס של נחש ממית, של שרצים אינו ממית. אמר ליה [לו] שמואל לחייא בר רב: בר אריא [בן ארי, בן איש גדול], תא ואימא לך מילתא מעלייתא דהוה אמר רב אבוך [בוא ואומר לך דבר טוב שהיה אומר רב אביך]: הכי [כך] אמר אבוך [אביך]: הני ארמאי זוקאני דהוו שתו גילויא [אותם גויים נפוחים מתוך חולי, שהיו שותים דבר מגולה] ולא מתו, טעם הדבר הוא: איידי דאכלי שקצים ורמשים חביל גופייהו [מתוך שהם אוכלים שקצים ורמשים נתחמם גופם] וגורם שהארס לא יזיק להם. אמר רב יוסף:

עיונים

של יין ביד כותי שיש לחשוש שאינו מקפיד על מגע גוי ביין, שגזרו חכמים שיאסור את היין בהנאה. וכל שכן יש לחשוש כאשר שולח ביד גוי (רש"י).

ציר ומורייס ביד גוי שלגבי ציר יש לחשוש שמא מחליף אותו הגוי בציר של דגים טמאים. ולגבי מורייס, כיון שמחירו יקר מיין, יש לחשוש שמא יערב בו הגוי יין.

אם מכיר חותמו וסתמו כלומר, כשהוא מכיר מזהה את חותמו ואת הסתימה. וכשאדם אחר מקבל — כשישלח לו השולח סימנים אלו בכתב (וראה בתוס'). ויש כתבו שהכרה זו נחוצה כתחליף לחותם בתוך חותם, ששני חותמות לעצמם די בהם. אבל הראב"ד ועוד סבורים שהוא בנוסף לעצם הצורך בשני חותמות.

לא בדרך אתו שהרי אין עושים את היין בעיר עצמה אלא סמוך לגת, ומשם מוליכים את חביות היין לעיר. ולפיכך מה שבעיר היה כבר בדרך, ואם יש לחשוש — מה שבעיר יהא פסול משום הדרך.

בין הגיתות שנו כתב רבינו אלחנן שלמרות שדברי ר' ירמיה מתחילים ב"אלא", אין תירוץ זה בא לשלול את ההסבר הקודם (המחלק בין חביות פתוחות וסתומות) אלא להוסיף עליו. והטעם שנאמר "אלא" הוא משום שר' ירמיה עצמו הוא המתקן את הדברים שאמר, וכך דרך הגמרא שאומרים במקרה כזה "אלא".

מפני מה אסרו שכר הראשונים העירו כי איסור השכר של גוים לא נזכר לא במשנה ולא בברייתא, ולפיכך צריך לומר שהוא גזירה של האמוראים עצמם, שהם מצאו טעמים לאסור אף שכר. ויש שכתבו שאף לא היתה בזה גזירה ממש על ידי בית דין, אלא שנהגו בו איסור. ובאופן זה הסבירו את הגרסה שעמדה לפני הראשונים בענין זה: "מפני מה אמרו שכר של גוים אסור", ולא "מפני מה גזרו" (ראה רמב"ן וריטב"א).

משום חתנות שאם ישתה עמהם הריהו בא לידי קירוב הדעת, ומשום כך עשוי לבוא במשך הזמן לידי חתנות (רש"י). והראב"ד סבור שנגזרה גזירה זו משום היין, שכיון שנאסר היין משום חתנות ויש בו גם צד של איסור יין נסך, הוסיפו וגזרו גם בשכר הדומה ליין (וראה ברמב"ן).

נזייתא אנן נמי מגלינן שבעוד השכר בגיגיות שבהן עושים אותו, אין אנו חוששים לגילוי, שאין הנחש שותה מן השכר (רש"י). והר"ח מבהיר כי תהליך היצור של השכר מצריך אותו שלא יהא מכוסה באותה שעה, כדי שיצאו ה"רוחות" (האדים) ממנו. וכך הוא מסביר גם לענין החביות, שיש בו נוסף ביצור השכר, כאשר הוא תוסס בחביות, ואין סוגרים אותן מחשש שמא ייפגעו מחמת התסיסה. והוא אולי מן הטעם של "שומר פתאים ה'" (ראה לעיל ל,ב), או משום שבשלבים אלו חוששים הנחשים להתקרב לשכר.

דמצלו מיא שהיו נוהגים להשאיר את המים כדי שיהיו צלולים (שכל עפרורית וחומרים זרים שבהם ישקעו) על מנת לעשות מהם שכר משובח, ובמים יש משום גילוי. ומדברי ר"ח משמע שמדובר בזמן שנותנים מים על גבי השמרים מהם מכינים את השכר, על מנת שיהיו נקיים וצלולים, קודם עשיית השכר.

אין מניחו וכו' שאם היה ארס בתוך המשקה אין הארס מניח למשקה להתיישן, אלא הוא מתקלקל (מסריח, תוס' חכמי אנגליה). וכן אין הארס שבמשקה מניחו להחמיץ אלא רק פוגמו (וראה בראב"ד).

אבבא דחנותא ושאלו הראשונים: הרי בשאר דברים שאסרו משום חתנות (כגון פיתם) לא חלקו בין מקום למקום, שבין בבית הגוי ובין בביתו של ישראל אסור, ומדוע כאן התירו בשכר על ידי הרחקה מסויימת? והראב"ד כתב ששכר לא נאסר בעצמו משום חתנות, אלא משום גזירת יין, כמבואר להלן, ולפיכך אין איסורו דומה לאיסור הפת שנאסר בגזירה לעצמו. ואחרים כתבו כי בבישול פעמים שאצל הגוי הבישול טעים יותר, ויש חשש שיבוא להימשך ולאכול שם. מה שאין כן בשכר, שהכל עושים אותו, ואין הבדל גדול בטעמים, והחשש הוא רק שמא יבוא להשתכר עמו, ומשום כך מחוץ לביתו מותר להרחקה. והרמב"ן כתב כי משום שהפת היא צורך חיוני לאדם, משום כך יש להקפיד על הרחקה. ועוד, שהפת היתה נעשית על ידי נשים, ויש בזה חשש גדול יותר לקרבת חתנות. ואחרים כתבו שבכלל מצאנו שלא השוו חכמים את מדותיהם לגבי גזרות אלה, ובכל דבר גזרו לפי עניינו (רא"ה). ועוד כתבו כי מאחר שגזרת השכר היא תקנת חכמים מאוחרים לא החמירו בה כל כך (ר"ן ועוד). וראה עוד במאירי.

ותרוייהו משום חתנות שאם משום חשש גילוי, הרי לא היה מקום לחלק ולהתיר בשום אופן.

למרגואן רש"י מסביר כי במקום זה היו ישראל חשודים שאינם נזהרים ממגע גוים ביין. והסביר רבינו אלחנן כי משום כך נהג רב שמואל בר ביסנא הרחקה יתירה ולא קיבל מהם בכלל, כדי שלא יראה כאילו הוא שותה מיינם, או כדי שלא יבואו לשתות מיינם. ויש שהבינו כי הכוונה היא שלא קיבל שכר של הגוים באותו מקום (ראה מה שהביאו האחרונים בשם מהרש"ל). אבל הריטב"א סבור שאין צריך לפרש כן, אלא מקום גוים היה, ואותם גוים שלחו לו יין ושכר כמתנה. ויש להבין כי רב שמואל נהג בענין זה הרחקה יתירה.

ודלקי מלקי ליה שאין הארס שבשכר בטל לגמרי אלא מתמעט, ואדם בריא אינו נזוק על ידו, אבל מי שהוא חלוש בטבעו אף ארס זה יוכל לגרום לו לחולי. והוא קרוב לדברי שמואל ביחס לארסם של שאר שרצים, שאינו ממית, אבל יש בו חשש חולי וכיוצא בזה.

אורח הלכה

השולח חבית יין ביד כותי וכו' חתם יין בשני חותמות וחזר עליו ולא הכירו, או שמצאו סתור (ודוקא כשנראה שנסתר בכוונה בידי אדם. רמ"א) — הרי זה אסור. ואם הודיע לישראל ששלח לו היין שהוא חתום בשני חותמות, אף שאין המקבל יודע כיצד נחתם, כיון שמצאו חתום בשני חותמות — די בכך. ומכל מקום נכון הדבר שיודיעו צורת החותם כדי שיבדקנו. כברייתא. (שו"ע יו"ד קל, ח).

בין הגיתות אם שלח על ידי גוי בלא חותם, אם אותו מקום הוא מעבר לרבים, אפילו גוים — מותר, שהוא ירא שמא יראנו אחד מהעוברים וייתפס עליו כגנב. כדברי ר' ירמיה. ומכל מקום לכתחלה לא ישלח על ידי גוי בלא חותם. (שם קיח, ז. שם קכט, ד).

שכר של גוים כל שכר של גוים (של תמרים או שעורים או דבש) אסור משום חתנות. וכתב רמ"א: ויש מתירים בשכר של דבש ושל תבואה, וכן נוהגים במדינות אלו. (רמב"ם ספר קדושה הלכות מאכלות אסורות פי"ז ה"י. שו"ע שם קיד, א).

מייתו ליה לביתיה אין השכר אסור אלא במקום מכירתו, אבל אם הביאו לביתו מותר (כדברי רב אחאי, משום הרחקה מן הגוים. ב"י). ולא אסרוהו אלא כשקובע עצמו לשתות שם, אבל הנכנס לבית הגוי באקראי ושותה שם — מותר. וכן מי שלן בבית הגוי נחשב המקום כביתו שלו, ומותר לשלוח ולהביא לו שכר. וכן אם המארח שלו נותן לו — מותר, משום איבה (כתוס' ורא"ש). (רמב"ם שם. שו"ע שם).

איקלע למרגואן וכו' מקום שישראל נוהגין קולא ביין של גוים, אף השכר (של ישראל. ש"ך) אסור, גזירה משום יינם. עפ"י המעשה ברב שמואל בר ביסנא. וראה בט"ז. (שו"ע שם סעיף ב).

מסורת הש"ס

א. תוספתא ע"ז פ"ז יד.
ב. ע"ז לה,ב.
ג. שם לה,א. וראה ירושלמי תרומות פ"ח ה"ג. שם ע"ז פ"ב ה"ג.
ד. (בשינויים) ירושלמי שם ושם.
ה. (הביטוי) יומא עח,א. חגיגה יד,א. וראה סוכה מג,ב.
ו. שבת פו,ב. נדה לד,ב.

גרסות

ושל מורייס ביד גוי בכתי"מ: ומורייס ביד גוי ומפתח וחותם ביד ישראל.

מכיר חותמו וסתמו בכתי"מ: מכיר חותמו ובכתי"ס: מכיר חותמו וסתימתו.

מידי הנך דעיר בכת"י: אטו הנך דעיר.

מפסדו לי בכתי"ס ובדומה בר"ח: השתא אתו מדרכו לי.

מפני מה אסרו שכר של גוים יש במקורות ובגליון בכתי"ס: מפני מה אמרו שכר של גוים אסור וראה בעיונים.

ואלא דחביתא בכתי"מ: ואי גילויא דחביתא.

אין מניחו ליישן בכתי"מ: דאין מניחין אותו ליישן וכעין זה בכתי"ס.

אין מניחו להחמיץ בכתי"מ: אין מניחין אותו להחמיץ.

לאבבא דחנותא בכת"י: לבבא דחנותא.

רב אחאי עביד הרחקה יתירתא בב"ח: מיהו רב אחאי עביד הרחקה יתירתא ובכתי"מ: מר עבד הרחקה יתירתא ומר לא עבד הרחקה יתירתא וכעין זה בכתי"ס.

שיכרא משום מאי בכתי"מ ועוד: אלא שיכרא משום מאי.

וקלי ליה זיהריה בכתי"ס: וקלי ליה לזיהריה.

של שרצים אינו ממית בכת"י ובמקורות יש: של שרצים מלקי.

רב אבוך בכתי"ס: אבוך.

הכי אמר אבוך בכת"י ועוד חסרות מלים אלה.

דהוו שתו בכתי"י: משום דשתו.

ולא מתו בכתי"מ: והאי דלא מייתי ובכתי"ס: ונימותו.

איידי דאכלי בכתי"מ: משום דאכלי.

חביל גופייהו בכתי"ס: חביל גופייהו ולא יזיק להו זיהרא.

לשון

שימצא
נראה שזו צורה ארמית של המלה המקראית שמצה (שמות לב, כה), באופן שהבינוה המפרשים (החל מתרגום אונקלוס): שם רע.

זוקאני
המפרשים מסבירים את המלה מלשון זיקא=רוח. כלומר, נפוחים ונראים כאילו היו מלאים רוח.

העולם

מרגואן, מרורא דכשותא, כל השרצים יש להן ארס
ראה בהשלמות.

הַאי חַלָּא דְּשִׁיכְרָא דְּאַרְמָאָה [אותו חומץ של שכר של גוים] אָסוּר, משום דִּמְעָרְבִי בֵּיהּ דּוּרְדְּיָא [שמערבים בו שמרים] של יֵין נֶסֶךְ. אָמַר רַב אַשִׁי: וְאם הביאו את החומץ הזה מֵאוֹצָר (מחסן) של חומץ — שָׁרֵי [מותר], שאין חשש שעשו זאת, כֵּיוָן דִּמְעָרְבִי בֵּיהּ מִסְרָא סָרֵי [שאם מערבים בו דבר אחר, הוא מסריח] במשך הזמן.

א שנינו במשנה שחֶרֶס הַדְרִיָּינִי אסור בהנאה. ושואלים: מַאי [מה] פירוש הַדְרִיָּינִי? אָמַר רַב יְהוּדָה אָמַר שְׁמוּאֵל: חֶרֶס שֶׁל הַדְרִיָּינוּס קֵיסָר. ומה עניינו? כִּי אֲתָא [כאשר בא] רַב דִּימִי מארץ ישראל אָמַר: קַרְקַע בְּתוּלָה הָיְתָה שֶׁלֹּא עֲבָדָהּ אָדָם מֵעוֹלָם, ואדרינוס עֲבָדָהּ וּנְטָעָהּ גפנים, ומן הענבים דרכו יין משובח וחזק מאד, וְרָמֵי לֵיהּ לְחַמְרָא בְּגוּלְפֵי חִיוָּרֵי [והיו מניחים את היין מהגפנים הללו בכדים לבנים של חרס] וּמָיְיצֵי לְהוּ לְחַמְרַיְיהוּ [והיו הכדים מוצצים, סופגים את יינם], וּמְתַבְּרוּ לְהוּ בְּחַסְפֵּי וְדָרוּ בַּהֲדַיְיהוּ [ואז היו שוברים אותם לחרסים, והיו הרומאים נושאים אותם איתם] במסעותיהם, וְכָל הֵיכָא דְּמָטוּ תָּרוּ לְהוּ, וְשָׁתוּ [וכל מקום שהיו מגיעים, היו שורים אותם, את החרסים הללו במים, ושותים מן היין הזה]. אָמַר ר׳ יְהוֹשֻׁעַ בֶּן לֵוִי: יין זה היה כל כך חזק, שֶׁרִאשׁוֹן שֶׁלָּנוּ כלומר, יין משובח שלנו, הינו חזק כִּשְׁלִישִׁי שֶׁלָּהֶן לאחר ששרו את החרס שלוש פעמים במים. וחרסים אלה היו אסורים, איפוא, בהנאה (כגון למוכרם לגוי) בגלל היין הספוג בהם. אִיבַּעְיָא לְהוּ [נשאלה להם ללומדים]: מַהוּ הדין, האם מותר לִסְמוֹךְ בָּהֶן בחרסים הללו את כַּרְעֵי הַמִּטָּה? ויש כאן שאלה עקרונית: האם דבר שהוא עצמו אסור בהנאה, ואולם אדם רוֹצֶה בְּקִיּוּמוֹ עַל יְדֵי דָּבָר אַחֵר לצורך שימוש אחר ולא בגלל האיסור עצמו, שָׁרֵי [מותר] אוֹ אָסוּר? שהרי הסומך מיטתו בחרס אינו מעוניין ביין עצמו, אלא בחרס שהוא מצוי בתוכו. ומביאים ראיה: תָּא שְׁמַע [בוא ושמע]: שר׳ אֶלְעָזָר וְר׳ יוֹחָנָן נחלקו בכך, חַד [אחד מהם] אָסַר וְחַד שָׁרֵי [ואחד התיר]. ומעירים: וְהִלְכְתָא כְּמַאן דְּאָסַר [והלכה היא כמי שאסר]. מֵיתִיבֵי [מקשים על כך] ממה ששנינו בברייתא: הַדַּרְדּוּרִין (כדים) וְהָרוֹקְבָאוֹת (נאדות, חמתות) שֶׁל גּוֹיִם, אם היה יֵין שֶׁל יִשְׂרָאֵל כָּנוּס בָּהֶן — יין זה אָסוּר בִּשְׁתִיָּה וּמוּתָּר בַּהֲנָאָה; הֵעִיד שִׁמְעוֹן בֶּן גּוּדָא לִפְנֵי בְנוֹ שֶׁל רַבָּן גַּמְלִיאֵל עַל רַבָּן גַּמְלִיאֵל שראה אותו שֶׁשָּׁתָה מִמֶּנּוּ בְּעַכּוֹ, וְלֹא הוֹדוּ לוֹ חכמים למה שהעיד בשמו. נוֹדוֹת שֶׁל גּוֹיִם — רַבָּן שִׁמְעוֹן בֶּן גַּמְלִיאֵל אוֹמֵר מִשּׁוּם (בשם) ר׳ יְהוֹשֻׁעַ בֶּן קְפוּסַאי: אָסוּר לַעֲשׂוֹת מֵהֶן אפילו שְׁטִיחִין לִפְרוֹס על גב הַחֲמוֹר. וְהָא הָכָא [והרי כאן] לעשות שטיח לחמור, שרוֹצֶה בְּקִיּוּמוֹ של היין הבלוע בנאד, לא בגלל היין אלא עַל יְדֵי (לצורך) דָּבָר אַחֵר, וְקָתָנֵי [ושנה] שֶׁאָסוּר! ומשיבים: וְלִיטַעֲמִיךְ [ולשיטתך], שכל שבלוע בו איסור הנאה אסור בכל שימוש שהוא, קַנְקַנִּים שֶׁל גּוֹיִם לִיתַּסְרוּ לְמִיזְבַּן [שיהיו אסורים מלקנות], והרי אנו קונים אותם ומשתמשים בהם לצרכים שונים, מַאי שְׁנָא [במה שונים] הַנּוֹדוֹת וּמַאי שְׁנָא [ובמה שונים] הַקַּנְקַנִּים? אלא אָמַר רָבָא: בנאד יש סיבה מיוחדת לאסור, גְּזֵירָה שֶׁמָּא יִבָּקַע נוֹדוֹ שלו וְיִטְלֶנּוּ ויקח מהנאד של הגוי כדי טלאי וְיִתְפְּרֶנּוּ עַל גַּבֵּי נוֹדוֹ, ונמצא יין האיסור הבלוע נכנס ביינו של ישראל. ושואלים: וּלְמַאן דְּאָמַר [ולדעת מי שאומר] שאיסור הנאה שרוֹצֶה בְּקִיּוּמוֹ עַל יְדֵי דָּבָר אַחֵר אָסוּר, והוא אוסר לסמוך כרעי המטה בחרס הדריני, אם כן מַאי שְׁנָא [במה שונים] קַנְקַנִּים דְּשָׁרוּ [שהם מותרים]? ומשיבים, אָמַר לָךְ [יכול לומר לך]: הָתָם לֵיתֵיהּ לְאִיסּוּרֵיהּ בְּעֵינֵיהּ [שם אין האיסור בעינו] ואינו ניכר כלל, אבל הָכָא אִיתֵיהּ לְאִיסּוּרֵיהּ בְּעֵינֵיהּ [כאן, בחרס הדריני, נמצא האיסור בעינו]. בברייתא שנינו: וְלֹא הוֹדוּ לוֹ לשמעון בן גודא על ששתה רבן גמליאל יין מרוקבאות של גוים. וּרְמִינְהִי [ומשליכים, מביאים סתירה] ממה ששנינו: יַיִן הַבָּא בְּרוֹקְבָאוֹת שֶׁל גּוֹיִם — אָסוּר בִּשְׁתִיָּה וּמוּתָּר בַּהֲנָאָה, הֵעִיד שִׁמְעוֹן בֶּן גּוּדַע לִפְנֵי בְנוֹ שֶׁל רַבָּן גַּמְלִיאֵל עַל רַבָּן גַּמְלִיאֵל שֶׁשָּׁתָה מִמֶּנּוּ בְּעַכּוֹ, וְהוֹדוּ לוֹ! ומסבירים: מַאי [מה] פירוש ״לֹא הוֹדוּ לוֹ״ דְּקָאָמַר הָתָם [שאמר שם]? כָּל סִיַּיעְתּוֹ של בנו של רבן גמליאל (שאר החכמים) הם לא הודו לדבר, אֲבָל בְּנוֹ של רבן גמליאל מוֹדֵי לֵיהּ [מודה לו]. אִיבָּעֵית אֵימָא [אם תרצה אמור]: גּוּדָא באל״ף לְחוּד, וְגוּדַע בעי״ן לְחוּד, ויש פה שני מעשים שנאמרו על ידי אנשים שונים.

ב שנינו במשנה: וְעוֹרוֹת לְבוּבִין אסורים בהנאה. תָּנוּ רַבָּנַן [שנו חכמים]: אֵיזֶהוּ עוֹר לָבוּב? כָּל שֶׁקָּרוּעַ כְּנֶגֶד הַלֵּב וְקָדוּר (חתוך) כְּמִין אֲרוּבָּה, יֵשׁ עָלָיו קוֹרֶט דָּם — אָסוּר, לפי שנראה שהוציאו את הלב בעוד היות הבהמה בחיים, שכך היו עושים לעבודה זרה.

עיונים

חלא דשכרא וכתבו הראשונים (וראה גם בתוס׳) כי מכאן יש ללמוד שיש להיזהר ולבדוק גם בשאר משקים של גוים, כגון יין תפוחים, או מי דבש, שפעמים נותנים בתוכם שמרי יין כדי לגרום להם לתסוס.

ומאוצר כלומר, מכל מקום שבו משאירים את המשקה זמן ממושך. לפי שאז אין חוששים לתערובת שמרי יין, העשויים לגרום למשקה להתקלקל. מה שאין כן במשקה הנמכר בחנות, שהשמרים מצויים בו רק לזמן קצר (רש״י).

בגולפי חיורי רש״י מסביר שלבנים משמעו שהם חדשים, שעדיין לא השתמשו בהם כלל ולכן הם סופגים את היין ביתר שאת. ואחרים פירשו שאין בהם צבע או חומר אחר, אלא חרס בלבד.

ראשון שלנו רש״י מסביר: יין משובח ביותר שלנו. וראה בגרסות, שיש שלא גרסו ״ראשון״. והרי״ד פירש כי היו רגילים לכתוש את הענבים מעט ולהכניסם לחבית ולמלאה מים לפרק זמן מסויים כדי שיקלטו המים את טעמם, ולאחר מכן היו מוציאים את הענבים הכתושים ושוב מוסיפים להם מים, כדרך שהיו נוהגים לעשות תמד מפסולת דריכת היקב והשמרים שנותרו מן היין.

חד אסר וכו׳ ובתלמוד הירושלמי כאן (אבל ראה במקבילה), שבו מובאת גם כן מחלוקת זו, נאמר כי ר׳ אלעזר התיר ור׳ יוחנן אסר. ולפי זה מובנת הנוסחה שלפנינו שהלכה כדעת האוסר, שהוא ר׳ יוחנן שהלכה כמותו נגד תלמידו ר׳ אלעזר. ובירושלמי (ערלה) אמרו שלכל הדעות יש לו אפשרות ליהנות מן החרס, אם מוכרו לגוי חוץ מדמי היין שבו.

הדרדורין רש״י מסביר שהם לגינים קטנים של חרס. אבל הר״ח סבור שהם חביות גדולות של עץ (וכן בערוך).

רוקבאות הראשונים (ר״ח ורש״י) מסביר שרוקבאות הן חמתות, כדרך שתרגם אונקלוס את המלה ״חמת״ במקרא. והיו שאמרו כי הרוקבאות הם נאדות גדולים וארוכים במיוחד, להבדיל מנאדות אחרים.

לפני בנו של רבן גמליאל בתוס׳ העירו על התמיהה לכאורה שבאותה ברייתא (ויותר מזה תמוה לפי הברייתא האחרת) נזכר גם רבן שמעון בן גמליאל, ודעתו ממש הפוכה מעדות זו. וכתבו שצריך לומר כי שימוש הלשון ״בנו של רבן גמליאל״ משמעו שמדובר בבן אחר שלו, ואולי הוא ר׳ חנינא בן גמליאל, שהיה אחיו של רבן שמעון בן גמליאל (השני, אביו של רבי).

ששתה ממנו לא ששתה יין, אלא שתה משם משקה אחר שהיה כנוס בנאדות אלה. וסברתו היתה כי כלים אלה לא נועדו לשמור בתוכם את היין לזמן ממושך אלא לפי שעה בלבד, ולכן איסורם קלוש יותר (וראה בתוס׳ רבינו אלחנן ועוד). או שסבר שאף שסתם יינם אוסר במשהו, פליטת כלים אינה אוסרת אלא בששים (ראב״ד, רי״ד).

ומאי שנא קנקנים וכו׳ המפרשים נתקשו באיזו הלכה בקנקנים מדובר. יש שפירשו שהכוונה היא לדין של קנקנים המוזכר בהמשך אותה ברייתא בתוספתא (ת״ח). והמהר״ם מלובלין פירש כי הכוונה היא שבעדותו של רבן שמעון בן גמליאל בשם ר׳ יהושע בן קפוסאי נזכרו דווקא נודות של גוים, ולא נזכרו קנקנים שהוזכרו בחלק הראשון של הברייתא (דרדורין, לפי פירוש רש״י). אבל הריטב״א פירש כי הכוונה היא שבכלל אין אנו נוהגים איסור בקנקנים של גוים, למרות שטעם האיסור אחד הוא.

שמא יבקע נודו ואין לחשוש כן בקנקנים, שהרי אין משתמשים בשבריהם כדי לחזק קנקנים אחרים (וראה במאירי).

ויתפרנו על גבי נודו וכתבו ראשונים שהואיל וזהו החשש (ולא משום שאנו אוסרים דבר שרוצה בקיומו על ידי דבר אחר) אם כן מותר להנות מן הנאד באופנים אחרים, שלא כשטיחים לחמור.

ליתיה לאיסורא בעיניה הרמב״ן מסביר שיש להבחין בהלכה בין חרס הדריני וקנקני יין. כי חרס הדריני ספוג כל כך ביין עד שאפשר לומר כי הוא נעשה כגופו של האיסור עצמו (וכן יש להסביר לשיטה זו שאסרו נאדות העשויים לשטיחים — משום שהיין ספוג בהם ביותר). מה שאין כן בשאר קנקנים, שאין איסורם אלא משום פליטת משקה שבתוכם, שאינה אלא נתינת טעם בלבד. והמאירי פירש כי בלא היין הבלוע בחרס היה גובהו של החרס שונה. ומצד אחר בירושלמי רצו לדמות לדין זה דינו של בגד שנצבע בצבע העשוי מפירות ערלה שגם הם אסורים בהנאה. ושם אמרו שגם המתיר בחרס הדריני אוסר בבגד, משום שהאיסור ניכר בו.

שקרוע כנגד הלב בתלמוד הירושלמי מבואר כי לצורך עבודה זרה היו מוציאים את לבה של הבהמה בעודה חיה, ולב שהוצא בדרך זו לא הוצא אלא לצורך זה. והסימנים שניתנו בגמרא הריהם להבחין אם הוצא הלב בחיי הבהמה (שלדברי הירושלמי שכאשר מוציאים אותו בחייה הקרע מתעגל), ועוד שיש דם קרוש על גבי העור.

אורח ההלכה

חלא דשיכרא דארמאי חומץ שנעשה משכר של גוים אסור מפני שמטילים בתוכו שמרי יין, לפיכך הנלקח מן האוצר מותר (רמב״ם). ובשו״ע כתב שאסור לקנות חומץ כזה אם דמיו יקרים מדמי היין, בגלל חשש שמערב בו יין (או שטעמו משביח ביותר על ידי היין. ש״ך). במה דברים אמורים — כשקונה בחנות, אבל אם רואה שמוציאים אותו מן החבית — מותר, ואין חוששים שמא עירב בו יין בחבית, לפי שאז היה מתקלקל. (רמב״ם ספר קדושה הלכות מאכלות אסורות פי״ז הכ״ה. שו״ע יו״ד קיד, ד).

לסמוך כרעי המטה חרס הדריני אסור בהנאה. כמשנה. וכתב הש״ך שאסור לסמוך בו כרעי המטה, וכל שכן להניח בתוכו דבר. כדברי הגמרא כאן. (שו״ע שם קכג, יג).

מסורת הש״ס

א. ראה ירושלמי ערלה פ״ג ה״א. שם ע״ז פ״ב ה״ג.
ב. תוספתא ע״ז פ״ד ט.
ג. (בשינוי) תוספתא שם י (עיי״ש).
ד. תוספתא ע״ז פ״ד ז. וראה ירושלמי ע״ז פ״ב ה״ג.

גרסות

דארמאה בכת״י: **דארמאי.**

כיון דמערבי ביה בכת״י ומקורות: **דאם איתא דמערבי.**

שלא עבדה אדם בכתי״ס: **שלא היתה עבודה.**

ומייצו להו בכתי״ס: **ושביק ליה עד דמייצו ליה.**

תרו להו בכתי״ס: **תרו להו במיא.**

וראשון שלנו בכתי״ס: **ושלנו.**

רבי אלעזר ורבי יוחנן בכת״י ועוד: **ר׳ יוחנן ור׳ אלעזר.**

והלכתא כמאן דאסר יש שלא גרסו משפט זה, שכנראה לא היה לפני הרבה ראשונים.

וליטעמיך — אמר רבא בכתי״מ ועוד: **אמר רבא.**

אמר רבא גזירה בכתי״ס ובב״ח: **אלא אמר רבא גזירה.**

ולמאן דאמר — בעיניה יש מקורות שאין בהם משפט זה וראה בתוס׳.

שקרוע בכתי״מ: **כל שקרע שלו.**

וקדור בערוך: **וקדוד.**

לשון

דרדורין
מקור המלה אינו ברור, אולם ייתכן שהוא במלה ״דר״ — שורה, והכוונה כאן לדבר העשוי כעין שורות, בפירוש הגאונים המסבירים כי הכוונה היא לחבית עץ העשויה מפסי עץ בודדים המחוברים בעיגול, כעין חביות העץ בימינו.

רוקבאות
זו היא המלה בארמית־סורסית עבור נאד של עור. ויש כיוצא בה גם בערבית. ובתרגום אונקלוס היא מופיעה כתרגום למלה ״חמת״.

החיים

חרס של הדריינוס קיסר
הקיסר הדריינוס (Hadrianus) היה הקיסר של רומי בשנים 138־117.
בדברי ימי ישראל הוא ידוע לשמצה על שדיכא באכזריות רבה את מרד בר כוכבא, הרס את ירושלים ובנה במקומה עיר אלילית. בתוך ימי שלטונו הירבה מאד במסעות (כמעט חצי מתקופת כהונתו היתה במסעות בחלקים רבים באימפריה הרומאית), וכנראה בשל כך השתמשו חילותיו בחרס הזה.

קרוע כנגד הלב
נראה כי דבר זה היה קשור לפולחני מיסטריות שונות, כגון אלה של האלילים דמטר, אטיס וקיבלי, דיוניסוס ומיטרה. ממקורות אחרים נראה כי חלק מן הפולחן היה הוצאת לבו של הקרבן בעוד הבהמה חיה. ומשום כך, מציאותו של דם סמוך למקום הקרע העגול, היתה הוכחה שהלב אכן נחתך מן הבהמה בעודה בחיים. דבר שהיה יכול לקרות רק בתוך טכסי פולחן כאלה.

לעזי רש״י

דשטיל״ש צ״ל: בשטיל״ש, מן הצרפתית העתיקה bastels — חתיכות עור הנעשות כעין אוכף על גבי בהמת רכיבה.

קרוסט״א מן הצרפתית העתיקה croste — גלד, מקום פצע שהגליד.

פח א ב מיי' פי"ז מהל' מאכלות אסורות הל' כה סמג (עשין מח) [צ"ל לאוין קמח] טוש"ע י"ד סימן קיד סעיף ד:
פט ג (מיי' שם סמג שם) טור ש"ע י"ד סימן קכג סעיף יג:
צ ד (מיי' שם) סמג שם (*טור ש"ע י"ד סימן קלז סעיף א):
*[ליתא בטור ש"ע גם בסימן קכג סעיף יג שכתבו חרסים שבלעו יין וכו' לא הזכירו כלל מדין לסמוך בהן כרעי המטה וצ"ע השמטה זו]

א) האי חלא דשיכרא דארמאה אסור דמערבי ביה דורדיא דיין נסך אמר רב אשי ב) ומאוצר שרי כיון דמערבי ביה מסרא סרי: וחרם **א** הדרייני: מאי הדרייני אמר רב יהודה אמר שמואל חרס של הדריינום קיסר כי אתא רב דימי אמר ג) קרקע בתולה היתה שלא עבדה אדם מעולם עבדה ונטעה ורמי ליה לחמרא בגולפי חיורי ומייצי להו לחמרייהו ומתברו להו בחספי ודרו בהדייהו וכל היכא דמטו תרו להו ושתו א"ר יהושע בן לוי וראשון שלנו כשלישי שלהן איבעיא להו א) מהו לסמוך בהן כרעי המטה רוצה בקיומו ע"י ד"א שרי או אסור ת"ש דר"א ורבי יוחנן חד ד) אסר וחד שרי *(והלכתא כמאן דאסר) מיתיבי ב) *הדרדורין והרוקבאות של גוים יין של ישראל כנוס בהן אסור בשתיה ומותר בהנאה העיד שמעון בן גודא לפני בנו של ר"ג על ר"ג ששתה ממנו בעכו ולא הודו לו ג) נודות של גוים רשב"ג אומר משום רבי יהושע בן קפוסאי אסור לעשות מהן שטיחין לחמור והא הכא דרוצה בקיומו ע"י דבר אחר וקתני דאסור *וליטעמיך קנקנים של גוים ליתסרו למיזבן מאי שנא נודות ומ"ש קנקנים(א) אמר רבא גזירה שמא יבקע נודו ויטלנו ויתפרנו על גבי נודו ולמ"ד רוצה בקיומו על ידי ד"א אסור מ"ש קנקנים דשרו אמר לך התם ליתיה לאיסוריה בעיניה הכא איתיה לאיסוריה בעיניה: ולא הודו לו: ורמינהי יין הבא ברוקבאות של גוים אסור בשתיה ומותר בהנאה העיד שמעון בן גודע לפני בנו של ר"ג על ר"ג ששתה ממנו בעכו והודו לו מאי לא הודו לו דקאמר התם כל סייעתו אבל בנו מודי ליה [תוספ' פ"ה] איבעית אימא גודא לחוד וגודע לחוד: ועורות לבובין: תנו רבנן ד) *איזהו עור **ב** [גיר' הערוך וקדול] לבוב כל שקרוע כנגד הלב *וקדור כמין ארובה יש עליו קורט דם אסור
אין

[מדברי תוס' נראה דל"ג ליה]

דורדיא. שמרים: **ומאוצר.** אם הביאו מן האוצר מכלי העשוי לקיום: **מסרא סרי.** מסריח כשמשהין אותו: **של אדריינוס קיסר.** כשיוצא בגייסות מוליכן עמו: **בתולה שלא נעבדה.** והיה כל כחה קיים והוציאתו ביין זה ונעשה חזק: **גולפי.** כלי חרס: **חיורי.** חדשים דמיילי: **ודרו בהדייהו.** נושאין עמהן: **תרו להו.** שורין אותן במים: **ראשון שלנו.** יין משובח שלנו: **אינו אלא כשלישי שלהן.** כשהוא שרוי ג' פעמים במים היו המים השלישיים משובחין כיין שלנו: **ע"י ד"א.** ישראל רוצה בקיומו של יין נסך ולא בשבילו אלא בשביל החרס ולסמיכה: **הדרדורים.** לגינין קטנים: **רוקבאות.** תרגומה של חמת* [בראשית כא] רוקבא והן של עור: **בן גודא: שטיחין.** דשטיל"ש והא הכא גבי שטיחין(ב) דאינו רוצה בקיומו של יין וקתני אסור: **ויטלנו.** לשטיח מעל החמור: **ויתפרנו בנודו.** ויתן יינו של גוי טעם ביינו של ישראל: **גודע לחוד וגודא לחוד.** לזה לא הודה ולזה הודה אחרי כן: [מדברי הרא"ש בסימן יז מוכח דלא גריס לג' תיבות הללו] **שקרע שלו כנגד הלב.** שכן דרך גוי להוציא דרך אותו קרע הלב של שור מחיים: **וקדור.** קדור כנקב עגול: **יש עליו קורט דם.** גלדי בלע"ז קרוסט"א: **אסור.** בידוע שמחיים נקרע:
אין

האי חלא דשיכרא לארמאי אסור כו'. הלכך צריך ליזהר בשכר דבש שקורין מי"ט לבדוק אם מטילין בו שמרי יין להעמיד מהר כי יש מקומות שעושין כן ואז ודאי הוא אסור: **ומאוצר שרי דמסרא קא סרי.** הלכך נראה דמותר לקנות כל מיני משקה מן הגוים כגון יין תפוחים ומי תותים ובלבד שיראהו הישראל מושך מן החבית ואפילו דמיהן יקרים יותר מן היין דודאי לא עירבו יין בתוך החבית דמסרא קא סרי אבל אם לא ראהו מושך מן החבית אז הדבר מתחלק במשקה היקר מן היין יאסור שמא עירב בו יין להשתכר ולהרויח אבל אם היין יקר אין לחוש שמא עירב בו יין להכשיל כדאמרינן לקמן (דף לד:) קיסתא דמורייסא בלומא קיסתא דחמרא בארבעה לומי והא דתניא בתוספתא [תוספתא פ"ה] יין תפוחים מן האוצר מותר היה נמכר בשוק אסור מפני שמזייף פירוש מערבין בו יין היינו דוקא במקום שהוא בזול ואין לאסור מטעם שמשימין המשקה בחבית שהיה בו יין נסך דהא אמרינן לקמן דשרי למרמי ביה *(חמרא) [מהר"מ מ"ז] ושיכרא: **והא** הכא דרוצה בקיומו ע"י ד"א וקתני לאסור. תימה אדמותיב מברייתא לותיב ממתניתין דתנן נודות הגוים וקנקניהם ויין של ישראל כנוס בהם אסורים ואיסורן איסור הנאה דברי ר"מ והא הכא דרוצה בקיומו על ידי ד"א הוא ולא משום יין הנבלע בהם כלל וקאמר ר"מ דאסורים בהנאה הקנקנים אף למכרן לגוים והכא ליכא לשנויי שמא יבקע וילך ויתפרנו כו' דהתם קנקנים הם של חרס ואינם ראוים לתפור ואין לומר דס"ל כרבנן דמתירים דע"כ לא שרו אלא בקנקנים משום דלא חזו ליין הכנוס בהם אבל חרס הדרייני דחזי לשרותו במים אפי' רבנן אסרי וי"ל דאסורים ואיסורן איסור הנאה לא קאי אקנקנים אלא איין הכנוס בהם ואסורין דנקט קאי איינות דנודות וקנקנים תדע מדמקשה לקמן (דף לח:) גבי כבשים דאמר רבי יוחנן אפילו ידוע שנתן(ג) בהם גוי לתוכו יין או חומץ מותר ופריך מ"ש ממורייס לרבי מאיר דאסור בהנאה ומשני התם ידיע ממשן הכא לא ידיע ממשן ואי בקנקנים אסר רבי מאיר ליפרוך מ"ש מקנקנים דלא ידיע ממשן ואסר רבי מאיר בהנאה אלא ודאי קנקנים לר"מ נמי שרי בהנאה והא דקאמר אסורים לשון רבים דמשמע הנודות והקנקנים לא קאי אלא איין שבתוך הנוד ובתוך הקנקן אבל מברייתא פריך שפיר לפי סברתו שהיה סובר כמו שאוסר רשב"ג לעשות שטיחין שיאסרם גם בשאר הנאות ומסיק גזרה שמא יבקע נודו ויתפרנו ע"ג נודו ויתן יין הנבלע בעור טעם ביינו ואית ספרים דגרסי בתר הך שנויא ולמ"ד רוצה בקיומו ע"י דבר אחר דאסור מ"ש מקנקנים דשרי דהא רוצה בקיומו ע"י ד"א הוא ומסיק התם ליכא לאיסורא בעיניה הכא איתיה לאיסורא בעיניה ולפי גירסא זו משמע דמאן דאסר רוצה בקיומו ע"י ד"א אלא בחרס הדרייני משום דאיתיה לאיסורא בעיניה עוד יש לפרש דלעולם ר"מ אסר קנקנים בהנאה למכרן לגוים ולא תקשי לקמן לההיא דכבשין דיש לחלק דבקנקנים היינו טעמא דאסור שדרך של יין הנבלע בתוך הקנקנים להיות נפלט והוי כמו בעין אבל יין לתוך הכבשים אינו בעין תדע דלא מקשה גבי כבשים מ"ש מיין של ישראל הכנוס בקנקנים דאסור בהנאה לר"מ מפני יין הקנקן הנבלע בו אלא ודאי להכי אסור דכיון שגוף היין נפלט בשל ישראל הוי כמו בעין וידיע ממשו אבל יין מתבטל בין הכבשין ולא ידיע ממשו ובשמעתין ה"נ לא מצי מותיב ממתני' דנהי דרוצה בקיומו שרי היינו כגון לסמוך כרעי המטה או לעשות שטיחין אבל למכור לגוים לכנוס בהן יין שרוצה הגוי בקיומו לצורך היין לעולם אסור דאין זה רוצה בקיומו ע"י ד"א ומתני' נמי דאסר קנקנים לר"מ בהנאה היינו דוקא למכור לגוים דודאי ישימו בו יין אבל להשתמש להניע שם חפצו או לסמוך כרעי המטה לעולם אימא לך דשרי ומותיב מברייתא דאסר בהדיא לעשות שטיחין לחמור ולפי זה אין לגרוס ולמאן דאסר מ"ש קנקנים דשרי דאין ענין קנקנים לרוצה בקיומו דהא מאן דשרי שרי אפילו למכור לתת לתוכו יין דמותר בהנאה וא"כ היה לו להקשות אפי' למאן דשרי ברוצה בקיומו ע"י ד"א מ"מ אסור להשתמש ביין א"כ מ"ש קנקנים ומיהו יש ליישב הגירסא וה"פ(ד) אפילו למאן דאסר כל כך בחרס הדרייני אפילו לסמוך כרעי המטה כ"ש שהיה(ה) לאסור קנקנים בהנאה לגמרי ומ"ש קנקנים דשרו רבנן אף להכניס בו יין של ישראל להיות מותר בהנאה ומסיק התם ליתיה לאיסורא בעיניה ולכך מותר בהנאה אבל חרס הדרייני איתיה לאיסורא בעיניה לפי פירוש זה משמע דמאן דאסר כל רוצה בקיומו לכל שום תשמיש ופסקינן הלכתא כמאן דאסר הלכך יש פוסקים דצריך ליזהר שלא לעשות שום תשמיש בכלים הבלועים חמץ בפסח משום דהוי רוצה בקיומו ע"י ד"א אבל אינו נראה לר"ת מדקאמר התם ליתיה לאיסורא בעיניה וכו' משמע היכא דליכא איסורא בעיניה לא מיתסר בהנאה ומכאן פסק ר"ת דקדירות הבלועות מבשר בחלב ע"י שנתבשל בהם שמותר להשים בתוכן דבר יבש כגון תבואה וכן קדירות האסורות משום חמץ בפסח מותר לתת לתוכן דבר יבש אבל דבר לח לא: **אבל** בנו מודי ליה. לכאורה משמע דההוא רשב"ג דקאמר לעיל אסור לעשות שטיחין משום ר' יהושע בן קפוסאי קאמר וליה לא ס"ל אי נמי ר"ג דהכא הוא זקנו של רבי ובנו הוא רבי חנינא בן גמליאל אחי רשב"ג אביו של רבינו הקדוש וכן משמע בפ"ק דנדה (דף ח: ושם ד"ה והא) דרבי חנינא בן גמליאל היה דודו של רבי מש"ה קאמר התם דר"א קשיש מיניה טובא והא דאמרינן ספ"ב דסוטה (דף מט:) שרשב"ג היה קורא על עצמו עיני עוללה לנפשי וגו' אלף ילדים היו לבית אבא ולא נשתייר מהם אלא אני כאן ובן אחי אבא בעסיא משמע שלא היה לו שום אח זה היה רשב"ג הזקן אביו של ר"ג דיבנה שהוא זקנו של רבי:

הגהות הב"ח

(א) גמ' ומ"ש קנקנים אלא אמר רבא: (ב) רש"י ד"ה שטיחין דרוצה בקיומו של יין ע"י ד"א וקתני דאסור כצ"ל ותיבת דאינו נמחק: (ג) תום' ד"ה והא וכו' אפילו ידוע שנתן עובד כוכבים לתוכן יין כצ"ל ותיבת בהם נמחק: (ד) בא"ד וה"פ למאן דאסר כצ"ל ותיבת אפילו נמחק: (ה) בא"ד כ"ש שהיה לו לאסור:

רבינו חננאל

חלא דשיכרא דארמאי אסיר דמערבי ביה דורדיא דיין נסך אמר רב אשי מאוצר שרי דאם איתא דעריב בהו מיסרא הוי סרי: **ירוש'** חדא איתתא הות רחמה למעבד מצוותא ובעלה הוה סני למעבד מצוותא אתא מסכן ויהבת קומוי ואכל ארגישת בבעלה אטמרתיה בעיליתי' תבת קומוי בעלה ואכל ודמך ליה אתא חויא אכל מההוא תבשילא איתער בעלה בעא למיכל מההוא תבשילא דטעמיה חויא שרי ההוא דבעיליתיה צווח ליה לא תיכול ואינו אסור משום ייחוד דכתיב כי נאפו ודם בידיהם מיגו דלא חשיד בדם לא חשיד בניאוף: וחרש הדריינו. הדריינוס קיסר נטע גפנים בקרקע בתולה שלא נעבדה מעולם עבדה ונטעה ורמא לההוא חמרא בגולפי חיורי דמייצי לחמרא כמו ספוג ותבר להו בחספי ודרי להו בהדייהו וכל היכא דמטי תרו ליה מהנהו חרשי ושתי אותו היין היוצא מאותן החרסין והוא חזק. השלישי שלהן פי' ששרה אותן במים פעם ופעמים ושתה ועוד בפעם השלישית יינו חזק מן היינות שלנו. מהו לסמוך באותם החרסים שכבר שרו במים אותן ולא נשאר א) בהן כלל יין כרעי המטה רוצה בקיומו של יין של גוים על ידי דבר אחר הוא והוא החרש שרי אותו החרש עכשיו או אסיר רבי יוחנן ורבי אלעזר חד אסר וחד שרי: **מיתיבי** הדרדורין פי' חביות של עץ והרקבאות תרגום של חמת מים רקבא דמיא של גוים ויין ישראל כנוס באלו הדרדורין והרקבאות אסור בשתיה ומותר בהנאה. העיד שמעון בן גודא לפני בנו של רבן גמליאל על רבן גמליאל ששתה ממנו בעכו ולא הודו לו נודות של גוים אסור לעשות מהן שטיחין לחמור והא נודות הללו דרוצה בקיומן על ידי דבר אחר ועכשיו נקרעו וקתני דאסורין. ופריק רבא גזירה שמא יבקע הנוד מלא יין של גוי ויטלנו זה הקרוע ויתפרנו על גבי נודו שנמצא משמש לאיסור אבל אלו החרסין שכבר שראם כל צרכן ולא יצלחו למלאכתם כלל שרו. איני דרבן גמליאל שתה ולרבן גמליאל הוא ב) ששתה ולא הודו לו והתנן בנו של רבן גמליאל ששתה והאי לא הודו לו כל סיעתו כלומר הסיעה העומדים אצלו הם חלקו עליו אבל בנו מודה לו ושתה הוא כמו אביו. איבעי תימא גודא תני כי ר"ג הוא ששתה וגודע תנא אחר חלק עליו ואמר (לו לאביו) [דלא אביו היה] אלא בנו של ר"ג הוא ששתה: **ועורות** לבובין. ת"ר איזהו עור לבוב כל שקרוע כנגד הלב וקדור
כמין

א) לכאורה דברי רבינו אלו צריך ביאור כיון דמיירי שכבר שראם במים ולא נשאר בהם יין לא שייך איסור רוצה בקיומו וצ"ע. ב) נראה דצ"ל אחרת הי' לו לרבינו ז"ל בברייתא הגירסא דשמעון בן גודע העיד בבנו של ר"ג ששתה.

עין משפט
נר מצוה

צא א מיי׳ פי״א מהל׳ מאכלות אסורות הלכה ז:

[שייך לעיל כט: במשנה]

הדברים האסורין בהנאה כצ״ל ר״מ

צב ב מיי׳ פ״ו מהלכות אבות הטומאה הל״א:

העבירו. יעב״ץ

צג ג מיי׳ פ״ט מהל׳ עבודת כוכבים הל׳ יח סמג לאוין מה טור ש״ע י״ד סימן קמח סעיף יא:

[בכל מקומות איתא רבי אליעזר]

רבינו חננאל

כמין ארובה יש עליו קורט [דם אסור אין עליו קורט] דם מותר והני מילי בשלא מלחו אבל מלחו א) המלח הוא שיעביר הדם. רשב״ג אומר בזמן שהקרע שלו עגול אסור משוך (כשר) [מותר] כיצד הוא עושה קורע כנגד לבה עד שהיא בחיים נמלל ונעגל לאחר שחיטה הקרע נמשך והלכתא כרשב״ג ואע״ג דלית מאן דפליג עליה: בשר הנכנס לעבודה זרה מותר. אוקימנא דלא כרבי אליעזר דאמר בשחיטת חולין סתם מחשבת גוי לעבודה זרה: והבשר היוצא מעבודה זרה אסור שהוא כזבחי מתים אי אפשר דליכא תקרובת ומתני׳ רבי יהודה בן בתירא דתני מנין לתקרובת עבודה זרה שמטמא באהל שנאמר ויצמדו לבעל פעור ויאכלו זבחי מתים מה מת מטמא באהל אף תקרובת עבודה זרה מטמא באהל: **ירושלמי** והיוצא אסור כשהכניסו לפנים מן הקנקלין אבל לא הכניסו לפנים מן הקנקלין אף היוצא מותר בד״א בעבודה זרה שיש לה קנקלין אבל אם אין לה קנקלין כל בית עבודה זרה נידון משום קנקלין פי׳ קנקלין חדרים וחדרי חדרים: **ההולכין** לתרפות אסור לשאת ולתת עמהן והבאין מותרין: **ירושלמי** ההולכין בתרפות בהליכה מותר ר׳ יוחנן אמר ב) מוליכין עבודה זרה גדולה אצל עבודה זרה קטנה אית תנא תני תרפות מלשון תרפים ואית תנא תני ג) תרפות מלשון תרבות אנשים חטאים ומלשון תריבם כלומר המטילין מריבה: אמר שמואל גוי ההולך לתרפות בהליכה אסור בחזירה מותר.

א) נראה דצ״ל אבל מלחו אסור דחיישינן דהמלח הוא שהעביר הדם.
ב) לפנינו בירושלמי הגי׳ ר״ח בש״ר יוחנן תוריבם מוליכין עבודה זרה גדולה וכו׳.
ג) נראה דצ״ל תריבם וכ״מ בירושלמי שם וע״ש במפרש.

אין עליו קורט דם מותר אמר רב הונא לא שנו אלא שלא מלחו אבל מלחו אסור אימא מלחו *העברתו: רשב״ג אומר בזמן שהקרע שלו עגול אסור משוך מותר: אמר רב יוסף אמר רב יהודה אמר שמואל א*הלכה כרשב״ג א״ל אביי ב*הלכה מכלל דפליגי א״ל מאי נפקא לך מינה א״ל ג*גמרא גמור זמורתא תהא:

א בשר הנכנס לעבודה זרה מותר: מאן תנא אמר ר׳ חייא בר אבא א״ר יוחנן ד דלא כרבי *אלעזר דאי כרבי אלעזר האמר ה*א סתם מחשבת גוי לעבודה זרה: והיוצא אסור מפני שהוא כזבחי מתים: מ״ט אי אפשר דליכא תקרובת עבודה זרה מני ו רבי יהודה בן בתירא היא דתניא *רבי יהודה בן בתירא אומר מנין לתקרובת עבודה זרה שמטמא באהל שנאמר ויצמדו לבעל פעור ויאכלו זבחי מתים (תהלים קו) מה מת מטמא באהל ב אף תקרובת

ב עבודה זרה מטמאה באהל: ההולכין לתרפות אסורין לשאת ולתת עמהם: אמר שמואל ז גגוי ההולך לתרפות בהליכה אסור דאזיל ומודי קמי עבודה זרה בחזרה מותר מאי דהוה הוה ישראל ההולך לתרפות בהליכה מותר דלמא הדר ביה ולא אזיל בחזרה אסור כיון דאביק

אין עליו קורט דם. אחר הפשטו אירע בו כך ולא לעבודה זרה: **מכלל דפליגי.** מיבעיא קבעי לה מיניה מי פליגי רבנן עליה אי לא: **ומאי נפקא לך מינה.** בין חלוקין בין לא חלוקין הלכה כמותו: **א״ל גמרא גמור זמורתא תהא.** בתמיה אביי תלמידו של רב יוסף וקא״ל אתה מלמדנו לומר הלכה כמותו ותהא כזמר בעלמא דאי אין חולקין הלכה למה לי: *בשר הנכנס לעבודה זרה. שהגוי רוצה להכניסו מותר בהנאה אם נזהר ישראל ליטלו עם כניסתו קודם שיקריבו אותו: *לתרפות. לבקש טעותן למקום אחר: **מאן תנא.** דבשר הגוי מותר בהנאה: **ר״א.** בשחיטת חולין בהשוחט (דף לח:): **סתם מחשבת וכו׳.** וכי שחטה עבדה לעבודה זרה בשחיטתו ונאסרה דשחיטתה היא תקרובתה: **מה מת מטמא באהל כו׳.** ומינה מה מת אסור בהנאה כדגמרינן בסנהדרין (דף מז:) ותמת שם מרים שם שם מעגלה ערופה אף תקרובת עבודה זרה אסורה בהנאה: **ה״ג אמר שמואל גוי ההולך לתרפות בהליכה אסור לאזיל ומודי בחזרה מותר מאי דהוה הוה ישראל ההולך לתרפות בהליכה מותר דלמא הדר ביה ולא אזיל בחזרה אסור כיון דאביק בה הדר אזיל והתניא כו׳:** אביק

מסורת הש״ס
[שייך במשנה לעיל כט:]
[בכבר פרש״י לעיל במשנה]
*[שבת קו: וש״נ]
*שם קו: קיג. [עירובין ס.]
[חולין יג. לח: קטז: גיטין מה:]
חולין יג: [לקמן מח:]
[נ״ל לשביק]
[וכ״פ הערוך ערך תרף ב׳] *) [שייך לדף לג.]
[נ״ל רבי]

הלכה כרשב״ג. להני אמוראי לית להו כללא דכל מקום ששנה רשב״ג במשנתנו הלכה כמותו מדאיצטריך למיפסק כוותיה: *גוי ההולך לתרפות. תנינא במתניתין והפסיק באמצע *הדברים(א) בהנאה משום דדמי לבשר הנכנס: **דלא** כר׳ אלעזר. תימה לעיל (דף כט:) גבי עורות לבובין דמשמע הא שאין לבובין(ב) אין נשחטין לעבודה זרה וכן לקמן גבי גבינות אפי׳ אינס מבית אונייקי הם אסורים לר״א דכולהו בסתמא נשחטין לעבודה זרה וא״כ תנא בית אונייקי דלא כר״א וי״ל דר״א נמי שרי שאר עורות ושאר גבינות דלא אמרינן סתם מחשבת גוי לעבודה זרה אלא דרך שחיטה אבל דרך חניקה ונחירה לא והכא גבי בשר הנכנס דייק שפיר שאין דרכן להכניס בשר לעבודה זרה אלא מבהמה שחוטה:

והיוצא אסור א״א דליכא תקרוב׳ עבודה זרה ור׳ יהודה בן בתירא היא. הכא משמע דרבנן לא מקשו תקרובת עבודה זרה למת וכן משמע בפ״ק דחולין (דף יג: ושם ד״ה תקרובת) דקאמר ויש לך אחרת שמטמאה במשא ואינה מטמאה באהל ולא כרבי יהודה בן בתירא והקשה ר״ת דלעיל (כט:) כי מבעיא ליה יי״נ מנלן קאמר וזבח גופיה מנלן ומקיש למתים ולא קאמר *נמי ר״י בן בתירא [נ״ל תני] אלמא ליכא מאן דפליג ועוד קשה דכי דייק הכא בשר הנכנס מותר דלא כר״א ומאי קאמר דלמא לעולם אימא לך דאתיא כר״א וכרבנן דרבי יהודה ס״ל דלית להו הך היקשא ואין סברא לדחות דסמיך אסיפא דאתיא כרבי יהודה בן בתירא דכל זה היה לו לפרש ומפר״ת דתקרובת שהוא כעין פנים כגון זביחה קטור ונסוך מודו רבנן דילפינן ממת וניחא לעיל גבי יין נסך אבל תקרובת שאינה כעין פנים פליגי ולפיכך אוקי הך דהכא בשר היוצא כרבי יהודה דבחתיכה של בשר שאינו זבוח לפני עבודה זרה איירי אלא שמביאה דורון וניחא דקתני מפני שהוא כזבחי מתים ולא קתני זבחי דמשמע זבח ממש ור״י פי׳ דלענין איסור אכילה והנאה דמשתעי קרא לא פליגי דכל תקרובת עבודה זרה אסור בהנאה מדאתקיש למת כי פליגי לענין טומאה דר׳ יהודה מקיש למת אף לענין טומאה וכן משמע (*דבכל דוכתא שביק) ר׳ יהודה בן בתירא איסור וקנקיט טומאה והכא דייק שפיר כיון דתנא בשר היוצא אסור למה לי למהדר ומתני מפני שהוא כזבחי מתים אלא לומר לך אסור ומטמא וטעמא כדפרי׳ דלא אפשר דליכא תקרובת ומני ר׳ יהודה בן בתירא ותשובות על פר״ת יש להאריך הרבה בפ״ק דחולין (דף יג: ושם):

ההולך לתרפות. פי׳ הר״ר שמעיה מקום טנופות כמו בית התורפה* ובירושלמי פי׳ לשון תרפים: *)**ישראל** ההולך ליריד של גוים. פי׳ בפ״ק (לעיל דף יג:): **כך** היא גירסת הספרים וגירסת רש״י ת״ר נודות הגוים גרודים חדשים מותרים ישנים ומזופפין אסורין. וכן נמי איתא לקמן (דף לג.) גבי קנקנים קנקנים של גוים גרודים חדשים מותרים ישנים ומזופפין אסורים ופרש״י וז״ל גרודים שלא נזפתו מעולם והם חדשים מותרים דכניסת יין זמן מועט לא בלע עור ודוקא נודות אבל כלי חרס בלע לאלתר ישנים ומזופפין כלומר ישנים או מזופפין אסורים ישנים איידי דכנוס בו יין נסך זמן מרובה בלע עור ומזופפין אפי׳ בחדא זימנא בלע זפת ליין עכ״ל משמע מתוך פירושו שמחלק בין חדשים דנודות לחדשים דקנקנים דחדשים דנודות קרי אף כשנתן בהם יין כבר אך לא זמן מרובה וחדשים דקנקנים לא קרי אלא כשלא נתן בהם יין כלל ופי׳ הטעם משום דחרס בלע לאלתר ואפי׳ בפעם ראשונה וכן פי׳ בסמוך ה״מ נודות היינו זיקי שהם של עור אבל קנקנים של חרס(ג) בלעי טובא ונראה כי כשהתיר בנודות חדשים התיר אע״פ שכבר נתן בהן יין אלמא סבירא דלא מכניסן לקיום דאילו במכניסן אפי׳ בפעם אחת גזרו אף באינס זפותין וכן משמע בפ״ב (לקמן עד:) הגת והמחץ והמשפך של גוים *(ר״מ) מתיר בנגוב וחכמים אוסרים ומודה (*ר״מ) בקנקנים שהם אסורים אף בנגוב ומה בין זה לזה אלו הקנקנים מכניסן לקיום אלו גת ומחץ ומשפך אין מכניסן לקיום והתם איירי באינס זפותין מדקתני סיפא דברייתא דגת ואם היו מזופפין אסורים משמע דרישא באינס זפותין איירי וקאמר התם רבא כי הוה משדר גולפי פי׳ חביות ריקניות והם של חרס סחיף להו אפומייהו וחתים להו אבירלייהו מ״ט כל דבר שמכניסו לקיום לפי שעה גזרו בהן רבנן ולשון לפי שעה משמע אפילו בפעם אחת הלכך קנקנים שמכניסן לקיום אין להתיר בחדשים כ״א בלא נתן יין כלל ולפי שיטתו שאוסר בנודות שאין מכניסן לקיום ישנים אף בלא זפת ואע״ג דלא בלעי כולי האי אם כן כלי הגוים אף של כסף ושל עץ אינס מותרים אם לא בהגעלה ועירוי וגם יוסט״ש וקנא״ש של עץ אף שלנו כיון שהם זפותין יאסרו אם נתן בהם יין שעה אחת או אפילו נגע בהם ויין טופח עליהם כך הלעה של שיטת הקונט׳ והרבה תמיהות יש חדא דלשון שני הברייתות של קנקנים ושל נודות שוין ואין פי׳ שוה דבנודות מיקרו חדשים אף בשכבר נתן בהם יין ובקנקנים מפרש חדשים שלא נתן בהם יין כלל וע״ק שנתן דבריו לשיעורין ולא פירש לגבי נודות בכמה פעמים מיקרו ישנים וע״ק דלשון גרודים משמע שהיה בהן כבר זפת וגרדן ועוד תימה דמעשים בכל יום דכלי הגוים של כסף שנהגו העולם לשכשכן במים להתירן בלא הגעלה ועירוי וע״ק דגם מתוך שמעתין משמע דדבר שאין מכניסן לקיום אם אינס זפותין אפי׳ ישנים משכשכן במים ודי בכך דהנהו כוזי דפומבדיתא דאנסו בי פרזק רופילא ורמא בהו חמרא וקאמר כל דבר שאין מכניסן לקיום משכשכן במים ומותרים ואין סברא לומר שלא הניח בו הגוי יין אלא פעם אחת ועוד קשיא מה שפי׳ אבל קנקנים שהם של חרס בלעי טובא דלא היה לו לתלות טעמו בזה אלא במה שמכניסן לקיום וכשתלה טעם דבריו בבליעה משמע דחרס אף אם אין מכניסן לקיום אסור ולקמן בפ״ב גבי ההיא דגולפי משמע דמותר מדקאמר כל דבר שמכניסו לקיום גזרו רבנן לפי שעה אטו זמן מרובה משמע הא דבר שאין מכניסו לקיום לא גזרו אף לזמן מרובה ועוד תימה דהא מעשים בכל יום בכלי חרס שלנו שאין מכניסין לקיום שנתן בהם ישראל יין הרבה וכשנוגע בהם גוי אין עושין בו רק שכשוך לבד ופי׳ הר״ר יהודה בן הר״ר אליהו לייסב גירסת הספרים דודאי נודות וקנקנים שניהם מכניסן לקיום וה״פ נודות הגוים חדשים שלא נתן בהם יין כלל דמאחר שהם גרודים שלא זפתן מעולם אי רמא בהו גוי חמרא מידע ידיע אבל זפותים או שנזפתו ונשר זפתן אף חדשים אסורים כי שמא בשעת זפיתה או אחר זפיתה נתן בהם הגוי יין ולא ידיע ישנים פי׳ שנתן בהם יין אפי׳ חדא זימנא אסורים דכל דבר שמכניסו לקיום אסור לפי שעה וכן בקנקנים ועתה אין שום חילוק בין נודות לקנקנים והא דלא עריב ותני להו משום דסוף הברייתות מחלק זה מזה דגבי נודות קתני גוי רבנן ועבדן וגבי קנקנים תני גוי נותן לתוכן יין כו׳ ובסמוך ה״פ ה״מ נודות אע״ג דמכניסן לקיום סגי להו בעירוי משום דלא בלעי אבל קנקנים של חרס בלעי טפי ולפי זה יש להתיר הקנא״ש והיוסט״ש אע״פ שהם זפותין דכיון שאין מכניסן לקיום והשתא ניחא כל מה שהקשינו לפרש״י רק לשון גרודים אכן רבינו תם הקשה לו מן ההלכות גדולות שפירשו הני מילי נודות שאין מכניסן לקיום אבל קנקנים שמכניסן לקיום לא ולפי זה אין להתיר הקנא״ש זפותות אף על פי שאין מכניסן לקיום דומיא דנודות לכך נראה לרבינו תם דגרס בשמעתין כדגרסינן בתוספתא (פ״ה) דמחלקת בין נודות לקנקנים וזה היא הלעה ופי׳ נודות הגוים גרודים מותרין חדשים זפותים אסורים פירוש גרודים שאין בהן זפת מותרין ואפי׳ ישנים דכיון שאין מכניסן לקיום משכשכן במים ומותרים ואפי׳ היה בהם זפת אלא שנקלף

הגהות הב״ח
(א) תוס׳ ד״ה עובד כוכבים וכו׳ באמצע הדברים בדברי׳ שאיסורן איסור הנאה משום: (ב) ד״ה דלא וכו׳ הא שאין לבובין אינן אסורין בהנאה דלא כר״א דלר״א אפילו שאינן לבובין נמי נשחטין לעבודת כוכבי׳: (ג) ד״ה כך היא וכו׳ של חרס הן ובלעי וכו׳ סבירא ליה דלא מכניסן:

גליון הש״ס
תוספות ד״ה הלכה. להני אמוראי. עי׳ תשובת הרשב״א סימן מ: **ד״ה** ישראל. פי׳ בפ״ק. בדף יב ע״ב ד״ה אבל בדף יג ע״א ד״ה מעות:

אֵין עָלָיו קוֹרֶט דָּם — מוּתָּר, שמן הסתם נעשה בו הנקב לאחר שהופשט העור מעל הבהמה ולא בחייה. אָמַר רַב הוּנָא: לֹא שָׁנוּ סימן זה אֶלָּא שֶׁלֹּא מְלָחוֹ לפני שבדק אותו, אֲבָל מְלָחוֹ — אָסוּר, ומדוע? אֵימָא [אמור] יש מקום לחשוש שמְלָחוֹ הֶעֱבִרַתּוּ שהמלח העביר את כתם הדם, ואינו ניכר עוד. שנינו במשנה, רַבָּן שִׁמְעוֹן בֶּן גַּמְלִיאֵל אוֹמֵר: בִּזְמַן שֶׁהַקֶּרַע שֶׁלּוֹ עָגוֹל — אָסוּר, שוודאי חתכו את הלב בכוונה, אם הוא מָשׁוּךְ (מוארך) — מוּתָּר. אָמַר רַב יוֹסֵף, כך אָמַר רַב יְהוּדָה אָמַר שְׁמוּאֵל: הֲלָכָה כְּרַבָּן שִׁמְעוֹן בֶּן גַּמְלִיאֵל. אָמַר לֵיהּ [לו] אַבַּיֵי לרב יוסף: הֲלָכָה — האם מִכְּלָל לשון זו אתה למד דִּפְלִיגִי [שחלוקים] עליו חכמים בדבר זה? אָמַר לֵיהּ [לו]: מַאי נָפְקָא לָךְ מִינָּהּ [מה יוצא לך מזה]? כלומר, מה ההבדל למעשה אם חלוקים עליו חכמים אם לאו, שהרי בכל מקרה פסק ההלכה הוא כרבן שמעון! אָמַר לֵיהּ [לו] אביי: גְּמָרָא גְּמוֹר, זְמוֹרְתָּא תְּהֵא [את המסורת תלמד, וזמר תהיה]? כלומר, וכי אומרים דברים כזמר בלבד, בלי להבין את הטעמים?

א שנינו במשנה: בָּשָׂר הַנִּכְנָס לַעֲבוֹדָה זָרָה קודם שהוקרב לפניה — מוּתָּר. ושואלים: מַאן [מיהו] הַתַּנָּא הסבור כן? אָמַר ר׳ חִיָּיא בַּר אַבָּא אָמַר ר׳ יוֹחָנָן: שלֹּא כְּשִׁיטַת ר׳ אֶלְעָזָר, דְּאִי [שאם] כְּשִׁיטַת ר׳ אֶלְעָזָר, הָאָמַר [הרי אמר]: סְתַם מַחֲשֶׁבֶת גּוֹי כשהוא שוחט בהמה, הריהי לַעֲבוֹדָה זָרָה, ולכן כבר אז נאסר בשרה. אבל לדעת משנתנו — אין לאסור את בשרה של בהמה ששחטה גוי, קודם שהוקרב ממש לעבודה זרה. עוד שנינו שם: וְהַיּוֹצֵא מבית עבודה זרה — אָסוּר, מִפְּנֵי שֶׁהוּא כְּזִבְחֵי מֵתִים. ומסבירים: מַאי טַעְמָא [מה טעם הדבר]? אִי אֶפְשָׁר דְּלֵיכָּא [שאין זה] תִּקְרוֹבֶת עֲבוֹדָה זָרָה. ומעירים: מַנִּי [כשיטת מי היא]? שיטת ר׳ יְהוּדָה בֶּן בְּתֵירָא הִיא, דְּתַנְיָא [ששנויה ברייתא]: ר׳ יְהוּדָה בֶּן בְּתֵירָא אוֹמֵר: מִנַּיִן לְתִקְרוֹבֶת עֲבוֹדָה זָרָה שֶׁמְּטַמָּא בְּאֹהֶל כלומר, מטמאה את כל מה שנמצא יחד עמה תחת אותו ״אוהל״, כגון באותו בית? שֶׁנֶּאֱמַר: ״וַיִּצָּמְדוּ לְבַעַל פְּעוֹר וַיֹּאכְלוּ זִבְחֵי מֵתִים״ (תהלים קו, כח), ואנו למדים מכאן: מַה מֵּת מְטַמֵּא בְּאֹהֶל אַף תִּקְרוֹבֶת עֲבוֹדָה זָרָה מְטַמְּאָה בְּאֹהֶל, וכשם שמת אסור בהנאה כך תקרובת עבודה זרה אסורה בהנאה.

ב שנינו במשנה: הַהוֹלְכִין לְתַרְפּוּת כלומר, לחגיגה של עבודה זרה — אֲסוּרִין לָשֵׂאת וְלָתֵת עִמָּהֶם. אָמַר שְׁמוּאֵל: גּוֹי הַהוֹלֵךְ לְתַרְפּוּת, בַּהֲלִיכָה — אָסוּר לשאת ולתת עימו, וטעם הדבר: דְּאָזֵיל וּמוֹדֵי קַמֵּי [שהולך ומודה לפני] עֲבוֹדָה זָרָה על שהצליח בעסקיו. בַּחֲזָרָה — מוּתָּר, מַאי דַּהֲוָה הֲוָה [מה שהיה היה] ושוב אין ענייניו בעבודה זרה. ולהיפך, אם יִשְׂרָאֵל הַהוֹלֵךְ לְתַרְפּוּת למקום עבודה זרה, בַּהֲלִיכָה — מוּתָּר, דִּלְמָא הָדַר בֵּיהּ [שמא יחזור בו] וְלֹא אָזֵיל [ילך לשם], בַּחֲזָרָה — אָסוּר, וטעמו של דבר, כֵּיוָן

עיונים

הלכה מכלל דפליגי שאם הוצרכנו לפסוק הלכה בנושא זה משמע שיש בו מחלוקת, שאם לא כן פשוט שיש לקבל את דברי התנא אם אין חולקים עליו.

מאי נפקא לך מינה שהרי גם אם חולקים עליו מכל מקום נפסקה הלכה כשיטתו, ולכן לענין הלכה למעשה אין כל הבדל. וראה בר״ח שהבין כי מסקנת הדברים היא שאין חולק על רבן שמעון בן גמליאל, ולמרות זאת נפסקה הלכה במפורש כמותו.

גמרא גמור וכו׳ רש״י מסביר כאן שכך מתכוון אביי לומר: האם דברי תורה הם כדברי זמר בלבד שאין מבררים את משמעותם ואין חוששים לערכם? שהרי אם אין חולקים על רבן שמעון בן גמליאל — אין צורך לפסוק הלכה כמותו. ולפיכך תהא זו אמירה ללא משמעות. ובמסכת ביצה פירש רש״י באופן אחר קצת, שזה הוא פתגם עממי שאומרים לתלמיד שוטה: למד למד, וסופך להיות זמר. כי אין אתה מבין את הדברים ואינך מתעמק במשמעותם, ואין בידך אלא זמר ונעימה של לימוד תורה.

דלא כר׳ אליעזר וכן אמרו בתלמוד הירושלמי שבעיקר בא הדבר כדי להוציא מדברי ר׳ אליעזר בנושא זה. ובתוס׳ (ועוד ראשונים) שאלו: הרי גם מן הדין הקודם במשנה זו, בעורות לבובים, אפשר להוכיח שאין שיטתה כדברי ר׳ אליעזר (מכך שרק עורות לבובים אסורים, אבל לא עורות אחרים, למרות שלשיטתו כבר נשחטו לשם עבודה זרה. וכן מן ההמשך, שרק גבינות בית אונייקי אסורות). ולכן הסבירו בתוס׳ שדברי ר׳ אליעזר מתייחסים רק לבהמה שנשחטה, שזו דרך עבודה זרה, אבל אם הרג הגוי את הבהמה בדרך אחרת — אף הוא אינו סבור שנאסרת בהנאה. וכעין זה כתב גם הרמב״ן שאין להוכיח מעורות לבובים, שהרי מסתבר שלא נשחטה הבהמה כדרכה אלא הוצא ממנה לבה לפני כן. וראה בדברי הרי״ד בסוף העמוד הקודם.

והיוצא אסור וכו׳ ובירושלמי העירו על כך שמדובר כאן רק כאשר הוכנס הבשר לחדר הפנימי של בית עבודה זרה, ואם לאו אינה נאסרת בהנאה אף ביציאתה (ובמקום שאין חדר פנימי — הכל נחשב כחדר פנימי).

ומטמא באוהל והעירו הראשונים שאין לומר (כפי שמשמע קצת מדברי רש״י) שרק ר׳ יהודה בן בתירא הוא הסבור שתקרובת עבודה זרה אסורה בהנאה, כי משמע מכמה מקומות שהכל מודים בכך. ולא חלקו אלא בדיני טומאתה, אם מטמאה כשרץ או כנבלה או כמת ממש (אף בטומאת אוהל). ומשום כך פירשו בתוס׳ כי עיקר הדיוק שמשנתנו כשיטת ר׳ יהודה בן בתירא היא, הריהו משימוש הלשון שלו, שלא אמר סתם שאסורה בהנאה אלא השתמש דווקא בביטוי ״זבחי מתים״ (וכעין זה גם בתורי״ד). ור״ת מסביר כי יש לחלק בין תקרובת עבודה זרה, שעבודתה נעשתה כדוגמת העבודה שבמקדש (״כעין פנים״) שהיא אסורה בהנאה לדברי הכל, לבין תקרובת אחרת לעבודה זרה, שלא כעין פנים, שאינה נאסרת בהנאה אלא לדעת ר׳ יהודה בן בתירא.

אורח ההלכה

מחשבת גוי לעבודה זרה כל יין שנגע בו הגוי הרי זה אסור, שמא ניסך ממנו, לפי שסתם מחשבת גוי לעבודה זרה. כר׳ אלעזר. אבל לענין שחיטה, נפסק שאין שחיטת הגוי בסתם לעבודה זרה כדי לאסור את הבהמה בהנאה. (רמב״ם ספר קדושה הלכות מאכלות אסורות פי״א ה״ד. שם הלכות שחיטה פ״ד הי״א. שו״ע יו״ד ב, א).

תקרובת עבודה זרה תקרובת עבודה זרה מטמאה במגע ובמשא כנבלה (אבל אינה מטמאה באוהל) ושיעורה בכזית. לא כשיטת ר׳ יהודה בן בתירא, אלא כדברי חכמים בפרק ראשון במסכת חולין (כס״מ). (רמב״ם ספר טהרה הלכות אבות הטומאות פ״ו ה״ז).

גוי ההולך לתרפות גוים ההולכים ליום חגם למרחוק, בהליכתם אסור לשאת ולתת עמהם, ובחזרתם מותר. כשמואל. וכבר נהגו היתר בכל זה משום שאין הגוים עובדי עבודה זרה ממש, ומשום טעמים נוספים. ראה לעיל ב,א. (רמב״ם ספר מדע הלכות עבודה זרה פ״ט הי״ח. שו״ע יו״ד קמח, יא. שם סעיף יב).

מסורת הש״ס

א. ירושלמי ע״ז פ״ב ה״ג.
ב. (הביטוי) ברכות לג,ב. שבת נז,ב. קו,ב. קיג,א. קלו,א. עירובין יב,א. פא,ב. ר״ה לה,א. ביצה כד,א. יבמות צא,א. קח,א. סנהדרין ל,ב. נדה נט,א.
ג. (הביטוי) שבת קו,א. קיג,א. עירובין ס,א. ביצה כד,א.
ד. ירושלמי ע״ז פ״ב ה״ג.
ה. גיטין מה,ב. חולין יג,א. לח,ב. לט,ב. קטז,ב. ירושלמי ביצה פ״א ה״א.
ו. ע״ז מח,ב. חולין יג,ב. ילק״ש נ״ך תתסה.
ז. תוספתא ע״ז פ״א טו.

גרסות

אין עליו קורט דם מותר בכתי״מ: **ואם לאו מותר.**

מלחו העברתו בכת״י: **מלח העבירתו.**

מטמא באוהל... מטמאה באוהל בכתי״מ: **מטמא באוהל ואסור בהנאה... מטמאה באוהל ואסורה בהנאה** וכן מצוי כנוסח אחר בכתי״ס.

הדר ביה ולא אזיל בכת״י: **הדר ביה.**

דַּאֲבִיק [שהוא נאחז, נדבק] בָּהּ הוא מְהַדַּר הָדַר אָזֵיל [חוזר והולך לשם]. ומקשים: וְהָתַנְיָא [והרי שנויה ברייתא]: יִשְׂרָאֵל הַהוֹלֵךְ לְתַרְפּוּת, בֵּין בַּהֲלִיכָה בֵּין בַּחֲזָרָה — אָסוּר! אָמַר רַב אַשִׁי: כִּי תַּנְיָא הַהִיא [כאשר שנויה אותה ברייתא] הרי זה בְּיִשְׂרָאֵל מְשׁוּמָּד, שֶׁוַּדַּאי אָזֵיל [הולך לשם]. ועוד תָּנוּ רַבָּנַן [שנו חכמים]: גּוֹי הַהוֹלֵךְ לְיָרִיד, שוק שעושים ביום חג של עבודה זרה, בֵּין בַּהֲלִיכָה בֵּין בַּחֲזָרָה — מוּתָּר לשאת ולתת אתו. יִשְׂרָאֵל הַהוֹלֵךְ לְיָרִיד, בַּהֲלִיכָה — מוּתָּר, בַּחֲזָרָה — אָסוּר. ושואלים: מַאי שְׁנָא [במה שונה] יִשְׂרָאֵל מהגוי, שדינו שבַּחֲזָרָה אָסוּר? משום דְּאָמְרִי [שאומרים]: עֲבוֹדָה זָרָה זַבֵּין [מכר], דְּמֵי עֲבוֹדָה זָרָה אִיכָּא בַּהֲדֵיהּ [נמצאים איתו], ולכן אסור לשאת ולתת איתו, שלא להשתמש בדמים אלה. ואולם בגּוֹי נַמִּי נֵימָא [גם כן נאמר] אותם דברים: עֲבוֹדָה זָרָה זַבֵּין [מכר], דְּמֵי עֲבוֹדָה זָרָה אִיכָּא בַּהֲדֵיהּ [יש איתו]! אֶלָּא בגּוֹי מדוע אינך אוסר בחזרה? אָמְרִינַן [אומרים אנו]: מן הסתם עשה שם עסק, גְּלִימָא זַבֵּין, חַמְרָא זַבֵּין [גלימה מכר, יין מכר], ולא עבודה זרה; אם כן בְּיִשְׂרָאֵל נַמִּי נֵימָא [גם כן נאמר]: אֵימוּר גְּלִימָא זַבֵּין, חַמְרָא זַבֵּין [אמור גלימה מכר, יין מכר] ויהיה מותר בחזרה! ומשיבים: ישראל, אִי אִיתָא דַּהֲוָה לֵיהּ [אם אמנם היו לו] גלימה או יין למכור ביריד — הָכָא הֲוָה מְזַבֵּין לֵיהּ [כאן היה מוכר אותם], ולא היה הולך למקום עבודה זרה למוכרם שם, ואם הלך לשם משמע שרצונו למכור שם עבודה זרה. שנינו במשנה: וְהַבָּאִין מן התרפות — מוּתָּרִין לשאת ולתת עמהם. אָמַר ר׳ שִׁמְעוֹן בֶּן לָקִישׁ: לֹא שָׁנוּ אֶלָּא שֶׁאֵין קְשׁוּרִין זֶה בָּזֶה כלומר, שבאים אחד אחד ולא בחבורה, אֲבָל קְשׁוּרִין זֶה בָּזֶה כחבורה אחת — אֲסוּרִין, אֵימָא [אמור] שֶׁדַּעְתּוֹ לַחֲזוֹר.

א שנינו במשנה: נוֹדוֹת הַגּוֹיִם וְקַנְקַנֵּיהֶם ויין של ישראל כנוס בהם, ר׳ מאיר אומר שאסורים בהנאה, וחכמים מתירים בהנאה. תָּנוּ רַבָּנַן [שנו חכמים]: נוֹדוֹת הַגּוֹיִם, אם היו גְּרוּדִים בלי זפת, והם חֲדָשִׁים שלא שהה בהם היין זמן רב — מוּתָּרִין, אם היו יְשָׁנִים או מְזוּפָּפִין מצופים בזפת מתוכם — אֲסוּרִין, ואם גּוֹי רִיבְּבָן ציפה אותם בזפת, וְעִיבְּדָן, וְנָתַן לְתוֹכָן יַיִן כחלק מתיקון הכלי, כדי לבטל את טעם הזפת, וְיִשְׂרָאֵל עוֹמֵד עַל גַּבָּיו — אֵינוֹ חוֹשֵׁשׁ. ודנים בהלכה זו: וְכִי מֵאַחַר שגּוֹי נוֹתֵן לְתוֹכָן יַיִן, כִּי [כאשר] יִשְׂרָאֵל עוֹמֵד [עַל] גַּבָּיו מַאי הָוֵי [מה נהיה בכך]? הרי בכל זאת הוא יינם של גוים! אָמַר רַב פַּפָּא, הָכִי קָאָמַר [כך הוא אומר], כך צריך להבין את הדברים: גּוֹי רִיבְּבָן וְעִיבְּדָן, וְיִשְׂרָאֵל נוֹתֵן לְתוֹכָן יַיִן, וְיִשְׂרָאֵל אַחֵר עוֹמֵד עַל גַּבָּיו וְאֵינוֹ חוֹשֵׁשׁ. ושואלים: וּמֵאַחַר שֶׁיִּשְׂרָאֵל הוא שנּוֹתֵן לְתוֹכָן יַיִן, יִשְׂרָאֵל אַחֵר עוֹמֵד עַל גַּבָּיו לָמָּה לִי? ומשיבים: דִּלְמָא [שמא] אַגַּב טִירְדֵיהּ [טרחתו] של הישראל בשפיכת היין, מְנַסֵּךְ הגוי וְלָאו אַדַּעְתֵּיהּ [בלא ידיעתו של הישראל]. רַב זְבִיד אָמַר: לְעוֹלָם מדובר כִּדְקָאָמְרַתְּ מֵעִיקָּרָא [כמו שאמרת מתחילה], שהגוי עצמו שופך את היין לנוד, וְהָכָא [וכאן] מותר, כי בְּעִידָּנָא דְּקָא שָׁדֵי לֵיהּ [בזמן שהוא שופך אותו את היין] לנוד נַעֲשָׂה כְּזוֹרֵק מַיִם לַטִּיט לצורך גיבול, ולא כמנסך. אָמַר רַב פַּפִּי, שְׁמַע מִינָּהּ [למד ממנה] מדברי רַב זְבִיד: הַאי גּוֹי דִּשְׁדָא חַמְרָא לְבֵי מִילְחֵי [גוי זה ששפך יין בתוך מקום המלח] של יִשְׂרָאֵל, שהיו שופכים קצת יין כדי לשפר את טיבו של המלח — הרי זה שָׁרֵי [מותר], משום שאינו מתכוון לניסוך. מַתְקִיף לָהּ [מקשה על כך] רַב אַשִׁי: מִי דָּמֵי [האם דומים הדברים]? הָתָם קָאָזֵיל [שם, בשופך יין לנוד שזיפתו, הולך היין] לְאִיבּוּד, הָכָא לָא קָאָזֵיל [כאן אין היין הולך] לְאִיבּוּד. מסופר, בַּר עֲדִי טַיָּיעָא [הערבי] אָנַס (לקח בכפיה) הָנְהוּ זִיקֵי [נאדות אחדים] מֵרַב יִצְחָק בַּר יוֹסֵף, רְמָא בְּהוּ חַמְרָא וְאַהַדְרִינְהוּ נִיהֲלֵיהּ [הטיל בהם יין למשך זמן והחזירם לו], אֲתָא [הלך] רב יצחק בר יוסף שְׁאֵיל בֵּי מִדְרְשָׁא [ושאל בבית המדרש] מה דינם, אָמַר לֵיהּ [לו] ר׳ יִרְמְיָה, כָּךְ הוֹרָה ר׳ אַמִּי הֲלָכָה לְמַעֲשֶׂה: מְמַלְּאָן מַיִם שְׁלֹשָׁה יָמִים כדי שהמים יספגו את היין שבדפנותיהם, וּמְעָרָן שופך מהם את המים. וְאָמַר רָבָא: צָרִיךְ לְעָרָן מֵעֵת לְעֵת, כל יממה צריך להוציא את המים שבהם ולהכניס מים חדשים. ומעירים: סְבוּר מִינָּהּ [חשבו]: הָנֵי מִילֵּי [דברים אלה אמורים] בנאדות שהיו מתחילה דִּידָן [שלנו], אֲבָל נאדות דִּידְהוּ [שלהם], שמתחילה היה בהם יינם — לֹא, כִּי אֲתָא [כאשר בא] רָבִין מארץ ישראל לבבל אָמַר בשם ר׳ שִׁמְעוֹן בֶּן לָקִישׁ: אֶחָד שֶׁלָּנוּ וְאֶחָד שֶׁלָּהֶם. וכן סָבַר [סבור היה] רַב אַחָא בְּרֵיהּ [בנו] של רָבָא קַמֵּיהּ [שהיה יושב לפני] רַב אַשִׁי לְמֵימַר [לומר] כך: הָנֵי מִילֵּי [דברים אלה אמורים] בנוֹדוֹת, שהם של עור ואינם סופגים כל כך, אֲבָל קַנְקַנִּים של חרס — לֹא תועיל להם עצה זו, אָמַר לֵיהּ [לו] רַב אַשִׁי: לָא שְׁנָא [אינו שונה] נוֹדוֹת וְלָא שְׁנָא [ואינו שונה] קַנְקַנִּים מועילה בהם עצה זו.

ב תָּנוּ רַבָּנַן [שנו חכמים]: קַנְקַנִּים שֶׁל גּוֹיִם, חֲדָשִׁים גְּרוּדִים — מוּתָּרִין, יְשָׁנִים וּמְזוּפָּפִין — אֲסוּרִין. אם גּוֹי נוֹתֵן לְתוֹכָן יַיִן — יִשְׂרָאֵל נוֹתֵן לְתוֹכָן אחר כך מַיִם, ואם היה גּוֹי נוֹתֵן לְתוֹכָן יַיִן, יִשְׂרָאֵל נוֹתֵן לְתוֹכָן צִיר וּמוּרַיִיס, וְאֵינוֹ חוֹשֵׁשׁ. אִיבַּעֲיָא לְהוּ [נשאלה להם ללומדים]:

עיונים

בישראל משומד וכו׳ שההנחה היא כי ישראל שנשתמד הריהו בגדר מין, שהוא אדוק ביותר בעבודה זרה, ובודאי ישוב לתרפות.

ההולך ליריד שהגוי הולך לשם רק לשם מסחר (רש״י). ובהרחבה מוסבר הדבר בפירוש הר״ח, שהגוי שאינו יכול שלא ללכת ליריד, בדרך אגב הוא עושה שם מסחר. אבל ישראל שאין לו דבר המכריח אותו ללכת לשם — ודאי הולך לשם כדי למכור עבודה זרה, אותה לא ניתן למכור אלא שם.

קשורין זה בזה וכן אמרו בתלמוד הירושלמי, שאם היתה חזרתם כהליכתם הרי הם אסורים. וטעמו של דבר, שהם מוכיחים שהמטרה שלשמה הלכו לשם עדיין קיימת, שהרי לא נפרדו איש לדרכו, ומסתבר שכוונתם לחזור לאותו מקום.

גרודים חדשים רש״י מסביר שהכוונה ב״גרודים״ היא שאין בהם זיפות, ו״חדשים״ — לא חדשים לגמרי, אלא שנשתמש בהם זמן מועט. וטעם הדבר שהם מותרים משום שאין נודות עור בולעים יין בזמן מועט. והראשונים נתקשו הרבה בדבריו (ראה בתוס׳), בין השאר משום שבגמרא להלן (עד,ב) מבואר כי חכמים גזרו שבכלים שמכניסים בהם את היין לאחסון (״לקיום״) אף משעה שנתן בהם יין פעם אחת שוב אינם מותרים. ואכן ר׳ אליהו מפריס (הובאו דבריו בתוס׳ ושאר ראשונים) מסביר כי נודות חדשים הם נודות שלא היה בהם יין כלל, והם מותרים משום שאם היה בהם יין אפילו לזמן קצר ניכר היה הדבר. אכן רבינו תם סבור כי הלשון ״גרודים״ משמעה נודות שגירדו את הזפת מהם. ועוד הוא מסתמך על בעל הלכות גדולות שכתב כי נודות (שלא כקנקנים) הם כלים שלא מכניסים בהם יין לקיום. והוא גורס כאן כגרסת התוספתא: גרודין מותרין, ולדעתו נודות אפילו היו ישנים מותרים (בשכשוך מים), כיון שהסיר מהם את הזפת. וגם הרמב״ם הלך לפי גרסה זו, אך באופן שונה מעט, ראה ״אורח ההלכה״. וראה בדברי רוב הראשונים שהאריכו הרבה לדון בשיטות השונות ובמסקנות העולות מהן לגבי כלי עץ מזופתים שבימיהם.

ישנים ומזופפין רש״י פירש: או ישנים או מזופפין. ישנים — משום שבמשך הזמן ודאי בלעו. ומזופפים — משום שהזפת בולע את היין אפילו בפעם אחת. אכן, ר׳ אליהו מפריס מסביר (לשיטתו) כי ישנים אינם ישנים ממש, אלא כל שהיה בהם יין אפילו פעם אחת, והוא משום שהיין הוכנס בהם לקיום. ומזופפים אסורים — אפילו חדשים לגמרי, שמא בשעת הזיפות או לאחריו נתן בהם הגוי יין, ואין הדבר ניכר בהם.

ריבבן רש״י מסביר שנתן לתוכם זפת לצפותם. ולשון ״ריבבן״ הוא מלשון רבב, דבר שומני, שציפה אותם בו. וראה גם בתוס׳.

ישראל עומד על גביו מאי הוי והרי גם אם אין הגוי נוגע ביין, עיקר האיסור גם בנגיעה הוא בחשש לניסוך היין לעבודה זרה, ועירוי היין מכלי לכלי הוא עיקרו של הניסוך (תוהרי״ד).

כזורק מים לטיט רש״י מסביר שהוא כזורק מים לטיט, שהמים נבלעים בטיט ולבסוף הם מתייבשים וכלים לגמרי, וכך היין שמכניסים בזפת לשם עיבוד כלה לגמרי בתוך הזפת. ובירושלמי יש הסבר אחר לדברים, שאין לחשוש כאן משום ניסוך משום שאין דרכו של הגוי לנסך על דבר מלוכלך. וראה בר״ח וכן בתורי״ד וברמב״ן שבעיקר פירשו את הסוגיה כדברי הירושלמי.

לבי מלחי לבית קיבול של מלח, שהיין נבלע וכלה במלח. ורב אשי מחלק ואומר שאף שהיין נבלע במלח אין הוא בטל לגמרי אלא נותן טעם מסויים במלח. ואילו ר״ת סבור שכאן מדובר במקום עשיית המלח (כגון שמרתיחים מים מלוחים לעשות מלח) שבתהליך היצור היו מכניסים גם קצת יין.

אבל דידהו לא שיש להבדיל בין נודות שלנו שלקחם הגוי והשתמש בהם, שכבר ספגו מתחילה יין כשר, וגם יינו לא שהה בהם זמן רב כל כך, לנודות שלהם, שהיה בהם מתחילה יין שלהם זמן מרובה, ולא יועיל בהם סוג זה של הכשר כדי לפלוט מה שבלעו מן היין.

קנקנים... חדשים לפי הגרסה שלפנינו, לשון הברייתא כאן בקנקנים זהה ללשונה של הברייתא לעיל בענין נודות. ורש״י מסביר כי למרות שלשון הברייתות זהה, קנקנים מחרס אינם נחשבים חדשים בשימוש מועט, כמו נודות, אלא רק אם היו חדשים לגמרי, לפי שהם בולעים מיד (ראה בדבריו לעיל). והראשונים תמהו על כך. אכן ר׳ אליהו מפריס (לשיטתו לעיל), סבור שדינם שווה לכל ענין, ובשניהם מדובר בכלים חדשים לגמרי, שלא הוכנס לתוכם יין כלל, ולא הובאו הדינים בנפרד אלא בגלל המשך הברייתא שהוא שונה כאן וכאן. ואילו רבינו תם גורס (לפי התוספתא) גרסה אחרת, ולפיה חמור דינם של הקנקנים מן הנודות, משום שמכניסים בהם יין לקיום, ולכן רק קנקנים חדשים לגמרי מותרים, אבל אם היו ישנים או מזופתים שאין לדעת אם הכניס בהם הגוי יין — אסורים. ומצד אחר בירושלמי מחלקים בין קנקנים ונודות באופן אחר, שבקנקנים אין דרך לתת יין (או חומץ) בתוך הזפת, ואין לחשוש בהם, מה שאין כן בנודות.

ישראל נותן לתוכן מים רש״י מסביר שנותן לתוכן מים מעת לעת ומערה שלש פעמים, כפי שאמרנו, שכך הוא הכשרם של הקנקנים. ואחרים מסבירים כי הכוונה היא שמותר לו לתת בתוכם מים לכתחילה, ואינו צריך לחשוש שייבלע טעם היין במים. וכמובן אם רצונו לתת בכלי גם יין — צריך לעשות מילוי ועירוי וכו׳ (רשב״א בתורת הבית. וראה בריטב״א). וכתבו ראשונים כי אף שאין מבטלים איסור לכתחילה, אין כאן ביטול של האיסור בכמות של היתר, אלא הפגת טעמו של האיסור בדופן הכלי (ראה רא״ה וריטב״א). והרשב״א ועוד הסבירו כי במקרה כזה שטעם האיסור הבלוע מועט ביותר (שהרי מדובר בצונן) ואין אפשרות כלל של נתינת טעם בהיתר, לא אסרו חכמים. וראה עוד בר״ן שכתב כי כאשר כוונתו של המשתמש להכשיר את הכלי ולא להנות מן האיסור — אין בזה משום ביטול איסור לכתחילה.

נותן לתוכן ציר וכו׳ רש״י מסביר שאינו צריך לחשוש משום טעם היין שייבלע בציר, משום שהציר הוא מלוח ביותר ושורף ומכלה את טעם היין המועט. וראשונים אחרים כתבו כי כאן ניתנת דרך נוספת של הכשר, בנוסף למילוי ועירוי מים (ויש שנסתפקו אם גם בזה צריך שלושה מעת לעת. ראה מאירי). ובתוס׳ גורסים אחרת בברייתא, ומפרשים שכוונת הדברים היא שנותן לתוכם ציר לאחר שהיה בהם יין, ולאחר מכן יכול לתוכם יין, לפי שהציר מכלה את טעם היין שבכלי ומכשירו. וכן משמע קצת מהמשך הדברים להלן.

אורח ההלכה

ישראל שהלך לתרפות ישראל שהלך למקום חגיגת עבודה זרה של הגוים, בהליכה מותר לשאת ולתת עמו ובחזרה אסור. ואם הוא מומר לעבודה זרה גם בהליכתו אסור. (רמב״ם ספר מדע הלכות עבודה זרה פ״ט הי״ח. שו״ע יו״ד קמח, יא).

גוי ההולך ליריד וכו׳ גוי שהלך ליריד מותר לשאת ולתת עמו (אלא אם כן ידוע שהיה מוכר שם עבודה זרה. ש״ך). וישראל שהלך לשם בחזרתו אסור לשאת ולתת עמו, שאנו אומרים שעבודה זרה מכר להם שם. (רמב״ם שם. שו״ע שם קמט, ה ובהגהה. וראה שם קמד, א).

קשורים זה בזה גוים ההולכים לחגם מרחוק, שהותר לשאת ולתת עמהם בחזרתם, הרי זה רק אם אין הם קשורים זה בזה, שמא אלה דעתם לחזור. וכריש לקיש. (רמב״ם שם הי״ז. שו״ע שם קמח, יא).

נודות הגוים וכו׳ כתב הרמב״ם: הלוקח כלים חדשים שאינם מזופתים מן הגוים נותן לתוכם יין ואנו חושש שמא היה בהן יין נסך. ואם היו מזופתים — מדיחם. והוא כגרסת רבינו תם בתוס׳, ואינו מפרש כלל דין ישנים (כס״מ, וראה בלח״מ).

ובשו״ע כתב: כלים שאינו מכניסם לקיום, בין של עור בין של עץ, זכוכית, אבן או מתכת, אם אינם מזופתים משכשכם היטב במים ומותרים. היו מזופתים וחדשים, אם דרכם של הגוים לשים בהם יין בשעת זפיתה, וכל שכן אם הם ישנים שהתיישנו בידי הגוי — קולף את הזפת ומשכשכם ומותרים. כברייתא וכגרסת ר״ת בתוס׳. וכתבו הפוסקים בשם ר״י שבימינו שאין נותנים יין בזפת בשעת הזיפות, אם ניכר הדבר שלא ניתן בהם יין — מותרים. (רמב״ם ספר קדושה הלכות מאכלות אסורות פי״א הי״ז. שו״ע שם קלה, א).

ממלאן מים וכו׳ נאדות הגוים וקנקניהם שהכניסו בהם הגוים יין — אסור לתת בהם יין עד שיתן לתוכם מים במשך שלושה מעת לעת, ומערה את המים ומחליפם בכל מעת לעת. ואין הבדל אם היו הכלים שלהם או של ישראל שנשתמש בהם הגוי. כר׳ אמי, כרבא, כריש לקיש וכרב אשי. (רמב״ם שם הט״ו. שו״ע שם סעיף ד. וראה פרטי דין זה שם סעיף יב).

ישראל נותן לתוכם מים וכו׳ כלים האסורים מחמת יין של גוי, מותר ליתן לתוכם בין מים, ובין שאר משקים, ובלבד שידיח בתחילה לחלוחי היין שעל פני הכלים. כברייתא. (שו״ע שם קלז, ד).

ישראל נותן לתוכן ציר כו׳ כלי הגוים מותר לתת בתוכם ציר או מורייס מיד בלי תיקון, ולאחר שנתן לתוכם ציר יכול לתת בהם יין ואינו חושש, לפי שהמלח שורף את היין שנבלע בכלים. כברייתא וכמסקנת הגמרא בעמוד הבא. (רמב״ם שם הט״ז).

מסורת הש״ס

א. תוספתא ע״ז פ״א טו.
ב. ירושלמי ע״ז פ״ב ה״ג. וראה ע״ז יב,א. יג,א. סד,א.
ג. ראה ע״ז סד,א.
ד. (בשינויים) ירושלמי שם ה״ד. תוספתא ע״ז פ״ד י.
ה. ראה ירושלמי ע״ז שם.
ו. ירושלמי ע״ז פ״ב ה״ד (בשינויים).
ז. (הביטוי) ברכות כד,א. שבת נד,א. ביצה כט,ב. כתובות נו,א. ב״ב קל,ב. סנהדרין יא,א. פח,א. ע״ז עד,א.
ח. (בשינויים) ירושלמי ע״ז פ״ב ה״ד. תוספתא ע״ז פ״ד י.

גרסות

מהדר הדר אזיל בכתי״מ ועוד: **ודאי הדר ואזיל.**

ישראל ההולך ליריד בכתי״מ: **ישראל.**

דאמרי עבודה זרה בכתי״מ: **דאמרינן אימר עבודה זרה** בכתי״ס: **דאמרינן עבודה זרה.**

אלא גוי אמרינן בכת״י: **גוי.**

אימא דעתו לחזור בכתי״מ ועוד: **אימר דעתייהו למהדר** בכתי״ס: **אימר דעתן לחזור.**

גרודים — אסורין יש בכת״י ועוד: **גרודים מותרין חדשים מזופפין אסורין.**

על גביו אינו חושש בכתי״מ: **עומד על גביו.**

לעולם כדקאמרת בכתי״ס: **לעולם כדקאמרינן.**

לבי מילחי דישראל שרי בכתי״ס: **לבי מילחי דישראל שפיר דמי.**

חדשים גרודים בכת״י: **חדשים.**

ישנים ומזופפין בכת״י ובמקורות: **ישנים או מזופפין.**

לתוכן מים בכתי״ס ועוד: **לתוכן מים, גוי נותן לתוכן מים ישראל נותן לתוכן יין.**

ציר ומורייס ואינו חושש בכתי״מ: **ציר ומורייס ומותר** ובכתי״ס ועוד: **ציר או מורייס וחוזר ונותן לתוכן יין ואינו חושש.**

לשון

ריבבן
מקור המלה הוא בלשון המשנה ״רבב״ שמשמעותה המקורית היא: שומן, דבר שומני. ולפיכך ״ריבבן״ משמעו — מי שמורח שומן או חלב על דבר וכיוצא בזה זפת כפי שפירשו המפרשים.
זאת ועוד, לגבי נודות ושאר חפצי עור אחת מדרכי העיבוד היא כאשר מספיגים את העור בשמן (במקום לתקנו על ידי ברסוק), וכן עושים עד היום בעורות רכים. וכן היו עושים בנודות שאי אפשר להכניסם לברסוק.

דאביק בה מהדר הדר אזיל והתניא ישראל ההולך לתרפות בין בהליכה בין בחזרה אסור אמר רב אשי כי תניא ההיא [א]בישראל משומד דודאי אזיל ת"ר [ב]גוי ההולך ליריד בין בהליכה בין בחזרה מותר [אג]ישראל ההולך ליריד בהליכה מותר *בחזרה אסור מאי שנא ישראל דבחזרה אסור דאמרי עבודה זרה זבין [ב]דמי עבודה זרה איכא בהדיה גוי נמי נימא עבודה זרה זבין דמי עבודה זרה איכא בהדיה אלא *גוי אמרינן גלימא זבין חמרא זבין ישראל נמי נימא אימור גלימא זבין חמרא זבין אי איתא דה"ל הכא הוה מזבין ליה: והבאין מותרין: ארשב"ל [גד]לא שנו אלא שאין קשורין זה בזה אבל קשורין זה בזה אסורין אימא דעתו לחזור: [ד]נודות הגוים **א** וקנקניהם: ת"ר *[ה]נודות הגוים גרודים חדשים מותרין ישנים ומזופפין אסורין גוי ריבבן ועיבדן ונתן לתוכן יין וישראל עומד על גביו אינו חושש וכי מאחר דגוי נותן לתוכן יין כי ישראל עומד [על] גביו מאי הוי אמר רב פפא ה"ק גוי ריבבן ועיבדן וישראל נותן לתוכן יין וישראל אחר עומד על גביו ואינו חושש ומאחר דישראל נותן לתוכן יין ישראל אחר עומד על גביו למה לי דלמא אגב טירדיה מנסך ולאו אדעתיה רב זביד אמר לעולם כדקאמרת מעיקרא והכא בעידנא דקא שדי ליה [ה]נעשה כזורק מים לטיט אמר רב פפי ש"מ מדרב זביד האי גוי דשדא חמרא לבי מילחי דישראל שרי מתקיף לה רב אשי מי דמי התם קאזיל לאיבוד הכא לא קאזיל לאיבוד בר עדי טייעא אנס הנהו זיקי מרב יצחק בר יוסף רמא בהו חמרא ואהדרינהו ניהליה אתא שאיל בי מדרשא [ו]א"ל רבי ירמיה כך הורה רבי אמי [ז]הלכה למעשה ממלאן מים שלשה ימים ומערן ואמר רבא [י]צריך לערן מעת לעת סבור מינה הני מילי דידן אבל דידהו לא כי אתא רבין א"ר שמעון בן לקיש [ח]אחד שלנו ואחד שלהם סבר רב אחא בריה דרבא(א) קמיה דרב אשי למימר הני מילי נודות אבל קנקנים לא אמר ליה רב אשי [ט]לא שנא נודות ולא שנא קנקנים ת"ר [ח]*קנקנים של גוים חדשים גרודים מותרין ישנים **ב** ומזופפין אסורין גוי נותן לתוכן יין ישראל נותן לתוכן מים [י]גוי נותן לתוכן יין ישראל נותן לתוכן ציר ומוריים ואינו חושש איבעיא להו לכתחלה

רש"י

אביק. לשון עניבה היא בכל התלמוד: יריד. שוק של עבודה זרה מיהו גוי כי אזיל לסחורה הוא דאזיל: עבודה זרה זבין. מכר בלמים בשוק: אם איתא דהוה ליה. להאי ישראל גלימא או חמרא: הכא. לדידן הוה מזבין ליה: קשורין. שחוזרין חבורה חבורה יחד ולא כד בכד: נודות. של עור קנקנים של חרס כל המשנה פירשתי למעלה: גרודים. גרס בדל"ת כמו (איוב ב) להתגרד בו שאין בהן זפת והן חדשין מותרין דבכניסת יין זמן מועט לא בלע עור ונודות דוקא אבל כלי חרס בלע לאלתר: ישנים ומזופפין. כלומר או ישנים או מזופפין אסורין ישנים איידי דכניס בהן יין נסך זמן מרובה בלע עור ומזופפין אפילו בחדא זימנא בלע זפת ליין: גוי ריבבן. ברי"ש כמו רבב כלומר התיך הזפת לתוכן: ונתן לתוכן יין. כן דרכם בעוד שהזפת חם נותנין יין ליטול טעם מרירתו של זפת: אגב טירדיה. דישראל זה שעסוק בנתינת יין לתקן הנוד: מנסך. ליה גוי: ולאו אדעתיה. דישראל להבין: כזורק מים לטיט. שאותו יין הולך לאבוד בזפת ובטל טעמו כמים הניתנין בטיט שכלין מאליהן כשמתייבש הטיט הרי הן כאילו לא היו אף יין זה כלה בליחלוחית הזפת וכשמתייבש הזפת כלה מאליו ושוב אינו פולט: לבי מלחי. בכלי מלח שהיין נבלע וכלה במלח: הכא לא אזיל לאיבוד. שנותן טעם במלח לעולם ואינו מתייבש: מעת לעת. בכל ג' ימים מערן מעת לעת ונותן אחרים: הני מילי דידן. כגון הני זיקי דרב יצחק שנבלע בהן יין כשר תחלה ולא בלעי מיין נסך כ"כ אבל דידהו שנבלע בהן יין נסך מתחלתן לא סגי בהכי: נודות.(ג) הני זיקין של עור הן: אבל קנקנים. של חרס הן ובלעי טובא לא סגי להו בהכי: גרודים. שלא נזפפו מעולם קרי גרודים: ישנים ומזופפים. או ישנים או מזופפין: גוי נותן כו'. כלומר נתן לתוכן גוי יין ישראל נותן לתוכן שלשה ימים מים ומערן מעת לעת כדאמרינן ומותרין: גוי נותן לתוכן יין ישראל נותן לתוכן ציר או מוריים. מיד אע"פ שלא מילאהו מים לפי שהציר ומורייס שורפין את היין הנבלע ומכלין אותו:

תוספות

דפריך (לקמן דף עד:) אחרון שנקלף ביין בשכשוך סגי כדמוכח בפ' אחרון מההוא דאע"פ שנקלף הזפת אסורה להאי דגת ומתן שאינם זפותין ויין שהם בשעת זפיתה אינו אלא כזורק מים לטיט חדשים זפותים אסורים פי' חדשים שדומה שלא היה בהם יין מעולם אסורים שמאחר שהם זפותים דלמא רמא בהו גוי חמרא ולא ידיע והזפת מבליע ואע"ג שאין מכניסין לקיום לריכין עירוי מפני שהזפת מבליע אף בפעם אחת ומשים בה גוי ריבבן ועבדן כו' ובברייתא אחרת תניא קנקנים של גוים חדשים מותרין ישנים ומזופפין אסורין פי' חדשים מותרין (ג)פי' דודאי גוי לא נתן בהם יין מעולם כי מאחר שאינם זפותין אילו נתן בהם יין מינכר ישנים זפותין(ד) נמי אסורין ואפילו נראין חדשים כי שמא נתן בהן הגוי יין ואינו ניכר ישנים אפי' לא נתן בו אלא פעם אחת אסורין מפני שמכניסו לקיום ולפי שיטת ר"ת יש לאסור קנק"ס ויסטא"ס שלנו הזפופות במגע גוי וצריך להגעיל אותם או לעשות בהם עירוי ואע"פ שאין מכניסן לקיום כדין נודות וזפותות וכן אם קנה אותם חדשים זפותים מן הגוי הכל כדין נודות וקשה ממנהג העולם שנהגו בכ"מ לקנות חדשים מן הגוים ואין עושין בהן לא עירוי ולא הגעלה ור"י היה מפרש ליישב המנהג דדוקא בימיהם שהיו רגילים להטיל בהם יין בשעת זפיתה יש לאסור דנהי דיין בשעת זפיתה אינו אלא כזורק מים לטיט כדפרישית גבי נודות יש לחוש שמא אחרי כן הטיל שם יין ולא ידיע אבל עתה שאין רגילין להטיל בהם יין בשעת זפיתה אם נתן בהם יין אחר זפיתה היה ניכר ומ"מ שלנו שנגע הגוי במשקה טופח לא מלינו היתר ור"ת עלמו חזר בו בסוף והתחיל להתיר אף שלנו במגע גוי בשכשוך בעלמא ונראה טעם משום דאיכא תרתי לטיבותא(ה) דהא שהן של עץ ולא נבלע בהם היין כ"כ ע"י זפת ולא דמי לנודות שהן של עור וכך הוא לבלוע יותר ע"י זפיתה ועוד כי אינם טרודות כ"כ ביין ולא דמי לכלי הגת ומחץ ומשפך דלקמן שהיין נבלע בהם ע"י זפיתה לפי שהן טרודות ביין וכתב ר' ברוך כי אעפ"כ לא היה עושה מעשה לכתחלה להתירן בשכשוך אבל בדיעבד אם נתנו בהם יין אחר מגע הגוי לא היה אוסר: בסומא בברייתא דקנקנים תניא בתוספתא ושכנס בהם גוי מים ישראל מותר להכניס לתוכם יין ושכנס בה גוי יין ישראל ממלא אות' מים ג' ימים מעת לעת וכונס לתוכה יין וישראל ציר ומוריים מותר להכניס לתוכה יין ועלה בעי תלמודא לכתחלה או דיעבד פי' מה שאומר לומר דלכתחלה יתננו שם כמו שכר או דוקא דיעבד ומיהו אף בדיעבד יתן יין אחריו דליר שורף וניחא דפשיטא ליה לתלמודא בסמוך ליר שורף אור לא כ"ש אבל לגירסת הספרים דגרסי גוי נותן יין ישראל נותן לתוכן ליר או מוריים קשה מאי קבעי פשיטא דלכתחלה קאמר דהא קתני בהדיא נותן ועוד קשה מנא ליה לתלמודא דליר שורף *ליין שמותר ליכנס בו יין אחריו: גוי ריבבן. ובתוספתא גריס ריבדן וריבדן הכל אחד וה"ג במסכת שבת פרק אלו קשרים (דף קז.) כל תלמיד חכם שנמלא רבב על בגדו חייב מיתה ואמרי לה רבד: האי גוי דשדא חמרא לבי מילחי. פ"ה בכלי מלח וקשה דמה ענין זה לגבי זורק מים לטיט הרי טעמו ניכר במלח ומאי סלקא דעתיה דרב פפי לכך פר"ת לבי מילחי מקום עשיית המלח וקאמר רב (זביד) [פפי] דלאע"פ שהגוי משליך שם יין המלח מותר מפני שהאור שורפו וכלה שם כזורק מים לטיט כי גם טעם היין אינו ניכר בו ורב אשי פריך דמ"מ לא אזיל לאבוד כמו נודות דזוהמת העור מבטלת היין ומוסר ר"ת כי האי אתקפתא דרב אשי אינה אלא דחויה בעלמא כלומר דמדרב זביד לא תשמע (ו)אלא מכל מקום הלכה כרב פפי ומתוך כך התירו המלח אף על פי שרגילים שמשימים עליו דם בשעת רתיחה ללבנו:

רבינו חננאל

(א) ישראל ההולך לתרפות בין בהליכה בין בחזרה אסור. ת"ר גוי ההולך ליריד ג) בהליכה מותר דלמא הדר ביה בחזרה אסור ומקשינן אמאי בחזרה אסור דאמרינן דלמא עבודה זרה זבין ומעותיו דמי עבודה זרה נינהו גוי נמי נימא הכי. ופרקינן גוי דלא אפשר ליה דלא למיזל ליריד אגב אורחיה שקיל גלימא ותרנגא דאית ליה בידיה ומזבין ומעות שבידו דמי סחורה נינהו. אבל ישראל אילו הוה ליה סחורה הכא הוה מזבין ליה. אלא לא אזיל ליריד אלא למזבן עבודה זרה דלא משכח לזבונא הכא: ירושלמי א"ר מנא צריכין אנן למיחש מה דבריתא חשיבן אסיר למיתן פלוסי גו פומא פיתחא תותי בי שיחא תבשילא תותי ערסא ממצע סכינא גו אתרוגא או גו פגלא: א"ר יוסי בר אבין כל זיעת האדם סם המות חוץ מזיעת הפנים כדתנן בסוף פ' כל כתבי הקדש (דף קכא) א"ר אבא בר כהנא רבי חנינא התיר לבית רבי לשתות יין הבא בקרונות של גוים בחותם אחד ולא ידענא אי משום דסבר לה כר' אליעזר דמתיר בחותם אחד אי משום אימתא דבי נשיאה: פיסקא נודות הגוים וקנקניהם יין ישראל כנוס בהן אסורין ואיסורן איסור הנאה דברי ר"מ וחכ"א אין איסורן איסור הנאה: ת"ר נודות הגוים גרודים חדשים מותרין מזופפין אסורין גוי ריבבן ועיבדן נותן לתוכן יין כו'. אוקימנא ביין שנותנו בנוד למתקן דקא אזיל לאיבוד שנעשה כנותן מים לטיט ופירש בירושלמי אין גוי עשוי לנסך ע"ג דבר מאוס. אבל גוי דשדי יין בי מילחי דישראל אסיר. סוגיא דשמעתא הנודות והקנקנים לא שנא דידן ונתנו בהם גוים יין ולא שנא דידהו הורה ר' אמי הלכה למעשה ממלאן ג' ימים ומערן. ואמר רבא צריך לערן בכל מעת לעת: ת"ר קנקנים של גוים חדשים מותרין ישנים ומזופפין אסורין גוי נותן לתוכן יין ישראל נותן לתוכן מים ישראל נותן לתוכן ציר או מוריים ואינו חושש. ואסיקנא

עין משפט נר מצוה

צד א מיי' פי"ב מהל' עבודת כוכבים הל' יח סמג לאוין מה טוש"ע י"ד סי' קמט סעי' א:

צה ב ג מיי' שם סמג שם טוש"ע י"ד סימן קמט סעיף ה:

צו ד מיי' שם הלכה יז וסמג שם טוש"ע י"ד סי' קמח סעיף ו:

צז ה מיי' פי"א מהלכות מאכלות אסורות הל' יז סמג לאוין קמח טור ש"ע י"ד סימן קלה סעיף א ועש"ע וע"ש בהג"ה:

צח ו ז ח ט מיי' שם הלכה טו סמג שם טור ש"ע שם סעיף א וסעיף ז:

צט י מיי' שם הל' טז וסמג שם טוש"ע י"ד סימן קלה סעיף ז:

מסורת הש"ס

[ע"י תוספות לעיל יב: ד"ה אבל ועיין היטב תוספות לעיל יג. ד"ה מעות]

[ע"י תוספות לעיל יב. ד"ה דכוותה]

[תוספתא פ"ה]

[תוספתא פ"ה]

[תוספתא פ"ה]

[לענין שמותר להכניס בו"ל ר"מ]

הגהות הב"ח

(א) גמ' בריה דרבא למימר קמיה דרב אשי הני מילי: (ב) רש"י ד"ה נודות היינו זיקי וכו' של עור הם: (ג) תום' ד"ה (בכף הקודם) כך כו' פי' חדשים מותרין דודאי כנ"ל ותיבת פי' נמחק: (ד) בא"ד ישנים זפותין פי' זפותין נמי אסורין: (ה) בא"ד תרתי לטיבותא חדא שהן של עץ: (ו) ד"ה האי וכו' לא תשמע אלא מ"מ הלכה:

אלכתחלה או דיעבד ת"ש דתני רב זביד בר אושעיא הלוקח קנקנים מן הגוים חדשים נותן לתוכן יין אישנים נותן לתוכן ציר ומוריים לכתחלה בעא מיניה ר' יהודה נשיאה מרבי אמי החזירן לכבשן האש ונתלבנו מהו א"ל בציר שורף אור לא כ"ש אתמר נמי א"ר יוחנן ואמרי לה אמר ר' אסי א"ר יוחנן בקנקנים של גוים שהחזירן לכבשן האש כיון שנשרה זיפתן מהן מותרין אמר רב אשי גלא תימא עד דנתרן אלא אפי' רפאי מירפא אע"ג דלא נתר קינסא פליגי בה רב אחא ורבינא חד אסר וחד שרי דוהלכתא כמאן דאסר איבעיא להו מהו ליתן לתוכו שכר רב נחמן ורב יהודה אסרי ורבא השרי רבינא שרא ליה לרב חייא בריה דרב יצחק למירמא ביה שכרא אזל רמא ביה חמרא ואפילו הכי לא חש לה למילתא אמר אקראי

א בעלמא הוא רב יצחק בר ביסנא הוה ליה הנהו מאני דפקוסנא מלינהו מיא אנחינהו בשימשא פקעו א"ל רבי אבא אסרתינהו עלך איסורא דלעולם אימור דאמור רבנן ממלינהו מיא אנוחי בשימשא מי אמור א"ר יוסנא א"ר אמי וכלי נתר אין לו טהרה עולמית מאי כלי נתר א"ר יוסי בר אבין זכלי מחפורת של צריף דבי פרזק רופילא אנס הני כובי מפומבדיתא רמא בהו חמרא אהדרינהו ניהלידהו אתו שיילוהו לרב יהודה אמר חדבר שאין מכניסו לקיום הוא משכשכן במים והן מותרין אמר רב עוירא טהני חצבי שחימי דארמאי כיון דלא בלעי טובא משכשכן במים ומותרין אמר רב פפי יהני *פתוותא דבי מיכסי כיון דלא בלעי טובא משכשכן במים ומותרין כסי רב אסי אסר ורב אשי שרי אי שתי בהו גוי פעם ראשון כ"ע לא פליגי דאסור כי פליגי בפעם שני איכא דאמרי פעם ראשון ושני כ"ע לא פליגי דאסור כי פליגי בפעם ג' כוהלכתא פעם ראשון ושני אסור ג' מותר ג*א"ר זביד להאי מאני דקוניא חיורא ואוכמא שרי ירוקא אסור משום דמיצריף ואי אית בהו קרטופני כולהו אסירי ד*דרש מרימר קוניא בין אוכמא בין חיורא בין ירוקא שרי מאי שנא מחמץ בפסח דבעו מיניה ממרימר הני מאני דקוניא מהו לאשתמושי בהו בפיסחא ירוקא לא תיבעי לך דמצרפי ובלעי ואסירי כי תיבעי לך חיורי ואוכמי מאי כי אית בהו קרטופני לא תיבעי לך דודאי בלעי ואסירי כי תיבעי לך דשיעי מאי מאמר להו

רש"י

לכתחלה או דיעבד. אציר ומוריים קאי כל קנקנים מחרס נינהו: קינסא. הכניס קיסמין דולקין לתוך הקנקן עד שנשרה זפתו: והלכתא כמאן דאסר. ולא דמי להחזירן בכבשן דהתם כיון שהסיקן מבחוץ עד שנשרה זפתן כבר נתלבן החרס אבל הכא כיון שהכניס האור מיד זפתו נושר ומהכא שמעינן דהני חביות או קנקנים לפי שמכניסן לקיום לא סגי בהכשר בפנים בין לשרפן בין לתת לתוכן מים חמין מדאסיר בקינסא דהיינו באור עצמו כ"ש במה שהוחם ממנו אבל אם אפשר לשרפן מבחוץ שרי לפיכך צריך לערן מעת לעת או להשהותם עד שנים עשר חדש: לא חש למילתא. למגזר שכרא אטו חמרא דשכרא מבטל ליה לטעמיה דחמרא: דפקוסנא. של לפיעי בקר ונתן בהן יין נסך: איסורא דלעולם. כלומר איבדתם על חנם: אין להם טהרה. מיין נסך הנבלע בהן משום דבליעי טובא: מחפורת של צריף. קרקע שחופרין משם צריף ובלע"ז אלום ובלשון אשכנז דיים"א: פרזק. שם האיש: רופילא. שני למלך: שחימי. מקרקע שחמתית רוס"א בלע"ז: פתוותא. כלי חרס: דבי מיכסי. מקום(א) קרקעיתו קשה: כסי. כוסות של חרס ואין מכניסן לקיום אלא שותין בהם: אי שתי בהו גוי פעם ראשון. דכולי עלמא אסור דאיידי דרכיכי בלעי ואסירי עד שימלאם מים שלשה ימים וכדאמרן: קוניא. כלי חרס מלופה באבר וקורין פלומי"ד: ירוקא אסור. (ב)משום דמצריף שיש בו קרקע מחפורת של צריף ובלעי טפי: קרטופני. בקעים וסדקים: דמצרפי ובלעי. שיש בהן צריף ובלעי טפי:

דמדייתי

תוספות

בעא מיניה ר' יהודה נשיאה מר' אמי. נראה דאינו ר' יהודה נשיאה דשרא מישחא כי אותו בן בנו של רבינו הקדוש היה ואף בברייתא הוא נזכר(ג) ותני עלה ורבותינו התירוה לינשא ובתוספתא (פ"ה) נמי גרס רבי יהודה התיר את השמן אלא אחריו היה ושמא בן בנו של ר' יהודה דגזר על השמן הוה* והוא ר' יהודה הנשיא דמועד קטן (דף יב:) דקאמר התם דאישתי מיא דלאחים קפילא ארמאה ושמע רב (*אסי) [נ"ל אמי] ואיקפיד: קינסא. פ"ה ולא דמי להחזירן בכבשן דהתם כיון שהוסקו מבחוץ עד שנשרה זפתן כבר נתלבן החרס אבל הכא כיון שמכניס האור מבפנים מיד זפתן נושר וכן הדין בחביות שלנו ומשמע לפירושו כי אם היה מסיקו מבפנים עד שאם היה זפת מבחוץ והיה נושר כי די בכך ואין נראה לרבינו אלחנן כי יש לחוש דלמא חס עליה דלמא פקעה דאף בשל חרס אמר פרק כל שעה (פסחים דף ל:) דלא נימלי לקדירות גומרי דחיים עלייהו דלמא פקעי כ"ש בחביות דחיים שלא ישרפו וכתב הרב ר' משה מקוצי דאע"ג דפסקינן הלכתא כמאן דאסר מ"מ לכפות החבית על האש אם האש גדול כל כך וחזק מבפנים שידו סולדת מבחוץ מותר וחשוב כמו הגעלה וענין הגעלה התיר ר"ת להגעיל חבית לטהר מיין נסך אם פתח אחד משוליה וזורק רותחין לתוכה ומהפך המים על שוליה אילך ואילך דאע"ג דבשאר איסורין לא סלקא הגעלה בהכי דאפילו עירוי מכלי ראשון ליכא הכא מ"מ איכא למימר ביין נסך דתשמישו בצונן שרי ומביא ראיה מדקא"ר יוסי לקמן בפ"ב (עה.) מולטן במי זיתים ובשאר איסורין לא מהניא חליטת מי זיתים ור"י אומר כי מצוה מן המובחר להגעיל כל נסר לבד ולזרוק עליה מאותו כלי עצמו שהוא רותח על האור ודי בכך אע"פ שפוסקה הרתיחה כשמעבירה מן האור ויש משימין קערה בתוך מחבת על האש עד שהרתיחות עולות תוך הקערה ומאותה קערה מגעילין ובזה מספק ר"י אם זה מועיל ככלי ראשון אם לאו ותלה הדבר להחמיר ואסר בזה להגעיל דחשיב ככלי שני ולענין מליגת תרנגולת נמי אסר דחשיב ליה ככלי ראשון: והלכתא כמאן דאסר. בכל התורה כולה אמר רבינא לקולא ורב אחא לחומרא והלכתא כרבינא לקולא כדאמרינן פרק (כל הבשר) [גיד הנשה] (חולין דף צג:) ולכך הוצרך לפסוק כאן כמאן דאסר: שרא למירמי ביה שיכרא. אומר ר"י דה"ה מים וכל שאר משקין לבד מיין: כלי נתר. אומר ר"י דתרי גווני נתר (ד)שעושין ממנו כלים וזה אינו אותו דפ"ק דשבת (דף טז.) דקאמר כלי נתר וכלי חרס טומאתן שוה ויש עוד נתר שלישי שאין עושין ממנו כלים אלא מכבסין בו את הכלים והוא ששנינו (נדה דף סא:) אלא שבעה סמנין המעבירים את הכתם נתר כו': כסי. פרש"י כוסות של חרס ואין מכניסן לקיום אלא שותין בהן ואי שתי בהו גוי פעם ראשון ושני אסור דאיידי דרכיכי בלעי ואסירי עד שימלאם מים ג' ימים כדאמר לעיל ולפי זה נהגו העולם ליתן מים בכלי חרס חדש ולהשהות בו זמן גדול קודם שישתמשו בהם יין לפי שאם יגע בהם גוי אח"כ לא יצטרך עירוי אבל קשה לר"ת מהא דאמר לקמן בפ"ב (דף עד:) מודה (ה)רבי בקנקנים שהן אסורין לפי שמכניסין לקיום הא לאו טעמא דמכניסין לקיום כמו בכלי חרס סגי בניגוב בעלמא כמו בגת ומחץ ומשפך והדחה בשאר כלים מועיל כמו ניגוב בגת כי גם ניגוב אינו להפליט רק להסיר הזוהמא שנדבק מבחוץ ואין סברא לומר כי בקנקנים נשתמש גוי מים בתחלת תשמישו. לכך פר"ת דמיירי הכא בכסי בין חדשים בין ישנים ושתה בהם גוי יין כמה פעמים וה"פ והלכתא פעם ראשון ושני כלומר שתי הדחות במים אינם(ו) רוצים להכשירו שלישי מותר פי' לאו ודאי בהדחה שלישית נפלט הכל וכיוצא בדבר מצינו פרק התערובות (זבחים דף עט:) גבי מרכסן של זב וזבה פעם ראשון ושני טמא שלישי טהור פירוש הוא כלי שהטילו בו הזב והזבה מימי רגלים וקאמר דמים ראשונים ושניים טמאים שמעורב בהם מי רגלים של זב אבל מים שלישיים טהורים וגם במדרש אסתר גבי ישנו עם אחד שא"ל המן לאחשורוש אם זבוב נופל לכוסו של אחד מהם זורקו ושותהו ואילו אדוני המלך נוגע בהם חובטו בקרקע ולא עוד אלא שמדיח כוסו שלש פעמים ודוקא בכוסות של חרס אבל של עץ או של מתכת וזכוכית אין צריך להדיח רק פעם אחת מיהו בהרבה מקומות בתלמוד מצינו כוסות סתם שהם של מתכות וזכוכית וכן להדיח שלש פעמים בכל הכלים: קוניא. פ"ה כלי חרס מלופה באבר בלע"ז וקשה לר"ת *דאמר זבחים פרק קדשי קדשים (דף צו:) גבי מנא דמר בר פפא שהוא קוניא ולא קאמר אבר שהוא לשון התלמוד לאבר *פתילה של אבר וע"ק מי גרע מיפוי אבר מאם היה כולו אבר וע"ק דאמר ירוקי אסירי משום דבלעי דמצריף ובלבנו איכא ירוקי ולא מצריף לכך פר"ת קוניא היתוך של זכוכית שנתבל של צרכו והוא מן החול כמו כלי חרס כדאמרינן פ"ק דשבת (דף טו:) חלא ותחילת ברייתו מן החול סויגהו רבנן ככלי חרס כדאמרינן ואע"ג דכלי זכוכית שלם לא בלע הכא כיון דאין בו אלא חיפוי על החרס בלע וכן פירש הערוך:

שאינו

עין משפט נר מצוה

ק א מיי' פי"א מהלכות מ"א הלכה טז סמג לאוין קמח טוש"ע י"ד סימן קלה סעיף ז:

קא ב מיי' שם הל' טו סמג שם טוש"ע י"ד סי' קלה סעיף יד:

קב ג ד מיי' שם הלכה טו וסמג שם טוש"ע י"ד סימן קלה סעיף ז:

קג ה ו (מיי') שם טוש"ע י"ד סימן קלה סעיף ה:

קד ז ח ט מיי' שם הל' יז וסמג שם טוש"ע י"ד שם סעיף ח:

קה כ מיי' שם הלכה יח טוש"ע שם סעיף ז:

קו ל מיי' שם הלכה יט טוש"ע שם סעיף ו:

קז מ מיי' פ"ה מהלכות חמץ ומצה הלכה כה סמג לאוין עח טוש"ע א"ח סימן תנא סעיף כב:

רבינו חננאל

ואסיקנא דציר או מוריים שורפין: איבעיא להו כולהו לכתחלה ופשטינן אפי' לכתחלה והני מילי שאינן מזופפין אבל מזופפין אסורין וא"ר יוחנן אם החזירן לכבשן כיון שנשר זפתן מותרין ואמר רב אשי לא תימא עד דנתרא אלא אפילו רפאי מרפא דיו: קינסא פי' עץ ומצית בפרק במה מדליקין ובפרק כל הבשר עבשיו אם הדליק עץ והשיר זפתן בעץ כגון אור דולק אסור. איבעיא להו מהו לתת לתוכן שכר רב נחמן ורב יהודה אסרי רבא ורבינא שרו וקיימא לן כרבא ורבינא: ירושל' אמר (א) רבא כשהלך ר' עקיבא לזופרין שאלון ליה קנקנים של גוים במה הן טהרתן אמר להן מון לפדרי עליהם מה הם בשעה שאינן זפופות אותן אסור עליהם מותר בשעה שהן זפופות אלא שנתקלפו וכשבאתי אצל חכמים אמרו לי על ידי זפת הן בלועות: פי' מאני דפקוסנא יש מי שאומר כלי עץ ארוה והן אשר ויש מי שאומר כלים מדובקים בפקסנא ובלשון ערב אלך: כלי נתר שנשתמשו בהן גוים יין אין להם טהרה עולמית והן כלי מחפורת של צריף כגון הני כוזי דארמאי והצבי שחמי דארמאי פי' פתוותא דבי מכסי פי' כלי חרס שמכסים בהן מפיחים ב) דברים שאין מכניסין לקיום הן כלומר אין דרך בני אדם למלאות הכלים האלו ולהניחם באוצר עד זמן אלא לפי שעה נותנין בהן ושותין אבל אין מניחין בהן לשומרן עד זמן

מסורת הש"ס

[ועי' לקמן לה: רש"י במשנה ד"ה רבי ובית דינו וכו' ותוס' לקמן לו. בתוך ד"ה אשר וכו' ומתני' כתב רש"י בשם רק"ש וכו']

הני כלי פתוותא כצ"ל ר"מ

כתובות קז:

פסחים ל:

הגהות הב"ח

(א) רש"י ד"ה דבי וכו' מקום שקרקעיתו: (ב) ד"ה ירוקא אסור משום כצ"ל ואות ד נמחק: (ג) תוס' ד"ה בעא וכו' ותני עלה. נ"ב בפ' מי שאחזו דף ע: (ד) ד"ה כלי וכו' דתרי גווני נתר יש נתר שעושין ממנו: (ה) ד"ה כסי וכו' מודה רבי בקנקנים וכו' הא לאו טעמא דמכניסן לקיום בכלי חרס נמי סגי: (ו) בא"ד אינם מועילין להכשירו שלישי:

גליון הש"ס

תוס' ד"ה והלכתא כו' ולכך הוצרך כו'. ועיין לקמן דף ע ע"ב: תוס' ד"ה כלי וכו' ויש עוד נתר שלישי. עיין תשובת הרשב"א סימן ל"ח.

[צ"ל דבזבחים פרק איזהו מקומן נז.] *וסנהדרין נב.

א) ירושלמי אותה פ' ר"ה אבל שתה בהן פעם ראשונה ושניה ובשלישית שתה בהן גוי שותפה במים ומותרין: אסיקנא דהני מאני דקוניא בין חוורי בין אוכמי בין ירוקי לענין חמץ בפסח כולהו אסירי ואע"ג דשיעי וליה בהו קרטופני דכיון

האם לכתחלה מותר להכניס ציר ומורייס בקנקנים כאלה, או רק בדיעבד אם הכניסו אינו נאסר? ומשיבים: תא שמע [בוא ושמע] פתרון, ממה דתני [ששנה] רב זביד בר אושעיא: הלוקח קנקנים מן הגוים, אם היו חדשים — נותן לתוכן יין, ישנים — נותן לתוכן ציר ומורייס לכתחלה, והרי פתרון לשאלתנו. בעא מיניה [שאל אותו] רב יהודה נשיאה [הנשיא] מר׳ אמי: קנקנים שהיה בהם יין נסך, שהחזירן לכבשן האש ונתלבנו מהו דינם? אמר ליה [לו]: אם ציר שורף את היין הבלוע בכלי, ומשום כך התירה הברייתא להכשיר כלי כשנותן ציר בתוכו, אור (אש) לא כל שכן שהוא שורף את הבלוע בקנקנים? ומותרים הם. איתמר נמי [נאמר גם כן]: שאמר ר׳ יוחנן, ואמרי לה [ויש אומרים] אמר ר׳ אסי אמר ר׳ יוחנן: קנקנים של גוים שהחזירן לכבשן האש, כיון שנשרה זיפתן (ציפוי הזפת שלהן) מהן, מתוך חום האש — מותרין. אמר רב אשי: לא תימא [אל תאמר] עד דנתרן [שממש נושרת] מעליהם הזפת לגמרי, אלא אפילו כאשר רפאי מירפא [התרופפה] הזפת אף על גב דלא נתר [אף על פי שלא נשרה לגמרי] מותרים. במקרה של קינסא [קיסמים] אם לא הכניס את הקנקן לכבשן, אלא שם בתוכו קיסמים בוערים עד שנשרה זפתו — פליגי בה [נחלקו בכך] רב אחא ורבינא, חד [אחד מהם] אסר, וחד שרי [ואחד התיר], והלכתא כמאן [והלכה כמי] שאסר. ובעקבות הברייתא שהתירה ליתן ציר או מורייס, לתוך כלי שהיה בו יין נסך. איבעיא להו [נשאלה להם ללומדים]: מהו ליתן לתוכו שכר? רב נחמן ורב יהודה אסרי [היו אוסרים], ורבא שרי [התיר]. מסופר שרבינא שרא ליה [התיר לו] לרב חייא בריה [בנו] של רב יצחק למירמא ביה שכרא [להטיל בו שכר], אזל רמא ביה חמרא [הלך והטיל בו יין], אפילו הכי [כך] לא חש לה למילתא [חשש רבינא לדבר] לגזור בו איסור, אמר: אקראי בעלמא [מקרה בלבד] הוא, ואין זה דבר של קבע שיש לגזור בגללו.

א ודנים בהכשרם של סוגי כלים שונים. מסופר, רב יצחק בר ביסנא הוה ליה הנהו מאני דפקוסנא [היו לו כלים של גללי בקר] שהיה בהם יין נסך, מלינהו מיא אנחינהו בשימשא [מילא אותם מים והניח אותם בשמש] כדי שייפלט מהם האיסור, פקעו (התבקעו) הכלים הללו בחום השמש. אמר ליה [לו] ר׳ אבא בבדיחות: אסרתינהו עלך איסורא דלעולם [אסרת אותם עליך איסור עולם], כלומר, אין כבר תקנה לכלים הללו בכל דרך, והסביר: אימור דאמור רבנן מלינהו מיא [אמור שאמרו חכמים שצריך למלא אותם מים], אנוחי בשימשא מי אמור [להניח אותם בשמש האם אמרו]? אמר ר׳ יוסנא אמר ר׳ אמי: כלי נתר אין לו טהרה (תקנה) עולמית (לעולם) אם היה בו יין נסך. ושואלים:

מאי [מהו] כלי נתר? אמר ר׳ יוסי בר אבין: כלי הנעשה ממחפורת (חפירה) של צריף מין מלח (אלום) שעושים ממנו כלים. מסופר, אדם אחד דבי פרזק רופילא [של בית המושל] אנס הני כובי [לקח בכפייה אותם כלים של חרס] מפומבדיתא, רמא בהו חמרא, אהדרינהו ניהלייהו [הטיל בהם יין, והחזירם בסוף להם, לבעליהם], אתו שיילוהו [הלכו ושאלו] את רב יהודה מה דינם של כלים אלה, אמר: דבר שאין מכניסו לקיום הוא, שאין כלים אלה עשויים להשהות בהם יין לזמן מרובה, ובדברים כאלה ששימושם ארעי משכשכן (שוטף אותם) במים והן מותרין מיד. אמר רב עוירא: הני חצבי שחימי דארמאי [אותם כדים שחומים של הגוים], כיון דלא בלעי טובא [שאין הם בולעים הרבה] — משכשכן במים ומותרין. אמר רב פפי: הני פתוותא [אותם כלי חרס] של המקום בי מיכסי, כיון דלא בלעי טובא [שאין הם בולעים הרבה] — משכשכן במים ומותרין. כסי [כוסות] של חרס של גוים — רב אסי אסר, ורב אשי שרי [התיר]. ומפרטים: אי שתי בהו [אם שתה בהם] גוי בפעם ראשון מתחילתם — כולי עלמא לא פליגי [הכל אינם חולקים] שאסור, לפי שבתחילה בולע כלי חרס הרבה. כי פליגי [כאשר נחלקו] — הרי זה כששותה בהם בפעם שני. איכא דאמרי [יש שאומרים] בלשון אחרת: אם שתה בהם הגוי פעם ראשון ושני — כולי עלמא לא פליגי [הכל אינם חולקים] שאסור, כי פליגי [כאשר הם נחלקו] — הרי זה בפעם שלישית, שאז אפשר לומר שכבר אינו בולע הרבה מן היין. והלכתא [והלכה היא]: שפעם ראשון ושני — אסור, שלישי — מותר. אמר רב זביד: האי מאני דקוניא [אותם כלים של חרס מצופה], חיורא ואוכמא [לבן ושחור] — שרי [מותר], ירוקא [ירוק] — אסור, משום דמיצריף [שהוא מכיל צריף] שהוא בולע. ואי אית בהו קרטופני [ואם יש בהם סדקים] — כולהו אסירי [כולם אסורים]. דרש מרימר: קוניא [חרס מצופה], בין אוכמא [שחורה] בין חיורא [לבנה] בין ירוקא [ירוקה] — שרי [מותרת]. ושואלים: מאי שנא [במה שונה הדבר] מחמץ בפסח, דבעו מיניה [ששאלו אותו] את מרימר עצמו: הני מאני דקוניא [אותם כלים של חרס מצופה], מהו דינם לאשתמושי בהו בפיסחא [לענין שימוש בהם בפסח]? ירוקא [בירוק] לא תיבעי [תישאל] לך כלל השאלה, דמצרפי ובלעי ואסירי [לפי שהם מכילים צריף ובולעים ואסורים], כי תיבעי [כאשר תישאל] לך השאלה — חיורי ואוכמי מאי [בלבנים ושחורים מה הדין]? כי אית בהו קרטופני [כאשר יש בהם סדקים] לא תיבעי [תישאל] לך השאלה, שודאי בלעי ואסירי [בולעים הם ואסורים], כי תיבעי [כאשר תישאל] לך השאלה — דשיעי מאי [כאשר הם חלקים מה הדין]? אמר

עיונים

לכתחילה או בדיעבד רש"י מסביר ששאלה זו היא לגבי השימוש בציר ובמורייס. ואילו הר"ח מסביר שהשאלה היא על כל הדברים האמורים בברייתא, האם מותר לכתחילה לעשות כן או שרק בדיעבד לא נאסר. וראה בתוס׳ בעמוד הקודם.

קינסא וקיסמים לאו דווקא, אלא (כפי שנדון הדבר בתוס׳ ועוד ראשונים) כל שמסיק את הכלי מתוכו ולא מבחוץ.

והלכתא כמאן דאסר כתבו המפרשים שהוצרך לומר דבר זה כי לגבי מחלוקת רב אחא ורבינא נאמר כלל שבכל מחלוקות אלה הלכה כדברי רבינא המתיר. ולכן הוצרך לומר שכאן הוא יוצא מן הכלל הזה.

והטעם לאסור מסביר רש"י כי מאחר שהאש סמוכה לזפת הריהי מרופפת מיד את הזפת, אבל אין אנו יודעים אם החום מספיק כדי להפליט את טעם היין מדופני הכלי. ומשום כך כתב בספר התרומה כי אם היה זה היסק גדול כל כך עד שהכלי נעשה חם מבחוץ (עד שהיד סולדת או יותר) מפני האש שבתוכו — הרי אף זו דרך ראויה להכשיר.

ליתן לתוכו שכר הרא"ה מסביר שהשאלה היתה האם אפשר לתת לכלי כזה שכר מתוך הנחה כי המרירות שבשכר שורפת את היין שבדפנות, ויהא זה הכשר לכלי כמו נתינת ציר לתוכו. וכן מסביר גם הריטב"א. אבל הראב"ד מסביר כי השאלה היא האם אכן מותר לתת בתוכו שכר, כמו מים, או שמא יש מקום לגזור בשכר כדי שלא יבוא לשים יין בתוך כלי כזה (כפי שאכן אירע) ובמקרה כזה אין היתר, שיין אינו מפיג טעמו של יין. וכן נראה מן הרמב"ם ועוד. וראה ברש"י (ד"ה לא חש למילתא) ובר"ן על הרי"ף.

דפקוסנא רש"י ואחרים מסבירים שאלה היו כלים העשויים מאדמה מעורבת בגללי בקר, שאפשר להשתמש בהם אלא שהם חלשים ביותר, כפי שרואים מן הענין. והר"ח מסביר (כנראה עפ"י המדרש, ראה ב"ר פט"ו) שכאן מדובר בכלים העשויים מעץ מיוחד, תאשור.

אין לו טהרה עולמית משום שהוא בולע הרבה (רש"י). וכתב רמב"ן כי הכוונה היא שאין לו טהרה בדרך של הכשר כלי, אבל מצאנו לו טהרה לאחר שנים עשר חודש, כמו חרצנים וזגים של גוי (להלן לד,א). אבל רשב"א וראשונים אחרים חלקו עליו. וראה בריטב"א. ובהגדרת הנתר, רש"י כתב כי הוא כלי העשוי מאלום. והרמב"ם בפירוש המשניות (כלים פ"ב מ"א) האריך להסביר כי מדובר בסוג מסויים של אבן רכה (שמשתמשים בה גם לכביסה) שלא ניתן לאפות את הכלים שמייצרים ממנה בחום גבוה, והכלים העשויים ממנה אינם מוסקים כמו כלי חרס.

כובי כמבואר מן המשך, מדובר בכלי חרס שאין מכניסים בהם יין לקיום. והרא"ה פירש שכובי הם כלים שבהם משתמשים ביקב, שאף שבשימושם הרגיל לא די להם בשכשוך אלא בניגוב כמבואר בהמשך המסכת, בשאר ימות השנה די בכך, הואיל ואינם משמשים לקיום היין בתוכם.

דבר שאין מכניסו לקיום הראשונים דנו מהי הגדרת כלי שמכניסים אותו לקיום, ונאמרו בזה דעות רבות. יש שסברו שהכוונה היא שמכניסים בו יין לשלושה ימים, כדרך שהצריכו עירוי שלושה ימים (ראב"ד, מרדכי). ויש שהסבירו שמדובר בכלי שיש בו יין כדי שלוש סעודות (במאירי). ואחרים כתבו שהוא כלי שיש בו ברז, וכלי שמשתמשים בו תוך כדי הטייתו אין משתמשים בו לאחסון. והר"א אב"ד כתב בתשובה כי הכוונה לכלי סתום מכל צדדיו, שהאויר אינו חודר לתוכו, ובו שומרים אנשים יין כדי שלא יחמיץ. ובעל המאור כתב כי כל כלי שלאחר שמרוקנים את תוכנו חוזרים וממלאים אותו הריהו בכלל עשוי לקיום. ויש שכתבו כי ככלל, כל כלי שמשתמשים בו רק לצורך מזיגה אינו עשוי לקיום, וכל שמאחסנים בו יין לכל פרק זמן שהוא — עשוי לקיום הוא (ראה מאירי ועוד).

חצבי שחימי רש"י מסביר שהם מיני חרס שעושים מאדמה אדומה, והחרס הנוצר מאלה הוא קשה ביותר, ואינו בולע הרבה. והסביר רמב"ן כי אף שקנקנים רגילים של חרס שהשתמש בהם הגוי תחילה צריכים מילוי ועירוי, כמבואר להלן בענין כוסות, באלו אין צריך, משום שאינם בולעים (וראה בריטב"א). וראה ברא"ש שכתב כי החידוש בכלים אלו הוא, שלמרות שהם עשויים לקיום, הואיל ואינם בולעים דיים בשכשוך. אבל רמב"ן סבור כי הכוונה ב"שחימי" לכלים שהושחרו מחמת יושנם, לומר שלמרות שהיו ברשותו של הגוי, ויש חשש שמא נתן בהם יין, הואיל ואינם עשויים ליין כלל — אינם צריכים אלא שכשוך. וראה עוד גרסה אחרת שהביא בענין זה.

פעם ראשון ושני רש"י מסביר שכאן מדובר בכלי חרס חדש לגמרי. שאם שתה ממנו הגוי יין בפעם ראשונה (או שניה) כיון שהחרס בתחילה סופג הרבה יש לחשוש שאפילו בפעם אחת שהיה בו יין נבלע היין בדופני הכלי, ואין די לו בהדחה אלא במילוי ועירוי. אבל לאחר פעם שלישית שוב אין לחשוש לבליעה על ידי שימוש של פעם אחת. וכעין זה מפרש גם הר"ח. ובספר התרומה פירש בשם רש"י שהכוונה היא לפעם ראשונה ושניה שהיהודי ממלא את הכלי מים, שאז הכלי ספוג במים ("שבע") ואינו בולע את יינו של הגוי. ואילו ר"ת מסביר בדרך אחרת, שמדובר כאן בכלי עץ, ואין מדובר כאן בדרך השתיה, אלא להיפך — בדרך ההכשרה, שבפעם אחת או שתים אין זו נחשבת להדחה ראויה, ורק כאשר מדיחו שלש פעמים הריהו מוכשר בכך (וכעין זה מפרשים גם הרמב"ם והרי"ד). והראשונים שדנו בדבר זה, מגיעים ברובם לסיכום כי לפי לשון הגמרא עדיף פירוש רש"י (ראה ברמב"ן ועוד). וראה ב"אורח ההלכה".

קוניא רש"י מסביר שהם כלים שיש עליהם ציפוי של עופרת. ובתוס׳ ואחרים מסבירים שהם כלי חרס שיש עליהם ציפוי כעין זכוכית. וראה מרומי שדה.

דמצריף שמערבים בו צריף, וכפי שנאמר לעיל בענין כלי נתר, שהם כלי מחפורת של צריף, שאין להם טהרה עולמית. ורמב"ן ועוד סבורים כי דינו כדין כלי נתר לגמרי. אבל הרא"ה והריטב"א סבורים כי מכל מקום הקוניא מגן עליו, ודינו במילוי ועירוי ככלי חרס.

קרטופני רש"י ואחרים מפרשים: בקיעים, סדקים (שנעשים עם הזמן בציפוי). ויש שפירש שהיו מניחים בכלי כמה נקודות בלי ציפוי כדי להניח את הכלי על חצובה, וכיון שאין עליהן ציפוי הוא בולע משם (תר"י).

כולהו אסירי כל אחד לפי דינו, הירוקים — לעולם, והאחרים — כדין כלי חרס, שיש לו הכשר במילוי ועירוי (רמב"ן). וראה לעיל שיטת הרא"ה.

אורח ההלכה

החזיר לכבשן כלי חרס שנשתמש בהם יין נסך, אם החזירם לכבשן וליבנם בו, אפילו לא השהה אותם עד שנשרה הזפת אלא נרפה — מותר. ואם הסיקם מבפנים אינו מועיל עד שיסיקם כל כך שתהא היד סולדת בהם מבחוץ. כר׳ יוחנן וכרב אשי. (רמב"ם ספר קדושה הלכות מאכלות אסורות פי"א הט"ו. שו"ע יו"ד קלה, יד).

ליתן לתוכו שכר כלים שנאסרו מפני שהיה בהם יין של גוים — מותר לתת בהם שכר או שאר משקים (ודוקא באקראי, אבל לא בדרך קבע. ש"ך). ובלבד שידיח מתחילה לחלוחית היין שעל פני הכלים. כפסקו של רבינא. (רמב"ם שם הט"ז. שו"ע שם קלז, ד).

כלי נתר כלי נתר, והם העשוים ממחפורת של צריף (וראה בש"ך), בולעים הרבה ביותר ואין להם טהרה עולמית אפילו ביישון שנים עשר חודש, ואפילו באין מכניסים בהם יין לקיום, ואפילו היתה תחילת תשמישם ביד ישראל. כר׳ אמי. (שו"ע שם קלה, ה).

דבר שאין מכניסו לקיום כלים שאין מכניסם לקיום, בין מעור בין מעץ או זכוכית או אבן או מתכת, אם אינם מזופתים — משכשכם היטב במים ומותרים. כפסקו של רב יהודה. (רמב"ם שם הי"ז. שו"ע שם סעיף א).

פעם ראשון ושני וכו׳ הרמב"ם כתב: כלי חרס מצופה (וראה בכס"מ) ששתה ממנו הגוי יין — אסור לשתות ממנו, ואם הדיחו שלוש פעמים — מותר. כפירוש ר"ת (וראה בראב"ד).

ובשו"ע כתב: כלי חרס, אם נשתמש בהם הגוי, כל זמן שלא שבעו לבלוע צריכים מילוי ועירוי אפילו אינם זפותים. ומאימתי שבעו? מפעם שניה ואילך. לפיכך אם נשתמש בהם הגוי פעם ראשונה ושניה — צריך מילוי ועירוי. כפירוש רש"י ועוד. ואם נתן בהם מים שלוש פעמים, ואחר כך נתן בהם יין ונגע בו הגוי — מותר בשכשוך. אבל אם לא נתן בהם מים אלא שתי פעמים, ואחר כך נתן בהם יין ונגע בו הגוי, יש אומרים שצריך עירוי. כפירוש רש"י לפי ספר התרומה. וראה בש"ך. ואם נתן בהם מים פעם אחת ושהו בהם שעה גדולה כמו רביע היום, הריהם בלועים ממים כמו נתן בהם מים שלוש פעמים. (רמב"ם שם הי"ח. שו"ע שם סעיף ד).

מאני דקוניא כלי חרס המצופים באבר או בהיתוכי זכוכית, אם הם ירוקים — דינם ככלי נתר, מפני שיש בו קרקע מחפירת צריף, ואסורים לעולם. אבל לבנים או שחורים, אם הם חלקים שאין בהם בקעים — דינם ככלי מתכות. ואם יש בהם בקעים — דינם כשאר כלי חרס שאינם מצופים. כדברי רב זביד. (רמב"ם שם הי"ט. שו"ע שם סעיף ו).

לאשתמושי בהו בפסחא כלי חרס, אף שהם מצופים בהיתוך זכוכית — דינם ככלי חרס, ואין להם תקנה להשתמש בהם בפסח אם נשתמש בהם בחמץ. וכלי כזה שתשמישו בחמין אין הגעלה מועילה לו, ואם תשמישו בצונן יש לחלק אם הוא מאדמה ירוקה או לבנה. משנ"ב. (רמב"ם ספר זמנים הלכות חמץ ומצה פ"ה הכ"ה. שו"ע או"ח תנא, כג).

מסורת הש"ס

א. ראה ירושלמי ע"ז פ"ב ה"ד.
ב. שם (בשינויים).
ג. פסחים ל,ב. כתובות קז,ב. תנחומא חקת ב.
ד. פסחים שם.

גרסות

ישנים בכת"י ועוד: **ישנים או מזופפין.**

לכתחילה בכתי"מ: **ואינו חושש שמא מינה לכתחילה שמע מינה.**

אפילו רפאי מירפא בכתי"מ ועוד: **כיון דרפאי** ובכתי"ס: **אפילו רפויי מירפיא.**

דפקוסנא בכתי"ס: **דפקוסנא דזבן מגוי** ובכתי"מ: **דפוקסמין** וראה עיונים.

אין לו טהרה בכת"י: **אין להן טהרה.**

והן מותרין בכת"י: **ומותרין.**

פעם ראשון... בפעם שני... ראשון ושני אסור שלישי מותר בכתי"מ: **פעם ראשונה... בפעם שניה... ראשונה ושניה אסור שלישית שרי.**

קוניא בין אוכמא בכתי"מ: **מאני דקוניא בין אוכמא.**

דמצרפי ובלעי ואסירי בכתי"מ: **דודאי מצרפי ובלעי.**

חיורי ואוכמי מאי בכתי"מ: **חיורי ואוכמי.**

לשון

קינסא
מקור המלה הוא כנראה בסורסית קיסא=עץ. וקינסא הוא עץ בכלל, או חתיכה, גזר עץ.

פקוסנא
מקור המלה אינו ברור, ויש שרצו לגזרה בדרך רחוקה מן הלטינית. ומשמעה כאן לדעת רוב המפרשים: כלי עשוי מאדמה מעורבת בגללי בקר. והיו שפירשו אף כאן שמדובר במין עץ משובח, ואולם, אף שגם אותו עץ נקרא כן (ומקורו ביוונית) אינו מתאים לענין כאן.

רופילא
יש שסברו כי זו היא המלה הלטינית rufulus. אלא שמשמעה היא דרגה של קצין בצבא (טריבון צבאי הממונה על ידי המפקד) ואינה מתאימה לענין. משום כך הציעו אחרים שצריך להיות רוטילא, מן הלטינית rutilus שענינו הוא משנה למלך.

קוניא
מקור המלה הוא ביוונית χονια (קוניא) ומשמעה: כלים העשויים מחימר.

החיים

כלי נתר
הנתר הוא כנראה נתרן פחמתי Na_2CO_3 המצוי בגבישים חסרי צבע המכילים מי גיבוש מרובים. הנתר מצוי בטבע באיזורים מדבריים, אבל בימי קדם הפיקו אותו כרגיל מאפר אצות־ים. מן האמור כאן נראה שנהגו לעשות כלים מן האדמה המעורבת בנתר שהיו חופרים וכורים יחד עם ה"צריף". משום שחומר זה היה נמס במים אין דרך להכשיר כלים אלה.

מאני דקוניא
ראה בהשלמות.

לעזי רש"י

אלו"ם מן הצרפתית alum — אלום, חומר גבישי המורכב מכמה גופרות (גם גופרת האלומיניום) שממנו ייצרו חומרים וכלים שונים.

בייס"א (ויש שגרסו: בייצ"א) מן הגרמנית beize — אלום.

רוש"א מן הצרפתית העתיקה rose — אדמה אדומה.

פולמי"ד צ"ל: פלומי"ר, מן הצרפתית העתיקה plomer — למשוח חרס, לכסות בעופרת.

מסורת הש"ס

א. פסחים ל,ב.
ב. פסחים ל,ב. קטז,ב. יומא לא,א. יבמות יא,א. גיטין סד,ב. סה,א. קדושין מג,ב. בכורות נד,א.
ג. תענית יא,ב (כל הענין, בשינוי שם) וראה ירושלמי ע"ז פ"ב ה"ד. וראה ע"ז לט,א.
ד. תענית יא,ב (כל הענין) ירושלמי נדרים פ"ח ה"א. ילק"ש תורה שפד.
ה. תענית יא,ב. ירושלמי יומא פ"א ה"א. ויק"ר פי"א ו. תנחומא בובר חקת כא. שוח"ט פצ"ט. פסידר"כ פ"ד. פסי"ר פי"ד. ילק"ש נ"ך תתנב. וראה שמו"ר פל"ז א.
ו. ראה ירושלמי ע"ז פ"ב ה"ה.
ז. (בשינוי שם) שם.
ח. ירושלמי דמאי פ"א ה"ג (בשינויים).

גרסות

אנא חזינא — ואסירי בכתי"מ: **חזינא דמדייתי ואסירי** ובכתי"ס: **חזינא להו דמדייתי ומדמדייתי ודאי בלעי ואסירי.**

דופנו בכת"י ועוד כבמקבילות: **דופיו.**

מאי שנא מיין — דקוניא שרי בכתי"מ חסר משפט זה.

זה תשמישו בחמין בכתי"מ: **אלא זה תשמישו בחמין.**

רבי עקיבא בכתי"ס: **רב עקביא.**

לשעות לא הוה בידיה בכתי"מ: **לשעות.**

מותרין לא הוה בידיה בכתי"מ: **מותרין.**

אמרי הילכתא בכת"י: **אמרו לו הילכתא.**

ואם השלים מתפלל בכתי"מ: **ומתפלל.**

תנו רבנן החרצנים — יבשין מותרין בכת"י חסר משפט זה.

הי ניהו לחין והי ניהו יבישין בכת"י ועוד: **אלו הן לחין ואלו הן יבישין.**

הני אבטא בכת"י ועוד: **האי אבטא.**

החיים

ר' עקיבא איקלא לגינזק
עיר חשובה בשם גינזק (Ganzak), בצפון מערב פרס, בחלק שהיה נקרא בשעתו מדי, נזכרת במקורות מאותה תקופה. מקומה המדוייק של העיר אינו ברור, יש סבורים שהיתה סמוכה לאגם אורמיה (ריזיה), ויש משערים שהיתה מצוייה צפונה מזה.
יש חכמים רבים הסבורים שיש כאן שיבוש, וצריך לקרוא כאן (ובמקומות אחרים) מר עוקבא. אף כי ייתכן שר' עקיבא שהרבה בשעתו במסעות בעולם הגיע גם למקום זה שהיה מרוחק מאד מאיזורי הישוב של יהודי בבל.

לְהוּ [להם]: **אֲנָא חָזֵינָא לְהוּ דִּמְדַיְּיתִי** [אני רואה אותם שהם מזיעים], כלומר פעמים שיוצא מהם נוזל מדפנותיהם החיצונות, **וְכֵיוָן דִּמְדַיְּיתִי** [שהם מזיעים] **וַדַּאי בָּלְעֵי וַאֲסִירִי** [בולעים מן החמץ שבתוכם והם אסורים], **מַאי טַעְמָא** [מה טעם הדבר]? **הַתּוֹרָה הֵעִידָה עַל כְּלִי חֶרֶס כִּי מַה שֶּׁבָּלוּעַ בּוֹ אֵינוֹ יוֹצֵא מִידֵי דּוֹפְנוֹ** של הכלי **לְעוֹלָם**. ושואלים: אם כן, **מַאי שְׁנָא** [במה שונה הדבר **מִיַּיִן נֶסֶךְ, שֶׁדָּרַשׁ לְהוּ** [להם] **מָרֵימָר: כּוּלְּהוּ מָאנֵי דְּקוּנְיָא שָׁרֵי** [כל כלי קוניא מותרים]? **וְכִי תֵּימָא** [ואם תאמר] **שֶׁחָמֵץ** איסורו **דְּאוֹרַיְיתָא** [מן התורה], **יַיִן נֶסֶךְ** אסור בהנאה **דְּרַבָּנַן** [מדברי סופרים] ולכן הקלו בו — **וְהָא כָּל דְּתַקּוּן רַבָּנַן כְּעֵין דְּאוֹרַיְיתָא תַּקּוּן** [והרי כל שתיקנו חכמים כעין של תורה תיקנו], ולכן אם אסרו — היה צריך להיות אסור גם בזה! ומשיבים: **זֶה** הכלי שמכניסים לתוכו חמץ **תַּשְׁמִישׁוֹ** (דרך שימושו) **בְּחַמִּין** והוא בולע הרבה, **וְזֶה** המשמש ליין **תַּשְׁמִישׁוֹ בְּצוֹנֵן** בלבד.

מסופר, **ר' עֲקִיבָא אִיקְלַע** [הזדמן] **למקום גִּינְזַק, בְּעוֹ מִינֵּיהּ** [שאלו אותו] שאלות אלה: האם **מִתְעַנִּין לְשָׁעוֹת**, המקבל על עצמו תענית לא ליום שלם אלא לשעות אחדות, האם זה נחשב לתענית, **אוֹ אֵין מִתְעַנִּין לְשָׁעוֹת? לֹא הֲוָה בִּידֵיהּ** [היתה בידו תשובה]. עוד שאלוהו: **קַנְקַנִּים שֶׁל גּוֹיִם אֲסוּרִין אוֹ מוּתָּרִין? לֹא הֲוָה בִּידֵיהּ** [היתה בידו תשובה] אף לזה. ועוד שאלו אותו: **בַּמֶּה** באלו בגדים **שִׁימֵּשׁ מֹשֶׁה** רבינו במשכן במשך **כָּל שִׁבְעַת יְמֵי הַמִּלּוּאִים?** שהרי הוא שהקריב את הקרבנות, והוא לא היה כהן. **לֹא הֲוָה בִּידֵיהּ** [היתה בידו תשובה] אף לכך. **אֲתָא שְׁאַל בֵּי מִדְרָשָׁא** [הלך ושאל בבית המדרש] את שלוש השאלות הללו, **אָמְרֵי** [אמרו] לו: **הִלְכְתָא** [הלכה היא] **שֶׁמִּתְעַנִּין לְשָׁעוֹת, וְאִם הִשְׁלִים** את תעניתו — **מִתְפַּלֵּל תְּפִלַּת תַּעֲנִית. וְהִלְכְתָא** [והלכה היא] **שֶׁקַּנְקַנִּים שֶׁל גּוֹיִם לְאַחַר שְׁנֵים עָשָׂר חֹדֶשׁ — מוּתָּרִין**, שאנו מניחים שכל האיסור שהיה בהם בטל. ובאשר לשאלה **בַּמֶּה שִׁימֵּשׁ מֹשֶׁה שִׁבְעַת יְמֵי הַמִּלּוּאִים?** התשובה היא: **בְּחָלוּק לָבָן. רַב כָּהֲנָא מַתְנֵי** [היה שונה]: **בְּחָלוּק לָבָן שֶׁאֵין בּוֹ אִימְרָא** (כפל) בשוליו.

א שנינו במשנה: **הַחַרְצַנִּים וְהַזָּגִים שֶׁל גּוֹיִם** אסורים, ואיסורם איסור הנאה לדעת ר' מאיר, ולדעת חכמים — לחים אסורים בהנאה ויבשים מותרים. **תָּנוּ רַבָּנַן** [שנו חכמים]: **הַחַרְצַנִּים וְהַזָּגִים שֶׁל גּוֹיִם, אם הם לַחִין — אֲסוּרִין, אם יְבֵשִׁים — מוּתָּרִים.** ושואלים: **הֵי נִינְהוּ** [מה הם הקרויים] **לַחִין וְהֵי נִינְהוּ** [ומה הם הקרויים] **יְבֵשִׁין? אָמַר רַב יְהוּדָה אָמַר שְׁמוּאֵל: לַחִין** — כוונתו **כָּל שְׁנֵים עָשָׂר חֹדֶשׁ, יְבֵשִׁים** — הוא **לְאַחַר שְׁנֵים עָשָׂר חֹדֶשׁ. אִתְּמַר** [נאמר] **שֶׁאָמַר רַבָּה בַּר בַּר חָנָה אָמַר ר' יוֹחָנָן: כְּשֶׁהֵן אֲסוּרִין — אֲסוּרִין אֲפִילּוּ בַּהֲנָאָה, כְּשֶׁהֵן מוּתָּרִין — מוּתָּרִין אֲפִילּוּ בַּאֲכִילָה.** וכן **אָמַר רַב זְבִיד: הַאי דּוּרְדַּיָּא דְּחַמְרָא דְּאַרְמָאֵי** [אותם שמרי יין של גוים], **בָּתַר תְּרֵיסַר יַרְחֵי שַׁתָּא שָׁרֵי** [אחרי שנים עשר חדשי שנה מותרים]. וכן **אָמַר רַב חֲבִיבָא בְּרֵיהּ** [בנו] של **רָבָא: הָנֵי גּוּלְפֵי, בָּתַר תְּרֵיסַר יַרְחֵי שַׁתָּא שָׁרֵי** [אותם קנקנים של יין של גוים, אחרי שנים עשר חדשי שנה מותרים]. וכן **אָמַר רַב חֲבִיבָא: הָנֵי** [אותם]

עיונים

התורה העידה כלומר, מדברי התורה אנו למדים שאין תקנה לכלי חרס, שהרי אמרה תורה "וכלי חרס ישבר" (ויקרא ו, כא) ולא נאמרה בו תקנה אחרת (לא בטבילה ולא בהגעלה).
והעירו בתוס' שאף שאמרו חכמים שיש תקנה לכלי חרס על ידי שמחזירים אותו לכבשן, יש לומר כי הכלי המוחזר לכבשן כשיוצא ממנו שוב אינו נחשב כאותו כלי עצמו, אלא כאילו היה זה כלי חדש.

ר' עקיבא איקלע במסכת תענית (שבה מובא מעשה זה) מעיר רש"י כי הגרסה כאן קשה, לפי שאין מסתבר שר' עקיבא גדול החכמים לא ידע לענות על השאלות הללו. ומשום כך הציע לגרוס: מר עוקבא. וראה בגרסות גם גרסה אחרת: רב עקביא. אכן, בירושלמי מובא מעשה זה גם כן בר' עקיבא (לגבי קנקנים), אלא ששם הוא מובא בנוסח שונה בהרבה.

מתענין לשעות הראב"ד פירש (בפירושו למסכתנו, וראה בהשגות על הרמב"ם) ש"מתענין לשעות" בא לומר שמי שקיבל על עצמו מבעוד יום להתענות עד חצי היום, נחשב הדבר לקבלת תענית. ובדומה לכך פירש הריטב"א שהכוונה היא שדבר זה נחשב כנדר, ואין אדם יכול לחזור בו (עיי"ש). ורש"י מסביר (עפ"י הגמרא בתענית יב,א) שהוא כגון אדם שקיבל עליו תענית מחצות היום והלאה, שאם לא טעם דבר גם בשעות שקודם לכן, אף שלא עשה זאת לשם תענית — דבר זה נחשב כתענית, ויכול בסוף היום להתפלל תפילת מנחה של תענית. וכתבו בתוס' שיש לפרש שקיבל עליו מאתמול דבר זה, לפי דברי שמואל במסכת תענית (שם) שכל תענית שלא קיבלה עליו מבעוד יום אינה תענית. אבל הריטב"א הסביר כי לענין תענית שעות די בקבלה באותו בוקר. ובתוס' העירו שמן הירושלמי משמע שאפילו אכל ושתה בחצי היום הראשון נקרא הדבר תענית שעות, שעולה לו תענית בחציו השני. ויותר מכך, שיכול אדם לקבל על עצמו באמצע היום חלק מן היום בתענית, כגון מעשה בר' יוחנן שקיבל על עצמו להתענות עד שיגמור את לימודו. וראה ברמב"ם.

ואם השלים מתפלל תפילת תענית לפי רש"י משמע שהוא דבר אחד, שכיון שהשלים תעניתו מתפלל תפילת תענית. אבל לפירושים האחרים של הראב"ד והריטב"א (וכן הירושלמי) עולה ששני דברים הם, שאף אם התענה לשעות אינו מתפלל תפילת תענית אלא אם השלים תענית מלאה (וראה בתורת חיים).

במה שימש משה שהרי בשבעה ימי המלואים שימש משה כעין כהן, ועשה רוב העבודות במשכן. ואין לומר שלבש בגדי כהונה, שהרי בגדים אלה ניתנו בדבר ה' רק לאהרן ולבניו (רש"י). ואין לומר שהיה לבוש בגדי חול, שהרי אין משמשים במקדש בבגדי חול (תוס' חכמי אנגליה). ובתוס' העירו שלפי סברה אחת במסכת זבחים, כל ארבעים שנה שהיו ישראל במדבר היה משה רבינו משמש בקדש בבגדי כהן גדול. ושמא חולקת סברה זו על הגמרא כאן. או אולי צריך לומר שכל עוד לא נתקדש המשכן בשלמות לא היתה בו קדושת מקדש, אלא כעין במה גדולה, ובבמה אין חייבים בבגדי כהונה. ובתוס' הר"ש משנץ כתב שאין לומר טעם זה, שהרי ודאי היתה בו קדושת מקדש, אלא שבגדי כהונה לא נתקדשו עד לאחר ימי המלואים.

בחלוק לבן שאין בו אימרא אימרא היא שפת הבגד, שעושים לבגד בתחתיתו כדי לגומרו. וראה ברש"י שהעיר, שכאן (שלא כבדינו של התורם את תרומת הלשכה, ראה שקלים פ"ג מ"ב) אין מקום להסביר זאת מפני החשד, שהרי לא היה במשכן דבר שאפשר לחשוד בגניבתו. והראב"ד מפרש שהיתה זו כתונת לבנה בלא תפירה כלל, אלא נעשתה כאריגה אחת, כדרך שהיו אורגים את בגדי הכהונה, ולכן לא היתה לבגד זה אימרא. ובתוס' הציעו הסברים אחרים, שהיה זה חלוק בלא אימרא, כדי שייראה שהוא בגד חדש לגמרי, משום שבגד שמשמשים בו לגבוה צריך שיהא בגד שלא נשתמש בו הדיוט. או כדי שלא יבואו לטעות ולומר ששימש ככהן ממש. ועוד הביאו גרסה: "עימרא", שהיה זה חלוק לבן של פשתן בלא תערובת צמר ("עמרא"), לפי שלא היה מבגדי כהונה.

כשהן אסורין וכו' וכן מובאת הלכה זו בירושלמי, אלא ששם מביאים אותה דווקא בשם חכמי בבל.

דורדיא ראה בתוס' שהאריכו בדבר, ולדעת רבינו תם "דורדיא" שהותר להשתמש בהם לאחר שנים עשר חודש הם שמרים שכבר נשתמשו בהם להוציא מהם יין פעם אחת, ואינם אלא שיירי השמרים לאחר מיצויים.

אורח ההלכה

מתענה אדם שעות מתענה אדם תענית שעות, והוא שלא יאכל כל היום. כיצד? הרי שהיה טרוד בחפציו ומתעסק בצרכיו ולא אכל עד חצות או עד תשע שעות, ונמלך להתענות בשעות שנשארו מן היום — הרי זה מתענה אותן שעות ומתפלל בהם "עננו", שהרי קיבל עליו התענית קודם שעות התענית. ויש אומרים שצריך שיקבלנו עליו מאתמול, ומדובר כשקיבל עליו מאתמול להתענות עד חצי היום, וכשהגיע לחצי היום נמלך וגמרו, או שקבל עליו להתענות למחר מחצי היום ואילך, ולמחר נמלך ולא אכל גם בחצי היום ראשון. (רמב"ם ספר זמנים הלכות תעניות פ"א הי"ג. שו"ע או"ח תקסב, י).

ואם השלים מתפלל תפילת תענית אם קיבל עליו התענית עד חצי היום (או אף יותר מאוחר. משנ"ב) ואכל אחר כך, או שאכל עד חצי היום וקיבל עליו תענית משם ואילך — אינו נקרא תענית להתפלל "עננו", אבל נקרא תענית לענין שצריך להשלים נדרו (עפ"י הירושלמי). (רמב"ם שם. שו"ע שם, יא).

קנקנים של גוים כל הכלים (ראה בגר"א) שיישן אותם שנים עשר חודש — מותרים, שבוודאי כלתה כל לחלוחית יין שבהם. ואפילו נתן לתוכם מים (או יין. ש"ך) תוך אותם שנים עשר חדש, אין בכך כלום. (רמב"ם ספר קדושה הלכות מאכלות אסורות פי"א הט"ו. שו"ע יו"ד קלה, טז).

חרצנים וזגים של גוים חרצנים וזגים של גוים אסורים בהנאה כל שנים עשר חודש, ולאחר מכן מותרים אפילו באכילה, לפי שלא נשארה בהם כל לחלוחית יין. וכן שמרים של יין לאחר שנים עשר חודש. כמשנה וכפירוש הגמרא. ודברים אלה אמורים כאשר כבר השתמשו בחרצנים וזגים אלה להוציא מהם יין נוסף, שאם לא כן הריהם נשארים באיסורם (כדברי ר"ת בתוס'). (רמב"ם שם הי"ד. שו"ע שם קכג, יד).

שאינו יוצא מידי דופנו לעולם. תימה נהדרינהו לכבשונות כדאמר פ' דם חטאת בזבחים (דף צו. ושם ד"ה אלא) גבי כלי חרס של מקדש ומשני לפי שאין עושין כבשונות בירושלים הא לאו הכי ע"י החזרה בכבשן יוצא ואור"ת דאין זה נחשב יוצא(ג) דאדרבה כלי אחר חשבינן ופנים חדשות באו לכאן וא"ת כיון דחשיב כלי אחר א"כ תנור וכירים יותץ דאמר רחמנא למה ליהדרינהו בכבשונות ואומר ר' שמשון משנ"ץ דודאי גבי קדרות של חרס דאין דרכן בהיסק כי מחזיר להו בכבשן שייך למימר אלו אחרים הם אבל תנור וכירים שאיסורן בא ע"י היסק אין יוצא בהחזרת אותן לכבשן(ג) ולא נקרא כלי אחר: **ר"ע איקלע לגינזק.** פרש"י בפרק קמא דתענית (דף יא:) דגרס מר עוקבא דחם ושלום שר"ע לא היה מסתפק ועוד כי היה לו לתלמוד להביאה בלשון ברייתא מיהו הא לא קשיא דהרבה מקומות מצינו שמזכיר מעשה בר"ע וכיוצא בו: **מתענין לשעות.** פ"ה כגון שקבל עליו תענית משש שעות ולמעלה אבל לא טעם כלום בו' שעות ראשונות אך לא לשם תענית נתכוין וכן משמע בפ"ק דתענית (דף יא:) על הך דמייתי התם דקאמר הא דאמרת מתענין לשעות הוא שלא טעם כלום כל אותו היום ופריך הא תענית מעליותא היא ומסיק לא צריכא דאימלך אימלוכי וצ"ל דמיירי נמי שקבל עליו מאתמול שאם לא יאכל למחר עד חצי היום יהיה בתענית עד שתחשך דאי לא קבליה כלל הא אמר שמואל בפ"ק דתענית (דף יב.) כל תענית שלא קבל עליו מבעוד יום לא שמיה תענית ואי יתיב דמי למפוחא דמלי זיקא ואין לפרש דשמואל אמר למילתיה לענין תפלת תענית אבל לענין תענית אפי'(ד) אכל מ"מ עלתה לו תענית דהא בהא תליא כדמסיק הכא הלכה מתענין לשעות והמתענה מתפלל תפלת

למדייתי. מזיעין דפניהם מבחוץ מחמת בליעותן: **התורה העידה.** דכתיב ישבר דאין לו טהרה אלא שבירה: **זה תשמישו בחמין.** לענין חמץ נשתמשו כל ימות השנה חמין ובלעי טפי: **לשעות.** כגון שקיבל עליו תענית משש שעות ולמעלה ומיהו לא טעם כלום מתחלה כל היום אבל לא לשם תענית נתכוין בראשונה: **לאחר שנים עשר חדש מותרין.** מיד בלי תיקון ואם רצה להשתמש קודם לכן ממלאן במים כדאמרן: **משה.** לא נשתמש בבגדי כהונה דכתיב ועשית בגדי קדש לאהרן אחיך והוא היה זר אצלן ועל פי הדבור שימש ולא הוזכרו בגדים: **אימרא.** שפה יש אומר שלא יחשדוהו שגזל בה מתרומת המשכן ולאו מילתא שהרי כבר נגמרה המלאכה ובשעת עבודה מהיכן שקיל: **דורדיא.** שמרים:

אבטא

להו אנא חזינא להו דמדייתי וכיון דמדייתי ודאי בלעי ואסירי מ"ט [א]התורה העידה על כלי חרס שאינו יוצא מידי *דופנו לעולם מ"ש מיין נסך דדרש להו מרימר כולהו מאני דקוניא שרי וכ"ת חמץ דאורייתא יין נסך דרבנן והא [ב]כל *דתקון רבנן כעין דאורייתא תקון זה תשמישו בחמין וזה תשמישו בצונן [ג]ר"ע *איקלע לגינזק בעו מיניה מתענין לשעות או אין [ד]מתענין לשעות לא הוה בידיה קנקנים של גוים אסורין או מותרין לא הוה בידיה [ה]*במה שימש משה כל שבעת ימי המלואים לא הוה בידיה אתא שאל בי מדרשא אמרי [א]הלכתא מתענין לשעות ואם השלים מתפלל תפלת תענית [ב]והלכתא קנקנים של גוים לאחר י"ב חדש מותרין במה שימש משה שבעת ימי המלואים בחלוק לבן רב כהנא מתני בחלוק לבן שאין בו אימרא:

א החרצנים והזגים של גוים וכו':

ת"ר החרצנים והזגים של גוים לחין אסורין יבשים מותרים הי נינהו לחין והי נינהו יבשין אמר רב יהודה אמר שמואל [ו]לחין כל י"ב חדש יבשים לאחר י"ב חדש אתמר אמר רבה בר בר חנה א"ר יוחנן [ז]כשהן אסורין אסורין אפילו בהנאה כשהן מותרין מותרין אפילו באכילה א"ר זביד [ח]האי דורדיא דחמרא דארמאי בתר תריסר ירחי שתא שרי(א) אמר רב חביבא בריה דרבא [י]הני גולפי בתר תריסר ירחי שתא שרי אמר רב חביבא *הני אבטא

תענית א"כ איכא למימר דמיירי נמי בדלא קבלה מאתמול כדמשמע לשון אימלך אימלוכי והא דבעי שמואל קבלה היינו לכתחלה ואי יתיב דמי למפוחא היינו שאינו מקבל עליו שכר תענית אלא נקרא חוטא על שציער עצמו ומ"מ נדרו נדר ובירושלמי דנדרים פ' קונס מפרש מתענין לשעות שאם אכל עד חצי היום יכול הוא לגמור בדעתו להתענות עד הלילה ועלתה לו תענית דקאמר התם ממילתיה דר' יוחנן אמר מתענין לשעות דא"ר יוחנן הריני בתענית עד דנחסל פירקי עד שתשלם פרשתי ממילתיה דר' יונה אמרה מתענין לשעות דר' יונה הלך לנור ושמע דדמך *בריה דרבי יוסי הגלילי אע"ג דאכל גובנא ושתה מיא אסקיה בצום כל ההוא יומא משמע דחשיב מתענין לשעות אע"פ שאכל אחרי כן או קודם והא דפריך בפ"ק דתענית (שם) אהא דקאמר כל תענית שלא שקעה עליו חמה לאו שמיה תענית מדרבי יוחנן דאמר אהא בתענית עד שאבא לביתי ולא קמשני היינו משום דמתענין לשעות דבלאו הכי משני שפיר דלאישתמוטי מבי נשיאה עבד ומה שאנו נוהגין להתענות עד צאת הכוכבים אע"ג דאמרי' בפ"ק דתענית כל תענית שלא שקעה עליו חמה אינו תענית משמע דבשקיעת חמה סגי* והוא ה' מילין קודם צאת הכוכבים לא מחתינן נפשין לספיקא ועוד דשמא לשון שקעה ר"ל שקעה לגמרי ומיהו המתענה בערב שבת אע"ג דפסקינן בעירובין (דף מא:) הלכה מתענה ומשלים א"צ לדקדק להמתין עד צאת הכוכבים מעשה בא לפני ר"ת באחד שעשה הרבה תעניות ולא קבלם מאתמול ואר"ת כי לא הפסיד תעניותיו כי מאחר שהיה בדעתו להתענות היינו גמר בלבו והוי בכלל נדיב לב דאמר* דגמר בלבו אע"פ שלא הוציא בשפתיו והא דבעו שמואל ור' יוחנן קבלה היינו לכתחלה ועוד היה אור"ת כי אף לא גמר בלבו עד הלילה יכול להתענות ולהתפלל תפלת תענית ויצא ידי נדרו כאילו קבל מאתמול אך לא היה בידו ראייה ברורה על זה ומיהו מלוה מן המובחר לקבל מבעוד יום בתפלת המנחה ור"י היה רגיל כשהיה מתענה באחד בשבת לקבל תעניתו בשבת באלהי נצור: **במה שמש משה כל שבעת ימי המלואים.** פ"ה דמשה לא נשתמש בבגדי כהונה דכתיב לאהרן אחיך והוא היה זר אצלן וקשה למ"ד פרק טבול יום בזבחים (דף קא:) משה רבינו ע"ה כ"ג היה ונשתמש בכהונה גדולה מ' שנה ולפי זה היה צריך לשאול במה שמש כל מ' שנה ולא יוכל להשיב על זה בחלוק לבן שאין בו אימרא דלשון בכהונה גדולה משמע בח' בגדים ככ"ג וי"ל דשבעת ימי המלואים דוקא איבעיא(ה) שעדיין לא נתקדשו בגדי כהונה כדכתיב והזית על אהרן ועל בגדיו וגו' וה"ר יעקב מאורליינ"ש פירש דאפי' נתקדשו מ"מ כל ז' ימי המלואים שהיה משה מעמיד המשכן ומפרקו היה נחשב כמו במה ואין בגדי כהונה בבמה כדאמר בפ"ב דזבחים (דף קיט:) ואין להקשות הלא אין חטאת קרב בבמה וחטאת מלואים קרבה שם דמצינן למימר הוראת שעה היתה כמו שריפתה דלא מצינו חטאת יחיד נשרפת אלא זו: **שאין בו אימרא.** כמו על הגם ועל האימרא דפ' האורג (שבת דף קה.) והוא מן הבגד ופעמים שאינו מן הבגד כמו אימראות של ארגמן דנגעים ולפיכך לא היה בו אימרא לפי שבזה היה ניכר יותר חדש דבעינן שלא נשתמש בו הדיוט ולפיכך עשאוהו משונה משאר חלוקים והר"ר משה פירש שלא יאמרו אח"כ כשישמש אהרן שנמצא מום במשה ולכך עשהו בלא אימרא שידעו הכל שלא היה דבר המתקיים מה שהיה משמש וי"מ אימרא כמו עטרה לפי שבגדי כהונה היו כלאים קאמר שזה לא היה כלאים: **החרצנים והזגין.** בנזיר פרק ג' מינים (דף לד:) פליגי תנאי איזה נקרא חרצן ואיזה נקרא זג אם הקליפה או הגרעינין והתרגום מוכיח כר' יוסי* דאמר זג הוא הקליפה דמתרגמינן מחרצנים ועד זג מפורצנין ועד עילורין והקליפה החיצונה הנסחטת היא שראויה לעצור והניח ר' יוסי סימן לדבר במשנה זוג ועינבל כי הזוג הוא מבחוץ והעינבל מקשקש בתוכו וכן פעמון מתרגמינן זגא שהפעמון הוא החיצון שהעינבל בתוכו וכן בסתם התלמוד קורא הפנימי חרצן עד שיזרע חטה ושעורה וחרצן (חולין דף פג:) והגרעינין הוא הזרע: **דורדיא דארמאי.** פי' שמרים של גוים הר"ר אפרים היה אומר כי מסברא שמרים שנתייבשו בתנור מועיל להם כמו המתנה די"ב חדש ומתוך כך התיר פת של גוים שנתמך בשמרי יין שנתייבשו בתנור ור"ת הקפיד עליו ואמר כי מה שמתיר התלמוד דורדיא לאחר י"ב חדש היינו לאחר שנתמדו במים כמו שרגילים העולם לעשות כדמוכח פרק המוכר פירות (ב"ב צו:) דקתני אחד שמרי יין כו' ומפרש רמא תלתא ואתא ד' כו' וכן פ' אלו עוברין (פסחים דף מג:) גבי תמד קאמר הא ברווקא הא בפורצני תמד שעושין משמרים קורא רווקא כי על שם השק שמשימין בו השמרים לתמדן נקרא כן כדאמרי' רווקי דארמאי וקודם שנתמדו השמרים נקראים בל' התלמוד שמרי' כי ההיא דפ' המפקיד (ב"מ דף מ:) דקאמר (*הא) גולפי ושמריא ואחר שנתמדו נקראו דורדיא ואהנהו מיירי הכא להתירן לאחר י"ב חדשים דאיכא תרתי לטיבותא שכבר נתבטל טעמם במים וגם עבר עליהם י"ב חדש וכן פורצני נמי דשרי לאחר י"ב חדש הם החרצנים לאחר שנתמדו אבל שמרים שלא נתמדו אין שום דבר מועיל להתירן והעיסה שנתחמצה בהם קודם תמודם לעולם אסורה או בתוך י"ב חדש אף לאחר תמודם אסורים ואפי' באלף לא בטיל כיון דלטעמא עביד כדאמרינן *(פסחים דף מד) הנח לשאור ותבלין דלטעמא עבידי ולא בטלי ואין להתיר וכתב ר"ת והמורה יורה כבן סורר ומורה ועלי יערה רוח הבורא ובתוספתא תניא שמרים שיבשו אסורים בהנאה:

אכטא

[פסחים ל: וש"נ]

תענית יא: ע"ש

[עי' תוס' חגיגה ו: ד"ה מאי כ"א ותוס' סנהדרין טו: ד"ה שור סיני]

האי. יעב"ץ

בירושלמי מ"ק פ' א"מ (ה"ז) הגי' בנו של ר' אבהו וריה"ג בודאי ט"ס עי' בסה"ד

*וע"ע תוס' מנחות כ: ד"ה נפסל]

[שבועות כו:]

[בנזיר לט. אמר רב יוסף כמאן מתרגם מפורצנין ועד עילרין כר' יוסי]

[נ"ל האיכא]

קח א מיי' פ"א מהל' תעניות הלכה יג סמג עשין ג טור ש"ע א"ח סימן תקסב סעי' י:

קט ב מיי' פי"א מהל' מאכלות אסורות הלכה טו סמג לאוין קמח טוש"ע י"ד סי' קלה סעי' טז:

[בפסחים ל: איתא דופיו וכן בפרש"י ותוס' דהתם וכן העתיקו תוס' בזבחים צו. ד"ה אלא]

קי ג ד ה מיי' שם הלכה יד סמג שם טוש"ע י"ד סי' קכג סעיף יז:

קיא ו מיי' שם הלכה טו סמג שם טוש"ע י"ד סי' קלה סעיף טז:

רבינו חננאל

דכיון דמדייתי בלעי. והתורה העידה על כלי חרס שאינו יוצא מידי דופיו לעולם. ומקשינן מאי שנא מיין נסך דדריש מרימר קוניא בין אוכמי בין חיורי בין ירוקי שרו. וכי תימא חמץ בפסח דאורייתא יין נסך מדרבנן והא כל דתקון רבנן כעין דאורייתא [תקון] אלא יין נסך תשמישו בצונן וסגי ליה בשכשוך: ר' עקיבא שאל כו' ואסיקנא הלכתא מתענין לשעות. כבר פירשנו במסכת תענית: וקנקנים של גוים לאחר י"ב חודש מותרין בקנקנים מזופתין שנשרה זיפתן. ואחרי כן נשתמש בהן גוי ביין דפי' בתלמוד א"י א) אמרו חכמים על ידי זפת הן בולעות. ושאינן מזופתין ממלאן מים. ומערן שלשה ימים כו': ושימש משה רבינו בז' ימי המלואים בחלוק שאין עליו אימרא. פי' אימרא אל עלם: **ירושלמי** הורה ר' ירמיה באלין פתרייא רברבייא ממלאן מים ומערן מעת לעת ג' ימים ושרו. בתורת קנקנים של חרש שאינן מזופפות: ארמאי איתבר זיקיה וקיבליה ישראל לחמריה דידיה ואמרו רבנן ממלאהו (יין) מים ומערה מעת לעת ג' ימים ומותר. ר' ייסא אזל לצור חמא יתהון זפתין גוים זיקין זעירין וישראל זבנין להון ואסר להון. וכן ר' יצחק ור' מני אסרין: החרצנים והזגין של גוים אסורין [ואיסורן] איסור הנאה דברי ר' מאיר. וחכ"א לחים אסורין יבשים מותרין. ומפרש לחין בתוך י"ב חדש. יבשין לאחר י"ב חדש. אמר ר' יוחנן כשהן אסורין בתוך י"ב חודש אפי' בהנאה אסורין. לאחר י"ב חדש אפי' באכילה מותרין א"ר זביד דורדי' דגוים בתר י"ב ירחי שתא שרי. וכן

א) בירושלמי לפנינו כאן בהלכה ד' איתא דר"ע היה רוצה ללמוד כן בק"ו דמה אם אינן זפותות מותרין בשנתקלפה זיפתן לא כ"ש אבל קשבא אלא חביריו אמרו דע"י זפת הן בולעות וצ"ע.

[לא נמצא שם רק בחולין ו. איתא שאני שאור ותבלין דלטעמא עבידי וכן בביצה לח: ע"ש]

הגהות הב"ח (א) גמ' (אמר רב חביבא בריה דרבא הני גולפי וכו' שרי) תא"מ ונ"ב בתוס' בד"ה אבטא משמע דל"ג להך מימרא והרא"ש לא הביאה משמע נמי דלא גרסי' לה: (ב) תוס' ד"ה שאינו יוצא וכו' ואור"ת דאין זה נחשב יוצא מידי דופנו דכלי אחר חשבינן כל"ל ותיבת דאדרבה נמחק: (ג) בא"ד ולא נקרא כלי אחר. נ"ב פי' אפי' לענין איסור לא חשיב כלי אחר וכל שכן לענין טומאה וכ"כ התוס' בפ' כל שעה סוף דף ל אבל בפרק דם חטאת משמע דס"ל דוקא היסק פנימי אין מועיל לתנור אבל אם היה מסיקו בפנים ובחוץ כעין תחלת עשייתו כשהיוצר עושהו נותנו בכבשן אפשר שזה היה מועיל וע"ש בד"ה אלא קדירות בדף צו: (ד) ד"ה מתענין וכו' אבל לענין תענית אפי' לא קבל מ"מ עלתה לו: (ה) ד"ה במה וכו' איבעיא להו שעדיין:

אבטא דטייעי בתר תריסר ירחי שתא שרי
אמר רב אחא בריה דרב איקא הני פורצני
דארמאי בתר תריסר ירחי שתא שרי אמר
רב אחא בריה דרבא הני גולפי שחימי
א ואוכמי בתריסר ירחי שתא שרי: והמוריים:
ת"ר מוריים אומן מותר ר' יהודה בן גמליאל
אומר משום ר' חנינא ב"ג אף חילק אומן
מותר תני אבימי בריה דר' אבהו מוריים
אומן מותר הוא תני לה והוא א"ל פעם
ראשון ושני מותר שלישי אסור מ"ט פעם
ראשון ושני דנפיש שומנייהו לא צריך
למירמי בהו חמרא מכאן ואילך רמו בהו
חמרא ההוא ארבא דמורייסא דאתי לנמילא
דעכו אותיב רבי אבא דמן עכו נטורי בהדה
א"ל(א) רבא עד האידנא מאן נטרה א"ל עד
האידנא (*למאן) ניחוש לה אי משום
דמערבי ביה חמרא *קיסתא דמוריים בלומא
קיסתא דחמרא בד' לומי א"ל ר' ירמיה לר'
זירא דלמא איידי דצור אתו דשוי חמרא
ב א"ל התם עיקולי ופשורי איכא: וגבינת בית
אונייקי: ארשב"ל מפני מה אסרו גבינת
אונייקי מפני שרוב עגלים של אותה עיר
נשחטין לעבודה זרה *מאי איריא רוב
עגלים אפילו מיעוט נמי דהא *ר"מ חייש
למיעוטא אי אמרת רוב איכא מיעוט אלא
אי אמרת מיעוט כיון דאיכא רוב עגלים דאין
נשחטין לעבודה זרה ואיכא נמי שאר
בהמות דאין נשחטין לעבודה זרה ה"ל
*מיעוטא דמיעוטא(ג) ומיעוטא דמיעוטא לא
חייש ר"מ א"ל ר"ש בר אליקים לר"ש בן
לקיש כי נשחטין לעבודה זרה מאי הוי
והא את הוא דשרי דאתמר *השוחט את
הבהמה לזרוק דמה לעבודה זרה להקטיר
חלבה לעבודה זרה רבי יוחנן אמר
אסורה קסבר מחשבין מעבודה לעבודה
וילפינן חוץ מפנים ורשב"ל אמר מותרת א"ל
תרמינך שעתך *באומר בגמר זביחה הוא
ג עובדה: א"ר יהודה שאל ר' ישמעאל: *אמר
רב אחדבוי אמר רב המקדש בפרש שור
הנסקל מקודשת בפרש עגלי עבודה
זרה אינה מקודשת *איבעית אימא סברא
ואב"א קרא איבעית אימא סברא גבי עגלי
עבודה זרה ניחא ליה בנפחיה אבל גבי
שור הנסקל לא ניחא ליה בנפחיה איבעית
אימא קרא *) כתיב הכא לא ידבק בידך
מאומה וכתיב התם סקול יסקל השור
ולא יאכל את בשרו בשרו אסור הא פרשו
מותרת אמר רבא תרוייהו תננהי מדקא"ל
מפני שמעמידין בקיבת נבילה וקא מהדר
ליה והלא קיבת עולה חמורה מקיבת נבילה
מכלל

*) [תמורה ל: ולע"ג]

רש"י

אבטא. חמת מעור עב וקורין אותו בוטין: **דטייעי.** הולכי דרכים נושאין אותו מלא יין למרחוק והוי כמכניסו לקיום ומשום הכי בעי שהייה י"ב חדש: **פורצני.** פסולת של ענבים: **מוריים אומן.** של גוי אומן מותר מוריים לא עבדי מדגים טמאים ומשום חמרא קאסרינן ליה ואומן לא רמי ביה חמרא כדמפרש ואזיל איידי דנפיש שומניה פעם ראשון ושני מקלקל להו חמרא: **חילק.** מין דגים טהורים וסולתנית שמן כדמפרש לקמן בפרקין ובקטנותו אין לו סנפיר וקשקשת ועתיד לגדל לאחר זמן ואמרינן לקמן (דף לט.) חילק של גוים אסור אותו מין דגים קטנים ונמכר הרבה ביחד ומפני מה אסורה מפני שעירבונה עולה עמה דגים טמאים דומין לה ועולין עמה והאי חילק אומן כיון דאומן הוא ובקי בדבר מבדילן הימנה משום דלא חשיב טעמא ומקלקלי ליה לסולתנית ומרע ליה לכולי ארביה: **פעם ראשון ושני.** שכן דרכן נותנים מים ומלח על שומן הדגים ומוללות שומנו וכשכלות חוזר ונותן אחרים: **נמילא דעכו.** פור"ט בלע"ז מקום שהספינות עולות בו ביבשה: **קיסטא.** שם המדה: **בלומא.** בזוזא במדינתו של גוי זה היין נמכר ביוקר והמוריים בזול אבל כאן היין בזול והמוריים ביוקר וחיישינן לערובי: **איידי דצור אתא.** דרך שפת הים הסמוכה לצור אתא האי ארבא: **דשוי חמרא.** כלומר שהיין בזול שוי לשון זול כדאמרינן בעלמא (ב"מ דף נב.) עשיק לגבך ושוי לכריסך: **עקולי ופשורי איכא.** מים שהולכין עקלתון ופשורי מי שלגין נפשרים על שפת המים ואין מושכי הספינה יכולין לבא באותו הדרך: **מפני מה אסרו גבינת בית אונייקי.** לר"מ דאסר ליה בהנאה: **שרוב עגלים כו'.** מעמידין את החלב בקיבתן: **ר"מ חייש למיעוט.** בפ"ב דיבמות (דף קיט.) קטן וקטנה לא חולצין ולא מייבמין קטן שמא ימצא סריס קטנה שמא תמצא איילונית: **אי אמרת רוב.** עגלים נשחטין לעבודה זרה איכא למיסר גבינה משום חששא דמיעוט קיבות האסורות בהנאה דרוב עגלים הוה מיעוט לגבי שאר בהמה שמעמידין בהן בקיבותיהן: **השוחט את הבהמה לזרוק דמה לעבודה זרה.** שלא שחט הבהמה לשם עבודה זרה שיהא עובדה בשחיטה אלא חשב בשחיטה ע"מ לזרוק: **ר' יוחנן אמר אסורה.** קסבר מחשבין מעבודה לעבודה דילפינן חוץ מפנים

תוספות

אבטא דטייעי. כך גורס בערוך בכ"ף. ופי' שמצילין קמח ועשבים ובשמים ושורין אותו בחלב ומזלפין יין עליו ור"ח גרס אבטא לשון אבטיח פי' דלעת חלולה ומשימין בה יין ואינו נראה כי לא מצינו שום כלי שלא יהא ניתר בעירוי ועוד כי אבטיח ודלעת אינו אחד: **מוריים אומן.** והא דפליגי ר"מ ורבנן במתניתין במוריים לענין איסור הנאה היינו משל בעלי בתים א"נ מיירי אחר פעם ראשון ושני דקליש שומניה ורמו ביה חמרא והוא השלישי וניכר והסוא מוריים דלקמן דאמתא בארבא של אומן הוי *והיה ניכר(ג) לפי שהיה בפעם ראשון ושני: **אי אמרת רוב איכא מיעוט.** תימה כי איכא רובא נמי אמאי לא חשבינן ליה מיעוטא למיעוטא כיון דאיכא רובא וחזקה להיתר רובא בהמות שאין נשחטות לעבודה זרה ואותם עגלים עצמם נעמידם בחזקת היתר שהיו הקיבות בחזקת היתר שאינם לעבודה זרה קודם שחיטה(ד) וכי האי גוונא אמרי' בפ"ב דיבמות (דף קיט:) גבי היתה לה חמות אינה חוששת דחשבינן ליה מיעוטא למיעוטא דאיכא רוב לשוק וחזקה לשוק וי"ל דשאני הכא דלאחר שחיטה איתרע ליה חזקה דהנך קיבות העומדות לפנינו לאחר שחיטה בספק עבודה זרה קיימי התם נמי זימנין דחיישינן כגון ביולדה מליאה משום דאיכא ריעותא שהיא מעוברת ואפי' רבי יהושע לא חייש התם אסר הכא דהתם אין שום ודאות של איסור אפי' כשהיא מליאה דאפשר הפילה אבל כאן כיון שמיעוט הקיבות אסורות יש כאן חשש מיעוט של איסור: **וכי נשחטין לעבודה זרה מאי הוי הא את הוא דשרית.** תימה מאי ראיה היא זו הלא לא הזכיר רשב"ל כאן נשחטין לזרוק אלא נשחטין סתם דמשמע שהוא עובד בזביחה וי"ל דכל עיקר שחיטתן אינן אלא לצורך דם וחלב ולא הולכך לפרש וה"נ אמר בחולין פ"ב (דף לט.) גבי הנהו טייעי דאתו לקוניא יהיב דכרי כו' אמרו דמא ותרבא לדידן ומשום הכי מסיק בגמר זביחה ולא קאמר בזביחה עצמה: **רשב"ל אמר מותרת.** פ"ה אף באכילה ואע"ג דמומר לעבודה זרה הוא מ"מ בפ"ק דחולין (דף ה.) מוכחינן דג'(ה) דיני מומר הן יש שחיטתו מותרת אף באכילה ויש באכילה לבד ויש אסורה אף בהנאה*: **מפני שמעמידין בקיבת עגלי עבודה זרה.** נראה דר' יהושע לא היה מתכוין כי אם לדחותו דהא ר' יהושע לא חייש למיעוט כדמוכח בפ"ב דיבמות (דף קיט.) שהבאתי לעיל וכן בפרק ג' דבכורות (דף כ:) ועוד דאפילו ר"מ דחייש למיעוטא לא אסר לעיל (דף כט:) אלא גבינת בית אונייקי אבל שאר מקומות חשיב מיעוט דמיעוטא:(ו) **השיאו.** לשון משיאו עלה ולית דגרסי השיאו(ז) ונפרש הטעו לשון השיאני:(ח)

אֲבַטָא דְטַיָּיעֵי [מין חמת של ערבים] שהם נושאים בהם יין לזמן מרובה, בָּתַר תְּרֵיסַר יַרְחֵי שַׁתָּא שָׁרֵי [אחרי שנים עשר חדשי שנה מותר]. אָמַר רַב אַחָא בְּרֵיהּ [בנו] של רַב אִיקָא: הָנֵי פּוּרְצָנֵי דְּאַרְמָאֵי [פסולת יין של גוים], בָּתַר תְּרֵיסַר יַרְחֵי שַׁתָּא שָׁרֵי [אחרי שנים עשר חדשי שנה מותר]. אָמַר רַב אַחָא בְּרֵיהּ [בנו] של רָבָא: הָנֵי גּוּלְפֵי שְׁחִימֵי וְאוּכָּמֵי [אותם קנקנים חומים ושחורים], בָּתַר תְּרֵיסַר יַרְחֵי שַׁתָּא שָׁרֵי [אחר שנים עשר חדשי שנה מותר].

א שנינו במשנה: וְהַמּוּרְיְיס (מאכל העשוי מציר של דגים), ר׳ מאיר אוסר בהנאה משום שמערבים בו יין, וחכמים מתירים בהנאה. תָּנוּ רַבָּנַן [שנו חכמים]: מוּרְיְיס של אוּמָּן — מוּתָּר, משום שבעלי המקצוע אינם מערבים בו יין. ר׳ יְהוּדָה בֶּן גַּמְלִיאֵל אוֹמֵר מִשּׁוּם (בשם) ר׳ חֲנִינָא בֶּן גַּמְלִיאֵל: אַף חִילַּק (סוג של דגים קטנים) של אוּמָּן — מוּתָּר, ואין חוששים שמערבים בהם דגים טמאים, מפני שאומנים אינם עושים זאת. תָּנֵי [שנה] אֲבִימִי בְּרֵיהּ [בנו] של ר׳ אַבָּהוּ: מוּרְיְיס אוּמָּן — מוּתָּר. הוּא תָּנֵי לָהּ [היה שונה אותה, את הברייתא הזו] וְהוּא אָמַר לָהּ [היה אומר, מפרש אותה]: פַּעַם רִאשׁוֹן וְשֵׁנִי שעושים את הציר מן הדגים — מוּתָּר, פעם שְׁלִישִׁי — אָסוּר, מַאי טַעְמָא [מה טעם הדבר]? פַּעַם רִאשׁוֹן וְשֵׁנִי דְּנָפֵישׁ שׁוּמְנַיְיהוּ [שמרובה השומן שבהם] — לָא צְרִיךְ לְמִירְמֵי בְּהוּ חַמְרָא [אין צורך להטיל בהם יין], ולכן יש בהם רק ציר של דגים, מִכָּאן וְאֵילָךְ רָמוּ בְּהוּ חַמְרָא [מכאן והלאה מטילים בהם יין] כדי לשפר את טעמם. מסופר, הַהוּא אַרְבָּא דְמוּרַיְיסָא דְּאָתֵי לִנְמֵילָא [אניה אחת של מורייס שהגיעה לנמל] של עַכּוֹ, אוֹתֵיב [הושיב, העמיד] ר׳ אַבָּא שמִן העיר עַכּוֹ נָטוֹרֵי בַּהֲדָהּ [שומרים אצלה] כדי שלא יערבו יין במורייס. אָמַר לֵיהּ [לו] רָבָא: עַד הָאִידָּנָא מַאן נַטְרָהּ [עכשיו מי שמר אותה]? אָמַר לֵיהּ [לו]: עַד הָאִידָּנָא לְמַאן נֵיחוּשׁ [עכשיו למה נחשוש] לָהּ? אִי מִשּׁוּם דִּמְעָרְבִי בֵּיהּ חַמְרָא [אם משום שמערבים בה יין], הרי באותו מקום שבו מייצרים את המורייס היין יקר הרבה יותר, עד שקִיסְתָּא דְּמוּרַיְיס בְּלוּמָא, קִיסְתָּא דְּחַמְרָא בְּאַרְבָּעָה לוּמֵי [לוג של מורייס בזוז, לוג של יין בארבעה זוזים], ולכן אין לחשוש שיערבבו שם יין, אבל כאן שהמורייס יקר מן היין, שמא מערבים בו יין כדי לזייפו. אָמַר לֵיהּ [לו] ר׳ יִרְמְיָה לְר׳ זֵירָא: דִּלְמָא אַיְידֵי דְּצוֹר אָתוּ דְּשָׁוֵי חַמְרָא [שמא דרך צור באו, ששם היין זול]! אָמַר לֵיהּ [לו]: הָתָם עִיקוּלֵי וּפְשׁוּרֵי אִיכָּא [שם עיקולים והפשרת שלג יש בדרך], ולכן אינם מגיעים דרך שם.

ב שנינו במשנה: וּגְבִינַת בֵּית אוּנְיָיקִי ר׳ מאיר אסר בהנאה, וחכמים מתירים בהנאה. אָמַר ר׳ שִׁמְעוֹן בֶּן לָקִישׁ: מִפְּנֵי מָה אָסְרוּ גְּבִינַת אוּנְיָיקִי לדעת ר׳ מאיר? מִפְּנֵי שֶׁרוֹב עֲגָלִים שֶׁל אוֹתָהּ עִיר, שבמיצי קיבתם עושים גבינה זו, נִשְׁחָטִין לַעֲבוֹדָה זָרָה. ושואלים: מַאי אִירְיָא [מה שייך] מדוע דווקא רוֹב עֲגָלִים? אֲפִילּוּ היה מִיעוּט של אותם עגלים נשחט לעבודה זרה נַמִּי [גם כן] היה אוסר, דְּהָא [שהרי] ר׳ מֵאִיר חָיֵישׁ לְמִיעוּטָא [חושש גם למיעוט]! ומשיבים: אִי אָמְרַתְּ [אם אומר אתה] שרוֹב העגלים נשחטים לעבודה זרה, הרי למרות ששאר הבהמות שעושים גבינה בקיבתן אינן נשחטות לעבודה זרה, אִיכָּא [יש] לחשוש לְמִיעוּט של איסור, אֶלָּא אִי אָמְרַתְּ [אם אומר אתה] שרק מִיעוּט העגלים נשחטים לשם כך, הרי כֵּיוָן דְּאִיכָּא [שיש] רוֹב עֲגָלִים שאֵין נִשְׁחָטִין לַעֲבוֹדָה זָרָה, וְאִיכָּא נַמִּי [ויש גם כן] שְׁאָר בְּהֵמוֹת שאֵין נִשְׁחָטִין כלל לַעֲבוֹדָה זָרָה — הֲוָה לֵיהּ מִיעוּטָא דְּמִיעוּטָא [הרי זה מיעוט שבמיעוט], וּמִיעוּטָא דְּמִיעוּטָא לָא חָיֵישׁ [ולמיעוט שבמיעוט לא חשש] אפילו ר׳ מֵאִיר. אָמַר לֵיהּ [לו] ר׳ שִׁמְעוֹן בֶּן אֶלְיָקִים לְר׳ שִׁמְעוֹן בֶּן לָקִישׁ: כִּי [גם כאשר] נִשְׁחָטִין העגלים לַעֲבוֹדָה זָרָה מַאי הָוֵי [מה בכך]? וְהָא אַתְּ הוּא דְּשָׁרֵי [והרי אתה הוא שמתיר] במקרה כזה! דְּאִתְּמַר [שנאמר] שנחלקו בבעיה הבאה: הַשּׁוֹחֵט אֶת הַבְּהֵמָה על מנת לִזְרוֹק דָּמָהּ לַעֲבוֹדָה זָרָה, או לְהַקְטִיר חֶלְבָּהּ לַעֲבוֹדָה זָרָה, ר׳ יוֹחָנָן אָמַר: אֲסוּרָה היא כבר מעכשיו, ומסבירים: קָסָבַר [סבור הוא] לענין עבודות הקרבן במקדש: מְחַשְּׁבִין מֵעֲבוֹדָה לַעֲבוֹדָה, כגון, שאם בזמן עבודת השחיטה חשב מחשבת פסול בעבודת הזריקה, שכוונתו לזרוק את הדם לאחר זמנו — פיגול הוא, וְיָלְפִינַן [ואנו למדים] חוּץ מִפְּנִים כלומר, דינים של שחיטת חוץ (כגון לעבודה זרה) משחיטת פנים שבמקדש, שבה יש פיגול בכגון זה. וְר׳ שִׁמְעוֹן בֶּן לָקִישׁ אָמַר: מוּתֶּרֶת! אָמַר לֵיהּ [לו] ר׳ שמעון בן לקיש: תַּרְמִינָךְ שַׁעְתָּךְ [יתרומם מזלך], אבל שאלתך זו אינה שאלה, מפני שכאן מדובר בְּאוֹמֵר: בִּגְמַר זְבִיחָה (שחיטה) הוּא עוֹבְדָהּ את העבודה זרה. ולכן כאשר הוא שוחט אותה מיד נאסרת.

ג שנינו במשנה, אָמַר ר׳ יְהוּדָה: שָׁאַל ר׳ יִשְׁמָעֵאל את ר׳ יהושע מפני מה אסרו גבינות גוים וכו׳. אָמַר רַב אַחְדְּבוֹי אָמַר רַב: הַמְקַדֵּשׁ אשה בְּפֶרֶשׁ שׁוֹר הַנִּסְקָל — הרי האשה מְקוּדֶּשֶׁת, למרות ששור הנסקל אסור בהנאה, משום שהפרש אינו אסור בהנאה, והוא שווה פרוטה. אבל המקדש בְּפֶרֶשׁ עֶגְלֵי עֲבוֹדָה זָרָה — אֵינָהּ מְקוּדֶּשֶׁת, משום שפרש זה אף הוא אסור בהנאה. וטעמו של דין זה, אִיבָּעֵית אֵימָא [אם תרצה אמור] מן הסְבָרָא, וְאִיבָּעֵית אֵימָא [ואם תרצה אמור] קְרָא [מן המקרא]. ומפרטים: אִיבָּעֵית אֵימָא סְבָרָא [אם תרצה אמור סברה], גַּבֵּי [אצל] עֶגְלֵי עֲבוֹדָה זָרָה נִיחָא לֵיהּ בְּנִפְחֵיהּ [נוח לו בנפח שלו] שייראו העגלים שמנים יותר, ולכן גם הפרש שבמעיהם מצטרף לאיסור, אֲבָל גַּבֵּי [אצל] שׁוֹר הַנִּסְקָל לָא נִיחָא לֵיהּ בְּנִפְחֵיהּ [לא נוח לו בנפחו] כלומר, אין זה איכפת לו, ולכן הפרש אינו נחשב ואינו נאסר עם השור. אִיבָּעֵית אֵימָא קְרָא [אם תרצה אמור מן המקרא], כְּתִיב הָכָא [נאמר כאן] בעבודה זרה: "לֹא יִדְבַּק בְּיָדְךָ מאומה מן החרם" (דברים יג, יח) שאפילו הנאה כלשהי מהם אסורה, וּכְתִיב הָתָם [ונאמר שם] לגבי שור הנסקל: "סָקוֹל יִסָּקֵל הַשּׁוֹר וְלֹא יֵאָכֵל אֶת בְּשָׂרוֹ" (שמות כא, כח), ונלמד מכאן: בְּשָׂרוֹ אָסוּר, הָא [הרי] פִּרְשׁוֹ מוּתֶּרֶת. אָמַר רָבָא: תַּרְוַיְיהוּ תְּנַנְהִי [את שניהם שנינו], שאפשר למצוא ראיה לשתי הלכות אלה במשנה, מִדְּקָאָמַר לֵיהּ [ממה שאמר לו] ר׳ יהושע: שהנאה אסורה מִפְּנֵי שֶׁמַּעֲמִידִין אותה בְּקֵיבַת נְבֵילָה, וְקָא מַהֲדַר לֵיהּ [והשיב לו] ר׳ ישמעאל: וַהֲלֹא קֵיבַת עוֹלָה חֲמוּרָה מִקֵּיבַת נְבֵילָה,

עיונים

אבטא דטייעי מין חמת שדרך הערביים לשאת עמם (רש״י). וכתב הראב״ד שהיא דומה ל״כובא״ שנאמר בה לעיל (לג,ב) שאינה עשויה לקיום ודייה בשכשוך, וגדולה קצת ממנה, וכיון שדרך הערביים לשאת אותה עמם הריהי מלאה יין תמיד, ודינה ככלי שעומד לקיום היין בו. והרא״ה מסביר שהחידוש בכלי זה הוא שאף שכלי קטן הוא, כיון שדרכם לשאתו עמהם וכל הזמן יש בו יין — הריהו ככלי שמכניסו לקיום. ויש שפירש שאבטא הוא כלי העשוי מדלעת יבשה (מובא בתוס׳ בשם הר״ח, ועוד). ובערוך ועוד גרסו "אכטא", ופירשו שהוא מין מאכל של קמח מתובל בעשבים שנותנים בתוכו יין. וכבר תמהו ראשונים על פירוש זה, שאם כן הוא מדוע יהא מותר? ויש שהסבירו שמפני שאין היין ניתן אלא לשם שימור המאכל ולא לטעם, הרי לאחר זמן אין מחשיבים עוד את היין שבו.

פורצני דארמאי הזגים של הענבים שמהם עושים יין (ראה ברש״י). וכתב הר״ח בשם הירושלמי שאין איסור בזגים שהיו בגת עצמה, לפי ששם אין מיץ הענבים נחשב ליין, אלא באותם זגים וחרצנים הנמשים מבור היין עצמו.

גולפי שחימי רוב הראשונים לא גרסו כלל ענין זה, וכן הוא בכת״י. והראב״ד מביא כי היו שפירשו שהכוונה היא לקנקנים העשויים מאדמה חומה ושחורה, שאינם דומים לשאר קנקני חרס. שלמרות שאמרנו לעיל (לג,ב) ש"חצבי" כאלו דיים בשכשוך, כדים אלו עשויים לקיום וצריכים יישון. והראב״ד עצמו סבור שהכוונה היא שאפילו קנקנים שהשחירו מחמת שהרבו להשתמש בהם ביין — גם הם מותרים כאשר מיישנם שנים עשר חודש.

חילק של אומן כפי שפירש רש״י (לפי הגמרא להלן) הכוונה היא לסוג של דג שדגים אותו בכמויות גדולות כשהוא קטן, וכשמעלים אותו מן הים מתערבים בו גם דגים טמאים, והדייג האומן דואג לכך שלא יישארו יחד עמו אותם דגים טמאים, משום שהם מקלקלים אותו בטעמם. והמאירי מסביר כי הכוונה ב"חילק" למאכל העשוי מדג זה, ואומן זה הוא (כמו במורייס) המכין מאכל זה. וראה בראב״ד שגרס כנראה גרסה אחרת בגמרא, ופירש כי "פעם ראשון" וכו׳ מתייחס אף לחילק.

פעם ראשון ושני שדרך עשיית המורייס היתה שהיו שורים את הדגים בתוך מים ומלח, ושומנם היה מתמצה במיץ זה, והוא הקרוי מורייס. וכך היו עושים פעם ראשונה, ולאחר מכן עוד פעם שניה. אבל בפעם השלישית כאשר כבר לא היה שומן מרובה בדגים היו מוסיפים שם יין כדי לסייע במיצוי השומן ולהוסיף טעם במורייס.

קיסתא דמורייס בלומא וכו׳ כתבו הראשונים שמדברים אלה יש ללמוד שלא אסרו חכמים מורייס של גוים בגזירה כללית בכל זמן ובכל מקום כמו שמצאנו בדברים אחרים, אלא רק במקום שיש חשש שהגוי הכניס לתוכו יין, והכל לפי טיבו של המורייס, שמורייס של בעלי בתים יש לחשוש לתערובת יין, אבל במורייס אומן אין לחשוש אף חכל. וכן יש הבדל בין פעם ראשונה ופעם שלישית וכו׳. וכתב הרשב״א שעל כך סמכו בזמנם לקחת מורייס בכל מקום, לפי שלא נהגו כלל לתת בתוכו יין.

והא את הוא דשרי וההנחה היא שאין עובדים את העבודה זרה בשחיטה עצמה, כמו שהוא בעבודת הקרבנות שבמקדש, אלא רק בהקרבה של הדם או החלב (ראה במשנה בענין בשר הנכנס לעבודה זרה), ונמצא שהשחיטה של העגל עדיין אינה הופכת אותו לתקרובת של עבודה זרה כדי שייאסר בהנאה.

לזרוק דמה לעבודה זרה שאין כוונתו לעבוד עבודה זרה בעצם שחיטת הבהמה, אלא השחיטה היא רק דרך כדי להוציא את דמה ולזרוק אותו לעבודה זרה. והשאלה היתה האם מחשבה שהוא חושב בשעת השחיטה מועילה ומשפיעה על דינה של הבהמה גם אם לא נזרק הדם לעבודה זרה. ולדעת ר׳ יוחנן, כיון שבעבודות המקדש השוחט על מנת לזרוק דמה למחר הוא פיגול, הרי אף בשחיטה לעבודה זרה מחשבים (ומחשיבים) מעבודה לעבודה.

תרמינך שעתך רש״י מסביר: ירום מזלך (שעתך). ור״ח מפרש "תרמינך" במובן שיישא אותך מזלך מכאן ואל תאמר דבר זה. וכן בתוס׳ חכמי אנגליה (שגרס כאן "תור מינך") סבור שבלשון גערה אמר לו: יסור ממך מזלך, לפי ששאלת שלא כהוגן. והראב״ד מפרש "תרמינך" מלשון מקרה (כמו "איתרמי") שאמר לו: יקרה לך מזלך בפעם אחרת תקשה קושיה טובה יותר, כי קושיה זו שהקשית יש לה תירוץ פשוט.

באומר בגמר זביחה שבעצם הזביחה הוא עובד לעבודה זרה. והסביר רש״י שהשתמש ריש לקיש בלשון זו, משום שלשיטתו שחיטה נחשבת דווקא בסופה. וראה בתוס׳ שנץ שתירצו באופן אחר קצת. והראב״ד גרס כאן: אימר בזביחה הוא עובדה. כלומר, שיש לחשוש שכוונתו לעובדה כבר בשעת השחיטה.

תרוייהו תתנהי העירו בתוס׳ שלשון זו פעמים היא לשון קושיה, לומר שלא חידש האמורא דבר לפי שכבר נאמר הדבר במשנה. ופעמים הוא לשון ניחותא וסיוע, לומר שכך יש להבין גם מן המשנה. ונראה שכלשון זו הכוונה גם כאן, לפי שאין הדבר מפורש במשנה אלא עולה מתוך הדיוק בלשונה.

אורח ההלכה

אבטא דטייעי חמת של ערבים, כיון שהיין נתון בה תמיד, שמיד כאשר מערים את היין ממנו חוזרים וממלאים אותו — דינו כמכניסו לקיום, וצריך עירוי או יישון שנים עשר חודש. כפירוש רא״ה ועוד. (שו״ע יו״ד קלה, טז).

המורייס המורייס (שומן של דגים), במקום שדרכן לתת לתוכו יין — אסור. ואם היה היין יוקר מהמורייס — מותר. ובמקום שאין דרכם לתת לתוכו יין, מותר לקנותו מהם, וכן להפקידו אצלם ולשלחו על ידם (רשב״א). (רמב״ם שם פי״ז הכ״ו. שו״ע שם קיד, א).

השוחט בהמה לזרוק דמה לעבודה זרה השוחט בהמה על מנת לזרוק את דמה או להקטיר את חלבה לעבודה זרה — הרי זו אסורה בהנאה כזבחי עבודה זרה. שלמדים מדין הקדשים שמחשבה פסולה שמחשב לעשות בעתיד פוסלת גם את העבודה שעבד. וכדברי ר׳ יוחנן. (רמב״ם שם הלכות שחיטה פ״ב הט״ו. שו״ע שם ד, א).

המקדש בפרש וכו׳ המקדש בפרש בהמות עבודה זרה — אינה מקודשת, לפי שהם איסורי הנאה. שכל השייך לעבודה זרה אסור בהנאה. אבל המקדש בפרש שור הנסקל — הרי זו מקודשת. כי אף שגופו של שור זה אסור בהנאה, פרשו מותר, שאינו נחשב לגבי השור. כדברי רב. (רמב״ם ספר נשים הלכות אישות פ״ה ה״ב. וראה שם ספר מדע הלכות עבודה זרה פ״ז ה״ג).

מסורת הש"ס

א. ירושלמי תרומות פי״א ה״א. שם ע״ז פ״ב ה״ו (בשינוי). תוספתא ע״ז פ״ד יא.
ב. (בשינוי שם) ירושלמי ע״ז פ״ב ה״ז.
ג. יבמות סא,ב. קיט,א. גיטין ב,ב. ע״ז מ,ב. חולין ו,א. יא,ב. פו,א. בכורות יט,ב. כ,א. מב,ב. נדה לא,ב. מח,א.
ד. יבמות קיט,ב.
ה. סנהדרין ס,ב. זבחים י,א. חולין לט,א. ירושלמי גיטין פ״ו ה״ו.
ו. כתובות לד,א. ב״ק עא,ב. חולין מו,ב.
ז. תמורה ל,ב (בשינויים). ילק״ש תורה שלט. שם תתפח.
ח. (הביטוי) יבמות לה,ב. סנהדרין ל,א. שבועות כב,ב. זבחים ב,א. ז,ב. מנחות ב,א. יג,ב. עג,ב. חולין קיח,ב.

גרסות

אמר רב אחא — שרי בכת״י וכן ברוב המקורות משפט זה חסר.

פעם ראשון ושני מותר שלישי אסור בכתי״מ: פעם ראשונה ושניה מותר פעם שלישית אסור.

ראשון ושני דנפיש — חמרא בכתי״מ: ראשונה ושניה מותר כיון דאיכא שומנא לא אתו למישדי חמרא.

מכאן ואילך רמו בהו חמרא בכתי״מ: שלישית אסור כיון דאיקליש שומנייהו אתו למירמי ביה חמרא.

אמר ליה רבא בכת״י: אמר ליה רבא לר׳ אבא.

למאן ניחוש בכת״י ועוד: למאי ניחוש.

דמערבי ביה חמרא בכת״י: איערובי חמרא.

בלומא... בארבע לומי בכתי״ס: בלומא מזדבן... בארבע לומי מזדבן.

איידי דצור בכתי״ס: איידי דסולמא דצור.

אסרו גבינת בית אונייקי בכתי״ס: גבינת בית אינייקי אסורה בהנאה לר׳ מאיר.

שאר בהמות דאין נשחטין לעבודה זרה בכתי״מ: רוב בהמות.

ומיעוטא דמיעוטא בכת״י וכן בב״ח: ולמיעוטא דמיעוטא.

את הוא דשרי בכתי״מ: את הוא דשרת בכתי״ס: את הוא דשרית.

קסבר מחשבין — מפנים בכת״י חסר משפט זה.

תרמינך בכתי״מ ועוד: תור מינך.

גבי עגלי... אבל גבי שור בכת״י: עגלי... שור.

בשרו אסור הא פרשו מותרת בכת״י: בשרו אסור פרשו מותר.

לשון

אבטא
מקור המלה הוא כנראה בערבית بطه (בטה) ומשמע — נאד, חמת של עור.

חילק
מקורה של מלה זו אינו ברור. יש סבורים שהיא מן הלטינית halec שמשמעה דגים חתוכים ומלוחים. אלא שיש סבורים כי אף הלטינית מקורה בשפה שמית. וייתכן שהיא קרובה לשרש העברי "חלק" במובן של יצירת חלקים קטנים, חתיכת דברים.

קיסתא
מלה זו נכתבת (בגרסות שונות) גם בצורה קיסטא. משערים שמקורה ביוונית ξέστης (כסיסטיס) ובלטינית sextarius, שהיא מידה של לח ויבש, אולי כמידת הלוג.

לומא
סבורים שמקורה של המלה הוא בלטינית nummus, בחילוף ל־נ המצוי. ומשמעה — מטבע.

החיים

עקולי ופשורי
ראה בהשלמות.

לעזי רש"י

בוטי"ן אולי מן הצרפתית העתיקה botin (הקטנה של bote) — נאד קטן.

פור"ט מן הצרפתית port — נמל.

מִכְּלָל הדברים אתה למד שאִיסּוּרֵי הֲנָאָה שָׁרוּ פִּרְשַׁיְיהוּ [מותרים פרשם, קיבתם], שהרי עולה אסורה בהנאה, ומכאן שגם פרשו של שור הנסקל מותר. וּמִדְּקָאָמַר לֵיהּ [ומתוך שאמר לו] ר' יהושע שאסרו גבינת גוים מִפְּנֵי שֶׁמַּעֲמִידִין אוֹתָהּ בְּקֵיבַת עֶגְלֵי עֲבוֹדָה זָרָה, וְקָא מַהֲדַר לֵיהּ [והוא, ר' ישמעאל השיב לו]: אִם כֵּן לָמָּה לֹא אֲסָרוּהָ בַּהֲנָאָה — מִכְּלָל דבריו אתה למד שעֲבוֹדָה זָרָה אָסוּר גם פִּרְשַׁיְיהוּ [פרשם]. ושואלים לגופו של דבר, וְלַהֲדַר לֵיהּ [ושישיב לו] ר' יהושע שלא אסרו את הגבינה בהנאה מִשּׁוּם דְּלֵיתֵיהּ לְאִיסּוּרָא בְּעֵינֵיהּ [שאין האיסור נמצא עוד בעינו], דְּהָא [שהרי] מוֹרַיְיס לְדַעַת רַבָּנַן [חכמים] במשנה שלֹּא אֲסָרוּהוּ בַּהֲנָאָה כר' מאיר, מַאי טַעְמָא [מה טעם הדבר]? לָאו [האם לא] מִשּׁוּם דְּלֵיתֵיהּ לְאִיסּוּרָא בְּעֵינֵיהּ [שאין האיסור בעינו]? אָמְרִי [אומרים] בתשובה לכך: הדברים אינם דומים, הָכָא כֵּיוָן דְּאוֹקְמֵיהּ קָא מוֹקִים, חָשֵׁיב לֵיהּ כְּמַאן דְּאִיתֵיהּ לְאִיסּוּרֵיהּ בְּעֵינֵיהּ [כאן, בגבינה, כיון שהפרש מעמיד מגבן אותו, הרי הוא נחשב כמו שנמצא האיסור בעינו], ואם היה בכך איסור עבודה זרה היה צריך להיות אסור בהנאה.

א שנינו במשנה שר' יהושע הִשִּׂיאוֹ לְדָבָר אַחֵר, ושאל את ר' ישמעאל כיצד קורא הוא את המלים "כי טובים דודיך מיין" (שיר השירים א, ב). ושואלים: מַאי [מה] פירוש "כִּי טוֹבִים דֹּדֶיךָ מִיָּיִן"? כִּי אֲתָא [כאשר בא] רַב דִּימִי מארץ ישראל לבבל אָמַר בפשרם של דברים אלה; אָמְרָה כְּנֶסֶת יִשְׂרָאֵל לִפְנֵי הַקָּדוֹשׁ בָּרוּךְ הוּא: רִבּוֹנוֹ שֶׁל עוֹלָם, עֲרֵיבִים עָלַי דִּבְרֵי דוֹדֶיךָ (ידידיך, תלמידי החכמים) יוֹתֵר מִיֵּינָהּ (עיקרה) שֶׁל תּוֹרָה עצמה. ושואלים: מַאי שְׁנָא הַאי קְרָא דְּשַׁיְילֵיהּ [מה שונה, מיוחד, מקרא זה ששאל אותו עליו]? אָמַר ר' שִׁמְעוֹן בֶּן פָּזִי, וְאִיתֵימָא [ויש אומרים] שר' שִׁמְעוֹן בַּר אַמִּי הוא שאמר: מֵרֵישֵׁיהּ דִּקְרָא קָאָמַר לֵיהּ [ומראשו של אותו מקרא אמר לו] מה שרצה לומר, שנאמר "יִשָּׁקֵנִי מִנְּשִׁיקוֹת פִּיהוּ כי טובים דודיך מיין" (שם), וכך אָמַר לֵיהּ [לו] ברמז: יִשְׁמָעֵאל אָחִי, חֲשׁוֹק (הצמד) שְׂפָתוֹתֶיךָ זוֹ בְּזוֹ וְאַל תְּבַהֵל לְהָשִׁיב (תמהר להקשות). ושואלים: מַאי טַעְמָא [מה טעם] השיב לו כך? מדוע אין להקשות על כך? אָמַר עוּלָּא, וְאִיתֵימָא [ויש אומרים] שאמר זאת רַב שְׁמוּאֵל בַּר אַבָּא: איסור הגבינה של גוים גְּזֵרָה חֲדָשָׁה הִיא היתה באותו זמן, ומשום כך אֵין ראוי שיהיו מְפַקְפְּקִין (חוקרים) בָּהּ. ושואלים: ובאמת, משום מַאי גְּזֵירְתָא [מה היא גזירה זו]? אָמַר ר' שִׁמְעוֹן בֶּן פָּזִי אָמַר ר' יְהוֹשֻׁעַ בֶּן לֵוִי: מִשּׁוּם נִיקּוּר, שמא ניקר נחש בגבינה זו והטיל בה את ארסו. ושואלים: וְלֵימָא לֵיהּ [ושיאמר לו] ר' יהושע לר' ישמעאל שהטעם הוא מִשּׁוּם נִיקּוּר! ומשיבים: כְּדברי עוּלָּא, שאָמַר עוּלָּא: כִּי גָּזְרִי גְּזֵירְתָא בְּמַעֲרָבָא [כאשר גוזרים גזירה בארץ ישראל], לָא מְגַלּוּ טַעְמָא [אין מגלים את טעם הגזירה] עַד תְּרֵיסַר יַרְחֵי שַׁתָּא [שנים עשר חדשי שנה], דִּלְמָא אִיכָּא אִינִישׁ דְּלָא סְבִירָא לֵיהּ וְאָתֵי לְזַלְזוּלֵי בָּהּ [שמא יש אדם שאינו סבור כן ויבוא לזלזל בה]. היה מְגַדֵּף בָּהּ [מקשה על זה] ר' יִרְמְיָה, וכך אמר: אֶלָּא מֵעַתָּה, אם הטעם הוא משום חשש לארס נחש, אם היתה יְבֵשָׁה תִּשְׁתְּרֵי [תהיה מותרת], ואם היה יָשָׁן תִּשְׁתְּרֵי [תהיה מותרת]! שאָמַר ר' חֲנִינָא: דברים שחששו בהם משום גילוי שהטיל בהם נחש את ארסו, אם היה זה דבר יָבֵשׁ מוּתָּר, ואין חוששים שיש בו ארס, כי אם היה בו ארס אֵין מַנִּיחוֹ לִיַּבֵּשׁ (להתייבש), וכן יָשָׁן מוּתָּר, כי הארס אֵין מַנִּיחוֹ לִיַּשֵּׁן (להתיישן)! ומביאים הסברים אחרים לאיסור זה. אָמַר ר' חֲנִינָא: טעם איסור גבינה של גוים הוא לְפִי שֶׁאִי אֶפְשָׁר לָהּ לגבינה בְּלֹא שיהו בה צִחְצוּחֵי (מעט טיפות) של חָלָב בהמה טמאה, המעורב בחלב הטהור. וּשְׁמוּאֵל אָמַר: מִפְּנֵי שֶׁהגוים מַעֲמִידִין (מגבנים) אוֹתָהּ את הגבינה בְּעוֹר קֵיבַת נְבֵלָה שפעמים אין משתמשים בתוכן הקיבה, אלא בעור הקיבה, שהוא כבשר לכל דבר, ונמצא שיש בגבינה מן הנבילה. ומעירים: מכאן שלדעת שמואל הָא קֵיבָה גּוּפָא שַׁרְיָא [הרי הקיבה עצמה, תוכן הקיבה, מותרת], ותמהים: וּמִי [והאם] אָמַר שְׁמוּאֵל הָכִי [כך]? וְהָתְנַן [והרי שנינו במשנה]: קֵיבַת הַגּוֹי וְשֶׁל נְבֵילָה — הֲרֵי זוֹ אֲסוּרָה, וְהָוֵינַן [ועסקנו, התקשינו] בָּהּ: אַטּוּ [וכי] קיבה של גּוֹי לָאו [לא] נְבֵלָה הִיא? וְאָמַר שְׁמוּאֵל, חֲדָא קָתָנֵי [הלכה אחת שנה] כך צריך להבין: קֵיבַת בהמה שנשחטה בִּשְׁחִיטַת גּוֹי הִיא נְבֵלָה וַאֲסוּרָה, ואם כן לדעת שמואל אף תוכן הקיבה (ולא העור בלבד) אסור משום נבילה! ומשיבים: לָא קַשְׁיָא [אין זה קשה],

מסורת הש"ס

א. ירושלמי ע"ז פ"ב ה"ז.
ב. שם ברכות פ"א ה"ד. שם סנהדרין פי"א ה"ד. שם ע"ז פ"ב ה"ז. ילק"ש נ"ך תתקפא.
ג. (הביטוי) שבת סב,ב. קדושין עא,ב. סנהדרין ג,ב. מ,ב. זבחים יב,א.
ד. ע"ז לא,ב (ושם סומנו מקבילות).
ה. ראה ירושלמי תרומות פ"ח ה"ג. שם שבת פ"א ה"ד. שם ע"ז פ"ב ה"ז.
ו. משנה חולין קטז,א.
ז. חולין קטז,ב. וראה ירושלמי ביצה פ"א ה"א. שם ע"ז פ"ב ה"ז.

גרסות

דעבודה זרה אסור בכתי"מ: **דעגלי עבודה זרה אסור** ובכתי"ס: **דאיסורי עבודה זרה.**

ולהדר ליה בכתי"מ: **ולישני ליה** ובכתי"ס: **ולימא ליה.**

דברי דודיך בכת"י: **דברי דודים.**

אמר ר' חנינא לפי בכת"י ועוד: **אלא אמר ר' ירמיה לפי.**

הא קיבה גופא שריא בכת"י חסר משפט זה.

נבלה אסורה בכתי"ס ובדפו"י: **נבלה ואסורה** ובכתי"מ: **נבלה היא ואסורה.**

לשון

מגדף
יש משמעות אחרת לשרש "גדף" ומשמעה לקלל, לנאץ. ומשמעות נוספת כנראה — לנקות קערה על ידי פעולת גריפה. ומכאן גם השאול לתנועה שעושים כעין תנועת גריפה באויר על מנת להביע תמיהה (וכן כתבו הגאונים על שימוש הלשון). בערבית קיים השרש جدف (גדף) הכולל בתוכו את שתי המשמעויות.

העולם

אינו מניחו לישן
כיון שארס הנחש מכיל אנזימים שבחלקם הם מפרקי חלבונים, הרי מציאותו של הארס בחלב מפרקת את הקזאין ואינה מניחה אותו לא להתגבן, ולא להישאר כמות שהוא לאחר שכבר התגבן לפני הכנסת הארס.

לעזי רש"י

מישג"א mes — מן הצרפתית העתיקה — נסיוב החלב, מי הגבינה.

עיונים

דברי דודיך ודודים משמעו אהובים, ידידים. כלומר, דברי סופרים (רש"י). ובירושלמי אמרו: דודים דברי סופרים לדברי תורה, וחביבים יותר מדברי תורה. וראה שם בירושלמי שמוכיח שבכמה עניינים חמורים דברי סופרים יותר מדברי תורה (לענין עונשי שמים לעובר על גזירתם, ולענין הגדרת זקן ממרא).

מיינה של תורה כלומר מעיקרה של התורה, היא התורה שבכתב (רש"י). וכתב ביפה עינים שהרי זה כיין, שכאשר הוא מרוכז ביותר אינו ניתן לשתיה, אלא לאחר שמוזגים אותו במים.

מאי שנא האי קרא בירושלמי אמרו שאם רק רצה להעביר את השיחה לענין אחר ולשאול אותו שאלה במקרא, הרי מצאנו במקרא כמה כתובים שקולים, שאין ברור לנו האם יש לצרף את המלה למלה הקודמת לה או למלה הבאה, ולא הכריעו בהם חכמים, וראוי היה להעלות שאלה חמורה כזו. אלא ודאי היה בכתוב זה גם רמז לענין השאלה.

גזירה חדשה היא שאותה גזירה לגבי גבינה נגזרה רק זמן קצר לפני כן, ולכן אין מן הראוי להתעסק בה. ובירושלמי נתנו טעם אחר, שר' ישמעאל היה באותו זמן צעיר לימים, ואמרו חכמים שלפני תלמיד קטן אין מגלים את עמקי הדברים.

ואין מפקפקין רש"י מסביר שמשמעות מפקפקין כאן היא: אין מחטטין, אין נוברים בתוך הנושא לברר את טעמיו ואת השיקולים שיש בו.

משום ניקור ראה בתוס' (ד"ה חדא) שרבינו תם סבור שלהלכה זהו הטעם העיקרי לגזירה, ומשום כך בימינו (שאין אנו חוששים לגילוי) לכאורה אין מקום לגזירה זו, ולכן היו שנהגו היתר בדבר במקום שאין עושים את הגבינות בקיבת נבילה (שגם אין מקום לחשוש לטעמו של שמואל). ואחרים כתבו שיש בגזירת גבינה כמה טעמים (כמבואר להלן) ויש לחוש לכולם. אבל הרמב"ן כתב כי האיסור על גבינת גוים הוא גזירה שנגזרה בבית דין (ראה ראיות לכך בר"נ. וראה גם בירושלמי שבת פ"א ה"ד שהוא בכלל שמונה עשרה דבר שגזרו בית שמאי ובית הלל בעליית חנניה בן חזקיה בן גוריון. וראה גם במאירי שמסביר כי למרות שנגזרה אז אינה אחת מן השמונה עשרה) וכלל הוא שכל דבר שנאסר באופן זה צריך בית דין אחר להתירו, אף אם בטל טעמו המקורי, ושוב אין בימינו בית דין שיוכל להתירו.

מגדף בה רב שרירא גאון מסביר שמשמעו המקורי של הביטוי "מגדף" הוא נטילה של דבר מה מן הקערה כדי לאכול (עפ"י כריתות ז,ב), והכוונה כאן היא שהראה סימן של תמיהה בידו (ערוך).

יבשה תשתרי וכתבו בתוס' שאף שלגבי שכר אמרו שגזרו ישן מפני חדש, אין מקום לומר טעם זה כאן, כי בשכר אין ההבדל בין ישן וחדש ניכר היטב, אבל בגבינה רואים איזו היא חדשה ואיזו ישנה, איזו לחה ואיזו יבשה.

שאי אפשר בלא צחצוחי חלב רש"י מסביר שהוא הסבר אחר לאיסור גבינה, שהחשש הוא שמא היה חלב בהמה טמאה מעורב בחלב ממנו הכין הגוי את הגבינה, והוא המצוי בין הסדקים שבגבינה. והרמב"ן מסביר כי הכוונה היא שהיו מצחצחים את הגבינה בחלב כדי להחליק פניה ולנאותה, ויש חשש שחלב זה חלב טמא היה, שהוא זול יותר. ור"ת תוהה על כך, שהרי אם כן הוא נמצא שיש כאן טעם חדש שלא הוזכר קודם, והיה ראוי להקדים ולומר "אלא". ולכן הוא מפרש (ומוכיח כן מן הירושלמי) שהוא המשך הדיון בטעמו של ר' יהושע בן לוי — משום גילוי, שמסבירים כי יש בגבינה צחצוחי חלב, ובאלה יש חשש ארס נחש (וכן מובן מדברי ר"ח).

בעור קיבת נבלה כי לגבי תוכן הקיבה יש מקום לומר שתוכן זה הוא כפרש ואינו נחשב כדבר האסור כלל (וראה בתוס' שהביאו בשם ר"ת סברה לחלק בין דרגות שונות בקיבה, בין חלב שינק עגל מאמו והוא עדיין צלול בקיבתו, ובין החלק שנתקשה ונתגבן קצת בקיבה, שהוא נחשב כפרש).

ושאלו ראשונים: מפני מה הוצרך לטעם זה, הרי היה יכול לומר שאף בבהמה כשירה, אם מעמידים בעור יהא אסור משום בשר בחלב! קושיה זו תירץ הר"י מיגאש (ב"מגילת סתרים" שלו, ראה בספר המאור ועוד) באופן אחד באומרו כי בשר וחלב אסור רק כאשר הבשר נותן טעם בחלב, ואם אינו נותן טעם — נחשבים הם כשני דברים נבדלים, וכאן אין הבשר נותן טעם בגבינה, אף שהוא גורם להעמיד (לגבן) אותה. ובאופן שונה פירשו אחרים (תוס', וכעין זה מובא בשם הראב"ד ועוד) שבשר וחלב אסור מן התורה רק בדרך בישול, וצונן בצונן אינו אסור אלא מדברי סופרים. ולכן לא היה מקום לאסור גבינות הגוים רק מפני חשש העמדה בעור סתם, שהרי מעיקרו אינו איסור שמן התורה.

אורח ההלכה

מפני שמעמידין אותה וכו' גבינות הגוים אסרו אותן מפני שמעמידים אותן בעור קיבת שחיטתם שהיא נבילה. כטעמו של שמואל. ומכל מקום אפילו העמידוה בעשבים, אסורה. וכתב רמ"א: וכן המנהג, ואין לפרוץ גדר אם לא במקום שנהגו בהם היתר מקדמונים (ב"י). ועוד כתב רמ"א: אם הישראל רואה עשיית הגבינות והחליבה, מותר (אגור). והוא כדעת רבינו תם, שטעמו של ר' יהושע בן לוי משום גילוי, הוא עיקר, ואין אנו חוששים לגילוי, אלא לחלב טמא שמעורב בו, ואם רואהו אין חשש (גר"א). וכן המנהג פשוט בכל מדינות אלו. והש"ך חולק (וראה בפתחי תשובה). (רמב"ם ספר קדושה הלכות מאכלות אסורות פ"ג הי"ג והי"ד. שו"ע יו"ד קטו, ב).

שחיטת גוי נבלה שחיטת גוי כלשהו — הרי זו נבילה. ואסורה לכל ענין כנבילה, ובכלל זה הקיבה שלה. (רמב"ם שם הלכות שחיטה פ"ד הי"א. שו"ע שם ב, א).

מכלל דאיסורי הנאה שרו פרשיהו ומדקא"ל מפני שמעמידין אותה בקיבת עגלי עבודה זרה וקא מהדר ליה א"כ למה לא אסרוה בהנאה מכלל [א]דעבודה זרה אסור פרשיהו ולהדר ליה משום דליתיה לאיסורא בעיניה דהא מורייס לרבנן דלא אסרוהו בהנאה מ"ט לאו משום דליתיה לאיסורא בעיניה אמרי הכא כיון דאוקמיה קא מוקים חשיב ליה כמאן דאיתיה לאיסוריה בעיניה: השיאו לדבר אחר וכו': [ב]מאי כי טובים דודיך מיין כי אתא רב דימי אמר אמרה כנסת ישראל לפני הקב"ה רבש"ע ערבים עלי דברי דודיך יותר מיינה של תורה מ"ש האי קרא דשייליה אר"ש בן פזי ואיתימא ר"ש בר אמי מרישיה דקרא קא"ל [ג]ישקני מנשיקות פיהו אמר ליה ישמעאל אחי חשוק שפתותיך זו בזו ואל תבהל להשיב מ"ט אמר עולא ואיתימא רב שמואל בר אבא גזירה חדשה היא ואין מפקפקין בה מאי גזירתא אר"ש בן פזי אמר ריב"ל משום ניקור ולימא ליה משום ניקור כדעולא דאמר עולא כי גזרי גזירתא במערבא לא מגלו טעמא עד תריסר ירחי שתא דלמא איכא איניש דלא ס"ל ואתי לזלזולי בה [ה]מגדף בה ר' ירמיה אלא מעתה יבשה תשתרי דא"ר חנינא יבש מותר ישן מותר אין מניחו ליבש [ד]*ישן מותר[(א)] אין מניחו לישן א"ר *חנינא לפי שא"א לה בלא צחצוחי חלב ושמואל אמר מפני שמעמידין אותה בעור קיבת נבילה הא קיבה גופא שריא ומי אמר שמואל הכי והתנן [ו]*קיבת הגוי ושל נבילה הרי זו אסורה [ז]והוינן בה אטו דגוי לאו נבלה היא *ואמר שמואל חדא קתני [א]קיבת שחיטת גוי נבלה אסורה ל"ק כאן

[לעיל לה: ע"ש]

[עי' תוס' ד"ה לפי שא"א מוכח דגרסת הי' ר' ירמיה וכן לקמן לט: בתוס' ד"ה ימ"ח מח"ג]

[חולין קטז.]

[שם:]

רש"י

מכלל דאיסורי הנאה. כי עולה וה"ה לשאר הנסקל שרי פרשיהו: **דברי דודיך.** דברי סופרים: **מיינה.** עיקר תורה שבכתב: **חשוק שפתותיך.** כדמתרגמינן וחשוקיהם וכבושיהן: **ואל תבהל להשיב.** ואל תדקדק להקשות לו: **גזרה חדשה.** מקרוב גזרו על הגבינה: **ואין מפקפקין בה.** ואין מפרשין טעמה כדמפרש ואזיל. מפקפקין לשון חטיטה בדבר סתום לפשפשו ובלע"ז פוריי"ד כמו (סוכה דף טו.) מפקפק ונוטל אחת מבינתיים: **לא מגלו טעמא.** למה גזרו עליו: **דלמא איכא.** דלית ליה ההוא טעמא ולא בדיל מיניה ומזלזל בה אבל השתא דלא מגלו טעמא דמלתא בדלי מיניה כ"ע דסברי קמו רבנן במלתא דאתי מיניה תורבא ואנן הוא דלא בקיאינן בטעמא: **יבש מותר.** כל גילוי שיבש מותר דארס של נחש אילו היה שם לא היה מניחו ליבש: **ישן מותר וכו'.** יין ושכר שנתגלו כשהם חדשים והמתין להם עד שנתיישנו מותר דאי היה בו ארס של נחש לא היה מניחו לייש: **לפי שא"א לגבינה בלא לחלוחי חלב.** בין גומא של גבינה נשאר מן החלב וחלב שחלבו גוי ואין ישראל רואהו אסור דלמא עריב ביה חלב טמא[(ב)] וחלב טמא אינו עומד ואם עירב טמא בטהור הטמא נשאר עם נסיובי דחלבא הטהור שקורין מיסג"א וחלב טמא אסור מן התורה ובבכורות (דף ו:) ילפינן לה ויש לחוש שבגומות נשאר ממנו: **בעור קיבת נבלה.** ועור לאו פירשא הוא ואסור: **ומי אמר שמואל.** דעור קיבת נבלה[(ג)] דאסורה אבל קיבה עצמה דנבלה דהיינו חלב הקרוש הכנוס במעי הטלה שריא אלמא פירשא בעלמא הוא:

תוספות

מאי שנא האי קרא דשייליה. ומסיק מרישא דקרא ירושלמי אם להפליגו נתכוין הוה לו להפליגו בדברים אחרים בה' מקראות שבתורה שהסימן ממ"ש א"ו מחר משוקדים שאת ארור וקם א"ר אילא דברים שמשיקין עליהם את הפה שנאמר ישקני מנשיקות פיהו ר"ש בר חגי בשם ר' שמואל בר נחמני כבשים ללבושך וגו' כבשים כתיב הא כילד בשעה שתלמידיך קטנים כבוש לפניהם ד"ת הגדילו ונעשו כעתודים גלה להם רזי תורה וקתני התם דר' ישמעאל קטן היה באותה שעה ומסייע להדא דתני ר"ש בן יוחי ואלה המשפטים אשר תשים לפניהם מה[(ד)] הסימן הזאת אינה נגלית לכל בריה וברייה כך אין לך רשות לשקע עצמך על ד"ת אלא בפני אדם כשר ונראה כי זהו טעם תלמוד שלנו דקאמר בסמוך כי גזרי גזירתא במערבא כו' אלא שאינו מפרשו כאן היטב ואומר מורי הר"ר אלחנן שזהו מה שיסד הקליר בפרשת פרה אדומה אין להרהר על מה נחקקה שכולם נתנו בנשיקה לשון משיקין עליהם את הפה:

משום ניקור. תימה לקמן דמסקינן טעמא דחלב דבעינן ישראל רואהו דחיישינן לעירוב חלב טמא תיפוק ליה משום גילוי וי"ל דאין ה"נ אלא טעמא פסיקא ליה נקט הכא בשאין ישראל רואהו דמערב אבל טעמא דגילוי זמנין דלא שייך כגון שמלא הגוי יוצא ממקום שחולב שם דכיון שכל שעה תופסו בידו ליכא למיחש לניקורא וא"ת מפני מה אסרו משום גילוי יותר ממים ודבש למאן דאית ליה באלו טריפות (חולין דף מט:) דשייך בהו גילוי וי"ל דבכל המשקים אע"ג דלא קפדי אגלויא משום נקורא אמנקיותא מיהא קפדי אבל גבי חלב מתוך שרוב פעמים אינו נאכל בעין וגם מסננין אותו אמנקיותא נמי לא קפדי ומסננת אינו מועיל כלום לארס כדאמר בהגוזל קמא (ב"ק דף קטו:)

ישן תשתרי. תימה לשני גזרה ישן אטו חדש כדמשני לעיל (דף לה:) גבי שכר וי"ל דהתם איכא למיגזר דלא מינכר כולי האי בין ישן לחדש כמו גבי גבינה: **לפי שא"א בלא לחלוחי חלב.** פ"ה בין גומות של גבינה נשאר מן החלב ודלמא עריב ביה חלב טמא וקשה דא"כ ה"ל לר' ירמיה למימר אלא כיון דהדר ביה משנויא קמא ועוד דאטו מי חיישינן דגוי שוטה הוה שעירב בו חלב טמא אע"פ שהוא יודע שאינו עומד לכן פר"ת דקאי אמאי דהוה פריך יבשה תשתרי[(ה)] ומשני דאפי' כשהוא נראה ישן לעולם נשאר הארס בתוך לחלוחית הגבינה ביני אטפי ור"י הביא ראיה מן הירושלמי לדברי ר"ת דקאמר חלב הגוי למה אסור משום גלוי ויעמיד א"ר שמואל בר רב יצחק מפני ארס הנתון בין הנקבים ופי' ויעמיד ויבשנה ומשני מפני ארס הנתון כו' וקושיא שניה קיימא אגבינה כלומר גבינה שיעשו[(ו)] מיהא תישתרי דארס הוא אינו מניחו ליבש ומסיק מפני ארס הנתון בין הנקבים כמו שמתרץ בתלמודנו אבל אין לפרש כפירוש הר"ר אלחנן דקאי *אחלב והכי פריך למה אסרוהו משום גלוי יעמידנו ואם יש בו ארס לא יעמוד דהכי מקשה התלמוד גבי חלב טמא בסמוך דליתיה דהא לא מלינו בשום מקום שיניח חלב[(ז)] להקפות בשביל ארס הנתון בו: **מפני שמעמידין אותה בעור קיבת נבלה.** וא"ת מאי איריא נבלה אפי' שחוטה נמי אסורה משום בשר בחלב וי"ל דדוקא נקט נבלה דלאו איכא בה איסורא דאורייתא אבל בשחוטה משום בשר בחלב ליכא איסורא דאורייתא דלונן בלונן הוא ואע"ג דאוקומי קא מוקים אינו אסור אלא מדרבנן: **ומי אמר שמואל הכי.** ה"ה דהוה מצי למפרך בפשיטות ממתני' דחולין (דף קטז.) אלא משמואל אשמואל ניחא[(ח)] למפרך: **חדא קתני קיבת שחיטת גוי נבלה היא.** תימה לפי מה שפיר"ת סוף כל הבשר (חולין דף קטז: ושם) שיש חילוק בחלב הקיבה שאותו שהוא קרוש לא נאסר מעולם אף קודם חזרה דפירשא בעלמא הוא שאינו ראוי אלא להעמידה אבל חלב הצלול שאינו ראוי להעמידה כלל מתחלה היו מחשבין חלב גמור וחזרו בהם מתוך קושיא דקיבת העולה דשורפה היא אע"פ שא"א שלא יתערב מחלב הצלול עם הקרוש ולפירוש זה קשיא אמאי לא משני הכא כולה קודם חזרה והכא דקתני גבי העמדה מיירי בקרוש ולהכי דייקי' הא קיבה גופא שריא והתם דלא מיירי בהעמדה מיירי בצלול וי"ל דנהי דאין צלול מעמיד דמ"מ אין הגוים בוררין אותו כ"כ שלא ישאר מן הצלול ומדקאמר שמואל בעור קיבת נבלה משמע הא קיבה גופא שריא ואע"פ שנשאר שם מן הצלול כדפי' שאין הגוים טורחים לבררו ואור"ת כי עכשיו לא מלינו טעם פשוט לאיסור בגבינת הגוי דהא טעם האיסור הוה משום ניקור כריב"ל דקי"ל הלכה כריב"ל אף לגבי ר' יוחנן וכ"ש לגבי שמואל דהא (עירובין מז:) שמואל ור' יוחנן הלכה כר' יוחנן וכן פסק ר"ח וכן בסדר תנאים ואמוראים פסק הלכה כריב"ל בכ"מ וגם דברי רב אדא בר אהבה אינם כלום כיון שאינו אותו רב אדא בר אהבה שהיה תלמידו של רבא שהיה בתראה שהרי הוזכרו דבריו קודם דברי רב חסדא ורב *נחמן[(ט)] בר יצחק שהיו קדמונים יותר מרבא וגם דברי רב חסדא ורב נחמן בר יצחק עמדו בקושיא וליכא למיחש נמי משום עירוב חלב טמא כדפרי' לעיל *)(עמד) שלא *)(גבי) כפרש"י שהרי אין הגוים שוטים לערב בו חלב טמא מאחר שאינו עומד אלא ודאי אין הטעם אלא משום נקור ואנו שאין נחשים מצוין בינינו אין לחוש משום גלוי ואין לומר דדבר שבמנין הוא וצריך מנין אחר להתירו כי ודאי הוא כשאסרו תחלה לא אסרו אלא במקום שהנחשים מצוין כמו שאפרש לקמן גבי יין נסך (דף מ: ד"ה לאפוקי) וגם בהרבה מקומות יש שאוכלים אותם מפני שמעמידין אותם בפרחים וגם גאוני נרבונא התירו אותם במקומן מטעם שמעמידין אותן בפרחים מיהו במקומנו שמעמידין בקיבה אומר הרב ר"י בן הר"ר חיים שיש טעם קצת לאסור מפני שמולחין הקיבה בעורה ואיכא איסור דבשר בחלב דמליח הרי הוא כרותח ואני ראיתי מקומות שהן מעמידים בנבלת דבר אחר מליח:

*) מהרש"א מ"ז

מפני

קיח א מיי' פ"ד מהל' שחיטה הלכה יא סמג עשין סג טוש"ע י"ד סי' ב סעיף א:

[עי' תוס' ב"ב מו: ד"ה שלח]

רבינו חננאל

חיה ולא הודו לו. אלא אמרו לא נהנין ולא מועלין והא עולה איסורי הנאה הן. אלמא איסורי הנאה פרשן מותר והדר תני ליה מפני שמעמידין אותה בקיבת עגלי עבודה זרה. ואמר ליה א"כ למה לא אסרוה בהנאה. אלמא איסורי הנאה פרשן שרי. ועגלי עבודה זרה פרשן אסור. א) ולמה לא אסרו בהנאה משום דליתא לאיסורא בעיניה לא אסרוה בהנאה. הכא נמי בגבינה נמי ליתא לאיסורא בעיניה. אמר ליה שאני הכא דכיון דאיסורא הוא דקא מוקים לה חשיב וכמאן דאיתיה בעיניה דמי אמאי לא אסרוה בהנא: השיאו לדבר אחר וכו'. ירושלמי מפני מה לא גילה לו אם להפליגו נתכוין היה לו להשיאו באלו שאין להן הכרע כגון שאת ארור מחר משוקדים וקם. א"ר יוחנן מפני שבקרוב אסרוה (ושמעון) [ור' ישמעאל] תלמיד קטן [היה] באותה שעה. ואין מגלין לו רזי תורה עד שיגדל. וכר' שמעון בן יוחאי. דתניא ואלה המשפטים אשר תשים לפניהם. מה השימה. פי' המציאה אינה נגלית לכל בריה כך אין לך רשות לשקע עצמך בדברי תורה. אלא לפני תלמידים הגונים כשרים. ודאתן עלה קרא מאי פירושו כו': ירושלמי דודים דברי תורה. טובים דודיך מיין. חביבין דברי סופרים מדברי תורה. תדע שהרי ר' טרפון אילו לא קרא קרית שמע לא היה עובר אלא בעשה. ומפני שעבר על דברי ב"ה נתחייב מיתה. על שם ופורץ גדר ישכנו נחש. ותנן נמי האומר אין תפילין לעבור על ד"ת פטור. [חמשה] טוטפות להוסיף על דברי סופרים חייב. א"ל (ר') ישמעאל חשוק שפתותיך ואל תהא נבהל להשיב. ומאי טעמא א"ר יוחנן גזירה חדשה היתה משום ניקור. וכד גזרו גזירה במערבא לא מגלו טעמא עד תריסר ירחי שתא. עד דתפשוט בכל ישראל. דחיישי דלמא איכא מאן דלא סבירא ליה ואתי לזלזולי בה. מגדף בה רבי אבהו אלא מעתה יבשה שאין בה חשש ניקור תשתרי. ופריק ר' ירמיה לפי שאי אפשר לה בלא צחצוחי חלב. וכיון דאיכא לחלוחית חיישינן לה. ושמואל אמר לא אסרוה אלא מפני שמעמידין אותה בעור קיבת נבלה מכלל שהקיבה גופא שריא היא. אני דשמואל שרי ופרקינן לא קשיא כאן

קיבה גופא והתנן קיבת הגוי ושל נבילה הרי זו אסורה. והוינן בה ושחיטת גוי לאו נבילה היא. ואמר שמואל חדא קתני והכי קתני קיבת שחיטת גוי נבילה והרי זו אסורה. ופרקינן לא קשיא כאן

הגהות הב"ח [illegible]

כאן קודם חזרה כאן לאחר חזרה א*ומשנה לא זזה ממקומה רב מלכיא משמיה דרב אדא בר אהבה אמר מפני שמחליקין פניה בשומן חזיר רב חסדא אמר מפני שמעמידין אותה בחומץ רב נחמן(א) בר יצחק אמר מפני שמעמידין אותה בשרף הערלה כמאן כי האי תנא (דתניא) ר"א אומר *המעמיד בשרף הערלה אסור מפני שהוא פירי אפי' תימא ר' יהושע עד כאן לא פליג ר' יהושע עליה דר"א אלא בקטפא דגווזא אבל בקטפא דפירא מודי והיינו דתנן *א"ר יהושע שמעתי בפירוש שהמעמיד בשרף העלין ובשרף העיקרין מותר בשרף הפגין אסור מפני שהוא פירי בין לרב חסדא בין לרב נחמן(ב) בר יצחק תתסר בהנאה קשיא דרש רב נחמן בריה דרב חסדא מאי דכתיב א לריח שמניך טובים למה ת"ח דומה לצלוחית של פלייטון מגולה ריחה נודף מכוסה אין ריחה נודף ולא עוד אלא דברים שמכוסין ממנו מתגלין לו שנאמר עלמות אהבוך קרי ביה עלומות ולא עוד אלא שמלאך המות אוהבו שנא' עלמות אהבוך קרי ביה על מות ולא עוד אלא שנוחל שני עולמות אחד העוה"ז ואחד העוה"ב שנא' עלמות קרי ביה עולמות: מתני' ב ואלו דברים של גוים אסורין ואין איסורן איסור הנאה חלב שחלבו גוי ואין ישראל רואהו והפת והשמן שלהן *רבי ובית דינו התירו השמן והשלקות וכבשין שדרכן לתת לתוכן יין וחומץ וטרית טרופה וציר שאין בה דגה כלבית שוטטת בו והחילק וקורט של חלתית ומלח סלקונדית הרי אלו אסורין ואין איסורן איסור הנאה: גמ' ג חלב למאי ניחוש לה אי משום איחלופי טהור חיור טמא ירוק ואי משום איערובי ניקום דאמר מר חלב טהור עומד חלב טמא אינו עומד אי דקא בעי לגבינה ה"נ הכא במאי עסקינן דקא בעי ליה לכמכא ונשקול מיניה קלי וניקום כיון דבטהור נמי איכא נסיובי דלא קיימי ליכא למיקם עלה דמילתא ואב"א אפי' תימא דקבעי לה לגבינה איכא דקאי ביני אטפי: והפת: ד א"ר כהנא א"ר יוחנן פת לא הותרה בב"ד מכלל דאיכא מאן דשרי אין דכי אתא רב דימי אמר פעם אחת יצא רבי לשדה והביא גוי לפניו פת פורני מאפה סאה אמר רבי כמה נאה פת זו מה ראו חכמים לאוסרה מה ראו חכמים משום חתנות אלא מה ראו חכמים לאוסרה בשדה כסבורין העם התיר רבי הפת ולא היא רבי לא התיר את הפת רב יוסף ואיתימא רב שמואל בר יהודה אמר לא כך היה מעשה אלא אמרו פעם אחת הלך רבי למקום אחד וראה פת דחוק לתלמידים אמר רבי אין כאן פלטר כסבורין העם לומר פלטר גוי והוא לא אמר אלא פלטר ישראל א"ר חלבו אפילו למ"ד פלטר גוי לא אמרן אלא דליכא פלטר ישראל אבל במקום דאיכא פלטר ישראל לא ורבי יוחנן אמר אפי' למ"ד פלטר גוי ה"מ בשדה אבל בעיר לא משום חתנות איבו הוה מנכית ואכיל פת אבי מצרי אמר להו רבא ואיתימא רב נחמן בר יצחק לא תשתעו(ג) *(בהדיה דאיבו) דקאכיל לחמא דארמאי: והשמן שלהן: שמן רב אמר דניאל גזר עליו ושמואל אמר ה זליפתן

רש"י

כאן קודם חזרה. אותה משנה דשחיטת חולין דקיבת גוי נבלה ואסורה נשנית קודם שחזר בו ר' יהושע מדבריו שאמר לו לר' ישמעאל מפני שמעמידין אותה בקיבת נבילה וסבר לאו פירשא היא: וכאן לאחר חזרה. הך דשני שמואל מפני שמעמידין אותה בעור אבל קיבה עצמה שריא לאחר חזרה שחזר בו ר' יהושע מפני תשובתו של ר' ישמעאל: ומשנה. הנשנית בשחיטת חולין (דף קטז.) קודם חזרה: לא זזה ממקומה. לא עקרוה לגמרי דהואיל ונשנית נשנית אבל אין הלכה כמותה שהרי חזר בו: שמעמידין אותה בחומץ. שהחומץ מעמיד חלב ולקמן פריך לה א"כ ליתסר בהנאה: בקטפא דגווזא. בשרף היוצא מן העץ: אבל בקטפא דפירי. בשרף הפירי עצמו: מגולה ריחה נודף. והיינו דכתיב שמן תורק שמך כשמגלין אותה ומריקין שמנה כלומר כשאתה מלמד תורה לתלמידים אז יצא לך שם: מתגלין לו. מעצמן בלא טורח כשהוא מלמדן: מתני' ר' ובית דינו התירו את השמן. לא גרסי' דהא לאו איהו שרייה אלא ר' יהודה נשיאה בר בריה שרייה כדאמר בגמ' מסתמיך ואזיל רבי יהודה נשיאה ור' יהודה נשיאה דגמ' היינו רבי יהודה הנשיא בנו של ר"ג בר' שהיה בימי האמוראים וה"נ אמרינן בגמרא ר' יהודה הנשיא בנו של ר"ג הורה כו' ואילו רבי בנו של רשב"ג היה כדאמרינן בהשוכר את הפועלים (ב"מ פד:): והשלקות. כל דבר שבישלו גוי ואפילו בכלי טהור וכולהו משום חתנות: וכבשין. לכבוש דגים וירק וראש ורגלים של בהמה בחומץ: וטרית. מין דגים קטנים מלוחים: טרופה. שנטרפו ונשתברו הדגים ואין ניכרין הלכך חיישי לטמאים: וציר שאין בה דגה כלבית שוטטת בו. שדרך כלבית ליגדל מאליה בציר של דגים טהורים ואם יש ציר דג טמא עמו לא תגדל כלבית בו והיא עצמה טמאה: והחילק. מין דגים קטנים טהורים והיא סולתנית ואין לה סנפיר וקשקשת ועתיד לגדל לאחר זמן סנפיר וקשקשת וקיימא לן דמותרת ואמר בגמרא מפני מה אסרוה מפני שעירבונה עולה עמה דגים טמאים הדומים לה הלכך לא שנא טרופה ול"ש אינה טרופה איכא למיחש לאחד מאלף ביניהם דדמו ליה ולא מינכרי אבל טרית אין שקץ דומה לה הלכך כי אינה טרופה שריא: חלתית. מין פירי הוא שקורין לזר"א בלע"ז ומחתכין את קרטיו בסכין ואסור משום שמנוניתא דסכינא: ומלח סלקונדית. מפרש בגמ' (לקמן לט:): גמ' ניקום. יעמידנו ע"י קיבה לגבינה: לכמכא. מאכל: קלי. מעט: נסיובי. מישג"א: ליכא למיקם עלה דמלתא. שמא נתערב בו חלב טמא וכשהעמידו עומד טהור שבו והטמא נשאר עם הנסיובי הלכך אין זה נסיון להכשיר הראשונים לאכול אבל לגבינה סלקא דעתא השתא דמותר: ואי בעית אימא. אפילו לגבינה נמי אסור: דאיכא. נסיובי דקיימי בגבינה: ביני אטפי. בתוך הגומות שבגבינה וחיישינן שמא מן החלב טמא שלא עומד נשאר עם הנסיובי בגומות: פורני. הוא תנור שהוא גדול ופיו מן הצד וכל תנור שבמשנה קטן הוא ומקום שפיתת ב' קדירות ופיו למעלה: לאוסרה בשדה. דליכא למיחש לאימשוכי דאקראי בעלמא הוא: מנכית. נושך: אבי מצרי. בשדות אצל המצרים: זליפתן. פליטתן שפולטין ומזיעין שמנונית איסור שבלעו: לודאי

תוספות

מפני שמעמידין בשרף ערלה. וערלה של גוים אסורה כמו שנפרש בפ"ה* בעה"י (עיין בתוס' קידושין דף לו: ד"ה כל מלוה): דברים המכוסין ממנו מתגלין לו. פי' שבני אדם מגלין לו רזיהן לפי שנהנין ממנו עצה ותושיה כמו שמפרש במס' אבות (פ"ו מ"א): לגבינה איכא דקאי ביני אטפי. פירוש ליקח חלב מן הגוי לעשות גבינה אבל לעיל גבי ליקח גבינה של גוי ליכא למיחש לחלב טמא כיון שעושה אותו לצרכו ליכא למיחש דלמא עירב בו חלב טמא כיון שאינו עומד: מכלל דאיכא למאן דשרי. מדקאמר פת לא הותרה בב"ד מכלל דאי בעי הוה שרי ליה אלמא לא פשט איסורו ומכאן סמכו עתה לאכול פת של גוים כיון שלא פשט איסורו בכל ישראל ויש לסמוך על דברי רשב"ג ור"א בר צדוק דאמרי אין גוזרין גזרה על הצבור אלא א"כ רוב הצבור יכולין לעמוד בו ועוד ראיה דאמר לקמן (דף לז.) דימינו תמיד אף את הפת ולא הניח(ד) להתיר אלא משום דהוו קרו ליה ב"ד שריא ואחריו באו בית דין אחר שהתירוהו ועוד דאמרי בירושלמי דפרקין ובפ"ק דשבת פת עמדו עליו והתירוהו ומי שנזהר מפת של גוים מותר לאכול עם מי שאינו נזהר בקערה אחת אע"פ שטעם פת גוי מתערב בפת ישראל דאין להחמיר לאסור ע"י תערובת כדאמר בפ"ק דחולין (דף ו.) דלא גזרו על תערובת דמאי וכה"ג(ה) במגע דגוים שרי דליתיה לפת בעיניה דלא גזרו אלא היכא דאיתא בעיניה: זליפתן. פ"ה פליטתן וגרסה שאותה פליטה באה מכח השמן שהריקו מכלי האיסור כדאמרינן לקמן (דף עה.) *או(ו) מזלגן במי זיתים ולשון זילוף ק"ק דלא מצינו זילוף רק לשון הפיכה כמו מעשה זילוף (פסחים דף כו:) בשלמא

רבינו חננאל

כאן קודם חזרה וכאן לאחר חזרה. פי' הא דתנן קיבת גוי ושל נבילה ואוקמא שמואל קיבת גוי נבילה ואסורה קודם שחזר בו ר' יהושע היתה הקיבה עצמה אסורה. א) וטעם אותה המשנה תירץ אחר שהשיבו ר' ישמעאל והלא קיבת עולה חמורה מקיבת נבילה ומותרת. וחזר בו ר' יהושע והודה כי קיבת נבילה מותרת ואמר מפני שמעמידין אותה בקיבת עגלי עבודה זרה אחר שחזר בו כמו שמפורש במשנה זו אמר שמואל לטעמיה דהא מתני' מפני שמעמידין אותה בעור קיבת נבילה. אבל הקיבה עצמה של נבילה מותרת. ומפני מה שנו אותה המשנה ואינה שנויה כהוגן. מפורש בפ' כל הבשר א"ר יוחנן לא קשיא כאן קודם חזרה וכאן לאחר חזרה ומשנה לא זזה ממקומה. רב מלכיא אמר רב אדא בר אבא מפני שמחליק פניה בשומן של חזיר. רב חסדא אמר מפני שמעמידין אותה בחומץ. רב נחמן בר יצחק אמר מפני שמעמידין אותה בשרף ערלה. כדתנן המעמיד בשרף ערלה ר' אליעזר אומר אסור. אפילו תימא ר' יהושע ע"כ לא פליג ר' יהושע עליה דר' אליעזר אלא בקטפא דגווזא פי' קטף של עץ. אבל בקטפא דפירא מודה ליה. דתנן א"ר יהושע שמעתי בפירוש המעמיד בשרף (הערלה) [העלין] בשרף העיקרין מותר. בשרף הפגין אסור מפני שהוא פירי. ולרב חסדא ולרב נחמן בר יצחק תיתסר בהנאה. דהא החומץ של גוים שהיה מתחלתו יין איסורי הנאה הוא. וכן הערלה איסורי הנאה היא תיתסר גבינה זו אפי' בהנאה קשיא: מתני' ואלו דברים של גוים אסורין ואין איסורן איסור הנאה. חלב שחלבו גוי ואין ישראל רואהו. אוקימנא איסוריה דחלב שחלבו גוי חיישינן דלמא מערב ביה חלב בהמה טמאה. ואסיקנא השתא דאתית להכי גבינה נמי משום חלב בהמה טמאה. ואי אמרת חלב בהמה טמאה לא קא חיישינן דלמא הני דמתחזי בגבינה כדתקוני לה כמין נקב ההוא דקאי ביני ביני בגבינה כמין טיפין הוא החלב הטמא לפיכך אסורה: ירושלמי אמר ר' ירמיה חלב גוי למה הוא אסור מפני תערובת חלב בהמה טמאה. ר' יהושע בן לוי אמר משום גלוי. ויעמיד. אמר ר' שמואל מפני ארס הנתון בין הנקבים ותני כן שלשה ארסין הן. אחד צף ואחד שוקע ואחד דומה לשבכה. ישראל יושב בצד העדר וגוי חולב ומביא לו ואינו חושש משום תערובת בהמה טמאה. פת של גוים אסורה. א"ר יוחנן אפי' למ"ד רבי התיר את הפת של פלטר. הני מילי בשדה במקום שאין פת ישראל מצויה. אבל בעיר לא: איבו מנכית ואכיל פת גוים אבי מצרא דמתא. אמר להו רבא ואמרי לה אמר רב נחמן לא תשתעי ליה (לאיבו) [בהדי' דאיבו] דאכיל נהמא דארמאי. שמן. אמר רב דניאל גזר עליו שנאמר אשר לא יתגאל בפת בג המלך וגו'. ושמואל

א) נראה דצ"ל וטעם אותה משנה שלנו שתירץ שמואל אחר שהשיבו וכו'.

עין משפט נר מצוה

[סג: כד"ה אין עודרין]

קיט א ב מיי' פי"ז מהלכות מאכלות אסורות הלכה כו סמג לאוין קמו:

קכ ג מיי' שם פ"ג הלכה יג סמג לאוין קלב טוש"ע י"ד סי' קטו סעיף א:

קכא ד מיי' שם פי"ז הלכה ט סמג לאוין קמח טוש"ע י"ד סי' קיב סעיף א:

קכב ה מיי' שם הלכה כב וסמג שם טוש"ע שם סי' קיד סעי' ז:

קכג ו מיי' שם הלכה ט טוש"ע שם סי' קיג סעיף א:

קכד ז מיי' שם פ"ג הל' כג סמג שם טור וש"ע שם סי' קיד סעי' י:

קכה ח מיי' פי"ז שם הלכה יב סמג לאוין שם טור וש"ע י"ד סי' קיב סעיף ב:

מסורת הש"ס

[יבמות ל. לב. קדושין כה. שבועות ד. חולין לב: קטז:]

[נ"ל דתנן]

[ערלה פ"א מ"ז נדה ח:]

ערלה פ"א מ"ז [נדה ח:]

[עי' תוס' לקמן לו. בתוך ד"ה אסר וכו' ובמתניתין כתב הרשב"ם בשם רש"י וכו' ותוס' לעיל לג: ד"ה בעא]

[לפי מ"ש רש"י שם ד"ה הכי גרסי' בתוספתא וכו' צ"ל או מזלגן במי זיתים]

הגהות הב"ח

(א) גמ' רב נחמן אמר מפני שמעמידין. נ"ב רב נחמן גרסי' ולא גרסינן רב נחמן בר יצחק והכי משמע בדברי התוספות לעיל דף לא ע"ב בד"ה רב נחמן אמר משום גילויא: (ב) שם בין לרב נחמן תתסר כצ"ל ותיבות בר יצחק נמחק: (ג) שם בהדיה לאיבו. נ"ב ס"א לא תשתעו מיניה לאיבו פי' לא תאמרו דבר שמועה משמו. אלפסי והר"ן והרא"ש: (ד) תוס' ד"ה מכלל וכו' ולא הניח מלהתיר: (ה) בא"ד וכה"ג בפת לעובד כוכבים נמי שרי כיון דליתיה לפת בעיניה: (ו) ד"ה זליפתן וכו' לקמן או חולטן במי זיתים:

מהרש"א גרס מיניה דאיבו

גליון הש"ס

גמ' בשרף הערלה. עיין בריטב"א קדושין דף לח ד"ה דתנן:

כָּאן במשנה בחולין, מדובר קוֹדֶם חֲזָרָה לפני שחזר בו ר' יהושע מדבריו (שאמר לר' ישמעאל במשנתנו) וסבר שבקיבה עצמה יש איסור נבלה, כָּאן מה שאמר שמואל אצלנו, ממנו עולה כי קיבה עצמה מותרת — הוא לְאַחַר חֲזָרָה, שאף ר' יהושע חזר בו מדבריו, ואינו סבור שקיבה אסורה. ואותה מִשְׁנָה שנאסרה בה קיבה לֹא זָזָה מִמְּקוֹמָהּ השאירוה כמו שנשנתה מתחילה. ומביאים טעמים נוספים לאיסור גבינה של גוים. רַב מַלְכִּיָּא מִשְּׁמֵיהּ [משמו] של רַב אַדָּא בַּר אַהֲבָה אָמַר: הטעם הוא מִפְּנֵי שֶׁהֵם מַחֲלִיקִין את פָּנֶיהָ של הגבינה בְּשׁוּמָן חֲזִיר. רַב חִסְדָּא אָמַר: מִפְּנֵי שֶׁמַּעֲמִידִין (מגבנים) אוֹתָהּ בְּחוֹמֶץ שנוצר מיין שלהם, והוא אסור בהנאה. רַב נַחְמָן בַּר יִצְחָק אָמַר: מִפְּנֵי שֶׁמַּעֲמִידִין אוֹתָהּ בִּשְׂרַף הָעָרְלָה שאסור בהנאה. ושואלים: כְּמַאן [כדעת מי] אמר זאת? כְּהַאי תַּנָּא [כדעת תנא זה], דִּתְנַן [ששנינו במשנה], ר' אֱלִיעֶזֶר אוֹמֵר: הַמַּעֲמִיד גבינה בִּשְׂרַף הָעָרְלָה — אָסוּר, מִפְּנֵי שֶׁהוּא פְּרִי [פרי] שכל היוצא מאילן שהוא ערלה אסור משום פירותיו. דוחים: אין צורך לומר כך, אֲפִילּוּ תֵּימָא [תאמר] שהוא כדעת ר' יְהוֹשֻׁעַ החולק על ר' אליעזר; עַד כָּאן לֹא פָּלֵיג [חולק] ר' יְהוֹשֻׁעַ עֲלֵיהּ [עליו] על ר' אֱלִיעֶזֶר אֶלָּא בִּקְטַפָּא דְּגַוְזָא [בשרף שיוצא מן הענף], אֲבָל בִּקְטַפָּא דְּפֵירָא מוֹדֵי [בשרף שיוצא מן הפרי עצמו מודה]. וְהַיְינוּ דִּתְנַן [והוא ששנינו במשנה]: אָמַר ר' יְהוֹשֻׁעַ: שָׁמַעְתִּי בְּפֵירוּשׁ, שֶׁהַמַּעֲמִיד בִּשְׂרַף הֶעָלִין וּבִשְׂרַף הָעִיקָּרִין (השורשים) של עץ ערלה — מוּתָּר, אבל בִּשְׂרַף הַפַּגִּין (תאנים שלא בשלו) — אָסוּר, מִפְּנֵי שֶׁהוּא פְּרִי [פרי]. ושואלים: בֵּין לטעם שנתן רַב חִסְדָּא, בֵּין לטעם שנתן רַב נַחְמָן בַּר יִצְחָק, תִּתְסַר [תיאסר] הגבינה אף בַּהֲנָאָה, שהרי גם חומץ של גוים וגם ערלה אסורים בהנאה! ומשיבים: אכן, קַשְׁיָא [קשה].

א כיוון שהזכרנו דברים מתוך שיר השירים, מביאים דברים מן ההמשך. דָּרַשׁ רַב נַחְמָן בְּרֵיהּ [בנו] של רַב חִסְדָּא, מַאי דִּכְתִיב [מהו שנאמר]: "לְרֵיחַ שְׁמָנֶיךָ טוֹבִים שמן תורק שמך על כן עלמות אהבוך" (שיר השירים א, ב), לְמָה תַּלְמִיד חָכָם דּוֹמֶה? לִצְלוֹחִית (מיכל) שֶׁל פְּלַיְיטוֹן (שמן בושם), כשהיא מְגוּלָּה רֵיחָהּ נוֹדֵף, אם היא מְכוּסָּה אֵין רֵיחָהּ נוֹדֵף, וכך תלמיד חכם המלמד לרבים מתפרסם שמו וטובו. וְלֹא עוֹד, אֶלָּא שֶׁהוּא מלמד לרבים, דְּבָרִים שֶׁמְּכוּסִּין מִמֶּנּוּ מִתְגַּלִּין לוֹ, שֶׁנֶּאֱמַר: "עֲלָמוֹת אֲהֵבוּךָ" (שם), קְרֵי בֵּיהּ [קרא בו] כאילו היה כתוב "עֲלוּמוֹת"; וְלֹא עוֹד, אֶלָּא שֶׁמַּלְאַךְ הַמָּוֶת אוֹהֲבוֹ, שֶׁנֶּאֱמַר: "עֲלָמוֹת אֲהֵבוּךָ", קְרֵי בֵּיהּ [קרא בו] "עַל מוּת", כלומר, הממונה על המות; וְלֹא עוֹד, אֶלָּא שֶׁנּוֹחֵל שְׁנֵי עוֹלָמוֹת, אֶחָד הָעוֹלָם הַזֶּה וְאֶחָד הָעוֹלָם הַבָּא, שֶׁנֶּאֱמַר: "עֲלָמוֹת", קְרֵי בֵּיהּ [קרא בו] "עוֹלָמוֹת".

ב משנה במשנה הקודמת שנינו מהם הדברים של גוים שאסורים בהנאה. וְאֵלּוּ דְּבָרִים שֶׁל גּוֹיִם אֲסוּרִין וְאֵין אִיסּוּרָן אִיסּוּר הֲנָאָה אלא אסורים רק באכילה: חָלָב שֶׁחֲלָבוֹ גּוֹי וְאֵין יִשְׂרָאֵל רוֹאֵהוּ, וְהַפַּת וְהַשֶּׁמֶן שֶׁלָּהֶן. אולם מוסיפים כי רַבִּי וּבֵית דִּינוֹ הִתִּירוּ הַשֶּׁמֶן. וְהַשְּׁלָקוֹת דברים מבושלים (אפילו של היתר), וְכָבָשִׁין דברים שכובשים ומחמיצים אותם שֶׁדַּרְכָּן לָתֵת לְתוֹכָן יַיִן וְחוֹמֶץ, וְטָרִית טְרוּפָה (קצוצה) שלא ניכרים בה הקשקשים, וְצִיר שֶׁאֵין דָּגָה (מין דג) כִּלְבִּית שׁוֹטֶטֶת בּוֹ שהוא סימן שהיה זה ציר של דג טהור. וְהַחִילָּק שהוא מין דג קטן, שיכולה להיות בו תערובת דגים טמאים. וְקוֹרֶט חתיכת שרף שֶׁל חִלְתִּית שהוא עשב חריף,

וּמֶלַח סַלְקוֹנְדִּית — הֲרֵי אֵלּוּ אֲסוּרִין, אבל אֵין אִיסּוּרָן אִיסּוּר הֲנָאָה.

ג גמרא ושואלים: חָלָב לְמַאי נִיחוּשׁ לָהּ [למה נחשוש לו]? אִי [אם] מִשּׁוּם אִיחְלוּפֵי [החלפה], שיחליפו חלב טהור בחלב של בהמה טמאה, הרי חלב טָהוֹר — חִיוָּר [לבן] הוא, טָמֵא — יָרוֹק [יש לו צבע ירוק]! וְאִי [ואם] מִשּׁוּם אִיעָרוּבֵי [תערובת] של חלב טמא בו, נִיקוּם [נעמיד אותו] כמו שעושים גבינה ונראה, שֶׁאָמַר מָר [החכם]: חָלָב טָהוֹר עוֹמֵד (נעשה גבינה), חָלָב טָמֵא אֵינוֹ עוֹמֵד! ומשיבים: אִי דְּקָא בָּעֵי [אם הוא צריך] אותו לִגְבִינָה הָכִי נָמֵי [כך הוא גם כן], הָכָא בְּמַאי עָסְקִינַן [כאן במה אנו עוסקים]? — דְּקָא בָּעֵי לֵיהּ לְכַמְכָּא [שהוא צריך אותו למאכל] שנותנים בו חלב כמו שהוא. ושואלים: וְנִשְׁקוֹל מִינֵּיהּ קַלֵּי וְנִיקוּם [ונשקול ממנו מעט ונעמיד] ויראה אם חלב טמא הוא! ומשיבים: כֵּיוָן שֶׁבֶּחָלָב טָהוֹר נָמֵי אִיכָּא נַסְיוּבֵי דְּלָא קַיְימִי [גם כן יש את מי החלב שאינם נעשים גבינה], לֵיכָּא לְמֵיקָם עֲלַהּ דְּמִילְּתָא [אי אפשר לעמוד על הדבר], שאולי עם אותו חלק שלא נעשה גבינה יש חלב טמא שנתערב. וְאִיבָּעֵית אֵימָא [ואם תרצה אמור]: אֲפִילּוּ תֵּימָא דְּקָבָעֵי לָהּ [תאמר שהוא רוצה אותה] את החלב לִגְבִינָה, עדיין יש לחשוש מחלב טמא, שכן אִיכָּא דְּקָאֵי בֵּינֵי אַטְפֵי [יש נוזל שנמצא בין הנקבים] שבגבינה, ובו מעורב אותו חלב טמא.

ד שנינו במשנה: וְהַפַּת. אָמַר רַב כָּהֲנָא אָמַר ר' יוֹחָנָן: פַּת לֹא הוּתְּרָה בְּבֵית דִּין. ושואלים: מִכְּלַל דברים אתה למד דְּאִיכָּא מַאן דְּשָׁרֵי [שיש מי שמתיר] את הפת? ומשיבים: אִין [כן], דְּכִי אֲתָא [שכאשר בא] רַב דִּימִי מארץ ישראל לבבל אָמַר: פַּעַם אַחַת יָצָא רַבִּי לַשָּׂדֶה, וְהֵבִיא גּוֹי לְפָנָיו פַּת פּוּרְנִי (פת שאופים בתנור גדול) שהיתה מַאֲפֵה סְאָה, אָמַר רַבִּי: כַּמָּה נָאָה פַּת זוֹ, מָה רָאוּ חֲכָמִים לְאוֹסְרָהּ. ותוהים: מָה רָאוּ חֲכָמִים? הלוא מבואר לפי הטעם הוא מִשּׁוּם חֲתָנוּת, שלא יכולו לעכוד עמהם ויבואו להתחתן בהם! אֶלָּא, מָה רָאוּ חֲכָמִים לְאוֹסְרָהּ בַּשָּׂדֶה, שם אין טעם זה קיים. ועל סמך דברי רבי אלה כִּסְבוּרִין הָעָם שמשמע את דברי רבי שֶׁהִתִּיר רַבִּי הַפַּת. וְלֹא הִיא, רַבִּי לֹא הִתִּיר אֶת הַפַּת. עד כאן תיאור אחד של הדברים. רַב יוֹסֵף וְאִיתֵּימָא [ויש אומרים] שאמר זאת רַב שְׁמוּאֵל בַּר יְהוּדָה אָמַר: לֹא כָּךְ הָיָה מַעֲשֶׂה, אֶלָּא אָמְרוּ: פַּעַם אַחַת הָלַךְ רַבִּי לְמָקוֹם אֶחָד וְרָאָה פַּת דָּחוּק לַתַּלְמִידִים, אָמַר רַבִּי: אֵין כָּאן פַּלְטֵר (אופה) שיכול לספק להם לחם? סְבוּרִין הָעָם לוֹמַר: כוונתו היתה פַּלְטֵר גּוֹי, וְהוּא לֹא אָמַר אֶלָּא פַּלְטֵר יִשְׂרָאֵל. אָמַר ר' חֶלְבּוֹ: אֲפִילּוּ לְמַאן דְּאָמַר [לדעת מי שאומר] שהכוונה היא שהתיר פַּלְטֵר גּוֹי — לֹא אֲמָרָן [אמרנו] אֶלָּא בִּמְקוֹם דְּלֵיכָּא [שאין] בּוֹ פַּלְטֵר יִשְׂרָאֵל, אֲבָל בִּמְקוֹם דְּאִיכָּא [שיש] פַּלְטֵר יִשְׂרָאֵל לֹא. וְר' יוֹחָנָן אָמַר: אֲפִילּוּ לְמַאן דְּאָמַר [לדעת מי שאומר] שהתיר רבי פַּלְטֵר גּוֹי — הָנֵי מִילֵּי [דברים אלה אמורים] בַּשָּׂדֶה, אֲבָל בָּעִיר לֹא יוכל מלאכול, מה הטעם? מִשּׁוּם האיסור של חשש הַחֲתָנוּת. מסופר שאַיְבוּ הֲוָה מַנְגֵּיס וְאָכֵיל [היה נושך ואוכל] פַּת של גוי אַבֵּי מִצְרֵי [במיצרי השדות], אָמַר לְהוּ [להם] רָבָא לתלמידיו, וְאִיתֵּימָא [ויש אומרים] רַב נַחְמָן בַּר יִצְחָק: לָא תִּשְׁתַּעוּ בַּהֲדֵיהּ דְּאַיְבוּ [אל תדברו איתו עם איבו] דְּקָאָכֵיל לַחְמָא דַּאֲרַמָּאֵי [שאוכל לחם של גוים].

ה שנינו במשנה בין הדברים האסורים: וְהַשֶּׁמֶן שֶׁלָּהֶן. ובמקורו של איסור שֶׁמֶן נחלקו חכמים, רַב אָמַר: דָּנִיֵּאל הוא אשר גָּזַר עָלָיו איסור, וּשְׁמוּאֵל אָמַר:

עיונים

מגולה ריחה נודף ומסביר רש"י שהדברים נסמכים על המשך הכתוב "שמן תורק שמך", שכאשר מריקים מן השמן הטוב (פלייטין) רק אז ניכר ריחו לכל. ונמצא כי עיקר הדרשה זו היא להמחשה על מעלותיו של המלמד תורה לאחרים, שלא זו בלבד ששמו גדל, אלא גם זוכה שדברים שמכוסים ממנו מתגלים לו (ראה רש"י), או משום שבני אדם אינם מגלים לו את סודותיהם (ראה בגרסות), וראה בתוס' הנוספות כראה על אותה הדרשה. ועוד הוא זוכה שמתעלה לדרגה שאינו מתירא מן המוות, וזוכה ליהנות משני עולמות.

טרית טרופה מיני דגים קטנים שהיו מביאים מארצות אחרות, ובדגים שלמים אפשר לראות אם טהורים הם. אבל זו, כיון שהיא טרופה (חתוכה ומעורבת) אין לדעת אם נתערבו בה חלקי דגים טמאים.

ציר שאין בו דגה וכו' גרסת רש"י "דגה כלבית שוטטת בו", ופירושו: סימנו של הציר של דגים טהורים (מים ושומן של הדגים), שאין דג כלבית (שהוא מין דג קטן) המשוטט בתוכו. או היו הראשונים שגרסו רק "ציר שאין בו דגה" (ראה בגרסות) ופירשו שכרגיל היו משאירים בציר חלקים מן הדגים עצמם, ובהם אפשר לבחון אם טהורים הם, ואם אין בו דגה אין לדעת מה טיבו (ראב"ח).

חילק אף הוא מין דג, כמו טרית, שגם הוא נאסר על שום טריפה, משום שכשלא משתלמים אותו מן הים אין לו סימני טהרה, סנפיר וקשקשת, ויש לחשוש לדגים טמאים שנאספים אותם יחד עמו (רש"י).

רבי ובית דינו כבר רש"י העיר שלא רבי הוא שהתיר את השמן, אלא נכדו רבי יהודה נשיאה, נכדו, כפי שנאמר בגמרא, וכן הוא בתוספתא שהובאה להלן (לח,ב) ולפיכך יש למחוק ענין זה מגרסת המשנה. אבל כפי שהעיר הרמב"ן (להלן לז,א) בכל גרסות המשנה מצוי דבר זה. והרשב"ם סבור (ראה בתוס' בעמוד הבא) שאמנם אין לגרוס כאן "רבי", אבל תוספת היא זו שקבעוה בגוף המשנה בימי האמוראים. ויש שהסבירו כי רבי אכן התיר ולא קיבלו ממנו, ובא נכדו ור' יהודה נשיאה והתיר וקיבלו ממנו. ואילו רמב"ן הציע כי גם כינויו של ר' יהודה נשיאה היה "רבי".

והשלקות וכו' כבר בתלמוד הירושלמי העירו שלכאורה תמוה מפני מה חילקו את הדברים, ששנו דין הפת לעצמו ודין השלקות (מאכלים מבושלים) לעצמו. ויש שהסבירו שבא לומר שכל מה שעושים גוים על ידי האש אסור, בין בדרך מאפה (פת) ובין בדרך בישול (שלקות). ור"ת סבור (ראה בתוס' להלן לז,ב ועוד) כי הגזירה על השלקות היא גזירה עתיקה (עד שהיו בגמרא שאמרו שיש בכך איסור מן התורה), ואז עדיין לא גזרו על הפת, משום שאינה מביאה כל כך לידי חתנות, או משום שלא רצו להכביד כל כך בגזירה (רבינו יונה), ואילו הפת היא מגזרות "שמונה עשר דבר" (אחרי הלל ושמאי). וראה בתוס' הר"ש משאנץ. ואילו רמב"ן סבור כי סדר הגזירות היה הפוך (כסדר השנוי במשנתנו), קודם גזרו על הפת משום יינם, שמפני שהיא דבר הנצרך לכל יש בכך להביא יותר לידי קירבת הדעת, ואחר כך הוסיפו וגזרו על כל השלקות, משום חתנות, או משום חשש שמא יאכילנו הגוי דבר אסור (רמב"ן).

חלב למאי ניחוש הטעם האמור כאן מובא גם בתלמוד הירושלמי. ושם מובא גם טעם אחר — שגם בחלב חששו משום גילוי, לפי שאין הגוים מקפידים על כך.

לביני אטפי רש"י מסביר "אטפי" במובן סדקים, שיש ממי החלב הנמצא בתוך נקבי וסדקי הגבינה, ויש לחשוש שבו נמצאת תערובת החלב הטמא. והר"ח מפרש כנראה אטפי=טיפות, טיפות חלב שעל הגבינה.

אפילו תימא דקבעי לה לגבינה ראה בגרסות שיש גרסה: "השתא דאתית להכי" (וכן גרסו כמה ראשונים, וראה ברמב"ן), והכוונה היא שכאן חוזר ממה שנאמר לעיל שאם צריך את החלב לעשיית גבינה יש לו דרך לבחון אם נתערב בו חלב טמא, ומסביר שבכל מקרה יש לחשוש מפני חלב טמא (וראה בתוהרי"ד שסבור היה לפרש לפי גרסה זו שהכוונה היא שזהו טעמו של איסור גבינה של גוים, וחזר בו).

פת לא הותרה בבית דין וכו' פשטות הדברים משמעה כי האיסור המובא במשנה עומד בעינו, שהואיל ובית דין גזר איסור זה, הרי לא ניתן לבטלו אלא על ידי בית דין גדול ממנו בחכמה ובמנין, והדבר לא נעשה, כפי שאומר כאן ר' יוחנן. ולפי זה יש שהבינו כי הדיון המובא בהמשך הדברים, שבו מובאת דעת ר' יוחנן מה התיר רבי ומה לא התיר, אינה אלא לפי דעת הטועים בהבנת דברי רבי, אף שר' יוחנן עצמו אינו סבור כן (רמ"ה, בריטב"א. וכן הרשב"א). וכבר תמהו הראשונים מה מקום לדון בדבר שבטעות יסודו. ועוד העירו שבירושלמי מבואר שהתירו את הפת מפני חיי נפש (ויש שהסבירו כי מחלוקת התלמודים היא). אכן הרא"ה פירש כי כוונת הדברים כאן היא שלמרות שנהגו בה היתר, אין זה משום שהותרה הפת בבית דין, אלא שהתירוה האמוראים משום שבפועל נהגו העם היתר בדבר, שלא יכלו לעמוד בגזירה. והסביר הריטב"א שתלו דבר זה בטעות משום כבודו של בית הדין הראשון שגזר על הפת, שלא לבטל דבריו.

ועל עצם האפשרות להיתר כזה, הסבירו ראשונים שאף שאין בית דין יכול לבטל דברי בית דין חבירו אלא אם כן היה גדול ממנו בחכמה ובמנין (וההנחה היא שכל בית דין מאוחר נחשב קטן מן הקודם לו) אין דבר זה אמור אלא בדבר שנתפשט ונתקבל בכל ישראל, אבל אם לא כן — רשאים חכמים להתירו (ראה רמב"ן). ומדברי הרי"ד עולה (כפי שהוא למד מסגנון דברי הירושלמי בענין זה) שלא היה כאן היתר מפורש, אלא שחכמים נמנעו מלהוכיח את העם ולאסור עליו, מאחר שהיה בדבר משום חיי נפש. ומצד אחר סבור המרדכי ועוד (ואף לדבריו יש שורש בלשון הירושלמי. וראה בלשון התוס') כי גזירת חכמים בענין פת לא נתפשטה מתחילתה בכל ישראל, ולפי זה אין צורך כלל להתירה באותם מקומות בהם לא נהגה. וראה ב"אורח ההלכה".

אפילו למאן דאמר פלטר גוי וכו' יש שפירשו כי ר' יוחנן מוסיף להחמיר על דברי ר' חלבו, שאף כשאין פלטר ישראל לא הותר אלא בשדה (כך משמע שפסק הרמב"ם). אבל ראשונים אחרים כתבו (ראה רמב"ן שדייק כן מדברי הרי"ף) שר' חלבו ור' יוחנן אמרו שני דברים שונים שיש בהם להקל (ומשום כך לא נאמר "ר' יוחנן אמר", ריטב"א), שר' חלבו מתיר אפילו בעיר כשאין פלטר ישראל, ור' יוחנן מתיר בשדה מפלטר גוי אפילו יש שם (או בעיר הסמוכה לשם. רשב"א) פלטר ישראל.

אבי מצרי שאכל פת נכרי בין מיצרי השדות, ולא בעיר עצמה (רש"י). וכתב הרי"ד שטענו כנגדו שנהג שלא כדין, משום שלא התירו אלא במקום רחוק מן העיר והוא היה סמוך לעיר. ויש שכתבו שאכל פת של בעל בית (רשב"א בתורת הבית, ריטב"א). אבל רא"ה הסביר כי אין מדובר על דבר שנאסר מן הדין (שאם כן היו מנדים אותו), אלא שיכול היה למצוא בקלות פת של ישראל, ולא עשה כן אלא סמך על ההיתר, ודבר זה אינו ראוי לתלמיד חכם. וראה גם להלן.

לא תשתעו בהדיה וראה בגרסות: לא תשתעו מיניה. ופירשו הגאונים (וכן מובא ברא"ה ועוד) שהיה זה כעין קנס, שקנסו אותו שלא יאמרו דברי הלכה בשמו בבית המדרש, לפי שנהג שלא כהוגן. ורמב"ן הסביר כי למרות שלא נתקבלה גזירת חכמים משום שהעם לא נהג כן, חכמים ותלמידיהם עדיין נוהגים בה איסור, ומשום כך אין מחשיבים אדם זה כחלק מן החכמים לומר שמועה בשמו בבית המדרש. והביא שכן הוא לפי מסורת הגאונים, שאף שלא החמירו כל כך בפת גוים (ואין מענישים את הנוהג בה היתר) מכל מקום תלמיד חכם שנהג בה היתר — אין אומרים שמועה משמו בבית המדרש. וכן נהגו בהרבה מקומות שהחמירו בדבר, וכן הובא בהלכה לגבי הנוהגים היתר בפת של גוים, שמכל מקום בעשרת ימי תשובה יתרחקו מאכילתה, ועוד כיוצא באלה.

אורח ההלכה

המעמיד בשרף ערלה המעמיד גבינה בשרף של פירות ערלה או בקיבת תקרובת עבודה זרה או בחומץ יין של גוים — הרי זו אסורה בהנאה, אף שהוא שיעור קטן, ומין בשאינו מינו, כיון שהוא המעמיד, והוא עושה אותה גבינה. כר' יהושע (לענין ערלה) וכפי שעולה מסוגייתנו. (רמב"ם ספר קדושה מאכלות מאלכות אסורות פט"ז הכ"ו).

חלב שחלבו גוי חלב שחלבו גוי ואין ישראל רואה — אסור לשתותו שמא עירב בו הגוי חלב טמא. ובדור האחרון היה מי שהתיר חלב הנעשה בהשגחת הממשלה, ויש שקיבלו היתר זה, ורבים נמנעים ממנו. (רמב"ם שם פ"ג הי"ג. שו"ע יו"ד קטו, א).

פת גוים אסרו חכמים לאכול פת של גוים, משום חתנות, כדברי הגמרא להלן (ואפילו כשאין בדבר משום חתנות אסור. רשב"א). ולא אסרו אלא פת של חמשה מיני דגן, אבל פת ממינים אחרים אינה בכלל האיסור. כמשנה. (רמב"ם שם פי"ז הי"ב. שו"ע שם קיב, א).

רבי ובית דינו התירו השמן שמן של גוים מותר. שאין בו לא משום בישולי גוים ולא חשש של תערובת מאכלים טמאים. וכל המחמיר בו הרי זה כממרה פי חכמים שהתירוהו (עפ"י ירושלמי). (רמב"ם שם הכ"ב. שו"ע שם קיד, ז).

שלקות אסרו חכמים לאכול תבשילים של גוים. ועיקר טעם הגזירה הוא כדי להתרחק מהם שלא יבוא לידי חתנות. (רמב"ם שם. שו"ע שם קיג, א).

כבשים הכבשים שדרך לתת בהם יין לפעמים — אסורים באכילה. וראה בגמרא להלן (לח,ב). (רמב"ם שם הכ"ד. שו"ע שם קיד, י).

טרית טרופה וכו' והחילק אסור לקנות מן הגוים טרית טרופה או מיני דגים קטנין מעורבים (חילק) מפני שדגים טמאים מתערבים עמהם. ואלה אסורים באכילה אבל מותרים בהנאה. (רמב"ם שם פ"ג הכ"ג. שו"ע שם קיד, י).

פת פלטר כתב הרמב"ם: אף שאסרו חכמים פת גוים יש מקומות שמקילים בדבר ולוקחים פת מאופה גוי במקום שאין שם נחתום יהודי ובשדה, מפני שהוא שעת הדחק (שלדעת הרמב"ם צריך שני טעמים אלה). כדברי רב יוסף בפירוש מעשהו של רבי, וכדברי ר' חלבו ור' יוחנן. ובשו"ע לא הביא את התנאי שיהא בשדה, כגרסה אחרת ברמב"ם (וראה בגר"א).

וכתב רמ"א: ויש אומרים שאף במקום שפת ישראל מצויה מותר לאכול פת של פלטר גוי (רמ"א). והוא כשיטת התוס' והמרדכי, שבמקומות שלא נהגו איסור בפת — הותרה לגמרי (אלא שגם במקומות אלו לא הותר לאכול משל בעל בית). ועל כל פנים יש להיזהר בדבר, אלא אם כן הפת של האופה הגוי טובה יותר (ש"ך). ואף הנוהגים היתר בפת גוים של פלטר יש להם להיזהר בכך בעשרת ימי תשובה.

ופת של בעלי בתים, אין שם מי שמורה בה להקל, שעיקר הגזירה משום חתנות, ואם יאכל פת בעלי בתים יבוא לסעוד אצלם. וכתב רמ"א: ולא נקראת פת בעל הבית אלא אם עשאה לבני ביתו, אבל עשאה למכור — נקראת פת פלטר, אף על פי שאין דרכו בכך. וכן פלטר שעשאה לעצמו נקרא בעל הבית. ובמקום שאין פלטר מצוי — מותר אפילו בפת של בעלי בתים (אורחות חיים). (רמב"ם שם פי"ז הי"ב. שו"ע יו"ד קיב, ב ובהגהה. שם סעיף ח. שם או"ח תרג, א).

מסורת הש"ס

א. יבמות ל,א. לב,א. קדושין כה,א. שבועות ד,א. חולין לב,ב. קטז,ב.
ב. משנה ערלה פ"א מ"ז. נדה ח,ב. ירושלמי שביעית פ"ז ה"ב.
ג. שם.
ד. ראה סנהדרין קח,א. שהש"ר פ"א א. תנחומא נח ה. שם לך לך ג. ילק"ש תורה מט. שם נ"ך תתקפא (הדימוי).
ה. ראה ירושלמי מגילה פ"ב ה"ד. שם מו"ק פ"ג ה"ז. ויק"ר פי"א ז. שהש"ר פ"א ג. שוח"ט פמ"ח. ילק"ש נ"ך תכז. שם תשנז. שם תתקפא.
ו. ראה ע"ז לח,ב. ירושלמי שבת פ"א ה"ד. שם ע"ז פ"ב ה"ח. תוספתא ע"ז פ"ד יא. וראה ירושלמי נדה פ"ג ה"ד.
ז. ראה ירושלמי תרומות פ"ח ה"ג. שם שבת פ"א ה"ד. שם ע"ז פ"ב ה"ח.
ח. ראה ירושלמי שביעית פ"ח ה"ד. שם מע"ש פ"ג ה"א. שם שבת פ"א ה"ד. שם ע"ז פ"ב ה"ח.
ט. ע"ז לא,ב.
י. ירושלמי שבת פ"א ה"ד. שם ע"ז פ"ב ה"ח (בשינוי שם).

גרסות

בשרף הערלה בכתי"מ: **בשרף ערלה.**

דפירא מודי בכתי"ס: **דפירא מודי ליה דאסיר.**

בין לרב חסדא בין לרב נחמן בר יצחק בכת"י: **לרב חסדא ולרב נחמן בר יצחק.**

מתגלין לו בכתי"ס (ובדומה בכתי"מ): **מתגלין לו ולא עוד אלא אפילו בני אדם המכוסין ממנו מתגלין לו.**

התירו השמן במשניות: **התירו בשמן** ובכתי"מ: **התירו את השמן.**

והשלקות וכבשין בירושלמי ועוד: **ושלמות.**

לתת לתוכן בירושלמי ועוד: **לתת בהן.**

דגה כלבית שוטטת בה בירושלמי ובכת"י ועוד: **דגה.**

שלקונדית במשניות: **סלקונטית** ובירושלמי: **סלוקנרית** ובכת"י: **סלקונדרית.**

דקא בעי לגבינה בכתי"מ: **דקא בעי לה לגבינה** ובכתי"ס: **דקא בעי לה לגבנה.**

ואיבעית אימא אפילו תימא דקבעי לה לגבינה איכא דקאי בכתי"מ כבמקורות: **והשתא דאתית להכי גבינה נמי איכא למיחש דקאי וכעין זה** בכתי"ס.

מה ראו חכמים בכת"י ועוד: **מה ראו חכמים לאוסרה.**

כסבורין העם בכת"י: **כסבורין העם לומר.**

ולא היא רבי לא התיר את הפת בכתי"מ: **ורבי לא התיר.**

לא אמרן אלא דליכא בכתי"מ: **הני מילי היכא דליכא.**

בהדיה דאיבו בכתי"ס ועוד: **מיניה דאיבו.**

לחמא דארמאי בכת"י: **נהמא דארמאי.**

לשון

פלייטין
ראה בהשלמות.

טרית
יש שפירשו מן היוונית τρίτων (טריטון) שהוא בימינו שם של משפחת דגים הקרובים לדג הטונה. כך גם היתה מסורת בידי המפרשים שהטרית היא מין דג טונה. ויש סבורים שמקור המלה הוא ביוונית θρισσα (תריסא) שאף הוא שם של מין דג. ומן הענין נראה שהוא מין דגים שאין מביאים אותם בשלימותם אלא כשהם חתוכים לחתיכות קטנות.

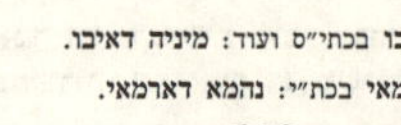

אחד ממיני הטרית

נסיובי
זו היא המלה הארמית עבור החלק הנשאר בחלב לאחר שהתגבן. יש סבורים שמקורה בפועל "נסב", כלומר מה שנשאר לאחר שהגבינה לקחה מן החלב.

פורני
מקור המלה הוא בלטינית furnus (ואחר כך הושאלה גם ליוונית המאוחרת) ומשמעה: תנור. ובלשון חכמים תנור הדומה לתנורים המודרניים, שאינו כתנורים הביתיים ולכן היו כבר פת גדולים שמשמשים לעשיית פת של בעלי בתים.

פלטר
מקור המלה ביוונית [illegible] (פליטיר) ועניינו: חנווני, אדם המוכר דברים שונים.

העולם

חלתית, טהור חיור, חלב טהור עומד, נסיובי ראה בהשלמות.

לעזי רש"י

לזור"א מן הצרפתית העתיקה lazre — חילתית.
מישג"א מן הצרפתית העתיקה mesge — נסיוב חלב, מי גבינה.

מסורת הש״ס

א. ראה משנה ע״ז לה,ב. ע״ז לח,ב. ירושלמי שבת פ״א ה״ד. שם ע״ז פ״ב ה״ח. תוספתא ע״ז פ״ד יא. וראה ירושלמי נדה פ״ג ה״ד.

ב. פסחים מד,ב. נזיר לז,ב. ע״ז לח,ב. לט,א. סה,ב. סז,ב. סח,ב. עה,ב. ירושלמי תרומות פ״י ה״ג. שם ערלה פ״ב ה״ג. שם ה״ה. שם ה״ח. שם פ״ג ה״א. תוספתא תרומות פ״ח ט. ילק״ש תורה תשי. שם תשפו.

ג. משנה עדויות פ״א מ״ה. מגילה ב,א. מו״ק ג,ב. גיטין לו,ב. ירושלמי שביעית פ״א ה״א. שם שבת פ״א ה״ד. שם ע״ז פ״ב ה״ח.

ד. ראה פסחים סב,ב.

ה. ב״ב קיא,א (כעין מעשה זה).

ו. שבת יז,ב. ע״ז לו,ב. וראה ירושלמי שבת פ״א ה״ד.

ז. ראה ירושלמי שם.

ח. (הביטוי) חולין צא,א.

ט. ב״ק עט,ב. ב״ב ס,ב. הוריות ג,ב. ובירושלמי שבת פ״א ה״ד (בשינוי לשון). שוח״ט פקל״ז. ילק״ש תורה תסט. שם נ״ך תקפט.

גרסות

אוסרתן בכתי״ס: **אוסרתו.**

דניאל גזר ואתא בכת״י: **גזר דניאל ואתא.**

ר׳ יהודה בכת״י ועוד: **ר׳ יהודה הנשיא.**

נמנו עליה בכתי״מ: **נמנו על השמן** ובכתי״ס: **נמנו על שמן של גוים.**

שאני לודאי דמזלזלו בכת״י: **לודאי מזלזלין הן.**

אנן לא דרשינן בכתי״ס: **אנו לא נדרוש.**

אבימי בכת״י כבמקבילה: **אמר אבימי.**

ולא קיבל בכתי״ס: **ולא קבול.**

תלמידי דהלל ושמאי בכתי״מ: **תלמידי שמאי והלל.**

בכל יכול לבטל בית דין בכתי״מ: **בכל יכול בית דין לבטל.**

בית דין חבירו בכתי״ס: **בית דין חברו כשהוא גדול ממנו בחכמה ובמנין.**

אמר רב משרשיא מובא בכתי״ס וכן יש במקורות: **הא אמר רב משרשיא.**

ברוב ישראל בכת״י ועוד: **בכל ישראל.**

דאמר רב אדא בכת״י: **אמר רב אדא.**

מאי קרא בכתי״ס: **מאי קראה.**

לשון

נותאה
זו היא אחת הצורות של השם נבטי, שבמקורות אחרים הוא גם נפתי, וגם נוותי. כלומר, מנבטיה, בדרום ארץ ישראל ששם שכנו שבטי הערבים הנבטים.

אישים

ר׳ שמלאי
ר׳ שמלאי היה מאמוראי ארץ ישראל בדור הראשון־שני לאמוראים שם. מוצאו היה מן העיר לוד, שתושביה לא היו נחשבים בזמן ההוא כאנשים בעלי מידות טובות (ומשום כך גם הכינוי המזלזל כאן ״שמלאי לודאה״). אנו יודעים כי חי זמן ניכר גם בבבל, בעיר נהרדעא (ולפי הירושלמי מוצאו משם). כמובא כאן הגיע מארץ ישראל לנציבין שבבבל, וכן הורה הלכה באנטוכיא.
ר׳ שמלאי היה תלמידו ושמשו של ר׳ יהודה נשיאה (הראשון), ולאחר מכן שימש את ר׳ ינאי. במדרש מוזכרים שני חתניו.
בתלמוד מובאים מעט דברי הלכה משמו על ידי גדולי האמוראים, אבל היה ידוע בעיקר כדרשן, ומפורסמים וחשובים דברים שאמר באגדה. כן ידועים ויכוחיו עם המינים.

זְלִיפָתָן שֶׁל כֵּלִים טְמֵאִים מה שכליהם פולטים לשמן דבר טמא — **אוֹסַרְתָּן.** ועל לשונו של שמואל תוהים: **אַטּוּ כּוּלֵּי עָלְמָא** [וכי כל העולם] **אוֹכְלֵי טָהֳרוֹת נִינְהוּ** [הם]? הרי טומאה אינה אלא דבר הנוגע לאלה שנזהרים בטהרה, ומי שאינו נזהר בטהרה אינו צריך לחשוש לכך! **אֶלָּא,** כך צריך לומר: **זְלִיפָתָן שֶׁל כֵּלִים אֲסוּרִין — אוֹסַרְתָּן. אֲמַר לֵיהּ** [לו] **שְׁמוּאֵל לְרַב: בִּשְׁלָמָא לְדִידִי דְּאָמֵינָא** [נניח לשיטתי שאני אומר] **זְלִיפָתָן שֶׁל כֵּלִים אֲסוּרִין אוֹסַרְתָּן, הַיְינוּ** [זהו הטעם] **דְּכִי אֲתָא** [שכאשר בא] **רַב יִצְחָק בַּר שְׁמוּאֵל בַּר מָרְתָא וַאֲמַר** שכך **דָּרֵישׁ** [דרש] **ר׳ שְׂמְלַאי בִּנְצִיבִין: שֶׁמֶן, ר׳ יְהוּדָה וּבֵית דִּינוֹ נִמְנוּ עָלָיו** כלומר, הצביעו בענין זה **וְהִתִּירוּהוּ, כִּי קָסָבַר** [סבור הוא]: **שֶׁנּוֹתֵן טַעַם לִפְגַם — מוּתָּר,** וכיון שטעמו של השמן נפגם על ידי פליטת הכלי, אינו אסור. **אֶלָּא לְדִידָךְ דְּאָמְרַתְּ** [לשיטתך שאתה אומר] **דָּנִיֵּאל גָּזַר עָלָיו,** וכי **דָּנִיֵּאל גָּזַר וַאֲתָא** [ובאו] **ר׳ יְהוּדָה הַנָּשִׂיא וּמְבַטֵּל לֵיהּ** [ומבטל אותו]? **וְהָתְנַן** [והרי שנינו במשנה]: **אֵין בֵּית דִּין יָכוֹל לְבַטֵּל דִּבְרֵי בֵית דִּין חֲבֵירוֹ, אֶלָּא אִם כֵּן גָּדוֹל הֵימֶנּוּ בְּחָכְמָה וּבְמִנְיָן,** וכי היה ר׳ יהודה הנשיא גדול מדניאל? **אֲמַר לֵיהּ** [לו] רב: בשמו של **שְׂמְלַאי לוֹדָאָה קָא אָמְרַתְּ** [הלודי אתה אומר]? **שָׁאנֵי לוֹדָאֵי דִּמְזַלְזְלוּ** [שונים הם הלודיים שהם מזלזלים] באיסורים, ואין לחשוש לטעמו למה שמסר. **אֲמַר לֵיהּ** [לו] שמואל: האם **אֶשְׁלַח לֵיהּ** [לו] ואשאל אותו מהיכן הוא יודע את הדבר הזה? **אִיכְּסִיף** [התבייש] רב. **אֲמַר רַב: אִם הֵם** ר׳ יהודה הנשיא ובית דינו **לֹא דָּרְשׁוּ** מן הכתוב שדניאל גזר על כך, ומשום כך התירו, **אֲנַן לָא דָּרְשִׁינַן** [אנו לא נדרוש]? **וְהָכְתִיב** [והרי נאמר]: **״וַיָּשֶׂם דָּנִיֵּאל עַל לִבּוֹ אֲשֶׁר לֹא יִתְגָּאַל בְּפַת בַּג הַמֶּלֶךְ וּבְיֵין מִשְׁתָּיו״** (דניאל א, ח) — **בִּשְׁתֵּי מִשְׁתָּאוֹת** (שתיות) **הַכָּתוּב מְדַבֵּר, אֶחָד מִשְׁתֵּה יַיִן וְאֶחָד מִשְׁתֵּה שֶׁמֶן,** ומסבירים: **רַב סָבַר** [סבור]: **עַל לִבּוֹ שָׂם** דניאל שצריך להרחיק מדברים אלה, **וּלְכָל יִשְׂרָאֵל הוֹרָה** שיעשו כן. **וּשְׁמוּאֵל סָבַר: עַל לִבּוֹ שָׂם** וכן נהג, **וּלְכָל יִשְׂרָאֵל לֹא הוֹרָה** שיעשו כן. ושואלים: **וְשֶׁמֶן, דָּנִיֵּאל** הוא **שֶׁגָּזַר** עליו? **וְהָאָמַר** [והרי אמר] החכם **בָּאלִי** בשם **אֲבִימִי נוֹתָאָה מִשְּׁמֵיהּ** [משמו] של **רַב: פִּיתָּן** של גוים **וְשַׁמְנָן,** סתם **יֵינָן וּבְנוֹתֵיהֶן, כּוּלָּן מִשְּׁמוֹנָה עָשָׂר דָּבָר הֵן** גזירות שנגזרו ביום אחד בימי תלמידי שמאי והלל! **וְכִי תֵּימָא** [ואם תאמר]: **אֲתָא** [בא] **דָּנִיֵּאל גְּזַר** גזירה זו **וְלֹא קִיבֵּל** העם את הגזירה, **וַאֲתוֹ** [ובאו] **תַּלְמִידֵי הִלֵּל וְשַׁמַּאי וּגְזוּר** [וגזרו] גזירה זו מחדש **וְקִיבֵּל** העם, **אִם כֵּן מַאי אַסְהֲדוּתֵיהּ** [מהי עדותו] של **רַב?** הרי הגזירה של דניאל לא התקבלה! **אֶלָּא, דָּנִיֵּאל גָּזַר עָלָיו** איסור **בָּעִיר** משום הרחקה מן הגוים, **וַאֲתוֹ אִינְהוּ וּגְזוּר** [ובאו הם תלמידי שמאי והלל וגזרו] איסור **אֲפִילּוּ בַּשָּׂדֶה.** ושואלים: **וְר׳ יְהוּדָה הַנָּשִׂיא הֵיכִי מָצֵי לְמִישְׁרָא תַּקַּנְתָּא** [כיצד יכול הוא להתיר תקנה] של **תַּלְמִידֵי שַׁמַּאי וְהִלֵּל? וְהָתְנַן** [והרי שנינו במשנה]: **אֵין בֵּית דִּין יָכוֹל לְבַטֵּל דִּבְרֵי בֵּית דִּין חֲבֵירוֹ אֶלָּא אִם כֵּן גָּדוֹל הֵימֶנּוּ בְּחָכְמָה וּבְמִנְיָן! וְעוֹד, הָא** [הרי] **אָמַר רַבָּה בַּר בַּר חָנָה אָמַר ר׳ יוֹחָנָן: בַּכֹּל יָכוֹל לְבַטֵּל בֵּית דִּין דִּבְרֵי בֵית דִּין חֲבֵירוֹ, חוּץ מִשְּׁמוֹנָה עָשָׂר דָּבָר, שֶׁאֲפִילּוּ יָבֹא אֵלִיָּהוּ וּבֵית דִּינוֹ** ויתירו **אֵין שׁוֹמְעִין לוֹ! אָמַר רַב מְשַׁרְשְׁיָא: מַה טַּעַם** אי אפשר לבטל שמונה עשרה — **הוֹאִיל וּפָשַׁט אִיסּוּרוֹ בְּרוֹב יִשְׂרָאֵל,** ואילו **שֶׁמֶן** מעולם **לֹא פָּשַׁט אִיסּוּרוֹ בְּרוֹב יִשְׂרָאֵל, שֶׁאָמַר ר׳ שְׁמוּאֵל בַּר אַבָּא אָמַר ר׳ יוֹחָנָן: יָשְׁבוּ רַבּוֹצֵתֵינוּ וּבָדְקוּ עַל שֶׁמֶן שֶׁלֹּא פָּשַׁט אִיסּוּרוֹ בְּרוֹב יִשְׂרָאֵל; וְעוֹד סָמְכוּ רַבּוֹתֵינוּ עַל דִּבְרֵי רַבָּן שִׁמְעוֹן בֶּן גַּמְלִיאֵל וְעַל דִּבְרֵי ר׳ אֶלְעָזָר בַּר צָדוֹק, שֶׁהָיוּ אוֹמְרִים: אֵין גּוֹזְרִין גְּזֵירָה עַל הַצִּבּוּר אֶלָּא אִם כֵּן רוֹב צִבּוּר יְכוֹלִין לַעֲמוֹד בָּהּ,** ואם נגזרה גזירה כזו ניתן לבטלה, **שֶׁאָמַר רַב אַדָּא בַּר אַהֲבָה, מַאי קְרָא** [מהו המקרא] המלמד על כך?

עיונים

זליפתן רש״י מסביר שעניינו כמו פליטתן, מה שהכלים פולטים אל תוך השמן הנמצא בהם. ובתוס׳ אמרו שאין הדבר מסתבר מצד הלשון. ולכן הסבירו שהכוונה ב״זליפתן״ היא, כמו בכל מקום, לשפיכה, והכוונה היא לשפיכה של השמן לתוך הכלים, שהיא אוסרת אותו בגלל האיסור הבלוע בכלים (וראה תוס׳ שאנץ ותוס׳ חכמי אנגליה. ובמהר״ם לובלין).

אטו כולי עלמא שאלה זו היא רק לתיקון הלשון, כי שמואל השתמש בדבריו במונח ״כלים טמאים״, והרי זהירות מטומאה אמנם היתה מנהג חברים, אבל לא הכל היו אוכלי טהרות, וכאן מדובר בהלכה לכל. אלא שהכוונה היתה לכלים אסורים, שנאסרו מחמת שנתבשל בהם דבר איסור. וכן מצאנו במקרא ועוד טומאה במובן של דבר אסור (ראה למשל שופטים יג, יד וברד״ק שם).

בשלמא לדידי וכו׳ בתוס׳ אמרו כי מדברי שמואל עולה שהשינוי בפסק ההלכה (עד להתרת השמן) היה תלוי בסברה האם נותן טעם לפגם אוסר או לא, שמתחילה נהגו בכך איסור, עד שבא ר׳ יהודה נשיאה והתיר. ועל כך תמהו בתוס׳: הייתכן שיבואו חכמים אחרונים ויתירו דבר שנהגו בו הקדמונים איסור? אכן, הראב״ד לא חשש לקושי הזה והוא סבור שכך דרכה של תורה, שכל עוד תלוי הדבר בסברה (ולא בגזירה) פעמים חכמי הדורות מגיעים למסקנות שלא כדעת הראשונים. והוא על דרך הרמב״ם בהלכות ממרים פרק ב. וראה השגות הראב״ד שם. אבל בתוס׳ אמרו שבאמת סבר שמואל שיש לאיסור השמן שתי סיבות, האחת משום נתינת טעם, והאחרת משום הרחקה (״חתנות״), וטעם אחד מהם אינו מספיק, אלא רק צירוף שניהם הוא סיבה לאסור. ור׳ יהודה נשיאה לא חשש לשני הטעמים, ששניהם אינם מבוססים היטב.

שאני לודאי דמזלזלו ודבר זה שאמרו על הלודים מקובל היה אצל חכמים, וכן מצאנו דברים בגנותם גם במקום אחר (ובהקשר של ר׳ שמלאי עצמו, ראה פסחים סב,ב), ומשום כך לא סמך רב על דבריו (וראה בריעב״ץ).

אשלח ליה יש שפירשו: האם אשלח לו דברים אלה שאמרת עליו שהלודים מזלזלים בדברי חכמים? (תוס׳ חכמי אנגליה ועוד). ור״ח פירש: האם אשלח לו לר׳ יהודה הנשיא האם אמר זאת או לא? ומשום כך התבייש רב. ובדומה לכך נאמר בירושלמי ששמואל השיב לרב שדברי שמלאי לא נאמרו בשם עצמו אלא בשם ר׳ יהודה נשיאה, וראה ב״ב קיא,א.

איכסיף ובירושלמי נאמר ששמואל איים על רב כי אם לא יקבל על עצמו את ההיתר של בית הדין המרכזי (שהרי בית דינו של ר׳ יהודה נשיאה היה כעין סנהדרי גדולה) יכריז עליו שהוא זקן ממרא (ראה ברמב״ם). וראה במאירי שכתב שטעם הדבר הוא שאין ראוי לתלמיד חכם להחמיר בדבר שאחרים אינם יכולים לעמוד בו, כדי שלא להוציא עליהם לעז.

פת בג המלך הרשב״ם (מובא בתוס׳) מסביר כי ״פת בג״ אין משמעו פת, אלא מתנה, מנת מזון, הנשלחת על ידי המלך. ואין איפוא ללמוד מכאן לענין איסור פת עצמה. אבל היו ראשונים שסברו כי יש רמז לגזרת פתם יינם ושמנם בדברי דניאל.

ושמן דניאל גזר וכן היה יכול להקשות גם מענין יין, אלא שכאן עסקנו בדין היתר השמן (תוס׳).

גזר עליו בעיר שטעם הגזירה היה משום חתנות, שלא יבוא להתקרב לגוים. ומשום כך הגזירה היא דווקא במקומם, בעיר, אבל בשדה ובמקום שאין הם מצויים אין איסור על השמן עצמו (רש״י).

ור׳ יהודה הנשיא היכי מצי וכו׳ הרשב״ם (מובא בתוס׳) סבור ששאלה זו אינה רק לשיטת רב אלא גם לדעת שמואל. שהרי מכל מקום נגזר הדבר בין שמונה עשר דבר. אבל היו ראשונים שפירשו כי שמואל לא סבר כדעת רב (שמסר באלי) שגזירת פת יין ושמן היא משמונה עשר דבר, ולפיכך אין קושיה זו אלא לדברי רב (ראה תוס׳ שאנץ וראב״ד).

חוץ משמונה עשר דבר הרבה מן המפרשים מסבירים שגזירת שמונה עשר דבר, כיון שפשטה ונתקבלה שוב אין לה היתר (וראה להלן). ומדברי הרמב״ם נראה שגזירה שגוזרים חכמים משום סייג וגדר אין לה היתר, וכן היא גזירת שמונה עשר דבר. אבל כבר הביאו ראשונים את דברי הירושלמי שיש יחוד בגזירות אלה ״שעמדו להן בנפשותן״, ששמונה עשר דבר נגזרו מתוך מחלוקת גדולה שהגיעה עד לידי חשש שפיכות דמים, ומשום כן אין לבטלם לעולם.

אמר רב משרשיא מה טעם יש מן המפרשים הסבורים כי דברי רב משרשיא הם הנימוק מפני מה אין שום בית דין יכול לבטל גזירת שמונה עשר דבר — מפני שפשטה בכל ישראל, ולפי זה מתרץ רב משרשיא (או הגמרא) כי שמן אינו בכללם משום שלא נתפשט איסורו. ועוד נוסף נימוק נוסף הנצרך לביטול של גזירות חכמים על יד בית דין קטן יותר שסמכו רבותינו על דברי רבן שמעון בן גמליאל וכו׳, שגזירה זו מתחילתה לא היתה ראויה. ולפי זה כתבו הראשונים מספר כללים בנושא זה, מתי יכול בית דין לבטל דברי חבירו. והרא״ה מנסח זאת כך: גזירה שפשטה בכל ישראל והיה רוב הציבור יכול לעמוד בה — אין לה ביטול כלל, אפילו בבית דין גדול יותר. גזירה שפשטה בישראל אבל אין הציבור יכול לעמוד בה — בית דין גדול בחכמה ובמנין יכול לבטלה. וגזירה שלא פשטה ואין הציבור יכול לעמוד בה — אפילו בית דין קטן יותר יכול לבטלה (וראה ברמב״ן וראה גם בדברי הר״ש משנץ).

אבל היו שסברו כי דברי רב משרשיא אינם מהוים הסבר מדוע חמורים יותר שמונה עשר דבר (שיש טעם אחר מפני מה אין לבטלם. ראה לעיל) אלא רק הסבר מפני מה יכול היה רבי יהודה נשיאה להתיר את השמן, למרות שהוא לכאורה מגזירת שמונה עשר דבר (ראה בתוס׳, וכן משמע מדברי הר״ח. וראה בגרסות).

ישבו רבותינו ובדקו ומשמע כי ישבו ובדקו שלא פשטה אף פעם בישראל, ומשום כן לא היה לה התוקף הראוי (ראה ברמב״ם וברש״י).

וסמכו רבותינו וכו׳ לכאורה אין צורך בטעם נוסף זה, מאחר שלא פשט איסורו של השמן. ומכאן למדו ראשונים (ראה לעיל) כי יש צורך בשני תנאים כדי להתיר גזירה על יד בית דין קטן יותר: האחד — שלא יתפשט הדבר בישראל, והשני — שהוא דבר שאין הציבור יכול לעמוד בו. אבל אחרים סבורים (עפ״י הירושלמי) כי אכן די היה בכך שלא נתפשט האיסור. ולפיכך פירשו כי כאן מוסיפה הגמרא ומסבירה מדוע התיר רבי יהודה נשיאה את הפת, ולא השתדל לקיים ולחזק את הגזירה הראשונה — משום שראה שאין הציבור יכול לעמוד בה (תוס׳ שאנץ. וכן כתב בתורת חיים). אכן, מדברי הרמב״ם עולה כי מדובר כאן בדבר אחד, שהעובדה שלא נתפשט הדבר בישראל מלמדת שכבר מתחילה לא היה לה תוקף, משום שהתגלה שאין הציבור יכול לעמוד בה.

אורח ההלכה

נותן טעם לפגם דבר האסור שנתן טעם בדבר המותר — נאסר הכל. במה דברים אמורים — כאשר האיסור משביח את הטעם, אבל אם האיסור פוגם את הטעם — הרי זה מותר. ולפיכך, שמן של גוים אפילו הוא מבושל — מותר, מפני שהבשר פוגם את השמן ומסריחו. (רמב״ם ספר קדושה הלכות מאכלות אסורות פט״ו הכ״ח. שם פי״ז הכ״ב. שו״ע יו״ד קג, א. שם סעיף ד).

אין בית דין יכול לבטל וכו׳ בית דין שגזרו גזירה או התקינו תקנה או הנהיגו מנהג ופשט בכל ישראל, אין בית דין שלאחריהם יכול לבטל דבריהם עד שיהא גדול מן הראשונים בחכמה ובמנין. ואפילו בטל הטעם שנתנו ראשונים לתקנתם. כמשנה בעדיות. במה דברים אמורים? בדברים שלא אסרו אותם כדי לעשות סייג לתורה אלא כשאר דיני תורה. אבל דברים שראו בית דין לגזור ולאוסרם כדי לעשות סייג, אם פשט איסורם בכל [ישראל] — אין בית דין גדול אחר יכול לעוקרם ולהתירם אפילו היה גדול מן הראשונים. והם אותם שמונה עשר דבר לדעת הרמב״ם. אבל הראב״ד כתב כי כל תקנה שפשטה בישראל לא יכול שום בית דין לבטלו, ואף לא גדול מן הראשון, כדברי רב משרשיא. (רמב״ם ספר שופטים הלכות ממרים פ״ב ה״ב).

שמן לא פשט איסורו וכו׳ גזרו חכמים גזירה, ודימו שפשטה בכל ישראל, ועמד הדבר כן שנים רבות, ולאחר זמן מרובה עמד בית דין אחר ובדק בכל ישראל וראה שאין אותה הגזירה פושטת בכל ישראל — יש לו רשות לבטל, ואפילו היה פחות מבית דין הראשון בחכמה ובמנין. כרבי יהודה נשיאה. (שם ה״ז).

אין גוזרין גזירה על הציבור וכו׳ בית דין שנראה להן לגזור גזירה או לתקן תקנה או להנהיג מנהג, צריכים להתיישב בדבר ולידע תחלה אם רוב הציבור יכולין לעמוד בה או אם אין יכולים לעמוד. ולעולם אין גוזרים גזירה על הציבור אלא אם כן רוב הציבור יכולים לעמוד בה.
הרי שגזרו בית דין גזירה ודימו שרוב הקהל יכולים לעמוד בה, ואחר שגזרוה פקפקו העם בה ולא פשטה ברוב הקהל — הרי זו בטלה, ואינם רשאים לכוף את העם ללכת בה. עפ״י סוגייתנו, וראה כס״מ ולח״מ. (שם ה״ה וה״ו. וראה שו״ע יו״ד רכח, נ בהגהה. שם שלד, טו בהגהה).

בשלמא (א)**למ"ד זליפתן של כלים אסורים כו'.** קסבר נותן טעם לפגם מותר לפוס ריהטא משמע שאותם שאסרו קודם ר' יהודה כגון *תלמידי שמאי והלל סוברין נותן טעם לפגם אסור ואתא ר' יהודה נשיאה וסבר מותר ושמואל סבר כוותיה שהיה מחזיק דברי רבי שמלאי ולקמן נמי פ"ה (דף סו.) גבי חומץ אשר שם לתוך הגריסין פסיק שמואל הכי הלכתא נותן טעם לפגם מותר ולקמן בפירקין (דף לח:) גבי מישחא שליקא(ב) סתם התלמוד אי משום גיעולי גוים נותן טעם לפגם הוא ודקדק ר"י היאך בא לחלוק על רבותינו שמאי והלל בדין נותן טעם לפגם להתירו נהי דשמן יכול להיות שמותר מטעם שלא פשט ואין רוב הצבור יכולין לעמוד בשאר דברים היאך הותר ועוד קשיא אי ס"ל לתנא דמתני' דנותן טעם לפגם אסור תקשי הא דאמר לקמן (דף לט:) גבי דבש למאי ניחוש אי משום גיעולי גוים נותן טעם לפגם הוא ומה בכך הא תנא דמתני' מיסר קא אסר לכך נראה לר"י דשמואל נמי ס"ל דכי גזור ב"ש וב"ה על השמן משום חתנות גזור ומיהו משום דלא שייך בה חתנות כ"כ כמו ביין הוצרך להם סעד בזליפתן של כלים אסורין אע"ג דאינהו סבירא להו בעלמא נותן טעם לפגם מותר וכן סובר שמואל שמכח שני הטעמים גזרו אע"פ שאין די בכל אחד לבדו והיינו דקא"ל שמואל לרב בשלמא לדידי דאמינא דגזירת שמן לא היתה קדמונית מימי דניאל אלא שמאי והלל גזור מטעמי דפרישית ניחא דיכול להיות שהתיר ר' יהודה הנשיא כמו שמפרש התלמוד בסמוך דלא פשט איסורו וגם הטעמים לא נראו לו כי אין טעם חתנות טוב כל כך ועוד דנותן טעם לפגם מותר אלא לדידך דאמרת דניאל גזר עליו היאך היה יכול רבי יהודה הנשיא לבטלה דכיון שכתובה היא בתורה פשיטא הוא דפשט איסורו בכל ישראל ועוד כי שמאי והלל שהיו אחריו יותר משלש מאות שנה שבאו והוסיפו עליו לגזור אף בשדה כמו שמפרש בסמוך א"כ משמע דגזירתו פשטה מיהא בעיר: **אשר לא יתגאל בפת בג.** פרשב"ס דהאי פת לאו פת ממש הוא דליתשמע מהכא דדניאל גזר על הפת אלא לפתן הוא והואלת המלך הוא ריפוס"א בלע"ז וכן ממקרא מוכיח דכתיב (דניאל א) ויהי המלצר נושא את פת בגם ונותן להם זרעונים ואין לומר שהיה נוטל פתן והיו אוכלים זרעונים בלא פת: במתני' כתב רשב"ס בשם רש"י דלא גרס רבי דר' יהודה הנשיא בר בריה ובית דינו התירוהו וחכמי דורו קבעו דבר זה במשנה שסדר רבי זקנו כי הוא היה בנו של ר"ג הנזכר במס' אבות (פ"ב מ"ב) ר"ג בנו של ר' יהודה הנשיא אומר יפה ת"ת כו' ואותו רבי יהודה הנשיא הנזכר כאן הוא ר' יהודה נשיאה *) שהיה בימי האמוראים אלא בלשון משנה וברייתא קורא אותו הנשיא ובלשון אמורא קורא אותו נשיאה ור' יהודה הביא ירושלמי רבי ובית דינו התירו את השמן בשלשה מקומות רבי יהודה הנשיא ורבותינו התירו בגיטין ובשמן ובסנדל ונראה לו שיש שם טעות סופר דקפריך וליקרו ליה ב"ד שריא שכל ב"ד המתיר ג' דברים נקרא ב"ד שריא ודחי א"ר יודן בר' ישמעאל בית דינו חלוק עליו בגיטין פירוש ואין זה מתיר ג' דברים ואם הוא היה רבינו הקדוש א"כ היה לו למנות עוד אחרת שהתיר כדאמר בפרק קמא דחולין (דף ו:) דהתיר רבי בית שאן דבירושלמי דדמאי נמי איתא לכך נראה לו דגרס התם ר' יהודה הנשיא והוא ר' יהודה נשיאה עוד כתוב שם בירושלמי רב יצחק בר שמואל בר מרתא נחת לנציבין אשכח לר' שמלאי הדרומי יתיב ודריש רבי ובית דינו התירו את השמן שמואל קבל עליו ואכל רב לא אכל א"ל שמואל לרב אכול או אנא כתיב עלך זקן ממרא א"ל עד דאנא תמן אנא ידע מאן ערער עליה שמלאי הדרומי א"ל אפשר מה דאמר בשם גרמיה לא בשם רבי ובית דינו אטרח עליה ואכל: **ושמן דניאל גזר עליו.** ה"נ ה"מ למפרך איין אלא משום דאשמן קאי נקטיה: **ורבי יהודה הנשיא היכי אתיא למשרי תקנתא דשמאי והלל.** פרשב"ס דפריך בין לרב בין לשמואל דשמואל נמי מודי דמי"ח דבר הם: **והתנן אין ב"ד יכול כו'.** תימה בפרק השולח (גיטין לו: ושם ד"ה אלא) גבי פרוזבול דאמר שמואל האי פרוזבול עולבנא דדייני הוא אי איישר חיילי אבטליניה ומסיק אי איישר חיילי יותר מהלל והיכי דמי אי פשטה תקנת פרוזבול אפילו היה גדול אין יכול לבטלו ואם לא פשטה א"כ למה לי איישר חיילי הרי ר' יהודה נשיאה התיר שמן אע"פ שהיה קטן מאותו טעם דלא פשט איסורו וי"ל דהכא נמי מטעם דלא פשט גרידא לא התיר אם לא היה ג"כ טעם דאין רוב הצבור יכולין לעמוד אבל פרוזבול נהי דלא פשט מ"מ רוב הצבור יכולין לעמוד בו מ"מ קשה דדבר תימה הוא היאך לא פשט מאחר שהוא ריוח המלוים לכך נראה דודאי פרוזבול פשט ודקשיא לך אפי' גדול היאך יכול לבטל ודאי בי"ח דבר דוקא אמר בהם יבא אליהו ויאמר אין שומעין וכמו שמפורש בירושלמי הטעם מפני שעמדה להם בנפשותיהם כך דקדק הרב רבי אלחנן מתוך גירסת הספרים שמצא בספרים ישנים דקאמר האמר רב משרשיא מה טעם כו' משמע שמשם מתחיל התירוץ וה"פ דשמעתין ור' יהודה נשיאה היכי אתיא למישרי כו' והתנן אין בית דין כו' ועוד אפילו הוא גדול אינו יכול לבטל בי"ח דבר ולא הוצרך לפרש הטעם כי פשוט הוא ומשני האמר רב משרשיא מה טעם לפי שפשט ולפיכך ב"ד גדול נמי אינו יכול לבטל ושמן לא פשט לכך אפי' עמדו בנפשותיהם קטן יכול לבטל וסמכו על דברי רבן שמעון בן גמליאל דאין גוזרין כו' ולפיכך הותר אף בב"ד קטן אבל ודאי שאר דברים אף כי פשטו יכול ב"ד גדול לבטל ולפיכך גבי פרוזבול אמר שמואל דאי איישר חיילי מהלל אבטליניה ואע"פ שפשט והילך הירושלמי דפרק קמא דשבת א"ר בון אמר רב יהודה בשם שמואל ל"ש אלא חוץ לי"ח דבר אבל בי"ח דבר אפילו גדול אינו מבטל מפני שעמדה להם בנפשותיהם פירוש ממה שנעלו חרב בבית המדרש:

*) [עי' תוס' לעיל לג: ד"ה בעא]

לודאי. מזלזלי במידי דרבנן: **אם הם לא דרשו.** אם ר' יהודה הנשיא לא דרש את המקרא להבין שדניאל גזר עליו וסבר דבי דינא אחרינא גזר עליו משום זליפת כלים ושרייה: **אנן לא דרשינן.** בתמיה: **שמונה עשר דבר.** ב"ש וב"ה יחד נמנו וגזרו עליהם בפ"ק דשבת (דף יג:) ולקמן פריך בנותיהן דאורייתא היא: **מאי אסהדותיה דרב.** דאמר דדניאל גזר עליו כיון דדריה לא קביל מיניה לאו גזרה היא: **בעיר.** משום חתנות: **בכל יכול לבטל בית דין גזירת ב"ד חבירו.** שגזר על דבר המותר ובלבד שיהא גדול ממנו: **רבותינו.** רבי יהודה הנשיא: **לא פשט.** עדיין לא החזיקו רובם באותה הגזירה לנהוג בו איסור:

תורה אור

זליפתן של כלים טמאים אוסרתן אטו כולי עלמא אוכלי טהרות נינהו אלא זליפתן של כלים אסורין אוסרתן א"ל שמואל לרב בשלמא לדידי דאמינא זליפתן של כלים אסורין אוסרתן היינו דכי אתא רב יצחק בר שמואל בר מרתא ואמר דריש רבי שמלאי בנציבין א*שמן ר' יהודה ובית דינו נמנו עליו והתירוהו קסבר ב*אנותן טעם לפגם מותר אלא לדידך דאמרת דניאל גזר עליו דניאל גזר ואתא רבי יהודה הנשיא ומבטל ליה והתנן ג*באין ב"ד יכול לבטל דברי ב"ד חבירו אלא א"כ גדול הימנו בחכמה ובמנין א"ל שמלאי לודאה קא אמרת דשאני לודאי דמזלזלו א"ל ה*אשלח ליה איכסיף אמר רב אם הם לא דרשו אנן לא דרשינן והכתיב דניאל א ישם דניאל על לבו אשר לא יתגאל בפת בג המלך וביין משתיו בשתי משתאות הכתוב מדבר אחד משתה יין ואחד משתה שמן רב סבר על לבו שם ולכל ישראל הורה ושמואל סבר על לבו שם ולכל ישראל לא הורה ושמן דניאל גזר *והאמר באלי *אבימי נותאה משמיה דרב ו[ג] פיתן ושמנן יינן ובנותיהן כולן משמנה עשר דבר הן וכי תימא אתא דניאל גזר ולא קיבל ואתו תלמידי דהלל ושמאי וגזור וקיבל א"כ מאי אסהדותיה דרב אלא דניאל גזר עליו בעיר ואתו אינהו וגזור אפילו בשדה ור' יהודה הנשיא היכי מצי למישרא תקנתא דתלמידי שמאי והלל והתנן אין בית דין יכול לבטל דברי בית דין חבירו אלא אם כן גדול הימנו בחכמה ובמנין ועוד הא אמר רבה בר בר חנה אמר ר' יוחנן זבכל יכול לבטל בית דין דברי בית דין חבירו חוץ משמונה עשר דבר שאפילו יבא אליהו ובית דינו אין שומעין לו אמר רב משרשיא מה טעם הואיל חופשט *איסורו ברוב ישראל שמן לא פשט איסורו ברוב ישראל דאמר רבי שמואל בר אבא אמר רבי יוחנן ישבו רבותינו ובדקו על שמן שלא פשט איסורו ברוב ישראל וסמכו רבותינו על דברי רשב"ג ועל דברי רבי אלעזר בר צדוק שהיו אומרים ט*אין גוזרין גזירה על הצבור אא"כ רוב צבור יכולין לעמוד בה דאמר רב אדא בר אהבה מאי קרא במארה

רבינו חננאל

ושמואל אמר זליפתן של כלים אסורין. כגון קדירה בת יומא וכיוצא בה אסרתן. אמר ליה שמואל לרב בשלמא לדידי כו' משום דנותן טעם לפגם מותר משום הכי שרייה רבי. אלא לדידך דאמרת דניאל גזר עליו היכי יכול רבי לבטוליה. והא אין בית דין יכול לבטל דברי בית דין חבירו אלא אם כן גדול ממנו בחכמה ובמנין. אמר ליה אשלח ליה לרבי אשאל אשאליה איכסיף רב אמר [אם] הם לא דרשו אנן לא דרשינן. כתיב וישם דניאל על לבו אשר לא יתגאל בפת בג המלך וביין משתיו בשתי משתאות הכתוב מדבר. יין ושמן רב סבר שם על לבו והורה לכל ישראל. ושמואל סבר שם על לבו לעצמו לאחרים לא הורה: **ירושלמי** אמר ליה שמואל אכול משחא דארמאי ואי לא כתיבנא עליך זקן ממרא: ומקשינן וסבר רב שמן דניאל גזר עליה והא משמיה דרב אמרו פתן שמנן ויינן מי"ח דבר הן. ופרקינן דניאל גזר שיהא אסור בעיר. תלמידי שמאי והלל גזרו ביה איסור אפילו בשדה. ומקשינן אי הכי רבי היכי מצי מבטיל גזירה זו. והאמר ר' יוחנן בכל יכול בית דין לבטל דברי בית דין חבירו אם הוא גדול ממנו בחכמה ובמנין חוץ מי"ח דבר שאפי' יבוא אליהו ובית דינו אין שומעין להם. ופרקי' להו אמר רב שמעיה מה טעם הואיל פשט איסורן ברוב ישראל שמן לא פשט איסורו ברוב ישראל ורבי יוחנן ישבו רבותינו ובדקו על השמן ולא מצאו שלא פשט איסורו ברוב ישראל. וסמכו רבותינו על דברי רשב"ג ועל דברי רבי אלעזר בר צדוק שהיו אומרים אין גוזרין גזירה על הצבור אלא אם רוב ישראל יכולין לעמוד בה. כדכתיב

קכו א מיי' פט"ו מהל' מאכלות אסורות הלכה כח סמג לאוין קלח טוש"ע י"ד סי' קג סעיף א:
קכז ב מיי' פ"ב מהל' ממרים הלכה ב סמג עשין קיא:
[קכז ג רב אלפס קדושין פ"ד דף רמג.]

וכן בכל התלמוד היכא דכתוב שמאי והלל צריך לגרוס תלמידי שמאי והלל. רש"א
[לקמן לח:]
[שם לט. לט: סה: סז: סח: עה:]
[עדיות פ"א מ"ה] מ"ק ג: מגילה ב. גיטין לו:
[ב"ב קיא.]
שבת יז: ע"ש [גי' אמר אבימי]
איסורם. יעב"ץ
ב"ק עט: ב"ב ס: הוריות ג:

הגהות הב"ח

(א) תוס' ד"ה בשלמא לדידי דאמינא זליפתן של כלים וכו' גבי חומץ לתוך הגריסין כ"ל ותיבות אשר שם נמחק: (ב) בא"ד מישחא שליקא קאמר סתם התלמוד וכו' שלא פשט איסורו ואין רוב וכו' לעמוד בו בשאר:

גליון הש"ס

תוס' ד"ה בשלמא וכו' לא לאמר לקמן. [ועי'] דף לח ע"ב [ועיי"ש] בתוס' ד"ה אי:

במארה אתם נארים ואותי אתם קובעים הגוי כולו אי איכא גוי כולו אין אי לא לא

א גופא *אמר באלי אמר אבימי נותאה משמיה דרב פיתן ושמנן יינן ובנותיהן כולן משמונה עשר דבר הן בנותיהן מאי היא אמר רב נחמן בר יצחק גזרו על בנותיהן נדות מעריסותן וגניבא משמיה דרב אמר כולן משום עבודה זרה גזרו בהן דכי אתא *רב אחא בר אדא א"ר יצחק גזרו על פיתן משום שמנן מאי אולמיה דשמן מפת אלא על פיתן ושמנן משום יינן ועל יינן משום בנותיהן ועל בנותיהן משום דבר אחר ועל דבר אחר משום ד"א בנותיהן דאורייתא היא דכתיב לא תתחתן בם דאורייתא ז' אומות אבל שאר גוים לא ואתו אינהו וגזור אפילו דשאר גוים ולר"ש בן יוחי דאמר כי יסיר את בנך מאחרי *לרבות כל המסירות מאי איכא למימר אלא דאורייתא אישות דרך חתנות ואתו אינהו גזור אפילו דרך זנות זנות נמי בבית דינו של שם גזרו דכתיב ויאמר יהודה הוציאוה ותשרף אלא דאורייתא גוי הבא על בת ישראל דמשכה בתריה אבל ישראל הבא על הגויה לא ואתו אינהו גזור אפי' ישראל הבא על הגויה ישראל הבא על הגויה הלכה למשה מסיני היא *דאמר מר הבועל ארמית קנאין פוגעין בו *(א"ל) דאורייתא בפרהסיא וכמעשה שהיה ואתו אינהו גזור אפילו בצינעא בצינעא נמי בית דינו של חשמונאי גזרו [דכי אתא רב דימי אמר ב"ד של חשמונאי גזרו] ישראל הבא על הגויה חייב משום נשג"א *כי אתא רבין אמר משום נשג"ז כי גזרו בית דינו של חשמונאי ביאה אבל ייחוד לא ואתו אינהו גזור אפי' ייחוד ייחוד נמי בית דינו של דוד גזרו *דאמר רב יהודה באותה שעה גזרו על ייחוד אמרי התם ייחוד דבת ישראל אבל ייחוד דגויה לא ואתו אינהו גזרו אפי' אייחוד דגויה ייחוד דבת ישראל דאורייתא היא *דאמר ר' יוחנן משום ר"ש בן יהוצדק רמז לייחוד מן התורה מנין שנאמר כי יסיתך אחיך בן אמך וכי בן אם מסית בן אב אינו מסית אלא בן מתייחד עם אמו ואין אחר מתייחד עם כל עריות שבתורה ייחוד דאורייתא דאשת איש ואתא דוד וגזר אפי' אייחוד דפנויה ואתו תלמידי בית שמאי ובית הלל גזור אפי' אייחוד דגויה מאי

ב על ד"א משום ד"א אמר רב נחמן בר יצחק *גזרו על תינוק גוי שיטמא בזיבה שלא יהא תינוק ישראל רגיל אצלו במשכב זכור דא"ר זירא צער גדול היה לי אצל ר' אסי ור' אסי אצל ר' יוחנן ור' יוחנן אצל ר' ינאי ור' ינאי אצל רבי נתן בן עמרם ור"נ בן עמרם אצל רבי תינוק גוי מאימתי מטמא בזיבה ואמר לי בן יומו וכשבאתי אצל ר' חייא אמר לי בן ט' שנים ויום אחד וכשבאתי והרציתי דברי לפני רבי אמר לי הנח דברי ואחוז דברי רבי חייא דאמר תינוק גוי אימתי מטמא בזיבה בן תשע שנים ויום אחד

הואיל

רש"י

במארה אתם נארים. אתם מקבלים עליכם גזירה בארור ובקללה ונאסר עליכם ואח"כ אותי אתם קובעים גוזלים שאתם נהנים שוב מן האסורים: **מעריסתן.** מקטנותן שהן שוכבות בעריסה שקורין ברי"ץ: **משום יינן.** שהיין בוער בו ומביאו לידי בנותיהן: **ובנותיהן אסורין משום דבר אחר.** עבודת אלילים: **ועל דבר אחר שלא הוזכר כאן גזרו משום דבר אחר.** ולא משום עבודת אלילים לקמן מפרש לה: **קנאים.** בני אדם המקנאין קנאתו של מקום לנקום נקמותיו: **פוגעין בו.** בשעת בעילה לפי שאינו במיתת ב"ד וכמעשה שהיה דזמרי וכזבי: **נשג"א.** גזרו עליהן משום נדה דרבנן ואע"ג דגויה אין דמה מטמאה מן התורה שהרי היא כבהמה חכמים גזרו עליה ומשום שפחה משום גויה כאילו מתחתן בה דרך אישות ומשום אשת איש דבעולת בעל יש להן לבני נח דכתיב והיא בעולת בעל וישראל הרגיל בכך הואיל ובא עליה בנדתה אתי למיבעל נמי נדה ישראלית ואתי למינסב שפחה ועבר משום לא יהיה קדש ואתי למנסבה לגויה ועבר אלא תתחתן ואתי למיבעל אשת איש ישראל: **משום נשג"ז.** נדה שפחה גויה זונה שאם כהן הוא יש כאן משום לאו דזונה ולא לאו ממש אלא גזירה משום זונה ישראלית שנבעלה לאסור לה: **דאורייתא.** דמייחדא בהדיה כו' לא גרסי' וה"ג כי גזור רבנן בית חשמונאי ביאה אבל ייחוד לא כו' ואתו אינהו תלמידי שמאי והלל: **באותה שעה.** מעשה אמנון ותמר והא דרב יהודה בסנהדרין בפ' כ"ג: **שיטמא בזיבה.** אפי' לא ראה גזרו עליו להיות כזב: **צער גדול היה לי כו'.** כלומר טורח גדול היה לי אצלו בשאלה זו ששאלתיה ממנו כמה פעמים ולא היה בידו:

הואיל

תוספות

אי איכא גוי כולו אין אי לא לא. פי' אינה חלה כשאר גזירות ויכולה להתבטל אף בב"ד קטן מיהו חלה היא לענין שצריכה שוב היתר שהרי שמן נהגו בו איסור עד שבא רבי יהודה והתירו: **גזרו על בנותיהן שיהו נדות מעריסותן.** וגם על בנות כותים גזרו ושתי גזירות הוו ותרווייהו צריכי כמו שפי' בפ"ק דשבת(א) (טז:): **דכתיב לא תתחתן בם.** אסיפא דקרא סמיך דכתיב ובתו לא תקח לבנך דאילו לאו דלא תתחתן מיירי בגירות כדאמרינן בהערל (יבמות עו.) וכי האי גוונא פי' הר"ר אלחנן בפרק הערל (שם עט.) גבי בני שאול שהוקעו דפריך והכתיב לא יומתו אבות על בנים וע"כ אסיפא דקרא סמיך דכתיב איש בחטאו יומתו אבל רישיה דקרא מוקמי ליה (בסנהדרין דף כז:) בעדות אב על הבן [וע"ע תוס' כתובות כו. סד"ה אלו]: **כי יסיר לרבות כל המסירין.** ע"כ הך דרשא לא קיימא אלא אבתו לא תקח לבנך דסליק מיניה דאילו שאר גוים בגיותן שרו ולר"ש דאסר פי' רשב"ם הך דר"ש ליתא בכולהו תנאי אלא משום דשמעינן ליה לר"ש דדריש טעמא דקרא אם כן כי יסיר יתירא הוא דכי נמי לא כתיב דרשינן האי טעמא מנפשיה [ועי' תוס' קידושין סח: ד"ה הניחא וכו']: **משום נשג"ז.** פירוש כהן הבא עליה חייב משום זונה ומפ' בפ' הנשרפין (סנהדרין דף פב.) ולידך דאמר משום נשג"א קסבר נשייהו לא מפקרי בזנות ומשום הכי לא מחייב משום זונה והקשה הרב רבי משה מפונטוי"ש דאמר הכא בית דין של חשמונאי גזרו בגויה משום זונה ותנן בפרק הבא(ב) ביבמות (דף סא:) וחכ"א אין זונה אלא גיורת או משוחררת ושנבעלה בעילת זנות וזו היא זונה האמורה בתורה ומפרש טעמא לפי שבאין עליה בנכריותה אלמא בגויה שייך זנות ויש לדחות דהתם בגיורת שאני משום דהשתא היא בת קיחה וקיימא באיסור חללה וזונה לא יקח(ג) אבל בגויה דלית בה קיחה לית בה משום זונה לא יקח ולא משום חילול זרעו שאינו מתייחס אחריהן אכן קשה דאמר פרק כל האסורין (תמורה דף כט: ד"ה ורבא) אמר אביי כהן הבא על הגויה (אפי' א"א) אינו לוקה ורבא אמר לוקה אלמא מדאורייתא הוא מלקי עלה משום זונה ואפילו בגויה ואמר בפרק עשרה יוחסין (קידושין דף עח.) דפליגי ר' אלעזר בר יעקב ור' יהודה ור' יוסי ור' שמעון בגיורת לכהן ואפילו ר' שמעון לא שרי אלא בנתגיירה פחותה מבת ג' שנזרעו בתוליה בישראל אבל בגויה ודאי שייך זונה וי"ל דההיא דרבא דתמורה וכן ההיא דפ' י' יוחסין וההיא דיבמות דמשמע דבגויה שייך זונה(ד) היינו ודאי ליאסר לכהן ואף הכהן לוקה עליה כבעולה ודאי ואביי דפליג ואמר אינו לוקה היינו משום דקסבר דהא דמתסרא גויה זונה לכהן מדאורייתא לאו משום זונה דכתיב בקרא מתסרא אלא מגזרת הכתוב דכתיב בתולה מעמיו ולא גיורת ולאו הבא מכלל עשה ולהכי לא לקי והך גזירה דב"ד של חשמונאי הוי בסתם גויה שאין ידוע לנו שנבעלה דמספיקא לא לקי ואפי' לרבא ומיהו לרבין גזרו חכמים לחייבו משום זונה ולרב דימי נשייהו לא מפקרי הלכך משום זונה לא גזרו ומפ' נמי התם בפ' הנשרפין מ"ד נשג"ז לא אמר נשג"א דאישות לית להו וק' דהא מרבינן בפ"ק דקידושין (דף כא:) גבי יפת תואר אשת לרבות א"א אלמא איכא בהו אישות וי"ל דודאי עשה מיהא איכא ולכך הוצרך לרבות אשת איש והא דדרשינן בפ' ד' מיתות (סנהדרין דף נב:) אשר ינאף אשת רעהו פרט לאשת אחרים פי' גוי אלמא לא שייך בהו אישות כלל היינו לענין חיוב מיתה והא דאמרינן (ברים) [בירושלמי בפ'] אין עומדין י' באו על הזונה ראשון קנאה ואחרים חייבים עליה משום אשת איש הדא אמר בעילה קונה בבני נח היינו דוקא גבי בני נח אבל בישראל אינו חייב בעשה אלא בעולת בעל ואשתו גמורה: **צער גדול היה לי לפני רבי אסי כו'.** מדאמרינן ופלוני אצל פלוני משמע שכולם היו בדור אחד וכולם בימי רבי:

לאלתר

"במארה אתם נארים ואתי אתם קבעים הגוי כלו" (מלאכי ג, ט), ומכאן נלמד: אי איכא [אם יש] גזירה ("מארה") שקיבלו עליהם גוי (העם) כולו — אין [כן], אי [אם] לא — לא, אין הגזירה חלה.

א גופא [לגופו] של דבר שהזכרנו קודם, אמר באלי אמר אבימי נותאה משמיה [משמו] של רב: פיתן ושמנן, יינן ובנותיהן של גוים, כולן משמונה עשר דבר שגזרו תלמידי שמאי והלל הן. ושואלים: בנותיהן מאי [מה] היא גזירה זו? אמר רב נחמן בר יצחק: גזרו על בנותיהן שתיחשבנה נידות מעריסותן, כלומר מקטנותן, עוד קודם שהן מגיעות לזמן נידה. וגניבא משמיה [משמו] של רב אמר: כולן וגם בנותיהם, משום עבודה זרה גזרו בהן. ומעירים: והוא כמו דכי אתא [שכאשר בא] רב אחא בר אדא מארץ ישראל לבבל אמר בשם ר' יצחק: גזרו על פיתן משום שמנן, ותוהים על פרט זה: מאי אולמיה [מה תוקפו] מדוע גדול כוחו של איסור שמן מאשר איסור פת? אלא, כך צריך לומר: גזרו על פיתן ועל שמנן משום יינן, ועל יינן גזרו משום בנותיהן, ועל בנותיהן משום דבר אחר כלומר, עבודה זרה. ועל דבר אחר נוסף, שלא הזכירו, גזרו משום דבר אחר (טעם אחר), כאשר יבואר להלן. ומבררים את הענין: איסור בנותיהן, הלוא דאורייתא [מן התורה] היא, דכתיב [שנאמר]: "לא תתחתן בם בתך לא תתן לבנו ובתו לא תקח לבנך" (דברים ז, ג), ולא זו גזירת חכמים! ומשיבים: דאורייתא [מן התורה] אסורות רק בנותיהם של שבעה גוים (שהיו בארץ ישראל בזמן כיבוש יהושע), אבל שאר אומות — לא, ואתו אינהו וגזור [ובאו הם, חכמים, וגזרו] אפילו על בנותיהם של שאר אומות. ושואלים: ולר' שמעון בן יוחי שאמר: הטעם שנכתב בתורה באיסור זה, "כי יסיר את בנך מאחרי" (שם ד), הריהו בא לרבות (להוסיף) בכלל האיסור את כל המסירות, ונכללים בכך גם בנות כל הגוים שהם עובדי עבודה זרה, לפי זה מאי איכא למימר [מה יש לומר] מה היא גזירת חכמים! אלא כך צריך לפרש: דאורייתא [מן התורה] מה שאסור הוא אישות כלומר, נישואין בדרך חתנות כמו שנאמר "לא תתחתן בם", ואתו אינהו גזור [ובאו הם, תלמידי שמאי והלל, וגזרו] אפילו על ביאה בדרך זנות. ושואלים: ביאה בדרך זנות נמי [גם כן] כבר בבית דינו של שם גזרו על כך שהיא אסורה, דכתיב [שנאמר]: "ויאמר יהודה הוציאוה ותשרף" (בראשית לח, כד), משמע שהיתה בידיהם הלכה בענין זה, שישראלית שזנתה אסורה וחייבת מיתה! אלא, כך צריך לומר: דאורייתא [מן התורה] אסור הדבר כגוי הבא על בת ישראל, משום דמשכה בתריה [שנמשכת אחריו] והולכת לעבוד עבודה זרה, אבל ישראל הבא על הגויה — לא, ואתו אינהו גזור [ובאו הם, וגזרו] אפילו על ישראל הבא על הגויה שהיא אסור. ומקשים: איסור זה של ישראל הבא על הגויה — הלכה למשה מסיני היא, שאמר מר [החכם]: הבועל ארמית כלומר, גויה — קנאין פוגעין בו והורגים אותו, כדרך שעשה פינחס לזמרי בן סלוא (במדבר כה, ו—ח)! אמר ליה [לו], כך צריך לומר: האיסור דאורייתא [מן התורה] הוא דווקא כשבועל גויה בפרהסיא (בפני רבים) וכמעשה שהיה בזמרי, וגזרו אפילו על ביאה בצנעא. ושואלים: בצינעא נמי [גם כן] בית דינו של חשמונאי הם שגזרו, [דכי אתא [שכאשר בא] רב דימי מארץ ישראל לבבל אמר: בית דין של חשמונאי גזרו], שישראל הבא על הגויה — חייב משום נשג"א שמדברי סופרים מחשיבים אותו כאילו בא על נידה, שפחה, גויה, אשת איש (ובראשי תיבות: נשג"א), כי אתא [כאשר בא] רבין מארץ ישראל אמר זאת בשינוי: משום נשג"ז (נידה, שפחה, גויה, זונה)! ומתרצים: כי [כאשר] גזרו בית דינו של חשמונאי היתה זו גזירה רק על ביאה על גויה, אבל ייחוד עימה לא אסרו, ואתו אינהו [ובאו הם, תלמידי שמאי והלל] גזור [גזרו] אפילו ייחוד.

ומקשים: ייחוד נמי [גם כן] בית דינו של דוד גזרו, שאמר רב יהודה: באותה שעה, לאחר מעשה אמנון ותמר, גזרו על ייחוד! אמרי [אומרים]: אין הדברים כך, התם [שם] בית דינו של דוד גזרו על איסור של ייחוד עם בת ישראל לכלשהי, אפילו פנויה, אבל ייחוד עם גויה — לא, ואתו אינהו [ובאו הם] גזרו אפילו על ייחוד של גויה. ומקשים: ייחוד עם בת ישראל דאורייתא [מן התורה] היא! שאמר ר' יוחנן משום (בשם) ר' שמעון בן יהוצדק: רמז לייחוד מן התורה מנין? שנאמר: "כי יסיתך אחיך בן אמך" (דברים יג, ב), ומדוע נאמר ההגדרת "אחיך" שהוא "בן אמך"? וכי בן אם מסית, בן אב אינו מסית? אלא יש בכך רמז: בן מתייחד עם אמו, ולכן יש חשש שאחיו מן האם יסיתהו בסתר, כיון ששניהם מצויים אצל אימם, אבל אין אחר מתייחד עם כל עריות שבתורה! ומשיבים: ייחוד האסור דאורייתא [מן התורה] הוא דווקא ייחוד עם אשת איש, ואתא [ובא] דוד וגזר אפילו על ייחוד של פנויה, ואתו [ובאו] תלמידי בית שמאי ובית הלל גזור [גזרו] אפילו על ייחוד של גויה.

ב ומבררים: מאי [מה] פירוש הדברים שנאמרו לעיל בשם ר' יצחק, שגזרו על דבר אחר משום דבר אחר? אמר רב נחמן בר יצחק: גזרו על תינוק גוי שיטמא בזיבה, כלומר שייחשב כאילו הוא טמא בזיבה, ומדוע? כדי שלא יהא תינוק ישראל רגיל (מצוי) אצלו ויביאו לחטוא במשכב זכור. שאמר ר' זירא: צער גדול היה לי אצל ר' אסי בשאלה ששאלתי אותו ולא נענתי, ור' אסי שאל דבר זה אצל ר' יוחנן, ור' יוחנן אצל ר' ינאי, ור' ינאי אצל ר' נתן בן עמרם, ור' נתן בן עמרם אצל רבי, והשאלה היתה: תינוק גוי מאימתי מטמא בזיבה? ואמר לי: בן יומו, וכשבאתי אצל ר' חייא, אמר לי: על בן תשע שנים ויום אחד גזרו חכמים שיטמא כאילו היה זב, מפני שהוא אז ראוי לביאה, וכשבאתי והרציתי (סיפרתי) דברי דברים אלו של ר' חייא לפני רבי, אמר לי: הנח דברי ואחוז דברי ר' חייא, שאמר: תינוק גוי אימתי מטמא בזיבה — בן תשע שנים ויום אחד,

מסורת הש"ס

א. ע"ז לו,א (ושם סומנו מקבילות).
ב. ראה משנה נדה לא,ב. שבת טז,ב. יז,א.
ג. שבת יז,ב.
ד. ראה ירושלמי שבת פ"א ה"ד. שם סוטה פ"א ה"ח. במדב"ר פ"ט כד. ילק"ש נ"ך סט.
ה. יבמות כג,א. קדושין סח,ב.
ו. ראה תנחומא בובר וישב יז. ילק"ש תורה קמה.
ז. סנהדרין פב,א. וראה ירושלמי סנהדרין פ"ט ה"ז. במדב"ר פ"כ כה. תנחומא בלק כא. תנחומא בובר בלק ל. ילק"ש תורה תשעא. שם תתקיח.
ח. משנה סנהדרין פא,ב.
ט. סנהדרין פב,א.
י. שם (ועיי"ש).
יא. שם כא,א.
יב. קדושין פ,ב. סנהדרין כא,ב. ירושלמי סוטה פ"א ה"א. שם קדושין פ"ד הי"א. ילק"ש תורה תתפו.
יג. שבת יז,ב.

גרסות

נדות מעריסותן בכתי"מ: שיהו נדות מעריסתן בכתי"ס: שהן נדות מעריסתן.

משום עבודה זרה גזרו בהן בכתי"ס: משום עבודה זרה נגעו בהו.

אלא על פיתן בכת"י: אלא גזרו על פיתן.

אלא דאוריתא אישות דרך חתנות בכתי"מ: דאוריתא אישות ודרך חתנות ובכתי"ס: אלא דאורייתא דרך חתנות.

אלא דאוריתא גוי הבא בכתי"מ: התם גזרו על גוי הבא.

אבל ישראל הבא על הגויה לא בכתי"מ חסר משפט זה, ובכתי"ס: אבל ישראל הבא על הגויה דלא מימשיך בתרה לא.

אמר ליה דאורייתא בפרהסיא בכת"י: דאורייתא בפרהסיא ויש שתיקנו: אלא דאורייתא בפרהסיא.

חייב משום בכת"י: חייב עליה משום.

נשג"ז. כי גזרו בכתי"ס: נשג"ז. התם דמיחדא ליה אבל אקראי בעלמא לא ואתו אינהו גזור אפילו אקראי בעלמא אקראי בעלמא גמרא הוי ובית חשמונאי לאוסופי אהלכה למעשה אתו ואי מייחדא ליה אפילו בצינעא הא ודאי חמירא כאקראי בפרהסיא ומאי קא מוספי אלא ודאי בית חשמונאי לאוסופי אקראי בעלמא אתו. אלא כי גזור.

אפילו ייחוד ייחוד נמי בכתי"מ: אפילו אייחוד ייחוד.

גזרו על הייחוד בכת"י כבמקבילה: על הייחוד ועל הפנויה.

ייחוד דאורייתא דאשת איש בכתי"מ: אלא ייחוד אשת איש דאורייתא היא בכתי"ס: דאורייתא יחוד דאשת איש.

תלמידי בית שמאי ובית הלל בכתי"מ: תלמידי שמאי והלל.

רגיל אצלו במשכב זכור בכתי"ס: דרגיל אצלו שלא ילמדנו למשכב זכור.

דברי ר' חייא דאמר — ויום אחד בכתי"ס: דברי חייא.

לעזי רש"י

בריי"ץ מן הצרפתית העתיקה brez — עריסה.

עיונים

במארה אתם נארים ופירושו לפי זה: שהנביא מוכיח את העם בשם ה': אתם מקבלים עליכם גזירה בארור ובקללה ("במארה"), ואחר כך אתם עוברים על גזירה זו, ובזה אתם גוזלים ומרמים אותי. ומכאן גם מדייקים, שרק כאשר הגוי כולו מקבל עליו את הגזירה — אז היא חלה בכל חומרתה (נפל בדברי רש"י לפנינו שיבוש סופרים, וכנראה יש לגרוס במקום "הארורים" — החרם. ראה ריטב"א).

אי איכא גוי כולו וכו' וכבר כתבו ראשונים (עפ"י הוריות ג,ב) ש"כולו" לאו דווקא, שרובו של העם ככולו. וכתבו בתוס' שאין משמעות הדבר שגזירה שלא קיבלוה רוב הציבור בטלה מעצמה. אלא שאם מתברר שלא קיבלוה וקשה על העם כולו לקיימה — יכול בית דין, אפילו הוא קטן מבית הדין שגזר גזירה זו — לבוא ולבטלה. וכדרך שמצאנו שאף גזירת השמן הוצרכה לבית דין שיבטלנה.

גזרו על פתן ושמנן משום יינן וכו' ושאל הרמב"ן: הרי לכאורה זו היא גזירה לגזירה, ואין גוזרים גזירה לגזירה! ותירץ שאפשר לומר כי היתה זו גזירה אחת, שאם לא יקפידו גם בפתם ושמנם יזלזלו גם באיסור יינם. או שהכוונה כאן היא שגזרו בפתם ושמנם משום אותו טעם של איסור יינם — חתנות. ועוד כתב כי אולי אין גוזרים גזירה לגזירה בדבר השייך בתוך ישראל, אבל במה ששייך להרחקה מן הגוים גוזרים גזירה לגזירה.

יינן משום בנותיהן שהוא ודאי דבר הגורם לקירוב הדעת ולחטוא בבנותיהם, ומחמת שכרות ומחמת קרוב הלבבות יבוא להיכשל על ידן בעבודה זרה (וכדרך שמספר המדרש לגבי חטא ישראל בשיטים). והרמב"ן כתב שבאיסור יינם החמירו עוד הרבה, לאסור סתם יינם גם בהנאה, מפני סרך יין נסך. ואילו הרשב"א כתב (בתורת הבית) ששני שלבים היו, בתחילה נאסר יינם בשתיה, והוא המובא כאן בתקנת תלמידי שמאי והלל כמו פתם ושמנם, וחכמי המשנה הוסיפו ואסרוהו בהנאה, כמובא בתחילת פרק זה, והוא משום שראו שהיו רגילים בניסוך היין לעבודה זרה.

בשבעה גוים שבתחילת אותה פרשה נאמר: "ונשל גוים רבים מפניך החתי והגרגשי והאמרי והכנעני והפרזי והחוי והיבוסי, שבעה גוים" וכו' (דברים ז, א). ובהמשך (פסוק ג) נאמר: "ולא תתחתן בם" וכו'.

אישות דרך חתנות שמן התורה אסור להיות בקביעות עם אשה גויה, כמי שחי עימה כאשתו, שאף שאין בכך דין נישואין כלל מן התורה, מכל מקום הוא נוהג בה מנהג חתנות, ומגיע בסוף להימשך ולעבוד עבודה זרה.

בבית דינו של שם שהיה קיים עוד בימי האבות, ואמרו שהוא היה משומרי מסורת האמת עוד מימי קדם, ותמר (לפי המדרש) היתה בתו (וראה ברש"י על התורה בענין זה שכתב ששם היה כהן, ולכן דינה של תמר בתו היה בשריפה, כדין בת כהן שזינתה), ויהודה היה תלמידו (תוס' חכמי אנגליה). וכתב הראב"ד שאף שהאבות לא היו ישראל, מכל מקום כיון שנתגלה ה' להם, וכיון שקיבלו על עצמם לשמור מצוותיו, נהגו להרחיק מנשואין עם נשים שאינן מאלה ששומרים את האמונה, ואם נשאו נשים — גיירו אותן, ואם כן תמר היתה יהודיה.

אלא דאורייתא גוי הבא וכו' וכתבו הרי"ד (וכיוון לכך רש"ש) שאף שדבר זה אינו ממש מן התורה, אבל כיון שאמרו שנגזרה גזירה זו עוד בימי התורה, ומעשה זה מפורש בתורה עצמה, הרי זה נקרא בדרך השאלה "דאורייתא".

הלכה למשה מסיני והוא על דרך מה שאמר רב במסכת סנהדרין (פב,א), שאמר לו פנחס למשה: אחי אבי אבא, לא כך לימדתני ברדתך מהר סיני, הבועל ארמית קנאים פוגעים בו?

בפרהסיא וכמעשה שהיה שאין קנאים פוגעים בו אלא אם כן בא עליה בפרהסיא (במעמד עשרה מישראל) וכמעשה שהיה בפינחס — שמותר להרוג אותו רק כאשר מוצאים אותו בשעת הביאה עצמה ולא לאחר מכן.

משום נשג"א שהבא על הגויה שלא בדרך אישות (שהוא אסור מן התורה) מלקים אותו מכות מרדות משום ארבעה דברים אלו (מאירי. וראה בפסקי הרי"ד). וכתב רש"י שאף שכל האיסורים הללו אינם שייכים מצד עצמם בגויה (שהרי אין בה דין נדה, ואין בה איסור שפחה, כתרגום אונקלוס לפסוק "לא יהיה קדש מבני ישראל", דברים כג, יח — שלא ישא שפחה, ואין בה לגבי ישראל איסור אשת איש), מלקים אותו על כך, משום שאם בא על הגויה בנידתה יבוא לבעול גם בת ישראל בנידתה, ואם מתיר לעצמו לבא על גויה יתיר לעצמו גם לשאת שפחה (והיא אסורה עליו מן התורה), וכן יבוא להתחתן בגויה, וכן יבוא להיכשל באשת איש של ישראל.

משום נשג"ז שכהן לוקה עליה מדברי סופרים משום זונה (כלומר, מי שנבעלה לאדם האסור עליה מן התורה), שהרי על כהן נאסר מן התורה לשאת זונה ישראלית (רש"י). וראה בתוס' (ד"ה משום) ועוד שדנו בכך, לפי שלכאורה מוכח ממקומות אחרים כי גויה נאסרה מן התורה על הכהן משום זונה, ואף הכהן לוקה על כך. והסבירו שאף לכהן אינה נאסרת מן התורה כזונה אלא אם בוודאי זינתה, אבל לא בסתם גויה. ויש שפירשו כי הכוונה כאן היא לא לכהן, שהוא אכן לוקה מן התורה, אלא לישראל (רמב"ם, רי"ד, מאירי).

אבל ייחוד לא והר"ח ועוד גרסו כאן, כמו שמחק רש"י מגרסת הגמרא (וראה בתורת חיים), שבית דין של חשמונאי גזרו על מי שמייחד לו גויה ורגיל בדבר, ותלמידי שמאי והלל גזרו אף על ביאה באקראי. ולפי הראב"ד הקשו על כך, שמלשון הגזירה "ישראל הבא" משמע שמדובר אף באקראי, ותירצו כמו לפנינו. וראה בגרסות וב"אורח ההלכה".

מאי על דבר אחר וכו' שלא רצו להזכיר דברים אלה במפורש, מפני שיש בהם צד גנות.

צער גדול כלומר טירחה גדולה, שלא קיבל מיד תשובה לשאלה זו. וכאמור לא היה מקור ברור לדין זה, אלא היו צריכים להכריע לפי הסברה האם האיסור חל על כל גוי (אפילו תינוק בן יומו) או רק משעה שיש לחשוש שיביא הדבר לידי איסור.

אורח ההלכה

לרבות כל המסירות ישראל שבעל גויה דרך אישות, או ישראלית שנבעלה לגוי דרך אישות — הרי אלו לוקים מן התורה, משום "לא תתחתן בם". וכדברי ר' שמעון. וכתב הרמ"א שיש חולקים (רא"ש ועוד) והם פוסקים כדעת החולקים על ר' שמעון, שאין לוקים אלא על שבע אומות, וגם בהם — רק לאחר שנתגיירו, שאז שייך בהן איסור חיתון. וראה בגר"א. (רמב"ם שם הלכות איסורי ביאה פי"ב ה"א. שו"ע אה"ע טז, א).

דאורייתא דרך אישות וכו' לא אסרה תורה ביאת הגויה אלא דרך חתנות, אבל הבא על הגויה בדרך זנות מכים אותו מכת מרדות מדברי סופרים. ואם ייחד לו את האשה בזנות, חייב עליה מדברי סופרים משום נדה ומשום שפחה ומשום גויה ומשום זונה. כגזירת בית דינו של חשמונאי לדעת רבין, ולפי הגירסא שבית חשמונאי גזרו כשמייחד אותה לכך (כס"מ). (רמב"ם שם ה"ב. שו"ע שם ב).

הבועל ארמית כל הבועל גויה, בין דרך חתנות בין דרך זנות, אם בעלה בפרהסיא והוא שיבעול לעיני עשרה מישראל או יותר, אם פגעו בו קנאין והרגוהו הרי אלו משובחים וזריזים (אם התרו

בו, ראב"ד), ודבר זה הלכה למשה מסיני הוא. (רמב"ם שם ה"ד. וראה שם ה"ה—ח. שו"ע שם סעיף ב. ראה שם חו"מ תכה, ד בהגהה).

בן מתייחד עם אמו וכו' אסור להתייחד עם ערוה מהעריות, בין זקנה בין ילדה, שדבר זה גורם לגלות ערוה, חוץ מהאם עם בנה והאב עם בתו והבעל עם אשתו נידה. (רמב"ם שם פכ"ב ה"א. שו"ע שם כב, א).

ייחוד דפנויה כשאירע מעשה אמנון ותמר גזרו דוד ובית דינו על יחוד פנויה, אף שאינה ערוה. (רמב"ם שם ה"ג. שו"ע שם כב, ב).

ייחוד דגויה שמאי והלל גזרו שלא להתייחד עם הגויה. (רמב"ם שם. שו"ע שם).

גזרו על תינוק גוי וכו' מן התורה אין הגוים מטמאים בזיבה, אבל חכמים גזרו על כל הגוים שיהיו כזבים לכל דבריהם, והוא שיהא הזכר מבן תשע שנים ויום אחד. כדברי רב נחמן בר יצחק, וכר' חייא. (רמב"ם ספר טהרה הלכות משכב ומושב פ"ב ה"ה).

הואיל וראוי לביאה שהרי כפי שאמרנו הטעם הוא כדי למנוע משכב זכר מטמא נמי [גם כן] בזיבה. אמר רבינא: הלכך, כיון שגזרו זיבה על תינוק בהיותו ראוי לביאה, הא [זו] תינוקת גויה בת שלש שנים ויום אחד, הואיל וראויה לביאה, שכן מגיל זה והלאה נחשבת ביאתה כמעשה ביאה, מטמאה נמי [גם כן] בזיבה. ושואלים: פשיטא [פשוט] שכך הוא, שהרי הטעם הוא אותו טעם! ומשיבים: מהו דתימא [שתאמר] שיש מקום לחלק: האי [זה] ילד בן תשע ואילך ידע לארגולי [יודע להרגיל אצלו] ילדים אחרים לעבירה, ולכן יש לחשוש בו, והא [וזו] הקטנה לא ידעה לארגולי [אינה יודעת להרגיל] עד שתגדל, ואין לחשוש בה, קא משמע לן [משמיע לנו] שבכל זאת כך הוא דינה.

א מסופר, מיסתמיך ואזיל [נסמך היה והולך] ר' יהודה נשיאה [הנשיא] אכתפיה [על כתפו] של ר' שמלאי שמעיה [שמשו], אמר לו: שמלאי, לא היית אמש בבית המדרש כשהתרנו את השמן של גוים. אמר לו: דבר גדול הוא, ובימינו תתיר אף את הפת. אמר לו: אם אעשה כן, קרו לן "בית דינא שריא" [יקראו לנו "בית דין מתיר"], דתנן [ששנינו במשנה]: העיד ר' יוסי בן יועזר איש צרידה והורה על החגב הקרוי איל קמצא שהוא דכן [טהור] ומותר באכילה, ועל משקה של בית מטבחיא [בית המטבחיים] שבמקדש (הדם והמים שבו) שהוא דכן [טהור], ועל דיקרב למיתא [מי שנוגע במת] שיהא מסאב [טמא], וקרו ליה [וקראו לו] משום כך "יוסף שריא" [המתיר]. אמר ליה [לו] ר' שמלאי: התם שרא תלת, ומר שרא חדא [שם ר' יוסי בן יועזר התיר שלוש, ואדוני התיר רק אחת], ואי שרי מר חדא אחריתי, אכתי תרתין הוא דהויין [ואם יתיר אדוני עוד אחת אחרת, עדיין שתים הן שיהיו]! אמר ליה [לו]: אנא שראי אחריתי [אני התרתי כבר אחרת]. מאי [מה] היא? דתנן [ששנינו במשנה] האומר לאישה: "זה גיטך אם לא באתי מכאן עד שנים עשר חודש", ומת בתוך שנים עשר חודש — אינו גט, שהרי הגט חל רק לאחר זמן, ובאותו זמן כבר מת ואין גט למתים. ותני עלה [ושנויה ברייתא עליה]: ורבותינו התירוה לינשא, ואמרינן [ואמרנו]: מאן [מי הם אלה] המכונים "רבותינו"? אמר רב יהודה אמר שמואל: בית דינא דשרו משחא [אותו בית דין שהתירו את השמן], סברי לה [סבורים הם] כר' יוסי, שאמר: זמנו של שטר מוכיח עליו כלומר, שתחילת חלותו היא מן הזמן הכתוב בו, ולכן כשהתקיים התנאי ולא בא האיש — חל הגט למפרע, מחייו. ואמר ר' אבא בריה [בנו] של ר' חייא בר אבא: ר' יהודה הנשיא הורה והתירה להינשא ולא הודו לו בענין זה כל שעתו כלומר, בני דורו, ואמרי לה [ויש אומרים]: כל סייעתו [סיעתו] כלומר, כל בית דינו. אמר ליה [לו] ר' [אליעזר] להההוא סבא [לזקן אחד] שהיה שם באותו מנין: כי שריתוה [האם כשהתרתם אותה] — לאלתר שריתוה, דלא אתי [מיד התרתם אותה להינשא, כיון שוודאי לא יבוא בעלה], או דלמא [שמא] רק לאחר שנים עשר חודש, דהא איקיים ליה תנאיה [שהרי רק אז התקיים לו התנאי שלו]? שאל אותו זקן את ר' אלעזר: ותיבעי [ותישאל] לך שאלה זו אמתניתין [על משנתנו], שיש בה גם כן ספק כזה, דתנן [ששנינו במשנה], האומר לאישה: "הרי זה גיטך מעכשיו אם לא באתי מכאן עד שנים עשר חודש", ומת בתוך שנים עשר חודש — הוי [הריהו] גט, דהא איקיים ליה [שהרי התקיים לו] התנאי, ותיבעי [ותישאל] לך גם שם השאלה: האם לאלתר הוי גיטא, דהא לא אתא [מיד חל הגט, שהרי לא יבוא], או דלמא [שמא] לאחר שנים עשר חודש, דהא איקיים ליה תנאיה [שהרי רק אז התקיים לו תנאו]! השיב לו ר' אלעזר: אין הכי נמי [כן, כך הוא גם כן], ובאמת היה אפשר לשאול גם על המשנה, אלא משום דהוית בההוא מנינא [שהיית באותו מנין] שנמנו בו והתירוה להינשא, שאלתיך, לדעת מה בדיוק החליטו. ובענין היתר זה של ר' יהודה הנשיא, אמר אביי: הכל מודים כי כאשר אדם עושה תנאי שיחול הגט "לכשתצא חמה מנרתיקה" — לכי נפקא קאמר לה [כאשר היא יוצאת התכוון לומר], וכי מיית בליליא [ואם מת בלילה] לפני שיצאה החמה — גט לאחר מיתה הוא ואינו גט. ואם אמר: "על מנת שתצא חמה מנרתיקה" — שיחול הגט מעכשיו קאמר לה [אמר לה], וכי מיית בליליא [ואם מת בלילה] — הא [הרי] ודאי תנאה הוי [תנאי הוא] שמתקיים כשיוצאת החמה, וגט עצמו מחיים הוא חל, כדברי רב הונא, שאמר רב הונא: כל האומר "על מנת" בתנאי — כאומר "מעכשיו" דמי [נחשב]. לא נחלקו אלא בלשון של "אם תצא חמה", ר' יהודה הנשיא סבר לה [סבור] כר' יוסי, שאמר: זמנו של שטר מוכיח עליו, והוה ליה [והרי הוא] כאילו אמר "מהיום אם מתי", כ"מעכשיו אם מתי", שחלות הגט היא מחיים, אלא שיתברר הדבר למפרע לכשימות. ורבנן לית להו [וחכמים אין להם, אינם סבורים] כר' יוסי, והוה ליה [והרי הוא] כאילו היה אומר "זה גיטך אם מתי" גרידא [בלבד], שלא קבע שיחול הגט מיד, ולכשימות — אינו גט.

ב גופא [לגופו] של דבר שהזכרנו קודם: העיד יוסי בן יועזר איש צרידה על החגב הקרוי איל קמצא דכן [שהוא טהור], ועל משקה בי מטבחיא דכן [משקה בית המטבחיים שבמקדש שהוא טהור], ועל דיקרב למיתא מסאב [הנוגע במת שהוא טמא], וקרו ליה [וקראו לו] "יוסף שריא" [המתיר]. ושואלים: מאי [מהו] איל קמצא? רב פפא אמר: חגב שנקרא שושיבא, ורב חייא בר אמי משמיה [משמו] של עולא אמר: חגב הנקרא סוסביל. ומסבירים את מחלוקתם. רב פפא אמר שושיבא הוא, וקמיפלגי [והם חלוקים] יוסי בן יועזר והחכמים שחלקו עליו בחגב שראשו ארוך, מר סבר [חכם זה, חכמים, סבור]: חגב שראשו ארוך — אסור, ומר סבר [וחכם זה, יוסי בן יועזר, סבור]: ראשו ארוך — מותר. רב חייא בר אמי משמיה [משמו] של עולא שאמר

מסורת הש"ס

א. ירושלמי שבת פ"א ה"ד. שם גיטין פ"ז ה"ג. שם נדה פ"ג ה"ד.
ב. משנה עדויות פ"ח מ"ד. פסחים טז,א. נדרים יט,א. תו"כ ויקרא יא,לד.
ג. משנה גיטין עו,ב. כתובות ב,ב. ג,א. גיטין עב,ב. תוספתא גיטין פ"ה ט.
ד. כתובות ב,ב. גיטין עב,ב. עו,ב. תוספתא שם.
ה. כתובות שם. גיטין שם ושם.
ו. שם. וראה ירושלמי שבת פ"א ה"ד. שם גיטין פ"ז ה"ג. שם ע"ז פ"ב ה"ח. שם נדה פ"ג ה"ד.
ז. כתובות ב,ב. גיטין עב,א. עו,ב. עז,א. פה,ב. ב"ב קלו,א. ירושלמי גיטין פ"ג ה"ז. תוספתא כתובות פ"ח ה.
ח. ירושלמי שבת פ"א ה"ד. שם גיטין פ"ג ה"ז. שם ע"ז פ"ב ה"ח.
ט. (כל הענין) גיטין עו,ב. ירושלמי גיטין שם.
י. משנה גיטין עו,ב.
יא. (כל הענין) גיטין שם.
יב שם.
יג. שם עז,א. קדושין ח,א. ובגיטין עד,א. עה,ב. קדושין ס,ב (בתוספת שם).
יד. ראה חולין סה,ב. סו,א.

גרסות

אף את הפת בכת"י: את הפת.

רבי יוסי בן יועזר איש צרידה בכתי"מ ובמקבילות: יוסי בן יועזר איש צרידה ויוסי בן יוחנן איש ירושלים.

איל קמצא בכתי"מ: איול קמצא.

קמצא דכן בכתי"ס: קמצא דכי.

יוסף שריא בכתי"מ: בי דינא שריא.

ואי שרי מר בכתי"ס: ואי נמי שרא מר.

שראי אחריתי בכתי"מ: נמי שראי אחריתי.

התירוה לינשא בכתי"ס: התירוה לינשא בלא חליצה.

רבי יהודה הנשיא הורה בכתי"מ כבמקבילה: ר' יהודה הנשיא בנו של ר' גמליאל ברבי הורה ובכתי"ס: שמן ר' יהודה הנשיא בנו של רבן גמליאל ברבי הורה.

דלא אתי בכתי"ס: דהא ודאי לא אתי.

ותיבעי לך בכתי"ס נוסף: אמר ליה ותיבעי לך.

הרי זה גיטך מעכשיו בכת"י כבמקבילה: מעכשיו.

הוי גט דהא איקיים ליה תנאיה בכתי"מ כבמקבילה: הרי זה גט.

לשון

איל קמצא
קמצא הוא הארמית עבור חגב, כפי שמתרגם אונקלוס. איל קמצא הוא כנראה כינוי של החגב משום צד דמיון בין ראשו וראש איל (אולי גם בגלל מחושים עבים וכפופים).

סוסביל
מקור המלה הוא כנראה בארמית סוס של (האליל) בל.
כינויים כאלה לחגבים ורמשים מצויים בהרבה שפות אחרות.

שושיבא
יש שפירשו מן הפרסית sas pa שעניינו (רמש בעל) שש רגליים. אבל אין זה תיאור מספיק לחגב (שהרי לכולם יש שש רגליים), ואף מבחינת השפה אין הקשר ברור.
לפי הערוך זה הוא מין חגב שמן ביותר, שיש לו כנפיים קצרות.

אישים

יוסי בן יועזר
מחכמי ישראל הראשונים, הראשון לחכמי ה"זוגות" (עם חבירו יוסי בן יוחנן). בימיהם לא היו עדיין תארי כבוד לחכמים והיו נקראים בשמם בלבד.
יוסי בן יועזר היה מתלמידיו של אנטיגנוס איש סוכו, וחי בתקופה של התגברות המתייוונים, בדור שלפני מרד החשמונאים.
אין אנו יודעים הרבה על חייו. אף כי נמסר על בנו, שאביו לא הניח לו ירושה. במדרש מסופר כי בן אחותו היה אחד מראשי המתייוונים (ויש אומרים שהוא היה אלקימוס, ששימש ככהן גדול מתבולל בימי השלטון היווני המוחלט בירושלים). במדרש מסופר כי בזמן גזירות אנטיוכוס הוצא יוסי בן יועזר להורג על ידי המלכות.
מלבד דבריו במסכת אבות, יש כמה עדויות שהעידו הוא וחבירו, וכן כמה תקנות שתיקן.

עיונים

הלכך הא תינוקת והעירו ראשונים כי צריך לומר כי רבינא לא סבר כאותה שיטה שגזרו על בנותיהם שנידות מעריסתן (בדף הקודם), אלא לפי השיטה האחרת, שגזרו על ייחוד עם בנות הגוים, ולפיכך גזירת הטומאה היא דבר לעצמו שאינו נכלל באותה גזירה (ראב"ד. ובסגנון אחר ברי"ד ובר"י מבירינא).

פשיטא ורבינו אלחנן תהה מדוע הדבר פשוט כל כך, שהרי האיסור בתינוק הוא משום חשש משכב זכור שהוא איסור מן התורה, ואילו בתינוקת הוא מפני איסור של ביאת גויה שהוא מדברי סופרים בלבד.

תתיר אף את הפת שהרי (כפי שמבואר לעיל) אף איסור הפת לא יכלו רוב ציבור לעמוד בו, ונהגו בו בפועל היתר. וסבר ר' שמלאי שמן הראוי שיעשו לדבר היתר ראוי על ידי בית דין.

בית דינא שריא וראה ב"אורח הלכה" בדברי הרמב"ם בזה, שראוי לבית הדין להיזהר מלעשות עצמו כמכשיר של היתרים, ולכן די שיתיר שני דברים שנהגו בהם איסור, וייזהר הרבה מלהתיר עוד שלישי, שלא יביא הדבר ללחץ לחזור ולהתיר עוד, וכדרך שאירע הדבר כמה פעמים בדברי ימי ישראל.

משקה בי מטבחיא כי בדרך כלל יש דינים שונים שהחמירו בהם בכל ישראל, אבל תחום המקדש הוא כעולם בפני עצמו, משום שהכהנים המצוים בו זהירים ביותר בעבודתם, ויש דברים שנאסרו מגזירת חכמים והותרו בבית המקדש. וכך העיד יוסי בן יועזר שיש דין מיוחד לענין טומאה במשקים (נוזלים) המצויים בבית המטבחיים במקדש — הדם והמים שבו, וכאשר יבואר להלן.

אינו גט אין הכוונה לענין עצם היתרה של האשה להינשא לאחר, שהרי כיון שמת בעלה היא מותרת. ועיקר הדיון הוא לענין חובת הייבום, שאם הגט חל עוד בחייו והיא גרושה — אין עליה חובת יבום, אבל אם אין זה גט — הריהי כאלמנה, ופעמים שהיא זקוקה ליבם, שעל כל פנים ישחררנה על ידי חליצה.

זמנו של שטר מוכיח וכו' עיקרה של המחלוקת היא בכותב שטר לבנו שבו הוא נותן לו את כל נכסיו לאחר מותו. שלדעת חכמים אם לא פירש שחלה המתנה משעת כתיבת השטר הרי אין מתנה לאחר מיתה, ובן זה נחשב כאחד מיורשיו ולא עוד. ולדעת ר' יוסי זמנו של השטר מוכיח עליו שתחילת חלותו היא משעת כתיבתו.

ואחרונים דנו בשאלה: הרי בשטר רגיל יש מקום לסברת ר' יוסי, לפי שאין חובה לכתוב בו תאריך, אבל בגט שחייבים לכתוב בו תאריך, מה הוכחה היא מזמנו של השטר? ובפנ"י מסביר שסברת ר' יוסי אינה משום שיש בשטר תוספת יתירה של תאריך, אלא משום שכל תאריך שבשטר כבר קובע מעצמו שזו תחילת חלות השטר. ויש שכתב כי אף בגט יכול היה לכתוב נוסח כשר בלי תאריך מדוייק (כגון שיחול הגט סמוך למותו), ולכן התאריך שבו יכול להוות ראיה לחלותו (אשל אברהם).

כל שעתו רש"י מסביר: כל ימיו. ובערוך מסביר: כל שעתו — כל החכמים בני דורו.

לאלתר שריתוה וכו' כלומר, משעה שנודע שמת (רש"י). ובתוס' תהו: לכאורה פשוט הוא שתהא מותרת מיד, שהרי ודאי נחשב התנאי כמקוים, שהרי אינו יכול עוד לשוב לביתו! ותירצו כי השאלה היתה האם גזרו שאשה זו שתמתין, גזירה במי שמת משום זה שלא מת, שצריכה האשה להמתין עד קיום התנאי. וראה באופן אחר קצת בדברי הר"ש משאנץ.

הכל מודים לכשתצא חמה מנרתיקה במסכת גיטין פירש רש"י כי במקרה כזה אף לדעת ר' יוסי אין מתחשבים בתאריך הכתוב בשטר, ואינו גט כלל. אבל לפי פירושו כאן, הואיל ולדעת ר' יוסי זמנו של שטר מוכיח עליו — הרי זה ספק האם לכשתצא חמה מנרתיקה הוא ביטול של התאריך הכתוב בו, או שהוא תנאי, ולפיכך הרי זה ספק גט. וראה ב"אורח ההלכה".

ורבנן לית להו דר' יוסי בתוס' כתבו שאין מכאן הוכחה שאין הלכה כמותו, שהרי מדובר כאן בחכמים שחלקו על ר' יהודה נשיאה, ולא בכלל החכמים. ועוד, שאולי הם מודים לר' יוסי בשטר כתוב, ולא נחלקו אלא בתנאי שבעל פה.

וקמיפלגי בראשו ארוך שבתורה נאמרו סימני טהרה של החגבים המותרים באכילה, וגם נמנו שם ארבעה מיני חגבים. ונחלקו תנאים האם יש להבין את המקרא שם בדרך כלל ופרט, שאין בכלל אלא מה שבפרט, ולכן רק מינים אלה מותרים, וזה שראשו ארוך אינו נכלל ביניהם. או שמא יש כאן כלל ופרט וכלל, ולכן מותרים כל מיני החגבים שיש להם סימנים הכתובים בתורה, ואין הבדל אם ראשו ארוך או לא (רש"י).

אורח ההלכה

תינוקת בת שלש וכו' חכמים גזרו גם על הגויה שתטמא כזבה לכל דבריה, והוא שתהא מבת שלוש שנים ויום אחד. כדברי רבינא. (רמב"ם ספר טהרה הלכות משכב ומושב פ"ב ה"י).

קרו ליה בי דינא שריא בית דין שהתיר שני דברים, אל ימהר להתיר דבר שלישי. (רמב"ם ספר שופטים הלכות ממרים פ"ב ה"ח).

משקה בי מטבחיא משקי בית המטבחיים שבמקדש, והם דם הקדשים והמים שמשתמשים בהם שם, טהורים לעולם ואינם נטמאים, ודבר זה הלכה מפי הקבלה. וכדברי רב. (רמב"ם ספר טהרה הלכות טומאת אוכלין פ"י הט"ז).

הרי זה גיטך אם לא באתי האומר לאשתו: "הרי זה גיטך אם לא באתי מכאן ועד שנים עשר חודש", ולא אמר "מעכשיו" ולא "על מנת", אם מת בתוך שנים עשר חודש הרי זו ספק מגורשת, ואם היה לה יבם — חולצת ואינה מתייבמת. שספק הוא בפוסקים אם הלכה כר' יוסי. (שו"ע אה"ע קמד, ב).

הרי זה גיטך מעכשיו וכו' אמר לאשתו: "הרי זה גיטך מעכשיו אם לא באתי בתוך שנים עשר חודש" ומת בתוך שנים עשר חודש — הרי זו מגורשת. כמשנה בגיטין עו,ב. ואם יש לה יבם — לא תינשא לאחר קודם שנים עשר חודש עד שיחלוץ לה. שלא נפתרה שאלתו של ר' אלעזר אם מותרת לאלתר או לאחר שנים עשר חודש (כס"מ). ומכל מקום אם נישאת לא תצא. (רמב"ם ספר נשים הלכות גירושין פ"ט הי"א. שו"ע שם סעיף ג).

לכשתצא חמה מנרתיקה אמר לאשתו: "הרי זה גיטך לכשתצא חמה מנרתיקה" ומת בלילה — לדעת הרמב"ם אינו גט, ובשו"ע פסק שהרי זו ספק מגורשת, כפירוש רש"י כאן לדעת ר' יוסי. (רמב"ם שם הט"ו. שו"ע שם סעיף ד).

על מנת שתצא חמה מנרתיקה אמר לה: "הרי זה גיטך על מנת שתזרח חמה", ומת בלילה — הרי זה גט למפרע לכשתזרח החמה ויתקיים התנאי. כדברי הגמרא כאן. ויש אומרים שאף ב"על מנת" הרי זה ספק אם אנו פוסקים שכוונתו לתנאי, ויש להחמיר אם לא אמר במפורש "מעכשיו". (רמב"ם שם. שו"ע שם).

כל האומר על מנת כאומר מעכשיו כל האומר "על מנת" — דינו כאומר "מעכשיו" לענין דיני תנאים. וראה לעיל. (רמב"ם שם הלכות אישות פ"ו הי"ז. שו"ע שם לח, ג).

לא נחלקו אלא באם תצא אמר לאשתו: "הרי זה גיטך אם תזרח החמה" ומת בלילה — הרמב"ם פסק שאינו גט, כרבנן וכנגד דברי ר' יוסי. ובשו"ע פסק שהוא ספק גט, לפי שהוא מסופק אם הלכה כר' יוסי. (רמב"ם שם הלכות גירושין פ"ט הט"ו. שו"ע שם קמד, ד).

הואיל וראוי לביאה מטמא נמי בזיבה אמר רבינא [א]הלכך הא תינוקת גויה בת ג' שנים ויום אחד הואיל וראויה לביאה מטמאה נמי בזיבה פשיטא מהו דתימא האי ידע לארגולי והא לא ידעה לארגולי קמ"ל
א מיסתמיך ואזיל ר' יהודה נשיאה אכתפיה דרבי שמלאי שמעיה א"ל שמלאי לא היית אמש בבית המדרש כשהתרנו את השמן אמר לו בימינו תתיר אף את הפת אמר לו א"כ [א]קרו לן בית דינא שריא דתנן [ב]*העיד רבי יוסי בן יועזר איש צרידה על אייל קמצא דכן [ג]ועל משקה בית מטבחיא דכן ועל דיקרב למיתא מסאב וקרו ליה יוסף שריא אמר ליה התם שרא תלת ומר שרא חדא ואי שרי מר חדא אחריתי אכתי תרתין הוא דהויין א"ל אנא שראי אחריתי מאי היא דתנן [ג]*[ד]זה גיטך אם לא באתי מכאן עד שנים עשר חודש ומת בתוך שנים עשר חודש אינו גט [ד]ותני עלה ורבותינו התירוה לינשא ואמרינן [ה]מאן רבותינו אמר רב יהודה אמר שמואל [ו]בית דינא דשרו משחא [ז]*סברי לה כר' יוסי דאמר זמנו של שטר מוכיח עליו *וא"ר אבא בריה דרבי חייא בר אבא [ח]ר' יהודה הנשיא הורה ולא הודו לו *כל שעתו ואמרי לה *כל סייעתו [ט]א"ל רבי (*אליעזר) לההוא סבא כי שריתוה לאלתר שריתוה דלא אתי או דלמא לאחר שנים עשר חודש דהא איקיים ליה תנאיה ותיבעי לך אמתני' דתנן [י]*[ה]הרי זה גיטך מעכשיו אם לא באתי מכאן עד שנים עשר חודש ומת בתוך שנים עשר חודש הוי גט דהא איקיים ליה תנאי [יא]ותיבעי לך לאלתר הוי גיטא דהא לא אתא או דלמא לאחר י"ב חודש דהא איקיים ליה תנאיה אין ה"נ אלא משום *דהוית בההוא מניינא [יב]אמר אביי [ו]הכל מודים לכשתצא חמה מנרתיקה לכי נפקא קאמר לה וכי מיית בליליא גט לאחר מיתה הוא [ז]על מנת שתצא חמה מנרתיקה מעכשיו קאמר לה וכי מיית בליליא הא ודאי תנאה הוי וגט מחיים הוא כדרב הונא [יג]*דאמר רב הונא [ח]כל האומר על מנת כאומר מעכשיו דמי לא נחלקו אלא [ט]באם תצא ר' יהודה הנשיא סבר לה כר' יוסי דאמר זמנו של שטר מוכיח עליו והוה ליה כמהיום אם מתי ורבנן לית להו דר' יוסי והוה
ב ליה כזה גיטך אם מתי גרידא גופא העיד יוסי בן יועזר איש צרידה על אייל קמצא דכן ועל משקה בי מטבחיא דכן ועל דיקרב למיתא מסאב וקרו ליה יוסף שריא מאי אייל קמצא רב פפא אמר שושיבא ורב חייא בר אמי משמיה דעולא אמר סוסביל רב פפא אמר שושיבא [יד]וקמיפלגי בראשו ארוך מר סבר ראשו ארוך אסור ומר סבר ראשו ארוך מותר רב חייא בר אמי משמיה דעולא אמר סוסביל

הואיל וראוי לביאה כו'. דטעמא דגזירת זיבה משום ביאה הואי כדאמרינן שלא יהא תינוק של ישראל רגיל אצלו במשכב זכור הלכך לא גזרו עליה עד דחזי לביאה: **פשיטא.** כיון דתינוק משעה שראוי ה"ה לתינוקת: **מהו דתימא.** האי תינוק כשראוי לביאה הוא ערום לארגולי להמשיך ישראל אצלו: **אבל תינוקת בת ג'.** אע"ג דבת ביאה היא אין בה ערמומית דלא ידעה לארגולי עד שתהא בת תשעה לא נגזר עליה קמ"ל: **איל קמצא.** מין חגב הוא: **דכן.** שהוא טהור ומותר באכילה: **ועל משקה בית מטבחיא.** הדם והמים שהן בבית המטבחיים שבעזרה: **דכן.** לא גזרו עליהם טומאת משקין ופלוגתא היא לקמן רב אמר דכן ממש דסבר אין משקין מקבלין טומאה אלא מדרבנן ובהני לא גזור ושמואל אמר דכן מלטמא טומאת אחרים אבל טומאת עצמן יש בהן קסבר שמואל יש למשקין טומאה מן התורה להיטמא ולא מצו רבנן לדכינהו: **ועל דיקרב למיתא מסאב.** הנוגע במת טמא ולקמן פריך הא דאורייתא היא ועוד הא מומרא היא ויוסף אסרא מיבעי ליה: **שרא תלת.** דהא לקמן מפרש דהאי על דיקרב למיתא מסאב קולא היא: **אינו גט.** דהא לא אמר שיהא גט אלא עד י"ב חודש והוא כבר מת ואין יכול לגרש וזקוקה ליבם אם אין לו בן אבל אי אמר מעכשיו יהא גט אם לא באתי עד י"ב חודש ומת בתוך כך הרי זה גט ואינה זקוקה ליבם: **כר' יוסי.** בב"ב בפרק יש נוחלין (דף קלו.) הכותב כל נכסיו לבנו לאחר מותו צריך שיכתוב מהיום ולאחר מיתה דלהוי משמע גופא מהיום שלא אהא רשאי למכרם ופירא לאחר מיתה ואם לא כתב מהיום אלא לאחר מיתה לא אמר כלום ויירשו אחיו עמו או אם היה עליו בע"ח מאוחר לאחר מתנה זו בע"ח גובה את חובו רבי יוסי אמר אינו צריך דלהכי כתיב זמן בשטר לומר מעכשיו תהא מתנה מגופה של קרקע ופירות לאחר מיתה דאי לא בעי למיתב ליה אלא לאחר מיתה למה כתב זמן בשטר וה"נ זמנו של גט מוכיח דה"ק ליה מעכשיו יהא גט אם לא באתי ותנאה בעלמא הוא וכי לא אתא איקיים תנאה: **רבי יהודה הנשיא.** בן בנו של רבי היה הורה שהיא מותרת לינשא: **כל שעתו.** כל ימיו נחלקו עליו: **לאלתר שריתוה.** כששמעו בו שמת: **ה"ג** לאלתר שריתוה דודאי לא אתי עוד: **אין ה"נ.** דאיכא למיבעי אמתניתין: **אלא.** להכי בעינן בעיין לה אקמייתא משום דהוית בההוא מניינא דרבי יהודה נשיאה דשרייה ומדרבי יהודה נשמע למתני' להיכא דאמר לה מעכשיו: **הכל מודים.** ואפילו רבי יוסי היכא דאמר לה בהאי לישנא הרי זה גיטך לכשתצא חמה מנרתיקה: **לכי נפקא לה קאמר לה.** דליהוי גיטא ומקמי הכי לא ליהוי גיטא ואי מיית בליליא לאו גיטא הוא ואע"ג דא"ר יוסי זמנו של שטר מוכיח עליו וכמאן דכתיב ביה מהיום דמי ה"ל כמהיום ולאחר מיתה ותנן מהיום ולאחר מיתה גט ואינו גט דמספקא האי לאחר מיתה אי תנאה הוי והכי משמע מהיום יהא גט אם אמות אי חזרה הוה דהדר ביה ממאי דאמר מהיום ולא דמי למתנה שכתוב בה מהיום ולאחר מיתה דהתם הכי קאמר גופא מהיום קני ופירא לאחר מיתה אבל גט ליכא למימר הכי וכי האי גוונא מפרש לה ביש נוחלין (ב"ב קלו.): **ע"מ שתצא חמה מנרתיקה.** ודכוותה הכא על מנת שלא אבוא כל שנים עשר חודש: **מעכשיו קאמר.** דליהוי גיטא ע"מ שתתקיים תנאי זה וכי מקיים תנאי זה ונפקא חמה איגלאי מילתא למפרע דבשעת מסירה הוי גט ואע"ג דמיית בליליא ה"ל גט מחיים ודכוותיה מת בתוך י"ב חודש הרי נתקיים התנאי שלא בא וה"ל גט למפרע: **דאמר רב הונא כל האומר ע"מ כאומר מעכשיו דמי.** ע"מ ודאי תנאה משמע וה"ק מעכשיו יהא גט ע"מ שיתקיים תנאי זה וכל אימת דמתקיים תנאה ה"ל גט למפרע: **לא נחלקו אלא באם תלא.** ומת בליליא דכוותיה התם באם לא באתי דאמרינן התם בפ' מי שאחזו קורדיקוס (גיטין דף עב. עז.) אם שתי לשונות משמע מעכשיו ומשמע לכשיתקיים אמר מהיום גלי דעתיה דמעכשיו לא אמר מהיום הוי משמע לכשיתקיים הלכך ר' יהודה הנשיא סבר לה כרבי יוסי דאמר דאף על גב דלא כתב מהיום זמנו של שטר מוכיח עליו כמאן דכתב מהיום דמי וה"ל כמהיום אם מתי דאמרינן במסכת גיטין (דף עב:) תנאה הוא וכי מיית הוי גיטא למפרע מחיים ורבנן לית להו דרבי יוסי וה"ל כאם מתי גרידא דאמרינן התם דלשון אם כי לא אמר מהיום משמע לכשאמות קאמר וה"נ משמע ולכשלא אבוא וה"ל גט לאחר מיתה: **שושיבא.** מין חגב וראשו ארוך: **וקמיפלגי.** יוסי בן יועזר ורבנן בראשו ארוך דסימני חגבים טהורים נפקא לן מארבה סלעם חרגול חגב ופליגי תנאי באלו טריפות (חולין דף סה.) בראשו ארוך איכא דדאין ליה בכלל ופרט דאין בכלל אלא מה שבפרט הני מיני שרי אבל מין אחרינא לא וכל מינא דהני אין ראשו ארוך ואיכא דדאין בכלל ופרט וכלל ומרבי כל כעין הפרט לא ראי ארבה כראי סלעם וכו' הצד השוה שבהן שיש להן ד' רגלים ד' כנפים ויש להן קרסולין וכנפיו חופין את רובו אף אני אביא כל שיש לו ד' סימנים הללו:
סוסביל

לאלתר שריתוה דהא לא אתי. וא"ת פשיטא דלאלתר היא מותרת דמיד שמת הרי התנאי מתקיים דלא ישוב עוד לביתו וי"ל דמ"מ מיבעי ליה אי גזרינן מת אטו לא מת: **ורבנן** לית להו דרבי יוסי. פירוש בני דורו שהיו חלוקין עליו ומ"מ ליכא למפשט דאין הלכה כר' יוסי דכי לית להו הכא היינו בעל פה אבל בשטר מודו ליה:
בראשו

עדיות פ"א מ"ד פסחים טז. [נדרים יט.]

גיטין עו: [כתובות ב:]

[גיטין עב: וש"נ]

[פי' בני מדרשו]
*[צ"ל אלעזר]

גיטין עו: כתובות ב:

[גיטין שם ע"ש]

[גיטין עב. עה: עז. קידושין ח. [ס: ובכל הג' מקומות בגיטין אי' אר"ה אמר רבי]

קלו א מיי' פ"ב מהל' מטמא משכב הל' י:
קלז ב מיי' פ"ב מהל' ממרים הלכה ח:
קלח ג מיי' פ"י מהל' טומאת אוכלין הלכה טז:
קלט ד מיי' פ"ט מהל' גירושין הלכה ב סמג עשין נ טוש"ע אה"ע סי' קמד סעי' ב:
קמ ה מיי' שם הלכ' יא טוש"ע שם סעי' ג:
קמא ו ז מיי' שם הלכ' טו טוש"ע שם סעי' ד:
קמב ח מיי' פ"ו מהל' אישות הלכה יז סמג עשין מח טוש"ע אה"ע סי' לח סעי' ג:
קמג ט מיי' פ"ט מהל' גירושין הלכה טו סמג עשין נ טוש"ע אה"ע סי' קמד סעי' ד:

[גיטין עו: ע"ש]

[פי' כל החכמים שנמנאו באותה שעה. ערוך ערך סע ב']

רבינו חננאל

הואיל וראויה לביאה ואע"ג דלא ידעה לארגולי: **אמר** ליה רבי לשמלאי לא היית עמנו אמש בבית המדרש כשהתרנו את השמן של גוים. אמר לו בימינו תתיר [אף] את הפת. אמר לו רבי אם כן קרו לן בי דינא שריא. דהא התרנו את השמן. וגם זו ששנינו הנותן גט לאשה ואמר לה הרי זה גיטך אם לא באתי מיכן ועד י"ב חודש. ומת בתוך י"ב חודש אינו גט ואנו התרנוה. סברינן לה כר' יוסי דאמר זמנו של שטר מוכיח עליו כי מחיים נתנו ואין זה גט לאחר מיתה. כבר פירשנו זו השמועה במסכת גיטין במקומה לפיכך לא הארכנו בה בכאן. הנה התרנו שני דברים. ואם נתיר הפת של גוים הרי שלשה דברים. וכל בית דין שמתיר שלשה דברים נקרא בית דין שריא. כמו יוסף בן יועזר. דתנן העיד יוסף בן יועזר איש צרידה על אייל קמצייא דכן ועל משקי בית מטבחיא דכן ודיקרב למיתא יסתאב. הא ספק טומאה ברה"ר טהור. וקרו ליה יוסף שריא. מאי אייל קמצייא דכן רב פפא אמר שושיבא וקמיפלגי בראשו ארוך. ת"ק סבר ראשו ארוך אסור. ויוסי בן יועזר סבר שרי. [רב חייא בר אמי] משמיה דעולא אמר בראשו ארוך כולי עלמא לא פליגי דשרי כי פליגי בסוסביל

עין משפט נר מצוה

קמד א מיי' פי"ז מהל' טומאת אוכלין הלכה ט:
קמה ב ג מיי' פי"ז מהל' אבות הטומאה הלכה ח:
קמו ד מיי' פ"ה מהל' טומאת מת הל' א:
קמז ה מיי' שם פ"ה הלכה ב סמג עשין רלח וע"ש בכ"מ:
קמח ו מיי' פי"ז מהל' אבות הטומאה הלכה ח:
[ו מיי' שם הל' ט]:
קמט ז מיי' פי"ז מהל' מאכלות אסורות הלכה יג סמג לאוין קמב טוש"ע יו"ד סי' קיג סעי' ג:
קנ ח מיי' שם הלכה טו טוש"ע שם סעי' ב:

גמרא

סוסביל בראשו ארוך כ"ע לא פליגי דאסור
והכא בכנפיו חופין את רובו על ידי הדחק
קמיפלגי מר סבר רובא כל דהו בעינן ומר
א סבר רובא דמנכר בעינן: ועל משקה בי
מטבחיא דכן: מאי דכן א*רב אמר אדכן
ממש ושמואל אמר דכן מלטמא אחרים
אבל טומאת עצמן יש בהן רב אמר דכן
ממש קסבר טומאת משקין דרבנן וכי גזור
רבנן טומאה במשקין דעלמא אבל במשקה
בי מטבחיא לא גזרו רבנן ושמואל אמר דכן
מלטמא אחרים אבל טומאת עצמן יש בהן
קסבר בטומאת משקין דאורייתא גלטמא
אחרים דרבנן וכי גזרו רבנן במשקין דעלמא
ב במשקין בי מטבחיא לא גזרו: ועל דיקרב
למיתא מסאב וקרו ליה יוסף שריא: יוסף
אסרא מיבעי ליה ועוד דדאורייתא היא
(במדבר יט) דכתיב וכל אשר יגע על פני השדה בחלל
חרב או במת וגו' בדאורייתא דיקרב טמא
דיקרב בדיקרב טהור ואתו אינהו וגזור אפילו
דיקרב בדיקרב ואתא איהו ואוקמה
אדאורייתא דיקרב בדיקרב נמי דאורייתא
(שם יט) הוא דכתיב וכל אשר יגע בו הטמא יטמא
אמרוה רבנן קמיה דרבא משמיה דמר זוטרא
בריה דרב נחמן דאמר משמיה דרב נחמן
*הדאורייתא דיקרב בדיקרב בחיבורין טומאת
שבעה שלא בחיבורין טומאת ערב ואתו
אינהו וגזור אפילו שלא בחיבורין טומאת
שבעה ואתא איהו ואוקמה אדאורייתא
(שם יט) דאורייתא מאי היא דכתיב והנוגע במת
לכל נפש אדם וטמא שבעת ימים וכתיב
וכל אשר יגע בו הטמא יטמא וכתיב והנפש
הנוגעת תטמא עד הערב הא כיצד כאן
בחיבורין כאן שלא בחיבורין אמר להו רבא
ג*לאו אמינא לכו לא תתלו ביה בוקי סריקי
ברב נחמן הכי אמר רב נחמן דספק טומאה
ברשות הרבים התיר להן ה*והא הלכתא
מסוטה גמרינן לה מה סוטה רשות היחיד
אף טומאה רשות היחיד הא א"ר יוחנן והלכה
ואין מורין כן ואתא איהו ואורי ליה אורויי
תניא נמי הכי ר' יהודה אומר קורות נעץ להם
ואמר עד כאן רשות הרבים עד כאן רשות
היחיד כי אתו לקמיה דרבי ינאי אמר להו
הא מיא בשיקעתא [ו] דבנהרא זילו טבולו:
ג והשלקות: מנהני מילי א"ר חייא בר אבא
(דברים ב) אמר רבי יוחנן זאמר קרא אוכל בכסף
תשבירני ואכלתי ומים בכסף תתן לי ושתיתי
כמים חמה מים שלא נשתנו אף אוכל שלא נשתנה אלא מעתה חטין ועשאן
קליות ה"נ דאסורין וכי תימא ה"נ והתניא חחיטין ועשאן קליות מותרין
(סוטה טו:) אלא כמים *מה מים שלא נשתנו מברייתן אף אוכל שלא נשתנה מברייתו
אלא מעתה חיטין וטחנן ה"נ דאסורין וכי תימא ה"נ והתניא חיטין ועשאן
קליות הקמחים והסלתות שלהן מותרין אלא כמים מה מים שלא נשתנו
מברייתן ע"י האור אף אוכל שלא נשתנה מברייתו ע"י האור מידי אור כתיב
אלא

רש"י

סוסביל. אין ראשו ארוך אבל אין כנפיו חופין את רובו לראות לעינים אלא בצמצום ע"י מדידה: ה"ג בכנפיו חופין את רובו ע"י הדחק קמיפלגי. ולא גרסינן וקרסולין דהני קרסוליים לא חפו מידי שהן ב' רגלים ארוכין מן הארכובה ובהן הוא מדלג והיינו כרעים ממעל לרגליו לנתר וגו': רובא דמינכר. רוב הנראה לעינים: טומאת משקין דרבנן. ובמסכת פסחים (דף טז.) פרכינן והכתיב וכל משקה אשר ישתה וגו' ומשני מאי יטמא הכשר: לטמא אחרים. אבל טומאת עצמן מדאורייתא רמיא עלייהו אם נטמא: ואתו אינהו גזור על דיקרב בדיקרב ואתא איהו. יוסף ואסהיד על דיקרב למיתא מסאב דהא דאורייתא היא אבל דיקרב בדיקרב לא גזרינן עליה והיינו יוסף שריא: ואתא איהו ואוקמיה אדאורייתא. והכי קאמר על דיקרב למיתא מסאב טומאת שבעה אבל דיקרב בדיקרב (א) לא מסאב אלא טומאת ערב: וכל אשר יגע בו הטמא יטמא. אותו שנגע במת קרי טמא וקאמר כל מי שיגע בו אותו טמא יטמא: בחיבורין. בשעה שהיה זה נוגע במת בא חבירו ונגע בו: שלא בחיבורין. לאחר שפירש מן המת בא חבירו ונגע בו: כל אשר יגע בו הטמא יטמא. משמע שבעת ימים כסתם טומאת מת: בוקי סריקי. כדים ריקים כלומר דברים שאין טעם: ספק טומאה ברה"ר התיר להם. שאינם נוהגין בה איסור וה"ק ועל דיקרב ודאי למיתא מסאב אבל מספק לא: הא הלכתא גמירי לה מסוטה. דטהור דכל איסור ספק טומאה מהתם נפקא דאפיק לה קרא בלשון טומאה ונסתרה והיא נטמאה מגיד לך הכתוב שעל הספק אסור מכאן אתה דן לשרץ לטמא מספק: ומה סוטה רה"י. שהרי אין סתירה ברה"ר אף טומאת ספק בשרץ אינה אלא ברה"י במסכת סוטה (דף כח:): הלכה. דבספק טומאה ברה"ר טהור: ואין מורין. ברבים כן דלא ליזלזלו בה טפי: קורות נעץ להן. לסימנין בין רה"ר ובין שדות של בקעה שהן רה"י לטומאה שבעל השדה מקפיד בדריסת הרגל ועוד דאמרינן בהשותפין (ב"ב יב.) ד' אמות הסמוכות לרה"ר כגון מקום פנוי הסמוך לרה"ר והוא ארוך הרבה לד' אמות הראשונות רה"ר לטומאה ובאותן מקומות נעץ להן קורות: כי אתו לקמיה דרבי ינאי. מי שאירע בו ספק טומאה ברה"ר: מנהני מילי. דבישולי גוים אסירי: קליות. יבשו בתנור: מדרבנן

תוספות

בראשו ארוך כולי עלמא לא פליגי לאסור. קשה דאמרינן באלו טריפות (חולין דף סו.) תנא דבי ר' ישמעאל ראשו ארוך מותר ומתני' נמי דהתם משמע דראשו ארוך מותר מדלא קחשיב ליה בהדי סימני טהרה אין ראשו ארוך ובסוף פרק ר"ע (שבת דף צ:) אמר נמי דשושיבא מותר דהא חזייה רב לרב כהנא דהוה מיעבר שושיבא אפומיה א"ל רב שקליה דלמא קאכיל ליה חי ועבר משום בל תשקצו משמע דדוקא חי אסור אבל מת שרי לכן נראה לר"ת דגרסינן הכא ראשו ארוך דכ"ע לא פליגי למותר וגירסא זו נמצאת בפר"ח [בחולין סה. ד"ה אלו כתבו וכן מצא בס' ישן]: דיקרב בדיקרב בחיבורין. פי' כגון ראובן שנגע במת ובא שמעון ונגע בו בעודו נוגע במת וטומאה בחיבורין ודאי הוה דאורייתא והא דאמר רבא לא תתלו ביה בוקי סריקי ברב נחמן לאו משום דלית ליה טומאה בחיבורין לאו דאורייתא אלא משום דקסבר דיוסף בן יועזר לא איירי בהכי וכן משמע בנזיר פרק שלשה מינין (מג: וסם ד"ה בחבורי): הא הלכתא מסוטה גמרינן לה. לאו דוקא מסוטה גמרינן דספק טומאה ברה"ר היכא דאיכא חזקת טהרה לא הוצרכו ללמוד מסוטה אלא אמרינן העמד דבר על חזקתו ולא גמרינן מסוטה אלא לומר דברה"י ספיקו טמא דבסוטה נמי הוי ספק טומאה ברה"י:

והשלקות מנהני מילי. אומר ר"ת דמדבעי תלמודא בשלקות וקסבר מדאורייתא היא שמא גזירה קדמונית היא ולא נגזרה עם הפת ושלקות היא עניני תבשיל כדמשמע בהך שמעתא ומתחלה גזרו עליה מטעם חתנות ועל הפת לא גזרו משום דלא שייך ביה חתנות כ"כ עד שבאו שמאי והלל וגזרו בי"ח דברים גם על הפת ואע"ג דבמתניתין תני פת מקמי שלקות מ"מ שלקות גזירה קדמונית יותר היתה וכשהתירו את הפת לא התירו שלקות מהאי טעמא דפת ושלקות תרי מילי נינהו ואור"ת נמי דצריך לערב עירובי תבשילין בפת ושלקות ומביא ראיה מדאמרינן בפ"ב דביצה (דף טו:) ר"א אומר אין אופין אלא על האפוי ואין מבשלין אלא על המבושל שנאמר את אשר תאפו אפו ואת אשר תבשלו בשלו וכן פי' בה"ג אכן ר"י אומר דבעירובי תבשילין סגי בחד או בפת או בתבשיל ולית הלכתא כההיא דר"א דשמותי הוא וגם הולך בשיטת חנניה אליבא דב"ש דבעי פת ותבשיל וממין טמונין וב"ה מתירין ובירושלמי דביצה פליג ר' יהושע בההיא עליה דר' אליעזר והכי איתא התם את אשר תאפו אפו ואת אשר תבשלו בשלו ר' אליעזר אומר אופין על האפוי ומבשלין על המבושל רבי יהושע אומר אופין ומבשלין על המבושל ואמרינן בשל סופרים הלך אחר המיקל ורבי יהושע מיקל הוא ועוד דבתלמוד שלנו חנניה אליבא דבית הלל לא מצרכו אלא חד ומיהו העולם נהגו לערב בפת ובתבשיל הואיל ויצא דבר מפי ה"ג ור"ת [וע"ע תוס' ביצה יז: ד"ה אמר רבא]:

אלא

רבינו חננאל

והוא אייל קמצייא. ת"ק סבר בעינן קרסולים וכנפיו (א) חופין רובו אע"ג דלא מינכר אלא בכל דהו שרי. ועל משקי בית מטבחיא דכן. חלקו רב ושמואל. רב סבר דכן ממש קסבר אין טומאה למשקין מן התורה. ורבנן הוא דגזרו בהו טומאה. וכי גזור במשקין דעלמא אבל במשקי בית מטבחיא לא גזור כלל. ושמואל סבר דכן מלטמא אחרים אבל הן עצמן מיטמאין כו'. כבר פירשנוהו בפסחים: ועל דיקרב למיתא מסאב אתינן לאוקמה התיר הנוגע בנוגע מת כיצד מן התורה הנוגע במת (בנוגע) הוא טמא בלבד והנוגע בנוגע מן התורה טהור הוא וגזרו רבנן עליה טומאה בא הוא וטיהרו והעמידו בשל תורה. ודחינן לה ואמרינן נוגע בנוגע נמי טמא הוא מן התורה שנאמר וכל אשר יגע בו הטמא יטמא ומוקמינן לה הכי מן התורה טומאה בחיבורין שבעה ימים. פי' כגון אדם ידו ב) אחת נוגעת במת ועודנה במת נגע דברים אחרים הכל טמאין טומאת שבעה שנאמר הנוגע במת לכל נפש אדם יטמא שבעת ימים. אבל הנוגע במת ונתפרד ממנו הטמא יטמא והנפש הנוגעת תטמא עד הערב. כיצד יתקיימו מקראות הללו. ופרקינן בחיבורין טומאת שבעה. שלא בחיבורין טומאת ערב. ובא רב נחמן ודחה הכל ואמר ספק טומאה ברשות הרבים התיר להן ואף על גב דהלכתא גמירי לה מסוטה מה סוטה ספק טומאה ברה"י היא וכתיב ונסתרה והיא נטמאה מכלל דספק טומאה ברה"ר טהורה מן התורה. א"ר יוחנן גמירי לה הכי אבל אין מורין אותה [ואתא] יוסי בן יועזר ואורי להו ספק טומאה ברה"ר טהור: תניא כוותיה דרב נחמן קורות נעץ להם עד כאן רשות היחיד וספיקו טמא ע"כ רה"ר וספיקו טהור. כי אתו לקמיה דר' ינאי הוה מחמיר ואמר להו זילו טבולו בנהר: והשלקות של גוים רבנן גזרו בהו איסור. והאי קרא אוכל בכסף תשבירני ואכלתי ומים בכסף תתן לי ושתיתי אסמכתא בעלמא. אבל החמין והקליות שלהן והקמחין והסלתות שלהן כולן מותרין כו'

מסורת הש"ס

[פסחים טז.]
[עי' תוס' ב"מ קה: ד"ה על אדם ותוס' שבת יז. ד"ה שמעון]
[ב"ב ז. וש"נ]
חולין ע. [סוטה כח]
[סוטה טו:]

הגהות הב"ח

(א) רש"י ד"ה ואתא וכו' דיקרב בדיקרב שלא בחבורין לא מסאב אלא:

גליון הש"ס

גמ' הא מיא בשיקעתא. עיין טהרות פ"ה ובר"ש שם:

א) נראה דצ"ל ת"ק סבר בעינן קרסולים וכנפיו חופין את רובו ברובא דמנכר ויוסף בן יועזר סבר אע"ג דלא מנכר אלא בכל דהו שרי. ב) נראה דצ"ל כגון אדם ידו אחת נוגעת במת ועודנה נוגעת בו נגע בידו השנית בדברים אחרים הכל טמאין טומאת שבעה אבל הנוגע במת ונתפרד ממנו וחזר ונגע בדברים אחרים אין טמאין אלא טומאת ערב שנאמר הנוגע במת וגו' יטמא שבעת ימים וכל אשר יגע בו הטמא יטמא כתיב והנפש הנוגעת וכו'.

סוֹסְבִּיל, לדעתו בְּרֹאשׁוֹ אָרוֹךְ (כמו שושיבא) כּוּלֵּי עָלְמָא לָא פְּלִיגֵי [הכל אינם חולקים] שהוא אָסוּר, וְהָכָא [וכאן] לענין סוסביל בשאלה של כְּנָפָיו חוֹפִין אֶת רוּבּוֹ עַל יְדֵי הַדְּחָק קָמִיפַּלְגִי [חלוקים הם], כאשר אין זה רוב הניכר לעין אלא רק ניתן להימדד בדוחק, מָר סָבַר [חכם זה, יוסי בן יועזר סבור]: רוּבָּא כָּל דְּהוּ בָּעֵינַן [רוב כל שהוא אנו צריכים] והוא כשר, לפי שכנפיו חופים את רובו. וּמָר סָבַר [וחכם זה, חכמים, סבור]: רוּבָּא דְּמִינְכַּר בָּעֵינַן [רוב שניכר אנו צריכים].

א וְעוד שנינו שהעיד ר' יוסי בן יועזר עַל מַשְׁקֵה בֵּי מִטְבְּחַיָּא [בית המטבחיים שהוא דָּכָן [טהור]. ושואלים: מַאי [מה] פירוש דָּכָן [טהור]? רַב אָמַר: דָּכָן [טהור] מַמָּשׁ, כלומר אין הם מקבלים טומאה, ואין בהם כל צד טומאה. וּשְׁמוּאֵל אָמַר: כוונתו שהם דָּכָן [טהורים] מִלְּטַמֵּא אֲחֵרִים, אֲבָל טוּמְאַת עַצְמָן יֵשׁ בָּהֶן. ומסבירים את השיטות: רַב אָמַר דָּכָן מַמָּשׁ, קָסָבַר [סבור הוא]: טוּמְאַת מַשְׁקִין כל עיקרה הוא דְּרַבָּנַן [מדברי חכמים], וְכִי גְּזוּר רַבָּנַן [וכאשר גזרו חכמים] טוּמְאָה הרי זה בְּמַשְׁקִין דְּעָלְמָא [בכלל], אֲבָל בְּמַשְׁקֵה בֵּי מִטְבְּחַיָּא [בית המטבחיים במקדש] לֹא גָּזְרוּ רַבָּנַן [חכמים]. וּשְׁמוּאֵל אָמַר דָּכָן מִלְּטַמֵּא אֲחֵרִים, אֲבָל טוּמְאַת עַצְמָן יֵשׁ בָּהֶן, קָסָבַר [סבור הוא]: טוּמְאַת מַשְׁקִין דְּאוֹרַיְיתָא [מן התורה היא], אבל לְטַמֵּא אֲחֵרִים הוא רק דְּרַבָּנַן [מדברי חכמים], וְכִי [וכאשר] גָּזְרוּ רַבָּנַן [חכמים] הרי זה בְּמַשְׁקִין דְּעָלְמָא [בכלל], ואולם בְּמַשְׁקִין של בֵּי מִטְבְּחַיָּא [בית המטבחיים] לֹא גָּזְרוּ.

ב וְעוד העיד יוסי בן יועזר עַל דְּיִקְרַב לְמִיתָא [מי שנוגע במת] — מְסָאַב [שהוא טמא], וְקָרוּ לֵיהּ "יוֹסֵף שָׁרְיָא" [וקראו לו "יוסף המתיר"]. ותוהים: "יוֹסֵף אַסְּרָא" מִיבָּעֵי לֵיהּ ["יוסף האוסר" היו צריכים לקרוא לו], שהרי איסור אמר להם ולא היתר! וְעוֹד, דְּאוֹרַיְיתָא [מן התורה] הִיא שהנוגע במת נטמא, דִּכְתִיב [שנאמר]: "וְכֹל אֲשֶׁר יִגַּע עַל פְּנֵי הַשָּׂדֶה בַּחֲלַל חֶרֶב אוֹ בְמֵת... יטמא שבעת ימים" וגו' (במדבר יט, טז)! ומשיבים: דְּאוֹרַיְיתָא [מן התורה] רק מי שיִקְרַב [יגע] במת הוא טָמֵא, אבל מי דְּיִקְרַב בִּדְיִקְרַב [שנוגע בנוגע] — טָהוֹר, וַאֲתוּ אִינְהוּ וּגְזוּר אֲפִילּוּ דְּיִקְרַב בִּדְיִקְרַב [ובאו הם חכמים וגזרו אפילו על הנוגע בנוגע] שהוא טמא, וַאֲתָא אִיהוּ וְאוֹקְמַהּ אַדְּאוֹרַיְיתָא [ובא הוא, יוסי בן יועזר, והעמיד את הדבר על דין התורה]. ותוהים: דְּיִקְרַב בִּדְיִקְרַב נַמִּי דְּאוֹרַיְיתָא הוּא [הנוגע בנוגע גם כן מן התורה הוא], דִּכְתִיב [שנאמר]: "וְכֹל אֲשֶׁר יִגַּע בּוֹ הַטָּמֵא יִטְמָא" (שם, כב), משמע שהנטמא במת מטמא גם אחרים! אֲמָרוּהָ רַבָּנַן [חכמים] את ההלכה הזו קַמֵּיהּ [לפני] רָבָא מִשְּׁמֵיהּ [משמו] של מָר זוּטְרָא בְּרֵיהּ [בנו] של רַב נַחְמָן שאָמַר מִשְּׁמֵיהּ [משמו] של רַב נַחְמָן: דְּאוֹרַיְיתָא דְּיִקְרַב בִּדְיִקְרַב [מן התורה מגע במגע], אם היה זה בְּחִיבּוּרִין כאשר אדם נוגע בפועל במת ובא אחר ונוגע בו באותה שעה — הרי הוא טמא טוּמְאַת שִׁבְעָה, שֶׁלֹּא בְּחִיבּוּרִין אם נגע במי שנטמא במת שלא בשעת מגעו — הריהו טמא רק טוּמְאַת עֶרֶב; וַאֲתוּ אִינְהוּ וּגְזוּר [ובאו הם, חכמים, וגזרו] אֲפִילּוּ על מגע שֶׁלֹּא בְּחִיבּוּרִין טוּמְאַת שִׁבְעָה, וַאֲתָא אִיהוּ וְאוֹקְמַהּ אַדְּאוֹרַיְיתָא [ובא הוא והעמידה על דין תורה]. ושואלים: דְּאוֹרַיְיתָא מַאי הִיא [מן התורה מה הוא]? דִּכְתִיב [שנאמר]: "הַנֹּגֵעַ בְּמֵת לְכָל נֶפֶשׁ אָדָם וְטָמֵא שִׁבְעַת יָמִים" (שם יא), וּכְתִיב [ונאמר]: "וְכֹל אֲשֶׁר יִגַּע בּוֹ הַטָּמֵא יִטְמָא" (שם כד), ומן הסתם טומאת מת שהיא שבעה ימים, וּכְתִיב [ומצד אחר נאמר] בהמשך: "וְהַנֶּפֶשׁ הַנֹּגַעַת תִּטְמָא עַד הָעָרֶב" (שם), ולא יותר, הָא כֵּיצַד? הרי יש סתירה, אם טמא עד הערב או טמא שבעה ימים! אלא יש לומר: כָּאן שטמא שבעה — בְּחִיבּוּרִין, כָּאן שטמא רק עד הערב — שֶׁלֹּא בְּחִיבּוּרִין. אֲמַר לְהוּ [להם] רָבָא: לָאו אָמֵינָא לְכוּ לָא תִּתְלוּ בֵּיהּ בּוּקֵי סְרִיקֵי [האם לא אמרתי לכם אל תתלו בו בקבוקים ריקים] כלומר, דברים בטלים בְּרַב נַחְמָן? מה שאתם אומרים אינו נכון, אלא הָכִי [כך] אָמַר רַב נַחְמָן: סְפֵק טוּמְאָה בִּרְשׁוּת הָרַבִּים הִתִּיר לָהֶן. ושואלים: וְהָא הִלְכְתָא [והרי הלכה זו] של ספק טומאה מִדִּין סוֹטָה גָּמְרִינַן לַהּ [אנו למדים אותה], מַה סוֹטָה שספק אם נטמאה בביאת איש אחר, ספק זה קיים בה רק בִּרְשׁוּת הַיָּחִיד מטבע הדברים, אַף סְפֵק טוּמְאָה הוא רק בִּרְשׁוּת הַיָּחִיד ולא במקום אחר! ומה חידש יוסי בן יועזר? ומשיבים: הָא [הרי] אָמַר ר' יוֹחָנָן: הֲלָכָה וְאֵין מוֹרִין כֵּן, כלומר, אמנם זו היא ההלכה שספק זה טהור, אבל למעשה אין מורים כן לרבים, כדי שלא יבואו לזלזל בטומאה. וכך נהגו, וַאֲתָא אִיהוּ וְאוֹרֵי לְהוּ אוֹרוּיֵי [ובא הוא, יוסי בן יועזר, והורה להם] לנהוג כן בפועל, שברשות הרבים אין חוששים לספק טומאה. ומעירים: תַּנְיָא נַמִּי הָכִי [שנויה ברייתא גם כן כך]: ר' יְהוּדָה אוֹמֵר: קוֹרוֹת נָעַץ לָהֶם יוסי בן יועזר, כלומר, עשה סימנים, וְאָמַר: עַד כָּאן רְשׁוּת הָרַבִּים, עַד כָּאן רְשׁוּת הַיָּחִיד. ובענין זה מסופר, כִּי אָתוּ לְקַמֵּיהּ [כאשר היו באים לפני] ר' יַנַּאי בשאלה של ספק טומאה ברשות הרבים, אֲמַר לְהוּ [היה אומר להם]: הָא מַיָּא בְּשִׁיקְעֲתָא דְּבִנְהַרָא [הרי מים נמצאים בשקע שבנהר], זִילוּ טְבוּלוּ [לכו וטבלו], ואל תיכנסו לדיון אם אתם טהורים או טמאים מספק.

ג שנינו במשנה: וְהַשְּׁלָקוֹת דברים מבושלים של גוים (אף שאין בהם דבר איסור) הריהם אסורים באכילה, ולא בהנאה. ושואלים: מְנָהָנֵי מִילֵּי [מנין הדברים הללו שהשלקות אסורים]? אָמַר ר' חִיָּיא בַּר אַבָּא אָמַר ר' יוֹחָנָן, אָמַר קְרָא [המקרא] ששלח משה לסיחון מלך חשבון: "אֹכֶל בַּכֶּסֶף תַּשְׁבִּרֵנִי וְאָכַלְתִּי וּמַיִם בַּכֶּסֶף תִּתֶּן לִי וְשָׁתִיתִי" (דברים ב, כח), ויש להבין כי האוכל שביקש משה הוא כְּמַיִם הנזכרים באותו פסוק — מַה מַּיִם שֶׁלֹּא נִשְׁתַּנּוּ, אַף אוֹכֶל הוא זה שֶׁלֹּא נִשְׁתַּנָּה, אבל אם נשתנה על ידי מעשה אדם, שוב אינו ראוי לאכילת ישראל. ומקשים: אֶלָּא מֵעַתָּה, לפי הגדרה זו, אם היו חִיטִּין וַעֲשָׂאָן הגוי קְלָיוֹת (שקלאן באש) הָכִי נַמִּי דַּאֲסוּרִין [כך גם כן נאמר שיהיו אסורים] מפני שהשתנו? וְכִי תֵּימָא הָכִי נַמִּי [ואם תאמר שכך הוא גם כן], וְהָתַנְיָא [והרי שנויה ברייתא] במפורש: חִיטִּין וַעֲשָׂאָן הגוי קְלָיוֹת — מוּתָּרִין! אֶלָּא כך צריך לומר: כְּמַיִם — מַה מַּיִם שֶׁלֹּא נִשְׁתַּנּוּ מִבְּרִיָּיתָן ונשארו באותה צורה, אַף אוֹכֶל הנלקח מהגוים המותר באכילה הוא זה שֶׁלֹּא נִשְׁתַּנָּה מִבְּרִיָּיתוֹ, ודבר זה מסביר מדוע חיטים שנעשו קליות בידי גוי מותרות, שהרי צורת חיטים נשארת בהן. ומקשים: אֶלָּא מֵעַתָּה, חִיטִּין וּטְחָנָן הגוי לקמח הָכִי נַמִּי דַּאֲסוּרִין [כך גם כן תאמר שהם אסורים] שהרי נשתנתה צורתן? וְכִי תֵּימָא הָכִי נַמִּי [ואם תאמר שכך הוא גם כן], וְהָתַנְיָא [והרי שנויה ברייתא]: חִיטִּין וַעֲשָׂאָן הגוי קְלָיוֹת, וכן הַקְּמָחִים וְהַפְּתִיתוֹת שֶׁלָּהֶן מוּתָּרִין! אֶלָּא כך צריך לומר: כְּמַיִם — מַה מַּיִם שֶׁלֹּא נִשְׁתַּנּוּ מִבְּרִיָּיתָן עַל יְדֵי הָאוּר (אש), אַף אוֹכֶל שֶׁלֹּא נִשְׁתַּנָּה מִבְּרִיָּיתוֹ עַל יְדֵי הָאוּר. ותוהים: מהי הראיה מן הכתוב? מִידֵי אוּר כְּתִיב [וכי אש נאמרה שם בפסוק]? ואם כן איך אפשר להוכיח מדבר שאינו מוזכר בכתוב כלל!

מסורת הש"ס

א. פסחים טז,א (כל הענין).
ב. ראה משנה אהלות פ"א מ"א. נזיר מב,ב.
ג. (הביטוי) ב"ב ז,א. קנא,ב. חולין נ,ב.
ד. ראה נזיר נז,א. סוטה כח,א—ב. חולין ט,ב. ירושלמי סוטה פ"א ה"ב. שם שבועות פ"ב ה"א. ספרי במדבר ה,יד. במדב"ר פ"ט ל.
ה. חולין ט,ב. נדה ג,א. ירושלמי סוטה פ"א ה"ב.
ו. (הביטוי) שבת יב,ב. עירובין ז,א. ביצה כח,ב. ב"ק ל,ב. מנחות לו,ב.
ז. ראה ירושלמי שבת פ"א ה"ד. שם ע"ז פ"ב ה"ח. ילק"ש תורה תתט.
ח. (הביטוי) סוטה טו,ב.

גרסות

לא פליגי דאסור בכתי"ס יש נוסחה: **לא פליגי דשרי** וראה בתוס'.

על ידי הדחק בכתי"מ חסרות מלים אלה.

משקה בכתי"מ: **משקי.**

וכי גזור רבנן טומאה בכתי"מ: **וכי גזור רבנן.**

לא גזרו רבנן בכתי"מ: **לא גזרו.**

טומאת משקין דאורייתא בכתי"מ כבמקבילה: **טומאת משקין לעצמן דאורייתא.**

אסרא בכתי"מ: **אסראה.**

מיבעי ליה בכתי"ס: **הוא.**

הא מיא בשיקעתא דבנהרא בכתי"מ ועוד: **מיא בנהרא** ובכתי"ס: **מיא בשיקעא.**

וכי תימא הכי נמי — מותרין בכתי"מ ועוד: **והתנן החטין והקליות שלהן מותרין.**

וכי תימא הכי נמי והתניא חטין ועשאן קליות הקמחין בכת"י ועוד: **והתניא הקמחין.**

לשון

בוקי
ייתכן שמקור המלה הוא בפרסית buk המתואר ככלי חרס, כעין כד, בעל צוואר צר ובטן גדולה. יש מקרבים את המלה ליוונית βίκος (ביקוס) שאף הוא מין לגין לשתות ממנו.

עיונים

לא פליגי דאסור ראה בתוס' שתהו על כך לפי ההשוואה עם מקור ההלכה במסכת חולין, ולכן העדיפו את הגרסה של הר"ח (וראה גם בגרסות) שבזה לא נחלקו שהוא מותר.

בכנפיו חופין וכו' שקיבלו חכמים שנוסף לסימני הטהרה המפורשים במקרא בחגבים יש עוד סימן אחד, שיהיו כנפיו חופים את רוב גופו. ודנו בשאלה מה הדין כאשר כנפיו הן רק מעט יותר מרובו.

דכן ממש ראה ב"אורח ההלכה" בדברי הרמב"ם, שפסק כדברי רב. אבל לכאורה פסק גם שלא כדבריו, שמשקים מקבלים טומאה מן התורה (שהרי מפורש בתורה שמשקה נטמא). ודבר זה מתאים לשיטת רב פפא בפסחים (יז,ב) שגם שהוא סבור שמשקים מקבלים טומאה מן התורה, מודה הוא שהלכה למשה מסיני היא שמשקי בי מטבחייא אינם מקבלים כלל טומאה, כעין גזירת הכתוב.

טומאה בחיבורין בנושא זה עסקו הראשונים הרבה, הן בקשר בין סוגיה זו לבין הסוגיה בנזיר (מב,ב) והן במה שמובא במשניות במסכת אהלות ובמדרשי ההלכה. ויש בענין זה הבחנות בין אדם המחובר למת הן בין כלים הנוגעים בו, וכן בין דברים שהם מן התורה לבין דברים שהם מדברי סופרים, שחכמים החילו את דבריהם לעניינים מסויימים (לענין אכילת תרומה וקדשים) אבל לא למקרים אחרים (נזיר ועושה פסח).

בוקי סריקי יש שפירשו שרבא בא להכחיש מה שנשמע ממה שמסרו בשם רב נחמן שמן התורה יש טומאת שבעה בחיבורים (שיהא הנוגע בטמא מת טמא שבעה ימים), ושמדברי סופרים גזרו טומאת שבעה שלא בחיבורים. ואמר שדבר זה אינו נכון, ואין לו כל מקור לא בתורה ולא בדברי חכמים (ראב"ד, רמב"ן). וכך עולה לכאורה ממסקנת הסוגיה בנזיר (מב,ב) שטומאת חיבורים אינה מן התורה. ובתוס' (שמפרשים כי גם למסקנת הסוגיה בנזיר טומאה בחיבורים היא מן התורה) כתבו כי רבא לא בא לומר שלדעת רב נחמן אין כלל דין טומאה בחיבורים מן התורה (כלומר, טומאת שבעה), אלא שרב נחמן לא הסביר כך את המשנה, שלדעתו דברי יוסי בן יועזר אינם שייכים לנושא זה, אלא לדין אחר בדיני טומאה.

ספק טומאה ברשות הרבים התיר להן וכך יש להבין את לשון הברייתא "ועל דיקרב למיתא מסאב" — שרק מי שבוודאי נוגע במת טמא ברשות הרבים, אבל לא במקרה של ספק (רש"י).

והא הלכתא מסוטה וכו' שהמקום ממנו למדנו שספק טומאה טמא הריהו בסוטה, שהיא טמאה לבעלה כשנסתרה עם איש אחר, למרות שאין ודאות שאכן נבעלה לו. והרי אין אדם יכול להסתתר ברשות הרבים, ואם כן לא נאמר שם דין זה. וראה ברמב"ם שסבור (עפ"י התוספתא והירושלמי) שמקורו של דין ספק טומאה ברשות הרבים הוא מקרבן פסח הבא בטומאה. וכתבו בתוס' שמה שלמדו מסוטה אינו שספק טומאה ברשות הרבים טהור, כי אין הדבר צריך ללימוד מיוחד, שהרי מעמידים דבר בחזקתו, ואם היה בחזקת טהרה משאירים אותו בחזקתו. אלא שמסוטה למדים שספק טומאה ברשות היחיד טמא, למרות שיש לו חזקת טהרה. ויש שכתבו שאף לגבי טהרה ברשות הרבים למדו מסוטה, לומר שכאשר הספק הוא בגדר מחצה על מחצה (ספק שקול) למדים מסוטה שברשות הרבים הוא טהור (תוס' שאנץ).

הלכה ואין מורים כן וכתבו ראשונים שמהמשך הדברים יש ללמוד שלא החמירו בדבר אלא במה שיש לו טהרה במקוה, שמוטב שיטבול ולא יכנס לספק. אבל בדבר שאין לו טהרה (כגון אוכל ומשקה או כלי חרס, וכל שכן לגבי טהרות) ודאי הולכים כדברי יוסי בן יועזר (ר"ש משאנץ ועוד).

קורות נעץ להם כלומר, הגדיר היטב מה היא רשות הרבים לענין זה. כי לענין טומאה יש הגדרה אחרת של רשות הרבים מאשר לדיני שבת או למקח וממכר, שהרי השאלה הקובעת היא האם בפועל רבים עוברים שם או לא. והוצרך לסמן איזה מקום בתוך אזור חקלאי נחשב כרשות הרבים (משום שהרבים עוברים שם, למרות שהוא שייך לאדם פרטי), או בצידי רשות הרבים, שלמרות שהיא רשות היחיד הרבים מצויים בה (ראה רש"י).

והשלקות מנא הני מילי ולא שאלו שאלה זו על פת, השנויה אף היא במשנתנו, אף שגם היא דבר הנעשה באש וכעין השלקות (ובאמת שאלה זו נשאלה כבר בתלמוד הירושלמי). וראה בעיונים לעיל לה,ב. ומכאן רצה ר"ת להוכיח שהיתה גזירת השלקות גזירה קדמונית, עוד קודם לגזירת פת, שהיתה בכלל שמונה עשרה דבר (ראה לעיל לו,ב) עד שהיו סבורים שהיא נרמזת בתורה. ואילו הרמב"ן (שסבור שגזירת שלקות מאוחרת היא לשל פת) מסביר שבפת מובן הדבר מדוע גזרו — משום חתנות, אבל בשלקות לא היה נראה שיש מקום כלל לגזור, שאין זה מצוי להביא לידי כך, ומשום כך סברו בתחילה שהוא איסור שמן התורה.

שלא נשתנו מברייתן על ידי האור והרשב"א (בתורת הבית) הוסיף בפירוש הדברים, ששינוי האמור כאן הוא הכשרת הדבר למאכל על ידי האור, וכדרך שנאמר להלן שדבר הנאכל כמות שהוא חי אין בו משום בישולי גוים. ורוב המפרשים מסבירים "ברייתם" במובן צורתם. אבל יש שפירשו שהכוונה ב"ברייתם" היא למצב הראשוני, כלומר, דבר שאינו יכול לחזור למצבו הראשון.

אורח ההלכה

משקה בי מטבחיא דכן משקים של בית המטבחים במקדש, דם הקדשים ומים שמשתמשים בהם שם — טהורים לעולם, ואין נטמאים ולא מכשירים לקבל טומאה. וכדברי רב. (רמב"ם ספר טהרה הלכות טומאת אוכלין פ"י הט"ז).

טומאת משקין דאוריתא משקים מקבלים טומאה, ודבר זה מפורש בתורה. ומן התורה אין אוכלים ומשקים מטמאים אחרים, אבל חכמים גזרו שאוכל טמא שנגע באוכל אחר, וכן משקה טמא שנגע באוכל — שהם מטמאים. וכן גזרו שהמשקים הטמאים מטמאים אוכלים ומשקים וכלים שנגעו בהם. (רמב"ם שם הלכות שאר אבות הטומאות פ"ז ה"א).

דאורייתא היא המת מטמא במגע ובמשא ובאוהל טומאת שבעה. וטומאת מגע ואוהל מפורשת בתורה. (רמב"ם שם הלכות טומאת מת פ"א ה"א).

טומאה בחיבורין מדין תורה, אדם שנגע במי שנגע במת, בין כשהוא עדיין נוגע בו ובין שכבר פרש ממנו — הרי זה נטמא טומאת ערב. אבל מדברי סופרים, מי שנוגע באדם שהוא מחובר למת אף הוא נטמא טומאת שבעה. שסבר הרמב"ם שלפי מסקנת רבא בטל מה שאמרו בשם רב נחמן, ויש כאן דין טומאה בחיבורים (ר"י קורקוס). ולדעת התוס' טומאת חיבורים כל שבעה היא מן התורה (מל"מ). (רמב"ם שם פ"ה ה"ב).

ספק טומאה ברשות הרבים היתה טומאה מונחת ברשות הרבים, ספק נגע בה ספק לא נגע בה — ספקו טהור. (רמב"ם שם הלכות שאר אבות הטומאה פט"ו ה"ח).

השלקות אסרו חכמים לאכול בישולי גוים, אפילו כשאין חשש לתערובת איסור בהם. (רמב"ם ספר קדושה הלכות מאכלות אסורות פי"ז ה"ט. שו"ע יו"ד קיג, א).

חטין ועשאן קליות מותר לאכול חיטים קלויים של גוים וכן אפונים קלויים שלהם. וראה בש"ך ובגר"א. (שו"ע שם קיג, ב בהגהה).

אלא יש לומר: האיסור על שלקות גוים הוא **מדרבנן** [מדברי חכמים], **וקרא** [והמקרא] הוא **אסמכתא בעלמא** [בלבד].

א ועוד בדיני בישולי גוים, **אמר רב שמואל בר רב יצחק אמר רב: כל דבר הנאכל כמות שהוא חי — אין בו משום בישולי גוים**, שהבישול לא הפך אותו לאוכל שעשאו הגוי, שהרי אפשר לאכול אותו גם ללא בישול. ומעירים, **בסורא מתנו הכי** [היו שונים מסורת זו כך]. ואילו **בפומבדיתא מתנו הכי** [היו שונים כך], **אמר רב שמואל בר רב יצחק אמר רב: כל שאינו נאכל על שולחן מלכים ללפת בו את הפת — אין בו משום בישולי גוים.** ושואלים: **מאי בינייהו** [מה ההבדל ביניהן] בין שתי מסורות אלה הלכה למעשה? ומשיבים: **איכא בינייהו** [יש הבדל ביניהן] לגבי **דגים קטנים וארדי** (פטריות), **ודייסא**, שאין עולים על שולחן מלכים, אף על פי שאי אפשר לאכול אותם חיים. **אמר רב אסי אמר רב: דגים קטנים מלוחים — אין בהן משום בישולי גוים**, שהרי הם נאכלים כמות שהם. **אמר רב יוסף: אם צלאן גוי — סומך ישראל עליהם משום עירובי תבשילין.** ומכל מקום **אי עבדינהו** [אם עשה אותם] **גוי כסא דהרסנא** (דגים המטוגנים בשמן וקמח) **— אסור.** ותוהים: **פשיטא** [פשוט הדבר]! ואומרים: **מהו דתימא** [שתאמר] **הרסנא** (הדגים המלוחים) הם העיקר, והם נאכלים כמות שהם, **קא משמע לן** [משמיע לנו] **שקימחא** [הקמח] הוא **עיקר**, ומשום הקמח אסור לאכול.

ב אמר רב ברונא אמר רב: גוי שהצית את האור (אש) **באגם** (באחו) **— כל החגבים** המתים **שבאגם אסורין.** ושואלים: **היכי דמי** [כיצד בדיוק היה הדבר]? **אילימא** [אם תאמר] **דלא ידע הי** [שאינו יודע איזה מהם] **טהור והי** [ואיזה] **טמא, מאי איריא** [מה שייך, מדוע דווקא] שהצית את האור **גוי? אפילו** הצית **ישראל נמי** [גם כן]! **אלא** תאמר שהוא **משום בישולי גוים — כי האי גוונא מי אסיר** [כגון זה האם הוא אסור]? **והאמר** [והרי אמר] **רבה בר בר חנה אמר ר' יוחנן: האי גוי דחריך רישא** [גוי זה שחורך ראש של בהמה] כדי להסיר את השיער **— שרי למיכל מיניה** [מותר לאכול ממנו] **אפילו מריש אוניה** [מראש אזנו] שהוא רך ועל ידי חריכה זו נתבשל, **אלמא לעבורי שער קמיכוין** [מכאן שאנו אומרים שלהעביר את השיער מן הראש הוא מתכוון] ולא לבשלו, ומשום כך הוא מותר, **הכא נמי לגלויי אגמא קא מיכוין** [כאן גם כן לחשוף את קרקע האגם הוא מתכוון] ואינו מתכוון לבישול! ומשיבים: **לעולם** תפרש שהאיסור הוא משום **דלא ידע הי** [שאינו יודע איזה] מהחגבים **טהור והי** [ואיזה] **טמא, ומעשה שהיה** שהורו בו הלכה זו, **בגוי היה. גופא** [לגופו] של דבר, **אמר רבה בר בר חנה אמר ר' יוחנן: האי גוי דחריך רישא** [גוי זה שחורך ראש] **— שרי למיכל מיניה אפילו מריש אוניה** [מותר לאכול ממנו אפילו מראש אזנו]. **אמר רבינא: הלכך** [משום כך] על פי הלכה זו, **האי גוי דשדא סיכתא לאתונא** [גוי זה שהניח יתד בכבשן] כדי לייבשה ובכך לחזקה, **וקבר** (טמן) **בה ישראל קרא מעיקרא** [דלעת חיה קודם לכן] לפני שהגוי הצית את האש בתנור **— שפיר דמי** [כשר הדבר]. ושואלים: **פשיטא** [פשוט הוא] שכך! ומשיבים: **מהו דתימא** [שתאמר] **לבשולי מנא קא מיכוין** [שלבשל את הכלי היתד התכוון] והרי התכוון לשם בישול, **קא משמע לן** [משמיע לנו]: **לשרורי מנא קא מיכוין** [שרק לחזק את הכלי, את היתד, הוא מתכוון].

ג אמר רב יהודה אמר שמואל: הניח ישראל בשר על גבי גחלים, ובא גוי והפך בו — מותר. ומבררים: **היכי דמי** [כיצד בדיוק היה הדבר]? **אילימא דאי לא הפך ביה הוה בשיל** [אם תאמר שגם אם לא היה הופך אותו היה מתבשל], **פשיטא** [פשוט הוא] שהגוי לא עשה דבר! **אלא דאי לא הפך לא הוה בשיל** [האם לא מדובר שאם לא היה הופך לא היה מתבשל], ואם כן יש לשאול: **אמאי** [מדוע] **מותר**? הלוא **בישולי של גוים נינהו** [הם]! ודוחים: **לא צריכא** [נצרכה] אלא במקרה כזה, **דאי לא הפך הוה בשיל בתרתי שעי** [שאם לא היה הופך היה מתבשל בשתי שעות], **והשתא קא בשיל בחדא שעתא** [ועכשיו הוא מתבשל בשעה אחת], **מהו דתימא** [שתאמר]: **קירובי בישולא מילתא היא** [קירוב, החשת הבישול דבר היא] לענין זה, **קא משמע לן** [משמיע לנו] שאין זה כן. ומקשים: **והאמר** [והרי אמר] **ר' אסי אמר ר' יוחנן: כל שהוא** מבושל כבר **כמאכל בן דרוסאי** (שודד ידוע, שהיה רגיל לאכול דברים מבושלים למחצה) **— אין בו משום בישולי גוים**, ומכאן נדייק: **הא** [הרי אם] **אינו כמאכל בן דרוסאי** ולא התבשל עד כדי כך **— יש בו משום בישולי גוים** האיל ונתבשל יותר! ומשיבים: **התם** [שם] אין מדובר בהמשך הבישול, אלא **כגון דאותביה בסילתא** [ששם אותו היהודי בסל], שלא היה יכול להתבשל, **ושקליה גוי ואותביה בתנורא** [ולקחו הגוי והושיבו, הניחו בתנור], אבל לא במקרה שהוא כבר מונח בתנור בוער. ומעירים: **תניא נמי הכי** [שנויה ברייתא גם כן כך]: **מניח ישראל בשר על גבי גחלים, ובא גוי ומהפך בו עד שיבא ישראל מבית הכנסת או מבית המדרש, ואינו חושש** לאיסור שבזה. **וכן שופתת אשה קדירה על גבי כירה, ובאת גויה**

עיונים

אלא מדרבנן רש"י מסביר שטעם הגזירה הוא כדי שלא יהא רגיל עם הגוי באכילה ובשתיה ויבוא להאכילו דבר טמא. וכן כתוב באור זרוע בשם רשב"ם, שזאת הסיבה להפרדה בין גזירת פתם ובישולם, שפת משום חתנות, ובישול משום חשש לדבר טמא. ובתוס' הסבירו, כדברי רש"י במשנה, שהטעם בבישול גם הוא משום חתנות.

הנאכל כמות שהוא חי כתב המאירי שיש להגביל זאת לגבי דבר שדרך אכילתו הרגילה היא בעודו חי, ולא בדברים שיכולים לאוכלם חיים בדוחק. והמג"א כתב שנאכל כמות שהוא חי משמעו אפילו נאכל כשאינו נאכל חי בעינו אלא יחד עם דבר אחר. ובגליון מהרש"א כתב שדבר שבמינו אוכלים אותו כשהוא חי, אפילו במקרה שפרט אחד צריך תיקון על ידי בישול — אינו נאסר.

שאינו נאכל על שולחן מלכים ללפת בו את הפת הראשונים נחלקו מה דינו של דבר העולה על שולחן מלכים לעצמו בלא ללפת את הפת, שהרשב"א סבור שאין מדובר דווקא בדבר שעולה כדי ללפת בו את הפת, אלא כל שמעלים אותו ואוכלים אותו במקום חשוב הריהו בכלל זה, ויש לגזור בו משום חתנות. אבל הריטב"א סבור שמלשון הגמרא משמע שרק מה שמלפתים בו את הפת נאסר (וכן יש ללמוד מדברי הר"ח בענין דייסא להלן). והסביר בתורת חיים שטעם הדבר הוא שלא גזרו אלא על דבר הנאכל אכילת קבע, אבל לא על אכילת ארעי.

מאי בינייהו וכו' רש"י מסביר כי שלושת הדברים המובאים כאן אינם נאכלים כמות שהם חיים, אך מצד אחר אינם עולים על שולחן מלכים. אבל הר"ח פירש כי דייסא היא דוגמה לדבר שנאכל כמות שהוא חי (שהרי חיטים נאכלות גם חיות. וכן הוא בירושלמי) ואין מלפתים בו את הפת. וראה במאירי.

ור"ת הוכיח ממה שהובאו דוגמאות אלה, שהם דברים שאינם נאכלים חיים ואינם עולים על שולחן מלכים, ולא הובאו דוגמה של דברים שנאכלים חיים ועולים על שולחן מלכים (כגון דבש), שלשון אחרונה אינה חולקת בעקרון על לשון ראשונה אלא באה להוסיף עליה, שכדי לאסור תבשיל צריך שיתקיימו בו שני התנאים, ואם לא — מותר. וראה ריטב"א.

דגים קטנים מלוחים שנתבשלו על ידי הגוי. וטעמו של דבר, שכיון שהם נאכלים בעודם מלוחים, הרי גם אם אחר כך חוזר ומבשלם — הרי היו ראויים לאכילה גם קודם לכן. ולדעת התוס' ואחרים מדובר כאן בדגים שמלחם ישראל דווקא. אבל הראב"ד והריא"ז כתבו שגם אם מלחם גוי אין דינם שונה, כי אין כלל איסור במליחת הגוי.

ויש שתהו: הרי כבר אמרו שדגים קטנים אינם עולים על שולחן מלכים! ויש שהסביר שהוא אף ללשון ראשונה, ולפיה אין מתחשבים בדבר זה (ריטב"א). ובתוס' תירצו שמדובר כאן בגדולים קצת, שעולים על שולחן מלכים. ואחרים כתבו שלאחר מליחה עולים הדגים על שולחן מלכים (ב"י). והב"ח מחלק בין דגים שכרגיל נאכלים גדולים, שהם אינם עולים על שולחן מלכים כשהם קטנים, לבין דגים קטנים שאינם גדלים עוד.

אם צלאן גוי סומך וכו' כלומר, אף על פי שאין בהם משום בישולי גוים, אין זה אלא משום שאינו בכלל גזירת חכמים, שאין בדברים אלו להביא לידי חתנות, אבל נקרא הדבר תבשיל לענין עירובי תבשילין (ראה ביצה טו,ב), שיכול אדם לסמוך על תבשיל זה שהכינו (אפילו על ידי גוי. וראה בתוס' שלא גרסו כאן גוי) מערב יום טוב, ולבשל מיום טוב לשבת (ריטב"א, תורת חיים).

קמחא עיקר וכיון שאין הקמח נאכל חי — הריהם אסורים. ומכאן למדו כמה ראשונים שמיני פשטידות שאופים אותן בתנור, אין צריך לחשוש בהן לבישולי גוים, כיון שאין מקפידים כל כך בימינו בפת גוים, שהיא מאפה תנור (ראה בתוס' ועוד). ומצד אחר למדו מכאן שאין הולכים אחר שם התבשיל אלא אחר עיקרו (ריטב"א).

ואפילו מריש אוניה שלגבי שאר חלקי הראש ודאי שלא הועילה החריכה לעשותו כמבושל. אלא אף בראש אוזנו שהיא דקה ורכה ונגמר בישולה בחריכה זו — אין חוששים. וכללו של דבר, שכל שלא התכוון הגוי לשם בישול — אין בכך משום איסור בישולי גוים.

קבר בה קרא וצריך לומר שלא היה האפר חם ולא היה ראוי כלל לבשל הדלעת בו (שאם לא כן היה מותר מטעם אחר). וכתבו ראשונים שאם הניח היהודי את הדלעת לאחר שהסיק הגוי את התנור — פשוט הדבר שמותר, שהרי הגוי לא עשה שום פעולה של בישול בדלעת עצמה.

לשרורי מנא קא מיכוין הראשונים פירשו דבר זה על פי הגמרא במסכת שבת (עד,ב), ולפיה ישנם שני שלבים בענין זה: בשלב הראשון ישנו מעין "בישול" של היתד, שהיא מתרככת בו, ואחר כך היא מתקשה ומתחזקת. ומה שנאמר כאן הוא, כי אף על פי שבהכרח יש כאן תהליך של בישול, הואיל ואין זו מטרת הייבוש בתנור — אין זה נחשב כבישול של גוי, מאחר שאינו מתכוון לכך. והסבירו כי אף שיש בכגון זה משום איסור בישול בשבת, שהרי לא ניתן להגיע למטרה הסופית בלא ה"בישול" (ובכלל "מלאכת מחשבת" שאסרה תורה הוא), כאן שכוונתו העיקרית היא אחרת, הרי אף שיש צד בישול כלשהו בדבר אין מתחשבים בכך (תוס', רמב"ן ועוד). וראה ברש"י (ד"ה קא משמע לן) ובריי"ד.

ולרי"ף היתה גרסה שונה בענין זה, ולפיה יש להבחין האם הגוי ידע שהדלעת מונחת בתנור בשעה שהסיקו, שאם כן — יש לחשוש שנתכוון גם לבשל את הדלעת (רא"ש).

בסילתא רש"י מפרש "סילתא" במובן סל, שהיה המאכל מונח בסל, שלא היה יכול להתבשל. ואילו אחרים כתבו כי סילתא כאן הוא בקעת של עץ, שחלקה מונח בתנור והבשר היה מונח על החלק שבחוץ (ראב"ד). או שהכוונה לשפוד של עץ, שהיה יתד בצד התנור ועליה תלה את הבשר (רי"ד). ורוב הראשונים מסבירים כי הכוונה היא שללא פעולתו של הגוי לא היה הבשר מתבשל כדי מאכל בן דרוסאי. אבל הראב"ד פירש כי גם אם היה הבשר נצלה במשך הזמן מחום האש מרחוק, מכל מקום הואיל והגוי עשה מעשה שלם, שנטלו משם והניחו בתוך האש — הרי ביטל בכך את פעולת הבישול של ישראל, ואסור.

אורח ההלכה

כל הנאכל כמות שהוא חי דבר שאינו נאכל כמו שהוא חי, וגם עולה על שולחן מלכים ללפת בו את הפת או לפרפרת, אם בישלו הגוי (או צלאו, אבל לא על ידי מליחה או עישון) אפילו בכלי ישראל ובבית ישראל, אסור משום בישולי גוים. שנפסקה הלכה כשתי הלשונות בשם רב ולהקל, כיון שהוא מדברי סופרים (כס"מ). (רמב"ם ספר קדושה הלכות מאכלות אסורות פי"ז הי"ד—ט"ו. שו"ע יו"ד קיג, א).

דגים קטנים מלוחים דגים קטנים שמלחם ישראל או גוי, הרי הם כמו שנתבשלו מקצת בישול, ואם צלאם גוי אחר כן — מותרים. (רמב"ם שם הט"ז. שו"ע שם סעיף יב).

קמחא עיקר עירב דבר הנאכל כמות שהוא חי עם דבר שאינו נאכל אלא מבושל, ובישל גוי את התערובת, אם העיקר הוא דבר הנאכל חי — הכל מותר, ואם לאו — אסור. כמו שאפשר ללמוד מדין כסא דהרסנא. (שו"ע שם סעיף ב).

גוי דחריך רישא גוי שבישל ולא נתכוון לבישול — אינו נאסר משום בישול גוי, אפילו אם הוא עולה על שולחן מלכים. כגון שהצית אש באגם לבער העשב ונתבשלו שם חגבים, או חרך ראש בהמה כדי להעביר השיער ונצלתה מקצתו — הרי זה מותר. (רמב"ם שם הי"ט. שו"ע שם סעיף ה).

האי גוי דשדא סיכתא לאתונא נתכוון הגוי לבשל, כגון שהסיק את התנור לבשל בו, והיה בו בשר תחילה ונצלה, אף על פי שלא נתכוון הגוי לבשר זה, שהרי לא ידע בו — אסור. עפ"י דברי רבינא (באה"ג). (שו"ע שם).

הניח ישראל בשר וכו' כל דבר שבישלו ישראל מעט, בין בתחילת הבישול ובין בסופו — אין בו עוד משום בישולי גוים. ולכן אם הניח הגוי בשר על גבי האש והפך בו הישראל — מותר. כדברי רב יהודה בשם שמואל. וכתב הרמ"א שאפילו לא היה מתבשל בלא סיוע הגוי מותר. והמפרשים תמהו, שהוא כנגד דברי הגמרא כאן. וראה בט"ז ובש"ך. (רמב"ם שם הט"ז. שו"ע שם סעיף ו).

כל שהוא כמאכל בן דרוסאי נתן ישראל קדרה על האש וחזר וסילקה (או שסילקה הגוי. ט"ז וש"ך) ובא גוי והחזירה — אסורה, אלא אם כן הגיע המאכל קודם לשיעור מאכל בן דרוסאי (שהוא שליש בישולו). (שו"ע שם סעיף ח).

מסורת הש"ס

א. שבת נא,א. מו"ק יב,ב. יבמות מו,א. ע"ז נט,א. ובירושלמי שבת פ"א ה"ד. שם נדרים פ"ו ה"א. שם ע"ז פ"ב ה"ח (בשינוי שם). ילקו"ש תורה תתט.
ב. (כעין זה) מגילה יח,ב. גיטין לה,א. ב"ב קמב,ב. קנב,ב. נדה מד,ב.
ג. ע"ז נט,א.
ד. ביצה טז,א.
ה. ירושלמי שבת פ"א ה"ד. שם נדרים פ"ו ה"א. שם ע"ז פ"ב ה"ח.
ו. ירושלמי ע"ז פ"ב ה"ח (בשינויים).
ז. (הביטוי) עירובין סה,ב. פסחים פב,ב. ר"ה יד,ב. כתובות ז,א. כז,א. קדושין עו,א. עז,א. ב"ב קנה,ב. נדה ו,ב.
ח. ראה שבת עד,ב.
ט. ראה שבועות יז,ב.
י. שבת כ,א. וראה ירושלמי ע"ז פ"ב ה"ט.

גרסות

בפובדיתא מתנו הכי בכת"י: בפומבדיתא מתנו.

שאינו נאכל על שולחן מלכים בכת"י ובמקורות רבים: שאינו עולה על שולחן מלכים.

מעשה שהיה בכת"י: ודקא קשיא לך מאי איריא גוי אפילו ישראל נמי מעשה שהיה.

רבה בר בר חנה בכת"י: רב חנן בר אמי אמר ר' פדת. **לבשולי מנא** בכתי"מ: לבשולי.

דאי לא הפך ביה בכתי"מ: דאי לא הוה הפיך ביה.

בישולי של גוים נינהו בכת"י: בישולי גוים הוא.

והא אמר רבי אסי בכת"י ועוד: איני והאמר ר' אסי.

שיבוא ישראל מבית הכנסת בכת"י: שיבוא מבית הכנסת.

אישים

בן דרוסאי
בן דרוסאי הנזכר כאן הוא שמו (או כינויו) של אדם אחד שחי בארץ ישראל בימי האמורא ר' יוחנן. לפי המפרשים היה בן דרוסאי לסטים, וכנראה מן הירושלמי במסכתנו היה איש אלים (ראה פ"ד ה"ד). ממקור זה עולה כי בן דרוסאי היה מוכר לחכמים ונהג לציית לדבריהם, וכיון שהכירוהו הזכירוהו כאן ובמקומות אחרים כדוגמה לאדם האוכל מאכלים מבושלים רק בחלקם.

לעזי רש"י

בוליי"ץ מן הצרפתית העתיקה boleiz — פטריות.

קובליי"א (צ"ל: קיביל"א), מן הצרפתית העתיקה chevil — יתד.

מדרבנן. שלא יהא ישראל רגיל אצלו במאכל ובמשתה ויאכילנו דבר טמא: **דגים קטנים וארדי ודייסא.** אין נאכלין חיין ואין עולין על שולחן מלכים ללישנא קמא יש בהן משום בישולי גוים ללישנא בתרא שרו: **ארדי.** בולי"ן: **מלוחין.** נאכלין כמות שהן מחמת מלחן: **כסא דהרסנא.** טיגן במורייס שומן דגים עם קמח: **הרסנא עיקר.** ואותו מורייס נאכל כמות שהוא חי ושרי: **קמ"ל קימחא עיקר.** ויש בו משום בישולי גוים שהקמח אינו נאכל חי: **כל החגבים שבאגם.** שנחרכו ונתבשלו מחמת האור חגב אינו טעון שחיטה: **אפי' מריש אוניה.** שהאוזן רכה ונגלית בחריכתה אפי' הכי שרי הואיל וגוי לא לבשל נתכוין: **דשדא סיכתא.** קונליי"א בלע"ז ליבשה בתנור: **וקבר בה ישראל קרא מעיקרא.** והטמין ישראל בתנור דלעת חיה קודם שהוסק התנור והגוי הסיקו ונתבשלה הדלעת: **שפיר דמי.** הואיל והגוי לא לבשל נתכוין: **פשיטא.** היינו דר' יוחנן: **מהו דתימא.** האי גוי לבשולא להאי סיכתא איכוון והא לשם בישול הסיקו: **קמ"ל.** דאין בישול בכלים: **אלא לשרורי מאניה איכוון.** להקשות את היתד ואין דעתו לבישול: **לשרורי.** לשון שריר וקיים חזק: **בן דרוסאי.** לסטים היה ואוכל כל דבר המבושל קצת: **בסילתא.** בסל אבל הכא דמנחא אגומרי בלאו היסק דגוי הוה מבשל לה לזמן מרובה: **שפיתת קדירה.** קרי כשנותנין אותה על האור: מגיסה

שבת נא. מ"ק יב: יבמות מו. לקמן נט. | [ביצה טז.] | [עירובין סח: וש"נ] | [נ"ל רב חנן בר אמי א"ר פדה] | שבועות יז: | שבת כ.

אלא מדרבנן וקרא אסמכתא בעלמא [א]אמר *רב א
שמואל בר רב יצחק אמר רב [א]כל הנאכל
כמות שהוא חי אין בו משום בישולי גוים
[ב]בסורא מתנו הכי בפומבדיתא מתנו
הכי [ג]אמר רב שמואל בר רב יצחק אמר רב
[ב]כל שאינו נאכל על שולחן מלכים ללפת בו
את הפת אין בו משום בישולי גוים
מאי בינייהו איכא בינייהו דגים קטנים וארדי
ודייסא [ד]*אמר רב אסי אמר רב [ג]דגים
קטנים מלוחים אין בהן משום בישולי גוים
אמר רב יוסף אם צלאן גוי
[ה]סומך ישראל עליהם משום עירובי
תבשילין ואי עבדינהו גוי כסא
דהרסנא אסור פשיטא מהו דתימא הרסנא
עיקר קמ"ל [ד]קימחא עיקר [ו]אמר רב ברונא ב
אמר רב גוי שהצית את האור
באגם כל החגבים שבאגם אסורין ה"ד
אילימא דלא ידע הי טהור והי טמא מאי
איריא גוי אפילו ישראל נמי אלא
משום בישולי גוים כי האי גוונא
מי אסיר והאמר רב חנן בר אמי א"ר פדת
א"ר יוחנן [ה]האי גוי דחריך רישא
שרי למיכל מיניה אפילו מריש אוניה אלמא
לעבורי שער קמיכוין ה"נ לגלויי אגמא קא
מיכוין לעולם דלא ידע הי טהור והי טמא
[ז]*ומעשה שהיה בגוי היה גופא
אמר *(רבה בר בר חנה) א"ר יוחנן האי
גוי דחריך רישא שרי למיכל מיניה אפילו מריש אוניה אמר רבינא
הלכך האי גוי [ח]דשדא סיכתא לאתונא וקבר בה ישראל קרא
מעיקרא שפיר דמי פשיטא מהו דתימא לבשולי מנא קא מיכוין קמ"ל
לשרורי מנא קא מיכוין אמר רב יהודה אמר שמואל [ט]הניח ישראל בשר ג
על גבי גחלים ובא גוי והפך בו מותר *היכי דמי אילימא דאי
לא הפך ביה הוה בשיל פשיטא אלא לאו דאי לא הפך לא הוה בשיל
אמאי מותר בישולי של גוים נינהו לא צריכא דאי לא הפך
הוה בשיל בתרתי שעי והשתא קא בשיל בחדא שעתא מהו דתימא קרובי
בישולא מילתא היא קמ"ל *והאמר ר' אסי א"ר יוחנן [י]כל שהוא כמאכל
בן דרוסאי אין בו משום בישולי גוים הא אינו כמאכל בן דרוסאי
יש בו משום בשולי גוים התם כגון דאותביה בסילתא ושקליה
גוי ואותביה בתנורא תניא נמי הכי מניח ישראל בשר על גבי
גחלים ובא גוי ומהפך בו עד שיבא ישראל מבית הכנסת או מבית
המדרש ואינו חושש שופתת אשה קדירה על גבי כירה ובאת גויה
ומגיסה

אלא **מדרבנן וקרא אסמכתא בעלמא.** פרש"י דרבנן גזור משום דחיישי שמא יאכילנו דברים טמאים ויותר היה נראה לפרש הטעם משום חתנות וכן פ"ה במתני' אומר הר"ר אברהם ב"ר דוד דודאי שלקות אסרו חכמים כשהגוי מבשלם בביתו אבל כשהוא מבשל בביתו של ישראל אין לחוש לא לחתנות ולא לשמא יאכילנו דברים טמאים ולא הודה לו ר"ת דודאי כיון שהגוי מבשל לא חלקו כלל חכמים בין רשות הישראל לרשות הגוי כי לעולם יש לחוש שמא לא יזהר גם בביתו של ישראל כמו בביתו של גוי: **איכא** **בינייהו דגים קטנים וארדי ודייסא.** פי' שאינם נאכלים חיים ואין עולין על שולחן מלכים ואור"ת דמדנקט הני ולא נקט דבש וגבינה שעולין על שולחן מלכים ונאכלים חיים ש"מ דבעי למנקט דברים שנעשה בהם לשון אחרון מוסף על הראשון ולהקל עליו דאפילו אינו נאכל חי כיון שאינו עולה לית ביה משום בישולי גוים ולכן פסק ר"ת דהלכתא כהני תרי לישני ואי איכא חד מינייהו או נאכל חי או אינו עולה אין בו משום בישולי גוים דבשל סופרים הלך אחר המיקל וראיה מדאמרינן לקמן בשמעתין (ע"ב) גבי משחא שליקא וכן גבי דבש בסתם התלמוד (לקמן לט:) אי משום בישולי גוים נאכל כמות שהוא חי הוא פירוש ולא שייך ביה בישולי גוים אע"ג דעולה על שולחן מלכים הוי וגם ר' יוחנן עבד לקמן (דף נט. ע"ש) עובדא להיתר גבי תורמוסא דשלקי גוים ואכלו ישראל דאסר רשב"ל וא"ל רבי יוחנן אדמקטורך עלך זיל הדר דכל שאינו עולה על שולחן מלכים אין בו משום בישולי גוים ואע"ג דתורמוס אינו נאכל כמו שהוא חי*: **דגים** **קטנים מלוחים אין בהם משום בישולי גוים.** פי' אם בישלן גוי אחרי שמלחן ישראל שרו כיון שקודם בישולם היו נאכלים מחמת מלחם אמר רב יוסף ואם צלאן סומך עליהם משום עירובי תבשילין ולא גרס גוי עד ואי עבדינהו גוי כסא דהרסנא כפר"ח והשתא ניחא דלא תקשי לקמן דר' יוחנן דאסר דג מליח וביצה צלויה דהתם מיירי במלחו גוי והכא מיירי במלחו ישראל ודגים קטנים מלוחים נאכלין כמו שהם חיים אומר רבי יהודה דמדקאמר מלוחים דמשמע שאין מלוחים אסירי א"כ צ"ל דמיירי בגדולים קצת שעולים לפעמים על שולחן מלכים דאי לא תימא הכי תקשי לן להא דאמר איכא בינייהו דגים קטנים פי' דלמ"ד נאכל כמו שהוא חי יש בו משום בישולי גוים ולמ"ד אינו עולה דגים קטנים אין בו משום בישולי גוים והלכתא כתרוייהו לקולא וא"כ אמאי נקט מלוחים אפילו אין מלוחים נמי: **קא** **משמע לן קימחא עיקר.** מכאן היה *ר"ת מתיר קנוי"ש ואובליא"ש של גוים לאותם שאין נזהרים מפת של גוים דלמאי ניחוש אי משום דם ביצים רוב ביצים שלנו אין בהם דם ואי משום ביצי עוף טמא הרי אינם מצויים בינינו ואי משום בישולי גוים קימחא עיקר והוי כמו פת [וע"ע תוס' חולין סד. ד"ה סימנין ותוס' ביצה טז: ד"ה קמ"ל]: **לעולם** **דלא ידיע הי טמא והי טהור.** משמע הא אי הוה ידיע הי טהור הוה שרי ומכאן ראיה להתיר חגבים בלא שחיטה ועוד ראיה דעופות לא הוזכרו שחיטה *אלא מפני שהוטלו בין בהמה לדגים והלכך לפטרן בולא כלום א"א שכבר הוקשו לבהמה משמע הא לאו הכי פטירי משום דהוקשו לדגים וכל שכן חגבים שהוזכרו אחר דגים כדתניא בתוספתא וכל נפש חיה הרומשת במים אלו דגים ולכל הנפש השורצת על הארץ אלו חגבים ועוד תניא בתוספתא *אוכל אדם חגבים בין חיין בין מתין ואינו חושש וא"ת והיין היכי שרו הא איכא בל תשקצו דאמרינן ס"פ ר' עקיבא (שבת דף צ:) רב חזייה לרב כהנא דקא מעבר שושיבא אפומיה א"ל שקליה דלא לימרו קא אכל ליה וקא עבר משום בל תשקצו וי"ל דהא דשרי בתוספתא היינו היכא שחתך ממנו אבר אחד ורחצו היטב דליכא בל תשקצו באותו אבר [עי' תוס' חולין סו. ד"ה במאי ותוס' שבת צ: ד"ה דלא]: **קא** **משמע לן לשרורי מנא קא מיכוין.** ואע"ג דאמרינן בפ' כלל גדול (שבת דף עד: ושם ע"ש) האי מאן דשדי סיכתא לאתונא חייב משום מבשל היינו לענין שבת דאע"ג דלשרורי מנא קא מיכוין מ"מ הוא מבשל קצת וגם לאותו בישול גרוע הוא מתכוין וגבי שבת החמירו להחשיבו אבל לענין בישולי גוים לא חשיב ואינו (*חייב) עד שיתכוין לבישול גמור:

ואתא

[נ"ל רב חנן בר אמי א"ר פדה] | [בחולין סד. ד"ה סימנין איתא להיפך וצ"ל באחת ר"ת] | [כלאים' בחולין כז:] | [תרומות פ"ט] | [נ"ל אסור]

קנא א ב מיי' פי"ז מהל' מאכלות אסורות הלכה יד טו סמג לאוין קמב טוש"ע י"ד סי' קיג סעיף א:
קנב ג מיי' שם הלכה טז טוש"ע שם סעיף יב:
קנג ד טוש"ע שם סעיף ב:
קנד ה ו מיי' שם הל' יט טוש"ע שם סעיף ה:
קנה ז מיי' שם הלכה טז טוש"ע שם סעיף ו:
קנו ח טוש"ע שם סעי' ח:

רבינו חננאל

כר' שמואל בר יצחק דאמר משום רב כל הנאכל כמות שהוא בחי אין בו משום בשולי גוים. בסורא מתנו הכי. בפומבדיתא מתנו לה הא דרב כל שאינו עולה על שלחן מלכים לאכול בו את הפת אין בו משום בשולי גוים. איכא בינייהו דגים קטנים וארדי ודייסא דהני כגון דגים קטנים. וארדי א) אינן נאכלין בחי ונאכלין בפת. ודייסא נאכלת בחי ואינה נאכלת בפת כו'. כותח של גוים מותר ולא חיישינן לפת שיש בו. שאין פת גוים אסורה באכילה אי לא משום חתנות. אבל לכותח שרי דתני ר' חייא לחם האפוי לכותח העשויה כלמודים פטורה מן החלה. אמר רב אסי אמר רב דגים קטנים מלוחים אין בהם משום בשולי גוים. אמר רב יוסף אם צלאן גוי סומך עליהן משום ערובי תבשילין. ואי עבדינהו גוי כסא דהרסנא קמחא עיקר ולא הרסנא ולפיכך אסירי. אמר רב ברונא אמר רב גוי שהצית אור באגם כל חגבים שנצלו מחמת האור ולא ידעי אי טמא ואי טהור כולן אסורין ולא מיבעיא גוי אלא אפילו ישראל שהצית האור באגם אסור. ומעשה שהיה בגוי אחד היה. אבל משום בשולי גוים בהאי גוונא לא אסירי דהא א"ר יוחנן גוי (שהרדיך) [דחריך] רישא שרי למיכל ישראל מינה אפילו מריש אוניה. אלמא לעבורי שער קא מיכוין ולא לבשולי. הכא נמי לגלויי אגם קא מיכוין. דייק רבינא מהא דא"ר יוחנן גוי (שהרדיך) [שחרך] רישא פי' שהבהב ראש כבש להעביר שערה שרי למיכל מריש אוניה שמתבשל לפי שעה גוי דשדא סיכתא לאתונא וקבר בה ישראל קרא ונתבשלה שרי. פי' מי שנתן יתידות של עץ לייבשם לנעצן בספינות כמו מסמרים. ואמרינן פשיטא מהו דתימא לבשולי אותן היתידות קא מיכוין. וכיון שכוונתו לשום בישול בעלמא האי קרא שנתבשלה בכבשן אסורה. קמ"ל לשרורי. פי' לחזקם קא מיכוין ולא לבישול. סוגיין דשמעתא גוי שלקח בשר מישראל ונתנו ע"ג האור אם נתבשל כמאכל בן דרוסאי אסור אע"פ שגמרו ביד ישראל אבל אם לא נתבשל כמאכל בן דרוסאי מותר. ותניא מניח ישראל בשר ע"ג גחלים ובא גוי ומהפך בו עד שיבוא מביהכ"נ או מביהמ"ד ואינו חושש. והני מילי דליכא חשש דלמא חליף ליה:

וכן

א) אולי דצ"ל נאכלים בחי [ומפרש דמיירי במלוחים] ונאכלין בפת ודייסא אינה נאכלת בחי וכו' וצ"ע בזה.

ומגיסה עד שתבא מבית המרחץ או מבית הכנסת ואינה חוששת איבעיא להו הניח גוי והפך ישראל מהו אמר רב נחמן בר יצחק ק"ו גמרו ביד גוי מותר גמרו ביד ישראל לא כ"ש איתמר נמי אמר רבה בר בר חנה א"ר יוחנן ואמרי לה אמר רב אחא בר בר חנה א"ר יוחנן בין שהניח גוי והפך ישראל בין שהניח ישראל והפך גוי מותר ואינו אסור עד שתהא תחלתו וגמרו ביד גוי אמר רבינא *הלכתא הא ריפתא דשגר גוי ואפה ישראל א"נ שגר ישראל ואפה גוי א"נ שגר גוי ואפה גוי ואתא ישראל וחתה בה חתויי שפיר דמי

א דג מליח חזקיה שרי ור' יוחנן אסר ביצה צלויה בר קפרא שרי ור' יוחנן אסר כי אתא רב דימי אמר אחד דג מליח ואחד ביצה צלויה חזקיה ובר קפרא שרו ורבי יוחנן אסר ר' חייא פרוואה איקלע לבי ריש גלותא אמרו ליה ביצה צלויה מאי אמר להו חזקיה ובר קפרא שרו ור' יוחנן אסר ואין דבריו של אחד במקום שנים אמר להו רב זביד לא תציתו ליה הכי אמר אביי הלכתא כוותיה דרבי יוחנן אשקיוהו *נגוטא דחלא ונח נפשיה ת"ר *הקפריסין והקפלוטות והמטליא והחמין והקליות שלהן מותרין ביצה צלויה אסורה *שמן רבי יהודה הנשיא ובית דינו נמנו עליו והתירוהו תניא היא המטליא היא פשליא היא שיעתא מאי שיעתא ארבב"ח אמר רבי יוחנן הא ארבעין שנין דנפיק האי עובדא ממצרים ורבה בר בר חנה דידיה אמר הא שתין שנין דנפיק האי עובדא ממצרים ולא פליגי מר בשניה ומר בשניה(א) מייתו ביזרא דכרפסא וביזרא דכיתנא וביזרא דשבליתא ותרו להו בהדי הדדי בפשורי ושבקו ליה עד דמקבל ומייתי חצבי חדתי ומלו להו מיא ותרו בהו גרגישתא ומדבקין ביה ועיילין לבי בני אדנפקו מלבלבי ואכלי מינייהו וקיירי מבינתא דרישייהו עד טופרא דכרעייהו *אמר רב אשי אמר לי רבי חנינא מילין ואמרי לה במילין ת"ר הכוספן של גוים שהוחמו חמין ביורה גדולה אסור ביורה קטנה מותר ואיזו היא יורה קטנה א"ר ינאי כל שאין צפור דרור יכול ליכנס בתוכה ודלמא *אדמויי אדמוה ועיילוה אלא כל שאין ראש צפור דרור יכול ליכנס בתוכה והתניא אחת יורה גדולה ואחת יורה קטנה מותר לא קשיא הא כמ"ד נותן טעם לפגם אסור הא כמ"ד *) נותן טעם לפגם מותר אמר רב ששת האי מישחא שליקא דארמאי אסור אמר רב ספרא למאי ניחוש לה אי משום איערובי מיסרא סרי אי משום בישולי גוים נאכל הוא כמו שהוא חי אי משום גיעולי גוים נותן טעם לפגם הוא ומותר בעו מיניה מרבי אסי הני אהיני שליקי דארמאי מאי חוליי לא תיבעי לך דודאי שרו מרירי לא תיבעי לך דודאי אסירי כי תיבעי לך מציעאי מאי אמר להו מאי תיבעי לכו דרבי אסר ומנו לוי שתיתאה רב שרי אבוה דשמואל ולוי אסרי בחיטי ושערי כ"ע לא פליגי דשרי בטלפחי דחלא כ"ע ל"פ דאסיר כי פליגי בטלפחי דמיא מר סבר גזרינן הא אטו הא ומר סבר לא גזרינן ואיכא דאמרי בטלפחי דמיא כ"ע לא פליגי דאסיר כי פליגי בחיטי ושערי מר סבר גזרינן הא אטו הא ומר סבר לא גזרינן אמר רב תרי מיני שתיתאה שדר ברזילי הגלעדי לדוד דכתיב משכב וספות וכלי (ש"ב יז) יוצר חטים ושעורים וקמח וקלי ופול ועדשים וקלי והשתא הוא דקא מפקי צני צני לשוקי דנהרדעא ולית דחייש להא דאבוה דשמואל ולוי: וכבשין שדרכן לתת בתוכן יין: *אמר חזקיה לא שנו אלא שדרכן אבל בידוע אסור אפילו בהנאה ומ"ש *ממוריים דשרו רבנן בהנאה התם לעבורי זוהמא הכא למתוקי טעמא ורבי יוחנן אמר אפילו בידוע נמי מותר ומאי שנא ממוריים לר"מ דאסיר בהנאה התם

ב

*) [לעיל לו. לקמן לט.: סה: סז: סח: עה:]

תוספות

ואתא ישראל וחתי חתוי בגחלים. מכולה שמעתין משמע דבעינן שיהא הישראל מקרב הבישול קצת ומה שנהגו להשליך קיסם לתנור סומכין על מה *שיש בדברים שבין בני בבל לבני ארץ ישראל דקאמר בני בבל משליכין קיסם לתנור ובני מערב אומרים קיסם זה מה מעלה ומה מוריד ואנו נמשכין אחר בני בבל ותלמודם:

תנו רבנן הקפריסין וביצה צלויה. אין להקשות מהך ברייתא לחזקיה ובר קפרא דשרו דתנאי נינהו וקשישי מר' יהודה הנשיא הנזכר בזאת הברייתא:

אי משום גיעולי גוים נטל"פ מותר. משמע דהכי הלכתא וגם רבי יהודה הנשיא התיר השמן ואפילו ב"ש וב"ה שגזרו עליו הכי סבירי להו כדפירשתי לעיל מיהו מדבש דאמרינן לקמן (דף לט:) נותן טעם לפגם מותר אין ראיה דשאני התם דפוגם אפילו בעין אבל שמן כשהוא בעין ה"ל לשבח ואפ"ה לפגם מותר וגם מרבא דאמר בפרק בתרא (לקמן סח:) הלכתא נותן טעם לפגם מותר אין ראיה דהתם פוגם מעיקרו אפילו בעין דומיא דעכבר בשיכרא דאיירי התם וקי"ל נמי דסתם כלי גוים אינן בני יומן מדשרינן מישחא שליקא ושמן וחילתית נמי שרי אי לאו דשורפיה מחליא ליה וכן פוסקים רש"י ור"ת והר"י דסתם כליהם אינן בני יומן והיינו טעמא לפי שהוא ספק ספיקא ספק נשתמשו בו היום או אתמול ואפי' נשתמשו בו היום שמא נשתמשו בו דבר שהוא פוגם בעין או דבר שאין נותן טעם [וע"ע תוס' חולין ח: ד"ה השוחט]:

רש"י

מגיסה. מהפכת בכף: **לשגר גוי.** הסיק בתנור: **חתיית.** גחלת מחממת ומוליאה חוס הגחלים: **דג מליח.** שמלחו הגוי ובמליחתו הוא נאכל בלא בישול: **חזקיה שרי.** דלאו הוא בישול: **ור' יוחנן אסר.** דזהו בישולו: **ביצה צלויה.** שצלאה גוי: **בר קפרא שרי.** הואיל ובליע אוכל דידיה ולא נגע גוי באוכלא: **אשקיוה.** אשקיוהו לרב זביד: **נגוטא דחלא.** הנך דבי ריש גלותא דלא הוו מעלו משום דאחמיר עלייהו: **הקפריסין.** שומר לפרי הן(ב) ממין צלף ודרך לאכלן חיין ויש ששולקין אותן ואם בישלן גוי מותרין: **והקפלוטות.** כרתי נאכלין כמות שהן חיין: **והמטליא.** לקמן מפרש: **והחמין.** מים חמין דהא אין משתנין מברייתם ע"י האור: **וקליות.** נמי לא נשתנו: **שיעתא ביזרא דכרפסא.** זרע של כרפס: **שבליתא.** פנגריי"א והוא תלתן: **ותרו להו.** שורין אותן במים: **דמקבל.** שלומחין: **גרגישתא.** ארזיל"א: **ומדבקין.** הנך ביזרא: **מבינתא דרישייהו.** שיער ראשן וקמ"ל ברייתא דאי נמי תרו להו בחמימי שרי: **מילין.** דברי כזב הן דלא מלבלבי בחדא שעתא: **במילין.** על ידי דברי לחש של כשפים הן עושין: **הכוספן.** פסולת של תמרים שעשו מהן שכר וחולטין אותן: **כל שאין ראש צפור דרור כו'.** שפיה קצר דבהא ודאי לא איבשל דבר טמא דניחוש לגיעולי גוים: **ודלמא אדמויי אדמוה.** נתחוה לאברים והכניסוה ונתבשלה בו ועכשיו פלט הטעם בחמין הללו: **אלא כל שאין ראש צפור דרור כו'.** ואין לך חתיכת איסור קטנה מזו: **נותן טעם לפגם.** פלוגתא היא בפ' בתרא (לקמן סז:) וכל גיעולי גוים נותן טעם לפגם שהרי נתבשל האיסור אתמול וכבר הופג טעמו ונפסל בלינה חוץ מקדירה בת יומא דנותן טעם לשבח הוא ואסור: **איערובי.** שמא נתערב בו יין: **סרי.** מסריח: **אהיני.** תמרים: **חוליי לא תיבעי לך.** מתוקים ודאי שרו דאי משום בישולי גוים הרי נאכלין חיין: **מרירין.** אינן נאכלין ובישולן ממתקן: **מציעאי.** נאכלין חיין ע"י הדחק: **שתיתאה.** תבשיל העשוי מקמח של קליות שייבשן בתנור ויש שעושין אותו מקמח עדשים ולפי שהן מתוקין יותר מדאי נותן שם חומץ: **בחיטי או שערי.** אין דרך לתת שם חומץ: **טלופחי.** עדשים: **ולית דאמרי בטלופחי**(ג) **ומיא כ"ע לא פליגי לאסור.** דמיחלף בטלופחי וחלא: **וספות.** כלים להשתמש כמו שומרי הסף (אסתר ב): **תרי זימני כתיב קלי בקרא והיינו תרי מיני** שתיתא: **ומאי שנא ממוריים.** דרובא דעלמא שדו ביה חמרא והוי בידוע: **התם חמרא לעבורי זוהמא.** דדגים והוי כמאן דאזיל לאיבוד:

רבינו חננאל

וכן אשה שאין שם חששא שמא תחליף שופתת קדירה ע"ג כירה וגויה מגיסה בה עד שתצא מן המרחץ. או עד שתבא מן השוק: איבעיא להו הניח גוי והפך בו ישראל מהו. ופשיטנא א"ר יוחנן בין שהניח גוי והפך בו ישראל ובין שהניח ישראל והפך גוי מותר. ואינו אסור אלא עד שתהא התחלתו וגמרו ביד גוי. ובלבד שלא תהא ביד גוי בישול כמאכל בן דרוסאי: פת א"ר אחי שלש מלאכות יש בה. איזו אחת מהן (ביד) [שהייתה ע"י] ישראל שרי. הלכך שגר גוי ואפה ישראל. או שגר ישראל ואפה גוי. או שגר גוים ואפה גוי וישראל (הדי הא הדויי) [חתי ביה חתויי]. פי' חתה בגחלים שפיר דמי: דג מליח וביצה צלויה ביד גוי חזקיה ובר קפרא שרו ור' יוחנן אסר. ואסיקנא אמר רב זביד לא תציתו ליה הכי אמר אביי הלכתא כר' יוחנן. פי' נגוטא דחלא. כוס של חומץ: **ת"ר** הקפריסין והקפליטאות והמטליא והחמין והקליות של גוים מותרין. ביצה צלויה אסורה. שמן ר' יהודה הנשיא ובית דינו נמנו עליו והתירוהו. תנא היא מטליא היא פשליא היא שעיתא. פי' ביזרא דשבליתא. זרע תלתן. פי' וקיירי מבינתא דרישיהו עד טופרי דכרעייהו. ומצטנן משערת ראשם עד צפרני רגליהם: ואמר רב אשי אמר לי הונא מילין. פי' אלו הדברים מילי בעלמא אינון כלומר אינן ממש. ואמרי לה במילין כלומר אינן נעשין אלא בדברי כשפים. פי' כוספה גפת של שומשמין

הגהות הב"ח

(א) גמ' ומר בשניה סוכי עבדו מייתו כו': (ב) רש"י ד"ה הקפריסין שומר לפרי הן ממין צלף כצ"ל: (ג) ד"ה ולית וכו' דמיא כ"ע לא וכו' דחלא:

עין משפט נר מצוה

[עי' בה"ג סי' ל"ג]

קנה א מיי' פי"ז מהל' מאכלות אסורות הל' יג סמג לאוין קמח טוש"ע י"ד סי' קיג סעיף

קנו ב מיי' שם הלכה יג סמג שם טוש"ע י"ד סי' קיג סעיף ט:

קנז ג מיי' שם הלכה יז סמג שם טוש"ע י"ד סי' קיג סעיף יג:

קנח ד מיי' שם הלכה

קנט ה מיי' שם הל' כד:

קס ו מיי' שם הלכה כב סמג שם טוש"ע י"ד סי' קיג סעי' ז:

קסא ז מיי' שם הל' כ טור ש"ע סי' קיג סעיף טו:

קסב ח מיי' שם הלכה כב סמג שם טוש"ע י"ד סי' קיד סעיף ו:

וּמְגִיסָה [בוחשת] עַד שֶׁתָּבֹא האשה היהודיה מִבֵּית הַמֶּרְחָץ אוֹ מִבֵּית הַכְּנֶסֶת, וְאֵינָהּ חוֹשֶׁשֶׁת. אִיבַּעְיָא לְהוּ [נשאלה להם ללומדים]: במקרה ההפוך, שֶׁהִנִּיחַ גּוֹי את הבשר על גבי הגחלים וְהָפַךְ בּוֹ יִשְׂרָאֵל, מַהוּ הדין? אָמַר רַב נַחְמָן בַּר יִצְחָק: קַל וָחוֹמֶר הוא שמותר, אם במקרה שגמרו של התבשיל בְּיַד גּוֹי מוּתָּר, אם גְּמָרוֹ בְּיַד יִשְׂרָאֵל לֹא כָּל שֶׁכֵּן? אִיתְּמַר נַמִּי [נאמר גם כן]: שֶׁאָמַר רַבָּה בַּר בַּר חָנָה אָמַר ר' יוֹחָנָן, וְאָמְרִי לָהּ [ויש אומרים] אָמַר רַב אַחָא בַּר בַּר חָנָה אָמַר ר' יוֹחָנָן: בֵּין שֶׁהִנִּיחַ גּוֹי וְהָפַךְ יִשְׂרָאֵל, בֵּין שֶׁהִנִּיחַ יִשְׂרָאֵל וְהָפַךְ גּוֹי — מוּתָּר, וְאֵינוֹ אָסוּר עַד שֶׁתְּהֵא תְּחִלָּתוֹ וּגְמָרוֹ בְּיַד גּוֹי. אָמַר רָבִינָא, הִלְכְתָא [הלכה היא]: הָא רִיפְתָּא דְּשָׁגַר [לחם זה שהסיק] גּוֹי את התנור וְאָפָה אותו יִשְׂרָאֵל, אִי נַמִּי שָׁגַר [או גם כן שהסיק] יִשְׂרָאֵל וְאָפָה גּוֹי, וַאֲתָא [ובא] יִשְׂרָאֵל וְחָתָה בָּהּ חִתּוּיֵי [חיתוי] — שַׁפִּיר דָּמֵי [מותר הדבר], ואין בו משום פת גוים.

א דָּג מָלִיחַ שמלחו גוי, חִזְקִיָּה שָׁרֵי [התיר] לאכול, וְר' יוֹחָנָן אָסַר. בֵּיצָה צְלוּיָה שצלאה גוי — בַּר קַפָּרָא שָׁרֵי [התיר], וְר' יוֹחָנָן אָסַר. כִּי אֲתָא [כאשר בא] רַב דִּימִי אָמַר: אֶחָד דָּג מָלִיחַ וְאֶחָד בֵּיצָה צְלוּיָה — באלה חִזְקִיָּה וּבַר קַפָּרָא שָׁרוּ [התירו], וְר' יוֹחָנָן אָסַר. מסופר, ר' חִיָּיא פַּרְוָואָה (מהמקום פרווא) אִיקְּלַע לְבֵי רֵישׁ גָּלוּתָא [הזדמן לבית ראש הגולה], אָמְרוּ לֵיהּ [לו]: בֵּיצָה צְלוּיָה שצלאה גוי מַאי [מה דינה]? אָמַר לְהוּ [להם]: חִזְקִיָּה וּבַר קַפָּרָא שָׁרוּ [התירו], וְר' יוֹחָנָן אָסַר, וְאֵין דְּבָרָיו של אֶחָד נחשבים בִּמְקוֹם [כנגד] דברי שְׁנַיִם, ואם כן מותר. אָמַר לְהוּ [להם] רַב זְבִיד: לָא תְּצִיתוּ לֵיהּ [אל תשמעו לו], הָכִי [כך] אָמַר אַבָּיֵי: הִלְכְתָא [הלכה] כר' יוֹחָנָן. כוסס עליו עבדי ראש הגולה אַשְׁקְיוּהוּ נְגוּטָא דְּחַלָּא וְנָח נַפְשֵׁיהּ [השקו אותו כוס של חומץ חריף, ונחה נפשו, מת] מחמת זה. בענין זה מביאים, תָּנוּ רַבָּנַן [שנו חכמים]: הַקַּפְרִיסִין, וְהַקַּפְלוֹטוֹת (כרישין), וְהַחַמִּין, וְהַקְּלָיוֹת (חיטים קלויות) שֶׁלָּהֶן (של גוים) — מוּתָּרִין, בֵּיצָה צְלוּיָה — אֲסוּרָה. שֶׁמֶן של גוים — ר' יְהוּדָה הַנָּשִׂיא וּבֵית דִּינוֹ נִמְנוּ [הצביעו] עָלָיו וְהִתִּירוּהוּ. בפירושה של "מטליא" תַּנְיָא [שנויה בברייתא]: הִיא הַמַּטְלִיָּא הִיא פַּשְׁלִיָּא הִיא תּוּרְמוֹס. כל המונחים האלה לא היו ידועים, ושאלו: מַאי [מה היא] שַׁעְתָּא? אָמַר רַבָּה בַּר בַּר חָנָה אָמַר ר' יוֹחָנָן: הָא אַרְבְּעִין שְׁנִין דִּנְפַק הַאי עוֹבָדָא [זה ארבעים שנה שיצא מעשה זה] מִמִּצְרַיִם, וְרַבָּה בַּר בַּר חָנָה דִּידֵיהּ [משלו] אָמַר: הָא שִׁתִּין שְׁנִין דִּנְפַק הַאי עוֹבָדָא [זה שישים שנה שיצא מעשה זה] מִמִּצְרַיִם, ומעירים: וְלָא פְּלִיגֵי [אינם חלוקים] בעניין, אלא מַר בִּשְׁנֵיהּ וּמַר בִּשְׁנֵיהּ [חכם זה בשנותיו וחכם זה בשנותיו. שרבה בר בר חנה אמר את הדברים עשרים שנה לאחר ר' יוחנן]. ומה עניינו? מַיְיתוּ בִּיזְרָא דִּכְרַפְסָא וּבִיזְרָא דְּכִיתָּנָא וּבִיזְרָא דְּשַׁבְלִילְתָּא [מביאים זרע כרפס וזרע פשתן וזרע תלתן], וְתָרוּ לְהוּ בַּהֲדֵי הֲדָדֵי בְּפוֹשְׁרֵי [ושורים אותם ביחד במים פושרים], וְשָׁבְקוּ לֵיהּ עַד דְּמִקַּבֵּל [ומניחים אותם עד שמתחילים לנבוט], וּמַיְיתֵי חַצְבֵי חַדְתֵּי וּמָלוּ לְהוּ מַיָּא [ומביאים כדים חדשים וממלאים אותם מים], וְתָרוּ בְּהוּ גַּרְגִּישְׁתָּא וּמְדַבְּקִין בֵּיהּ [ושורים בהם אדמה ומדביקים בה] את הזרעים הללו, וְעָיְילִין לְבֵי בָנֵי [והולכים לבית המרחץ לרחוץ], אַדְּנָפְקוּ מְלַבְלְבִי, וְאָכְלֵי מִינַּיְיהוּ [עד שהם יוצאים מהמרחץ, הצמחים הללו מלבלבים, והם אוכלים מהם], וְקָיְירֵי מִבֵּינְתָא דְּרֵישַׁיְיהוּ [והם מתקררים על ידי כך משערות ראשם] עַד טוּפְרָא דְּכַרְעַיְיהוּ [צפרני רגליהם]. אָמַר רַב אַשִׁי, אָמַר לִי ר' חֲנִינָא: מִילִּין [דיבורים] הם אלה, גוזמה היא, שכן אין הצמחים צומחים כל כך מהר. וְאָמְרִי לָהּ [ויש אומרים]: בְּמִילִּין [בדיבורים], אם עושים דבר כזה הרי זה נעשה בכשפים. ולענייננו, למדנו מכאן כי שריית אותם זרעים בפושרים — אין בה משום בישולי גוים. תָּנוּ רַבָּנַן [שנו חכמים]: הַכּוּסְפָּן (גפת של תמרים ושאר פירות) שֶׁל גּוֹיִם שפעמים היו שורים אותם במים חמים כדי לעשות מהם שיכר וכיוצא בזה, שֶׁהוּחַמּוּ חַמִּין לתקנם, בְּיוֹרָה גְּדוֹלָה — אָסוּר, בְּיוֹרָה קְטַנָּה — מוּתָּר. ושואלים: וְאֵיזוֹ הִיא מיהי הנחשבת יוֹרָה קְטַנָּה לענין זה? אָמַר ר' יַנַּאי: כָּל שֶׁאֵין צִפּוֹר דְּרוֹר יָכוֹל לִיכָּנֵס בְּתוֹכָהּ, ולכן אין לחשוש שבישלו קודם לכן ביורה זו דבר איסור. ושואלים: וְדִלְמָא אַדְמוּיֵי אַדְמוּהָ וְעַיְּילוּהָ [ושמא חתכו אותו לחתיכות והכניסו אותו]! אֶלָּא צריך לומר שהיורה קטנה עד כָּל שֶׁאֵין רֹאשׁ צִפּוֹר דְּרוֹר יָכוֹל לִיכָּנֵס בְּתוֹכָהּ. ומקשים: וְהָתַנְיָא [והרי שנויה בברייתא]: אַחַת יוֹרָה גְּדוֹלָה וְאַחַת יוֹרָה קְטַנָּה — מוּתָּר! ומשיבים: לָא קַשְׁיָא [אין זה קשה], הָא כְּמַאן דְּאָמַר [זו, האוסרת יורה גדולה, כשיטת מי שאומר]: נוֹתֵן טַעַם לִפְגָם אָסוּר, ויש לחשוש שמא איפוא לטעמו של דבר איסור שהיה ביורה, הָא כְּמַאן דְּאָמַר [זו, שמתירה בכל יורה, כדעת מי שאומר]: נוֹתֵן טַעַם לִפְגָם מוּתָּר. אָמַר רַב שֵׁשֶׁת: הַאי מִשְׁחָא שְׁלִיקָא דְּאַרְמָאֵי [שמן שלוק, מבושל של גוים] — אָסוּר. אָמַר רַב סָפְרָא: לְמַאי נֵיחוּשׁ לָהּ [למה נחשוש בזה]? אִי [אם] מִשּׁוּם אִיעָרוּבֵי [תערובת] של דברים אחרים אסורים — הרי הוא מִיסְרָא סָרֵי [מסריח] משום כך, ובוודאי לא עשו כן, אִי [אם] מִשּׁוּם בִּישּׁוּלֵי גּוֹיִם — הרי שמן נֶאֱכָל הוּא כְּמוֹ שֶׁהוּא חַי, אִי [אם] מִשּׁוּם גִּיעוּלֵי גּוֹיִם שהסיר שנתבשל בו פלט (געל) לתוכו איסור שנתבשל בו קודם לכן — הרי נוֹתֵן טַעַם לִפְגָם הוּא וּמוּתָּר! בָּעוּ מִינֵּיהּ [שאלו ממנו] מר' אַסִּי: הָנֵי אַהֲינֵי שְׁלִיקֵי דְּאַרְמָאֵי מַאי [תמרים שלוקים של גוים מה דינם]? ומפרטים: אם היו חוּלְיֵי [תמרים מתוקים] מתחילתם — לָא תִּיבְּעֵי [תשאל] לָךְ, שֶׁבְּוַדַּאי שָׁרוּ [הם מותרים]. שהרי הם נאכלים כמו שהם חיים, כִּי תִּיבְּעֵי [תמרים מרים] שצריכים לבישול כדי למתקם — לָא תִּיבְּעֵי [תשאל] לָךְ, שֶׁבְּוַדַּאי אֲסִירֵי [הם אסורים]. כִּי תִּיבְּעֵי [כאשר יסתפק] לָךְ הרי זה בְּקַמְצְעָיֵי [אמצעיים] שאינם מתוקים דיים ואינם מרים ביותר, מַאי [מה דינם]? אָמַר לְהוּ [להם] ר' אַסִּי: שַׁרְיִנְהוּ [הרב שלי אסר דבר זה], וּמַנּוּ [ומי הוא] רבו של ר' אסי? לֵוִי. שְׁתִיתָאָה [מאכל שעושים מקליות] של שְׁמוּאֵל וְלֵוִי אַסְרֵי [אוסרים]. ומפרט: אֲבוּהּ [אביו] של שמואל ולוי — רַב שָׁרֵי [התיר], אֲבוּהּ [אביו] של שְׁמוּאֵל וְלֵוִי אַסְרֵי [אוסרים]. ומעירים: בְּחִיטֵּי וְשַׂעֲרֵי כּוּלֵּי עָלְמָא לָא פְּלִיגֵי דְּשָׁרֵי [במאכל הנעשה מקליות של חיטים ושעורים הכל אינם חולקים שמותר], ומה נחלקו? בְּטַלְפְּחֵי דְּחַלָּא כּוּלֵּי עָלְמָא לָא פְּלִיגֵי דְּאָסִיר [בעדשים קלויות ששמים בהם חומץ הכל אינם חולקים שאסור] בגלל החומץ של גוים, כִּי פְּלִיגֵי [כאשר הם חולקים] — הרי זה בְּטַלְפְּחֵי דְּמַיָּא [בעדשים של מים] שמכניסים רק מים בתוכם, מַר סָבַר [חכם זה, אביו של שמואל ולוי, סבור]: גָּזְרִינַן הָא אַטּוּ הָא [גוזרים אנו זה משום זה], וּמַר סָבַר [וחכם זה סבור]: לָא גָּזְרִינַן [אין אנו גוזרים]. וְאִיכָּא דְּאָמְרִי [ויש שאומרים]: בְּטַלְפְּחֵי דְּמַיָּא כּוּלֵּי עָלְמָא לָא פְּלִיגֵי דְּשָׁרֵי [בעדשים של מים הכל אינם חולקים שמותר], כִּי פְּלִיגֵי [כאשר הם חולקים] — הרי זה בְּחִיטֵּי וְשַׂעֲרֵי [בחיטים ושעורים], מַר סָבַר [חכם זה סבור]: גָּזְרִינַן הָא אַטּוּ הָא [גוזרים אנו זה משום זה], וּמַר סָבַר [וחכם זה סבור]: לָא גָּזְרִינַן [אין אנו גוזרים]. אגב זה מביאים מה שֶׁאָמַר רַב: תְּרֵי מִינֵי שְׁתִיתָאָה [שני מיני מאכלי קליות] שַׁדַּר [שלח] בַּרְזִלַּי הַגִּלְעָדִי לְדָוִד, דִּכְתִיב [שנאמר]: "מִשְׁכָּב וְסַפּוֹת וּכְלִי יוֹצֵר וְחִטִּים וּשְׂעֹרִים וְקֶמַח וְקָלִי וּפוֹל וַעֲדָשִׁים וְקָלִי" (שמואל ב יז, כח), שנכפל פעמיים "קלי" בכתוב, פעם לאחר חיטים ושעורים, ופעם לאחר פול ועדשים, לומר ששני מיני קלי היו. ובמסקנת ההלכה בענין זה מעירים: וְהַשְׁתָּא הוּא דְּקָא מַפְקֵי צַנֵּי צַנֵּי [ועכשיו בימינו שמוציאים סלים סלים] של שתיתא של גוים, לְשׁוּקֵי נְהַרְדְּעָא וְלֵית דְּחָיֵישׁ לְהָא דַּאֲבוּהּ [ואין חושש לזו של אביו] של שְׁמוּאֵל וְלֵוִי שאסרוה.

ב שנינו במשנה: וּכְבָשִׁין שֶׁדַּרְכָּן לָתֵת בְּתוֹכָן יַיִן מותרים בהנאה ואסורים באכילה. אָמַר חִזְקִיָּה: לֹא שָׁנוּ אֶלָּא שֶׁדַּרְכָּן לתת בתוכן ביין, אבל אינו יודע אם אכן הכניסו בהם יין, אֲבָל בְּיָדוּעַ שיש שם יין — אָסוּר אֲפִילּוּ בַּהֲנָאָה משום היין. ושואלים: וּמַאי שְׁנָא [ומה שונה] הדבר מִמּוּרְיָיס (מאכל העשוי מציר של דגים) שנותנים בו יין, דְּשָׁרוּ רַבָּנַן [שהתירו חכמים] בַּהֲנָאָה? ומשיבים: הָתָם [שם] נותנים את היין רק לְעַבּוּרֵי זוּהֲמָא [להעביר את הזוהמה] ואין הוא בא לשבח את טעמו של המורייס, הָכָא [כאן], בכבשים, נותנים אותו לְמַתּוּקֵי טַעְמָא [למתק את הטעם] והוא נחשב כחלק ממשי של המאכל, ורוצים אנו אותו. וְר' יוֹחָנָן אָמַר: אֲפִילּוּ בְּיָדוּעַ שהכניסו בו יין נַמִּי [גם כן] מוּתָּר. ושואלים: וּמַאי שְׁנָא [ובמה שונה] הדבר מִמּוּרְיָיס לְדַעַת ר' מֵאִיר דַּאֲסִיר [שאסור] בַּהֲנָאָה?

עיונים

ואינה חוששת וכתבו המפרשים (ראה ר"ח, רי"ד ועוד) כי מדובר כאן במקרה שהוא יודע שלא תבוא להחליף את התבשיל ולא תבוא לשים בו דבר איסור, כגון שיש שומר, או שאין שם דבר איסור.

קל וחומר שטעם האיסור בענין זה הוא משום קירוב הדעת וחתנות, ולפיכך, אם במקום שהגוי גמרו לא החמרנו, למרות שהוא נהנה מידו של הגוי — כל שכן שאין להחמיר במקום שהבישול נגמר על ידי ישראל, שאין בכך משום קירוב הדעת וחשש חתנות (רמב"ן).

הא ריפתא דשגר וכו' כתבו ראשונים כי דין זה, שהסקת האש על ידי ישראל מועילה להכשיר, נאמר דווקא בפת, לפי שדווקא בפת שהיא נאפית בתנור יש חשיבות להסקת האש, שהיא חלק נכבד בעשייתה (וראה בגרסות), או משום שבפת הקלו, משום חיי נפש (ראה רשב"א בתורת הבית, ריטב"א ועוד). אבל בתבשיל לא הקלו כל עוד אין מעורבות ישירה של היהודי בבישול עצמו, כגון הפיכת הבשר על גבי הגחלים בדין הקודם. אכן יש שפירשו כי גם שם מדובר בהפיכת הגחלים, ולא בהפיכת בשר (ראה טור וב"י יו"ד סימן קיג).

וחתה ביה חתויי שעל ידי שהופך את הגחלים הוא ממהר את אפייתו של הלחם (רש"י). וכתבו רמב"ן ועוד, שדווקא בחתייה שיש בה משום הגברה ממשית של חום התנור הותר הדבר (וראה הגרסה שהביא רמב"ן בחידושיו לעיל לה,ב בשם הרי"ף). אבל כבר העירו בתוס', שבחילוקים שבין בני בבל וארץ ישראל הוזכר שבני בבל משליכים קיסם לתנור ומסתפקים בכך. וכן פסק הרמב"ם שישראל משליך בו קיסם ומכשירו. והסביר הרמב"ם כי טעם הדבר הוא משום שגם החתייה בתנור אינה אלא לצורך היכר שפת הגוים אסורה, ומשום כך די גם בהיכר כל שהוא.

דג מליח רש"י מפרש שמדובר כאן בדג שמלחו גוי והכשירו על ידי כך לאכילה, ובכך נחלקו — האם דין מליחה זו כדין בישול, וייאסר משום בישולי גוים, או אינו כבישול. אולם רוב הראשונים דוחים הסבר זה לגמרי, ואמרו כי לא מצאנו שלענין בישולי גוים תחשב מליחה (או הכשר אחר של אוכל) כבישול שיאסר התבשיל מחמתו. ומשום כך פירשו שכאן מדובר בדג גדול שמלחו הגוי, ואחר כך צלה אותו. והשאלה היתה האם תיקון ראשון שנעשה בדג במליחתו מוציא אותו מגדר דבר שאינו נאכל חי, ולכן לא ייאסר על ידי הבישול או הצליה, או שמא הואיל ובדרך כלל אינו נאכל כך, או שהוא נאכל רק על ידי הדחק — יש בו משום בישולי גוים (כך דעת הראב"ד, ר"ת, תורי"ד ועוד רבים, אף כי בהבדלים דקים בדרכי הפירוש).

ביצה צלויה רש"י מסביר שהטעם להתיר בביצה הוא משום שהאוכל שבה בלוע בתוך קליפתה ואין הגוי נוגע בו כלל. אבל אחרים מפרשים כי מאחר שהביצה נאכלת, אם כי בדוחק, כשהיא חיה — אין זה נחשב כבישול (ראב"ד, רמב"ן ועוד). ובתורת חיים מציע שכיון שאין ביצה טעונה בישול מרובה, ודי בתיקון מועט — שמא אין זה נחשב כבישול כלל.

קפריסין רש"י מפרש שקפריסין (וכן קפלוטות) נאכלים גם כשהם חיים, ולכן גם אם בישלם גוי אין זה נחשב לבישול. והרי"ד סבור שאין מצוי כלל שיאכלו קפריסין כשהם חיים, ולכן הוא מסביר שכאן מדובר בקפריסין שקודם כבשם במלח. ואילו הראב"ד מסביר זאת לפי הברייתא המובאת בסוף פרק זה (מ,ב) שמדובר באלו הבאים מן האוצר, שאין לחשוש משום זילוף של יין נסך עליהם, כמו אלו המצויים בחנות.

כוספן של גוים וכו' רש"י מסביר שכוספן זה הוא מה שנשאר מן התמרים לאחר שעשו מהם שכר, וחולטים אותו במים חמים. וכעין זה מסביר המאירי שהיו עושים ממנו שכר על ידי שרייה בחמין. ור"ח מסביר שהוא גפת השומשומין לאחר שעצרו מהם את השמן, שמכל מקום נשאר הרבה שמן בכוספן, והיו ממצים ממנו את הנותר על ידי שרייה בחמין. וכתב הראב"ד שמשום שאין זו ממש דרך בישול, שהרי היו רק מחממים אותו במים חמים, לכן אין כאן מקום לאסור משום בישולי גוים, וכאמור, גם אין חוששים לנתינת טעם — משום שיש לסמוך שזו נתינת טעם לפגם בלבד.

נותן טעם לפגם כי ההנחה היא שבכלי זה לא בישלו איסור בו ביום (ראה להלן סז,ב), וגם אם היה בו טעם איסור, הרי כל שאינו בן יומו — נותן טעם לפגם הוא. ויש שאמרו שיש כאן ספק ספיקא, שגם אם כלי זה בן יומו — שמא היה האיסור דבר הפוגם את הטעם (ראב"ד, וראה בתוס').

מישחא שליקא שהשמן לעצמו הרי הותר על ידי ר' יהודה הנשיא, והשאלה היא, איפוא, מצדדים אחרים.

אהיני רש"י מפרש שהם תמרים. ואולי כוונתו שהוא מין תמרים שאינו מבשיל היטב בעודו על העץ. ולדעת הר"ח מדובר כאן בפגי תמרים, שלא הבשילו דיים ונקטפו קודם לכן.

שתיתאה רש"י מסביר כי היה זה מאכל שהיו עושים מקליות של זרעונים שונים, שעורים חיטים או עדשים. שקודם היו עושים אותם קלי, ועל ידי כך היה טעמם נעשה מתוק, ואחר כך עושים מהם תבשיל. וכבר שנינו לעיל שקליות עצמם מותרים וגם הקמח הנעשה מהם, משום שהם נאכלים חיים (ראה בירושלמי), ואם כן גם התבשיל הנעשה מהם מותר, ואין מקום לאוסרו אלא מחמת חשש לתערובת איסור.

בידוע אסור אפילו בהנאה ושאל הראב"ד: אם לדעת חזקיה בידוע אסור בהנאה, מפני מה לא אסרו כל מיני כבשים מפני הספק. שהרי לגבי גבינה חששו משום שמעמידים אותה בקיבת עגלי עבודה זרה, ואסר ר' מאיר אפילו בהנאה מפני הספק שמא כך עשו! והראב"ד רוצה לחלק בין סוגי הספקות, שכאן יש ספק אם בכלל ניתן יין לתוך הכבשים, ואם ניתן — שמא לא נתן בהם טעם. מה שאין כן בגבינה, שבוודאי ניתנה לתוך קיבה, ואין כאן אלא שאלה איזו קיבה זו, אסורה או מותרת. והרמב"ן דוחה הסבר זה, והוא מסביר שלגבי גבינה וכיוצא בה האיסור הוא הגורם לגבינה להיות כמות שהיא, ולכן אין לומר שיתבטל, כמו שנאמר לעיל (לה,א) שדבר המעמיד נחשב כאילו הוא לפנינו, אבל כאן אינו אלא נתינת טעם בלבד, ואין לאסור הכל בהנאה מן הספק. ובנמוק"י מסביר שבגבינה יש חשש שמערב בו חלב טמא שהוא אסור מן התורה, וכאן יש רק חשש עירוב סתם יינם, שאיסורו הוא רק מדברי סופרים.

אורח הלכה

בין שהניח גוי וכו' כל שבישלו ישראל מעט מבישולו, בין בתחילה בין בסוף — מותר. ולפיכך אם הניח הגוי בשר או קדירה על גבי האש והיפך ישראל בבשר או הגיס בקדירה, או הגיס ישראל וגמר הגוי — הרי זה מותר. וכר' יוחנן. (רמב"ם ספר קדושה הלכות מאכלות אסורות פי"ז הט"ז. שו"ע יו"ד קיג, ו).

ריפתא דשגר גוי וכו' הדליק הגוי התנור ואפה בו ישראל, או שהדליק ישראל ואפה הגוי, ואפילו הדליק הגוי ואפה אלא שישראל ניער האש מעט או כבש את האש, ואפילו לא זרק אלא עץ אחד לתוך התנור — הרי זה מותר. כרבינא.

וכתב בשו"ע: אין הסקת התנור מועילה אלא בפת, אבל בשאר המתבשלים אין הסקת התנור ולא הדלקת האש מעלה ומורידה, אלא ההנחה של התבשיל דווקא. לפיכך הרוצה לבשל במחבת בתנור של גוי, צריך שיתן ישראל המחבת לתוך התנור, למקום הראוי להתבשל בו. ורמ"א כתב: ויש סבורים שהדלקת האש או חיתוי בגחלים מועילים לענין בישול כמו לענין פת, וכן נוהגים. ואפילו חיתוי בלא כוונה מועיל. ויש אומרים שאפילו לא חתה ישראל ולא השליך שם קיסם, אלא שהגוי הדליק אש מאש של ישראל מותר. (רמב"ם שם הי"ג. שו"ע שם קיב, ט. שם קיג, ז).

דג מליח דג שמלחו הגוי, או פירות שעישנם עד שהכשירם לאכילה — הרי אלו מותרים, שלענין בישולי גוים אין מליח כרותח ואין המעושן כמבושל. כחזקיה ובר קפרא שהם רבים, ועוד שחזקיה רבו של ר' יוחנן. ולא פסק כאביי שהוא אחרון, משום שדבריו נאמרו רק לענין ביצה (כס"מ). והוא כפירוש רש"י לענין זה. ועוד כתב בשו"ע: דגים מלוחים גדולים אינם נאכלים אלא על ידי הדחק, לפיכך אם צלאם הגוי אסורים. והוא כר' יוחנן, וכפירוש הראב"ד ועוד לדין זה (ב"י). ויש מתירים, כחזקיה ובר קפרא. (רמב"ם שם הי"ז. שו"ע שם קיג, יג. שם סעיף יב).

ביצה צלויה ביצה, אף שראויה לגומעה חיה, אם צלאה הגוי — אסורה. שפסק אביי הלכה כר' יוחנן בזה. (רמב"ם שם הי"ד. שו"ע שם סעיף יד).

הקפריסין והקפלוטות הקפריסין והקפלוטות של גוים, הכבושים — מותרין, כברייתא. והוא שרואה שמוציאים אותם מהאוצר, אבל הנמכרים בחנות — אסורים, שמא זילף עליהם יין. כברייתא להלן מ,ב. (שו"ע שם קיד, ח).

כוספן כוספן של גוים שהוחמו בחמים בין ביורה קטנה או בגדולה — מותר, מפני שהוא נותן טעם לפגם. (רמב"ם שם הכ"ד. שו"ע שם קיד, ז).

מישחא שליקא דגוי שמן של גוים מותר, ואפילו נתבשל ביד הגוי. ואינו נאסר מפני בישולי גוים (מפני שנאכל חי) ולא משום גיעול שלהם (מפני שהבשר נותן בו טעם לפגם). כרב ששת וכרב ספרא. (רמב"ם שם הכ"ב. שו"ע שם).

אהיני שליקי וכו' תמרים מרים קצת, שאינם נאכלים אלא על ידי הדחק, אם בישלם הגוי — אסור. כפי שפסק ר' אמי בשם לוי, ולחומרא. (רמב"ם שם ה"כ. שו"ע שם קיג, טו).

בידוע אסור כבשים שאין דרך לתת לתוכם יין — מותרים. וכבשים שלפעמים נותנים בהם יין — אסורים באכילה, אבל מותרים בהנאה. ואם ידוע שהכל נותנים בהם יין — אסורים גם בהנאה. כחזקיה שהוא רבו של ר' יוחנן (גר"א). וראה ברמ"א. (רמב"ם שם הכ"ד. שו"ע שם קיד, י).

מסורת הש"ס

א. ירושלמי ע"ז פ"ב ה"ח. שם פ"ה ה"ד. וראה תוספתא ע"ז פ"ד יא.
ב. ראה ע"ז מ,ב. ירושלמי שבת פ"א ה"ד. שם ע"ז פ"ב ה"ח. תוספתא שם.
ג. ע"ז לו,א (ושם סומנו מקבילות).
ד. חולין קלט,ב.
ה. תנחומא חקת ב.
ו. ע"ז לו,א (ושם סומנו מקבילות).
ז. ראה שוח"ט פ"ג. ילק"ש נ"ך קנא.
ח. ראה ע"ז לט,ב. ירושלמי ע"ז פ"ב ה"ט.
ט. ע"ז כט,ב.

גרסות

או מבית הכנסת בכת"י ועוד: או מן השוק.

והפך ישראל בכתי"מ: ובא ישראל והפך.

קל וחומר גמרו בכתי"מ: קל וחומר ומה גמרו.

אמר רבינא הלכתא הא ריפתא יש בכתי"ס ובמקורות רבים: אמר ר' אחי (ויש: ר' יוחנן) שלש מלאכות בפת הלכך האי ריפתא.

חתי חתויי בכתי"ס ועוד: הדי הדויי.

הלכתא כוותיה דר' יוחנן בכת"י: הלכה כר' יוחנן.

והמטליא בכתי"מ ועוד: והחמטליא.

היא המטליא בכתי"ס ועוד: היא מטליא.

מייתי ביזרא בכתי"מ: והיכי עביד מייתי ביזרא.

ומדבקין ביה בכתי"מ: ומדבקין ליה מינייהו.

ואדנפקו מלבלבי ואכלי מינייהו וקיירי בכתי"מ: ואדנפקי מבי מסותא מלבלבי ושקלי מיניה וקרירי.

אדומי אדמוה בכת"י ובערוך: הדומי הדמוה.

מישחא שליקא דארמאי אסור אמר רב ספרא בכת"י ועוד: מישחא שליקא דארמאי שרי אמר רב ספרא פשיטא.

כמות שהוא חי הוא בכתי"ס: כמות שהוא חי הוא. איכא דאמרי אמר רב ששת האי משיחא שליקא דארמאי שרי. אמר רב ספרא פשיטא וכו'.

דרבי אסר בכתי"ס: דרבן אסר.

בטלפחי דחלא... בטלפחי דמיא בכת"י: בטלפחי וחלא... בטלפחי ומיא.

חטים במקרא: וחטים.

והשתא הוא דקא מפקי בכתי"מ: והאידנא נפקי בכתי"ס: והאידנא מפקי.

בידוע אסור אפילו בהנאה בכתי"ס: אסור.

נמי מותר בכתי"ס: מותר.

לשון

נגוטא
מקור המלה הוא בארמית "נגודא" (כיוצא בו בערבית ופרסית) ופירושו — כוס שתיה.

קפלוטות, קפריסין
ראה בהשלמות.

פשליא
בערוך גורס: פסיליא, והיא מן היוונית φάσηλος (פסילוס), אחד ממיני הקטניות, הלוביה התרבותית Vigna sinesis V המשמשת גם בימינו למאכל.

גרגישתא
המלה היא ארמית, ועיקר משמעה אדמה של חותמות. סוג חימר משובח שבו היו חותמים אגרות או חבילות.

כוספן
מקור המלה הוא כנראה בפרסית kusba או kusbak ועניינו — הפסולת הנשארת לאחר שעוצרים את השמן מן השומשומים. ויש סבורים כי מקור המלה אינו פרסי אלא אכדי, ולפי זה הוא שורש שמי.

אהיני
מקור המלה הוא כנראה בארמית הסורסית, ועניינו — תמרים בלתי בשלות. ייתכן כי מדובר כאן בזן של תמרים שאינן מבשילות לעולם על העץ, וצריכות תיקון בידי אדם על ידי בישול או הטמנה.

שתיתא
יש סבורים כי מקור המלה בסורסית "שחתיתא", והוא מאכל העשוי מקליות, כלומר, מגרעיני חיטה או שעורה (או עדשים) שלא הבשילו ויבשו לגמרי, אלא נקטפים בעודם לחים ומכניסים אותם לתנור, ועל ידי זה הם נעשים מתוקים.

העולם

שבלילתא (תלתן)
ראה בהשלמות.

לעזי רש"י

פנגרי"א (צ"ל: פינוגרי"י) מן הצרפתית העתיקה fenogre — גרגרנית יוונית (חילבה).

ארזיל"א מן הצרפתית העתיקה arzile — מין אדמה, טין.

ומשיבים: הָתָם יָדִיעַ [שם, במורייס, ידוע] מַמָּשׁוֹ [הממשות שלו, שהיין הוא חלק מן המורייס שטובלים בו את הפת], הָכָא [כאן] לָא יָדִיעַ [ידוע] מַמָּשָׁן, שאינו ניכר בכבשים.

א שנינו שעוד דברים שאסורים באכילה הם: צִירַת טְרוּפָה, וְצִיר שֶׁאֵין בָּהּ דָּגָה וחילק וכו׳. ושואלים: מַאי [מה הוא] פירוש חִילָק? אָמַר רַב נַחְמָן בַּר אַבָּא אָמַר רַב: זוֹ סוּלְתָּנִית (מין דגים קטנים) שבקטנותם אין להם עדיין קשקשים, וּמִפְּנֵי מָה אֲסוּרָה? מִפְּנֵי שֶׁעִרְבּוּנָהּ כלומר, דגים טמאים מעורבים בה עוֹלֶה עִמָּהּ ולא ניתן להבחין ביניהם. תָּנוּ רַבָּנַן [שנו חכמים]: דג שֶׁאֵין לוֹ עַכְשָׁיו קשקשים, שהוא מסימני טהרה בדג, וְעָתִיד לְגַדֵּל קשקשים לְאַחַר זְמַן, כְּגוֹן הַסּוּלְתָּנִית וְהָעֲפִיץ — הֲרֵי זֶה מוּתָּר. וכן דג שֶׁיֵּשׁ לוֹ עַכְשָׁיו קשקשים וְעָתִיד לְהַשִּׁיר אותם בְּשָׁעָה שֶׁעוֹלֶה מִן הַיָּם, כְּגוֹן אָקוּנָס וְאָפוּנָס, כַּטְפַּסְטֵיס וְאַכְסְפַּטְיָאס וְאוֹטָנָס — מוּתָּר, שמה שאסור באכילה הוא דווקא דג שאין לו סנפירים וקשקשת כלל בכל שלב שהוא. ובענין זה של כשרות הדגים מסופר, אַכְרִיז [הכריז] ר׳ אַבָּהוּ בְּקֵיסָרִי: קִירְבֵי דָּגִים וְעוּבָּרָן (ביצי דגים) נִיקָּחִין מִכָּל אָדָם, ובכלל זה גוים, ואין בודקים אותם, ומדוע? חֶזְקָתָן אֵינָן בָּאִים אֶלָּא מִפִּילוּסָא וְאַסְפַּמְיָא, ושם אין הדגים הטמאים מצויים. ומעירים: ודבר זה הוא כִּי הָא [כמו זו] שֶׁאָמַר אַבַּיֵי: הַאי צַחֲנְתָּא דְּבֵי בַּהֲרָא [אותו מאכל העשוי מדגים קטנים של הנהר בב] — שָׁרְיָא [מותר], שאין דג טמא מצוי שם. ומבררים: מַאי טַעְמָא [מה טעם הדבר]? אִילֵימָא [אם תאמר] מִשּׁוּם דִּרְדִיפֵי מַיָּא [שהמים זורמים בו בכוח], וְהָאִי [ואותו] דָּג טָמֵא כֵּיוָן דְּלֵית לֵיהּ [שאין לו] חוּט הַשִּׁדְרָה, בְּדוּכְתָּא דִּרְדִיפֵי מַיָּא לָא מָצֵי קָאֵי [במקום שהמים זורמים בכוח אינו יכול לעמוד], וְהָא קָא חָזֵינַן דְּקָאֵי [והרי אנו רואים שדג טמא עומד, ומתקיים] במקום כזה! אֶלָּא תאמר מִשּׁוּם דְּמַלִּיחֵי מַיָּא [שהמים מלוחים] בנהר זה, וְהָאִי [ואותו] דָּג טָמֵא כֵּיוָן דְּלֵית לֵיהּ קַלְפֵי [שאין לו קשקשים], בְּדוּכְתָּא דְּמַלִּיחֵי מַיָּא לָא מָצֵי קָאֵי [במקום שהמים מלוחים אינו יכול לעמוד], גם על כך יש להקשות, וְהָא קָא חָזֵינַן דְּקָאֵי [והרי אנו רואים שהוא עומד, מתקיים שם]! אֶלָּא, טעם הדבר הוא, מִשּׁוּם שֶׁלֹּא מְרַבֶּה טִינָא [מגדל הטיט] בקרקעית נהר זה דָּג טָמֵא. אָמַר רָבִינָא: הָאִידָנָא דְּקָא שָׁפְכֵי בֵּיהּ [עכשיו, בימינו, שנשפכים לתוכו, לנהר בב] נְהַר גּוֹזָא וּנְהַר גַּמְדָּא — אֲסִירֵי [אסורים הדגים], שמא הם דגים טמאים שבאו לשם מאותם נהרות. ומביאים עדויות בענין כשרותם של דגים שונים. אָמַר אַבַּיֵי: הַאי חַמְרָא דִּימָּא [זה הקרוי חמור הים] — שָׁרֵי [מותר], תּוֹרָא דִּימָּא [זה הקרוי שור הים] — אֲסִיר [אסור]. וְסִימָנִיךְ [וסימנך] לזכור: טָמֵא טָהוֹר, טָהוֹר טָמֵא, שהרי חמור שהוא טמא ביבשה טהור בים, והפכו של דבר בשור. אָמַר רַב אַשִׁי: הדג הקרוי שְׁפַר נוּנָא — שָׁרֵי [מותר], קְדַשׁ נוּנָא — אֲסִיר [אסור], וְסִימָנִיךְ [וסימנך]: "קֹדֶשׁ לַה׳" (שמות כח, לו), ש"קדש" אסור כדבר של קודש. אִיכָּא דְּאָמְרֵי [יש שאומרים]: הדג הקרוי קְבַר נוּנָא — הוּא אָסוּר, וְסִימָנִיךְ [וסימנך]: "קבר" טמא כְּקִבְרֵי גוֹיִם. מסופר, ר׳ עֲקִיבָא אִיקְלַע [נזדמן] לְמָקוֹם הקרוי גִּינְזָק, אַיְיתוּ לְקַמֵּיהּ הַהוּא נוּנָא דַּהֲוָה דָּמֵי [הביאו לפניו דג שהיה דומה] לְחִיפּוּשְׁקָא [לחיפושית], חַפְיֵיהּ בְּדִיקוּלָא [כיסה אותו בסל] ופירכס, חֲזָא בֵּיהּ קַלְפֵי וְשַׁרְיֵיהּ [ראה בו קשקשים והתירו], שקודם לא ראו את הקשקשים על עור הדג, מפני שהיו דקים ושקופים. מסופר, רַב אַשִׁי אִיקְלַע [הזדמן] לְמָקוֹם הקרוי טַמְדּוּרְיָא, אַיְיתוּ לְקַמֵּיהּ הַהוּא נוּנָא דַּהֲוָה דָּמֵי לְצַלּוֹפְחָא [הביאו לפניו דג אחד שהיה דומה לצלופח] שגם הוא דג טמא, נַקְטֵיהּ לַהֲדֵי יוֹמָא [לקח אותו אל מול אור היום], חֲזָא דַּהֲוָה בֵּיהּ צִימְחֵי וְשַׁרְיֵיהּ [ראה שהיו בו קשקשים דקים והתירו]. ועוד מסופר כי רַב אַשִׁי אִיקְלַע לְהַהוּא אַתְרָא [הזדמן למקום אחד], אַיְיתוּ לְקַמֵּיהּ נוּנָא דַּהֲוָה דָּמֵי [הביאו לפניו דג שהיה דומה] לְשַׁפַּרְנוּנָא שגם הוא דג טמא, חַפְיֵיהּ בִּמְשִׁיכְלֵי חִיוָּרֵי [הכניס אותו בתוך כלי לבן], חֲזָא בֵּיהּ קַלְפֵי וְשַׁרְיֵיהּ [ראה בו את הקשקשים, שהיו שחורים, והתירו]. ועוד מסופר, רַבָּה בַּר בַּר חָנָה אִיקְלַע [הזדמן] לְאַקְרָא דְּאַגְמָא, קְרִיבוּ לֵיהּ צַחֲנְתָּא [הביאו לו מאכל עשוי מדגים קטנים], שַׁמְעֵיהּ לְהַהוּא גַּבְרָא דַּהֲוָה קָרֵי לֵיהּ [שמע לאדם אחד שהיה קורא לו] בָּאטֵי, אָמַר: מִדְּקָא קָרֵי לֵיהּ [מכיון שהוא קורא לו] בָּאטֵי — שְׁמַע מִינָּהּ [למד מכאן] שֶׁדָּבָר טָמֵא אִית בֵּיהּ [יש בו], משום שבאטי הוא שם של דג טמא, לָא אֲכַל מִינֵּיהּ. לְצַפְרָא [בבוקר] עַיֵּין בָּהּ [עיין בה בדק מאכל זה], אַשְׁכַּח בֵּיהּ [מצא בו] דָּבָר טָמֵא, קָרֵי אַנַּפְשֵׁיהּ [קרא על עצמו] את הפסוק: "לֹא יְאֻנֶּה לַצַּדִּיק כָּל אָוֶן" (משלי יב, כא).

ב שנינו במשנה: וְהַקּוֹרֶט (חתיכה) שֶׁל חִילְתִּית (צמח חריף) של גוים אסור באכילה. ומסבירים: מַאי טַעְמָא [מה טעם הדבר]? מִשּׁוּם דְּמַפְסְקֵי לֵיהּ בְּסַכִּינָא [שחותכים אותו בסכין] ועל הסכין יש מן הסתם שמנונית של איסור הנבלעת בחלתית. ומוסיפים: אַף עַל גַּב דְּאָמַר מָר [אף על פי שאמר החכם]: שאם האיסור נוֹתֵן טַעַם לִפְגָם מוּתָּר, במקרה זה אַגַּב חוּרְפֵּיהּ דְּחִילְתִּיתָא מַחֲלְיָא לֵיהּ לִשְׁמְנוּנִיתָא [מתוך החריפות של החילתית, ממתיקה אותה השמנונית שבסכין], וַהֲוָה לֵיהּ [והריהו] כְּנוֹתֵן טַעַם לְשֶׁבַח בחלתית וְאָסוּר. מסופר, עַבְדֵּיהּ [עבדו הגוי] של ר׳ לֵוִי הֲוָה קָא מְזַבֵּין חִילְתִּיתָא [היה מוכר חלתית והיו סומכים עליו כעבדו של ר׳ לוי], כִּי נָח נַפְשֵׁיהּ [כאשר נפטר] ר׳ לֵוִי אֲתוּ לְקַמֵּיהּ [באו לפני] ר׳ יוֹחָנָן, אָמְרוּ לֵיהּ [לו]: מַהוּ לְמִיזְבַּן מִינֵּיהּ [לקנות ממנו]? האם גם עכשיו מותר הדבר? אָמַר לְהוּ [להם]: עַבְדּוֹ שֶׁל חָבֵר (המקפיד בעניינים של טהרה וכשרות המזון) הֲרֵי הוּא נֶאֱמָן כְּחָבֵר. כיוצא בו מסופר, רַב הוּנָא בַּר מְנְיוּמֵי זְבַן תְּכֵילְתָּא מֵאֱנָשֵׁי דְּבֵיתֵיהּ [היה קונה תכלת לציצית מאנשי ביתו, אשתו] של רַב עַמְרָם חֲסִידָא [החסיד], שתכלת אין קונים אלא ממי שאפשר לסמוך עליו לגמרי, מפני שקל לזייפה בצבעים דומים וזולים יותר. אֲתָא לְקַמֵּיהּ [בא לפני] רַב יוֹסֵף לשאול האם אפשר לסמוך על האשה, לֹא הֲוָה בִּידֵיהּ [היתה בידו של רב יוסף תשובה], פְּגַע בֵּיהּ [פגש בו] חָנָן חַיָּיטָא [החייט] את רב הונא בר מניומי, אָמַר לֵיהּ [לו] כששמע את הסיפור: יוֹסֵף עַנְיָא מְנָא לֵיהּ [יוסף העני, המסכן, מנין לו] לדעת תשובה לשאלה זו? בְּדִידִי הֲוָה עוּבְדָּא [בי היה מעשה], דִּזְבִינִי תְּכֵילְתָּא מֵאֱנָשֵׁי דְּבֵיתֵיהּ [שקניתי תכלת מאנשי ביתו, מאשתו] של רַבְנָאָה אֲחוּהּ [אחיו] של ר׳ חִיָּיא בַּר אַבָּא, וְאַתַאי לְקַמֵּיהּ [ובאתי לפני] רַב מַתָּנָא לשאול, לֹא הֲוָה בִּידֵיהּ [היתה בידו תשובה], אֲתַאי לְקַמֵּיהּ [באתי לפני] רַב יְהוּדָה מֵהַגְרוּנְיָא, אָמַר לִי: נָפְלַתְּ לְיָד (לידי), כלומר, בעל כרחך אתה נזקק לשמועתי, שאני יודע תשובה לשאלה זו, הָכִי [כך] אָמַר שְׁמוּאֵל: אֵשֶׁת חָבֵר הֲרֵי הִיא כְּחָבֵר. ומעירים: תָּנֵינָא לְהָא [שנינו את זה], דְּתָנוּ רַבָּנַן [ששנו חכמים בברייתא]: אֵשֶׁת חָבֵר הֲרֵי הִיא כְּחָבֵר, עַבְדּוֹ שֶׁל חָבֵר הֲרֵי הוּא כְּחָבֵר, ולכן חָבֵר שֶׁמֵּת — אִשְׁתּוֹ וּבָנָיו וּבְנֵי בֵיתוֹ הֲרֵי הֵן בְּחֶזְקָתָן של כשרות כמו החבר בעצמו עַד שֶׁיֵּחָשְׁדוּ כלומר, עד שיתגלה שאינם נאמנים. וְכֵן חָצֵר שֶׁמּוֹכְרִין בָּהּ תְּכֵלֶת בקביעות, הֲרֵי הִיא בְּחֶזְקָתָהּ עַד שֶׁתִּיפָּסֵל שיתברר שיש רמאות שם. ובענין זה תָּנוּ רַבָּנַן [שנו חכמים]: אֵשֶׁת עַם הָאָרֶץ שֶׁנִּשֵּׂאת לְחָבֵר, וְכֵן בִּתּוֹ שֶׁל עַם הָאָרֶץ שֶׁנִּשֵּׂאת לְחָבֵר, וְכֵן עַבְדּוֹ שֶׁל עַם הָאָרֶץ שֶׁנִּמְכַּר לְחָבֵר — כּוּלָּן צְרִיכִין לְקַבֵּל על עצמם דִּבְרֵי חֲבֵרוּת בפני שלושה חברים, כדי שאפשר יהיה לסמוך עליהם כעל החברים. אֲבָל אֵשֶׁת חָבֵר שֶׁנִּשֵּׂאת לְעַם הָאָרֶץ, וְכֵן בִּתּוֹ שֶׁל חָבֵר שֶׁנִּשֵּׂאת לְעַם הָאָרֶץ, וְכֵן עַבְדּוֹ שֶׁל חָבֵר שֶׁנִּמְכַּר לְעַם הָאָרֶץ — אֵינָן צְרִיכִין לְקַבֵּל דִּבְרֵי חֲבֵרוּת לְכַתְּחִלָּה, משום שסומכים על מה שהיו נאמנים קודם לכן, אלו דִּבְרֵי ר׳ מֵאִיר; ר׳ יְהוּדָה אוֹמֵר: אַף הֵן צְרִיכִין לְקַבֵּל דִּבְרֵי חֲבֵרוּת לְכַתְּחִלָּה. וְכֵן הָיָה ר׳ שִׁמְעוֹן בֶּן אֶלְעָזָר אוֹמֵר: מַעֲשֶׂה בְּאִשָּׁה אַחַת שֶׁנִּשֵּׂאת לְחָבֵר, וְהָיְתָה קוֹשֶׁרֶת לוֹ תְּפִילִּין עַל יָדוֹ, לאחר מכן נִשֵּׂאת לְמוֹכֵס, וְהָיְתָה קוֹשֶׁרֶת לוֹ קִשְׁרֵי מוֹכֵס עַל יָדוֹ. משמע שהאישה הולכת אחר בעלה, ולכן גם אם היתה קודם אשת חבר — אין לסמוך על כך אחרי שנישאה לעם הארץ.

ג ובענין דברים שמפקידים בידי גוי, אָמַר רַב: הדברים שראשי התיבות שלהם: חבי״ת — אָסוּר לסמוך עליהם אם נחתמו בְּחוֹתָם אֶחָד, שמא החליפו או זייפו אותם. דברים שראשי התיבות שלהם: חמפ״ג — מוּתָּר בְּחוֹתָם אֶחָד. מהו חבי״ת? חָלָב, בָּשָׂר, יַיִן, תְּכֵלֶת —

מסורת הש״ס

א. ירושלמי ע״ז פ״ב ה״ט (בשינוי).
ב. חולין סו,א. תוספתא חולין פ״ג כז. ילק״ש תורה תקלז.
ג. סוכה יח,א.
ד. ראה ע״ז לד,א.
ה. ע״ז לו,א (ושם סומנו מקבילות).
ו. ע״ז סז,ב. תוספתא תרומות פ״ח ט. ילק״ש תורה תשפו. שם תתצא.
ז. ראה ירושלמי ע״ז פ״ב ה״ט.
ח. שבועות ל,ב. ילק״ש תורה תתקכב.
ט. בכורות ל,ב. וראה תוספתא דמאי פ״ב יז.
י. בכורות שם. תוספתא שם טז—יז (בשינויים).
יא. בכורות שם. תוספתא שם יז. כלה רבתי פ״א ה.
יב. ירושלמי ע״ז פ״ב ה״ג (עיי״ש).

גרסות

שערבונה עולה בכתי״ס: שערבונין עולין.

והעפיץ בכתי״מ: והעפאץ ובכתי״ס ועוד: והאפיאן.

ועתיד להשיר בכתי״מ: ועתיד להשירן.

מן הים בכתי״מ: מן המים.

כטספטייס בכתי״מ: כספטייס ובכתי״ס: ואכפסתיס.

ואוטנס בכת״י: ואטונס.

הכריז רבי אבהו בכת״י: התיר רבי אבהו.

והא קא חזינן דקאי בכתי״מ: והא חזינן דוכתא דרדיפי מיא ומשתכח וכעי״ז בכתי״ס, וכן להלן.

טינא בכתי״ס: טיניה.

וסימניך קדש לה׳ בכתי״מ: וסימנך קדש ישראל לה׳ כל אוכליו יאשמו.

חזא דהוה ביה בכתי״מ: חזא ביה.

צימחי בכתי״ס: קלפי.

שמעיה לההוא גברא יש בכתי״ס ועוד: באורתא שמעיה לההוא גברא.

מאנשי דביתי בכתי״ס: מאינשי ביתיה.

חנן חייטא בכתי״מ: רב חנן חייטא.

נפלת ליד בכתי״מ: נפלת לי בידי בכתי״ס: נפלת לידאי.

תנינא להא דתנו רבנן בכתי״מ: תניא נמי הכי.

תכלת הרי הן בחזקתן בכתי״מ: תכלת הרי היא בחזקתה.

חבירות לכתחילה בכתי״מ: חבירות בתחילה ובכתי״ס: חבירות.

קושרת לו תפלין במקבילות: קומעת לו תפילין.

חלב בשר בכתי״מ: חבי״ת חלב בשר.

לשון

סולתנית
לא ברור מה מקור השם (אם הוא עברי או שאול משפה אחרת) וכן לא נתבררה זהותו של דג זה. יש סבורים שכאן מדובר במין של סרדינים.

עפיץ
במקבילות ועוד יש: עפיאן, וגם אפיין. נראה שמקור השם הוא ביוונית ἀφύη (אפו׳יה) או בצורת הרבים ἀφύων (אפו׳יון). והוא שם כללי למיני דגים קטנים.

אקונס
יש שסברו כי יש לגרוס כאן (לפי נוסחות אחרות) קוליאס, שהוא הדג הקרוי ביוונית κολιός (קוליאס) שהוא מין דג מאכל Scomber colias.

כטפסטייס, אוטנס
ראה בהשלמות.

פילוסא
כנראה היא העיר Πηλούσιον (פילוסיון) שבמצרים, סמוך לדלתא. עיר זו שכנה סמוך לזרוע של הנילוס, והיתה עיר נמל. הקדמונים זיהו אותה עם רעמסס שבמקרא. ממרכז זה היו מביאים דגים המצויים לרוב ליד הדלתא של הנילוס למקומות שונים, גם לארץ ישראל.

אספמיא, חמרא דימא, תורא דימא, צלופחא, באטי, האידנא דקא שפכי וכו׳
ראה בהשלמות.

החיים

קשרי מוכס
ראה בהשלמות.

לעזי רש״י

דבדב״ש צ״ל: רבדי״ש מן הצרפתית העתיקה rabdes (מים סוערים).

אנגיל״א מן הצרפתית העתיקה angile — צלופח.

עיונים

התם ידיע ממשו רש״י מסביר כי במורייס, כיון שכאשר הוא אוכל את המורייס הריהו אוכל גם את היין המעורב בו, נמצא שהוא נהנה מגופו של איסור. ואילו בכבשין, הרי הרוטב שבו היין אינו עשוי אלא כדי לשמר בתוכו את הכבשים. והראבי״ה דין מסביר כי במורייס ישנו גם טעם היין שנבלע בו וגם מראה יין הניכר בו, ומשום צירוף שניהם אסור. אבל בכבשים טעמו מצוי בהם אבל אינו ניכר למראה.

אין לו עכשיו ובתוס׳ (וכן ראשונים אחרים) כתבו כי הדרשה כאן היא ממה שנאמר "אין לו סנפיר וקשקשת", שדורשים "אין לו" כמו "עיין עליו" (כמו שנדרש לענין יבום ועוד). כלומר, ברר אם בזמן אחר יהיה לו קשקשים, ואם יהיו — הרי זה מותר.

ועתיד להשיר ובספרי דרשו ממה שנאמר "סנפיר וקשקשת במים", שאם יש לו במים קשקשים הרי מכשירים אותו, אף שעתידים לנשור.

בדוכתא דרדיפי מיא וכו׳ ובירושלמי אמרו שבמים כאלו אין דג טמא הולך עם דג טהור. ומשום כך כאשר צדים את הדגים ברשת אין הטמאים והטהורים נתפסים יחד.

וסימניך טמא טהור בתוס׳ העירו כי אין זה סימן לכל מיני הדגים, אלא רק לשני מינים אלה. והוכיחו שיש מינים הקרויים בשם טהור ובכל זאת טהורים הם.

וסימניך קדש לה׳ וראה בגרסות שהיה גם נוסח אחר: וסימניך "קדש ישראל לה׳... כל אוכליו יאשמו רעה תבוא אליהם", ירמיה ב, ג (ואולי הוא על דרך "קברי גוים"). וראה בתוס׳ שהביאו בשם רבינו חננאל (ואינו ברבינו חננאל לפנינו, וראה ברבינו שמשון בן אברהם המביא דבר זה בשם רבינו תם) שהיתה גם נוסחה אחרת, שקדש נונא מותר וסימנו "קדש לה׳", וקבר נונא מותר וסימנו קברי גוים (שאינם מטמאים כקברי ישראל).

חפייה רש״י מסביר "חפייה" מלשון כיסוי, שכיסהו בסל והדג פרכס בתוכו, ואילו רבינו חננאל מפרש "חפייה" מלשון חפיפה וחיכוך, שחיכך אותו בדופני הסל.

דהוה קרי ליה באטי מפירוש רבינו חננאל משמע כי לא קראו כך לאותו צחנתא שקנה (שאם כן, מן הדין היה צריך לחשוש. תוס׳ חכמי אנגליה) אלא שבאותה שעה שמע רבה בר בר חנה אדם הקורא "באטי, באטי", והואיל ולא ראה שם באטי הבין כי יש בכך סימן משמים עבורו, ומכשול יש לפניו (וראה גם בערוך ערך בט).

מחליא ליה שמנוניתא שהשמנונית, גם כשטעמה נפגם (וסתם כלי נחשב כאינו בן יומו, שטעם האיסור שבו נפגם) ממתיקה את החלתית, והרי זה כנתינת טעם לשבח (ראה רש״י ור״ח). ורי״ד גרס כאן "מחליא ליה לשמנוניתא" ופירש שהחריפות חוזרת ומשביחה את טעמה של השמנונית. וראה ברע״ב שפירש מעין זה לגרסתנו, שהחלתית חוזרת ומשביחה את טעם השמנונית, ונמצאת השמנונית נותנת בה טעם לשבח (וראה בריטב״א). ובתוס׳ ועוד דנו שם האם יש ללמוד מחילתית גם על שאר דברים חריפים, או שמא יש בחילתית חריפות יתירה ואין לדון ממנה על בצל וכיוצא בו. וראה ב״אורח ההלכה״.

והראשונים דנו בענין זה, לפי שממסכת חולין עולה שלא אמרו שסתם כלי אינו בן יומו ונותן טעם לפגם אלא באיסור בלוע, אבל לא בשמנונית המצויה על גבי הסכין, ולפי זה אין כאן צורך כלל בנימוק זה של חריפות. ויש שפירשו כי כאן מדובר בחנות, שבה דואגים לקנח היטב את הסכין, ולפיכך אין מדובר בשמנונית שעל גבי הסכין, אלא בזו הבלועה בו (רבינו יונה ועוד). אבל הרא״ה חלק על הבנה זאת, ופירש כי אף שהשמנונית מצויה על גבי הסכין, היה כאן מקום לומר שהשמנונית פוגמת את טעמה של החלתית, כדרך שנאמר להלן (עמוד ב) לגבי דבש.

מזבין חילתיתא וכיון שאמרו שחילתית של גוים אסורה, ואין כל סימן היכר בדבר, נמצא שצריך לסמוך על נאמנותו של המוכר. ודנו האם העבד נשאר בנאמנותו גם לאחר מות הבעלים.

יוסף עניא כלומר, שאין בידו תשובה לתת למי ששאלו שאלה זו. ואולי קראו כן משום שהיה רב יוסף עיוור, ואף מחמת חולי שכח מקצת תלמודו.

נפלת ליד כלומר, עכשיו אתה צריך לי. ובתוס׳ שאנץ פירש בשם רש״י כלשון תמיהה: וכי אתה צריך לי? ועוד הציע לפרש שכוונתו לא היתה לרב מתנא, אלא להלכה זו, ששמח שנפלה לידו הלכה זו להורות בה.

חבי״ת אסור בחותם אחד רש״י ושאר ראשונים מסבירים כי מדובר כאן במי ששולח או מפקיד יין ביד גוי. וראה לעיל (לא,א) שם משמע שאף יין מותר בחותם אחד, ולפי זה הסביר רבינו תם כי כאן אין מדובר בגוי, אלא בישראל חשוד, שיש להיזהר בו יותר.

ולעצם ההבחנה בין חבי״ת לחמפ״ג, רש״י מסביר שטעם ההבדל הוא משום שהדברים של חבי״ת הם יקרים, ולכן יש לחשוש שיבואו לזייפם ולהחליפם. ובתוס׳ הביאו הסבר אחר (שמצוי כבר בירושלמי בפרקנו לעיל ה״ג), שיש לחלק בין אותם הדברים שיש בהם חשש לאיסור עצמו, לבין אותם דברים שאין לחשוש בהם אלא לתערובת איסור. והרמב״ם כתב שהכלל לענין זה הוא שכל איסור שמדבריהם די לו בחותם אחד. ואילו הראב״ד בחידושיו מצרף את הדברים ומסביר שהדברים שהם משום חבי״ת יש בהם איסור בעינו והאיסור הזה הוא איסור מן התורה. ואילו אלה שסימנם חמפ״ג, או שאיסורם מדברי סופרים או שאיסורם רק משום תערובת.

אורח ההלכה

אין לו עכשיו וכו׳ דג שאין לו סנפיר וקשקשת עכשיו אבל יהיו לו כאשר יגדל, או שיש לו והם נושרים כשמוציאים אותו מן המים — הרי זה מותר. (רמב״ם ספר קדושה הלכות מאכלות אסורות פ״א הכ״ד. שו״ע יו״ד פג, א).

חזא ביה קלפי ושרייה דגים שקשקשיהם דקים מאד עד שקשה להכירם בעין, ואם כרכום בבגד או נתנום במים רואים את קשקשיהם — הרי אלו מותרים. כדברי רב אשי. (שו״ע שם סעיף ב).

אגב חורפא דחילתיתא סכין שחתך בו בשר ואחר כך חתך בה דבר חריף (כגון צנון) אסור לאכול מאכל זה עם מאכלי חלב עד שיטול ממקום החתך כדי עובי אצבע. ודווקא אם היה הסכין בן יומו או שלא היה מקונח. שאין לדמות דין דבר חריף לחלתית שהיא חריפה במיוחד (ט״ז). ויש אומרים דין זה אפילו אם לא היה הסכין בן יומו, ואפילו היה מקונח, כדינה של חלתית כאן (גר״א). וכן נוהגים (ש״ך). (רמב״ם שם פ״ט הכ״ד. שו״ע שם צו, א—ב. ושם קג, ו).

עבדו של חבר, אשת חבר כל חבר לעולם נאמן ואינו צריך בדיקה, וכן נאמנים אשתו ובניו ובני ביתו ועבדיו. (רמב״ם ספר זרעים הלכות מעשר פ״י ה״ב. ושם ספר טהרות הלכות מטמאי משכב ומושב פ״י ה״ה).

חבר שמת וכו׳ חבר שמת, אשתו ובניו ובני ביתו הריהם בחזקת חבירות עד שייחשדו. כברייתא. (רמב״ם שם [illegible]).

חצר שמוכרים בה תכלת חצר שמוכרים בה תכלת והיו מוחזקים בכשרות ונאמנות — לוקחים משם סתם, ואין צריך בדיקה, והרי הם בחזקתם עד שייחשדו. כברייתא. (רמב״ם ספר אהבה הלכות ציצית פ״ב ה״ו).

חבי״ת אסור וכו׳ חתיכת דג שאין בו סימן, ובשר, ויין, ותכלת, שמפקיד ביד גוי — צריך חותם בתוך חותם כדי להכשירם. אבל חלב ומורייס ופת וגבינה, אם הפקידו ביד גוי — מותרים בחותם אחד. [illegible] (רמב״ם). ויש אומרים שאף בדברים שצריכים שני חותמות לא אמרו אלא כאשר אין המפקיד חוזר [illegible] די לו בסימן אחד. וכתב הרמ״א שיש אומרים (ר״ת) ששני חותמות צריך רק כשמפקיד ביד ישראל חשוד, אבל ביד גוי מותר הכל בחותם אחד, ובדיעבד יש לסמוך על שיטה זו. (רמב״ם שם. ספר קדושה הלכות מאכלות אסורות פי״ג [illegible]. שו״ע יו״ד קיח, א).

התם ידיע ממשו הכא לא ידיע ממשן:

א וטרית טרופה וציר שאין בה דגה וכו': *מאי חילק אמר רב נחמן בר אבא אמר רב זו סולתנית ומפני מה אסורה מפני שערבונה עולה עמה: *תנו רבנן באין לו עכשיו ועתיד לגדל לאחר זמן כגון הסולתנית והעפיץ אהרי זה מותר יש לו עכשיו ועתיד להשיר בשעה שעולה מן הים כגון אקונס ואפונס כטספטיים ואכספטיים ואוטנם גמותר אכריז רבי אבהו בקיסרי קירבי דגים ועוברן ניקחין מכל אדם חזקתן אינן באים אלא מפלוסא ואספמיא כי *הא דאמר אביי האי צחנתא דבב נהרא שריא מ"ט אילימא משום דרדיפי מיא והאי דג טמא כיון דלית ליה חוט השדרה ברוכתא דרדיפי מיא לא מצי קאי והא קא חזינן דקאי אלא משום דמליחי מיא והאי דג טמא כיון דלית ליה קלפי ברוכתא דמליחי מיא לא מצי קאי והא קחזינן דקאי אלא משום דלא מרבה טינא דג טמא אמר רבינא האידנא דקא שפכי ביה נהר גוזא ונהר גמדא אסירי אמר אביי האי חמרא דימא שרי תורא דימא אסיר וסימניך טמא טהור טהור טמא אמר רב אשי שפר נונא שרי קדש נונא אסיר וסימניך קדש לה' איכא דאמרי קבר נונא אסור וסימניך קברי גוים *רבי עקיבא איקלע לגינזק אייתו לקמיה ההוא נונא דהוה דמי לחיפושא חפייה בדיקולא חזא ביה קלפי ושרייה רב אשי איקלע לטמדוריא אייתו לקמיה ההוא נונא דהוה דמי לצלופחא נקטיה להדי יומא חזא דהוה ביה צימחי ושרייה רב אשי איקלע לההוא אתרא אייתו לקמיה(א) נונא דהוי דמי לשפרנונא חפייה במשיכלי חיורי חזא ביה קלפי ושרייה רבה בר בר חנה איקלע לאקרא דאגמא קריבו ליה צחנתא שמעיה לההוא גברא דהוה קרי ליה באטי אמר מדקא קרי ליה באטי ש"מ דבר טמא אית ביה לא אכל מיניה לצפרא עיין בה אשכח ביה דבר טמא קרי

ב אנפשיה לא יאונה לצדיק כל און: והקורט של חילתית: מ"ט משום דמפסקי ליה בסכינא אע"ג דאמר מר ה*נותן טעם לפגם מותר יאגב חורפיה דחילתיתא מחליא ליה שמנוניתא והוה ליה כנותן טעם לשבח ואסור עבדיה דר' לוי הוה קא מזבין חילתיתא כי נח נפשיה דר' לוי אתו לקמיה דרבי יוחנן אמרו ליה מהו למיזבן מיניה אמר להו עבדו של חבר הרי הוא כחבר רב הונא בר מניומי זבן תכילתא מאנשי דביתיה דרב עמרם חסידא אתא לקמיה דרב יוסף לא הוה בידיה פגע ביה חנן חייטא א"ל יוסף עניא מנא ליה בדידי הוה עובדא דזביני תכילתא מאנשי דביתיה דרבנאה אחוה דר' חייא בר אבא ואתאי לקמיה דרב מתנא לא הוה בידיה אתאי לקמיה דרב יהודה מהגרוניא אמר לי נפלת ליד הכי אמר שמואל ח*אשת חבר הרי היא כחבר(א) (תנינא להא) דת"ר אשת חבר הרי היא כחבר עבדו של חבר הרי הוא כחבר ט*חבר שמת אשתו ובניו ובני ביתו הרי הן בחזקתן עד שיחשדו וכן חצר שמוכרין בה תכלת הרי(ב) (הן בחזקתן) עד שתיפסל *ת"ר יאשת עם הארץ שנשאת לחבר וכן בתו של עם הארץ שנשאת לחבר וכן עבדו של עם הארץ שנמכר לחבר כולן צריכין לקבל דברי חברות אבל אשת חבר שנשאת לעם הארץ וכן בתו של חבר שנשאת לעם הארץ וכן עבדו של חבר שנמכר לעם הארץ אינן צריכין לקבל דברי חברות לכתחלה דברי ר"מ ר' יהודה אומר אף הן צריכין לקבל דברי חברות לכתחלה יא*וכן היה ר"ש בן אלעזר אומר מעשה באשה אחת שנשאת לחבר והיתה קושרת לו תפילין על ידו נשאת למוכס והיתה קושרת לו קשרי מוכס על

ג ידו יבאמר רב חבי"ת אסור בחותם אחד חמפ"ג מותר בחותם אחד חלב כבשר ליין מתכלת אסורין

א) [בריי"ף והרא"ש ליתא ע"ש] ב) [נ"ל היא בחזקתה וכ"א בבכורות]

רש"י

התם ידיע ממשו. שהרי מטבילין בו והרוטב נאכל והיין נאכל עמו: הכא לא ידיע ממשן. שאין אוכלין הרוטב אלא הירק ולא הכניסו הירק לתוכו אלא להתקיים: הרי זה מותר. גרסינן: קירבי דגים. שומנן: עוברן. הן ביצים של דגים: מפלוסא ואספמיא. ואין דגים טמאים מצויין שם: לחנתא. חילק: דבב נהרא. דבב שם הנהר: דרדיפי. בכח מקלחין דבדב"ש בלע"ז: דלא מרבה טינא דג טמא. קרקעית של אותו הנהר אין מגדל דגים טמאים: חמרא דימא ותורא דימא. דקי"ל במסכת חולין (דף קכז.) כל שיש בים יש ביבשה חוץ מן החולדה: טמא. ביבשה טהור בים: קדש לה'. סתם קדש אסור: קדש נונא. שם דגים שבים: חיפושא. דג טמא: חפייה בדיקולא. כיסהו בסל ופירכס בתוכו ונשרו קליפין ונראו בדפניהם קשקשים דקים: לצלופחא. דג ושמו אנגילי"א: להדי יומא. נגד השמש: צימחי. קשקשים דקים: משיכלי חיורי. מתוך שהן לבנות נראין בהן קשקשים שהן שחורין: שמעיה לההוא. דהוה קרי להוא מינא: באטי. והוא שם דג טמא: מחליא ליה. ממתקו: מאינשי ביתיה. אשתו ודרך הרמאים למכור קלא אילן בשם תכלת: נפלת ליד. נפלת לידי כלומר עכשיו אתה צריך לי: צריכין לקבל דברי חברות. מתחלה קודם שיהו נאמנין *לכל דברי חברות שיאכלו בטהרה ושיעשרו פירות וכיוצא בהן: מוכס. סתמא גזלן: קשרי מוכס. חותמות לנותני המכס כדי שלא יתבעום חבירוי ומשרתיו פעם אחרת: חבי"ת. סימן הוא חלב בשר יין תכלת אסורין

תוספות

ולא"ת תקשי ליה קנקנים דלא ידיע ממשן ואומר ר"מ וי"ל דהתם כיון דנפלט היין מן הקנקנים בשל ישראל הוה כמו בעין וידיע ממשן אבל יין לתוך הכבשים לא ידיע ממשן שמתבטל היין בכבשים ולמאי דפרישית לעיל דלא אסר רבי מאיר קנקנים ניחא: אין לו עכשיו ועתיד ליגדל לאחר זמן. אומר ר"י דדריש אין לו עיין לו כלומר עיין עליו אם יש לו עכשיו או עתיד ליגדל לאחר זמן והכי דרשינן ביבמות (דף כג:) וכן אין לו עיין לו: וסימניך טמא טהור טהור טמא. לכאורה לא קא יהיב האי סימנא אלא להני תרי מילי אחמרא ואתורא אבל אשאר מינין לא דהא בפ"ב דקידושין (דף מא.) אמר רבא מלח שיבוטא והוא עז של ים כדאמר בפ' הפרה (ב"ק דף נה.) הנהיג בעיזא ושבוטא מאי: ה"ג רש"י שפר נונא שרי קדש נונא אסור וסימניך קדש לה' ואיכא דאמרי קבר נונא אסור וסימניך קברי גוים. ור"ח גרס איפכא שפר נונא אסור קדש נונא שרי וסימניך (ירמיה ב) קדש ישראל לה' כלומר השם התירו לעמו ואיכא דאמרי קבר נונא שרי וסימניך קברי גוים אינם מטמאין באהל כלומר אינו טמא וכן משמע בסמוך דמייתי ההיא עובדא דאייתי ההוא נונא דדמי לשפר נונא בתר עובדי דההוא דדמי לחיפושא ולצלופחא דדגים טמאים הם משמע דשפר נונא נמי דג טמא הוא: אגב חורפיה דחילתיתא ה"ל כנותן טעם לשבח. וא"ת דלסגי ליה בקליפה כדאמר (חולין דף ח:) גבי שחטה בסכין טריפה וי"ל דחורפיה דחילתיתא בלע טפי ולא סגי בקליפה וי"מ כמו כן דבצל וקפלוט שנחתך בסכין של גוים דלא סגי ליה בקליפה דאגב חורפיה בלע טפי ושמעתי בשם הר"ס דחילתיתא דוקא דחריף טפי ולא בצל וקפלוט: אמר רב חבי"ת בחותם אחד אסור. פרש"י לפי שדמיהן יקרים והר"ר אפרים בר דוד היה אומר הטעם משום דאיתיה לאיסורא בעיניה אבל חמפ"ג אינו אלא תערובת אבל אין לומר הטעם משום יוקר שהרי מורייס דמיה יקרים מיין ואין נראה לר' יהודה דהא ודאי דאיכא הרבה מקומות שהיין יוקר יותר כדאמר לעיל (דף לד:) קיסתא דמורייס בלומא קיסתא דחמרא בד' לומי לכך נראה לו יותר טעם רש"י דפי' משום יוקר וכן משמע בסמוך דקאמר מ"ש גבינה דלא טרח ומזייף כו' וכן גבי פת דאי איכא גביה כי האי לא טרח ומזייף: פת

רבינו חננאל

בידוע מותר. וקיימא לן כחזקיה דהוא רבו של ר' יוחנן: והחילק פי' מין דגים קטנים שמו חילק. ואמר רב היא סולתנית והיא דג טהור ומפני מה אסורה מפני שערבונה עולה עמה. פי' דגים טמאים מעורבים בה ועולין עמה: ירושלמי אמר ר' יוחנן היא חילק היא טרית טרופה: ת"ר דגים שאין להן עכשיו קשקשין ועתידין ליגדל לאחר זמן כגון הסולתנית והעפיץ. או דגים שיש להן עכשיו ועתידין להשירן בשעה שעולין מן הים כגון אקינס ואפונס וכספתיאום ואסיפתיאום ואטונס. אלו כולם שמות של מיני דגים בלשון יון הן וכולן מותרין הן. הואיל וקשקשין נמצאין בהן בין בתחלה בין בסוף. מכריז ר' אבהו בקסרי קרבי דגים ועוברן נקחין מכל אדם. חזקתן אינן באין אלא מפילוסא ואספמיא. שמות של מקומות. כי הא דאמר אביי צחנתא דבב נהרא שריא. ואסיקנא מאי טעמא טינא דבנהרא לא מרבי דג טמא. והאידנא דשפכי בה נהר (נתן) [גוזן] ונהר גומרא אסירא. דאמרינן הני מנהר (נתן) [גוזא] ונהר גומדא אתו. מיכן שרא ר' אבהו דסבר טינא דפילוס ואספמיא נמי לא מרבי דג טמא משום הכי קרבי דגים ועובריהן של אותו מקום כולן מותרין. אמר אביי חמרא דימא שרי. תורא דימא אסיר וסימנך טמא דארעא שרי בימא. דשרי בארעא אסיר בימא. אמר רב אשי שפר נונא שרי קדש נונא אסיר. אלו הם שמות דגים ידועים. וסימן קדש לה'. כלומר מי ששמו קדש (וחולין) אסור. איכא דאמרי קבר נונא אסיר. וסימן קברי גוים טמאין. ר' עקיבא חפיה להדוא דג דהוה דמי לחיפושא בדיקולא. פי' חיכבו לאותו הדג בכפיפה חדשה ומצא בו קשקשין וטהרו. וכן רב אשי העביר גבו של אותו דג שהיה דומה לשפרנונא על א) כיור של חרש וראה בו קשקשין וטהרו. ור' אמי החזיק אותו דג שהיה דומה לצלופחא בשמשא דיומא וחזא ביה צמחי ושרייה. נתברר כי אלו חיפושא ושפרנונא וצלופחא כולם דגים טהורים הן. רבה בר רב הונא קריבו ליה באקרא דאגמא צחניתא. שמע גברא דקרי באטי אמר מאי דקמה. פי' נתנחש ואמר אין שם באטי. מה זה שלפנינו כלומר אין זה אלא דבר מכשול יש כאן. לא אכל מההיא צחניתא. לצפרא עיין בה ומצא בה דג טמא וקרי אנפשי' לא יאונה לצדיק כל און. וקורט של חלתית אסור משום שמפסקי ליה בסכין של גוים. ואע"פ שאמר מר כל נותן טעם לפגם מותר. אגב דחורפי' דחלתית ממתקו כח השמנונית של גוי והוה ליה כנותן טעם לשבח ואסיר. עבדיה דר' לוי הוה מזבן חלתית בשוק. בתר דנח נפשיה דלוי שאלו ב) ואמר להו ר' יוחנן עבד חבר הרי הוא כחבר. רב הונא בר (משימי) [מניומי] זבן תכלת לציצית מאשת רב עמרם חסידא ובעא לה למילתא ופשט ליה חנן חייטא אנא זבני תכלת מאשתו של רבנאי ובאתי לפני רב יהודה ואמר לי מתגרניא נפלת ליד. כלומר בעל תיגרא (בעל מתחתה היה) נפלת לידי ואמר לי הכי אמר שמואל אשת חבר הרי היא כחבר. עבדו של חבר כחבר. חבר שמת אשתו ובניו ובני ביתו הרי הן בחזקתן כו' עד שתפסל: ת"ר אשת עם הארץ שנשאת לחבר וכן בת עם הארץ וכן עבד עם הארץ שנמכר לחבר כולן צריכין לקבל דברי חברות. אבל אשת חבר שנשאת לעם הארץ וכן בת חבר שנשאת לעם הארץ וכן עבד של חבר שנמכר לעם הארץ. אין צריכין לקבל דברי ר' מאיר. ר' יהודה אומר צריכין לקבל לכתחלה. וכן היה ר' שמעון (אומר) בן אלעזר אומר משום ר' מאיר מעשה באשה שנשאת לחכם והיתה קושרת לו תפילין בזרועו ומת ונשאת למוכס והיתה קושרת לו קשרי מכס על ידו. אמר רב חלב. ומפקינן חלב ומעיילינן חתיכת דג שאין בה סימן אבל

א) אולי צ"ל על כל כד של חרס כנ"ל. ב) נראה דצ"ל שאלו לקמיה דר' יוחנן ואמר להם דעבד חבר וכו'.

עין משפט נר מצוה

קסה א ב מיי' פ"ג מהל' מאכלות אסורות הלכה כב סמג עשין סב טוש"ע יו"ד סי' פג סעיף ח:
קסו ג טוש"ע שם סעי' ט:
קסז ד מיי' פ"ט שם הלכה כד סמג שם טוש"ע יו"ד סי' נז סעיף ח ו וסי' קג סעי' ו:
קסח ה מיי' פ"י מהל' מעשר הלכ' ב ופ"י מהל' מטמאת משכב ומושב הלכה ח סמג עשין קלו:
קסט ו מיי' פ"י מהל' מטמאת משכב ומושב הלכ' ה סמג שם:
קע ז מיי' פ"ב מהל' ציצית הלכה ו:
קעא ח ט מיי' פ"י מהל' מטמאת משכב ומושב הל' ו ופ"י מהל' מעשר הלכ' ג סמג שם:
קעב י כ מיי' פי"ג מהל' מאכלות אסורות הלכה י סמג לאוין קמח טוש"ע יו"ד סי' קיח סעיף א:
קעג ל מיי' פ"ב מהל' ציצית הלכה ג וסמג עשין כה:

מסורת הש"ס

חולין סו. ע"ש
[סוכה יח.]
[ובדפו"י לכל]
[עי' תוס' לעיל לה. ד"ה ר"ע איקלע לגינזק ועי' היטב תוס' ב"ב מה: ד"ה ותענית יח: ד"ה מר עוקבא]
שמות טז
משלי יב
[לעיל לו. לח: וש"נ]
[שבועות ל:]
[בכורות ל:]
בכורות שם ע"ש [תוספ' דמאי פ"ב ע"ש]
[בכורות שם ע"ש היטב]

הגהות הב"ח

(א) גמ' לקמיה ההוא נונא דהוה דמי לשפרנונא:

אסורין בחותם אחד *חילתית מוריים פת
גבינה מותרין בחותם אחד(א) פת למאי ניחוש
לה אי משום איחלופי קרירא בחמימא מידע
ידיע דחיטי בדשערי נמי מידע ידיע אי כי
הדדי כיון דאיכא חותם אחד לא טרח ומזייף
ורב מ"ש גבינה דלא טרח ומזייף חלב נמי
לא טרח ומזייף אמר רב כהנא אפיק חלב
ועייל חתיכת דג שאין בה סימן היינו בשר
תרי גווני בשר ושמואל אומר בי"ת אסור
בחותם אחד מח"ג מותר בחותם אחד בשר
יין תכלת אסורין בחותם אחד מוריים חילתית
גבינה מותרין בחותם אחד לשמואל חתיכת
דג שאין בה סימן היינו בשר תרי גווני בשר
לא אמרינן ת"ר *אין לוקחין ימ"ח מח"ג
בסוריא לא יין ולא מוריים ולא חלב ולא
מלח סלקונדרית ולא חילתית ולא גבינה
אלא מן המומחה וכולן אם נתארח אצל
בעל הבית מותר מסייע ליה לרבי יהושע בן
לוי דא"ר יהושע בן לוי שגר לו בעל הבית
לביתו מותר מ"ט בעל הבית לא שביק
היתירא ואכל איסורא וכי משגר ליה ממאי
דאכיל משדר ליה: ומלח סלקונדרית: א
מאי מלח סלקונדרית אמר רב יהודה אמר
שמואל מלח שכל סלקונדרי רומי אוכלין
אותה תנו רבנן *מלח סלקונדרית שחורה אסורה לבנה מותרת דברי
רבי מאיר רבי יהודה אומר לבנה אסורה שחורה מותרת רבי יהודה בן
גמליאל משום רבי חנינא בן גמליאל אומר זו וזו אסורה אמר רבה בר בר חנה
אמר רבי יוחנן לדברי האומר לבנה אסורה קירבי דגים לבנים טמאים מעורבין
בה לדברי האומר שחורה אסורה קירבי דגים שחורים טמאים מעורבין
בה לדברי האומר זו וזו אסורה זה וזה מעורבין בה אמר רבי אבהו משום
רבי חנינא בן גמליאל זקן אחד היה בשכונתנו שהיה מחליק פניה בשומן
חזיר: הרי אלו אסורים: למעוטי מאי *לחזקיה למעוטי בידוע לרבי יוחנן
למעוטי מוריים וגבינת בית אונייקי וסתמא כר"מ: מתני' ואלו מותרין ב
באכילה חלב שחלבו עובד כוכבים וישראל רואהו והדבש והדבדבניות
אע"פ שמנטפין אין בהן משום הכשר משקה וכבשין שאין דרכן לתת
לתוכן יין וחומץ וטרית שאינה טרופה וציר שיש בה דגה ועלה של
חילתית וזיתי גלוסקאות המגולגלין ר' יוסי אומר השלחין אסורין החגבים
הבאים מן הסלולה אסורין מן ההפתק מותרין וכן לתרומה: גמ' תנינא ג
להא דת"ר *יושב ישראל בצד עדרו של עובד כוכבים ועובד כוכבים חולב
לו ומביא לו ואינו חושש היכי דמי אי דליכא דבר טמא בעדרו פשיטא
ואי דאיכא דבר טמא בעדרו אמאי לעולם דאיכא דבר טמא וכי קאי חזי
ליה וכי יתיב לא חזי ליה מהו דתימא כיון דיתיב לא חזי ליה ניחוש דלמא
מייתי ומערב ביה קמ"ל כיון דכי קאי חזי ליה אירתותי מירתת ולא מיערב
ביה: והדבש: דבש למאי ניחוש לה אי משום איערובי מיסרא סרי אי ד
משום בישולי עובדי כוכבים נאכל כמו שהוא חי אי משום גיעולי
עובדי כוכבים *נותן טעם לפגם הוא ומותר: והדבדבניות אף על פי ה
שמנטפות אין בהן משום הכשר משקה: ורמינהי *הבוצר לגת שמאי
אומר הוכשר הלל אומר לא הוכשר ואודי ליה הלל לשמאי התם
קא בעי ליה למשקה הכא לא קא בעי ליה למשקה: וטרית שאינה טרופה: ו
*תנו רבנן איזו היא טרית שאינה טרופה כל שראש ושדרה ניכר
ואיזו ציר שיש בה דגה כל שכילבית אחת או שתי כילביות
שוטטות

אסורין בחותם אחד. לשגר ביד עובד כוכבים דכיון דבשר ותכלת דמיהן יקרים טרח ומזייף להחליפם ועל היין נמי נסכו ואלא פריך לקמן: **חילתית.** להחליף זה בזה פורתא הוא דמהני ולא טרח ומזייף: **פת למאי ניחוש לה.** כלל לא גרסינן [*הכא אלא במלתיה דשמואל גרסינן לה (וכי) (והכא] גרסינן מאי שנא גבינה כו': **חתיכות דג.** דמיהן יקרים ומזייף: **שמואל כו'.** שמואל לא פליג אדרב אלא קסבר לא צריך לאשמועי סימנא למיתני אחתיכת דג לאיסור ועל הפת להתיר כדמפרש ואזיל: **ושמואל.** אמר לך חתיכת דג היינו בשר וכיון דבשר אשמועינן הרי דגים בכלל: **ופת למאי ניחוש לה.** דניתב לה סימנא להתיר ולמיתני חמפ"ג: **אי משום איחלופי כו'.** מאי איכא למיחש:(ב) **כי הדדי.** פשיטא לן כיון דאיכא חותם לא טרח ומזייף במידי דלית ליה רווחא: ה"ג ושמואל חתיכת דג היינו בשר ותרי גווני בשר לא אמרינן פת למאי ניחוש לה כו': **אין לוקחין ימ"ח מח"ג כו'.** שמצויים שבסוריא חשידי דלא קפדי אלפני עור לא תתן מכשול ומזבני לישראל דברים שלקחו מן העובד כוכבים מיהו אינהו גופייהו לא אכלי איסורא הלכך אם נתארח אצלו מותר לאכול עמו: **שיגר לו.** במתנה: **סלקונדרי רומי.** נתמנין שברומי: **אוכלין אותה.** ואסור משום שמערבין בה קירבי דגים טמאים וחתיכות גדולות עושין ממנה: **זקן אחד.** עובד כוכבים היה: **למעוטי בידוע.** גבי כבשין שדרכן לתת לתוכן יין וחומץ ואם בידוע שנתן יין שם אסורין אפילו בהנאה: **למעוטי מוריים.** דאסור אפי' בהנאה והך סתמא' ר"מ היא: **מתני' והדבדבניות.** אשכולות של ענבים: **שאינה טרופה.** שניכרין חתיכות דגים: **עלה של חילתית.** דהא לא מפסקו לה בסכינא: **וזיתי גלוסקאות המגולגלין.** זיתים הנכוסין בכלי עגול ומתחממין ונעשין מאליהן כעין גלוסקא. מגולגלין כמו מגולגלת שנתחממו ונרכו מחמת שמנן ובלע"ז מול"ש ובגמ' (דף מ:) פריך פשיטא למאי ניחוש לה: **שלחין אסורין.** זיתים קמהדר ובגמרא (דף מ:) מפרש לה: **מן הסלולה.** הנמכרין בסל לפני החנוני אסורין בגמרא מפרש מפני שמזלף עליהן יין: **מן ההפתק.** מקום כינוס של חגבים מלוחין: **מותרין.** דאין מזלף עליהן עד שנותנן לפניו למכור: **וכן לתרומה.** מפרש בגמ': **גמ' יושב ישראל.** ואפילו אין רואהו: **איערובי.** שמא עירב בו יין: **הבוצר לגת.** לדרכן בגת ולעשות מהן יין: **הוכשר.** לענין טומאה במשקה הנזלף הואיל ולכך הן עומדין ניחא ליה במאי דנפיק מינייהו. ודבדבניות עצמן הן לאכילה: **כל שראשו ושדרה**(ג) **ניכרין.** של כל דג ודג שהדגים ניכרין בראשן בין טמא לטהור שהטמאים ראשיהן חדים ואין להן חוט השדרה: **כילבית.** גדילה מאליה בציר דגים טהורים ואם יש שם ציר(ד) דגים טמא אין כילבית גדילה בו:

פת למאי ניחוש לה כו'. בקונטרס לא גרס הכא עד מלתיה דשמואל ונראה טעמא משום דלמה יקשה זה על פת יותר מן האחרים מיהו אין בשביל כך להגיה הספרים: **ימ"ח מח"ג אינם ניקחים אלא מן המומחה.** ואע"ג דקא חשיב חלב הוצרך לחשוב גבינה לפי שאין טעם איסורן שוה שחלב אסור משום עירוב חלב טמא אבל טעם גבינה הוא משום גילוי כדפרי' לעיל (דף לה.) מיהו לרבי ירמיה דמפרש לעיל (שם) טעם גבינה משום לחלוחי חלב טמא לפרש"י קשה לרבי יהודה למה הוצרך לשנות כאן גבינה ובתוספתא קא חשיב בזאת הברייתא במקום חלב חתיכת דג שאין בה סימן: **תנינא להא דת"ר.** תימה דהא תני במתני' וישראל רואהו משמע הא לא חזי ליה כל שעתא אסור וי"ל דרואהו לאו דוקא אלא ר"ל יכול לראותו: **אי דליכא דבר טמא בעדרו פשיטא.** דכיון דיושב בצד עדרו וליכא למיחש לגילוי כיון שכל שעה הוא תופסו בידו א"כ ליכא למיחש למידי מיהו היכא דיש לחוש לגילוי אסור כדפרישית לעיל(ה) דמסננת לא מהני מידי היכא דטרקי' כדאמרי' בהגוזל בתרא (ב"ק דף קטו:): **התם קא בעי ליה למשקה.** וא"ת ודקארי לה מאי קארי פשיטא דבוצר לגת תנן וי"ל דס"ד דמקשה דה"ה בוצר לאכילה והא דנקט לגת לרבותא (דב"ה) [דהלל] דאפילו הכי לא הוכשר:

רבינו חננאל

אבל חלב מותר בחותם אחד. בשר יין תכלת סימן חבי"ת אסורים בחותם אחד חלתית מוריים פת גבינה סימן חמפ"ג מותרים בחותם אחד. ושמואל אמר בשר יין תכלת אסורים בחותם אחד. אבל מוריים חלתית גבינה מותרים בחותם אחד. וקי"ל כרב: ת"ר אין לוקחין בסוריא יין ולא מוריים ולא חתיכה שאין בה סימן ולא מלח סלקונדית בין שחורה בין לבנה ולא גבינה אלא מן המומחה סימן ימ"ח מח"ג וכולן אם נתארח אצל בעה"ב מותר דלא שביק בעה"ב היתרא ואכיל איסורא וכר' יהושע בן לוי דאמר שגר לו בעה"ב בביתו מותר דבעה"ב ממאי דאכיל משדר ליה ולא שביק היתרא ואכיל איסורא. מלח סלקונדית אסיקנא לדברי האוסר שחורה ולבנה. סבר קרבי דגים שחורים וקרבי דגים לבנים טמאים מעורבין בה.

ואמר ר' אבהו משום דר' חנניה בן גמליאל זקן היה בשכונתנו והיה מחליק פניה בשומן חזיר. עוד שנינו בסיפא דמתני' הרי אלו אסורין ואין איסורן איסור הנאה. למעוטי מאי. לחזקיה למעוטי בידוע. כלומר אם נודע דודאי נתן בכבשין יין או חומץ אסורין אפי' בהנאה. לר' יוחנן למעוטי מוריים וגבינת בית אונייקי וסתמא כר' מאיר: משנה בשביעית פרק כלל גדול אמרו בשביעית קליפי רמון והנץ שלו קליפי אגוזים והגרעינין יש להן שביעית ולדמיהן שביעית. הצבע צובע לעצמו לא יצבע בשכר שאין עושין סחורה בפירות שביעית. ולא בבכורות ולא בתרומות ולא בנבלות ולא בטריפות ולא בשקצים ולא ברמשים כו'. עד ציידי חיה עופות ודגים שנתמנו להן מינין טמאין מותר למוכרם. ר' יהודה אומר אף מי שנתמנה לו לפי דרכו לוקח ומוכר. ובלבד שלא תהא אומנתו לכך. וחכמים אוסרין. ואמר בגמרא דיליה א) כתיב טמאים מה ת"ל וטמאים יהיו לכם אחד איסור אכילה ואחד איסור הנאה. כל דבר שאיסורו דבר תורה אסור לסחור בו. איסורו מדברי חכמים מותר לסחור בו. והרי חמור וגמל למלאכה הן גדילין. ר' הושעיא נסיב ויהיב במוריים. ר' הונא נסיב ויהיב בחלתיתא: **מתני'** ואלו מותרין באכילה חלב שחלבו עובד כוכבים וישראל רואהו כו' תנינא להא דת"ר ישראל יושב בצד עדרו של עובד כוכבים ועובד כוכבים חולב ומביא לו ואינו חושש. ואוקימנא אע"ג דאית ליה בהמה טמאה בעדרו. וכי קאי חזי ליה וכי יתיב לא קא חזי ליה. מהו דתימא כיון דהוא יתיב ניחוש דלמא מערב ביה חלב בהמה טמאה. קמ"ל כיון דכי קאי חזי ליה מירתת ולא מערב. והדבש מותר דליכא חשש אי משום איערובי אי מערב ביה מבאיש. אי משום בשולי עובדי כוכבים נאכל כמות שהוא חי אי משום געולי עובדי כוכבים נותן טעם לפגם מותר. ומדחזינן ברוב התלמוד דמוקים להו בנאכל כמות שהוא בחי אין בו משום בישולי עובדי כוכבים. ש"מ דהא לישנא דוקא. מיהו כיון דחזינן באידך פירקין דמפרש ואמר ר' יוחנן כאידך לישנא סבירא ליה כל שאינו עולה על שולחן מלכים לאכול בו את הפת. הלכך בעינן בתרי לישני. והדבדבניות. פי' (חסר איזה תיבות) אע"פ שהן מנטפות אין בהן משום הכשר. ב) והלל אומר לא הוכשר. והודה לו הלל לשמאי. הנה הניטוף מכשיר. ושנינן התם למשקה בעי להו דהא לגת בוצר. הכא לא בעי להו למשקה. וטרית שאינה טרופה וציר שיש בה דגה מותרין: **ת"ר** איזו היא טרית שאינה טרופה כל שראשה ושדרה ניכר שהוא מדג טמא. איזהו ציר שיש בה דגה. בסתומות כילבית אחת. בפתוחות עד שיהו שתי כילביות. פי' כילבית דג קטן טהור ואם מצא בגרב שתי כילביות שוטטות בו הא

א) הא בירושלמי פ"ז דשביעית הלכה א'. ב) נראה דחסר כאן וצ"ל אימי והא תנינן הבוצר לגת שמאי אומר הוכשר והלל אומר וכו'.

הגהות הב"ח

(א) גמ' פת גבינה מותרין בחותם אחד מאי שנא גבינה דלא טרח ומזייף וכו' ותרי גווני בשר לא אמרינן פת למאי ניחוש לה אי משום וכו' לא טרח ומזייף ת"ר אין לוקחין ימ"ח: (ב) רש"י ד"ה אי כי הדדי: (ג) ד"ה כל שראש ושדרה של כל דג ודג ניכרין שהדגים: (ד) ד"ה כילבית וכו' ציר דג טמא: (ה) תום' ד"ה אי דליכא וכו' כדפרישית לעיל. נ"ב בדף לה בד"ה משום ניקור:

כ"ה בדפוס פיזרו

[תוספ' ע"ש]

[גיטין לז: תמורה כז. חולין ז.]

[תוספ' פ"ה]

[לעיל לה.]

[פי' אולר העגוני לסחורה. ערוך ערך אפתק א']

[לעיל ו. וש"נ]

[שבת טז. יז. חולין לו:]

[תוספ' פ"ה]

קעד א ב מיי' פי"ג מהל' מאכלות אסורות הלכה כ סמג לאוין קמח טוש"ע י"ד סי' קיח סעיף ח:

קעה ג ד ה מיי' פי"א שם הלכה כה כו טוש"ע שם סעיף ו וסעיף ב:

קעו ו מיי' פ"ג שם הל' יז סמג שם טוש"ע י"ד סי' קטו סעיף א:

קעז ז מיי' פ"ג שם הלכה כב סמג שם טוש"ע י"ד סי' קיד סעיף ח:

קעח ח מיי' פי"ג שם הלכה כד טוש"ע שם סעיף ט:

קעט ט י מיי' פ"ג שם הל' יז סמג שם:

קפ כ מיי' פי"ג שם הלכה כ סמג שם טוש"ע שם סעיף ח:

קפא ל מיי' פי"ג שם הל' יז סמג שם טוש"ע י"ד סי' קטו סעיף א:

קפב מ מיי' פי"ג שם הלכה כ סמג שם טוש"ע י"ד סי' קיד סעיף ט:

קפג נ מיי' פי"א מהל' טומאת אוכלין הלכה א סמג עשין רמו:

קפד ס מיי' פ"ג מהל' מאכלות אסורות הלכה כ סמג לאוין קמח טור י"ד סי' קיז:

קפה ע מיי' שם הלכ' כב סמג שם טור ש"ע י"ד סי' פג סעי' ו:

אֲסוּרִין בְּחוֹתָם אֶחָד שמא יזייפם. מוּרְיְיס, פַּת, גְּבִינָה — מוּתָּרִין בְּחוֹתָם אֶחָד. ומסבירים: פַּת, אין מצריכים לה שני חותמות, שכן לְמַאי נֵיחוּשׁ [למה נחשוש] לָהּ? אִי [אם] מִשּׁוּם אִיחֲלוּפֵי קְרִירָא בַּחֲמִימָא [החלפה של פת קרה בחמה] — הדבר הזה מֵידַע יָדִיעַ [ידוע וניכר], דְּחִיטֵּי בְּדִשְׂעָרֵי נַמִי מֵידַע יְדִיעַ [החלפה של חיטים בשל שעורים — גם כן ידוע הדבר], אִי כִּי הֲדָדֵי [אם החלפה של זה כמו זה, שאין הבדל במינם וטיבם], כֵּיוָן דְּאִיכָּא [שיש] חוֹתָם אֶחָד לָא טָרַח וּמְזַיֵּיף [אינו טורח ומזייף]. ושואלים: וְרַב, מַאי שְׁנָא [במה שונה] גְּבִינָה שדי לה בחותם אחד? משום דְּלָא טָרַח [שאינו טורח] וּמְזַיֵּיף, שהרי אין רווח גדול מזיוף כזה, חָלָב נַמִי [גם כן] לָא טָרַח [אינו טורח] וּמְזַיֵּיף מאותה סיבה, ומדוע הצריך שני חותמות? אָמַר רַב כָּהֲנָא: אַפֵּיק [הוצא] מרשימת חבי"ת חָלָב, וְעַיֵּיל [והכנס] במקומה חֲתִיכַת דָּג שֶׁאֵין בָּהּ סִימָן. ושואלים: הַיְינוּ [הרי זה] בָּשָׂר! ומשיבים: תְּרֵי גַּוְונֵי [שני מיני] בָּשָׂר, בשר בהמה ובשר דג. עד כאן הדיון בדברי רב. וּשְׁמוּאֵל אוֹמֵר: בי"ת אָסוּר בְּחוֹתָם אֶחָד, מח"ג מוּתָּר בְּחוֹתָם אֶחָד. בי"ת שהם: בָּשָׂר, יַיִן, תְּכֵלֶת — אֲסוּרִין בְּחוֹתָם אֶחָד (ואינו מזכיר חתיכת דג שאין בה סימן); מח"ג שהם מוּרְיְיס, חִילְתִּית, גְּבִינָה — מוּתָּרִין בְּחוֹתָם אֶחָד (ואינו מזכיר פת). ומסבירים: לדעת שְׁמוּאֵל, חֲתִיכַת דָּג שֶׁאֵין בָּהּ סִימָן הַיְינוּ [זהו] ממש בָּשָׂר, ואין צריך לחזור ולשנות זאת, כי הנימוק של תְּרֵי גַּוְונֵי [שני מיני] בָּשָׂר לָא אָמְרִינַן [אין אנו אומרים]. תָּנוּ רַבָּנַן [שנו חכמים]: אֵין לוֹקְחִין ימ"ח מח"ג בְּסוּרְיָא, אפילו מיהודים — לֹא יַיִן וְלֹא מוּרְיְיס וְלֹא חָלָב, וְלֹא מֶלַח סַלְקוֹנְדְּרִית וְלֹא חִילְתִּית וְלֹא גְּבִינָה, אֶלָּא מִן הַמּוּמְחֶה כלומר, מי שיודעים בו שהוא מקפיד על כך. שאין מקפידים שם שלא למכור דברים של גוים. וְכוּלָּן אִם נִתְאָרֵחַ אֵצֶל בַּעַל הַבַּיִת — מוּתָּר לאכול כל אלה, ואינו צריך לחשוש. ומעירים: מְסַיֵּיעַ לֵיהּ [לו] דבר זה לְר' יְהוֹשֻׁעַ בֶּן לֵוִי, שֶׁאָמַר ר' יְהוֹשֻׁעַ בֶּן לֵוִי: שִׁגֵּר (שלח) לוֹ בַּעַל הַבַּיִת לְבֵיתוֹ אחד מכל אלה — מוּתָּר; מַאי טַעְמָא [מה טעם הדבר]? בַּעַל הַבַּיִת לָא שָׁבֵיק הֶיתֵּרָא וְאָכַל אִיסּוּרָא [אינו מניח היתר ואוכל איסור בכוונה], וְכִי מְשַׁגַּר לֵיהּ, מִמַּאי דְּאָכֵיל מְשַׁדֵּר לֵיהּ [וכאשר הוא שולח לו, ממה שהוא עצמו אוכל הוא שולח לו], אף שלענין מכירה הוא חשוד.

א שנינו במשנה: וּמֶלַח סַלְקוֹנְדְּרִית אסור באכילה. ושואלים: מַאי [מהו] מֶלַח סַלְקוֹנְדְּרִית? אוֹמֵר רַב יְהוּדָה אָמַר שְׁמוּאֵל: מֶלַח שֶׁכָּל סַלְקוֹנְדְּרֵי (נחתומי) רוֹמִי אוֹכְלִין אוֹתָהּ. תָּנוּ רַבָּנַן [שנו חכמים]: מֶלַח סַלְקוֹנְדְּרִית, שְׁחוֹרָה — אֲסוּרָה, לְבָנָה — מוּתֶּרֶת, דִּבְרֵי ר' מֵאִיר. ר' יְהוּדָה אוֹמֵר: אם היתה לְבָנָה — אֲסוּרָה, שְׁחוֹרָה — מוּתֶּרֶת. ר' יְהוּדָה בֶּן גַּמְלִיאֵל מִשּׁוּם (בשם) ר' חֲנִינָא בֶּן גַּמְלִיאֵל אוֹמֵר: זוֹ וְזוֹ אֲסוּרָה. אָמַר רַבָּה בַּר בַּר חָנָה אָמַר ר' יוֹחָנָן: לְדִבְרֵי הָאוֹמֵר לְבָנָה אֲסוּרָה, הטעם הוא משום שקִירְבֵי דָּגִים לְבָנִים טְמֵאִים מְעוֹרָבִין בָּהּ. לְדִבְרֵי הָאוֹמֵר שְׁחוֹרָה אֲסוּרָה, משום שקִירְבֵי דָּגִים שְׁחוֹרִים טְמֵאִים מְעוֹרָבִין בָּהּ. לְדִבְרֵי הָאוֹמֵר זוֹ וְזוֹ אֲסוּרָה, משום שֶׁזֶּה וָזֶה מְעוֹרָבִין בָּהּ, ואין זו מחלוקת אלא במה שהיה נהוג במקומו של כל אחד מהם. אָמַר ר' אַבָּהוּ מִשּׁוּם (בשם) ר' חֲנִינָא בֶּן גַּמְלִיאֵל: זָקֵן אֶחָד גוי הָיָה בִּשְׁכוּנָתֵנוּ, שֶׁהָיָה מַחֲלִיק פָּנֶיהָ של מלח זה בְּשׁוּמַּן חֲזִיר, להוסיף שיש מקום לחשוש גם משום איסורים אחרים.

שנינו בסוף המשנה: הֲרֵי אֵלוּ אֲסוּרִים ואין איסורם איסור הנאה. ושואלים: לְמַעוּטֵי מַאי [למעט את מה]? הרי כבר פתחה בכך המשנה: ואלו אסורים ואין איסורם איסור הנאה! ומסבירים: לְשִׁיטַת חִזְקִיָּה — לְמַעוּטֵי [למעט] ולאסור בהנאה בְּכְבָשִׁים שֶׁיָּדוּעַ שהיה שם יין, וכפי שפירש לעיל (לח,ב). לְר' יוֹחָנָן שהתיר בהנאה גם כבשים כאלה — לְמַעוּטֵי [למעט] מוּרְיְיס וּגְבִינַת בֵּית אוּנְיָיקִי, שהם אסורים בהנאה, ונמצא לפי שיטתו זה כי סְתָמָא [סתמה של המשנה] כְּדַעַת ר' מֵאִיר במשנה הקודמת (לעיל ל,ב), שהם אסורים בהנאה.

ב משנה

וְאֵלּוּ מוּתָּרִין בַּאֲכִילָה: חָלָב שֶׁחֲלָבוֹ גּוֹי וְיִשְׂרָאֵל רוֹאֵהוּ בשעת חליבה, וְהַדְּבַשׁ, וְהַדַּבְדְּבָנִיּוֹת (אשכולות ענבים) אַף עַל פִּי שֶׁמְּנַטְּפִין — שאין לחשוש להם משום יין של גוי. וכן אֵין בָּהֶן גם מִשּׁוּם הֶכְשֵׁר מַשְׁקֶה שאינם נחשבים כיין להכשיר אוכלים לקבל טומאה. וְכן מותר לאכול כל מיני כְּבָשִׁין שֶׁאֵין דַּרְכָּן לָתֵת לְתוֹכָן יַיִן וְחוֹמֶץ, וְטָרִית (מן דג) שֶׁאֵינָהּ טְרוּפָה (חתוכה) ורואים שדג טהור הוא, וְצִיר של דגים שֶׁיֵּשׁ בָּהּ דָּגָה כאשר יבואר, וְעָלֶה שֶׁל חִילְתִּית שלא נחתך בסכין, וְזֵיתֵי גְּלוֹסְקָאוֹת הַמְגוּלְגָּלִין זיתים שמכניסים אותם בכלים, כדי שיתחממו ויתרככו מחמת שמן שבהם. ר' יוֹסֵי אוֹמֵר: הַשְּׁלָחִין (הרכים ביותר) — אֲסוּרִין. הַחֲגָבִים הַבָּאִים מִן הַסְּלוּלָּה (מן הסלים) שמוכר החנוני — אֲסוּרִין שמא זילפו עליהם יין, מִן הַהֶפְתֵּק (מקום איחסון ארעי) — מוּתָּרִין. וְכֵן הדין לִתְרוּמָה, כאשר יבואר בגמרא.

ג גמרא

שנינו במשנה כי חלב שחלבו גוי וישראל רואהו מותר. ומעירים: תָּנֵינָא לְהָא דְּתָנוּ רַבָּנַן [שנינו במשנתנו דבר זה ששנו חכמים] בברייתא: יוֹשֵׁב יִשְׂרָאֵל בְּצַד עֶדְרוֹ שֶׁל גּוֹי, וְגוֹי חוֹלֵב לוֹ וּמֵבִיא לוֹ, וְאֵינוֹ חוֹשֵׁשׁ. ושואלים: הֵיכִי דָּמֵי [כיצד בדיוק היה הדבר]? אִי דְּלֵיכָּא [אם שאין] דָּבָר טָמֵא בְּעֶדְרוֹ, וכל העדר הוא בהמות טהורות — פְּשִׁיטָא [פשוט] שכן הוא, וְאִי דְּאִיכָּא [ואם שיש] דָּבָר טָמֵא בְּעֶדְרוֹ, אַמַּאי [מדוע] יהיה מותר? ומשיבים: לְעוֹלָם תפרש דְּאִיכָּא [שיש] דָּבָר טָמֵא בעדרו, וְכִי קָאֵי חָזֵי לֵיהּ [ומדובר כאן שכאשר היהודי עומד רואה הוא אותו], וְכִי יָתֵיב לָא חָזֵי לֵיהּ [וכאשר הוא יושב אינו רואה אותו]; מַהוּ דְּתֵימָא [שתאמר]: כֵּיוָן דְּיָתֵיב לָא חָזֵי לֵיהּ [שבזמן שהוא יושב אינו רואה אותו], נֵיחוּשׁ דִּלְמָא מַיְיתֵי [נחשוש שמא מביא] חלב טמא וּמְעָרֵב בֵּיהּ [בו], קָא מַשְׁמַע לָן [משמיע לנו]: כֵּיוָן דְּכִי קָאֵי חָזֵי לֵיהּ, אִירְתּוּתֵי מִירְתַּת וְלָא מְעָרֵב בֵּיהּ [כיון שכאשר הוא עומד הוא רואה אותו, הרי הוא מפחד ואינו מערב בו].

ד ועוד שנינו: וְהַדְּבַשׁ של גוים שמותר באכילה. ומסבירים: דְּבַשׁ לְמַאי נֵיחוּשׁ לָהּ [למה נחשוש לו]? אִי [אם] מִשּׁוּם אִיעֲרוּבֵי [תערובת] של דבר טמא או יין — מִיסְרָא סָרֵי [מסריח הוא] כשמערבים בו, ואין לחשוש לכך, אִי [אם] מִשּׁוּם בִּישׁוּלֵי גוֹיִם, אפילו אם נתבשל — הרי הוא נֶאֱכָל כְּמוֹ שֶׁהוּא חַי ואינו נאסר בבישולם. אִי [אם] מִשּׁוּם גֵּיעוּלֵי גוֹיִם שנתבשל בכלי שנתבשל בו איסור — נוֹתֵן טַעַם לִפְגָם הוא בדבש, וּמוּתָּר.

ה שנינו במשנה: וְהַדַּבְדְּבָנִיּוֹת אַף עַל פִּי שֶׁמְּנַטְּפוֹת — אֵין בָּהֶן מִשּׁוּם הֶכְשֵׁר מַשְׁקֶה. וּרְמִינְהִי [ומשליכים מראים סתירה לכך] ממה ששנינו: הַבּוֹצֵר ענבים על מנת להביאם לַגַּת לעשות מהם יין, שַׁמַּאי אוֹמֵר: הוּכְשַׁר כלומר, כל מה שהיה באשכולות הוכשר לקבל טומאה מחמת טיפות המיץ המנטפות מן הענבים, וְהִלֵּל אוֹמֵר: לֹא הוּכְשַׁר, וְאנו יודעים כי אוֹדֵי לֵיהּ [הודה לו] הִלֵּל לְשַׁמַּאי, ואם כן הנוטף מן האשכול מכשיר לקבל טומאה! ומשיבים: הָתָם [שם] במקרה של בוצר לגת, קָא בָּעֵי לֵיהּ [רוצה הוא אותו] לְמַשְׁקֶה, שהרי הוא מעוניין מתחילה בכל המיץ שבענבים כדי לעשות ממנו יין, הָכָא לָא קָא בָּעֵי לֵיהּ [כאן הוא אינו רוצה אותו] לְמַשְׁקֶה, שהרי הוא מעוניין באכילת הענבים.

ו שנינו במשנה: וְטָרִית שֶׁאֵינָהּ טְרוּפָה וציר שיש בה דגה מותרים באכילה. תָּנוּ רַבָּנַן [שנו חכמים]: אֵיזוֹ הִיא טָרִית שֶׁאֵינָהּ נחשבת טְרוּפָה אפילו לא היתה דג שלם ממש? כָּל שֶׁרֹאשׁ וְשִׁדְרָה נִיכָּר בה, שבכך יודעים שהיא דג טהור. וְאֵיזוֹ צִיר שֶׁיֵּשׁ בָּהּ דָּגָה? כָּל שֶׁכִּילְבִית אַחַת (מין יצור קטן שגדל בתוך ציר של דגים טהורים) אוֹ שְׁתֵּי כִילְבִיּוֹת

עיונים

פת למאי ניחוש לה רש"י סבור (וראה גם בגרסות) שקטע זה אינו שייך לכאן, אלא צריך להוסיף אותו לביאור דברי שמואל. וכן סבור הראב"ד. וראה בתוס' (וכן הרמב"ן) שכתבו שבכל זאת אין הכרח לגרוס כרש"י, ואפשר להבין את הדברים גם כמו שהם לפנינו.

אי כי הדדי ואף כשיכול להיות הבדל מסויים בטיב בין לחם אחד לשני (שאם לא כן לא היה מקום לחשש כלל) אין הבדל זה חשוב מספיק כדי שיטרח לזייף חותם כלשהו.

חתיכת דג שאין בה סימן ומסביר רש"י שאף הן דמיהן יקרים. וגם שאר הטעמים שנתנו בירושלמי ובמפרשים לרשימה שמנה רב, שייכים בדג, שאיסורו מגופו והוא איסור תורה.

מח"ג מותר בחותם אחד ופת לא נזכרת ברשימה זו, ובגמרא לא נתפרש טעמו. והראב"ד סבור כי לדעת שמואל אין פת צריכה אפילו חותם אחד. אבל רש"י הסביר כי שמואל אינו חולק על רב בענין פת, והוא מסכים שהיא צריכה חותם, אלא שהוא סבור כי אין כלל צורך להכניסה לרשימה (כפי שהוא בענין דג). והוא גורס כאן את ההסבר שהובא לעיל לשיטת רב מדוע די בחותם אחד בפת. וגם הראב"ד סבור כן לענין הגרסה, אלא שלדעתו טעמים אלו מסבירים מדוע אין כלל צורך לחשוש לזיוף בפת (וראה רמב"ן).

בסוריא רש"י (וכן שאר המפרשים) מסבירים כי בסוריא לא היו היהודים מקפידים על "לפני עור" ומשום כך פעמים שהיו מוכרים ליהודים אחרים דברים שאינם כשרים, או שיש חשש לגבי כשרותם. אבל הם לעצמם היו שומרי מצוות, והיו אוכלים דברים המותרים. ומדבריהם משמע כי סתם אדם כשר הוא ויש לסמוך עליו. אבל לדעת הרמב"ם סוריא היא רק דוגמה, הוא הדין לשאר המקומות בחוץ לארץ שרחוקים יותר מארץ ישראל. ומדבריו עולה כי אין מדובר כאן דווקא באנשים חשודים, אלא שכל אדם שלא הוחזק בכשרות הריהו בכלל חשד זה.

ימ"ח מח"ג בתורי"ד נתקשה: הרי לפי מה שהסברנו שיש להיזהר מן החנונים שם, מפני מה מנו דווקא דברים אלה ולא מנו שאר הדברים הכתובים במשנתנו? אכן, הראב"ד מסביר כי בדברים אלה היה מקום לחשוד, משום שיש בהם אופן שמותר לקחתם מן הגוים, והיו אנשים לוקחים מן הגוים דברים אלה בלא הקפדה על הכשרות, ובשאר הדברים לא היה מקום לחשוד בהם משום שלא היו רגילים לקנותם מן הגוים. וראה בריטב"א.

סלקונדרי דרומי רש"י מסביר: נחתומי רומי. ויש שגרסו בשינוי ("סלוקי", ובערוך: "סלותקי") ובערוך פירש בשם רבינו גרשום שהכוונה היא לשלקות, שכל מיני מאכלים ושלקות שעשו ברומי היו משתמשים בהם במלח זה. והרא"ה כתב שמשמעו גדולי רומי וחשוביה (וכן פירש רע"ב במשנה).

דבדבניות רש"י מסביר שהם אשכולות ענבים. וכן מפרש הראב"ד כי הם אשכולות בשלים שמיץ הענבים זב מהם (ולכן הם קרויים כך, מלשון זיבה). והרי"ד כותב שהוא שם מיוחד לאשכולות ענבים שנתרסקו קצת ומשום כך הם נוטפים מיץ. אכן, הרמב"ם בפיה"מ מסביר שדבדבניות הן חלות דבש, שהדבש נוטף מתוכן. ובא לומר שאף שהדבש היוצא מן החלה נחשב למשקה (והוא אחד המשקים המכשירים לקבל טומאה) מכל מקום בעודו בחלת הדבש דינו כאוכל ואינו מכשיר.

שמנטפין כתבו מפרשים כי דבר זה שייך לענין המשנה, שאף שהם מנטפים מיץ ענבים, והיה מקום לחשוש שמא הוא יין שזילף עליהם, או שהיו בכלי שבו היה יין — אין חוששים לכך, ומניחים שכל המשקה הוא מענבים אלה בלבד (ראב"ד, ר"ש משאנץ, ר"י מבירינא). והרי"ד פירש כי הכוונה היא שאין מגע הגוי במיץ זה אוסר כמו ביין, שאין זה נחשב ליין.

סלולה רוב המפרשים מבינים סלולה מלשון סל, שעומד לפני החנווני והוא מוכר מיד לקונים. והראב"ד (שגורס "סלילה") מסביר שהוא לשון דרך סלולה. כלומר, חנווני העומד ברחוב ומוכר שם את סחורתו.

ההפתק רש"י מסביר כי הוא מקום שבו אוצרים את החגבים וכו' בערמות לפני שמוכרים אותם. וכן פירש בערוך כי הוא מחסן המשמש לסחורה. ובשם רב האי גאון פירש כי הוא כלי גדול העשוי לשמר בו את אלו.

תנינא להא וכו' בדרך כלל כוונת ביטוי זה לומר כי מתוך דיוק לשון המשנה ניתן ללמוד כי שנינו בה מה ששנוי בברייתא (ויש לכך השלכה לפסיקת ההלכה, ראה למשל רש"י חולין יג,א). אלא שהמפרשים נתקשו כיצד לפרש דבר זה כאן (וביחוד שלשון המשנה מורה אחרת, שצריך שיראהו ממש). והסביר הרי"ד (וכיון לדבריו הרש"ש) כי ממה שלא השתמשה המשנה בלשון "וישראל עומד על גביו" משמע שאין צריך שיראהו חולב, אלא רק שיראהו לעצמו, ודי בכך, הוא ממש כפי שדייקו בברייתא (אלא שנוסף בה שהוא אף אם אינו רואהו בישיבה). וראה בתוס' ובתורת חיים.

התם קא בעי ליה למשקה וכו' ובתוס' שאלו: הרי ההבדל הוא ברור, ומה היה טעמו של המקשה? ותירצו שהמקשה סבר שמה ששנו "הבוצר לגת" הוא לאו דווקא, אלא כל מיני מיץ שעל ענבים במשמע. ושנה בדרך זו כדי להראות עד כמה מיקל הלל, שאף בבוצר לגת הוא מתיר.

ראש ושדרה רש"י מסביר כי לדגים הטמאים יש צורת ראש אחרת, ואין להם שדרה. וכבר תמהו, שלא מצאנו שאלו הם סימנים של דג טהור. והראב"ד מסביר שאם יש להם ראש ושדרה ניתן להכיר שטרית זו היא ממין דג פלוני, שיודע בו שהוא דג טהור. וראה בהמשך הסוגיה.

כילבית רש"י מסביר שהוא דג טמא קטן המצוי רק בציר של דגים טהורים, ולכן מציאותו בציר היא סימן לכשרות הציר. ובדרך זו הבינו עוד מפרשים. אכן, היו שתהו על דברי רש"י, וראה בריטב"א הכותב שהדבר נראה תמוה ביותר מצד השכל ומצד המציאות (וראה גם רמב"ן). ומשום כך מסבירים הרמב"ם הרמב"ן ועוד כדברי הר"ח, שכאן מדובר בדג טהור קטן, ודרך הדייגים היתה שמכניסים לתוך הציר ממין הדג שעשו ממנו את הציר הזה, ולפי הברייתא יש לסמוך על עושי הציר שלא יקלקלו את נאמנותם לשים דג ממין אחר. ועוד כתב הרמב"ן שכילבית היא רק דרך ביטוי, כעין לשון גוזמא, שאפילו דג קטן ביותר (ככילבית) די בו כדי להכשיר חבית של ציר. וראה בתוס' ר"י מבירינא שהסביר בדומה לרש"י, שכילבית דג טמא הוא, אלא שהואיל והוא נוצר בתוך הכלי הרי זה מותר באכילה כל זמן שלא פירש, והביא מקור לדבריו מתורת כהנים.

אורח הלכה

אלא מן המומחה כתב הרמב"ם כי בזמנו היו לוקחים יין מכל אדם מישראל, ובחו"ל לוקחים רק ממי שהוחזק בכשרות, ובזמן הזה אין לוקחים יין אלא ממי שהוחזק בכשרות. וכן לגבי בשר וגבינה וחתיכת דג שאין בו סימן. והוא כברייתא לפירושו (והוא אינו גורס בענין זה חלב, אלא חתיכת דג. ש"ך). וכן פסק רמ"א לגבי כל דבר שיש לחוש בו לאיסור, שאין לקנות ממנו. ובשו"ע כתב שרק אם היה המוכר חשוד אין סומכים עליו. כפירוש רש"י והראב"ד (גר"א). (רמב"ם ספר קדושה הלכות מאכלות אסורות פ"ג הכ"א. שם פי"א הכ"ה. שו"ע קיט, א—ב ובהגהה).

המתארח אצל בעל הבית המתארח אצל בעל הבית בכל מקום וזמן, והביא לו יין או בשר וכיוצא באלה — הרי זה מותר, ואינו צריך לשאול עליו אף שאינו מכירו אלא יודע בו שהוא יהודי. וכן אם שלח לו בעל הבית מביתו — מותר, שחזקה שממה שהוא אוכל הוא שולח. כברייתא וכר' יהושע בן לוי. וכל זה במי שאינו חשוד לאכול דברים אסורים בעצמו, אף שהוא חשוד למוכרם, אבל אם הוא עצמו חשוד שאינו מחזיק בכשרות — אין להתארח ולאכול משלו בכל דבר שהוא חשוד עליו. (רמב"ם שם הכ"ו. שו"ע שם).

חלב שחלבו גוי חלב שחלבו גוי — אסור, שמא עירב בו דבר טמא. ואם היה ישראל מצוי בבית הגוי מבחוץ, ויודע שאין לו דבר טמא בעדרו — מותר אפילו כשאין ישראל רואה החליבה ממש (ובלבד שישב בצד ביתו כדי שיראה שלא הכניס לשם דבר טמא. ט"ז). ואם יש בעדרו דבר טמא, הרי אם ישראל יכול לראות מעשי הגוי כשהוא עומד, אף שהוא יושב בשעת חליבה — מותר, שהוא ירא שמא יראנו. כמסקנת הגמרא. ובלבד שהגוי יודע שחלב טמא אסור לישראל (שאז הוא חושש). וכתב רמ"א כי לכתחילה צריך ישראל להיות שם בתחילת החליבה. (רמב"ם שם פ"ג הי"ג. שו"ע שם קטו, א ובהגהה).

הדבש ענבים של גוים שהיו מנטפים מיץ — מותר. וכן דבש של גוים, אפילו נתבשל ועשה ממנו דברי מתיקה — מותר, ואינו נאסר לא משום בישולי גוים ולא משום גיעולי גוים. כמשנה וכהסבר הגמרא. (רמב"ם שם פי"ז הכ"ג. שו"ע שם קיד, ז).

דבדבניות וכו' ענבים של גוים, אפילו לחים הרבה עד שמנטפים — מותרים. וכן כבשים שאין דרך לתת לתוכם יין או חומץ, וכן טרית שאינה טרופה, וציר של דגים שיש בו כולכית, וכן עלה של חלתית — מותר לקחת מן הגוים. כמשנה. (רמב"ם שם הכ"ג—כ"ד. שו"ע שם סעיף ט).

זיתי גלוסקאות וכו' זיתי גוים כבושים מותרים, ואפילו היו רכים עד שגרעינם יוצא מהם, ואין חוששים שמא זילף עליהם יין. כסתם משנה. ובלבד שלא יהיו חתוכים בסכינים שלהם (לאחר שנכבשו והם חריפים. ש"ך). (רמב"ם שם. שו"ע שם סעיף ח ובהגהה).

חגבים הבאים מן הסלולה חגבים כשרים שכבשום גוים, אם מוציאים אותם מן האוצר — מותרים, אבל הנמכרים בחנות — אסורים, שמא זילף עליהם יין. כמשנה. (שם).

בוצר לגת וכו' הבוצר ענבים למכור בשוק — לא הוכשרו לקבל טומאה אף שיש משקה עליהם. אבל הבוצר על מנת לדרוך בגת — הוכשרו, כדעת הכל. (רמב"ם ספר טהרה הלכות טומאת אוכלין פ"א ה"א).

כל שראש ושדרה ניכר אין לוקחים מן הגוים דגים שבורים וחתוכים, ואם היה ראש הדג ושדרתו ניכרים — מותר. וראה להלן. (רמב"ם ספר קדושה הלכות מאכלות אסורות פ"ג הכ"ג. וראה שו"ע יו"ד פג, ד בהגהה).

כל שכילבית שוטטת בו אין לוקחים ציר דגים מן הגוים אלא אם כן היתה כילבית (לדעת הרמב"ם הוא דג טהור ולדעת רש"י מין דג טמא) משוטט בו, שהוא סימן שהוא מדגים כשרים. (רמב"ם שם הכ"ב. שו"ע יו"ד פג, ז).

מסורת הש"ס

א. (בשינויים) ירושלמי ע"ז פ"ב ה"ט. תוספתא ע"ז פ"ד יג.
ב. ראה ירושלמי ע"ז שם.
ג. גיטין לו,ב. חולין ד,א. תמורה כז,א.
ד. תוספתא ע"ז פ"ד יב. ראה ירושלמי ע"ז פ"ב ה"ט.
ה. ירושלמי שם.
ו. שם.
ז. ראה ע"ז לח,ב.
ח. ראה משנה ע"ז ל,ב.
ט. (בשינויים) ירושלמי שבת פ"א ה"ד. שם ע"ז פ"ב ה"ח. תוספתא ע"ז פ"ד יא.
י. ע"ז לו,א (ושם סומנו מקבילות).
יא. שבת טו,א. חזוא, חולין לו,ב.
יב. ירושלמי ע"ז פ"ב ה"ט (בשינוי). תוספתא ע"ז פ"ד יא.

גרסות

פת למאי ניחוש — טרח ומזייף בכתי"מ קטע זה הוא לאחר דברי שמואל, וכן בכתי"ס, ושם חסרות המלים: כיון דאיכא חותם אחד וראה בעיונים.
ולא חלב ולא מלח בר"ח ועוד: ולא חתיכת דג שאין בה סימן ולא מלח סלקונדרית.
משגר בכת"י: משדר.
סלקונדרי בכתי"ס: סלונדקי.
זו וזו אסורה בכתי"ס: אחת זו ואחת זו אסורה.
ואלו מותרין במשניות ועוד: אלו מותרין.
והדבדבניות במשניות ועוד: הדבדבניות.
שמנטפין בירושלמי וכ"י: שמנטפות.
לתוכן בירושלמי וכת"י: בהם.
גלוסקאות בירושלמי: קלוסקא ויש בכת"י ועוד: קלוסטא ובכת"ס: גלוסטקא.
השלחין בירושלמי ובמשניות: השלוחין.
ההפתק יש בכת"י: האפותק.
וכן לתרומה בירושלמי ועוד: וכן בתרומה.
טמא בעדרו אמאי בכת"י: טמא בעדרו אמאי מותר.
וכי קאי חזי בכתי"מ: ולא צריכא דכי קאי חזי.
שכילבית... שכילביות בכת"ס ובמקורות: שכלבית... שכלבות.

לשון

סלקונדרית
מקור המלה ומשמעותה המדויקת לא הוברורו. יש סבורים שהוא מן הלטינית sal conditum שהוא מלח מתובל במיני סממנים ועשבים לרפואה או לבישול. ויש סבורים שהוא sal cenarius מלח העשוי כדי לכבוש בו דברים. ואחרים סבורים שהוא מן היוונית ἅλς (הלס כונדרוס) χόνδρος מלח העשוי גבישים גסים (וכאן שתשמש ב— sal הלטיני במקום המלה היוונית).

סלקונדרי
אף במלה זו רבו הפירושים, ויש מציעים את היוונית σύλλεκτος (סולקטוס) — במובן הנאספים, כינוי לאנשים מכובדים הבאים לאסיפות ההנהגה.

דבדבניות
מקור המלה הוא מן השרש "דבב" או "דוב" שמשמעו כעין "זוב". מיני פירות (או דברים אחרים) שנוזל נוטף מהם. ובערוך מסביר בפירוש נוסף שהכוונה היא לאחד ממיני הדובדבנים.

גלוסקאות
מקור המלה גלוסקא הוא ביוונית κόλλιξ (קוליקס) שמשמעו: לחם עגול, חלה. בתוך ההקשר של הדברים כאן נראה כי יש למלה שייכות לעיקר של השרש היווני שעניינו: להדביק, לחבר יחד. ולפיכך נראה כי המדובר בזיתים רכים שהיו כובשים אותם יחד לכעין ככר.

סלולה
יש מפרשים שהוא עשוי מעין קיבוצי למספר רב של סלים המצויים יחד, שבהם החנווני מחזיק את מרכולתו.

הפתק
מקור המלה הוא ביוונית ἀποθήκη (אפותיקי) שמשמעו: מקום להניח בו דברים, מחסן.

כילבית
בגרסות שונות גרסו כלבית, ומלה זו היא כנראה מן היוונית χαλκίς (חלקיס), שהוא שמו של מין דג קטן, קרוב לודאי ממיני הסרדינים. עניינה של כילבית אחת או שתים אינו ברור. אבל אולי הכוונה שאם היה שאר הדגים בלא סימנים, והיתה בהם כילבית אחת, כיון שהדג הזה הוא דג הנודד בים בלהקות גדולות, הרי הסתם אף שאר הדגים הם ממינו, ואין לחשוש לתערובת טמאים.

לעזי רש"י

מול"ש מן הצרפתית העתיקה moles — מרובכים.

שׁוֹטְטוֹת בּוֹ. ותחילה תוהים: הָשְׁתָּא [עכשיו, הרי] כִּילְבִית אַחַת אָמְרַתְּ שָׁרֵי [מותר], שְׁתֵּי כִּילְבִיּוֹת מִבַּעְיָא [נצרכה לומר] שמותר? ומשיבים: לָא קַשְׁיָא [אין זה קשה]: כָּאן שצריך שתהיינה לפחות שתיים — בחביות פְּתוּחוֹת, כָּאן שדי באחת — בִּסְתוּמוֹת. ובהסבר מה ששנינו בתחילת הברייתא, שטרית שאינה טרופה היא כל שראש ושדרה ניכר, אִיתְּמַר [נאמר] שנחלקו בכך אמוראים, רַב הוּנָא אָמַר: עַד שֶׁתְּהֵא גם רֹאשׁ וגם שִׁדְרָה נִיכָּר, רַב נַחְמָן אָמַר: אוֹ רֹאשׁ אוֹ שִׁדְרָה. מְתִיב [מקשה] רַב עוּקְבָא בַּר חָמָא ממה ששנינו במשנה במסכת חולין: וּבְדָגִים, כָּל שֶׁיֵּשׁ לוֹ סְנַפִּיר וְקַשְׂקֶשֶׂת מותר. משמע שרק סנפיר וקשקשים הם סימני דגים טהורים, ואין סימנים של ראש ושדרה! אָמַר אַבָּיֵי: כִּי תַּנְיָא הַהִיא [כאשר שנויה אותה משנה] הרי זה במיני הדגים אַרְאָה וּפַלְמוּדָא, דְּדָמוּ רֵישַׁיְיהוּ [שדומים ראשיהם] לדגים טְמֵאִים, ולכן אי אפשר לסמוך על סימני הראש בלבד. אָמַר רַב יְהוּדָה מִשְּׁמֵיהּ [משמו] של עוּלָּא: מַחֲלוֹקֶת האם מותר לְטַבֵּל בְּצִירָן של דגים אלה, אֲבָל בְּגוּפָן — דִּבְרֵי הַכֹּל אָסוּר לאוכלם עַד שֶׁיְּהֵא רֹאשׁ וְשִׁדְרָה נִיכָּר. אָמַר ר׳ זֵירָא: מֵרֵישׁ הֲוָה מְטַבֵּילְנָא [מתחילה הייתי מטבל] בְּצִירָן של דגים מעורבים כאלה, ואולם כֵּיוָן דִּשְׁמַעְנָא לְהָא [ששמעתי את זה] שֶׁאָמַר רַב יְהוּדָה מִשְּׁמֵיהּ [משמו] של עוּלָּא: מַחֲלוֹקֶת לְטַבֵּל בְּצִירָן, אֲבָל בְּגוּפָן — דִּבְרֵי הַכֹּל אָסוּר עַד שֶׁיְּהֵא רֹאשׁ וְשִׁדְרָה נִיכָּר, בְּצִירָן נַמִּי לֹא מְטַבֵּילְנָא [גם כן אין אני מטבל] שהרי יש אוסרים בכך. אָמַר רַב פַּפָּא, הִלְכְתָא [הלכה היא]: אין להתיר טרית טרופה עַד שֶׁיְּהֵא רֹאשׁ וְשִׁדְרָה נִיכָּר שֶׁל כָּל אַחַת וְאַחַת מהדגים. מֵיתִיבֵי [מקשים על כך] ממה ששנינו בברייתא: חֲתִיכוֹת של דגים שֶׁיֵּשׁ בָּהֶן סִימָן, בֵּין בְּכוּלָּן בֵּין בְּמִקְצָתָן, וַאֲפִילוּ בְּאֶחָד מִמֵּאָה שֶׁבָּהֶן — כּוּלָּן מוּתָּרוֹת; וּמַעֲשֶׂה בְּגוֹי אֶחָד שֶׁהֵבִיא גָּרָב (כד גדול) שֶׁל חֲתִיכוֹת דגים וְנִמְצָא סִימָן טהרה בְּאַחַת מֵהֶן, וְהִתִּיר רַבָּן שִׁמְעוֹן בֶּן גַּמְלִיאֵל אֶת הַגָּרָב כּוּלּוֹ! תַּרְגְּמָהּ (הסביר אותה) רַב פַּפָּא: כְּשֶׁחֲתִיכוֹת הדגים שָׁווֹת תואמות ומצטרפות זו לזו, ואם כן ברור שכל אלה שייכים לדג אחד. ושואלים: אִי הָכִי [אם כך], מַאי לְמֵימְרָא [מה יש לומר בזה] הרי פשוט הוא שמותר! ומשיבים: מַהוּ דְּתֵימָא [שתאמר] נֵיחוּשׁ דִּלְמָא אִתְרְמֵי [נחשוש שמא הזדמן כך] אבל באמת אין הם מאותו דג, קָא מַשְׁמַע לָן [משמיע לנו] שאין חוששים לכך. מסופר, הַהִיא אַרְבָּא דְּצַחַנְתָּא דְּאָתֵי [ספינה אחת של דגים קטנים קצוצים שבאה] לעיר סִיכְרָא, ולא ניתן היה לזהותם, נְפַק [יצא] רַב הוּנָא בַּר חִינָּנָא וַחֲזָא בֵּיהּ קַלְפֵי וְשָׁרְיֵיהּ [וראה בה קשקשים והתיר]. אָמַר לֵיהּ [לו] רָבָא: וּמִי אִיכָּא דְּשָׁרֵי כְּהַאי גַּוְונָא בְּאַתְרָא דִּשְׁכִיחֵי קַלְפֵי [האם יש מי שמתיר כגון זה במקום שמצויים קשקשים], שמא הקשקשים נשארו מדגים טהורים שהיו קודם באותה ספינה! נְפַק שִׁיפּוּרֵי [יצאו בעיר שופרות] מטעם רָבָא להודיע לכל שהוא אָסוּר אותה ספינה, ויצאו שִׁיפּוּרֵי [שופרות] מטעם רַב הוּנָא בַּר חִינָּנָא וְשָׁרֵי [והתיר]. אָמַר ר׳ יִרְמְיָה מִדִּפְתִּי, לְדִידִי [לי עצמי] אָמַר לִי רַב פַּפִּי: גם כִּי שְׁרָא [כאשר התיר] רַב הוּנָא בַּר חִינָּנָא — הרי זה לטבל בְּצִירָן, אֲבָל בְּגוּפָן עצמן לֹא התיר. אָמַר רַב אַשִׁי, לְדִידִי [לי] אָמַר לִי רַב פַּפָּא: כִּי שְׁרָא [כאשר התיר] רַב הוּנָא בַּר חִינָּנָא אֲפִילוּ בְּגוּפָן התיר. והוסיף רב אשי: וַאֲנָא לָא מֵיסַר אָסְרֵינָא [אני איני אוסר], דְּקָאָמַר [משום שאמר] לִי רַב פַּפָּא שרב הונא התיר אפילו בגופן, וְלָא מִישְׁרָא שָׁרֵינָא [ואין אני מתיר] דְּהָא [שהרי] אָמַר (לִי) רַב יְהוּדָה מִשְּׁמֵיהּ [משמו] של עוּלָּא: מַחֲלוֹקֶת לְטַבֵּל בְּצִירָן, אֲבָל בְּגוּפָן — דִּבְרֵי הַכֹּל עַד שֶׁיְּהֵא רֹאשׁ וְשִׁדְרָה נִיכָּר שֶׁל כָּל אֶחָד וְאֶחָד. מסופר, יָתֵיב [יושב היה] רַב חִינָּנָא בַּר אִידִי קַמֵּיהּ [לפני] רַב אַדָּא בַּר אַהֲבָה וְיָתֵיב וְקָאָמַר [ויושב היה ואומר]: גּוֹי שֶׁהֵבִיא עֲרֵיבָה (סירה) מְלֵאָה חָבִיּוֹת של דגים, וְנִמְצֵאת כִּילְבִית בְּאַחַת מֵהֶן, אם היו החביות פְּתוּחוֹת — כּוּלָּן מוּתָּרוֹת, אם היו סְתוּמוֹת — הִיא החבית שנמצאה בה הכילבית מוּתֶּרֶת, וְכוּלָּן אֲסוּרוֹת. אָמַר לֵיהּ [לו]: מְנָא לָךְ הָא [מנין לך דבר זה]? אמר לו: מִתְּלָתָא קְרָאֵי שְׁמִיעַ לִי [משלושה מקראות אני יודע זאת], משלושה חכמים גדולים, שראוי לסמוך עליהם כאילו נכתב הדבר בתורה, מֵרַב וּשְׁמוּאֵל וְר׳ יוֹחָנָן.

א אָמַר רַב בְּרוֹנָא אָמַר רַב: קִירְבֵי (מעי) דָגִים וְעוּבָּרָן (ביצים של דגים) אֵין נִקָּחִין אֶלָּא מִן הַמּוּמְחֶה מי שידוע בו שהוא מוכר רק דגים טהורים. ובענין זה רָמֵי לֵיהּ [השליך לו, הראה לו סתירה] עוּלָּא לר׳ דוֹסְתַּאי מִן המקום בִּירִי: מִדְּקָאָמַר [ממה שאמר] רַב: קִירְבֵי דָגִים וְעוּבָּרָן אֵין נִקָּחִין אֶלָּא מִן הַמּוּמְחֶה, מִכְּלָל הדברים אתה למד שדָּג טָמֵא אִית לֵיהּ [יש לו] עוּבָּר, וּרְמִינְהִי [והשלך, הקשה על כך] ממה ששנינו בברייתא: דָּג טָמֵא מַשְׁרִיץ כלומר, הוא מוליד ולדות חיים, וְדָג טָהוֹר מֵטִיל בֵּיצִים! ענה לו: סְמֵי [מחק] מִכָּאן עוּבָּרָן. אָמַר לֵיהּ [לו] ר׳ זֵירָא: לָא תִּיסְמֵי [אל תמחק], תַּרְוַיְיהוּ [שניהם], גם הטהורים וגם הטמאים, מְטִילֵי בֵּיצִים נִינְהוּ [הם], אֶלָּא זֶה הדג הטהור מַשְׁרִיץ מִבַּחוּץ שמטיל ביצים ומהן בוקעים דגים, וְזֶה הדג הטמא מַשְׁרִיץ מִבִּפְנִים, הוולדות בוקעים מן הביצים בתוך גוף הדגה. ושואלים על דבריהם: לָמָּה לִי מוּמְחֶה לסמוך עליו? לִבְדּוֹק [שנבדוק] בְּסִימָנִין! דְּתַנְיָא [ששנויה בברייתא]: כְּסִימָנֵי בֵיצִים של עוף טהור כָּךְ סִימָנֵי דָגִים; ותחילה תוהים: סִימָנֵי בֵּיצִים?! (עולה על דעתך)? הלוא סִימָנֵי דָגִים סְנַפִּיר וְקַשְׂקֶשֶׂת כְּתִיב בְּהוּ [כתוב בהם] בתורה! אֶלָּא הכוונה היא: כְּסִימָנֵי בֵיצִים כָּךְ סִימָנֵי עוּבָּרֵי [ביצי] דָגִים, וְאֵלּוּ הֵן סִימָנֵי בֵיצִים: כָּל שֶׁכּוֹדֶרֶת וַעֲגוּלְגֶּלֶת כלומר, שהיא עגולה אבל אינה עגולה לגמרי, אלא רֹאשָׁהּ אֶחָד כַּד (רחב) וְרֹאשָׁהּ אֶחָד חַד — הרי זו ביצה טְהוֹרָה, שְׁנֵי רָאשֶׁיהָ חַדִּין אוֹ שְׁנֵי רָאשֶׁיהָ כַּדִּין — הרי זו טְמֵאָה, אם היה חֶלְמוֹן מִבַּחוּץ וְחֶלְבּוֹן מִבִּפְנִים — הרי זו ביצה טְמֵאָה, אם חֶלְבּוֹן מִבַּחוּץ וְחֶלְמוֹן מִבִּפְנִים — הרי זה טָהוֹר, אם היו חֶלְבּוֹן וְחֶלְמוֹן מְעוֹרָבִין זֶה בָּזֶה — זוֹ הִיא בֵּיצַת הַשֶּׁרֶץ. ואם כן מדוע צריך מומחה? אָמַר רָבָא: כאן מדובר כְּשֶׁנִּימּוֹחוּ ואי אפשר לבדוק את צורתן. ושואלים: וּלְשִׁיטַת רַב דּוֹסְתַּאי שמִן בִּירִי שֶׁאָמַר: סְמֵי [מחק] מִכָּאן את מה שאמר רב עוּבָּרָן,

עיונים

כאן בפתוחות וכו׳ רש״י מסביר כי עקרונית די בכילבית אחת, אבל בחבית פתוחה צריך שתי כילביות, משום שבאחת יש לחשוש שמא נפלה לשם אחת מן החרץ. וכן היא גם שיטת הרי״ף (אף שיש גרסה אחרת בדבריו. ראה בר״ן). אבל בתוס׳ הביאו בשם רבינו אפרים שיטה הפוכה, שדווקא שתי כילביות מהוות סימן, ולכן בסתומה יש צורך בשתים, אבל בפתוחה די בכילבית אחת, שאנו תולים להקל, שמא היתה אחת נוספת והלכה משם. ומשני פירושים אלו מבואר כי (למרות לשון רבים, פתוחות וסתומות) מדובר כאן בחבית אחת, מה יהא דינה. אבל הראב״ד מפרש (וכן משמע מן הרמב״ם) כי מדובר כאן על חביות רבות המצויות יחד (כעין הדין להלן בעריבה מלאה חביות), וכאן נאמר כי אם היו כל החביות פתוחות, הרי די בכילבית באחת מהן להכשיר את כולן, לפי שהן נחשבות כמעורבות. אבל אם היו סתומות, הרי רק אם פתח שתי חביות ובכל אחת מהן כילבית — יכול הוא לסמוך על כך לגבי שאר החביות.

עד שתהא ראש ושדרה וכו׳ רש״י ואחרים מסבירים שהכוונה לסימני טהרה של דג בראשו וכן בשדרתו, המבדילים בינו ובין דג טמא. והסביר רמב״ן כי לשיטת רב הונא יש דגים טמאים שיש להם שדרה, ולכן לא די לו בזיהוי של אחד מהם. אבל רמב״ן פירש כי גם רב נחמן וגם רב הונא סבורים כי דג טהור ניכר גם בראש וגם בשדרה, אלא שנחלקו במקרה שהדג חצוי, האם ניתן לסמוך על סימן המצוי בחלק אחד כאשר החלק השני תואם לו בגודלו וצורתו. ואילו הראב״ד רוצה להסביר כי אין מדובר כאן כלל בסימנים של טהרה, אלא הכוונה כאן לזיהוי של הדג שהוא אותו דג טהור שיש בו סנפיר וקשקשת, וזיהוי זה יכול להיעשות על פי הכרת הראש והשדרה, ולדעת רב נחמן די בזיהויו על פי אחד מהם. וכיוצא בזה פירש רא״ה (וראה ברמב״ן ועוד שדחו פירוש זה).

ובדגים כל שיש לו וכתב רש״י שמן המשנה בחולין עולה כי אין סימנים לדגים אלא בסנפיר וקשקשת בלבד, ואין סימנים בראש ובשדרה, וקשה לפיכך גם על רב הונא וגם על רב נחמן. וראה בתוס׳ שאמרו כי משדרה בלבד אין להקשות לרב נחמן, למרות שאין כלל שדרה לדג טמא (כמבואר לעיל לט,א), כי ייתכן לומר שלא מנה במשנה אלא סימנים חיצוניים (וכן העיר רמב״ן כי גם מן הכתוב שהביא רק סימנים אלה אין להקשות, לפי שמצאנו שלא הביא כל סימני בהמה וחיה). אבל הראב״ד פירש (לשיטתו) כי לרב הונא לא קשה הדבר, לפי שבראש מצוי הסנפיר, ובשדרה (כלומר, בחלקו היותר אחורי של הדג) הקשקשת, ויש לפרש שלכך היתה כוונתו. אבל לרב נחמן קשה, שהרי קשקשת אינה מצויה בראש, ואם כן הוא בהכרח מסתמך רק על הכרה של הדג, בלא שיזדקק לסימנים שנתנה המשנה.

כי תניא ההיא כלומר, מה שאמרו שסימני דגים הם סנפיר וקשקשת ורק עליהם סומכים — הריהו במיני דגים שבהם אין להבחין לפי סימני הראש בין טהור לטמא, ולכן צריך לבדוק בקשקשים. והוא הדין לדעת רב נחמן, יש דגים טהורים שדומים גם בשדרתם לטמאים, ולכן צריך בהם זיהוי של סנפיר וקשקשת (רמב״ן, והוא שלא כתוס׳). ולפי הראב״ד עולה כי המסקנה היא כי בדגים טהורים שיש להם סימן היכר אופייני בראש ובשדרה ניתן להסתמך על כך, ואין צורך בהוכחה של סנפיר וקשקשת. וראה ברמב״ן ורשב״א בתורת הבית שתמהו על כך.

מחלוקת לטבל בצירן בתוס׳ הקשו: הרי במסכת חולין מצאנו שיש מדרש הכתוב האוסר גם את צירם של הדגים מן התורה, ואם כן מדוע ההבחנה בין גוף הדג וצירו? ותירצו כי צירן בטל בדברים אחרים, אבל הדג הוא בריה ואין לו ביטול. והרי״ד כתב כי ציר זה אין ודאות שכולו מדג טמא, ושמא יש בו תערובת, אבל הדג יכול להיות כולו טמא. אבל רוב הראשונים סבורים שאין הציר אסור מן התורה, אלא רק מדברי סופרים, והכתוב בענין זה אינו אלא אסמכתא בלבד. ולכן יש להבחין בין הציר האסור מדרבנן לבין הדג האסור מן התורה (ראב״ד, רמב״ן, ר״ש משאנץ ועוד).

בצירן נמי לא מטבילנא שר׳ זירא סבור שהלכה כרב הונא במחלוקת זו, שצריך הכרה של הראש והשדרה, אלא שמתחילה היה סבור כי בציר של הדגים גם הוא מסכים לרב נחמן, שדי בהכרה של אחד מהם. אבל לאחר ששמע שגם בכך חולקים נהג איסור גם בציר.

של כל אחת ואחת שאין להתיר חתיכה של דג בתערובת של טרית טרופה, עד שיזהה אותה גופה לפי הראש והזנב. ור״ח פירש כי הכוונה לציר, שהוא אסור עד שיזהה כל דג ודג שבחבית.

וחזא ביה קלפי שבאוניה זו היו דגים ממין אחד בלבד, ולא ניכרו בהם סימני טהרה. אבל אפשר שהיו טהורים, מאותם המינים המשירים קשקשים, או ממין שעדיין לא צמחו בו. ולכן כיון שמצא רב הונא בר חיננא מקצת קשקשים הניח שהכל ממין כשר.

מתלתא קראי רש״י מסביר שהוא לשון מליצה, משלושה חכמים גדולים. ובערוך גרס כאן ״קיראי״, ופירוש מלשון יוונית: אדונים.

אלא מן המומחה רמב״ן מעיר כי מפירוש רש״י (ראה להלן עמוד ב) משמע שהכוונה כאן היא למומחה בדגים, שיודע להבחין ביניהם. אבל הרמב״ן עצמו וכן רוב המפרשים מסבירים שמומחה כאן פירושו, כמו מומחה לעיל (לט,ב), זה שמוחזק בידינו שהוא נאמן ואינו קונה מן הגוי. וכן הוכיח רמב״ן דבר זה מן הירושלמי.

כודרת ועגולגלת לפי התוס׳ בחולין (סד,א) גרס כאן רש״י: ״כודדת״ — עגול כעין כד. וכן גורס כאן הראב״ד ועוד. ופירוש הדברים נראה לפי זה — גוף עגול ומאורך, וכן יש בפירושי הגאונים. ובחולין (סד,א) גרס רש״י כמו לפנינו: ״כודרת״ — כעין כדור. ושם הסביר ביתר פירוט כי ״כודרת ועגולגלת״ הם ביטוי אחד המורכב משנים המשלימים זה את זה, ש״עגולגלת״ יכול להתפרש כעיגול שטוח, כעדשה, ולכן היה צורך להוסיף כי מדובר בדבר מעוגל מכל צדדיו, ככדור. ולאחר מכן נוסף ההסבר שראשה אחד כד והשני חד — שאין זה כדור ממש, אלא שיש בו מאורכות.

ביצת השרץ וחשוב לדעת שהיא של שרץ, לפי שאם החלה להירקם וניקבה — הריהי מטמאה טומאה גמורה כשרץ (רש״י).

כשנימוחו ר״ת רצה להסיק ממה שאמרו תירוץ זה (ולא אמרו שסימני דגים אינם מן התורה, ואין לסמוך עליהם) שסימני דגים כשלעצמם הם סימנים מובהקים, ויש להם כוח כסימנים שמן התורה (ועל סמך זה גם פסק למעשה בדג מסויים). אבל רוב המפרשים סבורים שאין סימני דגים אלא מדברי סופרים, ואין לסמוך עליהם בשלמות, שיש מקום לטעות בכך (וראה מעשה בירושלמי בענין זה ממנו עולה שאין לסמוך לגמרי עליהם).

מתלתא קראי רש״י מסביר שהוא לשון מליצה, משלושה חכמים גדולים. ובערוך גרס כאן ״קיראי״, ופירוש מלשון יוונית: אדונים.

אלא מן המומחה רמב״ן מעיר כי מפירוש רש״י (ראה להלן עמוד ב) משמע שהכוונה כאן היא למומחה בדגים, שיודע להבחין ביניהם. אבל הרמב״ן עצמו וכן רוב המפרשים מסבירים שמומחה כאן פירושו, כמו מומחה לעיל (לט,ב), זה שמוחזק בידינו שהוא נאמן ואינו קונה מן הגוי. וכן הוכיח רמב״ן דבר זה מן הירושלמי.

כודרת ועגולגלת לפי התוס׳ בחולין (סד,א) גרס כאן רש״י: ״כודדת״ — עגול כעין כד. וכן גורס כאן הראב״ד ועוד. ופירוש הדברים נראה לפי זה — גוף עגול ומאורך, וכן יש בפירושי הגאונים. ובחולין (סד,א) גרס רש״י כמו לפנינו: ״כודרת״ — כעין כדור. ושם הסביר ביתר פירוט כי ״כודרת ועגולגלת״ הם ביטוי אחד המורכב משנים המשלימים זה את זה, ש״עגולגלת״ יכול להתפרש כעיגול שטוח, כעדשה, ולכן היה צורך להוסיף כי מדובר בדבר מעוגל מכל צדדיו, ככדור. ולאחר מכן נוסף ההסבר שראשה אחד כד והשני חד — שאין זה כדור ממש, אלא שיש בו מאורכות.

ביצת השרץ וחשוב לדעת שהיא של שרץ, לפי שאם החלה להירקם וניקבה — הריהי מטמאה טומאה גמורה כשרץ (רש״י).

כשנימוחו ר״ת רצה להסיק ממה שאמרו תירוץ זה (ולא אמרו שסימני דגים אינם מן התורה, ואין לסמוך עליהם) שסימני דגים כשלעצמם הם סימנים מובהקים, ויש להם כוח כסימנים שמן התורה (ועל סמך זה גם פסק למעשה בדג מסויים). אבל רוב המפרשים סבורים שאין סימני דגים אלא מדברי סופרים, ואין לסמוך עליהם בשלמות, שיש מקום לטעות בכך (וראה מעשה בירושלמי בענין זה ממנו עולה שאין לסמוך לגמרי עליהם).

אורח ההלכה

כאן בפתוחות וכו׳ גוי שהביא חבית מלאה דגים, אם כילבית אחת משוטטת בו — סימן שהם דגים טהורים, ודבר זה מספיק עבור חבית סתומה. אבל אם היתה פתוחה צריך שיהיו לפחות שתי כילביות משוטטות בה, שאחת אולי מן החרץ הגיעה (כפירוש רש״י ועוד). ויש אומרים שאם היו חביות רבות כולן פתוחות וכילבית משוטטת באחת מהן — כולן מותרות, ובחביות סתומות, אם פתח אחת ומצא בה כילבית היא בלבד מותרת, פתח שניה ומצא בה — כולן מותרות (כפירוש הרמב״ם לסוגיה, וכפירוש הר״ח לכילבית). (רמב״ם ספר קדושה הלכות מאכלות אסורות פ״ג הכ״ג. שו״ע יו״ד פג, ו).

עד שתהא ראש ושדרה כתב הרמב״ם: כאשר התירו בחביות ציר על ידי כילבית המשוטטת בהם — הרי זה כגון ששדרו וראשו של הדג קיים, שיהא ניכר שהוא דג טהור. וכן הלוקח דג מרוצץ (טרית טרופה) מן הגוי, אם היה ראשו ושדרו ניכר — מותר, כדברי רב הונא ורב פפא להלן. והרמ״א כתב שאם נמצא בחבית דג שראשו רחב ויש לו שדרה — מותר לאוכלו, שודאי היו לו קשקשים. אבל אם היה הדג שלם ואין רואים בו קשקשים — אין לסמוך על הראש והשדרה. וראה בש״ך ובגר״א. (רמב״ם שם. שו״ע שם סעיף ד בהגהה).

שיש לו סנפיר וקשקשת מפורש בתורה שדג שיש לו סנפיר וקשקשת הוא הטהור. וסנפיר הוא ששט בו, וקשקשת הן הקליפות הקבועות בו. וכתב הרמ״א שמדובר בקשקשים שאפשר לקלפן מעור הדג ביד או בכלי, אבל אם אי אפשר לקלפם — אינם נקראים קשקשת (וראה בפת״ש). (רמב״ם שם פ״א הכ״ד. שו״ע שם סעיף א).

חתיכות שיש בהן סימן כו׳ גוי שהביא חבית מלאה חתיכות דג, שלפי חיתוכן נראה שכולן מדג אחד, ומצא באחת מהן קשקשים — כולן מותרות. ואם אינן נראות מדג אחד — אלו שיש בה קשקשת מותרת, והשאר אסורות. כרב פפא וכהסבר הברייתא לשיטתו. (רמב״ם שם פ״ג הכ״ד. שו״ע שם סעיף ד).

קרבי ועוברן וכו׳ קרבי דגים וביציהם, אם הביאם לו אדם שאינו מומחה — אין לוקחים אותם. כדברי רב, ופירוש מומחה כדעת כל הפוסקים (שלא כרש״י) — אדם היודע שאינו לוקח מן הגוי. ועכשיו פשט המנהג לקנות ביצי דגים בסתם, בין נימוחים בין שלמים, ובלבד שיהיו אדומים, אבל השחורים אין אוכלים כלל. (רמב״ם שם ה״כ. שו״ע שם סעיף ז—ח).

כסימני ביצים סימני עוברי דגים וכו׳ ביצת עוף ששני ראשיה חדים או שני ראשיה כדים, או שהיה חלמון מבחוץ וחלבון מבפנים — בידוע שהיא ביצת עוף טמא. אבל אם היה ראשה אחד חד ואחד כד וחלבון מבחוץ — אפשר שהיא טמאה ואפשר שהיא טהורה. והוא הדין לביצי דגים. ולדעת כל הפוסקים (חוץ מהרמב״ם, שפסק כר׳ זירא. מ״מ) גם קרבי דגים. ולפיכך שואל לוקח (לדעת הרמב״ם דווקא יהודי, ולדעת שאר הפוסקים אפילו גוי), אם אמר: ״של עוף פלוני הוא וטהור הוא״ — סומך עליו. ואם אמר סתם שהוא של עוף טהור ולא אמר שמו — אינו סומך עליו. והוא כמסקנת הסוגיה בחולין, שאין לסמוך על סימנים מן התורה. (רמב״ם שם הי״ח וה״כ. שו״ע שם פו, א—ב).

מסורת הש״ס

א. ירושלמי ע״ז פ״ב ה״ט.
ב. משנה חולין נט,א. תוספתא חולין פ״ג כו.
ג. תוספתא ע״ז פ״ד יא. ראה ירושלמי שם.
ד. ע״ז נז,ב.
ה. ירושלמי שם. תוספתא בכורות פ״א יב.
ו. בכורות ז,ב. ירושלמי שם. ילק״ש תורה לא.
ז. ראה ירושלמי שם (בשינויים).
ח. בכורות ז,ב. ירושלמי שם. ילק״ש תורה לא.
ט. חולין סד,א. תוספתא חולין פ״ג כג.

גרסות

כילבית אחת אמרת שרי שתי כילביות מיבעיא בכתי״מ ועוד: **אחת אמרת שרי שתים מיבעי.**

בארעא בכתי״מ ועוד: **בנירא** ויש במקורות: **בפרא** ויש: **באדא.**

רב יהודה בכתי״ס ועוד: **מר יהודה.**

בגופן דברי הכל אסור בכתי״מ ועוד: **בגופן דברי הכל.**

ניכר של כל אחת ואחת בכתי״ס: **ניכר לכל אחד ואחד.**

חתיכות שיש בהן בכתי״מ: **חתיכות דג שיש בהן** ובכתי״ס: **חתיכת דג שיש בה.**

של חתיכות בכתי״ס: **מלא חתיכות לצידן.**

נפק שיפורי דרבא ואסר... ושרי בכתי״מ ועוד: **נפקי שיפורי דרבא ואסרי... ושרו** ובכתי״ס: **נפקי שיפורי דרבא מהאי גיסא ואסרי... מהאי גיסא ושרו.**

אסרינא דקאמר לי בכתי״: **לא מיסר אסרנא ולא משרא שרינא לא מיסר אסרנא דהא אמר לי.**

דהא אמר לי רב יהודה בכתי״מ ובמקורות: **דהא אמר רב יהודה** ובכתי״ס: **דהא מר יהודה אמר.**

משמיה דעולא מחלוקת — אחד ואחד בכתי״ס: **משמיה דעולא אמר מחלוקת לטבל בצירן.**

מתלתא קראי בכת״י וכן בב״ח: **אמר ליה מתלתא קראי.**

מדקאמר רב בכתי״מ ועוד: **מי קאמר רב** וכעי״ז בכתי״ס.

כתיב בהו בכת״י: **אמר רחמנא.**

לשון

אראה
רבו הגרסות בשם זה. ויש מסבירים כי מקורו ביוונית ὀρκος (אורקוס) בהשמטת הק׳, שהוא אחד ממיני הטונה הגדולים.

פלמודא
כנראה מקור השם הוא ביוונית πλαμυδος (פלמו׳דוס) שהוא ממיני הטונה. ויש מסבירים שהוא דג טונה צעיר, פחות מבן שנה.

צחנתא
מקור המלה הוא בשרש הארמי ״צחן״, שיש כיוצא בו בערבית صحناة (צחן, צחנאה) ומשמעו — דגים מלוחים קטנים.

החיים

סיכרא
עיר מסחר, ששכנה כנראה על הגדה המערבית של החדקל, צפונה לעיר מחוזא.
נראה כי סמוך לעיר היו תעלות מים שקשרו בינה ובין מקומות אחרים לתעבורה בדרך המים.
בשעתו היה האמורא הגדול רב חייא בר יוסף, תלמידו של רב, רבה של עיר זו.

העולם

דג טמא משריץ
בהרבה מן הדגים הטמאים, בעיקר המובהקים שבהם, שהם דגי סחוס, הביצה מתפתחת בתוך גופו של הדג, והוולדות יוצאים כדגים קטנים. לעומת זאת בדגים הטהורים (דגי גרם) הנקבה מטילה ביצים, ומהן בוקעים הדגים לאחר זמן.

שני ראשיה וכו׳
דברים אלה נבדקו בזמנם, ונראה כי לגבי העופות הברורים לנו בטהרה או בטומאה רק ביצי עופות טהורים אינן סימטריות, שראשן האחד מעוגל (״כד״) מראשן האחר. ואילו ביצי עופות טמאים הן כדוריות או מחודדות משני קצותיהן.

חלבון וחלמון מעורבים
בביצי הזוחלים (״ביצי שרצים״) יש כמות מעטה של חלבון, ופעמים שאין בה כלל חלבון. צבע הנוזל שבביצה הוא צהבהב, ונראה כאילו החלבון והחלמון שבה מעורבים זה בזה.

לעזי רש״י

פלטר״א (צ״ל: פלט״א) מן הצרפתית העתיקה plate — שטוחה.

אלבוס״ל (צ״ל: אלבו״ם או אלבו״ן) מן הצרפתית העתיקה albun — חלבון

מויו״ל (צ״ל: מויי״ל) מן הצרפתית העתיקה moiol — חלמון (תוך) של ביצה.

כוכורי״ל (צ״ל: בוטירי״ל) מן הצרפתית העתיקה boterel — מין קרפדה קטנה.

שוטטות בו השתא כילבית אחת אמרת שרי שתי כילביות מבעיא לא קשיא כאן בפתוחות כאן בסתומות איתמר רב הונא אמר עד שתהא ראש ושדרה ניכר רב נחמן אמר או ראש או שדרה מתיב רב עוקבא בר חמא *ובדגים כל שיש לו סנפיר וקשקשת אמר אביי כי תניא ההיא בארא' ופלמודא דדמו רישייהו לטמאים אמר רב יהודה משמיה דעולא מחלוקת לטבל בצירן אבל בגופן דברי הכל אסור עד שיהא ראש ושדרה ניכר אמר ר' זירא מריש הוה מטבילנא בצירן כיון דשמענא להא דאמר רב יהודה משמיה דעולא מחלוקת לטבל בצירן אבל בגופן דברי הכל אסור עד שיהא ראש ושדרה ניכר בצירן נמי לא מטבילנא אמר רב פפא הלכתא עד שיהא ראש ושדרה ניכר של כל אחת ואחת מיתיבי *חתיכות שיש בהן סימן בין בכולן בין במקצתן ואפילו באחד ממאה שבהן כולן מותרות ומעשה בגוי אחד שהביא גרב של חתיכות ונמצא סימן באחת מהן והתיר רשב"ג את הגרב כולו תרגמה רב פפא כשחתיכות שוות א"ה מאי למימרא מהו דתימא ניחוש דלמא אתרמי קמ"ל ההוא ארבא דצחנתא דאתי לסיכרא נפק רב הונא בר חיננא וחזא ביה קלפי ושרייה א"ל רבא ומי איכא דשרי כה"ג באתרא דשכיחי קלפי *נפק שיפורי דרבא ואסר שיפורי דרב הונא בר חיננא ושרי [לקמן נ:] א"ר ירמיה מדפתי לדידי אמר לי רב פפי כי שרא רב הונא בר חיננא בצירן אבל בגופן לא אמר רב אשי לדידי אמר לי רב פפא כי שרא רב הונא בר חיננא אפי' בגופן ואנא לא מיסר אסרינא דקאמר לי רב פפא ולא מישרא שרינא דהא אמר (לי) רב יהודה משמיה דעולא מחלוקת לטבל בצירן אבל בגופן דברי הכל אסור עד שיהא ראש ושדרה ניכר של כל אחד ואחד יתיב רב חיננא בר אידי קמיה דרב אדא בר אהבה ויתיב וקאמר גוי שהביא עריבה מלאה חביות ונמצאת כילבית באחת מהן פתוחות כולן מותרות סתומות היא מותרת וכולן אסורות א"ל מנא לך הא (א) מתלתא קראי שמיע לי מרב ושמואל ורבי יוחנן אמר רב *[גירי' רא"ש כברונא] ברונא אמר רב קירבי דגים ועוברן אין נקחין אלא מן המומחה רמי ליה עולא לרבי דוסתאי דמן בירי מדקאמר רב קירבי דגים ועוברן אין נקחין אלא מן המומחה מכלל דדג טמא אית ליה עובר ורמינהו *[בכורות ז:] דג טמא משריץ דג טהור מטיל ביצים סמי מכאן עוברן א"ל רבי זירא לא תיסמי תרוייהו מטילי ביצים נינהו אלא זה משריץ מבחוץ וזה משריץ מבפנים למה לי מומחה לבדוק בסימנין דתניא [חולין סג: ע"ש] כסימני ביצים כך סימני דגים סימני דגים סלקא דעתך סימני דגים סנפיר וקשקשת כתיב בהו אלא כסימני ביצים כך סימני עוברי דגים ואלו הן סימני ביצים כל שכודרת ועגולגלת ראשה אחד כד וראשה אחד חד טהורה ב' ראשיה חדין וב' ראשיה כדין טמאה *חלמון מבחוץ *וחלבון מבפנים טמאה חלבון מבחוץ וחלמון מבפנים טהור חלבון וחלמון מעורבין זה בזה זו היא ביצת השרץ אמר רבא כשנימוחו ולרבי דוסתאי דמן בירי דאמר סמי מכאן עוברן והתניא

[חלמון וחלבון גי' בערוך בה' תחת הח']

רש"י

[ביצה לו:] **שוטטות.** לשון *שטין על המים: **חביות פתוחות.** לא סגי בחדא דאיכא למימר מעלמא נפל ביה: **ובדגים כל שיש בהן סנפיר וקשקשת.** משנה היא באלו טרפות (חולין דף סו.) אלמא אין סימן לדגים בדבר אחר וקשיא לתרוייהו: **אבל בגופן.** לאכול גופן של דגים של טרית: **מריש הוה מטבילנא בציר.** בחד סימן או בראש או בשדרה דהוה ס"ד דכי פליגי רב הונא ורב נחמן בגופן פליגי אבל בצירן אפילו רב הונא מודה: **בצירן נמי לא** (ב) **טבילנא.** דסבירא לי כרב הונא: **כשחתיכות שוות.** כשמחברין אותן יחד מתחברות וניכרות ונראות שהיו כולן מדג אחד: [חולין נט.] **ומי איכא דשרי כה"ג באתרא דשכיחי קלפי.** די"ל שמא דגים טהורין וטמאין יש וקשקשים מן הטהורין באו: **ואנא לא מיסר אסרינא.** לאכול גופן משום קליפי דמישתכחי בארבא ורב אשי קאמר לה: **דקאמר לי רב פפא.** דשרינהו רב הונא: **עריבה.** ספינה קטנה: **כולן מותרות.** דכי היכי דהואי בהך הוה נמי בכולהו ואזלו לעלמא: **מתלתא קראי.** מג' חכמים גדולים שהם כדי לסמוך עליהם כעל המקרא: [תוספת' פ"ה] **דמן בירי.** מקום: **עוברן.** ביצים שלהן: **משריץ.** דג עצמו במעי אמו: **זה משריץ מבחוץ.** דג טהור לאחר שהוטלה ביצתו משרצת(ג) ועומדת מאליה בחול אבל דג טמא משריץ מבפנים במעי האם לאחר שנגמרין ביציו במעיו: **סימני ביצים.** של עוף טהור: ***שכודרת.** [נ"ל שכודדת בדלי"ת עי' תוס' חולין סד ע"א ד"ה כודרת] משוכה שרחבה בראשה אחד והולכת ומקצרת ונמשכת: **ועגולגלת.** עגולה מצדיה ומגלגלת דאין צדיה רחבים: **ראשה אחד כד.** רחב פלטר"א בלע"ז כלומר עשוי ככד שרחב מתחתיו בית מושבו: **חלבון.** אלבום"ל: **חלמון.** מויז"ל: **ביצת השרץ.** צב והלטאה מטילי ביצים הן צב הוא כוכורי"ל בלע"ז הדומה לצפרדע ונפקא מיניה דאם ריקמה וניקבה מטמא במגע בשחיטת חולין (דף קכו:):

תוספות

כאן בפתוחות כאן בסתומות. פ"ה דבפתוחות לא סגי בחדא דאיכא למימר מעלמא נפל ביה והקשה הר"ר אפרים (*מדתני) [נ"ל מדאמר] בסמוך גוי שהביא עריבה מלאה חביות ונמצאת כילבית באחת מהן פתוחות כולן מותרות אלמא בפתוחות תלינן לקולא דאמר כי היכי דהואי בהך הוה באחריני אלא לעלמא אזלו וע"ק אי חיישינן דמעלמא נפל בה שתים נמי ניחוש דלמא הגוי הניחם שם לכך היה מפרש הר"ר אפרים להפך בפתוחות סגיא בחדא דאיכא למימר אחריתי אזלא לעלמא וליכא למיחש שמא הגוי הניח שם דאדרבה לקולא תלינן אבל בסתומות צריך שתים מיהו יש ליישב פ"ה דשאני התם שנמצאו שתים כילביות באחת מן החביות אבל הכא אין נמצא כאן שום חבית להכשר כהלכתו ולכך יש לפסול בפתוחות: **ובדגים כל שיש לו סנפיר וכו'.** פ"ה משמע שאין הכשר בדגים בדבר אחר וקשיא לתרוייהו ותימה דא"כ כי משני באותם דדמו רישייהו לטמאים פירוש ולאותם הוצרך סנפיר וקשקשת ומה תירץ אליבא דמ"ד או ראשו או שדרו ולבדוק בשדרה דכל דג טמא אין לו חוט השדרה לכך נראה דמשדרה לא פריך מידי והא דלא חשיב ליה תנא בהדי סנפיר וקשקשת היינו משום דסימני גוואי לא קא חשיב: **מחלוקת בצירן אבל בגופן לא.** וא"ת והא צירן נמי איסור דאורייתא °כדאמרינן (חולין דף קיב:) הטמאים לרבות צירן ורוטבן וי"ל דודאי דאורייתא צירן אסור מיהו צירן בטיל ברוב וגופן לא בטיל דבריה לא בטילה: **וחזא ביה קלפי ושרייה.** ומיירי כגון שלא היה שם אלא מין אחד ומאן דאסר היינו משום דשכיחי בה קלפי מעיקרא: **נמצאת כילבית.** פירוש הכשר כילבית היינו שתים בפתוחות לפרש"י דלעיל ולפי' הר"ר אפרים שתים בסתומות: **אמר רבא כשנימוחו.** תימה אמאי לא משני קסבר סימני עוברי דגים לאו דאורייתא ולכך אין לבדוק בסימנים דה"נ משני פרק אלו טרפות (חולין דף סד. ושם) גבי סימני ביצים דלאו מדאורייתא נינהו דקא פריך ולבדוק בסימנים ומשני סימני ביצים לאו מדאורייתא ואור"ת דש"מ מהכא סימני עוברי דגים דאורייתא ולכך יש להתיר הבורבוטש אע"ג דאין אנו מוצאין בהם קשקשים דהא יש בהם סימנים ועוברים מיהו יש לדחות לעולם אימא לך סימנים לאו דאורייתא והא דלא שני הכא משום דאכתי תיקשי דאין נקחין אלא מן המומחה משמע דאין שום צד היתר ליקח שלא מן המומחה ואין זה דאם לא נימוחו שהסימנים ניכרים ואומר של דג פלוני טהור דהשתא איכא תרתי לטיבותא וכה"ג נקחים אף שלא מן המומחה כדאמרי' התם (דף סג:) גבי ביצים דלוקחין מהן כשאומר של עוף פלוני טהור לכך הוצרך לתרץ כשנימוחו כך דקדק ר"י וא"ת דהכתי לאו מילתא פסיקתא היא דהא אם אמר אני מלחתים נאמן אף שלא מן המומחה ויש לומר דדבר זה לא שכיח ברוב מוכרים שיהיו בשעת מליחה ורבינו יהודה הקשה על פר"ת דאי סימני *דגים [נ"ל עוברי דגים] דאורייתא אם כן תלי תניא בדלא תניא דקאמר כסימני ביצים כך סימני עוברי דגים ועוד הקשה מן הירושלמי דפירקין נתן בר רבא אמר קמיה שמואל ידע אנא מפרשא בין עוברי דגים טמאים לעוברי דגים טהורים עוברי דגים טמאים עגולים עוברי דגים טהורים ארוכים *אמי ליה הדא סלפותא [חמי לי' הדא קליפתא כנ"ל רש"א] א"ל כזה מהו פירוש הראה לו עובר של דג טהור וא"ל טמא א"ל לא בית לי דאמרת על טהור טמא אלא סופך לומר על טמא טהור משמע דיש עוברי דג טמא דומין לשל טהור כמו בביצים דאיכא דעורבא דדמיא ליונה אלמא סימנים לאו דאורייתא ואין לסמוך על סימני עוברי דגים מיהו אין לאסור הבורבוטש כי אמת הוא שיש לו במים ומשירן בשעה שעולה מן המים:

עין משפט נר מצוה

קפו א מיי' פ"ג מהל' מאכלות אסורות הלכה כג ועיין במ"מ סמג לאוין קמח טוש"ע י"ד סימן פג סעיף ו:

קפז ב מיי' שם סמג שם טוי"ד סי' קיז:

קפח ג מיי' שם פ"א הלכה כד סמג שם טוש"ע י"ד סימן פג סעיף א:

קפט ד מיי' שם פ"ג הלכה כג סמג שם טוי"ד סימן קיז:

קצ ה ו מיי' שם הלכה כד סמג שם טוש"ע י"ד סימן פג סעיף ד:

קצא ז מיי' שם הלכה כג טור ש"ע שם סעיף ו:

קצב ח מיי' שם הלכה כ טוש"ע שם סעיף ז:

קצג ט מיי' שם טוש"ע שם סעיף ח:

קצד י מיי' שם הלכה יח סמג שם טוש"ע י"ד סימן פו סעיף א וסימן פג סעיף ח:

רבינו חננאל

הא דתנן בדגים כל שיש לו סנפיר וקשקשת אוקימנא מיני דגים ששמן בארא' ופלמירא שראשם דומה לראש דגים טמאין אבל שאר דגים לכולי האי לא חיישינן: אמר רב פפא טרית שאינה טרופה הלכתא עד שיהא ראש ושדרה של כל אחד ואחד ניכר ואם לאו אפילו לטבול בצירן אסור. ומותבינן עליה חתיכת דג שיש בה סימן בין בכולה בין במקצתה אפילו אחד במאה כולן מותרות. ומעשה בגוי שהביא גרב מלא חתיכות בצירן ונמצא סימן באחד מהן והתיר רשב"ג את הגרב כולו ומשני רב פפא בשחתיכות שוות פי' כשניתן חתיכה על חברתה מתראה דג שלם ומקשינן אי הכי מאי למימרא ופרקינן מהו דתימא ניחוש דלמא אתרמויי אתרמי ליה קמ"ל דלא חיישינן: ההוא ארבא דצחניתא דאתאי לסיכרא חזי קילפי שהן קשקשין רב הונא בר חיננא שרא ליה אמר רבא מי איכא דשרי כי הא מלתא באתרא דשכיחי קילפי נפקי שיפורי דרבא ואסיר שיפורי דרב הונא בר חיננא ושארו. ואסיקנא אמר רב אשי אנא לא אסרנא ולא שרינא בין בגופן בין בצירן וקיימא לן כרב אשי דהוא בתראה: יתיב רב אדא בר אהבה וקאמר גוי שהביא עריבה מלאה חביות ונמצאת כילבית באחת מהן פתוחות כולן מותרות כמאן דמערבן דמו וכולן כחדא חשיבי סתומות היא מותרת וכולן אסורות אמר ליה מנא לך הא אמר ליה מרב ושמואל ור' יוחנן. אמר רב ברונא אמר רב קרבי דגים ועוברן אינן נלקחין אלא מן המומחה ומקשינן למימרא דג טמא משריץ דג טהור מטיל ביצים ופרקינן תרוייהו מטילי ביצים נינהו מיהו טמא משריץ מבפנים דג טהור מטיל ביצים ומשריץ מבחוץ ולמה לי מומחה נבדוק בסימנין דתניא כסימני ביצים כך סימני עוברי דגים ובסימני ביצים תנינן כל שכודרת ועגולגלת ראשה אחד חד וראשה אחד כד כלומר רחבה

ה"ג

הגהות הב"ח

(א) גמרא מנא לך הא א"ל מתלתא: (ב) רש"י ד"ה בצירן נמי לא מטבילנא: (ג) ד"ה זה משריץ וכו' משרצת ונולדת מאליה (בחול) תז"מ ונ"ב יש מגיהין בחוץ:

גליון הש"ס

תוס' ד"ה מחלוקת וכו' כדאמרינן הטמאים. עיין בתוס' חולין סס ונ"ע ועיין בכורות דף ו ע"ב תוס' ד"ה לאסור ועי' פ"ס יו"ד סימן פ"ג:

קצה א מיי' פ"ג מהל' מאכלות אסורות הלכה כ סמג לאוין קמח טוש"ע י"ד סימן פג סעיף ח:

קצו ב מיי' פי"ז שם הלכה כד סמג שם טוש"ע י"ד סימן קיד סעיף ח:

קצז ג מיי' שם הלכה יא טוש"ע שם סעיף ג:

א ד ה מיי' פ"ז מהל' עבודת כוכבים הל' ו סמג לאוין כב טוש"ע י"ד סי' קמא סעיף א:

[נ"ל שנטרף]

רבינו חננאל

רחבה טהורה שני ראשיה הדין שני ראשיה כדין טמאה. ופריק רבא היכא אמרו אין לוקחין אלא מן המומחה בשנימוחו ואינן ניכרין להיבדק. אין שם מומחה מאי. רב הונא אמר עד שיאמר אני מלחתים וכן אורי ליה רב יהודה לאדא דילא: ירושלמי נתן בר בא אמר קומי שמואל ידע אנא למפרש בין עוברי דגים טמאים בין עוברי דגים טהורין עוברי דגים טמאים עגולים עוברי דגים טהורין ארוכין אחוי ליה הדא סלפיתא מין דג שמו בלשון יון אל סלפה. אמר ליה כזה מהו. אמר ליה טמא אמר ליה לא ביש לי דאמרת על טהור טמא אלא סופך דאמרת על טמא טהור אין לוקחין מעי דגים וקרבי דגים אלא על פי מומחה ואם אמר אני מלחתים נאמן ומפרש בעוברי דגים טמאין ביציאתן נגמרות: ועלה של חלתית. ואמרינן פשיטא חלתית היא דאסור משום דחתיך ליה בסכין ובלע ליה מן השמנונית של סכין. אבל העלין פשיטא דמותרין ופריק רבא לא נצרכא אלא לגרעין שבה מהו דתימא ניחוש דלמא מערב בהו מן החלתית עצמו קמ"ל אגב דשריק ליה מינתר נתר ולא מידבק: וזיתי גלוסקא המגולגלין פי' זיתים רכים לחין ורפוין מהו דתימא חמרא רמא בהו קמ"ל מחמת שמנן הוא דרפו. ר' יוסי אומר השלוחין אסורין היכי דמי שלוחין כל שאוחזו בידו וגרעינתה נשמטת דכולי האי לא רפיא אלא אי יהיב בהו חמרא: ירושלמי הן סבכות הן פרעות הן רפפות הן עלות הן אספניות הן ספיות הן כוסות הן גומות היא מקום תחת הכוסות היא מקום הנחת חתיכות הן [illegible] גלוסקא הן [illegible] מגולגלין. והשלוחין אסורין [illegible] בשם ר' יוחנן [illegible] הוא והן נותנין בהן חומץ שיהו חולצין את גרעיניהן: [illegible] הסלילה אסורין שמולפין בהן יין מן האפותין מותרין (וכן בתרומה): ת"ר החגבין והקפריסין והקפלוטאות פי' הצלף וראשי הלפתות וכיוצא בהן הכבושין הבאים מן האוצר ומן האפותין ומן הספינה מותרין והנמכרין בסלילה לפני החנוני אסורין מפני שמולף עליהן וכן יין תפוחים הבאים מן האוצר וכו': פעם אחת חש רבי במעיו והביאו לו יין תפוחים של גוי של שבעים שנה ושתה ונתרפא ואמר ברוך שמסר עולמו לשומרים: וכן בתרומה. פירשה רב ששת הכי וכן כה החשוד למכור תרומה לשם חולין מה שלפניו בחנות הוא דאסור דחיישינן דלמא מערב בהו תרומה אבל הבא מן האוצר ומן האפותין ומן הספינה מותרין מאי טעמא אירתותי מירתת סבר דלמא שמעי רבנן ומפסדי ליה לכוליה: הדרן עלך אין מעמידין: כל הצלמין אסורין מפני שנעבדין פעם אחת בשנה דברי ר"מ וחכ"א אינו אסור אלא מי שיש בידו מקל כו'. אוקמה רב יצחק בר יוסף א"ר יוחנן במקומו של ר"מ היו עובדין אותו פעם אחת בשנה. ורבי מאיר לטעמיה דחייש למיעוטא וכו' ופשוטה היא ובא רב יהודה ואמר באנדרטי של מלכים שנינו כלומר צורת אדם. ואמר רבי יוחנן בעומדין על פתח מדינה

ה"ג **אוצר** הפתק ספינה. וזו אף זו קתני שאוצר מתקיים יותר מהפתק והפתק יותר מספינה: הדרן עלך אין מעמידין

כל הצלמים. רשב"ג אומר אף כל שיש בידו כל דבר. בגמ' מפרש טעמא דר"מ משום דחייש למיעוטא וגזר שאר מקומות אטו אותו מקום ורבנן דלא חיישי למיעוטא לא גזרי ומשמע מהכא דרשב"ג נמי לא חייש למיעוטא ופליג אדר"מ ותימה דא"כ קשיא דרשב"ג ארשב"ג וקשיא הלכתא אהלכתא דרשב"ג דהכא לא חייש למיעוטא ובפרק אם לא הביא (שבת דף קלה: ושם) תנן רשב"ג אומר כל ששהה ל' יום באדם אינו נפל הא לא שהה כגון (שנשרף) או שאכלו ארי הוי נפל אע"ג דרוב נשים אינן מפילות אלמא חייש למיעוט נפלין ותנן נמי פ"ג דבכורות (דף כג:) רשב"ג אומר הלוקח בהמה מניקה מן הגוי פטורה מן הבכורה דלא מרחמא אלא אם כן ילדה משמע אבל מטעם חולבת לא דחלב אינו פוטר דחיישינן למיעוט חולבות אע"פ שאינן יולדות והלכתא קיימא לן כרבנן דלא חיישי למיעוט דאמרינן פ"ק דחולין (דף יא:) ור"מ דחייש למיעוטא היכי אכל בישרא ומדלא קאמר היכי אכלינן משמע דקי"ל דלא חיישינן למיעוטא ואילו בבכורות ובנפל פסקינן כרשב"ג דחייש למיעוטא וי"ל דודאי רשב"ג לא חייש למיעוטא כדמשמע הכא והתיא דנפל שאני דהוא מיעוט המצוי דנפלים שכיחי ושם ודאי יש לחוש כדאמרינן (יבמות דף קכא.) גבי ראוהו נופל למים שאין להם סוף או ראוהו גוסס דאשתו אסורה אע"פ שרוב גוססין למיתה וחיישינן למיעוטא מפני שהוא מיעוט המצוי והתיא דבכורות מיירי שראינוה חולבת קודם לידה דודאי הוחזקה מן המיעוט אבל ודאי בשאר בהמות חלב פוטר וכן הלכה: **אי** **דנעבדין פעם אחת בשנה מאי טעמייהו דרבנן.** וא"ת דלמא בהא פליגי מר סבר דנעבדין ומר סבר אין נעבדין וי"ל דמשמע ליה דאפילו רבנן אית להו דנעבדין מדלא קתני וחכ"א אין נעבדין אלא מי שיש בידו וכו' וכן פ"ה: **ר"מ** **גזר שאר מקומות אטו אותו מקום.** וא"ת בפירקין דלעיל (דף לד:) גבי גבינת בית אונייקי לא גזר נמי ר"מ שאר מקומות ויש לומר דשאני התם דבאותו מקום נמי לא היו נשחטין לעבודה זרה כי אם המיעוט ולא הוה גזרינן שאר מקומות אטו אותו מקום הוי מיעוטא דמיעוטא אבל כאן במקומו של ר"מ היו כולם עודין כל הצלמים וה"נ גזר ר"מ על הכותים מפני דמות יונה שמצאו בהר גרזים והיו כל בני המקום עודין לה (חולין ו.): **אנדרטי** **של מלכים.** פ"ה צורת שלטון המת עושין לזכרון ור"ת פי' צורת שלטון החי עושין לכבודו וראיה לדבר מאנדרטי של נבוכדנצר* ועוד דאמר במדרש אדריינוס קיסר הלך את ר' יהושע לטייל במדינה הראהו צורת צלמים שהיו עושין לכבודו: **ובאנדרטי** **של מלכים שנינו.** פ"ה ובההוא קאסר רבי מאיר דאגב חביבותייהו פלחי להו ומפרש נמי בעומדין על פתח מדינה דחשיבי טפי משמע אבל בשאר צלמים לא אסר רבי מאיר וקשה דהא תנן (לקמן דף מא.) מצא תבנית יד או תבנית רגל הרי אלו אסורין ולשון מצא משמע בשוק או בשדה ואפילו למאי דמוקי לה שמואל לקמן בעומדים על בסיסן ופ"ה על בימוס שלהן ששם עודין אותם לא נהירא דלשון מצא לא משמע כן אלא שיש להם בית מושב רחב ויכולין לעמוד לבדן[ד] וניכרים שלא נשתברו מצלם שלם ועוד קשה דהכא משמע דסתם אנדרטי של מלכים פלחי להו טפי ואדרבה בפרק כלל גדול (שבת דף עב:) משמע שאין סתמן לעבוד דקאמר אי דחזא אנדרטי וסגיד ליה אי דקבליה עליה וכו' לכך פי' רבינו תם דהכא קאי אהיתרא דרבנן וה"ק הא דשרו רבנן במתני' היינו דוקא באנדרטי של מלכים ובעומדין על פתח מדינה דבהנהו שרו רבנן דודאי לנוי עביד להו ורבי אלחנן מיישב פ"ה דודאי קאי ארבי מאיר ובשאר צלמים לא אסר והתיא דלקמן דתבנית יד ותבנית רגל מיירי בשל כפרים והנהו ודאי אסורים אפילו לרבנן דודאי למיפלחינהו עבדי להו ובכך ניחא דכי דייק[ה] לה במילתיה *דרבי יוחנן הא צלמים עלמן אסורין וסתמא כרבי מאיר לא מצי למימר דסתמא כרבי מאיר מסיפא דתבנית יד ורגל דההיא אתיא אפילו כרבנן כדפרישית והא דמשמע בפרק כלל גדול (שם דף עב:) דאנדרטי אין סתמן נעבד לא איירי בשל מלכים אלא בשל שולטנות והכא מיירי בשל מלכים

והתניא כסימני ביצים כך סימני עוברי דגים לאו תרוצי[א] מתרצת לה כך סימני קירבי דגים והיכי משכחת בסימני קירבי דגים שיהא כד וחד משכחת לה בשילפוחא אם אין שם מומחה מאי [א]אמר רב יהודה [א]כיון דאמר אני מלחתים מותרין רב נחמן אמר עד שיאמר אלו דגים ואלו קירביהן אורי ליה רב יהודה לאדא דיילא כיון דאמר אני

א מלחתים מותרין: ועלה של חילתית: פשיטא לא נצרכה אלא לקרטין שבו מהו דתימא ניחוש דלמא מייתי ומערב ביה קמ"ל דהא אישתרוקי היא דאישתרוק ואתא בהדה:

ב וזיתי גלוסקאות המגולגלין: פשיטא לא נצרכא אע"ג דרפי טובא מהו דתימא חמרא רמא בהו קמ"ל הני מחמת מישחא הוא דרפו: ורבי יוסי אומר שלחין אסורין: [ב]היכי דמי שלחין א"ר יוסי בר חנינא כל שאוחזו

ג בידו וגרעינתו נשמטת: החגבין הבאין כו': ת"ר [ג]* [ב]החגבין והקפריסין והקפלוטות הבאין מן האוצר ומן ההפתק ומן הספינה מותרין הנמכרין *בקטלווא לפני חנוני אסורין מפני שמזלף יין עליהן וכן * [ג]יין תפוחים של גוים *הבאין מן האוצר ומן ההפתק ומן הסלולה מותרין הנמכר בקטלווא אסור מפני שמערבין בו יין ת"ר פעם א' חש רבי במעיו אמר כלום יש אדם שיודע יין תפוחים של גוים אסור או מותר אמר לפניו ר' ישמעאל ב"ר יוסי פעם אחת חש אבא במעיו והביאו לו יין תפוחים של גוים של ע' שנה ושתה ונתרפא אמר לו כל כך היה בידך ואתה מצערני בדקו ומצאו גוי אחד שהיה לו שלש מאות גרבי יין של תפוחים של ע' שנה ושתה ונתרפא אמר ברוך המקום שמסר עולמו לשומרים: וכן לתרומה: מאי וכן לתרומה אמר רב ששת וכן לכהן החשוד למכור [מי] תרומה לשם חולין לפניו הוא דאסור אבל הבא מן האוצר ומן ההפתק ומן הסלולה מותר אירתותי מירתת סבר שמעי ביה רבנן ומפסדו לי' מינאי:

[תוספתא פ"ה ע"ש]

הדרן עלך אין מעמידין

כל הצלמים אסורין מפני שהן נעבדין פעם אחת בשנה דברי רבי מאיר וחכמים אומרים [א]אינו אסור אלא כל שיש בידו מקל או צפור או כדור רבן שמעון בן גמליאל אומר אף כל שיש בידו כל דבר: **גמ'** אי דנעבדין פעם אחת בשנה מאי טעמא דרבנן א"ר יצחק בר יוסף א"ר יוחנן במקומו של ר"מ היו עובדין אותה פעם אחת בשנה [ור"מ] *[ד]דחייש למיעוטא גזר שאר מקומות אטו אותו מקום ורבנן דלא חיישי למיעוטא לא גזרו שאר מקומות אטו אותו מקום אמר רב יהודה אמר שמואל באנדרטי של מלכים שנינו[א] אמר רבה בר בר חנה אמר ר' יוחנן [ה]ובעומדין על פתח מדינה שנינו אמר

וזהניא כסימני ביצים וכו'. אלמא יש לדגים עוברין: **והיכא משכחת לה בסימני קירבי דגים כד וחד.**[ב] ובבני מעיים עשוין כזה ענין: **בשילפוחא.** משיא"ה של דג שמליאה רוח: **אין שם מומחה מאי.** כשנימוחו העוברין קבעי לה: **אני מלחתים.** הדגים וראיתי שדגים טהורין הן ומהן הוצאתי קרביים הללו: **אלו דגים.** שיראה לו הדגים עצמן אבל באני מלחתים לא מהימן דשמא לא בקי בהן: **דיילא.** שמש רגיל להיות שכיר לעושה סעודה לתקן תבשילין: **לקרטין שבו.** הדבוקין בעליו או שנשרו בכלי דלמא אייתי קרטין אחריני דאיפסיק בסכינא ועריב בהני: **אישתרוקי אישתריקו.** ומן העלין לכלי עצמן אישתרוקי נשמטו: **דרפי טובא.** מגולגלין ביותר ובלע"ז מול"ש וגרעינתם נשמטת[ג] דכיון דרפי כולי האי חמרא רמא בהו: **שלחין.** שמשתלחין גרעינין מעצמו: **קפריסין.** קפלוטות מבושלין וכבושין במכבש ומתקיימין ואין בהן משום בשולי גוים דנאכלים חיין ולא משום גיעול דטעם הגיעול פוגמו ולא משביחו: **מן ההפתק.** מקום כינוסן שהן צבורין שם זה על זה ובלע"ז פיל"א: **קטלוזא.** שוק: **תרומה.** אין דמיה יקרים שאינה ראויה אלא לכהנים: **ומפסדו מינאי.** יפקירו את כל האוצר:

הדרן עלך אין מעמידין

כל הצלמים אסורין. בהנאה: **כדור.** פילוט"א ובגמרא מפרש דהני ודאי נעבדין דמשום חשיבותא אסקלוה להנך חפצי בידייהו: **גמ'** **מ"ט דרבנן.** מדלא קתני וחכמים אומרים אינו נעבד אלא מי שיש בידו וכו' מכלל דסבירא להו דנעבדים: **אנדרטי.** כשהמלך מת עושין צורתו בפתח השער לזכרון והתם קאסר רבי מאיר דאגב חביבותא פלחי ליה: **בעומדין על פתח המדינה שנינו.** בהנהו קאסר רבי מאיר דחשיבי להו:

[נ"ל בסלולא כך איתא בתוספתא וכן משמע בהרא"ש פ"ש הגרים סלים אבל בריי"ף אי' בסלולה ופי' הר"ן סלים]

[לעיל לד: וש"נ]

[שכתבו תוס' בשם ר"ת לעיל ג. ד"ה שלא השתחוו]

גליון הש"ס

גמרא ור"מ דחייש למיעוטא. עיין מרדכי סוף חולין:

נ"ל דר"ל רש"א

הגהות הב"ח (א) גמ' לאו תרוצי קא מתרצית לה תריץ הכי כך סימני קירבי דגים: (ב) רש"י ד"ה והיכא וכו' כד וחד וכו' בבני מעים וכו' הענין: (ג) ד"ה דרפי וכו' נשמטת הס"ד ואח"כ מ"ה מהו דתימא דכיון דרפי: (ד) תוס' ד"ה ובאנדרטי וכו' לעמוד לבדן ונראים שלא נשתברו מצלם שלם: (ה) בא"ד ובכך ניחא דכי דייק לקמן מתיובתא דר' יוחנן הא וכו' אפילו כרבנן כדפרישית. נ"ב [פי' דסיפא בשל כפרים] איירי וא"ה ריש[א] דקתני שברי צלמים מותרין דלא אצטריך דאפילו שברי [illegible]

הגהות הגר"א [א] גמ' אמר רבב"ח. נ"ב גירסת הרמב"ם רבב"ח אמר ר' יוחנן בעומדין כו' ופליג על שמואל. אבל הרי"ף והרא"ש ושאר פוסקים מפרשים דלא פליגי. וכולם מפרשים דברי שניהם אף לרבנן דלא כרש"י (עמ"ש רבינו ביו"ד סי' קמ"א ס"ק ב'):

וְהָתַנְיָא [והרי שנויה ברייתא]: כְּסִימָנֵי בֵיצִים כָּךְ סִימָנֵי עוּבָּרֵי דָגִים, משמע שאף לדגים טמאים יש ביצים! ומשיבים: לָאו תַּרוּצֵי מְתָרְצַתְּ לָהּ [וכי אין אתה מתרץ אותה], את הברייתא הזו, ומשנה את לשונה? ואם כן שנה כך: כָּךְ סִימָנֵי קִירְבֵי דָגִים. ושואלים: וְהֵיכִי מַשְׁכַּחַתְּ [ואיך אתה מוצא] בְּסִימָנֵי קִירְבֵי דָגִים שֶׁיְּהֵא כַּד וְחַד? ומשיבים: מַשְׁכַּחַתְּ לָהּ בְּשִׁילְפּוּחָא [בשלפוחית השחיה של הדג, ובודקים לפי צורתה אם של דג טמא או טהור היא. ושואלים: אִם אֵין שָׁם מוּמְחֶה, מַאי [מה] יהא הדין? אָמַר רַב יְהוּדָה: כֵּיוָן דְּאָמַר [שאומר] המוכר: אֲנִי מְלַחְתִּים את הדגים, וטהורים הם, ואני הוצאתי את הקרביים מהם — מוּתָּרִין. רַב נַחְמָן אָמַר: עַד שֶׁיֹּאמַר ויראה לנו: אֵלּוּ דָּגִים שהם טהורים, וְאֵלּוּ קִירְבֵיהֶן. מסופר, אוֹרֵי לֵיהּ [הורה לו] רַב יְהוּדָה לְאַדָּא דַיָּילָא [השמש]: כֵּיוָן שֶׁאָמַר ״אֲנִי מְלַחְתִּים״ — מוּתָּרִין.

א שנינו במשנה שעָלֶה שֶׁל חִילְתִּית מותר באכילה. ושואלים: פְּשִׁיטָא [פשוט] שכן הוא הדין, וכי מדוע יהא אסור? ומשיבים: לֹא נִצְרְכָא [נצרכה] הלכה זו אֶלָּא לְקֻרְטִין (לפירורים) של חילתית שֶׁיֵּשׁ בּוֹ, שהם הרי אסורים כדברי המשנה הקודמת, מפני שנחתכו בסכין של איסור (לעיל לט,ב), מַהוּ דְּתֵימָא [שתאמר]: נֵיחוּשׁ דִּלְמָא מַיְיתֵי [נחשוש שמא הוא מביא] קרטין כאלו וּמְעָרֵב בֵּיהּ [בו], קָא מַשְׁמַע לָן [משמיע לנו] דְּהָא אִישְׁתַּרוּקֵי הִיא דְּאִישְׁתַּרוּק וַאֲתָא בַּהֲדֵהּ [שזה קרטין אלו רק נדבקו ובאו יחד עם העלה], ואין זה ממה שחתך בסכין.

ב שנינו במשנה: וְזֵיתֵי גְלוּסְקָאוֹת הַמְגוּלְגָּלִין מותרים באכילה, כלומר זיתים שהונחו בכלי ונתרככו שם. ותוהים: פְּשִׁיטָא [פשוט] שכן הוא, מדוע יהיו אסורים? ומשיבים: לֹא נִצְרְכָא [נצרכה] הלכה זו אלא להתיר אותם אַף עַל גַּב דְּרָפֵי טוּבָא [אף על פי שהם רכים ביותר], מַהוּ דְּתֵימָא [שתאמר]: חַמְרָא רְמָא בְּהוּ [יין הטיל בהם הגוי לרככם] ויהא אסור, קָא מַשְׁמַע לָן [משמיע לנו] שֶׁהָנֵי [אלה] מֵחֲמַת שיש בהם מִישְׁחָא [שמן] הוּא דִּרְפוּ [שנעשו רכים]. ועוד שנינו שם: וְר׳ יוֹסֵי אוֹמֵר: שְׁלָחִין אֲסוּרִין.

ושואלים: הֵיכִי דָּמֵי [כיצד הוא בדיוק] שְׁלָחִין? אָמַר ר׳ יוֹסֵי בַּר חֲנִינָא: כָּל זית שהוא רך כל כך שֶׁכאשר הוא אוֹחֲזוֹ בְּיָדוֹ וְגַרְעִינָתוֹ נִשְׁמֶטֶת מתוכו, שאז יש מקום יותר לחשוש שהטילו בהם יין.

ג שנינו במשנה: הַחֲגָבִין הַבָּאִין מן הסלולה. ומביאים בענין זה מה שתָּנוּ רַבָּנַן [שנו חכמים]: הַחֲגָבִין, וְכֵן הַקַּפְרִיסִין (פירות הצלף), וְהַקַּפְלוֹטוֹת (כרישין), אותם הַבָּאִין מִן הָאוֹצָר (מחסן) וּמִן הַהֶפְתֵּק (מקום אחסון ארעי) וּמִן הַסְּפִינָה — מוּתָּרִין, מפני שסתמם לא עירבו בהם דבר אסור. אבל הַנִּמְכָּרִין בְּקַטְלוֹזָא (בשוק) ומונחים לִפְנֵי חֶנְוָנִי — אֲסוּרִין, מִפְּנֵי שֶׁמְּזַלֵּף יַיִן עֲלֵיהֶן להשביחם. וְכֵן יֵין תַּפּוּחִים שֶׁל גּוֹיִם, אלה הַבָּאִין מִן הָאוֹצָר וּמִן הַהֶפְתֵּק וּמִן הַסְּלוּלָה — מוּתָּרִין, הַנִּמְכָּר בְּקַטְלוֹזָא — אָסוּר, מִפְּנֵי שֶׁמְּעָרְבִין בּוֹ יַיִן של ענבים. אגב שהזכירו יין תפוחים, מביאים, תָּנוּ רַבָּנַן [שנו חכמים]: פַּעַם אַחַת חָשׁ (סבל) רַבִּי בְּמֵעָיו, אָמַר: כְּלוּם יֵשׁ אִישׁ שֶׁיּוֹדֵעַ, האם יֵין תַּפּוּחִים שֶׁל גּוֹיִם (שמועילה שתייתו לכאב מעיים) אָסוּר אוֹ מוּתָּר? אָמַר לְפָנָיו ר׳ יִשְׁמָעֵאל בֶּן ר׳ יוֹסֵי: פַּעַם אַחַת חָשׁ אַבָּא (ר׳ יוסי) בְּמֵעָיו, וְהֵבִיאוּ לוֹ יֵין תַּפּוּחִים שֶׁל גּוֹיִם שֶׁל (בן) שִׁבְעִים שָׁנָה, וְשָׁתָה וְנִתְרַפֵּא; אָמַר לוֹ רבי: כָּל כָּךְ הָיָה בְּיָדְךָ כלומר, פתרון כזה היה בידך, וְאַתָּה מְצַעֲרֵנִי שלא גילית לי דבר זה עד עכשיו! מיד בָּדְקוּ (חיפשו) וּמָצְאוּ גּוֹי אֶחָד שֶׁהָיָה לוֹ שְׁלֹשׁ מֵאוֹת גַּרְבֵי (כדי) יַיִן שֶׁל תַּפּוּחִים שֶׁל שִׁבְעִים שָׁנָה, וְשָׁתָה מהם וְנִתְרַפֵּא, אָמַר: בָּרוּךְ הַמָּקוֹם (הקב״ה) שֶׁמָּסַר עוֹלָמוֹ לְשׁוֹמְרִים, שגוי זה שמר יינו זמן רב כל כך, עד שהועיל לרפואתו של רבי. שנינו במשנה: וְכֵן לִתְרוּמָה. ושואלים: מַאי [מה פירוש] ״וְכֵן לִתְרוּמָה״? מה שייך ענין תרומה לכאן? אָמַר רַב שֵׁשֶׁת: וְכֵן לְכֹהֵן הֶחָשׁוּד לִמְכּוֹר תְּרוּמָה לְשֵׁם (בתורת) חוּלִּין, מה שהיה מונח לְפָנָיו הוּא שאָסוּר, אֲבָל הַבָּא מִן הָאוֹצָר וּמִן הַהֶפְתֵּק וּמִן הַסְּלוּלָה — מוּתָּר, וטעמו של דבר: אִירְתוּתֵי מִירְתַת [מפחד הוא לעשות כן], סָבַר [סבור]: שָׁמְעֵי בֵּיהּ רַבָּנַן וּמַפְסְדוּ לֵיהּ מִינַּאי [ישמעו בזה חכמים ויפסידו את הכל ממני], שיפקירו את כל מה שאני מוכר.

עיונים

אני מלחתים וכו׳ מדברי רש״י עולה שאין אנו חוששים כאן למרמה מכוונת, אלא לטעות. שלדברי רב יהודה די במה שאדם אומר שהוא עצמו הוציא את הקרביים מתוך דגים טהורים. ואילו רב נחמן סבור שאולי אין האיש בקי בסימני הדגים, ומשום כך, עד שנראה אנו מאלו דגים הוציאם אין לסמוך על כך. והוא מה שהסיקו המפרשים מדברי רש״י, שהוא מפרש מומחה האמור כאן כמומחה בדגים. אבל שאר המפרשים, שמסבירים גם כאן ״מומחה״ במובן שידוע כמי שנאמן ואינו קונה דגים מן הגוים, מסבירים כי לדעת רב יהודה אנו חוששים שאדם זה קנה דגים מן הגוי מתוך הנחה שהם כשרים, אבל אין לחשוד בו שהוא משקר עד כדי כך (ראב״ד). או שבמקרה כזה לא יוכל להשתמט ולומר שקנה את הדגים מישראל בחזקת שהם כשרים והלה הטעהו, כמו שהיה יכול לעשות כן אם היה מוכר את הדג סתם כדג טהור (רמב״ן). ואילו רב נחמן סבור כי גם בכך יש לחשוש עד שיצביע על הדגים וקרביהם, כי אז מתיירא הוא שמא יגלו שאלו אינם קרביהם של דגים אלו (אבל ראה בריטב״א).

לקרטין שבו שפעמים יש חתיכות קטנות של חלתית (שרף החלתית) הנדבקות בעלים. וחתיכות אלה עשוויות להיות אסורות מפני שכאמור נחתכו בסכין של איסור. והיה המקום לומר שייאסר הכל מפני הקרטים.

שלחין שהגרעין נפשט מתוך הזית מעצמו (רש״י). ובירושלמי אמרו שהוא מין זיתים שמכניסים בו חומץ על מנת שייחלצו ממנו הגרעינים, ויש לחשוש שהוא חומץ שבא מיין אסור.

מן האוצר וכו׳ כתוב בתוס׳ (וכעין זה גם בתר״י) שיש כאן שלש דרגות זו למטה מזו של הכנסה לקיום, שלא רק באוצר שהדברים נמצאים זמן ממושך במקום אחד, ולכן אין חשש לתערובת יין אסור, כדי שלא יגרום לקלקול המזון. אלא גם בהפתק — מקום שבו עורמים אותם בערמות עד שיביאום למקום אחסון קבוע, אין לחשוש. ואף אם הוא בספינה שאינה משמשת אלא להובלה במשך זמן מוגבל.

יין של שבעים שנה הוצרך לומר שהיה זה יין שהיה זמן רב מאד במחסן, ולכן אין לחשוש כלל שמא עירבו בו יין (ראב״ד).

וכן לתרומה כי התרומה הניתנת לכהן היא רכושו, ויוכל גם למוכרה. אבל רק כהנים טהורים יכולים להשתמש בתרומה, ולפי שמספר הקונים הוא קטן גם המחיר נמוך יותר, ולכן היו כהנים שנחשדו שהם מוכרים את התרומה שקיבלו בתורת חולין, או שעל כל פנים מערבים אותה בחולין.

אורח ההלכה

אני מלחתים קרבי דגים אינם נלקחים אלא מן המומחה, כלומר שמוחזק בכשרות. אלא אם כן היהודי שמכרם (והוא הדין בגוי. רמ״א בשם הר״נ) אומר: אני מלחתים והוצאתים מדג טהור (כרב יהודה). (רמב״ם ספר קדושה הלכות מאכלות אסורות פ״ג ה״כ. שו״ע יו״ד פג, ז).

החגבין והקפריסין וכו׳ מיני כבשים שאין דרך לתת בתוכם יין או חומץ, או זיתים כבושים וחגבים כבושים שבאים מן האוצר — מותרים לקנותם מן הגוי. אבל כבשים וחגבים שנוהגים לזלף עליהם יין (כגון הנמכרים בחנות) — אסורים. (רמב״ם שם פי״ז הכ״ד. שו״ע שם קיד, ח).

יין תפוחים וכו׳ יין תפוחים ויין רמונים וכיוצא בהם — מותר לשתותם בכל מקום, שלא גזרו עליהם איסור. ומשקים אלה אם היו דמיהם יקרים מדמי היין (או שהיין משביח אותם ביותר. ש״ך) — אסור לקנות מן הגוים שמא עירבו יין בתוכם. וזה — כשקונה מהם בחנות. אבל כשרואה שמוציאים מן החבית — מותר, לפי שאין מערבים בהם יין כדי שלא יתקלקלו. כברייתא. (רמב״ם שם הי״א. שו״ע שם סעיפים ג—ד).

מסורת הש״ס

א. ירושלמי ע״ז פ״ב ה״ט.
ב. ראה שם.
ג. תוספתא ע״ז פ״ד יב (בשינוי).

גרסות

מתרצת לה כך סימני בכת״י ועוד: מתרצת לה תני כך סימני.

והיכי משכחת בסימני — משכחת לה בכת״י: והיכי משכחת לה.

קא משמע לן הני מחמת מישחא בכתי״מ: קמ״ל מחמת מישחא בכתי״ס: אלא מחמת מישחא.

בקטלוזא בכתי״ס ובמקורות: בסלילה.

ומן הסלולה מותרין בכת״י ועוד: ומן הספינה מותרין.

היה בידך בכת״י: יש בידך.

יין של תפוחים בכתי״מ: יין תפוחים.

ומן הסלולה מותר בכת״י ועוד: מן הספינה.

לשון

קפלוטות
מקור המלה הוא ביוונית κεφαλωτός (קפלוטוס) שמשמעה ראש, ראש קטן והוא כינוי ל״ראש״ המעובה של צמח הכרתי.

כרתי (כרישין)

קפריסין

מקור המלה ביוונית καππαρις (קפריס) שמשמעה הצלף או פרי הצלף.

קטלוזא
מקור המלה ביוונית κατλυσις (קטליסיס) שמשמעה — שוק, מרכז מכירות (וממנה גם המלה איטליז).

העולם

שילפוחא
בדרך כלל יש שלפוחית שחיה (שהיא שילפוחא הנזכרת כאן) רק לדגי גרם שהם בדרך כלל דגים טהורים. אולם אין זה סימן מובהק. ויש דגים (בעיקר ממיני הבינים שבין דגי הגרם ודגי הסחוס) שגם להם יש שלפוחית.

לעזי רש״י

מישיא״ה (צ״ל: וישיא״ה) מן הצרפתית העתיקה wesie — שלפוחית.

מול״ש מן הצרפתית העתיקה moles — מרוככים ביותר.

פיל״א מן הצרפתית העתיקה pile — ערימה.

סיכום פרק "אין מעמידין"

מתוך החשש לגילוי עריות אסרו חכמים על האשה להתייחד עמהם. ועוד אסרו להעמיד בהמה בפונדק של גוים מחשש לרביעה (ובהמשך הדורות התירו חכמים דבר זה, לפי שהגוים עצמם נזהרים בכך).

לענין הרחקה משפיכות דמים, הזהירו חכמים לבל יעמיד אדם עצמו במצב בו יוכל הגוי להורגו, במישרין או בתחבולה, ובכלל זה הפקדת חייו של ישראל בידי רופא גוי או מיילדת גויה. ואמרו חכמים כי מותר להתרפא מרופא גוי כאשר אין בדבר משום סכנת נפשות (והגמרא דנה באריכות מה נחשב כדבר שיש בו סכנת נפשות, שאף מחללים עליו את השבת, וכן בענייני רפואה בכלל). ועוד אמרו חכמים כי בכל מקרה מותר להתרפאות על ידי גוי כאשר מדובר ברופא מקצועי. וכן הוסיפו לענין זה במשך הדורות, שבמדינות בהם שולט חוק וסדר אין לחשוש לענין זה, ואף לא לייחוד עם גוי.

מן הצד האחר אמרו חכמים כי יש להימנע מן הטיפול בגוים עובדי עבודה זרה, ומן הדאגה לקיומם (והוא הדין לעוברי עבירה מסויימים ישראלים), מתוך שיש בכך משום גידול כוחה של עבודה זרה. אלא שהוסיפו כי בכל מקום שיש בדבר משום איבה מותר הדבר, וכן התירו חכמים במשך הדורות לטפל בגוים ולרפאם משום דרכי שלום.

מן התורה נאסרה הנאה מתקרובת עבודה זרה, ובכלל זה התקרובת המצויה ביותר — יין שניסכו מקצת ממנו לעבודה זרה. וחכמים החמירו ואסרו בהנאה כל יין של גוים משום כך, וכן אסרו יין של ישראל שנגע בו הגוי, שמא ניסך ממנו לעבודה זרה. אכן, גם בזמנים ובמקומות בהם חשש זה היה פחות נפוץ אסרו חכמים דבר זה משום שהיין מביא לקירבה יתירה ("משום בנותיהם").

חכמים הרבו לעסוק בדין יין של ישראל שהופקד אצל הגוי, או שעבר תחת ידיו, ויש חשש שנגע בו, ואמרו שאינו אסור בהנאה אלא רק בשתיה, ואינו מותר לגמרי אלא אם היתה חבית היין חתומה בחותם (או לדעה אחרת — חותם בתוך חותם) וכיוצא בזה. והגמרא האריכה לדון בפרטי ענין זה שיש בו השלכות רבות למעשה, לא רק לענין יין, אלא אף לשאר דברים שיש בהם חשש איסור.

יין שהיה מונח ללא השגחה יש בו גם חשש סכנה, ואסרו חכמים לשתות יין ומשקים אחרים שנתגלו מחשש שמא שתה מהם נחש והטיל בהם את ארסו. ובגמרא האריכו לברר באלו משקים ומאכלים ובאלו מצבים יש לחשוש לדבר.

בכלל איסור יינם — כל מוצרי הלואי של היין, כגון חומץ, זגים וחרצנים, ודברים שיש חשש שנתערב בהם יין כזה, וכן נאסרו הכלים שיש בהם טעם יין של גוים. ובפרק זה (וכן בפרקים מאוחרים יותר) דנו חכמים בדרך ההכשר של הכלים השונים שנבלע בהם יין כזה, שהדבר תלוי בחומר ממנו עשוי הכלי, בזמן בו שוהה היין בכלי, ובאפשרות המעשית להכשיר כל כלי. שיש כלים הבולעים ואינם פולטים שאין להם תיקון כלל, ויש כלים שאין להם להם תיקון אלא על ידי הגעלה, ויש שדי להם בהדחה בלבד, ויש שצריכים מילוי מים ועירוי שלושה ימים, ועוד. ואמרו חכמים כי קנקנים של גוים לאחר שנים עשר חודש, שוב אין בהם חשש של טעם היין האסור.

מלבד מאכלים של גוים שחכמים אסרום בהנאה מחשש לתערובת של תקרובת עבודה זרה, וכן חשש לאיסורי הנאה אחרים, נאסרו מאכלים שונים באכילה, הן כדי להימנע מיחסי קירבה יתירה עם הגוים, והן מחשש לתערובת איסור בתוכם, כגון חלב שחלבו גוי ואין ישראל רואהו. חלק מן הדברים נסתפקו בגמרא משום מה נאסרו, משום תערובת איסור או משום קירבה.

מאכלים שחכמים אסרום באכילה מחשש שמא דברים טמאים הם, או שמא מעורבים בהם דברים טמאים שאסורים באכילה, כל אלו הותרו במקומות ובאופנים בהם סבורים היו חכמים שאין מקום לחשוש לדבר, כגון שיש טירחה יתירה בזיופו, או שאין לגוי רווח מעירוב דברים טמאים בתוכו, או כאשר יש סימנים של כשרות באריזות של המאכלים.

בענין בישולי גוים סוכם כי כל הנאכל כמות שהוא חי אין בו משום איסור בישולי גוים, וכן כל שאינו מאכל חשוב העולה על שולחן מלכים.

פתיחה לפרק "כל הצלמים"

"פְּסִילֵי אֱלֹהֵיהֶם תִּשְׂרְפוּן בָּאֵשׁ לֹא תַחְמֹד כֶּסֶף וְזָהָב עֲלֵיהֶם וְלָקַחְתָּ לָךְ פֶּן תִּוָּקֵשׁ בּוֹ כִּי תוֹעֲבַת יהוה אֱלֹהֶיךָ הוּא. וְלֹא תָבִיא תוֹעֵבָה אֶל בֵּיתֶךָ וְהָיִיתָ חֵרֶם כָּמֹהוּ שַׁקֵּץ תְּשַׁקְּצֶנּוּ וְתַעֵב תְּתַעֲבֶנּוּ כִּי חֵרֶם הוּא". (דברים ז, כה—כו)

"אַבֵּד תְּאַבְּדוּן אֶת כָּל הַמְּקֹמוֹת אֲשֶׁר עָבְדוּ שָׁם הַגּוֹיִם אֲשֶׁר אַתֶּם יֹרְשִׁים אֹתָם אֶת אֱלֹהֵיהֶם עַל הֶהָרִים הָרָמִים וְעַל הַגְּבָעוֹת וְתַחַת כָּל עֵץ רַעֲנָן. וְנִתַּצְתֶּם אֶת מִזְבְּחֹתָם וְשִׁבַּרְתֶּם אֶת מַצֵּבֹתָם וַאֲשֵׁרֵיהֶם תִּשְׂרְפוּן בָּאֵשׁ וּפְסִילֵי אֱלֹהֵיהֶם תְּגַדֵּעוּן וְאִבַּדְתֶּם אֶת שְׁמָם מִן הַמָּקוֹם הַהוּא". (דברים יב, ב—ג)

הציווי שנצטווינו בתורה להשמיד ולאבד כל עבודה זרה, והאיסור ליהנות ממנה, הוא עיקר עניינו של פרק זה.

בענין זה עולות מספר שאלות: כיון שעובדי עבודה זרה עובדים לכל דבר שבעולם, ובכלל זה שמש וירח, הרים וגבעות, ימים ונהרות, ובאלו יש דברים שבוודאי אי אפשר שלא ליהנות מהם, ואף מלשון התורה עולה כי אין הם נאסרים עלינו, ממילא עולה השאלה מה נאסר כשעובדים אותו ומה אינו נאסר, מה יש לאבד ומה אינו בכלל זה.

מצד אחר, יכולים להיות דברים הנראים כעבודה זרה לפי צורתם, כגון פסלים וצורות שונות, אך לא נועדו לכך מתחילה, וגם אינם משמשים כלל לפולחן עבודה זרה, אלא לנוי או לכבוד, ויש לברר מה דינם. מהם הכללים המעשיים במי שבא ספק כזה לידו האם עבודה זרה לפניו או דבר אחר, והאם יש דרך להכריע במצבים שונים.

מלבד פסילים של עבודה זרה, מוזכרים בתורה במפורש בענין זה עצי אשרה, מזבחות ומצבות. ויש לשאול באלו מהם מדובר בדיוק, שהרי כל אחד מאלו יכול להוות עבודה זרה בעצמו, וייתכן שאינו אלא משמש לצורך עבודה זרה.

ובענין זה עצמו יש לשאול: מהו דינם של אותם דברים שאינם עבודה זרה בעצמם, אלא משמשים לה, כגון בתים וחצירות שעבודה זרה מצויה בהם, מזבחות ובמות שעושים לכבודה, תכשיטים וקישוטים שנעשו לייפותה?

בעיה אחרת היא: האם דברים הנאסרים מחמת היותם עבודה זרה או משמשים לה אסורים לעולם, גם כאשר שוב אינם משמשים יותר לכך, או שיש דרכים וזמנים שבהם האיסור בטל? ומה דינם של שברים של עבודה זרה?

אף בהגדרת איסור ההנאה מעבודה זרה יש מקום לדון מה נחשב כהנאה מעבודה זרה ומה אינו נחשב בכלל זה.

שאלות אלה הן עיקר עניינו של פרק זה, ואגב מתבררים נושאים אחרים קרובים בעניינם.

קצה א מיי' פ"ג מהל' מאכלות אסורות הלכה כ סמג לאוין קמח טוש"ע י"ד סימן פג סעיף ח:

קצו ב מיי' פי"ז שם הלכה כד סמג שם טוש"ע י"ד סימן קיד סעיף ח:

קצז ג מיי' שם הלכה יא טוש"ע שם סעיף ג:

א ד ה מיי' פ"ז מהל' עבודת כוכבים הל' ו סמג לאוין כב טוש"ע י"ד סי' קמא סעיף א:

[נ"ל שנטרף]

והתניא כסימני ביצים כך סימני עוברי דגים לאו תרוצי[א] מתרצת לה כך סימני קירבי דגים והיכי משכחת בסימני קירבי דגים שיהא כד וחד משכחת לה בשילפוחא אם אין שם מומחה מאי אמר רב יהודה [א]כיון דאמר אני מלחתים מותרין רב נחמן אמר עד שיאמר אלו דגים ואלו קירביהן אורי ליה רב יהודה לאדא דיילא כיון דאמר אני מלחתים מותרין: ועלה של חילתית: פשיטא לא נצרכה אלא לקרטין שבו מהו דתימא ניחוש דלמא מייתי ומערב ביה קמ"ל דהא אישתרוקי היא דאישתרוק ואתא בהדה: וזיתי גלוסקאות המגולגלין: פשיטא לא נצרכא אע"ג דרפי טובא מהו דתימא חמרא רמא בהו קמ"ל הני מחמת מישחא הוא דרפו: ורבי יוסי אומר שלחין אסורין: היכי דמי שלחין א"ר יוסי בר חנינא כל שאוחזו בידו וגרעינתו נשמטת: החגבין הבאין כו': ת"ר *[ב]החגבין והקפריסין והקפלוטות הבאין מן האוצר ומן ההפתק ומן הספינה מותרין הנמכרין *בקטלוזא לפני חנוני אסורין מפני שמזלף יין עליהן וכן *[ג]יין תפוחים של גוים *הבאין מן האוצר ומן ההפתק ומן הסלולה מותרין הנמכר בקטלוזא אסור מפני שמערבין בו יין ת"ר פעם א' חש רבי במעיו אמר כלום יש אדם שיודע יין תפוחים של גוים אסור או מותר אמר לפניו ר' ישמעאל ב"ר יוסי פעם אחת חש אבא במעיו והביאו לו יין תפוחים של גוים של ע' שנה ושתה ונתרפא אמר לו כל כך היה בידך ואתה מצערני בדקו ומצאו גוי אחד שהיה לו שלש מאות גרבי יין של תפוחים של ע' שנה ושתה ונתרפא אמר ברוך המקום שמסר עולמו לשומרים: וכן לתרומה: מאי וכן לתרומה אמר רב ששת וכן לכהן החשוד למכור (מי) תרומה לשם חולין לפניו הוא דאסור אבל הבא מן האוצר ומן ההפתק ומן הסלולה מותר אירתותי מירתת סבר שמעי ביה רבנן ומפסדו לי' מינאי:

[תוספתא פ"ה ע"ז] [תוספתא פ"ה]

הדרן עלך אין מעמידין

א **כל** הצלמים אסורין מפני שהן נעבדין פעם אחת בשנה דברי רבי מאיר וחכמים אומרים [ד]אינו אסור אלא כל שיש בידו מקל או צפור או
ב כדור רבן שמעון בן גמליאל אומר אף כל שיש בידו כל דבר: **גמ'** אי דנעבדין פעם אחת בשנה מאי טעמא דרבנן א"ר יצחק בר יוסף א"ר יוחנן במקומו של ר"מ היו עובדין אותה פעם אחת בשנה [א]ור"מ *דחייש למיעוטא [ב]גזר שאר מקומות אטו אותו מקום ורבנן דלא חיישי למיעוטא לא גזרו שאר מקומות אטו אותו מקום אמר רב יהודה אמר שמואל באנדרטי של מלכים שנינו[א] אמר רבה בר בר חנה אמר ר' יוחנן [ה]ובעומדין על פתח מדינה שנינו אמר

[לעיל לד: וש"נ]

רש"י

והתניא כסימני ביצים וכו'. אלמא יש לדגים עוברין: **והיכא משכחת לה בסימני קירבי דגים כד וחד.**[ב] ובבני מעיים עסוין כזה ענין: **בשילפוחא.** משיא"ה של דג שמליאה רוח: **אין שם מומחה מאי.** כשנימוחו העוברין קבעי לה: **אני מלחתים.** הדגים וראיתי שדגים טהורין הן ומהן הוצאתי קרביים הללו: **אלו דגים.** שיראה לו הדגים עצמן אבל באני מלחתים לא מהימן דשמא לא בקי בהן: **דיילא.** שמש רגיל להיות שכיר לעושה סעודה לתקן תבשילין: **לקרטין שבו.** הדבוקין בעליו או שנשרו בכלי דלמא אייתי קרטין אחריני דאיפסיק בסכינא ועריב בהני: **אישתרוקי אישתריקו.** ומן העלין לכלי עצמן אישתרוקי נשמטו: **דרפי טובא.** מגולגלין ביותר ובלע"ז מול"ש וגרעינתם נשמטת[ג] דכיון דרפי כולי האי חמרא רמא בהו: **שלחין.** שמשתלחין גרעינין מעצמו: **קפריסין.** קפלוטות מבושלין וכבושין במכבש ומתקיימין ואין בהן משום בשולי גוים דנאכלים חיין ולא משום גיעול דטעם הגיעול פוגמו ולא משביחו: **מן ההפתק.** מקום כינוסן שהן צבורין שם זה על זה ובלע"ז פיל"א: **קטלוזא.** שוק: **תרומה.** אין דמיה יקרים שאינה ראויה אלא לכהנים: **ומפסדו מינאי.** יפקירו את כל האוצר:

הדרן עלך אין מעמידין

כל הצלמים אסורין. בהנאה: **כדור.** פילוט"א ובגמרא מפרש דהני ודאי נעבדין דמשום חשיבותא אשקלוה להנך חפצי בידייהו: **גמ' מ"ט דרבנן.** מדלא קתני וחכמים אומרים אינו נעבד אלא מי שיש בידו וכו' מכלל דסבירא להו דנעבדים: **אנדרטי.** כשהמלך מת עושין צורתו בפתח השער לזכרון והתם קאסר רבי מאיר דאגב חביבותא פלחי ליה: **בעומדין על פתח המדינה שנינו.** בהנהו קאסר רבי מאיר דחשיבי להו:

[נ"ל בסלולא כך איתא בתוספתא וכן משמע בהרא"ש ע"ש וגרים סלים אבל ברי"ף אי' בסלולה ופי' הר"ן סלים]

תוספות

ה"ג **אוצר** הפתק ספינה. וזו אף זו קתני שאוצר מתקיים יותר מהפתק והפתק יותר מספינה: הדרן עלך אין מעמידין

כל הצלמים. רשב"ג אומר אף כל שיש בידו כל דבר. בגמ' מפרש טעמא דר"מ משום דחייש למיעוטא וגזר שאר מקומות אטו אותו מקום ורבנן דלא חיישי למיעוטא לא גזרי ומשמע מהכא דרשב"ג נמי לא חייש למיעוטא ופליג אדר"מ ותימה דא"כ קשיא דרשב"ג ארשב"ג וקשיא הלכתא אהלכתא דרשב"ג דהכא לא חייש למיעוטא ובפרק אם לא הביא (שבת דף קלה: ושם) תנן רשב"ג אומר כל ששהה ל' יום באדם אינו נפל הא לא שהה כגון (שנשרף) או שאכלו ארי הוי נפל אע"ג דרוב נשים אינן מפילות אלמא חייש למיעוט נפלין ותנן נמי פ"ג דבכורות (דף כג:) רשב"ג אומר הלוקח בהמה מניקה מן הגוי פטורה מן הבכורה דלא מרחמא אלא אם כן ילדה משמע אבל מטעם חולבת לא דחלב אינו פוטר דחיישינן למיעוט חולבות אע"פ שאינן יולדות והלכתא קיימא לן כרבנן דלא חיישי למיעוט דאמרינן פ"ק דחולין (דף יא:) ור"מ דחייש למיעוטא היכי אכל בישרא ומדלא קאמר היכי אכלינן משמע דקי"ל דלא חיישינן למיעוטא ואילו בבכורות ובנפל פסקינן כרשב"ג דחייש למיעוטא וי"ל דודאי רשב"ג לא חייש למיעוטא כדמשמע הכא והיא דנפל שאני דהוא מיעוט המצוי דנפלים שכיחי ושם ודאי יש לחוש כדאמרינן (יבמות דף קכא.) גבי ראוהו נופל למים שאין להם סוף או ראוהו גוסס דאשתו אסורה אע"פ שרוב גוססין למיתה וחיישינן למיעוטא מפני שהוא מיעוט המצוי והיא דבכורות מיירי שראינוה חולבת קודם לידה דודאי הוחזקה מן המיעוט אבל ודאי בשאר בהמות חלב פוטר וכן הלכה: **אי דנעבדין פעם אחת בשנה מאי טעמייהו דרבנן.** וא"ת דלמא בהא פליגי מר סבר דנעבדין ומר סבר אין נעבדין וי"ל דמשמע ליה דאפילו רבנן אית להו דנעבדין מדלא קתני וחכ"א אין נעבדין אלא מי שיש בידו וכו' וכן פ"ה: **ר"מ גזר שאר מקומות אטו אותו מקום.** וא"ת בפירקין דלעיל (דף לד:) גבי גבינת בית אונייקי לא גזר נמי ר"מ שאר מקומות ויש לומר דשאני התם דבאותו מקום נמי לא היו נשחטין לעבודה זרה כי אם המיעוט ואי הוה גזרינן שאר מקומות אטו אותו מקום הוי מיעוטא דמיעוטא אבל כאן במקומו של ר"מ היו כולם עובדין כל הצלמים וה"נ גזר ר"מ על הכותים מפני דמות יונה שמצאו בהר גרזים והיו כל בני המקום עובדין לה (חולין ו.): **אנדרטי של מלכים.** פ"ה צורת שלטון המת עושין לזכרון ור"ת פי' צורת שלטון החי עושין לכבודו וראיה לדבר מאנדרטי של נבוכדנצר* ועוד דאמר במדרש אדריינוס קיסר הלך את ר' יהושע לטייל במדינה הראהו צורת צלמים שהיו עושין לכבודו: **ובאנדרטי של מלכים שנינו.** פ"ה ובההוא קאסר רבי מאיר דאגב חביבותייהו פלחי להו ומפרש נמי בעומדין על פתח מדינה דחשיבי טפי משמע אבל בשאר צלמים לא אסר רבי מאיר וקשה דהא תנן (לקמן דף מא.) מצא תבנית יד או תבנית רגל הרי אלו אסורין ולשון מצא משמע בשוק או בשדה ואפילו למאי דמוקי לה שמואל לקמן בעומדים על בסיסן ופ"ה על בימוס שלהן שבשם עובדין אותם לא נהירא דלשון מצא לא משמע כן אלא שיש להם בית מושב רחב ויכולין לעמוד לבדן [ד]וניכרים שלא נשתברו מצלם שלם ועוד קשה דהכא משמע דסתם אנדרטי של מלכים פלחי להו טפי ואדרבה בפרק כלל גדול (שבת דף עב:) משמע שאין סתמן לעבוד דקאמר אי דחזא אנדרטי וסגיד ליה אי דקבליה עליה וכו' לכך פי' רבינו תם דהכא קאי אהיתרא דרבנן וה"ק הא דשרו רבנן במתני' היינו דוקא באנדרטי של מלכים ובעומדין על פתח מדינה דבהנהו שרו רבנן דודאי לנוי עביד להו ורבי אלחנן מיישב פ"ה דודאי קאי ארבי מאיר ובשאר צלמים לא אסר והיא דלקמן דתבנית יד ותבנית רגל מיירי בשל כפרים והנהו ודאי אסורים אפילו לרבנן דודאי למיפלחינהו עבדי להו ובכך ניחא דכי דייק[ה] לה במילתיה *דרבי יוחנן הא צלמים עצמן אסורין וסתמא כרבי מאיר לא מצי למימר דסתמא כרבי מאיר מסיפא דתבנית יד ורגל דההיא אתיא אפילו כרבנן כדפרישית והא דמשמע בפרק כלל גדול (שם דף עב:) דאנדרטי אין סתמן נעבד לא איירי בשל מלכים אלא בשל שולטנות והכא מיירי בשל מלכים

[נ"ל דר"ל רש"י]

רבינו חננאל

רחבה טהורה שני ראשיה הדין שני ראשיה כדין טמאה. ופריק רבא היכא אמרו אין לוקחין אלא מן המומחה בשנימוחו ואינן ניכרין להיבדק. אין שם מומחה מאי. רב הונא אמר עד שיאמר אני מלחתים וכן אורי ליה רב יהודה לאדא דילא: **ירושלמי** נתן בר בא אמר קומי שמואל ידע אנא למפרש בין עוברי דגים טמאים בין עוברי דגים טהורין עוברי דגים טמאים עגולים עוברי דגים טהורין ארוכין אחוי ליה הדא סלפיתא מין דג שמו בלשון יון אל סלפה. אמר ליה כזה מהו. אמר ליה טמא אמר ליה לא ביש לי דאמרת על טהור טמא אלא סופך דאמרת על טמא טהור אין לוקחין מעי דגים וקרבי דגים אלא על פי מומחה ואם אמר אני מלחתים נאמן ומפרש בעוברי דגים טמאין ביציאתן נגמרות: ועלה של חלתית. ואמרינן פשיטא חלתית הוא דאסור משום דחתיך ליה בסכין ובלע ליה מן השמנונית של סכין. אבל העלין פשיטא דמותרין ופריק רבא לא נצרכא אלא לגרעין שבה מהו דתימא ניחוש דלמא מערב בהו מן החלתית עצמו קמ"ל אגב דשריק ליה מינתר נתר ולא מידבק: וזיתי גלוסקא המגולגלין פי' זיתים רכים ולחין ורפוין מהו דתימא חמרא רמא בהו ואסירי קמ"ל מחמת שמנן הוא דרפו. ר' יוסי אומר השלוחין אסורין היכי דמי שלוחין כל שאוחזה בידו וגרעינתה נשמטת דכולי האי לא רפיא אלא אי יהיב בהו חמרא: **ירושלמי** הן סבכות הן פרעות הן רפפות הן רעלות הן אסטגיות הן ספיות הן כוסות הן גומות היא מקום תחת הכוסות היא מקום הנחת חתיכות הן זיתי גלוסקא הן זיתי מגולגלין. והשלוחין אסורין ר' חייא בשם ר' יוחנן אמר מין הוא והן נותנין בהן חומץ שיהו חולצין את גרעיניהן: והחגבין מן הסלילה אסורין שמזלפין בהן יין מן האפותין מותרין (וכן בתרומה): **ת"ר** החגבין והקפריסין והקפלוטאות פי' הצלף וראשי הלפתות וכיוצא בהן הכבושין הבאים מן האוצר ומן האפותין ומן הספינה מותרין והנמכרין בסלילה לפני החנוני אסורין מפני שמזלף עליהן וכן יין תפוחים הבאים מן האוצר וכו': פעם אחת חש רבי במעיו והביאו לו יין תפוחים של גוי של שבעים שנה ושתה ונתרפא ואמר ברוך שמסר עולמו לשומרים: וכן בתרומה. פירשה רב ששת החשוד למכור תרומה לשם חולין מה שלפניו בחנות הוא דאסור דחיישינן דלמא מערב בהו תרומה אבל הבא מן האוצר ומן האפותין ומן הספינה מותרין מאי טעמא אירתותי מירתת סבר דלמא שמעי רבנן ומפסדי ליה לכוליה: **הדרן עלך אין מעמידין: כל** הצלמין אסורין מפני שנעבדין פעם אחת בשנה דברי ר"מ וחכ"א אינו אסור אלא מי שיש בידו מקל כו'. אוקמה רב יצחק בר יוסף א"ר יוחנן במקומו של ר"מ היו עובדין אותו פעם אחת בשנה. ורבי מאיר לטעמיה דחייש למיעוטא וכו' ופשוטה היא ובא רב יהודה ואמר באנדרטי של מלכים שנינו כלומר צורת אדם. ואמר רבי יוחנן בעומדין על פתח מדינה

גליון הש"ס

גמרא ור"מ דחייש למיעוטא. עיין מרדכי סוף חולין:

הגהות הב"ח

(א) גמ' לאו תרוצי קא מתרצית לה תריץ הכי כך סימני קירבי דגים: (ב) רש"י ד"ה והיכא וכו' כד וחד וכי בבני מעים וכו' הענין: (ג) ד"ה דרפי וכו' נשמטת הס"ד ואח"כ מ"ה מהו דתימא דכיון דרפי: (ד) תוס' ד"ה ובאנדרטי וכו' לעמוד לבדן ונראים שלא נשתברו מצלם שלם: (ה) בא"ד ובכך ניחא דכי דייק לקמן מתיובתא דר' יוחנן הא וכו' אפילו כרבנן כדפרישית. נ"ב [פי' דסיפא בשל כפרים] איירי וא"ה ריפא דתני סברי צלמים מותרין דלא אצטריך דאפילו סברי עבודת כוכבים מותרין אלא לדיוקא הא צלמים עצמן אסורין לא אצטריך הך דיוקא אלא [לאורויי דסתמא] כר"מ דאי בשל כפרים מסיפא שמעי' לה דאפילו [תבנית יד ורגל] אסורין כ"ש צלמים שלמים אלא הך דיוקא לא אתא אלא [לאורויי דסתמא כר"מ] ובאנדרטי של מלכים ומה שקשה היא גופא טעמא מאי (והשאר חסר):

הגהות הגר"א

[א] גמ' אמר רבב"ח. נ"ב גירסת הרמב"ם רבב"ח אמר ר' יוחנן בעומדין כו' ופליג על שמואל. אבל הרי"ף והרא"ש ושאר פוסקים מפרשים דלא פליגי. וכולם מפרשים דברי שניהם אף לרבנן דלא כר"מ עמ"ש רבינו ביו"ד סי' קמ"א ס"ק ב':

א משנה **כָּל הַצְּלָמִים** (הפסלים) **אֲסוּרִין** בהנאה, **מִפְּנֵי שֶׁהֵן נֶעֱבָדִין פַּעַם אַחַת בַּשָּׁנָה** לפחות, אלה **דִּבְרֵי ר׳ מֵאִיר. וַחֲכָמִים אוֹמְרִים: אֵינוֹ אָסוּר** בהנאה כעבודה זרה **אֶלָּא כָּל** פסל **שֶׁיֵּשׁ בְּיָדוֹ מַקֵּל אוֹ צִפּוֹר אוֹ כַּדּוּר,** שהם סמלים שהמוכיחים שפסל זה הוא עבודה זרה, אבל אחרים לנוי הם. **רַבָּן שִׁמְעוֹן בֶּן גַּמְלִיאֵל אוֹמֵר: אַף כָּל** פסל **שֶׁיֵּשׁ בְּיָדוֹ כָּל דָּבָר** בוודאי עבודה זרה הוא.

ב גמרא על מחלוקת ר׳ מאיר וחכמים שואלים: **אִי** [אם] מדובר בפסלים **שֶׁנֶּעֱבָדִין פַּעַם אַחַת בַּשָּׁנָה, מַאי טַעְמָא דְּרַבָּנַן** [מה טעמם של חכמים] שמתירים? הלוא ברור שהם עבודה זרה! **אָמַר ר׳ יִצְחָק בַּר יוֹסֵף אָמַר ר׳ יוֹחָנָן: בִּמְקוֹמוֹ שֶׁל ר׳ מֵאִיר הָיוּ עוֹבְדִין אוֹתָהּ פַּעַם אַחַת בַּשָּׁנָה** את כל הפסלים. **וְר׳ מֵאִיר דְּחָיֵישׁ לְמִיעוּטָא** [שבכלל, שיטתו הוא שחושש למיעוט] — **גָּזַר בִּשְׁאָר מְקוֹמוֹת אַטּוּ** [משום] **אוֹתוֹ מָקוֹם** בו הוא גר, **וְרַבָּנַן דְּלָא חָיְישִׁי לְמִיעוּטָא** [וחכמים שאינם חוששים למיעוט] — **לֹא גָּזְרוּ שְׁאָר מְקוֹמוֹת אַטּוּ** [משום] **אוֹתוֹ מָקוֹם** של ר׳ מאיר. **אָמַר רַב יְהוּדָה אָמַר שְׁמוּאֵל: בְּאַנְדְּרָטֵי** (בפסלי דמותם) **שֶׁל מְלָכִים שָׁנִינוּ** שדווקא בהם נחלקו אם יש לאסור בהם משום חשש עבודה זרה או לא. **אָמַר רַבָּה בַּר בַּר חָנָה אָמַר ר׳ יוֹחָנָן: וּבְעוֹמְדִין עַל פֶּתַח מְדִינָה שָׁנִינוּ,** שרואים שהעמידום במקום חשוב, ויש לחשוש שעובדים להם.

עיונים

כל הצלמים המאירי סבור שכל הצלמים הנזכרים כאן הם פסלים של דמות אדם, וכן נראה לכאורה מן ההמשך. אבל מדברי הרמב״ם בפירוש המשניות עולה כי אין מדובר כאן דווקא על דמות אדם, אלא כל פסל או צורה בכל דמות שהיא. וכן נראה מפירוש הר״ח, שהסביר כי רב יהודה בגמרא ביאר כי הכוונה דווקא לצורת אדם. ועוד הסביר המאירי כי אין מדובר כאן בפסל המצוי בבית עבודה זרה, שהוא אסור אף אם לא עבדו אותו, שהרי נעשה לשם עבודה זרה, אלא מדובר בפסלים המפוזרים בכל מקום ברחבי הערים.

מאי טעמא דרבנן כתב רש״י שאין להסביר שחכמים סבורים שצלמים אלה כלל אינם נעבדים, ושבענין זה מחלוקת, כי לשון חכמים במשנה אינה ״אינו נעבד אלא מי שיש בידו...״, ולשונם היא ״אינו אסור אלא״, משמע שאינם חלוקים על המציאות שהם נעבדים פעם אחת בשנה.

במקומו של ר׳ מאיר וכו׳ ובירושלמי אמרו שר׳ מאיר אמר כי בעיר רומי מקדישים פעמיים בשבע שנים יום לכל מיני הצורות והפסלים (שיש להם יום המיוחד לזה, אם מפני שהוא זמנו של מלך, או שסבורים על פי האסטרולוגיה שהוא יום הראוי לכך) ועובדים אותם. ור׳ מאיר הרחיב את האיסור גם לשאר מקומות. ובדומה לכך יש במאירי, שבמקומו של ר׳ מאיר היו עובדים לכל הפסלים שבעיר כשהיו יוצאים מבית העבודה זרה, ומשום כך גזר על כל המקומות. וראה ברמב״ן ובריטב״א.

באנדרטי של מלכים שנינו רש״י מסביר שהיו עושים אנדרטאות אלה למלכים שמתו, לזכרון, ואת אלו היו עובדים. ואילו ר״ת סבור להיפך, שהכוונה היא לאנדרטאות של מלכים שעושים להם עוד בחייהם, ואלו היו נעשים לנוי. ועוד נחלקו במשמעות הדברים, שלדעת רש״י רב יהודה חולק על ר׳ יצחק בר יוסף, וסבור כי ר׳ מאיר לא אסר בכל הצלמים, אלא דווקא באנדרטאות של מלכים, שמפני חיבתם או כבודם עובדים להם (ולפי זה חכמים סבורים שאין אלו נעשים לעבודה אלא משום כבודו ומוראו, אלא אם יש בכך היכר מיוחד של מקל בידו וכו׳). והרמב״ן סבור כי לדעת הרי״ף דברים אלה הם לכל השיטות, הן לשיטת ר׳ מאיר, והן לשיטת חכמים, שגם הם לא אסרו כשיש בידו מקל וכו׳ אלא במקרים אלה. ואילו ר״ת סבור שדברים אלה אמורים דווקא לשיטת חכמים, ולהחמיר ולומר שדווקא באנדרטאות של מלכים העומדים בפתח המדינה אין מקום לחשוש שנעשו לשם עבודה, אלא לנוי בלבד הם עומדים שם, אבל את האחרים יש לאסור אף לשיטתם (וראה בתוס׳).

ובירושלמי אמרו כי ב״של מלכים״ גם חכמים אינם מתירים, שוודאי עובדים אותו, וב״של שלטונות״ גם ר׳ מאיר מתיר, ולא נחלקו אלא בסתם צלמים, האם של מלכים הם או של שלטונות. וראה במה שהסביר הרשב״א את דברי הירושלמי כשיטת רב יהודה (הובא בריטב״א). וראה עוד אריכות גדולה בענין זה בריטב״א וב״משנה למלך״ על הרמב״ם.

על פתח המדינה שהוא מקום מכובד ביותר, ולכן דווקא שם יש לחשוש שהם נעבדים (רש״י). וראה לעיל שר״ת סבור להיפך. ומכל מקום מסכימים רוב המפרשים שאין אלה שתי דעות חלוקות, אלא דברי רבה בר בר חנה באו לסייג, שמה שנאסר באנדרטי אינו אלא דווקא בעומדים על פתח המדינה.

אורח ההלכה

כל הצלמים כל הצלמים של גוים אסורים, שסתמם נעשו לשם עבודה זרה. במה דברים אמורים? בצלמים המצויים בכפרים. אבל המצויים בעיר מותרים, אלא אם היו עומדים על פתח העיר והיה ביד הצלם מקל או צפור או כדור או סייף או עטרה וטבעת. כסתם משנה, וכר׳ יוחנן וכרבה בגמרא. וכתב הש״ך שבזמננו הכל לפי הענין, שהכל הוא לפי מה שנראה אם נעשו לשם עבודה זרה או לשם נוי. (רמב״ם ספר מדע הלכות עבודה זרה פ״ז ה״ו. שו״ע יו״ד קמא, א).

מסורת הש״ס

א. ע״ז לד,ב (ושם סומנו מקבילות).

ב. ראה ירושלמי ע״ז פ״ג ה״א.

גרסות

פעם אחת בשנה יש בכת״י: **אחת בשנה.**

אף כל שיש בידו במשניות ועוד: **כל שיש בידו** ובכתי״ס: **אף מי שיש בידו.**

לשון

אנדרטי

מקור המלה הוא ביוונית, כנראה ἀνδριάντος (אנדריאנטוס) פסל של אדם.

החיים

יום אחד בשנה

לאלילים רבים היה יום חג מיוחד פעם בשנה שבו היו עובדים אותם, כל אחד לפי דרכו. הרמב״ם סבור כי ימים אלה היו נעשים לפי חשובים אסטרולוגיים, כאשר היתה השמש מצויה במעלה מסויימת. ומכל מקום היו לפחות פעם בשנה עובדים אותם.

כל שיש בידו מקל וכו׳

פסלו של יופיטר, האליל החשוב של רומא, ובידו מקל ובקצהו ציפור

לעזי רש״י

פילוט״א מן הצרפתית העתיקה pelote — כדור.

אָמַר רַבָּה: מַחֲלוֹקֶת ר׳ מאיר וחכמים היא דווקא בְּאנדרטאות שֶׁל כְּפָרִים, אֲבָל בְּשֶׁל כְּרַכִּים — דִּבְרֵי הַכֹּל מוּתָּרִין, מַאי טַעְמָא [מה טעם הדבר]? לְנוֹי עָבְדִי לְהוּ [עושים אותם] ולא לפולחן. ושואלים: ושל כְּפָרִים מִי אִיכָּא לְמַאן דְּאָמַר [האם יש מי שאומר] שלְנוֹי קָעָבְדִי לְהוּ [עושים אותם]? והרי של כְּפָרִים וַדַּאי לְמִיפְלְחִינְהוּ עָבְדִי לְהוּ [לעבוד אותם עושים אותם]! אֶלָּא אִי אִתְּמַר הָכִי אִתְּמַר [אם נאמר כך נאמר], אָמַר רַבָּה: מַחֲלוֹקֶת בְּשֶׁל כְּרַכִּים, אֲבָל בְּשֶׁל כְּפָרִים — דִּבְרֵי הַכֹּל אֲסוּרִים.

א שנינו במשנה, וַחֲכָמִים אוֹמְרִים: אֵינָן אֲסוּרִין אלא כל שיש בידו מקל או צפור או כדור. ומסבירים: בכל אלו עובדיהם נותנים בהם סימן של אלהות, שהוא מלך העולם, מַקֵּל — שֶׁרוֹדֶה אֶת עַצְמוֹ תַּחַת כָּל הָעוֹלָם כּוּלּוֹ כְּמַקֵּל, כלומר, שהוא רודה את כל העולם כולו תחתיו כמי שרודה בהמה במקל. וחכמים אמרוהו בלשון גנאי. צִפּוֹר — שֶׁתּוֹפֵשׂ אֶת עַצְמוֹ תַּחַת (כלומר, מעל) כָּל הָעוֹלָם כּוּלּוֹ כְּצִפּוֹר. כַּדּוּר — שֶׁתּוֹפֵשׂ אֶת עַצְמוֹ תַּחַת (כלומר, מעל) כָּל הָעוֹלָם כּוּלּוֹ כְּמי שמחזיק כַּדּוּר בידו. ומעירים, תָּנָא [שנה החכם], הוֹסִיפוּ עֲלֵיהֶן חכמים לאסור: זה שיש בידו סַיִף, או עֲטָרָה על ראשו, או טַבַּעַת בידו. ומסבירים: סַיִף — מֵעִיקָּרָא סְבוּר [מתחילה סברו] שאם הפסל מחזיק בידו סייף — הרי פסל של לִסְטִים (שודד) בְּעָלְמָא [סתם], וּלְבַסּוֹף סְבוּר [סברו] שהכוונה היא שֶׁהוֹרֵג אֶת עַצְמוֹ תַּחַת כָּל הָעוֹלָם כּוּלּוֹ כלומר, שהורג את העולם כולו תחתיו. עֲטָרָה — מֵעִיקָּרָא סְבוּר גָּדֵיל כְּלִילֵי בְּעָלְמָא [מתחילה סברו שהוא פסל של מי שנושא עטרה סתם], וּלְבַסּוֹף סְבוּר [סברו] שהכוונה היא כַּעֲטָרָה לְמֶלֶךְ. טַבַּעַת — מֵעִיקָּרָא סְבוּר אִישְׁתַּיְימָא בְּעָלְמָא [מתחילה סברו שהוא פסל של שליח שנושא חותמת בלבד], וּלְבַסּוֹף סְבוּר [סברו] שהכוונה היא שֶׁחוֹתֵם אֶת עַצְמוֹ תַּחַת כָּל הָעוֹלָם כּוּלּוֹ (כלומר, את עולם כולו תחתיו) לְמִיתָה. ועוד שנינו במשנה, רַבָּן שִׁמְעוֹן בֶּן גַּמְלִיאֵל אומר: אף כל שיש בידו כל דבר. תָּנָא [שנה החכם]: הכוונה היא אֲפִילוּ מחזיק בידו צְרוֹר (אבן), וַאֲפִילוּ קֵיסָם עץ. בָּעֵי [שאל] רַב אַשִׁי: אם תָּפַשׂ בְּיָדוֹ צוֹאָה, מַהוּ? האם רואים זאת כענין של כבוד, או לא? מִי אָמְרִינַן [האם אנו אומרים] שהכוונה היא: כּוּלֵּי עָלְמָא זִילוּ בְּאַפֵּיהּ כִּי [שכל העולם מוזלזל בעיניו כמו] צוֹאָה, אוֹ דִּילְמָא [שמא] הוּא מִיהוּ דְּזִיל בְּאַפֵּי כּוּלֵּי עָלְמָא [זה שמוזלזל בעיני הכל] כְּצוֹאָה? שאלה זו לא נפתרה ונשארה בתֵּיקוּ [תעמוד] במקומה.

ב משנה הַמּוֹצֵא שִׁבְרֵי צְלָמִים כלומר, שברים של צורות שאין הוא יודע אם שימשו כעבודה זרה — הֲרֵי אֵלּוּ מוּתָּרִין, מָצָא תַּבְנִית יָד אוֹ תַּבְנִית רֶגֶל — הֲרֵי אֵלּוּ אֲסוּרִין, מִפְּנֵי שֶׁכַּיּוֹצֵא בָּהֶן נֶעֱבָד כדבר בפני עצמו.

ג גמרא אָמַר שְׁמוּאֵל: לא רק שברי צלמים, אלא אֲפִילוּ שִׁבְרֵי עֲבוֹדָה זָרָה שאנו יודעים שהיו נעבדים, הרי אלו מותרים. ומקשים: וְהָאֲנַן תְּנַן [והרי אנו שנינו במשנה]: שִׁבְרֵי צְלָמִים, משמע שמדובר דווקא באלה שלא ברור אם היו עבודה זרה או לא! ומשיבים: הוּא הַדִּין שאֲפִילוּ שִׁבְרֵי עֲבוֹדָה זָרָה, וְהָא דְּקָתָנֵי [וזה ששנה] שִׁבְרֵי צְלָמִים — הרי זה מִשּׁוּם דְּקָבָעֵי לְמִיתְנָא סֵיפָא [שרצה לשנות בסוף] מקרה כעין זה: מָצָא תַּבְנִית יָד תַּבְנִית רֶגֶל — הֲרֵי אֵלּוּ אֲסוּרִין למרות שאין ודאות שנעבדו, מִפְּנֵי שֶׁכַּיּוֹצֵא בָּהֶן נֶעֱבָד. תְּנַן [שנינו במשנה]: מָצָא תַּבְנִית יָד תַּבְנִית רֶגֶל — הֲרֵי אֵלּוּ אֲסוּרִין מִפְּנֵי שֶׁכַּיּוֹצֵא בּוֹ נֶעֱבָד. ושואלים: אַמַּאי [מדוע]?

מסורת הש"ס

א. (בשינויים) ירושלמי ע"ז פ"ג ה"א. תוספתא ע"ז פ"ה א. במדב"ר פי"ג יד.

ב. ראה שם.

גרסות

לנוי עבדי בכת"י: **לנוי בעלמא עבדי.**

העולם כולו כמקל בכת"י: **העולם כולו במקל.**

שתופש עצמו תחת כל העולם כולו ככדור בכתי"ס: **שתופש את כל העולם כולו ככדור** והר"ח כנראה גורס כל הדברים בלשון זו.

לסטים בעלמא בכת"י: **לסטים בעלמא הוא.**

העולם כולו. עטרה בכתי"מ: **העולם כולו כסייף. עטרה.**

הוא מיהו דזיל בכת"י: **הוא ניהו דזיל.**

שברי צלמים בירושלמי: **שברי כלים.**

תבנית רגל בכתי"מ: **או תבנית רגל.**

תנן מצא — נעבד בכתי"ס ועוד: **גופא — נעבד** ובכתי"מ: **תנן מצא תבנית יד תבנית רגל הרי אלו אסורין** ויש מקורות שמשפט זה חסר בהם, ראה עיונים בעמוד הבא.

לשון

אישתימא

מקור המלה ומשמעותה המדוייקת אינם ברורים. רוב המפרשים סבורים שעניינה הוא: שומר החותם.

לגבי מקור המלה יש סבורים כי מוצאה מן האשורית satammu שמשמעה — פקיד, ממונה.

החיים

תבנית רגל

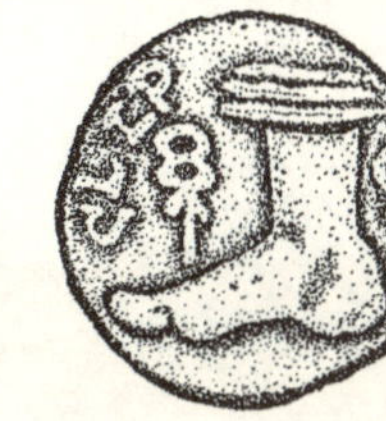

מטבע רומאי ועליו תבנית רגל המסמלת את האליל סראפיס

עיונים

ודכפרים מי איכא למימר וכו׳ שבערים הגדולות שיש להם ממון הרבה, פעמים שמעמידם פסלים לנוי בלבד. אבל פסלים שבכפרים — מן הסתם העמידום לשם עבודה זרה, שאם לא כן לא היה בידם להעמידם, ואם כן כיצד אפשר להתיר בשל כפרים? (רש"י). וכתבו בתוס׳ שכך צריך להבין את הסיכום: פסלים שבכפרים ודאי אסורים לדברי הכל, משום שהם נעבדים. ולא נחלקו ר׳ מאיר וחכמים אלא לגבי אלה שבערים, שלדעת ר׳ מאיר כיון שיש מהם נעבדים (אפילו פעם אחת בשנה) יש לגזור על כולם, ולדעת חכמים אין גוזרים משום המיעוט.

תחת כל העולם כולו וכל אלה לשונות גנאי הן. וראה גם בגרסות, וראה בר"ח שכתב את הדברים בסגנון מפורש, אם משום שהיתה לפניו גרסה זו, או שהוא פירוש.

שתופס עצמו... כצפור וכתב הר"ח שהכוונה היא שמחזיק את כל העולם כדרך שאדם מחזיק צפור בידו. ובירושלמי אמרו שהוא כעין לשון הכתוב "ותמצא כקן ידי לכל העמים וכאסוף ביצים עזובות כל הארץ אני אספתי" (ישעיה י, יד). וריא"ז כתב שכוונתו שהוא מתנשא על כל העולם כצפור העפה במרום.

לסטים בעלמא כתב הריטב"א שאף כאן דיברו בעבודה זרה בלשון גנאי. והכוונה היא שמתחילה חשבו שסימנים אלה אינם סימן שהוא נעבד, אלא סמלים להראות את גדולתו של המלך, אם כדי להראות את כוחו כמנצח (ולכן יש חרב בידו) או גדולתו כיורש המלוכה (ומשום יש בראשו כתר). שודאי לא נתכוונו לומר ששמו פסל זה לשם בזיון, אלא כדי להדגיש צדדים של גדולה שאינם עניינים של עבודה זרה.

אשיתיימא רש"י מפרש: שליח הנושא בידו חותמו של אחר. והר"ח (וכן בערוך בעקבותיו) פירש שהוא שר האוצרות המחזיק בידו חותם. ועניינו של החותם לפי המסקנה הוא שחותם את כל העולם לחיים או למות (ר"ח).

קיסם או צרור שכל העולם כולו הריהו לגביו כקיסם בלבד, שהכל ברשותו (ריא"ז).

שברי עבודה זרה כלומר, אפילו שברים של פסלים שראינו שהיו נעבדים (רש"י). ובתוס׳ מסבירים שצריך לומר כי שמואל סבור כריש לקיש (להלן עמוד ב) האומר שעבודה זרה שנשברה מעצמה שבריה מותרים. ולפיכך יש לתלות ששברי עבודה זרה מותרים, משום שייתכן שעובדיהם ביטלום בכוונה, או שביטלום משום שנשברו מעצמם, ורק מיעוט קטן אפשר לתלות באלה שנשברו על ידי ישראל (שאינו יכול לבטל עבודה זרה שלו) שאם ישראל היה שוברם היה ודאי משליך את השברים לבערם לחלוטין. וכן מסביר הר"ש משאנץ ובתר"י. אבל בעל המאור ואחרים אומרים (בעיקר לאור העובדה שהרי"ף פסק גם כשמואל וגם כר׳ יוחנן) שבאמת סבור שמואל כר׳ יוחנן, שעבודה זרה שנשתברה מאליה אינה בטלה על ידי כך, והטעם שהוא מתיר בשברי עבודה זרה הרי זה משום שמצאם כך, שאנו מניחים שלא נשברה מאליה אלא שניפץ אותה (כי אם לא כן היו משמרים את השברים ולא מניחים להם להיות כהפקר. ראה ריטב"א). ובספר השלמה סבור שהרי"ף פסק כשמואל משום שלענין זה דעתו מצטרפת עם ריש לקיש, והריהם כשנים מול ר׳ יוחנן. אבל בעצם ההלכה לגבי עבודה זרה שנשברה, פסק לפי הכללים, כר׳ יוחנן, שאין ברור ששמואל חולק עליו.

תבנית יד ואפילו ניכר בה שנשברו מתבנית גדולה יש לאוסרם, שפעמים אין הגוי עושה כל דמות יראתו אלא יד או רגל ממנה, ועובדה (ראב"ד), או שמא שייר אותם כדי לעובדם בפני עצמם (המאירי).

משום דקבעי למיתני סיפא ואם היה שונה ברישא שברי עבודה זרה, היינו סבורים שדווקא באלו יש לאסור תבנית יד או רגל (למרות שהיו רק חלקים של פסל גדול יותר. תוס׳), אבל שברי צלמים סתם — אין לאסור בהם אפילו במקרה כזה. לכן שנה התנא שגם במקרה של שברי צלמים, כל שהוא שבר חשוב כזה — יש לאסור בו (רש"י).

אורח ההלכה

המוצא שברי צלמים המוצא שברי צלמים מושלכים בין שברי מתכת — מותרים. אבל אם מצא תבנית יד או רגל והוא עומד על בסיסו — אסור. כמשנה וכדברי שמואל. (רמב"ם ספר מדע הלכות עבודה זרה פ"ז ה"ז. שו"ע יו"ד קמא, ב).

שברי עבודה זרה הרמב"ם פסק כי המוצא שברי עבודה זרה — הרי אלו אסורים בהנאה, שמא לא ביטלה הגוי. והוא שלא כדברי שמואל, לפי שלדעתו ר׳ יוחנן חולק עליו. וכן פסק בשו"ע במקום אחד. ובמקום אחר פסק בשו"ע שהמוצא שברי עבודה זרה — מותרים, כשמואל (וראה בש"ך ובגר"א). (רמב"ם שם. שו"ע שם ושם קמו, יא).

עין משפט נר מצוה

ב א ב מיי' פ"ז מהל' עבודת כוכבים הלכה ו סמג לאוין כב טוש"ע י"ד סי' קמא סעיף א:
ג ג ד ה מיי' שם הלכה ז טוש"ע שם סעי' ב:

גמרא

אמר רבה מחלוקת בשל כפרים אבל בשל כרכים ד"ה מותרין מ"ט לנוי עבדי להו ודכפרים מי איכא למ"ד לנוי קעבדי להו דכפרים ודאי למיפלחינהו עבדי להו אלא אי אתמר הכי אתמר אמר רבה מחלוקת בשל כרכים [א]אבל בשל כפרים ד"ה אסורים:

א וחכ"א אינן אסורין וכו': [א]מקל שרודה את עצמו תחת כל העולם כולו כמקל: צפור שתופש את עצמו תחת כל העולם כולו כצפור: כדור שתופש את עצמו תחת כל העולם כולו ככדור תנא [ב]* [ג]הוסיפו עליהן סייף עטרה וטבעת סייף מעיקרא סבור לסטים בעלמא ולבסוף סבור שהורג את עצמו תחת כל העולם כולו עטרה מעיקרא סבור גדיל כלילי בעלמא ולבסוף סבור כעטרה למלך טבעת מעיקרא סבור אישתיימא בעלמא ולבסוף סבור שחותם את עצמו תחת כל העולם כולו למיתה: רבן שמעון בן גמליאל כו': תנא אפילו צרור אפי' קיסם בעי רב אשי תפש בידו צואה מהו מי אמרינן כ"ע זילו באפיה כי צואה א"ד

ב הוא מיהו דזיל באפי כ"ע כצואה תיקו: **מתני'** המוצא [ג]שברי צלמים הרי אלו מותרין [ד]מצא תבנית יד או תבנית רגל הרי אלו אסורין מפני שכיוצא בהן

ג נעבד: **גמ'** אמר שמואל [ה]אפי' שברי עבודה זרה והאנן תנן שברי צלמים ה"ה דאפי' שברי עבודה זרה והא דקתני שברי צלמים משום דקבעי למיתנא סיפא מצא תבנית יד תבנית רגל הרי אלו אסורין מפני שכיוצא בהן נעבד תנן מצא תבנית יד תבנית רגל הרי אלו אסורין מפני שכיוצא בו נעבד אמאי והא

רש"י

מי איכא למ"ד וכו'. מי שרו רבנן הא ודאי דכפרים למפלחינהו עבדי להו דבני כפר לא עבדי לנוי: **תחת כל העולם כולו.** לשון גנאי נקיט כלומר שרודה על כל: (*גדיל כלילי. אומן של עטרה): **אישתיימא.** שליח הנושא חותם המשלחו:

מתני' שברי אלו מותרין. טעמא מפרש בגמ' דכי הוו שלימים ספק [א]לא עבדום ואת"ל עבדום אימור בטלום לכך שיברום הוי ספק ספיקא ולקולא: **שכיוצא בהן נעבד.** תבנית יד לבדה הן עובדין: **גמ' אמר שמואל אפילו שברי עבודה זרה.** לא תימא שברי צלמים דוקא משום דשמא לא עבדום מעולם אפי' כשהיו שלימין[ב] דאפי' שברי עבודה זרה שראינוה שעבדוה כשהיתה שלימה מותרין דכיון דנשברה שוב אין עובדין אותה: **משום דקבעי למיתני סיפא כו'.** דאי תנא עבודה זרה הוה אמינא דוקא[ג] עבודה זרה דמצא תבנית יד או תבנית רגל דאסורה אבל צלמים אפי' תבנית יד שרי להכי תנא ברישא צלמים למימר דאע"ג דשמא לא עבדום אפ"ה לשבר חשוב כגון תבנית יד חיישינן וכשעומדין על בסיסן כדמוקים ליה לקמן:

תוספות

והכי ניחא דנקט הכא באנדרטי של מלכים ולא קאמר באנדרטי סתם וכן משמע בירושלמי דשל מלכים נעבדין יותר דקאמר התם אם דבר ברי שהוא של מלכים ד"ה אסור אם דבר ברי שהוא של סולטנות ד"ה מותר אלא אנן קיימין בסתם ר"מ סבר סתמן של מלכים וחכ"א סתמן של סולטנות ולפר"ת קשה קצת דכי קאמר לקמן סתמא כר"מ ה"מ למימר סתמא אפילו כרבנן שהרי לא התירו אלא אנדרטי: **אמר רבה מחלוקת בשל כפרים וכו'.** לפום ריהטא משמע דמוקי פלוגתייהו דר"מ ורבנן בגזרת שאר מקומות אטו אותו מקום והכי פירושו מחלוקת בשל כפרים שהן נעבדין במקומו דגזרינן בכל הכפרים אטו אותו מקום דאף על גב דשאר מקומות לא פלחי להו אלא לנוי עבדי להו אסירי ורבנן לא גזרי שאר מקומות דכפרים אבל בשל כרכים דברי הכל מותרים בכל הכרכים דבכולהו לא עבדי להו אלא לנוי בעלמא ולא גזרינן כרכים אטו כפרים אבל ק"ק הלשון דפריך ושל כפרים מי איכא למ"ד דלנוי עבדי להו ומאי פריך הא ודאי דבין לר"מ בין לרבנן כפרים של שאר מקומות עבדי להו לנוי ולא אסר בהו ר"מ אלא משום דגזר אטו של שאר מקומות ועוד קשה הא דקאמר אבל של כרכים ד"ה לנוי עבדי להו משמע התם מודו תרוייהו דלנוי עבדי להו הא בשל כפרים פליגי אי עבדי לנוי אי למפלחינהו וליתיה דכולהו מודו דבמקומו של ר"מ עבדי להו למפלחינהו והכי ה"ל למימר מחלוקת בשל כפרים ר"מ גזר שאר מקומות אטו אותו מקום ורבנן סברי לא גזרינן אבל בשל כרכים ודאי לנוי עבדי להו פירוש ומותרין בכל מקום וככרכים אפילו במקומו של ר"מ דלנוי עבדי להו לכך נראה מחלוקת בשל כפרים דר"מ אסר להו בכל מקום דלמפלחינהו עבדי להו[ד] ורבנן שרו בכל מקום דסברי לנוי עבדי להו אבל בשל כרכים ד"ה לנוי בעלמא עבדי להו ומותר ופריך ושל כפרים מי איכא למ"ד לנוי עבדי להו כלומר היאך תעלה על דעתך להעמיד מחלוקתם בשל כפרים ויחלקו רבנן על רבי מאיר לומר דבכפרים לנוי עבדי להו הא ודאי למפלחינהו עבדי להו אלא אי אתמר הכי אתמר מחלוקת בשל כרכים דהנהו עבידי לנוי אלא ר"מ אסר בכל הכרכים [ה]דגזר רובא דשאר מקומות אטו מיעוטא מקומות דנעבדין אף בכרכים פעם אחת בשנה ורבנן לא גזרי רובא אטו מיעוטא אבל בשל כפרים ד"ה אסורין דכולהו כפרים למפלחינהו עבוד: **ככדור.** שהעולם עגול כדאיתא בירושלמי שאלכסנדרוס מוקדון עלה למעלה עד שראה כל העולם ככדור ואת הים כקערה פי' יש אוקינוס שמקיף את כל העולם: **אמר שמואל ואפילו שברי עבודה זרה מותרין.** נראה לר"י כי שמואל שסובר שברי עבודה זרה מותרין אית ליה נמי עבודה זרה שנשתברה מאיליה מותרת כרשב"ל ורשב"ל דקאמר עבודה זרה שנשתברה מאיליה מותרת. אית ליה נמי דמצא שברי עבודה זרה מותרין ותרוייהו חד טעמא אית להו וכן משמע בסמוך דרבי יוחנן מותיב לרשב"ל ממתני' דהמוצא שברי צלמים הרי אלו מותרין משמע הא שברי עבודה זרה אסורין ומוכח מיניה דעבודה זרה שנשתברה מאיליה אסורה ורשב"ל אית ליה דשברי עבודה זרה מותרים משום דסבר עבודה זרה שנשתברה[ו] מותרת וה"פ דמילתיה דשמואל ואפי' שברי עבודה זרה כלומר לאו דוקא שברי צלמים שרי משום ספק ספיקא דאימור לא עבדום ואת"ל עבדום אימר בטלום אלא אף שברי עבודה זרה דודאי עבדוה מותרין דכיון דאי ידעי בודאי שנשתברה מאיליה מותרת א"כ סתם שברים מותרין דרוב שבירותיה הוו ביטול דטפי שכיח שבירת גוי או נשתברה מאיליה משמשיברה ישראל דודאי אמרי אילו שיברה ישראל לא היה מניחה שם אלא היה מבערה לגמרי מן העולם ופריך ליה תלמודא והאנן תנן שברי צלמים דמשמע דוקא[ז] צלמים דאיכא ספק ספיקא אבל לא שברי עבודה זרה דאי ס"ד שברי עבודה זרה נמי מותרין היה לו לשנות שברי עבודה זרה דהוו חידוש טפי אלא ודאי מדשבקינהו לשברי עבודה זרה ונקט שברי צלמים דוקא קתני ושברי עבודה זרה אסורים משום דודאי עבדוה ומי יימר דבטלוה ומסיק ה"ה דאף שברי עבודה זרה מותרין ואין לחלק בשברים והא דקתני שברי צלמים משום דקבעי למיתני סיפא מצא תבנית יד או רגל של צלמים אסורין והיטב יש לידע שברים של צלמים מדלא נקטי מידי בידייהו ואסורין לר"מ משום שאינם שברים גמורים כדמוקי לה שמואל בעומדין על בסיסן ואם נקט שברי עבודה זרה ברישא הוה אמינא דוקא תבנית יד ורגל דעבודה זרה אסורין מפני שכשהיתה שלימה היתה נעבדת תדיר והרבה הן שהיו משתחוים ליד או לרגל בפני עצמן כשהיו מחוברים הלכך גם כשנפרד לא נתבטל מאחר שהוא[ח] דבר שלם שעומד כלם על בסיסן אבל צלמים שאינן נעבדין אפי' לר"מ אלא פעם אחת בשנה ואיכא למימר שהיד והרגל שלא היו נעבדין לבדם אף במחובר כלל אם כן כשנפרדו נתבטלו לגמרי ומשום הכי נקט שברי צלמים וא"ת מ"מ היה לו להשמיענו היתר שברי עבודה זרה דכח דהיתירא עדיף וי"ל דכאן ודאי כח דאיסורא דתבנית יד ורגל דצלמים עדיף כי טעם גדול היה לנו להתיר כדפרשינן דמחזיקין להו למבוטלין הואיל ואף בחיבורן לא היו נעבדין מעולם וכמה שלא[ט] שנאה כלל במשנתנו היתר שברי עבודה זרה לא הפסדנו כלום כי יש ללמדו ממשנתנו שאין לחלק כמו שפירש הטעם בדברי שמואל: **ה"ה דאפי' שברי עבודה זרה וכו'.** הא דלא משני הכא כמו שתירץ בסמוך על תיובתא דרבי יוחנן דמשני רשב"ל משום דאתי למידק הא צלמים עצמן אסורין וסתמא כר"מ דאותו תירוץ לא שייך כאן על מה שהקשינו לשמואל דשמואל אמתניתין קאי ומוקי לה כר"מ ואומר דלר"מ אע"ג דחידוש הוא דשברים מותר לאו חידוש הוא כ"כ בשברי צלמים[י] אלא ודאי דאף בשברי עבודה זרה עצמה מותרים דאיכא נמי כמה ספיקות כדפרישית ומקשינן ליה כיון דאף שברי עבודה זרה מותרים אמאי שבקינהו ונקט שברי צלמים דודאי אין לו להניח חידוש היתר שברים דאיירינן בהן להשמיענו חידוש איסור צלמים דלא איירינן מינייהו ומשום הכי קא משני דטוב לו להניח חידוש היתר עבודה זרה להשמיענו חידוש איסור בצלמים בתבנית יד ורגל כדפרישית דדמיא לשברים אבל בתר הכי מוקי לה כרבנן א"כ שברי צלמים לגופייהו לא אצטריך כלל כאשר אפרש לקמן: והא

רבינו חננאל

ואמר רבא מחלוקת ר' מאיר וחכמים באנדרטי העשוי בפתח מדינה דכרכים דרבנן סברי לנוי עבדי ליה אבל בשל כפרים דברי הכל אסורין דלמיפלחינהו עבדי להו וחכ"א אינו אסור אלא מי שיש בידו מקל או צפור או כדור מקל כלו' הוא רודה העולם כולו במקל. צפור שתופס העולם כולו בידו כתפישת צפור. כדור נמי שהעולם כולו בידו כמו כדור בידי אדם: תנא שהוסיפו עליהן מי שבידו סייף ועטרה וטבעת ותנא דידן סבר סייף כמו לסטים בעלמא ולבסוף ראו שאין כוונת עושיהם אלא שהורג העולם כולו בסייף שלו והעטרה היא עטרת מלכות. טבעת מעיקרא סבור אישתימא פירוש אישתימא אפוטרופא הממונה על האוצרות וחותם נקרא אישתימא ובסוף ראו כי כוונתם כי חותם על כל אדם מי למות מי לחיים תנא אפילו צרור אפי' קיסם: **בעי** רב אשי תופש בידו צואה מאי ועלתה בתיקו: **המוצא** שברי צלמים הרי אלו מותרין אמר שמואל ואפילו שברי עבודה זרה מותרין. מצא תבנית יד או תבנית רגל הרי אלו אסורין מפני שכיוצא

הגהות הב"ח

(א) רש"י ד"ה הרי וכו' דכי הוו שלימים ספק עבדום ספק לא עבדום: (ב) ד"ה אמר וכו' כשהיו שלימין אלא אפילו שברי וכו' כשהיתה שלימה שבריה מותרין: (ג) ד"ה משום וכו' דוקא בעבודה זרה הוא דמצא תבנית וכו' אסורין וכו' אפ"ה בשבר חשוב: (ד) תוס' ד"ה אמר רבה וכו' ורבנן שרו בכל מקום דסברי. נ"ב ולפי זה ה"מ למיפרך ה"ל למיתני וחכמים אומרים אינן נעבדין כו' אלמא [והשאר חסר]: (ה) בא"ד דגזר רובא דשאר מקומות. נ"ב ויש להקשות היאך מוכח דבגזר פליגי דלמא לא פליגי אלא [דלר"מ בשל] כרכים למפלחינהו עבדי להו בכל מקום ולרבנן כולהו לנוי עבדי להו וי"ל דא"כ קשה איפכא מי איכא למ"ד כולהו למפלחינהו עבדי להו ודאי נמי לנוי עבדי להו אבל כי אוקימנא דבגזר פליגי אתי שפיר דלכ"ע לנוי עבדי להו אלא דבמקומו של ר"מ נעבדין פעם אחת בשנה [והשאר חסר]: (ו) ד"ה אמר שמואל וכו' שנשתברה מאליה מותרת וה"פ: (ז) בא"ד דמשמע דוקא שברי צלמים: (ח) בא"ד מאחר שהוא נראה דבר שלם שעומד על בסיסו כצ"ל ותיבת צלם נמחק: (ט) בא"ד וכמה שלא שנה כלל: (י) ד"ה ה"ה לאפילו וכו' כ"כ בשברי צלמים דאף שברי עבודה זרה עצמה מותרין כצ"ל ותיבות אלא ודאי נמחק:

גליון הש"ס

תוס' ד"ה אמר שמואל וכו' אית ליה נמי. עיין לקמן דף מט ע"ב תוס' ד"ה לא:

גדיל שם אומן כלילי עטרה מהר"ם

[תוספתא פ"ז]

עין משפט נר מצוה

ד א מיי' פ"ז מהלכות עבודת כוכבים הלכה ז ועיין בכ"מ סמג לאוין כב טוש"ע י"ד סימן קמא סעיף ב:

ה ב מיי' שם פ"ח הלכה יא סמג שם טוש"ע י"ד סימן קמו סעיף יא:

ו ג מיי' פ"י מהלכות מעשר הלכה ג סמג עשין קלה:

ז ד מיי' שם פ"ג הל' ו סמג עשין קלה טוש"ע י"ד סימן שלא סעיף פד:

רבינו חננאל

בהן נעבד והוא שעומדין על כנם ואינם שבורין: **איתמר** עבודה זרה שנשתברה מאליה רבי יוחנן אמר אסורה דלא ביטלה אדם ריש לקיש אמר מותרת כיון שנשתברה אמר בדעתיה איהי לא יכלה לשיזבי נפשה לאחריני משוזבה ובסתמא מבטיל לה. ומותיב ר' יוחנן לריש לקיש והא ראש דגון ושתי כפות ידיו כרותות דנשתברה מאליה היא א) וביטלום ופריק ריש לקיש הא קא שבקו לדגון דאמרי שבקיה איסריה לדגון ואזיל ויתיב ליה אמפתן. ואתינן לפרושי דעתייהו דרבנן מכלל ד"ר מאיר. דרבנן סבירא ליה עבודה זרה אסורה שבריה מותרין קשיא לר' יוחנן. ומשני ר' יוחנן הכי השתא בשלמא צלמים ספק עבדום ספק לא עבדום ואם תמצא לומר עבדום אימור ביטלום אבל עבודה זרה דודאי עבודה מי יימר דביטלוה הוי עבודתן ודאי וביטלום ספק ואין ספק מוציא מידי ודאי. ומקשינן ואין ספק מוציא מידי ודאי והתניא חבר שמת והניח מגורה מלשון נהרסו ממגורות והניח מגורה מלאה פרות וכו' ודברים פשוטין הן ובכמה מקומות פירשנו זה הענין וגם בפסחים.

א) אולי צ"ל ולא ביטלום ופריק ריש לקיש הא קאי שבקי לדגון דאמרי דשבקיה וכו' כצ"ל ופרש רבינו דמשם ראיה להיפך דמותרת ולא כפירש"י ודו"ק.

תוספות

והא שברים נינהו. וא"ת בלא מלתיה דשמואל נמי תקשי רישא לסיפא רישא שברי צלמים מותרין וסיפא תבנית יד ורגל אסורין ויש לומר דאי לאו מלתיה דשמואל הוה אמינא שברי עבודה זרה אסורין וסיפא משתמע שפיר בשברי עבודה זרה:

בעומדין על בסיסן. פ"ה על בימוס שלהן ולשון מלא קשיא דמשמע בשוק או בשדה לכך נראה לר"ת לפרש שיש להם בית מושב רחב שיושבין עליו לבדם ואינם נראים כשברים אלא נראה שכך הן מתחלה נעשים: **איתיביה** המוצא שברי צלמים הרי אלו מותרין הא שברי עבודה זרה אסורין. נראה לפרש דהכי פריך הך משנה סתמא שנויה ור"מ לא הוזכר בה וא"כ נוכל להעמיד אף כרבנן ובהתם צלמים שאין בידם כלום שנחלקו ר"מ ורבנן איירי הכא והכי דייק בשלמא לר"מ דאסר צלמים עצמם הוצרך לשנות היתר בשברים אלא לרבנן השתא צלמים עצמם שרו שברים מבעיא אלא ש"מ למידק אתא הא שברים של עבודה זרה אסורין והשתא ליכא לשנויי כדשני לעיל ה"ה אפי' שברי עבודה זרה מותרין ומשום דקא בעי למיתני אלא תבנית יד וכו' דהך תירוצא לא שייך אלא אליבא דר"מ דאסר אפי' צלמים אבל לרבנן עדיין הקושיא בדוכתא אמאי תני שברי צלמים אם לא לדקדק הא שברי עבודה זרה אסורין ומשני לא תוקמה כרבנן ותידוק הא שברי עבודה זרה אסורין אלא תוקמה כר"מ ותידוק הא צלמים עצמם אסורין אבל שברי עבודה זרה לעולם מותרין ומאחר שבא להשמיענו סתמא כר"מ אין להקשות מה שהקשינו לעיל לשמואל ליתני שברי עבודה זרה וכ"ש שברי צלמים דאי תנא שברי עבודה זרה לא היינו יכולין לדקדק הא צלמים עצמם אסורין אלא הא עבודה זרה עצמה אסורה ובהא כו"ע מודו ואין להקשות מאחר דמוקי לה כר"מ לימא משום דבעי למתני סיפא כדשני לעיל כי נראה קצת דוחק(ג) בהיות כי בא לאשמועי' חידוש בשברים ומניח שברי עבודה זרה *)משום סיפא אבל השתא קאמר דלא בא לאשמועינן בשברים כלל ולא בא אלא לדיוק אבל אליבא דשמואל משמע דבא להודיע דשברים מותר כדפרישית לעיל:

מדרבי מאיר נשמע לרבנן. לפר"ת דפירש לרבנן דאסרי כל צלמים אף(ד) אין בידם כלום חוץ מאנדרטי עומד על פתח מדינה נראה דה"מ למפרך מרבנן גופייהו דלעולם בצלמים האסורים יש להחמיר בשבריהם כשברי עבודה זרה עצמה ולרבנן שבריהם מותרין דדבר ידוע הוא שאינם מחמירין יותר מר"מ וא"כ לימא מרבנן גופייהו נשמע דשברי עבודה זרה מותרין דהא צלמים אסורין שבריהם מותרין ה"נ עבודה זרה אסורה שבריה מותרין ובקונטרס נמי דקדק דה"מ למיפרך מרבנן גופייהו ומצלמים שיש בידם מקל או צפור ושבריהם מותרין אלא משום דלא חזינן בהדיא במתני' דשרו שברי צלמים שהן אסורין: **ואין** ספק מוציא מידי ודאי. בתמיה פי' ואין ספק היתר הרגיל מוציא מידי ודאי דאי בשאינו רגיל אפילו ספק איסור אינו מוציא מידי ודאי היתר כדמוכח בפ"ק דחולין (דף י.) גבי עור ספק פוגס וכו': **חזקה** על חבר וכו'. בירושלמי קאמר תפתר בשמת בתוך הייסוב פירוש ביישוב הדעת: **ומכניסה** במוץ שלה. פי' שלא תראה(ה) בדגן פני הבית כדי שלא תתחייב במעשר עד שיראה פני הבית פירוש לאחר שנעשה דגן ואם הכניסה במוץ שלה אז יוכל לאכול עראי וכדתניא בתוספתא ובפרק קמא דבילה (דף יג.) מייתי לה הכניס שבלין לאכול מהם עיסה אוכל מהם עראי ופטור ואכילת בהמתו דנקט הכא משום דכל אכילת בהמה אפילו קבע שלה חשוב הוא עראי וכדאמרינן (פאה פ"א מ"ו) מאכיל לבהמה לחיה ולעופות עד שיתמרח בכרי אבל אם ראה פני הבית(ו) בדגן או אף במרוח בכרי או בשדה ואין דעתו להביאו לבית נקבע הוא למעשר ולא יוכל לאכול עראי ואף לא להאכיל בהמתו דהנאה של כלוי אסורה בטבל והתם תלינן בשמא הכניסה במוץ ואף על גב דמדרבנן אסור לאכול קבע אתי ספק מעשר ומוציא מידי ודאי דרבנן:

גמרא

והא שברים נינהו [א]*תרגמה שמואל [א]בעומדין
א על בסיסן *אתמר [ב]עבודה זרה שנשתברה מאליה רבי יוחנן אמר [ב]אסורה רשב"ל אמר מותרת רבי יוחנן אמר אסורה דהא לא בטלה רשב"ל אמר מותרת מסתמא בטולי מבטיל לה מימר אמר איהי נפשה לא אצלה להוא גברא מצלה ליה [ג]*איתיביה ר' יוחנן לרשב"ל וראש דגון ושתי כפות ידיו כרותות וגו' וכתיב על כן לא ידרכו כהני דגון וגו' אמר לו [ד]*משם ראיה התם שמניחין את הדגון ועובדין את המפתן דאמרי הכי שבקיה איסריה לדגון ואתא איתיב ליה על המפתן איתיביה המוצא שברי צלמים הרי אלו מותרין הא שברי עבודה זרה אסורין לא תימא שברי עבודה זרה אסורין אלא אימא הא צלמים עצמן אסורין וסתמא כר' מאיר ורבי יוחנן מדר"מ נשמע להו לרבנן לאו אמר ר' מאיר צלמים אסורין שברי צלמים מותרין לרבנן עבודה זרה נמי היא אסורה ושבריה מותרין הכי השתא התם אימר עבדום אימר לא עבדום ואת"ל עבדום אימר בטלום עבודה זרה ודאי עבודה מי יימר דבטלה [ה]הוי ספק וודאי ואין ספק מוציא מידי ודאי *ואין ספק מוציא מידי ודאי *והתניא [ו]*חבר שמת והניח מגורה מלאה פירות אפילו הן בני יומן הרי הן בחזקת מתוקנין והא הכא דודאי טבילי ספק עשרינהו ספק לא עשרינהו וקאתי ספק ומוציא מידי ודאי התם ודאי וודאי הוא דודאי עשרינהו כדרבי חנינא חוזאה [ז]דאמר רבי חנינא חוזאה חזקה על חבר שאינו מוציא דבר שאינו מתוקן מתחת ידו ואבע"א (מעיקרא לא טבילי) [ח]ספק וספק הוא [אפשר דעבד] *כדר' אושעיא דאמר [ט]*מערים אדם על תבואתו ומכניסה במוץ שלה כדי שתהא בהמתו אוכלת ופטורה מן המעשר ואין ספק מוציא מידי ודאי והתניא [י]*אמר ר' יהודה מעשה בשפחתו של

רש"י

על בסיסן. על כנן מקום המתוקן(א) לה כיון דאוקמינהו התם ודאי פלחי להו: **לא ידרכו כהני דגון על מפתן דגון.** אלמא חשיבי להו שברים: **משם ראיה.** בתמיה: לאו עבודה זרה שבורה קחשיבי לה דאינהו סבור כיון שראו אבריו חשובין שלו על מפתן: **שבקיה איסריה לדגון.** גבורת ושררת הצלם עזבתו והלכה וישבה על המפתן(ב) איסריה שר שלו כמו איסרא דעניותא *(בשחיטת חולין בפרק כל הבשר (דף קה)): **וסתמא כר"מ.** ואע"ג דאסר צלמים מודה בשבריהן: **ומקשי'** ולרבי יוחנן *דקאמר הכא מודה ר"מ דשברי צלמים מותרין מדר"מ נשמע לרבנן דרבנן נמי שרו בשברי עבודה זרה דהא צלמים לרבי מאיר כעבודה זרה לרבנן נינהו ומדר"מ נשמע לרבנן דכי היכי דקאמר שברי צלמים מותרין ה"נ ודאי ס"ל לרבנן צלמים שיש בידן מקל או צפור דשבריהן מותרין וה"מ למימר מדרבנן נשמע לרבנן דהא אסרי צלמים שיש בידן מקל או צפור ומ"מ שבריהן מותרין והאי דלא קאמר הכי משום דלא חזינא בהדיא במתניתין דקא שרי שברי אותן צלמים שהן אסורין: **לאו אמר ר"מ וכו'.** לשון קושיא: **הוי ספק וודאי.** ספק להיתר וודאי אסור: **אין ספק מוציא מידי ודאי.** שהוחזק תחלה לאיסור: **והא הכא דודאי טבילי.** כיון שאנו רואין שנגמרה מלאכתן ודאי בחזקת טבל היו מיד: **התם ודאי וודאי הוא.** כי היכי דפשיטא לך שהיו טבל ה"נ פשיטא לך שעישרן החבר מיד שמוחזק בכך: **ואב"א ספק וספק הוא.** כי היכי דמספקא לן אם עישרן אם לאו נמי מספקא לן אם היו מעולם טבל אם לאו דאע"ג דנגמרה מלאכתן השתא ונתמרחו בכרי איכא למימר לא באו לכלל טבל מעולם: **דעבד להו כרבי אושעיא.** דהכניסה במוץ שלה ולא ראה פני הבית ואע"ג דטבל שלא ראה פני הבית מיתסר באכילת קבע והכא מחזקינן להו בחזקת מתוקנין ושרינן להו באכילת קבע אין כאן ספק מוציא מידי ודאי דאכילת קבע בדאורייתא לא אשכחינן ומדרבנן הוא דמיתסר והימנוה רבנן לחזקת חבר לתקנתא דידהו אבל אי הוה חזינן ליה דמרחינהו קודם שראו פני הבית ובאו לכלל טבל לא נפקי תו מידי ודאי עד דמעשרינהו קמן: **ומכניסה.** לאוצרו במוץ שלה ולא ימרחנה בכרי בגורן שבשדה דמירוח הוא גמר מלאכה והכנסתו לבית הוא קובעתו למעשר לאסור בו אכילת עראי כדאמרינן בהשוכר את הפועלים (ב"מ דף פח.) וכיון דהכניסה קודם גמר מלאכה לא קבעה ליה לכך וכי מהדר להו ומרח להו בתוך הבית לא מקבעי דפני הבית הוא דקבעי ולא תוך הבית כדיליף התם מואכלו בשעריך ואפילו מירחו בשדה והכניסו דרך גגות וקרפיפות אמרינן בברכות (דף לה:) דלא מקבעי: **כדי שתהא בהמתו אוכלת.** להכי נקט בהמתו דמאכל בהמתו קחשיב ליה אכילת עראי וליכא אפילו איסורא דרבנן כדתנן במסכת פאה (פ"א מ"ו) מאכיל לבהמה לחיה ולעופות עד שימרח בכרי אלמא מאכל בהמה עראי קרי ליה דאילו גבי אדם אף על גב דלא נמרחו אסור לאכול קבע אלא עראי ולגבי לא ראה פני הבית נמי בהמתו שריא אבל איהו אסור מדרבנן לאכול קבע אלא עראי אבל אי ראה פני הבית אפילו מאכל בהמה חייב במעשר דהא דתנן (דמאי פ"א מ"ג) הלוקח לזרע ולבהמה פטור בדמאי תנינן לה:

מליק

*) בס' ל"ם הגיה דל"ל אלא משום סיפא

של

מסורת הש"ס

תורה אור: ש"א ה; שם

[לקמן מב.]

מעילה יח.

[נ"ל בערבי פסחים קיז:]

[ולר"י דמותיב מודה לר"מ בצ"ל. רש"א]

[עי' תוס' לקמן מט: ד"ה לא דכ"ע]

[שבת כט: וש"נ]

[דמאי פ"ב מ"ב]

פסחים ז: ט. [חולין ו] נדה טו:

[ברכות לה. וש"נ]

[פסחים ט. נדה טו: תוספ' דאהלות פט"ו]

הגהות הב"ח

(א) רש"י ד"ה על בסיסן וכו' המתוקן להן לכוין: (ב) ד"ה שבקיה וכו' איסריה שר. נ"ב וכן פי' רש"י בחולין דף קה ע"ב: (ג) תוספות ד"ה איתיביה וכו' קצת דוחק לומר כי בא וכו' דבא להודיע דשברים מותר. נ"ב ועל כרחך צריך לשנויי משום סיפא כו' ע"כ דוחק הוא כיון דלא אפשר לשנויי בגוונא אחרינא אבל הכא אוקי לשנויי לא אתמעוטינן בשברים כלל וכו': (ד) ד"ה מדרבי מאיר וכו' אף אם אין בידם: (ה) ד"ה ומכניסה וכו' בדגנן פני הבית: (ו) בא"ד פני הבית בדגנן או אף וכו' והתם תלינן. נ"ב פי' התם בחבר שמת:

גליון הש"ס

גמ' רשב"ל אמר מותרת. עי' פסחים דף כז ע"ב תוס' ד"ה חוץ:

וְהָא [והרי] גם הם שְׁבָרִים נִינְהוּ [הם], ושברים מותרים! תַּרְגְּמַהּ (הסביר אותה) שְׁמוּאֵל: מדובר בְּעוֹמְדִין עַל בְּסִיסָן, שיש להם בסיס המתוקן להם, שניכר שאינם רק שברים, אלא נעשו כך מתחילה וכיוצא בהם נעבדים.

א אִתְּמַר [נאמר]: עֲבוֹדָה זָרָה שֶׁנִּשְׁתַּבְּרָה מֵאֵילֶיהָ, ר' יוֹחָנָן אָמַר: עדיין אֲסוּרָה היא. ר' שִׁמְעוֹן בֶּן לָקִישׁ אָמַר: מוּתֶּרֶת. ר' יוֹחָנָן אָמַר: אֲסוּרָה, דְּהָא [שהרי] לֹא בְּטֵלָהּ. ר' שִׁמְעוֹן בֶּן לָקִישׁ אָמַר: מוּתֶּרֶת, שכן מִסְתָּמָא בַּטּוּלֵי מְבַטֵּיל לַהּ [מן הסתם מבטל הוא אותה], מֵימַר אָמַר [אומר הוא בלבו]: אִיהִי נַפְשָׁהּ לָא אַצָּלָה, לְהַהוּא גַּבְרָא מַצְּלָה לֵיהּ [היא את עצמה לא הצילה מלהישבר, את האיש הזה שעובד אותה תציל אותו]! אֵיתִיבֵיהּ [הקשה לו] ר' יוֹחָנָן לְר' שִׁמְעוֹן בֶּן לָקִישׁ מן הכתוב: "וְרֹאשׁ דָּגוֹן וּשְׁתֵּי כַּפּוֹת יָדָיו כְּרֻתוֹת אֶל הַמִּפְתָּן" (שמואל א ה, ד) וּכְתִיב [ונאמר]: "עַל כֵּן לֹא יִדְרְכוּ כֹהֲנֵי דָגוֹן עַל מִפְתַּן בֵּית דָּגוֹן" (שם, ה). משמע שאף שאחר שנשברה עבודה זרה נוהגים בה כבוד ויראה! אָמַר לוֹ: מִשָּׁם אתה מביא רְאָיָה? הָתָם [שם] הכוונה היא שֶׁמַּנִּיחִין אֶת הַדָּגוֹן, שבטל ערכו בעיניהם, וְעוֹבְדִין אֶת הַמִּפְתָּן, דְּאָמְרֵי הָכִי [שאומרים הם כך]: שַׁבְקֵיהּ אִיסָּרֵיהּ [עזב אותו הכח, כוחו] שֶׁל דָּגוֹן, וַאֲתָא אִיתִּיב לֵיהּ [ובא וישב לו] עַל הַמִּפְתָּן. ועוד אֵיתִיבֵיהּ [הקשה לו] ר' יוחנן ממשנתנו: הַמּוֹצֵא שִׁבְרֵי צְלָמִים — הֲרֵי אֵלּוּ מוּתָּרִין. ונדייק מכאן: הָא [אבל] שִׁבְרֵי עֲבוֹדָה זָרָה — אֲסוּרִין! ודחה ריש לקיש: לָא תֵּימָא [אל תאמר] ותדייק שֶׁשִּׁבְרֵי עֲבוֹדָה זָרָה אֲסוּרִין, אֶלָּא אֵימָא [אמור]: הָא [אבל] צְלָמִים עַצְמָן אֲסוּרִין, וּסְתָמָא [וסתמה] של המשנה הוא כְּדַעַת ר' מֵאִיר האוסר במשנה הקודמת את כל הצלמים. ומקשים: ולדברי ר' יוֹחָנָן, כיון שמשנתנו כדעת ר' מאיר, הרי מדברי ר' מֵאִיר נִשְׁמַע לְהוּ לְרַבָּנַן [נלמד לשיטת חכמים], לָאו [האם לא] אָמַר ר' מֵאִיר כי צְלָמִים עצמם אֲסוּרִין ובכל זאת שִׁבְרֵי צְלָמִים מוּתָּרִין, אם כן, לְרַבָּנַן [לדעת חכמים] עֲבוֹדָה זָרָה נַמִי [גם כן] נאמר: הִיא אֲסוּרָה וּשְׁבָרֶיהָ מוּתָּרִין! ודוחים: הָכִי הָשְׁתָּא [כך אתה משווה]? הָתָם [שם] בְּשִׁבְרֵי צְלָמִים, אֵימַר [אמור] שֶׁלֹּא עֲבָדוּם, וְאִם תִּמְצֵי [תמצא] לוֹמַר שֶׁעֲבָדוּם — אֵימַר [אמור] שֶׁבִּטְּלוּם לאחר שנשברו, ולכן מתיר ר' מאיר בשברי צלמים, שאינו אלא ספק ספיקא. אבל עֲבוֹדָה זָרָה וַדַּאי עֲבוֹדָה, מִי יֵימַר [יאמר] שֶׁבִּטְּלָהּ? ואם כן, הֲוֵי [הריהו] סְפֵק בִּיטּוּל, וּוַדַּאי עבודה זרה, וְאֵין סָפֵק מוֹצִיא מִידֵי וַדַּאי. ושואלים: וְהאם אֵין סָפֵק מעין זה מוֹצִיא מִידֵי וַדַּאי כלל? וְהָתַנְיָא [והרי שנויה ברייתא]: חָבֵר שיודעים בו שנזהר בתרומות ומעשרות שֶׁמֵּת, וְהִנִּיחַ מְגוּרָה (מחסן) מְלֵאָה פֵּירוֹת, אֲפִילּוּ הֵן בְּנֵי יוֹמָן שהביאו אותם לשם ביום מותו — הֲרֵי הֵן בְּחֶזְקַת מְתוּקָּנִין, שמן הסתם עישר אותם. וְהָא הָכָא דְּוַדַּאי טְבִילֵי [והרי כאן שודאי היו טבל] כשהביאו אותם למגורה, סָפֵק עַשְּׂרִינְהוּ [עישרם] סָפֵק לֹא עַשְּׂרִינְהוּ [עישרם], וְקָאָתֵי [ובא] סָפֵק וּמוֹצִיא מִידֵי וַדַּאי טבל! ומשיבים: הָתָם [שם] וַדַּאי וַדַּאי הוּא, שֶׁוַּדַּאי עַשְּׂרִינְהוּ [עישר אותם], כְּדִבְרֵי ר' חֲנִינָא חוֹזָאָה, שֶׁאָמַר ר' חֲנִינָא חוֹזָאָה: חֲזָקָה עַל חָבֵר שֶׁאֵינוֹ מוֹצִיא דָּבָר שֶׁאֵינוֹ מְתוּקָּן (בהפרשת תרומה ומעשר) מִתַּחַת יָדוֹ, ועל חזקה זו אפשר לסמוך. וְאִי בָּעֵית אֵימָא [ואם תרצה אמור] תירוץ אחר: יתכן כי מֵעִיקָּרָא לָא טְבִילֵי [מתחילה לא היו הפירות האלה טבל] ולפיכך אף כאן סָפֵק וּסְפֵק סָפֵק הוּא, וכיצד ייתכן הדבר? כְּדִבְרֵי ר' אוֹשַׁעְיָא, שֶׁאָמַר: מַעֲרִים אָדָם עַל תְּבוּאָתוֹ וּמַכְנִיסָהּ בְּמוֹץ שֶׁלָּהּ למגורה, ואינו משלים את תיקונה בדישה ובמירוח ערימת התבואה, כְּדֵי שֶׁתְּהֵא בְּהֶמְתּוֹ אוֹכֶלֶת וּפְטוּרָה מִן הַמַּעֲשֵׂר. שכל עוד לא נגמרה מלאכת האיסוף והעימור של התבואה לא נכנסה לכלל חיוב תרומה ומעשר, והיא מותרת למאכל בהמה בלי שיהיה צורך לעשר אותה. ויתכן איפוא שמתחילה לא חל חיוב תרומה על התבואה, וכיון שהיא ספק — בא ספק ומוציא מידי ספק. ושואלים עוד: וְכִי אֵין סָפֵק מוֹצִיא מִידֵי וַדַּאי? וְהָתַנְיָא [והרי שנויה ברייתא]: אָמַר ר' יְהוּדָה: מַעֲשֶׂה בְּשִׁפְחָתוֹ

עיונים

והא שברים נינהו כגרסה שלפנינו (שתמיהת הגמרא באה לאחר ציטוט המשנה) פירש הראב"ד כי זו שאלה על המשנה: מדוע יש הבדל בין סתם שברים לבין תבנית יד או רגל? הרי גם באלה יש ספק שמא לא היו כלל עבודה זרה, ואם היו — שמא נתבטלו! אבל לפני ראשונים רבים מופיעה שאלה זו כקושיה על דברי שמואל, שפירש את דין משנתנו אפילו בשברי עבודה זרה. והסבירו בתוס' כי אם לא דברי שמואל ניתן היה להבין את תחילת משנתנו בשברי צלמים, ומה שנאמר תבנית יד ורגל כוונתו לשברי עבודה זרה. והר"ש משאנץ מסביר שלדברי ר' יוחנן (כפי שהם מוסברים להלן) אפשר היה לתרץ כי יד ורגל לא מסתבר שביטלום. ואילו רמב"ן מסביר: לדעת שמואל, שאינו חושש שעבודה זרה זו נשתברה מאליה, אלא בוודאי ביטלה, מה ההבדל בין שאר שברים לבין יד ורגל? הרי אפילו אם שבר רק אצבע קטנה שלה ונשתיירה כולה — נתבטלה!

בעומדין על בסיסן רש"י מסביר שהם עומדים על מקום המתוקן להם כדי לעובדם, כלומר בימוס (תוס' ועוד). וכן כתב הראב"ד, ופירש כי באופן זה שהם מונחים במקום שעובדים לעבודה זרה, אנו חוששים כי נעבדו גם לאחר שנשברו, לפי שיש כיוצא בהם נעבדים. והקשו בתוס': הרי לשון "מצא" משמעה שמצא בשדה או בשוק, ולא שהיו מונחים במקום כבוד! ומשום כך מפרש ר"ת שמדובר שהיו מונחים לבדם על בית מושב רחב, שנראה שנעשו מתחילה באופן זה כדי לעובדם. וכעין זה נראה גם מדברי הר"ח, שפירש עומדים על כנם ואינם שבורים. ובמאירי מביא פירוש נוסף, שמצא יד הנראית בבירור מתוקנת לעבודה זרה, כגון שהיה ביד זו דבר מה, והוא הקרוי "בסיסן".

שנשתברה מאליה בירושלמי מעלים גם כן שאלה זו, ושם מסייגים אותה, שאם ברור שהגוי עתיד להחזירה ולתקנה — ודאי אסור, ואם ברור שלא יחזירנה ודאי מותר, ולא נחלקו אלא בסתם.

דהא לא בטלה מהמשך הדברים משמע כי אין מדובר כאן בוודאות, אלא בספק שמא לא בטלה, ומתוך כך ר' יוחנן אוסר.

מסתמא בטולי מבטיל לה הראב"ד מביא מתחילה דעה כי גם לדעת ריש לקיש מדובר במקום בו עוברים אנשים רבים, שאי אפשר שלא יראנה גוי ויבטלנה. אבל אם ידוע לנו שלא עבר באותו מקום גוי שיבטלה בלבו הריהי אסורה. ואולם הוא מסיק כי הכוונה כאן היא שמן הסתם עבודה זו מבוטלת, מאחר שנשברה. וכן כתב רמב"ן בעמוד הבא. וראה בעבודת עבודה שכותב שאין לפרש כן, וכן נראה מדברי תוס' להלן ועוד.

על כן לא ידרכו ומכאן למד ר' יוחנן שהם מחשיבים אפילו את השברים, שהרי הם מכבדים אפילו את המפתן שנפלו השברים עליו. ובירושלמי נאמר להיפך, כי מכאן הקשה ריש לקיש לר' יוחנן (וראה בפנ"מ).

שבקיה איסריה רש"י מפרש "איסריה" — שרו, הכח שלו. והסביר ריעב"ץ כי נקט בלשון גנאי, כאילו הוא אסור בכבלים. ולעצם הטענה, רש"י מסביר כי ריש לקיש טוען שאף שסתם עבודה זרה מבטלה הגוי בלבו משנשברה, הפלשתים לא ביטלו את דגון, משום שלא החשיבוהו כשבור, אלא שהשר שלו, הכוח שלו, הלך וישב על המפתן, ולכן ראשו ושתי ידיו מונחים על המפתן. אבל הראב"ד מפרש כי לדעת ריש לקיש הסיבה שכהני דגון לא דרכו על המפתן לא היתה משום כבודו של דגון כדברי ר' יוחנן, אלא דווקא משום שבטלוהו, שהלכו ועבדו את המפתן, שסברו שכוחו עבר לשם. והוא מסביר שר' יוחנן היה מפרש שהמשיכו לעבוד גם את דגון וגם את המפתן.

לא תימא שברי עבודה זרה וכו' היו ראשונים ששאלו: מפני מה לא תירץ כאן כמו שהסברנו לעיל לשיטת שמואל, שנאמרו הדברים בצורה זו כדי להדגיש שתבנית יד ורגל אסורות? ור"י מבירינא מסביר שאין מקום לשאלה, לפי שכל אחד מן האמוראים מתרץ את הדברים כאשר נראה לו. והסבירו בתוס' (וראה בהגהות הב"ח) כי לפירושו של ר' יוחנן, שהמשנה מדברת בשברי צלמים שמותרים, מרווח יותר לדייק מכאן על שברים של עבודה זרה שהם אסורים, מאשר לומר שלא הובא הדבר אלא משום הסיפא, כפי שהוצרך שמואל להסביר בדוחק מסויים.

ואין ספק מוציא מידי ודאי בתוס' ועוד ראשונים הדגישו שאין מדובר בכל ספק וודאי, שדבר פשוט ומסתבר הוא שאין ספק מוציא מידי ודאי. אלא מדובר כאן במקרים מיוחדים, כאשר הספק הוא בדבר הרגיל לבוא, שיש לומר שדבר זה חשוב וחזק מספיק כדי לבטל על ידו הנחה של ודאי. וראה בגרסות.

חבר שמת בתוס' ועוד הביאו מדברי הירושלמי במסכת מעשרות שכאן מדובר כאשר מת אותו חבר מתוך ישוב הדעת, שהיתה דעתו צלולה גם ביומו האחרון, שאז אפשר לסמוך עליו שודאי תיקן הפירות.

מגורה של פירות בפנ"י (פסחים ט,א) רצה לומר שדווקא בפירות אמרו, משום שאין חובת המעשרות בהם אלא מדברי סופרים, ונמצא שמעיקרו יש כאן ספק בדברי סופרים. אבל ראה ברש"ש החולק על כך, לפי שגם סתם תבואה נכללת בשם פירות.

ודאי וודאי שאנו אומרים שחזקת חבר, היא עצמה ודאות, ולכן כשם שודאי שהיו הפירות טבל כך ברור לנו שוודאי תוקנו כראוי.

מערים אדם על תבואתו מן התורה אין חיוב תרומות ומעשרות חל אלא על התבואה שכבר נדושה ונערמה בכרי ונגמרה מלאכת הכרי, שאז קרויה התבואה דגן, ועליה נאמר "ראשית דגנך". וגם אז, כל עוד לא "ראתה פני הבית", שלא הכניסה לביתו בדרך הרגילה — לא נקבעה למעשר להיאסר באכילה (אלא אם כן אין כוונתו להכניסה לבית). אלא שחכמים אסרו באכילת קבע כל תבואה, גם אם לא נגמרה מלאכתה, והתירוה באכילת ארעי, ומשום כך מותר לו להאכיל ממנה לבהמתו, שאכילת בהמה נחשבת כאכילת ארעי. והוסיף רש"י כי אף שלפי דברי ר' הושעיא הרי אין התבואה מתוקנת לגמרי, שאדם אסור באכילה של קבע, ואילו לפי הברייתא הפירות מתוקנים, יש לומר שהואיל ולא נאסרה אכילה על האדם אלא מדרבנן, לענין זה מועילה החזקה על חבר שאינו מוציא מתחת ידו דבר שאינו מתוקן. ואילו הראב"ד כתב כי יש לפרש גם את הברייתא לענין אכילת בהמה. ומצד אחר, כמה ראשונים מביאים את שיטת רבינו אפרים (וראה בראב"ד שמביא שיטה זו בשם אחר, וכן ברמב"ן) כי תבואה שהכניסה לפני הדיגון לתוך ביתו — מופקע ממנה חיוב התרומה והמעשרות לגמרי מן התורה, ואף אדם מותר בה באכילת קבע. ומה שנזכרה כאן בהמתו, הרי זה משום שכל זמן שהתבואה במוץ הריהי מוכנה לבהמתו. או שעל כל פנים, אף שהוא פטור נאסר עליו לעשות כן לצורך עצמו, אלא כדי להאכיל את בהמתו. וראה ברמב"ן ועוד שהאריכו לדון בשאלה זו לצדדיה השונים.

אורח הלכה

עבודה זרה שנשתברה מאליה עבודה זרה של גוי שנשתברה מאליה — שבריה אסורים בהנאה עד שיבטלוה, ולפיכך המוצא שברי אלילים הרי אלו אסורים בהנאה, שמא לא ביטלה הגוי. וכר' יוחנן שהלכה כמותו נגד ריש לקיש. (רמב"ם ספר מדע הלכות עבודה זרה פ"ח ה"י. שו"ע יו"ד קמו, יא).

חבר שמת וכו' תלמיד חכם שמת והניח פירות, אפילו כנסם באותו יום — הרי אלו בחזקת מתוקנים. כברייתא. (רמב"ם ספר זרעים הלכות מעשר פי"ב ה"ב).

מערים אדם על תבואתו מותר להערים על התבואה להכניסה במוץ שלה כדי להאכיל לבהמתו בלא לעשר. וזורה מעט מעט אחר שהכניסו לביתו, ופטור לעולם מן התרומה ומן המעשרות, שהרי לא התחיל לגמור מלאכת הכל. וכדברי ר' אושעיא. (רמב"ם שם פ"ג ה"ו. שו"ע יו"ד שלא, פד).

מסורת הש"ס

א. ע"ז מב,א. וראה ירושלמי ע"ז פ"ג ה"ב.
ב. מעילה יד,א. ירושלמי שם (עיי"ש). שם ה"ו. שם הי"א. שם פ"ד ה"א. מדרש שמואל פי"א.
ג. ירושלמי ע"ז פ"ג ה"ב (בשינוי רב, עיי"ש).
ד. (הביטוי) ע"ז כד,א (ושם סומנו מקבילות).
ה. פסחים ט,א. חולין י,א. נדה טו,ב.
ו. פסחים ד,ב. ט,א. נדה טו,ב. ירושלמי מעשרות פ"ג ה"א. תוספתא טהרות פ"ט ה.
ז. עירובין לב,א. פסחים ט,א. נדה טו,ב. ירושלמי דמאי פ"ג ה"ה. שם מע"ש פ"ה ה"א.
ח. פסחים ט,א—ב. נדה טו,ב.
ט. ברכות לא,א. פסחים ט,א. מנחות סז,ב. נדה טו,א.
י. פסחים ט,ב. נדה טו,ב. ירושלמי פסחים פ"א ה"ג. תוספתא אהלות פט"ז יג.

גרסות

בטלי מבטיל לה בכת"י: בטולי בטלה.

איהי נפשה בכתי"מ: נפשה.

ואתא איתיב בכתי"ס: ואתא ויתיב.

לאו אמר ר' מאיר בכתי"מ: מי לא אמר ר' מאיר.

מי יימר דבטלה בכתי"מ: מי יימר דבטלוה.

דודאי עשרינהו כדרבי חנינא חוזאה בכתי"מ: ודאי מעושרין נינהו וכעין זה בכתי"ס.

מעיקרא לא טבילי בכתי"מ ובמקבילה חסרות מלים אלה ובכתי"ס: מעיקרא נמי איכא לא טבילי.

אפשר דעבד כדר' אושעיא בכתי"מ כבמקבילה: וכדר' אושעיא.

והתניא אמר ר' יהודה בכתי"מ כבמקבילה: והתניא.

החיים

עומדין על בסיסן

תבנית יד לכבוד האליל זאוס, כשהיא עומדת על בסיסה

מסורת הש"ס

א. (עד סוף הענין) פסחים ט,ב. נדה טו,ב. טז,א.
ב. ע"ז מא,ב.
ג. משנה ע"ז נב,ב. ע"ז מג,א. סד,ב. תוספתא ע"ז פ"ה ה"ד.
ד. משנה ע"ז נג,א. ילק"ש נ"ך תיד.
ה. ע"ז נ,א—ב. תוספתא ע"ז פ"ו יד.
ו. ע"ז מט,ב. תוספתא שם ט.
ז. פסחים כח,א. ע"ז מג,ב. מח,ב. תוספתא ע"ז פ"ג יט. ילק"ש תורה תשסד. שם תשפד. שם נ"ך רז.
ח. ירושלמי ע"ז פ"ג ה"ג.
ט. ע"ז מח,ב.

גרסות

ברימון בכתי"ס: **בדימין.**

והציץ בכת"י וכן בב"ח: **והציץ בו.**

זכר אם נקבה בכתי"ס: **אם זכר הוא ואם נקבה היא.**

ספק גררוהו בכתי"ס: **ספק גררוהו ההיא שעתא.**

נפל הטילה בכתי"מ: **נפל הפילה.**

ודאי גררוהו בכתי"ס: **ודאי גררוהו ההיא שעתא.**

תבנית רגל בכתי"מ: **או תבנית רגל.**

וכי פחסה מאי הוי בכתי"מ: **וכי פחסה אמאי לא** ובכתי"ס: **וכי פחסה לאו כלום הוא.**

בטלה לעולם בכת"י: **בטלה עולמית.**

וטרטיאות בכת"י ועוד: **וסרטיאות.**

ודאי ישראל חתכו אסור בכתי"ס: **הא ודאי ישראל חתכו אסור.**

לשון

מציק
לפי הגרסה הזו נראה שהכוונה היא לאדם אלים, מי שהיה משתף פעולה עם השלטונות הרומאיים בתקופה שלאחר דיכוי מרד היהודים. בשעתם היו המציקים הללו (בין שהיו נכרים או יהודים) מחוץ ליכולת של בתי הדין לטפל בהם בכל דרך.

ברדלס
מקור המילה הוא ביוונית πάρδαλις (פרדליס) ומשמעה נמר, אבל גם חיות אחרות מנומרות. וכן יש לה משמעות כללית: דבר מנומר כמו נמר.

טרטיאות
ביחס ללשון זו ראה בהשלמות לדף יח, ב. אכן, מן ההקשר נראית הגרסת סרטיאות, מן היוונית סרטיא στρᾶτα (סטרטא), שמשמעה רחוב, דרך הרבים המקבילה לדרכים. וכן מצד המציאות, שמרצפים דרכים באבנים מכל סוג. ולענין התוכן ההלכתי ודאי אין הבדל בין הגרסות.

החיים

רימון
לא ברור בדיוק היכן היה מקום זה. ובמקרא מצויים מקומות שונים בשם זה עין־רמון, סלע רמון, גת רמון ואף רמון סתם. לפי הענין מסתבר כי היה הדבר ברמון שבתחום שבט מנשה.

העולם

ברדלס

אחד ממיני הברדלס
(Genetta genetta)

כפי הנראה מכונים בגמרא שלושה בעלי חיים מנומרים בשם ברדלס: הנמר או הפנתר, הצבוע, וכן בעל חיים נוסף, שעליו מדובר כאן.
ברדלס זה הוא חיה טורפת קטנה שגודלה כגודל חתול, גוון עורה היסודי צהוב או כתמתם, והיא מנומרת בחברבורות שחורות. בימי קדם היו המצרים מאלפים ברדלס זה ומשתמשים בו לצייד עכברים. ממשפחה זו מצוי גם מין ברדלס המיוחד לארץ ישראל (genetta terrasanctae).

של מציק (איש אלים) **אחד ברימון שהטילה נפל לבור, ובא כהן והציץ** בבור, שרצה **לידע אם** נפל זה **זכר** הוא **אם נקבה** הוא, שכן יש הבדל בין לידת זכר או נקבה לענין דיני טומאה וטהרה של יולדת. ולא ראה הכהן את הנפל, אלא שיש חשש שמא הנפל נמצא בתוך הבור, ואולי נטמא בטומאת מת מפני שהאהיל עליו, **ובא מעשה לפני חכמים וטיהרוהו, מפני שחולדה וברדלס מצויין שם** ואכלוהו או גררוהו משם. **והא הכא** [והרי כאן] **שודאי הטילה נפל, ספק גררוהו** החיות **ספק לא גררוהו, וקאתי** [ובא] **ספק** זה **ומוציא מידי ודאי!** ודוחים: **לא תימא** [אל תאמר] **הטילה נפל** ודאי **לבור**, שהוא ודאי מטמא, **אלא אימא** [אמור]: **הטילה כמין נפל לבור**, ויש איפוא ספק מתחילה אם יש בו טומאה. ומקשים: כיצד אפשר לפרש כך? **והא** [והרי] רק **"לידע אם זכר אם נקבה הוא" קתני** [שנה]! ומשיבים: **הכי קאמר** [כך הוא אומר] זאת כוונת הדברים: **לידע אם רוח הפילה** כלומר, דבר שאינו בגדר ולד, **או אם נפל הטילה, ואם תמצי** [תמצא] **לומר נפל הטילה, לידע אם זכר אם נקבה. ואיבעית אימא** [ואם תרצה אמור] באופן אחר: **כיון שחולדה וברדלס מצויין שם — ודאי גררוהו**, ואין זה ספק.

א ושבים לעיקר מחלוקת ר' יוחנן וריש לקיש, בעבודה זרה שנשתברה מאליה שלדעת ריש לקיש היא מותרת. **איתיביה** [הקשה לו] ר' יוחנן ממשנתנו: **מצא תבנית יד או תבנית רגל** של צלמים — **הרי אלו אסורין, מפני שכיוצא בהן נעבד; אמאי** [ומדוע] אסורים? **הא** [הרי] **שברים נינהו** [הם], ולשיטתך שברי עבודה זרה מותרים! ודוחים: **הא תרגמה** [הרי כבר פירש אותה] **שמואל: בעומדין על בסיסן**, שיש לחשוש שהם נעבדים כמות שהם, ואינם בכלל שברים. עוד **איתיביה** [הקשה לו] ר' יוחנן ממה ששנינו: **גוי מבטל עבודה זרה שלו** שהוא עצמו עובד אותה, **או של חברו** שחבירו עובד אותה אף שהוא אינו עובדה. ואולם **ישראל אינו מבטל עבודה זרה של גוי.** ויש לשאול: **אמאי** [מדוע] הדין כך? **תיהוי** [תהיה זאת] אותה עבודה זרה שביטלה הישראל, **כעבודה זרה שנשתברה מאליה**, ותהיה מותרת! **אמר אביי:** אין מדובר ששבר חלק מן העבודה זרה, אלא **שפחסה** (שמעך אותה). ושואלים: **וכי** [וכאשר] רק **פחסה מאי הוי** [מה בכך]? **והא תנן** [והרי שנינו במשנה]: **פחסה** את העבודה זרה **אף על פי שלא חסרה — בטלה!** ומשיבים: **הני מילי** [דברים אלה אמורים] **שפחסה גוי, אבל פחסה ישראל לא בטלה. ורבא אמר: לעולם כי** [כאשר] **פחסה ישראל נמי** [גם כן] היא **בטלה** מן הדין. **אלא** דבר זה שלא יוכל ישראל לבטל עבודה זרה של גוי, הוא **גזרה** של חכמים **דלמא מגבה לה** [שמא מגביה אותה] תחילה וקונה אותה לעצמו **והדר** [ואחר כך] **מבטיל לה** [אותה], **והוי** [ואז הריהי] **עבודה זרה שביד ישראל, וכל עבודה זרה שביד ישראל**

אינה בטלה לעולם. אבל עבודה זרה שנשתברה מאליה — בטלה. עוד **איתיביה** [הקשה לו] לשיטת ריש לקיש ממה ששנינו: **גוי שהביא אבנים מן המרקוליס** ערימת אבנים שעשויה לעבודה זרה, **וחיפה בהן** באבנים הללו **דרכים וטרטיאות** (תיאטרונות) — הרי האבנים **מותרות** כיון שהגוי ביטלן, **וישראל שהביא אבנים מן המרקוליס וחיפה בהן דרכים וטרטיאות** — האבנים **אסורות.** ויש לשאול: לדעת ריש לקיש **אמאי** [מדוע] אסורות? **תיהוי** [שתהא זו] לפחות **כעבודה זרה שנשתברה מאליה** שמותרת לשיטתו! ומשיבים: **הכא נמי** [כאן גם כן] יש לפרש **כדברי רבא**, שגזרו שלא יוכל ישראל לבטל עבודה זרה, למרות שאם נשברה בעצמה — הריהי מותרת. ועוד **איתיביה** [הקשה לו]: **גוי ששיפה** (שייף, הקציע) מעבודה זרה **לצרכו** כלומר, שהיה צריך למה ששיפה — **בין היא** עבודה זרה עצמה, **ובין שיפוייה — מותרין**, שהרי בעצם השיפוי הוא מבטלה, שאינו נוהג בה כבוד. אבל אם עשה את השיפוי הזה **לצרכה**, כגון לייפותה — **היא אסורה** עדיין, **אבל שיפוייה** שאינו רוצה בהם **מותרין**, שהרי ביטל אותם ואינו רוצה בהם. **וישראל ששיפה עבודה זרה, בין לצרכו בין לצרכה — היא ושיפוייה אסורין.** ויש לשאול: **אמאי** [מדוע] כששיפה ישראל שיפוייה אסורים? **תיהוי** [שתהא זו] **כעבודה זרה שנשתברה מאליה!** ומשיבים: **הכא נמי** [כאן גם כן] יש להסביר **כדברי רבא**, ששמשום גזירה היא, שמא יקנה אותה תחילה ישראל. ועוד **איתיביה** [הקשה לו] ממה ששנינו, **ר' יוסי אומר:** עבודה זרה **שוחק וזורה לרוח או מטיל לים. אמרו לו:** אין תקנה בשחיקה, כי **אף היא נעשה** (נעשית) **זבל, וכתיב** [ונאמר]: **"לא ידבק בידך מאומה מן החרם"** (דברים יג, יח). ויש לשאול: **אמאי** [מדוע] ייאסר הדבר? **תיהוי** [שתהא זו] **כעבודה זרה שנשתברה מאליה!** ומשיבים: **הכא נמי** [כאן גם כן] יש להבין **כדברי רבא**, שהוא משום גזירה. ועוד **איתיביה** [הקשה לו] ממה ששנינו, **ר' יוסי בן יסיאן אומר: מצא צורת דרקון** שיש לומר שהוא עבודה זרה, **ראשו חתוך, ספק גוי חתכו ספק ישראל חתכו — מותר, ודאי ישראל חתכו — אסור.** ויש לשאול: **אמאי** [מדוע] אסור כשחתכו ישראל? **תיהוי** [שתהא זו] **כעבודה זרה שנשתברה מאליה!** ומשיבים: **הכא נמי** [כאן גם כן] יש להשיב **כדברי רבא.** ועוד **איתיביה** [הקשה לו] ממה ששנינו, **ר' יוסי אומר: אף לא יקח ירקות הגדלים תחת אשירה** (עץ של עבודה זרה) **בימות הגשמים, מפני שהנבייה** (השלכת) **נושרת עליהן** ומשמשת לירקות כזבל, ונמצא נהנה מעבודה זרה. ויש לשאול: לשיטת ריש לקיש **אמאי** [מדוע] יהא אסור? **תיהוי** [שיהיו] אותם העלים שנפלו מן האשירה **כעבודה זרה שנשתברה מאליה!** ומשיבים: **שאני התם** [שונה שם], **שעיקר עבודה זרה קיימת**, שהרי האשירה עדיין עומדת במקומה.

עיונים

של מציק ובתוס' ועוד הביאו את הגרסה "מוסק", שהיה מוסק זיתים. וראה בספר עבודת עבודה שרצה להוציא מחילוף גרסות זה הסבר לענין שיטת רש"י ותוס' בהמשך.

שהטילה נפל לבור היו חכמים שלמדו מכאן שאין חובה לקבור את הנפלים. וראה בחזו"א שכותב שאין מכאן ראיה שכך ראוי לעשות, אלא כך היו עושות נשים שלא רצו שייודע לכל שילדו.

ובא כהן והציץ רש"י מסביר שכהן זה חכם ומורה הוראה היה, ונשאל שאלה זו. וראה בתוס' שכתבו ששוטה היה, שאסור לכהן להיטמא. וכן כתב הראב"ד שעם הארץ היה שהכניס עצמו לספק טומאה ללא צורך.

לידע אם זכר מכאן למדו בתוס', ששפחה, אף שאינה יהודית, כיון שהיא בגדר שפחה כנענית אף בה יש דיני טומאת לידה כמו באשה יהודית, ויש הבדל בזמן הטומאה בין יולדת זכר ליולדת נקבה (כמפורש בויקרא פרק יב). וכן הביא בתוס' ר"י מבירינא מקור לכך מתורת כהנים.

ובא מעשה לפני חכמים וראה בתוס' ועוד ראשונים שדנו בדבר, שאם היה בור זה רשות היחיד היה צריך להיות טמא ככל ספק טומאה ברשות היחיד, ואם היה זה רשות הרבים צריך היה להיות טהור מספק, ככל ספק טומאה ברשות הרבים. ויש שתירצו שהבור כיון שהוא עמוק דינו כרשות היחיד, אלא שהכהן עמד ברשות הרבים.

אם רוח הפילה כלומר, הפילה שפיר מלא אויר, שאינו בכלל ולד כלל, ואף אינו קרוי נפל כדי לטמא.

אבל פחסה ישראל לא שאם פחסה גוי ודאי עושה כן מפני שהוא מואס בעבודה זרה זו, ואם כן ביטלה. אבל כאשר רואה הגוי עבודה זרה של גוי שפחסה ישראל, שמא אינו סבור שנפגמה פגם גדול, ואינו סבור שהיא בטלה מחמת שאין בה כוח להציל עצמה (וראה ברש"י).

גזירה דלמא מגבה וכו' ושאל הריטב"א: כיון שעבודה זרה היא איסור הנאה, כיצד יכול לזכות בה כלל, הרי הוא דבר ללא ערך? ותירץ שבענין זה ובדברים אחרים אמרו שיש לו לאדם זכיה בדבר שאין לו ערך, כדי שיהא אחראי עליו וייענש על החזקתו (וכן הוא בדין חמץ בפסח). וכן כתב במג"א (או"ח תקפו סק"ה) באופן אחר, כי דין זה יחול לא רק בעבודה זרה של הפקר, אלא גם בזאת השייכת לגוי, כי מאחר וישראל חייב באחריותה הריהי נקראת שלו. והר"ן כתב שכיון שיכול גוי לבטל עבודה זרה זו ותהא מותרת, נמצא שאף שאין לה ערך מיד, מכל מקום יש בה ערך לאחר זמן, ולכן יש בה גם דין זכיה.

וכל עבודה זרה ביד ישראל אינה בטלה והוא גזירה משום עבודה זרה של ישראל עצמו (סמ"ג). וכבר העירו שמדברי רש"י עולה כי הוא סבור שמן התורה היא אסורה בהנאה.

גוי שהביא אבנים מן המרקוליס וכו' רש"י מסביר שאף כאן קיימת גזירת רבא, שמא יגביה את כל האבנים כולן ויזכה בהן לעצמו. והרי"ד סבור שקשה לומר כן, ולדעתו כיון שנגזירה גזירה שלא יבטל ישראל עבודה זרה של גוי על ידי שבירה, לא חילקו עוד חכמים בין מקרה אחד לחבירו. ובתירוץ זה נתיישבו גם שאלות ששאלו אחרים לגבי האשירה (בסוף העמוד).

הכא נמי כדרבא ובתוס' תמהו: כין שהקושיה חוזרת לאותו ענין, והתירוץ הוא תירוץ אחד בכל המקרים, מה היה טעמו של המקשה החוזר ומקשה קושיה כאשר הוא יודע שיש לה תירוץ? ור"י מבירינא כותב שבפועל שאל ר' יוחנן שאלות אלה בזו אחר זו, ולבסוף נתן ריש לקיש תשובה אחת, אלא שבגמרא הן סודרו בסדר שלפנינו. וראה גם בריעב"ץ (וכיוצא מזה עולה מחידושי הרמב"ן לעיל מא,א) שקושיות אלו לא הקשה ר' יוחנן לריש לקיש, אלא חכמי התלמוד בדורות שאחר כך מקשים ומתרצים כן לשיטותיהם של האמוראים שלפניהם.

אף היא נעשה זבל ואף אם הוא אינו נהנה ממנו, ישראל אחר נהנה ממנו. והרי מטרת השחיקה היא כדי שלא ייהנה ממנה אדם (רש"י).

אף לא ירקות שחכמים באותה משנה אמרו שאסור לגדל ירקות תחת אשירה (שהיא אילן הנעבד כעבודה זרה) בימות החמה, משום שאז נהנה מן הצל שמטילה האשירה, אבל בימות הגשמים שאין צורך בצל מותר. ור' יוסי סבור שאף בימות הגשמים יש לאסור, משום שהוא נהנה מן העלים הנושרים מן האילן בימות הגשמים, שהם משמשים כזבל לירקות.

דעיקר עבודה זרה קיימת והסביר הראב"ד כי יש להסביר זאת כדבר שמעיקר הדין, שמאחר והעיקר קיים — הגוי נוהג גם במה שנושר ממנו מנהג של כבוד ואינו מבטלו. או שגזירה היא שגזרו חכמים במה שנשר, כדי שלא יבוא ליהנות בעיקר העבודה זרה, שהיא וודאי לא בטלה.

אורח ההלכה

הטילה כמין נפל וכו' בור שמטילים בתוכו נפלים, המאהיל עליו טמא דבר תורה, ואף שחולדה וברדלס מצויים שם — אין ספק מוציא מידי ודאי. אבל אם הפילה אשה לשם נפל, ואין ידוע אם היה זה נפל המטמאה, הואיל וחולדה וברדלס מצויים שם — הרי המאהיל שם טהור מפני הספק. כתירוץ הראשון בגמרא, לחומרא (כס"מ). (רמב"ם ספר טהרה הלכות טומאת מת פ"ט הי"א).

גוי מבטל עבודה זרה וכו' גוי שביטל עבודה זרה, בין שלו בין של אחרים, ואפילו ביטלה בעל כרחו — הרי זו בטלה. אבל ישראל (וכן גוי שאינו עובד עבודה זרה) אינו יכול לבטל עבודה זרה של גוי, וכל שכן של ישראל. (רמב"ם ספר מדע הלכות עבודה זרה פ"ח ה"ט. שו"ע יו"ד קמו, א ושם סעיף ה).

פחסה ולא חסרה עבודה זרה של גוי, שקטע חלק ממנה, ואפילו מיעך פניה אף שלא חסרה — הרי זו בטלה. (רמב"ם שם ה"י. שו"ע שם סעיף ז).

עבודה זרה ביד ישראל עבודה זרה אפילו של גוי, משבאה לידי ישראל וזכה בה (ואפילו מצאה לפני יאוש, או שגזלה. ב"ח, ש"ך) — אין לה ביטול. (רמב"ם שם ה"ט. שו"ע שם סעיף ב).

חיפה בהם דרכים וכו' אבני מרקוליס שבנה מהן בנין או חיפה בהן את הדרכים — הרי אלו בטלות בכך. (רמב"ם שם הי"ב).

גוי ששיפה עבודה זרה נטל הגוי מן האשרה ענף ואפילו עלה לצרכו — הרי היא בטלה בכך, ובין היא ובין מה שנטל ממנה מותרים. אבל אם נטל ממנה לצורכה, כגון ליפותה או להיטיב גידולה — לא בטלה, והיא אסורה, ומה שנטל ממנה מותר. (רמב"ם שם. שו"ע שם סעיף ו).

שוחק וזורה לרוח וכו' המוצא עבודה זרה — מצוה עליו לבערה ולאבדה. וכיצד מבערה — שוחק וזורה לרוח, או מטיל לים, כר' יוסי. ויש אומרים שלים המלח יכול להטילה כמות שהיא, ולשאר נהרות צריך לשוחקה קודם (ב"י, ד"מ). ויש אומרים שאף לים המלח צריך שחיקה (ב"ח). (רמב"ם שם ה"ו. שו"ע שם סעיף יד).

ירקות בימות הגשמים וכו' מותר ליטע תחת האשרה ירקות, בין בימות החמה שהם צריכים לצל, בין בימות הגשמים, מפני שצל האשרה שהוא אסור, עם הקרקע, שאינה נאסרת, גורמים לירקות אלו לצמוח, וכל שדבר איסור ודבר מותר גורמים לו, הרי זה מותר בכל מקום. כמסקנת הסוגיה להלן מט,א. (רמב"ם שם פ"ז הי"ד. שו"ע שם קמב, יא).

של מציק אחד ברימון שהטילה נפל לבור ובא כהן והציץ(א) לידע אם זכר אם נקבה ובא מעשה לפני חכמים וטיהרוהו מפני שחולדה וברדלס מצוין שם והא הכא דודאי הטילה נפל ספק גררוהו ספק לא גררוהו וקאתי ספק ומוציא מידי ודאי לא תימא הטילה נפל לבור אלא אימא הטילה כמין נפל לבור והא לידע אם זכר אם נקבה הוא קתני ה"ק לידע אם רוח הפילה אם נפל הטילה ואת"ל נפל הטילה לידע אם זכר אם נקבה ואיבעית אימא כיון שחולדה וברדלס מצוין שם ודאי גררוהו איתיביה מצא תבנית יד תבנית רגל הרי אלו אסורין מפני שכיוצא בהן נעבד אמאי הא שברים נינהו הא *תרגמה שמואל בעומדין על בסיסן איתיביה *גוי מבטל עבודה זרה שלו ושל חברו וישראל אינו מבטל עבודה זרה של גוי אמאי תיהוי כעבודה זרה שנשתברה מאליה אמר אביי שפחסה וכי פחסה מאי הוי והא תנן *פחסה אע"פ שלא חסרה בטלה הני מילי דפחסה גוי אבל פחסה ישראל לא בטלה ורבא אמר לעולם כי פחסה ישראל נמי בטלה אלא גזרה *דלמא מגבה לה והדר מבטיל לה והוי עבודה זרה ביד ישראל וכל עבודה זרה ביד ישראל אינה בטלה לעולם איתיביה *גוי שהביא אבנים מן המרקולים וחיפה בהן דרכים וטרטיאות מותרות וישראל שהביא אבנים מן המרקולים וחיפה בהן דרכים וטרטיאות אסורות אמאי תיהוי כעבודה זרה שנשתברה מאליה הכא נמי כדרבא איתיביה *גוי ששיפה עבודה זרה לצרכו היא ושיפוייה מותרין לצרכה היא אסורה ושיפוייה מותרין וישראל ששיפה עבודה זרה בין לצרכו בין לצרכה היא ושיפוייה אסורין אמאי תיהוי כעבודה זרה שנשתברה מאליה הכא נמי כדרבא איתיביה *רבי יוסי אומר שוחק וזורה לרוח או מטיל לים אמרו לו אף היא נעשה זבל וכתיב (דברים יג) לא ידבק בידך מאומה מן החרם אמאי תיהוי כעבודה זרה שנשתברה מאליה הכא נמי כדרבא איתיביה רבי יוסי בן יסיאן אומר מצא צורת דרקון וראשו חתוך ספק גוי חתכו ספק ישראל חתכו מותר ודאי ישראל חתכו אסור אמאי תיהוי כעבודה זרה שנשתברה מאליה הכא נמי כדרבא איתיביה *רבי יוסי אומר אף לא ירקות בימות הגשמים מפני שהנבייה נושרת עליהן אמאי תיהוי כעבודה זרה שנשתברה מאליה שאני התם דעיקר עבודה זרה קיימת

והא

רש"י

מציק. גברא אלמא וישראל הוה: **והציץ בו.** על שפת הבור לידע אם זכר: **כהן.** חכם ומורה הוראה הוה ונתכוין להורות לה ישיבת ימי הטומאה וימי טהרה: **ברדלס.** בלשון ארמי אפא: **מצוין שם.** וכבר אכלוהו או גררוהו לחור שלהן ולא איהל כהן זה על המת: **כמין נפל.** וספק ספיקא היא דשמא לא נפל היה אלא שפיר מלא רוח: **לידע אם רוח הפילה.** ולא תשב עליו ימי טומאה וטהרה אם נפל הפילה: **ואם תמצי לומר וכו'.** ואם יראה שהוא נפל עדיין יציץ אם זכר אם נקבה: **ודאי גררוהו.** שחזקתן בכך והא ודאי הוא: **שלו ושל חבירו.** בין ששניהן עובדין ליראה אחת בין שזה עובד לפעור וזה למרקולים והא דעבודה זרה מותרת ע"י ביטול נפקא לקמן (נב.) מנין לגוי שפוסל עבודה זרה וכו': **שפחסה.** הכה עליה ישראל בפטיש עד שנתמעכה צורתה אבל לא חיסרה כלום הלכך לא בטיל: **והתנן.** גבי גוי פחסה אע"ג וכו': **הני מילי פחסה גוי.** דגלי דעתיה(ג) ומבזי ומבטל לה: **אבל פחסה ישראל לא.** דלא דמי לעבודה זרה שנשתברה מאליה דהתם אמר איהי נפשה לא מצלה וכו' אבל הכא קסבר גוי לא קפדא עבודה זרה אפחיסה: **ורבא אמר לעולם כי פחסה ישראל נמי.** הוי ביטול מעליא **אלא.** רבנן גזור דכל ביטול ישראל לאו ביטול גזירה דלמא מגבה לה וקני לה בהגבהה דכל דבר הפקר כגון מציאה נקנית בהגבהה: **אין לה בטלה עולמית.** וטעונה גניזה כדילפינן בפרק [ר"י] (לקמן נב.) מושם בסתר: **מרקולים.** יש גוים שעובדין לגל של אבנים וקורין לה מרקולים וכל הבא זורק לה אבן והיא עבודתה: **מותרת.** שהרי ביטלו הגוי שסתר לגל: **כדרבא.** דלמא מגבה לה לכולה מרקולים ברישא והדר מבטל ליה וסותרו: **לצרכו.** שצריך לשפאין להסיק בשפאיה: **היא ושפאיה מותרין.** דהא בטלה גוי(ה) ששיפה *[לצרכו]: **לצרכה.** ליפותה: **ושפאיה מותרין.** דמיזרק זריק להו ולא פלח להו: **ישראל ששיפה עבודה זרה.** של גוי דאי של ישראל אפי' שיפה נמי גוי היא ושפאיה אסורין דעבודה זרה דישראל לאו בת בטולי היא: **תיהוי.** הך דשיפה ישראל לצרכו כעבודה זרה שנשתברה מאליה: **שוחק וזורה לרוח.** המוצא עבודה זרה של מתכת: **אמרו לו אף היא נעשית זבל.** כלומר הוא מתכוין לאבדה שלא יהנה ישראל ממנה וגם עתה יהנה ישראל ממנה שהרי השחקים נעשים זבל ונאמר לא ידבק בידך מאומה: **צורת דרקון.** סתמא לעבודה זרה כדתנן במתניתין (דף מב:): **ספק גוי חתכו.** והוי ביטול: **ספק ישראל חתכו.** ולא הוי ביטול: **מותר.** דתלינן בגוי דהא ספק ספיקא הוא(ד) ושמא לא נעבד מעולם: **אף לא ירקות.** מתני' קתני זורעין תחתיה של אשירה ירקות בימות הגשמים שהצל קשה להן וכן צל אילן קשה להן ואין נהנה ממנה אבל לא בימות החמה שהצל יפה להן ונמצא נהנה מאשירה. כל אשירה אילן הוא: **רבי יוסי אומר אף לא ירקות בימות הגשמים.** לפי שהנבייה נושרת על הירקות והוה לזבל ונמצא בעל הירק נהנה מן האשירה. נבייה הן העלין הנושרין מן האילן בימות הגשמים: **דעיקר עבודה זרה קיימת.** האילן לא בטל הלכך נבייה הנושרת ממנה אסורה:

דרך

תוספות

של מציק אחד. פ"ה אנס ובתוספתא גרס מוסק פירוש מוסק זיתים: **ובא כהן והציץ בו.** אותו כהן שוטה היה דאפילו לקרובים אינו מטמא לנפלים דבעינן דומיא דאביו ואמו (כדאיתא בת"כ ועיין תוס' פסחים ונדה): **לידע אם זכר וכו'.** ושפחה מטמאה בלידה* וכן משמע בפרק רבי אליעזר דמילה (שבת דף קלה:) לקח שפחה ונתעברה אצלו וילדה זהו יליד בית נמול לשמונה וכללא דמלתא כל שאין אמו טמאה לידה אינו נמול לשמונה רישא דברייתא בור שמטילין בו נפלים טהור פירוש שרגילין להטיל בו נפלים ועלה מייתי מעשה בשפחתו של מציק: **מפני שחולדה וברדלס מצוין שם וגררוהו לחורן.** איבעית אימא הבור רה"ר וכגון שאינו עמוק עשרה ואפ"ה אין זה ספק טומאה ברה"ר אם לא גררוהו דמיירי בבור קצר שהיה ראשו ממלא פי הבור ואיבעית אימא דודאי בבור רה"י שהוא עמוק י' ואין לתמוה אפי' ודאי גררוהו ניחוש שמא גררוהו תחת רגליו וטומאה רצוצה בוקעת ועולה *דשמא חור שרצים *)יש בהן פותח טפח אי נמי י"ל דמיירי דבור קיימא ברשות היחיד ורגלי כהן ברה"ר: **שהטילה כמין נפל.** וצ"ל שנבדק הבור קודם שהטילתו לתוכו כיון שרגילין להטיל בו נפלים: **גוי ששיפה וכו'.** פי' וקשיא לרשב"ל וצריך לומר מדלא משני שאני התם דעיקר עבודה זרה קיים ש"מ דרשב"ל שרי אפילו בעיקר עבודה זרה קיים בשלא לצרך גדילתה וכן משמע בסמוך דאיהו גופיה מותיב לרבי יוחנן (לקמן ע"ב) מההיא דיתיז בקנה ואע"פ שעיקר עבודה זרה קיים: **הכא נמי כדרבא.** ל"ע בכל הני ודקארי לה מאי קארי לה פשיטא דליסני בהו כדרבא [ועי' היטב תוספות שבת מג. ד"ה כופה עליה ועוד שם קכג: ד"ה איתיביה אביי]: **ספק גוי חתכו ספק ישראל חתכו מותר.** פי' הקונטרס דתלינן בגוי דהא ספק ספיקא הוא(ה) ושמא לא נעבדו מעולם ויפה כוון דאי ס"ד דחשבינן להו ודאי נעבדין אם כן תקשי לרבי יוחנן גופיה אמאי מותר נהי נמי דליכא למיחש לנחתכה מאליה דלא שכיחא חתוכה מאליה כמו שבורה מאליה ואם כן אין רוב חתיכות לאיסור כי היכי דאיכא בעבודה זרה רוב שבירות לאיסור אלא הכא פלגא ופלגא חשיב חתיכות גוי להיתר וחתיכות ישראל לאיסור אפ"ה אין להתיר בכך דהא רבי יוחנן אית ליה דאפילו ספק היתר הרגיל אינו מוציא מידי ודאי איסור כ"ש הכא שאין רגילות כל כך בחתיכות דגוי ואין כאן ספק היתר הרגיל ויש כאן ודאי איסור וא"ת בספק נעבד נמי תקשי סיפא ישראל ודאי חתכו אסור ומאי שנא משברי צלמים דמודי רבי יוחנן דמותרין(ו) מטעם ספק ספיקא וי"ל דיש להתיר יותר בשברי צלמים לפי שיש לתלות שבירתם בגוי יותר מבישראל שאם היה ישראל שוברה היה מבערה מן העולם וגם אם נשתברה מאליה שכיח טפי דגוי מבטל לה כשמוצאה דמימר אמר איהי לא מצלה נפשה והשתא איכא תרי טעמא להיתירא אבל כשחתכו ישראל ליכא אלא חד טעמא להיתירא שיש לומר שמא כשימצאנה הגוי חתוכה יבטלנה ובהך טעמא לחודה אין להתיר לרבי יוחנן אף בספק נעבד:

והא

מסורת הש"ס

[לעיל מח:] — לקמן נב: — [לקמן נג.] — [עי' תוספות לקמן סד: ד"ה מסתברא] — לקמן נ. [תוספתא פ"ז ע"ש] — [לקמן מט: תוספתא פ"ז] — כ"ה בדפו"י — [לקמן מג: מח: פסחים כח.] — [לקמן מח:]

גליון הש"ס

גמ' אמר אביי שפחסה. עיין לקמן דף מד ע"א תוס' ד"ה כאן: רש"י ד"ה אלא וכו' לכל דבר הפקר. עי' מג"א סי' תקפ"ו סק"ה:

עין משפט נר מצוה

ח א מיי' פ"ט מהלכות טומאת מת הלכה יא:
ט ב מיי' פ"ח מהל' עבודת כוכבים הלכה ט סמג לאוין כב טוש"ע י"ד סימן קמו סעיף א: [ועי' תוס' יבמות עד: ד"ה ושפחה]
י ג מיי' שם טוש"ע שם סעיף ה:
יא ד מיי' שם טוש"ע שם סעיף א:
יב ה מיי' שם הלכה י טוש"ע שם סעיף ז:
יג ו מיי' שם הלכה ט טוש"ע שם סעיף ב:
יד ז מיי' שם הלכה יב סמג שם:
טו ח מיי' וסמג שם טוש"ע שם סעיף ו:
טז ט מיי' שם טוש"ע שם סעיף א:
יז י מיי' שם הלכה ו סמג שם טוש"ע י"ד שם סעיף יד:

כל זה מעין הקושיא הוא והתירוץ חסר בתוספות וכצ"ל ויש לומר דגררוהו ואכלוהו קאמר א"נ י"ל כו'. רש"א וע"ש
*) ברש"א הגי' אין

רבינו חננאל

(סוגיא) ישראל שפחסה לעבודה זרה של גוי כלומר רצף צורתה ואינה ניכרת כלל אלא כאילו טם בעלמא היא לא ביטלה מ"ט גזרינן דלמא מגבה ליה ישראל וכיון דמגבה ליה קנאה וכי הדר מבטיל לה הוי לה עבודה זרה של ישראל ועבודה זרה ביד ישראל אין לה בטילה עולמית. תוב אקשי מן אבני מרקולים שהביא ישראל וחיפה בהן טרטראות כו' ומן ישראל ששיפה עבודה זרה ושנינן בכולהו גזרינן דלמא מגבה להו וקני להו בהגבהה והם עדיין בחזקתן וכיון דקנאם אע"ג דבתר הכי נשברו לא בטלי כדרבא דאמר עבודה זרה של ישראל לא בטלה לעולם. ומותבינן תוב אף לא ירקות פי' אין זורעין תחת האשירה ירקות בימות הגשמים מפני שהנביה פי' עלי האשרה נובלות על הירקות והוה להן לזבל ונמצאו הירקות גדילות מן העבודה זרה. ואמאי תיהוי זה הזבל שנפל מן האילן כעבודה זרה שנשתברה מאליה. ופרקינן שאני התם דאשרה היא עיקרו של אילן קיימת.

הגהות הב"ח

(א) גמ' והציץ בו לידע: (ב) רש"י ד"ה הני מילי וכו' למבזי: (ג) ד"ה היא וכו' גוי כיון ששיפה: (ד) ד"ה מותר וכו' דשמא: (ה) תוס' ד"ה ספק וכו' דשמא לא: (ו) בא"ד מטעם ספק ספיקא. נ"ב פי' וה"נ איכא ספק ע"י הגוי חתוכה וספק אי נעבד:

יח א מיי' פ"ה מהלכות מעילה הלכה ז סמג עשין רי:
יט ב ג מיי' פ"ז מהל' עבודת כוכבים הל' יב סמג לאוין כב טוש"ע י"ד סימן קמב סעיף ח:
כ ד ה מיי' שם הלכה יב ופ"ה מהלכות מעילה הלכה ז ע"ש בכ"מ סמג שם ועשין רי טוש"ע י"ד שם:
כא ו מיי' פ"ז מהלכות עבודת כוכבים הל' ח סמג עשין כב טוש"ע י"ד סימן קמא סעיף ג:
כב ז מיי' פ"ב מהלכות שחיטה הלכה יד סמג עשין סג טוש"ע י"ד סימן ד סעיף ו:
כג ח מיי' פ"ג מהל' עבודת כוכבים הל' יא ועיין בהשגות ובכסף משנה סמג לאוין כב טוש"ע י"ד סימן קמא סעיף ד:
כד ט מיי' שם פ"ז הלכה ח סמג שם טוש"ע י"ד סימן קמא סעיף ג:
כה י מיי' שם פ"ג הל' יא סמג שם טוש"ע שם סעיף ד:

רבינו חננאל

והא שפאי עבודה זרה דעיקר העבודה זרה קיימת דקתני לצרכה פי' כדי לנויתה היא אסורה ושפאיה מותרין. ופריק (רבינא) [רב הונא] בריה דרב יהושע למה הזבל הזה אסור שכך גדילות האילן להיות העלה שלו נובל בימות הגשמים ויוצאין חדשים תחתיהן ואין עבודה זרה בטילה דרך גדילתה. תו מותיב ריש לקיש לר' יוחנן קן שבראש האשירה יתיז בקנה קס"ד כגון ששיבר העוף עצים מן האשירה וקנתה בהן וקתני יתיז בקנה הקן כולו אלמא כיון שנשברה הותרה. ופרקינן כגון דאתיא עצים מעלמא וקננה בהן. ור' יוחנן אמר מאי יתיז בקנה יתיז באפרוחין אבל לא הקן שהקן אסור הוא. ופירשה ר' יעקב האפרוחין בין באילן של הקדש בין באשירה מותרין ביצים כאן וכאן אסורין אמר רב אשי ואפרוחין שצריכין לאמן כביצים דמו: מתני' המוצא כלים ועליהם צורת חמה או צורת לבנה או צורת דרקון יוליכם (להר) [לים] המלח. ומקשינן וכי אינן עובדין אלא לאלו בלבד והתניא השוחט לשום הרים לשום גבעות כו' ופריק רב יוסף ודאי עובדין לכל דבר אלא לצור צורה ולעובדה הני תלת חשיבי להו וציירי ופלחי להו מידי אחרינא לא טרחי וציירי: מינקט רב ששת חומרי מתנייתא ותני כל המזלות מותרין חוץ מן מזל לבנה וחמה כל הפרצופות מותרין חוץ מפרצוף אדם כל הצורות מותרות חוץ מצורת דרקון. והוו בה רבנן רישא וסיפא אי אפשר לאוקמה בעושה דתניא לא תעשון אתי לא תעשון כדמות

והא שיפויין דעיקר עבודה זרה קיימת וכו'. תימה מאי קא פריך דלמא שאני התם דשיפה גוי ולהכי שרי אף בעיקר עבודה זרה קיימת אבל הכא דשיפה ישראל או נשתברה מאליה אימא לך דאסורין היכא (דאיכא) [דעיקר] עבודה זרה קיימת וי"ל דהכי פריך והא שיפויין דעיקר עבודה זרה קיימת וקתני בשיפה גוי דמותרין ואפי' שיפה ישראל נמי הוי שרי אי לאו גזרה דרבא כדמשני רשב"ל גופיה לעיל: **וקתני יתיז בקנה.** אלמא עבודה זרה שנשתברה מאליה מותרת והקדש היינו טעמא דאין מועלין מן התורה כדמוקי לה בסמוך בגידולין הבאין לאחר מכאן וקסבר אין מעילה בגידולין ופירש הקונטרס ולא יעלה על האשירה ויטלנו דא"כ נמצא משתמש באשירה ונראה דדוקא נקט יתיז בקנה שאפילו יכול ליטלו בידו בלא עליה על האשירה אסור כדי שלא יאמרו עכשיו הוא שוברן מן האשירה: **ורבי אבהו אמר מאי יתיז לאפרוחים.** פ"ה דמוקי לה בשברה ממנו עלים ויפה פירש לפי שיטת הספר שבכאן דקאי לשנויי דלא תילף מיניה היתר עבודה זרה מיהו במעילה פרק ולד חטאת (דף יד.) גרס בדר' אבהו לעולם דאייתי עלים מעלמא וקינתה בהם ומאי יתיז באפרוחים וכל הקן מותר גם העלים ובא להשמיענו שאם בא ליטול אפרוחים לא יטלם בידו שלא יעלה או יסמוך על האילן ויהנה ממנו ואיכא למימר דלא קשיא מידי לפ"ה דהכא דאתי כלישנא אחרינא דהתם: **בביצים כאן וכאן אסור.** פירוש משום דצריכין לאילן וגזור בהו רבנן כעל האילן עצמו כפ"ה א"נ י"ל דגזור בהו רבנן דחיישינן שמא יעלה על האילן דחיים עלייהו פן יפלו: **המוצא כלים ועליהם צורת דרקון.** ה"ה דאפילו צורת דרקון לבדה אסורה אלא נקט על הכלים לרבותא דאפילו הכי פלחו להו: **יוליכם לים המלח.** פ"ה ורבנן היא דאמרי (לעיל דף מ:) כל שאר צלמים מותרים ולפי פירושו לא דק דהא אוקי רבי מאיר דאסר דוקא באנדרטי אבל שאר צלמים מותרים אם כן אפילו כרבי מאיר אתיא וכן פי' רשב"ם ולפי' ר"ת דאוקי אנדרטי אשריותא דרבנן אבל שאר צלמים כולי עלמא אסירי נ"ל דשאר צלמים שהן אסורים בשאינם על הכלים אבל בכלים כולהו לנוי עבדי להו לבד מהנך ולהכי פריך בסמוך פרצוף אדם מי אסור כלומר על הכלים מי אסור לחודייהו הא אסרינן צלמים במתני' לכ"ע: **חומרי דמתנייתא.** פירש רשב"ם כללי דברייתא דהוי כמין חומר שקושר וכולל דברים הרבה בכלל אחד(ז) וניחא טפי מפרש"י:

תורה אור

והא שיפויין דעיקר עבודה זרה קיימת וקתני א לצרכה היא אסורה ושיפוייה מותרין ב*רב הונא בריה דרב יהושע אמר לפי שאין עבודה זרה בטלה דרך גדילתה איתיביה ר' שמעון בן לקיש לר' יוחנן ג*קן שבראש האילן של הקדש לא נהנין ולא מועלין ד בראשה של אשרה יתיז בקנה קס"ד כגון ששברה ממנו עצים וקינתה בהן וקתני יתיז בקנה הב"ע ה כגון דאייתי עצים מעלמא וקינתה בהן דיקא נמי דקתני גבי הקדש לא נהנין ולא מועלין אי אמרת בשלמא דאייתי עצים מעלמא היינו דקתני גבי הקדש לא נהנין ולא מועלין לא נהנין מדרבנן ולא מועלין מדאורייתא דהא לא קדישי אלא אי אמרת ששברה עצים ממנו וקינתה בהן אמאי לא מועלין הא קדישי מידי איריא הכא בגידולין הבאין לאחר מכאן עסקינן וקא סבר אין מעילה בגידולין ורבי אבהו א"ר יוחנן מאי יתיז יתיז באפרוחין א"ל רבי יעקב לרבי ירמיה בר תחליפא אסברה לך ו באפרוחין כאן וכאן מותרין בביצים כאן וכאן אסורין אמר רב אשי ז ואפרוחין שצריכין
א לאמן כביצים דמו: **מתני'** ח המוצא כלים ועליהם צורת חמה צורת לבנה צורת דרקון יוליכם לים המלח רבן שמעון בן גמליאל אומר ט שעל המכובדין אסורין שעל המבוזין
ב מותרין: **גמ'** למימרא דלהני הוא דפלחי להו למידי אחרינא לא ורמינהי ה*השוחט לשום(א) ימים לשום נהרות לשום מדבר לשום חמה לשום לבנה לשום כוכבים ומזלות לשום מיכאל שר הגדול לשום שילשול קטן הרי אלו זבחי מתים אמר אביי מיפלח לכל דמשכחי פלחי מיצר ומפלחי הני תלתא דחשיבי ציירי להו ופלחי להו למידי אחרינא לנוי בעלמא עבדי להו מנקיט רב ששת חומרי מתנייתא ותני כל המזלות מותרין חוץ ממזל חמה ולבנה וכל הפרצופין מותרין חוץ מפרצוף אדם וכל הצורות מותרות חוץ מצורת דרקון אמר מר כל המזלות מותרין חוץ ממזל חמה ולבנה(ב) הכא במאי עסקינן אילימא בעושה אי בעושה כל המזלות מי שרי והכתיב לא תעשון אתי ו* ח לא תעשון (שמות כ) כדמות שמשי המשמשין לפני במרום אלא פשיטא ט במוצא וכדתנן המוצא כלים ועליהם צורת חמה צורת לבנה צורת דרקון יוליכם לים המלח אי במוצא אימא מציעתא כל הפרצופות מותרין חוץ מפרצוף אדם אי במוצא פרצוף אדם מי אסור והתנן המוצא כלים ועליהם צורת חמה צורת לבנה צורת דרקון יוליכם לים המלח צורת דרקון
אין פרצוף אדם לא אלא פשיטא י בעושה וכדרב הונא בריה דרב יהושע
אי בעושה אימא סיפא כל הצורות מותרות חוץ מצורת דרקון ואי בעושה
צורת דרקון מי אסיר והכתיב לא תעשון אתי אלהי כסף ואלהי זהב(ג) (שם כ)
הני

דרך גדילתה. זה דרכה כל השנה להשיר עלין שלה ולגדל אחרים אבל שפאן גוי דעתו לבטלן ולהשליכן: **לא נהנין.** דאסור מדרבנן: **ולא מועלין.** אם נהנה לא מעל מדאורייתא שיתחייב קרבן מעילה לקמן מפרש טעמא: **יתיז בקנה.** ישליך עלי(ד) הקנה במקל מן האילן *וישרפנה ויהנה מהם ולא יעלה על האשירה ויטלם דאם כן נמצא משתמש באשירה במקום סולם וזו היא הנאה *ממנו מן האשירה: **וקתני יתיז בקנה.** וישרוף עלי(ה) הקנה אלמא עבודה זרה שנשתברה מאליה מותרת: **לא נהנין.** מדרבנן דלמא אתו לאיתהנויי מעלי האילן דהקדש גופיה ובאשירה לא גזור משום דבדילי מינה: **מידי איריא.** כלומר מהא לא תסייעיה לר' יוחנן לעולם בשקינתה בעלי הקדש גופו ומשום הכי לא מועלין: **דבגידולין סבאין.** באילן אחר שהוקדש עסקי' והוא לא הקדיש אלא אילן וקסבר האי תנא אין מעילה בגידולין ומדרבנן הוא דאסירי וגבי אשירה נמי בשקינתה בעלי אשירה עצמן וקתני יתיז כריש לקיש: **ורבי אבהו א"ר יוחנן.** מהדר לתרוצי לתיובתיה בשינויא אחרינא לעולם לא תוקמה בשינויא דחיקא דאייתי עלים מעלמא ואפילו הכי לא תילף מיניה היתר שברי עבודה זרה דהא דקתני יתיז בקנה אאפרוחין קאי לא אעלים ואיצטריך לאשמועינן דלא גזרינן התזת קנה שמא יעלה דרך האילן וישא בעלים וקסבר אין מעילה בגידולין וגלי אהקדש דאסור מדרבנן וכ"ש לאשירה דמדאורייתא נמי אסירא תוספת יותר מעיקרה כדתנן במתני' גידעו ופיסלו לעבודה זרה והחליף נוטל מה שהחליף והשאר מותר והא דלא ערבינהו משום דלא מצי למיתני ליה ולא מועלין באשירה דהא לא שייכא בה דין מעילה וסיפא באפרוחין וגלי באשירה וה"ה להקדש וקסבר אין מעילה בגידולין: **אסברה לך.** מתני' אליבא דר' יוחנן: **כאן וכאן.** בין בהקדש בין באשירה מותרין דאין צריכין לאילן: **בביצים כאן וכאן אסור.** שצריכין לאילן וגזור בה רבנן כעל אילן עצמו: **מתני' צורת חמה.** מזל חמה וכן לבנה ורבנן היא דאמרי (לעיל דף מ:) כל שאר צלמים מותרין ובגמ' מפרש מאי שנא הני: **שעל המכובדים.** שעל כלים מכובדים שתשמישן לכבוד ובגמ' מפרש לה: **גמ' לשם הרים.** לשר הממונה על ההרים: **שילשול.** תולעת אלמא אורחייהו למיפלחינהו ומסתמא נמי נגזור דלמא פלחינהו: **אמר אביי מיפלח לכל דמשכחי פלחי**(ו). ומספיקא לא גזור רבנן עלייהו דאם כן אין לך המותר: **ציירי להו ופלחי להו.** הלכך ציירי להו מיצר ומיפלח לצייר צורה כדי לעבדה להני תלת דחשיבי להו וכו': ***דרקון.** דומה לנחש: **מנקיט חומרי.** מלקט משניות החמורות לתרצן ואומרן בבית המדרש כדי שיתנו לבן לפרקן: **מותרים.** לקמן (דף מג:) מפרש מאי מותרין: **ודגים.** לא קרי פרצוף אלא צורה: **אילימא בעושה.** והאי מותרין דקאמר מותר לציירן: **אתי.** בדמות העומדין אצלי: **במוצא.** ומותרין בהנאה קאמר: **אלא פשיטא בעושה.** דכל פרצופין כגון דחיה ובהמה מותר לציירן ואף על גב דשור ואריה ונשר שמשין של מעלה הן לא דמו דהתם ארבעתן יחד לגוף אחד והכא חד פרצוף ותו לא חוץ מפרצוף אדם דאפילו לחודיה אסור: **וכדרב הונא בריה דרב יהושע.** דאמר לקמן בשמעתין* קרי ביה לא תעשון אותי כלמותי: הני

וישרפה. יעב"ץ

*[בדפו"י אמר רב הונא ברי' דרב יהושע לפי]

[מעילה יג: יד. כל הסוגיא ע"ש ונ"ע]

חולין מ. [תוספתא שם פ"ב]

ר"ה כד.

[שייך לעיל במשנה]

[דף מג:]

גליון הש"ס

גמ' ולא מועלין מדאורייתא. עי' מעילה דף ג ע"א ושם דף יא ע"ב תוס' ד"ה תורים ונ"ע:

הגהות הב"ח (א) גמרא ורמינהי השוחט לשום הרים לשום גבעות לשום ימים לשום נהרות לשום מדברות וכו' שילשול קטן שבים הרי אלו: (ב) שם חמה ולבנה במאי עסקינן כצ"ל ותיבת הכא נמחק: (ג) שם ואלהי זהב לא תעשון כדמות שמשי המשמשין לפני במרום הני אין: (ד) רש"י ד"ה יתיז וכו' עלי הקן במקל: (ה) ד"ה וקתני וכו' עלי הקן אלמא: (ו) ד"ה אמר אביי וכו' פלחי מיהו מספיקא וכו' אין לך דבר המותר הס"ד ואח"כ מ"ה מילר ומיפלח לצייר וכו' לחשיבי להו וכו' הס"ד ואחר כך מ"ה ציירי להו ופלחו להו הלכך מספיקא גזור רבנן עלייהו הס"ד ואחר כך מ"ה מנקיט ואח"כ ד"ה מותרין לקמן מפרש מאי מותרין הס"ד ואח"כ מ"ה חוץ מצורת דרקון דרקון דומה לנחש ודגים לא קרי: (ז) תום' ד"ה חומרי וכו' וניחא טפי מפרש"י. נ"ב וברש"י חולין ריש דף קל"ח פי' רש"י גופיה חומרי מתנייתא חומר קשר ע"ש:

ומקשים: וְהָא [והרי] שִׁיפּוּיִין של אשירה שהזכרנו קודם, שעִיקַּר עֲבוֹדָה זָרָה קַיֶּימֶת, וְקָתָנֵי [ושנה]: אם עשה את השיפוי לְצָרְכָּהּ — הִיא אֲסוּרָה וְשִׁיפּוּיֶיהָ מוּתָּרִין! על כן רַב הוּנָא בְּרֵיהּ [בנו] של רַב יְהוֹשֻׁעַ אָמַר באופן אחר: טעם הדבר שהנבייה של אשירה אסורה — לְפִי שֶׁאֵין עֲבוֹדָה זָרָה בְּטֵלָה דֶּרֶךְ גְּדִילָתָהּ, ודרכה הוא להשיר עלים. עד כאן הקושיות על שיטת ריש לקיש. ומן הצד השני, אֵיתִיבֵיהּ [הקשה לו] ר׳ שִׁמְעוֹן בֶּן לָקִישׁ לְר׳ יוֹחָנָן ממה ששנינו: קֵן של ציפורים שֶׁהיה מצוי בְּרֹאשׁ הָאִילָן שֶׁל הֶקְדֵּשׁ — לֹא נֶהֱנִין מהקן הזה, ומן הצד האחר לֹא מוֹעֲלִין שאם נהנה ממנו אינו מביא קרבן מעילה. אם היה הקן בְּרֹאשָׁהּ שֶׁל אֲשֵׁרָה — יַתִּיז את הקן בְּקָנֶה, ולא יטפס על העץ כדי להורידו, שהרי אסור לו ליהנות מעבודה זרה. ומעירים: קָא סָלְקָא דַּעְתָּךְ [עולה בדעתך] כהנחה ראשונה, שהקן שמדובר עליו הוא כְּגוֹן שֶׁהציפור שָׁבְרָה מִמֶּנּוּ מן העץ עֵצִים וְקִינְּנָתָהּ (ועשתה את קינה) בָּהֶן, וְקָתָנֵי [ושנה]: יַתִּיז בְּקָנֶה כלומר שמותר להשתמש בקן, ומכאן שעבודה זרה שנשתברה מאליה מותרת בהנאה! ודוחים: הָכָא בְּמַאי עָסְקִינַן [כאן במה אנו עוסקים]? כְּגוֹן דְּאַיְיתֵי [שהביאה] הצפור עֵצִים מֵעָלְמָא [מהעולם] ולא מהאשירה עצמה, וְקִינְּנָתָהּ (ועשתה את קינה) בָּהֶן. ומוסיפים: דַּיְקָא נַמִּי [מדוייק גם כן] הדבר, דְּקָתָנֵי [ששנה] בתחילת המשנה לְגַבֵּי הֶקְדֵּשׁ: לֹא נֶהֱנִין וְלֹא מוֹעֲלִין; אִי אָמְרַתְּ בִּשְׁלָמָא דְּאַיְיתֵי עֵצִים מֵעָלְמָא [נניח אם אתה אומר שמדובר במשנה זו שהביאה עצים מהחוץ], הַיְינוּ דְּקָתָנֵי [זהו ששנה] לְגַבֵּי הֶקְדֵּשׁ: לֹא נֶהֱנִין וְלֹא מוֹעֲלִין, לֹא נֶהֱנִין לכתחילה מקן זה — מִדְּרַבָּנַן [מדברי סופרים], שאסרו דבר זה כדי שלא יבואו להשתמש בעץ של ההקדש עצמו, וְאולם לֹא מוֹעֲלִין מִדְּאוֹרַיְיתָא [מן התורה] בקן, דְּהָא לֹא קַדִּישִׁי [שהרי לא קדושים] עצים אלו, אֶלָּא אִי אָמְרַתְּ [אם אתה אומר] שמדובר במשנה שֶׁשָּׁבְרָה עֵצִים מִמֶּנּוּ מן העץ של ההקדש עצמו וְקִינְּנָתָהּ בָּהֶן, אַמַּאי [מדוע] לֹא מוֹעֲלִין בהם מדין תורה? הָא קַדִּישִׁי [הרי קדושים הם]! ודוחים: מִידֵּי אִירְיָא [כלום שייך הדבר]? אין מכאן ראיה, הָכָא [כאן] לא בגוף העץ שהוקדש מדובר, אלא בְּגִידּוּלִין הַבָּאִין לְאַחַר מִכָּאן עָסְקִינַן [עוסקים אנו], וְקָא סָבַר [וסבור חכם זה] כי אֵין מְעִילָה בְּגִידּוּלִין של הקדש. וְר׳ אַבָּהוּ אָמַר בשם ר׳ יוֹחָנָן דרך אחרת להסביר את המשנה לשיטתו: מַאי [מה] פירוש ״יַתִּיז״ ששנינו? יַתִּיז בְּאֶפְרוֹחִין כלומר, את האפרוחים יכול להפיל כדי לאוכלם, אבל לא ישתמש בקן עצמו, ואם כן אין מכאן קושיה. אָמַר לֵיהּ [לו] ר׳ יַעֲקֹב לְר׳ יִרְמְיָה בַּר תַּחְלִיפָא, אַסְבְּרָהּ [ואסביר אותה את המשנה] לָךְ: בְּמקרה שהיו אֶפְרוֹחִין בתוך הקן — כָּאן וְכָאן, בין בהקדש בין בעבודה זרה, מוּתָּרִין הם, בְּבֵיצִים — כָּאן וְכָאן אֲסוּרִין. אָמַר רַב אַשִׁי: וְאֶפְרוֹחִין שֶׁצְּרִיכִין לְאִמָּן כְּבֵיצִים דָּמוּ [נחשבים], ואסורים בהנאה.

א משנה

הַמּוֹצֵא כֵּלִים וַעֲלֵיהֶם צוּרַת חַמָּה, אוֹ צוּרַת לְבָנָה, אוֹ צוּרַת דְּרָקוֹן — הרי אלו אסורים בהנאה וְיוֹלִיכֵם לְיָם הַמֶּלַח (כלומר, יאבדם), שחזקתם שהם משמשים לעבודה זרה. רַבָּן שִׁמְעוֹן בֶּן גַּמְלִיאֵל אוֹמֵר: צורות אלה שֶׁהֵן עַל הכלים הַמְכוּבָּדִין — אֲסוּרִין, שיתכן שהם נעבדים, שֶׁעַל הכלים הַמְבוּזִּין — מוּתָּרִין.

ב גמרא

על עצם האיזכור של צורות חמה, לבנה ודרקון, שואלים: לְמֵימְרָא, דִּלְהָנֵי הוּא דְּפָלְחֵי לְהוּ, לְמִידֵי אַחֲרִינָא לָא [האם לומר שלאלה הוא שעובדים להם, ולדבר אחר לא]? וּרְמִינְהִי [ומקשים, מראים סתירה] ממה ששנינו במשנה אחרת: הַשּׁוֹחֵט לְשׁוּם (לשם) פולחן לכל דבר שהוא: לשם יַמִּים, לְשׁוּם נְהָרוֹת, לְשׁוּם מִדְבָּר, לְשׁוּם חַמָּה, לְשׁוּם לְבָנָה, לְשׁוּם כּוֹכָבִים וּמַזָּלוֹת, או לְשׁוּם מִיכָאֵל המלאך הַשַּׂר הַגָּדוֹל, לְשׁוּם שִׁילְשׁוּל (מין תולעת) קָטָן — הֲרֵי כל אחד מֵאֵלּוּ הם זִבְחֵי מֵתִים כלומר, זבחי עבודה זרה. משמע שעבודה זרה יכולה להיות בצורות רבות ושונות! אָמַר אַבָּיֵי: מִיפְלַח [לעבוד] לְכָל מה דְּמַשְׁכְּחִי פָּלְחִי [שהם מוצאים הם עובדים], אבל מֵיצַר וּמְפַלְחִי [לצור צורות ולעבוד], הָנֵי תְּלָתָא דַּחֲשִׁיבִי צָיְירִי לְהוּ וּפָלְחִי לְהוּ [דווקא שלושה אלה שהם חשובים, צרים אותם ועובדים אותם], לְמִידֵי אַחֲרִינָא [לדבר אחר] — לְנוֹי בְּעָלְמָא עָבְדִי לְהוּ [בלבד עושים אותם] ולא לשם עבודה זרה. מסופר, מַנְקִיט [אוחז, אוסף היה בידו] רַב שֵׁשֶׁת חוּמְרֵי מַתְנְיָיתָא וְתָנֵי [את הפרטים של המשניות בענין זה, ושונה אותן יחד] בדרך זו: כָּל הַמַּזָּלוֹת (גרמי השמים) צורותיהם מוּתָּרִין — חוּץ מִמַּזַּל חַמָּה וּלְבָנָה, וְכָל הַפַּרְצוּפִין מוּתָּרִין — חוּץ מִפַּרְצוּף אָדָם, וְכָל הַצּוּרוֹת של דברים אחרים מוּתָּרוֹת — חוּץ מִצּוּרַת דְּרָקוֹן. ודנים בדבריו, אָמַר מָר [החכם]: כָּל הַמַּזָּלוֹת מוּתָּרִין חוּץ מִמַּזַּל חַמָּה וּלְבָנָה. ויש לשאול: הָכָא בְּמַאי עָסְקִינַן [כאן במה אנו עוסקים]? אִילֵימָא [אם תאמר] בְּעוֹשֶׂה אותם, אם מותר או אסור לעשותם; הרי אִי [אם] בְּעוֹשֶׂה מדובר, כָּל הַמַּזָּלוֹת מִי שָׁרֵי [האם מותר]? וְהָכְתִיב [והרי נאמר]: ״לֹא תַעֲשׂוּן אִתִּי״ (שמות כ, כ), ודרשו חכמים: לֹא תַּעֲשׂוּן כִּדְמוּת שַׁמָּשַׁי הַמְשַׁמְּשִׁין לְפָנַי בַּמָּרוֹם, שהם נמצאים אתי, משמע שאסור לעשות צורות של כל מיני מזלות! אֶלָּא פְּשִׁיטָא [פשוט] שמדובר בְּמוֹצֵא כלים שיש עליהם צורות של מזלות, וּכְדִתְנַן [וכמו ששנינו במשנה]: הַמּוֹצֵא כֵּלִים וַעֲלֵיהֶם צוּרַת חַמָּה, או צוּרַת לְבָנָה, צוּרַת דְּרָקוֹן — יוֹלִיכֵם לְיָם הַמֶּלַח. ואולם אִי [אם] מדובר כאן בְּמוֹצֵא, אֵימָא מְצִיעֲתָא [אמור את ההלכה האמצעית]: כָּל הַפַּרְצוּפוֹת מוּתָּרִין — חוּץ מִפַּרְצוּף אָדָם; אִי [אם] מדובר בְּמוֹצֵא, פַּרְצוּף אָדָם מִי [האם] אָסוּר? וְהָתְנַן [והרי שנינו במשנה]: הַמּוֹצֵא כֵּלִים וַעֲלֵיהֶם צוּרַת חַמָּה, צוּרַת לְבָנָה, צוּרַת דְּרָקוֹן — יוֹלִיכֵם לְיָם הַמֶּלַח. ונדייק מכאן: צוּרַת דְּרָקוֹן — אִין [כן] אסורה, פַּרְצוּף אָדָם — לֹא! אֶלָּא פְּשִׁיטָא [פשוט] שמדובר בהלכה זו לגבי מי שעוֹשֶׂה את הצורות הללו, וּכְדִבְרֵי רַב הוּנָא בְּרֵיהּ [בנו] של רַב יְהוֹשֻׁעַ להלן (מג,ב). אלא שיש לשאול: אִי [אם] בְּעוֹשֶׂה מדובר, אֵימָא סֵיפָא [אמור את ההלכה שבסוף]: כָּל הַצּוּרוֹת מוּתָּרוֹת — חוּץ מִצּוּרַת דְּרָקוֹן; וְאִי [ואם] מדובר רק בְּעוֹשֶׂה, צוּרַת דְּרָקוֹן מִי אֲסִיר [האם אסור] לעשות? וְהָכְתִיב [והרי נאמר]: ״לֹא תַעֲשׂוּן אִתִּי אֱלֹהֵי כֶסֶף וֵאלֹהֵי זָהָב״ (שם), ודרשו חכמים: לא תעשון כדמות שמשי המשמשים לפני במרום,

עיונים

והא שיפויין שאלו ראשונים: הרי שיפויים אלה אינם דומים לנושא שאנו עוסקים בו, שהרי מדובר שם שהגוי עצמו הוא ששיפה אותה, והגוי בודאי יכול לבטל (אף לדעת ר׳ יוחנן)! ותירצו בדרכים שונות (וראה בתוס׳ ד״ה והא). והריטב״א מתרץ בשם הרשב״א (וכעין זה בראב״ד) שכאן דנים בעיקר התירוץ, שעיקרה קיים, שבאשירה למרות שעיקרה קיים הרי אין זה משנה את דינו של מה שנשבר ממנה, ולדעת ריש לקיש הרי נשברה מאליה דינה כאילו שברה בידים.

דרך גדילתה וכו׳ שכיון שהעלים נושרים מן האילן הנעבד כדרך גידולו הרגילה, אין נפילתם נחשבת לביטול כלל. מה שאין כן בשפאים, שהשיפוי נעשה בידי אדם והוא מבטל מה שמסיר ממנה. וכתב הראב״ד (וראה בשם הרי״ד בעמוד הקודם) שכאן אין לתרץ כפי שהסביר רבא, משום גזירה שמא יגביהה הישראלי ויקנה אותה קודם שיבטלה, שהרי אין הישראל יכול לקנות אילן אלא בכסף או בחזקה, והוא תהליך שנמשך זמן מסוים, ובזה אין לחשוש.

לא נהנין וכו׳ כלומר, אסור לכתחילה ליהנות, משום שחכמים אסרו את הדבר משום סייג. אבל אין זה הקדש מן התורה שיהא המשתמש בו חייב להביא קרבן מעילה.

יתיז בקנה ישבור את הקן בקנה שבידו, ויוכל ליהנות מן העצים או הקש שיש בקן (רש״י). וכתב רש״י שהכוונה היא שלא יטפס על האילן — שהרי נמצא כנהנה מגוף אילן אסור. ובתוס׳ מסבירים שהכוונה היא שאפילו אם הקן נמוך לא יסיר את הקן בידו, כדי שלא יבואו לחשוד בו שעכשיו הוא שובר עצים מן האילן.

לא נהנין מדרבנן שגזרו חכמים שלא ייהנה מאלה כדי שלא יבוא להשתמש בגוף האילן. ואילו באשירה לא גזרו על כך, משום שהאשירה מאוסה לישראל, והם בדלים ממנה (רש״י).

מידי איריא כלומר, אין מכאן הוכחה שהקן שמדובר עליו עשוי דווקא מעצים אחרים (ומכאן להסיק שאם היה עשוי מן האשירה עצמה שנשברה היה אסור, כדברי ר׳ יוחנן. ריטב״א). משום שגם אם מדובר בעצים ששברה הצפור מאותו אילן עצמו, אפשר להסביר מדוע אין בכך מעילה.

יתיז באפרוחין שהקושיה על ר׳ יוחנן היתה מכך שמותר ליהנות מן הקן, למרות שהוא עשוי מאשירה שנשברה. ובתחילה תירצו לשיטת ר׳ יוחנן שאין מדובר בקן מעצי האשירה עצמה. אבל ר׳ אבהו מסביר כי אין מדובר בגוף הקן עצמו אלא באפרוחים שבו, והרי האפרוחים אינם חלק מן האשירה. והסביר רש״י כי על כל פנים לא הותר הדבר אלא על ידי התזה בקנה, כדי שלא יבוא לטפס על האשירה ויהנה ממנה. ועוד העיר רש״י, כי גם לתירוצו של ר׳ אבהו, עוסקת תחילת המשנה לענין מעילה בעצים ולא באפרוחים (וטעם הדבר שאין בקן מעילה, הוא משום שמדובר כאן בגידולים הבאים לאחר מכן, ומכל מקום נאסר מדברי סופרים, אבל לענין אשירה אסורים גידולי אשירה אף מן התורה). ואילו הרי״ד סבור כי לתירוצו של ר׳ אבהו, הרי גם לענין הקדש מדובר באפרוחים, ולא החמירו חכמים באשירה כמו בהקדש, לפי שמאוסה היא ובדילים ממנה אנשים (כדברי רש״י לעיל). אבל ראשונים אחרים מסבירים כי לתירוצו של ר׳ אבהו, יש להבין את תחילת המשנה לענין הקדש, בביצים, כדברי ר׳ יעקב להלן, שגזרו חכמים שלא ליהנות מהם. וראה בגרסות ובמקבילה במסכת מעילה.

אסברה לך וכו׳ רש״י מסביר כי ר׳ יעקב מפרש את המשנה לפי שיטת ר׳ יוחנן, ופירש הרי״ד כי לדעתו הסבר זה הוא המשך לדברי ר׳ אבהו בשיטת ר׳ יוחנן. וכן הסבירו ראשונים אחרים. ואילו הרי״ד סבור (וכן דעת הראב״ד בפירוש אחד) כי ר׳ יעקב חולק על ר׳ אבהו, שר׳ אבהו מחלק בין אשירה להקדש, ואילו ר׳ יעקב סבור שדין אחד להם, ופירש הרי״ד כי לדעתו יש לחזור ולפרש את המשנה לשיטת ר׳ יוחנן בקן של עצים שהובאו על ידי הציפור ממקום אחר.

בביצים כאן וכאן אסורים הן בהקדש והן באשירה, ואינו מחלק כלל ביניהם. וטעמו של דבר שמפני שצריכים לאילן גזרו עליהם כעל האילן עצמו (רש״י). והראב״ד מסביר, שביצים, כיון שדרכן שהן גדלות על האילן וצריכות לו — הריהן כגידולי האילן, אבל אפרוחים שנעים מעצמם למקום אחר אינם נראים כגידולי אותו אילן ולא גזרו בהם. ובתוס׳ רצו לומר שגזרו בביצים, שכיון שהוא חס עליהן שלא ישברו עשוי הוא לטפס באילן ולהורידן משם.

צורת חמה רש״י מסביר שהכוונה לצורת מזל חמה. ובפיה״מ לרמב״ם ועוד כתבו שאין מדובר שמצא צורת עיגול או דומה לו (שאלו אין דרך לעובדם. ש״ך), אלא מדובר בציור (כפי שהיו מציירים בעלי האסטרולוגיה) שנותנים לכל מזל דמות משלו, כגון שנותנים לשמש צורת מלך יושב בעגלה, וללבנה צורת נערה עדויה בזהב וכיוצא בזה. וראה במהר״ם המסביר כן את דברי רש״י.

צורת דרקון הראב״ד כתב שהוא נחש, ומפני האימה ממנו עובדים אותו ומציירים אותו. וכן כתב בערוך שהוא נחש גדול מאד ובעל ראיה חדה. ור״י מלוניל כתב שהוא צורת נחש מעופף הפולט מגרונו להבות אש. והרמב״ם בפיה״מ כתב שכאן מדובר בדרקון שעושים אותו סמל למסלול הכוכבים (״תלי״) שברקיע, ולכן יש בו צד עבודה זרה כמו שאר המזלות.

יוליכם לים המלח רש״י מסביר שמשנתנו היא אפילו כשיטת חכמים במשנה הקודמת, המתירים סתם צלמים (מ,ב), שהרי ר׳ מאיר אוסר אפילו סתם צלמים. אבל תוס׳ ואחרים מעירים כי לפי הגמרא לעיל (שם), הרי גם ר׳ מאיר מתיר בסתם צלמים, ולא אסר אלא באנדרטי. ולפיכך הם סבורים שאף ר׳ מאיר סבור שבצורות אלה שדרכן להיעבד יש לאסור.

שעל המכובדין אסורין וכו׳ ובירושלמי אמרו שאם מדובר באלו שברור לנו שהם נעבדים — אפילו מבוזים אסורים, ואם ברור לנו שאינם נעבדים — אף מכובדים מותרים, אלא שכאן מדובר בסתם, ואם בכלים חשובים הם — מן הסתם הם נעבדים. וכן הובא להלכה, אלא שנחלקו הראשונים בהבנה המדוייקת של הדברים, שהרשב״א פירש כי הכוונה היא למקומות שאין אנו יודעים אם עובדים שם לצורות אלו או לא, והכלים, אם מכובדים הם או לא, מודיעים אם צורות אלו נעבדות באותו מקום (ואם כן — אף המבוזים ייאסרו). ואילו הר״ן פירש כי אין הכוונה לסתם מקומות, אלא לסתם כלים, שאין אנו יודעים אם הצורות שעליהם נעבדו או לא, ואם הם מכובדים — מן הסתם נעבדו. וכן סבור הב״י שהיא דעת רש״י.

מנקיט חומרי מתנייתא רש״י מסביר ״חומרי״ מלשון דבר חמור, שהיה מלקט ברייתות חמורות וקשות, כדי להעמיד בפני החכמים את הקשיים ולנסות לתרצם. ועל דרך זה מסביר הראב״ד שהיה אוסף מן הברייתות את הדברים שצורתם אסורה. ובתוס׳ מסבירים בשם הרשב״ם שהכוונה ב״חומרי״ היא כמו במקומות אחרים בדברי חכמים, למעין קשר, שהיה אוסף ועושה כללים מברייתות שונות. והעיר הב״ח שכך ממש מפרש גם רש״י עצמו במסכת שבת (קלח,א).

מזלות צורות פרצופים המאירי מסביר כי מזלות הן דמויות דמיוניות של דברים הנמצאים בשמים (בין כוכבים ובין מלאכים וכיוצא בהם), פרצופים הם כל דמויות של ראשי בני אדם או חיות שיש להם ראש גבוה מגופם, וצורות הן דמויות של בעלי חיים וכיוצא בהם שראשם אינו גבוה מגופם, כגון דגים ונחשים וכיוצא באלה. ומדברי הראב״ד משמע כי פרצופות קוראת המשנה לבעלי חיים שיש להם פנים, ולשאר קוראת היא צורות.

אורח ההלכה

קן שבראש אילן הקדש קן ציפורים שבראש אילן של הקדש, שבנה אותו העוף מעשבים ועצים וכיוצא בהם (כלומר, שהובאו ממקום אחר. ר״י קורקוס) — אסור ליהנות מן הקן ומן הביצים שבו, וכן מן האפרוחים שבו אם הם צריכים לאימם, ואם נהנה — לא מעל. כמשנה וכמסקנת הגמרא לפי שיטת ר׳ יוחנן. (רמב״ם ספר עבודה הלכות מעילה פ״ה ה״ז).

בראשה של אשירה קן שבראש האשירה, ביצים ואפרוחים הצריכים לאמם — אסורים, ואפרוחים שאין צריכים לאמם — מותרים. וכן הקן עצמו, לפי שהציפור בונה אותו מעצים אחרים (ולדעת הראב״ד דווקא כשברור שהוא מעצים אחרים). וכתב רמ״א: ולא יעלה באשירה כדי ליטלם (את האפרוחים המותרים. ש״ך) אלא מתיז בקנה והם נופלים (רמ״א). כמשנה וכהסבר הגמרא ולשיטת ר׳ יוחנן. (רמב״ם ספר מדע הלכות עבודה זרה פ״ז הי״ב. שו״ע יו״ד קמב, ח).

המוצא כלים ועליהם צורת חמה וכו׳ המוצא כלים ועליהם צורת חמה או לבנה או דרקון, אם הכלים מכובדים — אסורים, שודאי נעשו לשם עבודה זרה. ואם הכלים הם מבוזים — נעשו הצורות לנוי בלבד, ומותרים (ולדעת הש״ך, גם כלים שאינם מבוזים אף שאינם דווקא לכבוד אסורים). כמשנה וכדעת רבן שמעון בן גמליאל. וכל זה בסתם, שאין אנו יודעים שנעבדו כלים הללו, אבל בידוע שלא נעבדו כלים הללו — שעל המכובדים גם כן מותרים (הר״ן עפ״י הירושלמי). ויש מי שאומר שכל צורה שהיא נעבדת בודאי — אפילו על המבוזים אסורים, אף על פי שאין אנו יודעים שכלים הללו נעבדו (רשב״א עפ״י הירושלמי). וכתב רמ״א: והמנהג כסברא הראשונה. וראה עוד שם ובש״ך ובגר״א. (רמב״ם שם ה״ח. שו״ע שם קמא, ג).

השוחט לשום ימים וכו׳ השוחט לשם הרים וגבעות, חמה ולבנה וכוכבים ומזלות ימים ונהרות — שחיטתו פסולה, אבל אינה אוסרת בהנאה (אלא אם כן נתכוון לעובדם. ש״ך). ואם שחט לשם שר של הר, או לשם שר אחד משאר הדברים, בין ששחט לשם מיכאל השר הגדול בין ששחט לשם שר של שלשול קטן שבים — הרי זה זבחי מתים (אפילו לא נתכוון לעובדם. ש״ך) ואסור בהנאה. (רמב״ם ספר קדושה הלכות שחיטה פ״ב הי״ד. שו״ע שם ד, ה—ו).

כדמות שמשי וכו׳ אסור לעשות דמות חמה ולבנה כוכבים ומזלות ומלאכים. וראה להלן בגמרא. (רמב״ם ספר מדע הלכות עבודה זרה פ״ג הי״א. שו״ע שם קמא, ד).

מסורת הש״ס

א. ע״ז מב,א (ושם סומנו מקבילות).
ב. ע״ז מט,ב.
ג. משנה מעילה יג,ב. שם יד,א (כל הענין בשינויים).
ד. ב״ר פפ״ה ג. וראה תוספתא ע״ז פ״ה א. ילק״ש תורה קלה. שם תשסד. שם תשפד.
ה. חולין מ,א. תוספתא חולין פ״ב יח.
ו. ר״ה כד,א—ב. ע״ז מג,א—ב. מכילתא שמות כ,יט. ילק״ש תורה רפו. שם שב.
ז. ראה ע״ז מג,ב.

גרסות

רב הונא בריה דרב יהושע אמר בכתי״מ: אמר רב הונא ובכתי״ס: אלא אמר רב הונא בריה דרב יהושע.

יתיז באפרוחין בכתי״מ: יתיז באפרוחין. אי הכי רישא דקתני לא נהנין ולא מועלין אמאי לא. לא קשיא רישא בעצים וגלי הקדש דאסור וכל שכן באשירה וסיפא באפרוחים וגלי באשירה וכל שכן בהקדש.

לשום ימים בכתי״מ וכעי״ז בכתי״ס וכן בב״ח: לשם הרים לשם גבעות לשם ימים.

שלשול קטן בב״ח: שילשול קטן שבים.

למידי אחרינא לנוי בעלמא עבדי להו בכתי״מ: מידי אחרינא לא.

הכא במאי עסקינן בכת״י וכן בב״ח: במאי עסקינן.

כדמות שמשי בכת״י: בדמות שמשי.

צורת דרקון אין בכת״י: הני אין.

אלהי כסף ואלהי זהב בכתי״מ אינו, והב״ח גרס: אלהי כסף ואלהי זהב לא תעשון כדמות שמשי המשמשים לפני במרום.

לשון

דרקון

מקור המלה הוא ביוונית δράκων (דרקון). הדרקון הוא מפלצת אגדית שצורתה היסודית צורת נחש עצום (ולכן ביוונית, ולעתים גם בלשון התלמוד משמשת המלה להגדרת נחש סתם).
הדרקונים נעשו בכמה דתות כסמלים לכוחו של האליל, אלא כסמלי מהותו ממש. ובכמה דתות יש פולחן לדרקונים עצמם כאל כוחות עליונים.

ונדייק: **הָנֵי** [אלה] — **אֵין** [כן] אסורים בעשייה, אבל **צוּרַת דְּרָקוֹן** — **לא! אֶלָּא פְּשִׁיטָא** [פשוט] שמדובר בהלכה זו **בְּמוֹצֵא, וּכְדִתְנַן** במשנה: **הַמּוֹצֵא כֵּלִים וַעֲלֵיהֶם צוּרַת חַמָּה** ולבנה ודרקון — יוליכם לים המלח. אם כן תמוה, וכי אפשר לפרש **שֶׁרֵישָׁא וְסֵיפָא** [בראש ובסוף] של הלכות אלה מדובר **בְּמוֹצֵא** כלים אלה, **וּמְצִיעֲתָא** [ובאמצעית] מדובר **בְּעוֹשֶׂה** אותם? **אָמַר אַבַּיֵי: אִין** [כן], כך נפרש אותן: **רֵישָׁא וְסֵיפָא** [ראש וסוף] **בְּמוֹצֵא, וּמְצִיעֲתָא** [ואמצעית] **בְּעוֹשֶׂה**, ואין לתמוה על כך. **רָבָא אָמַר: כּוּלָּהּ** מדברת **בְּמוֹצֵא, וּמְצִיעֲתָא** [ואמצעית] ממנה עולה כי המוצא כלי ועליו פרצוף אדם אסור, שיטת **ר' יְהוּדָה הִיא. דְּתַנְיָא** [ששנויה ברייתא], **ר' יְהוּדָה מוֹסִיף** על הצלמים האסורים **אַף דְּמוּת** אשה **מֵנִיקָה וְסַר אַפִּיס**, ומסביר: דמות **מֵנִיקָה — עַל שֵׁם חַוָּה שֶׁמֵּנִיקָה כָּל הָעוֹלָם כּוּלּוֹ**, שכל בני האדם בניה הם. **סַר אַפִּיס — עַל שֵׁם יוֹסֵף שֶׁהָיָה סַר** [בודק] **וּמְפִיס** [מרצה] **אֶת כָּל הָעוֹלָם כּוּלּוֹ**. ומעירים: **וּמַה** שנאמר בסר אפיס שאסור **הוּא** דווקא כשעשויים אותו בצורה **דְּנָקִיט גְּרִיוָא וְקָא כַּיֵּיל** [שמחזיק בידו סאה ומודד בה], וכן לגבי מניקה — **וְהִיא דְּנַקְטָא** [שמחזיקה] עליה **בֵּן וְקָא מֵנִיקָה** [ומניקה אותו].

א **תָּנוּ רַבָּנַן** [שנו חכמים]: **אֵיזֶהוּ צוּרַת דְּרָקוֹן** שנאסרה במשנה, שאינה צורת נחש סתם או חיה אחרת? **פֵּירַשׁ ר' שִׁמְעוֹן בֶּן אֶלְעָזָר: כָּל שֶׁיֵּשׁ לוֹ צִיצִין** (כעין סנפירים) שמצויירים לו **בֵּין פְּרָקָיו. מַחֲוֵי** [מראה היה] **ר' אַסִּי** בידו בפירוש הדברים **בֵּין פִּרְקֵי צַוָּאר. אָמַר ר' חָמָא בַּר' חֲנִינָא: הֲלָכָה כְּר' שִׁמְעוֹן בֶּן אֶלְעָזָר. אָמַר רַבָּה בַּר בַּר חָנָה אָמַר ר' יְהוֹשֻׁעַ בֶּן לֵוִי: פַּעַם אַחַת הָיִיתִי מְהַלֵּךְ אַחַר ר' אֶלְעָזָר הַקַּפָּר בְּרִיבִּי** (הגדול) **בַּדֶּרֶךְ, וּמָצָא שָׁם טַבַּעַת וְעָלֶיהָ צוּרַת דְּרָקוֹן, וּמָצָא גּוֹי קָטָן וְלֹא אָמַר לוֹ כְּלוּם, מָצָא גּוֹי גָּדוֹל וְאָמַר לוֹ: בַּטְּלָהּ**, בטל את העבודה הזרה הזו, **וְלֹא בִּטְּלָהּ, סְטָרוֹ** והכריחו לבטל, ואכן **בִּטְּלָהּ**. ואומרים: **שְׁמַע מִינָּהּ תְּלָת** [למד מכאן שלושה דברים]: **שְׁמַע מִינָּהּ** [למד מכאן] **שגּוֹי מְבַטֵּל עֲבוֹדָה זָרָה שֶׁלּוֹ וְשֶׁל חֲבֵירוֹ**, בין שהיא שייכת לו בין שהיא שייכת לאחר, בין שהוא עובדה בין שאינו עובדה. **וּשְׁמַע מִינָּהּ** [ולמד מכאן] **שמי שיּוֹדֵעַ בְּטִיב שֶׁל עֲבוֹדָה זָרָה וּמְשַׁמְּשֶׁיהָ הוּא מְבַטֵּל, וְשֶׁאֵינוֹ יוֹדֵעַ בְּטִיב עֲבוֹדָה זָרָה וּמְשַׁמְּשֶׁיהָ — אֵינוֹ מְבַטֵּל**, ולכן רק גוי גדול יכול לבטל. **וּשְׁמַע מִינָּהּ** [ולמד מכאן] **שגּוֹי מְבַטֵּל בְּעַל כָּרְחוֹ. מְגַדֵּף** [היה מתקיף ומתקשה] **בָּהּ ר' חֲנִינָא, וְלֵית לֵיהּ** [וכי אין לו] **לְר' אֶלְעָזָר הַקַּפָּר בְּרִיבִּי הָא דִּתְנַן** [זו ששנינו במשנה] בהלכות מציאת אבידה: **הַמַּצִּיל כל דבר מִן הָאֲרִי וּמִן הַדּוֹב וּמִן הַנָּמֵר, וּמִן הַגַּיִיס, וּמִן הַנָּהָר, וּמִזּוּטוֹ שֶׁל יָם, וּמִשְּׁלוּלִיתוֹ שֶׁל נָהָר, וְהַמּוֹצֵא בִּסְרַטְיָא** (דרך ראשית) **וּפְלַטְיָא** (רחבה) **גְּדוֹלָה, וּבְכָל מָקוֹם שֶׁהָרַבִּים מְצוּיִין שָׁם — הֲרֵי אֵלּוּ שֶׁלּוֹ, מִפְּנֵי שֶׁהַבְּעָלִים מִתְיָאֲשִׁין מֵהֶן.**

ואם כן, כיון שאבדה בדרך — כבר נתייאש הגוי ממנה, ובטלה, ומדוע צריכה ביטול נוסף? **אָמַר אַבַּיֵי: נְהִי דְּמִינָּהּ מְיָאֵשׁ, מֵאִיסּוּרָא מִי מְיָאֵשׁ** [אמנם שממנה מהטבעת עצמה מתייאש המאבד, מן האיסור שבה האם הוא מתייאש]? שאין המאבד מבטלה מלהיות עבודה זרה, **מֵימַר אָמַר** [אומר הוא בליבו]: **אִי** [אם] **גּוֹי מַשְׁכַּח לָהּ** [ימצא אותה] — **מִפְלַח פָּלַח לָהּ** [יעבוד אותה את הצורה], **אִי** [אם] **יִשְׂרָאֵל מַשְׁכַּח לָהּ** [ימצא אותה] — **אַיְּדֵי** [מתוך] **שֶׁדְּמֵיהּ יָקְרִין מְזַבֵּין לָהּ** [הריהו מוכר אותה] **לְגוֹי וּפָלַח לָהּ** [ואותו גוי עובד אותה], ומשום כך אין הגוי המאבד מתייאש מצד עבודה זרה שבה, ולכן צריך היה לבטלה באופן אחר.

ב **תְּנַן הָתָם** [שנינו שם במשנה]: **דְּמוּת צוּרוֹת לְבָנוֹת הָיָה לוֹ לְרַבָּן גַּמְלִיאֵל בַּעֲלִיָּיתוֹ** שהיו מצויירים **בְּטַבְלָא** (לוח) **בַּכּוֹתֶל, שֶׁבָּהֶן** היה **מַרְאֶה אֶת הַהֶדְיוֹטוֹת** שהיו באים להעיד על ראיית הלבנה לקידוש החודש, **וְאוֹמֵר לָהֶן** ושואל אותם: **כָּזֶה רְאִיתֶם אוֹ כָּזֶה רְאִיתֶם?** כדי לברר מה באמת ראו, משום שלא יכלו להסביר היטב כיצד ראו, והיו צריכים להראות להם. ועל כך שואלים: **וּמִי שָׁרֵי** [והאם מותר] לצייר צורות לבנה? **וְהָכְתִיב** [והרי נאמר]: **"לֹא תַעֲשׂוּן אִתִּי** אלהי כסף ואלהי זהב לא תעשו לכם" (שמות כ, כ), ולמדו מכאן: **לֹא תַעֲשׂוּן כִּדְמוּת שַׁמָּשַׁי הַמְשַׁמְּשִׁים לְפָנַי** ("אתי")! **אָמַר אַבַּיֵי: לֹא אָסְרָה תּוֹרָה** לעשות **אֶלָּא שַׁמָּשִׁין שֶׁאֶפְשָׁר לַעֲשׂוֹת כְּמוֹתָן** ממש בעולם הזה, באותן מדות ובאותם חומרים, **כִּדְתַנְיָא** [כמו ששנויה ברייתא] לענין המקדש וכליו, שגם הם משמשים לפניו: **לֹא יַעֲשֶׂה אָדָם בַּיִת** שיהיה בדיוק **בְּתַבְנִית הַהֵיכָל** שבמקדש, ולא יעשה **אַכְסַדְרָה** (מרפסת מקורה) **בְּתַבְנִית הָאוּלָם** שהיה במקדש, או **חָצֵר בְּתַבְנִית עֲזָרָה** שבמקדש, **וְשׁוּלְחָן** שבביתו לא יעשה **בְּתַבְנִית שׁוּלְחָן** של המקדש, **מְנוֹרָה** לא יעשה אותה **בְּתַבְנִית מְנוֹרָה** של המקדש, **אֲבָל הוּא עוֹשֶׂה** מנורה **שֶׁל חָמֵשׁ וְשֶׁל שֵׁשׁ וְשֶׁל שְׁמוֹנֶה** קנים. **וְשֶׁל שֶׁבַע** קנים, כמו במקדש, **לֹא יַעֲשֶׂה אֲפִילּוּ** היא **שֶׁל שְׁאָר מִינֵי מַתָּכוֹת**, ולא מזהב כמנורת המקדש. **ר' יוֹסֵי בַּר יְהוּדָה אוֹמֵר: אַף שֶׁל עֵץ לֹא יַעֲשֶׂה**, שלא יעשה **כְּדֶרֶךְ שֶׁעָשׂוּ בֵּית חַשְׁמוֹנַאי** שעשו מתחילה מנורה של עץ. **אָמְרוּ לוֹ: מִשָּׁם רְאָיָה?** מתחילה **שַׁפּוּדִין שֶׁל בַּרְזֶל הָיוּ**, שהשתמשו בברזלים של חניתות, **וְחִפּוּם** (וחיפו אותם) **בְּבַעַץ** (בדיל), כיון **שֶׁהֶעֱשִׁירוּ** לאחר זמן **עֲשָׂאוּם שֶׁל כֶּסֶף, חָזְרוּ וְהֶעֱשִׁירוּ עֲשָׂאוּם שֶׁל זָהָב**. ומברייתא זאת למד אביי שהאיסור הוא לעשות שמשים בדיוק כפי שהם, וירח ממש הרי אי אפשר לעשות, ולכן מותר לעשות את צורתו. ושואלים: **וְשַׁמָּשִׁין שֶׁאִי אֶפְשָׁר לַעֲשׂוֹת כְּמוֹתָן מִי שָׁרֵי** [האם מותר]? **וְהָתַנְיָא** [והרי שנויה ברייתא]: **"לֹא תַעֲשׂוּן אִתִּי"** (שם), כוונתו: **לֹא תַעֲשׂוּן כִּדְמוּת שַׁמָּשַׁי הַמְשַׁמְּשִׁים לְפָנַי בַּמָּרוֹם! אָמַר אַבַּיֵי:**

מסורת הש"ס

א. תוספתא ע"ז פ"ה א.
ב. ירושלמי ע"ז פ"ג ה"ג (בשינוי שם). תוספתא ע"ז פ"ה ב.
ג. ירושלמי ע"ז פ"ד ה"ד (בשינויים).
ד. שם.
ה. (הביטוי) ע"ז לה,א (ושם סומנו מקבילות).
ו. ב"מ כד,א. ירושלמי שקלים פ"ז ה"ב. תוספתא ב"מ פ"ב ב. וראה ב"ק קיד,א.
ז. משנה ר"ה כד,א. ילק"ש תורה רפו.
ח. (כל הסוגיה) ר"ה כד,א—ב.
ט. ר"ה כד,א. מנחות כח,ב. ילק"ש תורה רפו. שם שסט.
י. (הביטוי) ע"ז כד,א (ושם סומנו מקבילות).
יא. ר"ה כד,ב. סוכה כא,ב. וראה מגילת תענית (כה בכסלו). פסי"ר פ"ב (חלק).
יב. ע"ז מב,ב (ושם סומנו מקבילות).

גרסות

וסר אפיס בכתי"מ: **וסרפיס** ובכתי"ס: **וסראפיס**.

שסר ומפיס בכתי"ס: **ששר והפיס**.

פירש ר' שמעון בן אלעזר בכתי"מ: **ר' שמעון בן אלעזר אומר**.

ומצא שם בכת"י ועוד: **ומצא**.

מבטל בעל כרחו בכתי"מ: **מבטל עבודה זרה בעל כרחו**.

המציל מן הארי — ובכל מקום בכתי"ס: **המציל מן הגייס ומן הנהר ומן הדלקה ומן המפולת והמציל מן הארי מן הדוב ומן הנמר ומן הברדלס ומן זוטו של ים ומשלולילתו של נהר והמוצא בסרטיא ובפלטיא גדולה ובכל מקום**.

צורות לבנות בכת"י וכן במקורות: **צורות לבנה**.

ואומר להם כזה ראיתם בכתי"מ: **ואומר להם מה ראיתם כזה ראיתם**.

אפילו של שאר בכתי"מ כבמקבילה: **אפילו משאר**.

בית חשמונאי בכתי"מ: **מלכי בית חשמונאי**.

וחופין בבעץ בכתי"מ: **וחיפום בעץ** ובכתי"ס: **וחיפום בבעץ** והב"ח גרס: **ומחופין בבעץ**.

לשון

סר אפיס
זהו שמו של האליל סְרַפִּיס (Σάραπις). אליל זה היה במקורו אליל מצרי־יווני, ופולחנו התפשט בכל רחבי האימפריה הרומית, ובכלל זה גם בארץ ישראל.

בציור זה רואים על ראשו של האליל סְרַפִּיס את המודיוס (modius) — מעין סל של מדידה ("גריוא").

הדיוטות
מן היוונית ἰδιώτης (אדיוטיס), ופירושה ביוונית — אדם פשוט שאינו נושא כל משרה, וגם מי שאינו אומן, שאינו מומחה בדבר, ובהרחבה — בור, חסר השכלה ונימוסים. משמעויות אלה מצויות גם בדברי חז"ל, אך בעיקר שימוש המלה הוא להבחין בין נושא משרה רמה ובין סתם אדם, כגון כהן גדול להבדילו מכהן הדיוט, וכן חילקו בין גבוה — הקדש, לבין הדיוט — סתם אדם.

שפודין
מקור המלה הוא כנראה ביוונית σπόδος (ספודוס), שהוא שיפוד ברזל המשמש לצלות עליו. אכן, יש סבורים שמלה זו היא שמית במקורה, וצורתה בש' מקבילה למילים דומות בסורית וערבית.

בעץ
בעץ הוא התרגום הארמי של המלה בדיל במקרא. ויש סבורים שבעץ בלשון חכמים הוא שם לתערובת של בדיל ועופרת, המשמשת גם בימינו לצורכי הלחמה וציפוי.

החיים

דמות מניקה, ציצין בין פרקיו, צורות לבנות ראה בהשלמות.

עיונים

ומציעתא ר' יהודה היא שאל הריטב"א: מפני מה אין אומרים שהאמצעית היא כדעת חכמים במשנה לעיל (מ,ב) האוסרים צלמים של בני אדם המחזיקים בידם דבר מה (כגון טבעת או כדור וכו')? ותירץ באופן אחד, כדעת הרמב"ם ואחרים, שלא נאסרו צלמים אלה אלא כשהם עומדים על פתח מדינה. ועוד הסביר שיש לחלק בין צלמים שהם דמויות העומדות לעצמם, לבין צורות — החקוקות או מצויירות על דבר אחר.

על שם חוה וכו' מסתבר שפירושו של דבר הוא שמתחילה היתה הכוונה להנציח אישים אלה, אלא שלאחר מכן עשו אותם עבודה זרה. וכעין האמור בענין ימי החגים שלהם, שלא נעשו מתחילה לשם עבודה זרה.

סר ומפיס רש"י (לפי גרסת הב"ח) מסביר סר מלשון שר, והוא היה מפיס — מרצה את כל העולם. ובשם הרשב"ם הביאו בתוס' שסר — מלשון בודק, (בארמית), ואפס — על שם שאמרו בני מצרים ליוסף "כי אפס כסף" (בראשית מז, טו). וראה בתוס' ר"י מבירינא.

והוא דנקיט גריוא וכו' שאז הוא בגדר עבודה זרה, אבל צורת אדם לעצמה מותרת על כל פנים בהנאה למי שמוצאה.

ציצין יש מפרשים — כעין סנפירים, שכן הוא תרגום "סנפיר" שבתורה. ויש מפרשים שהוא כעין שערות (רש"י).

הלכה כר' שמעון בן אלעזר שאף שלא מצאנו חולק עליו, הרי גם אם תימצא דעה אחרת יש לפסוק כמותו (תוס' בשם רשב"ם).

ומצא שם טבעת וצריך לומר שלא הגביהה וזכה בה, שאז שוב אינו יכול לבטלה, ששלו היא (ראה לעיל מב,א) אלא המתין עד שיבטל האיסור שבה (רש"י).

גוי מבטל וכו' והראיה לכך — שהרי לא שאל את הגוי אם הוא עובד את הדרקון הזה. ושאלו הראשונים: מפני מה לא הוסיף שיש ללמוד מכאן גם דבר נוסף — שאין ישראל מבטל עבודה זרה? ואם מפני שדבר זה כבר נאמר במפורש במשנה, הרי גם דרך ההלכה האחרת שגוי מבטל עבודה זרה של גוי, מפורשת שם! ותירצו בדרכים שונות. ובתוס' מסבירים שמה שאין ישראל מבטל עבודה זרה הוא בגדר דבר פשוט, שאינו יכול לבטל דבר שאינו שלו. ואף באותה משנה לא נצרך להיאמר (כמפורש שם בגמרא) אלא במקום שיש לישראל שותפות בה יחד עם גוי.

זוטו של ים וכו' רש"י מפרש שזוטו של ים הוא גאות הים, שהוא גורף בדרכו בחזרה בשעת השפל כל מה שנמצא בדרכו. ושלוליתו של נהר היא גאות הנהר, מה שהנהר שולל.

ובערוך פירש כר"ח (ב"מ כא,ב) כי זוטו של ים הוא קרקעיתו של הים, ושלוליתו של נהר הוא המקום בו זורם הנהר בחוזק ושולל כל מה שבדרכו. והטעם בכולם הוא, שכיון שהכל יודעים שאבידה כזו בדרך כלל אינה חוזרת עוד לבעליה הרי הבעלים מתייאשים ממנה.

מפני שהבעלים מתייאשים והרי ר' אלעזר הקפר מצא טבעת זו בדרך, שהיא "סרטיא" שבמשנה. וכיון שהתייאש ממנה בעליה, יש לומר שבטלה לגמרי, שהרי כמבואר לעיל (מא,ב), עיקר ביטול עבודה זרה נעשה כאשר עובד עבודה זרה שוב אינו מייחס לה חשיבות, ואף אם לא עשה מעשה מפורש של ביטול (ואף לר' יוחנן הסבור שעבודה זרה שנשתברה מאליה לא בטילה, לא היה זה אלא מצד הספק שמא לא ביטלה).

מאיסורא מי מייאש שאמנם הוא מבטל את בעלותו, אבל אינו מבטל את איסורה. ויש שהציעו לגרוס "איסריה", כלעיל מא,ב. כלומר לא נתבטל בעיניו הכוח (השר) של טבעת זו (בחשק שלמה).

בית תבנית היכל כתב רש"י שהכוונה היא שעושהו בכל פרטיו (כתליו פתחיו וחלונותיו) כעין ההיכל. וכתב הריטב"א כי מכאן יש ללמוד שאין איסור לצייר דמות המקדש, שהרי אין זה כמותו ממש.

אכסדרה תבנית אולם כתב הריטב"א שאף שלאולם היה בעצם פתח (שהרי היו כתלים מכל צד של פתחו) כיון שהיה זה פתח גדול ביותר הרי זה כעין אכסדרה (והוא כדברי התוס' במנחות כח,ב. אבל ראה בתוס' ד"ה אכסדרה).

ושל שבעה לא יעשה וכו' משום שבשעת הדחק אפשר להשתמש במקדש בכל מנורה בת שבעה קנים, אם היא של מתכת, אף שאינה בדיוק כתבנית המתוארת בתורה (ונחלקו חכמים האם גם באופן שמנורה אינה כשרה כלל יש איסור לעשותה).

שפודין כתבו בשם התוס' (במסכת מנחות כח,ב) שקרו להם שפודים משום שלא היו מצויירים בכפתורים ופרחים אלא מוטות חלקים כשפודים.

וחיפום בבעץ לשם נוי (תורת חיים). ויש שפירש שלא רצו להשאיר כלי ברזל גלוי במקדש (סדר יעקב). ואף שהבעץ עצמו מין מתכת, לא עשאום לגמרי מבעץ, אם משום חוסר כסף, ואם משום שאין הבדיל חזק מספיק לעמוד בלא להתכופף (רי"ד). והסביר הרי"ד כי צבעו של הבדיל הופך לאחר זמן כהה ודומה במראהו לעץ, ולפיכך היו שטעו לחשוב שאכן היו עשויים עץ, והוא מקור דבריו של ר' יוסי בר' יהודה.

המשמשים לפני במרום ואף שלעיל נאמר כי דווקא תבנית היכל ואולם אסורה, ולא צורתם, יש להבין כי חמה ולבנה, הואיל ומצד אחד אסרם הכתוב בעשייה, ומצד אחר לא ניתן לעשות כמותם, אם כן בהכרח נאסרו אף בצורתם לבד (תורת חיים).

אורח ההלכה

צורת דרקון לא צורת דרקון מותר לעשותה (לפי שאינה בשמים, וכדברי הגמרא כאן. ט"ז) אבל אסור להשהותה אצלו מפני החשד. (שו"ע יו"ד קמא, ד בהגהה).

איזהו צורת דרקון צורת דרקון היא דמות הדומה לנחש ויש לו כמין סנפירים בין פרקי חוליות שבצוארו. כר' שמעון בן אלעזר וכפי שהסביר ר' אסי. (שם סעיף ג).

גוי מבטל עבודה זרה גוי מבטל עבודה זרה אף שאינה שלו, ואפילו אינו עובד לאותה עבודה זרה. ומבטל אפילו בעל כרחו. ובלבד שידע בטיב עבודה זרה, וכפי שמשמע מסוגייתנו. ולכן קטן ושוטה, וכן מי שאינו עובד עבודה זרה, כגון גר תושב אינם יכולים לבטל (וכן ישמעאלים שאינם עובדי עבודה זרה. רמ"א עפ"י הרמב"ם). (רמב"ם ספר מדע הלכות עבודה זרה פ"ח ה"ט. שו"ע שם קמו, ה).

המציל מן הנהר וכו' המציל מן הנהר ומזוטו של ים ומן הדליקה ומן הגוים ומן החיות הרעות, הרמב"ם כתב כי אם ברור שנתייאשו הבעלים מהם — הרי אלו שלו, ואם אינו יודע — יחזיר. ובשו"ע כתב שאפילו הבעלים עומדים וצווחים הרי אלו שלו (שאין דעתו אצל כל אדם. סמ"ע). וכתב רמ"א כי מכל מקום טוב וישר להחזיר. (רמב"ם ספר נזיקין הלכות גזילה ואבידה פ"ו ה"ב. שו"ע חו"מ רנט, ז).

המוצא בסרטיא ופלטיא המוצא מציאה בסרטיא ופלטיא גדולה ובשאר מקומות שהגוים מצוים שם תמיד, בענין שאין בזה סימן — הרי המציאה שלו, ואפילו בא ישראל ונתן סימניה, אם רוב המצויים באותם מקומות גוים — הרי המציאה שלו, שמן הסתם נתייאש ממנה כשנפלה. ע"פ הסוגיה בבבא מציעא כד,א—ב. (רמב"ם שם פי"א ה"ז. שו"ע שם סעיף ג).

לא יעשה בית תבנית היכל וכו' לא יעשה אדם בית בתבנית היכל לשיעור ארכו רחבו וקומתו. ולא יעשה חצר תבנית עזרה ולא יעשה שולחן בתבנית השולחן. ולא יעשה מנורה של כל מיני מתכות שיש בה שבעה קנים (אבל של חמשה וששה או שמנה מותר, ואפילו לא עשאה בגביעים כפתורים ופרחים, ואין גבוהה כגובה מנורת המקדש (שכל אלו אינם מעכבים. ש"ך). ושל עץ מותר (ש"ך). (רמב"ם ספר עבודה הלכות בית הבחירה פ"ז ה"י. שו"ע יו"ד קמא, ח).

עין משפט נר מצוה

כו א ב טוש"ע י"ד סי' קמא סעיף ג: [כ"ה בדפו"י]

כז ג ד ה מיי' פ"ח מהלכות עבודת כוכבים הלכה ט סמג עשין כב טוש"ע י"ד סי' קמו סעיף ה:

כח ו מיי' פ"ו מהלכות גזלה ואבידה הל' ב סמג עשין עד טוש"ע ח"מ סימן רכט סעיף ז:

כט ז מיי' שם פי"א הלכה ז סמג שם טוש"ע ח"מ שם סעיף ג:

ל ח מיי' פ"ז מהלכות בית הבחירה הלכה י טוש"ע י"ד סימן קמא סעיף ח:

הני אין צורת דרקון לא אלא פשיטא במוצא וכדתנן המוצא כלים ועליהם צורת חמה רישא וסיפא במוצא ומציעתא בעושה אמר אביי אין רישא וסיפא במוצא ומציעתא בעושה רבא אמר כולה במוצא ומציעתא רבי יהודה היא דתניא א*רבי יהודה מוסיף אף דמות מניקה וסר אפים מניקה על שם חוה שמניקה כל העולם כולו סר אפים על שם יוסף שסר ומפים את כל העולם כולו והוא דנקיט גריוא וקא כייל והיא דנקטא בן

א וקא מניקה: תנו רבנן ב*איזהו צורת דרקון פירש רשב"א אכל שיש לו ציצין בין פרקיו מחוי רבי אסי בבין פרקי צואר אמר ר' חמא ברבי חנינא הלכה כר"ש בן אלעזר אמר רבה בר בר חנה אמר רבי יהושע בן לוי גפעם אחת הייתי מהלך אחר ר' אלעזר הקפר בריבי בדרך ומצא שם טבעת ועליה צורת דרקון ומצא גוי קטן ולא אמר לו כלום מצא גוי גדול ואמר לו בטלה ולא בטלה סטרו ובטלה ש"מ תלת דש"מ גגוי מבטל עבודה זרה שלו ושל חבירו וש"מ דיודע בטיב של עבודה זרה ומשמשיה מבטל ושאינו יודע בטיב עבודה זרה ומשמשיה אינו מבטל וש"מ הגוי מבטל בעל כרחו המגדף בה רבי חנינא ולית ליה לרבי אלעזר הקפר בריבי הא *דתנן ו*והמציל מן הארי ומן הדוב ומן הנמר ומן הגיים ומן הנהר ומזוטו של ים ומשלוליתו של נהר זוהמוצא בסרטיא ופלטיא גדולה ובכל מקום שהרבים מצוין שם הרי אלו שלו מפני שהבעלים מתייאשין מהן אמר אביי נהי דמינה מייאש מאיסורא מי מייאש מימר אמר אי גוי משכח לה מפלח פלח לה אי ישראל משכח לה אידי דדמיה יקרין מזבין לה לגוי ופלח

ב לה: תנן התם ז*דמות צורות לבנות היה לו לר"ג בעלייתו בטבלא בכותל שבהן מראה את ההדיוטות ואומר להן כזה ראיתם או כזה ראיתם חומי שרי והכתיב לא תעשון אתי לא תעשון כדמות שמשי המשמשים לפני אמר אביי לא אסרה תורה אלא שמשין שאפשר לעשות כמותן כדתניא ט*חלא יעשה אדם בית תבנית היכל אכסדרה תבנית אולם חצר תבנית עזרה שולחן תבנית שולחן מנורה תבנית מנורה אבל עושה הוא של ה' ושל ו' ושל ח' ושל ז' לא יעשה אפילו של שאר מיני מתכות רבי יוסי בר יהודה אומר אף של עץ לא יעשה כדרך שעשו בית חשמונאי אמרו לו י*משם ראיה שפודין של ברזל היו(א) וחופין בבעץ העשירו עשאום של כסף חזרו והעשירו עשאום של זהב ושמשין שאי אפשר לעשות כמותן מי שרי והתניא יב*לא תעשון אתי לא תעשון כדמות שמשי המשמשים לפני במרום אמר אביי לא

[מסורת הש"ס: [תוספתא פ"ו] | [תוספתא שם ע"ש נ"ע] | [נ"ל דתניא] | ב"מ כב. | ר"ה כד. | שמות כ | שם כד. [מנחות כח:] | [שבת כא: וש"נ] | [ר"ה שם:]]

רש"י

הני אין. שמשין שבמרום אבל צורת דרקון דאינה במרום שריה: **מניקה.** אשה מניקה בן: **סר אפים.**(ב) שסר ונעשה שר: **ומפים את כל העולם.** בשני רעבון והפיס כמו והפיס דעתו אלמא פרצוף אדם לרבי יהודה אסור: **והוא דנקט גריוא וקא כייל.**(ג) אסור על שם יוסף אבל פרצוף אדם גרידא שרי בהנאה: **ציצין.** תרגום של סנפיר לשון אחר כמו שערות: **פרקיו.** חליותיו: **הלכה כר"ש.** שאם אין לו ציצין מותר: **בריבי.** כלומר אדם גדול וכן קורין לו בכינוי: **מצא טבעת.** ולא הגביהה עד שבטלה הגוי: **סטרו.** הכהו על הלחי: **זוטו של ים.** לשון ים החוזר לאחוריו עשר וחמש עשרה פרסאות ושוטף כל מה שמוצא בדרך חזרתו וכן עושה בכל יום: **שלולית.** כשהנהר גדל ויוצא על גדותיו ופושט: **מתייאשין מהן.** וכיון דאייאש גוי בטלה מדעתיה דלא למפלחה ותו לא צריך לבטולה: **מאיסורא מי מייאש.** עדיין הגוי שאיבדה קורא לה עבודה זרה דמימר אמר וכו': **דמות צורות לבנות.** גרסינן: **כזה ראיתם.** כדי לבדקן אם יהיו דבריהם מכוונים: **לא תעשון כדמות שמשי.** הכא לא גרסינן במרום: **שאפשר לעשות כמותן.** ממש כגון שמשין של מטה חצר ואולם והיכל ומנורה אבל שמשין של מעלה שאי אפשר לעשות כמותן ממש אלא ציור דוגמתן מותר: **בית תבנית היכל.** בארכו ורחבו ורומו ושיעור מדת פתחיו אבל אם נשתנה במקצת מותר: **אבל עושה מנורה של חמש.** נרות ושל ששה ושל שמונה שאינן דומין לשל מקדש ושל שבעה לא יעשה שהיא כשל מקדש ואפילו של שאר מיני מתכות שאף היא אע"פ שאינה של זהב כשרה במקדש כדילפי' בהקומץ רבה (מנחות דף כח:) מכלל ופרט וכלל אבל של עץ שרי דאינה כשרה במקדש דהפרט מפורש מתכת: **רבי יוסי בר יהודה אומר אף של עץ לא יעשה.** שאף היא כשרה במקדש: **ומלכות בית חשמונאי.** עשאוה במקדש של עץ לאחר שטימאו יונים את ההיכל ונטלו כל כליו וגברה יד בית חשמונאי ונאמה דרבי יוסי בר יהודה דריש ליה בריבויי ומעוטי ועשית מנורת ריבה זהב טהור מיעט מקשה תיעשה המנורה חזר וריבה ריבה כל מילי ומיעט חרס: **בבעץ.** בדיל: **המשמשין לפני במרום.** אלמא שמשין עליונים קאסר: ארבעה

תוספות

רשב"ם גרים סר אפס. כלומר אמרו לו עיין ותדקדק כי אפס תבואה וכן נמלא הרבה סר *[לשון סר] סכינא (חולין יח.) סייר נכסי (שם דף קה.): **הלכה כר"ש בן אלעזר.** פי' רשב"ם ואפילו אי משכחת תנא דפליג: **ש"מ גוי מבטל עבודה זרה שלו ושל חבירו.** תימה אמאי לא נקט נמי ש"מ ישראל אינו מבטל עבודה זרה של גוי דאי משום דמשנה היא לקמן פרק רבי ישמעאל (דף נג:) הא דגוי מבטל נמי מתני' היא ויש לומר משום דפשיטא ליה לא איצטריך לאשמועינן דהא לקמן גבי מתני' נמי פריך פשיטא והולרך להעמידה שיש לו בה שותפות ואפ"ה אין כאן רבותא אלא מן הדיוק ישראל הוא דאינו מבטל אבל גוי מבטל אף על גב דאית ליה(ד) שותפות וקמשמע לן דישראל אדעתא דגוי פלח אבל ישראל אחר שאין לו בה שותפות כלל פשיטא לן דאינו מבטל ולכך פשיטא כאן דלא היה לו שותפות: **ולית ליה (*המציל)** כו'. וא"ת תקשה ליה אמתני' דקתני מתני' מלא תבנית יד וכו' הרי אלו אסורין ורמינהי המציל כו' וי"ל דמתני' איכא לשנויי דמלא במקום שאין רבים מלויין אבל הכא בעובדא(ה) דבריבי קתני שהיה מהלך בדרך:

איידי דדמיה יקרים מזבין לה לגוי. והא דאמרי' לקמן (דף נג.) מכרה או משכנה (ללורך) [לצורף] ישראל מותרת משום דבטלה וקא מפרש(ו) דה"ה כשאינו צורף נמי מדפריך עלה מההיא דהלוקח גרוטאות ולא קאמר דאיידי דדמיה יקרים מזבין לה לגוי וי"ל דשאני הכא דאיכא תרי ספיקי לאיסורא שמא גוי ימצאנה ויעבדנה ואף אם ימצאנה ישראל שמא איידי דדמיה כו' אבל התם ליכא אלא חדא ספיקא דהא קיימא היא ביד ישראל ולהכי ודאי מבטל לה:

אכסדרה תבנית אולם. שהאולם היה פרוץ במלואו לרוח מזרחית וה"נ אמרינן בלא יחפור (ב"ב דף כה:) עולם לאכסדרה הוא דומה ורוח לפונית אינה מסובבת ומ"מ קרי ליה פתח האולם בהרבה מקומות בתלמוד כמו פתח המשכן שהיה פרוץ במלואו לרוח מזרחית וקרי ליה פתח בפסוק:

לא תעשון אתי(ז). תימה כיון דפרצוף אדם לחודיה אסור אמאי אצטריך לאסור דמות שמשים שבמרום וי"ל דודאי ליכא למעלה שום מלאך ושרף ואופן וכרוב כדמות אדם ממש דה"נ אמרינן בפ"ק דחגיגה (דף טו.) דליכא עורף וא"ת כיון דפרצוף אדם לחודיה אסור אמאי איצטריך לאסור דמות ארבעה פנים בהדדי תיפוק ליה דאיכא דמות אדם וי"ל לחייב אף כשמלא פרצוף אדם והשלים לד' פנים אי נמי לעבור בשני לאוין ויש לדקדק מדלא קאמר אלא ש"מ דדרשא דלא תעשון אתי(ח) אתיא אליבא דכולי עלמא ואפילו אליבא דרבא דאוקי מתני' דלעיל כולה במוצא ולדידיה לא תידוק מיניה דעשיית אדם מותרת דודאי אסורה היא וכן משמע לקמן דקאמר טבעת שחותמה שוקע אסור לחתום בה ומסתמא היינו בפרצוף אדם דאין רגילין לחתום בצורת כוכבים ומזלות וכן הלכה דפרצוף אדם אסור לחתום ואסור לעשות ומיהו אותם צורות אדם שצובעים בסדינים בצבעים וכן ברקמה מותרין כיון שאין להם פרצוף שלם אלא חצי פרצוף*:

לא

[נ"ל לר"א הקפר הא דתנן המציל] [וע"ע אריכות תוספות בזה ביומא נד. בד"ה כרובים]

רבינו חננאל

שמשיי ומציעתא אי אפשר לאוקמה במוצא דקתני כל הפרצופות מותרין חוץ מפרצוף אדם וכבר שנינו כי המוצא צורת חמה ולבנה ודרקון הוא דאסור הא המוצא צורת אדם מותר ופריקי תרי פירוקי. חד רישא וסיפא במוצא ומציעתא בעושה וכדרב הונא כדבעינן למימר לקמן ובא רבא ואוקמינהו כולהי במוצא ורבי יהודה היא ומציעתא דאסר פרצוף אדם רבי יהודה לטעמיה דתניא רבי יהודה מוסיף אף דמות מיניקה וסרפס ומפרשינן מניקה שעושין אותה כמין אשה מחוקת בן ומניקתו והיא זו כמו חוה שהיתה אם כל חי סרפס כלומר מושל ומכלכל כל העולם צורת איש כיוסף שהיה שר מפים והוא דנקיט גריוא בידיה. דרקון לשון יון הוא: ת"ר איזו היא צורת דרקון פי' ר' שמעון בן אלעזר כל שיש לו ציצין בין פרקיו בין פרקי צווארו א"ר חמא בר חנינא הלכתא כר' שמעון בן אלעזר. א"ר יהושע בן לוי פעם אחת הייתי מהלך אחר ר' אלעזר הקפר ברבי ומצא טבעת בדרך ועליה צורת דרקון ולא הגביהה עבר גוי קטן ולא אמר כלום עבר גוי גדול אמר לו בטלה ולא קבל ממנו סטרו וביטלה ש"מ תלת ש"מ גוי מבטל עבודה זרה שלו ושל חבירו ש"מ גוי מבטל עבודה זרה בעל כרחו וש"מ והני מילי גדול שיודע בטיב עבודה זרה ומשמשיה הוא שמבטל. מגדף בה רבי חנינא לית ליה לרבי אלעזר הקפר ברבי הא דתנן המוצא בסרטיא ובפלטיא ובכל מקום שהרבים מצוין שם הרי אלו שלו מפני שהבעלים מתייאשין מהן. אמר אביי נהי דמינה מייאש מאיסוריה מי מייאש וכו': **תנן** התם בראש השנה דמות צורות לבנות היו לרבן גמליאל בעלייתו כו' פי' לבנות צורת לבנה גדולה ופחותה ממנו. ומקשינן ומי שרי והכתיב לא תעשון אתי לא תעשון בדמות שמשין שמשמשין לפני. ופריק אביי לא אסרה תורה אלא שמשין שאפשר לעשות כמותם כדתניא לא יעשה אדם בית דמות היכל מ' אמה ארכו וכ' אמה רחבו אכסדרה תבנית אולם כו' אבל שמשין כגון חמה ולבנה וכיוצא בהן שא"א לו לאדם לעשות כמותן לא אסרה תורה ומקשינן איני והתניא לא תעשון אתי לא

הגהות הב"ח (א) גמרא וחופין בבעץ: (ב) רש"י ד"ה סר אפים סר שנעשה שר: (ג) ד"ה והוא וכו' וקא כייל על שם כצ"ל ותיבת אסור נמחק: (ד) תוס' ד"ה ש"מ וכו' דאית ליה בה שותפות וכו' פשיטא ליה כאן דלא היה לו בה שותפות: (ה) ד"ה ולית וכו' בעובדא דר"א הקפר בריבי קתני: (ו) ד"ה איידי וכו' וקא מפרש ר"י דה"ה: (ז) ד"ה לא תעשון אתי לא תעשון אותי תימה כיון וכו' דליכא בהו עורף: (ח) בא"ד דדרשא דלא תעשון אתי לא תעשון אותי אתיא אליבא וכו' כולה במוצא ולדידיה נמי לא תידוק:

לא א טוש"ע י"ד סימן קמא סעיף ז:
לב ב מיי' פ"ג מהלכות עבודת כוכבים הל' יא סמג עשין כב טוש"ע י"ד סימן קמא סעיף ו:
לג ג ד מיי' שם טוש"ע שם סעיף ז:

לא אסרה תורה אלא שמשין שבמדור העליון. אור"י דכל אלו תירוצים של אביי אמת הן דמדלא קאמר בכל אחד ואחד אלא אמר אביי ש"מ שלא היה חוזר בו אלא מתחלה היה דורש מן המקרא לאסור שמשין של מטה כגון היכל ואולם ואחר כך לאסור שמשין שבמדור העליון כגון שרפים ואופנים ובשמים התחתונים חמה ולבנה כוכבים ומזלות שהם קבועים ברקיע שני*: **שאני ר"ג לאחרים עשו לו.** הקשה הר"ר אלחנן דלכאורה משמע שלוה ר"ג לגוי לעשות והא אמירה לגוי שבות ואפילו בדבר שאינו של שבת כדאמרינן בפרק השוכר את הפועלים (ב"מ דף צ.) גבי חסום פי פרתי ודוש בה וי"ל דמצוה שאני ויש שהיו רוצים להחמיר שלא להחתים לגוי חותם יש בו צורת אדם בשביל חוב אא"כ היה הגוי מביא לו מעצמו וכן שלא לחגור אותם רצועות שיש בהם צורת אדם בולטת אמנם יש סמך להתיר מתוך הלכות גדולות שמעמיד אותה דרב יהודה בצורת דרקון ושם שייך חשדא טפי מבאחריני כדתנן מצא כלים ועליהם צורת דרקון כו' יוליכם לים המלח ואנדרטי דקא חייש לחשדא היינו משום שהיה צלם דמות אדם כל גופו בידים ורגלים: **והא רב יהודה לאחרים עשו לו.** פירוש ואפ"ה הזהיר בו שמואל שלא להשהותו אם לא יסמא עינו שלא יחשדוהו שעשאו ועבר על לא תעשו ומשני שאני רב יהודה שחותמו בולט היה ולא היה משום חשד עשייה אלא משום חשד עבודה זרה: **והא ר"ג יחיד הוה.** וא"ת אמאי לא משני דצורת לבנה לא היתה בולטת ולכך עשאה ר"ג ואור"י ור"ת וריב"א כי בחמה ולבנה ומזלות אין חילוק בין בולטין לשוקעין וכן ברקיע שוקעין הם ולא מפליג בהכי אלא גבי פרצופין וכיוצא בהן: **שעל הסדינין ועל המטפחות.** ר"ח גר' מטבעות(ח) דסדינין ומטפחות חד הוא והלכך מותרין מטבעות שיש בהם צורת עבודה זרה: **שוחק וזורה לרוח או מטיל לים.** בפסחים פרק כל שעה (דף כח.) מייתי האי מתני' גבי חמץ דתנן (*מפזר) וזורה לרוח או מטיל לים(ט) ומבעיא לן בתרוייהו שוחק ומטיל לים או מטיל לים בעייניה ואמר רבה חמץ דלשאר מימות בעי פירור עבודה זרה דלים המלח לא בעי שחיקה פי' דלגבי חמץ לא משכחנא בשום דוכתא ים המלח אבל בעבודה זרה אשכחנא בכמה דוכתי דקאמר יוליך הנאה לים המלח הלכך אף הכא נמי דקתני לים סתמא ים המלח הוא ורב יוסף אמר אדרבה איפכא הוא חמץ(י) דמאיס לא בעי פירור עבודה זרה דלא מימאסא בעינן שחיקה ומסתמא רב יוסף קאמר דבעי שחיקה בעבודה זרה אף בים המלח דאיירי ביה רבה ולפי זה תימה לרבנן אליבא דרב יוסף היאך יעברו עבודה זרה בשלמא לרבה יעשה שחיקה בשאר מימות דלים המלח אפילו בעייניה אלא לרב יוסף היכי ליעבוד(כ) *דע"כ לרבנן אף שחיקה בשאר מימות אינו מועיל מדאילטריכו רבנן בגמרא (לקמן דף מד.) לטעמיה דלא נתכוין משה אלא לבדקן כסוטות מכלל דלא מהניא שחיקה בשאר מימות כמו שנפרש שם ואם כן מה יעשה וכי כל שעה ילך לים המלח וי"ל דישחוק ויזרה במקום שאינו מגדל צמחים*: **אמרו לו אף הוא נעשה זבל.** פי' רשב"ם וקא סברי זה וזה גורם אסור ורבי יוסי לא חייש דסבר זה וזה גורם מותר ומכל מקום אסור לזבל שדה לכתחלה אף לרבי יוסי בזבל של עבודה זרה כיון שהוא מתכוין ליהנות ואין להקשות דרבנן אדרבנן דהכא חיישו רבנן לזבל ואילו גבי חמץ בפרק כל שעה (פסחים דף כח.) אמרי רבנן (*מפזר) וזורה לרוח דיש לחלק גבי חמץ כתיב לא יאכל והלכך אינו אסור אלא כדרך הנאה גמורה אבל בעבודה זרה כתיב לא ידבק בידך מאומה מן החרם ואפילו כל דהו אי נמי רבנן דהתם היינו רבי יוסי דהכא: **אמר להם ר' יוסי לחכמים והלא כבר נאמר ואת חטאתכם.** פי' רשב"ם דפריך מואכות אותו טחון עד אשר דק דמשמע כל דבר הנשחק עומד ליזרות לרוח וגם רש"י פירש וזה לשונו ואת חטאתכם אשר עשיתם וכו' מואכות אותו טחון קא מותיב אבל מואשרוף לאו תיובתא היא דלכל כמה דלא שחיק ליה מחבר בהדדי ואינו נעשה זבל משמע דרבי יוסי היה אומר להם ששחקן לזרות לרוח וקשה לר"י וכי היה רבי יוסי טועה בזה שלא היה זורקו למים והא באותו פסוק עצמו דואכות אותו כתיב ואשליך את עפרו אל הנחל היורד מן ההר דהיינו מים היורדים ועוד(ל) מאי אהדרו ליה לא נתכוין אלא לבדקן כסוטות לפי סברתנו אין אנו צריכים לאותה בדיקה כלום אלא משום דכתיב ויזר על פני המים לבד ורבי יוסי הקשה מדבעי כתישה שמע מיניה דזורה לרוח לכן נראה לפרש דרבי יוסי אסיפא דואשליך את עפרו אל הנחל סמיך אלמא לא זרקו ליה אלא לנהר ונהר אינו אלא כמו זורה לרוח שכן דרך נהרות שמתגרשים מימיהם רפש וטיט על גדותיהם ושם עושה זבל ואפ"ה לא חש משה רבינו לכלום אמרו לו הרי הוא אומר ויזר ויַשְק לא נתכוין אלא לבדקן כסוטות והשקה אותם הזהב ולא נשאר מן הזהב כלום אבל ודאי אין שחיקה מועלת בשאר מימות: נחל

* [נ"ל מפרר]

ארבעה פנים. פני שור ואדם ואריה ונשר לחיה אחת דוגמת חיות הקדש דכתיב אתי השרויות אצלי: **שבמדור העליון.** כדכתיב אתי אבל חמה ולבנה במדור התחתון הם: **לאחרים עשו לו.** גוים: והא(ג) **דרב יהודה לאחרים עשו לו.** צורה בטבעת שהיה מניח: **סמי עיניה דדין.**(ד) פחות צורתו: **חשדא.** שלא יאמרו לה הוא עובד: **חותמה.** צורתה: **ומותר לחתום בה.**(ה) כשהוא חותם שוקע החותם בשעוה ואינו נראה מבחוץ: **חותמה שוקע.** אסור לחתום(ו) דכשהוא חותם הוי חותמה בולט ולקמן פריך ה"נ ניחוש לחשדא: **דשף ויתיב.** שם מקום שהיה במדינת נהרדעא ויש אומר יכניה וגלותו נטלו עמהן מאבני ירושלים ומעפרה ובנאוהו שם והיינו דשף ויתיב בנהרדעא ניסוף כאן ונתיישב כאן והיינו דכתיב כי רצו עבדיך את אבניה וכו': **אנדרטא.** צלם: **והא ר"ג יחיד הוה.** וניחוש לחשדא: **דפרקים.** של חוליות ולא היה מחברם אלא בשעת בדיקת עדים וכל יומא לא חזו לה וליכא חשדא: **למעלה מן המים.** על אוגני הכלי: **למטה מן המים.** בשולים ובדפנות: **מבוזין**(ז). שמשתמשין בהן במאכל ובמשתה ואין מכובדין אלא העשויין לתכשיט: **שירין.** צמידין: **קומקמוסין.** סירות קטנות של מתכת: **מתני' וזורה לרוח.** שלא יכשל בה ישראל ליהנות ממנה: **אף הוא.** אם יזרנה לרוח גם עתה יש הנאה ממנה: **גמ'** הרי

א א לא אסרה תורה אלא בדמות ד' פנים בהדי הדדי אלא מעתה פרצוף אדם לחודיה תשתרי אלמה תניא ב כל הפרצופות מותרין ג חוץ מפרצוף אדם ג אמר *רב(א) יהודה בריה דרב יהושע ד מפרקיה דרבי יהושע שמיע לי לא תעשון אתי לא תעשון אותי אבל שאר שמשין שרי ושאר שמשין מי שרי והתניא *לא תעשון אתי לא תעשון כדמות שמשי המשמשין לפני במרום ד כגון אופנים ושרפים וחיות הקדש ומלאכי השרת ה אמר אביי לא אסרה תורה אלא שמשין שבמדור העליון ושבמדור התחתון מי שרי והתניא ו אשר בשמים לרבות חמה ולבנה כוכבים ומזלות ממעל לרבות מלאכי השרת כי תניא ההיא לעובדם אי לעובדם ה אפילו שילשול קטן נמי אין הכי נמי ומסיפיה דקרא נפקא דתניא ז אשר בארץ לרבות ימים ונהרות הרים וגבעות מתחת לרבות שילשול קטן ועשייה גרידתא מי שרי והתניא לא תעשון אתי לא תעשון כדמות שמשי המשמשין לפני במרום כגון חמה ולבנה כוכבים ומזלות שאני ר"ג דאחרים עשו לו ח והא רב יהודה דאחרים עשו לו וא"ל שמואל לרב יהודה ט *שיננא סמי עיניה דדין התם בחותמו בולט ומשום חשדא דתניא י *טבעת שחותמה בולט אסור להניחה ומותר לחתום בה חותמה שוקע מותר להניחה ואסור לחתום בה ומי חיישינן לחשדא והא בי כנישתא דשף ויתיב בנהרדעא דאוקמי ביה אנדרטא והוו עיילי ביה אבוה דשמואל ולוי ומצלו בגויה ולא חיישי לחשדא י רבים שאני והא רבן גמליאל דיחיד הוה כיון דנשיא הוא שכיחי רבים גביה ואיבעית אימא [ו'] דפרקים הוואי ואיבעית אימא ח להתלמד שאני דתניא יא *לא תלמד לעשות אבל אתה למד להבין ולהורות: רשב"ג אומר וכו': איזו הן מכובדין ואיזו הן מבוזין אמר רב מכובדין למעלה מן המים יב מבוזין למטה מן המים ושמואל אמר אלו ואלו מבוזין הן אלא אלו הן יג מכובדין שעל השירין ועל הנזמים ועל הטבעות תניא כוותיה דשמואל * ט מכובדין שעל השירין ועל הנזמים ועל הטבעות מבוזין שעל היורות ועל הקומקמסין ועל מחמי חמים ושעל הסדינין ועל המטפחות: **מתני'** יד *רבי יוסי אומר י שוחק וזורה לרוח או מטיל לים אמרו לו אף הוא נעשה זבל(ג) שנאמר לא ידבק בידך מאומה מן החרם: **גמ'** תניא טו *אמר להם רבי יוסי **והלא כבר נאמר ואת חטאתכם אשר

[שמות כ] [דברים יח] [שם יג] [שם ט]

רבינו חננאל

לא תעשון בדמות שמשי המשמשין לפני במרום והדינן לא אסרה תורה אלא דמות ארבעה פנים בהדי הדדי אלא מעתה פרצוף אדם לחודיה לישתרי אלמה תניא כל הפרצופות מותרין חוץ מפרצוף אדם אמר רב הונא בריה דרב יהושע מפרקיה (א) לא שמיע ליה לא תעשון אותי אבל שמשין שרי והתניא לא תעשון בדמות שמשי המשמשין לפני במרום כגון אופנים כו' עד שאני רבן גמליאל דאחרים עשו לו איני והא רב יהודה דאחרים עשו לו טבעת בצורה כדי להיות חותם בה ואמר ליה שמואל שיננא סמי עיניה דדין כלומר העבר צורתו. ופרקינן גבי רב יהודה כגון החותמו בולט הוה. כלומר צומח ויוצא למעלה חיישינן לחשדא דתניא טבעת שחותמה בולט אסור להניחה באצבעו ומותר לחתום בה חותמה שוקע מותר להניחה ואסור לחתום בה. ומי חיישינן לחשדא כו'. ואסיקנא להתלמד שאני ולרבן גמליאל להתלמד הוה שנאמר לא תלמד לעשות כתועבות אבל אתה למד להבין ולהורות. רשב"ג אומר הצורות החקוקות על הכלים המכובדין אותן הכלים אסורין ועל המבוזין מותרין תניא מכובדין שעל השירין ועל הנזמים ועל הטבעות מבוזין שעל היורות ועל הקומקמסין ועל מחמי חמין ועל ספלים ועל הסדינין ועל המטפחות שמענין מינה כי כל הצורות החקוקות במטבעות מבוזין הן ושרו: מתני' ר' יוסי אומר שוחק וזורה לרוח או מטיל לים אמרו לו אף הוא נעשה זבל דלמא מזבלו ביה ונמצאו נהנין

[ר"ה כד: לעיל מג:] [ר"ה כד: ע"ש] [ר"ה כד: ושם איתא רב הונא בריה דרב אידי מפרקיה דאביי שמיע לי ועי' לעיל מב: [ואיתא שם] וכדכתב הגאון בשם ההוא ועיין רש"י משמע דהכי גרס הכא] [ברכות לו. וש"נ ועי' מ"ש בס"ד על גליון תגיגה טו: פירוש על ענין שיננא] [לעיל יח. [שבת עה.] סנהדרין סח: ר"ה כד:] [תוספתא פ"ו] [לעיל מב. לקמן מח: פסחים כח.] [תוספתא פ"ד] **עי' תוספות חולין פח. ד"ה אלא ועוד דע"כ לרבנן כנ"ל רש"א *וע"ע תוס' פסחים כח. ד"ה עבודת כוכבים דלא] [נ"ל מפרר]

הגהות הב"ח

(א) גמ' אמר רב הונא בריה דרב יהושע מפירקיה: (ב) שם במשנה נעשה זבל ונאמר לא: (ג) רש"י ד"ה והא רב יהודה: (ד) ד"ה סמי וכו' פחות צורתו: (ה) ד"ה ומותר וכו' דכשהוא: (ו) ד"ה חותמה וכו' לחתום בה דכשהוא: (ז) ד"ה מבוזין הן שמשתמשין: (ח) תוס' ד"ה שעל הסדינין וכו' מטבעות. נ"ב וכדף נב ד"ה דינרי כתבו התוספות לצורת אדם אסור במטבעות ואפשר דהתם קאמרי לאסור לעשותם וע"ש: (ט) ד"ה שוחק וכו' קמיבעיא לן בתרוייהו וכו' לא אשכחנא בשום: (י) בא"ד חמץ דממאסא לא בעי פירור וכו' רב יוסף דקאמר דבעי שחיקה בעבודה זרה וכו' רבה קאמר ולפי זה: (כ) בא"ד היכי ליעביד ועוד דע"כ לרבנן וכו' בגמרא וכו' לטעמא דלא: (ל) ד"ה אמר וכו' ועוד אמאי אהדרו וכו' כסוטות דלפי סברתם אין אנו צריכים וכו' המים לבד דהא רבי יוסי לא הקשה אלא מדבעי כתישה ש"מ וכו' נהרות שמתגרשים מימיהם:

הא אלא יוליכם לים המלח. תניא אמר להן רבי יוסי והכתיב בעגל וישרוף אותו באש ויטחן... ועי' בהגות מהרי"ב כאן. (ה) אולי צ"ל מפרקיה דאביי שמיע לי.

גליון הש"ס מתני' רבי יוסי אומר. עיין תשובת רשב"א חו"ד סימן רמ"ח: **תוס'** ד"ה אמרו וכו' אבל בעבודת כוכבים כתיב. עיין לעיל דף יב ע"ב תוספות ד"ה אלא ולקמן דף מח ע"ב תוספות ד"ה לא:

לא אסרה תורה אלא בדמות ארבעה פנים בהדי הדדי [יחד], שהוא עושה צורה כצורת חיות הקודש שיש להן (כמבואר בתיאור מעשה המרכבה בספר יחזקאל א) ארבעה פנים לאחת: פני שור, פני אריה, פני נשר ופני אדם, וחיות הקודש הן "אתי". ושואלים: אלא מעתה, לפי זה, עשיית פרצוף אדם לחודיה [לבדו] בלא שאר שלושת הפנים תשתרי [תהיה מותרת], אלמה תניא [מדוע שנינו]: כל הפרצופות מותרין, חוץ מפרצוף אדם? אמר רב יהודה בריה [בנו] של רב יהושע: מפרקיה [משיעורו, מלימודו] של ר' יהושע שמיע לי [שמעתי] כי הכתוב "לא תעשון אתי" (שמות כ, כ) יש לפרשו: לא תעשון אותי, ולכן אין לעשות פרצוף אדם, שהוא כעין דוגמה של מעלה, שנאמר: "בצלם אלוקים עשה את האדם" (בראשית ט, ו). אבל שאר שמשין שבמרום שרי [מותר], ולכן עשה רבן גמליאל דמות צורות לבנה. ומקשים: ושאר שמשין מי שרי [האם מותר]? והתניא [והרי שנויה ברייתא]: "לא תעשון אתי" — לא תעשון כדמות שמשי המשמשין לפני במרום, כגון הדרך שבה מתוארים כדברי הנביאים אופנים ושרפים וחיות הקדש ומלאכי השרת! אמר אביי: לא אסרה תורה אלא שמשין שבמדור העליון כגון המלאכים, אבל לא החמה והלבנה. ושואלים: ושבמדור התחתון מי שרי [האם מותר]? והתניא [והרי שנויה בברייתא]: "לא תעשה לך פסל וכל תמונה אשר בשמים" (שם, ד) — לרבות חמה ולבנה כוכבים ומזלות, "ממעל" (שם) — לרבות מלאכי השרת! ומשיבים: דבר זה לא נאמר לענין איסור עשיה, אלא כי תניא ההיא [כאשר שנויה אותה ברייתא] באיסור לעובדם. ומקשים: אי [אם] לעובדם, מדוע דווקא אלה? אפילו שילשול (תולעת) קטן נמי [גם כן] אסור לעובדו! ומשיבים: אין, הכי נמי [כן, כך הוא גם כן], ואולם דבר זה מסיפיה דקרא נפקא [מסופו של אותו מקרא, פסוק, יוצא], דתניא [ששנויה בברייתא]: "אשר בארץ" (שם) — הרי זה בא לרבות שאסור לעבוד ימים ונהרות הרים וגבעות, "מתחת" (שם) — לרבות שילשול קטן. וחוזרים ושואלים על מעשהו של רבן גמליאל: ועשייה גרידתא [לבדה] של צורת חמה ולבנה, בלי לעובדם, מי שרי [האם מותרת]? והתניא [והרי שנויה בברייתא]: "לא תעשון אתי" — לא תעשון כדמות שמשי המשמשין לפני במרום, כגון חמה ולבנה, כוכבים ומזלות! ומשיבים: שאני [שונה] רבן גמליאל, שאחרים (גוים) עשו לו את הצורות הללו. ושואלים: ובמקום שאחרים עושים, מותר לו לאדם להניחו ברשותו? והא [והרי] רב יהודה, שאחרים עשו לו צורה על חותם שהיה בטבעתו, ואמר ליה [לו] שמואל לרב יהודה: שיננא [גדול שיניים], סמי עיניה דדין [עוור את עינו של זה] כלומר, טשטש את צורת הפרצוף שלו! ומשיבים: התם [שם] מדובר היה בחותמו בולט, ומשום חשדא [החשד שיש בכך]. דתניא [ששנויה בברייתא]: טבעת שחותמה בולט ויש בה צורה — אסור להניחה על אצבעו, משום שהיא נראית כעבודה זרה, ומותר לחתום בה משום שהחתימה יוצאת שקועה, ואינה נראית כעבודה זרה. טבעת שחותמה שוקע — מותר להניחה על אצבעו, מפני שאינה דמות, ואסור לחתום בה משום שהיא יוצרת צורה בולטת. ושואלים: ומי חיישינן לחשדא [והאם חוששים אנו לחשד]? והא בי כנישתא דשף ויתיב [והרי אותו בית כנסת מפורסם שנפל והוקם] בנהרדעא, דאוקמי ביה אנדרטא [שהעמידו בו פסל של המלך], והוו עיילי ביה [והיו נכנסים בו] אבוה [אביו] של שמואל ולוי ומצלו בגויה [ומתפללים בו], ולא חיישי לחשדא [חששו לחשד]! ומשיבים: מקום של רבים שאני [שונה], ואין חושדים בציבור. ומקשים: והא [והרי] רבן גמליאל שיחיד הוה [היה] והיה מקום לחשוד בו! ומשיבים: כיון שנשיא הוא, שכיחי [מצויים] רבים גביה [אצלו]. ואיבעית אימא [ואם תרצה אמור] תירוץ אחר: זו של רבן גמליאל לא היתה צורה שלימה, אלא של פרקים הואי [היתה], שהיו מרכיבים ומפרקים אותה, וכיון שכן לא היה מקום לחשד. ואיבעית אימא [ואם תרצה אמור] תירוץ אחר: להתלמד שאני [שונה] הדבר, שאם צריך הדבר לשם לימוד כדרך שעשה רבן גמליאל — מותר, דתניא [ששנויה ברייתא] לענין איסור עשיה של עבודה זרה: "לא תלמד לעשות כתועבת הגוים ההם" (דברים יח, ט), דוקא לעשות, אבל אתה למד כדי להבין ולהורות הלכה.

א שנינו במשנה: רבן שמעון בן גמליאל אמר שיש להבדיל אם הצורות שעל הכלים הן על המבוזים או על המכובדים. ושואלים: איזו הן מכובדין, ואיזו הן מבוזין? אמר רב: מכובדין — הם כלים שהצורות מצויות למעלה מן המים (או האוכל) שבתוכם, מבוזין — שנמצאים למטה מן המים. ושמואל אמר: אלו ואלו מבוזין הן, אלא אלו הן מכובדין — הצורות שעל השירין (אצדעות) ועל הנזמים ועל הטבעות. ומעירים: תניא כוותיה [שנויה ברייתא כשיטתו] של שמואל: מכובדין — שעושים אותם על השירין ועל הנזמים ועל הטבעות, מבוזין — אלה שעושים אותם על היורות (סירים גדולים) ועל הקומקמסין (כלי חימום קטנים) ועל מחמי מים חמים, ושעל הסדינין ועל המטפחות, שכיון שמשתמשים בהם לכל מיני תשמיש, לא עשו אותם לעבודה זרה אלא כקישוט בלבד.

ב משנה במשנה הקודמת שנינו כי המוצא צורה שיש לחשוד בה כעבודה זרה יוליכה לים המלח. ואילו ר' יוסי אומר: שוחק אותה וזורה את השחקים לרוח, או מטיל אותה לים. אמרו לו: מה ששוחק וזורה אף הוא נעשה זבל ומביא תועלת לאנשים, וגם הנאה זו אסורה, שנאמר: "לא ידבק בידך מאומה מן החרם" (דברים יג, יח).

ג גמרא תניא [שנויה ברייתא] כהמשך של הדיון במשנה זו: אמר להם ר' יוסי, והלא כבר נאמר: "ואת חטאתכם

עיונים

חוץ מפרצוף אדם היו ראשונים ששאלו: אם פרצוף אדם לבדו אסור, אם כן מדוע הוצרך לומר שאסור לעשות דמות ארבעה פנים יחד? הרי יחול האיסור רק משום דמות האדם שיש ביניהן! ויש שתירצו כי מדובר במי שמצא דמות אדם והוסיף עליה עוד שלושה פרצופי החיות. או שבא הדבר לומר שיש בכך שני איסורים, אחד משום דמות האדם, ואחד משום דמות חיות הקודש (תוס' ר"י מפאריש ועוד). ויש שאמר כי מה שנאסרה דמות ארבעה פנים הוא דווקא בגוף אחד שיש לו ארבעה פנים מחוברים כאחד, אבל פרצוף אדם נאסר דווקא בדמות שלמה של אדם, ולא דמות חלקית או כזו הדבוקה בחיות אחרות (נמוק"י).

לא תעשון אותי שהרי הכתוב מדמה דמות האדם לדמות ה', ולכן אסור לעשות כתבנית זו (ריטב"א). ובעין זה כתב גם הרא"ה והריא"ז שכיון שהקב"ה מתגלה בכבודו לנביאים בדמות זו, נאסר עלינו לעשות כמוה. ואילו בנמוקי יוסף הסביר כי "אותי" האמור כאן אינו אסור לגמרי, כי "אותי" האמור כאן הוא משה רבנו, שאמר דברים אלו לבני ישראל.

ומלאכי השרת ויש ששאלו: אם כן, שוב אין צורך באיסור מיוחד לפרצוף אדם, אלא יש לומר שאסור לעשות דמות אדם משום שהיא כדמות המלאכים (וראה בדניאל שם שמתואר המלאך כ"איש לבוש הבדים"). ואכן, הראב"ד כתב כי לדרך הפשוטה יותר "אותי". ויש שכתבו כי כיון שיש למלאכים כנפים, הרי אם עושה דמות אדם בלא כנפים אין זה כתבנית מלאך (ראה ברמב"ן). או משום שאין המלאכים דומים לאדם בעצם, שהרי נאמר שהם לא כפני האדם. ואף הכרובים שבמשכן שהיו להם פני אדם, אין הם נחשבים כשמשי מרום, שהרי משמשים הם לפניו (רש"י).

שבמדור עליון והחלוקה היא בין הויות רוחניות הנמצאות "במדור עליון" כגון המלאכים והשרפים, ובין הויות גשמיות כשמש וירח שהן משום כך "במדור תחתון".

דאחרים עשו לו כלומר, גוים עשו את התבניות הללו, ואין הוא אחראי לכך (ויש לומר שהם אינם אסורים בעשייתם, אבל יש אומרים שהם אסורים).

סמי עיניה ומשמעות המלים: עוור את עיניו. ואכן היו שהבינו שהכוונה היתה שהיה זה פרצוף אדם, ותקנתו שיעקור את עיניו וישחיתנו במקצת. והמאירי כתב שיש מקום לפרש "עיניה" במובן מורחב — מראהו צורתו. ועניינו, השחת את צורתו בדרך כלשהי.

והא רב יהודה וכו' ואם כן, גם אם אחרים עשו לו — אסור להשהותו! (תוס' ר"י מפאריש ועוד). וראה בתוס' רי"ד שמסביר כי ההוכחה מכאן היא שיש איסור עשייה גם על ידי אחרים, ולפי זה הוא מסביר גם את המשך הסוגיה.

אסור להניחה מדברי רוב המפרשים עולה שהבינו שאסור להניחה ולקיימה ברשותו, אלא יוציאנה מרשותו. אבל הר"ח ועוד מפרשים שהכוונה היא שאסור להניחה על אצבעו (או במקום אחר הנראה לרבים. רא"ה) שהרי מפני החשד הוא.

ונחלקו המפרשים באיזו צורה מדובר כאן (ובמעשהו של רב יהודה), שבה"ג ועוד סבורים שמדובר כאן דווקא בצורות שעובדים אותן, כגון חמה ולבנה ודרקון, שדווקא בהן יש מקום לחשד שהוא עובד את הצורה. ולפי זה יש להבין כי האיסור לחתום בחותם שוקע אינו משום חשד, אלא משום עשיית צורה אסורה (ולדעת הריטב"א, נמצא כי דרקון שמותר בעשיה אינו בכלל דין זה). אבל דעת רמב"ן ועוד היא (וכן בתוס') כי בצורות הנעבדות אין מקום לחלק בין בולט ושוקע, ומה שמחלקים כאן הוא בסתם צורות המותרות בעשיה, והחשד בחותם בולט הוא שמא אדם זה עובד לצורה זו, ולפי זה נמצא שאף בחותם שוקע מדובר בחשד — שמא הוא עושה אותה כדי לעובדה.

דאוקמי ביה אנדרטא כתבו הראשונים בשם הגאונים שהיתה מסורת בידם כי במשך זמן מסויים היו גזרות שמד, והכריחו את ישראל להעמיד תבנית המלך בבית הכנסת, ולאחר זמן כשבטלו הגזירות הוציאוה משם.

כיון דנשיא הוא וכו' בתוס' שאלו: מפני מה לא הוסיפו עוד אפשרות אחת — שצורות אלה לא היו בולטות, ולכן אינן אסורות? ובתוס' חכמי אנגליה כתב כי מקובל היה בידם שצורות אלה היו בולטות. אבל ר"ת ועוד מחכמי התוס' כתבו (והוא מובא גם בתוס' ר"י מפריס ור"י מבירינא) שלגבי צורת שמש וירח, כיון שצורות אלה נראות לנו כשטוחות אין הבדל אם הן בולטות אם לא (וראה גם ברמב"ם הכותב מעין זה).

דפרקים הואי ולא היו מרכיבים אותה אלא בשעת הצורך כדי להראות לעדים, ואחר כך היו מפרקים אותה, ובמשך היום לא היו רואים אותה, ואין איפוא חשש לחשד (רש"י). וראב"ד כתב כי לא היה מקום לחשד, מאחר שאם עשאוה לעובדה לא היו עושים אותה פרקים.

מבוזין שעל היורות וכו' וכללו של דבר כתב רש"י, וכן עולה מדברי עוד מפרשים, שכל כלי שעושים בו שימוש (בין למאכל בין למלבוש או לצרכים אחרים) נחשב כמבוזה, ואין מכובד אלא העשוי לתכשיט.

ועל המטפחות ר"ח גרס (ועוד הרבה ראשונים, וכן כתב הריטב"א שהיא הגרסה ברוב הספרים): ועל המטבעות. ופירש שצורות שעל המטבעות, כיון שנעשו לשימוש אינן נחשבות לכלים מכובדים (וכן הביאו בתוס'). והריטב"א מסביר כי לגרסתנו מטבעות מכובדים הם, אלא שהוסיף כי בזמננו, הואיל וידוע שאינם נעבדים, הרי הם מותרים.

זורה לרוח שכיון ששוחק וזורה לרוח אין לחשוש שייכשל אדם מישראל בשימוש בה (רש"י).

או מטיל לים במסכת פסחים (כח,א) נחלקו אמוראים בפירוש ענין זה, שלדעת רבה הכוונה היא שמטיל אותה כשהיא שלימה לים המלח, כדברי חכמים במשנה לעיל מב,ב, והמחלוקת בין ר' יוסי וחכמים היא רק האם תועיל שחיקה וזרייה לרוח (כפי שאכן משמע בפשטות מתוך הדיון שבין ר' יוסי וחכמים בגמרא). ואילו לדעת רב יוסף יש להבין כאילו נאמר: שוחק ושורה לרוח, או שוחק ומטיל לים. וראה בתוס' ועוד שדנו האם לשיטתו של רב יוסף מדובר כאן דווקא בים המלח, או שהואיל ומדובר כאן בשחיקה של העבודה זרה יש להסביר זאת בכל ים או נהר. והביאו ראיות לדבר מתוך הדיון שהובא בגמרא בין ר' יוסי וחכמים.

אף הוא נעשה זבל וכו' אלא, אין פתרון לדבר אלא בהולכה לים המלח (ר"ח). ורשב"ם (מובא בתוס') כתב שמכאן ועוד מקומות מוכח שלדעת ר' יוסי "זה וזה גורם — מותר", שאם אין האיסור לבדו הגורם לדבר מותר ליהנות מן הדבר, אף שבוודאי לכתחילה אינו ראוי לו להשתמש בשחיקת עבודה זרה בלבד לשם זבל. ומצד אחר העירו בתוס', שאף שחכמים במסכת פסחים התירו בחמץ (שגם הוא איסורו איסור הנאה ואסור במשהו) לזרות לרוח, ולא חששו לזבל, בעבודה זרה יש להחמיר ביותר, שהרי נאמר בה "לא ידבק בידך מאומה". או שסתם משנה שם היא דעת ר' יוסי (כפי שאכן משמע מסוגיית התלמוד שם).

אורח ההלכה

דמות ארבעה פנים אסור לעשות צורות שבמדור עליון, כגון חיות בארבעה פנים יחד, וכן צורת מלאכים או שרפים ומלאכים. וכל אלה אסור לעשותם אפילו לשם נוי. במה דברים אמורים — בבולטת, אבל בשוקעת, כגון שאורגים בבגד או שמציירים בצבע על הכותל — מותר לעשותם. ויש שאוסרים גם בשוקעת (ט"ז עפ"י רמב"ן ועוד). (שו"ע יו"ד קמא, ד).

פרצופות מותר לעשות צורות כל בהמות וחיות ואילנות וכל כיוצא בהם, ואפילו הם צורה בולטת. ולא נאסרה אלא דמות אדם בולטת בלבד. ויש מי שאומר שלא אסרו בצורת אדם אלא דווקא בצורה שלימה בכל איבריה, אבל צורת ראש, או גוף בלא ראש — אין איסור לעשות ולא להשהות. וכתב רמ"א שכן נוהגים, וראה בפת"ש. ואחרונים כתבו שיש לחוש לשיטה האוסרת ראש לבד. ומכל מקום אם לא היה זה פרצוף שלם לגמרי, או שנפחס מעט — מותר. (רמב"ם ספר מדע הלכות עבודה זרה פ"ג ה"י. שו"ע שם סעיף ו).

אפילו שלשול קטן אסור לעבוד אף בריאה מן הברואים, לא מלאך ולא גלגל ולא כוכב ולא אחד מן היסודות, ולא כל דבר שנברא מהם. והוא עיקר איסור עבודה זרה. (רמב"ם שם פ"ב ה"א).

טבעת שחותמה בולט טבעת שיש עליה חותם שהוא תבנית אדם (והוא דעת הרמב"ם, והרמ"א הוסיף שהוא הדין בשאר צורות אסורות, כפירוש התוס') אם היתה הצורה בולטת — אסור להניחה ומותר לחתום בה. ואם היתה הצורה שקועה — מותר להניחה ואסור לחתום בה, שלא יעשה על ידי כך צורה בולטת (ואפילו חתם לו הגוי — אסור להניח צורה זו. רמ"א). (רמב"ם שם פ"ג הי"א. שו"ע שם סעיף ה).

רבים שאני ולהתלמד שאני אסור לעשות צורת חמה ולבנה ומזלות, בין בולטת בין שוקעת (ולענין ציור ראה בפת"ש שם סק"ו), ואם עשאן לו גוי — אסור להשהותם. ואם להתלמד בהם — מותר לעשותם ולהשהותם. ויש מתירים (להניח, ש"ך) בשל רבים (אפילו שנים. ש"ך), שאין בהם חשד (רמ"א), כתירוץ הגמרא. וראוי להרחיק (ש"ך עפ"י רבינו ירוחם). (רמב"ם שם פ"ג הי"א. שו"ע קמא, ד).

איזו הן מכובדין וכו' המוצא כלים ועליהם צורת חמה או לבנה או דרקון, אם הכלים מכובדים — אסורים, שודאי נעשו לשם עבודה זרה. ואם הכלים הם מבוזים, נעשו הצורות לנוי בלבד ומותרים (ולדעת הש"ך גם כלים שאינם מבוזים אף שאינם דווקא לכבוד אסורים). כדעת רבן שמעון בן גמליאל במשנה. ואלו הם מכובדים — שעל השיראים נזמים וטבעות. ומבוזים — יורות, קומקומסים מחמי חמין, וכוסות ששותים בהם, בין אם הם למטה מהמים או למעלה מהמים, ולדעת הרמ"א גם מטבעות. וראה גם "אורח ההלכה" במשנה לעיל מב,ב. (רמב"ם שם פ"ז ה"ח. שו"ע שם סעיף ג).

שוחק וזורה לרוח כל המוצא עבודה זרה, מצוה עליו שיבערנה ויאבדנה. וכיצד מבערה — שוחק וזורה לרוח או מטיל לים (ודווקא שזורק לים המלח, אבל לנהרות צריך שחיקה, ולדעת הב"ח אף הזורק לים המלח צריך לשחוק תחילה). וכדברי ר' יוסי שנפסקה הלכה כמותו. (רמב"ם [שם פ"ח ה"ו. שו"ע שם קמו, יד).

מסורת הש"ס

א. ר"ה כד,ב (עד סוף הסוגיה). ילק"ש תורה רפו.
ב. ע"ז מב,ב (ושם סומנו מקבילות).
ג. ר"ה שם (בשינוי שם). וראה ע"ז מב,ב.
ד. (הביטוי) חגיגה ה,ב. ילק"ש תורה לט.
ה. ר"ה שם. ילק"ש תורה רפו.
ו. ר"ה שם. ילק"ש שם. מכילתא דרשב"י שמות כ,ד.
ז. שם.
ח. ר"ה שם. ילק"ש תורה רפו.
ט. (הכינוי) ברכות לו,א. שבת ז,א. נה,א. קנב,א. עירובין כח,ב. נד,א. ר"ה כד,ב. חגיגה טו,ב. גיטין עח,ב. פט,ב. קדושין לב,א. לג,ב. ב"ק יד,א. טו,ב. לו,ב. ב"ב קלג,ב. סנהדרין פ,ב. כריתות יט,ב. נדה יג,א. יז,א. כה,ב.
י. ירושלמי ע"ז פ"ג ה"א. תוספתא ע"ז פ"ה ב. ילק"ש תורה רפו.
יא. ע"ז יח,א (ושם סומנו מקבילות).
יב. ראה ירושלמי ע"ז פ"ג ה"ג.
יג. תוספתא ע"ז פ"ה א (בשינוי).
יד. ע"ז מב,א (ושם סומנו מקבילות).
טו. תוספתא ע"ז פ"ג יט. וראה ירושלמי ע"ז פ"ג ה"ג.

גרסות

שמשין שבמדור בכתי"מ: דמות שמשין שבמדור.

אופנים ושרפים בכתי"ס: שרפים ואופנים.

דתניא אשר בארץ בכתי"מ: כדתניא אשר בארץ.

לרבות ימים — וגבעות בכתי"ס נוסף: אפיקים וגאיות ובכתי"מ: לרבות הרים וגבעות ימים ונהרות.

דיחיד הוא בכתי"מ: יחיד הוה.

איזו הן... ואיזו הן בכת"י: אלו הן... ואלו הן.

ועל הנזמים ועל הטבעות בכתי"מ: ושעל הנזמים ושעל הטבעות.

ועל הקומקמסין ועל בכתי"מ: ושעל הקומקומוסין ושעל.

מחמי חמין בכתי"מ: מחמי חמין ושעל הספלין בכתי"ס: מחמי חמים ועל ספלים.

ושעל המטפחות בכתי"ס ועוד: ושעל המטבעות.

שנאמר בירושלמי ועוד: ונאמר ובכתי"מ ועוד: וכתיב ובכתי"ס: וכתוב.

לשון

קומקמסין
מקור המלה הוא היוונית κουκκούμιον (קוקומיון) ובלטינית cucuma שמשמען כלי מתכת בעל פה צר המשמש למים חמים.

החיים

דשף ויתיב
בית כנסת זה היה בית כנסת עתיק, ולפי רש"י היתה מסורת כי בנאוהו הגולים הראשונים לבבל מאבני המקדש. המקום היה מפורסם גם בקדושתו, ואמרו ששם שורה השכינה.

אשר עשיתם את העגל לקחתי ואשרף אתו באש ואכת אתו טחון היטב עד אשר דק לעפר ואשלך את עפרו אל הנחל הירד מן ההר" (דברים ט, כא), משמע שאפשר לבטל עבודה זרה על ידי שחיקה, ואין חוששים במה שמזבל בכך! אמרו לו: משם ראיה? הרי הוא אומר בענין זה: "ויזר על פני המים וישק את בני ישראל" (שמות לב, כ), שלא על מנת לאבד את העגל שחקו בנחל, אלא לא נתכוין משה אלא לבודקן לבני ישראל בשתיית מי הנחל שבהם שחיקת העגל, כדי שהחוטאים ימותו על ידי כך, כסוטות השותות ממי סוטה ונבדקות בהם. אמר להם ר' יוסי ראיה אחרת, והלא כבר נאמר על המלך אסא: "וגם את מעכה אמו אם המלך הסירה מגבירה אשר עשתה מפלצתה וידק (כלומר, טחן) וישרף בנחל קדרון" (ראה מלכים א טו, יג. דברי הימים ב טו, טז) ומשמע מכאן שאין חוששים שמא יזבלו בשחיקת עבודה זרה! אמר לו: וכי משם יש ראיה? והלוא נחל קדרון אינו מגדל צמחין. ותוהים: ולא, האם אינו מגדל? והתניא [והרי שנויה משנה]: אלו ואלו, גם שיירי דם של הקרבנות שמזים בקדש הקדשים, וגם שיירי דם הקרבנות שנזרקים על מזבח החיצון, מתערבין באמה (תעלת המים שהיתה בקרקע המקדש) ויוצאין לנחל קדרון, ונמכרין לגננין לזבל, ומועלין בהן! ומשיבים: מקומות יש בו בנחל קדרון, יש מקום בנחל קדרון שמגדל צמחין, ולשם היתה האמה מגיעה, ויש מקום שאין מגדל צמחין, ולשם זרקו את אפר המפלצת שעשתה מעכה. אגב כך שואלים: מאי [מה פירוש] "מפלצתה"? אמר רב יהודה: דהוה [שהיתה] מפליא (מרבה) ליצנותא [ליצנות], כדתני [כמו ששנה] רב יוסף בהסבר הדבר: כמין אבר זכרות עשתה לה, והיתה נבעלת לו בכל יום. וממשיכה הברייתא, אמר להן ר' יוסי ראיה נוספת, והלא כבר נאמר על חזקיה המלך: "וכתת נחש נחשת אשר עשה משה כי עד הימים ההמה היו בני ישראל מקטרים לו" (מלכים ב יח, ד), משמע שכתיתה בלבד מועילה לעבודה זרה! אמרו לו: וכי משם יש ראיה? והרי הוא אומר לגבי אותו נחש: "ויאמר ה' אל משה עשה לך שרף" (במדבר כא, ח), "לך" — פירושו משלך, ואם כן נחש הנחושת היה של משה, וישראל שעבדוהו לא היו יכולים לאוסרו בכך, לפי שאין אדם אוסר דבר שאינו שלו. ומסבירים: והתם [ושם] בדין הוא דכתותי [שלכותתו] לא הוה [היה] צריך, אלא כיון דחזא [שראה] חזקיה דקא טעו [שטועים] ישראל בתריה [אחריו] לעשותו כעבודה זרה, עמד וכיתתו. וממשיכה הברייתא, ועוד אמר להם ר' יוסי, והלא כבר נאמר על הפלשתים: "ויעזבו שם את עצביהם (אליליהם) וישאם דוד ואנשיו" (שמואל ב ה, כא), והכוונה שם שזרה אותם לרוח לאחר שטחנם! ומסבירים: ומאי משמע [ומה המשמעות, מהיכן נובע] דהאי [שזו] המלה "וישאם דוד" לישנא דזרויי הוא [לשון של זרייה לרוח היא]? כדמתרגם [כמו שהיה מתרגם] רב יוסף: "תזרם ורוח תשאם" (ישעיהו מא, טז), ומתרגמינן [וכפי שאנו מתרגמים פסוק זה]: תזרינון ורוחא תטלטלינון [תטלטלם], משמע שלשון "תשאם" היא זריה לרוח! אמרו לו לר' יוסי: וכי משם יש ראיה? והרי הוא אומר במקרא אחר על אותו ענין "וישרפו באש" (דברי הימים א יד, יב), ומדלא כתיב [וממה שלא נאמר] בספר שמואל "וישרפם וישאם", אלא רק "וישאם", שמע מינה [למד מכאן] שוישאם ממש, שנטל אותם לעצמו. ושואלים: מכל מקום קשו קראי אהדדי [קשים המקראות זה על זה], האם שרף אותם או לקח אותם? ומשיבים: יש לפרש זאת כדברי רב הונא, שרב הונא רמי [השליך, הראה סתירה] בענין זה, כתיב [נאמר] בפסוק האחד: "ויאמר דוד וישרפו באש" (שם), וכתיב [ונאמר] בפסוק האחר: "וישאם"! והשיב: לא קשיא [אין הדבר קשה], כאן שאמר דוד לשורפם, מדובר קודם שבא איתי הגיתי שהיה נכרי ויכול היה לבטל עבודה זרה. כאן שנטלה דוד, מדובר לאחר שבא איתי הגיתי וביטלה. שכן מצינו כיוצא בזה, כשכבש דוד את רבת בני עמון, דכתיב [שנאמר שם]: "ויקח את עטרת מלכם מעל ראשו ומשקלה ככר זהב ואבן יקרה ותהי על ראש דוד" (שמואל ב יב, ל), ויש לתמוה: ומי שרי [והאם מותר] היה להשתמש בה? הרי איסורי הנאה נינהו [הם] ש"מלכם" היה שמו של אלהי העמונים! אמר רב נחמן: איתי הגיתי בא ובטלה. אגב שהוזכר ענין זה שואלים: כיון שמשקלה ככר זהב, היכי מצי מנח לה [איך היה יכול דוד להניח אותה על ראשו מרוב כובדה]? אמר רב יהודה אמר רב: ראויה ומתאימה היתה לנוח על ראש דוד, אבל לא הניחה ממש. ר' יוסי בר' חנינא אמר: אבן שואבת היתה בה בתוך העטרה הזו, דהוות דרא לה [שהיתה נושאת ומרימה אותה]. ר' אלעזר אמר: אבן יקרה היתה בה ששוה ככר זהב, ולא היה משקלה ככר זהב ממש. מתוך כך מפרשים את הפסוק שאמר דוד: "זאת היתה לי כי פקודיך נצרתי" (תהלים קיט, נו). ושואלים: מאי קאמר [מה הוא אומר], למה הוא מתכוון באותו "זאת"? ומשיבים: הכי קאמר [כך אמר]: בשכר שפקודיך נצרתי — זאת עטרה זו היתה לי לעדות שראוי אני למלוכה. ושואלים: מאי [מהי] עדותה? אמר ר' יהושע בן לוי: שהיה מניחה את העטרה במקום תפילין והולמתו והיתה מתאימה לו. ושואלים: והא בעי אנוחי [והרי צריך להניח] תפילין, וכיצד שם שם עטרה? ומשיבים: אמר רב שמואל בר רב יצחק: מקום יש בראש שראוי להניח בו שתי תפילין והניח שם גם תפילין וגם את העטרה. ועוד בענין זה, נאמר על יואש: "ויוציאו את בן המלך ויתנו עליו את הנזר ואת העדות" (דברי הימים ב כג, יא), ומסבירים: "נזר" — זו כלילא (העטרה), "עדות" — אמר ר' יהודה אמר רב: עדות היא לבית דוד, שכל הראוי למלכות הולמתו זו, וכל שאינו ראוי למלכות אין הולמתו אין העטרה מתאימה לו. וכן מפרשים מה שנאמר: "ואדניה בן חגית מתנשא לאמר אני אמלך" (מלכים א א, ה), אמר רב יהודה אמר רב: שמתנשא שהוא מנסה את העטרה להולמו ולא הולמתו. נאמר: "ויעש לו רכב ופרשים וחמשים איש רצים לפניו" (שם). ושואלים: מאי רבותייהו [מה הגדולה שבכך] שהיו לו חמישים איש שרצים לפניו? ומשיבים: תנא [שנה החכם]: כולם נטולי טחול וחקוקי כפות הרגלים היו, שעל ידי ניתוחים אלה היו רצים מהר ביותר, וחמישים אנשים כאלה הרצים לפניו יש בכך דבר מיוחד.

עיונים

ויזר על פני המים, לא נתכוין וכו' רש"י מסביר כי כמבואר מפסוק זה לא השליכו סתם אל הנחל, אלא דווקא במים, במקום בו אין מקום לחוש שישמש כזבל. וההמשך "לא נתכוון אלא לבודקן" וכו' מסביר מדוע היה צריך לשחוק את העגל, שהרי יכול היה להטיל אותו לים כשהוא שלם. וראה בתוס' בעמוד הקודם ועוד שתמהו על פירושו. והראב"ד מסביר כי לא זרה את עפר העגל אלא על אותם מים שהשקה אותם, לפי שכל כוונתו היתה לבודקם במים אלו. וכיוצא בזה פירשו בתוס' ועוד. וראה בגרסות.

לבודקן כסוטות והעיר בתורת חיים כי הוא מדוייק מלשון הכתוב "ואשליך את עפרו", שהשתמש בלשון עפר לגבי שחיקת העגל, כמו הסוטה שנאמר בה "ומן העפר אשר בקרקע המשכן יקח הכהן ונתן אל המים" (במדבר ה, יז).

ושאלו: מדוע היה בכך צורך, והרי יכולים היו למות בידי שמים במיתה זו גם בלי לבודקם! והסביר הראב"ד שמי שזבח ועבד בפועל הרי היו אנשים שראוהו, ומי שגיפף ונישק — אף הוא נראה לבריות. אבל מי שרק שמח בלבו אין אנשים יודעים בכך, הוצרך לעשות מעשה של בדיקה במי שחיקת העגל, שידעו שבא להם הדבר משום חטאיהם.

כתיב וידק וכו' אף בתלמוד הירושלמי מובא המשא והמתן בין ר' יוסי וחכמים. אלא ששם לא השיבו כמו כאן שנחל קדרון אינו מגדל צמחים, אלא השיבו לו מן הכתוב המקביל (בספר מלכים א טו, יג) ששם נאמר "ויכרת", לומר שלא הסתפק בכתישת האשירה, אלא ממש איבדה מן העולם לגמרי.

אינו מגדל צמחים ולכן שחיקת המתכת שבמים אינה מביאה כל תועלת. ובתוס' ועוד שאלו: הרי במסכת חולין אמרו ששחיקת מתכות אינה מועילה לזבל כלל! ויש שתירצו שכיון ששרף קודם את המתכת הרי אף אבקה מועיל לזיבול. ואחרים אמרו שאין שחיקת המתכות יפה לזבל כשלעצמה, אבל בתערובת עם דברים אחרים יפה היא לזבל (וראה בתוס' ר"י מפאריס ועוד).

ומועלין בהן רש"י כתב שאין הכוונה שמועלים ממש, שמביאים קרבן על מעילה זו, לפי שאין דין מעילה בדם הקדשים. אלא כיון שהדם מגיע מן המקדש צריך לשלם עבור ההנאה למקדש. וראה ברמב"ם ובהשגת הראב"ד ובמאירי.

מקומות מקומות יש שיש בנחל מקומות שמגדלים צמחים ושם היו הגננים (רש"י). ובתוס' כתבו שאפשר היה גם לתרץ שבאו לשם גננים ממקום אחר כדי להשתמש בדם זה לזיבול.

מפליא ליצנותא רש"י מסביר שהיתה זו ליצנות מופלגת. אבל בתוס' ועוד מפרשים מסבירים כי "מפליא" עניינו בארמית עושה ליצנות, מלעיג (וכן בערוך ועוד).

קשו קראי אהדדי שאף ששני המקראות כתובים בספרים שונים שניהם מספרים אותו מעשה עצמו בשינוי לשון קצת, ולכן יש לצרף את הדברים שבשתי הנוסחות. והעיר הראב"ד כי יש להבין שחלק ממה שמצא שרף והטמין במקום שלא יהנו ממנו, וחלק נטל לעצמו.

קודם שבא איתי ויש להבין לפי זה שפלשתי היה מן העיר גת, וכמסופר (ראה שמואל ב טו, יח) שעמד בראש קבוצה של שש מאות אנשים מגת שהצטרפו אל דוד (שם שהה משך זמן בבורחו מפני שאול). וראה ברד"ק. ובתוס' שאלו: הרי עוד קודם לכן, דוד יכול היה לכפות גוי כלשהו שיבטלנה (כמסופר בר' אלעזר הקפר)? והביאו שבירושלמי יש תירוץ אחר לסתירה, שעבודה זרה של עץ שרפו וזו שהיתה ממתכת נטלו.

ראויה היתה והוא שכתוב בה "ותהי על ראש דוד", ולא "ויתנה על ראש דוד" וכיוצא בזה (תורת חיים).

אבן שואבת היתה בה בתוס' ועוד מסבירים כי האבן השואבת היתה קבועה בכסאו למעלה מראשו, וכך לא הכביד הכתר עליו.

אבן יקרה וכו' שכן מפורש באותו מקרא "ככר זהב ואבן יקרה".

שתי תפלין רש"י מסביר כי הכוונה לרוחב שתי רצועות תפלין. אבל מדברי ראשונים אחרים נראה כי הכוונה לתפלין עצמם.

מאי רבותייהו רש"י פירש שכיון שנאמר "ויעש לו" משמע שהיה בהם צד יחוד, שאינם כשאר אנשים. ובמקום אחר פירש כי חמשים איש אינם דבר גדול לבן מלך. וכן פירש ריעב"ץ: ומה החשיבות בחמשים איש? והרי באבשלום נאמר שהיו מאתים איש רצים לפניו.

אורח ההלכה

אלו ואלו מתערבין באמה כל דמי שחיטת הקדשים אין מועלים בהם, בין לפני כפרה ובין לאחר כפרה, עד שיצאו לנחל קדרון. יצאו לנחל קדרון — מועלים בהם, מפני שהיה הדם נמכר לגנות ודמיו הקדש. והראב"ד כתב שאין זו אלא מעילה מדרבנן. (רמב"ם ספר עבודה הלכות מעילה פ"ב הי"א).

אין אדם אוסר דבר שאינו שלו שחט בהמת חבירו לעבודה זרה — לא נאסרה, שאין אדם אוסר דבר שאינו שלו. והראב"ד כתב שאדם אוסר דבר שאינו שלו על ידי מעשה. (רמב"ם ספר מדע הלכות עבודה זרה פ"ח ה"א. שו"ע יו"ד ד, ג).

מקום יש בראשו כו' מקום יש בראש (וכן בזרוע) להניח שני זוגות תפילין. ולכן יכול ירא שמים להניח יחד תפילין של רש"י ושל ר"ת. וכן הוא מנהג חלק מן הספרדים. ומנהג האשכנזים שמניחים גם תפילין דרבינו תם שמניחים זו אחר זו. (שו"ע או"ח לד, ב).

מסורת הש"ס

א. (הביטוי) ע"ז כד,א (ושם סומנו מקבילות).
ב. ירושלמי ע"ז פ"ג ה"ג. תוספתא ע"ז פ"ג יט. במדב"ר פ"ט מח. פסי"ר פ"ג. ילק"ש תורה תשסד. שם תתפח.
ג. ירושלמי ע"ז פ"ג ה"ג (בשינוי).
ד. משנה יומא נח,ב. פסחים כב,א. תוספתא יומא פ"ג ב. ילק"ש תורה תקפו. שם נ"ך רז.
ה. ראה תוספתא ע"ז פ"ג יט. ילק"ש נ"ך רז.
ו. ירושלמי ע"ז פ"ג ה"ג. תוספתא שם. ילק"ש תורה תשסד. שם תתפח. שם נ"ך רז.
ז. (לימוד זה) יומא ג,א. מנחות כח,ב. ספרי במדבר י,ב. ספרי זוטא במדבר כז,יח. במדב"ר פט"ו טו. תנחומא בהעלותך י. ילק"ש תורה תתפח. שם תתקח. שם נ"ך רז.
ח. יבמות פג,ב. ע"ז נג,ב. זבחים קיד,א. חולין מ,ב. מא,א. ילק"ש תורה שצא. שם תקפא. שם תתפח. שם תתקלד.
ט. תוספתא ע"ז פ"ג יט. ילק"ש נ"ך קמב. שם רז.
י. ראה ר"ה כב,ב (עיי"ש).
יא. תוספתא שם (בקיצור). ילק"ש נ"ך שם ושם.
יב. ראה ירושלמי ע"ז פ"ג ה"ג.
יג. קדושין עו,ב. ירושלמי שם. וראה גם שם פ"ד ה"ו. זהר ח"א קעג,א.
יד. (בשינויים) מדרש שמואל פכ"ז. פסי"ר פ"י. ילק"ש נ"ך קמב. שם קמט.
טו. ילק"ש נ"ך רלג.
טז. עירובין צה,ב. ילק"ש נ"ך רלג.
יז. סנהדרין כא,ב. ילק"ש נ"ך קסו. שם רלג.
יח. סנהדרין שם. ילק"ש נ"ך קסו.

גרסות

אמר לו משם בכת"י: **אמרו לו משם.**

לא נתכוין בכתי"ס ועוד: **מלמד שלא נתכוון.**

וגם — מפלצתה בכתי"ס כבדברי הימים ב טו, טז: **וגם מעכה אם אסא המלך הסירה מגבירה אשר עשתה לאשרה מפלצת** ובמלכים א טו, יג: **וגם את מעכה אמו ויסרה מגבירה אשר עשתה מפלצת לאשרה.**

והתניא אלו ואלו בכת"י וכן צ"ל: **והתנן אלו ואלו.**

כדתני רב יוסף בכת"י ועוד: **תני רב יוסף.**

נחש נחושת בכת"י כבמקרא: **נחש הנחושת.**

בדין הוא דכתותי בכתי"מ ועוד: **בדין הוא נמי דכתותי** ובכתי"ס: **בדין הוא דכתותיה נמי.**

דחזא דקא טעו בכת"י ועוד: **דחזא חזקיה דקא טעו.**

ומתרגמינן וזרינון בכתי"מ: **ותבדרינון** ובכתי"ס: **תדרינון.**

ראויה לנוח בב"ח: **ראויה היתה לנוח.**

שראוי להניח בכתי"מ כבמקבילה: **להניח.**

זו כלילא בכת"י ועוד: **כלילא.**

שמתנשא להולמו בכת"י וכן הב"ח: **שבקש להולמו.**

מאי רבותיהו בכתי"מ: **מאי רבותיה.**

וחקוקי בכתי"ס: **וקרועי.**

החיים

אבן שואבת

אבן שואבת הוא השם העברי עבור המגנט. כבר בזמן העתיק הבחינו בתכונות המגנטיות של מחצבים מסויימים של ברזל (במיוחד מגנטייט). המחצב הזה נראה כאבן אפורה — שחורה, שבגלל התכולה הרבה של ברזל מגנטי שיש בה היא מושכת ("שואבת") ברזל. הרעיון להקל משא מסויים על ידי הכנסת גוש ברזל בתוכו ואבן שואבת מחוצה לו נזכר בעוד כמה מקומות.

נטולי טחול

כבר בדורות ראשונים הבחינו כי טחול, בפרט כשהוא מוגדל, מפריע לריצה. טחול מוגדל הוא תופעת לוואי הבאה לאחר מחלת המלריה. בספרות הרפואית העתיקה מסופר על ניתוחים של הוצאת הטחול מגופו של אדם. אם הצליח המנותח לעבור את עצם הניתוח בשלום (בלי איבוד דם או זיהום) יכול הוא להמשיך בחיים נורמליים, והעדר הטחול יקל עליו בשעת ריצה.

חקוקי כפות הרגלים

ראה ברש"י. ייתכן שהכוונה היא שנעשה ניתוח אורתופדי באנשים אלה כדי לתקן קימור גבוה מדי של כפות הרגלים.

אשר עשיתם את העגל לקחתי ואשרוף אותו באש ואכות אותו טחון היטב עד אשר דק לעפר ואשליך את עפרו אל הנחל היורד מן ההר אמר* לו *משם ראיה הרי הוא אומר ויזר על פני המים וישק את בני ישראל לא נתכוין אלא לבודקן כסוטות אמר להם רבי יוסי והלא כבר נאמר וגם (את) מעכה (*אמו) הסירה מגבירה אשר עשתה (*מפלצתה) וגו' וידק וישרף בנחל קדרון *אמר לו משם ראיה נחל קדרון אינו מגדל צמחין ולא *והתניא *אלו ואלו מתערבין באמה ויוצאין לנחל קדרון ונמכרין לגננין לזבל ומועלין בהן מקומות מקומות יש בו יש מקום מגדל צמחין ויש מקום שאין מגדל צמחין מאי מפלצתה אמר רב יהודה דהוה מפליא ליצנותא כדתני רב יוסף כמין זכרות עשתה לה והיתה נבעלת לו בכל יום אמר להן רבי יוסי והלא כבר נאמר כתת נחש הנחשת אשר עשה משה אמרו לו משם ראיה הרי הוא אומר ויאמר ה' אל משה עשה לך שרף *לך משלך ואין אדם אוסר דבר שאינו שלו והתם בדין הוא דכתותי לא הוה צריך אלא כיון דחזא דקא טעו ישראל בתריה עמד וכיתתו אמר להם והלא כבר נאמר ויעזבו שם את עצביהם וישאם דוד ואנשיו ומאי משמע דהאי *וישאם דוד לישנא *דזרויי הוא כדמתרגם רב יוסף תזרם ורוח תשאם ומתרגמינן *תזרינון ורוח תטלטלינון אמרו לו משם ראיה הרי הוא אומר וישרפו באש ומדלא כתיב וישרפם וישאם ש"מ וישאם ממש מכל מקום קשו קראי אהדדי כדרב הונא דרב הונא רמי כתיב ויאמר דוד וישרפו באש וכתיב וישאם לא קשיא כאן קודם שבא איתי הגיתי כאן לאחר שבא איתי הגיתי דכתיב ויקח את עטרת מלכם מעל ראשו ומשקלה ככר זהב ומי שרי איסורי הנאה נינהו אמר *רב נחמן איתי הגיתי בא וביטלה(א) משקלה ככר זהב היכי מצי מנח לה אמר רב יהודה אמר רב ראויה לנוח על ראש דוד רבי יוסי ברבי חנינא אמר אבן שואבת היתה בה דהות דרא לה רבי אלעזר אמר אבן יקרה היתה בה ששוה ככר זהב: זאת היתה לי כי פקודיך נצרתי מאי קאמר הכי קאמר בשכר שפקודיך נצרתי זאת היתה לי לעדות מאי עדותה א"ר יהושע בן לוי שהיה מניחה במקום תפילין *והולמתו והא(ב) בעי אנוחי תפילין *) א"ר שמואל בר רב יצחק מקום יש בראש שראוי להניח בו שתי תפילין ויוציאו את בן המלך ויתנו עליו את הנזר ואת העדות נזר זו כלילא עדות *א"ר יהודה אמר רב עדות הוא לבית דוד שכל הראוי למלכות הולמתו וכל שאינו ראוי למלכות אין הולמתו ואדניה בן חגית מתנשא לאמר אני אמלוך *אמר רב יהודה אמר רב(ג) שמתנשא להולמו ולא הולמתו ויעש לו רכב ופרשים וחמשים איש רצים לפניו מאי רבותייהו תנא *כולם נטולי טחול וחקוקי כפות הרגלים היו: מתני'

*) [עירובין נה:]

תורה אור: שמות לב | דה"ב טו | מ"ב יח | במדבר כא | ש"ב ה | ישעיה מא | דה"א יד | ש"ב יב | תהלים קיט | דה"ב כג | מ"א א | שם

רש"י

הרי הוא אומר ויזר על פני המים. דליכא למימר דלזבל והאי דלא השליכו לים שלא לא נתכוין אלא לבדקן כסוטות שהמים בודקין אותם שחטאו והורגים אותם כדאמרי' התם (יומא סו:)(ד) זיבח וקיטר בסייף גיפף וניסק באסכרה שמת בלבו בהדרוקן: **הסירה מגבירה.** השפילה ממלכות: **מפלצת.** לקמן מפרש: **וידק וישרף בנחל קדרון.** ולא חייש לזבל מוידק קא מותיב: ***ואת חטאתכם וגו'.** מואכות אותו טחון קא מותיב אבל מואשרוף לאו תיובתא היא דכל כמה דלא שחיק ליה מחובר בהדדי ואינו נעשה זבל: **אלו ואלו.** דמים החיצונים ודמים הפנימיים ששיריהן נשפכין על יסוד מזבח החיצון והן יורדין מן היסוד לרצפה: **ומתערבין באמה.** סילון של מים שהיה בעזרה: **ומועלין בהם.** לאו קרבן מעילה קאמר דאין מעילה בדם קדשים כדאמרינן בפרק הוציאו לו אלא אסור ליהנות מהן אלא בדמים: **לגננים.** לזבל גנותיהן: **מקומות מקומות יש בו.** ויש מגדל ויש שאינו מגדל: **מפליא ליצנותא.** ליצנות מופלא כדתני רב יוסף: **וכתת נחש הנחשת.** כי(ה) בימים ההמה בית ישראל מקטרין לו אלמא עבודה זרה הוה וכתיב וכתת: **ואין אדם אוסר.** אותן שהקטירו לו לא היו יכולין לאסרו שאין בהן כח להקצותו לעבודה זרה: **דכתותי נמי לא צריך.** דמותר ליהנות ממנו: **עמד וכיתתו.** לפרסומי מילתא: **דזרויי.** לשון זורה לרוח: **כדמתרגם.** תזרם תזרינון ורוח תשאם ורוחא תטלטלינון אלמא וישאם לשון זירוי וטלטול: **אמרו לו הרי הוא אומר.** בדברי הימים ויאמר דוד וישרפו ומדלא כתב בחד קרא וישרפם וישאם ש"מ לאו תרוייהו כדקאמרת ששרפם ואח"כ זורה לרוח: **אלא וישאם ממש.** נטלם עמו ונהנה מהם ומתחלה אמר לעבדיו לשרפן כדמפרש ואזיל מוישרפו לא מצי לאותביניהו לרבנן דלכל זמן שאין נדוקין ע"י כתישה אינו נעשה זבל: **קשו קראי אהדדי.** וישרפו משמע אסור בהנאה וישאם משמע נהנה מהם: **קודם שבא איתי.** וביטלה אמר דוד לשרפם(ו): **ובא איתי וביטלה.** והדר וישאם דוד איתי הגתי גוי היה: **עטרת מלכם.** בבני עמון קאי ועבודה זרה שלהם מלכם שמה על שם מלוכה כדכתיב (מ"א יא) ולמולך שקוץ בני עמון והאי עטרת מלכם בעבודה זרה קאמר: **היכי מצי מנח לה.** והלא ככר ששים מנה הוה ומאד היא כבידה וקרא כתיב ותהי על ראש דוד: **אר"י.** האי ותהי על ראש דוד לאו דמנח לה אלא הכי קאמר חשובה(ז) וראויה לדוד שעשוי למדת ראשו והולמתו כדלקמן: **אבן שואבת.** דרך אותה האבן להגביה המתכת ולתלותה באויר: **דהות דריא לה.** שהיתה נושאת לעטרה ומגביהתה: **ששוה ככר זהב.** והיינו משקלה ככר זהב שקולה היא ככר זהב: **זאת היתה לי.** עדות עטרה זו מעידה עלי שאני הגון למלכות: **הולמתו.**(ח) ויושבת בראשו יפה ומכוונת למדת ראשו: **מקום תפילין.** הריך שבראשו למעלה מן הפדחת מקום שמוחו של תינוק רופס: **מקום יש**(ט) **בראשו דראוי להניח שם ב' תפילין.** שרחב הריך מקום כדי שני רצועות והיא היתה נוחה בתוך רחבו: **ויוציאו את בן המלך.** ביואש כתיב בבן אמציה שהחביאה אותו אחותו כשהרגה עתליה את כל זרע המלוכה וכשגדל הוציאוהו ונתנו עליו הנזר לעדות שהוא מזרע המלוכה: **אמר רב יהודה שביקש להולמו.** ואף על גב דאמר רב יהודה לעיל ראויה היתה לנוח אבל אנוחי לא מנח לה מיהו חדא שעתא בדקי ליה בגויה אם הגון הוא למלכות: **רבותייהו.** דהנך חמשים איש: **דכתיב ויעש לו.** דמשמע שהיו משונים: **נטולי טחול.** הטחול מכביד: **וחקוקי כפות הרגלים.** נטל הבשר מן העקב ולא היו מרגישים בקוצים ובברקנים:

[דיבור זה שייך לעיל קודם ד"ה הרי הוא] [*נ"ל אמרו לו] [נ"ל אם אמא המלך] *[נ"ל לאשרה מפלצת] [נ"ל והתנן] [יומא ג:] [ר"ה כב: ע"ש נ"ע] קדושין טו: [בערוך ערך הלם ג' גרים הולמתו וע"ש בערך הלם גר' הולמתו] (סנהדרין כא) [סנהדרין כא:] [שם ע"ש]

תוספות

נחל קדרון אינו מגדל לצמחים. משמע אבל בשאר מקומות שחיקת כלי מתכות מגדל לצמחים וקשה דבפרק כסוי הדם (חולין דף פח: ושם ד"ה שחיקת) קאמר אין מכסין בשחיקת כלי מתכות לפי שאינו מגדל לצמחים וי"ל דלחודיה ודאי אינו מצמיח אבל כשהוא מזבל בקרקע המגדל לצמחים הוא גורם ומסייע להצמיח אי נמי כשנשרף כמו עגל מגדל לצמחים והתם איירי בלא שריפה: **מקומות יש בו.** היה יכול לתרץ שהגננים היו ממקום אחר: **מפליא ליצנות.** פ"ה ליצנות מופלא ובב"ר סוף פרשת תולדות *יצחק מה את מפליא בי כלומר למה אתה מלעיג עלי וכן פי' בערוך (ערך פלא): **והלא כבר נאמר וכתת וכו'.** ומסתמא לא השליכו לים המלח דכיון שבא לספר המעשה אם השליכו לים היה לו לומר כמו שמפרש והולך ביעור(י) הנחל קדרון ואע"ג שאינו מפרש זורה לרוח זה א"ל כי אחר שהיה נשחק ממילא היה *נזרק וא"ת לרבנן בסמוך דמייתי מוישרפו באש מאי קושיא היא לרבי יוסי כיון שלא הזכיר להשליכו לים וי"ל דהתם לא בא לספר במעשה ביעור עבודה זרה אלא בא לומר שעזבו עצביהם: **כאן קודם שבא איתי הגיתי.** תימה למה לא לקח גוי לבטל בע"כ כרבי אלעזר הקפר ועוד לאביי דמשני לעיל* כשפחתה אבל בשבורה אפילו ישראל מבטל עבודה זרה של גוי למה לא שברוה וי"ל דיש חילוק בין עבודה זרה של עץ לשל מתכת וכן יש תירוצים בירושלמי כאן בשל עץ כאן בשל מתכת: **אבן שואבת**(כ) **היה בה.** וכשהיה יושב על כסא מלכותו מניחה ואבן שואבת *שקועה למעלה ולא היתה האבן שואבת תקוקה בנזר: **שהיה מניחה במקום תפילין והולמתו.** פירוש וזה נס גדול(ל) שהרי אין הראש עגול והיא היתה עגולה ממש ואף על פי כן היתה מכוונתו ומיושבת בראשו:

[שבת כט:] [נ"ל תולדות נח פ' לח] [נ"ל אמרו לו. יעב"ץ] פסחים כב. יומא נח: נ"ל נזרה. יעב"ץ [דף מב. ושם איתא כשפחתה] [גי' הערוך בערך דר ד' דדרויי] [גי' הערוך שם תדרינון] ס"א קבועה

עין משפט נר מצוה

מ א מיי' פ"ב מהלכות מעילה הלכה יא:
מא ב מיי' פ"ח מהלכות עבודת כוכבים הל' א [ופ"ב מהלכות שחיטה הלכה כא] טוש"ע י"ד סימן ד סעיף ג:
מב ג טוש"ע א"ח סימן לא סעיף ב:

רבינו חננאל

וניחוש דלמא נהנין באפרו אמרו לו הא כתי' ויזר על פני המים וישק את בני ישראל לא נתכוין משה אלא להשקותן כסוטות. והא כתיב ויכרות אסא את מפלצתה וישרוף בנחל קדרון והלא הוה שם לזבל. אמרו לו נחל קדרון יש בו מקומות שאין מגדל צמחים. ובמקום שאין מגדל צמחים שרפה. מפלצתה דהות מפליא ליצנותא. כמין זכרות עשתה לו והיתה נבעלת לו תמיד. ומקשינן עליה והכתיב וכתת נחש הנחושת אשר עשה משה כי עד הימים ההם היו בני ישראל מקטרים לו ויקרא לו נחושתן אמרו לו והלא נחש זה של משה היה שנאמר עשה לך שרף עשה לך משלך ואין אדם אוסר דבר שאינו שלו ובדין הוא דכיתות נמי לא צריך דלא הוה עבודה זרה אלא כיון דחזא חזקיה דטעו ישראל בתריה עמד וכתתו. אמר להן ר' יוסי והכתיב ויעזבו שם את עצביהן וישאם דוד ואנשיו הנה שחקום ופיזרום כדכתיב תזרם ורוח תשאם וסערה תפיץ אותם ופרקינן לא. ישאם אינו לשון פיזור אלא לשון נשיאה ממש מדכתיב קרא אחרינא ויאמר דוד וישרפו באש ולא קשיא כאן קודם שבא אתי הגתי נשרפה [כאן] אחר שבא אתי הגתי וביטלה נשאוה וכדכתיב ויקח עטרת מלכם מעל ראשו משקלה ככר זהב ואבן יקרה ותהי על ראש דוד. והא איסורי הנאה היא אמר רב נחמן בר יצחק אתי הגתי בא וביטלה. משקלה ככר זהב היכי מצי מנח לה. אבן שואבת היתה לה דהות דרי לה: ר' אלעזר אמר אבן יקרה היתה בה ושוה ככר זהב: והא בעי אנוחי תפילין. אמר שמואל בר יצחק מקום יש בראש שראוי להניח בו שתי תפילין. ויוציאו את בן המלך ויתנו עליו את הנזר ואת העדות. נזר כלילא עדות אמר רב עדות היא לבית דוד שכל הראוי למלכות הולמתו. ואדניה בן חגית מתנשא לאמר אני אמלוך אמר רב שמתנשא להולמו ולא הולמתו. וחמשים איש רצים לפניו מאי רבותיה. תני כולן נטולי טחול וקצוצי וחקוקי כפות הרגלים [היו] מתני'

גליון הש"ס

גמ' וכתיב וישאם. עי' ר"ה כב ע"ב:

הגהות הב"ח (א) גמ' ומשקלה ככר זהב וגו' היכי וכו' ראויה היתה לנוח על: (ב) שם והא קא בעי אנוחי: (ג) שם אמר רב שביקש להולמו ולא הולמתו: (ד) רש"י ד"ה הרי הוא אומר וכו' כדאמרינן התם איתמר רב ולוי חד אמר זיבח וקיטר וכו' בהדרוקן וחד אמר עדים והתראה בסייף עדים בלא התראה במיתה לא עדים ולא התראה בהדרוקן הס"ד: (ה) ד"ה וכתת וכו' כי עד הימים ההמה היו בני ישראל מקטרין: (ו) ד"ה קודם וכו' לשרפם לאחר שבא איתי ובטלה הדר וישאם כנ"ל הד"א: (ז) ד"ה אר"י וכו' חשובה היתה וראויה: (ח) ד"ה הולמתו יושבת: (ט) ד"ה מקום יש בראש שראוי וכו' שרחב הריך מקום לכתב ב' קלעות והיא היתה נוחה: (י) תוס' ד"ה והלא וכו' והולך ביעור העגל בנחל קדרון וכו' נזרק לרוח וא"ת לרבנן וכו' שלא הזכיר שהשליכו לים ממילא היה נזרק לרוח וי"ל דהתם וכו' מעשה ביעור: (כ) ד"ה אבן שואבת היתה לה במקום שהיה יושב על כסא מלכותו היתה אבן שואבת קבועה למעלה ושואבת העטרה ולא היתה האבן: (ל) ד"ה שהיה וכו' נס גדול לפי שהרי:

עין משפט נר מצוה

מג א מיי' פ"ז מהל' עבודת כוכבים הל' יח סמג לאוין מה טוש"ע י"ד סימן קמב סעיף יד:
מד ב ג מיי' פ"ג מהל' ק"ש הלכה ד סמג עשין יח טור וש"ע א"ח סימן פה סעיף ב:
מה ד מיי' פ"ז מהלכות עבודת כוכבים הל' יח סמג לאוין מה טוש"ע י"ד סימן קמב סעיף יד:
מו ה מיי' שם הלכה טו סמג לאוין קמח טוש"ע י"ד סימן קלט סעיף ו:

רבינו חננאל

מתני' שאל פרקלוס בן פלוספוס את רבן גמליאל בעכו במרחץ של אפרודיטי אמר לו כתוב בתורה ולא ידבק בידך מאומה מן החרם מפני מה אתה רוחץ במרחץ של אפרודיטי פי' שם אותה עבודה זרה אפרודיטי אמר לו אין משיבין במרחץ כשיצא אמר לו אני לא באתי בגבולה וכו' עד שאת נוהג בה כבוד משום אלוה היא שאסרה התורה אבל זו שעל הביב והכל מבזין בה ומשתינין בפניה לא. ומקשינן והיכי שרי לרבן גמליאל למימר ליה במרחץ אין משיבין במרחץ והאמר רבי יוחנן בכל מקום מותר להרהר חוץ מן בית המרחץ ובית הכסא. וכי תימא בלשון חול אמר ליה. והאמר אביי דברים של חול מותר לאומרן במרחץ בלשה"ק ודברים של קודש אסור לאומרן אפילו בלשון חול. תנא כשיצא א"ל אין משיבין במרחץ. אמר ר' חמא ר' הושעיא אומר תשובה גנובה השיבו רבן גמליאל לאותו הגמון ואני אומר אינה גנובה. מאי גנובה דאמר ליה זו עומדת על הביב והכל משתינין בפניה. וכי משתינין מאי הוי והרי פעור שמפערין עצמן בפניו ואינו בטל מפני שמפערין עצמן לפניו. וא"ר חמא בר חנינא ואני אומר אינה גנובה (מאי גנובה דאמר ליה זו עומדת על הביב). פעור עבודתו בפעירות אפרודיטי אין א) עבודה זרה בהשתנה וכיון שהשתין בטלה. שלא בטובה כלומר בחנם אינו מהנה לעבודה זרה. ואני אומר אינה גנובה (כשאינו) [דכי] בא הוא בגבולה אסור כי רחיצת רבן גמליאל בחנם שלא בטובה כי טובת אחרים דמי למה כי כיון שרואין ר"ג רוחץ שם אחרים רבים באים ורוחצין ומהנין לעבודה זרה אלא מפני שבאת היא בגבולו לפיכך הוא מותר. ואסיק' וכי נעשה מרחץ נוי לאפרודיטי מאי הוי והתניא האומר בית זה לעבודה זרה לא אמר כלום וכן האומר

א) נ"ל אפרודיטי אין עבודתה בהשתנה.

גמרא

מתני' א ^[א]שאל פרוקלוס בן פלוספוס את ר"ג בעכו שהיה רוחץ במרחץ של אפרודיטי אמר(א) ליה כתוב בתורתכם לא ידבק בידך (דברים יג) מאומה מן החרם מפני מה אתה רוחץ במרחץ של אפרודיטי אמר לו אין משיבין במרחץ וכשיצא אמר לו אני לא באתי בגבולה היא באה בגבולי אין אומרים נעשה מרחץ נוי לאפרודיטי אלא אומר נעשה אפרודיטי נוי למרחץ: דבר אחר אם נותנים לך ממון הרבה אי אתה נכנס לעבודה זרה שלך ערום ובעל קרי ומשתין בפניה זו עומדת על פי הביב וכל העם משתינין לפניה לא נאמר אלא אלהיהם ^[א]את שנוהג בו משום אלוה אסור את שאינו נוהג בו משום אלוה מותר:

ב **גמ'** והיכי עביד הכי ^[ב]והאמר *רבה בר בר חנה אמר רבי יוחנן ^[ב]בכל מקום מותר להרהר חוץ מבית המרחץ ומבית הכסא וכי תימא בלשון חול אמר ליה ^[ג]והאמר אביי דברים של חול מותר לאומרן בלשון קדש דברים של קדש אסור לאומרן בלשון חול תנא כשיצא אמר לו אין משיבין במרחץ א"ר חמא בר יוסף(ב) *ברבי

ג א"ר אושעיא ^[ד]*תשובה גנובה השיבו ר"ג לאותו הגמון ואני אומר אינה גנובה מה גנובתיה דקאמר לו זו עומדת על פי הביב וכל אדם משתין בפניה וכי משתין בפניה מאי הוי והאמר רבא ^[ה]פעור יוכיח שמפערין לפניו בכל יום ואינו בטל ואני אומר אינה גנובה ^[ו]זו עבודתה בכך וזו אין עבודתה בכך(ג) אמר אביי גנובתה מהכא דקאמר ליה אני לא באתי בגבולה והיא באה בגבולי וכי בא בגבולה מאי הוי והתנן ^[ו]*עבודה זרה שיש לה מרחץ או גינה נהנין מהן שלא בטובה ואין נהנין מהן בטובה ואני אומר אינה גנובה שלא בטובת רבן גמליאל כבטובת אחרים דמי רב שימי בר חייא אמר גנובתה מהכא דקאמר לו זו עומדת על הביב וכל אדם משתינין בפניה וכי משתינין בפניה מאי הוי והתנן ^[ז]*רק בפניה השתין בפניה גיררה וזרק בה את הצואה הרי זו אינה בטילה ואני אומר אינה גנובה התם לפי שעתא הוא רתח עלה והדר מפייס לה הכא כל שעתא ושעתא בזלזולה קיימא רבה בר עולא אמר גנובתה מהכא דקאמר ליה אין אומרין נעשה מרחץ נוי לאפרודיטי אלא נעשה אפרודיטי נוי למרחץ וכי(ד) אמר נעשה מרחץ לאפרודיטי נוי מאי הוי והתניא ^[ח]*האומר בית זה לעבודה זרה כוס זה לעבודה זרה לא אמר כלום שאין הקדש לעבודה זרה ואני אומר אינה גנובה נהי דאיתסורי לא מיתסרא נוי מיהא איכא:

מתני'

[מעילה ז:]

רש"י

מתני' פרוקלוס. מין גוי היה: **אפרודיטי.** שם עבודה זרה והמרחץ עומד בחצרה: **אין משיבין.** דברי תורה במרחץ לפי שאדם עומד ערום: **היא באה בגבולי.** שהמרחץ קודם לה והמרחץ נעשה לכל הבא(ה) למרחץ ולא כל הימנה שתהא גוזלת את הרבים: **ועוד תשובה אחרת.** אין אנו אומרים נעשה מרחץ נוי לאפרודיטי דמרחץ לאו דבר נוי הוא אלא נעשה אפרודיטי נוי למרחץ נמצא שהיא משמשתו והיא טפלה והוא עיקר: **ביב.** חריץ העשוי בקרקע להוציא שופכין לרה"ר: **לא נאמר.** בתורה לאיסור אלא אלהיהם דכתיב אבד תאבדון וגו': **גמ' והיכי עביד הכי.** דאהדר ליה במרחץ והלא אין משיבין במרחץ(ו) ואסור לאמרו בלשון חול בבית המרחץ שאע"פ שאינה בלשון הקדש לא נפקי מקדושתייהו: **גנובה.** כלומר דחהו בקש: **ואני אומר.** ר' חמא קאמר לה ופליגא אדר' הושעיא רביה: **וכי בא בגבולה.** כלומר ואפילו קדמה עבודה זרה למרחץ מאי איכפת לן: **שלא בטובה.** שלא יחזיק טובה לכומרים ובהנאה לא מיתסר כדאמרינן לקמן אין הקדש לעבודה זרה עד שיקריב לפניו בתקרובת: **כבטובת אחרים.** שהיה חשוב וטובה היא להם כשהוא נהנה מהן הלכך אי לאו מרחץ קודם הוה אסור כל הני: **ואני אומר אינה גנובה.** *) מילתא דרבי חמא בר יוסף קא מפרשי: **גיררה.** בטיט ובצואה לא בטלה לקמן (דף נג.) נפקא לן מוהיה כי ירעב והתקצף וקלל במלכו: **שאין הקדש לעבודה זרה.** באמירה עד שיקריבנה לפניה בתקרובת: **נוי מיהא איכא.** אי הוה רחילה נוי לעבודה זרה אסור לייפות עבודה זרה אף על גב דאיתסורי לא מיתסר מרחץ בהנאה:

*) שייך לעיל עי' בס' ל"ס

תוספות

תנא כשילא א"ל אין משיבין במרחץ. פי' רשב"ם כשילא א"ל לפי שאין משיבין במרחץ לא הייתי יכול להשיבך עד עכשיו שילאתי ובהכי ניחא דלא תקשי מתני' וי"ס דגרסי בברייתא וכשילא א"ל אין משיבין וכו' משמע דכשילא לא השיבו אלא אין משיבין וקשה להר"ר אלחנן דבמתני' קתני וכשילא השיבו ואור"י דג' בתים יש במרחץ כמו שמפרש בפ"ק דשבת (דף י.) פנימי אין שם שאילת שלום אמלעי יש בו שאילת שלום ואין שם דברי תורה חילון מותר אף בד"ת והוא שאלו בבית הפנימי ושם לא השיבו כלום וכשילא מבית הפנימי לאמלעי השיבו אין משיבין במרחץ ומשום דרכי שלום השיבו כך מפני איבת אותו הגמון דהוי כמו שאילת שלום וכשילא לבית החילון השיבו תשובות ממשנתנו שאף דברי תורה מותרים שם: **תשובה גנובה.** פ"ה דחהו בקש מיהו אין לפרש כן לדברי אביי ולרבה בר עולא שאומרים שאפילו לא היה כדברי ר"ג לא היה אסור לכן נראה לפרש גנובה כלומר (ז)עלובה ומכוסה ממנו ותגנוב את לבבי מתרגמינן וכסיאת מיני (בראשית לא): **והאמר רבא פעור יוכיח.** לכאורה משמע דרבא אמר למילתיה בדוכתא אחריתי ולא נתפרש היכא: **נהנין ממנה שלא בטובה.** פירש רש"י כאן שאין(ח) להחזיק טובה לכומרים בכך בטובה שצריך להחזיק טובה אבל לקמן פרק רבי ישמעאל (דף נא:) פ"ה בטובה בשכר וכן פר"ח ולא נהירא לר"ת דלשון בטובה לא משמע הכי ואדרבה בשכר ושלא בשכר מיבעי ליה ועוד דאי בשכר אסור ומטעם שמרויח לעבודה זרה תקשי מהכא למ"ד לעיל בפ"ק (דף יג.) מהנה מותר ועוד דאמרינן לקמן פרק רבי ישמעאל (דף נא:) (ט)דאיכא לאחרים חלק בהדה אפילו בטובת הכומרים שריא ואי איירי בשכר כי איכא לאחרים חלק בהדה נמי מאי הוי הא מרויח לעבודה זרה לכן נראה לר"ת כמו שפי' רש"י כאן ועוד נראה לר"ת דמה שאנו אופין עתה בתנור של כומרים וטוחנין בריחים של מים שלהם ודאי ליכא למיחש דלא מיבעיא בשכר דשרי דאין אנו מחזיקין להם טובה אלא אפילו שלא בשכר נמי מותר כיון שאין התנור והריחים בבית העבודה זרה עצמו כמו הכא מרחץ של אפרודיטי ולא דמי ליריד של גוים דאסרנא לעיל פ"ק (דף יג.) אליבא דרבי יוחנן דאמר נהנה אסור מהנה לא כ"ש דהתם עושין מן המכס צרכי עבודה זרה אבל הכא אין עושין אלא הנאת הכומרים והכי נמי אמרינן בסוף סורר ומורה (סנהדרין דף עד:) אגן קאווקי ואמונקי היכי יהבינן אלא הנאת עצמן שאני וגרס לקמן פרק רבי ישמעאל בירושלמי חלילין של עבודה זרה אסור לספוד בהן ואם היו מעלין שכר למדינה אע"ג שהן עושין לצורך עבודה זרה מותר לספוד בהן חנויות של עבודה זרה אסור לשכור מהם ואם היו מעלין שכר למדינה אע"ג שהן(י) לצורך עבודה זרה מותר גנאין של עבודה זרה אסור ליתן להם אם היו מעלין שכר למדינה אע"ג שהיא לצורך עבודה זרה מותר: **וכי** (כ)נעשה מרחץ נוי לעבודה זרה מאי הוי. וקשה דהא לקמן (דף נא:) אמרינן דנוי ותכשיטי עבודה זרה אסורין ועוד כי משני נוי מיהא איכא פירש רש"י ואם היה רחילה נוי לעבודה זרה אע"ג דלא מיתסר מרחץ בהנאה מיהא אסור לנו ליפותה ואינו נראה לר"י שהרי לא היה מקשה אותו הגמון אלא מפני שהיה נהנה מן העבודה זרה אפילו אינו נוי אלא הכי פריך כי נמי עשאו לנוי ונתנו לעבודה זרה מאי הוי והתנן וכו' דודאי נוי ותכשיט לעבודה זרה לא הוי האי מרחץ ליאסר כדין נוי עבודה זרה ותכשיטיה אלא כדין בית הוא ומסיק נהי דאיתסורי לא מיתסר המרחץ מן התורה דהוי כאומר בית זה לעבודה זרה מכל מקום מדרבנן מיהא יש לו לאסור ליהנות משום איסור נוי ולכך אם היה מרחץ נעשה לשם אפרודיטי לא היה ר"ג נהנה ממנה:

אלהיהם

מסורת הש"ס

ברכות כד: שבת מ: קנ. קדושין לג. זבחים קב:

[מלת ברבי על האמורא לא נמצא עד הנה ובהרבה הכי איתא אמר רבי חמא בר' יוסי א"ר הושעיא תשובה וכו' ועמ"ש בסנהדרין יז: על הגליון]

לקמן נא:

לקמן נג.

[תוספתא פ"ו תוספתא ערכין פ"ד]

גליון הש"ס

מתני' אני לא באתי בגבולה. עיין בטורי אבן חגיגה דף יג ע"ב ד"ה אין מוסרין:

הגהות הב"ח

(א) במשנה אמר לו כתוב בתורתכם ולא ידבק וכו' וזו עומדת: (ב) גמ' אמר רבי חמא בר יוסף אמר רבי אושעיא ברבי תשובה גנובה: (ג) שם אין עבודתה בכך אביי אמר גנובתה: (ד) שם וכי אומרים נעשה מרחץ נוי לאפרודיטי מאי הוי:

(ה) רש"י ד"ה היא באה וכו' לכל הבא לרחוץ ולא כל הימנה: (ו) ד"ה והיכי וכו' במרחץ לדברי קודש הן ואסור לאמרן בלשון: (ז) תוס' ד"ה תשובה וכו' כלומר עלומה ומכוסה: (ח) ד"ה נהנין וכו' שאין צריך להחזיק טובה: (ט) בא"ד לקמן פרק ר' ישמעאל דהיכא דליכא לאחרים: (י) בא"ד אע"ג שהן עושין לצורך עבודה זרה מותר גבאין של עבודה זרה: (כ) ד"ה וכי אומרים נעשה:

א משנה שאל החכם הנכרי **פרוקלוס בן פלוספוס את רבן גמליאל בעכו**, בעת **שהיה רוחץ במרחץ של אפרודיטי** (אלילה יוונית), שפסלה עומד שם, **אמר ליה** [לו]. הרי **כתוב בתורתכם: "לא ידבק בידך מאומה מן החרם"** (דברים יג, יח), **מפני מה אתה רוחץ במרחץ של אפרודיטי? אמר לו: אין משיבין במרחץ**, שאינו מקום שראוי לומר בו דברי תורה. **וכשיצא, אמר לו: אני לא באתי בגבולה, היא באה בגבולי** שעוד מתחילה היה זה מרחץ ששימש את האנשים לרחצה, ורק אחר כך הכניסו לשם את הפסל. ועוד, **אין** אנשים **אומרים: נעשה מרחץ נוי לאפרודיטי, אלא אומר** אדם: **נעשה אפרודיטי נוי למרחץ**, ואם כן אין הפסל עיקר אלא טפל למרחץ. **דבר אחר: אף אם נותנים לך ממון הרבה, אי** [אין] **אתה נכנס למקום עבודה זרה שלך** כשאתה **ערום ובעל קרי ומשתין בפניה**, ואילו עבודה זרה **זו** של אפרודיטי **עומדת על פי הביב וכל העם משתינין לפניה** אל תוך הביב, והרי **לא נאמר** באיסורי עבודה זרה (ראה דברים פרק יב) **אלא "אלהיהם"**, לומר: **את שנוהג** הגוי **בו** בפסל בדרך כבוד **משום אלוה — אסור, את שאינו נוהג בו משום אלוה**, אלא נוהג בו זלזול — **מותר**, ואף אפרודיטי בכלל זה.

ב גמרא מסופר במשנה שרבן גמליאל השיב מתחילה שאין משיבין במרחץ. ושואלים: **והיכי עביד הכי** [ואיך עשה כן] לומר אפילו דבר תורה זה במרחץ? **והאמר** [והרי אמר] **רבה בר בר חנה אמר ר' יוחנן: בכל מקום מותר להרהר** בדברי תורה, **חוץ מבית המרחץ ומבית הכסא! וכי תימא** [ואם תאמר] **בלשון חול אמר לו** ודבר זה מותר, **והאמר** [והרי אמר] **אביי: דברים של חול מותר לאומרן** בבית המרחץ ובבית הכסא **בלשון קדש, דברים של קדש אסור לאומרן** שם אפילו **בלשון חול!** ומשיבים, **תנא** [שנה החכם] בענין זה: **כשיצא** מן המרחץ **אמר לו: אין משיבין במרחץ.**

ג אמר רב חמא בר יוסף ברבי, כך אמר ר' אושעיא: תשובה גנובה השיבו רבן גמליאל לאותו הגמון כלומר, אין זו תשובה אמיתית אלא תשובה של דחיה. והוסיף רב חמא בר יוסף, **ואני אומר**: תשובה זו **אינה גנובה**. ומסבירים: **מה גנובתיה** [גנובתה, העורמה שבה]? **דקאמר** [שאמר] **לו: זו עומדת על פי הביב וכל אדם משתין בפניה**. ויש לשאול: **וכי משתין בפניה מאי הוי** [מה בכך]? **והאמר** [והרי אמר] **רבא: פעור יוכיח, שמפערין לפניו** (שמטילים לפניו צואה) **בכל יום ואינו בטל** על ידי כך. **ואני אומר**: תשובה זו **אינה גנובה, כי זו**, בעל פעור, דרך **עבודתה בכך** בפיעור, **וזו** אפרודיטי **אין עבודתה בכך. אמר אביי** באופן אחר: **גנובתה** (עורמתה) **היא מהכא** [מכאן], **דקאמר ליה** [שאמר לו] רבן גמליאל לפרוקלוס: **אני לא באתי בגבולה והיא באה בגבולי**. ובאמת, **וכי** [וכאשר] **בא בגבולה מאי הוי** [מה בכך]? **והתנן** [והרי שנינו במשנה]: **עבודה זרה שיש לה מרחץ או גינה — נהנין מהן** מהמרחץ או מהגינה, **שלא בטובה** כלומר, כאשר אין צורך להחזיק טובה לעבודה זרה או לכמריה, **ואין נהנין מהן בטובה** כשמחזיק להם על כך טובה. **ואני אומר**: תשובה זו **אינה גנובה, כי שלא בטובת רבן גמליאל** כלומר, כשרבן גמליאל נהנה, גם אם לא החזיק להם טובה — **כבטובת אחרים דמי** [נחשב] הדבר, כמו שאדם אחר נהנה ומחזיק להם טובה, משום שעצם העובדה שהוא בא לשם הרי זה כבוד ועזרה לעבודה זרה. **רב שימי בר חייא אמר: גנובתה היא מהכא** [מכאן], **דקאמר** [שאמר] **לו: זו עומדת על הביב וכל אדם משתינין בפניה**. שכן יש לשאול: **וכי** [וכאשר] **משתינין בפניה מאי הוי** [מה בכך]? **והתנן** [והרי שנינו במשנה]: עבודה זרה **שרק** (ירק) **בפניה, או השתין בפניה, או גיררה** (גרר אותה בבוץ), **וכן** אם **זרק בה את הצואה — הרי זו אינה בטילה** בכך. **ואני אומר**: תשובה זו **אינה גנובה**, מדוע? **התם** [שם] אין זה נחשב ביטול, אלא **לפי שעתא** [שעה] **הוא רתח עלה** [כועס עליה] על העבודה זרה ונוהג בה זלזול, **והדר** [ואחר כך] **מפייס לה** [אותה], אבל **הכא** [כאן], **כל שעתא ושעתא** [שעה ושעה] **בזלוזולה היא קיימא** [עומדת]. כלומר, דבר קבוע הוא, והיא בטלה מכבודה על ידי כך. **רבה בר עולא אמר: גנובתה** של תשובת רבן גמליאל היא **מהכא** [מכאן], **דקאמר ליה** [שאמר לו]: **אין אומרין נעשה מרחץ נוי לאפרודיטי אלא נעשה אפרודיטי נוי למרחץ; וכי אמר** [וגם כאשר הוא אומר] **"נעשה מרחץ לאפרודיטי נוי" מאי הוי** [מה בכך]? **והתניא** [והרי שנויה ברייתא]: **האומר "בית זה לעבודה זרה", או "כוס זה לעבודה זרה" — לא אמר כלום, שאין דין הקדש לעבודה זרה**, ואין דבר נאסר עד שיקריבוהו בפועל. **ואני אומר**: תשובה זו **אינה גנובה, נהי דאיתסורי לא מיתסרא** [כי אמנם אינה נאסרת **בכך**] משום עבודה זרה ממש, אבל **נוי** של עבודה זרה **מיהא איכא** [מכל מקום הרי יש בכך] אם משתמשים במרחץ זה שנעשה לכבודה, ואסור. ולכן אמת השיבו, ולא תשובה גנובה.

עיונים

פרוקלוס בן פלוספוס בתפא"י רצה לומר ש"בן פלוספוס" בא לרמוז שהיה בעצמו חכם, פילוסוף של הגוים. אבל ראה בגרסות שיש גרסות אחרות, ואף אין זו הצורה הרגילה לנושא זה.

אין משיבין שכיון ששאלה זו עניינה בדברי תורה, אין משיבים דברי תורה במרחץ שהכל עירומים בו, ואינו מקום נקי וראוי (רש"י).

אין אומרים תשובה אחרת היא (רש"י), שאף כעת אין המרחץ טפל לעבודה הזרה, אלא הפסל הוא רק טפל וקישוט למרחץ. אבל הראב"ד מסביר שהדברים קשורים וצריכים זה לזה, שהיה מקום לומר כי אף שמתחילה לא היה זה מרחץ של אפרודיטי, הביאוה לשם כדי שיהא המרחץ לנוי עבורה, שכך יעבדוה האנשים הרבים הבאים למרחץ. ולכן אמר לו שהדברים אינם כך, אלא הפוכים, שמשום שהיה זה פסל נאה ונעבד הביאו אותו לבית המרחץ כדי שימשוך לשם אנשים, ונמצא הפסל נוי למרחץ.

דבר אחר וכו' יש להבין "דבר אחר" כראיה נוספת לכך שהפסל נעשה טפל למרחץ, שהרי נוהגים בו מנהג בזיון. או לומר שגם אם אין אתה מחשיבו כטפל למרחץ, מכל מקום נתבטל מהיותו אלוה (ראב"ד).

לא נאמר בתורה לאסור את עבודת אליליהם ולהתרחק מהם אלא כאשר נוהגים בהם מנהג פולחן. ופסל זה שאין נוהגים בו מנהג כבוד אינו בגדר אליל, אלא קישוט בלבד.

חוץ מבית המרחץ וכו' בירושלמי דנים בשאלה זו בהרחבה. ושם מובאות שתי דעות, לדעה אחת כל דבר השייך למרחץ מותר לאומרו במרחץ, גם אם הוא דברי תורה. ולדעת שניה (שהיא כנראה שיטת הבבלי, ושם נאמרה בשם רב) אסור לומר במרחץ אפילו דיני בית המרחץ (אלא אם כן יש צורך להפריש את חבירו מאיסור). אבל לשיטה אחרת שמותר לומר דברים השייכים למרחץ, מסבירים שלא השיבו מפני טעמים אחרים, ולא משום שהדבר אסור.

כשיצא השיבו ובתוס' ועוד ראשונים שאלו: הרי לא כך כתוב במשנה. ואם אמנם אפשר להבין כך את הברייתא, מכל מקום אין זו משנתנו! ותירצו בתוס' כי יש במרחץ שלושה חדרים: חדר שהכל מצויים בו ערומים ובו אסור לדבר דברי תורה, חדר שבו מקצתם לבושים ומותר לומר בו דברים של צורך, וחדר חיצוני שהכל לבושים בו שהוא כשאר המקומות לענין דברי תורה. ולפיכך צריך להבין משני המקורות יחד שבחדר הפנימי ביותר לא השיב רבם גמליאל דבר, וכשיצא מחדר זה אמר לו: אין משיבים במרחץ.

תשובה גנובה כלומר, אין זו תשובה אמיתית, אלא כעין דחיה בקש, שדחו אותו בתשובה כלשהי שאינה אמיתית לגמרי (רש"י) ואכן, מעין זה נאמר גם בירושלמי שהשיבו "תשובת הפלג" שרצה להפליגו בדברים. אבל בתוס' העירו כי הסבר זה מתאים רק לטענה הראשונה כנגד דברי רבן גמליאל. ולגבי האחרות צריך לומר להיפך, כי לא רצה לגלות לו עד כמה היה מקום להתיר יותר, ולפיכך "גנובה" משמעו — מעלימה, מתחמקת. ובשינוי מסויים מסבירים כך גם הראב"ד והריטב"א.

נהנין מהן שלא בטובה רש"י מסביר כאן "שלא בטובה" — כאשר אינו צריך להחזיק טובה ולהודות לגוי שמניחו להשתמש ברכוש עבודה זרה. אבל הר"ח כאן ורש"י בעיקר הסוגיה מסבירים: בטובה — שמשלם שכר, שלא בטובה — כאשר אינו צריך לשלם על כך (וכן דעת הריא"ז ואחרים). ור"ת בתוס' סבור שיש להסביר כדברי רש"י כאן, כי כאשר משלם שכר אין הוא נחשב עוד בגדר נהנה מעבודה זרה ומן השייך לה. והרבה דנו ראשונים בבירור שיטות אלה.

שלא בטובת רבן גמליאל וכו' רש"י מסביר כי העובדה שאדם חשוב כרבן גמליאל משתמש במרחץ יש בה משום מתן כבוד והנאה לכמרים שלה, גם אם אינו נותן כל תודה על כך. וכיוצא בזה מסביר הראב"ד כי בכך הם סבורים שיוכלו למושכו אליהם. ואילו ר"ח מסביר (לשיטתו בענין "בטובה") כי בעל המרחץ נהנה ממה שבא לשם רבן גמליאל, לפי שעל ידי כך ירבו הבאים להשתמש בבית מרחץ זה.

נוי מאי הוי כלומר, גם אם נויי עבודה זרה אסורים בהנאה, אין זה אלא על ידי מעשה, אבל לא על ידי אמירה (רש"י), ובית זה הרי לא נבנה מתחילתו לשם עבודה זרה. והסביר הריטב"א שאף שמן המשנה להלן (מז,ב) עולה שבית שהכניסו לתוכו עבודה זרה, כל זמן שהעבודה זרה מצויה בתוך הבית אסור הוא בהנאה, הרי דקדק רש"י בפירושו למשנתנו ופירש כי המרחץ נמצא בחצר של העבודה זרה. ובתוס' מסבירים באופן אחר, שאין מקום לומר שהמרחץ נחשב כנוי או תכשיט לעבודה זרה, שייאסר בכך, אלא דינו כבית.

נוי מיהא איכא הסביר רש"י שאף שאין במרחץ משום נוי עבודה זרה, ואינו אסור בהנאה, מכל מקום השימוש בו הרי זה נוי לה, ואסור לגרום לעבודה זרה להתייפות (וכעין זה כתב המאירי שאף שהדבר מותר, ראוי לאדם חשוב להתרחק ממנו). והראב"ד מסביר שאף שאין הקדש לעבודה זרה, ואין דבר נאסר על ידי אמירה בלבד, מכל מקום הכנסת הפסל למרחץ היא בגדר מעשה, ולכן היה מקום לומר שיש איסור להשתמש בה (אבל ראה בריטב"א).

אורח ההלכה

את שנוהג בו משום אלוה מרחץ שיש בו פסל עבודה זרה — מותר לרחוץ בו, משום שהפסל נעשה לנוי ולא לשם עבודה, ואין פסל נאסר כאשר אין נוהגים בו כבוד אלא מנהג בזיון. (רמב"ם ספר מדע הלכות עבודה זרה פ"ז הי"ח. שו"ע יו"ד קמב, יד).

בכל מקום מותר להרהר וכו' בבית הכסא ובבית המרחץ ובמקום הטינופת, לא רק שאסור לדבר דברי תורה אלא אסור אף להרהר בהם (ואפילו בהלכות בית המרחץ. רמ"א). ודברים של חול — אפילו בלשון הקודש מותר לומר שם. ואם נזדמן לו שם להפריש אדם מאיסור — עושה זאת אפילו בלשון הקודש ובענייני קודש. (רמב"ם ספר אהבה הלכות קריאת שמע פ"ג ה"ד. שו"ע או"ח פה, ב).

זו עבודתה בכך מרחץ שיש בו עבודה זרה, שמותר לרחוץ בו משום שנוהגים בהם דרך בזיון, אם היתה זו דרך עבודתה — אסור. (רמב"ם ספר מדע הלכות עבודה זרה פ"ז הי"ח. שו"ע יו"ד קמב, יד).

כוס זה לעבודה זרה בשר או פירות או יין שהכינום לתקרובת עבודה זרה לא נאסרו בהנאה, ואפילו הכניסום למקום עבודתה, עד שיקריבום לפניה. (רמב"ם שם הט"ו. ספר עבודה הלכות איסורי המזבח פ"ד ה"ד. שו"ע שם קלט, ו).

מסורת הש"ס

א. מדרש תנאים דברים יג,יח. ילק"ש תורה תתפח.

ב. ברכות כד,ב. שבת מ,ב. קנ,א. קדושין לג,א. זבחים קב,א. וראה ירושלמי פ"ג ה"ד (עיי"ש). וראה ירושלמי ברכות פ"ג ה"ד. ילק"ש תורה תפט. שם תתקלד.

ג. שבת מ,ב. מא,א.

ד. (הביטוי) מעילה ז,ב. וראה ירושלמי ע"ז פ"ג ה"ד (הענין).

ה. ראה ירושלמי שם.

ו. משנה ע"ז נא,ב. ירושלמי ע"ז פ"ד ה"ג.

ז. משנה ע"ז נג,א.

ח. תוספתא ע"ז פ"ה י. שם תמורה פ"ד ג.

גרסות

פלוספוס בירושלמי ועוד: **פלוסלוס** ויש במקורות גם: **פיליפוס**.

מפני מה בירושלמי ועוד: **ומפני מה**.

וכשיצא בירושלמי ובכת"י: **כשיצא**.

בר יוסף בר' אמר ר' אושעיא בכתי"מ: **בר' יוסי אמר ר' אושעיא** ובכתי"ס: **בר יוסף אמר ר' אושעיא** ובב"ח: **בר יוסף אמר ר' אושעיא ברבי**.

וכל אדם משתין בכתי"מ: **וכל העם משתינין**.

לפניו בכל יום בכתי"מ: **לפניו**.

אמר אביי גנובתה בכת"י וכן בב"ח: **אביי אמר גנובתה**.

גנובתא בכתי"ס בכל העמוד: **גניבותה**.

רתח עלה בכת"י: **דרתח עלה**.

בזלוזולה קיימא בכתי"מ חסרות מלים אלה ובכתי"ס: **בזילותא קימא**.

וכי אמר נעשה מרחץ לאפרודיטי נוי בכתי"מ: **וכי אומרים נעשה מרחץ נוי לאפרודיטי** ובכתי"ס: **וכי נעשה מרחץ**.

כוס זה בכתי"ס: **כיס זה** ובכתי"מ: **כרם זה**.

לשון

פרוקלוס
זה הוא כנראה השם היווני Πρόκλος (פרוקלוס) שמשמעו — קורא תגר, קורא בראש.

פלוספוס
הרבה מעדיפים את הגרסה פלוסלוס שהיא השם היווני Φιλόλαος (פילולאוס) — אוהב-עם.
אין אנו יודעים מי היה איש זה, אבל לפי ההמשך (שקוראים לו הגמון) משמע שהיה פקיד חשוב בשלטון הרומי, וכן נראה גם ממה שרבן גמליאל הטריח עצמו להסביר לו דברים.

אפרודיטי
זה הוא שמה היווני Ἀφροδίτη (אפרודיטי) של אלילת היופי והפוריות של היוונים.
את דמותה היו עושים בצורת אשה צעירה ויפה, ומשום כך השתמשו בפסלים אלה גם לשם נוי בלבד, ולא לעבודה זרה.

החיים

זו עומדת על הביב
גם בספרי הרומאים והיוונים מתארים כי היה זה נחשב ביזיון גמור לאליליהם כאשר היו אנשים בלתי טהורים באים למקדשיהם, וכל שכן כאשר היו מטילים מים בפני או על גבי האליל.

מסורת הש"ס

א. סנהדרין מז,ב. ע"ז נא,ב. חולין טז,א. ספרי דברים יב,ב (עד סוף המשנה). ילק"ש תורה תתנ.
ב. ילק"ש שם.

גרסות

שעליהם אסורים בכתי"ס ועוד: שעליהם אסור.

עליהם בירושלמי ועוד: עליהם ולקחת לך.

תפיסת בירושלמי ועוד: תפושת.

אני אובין ואדון בירושלמי ועוד: אני אהיה אובין.

ור' יוסי הגלילי בכת"י: ר' יוסי הגלילי.

הרי הוא כהר בכתי"מ: כהר ומשתרי.

לשון

אובין זו היא צורה בלתי רגילה, שאינה קשורה לצורות הרגילות של שורש זה. והיו שפירשוה כמלה מיוחדת, המקבילה לערבית ابان (אבאן) ועניינה — לברר ולהסביר דבר, לפרש ענין היטב.

החיים

עובדים את ההרים עוד בימי קדם היו עובדי האלילים עושים את ההרים עצמם כאלילים, ועושים לכבודם פולחנים. וכבר בזמן קדום אנו מוצאים פרטים על עבודת "בעל חרמון". וכן נשמר הדבר עד לזמן התלמוד כפי שמובא בכתביהם.
פעמים שעבודה זרה זו היתה קשורה בפסל ואליל שהיה קשור עם ההר, ולעתים היה הפולחן להר עצמו (כגון הר הכרמל שנחשב לעבודה זרה לעצמו, בלי צלם מיוחד).

א משנה הַגּוֹיִם הָעוֹבְדִים אֶת הֶהָרִים וְאֶת הַגְּבָעוֹת — הֵן ההרים והגבעות עצמם מוּתָּרִין בהנאה, ואולם מַה שֶּׁעֲלֵיהֶן, אם מצפים אותם בכסף וזהב לנוי — אֲסוּרִין בהנאה, שֶׁנֶּאֱמַר: "פסילי אלהיהם תשרפון באש לֹא תַחְמֹד כֶּסֶף וְזָהָב עֲלֵיהֶם" (דברים ז, כה), כלומר כסף וזהב שנמצאים עליהם, על העבודה זרה, אסורים הם. ר' יוֹסֵי הַגְּלִילִי אוֹמֵר: ומנין שההרים והגבעות עצמם מותרים? שנאמר: "אבד תאבדון את כל המקומות אשר עבדו שם הגוים את אלהיהם על ההרים הרמים ועל הגבעות ותחת כל עץ רענן" (שם יב, ב), ויש לדייק כי המצוה לאבד היא את אֱלֹהֵיהֶם שֶׁעַל הֶהָרִים — וְלֹא שֶׁהֶהָרִים עצמם אֱלֹהֵיהֶם, וכן אֱלֹהֵיהֶם הם עַל הַגְּבָעוֹת — וְלֹא הַגְּבָעוֹת עצמן אֱלֹהֵיהֶם. ואם תשאל: הואיל וכך, יש לדייק גם לגבי עץ רענן — "אלהיהם תחת כל עץ רענן" ולא עץ רענן אלהיהם, וּמִפְּנֵי מָה אֲשֵׁירָה אֲסוּרָה? מִפְּנֵי שֶׁיֵּשׁ בָּהּ תְּפִיסַת יְדֵי אָדָם, שהרי בני אדם נוטעים אותה, וְכָל שֶׁיֵּשׁ בָּהּ תְּפִיסַת יְדֵי אָדָם — אָסוּר. אָמַר ר' עֲקִיבָא, אֲנִי אוֹבִין (אבין, אסביר) וְאָדוּן לְפָנֶיךָ פסוק זה באופן אחר לגמרי: לא הוזכרו הרים וגבעות ועץ רענן אלא כסימן, וכך אומר הכתוב: כָּל מָקוֹם שֶׁאַתָּה מוֹצֵא הַר גָּבוֹהַּ וְגִבְעָה נִשָּׂאָה וְעֵץ רַעֲנָן נטוע שם, דַּע שֶׁיֵּשׁ שָׁם עֲבוֹדָה זָרָה.

ב גמרא ושואלים: וְר' יוֹסֵי הַגְּלִילִי הַיְינוּ תַּנָּא קַמָּא [הרי זו ממש שיטתו של התנא הראשון] ששניהם מתירים את ההרים! אָמַר רָמִי בַּר חָמָא אָמַר רֵישׁ לָקִישׁ: צִפּוּי הַר כְּהַר אִיכָּא בֵּינַיְיהוּ [יש ביניהם], שבענין זה נחלקו, תַּנָּא קַמָּא סָבַר [התנא הראשון סבור]: צִפּוּי הַר אֵינוֹ כְּהַר עצמו, וּמִיתְּסַר [והוא עצמו נאסר] שלא כהר, וְר' יוֹסֵי הַגְּלִילִי סָבַר [סבור]: צִפּוּי הַר הֲרֵי הוּא כְּהַר עצמו, ואף הוא מותר. רַב שֵׁשֶׁת אָמַר: דְּכוּלֵּי עָלְמָא [לדעת הכל] צִפּוּי הַר אֵינוֹ כְּהַר לענין איסור.

עיונים

הגוים העובדים אין דין זה מיוחד דווקא לגוים, אלא לכל אדם (ובכלל זה ישראל) העובד להר, אלא שנקט בלשון זו משום שהיא לשון המקרא בענין זה (ר"י מבירינא).

הם מותרים שמותר לחצוב מאבני ההר, וכן מותר לזרוע בו (רש"י) או לרעות עליהם את בהמותיו (מאירי).

ומה שעליהן אסורין שיטת רש"י בפירוש ענין זה היא כי ההרים, אף שאינם נחשבים כעבודה זרה, מכל מקום מה שעליהם אסור מכח גזירת הכתוב האוסר "כסף וזהב עליהם". ואף שנאמר להלן כי עובדי ההרים מתחייבים מיתה בסייף (למרות שאין ההר עצמו נחשב כעבודה זרה) הרי זה משום שכוונתם לשם עבודה זרה. ואילו ר"ת (בתוס' ועוד) סבור כי ההרים נחשבים לעבודה זרה, ומשום כך עובדיהם נענשים בסייף, אלא שאמר הכתוב כי אין הם עצמם נאסרים משום כך (וראה בתוס' שהביאו כי כך גם כן מובא בשם רש"י, והוא מה שהוכנס בדפוסים שלפנינו בסוגריים, על פי המהרש"ל). והקשו עליו ממה שנאמר במסכת חולין (מ,א) שבהמה שנשחטה לשם הרים וגבעות אינה נאסרת בהנאה כתקרובת עבודה זרה, והרי לשיטתו היה צריך להיות אסור. וראה בחידושים המיוחסים לרשב"א בשם הר"ש, שהראה מקור לדין זה מדרשת הכתובים. ואילו הרא"ה סבור שתקרובתם של הרים וגבעות אסורה, ומה שנאמר במסכת חולין הוא בענין אחר, במי ששוחט בהמה לשם הרים לא לשם עבודה זרה, אלא לשם רפואה או כשפים, ואינו מתכוון לעבוד אותם בכך.

שנאמר לא תחמוד וכו' רש"י מסביר כי זהו מקור לדין האחרון שהוזכר, שהציפוי אסור, אבל את היתרם של ההרים והגבעות לומד התנא קמא כמו ר' יוסי, מ"אלהיהם על ההרים" וכו'. אבל הראב"ד מציע לפרש כי לדעת התנא קמא יש ללמוד גם את הדין הראשון מן הפסוק "לא תחמוד", מדיוק לשון הכתוב "כסף וזהב עליהם", לומר, שמה שרק עליהם נאסר ולא הם עצמם.

אני אובין ואדון ולא בא ר' עקיבא לחלוק על ר' יוסי הגלילי. אלא שר' יוסי הגלילי נתקשה מה מקום יש להבחין בין הרים וגבעות, שרק מה שעליהם נאסר מלשון "אלהיהם על ההרים", לבין עץ רענן שאף הוא עצמו נאסר ולא רק מה שתחתיו. ועל כך משיב ר' עקיבא ש"על ההרים הרמים" וכו' אינו מתייחס כלל אל ההרים והגבעות והעצים כאל עבודה זרה, ולא בא כתוב זה אלא ללמדנו סימני מקום שיש בו עבודה זרה. ומה שהותרו הרים והגבעות עצמם אינו ממיעוט הכתוב, אלא ממשמעותו של הפסוק, שציוה לאבד דווקא את אלהיהם ולא את ההרים. ומה שנאסרה אשירה נלמד מפסוק אחר מפורש (רש"י).

ולשון "אובין" היא לשון שאינה רגילה, דרך הטיה מיוחדת של השורש "בון", כמו "הבן" אבל כפועל יוצא, שגורם לאחר להבין (מאירי. וראה בדברי הראב"ד שפירש שהוא מלשון בינה, ושבעלי הלשון אינן מודים לו). ובירושלמי אמרו שהיתה גם גרסה אחרת, "אוביל" — שאביא לפניך ראיה.

ואדון לפניך המפרשים העירו שאין ללמוד מכאן שהיה ר' יוסי הגלילי גדול מר' עקיבא, כי מכמה מקומות נראה שהיה צעיר ממנו לימים. והיו שכתבו שנהג בו כבוד כאילו היה גדול ממנו (ראה במיוחס לרשב"א).

כל מקום שאתה מוצא בירושלמי שאלו: והרי בית המקדש נבנה במקום שהיה הר גבוה, ומדוע לא חששו בו משום עבודה זרה? והשיבו שם שבית המקדש נבנה במקומו על פי נביא, ולפיכך אין להקשות מכאן.

צפוי הר אינו כהר שתנא קמא המביא לענין זה את הפסוק "כסף וזהב עליהם" האמור בפסילים (כמובא באותו פסוק תחילה: "פסילי אלהיהם תשרפו באש") סבור כי ציפוי ההר אינו כחלק מן ההר, ומשום כך הוא נאסר ככל ציפוי של עבודה זרה (למרות שבמקרה זה ההר עצמו אינו נאסר כעבודה זרה). והראב"ד ועוד הבינו כי מדובר כאן בכסף וזהב שציפו בהם את ההרים לנוי, ודינם כל נויי עבודה זרה. אבל בתוס' טענו כי נוי של ההרים בוודאי מותר, כפי שתקרובת להרים מותרת, אלא שיש להבין כאן שהציפוי עצמו נעבד אגב ההר.

צפוי הר כהר שהוא בטל לגבי ההר, וכיון שההר אינו נאסר אף הציפוי אינו נאסר. ומה שנאמר "כסף וזהב עליהם" — לא לגבי ציפוי הרים נאמר, אלא דווקא לגבי עבודה זרה תלושה, כמו פסלים שהוזכרו באותו פסוק (רש"י). ולשיטת התוס' (ראה לעיל בשיטת התנא קמא), הרי אף שהציפוי נעבד עם ההר, מכל מקום אינו נעבד מכוח עצמו אלא אגב ההר, ולא יהא טפל חמור מן העיקר (מיוחסים לרשב"א). והראב"ד כתב שיש מי שהבין כי גם ר' יוסי לא התיר כל נוי, כגון דברים יפים שהונחו על ההר לכבוד, אלא דווקא ציפוי הרים שהוא בטל.

ומותר ובתוס' שאלו: הרי כלל בידינו שהתנא השני בא להוסיף על דברי התנא הקודם! והסבירו כי אין אומרים כלל זה אלא כאשר אין הדבר מובן מגוף הדברים. ואילו במקרה שלנו, הרי הכתוב "לא תחמוד כסף וזהב עליהם" שמביא תנא קמא, מורה שהוא סבור שציפוי ההר נאסר.

רב ששת אמר לכולי עלמא וכו' ולשיטתו אכן בא ר' יוסי הגלילי להוסיף על דברי תנא קמא (רש"י).

אורח ההלכה

הן מותרים ומה שעליהם אסורין כל דבר שאין בו תפיסת יד אדם ולא עשאו אדם, אף על פי שנעבד — הרי זה מותר בהנאה. ולפיכך המשתחוה להר — אינו נאסר. (רמב"ם ספר מדע הלכות עבודה זרה פ"ח ה"א. שו"ע יו"ד קמה, א).

אשירה אסורה אילן שנטעו מתחילה שיהיה נעבד (ואפילו לא עבדו בפועל. ש"ך) — אסור בהנאה, וזו היא אשירה הכתובה בתורה. (רמב"ם שם ה"ג. שו"ע שם סעיף ו).

ציפוי הר דבר שאין בו תפיסת יד אדם ונעבד לעבודה זרה, הנעבד מותר בהנאה, אבל ציפוי שעליו אסור בהנאה (ואפילו לא עבד לציפוי. ש"ך). כדברי סתם משנה, וכביאור הגמרא. (רמב"ם שם ה"ז. שו"ע שם סעיף ב).

עין משפט
נר מצוה

מז א ב מיי' פ"ח מהל' עבודת כוכבים הל' א
ג סמג לאוין קמח טוש"ע י"ד סימן קמה סעיף א:
מח ג מיי' שם הלכה ז טוש"ע שם סעיף ב:

תורה אור

א מתני' *הגוים העובדים את ההרים ואת הגבעות הן מותרין ומה שעליהן אסורין שנאמר לא תחמוד כסף וזהב עליהם ר' יוסי הגלילי אומר אלהיהם על ההרים ולא ההרים אלהיהם על הגבעות ולא הגבעות אלהיהם ומפני מה אשירה אסורה במפני שיש בה תפיסת ידי אדם וכל שיש בה תפיסת ידי אדם אסור אר"ע אני אובין ואדון לפניך כל מקום שאתה מוצא הר גבוה וגבעה נשאה ועץ רענן דע
ב שיש שם עבודה זרה: **גמ'** ורבי יוסי הגלילי היינו תנא קמא אמר רמי בר חמא אמר ריש לקיש בצפוי הר איכא בינייהו תנא קמא סבר צפוי הר אינו כהר גומיתסר ור' יוסי הגלילי סבר צפוי הר הרי הוא כהר רב ששת אמר דכולי עלמא צפוי הר אינו כהר והכא

(דברים יב)

מתני' הן מותרין. ההרים עלמן מותרין לחלוב אבנים מהן ולזריעה דמחובר לא מתסר כדנפקא לן (לקמן) מאלהיהם על ההרים ולא ההרים אלהיהם כדדרים ר' יוסי הגלילי: **ומה שעליהן.** כגון אם ליפוס זהב וכסף אסור שנאמר לא תחמוד כסף וזהב עליהם ולקחת לך ואע"ג דאינהו לאו עבודה זרה מקרו ולא מתסרי גזירת הכתוב היא[א] (שהרים וגבעות שהן קרקע עולם אין בהן כח לאסרן אבל(א) עבודה זרה מיהא הוי) דתלוש שעליהם כתלוש של שאר עבודה זרה שנאמר לא תחמוד עליהם על כל שהן נעבדין משמע ועל כרחנו אנו לריכין לפרש דלאו עבודה זרה מיקרו דאמרינן בהשוחט (חולין דף מ.) הא דאמר להר והא דאמר לגדא דהר שהשוחט לשם הר לא מיקרי זבחי מתים והא דתניא לקמן ועובדיהם בסייף משום האי טעמא הוא דאע"ג דלאו עבודה זרה נינהו לענין איסורי עובדיהם מיהא עבודה זרה עבדי להו ולעבודה זרה מיכווני(ב) חייב דהוא דומיא דמחובר *(בפרק בתרא (דף נד)) : **ר' יוסי הגלילי אומר.** הרי המקרא מלמדנו שהמחובר אינו נאסר שנא' אבד תאבדון את כל המקומות אשר עבדו שם הגוים וגו' ומה תאבדו את אלהיהם על ההרים משמע צלמים ופסיליהם שעל ההרים קרויים אלהיהם ולא ההרים קרויים אלהיהם ומאחר שהוא כן ומפני מה אשירה אסורה ולא דרשינן נמי תחת כל עץ רענן אלהיהם ולא עץ רענן אלהיהם והלא אילן מחובר הוא ולמה אסרו הכתוב דכתיב ואשריהם תגדעון: **מפני שיש בהן תפיסת ידי אדם.**(ג) שאדם נטעו: **אר"ע אני אובין [ואדון] לפניך.** אפרש ואדון לפניך(ד) שאין לנו לדרוש מיעוטא מתחת עץ רענן שלא נאמר אלא למסור להם סימני מקום שרגילין אמוריים לעבוד שם עבודה זרה כדי שיחפשו ישראל שם ויבערום ומיעוטא דהרים וגבעות מיהא מינה ממעטינן ממשמעותיה דקרא שלא נוה לאבד את ההרים אבל כל עץ רענן נוה לנו לאבד במקום אחר ואשריהם תשרפון באש והכא לא נקיט ליה אלא משום סימנא: **גמ' ורבי יוסי הגלילי היינו תנא קמא.** בין למר הרים וגבעות שרו: **תנא קמא סבר ליפוי הר אינו כהר ומיתסר.** דכתיב לא תחמוד כסף עליהם כל שעליהם: **ורבי יוסי סבר ליפוי הר.** בטל לגבי הר וכיון דהר לאו עבודה זרה ליפוי נמי לא מיתסר ועליהם דקרא אפסילי אלהיהם תלושין קאי: **רב ששת אמר דכולי עלמא ליפוי הר אינו כהר.** ואסור ור' יוסי לטפויי אתנא קמא קאתי למיתסר: אילן

רש"א מ"ז

כס"א אינו

אלהיהם על ההרים. פרש"י בפי' אחרים וזה לשונו הן מותרין ההרים עלמס מותרים לזריעה ולחלוב אבנים מהם דמחובר לא מיתסר כדדרים ליה ר' יוסי הגלילי מאלהיהם על ההרים ולא ההרים אלהיהם ומה שעליהם כגון אם ליפוס בכסף וזהב אסורין שנאמר לא תחמוד כסף וזהב וגו' ואף על גב דאינהו לאו עבודה זרה מיקרו ולא מתסרו גזירת הכתוב היא שיהא תלוש שעליהם כתלוש של שאר עבודה זרה דכתיב לא תחמוד כסף וזהב עליהם על כל מה שהם עובדים משמע וע"כ לריכין אנו לפרש דלא מקרו עבודה זרה דאמרי' בהשוחט (חולין מ. ושם ד"ה הא) הא דאמר להר הא דאמר לגדא דהר שהשוחט לשם ההר לא מיקרי זבחי מתים והא דתניא לקמן ועובדיהם בסייף משום האי טעמא הוא דאע"ג דלאו עבודה זרה נינהו לענין אתסורי עובדיהם מיהא עבודה זרה קרו להו ולעבודה זרה מיכווני(ה) דהוו דומיא דמחובר בפ"ב עכ"ל והקשה ר"ת לפירוש זה דכיון דלא מקרי עבודה זרה ותקרובתן מותרת א"כ אמאי יענשו עובדיהם בסייף הא אין זה עובד אלהים אחרים לכן נראה לר"ת דודאי עבודה זרה מיקרו ותקרובתן אסורה ולכך עובדיהם בסייף והא דדרשינן ולא ההרים אלהיהם קאי אאבד תאבדון כלומר שאין לריך לעקור ההרים והא דאמרינן בהשוחט דכיון דאמר להר אינו קרוי זבחי מתים ואינו אסור היינו כששוחט רחוק מן ההר שאז אין מתכוין לשם עבודה זרה וקרוב לפירוש זה מלאתי בפי' אחרים דרש"י ז"ל ומה שעליהם כגון אם ליפוס זהב וכסף אסור שנאמר לא תחמוד כסף וזהב עליהם ולקחת לך ואע"ג דאינהו לא מיתסרי גזירת הכתוב הוא שההרים וגבעות שקרקע עולם אין בהם כח לאוסרם אבל עבודה זרה הוו ותלוש(ו) שלהם כתלוש של שאר עבודה זרה ותדע לך דעבודה זרה מיקרו דהא תניא לקמן ועובדיהם בסייף ואם לאו עבודה זרה נינהו עובדיהם אמאי נהרגין ובתמורה (דף כח:) מוקי לה להאי לא תחמוד אבעלי חיים דהוו דומיא דמחובר עכ"ל ולפי זה קשה לר"י מדאמרינן לקמן בפירקין (דף מו:) א"ל רב הונא בריה דרב יהושע לרבא או חילוף ומה נעבד שאסור בתלוש להדיוט מותר במחובר לגבוה שנאמר אלהיהם על ההרים ולא ההרים אלהיהם לא שנא הדיוט ולא שנא לגבוה ואי ס"ד דעבודה זרה מיקרו היכי דייק דשרי לגבוה אי משום דאין נאסר להדיוט הרי בעלי חיים דאינן נאסרים להדיוט ואפ"ה אסירי לגבוה ועוד קשה מה שפי' ר"ת(ז) דהר אינו קרוי זבחי מתים היכא ששוחט להר כיון שהוא רחוק מן ההר קלת דאפי' כי הוו רחוק קלת מן ההר מאי הוי הא קאמר בפירוש דלשם הר קא שחיט וא"כ מתכוין הוא לעבודה זרה לכן נראה לר"י כלשון ראשון של רש"י דודאי לאו עבודה זרה מיקרי כדמשמע בהשוחט (חולין דף מ.) ותקרובתן מותרת ולא דמי לפעור דכתיב ביה ויאכלו זבחי מתים דההוא תלוש הוה והשתא נמי ניחא הא דאמרינן לקמן דשרו לגבוה כיון שאין שם עבודה זרה עליהם כלל והוי כאילו לא נעבדו: **אמר ר"ע אני אובין ואדון לפניך.** לכאורה משמע הכא דר' יוסי הגלילי היה זקן מר"ע וגם בפרק בתרא דגיטין (דף פג.) ברים מזכיר ליה קודם ר"א בן עזריה ור"ע ותימה דאמרינן בסוף איזהו מקומן (זבחים דף נז.) גבי ר"ט ור"ע והיה שם תלמיד אחד שבא(ח) לפני חכמים תחלה ור' יוסי הגלילי שמו ואמרינן נמי בעירובין (דף נג:) שאמרה לו ברוריא דביתהו דר"מ שהיה מתלמידי בתראי של ר"ע גלילי (גלילי) שוטה ונראה דתלמיד חבר היה לו ר' יוסי הגלילי לר"ע ורך ממנו בשנים היה ואע"ג שמזכירו בפרק בתרא דגיטין מקמי ר"ע לא קשיא דכמו כן מזכיר באגדת הפסח ר"ע קודם ר"ט שהיה רבו כדמשמע בפ"ט דכתובות (דף פד:) [ועי' היטיב תוס' כתובות קה. ד"ה דתניא ותוס' סוטה ד. ד"ה בן עזאי]: **כל מקום שאתה מולא הר גבוה כו'.** בירושלמי פריך מבית הבחירה ומסיק ע"פ נביא נבנה שם: **תנא קמא סבר ליפוי הר אינו כהר ומיתסר.** וא"ת מ"ש דליפוי הר אסור יותר מתקרובתו דשרי כדפרישית לעיל וי"ל דמיירי הכא בליפוי הנעבד אגב ההר ולכך אסור לת"ק ור' יוסי הגלילי סבר דחשבינא ליה למחובר כהר עלמו ושרי ואם תאמר אמאי מייתי ת"ק קרא דלא תחמוד לאסור ליפוי הא לא מיירי קרא אלא בנוי עבודה זרה וי"ל דהכי קא מייתי דכי היכי דנוי עבודה זרה אסירי מטעם תלוש ואע"ג דאיכא בהו חדא לטיבותא דאינו נעבד הכי נמי מתסרי ליפוי הר הנעבדים אע"ג דאיכא חדא לטיבותא שהם נעבדים מחוברים אי נמי י"ל דקרא אסמכתא בעלמא וא"ת מאי האי דליפוי הר אסור ותקרובתו שריא ואילו נעבד דבעלי חיים הוי איפכא כדמשמע ריש פרק כל האסורים בתמורה (דף כח:)(ט) כדאמרינן התם מתקיף לה רב חיננא טעמא דרבייה קרא לליפוי דבעלי חיים ממן הבקר להוליא הנעבד הא לא רבייה קרא ליפוי מותר לגבוה והכתיב ואבדתם משמע מדלא מייתי קרא אלא לגבוה הא להדיוט מותר ואע"ג דתקרובת בעלי חיים אסור כדמשמע בפ"ב דחולין (דף מ.) ואומר ר"י דליפוי דתמורה מיירי דאינו נעבד ואינו עשוי אלא לנוי בעלמא א"נ איכא למימר דההוא דתמורה אתיא כר' יוסי הגלילי דשרי ליפוי הר ואפי' נעבד ונראה לר"י דלרמי בר חמא כולהו תנאי דמתניתין אית להו אילן שנטעו ולבסוף עבדו אסור(י) ר' יוסי הגלילי כדאמרינן לקמן (עמוד ב) ות"ק מחמיר טפי ואוסר אפי' ליפוי של הר ולר"ע נמי אסור דאי שרי א"כ ר"ע היכי דריש דעץ רענן אתא לסימנא לימא דאתא למימר ולא עץ רענן אלהיהם כגון אילן שנטעו ולבסוף עבדו אלא ודאי אסור: **ורבי יוסי הגלילי סבר ליפוי הר מותר.** ואם תאמר הא אמרינן בכולי תלמודא *תנא בתרא לטפויי אתי וי"ל דשאני הכא דקרא דאייתי תנא קמא דלא תחמוד משמע שפיר לאסור ליפוי הר: [בבבא בתרא נג:]

והכא

רבינו חננאל

כום זה לעבודה זרה לא אמר כלום שאין הקדש לעבודה זרה ואני אומר אינה גנובה נהי דלא אתסר גוי מיהא איכא: **מתני'** הנכרים העובדים את ההרים ואת הגבעות הן מותרין ומה שעליהן אסורין שנאמר לא תחמוד כסף וזהב עליהם ולקחת לך מה שעליהם אסור. ר' יוסי הגלילי אומר אלהיהם על ההרים ולא ההרים אלהיהם כו'. ואמרינן ר' יוסי הגלילי היינו תנא קמא. ואמר

הגהות הב"ח

(א) רש"י ד"ה ומה שעליהן וכו' אין בהן כח לאסרן אבל תלוש שעליהם כתלוש כצ"ל ותיבות עבודה זרה מיהא הוי נמחק: (ב) בא"ד עובדיהם מיהא לשם עבודה זרה עבדי להו ולעבודה זרה מיכווני ובתמורה מוקי לה להאי לא תחמוד אבעלי חיים דהוה דומיא למחובר: (ג) ד"ה מפני וכו' כשאדם נטעו: (ד) ד"ה אר"ע וכו' לפניך אחר שאין לנו לדרוש וכו' וגבעות מיהא ממעטינן כצ"ל ותיבת מינה נמחק: (ה) תום' ד"ה אלהיהם וכו' עבודה זרה קרו להו ולעבודה זרה מיכווני ובתמורה מוקי לה להאי לא תחמוד אבעלי חיים דהוו דומיא למחובר עכ"ל והקשה ר"ת כצ"ל ותיבת בפ"ב נמחק: (ו) בא"ד ותלוש שעליהם כתלוש של שאר עבודה זרה: (ז) בא"ד מה שפי' ר"ת דהא דאינו קרוי זבחי מתים היכא ששוחט להר כגון שהוא רחוק: (ח) ד"ה אמר וכו' תלמיד אחד שבא לבית המדרש לפני חכמי': (ט) ד"ה תנא קמא וכו' בתמורה דאמרינן כצ"ל ואות כ' נמחק: (י) בא"ד שנטעו ולבסוף עבדו אסור כדאמרינן לקמן לר' יוסי בר' יהודה ות"ק מחמיר טפי כצ"ל ותיבות רבי יוסי הגלילי נמחק:

הגהות הגר"א

[א] רש"י ד"ה ומה שעליהם. שהרים וגבעות שהן קרקע עולם אין בהם כח לאסרן אבל עבודה זרה מיהא הוי. כל זה נמחק ונ"ב זהו לפי' אחרים ועי' תוס' (עמ"ש רבינו ביו"ד סי' קמה ס"ק ה):

תורה אור

והכא באילן שנטעו ולבסוף עבדו קמיפלגי
ת"ק סבר אאילן שנטעו ולבסוף עבדו מותר
ורבי יוסי הגלילי סבר אילן שנטעו ולבסוף
עבדו אסור ממאי מדקתני סיפא מפני מה
אשירה אסורה מפני שיש בה תפיסת ידי
אדם וכל שיש בו תפיסת ידי אדם אסור
וכל שיש בו תפיסת אדם לאתויי מאי לאו
לאתויי אילן שנטעו ולבסוף עבדו *ואף ארבי
יוסי בר' יהודה סבר אילן שנטעו ולבסוף
עבדו אסור דתניא רבי יוסי בר' יהודה אומר
מתוך שנאמר אלהיהם על ההרים *ולא
ההרים אלהיהם אלהיהם על הגבעות ולא
גבעות אלהיהם שומע אני תחת כל עץ רענן
אלהיהם ולא(א) רענן אלהיהם ת"ל ואשריהם דברים יב
תשרפון באש אלא תחת כל עץ רענן ל"ל
ההוא לכדר"ע הוא דאתא דאר"ע אני אובין
ואדון לפניך כל מקום שאתה מוצא הר גבוה
וגבעה נשאה ועץ רענן דע שיש שם עבודה
זרה ורבנן האי ואשריהם תשרפון באש
מאי עבדי ליה מיבעי ליה בלאילן שנטעו
מתחילה לכך ור' יוסי בר' יהודה נמי מיבעי
ליה להכי ה"נ אלא אילן שנטעו ולבסוף
עבדו מנא ליה נפקא ליה מואשריהם שם ז
תגדעון ב*איזהו עץ שגידועו אסור ועיקרו
מותר הוי אומר אילן שנטעו ולבסוף עבדו
והא ואשריהם תשרפון באש קא נסיב לה
תלמודא אילו לא נאמר קאמר אילו לא נאמר
תשרפון באש הייתי אומר(ב) אשריהם תגדעון
באילן שנטעו מתחילה לכך השתא דכתיב
ואשריהם תשרפון באש אייתר ליה ואשריהם
תגדעון לאילן שנטעו ולבסוף עבדו ורבנן
האי ואשריהם תגדעון מאי עבדי ליה לכדר'
יהושע בן לוי גדא"ר יהושע בן לוי גידועי
עבודה זרה קודמין לכיבוש ארץ ישראל
כיבוש ארץ ישראל קודם לביעור עבודה
זרה דתני רב יוסף זונתצתם את מזבחותם שם יב
והנח ושברתם את מצבותם והנח והנח
ס"ד שריפה בעי אמר רב הונא(ג) רדוף
ואח"כ שרוף ור' יוסי בר' יהודה האי סברא
מנא ליה נפקא ליה ממאבד תאבדון אבד שם
ואח"כ תאבדון ורבנן ההא מיבעי ליה לעוקר
עבודה זרה גשצריך לשרש אחריה ורבי
יוסי בר' יהודה לשרש אחריה מנא ליה נפקא
ליה מואבדתם את שמם מן המקום ההוא שם
ורבנן *ההוא דלכנות לה שם דתניא
ור"א אומר מנין לעוקר עבודה זרה שצריך
לשרש אחריה ת"ל ואבדתם את שמם
אמר

אילן שנטעו. שלא לשם אשרה ולבסוף עבדו דשמעיה לת"ק דאמר הרים וגבעות שרו ה"ה כל כיוצא בהן שמחוברין ולא היתה תחילתו לעבודה זרה ואיזו היא אשירה אסורה שנטעו מתחילה לכך דתפיסת יד אדם אינו כלום אא"כ היא לשם עבודה זרה אבל נטעו גרעין שלא לשם אשירה אין זו תפיסת ידי אדם הואיל והיא שעתא לאו דעתיה לעבודה זרה היה וממעטי ליה מתחת כל עץ רענן ולא עץ עצמו ואתא ר' יוסי הגלילי למימר אילן שנטעו גרעין אפי' שלא לשם אשירה ולבסוף עבדו אסור דלא דמי להר שהרי יש בה תפיסת ידי אדם בנטיעה הילכך תוספתו אסור אבל עיקרו קודם שהשתחוה לו מודה דשרי כדלקמן [לקמן מו. מח.] (דף מח.): **ממאי.** שמעינן דר' יוסי אסר אילן שנטעו ולבסוף עבדו(ד): **הא למיהדר.** ותני כל שיש בו תפיסת יד וכו' לאתויי מאי: **תלמוד לומר ואשריהם תשרפון.** ולקמן (דף מח.) [סנהדרין מז:] מפרש ממאי דבנטעו ולבסוף עבדו קאי: **ר' יוסי בר' יהודה סבר אילן שנטעו ולבסוף עבדו אסור.** מדקאמר דלא דרשינן ולא עץ רענן אלהיהם דאי קסבר אילן שנטעו ולבסוף עבדו שרי לדרוש תחת כל עץ רענן ולמישרייה והכי איבעי ליה למיתני מתוך שנאמר ולא עץ רענן אלהיהם שומע אני כל האשרות מותרות ת"ל ואשריהם תשרפון וגו': **לכדר"ע.** דכיון דלא מצינן למידרשיה דהא כתיב ואשריהם תשרפון מוקמינן ליה לסימנא אבל קמאי למיעוטא דרשינן: [לקמן מח.] **גידועו.** מה שהחליף אחרי כן דקאמר תגדעון מכלל דעיקרו עוזב בקרקע ויהנה ממנה: **והא ואשריהם תשרפון באש(ה) נסיב.** רבי יוסי בר' יהודה תלמודא למלתיה ולמיסר אילן שנטעו ולבסוף עבדו: בלשון אילו לא נאמר קא נסיב לה למלתיה למיסר אילן שנטעו ולבסוף עבדו: **וה"ק אילו לא נאמר ואשריהם תשרפון באש.** לאילן שנטעו מתחלה הייתי אומר ואשריהם תגדעון למיסריה הוא דאתי אבל אילן שנטעו ולבסוף עבדו שרי תלמוד לומר ואשריהם תשרפון באש לאילן שנטעו מתחלה לכך ואייתר ליה ואשריהם תגדעון לאילן שנטעו ולבסוף עבדו: **ורבנן.** דאמרי כל האילן מותר: **האי ואשריהם תגדעון.** שעיקרו(ו) מונח בארץ במאי אוקמי ליה אי באילן שנטעו מתחלה לכך כולה אסור: **מיבעי ליה לכדר' יהושע וכו'.** גידוע זה לא להתיר עיקרו אלא שיגדעו מיד בכניסתם ולאחר כיבוש יחפשו אחריהם לשרשם ולבערם: **גידועי עבודה זרה קודמין לכיבוש א"י.** [תמורה כח:] בכניסתן נצטוו לגדעם מיד ולאחר כיבוש ישרשו אחריהם: **והנח.** מדלא כתב ישרוף: **שריפה בעי.** דהא אתי לידי תקלה ועוד כתיב אחרינא פסילי אלהיהם תשרפון: **הנח.** עד שתרדוף ותכלה את הגוים ואח"כ שרוף: **האי סברא מנליה.** מדרב יוסף לא נפקא דהוא גופיה אתגדעון ואתשרפון קא סמיך דאי מונתצתם הוה אמינא הנח דוקא דגזירת הכתוב היא שאין צריך לבער מדלא כתב בהו שריפה אבל(ז) באשרה כיון דחזינן בה שני ביטולין אמרינן נמי התם דונתצתם קודם לכיבוש כתיב ולאחר כיבוש בעי שריפה: **ואח"כ תאבדון.** אלמא יש שהות הפסק בינתיים:

בית

והכא באילן שנטעו ולבסוף עבדו קא מיפלגי. רש"י תפס שיטתו בכולה שמעתין דקרי נטעו ולבסוף עבדו היכא שנטעו גרעין אבל בנטעו אילן לכ"ע אסור והכא קמיפלגי בנטעו גרעין דת"ק סבר דכיון שנטעו גרעין שלא לשם אשרה אין זו תפיסת ידי אדם ור' יוסי הגלילי סבר נטעו גרעין נמי אסור דלא דמי להר שלא היה בו תפיסה כלל אבל הכא היה בו תפיסה בשעת נטיעה וכמה תשובות יש חדא דכי קאמר בסמוך לרבנן ואשריהם תשרפון באש מבעיא ליה לאילן שנטעו מתחלה לכך אמאי לא קאמר לאילן שנטעו אילן ולא גרעין ועוד קשה דאמרינן גבי הגוים העובדים הזרעים ואת הירקות דאמר לך מני ר' יוסי בר' יהודה ופריך ולוקמה באילן שנטעו מתחלה לכך ורבנן ואמאי לא פריך לוקמיה בנטעו אילן ודברי הכל ועוד קשה דאמר רב לקמן בפרקין המשתחוה לבית אסרו לומר דאפי' בתלוש ולבסוף חברו אסור והשתא מאי איריא דנקט בית אפילו אילן נמי שהוא מחובר גמור אסור היכא דהוי דומיא לבית כגון שנטעו אילן דהוי תלוש ולבסוף חברו ולשמעינן אילן וכ"ש בית לכן נראה לפרש דודאי כשנטעו גרעין לכ"ע שרי דאין זה תפיסת יד אדם והכא בנטעו אילן קמיפלגי דלרבנן אינו אסור משום תפיסת יד כיון שלא נטעו מתחלה לכך דהשרשת הקרקע מבטלת התפיסה והשתא ניחא דנקט רב לקמן המשתחוה לבית דאילו אילן כי האי גוונא כיון שהוא מושרש בקרקע חשיב מחובר גמור וא"ת היכי מצי אמר ר"ע דקרא אתא לסימנא בעלמא אמאי לא דריש לקרא דכל עץ רענן ולא עץ רענן אלהיהם לאילן כשנטעו גרעין דלכ"ע שרי אי נמי אף לפי' רש"י לאילן שעלה מאליו דדברי הכל מותר כדפי' הוא לקמן בשמעתין גבי הלך השוה וי"ל דלהני לא צריך קרא דודאי שרו דלא נפקי מכלל הרים כיון שלא היה בהם תפיסת ידי אדם מעולם ואף על גב דכתיב גבעות ולא אמרינן דלא נפקי מכלל הרים לא קשיא דאורחא דקרא הוא למיכתב הרים וגבעות בהדי הדדי:

ורבי יוסי הגלילי סבר אילן שנטעו ולבסוף עבדו אסור. תימה מאי קאמר ר' יוסי הגלילי במתניתין מפני מה אשרה אסורה משמע שר"ל דמן הדין היה לנו להתירה והיאך(ח) הא לדידיה אמרינן בסמוך דכתב תרי קראי לאסור אילן אפילו נטעו ולבסוף עבדו וי"ל דהא דבעי מפני מה אשרה אסורה לאו משום דהדעת נוטה להתיר אלא ה"ק מפני מה אשרה אסורה יותר מהרים וגבעות ואי לאו דאיכא טעמא באשרה הוה אמינא גלי קרא דאילנות אסירי וה"ה הרים וגבעות והוה אמינא דלא דרשי' ההרים אלהיהם:

הנח ולדוף ואח"כ שרוף. מדרב יוסף לא נפקא(ט) דהא אתגדעון ואתשרפון סמיך דאי מונתצתם הוה אמינא הנח דוקא דגזירת הכתוב היא שאין צריך לבערו מדלא כתיב בהו שריפה אבל כיון דבאשרה חזינא שתי בעירות אמרינן נמי התם דונתצתם קודם כיבוש כתיב ולאחר כיבוש בעי שריפה לשון רש"י:

אמר

[לקמן מו. מח.] סנהדרין מז: [לקמן מח.] [תמורה כח:]

מט א מיי' פ"ח מהל' עבודת כוכבים הל' ג סמג לאוין קמח טור ש"ע י"ד סימן קמה סעיף א:
נ ב מיי' שם טוש"ע שם סעיף ו:
נא ג ד טוש"ע י"ד סי' קמו סעיף טו:

רבינו חננאל

רב ששת אילן שנטעו ולבסוף עבדו איכא בינייהו תנא קמא אמר אילן שנטעו ולבסוף עבדו מותר ר' יוסי הגלילי אומר אסור. ודייק מדקתני ר' יוסי הגלילי אומר מפני מה האשרה אסורה מפני שיש בה תפיסת יד בני אדם. וכל שיש בה תפיסת יד בני אדם לאתויי אילן שנטעו ולבסוף עבדו. ואף ר' יוסי בר' יהודה סבר אילן שנטעו ולבסוף עבדו אסור. דתני' ר' יוסי בר' יהודה אומר מתוך שנאמר אלהיהם על ההרים ולא ההרים אלהיהם שומע אני תחת כל עץ רענן אלהיהם ולא עץ רענן אלהיהם ת"ל ואשריהם תשרפון באש א"כ תחת כל עץ רענן למה לי ההוא לכדרבי עקיבא דאמר אני אהיה אובין לפניך כ"מ שאתה מוצא הר גבוה וגבעה נשאה ועץ רענן דע שיש שם עבודה זרה. ורבנן דפליגי על ר' יוסי האי ואשריהם תשרפון באש מאי עבדי ליה. מבעי ליה לאילן שנטעו מתחלה לכך. ורבי יוסי נמי מבעי ליה להכי. ואמרינן אין הכי נמי אלא אילן שנטעו ולבסוף עבדו מנא ליה נפקא ליה מאשריהם תגדעון. איזהו שגידועו אסור ועיקרו מותר הוי אומר אילן שנטעו ולבסוף עבדו. ומקשינן והא ר' יוסי האי קרא קתני ונסיב ליה תלמודא ואשריהם תשרפון באש ואת מפקת ליה מואשריהם תגדעון. ופרקינן אילו לא נאמר ואשריהן תשרפון באש הייתי אומר ואשריהן תגדעון כו'. ורבנן האי ואשריהם תגדעון מאי דרשי ביה מיבעי להו לכדתניא גידוע לעבודה זרה קודם לכבוש ארץ ישראל וכבוש הארץ קודם לביעור עבודה זרה דתני רב יוסף ונתצתם את מזבחותם נתוץ והנח ורדוף ואחר כך חזור שרוף. סוגיא דשמעתא העוקר עבודה זרה צריך לשרש אחריה ולאבד שמה מן המקום ההוא לגמרי

הגהות הב"ח

(א) גמ' ולא עץ רענן: (ב) שם הייתי אומר ואשריהם: (ג) שם אמר רב הונא הנח ורדוף ואח"כ שרוף: (ד) רש"י ד"ה ממאי שמעינן וכו' ולבסוף עבדו מדקא מיהדר ותני וכל שיש כצ"ל והד"א אחר דיבור זה נ"ל ד"ה ואף ר' יוסי בר' יוסי בר' יהודה סבר אילן שנטעו וכו' ואח"כ ד"ה ת"ל ואח"כ ד"ה לכדר"ע: (ה) ד"ה והא ואשריהם תשרפון באש קא נסיב תלמודא למלתיה דרבי יוסי בר' יהודה למיסר אילן וכו' עבדו הס"ד ואח"כ מ"ה אילו לא נאמר בלשון אילו: (ו) ד"ה האי וכו' שעיקרו יהא מונח: (ז) ד"ה האי סברא וכו' אבל כיון דחזינן בה באשרה שני ביטולין: (ח) תום' ד"ה ור' יוסי וכו' והיאך נתירה הא לדידיה: (ט) ד"ה הנח וכו' לא נפקא דהוא גופיה אתגדעון וכו' קודם לכיבוש כתיב:

וְהָכָא [וכאן] בְּאִילָן שֶׁנְּטָעוּ סתם וּלְבַסּוֹף עֲבָדוֹ כעבודה זרה קָמִיפַּלְגִי [חלוקים הם], תַּנָּא קַמָּא סָבַר [התנא הראשון סבור]: אִילָן שֶׁנְּטָעוֹ וּלְבַסּוֹף עֲבָדוֹ — מוּתָּר, שהרי הוא מחובר לקרקע, וְר׳ יוֹסֵי הַגְּלִילִי סָבַר: אִילָן שֶׁנְּטָעוֹ וּלְבַסּוֹף עֲבָדוֹ — אָסוּר. מִמַּאי [ממה] מסיק אתה מסקנה זו? מִדְּקָתָנֵי סֵיפָא [ממה ששנה בסוף המשנה]: מִפְּנֵי מָה אֲשֵׁרָה אֲסוּרָה? מִפְּנֵי שֶׁיֵּשׁ בָּהּ תְּפִיסַת יְדֵי אָדָם, וְכָל שֶׁיֵּשׁ בּוֹ תְּפִיסַת יְדֵי אָדָם — אָסוּר. ודי היה בחלק הראשון של הדברים: מפני שיש בה תפיסת ידי אדם, התוספת "וְכָל שֶׁיֵּשׁ בּוֹ תְּפִיסַת אָדָם" לְאַתּוּיֵי מַאי [להביא, לרבות את מה] באה? לָאו לְאַתּוּיֵי [האם לא להביא, לרבות] אִילָן שֶׁנְּטָעוֹ וּלְבַסּוֹף עֲבָדוֹ? ומעירים, וְאַף ר׳ יוֹסֵי בְּר׳ יְהוּדָה סָבַר [סבור]: אִילָן שֶׁנְּטָעוֹ וּלְבַסּוֹף עֲבָדוֹ — אָסוּר. דְּתַנְיָא [ששנויה ברייתא]: ר׳ יוֹסֵי בְּר׳ יְהוּדָה אוֹמֵר, מִתּוֹךְ שֶׁנֶּאֱמַר: "אֱלֹהֵיהֶם עַל הֶהָרִים" (דברים יב, ב), והרי זה בא ללמד — וְלֹא הֶהָרִים אֱלֹהֵיהֶם, וכן "אֱלֹהֵיהֶם עַל הַגְּבָעוֹת" (שם) — וְלֹא גְּבָעוֹת אֱלֹהֵיהֶם, שׁוֹמֵעַ אֲנִי גם: "תַּחַת כָּל עֵץ רַעֲנָן אֱלֹהֵיהֶם" (שם) — וְלֹא עֵץ רַעֲנָן עצמו אֱלֹהֵיהֶם, ועץ שעבדוהו אינו נאסר? לכן תַּלְמוּד לוֹמַר: "וַאֲשֵׁרֵיהֶם תִּשְׂרְפוּן בָּאֵשׁ" (שם, ג), שאף אילן הנעבד לעבודה זרה ("אשרה") אסור בהנאה. ושואלים: אֶלָּא לפי זה, "תַּחַת כָּל עֵץ רַעֲנָן אלהיהם" לָמָּה לִי? ומשיבים: הַהוּא לְדִבְרֵי ר׳ עֲקִיבָא הוּא דְּאָתָא [שבא], שֶׁאָמַר ר׳ עֲקִיבָא, אֲנִי אוֹבִין וְאָדוּן לְפָנֶיךָ: כוונת הפסוק אינה אלא לתת סימן, לומר כי כָּל מָקוֹם שֶׁאַתָּה מוֹצֵא הַר גָּבוֹהַּ וְגִבְעָה נִשָּׂאָה וְעֵץ רַעֲנָן, דַּע שֶׁיֵּשׁ שָׁם עֲבוֹדָה זָרָה. ושואלים מצד אחר: וְרַבָּנַן [וחכמים], הסבורים שאילן שנטעו ואחר כך עבדו אינו נאסר, הַאי [אותו פסוק] "וַאֲשֵׁרֵיהֶם תִּשְׂרְפוּן בָּאֵשׁ" מַאי עָבְדִי לֵיהּ [מה עושים הם לו]? ומשיבים: מִיבָּעֵי לֵיהּ [צריכים הם אותו] לְאִילָן שֶׁנְּטָעוֹ מִתְּחִילָּה לְכָךְ לשם עבודה זרה, שהוא נאסר בהנאה וחייב שריפה. ושואלים: וְר׳ יוֹסֵי בְּר׳ יְהוּדָה נַמִּי מִיבָּעֵי לֵיהּ לְהָכִי [גם כן צריך אותו את הכתוב הזה לכך]! ומשיבים: הָכִי נַמִּי [כך גם כן], גם הוא לומד מכתוב זה איסורו של אילן שניטע מתחילה לעבודה זרה. ושואלים: אֶלָּא לפי זה אִילָן שֶׁנְּטָעוֹ וּלְבַסּוֹף עֲבָדוֹ מְנָא לֵיהּ [מנין לו] שאסור? ומשיבים: נָפְקָא לֵיהּ [יוצא לו] דבר זה מִמה שכתוב: "וַאֲשֵׁרֵיהֶם תְּגַדֵּעוּן" (שם ז, ה), אֵיזֶהוּ עֵץ שֶׁגִּידּוּעוֹ (מה שגודעים וקוצצים אותו) אָסוּר וְאוּלָם עִיקָּרוֹ (שורשו, גזעו) מוּתָּר? הֱוֵי אוֹמֵר: אִילָן שֶׁנְּטָעוֹ וּלְבַסּוֹף עֲבָדוֹ, שמה שגדל בו קודם שנעבד — אינו נאסר. ושואלים: וְהָא [והרי] בברייתא אין ר׳ יוסי בר׳ יהודה לומד את דינו מכתוב זה, אלא מהכתוב: "וַאֲשֵׁרֵיהֶם תִּשְׂרְפוּן בָּאֵשׁ" קָא נָסֵיב לָהּ תַּלְמוּדָא [הביא אותו כלימוד]! ומשיבים: בסגנון של "אִילּוּ לֹא נֶאֱמַר" קָאָמַר [אמר], וכך יש להבין את דבריו: אִילּוּ לֹא נֶאֱמַר "תִּשְׂרְפוּן בָּאֵשׁ", הָיִיתִי אוֹמֵר: "אֲשֵׁרֵיהֶם תְּגַדֵּעוּן" מדבר בְּאִילָן שֶׁנְּטָעוֹ מִתְּחִילָּה לְכָךְ, הַשְׁתָּא דִּכְתִיב [עכשיו שנאמר]: "וַאֲשֵׁרֵיהֶם תִּשְׂרְפוּן בָּאֵשׁ", אִיַּיתַּר לֵיהּ [נעשה מיותר לו] "וַאֲשֵׁרֵיהֶם תְּגַדֵּעוּן", ללמוד ממנו לְאִילָן שֶׁנְּטָעוֹ וּלְבַסּוֹף עֲבָדוֹ. ושואלים: וְרַבָּנַן [וחכמים], הסבורים שאילן שנטעו ואחר כך עבדו אינו נאסר, הַאי [אותו פסוק] "וַאֲשֵׁרֵיהֶם תְּגַדֵּעוּן" מַאי עָבְדִי לֵיהּ [מה הם עושים בו]? ומשיבים: הם מפרשים אותו לְכִדְרַבִּי ר׳ יְהוֹשֻׁעַ בֶּן לֵוִי, שֶׁאָמַר ר׳ יְהוֹשֻׁעַ בֶּן לֵוִי: גִּידּוּעֵי כלומר, המצוה של גדיעת עֲבוֹדָה זָרָה קוֹדְמִין לְכִיבּוּשׁ אֶרֶץ יִשְׂרָאֵל כולה, כִּיבּוּשׁ אֶרֶץ יִשְׂרָאֵל קוֹדֵם לְבִיעוּר מוחלט של הָעֲבוֹדָה זָרָה. ומעירים: והוא כמו ברייתא דְּתָנֵי [ששנה] רַב יוֹסֵף על הפסוק "ונתצתם את מזבחותם ושברתם את מצבתם ואשריהם תשרפון באש" (שם יב, ג): "וְנִתַּצְתֶּם אֶת מִזְבְּחֹתָם" וְהִנַּח כמות שהם, "וְשִׁבַּרְתֶּם אֶת מַצֵּבֹתָם" וְהִנַּח. ותוהים: וְהִנַּח סָלְקָא דַּעְתָּךְ [עולה על דעתך] שיניחם ולא יבערם? הלוא שְׂרֵיפָה בָּעֵי [צריכים] כמו שנאמר באשריהם שבפסוק זה! אָמַר רַב הוּנָא: אין הכוונה שיניחם כך לעולם, אלא: הנח, רְדוֹף, וְאַחַר כָּךְ שְׂרוֹף. כלומר, קודם ינתצום וישברום, לאחר מכן יכבשו את הארץ, ואחר כך יבערום לגמרי. והוא הדין לאילן שנטעו ואחר עבדו, שנאמר בו "ואשריהם תגדעון". ושואלים: וְר׳ יוֹסֵי בְּר׳ יְהוּדָה, הַאי סְבָרָא [סברה זו] שמשבר ומניח ואחר כך מבער, מְנָא לֵיהּ [מנין לו]? ומשיבים: נָפְקָא לֵיהּ [יוצא לו הדבר] מ"אַבֵּד תְּאַבְּדוּן" (שם, ב) שהוא דורש את כפל המלים בשני שלבים: אַבֵּד את העבודה הזרה, וְאַחַר כָּךְ תְּאַבְּדוּן לחלוטין את מה שנשאר. ומן הצד השני, וְרַבָּנַן [וחכמים], מה הם למדים מכאן? הָא מִיבָּעֵי לֵיהּ [כתוב זה נצרך לו] לְעוֹקֵר עֲבוֹדָה זָרָה, שֶׁצָּרִיךְ לְשָׁרֵשׁ אַחֲרֶיהָ ולאבד כל זכר ממנה. ושואלים: וְר׳ יוֹסֵי בְּר׳ יְהוּדָה, הציווי לְשָׁרֵשׁ אַחֲרֶיהָ מְנָא לֵיהּ [מנין לו]? ומשיבים: נָפְקָא לֵיהּ [יוצא לו הדבר] מ"וְאִבַּדְתֶּם אֶת שְׁמָם מִן הַמָּקוֹם הַהוּא" (שם). וְרַבָּנַן [וחכמים] מה הם למדים מכתוב זה? הַהוּא אותו פסוק נצרך לענין לְכַנּוֹת לָהּ שֵׁם שצריך לשנות את שמה של העבודה זרה, ולהשתמש בה בשם של גנאי. דְּתַנְיָא [ששנויה ברייתא], ר׳ אֱלִיעֶזֶר אוֹמֵר: מִנַּיִן לָעוֹקֵר עֲבוֹדָה זָרָה שֶׁצָּרִיךְ לְשָׁרֵשׁ אַחֲרֶיהָ? תַּלְמוּד לוֹמַר: "וְאִבַּדְתֶּם אֶת שְׁמָם".

עיונים

אילן שנטעו ולבסוף עבדו שלדעת תנא קמא, כיון שאילן זה ניטע מתחילה לשם מטרה אחרת, שלא לעבודה זרה, וכעת הוא מחובר לקרקע, הרי אף לאחר שעבדו — אינו יכול עוד לאוסרו. ואילו לדעת ר׳ יוסי הגלילי, כיון שהיתה באילן זה תפיסת ידי אדם בזמן נטיעתו, הרי כאשר עובד אותו הוא אסור. אלא שגם לשיטה זו אינו אוסרו כולו, אלא מכאן ולהבא, שכל מה שצומח באילן לאחר שעבדו — נאסר.

אילן שנטעו רש״י מסביר שכאן מדובר בגרעין שנזרע בידי אדם ואחר זמן צמח ונעשה אילן גדול, ונחלקו האם זו נחשבת תפיסת ידי אדם. ומכאן משמע שאם היה נוטע שתיל של אילן כאשר הוא כבר בגדר אילן — הרי לכל הדעות היה נאסר. אבל לדעת התוס׳ גם ר׳ יוסי הגלילי מודה שאם זרע גרעין שהוא מותר, לפי שלא היתה בו בעץ הנעבד כלל תפיסת ידי אדם, ולא נחלקו אלא בנוטע שתיל, שלדעת תנא קמא ההשרשה בקרקע גורמת לכך ש״פנים חדשות באו לכאן״ והרי זה מבטל את תפיסת ידי האדם (וראה בתוהרי״ד).

ואף ר׳ יוסי בר׳ יהודה וכו׳ ואין לומר שהוא מדבר על עץ שנטעו מתחילה לשם כך, שהרי הוא משווה את העץ האמור בפסוק זה להרים ולגבעות, והרים וגבעות בוודאי לא נעשו מתחילה לשם כך (ראב״ד). וראה ברש״ש שהסביר כי אם נטעו ואחר כך עבדו מותר, היה צריך לדרוש את הכתוב כך: מתוך שנאמר "תחת כל עץ רענן", ואני מדייק שעץ עצמו אינו אסור, שומע אני שכל העצים מותרים? תלמוד לומר "ואשריהם תשרפון באש", לומר שדווקא עצים שניטעו מתחילה לכך אסורים. ומתוך שלא חילקו בין עץ לעץ יש ללמוד שכולם אסורים.

מאי לאו לאתויי וכו׳ בתוס׳ מעירים כי לפי הסבר זה אין לשון המשנה מכוונת היטב, שהרי ר׳ יוסי הגלילי אומר "מפני מה אשירה אסורה" ומשמעות דבריו היא שמן הדין היא צריכה להיות מותרת, והרי לפי הסבר זה ר׳ יוסי הגלילי אוסר באשירה יותר מאשר תנא קמא. ומשום כך הם מסבירים כך את דבריו: מפני מה אשירה אסורה יותר מאשר שאר דברים מחוברים כגון הרים גבעות.

שנטעו מתחילה לכך וצריך לומר שהדברים הם רק לשיטת האומר (להלן נא,ב) שעבודה זרה של נכרים נאסרת מיד כשעשאה ולא משעה שעבדה. אבל לשיטת האומר שהאילן נאסר רק משעבדו, הרי בשעה שעבדו היה כבר מחובר, ואינו נאסר. ולשיטתו יש לפרש שמדובר באילן תלוש שעבדו ואחר כך נטעו, או שנטעו ועבדו קודם שהשריש בקרקע (רמב״ן).

ואשריהם תגדעון וכו׳ שלא נאמר לשרוף את העץ או לעקור את העץ, אלא לגדוע, וגדיעה משאירה חלק בקרקע שניתן ליהנות ממנו. ואם כן מדובר בעץ שאינו אסור כולו, ובהכרח יש לפרשו בעץ שלא נטעו מתחילה לשם עבודה זרה, שרק מה שגדל ממנו לאחר שהתחיל לעובדו, אותו צריך לגדוע.

קא נסיב לה תלמודא כפי המובן מהקשר הדברים, אין הכוונה ב"תלמודא" לתלמוד שלנו, שהרי את הפסוק הביאה הברייתא. אלא כוונת הדברים היא ללשון האמורה בברייתא "תלמוד לומר" קודם לפסוק, וכפי שהוא במדרשי ההלכה בכל מקום.

אילו לא נאמר תשרפון באש וכו׳ המהר״ם מסביר כי אילו לא נאמר פסוק זה היינו מסבירים את "אשריהם תגדעון" כך שאף אילן שנטעו מתחילה לכך, חלקו המושרש בארץ אינו נאסר, שדינו כהרים וגבעות (וראה כיצד הסביר בכך את שימוש הלשון המיוחד של "אילו לא נאמר קאמר"). אבל הריטב״א כתב כי אילו לא נאמר "תשרפון באש" היינו דורשים "ואשריהם תגדעון" לאסור גם את עיקרו של אילן שנטעו מתחילה לכך, ורק משום שנכתב במקום אחד לשון שריפה, יש לפרש את שינוי הלשון "תגדעון" כבא להתיר את עיקרו.

ורבנן האי ואשריהם תגדעון וכו׳ שלשיטתם רק עץ שנטעו מתחילה לשם כך יש מצוה לאבדו, ואין לומר שבא פסוק זה להתיר את עיקרו.

ונתצתם את מזבחותם והנח והדיוק הוא ממה שלא נאמרה במזבחות לשון של כילוי, כמו שריפה שנאמרה מיד לאחר מכן באשירה. וכך היא משמעות "רדוף ואחר כך שרוף" שנאמר אחר כך, שאף שמזבחות ומצבות אינם כלים על ידי שריפה, יש להבין כי הכוונה היא לכל פעולה המקבילה לכך, שמשרש את הדבר לגמרי, כמו "אבד תאבדון".

אבד ואחר כך תאבדון שלשון "אבד תאבדון" מרמזת לפעולה נמשכת, שאינה רק מעשה אחד בלבד. ולכן הוא מפרש, תחילה איבוד אחד (על ידי גדיעה או הריסה) ואחר כך חוזר ומאבד מה שנשאר (תו״ח).

אורח הלכה

אילן שנטעו ולבסוף עבדו כל שאין בו תפיסת יד אדם ולא עשאו אדם, אף שנעבד — מותר בהנאה. ואילנות שלא נטעם לשם עבודה זרה אינם נאסרים. כתנא קמא וכרב ששת. ומכל מקום, אף על פי שלא נאסר גוף האילן כשמשתחווה לו, כל השריגים והעלים והפירות שיוציא כל זמן שהוא נעבד אסורים בהנאה. כדברי שמואל להלן מח,א. (רמב״ם ספר מדע הלכות עבודה זרה פ״ח ה״א. שו״ע יו״ד קמה, א).

אילן שנטעו מתחילה לכך אילן שנטעו לשם עבודה זרה אסור בהנאה. (רמב״ם שם ה״ג. שו״ע שם סעיף ו).

שצריך לשרש אחריה וכו׳ מצות עשה לשרש עבודה זרה ומשמשיה. ובארץ ישראל מצוה לרדוף אחריה עד שנאבד אותה מכל ארצנו, אבל בחוץ לארץ אין אנו מצווים לרדוף אחריה, אלא כל מקום שנכבוש צריך לאבד כל עבודה זרה שבו. כדברי הברייתא. (רמב״ם שם פ״ז ה״א. שו״ע שם קמו, טו).

לכנות לה שם מצוה לכנות לעבודה זרה שם גנאי. ולדעת המהרש״ל — דווקא בארץ ישראל (וכן פסק הש״ך, שלא כט״ז). כברייתא. (שו״ע שם).

מסורת הש״ס

א. ע״ז מו,א. מז,א. מח,א. וראה ירושלמי שבת פ״ט ה״א. ילק״ש תורה תתמה. שם תתנ.
ב. ע״ז מח,א.
ג. ילק״ש תורה תתמה. שם תתנ.
ד. ספרי דברים יב,ג. מדרש תנאים דברים יב,ג—ד. ילק״ש תורה תתנ.
ה. ראה ספרי דברים יב,ב.
ו. ע״ז מו,א. תמורה כח,ב. ילק״ש תורה תתנ.

גרסות

אילן שנטעו ולבסוף עבדו אסור בכת״י: אסור.

רענן אלהיהם בכת״י וכן בבי״ח: ולא עץ רענן אלהיהם.

הכי נמי אלא אילן בכת״י: אין הכי נמי אלא אילן.

עבדו מנא ליה בכת״מ: עבדו אסור מנלן.

לכדר׳ יהושע בן לוי דאמר ר׳ יהושע בן לוי בכת״י: מבעי להו לכדתניא.

מזבחותם והנח... מצבותם והנח בכת״מ: מזבחותם... מצבותם.

רדוף ואחר כך שרוף בכת״י ועוד וכן הגיה הב״ח: הנח ורדוף ואחר כך שרוף.

אָמַר לוֹ ר׳ עֲקִיבָא, וַהֲלֹא כְּבָר נֶאֱמַר: "אַבֵּד תְּאַבְּדוּן את כל המקומות אשר עבדו שם הגוים... את אלוהיהם" (דברים יב, ב), שיש לאבד את מקומות העבודה זרה עצמה. אִם כֵּן, מַה תַּלְמוּד לוֹמַר (מלמדנו) הפסוק שאחריו "וְאִבַּדְתֶּם אֶת שְׁמָם מִן הַמָּקוֹם הַהוּא" (שם, ג)? כוונתו לְכַנּוֹת לָהּ שֵׁם אחר, שיאבד שמה של עבודה זרה מן העולם. יָכוֹל יכנה לה שם לְשֶׁבַח? ותמהים: לְשֶׁבַח סַלְקָא דַּעְתָּךְ [יעלה על דעתך] להציע ליתן למקום דבר כזה שם משובח יותר? אֶלָּא, כך היתה השאלה, יָכוֹל יכנה לה שם שהוא לֹא לְשֶׁבַח וְלֹא לִגְנַאי? תַּלְמוּד לוֹמַר: "שַׁקֵּץ תְּשַׁקְּצֶנּוּ וְתַעֵב תְּתַעֲבֶנּוּ כִּי חֵרֶם הוּא" (שם ז, כו), הָא כֵּיצַד? הָיוּ קוֹרִין אוֹתָהּ למקום הזה בֵּית גַּלְיָא — קוֹרִין אוֹתָהּ "בֵּית כַּרְיָא", קראו לה עֵין כֹּל — קוראים אותה מעתה "עֵין קוֹץ".

א תָּנֵי תַּנָּא קַמֵּיהּ [שנה שונה המשניות לפני] רַב שֵׁשֶׁת: הַגּוֹיִם הָעוֹבְדִים אֶת הֶהָרִים וְאֶת הַגְּבָעוֹת — הֵן ההרים והגבעות עצמם מוּתָּרִין ואילו עוֹבְדֵיהֶן נידונים למיתה בְּסַיִיף, וְהָעוֹבְדִים אֶת הַזְּרָעִים וְאֶת הַיְּרָקוֹת — הֵן הזרעים והירקות אֲסוּרִין, וְעוֹבְדֵיהֶן נידונים בְּסַיִיף. אֲמַר לֵיהּ [לו] רב ששת לתנא: מִי שָׁאמַר לָךְ, מַנִּי [שיטת מי היא]? שיטת ר׳ יוֹסֵי בַּר יְהוּדָה הִיא, שֶׁאָמַר: אִילָן שֶׁנְּטָעוֹ וּלְבַסּוֹף עֲבָדוֹ — אָסוּר. ושואלים: וְלוֹקְמָהּ [ושיעמיד את הדבר] בְּאִילָן שֶׁנְּטָעוֹ מִתְּחִלָּה לְכָךְ (לשם עבודה זרה) ויפרש שהוא אף כשיטת רַבָּנַן [חכמים] החולקים על ר׳ יוסי בר׳ יהודה! ומשיבים: לָא סַלְקָא דַּעְתָּךְ [לא יכול לעלות על דעתך כן], דְּקָתָנֵי דּוּמְיָא [ששנה דין זה של זרעים וירקות בדומה] לְהַר ששנה באותה ברייתא, מַה הַר הוא דבר שֶׁלֹּא נְטָעוֹ מִתְּחִלָּה לְכָךְ, אַף הַאי נַמִי [זה גם כן] הצומח — שֶׁלֹּא נְטָעוֹ מִתְּחִלָּה לְכָךְ, והוא אסור דווקא לשיטת ר׳ יוסי בר׳ יהודה.

ב אִיתְּמַר [נאמר] שנחלקו אמוראים בבעיה: אַבְנֵי הַר שֶׁנִּדַּלְדְּלוּ ממנו, ואינן מחוברות עוד, והשתחוו להן — נחלקו בכך בְּנֵי ר׳ חִיָּיא (חזקיה ויהודה) וְר׳ יוֹחָנָן, חַד [אחד מהם] אָמַר: אבנים אלה אֲסוּרוֹת, וְחַד [ואחד מהם] אָמַר: מוּתָּרוֹת. ומסבירים: מַאי טַעְמָא דְּמַאן דְּאָמַר [מה הטעם של מי שאמר] מוּתָּרוֹת? לדעתו אבנים אלה נידונות כְּהַר עצמו, מַה הַר הוא דבר שֶׁאֵין בּוֹ תְּפִיסַת יְדֵי אָדָם וּמוּתָּר, אַף הָנֵי [אלה] הם דברים שֶׁאֵין בָּהֶן תְּפִיסַת יְדֵי אָדָם וּמוּתָּרִין. ומקשים: מָה לְהַר שֶׁכֵּן מְחוּבָּר! ומשיבים: בְּהֵמָה תּוֹכִיחַ שאינה בכלל מחובר, ואם משתחווה לה עדיין היא מותרת. ודוחים: מָה לִבְהֵמָה שמותרת, שֶׁכֵּן הִיא בַּעֲלַת חַיִּים, אבל אבנים, יש לומר שהן נאסרות בהשתחויה בלבד! ומשיבים: הַר יוֹכִיחַ, שאינו בעל חיים, ומותר. וְחָזַר הַדִּין, שהרי אפשר שוב לומר: מה להר שכן מחובר, ונמצא הדיון סובב ("חוזר"). ולכן יש ללמוד באופן כזה: הר ובהמה, לֹא רְאִי זֶה כִּרְאִי זֶה וְלֹא רְאִי זֶה כִּרְאִי זֶה, לא זה דומה לזה ולא זה דומה לזה, מה הַצַּד הַשָּׁוֶה שֶׁבָּהֶן — שֶׁאֵין בָּהֶן תְּפִיסַת יְדֵי אָדָם וּמוּתָּר, אַף כָּל שֶׁאֵין בָּהֶן תְּפִיסַת יְדֵי אָדָם וּמוּתָּר. ומקשים: מַה לְּהַצַּד הַשָּׁוֶה שֶׁבָּהֶן שֶׁכֵּן לֹא נִשְׁתַּנּוּ מִבְּרִיָּיתָן שנשארו כמות שנבראו, מה שאין כן באבני ההר שנדלדלו! אֶלָּא אָתְיָא [נלמד את הדבר] מִבְּהֵמָה בַּעֲלַת מוּם שנשתנתה מברייתה, שאינה נאסרת בהשתחויה, וּמֵהַר. וְאִי נַמִי [או גם כן], מִבְּהֵמָה תַּמָּה (שלימה) וּמֵאִילָן יָבֵשׁ שנשתנה מברייתו, שמאחר שאין בהם תפיסת ידי אדם — מותרים. וּמַאן דְּאָסַר [ומי שאוסר] סברתו היא: לְהָכִי כְּתִיב [לכך נאמר] בעבודה זרה "שַׁקֵּץ תְּשַׁקְּצֶנּוּ וְתַעֵב תְּתַעֲבֶנּוּ" (דברים ז, כו), לומר דְּאַף עַל גַּב דְּאָתְיָא מִדִּינָא לְהֶיתֵּרָא [שאף על פי שבאה, שעולה, מן הדין להיתר], לָא תֵּיתֵי [תביא, תלמד] כן, אלא עליך לדון לאיסור. ומעירים: לא נאמר מי היו המתירים והאוסרים במחלוקת זו, תִּסְתַּיֵּים [תוגדר] שִׁבְנֵי ר׳ חִיָּיא דְּשָׁרוּ [הם שהתירו], דִּבְעֵי [ששאל] חִזְקִיָּה, בנו של ר׳ חייא: זָקַף בֵּיצָה לְהִשְׁתַּחֲווֹת לָהּ, מַהוּ דִּינָהּ? ומסבירים: קָא סַלְקָא דַּעְתָּךְ [עולה על דעתך] שמדובר כאן כאשר זקף ביצה זו לְהִשְׁתַּחֲווֹת לָהּ וגם הִשְׁתַּחֲוָה לָהּ, ולפיכך יש להבין כי קָא מִיבַּעְיָא לֵיהּ [נשאלה לו] שאלה זו: הַאי זְקִיפָתָהּ (אותה זקיפה), אִי הָוְיָא [האם הוא נחשב] כְּמַעֲשֶׂה ויש בה תפיסת יד אדם, אִי לָא הָוְיָא [או לא נחשב] כְּמַעֲשֶׂה, ונדייק מכאן: אֲבָל אִם לֹא זָקַף את הביצה כלל — לָא מִיתַּסְרָא [אינה נאסרת], אף על פי שהשתחווה לה; שְׁמַע מִינָּהּ [למד מכאן] שִׁבְנֵי ר׳ חִיָּיא דְּשָׁרוּ [הם שהתירו] דבר שלא היתה בו תפיסת יד אדם. ודוחים: לֹא, לְעוֹלָם אֵימָא [אומר] לָךְ: בְּנֵי ר׳ חִיָּיא הם דְּאָסְרֵי [שאסרו], ולדעתם במקרה שהִשְׁתַּחֲוָה לָהּ, אַף עַל גַּב [אף על פי] שֶׁלֹּא זְקָפָהּ אֲסוּרָה, וְהָכָא [וכאן] בשאלתו של חזקיה בְּמַאי עָסְקִינַן [במה אנו עוסקים]? כְּגוֹן שֶׁזָּקַף בֵּיצָה לְהִשְׁתַּחֲווֹת לָהּ, וְלֹא הִשְׁתַּחֲוָה לָהּ. ומקשים: וּלְמַאן [ולדעת מי]? אִי לְמַאן דְּאָמַר [אם לדעת מי שאומר]: עֲבוֹדָה זָרָה שֶׁל יִשְׂרָאֵל אֲסוּרָה מִיָּד כשייחד אותה לכך, אם כן ביצה זו אֲסוּרָה, אִי לְמַאן דְּאָמַר [אם לדעת מי שאומר] שעבודה זרה של ישראל אינה נאסרת עַד שֶׁתֵּיעָבֵד — הָא לֹא פָּלְחָהּ [הרי לא עבד אותה] ומדוע תיאסר? ודוחים: לֹא צְרִיכָא [נצרכה השאלה] אלא לשיטת הסבור שאינה נאסרת עד שתיעבד, ובכל זאת יש מקום לאסור, כְּגוֹן שֶׁזָּקַף בֵּיצָה לְהִשְׁתַּחֲווֹת לָהּ וְלֹא הִשְׁתַּחֲוָה לָהּ, וּבָא גּוֹי וְהִשְׁתַּחֲוָה לָהּ; ומקרה זה הוא כִּי הָא [כמו זו] שֶׁאָמַר רַב יְהוּדָה אָמַר שְׁמוּאֵל: יִשְׂרָאֵל שֶׁזָּקַף לְבֵינָה לְהִשְׁתַּחֲווֹת לָהּ וּבָא גּוֹי וְהִשְׁתַּחֲוָה לָהּ — לבינה זו אֲסוּרָה, שגילוי דעתו של היהודי ומעשהו של הגוי — מצטרפים לאוסרה. ואף שהדברים דומים, מכל מקום חזקיה לגבי ביצה קָא מִיבַּעְיָא לֵיהּ [נשאלה לו כך]: האם נאמר כי לְבֵינָה הוּא דְּמִינַּכְרָא [שניכרת] זְקִיפָתָהּ, לכן נחשב הדבר כגילוי דעת לעבודה זרה, אֲבָל בֵּיצָה שזוקף אותה לָא ניכר הדבר, ולא ייחשב הדבר כגילוי דעת לעבודה זרה, אוֹ דִּלְמָא לָא שְׁנָא [שמא אינו שונה]? שאלה זו נשארה בְּתֵיקוּ [תעמוד השאלה במקומה]. ואף לא נפתרה השאלה האם בני ר׳ חייא התירו או אסרו.

ג בָּעֵי [שאל] רָמִי בַּר חָמָא: הַמִּשְׁתַּחֲוֶה לְהַר, שכאמור במשנה אינו נאסר על האדם בהנאה, אֲבָנָיו של הר זה מַהוּ לַמִּזְבֵּחַ? האם מותרים הם לשימוש? ומפרטים את השאלה:

מסורת הש״ס

א. ראה מכילתא שמות פ״כ. ילק״ש תורה תתנ. שם נ״ך תתמו.
ב. (בשינויים) תמורה כח,ב. ובירושלמי שבת פ״ט ה״א. שם ע״ז פ״ג ה״ו. תוספתא ע״ז פ״ו ד. ילק״ש נ״ך יז. וראה מגילה ו,א.
ג. תוספתא ע״ז פ״ו ח.
ד. ע״ז מה,ב (ושם סומנו מקבילות).
ה. ע״ז נט,א.
ו. (דרך הלימוד) ברכות לה,א. שבת כח,א. יבמות עז,א. נזיר מ,א. סוטה כט,ב. קדושין ה,ב. כא,א. עח,א. ב״ק ו,א. פח,א. ב״מ ד,א. סא,א. פז,ב. סנהדרין סו,א. מכות ד,ב. זבחים ה,א. י,ב. יא,א. יב,ב. טז,א—ב. מנחות ו,א. ס,ב. חולין קיד,א. תו״כ ויקרא כ, ו. ספרי במדבר לה, יט.
ז. ראה ירושלמי ע״ז פ״ג ה״ה (עיי״ש).
ח. ע״ז יט,ב (ושם סומנו מקבילות).
ט. ע״ז נג,ב (בשינוי שם).

גרסות

בית כריא יש במקורות: בית כליא.

בית כריא בכתי״ס ומקורות כבמקבילות: בית כריה פני מלך פני כלב.

ולוקמה באילן שנטעו בב״ח: ולוקמה בזרעים שזרען.

לא סלקא דעתך בכתי״מ: אמרי לא סלקא דעתך.

שלא נטעו... שלא נטעו בכתי״מ: שלא עשאוה... שלא עשאוה ובכתי״ס: שלא עשאו... שלא עשאן.

שאין בו תפיסת ידי אדם בכתי״מ: שלא היה בו תפיסת יד אדם.

תפיסת ידי אדם ומותר אף כל שאין בה בכתי״מ: תפיסת יד ומותרין אף האי נמי אין בהן ובכתי״ס: תפיסת ידי אדם ומותר אף הני נמי שאין בהן.

להכי כתיב שקץ תשקצנו בכת״י ובדפו״י: שקץ תשקצנו.

אימא לך בני ר׳ חייא דאסרי דהשתחוה לה אף על גב דלא עבדה אסור בכתי״מ: אימא לך קאסרי.

אסורה מיד אסורה בכתי״מ: אסורה מיד הא נמי אסורה.

כי הא דאמר בכתי״מ וכן בב״ח: וכי הא דאמר.

לבינה להשתחוות לה בכתי״מ: לבינה להשתחוות לה ולא השתחוה לה.

אבניו מהו למזבח בכתי״מ: אבניו מה הן למזבח.

החיים

זקף ביצה וכו׳
נראה כי פולחנים אלה (זקף ביצה, זקף לבינה) אינם חלק מפולחן עבודה זרה מאורגן ומסודר, אלא היו מעשי אנשים פשוטים, איכרים וכיוצא בהם, שבמקום צלם (שלא היה להם) היו מעמידים חפץ כלשהו, ואותו עובדים.

עיונים

בית גליא וכו׳ יש בענין זה כמה נוסחות וכמה פירושים. רש״י מסביר כי גליא הוא לשון גובה, כדבר הגלוי לכל. ומחליפים שם המקום לבית כריא — לשון כריה וחפירה, מקום שפל. וכן הוא בערוך. ושם הביא פירושים אחרים: בית גליא — מלשון גילוי ופרסום, שהופך לבית כריא — לשון בית כלא. או בית גליא מלשון שמחה, ובית כליא — לשון כליה. וכן היו שגרסו בית גדיא (=גדי) שמחליפים לבית כריא שעניינו חזיר. ואחרים גרסו כאן: פני מלך — פני כלב (ריטב״א, מאירי).

ולוקמה באילן שנטעו מתחילה כלומר, בזרעים שנזרעו לשם כך (כנוסח רש״י, וראה בב״ח). ומכאן כנראה הבין רש״י (ראה מה שדנו בתוס׳ בדבריו בעמוד קודם וכאן) שזריעת גרעין שנעשה אחר כך אילן יש בה משום נטיעה לשם כך.

אף האי נמי שלא נטעו מתחילה לכך ומכך שאין מעלים אפשרות שמדובר בזרעים שלא ניטעו כלל על ידי אדם, יש ללמוד שבמקרה של אילן שעלה מאליו — אין חולק על כך שדינו כדין הר, ואינו נאסר (ראה ברש״י להלן ובתוס׳).

שנדלדלו שאבנים אלה נעקרו מאליהן, ובא הגוי והשתחווה לאבנים אלה (רש״י). וענין הספק הוא, שמצד אחד אין בהם תפיסת ידי אדם ואם כן אינן נאסרות, אך מצד אחר אינן מחוברות כהר אלא תלושות (ראב״ד. וראה בר״ח שפירש "מדולדלות" — שלא נעקרו לחלוטין אלא שעדיין הן מחוברות במקצת). ומהרמב״ם משמע כי מדובר כאן באבנים שלא הוזזו ממקומם, וכך לא היתה בהם תפיסת ידי אדם. אבל הריטב״א מסביר (וכן בנמוק״י בשם הרשב״א והרמב״ן) שגם אם נלקחו אבנים אלה בידי אדם למקום אחר, הרי עצם טילטולן אינו מחשיב זאת ל"תפיסת ידי אדם" משום שאין זה נחשב כמעשה בגוף האבנים.

בהמה תוכיח שאף שאינה מחוברת, אם השתחווה לבהמה — לא נאסרה בהנאה על ידי כך (אף שהיא אסורה להקרבה, שהיא בגדר "נעבד"). וראה בתוס׳ ועוד שהעירו שאף שנאמר שהמשתחווה לבהמת חבירו לא אסרה, צריך לומר שהוא הדין אם השתחווה לבהמה של עצמו. ומה שאמרו בשל חבירו בא לומר שכיון שאין הבהמה שלו, לא זו בלבד שלא נאסרה להדיוט, אלא אף לגבוה לא נאסרה, שאין אדם אוסר דבר שאינו שלו.

שכן בעלת חיים ומשום כך יש בה חשיבות לעצמה (רש״י), ולכן אינה נאסרת במה שאדם משתחווה לה, כאשר לא עשה בה מעשה. ומכל מקום, כפי שמצאנו בכל מקום שהכתוב מדבר על עבודה זרה כמעשה ידי אדם. ולשיטת הריטב״א (ראה לעיל) יש להבין שגם אם יש מקום לומר באבנים שטלטל אותם שהיא תפיסת ידי אדם, בבהמה מעצמה שנה אין בכך משום תפיסת ידי אדם.

שלא נשתנו מברייתן ולכן אין בהם "תפיסת ידי אדם". וכתב הריטב״א שאף שמצאנו (ראה ב״ק סה,ב) לענין גזל שאם גנב טלה ונעשה איל הרי זה נחשב שינוי וקנאו — גזירת כתוב מיוחדת היא לענין השבת גזל, אבל לא לעניינים אחרים.

מבהמה בעלת מום וכו׳ שאף שהבהמה נשתנתה מברייתה על ידי המום, והאילן נשתנה משום שיבש, מכל מקום אין המשתחווה להם אוסרם. וראה בר״י מבירינא שהביא משום רבינו אלחנן שניתן היה ללמוד גם מבהמה בעל מום ומעץ יבש, שהמום בבהמה מלמד על דבר שנשתנה מברייתו, והעץ על דבר שאינו חי.

ויש ששאל: ומהיכן יודעים אנו שבהמה בעלת מום אינה נאסרת בהשתחויה? שהרי עיקר הלימוד אינו אלא מכך שבהמה תמה הנפסלת למזבח ראויה לאדם, אבל בהמה בעלת מום שאינה ראויה למזבח אינה בכלל לימוד זה! ותירץ שבאמת דבר זה אינו נלמד מן הכתוב אלא הלכה למשה מסיני הוא (עבודת עבודה).

עץ יבש רש״י כתב כי זהו דווקא לשיטת חכמים החולקים על ר׳ יוסי בר׳ יהודה, וסבורים שאילן שנטעו ואחר כך עבדו מותר. אבל לשיטת ר׳ יוסי בר׳ יהודה עצמו, יש לפרש כי מקורו הוא באילן העולה מאליו, שגם לדעתו אינו נאסר עד שיעשה בו מעשה. וכבר העירו ראשונים כי ניתן היה להעמיד מקרה זה גם בנוטע גרעין, שאין בזה משום תפיסת ידי אדם. אלא שרש״י הולך לשיטתו בסוגיה זו, שבזה עצמו ר׳ יוסי אוסר.

זקף ביצה וכו׳ ויש ששאל: הרי אדם נטלה ממקומה, ויש בה איפוא תפיסת יד! ותירץ שאפשר לומר שמדובר בביצה שהוטלה באותו מקום ולא ניטלטלה. ועוד, שטלטול ביצה אינה מעשה הנחשב לענין זה (ר״י מבירינא בשם רבינו אלחנן).

ובא גוי והשתחווה לה ויש לשאול: הרי הביצה אינה שייכת לגוי, ואם כן כיצד יכול הוא לאוסרה על ידי השתחויה? והסביר רש״י כי מאחר שזקפה הישראל גילה את דעתו שכוונתו לעבודה זרה, ומשום כך נחשב הגוי כשלוחו, והריהי נאסרת גם על ידי אחר.

ישראל שזקף לבינה כתב רש״י כי לבינה עצמה בוודאי יש בה תפיסת יד אדם, שהרי היא מעשה ידי אדם, ואם כן בוודאי אין מקום ללמוד ממנה על ביצה לענין זה. אלא שהלימוד אינו לענין זה של תפיסת יד אדם, אלא לענין הזקיפה, שמכאן למדנו שאף שהיא עבודה זרה של ישראל בגילוי דעתו על מנת לאוסרה על ידי אחר.

דמינכרא זקיפתה שהרי יש הבדל הניכר לעין בין לבינה המוטלת ובין זו הניצבת. מה שאין כן בביצה, ושמא מעשה קטן כזה אינו נחשב כמייחד אותה לעבודה זרה (רש״י).

אורח הלכה

הן מותרין ועובדיהם בסקיל בן נח העובד עבודה זרה — נהרג. וכל עבודה זרה שבית דין של ישראל ממיתין עליה בן נח נהרג עליה. ואף אלה שאין ממיתין עליהן, מכל מקום אסורים בהן. (רמב״ם ספר שופטים הלכות מלכים פ״ט ה״ב).

אבני הר שנדלדלו כל שאין בו תפיסת יד אדם ולא עשוהו אדם, אף על פי שנעבד — הרי זה מותר בהנאה. ולפיכך המשתחווה להר לא אסרו, ואפילו אבני הר שנדלדלו ועדיין הן במקומן ונעבדו שם — אינן נאסרות. והראב״ד ועוד פוסקים שאבנים אלה אסורות, לפי שלא נפתרה בעיית הגמרא וספק תורה להחמיר. והרמב״ם שמתיר הולך לפי פסק הירושלמי (ש״ך). (רמב״ם ספר מדע הלכות עבודה זרה פ״ח ה״ב. שו״ע יו״ד קמה, א).

ישראל שזקף לבינה וכו׳ ישראל שזקף לבינה על מנת להשתחוות לה, ולא השתחווה, ובא גוי והשתחווה לה — אסורה בהנאה, מפני שזקיפתה היא כמעשה (כלומר, גילוי דעת. אחרונים). וכן אם זקף ביצה להשתחוות לה ובא גוי והשתחווה לה — נאסרה (שבעיה זו לא נפתרה, ומחמירים בספק שמן התורה). (רמב״ם שם ה״ג. שו״ע שם קלט, א בהגהה).

כל הצלמים פרק שלישי עבודה זרה

אמר לו ר"ע והלא כבר נאמר אבד תאבדון אם כן מה ת"ל ואבדתם את שמם מן המקום ההוא *לבנות לה שם יכול לשבח לשבח ס"ד אלא אכול לא לשבח ולא לגנאי ת"ל שקץ תשקצנו ותעב תתעבנו כי חרם הוא הא כיצד ב*היו קורין אותה בית גליא קורין אותה בית כריא עין כל קוץ תני תנא קמיה דרב ששת

א ג*הגוים העובדים את ההרים ואת הגבעות הן מותרין דועובדיהן בסייף ואת הזרעים ואת הירקות הן אסורין ועובדיהן בסייף א"ל דאמר לך מני *רבי יוסי בר יהודה היא דאמר ואילן שנטעו ולבסוף עבדו אסור ולוקמה(א) באילן שנטעו מתחלה לכך ורבנן לא ס"ד דקתני דומיא דהר מה הר שלא נטעו מתחלה לכך אף האי נמי שלא

ב נטעו מתחלה לכך איתמר ה*אבני הר שנדלדלו בני רבי חייא ורבי יוחנן חד אמר אסורות וחד אמר ומותרות מ"ט דמ"ד מותרות כהר מה הר שאין בו תפיסת ידי אדם ומותר אף הני שאין בהן תפיסת ידי אדם ומותרין מה להר שכן מחובר בהמה תוכיח מה לבהמה שכן בעלת חיים הר יוכיח וחזר הדין ולא ראי זה כראי זה ולא ראי זה כראי זה הצד השוה שבהן שאין בהן תפיסת ידי אדם ומותר אף זכל שאין בהן תפיסת ידי אדם ומותר מה להצד השוה שבהן שכן לא נשתנו מברייתן אלא אתיא מבהמה בעלת מום ומהר ואי נמי מבהמה תמה ומאילן יבש ומאן דאסר להכי כתיב שקץ תשקצנו ותעב תתעבנו דאע"ג דאתיא מדינא להיתרא לא תתיא תסתיים זדבני ר' חייא דשרו דבעי חזקיה זקף ביצה להשתחוות לה מהו קא סלקא דעתך להשתחוות לה והשתחוה לה וקא מיבעיא ליה האי זקיפתה אי הוי מעשה אי לא הוי מעשה אבל לא זקף לא מיתסרא ש"מ בני ר' חייא דשרו לא לעולם אימא לך בני רבי חייא דאסרי(ב) דהשתחוה לה אע"ג דלא זקפה אסורה והכא במאי עסקינן כגון שזקף ביצה להשתחוות לה ולא השתחוה לה ולמאן אי *למאן דאמר חעבודה זרה של ישראל אסורה מיד אסורה אי למאן דאמר עד שתיעבד הא לא פלחה לא צריכא כגון שזקף ביצה להשתחוות לה ולא השתחוה לה ובא גוי והשתחוה לה(ג) כי הא טדאמר רב יהודה אמר שמואל *ישראל ישזקף לבינה להשתחוות לה ובא גוי והשתחוה לה אסורה וקא מיבעיא ליה לבינה הוא דמינכרא זקיפתה אבל ביצה לא או

ג דלמא כלא שנא תיקו: בעי רמי בר חמא המשתחוה להר אבניו מהו למזבח יש

רש"י

בית גליא.(ד) לשון גובה גלי: **בית כריא.** לשון חפירה ושפלות: **ועובדיהן בסייף.** דבני נח נלטוו על עבודה זרה בסנהדרין (דף נו.) ואמרינן התם כל מיתה האמורה לבני נח אינה אלא סייף: **ולוקמה בזרעים.** שזרען מתחלה לכך: **ורבנן.** דאסורין ואפילו לרבנן: **שנדלדלו.** נעקרו מאליהן והשתחוה גוי להם: **בהמה תוכיח.** שאינה מחובר ואינה נאסרת בהשתחויה דמדאסר רחמנא נעבד לגבוה דכתיב מן הבקר ולא כל הבקר להוציא הנעבד בפרק שור שנגח (ב"ק דף מ:) מכלל דלהדיוט שרי דאי להדיוט אסור למה לי קרא לגבוה הא ממשקה ישראל כתיב מן המותר לישראל: **מבהמה בעלת מום.** דאינה נאסרת נמי אם השתחוה לה: **ומהר.** דכי פרכת מה לבהמה שכן בעלת חיים הלכך חשיבא ולא מיתסרא הר יוכיח מה להר שכן מחובר בהמה תוכיח וחזר הדין כו' הצד השוה שבהן שאין(ה) תפיסת יד אדם וזהו טעם עצמו להתיר שאין יכולין לתלות טעם היתרן בטעם אחר דאי אמרת היתרן משום מחובר הרי בהמה ואי משום חיים הרי הר ע"כ טעם היתרן משום דאין בהן תפיסת יד אדם שבדבר זה הושוו שניהן אף אני אביא כל השווין להן בדבר זה שיהו מותרין והשתא ליכא למיפרך שכן לא נשתנו מברייתן דהא בהמה נשתנית במום: **ומאילן יבש.** דנשתנה מברייתו ואפי' הכי לא מיתסר לרבנן דפליגי עליה דר' יוסי ברבי יהודה הצד השוה שבהן שאין בהם תפיסת יד אדם לשם עבודה זרה דתפיסה דנטיעה דמעיקרא לא הויא תפיסה לרבנן דלאו אילן(ו) הוא ההוא שעתא שנטעו גרעין ור' יוסי בר' יהודה דחשיב ליה תפיסה ואסר ליה משכחת לה באילן שעלה מאליו דאפילו לר' יוסי לא מיתסר כל זמן שלא עשה מעשה בגופו: **להכי כתיב שקץ תשקצנו.** בעבודה זרה לאתויי הנך דאע"ג דאתא מדינא להצד השוה להיתרא כדאמרן לא תייתינהו להיתרא וממשמעותא דקרא נפקא דמשמע כל דרשות שאתה דורש בעבודה זרה לא תדרשם אלא לשקץ ולאסור ואין לך להתיר בו אלא מה שהתיר לך הכתוב בפירוש: **בני רבי חייא.** יהודה וחזקיה שמן*: **הוי מעשה.**(ז) דהכתי איכא תפיסת יד אדם אלמא בני ר' חייא תפיסת יד בעו: **לעולם אימא לך בני ר' חייא.** הוא דאמרי דלא בעינן תפיסת יד בדבר תלוש(ח) ולא בבעלי חיים בין בגוי בין בישראל ונאסרת מיד בהשתחואה: **והכא.** כגון שזקפה ולא השתחוה לה: **עבודה זרה של ישראל.** שהקים ישראל לעבדה פלוגתא דר' ישמעאל ור"ע בפ' ר' ישמעאל (לקמן נא:): **ולמאן.** אליבא דמאן קבעי חזקיה למילתיה כיון דאיהו לא(ט) תפיסת ידי אדם בעי וזה לשם עבודה זרה העמידה בין הוי מעשה בין לא הוי מעשה הרי קרא עבודה זרה ולמ"ד עבודה זרה של ישראל אסורה מיד הא נמי אסורה מיד ולמ"ד עד שיעבדוה הא לא פלחה ופשיטא דשריא: **לא צריכא כו'.** לעולם אליבא דמ"ד עד שתיעבד קבעי ליה: **וכגון.** דהשתחוה לה גוי אחר זקיפתו של ישראל ולא אמרינן הא לאו דגוי הוא ואין יכול לאסור בהשתחואה דבר שאינו שלו וכדרב יהודה אמר שמואל כו' והאי מעשה דבעינן משום גילוי דעתא דאי לאו דגלי ישראל דעתיה לא הוה מיתסרא בהשתחואה דגוי:(י) **אסורה.** אפילו למ"ד עד שתיעבד ולא אמרינן הא לאו דגוי הוא ואין יכול לאסור בהשתחואה דבר שאינו שלו דכיון דאוקמה ישראל גלי אדעתיה דניחא ליה בעבודה זרה וכי פלח לה גוי שליחותיה קא עביד: **לבינה.** בידי אדם נעשית ונאסרת לד"ה והך זקיפה דנקט משום גלויי דעתא הוה דאי לא זקפתו ישראל לשם עבודה זרה לא מיתסרא דכיון דשל ישראל הוא אינה נאסרת בהשתחוואתו של גוי שהרי אינה שלו והאי טעמא מפרשינן במלתיה דשמואל לקמן בפרק ר' ישמעאל (דף נג:) וה"נ לענין גלויי דעתא קבעי לה חזקיה ולא משום מעשה דבדבר תלוש ולאו בעלי חיים לא בעינא מעשה בגופו ונאסר מיד בהשתחואה לבני ר' חייא וקמיבעיא ליה לחזקיה(כ) דוקא לבינה דמינכרא זקיפתה שרחבה יותר על עביה וכשהיא זקופה נראית גבוה ואיכא גלויי דעתא אבל ביצה לא כו': **נעבד.** דבעלי חיים אסור לגבוה ואע"ג דשרי להדיוט וקמיבעיא ליה מי חייל שם נעבד על המחובר לאסרו לגבוה או לא: ואם

תוספות

אלא ככר נאמר אבד תאבדון. תימה הא אילטריך לר"ע למדרש אבד ואחר כך תאבדון כר' יוסי בר' יהודה דקס בשיטת דר' יוסי הגלילי דלכאורה משמע דר"ע ס"ל במתני' כר' יוסי הגלילי דא"ל אני(ל) אדון לפניך ומתוך פ"ה דמתני' נמי משתמע הכי וי"ל דודאי ר"ע דמתני' אליבא דר' יוסי הגלילי קאמר וליה לא ס"ל אכן ק"ל קצת דלעיל קאמר דלר' יוסי בר' יהודה מיבעי קרא גם כן לכדר"ע אלמא כוותיה דריש להו לקרא וי"ל דה"ק ליה לכדרבי עקיבא אליבא ר' יוסי הגלילי: **בהמה תוכית.** פירוש דאפילו בהמה(מ) עצמה אינה נאסרת להדיוט אם לא עשה בה מעשה והא דאמרינן לקמן בפ' ר' ישמעאל (דף נד.) המשתחוה לבהמת חבירו לא אסרה ה"ה לשל עצמו והא דקאמר חבירו לגלויי דאף בשל חבירו אסרה בעשיית מעשה אי נמי קמ"ל דאף לגבוה לא אסרה כיון שאינה שלו: **מבהמה תמה ומאילן יבש.** כאן פרש"י מה שכתבתי לעיל דהוי נטעו ולבסוף עבדו היכא דנטעו גרעין וזה לשונו ומאילן יבש דנשתנה מברייתו ואפ"ה לא מתסר לרבנן דפליגי עליה דר' יוסי ברבי יהודה הצד השוה שבהן שאין בהם תפיסת יד אדם לשם עבודה זרה דתפיסה דנטיעה דמעיקרא לא הויא תפיסה לרבנן דלאו אילן הוה ההיא שעתא דנטעו גרעין ור' יוסי ברבי יהודה דחשיב ליה תפיסה ואסר לא משכחת לה אלא באילן שעלה מאליו דאפילו לר' יוסי בר' יהודה לא מתסר כל זמן שלא עשה מעשה בגופו עכ"ל וא"ת בעלה מאליו נמי מ"מ אילן שלפני זה שילא זה מגרעינו היה בו תפיסת יד אדם וי"ל דהב"ע באילן שעלה מאליו מששת ימי בראשית כגון יער ומיהו פירושו אי אפשר כדפרישי' לעיל:

עין משפט נר מצוה

נב א מיי' פ"ט מהל' מלכים הלכה ב:

נג ב ג מיי' פ"ח מהל' עבודת כוכבים הלכה כ סמג לאוין מה טוש"ע י"ד סי' קמה סעי' א:

נד ד מיי' שם הלכה ג סמג שם טור ש"ע י"ד סי' קלט סעי' א בהג"ה:

נה ה מיי' שם סמג שם:

רבינו חננאל

שנאמר שקץ תשקצנו ותעב תתעבנו כי חרם הוא. הא כיצד אם היו קורין אותה בית גליא קורין אותה בית כריא. עין כל. עין קוץ: **תני** תנא קמיה דרב ששת העכו"ם העובדין את ההרים ואת הגבעות הן מותרין ועובדיהן בסייף. עובדי הירקות והזרעין הן אסורין ועובדיהן בסייף: מני ר' יוסי בר' יהודה היא. מדקתני זרעים א) והרי זרעים דומיא דהר מה הר שלא נעשה מתחלה לכך אף זרעים שלא נעשו מתחלה לכך והן אסורין: אתמר אבני הר שנדלדלו ולא נתפרקו לגמרי אלא הן תלויות כמו אבר מדולדל ונעבדו אותן האבנים. ר' חייא ור' יוחנן חד אמר מותרין הן כהר. מה הר אין בו תפיסת ידי אדם. כלומר אין בו מעשה בן אדם ומותר. אף אבנים הללו כך. ומקשינן מה להר שכן מחובר כולו תאמר באבני ההר שנדלדלו שאינן מחוברות בהמה תוכיח שאינה מחוברת בקרקע ומותרת לחולין: ודחינן מה לבהמה אינה נאסרת אם נעבדה בהנאה שכן בעלת חיים. תאמר באבנים שנדלדלו שאינן בנות חיים. הר יוכיח מה להר כו'. [מה להצד] השוה שבהן שכן לא נשתנו מברייתן. תיתי מבהמה בעלת מום ומהר אי נמי מאילן יבש ומבהמה תמימה שהרי נשתנו. הבהמה נעשית בעלת מום והאילן יבש. ואע"פ שנשתנו ועבדם לא נאסרו. כך אבני הר שנדלדלו לא נאסרו. ומאן דאסר סבר אע"ג דמדינא שרו לא תשתרייה דכתיב ותעב תתעבנו כי חרם הוא. ב) ודייקי חזקיה בר' חייא זקף ביצה להשתחוות לה וקא איבעיא ליה האי זקיפתא אי הוה תפיסת ידי אדם אי לא ש"מ בני ר' חייא הוא דאסרי ומיבעיא ליה כגון שזקף ביצה להשתחוות לה ולא השתחוה לה ובא גוי והשתחוה לה וכדרב דאמר ישראל שזקף לבינה להשתחוות לה ובא גוי והשתחוה לה אסרה. וקא מיבעיא ליה לבינה הוא דמינכרא זקיפתה אבל ביצה לא או דלמא לא שנא תיקו: בעי רמי בר חמא המשתחוה להר (מותר) אבנים הנחצבות בו מותרות לבנות מהן מזבח אי לא

א) נראה דל"ל מדקתני זרעים והרים אלמא זרעים דהר וכו'. ב) נראה דל"ל ודייקי דיהודה וחזקיה בני ר' חייא הוא דשרו מדבעי חזקיה זקף ביצה וכו' ש"מ בני חייא הוא דשרו והדר דחי דלעולם אימא לך דבני ר' חייא הוא דאסרי ומיבעי ליה וכו'.

הגהות הב"ח

(א) גמ' ולוקמה בזרעים שזרען מתחלה לכך ורבנן: (ב) שם בני ר' חייא דאסרי והשתחוה: (ג) שם וכי הא דאמר: (ד) רש"י ד"ה בית גליא גלי לשון גובה הס"ד: (ה) ד"ה ומהר דכי וכו' שאין בהן תפיסת יד אדם וזהו טעמו להיתרא וכו' ואי משום בעלת חיים: (ו) ד"ה ומאילן וכו' דלאו אילן הוי ההוא שעתא כשנטעו גרעין וכו' תפיסה ואסר לא משכחת לה אלא באילן שעלה מאליו דאפי' לרבי יוסי בר יהודה לא מיתסר: (ז) ד"ה הוי מעשה דהכתי איכא: (ח) ד"ה לעולם וכו' בדבר תלוש דלאו בבעלי חיים: (ט) ד"ה ולמאן וכו' דאיהו לא בעי תפיסת ידי אדם וזה לשם: (י) ד"ה אסורה אפילו. נ"ב דבור זה מיותר: (כ) ד"ה לבינה וכו' וקמיבעיא ליה לחזקיה אי נימא דוקא לבינה: (ל) תוס' ד"ה אמר וכו' דא"ל אני אובין ואדון לפניך וכו' מיבעי ליה קרא וכו' אליבא דרבי יוסי הגלילי: (מ) ד"ה בהמה וכו' בהמה של עצמו אינה נאסרת:

מסורת הש"ס: דברים יב — תמורה כח: — סס ז — [תוספ' פ"ז] — [תוספ' שם] — [לעיל מה: לקמן מח.] — [לקמן נט.] — [לקמן נח:] — [כלאיתא ביבמות סה: ובנדה כז. מ.] — לקמן נג:

נו א מיי' פ"ד מהל' איסורי מזבח הל' ט:
נז ב מיי' שם הלכה ז:
נח ג מיי' שם הלכ' יח:
נט ד מיי' פ"ו מהלכות קרבן פסח הלכה ו:
ס ה מיי' פ"ג מהלכות איסורי מזבח הלכה יד:
סא ו מיי' שם הל' יב:

רבינו חננאל

יש נעבד אסור במחובר אי לא. מכשירי קרבן כגון [אבני] המזבח כקרבן הן. וכשם שהנעבד פסול לקרבן כך פסול למכשירי קרבן אי לא. א"ל רבא ק"ו ומה אתנן זונה שמותר בתלוש להדיוט. אסור לגבוה אפי' במחובר שנאמר לא תביא אתנן זונה ומחיר כלב בית ה' וגו' סתם אתנן כתיב לא שנא תלוש ולא שנא מחובר אסירי. נעבד שאסור בתלוש. פי' כיון שיש בו תפיסת ידי אדם אסירי אפילו להדיוט. אינו דין שיהא אסור במחובר לגבוה: ופשט ליה שאסורין. א"ל רב הונא בריה דרב יהושע לרבא ואימא חילוף ומה נעבד שמותר במחובר לגבוה דכתיב אלהיהם על ההרים הרמים ולא ההרים אלהיהם סתם כתיב. לא שנא לגבוה ולא שנא להדיוט. ותרוייהו שרו אסור בתלוש להדיוט. אתנן שאסור בתלוש כו'. ופשט ליה להיתרא ולא אשכח רבא תשובה למידחה ואמר ליה אנא מחמיר בשל תורה ואנת מיקל. קולא וחומרא פרכינן לקולא מקמי חומרא: א"ל רב פפא לרבא איני והא הזאה דפסח דר' אליעזר מחמיר ומחייב ליה בפסח ור' עקיבא מיקל דקא פטר ליה מלעשות פסח. והוא של תורה. ופריך רבי עקיבא הדין שדן רבי אליעזר לחומרא. דתנן השיב ר' עקיבא הזאה תוכיח שהיא מצוה כו'. ודחינן התם לא אתא ר' עקיבא לדחות הדין של ר' אליעזר. אלא ר' אליעזר שכח גמריה דהוה גמיר דהזאה אע"פ שהיא מצוה והיא משום שבות אינה דוחה את השבת. ואתא ר' עקיבא לאדכוריה גמריה והיינו דקאמר ליה כך אני מקובל ממך הזאה שבות ואינה דוחה שבת: בעא רמי בר חמא המשתחוה לחטים קמחא מהו למנחות יש שנוי בנעבד כמו שיש שנוי באתנן דאמרינן הן ולא שנוייהן אי לא. ת"ש כל האסורין לגבי מזבח ולדותיהן מותרין ותני עלה ר' אליעזר אוסר. ואמר רב נחמן מחלוקת ר' אליעזר ותנא דמתני' בנרבעו ולבסוף עיברו.

הגהות הב"ח

(א) גמ' מה הן למנחות: (ב) רש"י ד"ה או אין וכו' דכל הנעשה: (ג) תוס' ד"ה ואי מוכו' דבית דהוי מחובר קאסר וכו' בית ה' דמשמע וכו' בית ה' דתדרוש וכו' בית ה' ולא חלק: (ד) ד"ה יש וכו' תימה מהיכא יליף נעבד במחובר לאיסור מאתנן: (ה) בא"ד דקא מיבעי ליה דמשום חומרא דעבודת כוכבים יש לאסור: (ו) ד"ה כל האסורין וכו' שינוי קונה תניא פ' הגוזל דף צ"ה גזל רחל וגזזה וילדה גזילה חוזרת בעיניה ואינו משלם אלא דמי רחל אלמא מהני:

יש נעבד במחובר אצל גבוה או אין נעבד במחובר אצל גבוה את"ל יש נעבד במחובר אצל גבוה מכשירי קרבן כקרבן דמו או לא אמר רבא ק"ו ומה אתנן שמותר בתלוש להדיוט *אסור במחובר לגבוה דכתיב לא (דברים כג) תביא אתנן זונה ומחיר כלב לא שנא תלוש ולא שנא במחובר נעבד שאסור בתלוש להדיוט אינו דין *שאסור במחובר לגבוה א"ל רב הונא בריה דרב יהושע לרבא או חילוף ומה נעבד שאסור בתלוש אצל הדיוט מותר במחובר לגבוה שנא' *אלהיהם (שם יב) על ההרים ולא ההרים אלהיהם לא שנא להדיוט ולא שנא לגבוה אתנן שמותר בתלוש להדיוט אינו דין שמותר במחובר לגבוה ואי משום בית ה' אלהיך מיבעי ליה לכדתניא *בית ה' אלהיך פרט לפרה שאינה באה לבית דברי ר"א וחכ"א לרבות את הריקועים א"ל אנא קאמינא לחומרא ואת אמרת לקולא *קולא וחומרא לחומרא פרכינן א"ל רב פפא לרבא וכל היכא דאיכא קולא וחומרא לקולא לא פרכינן והא הזאה דפסח דפליגי ר' אליעזר ור"ע דר' אליעזר סבר לחומרא וקא מחייב ליה לגברא ור"ע לקולא ופטר וקא פריך ר"ע לקולא דתנן *השיב ר"ע או חילוף ומה הזאה שהיא משום שבות אינה דוחה השבת שחיטה שהיא דאורייתא לא כ"ש התם ר' אליעזר גמריה ואייקר ליה תלמודא ואתא ר"ע לאדכוריה והיינו *דא"ל רבי אל תכפירני בשעת הדין כך מקובל אני ממך הזאה שבות ואינה דוחה את השבת בעי רמי בר חמא המשתחוה לקמת חטים (א) מהו למנחות יש שינוי בנעבד או אין שינוי בנעבד אמר מר זוטרא בריה דרב נחמן ת"ש *כל האסורין לגבי מזבח ולדותיהן מותרים ותני עלה רבי אליעזר אוסר *ולאו אתמר עלה אמר *רב נחמן אמר רבה בר אבוה מחלוקת כשנרבעו ולבסוף עיברו אבל

יש נעבד במחובר אצל גבוה או אין נעבד במחובר. נ"ל דהמדקדק בלשון בעיא זו דאמר דרמי בר חמא דקמיבעיא ליה סבר דאיכא לחלק בין בעלי חיים בין מחובר ולכך היה מסופק אם יש נעבד במחובר והוא דבעי במכשיריו אם תמצי לומר קאמר דאי פשטינן דשרי כ"ש מכשיריו אבל אי פשטינן דאסור מכשיריו מאי: **ואי משום בית ה'.** ובעית למימר דבית(ג) הוי מחובר וקאסר ודרשת ליה הכי לא תביא אתנן של בית שאם נתן לה בית באתננה אסור להקדישו לצורך בנין בית המקדש לשון רש"י והוא שינה לשונו ממה שפירש למעלה גבי מילתיה דרבא שכן פירש לעיל אסור במחובר לגבוה ואפי' למכשירי קרבן דכתיב בית דמשמע אפילו לבנין הבית ונראה דיפה דקדק לפי שיטת התלמוד וק"ל מיהו מה שפירש הכא דאתנן דבית קרי מחובר קשיא דהא לקמן בשמעתין חשיב רב יהודה בית תלוש משום דהוי תלוש ולבסוף חברו לכן נראה לפרש ואי משום בית דתדרוש שנתן לה עלים ואבנים לבנות בית ויהיה אסור להקדישן וסתם עלים ואבנים שבונין מהם רגילים להיות מחוברים במקומן אי נמי יש ליישב פרש"י דכתב רחמנא בית ולא חלק בין בית של בנין לבית חצוב במערה שלא היה שם תלוש מעולם: **יש שינוי בנעבד כו'.** תימה(ד) במחובר מהיכא יליף לאיסור מאתנן דיו לבא מן הדין להיות כנדון דבאתנן פשיטא דיש שינוי כדדרשינן במרובה (ב"ק דף סה:) הם ולא שינוייהם וי"ל דמדאורייתא ודאי פשיטא ליה דיש שינוי בנעבד כמו באתנן אלא מדרבנן הוא דקא מיבעי ליה(ה) משום דעבודה זרה יש לאסור אע"ג שנשתנה:

כל האסורין לגבי מזבח ולדותיהן מותרין. משמע הכא דשינוי אינו מועיל כלום לגבי אם וגבי שינוי קונה (ב"ק דף צג:) למאן דאית ליה שינוי קונה(ו) תנן גזל *רחל וילדה גזילה חוזרת בעיניה ואינו משלם אלא דמי הפרה אלמא מהני שינוי לגבי אם ויש לחלק לגבי תקנת השבים דוקא מהני ולא לגבי מזבח: **כשנרבעו ולבסוף עיברו.** וגבול יש לה כדאמרינן לעיל פרק אין מעמידין (דף כד:):

ואם תמצי לומר יש נעבד. אצל גבוה אכתי מיבעיא ליה הכי האי נעבד דלאו לקרבן גופיה קא בעי לה אלא לבנין מזבח דמכשירי קרבן מי אמרינן כקרבן דמי ונעבד אסור בהן או לא: **אסור במחובר לגבוה.** ואפי' למכשירי קרבן דכתיב בית ה' דמשמע אפילו לבנין הבית וכתיב אתנן סתמא לא שנא תלוש כו': **או חילוף.** כיון דלא משכחת קרא בהדיא דאסר אתנן במחובר לגבוה אלא משום דקרא סתמא כתיב אסרת ליה במחובר והדר ילפת נעבד מיניה לאיסורא אימא איפכא דהא קרא סתמא שרי נעבד במחובר: **דכתיב [אלהיהם על ההרים] ולא ההרים אלהיהם.** אימא אפי' לגבוה שריא והדר נילף אתנן מיניה למשרייה במחובר: **ואי משום בית ה'.** ובעית למימר דבית הוי מחובר וקאסר ודרשת ליה הכי לא תביא אתנן של בית שאם נתן לה בית באתננה אסור להקדישו לצורך בנין הבית: **ההוא מיבעי ליה כו'.** פרה אדומה שאינה באה לבית ששחיטתה בהר הזיתים דכתיב והוציא אותה אל מחוץ למחנה: **רקועים.** טסי זהב שעושין ליפוי לכותל היכל לבית קדשי הקדשים כדאמרינן בשקלים בפרק התרומה דכיון דנוי הוא מיתסר: **פרכינן.** דיינינן וכל דין ק"ו קרי ליה פירכא משום דבלשון תימה אתי: **הזאה דפסח.** טמא מת שחל שביעי שלו להיות בשבת בערב הפסח: **דר"א.** דן ק"ו לחומרא דקתני א"ר אליעזר ועליה אני דן ומה שחיטה שהיא משום מלאכה דוחה את השבת זו שמשום שבות אינו דין שתדחה ויזה עליו ויתחייב בפסח ור"ע פריך לקולא ופטר מפסח דקתני אמר לו ר"ע או חילוף מה הזאה דמשום שבות אינה דוחה שבת שחיטה דמשום מלאכה היא אינו דין שלא תדחה אלמא ק"ו לקולא פריך: **דתנן השיב ר"ע כו'.** משום אתקפתיה דרישא דמילתא נקט ואייתי לה הכא ומיהו אתקפתיה דרב פפא מאו חילוף דר"ע קאתי ולסיועי לרב הונא באו חילוף דידיה: **התם.** ההוא או חילוף דר"ע לא סלקא אדעתא דר"ע למדייניה ולמימר לא תדחייה שחיטה את השבת אלא משום דר"ע היה מקובל ובא מר"א עצמו שהיה רבו שהזאה אינה דוחה שבת: **ואייקר ליה תלמודא.** הכא דר"א נשתכח הימנו הלכה ובעי למידן מק"ו הזאה משחיטה דדחייא ואתי ר"ע לאדכוריה גמריה ואמרה למילתא בלשון או חילוף ודאין ק"ו שחיטה מהזאה דלא תדחה אע"פ שאי אפשר דהא ודאי שחיטה דחייא דכתיב במועדו ואפילו בשבת אלא כי היכי דניתיב לר"א לליביה למימר כיון דקא יליף האי שחיטה מהזאה דלא תדחה ודאי פשיטא ליה בהזאה דלא דחייא ומיהו לא איסתייעא מילתיה ולא אידכר אלא הכי אהדר ליה עקיבא עקרת מה שכתוב בתורה בין הערבים במועדו ואפי' בשבת אמר לו ר"ע הבא לי מועד לאלו להזאה ולהבאתו מחוץ לתחום כמועד לשחיטה ונימא ליה מימר כך מקובלני ממך הזאה אינה דוחה לאו אורח ארעא דכסיפא ליה מילתא לומר ששכח תלמודו: **והיינו דקאמר ליה אל תכפירני בשעת הדין.** כשאמר לו ר"ע הבא לי מועד לאלו כמועד לשחיטה כעס ר"א ואמר לו עקיבא בשחיטה השבתני בשחיטה תהא מיתתך ואמר לו ר"ע אל תכפירני בשעת דין זה שאנו חלוקין ודנין זה כנגד זה אל תכחד דבריך ראשונים וזכור מה שלמדתני הזאה שבות כו' אלמא מיניה גמר ליה: **המשתחוה לקמת חטים מה הן למנחות.** להדיוט מישרא שרי דאין מחובר נאסר להדיוט וכי קמיבעיא ליה לגבוה אם תמצי לומר יש נעבד במחובר אצל גבוה הכא מאי כיון דהדר טחין להו יש שינוי בנעבד דלא מיתסר לגבוה אלא בעיניה אבל היכא דאישתני שפיר דמי: **או אין שינוי בנעבד.** ואסיר דלא מהני ליה שינוי אית דגרס המשתחוה לחטין קמחן מהו למנחות וא"א לומר כן דכיון דתלוש נינהו נאסרו בהנאה להדיוט אפילו למאן דבעי תפיסת ידי אדם בתלוש דהא איכא תפיסה טובא קצירה ועימור ודישה וכ"ש לגבוה דאסור וכיון דנעשה עבודה זרה תו מאי מהני להו שינוי לא מיבעיא עבודה זרה דכתיב והיית חרם כמוהו כל שאתה מהייה ממנו הרי הוא כמוהו אלא אפילו כל איסורי הנאה כן(ב) וכל הנעשה מהן נאסר דהא הנאה היא: **כל האסורין.** כגון מוקצה ונעבד: **ור"א אוסר.** וקס"ד השתא דבבהמה מעוברת שרבעה או השתחוה לה עסקינן ובהא קמיפלגי דת"ק סבר יש שינוי בנעבד הלכך ולדותיהן מותרין דמעיקרא עובר והשתא בהמה ור"א סבר אין שינוי בנעבד אלמא פלוגתא היא: ה"ג. **ולאו מי אתמר עלה אמר רבא אמר רב נחמן מחלוקת כשנרבעו ולבסוף עיברו** וכדמפרש בתמורה בפ' כל האסורין דת"ק סבר זה וזה גורם מותר ורבי אליעזר סבר זה וזה גורם אסור: אבל

[תוספ' דפרה פ"א תמורה ל:] [יבמות ת. קדושין סח.] פסחים סו. [שם סט.] [תמורה ל:] [שם] [עיין רש"י ובתמורה לי' אמר רבא מחלוקת]

האם יש דין נעבד לעבודה זרה בדבר שהוא מחובר אצל גבוה (לענין הקרבת קרבן) כמו בעל חיים שנעבד, שהוא נאסר לקרבן, או אין דין נעבד במחובר אצל גבוה, כפי שאינו נאסר בהנאה להדיוט? וגם אם תמצי [תמצא] לומר ותחליט שיש דין נעבד במחובר אצל גבוה, עדיין יש לשאול: האם מכשירי קרבן כמו המזבח, כקרבן דמו [נחשבים] ונפסלים בנעבד או לא? אמר רבא, קל וחומר הוא: ומה אתנן שמותר גם כשהוא בתלוש להדיוט — בכל זאת אסור גם אם היה במחובר לגבוה, דכתיב [שנאמר]: "לא תביא אתנן זונה ומחיר כלב בית ה' אלהיך" (דברים כג, יט), והאיסור נאמר בלשון כללית, לא שנא [אינו שונה] אם היה תלוש ולא שנא [ואינו שונה] במחובר, אם כך, נעבד שאסור בתלוש אפילו להדיוט — אינו דין שאסור במחובר לגבוה? אמר ליה [לו] רב הונא בריה [בנו] של רב יהושע לרבא: או חילוף, הואיל ואין הדברים מפורשים בכתוב, שמא נניח הנחה הפוכה, שנעבד במחובר נאסר לגבוה, ונדון להיפך: ומה נעבד שאסור בתלוש אצל הדיוט — מותר במחובר לגבוה, שנאמר: "אלהיהם על ההרים" (שם יב, ב) ולמדים מכאן — ולא ההרים אלהיהם, ונאמר בלשון כללית לא שנא [אינו שונה] להדיוט ולא שנא [ואינו שונה] לגבוה ששניהם מותרים, אם כן, אתנן שמותר בתלוש להדיוט — אינו דין שמותר במחובר לגבוה? ואי [ואם] משום מה שנאמר לגבי אתנן "בית ה' אלהיך", ויש בכלל זה גם מחובר שנאסר לגבוה — מיבעי ליה לכדתניא [נצרך לו הדבר כמו ששנויה ברייתא]: "בית ה' אלהיך" — פרט לפרה שאינה באה לבית, שנעשית מחוץ למקדש, ואינה נפסלת באתנן, דברי ר' אליעזר. וחכמים אומרים: לרבות את הריקועים של זהב, שמקשטים בהם את בית קודש הקודשים, לומר שאסורים! אמר ליה [לו]: אנא קאמינא לחומרא ואת אמרת לקולא [אני אומר את הקל וחומר להחמיר ואתה אומר להקל], כשיש מקום שאפשר קולא וחומרא [להקל או להחמיר] בו — לחומרא פרכינן [להחמיר אנו דנים] ולא להקל. אמר ליה [לו] רב פפא לרבא: וכלל הוא שכל היכא דאיכא קולא וחומרא, לקולא לא פרכינן [וכל מקום שיש מקום להקל ולהחמיר, להקל אין אנו דנים]? והא [והרי] הזאה של מי חטאת על טמא מת, לשם אכילת קרבן פסח, דפליגי [שנחלקו בכך] ר' אליעזר ור' עקיבא, האם מזים על הטמא אף בשבת, שר' אליעזר סבר לחומרא [סבור להחמיר] וקא מחייב ליה לגברא [והוא מחייב את האיש] להיטהר ולהביא קרבן, ור' עקיבא דן לקולא ופטר [להקל ופוטר], וקא פריך [ודן] ר' עקיבא קל וחומר לקולא [להקל]! דתנן [שכך שנינו], שאמר ר' אליעזר: אם שחיטה שהיא אסורה מן התורה בשבת, הותרה לצורך שחיטת הפסח, הזאה שלא נאסרה אלא על ידי חכמים משום שבות — אינו דין שתהא מותרת? ועל כך השיב ר' עקיבא: או חילוף, תהפוך את הקל וחומר ותאמר כך: ומה הזאה שהיא משום שבות (מדברי חכמים) — אינה דוחה את השבת, שחיטה שהיא דאורייתא [מן התורה] לא כל שכן שלא תדחה? ומשיבים: התם [שם] לא התכוון ר' עקיבא ללמוד להקל על ידי אותו קל וחומר, אלא ר' אליעזר הוא גמריה [שלימד אותו] הלכה זו ואייקר ליה תלמודא [ונשתכח לו תלמודו]. ואתא [ובא] ר' עקיבא לאדכוריה [להזכירו] בדרך של משא ומתן, שלא רצה לומר לו במפורש ששכח. ומעירים: והיינו דאמר ליה [וזהו שאמר לו] בסוף אותו דיון: רבי, אל תכפירני בשעת הדין, כך מקובל אני ממך: הזאה שבות היא, ובכל זאת אינה דוחה את השבת.

א בעי [שאל] רמי בר חמא: המשתחוה לקמת חטים, מהו לעשות מהן מנחות? האם נאמר שכיון שהקמה הפכה אחר כך להיות לחיטה יש שינוי בנעבד, וכיון שנשתנה הדבר מברייתו בטל ממנו איסור נעבד, או אין שינוי בנעבד, שכיון שנעבד נאסר, הרי גם לאחר ששינוהו עדיין איסורו חל עליו? אמר מר זוטרא בריה [בנו] של רב נחמן, תא שמע [בוא ושמע] ראיה לדבר, ששנינו: כל האסורין לגבי מזבח — ולדותיהן מותרים, ותני עלה [ושנויה ברייתא עליה]: ר' אליעזר אוסר. ולכאורה מחלוקת זו היא בענין שינוי, האם אומרים שהעובר שנולד לאחר נשתנה ממה שהיה ומותר, או שהוא עומד באיסורו. ודוחים: ולאו אתמר עלה [והאם לא נאמר על כך], אמר רב נחמן אמר רבה בר אבוה: מחלוקת זו ביחס לוולדות הנאסרים לגבי מזבח, היא כגון שנרבעו הבהמות ונאסרו ולבסוף לאחר מכן עיברו,

מסורת הש"ס

א. ילק"ש תורה תתקלד.
ב. ע"ז מה,א (ושם סומנו מקבילות).
ג. תמורה ל,ב. ספרי דברים כג,ט. וראה תוספתא פרה פ"ב ב. ילק"ש שם.
ד. יבמות ח,א. קדושין סח,א.
ה. משנה פסחים סו,א (עיי"ש). שם סה,ב. וראה ספרי זוטא במדבר ט,ב. ילק"ש תורה תשיט.
ו. פסחים סט,א.
ז. משנה תמורה ל,ב. ע"ז כד,א. תוספתא תמורה פ"ד י.
ח. תמורה שם.

גרסות

במחובר אצל גבוה או אין נעבד במחובר אצל גבוה בכתי"ס: במחובר שנאסר לגבוה או לא.

אם תמצי לומר יש נעבד במחובר אצל גבוה בכת"י ועוד לא גרסו משפט זה.

ומחיר כלב בכתי"ס ועוד נוסף: בית ה' אלהיך.

פרט לפרה בכתי"ס: פרט לפרה אדומה.

לחומרא פרכינן בכתי"מ: לחומרא פרכינן לקולא לא פרכינן.

סבר לחומרא וקמחייב ליה לגברא ור' עקיבא לקולא ופטר בכת"י: קאמר לחומרא וקמחייב גברא בפסח ור' עקיבא לקולא וקפטר ליה [לגברא] מפסח.

או חילוף — אורייתא לא כל שכן בכת"י ועוד: הזאה תוכיח שהחיא מצוה והיא משום שבות ואינה דוחה את השבת וראה רמב"ן.

גמריה ואייקר ליה תלמודא בכתי"מ: איעקר גמריה בכי"ס: גמריה אייקר ליה.

ואתא ר' עקיבא לאדכוריה בכת"י וכעין זה במקבילה: ואתא ר' עקיבא לאדכוריה גמריה. ולימר ליה מימר. סבר לאו אורח ארעא.

כך מקובל אני ממך בכתי"מ: שכך מקובלני ממך.

לקמת חטין מהו למנחות בכת"י ועוד וכעין זה בב"ח: לקמה חטיה מה הן למנחות.

ולא איתמר עלה — ולבסוף נרבעו דמי בכתי"מ חסר קטע זה, ויש גם נוסחות אחרות במקורות, ראה תוס' ר"י מפריס.

עיונים

יש נעבד במחובר שלגבי בעלי חיים יודעים אנו שאף שאינם נאסרים בהנאה משום עבודה שעובדים אותם (אם לא נעשה מעשה בגופם), מכן מקום הם אסורים לקרבן (במקור הדברים ראה תמורה כח,ב). והשאלה היתה האם גם המחובר, למרות שאינו נאסר בהנאה להדיוט, נאסר לקרבן. והסביר הר"י מבירינא כי יש מקרה של קרבן מן המחובר — במי שהקדיש עצים למזבח, שלדעת רבי (מנחות קו,ב) הם טעונים מליחה והגשה כמו כל קרבן אחר. וראה בירושלמי שגם שם הועלה ענין זה, ושם הוא פשוט שנאסר במחובר לגבוה.

מכשירי קרבן כקרבן וכו' כלומר, אם פותרים את השאלה הראשונה לאיסור, יש לשאול האם האיסור חל רק על דברים המשמשים לקרבנות ממש, או שמא גם מכשירי קרבן נאסרים. וראה ברמב"ן שהיתה לו גרסה אחרת, לפיה נשאלת רק השאלה הראשונה, האם יש נעבד במחובר, לפי שלא מצאנו מי שסבור שדין מכשירי קרבן אינו כקרבן. ומצד אחר הביא, כי יש מי שסבור כי פשוט היה לו לרמי בר חמא שיש דין נעבד במחובר, ולא נשאלה השאלה אלא לגבי מכשירי קרבן האם דינם כקרבן, ולפי זה יש להבין את שתי השאלות כשאלה אחת בשני שלבים (וראה בתוס', ובתוס' ר"י מבירינא שלא גרס כאן "אם תמצי לומר").

שנאמר לא תביא אתנן זונה וכו' מלשון רש"י (וכפי שעולה גם מהמשך הדיון בגמרא) עולה שיש להביא בענין זה את הפסוק בשלמותו, וגם את המלים "בית ה' אלקיך". ולמדים מפסוק זה את שני דברים ששאל רמי בר חמא: האחד — ממה שבאתנן עצמו לא נאמר שיש חילוק בין תלוש למחובר, והכל אסור, ואנו למדים גם לנעבד במחובר שאסור לגבוה. ולאחר מכן, ממה שנאמר "בית ה'" — לומר שגם למה שאינו קרבן ממש, אלא מכשירי קרבן, כבנין המקדש (ובכלל זה המזבח) נאסר להביא אתנן זונה.

או חילוף כיון שלא נזכר בכתוב במפורש שאתנן אסור גם במחובר, וכן לא נאמר לגבי היתר המחובר בעבודה זרה שהוא דווקא להדיוט ולא לגבוה, הרי אפשר לעשות דין זה להיפך, וללמוד בדרך קל וחומר שיהא מחובר מותר גם באתנן.

ואי משום בית ה' ותרצה לדרוש את הפסוק ולפרשו כך: "לא תביא... בית לה' אלקיך", ובית הריהו מחובר (רש"י). ובתוס' שאלו: הרי בית הוא דבר שהיה תלוש (אבנים ועצים) ולבסוף חיברו, ואיך אפשר ללמוד מכאן לענין מחובר גמור? ותירצו שאפשר לומר שמדובר גם על בית שלא היה תלוש מעיקרו, כגון בית חצוב במערה, שלא היה תלוש מעולם. או שאין הדיון על הבית עצמו, אלא על החומרים שבונים מהם בית, עצים ואבנים, בעודם מחוברים.

לרבות את הריקועים ויש להקשות: אם כן מכאן הרי מוכח להיפך, שהריקועים שהם דבר המחובר נאסרים גם הם! ותירץ הרי"ד שאפשר לומר כי איסור זה נאמר רק בריקועים, שכיון שהם נראים בקודש הקודשים, הריהם נאסרים משום מיאוס. אבל שאר דברים שאינם נראים בפנים — שמא יהו מותרים.

לחומרא פרכינן בדרך כלל לשון פירכא משמעה שבירה, קושיה, ואילו כאן מדובר על דרך לימוד, שדנים בקל וחומר. ורש"י מסביר כי לגבי קל וחומר, שבא תמיד בלשון שאלה, ראויה הלשון "פרכינן", אפילו כאשר מדובר בהוכחה ולא בפירכא. וראה מצד אחר בר"ח שהסביר כי הכוונה ב"פרכינן" היא שפורכים את הקולא מפני החומרא.

הזאה דפסח שאם היה טמא מת ביום השביעי לטהרתו, והיה זה ערב פסח שחל בשבת, סבור היה ר' אליעזר שמותר להזות עליו (למרות שמדברי סופרים אין מזים בשבת) כדי להכשירו לאכילת פסח. ודבר זה נחשב לחומרה, כיון שעל ידי כך מחייבים אותו להביא קרבן (ואם אינו מביא, יחול עליו עונש כרת). וכתב הר"י מבירינא שאף שאפשר לומר שר' אליעזר הוא המיקל בדין הזאה, שהרי הוא מתיר לעשותה בשבת — אין זו קולא ממש, כי החומרה שיש בחובה שמן התורה להביא קרבן היא העיקר, והזאה הרי אינה אסורה אלא מדברי סופרים. וראה ברמב"ן.

התם ר' אליעזר גמריה שבאמת לא רצה ר' עקיבא להקל ולפטור (ובודאי שלא רצה לומר שתהא שחיטת קרבן פסח אסורה בשבת), אלא רצה לרמוז לר' אליעזר ולהזכירו שהוא עצמו אמר שהזאה אסורה בשבת. וראה בגרסות ובמקבילה, שלא אמר לו במפורש, כדי שלא לבייש את רבו, אלא רצה לעשות זאת בדרך משא ומתן, שמא מתוך כך ייזכר.

המשתחוה לקמה וכו' לפי רש"י השאלה היא כהמשך לשאלתו של רמי בר חמא לעיל האם מחובר נעבד נאסר לגבוה, לאמר: גם אם תמצא לומר שנאסר לגבוה, מה יהא הדין אם נשתנה? והיא השאלה לגבי החיטים שנעבדו כשהן בקמה, כלומר כשהיו מחוברות לגבי החיטים, האם כאשר הוצאו מתוך השבלים ונטחנו הותרו למזבח? ורש"י מביא גם גרסה אחרת — האם המשתחוה לחיטים קמחן נאסר למנחות, ודוחה אותה. אבל הרי"ד סבור שהיא הגרסה הנכונה, וכן היא הגרסה גם בר"ח.

יש שנוי בנעבד וכו' והקשו בתוס': הרי לעיל למדנו דין נעבד בגבוה מדין אתנן, ובאתנן רק הוא אסור אבל שינוייו מותרים, וכלל הוא במידת קל וחומר, שאין דינו של הלמד חמור יותר מן המלמד ("דיו לבא מן הדין להיות כנידון")! והרמב"ן הציע כי אין כאן ממש קל וחומר מאתנן (אלא גילוי מילתא, ר"ג) ולפיכך גם אין מקום לומר "דיו". ואילו הראב"ד הסביר כי רמי בר חמא אינו למד בקל וחומר מאתנן, אלא בהיקש (או ב"מה מצינו", רמב"ן), וכך יש להבין את השאלה: האם לאחר שלמדנו את עצם הדין מאתנן, למדים גם את כל פרטי הדין משם ("דון מינה ומינה") ונאמר כי השינוי מתיר. או שרק את עיקר הדין למדים מאתנן, אבל לפרטי הדברים יש ללמוד מדין הנעבד עצמו ("דון מינה ואוקי באתרה"), והרי הנעבד אסור להדיוט גם אם נשתנה. אבל בתוס' ועוד כתבו שבאמת מן התורה מודה רמי בר חמא שעל ידי השינוי הותר האיסור, אלא שהשאלה היתה האם אסור מדרבנן משום מיאוס.

ולדותיהם מותרים וכו' וסבר מר זוטרא שמדובר כאשר נעבדו (או נרבעו) הבהמות כשהיו מעוברות באותם ולדות. ולדעת חכמים נמצא שמשום שהלידה נחשבת לשינוי לכן הם מותרים. ומכאן גם תשובה לשאלתו של רמי בר חמא, שמחלוקת ר' אליעזר וחכמים היא.

מחלוקת כשנרבעו ולבסוף עיברו וכו' כלומר, מחלוקתם אינה אלא במקרה שהאם עצמה נאסרה קודם שנתעברה, בשאלה של "זה וזה גורם" מותר או אסור, שהרי בוולד זה שותפים אמו שנרבעה, ואביו שהוא אינו אסור. אבל אם נרבעה האם בזמן שהעובר במעיה — הריהו אסור לדעת הכל, שאין השינוי מועיל לענין זה כמו אתנן ששינוייו מותרים (ראה ראב"ד ור"י מפריס).

אורח ההלכה

אתנן במחובר כל שנותן מחמת בעילה לזונה הרי זה אתנן ואסור. (רמב"ם ספר עבודה הלכות איסורי מזבח פ"ד ה"ט).

נעבד במחובר לגבוה המשתחוה להר, אף שהוא מותר בהנאה להדיוט, מכל מקום אבניו אסורות למזבח. כמסקנת הגמרא. (רמב"ם שם ה"ז).

לרבות את הריקועים אין עושים ריקועים לבית המקדש מגופו של אתנן. וכדברי חכמים. (רמב"ם שם הי"ח).

הזאה שבות ואינה דוחה שבת טמא מת שחל שביעי שלו להיות בשבת, אף שאין הזאה אסורה אלא משום שבות — אין מזים עליו בשבת אלא למחר, ואפילו יגרום הדבר שלא יוכל לעשות את הפסח בזמנו. וכדברי ר' עקיבא. (רמב"ם ספר קרבנות הלכות קרבן פסח פ"ו ה"ו).

המשתחוה לקמה וכו' המשתחוה לקמה מותר לעשות מן החיטים מנחות, לפי שנשתנו והריהם כולדות של קרבנות פסולים, שהם מותרים. (רמב"ם ספר עבודה הלכות איסורי מזבח פ"ג הי"ד).

האסורים למזבח ולדותיהם מותרים כל האסורים למזבח ולדותיהם מותרים למזבח, חוץ מוולד נרבעת ונעבד ומוקצה, וולד הנוגחת שהמיתה אדם, שהם אסורים כמו אימותיהם. במה דברים אמורים? כשנעברה בה העבירה או כשהמיתה כשהיא מעוברת, שאז הוולד כאבר מאבריה, אבל אם נתעברה לאחר שנעברה בה עבירה — ולדה מותר למזבח. כדברי רב נחמן. (רמב"ם שם הי"ב).

אבל עיברו ולבסוף נרבעו — דברי הכל אסורין. והכא נמי [וכאן גם כן] כעיברו ולבסוף נרבעו דמי [נחשב] הדבר, שהרי גוף החיטים היה קיים בשעה שעבדו את הקמה. איכא דאמרי [יש שאומרים] שמכאן רוצים לפתור את שאלתו של רמי בר חמא, שעל אותה משנה נאמר בשם רב נחמן: מחלוקת ר' אליעזר וחכמים האם הוולדות אסורים — כשנרבעו ולבסוף עיברו, אבל עיברו ולבסוף נרבעו — דברי הכל אסור. והני נמי [ואלה גם כן], חיטים שהשתחווה להם כשהיו בקמה, כי [כמו] עיברו ולבסוף נרבעו דמי [נחשבות], ואסורות למנחה. ודוחים: הכי השתא [כיצד אתה משוה]? התם [שם] העובר מעיקרא [מתחילה] היה בהמה והשתא [ועכשיו, לאחר שנולד] הוא בהמה, אלא דשא הוא דאחזיא באנפה [דלת היא שאחזות וסוגרת בפנים], ולא היה יכול לצאת מן הרחם, ולכן הלידה אינה נחשבת לשינוי גמור. אבל הכא [כאן], מעיקרא חיטי והשתא קמחא [מתחילה היו אלה חיטים ועכשיו זהו קמח], ונעשה שינוי ניכר בצורה, ויש מקום לומר שיהא מותר.

א בעי [שאל] ריש לקיש: המשתחוה לדקל, לולבו מהו דינו לענין מצוה של ארבעה מינים בחג הסוכות? ומפרטים: באילן שנטעו מתחילה לכך לשם עבודה זרה לא תיבעי [תשאל] לך שאלה זו, שהרי אפילו להדיוט נמי [גם כן] אסור לולב זה בהנאה, וכל שכן לעשות בו שימוש של מצוה. כי תיבעי [כאשר תשאל] לך השאלה — הרי זה באילן שנטעו תחילה סתם ולבסוף עבדו. ועוד, ואליבא [ולפי שיטת] ר' יוסי בר יהודה לא תיבעי [תישאל] לך, שהרי לדעתו אפילו להדיוט נמי [גם כן] אסור במקרה כזה, כי תיבעי [כאשר תישאל] לך השאלה — הרי זה אליבא דרבנן [לדעת חכמים], שבמקרה כגון זה הם מתירים להדיוט, והשאלה היא: לענין מצוה מאי [מה] דינו? האם מאיס [נחשב הוא כמאוס] כלפי גבוה או לא? כי אתא [כאשר בא] רב דימי מארץ ישראל לבבל אמר: באשירה שביטלה קמבעיא ליה [נשאלה לו לריש לקיש], והשאלה היתה: אם יש דחוי אצל מצות או אין דחוי אצל מצות? כלומר, האם אנו אומרים שכיון שדבר נדחה מן האפשרות לקיים בו מצוה הריהו כך נדחה לעולם, או שכיון שעכשיו הוא ראוי אין מתחשבים במה שנדחה בעבר? ושואלים: תפשוט ליה מדתנן [תפתור את הבעיה הזו ממה ששנינו במשנה] ביחס לדם שחיטה שמצוה לכסותו: אם כיסהו כדין ואחר כך נתגלה הדם — פטור מלכסות שוב, שכבר קיים את המצוה, אבל אם כיסהו הרוח בתחילה — חייב לכסות. ואמר רבה בר בר חנה אמר ר' יוחנן: לא שנו שאם כסהו הרוח חייב לכסות, אלא במקרה שחזר ונתגלה, אבל לא חזר ונתגלה — פטור מלכסות. והוינן בה [והיינו עוסקים, מתקשים בכך]: כי [כאשר] חזר ונתגלה מאי הוי [מה בכך]? הרי הואיל ואידחי אידחי [ונדחה מצורך כיסוי נדחה]! ואמר רב פפא, זאת אומרת: אין דיחוי אצל מצות, ואם כן, יש לנו פתרון לשאלה הזו, שאין דיחוי במצוות! ומשיבים: לגבי פתרונו של רב פפא גופיה איבעיא ליה [עצמו הוא שהיה מסופק לו לשואל], ושאלתו היתה: האם משפט פשיטא ליה [פשוט לו] הדבר כמו לרב פפא שאין דיחוי אצל מצות, לא שנא לקולא ולא שנא לחומרא [אינו שונה אם יש בכך להקל ולא שונה אם יש בכך להחמיר], או דלמא ספוקי מספקא ליה [שמא ספק הוא לו דבר זה], ולחומרא אמרינן [ולהחמיר אנו אומרים כן] לחייבו בכיסוי הדם, אבל לקולא לא אמרינן [להקל ולהתיר ליטול לולב של אשירה שביטלה אין אנו אומרים]? שאלה זו לא נפתרה, ונשארה בתיקו [תעמוד] במקומה.

ב בעי [שאל] רב פפא שאלה זו: המשתחוה לבהמה, שאינה נאסרת להדיוט מחמת השתחוואה זו, צמרה של אותה בהמה מהו לענין תכלת? ושואלים: תכלת דמאי [של מה], לצורך מה? אי [אם] מדובר בתכלת לכהנים לבגדי כהונה — היינו בעיא [הרי זוהי הבעיה] של רמי בר חמא לעיל, האם יש שינוי בנעבד לצורך גבוה! ואי [ואם] תכלת עבור ציצית — היינו בעיא [זוהי הבעיה] של ריש לקיש, ששאל לגבי לולב של מצוה! ומשיבים: אין הכי נמי דלא הוה קמיבעי ליה [אכן כך הוא גם כן, שלא היה צריך לשאול דבר זה], והאי דקא בעי ליה הא [וזה ששאל אותו], הרי זה משום דאיכא מילי אחרנייתא [שיש דברים אחרים] שרוצה לשאול אגב כך. וכך היתה השאלה בשלימותה: צמרה מהו לתכלת? קרניה מהו לחצוצרות? שוקיה מהו לחלילין? בני מעיה מהו לפארות (מיתרים של כינור)? ומעירים: אליבא דמאן דאמר [לפי שיטתו של מי שאומר] עיקר שירה שמצווים לשיר במקדש כשמקריבים קרבנות הוא בכלי, לא תיבעי [תשאל] לך השאלה, שודאי אסיר [אסור], שהרי הכלים הללו שעושים מאותה בהמה הם עיקר העבודה, והרי זה בכלל מכשירי קרבן, שדינם כקרבן שהנעבד פסול בו. כי תיבעי [כאשר תישאל] לך השאלה הרי זה אליבא דמאן דאמר [לפי שיטתו של מי שאומר] עיקר שירה ומצוותה הוא בפה, האם הכלים בסומי קלא בעלמא הוא [המתקת קול בלבד היא] בתור ליווי לזמרה בפה, ולכן יש לומר מצד אחד מייתינן [שמביאים אנו] ממה שנעבד לצורך זה, שאינו עיקר מצוה ואינו מעכב את הקרבן, או דלמא [שמא] אפילו הכי אסיר [כך אסור] שהרי זה לצורך קרבן, ומגונה הדבר? גם שאלה זו לא נפתרה ונשארה בתיקו [תעמוד] במקומה.

ג בעי [שאל] רבה: המשתחוה למעין, מימיו, שאינם נאסרים בהנאה שהרי מחוברים הם, מהו לנסכים על גבי המזבח? ושואלים: מאי קא מיבעיא ליה [מה הבעיה שנשאלה לו]? אילימא [אם נאמר] שהוא לבבואה [לדמות שהוא רואה במים] קא סגיד [הוא משתחווה], או דלמא למיא קא סגיד [שמא למים עצמם הוא משתחווה], ונאסרו לגבוה — ואם כן תיבעי ליה [תישאל לו השאלה] במשתחווה למים שבספל שמימיו תלושים, ולגבי הדיוט, האם נאסרים עליו המים שבספל בהנאה! ודוחים: לעולם יש לומר כי למיא קא סגיד [למים עצמם הוא משתחווה], והכי קמבעיא ליה [וכך נשאלה לו השאלה]: למיא דקמיה קא סגיד [האם למים שלפניו הוא משתחווה], וקמאי קמאי אזדו [וראשונים ראשונים הולכים], ואם כן, אין בו במעין מים אסורים, או דלמא לדברונא דמיא קא סגיד [שמא לעיקר המים הוא משתחווה], וממילא כל המים הנובעים ממנו נאסרים? ושואלים: ומי מיתסרי [והאם הם נאסרים]? והא [והרי] אמר ר' יוחנן משום [בשם] ר' שמעון בן יהוצדק: מים שברבים אין נאסרין משום עבודה זרה! ומשיבים: לא צריכא [נצרכה] שאלה זו אלא במים דקא נבעי מארעיה [שנובעים מן הקרקע שלו], ומשום כך שלו הם, ויכול הוא לאוסרם.

ד **משנה** מי שהיה ביתו סמוך לעבודה זרה והיה קיר שלו משמש לעבודה זרה, ונפל הקיר — אסור לו לבנותו, שהרי אם יבנה — הריהו בונה גם לעבודה זרה. אלא כיצד יעשה? כונס בתוך השטח שלו ארבע אמות ובונה את הקיר שלו, ועובדי עבודה זרה יצטרכו לבנות קיר לעצמם. אם היה הקיר מתחילה שלו ושל עבודה זרה, שהשטח והכותל היו שייכים לשניהם —

מסורת הש"ס

א. ראה ירושלמי ביכורים פ"א ה,א.
ב. סוכה לג,א. חולין פז,בילק"ש תורה תקפה.
ג. משנה חולין פז,א. סוכה לג,א. תו"כ ויקרא יז, יג. ילק"ש תורה תקפה.
ד. סוכה שם. חולין פז,א.
ה. סוכה שם.
ו. סוכה נ,ב. נא,א. תענית כז,א. ערכין יא,א. ילק"ש נ"ך תתרפד.
ז. ע"ז נט,א. ירושלמי שביעית פ"ח ה"ח. וראה ירושלמי תרומות פ"י ה"ה. שם ע"ז פ"ב ה"ט.
ח. שבת פב,א. וראה ירושלמי ע"ז פ"ג ה"ו. תוספתא ע"ז פ"ו ב.

גרסות

איכא דאמרי מחלוקת בכתי"מ ובב"ח ועוד: **איכא דאמרי ואיתמר עלה אמר רב נחמן מחלוקת** וכעי"ז גם בכתי"ס.

דשא הוא בכת"י: **בבא הוא.**

דאחיזא באנפה בכתי"מ ובמקורות: **דאחידא באנפה** ובכתי"ס: **דאחידא לה באפה.**

נמי אסור בכתי"מ: **נמי לא.**

דאפילו להדיוט נמי אסור בכתי"מ ובכמה מקורות חסר משפט זה.

מי מאיס כלפי גבוה בכתי"מ: **כי גבוה דמי.**

באשירה שביטלה בכת"י וכן יש במקורות: **אשירה שביטלה.**

מאי הוי הואיל ואידחי בכת"י: **נמי מאי הוי נימא הואיל ואידחי.**

תכלת לכהנים... תכלת לציצית בכת"י: **תכלת דכהנים... תכלת דציצית.**

דאיכא מילי אחרנייתא צמרה מהו לתכלת קרניה מהו שוקיה מהו בכתי"מ: **דאית ליה למיבעי ליה תרתי תלת מילי** (בכתי"ס נוסף כאן: **עלה**) **קרניה מהן שוקיה מהן.**

מהו לפארות בכתי"מ: **מהו לכנורות** ובכתי"ס: **מה הן לכנורות.**

בכלי לא תיבעי לך דודאי אסיר בכתי"מ וכעי"ז בכתי"ס ועוד: **בכלי שיר מעכב את הקרבן לא תיבעי לך דמכשר קרבן נינהו ואסירי.**

בסומי קלא בעלמא הוא ומייתינן או דילמא אפילו הכי אסיר בכתי"מ ובדומה גם בכתי"ס: **והני לבסומי קלא בעלמא הוא דעבידי מאי, כיון דלבסומי קלא שרי או דלמא אפילו הכי מאיסי.**

מימיו מהו בכתי"מ: **מימיו מהן.**

אילימא לבבואה קסגיד או דילמא למיא קא סגיד בכתי"מ וכעין זה בכתי"ס: **הכי קמיבעיא ליה למיא קסגיד ואסירי או לבבואה דיליה קסגיד ומיא שרו.**

ספל להדיוט — קא סגיד בכת"י: **בספל ולהדיוט לעולם פשיטא ליה דלמיא קסגיד.**

וקמאי קאמי אזדו בכתי"מ: **וקמאי קמאי שפילי להו** ובכתי"ס: **וקמאי שפילי להו.**

לדברונא דמיא בכתי"מ ועוד: **לדברונא דנהרא** ובכתי"ס: **לדכורתא.**

ומי מיתסרי בכתי"מ: **ומיא מי מיתסרי.**

מארעא בכתי"ס ועוד: **מארעיה.**

שהיה ביתו בכתי"ס וכן מצוי במקורות: **שהיה כותלו.**

לעבודה זרה בירושלמי וכן יש בכת"י ועוד: **לבית עבודה זרה.**

בתוך שלו ארבע אמות בירושלמי בכת"י ועוד: **לתוך שלו.**

שלו ושל בירושלמי בכת"י ועוד: **היה שלו ושל.**

לשון

פארות
המלה ומשמעה אינם ברורים לגמרי (וראה בגרסות). ויש מסבירים כי פארות הוא כמשמעות המלה במקרא — ענפים. ומכאן הושאלה המלה לתיאור של חוטים ונימים המסתעפים למקומות שונים, ולכן גם לנימים של כלי נגינה.

דברונא
יש מקרבים מלה זו לערבית دابر (דאבר) שמשמעה — עיקרו ומקורו של דבר.

לעזי רש"י

לשיל"ש (כנראה צ"ל: ילימיל"ש) מן הצרפתית העתיקה jalimels — חליל קטן.

קורד"ש מן הצרפתית העתיקה cordes — מיתרים (של כלי מנגינה).

עיונים

איכא דאמרי לכאורה אין הבדל בין הלשונות (וראה בר"י מבירינא שגרס אחרת בלשון הראשונה, ולדבריו היא גרסת הספרים הישנים שרש"י הגיה). ורש"י מסביר שההבדל הוא שלפי לשון שניה מר זוטרא עצמו הוא שהביא לשון זו של רבא בשם רב נחמן כפתרון לשאלה. והר"ח גורס כאן רק לשון זו. וראה עוד בר"י מבירינא שציין ללשונות השונות שיש בענין זה במסכת תמורה (ל,ב) ולחילופים שיש במוסרי השמועות בענין זה.

מעיקרא בהמה וכו' להלכה נחלקו חכמים האם לידה נחשבת שינוי, שלדעת הרמב"ם אינה נחשבת לשינוי, ולדעת הראב"ד שינוי גדול הוא וקונה (לענין קנייני גזילה) אפילו קודם יאוש. ולדעת בעל המאור והרא"ש הרי זה שינוי אפילו לגבי האם, וכל שכן לגבי הוולדות. והעיר בקצות החושן (סי' שנד סק"א) שמהגמרא כאן ראיה לשיטת הרמב"ם.

מעיקרא חיטי וכו' בתוס' שאלו: הרי לגבי אתנן שיטת בית שמאי היא ששינוייהם אסורים וולדותיהם מותרים, משמע שלידה נחשבת שינוי גדול יותר! וכתבו שלענין עבודה זרה נוח לו במה שיש עובר בבהמה, שהוא עובד לבהמה גדולה יותר, ולכן הוא עצמו נאסר. מה שאין כן באתנן, שאין נוח לו במה שהעובר במעי הבהמה שנותן לה. ור"י מבירינא מסביר, שלענין אתנן, כיון שנאמר "הם" משמע הם עצמם ולא אחרים, ולכן הוולדות מותרים, אבל שינוייהם הרי זה "הם" עצמם אלא שנשתנו. ואילו לענין עבודה זרה הולכים אחר טיבו של השינוי, ולענין זה יש מיאוס יותר בוולדות, מאשר בדבר שנשתנה לגמרי.

לולבו מהו למצוה והדבר נסמך על פתרון הבעיה הקודמת, שאף אם נאמר שמחובר שאינו נאסר להדיוט מכל מקום נאסר לגבוה, האם צרכי מצוה נחשבים כצורך הדיוט או כעין צורך גבוה (ר"ח). וכן נוסחה שאלה זו בירושלמי ביכורים.

לענין מצוה מי מאיס בתוס' ועוד ראשונים העירו כי במסכת סוכה אמר רבא שלולב של עבודה זרה לא יטול, ואם נטל — יצא בו ידי חובתו. כי אף שאסור ליהנות מעבודה זרה, מכל מקום מצוות לא ליהנות ניתנו. ומשום כך הסבירו בתוס' כי אף ריש לקיש סבור כן שבדיעבד יצא, ולא שאל אלא לכתחילה, האם ראוי להשתמש בלולב שהיה בזמנו עבודה זרה וביטלוהו, כעין שהוא אסור לשימוש לגבוה. אבל שיטת הרמב"ן (וכן דעת התוס' בסוכה, וכן מביא הריטב"א בשם הגאונים) שריש לקיש שאל את השאלה אפילו לענין איסור בדיעבד, שאם אסור — אסור לגמרי, ואפילו ביום שני.

באשירה שביטלה שהיתה מתחילה עבודה זרה ממש, אלא שחזר וביטלה (ביום טוב, כך כתבו הראשונים), האם מועיל ביטול זה. ולדברי הרמב"ן ודאי חולק רב דימי על ריש לקיש וכל שכן על רבא, שהרי הוא מחשיב את האשירה קודם שבטלה כדחוי לגמרי — ומשמע אפילו בדיעבד.

כיסהו ונתגלה וכו' שמצוה בתורה היא לכסות דם שחיטת בהמה ועוף, אבל לאחר שכבר קיים את המצוה אינו צריך לחזור ולעשותה, שאין איסור בעצם הדם הגלוי, אלא שיש מצוה של כיסוי. אבל אם כיסתו הרוח, כיון שהמצוה לא נעשתה בו, אם לאחר מכן יש לו הזדמנות לעשותה — צריך הוא לעשות כן.

דרב פפא גופיה איבעיא ליה כלומר, אותה מסקנה שהגיע אליה רב פפא מדברי המשנה בענין כיסוי הדם, אף שאין השואל (רב דימי בשם ריש לקיש) חולק עליה, עדיין אינה חד משמעית, כי ייתכן שלא נאמרה הלכה זו במשנה של כיסוי דם אלא מספק ולחומרה, שלא נדחתה המצוה וצריך לחזור ולעשותה, אבל כאשר בא הדבר להקל (להתיר דבר שנדחה מפני איסורו) — אין מקילים ואומרים שאין דיחוי במצוות. ומלשון הגמרא אצלנו משמע כי הספק הוא בדברי רב פפא עצמו, אכן כבר העיר הר"ב מרנשבורג בהגהותיו לש"ס, כי מדברי רש"י במסכת סוכה ועוד מובן כי לרב פפא עצמו אין ספק בדבר, אלא שהוא ספיקו של ריש לקיש, או ספיקו של התנא עצמו.

היינו בעיא דריש לקיש העירו המפרשים שאין שאלה זו ממש זהה לשאלת ריש לקיש, וגם היא קשורה לשאלת רמי בר חמא בענין שינוי, שהרי הצמר נטווה ונצבע. וכתבו בתוס' שהדבר נוסח בדרך זאת משום שמדובר באופן זה בענין של מצוה, כמו דברי ריש לקיש. ובתורת חיים כתב כי טויה וצביעה של צמר אינן נחשבות כל כך לשינוי, מאחר שמדובר עדיין בצמר, וגם משום שינוי החוזר לברייתו הוא, ולענין דבר שנעברה בו עבירה יש לומר שאין זה שינוי מספיק, ולפיכך הושווה הדבר לשאלתו של ריש לקיש, בדבר של מצוה שלא נעשה בו שינוי, כמו לולב של דקל.

קרניה לחצוצרות ושאלו ראשונים: הרי אמרו במסכת מנחות (כח,א) שאין עושים חצוצרות אלא מכסף! ותירצו שיש גם חצוצרות של קרן, כגון לענין תרועות ראש השנה במקדש ועוד. ועוד תירצו בשם רבינו תם כי יש להבחין בין החצוצרות של הכהנים שהיו של כסף, לבין אלו של הלויים שהיו עשויים קרן, ובהם היו מנגנים על הקרבן. וכן כתב הראב"ד כי הכהנים היו תוקעים בחצוצרות כסף כחובה לעצמה בלא קשר לקרבן, מה שאין כן הלויים, כחלק מעבודת הקרבנות. ועוד תירצו כי מה שאמרו בחצוצרות כסף דווקא מדובר בחצוצרות שעשה משה למקרא העדה (שכן מפורש בהן) ולא בחצוצרות של המקדש (והביאו ראשונים מן התוספתא שהיו תוקעים בחצוצרות זהב).

אין הכי נמי וכו' כלומר, מדובר בתכלת לענין בגדי כהונה, שהיא מכשירי קרבן, אלא שלא הובאה לעצמה אלא כחלק משאלה חדשה שלא נשאלה עדיין — לענין קרניה של הבהמה. שהרי מצד אחד אין מדובר בדבר שהוא מכשירי קרבן כשאלתו של רמי בר חמא, שהרי אינו מעכב את הקרבן, ויש לומר שהוא מותר. ומצד אחר, אין זה רק חפץ של מצוה כשאלתו של ריש לקיש, אלא הוא משמש לצרכי הקרבה לגבוה, ויש לומר שמצד זה יש גנאי בשימושו לצורך זה.

לדברונא דמיא רש"י גורס: לדברונו של נהר, ומפרש: להילוכו של הנהר. ור"ח גרס בדומה: "דברותא דנהרא", ופירש: עיקרו של הנהר. ואילו הראב"ד מסביר — למקומו. וראה בגרסות.

דקא נבעי מארעא ויש בגרסות "מארעיה" (וכעין זה בראב"ד). והראשונים התקשו ממה ששנו בברייתא במסכת ב"ק (פא,א) שמעיין הנובע בכל מקום שהוא כל בני העיר מסתפקים ממנו. וכתבו בתוס' שצריך לומר שהמים לא רק יוצאים מקרקעו של אותו אדם, אלא גם נשארים בתוך שדהו. ור"י מבירינא הסביר שיש לחלק בין מים היוצאים מעצמם, שהם רכוש הכל, ובין מים היוצאים מחמת שחפר בקרקע ומצא מקור מים, שהם שלו.

ביתו סמוך לעבודה זרה וכו' רש"י כתב שמדובר בכותל שמהווה אחד מכתליו של בית שמשמש בעצמו עבודה זרה, שהיה נעבד (וכן עולה לכאורה מן ההמשך לענין טומאה). אבל רבינו אלחנן (הובא בתוס' ר"י מבירינא) פירש כי הכוונה לבית שהיתה בו עבודה זרה. וכן פירש הש"ך על השו"ע, שדבריו של רש"י נאמרו בגלל ההמשך, בדין הטומאה, אבל לענין איסור הבניה — אין הבדל אם היה עצמו עבודה זרה או בית לעבודה זרה.

וכתבו המפרשים שצריך לומר שנבנה הכותל מתחילתו בהיתר, כגון שבנה הכותל של ביתו, ולאחר זמן בא הגוי והוסיף כתלים אחרים בצידו ונעשה לעבודה זרה (ראב"ד ועוד). או שלאחר זמן עשאו הגוי עבודה זרה (ריטב"א). וכל זמן שהוא של היהודי לא יכול הגוי לאוסרו, אך משנפל, אם בונהו נמצא בונה כותל לעבודה זרה.

כונס ארבע אמות מדברי רש"י ואחרים עולה שארבע אמות דווקא, שנתנו שיעור הרחקה לדבר. והסביר הראב"ד שכיון שנפל הכותל הפך המקום לפתחה של עבודה זרה, וכדרך שנאמר לעיל (יז,א) כי צריך להתרחק ממנה, ופירש שם רב חסדא כי הכוונה לארבע אמות. אבל הרא"ה סבור שארבע אמות לאו דווקא, אלא מרחיק כדי שלא יוכל הגוי להשתמש עוד בכותל זה ככותל עבודה זרה.

שלו ושל עבודה זרה כגון שעשאו בהיתר, שבנאו בשותפות עם גוי לבית סתם, ולאחר מכן עשהו הגוי לעבודה זרה (ראב"ד). ובירושלמי הביאו שר' יוחנן פירש דבר זה בגר ונכרי שירשו את אביהם הנכרי.

אורח ההלכה

מעיקרא חיטי והשתא קמחא המשתחווה לקמה — חיטיה מותרות למנחות, שהרי הן נשתנו ממה שהיו. כמסקנת הגמרא. (רמב"ם ספר עבודה הלכות איסורי מזבח פ"ג הי"ד).

המשתחווה לדקל לולבו דקל שעשאו עבודה זרה, אם היה זה של ישראל — לא יצא בלולבו. ואם היה זה של גוי — לכתחילה לא יטול, אפילו אם ביטלו (כשיטת התוס', שזאת בעיית ריש לקיש), משום שאף שהוא מותר להדיוט הריהו מאוס לגבוה, שלא נפתרה בעיית ריש לקיש, ולחומרה. (רמב"ם ספר זמנים הלכות לולב פ"ח ה"א. שו"ע או"ח תרמט, ג).

דיחוי אצל מצוות שופר או לולב של עבודה זרה של גוי, אף שאחר כך בטלה האשרה מלעובדה — אף שלכתחילה לא יצא בהם, אם קיים בהם את המצוה — יצא בדיעבד. ויש מחמירים שאינו יוצא ידי חובה אלא אם כן נתבטלו מערב יום טוב, אבל אם היו אסורים ביום טוב — אינו יוצא בהם, שמא יש דיחוי במצוות. שלא נפתרה בעיית ריש לקיש, וכדברי רב דימי. והעיקר כסברה ראשונה, שאין דיחוי במצוות (משנ"ב). (רמב"ם ספר זמנים הלכות לולב פ"ח ה"א. שו"ע או"ח תקפו, ג ובהגהה. שם תרמט, א. וראה שם תרמו, ב ובגר"א).

כיסהו ונתגלה כיסה את הדם כדין ואחר כך נתגלה — אינו חייב לכסותו. כסתהו הרוח — אינו חייב לכסות, אבל אם חזר ונתגלה לאחר מכן — חייב לכסות. וכדברי ר' יוחנן. שאין דיחוי אצל מצוות, ולדעת הפר"ח לא יברך על הכיסוי, שלא נפתרה בעיית ריש לקיש וספק ברכות להקל. אבל אחרים כתבו שיברך (ראה פת"ש). (רמב"ם ספר קדושה הלכות שחיטה פי"ד ה"ז. שו"ע יו"ד כח, יא).

המשתחווה לבהמה וכו' המשתחווה לבהמה — צמרה פסול לציצית, שבעיה זו נשארה בתיקו, ויש להחמיר. ואם עבר ועשה — מחלוקת היא בפוסקים אם מותר בדיעבד (משנ"ב). אבל המשתחווה לפשתן הנטוע — כשר לציצית, לפי שהוא משתנה עד שנעשה חוטים. (רמב"ם ספר אהבה הלכות ציצית פ"א הי"א. שו"ע או"ח יא, ח).

עיקר שירה בפה עיקר השירה במקדש הוא בפה, ולכך כשרים לשירה רק לויים. אבל המנגנים בכלי שיר — מהם לויים ומהם ישראלים מיוחסים המשיאים לכהונה. כמסקנת הגמרא בערכין (כס"מ). (רמב"ם ספר עבודה הלכות כלי המקדש פ"ג ה"ג).

קרניה לחצוצרות וכו' המשתחווה לבהמה, כשם שהיא אסורה להקרבה, כך צמר שלה פסול מלעשותו בגדי כהונה, וקרניה פסולות לחצוצרות, ושוקיה לחלילים, ובני מעיה לנימים של כלי נגינה במקדש. שבעיה זו לא נפתרה והולכים בה להחמיר (ראה ר"י קורקוס וכס"מ). (שם הלכות איסורי מזבח פ"ד ה"ז).

לדברונא דמיא סגיד המשתחווה למעין הנובע באדמתו (ואינו מתפשט לחוץ. ר"י קורקוס) — מימיו אסורים לניסוך המים במזבח. שנשאר הדבר בספק ומחמירים בו. (שם).

מי שביתו סמוך לעבודה זרה מי שהיה ביתו סמוך לבית עבודה זרה (ראה בש"ך) ונפל — אסור לבנותו, שהרי הוא בונה כותל עבור עבודה זרה. אלא יכנוס לתוך שלו (ארבע אמות. ש"ך וגר"א) ויבנה לעצמו. כמשנה. (רמב"ם ספר מדע הלכות עבודה זרה פ"ח ה"ה. שו"ע יו"ד קמג, א).

אבל עיברו ולבסוף נרבעו ד"ה אסורין וה"נ כעיברו ולבסוף נרבעו דמי איכא דאמרי(א) מחלוקת כשנרבעו ולבסוף עיברו אבל עיברו ולבסוף נרבעו ד"ה אסור והני נמי כי עיברו ולבסוף נרבעו דמי הכי השתא התם מעיקרא בהמה והשתא בהמה דשא הוא (ב)דאחיזא באנפה הכא מעיקרא חיטי והשתא
א קמחא בעי ר"ל המשתחוה לדקל לולבו מהו למצוה באילן שנטעו מתחלה לכך לא תיבעי לך דאפילו להדיוט נמי אסור כי תיבעי לך באילן שנטעו ולבסוף עבדו ואליבא דרבי יוסי בר יהודה לא תיבעי לך דאפי' להדיוט נמי אסור כי תיבעי לך אליבא דרבנן לענין מצוה מאי מי מאיס כלפי גבוה או לא כי אתא רב דימי אמר באשירה שביטלה קמבעיא ליה יש דחוי אצל מצות או אין דחוי אצל מצות תפשוט ליה מדתנן *כיסהו ונתגלה פטור מלכסות כיסהו הרוח חייב לכסות ואמר רבה בר בר חנה א"ר יוחנן לא שנו אלא שחזר ונתגלה אבל לא חזר ונתגלה פטור מלכסות והוינן בה כי חזר ונתגלה מאי הוי הואיל ואידחי אידחי וא"ר פפא זאת אומרת אין דיחוי אצל מצות דרב פפא גופיה איבעיא ליה מפשט פשיטא ליה[א] לרב פפא דאין דיחוי אצל מצות לא שנא לקולא ולא שנא לחומרא או דלמא ספוקי מספקא ליה ולחומרא אמרינן לקולא
ב לא אמרינן תיקו בעי רב פפא המשתחוה לבהמה צמרה מהו לתכלת תכלת דמאי אי תכלת לכהנים היינו בעיא דרמי בר חמא ואי תכלת לציצית היינו בעיא דר"ל אין ה"נ דלא הוה למיבעי ליה והאי דקא בעי ליה הא משום דאיכא מילי אחרנייתא צמרה מהו לתכלת קרניה מהו לחצוצרות שוקיה מהו לחלילין בני מעיה מהו לפארות אליבא דמ"ד *עיקר שירה בכלי לא תיבעי לך דודאי אסיר כי תיבעי לך אליבא דמ"ד עיקר שירה בפה בסומי קלא בעלמא הוא ומייתינן או דלמא אפילו הכי אסיר תיקו
ג בעי רבה המשתחוה למעין מימיו מהו לנסכים מאי קא מיבעיא ליה אילימא (ג)לבבואה קא סגיד או דלמא למיא קא סגיד ותיבעי ליה ספל להדיוט לעולם למיא קא סגיד והכי קמבעיא ליה למיא דקמיה קא סגיד וקמאי קמאי אזדו או דלמא לדברונא דמיא קא סגיד ומי מיתסרי והא א"ר יוחנן משום ר"ש בן יהוצדק מים של רבים אין נאסרין
ד לא צריכא דקא נבעי מארעא: **מתני'** *מי שהיה (ד)*ביתו סמוך לעבודה זרה ונפל אסור לבנותו כיצד יעשה כונס בתוך שלו ארבע אמות ובונה שלו ושל עבודה זרה נידון

ע א מיי' פ"ו מהל' אבות הטומאה הל' ב:

[וע"ע תוס' שבת פב: ד"ה אבניו]

עא ב מיי' פ"ה מהל' דעות הלכה ו טוש"ע א"ח סי' ג סעי' יב:
עב ג מיי' פ"ח מהל' עבודת כוכבים הל' ה סמג לאוין מה טוש"ע י"ד סי' קמב סעיף א:
עג ד ה ו ז ח מיי' שם הלכה ד סמג שם טוש"ע י"ד סי' קמה סעי' ג:
עד ט י מיי' שם טוש"ע שם סעי' ד:
עה כ מיי' שם הל' ה טוש"ע שם סעי' ה:
עו ל מיי' שם הל' ד טוש"ע שם סעי' ד:

[במשנה שבמשניות ובפי' הרב ובתוי"ט ע"ש אי' וכיירה וכן איתא בערוך ערך כייר]

נידון מחצה על מחצה אבניו עציו ועפרו מטמאין כשרץ שנאמר שקץ תשקצנו ר"ע אומר כנדה שנאמר תזרם כמו דוה צא תאמר לו מה נדה מטמאה במשא אף עבודה זרה מטמאה במשא: גמ' והא קא מרווח לעבודה זרה א"ר חנינא מסורא דעבד ליה בית הכסא והא בעי צניעותא דעבד ליה בית הכסא דלילה והא אמר מר איזהו צנוע הנפנה בלילה במקום שנפנה ביום ואע"ג דאוקימנא בכדרך מיהו צניעותא בעי למעבד דעבד ליה לתינוקות א"נ דגדיר ליה בהיזמי והיגני: מתני' שלשה בתים הן בית שבנאו מתחלה לעבודה זרה הרי זה אסור סיידו וכיידו לעבודה זרה וחידש נוטל מה שחידש הכנים לתוכה עבודה זרה והוציאה הרי זה מותר: גמ' אמר רב המשתחוה לבית אסרו אלמא קסבר תלוש ולבסוף חברו כתלוש דמי והאנן בנאו תנן בנאו אין אע"פ שלא השתחוה לו השתחוה אע"פ שלא בנאו א"ה(א) הני שלשה ארבעה הוו כיון דלענין ביטול(ב) בנה והשתחוה חד קא חשיב ליה: מתני' שלש אבנים הן אבן שחצבה מתחלה לבימוס הרי זו אסורה סיידה וכיידה לשם עבודה זרה נוטל מה שסייד וכייד ומותרת העמיד עליה עבודה זרה וסילקה הרי זו מותרת: גמ' א"ר אמי והוא שסייד וכייד בגופה של אבן והא דומיא דבית תנן ובית לאו בגופיה הוא ומיתסר בית נמי איכא ביני אורבי מי לא עסקינן דשייע והדר שייעיה אלא כי אתמר דרבי אמי לענין ביטול אתמר ואע"ג דסייד וכייד בגופה של אבן כי נטל מה שחידש שפיר דמי מהו דתימא כיון שסייד וכייד בגופה של אבן כאבן שחצבה מתחלה לעבודה זרה דמיא ותיתסר כולה קמ"ל:

תורה אור: דברים ז | ישעיה ל

נידון מחצה על מחצה. אותו חלק של עבודה זרה אינו עולה לו בכניסה ד' אמות אבל חלקו עולה לו שאם היה עביו שתי אמות מונה האמה שלו וכונס עוד ג' אמות לתוך שלו: **אבניו ועציו ועפרו.** של אותו כותל מטמאין כשרץ אפילו חלקו לפי שאין ברירה. שרץ אין מטמא במשא: **שקץ.** לשון שרץ: **נדה מטמאה במשא.** דכתיב וכל הנוגע בכל כלי אשר תשב עליו ואלמא טמיתיה לכלי אשר(ג) נשא אותה ואע"פ שלא נגעה שאפילו היו עשרה כלים זה על זה כולן בכלל אשר תשב עליו הן: **תזרם כמו דוה.** בעבודה זרה משתעי: **גמ' דעביד ליה בהכ"ס.** שנפנה שם: **והא בעי צניעותא.** ואנן תנן דאסור לבנות כותל להפסיק בינו ובין עבודה זרה לפי שבונהו לעבודה זרה: **במקום שנפנה ביום.** שצריך צניעות ואע"ג דשנינו בפ' הרואה (ברכות סב.) לא תימא במקום שיהא צריך להתרחק בלילה כביום אלא אימא כדרך שנפנה ביום שיהא נפרע מיושב וכשיעור שנתנו חכמים טפח וטפחיים מ"מ ש"מ דבעינן נמי בלילה צניעות והכא ליכא צניעות דחזו ליה בני עבודה זרה: **היזמי והיגני.** קוצים ודרדרים: **מתני' שלשה בתים הן.** לענין ביטול עבודה זרה: **בית.** שתחלת בניינו לעבודה זרה והיו עובדין את הבית עצמו: **הרי זה אסור.** דכל הבית הוי עבודה זרה ואם הגוי בנאו אסור עד שיבטלנו שיתוץ ממנו קצת ואם של ישראל הוא אסור עולמית אבניו עציו ועפרו: **סיידו וכיידו לעבודה זרה.** שהיה בית בנוי לדירת אדם והקצהו לעבודה זרה וטחו בסיד ועשה בו ציורין לעבודה זרה: **נוטל מה שחידש.** אם בא ישראל לבטלו נוטל מה שחידש ומותר הבית ואע"פ שלא ביטלו גוי או אפילו היתה של ישראל משומד שאין עבודה זרה שלו בטילה הכא בטיל שאין נאסר אלא חידוש והוא חידוש שבטל אסור בהנאה לעולם ובגמרא מוקי לה כגון שלא נעבד הבית מעולם אבל אם השתחוה לה גוי אחרי כן נאסר כל הבית ובעי גוי לבטלו ואם השתחוה לה ישראל אסורה עולמית: **הכנים לתוכו עבודה זרה.** ואת הבית עצמו לא נתכוין לעבוד ולא הקצהו לתשמיש עבודה זרה אלא לפי שעה הכנים לתוכו עבודה זרה: **גמ' תלוש ולבסוף חברו.** אבני בית תלושין ובנאן וחברן בקרקע: **אע"פ שלא השתחוה.** וקסבר תנא דידן עבודה זרה אסורה מיד ואע"פ שלא נעבדה: **לענין ביטול בנה והשתחוה חד חשיב ליה.** דבין בנה בין השתחוה כולו אסור אם של גוי היא צריך גוי לבטלו ואם של ישראל היא אין לה בטילה עולמית: **מתני' שלש אבנים הן.** לענין ביטול עבודה זרה: **אבן שחצבה.** מן ההר: **מתחלה לבימוס.** מקום מושב עבודה זרה שמושיב הצלם עליה ועובדין את הבימוס כעבודה זרה עצמו: **הרי זו אסורה.** ואפי' לא העמיד עליה ואם גוי חצבה צריך גוי לבטלה ולחסר ממנה מעט עד שתפגום ואם ישראל חצבה לעבוד עליה עבודה זרה אסורה עולמית: **סיידה וכיידה לעבודה זרה.** והיא היתה חצובה ועומדת: **נוטל.** ישראל מה שחידש הגוי וזורה לרוח והאבן מותרת שלא נעשה עבודה זרה אלא החידוש: **העמיד עליה עבודה זרה.** לפי שעה ולא הקצה את האבן לבימוס וסילקה הרי זו מותרת ואין צריכה ביטול: **גמ' והוא שסייד וכייד בגופה של אבן.** שחקק בה צורה בברזל אבל סייד וכייד עליה ע"י טיח מותרת בלא ביטול הואיל ולא עבדה גוי: **והא בית.** סיוד וכיור שלה אינה נעשה ע"י חקיקה אלא טח על הכותל: **ביני אורבי.** בין לבינה ללבינה מכניסו והוה ליה בגופה: **מי לא עסקינן.** כלומר מתניתין סייד וכייד סתמא קתני ומי לא משתמע נמי דאי הוה בית שיע מתחלה קודם איסור והדר האי ושייעיה לשם עבודה זרה וקתני נוטל דלא סגי בלא נטילת חידוש: **לענין ביטול אתמר.** ולא לענין תחלת איסור למימרא דלא ניתסר אלא אם כן סייד בגופיה אלא ודאי בלא גופיה נמי אסירא ור' אמי אביטול קאי וה"ק אפי' סייד בגופיה סגי לה בהא ביטולא דמתני' ולא בעי ביטול דגוי: **ותיתסר כולה.** ותיבעי גוי לבטלה או אם היתה של ישראל תאסר עולמית קמ"ל דלא חייל שם עבודה זרה אלא אחידוש:

מתני'

אבניו ועציו ועפרו מטמאין כשרץ. ואפי' למ"ד (לעיל מא:) אין עובדין לשברים הב"ע כגון שהיתה עבודה זרה של ישראל או של גוי והשתחוה לה ובירושלמי מוקי כגון שהשתחוה לכל אבן ואבן וכן פ"ה*: **בית שבנאו מתחלה לעבודה זרה.** פרש"י שתחילת בניינו לעבודה זרה והיו עובדין את הבית עצמו וכן בסמוך גבי אבן שחצבה מתחלה לבימוס(ד) מקום מושב של עבודה זרה ועובדים את הבימוס כעבודה זרה עצמה ויפה כוון בזה דודאי צ"ל שהבית והאבן נעשו ליעבד דאי להיות משמשי עבודה זרה הא אמרינן (לעיל יט:) משמשי עבודה זרה אינן אסורים עד שיעבדו ואילו בגמרא קאמר גבי בית בנה אע"פ שלא השתחוה וגבי אבן נמי מדקתני חצבה מתחלה משמע דלא עבד (ה)בה כבר דאי עבד בה ל"ל חציבה מתחלה לכך הא גבי תפילין (ברכות דף כג:) אמרינן צר ביה ולא אזמניה וכן זו נמי לא ליבעי חציבה מתחלה אי עבד בה מיהו מתוך לשונו משמע שהבית והאבן נעשו להניח עבודה זרה ואגב עבודה זרה עובדים הבית והאבן וק"ק דגבי אשירה בסמוך אין לפרש כן שיהא נטוע לשום תחתיו עבודה זרה ואגב עבודה זרה עובדין [את] האילן דהא אמרינן בגמרא(ו) רישא ד"ה ואילו ר"ש אומר הואיל ולצורה הם עובדין נתיר להם את האילן ולא קאמר דאגב עבודה זרה עובדין את האילן לכן נראה לפרש בכל שלשתן שבנה וחצב ונטע להיות עבודה זרה עצמה והא דנקט גבי אבן לבימוס אע"ג דסתם בימוס רגילות הוא להיות משמש עבודה זרה כמו בימוס של מלכים מ"מ נקט בימוס שלא היתה חשובה בעיניהם לעבדה אלא אותם שדומה לבימוס לפי שבימה נותנין עליה עבודה זרה: **אבן שחצבה מתחלה.** ה"ה דהוה מצי למנקט זקפה להשתחוות לה כדא"ר יהודה (לעיל דף מו.) גבי לבנה וצ"ל דלא דמי דהא דא"ר יהודה דזקיפתה אוסרתה היינו בהשתחוה לה גוי דאמר שליחותיה דישראל עביד כיון דגלי דעתיה דלעבודה זרה נתכוין אבל הכא בחציבה לבד נאסרה משום דהוי מעשה חשוב וה"נ אמר בגמרא בנה אע"פ שלא השתחוה וה"נ נימא חצבה אע"פ שלא השתחוה ומיהו לפי מה שפ"ה בגמרא דמתני' אתיא כמ"ד אסורה מיד ודאי הוי רבותא טפי בזקפה אע"ג דלא מתסר אליביה כדמשמע לעיל אלא נקט חצבה כמו בבית בנאו ובאילן נטעו כו': *)**גדעו ופסלו לעבודה זרה.** פ"ה לעבוד בגדולין שיגדלו מעתה ושאינו עושה עבודה זרה רק החידוש ויפה כוון שאם נתכוין הגוי לעקרו לעשותו לעבודה זרה ודאי הכל אסור אע"פ שאילן מחובר כיון שעשה מעשה בגוף האילן דומיא דעפר דחפר בה בורות שיחין ומערות שנאסר גם שאר הקרקע לפי שעשה בה מעשה: **ה"ג העמיד** תחתיו עבודה זרה(ז) ובטלה הרי זו מותרת. ואע"ג דכי לא בטלה נמי לא הוי משמשין דהא אליבא דרבנן קא מוקמינא לה בגמ' דאמרינן אילן שנטעו ולבסוף עבדו מותר והכא מסתמא לא נטע מתחלה לכך מדלא מפרש עלה שנטעו מתחלה לכך מ"מ כל זמן שלא בטלה איסורא דרבנן איכא שבשעה שעבודה זרה נראה כאילו נטועה מתחילה לכך: **והאנן בנה תנן.** הוה מצי למימר וליטעמיך בימוס דתלוש הוא נמי תנא חצבה אלא חצבה ה"ה השתחוה וה"נ בנה וה"ה השתחוה: **אי הכי ג' ארבעה הוו.** גבי בימוס נמי איכא למיפרך הכי דהא השתחוה לבימוס אסור ובחד שינויא מתרלי: **והוא**(א) **שסייד וכייד בגופה של אבן.** אור"י כי(ח) לאו דוקא נוטל מה שחידש ותו לא דא"כ אפילו לא סייד בגופה של אבן נמי נוטל מה שחידש אלא נוקב כל האבן מעבר לעבר כנגד החידוש ונוטל:

*) זה הדבור וגם דבור שאח"ז שייך לדף מח.

גדעו

[שבת פב.]
[עי' תוס' לעיל יג. ד"ה אבל]
ברכות סב.
[מעילה כ. חולין עז.]

רבינו חננאל

לתוך שלו ובונה: ומקשינן והא קא שביק רווחא לעבודה זרה ופרקינן דעביד ליה לאותו מקום שהניחו מופנה בית הכסא שלא להרויח לעבודה זרה: והא בעי צניעותא. ופרקינן דעביד ליה בית הכסא דתינוקות דלית להו צניעותא. אבל גדול אע"ג דהא דתניא איזהו צנוע זה הנפנה בלילה במקום שנפנה ביום ואוקימנא כדרך שנפנה ביום בצניעות מכוסה כך נפנה בלילה בצניעות א) אם היה הכותל שלו ושל עבודה זרה ידין מחצה למחצה אבניו עציו ועפרו מטמאין כשרץ ר' עקיבא אומר מטמא אפילו במשא כנדה כו': מתני' שלשה בתים הן בית שבנאו מתחלה לעבודה זרה הרי זה אסור כולו לעולם. אבל אם בנאו לשום בית דירה ואח"כ סיידו וכיירו לשם עבודה זרה נוטל הסיוד והכיור שחידש לשם עבודה זרה והבית מותר. לא סייד ולא כייר ולא חידש אלא הכנים עבודה זרה לתוכו והוציאה הבית מותר. ובא רב והוסיף אפילו לא בנה זה הבית לשום עבודה זרה אלא השתחוה לבית אסרו. והא דתנן במתני' שלשה בתים ולא תני ד' משום דלענין ביטול בנה והשתחוה חד הוא ולא מבטיל אלא בנתיצה לפיכך חשיב להו בחד: שלש אבנים הן אבן שחצבה מתחלה לבימוס פי' בימוס במה. והיא מצבה של אבן אחת הרי זו אסורה לעולם סיידה וכיירה בגופה של אבן וחידש נוטל מה שחידש והאבן מותרת. העמיד עליה עבודה זרה וסלקה הרי זה מותרת:

א) נ' דחסר איזה תיבות וצ"ל מ"מ צניעות מיהא בעי: אם היה הכותל וכו'.

הגהות מהר"י לנדא

א] תוס' ד"ה והוא שסייד וכו'. נ"ב עי' בתשובת רמ"א סי' קיד פירוש על דברי תוס' האלו:

הגהות הב"ח

(א) גמ' אי הכי שלשה כצ"ל ותיבת הני נמחק: (ב) שם דלענין ביטול תנן בנה: (ג) רש"י ד"ה נדה וכו' לכלי אשר נשא. נ"ב עיין בשבת דף פב ע"ב כתב רש"י וז"ל נדה מטמאה במשא אדם הנושאה דאיתקש לזב והדוה בנדתה והזב את זובו וגו' וזב מטמא במשא דכתיב וכל הנוגע בכל אשר יהיה תחתיו יטמא עד הערב והנושא אותם וגו' אף הזב במשמע אותם עכ"ל רש"י וצ"ע: (ד) תום' ד"ה בית וכו' מתחילה לבימוס פירש רש"י מקום מושב: (ה) בא"ד דלא עבד בה כבר דאי עבד בה למה: (ו) בא"ד דהא אמרינן בגמ' שתים דברי הכל כצ"ל ותיבת רישא נמחק: (ז) ד"ה ה"ג העמיד תחתיה עבודה זרה ונטלה הרי זו מותרת ואע"ג דכי לא נטלה נמי וכו' כל זמן שלא נטלה איסורא: (ח) ד"ה והוא וכו' אומר ר"י כי לפי זה לאו דוקא:

גליון הש"ס

מתני' נוטל מה שסייד. בסדר המשנה במשניות הגירסא וחידש נוטל מה שחידש: תום' ד"ה בית וכו' הא גבי תפילין. לא ידעתי למאי צריכים לראיה זו הא להדיא מפורש הכא השתחוה אע"פ שלא בנאה אסור. הרי דהשתחואה לחוד אוסר וצ"ע: ד"ה אבן וכו' ומיהו לפי מה שפ"ה. נראה כאילו היה אפשר לנטות מדברי רש"י ולומר דמתני' ס"ל דעד שתעבד ומ"מ מעשה חשוב דבנין אוסר מיד אבל זקיפה לא. אבל תמוה לי הא לעיל דף יט ע"ב איתא הניחא למ"ד וכו' ושל גוי עד שתעבד. הרי דהתם מיירי בבנה כיפה ואפ"ה למ"ד משתעבד לא נאסר ע"י הבנין לחוד וא"כ א"א לנטות מדברי רש"י: ד"ה גדעו וכו' דומיא דעפר לחפר. לקמן דף נה ע"ב: ד"ה והוא שסייד וכו' אור"י. עיין תשו' הרמ"א סי' קי"ג:

נִידּוֹן מֶחֱצָה עַל מֶחֱצָה, שמודד ממחצית עובי הכותל את ארבע אמות ההרחקה. אֲבָנָיו, עֵצָיו וַעֲפָרוֹ של הכותל שהיה עבודה זרה — מְטַמְּאִין כְּדִין טומאת שֶׁרֶץ, שֶׁנֶּאֱמַר בעבודה זרה: "שַׁקֵּץ תְּשַׁקְּצֶנּוּ" (דברים ז, כו). ר' עֲקִיבָא אוֹמֵר: הרי אלו מטמאים כְּנִדָּה, שֶׁנֶּאֱמַר בעבודה זרה: "תִּזְרֵם כְּמוֹ דָוָה צֵא תֹּאמַר לוֹ" (ישעיה ל, כב), מַה נִּדָּה מְטַמְּאָה בְּמַשָּׂא, אַף אַף עֲבוֹדָה זָרָה מְטַמְּאָה בְּמַשָּׂא.

א גמרא על ההלכה ששנינו במשנה שצריך להרחיק מהקיר של בית עבודה זרה, שואלים: וְהָא קָא מַרְוַוח [והרי בכך הוא עושה רווח] לַעֲבוֹדָה זָרָה, שנותן לה שטח גדול יותר מאשר היה לה קודם! אָמַר ר' חֲנִינָא מִסּוּרָא: דַּעֲבַד לֵיהּ [שעושה את המקום המתפנה הזה] לְבֵית הַכִּסֵּא. ומקשים: וְהָא בָּעֵי צְנִיעוּתָא [והרי צריך צניעות] לבית הכסא, וכאן אינו יכול להצניע את עצמו! ומשיבים: דַּעֲבַד לֵיהּ [שעושה אותו] בֵּית הַכִּסֵּא של לַיְלָה שנפנה לצרכיו שם רק בלילה, בזמן שאין אנשים מצויים שם. ומקשים: וְהָא [והרי] אָמַר מָר [החכם]: אֵיזֶהוּ צָנוּעַ? הַנִּפְנֶה בַּלַּיְלָה בְּמָקוֹם שֶׁנִּפְנֶה בַּיּוֹם; וְאַף עַל גַּב דְּאוֹקִימְנָא [ואף על פי שהעמדנו] את ההלכה הזו לא לענין המקום עצמו, אלא בִּכְדֶרֶךְ לומר שכדרך שנפנה ביום שאינו מגלה עצמו, כך נפנה בלילה שאינו מגלה עצמו, מִיהוּ צְנִיעוּתָא בָּעֵי לְמֶעֱבַד [מכל מקום צניעות צריך לעשות], וכאן אין לו מקום צנוע! ומשיבים: דַּעֲבַד לֵיהּ [שעושה אותו] בית הכסא לְתִינוֹקוֹת, שאינם נזהרים בכך. אִי נַמִּי [או גם כן], דְּגָדֵיר לֵיהּ [שגודר אותו את המקום הזה] בְּהִיזְמֵי וְהִינְגֵי (במיני קוצים) כך שלא יוכלו להשתמש במקום.

ב משנה שְׁלֹשָׁה סוגי בָּתִּים הֵן לענין איסור עבודה זרה: בַּיִת שֶׁבְּנָאוֹ מִתְּחִלָּה לַעֲבוֹדָה זָרָה — הֲרֵי זֶה אָסוּר כולו. בית סתם, שלא נבנה לעבודה זרה, שסִּיְּידוֹ וְכִיְּידוֹ לַעֲבוֹדָה זָרָה ובכך חִידֵּשׁ בו דברים — נוֹטֵל מַה שֶּׁחִידֵּשׁ וזורק, והבית עצמו מותר. בית סתם שהִכְנִיס לְתוֹכָהּ עֲבוֹדָה זָרָה ואחר כך הוֹצִיאָהּ — הֲרֵי זֶה מוּתָּר, שלא נאסר הבית מחמת עבודה זרה שהיתה בו לשעתה.

ג גמרא אָמַר רַב: הַמִּשְׁתַּחֲוֶה לְבַיִת — אֲסָרוֹ. ושואלים: אַלְמָא קָסָבַר [מכאן נאמר שהוא סבור] שדבר תָּלוּשׁ וּלְבַסּוֹף חִבְּרוֹ לקרקע כְּתָלוּשׁ דמי [נחשב], שהרי הבית העשוי מאבנים שהיו תלושות, אף שכעת הוא מחובר — נדון כתלוש ונאסר? והאנן [והרי אנו] "בנאו" תנן [שנינו במשנתנו], משמע שדווקא אם בנאו מתחילה לשם עבודה זרה הריהו נאסר! ומשיבים: אם בנאו לשם כך, אף על פי שלא השתחוה לו — נאסר, וכן אם השתחוה אף על פי שלא בנאו. ומקשים: אי הכי [אם כן], הני [אלה] שלשה המנויים במשנתנו, אינם כל מיני הבתים לענין עבודה זרה, אלא ארבעה הוו [הם], שהרי יש גם בית זה שהשתחוו לו! ומשיבים: אין הוא מונה אותם לארבעה, כיון שלענין ביטול בנה והשתחוה חד קא חשיב ליה [אחד הוא מחשיב אותו], שהרי אין הבדל בין זה לזה להלכה זו.

ד משנה שלש אבנים הן של עבודה זרה: אבן שחצבה מתחלה לבימוס (לבמה של עבודה זרה) — הרי זו אסורה. אבן סתם שסיידה וכיידה לשם עבודה זרה — נוטל מה שסייד וכייד, ומותרת. אבן שהעמיד עליה עבודה זרה ואחר כך סילקה — הרי זו מותרת.

ה גמרא על מה ששנינו במשנתנו שאבן שסיידה וכיידה לשם עבודה זרה — נאסרה בעצמה עד שיטול מה שהוסיף, אמר ר' אמי: והוא שסייד וכייד בגופה של אבן עצמה, שחרץ וחקק באבן וסייד אותן צורות בתוך האבן. ומקשים: והא דומיא דבית תנן [והרי בדומה לבית שסיידו וכיידו שנינו], ובית לאו בגופיה [לא בגופו] הוא שעושה שינויים, ומיתסר [ובכל זאת נאסר]! ומשיבים: בית נמי איכא ביני אורבי [גם בבית יש בין הלבנים], שנותן שם סיד, ונמצא עושה שינוי בגופו של הבית. ומקשים: מי לא עסקינן דשייעיה והדר שייעיה [האם איננו עוסקים גם במקרה שהבית חלק, שחזר והחליקו בטיט וכייד בו, ובכל זאת נאסר]! אלא כי אתמר [כאשר נאמר] מה שאמר ר' אמי — לענין ביטול אתמר [נאמר], וכך כוונתו: ואף על גב [ואף על פי] שסייד וכייד בגופה של אבן, כי [כאשר] נטל מה שחידש — שפיר דמי [טוב הוא] שתהא מותרת. מהו דתימא [שתאמר]: כיון שסייד וכייד בגופה של אבן, כאבן שחצבה מתחלה לעבודה זרה דמיא [נחשבת] ותיתסר [ותיאסר] כולה, ואינה מותרת גם אם נטל מה שחידש, קא משמע לן [משמיע לנו] שאין הדבר כן.

עיונים

נדון כמחצה על מחצה רש"י מסביר שנאמר הדבר לענין הרחקה, שאת ארבע האמות שמוטל עליו להרחיק מודד מאמצע הכותל. אבל לענין עציו ואבניו — אין אומרים שיטול חציו, אלא הכל נאסר וטמא, לפי שהכותל של שניהם, ובשותפות — לכל אחד יש חלק בכל, ואין אנו אומרים שיש בזה משום ברירה (שנתברר שחצי שנטל, שלו היה מתחילה). והעיר בתוי"ט שאף שבדברים שמדרבנן אנו אומרים שיש ברירה וטומאת עבודה זרה היא רק מדרבנן, מכל מקום מפני חומר האיסור נוהגים בו כאילו הוא מן התורה (וכן איסור ההנאה, שהוא מן התורה). אבל ראשונים רבים פירשו על פי הירושלמי, כי הכוונה כאן היא דווקא לענין עציו ואבניו, שחצי הכותל שלו מותר ונוטל את עציו ואבניו. והסבירו כי אף שסתם שותפים חולקים בכל, במקרה זה לשני הצדדים נוח בחלוקה זו, שהרי רוצה שיהא כולו לעבודה זרה, ולחלק זה השתחוה, וגם היהודי אינו רוצה שיהא בחלקו איסור (ראה רמב"ן ורא"ה). אלא שהעירו שאין הדברים אמורים אלא כאשר כל אחד מכיר את אבניו ועציו.

אבניו ועציו ובתוס' שאלו: כיון שנשבר הכותל הרי צריך לדון אותו כשברי עבודה זרה, ומפני מה אינם ניתרים על ידי כך? וכתבו כי יש לומר שמדובר בעבודה זרה של ישראל שאינה בטילה. ומצד אחר הקשו מכאן בירושלמי על דעת האומר כי עבודה זרה שנשתברה מאליה מותרת. והסבירו כי מדובר כאן שעבד כל אבן ואבן בפני עצמה, כך שאין היתר לאבנים אף שהכותל נפל.

שקץ תשקצנו שכן נאמר לגבי שרצים לשון "שקץ" (רש"י). ובירושלמי כתב כי לשון "תועבה" נאמרה הן לגבי עבודה זרה, הן לגבי טומאת הנדה, והן לגבי שרצים. ולפיכך נחלקו חכמים ור' עקיבא למה דומים עבודה זרה, לשרצים או לנדה.

מה נדה מטמא במשא וכו' והסוגיה במסכת שבת (פב,ב) מבואר כי גם לדעת ר' עקיבא משמשי עבודה זרה אינם מטמאים כנדה אלא כשרץ (אכן בירושלמי העירו כי בפסוק שמביא ר' עקיבא מדובר ב"צפוי פסילי כספך" וב"אפודת מסכת זהבך" שהם משמשי עבודה זרה, והסבירו כי הכוונה לציפוי שהוא חלק מגוף הפסל. ועוד שם הביאו ברייתות סותרות בענין זה). ועוד יש דיון ארוך במסכת שבת (פב,ב ואילך), בענין משנתנו, ושם פירש רבה (אף שיש חולקים עליו שם) כי גם חכמים מודים שעבודה זרה עצמה מטמאה במשא כנדה, ולא נחלקו אלא לענין דבר חמור יותר שיש בה, בטומאת "אבן מסמא". ועוד נחלקו (שם פג,א) בשיעורה של טומאה זו, ושם למדו מן הכתובים שדינה כטומאת מת — בכזית. ומסקנת הדברים שם היא שטומאת עבודה זרה אינה מן התורה אלא מדברי חכמים.

והא קא מרווח ואף לדעת ר"ש לקיש האומר (לעיל יג,א) שיש איסור רק ליהנות מעבודה זרה ואין איסור להנות אותה, מכל מקום כאן מדובר בהנאה בלתי ישירה, או באופן שאין הדבר ניכר. אבל כאן שיש לעבודה זרה הנאה ישירה מן השטח שמפנה לה — הכל מודים שאסור (ראה תוס' וריטב"א שם).

ואף על גב דאוקימנא בכדרך שנינו חכמים שיעור כמה מותר לו לאדם לגלות עצמו כאשר הוא נפנה (ראה ברכות כג,ב. סב,א). שאף שמצד האנשים העוברים שם אין בלילה חשש, מכל מקום מצד מנהג צניעות של האדם עצמו ראוי שלא יגלה עצמו.

שלושה בתים הן רש"י מסביר (והוא מלשון הגמרא) ששלושה בתים הם לענין ביטול עבודה זרה (וכן להלן לענין אבנים). ובדומה לכך כתב הראב"ד ששלושה בתים הם שחלוקים זה מזה לענין חומרם להיתר. והמאירי פירש ששלושה דינים חלוקים של איסור והיתר עבודה זרה יש בבתים.

שבנאו מתחילה לעבודה זרה רש"י והרבה מן הראשונים מסבירים שבנה את הבית מתוך הכוונה שהבית עצמו יהיה עבודה זרה, שיעבדוהו (וראה במהדורא תליתאה ברי"ד), שאם בבית המשמש לעבודה זרה — הרי משמשי עבודה זרה אינם אסורים עד שיעבדו בהם (לעיל יט,ב). ויש שכתבו (וראה בתוס' ר"י מבירינא בשם רבינו אלחנן) שהבית נאסר משום תשמישי עבודה זרה. ונראה שכן היא שיטת הירושלמי בהבנת הדברים, אף כי יש ראשונים שאומרים שמשם אין להוכיח כלל על שיטת התלמוד שלנו. והראב"ד כתב שכיון שעשה את הבית על מנת להעמיד בו עבודה זרה הרי זה כעושה תוספת לעבודה זרה עצמה (לפי השיטה שעבודה זרה של גוי נאסרת מיד כשעושה אותה).

הרי זה אסור שאם של ישראל הוא — אסור לעולם, ואם של גוי — עד שיבטלנו הגוי.

סיידו וכיידו לעבודה זרה רש"י וראשונים רבים מסבירים גם מקרה זה כשעובד את מה שהוסיף לבית, כגון שעשה פיתוחים בדמות עבודה זרה שלו (וראה להלן). אבל בירושלמי פירש ר' אלעזר מקרה זה כשמסייד ומכייד את הבית כדי לעבוד בו עבודה זרה שלו, וכשמכניס אותה לתוכו.

נוטל מה שחידש ואין צריך שיטלנו הגוי דווקא כדי להתיר את הבית, לפי שאין מדובר כאן בביטול (שאם כן, די היה שיטול מעט כדי לבטלו), אלא גם כאשר ישראל הרוכש בית זה נוטל את כל התוספות והסיוד ומשליכם לאיבוד — מותר. כי הבית עצמו לא נאסר על ידי תוספות אלה, שהרי כבר היה שם מתחילתו, ואינו נאסר רק בשל תוספת כזו. ונחלקו הראשונים בענין זה, שר"י בעל התוס' סבור שאם כשסייד וכייד נתכוון לעבוד את הבית כולו — הבית כולו נאסר. אבל רבינו יונה ועוד כתבו כי אף במקרה שסייד וכייד כדי לעבוד את הבית כולו, כל עוד הוא עצמו לא נעשה לשם עבודה זרה — אין בכח התוספת לאוסרו, ואף לא כמשמשי עבודה זרה כל עוד לא נעבדה העבודה זרה בפועל (ראה ריטב"א).

הכניס לתוכה עבודה זרה רש"י מדגיש שהכניס לתוכה עבודה זרה לא על מנת שישמש הבית לכך, אלא לפי שעה הכניסה לשם. וכן מחלק בירושלמי (לשיטת ר' אלעזר שם, ראה לעיל) בין מקרה זה לבין המקרה הקודם במשנה, שכאן מדובר בהכנסת עבודה זרה לשעה ולא לשהות זמן מרובה.

והוציאה לפי רש"י, שהסביר כי מדובר כשהכניס לפי שעה ולא לשם עבודה זרה — גם אם הוציאה ישראל, לפי שאין הבית צריך ביטול כלל. ומכל מקום כל עוד העבודה זרה בתוכו הריהו אסור משום גזירה, שהרי זה נראה כבית עבודה זרה. אבל אחרים פירשו כי מדובר כאן כשהכניס הגוי עבודה זרה לתוכה כדי לעובדה שם בדרך קבע, ועשאו בכך משמשי עבודה זרה, אלא שהוצאת העבודה זרה משם על ידי הגוי על מנת שלא להחזירה עוד — יש בה משום ביטול הבית מדין משמשי עבודה זרה (ראה רמב"ן ועוד). ואילו הראב"ד הסביר כי הכנסה של עבודה זרה לבית, אפילו כדי לעובדה שם, אינה נחשבת כעשייה כדי להופכו למשמשי עבודה זרה, ולהצריך ביטול.

תלוש ולבסוף חברו שכיון שהבית נבנה מתחילתו מאבנים שהיו תלושות, הרי גם כאשר חיברוהו לארץ הוא נשאר בגדר תלוש, ודבר תלוש נאסר בהשתחוואה אפילו כשלא עשה בו מעשה (וכתב רמב"ן שאף רב מודה באילן, שכיון שמכה שרשים בארץ הריהו נחשב מחובר ממש אף שהיה מתחילה תלוש, וכדעת חכמים לעיל מה,ב).

ארבעה הוי וארבעה אלו הם: בית שבנאו, בית שהשתחוה לו, בית שחידש בו, ובית שהכניס לתוכו עבודה זרה. ובירושלמי כתבו שרב (וכן ר' יוחנן) מסבירים ששלושה בתים אלה נאמרו בבתים שמצאו ישראל בבואם לארץ, שמפני כן לא נמנה שם בית שהשתחווה לו.

אבן שחצבה מתחילה וכו' וכתבו בתוס' שהוא הדין באבן שזקפה להשתחוות לה. ומה שלא שאלו בגמרא שארבע אבנים הן, כמו לענין בתים — כיון שהיא אותה שאלה ויש לכך אותו תירוץ לא חששו להאריך. והרמב"ן מסביר שלגבי בית יש בכך חידוש אם מונים גם בית שהשתחווה לו — שהרי זה תלוש שחיברו, אבל לגבי מצבה שהיא תלושה — פשוט הדבר שנאסרה, ואין צורך לומר דבר זה. ואילו המאירי מסביר כי אבן שזקפה — זקפה כדי לעובדה עצמה מיד, אבל אבן שנחצבה לבימוס אינה נחצבת כדי לעובדה אלא כשיניחו עליה עבודה זרה, ויש איפוא חידוש בדבר.

לבימוס שהוא מושב לעבודה זרה, ועובדים אותו עם העבודה הזרה שעליו (רש"י), ואם כן הרי זה ממש כעושה עבודה זרה. והראב"ד כתב כי בימוס הוא "מצבה" המפורשת בתורה, שכפי שדרשו חכמים מן הכתובים (בתורת כהנים) הריהי נאסרת כבר בעשייתה, גם אם אין כוונה לעובדה עצמה. ועוד פירש (כמו לענין בית) שכשחצבה לשם כך הרי זה כתוספת עבודה זרה, ולכן נאסר.

העמיד עליה עבודה זרה וכו' רש"י מסביר כאן, כמו לענין בית, שהואיל והעמידה עליה לפי שעה, ולא כדי לעשותה לבימוס, הרי כיון שסילקה מותרת ואינה צריכה ביטול. ואילו הראב"ד מפרש לשיטתו, שאף אם נתכוון לעבוד את הפסל שהניח עליה, הואיל ולא עשה בה מעשה, שלא חצבה לשם כך, ולא הוסיף בה דבר, הרי זה כמניח דבר על הקרקע, ואין בזה כדי לאוסרה כמשמשי עבודה זרה.

בגופה של אבן וראה בתוס' שהביאו שיטת ר"י, שלפי הבנה זו בדברי המשנה, כאשר עשה שינוי בגוף האבן (כגון שחקק בה צורות) לא די לו שקוצץ צורות אלה, אלא צריך ליטול מן האבן בעובי מה שחקק, ומה שנאמר שיטול מה שחידש — אינו בדווקא, אלא ששנו כאן כפי ששנו לענין בית. אבל רבינו אלחנן פירש (וכן הבין הראב"ד) כי גם לפי הבנה זו, אין צורך אלא להוריד את מה שחידש בסיוד וכיוד, כפשט המשנה, ומה שהוסיף ר' אמי הוא שאם לא עשה כן בגוף האבן — אין לראות את האבן כאסורה כלל, שאינה אלא משמשת את הסיד שהוא משמש העבודה זרה עצמה — הכיוד (בתוס' ר"י מבירינא. וראה בתשובות הרמ"א סימנים קיד—קטו).

אלא כי אתמר וכו' ונמצא למסקנת הדברים, כי בכל אופן של סיוד וכיור, על האבן או בגופה, נאסרת האבן כולה. ומצד אחר די בהסרת הסיוד והכיור עצמו לבד כדי להתיר את האבן, גם אם נעשה הדבר בגופה. והוא הדין לבית (ראב"ד).

אורח הלכה

נדון כמחצה על מחצה היה הכותל שלו ושל עבודה זרה ונפל — ידון מחצה למחצה, ששלו מותר בהנאה (ועולה בחשבון ארבע אמות שלו. ש"ך עפ"י רש"י) ושל עבודה זרה אסור. כפירוש הירושלמי למשנה זו (כס"מ). ואם אינו מכיר מה שלו — הכל אסור בהנאה (שבדאורייתא אין ברירה. גר"א). (רמב"ם ספר מדע הלכות עבודה זרה פ"ח ה"ה. שו"ע יו"ד קמג, א).

מטמאין כשרץ עבודה זרה מטמאה אדם וכלים במגע וכלי חרס באוירו, ואינה מטמאה במשא אלא כשרץ. וכדברי סתם משנה. (רמב"ם ספר טהרה הלכות אבות הטומאות פ"ו ה"ב).

ואוקימנא בכדרך אמרו חכמים שכדרך שנוהג אדם צניעות בבית הכסא ביום כך צריך לנהוג בלילה וכשאין רואים אותו, שלא יגלה עצמו יותר. (רמב"ם שם הלכות דעות פ"ה ה"ו. שו"ע או"ח ג, יב).

דגדיר לה בהיזמי וכו' מי שהיה ביתו סמוך לעבודה זרה ונפל כותלו, צריך לכנוס לתוך שלו ולבנות. ואותו רווח שנוצר ימלאנו קוצים או צואה, שלא ירחיב גבול עבודה זרה. וכגמרא. (רמב"ם שם הלכות עבודה זרה פ"ח ה"ה. שו"ע יו"ד קמג, א).

בית שבנאו מתחילה לעבודה זרה בית שנבנה מתחילתו שיהיה הבית עצמו נעבד, וכן המשתחוה לבית בנוי — הרי זה אסור בהנאה (וכדברי רב בגמרא). היה הבית בנוי אלא שסיידוהו וכיירוהו לשם עבודה זרה — נוטל מה שחידשו והוסיפו בו (ומה שנטל אסור בהנאה) ושאר הבית מותר. ואם הכניס עבודה זרה לתוך בית — כל זמן שעבודה זרה מצויה בו הבית אסור בהנאה, ולאחר שהוציאו משם עבודה זרה הותר הבית. והוסיף רמ"א: ודווקא שלא הוקצה הבית לכך, אבל אם הוקצה לכך אינו מותר אלא אם כן הוציאה משם הגוי (אבל בישראל אינו מועיל) דרך ביטול, דהיינו על מנת שלא להכניסה שם עוד (עפ"י רש"י). כמשנה. (רמב"ם שם ה"ד. שו"ע שם קמה, ג).

אבן שחצבה מתחילה וכו' אבן שחצבה כדי לעובדה — אסורה בהנאה. היתה חצובה וציירה וכיירה שתיעבד (ואפילו צייר בגוף האבן. כדברי ר' אמי למסקנת הגמרא) — נוטל מה שהוסיפו, ומה שמוריד כך אסור בהנאה, ושאר האבן מותר. (רמב"ם שם. שו"ע שם סעיף ד).

העמיד עליה עבודה זרה אבן שהעמיד עליה עבודה זרה — הרי היא אסורה כל זמן שעבודה זרה עליה. ואם נטלוה משם — האבן מותרת (כאשר העמידו את האבן לפי שעה ולא הקצוה לשם כך. ש"ך עפ"י רש"י). (רמב"ם שם ה"ה. שו"ע שם סעיף ה).

מסורת הש"ס

א. שבת פב,ב. תוספתא זבים פ"ח ו. ילק"ש תורה תתנ.
ב. שם. משנה שבת פב,א. ילק"ש נ"ך תלו.
ג. ברכות סב,א.
ד. שם.
ה. ירושלמי שבת פ"ט ה"א. ספרי דברים יב,ג (עיי"ש).
ו. חולין טז,א. מעילה כ,א. ירושלמי שבת פ"ט ה"א. שם ע"ז פ"ג ה"ו. שם ה"ז.
ז. ראה ספרי דברים יב, ג.

גרסות

נידון מחצה על מחצה בירושלמי ועוד: **ידון מחצה למחצה.**

הא קא מרווח בכת"י ועוד: **והא קא שביק רווחא.**

והא אמר מר בכת"י: **והתניא.**

מיהו צניעותא בעי למעבד בכתי"מ וכעין זה בכתי"ס: **צניעותא מיהו מיבעי בעינן.**

דעבד ליה לתינוקות בכת"י: **דעביד ליה בית הכסא דתינוקות.**

והינגי בכת"י: **והיגי.**

וכיידו במשניות ועוד: **וכיירו.**

הכניס לתוכה בירושלמי בכת"י ועוד: **הכניס לתוכו.**

אלמא — דמי בכתי"ס משפט זה חסר.

אי הכי הני שלשה בכת"י וכן בב"ח: **אי הכי שלשה.**

כיון דלענין ביטול בב"ח: **כיון דלענין ביטול תנן** בכתי"ס: **כיון דלענין ביטולה.**

חד קא חשיב ליה בכתי"מ: **חשיב להו חד משום הכי קרי להו שלשה** בכתי"ס: **חד הוא חשיב להו חד.**

סיידה וכיידה בכתי"ס ועוד: **סיידה וכיירה** ובכתי"מ: **וכיירה וציירה.**

לשם עבודה זרה בכתי"מ: **לשם עבודה זרה וחידש.**

נוטל מה שסייד וכייד בירושלמי במשניות ועוד: **נוטל מה שחידש.**

איכא ביני אורבי בכתי"מ: **איכא רווחא דביני אורבי.**

ואף על גב דסייד בכת"י: **דאף על גב דסייד.**

מתחילה לעבודה זרה בכת"י: **מתחילה לבימוס.**

לשון

כיידו
משמעות המלה כמו "כייר". כלומר, עשיית צורות בולטות בטיט. שתי הצורות "כייד" ו"כייר". מצויות במקורות ולא נתברר איזו היא הצורה המקורית, או ששתיהן כאחת משמשות באותו מובן.

בימוס

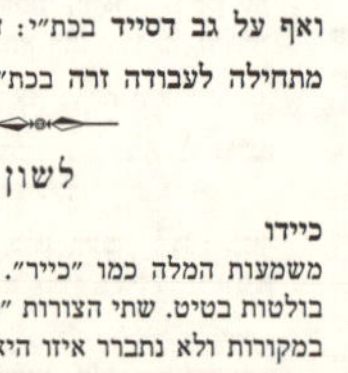

מקור המלה הוא ביוונית βωμός (בומוס) והוא מעין מזבח קטן שיש לו בסיס.

העולם

היזמי

יש לשער כי היזמי הוא הקרוי בימינו השברק הקוצני ממשפחת הפרפרניים (Ononis antiquorum L.). ההיזמי הוא בן שיח קוצני שגובהו מגיע עד ל—75 ס"מ. עליו הינם לרוב תלתניים וענפיו הצדדיים קוצניים ומסתעפים. ההיזמי נפוץ בשדות ובנחלים.

הינגי

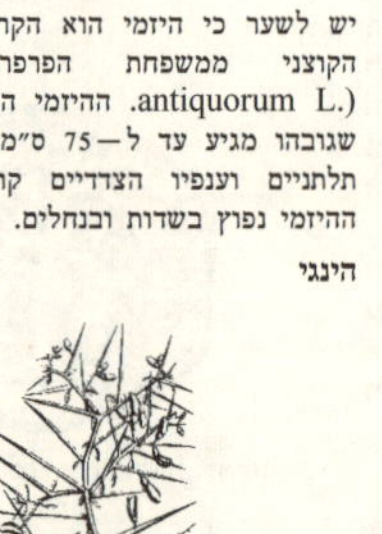

ההגא המצוי Alhagi maurorum Medick ממשפחת הפרפרניים הינו בן שיח קוצני בעל עלים פשוטים ללא שינון. גובהו כ—30 ס"מ והוא עשוי להגיע עד לגובה של מטר. נפוץ בעיקר בשדות ובמלחות.

א משנה **שָׁלֹשׁ אֲשֵׁרוֹת הֵן** לענין איסור עבודה זרה וביטולה: **אִילָן שֶׁנְּטָעוֹ מִתְּחִלָּה לְשֵׁם עֲבוֹדָה זָרָה — הֲרֵי זוֹ** אשרה שכולה **אֲסוּרָה.** אילן **שֶׁגִּידְּעוֹ** (חתך חלק מהגזע) או **פִּיסְּלוֹ.** (חתך חלק מענפיו) **לְשֵׁם עֲבוֹדָה זָרָה, וְהֶחֱלִיף** (הוציא ענפים חדשים) — **נוֹטֵל מַה שֶּׁהֶחֱלִיף** ושורפו, שמה שצמח בה גדל לשם עבודה זרה, ומה שהיה באילן מקודם — מותר. אשרה שלישית היא **שֶׁהֶעֱמִיד תַּחְתֶּיהָ עֲבוֹדָה זָרָה,** ואחר כך **נְטָלָהּ** משם — **הֲרֵי זוֹ** האשרה **מוּתֶּרֶת.**

ב גמרא על מה ששנינו שאילן שלא נטעו מתחילה לשם עבודה זרה נאסר כשגידעו ופסלו לשם עבודה זרה, **אָמְרִי דְּבֵי** [אמרו החכמים מבית מדרשו] של **ר' יַנַּאי: וְהוּא שֶׁהִבְרִיךְ וְהִרְכִּיב בְּגוּפוֹ שֶׁל אִילָן.** ומקשים: **וְהָאֲנַן** [והרי אנו] **"גִּידְּעוֹ וּפִיסְּלוֹ" תְּנַן** [שנינו], משמע שדי אם חתך מענפיו, ואפילו לא עשה פעולה של גידול ונטיעה באילן! **אֶלָּא כִּי אִיתְּמַר** [כאשר נאמרו] הדברים של **ר' יַנַּאי** — לא כדי לאסור את מה שגדל נאמר, אלא **לְעִנְיַן בִּיטּוּל אִיתְּמַר** [נאמר], **דְּאַף עַל גַּב** [שאף על פי] **שהִבְרִיךְ וְהִרְכִּיב בְּגוּפוֹ שֶׁל אִילָן, כִּי** [כאשר] **נָטַל מַה שֶּׁהֶחֱלִיף — שַׁפִּיר דָּמֵי** [יפה, כשר הדבר], ומסבירים: **שְׁמַהוּ דְּתֵימָא** [שתאמר]: **כֵּיוָן שהִבְרִיךְ וְהִרְכִּיב בְּגוּפוֹ שֶׁל אִילָן, כְּאִילָן שֶׁנְּטָעוֹ מִתְּחִלָּה דָּמֵי** [ייחשב], **וְלִיתַּסַר כּוּלָּהּ** [ושיאסר כולו] ולא רק מה שהוסיף, **קָא מַשְׁמַע לָן** [משמיע לנו] שאין הדבר כן.

אָמַר שְׁמוּאֵל: הַמִּשְׁתַּחֲוֶה לְאִילָן — תּוֹסַפְתֵּיהּ [הנוסף לו] לאילן מאותה שעה, **אֲסוּרָה. מְתִיב** [מקשה על כך] **ר' אֶלְעָזָר** מן המשנה: **גִּידְּעוֹ וּפִיסְּלוֹ לַעֲבוֹדָה זָרָה וְהֶחֱלִיף — נוֹטֵל מַה שֶּׁהֶחֱלִיף.** ונדייק מכאן: דווקא **גִּידְּעוֹ וּפִיסְּלוֹ — אִין** [כן], שעשה מעשה בגופו של האילן, **לֹא גִּידְּעוֹ וּפִיסְּלוֹ — לֹא,** משמע שבהשתחוואה בלבד אינו נאסר! ומשיבים: **אָמַר לָךְ** [יכול לומר לך] **שְׁמוּאֵל: הָא מַנִּי** [זו, המשנה, כשיטת מי היא]? שיטת **רַבָּנַן** [חכמים] **הִיא,** שאינם אוסרים אילן שהשתחווה לו לאחר שניטע בהיתר, **וּשְׁמוּאֵל שֶׁאָמַר** את דבריו הרי זה **כְּדַעַת ר' יוֹסֵי בַּר יְהוּדָה, שֶׁאָמַר: אִילָן שֶׁנְּטָעוֹ וּלְבַסּוֹף עֲבָדוֹ — אָסוּר. מַתְקִיף לָהּ** [מקשה על כך] **רַב אַשִׁי: מִמַּאי** [ממה] מסיק אתה שר' **יוֹסֵי בַּר יְהוּדָה וְרַבָּנַן** [וחכמים] **בְּתוֹסֶפֶת** שצמחה מכאן ולהבא **פְּלִיגִי** [הם חלוקים]? **דִּלְמָא** [שמא] נאמר כי **תּוֹסֶפֶת** שצמחה בו מזמן שעבד אותו — **לְדִבְרֵי הַכֹּל אָסוּר, וּבְעִיקָּרוֹ** (גזעו) של עץ שגדל בהיתר **פְּלִיגִי** [הם חלוקים], שר' **יוֹסֵי בַּר יְהוּדָה סָבַר** [סבור]: **עִיקָּרוֹ נַמִּי** [גם כן] **אָסוּר, דִּכְתִיב** [שנאמר]: **"וַאֲשֵׁרֵיהֶם תִּשְׂרְפוּן בָּאֵשׁ"** (דברים יב, ג), ושריפה מכלה הכל, ומכאן שכל האילן הנעבד אסור, **וְרַבָּנַן סָבְרִי** [וחכמים סבורים]: **עִיקַּר אִילָן שָׁרֵי** [מותר], **דִּכְתִיב** [שנאמר]: **"וַאֲשֵׁרֵהֶם תְּגַדֵּעוּן"** (שם ז, ה), וגידוע מותיר באילן חלק שלא נכרת, **אֵיזֶהוּ אִילָן שֶׁגִּידּוּעוֹ אָסוּר וְעִיקָּרוֹ שָׁרֵי** [מותר]? **הֱוֵי אוֹמֵר: אִילָן שֶׁנְּטָעוֹ וּלְבַסּוֹף עֲבָדוֹ! וְכִי תֵּימָא** [ואם תאמר]: **הָא דְּלָא מְתָרְצִינַן הָכִי** [הרי אין אנו מתרצים כך] את המקראות, כאשר נתפרשו שיטות אלה בגמרא לעיל (מה,ב) — **אֵיפּוּךְ** [הפוך] ואמור את ההסבר שנתנו לשיטת **רַבָּנַן** [חכמים] לשיטתו של ר' **יוֹסֵי בַּר יְהוּדָה,** ואת ההסבר לשיטת ר' **יוֹסֵי בַּר יְהוּדָה** אמור לשיטת **רַבָּנַן** [חכמים]! את ההצעה הזו דוחים: לפי פירוש זה, שהתוספת אסורה לדברי הכל, **אִם כֵּן** משנתנו ששנינו בה שאם **גִּידְּעוֹ וּפִיסְּלוֹ** נאסרה התוספת, **מַאן קָתָנֵי לָהּ** [מי שונה אותה]? **לֹא רַבָּנַן** [חכמים] **וְלֹא ר' יוֹסֵי בַּר יְהוּדָה,** ומפרטים: **אִי** [אם] תאמר **כְּרַבָּנַן** [חכמים], **בְּלֹא גִּידְּעוֹ וּפִיסְּלוֹ נַמִּי** [גם כן] **תּוֹסֶפֶת אֲסוּרָה, אִי** [אם] תאמר כר' **יוֹסֵי בַּר יְהוּדָה, עִיקַּר אִילָן נַמִּי** [גם כן] **אָסוּר!** ומתרצים: **אִי בָּעֵית אֵימָא רַבָּנַן** [אם תרצה אמור שהוא שיטת חכמים] **וְאִי בָּעֵית אֵימָא** [ואם תרצה אמור] שהוא שיטת ר' **יוֹסֵי בַּר יְהוּדָה.** ומסבירים: **אִי בָּעֵית אֵימָא** [אם תרצה אמור] שהוא כשיטת ר' **יוֹסֵי בַּר יְהוּדָה,** כך נפרש: **כִּי קָאָמַר** [כאשר אומר] ר' **יוֹסֵי בַּר יְהוּדָה** שֶׁבְּלֹא **גִּידְּעוֹ וּפִיסְּלוֹ** אלא בעבודה בלבד גם כן **עִיקַּר אִילָן אָסוּר** — הרי זה כשעושה זאת **בִּסְתָמָא** [בסתם] בלי לעשות דבר בגוף האילן, **אֲבָל גִּידְּעוֹ וּפִיסְּלוֹ** — בגידוע **גַּלֵּי אַדַּעְתֵּיהּ** [גילה דעתו] **שֶׁבְּתוֹסֶפֶת נִיחָא לֵיהּ** [נוח לו] שתהיה עבודה זרה, **בְּעִיקַּר אִילָן לֹא נִיחָא לֵיהּ** [נוח לו] ואינו עושה אותו לעבודה זרה. ולהיפך, **אִיבָּעֵית אֵימָא רַבָּנַן** [אם תרצה אמור שהוא שיטת חכמים], **"גִּידְּעוֹ וּפִיסְּלוֹ" אִיצְטְרִיכָא לֵיהּ** [הוצרכה לו לומר] שרק התוספת אסורה, ומדוע? **סָלְקָא דַּעְתָּךְ אָמִינָא** [יעלה על דעתך לומר]: **כֵּיוָן דַּעֲבַד לֵיהּ** [שעושה לו] לאילן **מַעֲשֶׂה בְּגוּפֵיהּ** [בגופו], **עִיקַּר אִילָן נַמִּי לִיתַּסַּר** [גם כן שייאסר], **קָמַשְׁמַע לָן** [משמיע לנו] שלדעתם אין נאסר בכך אלא התוספת, ולא האילן עצמו.

ג משנה **אֵיזוֹ אֲשֵׁרָה? כָּל שֶׁיֵּשׁ תַּחְתֶּיהָ עֲבוֹדָה זָרָה. ר' שִׁמְעוֹן אוֹמֵר: כָּל שֶׁעוֹבְדִין אוֹתָהּ** עצמה. **וּמַעֲשֶׂה בְּיִישׁוּב צַיְדָּן בְּאִילָן שֶׁהָיוּ עוֹבְדִין אוֹתוֹ** לעבודה זרה, **וּמָצְאוּ תַּחְתָּיו גַּל** אבנים, **אָמַר לָהֶן ר' שִׁמְעוֹן: בִּדְקוּ אֶת הַגַּל הַזֶּה, וּבְדָקוּהוּ וּמָצְאוּ בּוֹ צוּרָה** (של אליל), **אָמַר לָהֶן: הוֹאִיל וְלַצּוּרָה הֵן עוֹבְדִין, נַתִּיר לָהֶן אֶת הָאִילָן,** שהאילן עצמו אינו אסור.

ד גמרא שנינו במשנה: **אֵיזֶהוּ אֲשֵׁרָה.** ויש לשאול: **וְהָא אֲנַן** [והרי אנו] **"שָׁלֹשׁ אֲשֵׁרוֹת" תְּנַן** [שנינו] במשנה הקודמת, ובכללן אשרה זו! ומשיבים: **הָכִי קָאָמַר** [כך אמר] במשנה הקודמת: שלש אשרות הן, **שְׁתַּיִם** נחשבות אשרה **לְדִבְרֵי הַכֹּל, וְאַחַת** היא **מַחֲלוֹקֶת** של **ר' שִׁמְעוֹן וְרַבָּנַן** [וחכמים], וכך צריך להבין את משנתנו: **אֵיזוֹ הִיא אֲשֵׁרָה שֶׁנֶּחְלְקוּ בָּהּ ר' שִׁמְעוֹן וַחֲכָמִים? כָּל שֶׁיֵּשׁ תַּחְתֶּיהָ עֲבוֹדָה זָרָה,** ואילו ר' **שִׁמְעוֹן אוֹמֵר: כָּל שֶׁעוֹבְדִים אוֹתָהּ** היא אשרה. ושואלים לענין הלכה: **אֵיזוֹ הִיא אֲשֵׁרָה סְתָם?** כיצד יודעים אם אילן מסוים הוא עדיין עבודה זרה? **אָמַר רַב: כָּל שֶׁכּוֹמָרִים** של עבודה זרה **יוֹשְׁבִין תַּחְתֶּיהָ וְאֵין טוֹעֲמִין מִפֵּירוֹתֶיהָ,** משמע שהם סבורים שהיא מוקדשת לעבודה זרה. **וּשְׁמוּאֵל אָמַר: אֲפִילּוּ אָמְרִי** [אומרים] אנשים: **הָנֵי תַּמְרֵי** [התמרים האלה] של אילן זה הולכים **לְבֵי** [לבית] **נַצְרְפֵי** (מין עבודה זרה) — הרי האילן **אָסוּר, דְּרָמֵי בֵּי שִׁיכְרָא וְשָׁתֵי לֵיהּ** [שמטילים אותם למקום שעושים שיכר ושותים אותו] את השיכר **בְּיוֹם אֵידָם. אָמַר אַמֵּימָר, אָמְרוּ לִי סָבֵי** [זקני] **דְּפוּמְבְּדִיתָא: הִלְכְתָא** [הלכה] **כִּשְׁמוּאֵל.**

עיונים

שנטעו מתחילה לשם עבודה זרה הראב"ד אינו מסביר כאן כמו בבית ובאבן, שמדובר בעשיית מקום לעבודה זרה, ויש לאוסרו כדין תוספת בנין לעבודה זרה. אלא הוא מסביר כאן כמו שאר המפרשים, שמדובר כשנטע את האילן כדי לעובדו עצמו. וטעמו, לפי שאילן (שלא כבית ומצבה) הוא מחובר לקרקע, ואינו נאסר בכך. או משום שהואיל ומקומו פרוץ אין רואים את עמידת הצלם תחתיו אלא לשם צל, ולא כדי לייחד בית לעבודה זרה. וראה בריטב"א שהעיר כי לפי זה נמצא דין האילן בדרגת ביניים, שהוא חמור מדין הר שאינו נאסר אף אם עבדו אותו (שהרי אינו חלק מקרקע עולם כמו ההר), ומצד אחר אין בו דין תלוש (כגון בית) להיאסר כדין משמשי עבודה כשנבנה להכנסת עבודה זרה בו. אכן ראשונים רבים תמהו על שיטה זו, הן מצד לשון המשנה שהיא שווה בבתים באבנים ובאשירות, והן מצד הסברה (ראה ריטב"א).

הרי זו אסורה ואין לה היתר עד שיבטלנה הגוי שעבדה, ואם עבדה ישראל — אין לה תקנה לעולם.

גידעו ופסלו והחליף ולא היתה כוונתו אלא על מנת לעבוד את מה שצמח מן האילן. ורבינו יונה פירש: "גידעו" — כגון שחתך ממנו גזע ועבדו, "ופיסלו" — שפסל ממנו חתיכה ועבדה. ובירושלמי אמרו שאם פיתח פתוחים וקישוטים בגוף האילן — אסר את האילן עצמו ואין לו ביטול. וכן כתב ר"י מבירינא שלא אמרו הלכה זו במשנה אלא כשנתכוון למה שיצמח מחדש, אבל אם עשה מעשה בגוף האילן הריהו נאסר בכך, כיון שעשה בו מעשה, עיי"ש.

נוטל מה שהחליף וכו' כפי שמסבירה הגמרא, זהו לפי שיטת חכמים החולקים (לעיל מה,ב) על ר' יוסי בר' יהודה, וסבורים שאילן שנטעו ואחר כך עבדו מותר. שכיון שהעץ מוציא ענפים חדשים על ידי הגידוע הרי מה שנוסף נחשב כאילו נטעו מתחילה לשם כך, שגם חכמים מודים שכל הצומח ממנו נאסר (ראה רש"י בגמרא).

וניטלה הרי זו מותרת היו ראשונים שגרסו כאן, כמו בירושלמי ועוד: "וביטלה", שלא כמו לענין בתים ואבנים. וכן גרס הרי"ד, והסביר כי בהכרח מדובר כאן כשנטעה לצורך כך (שאם לא כן — הרי אף אם עבדוה ממש אינה נאסרת, שמחובר אינו נאסר), ומשום כך אין די בסילוק העבודה זרה משם, אלא בביטול ממש על ידי הגוי. ומצד אחר יש שהבינו כי גם אם ניטלה העבודה זרה יש בכך משום גם משום ביטול האשרה, שהואיל ולא ניטעה אלא כמשמשי העבודה זרה, הרי משנתבטלה עבודה זרה נתבטלו גם משמשיה (ראה בריטב"א ובתורת חיים). אבל ראה בר"י מבירינא שמסביר בשם ר"י הזקן, שהואיל ולא נאמר כאן שמדובר כשנטעו מתחילה לכך, הרי בהכרח יש לגרוס דווקא "ניטלה", שאין מקום לומר שתהא צריכה ביטול יותר מאשר בית ואבן במשניות הקודמות. ואף כשהעבודה זרה תחתיה אין מדובר באיסור ממש של משמשי עבודה זרה, אלא גזירה מדברי סופרים. ומצד אחר, הראב"ד הבין "ביטלה" באותה משמעות של הוצאה בענין בית ואבן, שאין צורך בביטול ממש. וראה בירושלמי, שגם כאן, כמו בבית ואבן, עשה ר' אלעזר אותו חילוק בין מקרה זה לבין המקרה הקודם שבמשנה, שכאן מדובר שהעמידה שם בדרך ארעי ולא בדרך קבע. וכן כתב הגר"א למסקנה שאין הבדל להלכה בין שתי הגרסות.

והוא שהבריך וכו' שמן ההרכבה וההברכה באו אותם "חילופים" (ענפים חדשים) — רש"י. ובירושלמי מוסיף שהוא כאשר הרכיב והבריך לשם עבודה זרה.

המשתחוה לאילן תוספתיה אסורה כתב הר"י מבירינא שלכאורה יש לתמוה: הרי אילן זה אינו נאסר בזמן ההשתחוואה, שהרי הוא מחובר, וכיצד יחול האיסור על מה שעדיין לא בא לעולם? והוא מסביר שגזירת הכתוב היא שייאסר מכאן ולהבא.

גדעו ופסלו אין וכו' שאלו בתוס' ועוד: מדוע לא נאמר ששני דינים הם, גידעו ולא עבדו, וכן השתחווה לו אף שלא גידעו, כדרך שהסבירו את דברי רב בעמוד הקודם בענין המשתחווה לבית? ויש שהסביר כי שמואל חולק על רב והוא סבור כי תלוש וחיברו אינו נאסר בהשתחוואה (רבינו יצחק בן מאיר, אחי רבינו תם). ורבינו תם פירש כי אינם חולקים, ויש להבחין בין בית לאילן, שכיון שהאילן מתחבר ומשתרש בקרקע הריהו נחשב כמחובר גמור (תוס' ר"י מבירינא. וראה שם הסברים נוספים). והרמב"ן כתב שלא תירץ כך כמו בבית, משום שבא לומר בכל אחת מהמשניות (בענין בית, אבן ואשרה) דבר חידוש, והחידוש כאן הוא שאף שהגידוע יכול להיחשב כמביא תועלת לאילן כולו (ולא רק למה שנתחדש בו) מכל מקום אינו נאסר כולו בכך.

עיקר אילן וכו' לראב"ד (על פי הר"ח) גרסה הפוכה, שר' יוסי בר' יהודה הוא הסבור שעיקרו מותר, ולדעת חכמים אף עיקרו נאסר, וכך גם משתנה לגמרי המשך הסוגיה בגרסתה ופירושה, ראה באריכות בדבריו.

וכי תימא וכו' איפוך כלומר, גם אם תקשה: הרי לעיל (מה,ב) הסברנו את הכתובים אחרת לשיטותיהם, כי לשיטת ר' יוסי בר' יהודה הכתוב "ואשריהם תשרפו" נאמר דווקא לענין אילן שנטעו מתחילה לכך, שהוא אסור כולו, והכתוב "ואשריהם תגדעון" — לאילן שנטעו ואחר כך עבדו, לומר שעיקרו מותר (ומתוך כך היה צורך להסביר מה בא פסוק זה לומר לדעת חכמים שהתירו אילן כזה לגמרי, ומה משיב על כך ר' יוסי וכו')! על כך יש להשיב כי דברים אלו לא נאמרו במפורש על ידי ר' יוסי עצמו, ואדרבה, בברייתא משמע כי הוא למד גם אילן שנטעו ואחר כך עבדו מ"ואשריהם תשרפו", אלא שמשום שהנחנו כי הוא סבור שאילן שנטעו ואחר כך עבדו אינו אסור כולו, הסברנו כי הוא למד את דינו מ"ואשריהם תגדעון". ואולם אם אנו מניחים להיפך, כי אילן כזה אסור לגמרי (ונמצאים דבריו ברייתא כפשוטם, שכל אילן, בין שנטעו מתחילה לכך ובין שנטעו ואחר כך עבדו, הריהו בכלל "ואשריהם תשרפו באש") הופכים אנו גם את דרך מדרש הכתובים, שדווקא חכמים הם הלומדים מ"ואשריהם תגדעון" להתיר את עיקרו, ור' יוסי שפסוק זה נמצא מיותר לשיטתו, הוא דורשו כפי שדרשנו לשיטת חכמים באותה סוגיה — לגידועי עבודה זרה שקודמים לכיבוש, וכן הלאה בתירוץ הכתובים השונים לשיטותיהם. ולגרסת הראב"ד בענין זה ההצעה "איפוך" אינה רק הפיכה של דרשת הכתובים, אלא שיש להפוך לגמרי את הדעות, שר' יוסי המיקל וחכמים הם המחמירים, כפי שהוא מאריך לבאר, עיי"ש.

איזו אשרה שנחלקו בה כלומר, דווקא חכמים אוסרים אילן שהעמידו תחתיו עבודה זרה, אבל ר' שמעון מתיר גם בזמן שהיא תחתיו (ר"י מבירינא, רי"ד ועוד). והסביר הראב"ד כי לדעת ר' שמעון אין מקום לגזור באילן כמו בבית ואבן, כיון שהוא מחובר. ואילו הריטב"א פירש כי נחלקו האם אילן שהוא מחובר נאסר כדין משמשי עבודה זרה, שלדעת ר' שמעון אינו נאסר אלא אם נעבד הוא עצמו. אכן מן הירושלמי משמע כי גם חכמים אינם סבורים שיש לאוסרו כדין משמשים, ששם מסבירים שמחלוקת ר' שמעון וחכמים היא באילן שלא ברור מה עובדים בו. כי אם ברור שעובדים לצורה — האילן מותר, ואם עובדים לאילן — האילן אסור, ולא נחלקו אלא בסתם, האם מניחים שעובדים לשניהם או רק לצורה. אכן הריטב"א מסביר כי גם לפי הירושלמי סבורים כולם כי אשרה שהעמידו תחתיה נאסרת כדין משמשים, ולא נחלקו אלא האם יש לסמוך על סילוק העבודה זרה משם כדי לומר שגם היא בטלה בכך, או שמא יש לחשוש שנעבדה לעצמה ואין סילוק לבדו מועיל, עיי"ש באריכות.

איזו היא אשרה סתם אין דברים אלה המשך למשנה, אלא נושא בפני עצמו, כיצד אנו יודעים באילן שהוא בגדר אשרה שיש לאסור אותו בהנאה (רש"י).

שכומרים יושבים תחתיה לפני הראשונים (ר"ח, רי"ד, השלמה ועוד) היתה גם גרסה אחרת: כל שהכומרים שומרים אותה.

ואין טועמים מפירותיה שהוא סימן מובהק שאין האילן משמש רק להנאת עובדיו ולפירותיו, אלא יש בו צד של עבודה זרה (רש"י).

אורח הלכה

אילן שנטעו אילן שנטעו מתחילה על מנת שיהא נעבד — אסור בהנאה. (רמב"ם ספר מדע הלכות עבודה זרה פ"ח ה"ג. שו"ע יו"ד קמה, ו).

גדעו ופסלו אילן שהיה נטוע וגדעו ופסלו לשם עבודה זרה, אפילו הבריך והרכיב בגופו של אילן והוציא שריגים — כורת את השריגים והם אסורים בהנאה, ושאר האילן מותר. כמשנה, וכדברי ר' ינאי בגמרא. (רמב"ם שם. שו"ע שם).

העמיד תחתיה עבודה זרה אילן שהעמידו תחתיו עבודה זרה, כל זמן שהיא תחתיו — האילן אסור בהנאה (אם נטעו לשם כך. ש"ך עפ"י הר"ן ועוד), ואם נטלה מתחתיו — הרי זה מותר, מפני שלא האילן עצמו הוא הנעבד. וכדברי ר' שמעון במשנה. (רמב"ם שם ה"ד. שו"ע שם).

המשתחוה לאילן המשתחוה לאילן (שלא ניטע לשם כך), אף שאין גוף האילן נאסר — כל הענפים והעלים והפירות שיוציא (לאחר מכן. ש"ך) כל זמן שהוא נעבד — אסורים בהנאה. כשמואל, וכדעת הכל. (רמב"ם שם ה"ג. שו"ע שם סעיף א).

איזו היא אשרה סתם אילן ששומרים הכמרים פירותיו כדי לשתות מהשכר שעושים מהם ביום חגם — אילן זה אסור בהנאה, שבידוע שהוא אשרה. וכדברי שמואל שנפסקה הלכה כמותו. וכל שכן שאסור כשאינם אוכלים כלל מפירותיו, כדברי רב (ש"ך). (רמב"ם שם. שו"ע שם קמב, יב).

מסורת הש"ס

א. ירושלמי שבת פ"ט ה"א. ספרי ומדרש תנאים דברים יב,ג. ילק"ש תורה תתעח.
ב. ראה תוספתא ע"ז פ"ו ט.
ג. ראה ירושלמי ע"ז פ"ג ה"ט.
ד. ע"ז מה,ב (ושם סומנו מקבילות).
ה. ראה ע"ז מה,ב. ילק"ש תתנ.
ו. עירובין עט,ב. תוספתא ע"ז פ"ו ח.

גרסות

הרי זו אסורה בירושלמי ובכת"י: הרי זה אילן.

עבודה זרה ונטלה בירושלמי במשניות בכת"י ובדפו"י: עבודה זרה וביטלה.

הרי זו מותרת בירושלמי במשניות ובכת"י: הרי זה מותר.

איתמר דר' ינאי בכת"י: איתמר דבי ר' ינאי.

לענין ביטול בכתי"ס: לענין ביטולה.

מתחילה דמי וליתסר כולה בכתי"מ: מתחילה לכך דמי ותתסר בכתי"ס: מתחילה לכך דאמי ומיתסר כוליה.

תוספתיה בכתי"ס: תוספתו.

ופיסלו לעבודה זרה בכת"י: ופיסלו לשם עבודה זרה.

ושמואל דאמר כר' יוסי בכת"י: ואנא דאמרי כר' יוסי.

בתוספת פליגי — ובעיקרו פליגי בכתי"מ: בתוספת אילן פליגי דילמא תוספתו דברי הכל אסור ובעיקר אילן פליגי.

דר' יוסי בר יהודה סבר עיקרו נמי אסור... ורבנן סברי עיקר אילן שרי בכתי"מ (ותוקן) וכן בר"ח ועוד: רבנן סברי עיקר אילן אסור... ור' יוסי בר' יהודה סבר עיקר אילן מותר וראה בראב"ד.

הוי אומר אילן בכתי"ס: הרי אומר זה אילן.

הא דלא מתרצינן הכי ובכתי"ס ובר"ח: הא לא תרצינן הכי ובכתי"ס ועוד: הא לא אמרינן הכי.

איפוך רבנן לדר' יוסי בר יהודה ודר' יוסי בר יהודה בכתי"מ: איפוך תרצתא דרבנן לר' יוסי בר יהודה ותרצתא דר' יוסי בר יהודה.

אי רבנן — אסור ראה בר"ח ובראב"ד.

בלא גידעו ופיסלו בכתי"ס: למה לי גידעו ופיסלו בלא גידעו ופיסלו.

סלקא דעתך אמינא כיון דעביד ליה מעשה בכתי"ס: מהו דתימא כיון דגידעו ופיסלו דעבד מעשה.

איזו אשירה בירושלמי במשניות ובכת"י ועוד: איזו היא אשירה.

ומצאו תחתיו גל בירושלמי בכתי"ס ועוד: והיה תחתיו גל.

נתיר להן הב"ח הביא גרסה: נתיר לכם ויש בדפו"י: נתיר.

שתים לדברי הכל בכת"י: שלש אשירות הן שתים לדברי הכל.

אשרה שנחלקו בה בכתי"ס: אשירה של מחלוקת.

יושבין תחתיה בכת"י ועוד: משמרין אותה.

אפילו אמרי הני — ושתי ליה בכתי"מ ובע"ז במקבילה: כגון דאמרי הני תמרי הויין שיכרא לבי נצרפי דשתי לה ובכתי"ס: כגון דאמרי הני תמרי ניהויין לבי נצרפו ושאתו ליה.

הלכתא כשמואל בכת"י: הלכתא כוותיה דשמואל.

החיים

אשרה

מטבע רומאי ובו מצויירת אשרה, ומתחתיה מזבחות

בי נצרפי
חכמים שונים ניסו למצוא מקורות בשפות שונות למלה זו. ונראה לומר כי ענינה הוא כמו "בית שריפה", והיא כינוי לאחד מן המקדשים הפרסיים, שהיו מוקדשים לפולחן האש שלהם.

מתני' שלש אשרות הן אילן שנטעו מתחלה לשם עבודה זרה הרי זו אסורה גידעו ופיסלו לשם עבודה זרה והחליף נוטל מה שהחליף העמיד תחתיה עבודה זרה ונטלה הרי זו מותרת: גמ' אמרי דבי ר' ינאי והוא שהבריך והרכיב בגופו של אילן והאנן גידעו ופיסלו תנן אלא כי איתמר דרבי ינאי לענין ביטול איתמר דאף על גב דהבריך והרכיב בגופו של אילן כי נטל מה שהחליף שפיר דמי דמהו דתימא כיון דהבריך והרכיב בגופו של אילן כאילן שנטעו מתחלה דמי וליתסר כולה קמ"ל אמר שמואל המשתחוה לאילן תוספתיה אסורה מתיב רבי אלעזר גידעו ופיסלו לעבודה זרה והחליף נוטל מה שהחליף גידעו ופיסלו אין לא גידעו ופיסלו לא אמר לך שמואל הא מני רבנן היא ושמואל דאמר כרבי יוסי בר יהודה דאמר *אילן שנטעו ולבסוף עבדו אסור מתקיף לה רב אשי ממאי דרבי יוסי בר יהודה ורבנן בתוספת פליגי דלמא תוספת לדברי הכל אסור ובעיקרו פליגי דרבי יוסי בר יהודה סבר עיקר נמי אסור דכתיב ואשיריהם תשרפון באש ורבנן סברי עיקר אילן שרי דכתיב ואשירהם תגדעון *) איזהו אילן שגידועו אסור ועיקרו שרי הוי אומר אילן שנטעו ולבסוף עבדו וכי תימא הא דלא מתרצינן הכי איפוך רבנן לדרבי יוסי בר יהודה ודרבי יוסי בר יהודה לרבנן אם כן גידעו ופיסלו מאן קתני לה לא רבנן ולא רבי יוסי בר יהודה אי רבנן בלא גידעו ופיסלו נמי תוספת אסורה אי רבי יוסי בר יהודה עיקר אילן נמי אסור אי בעית אימא רבנן ואי בעית אימא רבי יוסי בר יהודה אי בעית אימא רבי יוסי בר יהודה כי קאמר רבי יוסי בר יהודה בלא גידעו ופיסלו עיקר אילן אסור בסתמא אבל גידעו ופיסלו גלי אדעתיה דבתוספת ניחא ליה בעיקר אילן לא ניחא ליה איבעית אימא רבנן גידעו ופיסלו איצטריכא ליה ס"ד אמינא כיון דעבד ליה מעשה בגופיה עיקר אילן נמי ליתסר קמשמע לן: מתני' איזו אשרה כל שיש תחתיה עבודה זרה ר"ש אומר כל שעובדין אותה ומעשה בצידן באילן שהיו עובדין אותו ומצאו תחתיו גל אמר להן ר"ש בדקו את הגל הזה ובדקוהו ומצאו בו צורה אמר להן הואיל ולצורה הן עובדין נתיר(א) להן את האילן: גמ' איזהו אשרה והא אנן שלש אשרות תנן ה"ק שתים(ב) לדברי הכל ואחת מחלוקת דר"ש ורבנן איזו היא אשרה שנחלקו בה ר"ש וחכמים כל שיש תחתיה עבודה זרה ר"ש אומר כל שעובדים אותה **) איזו היא אשרה סתם אמר רב כל שכומרים יושבין תחתיה ואין טועמין מפירותיה ושמואל אמר אפילו אמרי הני תמרי לבי נצרפי אסור דרמי בי שיכרא ושתי ליה ביום אידם אמר אמימר אמרו לי סבי דפומבדיתא הלכתא כשמואל:

מתני'

*) [לעיל מה:] **) [תוספ' פ"ז] עירובין עט:

מתני' הרי זו אסורה. עד שיבטלנה הגוי: גידעו. גוי או ישראל לעבודה זרה לצורך עבודה זרה לעבוד הגידולין שיגדלו בו מעתה והוא כבר היה נטוע כשבא ישראל ליהנות ממנו: נוטל מה שהחליף. ושורפו כדין אשרה ועיקרו מותר בהנאה: גמ' והוא שהבריך.(ג) בגופו מאותה הברכה והרכבה היו חליפותיו דה"ל הנך גידולין הנטועין מתחלה לכך דאי לאו הכי אפילו חידוש לא מיתסר: גידעו תנן. משום מעשה פורתא שינוי בעלמא להיכרא מיתסר: לענין ביטולא איתמר. ולא לענין תחלת איסור לומר שאם לא הבריך בגופו לא יהא צריך ביטול אלא אביטול קאי דכי מבטל ליה ישראל סגי בהכי אע"ג דנעשה מעשה בגופו של אילן: אמר לך שמואל. תלמודא מהדר הכי מאי שמואל לתרוצי: הא מני רבנן היא. דפליגי עליה דרבי יוסי בר יהודה ואמרי אילן שנטעו ולבסוף עבדו מותר הלכך גידעו ופיסלו הוא דהוו כנטוע מתחלה לכך דמשום גידוע מחליף טפי ומיתסרא אבל לא גידעו לא: מתקיף לה רב אשי. מאי דוחקיך לאוקמא לדשמואל אליבא דתנאי: ממאי דרבנן ור' יוסי בתוספת פליגי. דלרבנן שריא ודשמואל תנאי היא: דלמא תוספתו לדברי הכל אסור. בהשתחואה ודשמואל דברי הכל היא: ובעיקר אילן פליגי. דרבי יוסי סבר עיקר אילן אסור אפי' היכא דלא נטעו מתחלה לכך: דכתיב ואשריהם תשרפון. אשריהם תרי משמע חד לנטוע מתחלה לכך וחד לנטוע ולבסוף עבדו: ורבנן סברי. אילן שלא ניטע לכך שרי דכתיב ואשריהם תגדעון משמע יש אשרה שאין עיקרה אסורה אלא גידועה והעיקר תשאר בארץ לצורך ולאי משום ואשריהם תשרפון דמשמע כל האילן בנטוע מתחלה לכך קאמר והאי לשון רבים דקרא אכל אשרות שבארצכם הנטועות מתחלה לכך קאי: וכי תימא. הא לא תרצינן בשמעתא דלעיל הכי דהא אוקימנא לדרבי יוסי ילפי טעמא לאילן שנטעו ולבסוף עבדו מואשריהם תגדעון אלמא מודה הוא דעיקרו מותר ובתוספת פליגי: איפוך. תרוצא דרבנן לרבי יוסי ודרבי יוסי לרבנן דהא לא בהדיא שמעינן ליה לרבי יוסי דיליף טעמא מואשריהם תגדעון דהא רבי יוסי ואשריהם תשרפון בהא נסב ליה תלמודא למילתיה ואנן הוא דקשיא לן האי מיבעיא ליה לשנטעו מתחלה לכך ואוקימנא לטעמיה מואשריהם תגדעון הלכך אפיך תרוצא דרבי יוסי דתרלת ואימא רבי יוסי מואשריהם תשרפון בהא דמשמע לשון רבים נפקא ליה תרווייהו ורבנן ילפי היתירא מואשריהם תגדעון ור' יוסי ההוא מיבעיא ליה לגידועי עבודה זרה קודמין לכיבוש ארץ ישראל ורבנן נפקא להו מאבד תאבדון וכן כולה תרלתא: אם כן. דתוספתו דברי הכל אסור: גידעו. דמתני' דמשמע דכי לא גידעו שרי מאן קתני לה: ה"ג. אי רבנן ל"ל גידעו ופיסלו בלא גידעו ופיסלו נמי הא אמרינן תוספתו אסור: אי רבי יוסי עיקר אילן נמי אסור. ומתני' תני מה שהחליף ותו לא הלכך על כרחך דשמואל תנאי: איבעית אימא רבנן כו'. ולעולם דשמואל דברי הכל: ואיבעית אימא רבי יוסי. ודקשיא לך האמר עיקר אילן אסור ומתניתין קתני מה שהחליף ותו לא לא קשיא כי קאמר ר' יוסי עיקר אילן אסור בסתמא כו': עיקרו נמי ליתסר. הואיל ונעשה מעשה בגופו קמ"ל: מתני' איזו היא אשרה כו'. בגמרא פריך והא אנן ג' אשרות תנן: כל שעובדין אותה. את האילן עצמו אבל אם עובדין את עבודה זרה שתחתיו האילן מותר: גמ' והא אנן ג' הן תנן. ל"ל למיהדר ומיבעי איזו היא ועוד התם תני תלת והכא תני חדא: שתים לדברי הכל. שהרי אילן עצמו עבודה זרה: איזוהי אשרה סתם. לאו אתירוצא דמתני' קאי אלא מילתא באפי נפשה קאמר תלמודא דפליגי בה אמוראי איזו היא אשרה סתם אילן שלא הוכרר לנו שהיא אשרה באיזה סימן ניכר אם היא אשרה אם לאו: ואין טועמין מפירותיה. ודאי פלחי לה: בי נצרפי. שם עבודה זרה שלהם:

מתני'

גדעו ופסלו אין לא גדעו ופסלו לא. תימה הא דלא משני גדעו ופסלו אע"פ שלא השתחוה השתחוה אע"פ שלא גדעו כדמשני לעיל (דף מז:) גבי בית ואין לפרש משום דשמואל לית ליה הך שנויא משום דקא פליג עליה דרב ואמר דבית הוי כמחובר ולעיל נמי ליכא למימר לשמואל בנה אע"פ שלא השתחוה כו' דבפרק נגמר הדין (סנהדרין דף מז:) מסיק לשמואל הכא במאי עסקינן בקבר בנין וחשיב ליה תלוש והתם מדמי קבר לעבודה זרה וי"ל היינו טעמא דלא משני ליה(ד) הכי דלעיל דודאי יש חילוק בין אילן לבית דאילן שהוא מושרש בקרקע בטלה תפיסתו כדפרישית לעיל הלכך גידוע ופיסול בלא השתחואה ודאי לא היה מועיל כלום אפילו למ"ד עבודה זרה של גוי אסורה מיד היינו בדבר תלוש דכתיב פסילי אלהיהם כיון שפסלו נעשה לו אלוה אבל זה שהוא מחובר ואין דעתו שיהיה עבודה זרה רק מה שיחליף אין לאסרו בלא השתחואה והכי נמי מלינו דחשבינן ליה(ה) לתלוש גבי הא דאמר (חולין דף טז.) בשביל שיודא הכותל הרי זה בכי יותן ואילן דבר הנשרש בקרקע חשבינן למחובר דאי לא תימא הכי לא מלינו שום זרע בלא הכשר ונראה דלא דמי דהתם הפירות מיהא תלושין ואע"ג דהכותל מחובר מתכשרי אבל פירות שבאילן הכל מחובר וקל להבין והא דלא משני ליה גדעו ופסלו אילטריכא ליה כדמשני במסקנא דשינויא דחיקא הוא וניחא ליה(ו) לאוקמי מתניתין כרבנן ושמואל כר' יוסי בר יהודה:

לא

עז א ב ג ד מיי' פ"ח מהל' עבודת כוכבים הלכה ג ד סמג לאוין מה טוש"ע י"ד סי' קמה סעיף ו:

עח ה מיי' שם הל' ג טוש"ע שם סעי' א:

עט ו מיי' שם סמג שם טוש"ע שם סעי' ו:

פ ז מיי' שם וסמג שם טוש"ע י"ד סי' קמב סעיף יב:

[לעיל מה: מו.]

רבינו חננאל

מתני' שלש אשרות הן. אילן שנטעו מתחלה לשום עבודה זרה הרי זו אסורה. גידעו ופיסלו כמין כיסוח וגידור לשום עבודה זרה והחליף אמירין ונצרים נוטל מה שהחליף האמירים והנצרים ושאר האילן מותר. העמיד תחתיה עבודה זרה ונטלה האילן מותר: אמרי דבי ר' ינאי ואפילו הבריך והרכיב בגופו של אילן. כי נוטל מה שהחליף שפיר דמי ושאר האילן מותר: אמר שמואל המשתחוה לאילן תוספתו אסורה. ומקשינן עליה והאנן גידעו ופיסלו א) לא. ופריק שמואל מתני' רבנן היא ואנא דאמרי כר' יוסי בר' יהודה דאמר בכי האי גוונא אילן מותר וגידועו אסור. ומתקיף עליה רב יוסף ממאי דכי פליגי רבנן ורבי יוסי ב"ר יהודה בהאי פליגי דלמא בהאי פליגי בעיקר אילן ב) דרבנן סברי עיקר אילן אסור דכתיב ואשריהן תשרפון באש. וכשהאש שורפת מכלה את הכל. ור' יוסי סבר עיקר אילן מותר דכתיב ואשריהם תגדעון. גידועו אסור אבל העיקר מותר. אבל התוספת דברי הכל אסור. וכי תימא הא לא אמרי הכי דהא לא אמרי רבנן ואשריהם תשרפון באש אלא באילן שנטעו מתחלה לכך אבל נטעו ולבסוף עבדו לא. אפיך דרבנן לר' יוסי בר' יהודה ודר' יוסי בר' יהודה לרבנן. ומקשינן אי הכי מתני' דקתני גידעו ופסלו מאן קתני ליה אי ר' יוסי בר' יהודה הא אמר עיקר אילן שרי הא תוספתו אסיר. אי רבנן למה לי גדעו ופיסלו. אפילו בלא גידוע ופיסול האילן עצמו אסור וכל שכן תוספתו אסירא. דהא אמרת בתוספתו כולי עלמא לא פליגי דאסירא. ופרקינן אי בעית תימא מתני' רבנן היא. וכי אמרו עיקר אילן בסתמא אבל גידעו ופיסלו גלי דעתיה דבתוספת שיוסיף לההוא ניחא ליה לעובדו בשאר אילן לא ניחא ליה הלכך העיקר שרי ותוספת אסיר: איבעית תימא מתני' ר' יוסי בר' יהודה וגידעו ופסלו אצטריכא ליה מהו דתימא כיון דגדעו ופסלו כאילו מתחלה נטעו לכך ועיקרו נמי ליתסר. קמ"ל דאינו אסור אלא מה שהחליף: מתני' איזוהי אשרה כל שתחתיה עבודה זרה ר' שמעון אומר כל שעובדין אותה. מעשה בצידן באילן שהיו עובדין אותו כו'. ומקשינן והא שלש אשרות תנן. ופרקינן הכי קאמר שלש אשרות הן. שתים דברי הכל ואחת מחלוקת. ואיזו היא מחלוקת ר"ש ורבנן ואיזו היא מחלוקת ר"ש וחכמים כל שתחתיה עבודה זרה וכו' איזהו אשרה סתם. אמר רב כל שכומרין שומרין אותה ואין טועמין מפירותיה ושמואל אמר כגון דאמ' הני תמרי נהוויין לשיכרא דבי ניצרפי ושתי ליה ביום אידם. אמר אמימר אמרו לי סבי דפומבדיתא הלכתא כשמואל:

לא

הגהות הב"ח

(א) במשנה נתיר (לכן) חז"מ ונ"ב ס"א לכם: (ב) גמ' ה"ק שתים דברי כל"ל ואות ל' נמחק: (ג) רש"י ד"ה והוא שהבריך והרכיב בגופו ומאותה וכו' גידולין נטועין וכו' אפילו החידוש: (ד) תום' ד"ה גדעו וכו' דלא משני ליה הכא כדלעיל: (ה) בא"ד מלינו דחשבינן ליה לבית כתלוש גבי: (ו) בא"ד דשינויא דחיקא הוא וניחא ליה טפי לאוקמי. נ"ב פירוש דהשתא דסבירא לן דעיקר לדברי הכל שרי לא [מצי למימר דאיצטריך] גדעו ופסלו לאורויי דהעיקר [אפילו בגדעו ופסלו] נמי שרי דהא פשיטא דהא ליכא למ"ד דליתסר עיקר אבל לבתר דקאמר דלמא תוספת לד"ה אסור [ובעיקר פליגי] השתא ודאי ניחא ליה לשנויי דגדעו ופסלו איצטריך לאורויי דאפי' גדעו ופסלו נמי עיקר שרי ודלא כר"י בר יהודה:

גליון הש"ס

תום' ד"ה גדעו וכו' ואין לפרש משום דשמואל לית ליה. תמוה לי הא מ"מ מוכח לומר כן גבי אבן שחצבה דמיירי אע"פ שלא השתחוה דבהשתחוה למ"ל דחצבה מתחלה לבימוס הא בהשתחואה נאסר כיון דהוא תלוש וכמ"ש תוס' לעיל בשמעתין ד"ה והאבן וצ"ע: בא"ד וה"נ מלינו. לא ידעתי למאי צריך לראיה זו הא חזינן להדיא בסוגיין דמשתחוה לבית אסרו דכתלוש הוא דמי ובמשתחוה לאילן לא נאסר לרבנן וכן לריב"י לא נאסר העיקר. הרי דאילן הוי מחובר יותר מבית וצ"ע:

א) נ"ל והאנן גדעו ופסלו תנן גדעו ופסלו לא ופריק וכו'. ב) מדברי רבינו ז"ל אלו נראה להדיא דהסי' לו גי' אחרת בכאן לפום אתקפתא דרב אשי מפכינן פלוגתא דריב"י ורבנן וזהו דאמרינן איפוך רבנן כפרש"י ודו"ק.

א מתני' לא ישב בצילה ואם ישב טהור ולא יעבור תחתיה ואם עבר טמא היתה גוזלת
ב את הרבים ועבר תחתיה טהור: גמ' לא ישב בצילה פשיטא אמר רבה בר בר חנה א"ר יוחנן לא נצרכא אלא לצל צילה מכלל דבצל קומתה אם ישב טמא לא דאפי' לצל קומתה נמי אם ישב טהור והא קמ"ל דאפילו לצל צילה לא ישב איכא דמתני לה אסיפא ואם ישב טהור פשיטא אמר רבה בר בר חנה א"ר יוחנן לא נצרכא אלא לצל קומתה מכלל דלצל צילה אפילו לכתחלה ישב[א] לא הא קמ"ל דאפילו לצל קומתה אם ישב טהור:
ג ולא יעבור תחתיה ואם עבר טמא: מ"ט אי אפשר דליכא תקרובת עבודה זרה מני רבי יהודה בן בתירא היא דתניא *רבי יהודה בן בתירא אומר מנין לתקרובת עבודה זרה שמטמאה באהל שנאמר ויצמדו לבעל פעור ויאכלו זבחי מתים מה מת מטמא באהל אף תקרובת עבודה זרה מטמא באהל: היתה גוזלת את הרבים ועבר תחתיה טהור: איבעיא להו עבר או עובר רבי יצחק בן אלעזר משמיה דחזקיה אמר עובר ורבי יוחנן אמר אם עבר ולא פליגי הא דאיכא דירכא אחרינא הא דליכא דירכא אחרינא א"ל רב ששת לשמעיה כי מטית להתם ארהיטני[ב] היכי דמי אי דליכא דירכא אחרינא ל"ל ארהיטני מישרא שרי ואי דאיכא דירכא אחרינא כי אמר ארהיטני מי שרי לעולם דליכא דירכא אחרינא *ואדם חשוב שאני:
ד מתני' זורעין תחתיה ירקות בימות הגשמים אבל לא בימות החמה והחזירין לא בימות החמ' ולא בימות הגשמים *ר' יוסי אומר אף לא ירקות בימות הגשמים מפני שהנביה נושרת
ה עליהן והוה להן לזבל: גמ' למימרא דרבי יוסי סבר זה וזה גורם אסור ורבנן אמרי זה וזה גורם מותר הא איפכא שמעינן להו דתנן *רבי יוסי אומר שוחק וזורה לרוח או מטיל לים אמרו לו אף היא נעשה זבל ונאמר לא ידבק בידך מאומה מן החרם קשיא דרבנן אדרבנן קשיא דר' יוסי אדרבי יוסי בשלמא דרבי יוסי אדרבי יוסי לא קשיא התם דקאזיל לאיבוד מתיר הכא דלא קאזיל לאיבוד אסור אלא דרבנן אדרבנן קשיא איפוך ואיבעית אימא לא תיפוך דר' יוסי כדשנין דרבנן כדאמר רב מרי בריה דרב כהנא *מה שמשביח בעור פוגם בבשר הכא נמי מה שמשביח בנביה פוגם בצל וסבר רבי יוסי זה וזה גורם אסור *(והתניא) *רבי יוסי אומר נוטעין יחור של ערלה ואין נוטעין אגוז של ערלה מפני שהוא פרי ואמר רב יהודה אמר רב מודה רבי יוסי שאם נטע והבריך והרכיב מותר ותניא נמי הכי מודה רבי יוסי שאם

א משנה לֹא יֵשֵׁב בְּצִילָּהּ של אשירה, גם אם אינו יושב תחתיה ממש, כלומר תחת ענפיה, שהרי הוא נהנה כך מעבודה זרה, וְאִם יָשַׁב — טָהוֹר. וְלֹא יַעֲבוֹר תַּחְתֶּיהָ ממש, וְאִם עָבַר — טָמֵא. אבל אם הָיְתָה גּוֹזֶלֶת אֶת הָרַבִּים שענפיה יוצאים לרשות הרבים, וְעָבַר תַּחְתֶּיהָ — טָהוֹר.

ב גמרא שנינו במשנה: לֹא יֵשֵׁב בְּצִילָּהּ. ושואלים: פְּשִׁיטָא [פשוט] שכן הוא, שהרי נמצא נהנה מעבודה זרה! אָמַר רַבָּה בַּר בַּר חָנָה אָמַר ר' יוֹחָנָן: לֹא נִצְרְכָא [נצרכה] הלכה זו אֶלָּא לְצֵל צִילָּהּ, כלומר, לצל המתארך שלה, שהוא ארוך מקומתה של האשירה עצמה. ושואלים: האם מִכְּלָל דברים אלה נלמד שבְּצֵל שהוא באורך קוֹמָתָהּ, אִם יָשַׁב — טָמֵא? ודוחים: לֹא, יש לפרש שאֲפִילּוּ לְצֵל קוֹמָתָהּ נַמִּי [גם כן], אִם יָשַׁב — טָהוֹר, וְהָא קָא מַשְׁמַע לָן [ודבר זה משמיע לנו], שאֲפִילּוּ לְצֵל צִילָּהּ לֹא יֵשֵׁב לכתחילה. אִיכָּא דְּמַתְנֵי לָהּ אַסֵּיפָא [יש שהיו שונים דבר זה על הסוף, הקטע הבא של המשנה] ששנינו בו: וְאִם יָשַׁב — טָהוֹר. ושואלים: פְּשִׁיטָא [פשוט] שכן הוא! אָמַר רַבָּה בַּר בַּר חָנָה אָמַר ר' יוֹחָנָן: לֹא נִצְרְכָא [נצרכה] הלכה זו אֶלָּא לְצֵל קוֹמָתָהּ. ותוהים: מִכְּלָל הדברים תלמד שלְצֵל צִילָּהּ אֲפִילּוּ לְכַתְּחִלָּה יֵשֵׁב? ודוחים: לֹא, הָא קָא מַשְׁמַע לָן [דבר זה משמיע לנו], שאֲפִילּוּ לְצֵל קוֹמָתָהּ, אִם יָשַׁב — טָהוֹר.

ג ועוד שנינו במשנה: וְלֹא יַעֲבוֹר תַּחְתֶּיהָ, וְאִם עָבַר — טָמֵא. ומסבירים: מַאי טַעְמָא [מה הטעם] שהוא טמא? אִי אֶפְשָׁר דְּלֵיכָּא [שאין] תִּקְרוֹבֶת עֲבוֹדָה זָרָה מתחת לעץ, והיא מטמאת. וכיון שהעץ מאהיל על הטומאה ועליו — הריהו נטמא מחמת אוהל הטומאה. ומעירים: מַנִּי [שיטת מי היא]? שיטת ר' יְהוּדָה בֶּן בְּתֵירָא הִיא. דְּתַנְיָא [ששנויה ברייתא], ר' יְהוּדָה בֶּן בְּתֵירָא אוֹמֵר: מִנַּיִן לְתִקְרוֹבֶת עֲבוֹדָה זָרָה שֶׁמְּטַמְּאָה בְּאֹהֶל כְּמֵת? שֶׁנֶּאֱמַר: "וַיִּצָּמְדוּ לְבַעַל פְּעוֹר וַיֹּאכְלוּ זִבְחֵי מֵתִים" (תהלים קו, כח) כלומר, זבחים שזבחו לעבודה זרה, ומן ההשוואה בכתוב נלמד: מַה מֵּת מְטַמֵּא בְּאֹהֶל — אַף תִּקְרוֹבֶת עֲבוֹדָה זָרָה מְטַמְּאָה בְּאֹהֶל.

שנינו במשנה: הָיְתָה גּוֹזֶלֶת אֶת הָרַבִּים, וְעָבַר תַּחְתֶּיהָ — טָהוֹר. אִיבַּעְיָא לְהוּ [נשאלה להם, לחכמים] השאלה: האם הלשון היא לשון דיעבד, שאם עָבַר תחתיה טהור, ואולם לכתחילה אין לעשות כן, אוֹ הכוונה שלכתחילה עוֹבֵר תחתיה וטהור? ר' יִצְחָק בֶּן אֶלְעָזָר מִשְּׁמֵיהּ [משמו] של חִזְקִיָּה אָמַר: עוֹבֵר תחתיה לכתחילה, וְר' יוֹחָנָן אָמַר: אִם עָבַר. ומעירים: וְלָא פְּלִיגֵי [ואין הם חלוקים בהלכה]: הָא דְּאִיכָּא דִּירְכָּא אַחֲרִינָא [זה שיש דרך אחרת] לעבור בה, ואז לא יעבור לכתחילה, הָא דְּלֵיכָּא דִּירְכָּא אַחֲרִינָא [זה שאין דרך אחרת], ואז עובר תחתיה אפילו לכתחילה. מסופר, אָמַר לֵיהּ [לו] רַב שֵׁשֶׁת, שהיה עיוור, לְשַׁמָּעֵיהּ [לשמשו] שהיה מוליך אותו: כִּי מָטֵית לְהָתָם אַרְהִיטֵנִי [כאשר אתה מגיע לשם, מתחת לצל האשירה שברחוב, הריצני]. ושואלים: הֵיכִי דָּמֵי [כיצד בדיוק היה הדבר]? אִי דְּלֵיכָּא דִּירְכָּא אַחֲרִינָא [אם שאין דרך אחרת], לָמָּה לִי "אַרְהִיטֵנִי" [הריצני]? מִישְׁרָא שָׁרֵי [הרי מותר הדבר]! וְאִי דְּאִיכָּא דִּירְכָּא אַחֲרִינָא, כִּי אָמַר "אַרְהִיטֵנִי" מִי שָׁרֵי [ואם יש דרך אחרת, כאשר אומר לו "הריצני" האם מותר]? ומשיבים: לְעוֹלָם תפרש דְּלֵיכָּא דִּירְכָּא אַחֲרִינָא [שאין דרך אחרת], וכפי שנאמר לעיל מותר הדבר, ובכל זאת אָדָם חָשׁוּב שָׁאנֵי [שונה], שצריך להיזהר במעשיו יותר, שלא ילמדו ממנו לעשות כן לכתחילה.

ד משנה זוֹרְעִין תַּחְתֶּיהָ תחת האשירה יְרָקוֹת בִּימוֹת הַגְּשָׁמִים, שצל האילן אינו מביא כל תועלת לירקות שתחתיו, ואף מונע מהם את השמש. אֲבָל לֹא בִּימוֹת הַחַמָּה, לפי שאין הצל מזיק להם, והוא אף מגן על הירקות מן השמש. וְהַחֲזִירִין (חזרת, חסה) אין זורעים תחתיה לֹא בִּימוֹת הַחַמָּה וְלֹא בִּימוֹת הַגְּשָׁמִים, שגם בימות הגשמים הצל טוב להם. ר' יוֹסֵי אוֹמֵר: אַף לֹא יזרע תחת האשירה יְרָקוֹת בִּימוֹת הַגְּשָׁמִים, מִפְּנֵי שֶׁהַנְּבִיָּה (השלכת) נוֹשֶׁרֶת עֲלֵיהֶן וְהוֹוֶה (ומשמשת) לָהֶן לְזֶבֶל, ואם כן הריהו נהנה מעץ האשירה.

ה גמרא על המחלוקת שבמשנתנו, שואלים: לֵימָא [האם לומר] שר' יוֹסֵי סָבַר [סבור]: זֶה וָזֶה גּוֹרֵם — אָסוּר כלומר, אם יש שני גורמים לדבר, שאחד מהם מותר ואחד אסור, אסורה התוצאה. ולכן אף שהירקות ניזונים מן הקרקע שהיא מותרת — אסור הדבר, משום הנבלה של עצי האשירה, וְרַבָּנַן אָמְרֵי [וחכמים אומרים]: זֶה וָזֶה גּוֹרֵם — מוּתָּר, ולכן הם מתירים? הָא אִיפְּכָא שָׁמְעִינַן לְהוּ [הרי ההיפך אנו שומעים אותם], דִּתְנַן [ששנינו במשנה], ר' יוֹסֵי אוֹמֵר: עבודה זרה שׁוֹחֵק וְזוֹרֶה לָרוּחַ אוֹ מַטִּיל לַיָּם. אָמְרוּ לוֹ: אם זורה אותה לרוח אַף הִיא נַעֲשֵׂית זֶבֶל, וַהֲרֵי נֶאֱמַר: "לֹא יִדְבַּק בְּיָדְךָ מְאוּמָה מִן הַחֵרֶם" (דברים יג, יח), ומשמע שחכמים הם החוששים להנאה מזבל של עבודה זרה, ור' יוסי אינו חושש לכך, ואם כן, קַשְׁיָא דְּרַבָּנַן אַדְּרַבָּנַן [קשה מדברי חכמים על דברי חכמים], קַשְׁיָא [קשה] מדברי ר' יוֹסֵי על דברי ר' יוֹסֵי! ומעירים: בִּשְׁלָמָא [נניח] מדברי ר' יוֹסֵי לְר' יוֹסֵי לָא קַשְׁיָא [קשה]: הָתָם [שם], שהוא מפזר וזורה לרוח דְּקָאָזֵיל [שהולך הכל] לְאִיבּוּד ואינו נעשה זבל במקום אחד — מַתִּיר, הָכָא [כאן] דְּלָא קָאָזֵיל [שאינו הולך] לְאִיבּוּד, אלא נצבר על גבי הירקות — אָסוּר. אֶלָּא דְּרַבָּנַן אַדְּרַבָּנַן קַשְׁיָא [מדברי חכמים על דברי חכמים קשה]! ומתרצים: אֵיפּוּךְ [הפוך] את השיטות. וְאִיבָּעֵית אֵימָא [ואם תרצה אמור]: לָא תֵּיפוֹךְ [אל תהפוך], אלא הסבר את דברי ר' יוֹסֵי כִּדְשָׁנִינַן [כמו שתירצנו], דְּרַבָּנַן [ואת דברי חכמים] כִּדְאָמַר [כמו שאמר] רַב מָרִי בְּרֵיהּ [בנו] של רַב כָּהֲנָא בענין אחר, בדרך הפשטת העור בבכור בהמה: מַה שֶּׁמַּשְׁבִּיחַ בָּעוֹר כשמפשיט אותו בדרך מסויימת פּוֹגֵם בַּבָּשָׂר, הָכָא נַמִּי [כאן גם כן], מַה שֶּׁמַּשְׁבִּיחַ האילן בַּנְּבִיָּה (בשלכת הנושרת ממנו) פּוֹגֵם בַּצֵּל שהוא מאפיל על הירקות, ואם כן הרי אינו נהנה מן העבודה הזרה. ולעצם הענין שואלים: וְהָאִם סָבַר ר' יוֹסֵי שֶׁזֶּה וָזֶה גּוֹרֵם אָסוּר, וְהָתַנְיָא [והרי שנינו במשנה], ר' יוֹסֵי אוֹמֵר: נוֹטְעִין יִחוּר מעין שֶׁל עץ שהוא עָרְלָה, שאף שערלה אסורה בהנאה — אין איסור ערלה בענפים, וְאֵין נוֹטְעִין אֱגוֹז שֶׁל עָרְלָה, מִפְּנֵי שֶׁהוּא פְּרִי ואסור בהנאה. וְאָמַר רַב יְהוּדָה אָמַר רַב: מוֹדֶה ר' יוֹסֵי, שֶׁאִם נָטַע אגוז של ערלה, ואת מה שצמח או הִבְרִיךְ או הִרְכִּיב בעץ רגיל — מוּתָּר מה שגדל בו. וְתַנְיָא נַמִּי הָכִי [ושנויה ברייתא גם כן כך]: מוֹדֶה ר' יוֹסֵי

עיונים

לא ישב בצילה שאף שאינו יושב תחתיה ממש, מכל מקום הרי נהנה מעבודה זרה (רש"י). ובירושלמי הקשו: הרי ההיכל במקדש הוא עצמו אסור בהנאה ומותר לשבת בצילו, וכן קבר שאסור בהנאה צילו מותר! ואמרו שם שבהכרח אין זה משום איסור הנאה. והסבירו בתוס' שהוא משום חומרת עבודה זרה, מפני שרצו להרחיק הרבה ממנה. ועוד הוסיפו בתוס' תירוץ אחר על פי הגמרא בפסחים (כו,א), שאין צל ההיכל אסור, משום שבעיקר נעשה ההיכל לשימוש בתוכו, ואין הנאת צילו נחשבת. וכן גם כתב הראב"ד, ולפי זה פסק (וכן הריא"ז) שמותר לשבת בצל בנין של עבודה זרה. אבל לפי השיטה הראשונה יהא הדבר אסור (ראה מאירי).

גוזלת את הרבים שהיתה נוטה לרשות הרבים. וכתבו המפרשים שהכוונה שהיתה נוטה לרשות הרבים באופן שענפיה נכנסים לתוך מקום הילוכם של רבים, שכיוצא בזה באילן של אדם פרטי ודאי היו קוצצים אותו (ראה ב"ב כז,ב). והעיר הראב"ד כי מדובר כאן כאשר הדרך קדמה לעבודה זרה, אבל אם העבודה זרה קדמה — אסור.

ובטעם הדבר, מדוע במקרה זה הוא טהור, כתב רש"י שאין טומאת האוהל של עבודה זרה מן התורה אלא מדברי סופרים, משום הרחקה, ולפיכך כאשר גוזלת את הרבים לא גזרו בזה חכמים. וכן אמרו בירושלמי כי מכאן עולה ש"אין טומאת המתים (בעבודה זרה) מחוורת". אבל הראב"ד מסביר (וכן מביא זאת בתר"י בשם חכמי פרובינציא) שכיון שרבים עוברים שם — אין רגילים להשאיר שם תקרובת עבודה זרה. ועוד, שגם אם יש שם תקרובת היא נרמסת ברגלי הרבים ומתבטלת.

פשיטא והעיר המאירי כי על כל פנים יש חידוש מסויים בענין זה, שאף הנאה שאינה ממשית כמו רווח כספי או הנאה של אכילה ושתיה, גם היא אסורה.

לא נצרכא אלא לצל צלה ובירושלמי נאמר בשם רב חסדא להיפך, שדווקא בצילה נאסר הדבר אבל לא בצל צילה. ושם מפרשים ש"צילה" הוא הצל שאורכה כאורך האילן עצמו, כל שאילו תיפול היא נוגעת בו, ו"צל שלה" הוא צל ארוך יותר מזה. וכן פירש רש"י. והראב"ד מפרש ש"צל צילה" הוא צל הקלוש באילן, ו"צילה" הוא צל עבה של האילן, אפילו הוא מרוחק הרבה. והוא אולי כדברי הרמב"ם, מהם משמע ש"צילה" (או "צל קומתה") הוא צל קומת האילן, ו"צל צילה" הוא צל הענפים היוצאים ממנו. וראה בריטב"א שפירש כי ההבדל הוא בין צל חשוך וצל "צלול".

אי אפשר דליכא תקרובת כתב הריטב"א שאין הכוונה שממש אי אפשר, שהרי פעמים אין שם תקרובת. אלא שהוא על דרך הרוב, שכרגיל מניחים שם תקרובת. או שעל כל פנים, בוודאי היתה שם בעבר תקרובת, והדבר ספק אם ניטלה משם או נדרסה, ואין ספק מוציא מידי ודאי.

ובתוי"ט תמה: מדוע אין חוששים לכך שהאשירה עצמה, שהיא עבודה זרה, מטמאה את מה שתחתיה? ובתפא"י רצה לפרש כי משתנו אינה עוסקת האשירה הנעבדת בעצמה, אלא בזו שיש תחתיה עבודה זרה. אבל בתוי"ט הסביר כי לדעת ר' יהודה בן בתירא דווקא תקרובת עבודה זאה מטמאה באוהל, אבל לא עבודה זרה. וכן כתב הרי"ד כי אשירה שהיא מחוברת לקרקע — אין בה דין טומאה.

עבר או עובר ואין כאן מחלוקת בגרסת המשנה, אלא שיש לומר שמותר הדבר לכתחילה, ומה שנזכר הדבר בלשון "עבר" הריהו משום שהוא שונה כלשון ההלכה הקודמת במשנה (רא"ה).

ובפשטות עוסקת הסוגיה בשאלה האם חכמים גזרו טומאה לכתחילה במקרה זה של אשירה הגוזלת את הרבים, או שרק בדיעבד אמרו שטהור. אבל הרמב"ן סבור כי השאלה כאן אינה נוגעת לטומאה וטהרה, אלא להיתר לעבור וליהנות מצילה של האשירה, ראה בריטב"א שדן והסביר באריכות את דבריו.

דליכא דירכא אחרינא בתוס' כתבו שאין הכוונה שאין דרך אחרת כלל, אלא שכל דרך אחרת היא ארוכה יותר מזו.

אדם חשוב שאני שצריך אדם חשוב להיזהר יותר, שהבריות מסתכלים ולמדים ממעשיו, ופעמים שאינם מדייקים ועוברים על ידי כך.

זה וזה גורם כלומר, הנבייה מזבלת את הירק, אבל הירק ניזון גם מן הקרקע עצמה. ונמצא שיש שני גורמים בגידולו. והראשונים תהו: לפי הסבר זה, כיצד מבינים את דברי חכמים המתירים? שהרי גם לדעת האומר שזה וזה גורם מותר, מכל מקום אין לעשות כן לכתחילה! וכתב הרי"ד שכיון שהעלים נושרים מעצמם בלא שיעשה מעשה, הרי טעם זה מצטרף לטעם האחר של "זה וזה גורם". ור"י מבירינא מסביר שהעלים הנושרים לא בהכרח הם נעשים זבל, וכיון שאינו דבר ודאי לא אסרוהו. ורמב"ן כתב כי הנאה זו הנאה שממילא היא, ולא על דעתה נטע — לא אסרו חכמים את הדבר אף לכתחילה. וראה עוד בריטב"א בר"ן ובמאירי.

זה וזה גורם מותר ואף שגם חכמים אסרו לזרוע תחת האשירה בימות החמה — אין קרוי "זה וזה גורם" אלא במקרה ששני הגורמים עושים את אותה הפעולה, כגון הזיבול, ומכיון שאין האיסור בעצמו עושה את כל אותה פעולה — מותר. אבל בימות החמה, כאשר כל פעולת ההגנה מן השמש נעשית על ידי האשירה בלבד — אין זה קרוי "זה וזה גורם" (תוס', וכן בראשונים רבים).

התם דקאזיל לאיבוד רש"י פירש שכיון ששוחק את העבודה הזרה ומתכוון לאבדה מן העולם, אין בה איסור עוד. וראה בתוס' שהקשו על כך, ופירשו שהכוונה היא שאין האבק היוצא מן העבודה הזרה מצטבר במקום אחד באופן שמביא תועלת, אלא בעיקר נזרה לרוח והולך לאיבוד. וכן מסבירים רוב המפרשים.

מה שמשביח בעור מקור ההלכה הוא בענין הדרך שבה מפשיטים את עור הבכור או פסולי המוקדשים. שהדרך הרגילה בהפשטת העור מן הבהמה היא לעשות חתך לאורך כל הגוף ואז לפשוט את העור. ויש דרך אחרת, כאשר רוצים להשתמש בעור כדי שישמש כנוד וכיוצא בו, והיא לעשות חתך ברגל ואז למשוך את העור כולו מן הרגלים. ובברייתא במסכת תמורה (כד,א) נאמר כי אסור לעשות כן בעורות בכור ופסולי המוקדשים, למרות שעל ידי כך מתקבל עור שלם ומשובח יותר וההקדש מרויח יותר מפדיונו. וההסבר שנתן לכך רב מרי הוא שמצד אחר מפסיד ההקדש בדרך הפשטה זו מן הבשר. ומכאן למדו שאם אותו מעשה עצמו גורם גם לרווח וגם להפסד שוקלים את הדברים זה כנגד זה.

שאם נטע וכו' רש"י מסביר שהראיה לעניינו היא מן הדין הראשון שהוזכר — שאם נטע אגוז, כיון שהעץ היוצא ממנו אינו רק תוצאה מן האגוז אלא יש גורם אחר לדבר, שהוא קרקע העולם — לכן אין האילן היוצא מאגוז זה אסור. ואילו "הבריך והרכיב" עוסקים ביחור ערלה שהרכיבו על עץ היתר או הבריכו בו. והקשו ראשונים על פירושו מצדדים שונים, ובין השאר, כי מכאן עולה שלדעת חכמים (שר' יוסי מודה להם) נוטעים פרי של ערלה לכתחילה, וקשה לומר שיתירו לכתחילה להשתמש באיסור הנאה (וראה בריטב"א שטוען כי הלשון "מודה ר' יוסי" אינה מלמדת בהכרח על דעה חולקת). ור"י מבירינא מסביר שכיון שהאגוז עצמו אינו נשאר קיים, אלא בתהליך נביטתו הוא נרקב בקרקע, לכן מותר ליטע אותו (וראה ברמב"ן שהביא מעין דברים אלו בשם הירושלמי). ואילו בתוס' סבורים כי מחלוקת חכמים ור' יוסי אינה לכתחילה, אלא רק בדיעבד.

אכן, רש"י מביא פירוש אחר, ולפיו "נטע והבריך והרכיב" עוסקים כולם באגוז, שר' יוסי מודה שאם נטע אגוז, ואת הנטיעה שצמחה ממנו (שהיא עצמה אסורה) הבריך או הרכיב באילן של היתר — הרי פירות ההרכבה מותרים משום זה "זה וזה גורם". ואף שרש"י עצמו דוחה פירוש זה, התוס' ועוד מעדיפים אותו. וראה בתר"י.

פירוש אחר עולה מגרסת ר"ח ועוד בענין זה, שהיא גם גרסת ספרי ספרד (תר"י), וכן הוא במשנה (ערלה פ"א מ"ט): אין נוטעין אגוז של ערלה מפני שהוא פרי, ואין מרכיבין כפניות (של תמרים) של ערלה. ועל כך נאמר בברייתא שמודה ר' יוסי שאם נטע והבריך והרכיב כפניות — מותר. והסביר הר"ח כי עיקר הקושיה היא מדין הכפניות שהורכבו על עץ של היתר. ופירש הראב"ד כי כפניות (שהן תמרים בעודן סמדר, או שהוא מעין "שומר" לתמרים בשלב הסמדר (ראה פסחים נב,ב. וראה גם במפרשי המשנה בערלה), יש להם דין ערלה לדעת ר' יוסי, אבל לדעת חכמים אינו נחשב פרי לענין ערלה (וגם לא ה"שומר" שלו). וכאן נאמר כי גם לדעת ר' יוסי, אם הרכיב את אותן כפניות על עץ של היתר, כפי שהיו רגילים לעשות כדי להצמיח יחורים, יהא הפרי הגדל מהן מותר מטעם "זה וזה גורם". ונמצא ר' יוסי מודה לחכמים, אבל לא מטעמם.

והבריך והרכיב פעולת ההרכבה נעשית על ידי חיבור של יחור לעץ קיים, כאשר היחור הופך לענף של העץ הקיים. בעוד הברכה בדרך כלל נעשית כאשר מכופפים ומכניסים ענף לקרקע בעודו מחובר לעץ, וחוזרים ומוציאים את ראשו, ובמשך הזמן הוא מוציא שורשים לעצמו, ואז חותכים אותו מעץ האם. והראשונים דנו מה עניינן של שתי פעולות אלו בהקשר של סוגייתנו, שלדעת רש"י יש גם מהן ראיה לענין "זה וזה גורם", אבל הראשונים הקשו ממה שמוכח ממקום אחר שהרכבה אינה מתירה מדין "זה וזה גורם", אלא מתוך שרואים את היחור המורכב כבטל בעץ הזקן (תוס'), ובמקרה זה הפירות מותרים מיד, ולא לאחר שלוש שנים כמו אגוז שנטעו (רמב"ן). וראה בר"ן שהסביר כי העיקרון של "זה וזה גורם" הוא עצמו מבוסס על ביטול האיסור בהיתר, ואם כן הוא הוא הטעם. ועוד הקשה רמב"ן: הרי הברכה נעשית באילן אחד ומה מקום לומר "זה וזה גורם"! ובחידושים המיוחסים לרשב"א הראה שמצאנו גם הברכה של עץ בעץ. וראה עוד לעיל.

אורח ההלכה

לא ישב בצילה האשירה, בין שהיא עצמה נעבדת, או שיש מתחתיה עבודה זרה — אסור לשבת בצילה. ומדברי הרמב"ם עולה שהוא מתיר לשבת בצל צלה. כירושלמי, או שהיתה לו גרסה אחרת בסוגייתנו (ראה בגר"א). ובטור ובי"י כתבו לאיסור כפשט הסוגיה שלנו, וכן סיכמו האחרונים. (רמב"ם ספר מדע הלכות עבודה זרה פ"ז הי"א. שו"ע יו"ד קמב, ט).

היתה גוזלת את הרבים אסור לעבור תחת האשירה (אבל בצילה מותר. רמ"א עפ"י הר"ן), ואם יש לו דרך אחרת (קצרה כמותה) שאינה עוברת תחת האשירה — לא ילך בדרך זו. ואם אין דרך אחרת — עובר תחתיה בריצה. כמסקנת הגמרא. וראה בש"ך שהעיר כי מסוגייתנו משמע כי כשאין לו דרך אחרת הותר הדבר רק באשירה הגוזלת את הרבים, ומצד אחר באופן זה מותר לעבור גם שלא בריצה. וראה בביאור הגר"א.

(רמב"ם שם. שו"ע שם).

זורעין תחתיה ירקות וכו' מותר ליטע תחת האשירה ירקות, בין בימות החמה ובין בימות הגשמים, מפני שצל האשירה שהוא אסור עם הקרקע שאינה נאסרת גורמים לירקות אלו לצמוח, וכל שדבר איסור ודבר מותר גורמים לו — הרי זה מותר. כמסקנת הגמרא בעמוד הבא, שהלכה כר' יוסי, ומה שאסר היה לשיטת חכמים. (רמב"ם שם הי"ד. שו"ע שם סעיף יא).

נוטעין יחור של ערלה אסור לנטוע פרי ערלה, ואם נטע — הפירות שיצאו ממנו מותרים (לאחר שלוש שנים. ט"ז), שזה וזה גורם מותר. אבל מותר לנטוע יחור מעץ ערלה, שאין איסור ערלה אלא בפרי, וכדברי ר' יוסי. (רמב"ם ספר זרעים הלכות נטע רבעי פ"י ה"ג. שו"ע שם רצד, יב).

מסורת הש"ס

א. ראה ירושלמי ע"ז פ"ג הי"א.
ב. ע"ז לב,ב (ושם סומנו מקבילות).
ג. ראה ירושלמי ע"ז פ"ג הי"א (עיי"ש).
ד. ע"ז ח,ב (ושם סומנו מקבילות).
ה. תוספתא ע"ז פ"ו ח.
ו. ע"ז מב,א.
ז. (מחלוקת זו) פסחים כז,א. סנהדרין פ,א. ע"ז מט,א. בכורות ו,א. תמורה ל,ב. לא,א.
ח. תמורה כד,א. בכורות לג,ב.
ט. משנה ערלה פ"א מ"ט. ירושלמי ערלה פ"א ה"ה. שם ע"ז פ"ג ה"ה. תוספתא ערלה פ"א ה.

גרסות

והא — לא ישב בכתי"מ: **ואיידי דתנא סיפא אם ישב תנא רישא נמי לא ישב** ובכתי"ס משפט זה חסר.

מכלל דלצל צילה בכתי"ס: **מכלל דבצל צלה.**

לא הא קא משמע לן — טהור בכתי"מ: **לא אפילו לצל צילה לכתחילה לא ישב ואיידי דתנא סיפא אם ישב תנא נמי רישא לא ישב הא קמ"ל — טהור** ובכתי"ס משפט זה חסר, וראה בהגהות הגר"א.

דליכא תקרובת עבודה זרה בכתי"מ: **דליכא תקרובות** ובכתי"ס: **דליכא תקרובת.**

הא דאיכא — דליכא דירכא אחרינא בכתי"ס: **הא דאיכא דרכא אחריתי לא יעבור והא דליכא דרכא אחריתי יעבור.**

למה לי ארהיטני בכתי"ס: **אמאי ארהיטני.**

כי אמר ארהיטני מי שרי בכת"י: **כי ארהיטני מאי הוי.**

והחזירין במשניות: **והחזרין** בכתי"מ: **וחזרין.**

שהנביה במשניות: **שהנמיה** ויש נוסח: **שהנויה.**

והוה להן יש בכת"י: **והוות הנאה להם.**

ורבנן אמרי זה בכת"י: **ורבנן סברי זה.**

לאיבוד מתיר... לאיבוד אסור בכתי"מ: **לאבוד שרי... לאיבוד אסיר.**

איפוך — לא תיפוך בכתי"ס משפט זה חסר.

לא תיפוך בכתי"מ: **לעולם לא תיפוך.**

דר' יוסי כדשנין בכתי"מ: **ודר' יוסי אדר' יוסי לא קשיא כדשנין** ובכתי"ס חסר משפט זה.

מפני שהוא פרי בכתי"ס ועוד נוסף כאן: **ואין מרכיבין כפניות של ערלה** וראה בעיונים.

לשון

נביה
יש מפרשים ששורש המלה הוא "ניב", וממנו גם "תנובה" וכיוצא בזה. והכוונה היא לכלל העלים הצומחים מן האילן. ויש סבורים שנביה היא דווקא שמם של העלים הנושרים מן האילן (עלי שלכת וכיוצא בהם).

העולם

החזירין
החזירין, כלומר החזרת = חסה כנראה נהנית מן ההגנה של העץ המסוכך עליה, אולי משום שהעלים שלה הם רכים, ופגיעת גשמים ישירים עלולה לגרום לה נזק.

לעזי רש"י

לטוג"א מן הצרפתית העתיקה leituge — חסה, חזרת.

מסורת הש"ס

א. (בשינויים) תוספתא ע"ז פ"ו א.
ב. משנה ערלה פ"ב מי"א. פסחים כו,ב. ע"ז עג,ב. תמורה יב,א.
ג. משנה עבודה זרה מט,ב. פסחים כז,א.
ד. ע"ז מה,ב (ושם סומנו מקבילות).

גרסות

תרזה במקבילה: תרדה ובכתי"ס: תרדה ותרזה.

הי ר' אליעזר ורבנן בכתי"מ: הי ר' אליעזר הי רבנן.

שנפל איסור לכתחלה בכתי"מ: שנפל איסור בתחילה.

באיסורא אסורה ואי גמיר בהיתירא מותרין בכתי"מ: גמר בהתירא התירא ובכתי"ס: ודגמר באיסורא אסור ודגמר בהיתרא מותר וכעין זה בב"ח.

בין סלקיה בין לא סלקיה בכת"י: לא שנא קדם וסילק ולא שנא לא קדם וסילק.

עצים אסורה בהנאה בכתי"ס כבמקבילה: עצים אסורין בהנאה.

נתערבה באחרים בכתי"ס: נתערבה באחרות ובכתי"מ ועוד: נתערבה באחרות ואחרות באחרות וראה תוס'.

דמקילי בשאור בעבודה זרה מי מקילי בכת"י: דמקילי בשאר איסורין בעבודה זרה מי שמעת לה.

לדבריהם דרבנן אמר להו בכת"י וכן בב"ח: לדבריהם דרבנן קאמר להו.

אודו לי מיהת אף ירקות בכת"י: אף לא ירקות בימות הגשמים מפני שהנמייה נושרת עליהן והו להן לזבל.

קמיה דרב יוסף — אמר שמואל בכתי"מ: לקמיה דרב יוסף כי האי גוונא מאי. שלח ליה הכי אמר רב יהודה אמר רב.

שֶׁאִם נָטַע וְהִבְרִיךְ וְהִרְכִּיב — מוּתָּר, משמע שהוא סבור שכיון שיש שני גורמים בדבר ורק אחד מהם אסור, התוצאה אינה אסורה! וְכִי תֵּימָא [ואם תאמר], שָׁנֵי לֵיהּ [שונה לו] לְר' יוֹסֵי בֵּין שְׁאָר אִיסּוּרִין לַעֲבוֹדָה זָרָה, שבעבודה זרה דווקא הוא סבור שזה וזה גורם אסור, על כך יש לשאול: וּמִי שָׁנֵי לֵיהּ [והאם אכן שונה לו]? וְהָתַנְיָא [והרי שנויה ברייתא]: שָׂדֶה שֶׁנִּזְדַּבְּלָה בְּזֶבֶל עֲבוֹדָה זָרָה, וְכֵן פָּרָה שֶׁנִּתְפַּטְּמָה בְּכַרְשִׁינֵי עֲבוֹדָה זָרָה, תָּנֵי חֲדָא [שנויה ברייתא אחת]: שָׂדֶה שנזדבלה — תִּזָּרַע כדרכה, פָּרָה — תִּשָּׁחֵט ותיאכל. וְתַנְיָא אִידָךְ [ושנויה ברייתא אחרת]: שָׂדֶה — תֵּבוֹר (שישאירנה בורה, בלי לזורעה), וּפָרָה — תִּרְזֶה, עד שיכלה מהם מה שהשביחו מעבודה עבודה זרה. מַאי לָאו הָא [האם לא זו] הברייתא שמתירה — כשיטת ר' יוֹסֵי האומר שזה וזה גורם מותר, וְהָא רַבָּנַן [וזו כדעת חכמים] שאוסרים? ודוחים: לֹא, הָא [זו] שיטת ר' אֱלִיעֶזֶר, וְהָא רַבָּנַן [וזו שיטת חכמים] החולקים בענין זה וזה גורם, ודעת המתיר בעבודה זרה לא שיטת ר' יוסי היא. ושואלים: הִי [איזה] ר' אֱלִיעֶזֶר וְרַבָּנַן [וחכמים]? היכן נתפרש שהם חולקים בכך? אִילֵימָא [אם תאמר] שמדובר במחלוקת ר' אֱלִיעֶזֶר וְרַבָּנַן [וחכמים] בענין של שְׂאוֹר, דִּתְנַן [ששנינו במשנה]: שְׂאוֹר שֶׁל חוּלִּין וְשְׂאוֹר שֶׁל תְּרוּמָה (שאסורה לזר, שאינו כהן) שֶׁנָּפְלוּ לְתוֹךְ הָעִיסָּה של חולין, ואין לֹא בְּזֶה בלבד כְּדֵי לְחַמֵּץ (לגרום לעיסה להחמיץ) וְלֹא בְּזֶה כְּדֵי לְחַמֵּץ, וְנִצְטָרְפוּ יחד וְחִימְּצוּ — ר' אֱלִיעֶזֶר אוֹמֵר: אַחַר הָאַחֲרוֹן אֲנִי בָּא, ואם האחרון היה תרומה — הכל אסור לזר, ואם האחרון שנפל היה חולין — מותר. וַחֲכָמִים אוֹמְרִים: בֵּין שֶׁנָּפַל אִיסּוּר לְכַתְּחִלָּה וּבֵין שֶׁנָּפַל אִיסּוּר לְבַסּוֹף, אֵינוֹ אָסוּר עַד שֶׁיְּהֵא בּוֹ עצמו כְּדֵי לְחַמֵּץ את העיסה; וְעל כך אָמַר אַבַּיֵי: לֹא שָׁנוּ לדעת ר' אליעזר שאם האחרון היה חולין מותרת העיסה, אֶלָּא במקרה שֶׁקָּדַם וְסִילֵּק אֶת הָאִיסּוּר, שהאיסור גופו אינו נמצא עוד שם, אֲבָל לֹא קָדַם וְסִילֵּק אֶת הָאִיסּוּר — אסור, למרות שיש גם גורם היתר. ומשמע מכאן שר' אליעזר סבור שזה וזה גורם — אסור, וחכמים חולקים עליו. ודוחים: וּמִמַּאי דְּטַעְמָא [ומנין אתה יודע שהטעם] של ר' אֱלִיעֶזֶר הוא כְּדברי אַבַּיֵי? דִּלְמָא טַעְמָא [שמא הטעם] של ר' אֱלִיעֶזֶר מִשּׁוּם שאַחַר אַחֲרוֹן אֲנִי בָּא, אִי גָּמֵיר בְּאִיסּוּרָא [אם הוא נגמר באיסור] אֲסוּרָה העיסה, וְאִי גָּמֵיר בְּהֶיתֵּירָא [ואם הוא נגמר בהיתר] מוּתָּרִין בה הכל, בֵּין סַלְּקֵיהּ [שסילק אותו] את האיסור תחילה וּבֵין לֹא סַלְּקֵיהּ [סילק אותו], ואין זה איפוא קשור לענין זה וזה גורם! אֶלָּא יש לומר שמדובר במחלוקת ר' אֱלִיעֶזֶר וְרַבָּנַן [וחכמים] של עֵצִים, דִּתְנַן [ששנינו במשנה] להלן: נָטַל הֵימֶנָּה (מן האשירה) עֵצִים — אֲסוּרָה (אסורים) בַּהֲנָאָה. הִסִּיק בָּהּ אֶת הַתַּנּוּר בעצים אלה, אם היה זה תנור חָדָשׁ — יוּתַּץ (יישבר), שנמצא שנגמרה מלאכתו על ידי עצי האשירה. אם היה זה תנור יָשָׁן — יוּצַּן יצננו אותו, ולא ישתמש בחום הבא מעצים אלה. אם אָפָה בּוֹ אֶת הַפַּת — הפת הזו אֲסוּרָה בַּהֲנָאָה. נִתְעָרְבָה פת זו בַּאֲחֵרִים — כּוּלָּן אֲסוּרוֹת בַּהֲנָאָה. ר' אֱלִיעֶזֶר אוֹמֵר: ישתמש בכל הככרות, אבל יוֹלִיךְ הֲנָאָה כנגד מה שנהנה מן האיסור לְיָם הַמֶּלַח. אָמְרוּ לוֹ חכמים: אֵין פִּדְיוֹן לַעֲבוֹדָה זָרָה. הרי שר' אליעזר סבור שזה וזה גורם אסור, שהרי הפת יש בה גורם אחד בלבד של איסור (עצי ההסקה) והשאר הם היתר, ובכל זאת היא אסורה בהנאה. ודוחים: לשיטתך, רַבָּנַן דִּפְלִיגֵי עֲלֵיהּ [חכמים שחולקים עליו] על ר' אֱלִיעֶזֶר בענין שדה שנזדבלה בזבל עבודה זרה, מַאן נִינְהוּ [מי הם]? אִילֵימָא רַבָּנַן [אם תאמר שהם חכמים] שחולקים עליו בענין עֵצִים, הלוא אַחְמוּרֵי מַחְמְרִי [מחמירים הם יותר ממנו], ובודאי הם סבורים שזה וזה גורם אסור! אֶלָּא תאמר שהם רַבָּנַן [חכמים] שנחלקו עליו בִשְׂאוֹר, אֵימַר דְּשָׁמְעַתְּ לְהוּ לְרַבָּנַן דְּמְקִילִי [אמור ששמעת אותם את החכמים שמקילים] בִּשְׂאוֹר, בַּעֲבוֹדָה זָרָה מִי מְקִילִי [האם הם מקילים]? אֶלָּא לְעוֹלָם נחזור להסבר הראשון: הָא [זו] הברייתא המתירה לזרוע בשדה שנזדבלה בזבל עבודה זרה — שיטת ר' יוֹסֵי היא, הסבור שזה וזה גורם — מותר, וְהָא [וזו] שיטת רַבָּנַן [חכמים] האוסרים. ומה שהיה קשה לנו במשנתנו, מדוע אסר ר' יוסי לזרוע ירקות תחת אשירה, יש לומר כי ר' יוֹסֵי לְדִבְרֵיהֶם דְּרַבָּנַן [של חכמים] אָמַר לְהוּ [להם]: לְדִידִי [לי עצמי, לשיטתי] זֶה וְזֶה גּוֹרֵם — מוּתָּר, ובכל מקרה מותר לזרוע תחת אשירה, אבל גם לְדִידְכוּ דְּאָמְרִיתוּ [לשיטתכם, שאתם אומרים] זֶה וְזֶה גּוֹרֵם אָסוּר, אוֹדוּ [הודו] לִי מִיהַת [על כל פנים] שֶׁאַף יְרָקוֹת יהיו אסורים בִּימוֹת הַגְּשָׁמִים בגלל הנביה! ושואלים: וְרַבָּנַן [וחכמים], מה טעמם שמתירים? ומשיבים: כִּדְאָמַר [כמו שאמר] רַב מָרִי בְּרֵיהּ [בנו] של רַב כָּהֲנָא לענין דרך הפשטת עור הבכור, שיש לקזז את הרווח וההפסד שבדבר. כך לענייננו, מה שהירקות נהנים מן הזבל מפסידים הם בגלל הצל, ונמצא שבסך הכל אין לו הנאה מעץ האשירה. ומסכמים: אָמַר רַב יְהוּדָה אָמַר שְׁמוּאֵל: הֲלָכָה כְּר' יוֹסֵי בענין זה. מסופר, הַהִוּא גִּינְּתָא דְּאִיזְדַּבַּל בְּזִבְלָא [גינה אחת שהזדבלה בזבל] של עֲבוֹדָה זָרָה, שְׁלַח רַב עַמְרָם קַמֵּיהּ [לפני] רַב יוֹסֵף לשאול מה לעשות. אָמַר לֵיהּ [לו], הָכִי [כך] אָמַר רַב יְהוּדָה אָמַר שְׁמוּאֵל: הֲלָכָה כְּר' יוֹסֵי.

עיונים

שאם נטע וכו' שאלו בתוס': ומה מקום לאסור בזה? הרי גידולי טבל ומעשר אין אומרים שייאסרו, אלא דינם כחולין לכל דבר, ומדוע ייאסרו גידולי ערלה? ותירצו שיש הבדל, לפי שטבל ומעשר אינם אלא איסורי אכילה, והנאה מגידוליהם אינה בכלל זה. אבל ערלה היא איסור הנאה, ואם נהנה מן הגידולים נמצא שנהנה מאיסור הנאה.

שדה תזרע וכתבו ראשונים (תוס' ועוד) שאין לומר שהיה הזבל בעין, שהרי אז נמצא שמשתמש ישירות באיסור הנאה. אלא כאשר הזבל אינו עוד בעין, שאין כאן אלא גורם הנאה (וראה בתוס' ר' יהודה מפריס ועוד).

מאי לאו הא רבי יוסי כלומר, הואיל ואנו מכירים בענין זה מחלוקת של ר' יוסי וחכמים, ור' יוסי הוא המתיר, אם כן יש לפרש שגם בענין זה של עבודה זרה ר' יוסי הוא המתיר. וחוזרת אם כן השאלה על משנתנו — מדוע ר' יוסי אוסר לזרוע ירקות בצילה של אשירה? הרי לשיטתו זה וזה גורם מותר!

שאור של חולין וכו' ושאלו בתוס': הרי אין מדובר כאן בדיני עבודה זרה, שהיא חמורה ביותר, כפי שכבר נאמר לעיל (וכפי שאכן מקשים למסקנה)! והסבירו כי ההנחה היא שכיון שיש כאן מחלוקת בנושא עקרוני (זה וזה גורם) ור' אליעזר האוסר אינו מחלק בין איסור לאיסור, יש לומר שגם המתירים אינם מחלקים בטיבו של האיסור, שהאוסר אוסר בכל מקרה והמתיר מתיר בכל מקרה. והוסיף הב"ח בהגהותיו, שאכן, אך לאחר שדחתה הגמרא והציעה שלדעת ר' אליעזר בכל מקרה "אחר אחרון אני בא", גם אם לא סילק את האיסור, נמצא שהוא מבחין בין עבודה זרה לשאר איסורים, ממילא יש מקום לומר שגם דעת חכמים כן היא.

לא בזה כדי לחמץ וכו' היו ששאלו: הרי גם אם אין בתרומה כדי לחמץ, מכל מקום הרי היא מעורבת בעיסה, ואסורה באכילה לזר? ותירצו שמדובר שהיה השאור מועט בכמותו עד שהוא מתבטל בעצמו לגבי עיסת החולין. אלא שהיה מקום לומר שלא יתבטל משום שהוא "מעמיד" (כלומר, יש לו פעולה משמעותית ביצירת עיסת חמץ) ובזה יש לחלק בין גורם אחד לשני גורמים.

שיהא בו כדי לחמץ נחלקו בעלי התוס' לגבי המסקנות העולות מדיוק הלשון הזו ביחס למקרה שבו יש שני גורמים, וכל אחד מהם דיו כדי להחמיץ. שיש אומרים שגם במקרה זה אומרים ש"זה וזה גורם מותר" (ר"ש משאנץ בתוס' פסחים כז,א), ויש סבורים שכאשר האיסור לבדו יכול להחמיץ אין אומרים עוד שיש בזה "זה וזה גורם" (תוס' אצלנו. וראה במאירי).

ואי גמיר בהיתירא והסברה בדבר היא, שכיון שהשאור הראשון לא היה בו כדי להחמיץ הרי אין פעולתו נחשבת, ואנו הולכים אחר המעשה שבפועל גרם לעיסה להחמיץ, ולכן אם היה זה היתר — שוב אין האיסור הקודם נחשב (אף שהוא באמת מצטרף), וכן להיפך.

אפה בו את הפת אסורה בהנאה בתנור ישן שלא צиננו — שהרי הוא נהנה מחומם של עצי האשירה עם התנור שהוא גורם של היתר. ובתנור חדש, הרי לא רק אם נאפתה הפת באותו היסק נאסרה בהנאה, שהרי אין כלל גורם של היתר באפייתה, אלא אף כשצиננו וחזר והסיקו בעצי היתר הריהי אסורה, כיון שהתנור עצמו, שנגמרה מלאכתו על ידי איסור, מהוה גורם של איסור בפת.

רבנן דפליגי מאן נינהו כלומר, אף שמצאנו שר' אליעזר אוסר בזה וזה גורם — לא מצאנו ראיה כי החולקים עליו מתירים כשמדובר בעבודה זרה. ויש איפוא לחזור ולהעמיד את הברייתא המתירה הנאה משדה שנזדבלה בעצי אשירה כר' יוסי. וחוזר איפוא הקושי על שיטתו, שמצד אחד הוא מתיר זה וזה גורם גם בעבודה זרה, ומצד אחר במשנתנו הוא אוסר לזרוע ירקות תחת אשירה.

אודו לי מיהת לשון זו קצת קשה, שהרי ר' יוסי עצמו אינו אוסר כלל. וראה גרסות. וראה בב"ח שהסביר כי ר' יוסי אומר לחכמים שיודו לו לדרך שבה הוא מבין את המקרה, שיש כאן גורם של איסור — הנבייה, ולפיכך יש מקום לאסור. וחכמים חולקים עליו בנקודה זו עצמה, שלדעתם אין כאן הנאה מן האשירה.

הלכה כר' יוסי הרמב"ן סבור שאף שהלכה כר' יוסי — אין זה אלא בדיעבד, שאם השתמש באלה אינו נאסר, אבל אין לעשות כן לכתחילה. אבל הריטב"א (וראה גם בר"נ) סבור שכיון שאנו פוסקים כאן כר' יוסי ומסבירים את טעמו, הרי אין הלכה כמשנתנו, אלא מותר לזרוע לכתחילה במקום כזה. ועל ידי כך מוסברת שיטת הרמב"ם שפסק שמותר לזרוע ירקות תחת אשירה בין בימות החמה ובין בימות הגשמים.

בזבלא דעבודה זרה כתבו רש"י ועוד מפרשים שצריך לומר שזבל זה נוצר על ידי תקרובת עבודה זרה (כגון מדם בעלי חיים שנשחטו שם, או משאר דברים של תקרובת שנרקבו) כי באופן אחר אין זבל של עבודה זרה. שאפילו היה מקדיש ערימת זבל לעבודה זרה, כבר אמרו חכמים שאין הקדש לעבודה זרה, ואין איסור חל על ידי כך.

אורח ההלכה

שדה תזרע וכו' שדה שנזדבלה בזבל של עבודה זרה — מותר לזרוע אותה, וכן פרה שפיטמה בכרשיני עבודה זרה נשחטת ונאכלת. כברייתא המתירה (בדיעבד. אחרונים עפ"י הר"ן), שהיא כדעת ר' יוסי, וכמסקנת הגמרא. (רמב"ם ספר מדע הלכות עבודה זרה פ"ז הי"ד. שו"ע יו"ד קמב, יא).

שאור של חולין וכו' שאור של כלאי הכרם ושאור של תרומה שנפלו לעיסת חולין, ואין באחד מהם לבדו כדי לחמץ — עיסה זו אסור לישראל ומותרת לכהן. כדעת חכמים. (רמב"ם ספר קדושה הלכות מאכלות אסורות פט"ז הי"ג).

נטל הימנה וכו' ראה "אורח ההלכה" להלן עמוד ב.

פה א ב ג מיי' פ"ז מהל' עבודת כוכבים הל' י"ד ופט"ז מהל' מאכלות אסורות הל' יג סמג לאוין מה טוש"ע י"ד סי' קמב סעיף יא:

שאם נטע והבריך והרכיב מותר וכי תימא שני ליה לר' יוסי בין שאר איסורין לעבודה זרה ומי שני ליה והתניא שדה שנזדבלה בזבל עבודה זרה וכן פרה שנתפטמה בכרשיני עבודה זרה תני חדא א*שדה תזרע פרה תשחט ותניא אידך א*שדה תבור ופרה תרזה מאי לאו הא ר' יוסי והא רבנן לא הא ר"א והא רבנן הי ר"א ורבנן אילימא ר"א ורבנן דשאור דתנן ב*שאור של חולין ושל תרומה שנפלו לתוך העיסה לא בזה כדי לחמץ ולא בזה כדי לחמץ ונצטרפו וחימצו ר"א אומר אחר האחרון אני בא וחכ"א בין שנפל איסור לכתחלה ובין שנפל איסור לבסוף אינו אסור עד שיהא בו כדי לחמץ ואמר אביי לא שנו אלא שקדם וסילק את האיסור אבל לא קדם וסילק את האיסור אסור וממאי דטעמא דר"א כדאביי דלמא טעמא דר"א משום דאחר אחרון אני בא אי גמיר באיסורא(א) אסורה ואי גמיר בהיתירא מותרין בין סלקיה ובין לא סלקיה אלא ר"א ורבנן דעצים דתנן ג*נטל הימנה עצים אסורה בהנאה הסיק בה את התנור חדש יותץ ישן יוצן אפה בו את הפת אסורה בהנאה נתערבה *באחרים כולן אסורות בהנאה ר"א אומר יוליך הנאה לים המלח אמרו לו אין פדיון לעבודה זרה רבנן דפליגי עליה דר"א מאן נינהו אילימא רבנן דעצים אחמורי מחמרי אלא רבנן דשאור אימר דשמעת להו לרבנן דמקילי בשאור בעבודה זרה מי מקילי אלא לעולם הא רבי יוסי והא רבנן ר' יוסי לדבריהם דרבנן(ב) אמר להו לדידי ג זה וזה גורם מותר לדידכו דאמריתו זה וזה גורם אסור אודו לי(ג) מיהת אף ירקות בימות הגשמים ורבנן ד*כדאמר רב מרי בריה דרב כהנא אמר רב יהודה אמר שמואל הלכה כרבי יוסי: ההוא גינתא דאיזדבל בזבלא דעבודה זרה שלח רב עמרם קמיה דרב יוסף א"ל הכי אמר רב יהודה אמר שמואל הלכה כרבי יוסי:

מתני'

רש"י

[סוטה מג:]

והבריך והרכיב. (ד) אם הבריך או הרכיב יחור של ערלה באילן זקן מותרים פירותיהן מיד אע"פ שלא מלאו להן שני ערלה בזה וזה גורם מותר וה"נ אמרינן בעלמא* ילדה שסיבכה בזקנה בטלה לשון אחר אם נטע האגוז של ערלה שהוא איסור הנאה ולכשיגדל ונעשה נטיעה הבריכה והרכיבה באילן דהיתר מותר לאותן פירות שטוען אחר זמן באילן נמי ע"י האילן של היתר וקשיא לי בלא הבריך ובלא הרכיב נמי איכא זה וזה גורם אגוז לאיסור וקרקע דהיתר: **שני ליה לר' יוסי בין עבודה זרה לשאר איסורין.** דלע"ג דבשאר איסורין זה וזה גורם מותר ס"ל הכא אסור: **בכרשיני עבודה זרה.** של תקרובת עבודה זרה או שנעבדום: **תבור.** עד שתכלה ממנה כל שבח הזבל ותהא בורה ולא יזרענה: **תרזה.** תכחש: **מאי לאו הא.** דקתני שדה תזרע ר' יוסי היא דשמעינן ליה דאמר גבי ערלה זה וזה גורם מותר ה"נ תזרע והזרעים גדלים ע"י זבל דאיסור וקרקע דהיתר(ה) דלא שאני ליה בין עבודה זרה לשאר איסורין וקשיא אמתני' ופרה תשחט ותאכל שאף היא היתה גדילה קודם לכן ע"י שאר אכילות: **והא.** דקתני שדה תבור רבנן היא דאמרי אף היא נעשית זבל כו' והא דשרי מתני' זורעין תחתיה ירקות הא שנינן ליה מה שמשביח בנבייה פוגם בזבל: **הא ר"א והא רבנן.** אבל לר' יוסי בעבודה זרה זה וזה גורם אסור ס"ל כדקתני מתני' ואי משום שוחק וזורה הא שנינן ליה לעיל ואי משום ערלה שני ליה בין עבודה זרה לשאר איסורין: **שאור של חולין.** ושאור אחר של תרומה: **שנפלו לתוך עיסה.** של חולין: **כדי לחמץ.** עיסה זו: **אחר אחרון אני בא.** אותו שנפל אחרון אם של חולין נפל אחרון ביטל את הראשון ומותר לזרים ואם של תרומה נפל אחרון אסור לזרים: **ואמר אביי ל"ש.** דאר"א אם אחרון חולין שמותר אלא שקדם וסילק את האיסור קודם נפילתו של זה שכשנפל זה ליכא למימר היתר מצטרף לאיסור להיות שיעור ליאסר ואע"פ שכבר נתן כח איסור בעיסה ולא היתה מחומצת ע"י אחר *(ואם) לא בשביל ראשון ואפ"ה כיון דלא הוה בו מעולם שיעור חימוץ ליכא למימר זה וזה גורם וביטל שני את הראשון: **אבל אם לא קדם וסילק את האיסור אסור.** שאע"פ שנפל היתר לבסוף אסור דזה וזה גורם אסור ולרבנן זה וזה גורם מותר: **משום דאחר אחרון אני בא.** דקסבר גמרו באיסור אסור גמרו בהיתר מותר אבל היכא דנפלו בבת אחת לעולם קאמר לך זה וזה גורם מותר ס"ל: **נטל הימנה.** עצים מן האשרה מתני' היא: **חדש יותץ.** שהרי נעשה והוחזק מאיסורי הנאה: **ישן.** שכבר הוחזק ואין היסקו לחזקו אלא לאפות: **יוצן.** שלא יאפו בהיסק זה ונמצא שלא נהנה: **אפה את הפת.** בין בחדש שלננו וחזר והסיקו בעצי היתר בין בישן בהיסק של עצי איסור הוה ליה בתרוייהו זה וזה גורם שהפת שנאפית בו בחדש בהיסק שני באה ע"י גורם דאיסור שנתחזק בהן התנור מראשיתו וגורם היתר דהאי היסק וקתני הפת אסורה לר"א עד שיוליך הני דמי עצים דאיסור לים המלח אלמא זה וזה גורם אסור: **אלא רבנן דשאור.** פליגי עלויה ואמרי זה וזה גורם מותר דקתני אפי' נפל איסור בסוף(ו) וכ"ש נפלו בבת אחת מותר עד שיהא באיסור לבדו כדי לחמץ: **אלא לעולם.** הא דקתני שדה תזרע ר' יוסי(ז) דשמעינן ליה גבי ערלה דאמר מותר וגבי עבודה זרה דקאמר שוחק וזורה לרוח ולא שני בין עבודה זרה לשאר איסורין וטעמא לאו כדשנינן משום דאזיל לאיבוד הוא ודקשיא לך ר' יוסי דמתני' דנבייה לדבריהם דרבנן קאמר להו לדידכו דקאמריתו זה וזה גורם אסור דקאמרי אבל לא בימות החמה מפני שהזבל יפה להן אודו לי נמי בימות הגשמים דליכא נמי גורם דאיסור דמה שהשביחו בנבייה פגמו בזבל: **בזבל עבודה זרה.** שבא מדם פרים ועגלים הנשחטים לעבודה זרה דתקרובת עבודה זרה הן ואסורין בהנאה אבל אמר זבל זה לעבודה זרה אינו נאסר כדתניא (לעיל מד:) אין הקדש לעבודה זרה: **הלכה כר' יוסי.** דזה וזה גורם מותר:

פסחים כו: ערלה פ"ב מי"א לקמן עג: תמורה לג.

פסחים כו. [לקמן ע"ב]

באחרות. יעב"ץ

[נ"ל אם]

תוספות

שאם נטע והבריך. פי' בקונט' בלשון אחרון נטע האגוז ואחר כך כשנעשה נטיעה הבריך והרכיב באילן של היתר(ח) אותו לשון עיקר ומה שהקשה בקונט' אפי' לא הבריך והרכיב נמי לא דק דאין נקרא זה וזה גורם אלא כששניהם מענין אחד כמו הברכת איסור באילן היתר ששניהם אילן וכמו זבל נבייה וקרקע דלעיל אבל אגוז וקרקע שני ענינים הם ומה שפירש בלשון ראשון הבריך יחור של ערלה באילן והוי כמו ילדה הסככה בזקנה דבטלה אין הנדון דומה לראיה דהתם אפילו למ"ד זה וזה גורם אסור מותר כיון שבטלה בזקנה וכן משמע לשון בטלה: ***שאם נטע.** וא"ת מ"ש גידולי אגוז של ערלה מגידולי(ט) טבל ומעשר שני שהן חולין ואפי' גידולי תרומה אלא שגזרו עליהן *בי"ח דבר [ביצה ג:] וי"ל דערלה שאסורה בהנאה יש לאסור הגידולין שגם זה הנאה היא אבל באיסור אכילה אין לאסור הגידולין שאינו אוכל האיסור עצמו: **שדה תזרע.** וכגון שאין הזבל בעין והוה ליה זה וזה גורם ומותר כדפרישית לעיל גבי נבייה:(י) **הא רבנן.** והא דשרו לעיל נטע והבריך והרכיב לאו משום דאית להו זה וזה גורם מותר אלא משום דמה שגדל מן האגוז עצמו יהא מותר ואסרי רבנן בעבודה זרה לעיל דאף היא נעשה זבל וה"ה לשאר איסורין: **עד שיהא באיסור כדי לחמץ.** פירוש ואז אסור אפי' יש בהיתר נמי כדי לחמץ וא"ת היכי מייתי מדרבנן זה וזה גורם מותר דלמא שני להו בין עבודה זרה לשאר איסורין י"ל דהכי מייתי(כ) מדר"א נשמע לרבנן דכי היכי דאסר אף בשאר איסורין ואינו מחלק רבנן נמי דשרו לא יחלקו: **דלמא טעמא דר"א כו'.** פי' ולעולם זה וזה גורם מותר: **אלא ר"א ורבנן דעצים.** משום דקאמר הא ר"א והא רבנן מהדר אפלוגתייהו דלפ"ז הדיחוי הברייתות מתורצות הא ר' יוסי ורבנן דידיה דסברי זה וזה גורם אסור והא ר"א ורבנן: **יוליך הנאה לים המלח.** פי' בקונטרס דמי עצי איסור משמע ולכך תהא הפת מותרת וקשה דא"כ אפי' בלא נתערבה נמי יש להתיר בהולכת הנאת העצים לכך נראה לפרש הנאת הפת וניחא דלא פליג ר"א ברישא(ל) חדש יותץ להתיר להוליך הנאת עצים שהוסק בהן לים המלח: **נתערבה באחרות.** לא גרס ר"ת ואחרות באחרות וכן במשנת חבילי תלתן דכלאי הכרם דמייתי בפ"ק דבילה (דף ג:) לא גרים ליה ומביא ראיה מדאסר שמואל פ' התערובת (זבחים עד.) ספק ספיקא ודחיק התם לאשכוחי תנא דסבר כוותיה וצריך להביא מדרבי יהודה דברייתא דרמוני באדן דאסר בספק ספיקא והוצרך לדחוק סבר לה כוותיה בחדא ופליג עלה בחדא דשמואל דוקא בעבודה זרה אוסר דקאמר התם הנח לעבודה זרה שספיקה אסורה עד סוף העולם ואי גרסינן ליה הכא לייתו הך משנה דבעבודה זרה קיימא וכן אי גרסינן ליה נמי בחבילי תלתן היה לו להביא המשנה דר"מ וניחא סבר כוותיה בחדא ור"י בר ברוך אומר דשפיר גרסינן ליה הכא והתם ודלמא ליכא אלא חדא ספיקא דה"פ ואחרים באחרים כל אותן אחרים נתערבו באחרים או אפילו רובן דאיכא למימר איסורא ברובא איתיה דה"נ אמר תלמודא התם גבי טבעת של עבודה זרה נפלה לתוך מאה טבעות כולן אסורות פירשו שתים למקום אחד וארבעים במקום אחד הארבעים מותרים דאמרינן איסורא ברובא איתיה*:

[וע"ע תוס' ביצה ג: ותוס' יבמות פא. ד"ה נתערבו ותוס' סנהדרין פ. ד"ה ואב"א]

זהו דיבור אחד עם הך למעלה. רש"א

רבינו חננאל

אמר רב מודה ר' יוסי שאם נטע והבריך והרכיב שמותר. ותניא בהדיא דר' יוסי מודה בהא. והנה הכפניות של ערלה והאילן שניהן גורמין לזה הפרי ומודה ר' יוסי שמותר מכלל דר' יוסי זה וזה גורם מותר סבירא ליה וכי תימא לר' יוסי שני ליה איסורא דעבודה זרה משאר איסורי. והתניא שדה שנזדבלה בזבל של עבודה זרה. וכן פרה שנתפטמה בכרשיני תרומה תני חדא שדה תיזרע ופרה תשחט. ותניא אידך שדה תבור. ופרה תרזה. מאי א) האי קתני שדה תזרע רבנן. והא דקתני תבור רבי יוסי (אומר) [היא] אפ"ה ב) אם נזרעה שרי [אלמא] דהוא סבר זה וזה גורם מותר. ולא שני ליה בין איסורא דעבודת כוכבי' לאיסורא דתרומה. ודחינן לא לעולם לר' יוסי שני ליה בין איסורא דעבודה זרה לשאר איסורי. והני מתנייתא ר' אליעזר ורבנן נינהו דתנן שאור של חולין ושל תרומה שנפלו בתוך העיסה ואין באחד מהן שיעור כדי לחמץ את העיסה ונצטרפו וחימצו רבי אליעזר אומר אחר אחרון אני בא. פי' אם השאור של תרומה נפל אחרון נאסרה העיסה. ואם של חולין נפל אחרון מותר וחכמים אומרים לעולם אין העיסה אסורה אלא אם היה בשאור של תרומה שיעור כדי לחמץ לבדו. ואמר אביי לא שנו אלא שקדם וסילק את האיסור לשם אומר ר' אליעזר אם נפל שאור של חולין אחרון מותר אבל לא סילקו אסור. אלמא סבר זה וזה גורם אסור. ואעפ"כ אם קדם וסילק את השאור של תרומה שרי ר' אליעזר. ודחי' וממאי דטעמא דרבי אליעזר כדאביי וכו'. אלא מהא דתנן

א) נ"ל מאי לאו הא דקתני שדה תזרע וכו'.

ב) פי' רבינו בזה הוא דלא כפרש"י ותוס' אלא דגם ברייתא השניה סברה דזה וזה גורם מותר ולא פליגי רק בלכתחלה

הגהות הב"ח

(א) גמ' גמיר באיסורא אסור ואי גמיר בהיתירא מותר בין סלקיה: (ב) שם לדבריהם דרבנן קאמר: (ג) שם אודו לי מיהת. נ"ב פירוש אודו לי לסברתי דזה וזה גורם לאיסור היא ומ"ה אף ירקות בימות הגשמים אסור: (ד) רש"י ד"ה והבריך והרכיב או הבריך: (ה) ד"ה מאי לאו וכו' וקרקע דהיתר ופרה תשחט ותאכל וכו' ושאר אכילות דלא שאני ליה בין עבודה זרה לשאר איסורין וקשיא אמתני' הס"ד: (ו) ד"ה אלא רבנן וכו' בסוף מותר וכ"ש נפלו בבת אחת עד שיהא:

(ז) ד"ה אלא לעולם וכו' ר' יוסי היא דשמעי' וכו' ולא שני ליה בין עבודה זרה: (ח) תום' ד"ה שאם נטע וכו' ואותו לשון וכו' באילן זקן וכו' והוי כמו ילדה שסככה בזקנה דבטלה אין הנדון דומה לראיה דהתם אפי' למ"ד זה וזה גורם אסור מותר דכיון שסככה בזקנה בטלה וכן משמע לשון בטלה: (ט) ד"ה שאם וכו' טבל ומעשר שני. נ"ב עיין בפ' כל שעה דף לד: (י) ד"ה והא רבנן וכו' נטע או הבריך או הרכיב לאו וכו' עצמו הוא מותר: (כ) ד"ה עד שיהא וכו' מדר' אליעזר נשמע לרבנן. נ"ב ולבתר הכי דקאמר אלא רבנן דשאור שפיר פריך אלא רבנן דשאור דלמא שני להו בין עבודה זרה לשאר איסורין משום דבעי למימר דר"א דשאור ס"ל [אחר האחרון אני] בא אפי' לא קדם וסלקיה [דבשאר איסורין] זה וזה גורם מותר אפי' לר"א: (ל) ד"ה יוליך וכו' ברישא אחדש:

מתני' נטל ממנה עצים אסורין בהנאה הסיק בהן את התנור אם חדש יותץ ואם ישן יוצן אפה בו את הפת אסורה בהנאה נתערבה באחרות כולן אסורות בהנאה ר"א אומר יוליך הנאה לים המלח אמרו לו אין פדיון לעבודה זרה: נטל הימנה כרכור אסור בהנאה ארג בו את הבגד אסור בהנאה נתערב באחרים ואחרים באחרים כולן אסורין בהנאה ר"א אומר יוליך הנאה לים המלח אמרו לו אין פדיון לעבודה זרה:

גמ' וצריכא דאי אשמעינן קמייתא בהא קאמר ר' אליעזר משום דבעידנא דקא גמרה פת קלי לה איסורא אבל כרכור דאיתיה לאיסורא בעיניה אימא מודי לרבנן ואי אשמעינן כרכור בהא קאמרי רבנן אבל פת אימא מודו ליה לר"א צריכא א"ר חייא בריה דרבה בר נחמני אמר רב חסדא אמר זעירי הלכה כר"א איכא דאמרי אמר רב חסדא אמר לי אבא בר רב חסדא הכי אמר זעירי הלכה כר"א אמר רב אדא בר אהבה לא שנו אלא פת אבל חבית לא ורב חסדא אמר אפילו חבית מותרת ההוא גברא דאיתערב ליה חביתא דיין נסך בחמריה אתא לקמיה דרב חסדא אמר שקול ארבע זוזי ושדי בנהרא ונשתרי לך: מתני' כיצד מבטלה קירסם וזירד נטל ממנה מקל או שרביט אפי' עלה ה"ז בטלה שיפה לצרכה אסורה שלא לצרכה מותרת: גמ' אותן שפאין מה תהא עליהן פליגי בה רב הונא (ור' חייא) בר רב חד אמר אסורין וחד אמר מותרין תניא כמ"ד מותרין דתניא גוי ששיפה עבודה זרה לצרכו היא ושפאיה מותרין לצרכה היא אסורה ושפאיה מותרין וישראל ששיפה עבודה זרה בין לצרכה בין לצרכו היא ושפאיה אסורין איתמר עבודה זרה שנשתברה(א) רב אמר צריך לבטל כל קיסם וקיסם ושמואל אמר עבודה זרה אינה בטלה אלא דרך גדילתה אדרבה דרך גדילתה מי מבטלא אלא ה"ק אין עבודה זרה צריכה לבטל אלא דרך גדילתה לימא בהא קמיפלגי דמ"ס עובדין לשברין ומ"ס אין עובדין לשברין לא דכ"ע עובדין לשברין והכא[א] בשברי שברים קמיפלגי מ"ס שברי שברים אסורין ומ"ס שברי שברים מותרין ואיבע"א דכ"ע שברי שברים מותרין והכא בעבודה זרה של חליות ובהדיוט שיכול להחזירה קמיפלגי מ"ס כיון דהדיוט יכול להחזירה לא בטלה ומ"ס אין עבודה זרה בטלה אלא דרך גדילתה דהיינו אורחיה הא לאו גדילתה היא ואין צריכה לבטל:

הדרן עלך כל הצלמים

רבי ישמעאל אומר שלש אבנים זו בצד זו בצד מרקולים אסורות ושתים מותרות וחכ"א שנראות עמו אסורות ושאין נראות עמו מותרות: גמ' בשלמא רבנן קסברי עובדין לשברים נראות עמו דאיכא למימר מיניה נפל אסורות שאין נראות עמו מותרות אלא ר' ישמעאל מאי קסבר אי עובדין לשברין אפילו תרתי נמי ליתסר אי אין עובדין לשברים אפי' תלת נמי לא אמר רב יצחק בר יוסף א"ר יוחנן בידוע שנשרו ממנו דברי הכל אסורות ואפילו למ"ד אין עובדין לשברים ה"מ עבודה זרה דלאו היינו אורחיה אבל הכא דמעיקרא תבורי מיתברי היינו אורחיה כי פליגי בסתמא
במקורבות

רש"י

מתני' כרכור. דויל"ו בלע"ז: גמ' בהא קאמר ר"א. דיש פדיון: אלא פת. משום דלא מנכרא ביה איסור ממש: אבל חבית. של יין נסך שנתערבה בחביות של היתר כולן אסורות בהנאה ואין לה תקנה בהולכת הנאה לים המלח להתיר ולהמכר כל חבית לבדה או להשקות מהן לחמרים גוים משום דאיתיה לאיסור בעיניה אבל מוכרן כולן חוץ מדמי יין נסך שבהן דהשתא לא מתהני מחבית דאיסורא: ונשתרי לך. בהנאה למכרן לבד לבד או לעשות מהן כביסה או להשקות מהן לגוים ולא דמיא הך מילתא לפלוגתא דרשב"ג ורבנן דפליגי בפ' בתרא (לקמן עד.) ביין נסך שנפל לבור כולו אסור בהנאה רשב"ג אומר מוכר כולו לגוים חוץ מדמי יין נסך שבו דהתם תרוייהו סבירא להו כרבנן דהכא דאין פדיון ליין נסך ומיהו כי מזבין ליה חוץ מדמי יין נסך שבו לא מיתהני מיין נסך מידי *משום דליתיה לאיסורא בעיניה: מתני' כיצד מבטלה. לאשירה: קירסם. קיסמין יבשין שבאילן נטל לצרכו לשרוף: זרד. זרודין לחין שבה: לצרכה. לייפותה: גמ' אותן שפאים. ששיפה לצרכה ולא בטלה: מה תהא עליהן. שפאין מי בטילי או לאו: ישראל ששיפה כו' אסור. שאין ישראל מבטל עבודה זרה: רב אמר. אע"פ שנשתברה מאליה צריכה ביטול(ב) וכל קיסם וקיסם נעשית עבודה זרה בפני עצמה הלכך לא סגי לחד בביטולא דחבריה: אין עבודה זרה צריכה לבטל אלא כשהיא דרך גדילתה. אבל זו שנשתברה בטלה מעצמה דמימר אמר איהי נפשה לא מצלה להההוא גברא מצלה ליה: לא דכ"ע עובדין לשברים. שנשתברו מאליהן והא דאמר שמואל בריש פירקין (דף מא.) אפי' שברי עבודה זרה מותרין בהנאה למואלן התם הוא דלא חזינן לה דנשתברה מאיליה דאמרינן גוי שברן ואזלינן בתר רובא דהא עבודה זרה דנשתברה מאיליה לא שכיחא: והכא. דקאמר רב כל קיסם וקיסם לשון שברי שברים(ג) כגון דנשתברו שברים לשברים ובשברי שברים הוא דפליג שמואל עילויה: ה"ג ואיבעית אימא דכ"ע אין עובדין לשברי שברים והכא בעבודה זרה שהיתה של חוליות דקין והרי הן כשברי שברים ונפלה ונתפרקו חליותיה עסקינן: והדיוט יכול להחזירה. שאין צריכה אומן: אין עבודה זרה. שנשתברה צריכה לבטל: אלא דרך גדילתה. כשהיא קיימא כגון נבייה דמתני' דשברי שברים הן שנופל עלה אחר עלה *א"כ העלה עצמו משתבר לכמה שברים ואפ"ה אסור משום דדרך גדילתה היא דהיינו אורחה כל שתא אבל הכא לאו היינו אורחיה ליפול ולהתפרק הלכך בטלה:

הדרן עלך כל הצלמים

רבי ישמעאל: זו בצד זו. וכ"ש אחת ע"ג שתים דזהו עיקר מרקולים ותחלתו: בצד מרקולים. מרקולים גדול שכבר עבדוהו וזרקו עליו אבנים הרבה: שתים מותרות. ובגמרא מפרש טעמא: שנראות עמו. דנראה שנפלו משם אסורות בין ג' בין שתים: ושאין נראין עמו. אין סמוכות לו מותרות ואפי' ג': גמ' עובדין לשברים. כל האבנים הנזרקות שם נתוספו על המרקולים ונעשה(ד) גדול עבודה זרה וכשהן נושרות הוו שברי עבודה זרה והשתא לא חשיב להו תקרובת אלא עבודה זרה בפני עצמה: מעיקרא תבורי מיתברי. שאינן מחוברות ודרכן ליפול:
במקורבות

תוספות

ארג בו את הבגד אסור בהנאה. בירושלמי דפירקין פריך מ"ש מיין נסך דאמרי' ימכר חוץ מדמי יין נסך שבו דה"נ ימכר חוץ מדמי איסור שבו והכי איתא התם א"ר חגי כד נחתית מן אילפא אשכחי' ר' יעקב בר אחא יתיב מקשי נטל הימנה כרכור אסור בהנייה ארג בו את הבגד אסור בהנייה ותנינן ימכר כולו לגוי חוץ מדמי יין נסך שבו א"ר יעקב בר אחא חגי קשיתא חגי קיימא מאי כדון תמן אין דרך בני אדם ליקח מן הגוי ברם הכא דרך בני אדם ליקח בגד מן הגוי פירוש ולפיכך אסור למכרו לגוי דחיישינן שמא ימכרנו לישראל התם אין דרך ליקח מן הגוי יין וכן י"ל באפה בו את הפת דרך ליקח פת מן הגוי*: שקול ארבע זוזי כו'. ולמוכרן כל אחד בפני עצמו אמר לו כן כדפירש רש"י: לא דכ"ע עובדין לשברים. פי' בקונטרס והא דאמר שמואל בריש פירקין (דף מא.) אפי' שברי עבודה זרה מותרין בהנאה למואלן התם לא חזינן דנשתברה מאיליה דאמרינן גוי שברן והכא מיירי בראינוה שנשתברה ולא שברה הגוי וקשה דא"כ מאי מקשה לעיל (דף מא:) לרשב"ל מראש דגון שאני התם שלא שברה גוי דהא רשב"ל ושמואל קמו בחד שיטה בשברי עבודה זרה לכן נראה לפרש דהכא מיירי שדרכה לנשר קיסמין וענפים תדיר ואין מניחין(ה) לעובדה בכך ולכך יש לאסור הקיסמין הנופלים ממנה *עוד י"ל דהתם מיירי בשברים שמאלאן לבדן בלא עיקר עבודה זרה אבל הכא מיירי שכל השברים ביחד וכי האי גוונא אמר עובדין לשברים ומ"מ לפי זה קשיא מאי פריך לעיל מראש דגון דהא הוו התם כל השברים יחד אבל התם לא היה דרכה לישבר וא"כ אפי' עיקר עבודה זרה קיים מותר דמימר אמר איהי לא אצלה נפשה:

הדרן עלך כל הצלמים

רבי ישמעאל: אפילו תרתי נמי ליתסרו. ה"ה דהוה מצי למימר אפי' חדא נמי ליתסר אלא משום דבמתני' נקט שתים מותרות נקט נמי הכא שתים:
במקורבות

עין משפט נר מצוה

פו א ב ג מיי' פ"ז מהל' עבודת כוכבים הלכ' יג סמג לאוין מה טור ש"ע י"ד סי' קמב סעי' ד:
פז ד ה מיי' שם הל' יד טוש"ע שם סעי' ג:
פח ו מיי' פט"ז מהל' מאכלות אסורות הלכה כט סמג לאוין קלד קמח טוש"ע י"ד סי' קלד סעיף ב:
פט ז ח מיי' פ"ח מהל' עבודת כוכבים הלכה יב סמג לאוין מה טוש"ע י"ד סי' קמו סעיף ו:
צ ט י מיי' שם הל' יא טוש"ע שם סעיף יא:
א כ מיי' פ"ז שם הל' יז סמג שם (טוי"ד סי' קלט):

[וע"ע תוס' יבמות פח: ד"ה טלן ותוס' לקמן סה. ד"ה טעמא]

רבינו חננאל

נטל הימנה מן האשרה עצים אסורה בהנאה. הסיק בה את התנור אם חדש יותץ אם ישן יוצן. אפה בו את הפת אסורה בהנאה נתערבה באחרות כו'. ר' אליעזר אומר יוליך הנאה לים המלח. אמרו לו אין פדיון לעבודה זרה. השתא רבנן דפליגי עליה דר' אליעזר בשדה שנזדבלה בזבל של עבודה זרה וכן פרה שנתפטמה בכרשיני תרומה מאן נינהו אי רבנן דעצים הא מחמרי טובא דאינון אסרי בהנאה הפת כולה. ור' אליעזר לא אסר בה אלא כדי שכר אפיה בלבד. אלא מאי אית לך למימר רבנן דפליגי עליה בשאור אימור דשמעת להו דמקילין (ומתירין) [ומחמירין] העיסה עד שיהיה כדי לחמץ בשאור של תרומה באיסורא דעבודה זרה מי שמעת להו. אלא לעולם הא דתניא שדה שנזדבלה בזבל של עבודה זרה כו' ר' יוסי ורבנן היא ולעולם ר' יוסי זה וזה גורם מותר אית ליה. ולא שנא עבודה זרה משאר איסורי. והכא במשנתנו ר' יוסי לדבריהם דרבנן קאמר להו לדידי זה וזה גורם מותר. לדידכו דאית לכו זה וזה גורם אסור. אמאי שריתו ירקות בימות הגשמים. והלא הנמיה של עבודה זרה נשרת עליהן והוה להן לזבל. ונמצא הקרקע והנמיה גורמין ויהיו אסורין. ורבנן סברי הצל בימות הגשמים פוגם יותר ממה שמשבחת הנמיה כרב מרי דאמר בהמתיל בבכורות בפרק כל פסולי המוקדשין מה שהשביח בעור שמוכרו לגוד ומוסף בדמים פוגם בבשר: אמר רב יהודה אמר שמואל הלכה כר' יוסי. ואסיקנא היא גינתא דאודבלה בזבל של עבודה זרה ושלחה רב עמרם קמיה דרב יוסף ושלח ליה הרי אמרו הלכה כרבי יוסי: מתני' נטל את האשרה קיסם ועשה בו כרכור אסור בהנאה כו' ר' אליעזר אומר יוליך הנאה לים המלח. וצריכא דאי אתמר בפת ר' אליעזר אומר יוליך הנאה לים המלח והשאר מותר הוה אמינא משום דבעידנא דקא גמרה לה פת איקלי ליה לאיסור. אבל כרכור דאיתיה בעיניה אימא מודי להו לרבנן ואי אתמר פלוגתייהו בכרכור כו' ואסיקנא הלכה כר' אליעזר. ולא תימא בפת לבדה א"ר אליעזר יוליך הנאה לים המלח אלא אפילו נתערבה חבית של יין של גוים כדרב חסדא דאמר ליה להההוא גברא דאתערבא ליה חבית של יין דסתם יינו של גוי בחביות יין שלו. ואמר לו רב חסדא זיל שקול ד' זוזי דמי חבית יין ושדי בנהרא ושאר חביות מותרות לך כולן בהנאה: פיסקא כיצד מבטלה קירסם וזירד נטל ממנה מקל או שרביט. ואפילו עלה הרי זו בטלה. שפאה לצרכה אסורה שלא לצרכה מותרת: גמ' ואותם שפאים תניא כמאן דאמר מותרין דתניא גוי ששיפה עבודה זרה לצרכו כדי שיהנה משפאיה היא ושפאיה מותרין. לצרכה היא אסורה ושפאיה מותרין. וישראל ששיפה עבודה זרה בין לצרכו בין לצרכה היא ושפאיה אסורין. אתמר עבודה זרה שנשתברה מאליה אמר רב צריך לבטל כל קיסם וקיסם. ושמואל אמר [אין] עבודה זרה צריכה להבטל אלא כל זמן שהיא דרך גדילתה לימא בהא פליגי דרב סבר עובדין לשברים לפיכך צריך לבטל כל קיסם שבה ושמואל סבר כיון שנשתברה הותרה ודחינן לה דכולי עלמא לא פליגי דעובדין לשברים והכא בשברי שברים פליגי רב אוסר ושמואל אמר מותר איבעית תימא כולי עלמא לא פליגי דאין עובדים לשברים ובעבודה זרה של חוליות וההדיוט יכול להחזירה פליגי. רב סבר כיון דההדיוט יכול להחזירה לא בטלה ושמואל סבר אין עבודה זרה צריכה ליבטל אלא דרך גדילתה. כגון גידוע וכיסוח דהיינו אורחיה אבל הא שבירה כיון דלאו דרך גדילתה היא לאו היינו אורחיה ומותרת: הדרן עלך כל הצלמים אסורין

רבי ישמעאל אומר שלש אבנים זו בצד זו [בצד] מרקולים אסורות ושתים מותרות וחכמים אומרים את שנראה עמו אסור את שאינו נראה עמו מותר. אוקמה ר' יוחנן בידוע שנשרו אבנים הללו מן המרקולים דברי

מסורת הש"ס

[פסחים כז.]
[נ"ל וחייא]
לעיל מב. [תוספ' פ"ז]
בס"י א"כ

הגהות הב"ח

(א) גמ' איתמר עבודת כוכבים שנשתברה מאליה רב אמר: (ב) רש"י ד"ה רב אמר וכו' וכל קיסם: (ג) ד"ה והכא וכו' שברי שברים קאמר כגון: (ד) ד"ה שכודים וכו' ונעשה עבודת כוכבים גדול וכשהן: (ה) תוס' ד"ה לא וכו' ואין מניחין מלעובדה:

הגהות הגר"א

[א] גמ' והכא בשברי שברים. נ"ב והרמב"ם גורס במקום בשברי שברים בשארי ור"ל אם שארי שברים נתבטל בביטול שבר א' ופסק כאיבעית אימא וכרב (ומ"ש רבינו ביו"ד סי' קמ"ו ס"ק י"ז):

גליון הש"ס

גמ' שקול ארבע זוזי. עיין יומא דף נה ע"ב תוס' ד"ה ונכבור:

א משנה נָטַל מִמֶּנָּה מן האשירה **עֵצִים — אֲסוּרִין** העצים **בַּהֲנָאָה. הִסִּיק בָּהֶן** בעצים אלה **אֶת הַתַּנּוּר, אִם** היה זה תנור **חָדָשׁ** שמתחזק ומתחסם מחמת ההסקה הראשונה — **יוּתַּץ** (יישבר) התנור, שהרי נוצר על ידי איסור עבודה זרה, **וְאִם** היה זה תנור **יָשָׁן** שהוסק קודם לכן — **יוּצַּן** (יצונן), ולא ישתמש בחום שגרמו עצים אלה. **אָפָה בּוֹ אֶת הַפַּת** — פת זו **אֲסוּרָה בַּהֲנָאָה. נִתְעָרְבָה** הפת **בַּאֲחֵרוֹת — כּוּלָּן אֲסוּרוֹת בַּהֲנָאָה, ר' אֱלִיעֶזֶר אוֹמֵר: יוֹלִיךְ** דמי **הֲנָאָה** שקיבל מהאיסור **לְיָם הַמֶּלַח**, כלומר יאבדם, וכך יוכל להנות מן הפת **אָמְרוּ לוֹ: אֵין פִּדְיוֹן לַעֲבוֹדָה זָרָה**, אלא צריך לבער הכל. **נָטַל הֵימֶנָּה** מן האשירה **כַּרְכּוֹר** מכשיר לאריגה — הרי הכרכור הזה **אָסוּר בַּהֲנָאָה. אִם אָרַג בּוֹ** בכרכור זה **אֶת הַבֶּגֶד — אָסוּר** הבגד **בַּהֲנָאָה. נִתְעָרֵב** בגד זה של איסור **בַּאֲחֵרִים וַאֲחֵרִים בַּאֲחֵרִים — כּוּלָּן אֲסוּרִין בַּהֲנָאָה, ר' אֱלִיעֶזֶר אוֹמֵר: יוֹלִיךְ הֲנָאָה לְיָם הַמֶּלַח, אָמְרוּ לוֹ: אֵין פִּדְיוֹן לַעֲבוֹדָה זָרָה.**

ב גמרא ומעירים: **וּצְרִיכָא** [וצריך] להשמיע לנו במשנה את המחלוקת הן במקרה של הפת והן במקרה של הבגד, **דְּאִי אַשְׁמְעִינַן קַמַּיְיתָא** [שאם היה משמיע לנו רק את ההלכה הראשונה] היינו אומרים: דווקא **בְּהָא קָאָמַר** [בזו אמר] **ר' אֱלִיעֶזֶר** שיכול להוליך דמי הנאה וליהנות, **מִשּׁוּם דִּבְעִידָּנָא דְּקָא גָּמְרָה** [שבזמן שנגמרה] **פַּת, קָלֵי לָהּ אִיסּוּרָא** [נשרף כבר האיסור גופו], **אֲבָל כַּרְכּוֹר דְּאִיתֵיהּ לְאִיסּוּרָא בְּעֵינֵיהּ** [שהאיסור נמצא עדיין בעינו] **אֵימָא מוֹדֵי לְרַבָּנַן** [אמור שמודה בכך לחכמים] שהדבר אסור. ולהיפך, **וְאִי אַשְׁמְעִינַן** [ואם היה משמיע לנו] את המחלוקת רק **בְּכַרְכּוֹר**, היינו אומרים: דווקא **בְּהָא קָאָמְרִי רַבָּנַן** [בזה אמרו חכמים] שאין פתרון לדבר, **אֲבָל פַּת** שנשרף האיסור **אֵימָא מוֹדוּ לֵיהּ** [אמור שמודים לו] **לְר' אֱלִיעֶזֶר** שיוליך דמי הנאה לים המלח, ולכן **צְרִיכָא** [צריך] שתיאמר המחלוקת בשני המקרים. **אָמַר רַב חִיָּיא בְּרֵיהּ** [בנו] של **רַבָּה בַּר נַחְמָנִי אָמַר רַב חִסְדָּא אָמַר זְעֵירִי: הֲלָכָה כְּר' אֱלִיעֶזֶר. אִיכָּא דְּאָמְרִי** [יש שאומרים] בלשון אחרת, **אָמַר רַב חִסְדָּא: אָמַר לִי אַבָּא בַּר רַב חִסְדָּא, הָכִי** [כך] **אָמַר זְעֵירִי: הֲלָכָה כְּר' אֱלִיעֶזֶר. אָמַר רַב אַדָּא בַּר אַהֲבָה: לֹא שָׁנוּ** פתרון זה **אֶלָּא בְּפַת** שנאפתה באיסור, **אֲבָל חָבִית** של יין אסור — **לֹא**, אין לה היתר בדרך זו. **וְרַב חִסְדָּא אָמַר: אֲפִילּוּ חָבִית מוּתֶּרֶת.** מסופר, **הַהוּא גַּבְרָא דְּאִיתְעָרַב לֵיהּ חֲבִיתָא דְּיֵין נֶסֶךְ בְּחַמְרֵיהּ** [אדם אחד שהתערבה לו חבית אחת של יין נסך בתוך חביות של יינו], **אֲתָא לְקַמֵּיהּ** [בא לפני] **רַב חִסְדָּא** לשאול מה לעשות, **אָמַר** לו רב חסדא: **שְׁקוֹל אַרְבַּע זוּזֵי** [קח ארבעה זוזים], שהם דמי חבית יין, **וּשְׁדֵי בְּנַהֲרָא** [וזרוק אותם בנהר], כדי שלא יהנה מדמי היין האסור המעורב בחביות, **וְנִשְׁתְּרֵי לָךְ** [ויהיה מותר לך] **הכל.**

ג משנה כֵּיצַד מְבַטְּלָהּ את האשירה? **אִם קִירְסֵם** כלומר, חתך ממנה קיסמים לצורכו, **אוֹ זֵירֵד** לקח ממנה זרדים לחים, **אוֹ נָטַל מִמֶּנָּה מַקֵּל אוֹ שַׁרְבִיט, וַאֲפִילּוּ עָלֶה — הֲרֵי זֶה בִּטְּלָהּ** לפי שהוא מראה שאינו מתייחס אליה עוד כעבודה זרה. **אִם שִׁיפָּה** (שייף אותה) **לְצָרְכָּהּ** כלומר, לצורך האילן לחזקו או ליפותו — **אֲסוּרָה**, אם עשה זאת **שֶׁלֹּא לְצָרְכָּהּ — מוּתֶּרֶת.**

ד גמרא ושואלים: **אוֹתָן שְׁפָּאִין** ששיפה מן העץ של האשירה לצורכה, **מַה תְּהֵא עֲלֵיהֶן?** מה דינם? **פְּלִיגֵי בָּהּ** [נחלקו בכך] **רַב הוּנָא וְר' חִיָּיא בַּר** [בנו] של **רַב, חַד** [אחד מהם] **אָמַר: אֲסוּרִין**, לפי שהם חלק מן האשירה, **וְחַד** [ואחד מהם] **אָמַר: מוּתָּרִין**, שהרי חלקים אלה הוא משליך ומבטל. ומעירים: **תַּנְיָא כְּמַאן דְּאָמַר** [שנויה ברייתא כמי שאומר] **מוּתָּרִין, דְּתַנְיָא** [ששנויה ברייתא]: **גּוֹי שֶׁשִּׁיפָּה עֲבוֹדָה זָרָה לְצָרְכּוֹ** ועל ידי כך ביטלה — **הִיא וּשְׁפָּאֶיהָ מוּתָּרִין**, אם עשה זאת **לְצָרְכָּהּ — הִיא** עצמה **אֲסוּרָה וּשְׁפָּאֶיהָ מוּתָּרִין. וְיִשְׂרָאֵל שֶׁשִּׁיפָּה עֲבוֹדָה זָרָה, בֵּין לְצָרְכָּהּ בֵּין לְצָרְכּוֹ — הִיא וּשְׁפָּאֶיהָ אֲסוּרִין**, שאין ישראל יכול לבטל עבודה זרה.

ומביאים מחלוקת אמוראים בענין משנתנו. **אִיתְּמַר** [נאמר]: **עֲבוֹדָה זָרָה שֶׁנִּשְׁתַּבְּרָה** מאליה, **רַב אָמַר: צָרִיךְ לְבַטֵּל כָּל קֵיסָם וְקֵיסָם** שבה, **וּשְׁמוּאֵל אָמַר: עֲבוֹדָה זָרָה אֵינָהּ בְּטֵלָה אֶלָּא** כשהיא נשברת **דֶּרֶךְ גְּדִילָתָהּ.** ותוהים: **אַדְּרַבָּה** [גדולה מזו, להיפך], **דֶּרֶךְ גְּדִילָתָהּ מִי מְבַטְּלָא** [האם היא מתבטלת]? **אֶלָּא הָכִי קָאָמַר** [כך הוא אומר, כך יש להבין את דבריו]: **אֵין עֲבוֹדָה זָרָה צְרִיכָה לְבַטֵּל אֶלָּא** כשהיא נשברת **דֶּרֶךְ גְּדִילָתָהּ**, כגון שנושרים ממנה עלים, אבל זו שנשברה — אינה צריכה ביטול עוד. ושואלים: **לֵימָא בְּהָא קָמִיפַּלְגִי** [האם לומר שבנושא זה הם חלוקים], **דְּמָר סָבַר** [שחכם זה, רב, סבור]: **עוֹבְדִין** הגוים אפילו **לִשְׁבָרִין, וּמָר סָבַר** [וחכם זה סבור]: **אֵין עוֹבְדִין לִשְׁבָרִין?** ודוחים: **לֹא, דְּכוּלֵּי עָלְמָא** [לדעת הכל] **עוֹבְדִין** הם **לִשְׁבָרִין, וְהָכָא** [וכאן] **בְּשִׁבְרֵי שְׁבָרִים קָמִיפַּלְגִי** [חלוקים הם], **מָר סָבַר** [חכם זה, רב, סבור]: **שִׁבְרֵי שְׁבָרִים** אף הם **אֲסוּרִין, וּמָר סָבַר** [וחכם זה, שמואל, סבור]: **שִׁבְרֵי שְׁבָרִים מוּתָּרִין. וְאִי בָּעֵית אֵימָא** [ואם תרצה אמור]: **דְּכוּלֵּי עָלְמָא** [לדעת הכל] **שִׁבְרֵי שְׁבָרִים מוּתָּרִין, וְהָכָא** [וכאן] **בַּעֲבוֹדָה זָרָה שֶׁל חֻלְיוֹת** שעשויה חוליות המתחברות יחד **וּבְאוֹפֶן שֶׁהֶדְיוֹט** (אדם שאינו מומחה) **שֶׁיָּכוֹל לְהַחֲזִירָהּ קָמִיפַּלְגִי** [חלוקים הם], ובכך נחלקו: **מָר סָבַר** [חכם זה, רב, סבור]: **כֵּיוָן שֶׁהֶדְיוֹט יָכוֹל לְהַחֲזִירָהּ**, גם אם התפרקה **לֹא בְּטֵלָה. וּמָר סָבַר** [וחכם זה סבור]: **אֵין עֲבוֹדָה זָרָה בְּטֵלָה אֶלָּא דֶּרֶךְ גְּדִילָתָהּ, דְּהַיְינוּ אוֹרְחֵיהּ** [שזו דרכו], **הָא לָאו** [זו לא] **גְּדִילָתָהּ הִיא**, זו אין דרכה להיות מפורקת, **וְכֵיוָן** שנתפרקה **אֵין צְרִיכָה לְבַטֵּל.**

עיונים

אם חדש יותץ כתבו הראשונים על פי הסוגיה בפסחים (כו,ב ואילך) כי התנור אינו חייב נתיצה מצד עצמו, אלא משום שהוא אינו עומד אלא לאפיה, והואיל והוא נוצר ונתהווה על ידי איסור, הרי לכשיאפו בו (אף בעצי היתר) נמצא שאופים את הפת בגורם איסור והיא אסורה בהנאה. אלא שמשנה זו שנויה לפי הסברה ש"זה וזה גורם אסור", אבל לפי מסקנת ההלכה כי "זה וזה גורם מותר" אפילו באיסורי עבודה זרה — הרי אף תנור זה אין צורך לנותצו, אלא די שיוצן, ואחר כך יוכל לאפות בו (שהרי לכתחילה אין לעשות פעולה שגורם של איסור). ועוד הוסיפו כי לפי המסקנה זו ש"זה וזה גורם מותר" לא נאסרה הפת בהנאה אלא כאשר נאפתה כנגד האש ממש ("כשאבוקה נגדו"), שאז נהנה מעצי האשירה כשהם בעין, אבל לא בגחלים. אכן כמה אחרונים העירו כי מן התוספתא ועוד מוכח כי דין זה נאמר דווקא באיסורי הנאה שאפרם מותר לאחר שנשרפו, אבל לא בעצי אשירה (וראה באריכות גדולה בש"ך).

יוליך הנאה לים המלח הר"ח וכן רש"י וראב"ד מסבירים שמוליך לים המלח דמי עצי איסור שנהנה מהם באפייה זו (וכן לגבי הבגד ועוד). ולפי זה אין מדובר כאן דווקא כאשר נתערבה הפת באחרות, אלא אפילו פת זו עצמה שנאפתה בעצי האיסור יש לה תקנה בהולכת הנאה לים המלח. אבל שיטת התוס' והרמב"ם היא שכיון שעיקר יצירתה של פת זו נעשתה באיסור, הרי היא עצמה נאסרת כולה. ומשום כך מדובר כאן רק כאשר נתערבה הפת באחרות, ואז צריך להוליך את דמיה של אותה פת לים המלח והשאר מותר (וראה ברמב"ן, וראה בר"י מבירינא).

אין פדיון לעבודה זרה לכל הדעות אין זה פדיון ממש. אולם חכמים סבורים כי מאחר שהאיסור עצמו נשאר במקומו, ואילו האיש נוטל מעות כנגדו ומאבדן, הרי זה כעין פדיון, שהוא פודה ומחליף את העבודה הזרה בכסף, וכיון שאין דין פדיון אלא בקדשים ולא בעבודה זרה — אין לעשות זאת. אבל ר' אליעזר סבור שאין כאן פדיון כלל, אלא מאחר שמעורב בדבר איסור הנאה, וכדי שלא ייהנה מן האיסור הוא מאבד דמים כנגד האיסור, נמצא שלא נהנה כלל מן האיסור (ראה רמב"ן במלחמות ה').

ארג בו את הבגד וכו' בירושלמי (וכן מובא בתוס' כאן) מסבירים כי במקרה זה אין אומרים שימכרנו לגוי חוץ מדמי האיסור שבו, משום שבגד זה עצמו אסור, ואם ימכרנו לגוי — שמא יחזור הגוי וימכרנו ליהודי אחר. מה שאין כן לגבי יין נסך שנתערב, שכיון שאין ישראל קונהו מן הגוי אין לחשוש לכך, ולכן יימכר חוץ מדמי יין האיסור (וכן לגבי פת, שאף שלא פשוט שמותר לקנות פת נכרי, הרי יש מקרים בהם הדבר מותר, ואפילו לכתחילה).

אבל חבית לא שלא התירו אלא פת שנאפתה בחום של עצי אשירה, שהאיסור עצמו אינו בעין, אבל אם היתה חבית של יין אסור, הואיל והאיסור בעינו — אינו יכול להתירה על ידי הולכת הנאתה לים המלח, אלא רק כאשר מוכר את כל החביות יחד ואת דמי האיסור יוליך לים המלח (רש"י).

דאיתערב ליה יין נסך וכו' נחלקו המפרשים בהבנת הענין. לדעת הרי"ף ואחרים אין מדובר כאן ביין נסך ממש, אלא בסתם יינם, שאינו אלא איסור מדברי סופרים. אבל הראב"ד ואחרים סבורים שאפילו היה בחבית יין נסך ממש, שהוא איסור הנאה מן התורה — אף אז הדבר מותר.

קירסם וכו' שכיון שנוטל מן האשירה דברים לצרכיו הריהו מראה ששוב אינה חשובה בעיניו כעבודה זרה, שהרי הוא נהנה ממנה כמו מעץ סתם. ועל ידי כך, לא רק מה שנטל בטל איסורו, אלא כל האשירה שוב אינה אסורה עוד.

שיפה לצרכה העיר המאירי שנראה כי חלק זה של המשנה אינו עוסק באשירה, אלא חוזר לנושא הראשון של הפרק, בדין ביטול של צלם של עבודה זרה.

צריך לבטל כל קיסם וכו' שלדעת רב, הואיל ולא ביטל את האשירה, הרי כל חלק וחלק ממנה הריהו עבודה זרה. ואילו היה מקרסם ממנה עצמה אפילו קיסם אחד היתה בטילה כולה, ואולם מאחר שכל חלק נמצא לעצמו — שוב לא יועיל מה שעושה בחלק אחד כדי לבטל חלק אחר.

וישראל ששיפה שהרי אין ישראל יכול לבטל עבודה זרה, בין של גוים (לפי שרק גוי יכול לבטל אותה) ובין של ישראל (שאינה בטלה כלל).

עובדים לשברים הראשונים דנו ביחס בין מחלוקת זו והמחלוקת בראש הפרק (לעיל מא,ב) בין ר' יוחנן וריש לקיש ביחס לעבודה זרה שנשתברה מאליה, וביחס לדעת שמואל המובאת שם, שהמוצא שברי עבודה זרה הרי אלו מותרים. שרש"י כתב שאין הדברים דומים, משום ששם אין ידוע שנשתברה מאליה, שיש מקום לומר שהיא עבודה זרה ששברה גוי, ולפיכך בטלה לגמרי בשבירתה. וכאן מדובר בשברים שאנו יודעים שנשברו מאליהם. ולדעת התוס' (וראה גם במיוחסים לרשב"א) המחלוקת כאן היא לא בשברי עבודה זרה של פסל וכיוצא בו, אלא כגון עצי אשירה, שרגילים להשיר קיסמים וכיוצא בזה, ואין נמנעים מלעובדה גם כך. ואילו הרמב"ן (לעיל) ותלמידיו (ראה רא"ה וריטב"א) הסבירו כי שם מדובר כאשר העבודה זרה נשברה לגמרי, ואילו כאן עיקרה קיים, ומשום כך סבור רב כי כיון שעיקרה קיים וממשיכים לעובדה — עובדים גם את השברים. ואילו שמואל סבור שכיון שגוף האשירה קיים אינם עובדים עוד לשברים, ועוד שסבורים הם שאין היא חפיצה בהם עוד.

בשברי שברים קמיפלגי והוא מה שאמר רב שצריך לבטל כל קיסם וקיסם — שאלו הם שברי שברים (רש"י). והסביר המאירי כי שברים הם איברים שלמים של פסל, ומשם כך יש בהם חשיבות יתירה ויש מקום לומר שעובדים להם, מה שאין כן שברי שברים, שבוודאי אין עובדים להם, אלא שמכל מקום יש לומר שהם צריכים ביטול בהיותם חלק מעבודה זרה.

אורח ההלכה

נטל ממנה עצים אשירה שנטל ממנה עצים — אסורים בהנאה. הסיק בהם את התנור, בין חדש בין ישן — יוצן ואחר כך יסיק אותו בעצי היתר. כברייתא בפסחים (כו,ב) שהעמידוה בגמרא שם כדעת חכמים הסבורים שזה וזה גורם מותר. (רמב"ם ספר מדע הלכות עבודה זרה פ"ז הי"ג. שו"ע יו"ד קמב, ד).

אפה בו את הפת תנור שהסיקו בעצי עבודה זרה ולא צינּנו ואפה בו את הפת — הרי זה אסור בהנאה. והוסיף רמ"א בשם הב"י שהוא דווקא בעוד האש של העצים כנגדו, עפ"י הסוגיה בפסחים כז, א. אבל האחרונים חלקו על כך (ראה ט"ז ש"ך וגר"א). ואם גרף את האש ואחר כך בישל או אפה בחום התנור — מותר (דווקא בתנור ישן, אבל לא בחדש. גר"א. ולדעת הט"ז גם לא בישן).

נתערבה הפת שנאסרה באחרות — יוליך דמי אותה פת לים המלח (או לשאר מקום אבוד, או ישרפנו או יקברנו. ש"ך) ושאר הכיכרות מותרות. כדברי ר' אליעזר, שנפסקה בגמרא הלכה כמותו. (רמב"ם שם. שו"ע שם).

נטל ממנה כרכר נטל מן האשירה עץ לכרכר וארג בו את הבגד — הבגד אסור בהנאה. ואם נתערב בבגדים אחרים — יוליך דמי אותו הבגד לים המלח, ושאר הבגדים מותרים. כדברי ר' אליעזר. (רמב"ם שם ה"ד. שו"ע שם סעיף ג).

שקול ארבע זוזי נתערב סתם יינם ביין היתר — הרי זה אוסר בכלשהו בשתיה, ויימכר כל היין לגוי, ונוטל את דמי היין האסור ומשליכו לים המלח, ושאר הדמים מותרים. ואם נתערבה חבית יין נסך (או סתם יינם) בחביות יין של היתר — הכל אסור בשתיה, ומותר בהנאה, ודמי החבית האסורה ישליך לים המלח. כרב חסדא ועל פי ר' אליעזר. (רמב"ם ספר קדושה הלכות מאכלות אסורות פט"ז הכ"ט. שו"ע שם קלד, ב).

כיצד מבטלה וכו' נטל מן האשירה מקל או אפילו עלה אחד לצרכו — הרי נתבטלה בכך, ובין האשירה עצמה ובין מה שנטל ממנה — הכל מותר. ואם נטל ממנה דבר לצורכה (כגון כדי ליפותה) לא נתבטלה, והיא אסורה, אבל מה שנטל ממנה מותר. כמשנה וכדברי המתיר בשפאים. (רמב"ם ספר מדע הלכות עבודה זרה פ"ח הי"ב. שו"ע שם קמו, ו).

עבודה זרה שנשתברה עבודה זרה של גוי שנשתברה מאליה — שבריה אסורים בהנאה עד שיבטלוה. ואם היתה של פרקים, אם הדיוט יוכל להרכיב הפרקים — צריך לבטל כל פרק ופרק לחוד. ואם לאו, כיון שביטל אבר אחד ממנה בטלו כל השברים. כדברי רב. (רמב"ם שם הי"א. שו"ע שם סעיף יא).

מסורת הש"ס

א. פסחים כז,א. ע"ז מט,א.
ב. שם. וראה פסחים כו,ב. כז,א. ירושלמי ערלה פ"ג ה"ג. שם פסחים פ"ב ה"א. תוספתא ערלה פ"א ז.
ג. ירושלמי ערלה פ"ג ה"ב.
ד. ראה ירושלמי ע"ז פ"ג ה"ד (בשינויים).
ה. ע"ז מב,א. תוספתא ע"ז פ"ו ט.
ו. (בשינוי) ירושלמי ע"ז פ"ג ה"ב. וראה ע"ז מא,ב.
ז. ראה ע"ז מב,ב.
ח. ראה שם מא,ב. נג,ב.
ט. ראה שבת פג,ב.

גרסות

הפת אסורה בהנאה בירושלמי ועוד: **הפת הפת אסורה בהנאה.**

נתערבה באחרות בכתי"מ ובמקורות יש: **נתערבה באחרות ואחרות באחרות.**

כרכר במשניות: **כרכור** בכתי"מ ועוד: **כרכר** ובכתי"ס ועוד: **כרכד.**

את הבגד אסור בירושלמי במשניות ועוד: **את הבגד הבגד אסור.**

ואחרים באחרים בירושלמי וכתי"מ ועוד מלים אלה חסרות.

קלי לה בכתי"ס: **איקלי ליה.**

חבית מותרת בכת"י: **חבית.**

חביתא דיין נסך בחמריה בכתי"מ: **חביתא דאיסורא** ובכתי"ס: **חביתא דאיסורא דסתם יינם בחמריה** וראה ברי"ף.

אמר שקול ארבע זוזי בכת"י: **אמר ליה זיל שקול ארבעה זוזי.**

זוזי בכתי"ס: **זוזי דמי חביתא חדא.**

ונשתרי לך בכתי"מ: **ותשרי לך בהנאה** ובכתי"ס: **ואידך תשתרי לך בהנאה.**

שיפה במשניות: **שפייה** בירושלמי: **שפאה** ובכתי"ס: **שפה.**

ורבי חייא בר רב בכת"י ועוד: **וחייא בר רב.**

דתניא גוי ששיפה בכת"י: **גוי ששיפה.**

ושפאיה בכתי"מ: **ושיפוייה.**

היא ושפאיה אסורין בכתי"מ ועוד: **בין היא בין שפוייה אסורין.**

עבודה זרה שנשתברה בכת"י וכן גרס הב"ח: **עבודה זרה שנשתברה מאליה.**

דרך גדילתה מי מבטלא בכת"י: **דרך גדילתה הוא דלא בטלה.**

דכולי עלמא שברי שברים מותרין בכתי"ס ועוד: **דכולי עלמא אין עובדין לשברים.**

ובהדיוט שיכול להחזירה בכתי"מ: **והדיוט יכול להחזיר** ובכתי"ס: **והדיוט יכול להחזירה.**

אין עבודה זרה בטילה אלא דרך גדילתה — צריכה לבטל בכתי"מ ועוד: **אין עבודה זרה צריך לבטל אלא דרך גדילתה הא לאו גדילתה אינה צריכה לבטל** ובכתי"ס: **אין עבודה זרה בטלה אלא דרך גדלתה דהיינו אורחה אבל הא כיון דלאו דרך גדלתה היא לאו היינו אורחה.**

לשון

כרכר
מקור המלה הוא ביוונית χερχίς-ίδος (כרכיס-ידוס) וגרסתה המקורית כנראה כרכד ומשמעה בוכייאר, או מקל מחודד המשמש לאריגה, וכן גם מוט מחודד מכל סוג.

קירסם
עיקר המשמעות היא כמו "כירסם", כלומר לחתוך דברים קטנים מחומר. ובעיקר משמשת צורה זו להסרת דברים (שלא לצורך אכילה).
רש"י מסביר כי קירסם משמעו — הסרת ענפים יבשים, ואילו זרד משמעו הסרת ענפים (זרדים) לחים.

החיים

כרכר
ראה בהשלמות.

לעזי רש"י

דויל"ו (צ"ל: רייו"ל) מן הצרפתית העתיקה reiol — אחד מחלקי נול האורגים.

סיכום פרק "כל הצלמים"

ביחס להגדרת עבודה זרה הנאסרת, קבעו חכמים כלל שרק דבר שנעשה בידי אדם או שיש לאדם שליטה גמורה בו הוא הנאסר מחמת עבודה זרה. ובדרך כלל אין אפשרות לאסור מחמת עבודה זרה אלא דבר השייך למי שעובדה. ולפיכך, שמש וירח, הרים וגבעות, ימים ונהרות — אינם נאסרים מחמת שעובדים אותם, אף שעובדיהם נידונים כעובדי עבודה זרה לכל ענין.

ועוד אמרו כי איסור הנאה מעבודה זרה אינו חל על צורה או תבנית מסויימת אלא רק אם היא נעבדת. ולפיכך, אפילו צלמי עבודה זרה ממש, אם הם משמשים בתפקיד שאינו של כבוד — אינם נחשבים לעבודה זרה אלא לקישוטים בלבד. וכיוצא בהם פסלי אדם המשמשים לכבוד ולנוי בלבד (כגון פסלי המלכים) אינם נאסרים אלא אם כן עובדים אותם.

בענין זה דנה הגמרא בשאלה המעשית העומדת בפני המוצא פסלים ואינו יודע האם של עבודה זרה הם או לאו, ונתנו חכמים סימנים מעשיים בענין זה, מתי יש להניח כי עבודה זרה הם, ומתי הם רק ענין של כבוד. וכן לענין שברי עבודה זרה המוטלים ואין אדם יודע אם נשתברו בכוונה ונתבטלו בכך (כאשר יבואר בהרחבה בפרק הבא), סוכם כי אף שעבודה זרה שנשתברה מאליה אינה מתבטלת מאיסורה, מכל מקום המוצא שברים — אין הם אסורים.

עבודה זרה צריכה השמדה והשחתה גמורה כדי שלא לגרום מכשול למי שישתמש בה, ודרך איבוד עבודה זרה — כאשר שורפה או שוחקה ומפזר הכל לרוח או משליכה לים. אין נהנים מעבודה זרה, לא מגופה ולא ממה שנוצר ונעשה מגופה, וכל שנעשה מכוחה אסור ואוסר אף בתערובת. אלא שדבר שנעשה על ידי שני גורמים, שאחד מותר ואחד אסור — כשר.

כל שנעשה לשם עבודה זרה אסור הוא, בין עבודה זרה עצמה ובין משמשיה. אלא שיש הבדל בין מה שנעשה מתחילה לשם זה, ובין דבר שנעשה בגופו שינוי לשם עבודה זרה לאחר זמן, שזה יש לו תיקון בהסרת אותו שינוי בלבד. ודבר שנעשה בו שימוש לעבודה זרה רק לפי שעה, כגון להניחה עליו או בתוכו, הריהו מותר לאחר שאיננו משמש עוד לכך.

פתיחה לפרק "רבי ישמעאל"

פרק זה עוסק בנושאים שונים, והוא המשך והשלמה של הפרק הקודם, אף שיש בו נושאים המתבררים לעצמם.
בפרק הקודם עסקנו בבירור ההבדל בין עבודה זרה ובין צלמים וצורות שאינם לצורך זה. ובפרק זה מעלים את השאלה לגבי עבודה זרה של מרקוליס, שעיקרה גל אבנים המצוי בחוץ, שלא בבית מיוחד, שאף שאין בה בהכרח פסל, מכל מקום עצם צורתה ועניינה הוא של עבודה זרה. ואף דרך עבודתה מיוחדת במינה — בזריקת אבנים ההופכות לחלק ממנה עצמה. הדיון בפולחן זה מהוה בסיס לדיון עקרוני מה נחשב כדרך עבודה זרה האסורה ואוסרת, ומה נחשב כתקרובת עבודה זרה הנאסרת אף היא.
שאלה אחרת, שהוחל בבירורה בפרק הקודם, היא איסור ההנאה מעבודה זרה, וכאן נידונה השאלה באלו אופנים מותר ליהנות מרכוש השייך לעבודה זרה.
כבר הוזכר בפרק הקודם שיש דרך ביטול לעבודה זרה, וכאן מבררים כיצד, על ידי מה, אנו חושבים עבודה זרה כמבוטלת. מתוך כך עולה גם שאלה אחרת — מה דין עבודה זרה שעשה בן ישראל, מתי חל עליה איסור, וכיצד דרך ביטולה.

רובו של הפרק עוסק בבירור הלכות בנושא שכבר נזכר בפרקים קודמים, בדין יין נסך, וליתר דיוק — במגעו של גוי ביין, שחכמים אסרוהו בהנאה מחשש שמא ניסכו לעבודה זרה. ובענין זה מתעוררות כמה שאלות: מאיזה שלב של ייצור היין נחשב מיץ הענבים כיין להיאסר? איזה סוג של מגע אוסר את היין? כיצד אפשר להבטיח שהנכרי לא יגע ביין? ועוד שאלות שבעיקרן הן בעיות מעשיות — באלו מקרים יש לחשוש שהגוי נגע ביין כאשר לא שלטה ביין עינו של הישראל. שאלות אלה נוגעות באומדן הדעת לגבי היחס שבין הגוי לישראל בקשר ליין, בכל מקרה ומקרה לגופו.

בירורם של הנושאים הללו הוא עיקר עניינו של פרק זה.

פו א ב ג מיי' פ"ז מהל' עבודת כוכבים הלכ' יג סמג לאוין מה טוש"ע י"ד סי' קמב סעי' ד:
פז ד ה מיי' שם הל' יד טוש"ע שם סעי' ג:
פח ו מיי' פ"ז מהל' מאכלות אסורות הלכה כב סמג לאוין קלד קמח טוש"ע י"ד סי' קלד סעיף ב:
פט ז ח מיי' פ"ח מהל' עבודת כוכבים הלכ' יב סמג לאוין מה טוש"ע י"ד סי' קמו סעיף ו:
צ ט י מיי' שם הל' יא טוש"ע שם סעיף יא:
א כ ל מיי' פ"ז שם הלכ' יז סמג שם (טוש"ע י"ד סי' קלט):

מתני' *אנטל ממנה עצים אסורין בהנאה הסיק בהן את התנור אם חדש יותץ ואם ישן ביוצן אפה בו את הפת אסורה בהנאה נתערבה באחרות כולן אסורות בהנאה ר"א אומר גיוליך הנאה לים המלח אמרו לו אין פדיון לעבודה זרה: דנטל הימנה כרכור אסור בהנאה ארג בו את הבגד אסור בהנאה נתערב באחרים ואחרים באחרים כולן אסורין בהנאה ר"א אומר היוליך הנאה לים המלח אמרו לו אין פדיון לעבודה זרה: **גמ'** וצריכא דאי אשמעינן קמייתא בהא קאמר ר' אליעזר משום דבעידנא דקא גמרה פת קלי לה איסורא אבל כרכור דאיתיה לאיסורא בעיניה אימא מודי לרבנן ואי אשמעינן כרכור בהא קאמרי רבנן אבל פת אימא מודו ליה לר"א צריכא א"ר חייא בריה דרבה בר נחמני אמר רב חסדא אמר זעירי הלכה כר"א איכא דאמרי אמר רב חסדא אמר לי אבא בר רב חסדא הכי אמר זעירי הלכה כר"א אמר רב אדא בר אהבה לא שנו אלא פת אבל חבית לא ורב חסדא אמר אפילו חבית מותרת ההוא גברא דאיתערב ליה חביתא דיין נסך בחמריה אתא לקמיה דרב חסדא אמר ושקול ארבע זוזי ושדי בנהרא ונשתרי לך: **מתני'** כיצד מבטלה זקירסם וזירד נטל ממנה מקל או שרביט אפי' עלה ה"ז בטלה שיפה לצרכה אסורה שלא לצרכה מותרת: **גמ'** אותן שפאין מה תהא עליהן פליגי בה רב הונא *(ור' חייא) בר רב חד אמר אסורין וחד אמר חמותרין תניא כמ"ד מותרין דתניא *גוי ששיפה עבודה זרה לצרכו היא ושפאיה מותרין לצרכה היא אסורה ושפאיה מותרין וישראל ששיפה עבודה זרה בין לצרכו בין לצרכה היא ושפאיה אסורין איתמר עבודה זרה שנשתברה(א) מאליה רב אמר טצריך לבטל כל קיסם וקיסם ושמואל אמר עבודה זרה אינה בטלה אלא דרך גדילתה אדרבה דרך גדילתה מי מבטלה אלא ה"ק אין עבודה זרה צריכה לבטל אלא דרך גדילתה לימא בהא קמיפלגי *דמ"ס עובדין לשברין ומ"ס אין עובדין לשברין לא דכ"ע עובדין לשברין והכא[א] בשברי שברים קמיפלגי מ"ס שברי שברים אסורין ומ"ס שברי שברים מותרין ואיבע"א דכ"ע שברי שברים מותרין והכא יבעבודה זרה של חליות ובהדיוט שיכול להחזירה קמיפלגי מ"ס כיון דהדיוט יכול להחזירה לא בטלה ומ"ס אין עבודה זרה בטלה אלא דרך גדילתה דהיינו אורחיה הא לאו גדילתה היא ואין צריכה לבטל:

[פסחים כז.] [נ"ל והייא] [לעיל מב. תוספ' פ"ו] [לעיל מח: לקמן נג:]

הדרן עלך כל הצלמים

א **רבי** ישמעאל אומר שלש אבנים זו בצד זו בצד מרקולים אסורות ושתים מותרות וחכ"א כשנראות עמו אסורות ושאין נראות עמו מותרות: **גמ'** בשלמא רבנן קסברי אעובדין לשברים נראות עמו דאיכא למימר מיניה נפל אסורות שאין נראות עמו מותרות אלא ר' ישמעאל מאי קסבר אי עובדין לשברין אפילו תרתי נמי ליתסר אי אין בעובדין לשברים אפי' תלת נמי לא אמר רב יצחק בר יוסף א"ר יוחנן בידוע שנשרו ממנו דברי הכל אסורות ואפילו למ"ד אין עובדין לשברים ה"מ עבודה זרה דלאו היינו אורחיה אבל הכא דמעיקרא תבורי מיתברי היינו אורחיה כי פליגי בסתמא במקורבות

ארג בו את הבגד אסור בהנאה. בירושלמי דפירקין פריך מ"ש מיין נסך דאמרי' ימכר חוץ מדמי יין נסך שבו דה"נ ימכר חוץ מדמי איסור שבו והכי איתא התם א"ר חגי כד נחתית מן אילפא אשכחי' ר' יעקב בר אחא יתיב מקשי נטל הימנה כרכר אסור בהנייה ארג בו את הבגד אסור בהנייה ותנינן ימכר כולו לגוי חוץ מדמי יין נסך שבו א"ר יעקב בר אחא חגי קשיתא חגי קיימא מאי כדון תמן אין דרך בני אדם ליקח מן הגוי ברס הכא דרך בני אדם ליקח בגד מן הגוי פירוש ולפיכך אסור למכרו לגוי דחיישינן שמא ימכרנו לישראל התם אין דרך ליקח מן הגוי יין וכן י"ל באפה בו את הפת דרך ליקח פת מן הגוי*: **שקול** ארבע זוזי כו'. ולמוכרן כל אחד בפני עצמו אמר לו כן כדפירש רש"י: **לא** דכ"ע עובדין לשברים. פי' בקונטרס והא דאמר שמואל בריש פירקין (דף מא.) אפי' שברי עבודה זרה מותרין בהנאה למואלאן התם לא חזינן דנשתברה מאיליה דאמרינן גוי שברן והכא מיירי בראינוה שנשתברה ולא שברה הגוי וקשה דא"כ מאי מקשה לעיל (דף מא:) לרשב"ל מרגא דגון שאני התם שלא שברה גוי דהא רשב"ל ושמואל קמו בחד שיטה בשברי עבודה זרה לכן נראה לפרש דהכא מיירי שדרכה לנשר קיסמין וענפים תדיר ואין מניחין(ה) לעובדה בכך ולכך יש לאסור הקיסמין הנופלים ממנה *עוד י"ל דהתם מיירי בשברים שמאלאן לבדן בלא עיקר עבודה זרה אבל הכא מיירי שכל השברים ביחד וכי האי גוונא אמר עובדין לשברים ומ"מ לפי זה קשיא מאי פריך לעיל מרגא דגון דהא הוו התם כל השברים יחד אבל התם לא היה דרכה ליסבר וא"כ אפי' עיקר עבודה זרה קיים מותר דמימר אמר איהי לא אצלה נפשה:

[עי' תוס' לעיל מח: ד"ה עוד י"ל וכו' עד אחר לא אצלה נפשה ל"מ]

הדרן עלך כל הצלמים

רבי ישמעאל: **אפילו** תרתי נמי ליתסרו. ה"ה דהוה מצי למימר אפי' חדא נמי ליתסר אלא משום דבמתני' נקט שתים מותרות נקט נמי הכא שתים:
במקורבות

מתני' ככרור. דויל"ז בלע"ז: **גמ'** בהא קאמר ר"א. דיש פדיון: ל"ש. דיש פדיון: **אלא פת.** משום דלא מנכרא ביה איסור ממש: **אבל חבית.** של יין נסך שנתערבה בחביות של היתר כולן אסורות בהנאה ואין לה תקנה בהולכת הנאה לים המלח להתיר ולהמכר כל חבית לבדה או להשקות מהן לחמרים גוים משום דליתיה לאיסור בעיניה אבל מוכרן כולן חוץ מדמי יין נסך שבהן דהשתא לא מתהני מחבית דאיסורא: **ונשתרי לך.** בהנאה למכרן לבד לבד או לעשות מהן כיסה או להשקות מהן לגוים ולא דמיא הך מילתא לפלוגתא דרשב"ג ורבנן דפליגי בפ' בתרא (לקמן עד.) ביין נסך שנפל לבור כולו אסור בהנאה רשב"ג אומר ימכר כולו לגוים חוץ מדמי יין נסך שבו דהתם תרוייהו סבירא להו כרבנן דהכא דאין פדיון ליין נסך ומיהו כי מזבין ליה חוץ מדמי יין נסך שבו לא מיתהני מיין נסך מידי *משום דליתיה לאיסורא בעיניה: **מתני'** כיצד מבטלה. לאשירה: **קירסם.** קיסמין יבשין שבאילן נטל לצרכו לשרוף: **זרד.** זרודין לחין שבה: **לצרכה.** לייפותה: **גמ'** אותן שפאים. ששיפה לצרכה ולא בטלה: **מה תהא עליהן.** שפאין מי בטילי או לאו: **ישראל ששיפה כו' אסור.** שאין ישראל מבטל עבודה זרה: **רב אמר.** אע"פ שנשתברה מאליה צריכה ביטול(ב) וכל קיסם וקיסם נעשית עבודה זרה בפני עצמה הלכך לא סגי לחד בביטולא דחבריה: **אין עבודה זרה צריכה לבטל אלא כשהיא דרך גדילתה.** אבל זו שנשתברה בטלה מעצמה דמימר אמר איהי נפשה לא מצלה לההוא גברא מצלה ליה: **לא דכ"ע עובדין לשברים.** שנשתברו מאליהן והא דאמר שמואל בריש פירקין (דף מא.) אפי' שברי עבודה זרה מותרין בהנאה למואלאן התם הוא דלא חזינן לה דנשתברה מאיליה דאמרינן גוי שברן ואזלינן בתר רובא דהא עבודה זרה דנשתברה מאיליה לא שכיחא: **והכא.** דקאמר רב כל קיסם וקיסם לשון שברי שברים(ג) כגון דנשתברו שברים לשברים ובשברי שברים הוא דפליג שמואל עילויה: **ה"ג ואיבעית אימא דכ"ע אין עובדין לשברי שברים והכא בעבודה זרה שהיתה של חוליות דקין והרי הן כשברי שברים ונפלה ונתפרקו חליותיה עסקינן: והדיוט יכול להחזירה.** שאין צריכה אומן: **אין עבודה זרה.** שנשתברה צריכה לבטל: **אלא דרך גדילתה.** כשהיא קיימא כגון נבייה דמתני' דשברי שברים הן שנופל עלה אחר עלה *א"כ העלה עצמו משתבר לכמה שברים ואפ"ה אסור משום דדרך גדילתה היא דהיינו אורחה כל שתא אבל הכא לאו היינו אורחיה ליפול ולהתפרק הלכך בטלה:

כס"י א"ח

הדרן עלך כל הצלמים

רבי ישמעאל: **זו בצד זו.** וכ"ש אחת ע"ג שתים דזהו עיקר מרקולים ותחלתו: **בצד מרקולים.** מרקולים גדול שכבר עבדוהו וזרקו עליו אבנים הרבה: **שתים מותרות.** ובגמרא מפרש טעמא: **שנראות עמו.** דנראה שנפלו משם אסורות בין ג' בין שתים: **ושאין נראין עמו.** אין סמוכות לו מותרות ואפי' ג': **גמ'** עובדין לשברים. כל האבנים הנזרקות שם נתוספו על המרקולים ונעשה(ד) גדול עבודה זרה וכשהן נושרות הוו שברי עבודה זרה והשתא לא חשיב להו תקרובת אלא עבודה זרה בפני עצמה: **מעיקרא תבורי מיתברי.** שאינן מחוברות ודרכן ליפול:
במקורבות

[וע"ע תוס' יבמות פא: ד"ה טלו ותוס' לקמן סה. ד"ה טעמא]

רבינו חננאל

נטל הימנה מן האשרה עצים אסורה בהנאה. הסיק בה את התנור אם חדש יותץ אם ישן יוצן. אפה בו את הפת אסורה בהנאה נתערבה באחרות כו'. ר' אליעזר אומר יוליך הנאה לים המלח. אמרו לו אין פדיון לעבודה זרה. השתא רבנן דפליגי עליה דר' אליעזר בשדה שנזדבלה בזבל של עבודה זרה וכן פרה שנתפטמה בכרשיני תרומה מאן נינהו אי רבנן דעצים הא מחמרי טובא דאינון אסרי בהנאה הפת כולה. ור' אליעזר לא אסר בה אלא כדי שכר אפיה בלבד. אלא מאי אית לך למימר רבנן דפליגי עליה בשאור אימור דשמעת להו דמקילין (ומותרין) [ומתירין] העיסה עד שיהיה כדי לחמץ בשאור של תרומה באיסורא דעבודה זרה מי שמעת להו. אלא לעולם הא דתניא שדה שנזדבלה בזבל של עבודה זרה כו' ר' יוסי ורבנן היא ולעולם ר' יוסי זה וזה גורם מותר אית ליה. ולא שנא עבודה זרה משאר איסורי. והכא במשנתנו ר' יוסי לדבריהם דרבנן קאמר להו לדידי זה וזה גורם מותר. לדידכו דאית לכו זה וזה גורם אסור. אמאי שריתו ירקות בימות הגשמים. והלא הנמיה של עבודה זרה נושרת עליהן והוה להן לזבל. ונמצא הקרקע והנמיה גורמין ויהיו אסורין. ורבנן סברי הצל בימות הגשמים פוגם יותר ממה שמשבחת הנמיה כרב מרי דאמר בהמרגיל בבכורות בפרק כל פסולי המוקדשין מה שהשביח בעור שמוכרו לנוד ומוסיף בדמים פוגם בבשר: אמר רב יהודה אמר שמואל הלכה כר' יוסי. ואסיקנא ההיא גינתא דאזדבלה בזבל של עבודה זרה ושלחה רב עמרם קמיה דרב יוסף ושלח ליה הרי אמרו הלכה כרבי יוסי: **מתני'** נטל את האשרה קיסם ועשה בו כרכור אסור בהנאה כו' ר' אליעזר אומר יוליך הנאה לים המלח. וצריכא דאי אתמר בפת ר' אליעזר אומר יוליך הנאה לים המלח והשאר מותר הוה אמינא משום דבעידנא דקא גמרה לה פת איקלי ליה לאיסור. אבל כרכור דאיתיה בעיניה אימא מודו להו לרבנן ואי אתמר פלוגתייהו בכרכור כו' ואסיקנא הלכה כר' אליעזר. ולא תימא בפת לבדה א"ר אליעזר יוליך הנאה לים המלח אלא אפילו נתערבה חבית של גוים כדרב חסדא דאמר ליה להההוא גברא דאתערבא ליה חבית של יין נסך בחביות של יין דסתם יינו של גוי בחביות יין שלו. ואמר לו רב חסדא זיל שקול ד' זוזי דמי חבית יין ושדי בנהרא ושאר חביות מותרות לך כולן בהנאה: **פיסקא** כיצד מבטלה קירסם וזירד נטל ממנה מקל או שרביט. ואפילו עלה הרי זו בטלה. שפאה לצרכה אסורה שלא לצרכה מותרת: **גמ'** ואותם שפאים תניא כמאן דאמר מותרין דתניא גוי ששיפה עבודה זרה לצרכו בין לצרכה היא ושפאיה מותרין. לצרכה היא אסורה ושפאיה מותרין. וישראל ששיפה עבודה זרה בין לצרכו בין לצרכה היא ושפאיה אסורין. איתמר עבודה זרה שנשתברה מאליה רב אמר צריך לבטל כל קיסם וקיסם. ושמואל אמר [אין] עבודה זרה צריכה להבטל אלא כל זמן שהיא דרך גדילתה לימא בהא פליגי דרב סבר עובדין לשברים כל קיסם שבה ושמואל סבר כיון שנשתברה הותרה והדין לה דכולי עלמא לא פליגי דעובדין לשברים והכא בשברי שברים פליגי רב אוסר ושמואל אמר מותר איבעית תימא כולי עלמא לא פליגי דאין עובדין לשברים ובעבודה זרה של חוליות והדיוט יכול להחזירה פליגי. רב סבר כיון דהדיוט יכול להחזירה לא בטלה ושמואל סבר אין עבודה זרה צריכה ליבטל אלא דרך גדילתה. כגון גידוד וכיסוח דהיינו אורחיה אבל הא שבירה כיון דלאו דרך גדילתה היא לאו היינו אורחיה ומותרת: הדרן עלך כל הצלמים אסורין
רבי ישמעאל אומר שלש אבנים זו בצד זו [בצד] מרקולים אסורות ושתים מותרות וחכמים אומרים את שנראה עמו אסור את שאינו נראה עמו מותר. אוקמה ר' יוחנן בידוע שנשרו אבנים הללו מן המרקולים דברי

הגהות הב"ח

(א) גמ' איתמר עבודת כוכבים שנשתברה מאליה רב אמר: (ב) רש"י ד"ה רב אמר וכו' כל קיסם: (ג) ד"ה והכא וכו' שברי שברים קאמר כגון: (ד) ד"ה שנדים וכו' ונעשה עבודת כוכבים גדול ונכשן: (ה) תוס' ד"ה לא וכו' ואין מניחין לעובדה:

הגהות הגר"א

[א] גמ' והכא בשברי שברים. נ"ב והרמב"ם גורס במקום בשברי שברים כשאין וכו' אם שאר שברים נתבטל בביטול שבר א' ופסק לאיבעית אימא וכוכב (עמ"ש רבינו ביו"ד סי' קמ"ו ס"ק י"ז):

גליון הש"ס

גמ' שקול ארבע זוזי. עיין יומא דף נה ע"ב תוס' ד"ה ונבזור:

א משנה ר' יִשְׁמָעֵאל אוֹמֵר: שָׁלֹשׁ אֲבָנִים שֶׁהָיוּ זוֹ בְּצַד זוֹ בְּצַד עבודה זרה של מַרְקוּלִיס, שיש שם גל אבנים שזורקים לכבודו, חלק מן העבודה זרה עצמה — הרי הן אֲסוּרוֹת, אם היו שְׁתַּיִם בלבד — מוּתָּרוֹת. וַחֲכָמִים אוֹמְרִים: אותן שֶׁנִּרְאוֹת עִמּוֹ, שנראה שנפלו ממנו — אֲסוּרוֹת, וְשֶׁאֵין נִרְאוֹת עִמּוֹ — מוּתָּרוֹת.

ב גמרא ושואלים: בִּשְׁלָמָא רַבָּנַן קָסָבְרִי [נניח חכמים אפשר לומר שסבורים הם] שעוֹבְדִין לִשְׁבָרִים של עבודה זרה, ומשום כך, אם נִרְאוֹת עִמּוֹ, דְּאִיכָּא לְמֵימַר מִינֵּיהּ נָפַל [שיש מקום לומר שממנו נפלו] האבנים — הרי הן נחשבות כשברים של גל של מרקוליס וַאֲסוּרוֹת, שֶׁאֵין נִרְאוֹת עִמּוֹ — מוּתָּרוֹת, משום שנראה שלא ממנו נפלו. אֶלָּא ר' יִשְׁמָעֵאל מַאי קָסָבַר [מה הוא סבור]? אִי [אם] סבור הוא שעוֹבְדִין לִשְׁבָרִין, אֲפִילּוּ תַּרְתֵּי נַמִּי לִיתְסַר [שתים גם כן יהיה אסור], אִי [אם] אֵין עוֹבְדִין לִשְׁבָרִים, אֲפִילּוּ תְּלָת נַמִּי [שלוש גם כן] לֹא ייאסרו! אָמַר רַב יִצְחָק בַּר יוֹסֵף אָמַר ר' יוֹחָנָן: בְּיָדוּעַ שֶׁנִּשְׁרוּ מִמֶּנּוּ אותן האבנים — דִּבְרֵי הַכֹּל אֲסוּרוֹת בכל מקרה. וַאֲפִילּוּ לְמַאן דְּאָמַר [לדעת מי שאומר]: אֵין עוֹבְדִין לִשְׁבָרִים — הָנֵי מִילֵּי [דברים אלה אמורים] בַּעֲבוֹדָה זָרָה דְּלָאו הַיְינוּ אוֹרְחֵיהּ [שאין זו דרכה] לעובדה בשברים, אֲבָל הָכָא [כאן] דְּמֵעִיקָּרָא תַּבּוּרֵי מִיתַּבְּרֵי [שמתחילה שבורים הם] שזורקים לגל אבנים בודדות ולא מחוברות — הַיְינוּ אוֹרְחֵיהּ [זו דרכו], ולכן אינם יוצאות מגדר עבודה זרה. כִּי פְּלִיגִי [כאשר נחלקו] הרי זה בִּסְתָמָא [באבנים סתם], שלא ברור מהיכן הגיעו.

עיונים

בצד מרקוליס מדברי הגמרא עולה שהיו עושים (בצד פסל של עבודה זרה) מעין מבנה המורכב משתי אבנים ואחת על גביהן, והוא עצמו נחשב כעבודה זרה, והדרך שבה היו מכבדים אותה ועובדים לה היה בהנחה או הזריקה של אבנים עליה, וכל אבן היתה מצטרפת להיות חלק מגוף העבודה זרה.

אפילו תרתי נמי כתבו בתוס' ועוד שתרתי לאו דווקא, שהרי אם סבור הוא שעובדים גם לשברים אין הבדל בין שתים לאחת, ואפילו אחת תיאסר. אלא לשון המשנה נקטו, שמדברת בשתי אבנים.

דמעיקרא תבורי שכיון שאין עבודת מרקוליס בבנין שלם אלא כגל אבנים, הרי אבנים אלה אינן מחוברות, ויודעים שדרכן ליפול כל אחת לעצמה, ולכן אינן בטלות גם כאשר נשברו ונפלו מן הגל (רש"י).

אורח ההלכה

הנראות עמו אסורות באבני מרקוליס, כל אבן הנראית שהיא עמו אסורה בהנאה. כדברי חכמים. (רמב"ם ספר מדע הלכות עבודה זרה פ"ז הט"ז).

מסורת הש"ס

א. ראה ע"ז מא,ב. מט,ב. נג,ב.

גרסות

ושתים מותרות בכתי"מ: שתים מותרות.

שנראות — מותרות בירושלמי וכן יש בכת"י ועוד: את שהוא נראה עמו אסור ואת שאינו נראה עמו מותר.

אי עובדין בכתי"מ: אי קסבר עובדין.

דלאו היינו אורחיה בכתי"מ: דלאו אורחיה.

החיים

מרקוליס ראה בהשלמות.

מסורת הש״ס

א. ראה ירושלמי ע״ז פ״ד ה״א.
ב. שם.
ג. תוספתא ע״ז פ״ו יד.
ד. ב״מ כה,ב. ירושלמי ע״ז פ״ד ה״א.
ה. פסחים קד,א.
ו. שם. ירושלמי מגילה פ״ג ה״ב. שם סנהדרין פ״י ה״ה. שם ע״ז פ״ג ה״א. קה״ר פ״ט. מדרש זוטא לקהלת פ״ט.
ז. ע״ז נב,ב.
ח. ע״ז מב,א. תוספתא ע״ז פ״ו יד.

גרסות

דברי הכל אסורות בכתי״מ: **כולי עלמא לא פליגי דודאי אסורות.**

בצד בצד ארבע אמות דידיה בכתי״מ: **בצד בארבע אמות.**

שתים מותרות בכתי״ס: **ושתים דלא דמיאן למרקוליס מותרות.**

דאיכא גובהא בכתי״מ: **דאיכא גובתא** ובכתי״ס: **דאיכא גובה.**

כהאי גונא מי הוי בכתי״ס: **ומרקוליס כהאי גונא הוי.**

אוקימו ביה מרקוליס בכתי״ס: **אוקימו ביה מרקוליס ופלחו ליה.**

וסטרטאות בכת״י: **וסרטיאות.**

דפרשי... דלא פרשי בכתי״ס: **דפרשי מיניהו... דלא פרשי מיניהו.**

ואנן נפרוש בכתי״מ: **ואנו נפרוש.**

שאין לה בטילה... אין לו בטילה לעולם... אין לה בטילה לעולם בכתי״מ: **שאינה בטילה... אינה בטילה עולמית... אינה בטילה עולמית** בכתי״ס: **שאין לה בטלה עולמית... אין לו בטלה עולמית... אין לה בטלה עולמית.**

וטרטיאות בכת״י ודפו״י: **וסרטיות.**

בִּמְקוֹרָבוֹת נַמִי [גם כן], **דְּאִיכָּא לְמֵימַר מִינֵּיהּ נָפַל** [שיש לומר שממנו נפלו] — **דִּבְרֵי הַכֹּל אֲסוּרוֹת, כִּי פְּלִיגִי** [כאשר הם חלוקים] — **בִּמְרוּחָקוֹת.** ומקשים: **וְהָא** [והרי] **״בְּצַד מַרְקוּלִיס״ קָתָנֵי** [שנה], משמע שמדובר פה במקורבות! ומשיבים: **מַאי** [מה] פירוש **״בְּצַד״? בְּצַד אַרְבַּע אַמּוֹת דִּידֵיהּ** [שלו]. ובכך נחלקו: **ר׳ יִשְׁמָעֵאל סָבַר** [סבור]: **עוֹשִׂין מַרְקוּלִיס קָטָן בְּצַד מַרְקוּלִיס גָּדוֹל,** שפעמים עושים מלכתחילה גל קטן ליד הגל הגדול, ולכן **שָׁלֹשׁ דְּדָמְיָין** [שהן דומות] **לְמַרְקוּלִיס** גמור — **אֲסוּרוֹת, שְׁתַּיִם — מוּתָּרוֹת.** ואילו **רַבָּנַן סָבְרִי** [חכמים סבורים]: **אֵין עוֹשִׂין מַרְקוּלִיס קָטָן בְּצַד מַרְקוּלִיס גָּדוֹל,** ולכן **לֹא שְׁנָא** [שונה] **שָׁלֹשׁ וְלֹא שְׁנָא** [שונה] **שְׁתַּיִם,** אם היו **נִרְאוֹת עִמּוֹ — אֲסוּרוֹת,** מחשש שמא נפלו ממנו, **שֶׁאֵין נִרְאוֹת עִמּוֹ — מוּתָּרוֹת.**

א ודנים בהסבר זה של ר׳ יוחנן למשנה. **אָמַר מָר** [החכם]: **בְּיָדוּעַ שֶׁנָּשְׁרוּ מִמֶּנּוּ — דִּבְרֵי הַכֹּל אֲסוּרוֹת. וּרְמִינְהִי** [ומשליכים, מביאים סתירה לכך ממקור אחר], ששנינו בברייתא: **אֲבָנִים שֶׁנָּשְׁרוּ מִן הַמַּרְקוּלִיס,** אם היו **נִרְאוֹת עִמּוֹ — אֲסוּרוֹת, שֶׁאֵין נִרְאוֹת עִמּוֹ — מוּתָּרוֹת. וְר׳ יִשְׁמָעֵאל אוֹמֵר: שָׁלֹשׁ — אֲסוּרוֹת, שְׁתַּיִם — מוּתָּרוֹת.** הרי שגם כשידוע שנשרו מחלוקת! **אָמַר רָבָא: לָא תֵּימָא** [אל תאמר, תגרוס בברייתא] **״שֶׁנָּשְׁרוּ מִן** המרקוליס״, **אֶלָּא אֵימָא** [אמור]: **״שֶׁנִּמְצְאוּ** ליד מרקוליס״, ואין כאן ודאות בכך, אלא רק חשש, וכגון דברי ר׳ יוחנן. ושואלים: **וְסָבַר** [וסבור] **ר׳ יִשְׁמָעֵאל שֶׁשְּׁתַּיִם** בצד מרקוליס **מוּתָּרוֹת? וְהָתַנְיָא** [והרי שנויה ברייתא], **ר׳ יִשְׁמָעֵאל אוֹמֵר: שְׁתַּיִם בִּתְפִיסָה לוֹ** שהיו מקורבות אליו — **אֲסוּרוֹת. שָׁלֹשׁ, אֲפִילוּ מְרוּחָקוֹת — אֲסוּרוֹת! אָמַר רָבָא, לָא קַשְׁיָא** [אין זה קשה]: **כָּאן** שאסור, מדובר **בִּתְפִיסָה אַחַת** שאין הפסק ביניהן למרקוליס, **כָּאן** שמותר, מדובר **בִּשְׁתֵּי תְפִיסוֹת** שיש הפסק מסויים בין זה לזה, **וְהֵיכִי דָּמֵי** [ואיך בדיוק מדובר]? **דְּאִיכָּא גּוֹבְהָה בֵּינֵי וּבֵינֵי** [שיש גובה, מקום מוגבה בין זה לזה], ואין לומר שממנו נפלו. ושואלים: **וּמַרְקוּלִיס כְּהַאי גַּוְונָא מִי הָוֵי** [כגון זה האם ישנו], שתי אבנים או שלש אבנים בכל צורה? **וְהָא תַּנְיָא** [והרי שנויה ברייתא], **אֵלּוּ הֵן אַבְנֵי בֵית קוּלִיס:** אם היתה אבן **אַחַת מִכָּאן וְאַחַת מִכָּאן וְאַחַת עַל גַּבֵּיהֶן,** משמע שאפילו שלש אבנים סמוכות זו לזו אינו מרקוליס! **אָמַר רָבָא: כִּי תַּנְיָא הַהִיא** [כאשר שנויה אותה ברייתא] — הרי זה **בְּעִיקַּר מַרְקוּלִיס,** שכך עושים את הגל המקורי. אבל מה שמוסיפים לאחר מכן אינו בנוי דווקא בצורה זו.

ב מסופר, **בֵּי יַנַּאי מַלְכָּא חֲרוּב** [ביתו של ינאי המלך נחרב], **אֲתוּ** [באו] **גּוֹיִם אוֹקִימוּ בֵּיהּ** [והעמידו בו] **מַרְקוּלִיס, אֲתוּ גּוֹיִם אַחֲרִינֵי דְּלָא פָּלְחִי** [באו גוים אחרים שאינם עובדים] **לְמַרְקוּלִיס שָׁקְלִינְהוּ** [לקחו אותן] את האבנים הללו, **וְחִיפּוּ בָּהֶן דְּרָכִים וּסְטְרַטָאוֹת** (רחובות), **אִיכָּא רַבָּנַן דְּפָרְשִׁי וְאִיכָּא רַבָּנַן דְּלָא פָּרְשִׁי** [יש חכמים שפורשים ואינם הולכים בדרכים הללו, ויש חכמים שאינם פורשים]. **אָמַר ר׳ יוֹחָנָן: בְּנָן שֶׁל קְדוֹשִׁים מְהַלֵּךְ עֲלֵיהֶן, וַאֲנַן** [ואנו] **נִפְרוֹשׁ מֵהֶן?** אין צריכים לחשוש לכך. ושואלים: **מַאן נִיהוּ** [מי הוא] **״בְּנָן שֶׁל קְדוֹשִׁים״?** ומשיבים: **ר׳ מְנַחֵם בְּר׳ סִימָאי הוּא, וְאַמַּאי קָרוּ לֵיהּ** [ומדוע קוראים לו] **״בְּנָן שֶׁל קְדוֹשִׁים״? שֶׁאֲפִילוּ בְּצוּרְתָא דְזוּזָא** [בצורה שעל המטבע] **לֹא הָיָה מִיסְתַּכֵּל,** מחשש עבודה זרה. ושואלים: **מַאי טַעְמָא דְּמַאן דְּפָרֵישׁ** [מה הטעם של מי שפורש]? **סָבַר לָהּ כִּי הָא דְּאָמַר** [סבור הוא כמו זו שאמר] **רַב גִּידֵּל אָמַר רַב חִיָּיא בַּר יוֹסֵף אָמַר רַב: מִנַּיִן לְתִקְרוֹבֶת עֲבוֹדָה זָרָה שֶׁאֵין לָהּ בְּטֵילָה עוֹלָמִית** (ביטול לעולם)? **שֶׁנֶּאֱמַר: ״וַיִּצָּמְדוּ לְבַעַל פְּעוֹר וַיֹּאכְלוּ זִבְחֵי מֵתִים״** (תהלים קו, כח), **מַה מֵּת אֵין לוֹ בְּטֵילָה** ואסור **לְעוֹלָם, אַף תִּקְרוֹבֶת עֲבוֹדָה זָרָה אֵין לָהּ בְּטֵילָה לְעוֹלָם. וּמַאן דְּלָא פָּרֵישׁ** [ומי שלא פורש מהם], **אָמַר** [אומר]: על מנת לאסור **בָּעֵינָא** [צריכים] שתקרובת זו תהיה **כְּעֵין פְּנִים** כעין התקרובת שמקריבים בפנים, במקדש שלנו, **וְלֵיכָּא** [ואין כאן], שהרי אין מקריבים אבנים במקדש. **אָמַר רַב יוֹסֵף בַּר אַבָּא: אִיקְלַע** [נזדמן] **רַבָּה בַּר יִרְמְיָה לְאַתְרִין** [למקומנו], **וַאֲתָא וְאַיְיתֵי מַתְנִיתָא בִּידֵיהּ** [ובא והביא ברייתא בידו]: **גּוֹי שֶׁהֵבִיא אֲבָנִים מִן הַמַּרְקוּלִיס וְחִיפָּה בָּהֶן דְּרָכִים וְטַרְטֵיאוֹת —**

עיונים

מרוחקות, מקורבות רש״י מסביר שגם מקורבות וגם מרוחקות מצויות בתוך ארבע אמות למרקוליס, אלא שהמקורבות הן בתוך אמה או חצי אמה, והמרוחקות קרוב לארבע אמות. וראה בתוס׳ ועוד שמסבירים כי מקורבות הן אלה שהן בתוך ארבע אמות, ומרוחקות — מחוץ לארבע אמות.

בצד ארבע אמות לפי רש״י הכוונה היא — בצד המרקוליס בתוך ארבע אמותיו. וכן פירש הראב״ד. אבל ראשונים אחרים סבורים כי הכוונה היא למה שחוץ לארבע אמות, שארבע אמותיו של המרקוליס עצמו הוא מקומו (ראה תוהרי״ד, ריטב״א ועוד. וכן משמע מן הר״ח). ויש שפירשו כי הכוונה למרחק של ארבע אמות ממש, ששם היו רגילים לעשות לדעת ר׳ ישמעאל מרקוליס קטן.

נראות עמו אסורות רש״י מסביר כי הנראות עמו יש להניח כי נפלו ממנו הריהן כחלק ממנו, ואלה שאינן נראות עמו יש לראותן כשברים, ושברי עבודה זרה אינם אסורים. וראה בירושלמי שמסביר כי לדעת חכמים אבנים הנראות עמו הן ״רגלי מרקוליס״, שאת הגל הגדול הם רואים כראשו של מרקוליס, והאבנים האחרות הן כרגליו. ולשיטת הירושלמי כל שהן נראות עמו הריהן מצטרפות, ואפילו הן רחוקות מעיקר הגל חמישים אמה. וראה בריטב״א ובמאירי שפירשו ירושלמי זה באופנים שונים.

בתפיסה אחת כלומר, כיחידה אחת, שאין דבר מפסיק ביניהן ובין מרקוליס עצמו. ובשתי תפיסות הוא שיש הפסק (וראה בתוס׳ ועוד שאומרים כי אם היה הפסק אין לומר שנשרו מן הגל).

דאיכא גובהה כיון שיש תל מפסיק בין האבנים ומרקוליס, הרי הן נדונות כמרוחקות, גם אם הן בצד ארבע אמות (לפי הפירושים השונים לעיל).

אבני בית קוליס הלכה זו נאמרה בהקשר של השבת אבידה, שאם מצא מעות כשהן מסודרות בסדר זה הריהו חייב להכריז. ובתוס׳ ועוד מביאים את קושיית ר״ת: הרי אמרו חכמים שיש לאבד שם עבודה זרה. ואף שבמקום הצורך מזכירים שמה (שהרי צריך לדעת כדי לפרוש ממנה), מכל מקום לענין אחר אין מזכירים! וראה מה שתירצו, שאין זה שמה של עבודה זרה זו, אלא בשינוי השם ממקורו.

בצורתא דזוזא על מטבעות היוונים והרומאים היו לעתים קרובות מציירים דמות עבודה זרה. ור׳ מנחם בר׳ סימאי לא היה מסתכל בצורה זו. כי אף שאינה עבודה זרה ממש (וכאשר מבואר שכל דבר שאינו עשוי לכבוד אין בציורו משום עבודה זרה, אלא הוא כנוי בלבד) מכל מקום כיון שצורה זו היא צורת עבודה זרה הריהו כנהנה במראית העין מעבודה זרה, או משום התרחקות מכל מה שמזכיר אותה.

תקרובת עבודה זרה אין לה בטילה אף שעיקרו של דבר בגזירת הכתוב, ניתנו טעמים שונים בהסבר הדבר. המאירי מסביר שכיון שאמרו שתקרובת זו היא כעין קרבן, הרי כשם שקרבנות אין להם ביטול ונשארים בקדושתם, אף תקרובת עבודה זרה אין ביטול לאיסורה. ובפרישה מסביר בשם מהרש״ל שפסל עבודה זרה הרי אינו אלא סמל לעבודה זרה, ואין הכוונה לעבודה זרה עצמה, אבל תקרובת עבודה זרה הרי היא נעשית לשם העבודה זרה עצמה, במהותה המופשטת, ולכן אין לה ביטול. ואילו הט״ז מסביר כי עבודה זרה עצמה, כיון שהיא דבר שלם יש לה ביטול על ידי שבירה, אבל תקרובת שיש לה ערך בכל אופן שהוא ואפילו היא מועטה, אין שבירה מועילה לבטלה.

כעין פנים שתקרובת אינה אסורה אלא אם כן היא כגון הדברים שמביאים לפני מזבח ה׳, ולכן מיני מאכל וכן קטורת — נאסרים משום תקרובת אבל לא דברים אחרים שאין כלל כיוצא בהם במקדש. ולפי זה אין באבני מרקוליס משום תקרובת עבודה זרה, אבל יש בה איסור כעבודה זרה עצמה, משום שכאשר משליכים אותן לגל הריהן נעשות כחלק מן העבודה הזרה (שהיא גל של אבנים), ויש לה ביטול על ידי שבירה ופיזור של האבנים הללו (תוס׳ ועוד).

אורח ההלכה

תקרובת עבודה זרה תקרובת עבודה זרה אין לה ביטול. כדברי רב גידל. (רמב״ם ספר מדע הלכות עבודה זרה פ״ח ה״ט. שו״ע יו״ד קלט, ב).

במקורבות נמי דאיכא למימר מיניה נפל ד"ה אסורות כי פליגי במרוחקות והא בצד מרקולים קתני [א]מאי בצד בצד ארבע אמות דידיה [ב]רבי ישמעאל סבר עושין מרקולים קטן בצד מרקולים גדול שלש דדמיין למרקולים אסורות שתים מותרות רבנן סברי אין עושין מרקולים קטן בצד מרקולים גדול לא שנא שלש ולא שנא שתים נראות עמו אסורות
א שאין נראות עמו מותרות: אמר מר בידוע שנשרו ממנו דברי הכל אסורות ורמינהי [ג]אבנים שנשרו מן המרקולים נראות עמו אסורות שאין נראות עמו מותרות ור' ישמעאל אומר שלש אסורות שתים מותרות אמר רבא לא תימא שנשרו אלא אימא שנמצאו וסבר ר' ישמעאל שתים מותרות והתניא ר' ישמעאל אומר שתים בתפיסה לו אסורות שלש אפילו מרוחקות אסורות אמר רבא לא קשיא כאן בתפיסה אחת כאן בשתי תפיסות וה"ד דאיכא גובהה ביני וביני ומרקולים כה"ג מי הוי והא תניא [ד]*אלו הן אבני בית קולים אחת מכאן ואחת מכאן ואחת על גביהן אמר רבא כי תניא ההיא בעיקר
ב מרקולים בי ינאי מלכא חרוב אתו גוים אוקימו ביה מרקולים אתו גוים אחריני דלא פלחי למרקולים שקלינהו וחיפו בהן דרכים וסטרטאות איכא רבנן דפרשי ואיכא רבנן דלא פרשי א"ר יוחנן בנן של קדושים מהלך עליהן ואנן נפרוש מהן [ה]*מאן ניהו בנן של קדושים רבי מנחם ברבי סימאי ואמאי קרו ליה בנן של קדושים [ו]דאפי' בצורתא דזוזא לא מיסתכל מ"ט דמאן דפריש סבר לה כי הא [ז]דאמר *רב גידל א"ר חייא בר יוסף א"ר מנין לתקרובת עבודה זרה שאין לה בטילה עולמית שנאמר [ח]ויצמדו לבעל פעור ויאכלו זבחי מתים מה מת אין לו בטילה לעולם אף תקרובת עבודה זרה [א]אין לה בטילה לעולם ומאן דלא פריש אמר בעינא כעין פנים וליכא אמר רב יוסף בר אבא איקלע רבה בר ירמיה לאתרין ואתא ואייתי מתניתא בידיה [ח]*גוי שהביא אבנים מן המרקולים וחיפה בהן דרכים וטרטיאות מותרות

[ב"מ כה:] | פסחים קד. | [לקמן נב:] | תהלים קו | לעיל מב. [תוספ' פ"ז ע"ש]

רש"י

במקורבות.(א) כגון באמה ותוך אמה: **מרוחקות.**(ב) בארבע אמות דודאי לאו מיניה נפול: **עושין מרקולים קטן.** כלומר דרכן לעשות כן: **נראות עמו.** מקורבות מאד: **שאין נראות עמו מותרות.** דלאו מיניה נפול: **אבנים שנשרו.** היינו בידוע: **נראות עמו.** אכתי הוה עבודה זרה: **שאין נראות עמו.** הוו להו שברים: **תני שנמצאו.** נראות עמו אסורות שממנו נפול ושברים דמרקולים ודאי אסורין כדאמרן: **שאין נראות עמו מותרות.** דלאו מיניה נפול: **וסבר רבי ישמעאל שתים.** בתוך ארבע אמותיו מותרות: **והתניא ר' ישמעאל אומר שתים בתפיסה לו.** וקתני תפיסה ד' אמות וקתני אסורות: **בתפיסה אחת.** הא דקתני אסורות בתפיסה אחת שאין הפסק בינם למרקולים ואסורה בין לר' ישמעאל בין לרבנן דכל תוך ד' אמות נראות עמו קרי ליה ובשלש מרוחקות הוא דפליגי והא דאוקימנא לעיל פלוגתייהו בתוך ד' אמות ולר' ישמעאל שתים מותרות ולרבנן ג' נמי מותרות בשתי תפיסות כדמפרש: **דאיכא גובהה.** תל מפסיק בינם למרקולים דהוו להו כמרוחקות דליכא למימר מיניה נפלו הלכך לר' ישמעאל שתים מותרות אבל ג' אסורות דעושין מרקולים קטן בצד מרקולים גדול: **כה"ג.** זו בצד זו: **עיקר מרקולים.** תחילתו אבל קטן הנעשה בצד הגדול עובדין לו כל דהו: **ה"ג** מאי קרי ליה בנן של קדושים דלא איסתכל בצורתא דזוזא: **מנין לתקרובת כו'.** והני תקרובת נינהו דהזורק אבן למרקולים זו היא עבודתו הלכך לאו עבודה זרה עצמה היא דתיסגי להו בביטול: **כעין פנים.**(ג) זבחים שבמקדש הוא דהוי תקרובת כדכתיב (שמות כב) זובח לאלהים יחרם בלתי לה' לבדו אלמא דומה כלפנים קרי זבח עבודה זרה ואבנים אין עובדין להם בפנים:

תוספות

במקורבות אסורות. פירש בקונטרס מקורבות מאד כגון באמה או בתוך אמה דמיניה נפול ובסמוך מרוחקות פירש כלומר בתוך ד' אמות מותרות דלאו מיניה נפול ואסורים לכולי עלמא בתפיסה אחת שאין הפסק בינם למרקולים ואסורים לכולי עלמא דכל תוך ד' אמות נראות עמו קרי(ד) להם ופלוגתייהו לעיל בתוך ארבע אמות בשתי תפיסות דליכא גובהה דהוו להו כמרוחקות דליכא למימר מיניה נפול וקשה בה טובא חדא דאין זו שיטת התלמוד שנשתנה הסברא כך שמתחלה היינו סוברים היכא דליכא גובהה קורא אותם בתוך ד' אמות מרוחקות וליכא למימר מיניה נפול ולבסוף נאמר כי ליכא גובהה ודאי מיניה נפול ואפילו בתוך ד' ועוד אי בליכא גובהה טעמא דשתים אסורות משום דמיניה נפול מאי איריא שתים אסורות אפילו אחד נמי והל"ל ר' ישמעאל אומר בתפיסה אחת אפילו א' אסורה שלש אפילו מרוחקות(ה) ועוד כיון דכל תוך ד' אמות נראות קרי להו ואסורות אף לרבנן למה הזכיר רבי ישמעאל בתפיסה לו אסורות יותר מרבנן היה לו לומר לשון נראות כמו רבנן דהא אפי' רבנן מודו דנראות עמו דהיינו בתפיסה לו אסורות(ו) ועוד דמשמע אף לפי המסקנא דבמקורבות לא פליגי דאפילו איכא גובהה אסורות והכי נמי אמרינן לעיל במקורבות לא פליגי ולא הדר ביה תלמודא ודבר תימה הוא דכיון שהן מקורבות כל כך א"כ(ז) הגבוהין בקרוב למרקולים ממש היה ועובדין אותן האבנים כשנופלות אם כן הוה לן למימר שאם הגובהה קרוב למרקולים אפילו מרוחקות אסורות כאילו לא היה גובהה שכיון שעברו הגובהה מה מזיק להן הגובהה מכאן ואילך מיהו הא לא קשיא כולי האי דאיכא למימר דה"ק במקורבות תוך ארבע וליכא גובהה לכ"ע לא פליגי אי נמי כי איכא גובהה ואבני המרקולים אינם גבוהים יותר כי אם מעט(ח) כשהם נופלות אינם יכולות להתרחק לכן נראה לפרש דלעולם כך היא הסברא דבתוך ד' אמות נמי יש שאינן נראות כדקרי לעיל מרוחקות תוך ד' אמות וה"פ כאן בתפיסה אחת דליכא גובהה ותוך ד' אמות אע"ג שאינן נראות קאמר רבי ישמעאל דאפילו שתים אסורות דא"ל מרקולים קטן הם כיון שהם בתוך ד' אמות ודוקא שתים אבל אחת מותרת דבאין נראות מיירי ואחת מרקולים לא עבדי והא דקאמר לעיל לר' ישמעאל ב' מותרין מיירי בב' תפיסות כגון דאיכא גובהה וכיון דאיכא גובהה אין לאסור ב' דלא שכיחי לעשות מרקולים קטן בצד גדול היכא דאיכא גובהה בינתים אבל שלש אסורות אפילו איכא גובהה דכיון שהן זו בצד זו מוכחא מילתא דמרקולים עבדינהו ורבנן סברי ל"ש תפיסה אחת ל"ש שתי תפיסות ל"ש שנים ל"ש שלש נראות אסורות אין נראות מותרות דאין עושין מרקולים קטן בצד מרקולים גדול ולעיל ס"ד(ט) כן במקורבות הרבה שנראות עמו כ"ע לא פליגי דאסורות ואפילו אחת כי פליגי במרוחקות פירוש שאינן נראות קס"ד במרוחקות הרבה קאמר יותר מארבע אמות ופריך והא בצד מרקולים קתני ומסיק בצד ד' אמות קמיפלגי דר' ישמעאל סבר משום דמוכחא מילתא דהוא מרקולים דעושין קטן בצד גדול אע"ג דאין נראות עמו (י)אבל שתים לא כיון דאיכא גובהה כדמסיק אבל שלש אע"ג דאיכא גובהה עושין דוקא תוך ד' אמות כדתני בצד מרקולים והא דתני בברייתא שלש אפי' מרוחקות כיון דאין נראות עמו בשביל הגובהה מרוחקות קרי להו: **וסבר ר' ישמעאל שתים מותרות.** פי' בתוך ארבע אמות ונראה לי דה"ה דהוה מצי לאקשויי וסבר ר' ישמעאל ג' חוץ לד' מותרות ולפי המסקנא ניחא ודוק: **אבני בית קולים.** הקשה ר"ת היאך מזכירין שמה כיון שאינה כתובה בתורה דבפרק ד' מיתות (סנהדרין דף סג:) משמע דעבר אושם אלהים אחרים לא תזכירו ואור"ת דקילוס לשון שבח שמה וחכמים כנו אותה קולים לשון לעג וקלס (תהלים מד פסוק יד) וזהו מרקולים חילוף קילוס לשון מר דשחוטה פרק גיד הנשה (חולין דף צב.) מר דכנתא (בכורות דף ג.)*: **ה"ג בנן של קדושים מהלך עליהם.** לשון יחיד וכן בסמוך אפילו בצורתא דזוזא לא מסתכל דארבי מנחם גופיה קאי ולא על אביו ואמו כדאיתא פ"ב דמועד קטן (דף כה:) כד נח נפשיה דר' מנחם בר' סימאי איסתנו כל נילמנייא משום דלא איסתכל בצורתא דזוזא וא"ת מה חסידות איכא בזה הא אמרינן פרק שואל (שבת דף קמט.) דיוקנא עצמה אסורה להסתכל אפי' בחול כדכתיב אל תפנו אל האלילים ושמא בצורתא דזוזא שרגיל לראות בה תדיר לא שייכא בה הפנאה ולפ"ה לא מסתכל*: **בעינן כעין פנים וליכא.** פירש רבי שמואל בשם רבי שלמה וזה לשונו(כ) מן זביחה דפנים וה"ה לכל שאר תקרובת דמזבח כגון קיטור וניסוך וכל העולים לגבי מזבח מיקרו תקרובת עבודה זרה לענין שאין יכולין ליבטל והם כל מיני מאכל וכדתנן נמי במתני' *יינות שמנים וסלתות הלכך הני אבנים לא הוו תקרובת מיהו אתסורי הוא דמתסרי משום דנעשים עבודה זרה עצמה כדלקמן בשמעתין (דף נא.) ובעבודה זרה מהני ביטול והא בטלו דחפו בהן דרכים ושמעינן מהכא דהני נרות של שעוה שמביאין דורון לעבודה זרה ומדליקין בפניהם ומשכינן הכומר מכרס או נתנם לישראל מותר בהנאה ממה נפשך אי תקרובת עבודה זרה הוי אפי' ביטול

[וע"ע תוס' סנהדרין סד. ד"ה מרקולים ותוס' ב"מ כה: ד"ה כאבני] | [וע"ע תוס' שבת קמט. ד"ה ודיוקני] | [לקמן נח:]

עין משפט נר מצוה

ב א מיי' פ"ח מהל' עבודת כוכבים הל' ט סמג לאוין מה טוש"ע י"ד סי' קלט סעיף ב:

רבינו חננאל

הכל אסורות. ואפילו למאן דאמר אין עובדין לשברין הני מילי בעבודה זרה דלאו אורחיה לשברין אבל למרקולים דמעיקרא אבנים אבנים היא היינו אורחיה כי פליגי רבי ישמעאל וחכמי' בסתמא. מקורבות נמי בתוך ד' אמות דאיכא למימר מיניה נפל אסורות. כי פליגי במרוחקות ר' ישמעאל סבר עושין למרקולים קטן בצד מרקולים גדול שלש דדמיין למרקולים אסורו' שתיים דלא דמיין למרקולים מותרות ורבנן סברי אין עושין מרקולים קטן בצד מרקולים גדול. ולא שנא שלש ולא שנא שתים נראות עמו אסורות שאין נראות עמו מותרות. הא דתניא אבנים שנשרו מן המרקולים א) תרצה רבא הכי. לא תימא שנשרו אלא אימא שנמצאו. והא דתניא ר' ישמעאל אומר שתים בתפיסה אחת אסורות כו'. אוקמה רבא שתים בתפיסה אחת כגון דליכא גובהה ביני ביני אסורות. חיישינן דלמא מן המרקולים נשרו. אבל בשתים בשתי תפיסות כגון דאיכא גובהה ביני ביני מותרות שלש אפילו מרוחקות אסורות: והא דתניא אלו הן אבני בית קולים אחת מיכן ואחת מיכן ואחת על גביהן. אוקמה רבא ההיא בעיקר מרקולים: בי ינאי מלכא חרוב ואזלו גוים ואוקמו ביה מרקולים. ואתו אחרים דלא פלחו למרקולים ושקלו לאבנים וחיפו בהן דרכים וסרטיות. איכא רבנן דהוו פרשי מהנהו דרכים וסטרטיות א"ר יוחנן בנן של קדושים והם ר' מנחם בר' סימאי מהלך בהן ואנן נפרוש מהן: **ירושלמי** ב) נחום איש קדש קדשים עבר קומי אדורי צלמא ואנת לא עבר עבור קומוי וסמי עינייהו. ומאן דפריש סבר כיון דתקרובת עבודה זרה הוקשה למת. מה מת אין לו טהרה עולמית. אף תקרובת עבודה זרה אין לה היתר עולמית. ומאן דלא פריש סבר אם היא תקרובת עבודה זרה כעין תקרובת פנים. פי' כגון קרבן בהמה וכיוצא בה הוי תקרובת ואם לאו לא הוי תקרובת. אמר רב יוסף בר אבא רבה בר ירמיה אייתי מתניתא בידיה גוי שהביא אבנים מן המרקולים וחיפה בהן דרכים

א) נראה דחסר וצ"ל אם אין נראות עמו מותרות. ב) הוא בירושלמי לעיל פ"ג הל"א וגם איתא בבבלי ... יעקב בר אידי הוה מסמיך בריב"ל ... א"ל נחום איש קדש קדשים וכו'.

הגהות הב"ח

(א) רש"י ד"ה במקורבות מאד כגון באמה: (ב) ד"ה מרוחקות כלומר בתוך ארבע אמות: (ג) ד"ה כעין פנים כעין זבחים: (ד) תוספות ד"ה במקורבות וכו' קרי ליה ופלוגתייהו וכו' שנשתנה הסברא כל כך: (ה) בא"ד אפי' ועוד כיון: (ו) בא"ד ועוד דמשמע אף לפי המסקנא. נ"ב ותימה דהך קושיא גם לפירוש קשיא וצריך לתרץ הא דמתרלי התוס' בבסמוך [ומה מקום לקושיא זו] להקשות אפרש"י: (ז) בא"ד א"כ הגובה בקרוב למרקולים ממש היה אותן האבנים כשנופלות א"כ וכו' כאילו לא היה גובה שכיון שנעבדו האבנים מה מזיק להן וכו' דה"ק במקורבות תוך ד'. נ"ב פי' למסקנא ההיא מקורבות ומרוחקות דלעיל אידי ואידי תוך ד' [ובדליכא] גובה מקורבות קרי ליה [וד"ה אסורות] ואיכא גובה מרוחקות קרי ליה ופליגי: (ח) בא"ד כי אם מעט דכשהם: (ט) בא"ד ולעיל ס"ד הכי במקורבות: (י) בא"ד אע"ג דאין נראות עמו אסורות אבל: (כ) ד"ה בעינן וכו' וז"ל עיין זביחה:

מותרות ישראל שהביא אבנים מן המרקולים
וחיפה בהן דרכים וסרטיאות אסורות אולית
*נגר ולא בר נגר דיפרקינה אמר רב ששת
אנא לא נגר אנא ולא בר נגר אנא ופריקנא
ליה מאי קושיא ליה דרב גידל בעינא כעין
א פנים וליכא אמר רב יוסף בר אבא איקלע
רבה בר ירמיה לאתרין ואתא ואייתי מתניתא
בידיה מתליעין ומזהמין בשביעית בואין
מתליעין ומזהמין במועד כאן וכאן באין
מגזמין גוסכין שמן לגזום בין במועד בין
בשביעית ולית נגר ולא בר נגר דיפרקינה
אמר רבינא אנא לא נגר אנא ולא בר נגר
אנא ומפרקינא לה מאי קא קשיא ליה אילימא
מועד אשביעית קא קשיא ליה במאי שנא
שביעית דשרי ומ"ש מועד דאסור מי דמי
שביעית מלאכה אסר רחמנא טירחא שרי
מועד אפי' טירחא נמי אסור ואלא זיהום
אגיזום קא קשיא ליה מ"ש זיהום דשרי ומ"ש
גיזום דאסור מי דמי זיהום אוקומי אילנא
ושרי גיזום אברויי אילנא ואסור ואלא זיהום
אזיהום קא קשיא ליה דקתני מתליעין
ומזהמין בשביעית ורמינהי ג*המזהמין את
הנטיעות וכורכין אותן וקוטמין אותן ועושין
להם בתים ומשקין אותן עד ר"ה אין
הבשביעית לא ודלמא כדרב עוקבא בר
חמא *דאמר רב עוקבא בר חמא דתרי
קשקושי הוו וחד לאברויי אילנא ואסור וחד
לסתומי פילי ושרי ה"נ תרי זיהומי הוי חד
לאוקומי אילני ושרי וחד לאברויי אילני
ואסור ואלא סיכה אסיכה קא קשיא ליה
דקתני סכין שמן לגזום בין במועד ובין
בשביעית ורמינהי ה*סכין את הפגין ומנקבין
ומפטמין אותן עד ר"ה עד ר"ה אין
חבשביעית לא מי דמי הכא אוקומי אילנא
ושרי התם פטומי פירא ואסור א"ל רב
סמא בריה דרב אשי לרבינא *בר ירמיה
סיכה דמועד אזיהום דמועד קא קשיא ליה
מכדי האי אוקומי והאי אוקומי מאי שנא
האי דשרי ומאי שנא האי דאסור היינו
ב דקא"ל לית נגר ולא בר נגר דיפרקינה אמר
רב יהודה אמר רב עבודה זרה שעובדין
אותה במקל שבר מקל בפניה חייב זרק
מקל בפניה פטור א"ל אביי לרבא מאי שנא
שבר דהוה ליה כעין זביחה זרק נמי הוה
ליה כעין זריקה אמר ליה בעינא זריקה
משתברת וליכא איתיביה טספת לה צואה
או שנסך לפניה עביט של מימי רגלים
חייב

רש"י

מותרות. דבטלינהו גוי: **נגר בן נגר.** חכם בן חכם: **דיפרקינה.** שיוכל לתרלה ולקמן מפרש מאי קא קשיא ליה: **דרב גידל.** דאין ביטול לתקרובת והכא קתני מותרות: **מתליעין.** נוטלין תולעת שבאילן: **ומזהמין.** כשיש מכה באילן ונשרה קלת קליפתו מדביקין שם זבל וקושרין שלא ימות ולא דמי האי לאין מזבלין דמועד קטן (דף ג.) דהתם זבול דקרקע והויא עבודה שבשדה ושבכרם: **כאן וכאן.** שביעית ומועד אין מגזמין קוטע את הענף כדי שיוליא נופות הרבה סביבות הגיזום: **אבל סכין שמן לגיזום.** כדי שלא ימות האילן אם נגזם קודם לכן מלאכה שהיא עבודת קרקע אסר רחמנא והני לאו מלאכת קרקע נינהו דאוקומי אילנא בעלמא הוא שלא ימות ואין משביחו לאילן אלא מעמידו בכמות שהוא: **אלא זיהום.** דשביעית אגיזום דשביעית קשיא ליה דקתני כאן וכאן אין מגזמין: **אוקומי.** שלא יתקלקל מכמות שהוא אבל אינו משביחו: **אברויי.** מחזיקו ומשביחו: **ועושין להם בתים.** גדר אמה גובה סביבותיו וממלאין אותו עפר: **עד ראש השנה.** של ערב שביעית אע"פ שעבודת האילן אסור שלשים יום לפני ראש השנה הכא שרי שלא ימותו הנטיעות דהנך שלשים יום מדרבנן הן והכא לא גזור: **דרב עוקבא.** במסכת סוכה בפ' לולב וערבה: **קשקושי.** חפירה תחת הזיתים: **סתומי פילי.** אם נתגלו שרשי האילן שרי דאוקומי הוא: **את הפגין.** פגי תאינה סכין אותן בשמן כשהן חונטין כדי שיהו שמינות: **מפטמין אותן.** ממלאין את הנקבין שמן פגין הוא פירי עלמו כשגדל מעט: **האי אוקומי והאי אוקומי.** זיהום נמי אוקומי הוא מדשרי ליה בשביעית כדשנין לעיל מאי שנא סיכה דשרי דקתני סכין שמן לגיזום כו': **עבודה זרה שעובדין אותה במקל.** שמקשקשין לפניה במקל: **שבר מקל בפניה חייב.** כדאמרינן בפרק ד' מיתות (סנהדרין דף ס:) דכל עבודות שבפנים שעבד בהן עבודה זרה בין דרכה בכך בין שאין דרכה בכך חייב דכתיב זובח לאלהים וגו' אלא מידי דחזי לשם אסור לכל עבודה זרה ודבר שאינו כעין פנים דרכה בכך חייב דנפקא לן מאיכה יעבדו הגוים האלה וגו' אין דרכה בכך פטור וזו אם לא היו עובדין אותה במקל לא מחייב בשבר מקל דלא שייכא בפנים ואם היו עובדין אותה בזריקת מקל לא מלי למידק זרק מקל בפניה פטור ואם בשבירת מקל פלחי לה פשיטא דחייב ואפי' לא דמי לפנים אלא כגון שהיו עובדין אותה בקשקוש מקל או בענין אחר הלכך שבר מקל בפניה חייב ואע"פ שאין עבודתה בכך דכיון דדמי שבירה לזביחת בהמה של פנים שסובר מפרקתה הרי זבח לפניה דבר שרגילה בו אבל זרק פטור הואיל ואין עבודתה בכך והא לא דמיא לעבודת פנים כדמפרש לקמן: **זריקה המשתברת.** כגון זריקת דם[א] של פנים שאינה מחוברת אלא משתבר ונופל טיפים טיפים: **ספת לה צואה.** האכילה צואה:

תוספות

ביטול לא לריך ומותר בלא ביטול דלא דמי לתקרובת מזבח ובתקרובת שאינו כעין פנים לא בעי ביטול ואי נוי של עבודה זרה היו ולנוי מדליקים אותן ושייך להו ביטול כעבודה זרה עצמה מכל מקום מכיון שכיבן הכומר אין לך ביטול גדול מזה דשוב אינו רוצה להדליקן לפני עבודה זרה אלא ליהנות הוא מהן ולצורכו נוטלן ותתיכות של שעוה שנותנין נמי לעבודה זרה מותרות דאפילו נוי ליכא ותקרובת כעין פנים ליכא ואין הקדש לעבודה זרה ולא לריכי ביטול וככרות שמביאין דורון מותרין שהרי אין מביאין לעבודה א זרה כי אם לשמשים ולכומרים ותקרובת עבודה זרה לא הוו שאין דרכן להאכיל לעבודה זרה כדורות ראשונים כך נראה לר"י והנך מלבושי כומרים נוי שלהם הוא ולא של עבודה זרה ומותרין בלא ביטול וכן כלי שקורין קליל"א אין משמשין בו לעבודה זרה אבל אותן כלי מחתה שמקטרין בו אסור משום משמשי עבודה זרה ולריך ביטול משום שמקטרין בו לעבודה זרה ומכירתו לאו היינו ביטולו דקיימא לן כרבנן דפליגי אדרבי במתני' (דף נג.) במכרה או כשמשכנה ואמרי לא ביטל והוא הדין למשמשי עבודה זרה שאינן בטלים בכך וכן כל כלי נוי של עבודה זרה כך פסק רבינו שמואל בשם רבינו שלמה משמע מתוך פירושו שהתיר הככרות לפי שאין עושין אותן תקרובת הא אם היו מביאין אותם לשם עבודה זרה היו אסורין דכעין פנים הוא שהוא ראוי להקריב לפנים דדמיא למנחת מאפה תנור ואע"ג דליכא זריקה המשתברת וכן משמע מתוך פרש"י ומה שפירש כעין פנים[ב] זהו כעין זבחים שבמקדש דהוו תקרובת כדכתיב (שמות כב) זובח לאלהים יחרם בלתי לה' לבדו אלמא דאפילו זריקה שאינה משתברת כיון דהוי דומיא דלפנים קרי זבח עבודה זרה ואבנים אין עובדין בהם בפנים ואין נראה לר"י דהא בכולה שמעתין משמע דאפילו בכעין פנים בעינן זריקה המשתברת וכן משמע בסמוך ואפי' בעבודה זרה שדרכה לעובדה במקל לכן נראה לפרש כעין פנים כעין זביחה וזריקה דבר ב המשתבר: **ואין מתליעין ומזהמין במועד.** ומיירי כגון שאינו אבד בהמתנה עד לאחר המועד דאל"כ שרי כיון דאוקומי אילנא הוא מדשרי ליה בשביעית דהא דבר האבד מותר במועד אי נמי אפי' הוא אבד ממש איכא למימר דאסור במועד משום טירחא יתירא כדאמרי' בפ"ק דמועד קטן (דף ד.) דאסור להשקות זרעים במי קילון משום טירחא יתירא אע"פ שמותר להשקות במי גשמים משום דבר האבד: **ומשקין אותן עד ראש השנה.** פירש הקונט' אע"פ שעבודת האילן אסורה שלשים יום לפני ראש השנה הכא שרי שלא ימותו הנטיעות דהנך ל' יום דרבנן והכא לא גזור וקשה כמאן אי כר"ע דאמר תוספת שביעית דאורייתא מבחריש ובקציר תשבות ואי כר' ישמעאל הלכה למשה מסיני היא אלא יש לפרש בשביעית בזמן הזה דרבנן ורבי היא כדאמר אביי בפ"ק דמועד קטן (דף ג:) ולרבא השקאה תולדה היא ואבות אסר רחמנא תולדות לא ע"ל דדוקא מלאכות של חרישה וזריעה הוו דאורייתא אבל שאר מלאכות אינן אלא מדרבנן: **שבר מקל לפניה חייב.** וה"ה שבר אבנים לפני מרקולים שדרכו בזריקה: **ספת לה צואה.** פי' בקונט' האכילה צואה לשון מי ספו לך מאליה בריש פסחים (דף ג:) ולשון ספת קשה שהיה לומר ספה ועוד דבלשון משנה לא מצינו אכילה בלשון ספייה לכך נראה לפרש ליכלכה בצואה לשון טיבול כמו לא יספות במלח ויאכל דפרק הפועלים (ב"מ דף פט:):

עין משפט נר מצוה

ג א מיי' פ"ח מהל' יו"ט הלכה י סמג לאוין עה טוש"ע א"ח סי' תקלז סעיף יב:
ד ב מיי' שם ופ"א מהל' שמיטין הלכה ה סמג שם ועשין קמח טוש"ע שם סעיף יח:
ה ג מיי' פ"ח מהל' יו"ט הלכה י סמג לאוין עה טוש"ע א"ח סי' תקלז סעיף יב:
ו ד מיי' פ"ג מהל' שמיטין הל' ט:
ז ה מיי' שם פ"א הלכה ה:
ח ו מיי' שם הל' ז:
ט ז מיי' שם פ"ג הלכ' ט:
י ח מיי' שם פ"א הל' ה:
יא ט מיי' פ"ג מהל' עבודת כוכבים הל' ד:

רבינו חננאל

וסטרטיות מותרות. ישראל שהביא אבנים מן המרקולים וחיפה בהן דרכים וסטרטיות אסורות. ולית נגר בר נגר דיפרקינה. פי' למה גוי שחיפה באבני מרקולים הדרכים מותרות. והלא קשיא עלה הא דאמר תקרובת עבודה זרה אין לה בטילה עולמית ואין חרש בר חרש כלומר אין חכם בן חכם יכול לפרק זו הקושיא: אמר רב ששת אנא לא חכם ולא בן חכם. והנני מפרקה. האי תנא דמתיר סבר בעינן תקרובת בהמה כעין תקרובת פנים בקדש. אבל תקרובת אבנים לאו תקרובת היא. וכן עוד אייתי דא מתניתא מתליעין ומזהמין בשביעית ואין מתליעין ומזהמין במועד א) ובין בשביעית ולית נגר בר נגר דיפרקינה. פי' מתליעין עוקרין התולעין מן האילן בחרמש או בקרדום. מזהמין משקין את האילנות מים וזבל. ומגזמין קוצצין בדי האילן וסכין מקום הקציצה שמן כדי שלא יכהו הקור וימות האילן. אמר רבינא אנא לא נגר ולא בר נגר ומפרקינה לה מאי קושיא ליה אילימא אמאי קא שרי בשביעית ואסור במועד. שביעית דמלאכה קא אסר רחמנא הני לאו מלאכה נינהו מועד דאפילו טרחא נמי אסיר. הני נמי טרחא נינהו: ואי זיהום אגיזום קשיא ליה אמאי זיהום בשביעית שרי. וגיזום אסור. זיהום אוקומי אילנא שהוא זיבול להאכיל וזהמא את האילן שלא ימות שרי. גיזום שהוא חיתוך הזמורות להחליף אחרים תחתיהן להברות האילן ולהפריחו הוא ואסור. אלא הא קשיא ליה ועלה אמר לית נגר ובר נגר דיפרקינה. איני דזיהום בשביעית שרי. והא תנינן מזהמין הנטיעות וכורכין אותם. וקוטמין אותם. פי' מפני הצנה שלא ימותו שעדיין נטיעות קטנות הן. ועושין להם בתים. פי' חופרין להן נקעין בעקריהן שיתקבצו בהן המים ומשקין אותם עד ראש השנה. עד ר"ה אין בשביעית לא. ופרקינן כדאמר מר עוקבא בר חמא במסכת סוכה תרי קישקושי הוו. פי' קישקוש כדכתיב לקושש קש חד לאברויי אילנות כגון קשקוש ב) יבישין בדין ועלין ופסולת וחד לסתומי פילי. לסתום הסדקין שבאילן. הכא נמי תרי זיהום הוו חד לאברויי אילני שעושין בו הרבה ואסיר. וחד לאקומי אילני ושרי: פי' סיכה סכין שמן לגיזום שלא יכהו הברד. וסיכה לפגין כדי שיתבשלו בשמש ויוכשרו מהרה לאכילה. וסיכת הפגין הוא פטומי פירא. לפיכך אסור בשביעית וסיכת שמן לגיזום לאוקומי. ואסיק' מכדי זיהום דתני בשביעית שרי ובמועד אסור לאוקומי הוא. וסיכת שמן לאוקומי הוא. וכיון דתרווייהו לאוקומי נינהו אמאי סיכה במועד שרי וזיהום אסור. קשיא: פי' שבר מקל בפניה. השבירה היא מעשה עבודה כגון חתיכה אבל זריקה אינה מעין עבודה. ספת לה צואה או ניסך לה עביט של מימי רגלים חייב. אוקימנא

א) חסר כאן וצ"ל אבל אין מגזמין בין במועד ובין בשביעית לית נגר וכו'. ב) אולי צ"ל כגון קישקוש של בדין יבשים ועלין וכו'.

מסורת הש"ס

[במלכים ב כב פסוק יד מתרגם של החרש והמסגר חרש נגר ערוך]
שביעית פ"ב מ"ד
סוכה מד: מ"ק ג.
שביעית פ"ב מ"ה ע"ש
רבה בר ירמיה כצ"ל

הגהות הב"ח

(א) רש"י ד"ה זריקה וכו' דם שבפנים שאינה מחוברת: (ב) תוד"ה ואין (בעמוד א) בעינן פנים כעין זבחים שבמקדש הוא הסוי כצ"ל ותיבת זהו נמחק:

מוּתָּרוֹת, יִשְׂרָאֵל שֶׁהֵבִיא אֲבָנִים מִן הַמַּרְקוּלִיס וְחִיפָּה בָּהֶן דְּרָכִים וּסְרַטְיָאוֹת — אֲסוּרוֹת, וְלֵית נַגָּר וְלָא בַּר נַגָּר דִּיפָרְקִינָהּ [ואין אומן ולא בן אומן שיפתור אותה], כלומר, אין חכם או בן חכם שיכול לפתור את הקושי שיש בכך. אָמַר רַב שֵׁשֶׁת: אֲנָא לָא נַגָּר אֲנָא וְלָא בַּר נַגָּר אֲנָא וּפָרֵיקְנָא לֵיהּ [אני לא אומן אני ולא בן אומן אני ואפתור אותה]: מַאי קוּשְׁיָא לֵיהּ [מה קשה לו] בענין זה? מה שאמר רַב גִּידֵּל, שתקרובת עבודה זרה אין לה ביטול לעולם, אולם לכך יש תשובה: כדי לאסור התקרובת בָּעֵינָא [צריכים אנו] שתהא כְּעֵין תקרובת של פְּנִים של המקדש, וְלֵיכָּא [ואין כאן], שאין מקריבים אבנים במקדש.

א ובדומה לזה אָמַר רַב יוֹסֵף בַּר אַבָּא: אִיקְלַע [נזדמן] רַבָּה בַּר יִרְמְיָה לְאַתְרִין [למקומנו], וַאֲתָא וְאַיְיתֵי מַתְנִיתָא בִּידֵיהּ [ובא והביא ברייתא בידו]: מַתְלִיעִין מוציאים תולעים מן האילן, וּמְזַהֲמִין שמים זבל על פצע שבאילן בַּשְּׁבִיעִית (בשנת השמיטה), וְאֵין מַתְלִיעִין וּמְזַהֲמִין בַּמּוֹעֵד (בחול המועד). כָּאן וְכָאן, בין בשביעית בין בחול המועד, אֵין מְגַזְּמִין (גוזמים את הענפים לצורך האילן), וְאולם אם גזם קודם לכן, סָכִין שֶׁמֶן לִמְקוֹם הַגִּזּוּם בֵּין בַּמּוֹעֵד בֵּין בַּשְּׁבִיעִית, כדי שלא יינזק האילן. וְלֵית נַגָּר וְלָא בַּר נַגָּר דִּיפָרְקִינָהּ [ואין אומן ולא בן אומן שיפתור אותה]. אָמַר רָבִינָא: אֲנָא לָא נַגָּר אֲנָא וְלָא בַּר נַגָּר אֲנָא וּמְפָרְקִינָא לָהּ [אני לא אומן אני ולא בן אומן אני ואפתור אותה]: מַאי קָא קַשְׁיָא לֵיהּ [מה היה קשה לו]? אִילֵימָא [אם נאמר] ממועד על שְׁבִיעִית קָא קַשְׁיָא לֵיהּ [קשה לו], והשאלה היתה: מַאי שְׁנָא [במה שונה] שְׁבִיעִית דְּשָׁרֵי [שמותר] להתליע ולזהם, וּמַאי שְׁנָא [ובמה שונה] מוֹעֵד שֶׁאָסַר? על כך יש להשיב: מִי דָּמֵי [האם דומים הדברים]? שְׁבִיעִית — דווקא מְלָאכָה של עבודת האדמה אָסוּר רַחֲמָנָא [אסרה התורה], אבל טִירְחָא בכל דבר אחר שָׁרֵי [מותרת], ואילו מוֹעֵד — אֲפִילּוּ טִירְחָא נַמִּי [גם כן] אָסוּר, שהרי מועד הוא! וְאֶלָּא מדין זִיהוּם על דין גִּיזּוּם קָא קַשְׁיָא לֵיהּ [קשה לו]: מַאי שְׁנָא [מה שונה] זִיהוּם דְּשָׁרֵי [שהוא מותר], וּמַאי שְׁנָא [ומה שונה] גִּיזּוּם שהוא אָסוּר? על כך יש להשיב: מִי דָּמֵי [האם דומים הדברים]? זִיהוּם אוֹקוּמֵי אִילָנָא, וְשָׁרֵי [העמדת, קיום האילן הוא, שלא יתקלקל, ומותר], גִּיזּוּם אַבְרוּיֵי אִילָנָא [הבריית האילן הוא] שמשביחו וגורם לו שיצמח יותר, וְדבר זה אָסוּר! וְאֶלָּא תאמר שמדין זִיהוּם על דין זִיהוּם קָא קַשְׁיָא לֵיהּ [קשה לו], דְּקָתָנֵי [ששנינו] בברייתא: מַתְלִיעִין וּמְזַהֲמִין בַּשְּׁבִיעִית. וּרְמִינְהִי [ומשליכים על כך] ממה ששנינו במשנה במסכת שביעית: מְזַהֲמִין אֶת הַנְּטִיעוֹת (עצים צעירים), וְכוֹרְכִין אוֹתָן, וְקוֹטְמִין אוֹתָן, וְעוֹשִׂין לָהֶם בָּתִּים (גדרות) מסביב, וּמַשְׁקִין אוֹתָן, עַד רֹאשׁ הַשָּׁנָה של שנת השביעית. ונדייק מכאן: עַד רֹאשׁ הַשָּׁנָה — אִין [כן], בַּשְּׁבִיעִית עצמה — לֹא! על כך יש להשיב: וְדִלְמָא [ושמא] יש להסביר זאת כְּדִבְרֵי רַב עוּקְבָא בַּר חָמָא, שאָמַר רַב עוּקְבָא בַּר חָמָא: תְּרֵי קַשְׁקוּשֵׁי הָווּ [שני מיני קשקוש, עידור, הם], חַד לְאַבְרוּיֵי אִילָנָא [אחד מהם לחיזוק האילן] וְאָסוּר, וְחַד לְסַתּוּמֵי פִּילֵי וְשָׁרֵי [ואחד לסיתום הסדקים ומותר] כדי למנוע נזק. הָכִי נַמִּי תְּרֵי זִיהֲמוּמֵי הָוֵי [כך גם כן שני מיני זיהום הם], חַד לְאוֹקוּמֵי אִילָנֵי וְשָׁרֵי [אחד מהם להעמיד את האילנות ומותר], וְחַד לְאַבְרוּיֵי אִילָנֵי [ואחד להבריא, להצמיח את האילנות] וְאָסוּר! וְאֶלָּא תאמר כי מענין סִיכָה על סִיכָה קָא קַשְׁיָא לֵיהּ [קשה לו], דְּקָתָנֵי [ששנה] בברייתא: סָכִין שֶׁמֶן לַגִּזּוּם בֵּין בַּמּוֹעֵד וּבֵין בַּשְּׁבִיעִית, וּרְמִינְהִי [ומשליכים על כך] ממה ששנינו במסכת שביעית: סָכִין בשמן אֶת הַפַּגִּין התאנים שלא הבשילו, וכן מְנַקְּבִין את הפגין, וּמְפַטְמִין אוֹתָן עַד רֹאשׁ הַשָּׁנָה. ונדייק מכאן: עַד רֹאשׁ הַשָּׁנָה — אִין [כן], בַּשְּׁבִיעִית — לֹא! אולם גם כאן יש לדחות: מִי דָּמֵי [האם דומים הדברים]? הָכָא [כאן] כשסכים על מקום הגיזום, הסיכה מטרתה היא אוֹקוּמֵי אִילָנָא, וְשָׁרֵי [להעמיד את האילן כדי שלא יינזק, ומותר], הָתָם [שם] מטרת הסיכה היא פִּטּוּמֵי פֵּירָא [פיטום, השמנת הפרי], וְאָסוּר! אָמַר לֵיהּ [לו] רַב סַמָּא בְּרֵיהּ [בנו] של רַב אַשִׁי לְרָבִינָא: רבה בַּר יִרְמְיָה, מענין סִיכָה של מוֹעֵד על זִיהוּם של מוֹעֵד קָא קַשְׁיָא לֵיהּ [קשה לו]: מִכְּדִי הַאי אוֹקוּמֵי וְהַאי אוֹקוּמֵי [הואיל וזה להעמיד וזה להעמיד], מַאי שְׁנָא הַאי דְּשָׁרֵי [מה שונה זה שמותר], וּמַאי שְׁנָא הַאי [ומה שונה זה] שֶׁאָסוּר? הַיְינוּ דְּקָאָמַר לֵיהּ [וזהו שאמר לו]: לֵית נַגָּר וְלָא בַּר נַגָּר דִּיפָרְקִינָהּ [אין אומן ולא בן אומן שיפתור אותה].

ב ושבים לדון בדין משנתנו. אָמַר רַב יְהוּדָה אָמַר רַב: עֲבוֹדָה זָרָה שֶׁעוֹבְדִין אוֹתָהּ בְּמַקֵּל, כגון שמרעישים לפניה בהכאות מקל, אם שָׁבַר מַקֵּל בְּפָנֶיהָ — חַיָּיב, אם זָרַק מַקֵּל בְּפָנֶיהָ — פָּטוּר. אָמַר לֵיהּ [לו] אַבַּיֵי לְרָבָא: מַאי שְׁנָא [במה שונה] שָׁבַר? דַּהֲוָה לֵיהּ [שהרי הוא] כְּעֵין זְבִיחָה, ששבירת המקל דומה לשחיטת בהמה למקדש, והרי זָרַק נַמִּי הֲוָה לֵיהּ [גם כן הרי הוא] כְּעֵין זְרִיקָה שזורקים את הדם על קרנות המזבח! אָמַר לֵיהּ [לו]: כדי שיהיה הדבר מעין זריקת הדם בָּעֵינָא [צריכים אנו] זְרִיקָה מִשְׁתַּבֶּרֶת שהדבר הנזרק מתחלק לטיפות, ולא בגוף אחד, וְלֵיכָּא [ואין כאן]. אֵיתִיבֵיהּ [הקשה לו] ממה ששנינו בברייתא: סָפַת [האכיל] לָהּ לעבודה זרה צוֹאָה, אוֹ שֶׁנִּסֵּךְ לְפָנֶיהָ עָבִיט שֶׁל מֵימֵי רַגְלַיִם, אף שהם דברים מאוסים —

עיונים

מתליעין כלומר, מוציאים את התולעים מן האילן בקרדום או בחרמש (ר"ח).

מזהמין רש"י מסביר שאילן שהיה בו פצע שמים עליו זבל וכורכים אותו במטלית כדי שלא יירקב. והר"ח מסביר שהכוונה היא שנותנים לאילן תערובת של מים וזבל כדי להחיש את גידולו. והרמב"ם מסביר ששמים חומרים בעלי ריח רע על האילן כדי להרחיק ממנו את התולעים.

אין מגזמין כי גיזום הענפים נעשה כדי להחיש את צמיחתם של ענפים חדשים ולעצב את נופו של האילן, ויש בכך משום השבחה של האילן (במיוחד בגפנים, וכיוצא בזה בוורדים), והימנעות מן הגיזום אינה מקלקלת את האילן.

אפילו טירחא נמי אסור אף שאין איסור מלאכה בימי המועד (חול המועד) מכל מקום אסור מן התורה לעשות בו כל עבודה שיש בה עמל וטירחה, ולא התירו במועד אלא דברים שהם לצורכו המיידי של אדם, או שהימנעות מעשייתם תביא להפסד. ולענין הדברים האמורים כאן, יש לומר כי האיסור לעשות מלאכות אלה במועד הוא משום שאין בהן דחיפות, ויכול לעשותם גם לאחר המועד. ועוד הוסיפו בתוס' שיש לומר כי גם בדבר האבד לא התירו לעשות בדרך שיש בה טירחה ועמל מרובים.

כורכין אותן הרמב"ם מפרש שקושרים את ענפי האילן הצעיר שלא ייטו כלפי מטה. ור"ש מפרש שכורכים אריגים סביב לאילן להגן עליו מפני הקור והחום.

קוטמין כבר בערוך (ערך זבל) מובאים שני פירושים לענין זה: יש מסבירים שקוטמין — קוצצים מקצת הענפים, כעין גיזום. ויש מסבירים שקוטמין הוא מלשון "קיטמא" בארמית שמשמעה אפר. כלומר, שמים אפר בגזע האילן כדי לזבלו. והמאירי מפרש כעין זה, אלא שהוא סבור ששמים שם אפר כדי לעכב את גידול האילן הצומח מהר מדי.

עושין להם בתים רש"י מפרש שעושים סביב לאילן כעין גדר של אבן וממלאים אותה באדמה מסביב. והר"ש מעיר כי מן הירושלמי משמע שעושים להם בתים ממש להגנה משמש וכיוצא בזה, וכן פירש הרמב"ם כי הכוונה לסככות. ולפי הר"ח הכוונה היא שעושים כעין עוגיות סביב גזעו של העץ.

עד ראש השנה רש"י מסביר כי האיסור לעשות מלאכות שונות בקרקע ובאילנות לפני ראש השנה של שמיטה הוא רק מדברי סופרים, ולכן אין מחמירים במקרה של נטיעות. אבל בתוס' העירו כי איסור העבודה לפני ראש השנה הוא לדברי ר' עקיבא איסור מן התורה, ולדברי ר' ישמעאל הלכה למשה מסיני, ומכל מקום אינו מדרבנן. אלא שכאן מדובר בשביעית בזמן הזה, שעיקר איסורה אינו אלא מדברי סופרים. והראב"ד הסביר שכפי שמותר לחרוש לצורך נטיעות ערב שביעית מהלכה למשה מסיני, כל שכן שמותר לעשות עבודות אחרות שאינן אסורות מן התורה. ועוד הוסיפו כי מן התורה נאסרו אף בשביעית עצמה רק עבודת חרישה וזריעה, אבל שאר עבודות האדמה לא נאסרו אלא מדברי סופרים, ולכן לא החמירו בזמן שלפני ראש השנה. וכן הסביר הראב"ד לדרך זו, כי אין מדובר כאן רק על נטיעות, אלא על עצים זקנים גם כן (ואין כן דעת הרמב"ם).

קשקושי רש"י ואחרים מסבירים שהוא ענין חפירה ועידור, שיש עידור שעושים כדי להשביח את גידולו של האילן, ויש כזה שעושים כדי לסתום סדקים סביב לשורש המסכנים את קיומו של העץ. ואילו הר"ח מסביר שהוא מלשון מקושש עצים, כלומר הסרת ענפים יבשים וכיוצא בהם, שיש כזה הנעשה רק להשבחת העץ, ויש כזה שצריך להוציא את הענף היבש כדי שלא יסכן את קיומו של העץ כולו.

ומנקבין ומפטמין במשניות ועוד נאמר כאן רק מנקבין, שלצורך הבשלה היו עושים נקבים קטנים בתאנים (רמב"ם), כדי שייכנסו גשמים לתוכן (ר"ש). ולגרסתנו פירש רש"י כי היו מנקבים אותן, ובנקבים היו שמים שמן.

עבודה זרה שעובדים אותה במקל כגון שמקשקשים לפניה במקל (רש"י). והראב"ד מפרש: כגון שמכים לפניה במקל על גבי כלי נגינה, או ששמים מקל בידה כתקרובת.

שבר מקל וכו' עיקרה של סוגיה זו בנוי על שני סוגים של איסור עבודה זרה. אופן אחד הוא האיסור לעבוד עבודה זרה כדרכה, כלומר, באופן שבו היא נעבדת על ידי עובדי האלילים. וכל העושה מעשה פולחן באופן המקובל לעבודה זרה זו, גם אם אינו דומה כלל לעבודות המקדש שלנו, ואפילו כשהוא נראה לנו כדבר של גנאי — הריהו עובד עבודה זרה בכך. ויש אופן אחר של איסור, שעובד עבודה זרה באופן שאין עובדים אותה בו, אבל הוא אחת מן הדרכים שאנו עובדים בהם במקדש, שגם זו נחשבת עבודה זרה.

ולפי רש"י, כיון שעבודה זרה זו דרכה במקל, הרי המקל נחשב לגביה כמו בהמה לגבי ישראל. ומשום כך, שבירת מקל הריהי כמו זה שזובח בהמה לקרבן, וחייב משום כך, שהרי הוא עושה כעין עבודת המקדש. אבל זריקת המקל, כיון שאינה כדרכה וגם לא כדרך המקדש — פטור עליה. והרבה מן הראשונים תוהים על רש"י בזה. ושיטת הראב"ד (וכן דעת הרמב"ן) היא שכיון ששבירת מקל דומה לשחיטת בהמה הרי הוא מתחייב עליה לכל עבודה זרה, ואפילו אין דרכה לעובדה במקל. וכל החידוש בדברי רב הוא לענין זריקה, שאף שדרכה במקל, כיון שדרכה בזריקת מקל, ואף זריקה זו אינה כדרך פנים — פטור עליה. וראה ברי"ד שאף הביא נוסחה: עבודה זרה שאין עובדין אותה במקל, ומפרש כדברי הראב"ד. אבל מן הרמב"ם נראה שמפרש כרש"י. וראה גם בריטב"א.

זריקה המשתברת שהדבר שזורק למזבח (כגון דם) משתבר לטיפות טיפות. אבל אם מניח דבר לפני עבודה זרה בשלמותו אינו מוגדר כזריקה כלל.

ספת לה רש"י מפרש שהאכיל לה צואה. ובתוס' סבורים שהכוונה היא שמרח אותה בצואה.

אורח ההלכה

אין מתליעין במועד אין מתליעים את האילנות בחול המועד, ולא מזהמים את הנטיעות, אבל סכים את האילנות והפירות בשמן. כברייתא. (רמב"ם ספר זמנים הלכות יום טוב פ"ח ה"י. שו"ע או"ח תקלז, יב).

אין מגזמין וכו' אסור לגזום ענפי אילן בחול המועד, אלא אם כן ניכר שעושה זאת כדי להשתמש בענפים ולא לתיקון האילן. (רמב"ם שם. שו"ע שם סעיף יא).

אין מגזמין בשמיטה אסור לגזום בשמיטה אפילו אילן סרק, ולא יחתוך היבלת מן האילן, ולא יפסג, וכן שאר עבודות של תיקון האילן. (רמב"ם ספר זרעים הלכות שמיטה ויובל פ"א ה"ה).

מזהמין וכו' עד ראש השנה מזהמים את הנטיעות, וכורכים אותן, וקוטמים אותן, ועושים להן בתים, ומשקים אותן, וסכים את הפגים ומנקבים אותם בערב שנת השמיטה עד ראש השנה, ודבר זה מותר אפילו בזמן הבית. (רמב"ם שם פ"ג ה"ט).

בשביעית לא אסור לסוך את הנטיעות בדבר שיש לו זוהמה כדי שלא יאכל אותו העוף, ולא יסוך את הפגים ולא ינקוב אותם, ולא יכרוך את הנטיעות ולא יקטום אותן ולא יפסג את האילנות בשביעית. ואם עשה אחת ממלאכות אלה במזיד — מכים אותו מכת מרדות. (רמב"ם שם פ"א ה"ה).

תרי קשקושי המקשקש (עודר) תחת הזיתים בשביעית, אם להברות את האילן — אסור, ואם כדי לסתום את הסדקים — מותר. וכדברי רב עוקבא. (שם ה"ז).

ספת לה צואה וכו' ספת לעבודה זרה עביט של מי רגלים — חייב, כברייתא. (רמב"ם ספר מדע הלכות עבודה זרה פ"ג ה"ד. שו"ע יו"ד קלט, ג).

מסורת הש"ס

א. (הביטוי) ירושלמי יבמות פ"ח ה"ב. שם קדושין פ"ד ה"ו.
ב. ירושלמי שביעית פ"ב ה"ז (בשינוי לשון).
ג. משנה שביעית פ"ב מ"ד.
ד. סוכה מד,ב. מו"ק ג,א.
ה. משנה שביעית פ"ב מ"ה. תוספתא שביעית פ"א ח.

גרסות

נגר ולא בר נגר בכתי"י: נגר בר נגר.

לא נגר אנא בכתי"מ: לא נגר.

מאי קושיא ליה דרב גידל בכתי"ס: מאי קשיא ליה דרב גידל ובכתי"מ: מאי קשיא לך הא דרב גדל.

מתליעין בכתי"ס: מתלעין.

קשיא ליה בכתי"מ: קשיא לך.

זיהומי בכתי"י: זיהומי.

ומנקבין ומפטמין אותן בכתי"ס: ומנקבין אותן.

שנסך לפניה בכתי"ס: שנסך לה.

לשון

נגר
נגר בפשטות הוא אומן העובד בעץ. אבל התרגום למלה חרש (בצירוף "החרש והמסגר") הוא נגר. וכיון שאת הצירוף "החרש והמסגר" (מלכים ב כד, יד) פירשו חכמים כמתייחס לתלמידי חכמים (ראה גיטין פח,א ועוד), הרי אף כאן נגר נעשה כינוי לתלמיד חכם המיומן בלימודו, שהוא אומן בו כדרך הנגר בעצים.

ספת
נראה שזה הוא שורש מיוחד, שעניינו: לתחוב או לטול חלק מדבר, ובמיוחד לצורך האכלה. יש הסבורים כי מדובר בשני שרשים שונים, האחד שמשמעו שבירה וחילוק, והאחר — האכלה, וראה בתוס'.

חַיָּיב, אף על פי שאין זו עבודתה. בִּשְׁלָמָא [נניח] עָבִיט שֶׁל מֵימֵי רַגְלַיִם — אִיכָּא [יש בכך] זְרִיקָה מִשְׁתַּבֶּרֶת, אֶלָּא צוֹאָה, מַאי [מה] זְרִיקָה מִשְׁתַּבֶּרֶת אִיכָּא [יש כאן]? ומשיבים: מדובר בְּצוֹאָה לַחָה שמשתברת. ומציעים: לֵימָא כְּתַנָּאֵי [האם נאמר שיש בכך מחלוקת תנאים] ששנינו: אם שָׁחַט לָהּ לעבודה זרה חָגָב — ר' יְהוּדָה מְחַיֵּיב משום שחיטה לעבודה זרה, וַחֲכָמִים פּוֹטְרִים. מַאי לָאו בְּהָא קָמִיפַּלְגִי [האם לא בזה הם חלוקים], דְּמָר סָבַר [שחכם זה, ר' יהודה, סבור]: אָמְרִינַן [אומרים אנו] שדבר שהוא כְּעֵין זְבִיחָה חייבים עליו, כגון שוחט חגב, וכיוצא בזה השובר מקל בפניה, וּמָר סָבַר [וחכם זה, חכמים, סבור]: לָא אָמְרִינַן [אין אנו אומרים] שהאיסור חל כשהוא עושה כְּעֵין זְבִיחָה, אֶלָּא דווקא כשהוא כְּעֵין פְּנִים, ובמקדש הרי אין זובחים חגבים? ודוחים: לֹא, דְּכוּלֵּי עָלְמָא [לדעת הכל] לָא אָמְרִינַן [אין אנו אומרים] שמה שהוא כְּעֵין זְבִיחָה חייבים עליו, אֶלָּא כְּעֵין פְּנִים בָּעֵינַן [צריכים אנו], ומדוע מחייב ר' יהודה במקרה זה? שָׁאנֵי [שונה] חָגָב, הוֹאִיל וְצַוָּארוֹ דּוֹמֶה לְצַוַּאר בְּהֵמָה, ושחיטתו היא כעין שחיטה שעושים בפנים.

א ובדומה למה שאמר רב יהודה בשם רב, אָמַר רַב נַחְמָן אָמַר רַבָּה בַּר אֲבוּהּ אָמַר רַב: עֲבוֹדָה זָרָה שֶׁעוֹבְדִין אוֹתָהּ בְּמַקֵּל, אם שָׁבַר מַקֵּל בְּפָנֶיהָ — חַיָּיב על המעשה, וְנֶאֱסֶרֶת תקרובת זו (המקל) בכך, זָרַק מַקֵּל לְפָנֶיהָ — חַיָּיב, שדרכה במקל וְאולם אֵינָהּ נֶאֱסֶרֶת בכך. אָמַר לֵיהּ [לו] רָבָא לְרַב נַחְמָן: מַאי שְׁנָא [במה שונה] שָׁבַר שחייב? דַּהֲוָיָא לֵיהּ [שהרי זו] כְּעֵין זְבִיחָה שבמקדש, ואולם זָרַק נַמִּי הֲוְיָא לֵיהּ [גם כן הרי זה] כְּעֵין זְרִיקָה של הדם במקדש! אָמַר לֵיהּ [לו]: בָּעֵינַן [צריכים אנו] זְרִיקָה מִשְׁתַּבֶּרֶת כדי לחייבו וְלֵיכָּא [ואין כאן]. הקשה לו: אֶלָּא מֵעַתָּה, לפי זה, אַבְנֵי בֵּית מַרְקוּלִיס בַּמֶּה יֵאָסְרוּ? הרי אין כאן זריקה המשתברת! אָמַר לֵיהּ [לו]: אַף לְדִידִי קַשְׁיָא לִי [לי היה הדבר קשה], וּשְׁאִלְתִּיהָ את השאלה הזו לְרַבָּה בַּר אֲבוּהּ, וְרַבָּה בַּר אֲבוּהּ שאל אותה לְחִיָּיא בַּר רַב, וְחִיָּיא בַּר רַב שאל אותה לְרַב, וְאָמַר לֵיהּ [לו]: נַעֲשָׂה כִּמְגַדֵּל עֲבוֹדָה זָרָה, שאין כאן איסור משום תקרובת, אלא כתוספת שמוסיף לגוף העבודה זרה עצמה, שהרי האבן הופכת לחלק מגוף המרקוליס. ושואלים: הָנִיחָא לְמַאן דְּאָמַר [זה נוח לדעת מי שאומר]: עֲבוֹדָה זָרָה שֶׁל גּוֹי אֲסוּרָה מִיָּד כשעושה אותה, אֶלָּא לְמַאן דְּאָמַר [לדעת מי שאומר] שאסורה עַד שֶׁתֵּעָבֵד, תִּישְׁתְּרֵי [תותר] עבודה זרה זו, דְּהָא לָא פְּלַחָהּ [שהרי לא עבד אותה], ולא הקריב לה דבר! אָמַר לֵיהּ [לו]: כָּל אַחַת וְאַחַת מהאבנים שהוא זורק גם נַעֲשֵׂית עֲבוֹדָה זָרָה, וגם נחשבת תִּקְרוֹבֶת לַחֲבֶרְתָּהּ לאבן המצויה שם כבר. אמר לו: אִי הָכִי, בַּתְרַיְיתָא מִיהָא תִּשְׁתְּרֵי [אם כך, האבן האחרונה על כל פנים תהיה מותרת], שהרי עדיין לא הקריב לה תקרובת! אָמַר לֵיהּ [לו]: אִי יָדַעְתְּ לָהּ, זִיל שְׁקַלָהּ [אם אתה מכיר אותה, את האחרונה, לך קח אותה], שבאמת אבן זו אינה נאסרת. רַב אַשִׁי אָמַר: גם האבן האחרונה עצמה אסורה, שכן כָּל אַחַת וְאַחַת מן האבנים שזורק נַעֲשֵׂית תִּקְרוֹבֶת לְעַצְמָהּ וְגם תִּקְרוֹבֶת לַחֲבֶרְתָּהּ. תְּנַן [שנינו במשנה]: מָצָא בְּרֹאשׁוֹ של פסל כְּסוּת וּמָעוֹת אוֹ כֵּלִים — הֲרֵי אֵלּוּ מוּתָּרִין, שאינם תקרובת, אלא הניח אותן לסימן או לצורך אחר. היו בראשו פַּרְכִּילֵי (זמורות ועליהן אשכולות) עֲנָבִים, אוֹ עֲטָרוֹת שֶׁל שִׁבֳּלִים, אוֹ יֵינוֹת, שְׁמָנִים וּסְלָתוֹת, וְכָל דָּבָר שֶׁכַּיּוֹצֵא בּוֹ קָרֵב לְגַבֵּי מִזְבֵּחַ — אָסוּר. ושואלים: בִּשְׁלָמָא [נניח] לגבי יֵינוֹת שְׁמָנִים וּסְלָתוֹת — אִיכָּא [יש כאן] כְּעֵין פְּנִים, שהרי מביאים כיוצא בהם למקדש, וְאִיכָּא [ויש כאן] כְּעֵין זְרִיקָה מִשְׁתַּבֶּרֶת, אֶלָּא פַּרְכִּילֵי עֲנָבִים וַעֲטָרוֹת שֶׁל שִׁבֳּלִים — לֹא כְּעֵין פְּנִים אִיכָּא [יש בכך], שאין מביאים למזבח את אלה, וְלֹא כְּעֵין זְרִיקָה מִשְׁתַּבֶּרֶת אִיכָּא [יש בכך]! אָמַר רָבָא אָמַר עוּלָּא: כְּגוֹן שֶׁבְּצָרָן מִתְּחִלָּה לְכָךְ לשם עבודה זרה, ומעשה בצירתן הוא כעין שחיטה, ונאסרות משום כך.

ב אָמַר ר' אַבָּהוּ אָמַר ר' יוֹחָנָן: מִנַּיִן לַזּוֹבֵחַ בְּהֵמָה בַּעֲלַת מוּם לַעֲבוֹדָה זָרָה שֶׁהוּא פָּטוּר? שֶׁנֶּאֱמַר: "זֹבֵחַ לָאֱלֹהִים יָחֳרָם בִּלְתִּי לַה' לְבַדּוֹ" (שמות כב, יט), לֹא אָסְרָה תּוֹרָה אֶלָּא כְּעֵין פְּנִים, והרי אין להקריב בהמה בעלת מום לגבוה. הֲוֵי [היה מתקשה] בָּהּ רָבָא, בְּמַאי [במה, באיזה מום] מדובר? אִילֵימָא [אם תאמר] שהיה בה מום בְּדוּקִין שֶׁבָּעַיִן (בכתמים שבעיניה), הָשְׁתָּא [עכשיו, הרי] לִבְנֵי נֹחַ חֲזְיָא [ראויה] היא להקרבה לְגָבוֹהַּ בְּבָמָה דִּידְהוּ [שלהם], שאם הם רוצים להקריב קרבנות לה' באופן זה — מותר להם, לַעֲבוֹדָה זָרָה מִיבָּעֲיָא [נצרכה לומר] שחייב אם הקריבה? אֶלָּא מתי פטור? בשוחט מְחוּסַּר אֵבֶר, וּכְדִבְרֵי ר' אֶלְעָזָר, שֶׁאָמַר ר' אֶלְעָזָר: מִנַּיִן לִמְחוּסַּר אֵבֶר שֶׁהוּא אָסוּר בהקרבה גם לִבְנֵי נֹחַ? שֶׁנֶּאֱמַר: "וּמִכָּל הָחַי מִכָּל בָּשָׂר שְׁנַיִם מִכֹּל" (בראשית ו, יט), ומבעלי חיים אלה הקריב נח קרבנות לה', וְאָמְרָה תּוֹרָה: "מכל החי" ללמד: הָבֵא בְּהֵמָה שֶׁחַיִּין רָאשֵׁי אֵבָרֶיהָ שֶׁלָּהּ. ושואלים: הַאי [הביטוי הזה] "וּמִכָּל הָחַי" מִיבָּעֵי לֵיהּ [נצרך לו] לענין אחר, לְמַעוּטֵי [למעט] טְרֵיפָה שלא יכניס לתיבה! ומשיבים: שדבר זה מִ"לְהַחֲיוֹת זֶרַע" (ראה שם ז, ג) נָפְקָא [יוצא], שהחיות והבהמות שמובאות צריכות להיות כאלה שיכולות להוליד. ושואלים: הָנִיחָא לְמַאן דְּאָמַר [זה נוח למי שאומר]: טְרֵיפָה אֵינָהּ יוֹלֶדֶת, אֶלָּא לְמַאן דְּאָמַר [לדעת מי שאומר]: טְרֵיפָה יוֹלֶדֶת, מַאי אִיכָּא לְמֵימַר [מה יש לומר]? הרי יכול להכניס טריפה מכיון שהיא יולדת! ומשיבים: אָמַר קְרָא [הפסוק]: "לְהַחֲיוֹת אִתָּךְ" (שם ו, יט), כוונתו: "אִתָּךְ" — בְּדוֹמִין לָךְ. ושואלים: וְדִלְמָא [ושמא] נֹחַ גּוּפֵיהּ [עצמו] טְרֵיפָה הֲוָה [היה], והדומים לו אף הם כך! ומשיבים: "תָּמִים" כְּתִיב בֵּיהּ [נאמר בו] (שם ו, ט), משמע שהיה שלם בגופו. ומקשים: דִּלְמָא [שמא] "תָּמִים" כוונתו שהיה תמים ושלם בִּדְרָכָיו! ומשיבים: "צַדִּיק" כְּתִיב בֵּיהּ [נאמר בו] (שם), והוא השלם בדרכיו. ודוחים: דִּלְמָא [שמא] "תָּמִים" כוונתו בִּדְרָכָיו במידותיו ובדרכי התנהגותו, וְ"צַדִּיק" בְּמַעֲשָׂיו הטובים! ודוחים את עיקר השאלה: לָא מָצֵית אָמְרַתְּ [אינך יכול לומר] שֶׁנֹּחַ גּוּפֵיהּ [עצמו] טְרֵיפָה הֲוָה [היה], דְּאִי סָלְקָא דַעְתָּךְ [שאם עולה על דעתך] שֶׁנֹּחַ טְרֵיפָה הֲוָה [היה], וכי אָמַר לֵיהּ [לו] רַחֲמָנָא [הקדוש ברוך הוא]: דִּכְוָותָךְ עַיֵּיל, שְׁלֵמִין לָא תְּעַיֵּיל [כמותך הכנס לתיבה, ושלמים אל תכניס]? ושואלים: הָשְׁתָּא דְּנָפְקָא [עכשיו, שיצא] העניין הזה של טריפה שפסולה להקרבה מִמה שכתוב "אִתָּךְ", הפסוק "לְהַחֲיוֹת זֶרַע" לָמָּה לִי? למה נאמר? ומשיבים: אִי [אם] מֵהפסוק "אִתָּךְ", הֲוָה אָמִינָא [הייתי אומר] לְצַוְותָא בְּעָלְמָא [לחברה בלבד], ואינו צריך להקפיד, וַאֲפִילּוּ זָקֵן וַאֲפִילּוּ סָרִיס שאינם מתרבים יכניס לשם (כל עוד אינו טריפה), קָא מַשְׁמַע לָן [משמיע לנו] שצריך להיות כזה שיכול לְהַחֲיוֹת זֶרַע ולהוליד.

ג אָמַר ר' אֶלְעָזָר: מִנַּיִן לַשּׁוֹחֵט בְּהֵמָה לְמַרְקוּלִיס שֶׁהוּא חַיָּיב, אף על פי שאין דרכו לזבוח לו זבחי בהמות? שֶׁנֶּאֱמַר: "וְלֹא יִזְבְּחוּ עוֹד אֶת זִבְחֵיהֶם לַשְּׂעִירִם" (ויקרא יז, ז), אִם אֵינוֹ עִנְיָן לעבודה זרה שעובדים כְּדַרְכָּהּ של אותה עבודה זרה, דִּכְתִיב [שנאמר] שלא יאמרו ישראל: "אֵיכָה יַעַבְדוּ הַגּוֹיִם הָאֵלֶּה אֶת אֱלֹהֵיהֶם ואעשה כן גם אני" (דברים יב, ל), ולכן אם דרכה בזביחה אסורה מטעם זה, תְּנֵהוּ עִנְיָן לזביחה שעושים לכבודו לְשֶׁלֹּא כְּדַרְכָּהּ. ושואלים: וְהָא לְהָכִי [ופסוק זה לצורך כך] הוּא דְּאָתָא [שבא]? הַאי מִיבָּעֵי לֵיהּ לְכִדְתַנְיָא [זה נחוץ לו לכמו ששנויה בברייתא] בפרשת איסור שחיטת קדשים מחוץ למשכן:

מסורת הש"ס

א. ראה ע"ז יט,ב. מו,א. נא,ב. נב,א. ירושלמי ע"ז פ"ד ה"ד. תוספתא ע"ז פ"ה ד. ילק"ש תורה רמז.
ב. משנה ע"ז נא,ב.
ג. ראה ירושלמי סנהדרין פ"ז ה"ט. שם ה"י (ועיי"ש).
ד. (כל הענין) ע"ז ה,ב (ושם סומנו מקבילות).
ה. סנהדרין סא,א. זבחים קו,א. וראה סנהדרין ס,ב. ירושלמי ע"ז פ"ב ה"ז.
ו. סנהדרין סג,א. מדרש תנאים דברים יב,ל. וראה ירושלמי סנהדרין פ"ז ה"ט וה"י.

גרסות

אלא כעין פנים — אלא כעין פנים בעינן בכתי"ס: לא דכולי עלמא כעין פנים בעינן.

לצואר בהמה בכת"י ובמקורות: לבהמה.

אבני בית מרקוליס בכתי"מ ועוד: אבני מרקוליס בכתי"ס: אבני בית קוליס.

עד שתעבד תשתרי דהא לא פלחה בכתי"מ ועוד: אינה אסורה עד שתעבד הא לא פלחה.

עבודה זרה ותקרובת לחברתה בכתי"ס: עבודה זרה בתקרובת חברתה.

כעין זריקה משתברת בכתי"ס: זריקה משתברת.

במה דידהו לעבודה זרה בכתי"מ ועוד: בבמה דידהו לארורה זו.

מלהחיות זרע... להחיות זרע בכתי"ס ובדפו"י ועוד כבמקרא: מלחיות זרע... לחיות זרע.

דכוותך עייל בכת"י: טרפה דכוותך עייל.

דכתיב איכה יעבדו בכתי"ס: דנפקא ליה מאיכה יעבדו.

לשון

פרכילי
מקור המלה אינו ברור, אך ייתכן שהוא קשור ליוונית φραγέλλιον (פראגליון), שאף היא כנראה שאולה, ומשמעה: ענף, זמורה.

העולם

דומה לצואר בהמה
ברוב החרקים הראש נמצא סמוך מאד לגוף (חזה — בטן) של החרק, ולפיכך אין להם "צוואר" נראה לעין. אולם למיני החגבים יש כרגיל חלק שלם, מפרק המחבר את הראש לחזה. משום כך יש לחגבים צוואר, שאף שאין שייך בו צד של שחיטה ממש, מכל מקום הריהו דומה לשחיטת בהמה.

עיונים

שחט לה חגב ומדובר במקרה שאין עבודתה של עבודה זרה זו בשחיטת חגבים, שהרי אם דרכה בכך אין בזה חידוש, ואסור לדברי הכל. ומכל מקום כתבו בתוס' שצריך לומר כי יש בעבודה זרה זו פולחן הקשור בחגבים, שאם לא כן לא היתה שחיטת חגב נחשבת לעניינה כלל. וראה בעמוד הקודם שהראב"ד סבור כי לשיטת רב, אם הדבר הוא כעין מעשה פנים הריהו נאסר גם אם אין זו כלל דרך עבודתה, ולשיטה זו מובן מדוע יהא חייב בשוחט חגב. והוא הדין לסבורים שכל שקרוי בשם עבודה שבפנים שיהא חייב, והרי כאן מדובר בשחיטה, שהיא ממש אחת העבודות שבפנים (ראה ריטב"א בשם רש"י).

כעין פנים ובפנים, כלומר בקודש, אין זובחים אלא בהמה ועוף. ולפיכך אפשר להרחיב דבר זה גם לחיות בהמות ועופות שאין מקריבים במקדש, אבל מכל מקום הם נשחטים, מה שאין כן בחגבים וכיוצא בהם.

שאני חגב שלדעת ר' יהודה אף שאין במינו נשחט, מכל מקום כיון שחותך את צוארו כדרך שעושים בשחיטת בהמה הרי אף זה נכלל בהגדרה של "כעין פנים". ולפי זה הסיכום הוא שכל הדעות אינן כרב, שאף ר' יהודה המחייב בחגב לא יחייב בשבירת מקל, וכל שכן חכמים הפוטרים. וכתב הר"י מפריס שהוצרכו להעמיד את הברייתא שלא כדברי רב לגמרי, משום שנראה שלדעת חכמים הפוטרים אין לדמות כלל שחיטת חגב לזביחה, ומסתבר שלא חלק ר' יהודה להרחיב את הגדרת "זביחה" לכל מעשה של הריסה, שאין זה מסתבר שדעות החולקים רחוקות כל כך זו מזו.

זרק לפניה מקל חייב ואף שלעיל אמר רב יהודה בשם רב שאם זרק מקל לפניה פטור, יש מן המפרשים שהסבירו כי מחלוקת אמוראים היא בשיטתו של רב (ראה רמב"ן ור"ן). אבל רש"י ואחרים כתבו כי מדובר כאן במקרה שונה, כאשר עבודה זרה זו דרך לעובדה בזריקת מקל. וכאן בא רב נחמן בשם רב לומר שגם אם מתחייב משום שדרכה בכך, הרי לענין תקרובת יש לחלק, שלא כל תקרובת או מעשה של עבודה זרה יוצר איסור של תקרובת, אלא דווקא כעין פנים (וראה גם בריטב"א).

בשלמא יינות שמנים וסלתות יש שפירשו כי יש בהם כעין פנים, משום שאנו מניחים שמן הסתם ניסכו חלק מן היין והקטירו חלק מן הסולת (רא"ה, ריטב"א). אבל הרא"ש פירש כי עצם ההנחה של דבר הקרב בפנים, גם בלא פעולת הזריקה והניסוך וכדומה — גם היא נחשבת כתקרובת עבודה זרה.

ואיכא כעין זריקה וכו' העירו המפרשים שדי בכך שיש כאן זריקה המשתברת או שהוא כעין פנים, אלא שנאמר הדבר לרווחא דמילתא (ראב"ד), או משום מה שנאמר לאחר מכן בפרכילי ענבים ועטרות שבלים, שאין בהם לא זה ולא זה (ריטב"א).

כגון שבצרן מתחילה לכך ויש בכך כעין זביחה (רש"י). והוסיף רא"ה (וראה ברמב"ן) כי גם לדעת ר' יוחנן בסמוך, שמצריך שיהא הדבר ממש כעין פנים, והרי אין כיוצא בו בפנים, מכל מקום הואיל ומצד אחד נעשית הבצירה שהיא עבודה כעין פנים לשם עבודה זרה, ומצד אחר מצאנו כי מביאים ענבים למקדש כביכורים, הרי הצירוף של שני הדברים האלו מחשיב את הדבר לעבודה כעין פנים ממש. אלא שהריטב"א הוסיף כי בוודאי אינו מתחייב על כך מן התורה, אלא מדברי חכמים (וכן בתוהרי"ד).

בהמה בעלת מום יש שמפרשים שאין ר' יוחנן חולק על דעת רב לעיל, הסבור שדי שעושה כעין זביחה על מנת להתחייב, אלא שמדובר כאן בזובח בהמה לעבודה זרה שאין דרכה בבהמות כלל, ולפיכך צריכה הקרבת הבהמה להיות ממש כעין פנים, ואם אינה כעין פנים — לא ייחשב הדבר כעבודה זרה (תוס'). או מצד אחר, שמה שחייבה תורה כעין זביחה או כעין פנים הוא דווקא בדבר שאינו ראוי כקרבן למזבח, כגון חגב לעיל, אבל דבר שראוי למזבח — אין חייבים עליו אלא אם כן נעשה בדיוק כעין פנים, אבל לא אם הוא בעל מום (כן הביא בתורי"ד, וכן ריא"ז). אבל מפרשים רבים סבורים ששיטת ר' יוחנן חולקת על דברי רב, ולדעת ר' יוחנן (שהוא סבור כדעת חכמים בברייתא לעיל בענין חגב) אינו חייב כלל על דבר שהוא רק כעין זביחה. ולכן, אם אין זו דרכה של עבודה זרה בזביחת בהמה (כגון כאן, שאינם מקריבים בעלי מומים) לא תיחשב לעבודה אלא אם כן היתה בדרך הראויה לגבוה (ולפחות ראויה לגבוה לבני נח) ולכן במחוסרת אבר יהא פטור (רי"ד, ראב"ד, רמב"ן).

לבני נח חזיא בבמה דידהו שבפתיחת פרשת איסור שחוטי חוץ נאמר: "דבר אל בני ישראל" (ויקרא יז, ב) ודייקו חכמים (ראה זבחים קטז,ב) כי איסור זה נאמר דווקא לבני ישראל, אבל אין הגויים מצווים על כך, אלא כל אחד בונה לו במה לעצמו ומקריב עליו כל מה שירצה, חוץ ממחוסר אבר, שכמבואר להלן נאסר לבני נח.

שנאמר ולא יזבחו וגו' ושאל הרשב"א: מפני מה לא הביא ר' אלעזר פסוק מבורר יותר — "זובח לאלהים יחרם"? ותירץ כי כאן מדובר גם בזובח לעבודה זרה שאינו מקבלה עליו כאלוה, שאינו מתחייב בנפשו, אלא שגם לגבי זה יש איסור מפורש בתורה. והריטב"א מביא בשם הרמ"ה שמן הכתוב "זובח לאלהים" לומדים את העונש, אבל כאן רצה להביא את האזהרה — המקור שנאסר הדבר לעשותו.

אורח ההלכה

שחט לה חגב הרמב"ם פסק: שחט חגב לעבודה זרה — הרי זה פטור, אלא אם כן היתה זו דרך עבודתה. ולדעת ב"י פסק כדברי חכמים. ולדעת הש"ך פסק כר' יהודה, אבל הבין כדברי התוספות. ובשו"ע פסק שאם שחט לפניה חגב חייב אפילו כשאין זו דרך עבודתה, וכר' יהודה שהאמוראים מקבלים את שיטתו (גר"א). (רמב"ם ספר מדע הלכות עבודה זרה פ"ג ה"ד. שו"ע יו"ד קלט, ד).

שעובדין אותה במקל עבודה זרה שעובדים אותה במקל, אם שבר מקל לפניה — חייב, ונאסרת על ידי עבודה זו. אם זרק מקל בפניה — חייב, ואינה נאסרת, לפי שאין זו דרך עבודתה, ואין זו דרך זריקה המשתברת. כרב נחמן בשם רב. זו שיטת הרמב"ם.

ובשו"ע כתב כי דבר שאין מקריבים אותו כעבודת פנים אינו נאסר, אלא אם כן היה זה כעין זביחה או כעין זריקה משתברת, ודווקא שדרך עבודתה בזה גם אם לא בדיוק באופן זה. כיצד? עבודה זרה שעובדים אותה בקשקוש מקל, ושבר מקל בפניה — חייב ונאסר המקל בכך, ששבירת המקל היא כעין זביחה. אבל אם אין עובדים אותה כלל במקל — אינו חייב ואינה נאסרת בשבירת מקל. ואם דרכה בקשקוש מקל ועבדה בכך — חייב, ואינה נאסרת. כדברי רב נחמן, וכפי שפירש רש"י שאינו חולק על רב יהודה. (רמב"ם שם ה"ג. שו"ע שם סעיף ג).

זובח בעלת מום לעבודה זרה זבח לעבודה זרה בהמה שהיא מחוסרת אבר — פטור, אלא אם כן היתה עבודתה בכך, וכדברי ר' יוחנן. ולדעת הראב"ד אנו פוסקים כרב יהודה ורב נחמן בשם רב, וחייב בכל זביחה אפילו אינה דרך עבודתה. (רמב"ם שם ה"ד).

השוחט בהמה למרקוליס העובד בעבודות כעין שעבדו במקדש או משתחוה לעבודה זרה — הרי זה חייב ואפילו אין דרך עבודתה בכך. ולפיכך המנסך לפעור או זובח למרקוליס חייב. (רמב"ם שם ה"ג).

חייב. אפילו אין עבודתה בכך: לימא. מילתיה דרב כתנאי: שחט לה חגב. לכל עבודה זרה שבעולם בין דרכה בין אין דרכה בכך: מר סבר. רבי יהודה סבר אמרינן כעין זביחה ואע"פ דלאו זביחה ממש היא דהא אין שחיטת חגבים נוהגת והויא כשבירת מקל *דחייב הואיל ואיכא למימר כעין זביחה וה"ה שבירת מקל דהויא שבירה וחיתוך מדלא אשמעינן אווז ותרנגול דשייכא ביה שחיטה ממש: ורבנן. סברי לא אמרינן בשבירה כעין זביחה: לא דכ"ע לא אמרינן כעין זביחה. ובמקל אפילו רבי יהודה פטר וליתא לדרב דכעין פנים בעינן מידי דדמי לזביחה כגון חיה ועוף ובהמה אפי' אין ראויין לקרבן: ושאני חגב הואיל וצוארו דומה לבהמה. דיש לה צואר כבהמה ולהכי מחייב רבי יהודה דכעין שחיטת פנים הוא: שבר מקל לפניה חייב ונאסרת. המקל בין שעבודתה בשבירה בין שאין עבודתה בשבירה הויא עבודה להתחייב והויא תקרובת ליאסר כדאמרן דכעין זביחה היא: זרק מקל בפניה חייב. וכגון שעבודתה בזריקת מקל מאיכה יעבדו: ואינה נאסרת. המקל דלא הוי תקרובת אלא מידי דכעין פנים: אלא מעתה. דבעינן כעין פנים אבנים הנזרקות למרקולים במה יאסרו: כמגדל עבודה זרה. התוספת על המרקולים קטן ליעשות מרקולים גדול ואיסורו משום עבודה זרה עצמה ולא משום תקרובת אבל מקל לא איתעביד עבודה זרה דעיקרה של עבודה זרה לאו מקל *ניהו: הא לא פלחה. דהא כולה גידול עבודה זרה ניהו: ותקרובת לחבירתה. לענין שתהא חבירתה נעבדה ממנה ונאסרה ממנה חבירתה משום עבודה זרה וניתרת בביטול אבל תקרובת למהוי זבחי מתים שאין בטלין עולמית לא הוו דכעין פנים בעינן ומקל לא אתעביד עבודה זרה ושרי לגמרי: בתרייתא תשתרי. שהרי עבודה זרה נעשית אבל לא נעבדה עדיין: אי ידעת לה. אם אתה מכירה לאחרונה זיל שקלה כלומר שאין לה היכר לפיכך כולה אסורה: תקרובת לעצמה. שהרי אין לה עבודה אחרת אלא זריקה וזריקתה נעשית עבודה זרה ונעבדת ואפילו אחרונה נאסרת משום עבודה זרה עצמה: הרי אלו מותרין. בגמרא מפרש טעמא לקמן (עמוד ב): שבצרן מתחלה. לצורך עבודה זרה ובצירותן עבדה לעבודה זרה דהוי כשבר מקל לפניה דדמי לזביחה: בלתי לה'. משמע שראוי לשם הכתוב מדבר: דוקין. טיי"ל: לבני נח. כל זמן שלא ניתנה תורה אף ישראל נקראו בני נח: חזיא לגבוה בבמה דידהו. דילפינן לקמן דמחוסר אבר נאסר להן ולא מום אחר: אלא במחוסר אבר. דלא אשכחן דליתחזי לגבוה: הבא בהמה שחיין ראשי אברים שלה. שגלוי וידוע לפניו שעתיד להקריב נח כדכתיב ויקח מכל הבהמה הטהורה וגו': מלהחיות זרע נפקא. דבר שעושה פירות וטריפה שניקב קרום של מוח או שחתכו רגליה שוב אינה יולדת: אלא למ"ד טריפה יולדת. איצטריך מכל החי למעוטה דלא נפקא מלהחיות זרע: בדומין לך. ולא טרפה הלכך מכל החי למחוסר אבר אתא: ודלמא נח גופיה טריפה הוה. ואע"ג דחי כמה שנים דלמא טריפה היה ס"ל הלכך לא נפקא מאתך למעוטי טריפה ואתא מכל החי למעוטה ולא ממשמעותא דהחי דהא טריפה חיה אלא מריבויא ומפרשים להאי החי לשון בריאות וטריפה הוא דאימעיט אבל מחוסר אבר לא: להחיות זרע למה לי. הא אימעוט טריפה: אי מאתך. טריפה הוא דממעיט אבל זקן וסרים מחמת חולי דאנא אמינא לצוותא בעלמא אמר רחמנא לעיילינהו וטריפה לא ניעול שתמות בתיבה אבל לעשות פירות לא איכפת ואפילו זקן וסרים ליעול קמשמע לן: למרקולים. אף על פי שאין עבודתו בזביחה: לכדרכה. לעבודה זרה שעבודתה בזביחה דהא נפקא לן מאיכה יעבדו:

[בדפו"י חייב]

היא. יעב"ץ

לעיל מו. [לקמן ע"ב]

זבחים קטז: לעיל ה:

[נ"ל מלחיות

[נ"ל לחיות

[נ"ל לחיות

סנהדרין סא. זבחים קו.

תורה אור

חייב בשלמא עביט של מימי רגלים איכא
זריקה משתברת אלא צואה מאי זריקה
משתברת איכא בצואה לחה לימא כתנאי
שחט לה חגב ר' יהודה א'מחייב וחכמים
פוטרים מאי לאו בהא קמיפלגי דמר סבר
אמרינן ב'כעין זביחה ומר סבר לא אמרינן
כעין זביחה אלא כעין פנים לא דכ"ע לא
אמרינן כעין זביחה אלא כעין פנים בעינן
ושאני חגב הואיל וצוארו דומה לצואר בהמה
א אמר ר"נ אמר רבה בר אבוה אמר רב
ג'עבודה זרה שעובדין אותה במקל שבר
מקל בפניה חייב ונאסרת זרק מקל לפניה
חייב ואינה נאסרת א"ל רבא לר"נ מאי שנא
שבר דהויא ליה כעין זביחה זרק נמי הויא
ליה כעין זריקה א"ל ד'בעינן זריקה משתברת
וליכא אלא מעתה אבני בית מרקולים במה
יאסרו א"ל אף לדידי קשיא לי ושאלתיה
לרבה בר אבוה ורבה בר אבוה לחייא בר
רב וחייא בר רב לרב וא"ל נעשה כמגדל
עבודה זרה ה'הניחא *למ"ד עבודה זרה
של גוי אסורה מיד אלא למ"ד עד
שתעבד תישתרי דהא לא פלחה א"ל כל
אחת ואחת נעשית עבודה זרה ותקרובת
לחברתה א"ה בתרייתא מיהא תשתרי אמר
ליה אי ידעת לה זיל שקלה רב אשי אמר כל
אחת ואחת נעשית תקרובת לעצמה ותקרובת
לחברתה תנן ו'מצא בראשו כסות ומעות או
כלים הרי אלו מותרין פרכילי ענבים ועטרות
של שבלים ויינות שמנים וסלתות וכל דבר
שכיוצא בו קרב לגבי מזבח אסור בשלמא
יינות שמנים וסלתות איכא כעין פנים ואיכא כעין זריקה משתברת אלא
פרכילי ענבים ועטרות של שבלים לא כעין פנים איכא ולא כעין זריקה
ב משתברת איכא אמר רבא אמר עולא כגון שבצרן מתחלה לכך ג'א"ר
אבהו א"ר יוחנן ה'מנין לזובח בהמה בעלת מום לעבודה זרה שהוא פטור
שמות כב שנאמר זובח לאלהים יחרם בלתי לה' לבדו לא אסרה תורה אלא כעין פנים
הוי בה רבא במאי אילימא בדוקין שבעין השתא לבני נח חזיא לגבוה
בבמה דידהו לעבודה זרה מיבעיא אלא ו'במחוסר אבר וכדרבי אלעזר
בראשית ו *דאמר ר' אלעזר מנין למחוסר אבר שהוא אסור לבני נח שנאמר ומכל
החי מכל בשר שנים מכל אמרה תורה הבא בהמה שחיין ראשי אברין שלה
שם האי ומכל החי מיבעי ליה למעוטי טריפה *מלהחיות זרע נפקא הניחא למ"ד
טריפה אינה יולדת אלא למ"ד טריפה יולדת מאי איכא למימר אמר קרא
אתך אתך בדומין לך ודלמא נח גופיה טריפה הוה תמים כתיב ביה דלמא
תמים בדרכיו צדיק כתיב ביה דלמא תמים בדרכיו וצדיק במעשיו לא מצית
אמרת דנח גופיה טריפה הוה דאי ס"ד נח טריפה הוה א"ל רחמנא דכוותך עייל
שלמין לא תעייל השתא דנפקא מאתך *להחיות זרע למה לי אי מאתך ה"א
ג לצוותא בעלמא ואפי' זקן ואפי' סרים קמ"ל *להחיות זרע: ה'א"ר אלעזר *ז'מנין
ויקרא יז לשוחט בהמה למרקולים שהוא חייב שנאמר ולא יזבחו עוד את זבחיהם
דברים יב לשעירים ו'אם אינו ענין לכדרכה דכתיב איכה יעבדו הגוים האלה את אלהיהם
תנהו ענין לשלא כדרכה והא להכי הוא דאתא האי מיבעי ליה לכדתניא
עד

חייב. פ"ה ואפי' אין עבודתה בכך ול"ל דמ"מ היתה רגילה בצואה דהא רב יהודה לא מיחייב (אלא) בשבירת מקל ואע"ג דדמי לזביחה רק באותה שרגילה במקל וכן ההיא דחגב צ"ל שעובדין אותה בחגב בענין אחר שלא בשחיטה דאי אינה רגילה בו מה בעי לדמוייה להך דרב יהודה לימא כתנאי ועוד כי משני דכ"ע לא אמרינן כעין זביחה אלא כעין פנים וטעמא דמחייב הואיל וצוארו דומה לבהמה ואי אינה רגילה בו כלל ובאת לחייב מטעם שמקריב אותו כעין פנים גמור והוי כמו שוחט בהמה לעבודה זרה שחייב לכל עבודה זרה שבעולם מטעם שהיא עבודת פנים כדפירש לעיל בקונט' וכי יועיל צוארו דומה לבהמה להחשיב כעין פנים יותר משוחט בהמה בעלת מום לעבודה זרה דאמרינן לקמן דפטור אלא ודאי מיירי בעבודה זרה שרגילין לעבוד בחגב ודמי לדרכה בכך טפי מבהמה בעלת מום לעבודה זרה שאין דרכה בבהמה כלל ובהכי ניחא דלא קאמר דכ"ע אמרינן כעין זביחה כרב ומחייב בשבירת מקל באותה שעובדין אותה במקל והכא דפליגי בחגב בשאין עובדין אותה בכך דלא עדיף צוארו דומה לבהמה מבעלת מום כדפרישית:

מנין למחוסר אבר. פירשתי בפ"ק (לעיל דף ו.) וכל הסוגיא:

אפילו

יב א מיי' פ"ג מהל' עבודת כוכבים הלכ' ד סמג לאוין מה טוש"ע י"ד סי' קלט סעיף ד:

יג ב ג ד מיי' שם הלכ' ג ד טוש"ע שם סעיף ג:

יד ה ו מיי' שם הלכה ד סמג שם:

מהר"מ מ"ז

טו ז מיי' שם הל' ג:

רבינו חננאל

אוקימנא בצואה לחה שמתחתכת והיא כעין חתיכת אבר אבר: שחט חגב לעבודה זרה ר' יהודה מחייב וחכמים פוטרים. אוקימנא כולי עלמא כעין פנים בעינן ושאני חגב הואיל וצוארו דומה לצואר בהמה וכאילו בהמה שחט לעבודה זרה. ורבנן. לאו בהמה היא: אמר רב עבודה זרה שעבודתה במקל שיבר מקל בפניה חייב ונאסרת דשבירתה כעין זביחה היא. זרק מקל בפניה חייב שהרי דרך עבודתה במקל. ואינה נאסרת אותה המקל. דבעינן זריקה משתברת. כגון זריקת דם וליכא: ומקשינן אי הכי אבני מרקולים אמאי אסורות הלא עבודתו בזריקת אבן היא והאבן אינה משתברת בעת זריקתה כזריקת דם. ופרקינן אבני מרקולים אינן נאסרות אלא מפני שעושה אותן עבודה זרה ובכל יום מוסיף ומגדלה. ומקשינן הניחא לר"ע דאמר עבודה זרה של גוי אסורה מיד. אלא לר' ישמעאל דאמר עד שתעבד אכתי לא פלחה ואמאי אסורות. ופרקינן כל אחת ואחת נעשית עבודה זרה ותקרובת לחברתה. בתרייתא תשתרי דעדיין לא נעבדה. ופריק רב אשי כל אחת ואחת נעשית תקרובת לעצמ' ותקרובת לחברתה. הנה גם היא כאלו נעבדה. ומקשינן עליה דרב מהא דתנן פרכילי ענבים ועטרות של שבלים אסורות משום תקרובת עבודה זרה והא הני לא כעין פנים איכא. דהא אין נקרבין בעזרה בתורת קרבן כיוצא באלו. וגם אינה כזריקה משתברת במאי נאסרין. ופרקינן כגון שבצרן וקצרן מתחלה לכך שנאסרו בשעת חתיכה שהיא כעין זביחה: א"ר יוחנן מנין לזובח בהמה בעלת מום לעבודה זרה שפטור שנאמר זובח לאלהים יחרם בלתי לה' לבדו כל הראוי לשם חייב בו לעבודה זרה ואוקימנא האי בעלת מום מחוסרת אבר היא אבל בעלת מום בדוקין שבעין חייב. דהא חזיא לגבוה לבני נח בבמה דידהו. שנאמר ומכל החי מכל בשר וגו' אמרה תורה הבא בשר שחיין ראשי אברין שבה. ומצאנו שהעלה מהן נח קרבן וכר"א דאמר מנין למחוסר אבר למרקולים שחייב ת"ל ולא

שאסור לבני נח שנאמר ומכל החי מכל בשר וגו' אמרה תורה הבא בהמה שחיין ראשי אבריה. ומקשינן האי להכי הוא דאתא כו' ופשוטה היא כו' א"ר אלעזר מנין השוחט בהמה

טז א מיי' פי"ח מהל' מעשה הקרבנות הלכ' ב סמג עשין קפט:
יז ב מיי' פ"ז מהל' עבודת כוכבים הל' טו סמג לאוין מה טוש"ע י"ד סי' קלט סעיף ז:
יח ג מיי' שם טוש"ע שם סעיף ג:
יט ד ה ו ז מיי' שם טוש"ע שם סעיף ז:
[נ"ל אילעא]
כ ח ט מיי' שם הלכ' טו סמג שם טוש"ע שם סעיף ג:
כא י מיי' שם הלכ' יז סמג שם טוש"ע י"ד סי' קלט סעיף ג:
כב כ מיי' שם הלכ' ד סמג שם טוש"ע י"ד סי' קלט סעיף ח:
כג ל מיי' שם הלכ' יז סמג שם טוש"ע י"ד סי' קמה סעיף ג:

עד כאן. האי ולא יזבחו בפרשת שחוטי חוץ כתיב ועד פסוק זה הענין מדבר בקדשים שהקדישם בשעת איסור הבמות לאחר שהוקם המשכן והקריבן בשעת איסור הבמות: **שהרי עונשן אמור.** שגילה לך הענין את עונשן שהן בכרת: **מכאן ואילך.** האי ולא יזבחו עוד: **בשעת היתר.** קודם שהוקם המשכן והזהיר הכתוב שאע"פ שהיו מוקדשין לשם הקרבת במה לא יקריבום עוד בבמה לגבוה שנאמר את זבחיהם זבחים העומדים קודם לכן שהתרתי בבמה לגבוה בשעת איסור הבמות כזובח על פני השדה לעבודה זרה: **זו מלות עשה.**

תורה אור

אפילו **מים ומלח אסור.** פירוש ואפילו שאין עבודתה בכך דאי עבודתה בכך אפי' בכלי(ה) נוחא נמי והטעם שלפנים מן הקלקלין מקריבין כל דבר אע"פ שאינו נוי וטעם האיסור מטעם תקרובת חוץ לקלקלין דבר של נוי אסור מטעם תקרובת שאינו של נוי מותר כי אין מקריבין שם אלא דבר של נוי ודלא כפ"ה שפירש דחוץ לקלקלין אין שם תקרובת ודבר של נוי אסור משום (ו)ולא תחמוד כסף וזהב א"כ גבי פעור קאמר חוץ כפנים דמיתסר ואמאי כיון שאין מביאין חוץ לקלקלין דבר של תקרובת ומים ומלח אינו לנוי:

א עד כאן הוא מדבר בקדשים שהקדישן בשעת איסור הבמות והקריבן בשעת איסור הבמות שהרי עונשן אמור שנאמר ואל ויקרא יז
פתח אהל מועד לא הביאו וגו' עונש שמענו
אזהרה מנין ת"ל פן תעלה עולותיך וכדר' דברים יב
אבין א"ר אילא *דאמר ר' אבין א"ר אילא
כל מקום שנאמר השמר ופן ואל אינו אלא
בלא תעשה מכאן ואילך הוא מדבר בקדשים
שהקדישן בשעת היתר הבמות והקריבן
בשעת איסור הבמות שנאמר למען אשר ויקרא יז
יביאו בני ישראל את זבחיהם אשר הם
זובחים שהתרתי לך כבר על פני השדה
מלמד שכל הזובח בבמה בשעת איסור
הבמות מעלה עליו הכתוב כאילו הוא זובח
על פני השדה והביאום לה' זו מצות עשה
ומצות לא תעשה מנין ת"ל ולא יזבחו עוד את זבחיהם יכול יהא ענוש כרת שם
ת"ל חקת עולם תהיה זאת להם זאת להם ולא אחרת להם אמר רבא קרי שם
ביה ולא יזבחו וקרי ביה ולא עוד: **מתני'** מצא בראשו מעות כסות או
א כלים הרי אלו מותרין פרכילי ענבים ועטרות של שבלים ויינות ושמנים
וסלתות וכל דבר שכיוצא בו קרב ע"ג המזבח אסור: **גמ'** מנהני מילי
ב א"ר חייא בר יוסף א"ר אושעיא כתוב אחד אומר ותראו את שקוציהם דברים כט
ואת גלוליהם עץ ואבן כסף וזהב אשר עמהם וכתוב אחד אומר לא תחמוד שם ז
כסף וזהב עליהם הא כיצד עמהם דומיא דעליהם מה עליהם דבר של נוי
אסור שאינו של נוי מותר אף עמהם דבר של נוי אסור ושאינו של נוי מותר
ואימא עליהם דומיא דעמהם מה עמהם כל מה שעמהם אף עליהם כל(א)
שעליהם א"כ לא יאמר עליהם מעות דבר של נוי הוא אמרי דבי ר' ינאי
בכים קשור ותלוי לו בצוארו כסות דבר של נוי הוא אמרי דבי ר' ינאי
בכסות מקופלת ומונחת לו על ראשו כלי דבר של נוי הוא אמר רב פפא
דסחיפא ליה משכילתא ארישיה אמר רב אסי בר חייא כל שהוא לפנים מן
הקלקלין אפי' מים ומלח אסור חוץ לקלקלין דבר של נוי אסור שאינו של
נוי מותר א"ר יוסי בר חנינא *נקטינן אין קלקלין לא לפעור ולא למרקולים
למאי אילימא דאפי' פנים כחוץ דמי ושרי השתא פעורי מפערין קמיה מים
ג ומלח לא מקרבין ליה אלא אפי' חוץ כבפנים דמי ואסור: **מתני'** *עבודה
זרה שהיה לה גינה או מרחץ נהנין מהן שלא בטובה ואין נהנין מהן
בטובה היה שלה ושל אחרים נהנין מהן בין בטובה (ובין*) שלא בטובה
עבודה זרה של נכרי אסורה מיד ושל ישראל אין אסורה
ד עד שתיעבד: **גמ'** אמר אביי בטובה בטובת כומרין שלא בטובה שלא
בטובת כומרין לאפוקי טובת עובדיה דשרי איכא דמתני לה אסיפא היה
שלה ושל אחרים נהנין מהן בטובה ושלא בטובה אמר אביי בטובה בטובת
אחרים שלא בטובה שלא בטובת כומרין מאן דמתני אסיפא כ"ש ארישא
ומאן דמתני ארישא אבל אסיפא כיון דאיכא אחרים בהדה אפי' בטובת
ה כומרין נמי שפיר דמי: עבודה זרה של נכרי אסורה מיד: **מתני'**
מני ר"ע היא דתניא אבד תאבדון את כל המקומות אשר עבדו שם הגוים שם יב
בכלים שנשתמשו בהן לעבודה זרה הכתוב מדבר יכול עשאום ולא
גמרום ולא הביאום ולא נשתמשו בהן יכול יהו אסורים
ת"ל אשר עבדו שם הגוים *שאין אסורין עד שיעבדו מכאן אמרו
עבודה זרה של נכרי אינה אסורה עד שתיעבד ושל ישראל
אסורה מיד דברי ר' ישמעאל *ר"ע אומר חילוף הדברים עבודה זרה
של נכרי אסורה מיד ושל ישראל עד שתיעבד אמר מר בכלים
שנשתמשו בהן לעבודה זרה הכתוב מדבר הא מקומות כתיב אם אינו
ענין למקומות דלא מיתסרי דכתיב אלהיהם על ההרים ולא ההרים אלהיהם שם יב
תנהו

כאלו שהוקדשו קודם הקמת המשכן והקריבן אחרי כן בבמה שעובר בעשה: **יכול יהא ענוש כרת.** כאילו הקדישן בשעת איסור והקריבן דענוש בהן כרת לעיל: **זאת להם.** עשה ולא תעשה: **ואין אחרת להם.** כרת אלמא לאזהרת שוחטי חוץ קדשים שהוקדשו בשעת היתר הבמות אתא ולאזהרת מרקולים מנלן: **קרי ביה ולא יזבחו וקרי ביה ולא עוד.**(ב) והאי עוד לא איצטריך שדי אזהרה אתרוייהו ותחשביה תרי לאוי: **מתני'** **מלא בראשו.** של מרקולים מעות כסות וכלים מותרין שאינן של נוי כדמפרש בגמרא: **גמ'** **עץ ואבן כסף וזהב אשר עמהם.** משמע שהיו מקריבין עץ ואבן וכסף וזהב וקרי ליה קרא שקוצים אלמא כל מה דמקריבין קמיה מיתסר: **וכתוב אחד אומר לא תחמוד כסף וזהב עליהם.** אבל עץ ואבן לא כתיב: **הא כיצד עמהם דומיא דעליהם.** מה עליהן דבר של נוי אסור דהא כסף וזהב הוא אף עמהן דכתיב עץ ואבן אם של נוי הוא אסור ואם לאו מותר ולקמן פריך הא מעות דבר של נוי הוא: **כל**(ג) **שעמהם.** דהא כתיב נמי עץ ואבן וסתם עץ ואבן לאו דנוי נינהו: **א"כ לא יאמר עליהם.** כוליה קרא לא איצטריך דהשתא מה שעמהן דאינו עליו ממש אשמועינן קרא דשקוצים נינהו ואסירי שעליהן מיבעיא לך לשון אחר כל שעמהן דאשר ריבויא הוא: **מעות דבר של נוי הוא.** ואמאי קתני מתני' דמותר: **מקופלת.** מכופלת פלייד"א בלע"ז: **דסחיפא לה משכילתא ארישיה.** כפויה לו גביע ארישיה ואינה עשויה כמין כובע אלא כלי ארוך ובלשון כנען אקדון ונותנין בו מים כדאמרינן (שבת דף עז:) משיכלא משי כולה שמכבסין בו בגדים ורוחצין בו ידיהן: **קלקלין.** מחילה היא פרוסה לפני עבודה זרה וקלקלין הוא כינוי של קלעים: **אפי' מים ומלח.** דלא לנוי הוא כיון דבעין פנים נינהו הוה תקרובת: **חוץ לקלקלין.** לאו משום תקרובת איתיה: **הלכך של נוי אסור.** דנפקא מאשר עמהן: **שאינו של נוי מותר.** ואפי' הוא בעין פנים דהא חוץ לקלקלין לא מנחי תקרובת: **אין קלקלין.** אין תורת קלקלין לא לפעור ולא למרקולים: **למאי הלכתא.** אין לו קלקלין: **אי נימא.** דלא מיתסר דבר שאין של נוי לפנים מקלקלין דידיה כשאר עבודה זרה: **השתא פעורי מפערין קמיה.** מתריזין לפניו: **אפי' חוץ כפנים דמי.** ומיתסר שהרי כל עבודתו דרך בזיון וקלקלין הוי לניעות ולכבוד הלכך לא שייכי ביה ולא מפסקי: **מתני'** **נהנין ממנה שלא בטובה.** שלא יעלו שכר לכומרים דאין הקדש לעבודה זרה כדאמרן בפ' כל הצלמים (לעיל דף מד:): **גמ'** **עובדיה.** גוים העובדין אותה לא איכפת לן אי יהבינן להו(ד) שאר טובת הנאה פורתא: **כ"ש ארישא.** דכיון דכולה דעבודה זרה אסור לתת שכר: **בכלים שנשתמשו בהן לעבודה זרה הכתוב מדבר.** ולקמן פריך הא מקומות כתיב: **מכאן אמרו עבודה זרה של גוי.** ולקמן פריך הא בכלים אוקימתה עבודה זרה מנלן דעד שתיעבד: **חילוף הדברים.** ולקמן מפרש טעמא: **את אלהיהם.** את אלהיהם בההיא קרא כתיב:
מקים

מכות יג: זבחים קז. מנחות לו: לט. עירובין כו. סוטה ה. שבועות ד. לו.

הגהות הב"ח

(א) גמ' כל מה שעליהם א"כ: (ב) רש"י ד"ה קרי ביה וכו' דהאי עוד: (ג) ד"ה כל מה שעמהם: (ד) ד"ה עובדיה וכו' יהבינן להו שכר טובת: (ה) תוס' ד"ה אפילו וכו' אפילו בכלי נמי לוהא: (ו) בא"ד משום לא תחמוד כסף וזהב דא"כ קשה גבי פעור דקאמר חוץ:

[עי' פירש"י כתובות ה. ד"ה והא"ר נחמן]

לעיל מד:

רש"א מ"ז וג"ל ושלא בטובה

[לעיל יט:]

[שם חולין ח.]

רבינו חננאל

ולא יזבחו עוד את זבחיהם לשעירים וגו' עד כאן הוא מדבר בקדשים שהקדישן בשעת איסור הבמות והקריבן בשעת איסור הבמות בחוץ (שנאמר) שהרי כתיב ואל פתח אהל מועד לא הביאו וכתיב ונכרת. עונש שמענו. אזהרה מנין שנאמר השמר לך פן תעלה עולותיך בכל מקום אשר תראה כי אם במקום. וקיי"ל דכ"מ שנא' בו [השמר פן ואל] אינו אלא בלא תעשה. מיכן והילך הכתוב מדבר בקדשים שהקדישן בשעת היתר הבמות והקריבן בחוץ בשעת איסור הבמות שנאמר למען אשר יביאו בני ישראל את זבחיהם שהיו מותרין להן. על פני השדה. מלמד שכל הזובח בבמה כאילו זובח לשדה. והביאום לה' זו מצות עשה. מצות לא תעשה מנין ת"ל ולא יזבחו עוד את זבחיהם לשעירים ואין שעירים אלא שדים כדכתיב ושעירים ירקדו שם. אשר הם זונים אחריהם לרבות שאר עבודה זרה. חקת עולם. לבית עולמים. תהיה בזמן הזה. זאת להם ואין חייבין עליהן כרת. לדורותם שנוהג הדבר לדורות: ופריק רבא קרי ביה ולא יזבחו אזהרה כמו שאמרנו. וקרי ביה ולא עוד לרבות אפילו שלא כדרכן: **מתני'** מצא בראשו מעות כסות או כלים הרי אלו מותרין. מנא לן דכתיב בהאי קרא ותראו את שקוציהם [וגו'] כסף וזהב אשר עמהם וכתיב לא תחמוד כסף וזהב עליהם. (וכתיב ולקחת לך). הא כיצד עליהם דומיא דעמהם א). מה עמהם של נוי הוא דאסור. אף עליהם דבר של נוי הוא דאסור. ודחינן אדרבה עמהם דומיא דעליהם מה עליהם כל מה שעליהם אף עמהם כל מה שעמהם. ופרקינן אם כן לא יאמר עמהם למה נאמר עמהם. לומר דבר שהוא עמה לנוי הוא שאסור. ואוקימנא למתני' דקתני מעות. בכים קשור ותלוי לה בצוארה של עבודה זרה. כסות בטלית מקופלת ומונחת לה על ראשה. כלים כגון ספל ומשיכלה וכיוצא בהן שבראשה. שאלו כולן אינם עושים לנוי. ואסיקנא כל דבר שהוא עם עבודה זרה לפנים מן הקלקלין. פירוש החדר שהיא נתונה בו אפילו מים ומלח אסורין הן. חוץ מן הקלקלין דבר שהוא לנוי עבודה זרה אסור בהנאה. ושאינו לנוי עבודה זרה מותר: אמר ר' יוסי בר' חנינא נקטינן אין קלקלין לא לפעור ולא למרקולים אלא אפילו חוצה לו כלפנים דמי והכל אסור. פרכילי ענבים ועטרות של שבולים. פי' קריבין לביכורים יינות שמנים וסלתות וכל דבר שכיוצא בו קרב על גבי המזבח אסור: עבודה זרה שיש לה מרחץ או גינה נהנין מהן שלא בטובה. ואוקמה אביי שלא בטובת כומרים. היה לעבודה זרה גינה ושל אחרים נהנין מהן בטובת הכומרים ושלא בטובת הכומרים. פירוש בטובת הכומרים שהיתה לכומרים טובה בהנאה: **פיסקא** עבודה זרה של נכרי אסורה מיד. ושל ישראל עד שתעבד. מתניתין מני ר' עקיבא היא. דתניא אבד תאבדון את כל המקומות אשר עבדו שם מיכן אמרו עבודה זרה של נכרי אינה אסורה אלא עד שתעבד שנאמר אשר עבדו שם. ושל ישראל מיד. דברי ר' ישמעאל מדכתיב ואת חטאתכם אשר עשיתם את העגל. משעת עשיה נאסרה עלי
כתיב

א) מדברי רבינו נראה דגרס להיפך מגי' דידן ואולי דט"ס נפל בכאן וצ"ע.

עַד כָּאן עד הפסוק שיוזכר להלן, הוּא מְדַבֵּר בפרשה זו בְּקָדָשִׁים שֶׁהִקְדִּישָׁן בִּשְׁעַת אִיסּוּר הַבָּמוֹת לאחר שהוקם המשכן, וְהִקְרִיבָן בִּשְׁעַת אִיסּוּר הַבָּמוֹת, שֶׁהֲרֵי עוֹנְשָׁן אָמוּר, שֶׁנֶּאֱמַר: "וְאֶל פֶּתַח אֹהֶל מוֹעֵד לֹא הֱבִיאוֹ... ונכרת האיש ההוא מקרב עמו" וגו' (ויקרא יז, ד). ומוסיפים: עוֹנֶשׁ על כך שָׁמַעְנוּ, אַזְהָרָה מִנַּיִן? תַּלְמוּד לוֹמַר: "השמר לך פֶּן תַּעֲלֶה עֹלֹתֶיךָ בכל מקום אשר תראה" (דברים יב, יג), ומסבירה הגמרא: וְהוּא כְּדִבְרֵי ר' אָבִין אָמַר ר' אִילָא, שֶׁאָמַר ר' אָבִין אָמַר ר' אִילָא: כָּל מָקוֹם שֶׁנֶּאֱמַר "הִשָּׁמֵר" אוֹ "פֶּן" אוֹ "אַל" — אֵינוֹ אֶלָּא בְּאִיסּוּר לֹא תַעֲשֶׂה, אף על פי שלא נאמר במפורש "לא". וממשיכה הברייתא: מִכָּאן וְאֵילָךְ הוּא הכתוב מְדַבֵּר בְּקָדָשִׁים שֶׁהִקְדִּישָׁן בִּשְׁעַת הֶיתֵּר הַבָּמוֹת לפני בנין המשכן וְהִקְרִיבָן בִּשְׁעַת אִיסּוּר הַבָּמוֹת, שהוא מצווה להביאם למשכן, שֶׁנֶּאֱמַר: "לְמַעַן אֲשֶׁר יָבִיאוּ בְּנֵי יִשְׂרָאֵל אֶת זִבְחֵיהֶם אֲשֶׁר הֵם זֹבְחִים" (ויקרא יז, ה), כלומר זבחים שֶׁהִתַּרְתִּי לְךָ כְּבָר, שהיו רגילים לזבוח קודם לכן בכל מקום. ומה שנאמר: "עַל פְּנֵי הַשָּׂדֶה" (שם) — מְלַמֵּד שֶׁכָּל הַזּוֹבֵחַ בְּבָמָה בִּשְׁעַת אִיסּוּר הַבָּמוֹת, מַעֲלֶה עָלָיו הַכָּתוּב כְּאִילּוּ הוּא זוֹבֵחַ עַל פְּנֵי הַשָּׂדֶה לעבודה זרה. "וֶהֱבִיאֻם לַה'" (שם) — זוֹ מִצְוַת עֲשֵׂה להביא גם קרבנות אלו למשכן. וּמִצְוַת לֹא תַעֲשֶׂה שיש בכך מִנַּיִן? תַּלְמוּד לוֹמַר: "וְלֹא יִזְבְּחוּ עוֹד אֶת זִבְחֵיהֶם" (שם ז). יָכוֹל יְהֵא עָנוּשׁ כָּרֵת עַל כָּךְ? תַּלְמוּד לוֹמַר: "חֻקַּת עוֹלָם תִּהְיֶה זֹּאת לָהֶם" (שם ח), זֹאת לָהֶם — מצות עשה ואיסור לא תעשה, וְלֹא אַחֶרֶת לָהֶם כלומר, לא יחול עליהם עונש הכרת האמור במי שהקדיש את קרבנו בשעת איסור הבמות. ועל כל פנים, נמצא שאנו למדים מן הכתוב "ולא יזבחו" ענין אחר לגמרי, ולא לענין איסור זביחה לעבודה זרה, כדברי ר' אלעזר! אָמַר רָבָא: יש ללמוד מן הביטוי "ולא יזבחו עוד" שני עניינים, קְרֵי בֵּיהּ [קרא בו] בפסוק זה: "וְלֹא יִזְבְּחוּ", וּקְרֵי בֵּיהּ [וקרא בו גם]: "וְלֹא עוֹד", ש"לא" זה משמש לשני עניינים: לענין שלא יזבחו בזמן איסור הבמות, ועוד לענין האיסור שיש בזביחת בהמה לעבודה זרה, אפילו שלא כדרך עבודתה.

א משנה מָצָא בְּרֹאשׁוֹ של מרקוליס מָעוֹת, אוֹ כְּסוּת אוֹ כֵּלִים — הֲרֵי אֵלּוּ מוּתָּרִין. אם מצא שם פַּרְכִּילֵי עֲנָבִים, זמורות ועליהם אשכולות של ענבים, אוֹ עֲטָרוֹת שֶׁל שִׁבֳּלִים, אוֹ יֵינוֹת וּשְׁמָנִים וּסְלָתוֹת, וְכָל דָּבָר שֶׁכַּיּוֹצֵא בּוֹ קָרֵב עַל גַּבֵּי הַמִּזְבֵּחַ — אָסוּר.

ב גמרא על מה ששנינו במשנה שאם מצא בראשו של מרקוליס מעות או כסות וכלים אינם אסורים, שואלים: מְנָהָנֵי מִילֵּי [מנין הדברים הללו]? אָמַר רַב חִיָּיא בַּר יוֹסֵף אָמַר ר' אוֹשַׁעְיָא, כָּתוּב אֶחָד אוֹמֵר: "וַתִּרְאוּ אֶת שִׁקּוּצֵיהֶם וְאֵת גִּלֻּלֵיהֶם עֵץ וָאֶבֶן כֶּסֶף וְזָהָב אֲשֶׁר עִמָּהֶם" (דברים כט, טז), וְכָתוּב אֶחָד אוֹמֵר: "לֹא תַחְמֹד כֶּסֶף וְזָהָב עֲלֵיהֶם" (שם ז, כה), הָא כֵּיצַד בכתוב אחד ("אשר עמהם") נאמר גם עץ ואבן, ובשני נאמר רק כסף וזהב ("אשר עליהם")? יש להסביר כי בא הדבר ללמד שהאיסור של מה ש"עִמָּהֶם" כלומר, מה שנמצא ליד עבודה זרה, הריהו דּוּמְיָא [דומה] לאיסור של מה ש"עֲלֵיהֶם", מָה "עֲלֵיהֶם" — הוּא דָּבָר שֶׁל נוֹי (כסף וזהב) ודווקא הוּא אָסוּר, אבל דבר שֶׁאֵינוֹ שֶׁל נוֹי מוּתָּר, אַף "עִמָּהֶם" מה שמצוי לידם — דווקא דָּבָר שֶׁל נוֹי אָסוּר, וְשֶׁאֵינוֹ שֶׁל נוֹי מוּתָּר. ומקשים: וְאֵימָא [ואאמר] להיפך: "עֲלֵיהֶם" דּוּמְיָא [בדומה] ל"עִמָּהֶם", מָה "עִמָּהֶם" — כוונתו כָּל מַה שֶּׁעִמָּהֶם אף עץ ואבן, אַף "עֲלֵיהֶם" — כָּל מַה שֶּׁעֲלֵיהֶם! ומשיבים: אִם כֵּן, לֹא יֵאָמֵר בכלל את הפסוק הזה "עֲלֵיהֶם", שהרי אם מה שלידם נאסר — קל וחומר מה שעליהם ממש. אלא יש ללמוד מכאן בהכרח שרק דבר שהוא של נוי אסור. ומקשים: והרי מָעוֹת שבמשנתנו דָּבָר שֶׁל נוֹי הוּא, והם מותרים אם נמצאו על מרקוליס! אָמְרֵי דְּבֵי [אומרים של בית מדרשו] של ר' יַנַּאי: לא מדובר בכיס שיש עליו מעות לנוי, אלא בְּכִיס של מעות קָשׁוּר וְתָלוּי לוֹ בְּצַוָּארוֹ, ומכאן שלא נעשו לקישוט, אלא כדי לשמרם שם, או כשכר לכמרים.

ועוד מקשים: כְּסוּת שהתירו במשנה, הלוא דָּבָר שֶׁל נוֹי הוּא! אָמְרֵי דְּבֵי [אומרים בבית מדרשו] של ר' יַנַּאי: לא מדובר בכסות שלבוש בה הפסל, אלא בִּכְסוּת מְקוּפֶּלֶת וּמוּנַּחַת לוֹ עַל רֹאשׁוֹ. ועוד שואלים: כְּלִי שהותר במשנה, הלוא דָּבָר שֶׁל נוֹי הוּא! אָמַר רַב פָּפָּא: הכוונה היא דִּסְחִיפָא לֵיהּ מַשְׁכִּילְתָּא אַרֵישֵׁיהּ [שהפוכה לו קדירה על ראשו], שזה ודאי אינו דבר של נוי.

אָמַר רַב אַסִי בַּר חִיָּיא: כָּל שֶׁהוּא לִפְנִים מִן הַקְּלָקְלִין כלומר, מן המחיצה הפנימית של העבודה הזרה — אֲפִילּוּ היו שם מַיִם וּמֶלַח אָסוּר, שוודאי לשם תקרובת עבודה זרה הם שם, והנמצא חוץ לַקְּלָקְלִין — דָּבָר שֶׁל נוֹי אָסוּר, שֶׁאֵינוֹ שֶׁל נוֹי מוּתָּר. אָמַר ר' יוֹסֵי בַּר חֲנִינָא, נְקִטִינַן [מוחזקים אנו] שֶׁאֵין דִּין קְלָקְלִין לֹא לִפְעוֹר וְלֹא לְמַרְקוּלִיס. ושואלים: לְמַאי [למה] לאיזה ענין נאמר הדבר? אִילֵימָא [אם תאמר] שֶׁאֲפִילּוּ מה שהוא לִפְנִים מן הקלקלין כְּחוּץ דָּמֵי [נחשב], וְגם הוא שָׁרֵי [מותר] אם אינו של נוי, כגון מים ומלח — הדבר תמוה, שכן הַשְׁתָּא פְּעוֹרֵי מְפָעֲרִין קַמֵּיהּ [עכשיו, הרי מפערים בפניו בצואה], מַיִם וּמֶלַח לֹא מַקְרְבִין לֵיהּ [מקריבים לו]? אֶלָּא ודאי צריך לפרש להיפך: בפעור ומרקוליס אֲפִילּוּ חוּץ כְּבִפְנִים דָּמֵי [נחשב] וְאָסוּר כל דבר, שכל דבר נחשב לעבודה זרה זו כדבר של נוי.

ג משנה עֲבוֹדָה זָרָה שֶׁהָיָה לָהּ גִּינָּה אוֹ מֶרְחָץ — נֶהֱנִין מֵהֶן שֶׁלֹּא בְּטוֹבָה כלומר, בזמן שאינו משלם שכר לעבודה זרה, וְאֵין נֶהֱנִין מֵהֶן בְּטוֹבָה. הָיָה המרחץ או הגינה שֶׁלָּהּ וְשֶׁל אֲחֵרִים — נֶהֱנִין מֵהֶן בֵּין בְּטוֹבָה וּבֵין שֶׁלֹּא בְּטוֹבָה. ובענין אחר: פסל או צורה של עֲבוֹדָה זָרָה שֶׁל נָכְרִי — אֲסוּרָה מִיָּד כשעשאוה לצורך זה, וְשֶׁל יִשְׂרָאֵל — אֵין אֲסוּרָה עַד שֶׁתֵּיעָבֵד בפועל.

ד גמרא אָמַר אַבַּיֵי: מה שאמרו שאסור ליהנות מן הגינה או מרחץ של עבודה זרה בְּטוֹבָה — כוונתו בְּטוֹבַת כּוּמָרִין שמעלה להם שכר, שֶׁלֹּא בְּטוֹבָה — שֶׁלֹּא בְּטוֹבַת כּוּמָרִין; לְאַפּוּקֵי [להוציא] טוֹבַת עוֹבְדֶיהָ של עבודה זרה זו, שאינם כמרים אלא רק עובדים אותה סתם, דִּשְׁרֵי [שמותר] ליהנות מהם בשכר. אִיכָּא דְּמַתְנֵי לָהּ אַסֵּיפָא [יש ששונה את דברי אביי על סופה של המשנה]: הָיָה שֶׁלָּהּ וְשֶׁל אֲחֵרִים — נֶהֱנִין מֵהֶן בְּטוֹבָה וְשֶׁלֹּא בְּטוֹבָה. אָמַר אַבַּיֵי: בְּטוֹבָה — כוונתו בְּטוֹבַת אֲחֵרִים, שֶׁלֹּא בְּטוֹבָה — שֶׁלֹּא בְּטוֹבַת כּוּמָרִין, אבל בטובת כומרים — אסור. ומעירים: מַאן דְּמַתְנֵי אַסֵּיפָא [מי ששונה את דברי אביי על הסוף] שאם היה שלה ושל אחרים אסור בטובת כומרים — כָּל שֶׁכֵּן שהוא שונה אַרֵישָׁא [על ראשה], כשכולה של עבודה זרה. וּמַאן דְּמַתְנֵי אַרֵישָׁא [ומי ששונה על ראשה] — דווקא שם אסור, אֲבָל אַסֵּיפָא [על סופה], כֵּיוָן דְּאִיכָּא [שיש] אֲחֵרִים בַּהֲדָהּ [יחד איתה], אֲפִילּוּ בְּטוֹבַת כּוּמָרִין נַמִּי שַׁפִּיר דָּמֵי [גם כן מותר הדבר].

ה שנינו במשנה: עֲבוֹדָה זָרָה שֶׁל נָכְרִי אֲסוּרָה מִיָּד. ומעירים: מַתְנִיתִין מַנִּי [משנתנו כשיטת מי היא]? שיטת ר' עֲקִיבָא הִיא. דְּתַנְיָא [ששנויה ברייתא]: "אַבֵּד תְּאַבְּדוּן אֶת כָּל הַמְּקֹמוֹת אֲשֶׁר עָבְדוּ שָׁם הַגּוֹיִם" (דברים יב, ב), בְּכֵלִים שֶׁנִּשְׁתַּמְּשׁוּ בָּהֶן הגוים לַעֲבוֹדָה זָרָה הַכָּתוּב מְדַבֵּר. יָכוֹל עֲשָׂאוּם לשם עבודה זרה וְלֹא גְּמָרוּם, גְּמָרוּם וְלֹא הֱבִיאוּם, הֱבִיאוּם וְלֹא נִשְׁתַּמְּשׁוּ בָּהֶן, יָכוֹל יְהוּ אֲסוּרִים? תַּלְמוּד לוֹמַר: "אֲשֶׁר עָבְדוּ שָׁם הַגּוֹיִם", לומר שֶׁאֵין אֲסוּרִין עַד שֶׁיֵּעָבְדוּ; מִכָּאן אָמְרוּ: עֲבוֹדָה זָרָה שֶׁל נָכְרִי — אֵינָהּ אֲסוּרָה עַד שֶׁתֵּיעָבֵד, וְשֶׁל יִשְׂרָאֵל — אֲסוּרָה מִיָּד, אֵלּוּ דִּבְרֵי ר' יִשְׁמָעֵאל. ר' עֲקִיבָא אוֹמֵר, חִילּוּף הַדְּבָרִים: עֲבוֹדָה זָרָה שֶׁל נָכְרִי — אֲסוּרָה מִיָּד, וְשֶׁל יִשְׂרָאֵל — אינה אסורה עַד שֶׁתֵּיעָבֵד, ומשנתנו היא, איפוא, כשיטת ר' עקיבא. ודנים בגופה של אותה ברייתא. אָמַר מָר [החכם]: בְּכֵלִים שֶׁנִּשְׁתַּמְּשׁוּ בָּהֶן לַעֲבוֹדָה זָרָה הַכָּתוּב מְדַבֵּר. ומקשים: הָא "מְקוֹמוֹת" כְּתִיב [נאמר] בכתוב, ולא כלים! ומשיבים: אִם אֵינוֹ עִנְיָן לִמְקוֹמוֹת, דְּלָא מִיתַּסְרֵי [שאין המקומות עצמם נאסרים], דִּכְתִיב [שנאמר]: "אֱלֹהֵיהֶם עַל הֶהָרִים" (שם), ומכאן אנו מדייקים: וְלֹא הֶהָרִים אֱלֹהֵיהֶם, שאין ההרים נאסרים.

עיונים

בשעת איסור הבמות כי לפני שנבנה המשכן היו ישראל מותרים להקריב קרבנותיהם לה' בבמה. וכן היה במשך זמן מסויים, לאחר שחרב משכן שילה. אבל לאחר שנבנה בית המקדש — אסור להקריב בכל מקום אחר, והמקריב בבמה עובר על לא תעשה. אבל בתוס' שבה מדרש הלכה זה לומד שחיוב הכרת נאמר רק כאשר הקדיש בשעה שחל עליו כבר האיסור, והקריב בפועל בשעת האיסור. אבל אם הקדיש בשעת ההיתר, הרי אף שאסור להקריבו במקום אחר — אין זה חיוב כרת, אלא עובר על מצות עשה ולא תעשה.

מצא בראשו רש"י מסביר: מצא בראשו של מרקוליס. וכן מדייק הריד"ז מן הלשון, שהיא לשון זכר, שהכוונה למרקוליס ולא לעבודה זרה סתם. וראה בתו"ח שתהה כיצד אפשר לדבר על ראשו של מרקוליס שאינו אלא גל אבנים, וגם אם נפרש "ראשו" במשמעות החלק הגבוה שלו, הרי בגמרא הסבירו כי כיס תלוי על צוארו וכו'. ומשום כך הוא מסביר כדברי הרמב"ם שדברים אלה אמורים בכל עבודה זרה. וראה בתפארת ישראל על המשנה שהסביר (וראה הגהות ר' אליהו בחור על הערוך) כי אותו גל אבנים היה בצד פסל ידוע (של מרקוריס — מרקוליס) שעמד בצידי הדרכים.

ועטרות של שבלים בירושלמי נאמר שאין ללמוד שנאסרו רק דברים שכיוצא בהם קרב למזבח. אלא גם אם מצא בראשו עטרה של ורד, כיון שנראה שהובאה לשם כנוי הריהי אסורה.

לפנים מן הקלקלין שהוא מחיצה פרוסה לעבודה זרה, שהיא מקום המקודש לו ביותר, ומחוץ לזה יש תחום אחר שאף הוא שייך לתחומה או למקדשה של עבודה זרה זו. ובתר"י הסביר את הביטוי "קלקלין" ככינוי גנאי ל"קלעים", כלומר יריעות. ובדומה הסביר הר"ח שקלקלין הוא החדר שעבודה זרה נתונה בו.

אפילו מים ומלח אף שאינם מאכלים חשובים, ואין מביאים מהם לקרבן, יש לומר שהם שם לתקרובת, וכעין פנים, שהיו מביאים מים ומלח לצורך המזבח. וכתב בתוס' שדבר זה אמור גם כאשר אין מים ומלח דרכה של עבודה זרה זו. ובתר"י מביא שיטת פירוש אחרת, שנראה שהיא שיטת הירושלמי, שאין מים ומלח נאסרים משום תקרובת, אלא משום משמשי עבודה זרה, שמשתמשים בהם לצורכה, כגון להדיח או לנקות דברים.

חוץ לקלקלין של נוי אסור רש"י מסביר כי מה שמצוי מחוץ לקלקלין אינו בא לתקרובת אלא לנוי עבודה זרה, ולכן אם הוא דבר של נוי — אין בו איסור. אבל בתוס' מסבירים בדרך אחרת, שכל שהוא מחוץ לקלקלין אף הוא בגדר תקרובת, אלא ששם אינם מניחים לתקרובת אלא דבר של נוי, ולכן מה שאינו לנוי לא לשם כך הובא.

אין קלקלין לפעור כלומר, אין בפעור תורת קלקלין, שגם אם היתה שם מחיצה אינה נחשבת לענין הלכה.

אפילו חוץ כבפנים דמי שכל דבר שמביאים לעבודה זרה זו כתקרובת נחשב כדבר של נוי, שלפי שהיא מבוזה ביותר כל דבר הוא בגדר נוי לה (ראב"ד).

שהיתה לה גינה או מרחץ כתב הראב"ד שאין מדובר כאן בגינה שעשויה כנוי לעבודה זרה, שזו בוודאי אסורה, אלא בגינה השייכת לה, שיש לכמרים ולעבודה זרה טובת הנאה מהם.

בטובת כומרין רש"י מסביר: שישלם שכר לכמרים. כי הואיל והולך לשם עבודה זרה, הרי אף שרק הכהנים נהנים מכך ואין זה הולך לעבודה זרה עצמה — אסור להעלות שכר לעבודה זרה. וכן משמע גם מן הירושלמי. ומפרשים אחרים סבורים שהכוונה היא שיצטרך להחזיק להם טובה (רבינו תם ועוד, ראה בתוס' לעיל מד,ב), שאז נראה כנהנה מעבודה זרה. שאם אינו צריך להחזיק להם טובה — הרי זה כלוקח מן ההפקר (ראה תוהרי"ד), ואף אם משלם אינו נראה כנהנה מעבודה זרה, שהרי הוא משלם על כך. והראב"ד מסביר שאם יחזיק להם טובה, יגיע עמהם על ידי כך לידי ידידות, ושמא יבואו להסיתו.

טובת עובדיה שאף שהם עובדי עבודה זרה, כיון שאינו מהנה את העבודה זרה עצמה ומשמשיה המובהקים, וגם אינו נראה כנהנה מן העבודה זרה — אין אנו חוששים לכך. וכן לפי הפירוש ש"טובה" הוא החזקת טובה — אין בכך משום החזקת טובה לעבודה זרה.

איכא דמתני לה אסיפא ולדרך זו, מה שנאמר ברישא שנהנים ממנה שלא בטובה — הוא דווקא בעובדיה, שאם לכומרים — בכל מקרה, גם בשותפות, אסור (תוהרי"ד).

אורח הלכה

עונשן אמור המקריב קרבן חוץ לעזרה ביטל מצוות עשה ועבר על לא תעשה. ואם הקריב במזיד חייב כרת. (רמב"ם ספר עבודה הלכות מעשה הקרבנות פי"ח ה"ב).

מצא בראשו מעות וכו' מצא בראש עבודה זרה מעות או כסות או כלים, אם היו מונחים שם דרך כבוד — אסורים, ואם דרך בזיון — מותרים. כמשנה וכביאורה בגמרא. (רמב"ם ספר מדע הלכות עבודה זרה פ"ז הט"ז. שו"ע יו"ד קלט, ז).

כל דבר שכיוצא בו קרב תקרובת עבודה זרה שכיוצא בה קרב על גבי המזבח (כמו בשר שמנים וסלתות, או מים ומלח) אם הניחו לפניה לשם תקרובת נאסר מיד. אבל דבר שאין מקריבים ממנו בפנים אינו נאסר. (רמב"ם שם. שו"ע שם סעיף ג).

דבר של נוי וכו' היה חפץ תלוי על עבודה זרה בדרך נוי וכבוד — אסור. ואם היה תלוי דרך בזיון, כגון כיס תלוי בצוארו או כסות מקופלת על ראשו או כלי כפוי על ראשו — מותר. כדברי דבי ר' ינאי ורב פפא. (רמב"ם שם. שו"ע שם סעיף ז).

לפנים מן הקלקלין כל דבר שכיוצא בו קרב לפנים, אם מוצא אותו בפני העבודה זרה, או שמוצא אותו לפנים מן המחיצה הפרוסה לפניה — אסור, שאנו תולים שהכניסה שם לשם תקרובת, ואפילו מים ומלח שאינם דרך כבוד. וכל שמוצא חוץ למחיצה, אם הוא דרך כבוד — אסור משום נוי (כרש"י. גר"א), ואם לאו מותר. כדברי רב אסי בר חייא. (רמב"ם שם, ושם הט"ו. שו"ע שם סעיף ה).

חוץ כפנים דמי פעור ומרקוליס, כל הנמצא עמהם, ואפילו מונח דרך בזיון בחוץ — הכל אסור.

כר' יוסי בר חנינא. (רמב"ם שם. שו"ע שם).

עבודה זרה שהיה לה גינה וכו' עבודה זרה שהיו שייכים לה גינה או מרחץ, והטובה היוצאת מהם היא לכהני עבודה זרה, מותר ליהנות מהם שלא בטובה, ואסור ליהנות מהם בטובה. (רמב"ם שם הי"ז. שו"ע שם קמג, ג).

היה שלה ושל אחרים הרמב"ם פסק שאם היו גינה או מרחץ שייכים לעבודה זרה ולאחרים, נהנים מהם אפילו בטובת כהניה, ובלבד שלא יתן שכר ממש. וכתב הכס"מ שפסק הרמב"ם כלשון ראשונה של אביי, ושטובה האמורה כאן היא טובת דברים. שכיון שעיקר האיסור בטובת דברים היא רק מדרבנן מקילים בו. וראה גם בגר"א. ובשו"ע פסק שאם הטובה יוצאה משם לכמרים הרי אסור ליהנות מהם אפילו יש לאחרים חלק בטובה, ואם אין הטובה אלא לעובדיה בלבד מותר ליהנות מהם אפילו אין לאחרים חלק בה. שפוסקים כלשון אחרונה, וטובה האמורה כאן היא טובת שכר. ויש אומרים (טור בשם ר"ת, רא"ש בשם הר"ח) שאם הגינה או המרחץ אינם בחצר עבודה זרה עצמה מותר ליהנות ממנה אפילו בטובת כמריה, אף כי לא בטובת עבודה זרה עצמה. וכתב הרמ"א שיש לסמוך על דעה זו להקל. (רמב"ם שם. שו"ע שם).

עבודה זרה וכו' עבודה זרה אסורה בהנאה, אלא שאם היא של גוי אסורה מיד, ושל ישראל נאסרת רק לאחר שתיעבד. כמשנה, וכר' עקיבא שהלכה כמותו נגד חבירו. (רמב"ם שם ה"ד. שו"ע שם קלט, א).

מסורת הש"ס

א. זבחים קו,א—ב. תו"כ ויקרא יז,ד. ילק"ש תורה תקפא. וראה משנה זבחים קיב,ב. תוספתא זבחים פי"ג ז.
ב. עירובין צו,א. סוטה ה,א. מכות יג,ב. שבועות ד,א. לו,א. זבחים קו,א. מנחות לו,ב. צט,ב. וראה ירושלמי כלאים פ"ח ה"א. שם שבת פ"ז ה"ב. שם סנהדרין פ"ז ה"ה. מכילתא שמות יט, יב. מכילתא דרשב"י שמות כ, ד. ספרי ומדרש תנאים דברים יב, יג. שם יב, יט. שם יב, ל. שם טו, ט. ספרי שם כד, ח. וראה ב"ר פכ"א ו. איכ"ר פתיחתא לד. שוח"ט פ"ח.
ג. זבחים קו,ב. תו"כ ויקרא יז, ד.
ד. (בשינוי) ירושלמי ע"ז פ"ג ה"ה. ילק"ש תורה תתג. שם תתנ.
ה. ראה ירושלמי ע"ז פ"ב ה"ג. שם פ"ג ה"ה. שם פ"ד ה"ב.
ו. ע"ז מד,ב. ילק"ש תורה תתעח.
ז. ע"ז יט,ב. נא,א. נב,א. ירושלמי ע"ז פ"ג ה"ח. ילק"ש שם.
ח. ירושלמי ע"ז פ"ד ה"ג.
ט. ילק"ש תורה תתעח.
י. ראה ע"ז יט,ב. מו,א. נב,א. חולין ח,ב. וראה גם ירושלמי ע"ז פ"ד ה"ד. תוספתא ע"ז פ"ה ד. ילק"ש שם.
יא. משנה ע"ז מה,א (ושם סומנו מקבילות).

גרסות

עד כאן הוא מדבר בכתי"מ: **ואל פתח אהל מועד לא הביאו וגו'** בשחוטי חוץ הכתוב מדבר עד כאן הוא מדבר.

פן תעלה בכת"י: **השמר לך פן תעלה.**

אינו אלא בלא תעשה בכתי"מ: **אינו אלא לא תעשה.**

זבחים שהתרתי לך בכתי"מ: **זובחים על פני השדה זבחים שהתרתי לך** ובכתי"ס: **זובחים בזבחים שהתרתי לך.**

ומצות לא תעשה מנין בכת"י: **מצות לא תעשה מנין.**

וקרי ביה ולא עוד בכתי"ס: **וקרי ביה ולא בעוד.**

כסות או כלים הרי אלו מותרין בכתי"מ: **או כסות או כלים מותרין.**

קרב על גבי המזבח בכתי"מ ועוד: **קרב לגבי מזבח.**

דבר של נוי בכתי"ס: **של נוי.**

כל שעליהן הב"ח הגיה: **כל מה שעליהן.**

בכסות מקופלת בכתי"ס: **בטלית מקופלת.**

קלקלין בכתי"ס: **קיקלין** בירושלמי: **קינקלין.**

לא מקרבין ליה בכת"י: **מיבעיא.**

שהיה לה גינה בירושלמי ובכתי"מ: **שיש בה גינה.**

נהנין מהן... ואין נהנין מהן בכתי"מ: **נהנין ממנה... ואין נהנין ממנה.**

בין בטובה ובין שלא בטובה בירושלמי ובכת"י וכן הגיה המהרש"א: **בטובה ושלא בטובה.**

בטובת כומרין נמי שפיר דמי בכתי"מ ועוד: **בטובת כומרין נמי.**

יכול עשאום בכתי"מ: **יכול אפילו עשאום.**

שאין אסורין בכתי"מ: **אין אסורין.**

לשון

משכילתא
המשכילתא היא כנראה כלי חרס גדול, כעין קערה גדולה. בכלי זה השתמשו בעיקר לרחוץ בו, וגם כדי לשרות בו בשר וחומרים אחרים.

קלקלין
הנוסח העיקרי של המלה הוא כנראה (כבירושלמי ובערוך) קינקלין, ומקורו ביוונית χιγκλίς (קינקליס), ועיקר משמעו: שבכה, סורג. ומכאן — כל מחיצה וסורג היוצרים תחום לעצמם.
את הגרסות שלפנינו פירשו בדרך הדרש, קילקלין — שהוא כמו "קלעים" אבל בלשון גנאי (להזכיר קלקול), או הגרסה קיקלון — שדרשוה כמו "קיא קלון".

כומרין
במלה זו משתמש התרגום הארמי כדי לתרגם כהנים המשמשים לעבודה זרה.
מקורה של המלה אינו מחוור לגמרי, ויש סבורים שהיא קשורה לשרש "כמר" במובן שחור, ומכוון לבגדים השחורים שהיו לובשים כמרים שונים.

לעזי רש"י

פלייד"א מן הצרפתית העתיקה pleiede — מקופלת.

אוקדו"ן (צ"ל כנראה: אוקרי"ן) נראה שהיא מלה סלאווית שמשמעה גיגית מוארכת.

מסורת הש"ס

א. ראה מגילה ב,ב. ב"ק סה,ב.
ב. ראה סנהדרין נו,ב.
ג. ראה ירושלמי ע"ז פ"ד ה"ד.
ד. ראה תוספתא ע"ז פ"ה ו. ילק"ש תורה תתעח.
ה. ראה ירושלמי ע"ז פ"ד ה"ד.
ו. ילק"ש שם.
ז. שם. ושם תתקז.
ח. סנהדרין ז,ב. תנחומא בובר שופטים ו. ילק"ש תורה שג. שם תתעח. שם תתקז.
ט. סנהדרין שם.
י. משנה כלים פי"א מ"א. שבת טז,א. תוספתא כלים ב"ק פ"ז יז.
יא. ראה ירושלמי ע"ז פ"ד ה"א.

גרסות

ושל ישראל מיד בכתי"ס: ושל ישראל אסורה מיד.

אף אלהיהם נמי בכתי"מ: אף אלהיהם בכתי"ס: אף אלוה נמי.

דלא מקיש אמר לך בכתי"מ ועוד: דלא מקיש.

כלל וכלל לא בכתי"מ: כלל וכלל לא סלקא דעתך בכתי"ס: כלל לא.

אמר קרא בכתי"ס: אלא אמר קרא.

בחטא איתסורי לא מיתסרא בכתי"ס: אבל איסורי לא מיתסרא.

נעשה אלוה בכי"ס: נעשה לו אלוה.

עד שתעבד מנלן בכתי"ס: עד שתעבד מנא ליה.

שאינו הגון כאילו נוטע אשירה בישראל בכתי"מ: שאינו הגון על הצבור כאילו נטע אשירה ובכתי"ס: שאינו הגון בישראל כאילו נטע אשרה.

ההוא מיבעי ליה בכתי"מ: מיבעי ליה.

עבודה זרה דמאן בכתי"ס: לעבודה זרה דמאן.

ורב המנונא בכתי"ס ובמקורות: אין הכי נמי ורב המנונא וראה עיונים.

יחזרו לטומאה ישנה בכתי"מ: חזרו לטומאתם ישנה בכתי"ס: חזרו לטומאה הישנה.

כי הדרא טומאה — טומאה דרבנן לא בכתי"ס: כי הדרא טומאה דאוריתא הדרא אבל טומאה דרבנן לא הדרא.

מי הדרא או לא הדרא בכתי"מ: מי הדרא.

דעבודה זרה משום חומרא בכתי"מ: בעבודה זרה מאי משום חומרא.

דעבודה זרה בכתי"ס: הכא מאי משום חומרא דעבודה זרה.

מי מהניא להו ביטול לטהרינהו מטומאה בכת"י חסר משפט זה.

עבודה זרה גופה לא מבעיא בכתי"ס ובדפו"י: עבודה זרה נמי לא קמיבעיא.

לשון

רתך שורש זה קרוב כנראה גם ל"רתק" במובן חיבור, הצמדה, וגם ל"רתח". ועניינה של פעולה זו היא חיבור של שני חלקים של מתכת (או סתימת חור בכלי מתכת) על ידי חימום והכאה בפטיש. שלא כמו בהלחמה שבה משתמשים בחומר אחר שבו מחברים את החלקים, בריתוך החיבור נעשה מתוך גופה של מתכת הכלי עצמו.

אם כן תנהו ענין לכלים המשמשים לעבודה זרה. בהמשך הברייתא שנינו, מכאן אמרו: עבודה זרה של נכרי אינה אסורה אלא עד שתעבד, ושל ישראל נאסרת מיד. ומקשים: והא [והרי] בכלים אוקימנא לה [העמדנו אותה], המשמשים את העבודה זרה, ולא כפסילי עבודה זרה עצמה! ומשיבים, אמר קרא [הכתוב]: "אשר אתם ירשים אתם את אלהיהם" (דברים יב, ב), מקיש [משוה] כתוב זה אלהיהם לכלים, מה כלים אינם אסורים עד שיעבדו, אף אלהיהם נמי [גם כן] אינם אסורים עד שיעבדו. ומן הצד האחר: ור' עקיבא דלא מקיש [שאינו משווה] בין הדברים, שהרי לשיטתו עבודה זרה של נכרי אסורה מיד, אמר לך [יכול לומר לך]: "את" שנאמר שם הפסיק הענין, לחלק בין "ההרים" (כלומר, הכלים) ובין "אלהיהם". ועוד לבירור השיטות, שואלים: ור' ישמעאל, אשכחן [מצאנו] שעבודה זרה של נכרי שאינה אסורה עד שתעבד, אבל של ישראל שאסורה מיד מנא ליה [מנין לו]? ומשיבים: סברא הוא [סברה היא זו], ממה שעבודה זרה של נכרי אינה נאסרת עד שתעבד, מכאן שזו של ישראל אסורה מיד. ומקשים: אימא [אמור]: של ישראל כלל וכלל לא תיאסר! ודוחים: השתא [עכשיו, הרי] גניזה בעיא [צריכה היא] עבודה זרה של ישראל, ואין לה ביטול, וכי איתסורי לא מיתסרא [להיאסר אינה נאסרת]? ומקשים: ואימא [ואמור]: עבודה זרה של ישראל יהא דינה כמו של נכרי! ומשיבים, אמר קרא [הכתוב]: "ואת חטאתכם אשר עשיתם את העגל" (שם ט, כא), לומר שמשעת עשייה קם ליה [עמד לו] בחטא. ודוחים: אימא הני מילי למיקם בגברא [אמור שדברים אלה אמורים כדי שיעמוד האיש] בחטא, שמיד שעשה צלם כבר נחשב כחוטא, אבל איתסורי לא מיתסרא [היא עצמה להיאסר אינה נאסרת]! ומשיבים, אמר קרא [המקרא]: "ארור האיש אשר יעשה פסל ומסכה" (שם כז, טו), לומר: משעת עשייה קם ליה [עומד הוא] ב"ארור". ומקשים: גם כאן, אימא הני מילי למיקם גברא [אמור שדברים אלה אמורים שיעמוד האיש] ב"ארור", אבל איתסורי לא מיתסרא [היא עצמה להיאסר אינה נאסרת]! ומשיבים: "תועבת ה'" כתיב [נאמר] (שם), משמע שהיא עצמה תועבה ואסורה. ושואלים: ור' עקיבא, שסבור שאינה נאסרת מיד, כיצד הוא מפרש כתוב זה? לדעתו הכוונה היא שעושה דבר המביא לידי תועבה כלומר, לידי עבודה זרה, אבל אין ללמוד מכאן שהיא עצמה קרויה כך מתחילתה. ומבררים את שיטת ר' עקיבא: ור' עקיבא, עבודה זרה של נכרי אסורה מיד מנא ליה [מנין לו]? אמר עולא, אמר קרא [המקרא]: "פסילי אלהיהם תשרפון באש" (שם ז, כה), לומר: מיד משיפסלו נעשה אלוה. ומן הצד האחר, ואידך [והאחר, ר' ישמעאל] כיצד הוא מפרש פסוק זה? ההוא מיבעי ליה לכדתני [אותו פסוק נצרך לו לכמו ששנה] רב יוסף, דתני [ששנה] רב יוסף: מנין לגוי שפוסל אלוהו שיכול לבטלו? שנאמר: "פסילי אלהיהם תשרפון באש". ומן הצד השני, ואידך [והאחר, ר' עקיבא] מנין לומד הוא דבר זה? נפקא ליה [יוצא לו הדבר] ממה שאמר שמואל, שמואל רמי [השליך, הראה סתירה], כתיב [נאמר]: "לא תחמד כסף וזהב עליהם" (שם), וכתיב [ונאמר] בהמשך: "ולקחת לך" (שם), שרשאי אתה לקחת, הא כיצד? אם פסלו הנכרי לאלוהו — לא תחמוד, ולא תקח, לפי שהוא נאסר מיד, אם פסלו מאלוה וביטלו — הרי בזה אפשר לקיים "ולקחת לך". ושואלים: ור' עקיבא, אשכחן [מצאנו] מקור לכך שעבודה זרה של נכרי שאסורה מיד, של ישראל שאינה אסורה עד שתעבד מנלן [מנין לנו]? אמר רב יהודה, אמר קרא [המקרא]: "ארור האיש אשר יעשה פסל ומסכה... ושם בסתר" (דברים כז, טו), עד שיעשה לה דברים שבסתר כלומר, שיעבוד אותה. ומן הצד האחר, ואידך [והאחר, ר' ישמעאל] כיצד הוא מפרש את הדבר? ההוא מיבעיא ליה [אותו פסוק נצרך לו] לכמו שאמר ר' יצחק, שאמר ר' יצחק: מנין לעבודה זרה של ישראל שטעונה גניזה? שנאמר: "ושם בסתר" כלומר, צריכים לשים אותה במקום נסתר, בגניזה. ואידך [והאחר, ר' עקיבא] מנין לומד הוא דבר זה? נפקא ליה [יוצא לו הדבר] ממה שאמר רב חסדא אמר רב, שאמר רב חסדא אמר רב: מנין לעבודה זרה של ישראל שטעונה גניזה? שנאמר: "לא תטע לך אשרה כל עץ אצל מזבח ה' אלהיך" (שם טז, כא), ללמד: מה מזבח טעון גניזה, אף אשרה טעונה גניזה. ואידך [והאחר, ר' ישמעאל]

מה הוא לומד מפסוק זה? ההוא מיבעי ליה [אותו פסוק נצרך לו] לכמו שאמר ריש לקיש, שאמר ריש לקיש: כל המעמיד (הממנה) דיין שאינו הגון (מצד בערותו או רשעתו) — כאילו נוטע אשרה בישראל, שנאמר: "שפטים ושטרים תתן לך בכל שעריך" (שם, יח), וסמיך ליה [וסמוך לו] הכתוב: "לא תטע לך אשרה כל עץ" (שם, כא). אמר רב אשי: ובמקום שיש תלמידי חכמים, אם הוא מעמיד דיין שאינו הגון — כאילו נטעו לעץ אשרה אצל מזבח ה', שנאמר: "אצל מזבח".

א בעי [שאל] רב המנונא: ריתך כלי שבור ותיקנו לעבודה זרה, מהו? ושואלים: עבודה זרה דמאן [של מי]? אילימא [אם תאמר] עבודה זרה של נכרי, הלוא בין לר' ישמעאל ובין לר' עקיבא הכלים הללו משמשי עבודה זרה הן, ומשמשי עבודה זרה אין אסורין עד שיעבדו בהם בפועל! אלא בהכרח מדובר בעבודה זרה של ישראל, ואולם יש לברר: אליבא דמאן [לפי שיטת מי]? אילימא אליבא [אם תאמר לפי שיטת] ר' עקיבא, השתא היא גופה לא מיתסרא [עכשיו, הרי היא עצמה אינה אסורה] עד שתעבד בפועל, משמשיה מיבעיא [נצרכה לומר] שאינם אסורים? ואלא תאמר כי השאלה היא אליבא [לפי שיטת] ר' ישמעאל שאמר: עבודה זרה של ישראל אסורה מיד, וכך הוא שואל: מאי [מה] יהיה הדין במשמשיה? האם משמשין ממשמשין גמרינן [אנו למדים], מה התם [שם] בשל גוי אינם אסורים עד שיעבדו בפועל, אף הכא [כאן] בשל ישראל אינם נאסרים עד שיעבדו, או דלמא מינה גמר [שמא ממנה עצמה הוא לומד], מעבודה זרה של ישראל, מה היא עצמה אסורה מיד אף משמשיה אסורין מיד? גם זאת יש לדחות: אם זו היא השאלה של רב המנונא, מאי איריא דקא מיבעיא ליה [מה שייך, מדוע דווקא נשאלה לו השאלה] בריתך כלי? תיבעי ליה [שתישאל לו השאלה] בעשה כלי לצורך זה מתחילה! ומשיבים: רב המנונא עוסק בכלי ששימש כבר לעבודה זרה ונשבר, ומשום טומאה ישנה קמיבעיא ליה [נשאלה לו השאלה], דתנן [ששנינו במשנה]: כלי מתכות, בין פשוטיהן כלומר, בין שהם כלים בלי בית קיבול, ובין מקבליהן שיש בהם כלי קיבול, אם נגעה בהם טומאה — הרי הם טמאין, אם נשתברו — טהרו, אם חזר ועשאן מן השברים הללו כלים — יחזרו לטומאה ישנה; והכי קמיבעיא ליה [וכך נשאלה לו השאלה]: כי הדרא [כאשר חוזרת] טומאה לכלים, כגון על ידי ריתוך — הני מילי [דברים אלה אמורים] להחזיר את הטומאה בכלים הללו לטומאה דאורייתא [שמן התורה] שהיתה בהם, אבל טומאה דרבנן [של דברי סופרים] — לא, וטומאת עבודה זרה היא רק מדברי סופרים, או דלמא לא שנא [שמא אינו שונה]? ושואלים: ותיבעי ליה [ושתשאל לו השאלה] בשאר טומאות דרבנן [מדברי סופרים], מדוע שאל דווקא לענין עבודה זרה? ומשיבים: חדא מגו חדא קמיבעיא ליה [אחת מתוך אחת נשאלה לו], כלומר שאל שאלה אחת הנובעת משאלה אחרת, וכך יש להבין את השאלה: טומאה דרבנן [שמדברי סופרים] מי הדרא [האם היא חוזרת] או לא הדרא [חוזרת]? אם תימצי לומר [תמצא לומר] לא הדרא [אינה חוזרת], טומאה של עבודה זרה, משום חומרא של עבודה זרה מי שויוה רבנן כטומאה דאורייתא [האם עשו אותה חכמים כטומאה שמן התורה] או לא? שאלה זו לא נפתרה ונשארה בתיקו [תעמוד] השאלה במקומה.

ב בעי מיניה [שאל אותו] ר' יוחנן מר' ינאי: תקרובת עבודה זרה של אוכלים, שמביא אוכלים כתקרובת, מהו [מה] דינם? מי מהניא להו [האם מועיל להם] ביטול שמבטל אותם הגוי, לטהרינהו [לטהר אותם] מטומאה שהטילו חכמים על תקרובת עבודה זרה, או לא? ושואלים: ותיבעי ליה [ושתישאל לו השאלה] לגבי כלים של עבודה זרה, האם נטהרו כשביטלם! ומשיבים: בכלים לא קמיבעיא ליה [נשאלה לו השאלה], ומדוע? כיון דאית להו [שיש להם] אפשרות של טהרה במקוה — טומאה נמי [גם כן] בטלה כאשר מבטל אותם, כי קמיבעיא ליה [כאשר נשאלה לו השאלה] — הרי זה באוכלין, שאינם נטהרים במקוה, האם טומאה שהיתה בהם בטילה כשהוא מבטלם מלהיות תקרובת. ושואלים: ותיבעי ליה [ושתשאל לו השאלה] בעבודה זרה גופה [עצמה], כגון שעשה עבודה זרה מאוכלים! ומשיבים: עבודה זרה גופה [עצמה] לא מיבעיא ליה [נשאלה לו],

עיונים

תנהו ענין לכלים העיר הריטב"א כי אף שלהלן אמרו חכמים כי קרקע שנעשה בה מעשה כגון חפירה לעבודה זרה הריהי נאסרת, יש להבין כי אף קרקע כזו היא בכלל "כלים" האמורים כאן, שהרי התורה העידה על כך שלא עבדו את ההרים עצמם ("ולא ההרים אלהיהם"), ואם כן מה שנאמר "מקומות" כוונתה לכלים או לקרקע ששימשה לכך.

ור' עקיבא דלא מקיש העירו בתוס' שלא זה טעמו של ר' עקיבא, שהרי הוא לומד את עיקר שיטתו מפסוק אחר. ולא הוצרכה לו המלה "את" (שר' עקיבא היה דורש "את" למשמעות של הוספה וחידוש) אלא כדי להוציא מדברי ר' ישמעאל.

דישראל כלל כלל לא ויש סברה בדבר, שאפשר לומר שאדם מישראל אינו בוטח בשלמות בעבודה זרה, ולכן אף אין איסור חל עליה (ריטב"א).

ואימא כדנכרי להיאסר רק לאחר שעבדה. ואף שהיא טעונה גניזה ואין לה ביטול, יש לומר שאין זה אלא לאחר שעבדה, שאז יש בה חומרה מיוחדת, כפי שמצאנו לעיל (לב,ב) שישראל שנדבק בעבודה זרה אדוק בה מאד, יותר מגוי (שם), אבל קודם שעבדה עשוי הוא להימלך בדעתו יותר מן הגוי (ריטב"א).

פסלו לאלוה וכו' שהוא דורש את השורש "פסל" בשני מובנים, הן במובן של יצירת פסל, והן במובן של פסילה וביטול. כפי ששמואל מבין, שיש בכתוב זה גם אפשרות ליהנות מעבודה זרה וגם איסור שלא ליהנות ממנה. וראה בירושלמי, שם מביא את דברי שמואל בדרשה דומה אך מכתוב אחר.

שיעשה לה דברים שבסתר כתב רש"י שהם דברים שבסתר משום שאדם פרטי מישראל אינו עובד עבודה זרה בפרהסיא, מפני שהוא חושש מבית הדין, אלא מניחה בסתר בביתו כדי לעובדה בהסתר.

עבודה זרה של ישראל שטעונה גניזה רש"י (וכן משמע מדברי הרמב"ם) מפרש: גניזה ממש, כלומר, שקובר עבודה זרה זו בשלימותה בקרקע, ואינו צריך לבערה לגמרי מן העולם בדרך של שחיקה וכדומה. והוא כדינו של המזבח ממנו נלמד דבר זה (וראה גם בתורת חיים ובהגהות ריעב"ץ מה שדנו במעשהו של יעקב (בראשית לה, ד) בהקשר של סוגייתנו). ועיקרו של דבר, שלא ניתן להשתמש בדבר עוד לעולם, שאין לו ביטול או פדיון. אבל ראשונים אחרים (ראה ראב"ד, רשב"א ועוד) מפרשים כי הכוונה היא שהיא צריכה איבוד כגון שחיקה וזרייה לרוח או שיטילה לים המלח, כדרך שמצאנו בעבודה זרה של גוי (ראה לעיל מג,ב). ומה שנזכר הדבר בלשון גניזה — אין זה אלא שיתוף השם (ריטב"א). והעירו ראשונים (ראה בתוס' ועוד) כי לצד השני אין ללמוד מן העגל, משום ששם היתה סיבה מיוחדת למשה שעשה כן, כמפורש בסוגיה לעיל (מד,א).

מזבח טעון גניזה רש"י כותב כי מאחר שהמזבח אסור בהנאה הריהו טעון גניזה, כדי שלא ישתמשו בו לכל צורך (ולנתוץ אותו בוודאי אסור, ראה דברים יב, ד וברש"י שם). ובתוס' העירו כי המזבח הריהו בכלל כלי שרת, שגם אם נפסלו גונזים אותם.

מעמיד דיין שאינו הגון כתב בערוך לנר (במסכת סנהדרין) כי מכאן למדים שלא רק שאסור לדיין כזה לשמש כדיין, אלא אף עצם העמדתו, גם לפני שהוא פוסק כל הלכה, גם היא יש בה איסור.

וכתב הריטב"א שבדרשה זו מדמים אותו לאשירה, שכשם שאין בה קדושה כלל, אף דיין זה — אין השכינה עמו לסייעו בדין כמו בדיינים כשרים מישראל.

אצל מזבח כתב הריטב"א שכשם שאמרו במזבח שהוא מכפר על ישראל ומחבבן לשכינה, כך תלמיד חכם יש בו כל התכונות הללו.

ריתך כלי לעבודה זרה רש"י מפרש שכאן מדובר במי שלקח כלי של עבודה זרה שנשבר, ותיקנו על ידי ריקוע. ויש שכתב שמדובר כאשר מרתכו לצורך עבודה זרה. ויש שהבינו שמרתך כלי — שלוקח כלי זה ועושה ממנו מתכת פשוטה.

בין לר' ישמעאל ובין לר' עקיבא משמשי וכו' שהרי לא נחלקו לעיל (נא,ב) אלא בעבודה זרה עצמה של גוי האם היא אסורה מיד או עד שתיעבד, אבל לענין משמשי עבודה זרה לא חלק ר' עקיבא שאינם נאסרים מיד (ר"ח, רש"י). וכן משמע מן הסוגיה לעיל בראש העמוד, שלא נחלק ר' עקיבא אלא האם מקישים "אלהיהם" לכלים, אבל על עצם הדין בכלים לא נחלק.

רב המנונא משום טומאה וכו' הר"ח גורס כאן: אין הכי נמי, ורב המנונא וכו'. כלומר, ששאלתו של רב המנונא אכן קיימת גם במקרה כזה, שישראל עשה כלי כמשמש עבודה זרה, האם הוא נאסר מיד או רק לכשייעבד. אלא שאלתו היא שאלה נוספת האם כלי ששימש לעבודה זרה של ישראל ושברו וביטלו חוזר לטומאתו (ומכאן גם עולה כי לדעתו יש ביטול למשמשי עבודה זרה של ישראל, שאם לא כן לא היה מקום לשאלתו, שהרי הכלי עומד באיסורו). אכן ראשונים אחרים (שחולקים על האפשרות לבטל משמשים של עבודה זרה של ישראל) סבורים כי להסבר זה של שאלת רב המנונא, שוב אין מדובר כאן על כלי של ישראל, אלא דווקא על כלי ששימש עבודה זרה של גוי, שיש לו ביטול (רשב"א, ריטב"א).

טומאה ישנה גזירה מיוחדת היא בכלי מתכות, שאף שכלי שנשבר נטהר מכל טומאה שהיה בו, מכל מקום כלי מתכת שנטמא בטומאת מת, אם חוזר ומתקנו — חוזרת אליו טומאתו הישנה, ואין לכלי זה תקנה אלא על ידי טבילה. וכמסקנת הגמרא בשבת (טז,ב) תיקנו תקנה זו כדי שלא יבואו לטעות בטהרת כלי מתכות (שלא נשברו) שיכולים לטהרם בו ביום על ידי טבילה בלא הערב שמש.

טומאה דרבנן מסביר רש"י: כגון שנטמאו הכלים על ידי משקים, שאין זו טומאה מן התורה אלא מדברי סופרים בלבד. וכתבו בתוס' כי רש"י לא אמר כגון כלי זכוכית (שאף הם טמאים רק מדברי סופרים) משום שבמפורש אמרו חכמים שאינם חוזרים לטומאתם הישנה. וטעם ההבדל הוא, שכלי זכוכית עצם הטלת הטומאה עליהם היא מדברי סופרים. אבל כלי מתכת שטומאתם מן התורה, היה מקום לומר שהחמירו בהם אף במקום שהם נטמאים מדברי סופרים בלבד. וראה גם ברי"ד כעין דברים אלה. וראה ב"אורח ההלכה".

והכי קא מיבעיא ליה וכו' רש"י פירש כי כאן מדובר שהישראל חזר והתיך כלי זה לשם עבודה זרה. והרי"ד חלק על פירוש זה, שהרי השאלה האם הטומאה חוזרת אינה תלויה בענין זה, אלא בשאלה הכללית, האם דין טומאת עבודה זרה כדין טומאות דאורייתא, שחוזרות לכלי שריתכו, ואם כן השאלה עומדת אף כשריתכו סתם לצרכו. ומהר"ם הסביר שרש"י פירש כן, משום שאם לא ריתכו מחדש לעבודה זרה לא היה מקום כלל שתחזור אליו טומאתו, שהרי בשבירתו כבר בטל מהיותו משמש לעבודה זרה.

תיבעי ליה כלים רש"י וכן הרמב"ן מפרשים שכאן מדובר בכלים שהם משמשי עבודה זרה. אבל תוס' (בעמוד הבא) וכן הראב"ד מסבירים שכאן מדובר בכלים שהם עצמם נעשו כתקרובת לעבודה זרה (באופן שיכול לחול עליהם איסור זה). והדברים תלויים במסקנת הסוגיה לעיל נא,א, האם יש בכלים איסור תקרובת, או שצריך שיהא הדבר דווקא כעין פנים, וממילא — דווקא באוכלין (ראה ברמב"ן ועוד).

כיון דאית להו טהרה רש"י מסביר שכיון שיש לכלים אלה טהרה בכלל, הרי גם כאשר מבטלם יש לומר שביטול זה הוא כטהרתם במקוה. מה שאין כן באוכלים שאין להם טהרה במקוה.

תיבעי ליה עבודה זרה רש"י מסביר: כגון שעשה עבודה זרה של אוכלים, כגון שהשתחווה לפת. והראב"ד מסביר שהשאלה היתה לגבי שאר דברים שאין להם טהרה במקוה, כגון אבן או אילן.

אורח ההלכה

המעמיד דיין שאינו הגון המעמיד דיין שאינו הגון — כאילו הקים מצבה, ואם עשה כן במקום שיש תלמיד חכם הרי זה כאילו נטע אשירה. ובשו"ע כתב: כל המעמיד דיין שאינו הגון ואינו חכם בחכמת התורה ואינו ראוי להיות דיין, אף על פי שהוא כולו מחמדים ויש בו טובות אחרות, הרי זה שהעמידו עובר בלא תעשה. (רמב"ם ספר שופטים הלכות סנהדרין פ"ג ה"ח. שו"ע חו"מ ח, א).

משמשי עבודה זרה משמשי עבודה זרה, בין של גוי בין של ישראל, אינם אסורים אלא לאחר שהשתמשו בהם לעבודה זרה. כפשטות הגמרא כאן (באה"ג). (רמב"ם ספר מדע הלכות עבודה זרה פ"ז ה, ד. שו"ע יו"ד קלט, א).

נשתברו טהרו וכו' כלי מתכת שנטמא, ואחר כך נשבר, שאינו משמש עוד — נטהר בשבירתו. וגזרו חכמים שאם חזר והתיכו ועשה ממנו כלי אחר הרי זה חוזר לטומאתו הישנה. (רמב"ם ספר טהרה הלכות כלים פ"א ה"ט. שם פ"ו ה"א. שם פי"ב ה"א).

טומאה דרבנן מי הדרה וכו' כלי מתכת שנטמא בטומאה שמדברי סופרים, כגון שנטמא בעבודה זרה וכיוצא בה — ספק הוא אם חוזר לטומאה ישנה שלו לאחר שנשבר וחזר והתיכו. ששאלה זו נשארה בגמרא בתיקו ולא נפתרה. אבל כלי זכוכית שנטמאו ונשברו — טהרו מטומאתם. ואם התיכם ועשה מהם כלים אחרים — אינם חוזרים לטומאתם הראשונה. שלא גזרו גזירה זו בכלים שעיקר טומאתם היא רק מדברי סופרים. והאחרונים דנו בדברים, שאינם מתאימים בדיוק לסוגייתנו. (שם פי"ב ה"ט—י).

תקרובת עבודה זרה וכו' תקרובת עבודה זרה מטמאה כנבילה (במגע ובמשא). ואם היתה זו תקרובת של אוכלים, הרי אף שאינה מותרת בהנאה גם אם ביטלה, לענין טומאה הרי זה ספק. אבל כלי שהיה תקרובת עבודה זרה (כפירוש הראב"ד) אם ביטלו טהור. (רמב"ם שם הלכות שאר אבות הטומאה פ"ו ה"ז).

תנהו ענין לכלים מכאן אמרו עבודה זרה של נכרי אינה אסורה אלא עד שתעבד ושל ישראל מיד והא בכלים אוקימנא לה אמר קרא אשר אתם יורשים אותם את אלהיהם מקיש אלהיהם לכלים מה כלים עד שיעבדו אף אלהיהם נמי עד שיעבדו ור"ע דלא מקיש אמר לך *את הפסיק הענין ורבי ישמעאל אשכחן עבודה זרה של נכרי דאין אסורה עד שתעבד דישראל דאסורה מיד מנא ליה סברא הוא מדנכרי עד שתעבד דישראל אסורה מיד אימא דישראל כלל וכלל לא השתא גניזה בעיא איתסורי לא מיתסרא ואימא כדנכרי אמר קרא ואת חטאתכם אשר עשיתם את העגל משעת עשייה קם ליה בחטא אימא ה"מ למיקם גברא בחטא איתסורי לא מיתסרא אמר קרא ארור האיש אשר יעשה פסל ומסכה משעת עשייה קם ליה בארור אימא ה"מ למיקם גברא בארור איתסורי לא מיתסרא תועבת ה' כתיב ור"ע דבר המביא לידי תועבה ור"ע עבודה זרה של נכרי דאסורה מיד מנא ליה אמר עולא אמר קרא פסילי אלהיהם תשרפון באש משפסלו נעשה אלוה ואידך ההוא מיבעי ליה לכדתני רב יוסף דתני רב יוסף *מנין לגוי שפוסל אלוהו שנאמר פסילי אלהיהם תשרפון באש ואידך נפקא ליה מדשמואל דשמואל רמי כתיב לא תחמוד כסף וזהב עליהם וכתיב ולקחת לך הא כיצד פסלו לאלוה לא תחמוד פסלו מאלוה ולקחת לך ור"ע אשכחן עבודה זרה של נכרי דאסורה מיד דישראל עד שתעבד מנלן אמר רב יהודה אמר קרא ושם בסתר עד שיעשה לה דברים שבסתר ואידך ההוא מיבעי ליה לכדרבי יצחק דא"ר יצחק מנין לעבודה זרה של ישראל שטעונה גניזה שנאמר ושם בסתר ואידך נפקא ליה מדרב חסדא אמר רב חסדא אמר רב מנין לעבודה זרה של ישראל שטעונה גניזה שנאמר לא תטע לך אשרה כל עץ אצל מזבח מה מזבח טעון גניזה אף אשרה טעונה גניזה ואידך ההוא מיבעי ליה לכדר"ל *דאמר ר"ל כל המעמיד דיין שאינו הגון כאילו נוטע אשרה בישראל שנאמר שופטים ושוטרים תתן לך וסמיך ליה לא תטע לך אשרה כל עץ אמר רב אשי ובמקום תלמידי חכמים כאילו נטעו אצל מזבח שנאמר אצל מזבח

א בעי רב המנונא ריתך כלי לעבודה זרה מהו עבודה זרה דמאן אילימא עבודה זרה דנכרי בין לר' ישמעאל ובין לר"ע משמשי עבודה זרה הן ומשמשי עבודה זרה אין אסורין עד שיעבדו ואלא עבודה זרה דישראל אליבא דמאן אילימא אליבא דר"ע השתא היא גופה לא מיתסר' עד שתעבד משמשיה מיבעיא ואלא אליבא דרבי ישמעאל דאמר אסורה מיד מאי משמשין ממשמשין גמרינן מה התם עד שיעבדו אף הכא עד שיעבדו או דלמא מינה גמר מה היא אסורה מיד אף משמשיה אסורין מיד מאי איריא דקא מיבעיא ליה ריתך כלי תיבעי ליה עשה רב המנונא משום טומאה ישנה קמיבעיא ליה דתנן *כלי מתכות פשוטיהן ומקבליהן טמאין נשתברו טהרו חזר ועשאן כלים יחזרו לטומאה ישנה והכי קמיבעיא ליה כי הדרא טומאה ה"מ לטומאה דאורייתא אבל טומאה דרבנן לא או דלמא לא ש"נ ותיבעי ליה שאר טומאה דרבנן חדא מגו חדא קמיבעיא ליה טומאה דרבנן מי הדרא או לא הדרא את"ל לא הדרא טומאה דעבודה זרה משום חומרא דעבודה זרה מי שויוה רבנן כטומאה דאורייתא

ב או לא תיקו בעי מיניה ר' יוחנן מר' ינאי תקרובת עבודה זרה של אוכלים מהו מי מהניא להו ביטול לטהרינהו מטומאה או לא ותיבעי ליה כלים כלים לא קמיבעיא ליה כיון דאית להו טהרה במקוה טומאה נמי בטלה כי קמיבעיא ליה אוכלין ותיבעי ליה עבודה זרה גופה *לא מיבעיא ליה כיון

רש"י

מקיש אלהות למקומות. דאוקמינן בכלים: **מה כלים עד שיעבדו.** דכתיב אשר עבדו שם: **השתא גניזה בעיא.** דילפינן לקמן מושם בסתר: **ואימא כדנכרי.** עד שתעבד: **ור"ע.** דאמר בשל ישראל עד שתעבד האי תועבת ה' לאו דמיתסר משעת עשייתה אלא ה"ק ארור משעת עשייה דעשייה מביאתו לידי תועבה שעובדה: **שפוסל אלוהו.** שיכול לבטלו: **כתיב לא תחמוד וכתיב ולקחת לך.** ותרוייהו בחד קרא ורישא דקרא פסילי אלהיהם תשרפון באש לא תחמוד וגו': **ה"ק פיסלו לאלוה.** שיפה לעבודה זרה לא תחמוד: **פסלו מאלוה.** שבטלו מלשון פסולת ולקחת לך דפסילי דרישא דקרא תרי גווני משמע ודרשינן ליה אאיסור ואהיתר דקרא: **דברים שבסתר.** עבודות שבסתר הוא עובדה שלא ישמעו ב"ד ויסקלוהו: **שטעונה גניזה.** דכשהיא שלימה(ב) גנוזה בקרקע: **מה מזבח טעון גניזה.** דהא אסור בהנאה: **אצל מזבח.** תלמידי חכמים דאשירה אוקמינן בדיין שאינו הגון הלכך מזבח נמי בגברי: **ריתך כלי.** כלי שנשבר והקיש עליו בקורנס עד שריקעו ונתפשט ונתמלא פגימתו: **בין לר' ישמעאל כו'.** משמשי עבודה זרה של נכרי אין אסורין עד שיעבדו כדאמרן לעיל (דף נא.) הביאום ולא נשתמשו בהן יכול יהו אסורין ת"ל אשר עבדו ור"ע בעבודה זרה עצמה פליג אבל בכלים לא פליג: **משמשין.** דישראל ממשמשי עבודה זרה דנכרי גמר ולא מיתסר עד שישתמשו בהן לעבודה זרה: **עשה.** עשאו (*כולו) לעבודה(ג) מתחילה: **חזרו לטומאתן ישנה.** וצריכה טבילה וביליאות השבת (דף טז:) מפרש טעמא גזרה שמא יאמרו טבילה בת יומא עולה וקא מיבעיא(ד) כלי שנשתמשו בו לעבודה זרה ואמרי' במסכת שבת בפ' א"ר עקיבא (דף פג.) משמשיה טמאין שברן כדי לטהרן וחזר וריתכן לעבודה זרה ועדיין לא נשתמשו בו מי הדר לטומאה קמייתא או לאו: **מי אמרינן ה"מ.** דחוזרין לטומאתן ישנה דאורייתא: **אבל טומאת.** עבודה זרה דרבנן היא(ה) וקראי אסמכתא בעלמא: **שאר טומאות דרבנן.** כגון *כלי דמטמאו במשקין דמדאורייתא לא מטמאו משקין כלי ורבנן גזור משום משקה זב וזבה כגון רוקו ומימי רגליו דאב הטומאה נינהו ומטמאי כלי: **חדא מגו חדא.** כלומר בשאר טומאות נמי מיבעיא ליה והאי דנקט עבודה זרה שאילה אחרת [היא] הנשאלת מתוך פשטה של ראשונה את"ל בשאר טומאות דרבנן לא הדרי הכא מאי: **תקרובת עבודה זרה של אוכלין מהו.** מי סלקא טומאה מינייהו ע"י ביטול או לא: **ותיבעי לך כלים.** שנשתמשו בהן לעבודה זרה אי סלקא טומאה מינייהו כי היכא דסלקא איסורא: **כיון דאית להו טהרה.** כשאר טומאות במקוה הכא דמקוה דידיה היינו ביטול כיון דאיסורא בטיל מינייהו טומאה ודאי נמי סלקא: **כי קמיבעיא לן אוכלין.** דלית להו טהרה כשאר טומאות במקוה: **ותיבעי ליה עבודה זרה.** של אוכלין כגון השתחוה לפת ותיבעי לך אי סלקא טומאה בביטול או לא: מאי

תוספות

תנהו ענין לכלים. ולא דמי לתקרובת הר שהתרנו לעיל בפ' כל הצלמים (דף מה. ד"ה אלהיהם) דשאני התם דכתיב (תהלים קו) ויאכלו זבחי מתים ומיניה נפקא לן תקרובת עבודה זרה וקרא כי כתיב בפעור כתיב שהוא תלוש ונאסר ולהכי תקרובתו אסורה אבל גבי עבודה זרה של מחובר לא מצינו איסור בתקרובתו אלא גבי כלים כדמסיק הכא(ו) ואע"ג דדברי קבלה הן עד דאתא דוד גמרא גמירי לה ואתא דוד ואסמכיה אקרא: **ורבי עקיבא דלא מקיש כו'.** האי *(ואת) לא הוצרך אלא לאפוקי מדרשא דר' ישמעאל דאילו ר"ע טעמא מפסילי אלהיהם: **מה מזבח טעון גניזה.** כמו כלי שרת דאמרינן שגונזה אף אשרה טעונה גניזה פירוש ביעור בלא הנאה כמו עגל ששחקוהו וזרוהו ומיהו מעגל ליכא למילף(ז) בין לר' יוסי בין לרבנן דלר' יוסי שמא בשביל כבודן של ישראל שאירעה להם תקלה וקלון על ידו עשה כן ולרבנן בקש לבודקן כסוטות: **תבעי ליה שאר טומאות דרבנן.** פירוש בכלים שנטמאו במשקין כמו שפ"ה ובכלים שעיקר טומאתן דאורייתא דאילו בכלי זכוכית תנן ובפ"ק דשבת (דף טז.) מייתי לה דאין חוזרין לטומאה ישנה והיינו משום דעיקר טומאתן אף בשרץ ובמת מגבס אינס אלא מדרבנן:

עין משפט נר מצוה

כד א ב מיי' פ"ג מהל' סנהדרין הל' ח סמג לאוין קלח:
כה ג מיי' פ"ז מהל' עבודת כוכבים הלכה ד סמג לאוין מה טוש"ע י"ד סי' קלט סעיף ח:
כו ד מיי' פ"א מהל' כלים הלכה ט סמג עשין רמו:
כז ה מיי' שם פ"ז הלכ' א ופי"א הלכ' א סמג שם:
כח ו מיי' שם פי"ב הלכה א:
כט ז מיי' שם הלכה י:
ל ח מיי' שם הל' ט:
לא ט מיי' פ"ז מהל' שאר אבות הטומאה הלכה ז:

רבינו חננאל

כתיב ואשרוף אותו באש. ר' עקיבא אומר חילוף הדברים של נכרי אסור מיד שנאמר פסילי אלהיהם תשרפון באש משעת עשיה שנפסל נאסר ועליו אמרה תורה תשרפון באש: שמואל רמי כתיב פסילי אלהיהם תשרפון באש וכתיב ולקחת לך. הא כיצד פסלו לאלוה תשרפון באש. פסלו מאלוה ולקחת לך. עבודה זרה של ישראל אינה אסורה אלא עד שתעבד. דברי ר' עקיבא שנאמר ארור האיש אשר יעשה פסל ומסכ' וגו' ושם בסת' עד שיעשה לה דברים שבסתר. והיא עבודתה. ומנין שטעונה גניזה שנא' ולא תטע לך אשרה [כל עץ] אצל מזבח ה' וגו' מה מזבח טעון גניזה אף אשרה טעונה גניזה. ור' ישמעאל האי קרא מיבעי ליה לכדריש לקיש דאמר כל המעמיד דיין לישראל שאינו הגון כאילו נטע אשרה שנאמר לא תטע לך אשרה כל עץ וגו'. וסמיך ליה לעיל מן הענין שופטים ושוטרים תתן לך וגו'. אמר רב אשי ובמקום תלמידי חכמים כאילו נטע אצל המזבח שנאמר אצל מזבח ה' אלהיך אשר תעשה לך: בעי רב המנונא ריתך כלי לעבודה זרה. פירוש רצף כלי בכור לשם עבודה זרה מהו. ואמרינן מאי קמבעיא ליה כלים משמשי עבודה זרה נינהו. והיא לשם עבודה זרה דנכרי קאמר. בין לר' ישמעאל בין לר' עקיבא אין אסורין אלא משיעבד. דהא לא חלקו אלא בעבודה זרה עצמה. ואסיקנא לשם עבודה זרה דישראל ואליבא דר' ישמעאל דאמר עבודה זרה דישראל אסורה מיד מאי משמשי עבודה זרה כי עבודה זרה עצמה דמו. מה היא אסורה מיד אף משמשיה אסורין מיד אי לא. ואמרינן אמאי בעי ריתך דהוה כבר כלי. ליבעי מעשה בתחלה. ופרקינן אין הכי נמי. כלומר עשה הוה ליה למיבעא מיהו רב המנונא לא בעא ריתך אלא משום טומאה ישנה. דתנן כלי מתכות פשוטיהן ומקבליהן טמאים נשברו טהרו. חזר ועשה מהן כלים חזרו לטומאתן הישנה. ומיבעיא ליה הכי הני מילי שחוזרין לטומאה ישנה בטומאה דאורייתא אבל טומאה דרבנן לא הדרא. ותיבעי ליה שאר טומאות דרבנן ואמרינן חדא מגו חדא קמיבעיא ליה טומאה דרבנן הדרא אי לא הדרא. אם תמצא לומר לא הדרא טומאת עבודה זרה כיון דחמירא אוקמוה רבנן אדאורייתא. או דלמא לא שנא. תיקו: בעא מיניה ר' יוחנן מר' ינאי תקרובת עבודה זרה של אוכלים מהו. פי' אם יחזור ויבטלם בטלה טומאתן אי לא. ותיבעי ליה כלים. כלים לא מיבעיא ליה כיון דאית להו טהרה במקוה כי מבטיל להו בשבורה טומאה נמי בטילה. כי קא מיבעיא אוכלין. ותיבעי ליה עבודה זרה גופה עבודה זרה

מסורת הש"ס

[מגילה ב: ב"ק סה:]

[בתוספתא דמכילתין פ"ו איתא בזה"ל כל עבודת כוכבי' שבע לוהו עובדי כוכבים יכול יהא אסור ת"ל פסילי אלהיהם תשרפון באש את שנוהג בו משום אלוה אסור ואת שאינו נוהג בו משום אלוה מותר]

סנהדרין ז:

כלים דנטמאו. יעב"ץ

כ"ה בדפו"י

כלים פי"א מ"א שבת טז.

בדפו"י נמי לא

הגהות הב"ח

(א) גמ' חזר ועשאן כלים חזרו לטומאה וכו' כי הדרא טומאה. נ"ב הכא ליכא למימר כיון דאית [להו טהרה במקוה] טומאה נמי בטלה דבכלי של ישראל קא מיבעיא ליה ולא בשל עובד כוכבים אי נמי בכלי של [עובד כוכבים ובעבודת כוכבים] של ישראל קאמר דלית ליה ביטול: (ב) רש"י ד"ה שטעונה וכו' שלימה גנוזה בקרקע: (ג) ד"ה עשה עשאו כולו לעבודת כוכבים מתחילתו: (ד) ד"ה חזרו וכו' וקא מיבעיא ליה כלי: (ה) ד"ה אבל וכו' וקראי. נ"ב לעיל בדף מז ע"ב: (ו) תוס' ד"ה תנהו וכו' ואע"ג דדברי קבלה. נ"ב פי' האי קרא דויאכלו זבחי מתים: (ז) ד"ה מה וכו' בין לר' יוסי. נ"ב לעיל ריש דף מד:

לב א ב מיי' פ"ו מהל' אבות הטומאה הל' ז:
לג ג ד מיי' פ"ט מהל' ביאת מקדש הלכה יד סמג לאוין [illegible]:
לד ה מיי' פ"ח מהל' [illegible] הלכ' יד [illegible]:
לה ו מיי' שם הלכ' טו:
לו ז מיי' פ"ח מהל' עבודת כוכבים הל' [illegible] טוש"ע [illegible] סעיף ה:
לז ח מיי' שם טוש"ע שם סעיף א:
לח ט מיי' שם טוש"ע שם סעיף יג:

כיון דאיסורה בטיל *טומאה נמי בטלה כי
קא מיבעיא ליה תקרובת לעבודה זרה
של אוכלין מאי כיון דאיסוריה לא בטיל
*כדרב גידל טומאה נמי לא בטלה או דלמא
איסור דאורייתא לא בטיל טומאה דרבנן
בטיל תיקו בעא מיניה ר' יוסי בן שאול א
מרבי כלים ששימשו בהן בבית חוניו מהו
שישתמשו בהן בבית המקדש וקא מיבעיא
ליה אליבא דמ"ד בית חוניו לאו בית עבודה
זרה היא דתנן *כהנים ששימשו בבית
חוניו לא ישמשו במקדש שבירושלים ואינו
צריך לומר לדבר אחר כהנים הוא דקנסינהו
רבנן משום *דבני דעה נינהו אבל כלים לא או
דלמא לא שנא א"ל אסורים הן *ומקרא היה
בידינו ושכחנוהו איתיביה כל הכלים אשר
הזניח המלך אחז במלכותו במעלו הכנו
והקדשנו מאי לאו הכנו דאטבלינהו הקדשנו
דאקדישנינהו א"ל ברוך אתה לשמים
שהחזרת לי אבדתי הכנו שגנזום והקדשנו
שהקדשנו אחרים תחתיהם לימא מסייע ליה
*מזרחית צפונית בה גנזו בית חשמונאי את
אבני המזבח ששקצו אנשי יון ואמר רב
ששת ששקצו לעבודה זרה *אמר רב
פפא התם קרא אשכח ודרש דכתיב ובאו
בה פריצים וחללוה אמרי היכי נעביד
*ניתברינהו *אבנים שלמות אמר רחמנא
ננסרינהו *לא תניף עליהם ברזל אמר רחמנא
ואמאי ליתברינהו ולישקלינהו לנפשייהו מי
לא *אמר רב אושעיא בקשו לגנוז כל כסף
וזהב שבעולם משום כספא ודהבא של
ירושלים והוין בה ירושלים הויא רובא
דעלמא אלא אמר אביי בקשו לגנוז דינרא הדרייאנא טוריינא שיפא מפני
טבעה של ירושלים עד שמצאו לה מקרא מן התורה שהוא מותר ובאו בה
פריצים *וחללוה התם לא אשתמשו בהו לגבוה הכא כיון דאשתמש בהו
לגבוה לאו אורח ארעא לאשתמושי בהו הדיוטא: **מתני'** *נכרי ב
מבטל עבודה זרה שלו ושל חבירו וישראל אין מבטל עבודה זרה
של נכרי המבטל עבודה זרה מבטל משמשיה ביטל משמשיה
משמשין מותרין והיא אסורה: **גמ'** מתני ליה ר' לר"ש *ברבי נכרי ג
מבטל עבודה זרה שלו ושל חבירו א"ל רבי שנית לנו בילדותך נכרי
מבטל עבודה זרה שלו ושל ישראל דישראל מי קא מבטלה והא
ושם בסתר כתיב א"ר הילל בריה דרבי וולס לא נצרכה שיש לו בה
שותפות בילדותו מאי קסבר ובזקנותו מאי קסבר *בילדותו סבר ישראל
אדעתא דנכרי פלח כיון דנכרי מבטל דנפשיה
דישראל נמי מבטלה ובזקנותו סבר ישראל אדעתא דנפשיה פלח כי
מבטל נכרי דנפשיה דישראל לא בטיל איכא דמתני לה אסיפא
ישראל אינו מבטל עבודה זרה של נכרי פשיטא א"ר הילל בריה
דרבי

רש"י

מאי כיון לאיסורא לא בטיל. מדרב גידל בריש פירקין (דף ג.)(ג) בשאר טומאה דלית ליה טהרה במקוה דניתא כי היכי דשאר טומאות סלקי הא נמי קלה למיסק מינייהו: **טומאה נמי לא בטלה.** כיון דליכא למימר הכי: **בית חוניו.** מפרש בשמעתין בתרייתא דמנחות חוניו בנו של שמעון הצדיק שברח למצרים מפני אחיו ובנה שם מזבח ופליגי התם איכא למ"ד לשם עבודה זרה ואיכא למ"ד לש"ש וקמיבעיא ליה לר' יוסי בן שאול אליבא דמ"ד לאו בית עבודה זרה היא דאליבא דמ"ד דעבודה זרה היא לא קמיבעיא ליה דהשתא להדיוט אסורין כדאמר לעיל בכלים שנשתמשו בהן לעבודה זרה הכתוב מדבר לגבוה מיבעיא: **ואין צ"ל לדבר אחר.** כהנים ששימשו לעבודה זרה אין צ"ל שלא ישמשו עוד למקדש כדכתיב ביחזקאל (מד) יען אשר ישרתו אותם לפני גלוליהם וגו' וכתיב בתריה לא יגשו אלי לכהן לי ומדקאמר אין צ"ל לדבר אחר מכלל דבית חוניו לאו דבר אחר הוא ואפ"ה קתני דכהנים אסירי וקמיבעיא ליה לר' יוסי כלים מאי: **כהנים דבני דעה נינהו.** וידעי שנאסרו הבמות אף לשם גבוה והלכו ועבדו בבמה הוא דקנוס רבנן: **אבל כלים לא.** קנסי או דלמא לא שנא: **מקרא היה בידינו.** בהנך דעבודה זרה דהיכא דמדאורייתא הוה בהו טעמא להתירא קנסוהו רבנן אע"ג דלאו בני דעה נינהו ה"נ אע"ג דלאו בית עבודה זרה ולא מיתסרי מדאורייתא קנסוהו רבנן בכלים ככהנים: **כל הכלים.** כהנים שבימי חזקיהו היו מגידין לו כל הכלים של בית המקדש אשר הזניח אחז במלכותו במעלו לעבודה זרה: **הכנו והקדשנו מאי לאו הכנו דאטבלינ'.** מטומאת עבודה זרה: **והקדשנום לאקדישנהו.**[א] שחזרו ומשחום בשמן המשחה אלמא כיון דמדאורייתא לא מתסרי דהא הקדש נינהו ואין אדם אוסר דבר שאינו שלו אינהו נמי לא גזרו עלייהו הואיל ולאו בני דעה נינהו: **שהחזרת לי אבדתי.** זהו המקרא ששכחתי: **שהקדשנו אחרים תחתיהן.** אבל הנך קנסוהו רבנן וגנזום: **מזרחית צפונית.** שימוש ארבע לשכות שהיו במקצעות העזרה קא חשיב במס' מדות (פ"א מ"ו): **ואמר רב ששת ששיקצו' לעבודה זרה.** אלמא אע"ג דלהדיוט לא מיתסרי דאין אדם אוסר דבר שאינו שלו גזור בהו רבנן לגבי גבוה ואע"ג דלאו בני דעה נינהו ובבית חוניו נמי אע"ג דלאו בית עבודה זרה ולא מיתסרי כלים דידיה מדאורייתא גזור בהו רבנן: **התם קרא אשכח ודרש.** דמדאורייתא אסירי אפי' להדיוט: **דכתיב ובאו בה פריצים וחללוה.** מכיון שנכנסו גוים להיכל יצאו כליו לחולין וכיון דנפקי לחולין קנינהו בהפקירא והוו להו דידהו וכשנשתמשו בהן לעבודה זרה נאסרו: **אמרי.** הנך דבית חשמונאי כשנצחום היכי נעביד: **ניתברינהו.** על יד גוי כדי לבטלן: **אבנים שלימות.** שאין בהם פגימות ואפילו בפגימות סכין שתחגור בה לפורן פוסלת בהן כדאמרינן בהכל שוחטין (חולין יח.): **ננסרינהו.** לאחר שבירתן להשוות פגימתן לא תניף עליהם ברזל כתיב ועמדו וגנזום: **ונתברינהו.** כדי לבטלן מעבודה זרה: **ונשקלינהו לנפשייהו.** שהרי חולין הן וכדקאמרת ובאו בה פריצים וחללוה: **משום כספה וזהבה של ירושלים.** שרובה הקדש: **טריינא הדריינא שיפא.** מטבעות של ירושלים טריינא הדריינא על שם מלכי רומי נעשו הצורות ושמם טוריינוס אדריינוס: **שיפא.** ישן ביותר שנישוף מחמת יושנו ואין הצורה ניכרת: **מתני' ישראל אינו מבטל עבודה זרה של נכרי.** דנכרי פוסל אלוהו ילפינן ולא ישראל וכל שכן דישראל אינו מבטל עבודה זרה דישראל דאין לה בטילה עולמית דהא ושם בסתר כתיב: **גמ' שנית לנו בילדותך שלו ושל ישראל.** ועכשיו אתה שונה לנו ושל חבירו אבל של ישראל לא ומקשי תלמודא דישראל מי בטלה והא ושם בסתר כתיב: **שיש לו לנכרי בה שותפות.** ובזקנותו חזר בו דאף על גב שיש לו שותפות אינו יכול לבטל חלקו של ישראל: **ואיכא דמתני לה.** לר' הילל בריה דר' וולס: **אסיפא.** דמתניתין:

תוספות

כיון לאיסורא בטיל. וגבי כלים לעיל (עמוד א) דלא קאמר הכי דמיירי בכלים של תקרובת עבודה זרה ודלא כפ"ה שנשתמשו בהן לעבודה זרה: **ברוך אתה לשמים שהחזרת לי אבדתי שהקדשנו אחרים תחתיהם.** ואע"ג דמדאורייתא לא מיתסרי דהא דהקדש נינהו ואין אדם אוסר דבר שאינו שלו ואם כן להדיוט שרי מ"מ קנסו לאסור לגבוה והא דמייתי מהאי קרא לקמן (דף נד:) למלתיה דעולא דכיון ששחט בה סימן אחד אסרה דמייתי אף להדיוט כדמוכח בחולין פ"ב (דף מ.) הכי מייתי(ג) מדאסר לגבוה במעשה זוטא שלא נשתנה הכלי א"כ במעשה רבה יש לאסור אף להדיוט*:

[ועי' תוספת חולין מ. ד"ה מ"ש קנים וכו']

משום כספה וזהבה של ירושלים. שהיה המטבע של כסף ושל זהב: **דינרי הדריינא טיריינא שיפא.** פירש בקונטרס על שם מלכי רומי נעשו הצורות ושמם אדריינוס טוריינוס שייפא שנישוף ואין צורתה ניכרת מחמת יושנה וקשה לר"ת דהא אמרינן בהגוזל קמא (ב"ק צז:) איזה מטבע של ירושלים דוד ושלמה מלך אחד וירושלים עיר הקדש מלך אחר ובערוך פי' כפ"ה ונראה לי לתרץ קושיא דר"ת דודאי אדריינוס וטוריינו' כשמשלו על ישראל פסלו צורת מטבע הראשונה וחתמו בה שמם ולאחר החורבן הרבה בקשו לגנוז ונראה לר"ת לפרש הדריינא עגול לשון הדורא דכנתא (חולין דף קיג.) טוריינא גדול כתריטא כדאמרינן המלוה את חבירו על המטבע אפי' כנפה כתריטא שייפא שנישוף ואין האותיות ניכרות בו שהיו דוד ושלמה שמם כתוב במטבע(ד) ולא צורתם כדאמרי' לעיל (דף מג.) דצורת אדם אסורה ומתוך שנישוף לא היו יכולין להכיר*:

*[ועי' היטב תוס' בכורות נ. ד"ה דינרא]

רבינו חננאל

זרה לא קא מיבעיא ליה דכיון דכי מבטיל לה בטלה ומותרת בהנאה מדאיסורה בטלה. טומאתה נמי בטילה כי קמיבעיא ליה תקרובת עבודה זרה של אוכלין דאיתקוש למת כדאמרן כדרב גידל דאמר רב גידל מנין לעבודה זרה שאינה בטילה עולמית. שנאמר ויצמדו לבעל פעור. מאי כיון דאיסורא לא בטיל טומאתה נמי לא בטיל. או דלמא איסורה דאורייתא לא בטלה אבל טומאה דרבנן בטלה. או לא שנא ועלתה בתיקו: בעא מניה רב יוסף בן שאול מרבי כלים שנשתמשו בהן בבית חוניו מהו שישתמשו בהם במקדש בירושלים. ומיבעי ליה אליבא דר' יהודה דאמר בית חוניו לאו בית עבודה זרה היא ור' מאיר חולק עליו ואומר בית חוניו עבודה זרה היא. ומפורשת חלוקתם בסוף מסכת מנחות. דתנן התם הכהנים ששימשו בבית חוניו לא ישתמשו במקדש בירושלים. ואין צריך לומר לדבר אחר. פי' ואין צ"ל לדבר אחר הכהנים ששימשו בעבודה זרה שודאי נפסלו נמצאת סתם משנתנו זו כר' יהודה דאמר בית חוניו לאו בית עבודה זרה היא. מאי כהנים הוא דקנסינהו רבנן משום דבני דעה נינהו אבל כלים לא קנסו. או דלמא לא שנא. ופשט ליה אסורים הן שנאמר ואת כל הכלים אשר הזניח המלך אחז במלכותו במעלו הכנו פי' שגנזום. והקדשנו אחרים תחתיהן והנם לפני מזבח ה'. לימא מסייעא ליה מזרחית צפונית ששם גנזו בית חשמונאי אבני מזבח ששקצום מלכי יון. ואמר רב ששת ששקצום לעבודה זרה. ודחי' הכי שאני אתם. דאמר רב פפא קרא אשכחו ודרשו ובאו בה פריצים וחללוה. ולא מסייעא ליה. ואמרינן ואמאי גנזום לבטלינהו לאיסורייהו ולהדרו וליקדשינהו. ודחינן משום דלא אפשר היכי ליעבד ליתברינהו אבנים שלמות אמר רחמנא נינסרינהו במשור. ולא תניף עליהם ברזל אמר רחמנא. ליתברינהו ולישקלינהו לנפשיהו כמו המטבע דאמר אביי בקשו לגנוז דינרא הדרינא שיפא מפני טיבעא של ירושלים. עד שמצאו מקרא שמותר שנאמר ובאו בה פריצים וחללוה. ופרקינן התם במטבע לא אישתמש גבוה ביה. אבל הכא באבני מזבח כיון דמעיקרא אישתמש בהו מזבח דהוא גבוה לאו אורח ארעא לאשתמושי בהו הדיוט: **פיסקא** נכרי מבטל עבודה זרה שלו ושל חברו. נכרי כו': **גמ'** אמר ליה ר' שמעון ברבי לרבי שנית לנו בילדותך. נכרי מבטל עבודה זרה שלו ושל חברו ושל ישראל. אם יש לו בה שותפות. בילדותיה מאי סבר ובזקנותיה מאי סבר. בילדותיה סבר ישראל אדעתא דנכרי פלח כו'. איכא דמתני לה אסיפא. ישראל אינו מבטל עבודה זרה של נכרי. פשיטא. אמר רבי הלל [illegible]

הגהות מהר"ב רנשבורג

א] רש"י ד"ה והקדשנום לאקדישנהו שחזרו ומשחום. נ"ב עיין מנחות מט ע"ב ובתוס' שם ד"ה ושמני' וכו' ר' יאשי' סבר וכו' וא"ת הסוגיא וכו' ודו"ק היטב:

גליון הש"ס

גמ' טומאה דרבנן. עיין לעיל דף מח ע"ב ברש"י ד"ה ועבר. ובחולין דף יג ע"ב בתוס' ד"ה תקרובת: גמ' אשכח ודרש. עיין נדרים דף סב ע"א:

הגהות הב"ח

(א) גמ' שהחזרת לי אבדתי. נ"ב [illegible] (ב) רש"י ד"ה מאי כיון לאיסורא לא בטיל מדרב גידל בריש פירקין [illegible] (ג) תוס' ד"ה ברוך וכו' [illegible] (ד) ד"ה דינרי וכו' [illegible]

כֵּיוָן שֶׁאִיסּוּרָהּ בָּטֵיל על ידי שמבטל אותה, טוּמְאָה נַמִּי [גם כן] בָּטְלָה. כִּי קָא מִיבָּעֲיָא לֵיהּ [כאשר נשאלה לו השאלה הזו] הרי זה בְּתִקְרוֹבֶת לַעֲבוֹדָה זָרָה שהיא שֶׁל אוֹכָלִין, מַאי [מה] הדין? וצדדי השאלה, כֵּיוָן דְּאִיסּוּרֵיהּ לָא בָּטֵיל [שאיסורו אינו בטל], כְּדִבְרֵי רַב גִּידֵּל, שאמר שאין תקרובת עבודה זרה בטילה מאיסורה לעולם, אם כן נאמר שטוּמְאָה נַמִּי [גם כן] לֹא בָּטְלָה, אוֹ דִּלְמָא [שמא] אִיסּוּר של תקרובת עבודה זרה שהוא דְּאוֹרַיְיתָא [מן התורה] לֹא בָּטֵיל, אבל טוּמְאָה דְּרַבָּנַן [שחכמים גזרו] בָּטֵיל [בטילה]? שאלה זו לא נפתרה, ונשארה בְּתֵיקוּ [תעמוד] במקומה.

א בְּעָא מִינֵּיהּ [שאל אותו] ר' יוֹסֵי בֶּן שָׁאוּל מֵרַבִּי: כֵּלִים שֶׁשִּׁימְּשׁוּ בָּהֶן לעבודה זרה בְּבֵית חוֹנְיוֹ שהיה מקדש שהקימו יהודים במצרים, מַהוּ דינם לענין שֶׁיִּשְׁתַּמְּשׁוּ בָּהֶן בְּבֵית הַמִּקְדָּשׁ? ומעירים: וְקָא מִיבָּעֲיָא לֵיהּ [ונשאלה לו השאלה] אַלִּיבָּא דְּמַאן דְּאָמַר [לדעת מי שאומר] שבֵּית חוֹנְיוֹ לָאו בֵּית עֲבוֹדָה זָרָה הִיא, אלא מקום לעבודת ה', אלא שעברו על איסור להקריב קרבנות מחוץ למקדש, דִּתְנַן [ששנינו במשנה]: כֹּהֲנִים שֶׁשִּׁימְּשׁוּ (שעבדו) בְּבֵית חוֹנְיוֹ לֹא יְשַׁמְּשׁוּ בַּמִּקְדָּשׁ שֶׁבִּירוּשָׁלַיִם, וְאֵינוֹ צָרִיךְ לוֹמַר שלא ישמשו במקדש כהנים ששימשו לְדָבָר אַחֵר כלומר, לעבודה זרה. ומכאן שבית חוניו עצמו אינו בית עבודה זרה. וכך היא השאלה של ר' יוסי בן שאול: דווקא כֹּהֲנִים הוּא דְּקָנְסִינְהוּ רַבָּנַן [שקנסו אותם חכמים] שלא יעבדו במקדש, מִשּׁוּם שבְּנֵי דֵעָה נִינְהוּ [הם], ועברו על איסור, אֲבָל כֵּלִים שאינם בני דעה — לֹא, שאין מקום לגזור עליהם, אוֹ דִּלְמָא לָא שְׁנָא [שמא אינו שונה] דינם של כלים מדינם של כהנים, ואף עליהם גזרו? אָמַר לוֹ רבי לר' יוסי בן שאול: אֲסוּרִים הֵן כלים אלה, וּמִקְרָא הָיָה בְּיָדֵינוּ המוכיח דבר זה וּשְׁכַחְנוּהוּ. אִיתִיבֵיהּ [הקשה לו] ר' יוסי בן שאול ממה שאמרו הכהנים לחזקיהו מלך יהודה לאחר שטיהרו את המקדש מטומאות אביו אחז: "כָּל הַכֵּלִים (של בית המקדש) אֲשֶׁר הִזְנִיחַ הַמֶּלֶךְ אָחָז בְּמַלְכוּתוֹ בְּמַעֲלוֹ (שעבד עבודה זרה) הֵכַנּוּ וְהִקְדָּשְׁנוּ והנם לפני מזבח ה'" (דברי הימים ב כט, יט), מַאי לָאו [האם לא] הפירוש: "הֵכַנּוּ" — דְּאַטְבְּלִינְהוּ [שהטבלנו אותם], "הִקְדָּשְׁנוּ" — דְּאַקְדִּישְׁנַנְהוּ [שהקדשנו אותם], משמע שאפשר להשתמש בהם לעבודת המקדש למרות שנעשה בהם איסור! אָמַר לוֹ רבי: בָּרוּךְ אַתָּה לַשָּׁמַיִם שֶׁהֶחֱזַרְתָּ לִי אֲבֵדָתִי כלומר, אתה גרמת לי להיזכר בדבר ששכחתי, כי זה היה באמת הפסוק שממנו שמעתי להיפך, שהם אסורים, שכך יש להבין את הנאמר בו: "הֵכַנּוּ" — כוונתו שֶׁגְּנַזְנוּם, וְ"הִקְדַּשְׁנוּ" — כוונתו שֶׁהִקְדַּשְׁנוּ אֲחֵרִים תַּחְתֵּיהֶם, כיון שהם עצמם אסורים. ומציעים: לֵימָא מְסַיֵּיעַ לֵיהּ [האם נאמר כי מסייע לו לרבי] מה ששנינו: לשכה מִזְרָחִית צְפוֹנִית שבבית המוקד שבעזרה — בָּהּ גָּנְזוּ בֵּית חַשְׁמוֹנַאי אֶת אַבְנֵי הַמִּזְבֵּחַ שֶׁשִּׁקְּצוּ אַנְשֵׁי יָוָן, וְאָמַר רַב שֵׁשֶׁת: הכוונה היא שֶׁשִּׁקְּצוּ את האבנים לַעֲבוֹדָה זָרָה, משמע שדברים של המקדש שהשתמשו בהם לעבודה זרה — אין להם תקנה אלא גניזה! אָמַר רַב פַּפָּא: אין משם סיוע לשאלה האם קונסים חכמים ואוסרים לשמש בכלי שרת שעשו בהם איסור, שכן הָתָם [שם] בענין זה קְרָא אַשְׁכַּח וּדְרַשׁ [מקרא מצאו ודרשו] שהמזבח נתחלל מקדושתו, ולכן נאסר, דִּכְתִיב [שנאמר]: "וּבָאוּ בָהּ פָּרִיצִים וְחִלְּלוּהָ" (יחזקאל ז, כב), שכיון שנכנסו לשם הגוים חיללו את הקדושה שהיתה במזבח, וכיון שהפך לחולין נאסרו אבניו אף להדיוט כשנשתמשו בהם לעבודה זרה. ומדוע גנזום? אָמְרִי [אמרו] חכמי אותו הדור: הֵיכִי נַעֲבֵיד [איך נעשה] לבטלן מאיסור עבודה זרה. כדי להכשירן למזבח? אם נִיתַּבְּרִינְהוּ [נשבור אותן את האבנים הללו] — "אֲבָנִים שְׁלֵמוֹת תבנה את מזבח ה'" (דברים כז, ו) אָמַר רַחֲמָנָא [אמרה התורה], נִנְסְרִינְהוּ [ננסר אותן] בלא לשוברן — "לֹא תָנִיף עֲלֵיהֶם בַּרְזֶל" (שם ה) אָמַר רַחֲמָנָא [אמרה התורה], ואם כן אין להן תקנה אלא לגונזן. ושואלים: וְעֲדַיִין אַמַּאי [מדוע] לגונזן? לִיתַּבְּרִינְהוּ וְלִישַׁקְלִינְהוּ לְנַפְשַׁיְיהוּ [שישברו אותן כדי לבטלן, ויקחו אותן בית חשמונאי לעצמם] שהרי כבר נתחללו! מִי [האם] לֹא אָמַר רַב אוֹשַׁעְיָא: בִּקְּשׁוּ לִגְנוֹז כָּל כֶּסֶף וְזָהָב שֶׁבָּעוֹלָם מִשּׁוּם כַּסְפָּא וְדַהֲבָא [כסף וזהב] שֶׁל יְרוּשָׁלַיִם שהיה במקדש, שמעורב בכל מיני כסף וזהב אחרים; וְהָוֵינַן בָּהּ [והיינו מתקשים בכך]: וכי יְרוּשָׁלַיִם הָוְיָא רוּבָּא דְעָלְמָא [היא רוב העולם] שצריך לחשוש בכל הכסף שבעולם משום זה? אֶלָּא אָמַר אַבַּיֵי: בִּקְּשׁוּ לִגְנוֹז דֵּינָרָא הַדְרְיָאנָא טוּרְיָינָא שִׁיפָא [את הדינר של אדריינוס או טריינוס המשופשף], מִפְּנֵי טִבְעָהּ (מטבע) שֶׁל יְרוּשָׁלַיִם, שברור היה לנו שבדינרים הללו מעורב הרבה מאד מכסף המקדש, עַד שֶׁמָּצְאוּ לָהּ מִקְרָא מִן הַתּוֹרָה שֶׁהוּא מוּתָּר, שנאמר: "וּבָאוּ בָהּ פָּרִיצִים וְחִלְּלוּהָ", לומר: כיון שבאו בה — חיללוה, ושוב אין בה קדושה! ומשיבים: אף על פי כן אינו דומה, הָתָם [שם] לֹא אִשְׁתַּמְּשׁוּ בְּהוּ [השתמשו בהם] בכספים הללו לְגָבוֹהַּ, אלא היו רק הקדש. הָכָא [כאן], באבני המזבח, כֵּיוָן דְּאִשְׁתַּמַּשׁ בְּהוּ [שהשתמשו בהם] לְגָבוֹהַּ — לָאו אוֹרַח אַרְעָא לְאִשְׁתַּמּוּשֵׁי בְּהוּ הֶדְיוֹטָא [אין זה דרך ארץ שישתמש בהם הדיוט], ולכן גנזום.

ב משנה נָכְרִי מְבַטֵּל עֲבוֹדָה זָרָה שֶׁלּוֹ שהוא עובד אותה, וְשֶׁל חֲבֵירוֹ אף שהוא עצמו אינו עובד אותה, וְיִשְׂרָאֵל אֵין מְבַטֵּל עֲבוֹדָה זָרָה שֶׁל נָכְרִי. הַמְבַטֵּל עֲבוֹדָה זָרָה — מְבַטֵּל על ידי כך גם את מְשַׁמְּשֶׁיהָ, אם בִּיטֵּל רק את מְשַׁמְּשֶׁיהָ, מְשַׁמְּשִׁין — מוּתָּרִין, וְהִיא עצמה עדיין אֲסוּרָה.

ג גמרא מַתְנֵי לֵיהּ [היה שונה לו] רַבִּי לְר' שִׁמְעוֹן בְּרַבִּי כנוסח משנתנו: נָכְרִי מְבַטֵּל עֲבוֹדָה זָרָה שֶׁלּוֹ וְשֶׁל חֲבֵירוֹ. אָמַר לוֹ: רַבִּי, שָׁנִיתָ לָנוּ בְּיַלְדוּתְךָ כלומר, בהיותך צעיר יותר: נָכְרִי מְבַטֵּל עֲבוֹדָה זָרָה שֶׁלּוֹ וְשֶׁל יִשְׂרָאֵל. ותחילה תוהים: עבודה זרה של יִשְׂרָאֵל מִי קָא מִבַּטְלָה [האם היא מתבטלת]? וְהָא [והרי] "וְשָׂם בַּסָּתֶר" (דברים כז, טו) כְּתִיב [נאמר], ולמדנו מכאן שאין לה תקנה אלא גניזה! אָמַר ר' הִילֵּל בְּרֵיהּ [בנו] של ר' ווֹלָס: לֹא נִצְרְכָה הלכה זו, אלא במקרה שֶׁיֵּשׁ לוֹ לגוי בָּהּ בעבודה זרה זו שׁוּתָּפוּת עם ישראל, ולכן היה מקום לומר שהוא יכול לבטלה. ושואלים: בְּיַלְדוּתוֹ מַאי קָסָבַר [מה חשב] רבי, וּבְזִקְנוּתוֹ מַאי קָסָבַר [מה חשב], מדוע שינה את דעתו? ומסבירים, בְּיַלְדוּתוֹ סָבַר: יִשְׂרָאֵל אַדַּעְתָּא דְּנָכְרִי פָּלַח [על דעת שותפו הגוי הוא עובד], בגללו, ולכן כֵּיוָן שהנָכְרִי מְבַטֵּל דְּנַפְשֵׁיהּ [את שלו], של יִשְׂרָאֵל נַמִּי מִבַּטְלָה [גם כן מתבטלת]. וּבְזִקְנוּתוֹ סָבַר: יִשְׂרָאֵל אַדַּעְתָּא דְּנַפְשֵׁיהּ פָּלַח [על דעת עצמו הוא עובד], ולכן כִּי [כאשר] מְבַטֵּל נָכְרִי דְּנַפְשֵׁיהּ [את של עצמו], של יִשְׂרָאֵל לָא בָּטֵיל [אינו בטל]. אִיכָּא דְּמַתְנֵי לָהּ אַסֵּיפָא [יש ששונה אותה את השמועה הזו על סופה של המשנה]: יִשְׂרָאֵל אֵינוֹ מְבַטֵּל עֲבוֹדָה זָרָה שֶׁל נָכְרִי. ושואלים: פְּשִׁיטָא [פשוט] הדבר! אָמַר ר' הִילֵּל בְּרֵיהּ [בנו]

עיונים

כיון דאיסוריה לא בטיל שאל ר' עקיבא איגר: הרי לשיטת התוס' (ב"ק עב,ב) יש בתקרובת עבודה זרה רק איסור אכילה מן התורה, אבל איסור הנאה שבה הוא רק מדברי סופרים, ואם כן, הרי אף היא אינה איסור מן התורה! ותירץ כי מאחר שעיקר איסורה הוא מן התורה, הרי אף גזירות חכמים שבה אנו דנים כאילו היו מן התורה.

אליבא דמאן דאמר בית חוניו לאו בית עבודה זרה שכמבואר בברייתא במסכת מנחות (קט,ב) נחלקו תנאים בענין זה, שלדעת ר' מאיר חוניו, שבנה מזבח במצרים כשברח מפני אחיו הכהנים, עבד בו עבודה זרה, ולדעת ר' יהודה העלה עליו קרבנות לה'.

והסביר רש"י כי אם לשיטת ר' מאיר — בוודאי לא ניתן להשתמש בכלים של בית חוניו בבית המקדש, שהרי אף להדיוט אסורים הכלים בהנאה כמבואר לעיל (נא,ב), קל וחומר שנאסרו לגבוה (רש"י). ורמב"ן העיר (בעמוד הקודם) כי מכאן עולה לכאורה שמשמשי עבודה זרה של ישראל אין בטלה לאיסורם, שאם יש להם ביטול — הרי יכולה השאלה להישאל אף לשיטת ר' מאיר, לאחר שביטלו כלים אלו מעבודה זרה. אלא שהוא מסביר כי ניתן להבין את השאלה גם לדעת ר' מאיר, [illegible]

כל הכלים וכו' וכבר תמהו ראשונים: כיצד כל ניתן להבין שהשתמשו בכלים אלו? והרי כלי עבודה זרה של ישראל הם, ואין להם בטלה עולמית מן התורה. [illegible] בין מי שעושה מעשה בדבר לשם עבודה זרה עצמה או תקרובתה, לבין מי שעושה דבר לשם משמשיה, שהוא אינו נאסר אלא לגבוה (ראב"ד ב"כתוב שם"). אבל הרי"ד הסביר כי לדעת רבי אכן אדם אוסר (מן התורה) כלים שאינם שלו כשעשה בהם מעשה לעבודה זרה, וכך יש להבין את האמור בכלים של אחז, אלא שלדעתו יש ללמוד מכאן לענין כלים של בית חוניו, כפי שאמרו חכמים בכל מקום שחכמים תיקנו גזרותיהם כעין דאורייתא.

דאטבלינהו... דאקדישננהו רש"י מסביר שהיו צריכים להטבילם כיון שנטמאו מחמת טומאת עבודה זרה, ואחר כך חזרו והקדישום על ידי משיחת שמן המשחה עליהם, כפי שמצוה לעשות בכלי שרת.

שהחזרת לי אבדתי ושאלו: מנין יודע רבי שכך צריך להבין את המקרא? שמא יש לפרשו כפי שפירשו ר' יוסי בן שאול! והסבירו כי מאחר שנאמר בפסוק הקודם "טהרנו", הרי אין לפרש לשון "הכנו" כדרך טהרה, אלא דווקא במובן שהניחום במקומם, כלומר שגנזום (תו"ח).

קרא אשכח ודרש ומאותו מקרא למדו שמן התורה הם אסורים אף להדיוט משום איסור עבודה זרה שיש בהם, ואין ללמוד מכאן לכלים של בית חוניו (רש"י).

ובאו בה פריצים וכו' רש"י מסביר שמן הכתוב "וחללוה" למדים שכיון שבאו פריצים וכבשו את המקדש הריהו נעשה חולין, ששוב אינו כחפץ של הקדש, אלא כשלהם (שאין שמו של הקב"ה קרוי עוד עליהם. ראב"ד), וכיון שהוא שלהם — הריהו נאסר על ידם אף להדיוט כשהם עושים בו מעשה של עבודה זרה. וכפי שהסביר הרמב"ן, גזירת הכתוב היא לגבי גוים שיחללוה, מה שאין כן אחז, שאף שעובד עבודה זרה היה — יהודי היה, ומדין תורה לא יצאו הכלים מרשות הקדש ולא ניתן היה לאוסרם. וראה בבעל מאור שכתב בשם רבותיו שפריצים אלה הם מבני ישראל, שרק בכוחם למעול ולהוציא את אבני המזבח מרשות הקדש, ולאחר מכן עבדו בהם הגוים עבודה זרה ואסרום. ומה שנאמר בכלים של אחז שלא יצאו מיד הקדש — דין מיוחד יש בכלי שרת, שלא כמו אבני המזבח ושאר הקדשות, שאין הם יוצאים לחולין על ידי המעילה (וכן הסביר המאירי. וראה ברמב"ן שדן בדברים במלחמות ה').

ניתברינהו שישברם גוי, ועל ידי כך יבטל את העבודה הזרה שיש בכך (רש"י).

וננסרינהו רש"י מסביר כי הכוונה היא שלאחר שישברם הגוי וייפגמו, ינסרו אותן, כדי ליישר את הפגימות שיש בהן. אבל הראב"ד הסביר כי הכוונה היא שהביטול ייעשה על ידי הניסור ולא על ידי שבירה, כך שלא תהיה פגימה כלל באבנים בתהליך זה. וראה במאירי ובאחרונים שדנו בהשלכות ההלכתיות של מחלוקת זו.

כספה של ירושלים רש"י מסביר שרוב הכסף המזומן שהיה בירושלים היה כסף שהיה מונח בלשכת המקדש, ושאר כספי קדשים שהובאו לשם, ולפיכך יש להניח שכספה של ירושלים כסף הקדש הוא.

ירושלים הויא רובא דעלמא כתב המאירי שיש שלמדו משאלה זו שאף להקדש יש ביטול ברוב, שכאשר כסף הקדש מעורב במטבעות אחרים, כיון שרוב הכספים הם ממקורות אחרים — התערובת כולה מותרת. אבל הוא דחה זאת, ופירש (כראב"ד) שלא מפני סברת ביטול שאלו זאת, אלא בגלל ההסתברות, שכאשר מטבע בא לידינו, כיון שרוב הכסף הוא ממקורות אחרים, הרי אנו אומרים ש"כל דפריש — מרובא פריש", ואין לומר שדווקא מטבע מסויים זה הוא מכסף הקדש.

הדריאנא טוריינא שיפא רש"י מסביר (ראה גם בכורות נ,א) שמטבעות אלה הם מטבעות (משופשפים מאד מחמת יושנם) של הקיסרים הדריינוס וטריינוס שהוטבעו בירושלים. ור"ת (בתוס') מתקשה מכך שבמקום אחר אמרו שמטבע של ירושלים יש עליו דוד ושלמה מצד אחד. והוא רוצה להסביר שהכוונה היא למטבע מסויים, עגול ("הדרייאנא") וגדול ("טוריינא"), שבו היה חשש זה. ואילו לראב"ד יש שיטה שונה, שלדעתו במטבעות אלה, שהיו גדולים וחשובים, היו גזברי המקדש מצרפים את המעות שהגיעו אליהם, ולפיכך מספר גדול מאד של מטבעות אלה הן ממש מכספי ההקדש.

גוי מבטל וכו' לעיל (עמוד א) דרשו חכמים את מקור הדין מן הכתובים. ובתוי"ט כתב טעמו של דבר על פי הרמב"ם, שכיון שהכתוב מדגיש ואומר "פסילי אלהיהם תשרפון באש" ולא "פסיליהם" סתם, משמע שאיסור זה שנאמר בתורה הוא על פסל המשמש בפועל כאלוה, ולכן אם אינו "אלהיהם" — בטל ממנו איסורו.

ישראל אינו מבטל וגזירת הכתוב היא, שהרי נאמר "ושם בסתר" — שטעונה עבודה זרה זו גניזה, ואין לה תקנה אחרת. ובירושלמי רצו להציע שמקור ההבדל הוא בדין הקודם במשנה (לעיל נא,ב) כי משום שעבודה זרה של ישראל אינה נאסרת אלא לאחר שתיעבד — לפיכך אין לה ביטול, ואילו עבודה זרה של גוי משום שהיא נאסרת משעת עשייתה — אין בה איסור חמור כזה. אבל דחו שם הצעה זו.

מבטל משמשיה והנוסח בירושלמי ומשניות ועוד: "ביטל משמשיה". כלומר, משמשיה גם הם בטלים על ידי כך, ואינו צריך לעשות דבר לשם כך, שהם תלויים בה (מאירי ועוד).

שנית לנו בילדותך וכו' ואכן נוסח המשנה שבתלמוד הירושלמי ובמקורות נוספים הוא כפי הנוסח הקודם יותר של רבי (למרות שבתלמוד הירושלמי גם כן מופיע מעשה זה המסופר אצלנו).

אדעתא דנכרי פלח שהוא עצמו לא היה מאמין בה או מקבלה, אלא מפני השפעתו של הגוי אף הוא עובדה. ומשום כך, כאשר הגוי מבטלה — עיקר האיסור שבה בטל מעצמו, ואינו צריך לביטולו של ישראל.

אורח הלכה

טומאה נמי בטלה עבודה זרה ומשמשיה שביטלום, איסור הנאה שבהם וטומאתם בטלו, וטהורים הם. (רמב"ם ספר טהרה הלכות שאר אבות הטומאה פ"ו ה"ז).

בית חוניו מי שעבר ועשה בית חוץ למקדש להקריב בו קרבנות לה' אינו כבית עבודה זרה, ואף על פי כן כל כהן ששימש בבית כזה לא ישמש במקדש לעולם. וכן כלים שנשתמשו בהם שם לא ישתמשו בהם במקדש לעולם, אלא ייגנזו. כמסקנת הגמרא. (רמב"ם ספר עבודה הלכות ביאת מקדש פ"ט הי"ד).

אבנים שלמות אבן שנפגמה כדי שתחגור בה צפורן (כפסול סכין של שחיטה) הרי זו פסולה למזבח ולכבש. והבונה אבן כזו במזבח עובר בעשה. (רמב"ם שם הלכות בית הבחירה פ"א הי"ד).

לא תניף עליהם ברזל אבן שנגע בה הברזל, אף שלא נפגמה — פסולה לבנין המזבח ולכבש. והבונה אבן כזו — לוקה. (שם הט"ו).

נכרי מבטל עבודה זרה גוי מבטל עבודה זרה בין שלו בין של חבירו, ואפילו עבודה זרה שאינו עובדה. (רמב"ם ספר מדע הלכות עבודה זרה פ"ז ה"ח. שו"ע יו"ד קמו, ה).

ישראל אין מבטל עבודה זרה ישראל אינו יכול לבטל עבודה זרה של גוי, וכל שכן של ישראל. כמשנה. (רמב"ם שם. שו"ע שם סעיף א).

המבטל עבודה זרה המבטל עבודה זרה — נתבטלו גם משמשיה (ואפילו היו כבר ביד ישראל נתבטלו. רמ"א). אבל אם ביטל משמשיה — היא אינה בטלה על ידי כך. כמשנה. (רמב"ם שם. שו"ע שם סעיף יג).

מסורת הש"ס

א. ע"ז נ,א.
ב. משנה מנחות קט,א. תוספתא מנחות פי"ג יד. וראה מגילה י,א.
ג. ע"ז נד,א.
ד. (הביטוי) זבחים נט,א.
ה. ע"ז נד,ב.
ו. משנה מדות פ"א מ"ו. יומא טז,א. ילק"ש נ"ך שמו.
ז. (הביטוי) חגיגה טו,ב. ב,ב צ,א. זבחים סב,א. מנחות עז,א.
ח. בכורות נ,א. ילק"ש שם.
ט. ע"ז מב,א (ושם סומנו מקבילות).
י. ירושלמי ע"ז פ"ד ה"ה (בשינוי לשון).
יא. (הביטוי) ב"מ מד,א.

גרסות

תקרובת לעבודה זרה בכת"י: תקרובת עבודה זרה.

כדרב גידל בכת"י: מדרב גידל.

כהנים הוא דקנסינהו בכתי"ס: מי אמרינן כהנים הוא דקנסינהו.

כלים לא בכתי"ס: כלים דלאו בני דעה נינהו לא.

דאקדישננהו בכתי"ס: דאקדשונהו.

בית חשמונאי בכתי"ס: מלכי בית חשמונאי.

אנשי יון בכתי"ס: מלכי יון.

אשכח ודרש דכתיב בכתי"מ: אשכחו ודרוש ובכתי"ס: אשכוח ודרוש.

ואמאי ליתברינהו ולישקלינהו בכתי"מ: ולבטלינהו ובכתי"ס: ולתברינהו ולישקלינהו.

הויא רובא בכתי"ס: מי הוי רובא.

הדרייאנא טוריינא שיפא בכתי"מ: טוריינא והדריינא שיפא בכתי"ס: טיריינא הדריאנא שייפא.

שלו ושל חבירו בירושלמי ובכמה כת"י: שלו ושל ישראל.

מבטל משמשיה בירושלמי במשניות ועוד: ביטל משמשיה.

משמשין מותרין בירושלמי: משמשיה מבוטלין במשניות: משמשיה מותרין ובכתי"מ ועוד: הן מותרין.

לרבי שמעון ברבי בכתי"מ ועוד: לר' שמעון בריה.

רבי שנית לנו בכתי"ס: כבר שנית לנו.

והא ושם בסתר כתיב בכת"י חסר משפט זה.

החיים

בית חוניו

בית חוניו היה מקדש שנבנה כדוגמת בית המקדש בירושלים על ידי חוניו (לפי יוספוס — הוא חוניו בן הכהן הגדול חוניו השלישי) בעיר לאונטופוליס במצרים, בערך בשנים 17—155 לפנסה"נ.

בתלמוד (ראה מנחות קט,ב) מסופר כי חוניו זה ברח למצרים בגלל סכסוך אישי חמור עם אחיו, ולפי יוספוס נראה שהדבר היה קשור גם בשלטון המתייוונים בירושלים, ולאחר זמן, כאשר שושלת בית חשמונאי עלתה לגדולה וראשיה שימשו בכהונה הגדולה.

למרות שינויים קלים היה מקדש חוניו בנוי בתבנית בית המקדש, ושימשו בו כהנים מזרע אהרן. אף כי בין חכמי התלמוד היו שסברו כי מקדש חוניו יש לראותו כבית עבודה זרה, נראה כי הדעה המקובלת היתה כי מקדש זה נבנה לעבודת ה' שמים. אולם הבעיה העקרונית בקשר למקדש זה היתה שעצם קיומו של מקום שמקריבים בו קרבנות מחוץ לירושלים, בזמן שבית המקדש קיים, היא עבירה חמורה שחייבים עליה כרת, ומשום כך אף נפסלו כהני בית חוניו לעבודה, ככהני הבמות.

לפי יוספוס נסגר בית חוניו על ידי אספסיינוס כ-3 שנים לאחר חורבן הבית, אולם ייתכן כי מקדש זה חזר לפעילות בתקופה מאוחרת יותר, בזמנו של ר' יצחק.

הדריאנא טוריינא

ראה בהשלמות.

שֶׁל ר' ווֹלָס: לֹא נִצְרְכָה הלכה זו אלא במקרה שֶׁיֵּשׁ לוֹ בָּהּ שׁוּתָּפוּת עם גוי, וְקָא מַשְׁמַע לָן [ומשמיע לנו] שדווקא יִשְׂרָאֵל הוּא שלֹּא מְבַטֵּל של נָכְרִי, אֲבָל נָכְרִי דְּנַפְשֵׁיהּ [את החלק של עצמו] מְבַטֵּל. אִיכָּא דְּמַתְנֵי לָהּ אַבָּרַיְיתָא [יש ששונה את הענין הזה על ברייתא], ר' שִׁמְעוֹן בֶּן מְנַסְיָא אוֹמֵר: עֲבוֹדָה זָרָה שֶׁל יִשְׂרָאֵל אֵין לָהּ בְּטֵילָה עוֹלָמִית. ושואלים: מַאי [מה פירוש] "עוֹלָמִית"? והרי נאמר שאין לה בטילה! אָמַר ר' הִילֵּל בְּרֵיהּ [בנו] של ר' ווֹלָס: לֹא נִצְרְכָה, אֶלָּא במקרה שֶׁיֵּשׁ לוֹ לַגּוֹי בָּהּ שׁוּתָּפוּת, וְקָא מַשְׁמַע לָן [משמיע לנו], שֶׁיִּשְׂרָאֵל אַדַּעְתָּא דְּנַפְשֵׁיהּ פָּלַח [על דעת עצמו עובד], וגם אם ביטל הגוי את חלקו, חלקו של הישראל אינו בטל.

א משנה כֵּיצַד מְבַטְּלָהּ הגוי לעבודה זרה שלו? קָטַע רֹאשׁ אָזְנָהּ, רֹאשׁ חוֹטְמָהּ, רֹאשׁ אֶצְבָּעָהּ. פְּחָסָהּ (מעך אותה), אַף עַל פִּי שֶׁלֹּא חִיסְּרָהּ — בִּיטְּלָהּ; אבל אם רָק (ירק) בְּפָנֶיהָ, הִשְׁתִּין בְּפָנֶיהָ, גְּרָרָהּ על הארץ, זָרַק בָּהּ אֶת הַצּוֹאָה — הֲרֵי זוֹ אֵינָהּ בְּטֵילָה, לפי שהוא רק דבר זמני, ולאחר מכן חוזר לעובדה. מְכָרָהּ אוֹ מִשְׁכְּנָהּ — רַבִּי אוֹמֵר: בִּיטֵּל אותה בכך, וַחֲכָמִים אוֹמְרִים: לֹא בִּיטֵּל.

ב גמרא על האמור במשנה שאם פחסה אף על פי שלא חיסרה ביטלה, שואלים: כִּי [אם] לֹא חִיסְּרָהּ, בְּמַאי [במה] בִּיטְּלָהּ? אָמַר ר' זֵירָא: שֶׁפְּחָסָהּ בְּפָנֶיהָ כלומר, הכה בפניה בפטיש עד שקלקל צורתה, אף שלא החסיר דבר ממנה.

ג שנינו במשנה: רָקַק בְּפָנֶיהָ, וְהִשְׁתִּין בְּפָנֶיהָ וכו' הרי זו אינה בטילה. ושואלים: מְנָהָנֵי מִילֵּי [מנין הדברים הללו] שגוי הנוהג בזיון בעבודה זרה לא ביטלה על ידי כך? אָמַר חִזְקִיָּה, שֶׁאָמַר קְרָא [הכתוב] על עובדי אלילים: "וְהָיָה כִּי יִרְעַב וְהִתְקַצַּף וְקִלֵּל בְּמַלְכּוֹ וּבֵאלֹהָיו וּפָנָה לְמָעְלָה" (ישעיה ח, כא), וּכְתִיב בָּתְרֵיהּ [וכתוב אחריו]: "וְאֶל אֶרֶץ יַבִּיט וְהִנֵּה צָרָה וַחֲשֵׁכָה" וגו' (שם, כב), והרי אנו למדים מכאן דְּאַף עַל גַּב [שאף על פי] שקִלֵּל מַלְכּוֹ וֵאלֹהָיו וּפָנָה לְמַעְלָה כלפי ה', בכל זאת — אֶל אֶרֶץ יַבִּיט והנה צרה וחשכה, ששוב הוא חוזר ועובד עבודה זרה.

ד שנינו במשנה: מְכָרָהּ אוֹ מִשְׁכְּנָהּ — רַבִּי אוֹמֵר: בִּיטֵּל, וחכמים אומרים: לא ביטל. בפירוש מחלוקת זו נחלקו אמוראים, זְעֵירִי שֶׁאָמַר בשם ר' יוֹחָנָן, וְר' יִרְמְיָה בַּר אַבָּא שֶׁאָמַר בשם רַב, חַד [אחד מהם] אָמַר: מַחֲלוֹקֶת זו היא בְּמקרה שמוכרה הגוי לְצוֹרֵף גּוֹי, אֲבָל בְּמוכרה לְצוֹרֵף יִשְׂרָאֵל — דִּבְרֵי הַכֹּל בִּיטֵּל, שהגוי יודע שהישראל עתיד להתיכה. וְחַד [ואחד מהם] אָמַר: בְּצוֹרֵף יִשְׂרָאֵל מַחֲלוֹקֶת. על הדעה האחרונה אִיבַּעְיָא לְהוּ [נשאלה להם לחכמים]: האם הכוונה היא כי בְּצוֹרֵף יִשְׂרָאֵל מַחֲלוֹקֶת, אֲבָל המוכר לְצוֹרֵף גּוֹי דִּבְרֵי הַכֹּל לֹא בִּיטֵּל, אוֹ דִּלְמָא [שמא] בֵּין בָּזֶה וּבֵין בָּזֶה מַחֲלוֹקֶת? ומציעים: תָּא שְׁמַע [בוא ושמע] פתרון מברייתא, שֶׁאָמַר רַבִּי: נִרְאִין דְּבָרַיי שביטל כְּשֶׁמְּכָרָהּ לְחַבָּלָה, ונראים דִּבְרֵי חֲבֵירַיי שלא ביטל במקרה שֶׁמְּכָרָהּ לַעֲבוֹדָהּ; ונברר: מַאי [מה משמעות] "לְחַבָּלָה" וּמַאי [ומה משמעות] "לַעֲבוֹדָהּ"? אִילֵימָא [אם תאמר] לְחַבָּלָה — לְחַבָּלָה מַמָּשׁ, שהמוכר יודע שהקונה עומד לשוברה, לַעֲבוֹדָהּ — לַעֲבוֹדָהּ מַמָּשׁ, שהקונה עתיד לעובדה, מַאי טַעְמָא דְּמַאן דְּאָמַר [מה הטעם של מי שאומר] בִּיטֵּל כשמוכרה לעובדה, וּמַאי טַעְמָא לְמַאן דְּאָמַר [ומה הטעם של מי שאומר] לֹא בִּיטֵּל אם יודע שהקונה שוברה? אֶלָּא לָאו [האם לא] צריך לפרש כך: לא שברור לו הדבר, אלא שמכרה לְחַבָּלָה — לְמִי שֶׁעָתִיד לְחַבָּלָה, וּמַנּוּ [ומי הוא] שמסתבר שיעשה כן? צוֹרֵף יִשְׂרָאֵל, לַעֲבוֹדָהּ — לְמִי שֶׁעָתִיד לַעֲבוֹדָהּ, וּמַנּוּ [ומי הוא]? צוֹרֵף גּוֹי. וממה שאמר רבי שנראים דבריו במקרה אחד ודברי חבריו במקרה אחר שְׁמַע מִינָּהּ [ולמד מכאן]: בֵּין בָּזֶה וּבֵין בָּזֶה מַחֲלוֹקֶת, שלא כמי שסבור לעיל כי דווקא בצורף גוי נחלקו רבי וחכמים! ודבר זה דוחים: לֹא, הָכִי קָאָמַר [כך הוא אומר], כך יש להבין שֶׁאָמַר רַבִּי: נִרְאִין דְּבָרַיי לַחֲבֵירַיי כְּשֶׁמְּכָרָהּ לְחַבָּלָה, וּמַנּוּ [ומי הוא] שעושה כן? צוֹרֵף יִשְׂרָאֵל, שֶׁאַף חֲבֵירַיי לֹא נֶחְלְקוּ עָלַי אֶלָּא כְּשֶׁמְּכָרָהּ לַעֲבוֹדָהּ כלומר, לצורף גוי, אֲבָל לְחַבָּלָה כלומר, לצורף ישראל — מוֹדוּ [מודים] לִי. מֵיתִיבֵי [מקשים מברייתא אחרת]: הַלּוֹקֵחַ גְּרוּטָאוֹת (שברי מתכת) מִן הַגּוֹיִם וּמָצָא בָּהֶן עֲבוֹדָה זָרָה, אִם עַד שֶׁלֹּא נָתַן הקונה הישראל מָעוֹת מָשַׁךְ את העבודה זרה — הֲרֵי זֶה יַחֲזִיר לגוי מה שמשך, אִם מִשֶּׁנָּתַן מָעוֹת מָשַׁךְ, ושוב אינו יכול להחזירה — יוֹלִיךְ את העבודה הזרה לְיָם הַמֶּלַח; אִי אָמְרַתְּ בִּשְׁלָמָא [נניח אם אתה אומר]: בְּצוֹרֵף יִשְׂרָאֵל מַחֲלוֹקֶת, הָא מַנִּי [זו כשיטת מי היא] שיטת רַבָּנַן [חכמים] הִיא, שגוי המוכר לצורף ישראל לא ביטל בכך את מה שמכר, ודינו כעבודה זרה. אֶלָּא אִי אָמְרַתְּ [אם אתה אומר]: בְּצוֹרֵף גּוֹי מַחֲלוֹקֶת, אֲבָל בְּצוֹרֵף יִשְׂרָאֵל דִּבְרֵי הַכֹּל בִּיטֵּל, הָא מַנִּי [זו כשיטת מי היא]? ומתרצים: שָׁאנֵי הָתָם [שונה שם], דְּאַדַּעְתָּא דִּגְרוּטָאוֹת זַבֵּין [שעל דעת שהן גרוטאות מכרן], אַדַּעְתָּא [על דעת] שיש שם עֲבוֹדָה זָרָה לֹא זַבֵּין [מכר], אלא בטעות נפלה עבודה זרה, ולא התכוון לבטלה.

ה תָּנוּ רַבָּנַן [שנו חכמים בברייתא]: לָוָה עָלֶיהָ על עבודה זרה, שנתנה כמשכון להלואה, אוֹ שֶׁנָּפְלָה עָלֶיהָ מַפּוֹלֶת, אוֹ שֶׁגְּנָבוּהָ לִיסְטִין (שודדים), אוֹ שֶׁהִנִּיחוּהָ הַבְּעָלִים וְהָלְכוּ לִמְדִינַת הַיָּם,

עיונים

גוי דנפשיה מבטל ושאלו: מה משמעות יש לביטול זה שמבטל הגוי את חלקו, מה יוצא מכאן הלכה למעשה? הרי גם אם יחלקו ביניהם את העבודה זרה, בדברים שאיסורם מן התורה אין אנו אומרים שיש ברירה, שמתברר לאחר מעשה מה היה החלק של הגוי שהוא מותר! בתירוץ קושי זה כתב הרמב"ן (וכיוצא בזה מבואר ברי"ד) שכאן מדובר כאשר היה לגוי חלק מוגדר ומבורר בעבודה זרה זו מתחילה (כגון שרגליה היו שייכות לגוי) ולכן אין בזה עוד דין ברירה. והריטב"א כותב שכאן מדובר שלאחר שהגוי ביטל את חלקו חזר ונתן את המבוטל כמתנה ליהודי, ואז יכול היהודי למוכרו וליהנות מן הדמים. ואילו בהגהות אשרי כתב בשם אור זרוע שכיון שאיסור הנאה מעבודה זרה הוא מדברי סופרים יש בו דין ברירה (וראה בשעה"מ ועוד שתהו על כך, שהרי איסור הנאת עבודה זרה הוא מן התורה).

רק בפניה הרבה מן המפרשים למדים (על פי המשנה לעיל (מד,ב) המדברת במרחץ של אפרודיטי) שדברים אלה אמורים כאשר רק בפניה וכו' באופן אקראי, אבל אם עושה כן בקביעות — הרי זה ביטולה (רשב"א, ריטב"א, נמוק"י). אבל המאירי סבור שמשם אין ראיה, כי שם מדובר על פסל שמתחילה נעשה לכך שינהגו בו מנהג בזיון, ועוד שרבים עושים זאת, ואילו כאן מדובר על פסל שמתחילתו של כבוד הוא, וגם מדובר על יחיד העושה כן ולא על רבים.

מחלוקת בצורף גוי שמכר הגוי לצורף גוי, והלה מכרה לישראל שאינו צורף, שהוא עצמו אינו יכול לבטלה (ראב"ד). שלדעת רבי, הואיל והוא מוכרה לצורף סבור הוא שהלה עתיד להתיכה ולאבדה, ואם כן יש במכירה זו ביטול, שבכך מראה הוא שאינה חשובה עוד בעיניו. ואילו חכמים סבורים כי הואיל והוא יודע כי גם הצורף עצמו עובד עבודה זרה אינו סבור שהלה יאבד אותה, וממילא אין במכירה משום ביטול.

אבל בצורף ישראל וכו' לשיטת רש"י ותוס', מה שאמרו "צורף ישראל" הוא לאו דווקא, שכל אדם מישראל נחשב לענין זה כצורף, שהרי הגוי יודע שאינו קונה את העבודה הזרה לעובדה, אלא על מנת להשתמש בה כחומר. ולפיכך מה שנאמר כאן "צורף ישראל" אינו אלא כהתאמת הסגנון למה שנאמר לגבי גוי, ששם בוודאי מדובר בצורף (תוס'). אולם דעת הראב"ד והרמב"ן היא שמדובר דווקא בצורף ישראל, שמן הסתם קונה חפץ על מנת להתיכו ולהשתמש בו לצורך אחר. אבל גוי המוכר לסתם ישראל, סבור הוא שאותו ישראל, אף שאינו עובדה, ודאי יחזור וימכרנה לגוי אחר. ויש כמה ראשונים שמסבירים את השיטות הללו, ואת ההוכחות להן מהמשך דברי הגמרא (ראה בר"ן ועוד). וכתב הר"ן שמדיוק דברי הרמב"ם עולה שגם הוא סבור כדברי הראב"ד בזה.

נראין דבריי וכו' ולכאורה קשה, שהרי אם נראים דברי רבי לחבריו בענין אחד, ודברי חבריו נראים לו בענין אחר — משמע שהם בעצם מסכימים בכל דבר, ושוב אין כאן מחלוקת! משום כך מסביר רש"י שגם רבי וגם חכמים שניהם קיבלו מרבותיהם שיטה מסויימת. ועל כך אמר רבי שהשומעים יכולים למצוא טעם בדבריו מצד אחד ובדברי השיטה החולקת מצד אחר, אולם כל אחד מהם מחזיק בשיטתו משום שכך קיבל.

לחבלה ממש כו' כתב הריטב"א שיש מקום להסביר את הבדלי ההבנה בענין זה בדקדוק הלשון. שלפי הפירוש הראשון גם "לחבלה" וגם "לעובדה" יש להבינם כשמות פעולה: מכרה לשם חבלה, מכרה לשם עבודה. ואילו לפי הפירוש השני רואים את אלה כשמות עצם, ויש לקרוא אותם במפיק, לחבלה — למי שמחבלה, לעובדה — למי שעובדה.

לא, הכי קאמר וכו' כלומר, מה שנאמר בדברי רבי "נראין דבריי" אינו במובן של הכרעה, שכך נראה לפסוק, אלא במובן של הודאה, שחבריו מסכימים לכך. ומצד אחר, מה שנאמר "ודברי חבריי", ולא "נראין דברי חבריי", מורה כי במקרה זה אין הודאה, שהוא אינו מודה לכך, אלא שזו דעת חביריו.

וכבר העירו בתוס' שהפתרון המוצע — לפיו המחלוקת היא בצורף גוי, אבל בצורף ישראל הכל מודים שביטל — אינו מתאים לאף אחד מן הצדדים של הספק שהועלה לעיל, ואותו רצינו לברר מן הברייתא הזאת, והוא: האם מי שאומר שבצורף ישראל מחלוקת, סבור שגם בצורף גוי מחלוקת. שהרי פתרון זה מתאים דווקא למי שחולק עליו וסבור שדווקא בצורף גוי מחלוקת. והסבירו כי הספק שהועלה אכן נפתר מן הברייתא — שבזו ובזו מחלוקת, ומה שנאמר כאן "לא, הכי קאמר" וכו' — אינו דוחה ראיה זו, אלא בא לענות על קושיה העולה מפתרון זה (אף שאינה מפורשת) לדעת מי שסבור שדווקא בצורף גוי נחלקו, ובא לומר שלדעתו יש לפרש את הברייתא באופן אחר (וכן בתוהרי"ד). וראה בתוס' שהביאו גם דעת ריב"ן הסבור כי הספק שהועלה נשאר בתיקו (כפי שהציע לגרוס בגמרא מיד לאחר שהועלה הספק), ומה שהובאה הברייתא — לא הובאה כלל לפתור אותו ספק, אלא כראיה למחלוקת שבין רב ור' יוחנן בפירוש מחלוקת רבי וחכמים.

אם עד שלא נתן רש"י מסביר (על פי הגמרא להלן עא,ב) שהטעם שיכול לחזור בו ולהחזיר את העבודה הזרה הוא משום שבעצם היה זה מיקח טעות, שלא נתכוון כלל לקנות עבודה זרה. ומעיקר הדין, גם במקרה השני, כאשר נתן כבר מעות, היה מותר לו להחזירה ולקבל מעות אלה בחזרה, אלא שאסרו חכמים משום מראית העין, שנראה כאילו מוכר עבודה זרה ונהנה מדמיה.

דאדעתא דגרוטאות זבין כי סברת המקשה היתה שהגוי מכר ביודעין עבודה זרה לישראל זה הקונה גרוטאות, ולכן יש מקום להוכיח מכאן לענייננו. ובתירוץ מסבירים שהטעות לא היתה רק של היהודי הקונה דווקא, אלא התחילה מזה שאף הגוי המוכר לא ידע שהיתה שם עבודה זרה, ולא התכוון כלל למוכרה.

לוה עליה גם כאן, כמו במשנה, מדובר כשנתנה הגוי למשכון, אלא שבמשנה מדובר כאשר הגיע זמן הפרעון ולא בא לקחתה, ולכן סבור רבי שביטלה בכך. מה שאין כן במקרה שלפנינו, אין בעצם המשכון משום ביטול (רשב"א בשם רמב"ן).

שנפלה עליה מפולת ואין הגוים מפנים אותה מיד, שלכאורה משמע מכך שלא איכפת להם (רש"י). כי עצם המפולת אינה ביטול עבודה זרה, אלא דווקא תגובתם של עובדיה היא ההוכחה אם ביטלוה או לא.

שגנבוה לסטים ואין הבעלים מחזרים ומחפשים אחר הליסטים, שנראה מכך ששוב לא איכפת להם.

אורח ההלכה

עבודה זרה של ישראל עבודה זרה של ישראל אינה בטילה לעולם, ואפילו היתה לגוי שותפות בה — אין ביטולו מועיל לחלקו של הישראל. כדברי ר' הלל בר' וולס. (רמב"ם ספר מדע הלכות עבודה זרה פ"ח ה"ט. שו"ע יו"ד קמו, א).

כיצד מבטלה כיצד מבטל גוי עבודה זרה — קטע ראש חוטמה או ראש אוזנה או ראש אצבעה, ואפילו פחסה בפניה אף על פי שלא חסרה. כמשנה וכביאורו של ר' זירא. (רמב"ם שם ה"י. שו"ע שם סעיף ז).

רק בפניה וכו' ירק בפני עבודה זרה, או השתין בפניה או גררה או זרק בה צואה — אינה בטלה. כמשנה. וכתב רמ"א (עפ"י המרדכי בשם ראבי"ה) כי אפילו באמירה בלבד מבטל הגוי אלהיו, כל עוד נעשה הדבר מרצון. (רמב"ם שם. שו"ע שם).

מכרה או משכנה מכרה או משכנה לגוי אחר, או שמשכנה לישראל שאינו צורף — אינה בטלה. מכרה לצורף ישראל — לדעת הרמב"ם הרי היא בטילה, כדברי חכמים, וכלשון ראשונה בגמרא. ויש אומרים שאפילו מכרה לצורף ישראל אינה בטילה, כדברי חכמים, ולהחמיר (שו"ע בשם הטור והרא"ש). (רמב"ם שם ה"ט. שו"ע שם סעיף ח).

הלוקח גרוטאות מן הגוים הלוקח גרוטאות מן הגוים ומצא בתוכם עבודה זרה. אם נתן מעות ועדיין לא משך — יחזירם לגוים. וכן אם משך ולא נתן מעות — יכול להחזיר. ואם נתן מעות ומשך — יוליך עבודה זרה לים המלח. כברייתא. (רמב"ם שם פ"ז ה"ח. שו"ע שם סעיף ג).

נפלה עליה מפולת וכו' נפלה מפולת על עבודה זרה ולא פינוה, או נטלוה לסטים ולא תבעוה עובדיה — אינה בטלה כברייתא. (רמב"ם שם פ"ח ה"ח. שו"ע שם סעיף ט).

מסורת הש"ס

א. ע"ז מב,א. ירושלמי ע"ז פ"ד ה"ה. שם פ"ה ה"ח. תוספתא ע"ז פ"ה ז.
ב. ראה תוספתא שם. ילק"ש נ"ך תיד.
ג. ע"ז מב,א.
ד. שם מד,ב.
ה. ראה ירושלמי ע"ז פ"ד ה"ה. ילק"ש נ"ך תיד.
ו. ראה ירושלמי שם.
ז. ע"ז עא,ב. בכורות יג,ב. תוספתא ע"ז פ"ה ג.
ח. תוספתא ע"ז פ"ה ה (בשינוי).

גרסות

לא נצרכה שיש בכתי"ס: לא נצרכה כגון שיש ובב"ח: לא נצרכה אלא שיש.

ישראל הוא דלא בכתי"ס: דישראל הוא דלא.

דלא מבטל דנכרי בכתי"מ: דלא קא מבטל עבודה זרה דנכרי.

אין לה בטילה בכתי"מ: אינה בטילה.

דנפשיה פלח בכתי"ס: דנפשיה פלח וכי מבטל נכרי דנפשיה דישראל לא מצי מבטל.

רק בפניה בירושלמי במשניות ועוד: רקק בפניה.

גררה זרק במשניות ועוד: גררה וזרק.

את הצואה בכתי"ס: צואה.

וכי לא חיסרה במאי בכתי"ס: וכי מאחר שלא חיסרה היכי.

וכתיב בתריה בכתי"מ: וסמיך ליה.

הכי קאמר אמר רבי נראין בכתי"ס: הכי קאמר רבי נראין.

יוליך לים בכתי"מ: יוליך הנאה לים.

בשלמא בצורף ישראל מחלוקת בכתי"ס: בשלמא בצורף ישראל לא ביטל.

דגרוטאות זבין בכתי"ס: דגרוטאות זבין הגוי.

אדעתא דגרוטאות זבין בכתי"מ חסרות מלים אלה.

והלכו למדינת הים בכתי"ס: והלכו להם.

לשון

פחס
מקורו של שורש זה אינו ברור. ובלשון ארץ ישראל הוא מופיע בצורה "פחש". ומשמעותו מובנת מן השימוש בו — מעיכת דבר עד שהוא נעשה שטוח, או מאבד את צורתו.

גרוטאות
מקור המלה הוא ביוונית γρύτη (גרו'טי) ומשמעה — אוסף של כלים, שברי כלים וחתיכות מתכת.

החיים

קטע ראש חוטמה

פסל רומאי שנקטע ראש חוטמו

גמרא

דרבי וולם לא נצרכה(א) שיש לו בה שותפות וקמ"ל ישראל הוא דלא מבטל דנכרי אבל נכרי דנפשיה מבטל איכא דמתני לה אברייתא א*ר"ש בן מנסיא אומר אעבודה זרה של ישראל אין לה בטילה עולמית מאי עולמית א"ר הילל בריה דר' וולם לא נצרכה אלא בשיש לו לגוי בה שותפות וקמ"ל דישראל

א אדעתא דנפשיה פלח: **מתני'** בכיצד מבטלה גקטע ראש אזנה ראש חוטמה ראש אצבעה ג*פחסה אע"פ שלא חיסרה ביטלה ד(ב)*רק בפניה השתין בפניה גררה זרק בה את הצואה הרי זו אינה בטילה מכרה או משכנה רבי אומר ביטל וחכ"א דלא ביטל:

ב **גמ'** כי לא חיסרה במאי ביטלה א"ר זירא

ג השפחסה בפניה רקק בפניה והשתין בפניה מנה"מ האמר חזקיה דאמר קרא והיה כי ירעב והתקצף וקלל במלכו ובאלהיו ופנה למעלה וכתיב בתריה ואל ארץ יביט והנה צרה וחשכה וגו' דאע"ג דקלל מלכו ואלהיו

ד ופנה למעלה אל ארץ יביט: מכרה או משכנה רבי אומר ביטל [וכו']: וזעירי א"ר יוחנן ור' ירמיה בר אבא אמר רב ח"א מחלוקת בצורף גוי אבל בצורף ישראל דברי הכל ביטל וחד אמר יבצורף ישראל מחלוקת איבעיא להו בצורף ישראל מחלוקת אבל צורף גוי דברי הכל לא ביטל או דלמא בין בזה ובין בזה מחלוקת ת"ש דא"ר נראין דברי כשמכרה לחבלה ודברי חביריי שמכרה לעובדה מאי לחבלה ומאי לעובדה אילימא לחבלה לחבלה ממש לעובדה לעובדה ממש מ"ט דמ"ד ביטל ומ"ט דמ"ד לא ביטל אלא לאו לחבלה למי שעתיד לחבלה ומנו צורף ישראל לעובדה למי שעתיד לעובדה ומנו צורף גוי וש"מ בין(ג) בזה ובין בזה מחלוקת לא ה"ק א"ר נראין דברי לחביריי כשמכרה לחבלה ומנו צורף ישראל שאף חביריי לא נחלקו עלי אלא כשמכרה לעובדה אבל לחבלה מודו לי מיתיבי ז*זהלוקח גרוטאות מן הגוים ומצא בהן עבודה זרה אם עד שלא נתן מעות משך יחזיר אם משנתן מעות משך יוליך לים המלח אי אמרת בשלמא בצורף ישראל מחלוקת הא מני רבנן היא אלא אי אמרת בצורף גוי מחלוקת אבל בצורף ישראל דברי הכל ביטל הא מני שאני התם דאדעתא דגרוטאות זבין

ה אדעתא דעבודה זרה לא זבין תנו רבנן ח*לוה עליה או חשנפלה עליה מפולת או שגנבוה ליסטין או שהניחוה הבעלים והלכו למדינת הים אם

[תוספ' פ"ו] [לעיל מב.] [לעיל מז:] ישעיה ח [לקמן עה:] [בכורות יג:] [תוספ' פ"ו ע"ש]

רש"י

תורה אור

א"ר הילל לא נצרכה אלא שיש לו. לישראל שותפות בה(ד) והא גופה לא אצטריך לאשמועינן דהא נמי פשיטא שאינו יכול לבטל חלקו של נכרי שאפילו שלו אין יכול לבטל אלא למידק מינה ישראל הוא דלא מבטל חלק הנכרי אבל נכרי יכול לבטל חלק עצמו ולא אמרינן כי היכי דחלקו של ישראל לא בטיל חלק של נכרי נמי לא בטיל: **שיש לו לנכרי בה שותפות.** אפילו ביטל נכרי חלקו ההוא דישראל לא בטיל: **וקמ"ל ישראל אדעתא דנפשיה פלח.** ולא תלי בדעת גוי: **מתני' פחסה.** מיעכה בקורנס: **גררה.** בטיט שחוץ והשלך: **אינה בטילה.** דלפום שעתא רתח עלה והדר פלח לה כל הני ביטולי בגוי קמיירי: **גמ' שפחסה בפניה.** וקלקל צורתה: **מנהני מילי.** דהדר פלח לה: **וקלל במלכו.** מקלל את עבודה זרה שלו ומבזה אותה: **ופנה למעלה.** לבו למעלה לשמים: **ואל ארץ יביט.** חוזר ועובד עבודה זרה שלו: **זעירי משמיה דרבי יוחנן ור' ירמיה בר אבא משמיה דרב.** פליגי בטעמא דמתני': סתם לוקחי מתכת צורפים הן: **בצורף גוי.** שמכרה גוי לצורף חבירו התם קאמרי רבנן דלא בטלה דסבר המוכר כיון דלוקח זה גוי הוא פלח לה ולא תבר לה: **אבל מכרה גוי לצורף ישראל.** מסתמא בטלה מדעתיה דמידע ידע דהאי תבר לה: **נראין דברי שמכרה לחבלה.** דביטל: **ודברי חביריי.** דלא ביטל כשמוכרה לעובדה ומדקתני נראין דברי בהא אבל דברי חביריי אין נראין בה מכלל(ה) דחבריה נמי בלחבלה פליגי ומדקאמר נראין דברי חביריי בלעובדה אבל דבריי אין נראין בה מכלל דאיהו נמי עלה פליג וה"ק אני שמעתי בשתיהן ביטל והן שמעו בשתיהן לא ביטל ונראית שמועתי משמועת חביריי בלחבלה ושמועת חביריי משמועתי בלעובדה: **אילימא לחבלה ממש.**(ו) שנתנה ע"מ לחבלה: **מ"ט דמ"ד ביטל.** בלעובדה הא בהדיא אמר ליה לשם עבודה זרה אלמא לא אפקיה מוכר מכלל עבודה זרה: **ומ"ט דמ"ד לא ביטל.** בלחבלה הא ודאי בטלה מדעתיה: **ומנו צורף ישראל.** והאי סתמא זבין ליה ודקאמרי רבנן דלא ביטל מימר אמר(ז) האי צורף ישראל הדר מזבין לה לגוי ופלח לה ור' סבר כיון דצורף ישראל הוא מידע ידע האי גוי דסתמא חבולי מחביל לה ומתיכה בכור: **לא.** לעולם בצורף ישראל אפילו לרבנן ביטל והאי דקאמר ר' נראין דברי כשמכרה לחבלה לאו דפליגי רבנן עליה דנימא נראין דברי לשומעי מחלוקתינו מדברי חביריי אלא ר' לפרושי פלוגתייהו אתא ולאשמועינן דבצורף גוי הוא דפליגי וה"ק נראין דברי לחביריי ומודים הם לי כשמכרה למי שעתיד לחבלה שדברי חביריי כשמכרה לעובדה הן ולישנא דמלתא דיקא הכי מדלא קתני ונראין דברי חביריי אלא ודברי חביריי מכלל דנראין דרישא לחביריו קאמר דנראין הלכך אי הוה תני סיפא ונראין הוה משמע ונראין דברי חביריי לי בלעובדה וא"כ במאי פליגי: **גרוטאות.** שברי כספים: **אם עד שלא נתן מעות משך יחזיר.** לגוי ויבטלנה ואחר כך אם ירצה יקננה ממנו ואע"ג דמשך לא אמרינן עבודה זרה של ישראל היא(ח) ואינה בטילה דהא משיכה בטעות הואי דלא ידע שיש בהן עבודה זרה: **אם משנתן מעות משך.** יוליך הנאה לים המלח ואין רשאי להחזירה לגוי וליטול מעותיו ואע"ג דמשיכה בטעות הואי כיון דיהב דמי כי הדר שקלינהו מיחזי כמאן דמזבן אלמא אע"ג דזבין גוי לישראל קתני אסורה דלא בטלה: **אי אמרת בשלמא כו' אלא אי אמרת לצורף ישראל דברי הכל בטלה הא.** מתניתין דישראל הוי לוקח וקתני יוליך לים המלח מני: **שאני התם.** דהאי גוי אדעתא דעבודה זרה לא זבין לא ידע שיש שם עבודה זרה אבל היכא דזבין עבודה זרה לבדה לצורף ישראל דברי הכל ביטלה מדעתו: **לוה עליה.** גוי אפילו מצורף ישראל: **או שנפלה עליה מפולת.** ואינו חש לפנותה: **או שגנבוה ליסטים.** ואינו מחזר אחריה: כמלחמת

תוספות

אבל בצורף ישראל. לאו דוקא צורף דאפי' שאינו צורף נמי דכל ישראל לגבי עבודה זרה כצורפין מדמותיב מהלוקח גרוטאות ואי כשאינו צורף אסור מאי קפריך דלמא בשאינו צורף איירי אלא איידי דנקט צורף גוי נקט נמי צורף ישראל: **או דלמא בין בזו ובין בזו מחלוקת.** פירוש וה"ק אף בצורף ישראל הריב"ן גרים תיקו והדר גרים מיתיבי א"ר נראין כו' ומותיב למ"ד מחלוקת בצורף גוי אלמא בין בזו ובין בזו מחלוקת אבל ליכא למימר דלמיפשט בעיין אתי וקא מוכח דבתרווייהו פליגי כדמשמע מתוך פ"ה דא"כ כי קמשני לדחות(ט) שאין דוקא ולא פליגי אלא בחדא כלומר לצורף גוי א"כ תקשי למ"ד בצורף ישראל פליגי והוה ליה למימר תינח למ"ד בצורף גוי מחלוקת אלא למ"ד בצורף ישראל דוקא מחלוקת היכי לישני דאין לומר דלישני נראין דבריי לי במכרה לחבלה ודברי חביריי במכרה לעובדה דהכי הוה ליה לשנויי ועוד דאין זה מעין מקומות אחרים בהמוכר הספינה (ב"ב דף עח.) גבי הקדש וכן בפרק קמא דחולין (דף יב.) גבי אשפה שבשוק ומיהו יש ליישב הגירסא כמו שהיה בספרים וכפ"ה ובא לפשוט הבעיא וקאמר הכי ת"ש א"ר נראין כו' אלמא בצורף ישראל נמי פליגי ואיפשיטא בעיין דבין בזו ובין בזו פליגי ותקשי למ"ד בצורף גוי דוקא פליגי דלא אתיא ברייתא(י) כפשטיה ודחי כלומר אפי' למ"ד דבצורף גוי דוקא פליגי יש לפרש הברייתא כן ומיהו הפשיטות לא נדחית דלמ"ד בצורף ישראל פליגי והא אף בצורף ישראל קאמר ונ"ל דזהו עיקר דודאי הפשיטות לא נדחית דלגירסת הריב"ן נמי יש להקשות אמאי קאמר תיקו הא(כ) כמ"ד בצורף ישראל מחלוק' אי אפשר ליישב הברייתא אם לא שאמר בין בזו ובין בזו מחלוקת ולא קשיא דקאמר תיקו ופשיט בתר הכי דהכי אשכחן בפרק בתרא (דף סח.) גבי בעיא דפוגם מעיקרא מחלוקת דקיימא בתיקו ובתר הכי פשיט ליה: אם

עין משפט נר מצוה

לט א ב מיי' פ"ח מהל' עבודת כוכבים הל' ט סמג לאוין מה טוש"ע י"ד סי' קמו סעיף א:
מ ג מיי' שם הלכ' י טור ש"ע שם סעיף ז:
מא ד מיי' שם טוש"ע שם סעיף א:
מב ה מיי' שם טוש"ע שם סעיף ז:
מג ו מיי' שם טוש"ע שם סעי' א וע"ש:
מד ז מיי' שם פ"ז הלכ' ה סמג שם טוש"ע שם סעיף ג:
מה ח מיי' שם פ"ח הלכה י סמג שם טוש"ע שם סעיף ט:

רבינו חננאל

ב"ר לא נצרכה כגון שיש לו בה שותפות כו'. איכא דמתני לה אברייתא. ר' שמעון בן מנסיא אומר עבודה זרה של ישראל אינה בטלה עולמית. ואפילו יש לנכרי בה שותפות וקמ"ל ישראל מדעתא דנפשיה פלח לה לעבודה זרה. וכי מבטיל לה נכרי לא מבטיל אלא חולקא דנפשיה. אבל חולקיה דישראל לא מצי מבטיל ליה. ירושלמי ועבודה זרה שעבדה ישראל אין לה בטילה עולמית: **מתני'** כיצד מבטלה. קטע ראש אזנה. קטע ראש חוטמה. ראש אצבעה. פחסה כגון שהעביר צורת פניה ונראית כעין טס אע"פ שלא חסרה בטילה. אבל רקק או השתין בפניה או זרק בה צואה לא בטלה. מאי טעמא דבשעת כעסו עבד לה הכי כי הדר ומשתככת חמתו והדר ועביד לה כדכתיב והיה כי ירעב והתקצף וקלל במלכו ובאלהיו ופנה למעלה וכתיב בתריה אל ארץ יביט והנה צרה וחשכה מעוף צוקה ואפילה מנודח: **פיסקא** מכרה או משכנה ר' אומר ביטל וחכ"א לא ביטל. איבעיא להו כשמכרה לצורף ישראל מחלוקת ר' וחכמים. אבל אם מכרה לצורף גוי דברי הכל לא ביטל. או דלמא בין בזה ובין בזה מחלוקת. ת"ש דאמר ר' נראין דברי לרבנן בשמכרה לחבלה. ומאן ניהו צורף ישראל שאף חכמים לא נחלקו עלי אלא כשמכרה לצורף גוי דאיכא למימר לעובדה [מכרה]. אבל לחבלה מודו לי. מיתיבי הלוקח גרוטאות מן הגוים ומצא בהן עבודה זרה אם עד שלא נתן מעות משך הרי זה יחזיר. משנתן מעות משך יוליך לים המלח. אי אמרת בשלמא בצורף ישראל אם מכרה לו פליגי. ורבנן אמרי לא ביטלה. הא מני רבנן היא ומשום הכי כיון שקנאה יוליך לים המלח שעדיין לא ביטלה. וכיון שקנאה ישראל אין לה בטילה עולמית. אלא אי אמרת מכרה לצורף ישראל דברי הכל ביטלה. אמאי יוליך לים המלח. הא כבר ביטלה. ופרקינן כי אמרינן בצורף ישראל ד"ה ביטל א) בפירוש עבודה זרה. אבל הכא אדעתא דגרוטאות זבין אבל אדעתא דעבודה זרה לא זבין. פי' גרוטאות שיברי כלי מתכות: **ת"ר** לוה עליה או שנפל עליה מפולת או גנבוה לסטין או הניחוה בעלים והלכו להם למדינת הים. אם

א) אולי צ"ל אם מכרה בפירוש לאדעתא דעבודת כוכבים וכו'.

הגהות הב"ח

(א) גמ' לא נצרכה אלא שיש לו: (ב) שם במשנה רקק בפניה: (ג) גמ' בין בזו ובין בזו מחלוקת: (ד) רש"י ד"ה א"ר הילל וכו' והיא גופיה נמי לא אילטריך לאשמועינן: (ה) ד"ה ודברי וכו' מכלל לחבריו נמי: (ו) ד"ה אילימא לחבלה ממש שמכרה ע"מ לחבלה: (ז) ד"ה ומנו צורף וכו' מימר אמר אידי דדמיה יקרין האי צורף: (ח) ד"ה אם עד שלא וכו' ואינה בטילה דהא. כ"כ ע"ל כפ' בתרא דף עא: (ט) תוס' ד"ה או דלמא וכו' לדחות דלאו דוקא ולא וכו' כלומר בצורף: (י) בא"ד דלא אתיא ברייתא כדפשטינן ודחי: (כ) בא"ד הא למ"ד בצורף וכו' אם לא שנאמר בין:

גליון הש"ס

תוס' ד"ה אבל. לאו דוקא צורף. עי' לעיל מג ע"א תוד"ה איידי:

מו א (מיי' פ"ח מהל' עבודת כוכבים הלכה ... סמג לאוין מה טוש"ע י"ד סי' קמו סעי' י"ט):
מז ב מיי' שם פ"ח הלכ' יא טוש"ע שם סעי' י:
מח ג ד ה מיי' שם הלכה יב טוש"ע שם סעיף יב:

אם עתידין לחזור כמלחמת יהושע אינה בטלה עולמית. הא דנקט עולמית משום דמסקנא דלאגב אורחיה קמ"ל כדרב יהודה משום דהוא עבודה זרה של ישראל כדמסיק דלאו עבודה זרה של גוי יש לה ביטול דהא ודאי גוי שהניח עבודה זרה אע"פ שדעתו היה לחזור ולא בטלה יכולה להתבטל ע"י גוי אחר ומה שפירש רש"י נמי בסמוך הרי היא כמלחמת יהושע שדימו הגוים לחזור לא פירש כן אלא ליישב הלשון של הרי היא כמלחמת יהושע כי אותה (ה) אינו תלוי שדימו לחזור במה שלא נתבטלה לעולם אלא מפני שעבדום לדעת ישראל כדמסיק אלא בכך דומה כלומר דעתם לחזור כמו שהיו האמוריים דעתם לחזור ולהכי פריך למה לי למתלא במלחמת יהושע כיון שטעם מלחמת יהושע אינו תלוי בדעתם לחזור אלא משום שעבדום לדעת ישראל ומסיק כדרב יהודה והאה ודאי קאי עולמית כדפרישית לעיל: **דאי תנא לוה הוה אמינא מדלא זבנה לא בטלה.** משמע דלמאי דס"ד דאי לרבנן אפי' זבנה לא בטלה ועוד מדלא טעמא בעתידין לחזור דאי לרבנן אפי' אינן עתידין לחזור לא עדיף ממכרה ומכאן יש להוכיח דהא דאמר לעיל משכנה דביטל לר' היינו(ו) כיון שנשתקעה דאי לא נשתקעה מודה ר' דלא בטיל כיון דדעתו לחזור: **ובא גוי והשתחוה.** פי' לאותה לבינה עצמה שזקף הישראל אבל בא הגוי וזקף אחרת והשתחוה לה אינה נאסרת דלמא לא ניחא ליה לישראל אלא באותה שזקף ולא כפי' רבינו שמואל: **והולכים לדרך אחרת.** והכומרים שעבדום לא עשאום עבודה זרה אלא לצורך המלכים וכשרואין שאין המלכים חוששין(ז) בהם גם הם מבטלים אותם:

תורה אור

א אם עתידין לחזור כמלחמת יהושע אינה בטילה(א) וצריכא דאי תנא לוה עליה מדלא זבנה לא בטלה אבל נפלה עליה מפולת מדלא קא מפני לה אימא בטולי בטלה צריכא ואי תנא נפלה עליה מפולת משום דסבר הא מנחת כל אימת דבעינא לה שקילנא לה אבל גנבוה לסטים מדלא קא מהדר אבתרה בטולי בטלה צריכא ואי תנא גנבוה לסטין משום דסבר אי גוי שקיל לה מפלח פלח לה אי ישראל שקלה איידי דדמיה יקרין מזבין לה לגוי ופלח לה אבל הניחוה הבעלים והלכו למדינת הים מדלא שקלו בהדייהו בטולי בטלה צריכא אם עתידין לחזור כמלחמת יהושע אינה בטילה מידי מלחמת יהושע מיהדר הדור ה"ק אם עתידין לחזור הרי הוא כמלחמת יהושע ואין לה בטילה ולמה לי למיתליה במלחמת יהושע מלתא אגב אורחא קמ"ל כי הא דאמר רב יהודה אמר רב ישראל שזקף לבינה להשתחות לה ובא גוי והשתחוה לה אסרה מנלן דאסרה א"ר אלעזר כתחילה של א"י דאמר רחמנא ואשריהם תשרפון באש *מכדי (דברים יב) *ירושה היא להם מאבותיהם [ב"ב ק:] ואין אדם אוסר דבר שאינו שלו ואי משום הנך דמעיקרא בביטולא בעלמא סגי להו אלא מדפלחו ישראל לעגל גלו אדעתייהו דניחא להו בעבודה זרה וכי אתו גוים שליחותא דידהו עבדי ה"נ ישראל שזקף לבינה גליא דעתיה דניחא ליה בעבודה זרה וכי אתא גוי ופלח לה שליחותא דידיה קעביד ודלמא בעגל הוא דניחא להו במידי אחרינא לא אמר קרא (שמות לב) אלה אלהיך ישראל *מלמד שאיוו לאלוהות הרבה אימא כל
ב דבהדי עגל ניתסרו מכאן ואילך נישתרי מאן מוכח: **מתני'** עבודה זרה שהניחוה עובדיה בשעת שלום מותרת בשעת מלחמה אסורה בימוסיאות של מלכים הרי אלו מותרות מפני שמעמידין אותה בשעה
ג שהמלכים עוברים: **גמ'** אמר רבי ירמיה בר אבא אמר רב בית נמרוד הרי היא כעבודה זרה שהניחוה עובדיה בשעת שלום ומותר אע"ג דכי בדרינהו רחמנא כשעת מלחמה דמי אי(ב) בעיא למיהדר הדור מדלא
ד הדור בטולי בטלה: בימוסיאות של מלכים הרי אלו מותרות: וכי מפני שמעמידין אותה בשעה שהמלכים עוברין מותרין אמר רבה בר בר חנה אמר רבי יוחנן ה"ק מפני שמעמידין אותן בשעה שהמלכים עוברין
ה ומלכים מניחין דרך זו והולכין בדרך אחרת כי אתא עולא יתיב אבימסא פגימא א"ל רב יהודה לעולא והא רב ושמואל דאמרי תרווייהו בימוס שנפגם אסור ואפי' למ"ד *אין עובדים לשברים ה"מ עבודה זרה דזילא ביה מלתא למפלח לשברים אבל האי לא איכפת ליה א"ל *מאן יהיב לן מעפרא דרב ושמואל ומלאינן עייננ הא רבי יוחנן ור"ל דאמרי תרווייהו בימוס שנפגם מותר ואפי' למ"ד *עובדין לשברים ה"מ עבודה זרה דכיון דפלחה זילא ביה מילת' לבטולה אבל הני שקלי להאי ומייתו בימוס אחרינא תניא כוותיה דר' יוחנן ור"ל *בימוס שנפגם מותר מזבח שנפגם אסור עד שינתץ רובו ה"ד בימוס ה"ד מזבח א"ר יעקב בר אידי אמר ר' יוחנן בימוס אבן אחת מזבח אבנים הרבה
אמר

כמלחמת יהושע. לקמיה פריך הא לא הדור אמוריים שיהו להלחם עם יהושע: **ס"ק אם עתידין לחזור.** הרי היא אסורה כאותה עבודה זרה של אמוריים שיהו למלחמה ודימו לחזור לפיכך נאסרו עבודה זרה שלהם בהנאה דכתיב לא ידבק בידך מאומה מן החרם שהרי לא ביטלום מדעתם ביציאתם: **למה ליה למיתלינהו במלחמת יהושע.** ליתני אינה בטילה: **מלתא אגב אורחיה קמ"ל.** לפי דרכו שהיה צריך ללמדינו שלא בטל נתן סימן לדבריו ללמדנו מתוך הסימן מילתא אחריתי לסיוע לרב יהודה דאמר ישראל שזקף לבינה כו' דילפינן איסור לעבודה זרה מאותן שבימי יהושע לכל דבריה: **להשתחות לה.** ולא השתחוה לה ובא(ג) הגוי והשתחוה לה אסורה אע"פ שאינה שלו: **ומנלן לאסרה.** אע"פ שאינה שלו: **א"ר אלעזר וכו'.** אלמא ממלחמת יהושע יליף: **ואשריהם תשרפון.** אלמא אילנות נמי אסירי ומכדי הארץ וכל המחובר לה ירושה לישראל היא מאבותיהם שהרי לאברהם נאמר כי לך אתננה וגוים שבאו אחרי כן לא יכלו לאסרן בהשתחואה: **ואי.** משום אסירות דמעיקרא היו קודם שניתנו לאברהם ולא ידעינן הי ניהו: **מכדי עבודה זרה של גוי בביטול סגי לה.** וקיימא לן(ד) (לקמן דף סד) גוי מבטל עבודה זרה על כרחו ליכפינהו לגוים וליבטלינהו: **שליחותייהו עבדי.** הלכך הויא עבודה זרה של ישראל ואינה בטילה עולמית: **במידי אחרינא לא.** ניחא להו ולא אסרי אסירות דהא לאו שליחותייהו הוה: **כל דבהדי עגל.** אותן אסירות שהיו באותו הזמן יאסרו דשליחותייהו הוה אבל הנעבדות מכאן ואילך שחזרו בתשובה לאו שליחותייהו הוה: **מאן מוכח.** מי יודע איזו היתה באותה שעה ואיזהו נעבדה אחרי כן: **מתני' שהניחו עובדיה.** לאין דעתם לחזור: **בשעת שלום מותרת.** הואיל ויצאו לדעת ולא נטלוה עמהם ביטלוה: **בימוסיאות של מלכים.** אבני גזית המתוקנין בדרך מהלך המלך וכשהמלך עובר מושיבין שם עבודה זרה והוא משתחוה לה: **מפני שמעמידין אותה.** כלומר מפני שצריך להעמידה בשעה שהמלכים עוברים שאינן מוכנות למושב עבודה זרה כל שעה אלא לאותה שעה ולקמן פריך ומשום הכי מותרין בתמיה: **גמ' בית נמרוד.** מגדל שבנו דור הפלגה לעבודה זרה ונמרוד היה מלך עליהם: **דכי בדרינהו רחמנא.** שנאמר ויפץ ה' אותם: **ומהלכין בדרך אחרת.** ואין חוששין להן הלכך לאו משמשי עבודה זרה חשיבי: **לא איכפת ליה.** לגוי אי נשבר דלאכתי חזי למושב עבודה זרה: **שקלי להאי.** בימוס מאחר שנפגם ושדו ליה לברא ומייתי אחרינא: **מזבח.** שמקריבין עליו זבח לעבודה זרה: **היכי דמי בימוס וכו'.** מנא ידוע לן הי הוה בימוס למושב והי הוה מזבח שמקריבין עליו דנפרוש מיניה: מאי

לעיל מו.
[עי' תוס' ר"ה יג. ד"ה ולא קצר וכו']
סנהדרין סג. ע"ש
[לעיל מח. מט:]
[ב"ב קטז. חולין סח.]
[לעיל מח. מט:]
[תוספ' פ"ו]

הגהות הב"ח

(א) גמ' אינה בטילה עולמית וצריכא. נ"ב כך היא גירסת התוס': (ב) שם אי בעו למיהדר: (ג) רש"י ד"ה להשתחות לה וכו' ובא גוי והשתחוה לה אסורה אע"פ: (ד) ד"ה מכדי וכו' וקיימא לן לעיל גוי. נ"ב דף מג ע"ב: (ה) תוס' ד"ה אם וכו' כמלחמת יהושע כי אותה שלא נתבטלה לעולם אינו תלויה במה שדימו לחזור אלא מפני שעבדום כל"ל: (ו) ד"ה דאי וכו' היינו כגון שנשתקעה: (ז) ד"ה והולכים וכו' חוששין להם:

רבינו חננאל

אם עתידין לחזור הרי היא כמלחמת יהושע ואינה בטילה. למה לי למיתנא כמלחמת יהושע. מילתא אגב אורחיה (נקט) קמ"ל לכדרב דאמר ישראל שזקף לבינה להשתחוות לה ובא גוי והשתחוה לה אסרה. מנא לן כבתחילה של ארץ ישראל דאמר רחמנא ואשריהם תשרפון באש. מכדי ארץ ישראל ירושה היא להן מאבותיהן. ואין אדם אוסר דבר שאינו שלו. ואה משום אלהותיהן שהיו להן קודם שיתן אותה להם הקב"ה ירושה בביטול בעלמא סגי להו. אלא מאי טעמא נאסרו כולהי טעוותיהו. מדפלחי ישראל לעגל גלו דעתיהו דניחא להו בעבודה זרה. וכל עבודה זרה דעבדו שליחותיהו דישראל קא עבדי. ולפיכך אסרינהו רחמנא. הכא נמי ישראל שזקף לבינה גלי דעתיה דניחא ליה בעבודה זרה. וגוי בא והשתחוה לה שליחותיה דישראל קא עבד. ודחינן ודלמא בעגל בלחוד ניחא להו לישראל במידי אחרינא לא ניחא להו. לא ס"ד דכתיב אלה אלהיך ישראל. מלמד שאיוו לאלוהות הרבה. אי הכי כל עבודה זרה דבהדי עגל ליתסרו שאר עבודה זרה לא ליתסרו. ופרקינן מאן מוכח כלומר מי מודיע איזהו מוקדם. ואיזהו מאחרי כן: ירושלמי השתחויה אינה מותרת אלא על אבני בית המקדש רבי יונה רבע על סיטריה. ר' אחא רבע על סיטריה. ר' אבהו רבע כי אורחיה א"ר יוחנן לר' חייא בר אבא בבלאי א) ג' מילין סלקין מן גביכון מפשיטותא דתעניתא וערבתא דיומא שביעאה והדין מקצתא ואתיא כי הא דאמר לא התירו השתחויה אלא לתענית צבור בלבד ובלבד על הצד. וכל מי שאינו כשר כיהושע שאם יפול על פניו יאמר לו הקב"ה קום לך. אל יפול. ובלבד יחיד על הצבור: **מתני'** עבודה זרה שהניחוה עובדיה בשעת שלום מותרת. פי' כגון שהניחוה ובטלוה. בשעת מלחמה אסורה בית נמרוד כעבודה זרה שהניחוה עובדיה בשעת שלום ומותר. ואע"ג דכתיב ויפץ ה' אתם משם וכשעת מלחמה דמיא הנחתם. כיון דאי הוו בעו למהדר הוו הדרי כיון דלא הדרי בטולי בטלה: **מתני'** נימוסאות של גוים הרי אלו מותרות מפני שמעמידין אותן בשעה שהמלכים עוברין. ואוקימנא ופעמים שמניחין המלכים אותו הדרך והולכין בדרך אחר. פי' בנימוסאות הללו כגון שמעמידין עליו עבודה זרה. והוא מפורש כל במה לזה ב) במה. והוא אבן אחת והיא המצבה. ר' יוחנן ור"ל דאמרי תרוייהו בימוס שנפגם מותר. ואפילו למאן דאמר עובדין לשברים הני מילי בעבודה זרה דכיון דפלחה זילא ביה מילתא לביטולה. אבל הכא ג) בימוס שקליה להאי ומיפלח לאחרינא. תניא כוותיהו בימוס שנפגם מותר. מזבח שנפגם אסור עד שינתץ רובו. א"ר יוחנן בימוס אבן אחת. מזבח אבנים הרבה. בדכתיב

א) לפנינו בירושלמי כאן [וכ"ה בפ"ד דסוכה ה"א] תרין מילין סלקין מן גביכון מפשיטותא דתעניתא וערובתא דיומא שביעיה ורבנן דקסרין אמרין כן הלה מקצתא ותניא כי הא דאמר וכו'. ב) נראה דצ"ל והוא מפורש בפ"ק דף יג דכל במה המיוחד לעמוד עליה עבודת כוכבים נקרא בימוס. ג) אולי הכא שקלי להאי בימוס ומייתי בימוס אחרינא.

אִם עֲתִידִין הבעלים לַחֲזוֹר כְּמִלְחֶמֶת יְהוֹשֻׁעַ כשכבש את ארץ ישראל — אֵינָהּ בְּטֵילָה. ומסבירים: וּצְרִיכָא [וצריך] שיאמרו כל הדוגמאות הללו, לפי שיש בכל אחת מהן חידוש, דְּאִי תְּנָא [שאם היה שונה] רק לָוָה עָלֶיהָ, הייתי אומר: מִדְּלָא זַבְּנָהּ [מכיון שלא מכרה], אלא רק עשאה משכון, לֹא בַּטְּלָהּ, שמעולם לא הראה על כוונה לוותר עליה, אֲבָל נָפְלָה עָלֶיהָ מַפּוֹלֶת, מִדְּלָא קָא מְפַנֵּי לָהּ [מכיון שאינו מפנה אותה] — אֵימָא בַּטּוּלֵי בַּטְּלָהּ [אמור שביטלה] בלבו, לכן צְרִיכָא [צריך הדבר להיאמר]. וְאִי תְּנָא [ואם היה שונה] רק נָפְלָה עָלֶיהָ מַפּוֹלֶת, הייתי סבור שאינה בטילה מִשּׁוּם דְּסָבַר [שחושב הגוי]: הָא מַנְחַת [הרי העבודה הזרה מונחת שם], כָּל אֵימַת דְּבָעֵינָא לַהּ, שָׁקֵילְנָא לַהּ [כל זמן שארצה אותה, אקח אותה] ואינו מבטלה מליבו, אֲבָל גְּנָבוּהָ לִסְטִים, מִדְּלָא קָא מְהַדַּר אַבַּתְרָהּ — בַּטּוּלֵי בַּטְּלָהּ [מכיון שאינו מחזר אחריה להשיבה אליו — יש מקום לומר שבטלה בלבו], לכן צְרִיכָא [צריך] לומר זאת שאין בכך ביטול. וְאִי תְּנָא [ואם היה שונה] רק גְּנָבוּהָ לִסְטִין, הייתי אומר שאינה בטילה מִשּׁוּם דְּסָבַר [שחושב הגוי]: אִי [אם] גּוֹי שָׁקֵיל לַהּ [נוטל אותה] בגזילה — הרי מִפְלַח פָּלַח לַהּ [יעבוד אותה], אִי [אם] יִשְׂרָאֵל שְׁקָלָהּ [נטלה בגזילה] — אַיְּדֵי [מתוך] שֶׁדָּמֶיהָ יְקָרִין מְזַבֵּין לַהּ [הריהו מוכר אותה] לְגוֹי וּפָלַח לַהּ [ועובד אותה] אותו גוי, ולכן אינו מבטלה בליבו, אֲבָל הִנִּיחוּהָ הַבְּעָלִים וְהָלְכוּ לִמְדִינַת הַיָּם, מִדְּלָא שָׁקְלוּ בַּהֲדַיְיהוּ [מכיון שלא נטלו אותה עמהם] — בַּטּוּלֵי בַּטְּלוּהָ [אמור שביטלוה], על כן צְרִיכָא [צריך] שייאמר גם במקרה זה שאין בכך ביטול.

א שנינו בברייתא: אִם עֲתִידִין הבעלים לַחֲזוֹר כְּמִלְחֶמֶת יְהוֹשֻׁעַ — אֵינָהּ בְּטֵילָה. ותוהים: מִידֵי [כלום] בְּמִלְחֶמֶת יְהוֹשֻׁעַ מִיהֲדַר הֲדוּר [חזרו] הגוים למקומם? הרי הובסו במלחמה ונהרגו, ולא חזרו! ומשיבים, הָכִי קָאָמַר [כך אמר]: אִם עֲתִידִין לַחֲזוֹר — הֲרֵי דינה הוּא כְּמִלְחֶמֶת יְהוֹשֻׁעַ וְאֵין לָהּ בְּטֵילָה. ושואלים: וְלָמָּה לִי לְמִיתְלְיֵיהּ [לתלות אותה] לקשר את הדבר בְּמִלְחֶמֶת יְהוֹשֻׁעַ? ומשיבים: מִלְּתָא אַגַּב אוֹרְחָא קָא מַשְׁמַע לָן [דבר בדרך אגב משמיע לנו], שיש ללמוד הלכות עבודה זרה לפרטיה ממלחמת יהושע, כִּי הָא [כמו הלכה זו] שֶׁאָמַר רַב יְהוּדָה אָמַר רַב: יִשְׂרָאֵל שֶׁזָּקַף לְבֵינָה לְהִשְׁתַּחֲוֹת לָהּ, ולא השתחווה, וּבָא גּוֹי וְהִשְׁתַּחֲוָה לָהּ — אֲסָרָהּ, אף שאינה שייכת לו. ושואלים: מְנָלַן [מנין לנו] שֶׁאֲסָרָהּ? אָמַר ר' אֶלְעָזָר: כִּתְחִילָּה שֶׁל הכניסה לְאֶרֶץ יִשְׂרָאֵל, דְּאָמַר רַחֲמָנָא [שאמרה התורה] "וַאֲשֵׁרֵיהֶם תִּשְׂרְפוּן בָּאֵשׁ" (דברים יב, ג), ויש לתמוה: מִכְּדֵי [הרי] ארץ ישראל יְרוּשָּׁה הִיא לָהֶם לישראל עוד מֵאֲבוֹתֵיהֶם (אברהם יצחק ויעקב) וְאֵין אָדָם אוֹסֵר דָּבָר שֶׁאֵינוֹ שֶׁלּוֹ, ואם כן כיצד יכולים הגוים לאסור את האשירות, כאשר בעצם אין הארץ שלהם! וְאִי [ואם] תאמר שחוששים מִשּׁוּם הָנָךְ דְּמֵעִיקָּרָא [אלה שמתחילה] שעבדו הגוים לפני אברהם — הרי זו עבודה זרה של גוי, בְּבִיטּוּלָא בְּעָלְמָא סַגֵּי לְהוּ [ובביטול בלבד די להם] שיבטלום הגוים בעל כרחם, ולא יצטרכו לשורפם! אֶלָּא יש להבין כי מִדְּפָלְחוּ [מכיון שעבדו] יִשְׂרָאֵל לָעֵגֶל, גְּלוּ אַדַּעְתַּיְיהוּ דְּנִיחָא לְהוּ [גילו דעתם שנוח להם] שהם רוצים בַּעֲבוֹדָה זָרָה, וְכִי אָתוּ [וכאשר באו] גּוֹיִם ועשו אלילים, שְׁלִיחוּתָא דִּידְהוּ עָבְדִי [שליחות שלהם, של ישראל, עשו], ולכן האשירות נאסרות כדין עבודה זרה של ישראל, שאין לה ביטול. הָכִי נַמִּי [כך גם כן] יִשְׂרָאֵל שֶׁזָּקַף לְבֵינָה כדי להשתחוות לה, גַּלְיָא דַּעְתֵּיהּ דְּנִיחָא לֵיהּ [מגלה דעתו שנוח לו] בַּעֲבוֹדָה זָרָה, וְכִי אָתָא [וכאשר בא] גּוֹי וּפָלַח לָהּ [ועובד אתה], שְׁלִיחוּתָא דִּידֵיהּ קָעָבֵיד [שליחות שלו, של ישראל, הוא עושה]. על עיקר הסברה מקשים: וְדִלְמָא [ושמא] בְּעֵגֶל בלבד הוּא דְּנִיחָא לְהוּ [שנוח היה להם], בְּמִידֵי אַחֲרִינָא [בדבר אחר] בעבודה זרה אחרת לא! ומשיבים: אָמַר קְרָא [המקרא] בחטא העגל "אֵלֶּה אֱלֹהֶיךָ יִשְׂרָאֵל" (שמות לב, ד), בלשון רבים, הרי זה מְלַמֵּד שלא לעגל בלבד עבדו, אלא שֶׁאִיוּוּ לֶאֱלוֹהוּת הַרְבֵּה וקיבלו עליהם כל מיני עבודה זרה. ושואלים: אֵימָא [אמר] לפי זה כי כָּל דְּבַהֲדֵי [שהיה יחד] עם הָעֵגֶל באותו זמן שעבדוהו נִיתַּסְרוּ? [ייאסרו], שבו עשו הכנענים את שליחותם של ישראל, ואילו כל ענייני עבודה זרה שנעשו מִכָּאן וְאֵילָךְ כאשר חזרו ישראל בתשובה ושוב אינם עובדים עבודה זרה] נִישְׁתְּרֵי [יהיו מותרים]! ומתרצים: מַאן מוֹכַח [מי מוכיח] כלומר, מי יכול להבחין אלו אשירות הן מאותו זמן ואלו נעשו לאחר מכן, ולכן נאסר הכל.

ב משנה עֲבוֹדָה זָרָה שֶׁהִנִּיחוּהָ עוֹבְדֶיהָ, אם הניחוה בִּשְׁעַת שָׁלוֹם — הֲרֵי הִיא מוּתֶּרֶת, שמוכח שהפקירוה ואינם רוצים בה עוד. הניחוה בִּשְׁעַת מִלְחָמָה — אֲסוּרָה, שלא מרצונה עזבוה. בִּימוֹסִיאוֹת (בסיסי אבן) שמניחים עליהם עבודה זרה לכבודם שֶׁל מְלָכִים — הֲרֵי אֵלּוּ מוּתָּרוֹת, מִפְּנֵי שֶׁמַּעֲמִידִין אוֹתָהּ בְּשָׁעָה שֶׁהַמְּלָכִים עוֹבְרִים.

ג גמרא אָמַר ר' יִרְמְיָה בַּר אַבָּא אָמַר רַב: בֵּית נִמְרוֹד [שרידי מגדל בבל] הֲרֵי הִיא כַּעֲבוֹדָה זָרָה שֶׁהִנִּיחוּהָ עוֹבְדֶיהָ בִּשְׁעַת שָׁלוֹם, וּמוּתֶּרֶת. וטעם הדבר, כי אַף עַל גַּב דְּכִי בַּדְרִינְהוּ רַחֲמָנָא [אף על פי שכאשר פיזרם הקב"ה] כִּשְׁעַת מִלְחָמָה דָּמֵי [נחשב הדבר, שהרי יצאו משם על כרחם] אִי בָּעוּ לְמִיהְדַּר הֲדוּר [אם היו רוצים לחזור היו חוזרים], מִכֵּיוָן שֶׁלֹּא הָדוּר [חזרו] בַּטּוּלֵי בַּטְּלָהּ [ביטלוה בליבם].

ד שנינו במשנה: בִּימוֹסִיאוֹת שֶׁל מְלָכִים — הֲרֵי אֵלּוּ מוּתָּרוֹת מפני שמעמידין אותה בשעה שהמלכים עוברים. ותוהים על הנימוק: וְכִי מִפְּנֵי שֶׁמַּעֲמִידִין אוֹתָהּ בְּשָׁעָה שֶׁהַמְּלָכִים עוֹבְרִין מוּתָּרִין? מה הוא ההיתר שיש בזה? אָמַר רַבָּה בַּר בַּר חָנָה אָמַר ר' יוֹחָנָן, הָכִי קָאָמַר [כך הוא אמר], כך משמעות הדברים: מִפְּנֵי שֶׁמַּעֲמִידִין אוֹתָן בְּשָׁעָה שֶׁהַמְּלָכִים עוֹבְרִין, וּמְלָכִים מַנִּיחִין דֶּרֶךְ זוֹ שהעמידו בה את הבימוס וְהוֹלְכִין בְּדֶרֶךְ אַחֶרֶת, אין הם נחשבים כמשמשי עבודה זרה.

ה ובענין בימוס מסופר, כִּי אָתָא [כאשר בא] עוּלָּא, מארץ ישראל יָתֵיב אַבִּימָסָא פְּגִימָא [ישב על בימוס פגום]. אָמַר לֵיהּ [לו] רַב יְהוּדָה לְעוּלָּא, וְהָא [והרי] רַב וּשְׁמוּאֵל דְּאָמְרֵי תַּרְוַיְיהוּ [שאמרו שניהם]: בִּימוּס שֶׁנִּפְגַּם — אָסוּר! וַאֲפִילּוּ לְמַאן דְּאָמַר [לדעת מי שאומר]: אֵין הַגּוֹיִם עוֹבְדִים לִשְׁבָרִים — הָנֵי מִילֵּי [דברים אלה אמורים] בַּעֲבוֹדָה זָרָה, דְּזִילָא בֵּיהּ מִילְּתָא לְמִפְלַח [מפני שמזולזל בעיניהם לעבוד] לִשְׁבָרִים, אֲבָל הַאי [זה, הבימוס] לֹא אִיכְפַּת לֵיהּ [לו] שהוא פגום, שהם עדין ראוי להעמיד עליו פסל! אָמַר לֵיהּ [לו]: מַאן יָהֵיב לָן מֵעַפְרָא דְּרַב וּשְׁמוּאֵל וּמְלָאִינַן עַיְינִין [מי יתן לנו מעפרם של רב ושמואל ונמלא עינינו] שהיו אנשים גדולים וקדושים. אבל לענין הלכה, הָא [הרי] ר' יוֹחָנָן וְרֵישׁ לָקִישׁ דְּאָמְרֵי תַּרְוַיְיהוּ [שאמרו שניהם] להיפך: בִּימוּס שֶׁנִּפְגַּם — מוּתָּר. וַאֲפִילּוּ לְמַאן דְּאָמַר [לדעת מי שאומר] עוֹבְדִין לִשְׁבָרִים, הָנֵי מִילֵּי [דברים אלה אמורים] בַּעֲבוֹדָה זָרָה עצמה, דְּכֵיוָן דִּפְלַחָהּ זִילָא בֵּיהּ מִילְּתָא לְבַטּוּלָהּ [שכיון שעבדה מזולזל בעיניו לחזור ולבטלה], אֲבָל הָנֵי שָׁקְלֵי לְהַאי וּמַיְיתוּ אַחֲרִינָא [אלה לוקחים בימוס זה ומשליכים אותו, ומביאים בימוס אחר] שאינו פגום. ומעירים, תַּנְיָא כְּוָותֵיהּ [שנויה ברייתא כשיטתם] של ר' יוֹחָנָן וְרֵישׁ לָקִישׁ: בִּימוּס שֶׁנִּפְגַּם — מוּתָּר, מִזְבֵּחַ לעבודה זרה שֶׁנִּפְגַּם — אָסוּר עַד שֶׁיִּנָּתֵץ רוּבּוֹ. ושואלים: הֵיכִי דָּמֵי [כיצד הוא] בִּימוּס, הֵיכִי דָּמֵי [כיצד הוא] מִזְבֵּחַ? אָמַר ר' יַעֲקֹב בַּר אִידִי אָמַר ר' יוֹחָנָן: בִּימוּס — עשוי אֶבֶן אַחַת, מִזְבֵּחַ — בנוי אֲבָנִים הַרְבֵּה.

מסורת הש"ס

א. ראה ירושלמי ע"ז פ"ד ה"ו.
ב. ע"ז מו,א (בשינוי שם). ילק"ש תורה שצא (כל הסוגיה).
ג. ראה ירושלמי ע"ז פ"ג ה"ז.
ד. ראה ב"ב קיט,ב. ירושלמי חלה פ"ב ה"א. וראה שם ע"ז פ"ד ה"ד.
ה. ע"ז מד,א (ושם סומנו מקבילות).
ו. סנהדרין סג,א. ילק"ש תורה שמח.
ז. ירושלמי ע"ז פ"ד ה"ד (בשינוי).
ח. ע"ז מא,ב. וראה שם מט,ב.
ט. (הביטוי) ב"ב קעא,ב. חולין סח,ב.
י. ירושלמי ע"ז פ"ד ה"ד. תוספתא ע"ז פ"ה ח. ילק"ש נ"ך תלו.

גרסות

אינה בטילה וצריכא בב"ח עפ"י התוס': אינה בטילה עולמית ובצריכא.

בטולי בטלה צריכא בכת"י: בטולי בטלה וכן להלן.

מדלא קא מפני — צריכא בכתי"מ: אימא מדלא מפני לה שמע מינה בטולי בטלה.

אי ישראל שקלה בכתי"מ: ואי ישראל שקיל לה.

שקלו בהדייהו בכתי"ס: שקלוה בהדייהו.

מידי מלחמת יהושע מיהדר הדור בכתי"ס: מכדי במלחמת יהושע לא הדור.

שמעמידים אותה במשניות ועוד: שמעמידים אותם.

הרי היא כעבודה זרה בכתי"מ: כעבודה זרה.

אי בעיא למיהדר בכתי"ס: כיון דאי בעו למיהדר בב"ח: אי בעו למיהדר.

בטולי בטלה בכת"י ועוד: בטולי בטלוה.

מעפרא דרב בכתי"ס: עפרא מאתרייהו דרב.

הני שקלי להאי ומייתו בכתי"מ: אבל האי שקיל להאי ומייתי.

עיונים

וצריכא "צריכותא" זו, באה להראות כי הברייתא כולה בנויה במבנה של "זו אף זו". כלומר, כל דוגמה היא חידוש ותוספת לדוגמה שלפניה, שאי אפשר ללמוד אותה ממנה (שלא כבמקרים רבים אחרים, בהם באה צריכותא לומר שאם היתה דוגמה אחרונה נאמרת לא היינו יכולים ללמוד את המקרים שלפניה).

הכי קאמר וכו' שמתחילה היו סבורים כי מלחמת יהושע היא דוגמה למצב בו חוזרים הבעלים. ומסבירים כי אין כאן דוגמה לחזרה, אלא לכוונה לחזור, שאין הגוי מבטל את העבודה זרה בליבו אלא אם כן אין דעתו לחזור עוד כלל, ואילו דעת האמוריים שיצאו להילחם היתה על מנת לחזור בסוף המלחמה לבתיהם, וממילא לא ביטלו את העבודה זרה שבביתם.

זקף לבינה וכו' שזקיפת לבינה היא כעין פעולה של הקדשה והכנה כדי להשתחוות לה, אבל בפועל לא השתחווה (רש"י).

ובא גוי והשתחווה לה הרי לבינה זו נאסרת משום שנעשתה עבודה זרה. ואף שהלבינה אינה שייכת לגוי, כיון שבעל הלבינה התכוון לעבודה זרה בלבינה זו — נעשה הגוי רק כמשלים פעולה שעשה ישראל (וראה לעיל מו,א).

וכתבו בתוס' ועוד שדין זה הוא דווקא כאשר משתמש הגוי באותה לבינה עצמה שהכין הישראלי, אבל לא בלבינה אחרת, שהרי לא גילה דעתו שרוצה לעובדה. וכתבו שהרשב"ם לא פירש כך, אלא סבר (כפי שעולה לכאורה מן הסוגיה כאן) שכיון שגילה הישראל דעתו שנוח לו בעבודה זרה זו — הרי הגוי נחשב כעושה שליחותו גם בלבינה אחרת. וראה גם במאירי שדן בדבר.

ירושה היא להם שהרי הארץ ניתנה בדבר ה' לאברהם ליצחק וליעקב, ומאותה שעה היא שייכת לישראל, אף שהכנענים היו מחזיקים בה לפי שעה. ולפיכך כל האדמה וכל המחובר לאדמה של ישראל הוא, וכיצד יכולים הגוים לאסור דבר שאינו שלהם.

ודנו הראשונים בשאלה: הרי בכלל איסורי האשירה יש גם מקרים שהגוים לא רק משתחוים לה, אלא גם עושים בה מעשה בפועל לעובדה (כגון שעושים שינוי בגוף האילן להקדישו לכך), והרי שיטת התלמוד היא שאדם יכול לאסור גם דבר שאינו שלו, כאשר הוא עושה בו מעשה! וכתב הראב"ד בתירוץ אחד לשאלה זו, שיש לומר שהגמרא כאן הולכת לפי השיטה שאין יכול לאסור של חבירו אפילו כאשר עושה מעשה של איסור בגוף הדבר (וראה גם בר"ן ועוד). ובעיקר תירץ כי אף שיכול לאסור דבר שאינו שלו, מכל מקום בדבר השייך לרבים אין יכול לאסור אף על ידי מעשה. והרמב"ן אינו מקבל סברה זו, שלדעתו אין הוכחה גמורה לאותה שיטה. ולכן הוא מסביר כי עבודה זרה של ישראל אין לה ביטול מן התורה, אבל עבודה זרה של גוי הבאה לרשות ישראל אינה אסורה אלא מדברי סופרים, ולכן בדבר שאינו שלהם אין הגוים יכולים לאסור אפילו במעשה (וראה ברשב"א ועוד).

ואי משום הנך דמעיקרא שהרי היתה בארץ עבודה זרה, והיו אשירות וכיוצא בהן, גם לפני אברהם. ואז היתה הארץ שייכת לגוים, ומה שעבדו היה בגדר עבודה זרה של גוים, ולזו יש ביטול על ידי גוים עצמם. וכפי שיבואר גוי מבטל עבודה זרה אפילו שלא מרצונו. והר"ן הקשה: והרי כיון שזכו ישראל בעבודה זרה שוב אין הגוי ליכול לבטלה! והוא מסביר שכיון שהן איסור הנאה לא זכו בהן ישראל מצד ירושה, ולפיכך לא היו שייכות מעולם לישראל ויש להן ביטול.

שליחותייהו עבדי ואין לעבודה זרה זו עוד ביטול, שהרי דינה כעבודה זרה של ישראל שאינה בטלה לעולם (רש"י).

וכתב הרי"ד שאין כאן דין שליחות ממש, שהרי לא מינו ישראל את הגוים שיעבדו עבורם עבודה זרה, ובעיקר משום שאין דין שליחות בגוים. אלא שכיון שגילו דעתם שנוח להם בכך, עשו הגוים עבודה זרה ברשותם, ואין זה כמי שאוסר דבר של אחרים שלא ברשותם.

ודלמא בעגל וכו' ויש בדבר זה סברה נוספת. כי לדעת הרבה מן המפרשים (ראה למשל בדברי הרמב"ן על התורה) לא היה העגל עבודה זרה גמורה, אלא מעשה אסור של פסל. ולפיכך גם אם רצו בעגל — לא הסכימו לעבודה זרה בכללה (וכפי שרואים במלכות ישראל, שהיו עובדים לעגלי הזהב, אבל היו שהתרחקו מעבודה זרה של הגוים, כגון המלך יהוא ובניו).

בשעת מלחמה אסורה שמסתבר לומר שמחמת הבהילות והמהומה של המלחמה לא שמו לבם לקחת עמהם עבודה זרה זו, אבל אין בכך מעשה או כוונה של ביטול.

בית נמרוד רש"י מסביר שהכוונה היא למגדל בבל, שהיה בזמנו של נמרוד, ושרידיו עדיין היו מצויים בבבל. והרי"ד שהתקשה בפירוש זה מן המובא במדרשים, פירש שלא במגדל בבל מדובר כאן, אלא בבית של עבודה זרה שהיה בבבל שעשאו נמרוד בשעתו.

ומהלכים בדרך אחרת וכו' בתוס' מסבירים כי מאחר והכהנים עשאום כדי שהמלכים יעברו ויעבדום, והמלכים עצמם אינם מייחסים להם חשיבות — אף הכהנים מבטלים אותם. אבל הריטב"א מדייק מלשון המשנה "הרי אלו מותרות" (ולא בלשון ביטול) כדברי רש"י, שאין כאן צורך בביטול, שכיון שכך דרך המלכים, להניחם וללכת בדרך אחרת, הרי כבר מתחילה אין אותם בימוסיאות נחשבות כמשמשי עבודה זרה. ופירשו ראשונים (ראה מאירי וריטב"א) כי מאחר ואינם אלא דבר זמני וגם אינו קבוע, שהרי לפעמים כלל אין עוברים שם, הרי אין מקום לראותו כמשמש עבודה זרה (ואם יש מקום לאוסרו הרי זה דווקא בשעה שהעבודה זרה עליו, כעין ששנינו לעיל (מז,ב). ריטב"א). ולרמב"ם בפיה"מ הסבר שונה ל"בשעה שהמלכים עוברים", שכיון שבכל פעם שהיה המלך עובר ממלכותו היו מקימים בימוס חדש לכבוד המלך החדש, שוב אין מקום לאסור את הבימוס הישן, שאין משתמשים בו עוד.

בימוס שנפגם לפי חלק מן הראשונים (רשב"א, ריטב"א) מסביר רש"י כדיוק הלשון, שנפגם פגם כלשהו, שכיון שהוא פגום שוב אין משתמשים בו ומניחים אותו ומכינים אחר במקומו, שהרי הוא עצמו אינו נעבד. ולפי זה, לא רק אם הגוי פגם את הבימוס, שבזה מגלה דעתו שפוסלו ומבטלו כמו בעבודה זרה אחרת, אלא אף אם נפגם מעצמו שוב אין משתמשים בו והוא בטל. ויש ראשונים שהביאו מן התוספתא שההיתר הוא דווקא בבימוס שנפגם רובו, אבל לא בפגם כלשהו (ראה בתר"י). אבל המאירי כתב כי לשון הגמרא משמעה שנפגם כלשהו, ואין מניחים מסקנת הגמרא מפני התוספתא.

אורח ההלכה

ישראל שזקף לבינה וכו' ישראל שזקף לבינה על מנת להשתחוות לה, ולא השתחווה ובא גוי והשתחווה לה — אסורה בהנאה. (רמב"ם ספר מדע הלכות עבודה זרה פ"ח ה"ג. שו"ע יו"ד קלט, א בהגהה).

עבודה זרה שהניחוה עובדיה עבודה זרה שהניחוה עובדיה, אם היה זה בשעת שלום — מותרת בהנאה, שהרי בטלה. בשעת מלחמה — אסורה, מפני שלא הניחוה אלא מפני המלחמה (כמשנה). (רמב"ם שם הי"א. שו"ע שם קמו, י).

בית נמרוד עבודה זרה שהניחוה עובדיה בשעת מלחמה, אינה אסורה אלא כשאינם יכולים לחזור לה, אבל אם יכולים לחזור ולא חזרו — הרי זו מותרת. כדברי ר' ירמיה בר אבא לענין בית נמרוד. (רמב"ם שם. שו"ע שם).

בימוס שנפגם וכו' מזבח של עבודה זרה אף שנפגם נשאר באיסור עד שיינתץ רובו על ידי גוי. ובימוס (שהוא עשוי מאבן אחת) כיון שנפגם — מותר. (רמב"ם שם הי"ב. שו"ע שם סעיף יב).

אמר חזקיה: מאי קרא [מה המקרא] שממנו נלמדת הלכה זו? שנאמר **"בשומו כל אבני מזבח כאבני גיר מנפצות לא יקמו אשרים וחמנים"** (ישעיהו כז, ט), **אי איכא** [אם מתקיים] **כאבני גיר מנופצות — לא יקומון אשרים וחמנים** והם בטלים, **אי לאו** [אם לא] **— יקומו.**

א **תנא** [שנה החכם]: **נעבד** כגון בעל חיים שעובד אותו כעבודה זרה, אם היה זה בעל חיים **שלו** (של העובד) — הרי זה **אסור, ושל חבירו מותר. ורמינהי** [ומשליכים, מראים סתירה] ששנינו: **איזהו נעבד** שנאסר להקריבו במקדש? **כל שעובדים אותו בין בשוגג ובין במזיד, בין באונס ובין ברצון**; ונברר: **האי אונס היכי דמי** [אונס זה שנזכר כיצד הוא]? **לאו** [האם לא] **כגון שאנס** (לקח בכח, שלא ברשות) **בהמת חבירו והשתחוה לה**? הרי שיכול לאסור גם את בהמת חבירו! **אמר רמי בר חמא: לא, כגון שאנסוהו** (הכריחוהו) **גוים והשתחוה לבהמתו דידיה** [שלו]. **מתקיף לה** [מקשה על כך] **ר' זירא: אונס רחמנא פטריה** [פטרה אותו התורה], **דכתיב** [שנאמר] לגבי נערה אנוסה: **"ולנערה לא תעשה דבר"** (דברים כב, כו)! **אלא אמר רבא: הכל**, כל אופן שעובדים בו עבודה זרה, **היו בכלל** איסור **"לא תעבדם"** (שמות כ, ה) ואף באונס, **וכשפרט לך הכתוב: "וחי בהם"** (ויקרא יח, ה) **ולא שימות בהם — יצא אונס**, שאין אדם נידון בו כעובד עבודה זרה, ואינו חייב למסור עצמו למיתה, **והדר כתב רחמנא** [וחזרה וכתבה התורה]: **"ולא תחללו את שם קדשי"** (שם כב, לב) ללמד **שאפילו באונס** חל איסור עבודה זרה, שהרי גם בכך יש חילול השם; **הא כיצד** מתיישבת הסתירה? **הא** [זה] שאינו חייב למסור עצמו **— בצנעא, והא** [וזה] שחל איסור עבודה זרה, וחייב למסור עצמו למיתה **— בפרהסיא**, ולפיכך אם אנסוהו לעבוד בהמה בפרהסיא — הבהמה נאסרת. **אמרו ליה רבנן** [לו חכמים] **לרבא, תניא דמסייעא** [שנויה ברייתא המסייעת] **לך: בימוסיאות** מצבות שעובדים עליהן עבודה זרה **של גוים בשעת השמד** כשגזרו על ישראל לעבוד עבודה זרה, ושעת השמד כפרהסיא היא, שחייב אדם למסור עצמו למיתה, **אף על פי שהשמד בטל — אותן בימוסיאות לא בטלו** למרות שהיה זה באונס. **אמר להו** [להם] רבא: **אי** [אם] **משום** **הא** [זו] **לא תסייען** [תסייעוני], מכאן אין הוכחה למקרה של אונס, שכן שם **אימר** [אמור]: שמא **ישראל משומד הוה** [היה שם] **ופלח לה** [ועבד אותה] **ברצון. רב אשי אמר: לא תימא אימר** [אל תאמר "אמור"] שמספק אתה חושש לכך, **אלא ודאי ישראל משומד הוה** [היה] **ופלח לה** [ועבד אותה] **ברצון**, ומשום כך נאסרו הבימוסאות. **חזקיה אמר**, את הסתירה לגבי בהמה שאינה שלו אפשר ליישב בדרך אחרת: בברייתא האוסרת מדובר **כגון שניסך לעבודה זרה יין על קרניה** של בהמה שאינה שלו, שעשה מעשה בגופה של הבהמה. **מתקיף לה** [מקשה על כך] **רב אדא בר אהבה: האי** [וכגון זה] **נעבד הוא**? הרי לא עבד את הבהמה, **האי** [כגון זה] **בימוס בעלמא** [בלבד] **הוא**, הרי רק השתמש בה כמזבח לצורך עבודה זרה, **ושרייה** [ומותר]! **אלא אמר רב אדא בר אהבה**: באותה ברייתא מדובר **כגון שניסך לה** עצמה, כדי לעובדה, **יין בין קרניה**. והטעם שיכול לאסור בהמה שאינה שלו, הוא מפני **דעבד** [שעשה] **בה מעשה, וכי הא דאתא** [וכמו הלכה זו שכאשר בא] **עולא** מארץ ישראל **אמר בשם ר' יוחנן: אף על פי שאמרו המשתחוה לבהמת חבירו לא אסרה, אם עשה בה מעשה — אסרה.** כשאמרו דברים אלה בשם עולא **אמר להו** [להם] **רב נחמן** לחכמים: **פוקו** [צאו] **ואמרו ליה** [לו] **לעולא: כבר תרגמה רב הונא לשמעתיך** [להלכתך] **בבבל**, שקבע הלכה זו עצמה בלשון אחרת, **שאמר רב הונא: היתה בהמת חבירו רבוצה בפני עבודה זרה, כיון ששחט בה סימן אחד** (קנה או ושט) **— אסרה**, והטעם — משום שעשה בה מעשה, אף שאינה שלו. ומבררים הלכה זו: **מנא לן** [מנין לנו] **שאסרה? אילימא** [אם תאמר] **מכהנים**, שכהנים שעבדו לעבודה זרה נפסלו מלעבוד במקדש, שגם אם לא עשו זאת מרצונם בכל זאת גופם נאסר לגבוה — **ודלמא שאני** [ושמא שונים] **כהנים, שבני דעה נינהו** [הם], ויש מקום לקונסם! **ואלא למד מאבני מזבח**, שאף שהן של הקדש, כיון שבאו היוונים וטימאום נאסרו, אף שאינן שלהם — **ודלמא** [ושמא] יש להסביר דבר זה כמו שאמר **רב פפא**, שלמדו מן הכתובים כי הגוים שנכנסו למקדש הוציאוהו מרשות הקדש וכך הפך לשלהם (ראה לעיל נב,ב), אבל אין מכאן הוכחה שאדם אוסר דבר שאינו שלו!

עיונים

מאי קרא בתוס׳ העירו כי אין דברי חזקיה הסבר להלכה של ר׳ יוחנן, שאין זה מסתבר שיבוא להסביר את דברי תלמידו. אלא דברי חזקיה הם הסבר לברייתא, אלא שנכתבו כאן לשם הענין.

כל אבני מזבח כתב הרי״ד שלמרות שכתוב "כל", הרי כמעט בכל מקום רובו הוא ככולו, ולכן בטל מזבח גם אם נופצו רוב אבניו.

כאבני גיר רש״י מפרש כאן "גיר" במשמעות כפור, קרח (וראה בפירושו לתורה בפרשת בשלח לענין המן). אבל בערוך ועוד מפרשים "גיר" כפירושו הרגיל, מין אבן רכה.

נעבד וכו׳ רש״י מסביר שכאן מדובר בבהמה הנעבדת, שהיא אסורה למזבח. והראב״ד כתב שהוא הדין בכלי, שאם הדבר שעובדו הוא תלוש — הריהו נאסר בהנאה אף להדיוט, ואם מחובר (או בעל חיים) הוא — נאסר לגבוה.

ובין ברצון רש״י מסביר שכאן אין הבדל בין "מזיד" ובין "רצון", ולא נאמר הדבר אלא לשם יופי הלשון. וראה בתוס׳ יבמות (נג,ב) שרוצים בכל זאת להבחין בין הביטויים.

שאנסוהו גוים וכו׳ העירו בתוס׳ שאין לפרש שאנסוהו — שכפפוהו באונס עד שנמצא משתחוה, כי דבר זה ודאי אינו נקרא שעובד עבודה זרה. אלא אונס כאן הוא שמאיימים עליו במוות עד שעושה מה שמבקשים ממנו.

אונס רחמנא פטריה וכיון שהעובד פטור אין לראות את הבהמה כנעבד (ר״ח). והרי״ד מסביר שמצאנו רק מקרה הפוך, שהעובד חייב והנעבד אינו נאסר (כגון המשתחוה להר) אבל במקום שהעובד פטור — ודאי שאין הנעבד נאסר.

ובטעם הדבר, יש שהסבירו כי העושה מחמת אונס אינו נחשב כמעשה אלא כאילו נעשה הדבר מאליו, ולפיכך אינו יכול לאסור (קובץ שיעורים), או באופן אחר שלגבוה אוסר עצם מעשה העבירה, אבל כאשר אין עבירה — אין הדבר נאסר (גרי״ז).

הכל היו בכלל לא תעבדם הרמב״ן מסביר את דברי רבא כך: הואיל וכל העובדים, גם אלו שבאונס, היו בכלל "לא תעבדם", ממילא כל הנעבדים גם הם בכלל "מן הבקר" (ויקרא א,ב משם למדו פסול נעבד). וכשפירט הכתוב "וחי בהם" והוציא מכלל זה אונס, שאינו בכלל הלאו של "לא תעבדם", ממילא גם מה שנעבד אינו בכלל "מן הבקר". אבל כשאמר הכתוב "ולא תחללו" החזיר גם את האנוס בכלל "לא תעבדם", לומר שהחיוב למסור את נפשו בפרהסיא אינו רק מצד איסור חילול השם, אלא הוא מחזיר את האיסור שבכך לגדרי עבודה זרה, ולכן גם הנעבד נאסר.

הא בצנעא לכאורה עולה מכאן שעבודה זרה באונס ובצינעא אינו חייב למסור נפשו עליה, והיא שיטת ר׳ ישמעאל בענין זה. וראה בתוס׳ (ובתוס׳ ר״י מפריס ועוד ראשונים) שדנו אם יש להוכיח מכאן שהלכה כר׳ ישמעאל בענין זה (וראה בפסקי הרי״ד והריא״ז). ובתוס׳ אמרו שלכל הדעות (ועל כל פנים להלכה) צריך למסור נפשו על כך אפילו בצנעא, אלא שאם לא עשה כן ועבר אינו מתחייב על כך. וכעין זה כתב הראב״ד שכיון שעושה באונס ודאי אינו חייב בעונש, אלא שעבר על הציווי לקדש את השם. ומדברי הרמב״ן עולה שאין זה כלל ענין להלכה, אלא בלשון רבותא אמר רבא, שאפילו לדעת ר׳ ישמעאל המחלק בין צנעא ופרהסיא — האיסור שהיה בדבר לא בטל לגמרי.

אימר ישראל משומד ויש צד סברה בדבר, שכיון ששעת השמד יד הגוים תקיפה על ישראל, ויורדת קרנם של ישראל, מזדמן (או ודאי, כדברי רב אשי) שיהא אדם חלוש בדעתו ובאמונתו עד כדי כך שמקבל על עצמו מרצונו לעבוד עבודה זרה (רש״י).

חזקיה אמר וכו׳ חזקיה מתייחס לסתירה שהעלו לעיל בין שתי הברייתות. שאף הוא סבור כמקשה (שלא כרמי בר חמא) שהברייתא האוסרת בהמה שנעבדה באונס כוונתה למקרה שאונס את בהמת חבירו, ואם כן למדנו מכאן שאדם אוסר בהמת חבירו בנעבד, והוא מציע פתרון ליישב את הסתירה.

כגון שניסך לעבודה זרה על קרניה וטעם האיסור, כפי שמפורש להלן — משום שעשה בה מעשה (רש״י). אלא שהמתין התלמוד עד למסקנה.

בימוס בעלמא וכו׳ הראב״ד מסביר שהיה ראוי לו לומר שעשה את הבהמה כמזבח בלבד. אלא שאמר בימוס דווקא משום שכמו הבימוס שהוא אבן אחת, כך הבהמה אינה עשויה מפרקים אלא היא גוף אחד.

ובטעם הדבר, מדוע לא ייאסר, והרי מצאנו שבימוס נאסר, הסביר רש״י שבעלי חיים אינם נאסרים משום משמשי עבודה זרה. וראה ברמב״ן שתמה על כך. ור״ח כתב שכיון שלמדנו שבימוס שנפגם בטל, הרי יכול לעשות פגם כלשהו בבהמה ולהתירה. ואילו הראב״ד מסביר שכאמור לעיל (מו,ב) בימוס אינו נאסר אלא כאשר עשאו מתחילה לכך, דבר שאינו שייך בבהמה. אכן הרמב״ן ועוד ראשונים חולקים על עיקר שיטת הראב״ד בזה. וכתב הרמב״ן שלשון בימוס לא נאמרה כאן על צד הדין, אלא רק לומר שלא במקרה זה מדובר בברייתא, לפי שוודאי אין זה נעבד.

שניסך לה וניסוך היין עצמו, אף שאינו שינוי בגוף הבהמה מכל מקום הוא מעשה שנעשה בגופה (רש״י וראה בהרחבה קצת בראב״ד). והריטב״א מסביר שכאן מדובר כגון שחקק לה בין קרניה מקום לנסוך, שהוא מעשה חשוב.

שחט בה סימן אחד בתוס׳ כתבו שלאו דווקא סימן אחד, אלא אפילו חתך בה משהו הרי זה מעשה גמור. ולא אמר "סימן אחד" אלא לומר שגם דבר זה נחשב מעשה לאסור את הבהמה למרות ששחיטת סימן אחד אינה מועילה לה לענין מצות שחיטה. וכן פירשו בתוס׳ משום כך נאמר שהיתה הבהמה רבוצה, לומר שגם אם לא עשה בה מעשה גדול — אסרה.

אסרה רוב המפרשים (חוץ מן הרמב״ם) פירשו שהכוונה היא שנאסרה אף להדיוט, שאם לגבוה — הרי אף אם לא שחט לעבודה זרה אלא להדיוט אסורה היא, שהרי היא בעלת מום וטריפה. וכן מוכח מן הסוגיה בחולין (מא,א) (ראב״ד). והסבירו בתוס׳ כי למרות זאת יש להשוות את דברי רב הונא לדברי עולא שנאמרו לענין לאוסרה לגבוה, שכשם שמעשה שיש בו שינוי בגופה של הבהמה אוסר אותה להדיוט, כך מעשה בגופה אף שאינו עושה בה שינוי - אוסר אותה לגבוה.

אילימא מכהנים שנאמר לגבי הכהנים ששירתו לפני העבודה הזרה: "ולא יגשו אלי לכהן לי... ונשאו כלימתם ותועבותם אשר עשו" (יחזקאל מד, יג). משמע שכיון שנעשה מעשה בגופם (שעבדו עבודה זרה) הרי המעשה הזה פוסל את גופם, גם אם היו אנוסים, שהוכרחו לכך על ידי מלכי ישראל (רש״י. וראה בראב״ד שציטט את הפסוק המובא במשנה במנחות: "אך לא יעלו כהני הבמות על מזבח ה׳ בירושלים" מלכים ב כג, ט). וכתבו בתוס׳ כי אפשר היה לתרץ שהכהנים נאסרו משום שעשו את המעשה בדבר שלהם — בגופם, מכל מקום עיקרה של הדחייה, שבני דעה הם, יש בו כדי להשיב גם על מקרה בו היו עושים בשל אחרים. והראב״ד מסביר כי הכהנים הוקדשו לה׳ בבחירתם, ולכן הריהם כעושים מעשה בדבר שאינו שלהם. וראה במהר״ם שהבין כי לדעת התוס׳ הראיה מן הכהנים היא מכך שהקריבו בהמות שאינן שלהם לעבודה זרה, שממה שנאסרו לעבוד במקדש יש ראיה שהבהמות קרויות נעבדות.

אורח ההלכה

איזהו נעבד איזהו הנעבד האסור להקריב לגבוה — בין שעבד בהמה שלו ובין של חבירו, בין באונס בין ברצון, בין בזדון בין בשגגה, בין לפני שהוקדשה ובין לאחר שהוקדשה. והראב״ד כתב כי לפי סוגייתנו נאסרה הבהמה רק אם עשה בה מעשה. וראה בכס״מ ובלח״מ. (רמב״ם ספר עבודה הלכות אסורי מזבח פ״ד ה״ז).

הא בצינעא וכו׳ בשלוש העבירות החמורות, עבודה זרה גילוי עריות ושפיכות דמים, אם אומרים לאדם לעבור על אחת מהן או שייהרג — ייהרג ולא יעבור, בין בפרהסיא ובין בצינעא. כדברי חכמים החולקים על ר׳ ישמעאל במסכת סנהדרין (עד,א). ומי שאמרו בו ייהרג ואל יעבור, ועבר — הרי זה מחלל השם. ואם עבר בפני עשרה מישראל הרי זה מחלל את השם ברבים, וביטל מצוות עשה של קידוש השם. (רמב״ם ספר מדע הלכות יסודי התורה פ״ב ה״ב וה״ד. שו״ע יו״ד קנז, א).

המשתחוה לבהמת חבירו וכו׳ המשתחוה לבהמת חבירו — לא אסרה. ואף אם עשה בה מעשה (כגון ששחטה לעבודה זרה) לא אסרה, שאינו יכול לאסור דבר שאינו שלו, שאין כוונתו אלא לצערו. אבל גוי או יהודי משומד אוסר בהמת חבירו על ידי מעשה. עפ״י מסקנת הגמרא במסכת חולין (מא,א). (רמב״ם שם הלכות עבודה זרה פ״ח ה״א. ספר קדושה הלכות שחיטה פ״ב כ״א. שו״ע יו״ד ד, ד. שם קמה, ח).

מסורת הש״ס

א. ירושלמי ע״ז פ״ד ה״ד (בשינויים, עיי״ש). ילק״ש נ״ך רלו.
ב. תו״כ ויקרא א,ב. ילק״ש תורה תלו.
ג. תוספתא ע״ז פ״ה י. שם תמורה פ״ד ג.
ד. נדרים כז,א. ב״ק כח,ב.
ה. ילק״ש תורה רפז.
ו. ע״ז כז,ב (ושם סומנו מקבילות).
ז. סנהדרין עד,א.
ח. חולין מ,א. וראה ירושלמי ערלה פ״ג ה״א.
ט. חולין מ,א (ועיי״ש).
י. ע״ז נב,ב.
יא. שם.

גרסות

מאי קרא בכת״י: מאי קראה.
אי לאו יקומו בכת״מ: ואם לאו יקומו ובכתי״ס ובב״ח: ואי לאו יקומו.
ורמינהי איזהו בכת״י: מיתיבי איזהו.
כגון שאנסוהו בכתי״ס: הכא במאי עסיקינן כגון שאנסוהו.
לבהמתו דידיה בכתי״ס: לבהמתו שלו.
אונס רחמנא פטריה בכתי״ס כבמקבילה: אנוס רחמנא פטריה.
אלא אמר רבא בכת״י ועוד: אמר רבא.
יצא אונס בכתי״ס: יצא אנוס שפטור.
הא כיצד הא בצינעא בכת״י: לא קשיא הא בצינעא.
יין על קרניה בכת״י וכן בב״ח: יין בין קרניה.
בימוס בעלמא הוא ושריה בכת״י וכן בב״ח: בימוס בעלמא הוא דשרייה.
כגון שניסך לה יין בכתי״ס: כגון שניסך לבהמה יין.
וכי הא דאתא בכתי״ס: וכי הא דכי אתא.

לשון

ניסך לה יין בין קרניה
יש מסבירים כי זה הוא תרגום מדויק של הביטוי הלטיני Vinum fundit inter cornua, ללמדנו כי מדובר כאן בניסוך שהיה מקובל בדתם של הרומאים.

לעזי רש״י

גרושל״א (צ״ל: גרישל״א) מן הצרפתית העתיקה gresle — ברד.

מט א מיי' פ"ח מהל' איסורי מזבח הל' ו:
נ ב מיי' פ"ה מהלכות יסודי התורה הלכה ד סמג עשין ה טוש"ע י"ד סימן קנז סעיף א [וברב אלפס סנהדרין ספ"ח דף רעב]:
נא ג ד מיי' פ"ח מהל' עבודת כוכבים הל' א סמג לאוין מה טוש"ע י"ד סימן קמה סעיף ח:

אמר חזקיה מאי קרא *בשומו כל אבני מזבח כאבני גיר מנופצות לא יקומו אשרים וחמנים אי איכא כאבני גיר מנופצות לא יקומון אשרים וחמנים(א) אי לאו יקומו תנא נעבד שלו אסור ושל חבירו מותר ורמינהי *איזהו נעבד *כל שעובדים אותו בין בשוגג ובין במזיד בין באונס *ובין ברצון האי אונס היכי דמי לאו כגון דאנס בהמת חבירו והשתחוה לה אמר רמי בר חמא לא כגון שאנסוהו גוים והשתחוה לבהמתו דידיה מתקיף לה רבי זירא *אונס רחמנא פטריה דכתיב ולנערה לא תעשה דבר אלא אמר רבא הכל היו בכלל לא תעבדם וכשפרט לך הכתוב וחי בהם *ולא שימות בהם יצא אונס והדר כתב רחמנא ולא תחללו את שם קדשי דאפילו באונס הא כיצד הא בצנעא והא בפרהסיא אמרו ליה רבנן לרבא תניא דמסייעא לך בימוסיאות של גוים בשעת השמד אף על פי שהשמד בטל אותן בימוסיאות לא בטלו אמר להו אי משום הא לא תסייען אימר ישראל משומד הוה ופלח לה ברצון רב אשי אמר לא תימא אימר אלא ודאי ישראל משומד הוה ופלח לה ברצון חזקיה אמר כגון שניסך לעבודה זרה יין(ב) על קרניה מתקיף לה רב אדא בר אהבה האי נעבד הוא האי בימוס בעלמא הוא(ג) ושרייה אלא אמר רב אדא בר אהבה כגון שניסך לה יין בין קרניה דעבד בה מעשה וכי הא דאתא עולא *אמר רבי יוחנן אף על פי שאמרו המשתחוה לבהמת חבירו לא אסרה עשה בה מעשה אסרה אמר להו רב נחמן פוקו ואמרו ליה לעולא כבר תרגמה רב הונא לשמעתיך בבבל *דאמר רב הונא היתה בהמת חבירו רבוצה בפני עבודה זרה כיון ששחט בה סימן אחד אסרה מנא לן דאסרה אילימא מכהנים ודלמא שאני כהנים *דבני דעה נינהו ואלא מאבני מזבח ודלמא *כדר"פ ואלא

[ישעיה כז] [דברים כב] [ויקרא יח] [תוספתא פ"ו] [עמ"ש תוס' יבמות נג: ד"ה הבא על וכו'] ב"ק כח: [נדרים כז. וש"נ] לעיל כז: [וש"נ] חולין מ. סס [לעיל נב:]

רש"י

מאי קרא. למזבח הוי אבנים הרבה ואיסורו עד שינתץ רובו: גיר. כפור גרוש"א: לא יקומו. שוב לא יקריבו עליו: ואי לאו. דלא ניתצו יקומו: נעבד. בבעלי חיים הנאסר לגבוה(ד): אם שלו. היה כשהשתחוה לו אסור אם לאו אינו נאסר לגבוה: מזיד ורצון חדא הוה אלא תנא רצון אלא אונס: בכל הוו. בין אונס בין רצון: בפרהסיא. לא תחללו והאי דקתני אונס אסור בפרהסיא: שעת השמד. פרהסיא הוא ואונס הוא: ודאי ישראל משומד. דא"ל בכל העובדין שלא יהא בהן אחד משומד אחרי שרואה את ישראל ידם מטה נוטה לבו לעבודה זרה: חזקיה אמר. לעולם אונס דקתני שאנס בהמת חבירו ואפילו הכי לא תרמינהו אהדדי דהא דתני אסור כגון שניסך לעבודה זרה בין קרניה של בהמת חבירו דעביד מעשה והא ודאי מיתסרא כדיליף לקמן (ע"ב): והאי נעבד הוא. בתמיהה נעבד לא קרי אלא שעשה את הבהמה עצמה עבודה זרה: והאי בימוס בעלמא. שויה ובעלי חיים לא מיתסרי משום משמשי עבודה זרה: כגון שניסך לה. שעשה עבודה זרה ועשה בה מעשה אבל בהשתחואה או עבודה אחרת דלאו בגופה לא מיתסר דבר שאינו שלו: סימן אחד. לעבודה זרה: אי נימא מכהנים. שהמקום מלכי ישראל לעשות כומרים לעבודה זרה וכתיב ולא יגשו אלי (עוד) לכהן לי (יחזקאל מד): דבני דעה נינהו. וקנסא הוא: מאבני מזבח. שגנזום מלכי בית חשמונאי משום דשיקצום מלכי יון לעבודה זרה ואע"ג דהקדש הוו ולא יכול הגוי לאסרן אפ"ה כיון דעבוד מעשה אסרינהו רבנן: דלמא כר"פ. דאמר קרא אשכחו ודרוש שיצאו לחולין וקנאום הגוים ויכלו לאסרן:

תוספות

אמר חזקיה מאי קרא. נ"ל דחזקיה אברייתא קאי ולא על דברי רבי יוחנן שהרי חזקיה רבו של רבי יוחנן ומיהו פרק ד' אחים ביבמות (דף לג:) עושה אביי תירוץ על מה שהקשה התלמוד על רב אשי אלא ודאי גם אביי ידע דברי רב אשי והוצרך לו לתרץ והתלמוד סידר כן לפי שהוא מתיישב יותר היטב אחר הסוגיא:

כגון שאנסוהו גוים והשתחוה לבהמה דידיה. פי' אנסוהו שאמרו להרגו אם לא ישתחוה מאליו אבל אין לפרש שכפפו קומתו בעל כרחו דא"כ הוא לא היה עושה כלום אלא הם עשו מעשה בגופו ואין אדם אוסר דבר שאינו שלו:

מתקיף לה רבי זירא אונס רחמנא פטריה. תימה מאי קפריך נהי דפטור ממיתה בדיעבד מכל מקום לכתחלה הוא חייב למסור עצמו למיתה ואם כן למה לא יאסר מטעם נעבד דהא פרהסיא דבסמוך לרבא קרי ליה נעבד מטעם דחייב למסור עצמו ואע"ג דבדיעבד פטור דכל אונס פטור ואין לומר דלרבי זירא אונס רחמנא פטריה מכל וכל ואפי' לכתחלה אין למסור עצמו על כך דא"כ מאי ראיה מייתי מולנערה לא תעשה אדרבה מיניה ילפינן(ה) דחייב למסור עצמו בשלהי בן סורר ומורה (סנהד' דף עד.) *אפילו במצוה קלה דקאמר הרי זה בא ללמד ונמצא למד מה רוצח יהרג ואל יעבור אף נערה המאורסה יהרג ואל יעבור ואדרבה קרא דומי בהם הוה ליה לאיתויי דמיניה תמצא להוציא אונס כדאמר רבא ועוד קשיא מאי קא מסייעי ליה לרבא בסמוך מבימוסיאות בשעת השמד דאסורות אפילו ר' זירא נמי יודע בזה כיון דבשעת השמד הוא חייבין למסור עצמן כדאמרינן בשילהי בן סורר ומורה דאפילו מצוה קלה יהרג ואל יעבור ונראה לרבינו יצחק לפרש דבין ר' זירא ורבא לא פליגי בהא דלכתחלה חייב למסור עצמו ורבי זירא הכי פריך אונס רחמנא פטריה דיעבד דכתיב ולנערה לא תעשה דבר אע"ג שיש לו למסור עצמו אין לאסור בהשתחואתו ורבא מסיק דהואיל ובפרהסיא חייב למסור עצמו עבודה זרה קרינא ביה ואעפ"כ בדיעבד פטור והשתא מסייע שפיר לרבא מבימוסיאות דמשום דחייב למסור עצמו אסר להו וא"ת מאי קא מייתי למפטר אונס מולנערה התם בדין הוא דפטורה משום דקרקע עולם היא י"ל דלא הוזכר קרקע עולם לענין פטור המיתה ואין טעם לפטרה ממיתה אלא משום אונס תדע שהרי אם היתה נבעלת ברצון היתה חייבת ואע"ג שהיא קרקע עולם וקרקע עולם לגבי מסירת עצמה למיתה הוזכר דמזה הטעם אינה חייבת למסור עצמה אם לא שיאמרו לה או תהרג או תביא עליך הערוה אבל אם אמרו לה או תניחי שיבעלוך או תהרג אין לה למסור עצמה דמרוצח ילפינן וגם אין(ו) לו הטעם למסור עצמו אלא שלא יהרוג בידים אבל היכא דלא עביד מעשה כגון שמשליכין אותו על התינוק ומתמעך ודאי אין למסור עצמו*:

הא בצנעא הא בפרהסיא. לכאורה משמע דרבא ס"ל דאונס דצנעא אין לו למסור עצמו ומתוך כך היה נראה לפסוק כרבי ישמעאל דשרי נמי עבודה זרה בצנעא וקשיא דהם ושלום שנפסוק(ז) עבודה זרה יעבור ואל יהרג ועוד בשאלתות דרב אחאי פרשת וארא (סימן מג) פוסק כר' יוחנן דאמר בשלהי בן סורר ומורה (סנהדרין דף עד. ע"ש) משום ר"ש בן יהוצדק כל מצות שבתורה יעבור ואל יהרג חוץ מעבודה זרה וגלוי עריות ושפיכות דמים יכול אפילו בפרהסיא ת"ל ולא תחללו את שם קדשי לכך נראה דרבא נמי אית ליה דרבי יוחנן והא דקא משני לתרוצי הברייתא אפילו אליבא דר' ישמעאל הוא דאתא וכן משמע נמי בפ"ב דכתובות (דף יט.) דרבא אית ליה דרבי יוחנן דא"ל רבא אילו אתו לקמן לאימלוכי אמרי' להו זילו חתומו וכו' דאמר מר אין לך דבר שעומד בפני פיקוח נפש אלא עבודה זרה וגלוי עריות ושפיכות דמים והתם נמי בצנעא מיירי דאין דרך שיאנס אותם בפני י'* ומורי דודי הרב ר' משה מקוצי בספר המצות שחבר(ח) כתב בסוף פרק בן סורר ומורה וז"ל רבא דפ' ר' ישמעאל לא פליג עליה דר' יוחנן אלא ה"פ אמר רבא הכל היו בכלל לא תעבדם בין לאזהרה בין למיתה כשהוא אומר וחי בהם יצא אונס דבצנעא מכל וכל בין מאזהרה בין ממיתה אבל הא מודי רבא דאיכא עשה דבכל נפשך שיש למסור עצמו אפילו בכל אונסא כדאמר ר"א בברייתא כשהוא אומר לא תחללו אהדריה בכלליה והיינו אונס דפרהסיא בין לאזהרה בין למיתה והואיל ורבא שהוא בתרא לא פליג עליה דרבי יוחנן שריר וקיים פסק השאלתות שיש לאדם למסור עצמו למיתה ואפילו באונס ובצנעא עכ"ל:

היתה בהמת חבירו רבוצה לפני עבודה זרה. פירש בקונטרס(ט) לא מיבעיא הרבילה דהגביהה וקנאה ונעשית שלו ולא נהירא דמדפריך התם (חולין דף מא.) ממנסך למ"ד אין אדם אוסר דבר שאינו שלו מאי קא פריך מדאגבהיה לנסך קנייה והויא שלו אלא ודאי אין הגבהתו מועלת רק להתחייב באונסין לכך נראה לפרש דרבוצה נקט לרבותא אע"פ שלא הרבילה ולא עשה בה מעשה גדול אסרה במעשה זוטא וסימן א' לאו דוקא דה"ה כל דהו שהרי סימן אחד בבהמה אינו גמר דבר ומייתי כבר תרגמה אע"ג דרב הונא מיירי לאסרה להדיוט ונעבד שלו אסור מיירי בלאסרה לגבוה דכי היכי דמעשה בגופו כגון שחיטה מהני לאסרה להדיוט ה"ה נמי דמעשיו דידיה כגון ניסך לה בין קרניה מהני לאסרה לגבוה:

אילימא מכהנים. שעשו מעשה ונאסרו אע"פ שאין זו ראיה גמורה דשמא עשו מעשה בשלהם מכל מקום הכי קאמר אפילו היו דומים לזה ולא עשו מעשה רק בשל אחרים לא ראיה היא כדדחי משום דבני דעה נינהו:

[ועי' תוספות יומא פב. ד"ה מה הוצרכו טובלא ותוספות יבמות נג: ד"ה אין אונס]
[ועי' תוספות לעיל כז: ד"ה יכול ותוספות כתובות יט. ד"ה לאמר ותוס' שבת עב: ד"ה רבא]

מכרן

רבינו חננאל

כדכתיב בשומו כל אבני מזבח כאבני גיר מנופצות וגו' אי איכא כאבני גיר מנופצות לא יקומו אשרים וחמנים ואי לא יקומו וקיימא לן כוותיה: תנא נעבד שלו אסור ושל חברו מותר. פירוש אין נעבד נאסר אלא אם הוא קניינו של עובד אבל קניינו של אחר לא מיתיבי איזהו נעבד כל שעובדין אותו בין שוגג בין במזיד בין באונס בין ברצון האי אונס היכי דמי לאו כגון שאנס חבירו וגזל בהמתו והשתחוה לה הנה אדם אוסר דבר שאינו שלו. ודחי רמי בר חמא לאו הכי הוא אלא אנוס כגון שאנסוהו גוים וכפאוהו והשתחוה לבהמה שלו דנמצא אוסר בהמתו: מתקיף לה ר' זירא והא כי האי גוונא הוא פטור וכיון דהוא פטור בהמה לאו נעבד היא ומנא לן דכי האי גוונא הוא פטור דכתיב ולנערה לא תעשה דבר וגו'. ובא רבא ופריק האי אנוס דפטריה רחמנא בעבודה זרה בצנעא אבל בפרהסיא לא ואמר הכל היו ואפילו אנוס בכלל לא תעבדם וכשפרט הכתוב וחי בהם ולא שימות בהם הרי יצא אנוס הדר כתב רחמנא ולא תחללו את שם קדשי ונקדשתי דאפילו אנוס מיזהר שלא יחלל קשיין אהדדי ואמרינן לא קשיא בצנעא וחי בהם ולא שימות בהם. בפרהסיא אפילו אנוס ולא תחללו. אמרו ליה לרבא תניא דמסייעא לך בימוסאות של גוים שהעמידו בשעת השמד אע"פ שהשמד בטלה איסור בימוסאות לא בטיל והא הכא דשמד אונס הוא ואפ"ה כיון דבפרהסיא הוה אסור ואמר רבא הא לא מסייען התם דלא בטלו בימוסיאות משום דקיי"ל דישראל משומד הוה ופלח להו לרצון. ועבודה זרה דפלח להו ישראל אינה בטילה עולמית. חזקיה אמר הא דתנא איזהו נעבד כל שעובדין אותו בין באונס בין ברצון דמשמע כגון דהא גברא אנס חברו ועבד לבהמתו ונאסרה כגון שניסך יין לחמה בין קרני בהמת חבירו ומקשינן האי בימוס עשאה פי' מזבח כמו מצבה עשאה לעבודה זרה אחרת ובימוס הא א"ר יוחנן בימוס שנפגם מותר ואפילו בהמתו שלו לא נאסרה דהא אי בעי פנים לה ופרקינן אלא כגון שניסך לה יין לאותה בהמה עצמה בין קרניה שעשאה עבודה זרה בעצמה מעשה ע"ג קרניה וכו' יוחנן דאמר אע"פ שאמרו המשתחוה לבהמת חברו לא אסרה עשה בה מעשה אסרה וכדרב הונא דאמר היתה בהמת חברו רבוצה בפני עבודה זרה לא אסרה שחט בה כיון שעשה בה מעשה אסרה מנא לן דמעשה אוסר בעבודה זרה אילימא מכהנים דכתיב אך לא יעלו כהני במות את מזבח ה' אשר בירושלים וגו' דלמא שאני כהנים דבני דעה נינהו ואלא מאבני מזבח

הגהות הב"ח

(א) גמ' וחמנים ואי לא יקומו: (ב) שם חזקיה אמר וכו' יין בין קרניה: (ג) שם בימוס בעלמא הוא דשויה אלא: (ד) רש"י ד"ה נעבד וכו' לגבוה קאמר הס"ד: (ה) תוס' ד"ה מתקיף וכו' מיניה ילפינן בשלהי בן סורר ומורר דחייב למסור עצמו אפילו במצוה קלה: (ו) בא"ד וגם אין לומר הטעם דמאי חזית דדמך סומק טפי למסור עצמו אלא שלא: (ז) ד"ה הא וכו' שנפסוק בעבודה זרה וכו' והא דקא משני הכי לתרוצי: (ח) בא"ד הר"ר משה מקוצי שחבר ספר המצות כתב בסוף פ' וכו' אהדריה לכלליה: (ט) ד"ה היתה וכו' פירש בקונטרס לא מיבעיא נ"ב עי' חולין דף מ:

מכרן וקדש בדמיהן מקודשת. פי' רש"י ודוקא קדושי אשה אבל איתהנויי אסור מדרבנן ויש ליתן טעם ולחלק שאין האשה דומה כל כך לחליפי הדמים אי נמי משום פריה ורביה לא גזרו רבנן [ועי' תוס' חולין ד: ד"ה מותר]: **משום דהויא עבודה זרה ושביעית שני כתובין הבאים כאחד.** תימה הא אין שניהם שוין דעבודה זרה חליפי חליפין אסורין עד סוף כל העולם ובשביעית דוקא אחרון נתפס והשאר מותרין ואם כן אי הוי כתיב חד לא אתי חבריה מיניה [ועי' תוספות קדושין נח. ד"ה ושני]:

(א) ואלא מכלים דכתיב ואת כל הכלים אשר הזניח המלך אחז במלכותו במעלו הכנו והקדשנו א *ואמר מר הכנו שגנזום והקדשנו שהקדשנו אחרים תחתיהן ב והא אין אדם אוסר דבר שאינו שלו אלא כיון דעבד בהו מעשה איתסרו להו הכא נמי כיון שעשה
א בה מעשה אסרה כי *אתא רב דימי א"ר יוחנן ג אע"פ שאמרו המשתחוה לקרקע עולם לא אסרה חפר בה בורות שיחין ומערות אסרה כי אתא רב שמואל בר יהודה א"ר יוחנן ד אע"פ שאמרו המשתחוה לבעלי חיים לא אסרן ה עשאן חליפין לעבודה זרה אסרן כי אתא רבין אמר ו פליגו בה רבי ישמעאל ב"ר יוסי ורבנן חד אמר חליפין אסורין חליפי חליפין ז מותרין וחד אמר אפילו חליפי חליפין נמי אסורין מ"ט דמ"ד חליפי חליפין אסורין אמר קרא ח והיית חרם כמוהו *כל שאתה מהיה ממנו הרי הוא כמוהו ואידך אמר קרא הוא הוא ולא חליפי חליפין ואידך ההוא מיבעי ליה ח למעוטי ערלה וכלאי הכרם י שאם *מכרן וקידש בדמיהן מקודשת ואידך ערלה וכלאי הכרם לא צריכי מיעוטא ט דהויא להו עבודה זרה ושביעית שני כתובין הבאין כאחד י *וכל שני כתובין הבאין כאחד אין מלמדין עבודה זרה הא דאמרן שביעית דכתיב כי יובל היא קדש תהיה לכם יא *מה קדש תופס את דמיו ואסור אף שביעית תופסת את דמיה ואסורה אי מה קדש תופס את דמיו ויוצא לחולין אף שביעית תופסת את דמיה ויוצאה לחולין ת"ל יב תהיה ה בהווייתה תהא הא כיצד יג לקח בפירות שביעית בשר אלו ואלו מתבערין בשביעית לקח בבשר דגים יצא בשר נכנסו דגים בדגים יין יצאו דגים נכנס יין ביין שמן יצא יין ונכנס שמן הא כיצד יד *אחרון אחרון נתפס בשביעית ו ופרי עצמו אסור ואידך קסבר טו שני כתובין הבאין כאחד מלמדין ואיצטריך הוא למעוטינהו: **מתני'** שאלו את הזקנים ברומי אם אין רצונו בעבודה זרה ב
למה אינו מבטלה אמרו להן אילו לדבר שאין צורך לעולם בו היו עובדין היה מבטלו הרי הן עובדין לחמה וללבנה ולכוכבים ולמזלות יאבד עולמו מפני השוטים אמרו להן א"כ יאבד דבר שאין צורך לעולם בו ויניח דבר שצורך העולם בו אמרו להן אף אנו מחזיקין ידי עובדיהן של אלו שאומרים תדעו שהן אלוהות שהרי הן לא בטלו: **גמ'** ת"ר טז *שאלו פלוסופין את הזקנים ברומי ג
אם אלהיכם אין רצונו בעבודה זרה מפני מה אינו מבטלה אמרו להם אילו לדבר שאין העולם צורך לו היו עובדין הרי הוא מבטלה הרי הן עובדין לחמה וללבנה ולכוכבים ולמזלות יאבד עולם מפני השוטים אלא עולם כמנהגו נוהג ושוטים שקלקלו עתידין ליתן את הדין דבר אחר הרי שגזל סאה של חטים [והלך] וזרעה בקרקע דין הוא שלא תצמח אלא עולם כמנהגו נוהג והולך ושוטים שקלקלו עתידין ליתן את הדין דבר אחר הרי שבא על אשת חבירו דין הוא שלא תתעבר אלא עולם כמנהגו נוהג והולך ושוטים שקלקלו עתידין ליתן את הדין והיינו דאמר ריש לקיש אמר הקב"ה יז לא דיין לרשעים שעושין סלע שלי פומבי אלא שמטריחין אותי ומחתימין אותי בעל כרחי יח שאל פלוסופוס אחד את ר"ג כתוב בתורתכם כי ה' אלהיך אש אוכלה הוא אל קנא מפני מה מתקנא בעובדיה ואין מתקנא בה אמר לו אמשול לך משל למה"ד למלך בשר ודם שהיה לו בן אחד ואותו הבן היה מגדל לו את הכלב והעלה לו שם על שם אביו וכשהוא נשבע אומר בחיי כלב אבא כששמע המלך על מי הוא כועס על הבן הוא כועס או על הכלב הוא כועס הוי אומר על הבן הוא כועס אמר לו כלב אתה קורא אותה והלא יש בה ממש אמר לו ומה ראית אמר לו פעם אחת נפלה דליקה בעירנו ונשרפה כל העיר כולה ואותו בית עבודה זרה לא נשרף אמר לו אמשול לך משל למה"ד למלך ב"ו שסרחה עליו מדינה כשהוא עושה מלחמה עם החיים הוא עושה או עם המתים הוא עושה הוי אומר עם החיים הוא עושה א"ל כלב אתה קורא אותה מת אתה קורא אותה א"כ יאבדנה מן העולם אמר לו אילו לדבר שאין העולם צריך לו היו עובדין הרי הוא מבטלה הרי הן עובדין לחמה וללבנה לכוכבים ולמזלות לאפיקים ולגאיות יאבד עולמו מפני שוטים וכן הוא אומר
אסוף

תורה אור: דה"ב כט | דברים ז | ויקרא כה | דברים ד

ואלא מכלים. של בית המקדש שהזניחם אחז: **איתסרו להו.** גזרו עליהם חזקיה וסיעתו איסור עולם אף להדיוט דקתני גנזום ולא אמרינן ליפרקו וליפקו לחולין: **חפר בו בורות.** לעבודה זרה אסרה אף להדיוט: **לא אסרן.** להדיוט אפי' הן שלו: **חליפין.** החליפן בעבודה זרה שהיתה לו עבודה זרה והחליפה לגוי בבהמתו: **הוא.** כי חרם הוא: **למעוטי ערלה.** והכי משמע הוא תופס את דמיו כדאמרן כל שאתה מהיה אבל ערלה היא אסורה בכל מקום שהיא אבל דמיה אינה תופסת לאסרן ואם *מכרן וקידש בדמיהן מקודשת דלא מיתפסי באיסורא וממונא הוא אע"ג דאיהו אסור לאתהנויי מינייהו מיהו ההיא הנאה מטיא *לה על ידי ערלה(ג) אבל איהי לא מערלה *קא מטיא ליה ודוקא קידושי אשה אבל איתהנויי מינייהו מדרבנן אסור: **שני כתובין הבאין כאחד.** לתפוס דמיהן באיסורן אע"פ שהן אסורין בכ"מ שהן: **הא דאמרן.** והיית חרם כמוהו: **קדש תופס את דמיו.** דכתיב ופדה בערכך: **מתבערין.** נאכלין קודם הביעור קודם שיכלה לחיה מן השדה אותו המין שמכר: **יצא בשר ונכנס דגים.** דכולי האי לא תפיס: **ופרי עצמו.** פרי של שביעית שמכר ראשון: **מתני' אף אנו מחזיקין ידיהן.** של אלו העובדין לחמה וללבנה אם היינו רואין שאר עבודות זרות חריבות מעלמן ואלו קיימות היינו מודים לאלו: **גמ' פילוסופין.** חכמי האומות: **שעושים סלע שלי פומבי.** רושם שלי שאני רושם בו ובלע"ז קויי"ן עושין הפקר לכל שכל הרוצה לחתום בו יחתום בו כלומר שבאין על הערוה על כרחי ומולידין: **אלא שמטריחין אותי.** שאני יוצר הוולד על כרחי ומולידין שהרי גזרה(ג) לפני שינהוג העולם כמנהגו ומיבעיא לי היכא איתמר דריש לקיש ובאיזה מקרא הוא דורש קבלה זו שהקב"ה קובל על כך ובתנחומא דריש מאותו פסוק צור ילדך תשי וגו': **אל קנא.** מתקנא לנקום את עובדיהם: **עם החיים הוא עושה.** מלחמה ומכלה את ממונם: **לאפיקים.** אפיקי מוצאי מים:
אסוף

עין משפט נר מצוה

נב א מיי' פ"ח מהל' עבודת כוכבים הל' א סמג לאוין מה טוש"ע י"ד סימן קמה סעיף ז:
נג ב ג מיי' שם טוש"ע שם סעיף ט:
נד ד מיי' פ"ה מהלכות אישות הלכה ב סמג עשין מח טוש"ע אה"ע סימן כח סעיף כב:
נה ה מיי' פ"ו מהלכות שמיטה ויובל הל' ו:
נו ו מיי' שם הלכה ז:
נז ז מיי' שם הלכה ו:

רבינו חננאל

מזבח ששיקצום מלכי יון לעבודה זרה דלמא שאני התם דכתיב קרא בהדיא ובאו בה פריצים וחללוה אלא מן הכלים שהזניח אחז והא כלים לאו בני דעה נינהו ולא דידיה נינהו ונאסרו דכתיב הכנו ואמר מר שגנזום והא אין אדם אוסר דבר שאינו שלו אלא כיון דעבד בהו מעשה אסרם ש"מ העושה מעשה אפילו בדבר שאינו שלו אסרו: אמרו משמיה דר' יוחנן אע"פ שאמרו המשתחוה לקרקע עולם לא אסרו חפר בו לשום עבודה זרה בורות שיחין ומערות אסרו וכן אע"פ שאמרו המשתחוה לבעלי חיים לא אסרם עשאן חליפין לעבודה זרה פירוש נתנם ולקח בחילופם עבודה זרה אסרם ר' ישמעאל בר' יוסי ורבנן פליגי חד אמר בחליפין אסורין חליפי חליפין מותרין שנאמר הוא הוא ולא חליפי חליפין וחד אמר אפי' חליפי חליפין אסורין שנאמר והיית חרם כמוהו כל שאתה מהיה מהן הרי הן כמוהו כו' הויא עבודה זרה ושביעית שני כתובין הבאין כאחד כו' כתיב הכא והיית חרם וכתיב בשביעית תהיה בהוויתה תהא כל שאתה מהיה ממנה הרי הוא כמוה כו' וכבר פירשנוה במס' קדושין ובזולתה ואסיק' ואידך קסבר שני כתובין הבאין כאחד מלמדין א) אלא למ"ד מלמדין מאי איכא למימר הם רבי ישמעאל בר' יוסי ורבנן דפרשין פלוגתייהו בהא מילתא בהדיא: **מתני'** שאלו הזקנים ברומא אם אין רצונו בעבודה זרה מפני מה אינו מבטלה אמרו להן אילו לדבר כו'. ת"ר שאלו פילוסופין הזקנים ברומא אם אין רצונו בעבודה זרה מפני מה אינו מבטלה אמרו להן אילו לדבר שאין העולם צריך לו היו עובדין הרי הוא מבטלה הרי הן עובדין לחמה ולבנה לכוכבים ומזלות שהעולם צריך להן יאבד עולמו מפני השוטים כו' וכן הגוזל שדה וזרעה דין הוא שלא תצמח וכן הבא על אשת חברו דין הוא שלא תתעבר ממנו אלא העולם נוהג כמנהגו ושוטים שקלקלו עתידין ליתן את הדין והיינו דאמר ריש לקיש לא דיין לרשעים שעושין סלע שלי פומבי פירוש כגון שמערבין נחשת בכסף לעשות סלע גדולה כדגרסינן בב"ב עתיד נכסין עתיד פומבי דבר הנראה גדול אלא שמטריחין אותי כדכתיב הוגעתם ה' בדבריכם: שאל פילוסוף את ר"ג כתיב כי ה' אלהיך אש אוכלה מפני מה מתקנא בעובדיה ואינו מתקנא בה אמר לו משל למלך שהיה לו בן ואותו הבן גידל כלב והעלה שם הכלב בשם אביו וכשנשבע א"ל חיי כלב אבא על מי יש לו לכעוס על בנו או על הכלב הוי אומר על בנו א"ל כלב אתה קורא לעבודה זרה והלא יש בה ממש שפעם אחת נפלה דליקה ונשרפה כל העיר ואותה

א) נראה דחסר כאן וצ"ל ודאמרינן בעלמא הניחא למ"ד דשני כתובין הבאין כאחד אין מלמדין אלא למ"ד מלמדין מאי איכא למימר הם ר' ישמעאל וכו'.

מסורת הש"ם

לעיל נב: | נ"ל מכרה | נ"ל מכרה סנהדרין מז: (קדושין כו) | נ"ל ליה | קא מטיא לה כצ"ל ר"מ | [קדושין נח: חולין קמ. תמורה ל:] | [קדושין ט. לקמן סב. נדרים מז:] | *[קדושין כב. וש"נ] | *שם נח. סוכה מ: | [שביעית פ"ח מ"ז סוכה מ: קדושין נח. בכורות ט:] | [תוספתא פ"ז] | דברים ד

הגהות הב"ח

(א) גמרא אלא מכלים כצ"ל ואות ו' נמחק: (ב) רש"י ד"ה למעוטי וכו' אבל איהי. נ"ב פי' האשה שנהנה ממנה: (ג) ד"ה אלא וכו' גזרה היא לפני וכו' ובתנחומא. נ"ב וכן הוא בויקרא רבה סוף פרשה כ"ג ובבמדבר רבה תחלת פ' ט:

וְאֶלָּא מְכֵלִים של המקדש שעבדו בהם עבודה זרה ונאסרו, דִּכְתִיב [שנאמר]: "וְאֵת כָּל הַכֵּלִים אֲשֶׁר הִזְנִיחַ הַמֶּלֶךְ אָחָז בְּמַלְכוּתוֹ בְּמַעֲלוֹ הֵכַנּוּ וְהִקְדָּשְׁנוּ" (דברי הימים ב כט, יט), וְאָמַר מָר [החכם, רבי] בפירוש הכתוב: "הֵכַנּוּ" — שֶׁגְּנַזְנוּם, לפי שנאסרו בעבודה זרה שעבדו בהם, "וְהִקְדָּשְׁנוּ" — שֶׁהִקְדַּשְׁנוּ אֲחֵרִים תַּחְתֵּיהֶן. ויש לשאול: וְהָא [והרי] אֵין אָדָם אוֹסֵר דָּבָר שֶׁאֵינוֹ שֶׁלּוֹ, וכלי המקדש שייכים לגבוה ולא לבני אדם! אֶלָּא כֵּיוָן דְּעָבַד בְּהוּ [שעשה בהם] אחז מַעֲשֶׂה של עבודה זרה אִיתְּסַרוּ לְהוּ [נאסרו להם]. הָכָא נַמִּי [כאן גם כן], בשוחט בהמת חבירו לעבודה זרה — כֵּיוָן שֶׁעָשָׂה בָּהּ מַעֲשֶׂה, אֲסָרָהּ.

א כִּי אֲתָא [כאשר בא] רַב דִּימִי מארץ ישראל אָמַר בשם ר' יוֹחָנָן: אַף עַל פִּי שֶׁאָמְרוּ הַמִּשְׁתַּחֲוֶה לְקַרְקַע עוֹלָם לֹא אֲסָרָהּ, אִם חָפַר בָּהּ בּוֹרוֹת שִׁיחִין וּמְעָרוֹת לעבודה זרה — אֲסָרָהּ. כִּי אֲתָא [כאשר בא] רַב שְׁמוּאֵל בַּר יְהוּדָה אָמַר ר' יוֹחָנָן: אַף עַל פִּי שֶׁאָמְרוּ הַמִּשְׁתַּחֲוֶה לְבַעֲלֵי חַיִּים לֹא אֲסָרָן, אִם עֲשָׂאָן חֲלִיפִין לַעֲבוֹדָה זָרָה, שהחליף עבודה זרה שלו בבעלי חיים — אֲסָרָן. כִּי אֲתָא רָבִין מארץ ישראל אָמַר: פְּלִיגוּ [נחלקו] בָּהּ בהלכה זו ר' יִשְׁמָעֵאל בַּר ר' יוֹסֵי וְרַבָּנָן [וחכמים]: חַד [אחד מהם] אָמַר: חֲלִיפִין של עבודה זרה אֲסוּרִין, אבל חֲלִיפֵי חֲלִיפִין מה שהחליף בחליפי עבודה זרה (או בדמים שקיבל עבורה) מוּתָּרִין; וְחַד [ואחד מהם] אָמַר: אֲפִילּוּ חֲלִיפֵי חֲלִיפִין נַמִּי [גם כן] אֲסוּרִין. ומבררים: מַאי טַעְמָא דְּמַאן דְּאָמַר [מה הטעם של מי שאומר]: חֲלִיפֵי חֲלִיפִין אֲסוּרִין? אָמַר קְרָא [המקרא] בענין עבודה זרה: "לא תביא תועבה אל ביתך וְהָיִיתָ חֵרֶם כָּמֹהוּ" (דברים ז, כו), ומכאן למדים: כָּל שֶׁאַתָּה מְהַיֶּה (יוצר, מגדל) מִמֶּנּוּ — הֲרֵי הוּא כָּמוֹהוּ. ושואלים: וְאִידָךְ [והאחר] מהיכן הוא למד שמותרים הם? אָמַר קְרָא [המקרא]: "כי חרם הוא" (שם), והרי זו הדגשה, למעט: דווקא הוּא נאסר — וְלֹא חֲלִיפֵי חֲלִיפִין. ושואלים: וְאִידָךְ [והאחר], מה למד הוא ממיעוט זה? ומשיבים: הַהוּא מִיבְּעֵי לֵיהּ לְמַעוּטֵי [אותו כתוב נצרך לו למעט] עָרְלָה וְכִלְאֵי הַכֶּרֶם, שאין חליפיהם נאסרים בהנאה, וכרכוש נחשבים, עַד שֶׁאִם מְכָרָן וְקִידֵּשׁ אִשָּׁה בִּדְמֵיהֶן — מְקוּדֶּשֶׁת. ושואלים: וְאִידָךְ [והאחר] מנין למד הוא הלכה זו? ומשיבים: לדעתו עָרְלָה וְכִלְאֵי הַכֶּרֶם לָא צְרִיכֵי מִיעוּטָא [אינם צריכים מיעוט]. דְּהָוְיָא לְהוּ [שהרי הם] עֲבוֹדָה זָרָה וּשְׁבִיעִית שְׁנֵי כְּתוּבִין הַבָּאִין כְּאֶחָד, שבשניהם אמרה התורה שחל האיסור גם על החליפין, וְכָל שְׁנֵי כְּתוּבִין הַבָּאִין כְּאֶחָד אֵין מְלַמְּדִין על דינים אחרים. ומהיכן למדנו את איסור החליפין שלהם? עֲבוֹדָה זָרָה — הָא דַּאֲמָרַן [זו שאמרנו], מ"והיית חרם כמוהו", שְׁבִיעִית — דִּכְתִיב [שנאמר]: "כִּי יוֹבֵל הוּא קֹדֶשׁ תִּהְיֶה לָכֶם" (ויקרא כה, יב), ללמד: מַה קֹּדֶשׁ תּוֹפֵס אֶת דָּמָיו שאם קונים דבר מן ההקדש הדמים נתפסים בקדושה וְאָסוּר, אַף שְׁבִיעִית תּוֹפֶסֶת אֶת דָּמֶיהָ וַאֲסוּרָה; אלא שעל כך יש לשאול: אִי [אם כן] נאמר: מַה קֹּדֶשׁ תּוֹפֵס אֶת דָּמָיו וְהוּא עצמו יוֹצֵא לְחוּלִּין, אַף שְׁבִיעִית תּוֹפֶסֶת אֶת דָּמֶיהָ שתמורתה נתפסת בקדושת שביעית וְהִיא יוֹצְאָה לְחוּלִּין! תַּלְמוּד לוֹמַר: "תִּהְיֶה" (שם) לומר: בַּהֲוָיָיתָהּ (כמות שהיא) תְּהֵא, ולא תשתנה, הָא כֵּיצַד? לָקַח (קנה) בְּפֵירוֹת שְׁבִיעִית בָּשָׂר — אֵלּוּ וָאֵלּוּ מִתְבָּעֲרִין בַּשְּׁבִיעִית שבשר זה חלה עליו קדושת אותם פירות שביעית, וכשמגיע זמן ביעור הפירות אף הבשר צריך ביעור, לָקַח בַּבָּשָׂר דָּגִים — יָצָא בָּשָׂר נִכְנְסוּ דָּגִים, לקח בַּדָּגִים יַיִן — יָצְאוּ דָּגִים נִכְנַס יַיִן, לקח בַּיַּיִן שֶׁמֶן — יָצָא יַיִן וְנִכְנַס שֶׁמֶן, הָא כֵּיצַד? אַחֲרוֹן אַחֲרוֹן שקנה מדמי שביעית או חלופיה נִתְפָּס בַּשְּׁבִיעִית, וּפְרִי עַצְמוֹ של שביעית אָסוּר. ושואלים: וְאִידָךְ [והאחר] הסבור שחליפי חליפין של עבודה זרה אסורים, מה הוא משיב על כך? קָסָבַר [סבור הוא]: שְׁנֵי כְתוּבִין הַבָּאִין כְּאֶחָד מְלַמְּדִין, והיה מקום, איפוא, ללמוד (מעבודה זרה ושביעית) שגם ערלה וכלאי הכרם יאסרו את חליפיהם, וְאִיצְטְרִיךְ [ונצרך] הכתוב "הוא" לְמַעוּטִינְהוּ [ולמעט אותם].

ב **משנה** שָׁאֲלוּ אֶת הַזְּקֵנִים (חכמי ישראל) כאשר היו בְּרוֹמִי: אִם אֵין רְצוֹנוֹ של הקדוש ברוך הוא בַּעֲבוֹדָה זָרָה, לָמָּה אֵינוֹ מְבַטְּלָהּ מן העולם? אָמְרוּ לָהֶן הזקנים: אִילּוּ לְדָבָר שֶׁאֵין צוֹרֶךְ לָעוֹלָם בּוֹ הָיוּ עוֹבְדִין — הָיָה מְבַטְּלוֹ, ואולם הֲרֵי הֵן עוֹבְדִין לַחַמָּה וְלַלְּבָנָה וְלַכּוֹכָבִים וְלַמַּזָּלוֹת, וכי יְאַבֵּד עוֹלָמוֹ מִפְּנֵי הַשּׁוֹטִים? אָמְרוּ לָהֶן: אִם כֵּן, יְאַבֵּד דָּבָר שעובדים אותו שֶׁאֵין צוֹרֶךְ לָעוֹלָם בּוֹ, וְיַנִּיחַ ולא יאבד דָּבָר שֶׁצּוֹרֶךְ הָעוֹלָם בּוֹ! אָמְרוּ לָהֶן: אם כך היה קורה אַף אָנוּ מַחֲזִיקִין יְדֵי עוֹבְדֵיהֶן שֶׁל אֵלּוּ חמה ולבנה וכיוצא בהם, שֶׁאוֹמְרִים: תֵּדְעוּ שֶׁהֵן אֱלוֹהוֹת, שֶׁהֲרֵי הֵן לֹא בָּטְלוּ.

ג **גמרא** ובדומה למה ששנינו במשנתנו, תָּנוּ רַבָּנָן [שנו חכמים]: שָׁאֲלוּ פִלוֹסוֹפִין אֶת הַזְּקֵנִים בְּרוֹמִי: אִם אֱלֹהֵיכֶם אֵין רְצוֹנוֹ בַּעֲבוֹדָה זָרָה, מִפְּנֵי מָה אֵינוֹ מְבַטְּלָהּ? אָמְרוּ לָהֶם: אִילּוּ לְדָבָר שֶׁאֵין הָעוֹלָם צוֹרֶךְ לוֹ הָיוּ עוֹבְדִין הֲרֵי הוּא מְבַטְּלָהּ. ואולם הֲרֵי הֵן עוֹבְדִין לַחַמָּה וְלַלְּבָנָה וְלַכּוֹכָבִים וְלַמַּזָּלוֹת, יְאַבֵּד עוֹלָם מִפְּנֵי הַשּׁוֹטִים? אֶלָּא עוֹלָם כְּמִנְהָגוֹ נוֹהֵג, וְשׁוֹטִים שֶׁקִּלְקְלוּ עֲתִידִין לִיתֵּן אֶת הַדִּין. דָּבָר אַחֵר הסבירו אותו רעיון בדוגמה אחרת: הֲרֵי שֶׁגָּזַל אדם סְאָה שֶׁל חִטִּים וְהָלַךְ וּזְרָעָהּ בַּקַּרְקַע — דִּין הוּא שֶׁלֹּא תִּצְמַח, לפי שעשה בה עבירה, אֶלָּא עוֹלָם כְּמִנְהָגוֹ נוֹהֵג וְהוֹלֵךְ, וְשׁוֹטִים שֶׁקִּלְקְלוּ וחטאו הם עֲתִידִין לִיתֵּן אֶת הַדִּין. דָּבָר אַחֵר: הֲרֵי שֶׁבָּא עַל אֵשֶׁת חֲבֵירוֹ — דִּין הוּא שֶׁלֹּא תִּתְעַבֵּר, אֶלָּא עוֹלָם כְּמִנְהָגוֹ נוֹהֵג וְהוֹלֵךְ, וְשׁוֹטִים שֶׁקִּלְקְלוּ עֲתִידִין לִיתֵּן אֶת הַדִּין. ומעירים: וְהַיְינוּ [וזהו] שֶׁאָמַר רֵישׁ לָקִישׁ, אָמַר הַקָּדוֹשׁ בָּרוּךְ הוּא: לֹא דַּיָּין [די להם] לָרְשָׁעִים שֶׁעוֹשִׂין סֶלַע (מטבע) שֶׁלִּי פּוּמְבִּי, שמשתמשים בה שלא ברשותי ונגד רצוני, שהם נואפים ומעברים נשים באיסור, אֶלָּא שֶׁהֵם מַטְרִיחִין אוֹתִי וּמַחְתִּימִין אוֹתִי עָלֶיהָ בְּעַל כָּרְחִי, שהרי הקדוש ברוך הוא נותן צורה וחיים לוולד אף שנוצר באיסור.

ועוד בענין זה שָׁאַל פִלוֹסוֹפוֹס אֶחָד אֶת רַבָּן גַּמְלִיאֵל, כָּתוּב בְּתוֹרַתְכֶם באיסור עבודה זרה: "כִּי ה' אֱלֹהֶיךָ אֵשׁ אֹכְלָה הוּא אֵל קַנָּא" (דברים ד, כד), מִפְּנֵי מָה מִתְקַנֵּא בְּעוֹבְדֶיהָ ומעניש, וְאֵין מִתְקַנֵּא בָּהּ ומשמיד עבודה זרה עצמה? אָמַר לוֹ: אֶמְשׁוֹל לְךָ מָשָׁל, לְמָה הַדָּבָר דּוֹמֶה? לְמֶלֶךְ בָּשָׂר וָדָם שֶׁהָיָה לוֹ בֵּן אֶחָד, וְאוֹתוֹ הַבֵּן הָיָה מְגַדֵּל לוֹ אֶת הַכֶּלֶב וְהֶעֱלָה (וקרא, כינה) לוֹ לכלב שֵׁם עַל שֵׁם אָבִיו, וּכְשֶׁהוּא נִשְׁבָּע — אוֹמֵר: "בְּחַיֵּי כֶּלֶב אַבָּא", כְּשֶׁשָּׁמַע הַמֶּלֶךְ, עַל מִי הוּא כּוֹעֵס, עַל הַבֵּן הוּא כּוֹעֵס אוֹ עַל הַכֶּלֶב הוּא כּוֹעֵס? הֱוֵי אוֹמֵר: עַל הַבֵּן הוּא כּוֹעֵס. כך כשעובדי עבודה זרה קוראים לה אלוה — עליהם הוא כועס, ולא עליה. אָמַר לוֹ אותו פלוסופוס: כֶּלֶב אַתָּה קוֹרֵא אוֹתָהּ לעבודה זרה? וַהֲלֹא יֵשׁ בָּהּ מַמָּשׁ! אָמַר לוֹ: וּמָה רָאִיתָ להוכיח שיש בה ממש? אָמַר לוֹ: פַּעַם אַחַת נָפְלָה דְּלֵיקָה בְּעִירֵנוּ, וְנִשְׂרְפָה כָּל הָעִיר כּוּלָּהּ, וְאוֹתוֹ בֵּית עֲבוֹדָה זָרָה לֹא נִשְׂרַף! אָמַר לוֹ רבן גמליאל: אֶמְשׁוֹל לְךָ מָשָׁל, לְמָה הַדָּבָר דּוֹמֶה? לְמֶלֶךְ בָּשָׂר וָדָם שֶׁסָּרְחָה (חטאה) עָלָיו מְדִינָה, כְּשֶׁהוּא עוֹשֶׂה מִלְחָמָה, עִם הַחַיִּים הוּא עוֹשֶׂה אוֹ עִם הַמֵּתִים הוּא עוֹשֶׂה? הֱוֵי אוֹמֵר: עִם הַחַיִּים הוּא עוֹשֶׂה. אָמַר לוֹ: כֶּלֶב אַתָּה קוֹרֵא אוֹתָהּ, מֵת אַתָּה קוֹרֵא אוֹתָהּ, אִם כֵּן יְאַבְּדֶנָּה מִן הָעוֹלָם! אָמַר לוֹ: אִילּוּ לְדָבָר שֶׁאֵין הָעוֹלָם צָרִיךְ לוֹ הָיוּ עוֹבְדִין — הֲרֵי הוּא היה מְבַטְּלָהּ, אבל הֲרֵי הֵן עוֹבְדִין לַחַמָּה וְלַלְּבָנָה, לַכּוֹכָבִים וְלַמַּזָּלוֹת, לָאֲפִיקִים וְלַגֵּאָיוֹת, יְאַבֵּד עוֹלָמוֹ מִפְּנֵי שׁוֹטִים? וְכֵן הוּא אוֹמֵר:

עיונים

אלא מכלים והראשונים נתקשו מה ראיה יש מאותם כלים, שכפי שמוכח מן הסוגיה לעיל (נב,ב) נאסרו על ידי חזקיה דווקא לגבוה, אבל לא להדיוט. ורש"י פירש כי בהכרח נאסרו כלים אלו אף להדיוט, שאם לא כן — לא היה צורך לגונזם, ויכולים היו לפדותם. והסביר רמב"ן כי לדעת רש"י רב הונא חולק על רבי הסבור לעיל שנאסרו הכלים דווקא לגבוה מחמת מיאוס, שלדעתו גזירה אחת היא, בין לגבוה ובין להדיוט. ואילו בתוס' (לעיל) הסבירו כי למרות שבכלים של אחז מדובר היה באיסור לגבוה, שם מדובר במעשה קטן שלא נעשה שינוי בגוף הכלים, אך ממנו יש ראיה למקרה שנעשה מעשה גדול שאז נאסר הדבר גם להדיוט. ואילו הראב"ד סבור כי אכן אין מכאן ראיה לאיסור להדיוט. ועוד הוא תמה כיצד יכול אדם לאסור דבר של חבירו אפילו במעשה, והרי אין אדם יכול להקדיש דבר של חבירו אפילו על ידי מעשה. ולדבריו, שמא קבלה היתה בידם שמעשה אוסר אפילו בדבר שאינו שלו. וראה בתוהרי"ד לעיל נב,ב.

חפר בה בורות אסרה ענין זה של חפירת הבורות אינו ברור מה הוא משנה לענין זה, והראשונים נשאו ונתנו בדבר. הראב"ד הביא דעת מי שפירש שעיקר האיסור חל על הקרקע משום שיש בה "תפיסת יד אדם" (על ידי חפירת הבורות) ושוב אינה בכלל מחובר. ותהה מה תפיסת יד אדם יש בבור, שהרי הבור עצמו אינו אלא חלל ולא דבר שיש בו ממשות. ורש"י מסביר שחפר בה בורות לעבודה זרה, והריטב"א סבור שהכוונה היא (כדברי הראב"ד) שחפר בורות על מנת להחשיבה, במה שיהיו בה מים לעובדיה. ואילו הריטב"א אוחז בשיטת ביניים בענין זה, שאכן יש בענין זה משום תפיסת ידי אדם. אלא שבסתם מקרה של תפיסת ידי אדם אין צורך בכוונה לעבודה זרה, אבל במקרה זה, שלא נעשה שינוי ממשי בגוף הקרקע — אין הקרקע נאסרת משום מעשה שנעשה במקצתה עד שיתכוון לעובדה כולה.

ועוד כתב הראב"ד (וראה גם בריטב"א) כי לא נאסרה הקרקע על ידי החפירה עצמה עד שישתחווה לה, שכל דבר המחובר (או דבר שאינו שלו) אינו נאסר עד שיעשה בו מעשה וגם יעבוד בו. אכן, לדעה שחפירת הבור עצמה יש בה משום תפיסת ידי אדם, סבור הראב"ד כי אין צורך עוד בהשתחוואה כדי לאוסרה, מאחר שנעשתה לשם עבודה זרה. וראה באורח ההלכה.

שאם מכרן וקידש בדמיהן ולשון "שאם מכרן" מורה שאסור למוכרם, שהרי אסורים בהנאה הם (ראה ריטב"א). ורש"י סבור כי מה שהובא כאן ענין קידושין הוא בדווקא, לפי שלכל ענין אחר נאסר עליו מדרבנן ליהנות מאיסורי הנאה. ואף לקדש בהם אשה נאסר לכתחילה (כך הבין הריטב"א), אלא שהקידושין תופסים בה בדיעבד, שבזה לא גזרו חכמים. והסבירו בתוס' טעמו של דבר, מצד אחד — משום שאין קדושי אשה דומים לחליפין (או מקח פשוט) שהרי אין האשה ממש קנין. ועוד, שיש מקום לומר שכיון שמצוה היא לא אסרו חכמים. ורש"י עצמו הסביר כי הקידושין תופסים באשה משום שהאשה אינה נהנית מאיסור ההנאה עצמו (וראה במהר"ם). ויש סבורים כי הואיל ומן התורה אשת איש היא הרי זו מקודשת בדיעבד (רא"ש), אבל הרי"ד סבור שאם עבר ומכר איסורי הנאה אין כל איסור, אפילו מדברי סופרים ליהנות מן הדמים. וכן דעת הריטב"א.

מתבערין בשביעית דין ביעור בשביעית הוא שאם היו בביתו פירות, גם אם ליקטן בהיתר מן ההפקר, הרי לאחר זמן מסויים (כאשר מין זה שוב אינו מצוי כלל בשדות) צריך לבער את פירות השביעית מן הבית (יש אמנם לבער לגמרי, ויש אומרים שצריך להוציא לחוץ ולהפקיר לכל). ולענין זה, כשם שיש בפירות שביעית דין ביעור, כך אותו דבר שנקנה בדמי שביעית צריך לנהוג בו מנהג ביעור באותו זמן.

שני כתובים הבאים כאחד שהרי יש בשני הדינים צד אחד של יחוד, שאף שהדבר עצמו נשאר באיסורו ובמעמדו הקודם, מכל מקום גם הדמים נאסרים (רש"י). וכבר תמהו ראשונים: הרי באמת אין שני הדינים דומים זה לזה, שהרי בעבודה זרה הדמים אסורים, וגם מה שמקבל בדמיהם אסור (לדעת האוסר חליפי חליפין), ואילו בשביעית רק השביעית עצמה והמקח האחרון הוא הנאסר, ואם כן אין ללמוד אותם זה מזה, ואינם "באים כאחד" (תוס', רמב"ן)! והריטב"א מביא נסיונות שונים לישב את הענין. האחד, שהם "שני כתובים" לעצם הענין שאיסור חל על חליפיהם, אבל הוא דוחה סברה זו. והוא מביא אפשרות אחרת, שהואיל ועבודה זרה היתה יכולה להילמד משביעית לאסור את כל חליפיה (משום חומרת עבודה זרה), גם זה בכלל "שני כתובים הבאים כאחד" הוא. ועוד הוא מעלה סברה אחרת, שבאמת קושי זה היה גלוי לחכמי התלמוד, ומשום כך מה שאמרו שלדעת החולק שני כתובין הבאים כאחת מלמדין, אין להבינו כמחלוקת על עצם הכלל, אלא לומר שכיון שאין שני הכתובים זהים בעניינם הרי הם מלמדים (וראה ניסוח אחר לענין זה במאירי).

דבר אחר הרי שזרע וכו' המהר"ל מסביר (גם בפירושו לפרקי אבות, "דרך החיים" שמביא בתוי"ט, וגם במקומות אחרים) שענין זה ש"עולם כמנהגו נוהג" הוא עניינה של הבחירה החופשית. שהרי אם מעשה עבירה לא היה יכול להתקיים — היתה הבחירה החופשית פוקעת. ולפיכך צריך סדר העולם להמשך כעניינו על מנת להניח מקום לבחירתו של האדם.

סלע שלי פומבי רש"י מסביר כאן "פומבי" במובן של דבר המופקר לכל. שאת הכלי בו טובעים את המטבעות, שהוא דבר שמור ביותר ואינו מצוי ביד כל אחד, והשלטונות הם המחליטים מתי להשתמש בהם, הופכים לדבר הפקר. ומסתבר שכוונתו לומר שנוהגים מנהג הפקר בכוחות שנתן הקדוש ברוך הוא לאדם וציוה כיצד להשתמש בהם. ואילו הר"ח מסביר ש"פומבי" משמעו גדול ומפורסם, והכוונה היא שכמעשהו של אדם המערב מתכות זולות במטבע של מתכת יקרה על מנת לעשותה גדולה יותר, כך החוטא מערב את מעשהו הרע במעשה הקדוש ברוך הוא. ומדברי הראב"ד נראה שהוא מפרש כאן פומבי כלשון כינוי, לומר שהחוטאים עושים ובוראים צורת אדם ("סלע שלי") במסתרים ובעבירה.

כלב אתה קורא וכו' כתבו המפרשים שיש הבדל דק בין הדברים, שהרי הכלב הוא מכל מקום יצור חי ואילו המת אין בו כל חיים. והרי זו הדגשה שעבודה זרה אין בה אפילו ממשות מעטה כלשהי (ראה בעיון יעקב ועוד).

אורח ההלכה

המשתחוה לקרקע עולם המשתחוה לקרקע עולם לא אסרה, אבל אם חפר בה בורות שיחין ומערות לשם עבודה זרה — אסרה. כר' יוחנן, (וכפירוש רש"י). ובטור כתב שמדובר כשהשתחווה להם. (רמב"ם ספר מדע הלכות עבודה זרה פ"ח ה"א. שו"ע יו"ד קמה, ז).

עשאן חליפין בעלי חיים אינם נאסרים, שאפילו השתחווה לבהמה שלו — לא נאסרה. אבל אם החליף בעלי חיים בעבודה זרה — הרי אלו נאסרים. כר' יוחנן. (רמב"ם שם. שו"ע שם סעיף ט).

חליפי חליפין חליפי חליפין של עבודה זרה, כגון שהחליף בעלי חיים בחליפי עבודה זרה — מותרים. והוא כדעת הטור, שאיסור דרבנן הוא. ועוד, שהחולק סבור שלא כהלכה ששני כתובים הבאים כאחד מלמדים (ב"י). ויש אוסרים. והיא דעת הרמב"ם, שהואיל ונלמד הדבר מן הכתוב יש לאסור בו כדין תורה (ראה ב"ח וגר"א). (רמב"ם שם. שו"ע שם).

ערלה וכלאי הכרם קדש בדמיהן עבר ומכר דבר האסור בהנאה (כגון ערלה או כלאי הכרם) וקידש אשה בדמיו — הרי זו מקודשת. חוץ מעבודה זרה שאם קידש בדמיה אינה מקודשת, לפי שדמי עבודה זרה אסורים בהנאה כמותה. (רמב"ם ספר נשים הלכות אישות פ"ה ה"ב. שו"ע אה"ע כח, כב).

תהיה בהוייתה תהא המוכר פירות שביעית, הדמים נתפסים בקדושה ודינם כפירות שביעית, אבל פירות שביעית עצמם לא נתחללו והם בקדושתם לעולם. (רמב"ם ספר זרעים הלכות שמיטה ויובל פ"ו ה"ו).

לקח בפירות שביעית בשר וכו' לקח בפירות שביעית או בדמיהם בשר — נעשה הבשר כמותן ואוכלם כפירות שביעית, וצריך לבערו בשעת ביעור שביעית זו. לקח בבשר זה דגים — יצא הבשר ונתפסו הדגים בקדושת שביעית. לקח בדגים או בדמיהם דבש — יצאו הדגים ונעשה הדבש בקדושת שביעית. כללו של דבר, האחרון שנקנה או הוחלף בדמי שביעית נעשה כמותה, ופירות השביעית עצמם נשארו בקדושתם. (רמב"ם שם ה"ז).

מסורת הש"ס

א. ע"ז נב,ב.
ב. שם מד,א (ושם סומנו מקבילות)
ג. ראה סנהדרין מז,ב. ע"ז מה,א. ירושלמי ערלה פ"ג ה"א. שם ע"ז פ"ה ה"א. ילק"ש נ"ך רמח.
ד. ירושלמי כלאים פ"ז ה"ג. שם ערלה פ"ג ה"א. שם ע"ז פ"ב ה"ג. שם פ"ג ה"ה. שם פ"ד ה"ד. שם פ"ה ה"א.
ה. ראה ירושלמי ע"ז פ"ה ה"א.
ו. ראה שם.
ז. שם. קדושין נח,א. חולין קמ,א. תמורה ל,ב. ירושלמי ע"ז פ"ה ה"א. ילק"ש תורה תרס.
ח. נדרים מז,ב. קדושין נו,ב. ע"ז סב,א.
ט. קדושין נח,א.
י. (הכלל) פסחים כו,א. מה,א. יומא ס,א. נזיר לז,ב. גיטין עו,א. קדושין כד,א. לד,ב. לה,א. לז,ב. מב,ב. מג,א. נח,א. סנהדרין מה,ב. סז,ב. עב,ב. שבועות כו,ב. זבחים כג,ב. כד,א. מו,א. נז,א. חולין קיג,ב. קיז,א. בכורות מט,א. ערכין יד,ב. כריתות ו,א. מעילה יא,ב.
יא. סוכה מ,ב.
יב. שם. קדושין נח,א. ב"ק קא,א. מנחות ה,א.
יג. ירושלמי שביעית פ"ח ה"ז.
יד. משנה שביעית פ"ח מ"ז. סוכה מ,ב. קדושין נח,א. ירושלמי שביעית פ"ח ה"ז. תו"כ ויקרא כה,יא. וראה בכורות ט,ב.
טו. קדושין לה,א. מג,א. סנהדרין סז,ב. כריתות ו,א.
טז. תוספתא ע"ז פ"ו ז. ילק"ש תורה רפח. ובירושלמי ע"ז פ"ד ה"ז (בקיצור).
יז. (הביטוי) שבת לא,ב. סנהדרין ח,א. מדרש תנאים דברים לב,א. וראה מגילה לא,ב.
יח. מכילתא שמות כ,ד. תנחומא יתרו טז. ילק"ש נ"ך תקסו.

גרסות

ואלא מכלים בכתי"ס וכן בב"ח: **אלא מכלים.**

והאי אין בכתי"ס: **ואמאי והא אין.**

איתסרו להו בכתי"מ: **איתסרו.**

אפילו חליפי חליפין נמי אסורין בכתי"מ: **אפילו חליפי חליפין אסורין** בכתי"ס: **חליפין נמי אסורין.**

אמר קרא הוא בכתי"מ: **אמר קרא כי חרם הוא.**

מהיה ממנו בכתי"ס: **מהוה מהם.**

את דמיו ואסור... את דמיה ואסורה בכתי"מ כבמקבילות: **את דמיו... את דמיה.**

לקח בבשר בכתי"מ כבמקבילה: **בבשר.**

למה אינו בירושלמי ובכת"י: **מפני מה אינו.**

אילו לדבר בכתי"מ: **אם לדבר.**

דבר שצורך העולם בו בירושלמי ועוד: **שאין צורך העולם בו** ובכתי"מ: **שאין העולם צריך לו.**

שאומרים תדעו בירושלמי ועוד: **שיאמרו תדעו.**

שאין העולם צורך לו היו עובדין בכתי"מ: **שאין העולם צריך לו עובדין.**

יאבד עולם בכתי"מ: **יאבד את העולם.**

כמנהגו נוהג והולך בכת"י ועוד: **כמנהגו נוהג.**

מגדל לו את הכלב בכתי"ס: **גדל לו כלב.**

לשון

פילוסופין
צורת ריבוי עברית של היוונית φιλόσοφος (פילוסופוס) שמובנה המילולי אוהב חכמה, ונתייחס לחכמים העוסקים בחכמות שונות, וגם בפילוסופיה כמשמעה בימינו.
הפילוסופים, הן ביוון והן ברומי, לא האמינו ממש בעבודה זרה. אולם משום שחיו בתוך תרבות של עבודה זרה, הם נטו גם לאפשרות שיש בה ממשות מסויימת. השיחות-הויכוחים הללו, הם במובן מסויים בירור דברים והעמדתם באור הנכון על ידי חכמי ישראל.

לעזי רש"י

קויי"ן מן הצרפתית העתיקה coin — חרט, או מכשיר שבו טובעים מטבעות.

"אָסֹף אָסֵף כֹּל מֵעַל פְּנֵי הָאֲדָמָה נְאֻם ה', אָסֵף אָדָם וּבְהֵמָה אָסֵף עוֹף הַשָּׁמַיִם וּדְגֵי הַיָּם וְהַמַּכְשֵׁלוֹת אֶת הָרְשָׁעִים" וגו' (צפניה א, ב—ג), וְכִי מִפְּנֵי שֶׁהָרְשָׁעִים נִכְשָׁלִים בָּהֶן יְאַבְּדֵם מִן הָעוֹלָם? וְכִיוֹצֵא בזה: הֲלֹא לְאָדָם הֵן עוֹבְדִין, "וְהִכְרַתִּי אֶת הָאָדָם מֵעַל פְּנֵי הָאֲדָמָה" וגו' (צפניה שם ג—ד)?

א שָׁאַל אַגְרִיפָּס שַׂר צָבָא שהיה גוי, ושר צבא של מלך ישראל אֶת רַבָּן גַּמְלִיאֵל, כְּתִיב בְּתוֹרַתְכֶם: "כִּי ה' אֱלֹהֶיךָ אֵשׁ אֹכְלָה הוּא אֵל קַנָּא" (דברים ד, כד), כְּלוּם מִתְקַנֵּא אֶלָּא חָכָם בְּחָכָם, וְגִבּוֹר בְּגִבּוֹר וְעָשִׁיר בְּעָשִׁיר, ומדוע יתקנא הקדוש ברוך הוא בעבודה זרה שאין בה ממש? אָמַר לוֹ: אֶמְשׁוֹל לְךָ מָשָׁל, לְמָה הַדָּבָר דּוֹמֶה? לְאָדָם שֶׁנָּשָׂא אִשָּׁה נוספת עַל אִשְׁתּוֹ, אם היתה האשה השניה חֲשׁוּבָה מִמֶּנָּה — אֵין מִתְקַנְּאָה בָּהּ, כלומר, אינה כועסת על בעלה בגללה, אבל אם היתה פְּחוּתָה מִמֶּנָּה — מִתְקַנְּאָה בָּהּ.

אָמַר לֵיהּ [לו] זוּנִין לְר' עֲקִיבָא: לִבִּי וְלִבְּךָ יָדַע [יודע] שֶׁעֲבוֹדָה זָרָה לֵית [אין] בָּהּ מְשָׁשָׁא [ממש], וְהָא קָחָזֵינַן גַּבְרֵי דְּאָזְלִי כִּי מִתַּבְרִי וְאָתוּ כִּי מְצַמְּדִי [ואולם הרי אנו רואים אנשים שהולכים לעבודה זרה כשהם שבורים ובאים כשהם שלמים], מַאי טַעְמָא [מה טעם הדבר]? אָמַר לוֹ ר' עקיבא: אֶמְשׁוֹל לְךָ מָשָׁל, לְמָה הַדָּבָר דּוֹמֶה? לְאָדָם נֶאֱמָן שֶׁהָיָה בָּעִיר, וְכָל בְּנֵי עִירוֹ הָיוּ מַפְקִידִין אֶצְלוֹ חפצים וכסף שלהם שֶׁלֹּא בְּעֵדִים מתוך שסומכים עליו, וּבָא אָדָם אֶחָד שלא סמך עליו וְהִפְקִיד לוֹ פקדונותיו דווקא בְּעֵדִים. פַּעַם אֶחָד שָׁכַח וְהִפְקִיד אֶצְלוֹ שֶׁלֹּא בְּעֵדִים, אָמְרָה לוֹ אִשְׁתּוֹ של אותו שומר נאמן: בּוֹא וְנִכְפְּרֶנּוּ, שהרי הפעם אין בידו עדים! אָמַר לָהּ: וְכִי מִפְּנֵי שֶׁשּׁוֹטֶה זֶה עָשָׂה שֶׁלֹּא כְּהוֹגֶן ולא הפקיד בעדים כדרכו, אָנוּ נְאַבֵּד אֶת אֱמוּנָתֵינוּ וניעשה שקרנים? אַף כָּךְ יִסּוּרִין, בְּשָׁעָה שֶׁמְּשַׁגְּרִין אוֹתָן עַל הָאָדָם, מַשְׁבִּיעִין אוֹתָן: שֶׁלֹּא תֵּלְכוּ אליו אֶלָּא בְּיוֹם פְּלוֹנִי, וְלֹא תֵּצְאוּ ממנו אֶלָּא בְּיוֹם פְּלוֹנִי וּבְשָׁעָה פְּלוֹנִית, וְעַל יְדֵי רופא פְּלוֹנִי וְעַל יְדֵי סַם פְּלוֹנִי. כֵּיוָן שֶׁהִגִּיעַ זְמַנָּן של היסורים לָצֵאת מאותו אדם, הָלַךְ זֶה לְבֵית עֲבוֹדָה זָרָה, אָמְרוּ יִסּוּרִין: דִּין הוּא שֶׁלֹּא נֵצֵא ממנו, וְחוֹזְרִין וְאוֹמְרִים: וְכִי מִפְּנֵי שֶׁשּׁוֹטֶה זֶה עוֹשֶׂה שֶׁלֹּא כְּהוֹגֶן אָנוּ נְאַבֵּד שְׁבוּעָתֵנוּ? ומעירים: וְהַיְינוּ [וזהו] שֶׁאָמַר ר' יוֹחָנָן: מַאי דִּכְתִיב [מהו שנאמר]: "וָחֳלָיִם רָעִים וְנֶאֱמָנִים"? (דברים כח, נט), החליים הם רָעִים בִּשְׁלִיחוּתָן שתפקידם לעשות רע, וְנֶאֱמָנִים בִּשְׁבוּעָתָן לבוא ולצאת בזמן הקבוע להם. וכיוצא בזה אָמַר לֵיהּ [לו] רָבָא בַּר רַב יִצְחָק לְרַב יְהוּדָה: הָאִיכָּא [הרי יש] בֵּית עֲבוֹדָה זָרָה בְּאַתְרִין [במקומנו], דְּכִי מִצְטְרִיךְ עָלְמָא לְמִטְרָא [שכאשר צריך העולם לגשם], מִתְחֲזֵי לְהוּ בְּחֶלְמָא וַאֲמַר לְהוּ [נראה להם אליל זה בחלום ואומר להם]: שַׁחֲטוּ לִי גַּבְרָא וְאַיְיתֵי מִטְרָא [אדם ואביא גשם], שָׁחֲטוּ לָהּ גַּבְרָא וְאָתֵי מִטְרָא [ושוחטים לו איש ובא גשם]! אָמַר לֵיהּ [לו]: הָשְׁתָּא, אִי הָוֵי שָׁכֵיבְנָא, לָא אֲמַרִי לְכוּ הָא מִלְּתָא [עכשיו, אם הייתי מת, לא הייתי אומר לכם דבר זה], שיפה עשיתם ששאלתם, כי על ידי כך נזכרתי שֶׁאָמַר רַב, מַאי דִּכְתִיב [מהו שנאמר]: "וראית את השמש ואת הירח... אֲשֶׁר חָלַק ה' אֱלֹהֶיךָ אֹתָם לְכָל הָעַמִּים" (דברים ד, יט)? מְלַמֵּד שֶׁהֶחֱלִיקָן הקדוש ברוך הוא בִּדְבָרִים הניח להם לטעות בדבר, כְּדֵי לְטוֹרְדָן מִן הָעוֹלָם על שבחרו לעבוד עבודה זרה. וְהַיְינוּ [וזהו] העניין שֶׁאָמַר רֵישׁ לָקִישׁ בכלל ההנהגה של מעלה, מַאי דִּכְתִיב [מהו שנאמר]: "אִם לַלֵּצִים הוּא יָלִיץ וְלַעֲנָוִים יִתֶּן חֵן" (משלי ג, לד)? אם אדם בָּא לְטַמֵּא — פּוֹתְחִין לוֹ שנותנים לו משמים אפשרות לכך ואין מונעים ממנו, אם בָּא לְטַהֵר — מְסַיְּיעִין אוֹתוֹ.

ב משנה לוֹקְחִין גַּת בְּעוּטָה (שדרכה הגוי ברגליו עד שיצא המיץ מן הענבים) מִן הַנָּכְרִי, אַף עַל פִּי שֶׁהוּא הנכרי נוֹטֵל בְּיָדוֹ ענבים מן הגת וְנוֹתֵן לַתַּפּוּחַ (ערימת ענבים לדריכה שבתוכה), שאין חוששים למגעו. וְאֵינוֹ עוֹשֶׂה יֵין נֶסֶךְ עַד שֶׁיֵּרֵד המיץ לַבּוֹר שאז נדון כיין. ולאחר שֶׁיָּרַד לַבּוֹר — מַה שֶּׁבַּבּוֹר אָסוּר שהוא יין נסך, וְהַשְּׁאָר שלא ירד לבור עדיין מוּתָּר. דּוֹרְכִין עִם הַנָּכְרִי בַּגַּת,

עיונים

אסוף אסף וכו' ומפרש רש"י שפסוק זה נאמר בלשון תמיהה: וכי אסוף אסף (אשמיד) מעל האדמה את כל האלילים וכל שאר הדברים שהם מכשלות לבני אדם? שהרי אם יעשה כן אין דבר שלא נעשה לעבודה זרה, ואפילו בני אדם עצמם, וכי את כולם ישמיד מעל האדמה?

כלום מתקנא וכו' המהרש"א מסביר כי אגריפס שר הצבא הבין "קנא" במובן של קנאת אדם בחבירו, שהוא מקנא וחומד במה שיש לחבירו, או בכבוד שחבירו זוכה לו, ולכן תהה: מה לו לקב"ה לקנא בעבודה זרה? והשיב לו רבן גמליאל מתוך משלו שאין זו לשון קנאה וחמדה, שאין האשה הראשונה מקנאת באשה השניה כשהיא פחותה ממנה, וכיוצא בזה אין הקב"ה מתקנא בעבודה זרה. אלא מדובר כאן בלשון קנאה במובן של כעס וקנאות, שהאשה הראשונה כועסת דווקא על בעלה שהחליפה בפחותה ממנה. וכיוצא בזה יש להבין כי הקב"ה אל קנא במובן זה שהוא כועס על ישראל שעוזבים אותו ובוחרים בעבודה זרה.

אמר לו זונין רש"י מסביר שזונין זה אדם מישראל היה. אבל המהרש"א ואחרים סבורים שמן הלשון משמע שהיה גוי, ואף הוא לא האמין בעבודה זרה.

אנו נאבד אמונתנו שהרי אותו איש היה נאמן על הכל עד שהיו מפקידים אצלו בלא עדים. ואף שהיה אחד שהיה חשדן ורצה להפקיד בעדים, הרי למרות שפעם אחת אפשר היה לכחש בו (לפי דרכו שלו) — אין השומר רוצה לאבד מעצמו את מעלתו שהוא נאמן לכל אדם.

רעים בשליחותן כיון שמכנה הכתוב את החליים כדרך שמכנים בני אדם ("נאמנים") בא ר' יוחנן להסביר שאין להבין רעים" לשון רשעות, שהחוליים הם מעצמם רעים, אלא שהם רעים משום שליחותם, שתפקידם הוא להיות גורמי יסורים.

מלמד שהחליקן שאם מפרשים כפשוטו "חלק" מלשון חלוקה, משמע שהקב"ה חילק ונתן היתר לכל הגוים לעבוד עבודה זרה, והרי אין הדבר כן, שאין עבודה זרה מותרת אף לגוים. ולכן מפרש בלשון אחרת קצת, ש"חלק" משמעו שנתן להם אפשרות לעשות כן, שאינו מתערב למנוע בעדם (מהרש"א). וכן כתב המהר"ל שכוונת הדברים לומר שאין הקב"ה משנה מסדר העולם בכל אופניו כדי למנוע אנשים מלחטוא. ולכן, כיון שצריך הגשם לבוא בזמן מסויים, אין הקב"ה מונע את הגשם מלבוא אף שיש בכך מתן פתח להאמין בעבודה זרה.

אם ללצים וכו' וכך מתפרש הכתוב: אם רצונו של אדם לעשות מעשה לצים, אף הקב"ה נותן לו פתח להליץ. אבל לענוים הבאים לעשות מעשים טובים, לא רק שהוא טוב כנגדם אלא אף מוסיף להם מתנת חן יתירה.

לוקחין גת בעוטה סברתה העיקרית של משנה זו היא שאין המשקה היוצא מן הענבים נחשב ליין, שגזרו בו על מגעו של גוי, עד שירד לבור, שאז הוא קרוי יין לענין מעשרות (ראב"ד, וראה בירושלמי). וכבר הביאו ראשונים מן הירושלמי כאן שמדובר כאשר לא העלים ישראל עיניו ממנו, שהשגיח שלא יבוא אותו הגוי לנסך יין בכוונה מן המשקה שעוצר. וכתבו הראשונים, לפי מסקנת הגמרא להלן (בעמוד ב) כי כל המשנה הזו היא שיטת "משנה ראשונה" ואין כן מסקנת ההלכה, אלא משעה שנמשך בתוך הגת עצמה הריהו כבר נאסר במגעו של הגוי.

שנוטל בידו וכו' כלומר לוקח ענבים בידו מערבות שיש בהן יין ונותנן לתפוח לסחיטה שניה (רש"י). והביא הרשב"א מן התוספתא שאף שיש מעט יין על גבי ענבים אלה אין לחשוש לפי שאין דרך ניסוך בכך. ולדעתו לכן הובא דין זה במשנה, ללמדנו שאין הטעם להתיר גת בעוטה משום שהיא נדרכת ברגל, ואין דרך ניסוך ברגל, אלא משום שכל עוד אין המשקה נחשב כיין אין בו איסור.

ירד לבור רש"י ואחרים מפרשים: אם ירד הגוי לבור ושם נגע ביין — הרי זה אוסרו. אלא שהוא אוסר רק את היין שבבור ולא יין אחר הנמצא עדיין בגת. ואילו הרשב"ם מסביר שהכוונה היא שאם ירד היין מן הגת אל הבור הרי זה נחשב כאילו הנכרי במעשיו הביאו לשם, ונאסר משום שיש בכך מעשה נכרי בכוונה.

והשאר מותר כמעט כל המפרשים סבורים שהכוונה "והשאר מותר" הוא היתר גמור, אפילו בשתיה. אבל בתוס' מובאים דברי ר' שמעיה הסבור ש"מותר" כוונתו מותר בהנאה, אבל בשתיה אסור כסתם יינם.

דורכין עם הגוי שאף שהוא מסייע לגוי לעשות יין ומשתכר בכך, אין זה נחשב כמי שמשתכר מאיסורי הנאה, שהרי לשיטה זו מותר המשקה עד שייכנס לבור (רש"י). ומוסיף רש"י ואומר שאין לחשוש כאן אף משום הבאת טומאה לדבר טהור, שהרי כבר נטמא. וכתבו בתוס' שמדברי רש"י משמע שהגוי כבר התחיל לדרוך את הענבים והישראל רק ממשיך את העבודה, שמפני כך הכל נטמא כבר במגע הגוי, וכן משמע בירושלמי. אבל מפיה"מ לרמב"ם נראה שכאן מדובר אף בתחילת דריכה, ולענין טומאה — כבר נטמאו הענבים בשעת בצירה (תוי"ט. וכן הוא בפירוש הראב"ד). ועוד הוסיף רש"י שאינו עובר משום מסייע ידי עוברי עבירה, לפי שהגוי אינו מצווה על טומאת תרומה, וכל שכן שלא על טומאת חולין (ראב"ד).

מסורת הש"ס

א. ילק"ש תורה רפט.
ב. (הביטוי) שבת קנב,ב.
ג. ראה מכות י,ב. מכילתא שמות טו,כו. שוח"ט פ"א.
ד. שבת קד,א. יומא לח,ב. מנחות כט,ב. ילק"ש תורה רפט. שם נ"ך תתקלה.
ה. ירושלמי ע"ז פ"ב ה"ה.

גרסות

והכרתי בכת"י ועוד: **ואומר והכרתי.**

שאל אגריפס שר צבא בכתי"מ: **שאל אגריפא שר צבא של אגריפס.**

חשובה ממנה בכתי"ס: **חשובה כמותה.**

ידע דעבודה זרה לית בכתי"מ: **ידעין בעבודה זרה דלית.**

כי מצמדי מאי טעמא בכתי"מ: **כי מצמדי.**

והפקיד לו בעדים בכתי"מ: **והפקיד אצלו בעדים.**

שלא תלכו אלא — סם פלוני בכתי"מ: **שלא יצאו עד יום פלוני ובשעה פלונית.**

וחוזרין ואומרים בכת"י: **אבל מה נעשה.**

נאבד שבועתנו בכתי"מ: **נכפור שבועתנו** ובכתי"ס: **נפר שבועתנו.**

מצטריך עלמא למיטרא בכתי"מ: **כי מנדיף בעלמא ולא אייתי מיטרא** ובכתי"ס ועוד: **כי מינגיב עלמא ולא אייתי מיטרא.**

אי הוי שכיבנא בכתי"ס: **איכו שכבי** ויש נוסח: **איכו שכיבנא.**

מן הנכרי בכתי"ס: **של נכרי.**

נותן לתפוח בירושלמי ובכמה כת"י: **ונותן לתוך התפוח.**

ואינו עושה במשניות: **ואינו נעשה** ובירושלמי ובכמה כת"י: **אינו נעשה** וראה בתוס'.

שירד לבור בכתי"מ: **שירד לתוך הבור.**

לשון

אגריפס
זו היא הצורה היוונית Αγρίππας של השם הרומי אגריפא (Agrippa).
נראה כי אגריפס זה היה גוי שעמד בראש הצבא של המלך אגריפס השני.

זונין
זונין הוא השם היווני Ζήνων (זינון). לפי ההקשר נראה כי לא היה יהודי.

החיים

גת ובור

כאן מתוארת דריכת ענבים במצרים העתיקה. ניתן לראות כיצד היין יורד דרך צינור אל הבור.

לעזי רש"י

מיי"ש (צ"ל: מיי"ט) מן הצרפתית העתיקה meit — עריבה שטוחה שבה מניחים את הענבים בגת.

ש"ק מן הצרפתית העתיקה sac — שק, כמות ענבים ששמים בבת אחת בגת לדריכה.

אסוף אסף כל מעל פני האדמה נאם ה' (תורה אור, צפניה א)
אסף אדם ובהמה אסף עוף השמים ודגי הים והמכשלות את הרשעים [וגו'] וכי מפני שהרשעים נכשלים בהן יאבדם מן העולם והלא לאדם הן עובדין והכרתי את האדם (שם) מעל פני האדמה [וגו'] שאל אגריפס שר צבא את ר"ג (דברים ד) כתיב בתורתכם כי ה' אלהיך אש אכלה הוא אל קנא כלום מתקנא אלא חכם בחכם וגבור בגבור ועשיר בעשיר אמר לו אמשול לך משל למה"ד לאדם שנשא אשה על אשתו חשובה ממנה אין מתקנאה בה פחותה ממנה מתקנאה בה א"ל זונין לר"ע לבי ולבך ידע דעבודה זרה לית בה מששא והא קחזינן גברי דאזלי כי מתברי ואתו כי מצמדי מ"ט אמר לו אמשול לך משל למה"ד לאדם נאמן שהיה בעיר וכל בני עירו היו מפקידין אצלו שלא בעדים ובא אדם אחד והפקיד לו בעדים פעם אחד שכח והפקיד אצלו שלא בעדים אמרה לו אשתו בוא ונכפרנו אמר לה וכי מפני ששוטה זה עשה שלא כהוגן אנו נאבד את אמונתינו אף כך יסורין בשעה שמשגרין אותן על האדם משביעין אותן שלא תלכו אלא ביום פלוני ולא תצאו אלא ביום פלוני ובשעה פלונית ועל ידי פלוני ועל ידי סם פלוני כיון שהגיע זמנן לצאת הלך זה לבית עבודה זרה אמרו יסורין דין הוא שלא נצא והיינו וכי מפני ששוטה זה עושה שלא כהוגן אנו נאבד שבועתנו (דברים כח) והיינו דא"ר יוחנן מאי דכתיב חלים רעים ונאמנים רעים בשליחותן ונאמנים בשבועתן א"ל רבא בר רב יצחק לרב יהודה האיכא בית עבודה זרה באתרין דכי מצטריך עלמא למטרא מתחזי להו בחלמא ואמר להו שחטו לי גברא ואייתי מטרא שחטו לה גברא ואתי מטרא א"ל השתא אי הוי שכיבנא לא אמרי לכו הא מלתא דאמר רב [שבת קנה.] מאי דכתיב אשר חלק ה' אלהיך אותם לכל העמים מלמד שהחליקן (דברים ד) בדברים כדי לטורדן מן העולם והיינו דאמר ריש לקיש מאי דכתיב אם ללצים הוא יליץ ולענוים יתן חן בא לטמא פותחין לו בא לטהר (משלי ג) מסייעין אותו: (שבת קד. יומא לח: מנחות כט:)

מתני' לוקחין גת בעוטה מן הנכרי אף על פי שהוא נוטל בידו ונותן לתפוח(א) ואינו עושה יין נסך עד שירד לבור ירד לבור מה שבבור אסור והשאר מותר: דורכין עם הנכרי בגת אבל

רש"י

אסוף אסף. כלומר האכלה את הכל בתמיה: **אסף אדם ובהמה והמכשלות את הרשעים.** כל דברים שהרשעים נכשלין בהן: **והכרתי את האדם.** בתמיה שהרי אף לאדם הן עובדין: **אגריפס שר צבא.** גוי היה ממונה על ראשי גייסות ובימי אגריפס המלך היה: **אין מתקנאה בה.** אשתו הראשונה אינה מקפדת [כל כך] לשנוא את בעלה [אבל אם פחותה ממנה מתקנאה ומקפדת עליו לשנאתו]: **זונין.** ישראל היה: **דאזלי כי מתברי.** פסחים ההולכין לעבודה זרה שנתפרקו איבריהן מחמת חוליין וחוזרין באיברין מלומדים: **רעים בשליחותן.** שמיסרים את הגוף: **שהחליקן בדברים.** מניחן לטעות: **מתני' גת בעוטה.** שבעטה ודרכה נכרי: **שהוא נוטל.** ענבים מתוך יין בעדשים של גת שקורין מיי"ש: **ונותן לתפוח.** אסיפת גל הענבים שתחת הקורה קרי תפוח ובלע"ז ש"ק וקסבר תנא דידן לא הוי יין נסך עד שירד לבור: **מה שבבור אסור.** אם נגע בו הנכרי אחרי כן בור היו עושין לפני הגת והכלי נתון שם לקבל היין ויש שטחין הבור בסיד והיין משתמר בתוכו ואינו מאבד טפה והוא בור סיד* [הגהות באבות פ"ב מ"ח]: **דורכין עם הנכרי בגת.** ולא אמרינן משתכר באיסורי הנאה הוא דאפילו בשתיה סבר האי תנא דשרי כל זמן שלא ירד לבור ומשום גורס טומאה ליכא שמשעה שדרך בהן הנכרי מעט נטמאו ומשום מסייע ידי עוברי עבירה ליכא שהנכרי לא נצטווה על כך: אבל

תוספות

לוקחין גת בעוטה. אע"פ שנוטל בידו ונותן לתפוח אינו נעשה יין נסך עד שירד לבור כך(ב) הגירסא ויש ספרים שגורסין שאינו והוי סיפא פירוש דרישא אבל אותן ספרים שגורסין ואינו בוי"ו וא"כ נשמע דין אחר שאפי' נגע נכרי בקילוח המושך מן הגת וירד לבור אינו נאסר וקשיא אמאי אצטריך למיתני אע"פ שנוטל בידו ונותן לתפוח הא מסיפא שמעינן יותר שאינו נעשה יין נסך כלל עד שירד לבור וי"ל דלא זו אף זו קתני א"נ תנא *סיפא לגלויי רישא דלא תימא דנתינה לתפוח כשהכל נאסף אל התפוח הוי כאילו ירד לבור קמ"ל סיפא דירד לבור דוקא: **ירד לבור מה שבבור אסור.** פ"ה אם נגע בו נכרי אחרי כן משמע מתוך פירושו דר"ל והשאר מותר ואפי' יגע בו נכרי וכן נראה דנימא דקתני סיפא דומיא דרישא דנתינה לתפוח מיירי בנגיעה אף מותר דסיפא מיירי בנגיעה אבל אין לפרש דר"ל והשאר מותר שאינו נאסר כשנגע הנכרי במה שבבור ע"י נצוק אבל ודאי אם נגע הנכרי הוי אסור במגע נכרי דשפיר הוי קרוי יין כיון שנתן הכל אל התפוח דא"כ כי מקשה מינה בגמ' לרב הונא דאמר כיון שהתחיל לימשך עושה יין נסך לישני ליה דרב הונא איירי במגע נכרי דמתני' נמי הכא אסרה דלא שריא השאר אלא ע"י נצוק וכ"ת דמקשי מ"מ שפיר דסמיך אהא דשמעי' ליה לרב הונא דאית ליה בפ"ב (לקמן עב.) דנצוק חבור ובמתניתין משמע דנצוק אינו חבור מדקא שרי השאר שבגת דא"כ הוה ליה לתלמודא לאתויי מלתיה דרב הונא דלקמן כיון דמכח דההיא פריך לכן נראה כפי' רש"י דמיירי מתניתין דהשאר מותר אף בנגיעת נכרי והשתא ניחא דליכא לשנויי בגמ' דמתניתין לא מיירי במגע נכרי ורב הונא איירי במגע נכרי דע"כ מתני' נמי מיירי במגע נכרי כדפרישית ור"י פי' דודאי מיירי במתני' בנצוק נמי ואשמעינן שהשאר אינו נאסר מטעם נצוק מדקאמר עלה בגמרא לא שנו אלא שלא החזיר גרגותני לגת פי' ואז מותר שאינו נאסר מטעם נצוק בר נצוק ופריך גרגותני גופה במאי מתסרא ומשני בנצוק אלמא מתני' נמי מיירי בנצוק כדפרישית ורשב"ם פי' מה שבבור אסור אף בלא נגיעת נכרי מטעם כחו של נכרי דגזרי ביה רבנן כדאמרינן לקמן בפ"ב (דף עב:) וה"נ מכח דריכתו בגת נמשך היין ויורד לבור והשאר מותר שאינו נאסר מכחו כיון שאינו עדיין יין וגם אינו נאסר לא במגע ולא בנצוק כדפרישית: **והשאר מותר.** פי' אף בשתיה כפ"ה אבל הר"ר שמעיה פי' מותר בהנאה דאינו נעשה יין נסך ליאסר בהנאה עד שירד לבור אבל בשתיה מיהא אסור וכן ברישא לוקחים גת בעוטה כו' אע"פ שנוטל כו' ואינו חשוב כאיסורי הנאה והקשה הר"ר אלחנן חדא דלשון לוקחין משמע דמותר אף בשתיה ועוד דבגמ' כי פריך לרב הונא לישני ליה דמותר דמתני' היינו בהנאה וכי קאמר רב הונא בשתיה קאמר ואי פריך משום דהזכיר רב הונא יין נסך דמשמע אף בהנאה הא לקמן נמי קאמר רב תינוק בן יומו עושה יין נסך והיינו בשתיה דוקא כדלקמן (דף נז.) בגמ' לכך נראה לפרש כפי' רש"י והא דאמרינן בפ"ב (לקמן דף עד:) גבי גת של אבן שזפתה נכרי(ג) ינגב ושל עץ רבי אומר ינגב וחכ"א יקלוף הזפת ואיכא דאמר דוקא זפתה אבל דרך בה לא סגי לה בניגוב ואמאי הא קתני הכא דלוקחים גת בעוטה ויש לומר דהתם איירי למשנה אחרונה דקי"ל כוותיה וכי פריך התם מתניתין אברייתא הוה מצי לשנויי כאן למשנה ראשונה כאן למשנה אחרונה אלא ניחא ליה למימר מתניתין בלא דרך בה ברייתא בדרך בה ולאוקומי תרוייהו למשנה אחרונה: **דורכין עם הנכרי בגת.** פ"ה ומשום גרם טומאה ליכא דמשעה שדרך בהן נכרי מעט נטמאו משמע מתוך פירושו שדורכין בסוף דריכה קאמר וכן נראה לר"י דאין לפרש דורכין בתחלת דריכה ומטעם שנטמא הכל בגת טמאה דא"כ ישראל העושה פירותיו בטומאה אמאי לא דורכין עמו כיון שנטמא הכל בגת טמא לכך נראה כפרש"י דבסוף דריכה קאמר וכן משמע בירושלמי דקתני דורכין עם הנכרי בגת הדא דלא אמרת והוא שהלכו עליו דריכת שתי וערב אבל לא הלכו עליהן שתי וערב לא: אבל

רבינו חננאל

ואותה עבודה זרה לא נשרפה א"ל משל למלך שסרחה עליו עיר ובא להשחיתה החיים משחית ולא המתים כו' ועוד שאלו אגריפס שר צבא כו' א"ל זונן לר' עקיבא לבי ולבך יודע שעבודה זרה אין בה ממש והא חזינן דאזלו בה שבורין וחוזרין שלימים. א"ל משל לאדם נאמן שהיה בעיר והיו הכל מפקידין אצלו שלא בעדים בא אחד ולא היה מפקיד אצלו אלא בעדים פעם אחד שכח והפקיד אצלו שלא בעדים אמרה לו אשתו נכפרנו אמר לה אישה בשביל שוטה זה שעושה שלא כהוגן נאבד את אמונתנו כן החלאים שעל בני אדם בשעה שמשתלחין עליו משביעין אותן שיבאו עליו ביום פלוני ויצאו ביום פלוני ועל ידי סם פלוני וכיון שהגיע זמנם לצאת הלך זה לעבודה זרה דין הוא שלא יצאו החלאים אלא מפני שוטה זה שעשה שלא כהוגן נעבור על שבועתנו והיינו דכתיב וחלאים רעים ונאמנים רעים בשליחותם ונאמנים בשבועתם א"ל רבא בר יצחק לרב יהודה עבודה זרה אית באתרין וכי מצטריך עלמא למטרא מיתחזי בחלמא קטולו לי גברא שחטו לה גברא ואתי מטרא א"ל השתא איכו שכיבנא לא אמינא לכו הא מילתא הכי אמר רב מאי דכתיב אשר חלק ה' אלהיך אותם לכל העמים. מלמד שהחליקם בדברים שמראין כי יש ממש בעבודה זרה כדי לטורדן מן העולם אם יטעו אחריהם והיינו דאמר ריש לקיש מאי דכתיב אם ללצים הוא יליץ ולענוים יתן חן בא ליטמא פותחין לו בא ליטהר מסייעין אותו שנאמר ולענוים יתן חן: **מתני'** לוקחין גת בעוטה מן הנכרי

הגהות הב"ח

(א) במשנה ונותן לתפוח (ואינו) תז"מ ונ"ב ס"א אינו בלא וי"ו ובס"א גרסי שאינו בשי"ן ועיין בתוס': (ב) תוס' ד"ה לוקחין וכו' כך הוא הגי': (ג) ד"ה והשאר וכו' שזפתה נכרי מנגבה והיא טהורה ושל עץ ר' אומר:

גליון הש"ס

רש"י ד"ה מה שבבור כו' דורכין עם וכו' ומשום מסייע ידי עוברי עבירה. עיין מג"א סימן שמז ס"ק ד:

עין משפט נר מצוה

נח א מיי' פי"ב מהל' תרומות הלכה י:
נט ב מיי' פי"א מהל' מאכלות אסורות הל' יא סמג לאוין קמח טור ש"ע י"ד סי' קכג סעי' יז:
ס ג עיין שם בכ"מ טור ש"ע שם סעיף כ:
סא ד מיי' שם טוש"ע שם סעיף כא:

גמרא

אבל לא בוצרין עמו [א]ישראל שהוא עושה בטומאה לא דורכין ולא בוצרין עמו אבל מוליכין עמו חביות לגת ומביאין עמו מן הגת: [א]נחתום שהוא עושה בטומאה לא לשין ולא עורכין עמו אבל מוליכין עמו פת
א לפלטר: **גמ'** אמר רב הונא [ב]יין כיון שהתחיל להמשך עושה יין נסך תנן לוקחים גת בעוטה מן הנכרי ואע"פ(א) שנוטל בידו ונותן לתפוח א"ר הונא [ג]בגת פקוקה ומלאה ת"ש ואינו עושה יין נסך עד שירד לבור ה"נ בגת פקוקה ומלאה ת"ש ירד לבור מה שבבור אסור והשאר מותר אמר רב הונא לא קשיא כאן במשנה ראשונה כאן במשנה אחרונה דתניא [ב]*בראשונה היו אומרים בד"ד אין בוצרין עם הנכרי בגת [ג]שאסור לגרום טומאה לחולין שבא"י ואין דורכין עם ישראל שעושה פירותיו בטומאה שאסור לסייע ידי עוברי עבירה אבל דורכים עם הנכרי בגת ולא חיישינן לדרב הונא *וחזרו לומר(ב) דב"ד [ד]אין דורכין עם הנכרי בגת משום דרב הונא

ואין

רש"י

אבל לא בוצרין. לפי שנותנין בגת טמאה וגורס טומאה הוא שנתינתן לגת לשם דריכה הוא ודריכתן תטמאם וקודם דריכה ודאי לא מקבלי טומאה דסתמא לא הוכשרו והא דקיי"ל *הבוצר לגת הוכשר היינו היכא דהוכשר ודאי וקסבר אסור לגרוס טומאה לחולין שבא"י: **וישראל.** העושה פירותיו בטומאה עובר עבירה הוא שהרי נלטווה על כך הלכך אפילו דורכן נמי אסור שדריכתן בעבירה בגת טמאה ודריכתן הוא עיקר טומאתן כשנעשין משקה הן טמאין ע"י הגת ואסור לסייע ידי עוברי עבירה אלא פורשין מהן כדי שלא ירגיל בכך אבל נכרי לאו עובר עבירה הוא שלא נלטווה: **אבל מוליכין עמו חביות.** ריקניות לגת ומביאין עמו חביות מלאות מן הגת דאין כאן עבירה דמאחר שנטמאו בגת מותר לתת היין בחביות טמאות: **לא לשין ולא עורכין עמו.** שכל מעשה עריכה זו בעבירה: **לפלטר.** שאופה את הפת: **גמ' שהתחיל לימשך.** שהגת עשויה במדרון ומשעה שהוא נמשך מלד העליון לצד התחתון קרוי יין: **פקוקה.** שפקקו הצינור ע"פ הבור שלא(ג) יכול לירד והיא היתה כולה מלאה ענבים ולא נמשך בה יין ולא זז ממקומו אלא במקום שנסחט שם עומד: **ומקשינן.** והא קתני עד שירד לבור אבל לנמשך לא חיישינן: **ה"נ בגת פקוקה ומלאה.** ואשמעינן בגת מלאה אין בה משיכה עד שיטול פקק שלפניה וירד היין והיא משיכתו מיד: **והשאר מותר.** והא הכא דהתחיל לירד והרי נמשך וקתני מה שבגת מותר: **בד"ד(ד) דב"ד.** סימנין הן: **אין בוצרין עם הנכרי כו'.** וה"ה לישראל העושה פירותיו בטומאה ומוסיף עליו ישראל שאף אין דורכין עמו בצירה היא גרם טומאה שהבוצרו מוליכו לגת והגת טמאה: **ידי עוברי עבירה.** לעיל פרשתי: **אבל דורכין עם הנכרי.** דכיון דכבר נטמאו ונכרי לאו עובר עבירה הוא שלא נלטווה שרי: **ולא חיישינן לדרב הונא.** למיסריה משום משתכר באיסורי הנאה משהתחיל לימשך דאינו יין עד שירד לבור:

ואין

תוספות

אבל לא בוצרין. פ"ה לפי שנותנין בגת טמאה וה"ה דהוה מלי למימר שמא יבלרנו בכלים טמאים וי"ל כי לפי מה שפ"ה ניחא דאפי' אם בלרם בכלים טמאים לא נטמאו עד שלא הוכשרו דסתמא לא הוכשרו: **אבל מוליכין פת לפלטר.** פ"ה אופה הפת ולא נהירא דה"ל למימר לתנור ועוד דאמרינן בתוספתא* אין מסייעין נחתום העושה בטומאה ואין מוליכין עמו (*גרונות) לתנור לכך נראה פלטר נחתום קטן שלוקחין הרבה ככרות ביחד מן הנחתום הגדול כדי למוכרם על יד על יד וטעמא דמוליכין עמו פת לפלטר היינו משום שכבר נגמרה מלאכת העבודה וזו מלאכה אחרת היא אבל ודאי הולכה לתנור אסורה שזו היא סוף הלישה(ה) ובפרק הזהב (ב"מ דף נו.) נמי משמע דפלטר הוא נחתום קטן דקתני נחתום מחד גברא זבין פלטר מתרי תלת גברי זבין ובירושלמי נמי קאמר פלטר משמש הוא בכמה נחתומין: **א"ר הונא יין כיון שהתחיל לימשך כו'.** פ"ה שהגת עשויה במדרון ומשעה שהוא נמשך מלד העליון לצד התחתון קרוי יין ובסמוך נמי פירש בגת פקוקה ומלאה ולא נמשך בה היין ולא זז ממקומו אלא במקום שנסחט שם עומד נראה מתוך פירושו דאפי' בגת עלמה אם פינה החרלנים אילך ואילך ונשאר היין לצד אחד הוי התחיל לימשך וה"ה נמי בגיגיות שלנו שדורכים בהם וכן פי' רשב"ם בשם רש"י וז"ל הלכה כמשנה אחרונה כרב הונא דאמר יין כיון שהתחיל לימשך עושה יין נסך ואם מפנין גרעינים שבגיגיות אילך ואילך כדי שיכנס היין באמליעותו נראה (לר"י) [לרש"י] אין לך המשכה גדולה מזו ועושה יין נסך עכ"ל ונ"ל לפירושו שפינה הגרעינים עד שולי הגיגית שאם לא פינה כי אם למעלה אין כאן המשכה כיון שיש ענבים תחתיה תדע דהא תנן במתני' אע"פ שנוטל בידו ונותן לתפוח וא"כ פינה הענבים אילך ואילך ואפ"ה שרי בגת פקוקה ומלאה אפי' לרב הונא כדמשני בסמוך אלא לאו ש"מ דההיא איכא לאוקומי שעדיין לא פינה עד שולי הגת ור"ת פירש שהתחיל לימשך שהתחיל לקלח מן הגת קודם שירד לבור ופריך תנן לוקחין גת בעוטה אע"פ שנוטל בידו ונותן לתפוח ומשמע אפי' התחיל לימשך ומשני בגת פקוקה שנפקק הצינור ואינו מקלח כלל ולא גרסינן ומלאה וכן בפי' רצ"ח לא גריס ליה ואי גרסינן ליה בעי למימר ומלאה שעומדת על מלואה שאינו נמשך כלל לצד הבור ולפי' זה אם פינה הענבים אילך ואילך ונשאר היין בגומא באמלע הגיגית אין כאן המשכה כיון שלא הניח שם גרגותני לסנן היין אבל אם מושך היין מן הגיגית דרך הברזא אין לך המשכה גדולה מזו או אם שולה בגומא שבתוך הגיגית כוס מלא יין אם הוא מתכוין לשלותו מן החרלנים ומן הזגין יש לחוש קלת להמשכה ואם אינו מקפיד בחרלנים ובזגין אין כאן המשכה ושרי וא"ת כילד לוקחין יין בגיגיות הגוים המלאות ענבים דרוכות למה אין לנו לחוש כי שמא כבר המשיכו הגוים יין מהם וחזרו ומלאום ענבים דבשלמא בגיגיות קטנות שבולרין בהן ומביאין אותן מן הכרם אין לחוש כי אין דרך להמשיך יין מהם אבל בגיגיות גדולות יש לחוש כיון שהעלים ישראל עיניו מהם ומחמת חשש זה יש שעומדים שם בבציר כשממלאין הגיגית וא"כ חותמין אותה כשרולין שישהא היין בגיגית ב' ימים או ג' ימים ומביאים ראיה מהירושלמי דקאמר על מתני' דלוקחין גת בעוטה תני ר' חנין והוא שלא העלים ישראל עיניו ממנו ועוד כתב שם בהלכות דורכין עם הגוי ומסייעין אותו אם נתעלם מעיניהם נעשה יין נסך אלמא משמע מתוך הירושלמי שיש לחוש למשנה ראשונה לשמא יחזיר גרגותני לגת או למשנה אחרונה לשמא ממשיך ממנו אבל ר"י פי' שיש להקל ולומר שהירושלמי לא אסר אלא בגת בעוטה יפה ויש בה יין הרבה ויבא לימשוך ממנה בקל אבל הגיגיות שלנו אין בהם יין כל כך לפי שאינם דרוכות יפה ולא חיישינן להמשכה ורבינו יהודה פי' דהירושלמי קאי אמשנה אחרונה וכגון שהמשיכו ממנו כבר ונעשה יין ולפיכך נאסר בהעלמת העין דיש לחוש שמא החזיר כלי הבור או גרגותני לגת והיא דר' חנין נמי קאי אמתני' דקתני ירד לבור מה שבבור אסור והשאר מותר והשתא איכא למיחש בהא דכיון שירד היין מן הגת לבור יש לחוש שמא יחזיר כלי הבור וגרגותני לגת ולכך לריך שלא יעלים ישראל עיניו ועוד כתב רבינו יהודה וז"ל ומאד יש להחמיר בלידי המשכה והמחמיר(ו) לתת סדין על הגיגית ולמלאות הגיגית ולחותמה תבא עליו ברכה ויש שהיו רולין למלאות חן בעיני הגוים והיו הגוים דורכים עמהם בגיגיות קודם המשכה ושמע ר' יעקב והקפיד ורלה לנדותם אם לא ישמעו וישובו ולא יעשו עוד כך כי אולי אסרו לפי משנה אחרונה דריכה קודם המשכה אטו אחר המשכה אע"ג דלא גזרינן לקמן לייר לידיה אטו לא לייר לידיה וא"כ יש להחמיר שלא לדרוך גוי יין ישראל כלל ועוד שמא ידרוך לאחר שיתחיל היין למשוך בגיגית עלמה לפי' רש"י וכ"כ דברזא שעושין הגוים בגיגית למשוך היין חשוב המשכה כמו גרגותני והקונה יין מגיתות הגוים לריך ליזהר שלא תהא ברזא בגיגית ודוקא ברזא קטנה אבל ברזא גדולה כעין פי חבית לא חשיב המשכה מאחר שהענבים נמשכים דרך שם עם היין: **אין בוצרין עם הנכרי בגת.** פי' וה"ה עם ישראל שעושה פירותיו בטומאה דאיכא תרתי דמסייע ידי עוברי עבירה ועוד שגורם הטומאה ולכך לא אנטריך למיתני נמי הא אבל קשיא למה לריך למיתני אין דורכין עם ישראל וכו' פשיטא השתא אין בוצרין עם הנכרי דליכא אלא גרס טומאה דרבנן דריכה עם ישראל דאיכא סיוע טומאה דאורייתא לא כ"ש וי"ל דלפי מאי דפרישית דאיירי בסוף דריכה ניחא דאילטריך לאשמועינן שאסור לסייע ידי עוברי עבירה אע"ג שכבר התחיל בעבירה:

ואין

רבינו חננאל

כו' אמר רב הונא יין כיון שהתחיל לימשך אם נגע בו גוי נעשה יין נסך איני והא תנן לוקחין גת בעוטה מן הגוי אף על פי שנוטל ונותן בידו לתוך התפוח הנה נגע בו הגוי וקתני לוקחין ופרקינן בגת פקוקה גת שדרכה גוי והיה הגת סתומה שלא נמשך היין ממנה כלל ונוטל מתוך הגת הענבים הדרוכים ונותנן לתפוח והתפוח כגון כלי הוא כדתנן במסכת תמיד ותפוח היה באמצע המזבח ונותן הענבים הדרוכין בתפוח להקיש (עליהם) עליהם הקורה לסוחטם והיין עדיין לא נמשך לפיכך תאני לוקחין. תוב מקשינן ירד בבור מה שבבור אסור והשאר מותר הנה אין נאסר במשיכתו אלא בירידתו לבור. ופירש רב הונא האי כמשנה ראשונה ואנא דאמרי כמשנה אחרונה דתניא היו אומרין אין בוצרין עם הגוי לגת שאסור לגרום טומאה לחולין שבארץ ישראל ואין דורכין עם ישראל העושה פירותיו בטומאה שאסור לסייע ידי עוברי עבירה אבל דורכין עם הנכרי בגת משום דרב הונא

הגהות הב"ח

(א) גמרא שנוטל בידו ונותן לתפוח: (ב) שם וחזרו לומר דב"ב אין: (ג) רש"י ד"ה פקוקה וכו' שלא יכול לירד: (ד) ד"ה בד"ד דב"ב סימנין: (ה) תוס' ד"ה אבל וכו' ובפרק הזהב כ"ב וכו' מסכת שלמה פ"ח דלמאי: (ו) ד"ה אין בוצרין וכו' רבינו יהודה וכו' והמחמיר למלאות הגיגית ולתת סדין על הגיגית ולחותמה תבא עליו ברכה:

מסורת הש"ס

[לעיל לט:]
[פ"ח]
נ"ל גריצות
[תוספתא פ"ח ע"ש]
[תוספתא שם ע"ש]

אֲבָל לֹא בּוֹצְרִין עִמּוֹ לפי שבכך מטמאים את הענבים, שהגת טמאה, ואסור לגרום טומאה לפירות ארץ ישראל. יִשְׂרָאֵל שֶׁהוּא עוֹשֶׂה יינו בְּטוּמְאָה — אף לֹא דּוֹרְכִין וְלֹא בּוֹצְרִין עִמּוֹ, שאין לסייע לעוברי עבירה, אֲבָל לאחר שגמר כבר לעשות את יינו, מוֹלִיכִין עִמּוֹ חָבִיּוֹת לַגַּת וּמְבִיאִין עִמּוֹ מִן הַגַּת, שהיין כבר נטמא, ואין זה מסייע לו בטומאה. וכיוצא בדבר, נַחְתּוֹם (אופה) שֶׁהוּא עוֹשֶׂה את הלחם בְּטוּמְאָה — לֹא לָשִׁין וְלֹא עוֹרְכִין (מסדרים העיסה לצורת לחם) עִמּוֹ, שלא לסייע לעבירה, אֲבָל מוֹלִיכִין עִמּוֹ פַּת לַפַּלְטֵר (למוכר הלחם).

א גמרא אָמַר רַב הוּנָא: יַיִן כֵּיוָן שֶׁהִתְחִיל לְהִמָּשֵׁךְ שהמשקה היוצא מן הענבים שבגת נמשך והולך לכיוון היציאה, אם נגע בו גוי, עוֹשֶׂה יֵין נֶסֶךְ. ומקשים, תְּנַן [שנינו במשנה]: לוֹקְחִים גַּת בְּעוּטָה מִן הַנָּכְרִי שדרך בה ענבים, וְאַף עַל פִּי שֶׁנָּטַל בְּיָדוֹ ענבים שנדרכו וְנָתַן לַתַּפּוּחַ (ערימת הענבים). והרי מן הסתם כבר נמשך היין לאחר שדרכו אותו! אָמַר רַב הוּנָא: מדובר בְּגַת פְּקוּקָה וּמְלֵאָה שאין היין נמשך בה למקום אחר. ומקשים עוד, תָּא שְׁמַע [בוא ושמע] ששנינו:

וְאֵינוֹ עוֹשֶׂה יֵין נֶסֶךְ עַד שֶׁיֵּרֵד לַבּוֹר, משמע שלפני כן אין הגוי עושה את המשקה יין נסך, למרות שנמשך בגת! ומשיבים: הָכָא נַמִּי [כאן גם כן] מדובר בְּגַת פְּקוּקָה וּמְלֵאָה, שלא נמשך היין. ועוד מציעים, תָּא שְׁמַע [בוא ושמע] קושיה על רב הונא ממה ששנינו: יָרַד לַבּוֹר, מַה שֶּׁבַּבּוֹר אָסוּר וְהַשְּׁאָר מוּתָּר, אף שבודאי כבר נמשך! אָמַר רַב הוּנָא, לָא קַשְׁיָא [אין זה קשה]: כָּאן משנתנו היא לפי השיטה בְּמִשְׁנָה רִאשׁוֹנָה, כָּאן פסק ההלכה שלי הוא בְּמִשְׁנָה אַחֲרוֹנָה; דְּתַנְיָא [ששנויה ברייתא], בָּרִאשׁוֹנָה הָיוּ אוֹמְרִים בהלכות אלה, לפי הסימן בד"ד: אֵין בּוֹצְרִין ענבים עִם הַנָּכְרִי בשביל להביאם לַגַּת, מפני שֶׁאָסוּר לִגְרוֹם טוּמְאָה לַחוּלִּין שֶׁבְּאֶרֶץ יִשְׂרָאֵל; וְאֵין דּוֹרְכִין עִם יִשְׂרָאֵל שֶׁעוֹשֶׂה פֵּירוֹתָיו בְּטוּמְאָה, שֶׁאָסוּר לְסַיֵּיעַ יְדֵי עוֹבְרֵי עֲבֵירָה במלאכתם; אֲבָל דּוֹרְכִים עִם הַנָּכְרִי בַּגַּת, וְטעם הדבר שלֹא חָיְישִׁינַן [חוששים אנו] לדבריו של רַב הוּנָא שהיין הוא כבר יין נסך משעה שהתחיל להימשך. וְחָזְרוּ לוֹמַר דב"ד: אֵין דּוֹרְכִין עִם הַנָּכְרִי בַּגַּת, מִשּׁוּם דבריו של רַב הוּנָא לפי שבדרך כלל היין נמשך בגת בזמן הדריכה, והגוי נוגע בו ונעשה יין נסך, ונמצא הדורך עם הנכרי ונוטל על כך שכר, משתכר באיסורי הנאה.

עיונים

אבל לא בוצרין רש"י מסביר: מפני שבמקרה זה הוא גורם לטמא את הענבים, שהרי מכניסן לתוך גת טמאה כדי לדורכם שם, ולכשידרכום שם יקבלו טומאה. וראה בתוס' שאמרו שהיה יכול גם לפרש שמא יבצרנו בכלים טמאים, ושם בעיקר מצדיקים פירוש רש"י, כיון שרק הדריכה מכשירתם לקבל טומאה, ועצם נתינתם בכלים טמאים עדיין אינה מטמאת אותם. אבל כאמור לעיל, יש הסבורים (עפ"י הגמרא לט,ב) כי עצם מעשה הבצירה כדי להביא את הענבים לגת מכשיר את הענבים לקבל טומאה לכשיגע בהם הגוי (רמב"ם בפיה"מ) או לכשייכנסו לכליו (ראב"ד). וכן נראה מן הירושלמי האומר כי הענבים הוכשרו להיטמא כבר משעת בצירה. וראה ברש"י שהתייחס בדבריו לענין זה.

ישראל שהוא עושה בטומאה וכו' לפי שהגוי אינו אסור בטומאת פירות ארץ ישראל, ולפיכך אין בדריכה עמו משום מסייע לעוברי עבירה כל זמן שהישראל עצמו אינו גורם לכך (ראה בעמוד הקודם). אבל אם מסייע בכך לאדם מישראל, שאסור לו לגרום טומאה לחולין, הרי למרות שהוא עצמו אינו הגורם לטומאה, מאחר שהענבים כבר נטמאו, מכל מקום יש בכך משום חיזוק ידיו במה שהוא עושה, וחכמים גזרו שיפרוש ממנו כדי להרחיקו מן האיסור (ראה רש"י).

מוליכין חביות וכו' שכל צד טומאה ומלאכה שהיה בכך כבר נגמר, והבאת החביות והוצאתן אינה שייכת לכך, שהוא עושה מלאכה ביין טמא, ואין זה מסייע כלל לעבירה, אלא עושה מלאכה אחרת.

לא לשין ולא עורכין המאירי מסביר שאף שכבר נטמאה העיסה בשעת הלישה, מכל מקום מלאכת העריכה היא כהמשך למלאכת הלישה, ולכן אף היא אסורה. או משום שמוסיף לה קמח, ומוסיף בטומאה. ורבינו יהונתן מסביר כי העריכה היא מעשה תיקון נוסף, שפעמים דווקא על ידו נעשתה הפת ראויה לדין חלה (כגון שלא היתה העיסה קודם לכן ראויה לעשות ממנה פת), ונמצא שהוא מוסיף בה צד איסור, שמטמא עיסה הראויה ליטול ממנה חלה.

מוליכין פת לפלטר רש"י מסביר לפלטר — לאופה, שכיון שכבר היתה עיסת הלחם טמאה אין כל הוספת טומאה במה שאופים אותה. אבל רוב המפרשים (וראה בתוס' וכן רוב הראשונים) סבורים הן מצד הלשון והן מצד הענין שפלטר כאן הוא אדם המוכר לחם בחנות. ואדם זה מקבל לחם אפוי מן הנחתום, ומשום כך הבאת הלחם הטמא אין בה עוד איסור נוסף.

יין כיון שהתחיל להמשך שיטת רש"י בפירוש דברי רב הונא היא שכיון שהגת עשויה בשיפוע, הרי כיון שנוזל מיץ הענבים לכיוון החלק התחתון שם הוא יוצא מן הגת, אפילו לא יצא מן הגת, הריהו נחשב כבר כיין, וכל מה שבגת (גם מה שלא נמשך. וראה בשלטי הגבורים בשם כלבו), נאסר משום יין נסך אם נגע בו הגוי. ואילו רמב"ן, אף שהוא מסכים לפירוש רש"י בעיקר דברי רב הונא, שהימשכות היין בגת עושה אותו ליין, הוא סבור שאין מקום לומר שמה שלא נחשב עדיין ליין ייאסר בגלל המגע במה שנמשך. ולדעת ר"ת (וכן משמע מן הר"ח) "התחיל להימשך" משמעו שנמשך היין ויוצא החוצה מן הגת, והכוונה היא — אפילו לא ירד לבור, כפי שנאמר במשנה, וגם לדבריו החידוש בדברי רב הונא הוא שכשנגע הגוי ביין שנמשך — נאסר כל היין שבגת. ואילו הראב"ד פירש "כיון שהתחיל להימשך" — שרבה היין על ענבים, ונפרד מן האשכולות, ומתרכז חלק ממנו במקום אחד, במקרה זה הואיל ונפרד היין מן הענבים, נתנו לו דין יין. וכן נראה מן הירושלמי.

בגת פקוקה ומלאה פקוקה — שאין המיץ יורד מן הגת אל הבור, ומלאה — שאין היין זורם ממקום למקום בגת עצמה. והסביר הראב"ד כי יכול להיות דבר זה בגת גדושה ענבים, שהיין נשאר מעורב בענבים. וראה בתוס' שאמרו שמכאן ראיה לשיטת רש"י בהגדרת "משיתחיל להימשך", שהוא נמשך בגת ולא ממנה. ואילו ר"ת סומך על גרסת ר"ח שאינו מזכיר "מלאה" אלא רק "פקוקה", ולפיכך הוא למד שכל עוד אין היין יוצא מן הגת אינו נחשב ליין.

הכי נמי בגת פקוקה ומלאה ולפי זה, מה שנאמר "עד שירד לבור" אין כוונתו עד שיגיע לבור, אלא עד שיסיר את הפקק ויתחיל המיץ להימשך (בעודו בגת) לכיוון הבור (ראב"ד).

אין בוצרין עם הנכרי וכו' וכתבו המפרשים שהוא הדין לישראל, שאין בוצרים עמו. והדבר קל וחומר, שאם אסור לעשות עם הגוי שאינו עובר עבירה (שהרי עליו אין כל איסור לטמא פירות), כל שכן שאסור לסייע לישראל שגם עובר עבירה במה שעושה.

שאסור לגרום טומאה לחולין וכו' נושא זה, האם מותר או אסור לגרום טומאה בארץ ישראל, ובאלו מקרים, שנוי במחלוקת, ומעיקר הדין אין איסור מן התורה לאכול אוכל חולין טמא. ויש סבורים שמה שאסרו לגרום טומאה לחולין אינו איסור מצד עצמו, אלא משום תרומה, שהפירות טבל, ואם מטמאם — גורם טומאה גם לתרומה שמפריש מהם (רש"י כאן). ויש בכך גם הפקעת התרומה מן הכהן, שמקבל רק תרומה טמאה בלבד שאינה ראויה אלא לשריפה (תוס' נדה ו,ב). ובדומה לכך הובא בירושלמי. ורש"י בגיטין (נג,א) פירש כי האיסור הוא מפני הפרושים שהיו נוהגים לאכול חולין שלהם בטהרה. ובתוס' בחולין (ב,ב) ציינו למדרש ולפיו יש מצוה לאכול חולין בטהרה (וראה גם בתוס' בעמוד הבא).

אורח ההלכה

ישראל שעושה בטומאה וכו' ישראל שעושה פירותיו בטומאה אין בוצרים עמו, וכל שכן שאין דורכים עמו, מפני התרומה שתיעשה בטומאה. אבל מוליכים עמו חביות לגת ומביאים חביותיו מן הגת. כמשנה. (רמב"ם ספר זרעים הלכות תרומות פי"ב ה"י).

נחתום שהוא עושה בטומאה נחתום שעושה בטומאה, לא לשים ולא עורכים עמו, שאין מחזיקים ידי עוברי עבירה, אבל מוליכים עמו פת לפלטר. כמשנה. (רמב"ם הלכות ביכורים פ"ח הי"ג).

כיון שהתחיל להמשך וכו' מאימתי נקרא מיץ הענבים יין שייאסר במגע גוי — משהתחיל להימשך בגת מעצמו (לפי שהגת היא מקום מדרון). וכל שכן אם נמשך היין מחוץ לגת אל הבור (ש"ך). וכדברי רב הונא. וכשנוגע בו הגוי נאסר כל מה שבגת (כשיטת רש"י, ולא כרמב"ן). ואם פינה החרצנים והזגים, והיין לבדו נמשך מצד העליון לצד התחתון, ונשאר היין לבדו — נקרא המשכה, אבל כל זמן שלא נבדל היין לעצמו (עד קרקעית הגת. תוס' ועוד) מן החרצנים והזגים — אין זו המשכה. (רמב"ם ספר קדושה הלכות מאכלות אסורות פי"א הי"א. שו"ע יו"ד קכג, יז).

בגת פקוקה גת שהיא סתומה ומלאה — אין בה המשכה. (שו"ע שם סעיף כ).

אין דורכים עם הנכרי אין דורכים עם הגוי בגת (או בגיגית. מרדכי ותוס') שמא יגע בידו וינסך. וכמשנה אחרונה. (רמב"ם שם. שו"ע שם, סעיף כא).

מסורת הש"ס

א. ירושלמי שביעית פ"ה ה"ד. שם גיטין פ"ה ה"י. שם ע"ז פ"ד ה"י.

ב. ירושלמי ע"ז פ"ד ה"ט. תוספתא ע"ז פ"ז א.

ג. סוטה ל,ב. גיטין נג,א.

גרסות

ישראל שהוא עושה בכתי"מ: **וישראל שהוא עושה פירותיו.**

נחתום שהוא עושה בכתי"מ: **נחתום שהוא עושה לחמו.**

שנטל בידו ונתן לתפוח בכתי"מ וכן בב"ח: **שהוא נוטל ונותן לתפוח** בכתי"ס: **שנוטל בידו ונותן לתפוח.**

היו אומרים בד"ד בכת"י: **היו אומרים בד"ד חזרו לומר דב"ב.**

אין בוצרין עם הנכרי בגת בכתי"ס: **אין בוצרין עם הנכרי לגת.**

וחזרו לומר דב"ד בכת"י וכן הגיה הב"ח: **וחזרו לומר דב"ב.**

לשון

פלטר
מקור המלה הוא ביוונית πωλητήρ (פוליטיר) שמשמעו — מוכר, חנווני.

מסורת הש"ם

א. סוטה ל,ב. נדה ו,ב.
ב. משנה מעשרות פ"א מ"ז. ירושלמי מעשרות פ"ב ה"ד. שם ב"מ פ"ז ה"ב. תוספתא מעשרות פ"א ז. ספרי במדבר יח,כז. ילק"ש תורה תשנח.
ג. ב"מ צב,ב.
ד. משנה מעשרות שם. תוספתא מעשרות שם.
ה. ב"מ שם.
ו. ע"ז סב,ב. עג,ב. ירושלמי ערלה פ"ב ה"ו. שם ע"ז פ"ה הי"א.

גרסות

בוצרין עם הנכרי בגת בכתי"ס: **בוצרין עם הנכרי לגת.**

דאין דורכין בכתי"ס: **אין דורכין דאסור לסייע ידי עוברי עבירה.**

משיקפה... משיקפה... שקפה בכתי"ס: **משיקפא... משיקפא... שקפא.**

דתנן יין משירד לבור בכתי"מ ועוד: **דתניא יין משירד לבור.**

דתניא יין משיקפה בכתי"מ ועוד: **והתנן יין משיקפה.**

אף על פי שקפה בב"ח: **ואף על פי שקפה.**

תלתא תנאי היא בכת"י: **תלתא תנאי הוו.**

לשון

משיקפה
שרש המלה הוא "קפה" ומשמעותו — לצוף ולעלות למעלה. ויש סבורים שהוא קשור ל"קפא", כדרך שהדבר הקפוא עולה וצף על גבי המים. ומכאן צורות שונות, בבניינים שונים בהתאם לענין.

וְאֵין בּוֹצְרִין עִם יִשְׂרָאֵל שֶׁעוֹשֶׂה פֵּירוֹתָיו בְּטוּמְאָה, משום שבכך הוא גורם טומאה למאכל. **וְכָל שֶׁכֵּן שֶׁאֵין דּוֹרְכִין**, שאז הלה מטמא את המשקה על ידי הדריכה, והוא מסייע בידו. וכל זה בשל ישראל, **אֲבָל בּוֹצְרִין עִם הַנָּכְרִי בַּגַּת, לפי שֶׁמּוּתָּר לִגְרוֹם טוּמְאָה לְחוּלִּין שֶׁבְּאֶרֶץ יִשְׂרָאֵל.**

א שנינו במשנה: **וְאֵינוֹ עוֹשֶׂה יֵין נֶסֶךְ עַד שֶׁיֵּרֵד לַבּוֹר.** ומקשים: טעם הדבר הוא משום שזהו השלב בו הוא כבר קרוי יין, **וְאוּלָם הָתַנְיָא** [הרי שנויה ברייתא] בהגדרת גמר מלאכה של יין, כדי להתחייב במעשר: **יַיִן — מִשֶּׁיִּקְפֶּה** כלומר, שהוצף מלמעלה, שהחרצנים צפים על גבי המיץ! **אָמַר רָבָא: לָא קַשְׁיָא** [אין זה קשה], **הָא** [זו] כשיטת **ר' עֲקִיבָא, הָא רַבָּנַן** [זו כשיטת חכמים], **דִּתְנַן** [ששנינו]: **יַיִן מתחייב במעשר מִשֶּׁיֵּרֵד לַבּוֹר, ר' עֲקִיבָא אוֹמֵר: מִשֶּׁיִּקְפֶּה**, משמע שנחלקו בכך, ומשנתנו שיטת חכמים היא. **אִיבַּעְיָא לְהוּ** [נשאלה להם לתלמידים]: כשהוא אומר "שיקפה", האם הכוונה **לקִיפּוּי של בּוֹר** שצפים הגרעינים על היין שבבור, **אוֹ קִיפּוּי של חָבִית**, שהשמרים צפים על גבי היין? ומשיבים: **תָּא שְׁמַע** [בוא ושמע] פתרון לשאלה, **דְּתַנְיָא** [ששנויה ברייתא]: **יַיִן מתחייב במעשר — מִשֶּׁיִּקְפֶּה.** ומכל מקום **אַף עַל פִּי שֶׁקָּפָה, קוֹלֵט יין מִן הַגַּת הָעֶלְיוֹנָה וּמִן הַצִּינּוֹר** המחבר בין הגת העליונה והתחתונה (הבור) **וְשׁוֹתֶה** אף בלי לעשר. **שְׁמַע מִינָּהּ** [למד מכאן] **שקִיפּוּי של בּוֹר קָאָמְרִינַן** [אומרים אנו], ולא הקיפוי של חבית, שהרי מכאן עולה שהיין שבגת התחתונה (הבור) אסור לו. ומסכמים: אכן, **שְׁמַע מִינָּהּ** [למד מכאן] שכן הוא. על המחלוקת שהובאה בין ר' עקיבא וחכמים, מקשים: **וְהָתָנֵי** [והרי שנה] **רַב זְבִיד בִּבְרייתא דְּבֵי** [מבית מדרשו] **של ר' אוֹשַׁעְיָא: יַיִן מתחייב במעשר מִשֶּׁיֵּרֵד לַבּוֹר וְיִקְפֶּה, ר' עֲקִיבָא אוֹמֵר: מִשֶּׁיִּשְׁלֶה** את היין מן הבור **בְּחָבִיּוֹת!** ואומרים: כיון שיש בידינו שתי גרסות למחלוקת זו, מסתבר שאינן סותרות, ולפיכך **תְּרָצָה נַמִּי לְהָךְ קַמַּיְיתָא הָכִי** [יישב גם כן את זו הראשונה כך]: **יַיִן — מִשֶּׁיֵּרֵד לַבּוֹר וְיִקְפֶּה, ר' עֲקִיבָא אוֹמֵר: מִשֶּׁיִּשְׁלֶה בְּחָבִיּוֹת.** ושואלים: **וְאֶלָּא** לפי זה, **מַתְנִיתִין דְּקָתָנֵי** [משנתנו ששנה בה]: **אֵינוֹ עוֹשֶׂה יֵין נֶסֶךְ עַד שֶׁיֵּרֵד לַבּוֹר, לֵימָא תְּלָתָא תַּנָּאֵי הִיא** [האם לומר שיש פה שלוש שיטות תנאים] החולקים בענין זה, ממתי נגמרת מלאכת מיץ הענבים והוא קרוי יין? ודוחים: **לֹא, שָׁאנֵי** [שונה] **יַיִן נֶסֶךְ, דְּאַחְמִירוּ בֵּיהּ רַבָּנַן** [שהחמירו בו חכמים] ואסרוהו עוד לפני קיפוי. אבל לענין מעשר סבור תנא זה או כדעת חכמים או כר' עקיבא.

עיונים

וכל שכן שאין דורכין כתבו בתוס' שהיה צורך לומר זאת, כי אם היה מזכיר רק בצירה היינו סבורים שכל האיסור שבדבר הוא משום גרם טומאה, שעל ידי כך יבואו הענבים להיטמא על ידי אותו ישראל בגת. ולכן הזכיר אף דורכים, לומר שגם בבצירה מדובר באותו איסור, משום שהוא מסייע לו להביא את הטומאה לענבים.

שמותר לגרום טומאה רש"י מתייחס למה שנראה כסתירה למשנה אחרונה, שהרי האיסור לבצור עם ישראל בטומאה בנוי על כך שיש בכך איסור והוא מסייע בידי עוברי עבירה, ואילו מיד לאחר מכן נאמר שמותר לגרום טומאה לחולין שבארץ ישראל. ומסביר רש"י שבחולין שאינן של ישראל, שאין צד תרומה ומעשר יכול לחול עליהם — אין איסור אף לגרום להם טומאה. אבל בחולין של ישראל, אף שעדיין הם בגדר טבל, מכל מקום יכולים הם להעשות תרומה ולכן אסור לגרום להם טומאה, אף שעדיין אינם בגדר תרומה (כי בתרומה ממש יש איסור מן התורה לטמאם).

וראה בתוס' ושאר ראשונים שהאריכו לדון בהלכה זו בהשוואה למקורות שונים שמהם משמע שאין איסור לגרום טומאה לחולין קודם שנגמרה מלאכתם ונתחייבו בתרומה, ומותר לסייע לישראל העושה בהם בטומאה. ובשם הירושלמי (גיטין פ"ה ה"י) הביאו לחלק בין פירות שכבר הוכשרו לקבל טומאה לבין פירות שלא הוכשרו. ואילו רבינו תם חילק בין מי שרק חשוד לעשות פירותיו בטומאה לבין מי שבוודאי יעשה כן. ובשם רש"י הביאו כי עיקר האיסור הוא משום אכילת הפירות בימי טומאתו, ולפיכך יש לחלק בין ישראל החשוד לאכול חולין טהורים בימי טומאתו, לבין חבר שאינו חשוד על כך. ועוד הביאו בשמו לחלק בין מי שמפריש תרומתו בטומאה לבין מי שאינו חשוד על כך.

יין משיקפה הלכה זו וההלכות האחרות הנזכרות כאן נאמרו לענין דיני תרומה. לפי שאין חיוב מעשר ותרומה אלא על דבר מאכל שכבר נגמרה מלאכתו (מלאכת הכנתו מגידולי קרקע לדבר שיכול להכנס בגדר מאכל). ושם אמרו כי היין גמר מלאכתו הוא משיקפה, שאז הוא נדון לא כחומר גלם אלא כיין (אף על פי שעדיין לא תסס). ומכאן יש מקום ללמוד גם לענין יין נסך, שכל עוד אין המיץ קרוי יין — אף אין בו דין יין נסך.

משיקפה נחלקו המפרשים בפירוש המדוייק של המושג (וממילא גם בצורה המדוייקת של הגייתו). לדעת רש"י הכוונה היא משעה שהיין יִקְפֶּה, שהחרצנים והזגים שהיו בו צפים ועולים על פניו. והראב"ד מסביר כי מדובר כאן כשהיו שמרים ביין, ושמרים אלה שוקעים והיין צף עליהם מלמעלה. ואילו הר"ח מסביר שהקיפוי הוא הסרת הקצף שעל פני היין. וכן מפרש הר"ש במשנה במעשרות שמדובר כאן בפעולת הקיפוי שעושה האדם, שמסיר את הגרעינים והזגים שצפו על פני היין, ולפי זה יש להגותו יְקַפֶּה. וכן נראה מן המשנה במעשרות ומן הסוגיה בבבא מציעא (ראה רש"ש).

קולט מן הגת העליונה וכו' כי אף שהיין שבבור כבר נגמרה מלאכתו, היין שבגת העליונה (או בצינור המוליך אל הגת התחתונה — הבור) לא נגמרה עוד מלאכתו, ולכן מותר לשתות ממנו בלא לעשר. ושאלו בתוס': הרי אמרו כי אין מאכל נקבע לחיוב תרומה עד שיראה פני הבית (שייכנס אל תוך הבית), ואם כן אף יין שבבור (הגת התחתונה) היה מותר לשתותו בלא לעשר! ותירצו שאפשר לומר שמדובר כאן במי שלוקח מן היין ומכניסו לבית לשתות. ולכן, מה שבגת העליונה, כיון שלא נגמרה מלאכתו אינו בגדר חיוב, אבל מה שבבור שנגמרה מלאכתו מתחייב כשרואה פני הבית. ואף הסבירו בדרך אחרת — שמדובר בגת שהיתה בתוך הבית, כך שגמר המלאכה נעשה יחד עם ראיית פני הבית.

משישלה בחביות כלומר, שמעלים ("שולים") את היין מן הבור על מנת להכניסו לחביות (רש"י). וכיוצא בו הביא בערוך, כי הכוונה היא לשלב בו מריקים את היין מחבית לחבית. ושם הביא פירוש אחר, כי שלייה האמורה כאן היא מקבילה לקיפוי, וגם היא הסרת החרצנים והזגים. וראה להלן.

תרצה נמי להך קמייתא וכו' הר"ח מסביר (ואולי גורס) כי ר' עקיבא אומר: משיקפה וישלה בחביות. ולפי זה יש להבין כי הדרך שבה מיישבים סתירה זאת אינה על ידי מחיקת הנוסח של הברייתא הראשונה, אלא על ידי הוספה של פרט המצוי בברייתא שהביא רב זביד. וראה במאירי שפירש כי לפי דרך זו, גם הקיפוי שמדובר עליו כאן הוא קיפוי של חביות, שהחרצנים והזגים צפים על גבי היין שבחביות (ולא, כפי שהגענו למסקנה קודם לכן, שמדובר בקיפוי של בור), והשלייה היא הסרתם מעל פני היין שבחבית. והיא מסקנת ההלכה לפי הרמב"ם, ראה "אורח ההלכה".

לימא תלתא תנאי היא שהרי לשיטת המשנה משירד היין לבור נחשב כבר ליין (לענין נסך), ואילו התנאים שנחלקו לענין גמר מלאכה אמרו שיש לזה זמנים אחרים — משיקפה, או משישלה בחביות.

וראה בתוס' שתמהו מדוע אין מציעים גם כאן להגיה את משנתנו כפי שתירצו את הברייתא שהובאה לדעת ר' עקיבא. ובתורת חיים כתב כי אין כאן קושי, לפי שאת הסתירה בין הברייתות באשר לדעת ר' עקיבא לא ניתן ליישב אלא בדרך של הגהה, אבל אין מגיהים את המשנה בדוחק רב רק משום שלא מצאנו דעה כזאת במקום אחר (וראה לעיל בדברי ר"ח).

לא, שאני יין נסך וכו' ואף שודאי ייתכן שיהיו בנושא אחד שלש דעות של תנאים, מכל מקום כלל בידינו שאין להרבות במחלוקת, וכל עוד אין הדבר מוכח יש לנסות לצמצם את המחלוקות.

דאחמירו ביה שאף שהוא לפני גמר מלאכתו ממש כבר החשיבוהו כיין לאסור מגע גוי בו. ולפיכך יש כאן דין שאינו נוגע במישרין בדין גמר מלאכה לענין מעשר, ובענין זה דעת התנא של משנתנו ייתכן שהיא כדברי חכמים או כדברי ר' עקיבא, ואין צורך בהוספת שיטה שלישית.

אורח ההלכה

מותר לגרום טומאה וכו' כשם שמותר לאכול מאכלים טמאים ולשתות משקים טמאים, כך מותר לגרום טומאה לחולין שבארץ ישראל. וכמשנה אחרונה. ורשאי אדם לטמא לכתחילה חולין מתוקנים (שכבר הופרשה מהם תרומה). (רמב"ם ספר טהרה הלכות טומאת אוכלים פט"ז ה"ט. וראה שם ספר זרעים הלכות ביכורים פ"ז הי"ב ופ"ח ה"י).

אף על גב דקפה וכו' היין, משנותנו בחבית וישלה החרצנים והזגים מעל פי החבית הרי זו גמר מלאכתו. אבל כשהוא בתוך הבור, כשמגביהו להכניסו לחבית — שותה ממנו ארעי, וכן קולט מן הגת העליונה ומן הצינור ושותה. כדברי ר' עקיבא. שמסקנת הגמרא היא שלדעת ר' עקיבא קיפוי הוא בחבית, ובמסכת ב"מ הסוגיה כשיטתו (כס"מ). (רמב"ם ספר זרעים הלכות מעשר פ"ג הי"ד. שו"ע יו"ד שלא, פו).

ואין בוצרין עם ישראל כו'. משום דגורם טומאה הוא ואף ע"ג דסבירא לן השתא מותר לגרוס טומאה לחולין כדקתני סיפא ה"מ דגוי אבל דישראל טבולים הם לתרומה ואסור לגרוס טומאה לתרומה דכתיב ואני הנה נתתי לך את משמרת תרומותי בשתי תרומות הכתוב מדבר וכ"ש שאין דורכין שדריכתן מטמאתן ומסייע ידי עוברי עבירה: **יין משיקפה.** הוי גמר מלאכה לענין מעשר ליאסר בו שתיית עראי. משיקפה לשון לף כמו קפא תהומא דמסכת סוכה (דף נג.) שצפין החרצנים על היין כשהוא נח בבור: **ואע"פ שקפה.** מה שבבור קולט מן הגת העליונה ושותה שאותו שלא ירד לבור לא נגמר מלאכתו: **מן הצנור.** מקום דרך מרזב המקלח היין לבור: **ש"מ קיפוי דבור קאמר.** מדקתני ואע"פ שקפה קולט מן הגת דאי בחביות מה ענינו אצל גת: **בדבי ר' אושעיא.** במתני' דבי ר' אושעיא: **משישלה בחביות.** לשון השולה דגים מן הים (חולין דף סג.) משישלה היין מן הבור להנתן בחביות וכן מפרש בב"מ בהשוכר את הפועלים (דף נב:) ולעיל קתני לרבנן משירד לבור ולר"ע משיקפה: **אלא מתניתין דקתני עד שירד לבור.** הא ירד לבור אע"פ שלא קיפה הוי יין: **נימא.** כי היכי דקתני לענין נסך ה"נ ס"ל לענין מעשר ופליג אדרבנן ואדרבי עקיבא: **תלתא תנאי היא.** תנא דידן סבר משירד לבור ולרבנן משיקפה בבור ולר"ע משישלה: **שאני יין נסך כו'.** אבל במעשר אי כרבנן אי כר"ע: ולרבא

[א] [א]ואין בוצרין עם ישראל שעושה פירותיו בטומאה וכ"ש שאין דורכין אבל בוצרין עם הנכרי בגת [א]שמותר לגרום טומאה לחולין שבא"י: ואינו עושה יין נסך עד שירד לבור: *והתניא [ב]*יין משיקפה אמר רבא לא קשיא הא ר"ע הא רבנן *דתנן [ג]*יין משירד לבור ר"ע אומר משיקפה איבעיא להו קיפוי דבור או קיפוי דחבית ת"ש *דתניא [ד]*יין משיקפה(א) אע"פ שקפה [ג]קולט מן הגת העליונה ומן הצינור ושותה ש"מ קיפוי דבור קאמרינן ש"מ [ה]והתני רב זביד בדבי רבי אושעיא יין משירד לבור ויקפה ר"ע אומר [ז]משישלה בחביות תרצה נמי להך קמייתא הכי יין משירד לבור ויקפה ר"ע אומר משישלה בחביות ואלא מתניתין דקתני אינו עושה יין נסך עד שירד לבור לימא תלתא תנאי היא לא [ו]שאני יין נסך דאחמירו ביה רבנן ולרבא

ואין בוצרין עם ישראל וכ"ש שאין דורכין. פי' ואפילו בסוף דריכה(ב) דליכא סיוע לטומאה דאורייתא והא דאיצטריך למיתני כ"ש הכא טפי מבמשנה ראשונה היינו משום דאי לא תנא הכא כ"ש ה"א טעמא דאין בוצרין אינו משום סיוע אלא משום גרס טומאה וקמ"ל השתא דטעמא משום סיוע כמו בסוף דריכה: **שמותר לגרוס טומאה לחולין שבא"י.** פרש"י ואפילו הכי אין בוצרין עם ישראל דה"מ שמותר לגרוס טומאה בשל גוי אבל בשל ישראל טבולים הם לתרומה ואסור לגרוס טומאה לתרומה דכתיב ואני הנה נתתי לך את משמרת תרומותי בשתי תרומות הכתוב מדבר וקשיא מהיא דמייתי בפ"ק דנדה (דף ו: ושם ד"ה נולד) תנן התם נולד לה ספק טומאה עד שלא גלגלה תעשה בטומאה משגלגלה תעשה בטהרה כו' וקסבר חולין הטבולין לחלה כחלה דמו אלמא (ג)אמרינן דקודם גלגול שלא חלה עליה עדיין חיוב חלה אמרינן דתעשה בטומאה והכא נמי אינם ראוים לתרומה עד שיעשו יין ולמה לא יעשו בטומאה כיון שמותר לגרוס טומאה ויש שדוחין לומר דשאני התם דכל זמן שהוא קמח אין כאן חיוב חלה כלל אבל תרומה ראויה משעה שהיא בענבים מידי דהוה אמעשר שהקדימו בשבלים אכן דבר תימה הוא להחשיבה טבול לתרומה קודס מירוח ועוד הקשה רבינו יהודה דבהדיא תניא בתוספתא דחלה (פ"א ע"ש) בתר הך דנולד ספק טומאה כו' וכן פירות שנולד להם ספק טומאה עד שלא נגמרה מלאכתן יעשו בטומאה משנגמרה מלאכתן יעשו בטהרה ותרומתן תלויה באיזה ספק אמרו בדבר הספק לתרומה אלמא אפילו בפירות נמי אמרינן הכי אכן יש לתרך דשאני התם שכבר נולד להם ספק טומאה וא"א עוד להיות טהור לגמרי אבל כאן יש לו ליזהר שלא לטמאותה לכתחלה מיהו קשיא מההוא דפרק הניזקין (גיטין דף סא. ושם ד"ה רישא) דקאמר רישא בטומאת חולין פירוש שמותר לסייע קודם שתטיל למים לפי שאין שם אלא טומאת חולין ואף על פי שיבא להפריש לבסוף חלה בטומאה ומ"ש מהאי דהכא ואור"ת דבגיטין ליכא אלא חשדא בעלמא שחשודה לעשות פירותיה בטומאה אבל כאן דודאי עושה פירותיו בטומאה אסור לסייע לו אפי' מתחלה וקשה לפי' זה דמתני' קתני לא לשין ולא עורכין משמע הא ברירה וטחינה שריא ובפ' הניזקין (שם דף סא.) תנן בוררת וטוחנת גבי אשת עם הארץ ופר"ת התם דוקא דאין כאן אלא חשד בעלמא שחשודה לעשות בטומאה אבל אם עושה בודאי בטומאה לא שרינן והא הכא דעושה בודאי בטומאה ומשמע דברירה וטחינה שרי ואומר ר"ת דהכא מיירי בפירות שלא הוכשרו ולכך שרינא בה ברירה וטחינה אף בעושה בודאי בטומאה וההיא דגיטין מיירי בפירות שהוכשרו כבר ולכך ודאי אם עושה בודאי בטומאה אסור אף לברור ולטחון מיהו בירושלמי תני עלה דמתני' לא בוררין ולא טוחנין עמו ופריך מההיא דגיטין דקתני בוררת וטוחנת ומשני כאן בלותת כאן בשאינו לותת פי' הכא מיירי שהוכשרו וההיא דגיטין בלא הוכשרו ואינו יורד לחלק כלל בין חשוד לעושה בודאי ולדברי ר"ת נוכל לומר לא לשין ולא טוחנין כדברי הירושלמי ומיירי בין הכא בין התם בהוכשרו וטעמא דהכא משום דעושה בודאי בטומאה הוא ולכך לא בוררין ורבי יהודה מלא פי' אחר בפי' רבינו שלמה כתב ידו אבל לא בוצרים עם ישראל כו' ואע"ג דסבירא לן השתא דמותר לגרוס טומאה לחולין כדקתני סיפא ה"מ דגוי או ישראל חבר שלא יאכלם רק בימי טומאתו אבל בישראל רשע עובר עבירה הוא שסופו לשתותו טמא ודריכתה לכך עומדת הלכך אסור לסייעו ע"כ לשונו: **רבי עקיבא אומר משיקפה.** תימה כיון דר"ע מיקל הוא עד שיקפה מיבעי ליה כדאמרינן בפרק השוכר את הפועלים (ב"מ דף פח: ושם ד"ה עד) גבי קישואין ודילועין מאי לאו משיפקסו בשדה לא משיפקסו בבית אי הכי עד שיפקסו מיבעי ליה וי"ל דשאני התם דאיכא למיטעי ולמימר פקס דשדה אבל הכא ליכא למיטעי מידי דודאי אין שום קיפוי קודם ירידתו לבור:

ואע"פ שקפה קולט מן הגת העליונה. פי' אבל מן התחתונה כלומר מן הבור אסור לשתות אף עראי שהרי הוקבע למעשר תימה האי גת היכא קאי אי בשדה הוא כדרך כל גתות שלהם שהיו בשדה כדמוכח בפרק המוכר את הבית (ב"ב דף עא.) דתנן מכר את השדה לא מכר את הגת וגבי בית לא תני ליה וא"כ דבגת שבשדה מיירי לישתרי אפילו מן התחתונה שהרי לא ראה פני הבית ואמרינן (ב"מ דף פז:) אין הטבל מתחייב(ד) עד שיראה פני הבית וכ"ת דמיירי הכא בגת העומד בבית והכניס שם הענבים א"כ איך יוקבע שוב למעשר כדאמר גבי תבואה שהכניסה במוץ שלה וי"ל דלעולם אימא לך דמיירי בגת שבשדה וה"ק קולט מן הגת ויכניסנו לבית וישתה שכל זמן שלא ירד לבור לא נגמרה מלאכתן ואין ראיית פני הבית מתחייב במעשר אלא בדבר שנגמרה מלאכתו אבל ודאי לא יקח מן הבור ויכניסנו לבית וישתה ואיבעית אימא לעולם מיירי בגת שבבית ולא דמי לתבואה שאין דרכה להכניסה לבית במוץ הלכך כי הכניסה במוץ תו לא מיקבע למעשר אבל יין שדרכו להכניסו בענבים ושם נעשה גרנו ודאי בעשיית גורן שלו נקבע וראיה מקישואין ודילועין דאמרינן פ' הפועלים (שם דף פח: ושם ד"ה לא) דמשיפקסו בבית הוי גמר מלאכתן למעשר ואע"פ שהכניסה בפקס שלהם: **תרצה נמי להך קמייתא.** ומתני' דאע"פ שקפה דדייקינן מינה ש"מ קיפוי דבור אתיא כרבנן: **לימא תלתא תנאי נינהו.** תימה אמאי לא קא משני מתניתין עד שירד לבור ויקפה כדמתרץ למתני' קמייתא וי"ל דא"כ אדמפליג בסיפא בין ירד לשאר שבגת ליפלוג בירד נמי בין קיפוי לשאינו קיפוי אלא לאו ש"מ דקסבר מתני' דמה שבבור אף קודם קיפוי אסור וא"ת *(ברייתא) דמעשר (פ"א מ"ז) נמי דתני בה ואע"פ שקפה קולט מן הגת כו' אדמפליג בין מה שבגת למה שבבור ליפלוג וליתני במה שבבור בין קיפוי לשאינו קיפוי וי"ל דאין ה"נ דהא תנא ליה רישא יין משיקפה אלמא אינו נעשה יין עד שיקפה אלא בסיפא רבותא נקט דסד"א כיון שאותו שבבור קפוי ויש איסור גמור לפניו ליגזור על מה שבגת ובצנור אטו דבור דבקל יבא לטעות אם נתיר לשתות מן הצנור שישתה ג"כ מן הבור הסמוך לו אבל במתני' דתני ברישא אינו נעשה יין נסך עד שירד לבור ולא הזכיר קיפוי כלל אם איתא דהוה מפליג בין קיפוי ולא קיפוי הוה ליה למיתנייה ואין לומר דהכא נמי אשמעינן רבותא דאע"ג דמה שבבור אסור איסור גמור מ"מ השאר מותר ולא גזרינן הא אטו הא דאין זו רבותא דהא ודאי אין לטעות אם נתיר כשנגע הגוי במה שבגת להתיר גם מגעו בבור שהרי הגרגותני מפסיק ביניהם והכל יודעים שהגרגותני עושהו יין ואדרבה הוה ליה למנקט רבותא לפלוגי בין קיפוי לשאינו קיפוי:
רבא

רבינו חננאל

ואין בוצרין עם ישראל שעושה פירותיו בטומאה. וכל שכן שאין דורכין. אבל בוצרין עם הנכרי בגת שמותר לגרום טומאה לחולין שבארץ ישראל: **פיסקא** אין עושין יין נסך עד שירד לבור. ירד לבור מה שבבור אסור והשאר מותר. איני והתניא משיקפה נעשה יין נסך. ופרקינן מתניתין רבנן היא ברייתא ר' עקיבא דתניא יין משירד לבור רבי עקיבא אומר משיקפה. פי' קיפוי הסרת הקצף מעל היין. כדכתיב כקצף על פני המים (כאן חסר שיטה אחת מן הכתב) ואבעיא להו קיפוי דתנן קיפוי דבור הוא או קיפוי דחבית. ופשיט תא שמע דתנן במעשרות פרק ראשון היין משיקפה פי' אסור ליטול ממנו עד שיתעשר שכבר נגמרה מלאכתו למעשר. ואע"פ שקיפה קולט מן הגת העליונה ומן הצינור ושותה. ש"מ קיפוי דבור ש"מ. ומדתני רב זביד רבי עקיבא אומר משישלה. מתרץ נמי לברייתא דתני ר' עקיבא אומר משיקפה תני לה הכי ר' עקיבא אומר משיקפה וישלה בחביות כי היכי דלא תקשי דרבי עקיבא אר' עקיבא ומתניתין דקתני יין נסך עד שירד לבור משום חומרא דיין נסך תני

סב א מיי' פי"ב מהל' תרומות הלכה י:
סג ב מיי' פט"ו מהל' טומאת אוכלין הלכה ט:
סד ג ד מיי' פ"ג מהל' מעשר הלכה יד טוש"ע י"ד סי' קלג סעיף פו:

[נ"ל והתנן] מעשרות פ"א מ"ז *[נ"ל דתני'] [ב"מ נב:] [נ"ל דתנן] [מעשרות פ"א מ"ז] [נ"ל במשנה]

הגהות הב"ח

(א) גמ' ואע"פ שקפה: (ב) תוס' ד"ה ואין וכו' בסוף דריכה משום דאיכא: (ג) ד"ה שמותר וכו' כחלה דמו אלמא דקודם כצ"ל ותיבת אמרינן נמחק: (ד) ד"ה ואע"פ וכו' אין הטבל מתחייב במעשר עד:

ולרבא דלא שאני ליה מוקים ליה כתלתא
א תנאי: מה שבבור אסור והשאר מותר: אמר
רב הונא לא שנו אלא שלא החזיר גרגותני
לגת אבל [א]החזיר גרגותני לגת אסור גרגותני
גופה במאי קא מיתסרא בנצוק [א]*ש"מ נצוק
חיבור [ב]כדתני ר' חייא *שפחסתו צלוחיתו ה"נ
ב שפחסתו בורו ההוא ינוקא דתנא עבודה
זרה בשית שני בעו מיניה מהו לדרוך עם
הנכרי בגת אמר להו דורכין עם
הנכרי בגת והא קא מנסך בידיה
[ב]דציירנא להו לידיה והא קא מנסך ברגל
[ג]ניסוך דרגל לא שמיה ניסוך ההוא עובדא
דהוה בנהרדעא דדשו ישראל וגוי
לההוא חמרא [ג]ושהייה שמואל
*תלתא ריגלי מ"ט אילימא משום דקסבר
דאי

ולרבא דלא שני ליה. מדלאותבינא לעיל מעשר *מיין נסך דמתניתין ושנייה רבא לא קשיא אלמא לא שני ליה דאי שני ליה לימא שאני יין נסך דאחמירו ביה רבנן על כרחך מוקי לה כתלתא תנאי: **גרגותני.** הוא סל גדול שקשור בנגור והיין יורד מן הנגור לתוכו ומתוכו לבור כדי לסנן היין מזגין וחרצנין: **אסור.** אף מה שבגת: **בנצוק.** קילוח היורד מגרגותני לבור ומחבר הגרגותני ליין נסך שבבור: **ש"מ נצוק חיבור.** ולקמן בהשוכר את הפועל (דף עב:) פליגי בה: **שפחסתו לצלוחיתו.** לקמן בהשוכר (שם): **שפחסתו בורו.** שנתמלא הבור עד שהגיע היין וטפח בשולי הגרגותני כמו פחסה בפניה(א) דכל הצלמים (לעיל מב.): **בשית שנין.** בן שש שנים: **והא קמנסך בידיה.** ומשנה אחרונה קתני חזרו לומר אין דורכין דס"ל כרב הונא דמשהתחיל לימשך הוי יין: **תלת ריגלי.** שהיו מתקבלין לשמוע דרשה הלכות פסח בפסח הלכות עצרת בעצרת והלכות חג בחג:

אי

רבא מוקי לה כתלתא תנאי. וא"ת אמאי לא נקט רביעי לפי משנה אחרונה(ב) וי"ל דתנא דמשנה ראשונה ומשנה אחרונה חד חשיב ליה *)דמשנה אחרונה נמי התחיל לימשך קובעו למעשר: **אבל אם החזיר גרגותני לגת אסור.** פירוש אף מה שבגת מפני טיפות יין שבגרגותני המתערב בגת וא"ת והלא מסתמא יש בגת יותר מששים מטיפת יין הגרגותני ואמרינן לקמן בפ"ב (דף סו.) חמרא חדתא בעינבי רבא אמר בנותן טעם וקיימא לן כרבא לגבי אביי וכי תימא כיון דבגת נמי איכא יין עם הענבים וה"ל מין במינו דבמשהו ולא בטיל אכתי תיקשי לימא סלק מינו דהיינו יין כמי שאינו ושאינו מינו דהיינו הענבים שבגת רבה עליו ומבטלו כדס"ל נמי לרבא בפרק גיד הנשה (חולין דף ק:) גבי חתיכות של דג טמא וי"ל דס"ל כאביי דאמר חמרא חדתא בעינבי במשהו ולית ליה נמי סלק את מינו כמי שאינו עוד י"ל דמיירי הכא כגון שיש הרבה יין ביחד בגת והוה ליה מין במינו במשהו ואפי' לרבא אסור והשתא צ"ע דלפי' ראשון דאמרינן דאית ליה כאביי אין לפסוק כוותיה וכשאנו מחזירין בשוגג גרגותני לגת יש לבטל יין הגרגותני בעינבי דגת דאנן סבירא לן דבתר שמא אזלינן וא"ת לפר"ת דמפרש לקמן בפ"ב (דף עג. בד"ה יין) סתם יין נסך בששים כשאר איסורין שבתורה אם לא נודע שנתנסך לעבודה זרה א"כ למה יאסור החזרת גרגותני דמסתמא יש ששים בחרצני הגת ממה שבגרגותני ואפילו אם יסבור כאביי יהא מותר וי"ל דרב הונא כרב רביה ס"ל דאמר בפ' גיד הנשה (חולין דף ק.) דס"ל כרבי יהודה(ג) ואומר מין במינו במשהו בכל איסורין שבתורה: **גרגותני גופה במאי מיתסרא בנצוק ש"מ נצוק חיבור.** וא"ת א"כ מה שבגת היה לנו לאסור מטעם נצוק וי"ל דשאני הכא דהוי נצוק בר נצוק דמגת לגרגותני הוי נצוק אחד ומגרגותני לבור נצוק שני ומכאן פסקו הריב"ן והרשב"ם ור"ת בשם רש"י דאפי' למ"ד דנצוק חיבור מ"מ נצוק בר נצוק כי הכא אינו חיבור וא"ת והא אין כאן רק נצוק אחד דכיון שהגרגותני עשוי נקבים נקבים א"כ נופל בודאי מן הגת לבור וי"ל דכיון דנקבי הגרגותני אינם עשויים ביושר אלא מן הצדדין א"כ לאו חד נצוק הוא ומעשה בא לפני רש"י בגוי ששפך יין מן הקנקן לכוס שאז נאסר היין שבכוס משום דמאי דנפיק לבראי גזרו ביה רבנן כדלקמן בפ"ב (דף עב:) והיין שבקנקן נאסר נמי מטעם נצוק ואח"כ משך ישראל יין מן החבית לקנקן (ונתנו ליין שבחבית) והתירו רש"י ונותן טעם משום שהיין שבקנקן אינו נאסר אלא מטעם נצוק וא"כ הוי היין שבחבית נצוק בר נצוק והר"י בר"מ היה דוחה ראיה זו כי לעולם אימא לך נצוק בר נצוק חיבור והא דלא אסרינן הכא יין שבגת משום נצוק היינו טעמא דמה שבגת אינו נקרא עדיין יין ואינו נחשב אלא כמיא בעלמא תדע דהא אינו נאסר במגע גוי וא"ת אם כן גם אותו שבגרגותני אמאי אסור שאינו נקרא עדיין יין לפי משנה ראשונה דקאמרינן עד שירד לבור דלדידיה קיימינן השתא וי"ל דלא דמי כי מה שבשולי הגרגותני מתחתיו הוי בכלל מה שבבור להיות יין גמור ולכך יאסר מטעם נצוק וכ"ש דאי נגע ביה גוי דהוי נאסר במגעו וא"ת א"כ מנא ליה לתלמודא דנאסר הגרגותני מטעם נצוק דלמא נאסר מטעם דנגע ביה גוי בגרגותני מתחתיו בקילוחו וי"ל דא"כ ה"ל לרב הונא לפרושי במילתיה אבל החזיר גרגותני שנגע בו גוי לגת אסור ומדלא מפרש ליה(ד) פשיטא ליה לתלמודא דמטעם נצוק קאמר ועוד קשיא לפי מה שפירש במתני' גבי והשאר מותר שאינו נאסר במגע רק מה שבבור א"כ היאך נוכיח מכאן דנצוק בר נצוק אינו חיבור דלמא לעולם חיבור ושאני הכא משום דודאי אין לגרגותני לחבר מה שבגת לבור כיון שיש לו דין בפני עצמו שהרי אינו בכלל מה שבגת דגרגותני אסור בנגיעת גוי בבור ומה שבגת אינו נאסר במגע גוי אבל לפירוש רשב"ם שפי' מה שבבור נאסר בלא נגיעת גוי מטעם כחו של גוי בכוונה ומיהו אותו שבגת אינו נאסר מטעם כחו של גוי בכוונה כיון שאינו נקרא עדיין יין וגם הקילוח שבין גרגותני עד הבור אינו נאסר מחמת כחו תדע דאם לא כן היכי מוכיח דהגרגותני נאסר בנצוק דלמא מטעם כחו של גוי הוא אלא ודאי אין כח הגוי אוסר אלא מה שבבור דוקא מיהו מטעם נצוק אסרינן מה שבגרגותני דהא אמרינן לקמן בפ' בתרא (דף עב:) בגוא דמנא לא גזור רבנן ה"מ למ"ד נצוק אינו חיבור אבל למ"ד נצוק חיבור נאסר מה שנשאר בגוא דמנא וא"כ מ"ש גרגותני מגת ליאסר בנצוק אלא לאו ש"מ נצוק בר נצוק אינו חיבור ויש לפרש דברי רב הונא הכי לפי' זה לא שנו אלא שלא החזיר גרגותני לגת כי אז מה שבבור אסור ולא העליון שנגע ע"י הקילוח כי הגרגותני מפסיק והוי נצוק בר נצוק אבל החזיר גרגותני לגת אסור העליון ע"י תערובתו של התחתון ולפי זה א"צ להזכיר מגע גוי כלל לא כאן ולא במשנתנו. מעשה בא לפני רבי מנחם זצ"ל בחבית שכלה היין עד הברזא והגביה הגוי לבדו החבית ובאותה שעה משך ישראל את הברזא וקילח היין בקנקנו של ישראל והתיר יין הנשאר בחבית ואסר אותו שילא לחוץ דהכי אמרינן בהשוכר (לקמן דף עב:) המערה מחבית לבור קילוח היוצא מחבית ולמטה אסור ומוקמינן לה בגוי המערה ופרכינן אי הכי אפי' דגוה דדנא נמי ליתסר ומשני דכח דגוי דרבנן ההוא דנפק לבראי גזרו ביה רבנן דבחבית לא גזרו ביה רבנן הלכך שרי מה שבתוך החבית וא"ת הא אמר רב חסדא לקמן (דף עב:) כי כייליתו חמרא קטיפו קטופי ולא בקילוח אלמא משמע דאי נפיק בקילוח הוה אסור יין הנשאר בחבית ע"י נצוק הא לא קשיא דהתם שפיר דהיין שבכלי הגוי היה יין נסך גמור התם ודאי אי לא מקטיף קטופי נאסר היין שבתוך החבית ע"י נצוק שהקילוח מקלח תוך יין נסך שהוא בכלי של גוי אבל הכא שהיין שבתוך הכלי אין בו איסור יין נסך גמור אלא מכח גוי לא נאסר ההוא דלא נפיק לבראי מטעם נצוק שנתחבר ליין הנאסר ע"י כח גוי דלא הוי נצוק ליין נסך ממש: **שמע מינה נצוק חיבור.** תימה אין ה"נ דהדיא אמר רב הונא (לקמן דף עב.) נצוק וקטפרס חיבור ליין נסך ואומר ר"ת דרב הונא הדר ביה ומכח ראיה זו פסק שגם חד נצוק אינו חיבור כמו שנפרש לקמן* אי"ה: **מהו לדרוך עם הנכרי בגת.** יש לדקדק מדלא שאלו מהו לדרוך נכרי עם ישראל משמע שהגת של נכרי ולא להתיר בשתיה שאלו אלא לענין היתר הנאה קא מיבעיא ליה ומיירי נמי בדלא ציירנא ליה לידיה כמו שמפרש והכי קא מיבעיא ליה אי ניסוך דרגל הוי ניסוך וליאסר בהנאה אי לא וי"ל(ה) שע"י מעשה שאלו דאי לפסוק הלכה שאלו היה לו להשיב אין דורכין כמשנה אחרונה אלא ודאי על מעשה שאלו ופשט לו כמשנה אחרונה כדפרי' ואם תאמר כיון שהגת התחיל לימשך א"כ הוי יין (נסך) גמור לפי משנה אחרונה ולמה לא יאסר יין הגת בהנאה למ"ד נצוק בר נצוק חיבור ע"י יין הבור שהוא אסור בהנאה וי"ל דנצוק כי האי שאין הנכרי נוגע עתה בבור ואינו עסוק אלא בדריכה לא אסרו בהנאה תדע דאמרינן לקמן פ"ב (דף עד.) יין ביין ימכר לנכרים חוץ מדמי יין נסך שבו אלמא אפי' נתערב לגמרי לא אסרינן בהנאה אבל ודאי אי נגע בסוף הקילוח הוי כאילו נגע בעליון ואסור בהנאה: **הוה עובדא בנהרדעא כו'.** אומר ר"י דלא הוה ממש דומיא דעובדא דינוקא דההוא ינוקא לא הוה שקיל וטרי אלא למישרא ליה בהנאה כי הבור היה של נכרי ולא שרי אלא בהנאה ושמואל להתיר אף בשתיה קאמר לפי שהבור היה של ישראל אלא דומיא דידהו הוה דהוה הניסוך רק ברגל:

*) רש"א גורס כאן דמשנה אחרונה כו' תוך הקושיא וע"ש

דאי

סה א מיי' פי"א מהל' מאכלות אסורות הלכה יא סמג לאוין קמח טוש"ע י"ד סי' קכג סעיף כ:
סו ב עי' במיי' שם הלכה יא ובכ"מ שם טוש"ע י"ד שם סעי' כא:
סז ג מיי' שם הלכ' יב ועיין בכ"מ סמג שם טור ש"ע י"ד סי' קכל סעיף יא:

רבינו חננאל

א) משיקפה. ולרבא דלא שני ליה (ביין) [בין יין] נסך למעשר. מוקי לה בתלתא תנאי. חד תני משירד לבור ותרי תנאי אליבא דרבי עקיבא. חד תני משיקפה וחד תני משישלה: **פיסקא** מה שבבור אסור והשאר מותר. אמר רב הונא לא שנו כי השאר מותר אלא בשלא החזיר גרגותני לגת. פי' גרגותני דקתני הכא כגון כפיפה של גמי שמניחה על פי הגת בעת שמקלח היין בירידת הבור כדי להחזיר בגת החרצנים והזגין היוצאין עם העמוד של יין כדי שיהא היין יוצא ויורד לבור ונשארין בכפיפה החרצנים והזגים ואם לא החזיר זה הגרגותני לגת ונגע הנכרי ביין הבור. הנשאר בגת מותר ואם החזירו הכל נאסר. ומקשי' מכדי האי גרגותני במאי קא מיתסרא בנצוק. פי' בעמוד של יין הנמשך מן הגרגותני אל הבור והוא מוצק כמין עמוד עומד מקרקעית הגרגותני עד היין שבבור ואמרינן ש"מ מהא דרב הונא כי הניצוק כמו חיבור הוא שחיבר היין שבגרגותני ונעשה יין נסך כיין שבבור. ודחינן לא לעולם נצוק אינו חיבור ובמה נאסר גרגותני זה בשפחסתו בורו. כגון שהקיא הבור יין בהרתחה ובא בגרגותני: ההוא ינוקא בר ו' שנין תנא עבודה זרה בעו מיניה מהו לדרוך עם הנכרי בגת אמר להו אי ציירה ידיה שרי. ניסוך רגל לאו שמיה ניסוך. הוה עובדא בנהרדעא דדרכו גת ישראל ונכרי ושהייה שמואל ג' רגלים ב) אי משכחנא תנא דשרי כר"ש דתנן במתנית' כל אלו היה מעשה ואמרו ימכר כר"ש שרינא (והשאר חסר):

א) נראה דצ"ל תני משירד לבור ולא תני משיקפה. ב) שייך לדף נז.

הגהות הב"ח

(א) רש"י ד"ה שפחסתו וכו' פחסה בפניה לעיל דף נג הס"ד ותיבת כל הצלמים נמחק: (ב) תום' ד"ה רבא וכו' לפי משנה אחרונה למשנה אחרונה נמי התחיל לימשך קובעו למעשר וי"ל דתנא וכו' חשיב ליה הס"ד: (ג) ד"ה אבל וכו' כר' יהודה דאמר מין: (ד) ד"ה גרגותני וכו' ומדלא מפרש ליה הכי פשיטא: (ה) ד"ה מהו וכו' שעל ידי מעשה. נ"ב פי' שבא הישראל ושאלו אם מותר לו לכתחלה לדרוך עם העובד כוכבים בדלציירנא להו לידיה וע"ל ר"פ השוכר בד"ה שכרו בדף סב ע"ב:

אייו. יעב"ץ

[לקמן עא: עב:]

[שם עב:]

[יבמות קכב. ע"ש בפרש"י חולין מח. עז.]

ר"מ מ"ז ורש"א גורס ונשאו ונתנו ביין שבחבית

גליון הש"ס

תום' ד"ה אבל בסה"ד בכל איסורין שבתורה. עיין לקמן דף עא ע"ב תוס' ד"ה הכא ובחולין דף לז ע"א תוס' ד"ה אמר:

[עב: ד"ה אמר להו]

רש"א מ"ז

ומעירים: **וּלְרַבָּא דְּלָא שָׁאנֵי לֵיהּ** [שאין שונה לו] יין נסך, ואינו מחמיר בו יותר מדין מעשר, שהרי לעיל תירץ את הסתירה בין משנתנו לבין המשנה במעשרות כשתי שיטות שונות באותו ענין עצמו, **מוֹקִים לֵיהּ כִּתְלָתָא תַּנָּאֵי** [הוא אכן מעמיד ענין זה של גמר מלאכה ביין במחלוקת של שלושה תנאים].

א שנינו במשנה: ירד היין לבור, **מַה שֶּׁבַּבּוֹר אָסוּר וְהַשְּׁאָר מוּתָּר. אָמַר רַב הוּנָא: לֹא שָׁנוּ אֶלָּא שֶׁלֹּא הֶחֱזִיר גַּרְגּוּתְנִי** (הסל הגדול שמסננים בו את היין בדרכו מן הגת לבור) **לַגַּת, אֲבָל הֶחֱזִיר גַּרְגּוּתְנִי לַגַּת — אָסוּר** גם מה שנשאר בגת, שהיין שבתוכה אוסר את היין שבגת. ושואלים: **גַּרְגּוּתְנִי גּוּפָהּ** [עצמה], היין שבתוכה, **בְּמַאי קָא מִיתַּסְרָא** [במה היא נאסרת]? **בְּנִצּוֹק** כלומר, הזרם שיורד מן הגרגותני אל הבור נחשב כיוצר חיבור בין היין שבגרגותני ליין נסך שבבור. אם כן, **שְׁמַע מִינָּהּ** [האם נלמד מכאן] **שֶׁנִּצּוֹק** אף הוא נקרא **חִיבּוּר**? ודוחים: אפשר לפרש כי היין שבגרגותני לא נאסר בנצוק, אלא **כְּדְתָנֵי** [כמו ששנה] **ר' חִיָּיא** שיין שבמשפך נאסר במקרה **שֶׁפְּחָסַתּוּ צְלוֹחִיתוֹ**, שהיין שבצלוחית עלה והגיע עד למשפך, **הָכָא נַמִּי** [כאן גם כן] תפרש **שֶׁפְּחָסַתּוּ בּוֹרוֹ** כלומר, שהיין שבבור נגע ממש בגרגותני, ולכן הוא נאסר.

ב מסופר, **הַהוּא יָנוּקָא דִּתְנָא** [ילד אחד ששנה] מסכת **עֲבוֹדָה זָרָה בְּשִׁית שְׁנֵי** [כשהיה בן שש שנים], שהיה מופלא בכשרונותיו, **בְּעוּ מִינֵּיהּ** [שאלו אותו]: **מַהוּ לִדְרוֹךְ עִם הַנָּכְרִי בַּגַּת? אָמַר לְהוּ** [להם]: **דּוֹרְכִין עִם הַנָּכְרִי בַּגַּת**, כפי ששנינו במשנתנו. שאלוהו: **וְהָא קָא מְנַסֵּךְ בִּידֵיהּ** [והרי הוא מנסך בידיו] מן היין, ונמצא שהיין יין נסך, וישראל נהנה ממנו, שמשתכר על ידו! השיב להם: **דְּצַיְּירְנָא לְהוּ לִידֵיהּ** [שאנו קושרים את ידיו], שלא יוכל לנסך. והקשו: **וְהָא קָא מְנַסֵּךְ** [והרי הוא מנסך] **בָּרֶגֶל!** והשיב: **נִיסּוּךְ** של **רֶגֶל לָא שְׁמֵיהּ** [אין שמו נקרא] **נִיסּוּךְ**. מסופר, **הַהוּא עוּבְדָּא דַּהֲוָה** [מעשה שהיה] **בִּנְהַרְדְּעָא, דְּדָשׁוּ** [שדרכו] **יִשְׂרָאֵל וְגוֹי לְהַהוּא חַמְרָא** [ליין], **וְשַׁהְיֵיהּ** [והשהה] **שְׁמוּאֵל** את הבעיה **תְּלָתָא רִיגְלֵי** [שלושה רגלים], שהיו חכמים באים אז, כדי שיוכל לברר את הענין. ושואלים: **מַאי טַעְמָא** [מה הטעם] שהשהה את הבעיה הזו ולא פתרה? **אִילֵימָא** [אם תאמר] **מִשּׁוּם דְּקָסָבַר** [שהיה סבור]:

עיונים

מוקים ליה כתלתא תנאי ויש ששאלו: מפני אין אומרים שיש כאן ארבעה תנאים? שהרי לשיטת משנה אחרונה (לעיל נה,ב) המשקה מן הענבים נחשב ליין משיתחיל להימשך בגת, והוא לפיכך שיטה רביעית בהגדרה מאימתי מתחיל המשקה להיחשב כיין! והשיבו שאף שיש כאן שיטה אחרת, מכל מקום יש להחשיב משנה ראשונה ומשנה אחרונה כשיטת תנא אחד (תוס׳, לפי הגהת הב"ח ועוד. וראה בתוס׳ ר"י מפאריס לפיו כנראה יש לגרוס בסוף דברי התוס׳ שלנו: אינו קובעו למעשר).

אמר רב הונא לא שנו וכו׳ לשיטת הרבה מפרשים דברי רב הונא נאמרו דווקא לפי שיטת משנה ראשונה, ואינם לפי שיטתו שלו (לעיל נה,ב), שכיון שהתחיל היין להימשך נעשה יין נסך, ונגיעה בו אוסרת כל מה שבגת אף בלא שיחזיר את הגרגותני לשם. וכשהקשו לו ממשנתנו, שרק מה שירד לבור נאסר והשאר מותר, תירץ כי זה הוא דווקא למשנה ראשונה (ולפי זה אינם כלל להלכה, וכתב המאירי שכן נראה, לפי שהרי"ף אינו מביא את הדברים הללו). אבל לפירוש הרמב"ן לדברי רב הונא (שאין המגע במה שנמשך אוסר כל מה שבגת) ניתנים הדברים להתפרש אף לפי שיטת משנה אחרונה (ראה ריטב"א ומאירי. וראה עוד ברא"ש).

החזיר גרגותני מסתבר לומר שמחזיר ומכניס את הגרגותני לגת משום שהצטברו בתוכה חרצנים וקליפות ענבים, והוא מחזיר את אלה לגת, כדי שיחזור ויתמצה מהם היין, ומשום כך נוגעת הגרגותני והיין שנותר בשוליה ביין שבגת.

ובתוס׳ העירו כי לפי מסקנת ההלכה בדיני ביטול איסורים אין אנו פוסקים כרב הונא בענין זה, שהרי מן הסתם יש בענבים שבגת יותר משישים כנגד טיפות היין שבגרגותני, ולפיכך צריך האיסור להיבטל בששים, כדין מין בשאינו מינו. ואף אם נאמר כי יש שם גם יין, והרי זה תערובת מין במינו שאוסרת במשהו — הרי כלל הוא בידינו, שכאשר יש תערובת מינו ושאינו מינו — רואים את מינו (היין שבגת) כאילו אינו מצוי שם, ומה שאינו מינו (הענבים) רבה על האיסור ומבטלו.

שמע מינה ניצוק חבור ויש בדבר קושי מסויים, שהרי דבר זה שנוי במחלוקת (להלן עב,ב). וכבר שאלו בתוס׳: ומה הקושי? והרי זו אכן דעתו של רב הונא להלן (עב,א)! ורבינו תם הוכיח מכאן כי רב הונא חזר בו. ואילו הריטב"א הציע לפרש כי הקושי הוא כיצד רב הונא תולה משנתנו בצורה כה ברורה בדין זה ("לא שנו" וכו׳) כאשר באותה מחלוקת להלן לא הוכח הדבר מן המשנה. והעלו ראשונים את השאלה: אם אמנם ניצוק נחשב כחיבור, אם כן מפני מה לא נחשיב את מה שבגת כמחובר למה שבבור, ובכל מקרה ייאסר הכל אם נאסר היין שבבור! ובתוס׳ הביאו תירוץ אחד שאף שניצוק נחשב לחבור, הרי כאן יש "ניצוק בר ניצוק" לפי שעל ידי הגרגותני אין קילוח אחד ישיר מן הגת לבור, אלא יש ניצוק אחד מן הגת לגרגותני, וקילוח אחר מן הגרגותני לבור. ורש"י סמך על סברה זו גם הלכה למעשה (ראה בתוס׳ ועוד). ואחרים דחו ואמרו שאין מכאן ראיה לדין ניצוק בר ניצוק, משום שהמשקה שבגת אינו נחשב כיין אלא כמשקה ענבים אחר, והרי אף אם יגע בו הגוי אינו אוסר אותו, והוא הדין כאשר היה זה בניצוק (וכן דעת הרי"ד, וכן מסקנת הרמב"ן). אלא שמן הצד האחר הסבירו כי לדעת רש"י אין מקום להשוות בין הדברים, לפי שניצוק אינו אוסר מצד מגע הגוי ביין שבבור, אלא מדין תערובת, שהיין המצוי בבור נחשב כמעורב במה שבגת (ראה ברא"ש). וכיוצא בזה כתב המאירי שלענין ניצוק יש שתי דעות בין המפרשים, שיש סבורים שהניצוק מחשיב את הדברים שיש ניצוק ביניהם כאילו היו נוגעים זה בזה, ויש הסבורים כי הניצוק יוצר תערובת בין הדברים השונים. ויש מהבדל זה מסקנות כאשר מדובר בדיני טומאה, או מדובר בדיני תערובת (שיש בהם חשיבות ליחס הכמותי בין האיסור וההיתר). ומן הדיון בסוגיה זו והמסקנה שלו יש פנים לכאן ולכאן.

שפחסתו בורו לראב"ד יש כנראה גרסה שונה במקצת, והוא מפרש שהכוונה היא שהגרגותני נפלה לתוך הבור ונתמלאה מיין שבבור.

מהו לדרוך עם הנכרי בגת העירו בתוס׳ שיש לדקדק מן הלשון שכאן מדובר ביינו של גוי, ובשאלה האם נאסר היין בהנאה, ויש איסור על ישראל שישתכר בדבר שהוא איסור הנאה. אבל הראב"ד פירש כי מדובר כאן ביין של ישראל, ולענין היתר שתייה של יין זה. וראה ברשב"א שתמה על פירושו.

דורכין עם הנכרי בגת והעירו ראשונים כי לכאורה נראה כי תשובתו הראשונה של הילד מבוססת על משנה ראשונה, ואילו השאלה "והא קא מנסך בידיה", וגם התשובה שמדובר כאשר קושרים את ידו, מבוססות על משנה אחרונה שהגוי אוסר את היין משנמשך כבר בגת, וכרב הונא, שהרי למשנה ראשונה אין צורך כלל לקשור את ידו. והסביר הרשב"א כי השואלים רצו לבחון את הילד, ורצו לבדוק האם דבריו נאמרים דווקא למשנה ראשונה או אף למשנה אחרונה, וכשהשיב כי מדובר כשקושרים את ידו הבינו כי אף למשנה אחרונה אמר את דבריו.

דציירנא להו לידיה כפי שפירשו רוב המפרשים זהו הסברו של הילד, שהשיב כי גם למשנה אחרונה יכול הוא ליישב את דבריו כיצד בכל זאת ניתן לדרוך עם הגוי בגת. אבל התוס׳ מסבירים כי אלו דברי הגמרא הם, הבאים להסביר באיזה מקרה היה מדובר שם (וראה בהגהות הב"ח ובמהר"ם שהאריך לבאר את דבריהם).

ההוא עובדא דהוה בנהרדעא כמבואר מן ההמשך, מעשה זה לא היה בגיתו של גוי ובשאלה באם היין נאסר בהנאה, אלא בגיתו של ישראל. ולשיטתו של הראב"ד, שהמעשה באותו ילד היה ביינו של ישראל, הובא מעשה זה בנהרדעא כהמשך לדיון באותה שאלה עצמה (וראה גם בגרסות). אבל לפי דעת שאר המפרשים לא היה המעשה בנהרדעא ממש כמו השאלה לתינוק, אלא שהובא אגב השאלה של ניסוך ברגל שהוזכרה בשני המקרים (תוס׳).

תלתא ריגלי כתב רש"י שהיו מתקבצים ברגל לשמוע דרשת החכם. וכוונתו, שכיון שהיה זה זמן אסיפת החכמים היתה הזדמנות לשמואל לברר מפי הבאים שמא יש ביד אחד מהם ברייתא המסייעת לפתור בעיה זו.

אורח ההלכה

החזיר גרגותני לסל גת שהיא סתומה ומלאה וירדו ממנה יין וחרצנים יחד לסל שלפני הגת שהיין מסתנן בו — אין על מה שבגת תורת יין אלא על הנמצא בסל בלבד. ואם נגע גוי בסל — נאסר. ואם החזירו לגת — כל מה שבגת נאסר מפני תערובת היין שבסל. ואם יש בחרצנים ובזגים שבגת ששים כנגד היין שנפל בו מהסל — מותר. וכדברי רב הונא. (רמב"ם ספר קדושה הלכות מאכלות אסורות פי"א הי"א. שו"ע יו"ד קכג, כ).

דציירנא ליה לידיה אין דורכים עם הגוי בגת שמא יגע בידיו וינסך, ואפילו היה כפות. וכשיטת הרי"ף שהשמיט את הגמרא כאן. ולדעת התוס׳ ודאי שאסור לכתחילה, ולא נשאלה השאלה אם אסור בהנאה בדיעבד. (רמב"ם שם. שו"ע שם סעיף כא).

ניסוך דרגל כיצד היא הנגיעה שאוסר בה הגוי — בין שנוגע בידיו או ברגליו. וכשיטת הרי"ף שהשמיט הגמרא כאן (גר"א). ויש אומרים שניסוך ברגל אינו נחשב, שאין זו דרך ניסוך (רמ"א בשם ב"י). (רמב"ם שם הי"ב. שו"ע שם קכד, יא).

מסורת הש"ס

א. ע"ז עא,ב. עב,א. ירושלמי ע"ז פ"ד ה"ח.
ב. ע"ז עב,ב.
ג. (הביטוי) יבמות קכב,א. חולין עז,א.

גרסות

מוקים ליה כתלתא בכתי"מ: מוקים בתלתא ובכתי"ס: מוקים לה בתלתא.

כדתני ר׳ חייא בכתי"מ: לא כדתני ר׳ חייא.

אמר להו דורכין עם הנכרי בגת בכתי"מ: אמר להו שפיר דמי.

מנסך ברגל בכת"י ועוד: מנסך בכרעיה.

ההוא עובדא — להוא חמרא בכתי"מ: הוה עובדא בנהרדעא.

לשון

גרגורתני
מקור המלה ביוונית γεργαθος (גרגתוס) — סל קלוע מנצרים.

דאי משכחנא [שאם אמצא] תנא דאסר [שאוסר] כר' נתן, הסבור שיין שנגע בו גוי אסור בהנאה, אוסרינה [אאסור] את היין הזה אפילו בהנאה. והיכן נאמרו דבריו של ר' נתן? דתניא [ששנויה ברייתא]: מדדו הגוי ליין של ישראל, בין שמדדו ביד בין ברגל — ימכר, ר' נתן אומר: אם מדדו ביד — אסור, ברגל — מותר. על כך יש לשאול: אימר [אמור] שאמר ר' נתן שהיין נאסר בהנאה, כשנגע בו הגוי ביד, אבל אם נגע בו ברגל מי [האם] אמר? הרי אף ר' נתן אינו אוסרו בהנאה! אלא זה היה הטעם שהשהה שמואל את הבעיה, סבור היה: דאי משכחנא [שאם אמצא] עוד תנא דשרי [שמתיר] כדעת ר' שמעון, שמתיר יין שנגע בו גוי בלי כוונה לנסך, אישרייה [אתיר] את היין הזה אפילו בשתיה. ובענין זה מסופר, ההוא עובדא דהוה [מעשה היה] במקום ששמו בירם, דההוא גוי דהוה קא סליק בדיקלא ואייתי לוליבא [שגוי אחד היה עולה בדקל והביא איתו לולב], בהדי דקא נחית נגע בראשה דלוליבא בחמרא [בתוך כדי שירד מן הדקל נגע בראש הלולב ביין] שלא בכוונה, שרייה [התיר אותו] רב לזבוניה [למוכרו] לגוים. אמרו ליה [לו] רב כהנא ורב אסי לרב, והא מר [והרי אדוני] הוא שאמר: אפילו תינוק בן יומו (שוודאי אין בו כוונה) הוא עושה יין נסך! אמר להו [להם]: אימור דאמרי אנא [אמור שאמרתי אני] שהתינוק עושה אותו יין נסך לאסור אותו בשתייה, לאוסרו באיסור הנאה מי אמרי [האם אמרתי]? ולכן מותר למוכרו.

א גופא [לגופו] של דבר, שאמר רב: תינוק בן יומו עושה יין נסך. איתיביה [הקשה לו] רב שימי בר חייא לרב ממה ששנינו בברייתא: הלוקח [הקונה] עבדים מן הגוים, שמלו ולא טבלו עדיין, ואינם נחשבים עוד כמגויירים, וכן בני השפחות, שגדלו בבית ישראל, שמלו ולא טבלו — רוקן ומדרסן בשוק טמא, שהם נחשבים כגוים ומטמאים כזבים ברוק ובמדרס, ואמרי לה [ויש אומרים]: טהור. ולגבי יינן — גדולים שבהם עושים יין נסך, קטנים אין עושים יין נסך, ואלו הן קטנים? גדולים — הם אלה שיודעין בטיב עבודה זרה ומשמשיה, קטנים — אלה שאינם יודעין בטיב עבודה זרה ומשמשיה. קתני מיהת [שנה על כל פנים] שגדולים — אין [כן] עושים יין נסך, קטנים — לא, בניגוד לדברי רב! ומשיבים: תרגמה [תרגם, הסביר זאת] דווקא לגבי בני שפחות, שאם קטנים הם, כיון שגדלו בבית ישראל אין לחשוש להם כל כך ליין נסך, ואין הדין כן בעבד של גוי. ושואלים: הא [הרי] "וכן" קאמר [אמר], כלומר שדין בני שפחות כדין עבדים! ומשיבים: לגבי רוקן ומדרסן אמרו, שלענין זה דינם שווה. ושואלים: הניחא למאן דאמר [זה נוח לדעת מי שאומר] שרוקן ומדרסן טמא, לומר שאף בני השפחות דינם כן, אלא למאן דאמר [לדעת מי שאומר] טהור מאי איכא למימר [מה יש לומר]? הרי אם בשל עבדי גוים הוא טהור, כל שכן שיהא הדין כן בבני שפחות, ואין צריך לאומרו! אלא בוודאי לענין יינם נאמר. ומשיבים: גם אם לענין יינם נאמרה השוואה זו, יש להסביר כי הא קא משמע לן [דבר זה משמיע לנו], שעבדים דינם דומיא [דומה] לבני שפחות, מה בני שפחות דווקא מלו ולא טבלו הוא שעושין יין נסך, אבל אם מלו וטבלו לא, אף עבדים כן, אחרי שמלו וטבלו אין עושים יין נסך. ובא הדבר לאפוקי [להוציא] מדברי רב נחמן שאמר רב נחמן אמר שמואל: הלוקח עבדים מן הגוים, אף על פי שאלה מלו וטבלו — עדיין עושין יין נסך, משום שעדיין יש להם הרגלים של עבודה זרה, עד שתשתקע (תישכח) עבודה זרה מפיהם, קא משמע לן [משמיע לנו] שלא, שאין הדבר כן.

ב גופא [ודנים לגופה] של הלכה זו, אמר רב נחמן אמר שמואל: הלוקח עבדים מן הגוים, אף על פי שמלו וטבלו — עושין יין נסך עד שתשתקע עבודה זרה מפיהם. וכמה שיעורו של דבר זה? אמר ר' יהושע בן לוי: עד שנים עשר חדש. איתיביה [הקשה לו] רבה לרב נחמן ממה ששנינו בברייתא שהובאה לעיל: הלוקח עבדים מן הגוים שמלו ולא טבלו, וכן בני השפחות שמלו ולא טבלו — רוקן ומדרסן

מסורת הש"ס

א. ראה ע"ז ס,ב.
ב. ע"ז נז,ב. ירושלמי ע"ז פ"ד ה"ח.
ג. תוספתא ע"ז פ"ג יא (עיי"ש).
ד. ירושלמי ע"ז פ"ד ה"ח.
ה. ראה יבמות מח,ב. וראה פסחים קיב,ב.

גרסות

אוסריניה בכת"י: אסרנא ליה.

אישרייה בכת"י: שרינא ליה.

קא סליק בדיקלא ואיתי לוליבא בכתי"מ ועוד: דסליק בדיקלא למישדא לוליבא ובכתי"ס: דהוה סליק לדיקלא לאיתויי לולבי.

נגע בראשה דלוליבא בכתי"מ: נגע ריש לוליבא בכתי"ס וכן בב"ח: רישא דלוליבא ובמקורות: נגע.

הוא עושה יין נסך בכת"י ועוד: עושה יין נסך.

הא וכן קאמר בכת"י ועוד: הא וכן קתני.

הוא דעושין בכתי"מ: עושין.

אף עבדים כן בכתי"מ: אף עבדים מלו ולא טבלו עושין יין נסך מלו וטבלו לא בכתי"ס: אף עבדים מלו ולא טבלו עושין יין נסך.

החיים

בירם

עיר זו (הקרויה במשנה "בית בלתין") שכנה ממערב לנהר פרת, צפונית-מערבית לפומבדיתא, במרחק של יום הליכה ממנה. במקום זה היו משיאים משואות להודיע על קידוש החודש בארץ ישראל.

העיר היתה ממקומות הישוב הראשונים של יהודי בבל, ותושביה נחשבו כמיוחסים.

לעזי רש"י

פייל"א (ויש מתקנים פיי"ל או פיל"א) מן הצרפתית העתיקה peil או pile — מוט שבו היו מודדים את כמות היין בגת.

עיונים

דאי משכחנא תנא כיון שברור היה לשמואל שיש מחלוקת תנאים בענין זה ולא ידע כיצד הוכרעה, חקר בין החכמים האם יש בידי מהם ברייתא הפוסקת כשיטה אחת מאלה, כך שיוכל להכריע על פי אותה ברייתא נוספת במחלוקת זו.

דאסר כר' נתן כלומר, שאוסר בהנאה מגע גוי ביין, ואפילו נעשה בלי כוונה (רש"י). ושאלו בתוס': הרי התנא במשנה (להלן ס,א) אומר שאם מדד הגוי את היין בקנה ימכר, ולכאורה אפשר לדייק מכאן שאם מדדו ביד — אסור אף בהנאה! ודחו, שמשם אין ראיה, שאולי אף אם מדדו ביד מותר בהנאה, ולא נאמר הדבר אלא להוציא מדברי ר' שמעון שמתיר בכגון זה אפילו בשתיה.

מדדו בין ביד וכו' שהגוי הכניס ידו (או רגלו) בתוך היין לא לשם כוונת ניסוך, אלא כדרך למדוד מה עומק היין המצוי שם, כדרך שמודדים זאת בקנה מידה (רש"י).

ברגל מי אמר כמה מן הראשונים תוהים על פשר לשון זו, הרי במפורש שנינו שר' נתן מחלק בין יד לרגל, ומה המקום לספק זה. ואין לומר שלא גרסו "ביד אסור" וכו', שאם כן אין משמעות לדברים. ומסבירים (תוס' ואחרים) שמתחילה היו סבורים שאף שר' נתן מתיר כשהגוי מדד ברגלו, מכל מקום הוא אוסר כשהגוי דורך בגת, משום שהיא פעולה מתמשכת, ויש מקום לגזור בה משום לניסוך, כפי שמצאנו שר' נתן אוסר כשמדד הגוי בידו. ועל כך משיבים: מה שהוא אוסר אפילו במדידה ביד, יש טעם בדבר — שהוא גוזר בזה משום שכשוך שעושה בידו. אבל ברגל שאין בה כלל ניסוך, יש לומר שאינו גוזר אפילו על דריכה (ראה בריטב"א).

נגע בראשה דלוליבא כך גרסת רש"י, וכן היתה גרסת רוב כתבי היד (תוס'). ומכל מקום הרבה תהו הראשונים על כך, שהרי מכאן עולה חומרה גדולה ביותר, שמגע על ידי דבר אחר, גם כשאינו בכוונה, אוסר את היין. ומשום כך סבורים רוב המפרשים (וראה גם בראב"ד ורמב"ן ועוד) שיש לגרוס כגרסת ר"ח והרי"ף, שהגוי עצמו נגע ביין שלא בכוונה, שכיון שהחזיק בידו את הלולב נתקל ונגע שלא בכוונה ביין. ולפי זה היתה השאלה כעין השאלה הקודמת — בגוי הנוגע בגופו שלא בכוונה.

תינוק בן יומו וכו' כיון שוודאי אין תינוק בן יומו נוגע בכוונה, משמע שמגע גוי כלשהו שלא בכוונה אוסר את היין. וכתב רמב"ן שלפי הגרסה שהגוי בעצמו נגע ביין שלא בכוונה, יש כאן קל וחומר: אם תינוק שאינו יודע כלל בעבודה זרה אוסר את היין, קל וחומר שיאסרנו גדול שיודע בטיב עבודה זרה.

ובתוס' שאלו: הרי להלן (ס,ב) פוסק רב שהלכה כר' שמעון בגוי שנפל לגת, משמע שמגע שלא בכוונה אינו אוסר כלל, וכאן הוא אוסר אפילו בתינוק! והשיבו שיש לחלק, כי כשנפל אין זה דבר מצוי, והכל רואים שלא היה זה בכוונה. אבל בתינוק אין גבול מוגדר לדבר, ולכן יש מקום לגזור על תינוק בן יומו משום תינוק גדול.

הלוקח עבדים מן הגוים והרבה מן המפרשים סבורים שמה שאמרו קונה מן הגוים אינו אלא שגרת הדברים, והוא הדין שקנה עבד שאינו נימול מישראל (ראה בריטב"א ועוד). אבל בדברי הראב"ד (אף שהביאו משמו גם באופן אחר) מבואר שדווקא בקונה מן הגוים נאמר דין זה, אבל הקונה עבד מישראל, יש להניח שבן שפחה הוא ואינו עושה יין נסך.

שמלו ולא טבלו כלומר, שלאחר שבאו לידו נימולו, אבל לא טבלו עדיין, וכן הגרסה בתוספתא: הלוקח עבדים ערלים מן הגוים ומלם ולא טבלם. שלכתחילה עבד הנקנה על ידי ישראל מל וטובל, ומקבל על ידי כך את הדין המיוחד של "עבד כנעני" שחייב לקיים רוב מצוות לא תעשה ומצוות אחרות, והריהו לעניינים שונים (כגון לגבי המצוה להחיותו) כעין "בן ברית". ולענין גרות צריך גם מילה וגם טבילה, וכל שעשה אחד מהם בלבד אינו גר (רש"י).

ושאלו בתוס': מפני מה אינו מתרץ שאלה שונים משאר גוים, שהרי מכל מקום מלו! ותירצו שאמנם אנו משתמשים בסברה זו לענין טהרות, משום שאין רוצים לטמא טהרות שלא כדין ולהרבות על ידי כך טומאה. אבל לכל ענין אחר אין חילוק ומי שמל ולא טבל אין ערך הלכתי למילתו.

בני שפחות וצריך לומר ששפחות אלה לא טבלו והן גויות עדיין, ולכן בניהן נחשבים כגוים שצריכים טבילה (רש"י), ומכל מקום, כיון שגדלו בבית ישראל ולא הורגלו בעבודה זרה, וקטנים הם — לא גזרו על יינם.

קטנים אין עושים יין נסך וצריך לומר שאין עושים יין נסך כלל, אפילו להיאסר בשתיה (כמו בדברי רב, שם "שעושה יין נסך" כוונתו לאסור בשתיה ולא בהנאה). שאם לא כן (אלא שאוסרים בשתיה ולא בהנאה) היה צריך לומר דבר זה במפורש (ראב"ד).

רוקם ומדרסם בשוק רש"י מסביר כי מה שאמר ב"שוק" בא להדגיש את חומר הדברים, לומר כי חכמים נתנו להם דין טומאה ודאית, שהרי בשוק, כמו בכל רשות הרבים, ספק טומאה אינו מטמא. ולפי הגרסה שרוקם ומדרסם בשוק טהור, יש שהסבירו שבשוק שאין יודעים בהם אם טמאים או טהורים הם, ואין יודעים להיזהר בהם, לא החמירו חכמים. אבל בבית שיודעים בהם אפשר להיזהר מרוקם (ראה בתוס' ר"י מפריס). ואילו רש"י הסביר שמי שרק נמול ולא טבל, הוא דבר שאינו מצוי, ובדבר שאינו מצוי לא גזרו חכמים. והרי"ד כתב שכיון שמלו הרי הם רק בגדר ספקי גרים, ולכן טהור רוקם בשוק. והראב"ד מסביר שכיון שמלו, ואינם עובדים עבודה זרה ואינם חשודים על משכב זכור, אין עוד טעם לגזירת חכמים שיהו נחשבים כזבים.

מאי איכא למימר לפי ש"וכן" בא להוסיף ולהחיל את הדין על מקרים או אנשים נוספים, שאין הדין האמור מובן מאליו ביחס אליהם. ודבר זה מובן לגרסה "טמא", לומר שאף על בני השפחות, שדינם קל יותר לענין יין נסך, גזרו חכמים טומאה. אבל אם רוקם ומדרסם של עבדים טהור — הרי כל שכן שהדין כן בבני שפחות, ואין צורך לומר דבר זה, ואף הלשון "וכן" אינה מתאימה לדבר. ולפיכך, בהכרח יש להבין את ה"וכן" כבא להשוות את דינם של בני השפחות לזה של העבדים לדין יינם, ומכאן שגם עבדים קטנים אינם עושים יין נסך. וחוזרת איפוא הקושיה על דינו של רב, שאמר שתינוק בן יומו עושה יין נסך.

הא קא משמע לן וכו' כלומר, לדרך זו, ההשוואה בין בני השפחות לעבדים אכן מתייחסת דווקא ליינם, אבל אינה משווה ביניהם לגבי ההבחנה בין קטנים לגדולים (שהיא, לשיטת רב, קיימת רק לגבי בני השפחות), אלא באה להשוות את דינם של הגדולים בענין זה, אך לצד ההפוך, לומר שגם עבדים שנקנו עושים יין נסך רק לפני שטבלו.

ושאלו בתוס' (בעמוד הבא): ומדוע לא נאמר שבא הדבר להשוותם לענין רוקם ומדרסם של העבדים, שהוא טהור כמו של בני השפחות? והסבירו כי לדרך זו, שדין יין נסך אינו מתייחס כלל לעבדים, הרי אם אין רוקם ומדרסם טהור — לא היה מקום להזכירם כלל בברייתא, ואין צורך איפוא ב"וכן" ללמוד דבר זה.

עד שתשקע עבודה זרה היו שרצו לומר שהוא הדין לגרים, שצריך להמתין להם עד שתשתקע עבודה זרה מהם. אבל רוב המפרשים סבורים שיש לחלק, כי העבד, אף שאין מגיירים אותו לעבדות בעל כרחו, מכל מקום הריהו מתגייר רק משום היותו עבד, ולכן צריך להמתין עד שישכח עבודה זרה. אבל גר המתגייר מדעתו ומרצונו אין לחשוש בו עוד (תוס' בעמוד הבא ועוד).

שנים עשר חדש שזמן זה נחשב בדברי חז"ל כזמן שבו שוכחים דברים, הן אבלות, הן קשרים אחרים. ויש לכך אף רמז בתורה בענין הקונה בית בערי חומה (ראה רמב"ן על התורה). והעיר רבינו תם (ראה בתוס' בעמוד הבא) כי דברי ר' יהושע בן לוי לא נאמרו כהסבר לדברי שמואל (שיש שרצו לפסוק כשמואל מסיבה זו), שהרי היה זקן ממנו הרבה. אלא מדובר בדבריו (לפי גרסת הראשונים. וראה גם פסחים קיב,ב) במסכת יבמות (מח,ב) על מי שלקח עבד מן הגוים, שמשהה אותו בביתו כל שנים עשר חודש גם אם לא מל, שמא יתרצה למול משישתקע שם עבודה זרה מפיו, אלא שהתלמוד קבעם כאן כהסבר לדברי שמואל.

אורח הלכה

נגע ברישא דלוליבא וכו' גוי שנגע ביין על ידי דבר אחר שלא בכוונה, כגון שנגע בראש לולב שבידו ביין שלא בכוונה, או שנגע בכנף בגדו בדרך הלוכו, וכן אם נתכוון לנגוע בו על ידי דבר אחר אלא שלא ידע שהוא יין — בכל אלה מותר היין אפילו בשתיה. כגרסת ר"ח בגמרא, שהגוי עצמו נגע ביין, ודווקא במקרה זה אסר רב בשתיה. וכתב רמ"א כי בזמן הזה גוים אינם נחשבים עובדי עבודה זרה, וכל מגעם נחשב שלא בכוונה (מרדכי), ולכן אם נגע ביין על ידי דבר אחר, אף על פי שיודע שהוא יין ונתכוון ליגע בו — מותר אפילו בשתיה. והוא הדין אם נגע אפילו בידו, בלא כוונת מגע, או שלא ידע שהוא יין — מותר (במקום הפסד. ש"ך), ואין לפרסם הדבר בפני עם הארץ. (שו"ע יו"ד קכד, כד).

תינוק בן יומו וכו' תינוק גוי, אפילו בן יומו, שנגע ביין — אסור בשתיה ומותר בהנאה. כרב. ועד מתי נחשב תינוק — כל שאינו מזכיר עבודה זרה ומשמשיה (עפ"י התוספתא). (רמב"ם ספר קדושה הלכות מאכלות אסורות פי"א ה"ה. שו"ע שם סעיף א).

הלוקח עבדים הלוקח עבדים מן הגוים, אם מלו ולא טבלו, לדעת הש"ך אוסרים את היין בהנאה. עפ"י הגמרא (והתוס') כאן. והגר"א סבור שאינם אוסרים אלא בשתיה, כדין גר שמל ולא טבל. ואם מלו וטבלו — אין מגעם אוסר את היין, ומותר אפילו בשתיה, ואף שלא נהגו עדיין בדתי ישראל ולא פסק שם עבודה זרה מפיהם. כדברי הגמרא להלן, ולהוציא מדברי שמואל. (רמב"ם שם. שו"ע שם סעיף ג).

בני השפחות וכו' בני שפחות גויות שנולדו ברשות ישראל ומלו ולא טבלו — הגדולים אוסרים את היין בשתייה (ולדעת הש"ך אף בהנאה) כשנוגעים בו, והקטנים כיון שמלו אינם אוסרים אפילו בשתיה. עפ"י דברי רב. והאחרונים (ראה ש"ך ט"ז וגר"א) פסקו על פי התוספתא שאף על פי שלא מלו אינם אוסרים. (רמב"ם שם ה"ז. שו"ע שם סעיף ד).

דאי משכחנא תנא דאסר כרבי נתן אוסריניה אפי' בהנאה דתניא מדדו בין ביד בין ברגל ימכר ר' נתן אומר ביד אסור ברגל מותר אימר דאמר ר' נתן ביד ברגל מי אמר אלא דאי משכחנא תנא [א]דשרי *כר"ש אשרייה אפי' בשתיה ההוא עובדא דהוה בבירם דההוא גוי דהוה קא סליק בדיקלא ואייתי לוליב' בהדי דקא נחית נגע (א)בראשה דלוליבא בחמרא שלא בכוונה [א]שרייה רב לזבוניה לגוים אמרו ליה רב כהנא ורב אסי לרב והא מר הוא דאמר [ב]תינוק בן יומו הוא עושה יין נסך אמר להו אימור דאמרי אנא [ג]בשתייה בהנאה
א מי אמרי גופא אמר רב תינוק בן יומו עושה יין נסך איתיביה רב שימי
[תוספתא פ"ג] בר חייא לרב [ג]*הלוקח עבדים מן הגוים שמלו ולא טבלו וכן בני
השפחות שמלו ולא טבלו רוקן ומדרסן בשוק טמא ואמרי לה טהור יינן
[ד]גדולים עושים יין נסך קטנים אין עושים יין נסך ואלו הן גדולים ואלו הן
קטנים [ד]גדולים יודעין בטיב עבודה זרה ומשמשיה קטנים אינם יודעין
בטיב עבודה זרה ומשמשיה קתני מיהת גדולים אין קטנים לא תרגמה
[ה]אבני שפחות הא וכן קאמר ארוקן ומדרסן הניחא למאן דאמר טמא אלא
למ"ד טהור מאי איכא למימר הא קמ"ל עבדים דומיא דבני שפחות מה בני
שפחות מלו ולא טבלו הוא דעושין יין נסך מלו וטבלו לא אף עבדים כן
לאפוקי מדרב נחמן אמר שמואל דאמר רב נחמן אמר שמואל הלוקח עבדים
מן הגוים אע"פ שמלו וטבלו עושין יין נסך עד שתשקע עבודה זרה
ב מפיהם קמ"ל דלא גופא אר"נ אמר שמואל הלוקח עבדים מן הגוים אע"פ
[עי' תוס' לקמן ע"ב ד"ה עד שתשקע] שמלו וטבלו עושין יין נסך *עד שתשקע עבודה זרה מפיהם וכמה [ה]א"ר
יהושע בן לוי עד שנים עשר חדש איתיביה רבה לר"נ הלוקח עבדים מן הגוים
שמלו ולא טבלו וכן בני השפחות שמלו ולא טבלו רוקן ומדרסן
בשוק

רש"י

אי משכחנא תנא לאסר כר' נתן. יין בהנאה במגעו של גוי אע"פ שלא נסכו לעבודה זרה דניסוך לא הוי אסור בהנאה אלא על ידי שכשוך: **מדדו.** גוי ליין של ישראל בין ביד שהכניס ידו וזרועו לתוכו לשער כמה יין יש בו כמו שעושין בקנה שקורין פייל"א: **ימכר.**(ב) דכיון דלא נתכוין לנסך: **כר"ש.** דשרי מגע של גוי שלא נתכוין לנסך:(ג) **אף בשתיה.** [לקמן ס:] כדקתני מתניתין *נפל לבור ועלה כו' ר' שמעון מתיר אף בשתיה: **תינוק בן יומו.** [לקמן ס:] אלמא לא בעינן כוונה: **שמלו ולא טבלו.** דקיימא לן ביבמות (דף מו.) לעולם אינו גר עד שימול ויטבול: **וכן בני השפחות.** אע"פ שנולדו בבית ישראל ולא גדלו בין הגוים בעו מילה וטבילה וכשלא טבלה אמו מתחלה קמיירי דאי טבלה אמו אינהו למה להו טבילה:

בשוק

תוספות

דאי משכחנא תנא לאסר כר' נתן כו'. תימה הא איכא תנא דמתניתין (דף ס:) דקתני מדדו בקנה ימכר משמע הא ביד אסור בהנאה וי"ל דמתני' ה"ה דביד שרי בהנאה והא דקתני בקנה היינו משום ר"ש דשרי בשתיה ולא שרי אלא בקנה:

אימור דא"ר נתן ביד ברגל מי אמר. יש שהיו רוצים למחוק(ד) אמר דמדקאמר לשון אמר משמע שלא פירשו בדבריו דאית חילוק בין יד לרגל וליתא דהא ודאי שפירשו בדבריו ור"י מיישב הגירסא דמתחלה היה סובר דלהכי אוסר ר' נתן מדידה דיד משום דגזר אטו שכשוך דיד אבל מדידה דרגל מותר דליכא למיגזר אטו שכשוך דיד מיהו בשכשוך דרגל אסר דגזר אטו שכשוך דיד ודריכה דרגל אסורה דחשבינן לה כשכשוך דרגל ודחי אימור דא"ר נתן ביד פירוש ושם גזר מדידה אטו שכשוך ברגל מי אמר דשם לא יגזור כלל ואפי' שכשוך דרגל נמי שרי דמדמי ליה למדידה דרגל:

אי אשכחנא תנא דשרי כר"ש כו'. פירש הקונטרס דשרי מגעו שלא נתכוין לנסך אף בשתיה כדקתני מתני' (לקמן ס:) נפל לבור ועלה כו' ימכר ר"ש מתיר פירוש בשתיה דשרי מגעו של גוי שלא נתכוין לנסך בשתיה והקשה הר"ר אלחנן דלמא הא דשרי ר"ש בשתיה היינו דוקא נגיעה על ידי דבר אחר כמו מדידה דקנה אבל נגיעה דגופו כי הכא דדורכו ברגל מנלן דשרי רבי שמעון וי"ל דסבירא ליה לשמואל אליבא דר' שמעון דלא חשבינן שכשוך דרגל אלא כמו מדידת קנה היכא שתופסו בידו דשרי ר' שמעון אף בשתיה ועוד יש לומר דסבר שמואל דכל מה שמתיר ר"ש בהנאה שרי נמי בשתיה וכיון דלא אשכחן דאסר מדידה ברגל בהנאה הוא הדין בשתיה:

ה"ג בכוב הספרים בהדי דקא נחית נגע ברישא דלוליבא בחמרא שלא בכוונה. ולפי גירסא זו חשבינן מגע גוי על ידי דבר אחר כמו מגע גוי בגופו ולפי דה"ל הכא שלא [ר"מ מוחק זה] בכוונה שריא (אף) בהנאה ובהכי ניחא דמדמו ליה רב כהנא ורב אסי לתינוק בן יומו וכן לקמן (דף נח:) דפריך והא קנגע בנטלא פירוש שאשב היין מן הגיגית בנטלא ונגע ע"י הנטלא והוה לו מגע גוי ע"י דבר אחר שלא בכוונה דלאסור בשתיה כמו נגע ברישא דלוליבא וכן לקמן נמי (דף ס:) גבי כל שבזב טמא פירוש כגון אם נגע גוי ביין בין בידו בין בקנה עושה יין נסך דדומיא דהכי בזב מטמא אלמא חשיב מגע גוי ע"י דבר אחר כמו מגע גוי בגופו כל שבזב טהור בגוי אינו עושה יין נסך פירוש כמו זריקה ופריך עלה מההיא דנטל חבית וזרקה בחמתו לבור דהכשירוהו בחמתו אין שלא בחמתו לא אף על פי שעל ידי זריקה היא ומסיק דקאזיל מיניה ומיניה ופירש רש"י שהיה מתגלגל עד סמוך לבור ולא הוי זריקה ממש הלכך שלא בחמתו לא דהוי מגע על ידי ד"א וקשיא לפי זה חדא דדבר תימה הוא לומר דחשבינן מגעו ע"י ד"א דלא הוי אלא שלא בכוונה כמו מגעו בגופו שלא בכוונה ליאסר בשתיה וכל ההלכות מוכיחות לקמן דשרי אף בשתיה מדמתרץ לקמן גבי פירכא דנטלא בעובדא דר' יוחנן ור' יוסי לא צריכא דמוריק ארוקי פירוש והוה ליה כמו שלא בכוונה ולא גזור אף לשתיה ועוד קשיא דהיכי הוה ס"ד דרב כהנא ורב אסי לאסרו אף בהנאה הא מתני' היא מדדו בקנה דאפילו לרבנן ימכר ואע"ג דהוי התם מגע ע"י דבר אחר בכוונה מיהו הא לא קשיא דשמא היו סבירי דרב אית ליה כר' נתן דאמר מדדו ביד אסור בהנאה וחשבי נמי מדידה דקנה או נגיעה דקנה כמו מדידה או נגיעה דידו ואע"ג דבמדידה איכא כוונת מגע ובנגיעה ברישא דלוליבא ליכא כוונת מגע מ"מ היו סבורים דאין לחלק לר' נתן בין שלא כוון לנגוע ובין בלא כוונת ניסוך דלא ודא אסר ר' נתן בהנאה ורב השיב להם אימר דאמרי אנא בשתיה בהנאה מי אמרי פירוש ואפי' ר' נתן נמי יהא מודה בזה כיון דליכא כוונת מגע מיהו קשיא דרב אדרב דהיכי אסר הכא(ה) ברישא דלוליבא בחמרא בשתיה הא איהו פסיק לקמן הלכה כר"ש ור"ש שרי אפי' כי איכא כוונת מגע כיון דהוי על ידי דבר אחר וכל שכן הכא דליכא כוונת מגע דנסתרי ועוד קשיא מההיא דלקמן דקאמר דקאזיל מיניה ומיניה פירוש שהיה נוגע בחבית עד שנפל לבור ולפיכך הכשירוה בחמתו משום דהוי מגע גוי שלא בכוונה ע"י דבר אחר אע"ג דנגע ביה עד נפילתו לבור ואין לדחות דלקמן אינו אוחזו בידו אלא עד סמוך לבור ומכאן ואילך זרקה דאין זה לשון מיניה ומיניה ועוד דאם אינו אוחזה בירידתו לבור היכי דייק שלא בחמתו לא פי' אלא יאסר בשתיה והא בכי האי גוונא בזב אינו טמא לכך נראה לר"ת גירסת רבינו חננאל והלכות גדולות וכן נמצא בתשובת הגאונים דלא גרס ברישא דלוליבא אלא נגע בחמרא ולהכי אסר ליה רב בשתיה דהוה ליה מגע גוי בגופו שלא בכוונה ולקמן לא גרס והא קא נגע בנטלא אלא והא קא נגע ביה אי נמי נוכל לפרש והא קא נגע ביין שבנטלא שהוא מלא על כל גדותיו אבל אם היה נוגע ביין על ידי נטלא מזה אינו חושש דשרי אפילו בשתיה והא דתנן מדדו בקנה ימכר שאני התם שמתכוין ליגע ורב כהנא ורב אסי שהיו סבורים דרב אסר מגע גוי שלא בכוונה בהנאה סבירי דרב סבר כר' נתן דאסר מדידה ביד וס"ד דהוא הדין אפילו אינו מתכוין ליגע וכן פסק רבינו תם הלכה למעשה דמגע גוי על ידי ד"א שלא בכוונת מגע מותר בשתיה:

תינוק בן יומו עושה יין נסך. פירוש ואסור בשתיה וא"ת כיון דרב פוסק לקמן כר"ש מאי שנא תינוק בן יומו(ו) מנפל לבור ועלה דשרי ר"ש וי"ל דסבר דבמגע תינוק ושכשכו איכא למיגזר אטו גדול אבל נפל לבור מוכחא מלתא דאנים לא שייך למגזר מידי:

גדולים אין קטנים לא. וא"ת דלישני דאין עושין יין נסך ליאסר בהנאה כמו גדולים אבל בשתיה מיהא אסרי וי"ל דמלתא מפרש ליה בהדיא ש"מ דאפי' בשתיה לא אסרי ועי"ל דלישנא דאין עושין משמע בשתיה כי מילתיה דרב דקאמר עושה יין נסך והקשה הר"ר אלחנן דלישני ליה מלו שאני דהא לגבי טומאה קאמר טהור משום דמילה מועלת [א]ואומר ר"י דשאני טומאה דחשו חכמים להפסד טהרות אבל לענין כל שאר דבריהם קי"ל דאינו גר עד שימול ויטבול:

והא

עין משפט נר מצוה

סח א מיי' פי"א מהל' מ"א הלכה ה טוש"ע י"ד סי' קכד סעיף כד וכגירסת התוספות בשם ר"ח ובה"ג וע"ש:

סט ב ג מיי' שם סמג לאוין קמח טוש"ע י"ד שם סעיף ז:

ע ד מיי' שם הלכה ו טוש"ע שם סעיף ד:

עא ה מיי' שם טוש"ע שם סעיף ג:

הגהות הב"ח

(א) גמ' נגע ברישא דלוליבא בחמרא: (ב) רש"י ד"ה ימכר כיון כצ"ל ואות ד' נמחק: (ג) ד"ה כר"ש הד"א עם ד"ה אף בשתיה וכו' מתיר פי' אף בשתיה: (ד) תוס' ד"ה אימור וכו' למחוק אימור דמדקאמר לשון אימור משמע: (ה) ד"ה ה"ג בכוב וכו' דהיכי אסר הכא בנגע ברישא: (ו) ד"ה תינוק וכו' בן יומו מהיכא שנפל לבור:

הגהות הגר"א

[א] תוס' ד"ה גדולים. ואומר ר"י דשאני כו'. נ"ב וכן הוא בתוספתא (עמ"ש רבינו ביו"ד סי' קכ"ד ס"ק י"א):

בשוק טמא ואמרי לה טהור יינן גדולים עושין יין נסך קטנים אין עושין יין נסך אלו הן גדולים ואלו הן קטנים גדולים שיודעין בטיב עבודה זרה ומשמשיה קטנים שאין יודעין בטיב עבודה זרה ומשמשיה קתני מיהת מלו ולא טבלו אין מלו וטבלו לא תרגמה אבני שפחות הא וכן קתני ארוקן ומדרסן הניחא למאן דאמר טמא אלא למ"ד טהור מאי איכא למימר הא קמ"ל עבדים דומיא דבני שפחות מה בני שפחות גדולים הוא דעושין יין נסך קטנים אין עושין יין נסך אף עבדים נמי גדולים עושין יין נסך קטנים אין עושין יין נסך לאפוקי מדרב [א]דאמר רב תינוק בן יומו עושה יין נסך קמ"ל

א דלא ההוא עובדא דהוה במחוזא אתא גוי עייל לחנותא דישראל אמר להו אית לכו חמרא לזבוני אמרו ליה לא הוה יתיב חמרא בדוולא שדי ביה ידיה שיכשך ביה אמר להו האי לאו חמרא הוא שקליה האיך בריתחיה שדייה לדנא שרייה רבא לזבוני לגוים איפליג עליה רב הונא בר חיננא ורב הונא בריה דרב נחמן [ב]*נפקי שיפורי דרבא ושרו ונפקי שיפורי דרב הונא בר חיננא ור"ה בר ר"נ ואסרי [לעיל מ.]

איקלע

בשוק. אפי' בשוק שאין טומאתן ספק אלא טומאתן ודאית מדרבנן שגזרו על הגוים שיהו כזבין לכל דבריהן: ואמרי לה טהור. דמלו ולא טבלו מילתא דלא שכיחא הוא ולא גזור עלייהו: אבני השפחות. דכיון דאגל ישראל גדלו ולא גזרו על יינן בקטנותן: ארוקן ומדרסן. הושוו בני השפחות לעבדים הנקחין מן השוק ולא איינן: הניחא למאן דתני טמא. איצטריך למתני(א) בני השפחות משום רוקן ומדרסן לאשמועינן דטמא אלא למאן דתני טהור כיון דעבדים טהור כ"ש אבני השפחות דלגבי יין לא הושוו אהדדי ואיסורי דיין נסך לאו קאי עלייהו למה ליה למיתנינהו בהדדי הכי איבעי ליה למיתני עבדים שמלו ולא טבלו רוקן טהור בני השפחות שמלו ולא טבלו יינם גדולים כו': הא קמ"ל כו'. ודאי לענין נסך ערבינהו ומיהו לאו לענין קטנים ולאפוקי מדרב (נחמן) אלא לענין גדולים דקאמר עושין יין נסך ודוקא לא טבלו אבל מלו וטבלו לא ולאפוקי כו': אמר האי [ע"כ שייך לעיל] לאו חמרא. בתמיה: שקליה. האי ישראל בריתחיה כלומר לא תשתה ממנו: איפליג עליה. ולא היו אצלו בעיר להתווכח עמו:

איקלע

והא וכן קתני. דמשמע דהכי יש לאסור בבני שפחות (קטנים) כמו עבדים קטנים וא"ת ולישני דכי קתני וכן אגדולים דהכי הוו בני שפחות גדולים כמו עבדים גדולים וי"ל דמשמע ליה דקאי אכולהו בין אגדולים בין אקטנים ועוד דס"ל דמשום גדולים דהן יודעים בטיב עבודה זרה ומשמשיה לא איצטריך למיתני וכן: אלא למ"ד טהור מאי איכא למימר. וא"ת ואמאי לא משני דקאי וכן אדיוקא והכי קאמר בשוק טהור הא בבית טמא וי"ל דלא מסתבר ליה למימר דקאי וכן אדיוקא ואע"ג דגבי מל ולא טבל(ב) דקא מתרץ תלמודא קאי אדיוקא מ"מ לא דמו דקא איירי בברייתא מענין מילה וטבילה אבל בטמא בבית לא איירי כלל: הא קמשמע לן עבדים דומיא דבני שפחות. וא"ת אמאי דחקינן לומר למ"ד טהור דקאי וכן אדיוקא לישני דקאי ארוקן ומדרסן והכי קאמר וכן בעבדים טהור רוקן ומדרסן בשוק כמו בבני שפחות וי"ל דמשום הא לא איצטריך למיתני וכן דפשיטא דליכא למיטעי דרוקן ומדרסן טהור לא קאי אעבדים כמו אבני שפחות דא"כ אמאי תנא עבדים כלל אם לא לטהר רוקן ומדרסן בשוק דהא כבר שנית קטנים אין עושין יין נסך לא קאי אעבדים: (שייך לע"א) עד שתשתקע תורת עבודה זרה מפיהם. אומר ר"י דדוקא בעבדים אמרינן עד שתשתקע דאע"ג שצריך להטבילם ולמולם מרצונם כדאמר *(שמואל) בהחולץ (יבמות דף מח.) כשם שאי אתה מל בן איש בעל כרחו כך אי אתה מל עבד בע"כ מ"מ אימת רבו עליו ואינו מתגייר בלב שלם אבל גוים שמלים וטובלים מרצונם ולדעתם נשתקע שם עבודה זרה מפיהם מיד ומותר מגען ביין מיד: תרגמה אבני השפחות. וא"ת אמאי לא נקיט תרגמה ארוקן ומדרסן ונקט מל ולא טבל דוקא אבל מל וטבל לא ולא קאי מידי איין נסך ויש לומר דניחא ליה לשנויי כשיטה ראשונה: הא קמ"ל עבדים דומיא דבני השפחות. נראה דהכי הוה מצי למימר האי וכן כשאר וכן דעלמא מה עבדים גדולים עושין יין נסך אף בני השפחות גדולים עושין יין נסך אלא דניחא ליה לשנויי כפי פירוש שיטה ראשונה: לאפוקי מדרב דאמר תינוק בן יומו. השתא חזינן דלהאי לישנא דאמרי לה טהור שמואל לית ליה דרב דאמר תינוק בן יומו כו' דא"כ לא אתיא הא מתניתא כוותיה אלא אית ליה לשמואל דתינוק בן יומו אינו עושה יין נסך ומותר אף בשתיה וה"ה קטנים שאין יודעים בטיב עבודה זרה וכן יומו לאו דוקא ועבדים גדולים אע"פ שמלו וטבלו צריכין להמתין י"ב חדש להשקיע שם עבודה זרה מפיהם ופסקו הלכות גדולות דלא כרב בתינוק בן יומו ור"ת נמי פסק כשמואל דבעינן שיקוע כדמפרש ריב"ל למילתיה ופעם אחת מצא ר"י כתוב(ג) בתוספתא הלומדים לפני ר"ת שפסקו דהלכה כשמואל הואיל וסבר ריב"ל כוותיה והלכה כריב"ל לגבי ר' יוחנן וכ"ש לגבי רב ושמואל שאין הלכה כמותם לגבי ר' יוחנן וגם בסדר תנאים ואמוראים כתיבת יד הרב הגדול ר' יוסף טוב עלם פוסק הלכה כמותו בכל מקום וגם ר"ת הביא הרבה ראיות על זה וכולם נדחו ועוד פסק ר"ת כלישנא דאמר רוקן ומדרסן בשוק טהור דבשל סופרים הלך אחר המיקל ולפי אותו הלשון פליג שמואל אדרב בתינוק בן יומו ועוד פירשו רשב"ם והריב"ן בשם רש"י שכתוב בתשובת הגאונים כי בזמן הזה אין איסור הנאה במגע גוי ביין כי גוים של עכשיו אין רגילין לנסך לעבודה זרה וחשובין כאין יודעין בטיב עבודה זרה ומשמשיה והוו להו כתינוק בן יומו ועל זה אנו סומכין לגבות יינות הגוים בחובותינו ועל דבר זה שלח לו ר"י לר"ת(ד) הא חזי דמינך ומאבוך ומאחוך משתרי מגע גוי ביין לעלמא אפילו בשתיה דאחיך ר' שמואל פסק בשם *אביך רבינו שלמה דהגוים בזמן הזה אינן חשובים אלא כתינוק בן יומו ואתה [נ"ל אבי אמך כי ר"ת היה בן בתו של רש"י] פוסק בתינוק בן יומו כשמואל דאית ליה דאינו עושה יין נסך לאסור אף בשתיה והשיב לו ר"ת כי התלמיד שכתב נבהל היה לפסוק וחס ושלום שלא עלה על לבו אלא ודאי קי"ל כרב באיסורי לגבי שמואל ותינוק בן יומו עושה יין נסך לאסור בשתיה וגוים בזמן הזה ודאי הם כתינוק בן יומו כפסק רבינו שלמה וגם אין הלכה כשמואל בעבדים שמלו ולא טבלו להצריך י"ב חדש להשתקע דהא ברייתא מפקא מיניה ללישנא דאמר טהור דקי"ל כוותיה כיון דקי"ל כרב בההיא דתינוק וכן היה מנהג בני אשכנז שנוגעים העבדים ביין אחר שמלו וטבלו מיד ואין להקשות מריב"ל דמשמע דקאי כוותיה דריב"ל לא קאי על דברי שמואל לפרש דבריו דהא איהו קשיא מיניה הוה ועיקר דבריו של ריב"ל נאמרו ביבמות פ' החולץ (דף מח:) גבי הלוקח עבד מן הגוי מגלגל עמו י"ב חדש ותלמודא קבעה הכא לפרושי מילתא דשמואל מיהו היה ר"י מקשה אף לפי זה הפסק שפסק רבינו שלמה כרב בתינוק בן יומו(ה) א"כ היאך נתיר מגע גוי בהנאה מטעם תינוק בן יומו מה ענין זה לזה והלא מה שאנו מתירים בתינוק איסור הנאה היינו משום שאין בו אפי' כוונת מגע וא"כ גוים בזמן הזה שמכוונים למגע יאסרו אפילו בהנאה דהא ע"כ קי"ל שחמורה כוונת מגע אף בלא כוונת ניסוך מהיכא דליכא כוונה כלל כדפרי' לעיל גבי רישא דלוליבא לפירוש ר"ת וחזר ר"ת ואמר דודאי מתוך ההלכות לא מצינו ראיה פשוטה להתיר מגע גוי ביין ואף לא סתם יינם בהנאה כי אם למוכרו לאותו גוי עצמו כדאמר רב אשי לקמן (דף נט:) דמשקל דמי מההוא גוי דנסכיה שרי מ"ט מיקלייא קלייה או ימכרנו אותו גוי לגוים כמו שהיה מוכרו לצורך עצמו והעיד ר"ת על רבינו מאיר אביו כי פעם נזדמן לו יין נסך והפסידו בידים ואעפ"כ לא רצה ר"ת לאסור הואיל ופשט המנהג להתיר והנח לישראל שיהו שוגגים ואל יהו מזידין ומ"מ לסמך המנהג(ו) קצת ראיה שנדמה סתם מגען למודד בקנה דאמרינן ימכר משום דלא נתכוון לניסוך ואפילו אם נדמהו למדדו ביד שרי לרבנן דאמרי ימכר ועד כאן לא אסר ר' נתן במדדו ביד אלא משום דגזר מדידה דיד אטו שכשוך דיד ואי קא משכשך אתי לנסכו לעבודה זרה אבל בזמן הזה אפי' משכשך ליכא ניסוך ואפי' ר' נתן מודה דשרי בהנאה וא"ת כיון דגזרו על ניסוך הגוי הוה ליה דבר שבמנין דצריך מנין אחר להתירו וי"ל דלא גזרו אלא על המנסכים וכיון דהשתא לא הוו מנסכים לעבודה זרה יש לתלות להיתר וראיה לדבר מדאמרינן פ"ב (לקמן סה.) דרבא שדר קורבנא לבר ששך ביום אידו אמר קים לי בגויה דלא פלח לעבודה זרה ואע"ג דגם משא ומתן ביום אידם היה דבר שבמנין ולא הוצרך מנין אחר להתירו להנהו דלא אזלו ומודו כי ודאי מתחלה לא גזרו עליהם מיהו קשיא סתם יינם היאך נתיר בהנאה כיון שגזרו על סתם יינם משום בנותיהם והא גם עתה שייך זה הטעם וי"ל דמאי דגזרו סתם יינם לאסור בהנאה יותר מפתם ושמנם היינו משום דשכיחי לנסוכי לעבודה זרה אבל עתה שבטל ניסוך שאינם יודעים בטיב עבודה זרה דיו להיות כפתם ושמנם או כבישולי גוים לאסור בשתיה ולא בהנאה והמחמיר תבא עליו ברכה:

איקלע

(א) רש"י ד"ה הניחא וכו' איצטריך למתני וכן אשפחות וכו' כ"ש אבני השפחות וכיון דלגבי: (ב) תוס' ד"ה אלא וכו' ולא טבל קא מתרץ תלמודא דקאי: (ג) ד"ה לאפוקי וכו' בתוספת הלומדים לפני ר"ת: (ד) בא"ד ר"י לר"ת תא חזי: (ה) בא"ד בתינוק בן יומו אכתי היאך נתיר: (ו) בא"ד לסמך המנהג הביא קצת:

[ומכאן עד אחר ד"ה הא קמ"ל וכו' שייך לעמוד א']

בְּשׁוּק טָמֵא, וְאָמְרִי לָהּ [ויש אומרים]: שהוא טָהוֹר. יֵינָן — גְּדוֹלִים עוֹשִׂין יֵין נֶסֶךְ, קְטַנִּים אֵין עוֹשִׂין יֵין נֶסֶךְ. אֵלּוּ הֵן גְּדוֹלִים וְאֵלּוּ הֵן קְטַנִּים? גְּדוֹלִים — שֶׁיּוֹדְעִין בְּטִיב עֲבוֹדָה זָרָה וּמְשַׁמְּשֶׁיהָ, קְטַנִּים — שֶׁאֵין יוֹדְעִין בְּטִיב עֲבוֹדָה זָרָה וּמְשַׁמְּשֶׁיהָ. ונדייק: קָתָנֵי מִיהַת [שנה על כל פנים] מָלוּ וְלֹא טָבְלוּ — אִין [כן], עושים יין נסך, אבל אם מָלוּ וְטָבְלוּ — לֹא, ואין צורך להמתין עוד עד שתשקע עבודה זרה מהם! ומשיבים: תַּרְגְּמָהּ [תרגם, הסבר] דין יין נסך שבברייתא רק לענין בְּנֵי שְׁפָחוֹת שגדלו בתוך בית של ישראל, שאין שם עבודה זרה מצוי בפיהם. ומקשים: הָא [הרי] ״וְכֵן בני השפחות״ קָתָנֵי [שנה], משמע שדיניהם שווים לכל מה שנאמר בברייתא! ודוחים: לא לכל דבר הושוו אלא רק לענין רוּקָן וּמִדְרָסָן. ומקשים: הָנִיחָא לְמַאן דְּאָמַר [זה נוח לדעת מי שאומר] שרוקן ומדרסן טָמֵא, לומר שאפילו בני שפחות מטמאים, אֶלָּא לְמַאן דְּאָמַר [לדעת מי שאומר] שרוקן ומדרסן טָהוֹר, מַאי אִיכָּא לְמֵימַר [מה יש לומר]? הרי דבר זה מובן מאליו, ואין צורך לאומרו! אלא בוודאי לענין יינם נאמר. ומשיבים: גם אם לענין יינם נאמר, עדיין יש להבין כי הָא קָא מַשְׁמַע לָן [דבר זה משמיע לנו] שֶׁעֲבָדִים דּוּמְיָא [בדומה] לִבְנֵי שְׁפָחוֹת, מַה בְּנֵי שְׁפָחוֹת — גְּדוֹלִים הוּא שֶׁעוֹשִׂין יֵין נֶסֶךְ, קְטַנִּים אֵין עוֹשִׂין יֵין נֶסֶךְ, אַף עֲבָדִים נַמִּי [גם כן] — דווקא גְּדוֹלִים עוֹשִׂין יֵין נֶסֶךְ, אבל קְטַנִּים אֵין עוֹשִׂין יֵין נֶסֶךְ, ובא הדבר לְאַפּוּקֵי [להוציא] מדברי רַב, שֶׁאָמַר רַב: תִּינוֹק בֶּן יוֹמוֹ עוֹשֶׂה יֵין נֶסֶךְ, קָא מַשְׁמַע לָן [משמיע לנו] שלֹּא.

א מסופר, הַהוּא עוּבְדָא דַּהֲוָה [מעשה שהיה] בִּמְחוֹזָא, אֲתָא [בא] גּוֹי עָיֵיל לַחֲנוּתָא [נכנס לחנות] של יִשְׂרָאֵל, אָמַר לְהוּ [להם]: אִית לְכוּ חַמְרָא לְזַבּוּנֵי [יש לכם יין למכור]? אָמְרוּ לֵיהּ [לו]: לֹא, הֲוָה יָתֵיב חַמְרָא בְּדַוְולָא [היה יושב, מונח יין בתוך דלי], שָׁדֵי בֵּיהּ יְדֵיהּ שִׁיכְשֵׁךְ בֵּיהּ [הניח בו הגוי ידו ושיכשך בו], אָמַר לְהוּ [להם]: הַאי לָאו חַמְרָא הוּא [האם זה אינו יין]? שָׁקְלֵיהּ הָאֵיךְ בְּרִיתְחֵיהּ שָׁדְיֵיהּ לְדַנָּא [לקח הלה, בעל החנות, בכעסו את דלי היין ושפכו לחבית], ועלתה השאלה לפני חכמים מה דינו של היין שבחבית, שָׁרְיֵיהּ [התיר] רָבָא לְזַבּוּנֵי [למכור] לְגוֹיִם את היין, שלדעתו אינו אסור בהנאה. אִיפְלִיג עֲלֵיהּ [נחלקו עליו] רַב הוּנָא בַּר חִינָּנָא וְרַב הוּנָא בְּרֵיהּ [בנו] של רַב נַחְמָן. נָפְקִי שִׁיפּוּרֵי [יצאו שופרות] מבית דינו של רָבָא להכריז את הדין וְשָׁרוּ [והתירו], וְנָפְקִי שִׁיפּוּרֵי [ויצאו שופרות] מבית דינו של רַב הוּנָא בַּר חִינָּנָא וְרַב הוּנָא בַּר רַב נַחְמָן וְאָסְרִי [ואסרו].

עיונים

לאפוקי מדרב וכו׳ למחלוקת זו של רב ושמואל לגבי תינוק בן יומו יש השלכות מרובות הלכה למעשה. כי לשיטת רב נראה שאיסור שתיית יין שנגע בו גוי נעשה כדין בפני עצמו, שגם התינוק שוודאי אינו יודע בטיב עבודה זרה ואינו יכול בשום פנים לנסך לה יין, מכל מקום יין שנגע בו אסור. ואילו לשיטת שמואל שמתיר לגמרי את היין במקרה זה, נמצא לכאורה שמגע של גוי שלא בכוונה, ואף יותר מכך — מגע בכוונה של גוי גדול שאינו יודע בטיב עבודה זרה — גם הוא אינו אוסר את היין כלל. והנה רמב״ן סבור כי רב ושמואל לא נחלקו כלל, שהרי לא הגענו למסקנות השונות לדעתם, אלא בגלל הצורך לפרש את הברייתא לגרסה שרוקם ומדרסם של עבדים טהור. אלא שאף הפוסקים כשמואל (משום שר׳ יהושע בן לוי הולך כשיטתו. וראה בעמוד הקודם) דחו את ההשוואה של גדול שהוא בר כוונה, לדינו של קטן שאינו בר כוונה וניסוך כלל, ולפיכך אין מקום מתחילה לגזור בו. ומצד אחר, גם לדעת הפוסקים כרב (שהלכה כמותו באיסורים) כבר כתבו גאונים כי גוים בזמן הזה אינם נחשבים כיודעים בטיב עבודה זרה, ואף אינם נוהגים לנסך כלל לעבודה זרה (וכבר כתבו הראשונים שלגבי הנוצרים, אף שהם משתמשים ביין לפולחנם, מכל מקום רק כמריהם עושים זאת, וגם זה — במקום עבודתם בלבד ולא מחוץ לו. וביתר שאת נוגע ענין זה למוסלמים, שאינם עובדי עבודה זרה ואין דרכם לנסך כלל). ולפיכך לא אסרו יין זה אלא בשתייה, וכדברי רב לענין תינוק, אבל לא בהנאה. וראה בתוס׳ וברשב״א באריכות. וכן האריך המאירי בענין זה בצדדים שונים, ואף כי לדעתו הגוים בזמן הזה אינם עובדי עבודה זרה, הוא סבור כי תושבי מקומות קטנים ונדחים יש לחשוש שאינם יודעים, ובהם יש להחמיר יותר מחשש עבודה זרה.

אית לכו חמרא וכו׳ שלא רצה היהודי למכור לו יין, אם מצד שלא רצה שיגע ביין ובכליו, או מסיבה אחרת. ורצה הגוי לבייש את בעל הבית ולהכחישו, ולכן הניח ידו ממש ביין.

שקליה האיך בריתחיה כלומר, בעל החנות היהודי כעס על הגוי ולכן שפך את היין שבכלי אל החבית, כדי למנוע ממנו מלשתות יין זה, ולא שם לב שהוא מערב יין שנגע בו הגוי ביינו הכשר שבחבית.

שרייה רבא נחלקו המפרשים בשאלה האם היה רבא אוסר לגמרי את היין אם היה נשאר בדלי, ולא התיר אלא משום שנתערב בחבית. ומכל מקום רוב המפרשים מסבירים כי רבא התיר את היין משום שסבור היה שמגע סתמי של הגוי (או לפירושים אחרים דווקא שמוכח ממנו שאינו מכוון לניסוך, אלא רק לבדוק מה יש בדלי) אינו אוסר בהנאה אלא רק בשתיה, כדין גוי המודד יין במשנה להלן ס,ב. וראה גם בגרסות.

ונפקי שיפורי וכו׳ ומהמשך הדברים לפי גרסתנו בעמוד הבא נראה (כדברי רש״י) שלא נפגשו חכמים אלה עם רבא ולא דנו עמו פנים אל פנים, אלא הוא קבע הלכה בדבר, והם יצאו והכריזו שאין הלכה כן. ושופרות שהיו שם נועדו כדי לעשות פרסום להלכה, שידעו הכל מה ההלכה במקרה זה הנוגע לרבים.

מסורת הש״ס

א. ע״ז נז,א. ירושלמי ע״ז פ״ד ה״ח.
ב. ע״ז מ,א.

גרסות

מלו ולא טבלו אין כתי״מ: מלו ולא טבלו, מלו ולא טבלו אין.

הוא דעושין בכתי״מ: עושין.

אף עבדים נמי בכתי״מ: אף עבדים.

אתא גוי עייל בכתי״מ: על ואתא גוי בכתי״ס: על גוי.

שקליה האיך בכתי״ס ועוד: שקליה מריה.

שדייה לדנא בכתי״מ: ושדייה בדנא.

שרייה רבא בכתי״מ ועוד: אתא לקמיה דרבא אמר וכי שיכשוך עושה יין נסך ושרייה רבא.

מסורת הש״ס

א. (טעם זה) שבת קלט,א—ב. עירובין מ,א. יבמות מו,א. ע״ז נט,א.
ב. ירושלמי ע״ז פ״ד ה״ח (ועיי״ש). תוספתא ע״ז פ״ז ו.
ג. תוספתא ע״ז פ״ז ו.

גרסות

איקלע רב הונא בר נחמן יש במקורות: איקלע רב נחמן וראה עיונים.

טרוק טרוק גלי בכת״י ובמקורות ודפו״י: טרוק גלי.

דלא ניתו אינשי דניטריד בכתי״ס: דלא ניתי איניש וליטרדן ובכתי״מ: דלא ליתי איניש וליטרוד.

שיכשך אין עושה בכתי״מ: וכי שיכשוך עושה בכתי״ס: אין שיכשוך עושה.

דאסיר בכת״י מילה זו חסירה.

דההוא עובדא דהוא בנהרדעא בכתי״מ: הוה עובדא בנהרדעא ובכתי״ס: מאי, דההוא עובדא דהוה בנהרדעא.

ואסר ר׳ יוחנן בכתי״ס: ואסר ר׳ יוחנן ואמר ישפך.

דמחוזא בני תורה בכתי״מ: ומחוזא בני תורה.

מתניתא דאגרדמים בכתי״ס: מתניתא מאי היא דתניא אגרדמים.

והעלה בכתי״ס: והעלה לו יין.

החיים

טבריא ונהרדעא ומחוזא

טבריא שבארץ ישראל היתה מרכז תורה חשוב ביותר מזמנו של רבי, ובה היה במשך דורות רבים מקום הסנהדרין, ולפיכך היתה כל העיר מרכז תורני נכבד. נהרדעא שבבבל היתה ממקומות היישוב הראשונים של יהודי בבל, מרכז תורני במשך דורות רבים ומקום של בתי מדרש חשובים (עד שבסופו של דבר נחרבה במלחמות שבין רומי ופרס). לעומת זאת מחוזא היתה עיר נמל ועיר מסחר חשובה, אבל עיקר עיסוקה היה במסחר ולא בלימוד התורה, ויושביה היו מפורסמים בעושרם ולא בחכמתם.

אגרדמים
מקור המלה הוא ביוונית ἀγορανόμος (אגורנומוס) או בדומה לה. ועניינה — הפקיד הממונה על השוק.
תפקידו של פקיד זה היה לפקח על המידות, שמכשירי המידה והמשקלות יהיו מכוונים היטב. ולפי מקורות אחרים (ראה במסכת בבא בתרא פט,א) אף היה ממונה על השערים, כלומר על קביעת המחירים. משום כך מובן גם מדוע טועם האגרדמים מן היין — כדי להחליט אם המחיר שגובים על יין מסוג זה הוא המחיר הראוי.

ובענין זה מסופר, **אִיקְלַע** [נזדמן] **רַב הוּנָא בְּרֵיהּ** [בנו] של **רַב נַחְמָן** לעיר **מְחוֹזָא, אָמַר לֵיהּ** [לו] **רָבָא לְרַב אֶלְיָקִים שַׁמָּעֵיהּ** [שמשו]: **טְרוֹק טְרוֹק גַּלֵּי** [סגור סגור השערים], כדי **שֶׁלֹּא נֵיתוּ אֱינָשֵׁי דְּנִיטְרְדִיד** [יבואו אנשים שיטרידו אותנו] ונוכל לברר ענין במנוחה. **עַל לְגַבֵּיהּ** [נכנס אליו] רב הונא בר נחמן, **אָמַר לֵיהּ** [לו] לרבא: **כִּי הַאי גַּוְונָא מַאי** [כגון זה, ששיכשך גוי ביין שלא לשם ניסוך, מהו, מה דינו]? **אָמַר לֵיהּ** [לו]: **אָסוּר** יין זה **אֲפִילּוּ בַּהֲנָאָה**. והקשה לו: **וְהָא מָר** [והרי אדוני] **הוּא שֶׁאָמַר** [שאמר] **שִׁכְשׁוּךְ** הגוי **אֵין עוֹשֶׂה יֵין נֶסֶךְ**, כשהתרת למכור את היין שבחבית לגוים! ענה לו רבא: **אֵימַר דַּאֲמַרִי אֲנָא לְבַר מִדְּמֵיהּ דְּהַהוּא חַמְרָא** [אמור שאמרתי אני שמותר למכור את היין שבחבית וליהנות מדמיו חוץ מדמיו של אותו יין אסור] שנשפך לחבית, ואולם **דְּמֵי דְּהַהוּא חַמְרָא מִי אֲמַרִי** [דמי אותו יין האם אמרתי]? לא התרתי אלא למכור החבית בניכוי דמי אותו יין. ועוד בענין זה, **אָמַר רָבָא: כִּי אֲתַאי** [כאשר הגעתי] **לְפוּמְבְּדִיתָא, אַקְפָן נַחְמָנִי שְׁמַעְתָּתָא וּמַתְנְיָתָא דַּאֲסִיר** [הקיף אותו נחמני, הוא אביי, בשמועות מפי אמוראים, ובברייתות שיין ששכשך בו הגוי אסור] אפילו בהנאה. והוא מפרט: **שְׁמַעְתָּתָא** [שמועות], **דְּהַהוּא עוּבְדָא דַּהֲוָה** [מעשה כזה שהיה] **בִּנְהַרְדְּעָא וַאֲסַר שְׁמוּאֵל**, וכן מעשה כזה שהיה **בִּטְבֶרְיָא וַאֲסַר ר׳ יוֹחָנָן. וַאֲמַרִי לֵיהּ** [ואמרתי לו] לאביי, שהטעם שאסרו שם היה **לְפִי שֶׁבני** עריהם **אֵינָן בְּנֵי תוֹרָה**, והוצרכו שמואל ור׳ יוחנן לגודרם במיוחד. **וְאָמַר לִי** בתמיהה: אנשי **טְבֶרְיָא וּנְהַרְדְּעָא אֵינָן בְּנֵי תוֹרָה**, אנשים של העיר **מְחוֹזָא** שפסקת שם להיתר **בְּנֵי תוֹרָה** הם? ואפילו אם מטעם זה היה לך לאסור. **מַתְנִיתָא** [הברייתות] שהקשה לי אביי מהם, ששנינו: **אַגַרְדָּמִים** (ממונה על מידות ומחירים בשוק) **גּוֹי שֶׁקָּדַח** חור בחבית **בְּמֵינֶקֶת** (כעין צינור) **וְהֶעֱלָה** בה יין לטעימה, **אוֹ שֶׁטָּעַם מִן הַכּוֹס** שמזגו לו **וְהֶחֱזִירוֹ לֶחָבִית, זֶה הָיָה מַעֲשֶׂה וַאֲסָרוּהוּ; מַאי לָאו** [האם אין] הכוונה שאסרוהו **בַּהֲנָאָה**? והשבתי לו: **לֹא**, הכוונה שאסרו רק **בִּשְׁתִיָּה**. הקשה אביי: **אִי הָכִי** [אם כך], **לִיתְנֵי** [שישנה] **יִמָּכֵר, כִּדְקָתָנֵי סֵיפָא** [כמו ששנה בסוף] אותה ברייתא: **חָרָם** (אַנָּס, הלוקח דברים בכוח) **גּוֹי שֶׁהוֹשִׁיט יָדוֹ לֶחָבִית, וּכְסָבוּר שֶׁל שֶׁמֶן הִיא וְנִמְצֵאת** שהיתה חבית **שֶׁל יַיִן, זֶה הָיָה מַעֲשֶׂה וְאָמְרוּ: יִמָּכֵר**, שכיון שחשב שזו חבית שמן לא הניח ידו בה לשם יין כלל! ומעירים: **תְּיוּבְתָּא** [קושיה חמורה היא] על **רָבָא**,

ומסכמים: אכן, **תְּיוּבְתָּא** [קושיה חמורה היא] ונדחו דבריו.

א מסופר **ר׳ יוֹחָנָן בֶּן אַרְזָא ור׳ יוֹסֵי בֶּן נְהוֹרַאי הָווּ יָתְבוּ וְקָא שָׁתוּ חַמְרָא** [היו יושבים ושותים יין], **אֲתָא הַהוּא גַּבְרָא** [בא אדם אחד], **אָמְרוּ לֵיהּ** [לו]: **תָּא אַשְׁקִינַן** [בוא השקה אותנו], **לְבָתַר דְּרָמָא לְכָסָא אִיגְלַאי מִילְּתָא** [לאחר שמזג לכוס התגלה הדבר] **שגּוֹי הוּא, חַד** [אחד מהם] **אָסַר** את היין **אֲפִילּוּ בַּהֲנָאָה, וְחַד שָׁרֵי** [ואחד התיר] **אֲפִילּוּ בִּשְׁתִיָּה. אָמַר ר׳ יְהוֹשֻׁעַ בֶּן לֵוִי: מַאן** [מי] **שֶׁאָסַר שַׁפִּיר** [יפה] **אָסַר, וּמַאן דְּשָׁרֵי שַׁפִּיר שָׁרֵי** [ומי שהתיר יפה התיר], שיש לכל אחד מהם טעם הגון לדבריו. והוא מסביר את דבריו שלכאורה יש בהם סתירה: **מַאן** [מי] **שֶׁאָסַר** מה טעמו?

עיונים

איקלע רב הונא וכו׳ זו גרסת רש״י (וכן גרסו הרבה כת״י שהיו בפני הראשונים). ורש״י מסביר, שעד אז לא נפגשו רבא ורב הונא בריה דרב נחמן לדון בענין זה שנחלקו בו, ולאחר זמן הזדמן רב הונא בריה דרב נחמן למחוזא (והיה זה לאחר המעשה המתואר להלן שפגש רבא את אביי, ומתוך דברי אביי חזר בו משיטתו הראשונה). אבל גרסת הרבה ראשונים (כן הביאו תוס׳ בשם ספרים ישנים, וכן גורסים ראב״ד, רא״ה ועוד) היא: איקלע רב נחמן. שרב נחמן, שהיה רבו של רבא הזדמן למחוזא, ואז השתמש רבא בהזדמנות זו על מנת לשאול ממנו מה דעתו בהלכה זו, ולפיה פסק כפי שפסק לעיל.

טרוק גלי רש״י מפרש שכאשר שמע רבא שרב הונא בריה דרב נחמן מגיע לעיר לא רצה לפוגשו, כי התבייש להודות בפניו שטעה (שהיה זה, כשיטת רש״י, לאחר שחזר בו מפני דברי אביי) ולכן אמר לשמשו לנעול את הדלתות כדי שלא ייכנסו אליו כלל אנשים (ראה רש״ש), וכך לא יוכל גם רב הונא להיכנס, ובכל זאת דחק ונכנס. וראה בתוס׳ ואחרים שתהו הרבה על פירוש רש״י זה, הן מצד הענין והן מצד הלשון. ולגרסתם, שהיה זה רב נחמן שבא לעיר, פירשו שרצה רבא שלא יבואו אנשים ויטרידו את רב נחמן בשאלות אחרות כך שלא יהא להם זמן לברר את הענין כראוי, או שיגרמו שישכח רב נחמן את הדבר.

אמר ליה כהאי גוונא וכו׳ לגרסתנו רב הונא בר נחמן הוא ששאל את רבא בענין זה, שלא הזכיר את המקרה שנחלקו בו, אלא שאלו שאלה כללית. ולשיטה האחרת רבא הוא ששאל את רב נחמן מה עושים במקרה כגון זה.

והא מר הוא דאמר שכשוך וכו׳ לגרסתנו רב הונא הוא שהקשה על רבא, כיצד יכול הוא לפסוק שהיין אסור בהנאה כאשר הוא עצמו פסק לעיל ששכשוך אינו אוסר בהנאה. ולגרסה האחרת הקשה רבא לרב נחמן, שכשאירע מעשה דומה היה פוסק ששכשוך כזה אינו אוסר בהנאה, ועל סמך זה התיר רבא עצמו את כל היין במעשה לעיל. וראב״ד הסביר כי רבא למד מדברי רב נחמן להתיר כל מגע של גוי ביין, כל זמן שלא נראה שכוונתו לנסך.

דמי דההוא חמרא שדמים אלה צריך לאבד ולא ליהנות מהם. ולהסברם של רש״י ואחרים היה בעצם רבא צריך לומר שחזר בו מדבריו לענין שכשוך, אלא שהתבייש לומר כן, ואמר שאף הוא לא התכוון אלא להתיר את דמי שאר היין שבחבית ולאסור את היין ששכשך בו הגוי. אבל מתחילה סבר באמת רבא שכל היין (גם זה שהניח בו הגוי ידו) מותר בהנאה (אכן הריטב״א מסביר כי גם רבא לא נתכוון מתחילה להתיר את היין המשוכשך בהנאה, ורק הסביר את דבריו). ולשיטת התוס׳ היה זה רב נחמן שהשיב לרבא שלא הבין כראוי את הוראתו, שכשהתיר לא התיר אלא את דמי שאר היין, וכשאמר שאין שכשוך עושה יין נסך כוונתו היתה לומר שאף שהוא אסור בהנאה אינו אוסר את התערובת כולה בהנאה כדינו של יין נסך ממש (וראה בתוס׳ ר״י מפאריס, בביאור שיטה זו ובקשיים שיש בה).

אמר רבא כי אתאי לפומבדיתא רש״י מסביר (לגרסתנו) שמעשה זה היה קודם למעשה שהובא ברב הונא בר נחמן, והוא מהווה רקע לאותו מעשה, שבעקבות קושיותיו של אביי חזר בו רבא מדבריו שגם היין ששכשך בו הגוי מותר בהנאה, אלא שמחמת בושה אמר לרב הונא שלא התיר יין זה עצמו.

שקדח במינקת רש״י מסביר שקדח האגרדמים במגופת החבית והכניס בתוכה צינור חלול על מנת למצוץ דרכו מעט מן היין. ובתוס׳ הבינו כי לדעתו נאסר היין כשהכניס את הצינור פנימה, שכך נוצר מגע הגוי ביין. ושם הביאו את פירוש הרשב״ם בשם רש״י (וראה ביתר פירוט בראב״ד) שבזמן תסיסת היין עושים נקב בפי החבית ובו מניחים צינור כדי שיצאו דרכו האדים, ולאחר מכן דוחפים את הצינור לתוך החבית וסותמים את פיו. והאגרדמים קדח ופתח את פי הצינור וינק דרכו. והסביר הראב״ד (וכן הביאו בתוס׳ ועוד מן התוספתא) כי עיקרו של האיסור הוא משום שאי אפשר שלא תיפול טיפה מפיו בחזרה לחבית, והיא האוסרת את כל היין שבחבית, כמו בכוס להלן.

והחזירו לחבית רש״י מסביר שהחזירו הגוי לחבית, ומדבריו משמע שמעשה זה נחשב כמגע הגוי ביין, ומכאן הראיה נגד רבא, שהתיר בשתייה יין שנגע בו הגוי. אבל התוס׳ וכן הראב״ד הרמב״ן ואחרים אומרים שאין הבדל אם החזירו הגוי או החזירו ישראל, כי עיקר האיסור הוא מחמת אותו יין שטעמו הגוי ואסרו על ידי כך, שהוא חזר והתערב בשאר היין שבחבית, ונמצא איפוא שהיין שטעם ממנו הגוי שלא בכוונת ניסוך הריהו נאסר בהנאה. וכתב הרמב״ן שאף שבירושלמי יש מחלוקת בנושא זה אם החזירו ישראל או גוי, אין זה ענין לכאן, כי שיטת הירושלמי היא בכלל שאין הגוי עושה ניסוך בפיו, אבל אין זו שיטת התלמוד שלנו.

חרם רוב המפרשים מסבירים — אנס, אדם שיש בידו כוח (אם מצד החוק או מפני אלימותו) לקחת דברים של אחרים. וכתבו שכיון שהוא מחפש דברים יקרים, הרי ברוב המקומות יקר השמן מן היין, ולכן החרם מנסה לגזול חבית של שמן. וכך נראה בפשטות שהיא משמעות המלה במסכת נדרים ועוד. אבל רש״י מפרש שחרם פירושו איש משוגע או בעל מריבות, שמפני שגעונו או אלימותו האנשים חוששים ממנו.

ואמרו ימכר שכיון שנוגע ביין שלא מתוך ידיעה שהוא יין, הרי אין לחשוש כלל לכוונת ניסוך. מה שאין כן במינקת ובכוס שטעם הגוי ממנו, הואיל ויודע הגוי שמדובר ביין גזרו חכמים לאוסרו בהנאה, והוא הדין למקרה שהתיר רבא במחוזא. והעירו ראשונים שאף שלפי ברייתא זו נמצא שלא רק היין ששכשך בו הגוי נאסר בהנאה, אלא כל היין שבחבית, ברייתא זו לשיטת חכמים היא במשנה להלן (עד, א) שיין נסך אוסר בהנאה את תערובתו, ואילו אנו פוסקים כשיטת רבן שמעון בן גמליאל שם שרק דמי היין עצמו אסורים, אלא שלגוף ההוכחה נגד רבא שהתיר את היין עצמו אין זה משנה (וראה ברש״י).
והראשונים נתקשו מה בין מקרים אלו למשנה להלן (ס,ב) שגוי שמדד יין בקנה אינו אוסר את היין אלא בשתיה, למרות שהוא יודע שהוא יין. וכתבו שיש להבחין בין מגע שיש לו מטרה אחרת ברורה שלא למטרת ניסוך, כמו מדידה, לבין המקרה של רבא, שלמרות שנתכוון לבדוק אם הוא יין, היה מקום לומר שרצה לאסור על המוכרים את היין, או שנתכוון ללוקחו אם יהיה יין. וכיוצא בזה המקרה של האגרדמים, למרות שנתכוון רק לבדוק את היין, הואיל ודרכו של גוי לנסך מעט מן היין כשהוא שותה היה מקום לחשוש ולאסור (רמב״ן). ויש שחילקו באופן אחר. וראה במאירי שהאריך לסכם הלכות אלו מתוך מקרים אלו ואחרים להלן.

תיובתא דרבא לפי מה שפסק בתחילה, שגם היין שנגע בו הגוי אינו נאסר בהנאה.

אורח ההלכה

אסור אפילו בהנאה גוי שנכנס לחנות ישראל לחפש יין ובעוד שהוא מחפש הכניס ידו ליין ושכשך בו — אסור בהנאה. ואם נתערב יין זה באחר — דמי היין ששכשך בו אסורים בהנאה והשאר מותר. כדברי הכל, שהרי גם רבא חזר בו. (רמב״ם ספר קדושה הלכות מאכלות אסורות פי״ב ה״ז. שו״ע יו״ד קכד, יב).

גוי שקדח במיניקת וכו׳ גוי ששתה מן היין (בין ששתה מן החבית ובין ששתה מן הכוס והחזירו ישראל לחבית. ש״ך), ואפילו מצץ מן היין בפיו במיניקת והעלהו — כל היין אסור בהנאה. כברייתא. (ולפי מנהגנו — היין מותר בהנאה במקום הפסד. ש״ך). (רמב״ם שם הט״ו. שו״ע שם סעיף יא).

כסבור של שמן היא גוי שנגע ביין בלי להתכוון, כגון שחשב שהיא חבית של שמן ונמצאה של יין — מותר בהנאה. וכתב הרמ״א שאפילו נודע לו שהוא יין לאחר שהכניס ידו, אם הוציא ידו מיד — מותר בהנאה.
וכתב עוד הרמ״א, שבזמן הזה כיון שאין האומות עובדי עבודה זרה וכל מגעם נקרא שלא בכוונה — היין מותר מן הדין אפילו בשתיה (במקום הפסד. ש״ך), אלא שאין לפרסם ההיתר שלא יבואו לזלזל. (רמב״ם שם ה״ה. שו״ע שם סעיף יב. ושם סעיפים יט וכד בהגהה).

עב א מיי' פי"ב מהל' מאכלות אסורות הלכה א סמג לאוין קמח טוש"ע י"ד סי' קכל סעיף יב:
עג ב מיי' שם הלכה טו טוש"ע שם סעיף יא:
עד ג מיי' שם הלכ' ה טוש"ע שם סעי' יב:

איקלע רב הונא בריה דר"נ למחוזא א"ל רבא לרב אליקים שמעיה טרוק טרוק גלי דלא(א) ניתו אינשי דניטריד על לגביה א"ל כי האי גוונא מאי א"ל א אסור אפילו בהנאה והא מר הוא דאמר שיכשך אין עושה יין נסך אימר דאמרי אנא לבר מדמיה דההוא חמרא דמי דההוא חמרא מי אמרי אמר רבא כי אתאי לפומבדיתא אקפן נחמני שמעתא ומתניתא דאסיר שמעתא דההוא עובדא דהוה בנהרדעא ואסר שמואל בטבריא ואסר רבי יוחנן ואמרי ליה א לפי שאינן בני תורה ואמר לי טבריא ונהרדעא אינן בני תורה דמחוזא בני תורה מתניתא ב *דאגרדמים גוי שקדח במינקת והעלה או שטעם מן הכוס והחזירו לחבית זה היה מעשה ב ואסרוהו מאי לאו בהנאה לא בשתייה אי הכי ליתני ימכר כדקתני סיפא ג *חרם גוי שהושיט ידו לחבית וכסבור של שמן היא ונמצאת של יין זה היה מעשה ואמרו ג ימכר תיובתא
א דרבא תיובתא רבי יוחנן בן ארזא ור' יוסי בן נהוראי הוו יתבו וקא שתו חמרא אתא ההוא גברא אמרו ליה תא אשקינן לבתר דרמא לכסא איגלאי מילתא דגוי הוא חד אסר אפי' בהנאה וחד שרי אפי' בשתייה אמר רבי יהושע בן לוי מאן דאסר שפיר אסר ומאן דשרי שפיר שרי מאן דאסר מימר

איקלע רב הונא בריה דר"נ למחוזא. לאחר זמן אחר שחזר בו שהחזירו אביי ע"י תשובות שהשיב לו כדאמרינן לקמן אקפן נחמני שמעתא ומתני' ומחוזא הוא מקומו של רבא: טרוק גלי. סגור הדלת שמתיירא מרב הונא שלא יקפחנו בהלכות על דברי מחלוקתם: על. רב הונא לגביה ובעי מיניה כי האי גוונא(ב) שיכשך גוי ביינו של ישראל שלא בכוונת ניסוך לעבודה זרה מאי: א"ל אסור אף בהנאה. שחזר בו: והא מר הוא דאמר כו'. דקא שרית לזבוני לגוים: דמי דההוא חמרא. דהוה בדוולא מי אמרינן מודינא ביה דצריך להוליך דמיו לים המלח ודמי שאר היין שבחבית מותר ומשום כיסופא קאמר הכי אבל איהו כוליה שרי: כי אתאי לפומבדיתא. האי מעשה הוה מקמי הך דאיקלע רב הונא למחוזא: אקפן נחמני. הקיפני אביי בשמועות של אמוראים ובמשניות לחלוק עלי ולאסור כל יין החביות:
[תוספ' פ"ח] והוה עובדא בטבריא ואסר ר' יוחנן. ה"ג אמרי ליה לפי שאינן בני תורה הא דאסר שמואל ורבי יוחנן לבני טבריא ונהרדעי לאו משום דאסור אלא אחמורי אחמירו עלייהו לפי
[בתוספ' שם מתניי' בריקא] שאינן בני תורה: ואמר לי. אביי טבריא ונהרדעא כו' בתמי': אגרדמים. אדם הממונה לשמור המדות במלות המלך שלא ישקרו בהם וטועם היין ונעשה סרסור ביניהם אגרדמים גרסינן במ"ס בתורת כהנים אמרינן איפת צדק והין צדק יהיה לכם מנה לך אגרדמים על ככה: שקדח במינקת. שנקב את מגופת החבית במינקת והעלה את היין דרך המינקת והוא קנה חלול המוליא ומעלה היין עד פיו וטועמו: או שטעם מן הכוס והחזירו. גוי בחבית: מאי לאו בהנאה. ואע"ג דשלא בכוונת ניסוך הוי האי מגע ולא יתכן לומר והחזירו ישראל בחבית ותיהוי תיובתיה האי דקאסר ליה לכולה חבית משום האי דאיערב ביה דא"כ מאי הויא תיובתא לימא ליה אנא דאמרי כרשב"ג דאמר לקמן ימכר כולו חוץ מדמי יין נסך שבו דקיימא לן הלכתא כוותיה: וליתני ימכר. כי היכי דקתני סיפא: חרס. משוגע ובעל מריבות וממהר לעשות שלא בכוונה: ימכר. דהואיל דסבר של שמן היה ליכא למיגזר שמא נתכוין לנסך אבל קדח במינקת דיודע דיין הוא חיישינן שמא ניסך לעבודה זרה: מימר

איקלע רב הונא בריה דר"נ למחוזא. פירוש האי עובדא הוה בתר דהחזירו אביי ע"י תשובות שהשיב לו ולהכי קאמר כי אמרי(ג) לבר מדמי דההוא חמרא והיינו לבתר דאהדריה אביי אבל הוא התיר הכל ומחמת כיסופא הוא דקאמר הכי וכן ודאי צריך לפרש לפי גירסא זו דאי סלקא דעתך דאיהו נמי אסר דמי היין המשוכשך והתיר השאר א"כ מאי הוה פריך ליה אביי משמואל ור' יוחנן דאסרו והא אינהו לא אסרו אלא דמי היין המשוכשך דסבירא להו בפ' בתרא (לקמן עד.) כרשב"ג דאמר ימכר כולו לגוי חוץ מדמי יין נסך שבו אלא ודאי בתר דאהדריה אביי קאמר הכי וגם פירש רש"י לקמן בההיא דאגרדמים דמיירי בהחזירו גוי לחבית דאי ס"ד דהחזירו ישראל לחבית והאי דקא אסר ליה לכוליה היינו משום ההוא פורתא דאיערוב א"כ מאי פריך מינה לרבא לימא ליה אנא דאמרי כרשב"ג דאמר לקמן ימכר חוץ מדמי יין נסך שבו(ד) וקיימא לן הלכתא כוותיה ועוד פי' רש"י דאמר להו רבא טרוק גלי שהיה מתיירא מרב הונא שלא יקפחנו בהלכות על דבר מחלוקתו על רב הונא לגביה ובעי מיניה כי האי גוונא כו' ותשובות יש על גירסא זו ופירושה חדא שהיה לו להקדים ההוא עובדא דאביי דבסמוך כיון שעל ידו חזר בו ועוד דבר תימה הוא שיאמר רבא טרוק גלי שלא יבא רב הונא החולק עליו להתווכח עמו כי אע"פ שחזר בו מ"מ היה לו לשמוע מה יאמר ועוד דה"ל למימר אפ"ה על לגביה כלומר דחק ונכנס ועוד קשיא לשון דלא ליתו אינשי ולטרדן דה"ל למימר דלא ליתי האי גברא ולטרדן ועוד מי כסיפא ליה מילתא לומר טעיתי בהדיא וחוזר אני בי הרי בכמה מקומות* מצינו שהיה אומר דברים שאמרתי לפניכם טעות הן בידי [שבת סג: ושם נסמן] ועוד מה שפירש אגרדמים דמיירי כשהחזירו גוי דאי כשהחזירו ישראל לימא ליה אנא דאמרי כרשב"ג ומאי הוה משני ליה הא רשב"ג לא שרי דמי יין נסך שבו ואיהו שרא הכל ועוד מאי הוה מותיב ליה מההיא דאגרדמים לישני ליה שאני התם דהחזירו גוי ואילו רבא שרא בהחזירו ישראל ועוד דמשמע מתוך פירושו(ה) שהחזירו גוי ונאסר מטעם החזרה דחשיבא ליה כמגע ובתוספתא תניא מפני שטיפת יין אסורה ואוסרת בכל שהוא אלמא משמע שהאיסור בא מחמת הטיפה המשוכשכת ואפילו החזירו ישראל נמי אסור לכך פירש ר"י שריה רבא לזבוני לגוים אפי' ליין המשוכשך משום דשכשוך גרוע הוא שלא נתכוון לשכשך לניסוך אלא לשאול אם יש שם יין וכיון שנתערב נתבטל שם לגמרי והא דאסר רשב"ג בפרק בתרא (לקמן עד.) לכל הפחות דמי היין היינו דוקא בסתם יינם דחמיר טפי ואינו נתבטל בתערובתו אבל כאן זה המשוכשך אין בו כוונת ניסוך ואיפלוג עליה רב הונא בר חיננא ורב הונא בר ר"נ ואסרי דמדמו ליה להאי יין נסך המשוכשך לפלוגתא *דרשב"ג ורבנן(ו) דאגרדמים דרשב"ג ורבנן ולמתני' דאגרדמים כצ"ל מהר"מ דאיתותב רבא מינה וה"ג בספרים ישנים וה"ג ואיקלע ר"נ למחוזא והוא רבו של רבא והלך רבא אצלו לשאול ממנו וא"ל רבא לרב אליקים שמעיה טרוק גלי אחר שאכנס לפני ר"נ דלא ליתו אינשי וליטרדן פירוש כששאל ממנו הלכה זו על לגביה פירוש נכנס רבא לפני ר"נ א"ל כי האי גוונא פירוש שאירע מעשה לידי מאי א"ל אסור בהנאה פירוש על יין המשוכשך השיב לו ואליבא דדברי הכל א"ל והא מר הוא דאמר וכי שכשוך עושה יין נסך פי' כשאירע מעשה כזה לידך היית אומר שאין שכשוך עושה יין נסך ליאסר בהנאה ועל(ז) מעשים שאמרת כך הוריתי א"ל כי אמרי אנא לבר מדמי היין המשוכשך דמי דההוא חמרא מי אמרי כי אתאי לפומבדיתא כו' ואסר שמואל בטבריא ואסר ר' יוחנן פירוש מעשה כזה בא לפניהם ואסרו היין המשוכשך אבל ודאי השאר לא אסרו דאפילו בסתם יינם פסקינן לקמן כרשב"ג דאמר ימכר חוץ מדמי יין נסך שבו ואיתותב רבא מההיא דאגרדמים מאי לאו בהנאה כו' דנאסר כל היין מטעם תערובת דקתני בתוספתא (פרק ח) אגרדמים גוי שטעם מן הכוס והחזירו לחבית קדח במינקת ונפלה ממנה טיפה כל שהוא אסור שטיפת יין אסור ואוסרת בכל שהוא והיינו כרבנן דאסרי כל התערובות ומדרבנן נשמע לרשב"ג דאסר מיהא דמי דההוא חמרא וקשיא לרבא שהתיר אף דמי(ח) חמרא כדפרישי': שקדח במינקת. פי' רש"י שנקב מגופת החבית(ט) והעלה היין דרך המינקת והוא קנה חלול שמוצץ ומעלה בו היין עד פיו וקשיא דלמה לי העלה אפי' בלא העלה נמי ליתסר בהנאה כיון שנגע דלא דמי האי כלל(י) למדדו בקנה דהתם לא נתכוין לשכשוך כלל אבל הכא הכא שנתכוין לשתיה ליתסר בהנאה ועוד היכי סלקא דעתיה דרבא לאוקומה בשתיה א"כ ל"ל העלה אפי' בלא העלה נמי יאסר בשתיה אם לכל הפחות תדמהו למדדו בקנה דמתני' ודוחק הוא להעמיד הברייתא(כ) כר"ש שאין הלכה כמותו ונראה פי' רשב"ם בשם רש"י שמינקת הוא קנה חלול שמניחין בעת הבציר בפה החבית ולאשה חוץ לחבית וכשהיין תוסס ועולה דרך הנקב אינו נופל לקרקע ולאחר שגמר תסיסתו אין נוטלין אותו אלא משוין אותו לחבית וסותמין פי החבית ופי המינקת וכשרוצה לפתוח קודחין במינקת ומוצץ ומעלה היין מיהו אם נפסק נוטה להעמיד פירוש רש"י נאמר שכן דרך כשקדח שלא נגע הקנה ביין אלא כשרוצה להעלות היין מלדד החבית עד שיגיע היין במינקת ולכך צריך העלה:

אלא

הגהות הב"ח
(א) גמ' טרוק גלי דלא ליתי אינשי וליטרדן על לגביה: (ב) רש"י ד"ה על וכו' שיכשך גוי: (ג) תום' ד"ה איקלע וכו' כי אמרי אנא לבר: (ד) בא"ד דקיימא לן הלכתא: (ה) בא"ד למשמע מתוך פי' כשהחזירו גוי נאסר מטעם: (ו) בא"ד ורבנן ולאגרדמים דאיתותב רבא מינה וה"ג בספרים ישנים איקלע כצ"ל ותיבת וה"ג נמחק: (ז) בא"ד ועל ידי מעשים שאמרת כך וכו' בסתם יינם פסקי לקמן וכו' כדקתני בתוספתא: (ח) בא"ד אף דמי ההוא חמרא כדפרישית: (ט) ד"ה שקדח וכו' מגופת החבית במינקת והעלה: (י) בא"ד למדדו בקנה. כ"ב לעיל דף נז: (כ) בא"ד הברייתא כר"ש. כ"ב לקמן דף ס:

עה א מיי' פי"ב מהל' מאכלות אסורות הלכ' ו סמג לאוין קמח טוש"ע י"ד סי' קכה סעיף א:
עו ב מיי' פי"ג שם הלכה יג סמג שם טוש"ע י"ד סי' קכה סעיף ז:

נ"ל והכיר

ג מיי' פ"ח מהל' עבודת כוכבים הלכ' ב ועי' בהשגות סמג לאוין מה טוש"ע י"ד סי' קמה סעיף א:

הגהות הב"ח

(א) רש"י ד"ה סלקא וכו' כי הני שתו: (ב) ד"ה חזא וכו' דמא"י היא חייבין: (ג) תום' ד"ה שמסכו וכו' לתקנו לשתיה: (ד) ד"ה כתב הר"י וכו' אזיל מיניה ומיניה כגון:

מימר אמר סלקא דעתיה דרבנן כי הני שיכרא קא שתו אלא ודאי האי חמרא הוא ונסכיה מאן דשרי שפיר שרי מימר אמר ס"ד דרבנן כי הני חמרא קא שתו וא"ל לדידי תא אשקינן אלא ודאי שיכרא הוא קא שתו ולא נסכיה והא קא חזי בליליא והא קא מרח ליה בחדתא והא קא נגע ביה בנטלא וה"ל מגע גוי שלא בכוונה ואסור לא צריכא דקא מוריק אורוקי וה"ל כחו שלא בכוונה [א]וכל כחו שלא בכוונה לא גזרו ביה
א רבנן בעא מיניה ר' אסי מר' יוחנן יין שמסכו גוי מהו א"ל ואימא מזוגו א"ל אנא כדכתיב קאמינא [ו]טבחה טבחה מסכה (משלי ט) יינה א"ל [א]*לשון תורה לעצמה לשון חכמים לעצמו מאי א"ל [ב]אסור משום [ב]*לך לך אמרין נזירא סחור סחור לכרמא לא תקרב רבי ירמיה איקלע לסבתא חזא חמרא דמזוגי גוי ואישתי ישראל מיניה ואסר להו משום לך לך אמרין נזירא סחור סחור לכרמא לא תקרב אתמר נמי א"ר יוחנן ואמרי לה א"ר אסי א"ר יוחנן יין שמזגו גוי אסור משום לך לך אמרין נזירא
ב סחור סחור לכרמא לא תקרב ר"ל איקלע לבצרה [ג]חזא ישראל דקאכלי פירי דלא מעשרי ואסר להו חזא מיא דסגדי להו גוים ושתו ישראל ואסר להו אתא לקמיה דרבי יוחנן א"ל אדמקטורך עלך זיל הדר [ד]בצר לאו היינו בצרה [ה]גומים של רבים אין נאסרין רבי יוחנן לטעמיה דאמר

מימר אמר. האי גוי בדעתיה: **סלקא דעתיה דרבנן.** חשיבי כי(א) האי שתו שיכרא בתמיה אלא ודאי חמרא הוא ונסכיה לעבודה זרה ואע"ג דמוקמינן דמוריק אורוקי אפ"ה חיישינן דלמא נגע ונסך ואנן הוא דלא רמינן אדעתין למיחזי דבישראל הוה מחזקינן ליה: **ומאן דשרי שפיר שרי מימר אמר.** האי גוי סלקא דעתיה רבנן כשרים כי הני חמרא הוו שתו ואמרי לדידי תא אשקיין בתמיה: **בחדתא.** יין חדש אין לו ריח: **והא קא נגע בנטלא.** ס"ד שהיה שואב היין מהחבית בכלי ששמו נטלא ופריך והא נגע ביה בחמרא ע"י נטלא ונהי נמי דלא ידע דחמרא הוא הוה ליה מגע שלא בכוונה ואסיר: **ומשני דקא מוריק אורוקי.** וה"ל כחו שלא בכוונה שלא ידע שהוא יין וכחו שלא בכוונה לא גזור אפילו בשתיה: **שמסכו.** שמזגו שנתן בו מים לתקנו לשתיה שכן דרך יינם חזק כשהיו נותנין אותו בכוס נותנין בו מים לפי שהוא חזק יין של ישראל שמסכו גוי מהו: **אסור.** אע"ג דלא נגע גזרו רבנן בכחו לאסרו בשתיה משום הרחקת עבירה אבל בהנאה ודאי לא מיתסר דלא עדיף מנגיעה ע"י ד"א שלא בכוונה (לעיל דף נז.) כי ההוא דנגע בלוליבא בחמרא ושריה רב בהנאה: **חזא דאכלי פירי דלא מעשרי ואסר להו.** דקסבר בצרה היא בצר במדבר בארץ המישור וכיון דמא"י(ב) חייבין פירותי' במעשר: **אדמקטורך עלך.** בעוד שבגדיך עליך חזור אצלם והתר להם ולא תשהה אפילו לנוח מטורח הדרך: דתלשינהו

תורה אור

[חולין קלז:]
[לעיל יז. שבת יג. פסחים מ: ב"מ ב. לקמן נט. יבמות מו.]

אלא ודאי חמרא הוא ונסכיה. פ"ה אע"ג דמוקמינן ליה במוריק אורוקי אפ"ה חיישינן דלמא נגע ונסך ואנן הוא דלא רמינן אדעתין למיחזי משמע מתוך פירושו דההרקה לבד לא מנסך ליה ליאסר בהנאה וגם ר"ת כתב דבמוריק אורוקי אינו אסור בהנאה וקשה דהא במסקנא דמילתא לקמן בסוף פירקין כתוב ברוב הפירושין כחו של גוי כגון דמוריק אורוקי *הכיר בו שהוא יין אסור בהנאה מדרבי יוחנן בן ארזא אלמא בההוא עובדא דהכא מטעם כחו ולא משום חשד מגע ולקמן (דף ס.) נמי גוי אדנא וישראל אכובא חמרא אסור ופי' הקונט' אסור אף בהנאה מידי דהוה איין שמזגו גוי ועוד אדרבה בכי האי גוונא ע"י הרקה היו מנסכין שהיו מערין יין לספלים וי"ל דמה שהולך לפרש נגע היינו לאסור אף מה שבפנים שלא עירה עדיין דהא אמרינן לקמן (דף עב:) גבי גוי המערה דנפיק לברא דמנא גזרו ביה רבנן דגואי דמנא לא גזרו ביה רבנן ור"י פי' ונסכיה שהריקו בכוונת ניסוך: **והא נגע ביה בנטלא וה"ל מגע גוי שלא בכוונה ואסור.** תימה אי ר' יהושע בן לוי סבר לה כשמואל דשרי תינוק בן יומו ואף בשתיה א"כ הוא הדין מגע גדול שלא בכוונה ואפילו בידו דהא לעיל מדמי להוא ליסנא דלא גריס רישא דלוליבא וא"כ מאי קא פריך דהא שלא בכוונה הוה שהיה סבור שהוא שיכרא וי"ל דלעיל כי פרכי ליה לרב מתינוק בן יומו בכל שכן קא פרכי' מדאסר בתינוק דאינו בר כוונה כלל כ"ש שיאסר מגע גדול שלא בכוונה שהרי בר כוונה הוא ויכול לבא לידי ניסוך אבל ודאי מגע גדול חמור ואפי' שלא בכוונה ליאסר בשתיה ואפילו לשמואל: **שמסכו.** שמזגו גוי לתקנו(ג) בשתיה אסור אף בהנאה ואע"ג דלא נגע משום הרחקת עבירה כדאמרינן לך לך אמרינן נזירא כו' מיהו נמצא בפירוש אחרים של רש"י אסור בשתיה משום הרחקת עבירה אבל בהנאה ודאי לא מיתסר דלא עדיף מנגיעה ע"י ד"א שלא בכוונה כי ההוא דנגע ברישא דלוליבא (לעיל דף נז.) וגם ר"ת כ' דכל לך לך לא אסרינן בהנאה וה"נ דאמרינן בסמוך לא והכרז על יינם משום יין נסך אלמא קנס הוא דקניס להו משום לך לך אמרין ובסמוך חזא חמרא דמזגי גוים ושתו ישראל ואסר להו נפרש ואסור אף בהנאה מטעם קנס הוא כדפריש' ואע"ג דלא מפרש ליה בהדיא מ"מ הכי הוא מידי דהוה אמיא דסגדי גוים ושתו ישראל דאסר להו בהנאה משום עבודה זרה: **כדכתיב קאמינא מסכה יינה.** ואע"ג דכתיב נמי (שיר ז) אל יחסר המזג ההיא מזיגה ביין עצמו אבל מסיכה הוא תיקון מים ביין: **כתב** הר"י א"ז בזמן הזה גוי שנסך יינו של ישראל מותר למכרו לגוים דלא בקיאי בנסכים כדפרישית לעיל אבל בשתיה אסור ודוקא שלא נתכוין ליגע כדי להכעיס לישראל ולהפסידו אבל אי חזינן לדעתיה דגוי שנוגע ביינו של ישראל כדי להכעיסו ולהפסידו ההוא שרי אפילו בשתיה דכה"ג לא גזרו רבנן והיכא דזרק ליה הגוי החפץ לבור כדי להכעיס ואפילו אזיל מיניה(ד) כגון שתפס בו מותר בשתיה וכן איתא בתשובת רב האי בר נחשון גאון ובפסקי ריב"א וכן מוכח הסוגיא קרוב הדבר בעיני דאפי' אם נגע הגוי בידו להכעיס מותר בשתיה וכ"כ בתשובה פעם אחת היה בורו של ישראל מלא יין ובא אנס אחד ונתן ידו לתוכו להכעים והיה שם זקן אחד ירא שמים שסופו נהרג על קידוש השם בעו"ה ושמענו שלקח מן היין בכלי ושתה ממנו בפני האנס כדי שלא יהא רגיל לעשות כן לישראל אחר עכ"ל הר"י: **אדמקטורך עליך זיל הדר.** פי' הקונט' בעוד שבגדיך עליך חזור אצלם והתר להם ולא תשהה אפי' לנוח מטורח הדרך ויפה כוון דאין לפרש שלא תפסיד בגדיך בהוראתך דבשביל שטעית תצטרך לשלם כדאמרינן בפ"ק דסנהדרין (דף ו.) דהא מוקמינן ליה התם בנשא ונתן ביד ועוד דהא רשב"ל מומחה לב"ד הוה ופטור מלשלם: **בצר לאו היינו בצרה.** והא דאמר רשב"ל *בפ"ק דמכות (דף יב.) ג' טעיות עתיד שר של רומי לטעות כו' כסבור שגלה לבצר והוא גולה לבצרה היינו לבתר דשמעה מר' יוחנן דסבר איהו דבצר לאו היינו בצרה אז הודה כי גם בטעות זה יטעה שר של רומי בצר לאו היינו בצרה פי' אלא חוצה לארץ היא ואינה חייבת במעשר ולכך הזקיקו ר' יוחנן להתיר להם ומשמע מהכא (דחו"ל) לא מיחייב במעשר וכן משמע בפ"ק דחולין (דף ו: ושם ד"ה והתיר) גבי ר"מ שאכל עלה של ירק בבית שאן והתיר ר' בית שאן כולה על ידו משום דהוה סבר דבית שאן מחו"ל היא וקשה דאילו בכל שאר התלמוד משמע דחו"ל חייבת במעשר דקאמר בבכורות בפ' עד כמה (דף כז.) ובפ"ק דבילה (דף ט.) תרומת חו"ל אוכל והולך ואח"כ מפריש וכן רבה מבטיל לה ברוב ואכיל לה בימי טומאתו וקאמר נמי התם* רב טובי הוה ליה גובא דחמרא דתרומה ובפ' בנות כותים (נדה דף לב.) מעשה היה בפומבדיתא והטבילוה קודם לאמה ויש רוצים לומר דהני מילי בדגן תירוש ויצהר דבארץ גופה מיחייב מן התורה ולכן בחו"ל גזרו רבנן אבל בשמעתין ובפ"ק דחולין (דף ו:) מיירי במעשר ירק דאפי' בארץ נמי לא מיחייב אלא מדרבנן ולכך בחו"ל לא גזור ולא נהירא דהא גבי צלף נמי דלא מיחייב בארץ אלא מדרבנן אמרינן בפ' כיצד מברכין (ברכות דף לו.) דחייב אף בחו"ל דקאמר בצלף של ערלה בחו"ל זורק האביונות ואוכל הקפריסין ונימא הלכה כר"ע אי אשמעינן הלכה כר"ע הוה אמינא אפי' בארץ כו' ולאשמועינן כל המיקל בארץ הלכה כמותו בחו"ל אי אשמעינן הכי הוה אמינא ה"מ גבי מעשר דבארץ גופה דרבנן אבל גבי ערלה כו' ועוד אמרינן בפ"ק דבילה (דף יב:) מוללין מלילות ומפרכין בקטניות ביו"ט א"כ מלינו תרומה שזכאי בהרמתה אלמא בקטניות שהוא כשאר פירות מלינו תרומה בחו"ל ותירץ ר"ת דהכא ובפ"ק דחולין מיירי בדמאי כדתנן במס' דמאי (פ"א מ"ג) מכזיב ולהלן פטור מן דמאי דבדמאי הקילו ואם תאמר והא דתנן (דמאי פ"ב מ"א) אלו דברים מתעשרים דמאי בכל מקום הדבילה התמרים החרובים והאורז והכמון וא"כ לימא ליה ר"ש בן לקיש לרבי יוחנן בהני פירות אסרי להו וי"ל דרבי יוחנן היה יודע שלא אסר באותן פירות דוקא מיהו הקשה

[נ"ל בפ"ב]
[ר"מ מ"ז]
[בילה יב:]

סבור היה כי מֵימַר אָמַר [אומר הגוי בליבו]: סָלְקָא דַעְתֵּיהּ דְּרַבָּנַן כִּי הָנֵי שִׁיכְרָא קָא שָׁתוּ [וכי יעלה על דעתך שחכמים חשובים כאלה שיכר הם שותים]? אֶלָּא וַדַּאי הַאי חַמְרָא [זה יין] הוּא וְנַסְכֵיהּ [וניסך אותו]. מַאן דְּשָׁרֵי שַׁפִּיר שָׁרֵי [מי שהתיר יפה התיר], סבור היה כי מֵימַר אָמַר [אומר הגוי בליבו]: סָלְקָא דַעְתָּךְ דְּרַבָּנַן כִּי הָנֵי חַמְרָא קָא שָׁתוּ [וכי יעלה על דעתך שחכמים כאלה יין הם שותים], וַאֲמַר לֵיהּ לְדִידִי "תָּא אַשְׁקִינַן" [והם אומרים לי, שאני גוי, "בוא והשקה אותנו מן היין"]? אֶלָּא וַדַּאי שִׁיכְרָא הוּא קָא שָׁתוּ [שיכר הוא שהם שותים] וְלֹא נַסְכֵיהּ [ניסכו]. ומקשים: וְהָא קָא חָזֵי [והרי הוא רואה] אם יין הוא או שיכר! ומשיבים: מעשה זה היה בְּלֵילְיָא [בלילה]. ושואלים: וְהָא קָא מָרַח לֵיהּ [והרי הוא מריח אותו] ויודע שהוא יין! ומשיבים: מדובר היה בְּחַדְתָּא [ביין חדש] שאין ריחו נודף. ושואלים: ולמרות זאת, מי שהתיר כיצד התיר? וְהָא קָא נָגַע בֵּיהּ [והרי הוא נגע בו] כששאב אותו מן החבית בְּנַטְלָא [בספל], וַהֲוָה לֵיהּ [והריהו] מַגַּע גּוֹי שֶׁלֹּא בְּכַוָּונָה וְאָסוּר! ומשיבים: לֹא צְרִיכָא [נצרכה] הלכה זו אלא משום שמדובר היה במקרה דְּקָא מוֹרִיק אוֹרוּקֵי [שהוא רק מריק מכלי לכלי], בלא לנגוע כלל ביין, וַהֲוָה לֵיהּ [והרי זה] כֹּחוֹ של גוי ששופך את היין, ועושה זאת שֶׁלֹּא בְּכַוָּונָה, וְכָל כֹּחוֹ שֶׁלֹּא בְּכַוָּונָה לֹא גָּזְרוּ בֵּיהּ רַבָּנַן [בו חכמים] כל איסור, אפילו בשתיה.

א בָּעָא מִינֵּיהּ [שאל אותו] ר' אַסִי מֵר' יוֹחָנָן: יַיִן שֶׁמְּסָכוֹ (שמזג בו מים) גּוֹי, מַהוּ? אָמַר לֵיהּ [לו] ר' יוחנן, וְאֵימָא [ואמור] את השאלה בלשון הרגילה: "מְזָגוֹ", מדוע אומר אתה "מסכו"? אָמַר לֵיהּ [לו]: אֲנָא כִּדְכְתִיב קָאָמֵינָא [אני כמו לשון הכתוב אני אומר], שנאמר: "טָבְחָה טִבְחָהּ מָסְכָה יֵינָהּ" (משלי ט, ב). אָמַר לֵיהּ [לו]: אכן, לשון מקרא כך היא, אבל לְשׁוֹן תּוֹרָה לְעַצְמָהּ, לְשׁוֹן חֲכָמִים לְעַצְמוֹ, ואין לערבב. ולגופו של דבר שאל ר' אסי: מַאי [מה] ההלכה? אָמַר לֵיהּ [לו]: אָסוּר הדבר, מִשּׁוּם הפתגם שאומרים: "לֵךְ לֵךְ אָמְרִין נְזִירָא, סְחוֹר סְחוֹר, לְכַרְמָא לָא תִּקְרַב" [לך לך אומרים, לנזיר, סביב סביב, לכרם אל תקרב]. כלומר, אף שאינו אסור מצד עיקר הדין, ענין של הרחקה הוא. וכן מסופר, ר' יִרְמְיָה אִיקְלַע לְסַבְתָּא [הזדמן לבית מרזח], חֲזָא חַמְרָא דְּמָזְגֵי [וראה יין שמוזג] גּוֹי וְאִישְׁתֵּי יִשְׂרָאֵל מִינֵּיהּ [ושותה יהודי ממנו], וְאָסַר לְהוּ [להם] מִשּׁוּם "לֵךְ לֵךְ אָמְרִין נְזִירָא, סְחוֹר סְחוֹר, לְכַרְמָא לָא תִּקְרַב" [לך לך אומרים, לנזיר, סביב סביב, לכרם אל תקרב]. אִתְּמַר נַמִי [נאמר גם כן]: אָמַר ר' יוֹחָנָן, וְאָמְרִי לָהּ [ויש אומרים] אָמַר ר' אַסִי אָמַר ר' יוֹחָנָן: יַיִן שֶׁמְּזָגוֹ גּוֹי — אָסוּר, מִשּׁוּם "לֵךְ לֵךְ אָמְרִין נְזִירָא, סְחוֹר סְחוֹר, לְכַרְמָא לָא תִּקְרַב" [לך לך אומרים, לנזיר, סביב סביב, לכרם אל תקרב].

ב אגב המעשה בר' ירמיה שנקלע למקום ואסר עליהם דבר, מסופר: רֵישׁ לָקִישׁ אִיקְלַע [הזדמן] לְעִיר בָּצְרָה בעבר הירדן, חֲזָא יִשְׂרָאֵל דְּקָאָכְלֵי פֵּירֵי דְּלָא מְעַשְּׂרִי [ראה יהודים שאוכלים פירות שאינם מעושרים] וְאָסַר לְהוּ [להם], חֲזָא מַיָּא דְּסָגְדִי לְהוּ גּוֹיִם וְשָׁתוּ יִשְׂרָאֵל [ראה מים שמשתחווים להם הגוים ושותים יהודים] וְאָסַר לְהוּ [להם]. אֲתָא לְקַמֵּיהּ [בא לפני] ר' יוֹחָנָן וסיפר לו את המעשה. אָמַר לֵיהּ [לו]: אַדְּמִקְטוֹרָךְ עֲלָךְ זִיל הֲדַר [עד שמעילך עליך לך החזר את הדין], והתר להם לאכול פירות בלא לעשרם, כי בֶּצֶר המנויה במקרא (דברים ד, מג) בין ערי המקלט לָאו הַיְינוּ [אין היא] בָּצְרָה, ובצרה אינה ארץ ישראל ולכן אין חובה לעשר בה. וְהתר להם לשתות את המים, כי מַיִם שֶׁל רַבִּים אֵין נֶאֱסָרִין. ומעירים: ר' יוֹחָנָן לְטַעְמֵיהּ [הולך לשיטתו] בענין זה,

עיונים

חמרא הוא ונסכיה ומסביר רש"י שאמנם חכמים לא ראו שניסך, אבל כיון שלא השגיחו במעשיו (שהרי סבורים היו שהוא ישראל) חוששים אנו שנגע ביין וניסך ממנו. ומפרשים אחרים כתבו כי דרך הניסוך היא שמוזג מעט מן היין מכלי לכלי לשם עבודה זרה, והחשש היה איפוא שמעשה המזיגה עצמו לשם ניסוך היה, והוא אוסר בהנאה (ראה בתוס' ובתוהרי"ד ועוד).

בנטלא רש"י מסביר כי הקשו מכך שהגוי מכניס את הספל הזה (הנטלא) לתוך כלי היין, והמגע גם על ידי דבר אחר אוסר על כל פנים בשתיה. אכן, הגאונים וראשונים אחרים סבורים שמגע שלא בכוונה על ידי דבר אחר אינו אוסר כלל (וראה לעיל נז,א בענין הגוי שנפל ונגע בלולב ושינוי הגרסה שם). ואכן הראב"ד פירש כי הקושיה מתבססת על כך שאי אפשר שבתוך כדי נטילה לא נגע בידו ממש ביין שבכלי (ראה בריטב"א, וראה גם בתוס').

מוריק אורוקי שהיה מרים את הכלי הגדול ומוזג ממנו לכוס, ולא נגע ביין עצמו, וכל זה הוא רק משום שמכוחו של הגוי נשפך היין. וכיון שאינו נוגע, וגם אינו יודע כלל שזהו יין (לפי שיטת המתיר במקרה זה) אין מקום לחשוש לכוונת ניסוך הרי אין בו חשש.

לשון תורה לעצמו העירו בתוס' שלכאורה אף "מזג" נזכר במקרא — "אל יחסר המזג" (שיר השירים ז, ג), ניתן לומר ששם מדובר במזיגה של יין ביין. אבל מסיכה היא תערובת היין במים.

אסור משום לך לך מלשון הסוגיה כאן משמע שאסר ממש לשתות מן המזג הזה (ראה רמב"ן ועוד). אבל הרמב"ם למד כנראה מן הסוגיה לעיל (יז,א) כי כל מה שנאסר משום "לך לך" לא נאסר אלא לכתחילה, שלא יעשה כן, אבל בדיעבד אינו אוסר את היין.

יין שמזגו גוי רש"י מסביר שאין בכך איסור ממש, משום שהרי זה לכל היותר כעין נגיעה על ידי דבר אחר שלא בכוונת ניסוך, שאינו אסור בהנאה (וראה בהמשך), ולא אסרוהו אלא להרחיק מן העבירה. שיש בכך כמה חששות, אם משום שכאשר יתירו לגוי למזוג מים לתוך היין יבוא למזוג גם יין. או משום שעל ידי כך מתרגל למזוג לו את יינו ויבוא לגעת ביין ויאסרהו מעיקר הדין (ראה בראב"ד וברשב"א). ועוד שמזיגה זו של יין במים שהיא דרך שתיית היין, יש צורך להרחיק בה משום קירוב הדעת (מאירי).

וכתבו ראשונים שהואיל וכל איסור זה אינו אלא משום "לך לך", לא נאסרה אלא מזיגה דווקא וכדרך שמוזגים יין בכוס, אבל לא בזריקה סתם של מים לחבית וכיוצא בזה. וכן הביא רמב"ן כי בירושלמי אמרו שיש לחלק בין מזיגת מים חמים או בצונן, שמזיגה בחמין אסורה משום שהיא דרך שתיה רגילה ודרך קירבה, אבל בצונן שאינו דבר הרגיל אין בו איסור, אלא שחכמים מרחיקים ממנו מפני חשש עבירה.

ובפרטי הדברים, מדוע אין מקום לאוסרו מעיקר הדין, מצד שיש במזיגה משום מגע ביין על ידי דבר אחר, כתב הראב"ד כי אין זו אלא זריקה, ובענין זה חל הכלל שכל שבזב טהור אינו עושה יין נסך (להלן ס,ב). ועוד הסבירו (ראה רמב"ן ורשב"א) כי לא ניתן לדבר על מגע אלא בדבר מוצק ולא בנוזל, שהרי המים נופלים מידו בכל עת. ואפילו אם רואים אותם כמגע רצוף — הרי אינו נוגע במים עצמם, אלא בכלי ממנו הוא שופך אותם ליין. ואף שיש כאן ניצוק של מים לתוך היין — אין הניצוק אוסר מצד המגע, אלא מצד התערובת, וכאן המים שבידו הרי אינם נאסרים, ועוד, שניצוק עשוי להיות חיבור רק כשהוא מין במינו, וכאן הרי הניצוק הוא מים ואינו נחשב חיבור ליין.

דלא מעשרי ואסר שהוא סבר שבצרה היא מארץ ישראל ויש בה חיוב מעשרות, ולכן אסר עליהם לאכול פירות שאינם מעושרים.

אדמקטורך עלך בתוס' תמכו בפירוש רש"י שהכוונה היא: בעוד מעילך עליך, אל תפשוט אותו, אלא מהר וחזור למקום ההוא והפוך את פסיקתך. והעירו זאת בתוס' משום שהיו שרצו לפרש: שאם לא תתיר להם יוכלו אחר כך לתבוע אותך לדין ולקחת את מעילך כחלק מן התשלום.

בצר לאו היינו בצרה בתוס' ועוד ראשונים האריכו הרבה בנושא זה של חובת המעשרות מחוץ לארץ ישראל. כי מכאן עולה שאין חובת מעשרות בחוץ לארץ, ואילו מן המשנה והגמרא במקומות אחרים מוכח שנהגו דיני מעשרות אף שלא בארץ ישראל. ואם שאין זה ממש חובה מדין תורה, מכל מקום כך נהגו לעשות הן בעבר הירדן, הן בבבל והן במצרים. והראב"ד כתב כי יש לחלק לענין זה בין דברים שחייבים במעשר מדין תורה, והם דגן תירוש ויצהר, לבין שאר גידולים. ודעת רבינו תם היא שיש לחלק בין מעשר ודאי שהוא חובה בחוצה לארץ, לבין מעשר של דמאי (תבואה שספק אם נתעשרה) שודאי אין לו מקום בחוץ לארץ. ויש שאמרו כי יש להבחין בין המדינות הקרובות וגובלות בארץ ישראל לבין שאר מדינות שלא נתחייבו כלל. ועוד הוסיפו בתוס' כי מנהג זה של הפרשת תרומות ומעשרות בחוץ לארץ אמרו בירושלמי שכבר ביטלוהו, ולפיכך אינו חל כלל בזמן הזה.

אורח ההלכה

כוחו שלא בכוונה אף שיין הבא מכוחו של גוי אסור, בא היין מכוחו של הגוי שלא בכוונה, כגון שהגביה כלי יין ויצק לכלי אחר והגוי סבור שהוא שיכר או משקה אחר — הרי זה מותר בשתיה. כמסקנת הגמרא. (רמב"ם ספר קדושה הלכות מאכלות אסורות פי"ב ה"ו. שו"ע יו"ד קכה, א).

יין שמזגו גוי גוי שזרק מים לתוך יין, אם לא נתכוון למוזגו, כגון ששפך יין לחבית גדולה או לכוס בלי לדעת שהוא יין — הרי זה מותר אפילו בשתיה. אבל אם התכוון למוזגו — אסור בשתיה (אפילו בחבית. ש"ך). ואם לא ידועה כוונתו — מותר, שספק דרבנן לקולא. ובמדינות שאין דרך למזוג היין במים, אם לא ברור שכוונת הגוי לשם מזיגה — מותר (ש"ך). (רמב"ם שם פי"ג הי"ג. שו"ע שם סעיף ז).

בצר לאו היינו בצרה התרומות ומעשרות אינם נוהגים מן התורה אלא בארץ ישראל, בין בפני הבית בין שלא בפני הבית, ונביאים התקינו שיהיו נוהגים אפילו בארץ בבל, מפני שהיא סמוכה לארץ ישראל ורוב ישראל הולכים ושבים שם. וחכמים הראשונים התקינו שיהיו נוהגים אף בארץ מצרים ובארץ עמון ומואב, מפני שהם סביבות לארץ ישראל. וסוריא, הקונה בה שדה חייבת בתרומות ומעשרות מדברי סופרים. ושאר הארצות, אין תרומות ומעשרות נוהגות בהן. ואפילו במקומות שחייבו חכמים להפריש תרומות ומעשרות, אין מפרישים מן הירק (לפי שגם בארץ ישראל הוא מדבריהם. ש"ך). (רמב"ם ספר זרעים הלכות תרומות פ"א ה"ו. שו"ע יו"ד שלא, א. שם סעיף יד).

מסורת הש"ס

א. חולין קלז,ב.
ב. ע"ז יז,א (ושם סומנו מקבילות).
ג. ירושלמי שביעית פ"ח ה"ח.
ד. שם פ"ו ה"א. וראה מכות יב,א.
ה. ע"ז מז,א. ירושלמי שביעית פ"ח ה"ח. וראה שם תרומות פ"י ה"ה. שם ע"ז פ"ב ה"ט.

גרסות

מימר אמר... מימר אמר בכתי"ס: **מימר אמרינן... מימר אמרינן.**

סלקא דעתיה רבנן... מימר אמרינן סלקא דעתך רבנן בכתי"מ: **רבנן... רבנן.**

ודאי האי בכתי"מ: **ודאי.**

קא חזי בכתי"מ: **חזי ליה.**

בליליא בכתי"ס: **בליליא הוה.**

והא קא נגע ביה בכתי"מ ועוד: **ותיפוק ליה דקא נגע.**

וכל כוחו בכת"י: **וכוחו.**

אנא כדכתיב בכתי"מ: **כדכתיב.**

לסבתא בכת"י: **לסכותא.**

ואישתי ישראל מיניה בכתי"מ: **ושתו ישראל.**

ומים של רבים בכתי"מ: **מים של רבים.**

לשון

לשון תורה לעצמה
שיטה זו של ר' יוחנן, המצויה לא רק במקום זה, מקבילה לדעת חכמי הלשון האחרונים הרואים בלשון חכמי המשנה מבטא שלם בפני עצמו, הנבדל מלשון המקרא הן באוצר המלים (לא רק בהוספת מילים אלא גם בשינוי משמעותן של מלים), והן בתחביר, כך שלשון חכמים היא לשון לעצמה. וכל שאינו מדבר בלשון מקרא אין לו לערב ביטויים המיוחדים לה בתוך לשון חכמים.

אדמקטורך
הכוונה היא לבגד, הקרוי בלשון המשנה מקטורן.
מקור המלה הוא כנראה בלטינית amictorium ופירושו מין סודר, צעיף ששמים על הצוואר והחזה. ומסורת המפרשים היא שזהו מעיל שמחובר בו גם ברדס, כובע.

החיים

שיכרא
שיכרא (=שיכר) היה נעשה מפירות שתססו, בעיקר מתמרים. המשקה היה זול בהרבה מן היין, והיה נחשב למשקה פחות ערך, וחכמים אחדים בתלמוד מדברים בגנותו כמשקה בלתי נעים ואף מזיק לבריאות.

בצרה

כנראה שהכוונה היא לעיר בעבר הירדן הצפוני (בבשן), שהיתה עיר חשובה ומרכז מסחרי בראש הדרך היורדת מן הצפון עד לדרום הארץ, ובזמן חכמים שימשה כבירת הפרובינציה ערביא (ראה עמ' 93). במקום זה היה ישוב יהודי במשך דורות רבים, וחכמים שונים ביקרו בו. יש גם בצרה אחרת שהיא אחת מערי אדום ונזכרת במקרא וכן בדברי חז"ל.

שאָמַר ר׳ יוֹחָנָן מִשּׁוּם (בשם) ר׳ שִׁמְעוֹן בֶּן יְהוֹצָדָק: מַיִם שֶׁל רַבִּים אֵין נֶאֱסָרִין. ומעירים: מדברי ר׳ יוחנן יש להבין כי הָא [אבל] במקרה כזה, אם היו המים של יָחִיד היו נֶאֱסָרִין. ותוהים: וְתֵיפּוֹק לֵיהּ [ושתצא לו] הלכה זו שאינם נאסרים, דְּהָא [שהרי] מְחוּבָּרִין נִינְהוּ [הם], ומחובר שעבדוהו אינו נאסר! ומשיבים: לֹא צְרִיכָא [נצרכה] הלכה זו אלא במקום דְּתַלְשִׁינְהוּ גַּלָּא [שתלשם הגל] למקצת המים, ונעקרו מחיבורם, ובמקרה זה אם היו של יחיד היו נאסרים. ודוחים: סוֹף סוֹף הרי בגדר של אַבְנֵי הַר שֶׁנִּדַּלְדְּלוּ מעצמן מן ההר נִינְהוּ [הם], שנחלקו ר׳ יוחנן ובני ר׳ חייא (מו,א) באבנים כאלה, שלא היתה בהן תפיסת יד אדם, האם הן נאסרות כשנעבדו כעבודה זרה או לא, ולא נתברר בגמרא מה סבור כל אחד מהם. ואם כן תִּסְתַּיֵּים [תוגדר, יתברר מכאן] שר׳ יוֹחָנָן הוא שאָמַר שאבני הר אלה אֲסוּרוֹת? ודוחים: עדיין יש לומר כי לֹא צְרִיכָא [נצרכה] הלכה זו של ר׳ יוחנן אלא במקרה דְּטַפְחִינְהוּ בִּידֵיהּ [שטפח בהם, במים הללו בידיו]. שלא מעצמם נתלשו, כמו אבני הר שנדלדלו, אלא במגע ידי אדם, ואם היו של יחיד היו נאסרים.

א בדומה למעשה האחרון, ובענין יין שמזגוהו גוים, מסופר: ר׳ חִיָּיא בַּר אַבָּא אִיקְלַע [הזדמן] ליישוב גַּבְלָא, חֲזָא [ראה שם] בְּנוֹת יִשְׂרָאֵל דְּמִיעַבְּרָן [שמעוברות] מִגּוֹיִם שֶׁעמדו להתגייר וכבר מָלוּ וְעדיין לֹא טָבְלוּ, חֲזָא חַמְרָא דְּמָזְגוּ [ראה יין שמוזגים] גּוֹיִם וְשָׁתוּ יִשְׂרָאֵל [ושותים יהודים], חֲזָא תּוּרְמוּסָא דְּשָׁלְקֵי לְהוּ [וראה תורמוס ששולקים, מבשלים, אותו] גּוֹיִם וְאָכְלֵי יִשְׂרָאֵל [ואוכלים יהודים], וְלֹא אָמַר לְהוּ [להם] וְלֹא מִידֵי [דבר] לתקן את מעשיהם. לאחר זמן אֲתָא לְקַמֵּיהּ [בא לפני] ר׳ יוֹחָנָן וסיפר לו על הדברים שראה, אָמַר לֵיהּ [לו] ר׳ יוחנן: צֵא וְהַכְרֵז עַל בְּנֵיהֶם של אותם גוים שֶׁהֵן מַמְזֵרִים, וְהכרז עַל יֵינָן שאסור מִשּׁוּם יֵין נֶסֶךְ, וְהכרז עַל תּוּרְמוּסָן שאסור מִשּׁוּם בִּישּׁוּלֵי גוֹיִם מִשּׁוּם שֶׁאֵינָן בְּנֵי תוֹרָה. ומסבירים: עַל בְּנֵיהֶם שֶׁהֵם מַמְזֵרִים — ר׳ יוֹחָנָן הולך בענין זה לְטַעְמֵיהּ [לשיטתו], שאָמַר ר׳ יוֹחָנָן: לְעוֹלָם אֵינוֹ נעשה לְגֵר עַד שֶׁיָּמוֹל וְיִטְבּוֹל, וְכֵיוָן דְּלָא טָבֵיל [שאינו טובל] — גּוֹי הוּא. ולגבי מעמדם של הילדים, גם שם הולך ר׳ יוחנן לשיטתו, שאָמַר רַבָּה בַּר בַּר חָנָה אָמַר ר׳ יוֹחָנָן: גּוֹי וְעֶבֶד הַבָּא עַל בַּת יִשְׂרָאֵל — הַוָּלָד ממנה הוא מַמְזֵר. ומה שאמר לו: וּגְזוֹר עַל יֵינָם מִשּׁוּם יֵין נֶסֶךְ — אף שאין כזה איסור בעצם, הרי הוא אסור מִשּׁוּם "לֵךְ לֵךְ, אָמְרִין, נְזִירָא, סְחוֹר סְחוֹר, לְכַרְמָא לָא תִּקְרַב" [לך לך, אומרים לנזיר, סחור סחור, לכרם אל תקרב], ולכן צריך להרחיק מזה. ועל מה שאמר לו ר׳ יוחנן וְעַל תּוּרְמוּסָן גזרו מִשּׁוּם בִּישּׁוּלֵי גוֹיִם, לְפִי שֶׁאֵינָן בְּנֵי תוֹרָה, וצריך להרחיקם מדבר הדומה לאיסור. מדייקים: טַעְמָא [הטעם, דווקא] משום שאֵינָן בְּנֵי תוֹרָה, הָא [אבל] אם היו בְּנֵי תוֹרָה שָׁרֵי [מותר]? וְהָאָמַר [והרי אמר] רַב שְׁמוּאֵל בַּר רַב יִצְחָק אָמַר רַב: כָּל שֶׁנֶּאֱכָל כְּמוֹת שֶׁהוּא חַי — אֵין בּוֹ מִשּׁוּם בִּישּׁוּלֵי גוֹיִם, אבל תורמוס, כיון שהוא מר מאד ודאי אין אוכלים אותו בעודו חי, ואם כן בכלל בישולי גוים הוא! ומשיבים: ר׳ יוֹחָנָן כִּי הַךְ לִישָּׁנָא סְבִירָא לֵיהּ [כלשון האחרת סבור הוא] בענין זה, שאָמַר רַב שְׁמוּאֵל בַּר רַב יִצְחָק אָמַר רַב: כָּל שֶׁאֵינוֹ עוֹלֶה לְשׁוּלְחָן שֶׁל מְלָכִים לְלַפֵּת בּוֹ אֶת הַפַּת — אֵין בּוֹ מִשּׁוּם בִּישּׁוּלֵי גוֹיִם, והתורמוס אינו מאכל חשוב שיעלה על שולחן מלכים. ולכן, טַעְמָא [הטעם, דווקא] משום שאֵינָן בְּנֵי תוֹרָה אוסרים להם, הָא [הרי] אם היו בְּנֵי תוֹרָה שָׁרֵי [מותר].

ב בָּעוּ מִינֵּיהּ [שאלו אותו] מֵרַב כָּהֲנָא: גּוֹי מַהוּ שֶׁיּוֹלִיךְ עֲנָבִים לַגַּת, אף שאינו עושה בהם דבר? אָמַר לְהוּ [להם]: אָסוּר, מִשּׁוּם הטעם של "לֵךְ לֵךְ, אָמְרִין, נְזִירָא, סְחוֹר סְחוֹר לְכַרְמָא לָא תִּקְרַב" [לך לך, אומרים לנזיר, סחור סחור, לכרם אל תקרב]. אֵיתִיבֵיהּ [הקשה לו] רַב יֵימָר לְרַב כָּהֲנָא ממה ששנינו: גּוֹי שֶׁהֵבִיא עֲנָבִים לַגַּת בְּסַלִּין

עיונים

הא דיחיד נאסרין בתוס׳ שאלו: הרי בארץ ישראל יש תקנות יהושע בן נון שכל מעין, גם אם הוא יוצא מנחלתו של אדם פרטי ייחשב כרכושם של רבים, ואם כן כיצד יימצאו מים של יחיד? ותירצו שתקנה זו היא לגבי מעין היוצא מעצמו, אבל אם חפר אדם ומצא מקור מים (באר או מעין) המים הם שלו. ועוד, שפעמים המים יוצאים ונשארים בתוך נחלתו הגדולה של אדם אחד. וראה לעיל מז,א.

דטפחינהו בידיה שבמקרה זה, אם היו של יחיד היו נאסרים, ואם כן רק משום שהיו של רבים התירם ר׳ יוחנן. והראשונים דנו מה היתה משמעות הטפיחה בידים, ומדוע היתה גורמת לאסור את המים אם היו של יחיד, שהרי אין אדם אוסר דבר שאינו שלו. והראב"ד הסביר כי לפי הסוגיה לעיל (נד,א—ב) הרי אף שאדם אינו אוסר דבר שאינו שלו, מכל מקום כאשר עשה בו מעשה של עבודה זרה — הריהו נאסר. ולפי זה החידוש כאן הוא שמים של רבים אינם נאסרים למרות שטפח ועשה בהם מעשה לשם עבודה זרה. ועוד הביא פירוש אחר (והוא על דרך פירוש רש"י בסוגיה זו), ולפיו הטפיחה במים לא היתה לשם עבודה זרה (שאם כן — אף מים של רבים היו נאסרים, שלדעה זו אין הבדל בין יחיד ורבים), אלא שלאחר שטפח במים (הוא או אדם אחר) והפכו לתלושים, השתחווה להם. והחידוש בדבר הוא, שאף שיש לו לאדם חלק במים, שהרי גם הוא חלק מן הרבים, מכל מקום נחשבים המים כדבר שאינו שלו, ואינו יכול לאוסרם (וראה ברי"ד שכתב כי אין מדובר במי שטפח בהם על מנת לזכות במים, שאז ודאי המים הם שלו ויכול לאוסרם. אכן התוס׳ בחולין סבורים שאין אדם קונה דבר שאינו שלו, כגון בגזל, אלא לענין שיתחייב באונסין, אך לא לכל ענין אחר).

צא והכרז לפי הענין ברור גם מפני מה לא עשה כן ר׳ חייא בר אבא, שהרי לפי שיטות חכמים אחרים (שלפיהם גם נפסקה הלכה) נכרי ועבד הבא על בת ישראל — הולד כשר, ונחשב כישראל. ולגבי היין והתורמוסים — הרי אף לדברי ר׳ יוחנן אין בכך אלא משום הרחקה, ולכן לא רצה לאסור להם בדיעבד.

כל שאינו עולה לשולחן וכו׳ ר"ת (בתוס׳) סבור שלשון זו באה להוסיף ולהקל על הלשון הראשונה, ולומר שלא רק מה שנאכל כמות שהוא חי אינו בכלל בישולי גוים, אלא גם מה שאינו נאכל אלא מבושל, כל עוד אינו עולה על שולחן מלכים אין בו משום בישולי גוים. וכן הוא מוכיח מן הסוגיה העיקרית בענין זה (לעיל לח,א). והוא סבור שיש לפסוק כלשון זו גם להלכה לפי הכלל שהלכה כר׳ יוחנן מרב.

מהו שיוליך ענבים וכו׳ הסברים שונים נאמרו בפירוש מהותה של שאלה זו. יש סבורים כי כיון שמוליך ענבים לגת מן הסתם מתמעכים הענבים במקצת ויוצא מהם המיץ, והשאלה היא האם יש מקום להחשיבו כיין לאוסרו במגע הגוי עוד בדרך לגת (רשב"ם בתוס׳). אלא שכבר בתוס׳ נתקשו מה מקום להזכיר את הגת בענין זה. והראב"ד פירש (כך הביאו בשמו רמב"ן ועוד) כי מדובר כאן בשפיכת הענבים לגת, שהואיל ובדרך כלל נשפך גם מיץ יחד עימם, עלתה השאלה האם יש מקום לגזור בדבר משום שפיכת יין ממש, שהרי נראה הדבר כאילו שופך יין, וכוחו של גוי הרי אוסר. ואילו הרמב"ן מפרש שיש בגת יין, ואנו חוששים שאם יכניס את הענבים ליין — שמא יגע בתוך כך ביין שבגת. וכן בדומה לכך פירש ר"י בתוס׳, שכיון שיש בגת יין (שכבר התחיל להימשך, והמגע של הגוי בו אוסר, לעיל נה,ב) הרי עצם הכנסת הענבים לתוך היין דומה למקרה של נכרי המוזג מים לתוך יינו של ישראל, שיש לחשוש בו למגע הגוי.

אורח ההלכה

מים של רבים הנהרות והמעיינות של רבים אינם נאסרים אם עבדום. כדברי ר׳ יוחנן. וראה במפרשי הרמב"ם והשו"ע שהאריכו לדון בפסק זה שאינו מתאים למסקנת סוגייתנו. (רמב"ם ספר מדע הלכות עבודה זרה פ"ח ה"ב. שו"ע יו"ד קמה, א).

לעולם אינו גר וכו׳ גר שמל ולא טבל או טבל ולא מל — אינו גר, אלא עד שימול ויטבול. וכדברי ר׳ יוחנן. (רמב"ם ספר קדושה הלכות איסורי ביאה פי"ג ה"ו. שו"ע שם רסח, א ושם סעיף ג).

גוי ועבד הבא על בת ישראל גוי ועבד שבא על בת ישראל, בין פנויה בין אשת איש — הולד כשר, ופגום לכהונה. כמסקנת הגמרא ביבמות (נה,ב), ולא כר׳ יוחנן. (רמב"ם שם פט"ו ה"ג. שו"ע אה"ע ד, יט).

גוי שהביא ענבים לגת וכו׳ גוי שהביא ענבים בסלים ודרדורים וזרקם לגת שיש בה יין דרוך — מותר בדיעבד, אף שיש באותם כלים מיץ שזב מן הענבים (כפירוש ר"י בתוס׳ ורמב"ן). ואם היה ישראל מסייע לגוי בזריקתו — מותר אפילו לכתחילה (עפ"י הראב"ד). כברייתא וכרב כהנא. (רמב"ם שם הלכות מאכלות אסורות פי"ג הי"ג. שו"ע שם קכה, ו).

מסורת הש"ס

א. ע"ז מז,א (ושם סומנו מקבילות).
ב. ע"ז מו,א.
ג. יבמות מו,א (כל הענין).
ד. ראה ירושלמי ע"ז פ"ב ה"ח (ועיי"ש).
ה. ברכות מז,ב. יבמות מו,א—ב.
ו. יבמות טז,ב. מד,ב. מה,א. מו,א. ע,א. צט,א. קדושין סח,ב. ע,א. עה,ב. ירושלמי יבמות פ"ז ה"ו. שם כתובות פ"ג ה"א. שם קדושין פ"ג הי"ב. (ובמקצתם בשם חכמים אחרים).
ז. (הביטוי) ע"ז יז,א (ושם סומנו מקבילות).
ח. ע"ז נח,א (ושם סומנו מקבילות).
ט. ע"ז לח,א (ושם סומנו מקבילות).
י. שם (ושם סומנו מקבילות).
יא. תוספתא ע"ז פ"ז ה.

גרסות

ותיפוק ליה דהא מחוברין נינהו בכתי"מ: ותיפוק ליה משום דמחוברין נינהו ובכתי"ס: מחוברין נינהו.

וגזור על יינם בכת"י וכן בב"ח: ועל יינן.

טעמא דאינן בני תורה הא בני תורה בכתי"מ כבמקבילה: הא בני תורה.

כי הך לישנא בכת"י כבמקבילה: כאידך לישנא.

לשלחן של מלכים ללפת בו בכת"י כבמקבילה: על שלחן מלכים לאכול בו.

טעמא דאינן בני תורה בכתי"מ: וטעמא משום דאינן בני תורה.

העולם

גבלא
אולי היא עיר בגליל התחתון, בין טבריה לבית שאן, שלפי דברי יוסף בן מתתיהו בנה אותה הורדוס.
היו שסברו (ערוך) כי גבלא כאן הוא ארץ שעיר, וראה בתוס׳.
ויש סבורים שהיא העיר Gabala על חוף סוריה, בין רואד ללטקיה של היום.

תורמוס

התורמוס הארץ־ישראלי
תרמיל (1) וזרע (2)

תורמוס הוא שמם של צמחים אחדים ממשפחת הקטניות. מהם בעיקר נפוצים התורמוס התרבותי (Lupinus termis), התורמוס הצהוב (Lupinus luteus), ותורמוס הארץ־ישראלי (L. palaestinus). זרעי התורמוס גדלים בתוך תרמילים, הזרעים עצמם עגולים וקוטרם עד כ—15 מ"מ (בתורמוס התרבותי). טעמם של זרעי התורמוס מר ביותר (בשל מציאות אלקלואידים). כדי להכשירם לאכילה שולקים אותם במים, שופכים את המים ושוב שולקים או שורים את הזרעים.

הקשה הר"ר אלחנן לפי' ר"ת מהא דאמרינן בירושלמי דמס' דמאי מאכילין את עניים דמאי אמר רשב"ג שלח לי ר' יוסי בר רבי אתרוג ואמר לי זה בא(ב) מקיסרין ולמדתי ממנו ג' דברים שהוא ודאי שהוא טמא שלא בא בידו אחר שהוא ודאי שפירות קיסרין ודאי פי' ודאי טבל שהיו או כולם עמי הארץ או כולם חבירים אלא שהיה ידוע שלא עשרו שהוא טמא שמרבילין עליו מים והוכשר וא"ת הא תנן בשילהי תוספתא דטהרות דאתרוגים אין מזלפין עליהם מים וי"ל ה"מ באותם שמוכרים בעיר אבל בא מדרך רחוקה מסברא זלף עליו מים כדי שלא יכמש עוד וי"ל דה"מ בשאר ימות השנה אבל בחג מרבילין עליו מים כדי שיהיה הדר כדתנן בסוכה (דף מב.) וא"ת א"כ מאי האי דקאמר בתר הכי ויעשר ממנו עליו והיאך יכול לעשר ממנו כיון שהיה סוכות וי"ל דבחולו של מועד איירי כדאמרינן (סוכה לו:) ר' חנינא מטביל ונפיק ושלא בא בידו אחר שאם בא בידו אחר לא היה מודיע לו שהוא טבל אלא מעשר מן האחר עליו וא"ת ואימא דה"נ הוה שבא בידו אחר ומה שהודיעו שבא מקיסרין זהו לפי שהוכשר וי"ל שאם לא שלח אלא בשביל דבר אחד היה לו לפרש ולפי ששני דברים תלוין בו שלח לו סתמא ופריך בירושלמי ויעשר ממנו עליו פי' למה שלח לו בטבל ויחתוך ממנו חתיכה אחת למעשר ומתרץ ואמר אין דרך בני אדם לשלוח לחבריהם דברים חסירים ופריך ולא מתני' היא ר' יוסי מתיר בודאי ובלבד שיודיענו פי' ולמה דקדק דלא היה בידו אחר דאפילו היה בידו אחר הא מותר לשלוח אתרוג בטבלו מן המתני' ומתרץ אית לך למימר דאע"ג דפליג על רבנן לא הוה עביד עובדא כוותיה פי'(ג) היה ס"ד שלא יעשה הלכה כמותו אלא כחכמים החלוקים עליו כמו שחושב בירושלמי דברכות כמה תנאים שלא היו עושים הלכה כמותם רבי יוסי בעא קמיה דרבי זירא(ד) ולא מפירות המותרות מקיסרי הן ולא רבי התיר קיסרין בתמיה ומסיק רשב"ג קודם לרבי הוה משמע שאחר שהתיר רבי קיסרין שוב לא היה בו שום איסור טבל אפי' בודאי דהא ההוא אתרוג ודאי הוה ונראה לפרש ולא מפירות המותרין בקיסרין דהתם בירושל' בפ"ב דדמאי אומר אלו המינין האסורין בקיסרי פי' משום דמאי משום דאלו המינים באלו המקומות רגילין לבא מא"י והידועים שלא באו מא"י פטורין משום דמאי וחייבין משום ודאי כפירוש ר"ת ופריך והלא אתרוג מפירות המותרין שאין מביאין אותן מא"י אלא בקיסרין עצמו גדל ומודו רבנן דמותר לשלוח ודאי בחו"ל בהודעה ולא נחלקו אלא בטבל בא"י וא"כ מנלן שלא בא לידו אחר ומשני דעדיין לא הותרה קיסרין בימי ר' יוסי והיו מחזיקין אותה בחזקת א"י והר"ר דוד ממיילן תירץ דהכא דחזא דאכלי פירות דלא מעשרין פי' שלא היו מחמירין להפריש בחומרות א"י אבל כקולי ח"ל אוכל והולך ואח"כ מפריש ולכך אסר להם כי טעה בשם העיר והיה סבור שהוא של א"י וכן ההיא דמולין דרבי שהתיר בית שאן לא לגמרי התיר אלא חומרי א"י התיר להנהיג בה קולות חו"ל כגון ביטול ברוב וכמה קולות השנויות פ' עד כמה בבכורות וכן ההיא דמכזיב דמשמע בירושלמי דפטור בין דמאי בין ודאי פטור מחומרי א"י ומ"מ קולי חו"ל נוהג בכל אותן המקומות ועל תרומות ומעשרות שאין אנו מפרישין עכשיו אף לא כקולי חו"ל אומר ר"ת דקרקעות שלנו משועבדות הם לשרים(ה) ודינא דמלכותא הוא שאם לא יתנס שיהא משועבדות ביד גוי ומשוקעות לו ולכן אינם שלנו וק' לר"י כי גם בימי החכמים היה להם קרקעות לטסקא כדאמרינן פ' ח"ה (ב"ב דף נד: ע"ש) מאן דלא יהיב טסקא לא ליכול ארעא וע"ק כי אנו יש לנו הרבה קרקעות שאין בהם טסקא ויש לסמוך על דברי הירושלמי דחלה דא"ר יוחנן רבותינו שבחו"ל היו מפרישין תרומות ומעשרות עד שבאו הרוגים ובטלום מאן נינהו רוגים א"ר זעירי תרגומיא ולא נודע פי' ואם הלכה רופפת בידך הלך אחר המנהג לשון ר' יהודה אבל ר"י אמר כי לא נתחייבו בתרומות ובמעשרות אלא הסמוכות לא"י כגון מצרים ובבל מואב ובני עמון כי שם היו רגילים להפריש שלא יבואו להקל במעשר א"י אבל במקומות הרחוקים לא חייבו חכמים שום מעשר ואפי' בדגן ותירוש ויצהר ובמקומות הקרובים נמי מפ' בירושלמי מנהג שהיו עושים קודם שבטלום הרוגים רב יהודה בשם שמואל חלת חו"ל ותרומת חו"ל אוכל והולך ואח"כ מפריש ר' בא בשם שמואל אמר לא חשו אלא לתרומת דגן ותירוש ויצהר ר' אילא בשם שמואל אמר לא חשו אלא לתרומה גדולה בלבד אבל לירקות אף לתרומה גדולה לא חשו מדתני איסי(ו) מעשר לירקות מדבריהם משמע מדברי הירושלמי דדבר שהוא מדבריהם בארץ לא הפרישוהו כלל בחו"ל ושמא ירק דוקא משום דאין לו אסמכתא כלל מן הפסוק*: **דא"ר יוחנן משום ר"ש בן יהוצדק.** הכא משמע שהיה רבו וכן משמע נמי בכמה דוכתי שאמר שמועות משמו ותימה דבסנהדרין פ' זה בורר (דף כו.) קאמר ר' חייא בר זרנוקי ור"ש בן יהוצדק אזלו לעבר שנה באסיא איטפיל בהדייהו רשב"ל כו' ואי קרי לכו רועי נאן מאי אימא ליה ואי *רבו היה לו למחות על כבוד רבו דאי הוה רביה של רבי יוחנן רשב"ל הוה תלמיד*: **הא דיחיד נאסרין.** נ"ל דמיירי כגון דנבעי מארעיה וא"ת והא אמרינן בשילהי מרובה (ב"ק דף פא.) גבי עשר תנאים שהתנה יהושע ומעיין היוצא בתחלה בני העיר מסתפקין הימנו וא"כ היאך הוו דיחיד ואמר ר"י דמיירי במעיין היוצא מעצמו והכא מיירי בחפר בור א"נ מיירי הכא כגון שכל העיר שלו: **איקלע לגבלא.** מפרש בערוך* הר שעיר וכן תרגום יונתן הר שעיר טורא דגבלא ובתרגום ירושלמי אומר הופיע מהר פארן איתגלי מטורא דגבלהון לבנוי דישמעאל ומיהו לפי האמת משמע יותר שהיא עיר מא"י כדאמר פ"ב דכתובות (דף קיב.*) ריב"ל איקלע לגבלא חזא עגלים בין הגפנים כו': **גוי ועבד הבא על בת ישראל הולד ממזר.** וא"ת אמאי איצטריך בפ' אלמנה לכ"ג (יבמות דף סח:) ובפ' עשרה יוחסין (קדושין דף עה:) לר' יוחנן משום ר' ישמעאל קרא דבת(ז) כהן כי תהיה לאיש זר לאשמעינן דגוי ועבד שבאו על בת ישראל שפסולה פשיטא השתא הולד ממזר פוסל בביאתו מיבעיא ואומר ר"י הא דידיה הא דרביה*: **כל שנאכל כמות שהוא חי כו'.**(ח) פסק ר"ת כהני תרי לישני דהא ר' יוחנן ס"ל כהאי לישנא בתרא וקי"ל רב ורבי יוחנן הלכה כר' יוחנן וללישנא בתרא נמי לא פליג רב עליה וכלישנא דכל שנאכל כמות שהוא חי אית ליה לסתם תלמודא לעיל פ' אין מעמידין (דף לח:) דקאמר דלמאי ניחוש לה אי משום בשולי גוים נאכל כמות שהוא חי וכן גבי משחא שליקא קאמר (לעיל לח:) דנאכל כמות שהוא חי אע"פ שהוא עולה על שולחן מלכים(ט) וללישנא בתרא דהכא מוסיף להקל דאפי' אינו נאכל חי שרי כיון שאינו עולה כגון תורמוס ובהא ודאי מודי דדבר שנאכל חי אע"פ שהוא עולה שרי תדע דלעיל פרק אין מעמידין (דף לח.) דקאמר איכא בינייהו דגים קטנים ארדי ודייסא שאין נאכלין חיין (*ועולין) על שולחן מלכים ולא קאמר איכא בינייהו דבש ופירות שנאכלין כמו חיין ועולין אלא ודאי בהא ליכא מאן דפליג דכיון שנאכלין חיין אין בו משום בישולי גוים וללישנא בתרא בא להקל ולעולם אינו אסור אם אין כאן שניהם אינו נאכל ועולה*: **מהו שיוליך ענבים לגת.** רשב"ם פי' וז"ל כשבוצרים הענבים ונותנים אותם בסלים להוליכן לגת מתמעכין

[לעיל מז.] **דתלשינהו גלא.** פעמים שהם נתלשין הלכך אי דיחיד נאסרין: **תסתיים דרבי יוחנן דאמר אסורות.** בתמיה כלומר מי פשטינן מהכא גבי אבני הר [לעיל מו.] שנדלדלו דאיפליגו *בהו בני ר' חייא ור' יוחנן דהיינו ר' יוחנן דאסר: [יבמות מו.] **דטפחינהו.** גוי בידיה מלמטה ותלשן ואח"כ השתחוה להן הלכך יש בהן תפיסת ידי אדם ולא דמו לאבני הר שנדלדלו מאליהם ואי דיחיד נאסרים: **לפי שאינן בני תורה.** אתורמוסן קאי דאי הן בני תורה שרי כדמפרש לקמיה תורמוס אינו נאכל חי ואינו עולה על שלחן מלכים: דודורין

א דא"ר יוחנן משום ר"ש בן יהוצדק *מים של רבים אין נאסרין הא דיחיד נאסרין ותיפוק ליה דהא מחוברין נינהו לא צריכא דתלשינהו גלא סוף סוף ב אבני הר שנדלדלו נינהו תסתיים דר' יוחנן דאמר אסורות לא צריכא דטפחינהו בידיה ג *ר' חייא בר אבא איקלע לגבלא חזא בנות ישראל דמיעברן מגוים שמלו ולא טבלו חזא חמרא דמזוגו גוים ושתו ישראל ד חזא תורמוסא דשלקי להו גוים ואכלי ישראל ולא אמר להו ולא מידי אתא לקמיה דרבי יוחנן א"ל צא והכרז על בניהם שהן ממזרים ועל יינן משום נסך ועל תורמוסן משום בישולי גוים משום

שם שאינן בני תורה על בניהם שהם ממזרים ר' יוחנן לטעמיה ה *דא"ר יוחנן א לעולם אינו גר עד שימול ויטבול וכיון דלא טביל גוי הוא ו ואמר רבה בר בר חנה א"ר יוחנן גוי ועבד הבא על בת ישראל הולד ממזר(א) וגזור על יינם משום יין נסך ז משום *לך לך אמרין נזירא סחור סחור [לעיל נח. וש"נ] לכרמא לא תקרב ועל תורמוסן משום בישולי גוים ח לפי שאינן בני תורה טעמא דאינן בני תורה הא בני תורה שרי ט והאמר רב שמואל בר רב יצחק [לעיל נח. וש"נ] אמר רב כל שנאכל כמות שהוא חי אין בו משום בישולי גוים ר' יוחנן כי הך לישנא ס"ל *דאמר רב שמואל בר רב יצחק [ג"ז שם] אמר רב י כל שאינו עולה לשולחן של מלכים ללפת בו את הפת אין בו משום בישולי גוים טעמא דאינן בני תורה הא בני תורה שרי בעו מיניה מרב כהנא גוי מהו שיוליך ענבים לגת אמר להו ב ב אסור משום לך לך אמרין נזירא סחור סחור לכרמא לא תקרב איתיביה רב ימר לרב כהנא יא *גוי שהביא ענבים לגת בסלין [תוספ' פ"ח] ובדודורין

עין משפט נר מצוה

עח א מיי' פי"ג מהל' איסורי ביאה הלכ' ו סמג לאוין קטז טור ש"ע י"ד סי' רסח סעי' א וסעיף ג:

עט ב ג מיי' פי"ג מהל' מאכלות אסורות הלכ' יג סמג לאוין מה טוש"ע י"ד סי' קכה סעיף ו:

הגהות הב"ח

(א) גמ' הולד ממזר ועל יינם כצ"ל ותיבת וגזור נמחק: (ב) תד"ה (בדף הקודם) בגר וכו' זה בא בידי מקיסרין ולמדתי ממנו שלשה דברים שהוא ודאי שהוא טמא שמרבילין עליו מים שלא בא בידו אחר: (ג) בא"ד פי' וכי הוה סלקא דעתך שלא יעשה הלכה אלא כמותו ולא כחכמים החולקים: (ד) בא"ד קמיה דרבי זירא (ולא מפירות המותרות מקיסרין היא ולא וכו' קודם לרבי הוה) תא"מ נ"ב גירסת הירושלמי ולא מפירות המותרות בקיסרין היא א"ל ולא רבי התיר קיסרין ורשב"ג קודם לרבי הוה: (ה) בא"ד משועבדות הם לשרים לטסקא ודינא: (ו) בא"ד מדתני איסי מעשרות לירקות: (ז) ד"ה גוי וכו' משום רבי ישמעאל קרא דבת איש כהן כי תהיה אלמנה וגרושה לאשמעינן דגוי: (ח) ד"ה כל וכו' פסק ר"ת. נ"ב עיין בתוס' לעיל דף ל"ח ובתוס' פרק החולץ דף מ"ו: (ט) בא"ד וללישנא בתרא דהכא מוסיף וכו' פרק אין מעמידין קאמר וכו' שנאכלין כמו שהן חיין וכו' וללישנא בתרא בא להקל:

פט א מיי' פי"ב מהל' מ"א הלכה יג סמג עשין מה טוש"ע י"ד סי' קכה סעיף ו:
פא ב מיי' שם פי"ב הלכה כח סמג לאוין קמח טוש"ע י"ד סי' קכד סעיף יג:
פב ג מיי' שם פי"ג הלכה כח סמג שם טוש"ע י"ד סי' קלב סעיף ז:
פג ד מיי' שם פי"ב הלכה י סמג שם טוש"ע י"ד סי' קכד סעיף יד וכפי' התוספות:

*ובדודורין אע"פ שהיין מזלף עליהן מותר
א"ל הביא קאמרת *אנא לכתחלה קאמינא
א ההוא אתרוגא דנפל לחביתא דחמרא אידרי
גוי ושקליה אמר להו רב אשי
א ב נקטוה לידיה כי היכי דלא לשכשיך ביה
ב וברצוה עד דשייפא אמר רב אשי האי
גוי דנסכיה לחמרא דישראל בכוונה
אע"ג דלזבוניה לגוי אחרינא אסור
ג שרי ליה למישקל דמיה מההוא גוי
מאי טעמא מיקלא קלייה אמר רב
אשי מנא אמינא לה דתניא ב*גוי
שנסך יינו של ישראל שלא בפני עבודה
זרה אסור ורבי יהודה בן בבא ורבי יהודה
בן בתירא מתירין משום שני דברים אחד שאין
מנסכין יין אלא בפני עבודה זרה ואחד
שאומר לו לא כל הימנך שתאסור ייני לאונסי
ג ההיא חביתא דחמרא דאישתקיל לברזא
אתא גוי אידרי אנח ידיה עילויה
אמר רב פפא ד כל דלהדי ברזא חמרא אסיר
ואידך

רש"י

דודורין. גיגיות קטנות ובלעז טוליי"ן: **אידרי גוי.** קפץ ואחזה בתוך היין שלא תשקע: **כי היכי דלא לשכשך.** ולאסור בהנאה שאין מנסכין אלא ע"י שכשוך: **וברצוה לחביתא עד דשייפא.** כפו החבית לצד אחד עד שישפך(א) יינך לתוך כלי אחר שימשך היין מן הגוי ואחר כך יוציאנה ותהא מותרת בהנאה החבית לכל זמן שידו תחובה ביין אם יוציאנה א"א לשמור שלא ישכשך ואע"ג שאנו אוחזין את ידו. ברצוה לשון מטה על לידה כדאמרינן לקמן (דף עד:) וחתים להו אבירלייהו שוליהן: **דשייפא.** שהורק לכלי אחר כמו *השופה יין לחמרים: **ואע"ג דלזבוניה.** האי ישראל לגוי אחר אסור: **למישקל דמי מההוא גוי שרי.** דלאו מכר הוא ואינו נהנה מדמי יין נסך אלא אומר לו שפכת ייני ואבדתו ממני ודמי יין כשר קא שקיל: **שלא בפני עבודה זרה.** רבותא אשמועינן: **אסור.** אף בהנאה: **מתירין.** אותו בהנאה: **לא כל הימנך כו'.** ואע"ג דלא סבירא לן כוותייהו להתירו למכור לגוי אחר מההוא גוי מיהא שרי לאיפרועי נזקו משום טעם דלא כל הימנך: **ברזא.** רוזייל"י: **אידרי גוי.** קפץ גוי לשון נושא הוא כמו דרי טונא* כלומ' הגביה ונשא עצמו לעמוד ממקומו וקפץ להציל: **כל דלהדי ברזא חמרא אסיר.** קילוח הסמוך לנקב אסור בשתיה ולא בהנאה שהרי אין כאן שכשוך שהנקב צר ואינו יכול לשכשך:
ואידך

[גי' הערוך בערך דרדור ובדרדורין ועי' לעיל לג. הדרדורין והרוקבאות] [וב"מ ס. ע"ש] [חולין מח.] [ברכות ח:]

תוספות

מתמעכין ונכבשין הענבים זה על זה והיין מזלף ומטילין אותן בגת מהו שיוליכם גוי לגת מי חשיב ההוא שמזלף לעשות יין נסך במגע או והא דנקט מהו שיוליך לגת לא מיבעיא ליה אם יכול ליתן הענבים בתוך הגת דאם יש יין נמשך(ג) אסור ואם נתן הענבים בגת נאסר כל היין שבגת דקאתי מיניה ומיניה ולא דמיא לזריקה דקא שרינן לקמן בשמעתין והכי מוכח בפ' אחרון דגוי שנותן ענבים או שום כלי בגיגית של יין אוסר בכחו כל יין שבגיגית ואם אין יין בגת פשיטא ליה דנותן לתוך הגת את הענבים ואינו חושש והאי דנקט גת אורחא דמילתא נקט דההיא הולכה לגת היא ועיקר עכ"ל וקשיא חדא דלא היה לו לשאול בהולכה אלא מהו שיאסר גוי יין הזולף במגע ועוד דפשיטא דיין המזולף מן הענבים אינו נחשב להיות יין נסך אלא כמים בעלמא הוא ואף לפי משנה אחרונה לוקחין גת בעוטה כל זמן שלא התחיל לימשך ועוד קשיא מה שרולה רשב"ם לחלק בין זורק מכנגדו לזורק למרחוק לחילוק זה לא מלינו דההיא דקאזיל מיניה ומיניה דלקמן פי' שבשעה שהחבית נופל לבור עדיין הוא נוגע בו(ד) ודוחפו שם ולא כמו שפירש בקונטרס דאזיל מיניה ומיניה עד סמוך לבור וזריקה כזאת אוסרת דאין נראה כדפי' לעיל לכך נראה לר"י לפרש דמיירי בהתחיל לימשך דאי לא התחיל פשיטא שמותר והולכה בלא זריקה נמי פשיטא שמותר אלא מיירי בזריקה לגת ומיבעיא אם אסור דהוי כמו מזוגו גוי דאמרינן לעיל שמא יגע או דלמא לא דמי למזוגו גוי דהתם מדקדק הגוי למזוגו כראוי כדי שיהא ראוי לשתיה אבל הכא לא או דלמא לא שנא א"ל אסור אע"ג דלקמן שרינן בזריקה ואפילו בשתיה זאת דומה קצת למזיגה ולכך יש לאסור לכתחלה שיוליך לגת כיון שהתחיל לימשך אפילו בזריקה ודוקא בלכתחלה כמו שמפרש והולך אבל בדיעבד שרי ואין שום חילוק בזריקה כמו שמחלק רשב"ם וכן משמע מתוך הירושלמי דאין חילוק כלל דקאמר תני רבי שמואל בשם רבי אבהו אין זריקה אוסרת ביין נסך משמע דלא מפליג מידי: **נקטוה לידיה כי היכי דלא ליסכך.** נ"ל שבהכנסת ידו אע"פ שהיה יודע שהוא יין אינו חשוב שכשוך לאסרו בהנאה מפני שהיה טרוד ליקח אתרוגו שלא יטנף ודמי למדדו ביד אליבא דרבנן דאמרי לעיל (דף נז.) ימכר ומיהו בהוצאת האתרוג הוכרך למינקט בידיה שאינו טרוד כל כך כמו בהוצאת ידו דמדידה דלעיל דהתם כל שעה אף בסוף מדידה הוא נותן לב על מדידתו אם מדד יפה הלכך אף בהוצאת ידו חשבינן ליה טרוד ור"ת פי' דהכא בהכנסת היד סבור שהיא של שמן והויא כההיא דחרס(ד) דלעיל (דף נח.) דזה היה מעשה ואמרו ימכר ודוחק ורשב"ם פי' דבשביל שנגע ביין מתחלה ליטול האתרוג לא מיתסר דמגע גוי שלא בכוונה היה נוגע ביין אלא ליטול האתרוג נתכוין ולא בשביל ליגע ביין וכמו שסבור של שמן היא ונמצאת של יין דשרינן לעיל בהנאה אבל לאחר שנטל האתרוג היה לחוש שמא יתן דעתו וישכשך: **אמר רב אשי מנא אמינא ליה.** ומייתי ראיה מר' יהודה בן בתירא אע"ג דאיהו שרי למכור לכל הגוים שבעולם מיהו מיניה נשמע לרבנן דפליגי עליה שלא יחמירו כ"כ לאסור אף לאותו גוי שנסכו ואע"פ שאילו היה ישראל זה שופכו שהיה הגוי זה רוצה ליפטר וא"כ היה לנו להחשיבם דמי יין נסך ממש מ"מ כיון דישראל אם נסכו חייב לשלם ואפי' שפכו זה כדתנן בהנזקין (גיטין נג:) המנסך במזיד חייב בגוי נמי חשבינן ליה דמי הזיקו ורשב"ם פי' דרב אשי לא איירי למילתייהו אלא לאסמכתא דלא כל הימנך ונהי דאין(ה) הלכה דהא ודאי יכול לאסרו בהנאה ואף לאונסו כדמשמע לקמן בפ' בתרא (דף עג:) מ"מ שמעי' מיהא דטענתא מעלייתא היא לישראל לומר לו לא היה לך לאסור ייני ודמי נזקו שקיל מיניה: **ה"ג אתא גוי אידרי אנח ידיה עילויה.** פי' שם ידו נגד הברזא ומנע יציאת היין הלכך מדמי ליה לצדדיה אבל אם תחב אצבעו בתוך נקב החבית הוה ליה יין שתחת אצבעו כמו מפיה ושל מעלה מאצבעו כמו משוליה דאמרינן בסמוך דלכ"ע כל החבית טמאה וכ"כ רשב"ם בשם רש"י שאם תחב גוי את הברזא בחבית או אם נטלו לגמרי מן החבית שכל היין אסור דא"א שלא ישכשך בראש הברזא שבתוך החבית(ו) ואפי' בהפסד מרובה אסור כל היין בשתיה: **אמר רב פפא כל דלהדי ברזא חמרא אסור.** פי'(ז) הקילוח הסמוך לנקב אסור בשתיה ולא בהנאה שהרי אין כאן שכשוך שהנקב צר ואינו יכול לשכשך ואידך שרי אף בשתיה דקסבר נדדין לאו חיבור הוא ליאסר כל שאר היין ואיכא דאמרי(ח) עד ברזא חמרא אסור פי' כל יין שלמעלה לנקב אסור דכיון דכולו נמשך אחר הנקב לצאת דרך שם הוה להו חיבור ואסור ואידך שרי אף בשתיה כתנאי מילתא דרב פפא אתאמרא כתנאי(ט) חבית של תרומה שניקבה בין מפיה בין משוליה בין מצדיה ונגע בו טבול יום טמאה חביות שלהם היו יושבות על שוליהן כשהנקב בפיה כל היין שלמטה נעשה בסיס לעליון בשוליה כל היין נמשך אחר הנקב ומצדיה נמי(י) טמאה נ"ל שאין זה מטעם נצוק דהא תנן (לקמן עב.) נצוק אינו חבור לא לטומאה ולא לטהרה אלא הטעם לפי שמה *שנכנס אצבעו טמא וא"כ מה שלמעלה ולמטה בחבית ממה שכנגד אצבעו הוה ליה *)מפיה ומשוליה ר' יהודה אומר מפיה ומשוליה טמא מטעמא דפרישית מצדיה טהור דלא חשיב האי כפיה ומשוליה והשתא אתיא הך דרב פפא בהדיא כר' יהודה ללישנא דכל להדי ברזא חמרא אסיר ואידך שרי כיון שלא תחב ידו עד חלל החבית אלא הניח על הנקב ה"ל מצדיה וללישנא דעד ברזא חמרא אסור נמי נ"ל דאתיא כר' יהודה והלכך אידך שרי ומה שאוסר עד ברזא שאני יין נסך דאחמירו ביה רבנן כך הלעת השיטה לפ"ה וק' להך לישנא דאמר עד(כ) ברזא אסור היאך יהיה זה שהיין כולו מעורב ויהיה חליו אסור וחליו מותר בשתיה לכן נראה לפרש דעד ברזא אסור זהו בהנאה והטעם כי מיד שנפתח הנקב נתנענע כל היין שעד הברזא לצאת דרך שם וכששם ידו על הנקב נסתם הכל מלצאת וחשוב כאילו נגע בכולו ואידך שרי בהנאה אבל בשתיה אסור מפני היין האסור השוכב עליו פסק בקונט' לית הלכתא כרב פפא דהא קיס ליה כר' יהודה דיחידאה הוא והלכה כרבים דלא מיפלגי בין פיה ושוליה לצדדיה ואין טעם לפסוק זה דבכמה דוכתי פסקינן כיחיד לגבי רבים אכן אומר ר"ת דודאי הוא דלית הלכתא כרב פפא משום דרבא פליג עליה אע"ג דהוא בתראה יותר מרבא משום דרבא רבו וגם הוא בתראה והיה גדול ממנו בחכמה ובמנין ופליג עליה לקמן בפ"ב* גבי ההוא גוי דאנח ידיה אבת גישתא פי' ב' קנים חלולים *תחובים בשפוע ומדובקים ראשיהם מלמעלה (כזה) ומניחים הקנה הא' הארוך תוך החבית והוא נקרא גישתא והקנה הנדבק לו נקרא בת גישתא ומוללין בבת גישתא ויוצא כל היין דרך שם במלילה אחת עד מקום שהגישתא מגעת ואם מניח אדם אצבעו על הבת גישתא לא יצא עוד אם לא יחזור וימלון ועובדא הוה דאנח גוי ידיה אבת גישתא ואסריה רבא לכולי חמרא פי' כל היין שבחבית ואקשי ליה רב פפא במאי בנצוק א"ל שאני הכא דכולי חמרא אבת גישתא גריר ומפרש ר"ת שהגישתא לא היתה מגעת לשולי החבית ואפ"ה היה אוסר הכל מטעם גריר שכל יין החבית מתנענע ביציאתו לחוץ ורב פפא ששאל במאי בנצוק על יין שאין הגישתא מגעת שם היה שואל כי בדעתו אין לאסור רק עד מקום שהגישתא מגעת כי הכא ללישנא דעד ברזא אסור אבל השאר אינו נאסר דלית ליה אותו טעם דגריר וא"כ רבא שאוסר שם הכל גם כאן יאסור הכל שהרי כולו מתנענע לעלות ולצאת ואין נראה לפרש לפלוגתא דהתם ביין שהגישתא מגעת שם שרבא היה אוסר מטעם גריר ורב פפא שרי דא"כ תקשי לרב פפא גופיה להך לישנא דעד ברזא אסור וכי תימא דהך דהכא לבתר דשמעה מרבא קבלה ומ"מ לא אסר רבא שם רק מה שסופו לצאת ע"י הגישתא דאין לשון לכולי חמרא משמע הכי והיה לו לתלמודא
לפרש

[דף עב:] [ס"י תחובים]
שכנגד אצבעו כל"ל ר"מ *צ"ל כמפיה ר"מ

הגהות הב"ח

(א) רש"י ד"ה וברצוה וכו' שישפך היין לתוך כלי אחר שימשך היין מיד הגוי: (ב) תוס' ד"ה (בעמוד א') מהו שיוליך וכו' דאם יש יין נמשך בגת אסור ואם נותן וכו' בפ' אחרון דגוי שנותן וכו' ואם אין יין נמשך בגת פשיטא: (ג) בא"ד הוא נוגע בו דוחפו לשם: (ד) ד"ה נקטוה וכו' כההיא דחרס גוי דלעיל: (ה) ד"ה אמר רב אשי וכו' ונהי דאין כן הלכה: (ו) ד"ה ה"ג אתא וכו' ואפי' בהפסד מרובה אסור כל היין:

גליון הש"ס

תוס' ד"ה (בפ"ב) מהו וכו' דאין נראה כדפירשתי לעיל. נז ע"א ד"ה ה"ג:

וּבְקַדּוּדוֹרִין (חביות קטנות), אַף עַל פִּי שֶׁהַיַּיִן כלומר, המיץ מְזַלֵּף עֲלֵיהֶן משום שהם נמעכים והמיץ יוצא מהם — בכל זאת מוּתָּר! אָמַר לֵיהּ [לו]: הֵבִיא קָאָמְרַתְּ [אומר אתה]? שם מדובר כאשר כבר הביא הגוי את הענבים, ודנים אם לאסור בדיעבד, אֲנָא [אני] לְכַתְּחִלָּה קָאָמִינָא [אמרתי] שלא יביא.

א מסופר, הַהוּא אֶתְרוֹגָא דְּנָפַל לְחָבִיתָא דְּחַמְרָא [אתרוג אחד נפל לחבית יין], אִידְּרֵי גּוֹי וּשְׁקַלֵיהּ [קפץ הגוי כדי ליטול אותו משם], אָמַר לְהוּ [להם] רַב אַשִׁי לאנשים שהיו שם: נְקְטוּהָ לִידֵיהּ כִּי הֵיכִי דְּלָא לְשַׁכְשֵׁיךְ בֵּיהּ [תחזיקו את ידו כדי שלא ישכשך בו, ביין] ויאסור אותו, וּבִרְצוּהָ [והטו אותה את החבית] עַד דְּשָׁפְיָא [שתתרוקן] מן היין ואז יוכל לקחת את האתרוג.

ב אָמַר רַב אַשִׁי: הַאי גּוֹי דְּנַסְכֵיהּ לְחַמְרָא [גוי שניסך את היין] שֶׁל יִשְׂרָאֵל בְּכַוָּונָה כדי לאסור אותו, אַף עַל גַּב דְּלְזַבּוּנֵיהּ [אף על פי שלמכור אותו] לְגוֹי אַחֲרִינָא [אחר] אָסוּר, שהרי היין אסור בהנאה, ובכלל זה ליהנות מדמיו, מכל מקום שָׁרֵי לֵיהּ לְמִישְׁקַל דְּמֵיהּ [מותר לו לקחת את דמיו של היין] מֵהַהוּא [מאותו] גּוֹי, מַאי טַעְמָא [מה טעם הדבר]? מִיקְלָא קַלְיֵיהּ [הרי זה כאילו שרף אותו, את היין], והוא צריך לשלם כמזיק. אָמַר רַב אַשִׁי: מְנָא אָמִינָא לָהּ [מנין אני אומר אותה] את ההלכה הזו? דְּתַנְיָא [ששנויה ברייתא]: גּוֹי שֶׁנִּסֵּךְ יֵינוֹ שֶׁל יִשְׂרָאֵל שֶׁלֹּא בִּפְנֵי עֲבוֹדָה זָרָה — אָסוּר, וְר׳ יְהוּדָה בֶּן בָּבָא וְר׳ יְהוּדָה בֶּן בְּתֵירָא מַתִּירִין מִשּׁוּם שְׁנֵי דְּבָרִים, אֶחָד — שֶׁאֵין מְנַסְּכִין יַיִן אֶלָּא בִּפְנֵי עֲבוֹדָה זָרָה, וְאֶחָד — שֶׁאוֹמֵר לוֹ הישראל לגוי: לֹא כָּל הֵימֶנָּךְ [לא הכל ממך, אין זה בכוחך] שֶׁתֶּאֱסוֹר יֵינִי לְאוֹנְסִי שלא מרצוני, ולכן היין בעצם מותר.

ג הַהִיא חָבִיתָא דְּחַמְרָא דְּאִישְׁתְּקִיל לְבַרְזָא [חבית יין אחת שניטל הברז שלה] והיה היין נשפך ממנה, אֲתָא [הלך] גּוֹי אחד אִידְּרֵי אַנַּח יְדֵיהּ עִילָּוֵיהּ [וקפץ והניח את ידו על הנקב] כדי שלא יישפך היין, אָמַר רַב פַּפָּא: כָּל דְּלַהֲדֵי בַּרְזָא [כל שכנגד הברז], אותו חלק מן היין שממש נוגע בידו של הגוי, חַמְרָא אֲסִיר [היין אסור],

עיונים

שהיין מזלף וכו' משמעות הדברים תלויה בפירושים השונים שפירשו את השאלה. ולפיכך יש מסבירים כמשמעו, שאף שהיין (כלומר, המיץ) מזלף ונוטף מן הענבים שמביא — אין חששים למגע הגוי, לפירוש רשב"ם, ולפירוש הראב"ד — לזה שהוא מערה את היין. ואילו רמב"ן מסביר כי הכוונה היא שהיין שבגת, שכבר התחיל להימשך, מזלף על הענבים שבגת (וראה בריטב"א).

אידרי גוי ושקליה רוב המפרשים מסבירים שמיהר להוציא את האתרוג, כדי שלא ישקע ויאבד בתוך היין. אבל הרמב"ן מסביר שהגוי רצה להוציא את האתרוג אבל לא הצליח לתופסו ונמצא שידו נכנסה ליין רק בטעות (כעין נפילה לגת שנזכרת במשנה).

נקטוה לידיה כתב רש"י: לפי שאם יוציא את ידו משם אי אפשר למונעו שלא ישכשך משהו, והשכשוך ביין הוא האוסר (בהנאה. אבל מגע אינו אוסר אלא בשתיה, כמבואר לעיל נז,א). ובתר"י כתבו שכל עוד יד הגוי ביין ולא הוציאה אין זה נקרא שכשוך, ואין האיסור אלא בזמן יציאתו. ונתנו סימן לדבר מן לשון המקרא "כצפעוני יפריש" — שבזמן פרישתו הוא שאוסר. ואחרים אמרו שלא פעולת השכשוך היא הגורמת לאיסור, שאם כן הרי אף כשהכניס ידו כבר שיכשך, אלא עצם מגע הגוי ביין מתוך כוונה לנגוע בו. וכאן בזמן הכנסת היד לא נתכוון לכך אלא לדבר אחר (למרות שידע שהאתרוג נפל ליין), אבל בזמן שיוציא את האתרוג ושוב לא יהא טרוד בדבר זה הרי זה כמגע בכוונה (ראה בתוס'). ופירש הרי"ד שציוה רב אשי שיעשו כן כדי שיהא הגוי עסוק בהוצאתו של האתרוג. ואילו ר"ת מפרש שמתחילה לא ידע הגוי כלל שהיא חבית של יין, אלא חשב שהיא של משקה אחר, ולכן חוששים רק בשעת הוצאת היד כאשר גילה שיין הוא.

וכמבואר בדברי התוס' ועוד, לא נתכוון רב אשי אלא להתיר את היין בהנאה, שהרי נתבאר לעיל (נז,א) כי מגע גוי שלא בכוונה אוסר את היין בשתיה. אבל לראב"ד שיטה בענין זה משלו, שרב אשי נתכוון להתיר יין זה אף בשתיה, לפי שאין כאן מעשה שכשוך ולא כוונה לגעת ביין, שכל אחד מהם לעצמו אוסר בשתיה, וצירוף שניהם אוסר בהנאה.

דנסכיה לחמרא דישראל בכוונה ההדגשה בכוונה (שלא היתה בכל הגרסות העתיקות) מתפרשת בשתי פנים. לדעת הראב"ד ואחרים המשמעות היא שהגוי ידע שיין זה הוא של ישראל ובכוונה לאסור עליו את יינו עשה (ולכן היה מקום לדונו כמזיק). אבל אם היה עושה שלא בכוונה, כגון שהיה סבור שהיין הוא שלו — היה בו איסור גמור. אבל יש מפרשים שאין הכוונה שממש ניסך הגוי את היין, אלא שעשאו כיין נסך על ידי מגעו. ולפיכך כוונה המוזכרת כאן משמעה שהתכוון לנגוע ביין, שלא נתקל בו במקרה, שאם לא בכוונה הריהו מותר בהנאה ויכול למוכרו לגוי. ולדרך זו, גם אם היה סבור שיין זה שלו הוא — צריך היה לשלם לו, שהרי מכל מקום הזיק לו (ראב"ד ועוד).

למישקל דמיה מההוא גוי שאינו נחשב כמוכר לגוי את היין אלא כתובע ממנו דמי נזקו, שהזיק לו חבית של יין, ואותו יין שהזיק — הרי היה יין כשר (רש"י).

מנא אמינא לה המפרשים התקשו בהבנת הקשר שבין דברי הברייתא ופסקו של רב אשי, שלכאורה אינו כשום שיטה הנזכרת בברייתא, שאם כשיטת תנא קמא — הריהו אוסר מכל וכל, ואם כשיטת ר' יהודה בן בבא — הרי הוא אינו אוסר למכור את היין לגוים אחרים. ורש"י מסביר כי רב אשי פסק כתנא קמא, אלא שהוא מקבל את הנימוק של "לא כל הימנך" לגבי האפשרות לגבות ממנו את הנזק. ובתוס' אמרו שכיון שר' יהודה בן בבא התיר את היין, לא ייתכן שחכמים אסרוהו מכל וכל, אלא מן הסתם גם הם יודו שאף שאסור למוכרו לאחרים מותר למוכרו לגוי המזיק. וכבר תמה רמב"ן מניין שאכן כך סבור תנא קמא. ורא"ה הסביר כי רב אשי פסק ממש כר' יהודה בן בבא, לפי שגם ר' יהודה בן בבא לא דיבר אלא באיסור שמן התורה, ועל כך אמר שאינו אסור מן הטעמים האמורים, אבל גם הוא מודה שעל כל פנים מדברי חכמים הריהו נאסר בהנאה ואין למוכרו לגוי, אלא שחכמים התירוהו במכירה לאותו גוי. וראה ברמב"ן שמסביר (לגרסתנו) שמדברי שניהם הוא למד, שאם כדברי תנא קמא שיש בזה ניסוך ממש — הרי הכל אסור לגמרי וחייב הגוי משום מזיק, ואם כדברי ר' יהודה בן בבא — כיון שאין בו איסור ממש ודאי מותר ליהנות ממנו כשמקבל את דמיו מן הגוי. ורמב"ן (שלפניו עמדה גרסה אחרת: כתנאי) כתב שרב אשי למד מדברי תנא קמא בלבד, שמדבריו מוכח שיש בזה עבודה זרה ממש, ולא רק איסור בעלמא, ולכן נחשב הגוי כמזיק גמור. כי אם היה אסור רק בשתיה, יכול הגוי לומר שהוא הרחקה בלבד, ואינו חייב לשלם.

אסור ור' יהודה וכו' מתירין רש"י ורוב המפרשים סבורים שתנא קמא אוסר את היין בהנאה כדין יין נסך, ואילו ר' יהודה בן בבא ור' יהודה בן בתירא מתירים אותו בהנאה. אבל יש סבורים שעל כל פנים המתירים מתירים את היין לגמרי, ואפילו בשתיה (ראב"ד, רי"ד).

דאשתקיל לברזא נחלקו הראשונים בהבנת המציאות שמדובר עליה, ומכאן גם בהשלכות ההלכתיות של דבר זה. שלפי רש"י (וכן רשב"ם ועוד) נראה כי הברזא הוא מעין פקק הסותם את הנקב ממנו נשפך היין מן החבית. ואילו ראשונים אחרים (רא"ה והריטב"א תלמידו) פירשו כי הכוונה לצינור שמכניסים בנקב זה, ואותו סותמים על ידי חתיכת עץ או בגד וכיוצא זה.

אנח ידה עילויה והרי"ף גורס "נקטה", כלומר, שהחזיק את הברזא והחזירו למקומו.

כל דלהדי ברזא אסיר נחלקו הראשונים במהות האיסור עליו מדובר כאן. רש"י פירש כי קילוח היין נאסר במגע הגוי ביין. ולדעתו נאסר אותו יין דווקא בשתייה אבל לא בהנאה, לפי שנתכוון להציל את היין, ואף אין בו אפשרות של שכשוך (שהיא דרך ניסוך היין, כעין האמור לעיל באתרוג שנפל לחבית). אבל ראשונים רבים פירשו כי כי יין זה נאסר בהנאה. ומכל מקום, גם לדעת רש"י, אם היה הגוי תוחב אצבעותיו בחור היה הכל נאסר ובהנאה, מטעם ששיכשך, וכן אם היה תוחב את הברז למקומו (וראה בתוס'). ואילו הראב"ד פירש כי ההנחה של היד על הנקב החזירה את היין שבנקב לתוך החבית, ודבר זה נחשב לשיכשוך, ואם כן אותו יין סביב הברזא שנע בדרך זו נאסר בהנאה. ואילו הרא"ה (שפירש כי הברזא הוא צינור, שהפקק שהיה בו נפל) הסביר כי "כל דלהדי ברזא" הוא מה שבתוך הצינור עצמו.

אורח ההלכה

נקטוה לידיה גוי שפשט ידו לחבית של יין (כגון ליטול ממנה דבר. רמ"א) ותפסו את ידו שלא ינידנה, ופתחו החבית מלמטה עד שיצא היין וירד למטה מידו — מותר בהנאה, וכדברי רב אשי (ולנו בזמננו מותר אף בשתיה במקום הפסד, אלא שאין לפרסם ההיתר. ש"ך). (רמב"ם ספר קדושה הלכות מאכלות אסורות פי"ב ה"א. שו"ע יו"ד קכד, יג).

שרי ליה למישקל דמיה גוי שנגע ביינו של יהודי שלא מרצון ישראל, אף על פי שהוא אסור בהנאה — מותר לקחת את דמיו מאותו גוי שאסרו, או אותו גוי ימכרנו ויתן דמיו לישראל, שאין זה מכר אלא דמי נזקו (ואפילו אסרו הגוי בשוגג, מותר ליטול דמיו מאותו גוי. ש"ך בשם הרשב"א). וכרב אשי. (רמב"ם שם הכ"ח. שו"ע שם קלב, א).

מסורת הש"ס

א. (מעשה דומה) ירושלמי ע"ז פ"ד ה"ח.
ב. חולין מא,א.

גרסות

שהיין מזלף עליהן בכתי"מ: **שהיין מזלף.**

ושקליה בכתי"מ: **ונקטיה.**

דלא לשכשיך ביה וברצוה בכתי"מ: **דלא נישכשיך בידיה וברצוה לחביתא.**

עד דשייפא בכתי"ס ועוד: **עד דשפייא.**

לחמרא דישראל בכוונה בכתי"מ ובהרבה מקורות: **לחמרא דישראל** בכתי"ס: **לחמריה דישראל שלא בפני עבודה זרה.**

לגוי אחרינא אסור שרי ליה למישקל דמיה מההוא גוי בכתי"מ: **ומישקל לדמיה אסור מישקל דמי מההוא גוי שרי** בכתי"ס: **שרי למישקל מיניה דמי.**

אמר רב אשי מנא אמינא לה דתניא גוי — לאונסי יש במקורות: **כתנאי גוי — לאונסי. אמר רב אשי הילכך האי גוי דנסכיה וכו'** וראה רמב"ן ורשב"א.

ואחד שאומר לו בכתי"מ ועוד: **ואחת שיכול לומר לו** ובכתי"ס: **ואחד שאומרין לו.**

הימנך בכתי"ס ועוד: **הימך.**

חביתא דחמרא — עלויה בכתי"ס וכעין זה בכתי"מ: **חביתא דאישתקל ברזה אידרי גוי אתנח ידיה עלה.**

דלהדי בכתי"ס: **דבהדי.**

החיים

ברזא

לחביות היין, שהיו עשויות מחרס, היה פתח בחלקן העליון שהיה נסתם על ידי מגופה, וכאשר שתו בבת אחת כמויות גדולות של יין היו פותחים את המגופה. אולם אם רצו למזוג רק כמויות קטנות של יין מפעם לפעם (במיוחד כשהיין היה בחביות גדולות) היו אמנים מיוחדים נוקבים נקב בתחתית החבית, והיו סותמים אותו לפי שעה ביתד קטנה של עץ העשויה כעין חרוט (קונוס) ועטוף סמרטוטים.

לעזי רש"י

טולינ"ץ (צ"ל: טוניל"ש) מן הצרפתית העתיקה tonels — חביות.

רוזיל"י (צ"ל: דוישי"ל) מן הצרפתית העתיקה doisil — פתח לשתיה בחבית, ברז.

מסורת הש"ס

א. משנה טבול יום פ"ב מ"ז. תוספתא טבול יום פ"ב ד (בהרחבה).
ב. ראה ע"ז עב,ב. ירושלמי ע"ז פ"ה ה"י.
ג. ראה ירושלמי שם.

גרסות

אמר רב פפא עד הברזא בכתי"מ: עד דברזא בכתי"ס וכעי"ז בב"ח: אמר רב פפא דעד ברזא.

ונגע בו בכת"י: ונגע בה.

מכאן ומכאן בכתי"ס ועוד מלים אלה חסרות.

צדודי אסיר בכתי"ס ובמקורות נוסף: אמר להו רבא להנהו שקולאי דחמרא כי דריתו חמרא לא תקריוה לגוי לסיועי בהדייכו דילמא אגב אורחיה רמיתו עליה והוה ליה כח גוי ואסיר וראה רמב"ן ועוד.

וקאזיל ישראל בכתי"מ ועוד: וקאתי ישראל.

מליא שריא — דלא נגע בכת"י וכן במקורות: מליא שרי חסירא אסיר כובא מליא אסיר חסירא שרי.

לשון

כובא
מקור המלה הוא כנראה שמי, וכיוצא בו בערבית كوب (כוב) ועניינו: כלי כעין ספל גדול ללא ידיות. ויש דמיון מסויים למלה העברית "קובעת".
לכלי זה היו יוצקים יין מן החבית, והיו מניחים בו את היין באופן זמני קודם שישתמשו בו למזיגה ולשתייה.

לעזי רש"י

ווי"ץ כנראה מן הצרפתית העתיקה viz — בורג של גת.

אישפלג"ל כנראה צ"ל: אישפינל"א מן הגרמנית העתיקה espinle — בורג של גת.

וְאִידָךְ שָׁרֵי [והשאר מותר]. **וְאִיכָּא דְּאָמְרִי** [ויש אומרים], **אָמַר רַב פַּפָּא: מלמעלה עַד לגובה הַבַּרְזָא** [הברז] — **חַמְרָא אֲסִיר** [היין אסור], **וְאִידָךְ** [והשאר] שמתחת לברז — **שָׁרֵי** [מותר]. **אָמַר רַב יֵימָר:** דבריו של רב פפא שנויים במחלוקת, **כְּתַנָּאֵי** [כמחלוקת התנאים] ששנינו בברייתא: **חָבִית שֶׁנִּקְבָה, בֵּין מִפִּיהָ** (מלמעלה), **בֵּין מִשּׁוּלֶיהָ** (בתחתיתה) **וּבֵין מִצִּידֶּיהָ, וְנָגַע בּוֹ טְבוּל יוֹם — טְמֵאָה. ר' יְהוּדָה אוֹמֵר:** אם **מִפִּיהָ וּמִשּׁוּלֶיהָ** ניקבה — **טְמֵאָה,** אם **מִצִּידֶּיהָ — טְהוֹרָה מִכָּאן וּמִכָּאן** (ולא נטמא אלא מה שנגע בו), וכדברי רב פפא ללשון הראשונה.

א **אָמַר רַב פַּפָּא: גּוֹי** שהיה מחזיק **אַדַּנָּא** [בחבית] **וְיִשְׂרָאֵל** מחזיק **אַכּוּבָא** [בכלי של יין] והגוי שופך מן החבית לכלי — **חַמְרָא אֲסִיר** [היין אסור], **מַאי טַעְמָא** [מה הטעם]? **כִּי קָאָתֵי** [כאשר בא] — **מִכֹּחַ גּוֹי קָאָתֵי** [הוא בא]. ואם להיפך, **יִשְׂרָאֵל** מחזיק **אַדַּנָּא** [את החבית] **וְגוֹי אַכּוּבָא** [מחזיק את הכלי הקטן] והישראל שופך לכלי שמחזיק הגוי — **חַמְרָא שָׁרֵי** [היין מותר]. **וְאִי מְצַדֵּד צַדּוּדֵי** [ואולם אם הגוי מצדד] את הכובא, שמטה אותו — היין שבכלי **אֲסִיר** [נאסר]. **אָמַר רַב פַּפָּא: הַאי גּוֹי דְּדָרֵי זִיקָא** [גוי זה שנושא על גבו נאד יין סגור] **וְקָאָזֵיל** [והולך] **יִשְׂרָאֵל אֲחוֹרֵיהּ** [אחריו], ומשגיח שלא יגע ביין עצמו, אם הנאד **מַלְיָא** [מלא] יין — הרי זה **שָׁרֵי** [מותר], **דְּלָא מְקַרְקֵשׁ** [שאין היין מתנועע בתוכו], ולכן אין בזה כל איסור. אם הנאד **חֲסִירָא** [חסר] — **אֲסִיר** [אסור], **דִּלְמָא מְקַרְקֵשׁ** [שמא מתנועע בתוכו] היין, והרי זה כעין ניסוך. לעומת זאת **כּוּבָא** (מין כלי של יין) שהוא פתוח מלמעלה, **מַלְיָא** [מלא] — **אֲסִיר** [אסור] **דִּלְמָא נָגַע** [שמא נוגע] בו ביין שמגיע לשפת הכלי, אם הוא **חֲסִירָא** [חסר, שאינו מלא] — **שָׁרֵי** [מותר] ואין לחשוש בו, **דְּלָא נָגַע** [מפני שאינו נוגע] ביין. **רַב אַשִׁי אָמַר: זִיקָא, בֵּין מַלְיָא וּבֵין חֲסִירָא** [נאד, בין מלא ובין חסר] — **שָׁרֵי** [מותר], **מַאי טַעְמָא** [מה טעם הדבר]? **אֵין דֶּרֶךְ נִיסּוּךְ בְּכָךְ** שאין דרך ניסוך בנענוע יין בתוך כלי סגור.

ב **מַעְצְרָא זַיְירָא** [גת של מכבש] שאין דורכים בה את הענבים ברגל, אלא כובשים את הענבים על ידי לוחות או מכבש — **רַב פַּפִּי שָׁרֵי** [התיר] את היין אם הגוי כובש את הקורה, שהרי הוא עצמו אינו נוגע ביין, ואילו **רַב אַשִׁי אָסַר. וְאִיתֵימָא** [ויש אומרים] **רַב שִׁימִי בַּר אַשִׁי אָסַר.** ומעירים: **בְּכֹחוֹ,** אם הכבישה היא במישרין מכוחו של הגוי, **כּוּלֵּי עָלְמָא לָא פְּלִיגֵי דַּאֲסִיר** [הכל אינם חלוקים שאסור], **כִּי פְּלִיגֵי** [כאשר נחלקו] — הרי זה **בְּכֹחַ כֹּחוֹ. אִיכָּא דְּאָמְרִי** [יש שאומרים] בלשון אחרת: **בְּכֹחַ כֹּחוֹ כּוּלֵּי עָלְמָא לָא פְּלִיגֵי דְּשָׁרֵי** [הכל אינם חלוקים שמותר], **כִּי פְּלִיגֵי** [כאשר נחלקו] **בְּכֹחוֹ.** מסופר, **הֲוָה עוּבְדָּא** [היה מעשה] שנכבש יין **בְּכֹחַ כֹּחוֹ** של גוי, **וְאָסַר רַב יַעֲקֹב מִנְּהַר פְּקוֹד.**

ג מסופר, **הַהוּא חָבִיתָא**

עיונים

ואידך שרי שחיבור מן הצד אינו נחשב חיבור, לאסור את כל היין שבחבית, כמו אם היה הנקב בפיה של החבית או בקרקעיתה, שאז נחשב כל היין כמחובר (רש"י). ואילו רא"ה פירש לשיטתו (ראה בעמוד הקודם) שהיין שבברזא נחשב כעומד לעצמו. והיו שדנו בשאלה: מדוע אין אומרים שאף שאר היין שבחבית מחובר ליין הסמוך לנקב, וצריך להיאסר מכוח זה? והראב"ד מסביר, כי במקרה זה שהנקב בצד, יש אפשרות כלשהי שלא יימשך היין דרך נקב זה, כגון שתתהפך החבית על צידה ואז שאר היין אינו מגיע כלל לנקב שנמצא בצידה העליון, ואם כן רואים אנו את החבית כמוטית על צידה ואין כאן חיבור כלל. ואחרים אמרו ששאר היין נחשב כמחובר על ידי ניצוק, אלא שלדעת רב פפא אין ניצוק חיבור (כך הביא הריטב"א בשם רש"י). ואילו ר"ת בספר הישר אומר שכיון שאין כאן קילוח של נוזלים הרי אין זה מחובר אפילו בגדר ניצוק, אלא הוא נחשב כקטפרס — נוזלים המצויים במדרון, שלכל הדעות אינם חיבור גמור. ורש"י מסביר לשיטתו שהשאר מותר אף בשתיה (וכן להלן בלשון שניה). וכבר תהו ראשונים כיצד אפשר לומר כן כאשר היין האסור והיין המותר מעורבים זה בזה, ובפרט ללשון שניה, שהיין האסור בוודאי אינו בטל בששים. ומשום כך סבורים רוב הראשונים, כדברי הראב"ד ועוד, שמה שהתיר רב פפא היה רק היתר הנאה, שמוכר הכל ונוטל לעצמו כדי החלק המותר (ראה לעיל נח,א).

עד ברזא שחלק היין שמצוי מעל לברז, כיון שהוא עומד להימשך ולצאת משם — ודאי נחשב כמחובר לברז ונאסר. ולפירוש הראב"ד בענין זה (ראה לעיל) חולקת הלשון השניה על ההבנה שיש לראות את החבית כהפוכה על צידה.

כתנאי "כתנאי" מתייחס ללשון הראשונה של דברי רב פפא, שהיא כשיטתו של ר' יהודה במשנה, שנמצא שנחלקו תנאים בשאלה זו של מגע מן הצד. ולפי זה צריך לומר כי לשון שניה בדברי רב פפא, לפיה אם ניקבה החבית מצדיה אין אסור אלא מה שלמעלה — אף היא כשיטת ר' יהודה היא, אלא שמחמת חומרת איסור יין נסך אסר את היין עד הברזא (תוס'). וראה בראב"ד המציע כי ללשון השניה יש לתקן את לשון הברייתא.

מפיה ומשוליה מפי החבית, שהוא חלקה העליון — שכיון שהיין המצוי שם חייב בהכרח להיות על גבי היין שלמטה ממנו הריהו בודאי חיבור. ואף משוליה (בתחתית החבית) — שכיון שדרך היין לצאת משם, יש לומר שכל היין נמשך ובא אחריו. אלא שנחלקו התנאים לגבי נקב שבצד (רש"י). וראב"ד פירש עפ"י התוספתא, שגם בפיה, הואיל ודרכו של היין לצאת משם נחשב היין כנמשך לתוך ידו.

טהורה מכאן ומכאן כלומר, טהורה החבית (והיין שבתוכה) מכל צד, לבד ממה שנמצא בעובי הנקב בלבד (תוס') או שנגע בידו (ראב"ד).

ולכאורה עצם הענין תמוה, כיצד מוצאים בטומאה שיהא משקה בכלי ולא יטמא כולו, אלא רק חלק ממנו? שאם יש מקום לומר דבר זה בכלי המלא חלקים פרודים הנוגעים זה בזה, הרי המשקה מחובר ומעורב יחד! והסבירו ראשונים כי מאחר שמדובר כאן בטבול יום, וטומאת טבול יום היא יוצאת מן הכלל בכמה דברים, ויש בה כמה צדדים להקל, ובין השאר שאין טבול יום מטמא אלא פוסל בלבד, על כן יש מקום לומר שמחמת טומאה זו לא יטמא הכל.

גוי אדנא וכו' רש"י מסביר שכיון שבא היין מכוחו של גוי, יש לומר בזה שאסור משום "סחור סחור אמרין נזירא". ורש"י כתב כי היין נאסר בהנאה. אבל ראשונים אחרים סבורים כי הואיל וברור כי כוונת הגוי להוריק את היין לכובא, והישראל עמו וצופה בו — אין מקום לאוסרו בשתיה (ראה ריטב"א ובראשונים לעיל נח,ב).

ואי מצדד צדודי אסיר כמה הסברים נתנו לדין זה. רש"י מסביר באופן אחד שמדובר בכלי מלא, ויש לחשוש שכיון שהוא מטה אותו שמא יגע ביין שבו. ובאופן אחר, שמדובר בכלי שאינו מלא לגמרי, והרי זה כוחו של הגוי וכוונה לשכשך את היין בתוכו (וכן פירש רמב"ן). ושיטת הראב"ד היא שכאן מדובר כאשר החבית נשענת על הספל (הכובא), ומכיון שהגוי מחזיק את הספל בזוית הרי הוא יכול לגרום שימעט או ירבה הזרם היוצא מן החבית, ולפיכך הוא נעשה כשותף למעשה (וראה ברמב"ן ועוד שהשיגו על הסבר זה). ויש שהסבירו כי יש כאן חשש שמא אגב הטיית הכובא יגע בדפנותיה ביין המקלח, והרי זה מגע גוי על ידי דבר אחר (ברמב"ן).

כובא חסירא שרי ואף שהוא מנענע אותו, מכל מקום הואיל ולא נח לו הדבר, שאינו רוצה שיישפך, הרי זה כוחו שלא בכוונה ומותר (רש"י).

מעצרא זיירא רש"י פירש שהוא גת שכובשים בה את הענבים על יד קורה ומכבש (כדרך שהיו עושים במקומו של רש"י). ור"ת (בספר הישר ועוד) טוען כי כי כפי המתואר בגמרא במקומות אחרים, לא היו משתמשים בקורות לדריכת ענבים, אלא לכבישת החרצנים לאחר דריכת הענבים עצמם, ועל כך מדובר כאן. והראב"ד מסביר כי מדובר כאן בדרך של הוצאת המיץ מן הענבים לא על ידי דריכה, כי אם על ידי הנחת לוחות עץ עליהם ולחיצתם. ובענין זה "כוחו" הוא כאשר הגוי עומד על הלוחות עצמם, ו"כוח כוחו" — כאשר הוא עושה זאת על ידי קורה שמגלגל על הלוחות וכיוצא בזה.

בכוחו... כוח כוחו רש"י מסביר כי כח כחו הוא כגון שמשתמשים במעין בורג גדול כדי ללחוץ את הקורה על הענבים, וכוחו הוא כאשר האדם עצמו עומד על הקורה. אבל רבינו תם פירש כי כח כחו הוא כדרך שנאמר בגמרא לענין אחר (מכות ח,א) כאשר אדם משליך אבן על עץ ומשם נופל דבר ומכה.

ובתוס' העירו כי בגיתות שהיו במקומם האיש המפעיל את המכבש לא עשה זאת במישרין אלא על ידי כמה כוחות (כלומר, שהיו כמה מכשירים מתווכים בין כוחו של האיש ובין הענבים עצמם). ומכל מקום אין נראה להם לחלק בין כוח כוחו ובין כוח כוח כוחו וכו'. וכן פסק רש"י לנכדו הרשב"ם (תוס' חכמי אנגליה ועוד). והרמב"ן פוסק הלכה למעשה כרש"י, אם כי הוא מעלה תמיהה: בעצם גם בכוחו בלבד מה טעם לאסור? הרי כוחו של הגוי מופעל על הענבים עוד קודם שנמשך מהם היין, ולא על היין! והסביר רמב"ן כי מאחר שהיין הנמשך זורם מכוחו של הגוי, יש מקום לאסור.

אורח ההלכה

כל דלהדי ברזא וכו' כתב הרמב"ם: חבית שהיה נקב בצדה ונשמט הפקק, ובא גוי והניח אצבעו במקום הנקב להציל היין, מה שמראש החבית עד הנקב אסור, ומה שמתחת לנקב מותר בשתיה. שפסק כלשון אחרונה של רב פפא. והראב"ד חולק, ואוסר את היין שלמעלה בהנאה, ואת מה שלמטה בשתיה. וכן כתבו בטור ושו"ע. והוסיף רמ"א שימכור את כל היין חוץ מדמי היין שנאסר בהנאה. ועוד הוסיף רמ"א (עפ"י הראב"ד) שכל זה הוא דווקא שהיה שם ישראל להציל את היין ובא הגוי והצילו, אבל אם לא היה שם ישראל להציל ובא הגוי להצילו — במלאכתו הוא עוסק, והכל מותר בהנאה (ראב"ד ועוד), ולמנהגנו היין אף בשתיה במקום הפסד (ש"ך). (רמב"ם שם פי"ב ה"י. שו"ע שם קכד, כג ובהגהה. וראה שם סעיף יד).

גוי אדנא וישראל אכובא גוי המערה יין מכלי שבידו לכלי שביד ישראל — היוצא אסור בשתיה. וישראל שמערה מכלי שבידו לכלי שביד הגוי — מותר היין אפילו בשתיה. ואם נדנד הגוי את הכלי — נאסר היין. ולדעת רמ"א דווקא אם גם הגביה הגוי את הכלי וגם ניערו (ש"ך). וכדברי רב פפא. (רמב"ם שם ה"ב. שו"ע יו"ד קכה, ח. שם קכד, יח).

כובא מליא אסיר וכו' היה גוי נושא כלי פתוח ובתוכו יין, וישראל הולך אחריו, אם היה הכלי חסר ולא שכשכו — מותר בשתיה (ויש אומרים שאפילו שכשכו בכלי מותר במקרה זה. רמא בשם ראב"ד ורשב"א ועוד). ואם היה הכלי מלא — אסור בהנאה, שמא נגע בו הגוי. ואם היה ישראל הולך בצדו ושומר שלא ייגע — מותר (עפ"י הראב"ד). וכדברי רב פפא. (רמב"ם שם ה"ד. שו"ע שם קכה, י. שם קכד, יז).

זיקא בין מליא וכו' גוי שהעביר נוד יין ממקום למקום והוא אוחז פי הנוד בידו (והנוד סתום. ש"ך) בין שהיה נוד מלא או חסר — מותר, ואף שהיין מתנדנד בו — אין זו דרך ניסוך. וכדברי רב אשי, שהוא אחרון. (רמב"ם שם ה"ב. שו"ע שם סעיף ט).

כחו נטל הגוי כלי של יין והגביהו ויצקו, אף שלא שכשך בו — אסור, שהרי היין מגיע מכוחו, ובזה הכל מודים שאסור. (רמב"ם שם ה"ב. שו"ע שם סעיף א).

כוח כוחו יין שנד מחמת גוי, ולא מכוחו בלבד אלא אף מכוח כוחו — הרי זה אסור, כמעשה רב יעקב מנהר פקוד. אבל כוח כוח כוחו, כגון קורת הגת שגילגלה גוי, שיש שם שלושה כוחות, הדפים והגלגל והקורה — מותר אפילו בשתיה (ודווקא בדיעבד, אבל לכתחילה אפילו בעשרה כוחות אסור. ש"ך). (שו"ע שם סעיף ב).

ואידך שרי. אף בשתיה דקסבר לדדין לאו חיבור(ב) ליאסר כל היין ולית הלכתא כוותיה דהא מוקי רב יימר מילתיה דרב פפא כתנאי וקם ליה רב פפא כרבי יהודה דיחידאה ויחיד ורבים הלכה כרבים דפליגי רבנן עליה ואמרי בין מלידיה בין מפיה טמאה דכולן חיבור:(ג) **עד ברזא.** כל יין שלמעלה לנקב אסור דכיון דכולו נמשך אחר הנקב לצאת דרך שם הוה ליה חיבור ואסור: **כתנאי.** איתמר הא דרב פפא ולאו דברי הכל היא: **שוליה.** שהיא יושבת עליהן שכל חביות שבתלמוד כדים של חרס הן: **ניקבה מפיה.** הואיל וכל היין שלמטה נעשה בסיס לעליון הוי חיבור ומשוליה נמי הואיל וכל היין נמשך אחר הנקב הוי חיבור אבל נקב מצידיה טהורה מכאן ומכאן כרב פפא ורבנן לית להו דרב פפא הלכך לית הלכתא כוותיה וכולו אסור בשתיה ומותר בהנאה: **גוי אדנא.**(ד) מערה היין מדנא לכובא: **וישראל אכובא.** ואוחזו בידו: **חמרא אסור.** בהנאה דהיינו נמי יין שמזגו גוי וכחו הוא ואסרנא ליה משום לך לך אמרין כו': **ואי קא מצדד צדודי.** לכובא: **חמרא אסור.**(ה) משום דמקרקש ליה לחמרא ובכובא מליאה עסקינן דלמא נגע לישנא אחרינא אפילו חסירה נמי כיון דמקרקש בכוונה הוה ליה כחו בכוונה ואסור בשתיה: **זיקא.** נוד קשור: **וקאתי ישראל אחוריה.** וחזי דלא נגע גוי בגווה: **כובא חסירא שרי.** דאין קרקוש בכלי פתוח ואע"ג דכי דרי ליה א"א בלא קרקוש מעט כיון דלא ניחא ליה בקרקושיה דלמא מישתפיך ה"ל כחו שלא בכוונה ומותר אבל זיקא הוי קרקוש ודומה למשכשך והוי נסך: **אין דרך ניסוך בכך.** אבל בכובא מליאה איכא למיחש לנגיעה כשהוא נותן ידו על שפתו לא פליג רב אשי ואסור: **מעצרא זוירא.** גת דאין דורכין אלא כובשין בקורה. זוירא מכבש כמו (שופטים ו) ויזר [את הגזה וימץ] טל מן הגזה מלא ספל מים: **בכחו.** היכא דענבים נסחטים מכחו כגון שעולה על הנסרים שעל התפוח ומכבידם: כולי עלמא לא פליגי דאסור: **כח כחו.** כגון שמגלגל הגלגל שקורין ווי"ן והיא מפלת הקורה ובלשון לעז איספלג"ל:

ואידך שרי ואיכא דאמרי אמר רב פפא(א) אעד הברזא חמרא אסיר ואידך שרי אמר רב יימר כתנאי א*חבית שנקבה בין מפיה בין משוליה ובין מצידיה ונגע בו טבול יום טמאה רבי יהודה אומר מפיה ומשוליה
א טמאה *מצידיה טהורה מכאן ומכאן אמר רב פפא בגוי אדנא וישראל אכובא חמרא אסיר מ"ט כי קאתי מכח גוי קאתי גישראל אדנא וגוי אכובא חמרא שרי ואי מצדד צדודי אסיר אמר רב פפא דהאי גוי דדרי זיקא וקאזיל ישראל אחוריה מליא שרי דלא מקרקש חסירא אסיר דלמא מקרקש דכובא מליא אסיר דלמא נגע חסירא שרי דלא נגע רב אשי אמר הזיקא בין מליא ובין
ב חסירא שרי מ"ט אין דרך ניסוך בכך מעצרא זוירא רב פפי שרי רב אשי ואיתימא רב שימי בר אשי אסר בכחו וכולי עלמא לא פליגי דאסיר כי פליגי בכח כחו איכא דאמרי בכח כחו כולי עלמא לא פליגי דשרי כי פליגי בכחו הוה עובדא בכח כחו
ג ואסר רב יעקב מנהר פקוד ההוא חביתא דאיפקעה

לפרש אלא ודאי אסר הכל כדפרישית והלכתא כוותיה והקשה הר"ר משה מקוצי על זה הפסק דכל זה אינו אלא מכח הפירוש שפירש שאין הגישתא מגעת עד שולי החבית והקשה דלישנא דכולי חמרא אגישתא *(גרידא) לא משמע הכי דהא לא היה נעשה כי אם להריק את החבית דרך שם בלא נקיבה וגם רש"י פירש לקמן שהגישתא היתה מגעת עד שולי החבית ומה שהקשה ר"ת דבכמה דוכתי פסקינן כיחיד לגבי רבים היינו כשפסק(ו) בהדיא כוותיה אבל הכא דלמא ברייתא לא שמיע ליה לרב פפא ודלמא אי שמיע ליה דרבנן פליגי עליה הוה הדר ביה לכך נראה לו דאין הלכה כרב פפא מטעם דקם ליה כיחידאה וגם ר"ת פסק כך וא"ת לפי מה שפירש לעיל שהגישתא היתה מגעת עד שולי החבית למה לא היה רב פפא רוצה לאסור(ז) וניחא ללישנא דכל להדי ברזא אסור אע"פ שסופו לצאת גם שם לא היה רוצה לאסור כי אם מה שעלה בחלל הקנה אבל ללישנא דעד ברזא אסור משום שסופו לצאת למה לא היה אוסר שם יש לומר דעד ברזא סופו לצאת יותר בקל דכשיסיר גוי ידו מעל הנקב יצא היין מאליו אבל בבת גישתא כיון ששם הגוי ידו מנעו מלצאת אם לא ימצוץ בקנה פעם שניה ונ"ל דבין רב פפא ורבא דלא אסרי בהנאה השאר מטעם תערובת סברי כרשב"ג דאמר ימכר חוץ מדמי יין נסך שבו והויא דקדא במינקת והעלה דנאסר הכל מפני טפת יין המתערבת אתיא כרבנן כדפרי' לעיל ומה שאסרנו מטעם שסופו לצאת דוקא כשהניח הגוי ידו על נקב הברזא או על הבת גישתא שמנע היין לצאת והוו כאילו נגע בכולו כדפרישית אבל נגע בקילוח היוצא או אם הישראל מושך יין מן החבית לתוך כלי שיש בו יין נסך למ"ד נצוק אינו חיבור דקי"ל הכי מותר כל מה שבחבית אף בשתיה דמגע הקילוח אינו כלום לגבי מה שבפנים וכן מוכיחות ההלכות גבי המערה יין נסך לבור וכן גבי נטל המשפך דלמ"ד נצוק אינו חיבור הכל שרי ונ"ל לרב פפא ללישנא דלא אסר אלא להדי ברזא שיסתמו אותו הנקב ויעשו הברזא במקום אחר דכיון שהקילוח הראשון שילא דרך עודי הברזא אסור א"כ יאסר כל השאר שילא דרך שם מפני שנוגע בדופני הנקב שיש בהם כל שעה טופח להטפיח והאשון ראשון נאסר: **מצידיה טהורה.** פי' חוץ מן היין שבעובי הנקב וא"ת אמאי לא יטמא את המותר י"ל דמשקה הבא מחמת טבול יום נפסלים ואינם פוסלים תדע דהא תנן (טבול יום פ"ב מ"ה ע"ש) שמן שלף ע"ג יין ונגע טבול יום במקצתו לא פסל אלא מקום מגעו ואפילו מאן דפוסל ה"ט מפני שניהם חיבור זה לזה: **גוי אדנא וישראל אכובא.** ריקנית ואוחזה בידו חמרא אסור פי' הקונט' ואפילו בהנאה דה"ל יין שמזגו גוי דכחו הוא ואסרנא ליה משום לך לך ולפי אותו פירוש שפירש לעיל גבי יין שמזגו דאינו אסור בהנאה י"ל שיש להחמיר כאן יותר שיש לתלות שהריקו בכוונת ניסוך ומיהו כחו של גוי הוא ובמאי דלבראי גזור והנשאר בכלי מותר ודוקא כי שפך הגוי לבדו וכן בסמוך כי לדד לבדו אבל אם סייע לו ישראל הכל מותר ואף בשתיה דכל היכא דכח גוי אסור אם כח אחר מעורב בו מותר ומיהו לכתחלה אסור כדאמרינן לקמן (דף עב:) אמר להו רבא להנהו שפוכאי כי שפכיתו חמרא לא ליקרב גוי ולסייע בהדייכו דלמא משתליתו ושדיתו ליה עליה: **ואי מלדד לדודי אסיר.** נראה לר"י ב"ר מאיר כאותו(ח) לשון שפי' הקונט' אפי' בכובא חסירא דכיון דמקרקש ליה בכוונה ה"ל כחו בכוונה ואסור בשתיה ומדמי ליה לנוגע בקנה דמה לי נוגע בקנה או נוגע בשולי הכובא ואור"י כי יש בני אדם שמניחים גוי לבדו להגביה העגלה שהחבית בתוכה או החבית כשהוא מקלח תוך הכובא כדי שיקלח יפה ואומרים מסייע שאין בו ממש הוא דבלאו הכי היה מקלח ולא רצה לומר בזה לא איסור ולא היתר אבל יש להחמיר בבני אדם כשמטין הכובא שיש בה מעט יין לצד אחד שלא יטה אותו הגוי ואפילו אם נער קטן מסייע דמסייע כי האי ודאי מסייע אין בו ממש כי ההוא דזה יכול וזה אינו יכול דפרק המצניע (שבת דף צג.): **זיקא בין מליא בין חסירא שרי.** דאין דרך ניסוך בכך ע"י קרקוש יין בכלי בשעה שנושאו והכי קי"ל דרב אשי הוא בתראה ואכובא לא פליג ואסור ודוקא כשנושאה על ראשו או על כתיפו דאיכא למיחש דלמא נגע אבל במוט או לישא הדלי דרך טבעתו מותר ומכאן יש ללמוד שאם יש כאן נוד של עור רק מלא יין אע"פ שהגוי דוחק ומגיע דפנותיו זה לזה דכשר כיון דאין דרך ניסוך בכך ומכאן התיר ר"ת על ברזא שהיתה רפויה בחבית ועל סתימת המגופה שהיתה רפויה ע"פ החבית ובא גוי והדיק וגם בפיטס גדול שלא היו השולים מהודקים ובא יהודי ושם נעורת והיה תופסה נגד הנקב ומנע קלת היין לצאת ולא כל כך ובא הנגר גוי והעמידו בהידוק כנגד הסדק בסכין עד שסתם *הסדק כל זה התיר מטעם שהיה מדמה כל אלו המעשים לנוד של עור רק שאין דרך ניסוך בכל וגם ר"י הורה לסמוך על היתר זה אם ירצו אע"פ שיש פתחון פה לבעל דין לחלוק וגם היה ר"י מביא ראיה מההיא דלקמן (דף עה:) דעם הארץ שהושיט ידו לגת ונגע באשכולות דאשכולות טמאין והגת טהורה ואע"פ שהיין מהלך מטעם דמפסקי אשכולות אכן ר"ת דחה אותה ראיה כי שם מדבר אחר דריכה והוצאת יין מן הגת ומהודקות יחד האשכולות ועגולות כעין שעושין אותן כתפוח שלנו ולכן מפסיק היטב היטב: **הוה עובדא בכח כחו ואסרה רב יעקב מנהר פקוד.** וכן פסק רבינו חננאל דמעשה רב לכן טוב הדבר שיסייע הישראל עם הגוי לגלגל כשמשפיל הקורה על הגת של ענבים ובעינן שיהיה גם הישראל לבדו יכול להשפילה או שאינם יכולין להשפילו כל אחד לבדו אבל אם די בכח הגוי ואין די בכח הישראל שמא יש לאסור כמו *זה יכול וזה אינו יכול דהוי מסייע שאין בו ממש אמנם רשב"ם פי' שאם גלגל הגוי לבדו ויש כאן הפסד מרובה יש לסמוך על איכא דאמרי שמתיר בכח כחו והני מעצרי דידן איכא ג' כחות מקל וגלגל וקורה ועוד כח רביעי כשמשימין דפים על הענבים ומיהו למאן דאסר לא מצינו חילוק בין ג' כחות לב':
מעשה

עין משפט נר מצוה

פד א מיי' פי"ב מהל' מ"א הלכה י סמג לאוין קמח טוש"ע י"ד סי' קכד סעי' כג:
ב מיי' שם סמג לאוין קמח טוש"ע י"ד סי' קכד סעי' יח וסי' קכה סעיף ח:
פו ג מיי' שם הל' ג סמג שם טוש"ע י"ד סי' קכה סעיף ח:
פז ד מיי' שם הלכה ד טוש"ע שם סעיף י:
פח ה מיי' שם טוש"ע שם סעיף ט:
פט ו מיי' שם הל' ב טוש"ע שם סעיף ה:
צ ז טוש"ע שם סעי' ב:

הגהות הב"ח

(א) גמ' אמר רב פפא עד: (ב) רש"י ד"ה ואידך וכו' לאו חיבור הוא ולאסור כל שאר היין: (ג) ד"ה עד הברזא וכו' חיבור ואסור ואידך שרי אף בשתיה הס"ד: (ד) ד"ה גוי אדנא גוי מערה: (ה) ד"ה חמרא אסור וכובא מליאה עסקינן דלמא נגע לישנא אחרינא אפי' חסירה נמי משום דמקרקש ליה לחמרא וכיון דמקרקש בכוונה כו': (ו) תוס' ד"ה (בדף הקודם) אמר ר"פ כו' היינו כשפסק תלמוד' בהדיא: (ז) בא"ד הניחא ללישנא דכל להדי ברזא אסור ואידך שרי אף על פי שסופו: (ח) ד"ה ואי מלדד וכו' ותימה שהר"מ כתב ג"כ כאותו לשון ואפי' בהנאה אסור וכן כתב הטור בסימן קכ"ו:

גליון הש"ס

תוס' ד"ה (בדף הקודם) אמר רב פפא אבל הכא דלמא ברייתא לא שמיע ליה. כלומ' בשבת דף סח ע"א:

[טבול יום פ"ב מ"ז]

[במשנה איתא מן הצדדים מכאן ומכאן טהור ולכך הש"ס לשנות קצת]

[נ"ל גרידא]

נ"ל הנקב ר"מ

[שבת נג.]

דאיפקעה לאורכה אידרי ההוא גוי חבקה [א]שרייה רפרם בר פפא ואי תימא רב הונא בריה דרב יהושע לזבוני לגוים וה"מ דפקעה לאורכה אבל לפותייה [ב]אפילו בשתיה שרי מ"ט מעשה לבינה קעביד ההוא גוי דאשתכח דהוה קאי במעצרתא אמר רב אשי [ג]אי איכא טופח להטפיח בעי הדחה ובעי ניגוב ואי לא בהדחה בעלמא סגי ליה:

א מתני' [ד]נכרי שנמצא עומד בצד הבור של יין אם יש לו מלוה עליו אסור אין לו מלוה עליו מותר נפל לבור ועלה [ה]*מדדו בקנה התיז את הצרעה בקנה או שהיה מטפיח ע"פ חבית מרותחת בכל אלו היה מעשה ואמרו ימכר *ור"ש מתיר [ו]נטל את החבית *וזרקה(א) בחמתו לבור זה היה

ב מעשה *והכשירו: גמ' אמר שמואל [ז]והוא שיש לו מלוה על אותו יין אמר רב אשי מתני' נמי דיקא דתנן [ח]*המטהר יינו של נכרי ונותנו ברשותו והלה כותב לו התקבלתי ממך מעות מותר אבל אם ירצה ישראל להוציאו ואין מניחו עד שיתן לו מעותיו זה היה מעשה בבית שאן ואסרו טעמא דאין מניחו הא מניחו שרי ש"מ מלוה

ג על אותו יין בעינן ש"מ נפל: לבור ועלה: אמר רב פפא [ט]לא שנו אלא שעלה מת אבל עלה חי אסור מ"ט אמר רב פפא דדמי עליה

ד כיום אידם: מדדו בקנה כל אלו היה מעשה ואמרו ימכר ור"ש מתיר: אמר רב אדא בר אהבה [י]*ינוחו לו לר"ש ברכות על ראשו [כ]כשהוא מתיר מתיר אפילו בשתיה וכשהוא אוסר אוסר אפילו בהנאה א"ר חייא בריה דאבא בר נחמני אמר רב חסדא אמר רב ואמרי לה אמר רב חסדא אמר זעירי הלכה כר"ש איכא דאמרי אמר רב חסדא אמר לי אבא בר חנן הכי אמר זעירי הלכה כר"ש

ה ואין הלכה כר"ש: נטל חבית וזרקה [בחמתו] לבור זה היה מעשה [והכשירו]: אמר רב אשי [ט]*כל שבזב טמא בגוי עושה יין נסך כל שבזב טהור בגוי אינו עושה יין נסך איתיביה *רב הונא לרב אשי [י]נטל את החבית וזרקה בחמתו לבור זה היה מעשה בבית שאן והכשירו [י]בחמתו אין שלא בחמתו לא

התם

רש"י

לאיפקעה לאורכה. כשהיא יושבת זקופה נסדקה מלמעלה למטה וביקש חליה ליפול אילך וחליה ליפול אילך: חבקה. בין זרועותיו וחיברה עד שהביאו כלי: לזבוני לגוים. דהא לא שכשך לזו וזו והוי נוגע ביין ע"י חלאי החבית לא הוי כנוגע בקנה דהתם משכשך בקנה אבל הכא ליכא שכשוך מידי: אבל לפותייה. הואיל(ב) ואין נבדלות זה מזה שהרי חליה העליון יושב על התחתון אלא שיוצא מעט מעט והגוי הכבידן זו לזו ולא הוי נוגע ודחק יין החבית: אלא מעשה לבינה. בעלמא קא עביד כלבינה הנתונה ע"פ החבית ומכבידתה: דהוה קאי במעצרתא. דישראל ולא היה בה יין אלא משקה טופח עליהן: ניגוב. אפר ומים ואפר כדמפרש לקמן בהשוכר (דף עה.): מתני' אם יש לו עליו מלוה. על ישראל אסור לפי שלא ירא ליגע דסבר אי אמר לי מידי אמינא ליה תניהו לי בחובי: נפל. הגוי בבור מלא יין אע"פ דנגיעה ממש(ג) הואיל ושלא בכוונה הואי: מדדו בקנה. אע"ג דנתכוין הואיל ולדבר אחר נתכוין והא נגיעה לאו ממש היא אלא ע"י הקנה: או שהיה מטפיח כו': המרותחת. שהיתה מתמלאת ומעלה רתיחות וטיפח בידו ממש על הרתיחות אין דרך ניסוך בכך ומותר בהנאה: זה היה מעשה. והכשירוהו אף בשתיה: גמ' על אותו יין. שעשה לו ישראל את היין הזה אפותיקי לגבות הימנו דהשתא סמכה דעתיה ונגע ולא מירתת אבל לא היתה לו מלוה על אותו יין אע"פ שיש לו מלוה על בעליו מותר בשתיה דמירתת ולא נגע: המטהר יינו של נכרי. ישראל שדרך ענבים של נכרי בהיתר כדי למכרו לישראל ואין נותן מעות לנכרי עד שימכרנו לאחר זמן ונותן ברשותו של נכרי: והלה כותב לו התקבלתי. אם כותב לו הנכרי התקבלתי ממך מעות כלומר הריני כאילו קבלתי מעות שאיני מעכב בידך להוציא יין מרשותי בכל עת שתרצה: מותר. (ד)אם יש מפתח או חותם ביד ישראל: זה היה מעשה בבית שאן ואסרו. דכיון דיש לו מלוה על אותו יין מאי דבעי עביד אבל מלוה שאינה על אותו יין כמי שאין לו עליו(ה) דמי דקתני רישא הלה כותב לו התקבלתי ממך מעות מותר והא הכא דיש לו מלוה דמי היין עליו וקתני דכיון דלאו על אותו יין הוא מותר: דדמי עליה כיום אידם. ואזיל ומודה על שניצל ומסתמא נסכיה בעלייתו ואסור בהנאה: ומסקנא דמילתא מסיק תלמודא ואין הלכה כר"ש: כל שבזב טמא(ו). לא איירי רב אשי בהיסט כלל אלא במגע ולא אתא לאשמעינן אלא זרק בגוי דלא אסר וה"ק כל מגע שבזב טמא כגון בחבורין בין בידו בין בקנה שאם הגוי זב והיין *כלי או אדם מטמא בזב אף היין נעשה בכך יין נסך כגון אדם הנוגע בזב בין שנגע בו הזב ממש בין בקנה טמא אף היין שנגע בו גוי בין בידו בין בקנה נעשה יין נסך וליכא למימר דרב אשי אהיסטו של זב נמי קאי דאמר רב אשי לעיל (עמוד א) זיקא בין מליאה בין חסירה שרי ודכוותה בהיסט של זב טמא: שלא בחמתו לא. אלמא זרק הגוי עשה יין נסך ואילו זב שזרק חפץ בכלי לא טימאו: דקאזיל

התם

תוספות

מעשה לבינה קעביד. ואף בשתיה נמי שרי פי' רשב"ס וז"ל גוי המהדק מגרופות של גיגית מלא יין כדי שיתחברו סדקין שבאו בה מלמעלה למטה אין זה כמחבק חבית לאורכה דחבית מבוקעת מזומנת ליפול חליה אילך וחליה אילך וכשהוא מחבקה מחבר כל היין זה לזה אבל גיגית יין במקומו עומד ע"י הדוקו הראשון וסדק קטן יש שם והוא מהדקו וכן בחביות של עץ שלנו אבל דבר זה אסור להיות גוי תוחב נעורת או מטלית בסדק ובחבור השוליים לסתום מפני שנוגע ביין עכ"ל ור"י היה אומר דמותר להיות הגוי תוחב נעורת סביב השוליים במקום שמתחברין אל דופני החבית ומשם היין זב ויוצא כי הנעורת שתוחב אינו כנגד יין שבפנים לפי שראשי השוליים מפסיקין שתחובין בחריצין שבדופני החבית סביב ואפי' באמצע חיבור השוליים נותן בו הגוי הנעורת ובלבד שלא יהא שם חלל ורבינו שמואל אומר דאם יש חבית שמטיפה דרך שוליים יכול הגוים להדוק שם נעורת בסדקין דהוי כמו לפותייה ומעשה לבינה אבל אם הוא שותת הרבה יש ליזהר כי אז נוגע הגוי ביין ומיהו אם אינו נוגע ביד אלא בסכין כיון שאינו מתכוין רק לסתום ולא ליגע ביין הוי ליה מגע גוי שלא בכוונה ע"י ד"א(ז) ושרי לפירוש ר"ת וטוב שיסיים הישראל המטלית או הנעורת עד שיסתם קצת והגוי יהדקנו בהיתר כר"ת שכתבתי למעלה(ח): בעיא הדחה ובעיא ניגוב. בחנס הזכיר הדחה דכל ניגוב צריך שיתן מים תחלה אלא לפי שהיה רוצה לומר ואי לא בהדחה סגי נקט הדחה כתב רשב"ס ומיהו אנן לא עבדינן ניגוב(ט) בגתיות של גוים אלא הדחה בעלמא וסמכינן אראיות שבפרק אחרון (לקמן דף עד: ד"ה דרש) דלא בעיא ניגוב: אי איכא טופח להטפיח. תימה היכא דליכא טופח ע"מ להטפיח אי חשיב יין לגבי ניסוך א"כ הדחה וניגוב בעי ואי לאו יין הוא הדחה נמי לא ליבעי ופרשב"ס דפשיטא דיין הוא ושייך בו ניסוך אבל מ"מ הוא אינו חבור לאותו הבלוע בתוך הגת דהכי אמרי' לקמן(י) טופח [*שלא] ע"מ להטפיח ליכא למיחש משום איסור בלוע: דיקא נמי דקתני כו' והלה כותב לו התקבלתי. שעתה אין לו כלום על היין אע"פ שיש לו מלוה (כ)חוב דמי היין מותר פ"ה כאן אם יש (שם) מפתח או חותם ביד ישראל וכן פר"ת וקשיא דא"כ מאי ראיה היא לכאן שאני התם דיש מפתח או חותם ביד ישראל אבל הכא שעומד בצד הבור בלא מפתח וחותם שמא יש לאסור וי"ל שסברת התלמוד כך כי היכי דברשות הגוי כי יש מפתח וחותם חשוב יינו של ישראל כשהגוי מניחו להוציאו כך ברשותו של ישראל אף בלא מפתח וחותם מיקרי יינו של ישראל כיון שאין לו מלוה על היין אע"פ שהישראל חייב לו מעות: כל שבזב טמא כו'. כל עיקרו של כלל זה לא בא אלא זיקה שהרי זב המסיט יין נטמא או אם נושאו על כתפו אפי' בכלי אבנים טמא ובגוי היסט מותר כדאמרינן גבי זיקא בין מליאה בין חסירה שרי וגם אם ישב על החבית לא מנכסו ובזב טמא וכן כלל כל שבזב טהור לאו דוקא שהרי *קנה בקומתו של זב והסיט בו את הטהור טהור ואילו בגוי עושה יין נסך וכן הלכה שאם זרק אבן או כל דבר ליין ואפילו בכוונה שהוא מותר בשתיה כן הורה ר' יוסף טוב עלם וכתב הרב רבי משה מקוצי דה"ה שאם זרק לתוכו מים שלא בכוונת מזיגה שיהא מותר בשתיה:

עין משפט נר מצוה

צא א ב מיי' פי"ב מהל' מאכלות אסורות הלכה ח סמג לאוין קמד טוש"ע י"ד סי' קכל סעיף כב:
צב ג מיי' שם הלכ' כז סמג שם טוש"ע י"ד סי' קכט סעיף יג:
צג ד מיי' שם הלכה כה סמג שם טוש"ע י"ד סי' קכח סעיף ב:
צד ה מיי' שם הלכ' ט סמג שם טוש"ע י"ד סי' קכל סעיף יט:
צה ו מיי' שם ועיין בהשגות ובכסף משנה סמג שם טוש"ע שם וסי' קכה סעיף ה:
צו ז מיי' שם הלכה כה סמג שם טוש"ע י"ד סי' קכח סעיף ב:
צז ח מיי' שם הלכ' ט סמג שם טוש"ע י"ד סי' קכל סעיף כ:
צח ט מיי' שם סמג שם טוש"ע שם סעי' יא וסי' קכה סעי' ה:
צט י מיי' שם ועיין בהשגות סמג שם טוש"ע י"ד סי' קכה סעי' ה:

הגהות הב"ח

(א) במשנה וזרקה (בחמתו) תז"מ נ"ב ס"א ל"ג ליה: (ב) רש"י ד"ה אבל לפותייה הואיל ואינן נבדלות זו מזו וכו' הכבידן זו לזו ודוחק יין החבית לא הוי נוגע אלא מעשה לבינה כצ"ל והד"א: (ג) ד"ה נפל וכו' ממש הוא הואיל: (ד) ד"ה מותר אם יש מפתח או חותם. נ"ב אע"ג דרש"י גופיה פי' מתניתין דהמטהר יינו כו' בכתב לו התקבלתי ואפילו אין מפתח וחותם ביד ישראל שרי ולפי זה הויא סיפא פירושא דרישא וכדכתבו התוס' בתחלת הדיבור המתחיל המטהר יינו מ"מ ס"ל לרש"י דסיפא מיירי בתרתי מילי ולדדין היכא דמונח בבית הפתוח לרה"ר כדקתני רישא ואפי' אין מפתח וחותם ובאין פתוח לרה"ר לא שרי אלא במפתח וחותם: (ה) ד"ה זה היה וכו' עליו חוב דמי: (ו) ד"ה כל שבזב טמא בגוי עושה יין נסך לא איירי רב אשי וכו' אלא זריקה בגוי וכו' בידו בין בקנה כגון שאם נגע הזב בכלי או באדם מטמא בזב אי נמי כגון אדם הנוגע בזב בין שנגע בזב ממש וכו' נמי קאי דהאמר רב אשי כצ"ל ותיבות אף היין נעשה בכך יין נסך נמחק: (ז) תום' ד"ה מעשה וכו' ע"ש ד"ה לפירוש ר"ת. נ"ב בדף כז בסוף ד"ה א"נ בזוב: (ח) בא"ד שכתבתי למעלה. נ"ב בדף כז ד"ה זיקה: (ט) ד"ה בעיא וכו' ניגוב אף בגתות וכו' שבפרק אחרון. נ"ב בפרק השוכר דף עה בד"ה מדיחין במים: (י) ד"ה אי איכא וכו' אמרינן לקמן לא ליכא טופח ע"מ להטפיח: (כ) ד"ה דיקא וכו' אע"פ שיש לו מלוה עליו חוב דמי היין מותר כצ"ל ותיבת חוב נמחק:

מסורת הש"ס

[לעיל מז.] [עי' תי"ט] [נ"ל בבית שאן והכשירו כ"א ברא"ש] לקמן סא. [ברכות לג. וש"נ] [גי' רא"ש בכמי ה' רבינא] [וכלי. יעב"ץ] [נדה מג.]

גליון הש"ס

תום' ד"ה כל וכו' כל עיקרו. כעין זה בתוס' ב"ק דף יז ע"ב ד"ה כל:

דְּאִיפַּקְעָה [שנבקעה] לְאוֹרְכָּהּ מלמעלה למטה, אִידְרֵי הַהוּא גּוֹי חַבְקָהּ [קפץ גוי אחד וחיבק אותה] שלא תיפתח, ושהיין לא יישפך, שַׁרְיָיהּ [התיר אותה] רַפְרָם בַּר פַּפָּא, וְאִי תֵּימָא [ויש אומרים] שהיה זה רַב הוּנָא בְּרֵיהּ [בנו] של רַב יְהוֹשֻׁעַ, לְזַבּוּנֵי [למכור אותה] לְגוֹיִם, שנאסרה בשתיה אבל לא בהנאה. ומעירים: וְהָנֵי מִילֵּי [ודברים אלה] אמורים שֶׁפְּקַעָה לְאוֹרְכָּהּ, אֲבָל אם נבקעה לְפוּתְיָיהּ [לרוחבה] והגוי הידק את החלק העליון על התחתון — אֲפִילּוּ בִּשְׁתִיָּה גם כן שָׁרֵי [מותרת], מַאי טַעְמָא [מה הטעם]? הגוי שמחזיק את החבית רק מַעֲשֶׂה לְבֵינָה קָעָבֵיד [עושה], שאינו עושה מעשה ביין, אלא רק מכביד על החבית כאילו היה לבינה, או דבר כבד אחר. מסופר, הַהוּא גּוֹי דְּאִשְׁתַּכַּח דַּהֲוָה קָאֵי בְּמַעֲצַרְתָּא [גוי אחד שנמצא עומד בתוך הגת] עצמה, אָמַר רַב אַשִׁי: אִי אִיכָּא [אם יש שם יין] בכמות כזו שהיא של טוֹפֵחַ לְהַטְפִּיחַ (רטוב עד כדי להרטיב דבר אחר) — בָּעֵי [צריך] הַדָּחָה של הגת במים וּבָעֵי [וגם צריך] נִיגּוּב (ניקוי יסודי יותר. להלן עד,ב), וְאִי [ואם] הוא לֹא טופח להטפיח, גם אם יש שם לחות — בְּהַדָּחָה בְּעָלְמָא סָגֵי לֵיהּ [בלבד די לו].

א משנה נָכְרִי שֶׁנִּמְצָא עוֹמֵד בְּצַד הַבּוֹר שֶׁל יַיִן, אִם יֵשׁ לוֹ מִלְוֶה עָלָיו כלומר, שבעל הבור חייב כסף לגוי — אָסוּר היין, שאנו חוששים שכיון שהגוי סבור שיש לו זכות בנכסיו של הלווה לא יימנע מלנגוע ביין. אֵין לוֹ מִלְוֶה עָלָיו — מוּתָּר, שאין אנו חוששים שהוא נוגע בדבר שאינו שלו. נָפַל הגוי לַבּוֹר יין וְעָלָה, או מְדָדוֹ ליין שבבור בְּקָנֶה בלי לנגוע בו בידו, או הִתִּיז אֶת הַצִּרְעָה בְּקָנֶה ונגע הקנה ביין, אוֹ שֶׁהָיָה מְטַפֵּחַ מסיר קצף מֵעַל פִּי חָבִית מְרוּתַּחַת — בְּכָל אֵלּוּ הָיָה מַעֲשֶׂה וְאָמְרוּ: יִמָּכֵר, שהיין מותר בהנאה אבל אסור בשתיה, וְר' שִׁמְעוֹן מַתִּיר אף בשתיה. נָטַל הגוי אֶת הֶחָבִית של יין וּזְרָקָהּ בַּחֲמָתוֹ לַבּוֹר, זֶה הָיָה מַעֲשֶׂה וְהִכְשִׁירוּ אף בשתיה.

ב גמרא בפירוש דברי המשנה "אם יש לו מלוה עליו", אָמַר שְׁמוּאֵל: וְהוּא שֶׁיֵּשׁ לוֹ מִלְוֶה עַל אוֹתוֹ יַיִן עצמו, שהיין משועבד לגביית חוב זה — אז יש לחשוש למגע הגוי ביין, שאז הוא מרגיש בעלות עליו. אָמַר רַב אַשִׁי: מַתְנִיתִין נַמִּי דַּיְקָא [משנתנו גם כן מדוייקת] בפירוש זה, דִּתְנַן [ששנינו במשנה הבאה]: הַמְטַהֵר יֵינוֹ שֶׁל נָכְרִי ישראל הדורך ענבים של גוי כדי למכור את היין לישראל, וְנוֹתְנוֹ בִּרְשׁוּתוֹ של הגוי עד שימכרנו, וְהַלָּה הגוי כּוֹתֵב לוֹ: "הִתְקַבַּלְתִּי מִמְּךָ מָעוֹת" — הרי זה מוּתָּר, לפי שהיין נחשב כשייך לגמרי לישראל ואין לחשוש שנגע בו הגוי. אֲבָל והיה אִם יִרְצֶה יִשְׂרָאֵל זה לְהוֹצִיאוֹ, וְאֵין גוי מַנִּיחוֹ עַד שֶׁיִּתֵּן לוֹ מְעוֹתָיו (שישלם לו עבור היין), זֶה הָיָה מַעֲשֶׂה בְּבֵית שְׁאָן וְאָסְרוּ. ונדייק: טַעְמָא [הטעם, דווקא] במקרה שאֵין מַנִּיחוֹ, שאז אומרים שיש מעין בעלות לגוי עליו, ואז הוא אסור, הָא [אבל] אם היה מַנִּיחוֹ להוציא את היין שָׁרֵי [מותר], למרות שהישראל עדיין חייב לו מעות. שְׁמַע מִינָּהּ [למד מכאן] שמִלְוֶה עַל אוֹתוֹ יַיִן בָּעֵינַן [צריכים אנו], שרק כאשר יש לו מעין בעלות על היין, ולא חובת תשלום יש לחשוש למגעו. ומסכמים: אכן שְׁמַע מִינָּהּ [למד מכאן] שכן הוא.

ג שנינו במשנה: נָפַל לַבּוֹר וְעָלָה — יימכר, שאינו אסור בהנאה. אָמַר רַב פַּפָּא: לֹא שָׁנוּ אֶלָּא שֶׁעָלָה הגוי משם מֵת, שהוציאו את הגוי משם כשהוא מת, אֲבָל אם עָלָה חַי — אָסוּר. ושואלים: מַאי טַעְמָא [מה טעם הדבר]? אָמַר רַב פַּפָּא: דְּדָמֵי עֲלֵיהּ [שדומה לו] לגוי הדבר הזה כְּיוֹם אֵידָם (חגם) שאירע לו נס וניצל, ובגלל שרוצה להודות לעבודה זרה בוודאי מנסך כשיוצא מן הבור.

ד מְדָדוֹ בְּקָנֶה... כָּל אֵלּוּ הָיָה מַעֲשֶׂה וְאָמְרוּ: יִמָּכֵר, וְר' שִׁמְעוֹן מַתִּיר. אָמַר רַב אַדָּא בַּר אַהֲבָה: יָנוּחוּ לוֹ לְר' שִׁמְעוֹן בְּרָכוֹת עַל רֹאשׁוֹ, מפני ששיטתו היא שיטה חד משמעית, כְּשֶׁהוּא מַתִּיר — מַתִּיר אֲפִילּוּ בִּשְׁתִיָּה, וּכְשֶׁהוּא אוֹסֵר — אוֹסֵר אֲפִילּוּ בַּהֲנָאָה. אָמַר רַב חִיָּיא בְּרֵיהּ [בנו] של אַבָּא בַּר נַחְמָנִי אָמַר רַב חִסְדָּא אָמַר רַב, וְאָמְרִי לָהּ [ויש אומרים] בלשון אחרת: אָמַר רַב חִסְדָּא אָמַר זְעֵירִי: הֲלָכָה כְּר' שִׁמְעוֹן. אִיכָּא דְּאָמְרִי [ויש שאומרים] בלשון אחרת, אָמַר רַב חִסְדָּא: אָמַר לִי אַבָּא בַּר חָנָן, הָכִי [כך] אָמַר זְעֵירִי: הֲלָכָה כְּר' שִׁמְעוֹן. ואולם בסופו של דבר מסכמת הגמרא: וְאֵין הֲלָכָה כְּר' שִׁמְעוֹן.

ה שנינו במשנה: נָטַל חָבִית וּזְרָקָהּ בַּחֲמָתוֹ לַבּוֹר, זֶה הָיָה מַעֲשֶׂה וְהִכְשִׁירוּ. אָמַר רַב אַשִׁי: כָּל שֶׁבְּזָב הוּא טָמֵא כלומר, כל אופן שמגעו של הזב מטמא, הרי פעולה כגון זו בְּגוֹי ביין עוֹשֶׂה יֵין נֶסֶךְ, כָּל שֶׁבְּזָב טָהוֹר — בְּגוֹי אֵינוֹ עוֹשֶׂה יֵין נֶסֶךְ. אֵיתִיבֵיהּ [הקשה לו] רַב הוּנָא לְרַב אַשִׁי ממה ששנינו: נָטַל אֶת הֶחָבִית וּזְרָקָהּ בַּחֲמָתוֹ לַבּוֹר, זֶה הָיָה מַעֲשֶׂה בְּבֵית שְׁאָן וְהִכְשִׁירוּ. ונדייק: אם זרקו בַּחֲמָתוֹ — אִין [כן] הכשירו, אם זרקו שֶׁלֹּא בַּחֲמָתוֹ — לֹא היו מכשירים. ואילו בזב, אם זרק דבר מידו על דבר אחר — אינו נטמא!

מסורת הש"ס

א. ראה ע"ז נז,א.
ב. (בשינוי שם ועוד) ירושלמי ע"ז פ"ד הי"א.
ג. משנה ע"ז סא,א. תוספתא ע"ז פ"ז ח.
ד. (ביטוי זה) ברכות לג,א. מגילה כה,ב.
ה. ראה ירושלמי שם.
ו. ראה שם.
ז. ראה שם.

גרסות

דאיפקעה בכתי"ס: **דפקעה**.
ההוא גוי בכתי"מ: **גוי**.
טופח להטפיח בכת"י ועוד: **טופח על מנת להטפיח**.
מלוה עליו בירושלמי במשניות ועוד: **עליו מלוה**.
מטפיח במשניות וכתי"ס: **מטפח** ובירושלמי: **מתפח**.
מרותחת בכת"י: **המרותחת**.
וזרקה בחמתו בירושלמי ובכמה כת"י ומקורות: **וזרקה**.
והכשירו בכתי"מ ובכתי"ס: **והתירו** וראה ברא"ש.
ונותנו ברשותו בכת"י: **ונתנו ברשותו**.
אם ירצה ישראל בכת"י: **אם רצה ישראל**.
ואין מניחו בכתי"מ: **ואין מניחו להוציא**.
מאי טעמא אמר רב פפא דדמי בכת"י: **מאי טעמא משום דדמי**.
כיום אידם בכתי"ס: **כיום אידו**.
מעשה בבית שאן והכשירו בכת"י: **מעשה והתירו**.

עיונים

לזבוני לגוי שנאסרה בשתיה, לפי שהיה זה כמגע (מכוון) ביין על ידי דבר אחר. ואולם משום שלא שכשך את היין (כמו למשל אם היה נוגע בו בקנה) לא נאסר בהנאה ומותר למוכרו לגוי (רש"י). ובדומה לכך מביא הראב"ד פירוש, כי אף שהיה כאן שכשוך, שהרי בהידוק החזיר את היין לאחוריו (כפי שפירש הראב"ד עצמו בברזא, לעיל נט,ב) — אין שכשוך שעל ידי דפנות הכלי נחשב שכשוך (כמו בעמוד הקודם). אלא שעל כל פנים יש חשש שנגע ביין עצמו, ולכן נאסר בשתיה. ועוד הסבר הביא הראב"ד, כי אמנם היה כאן שכשוך, אלא שניכר הדבר שלא נתכוון אלא להצלת היין, שאם לא היה רץ ומחזיק את דפנותיה של החבית היה נשפך כולו (ומה שנאסר היין בהנאה במעשה בברזא לעיל נט,ב, הסביר הראב"ד כי שם היו ישראלים שהיו יכולים להציל, והיה מקום לחשוש לכוונת ניסוך). ואילו הרי"ד הסביר כי במקרה זה עומד היין מכוחו של הגוי, ומשום כך נאסר בשתיה.

מעשה לבינה קעביד והדבר מובן לפי כל אחד מן ההסברים שאסרו את היין במקרה שנבקעה החבית לאורכה — לפי שמעשהו של הגוי, שמכביד על חלקה העליון של החבית כדי שלא יזל היין מן הסדק, אינו מעשה שנעשה ביין, לא מגע (לפירוש רש"י), ולא שכשוך (לפירוש שהביא הראב"ד), ואף אין היין נסמך על כוחו של האיש (רי"ד).

טופח על מנת להטפיח זה הוא מונח קבוע המגדיר מדת לחות של נוזל. כאשר יש דבר לח שאם נוגעים בו ביד היד נעשית רטובה ובמגעה בדבר אחר מרטיבה אותו — הוא הקרוי "טופח על מנת להטפיח". ולחות שאינה מגיעה לדרגה זו היא "משקה טופח" בלבד.

הדחה בעלמא בתוס' ועוד תמהו: אם יין טופח נחשב כיין לענין ניסוך מפני מה אין הגת צריכה גם ניגוב, ואם אינו נחשב כיין — מפני מה צריך כלל הדחה? וענה הרשב"ם שאמנם המשקה המצוי בגת נחשב כיין להיאסר, אבל אינו נחשב כחיבור לאסור את היין הבלוע בגת. והראב"ד כתב באופן אחד שאם היה היין מרובה אינו מתנגב מעל פני הגת כראוי אלא על ידי הדחה וניגוב. ועוד כתב הראב"ד שאם היה היין מרובה קצת לא ייתכן שלא נבלע ממנו בגת, אבל יין שאינו אלא טופח — אין לחשוש בו שנבלע. אבל הרא"ה כתב כי כאשר יש רק משקה טופח בלבד אין צורך להדיח מן הדין, אלא משום מראית העין, שלא ייראה שמזלזלים בדבר. וכן כנראה הבין הרמב"ם שכתב כי זו הרחקה יתירה היא (וראה לח"מ).

אם יש לו מלוה עליו רש"י מסביר כי במקרה זה אינו ירא מלנגוע, משום שגם אם יראו אותו בכך יוכל לומר שהיין שלו הוא. אבל במקרה שאין לו מלוה חושש הוא שמא יראוהו וייתפס כגנב, ואין לחשוש שעשה זאת.

נפל לבור וכו' יש במשנה זו מקרים שונים של נגיעה ביין על ידי גוי, שהותרו בהנאה, בין שהיה זה מגע שלא בכוונה (נפל לבור), או שהיה זה מגע בכוונה לדבר אחר ועל ידי דבר אחר (מדדו בקנה. וראה להלן), ואף של נגיעה מכוונת בידו ביין שלא בדרך ניסוך (מטפיח על גבי חבית). ובכל מקרים אלו נאסר היין על כל פנים בשתייה משום חומרת יין נסך. וכתב הראב"ד שהובאו ההלכות הללו יחד משום שכולן נשאלו למעשה בבית שאן, ולכן הסמיכון זו לזו (וראה גם בגרסות).

מדדו בקנה רש"י מסביר שבמקרה זה, אף שהגוי התכוון לנגוע ביין, מכל מקום יש כאן צירוף של שני דברים: האחד — שלא היתה כאן נגיעה סתמית, אלא כוונה לשם מדידה, והשני — שאף לא נגע בגופו של היין. אבל הראב"ד וכן הרשב"א סבורים שבמקרים אלו שהיתה כוונה אחרת ניכרת במעשיו — אין הבדל אם היה זה בקנה או בידו, שאין לחשוש כאן לניסוך, ומה שהוזכר כאן קנה — משום שכך היה מעשה. וכן עולה לכאורה מן הברייתא לעיל נז,א. ומכל מקום החמירו לאוסרו בשתייה.

זה היה מעשה והכשירו והכשירו לגמרי, שהתירו את היין אפילו בשתיה. שלא היה בזה מגע של הגוי לא בגופו ולא על ידי דבר אחר. וראה בגמרא.

מלוה על אותו יין מפרש רש"י שיין זה עשאו הישראל אפותיקי לגביית החוב, כלומר מיוחד לגביית החוב ממנו. ובירושלמי גם כן הביאו דבר זה בשם רב, שיש לו מילוה על אותו בור. ופירשו כי אם אין לו מילוה על אותו בור — הרי דרך בעלי חוב שעומדים בגתות של הלווים, ואין לחשוש שנגע. ושם הוסיפו עוד מבחן אחר, שהדבר תלוי אם היה הגוי עומד סמוך (כשיעור פישוט ידים) ליין (וראה בהגהות אשרי שהבין כי לדברי הירושלמי רק אם מתמלאים שני התנאים יש לאסור את היין, וראה גם במראה הפנים).

והלה כותב התקבלתי לא שקיבל הגוי את הכסף, שאז היין הוא של היהודי לכל דבר וענין, אלא שכתב לו נוסח זה לומר שאין לו עוד שעבוד על היין. ומן המשנה מוכח כדברי שמואל, שאף שהיהודי חייב עדין סכום זה לגוי, כיון שסילק את שעבודו מיין זה — הרי זה נחשב כדבר שאין לגוי עוד שליטה בו, ויכול לסמוך על כך שלא יגע בו.

טעמא דאין מניחו וכו' ואף שמן הדין הראשון, שכותב "התקבלתי", גם כן יש להוכיח דבר זה, מכל מקום הואיל וניתן לפרש כפשוטו, שקיבל את הכסף מן הישראל, ואין לו עליו שיעבוד כלל, העדיף להוכיח מכאן (ריטב"א. וראה רשב"א).

עלה מת וכתב הריטב"א שלאו דווקא מת, אלא אם עלה מן הבור כשאין דעתו עמו, או שהיה ללא הכרה — הרי זה כעלה מת לענייננו.

ינוחו ברכות וכו' כשהוא מתיר וכו' וכן בירושלמי נאמר בשם שמואל: "אני כפרת ר' שמעון" וכו'. וכתב הראב"ד ש"חכמתו של ר' שמעון קבועה היתה וחזקה בלא ספק ואין עליה גמגום", שקבע הלכה ברורה, שבכל מקום שהגוי עושה מעשה שניכר שאין בו משום ניסוך אינו אוסר את היין כלל, וכשאין הדבר ניכר אוסר הוא את היין לגמרי. ולדבריו באים דברי רב אדא להוציא מכלל דבריו של רבא לעיל (נז,ב) שמגע גוי אינו אוסר כלל בהנאה (וראה ב"אורח ההלכה" בעמוד זה, שאכן משום חוסר הבהירות בענין זה של כוונת מגע וניסוך כתבו הפוסקים שאין לדמות דבר לדבר, ואין לך אלא מה שהתירו חכמים). והסביר רמב"ן כי לדעת ר' שמעון, מה שנאמר לעיל שגזרו על יינם שייאסר בהנאה משום בנותיהם — אינו אמור אלא בסתם יינם של גוים, אבל ביין של ישראל שנגע בו הגוי, הרי כל זמן שאין בו חשש ניסוך הריהו מותר לגמרי. ואילו חכמים החולקים על ר' שמעון סבורים כי אף במגעו של הגוי גזרו משום בנותיהם, כדי למנוע קירוב הדעת, ומשום כך נאסר רק בשתיה (כל זמן שאין בו חשש ניסוך) כמו שאר דברים של הגוים (פיתם וכדומה). וראה בחידושי הר"ן.

כל שבזב טמא וכו' כתבו הראשונים שלכל הדעות אין זה כלל גמור שאפשר ללמוד ממנו הלכה למעשה, שהרי יש דברים שבזב הם טמאים ואין כיוצא בהם יין נסך, כגון שהזב מסיט דבר סגור, שהוא טמא בזב ואינו אוסר ביין (רש"י). וכן להיפך, מגע בקנה שפעמים שהוא טהור בזב ואוסר ביין נסך (תוס'). אלא כוונתו שכל שבזב טמא במגע אוסר ביין נסך (רש"י), או שכל המטמא בזב בהיסט הריהו אוסר כיוצא בו בגוי במגע, כגון בקנה (רמב"ן). והראב"ד הסביר כי כוונת רב אשי דווקא למקרים המנויים במשנתנו שבהם נאסר היין בשתייה כשאין לו כוונה לגעת ביין או שהוא נוגע בקנה, שכמותם בזב טמא. ופירשו הראשונים כי לא בא רב אשי לחדש אלא לענין ההיתר בזריקה, שכשם שבזב אין חפץ הנזרק על ידי הזב מטמא את מי שפגע בו החפץ, אף ביין נסך אין הגוי אוסר את היין אם זרק עליו חפץ, שאין מחשיבים את הזריקה ככוחו של הגוי.

אורח ההלכה

חבית שנסדקה חבית שנסדקה לאורכה ובא גוי וחיבקה כדי שלא יתפרדו חלקיה — היין שבה אסור בשתיה ומותר בהנאה. וכדברי רפרם בר פפא. אבל אם נשברה לרוחבה והכביד הגוי ידו עליה כדי שלא יצא היין — היין מותר אפילו בשתיה, משום שאינו נוגע ודוחק את היין שבחבית, אלא הרי הוא כלבינה הנתונה על פי החבית ומכבידתה. כדברי הגמרא. וכתב בשו"ע (עפ"י התוס') שדברים אלו אמורים בחבית של חרס, אבל חבית עץ שיש לה חישוקים, ואינה מתפרקת לגמרי, אפילו נסדקה לאורכה וחיבקה הגוי — מותר היין בשתיה. (רמב"ם ספר קדושה הלכות מאכלות אסורות פי"ב ה"ח. שו"ע יו"ד קכד, יב).

גוי שנמצא בגת גוי שנמצא אצל הגת, אם יש שם לחלוחית יין טופח על מנת להטפיח — צריך להדיח כל הגת ולנגבה, ואם לאו — מדיח בלבד. כדברי רב אשי. וכתב הרמב"ם כי זו היא הרחקה יתירה שעשו. (רמב"ם שם הכ"ז. שו"ע שם קכט, יז).

גוי שנמצא בצד הבור גוי שנמצא עומד בצד בור של יין, אם היה לו מלוה על אותו יין (כגון שמשכנו לו בעליו הישראלי) — הרי היין אסור, מפני שלבו של הגוי גס בו (ובדיעבד אם היה היין חתום בחותם אחד מותר. ש"ך). אבל אם אין לגוי מלוה על היין, אף על פי שיש לו מלוה על הישראל בעליו, ואפילו הגיע כבר זמן הפרעון, וגם אם היה הגוי עומד סמוך ליין כדי פישוט ידים — היין מותר, מפני שהוא יודע שבכך יפסיד את יינו של ישראל. כמשנה וכדברי שמואל בגמרא. (רמב"ם שם הכ"ה. שו"ע שם קכח, ב).

מדדו בקנה מדד הגוי את בור היין בקנה (ויש אומרים אפילו נגע בידו. רמ"א בשם ראב"ד ועוד), או שהיה מטפח על פני החביות הרותחות כדי שינוח היין מרתיחתו, או שנטל חבית וזרקה בחמתו, או שהתיז את הצרעה מעל היין בקנה שבידו — היין מותר בהנאה ואסור בשתיה. כדברי תנא קמא. ובזמננו מותר בשתיה במקום הפסד (ש"ך). וכתב רמ"א כי בכל הדברים האלו שהתירו חכמים מגע גוי משום שאינו מתכוון — אין לדמות דבר לדבר, ואין לך אלא מה שהתירו חכמים. (רמב"ם שם ה"ט. שו"ע שם קכד, יט).

נפל לבור ועלה גוי שנפל לבור יין והעלוהו משם מת — היין מותר בהנאה ואסור בשתיה. ואם עלה משם חי — אסור בהנאה. כמשנה וכדברי רב פפא. וכתב רמ"א בשם רשב"א שהוא הדין שאם נתקל הגוי ונתגלגל לבור היין ונתגלגל משם גם לחוץ באונסו — מותר בהנאה (ואם לאחר שעבר האונס נמצא נוגע ביין — אסור בהנאה. ש"ך). (רמב"ם שם. שו"ע שם סעיף כ).

נטל את החבית כתב הרמב"ם שאם נטל חבית וזרקה בחמתו לבור — מותר היין בהנאה ואסור בשתיה. והראב"ד ושאר ראשונים התירו אף בשתייה, שכך עולה מלשון המשנה ומן הסוגיה בגמרא. וראה להלן. (רמב"ם שם. שו"ע שם קכד, יט. וראה שם קכה, ה).

כל שבזב טמא זרק הגוי חפץ או אבן לתוך היין — מותר אפילו בשתיה. וכדברי רב אשי. והרמב"ם והרי"ף השמיטו הלכה זו, שהם סבורים שאין הלכה בזה כרב אשי, שהרי הוא סבור שאף כוחו מותר ואין הלכה כמותו (רמב"ן). (שו"ע שם קכה, ה).

השיב לו: **הָתָם דְּקָאָזֵיל מִינֵּיהּ וּמִינֵּיהּ** [שם מדובר שהולך ומתגלגל הכלי ממנו וממנו] כלומר, שאינו זורקו, אלא דוחקו ומגלגלו עד שמגיע לבור. ולכן כשעושה זאת שלא בחמתו אנו חוששים למגעו.

א משנה **הַמְטַהֵר יֵינוֹ שֶׁל נָכְרִי** כלומר, שהוא עושה יין מענבים של גוי, בכשרות, כדי למוכרו לישראל, ועדיין לא שילם לגוי, **וְנוֹתְנוֹ בִּרְשׁוּתוֹ** של הגוי **(ו)בְּבַיִת הַפָּתוּחַ לִרְשׁוּת הָרַבִּים, בְּעִיר שֶׁיֵּשׁ בָּהּ גּוֹיִם וְיִשְׂרְאֵלִים — מוּתָּר** היין, משום שהגוי חושש שהישראלים רואים אם הוא נוגע ביין. אבל אם היה זה **בְּעִיר שֶׁכּוּלָּהּ גּוֹיִם — אָסוּר, עַד שֶׁיֵּשֵׁב** אדם מישראל ויהא **מְשַׁמֵּר** את היין. **וְאֵין הַשּׁוֹמֵר צָרִיךְ לִהְיוֹת יוֹשֵׁב וּמְשַׁמֵּר** בכל רגע, **אֶלָּא אַף עַל פִּי שֶׁהוּא יוֹצֵא וְנִכְנָס — מוּתָּר. ר' שִׁמְעוֹן בֶּן אֶלְעָזָר אוֹמֵר: רְשׁוּת גּוֹיִם אַחַת הִיא**, וכאשר יבוארו הדברים בגמרא. **הַמְטַהֵר יֵינוֹ שֶׁל נָכְרִי וּנְתָנוֹ בִּרְשׁוּתוֹ** של הגוי, **וְהַלָּה** הגוי **כּוֹתֵב לוֹ: "הִתְקַבַּלְתִּי מִמְּךָ מָעוֹת" — מוּתָּר**, משום שכיון שעכשיו היין נחשב כשל הישראל אין הגוי מעז לגעת בו. **אֲבָל אִם** במקרה **שֶׁיִּרְצֶה יִשְׂרָאֵל לְהוֹצִיא** את היין משם **וְאֵינוֹ מַנִּיחוֹ** הגוי להוציאו משם **עַד שֶׁיִּתֵּן לוֹ אֶת מְעוֹתָיו** (למרות שכתב "התקבלתי"), **זֶה הָיָה מַעֲשֶׂה בְּבֵית שְׁאָן וְאָסְרוּ**, משום שבמקרה זה הגוי סבור שהיין ממושכן לו, ואינו מתיירא לגעת בו.

ב גמרא על המשנה המבחינה בין עיר שיש בה ישראלים ועיר שאין בה ישראלים, שואלים: **בְּעִיר שֶׁכּוּלָּהּ גּוֹיִם נַמִּי** [גם כן], **וְהָאִיכָּא** [והרי יש] **רוֹכְלִין** ישראלים **הַמַּחֲזִירִין בַּעֲיָירוֹת**, ויחשוש הגוי שמא רוכלים ישראלים אלה יראו את מעשיו ויימנע מלנגוע ביין! **אָמַר שְׁמוּאֵל**: מדובר **בְּעִיר שֶׁיֵּשׁ לָהּ דְּלָתַיִם וּבְרִיחַ**, והוא יודע מתי נכנסים אנשים זרים לעיר.

ועל מה ששנינו שבעיר שיש בה ישראלים צריך שיהא הבית שבו היין פתוח לרשות הרבים, **אָמַר רַב יוֹסֵף: וְחַלּוֹן** של ישראל פתוח לאותו מקום **כִּרְשׁוּת הָרַבִּים דָּמֵי** [נחשב], **וְכֵן אַשְׁפָּה** (מקום שמשליכים בו גרוטאות וכיוצא בהן) כיון שהולכים ועומדים עליה רבים **כִּרְשׁוּת הָרַבִּים דָּמֵי** [נחשב], **וְדִיקְלָא** [ודקל] נמצא סמוך למקום — **כִּרְשׁוּת הָרַבִּים דָּמֵי** [נחשב], משום שהגוי חושש שאדם העולה בדקל יראנו. אם היה **פְּסִיק רֵישֵׁיהּ** [חתוך ראשו] של הדקל — **פְּלִיגֵי בָּהּ** [נחלקו בכך] **רַב אַחָא וְרָבִינָא, חַד אָסַר** [אחד מהם אוסר], **וְחַד שָׁרֵי** [ואחד מהם מתיר]. ומפרטים: **מַאן דְּאָסַר** [מי שאוסר] סבור שבדקל שכרות ראשו, הואיל ואין פירות צומחים בו **לָמָּה לֵיהּ דְּסָלֵיק הָתָם** [לו שיעלה לשם], ולכן אינו חושש שיעלו בראש הדקל ויראוהו. **וּמַאן דְּשָׁרֵי** [ומי שמתיר] סבור: **זִימְנָא דְּאָבְדָה לֵיהּ** [פעמים שאובדת לו] **בְּהֵמָה** לאדם, **וְסָלֵיק לְעַיּוּנֵי בַּתְרָהּ** [ועולה על הדקל כדי לחפש אותה מרחוק], ולכן חושש הגוי ואינו נוגע, שמא יראו מה הוא עושה ביין.

ג **תָּנוּ רַבָּנַן** [שנו חכמים]: **אֶחָד הַלּוֹקֵחַ וְאֶחָד הַשּׂוֹכֵר בַּיִת בַּחֲצֵירוֹ שֶׁל גּוֹי וּמִילְאָהוּ** ישראל **יַיִן, וְיִשְׂרָאֵל דָּר בְּאוֹתָהּ חָצֵר — מוּתָּר** יין זה, **וְאַף עַל פִּי שֶׁאֵין מַפְתֵּחַ** של הבית **וְחוֹתָם בְּיָדוֹ** של ישראל.

מסורת הש"ס

א. חולין ג,א.
ב. ע"ז ס,ב. תוספתא ע"ז פ"ז ח.
ג. ירושלמי ע"ז פ"ה הי"ב (בשינוי שם).
ד. שם (בשינוי שם).
ה. ראה שם.

גרסות

מיניה ומיניה בכתי"ס: **מיניה.**

ונותנו בכת"י ועוד: **ונתנו.**

ובבית הפתוח זו כנראה שגיאת דפוס. ובמשניות ועוד: **בבית הפתוח** ובירושלמי וכמה כת"י: **בבית שהוא פתוח.**

עד שישב ומשמר במשניות ובב"ח: **עד שיושיב שומר** ויש בכת"י: **עד שיושב שומר** ובכתי"מ: **עד שיהא שם שומר** ובכתי"ס: **עד שיהא ישראל יושב שם ומשמרו.**

ואין השומר צריך להיות יושב ומשמר בירושלמי: **אין שם שומר צריך להיות יושב ומשמר.**

רשות גוים אחת היא במשניות בירושלמי ובכתי"ס ועוד: **כל רשות גוים אחת היא.**

ונותנו ברשותו בכתי"מ וכתי"ס ועוד: **ונתנו ברשותו.**

התקבלתי ממך בירושלמי וכמה כת"י: **שנתקבלתי ממך** בכתי"מ: **שקבלתי.**

מעות מותר בכמה כת"י ועוד: **מעות.**

ישראל להוציא ואינו מניחו במשניות: **ישראל להוציאו ואינו מניחו** ויש בכמה כת"י וכן בב"ח: **ישראל להוציא אינו מניחו.**

ואסרו במשניות בירושלמי ובכת"י: **ואסרו חכמים.**

מפתח וחותם בידו בכתי"מ: **מפתח וחותם ביד ישראל.**

העולם

פסיק רישיה
הדקל אינו כשאר אילנות, כי לאחר שכורתים את ראש הדקל אין הדקל מצמיח עוד ענפים חדשים, ואף אינו עושה עוד פירות. ולכן דין זה מיוחד לדקל ואינו נכון לגבי עצים גבוהים אחרים.

עיונים

דקאזיל מיניה מיניה כלומר, הגוי לא זרקו בתנופה אחת, אלא מגלגלו והולך עד הבור. וכיון שכך, אם היה זה שלא בחמתו, יש לחשוש שמא יגע ביין שבבור, שהרי הוא מגיע בסמוך אליו (רש"י). וראה בתוס' (ד"ה התם) שהם מבינים כי לפי זה רש"י מחלק בין זורקו ממקום רחוק למקום קרוב. אבל ראשונים רבים סבורים כי בכל מקרה אין זריקה אוסרת, ומפרשים כי "קאזיל מיניה מיניה" משמעו שהגוי בסופו של דבר ממש מניח את החבית ביין, ונמצא נוגע ביין על ידי דבר אחר. אלא שאם עשה כן בחמתו הרי זה כנוגע שלא בכוונה והוא מותר (תוס' לעיל נז,א), או משום שבוודאי אין כאן חשש ניסוך (ראב"ד). וראשונים אחרים (ראה בר"נ ועוד) הסבורים כי גם מגע כזה אוסר, פירשו כי הואיל ומדובר כאן על חבית כבידה (שמגלגלה והולך) אין לראות זאת כמגע הגוי, אלא ככוחו, ובכוחו שלא בכוונה לא גזרו חכמים (לעיל נח,ב).

המטהר יינו רש"י מפרש (ומהתוס' משמע שזה פירוש אחרון של רש"י, והיה לו גם פירוש אחר) שגם כאן, כמו בהלכה הבאה במשנה, מדובר בישראל שכתב לו הגוי "התקבלתי", וביין כזה, השייך לישראל ואין לגוי כלל רשות בו, די בכך שהוא פתוח לרשות הרבים כדי שיחשוש הגוי מן העוברים ושבים ולא יגע בדבר שאינו שלו. וראה בתוס' שהרבו להקשות על פירוש זה, וסיכמו כדעת ר"ת (שהיא פירושו הראשון של רש"י, ראה לעיל ס,ב ד"ה מותר) שקטע ראשון זה של המשנה אינו מדבר ב"התקבלתי", אלא שבידי ישראל היו מפתח וחותם של אותו בית. שאף שהיה היין של הגוי, הואיל והוא מיועד למכירה לישראל, חושש הגוי שמא יראוהו ישראלים מנסה לזייף את החותם, ולא יוכל למכור להם את היין. והרמב"ן מפרש את המשנה כמשמעה (בלא להוסיף בה פרטים שאינם כתובים בה, לא "התקבלתי" ולא במפתח וחותם) שמדובר ביין שאינו מצוי בחצרו של הגוי, אלא בבית נפרד של הגוי הפתוח לרשות הרבים, שכיון שהיין מיועד לישראל חושש הגוי להיכנס לבית זה אם הוא סבור שיש מי שיראנו. וכעין זה מפרש הראב"ד שמדובר בבית שקנה או שכר הישראל מן הגוי. וראה גם במאירי שסבור שהוא הדין אם ייחד לו הגוי בית לענין זה שאינו רשאי להיכנס לשם בלא רשות ישראל.

בעיר שיש בה גוים וישראלים ומכך שבעיר שאין בה ישראלים צריך שומר (ישראל), או שעל כל פנים צריך שיהא נכנס ויוצא, למדו ראשונים כי עיר שיש בה גם ישראלים המוזכרת כאן אין די בה ביהודי אחד, אלא יהודים רבים, שאם כן אין הבדל בין זו לזו. וראה במאירי שהציע לחלק בין מי שהוא בן העיר ודר בה, לבין אורח.

והלה כותב התקבלתי מותר לדעת רש"י, כשם שלמדנו מהלכה זו על ההלכה הקודמת שמדובר ב"התקבלתי", כך יש להבין שמדובר גם כאן בבית הפתוח לרשות הרבים ובעיר שגם ישראלים מצויים בה (ולא הובאה הלכה זו שוב אלא לצורך ההמשך, שאם ירצה הישראל להוציאו ואין הגוי מניחו — אסור. רשב"א). אבל ראשונים אחרים מסבירים כי דווקא כאן, שכתב לו "התקבלתי" והיין של ישראל לגמרי — מותר היין אפילו לא היה הבית פתוח לרשות הרבים, ואפילו לא היה מפתח וחותם, מפני שהגוי מתיירא לגשת ליין שאינו שלו, או לבית שאין לו רשות להיכנס לשם (לפי הפירושים השונים, וראה דיון מפורט בענין זה ברשב"א).

אם ירצה ישראל וכו' כי אם למרות מה שכתב לו "התקבלתי" הוא נוהג כאילו היין לפחות משועבד לו, הרי אינו חושש לנגוע בו (רש"י). וכתב הראב"ד (וכן נראה מן התוספתא) שאם הגוי אינו מניח לו להוציא את היין, משמע ממעשיו שמה שכתב לו "התקבלתי" לא היה אלא כעין הערמה (להכשיר את היין) ואין הגוי סומך כלל על כך, ורואה את היין כשלו לגמרי.

רוכלין המחזירין וכיון שהם עשויים לבוא בכל עת, יחשוש הגוי שמא בדיוק כשנכנס למקום היין יראהו אחד הרוכלים ויספר. ומכאן דחו ראשונים את פירושו של רש"י שמדובר ברישא כשאומר "התקבלתי" בלי שום סימן היכר לכך שהיין של ישראל, שהרי רוכלים העוברים במקום אינם יודעים של מי היין. אלא שבהכרח חששו של הגוי הוא שיראוהו עושה מעשה של שבירה וזיוף של חותם, וכניסה לבית שאינו שלו, ויודיעו ליהודים המצויים שם.

שיש לה דלתים ובריח רש"י מפרש שכיון שיש לה דלתים ובריח יודע בן העיר מי ומי נכנס לעיר, ולכן אינו חושש מן הרוכלים. וכעין זה מובא בשם הר"ח, שכיון שיש לעיר דלתים ובריח הריהי סגורה בפני אנשים סתם, ובן העיר יודע מתי לא נכנסו זרים לתוכה. אכן הראב"ד מסביר בדרך אחרת, ש"דלתים ובריח" הוא מליצה (כדרך לשון הכתוב) ומשמעו עיר גדולה וחשובה, שיש בה רוכלים קבועים, ואין הרוכלים הנודדים מגיעים לשם.

חלון כרשות הרבים בפירוש אחד פירש רש"י שאם היה חלון באותו בית פתוח לחצר, והחצר פתוחה לרשות הרבים באופן שהרבים יכולים לראות מבעד לחלון מה קורה בבית — הרי זה כאילו היה הבית עצמו ברשות הרבים. ובפירוש אחר (שרש"י רואהו כפירוש עדיף) הוא מסביר שמדובר במקרה שחלון ביתו של ישראל פתוח כנגד מקומו של היין. וכן פירשו שאר הראשונים. והעירו בתוס' שחלון ודקל וכיוצא בהם יפה כוחם ביום, שאז בני אדם מצויים ומסתכלים, אבל לא בלילה. וכן הוסיף הראב"ד שמדובר במשנה ובדברי האמוראים באופן שמן הפתח (וכיוצא בו) אכן רואים את כל היין, שרק מה שהעין שולטת בו מותר. אכן הרשב"א והמאירי חלקו על כך, ואמרו שעיקר הענין הוא מקם הכניסה לבית, ואם הפתח גלוי די בכך.

דיקלא רש"י מפרש שהוא דקל של ישראל, וחושש הגוי שמא עולה בעל הדקל לקטוף הפירות ויראנו. וכתב המאירי שלאו דווקא של ישראל, אלא (לפי האמור בהמשך) כל דקל שממנו אפשר לראות את הבית (אפילו אינו סמוך אליו) חושש הגוי שמא יזדמן אדם לעלות על הדקל.

ומילאהו יין ומדובר כאן ביין שהינו של ישראל לגמרי בלא שום פקפוק ובלא שום שיעבוד של הגוי, ואף אין לגוי רשות להיכנס לבית, אלא שהוא דר באותה חצר.

אורח ההלכה

דקאזיל מיניה מיניה אם היה חפץ מתגלגל והגוי דחהו עד שנפל לתוך היין — אסור אפילו בהנאה. ואם עשה כן בחמתו — מותר אפילו בשתיה (ולדעת הרמב"ם — בהנאה). כמסקנת הגמרא. (רמב"ם ספר קדושה הלכות מאכלות אסורות פי"ב ה"ט. שו"ע יו"ד קכה, ה. וראה שם קכד, יט ובש"ך).

המטהר יינו של נכרי ישראל שעשה יינו של גוי בטהרה כדי שיהא מותר לישראל, בין שמכרו לישראל ולא פרע לו מעות, בין שלא מכרו לו אלא שהוא מטהרו כדי למכרו על ידו לישראלים, אם דר ישראל באותה העיר (ולפי הרשב"א דווקא ישראלים רבים. ש"ך) והבית שהיין בו פתוח לרשות הרבים — מותר, אם יש לישראל מפתח וחותם (כפירוש רבינו תם). וכתב רמ"א כי בדיעבד די אפילו בחותם אחד. ואם אין הבית פתוח לרשות הרבים, אף על פי שישראל דר בעיר, או בעיר שכולה גוים אפילו הבית פתוח לרשות הרבים — אסור אפילו בחותם תוך חותם, עד שיהא ישראל יושב ומשמר. ויוצא ונכנס הרי הוא כיושב ומשמר. וכתב הרמ"א שיש אומרים שבחותם תוך חותם מותר בכל ענין, ויש לסמוך על כך להתיר בהנאה ולא בשתיה (ובמקום הפסד — אף בשתיה. ש"ך). (רמב"ם שם פי"ג ה"ג. שו"ע שם קלא, א).

והלה כותב התקבלתי כתב הגוי בעל היין לישראל "התקבלתי", אם יכול אותו ישראל לבוא ולקחת יינו בכל עת — הרי זה כיין של ישראל ומותר במפתח וחותם (ובדיעבד אפילו בחותם אחד. רמ"א) ואפילו בעיר שכולה גוים (כדברי התוס' והרא"ש). ואם אינו יכול להוציא את יינו עד שיתן לו מעות — הרי זה כאילו לא כתב "התקבלתי". וכתב הרמ"א שיש אומרים שבחותם תוך חותם מותר, ויש לסמוך על כך להתיר בהנאה ולא בשתיה (ובמקום הפסד — אף בשתיה. ש"ך). (רמב"ם שם ה"ד. שו"ע שם).

והאיכא רוכלין עיר שכולה גוים, אם רוכלים יהודים רגילים לבוא לאותה עיר, ואין לעיר חומות ודלתים ובריח, כך שיכולים הרוכלים לבוא בכל עת שירצו, הרי זה כאילו היו יהודים גרים שם (ובשבתות וימים טובים נראה שצריך שומר. ש"ך). (שו"ע שם).

וחלון וכו' ואשפה וכו' ודקל אם הבית פתוח אפילו לאשפה, או שיש בחצר שכנגד הבית חלון פתוח לרשות הרבים (וחלון פתוח מועיל רק ביום ולא בלילה, רמ"א בשם הראב"ד), או שיש לישראל דקל (אפילו אין עליו פירות, וכדברי המקל במחלוקת רב אחא ורבינא. כס"מ)) — נחשב הבית כפתוח לרשות הרבים (אפילו אם אין רואים את היין אלא את הפתח. ש"ך עפ"י הרשב"א). כדברי רב יוסף. (רמב"ם שם ה"ו. שו"ע שם).

הלוקח והשוכר בית וכו' ישראל ששכר או קנה בית בחצרו של גוי ומילאו יין, אם היה יהודי אחר גר באותה חצר (אפילו היה הגוי גר שם), גם כשאין על היין מפתח או חותם — מותר. כברייתא. (רמב"ם שם ה"א. שו"ע שם קל, ט).

א התם ^אדקאזיל מיניה ומיניה: **מתני'** ^בהמטהר יינו של גוי ונותנו ברשותו (*ובבית) הפתוח לרשות הרבים בעיר שיש בה גוים וישראלים מותר בעיר שכולה גוים אסור^(א) *עד שישב ומשמר ^א* ^גואין השומר צריך להיות יושב ומשמר אע"פ שהוא יוצא ונכנס מותר ר"ש בן אלעזר אומר רשות גוים אחת היא: ^ב* ^דהמטהר יינו של גוי ונותנו ברשותו והלה כותב לו התקבלתי ממך מעות מותר אבל אם ירצה ישראל להוציא^(ב) ואינו מניחו עד שיתן לו את מעותיו זה היה מעשה בבית שאן ואסרו:

ב **גמ'** בעיר שכולה גוים נמי ^הוהאיכא רוכלין המחזירין בעיירות אמר שמואל ^גבעיר שיש לה דלתים ובריח אמר רב יוסף ^דוחלון כרה"ר דמי ^חואשפה כרה"ר דמי ^טודיקלא כרה"ר דמי פסיק רישיה פליגי בה רב אחא ורבינא חד אסר ^יוחד שרי מאן דאסר למה ליה דסליק התם ומאן דשרי זימנא דאבדה

ג ליה בהמה וסליק לעיוני בתרה: ת"ר ^ה^כאחד הלוקח ואחד השוכר בית בחצירו של גוי ומילאהו יין וישראל דר באותה חצר מותר ואף על פי שאין מפתח וחותם בידו בחצר

רש"י

דקאזיל מיניה ומיניה. שהולך ומתגלגל הכלי כל שעה ע"י שהוא מגלגלו ומורידו לבור הלכך שלא בחמתו לא דחיישינן דלמא נגע: **מתני' המטהר יינו של נכרי.** שעשאו בכשרות למכרו לישראל ולא נתן דמים עכשיו לנכרי עד שימכרנו ונותנו ברשותו של נכרי: **מותר.** דמירתת ליה נכרי ולא נגע דאמר דלמא חזו לי הנך ישראל דעברי ברה"ר ומפסידנא ואפילו אין מפתח וחותם^(ג) שרי והוא שאין לו כלום על אותו יין כגון שכתב לו התקבלתי ממך כדאמרינן לקמן באידך בבא: [ל"ל בבית] **ר"ש בן אלעזר כו'.** מפרש בגמרא: [חולין ג.] **המטהר יינו של נכרי כו' מותר.** אם בית פתוח לרשות הרבים כדפרי' לעיל: [לעיל ס:] **אבל אם רולה כו'.** שהיין נעשה לו משכון הואיל ויש לו מלוה על היין אסור דלא מירתת דסבר אי חזו לא מפסידנא דכי תבע לי אמינא דידי הוא: **גמ' רוכלין.** מוכרין בשמים וישראלים הן עוברין מעיר לעיר ומירתת גוי דלמא חזו לי דרך רשות הרבים: **דלתים ובריח.** שאין נכנסין בה אלא ברשות וכ"ע ידעי כי עיילי בה ומלי למיקם עלה ההיא שעתא: **וחלון כרה"ר דמי.** אפילו בית פתוח לחלר וחלון פתוח לחלר ברה"ר כנגד פתח הבית כמאן דפתוח לרה"ר דמי לשון אחר חלון של ישראל פתוח כנגד פתח הבית כרה"ר דמי וכן עיקר: **דרך** אשפה לעמוד בני אדם עליה: **דיקלא.** דקל של ישראל נגד הפתח ומתיירא הגוי עכשיו יעלה ליטול פירות ויראני נוגע: **פסיק רישיה.** של דקל ומעתה אין בו פירות: **ומאן דאסר.** מימר אמר גוי למה ליה דסליק התם: בחלר

תוספות

התם דקאזיל מיניה ומיניה. פ"ה שהולך ומתגלגל כל שעה ע"י שהוא מגלגלו ומורידו לבור הלכך שלא בחמתו לא דחיישינן דלמא נגע לפי הדומה משמע שרש"י רולה לומר דמגע נכרי שלא בכוונה ע"י דבר אחר אסור בשתיה והכא שהכשירוהו בחמתו היינו לפי שלא היה אוחזו בידו אלא סמוך לבור זורקה ומ"מ שלא בחמתו אסור אע"פ שזריקה בזב טהור כיון שהוא סמוך החמירו ביין דלמא נגע וכן פירש רשב"ם בשם רש"י וחלק בין זורק מכנגדו לזורק למרחוק מיהו לא יתכן כדפרישית לעיל^(ד):

המטהר יינו של נכרי. פירוש רש"י במהדורא בתרא כגון שכתב לו התקבלתי דהוה ליה יינו של ישראל וכדקתני סיפא והוי סיפא פירושא דרישא בבית הפתוח לרה"ר ובעיר שישראלים וגוים דריס בה מותר ואע"פ שאין מפתח וחותם ביד ישראל ואע"ג דבגמרא בברייתא בעינן ביינו של ישראל בחלר אחרת שאין ישראל דר באותה חלר מפתח וחותם הכא שאני כיון שפתח פתוח לרה"ר בעיר שכולה גוים אסור ואף בפתח פתוח כיון שאין כאן מפתח וחותם והקשה ר"ת היכי פריך בגמרא הא איכא רוכלין המחזירין בעיירות וכי מה ידעו הרוכלין שירא היין בביתו של גוי בלא מפתח וחותם שהוא של ישראל שירא הגוי מהם כי אין לדמות לעיר שישראל וגוים דריס בה שהתיר רש"י כאן אף בלא מפתח וחותם דהתם ירא הגוי שמא אותו ישראל אמר לישראלים הדרים שם לתת לב על יינו אבל רוכלים עוברים לפי שעה מה ידעו ועוד שמדמה אשפה ודיקלא לפתח פתוח וכי מה סברא היא זו שיניח הגוי ליגע ביין שהוא אצלו בלא מפתח וחותם מיראת מקרה שישב ישראל הדר בעיר על האשפה או יעלה על הדקל ועוד למאי דמפרש בגמרא אי לת"ק אי לר"ש בן אלעזר דאפילו בעיר שכולה גוים אם הפקידו בבית גוי אחר מותר משום דגוי אחר מירתת וזה תימה גדולה דכיון שאין שם מפתח וחותם ניחוש פן ינסכנו הנפקד כי אין לומר שהנפקד ירא מן המוכר פן יעליל עליו כי מה חושש המוכר אם ינסכנו הנפקד ועוד מאחר דמיירי בגוי שכתב לו התקבלתי ומעתה מה חילוק יש בין גוי זה לגוי אחר אפי' ביד המוכר יינו של ישראל הוא ועוד קשה דמדתני סיפא והלה כותב התקבלתי מכלל דרישא לאו בהכי מיירי לכן נראה לר"ת להעמיד משנתינו ביש מפתח וחותם וכן פרש"י בפירושים ראשונים ובלא כתב לו הגוי התקבלתי והלכך בעיר שישראל וגוים דריס בה ופתח פתוח לרה"ר אע"פ שהוא יינו של גוי מותר כיון דמפתח וחותם בידו שהגוי ירא פן יראהו ישראל טורח ומזייף ויגד לישראל שטיהרו ויפסיד^(ה) למכור יינו ולא דמי לגוי שנמלא בלד הבור של יין דאסירנא ביש לו מלוה עליו דהתם כיון שאין מפתח וחותם סומך על זה שיוכל לנסכו קודם שיראהו שום אדם והשתא ניחא דאף בעיר שכולה גוים כיון שיש מפתח וחותם היה לנו להתיר משום רוכלין שיראוהו טורח ומזייף ידינו שאותו יין של ישראל הוא וכן ירא ממקום דאיכא אשפה ודיקלא כמו בפתח פתוח ואתי נמי שפיר למאן דשרי בגמרא^(ו) שהפקידו בבית גוי אחר אי לא חיישינן לגומלין דבבית גוי אחר הוי יינו של ישראל שאין לגוי האחר שום דבר על היין וכיון שיש מפתח וחותם אין לחוש שיטרח הנפקד ומזייף אפילו בעיר שכולה גוים יש להתיר והכי אמרינן בברייתא בגמרא יינם של ישראל ברשותו של גוי וישראל דר בחלר אחרת מותר והוא שיש מפתח וחותם וחלר אחרת הוי כעיר שכולה גוים כיון שאין פתח פתוח לרה"ר בעיר שכולה גוים אסור ואע"פ שיש מפתח וחותם בידו ולא יועיל כלום פתח פתוח כדמוקי לה בגמרא בעיר שיש לה דלתים ובריח שאין רוכלים עוברים דרך שם שלא ירגישו דכיון שלא כתב התקבלתי א"כ יינו של גוי הוא וכן תניא בגמרא דיין של גוי וישראל דר בחלר אחרת אסור לכ"ע אע"פ שיש מפתח וחותם וסיפא דקתני והלה כותב התקבלתי הוי יינו של ישראל הלכך במפתח וחותם שרי אבל בלא מפתח וחותם אין להתיר כיון^(ז) שברשות הגוי דבקל ינסכנו ולא דמי להיא דנמלא בלד הבור שהתרנו באין לו מלוה על היין דהתם איכא תרתי לטיבותא יינו של ישראל וברשות ישראל דרשות ישראל מועיל כמו מפתח וחותם ולהכי מייתי לעיל ראיה מהך כדפרי' לעיל והיכא דישראל דר באותה חלר שהיין מונח שם לא שנא ביינו של ישראל לא שנא ביין של גוי שרי אף בלא מפתח וחותם כדאמר ליה ר' יוחנן לתנא תני אע"פ שאין מפתח וחותם משום דישראל דר באותה חלר חשוב כמו שומר דסגי ביולא ונכנס כדתנן אין השומר לריך להיות יושב ומשמר אע"פ שהוא יולא ונכנס כו' וא"ת היאך נוכיח ממתני' דיולא ונכנס סגי לכתחלה אף בלא מפתח וחותם כיון שהעמדנוה ביש מפתח וחותם ובפ"ק דחולין (דף ג. ושם) מייתי לה להתיר אף לכתחלה דקא פריך התם ויולא ונכנס לכתחלה לא והתנן אין השומר לריך כו' ומה ראיה היא זו שאני הכא שיש מפתח וחותם וי"ל דה"פ בעיר שכולה גוים אסור *אף ביש מפתח וחותם ועלה מפרש^(ח) אין השומר לריך כו' אלא אפילו יולא ונכנס ומתוך שהעמיד ר"ת כולה שמעתין במפתח וחותם ואפילו הכי מטהר יינו של גוי ברשות גוי בעיר שכולה גוים אסור כיון שלא כתב לו התקבלתי מתחלה היה ר"ת רולה לאסור אותם היינות שקונין הגוים מישראל ומוליכין אותם ממקום הזול למקום היוקר ואע"פ שמחתימים אותם חותם בתוך חותם בחבית מלא חשוקים ושולים כפולים מלד זה ומלד זה דהא תנן המטהר יינו של גוי כו' בעיר שכולה גוים אסור אע"פ שיש מפתח וחותם וכיון דקיימא לן כר"א דשרי בחותם אחד אין לנו לחלק בין חותם אחד לחותם בתוך חותם דכי אסרנא חותם אחד נאסר גם שני חותמות ואחרי כן מלא טעם להתיר דדוקא מטהר יינו של גוי שלקחו הגוי בכרמו ולא טרח בו ויבא בקל לזייף אבל הכא כיון שטורח כל כך שלוקח אותו מישראל וגם מחתימו חותם בתוך חותם ונושאו להשתכר בו אין לירא שיטרח ויזייף פן יפסיד טרחו ועל סמך היתר זה שתה יין שהובא מאלזירי"א בזה הענין ועוד הארכתי בענין שליחות יין ביד גוי לעיל בפרק אין מעמידין (דף לא. ד"ה דאמר ושם: ד"ה השולח): **והאיכא רוכלין.** ואע"ג דתקנת עזרא *לא היתה אלא שיעברו בערי בנות ישראל שלא יתגנו על בעליהן לפי דרכם היו עוברים שם: **וחלון כרשות הרבים דמי.** פי' בקונטרס ל"א חלון של ישראל פתוח כנגד פתח הבית ואם הבית שהיין בו סגור דליכא למיחש שיכנס^(ט) בה הגוי ואפילו הוא פתוח אין לחוש שיכנס בו ויסגור בעדו דמרתת מישראל שכנגדו כיון שאין הגוי דר בבית היין ודוקא ביום אבל בלילה אסור:

עד

ק א מיי' פי"ב מהל' מ"א הלכה ט סמג לאוין קמד טוש"ע י"ד סי' קכה סעיף ה:
קא ב ג ד ה ו ז ח ט מיי' פי"ג שם הלכה ג ד ה ו ועיין בהשגות סמג לאוין קמח טוש"ע י"ד סי' קלא סעיף א:
קב י מיי' שם הל' ו:
[עי' תוס' ע"ב ד"ה עד]
קג כ מיי' שם הלכה א סמג שם טוש"ע שם סי' קל סעיף ט:

הגהות הב"ח

(א) במשנה אסור (עד שישב ומשמר) תא"מ ונ"ב ס"א עד שיושיב שומר: (ב) שם אינו מניחו כל"ל ואות ו' נמחק: (ג) רש"י ד"ה מותר וכו' וחותם בידו שרי: (ד) תום' ד"ה התם וכו' כדפרישית לעיל. נ"ב בדף נז בד"ה ה"ג: (ה) ד"ה המטהר וכו' ויפסיד מלמכור: (ו) בא"ד בגמרא כשהפקידו: (ז) בא"ד אין להתיר כיון שהוא ברשות: (ח) בא"ד וי"ל דה"פ וכו' מפתח וחותם ועלה מפרש. נ"ב פירוש דהשתא דכולה [עובדי כוכבים אסור] אף בשיש מפתח וחותם הא דקתני עד שישב ומשמר בכל גוונא קאמר אף באין מפתח וחותם ועלה מפרש אין השומר כו' דאף ביולא ונכנס מותר אפי' אין מפתח וחותם: (ט) ד"ה וחלון וכו' שיכנס בו העובד כוכבים אפי' הוא:

גי' מהר"מ עד שישב ומשמר ועלה כו' וכו'

[ב"ק פב.]

עין משפט
נר מצוה

[שייך לעיל ע"א במשנה]

קד א מיי' פי"ג מהל' מאכלות אסורות הלכה ג סמג לאוין קמח טוש"ע י"ד סי' קלא סעיף א:

קה ב מיי' שם הלכה א סמג שם טוש"ע י"ד סי' קל סעיף ט:

קו ג ד מיי' שם הלכה ג ד סמג שם טוש"ע י"ד סי' קלא סעיף א:

[נ"ל דההוא ביתא דהוה כו']

קז ה מיי' שם פי"ב הלכה כג סמג לאוין קמח טוש"ע י"ד סי' קכח סעיף ד:

בחצר אחרת מותר והוא שמפתח וחותם בידו [א]המטהר יינו של גוי ברשותו וישראל דר באותה חצר מותר והוא שמפתח וחותם בידו א"ל רבי יוחנן לתנא תני [א]אע"פ שאין מפתח וחותם בידו מותר בחצר אחרת אסור אע"פ שמפתח וחותם בידו דברי ר"מ וחכמים אוסרין עד שיהא שומר יושב ומשמר [ב]או עד שיבא ממונה הבא לקיצין חכמים אהייא אילימא אסיפא תנא קמא נמי מיסר קא אסר ואלא ארישא דסיפא והא קאמר ליה ר' יוחנן לתנא תני אע"פ שאין מפתח וחותם בידו ואלא אסיפא דרישא דקאמר ת"ק [ב]בחצר אחרת מותר והוא שמפתח וחותם בידו וחכמים אומרים לעולם אסור עד שיהא שומר יושב ומשמר או עד שיבא ממונה הבא לקיצין ממונה בא לקיצין גריעותא הוא אלא עד שיבא ממונה שאינו בא לקיצין: רשב"א אומר רשות גוים אחת היא: איבעיא א להו ר"ש בן אלעזר להקל או להחמיר רב יהודה אמר זעירי להקל רב נחמן אמר זעירי להחמיר רב יהודה אמר זעירי להקל והכי קאמר ת"ק כשם שברשותו אסור כך ברשות גוי אחר נמי אסור [ג]וחיישינן *לגומלין ר"ש בן אלעזר אומר במה דברים אמורים ברשותו אבל ברשות גוי אחר מותר ולא חיישינן לגומלין רב נחמן אמר זעירי להחמיר וה"ק ת"ק [ג]במה דברים אמורים ברשותו אבל ברשות גוי אחר מותר ולא חיישינן לגומלין ר"ש בן אלעזר אומר כל רשות גוים אחת היא תניא כוותיה דרב נחמן אמר זעירי להחמיר [ד]אמר ר"ש בן אלעזר כל רשות גוים אחת היא מפני הרמאין דבי פרזק רופילא אותיבו חמרא גבי אריסייהו סבור רבנן קמיה דרבא למימר כי חיישינן לגומלין הני מילי היכא דקא מותיב האי גבי האי אבל הכא כיון דאריסיה לאו דרכיה לאותוביה בי פרזק רופילא לגומלין לא חיישינן אמר להו רבא [ו]אדרבה אפילו למ"ד לא חיישינן לגומלין ה"מ היכא דלא מירתת מיניה אבל הכא כיון דמירתת מיניה מחפי עליה זכותא ההוא כרכא דהוה יתיב ביה חמרא דישראל אשתכח גוי דהוה קאי ביני דני *אמר רבא [ה]אם נתפס עליו כגנב חמרא שרי ואי לא אסור:

הדרן עלך רבי ישמעאל

רש"י

בחצר אחרת. ישראל דר בחצר אחרת: ה"ג **יינו של גוי ברשותו.** אם היין של גוי וטהרו ישראל ונתנו ברשות הגוי עצמו וישראל דר באותה חצר מותר והוא שמפתח וחותם ביד ישראל אבל אין מפתח וחותם בידו אע"פ שישראל דר באותה חצר אסור כיון שהיין שלו דלא מרתת כולי האי: **תני אע"פ שאין מפתח וחותם בידו.** כיון דישראל דר באותה חצר כשומר היוצא ונכנס דמי דאמרינן במתני' שמותר: **או עד שיבא ממונה הבא לקיצין.** שיהא שומר ממונה לשמרו אבל הולך ויוצא ויש לו שעה קבועה לבא או עד שיבא כלומר[(א)] עד שיהא ממונה עליהם שיתיירא זה מביאתו ולקמן פריך הבא לקיצין גריעותא הוא: **ארישא דסיפא.** יין של גוי *ברשות גוי וישראל דר באותה חצר דקאמר ר"מ מותר והוא שמפתח וחותם בידו ואתו רבנן למיסריה: **והאמר ליה רבי יוחנן לתנא כו'.** אלמא פשיטא ליה לרבי יוחנן כי האי גוונא לקולא הוא דבעינן למיזל: **אלא אסיפא דרישא.** היכא דיין של ישראל הוא וקתני ישראל דר בחצר אחרת מותר והוא שמפתח וחותם בידו דכיון דיין דישראל הוא מירתת גוי לזייף שמא ירגיש בו ישראל הדר בחצר אחרת: **גריעותא הוא.** דכיון דיש לו שעה קבועה לביאתו לא מירתת גוי: **להקל או להחמיר.** להקל דקאמר ת"ק בעיר שכולה גוים אסור להניחו בבית הגוי שהוא בעליו והוא הדין בבית גוי אחר וקאמר רבי שמעון בן אלעזר וכי כל רשות גוים אחת היא בתמיה כלומר הואיל ואינו בבית בעליו מותר דהאי גוי מירתת או להחמיר קאמר וניחותא איתמר דתנא קמא דוקא בבית בעליו קאמר ואתא רבי שמעון בן אלעזר למימר הוא הדין בבית הגוי אחר דחיישינן לגומלין אע"ג דהאי גוי שהבית שלו ייחד לו קרן זוית לישראל ולא נגע דנתפס עליו כגנב חיישינן דלמא שביק ליה לגוי חבירו בעל היין דלא מירתת לנסוכי כי היכי[(ב)] דהדר ישראל וחזין מהאי גוי זימנא אחרינא ומפקיד ליה גבי ההוא דלישבוק ליה לנסוכי: **לגומלין.** הנח לי ואגמול לך כיוצא בזו: **רבי שמעון בן אלעזר כו'.** ואחת היא דמתניתין אתמוהי מתמה: **מפני הרמאין.** גומלין זה לזה: **פרזק.** שם האיש: **רופילא.** שני למלך: **אותיבו חמרא.** יין כשר דזבני ישראל באשראי: **גבי אריסייהו.** גוים כמותם אריסא מירתת ממריה ואי נמי נגע מסהיד עליה דלא נגע: **כרכא.** כרך: **אם נתפס עליו כגנב.** אם גוי חלש הוא ויש אימת שופטי העיר עליו ואם ימצאוהו נוגע נתפס עליו כגנב: **חמרא שרי.** בשתיה ואי לא אסור אף בהנאה דודאי נגע:

תוספות

***עד שיהא שומר יושב ומשמר.** תימה היינו רישא דישראל וגוים דרין בה ואין לומר דאיצטריך ליוצא ונכנס דהא נמי שמעינן מרישא דקתני דרין בה ולא שיהא נותן עיניו בגוי כל היום וי"ל דה"א עד דאיכא ישראל טובא קמ"ל דאפילו בחד סגי:

ההוא כרכא כו'. מתוך הלשון משמע דנקט כרכא שהיה היין מונח בתוך הרחוב וגם היה שם יין של גוי שעתה אין הגוי נתפס כגנב על הביאה רק על הנגיעה ואפילו הכי חמרא שרי כיון שנתפס על הנגיעה והא דאמרינן לקמן פרק בתרא (דף ע.) *דההוא דהוה יתיב ביה חמרא דישראל כו' וקאמר רבא אי מלי לאישתמוטי חמרא אסור ואף על פי שנתפס כגנב על הנגיעה היינו משום דבבית שיכול ליכנס שם אינו ירא כל כך ומנסך אבל אי נתפס כגנב על הביאה ודאי חמרא שרי ולהכי מייתי עלה ההיא דנעל הפונדק:

הדרן עלך רבי ישמעאל

מסקנא דמילתא מגע גוי[(ג)] כיון שנתכוין ליגע שיכשך אע"פ שלא ניסך אסור בהנאה ממתני' (אתא) דאגרדמים גוי משום לך לך אמרין נזירא. שלא בכוונה כגון לא הכיר בו שהוא יין מותר בהנאה ממתניתא דהרס גוי וכן נפל לבור נמי שלא בכוונה הוא ומותר בהנאה ממתני'. וכן נתכוין ליטול דבר אחר כגון אתרוג דרב אשי שלא בכוונה הוא ומותר בהנאה. מגע גוי ע"י דבר אחר כגון בקנה אנו יודעין שנתכוין לדבר אחר כי מדדו בקנה או התיז את הצרעה מותר בהנאה ממתני'. בכוונה ולא חזינן למאי איכוין אסור בהנאה מההוא עובדא דבירס דשרייא רב משום דשלא בכוונה הוה הא בכוונה אסור. כחו של גוי בחיבורין כגון דאוריק ארוקי הכיר בו שהוא יין אסור בהנאה מדרבי יוחנן דאמר לא והכרז על יינן משום יין נסך משום לך לך לא הכיר בו מותר אף בשתיה מההוא עובדא דרבי יוחנן בן ארזא ורבי יוסי בן נהוראי דחד שרי אפילו בשתיה משום דגוי לא הוה ידע. ושלא בחיבורין כגון זריקה מותר אף בשתיה ואפילו נתכוין מדרב אשי דאמר כל שבזב טהור בגוי אינו עושה יין נסך. כך הגיה הרב ופסק הלכה למעשה:

השוכר

הגהות הב"ח

(א) רש"י ד"ה או עד וכו' כלומר או עד: (ב) ד"ה להקל וכו' כי היכי דלהדר ישראל: (ג) ד"ה מסקנא דמילתא מגע עובד כוכבים בכוונה כגון שנתכוין ליגע ושיכשך וכו' לדבר אחר כגון מדדו:

מסורת הש"ס: [כתובות כז.] [לקמן ע.] ברשותו וישראל דר כצ"ל רש"א; רש"א מ"ז

אם היה ישראל דר בחצר אחרת — מותר, והוא (דווקא בזמן) שמפתח של אותו בית וחותם של היין בידו של ישראל. המטהר יינו של גוי והיין נמצא ברשותו של הגוי, וישראל דר באותה חצר — מותר, והוא שמפתח וחותם בידו של הישראל. ומעירים, אמר ליה [לו] ר' יוחנן לתנא (שונה המשניות), תני [שנה כך]: אף על פי שאין מפתח וחותם בידו — מותר. וממשיכה הברייתא: אם היה הישראל דר בחצר אחרת — אסור, אף על פי שמפתח וחותם בידו, אלו דברי ר' מאיר. וחכמים אוסרין, עד שיהא שומר יושב ומשמר, או עד שיבא ממונה הבא לקיצין בזמנים קבועים. ושואלים: חכמים אהייא [על איזה מקרה בברייתא מתייחסים דבריהם]? אילימא אסיפא [אם תאמר על הסוף] — תנא קמא נמי מיסר קא אסר [התנא הראשון, ר' מאיר, גם כן אוסר]! ואלא תאמר כי הכוונה היא ארישא דסיפא [על ראשה של הפיסקה האחרונה], במטהר יינו של הגוי והישראל דר באותה חצר — והא קאמר ליה [והרי אמר לו] ר' יוחנן לתנא, תני [שנה] בהלכה זו: אף על פי שאין מפתח וחותם בידו — מותר, ובוודאי אין ר' יוחנן חולק על דעת חכמים! ואלא יש לומר שחכמים מתייחסים אסיפא דרישא [לסופה של הפיסקה הראשונה], ביינו של ישראל המונח בבית בחצירו של גוי, דקאמר תנא קמא [שאומר התנא הראשון]: אם ישראל בחצר אחרת — מותר, והוא שמפתח וחותם בידו. וחכמים אומרים: לעולם אסור, עד שיהא שומר יושב ומשמר, או עד שיבא ממונה הבא לקיצין. ולגופם של דברי חכמים תוהים: וכי ממונה בא לקיצין בזמנים קבועים גריעותא [גריעות] הוא, שהרי יודע הגוי מתי בא השומר, ובין הזמנים הללו יכול לעשות מה שירצה! אלא יש לתקן: עד שיבא ממונה שאינו בא לקיצין, אלא בכל עת שעולה בדעתו.

א על מה ששנינו במשנה כי המטהר יינו של גוי ונתנו ברשותו של הגוי — היין אסור עד שיהא שם שומר, ר' שמעון בן אלעזר אומר: רשות גוים אחת היא. איבעיא להו [נשאלה להם ללומדים]: ר' שמעון בן אלעזר להקל בא או להחמיר בא? רב יהודה אמר בשם זעירי: להקל בא, רב נחמן אמר בשם זעירי: להחמיר. ומסבירים את השיטות: רב יהודה אמר זעירי להקל, והכי קאמר תנא קמא [וכך אמר התנא הראשון]: כשם שברשותו של הגוי בעל היין אסור, כך אם היה היין ברשות גוי אחר נמי [גם כן] אסור,

שמא נתן לבעל היין לגעת בו, וטעם הדבר כי חיישינן לגומלין [חוששים אנו שהם גומלים זה לזה], שיגמול לו בעל היין בפעם אחרת כעין זה, ולכן אין ההוא מספר על כך. ואילו ר' שמעון בן אלעזר אומר: במה דברים אמורים שאסור — כשהיה היין ברשותו של הגוי בעל היין, אבל ברשות גוי אחר — מותר, שחושש הוא לגשת ליין ברשותו של אחר, שמא ייוודע הדבר, ולא חיישינן [ואין אנו חוששים] לגומלין. ואילו רב נחמן אמר בשם זעירי שכוונתו להחמיר, והכי קאמר תנא קמא [וכך אמר התנא הראשון]: במה דברים אמורים שאסור? כשהיה היין ברשותו של הגוי בעל היין, אבל ברשות גוי אחר — מותר, ולא חיישינן [ואין אנו חוששים] לגומלין. ואילו ר' שמעון בן אלעזר אומר: כל רשות גוים אחת היא, שאנו חוששים שהם גומלים זה לזה, ואינם מספרים. ומעירים: תניא כוותיה [שנויה ברייתא כשיטתו] של רב נחמן אמר בשם זעירי שר' שמעון בן אלעזר בא להחמיר, ששנינו שאמר ר' שמעון בן אלעזר: כל רשות גוים אחת היא מפני הרמאין, ומשמע שהוא המחמיר בזה. מסופר, דבי פרזק רופילא [אנשי בית פרזק השר] אותיבו חמרא גבי אריסיהו [הניחו יין שטיהרו ישראל אצל אריסיהם הגוים], סבור רבנן קמיה דרבא למימר [סברו חכמים שהיו לפני רבא לומר]: כי חיישינן [כאשר חוששים אנו] לגומלין — הני מילי היכא דקא מותיב האי גבי האי [דברים אלה אמורים כאשר זה מניח אצל זה], אבל הכא [כאן] כיון דאריסיה לאו דרפיה לאותוביה בי פרזק רופילא [שהאריס אין דרכו להניח דברים בבית פרזק השר], לגומלין לא חיישינן [אין אנו חוששים]. אמר להו [להם] רבא: אדרבה, אפילו למאן דאמר [לדעת מי שאומר] לא חיישינן [שאין אנו חוששים] לגומלין, הני מילי [דברים אלה אמורים] היכא דלא מירתת מיניה [במקום שאינו מפחד ממנו הגוי האחר], אבל הכא [כאן], באריסים אלה של פרזק, כיון דמירתת מיניה [שהוא מפחד ממנו] — מחפי עליה זכותא [הרי הוא מחפה עליו לזכות] ובוודאי לא יספר מעשיו. מסופר, ההוא כרכא דהוה יתיב ביה חמרא [כרך אחד שהיה מונח בו יין] של ישראל, אשתכח [נמצא] גוי דהוה קאי ביני דני [שהיה עומד בין החביות של היין], אמר רבא: אם כשיגלו אותו נוגע ביין הריהו נתפס עליו כגנב — חמרא שרי [היין מותר], שמפני שהוא מפחד שיתפסוהו אינו מתפנה לנסך, ואי [ואם] לא — היין אסור אפילו בהנאה, שבוודאי נגע וניסך.

עיונים

מפתח וחותם כלומר, מפתח או חותם, והיא דעת ר' אליעזר (לעיל לא,א) (ראב"ד ועוד). ועוד כתב הראב"ד כי אין הדברים אמורים אלא בחצירו של הגוי, שמתוך שיש לו שייכות בבית אינו חושש, אלא אם כן יש מפתח או חותם שאז נתפס הוא כגנב, אבל אם אין זו חצר של הגוי, הרי אף שאין שם ישראל — מותר היין אף בלא מפתח וחותם.

יינו של הגוי ברשותו שבמקרה זה שיש לו רשות גם במקום וגם ביין — אינו חושש, אלא אם יש חותם או מפתח ביד הישראל, שאז חושש הוא ממנו שיראנו פורץ את הפתח ושובר את החותם. שלדעה זו יש להבחין בין שומר הנכנס ויוצא, שכשהוא נכנס הריהו נכנס לאותו מקום בו נמצא היין, לבין ישראל שדר באותה חצר, שכשהוא נכנס הריהו נכנס לביתו שלו, ואין הגוי חושש שיבוא לאותו מקום, וגם אם יבוא יוכל להסביר את מעשיו שיין זה משועבד לו ובא לראות את מצבו (ראב"ד).

והאמר ר' יוחנן וכו' לפי שבפשטות אנו פוסקים כדעת חכמים שהם רבים, ומה שאמר ר' יוחנן להלכה מן הסתם אינו סותר דעתם של חכמים.

להקל או להחמיר לפי שדבריו של ר' שמעון בן אלעזר, לא רק שהם סתמיים וניתנים להתפרש ביותר מאופן אחד, אלא שאינם מתייחסים להלכה שנאמרה קודם לכן במפורש במשנה, אלא להלכה אחרת המרומזת במשנה. ואכן כולם מסכימים כי לפי הענין יש להשלים עוד מקרה אחד, והוא כאשר היין אינו נתון ברשותו של הגוי בעל היין אלא ברשותו של גוי אחר, אלא שנחלקו מה היא דעת התנא קמא במקרה זה, ובהתאם לכך פירשו באופן שונה את דעת ר' שמעון בן אלעזר.

והסבירו המפרשים כי לפי הפירוש הראשון שר' שמעון בן אלעזר בא להקל, יש להבין את דבריו כלשון תמיהה: וכי כל רשות גוים אחת היא? וכיון שאינם רשות אחת, הרי כיון שהועבר היין לרשותו של אדם אחר — אין הראשון יכול להיכנס לשם בכל עת ולנגוע ביין, כיון שהשני אחראי על היין כלפי הישראל ואינו מניחו לעשות זאת. ולפי הפירוש השני דברי ר' שמעון בן אלעזר הם בניחותא — כל רשות גוים אחת היא לענין זה, והרי זה כמונח ברשות בעל היין הגוי. והסביר רש"י שאף שמי שנמצא היין ברשותו חושש לעשות כן, אינו מונע זאת מבעל היין, שהוא אינו חושש לעשות כן מפני שהוא בעלים עליו.

דבי פרזק רופילא וכו' ומדובר כאן במקרה שאין לחשוש משום האריס עצמו, כגון שהוא דר שם אלא שמפתח וחותם ביד ישראל, או שאין מדובר במקום בו דר האריס, אלא במקום משמש לאוצר ויוחד עבור היין הכשר (ראה לעיל עמוד א), ושם אין צורך אפילו במפתח וחותם, שהרי אין לאריס כל שייכות ליין ולמקום, שתאפשר לו גישה בלא חשש (ראה ברמב"ן).

ההוא כרכא תוס' מפרשים שאיזכור כרך בענין זה מלמד שמדובר כאן ברחוב, במקום שלא היה שייך לאדם מסויים, כך שאינו נתפס כגנב על הכניסה למקום, אלא על הנגיעה בלבד. ואילו מדברי הראב"ד נראה שהוא מבין "כרכא" לא במובן של כרך=עיר, אלא במובן של מקום שהיה מוקף במחיצות מסביב, ועשוי להכניס שם יין, אבל לא היה חצר או בית דירה (שכאמור לעיל, יש לכך משמעות אם הגוי או הישראל דר שם). וראה להלן.

אם נתפס עליו כגנב רש"י מסביר שהכוונה היא שגוי זה אינו תקיף אלא כשאר בני אדם, ומתיירא מפני שופטי העיר ושוטריה, שינהגו בו כבגנב. והריטב"א אומר בשם רבותיו ש"נתפס כגנב" אינו דווקא שיענישו אותו על חשד גניבה, אלא כל שיתבייש מפני שנמצא כמצב שנראה כגנב הריהו בכלל זה. והראב"ד פירש בשם גאון (לפי הגרסה "דהוה יתיב ביה חמרא דישראל ודגוי"), כי נתפס כגנב מובנו כאן שהוא נכנס למקום שאין לו שייכות אליו, כגון שיש מחיצה בין חביותיו של הישראל ושל הגוי, והוא נכנס למקום בו עומדות חביותיו של הישראל. וראה גם ברש"י להלן (ע,א) המסביר שנתפס כגנב הוא לענין הכניסה למקום, שעצם כניסתו לשם מחשידה אותו, ובריטב"א.

שרי... אסור וכתב רש"י שבמקרה שהוא מותר — מותר אף בשתיה, שאין חוששים שנגע בו. ובמקום שאסרו — אסרו אף בהנאה שחוששים שמא נגע וניסך.

אורח ההלכה

אף שאין מפתח וחותם בידו ישראל שעשה יינו של גוי בטהרה כדי שיהא היין מותר לישראל (וראה לעיל עמוד א במשנה), אם נתנו בחצרו של אותו גוי והיהודי גר שם — מותר אפילו בלא חותם, אפילו אם הגוי עצמו גר שם. וכדברי ר' יוחנן. (רמב"ם ספר קדושה הלכות מאכלות אסורות פי"ג ה"ג. שו"ע יו"ד קלא, א).

בחצר אחרת ישראל ששכר או קנה בית בחצרו של גוי ומילא את ביתו ביין, ולא היה ישראל דר באותה חצר, אם היה ביד ישראל מפתח וחותם (ואין צריך לומר שני חותמות) — היין מותר (ובדיעבד — בחותם אחד בלבד. ש"ך). ואם אינו גר שם, והגוי דר באותה חצר — אסור. כדברי תנא קמא (וראה בלח"מ). (רמב"ם שם ה"א. שו"ע שם קל, ט).

כל רשות גוים אחת ישראל שעשה יינו של גוי בטהרה ונתנו הישראל בביתו של גוי אחר — מותר במפתח וחותם. וכדברי תנא קמא ולשיטת זעירי. ולדעת הרמב"ם אין לחלק בין חצרו של גוי זה וחבירו, שחוששים לגומלין, וכדברי ר' שמעון בן אלעזר, שנראה מדברי רבא בענין פרזק רופילא שפסק כמותו (כס"מ). (רמב"ם שם ה"ד. שו"ע שם קלא, א).

נתפס עליו כגנב כתב הרמב"ם: אוצר של יין שהיו חביותיו פתוחות, ויש לגוי חביות אחרות באותו פונדק, ונמצא הגוי עומד בין חביות ישראל הפתוחות, אם נבהל כשנמצא ונתפש עליו כגנב — היין מותר בשתיה, שמפחדו אין לו פנאי לנסך. ואם אינו נבהל אלא בוטח בעצמו — היין אסור. כגרסת הגאון שהביא הראב"ד. ובשו"ע כתב: היו חביות יין בשוק ונמצא גוי ביניהן, אם הוא גוי שאימת השופטים עליו, ואם ימצאוהו נוגע נתפס עליו כנגב — היין מותר אפילו בשתיה. ואם לאו — אסור אף בהנאה. כרש"י. (רמב"ם שם פי"ב הכ"ג. שו"ע שם קכח, ה).

מסורת הש"ס

א. תוספתא ע"ז פ"ז ח (בשינוי).
ב. ראה ירושלמי ע"ז פ"ה הי"ב.
ג. כתובות כד,א. בכורות לה,א—ב.
ד. ראה תוספתא שם.
ה. ע"ז ע,א (עיי"ש).

גרסות

המטהר יינו בכת"י ובמקורות רבים: יינו.

בחצר אחרת — בידו בכתי"ס נמחק משפט זה וראה בראב"ד.

בידו דברי ר' מאיר בכת"י ועוד: בידו.

וחכמים אוסרין בכתי"מ ועוד: וחכמים אומרים אסור ובכתי"ס: וחכמים אומרים לעולם אסור.

דקאמר תנא קמא בחצר בכתי"מ: בחצר.

אלא עד שיבא בכתי"מ: אימא עד שיבא ובכתי"ס: אלא אימא עד שיבא.

נמי אסור וחיישינן בכת"י: אסור דחיישינן.

אפילו למאן דאמר לא חיישינן לגומלין בכתי"ס: כי לא חיישינן לגומלין וראה באורח ההלכה.

חמרא דישראל בכתי"ס ועוד: חמרא דישראל וגוי.

לשון

רופילא
יש שסברו כי זו היא המלה הלטינית rufulus. אלא שמשמעה היא דרגה של קצין בצבא (טריבון צבאי הממונה על ידי המפקד) ואינה מתאימה לענין. משום כך הציעו אחרים שצריך להיות רוטילא, מן הלטינית rutilus שענינו הוא משנה למלך.

סיכום פרק "רבי ישמעאל"

בענין מרקוליס סוכם כי כל האבנים שנזרקו למרקוליס נעשות חלק מן העבודה הזרה עצמה. ובענין דרך עבודתה המיוחדת, סוכם כי דרך עבודה זרה האסורה ואוסרת היא כאשר עובדים את העבודה זרה כדרך שאנו עובדים במקדש, או אף באופן אחר — כאשר זו היא דרכה של אותה עבודה זרה. ואילו לגבי תקרובת, אין דבר נאסר משום תקרובת אלא אם נעשית עבודתו כעין פנים.

דברים המונחים על גבי עבודה זרה, כגון אלו המצויים בראשו של מרקוליס, אם הם דברים של כבוד או של נוי הריהם אסורים, ואם אינם בדרך כבוד — הריהם מותרים.

רכוש השייך לעבודה זרה מותר ליהנות ממנו, ובלבד שלא יצטרך לשלם על כך לכמרים (או לפירוש אחר — להכיר להם טובה על כך), אבל מותר ליהנות ממנה שלא בטובת הנאה שלהם. ואם היה זה רכוש משותף לעבודה זרה ולאחרים מותר בכל מקרה.

לענין איסור עבודה זרה של ישראל ושל נכרים ולגבי ביטולם, סיכמו על פי מדרש הכתובים כי עבודה זרה שעשה נכרי אסורה מיד, ושל ישראל אסורה רק לאחר שיעבדוה בפועל. אבל לענין ביטול הדין חמור יותר אצל ישראל, שעבודה זרה של נכרי יש לה ביטול, ועבודה זרה אסורה של ישראל — אין לה ביטול לעולם.

ומה היא דרך הביטול? יש ביטול על ידי מעשה, כאשר הגוי (כל גוי, אפילו כשאינו מעובדיה של עבודה זרה זו) עושה מעשה כלשהו של שבירה בגופה, שהוא צעד בלתי הפיך, אבל לא באופנים אחרים של ביזוי, כגון יריקה, וגם לא על ידי מכירה או משכון (אלא אם כן הוא מוכר אותה למי שבוודאי יבטלה). וכיוצא בזה עבודה זרה שמניחים אותה עובדיה שלא מחמת מצוקה — הרי זה מוכיח שביטלוה, ושוב אין איסור לישראל להשתמש בה לצורכו.

אגב ענין ביטולה של עבודה זרה על ידי בני אדם, יש בפרק זה גם דברי אגדה הדנים בשאלת קיומה של העבודה הזרה, מפני מה אין הקב"ה מבטלה, וכן מפני מה נראה לעתים שיש בה ממש. ועיקרה של התשובה הוא שהקב"ה מניח לאדם בחירה, ולכן יש בידו להרשיע או להיות צדיק כפי בחירתו.

לענין יין נסך סוכם כי אף שאין חשש לניסוך כל עוד אין הגוי נוגע ביין אלא בענבים בלבד (ואפילו כשהוא דורך אותם), מכל מקום המיץ היוצא מן הענבים נחשב ליין מיד לאחר שיצא ונד ממקומו בגת.

כל מגע מכוון של גוי ביין אוסרו בהנאה (וכן כל מקרה בו יש חשש למגע כזה), אבל אם היה זה שלא בכוונה — אינו נאסר אלא בשתיה. לעומת זאת כוחו של גוי (כגון כאשר מריק את היין מכלי לכלי, ואינו נוגע בו) אף שהוא אוסרו (בהנאה או בשתיה לפי דעות שונות), אם היה זה שלא בכוונה — לא גזרו בו חכמים, ומותר אף בשתיה.

גוי המצוי בסמוך לחביות יין, אם יש לו זכות כלשהי ביין זה, או שיכול להכנס למקום החביות ברשות ("שאינו נתפס עליו כגנב") יש לחשוש שמא נגע ביין וניסכו. כאשר יינו של ישראל מצוי במקום גוים ואותו ישראל מציב עליו שומר, אף שאין השומר נמצא במקום תמיד, כל שהוא יוצא ונכנס בלי שיידע הגוי מתי הוא בא — הרי זה כשמור. וכללו של דבר, בכל מקרה שאין הגוי מרגיש חופשי לגמרי לנסך אנו מניחים שלא נגע ביין, והיין כשר.

פתיחה לפרק "השוכר את הפועל"

"אַךְ אֶת הַזָּהָב וְאֶת הַכָּסֶף אֶת הַנְּחֹשֶׁת אֶת הַבַּרְזֶל אֶת הַבְּדִיל וְאֶת הָעֹפָרֶת. כָּל דָּבָר אֲשֶׁר יָבֹא בָאֵשׁ תַּעֲבִירוּ בָאֵשׁ וְטָהֵר אַךְ בְּמֵי נִדָּה יִתְחַטָּא וְכֹל אֲשֶׁר לֹא יָבֹא בָּאֵשׁ תַּעֲבִירוּ בַּמָּיִם". (במדבר לא, כב—כג)

פרק זה תחילתו עניינים שונים בדין יין נסך, שחלקם כבר נידון בפרקים קודמים, ועיקרם שניים:

האחד — שאלות מעשיות רבות הנוגעות לחשש ממגע הגוי ביין של ישראל, מתי חוששים אנו שגוי המצא סמוך ליין ינסך ממנו, ועד כמה צריכה להיות שמירה מתמדת על הנכרי שלא ינסך.

הענין השני הוא איסור ההנאה מיין נסך, שאף ששנינו כבר שיין נסך אסור בהנאה, עדיין יש להגדיר מה בדיוק נאסר בכך, האם רק הנאה מדמיו של היין, או אף דברים אחרים שיש בהם הנאה עקיפה ממנו.

העברת יין מרשות הגוי לישראל ולהיפך, בין במסחר ביין עצמו, ובין בשימוש בו כאמצעי תשלום, מעלה שאלות שונות, שכן אם ביין נסך של גוי מדובר — הרי אסור הוא בהנאה, וכשיגיע לידי הישראל לא יוכל ליהנות ממנו. ואף יינו של ישראל הנמכר לגוי, אם יגע בו הגוי קודם שיצא מרשות הישראל ייאסר בהנאה. ויש צורך, איפוא, להגדיר באיזה שלב בדיוק עובר היין מרשות לרשות, ומה הם הפתרונות המעשיים במצבים אלו.

הדיון באיסור ההנאה של יין נסך מצריך גם דיון במקרים שנתערב היין בדברים אחרים, בכמה וכיצד הוא אוסרם. ומתוך כך דנים בשאר איסורים שבתורה, כיצד ובכמה הם אוסרים.

וכדרך שדנים לגבי תערובת יין נסך, כך דנים לענין כלים שנשתמשו בהם ביין נסך ונבלע בהם, האם יש להם תיקון והכשרה, ומה היא דרך הכשרתם.

אגב כך דנים בנושא כללי יותר — מה תיקון יש לעשות בכלים שלוקחים מן הגוים, הן לגבי הדרכים להוציא מהם איסור שנבלע בתוכם, והן משום המצוה המיוחדת (הרמוזה בתורה) שיש לטובלם כדי להכשירם לשימוש ישראל.

א משנה הגוי **השוכר את הפועל** הישראל על מנת **לעשות עמו** (אצלו) מלאכה **ביין נסך — שכרו אסור. אם שכרו לעשות עמו מלאכה אחרת, אף על פי שאמר לו** בתוך זמן עבודתו: **"העבר לי חבית של יין נסך ממקום למקום" — שכרו מותר. השוכר את החמור** על מנת **להביא עליה יין נסך — שכרה אסור. שכרה לישב עליה, אף על פי שהניח גוי לגינו** (כדו) **עליה** ובו יין נסך — בכל זאת **שכרה מותר.**

ב גמרא ומבררים: **מאי טעמא** [מה טעם] **שכרו** של הפועל העושה ביין נסך **אסור? אילימא** [אם תאמר] **הואיל ויין נסך אסור בהנאה, שכרו נמי** [גם כן] **אסור,** על כך יש להקשות: **הרי ערלה וכלאי הכרם** שאף הם **אסורין בהנאה, ותנן** [ושנינו במשנה]: למרות שאסור לו למוכרם, **אם מכרן וקידש אשה בדמיהן — מקודשת,** ואין אנו אומרים שהכסף שקיבל אף הוא אסור בהנאה ולא תהא מקודשת! **אלא** תאמר כי טעם הדבר הוא — **הואיל ותופס את דמיו כעבודה זרה,** שכשם שהמוכר עבודה זרה דמיו אסורים, כך שכר שמקבל בשל עבודה ביין הנסך נחשב כיין נסך. אולם גם על כך יש להקשות: **והרי שביעית** שגם היא **תופסת את דמיה,** שכל דבר שקונה בפירות שביעית יש לו קדושת שביעית, **ותנן** [ושנינו במשנה]: **האומר לפועל** בשנת השביעית: **"הילך דינר זה, לקוט לי בו** בשוויו **ירק היום" — שכרו אסור** כלומר, יש בשכר זה קדושת שביעית, שהרי הוא כקונה פירות שביעית בדינר זה. אבל אם אמר לו סתם: **"לקוט לי ירק היום" — שכרו מותר** לפי שהוא שילם רק שכר עבודתו. ומדוע שונה דין עבודה זרה? על כך מביאים **מה שאמר ר' אבהו אמר ר' יוחנן: קנס הוא שקנסו חכמים בשכר חמרין** (מובילי חמורים) **וביין נסך** שבשני מקרים אלה אין הדבר אסור מעיקר הדין, אלא שקנסו בהם חכמים. ומסבירים, **יין נסך — הא דאמרן** [זה שאמרנו] שמי שמקבל שכר עבור עבודה ביין נסך — שכרו נאסר. **חמרין מאי היא** [מה הוא]? **דתניא** [ששנויה ברייתא]: **החמרין שהיו עושין מלאכה בפירות שביעית — שכרן שביעית.** ומביאים דיון בענין זה: **מאי** [מהו פירוש] **"שכרן שביעית"? אילימא דיהבינן להו** [אם תאמר שנותנים להם] את **השכר** עבור מלאכתם זו **מפירות שביעית, נמצא זה** שלקחם לעבודה **פורע חובו מפירות שביעית** ונהנה מהפירות הללו באופן מסחרי, **והתורה אמרה:** "והיתה שבת הארץ לכם **לאכלה**" (ויקרא כה, ו) **ולא לסחורה! ואלא** תאמר ששכרן שביעית משמעו **שקדוש שכרן בקדושת שביעית,** שיש דין קדושת שביעית על השכר שהם מקבלים. **ומי** [והאם] שכר זה נעשה **קדוש? והתניא** [והרי שנינו במשנה], **האומר לפועל: "הילך דינר זה ולקוט לי ירק היום" — שכרו מותר,** אבל אם אמר לו: **"לקוט לי ירק בו היום" — שכרו אסור.** משמע שמי שקיבל שכר עבור פירות שביעית, שכרו אינו מתקדש בקדושת שביעית! **אמר אביי: לעולם** תפרש **שיהבינן ליה** [נותנים לו] **שכר מפירות שביעית, ודקא קשיא לך** [ומה שהיה קשה לך]: הלוא אנו למדים שפירות שביעית ניתנו **לאכלה ולא לסחורה!** יש להסביר **דיהביה ניהליה** [שנותן לו את הפירות] **בצד היתר,** כלומר בדרך מתנה, ולא כתשלום שכר. **כדתנן** [כמו ששנינו במשנה] לענין מעשר שני, **לא יאמר אדם לחבירו:**

עיונים

השוכר את הפועל וכו' ששכרו לעשות מלאכה ביין נסך, כגון להריק את היין לחבית אחרת, או להעביר חביות יין נסך ממקום למקום. וכל מלאכה אחרת שעושה ביין זה.

ביין נסך וכפי שעולה מדברי הגמרא להלן, כאן מדובר ביין נסך ממש, כלומר יין שניסכו ממנו לעבודה זרה. שאיסורו של יין זה הוא מן התורה.

שכרו אסור כתב הראב"ד (וכן מביא ופוסק הרשב"א בענין דומה) שלא נאסר שכר זה אלא בשווה פרוטה, אבל בפחות משווה פרוטה אינו אסור.

שכרו לעשות עמו מלאכה אחרת שאז דמי העבודה ביין הנסך מובלעים בשכר שהוא מקבל. וראה להלן בגמרא כיצד נוהג בדמים אלה בפרטות.

השוכר את החמור כתב בתר"י שהוסיף פיסקה זו, לומר שלמרות שהחמר עצמו אינו עושה מלאכה שלימה, והחמור הוא שנושא את היין, מכל מקום אסרוהו כשכר מלאכה ביין נסך. וראה להלן בגמרא.

שכרו נמי אסור שכל שהוא אסור בהנאה אף כל הנאה הבאה בגללו ("בגרמתו") אסור (רמב"ן). והר"נ הקשה על הסבר זה, כי לפי דברי הרמב"ן נמצא שאין מדובר כאן אלא על איסור על הפועל עצמו ליהנות מכך, ואילו מתוך דברי המשנה ועוד משמע כי מדובר על איסור מוחלט החל על דמים אלו. ומשום כך פירש כתוס', שיש מקום לגזור איסור הנאה על שכר זה משום גזירה, שמא יבוא ליהנות מאיסור ההנאה עצמו.

וקידש בדמיהן מקודשת ומכאן משמע שמותר (לפחות בדיעבד) ליהנות מדמי איסורי הנאה (שדבר שמגיע לו בגלל איסורי הנאה אינו אסור תמיד. רמב"ן) וכל שכן שכר עבודתו בהם (רש"י). והסבירו בתוס' כי אף שמצאנו איסורי הנאה שדמיהם אסורים מן התורה, מכל מקום לא אסרו חכמים דמיהם של איסורים אחרים בהנאה שמא יבוא ליהנות מן האיסור עצמו, ואם כן כל שכן שאין מקום לגזור על שכרו של איסור הנאה שאינו אסור מן התורה כלל, שמא יבוא ליהנות מגופו של האיסור.

תופס דמיו כעבודה זרה והיה מקום לומר שכיון שדמי עבודה זרה נאסרים, אף כל הנאה שמקבל מן העבודה הזרה, כגון שכר עבודה בה, אף הוא ייתפס באיסורה (רש"י). ובתוס' הסבירו (לשיטתם) כי אף אם אין מקום לגזור על שכר האיסור שמא יבוא ליהנות מגוף האיסור, מכל מקום יש מקום לגזור על שכר עבודה זרה משום דמיה, שהם דומים זה לזה.

שכרו אסור כלומר, שצריך לבער את הדמים כשמגיע זמן הביעור של אותו ירק שליקט תמורתם.

לקוט לי זו אינה לשון קניה, אלא לשון שכירות, ששוכר אותו לעשות מלאכה, וכיון שעצם הלקיטה אינה איסור — אף שכרו מותר. ובתוס' הסבירו שהרי זה כמלקט מציאות עבורו. שאלו: כיון שמן הדין המוצא הוא הזוכה במציאה (ואפילו היה שכירו של אחר) כיצד קונה בעל הבית את הפירות מן הפועל? ותירצו כי מאחר שאין הפועל מתכוון לזכות, הרי הם נשארים כפירות הפקר גמורים, ובעל הבית הוא שזוכה בהם מן ההפקר.

קנס הוא שקנסו חכמים בחמרין ויין נסך וכתב הראב"ד שאין שני הקנסות דומים, לפי שאת הפועל העושה ביין נסך קנסו משום העבירה שהוא עובר, משום שמן התורה מצוה היא לאבד את העבודה הזרה וכל משמשיה, והפועל שעובד בה הרי רוצה בקיומה (לפחות בזמן עבודתו). ואילו בשביעית החמרים אינם עוברים עבירה, שהרי רשאי אדם ללקט פירות שביעית, אלא שקנסום כדי שלא ירגילו עצמם לכך ויבואו לעשות סחורה בפירות שביעית. אבל הריטב"א פירש שאף החמרים עושים עבירה, שהם גורמים לעשיית סחורה בפירות שביעית. ובדומה לכך כתב הירושלמי כי מדובר כאן בפירות עבירה, ופירש הרמב"ן כי הכוונה לפירות לאחר זמן הביעור. וכיוצא בזה כתב הרמב"ם כי מדובר בחמרים העושים מלאכה בפירות שביעית.

לאכלה ולא לסחורה שמותר אף למכור פירות שביעית כשהדבר נעשה לצורך אכילה, ולכן מותר למכור מעט מעט, אבל לא בכמות גדולה. וכן אין מוכרים בצורה מסחרית, במידה ובמשקל. אבל שימוש בפירות שביעית שלא לצורך אכילה נאסר, ומשום כך אין אדם רשאי לפרוע חובו מפירות שביעית. וכתב רמב"ן בטעם הדבר, שהותר למכור פירות שביעית לצורך אכילה משום שהדבר שהוא קונה נתפס בקדושת שביעית, אבל דבר שאינו ראוי לאכילה, הואיל ובקנייתו הוא מפקיע את פירות השביעית מקדושתם הרי זה אסור, וכן הפורע חובו מפירות שביעית.

בצד היתר כלומר, נותן לו שכרו כמתנה ולא כשכר. ושאלו בתוס': אם כן יכול לשלם מדמי שביעית בצד היתר גם עבור כל מלאכה שעושה עבורו, ונמצא בפועל משלם חוב מדמי שביעית! ותירצו שכאן שונה הדבר, משום שאם מקבל הפועל מפירות שביעית עצמם — אין הדבר נראה כשכר, כמו במעשר, שהוא מעלם לאוכלם, ונעשה כעין שותף לבעלים, ששניהם אוכלים יחד מן הפירות הללו.

אורח ההלכה

השוכר את הפועל וכו' כשם שאסור ליהנות מיין נסך ומדמיו — כך אסור להשתכר בו. ולפיכך מי שנשכר לגוי לעשות לו מלאכה בסתם יינם, או שהשכיר לו חמורו או ספינתו להוליכו בו, או מרתפו להניחו — השכר אסור בהנאה. ואם נטל מעות בשכרו — שוחקן וזורה לרוח או מטיל לים. כמשנה. (רמב"ם ספר קדושה הלכות מאכלות אסורות פי"ג הט"ו—ט"ז. שו"ע יו"ד קלג, א).

שכרה לישב עליה וכו' השכיר לגוי חמור לרכב עליו, והניח הגוי לגין של יין עליו, או שהשכיר לו ספינתו להוליך בה סחורתו, אף שנותן בה גם יין לשתות — שכרו מותר, כיון שעיקר השכירות לא היה בשביל היין. כמשנה. (רמב"ם שם הי"ז. שו"ע שם סעיף ב).

ערלה וכלאי הכרם פירות אילן מאכל בשלש השנים הראשונות לנטיעתו הרי הם אסורים באכילה ובהנאה. וכלאי הכרם, שהם מיני תבואה או ירקות שנזרעו עם הגפן (או שצמחו שם מעצמם) אסורים באכילה ובהנאה, ואם קידש בהם אשה אינה מקודשת. ואם עבר ומכרם (וכן שאר איסורי הנאה, חוץ מעבודה זרה) וקידש בדמיהם — מקודשת. (רמב"ם שם פ"י ה"ו. שם ה"ט. ספר נשים הלכות אישות פ"ה ה"א—ב. שו"ע יו"ד רצד, א. רצו, ג. אה"ע כח, כא—כב).

הילך דינר לקוט וכו' האומר לפועל בשנת השמיטה: הרי לך מטבע זה ולקט לי ירק היום — שכרו מותר, ואינו כדמי שביעית. אבל אם אמר לו: לקוט לי בו ירק היום — שכרו של הפועל נחשב כדמי שביעית, ואינו מוציאו אלא באכילה ושתיה כפירות שביעית. (רמב"ם ספר זרעים הלכות שמיטה ויובל פ"ו הי"ב).

חמרים שהיו עושים מלאכה וכו' חמרים שהיו עושים מלאכה בפירות שביעית, כגון שהביאו יותר מדי — שכר שמקבלים על כך נדון כדמי שביעית. ודבר זה הוא משום קנס. וקנסו אותם ולא קנסו את הפועל, מפני שפועל שכרו מועט ונצרך לשכרו כדי חייו. כברייתא (לפי פירוש הירושלמי) וכמסקנת הגמרא בעמוד הבא. (רמב"ם שם הי"ג).

לאכלה ולא לסחורה אין עושים סחורה בפירות שביעית. ואם רצה למכור מעט מפירות אלה — מוכר, והדמים שקבל עבורם קדושים בקדושת שביעית, ויכול לקנות מהם רק מאכל שיאכלנו בקדושת שביעית. וכן אין אדם פורע חובו מדמי שביעית. (רמב"ם שם ה"א וה"י).

העלה לי פירות הללו אל יאמר אדם לחבירו: העלה את הפירות הללו (שהם מעשר שני) לירושלים, וטול מהם חלקך. שנמצא שהוא כנוטל שכר ממעשר שני. אבל יכול לומר לו ברמז: העלם לירושלים ונאכלם ונשתם שם. כמשנה המובאת כאן. (רמב"ם שם הלכות מעשר שני פ"ג הכ"ב).

מסורת הש"ס

א. משנה קדושין נו,ב. נדרים מז,ב. קדושין נח,א. ע"ז נד,ב. ירושלמי קדושין פ"ב ה"ח. וראה תוספתא קדושין פ"ד ח.
ב. משנה שביעית פ"ח מ"ד. ירושלמי שביעית פ"ח ה"ד. שם מע"ש פ"ג ה"א.
ג. ירושלמי שביעית פ"ח ה"ו. שם ע"ז פ"ה ה"א.
ד. (בשינוי) ירושלמי שם ושם. תוספתא שביעית פ"ו כו.
ה. בכורות יב,ב.
ו. (בשינוי הסדר) משנה שביעית פ"ח מ"ד. ירושלמי שביעית פ"ח ה"ד. שם מע"ש פ"ג ה"א.
ז. משנה מע"ש פ"ג מ"א. ירושלמי שביעית פ"ח ה"ד.

גרסות

שכרן לעשות עמו בכתי"ס: לעשות עמו.

חבית של יין נסך בכתי"מ: יין נסך.

לישב עליה בירושלמי: **לישב בה.**

שהניח גוי בירושלמי בכת"י ועוד: שהניח.

את דמיה בכתי"מ: **את דמיו דכתיב כי יובל היא קדש תהיה לכם.**

בו ירק היום שכרו אסור לקוט לי ירק היום שכרו מותר בכת"י כבמשנה: **ירק היום שכרו מותר — לקט לי בו ירק היום שכרו אסור.**

שכר מפירות שביעית בכתי"מ: **פירות שביעית.**

והתניא האומר לפועל בכת"י ועוד: **והתנן האומר לפועל.**

ירק היום — אסור בכתי"מ: **בו ירק שכרו אסור לקט לי בו ירק היום שכרו מותר** ובכתי"ס: **ירק היום שכרו מותר** וראה בב"ח.

יהבינן ליה שכר מפירות שביעית בכתי"מ: **דיהבינן להו מפירות.**

לאכלה ולא לסחורה בכתי"מ: **לאכלה אמר רחמנא ולא לסחורה.**

דיהביה ניהליה בצד היתר בכתי"ס: **כי יהבינן להו בצד התירא יהבינן להו.**

א השוכר את הפועל לעשות עמו ביין נסך שכרו אסור שכרו לעשות עמו מלאכה אחרת אע"פ שאמר לו העבר לי חבית של יין נסך ממקום למקום שכרו מותר השוכר את החמור להביא עליה יין נסך שכרה אסור שכרה לישב עליה אע"פ שהניח גוי *לגינו עליה שכרה מותר:

ב גמ' מ"ט שכרו אסור אילימא הואיל ויין נסך אסור בהנאה שכרו נמי אסור הרי ערלה וכלאי הכרם דאסורין בהנאה ותנן *מכרן וקידש בדמיהן מקודשת אלא הואיל ותופס את דמיו כעבודה זרה והרי שביעית דתופס' את דמיה ותנן *האומר לפועל הילך דינר זה לקוט לי בו ירק היום שכרו אסור לקוט לי ירק היום שכרו מותר א"ר אבהו א"ר יוחנן קנס הוא שקנסו חכמים בחמרין וביין נסך הא דאמרן חמרין מאי היא דתניא החמרין שהיו עושין מלאכה בפירות שביעית שכרן שביעית מאי שכרן שביעית אילימא דיהבינן להו שכר מפירות שביעית נמצא זה פורע חובו מפירות שביעית והתורה אמרה לאכלה *ולא לסחורה ואלא דקדוש שכרן בקדושת שביעית ומי קדוש *והתניא האומר לפועל הילך דינר זה ולקוט לי ירק(א) היום שכרו מותר לקוט לי ירק בו היום שכרו אסור אמר אביי לעולם יהבינן ליה שכר מפירות שביעית ודקא קשיא לך לאכלה ולא לסחורה דיהביה ניהליה בצד היתר כדתנן *לא יאמר אדם לחבירו העלה

רש"י

השוכר. גוי ששכר את ישראל לעשות עמו מלאכה ביין נסך להריקו מכלי אל כלי או להעביר חבית ממקום למקום וביין נסך ממש קאמר שנתנסך לעבודה זרה וסתם יינן מיבעיא לן בגמרא(ב): **שכרו לעשות עמו מלאכה אחרת.** כל שכרו מותר דאף על גב דאגרא דיהיב לא משום מלאכה אחרת היא ובגמרא(ג) מפרש לה שפיר: **גמ' מקודשת.** אלמא איסורי הנאה דמיהן מותרין וכל שכן שכר פעולתו: **אלא הואיל ותופס את דמיו כעבודה זרה.** דכיון דנתנסך לעבודה זרה הרי היא כעבודה זרה דדמיה אסורין כדאמרן (לעיל נד:) כל שאתה מהיה הימנו הרי הוא כמוהו וכי היכי דדמיו אסורין שכר פעולתו נמי אסור: **לקוט לי בו.** לשון מכר הוא דמשמע לקוט לי שוויו ירק: **שכרו אסור.** לשהותו אחר זמן הביעור אלא מתבער בשביעית: **לקוט לי ירק.** לשון שכירות הוא ולא לשון מכר ואין לו דמים שיתפסו בקדושת שביעית: **לצד היתר.** מתנת חנם: **כדתנן.** גבי מעשר שני: לחלק

תוספות

השוכר את הפועל: מ"ט שכרו אסור. מתוך השיטה משמע כי מעתה היה יודע שיין נסך תופס דמיו כעבודה זרה ואעפ"כ היה רוצה לדמות שכר יין נסך לדמי ערלה ולשכר שביעית אע"ג דאיכא ביין נסך תרי חומרי איסור הנאה ותופס דמיו והכי פריך מ"ט שכרו אסור נהי דתופס דמיו כעבודה זרה מ"מ שכרו אין בו איסור אלא מדרבנן ואינו חשוב כדמי יין נסך ומה טעם גזרו עליו אילימא משום דיין נסך גופיה אסור בהנאה מן התורה הלכך גזרו על שכרו אטו הגוף והרי ערלה וכלאי הכרם דאסורין בהנאה מן התורה ולא גזרו על הדמים אטו הגוף ואין להחמיר כאן בשכר יותר מהתם בדמים דהשתא דמים שמלינו איסורי הנאה שגם דמיהם אסורין מן התורה כמו הגוף באותן שתופסין דמיהן ואפילו הכי לא גזרו דמים אטו גוף באותן שאין תופסין דמיהם שכר שאינו אסור בשום איסור הנאה מן התורה כל שכן שלא נגזר שכר אטו הגוף ומשני אלא הואיל ותופס דמיו כעבודה זרה כלומר שכר בגוף לא מיחליף אבל שכר בדמים מיחליף ופריך והרי שביעית דתופסת דמיה וקאמר שכרו מותר דמשמע לגמרי ולא(ד) נתפס בקדושת שביעית ולא גזרינן שכר שביעית אטו דמי שביעית ואין לומר דשאני יין נסך דאית ביה תרי חומרי איסור הנאה ותופס דמיו דלא מיחליף שכר בדמים בתרי חומרי יותר מבחומרא אחת ומסיק א"ר אבהו א"ר יוחנן קנס הוא שקנסו בו ודאי משום גזרה לא שייך למיגזר כדפרי' דאי מטעם מיחליף הוא לא היה לנו לחלק בין פועל דיין נסך לפועל דשביעית וכן בשביעית גופיה לא היה לחלק בין חמרים לפועל אלא מטעם קנס הוא וחכמים שקנסו ראו לקנוס בחמרים יותר משום דנפיש אגרייהו וכן פועל דיין נסך משום חומרא דיין נסך כדמסיק רבא בסמוך ודוקא בשנים אלו החמירו יין נסך ושביעית לפי שתופסין דמיהן ראוי לקנוס בשכר דהוי קצת כעין דמים אבל בשאר איסורי הנאה שאין תופסין דמיהם מסתבר דלא קנסו: **והתנן מכרן וקדש בדמיהן מקודשת.** תימה לפי מה שפירש בקונטרס לעיל בפרק ר' ישמעאל (דף נד:) דדוקא לקדש אשה התירו אבל לאיתהנויי מינייהו אסור מדרבנן(ה) אבל לאינש אחרינא שרו אותן מעות וה"נ גבי שביעית המעות אינם אסורין לאחרים *כדאמר לעיל פרק רבי ישמעאל (שם) מאי קא פריך הא דקאמר אסור במתני' היינו דוקא לפועל שאסורין הן כמו למוכר דוקא וי"ל דאסור דמתני' משמע לכ"ע מיהו תימה מאי קפריך שאני התם דהיינו בדיעבד כדמוכח בנדרים פרק השותפין (דף מז:) אבל לכתחלה אסור ומתני' לכתחלה איירי יש לומר דאסור דמתני' משמע ליה אפילו בדיעבד [וע"ע תוס' חולין ד: ד"ה מותר מיד]: **בדמיהן מקודשת.** משמע הא בגוף הערלה אסור לקדש וטעמא משום דלית ביה שוה פרוטה וקשה בגופה נמי איכא שוה פרוטה בשלא כדרך הנאתן(ו) או באפרן כדתנן (תמורה דף לד.) כל הנשרפין אפרן מותר וי"ל כיון שכל זמן שהוא בעין אסור למכרו מן התורה כמו כן אסור לקדש בו אשה דהוי(ז) כמו מכירה חשובה ויש בו הנאה כשמקדש את האשה דגמרינן (קידושין דף ב.) קיחה קיחה משדה עפרון וזה לא דמי לקיחה דשדה עפרון שראוי לקנות בו חפץ או לשאר הנאות: **לקוט לי ירק היום שכרו מותר.** פירוש דהוי כמו שכרו ללקוט מציאות שאין אלו דמי פירות שביעית וא"ת הניחא למ"ד (ב"מ דף ח.) המגביה מציאה לחבירו קנה חבירו אלא למ"ד דלא קנה חבירו א"כ זה המלקט קנאם וכשנותנם לבעל הבית בדינר זה נמצא מוכר לו פירות שביעית י"ל דלא חשיב מוכר דיד פועל כיד בעה"ב דמי ועי"ל דשאני התם דאמר לא קנה חבירו עד שתבא מציאה לידו ואם ירצה המגביה יכול לזכות בה קודם שתבא לידי חבירו אבל הכא שאין המלקט מתכוין לזכות כלל לא בתחלה ולא בסוף וכשנותן לבעל הבית אז זכה בעל הבית וכי האי גוונא פי' ר"ת שילהי מסילין (ביצה דף לט: בד"ה הכא) גבי מילאן ונותן לחבירו דאמר רב נחמן כרגלי מי שנתמלאו לו ואע"ג דאית ליה לרב נחמן דלא קנה חבירו כיון שלא נתכוין לזכות הוא וכשנתנה לחבירו זכה חבירו: **נמצא זה פורע חובו מפירות שביעית.** אומר רבינו יצחק דהסחורה שהיא אסורה בפירות שביעית היינו לקנות הרבה ביחד להוליך ממקום הזול למקום היוקר וכמו שהיו עושין אוספי שביעית שפסולין לעדות בפרק זה בורר (סנהדרין דף כו.) מטעם סחורה וכן פורע חובו מפירות שביעית שזה משתכר בפירות שביעית ולאו לאכלה קרינא ביה אבל אם הוא לוקט למכור על יד לקנות בו דבר אכילה אין דבר זו סחורה וכן שנינו פרק לולב הגזול (סוכה דף לט. ושם ד"ה וליתב) מבליע דמי אתרוג בלולב ובלא הבלעה נמי היה מותר אילמלא טעמא דאין מוסרין דמי פירות שביעית לעם הארץ אלמא מותר למכור ועוד תנן במסכת שביעית (פ"ז מ"ג) לא יהא לוקח ירקות שדה ומוכר בשוק אבל לוקט ובנו מוכר על ידו משמע דאפילו לכתחלה וא"ת תיקשי רישא לסיפא רישא אסרה(ח) לוקח למכור בשוק משמע הא לוקט מותר ואפילו בשוק והדר תני לוקט ובנו מוכר על ידו הא למכור בשוק אסור ונראה דיש במשנה ברישא טעות סופר וגרס בשניהם לוקט מיהו יש לייצב הגירסא ואשמעינן דדין לוקח ולוקט שוין דבשניהם אסור למכור בשוק ורישא תנא לוקח וסיפא לוקט וה"ה לוקח וה"ה לוקט ויש ליתן טעם למה אסור יותר בשוק שכשמעמיד חנות בשוק דומה יותר שמשתכר בפירות שביעית ואע"פ שאמרנו שאסור לפרוע חובו מפירות שביעית משום דלאו לאכלה הוא מ"מ לקדש אשה מותר אע"ג דלאו לאכלה הוא כדאמרינן פרק האיש מקדש (קידושין דף נב.) מעשה באחד שקידש חמש נשים בכלכלה של שביעית ואמרו חכמים אין האחיות מקודשות הא אחרות מקודשות וטעמא דמשום פריה ורביה אקילו ביה רבנן ומיהו יש לדחות דהתם דיעבד אבל לכתחלה אסור: **דיהיב ניהליה בצד היתר.** וא"ת כיון דיהיב ליה בצד היתר מאי איריא דפועלים עושין בפירות שביעית הללו אפילו היו עושין מלאכה אחרת יהיו מותרין לפרען מפירות שביעית וי"ל דוקא כשעושין המלאכה בפירות שביעית עצמן אז אינו נראה כנותן שכר מה שפורען מפירות שביעית ומשום הכי נקט עושה מלאכה בפירות שביעית והעלם לאכלם דוקא דדומה שהם של שניהם יחד לאכלה אבל עושה במלאכה אחרת יכול להיות שהוא אסור דדומה שפיר שכר מלאכה:

העלה

עין משפט נר מצוה

א א ב מיי' פי"ג מהל' מאכלות אסורות הלכ' טו טז סמג לאוין קמה טוש"ע י"ד סי' קלג סעיף א:
ב ג מיי' שם הלכ' יז טוש"ע שם סעיף ב:
ג ד מיי' שם פ"י הלכ' ט סמג לאוין קמח טוש"ע י"ד סי' רלד סעיף א:
ד ה מיי' שם הלכ' ו סמג לאוין קמה טוש"ע י"ד סי' לט סעיף ג:
ה ו מיי' פ"ו מהלכות שמיטה הלכ' יב:
ו ז מיי' פי"ג מהלכות מאכלו' אסורות הל' טו:
ז ח מיי' פ"ו מהל' שמיטה הלכה יג:
ח ט מיי' שם הלכה א:
ט י מיי' שם הלכ' יג:
י כ מיי' פ"ג מהלכות מעשר שני הלכה כב:

הגהות הב"ח

(א) גמ' והתניא האומר לפועל הילך דינר זה ולקוט לי ירק בו היום שכרו אסור לקוט לי ירק היום שכרו מותר אמר אביי כצ"ל: (ב) רש"י ד"ה השוכר וכו' בגמרא. נ"ב בדף זה ע"ב: (ג) ד"ה שכרו וכו' ובגמרא מפרש. נ"ב דף סה סוף ע"א: (ד) תום' ד"ה מ"ט שכרו וכו' דמשמע לגמרי ולא בעינן דנהגה בקדושת שביעית וכו' בשביעית גופיה לא היה לנו לחלק: (ה) ד"ה והתנן וכו' אסור מדרבנן אלמא לאיניש אחרינא שרו אותן מעות וה"נ גבי שביעית המעות וכו' פרק רבי ישמעאל א"כ מאי קא פריך לישני הא דקאמר. נ"ב פי' האי שכרו אסור דשביעית אינו אלא לומר דאסור לו להחזיק בשכרו כשיגיע זמן הביעור אלא צריך לאכלו קודם זמן הביעור דהיינו קודם שיכלה לחיה מן השדה אותו המין שהגיע לו השכר ממנו וכשיגיע זמן הביעור חייב לבערו מן הבית והוא שיוציאנו מביתו להפקירו לכל ולכך הפקר מותר לאכול וזהו ביעור פירות שביעית שאמרו חכמים בכל מקום והיינו דכתבו תוס' דגבי שביעית המעות אינם אסורים לאחרים כלומר אין דין איסור שביעית לאחר שהגיע זמן הביעור לאסרו לגמרי אף לאחרים ולהטעינן שרפה או פירור וזורה לרוח כדעת הרמב"ם בפ"ז מהל' שמיטה דלכבר השיגו הראב"ד אלא מותרין לאחרים אלא דלו אסורין להחזיק בהן והוא דחייב לכלותן מן הבית ולהפקירן והוא דעת התוס' וכ"כ הרמב"ן בסדר בהר וכן פסק בסמג בעשה קמ"ז ומ"ש התוס' כדאמר לעיל פרק רבי ישמעאל היינו לפי פירושם בהא דליתני להא [והשאר חסר]: (ו) ד"ה בדמיהן וכו' שוה פרוטה בשלא כדרך הנאתן. נ"ב לשון תוספות בקידושין דף נ"ו ע"ב דמיירי דליכא ש"פ אלא כדרך הנאתן א"נ י"ל דאיכא ש"פ אף שלא כדרך הנאתן מ"מ כיון שהאשה סבורה שיש לה ליהנות דרך הנאתן ואינו כן לא סמכה דעתה והוי מקח טעות: (ז) בא"ד אסור לקדש בו אשה דהוי חשובה כמו מכירה דיש בו: (ח) ד"ה נמצא וכו' רישא אסרה ללוקח וכו' ואפי' למכור בשוק והדר:

מסורת הש"ס

[פי' כדים גדולים ערוך וכן בשבת קלט: בפרש"י]

קידושין נו: לעיל נד: [נדרים מז:]

שביעית פ"ח מ"ד [ע"ש דהבבות מהופכות]

ויקרא כה [בכורות יב:]

*נ"ל והתנן והיינו משנה דשביעית פ"ח מ"ד כפי הנוסחא משנה דהתם]

*מעשר שני פ"ג משנה א

לא נמצא כן בפר"י ועיין רש"א

גליון הש"ס

תוס' ד"ה השוכר וכו' וקאמר שכרו מותר דמשמע לגמרי. לא הבנתי דמה צריך למשמעות הא א"א לפרש בענין אחר דהא ברישא דקתני שכרו אסור זהו חליפי שביעית היינו לאסור ליהנות ממנו שלא בקדושת שביעית א"כ בסיפא דתני שכרו מותר ע"כ דלגמרי מותר: **בא"ד** (בסופו) מסתבר דלא קנסו. תמוה לי במה נסתפקו בזה הא פשיטא דאין ללמוד שאר איסורין מיין נסך דהרי קתני מכרן וקידש בדמיהן מקודשת הרי דהחליפין מותר לאחרים מכ"ש שכרו וצ"ע: **ד"ה** נמצא וכו' דמשום פריה ורביה אקילו. להדיא איתא בירושלמי ספ"ח משביעית אר"י זאת אומרת שאסור ליקח אשה מדמי שביעית וצ"ע:

עין משפט נר מצוה

יא א מיי' פ"ו מהל' שמיטין הלכ' יג:
יב ב מיי' פי"ג מהל' מאכלות אסורות הלכה טז טור ש"ע י"ד סי' קלג סעיף ח:
יג ג מיי' פט"ו מהל' סנהדרין הלכה ט:
יד ד מיי' פ"ח מהל' שמיטה הלכה כ:

העלה לי פירות הללו לירושלים לחלק אבל אומר לו העלם לאוכלם ולשתותם בירושלים ונותנין זה לזה מתנה של חנם ורבא אמר לעולם דקדוש בקדושת שביעית ודקא קשיא לך פועל אפועל דלא נפיש אגריה לא קנסוהו רבנן חמרין דנפיש אגרייהו קנסו רבנן בהו

א ומתני' אחומרא דיין נסך שאני: איבעיא להו שכרו לסתם יינן מהו מי אמרי' כיון דאיסורא חמור כדיין נסך שכרו נמי אסור או דלמא הואיל בוטומאתו קיל אף שכרו נמי קיל תא שמע דההוא גברא דאגר ארביה לסתם יינן יהבו ליה חיטי באגרא אתא לקמיה דרב חסדא א"ל בזיל קלינהו וקברינהו (*בקברי) ולימא ליה בדרינהו אתו בהו לידי תקלה וליקלינהו וליבדרינהו דלמא מזבלי בהו ולקברינהו בעינייהו מי לא *תנן ג*אחד אבן [צ"ל כולן] שנסקל בה ואחד עץ שנתלה עליו ואחד סייף שנהרג בו ואחד סודר שנחנק בו כולם נקברים עמו התם דקא קברי בבי דינא מוכחא מילתא דהרוגי בית דין נינהו הכא לא מוכחא מילתא אימר אינש גנב ואייתי

ב *קברא הכא דבי רבי ינאי יזפי פירי שביעית מעניים ופרעו להו בשמינית אתו אמרו ליה לרבי יוחנן אמר להו דיאות הן עבדין וכנגדן באתנן מותר דתניא ד*נתן לה ולא בא עליה בא עליה ולא נתן לה אתננה מותר נתן לה ולא בא עליה פשיטא כיון דלא בא עליה מתנה בעלמא הוא דיהיב לה ותו בא עליה ולא נתן לה הא לא יהיב לה ולא מידי וכיון דלא נתן לה מאי אתננה מותר אלא הכי קאמר נתן לה ואחר כך בא עליה או בא עליה ואחר כך נתן לה אתננה מותר נתן לה ואחר כך בא עליה לכי בא עליה ליחול

רש"י

לחלק. שתטול שם חלק בהם דאסור לפרוע חובו ממעשר שני ואע"ג שגם זה אוכלו בירושלים: **ומתני'.** דיין נסך דקיס נמי פועל דלא נפיש אגריה חומרא דיין נסך שאני: **דאיסוריה חמור.** דאסור בהנאה כיין נסך ממש: **דטומאתו קיל.** כדאמרינן באין מעמידין (לעיל דף לו:) שלש יינות הן יין נסך אסור בהנאה ומטמא טומאה חמורה בכזית סתם יינן אסור בהנאה ומטמא טומאת משקין ברביעית: **ארביה.** ספינתו: **בי קיברי.** בית הקברות: **ליבדרינהו.** יפזרם כמות שהם ל"ל לשרפן: **אתו בהו.** אינשי לידי תקלה דהדרי ומלקטי להו: **ולקברינהו.** הכי בעינייהו: **כולן נקברין עמו.** דכתיב לא תלין נבלתו על העץ כי קבור תקברנו אף העץ במשמע והכי אמרינן בפרק נגמר הדין* עץ שומע אני בין תלוש בין מחובר ת"ל כי קבור תקברנו מי שאינו מחוסר אלא קבורה יצא זה שמחוסר קבורה ותלישה אלמא עץ גופיה איסורי הנאה וקברי ליה בעיניה ולא חיישינן לתקלה: **שאני התם כיון דקברי בבי דינא.** בבית הקברות המתוקנים בבית דין מוכחא מילתא לכל מאן דמשכח להו התם ידע דמהרוגי ב"ד הוו *ופירש: **יזפי פירי שביעית.** קודם זמן הביעור: **ופרעי להו בשמינית.** אשתכח דאכלי עניים בשמינית אחר הביעור חליפי פירות שביעית: **יאות הן עבדין.** כיון דההיא שעתא לא הוו הנך בעין ולא איחלופי הני בהני לאו חליפין נינהו ולא חיילא קדושת שביעית עלייהו: **וכנגדו באתנן.** בא עליה ואח"כ נתן לה אתננה מותר להקרבה דכיון דלאו בשעת ביאה יהביה ניהלה כי הדר יהב לה ההוא טלה מתנה בעלמא הוא: **נתן לה ולא בא עליה כו'.** מפרש ואזיל: **אלא ה"ק נתן לה ולא בא עליה.** עכשיו אלא לאחר זמן: **או בא עליה.** ולא נתן לה עכשיו אלא לאחר זמן:

תוספות

העלה לי פירות לירושלים לחלק. דהוי כמוכר מעשר שני ואסור למכור מעשר שני והרבה משניות מוכיחות במסכת מעשר שני דאסור לעשות סחורה במעשר שני ומסתבר דכל מידי דאין מתחלל עליו זהו סחורה האסורה בו ואינו מתחלל אלא על דבר אכילה ושתיה כדתנן (מע"ש פ"ב מ"א) מעשר שני ניתן לאכילה שתיה וסיכה וקשה דהא תנן בסוף פ"ק דמעשר שני אין לוקחין ממעות מעשר שני בהמה טמאה (ומעשר) כו' משמע הא מלבושין מותרין ועוד תנן התם (פ"ה מי"ב) ולא נתתי ממנו למת ליקח לו ארון ותכריכין הא (לאו) [לאו] דומיא דמת מותר ויש לומר דכל אותם משניות המתירות היינו מן התורה אבל רבנן אסרו כל עניני סחורה לפי שמצוה לעשות ממנו שלמים ואסרו גם לפרוע בו שכר הפועלים והא דאיתא בירושלמי שאסור ג"כ לאו דומיא דמת ומפיק לה מקרא אסמכתא בעלמא הוא ור' יהודה היה מקשה על זה דאמרינן בפרק בכל מערבין (עירובין דף כז:) מקרא דונתתה הכסף דדריש כללי ופרטי ולא מרבינן אלא פרי מפרי וגדולי קרקע לאכילה אבל דבר שאינו של אכילה לא אשכחן דאיתרבי לכן נראה לפרש דכל מקום שמצינו היתר ליקח ממנו שום דבר היינו להיות מעות בקדושת מעשר ביד הלוקח כמו גבי שביעית פ' לולב הגזול (סוכה דף מא.) מי שיש לו סלע של שביעית כו' דבעינן שתהא שביעית ביד הלוקח וכ"מ שמצינו איסור מקח במעשר היינו דרך חילול להיות המעות חולין ביד הלוקח:

חמרין דנפיש אגרייהו. פי' (א)ורווחי טפי ודמו טפי לסחורה: **שכרו לסתם יינן מהו.** לכתחלה ודאי אסור להשתכר בסתם יינם כדאמרינן לעיל (דף ע:) דלא שרי לדרוך עם הגוי בגת אי לא איירי לידיה אלא מיבעיא ליה אם השכר מותר בדיעבד או לא:

דאגר לארביה לסתם יינן. תימה מאי ראיה מביא מארבא לפועל שאני התם דנפיש אגריה ודמי לחמרין י"ל כי לא היה השכר כי אם מעט לעבור נהר קטן והוי כפועל: **ליקלינהו וליבדרינהו.** פי' בלא בי קברי ומשני אתי לזבלו והא דלא הדר פריך וליקלינהו וליבדרינהו בי קברי דהתם לא שייך אתי לזבולי כדכתיב (מלכים ב כג) וישלך את עפרה על קבר בני העם וי"ל דההיא בקבר בנין שאסור בהנאה אבל הכא בי קברי קרקע עולם שאינו נאסר וכן משמע בסנהדרין פרק נגמר הדין (דף מז:) קבריה דרב דהוו שקלי מיניה עפרא לאישתא בת יומא: **אתי לזבולי.** וא"ת ומה בכך הא פסקינן לעיל (דף מט.) כר' יוסי דאמר זה וזה גורם(ב) מותר *(בנביה) דהוי זבל דאיסור וקרקע דהיתר ויש לומר שלכתחלה יש לחוש לדברי רבנן שחולקין עליו דלאמרי אף הוא נעשה זבל: **ולקברינהו בעינייהו.** ומסיק לא מוכחא מילתא ואסור וא"ת מאי שנא מכל הנקברין דחשיב פ"ב דתמורה (דף לג:) שור הנסקל ועגלה ערופה ושער נזיר וכל דקברי בעינייהו אף בלא בי קיברי וי"ל כיון שאין דרך לקבור בשר ושער מוכחא מילתא אבל חיטי אין קבורתן מוכחת דאיכא למימר איניש גנב(ג) וקבר ואייתי הכא וכן דרך עתה לקבור בכורות ונראה שצריך לקברן מעט בעומק פן יבא לחטט אחריהם ולאחר שנעשו עפרא אין לחוש שמא יקחום לזבל בהם דאין דרך לחטט אחר הקברים משום זבל: **יזפי פירות שביעית מעניים ופרעי להם בשמינית.**(ד) אישתכח דאכלי עניים בשמינית לאחר הביעור חליפי פירות שביעית צריך לפרש שהאיסור היה מה שהיו אוכלים אותם בחזקת שלהם דאילו בתורת שביעית אפילו הפירות עצמן[א] יכולין עניים לאכול לכ"ע כדתניא בתוספתא (פ"ח דשביעית) הגיע שעת הביעור עניים אוכלים אחר הביעור ולא עשירים דברי ר' יהודה ר' יוסי אומר אחד עניים ואחד עשירים אוכלים אחר הביעור אי נמי העניים היו עושים מהם מלוגמא או סחורה ולפיכך הקפידו עליהם אותם שבאו ואמרו לרבי יוחנן: **יאות הן עבדין.**(ה) דכיון דההיא שעתא לא הוו הנך בעין לא חליפין נינהו ולא חייל עלייהו קדושת שביעית ולפי זה אפילו בשביעית עצמה היו יכולין לפרוע אם כבר אכלו פירות שביעית וההיא דאמרינן בלולב הגזול (סוכה דף לט.) דמבליע דמי אתרוג בלולב ה"ה בלא הבלעה אם היה עם הארץ רוצה להקיף עד שיכלה האתרוג ולא היה כאן דמי שביעית ומכאן דקדק הרב רבי אלחנן הלכה למעשה שאם יש ביד ישראל יין נסך ועבודה זרה ודברים האסורים ומכרן לגוי בהקפה ומכרם הגוי לאחר קודם שיתן לזה הישראל הדמים שהדמים מותרין בדיעבד ואע"פ שהאיסור עדיין ישנו בעולם ועוד הוסיף רבינו יצחק שאפי' לא מכרם הגוי אלא כיון שמשכם אלו קודם שיתן הדמים דקי"ל (לקמן עא.) משיכת גוי קונה והוי כמו בא עליה ואח"כ נתן דאתננה מותר כיון שלא היה ברשותה בשעת הביאה וה"נ לא היתה עבודה זרה ברשותו בשעת פריעת המעות ומטעם רבית לא היה לאסור דאותן דבי רבי ינאי היה להם תבואה בביתם וסאה בסאה מותר כיש לו: **אלא ה"ק נתן לה ואח"כ בא עליה אתננה מותר.** פי' דכגון דאמר לה הילך טלה מעכשיו ובשעת ביאה תהא נגמרת מתנתה ופריך וליחול עלה איסור אתנן למפרע משעה דיהיב לה ומסיק כשקדמה והקריבתו קודס הביאה ופריך היכי דמי בשאמר לה הילך טלה מעכשיו איזה לשון אמר לה אי דאמר לה קני מעכשיו פשיטא דמותר דהא ליתיה בשעת ביאה אבל לשון גירסת הספרים מתנה הוא דיהיב לה קשה קצת דהא לא מתנה הוא שהרי אמר לה לכשתבעל תהא נגמרת כדפרישית ובתמורה (דף כט.) נמי איתו בספרים ואי גרסינן ליה נפרש כן כמו מתנה הוא כיון שהקריבתו כבר:

מסורת הש"ס

[סנהדרין מו:]
[צ"ל בי בקברי]
סנהדרין מה:
ופורס. יעב"ץ
קברינהו. יעב"ץ
[תמורה כט. כל הענין]
רש"א מ"ז

הגהות הב"ח

(א) תוס' ד"ה חמרין וכו' פי' דרווחי: (ב) ד"ה אתי לזבולי וכו' מותר בנביה. נ"ב נקט נביה לומר דאע"ג דהוי זבל גמור שהעלין הנושרין [נעשין זבל] שרי לרבי יוסי ומתלכים [שיש לחוש בדברי רבנן] דלרבנן אף בשוחק וזורה לרוח שהוא דבר מועט ולא אתו לזבל בו נמי יש לחוש: (ג) ד"ה ולקברינהו וכו' איניש גנב ואייתי וקברם הכא וכן דרך עתה לקבור בכורות ולאחר שנעשו עפרא אין לחוש שמא יקחום לזבל בהם דאין דרך לחטט אחר הקברים משום זבל ונראה שצריך לקברן מעט בעומק פן יבא לחטט אחריהם הס"ד וכל"ל ועל תיבות וכן דרך עתה נ"ב כלומר כיון שגם עתה רגילות הוא שמטמינין וקוברין חטין ושאר תבואה בבורות משא"כ בשר ושער א"כ שפיר קאמר תלמודא דבחיטי לא מוכחא מילתא אח"כ הקשו התוספות למה מועיל דקלינהו וקברינהו אכתי איכא למיחש שמא יקחום לזבל בהם ומיישבין ג"כ דאין דרך לחטט וכו' אח"כ כתבו ונראה וכו' כלומר דנראה להחמיר שמא יבואו לחטט אחריהם ולכך צריך לקברן בעומק מעט ואפשר דה"ה בבשר ושער יש להחמיר פן יבואו לחטט לאחר שנעשו זבל: (ד) ד"ה יזפי וכו' בשמינית פרש"י אישתכח: (ה) ד"ה יאות הן עבדין פרש"י דכיון וכו' ואח"כ נתן לה אתננה לאתננה מותר כיון שלא וכו' לא היה לו לאסור:

הגהות מהר"ב רנשבורג

א] תוס' ד"ה יזפי פירות שביעית וכו' יכולין עניים לאכול לכ"ע כדתניא בתוספתא. נ"ב תימה דמשנה שלימה היא במס' שביעית פ"ט מ"ח ויעו"ש בתוי"ע ד"ה ר"י דהרמב"ם גריס אין אוכלין בדרבי יוסי אבל התוס' לא גרסי הכי דא"כ איך אמרו לכ"ע אוכלין נגד המשנה ומה גם שהתוס' בפסחים נב ע"ב ד"ה מתבערין גורסין כגירסתינו ע"ש ול"ע:

אלא

״הַעֲלֵה לִי פֵּירוֹת הַלָּלוּ של מעשר שני לִירוּשָׁלַיִם לְחֵלֶק״ כלומר, כדי שתיטול אתה בהם חלק בירושלים, לפי שבכך הריהו כעושה מסחר בפירות מעשר, שנותן לו שכר. אֲבָל אוֹמֵר לוֹ: ״הַעֲלֵם לְאוֹכְלָם וְלִשְׁתּוֹתָם בִּירוּשָׁלַיִם״ בלי לפרש שיתן לו על כך שכר, וְשם בירושלים נוֹתְנִין זֶה לָזֶה מַתָּנָה שֶׁל חִנָּם. ומכאן נלמד שדברים שאסור לתת אותם כשכר, מכל מקום אם נותן אותם בדרך מתנה — הרי זה מותר, ואם כן אפשר לשלם לחמרים שכרם מפירות שביעית. וְרָבָא אָמַר: לְעוֹלָם תפרש שקָדוֹשׁ שכרם בִּקְדוּשַּׁת שְׁבִיעִית, וּדְקָא קַשְׁיָא לָךְ [ומה שהיה קשה לך] בענין פּוֹעֵל שנאמר בברייתא שאין שכרו קדוש בקדושת שביעית — יש להבחין: פּוֹעֵל דְּלָא נָפֵישׁ אַגְרֵיהּ [שאין שכרו מרובה] — לֹא קְנָסוּהוּ רַבָּנַן [חכמים] שיהא שכרו מתקדש בקדושת שביעית, חַמָּרִין דְּנָפֵישׁ אַגְרַיְיהוּ [שמרובה שכרם] — קָנְסוּ רַבָּנַן בְּהוּ [חכמים בהם]. וּמַתְנִיתִין [ומשנתנו] בענין יין נסך, שאפילו פועל נאסר שכרו, יש לומר כי חוּמְרָא של יֵין נֶסֶךְ שָׁאנֵי [שונה] ומחמירים בה יותר מפירות שביעית.

א אִיבַּעֲיָא לְהוּ [נשאלה להם ללומדים] שאלה זו: אם הגוי שְׂכָרוֹ לפועל היהודי, לא ליין נסך כבמשנתנו, אלא לעשות בִּסְתַם יֵינָן של גוים, מַהוּ הדין? וצדדי השאלה: מִי אָמְרִינַן [האם אנו אומרים]: כֵּיוָן דְּאִיסּוּרָא [שהאיסור שבזה] חָמוּר כמו של יֵין נֶסֶךְ, שאסרוהו בהנאה — שְׂכָרוֹ נַמִי [גם כן] אָסוּר, אוֹ דִּלְמָא [שמא] הוֹאִיל וְטוּמְאָתוֹ קִיל [קלה], שאין לו דין טומאת יין נסך, אַף שְׂכָרוֹ נַמִי קִיל [גם כן דינו קל יותר]? ומציעים, תָּא שְׁמַע [בוא ושמע] תשובה לדבר: דְּהַהוּא גַּבְרָא דַּאֲגַר אַרְבֵּיהּ [שאדם אחד השכיר את אונייתו] להוביל בה סְתַם יֵינָן, יַהֲבוּ לֵיהּ חִיטֵּי בְּאַגְרָא [נתנו לו חיטים בשכרו], אֲתָא לְקַמֵּיהּ [בא לפני] רַב חִסְדָּא לשאול מה דינן של החיטים, אָמַר לֵיהּ [לו]: זִיל קְלֵינְהוּ וְקָבְרִינְהוּ בְּקִבְרֵי [לך שרוף אותם וקבור אותם בבית הקברות]. הרי שנפסקה הלכה ששכר סתם יינם אף הוא אסור בהנאה. אלא שלעצם דברי רב חסדא שואלים: וְלֵימָא לֵיהּ [ושיאמר לו]: בַּדְרִינְהוּ [פזר אותם]! ולמה צריך לשורפם? ומשיבים: אָתוּ בְּהוּ [שמא יבואו בהם] אנשים לִידֵי תַקָּלָה, שהמוצאים יאכלו אותם. ומקשים: וְלִיקְלִינְהוּ וְלִיבַדְרִינְהוּ [ושישרוף אותן ושיפזר אותן], ומדוע צריך לקוברן? ומשיבים: דִּלְמָא מְזַבְּלִי בְּהוּ [שמא יזבלו בהן] בחיטים שנשרפו את השדות. ושואלים עוד: לשם מה לשורפן? וְלִיקְבְּרִינְהוּ בְּעֵינַיְיהוּ [ושיקבור אותן בעינן, כמות שהן]! מִי לָא תְּנַן [האם לא שנינו] כיוצא בו לגבי הרוגי בית דין שאֶחָד אֶבֶן שֶׁנִּסְקַל בָּהּ החייב סקילה, וְאֶחָד עֵץ שֶׁנִּתְלָה עָלָיו, וְאֶחָד סַיִף שֶׁנֶּהֱרַג בּוֹ, וְאֶחָד סוּדָר שֶׁנֶּחֱנַק בּוֹ — כּוּלָּם נִקְבָּרִים עִמּוֹ, שכולם אסורים בהנאה כמת עצמו. אבל לא נאמר שצריך לשרפם ואחר כך לקוברם! ומשיבים: הָתָם דְּקָא קָבְרִי בְּבֵי דִינָא [שם, שקוברים את ההרוגים בבית הדין], ויחד עימם חפצים אלו, מוּכְחָא מִילְּתָא [מוכח הדבר] שֶׁהֲרוּגֵי בֵּית דִּין נִינְהוּ [הם], והכל יודעים שאין משתמשים באלה. הָכָא [כאן] לֹא מוּכְחָא מִילְּתָא [מוכח הדבר] שנקברו החיטים משום איסור, אֵימַר: אֱינָשׁ גְּנַב וְאַיְיתֵי קָבְרָא הָכָא [אמור: אדם גנב את החיטים והביא וקבר אותם כאן], ויבואו להשתמש בהן.

ב מסופר, דְּבֵי [בני ביתו של] ר׳ יַנַּאי יָזְפֵי פֵּירֵי [היו לווים פירות] שְׁבִיעִית מֵעֲנִיִּים, וּפָרְעוּ לְהוּ [והיו פורעים להם] עבור הפירות הללו בַּשְּׁמִינִית, אֲתוּ [באו] אָמְרוּ לֵיהּ [לו] לְר׳ יוֹחָנָן בתמיהה ותלונה על מה שהם עושים, שחליפי שביעית הם. אָמַר לְהוּ [להם] ר׳ יוחנן: יָאוּת הֵן עָבְדִין [יפה הם עושים], שאין זה נקרא חליפי שביעית. וּכְנֶגְדָּן במקרה כיוצא בזה בְּדִין אֶתְנָן שאסור בהקרבה למזבח — גם הוא מוּתָּר, דְּתַנְיָא [ששנויה ברייתא]: נָתַן לָהּ לזונה אתנן וְלֹא בָּא עָלֶיהָ, או בָּא עָלֶיהָ וְלֹא נָתַן לָהּ — אֶתְנַנָּהּ מוּתָּר. ותחילה יש לברר ענינה של הברייתא, כי לשונה תמוהה: נָתַן לָהּ וְלֹא בָּא עָלֶיהָ — פְּשִׁיטָא [פשוט] שהוא מותר, שהרי כֵּיוָן שלֹא בָּא עָלֶיהָ, מַתָּנָה בְּעָלְמָא [בלבד] הוּא דְּיָהֵיב [שנתן] לָהּ ומדוע ייאסר? וְתוּ [ועוד] יש לשאול: בָּא עָלֶיהָ וְלֹא נָתַן לָהּ — הָא [הרי] לֹא יָהֵיב [נתן] לָהּ וְלֹא מִידֵי [דבר], וְכֵיוָן שלֹא נָתַן לָהּ מַאי [מה פירוש] ״אֶתְנַנָּהּ מוּתָּר״? אֶלָּא הָכִי קָאָמַר [הוא אומר] כך יש לפרש את הברייתא: נָתַן לָהּ תחילה מתנה וְאַחַר כָּךְ לאחר זמן בָּא עָלֶיהָ, אוֹ בָּא עָלֶיהָ וְאַחַר כָּךְ לאחר זמן נָתַן לָהּ — בשני המקרים הללו אֶתְנַנָּהּ מוּתָּר, לפי שלא היה אתנן קיים בשעת הביאה. וכן הוא הדין בלווה פירות שביעית, שדמיהם שלאחר זמן אינם חליפי שביעית. ושואלים: אם נָתַן לָהּ וְאַחַר כָּךְ בָּא עָלֶיהָ, לְכִי [כאשר] הוא בָּא עָלֶיהָ

עיונים

לירושלים לחלק מן האמור כאן עולה בבירור שאסור לעשות סחורה בפירות מעשר שני, ולכן יכול לשלם שכר למביא הפירות רק בדרך מתנה. ובתוס׳ ועוד בירור בענין מקורו של איסור זה, שלכאורה יש דעות שונות במקורות בענין זה, האם האיסור הוא (כמפורש בתורה) רק שלא לתת ממנו למת אבל לצורך אחר מותר להשתמש בהם, או שלא הותרו אלא צרכי גופו כגון מלבושים וכדומה, או שלא הותר אלא לקנות ממנו דברים שיש בהם הנאת גופו ממש — אכילה ושתיה וסיכה. ויש שהסבירו כי המקורות המתירים הם מדין תורה, והמקורות האוסרים הריהם מה שחכמים אסרו. ויש שיטה אחרת המסבירה כי מה שהותר (שאינו מאכל ממש) לא הותר אלא בדרך שהמעות נשארים בקדושת מעשר שני (לענין מקום אכילתם וכו׳). ואחרים כתבו כי יש להבחין בענין הזה בין מי שסבור שהוא ממון גבוה לבין זה הסבור כי הוא ממון הדיוט (ראה במאירי).

ורבא אמר הרי״ד מעיר שדברי רבא הם ממש דברי ר׳ יוחנן, ולכן מסתבר שאביי ורבא לא שמעו מה שאמר ר׳ יוחנן בזה. ונחלקו לגבי פירוש הדברים בברייתא, והגמרא סידרה דברים אלה לאחר דברי ר׳ יוחנן ובלי קשר ישיר אליהם. והריטב״א העיר שנראה כי אין מחלוקת הלכתית בין אביי ורבא, אלא רק הבדל בדרך הפירוש.

חמרין דנפיש אגרייהו יש שהסבירו כי משום ששכרם מרובה יביאו להכשיל אנשים באיסור סחורה (ראה ראב״ד ועוד). ויש שהסבירו כי משום שהם מביאים ועוסקים בכמות גדולה שיש עמה גם שכר מרובה, לכן ענינם דומה יותר לסחורה האסורה בשביעית, ומשום כך החמירו בהם חכמים (תוס׳).

דאיסורא חמיר כדיין נסך שאף סתם יינם אסור בהנאה כאילו היה ממש יין נסך, ומצד זה אין הבדל בין יין זה לאחר. והעיר הרשב״א כי גם לענין איסור יש הבדל ביניהם, כי סתם יינם בטל ברוב, ויין נסך אינו בטל כלל, אלא מכל מקום בזמן שהם נמצאים בעינם איסורם שווה.

דטומאתו קיל שיין נסך מטמא כמת במשא ובאוהל בכזית. ואילו סתם יינם אינו מטמא אלא בטומאת משקין קלה, וכדין משקים אחרים (ראה לעיל ל,ב מחלוקת ראשונים בענין זה).

דאגר ארביה ובתוס׳ שאלו: הרי אפשר לחלק ולומר שכיון שמדובר בשכר ספינה יש מקום להחמיר בו (כדרך שמחמירים בחמרים) ושמא לא גזרו גזירה זו בפועל העוסק בסתם יינם! ותירצו שאף שם מדובר בספינה שעשתה מהלך מועט (כגון במעבר מגדה לגדה בנהר) ששכרה גם הוא מועט.

דלמא מזבלי בהו ולכן גם קוברים אותם בבית הקברות, שם אין חשש שיזבלו בהם. והרבה ראשונים שאלו: הרי אנו מקבלים להלכה את שיטת ר׳ יוסי ש״זה וזה גורם — מותר״ (לעיל מט,א), ולכן גינה שנזדבלה בזבל של עבודה זרה מותרים גידוליה, ואם כן מה החשש כאן? ובתוס׳ כתבו כי אנו חוששים לכתחילה לשיטת חכמים החולקים על ר׳ יוסי. ואילו ראשונים אחרים הסבירו כי אף ר׳ יוסי לא התיר לעשות כן לכתחילה, ולא חלק אלא בדיעבד. או שמא יש לחשוש שאנשים ישתמשו באפר החיטים עצמו, ולא יחד עם גורם נוסף (רמב״ן ועוד). והראב״ד כתב כי שמא קנס הוא שקנסו בסתם יינם.

נקברים עמו שמצוה מן התורה לקבור את מי שנהרג בבית דין (והוא הדין למתים אחרים), שנאמר ״כי קבור תקברנו ביום ההוא״ (דברים כא, כג). ואמרו חכמים (ולדעת רש״י נלמד הדבר מריבוי הכתוב) כי יש לקבור גם את העץ שנתלה עליו, והוא הדין לכל מה שמת על ידו. ולדעת הרמב״ם טעם המצוה לקוברם הוא כדי שלא יהא בהם זכרון רע לאותו איש, שיאמרו אנשים: זהו עץ שנתלה עליו פלוני. וכשם שהמת אסור בהנאה גם דברים הקשורים ומיוחדים עמו (למן ארונו או תכריכיו, עד למכשירים שגרמו את מיתתו) כולם אסורים בהנאה.

לא מוכחא מילתא ואף שיש דברים אחרים (כגון חלקי בהמות של קדשים) שקוברים אותם שלא בבית קברות ואין חוששים, הרי כל דבר שאין דרך לקברו (וגם דברים שדרכם להתקלקל במהרה. כדברי הרי״ד) יודעים שלא נקבר אלא משום שיש בו איסור. אבל חיטים, הרי פעמים טומנים אותם באדמה, כגון מי שגונבם (תוס׳).

אימר אינש גנב ושאלו: הרי גם אם מניחים שגנבום, מכל מקום הם שייכים למישהו, ואסור לאדם אחר לקחתם משום גזל! ויש לתרץ כי אם רואים שנשארו זמן מרובה מניחים שהבעלים נתייאשו מהם (ריטב״א).

ופרעי בשמינית ונמצא שהעניים אוכלים חליפי פירות שביעית, וכפי שאמרנו, כל שמחליפים בפירות שביעית יש בו דין שביעית. ושאלו ראשונים: ומה בכך שהם אוכלים פירות אלה בשמינית? ורש״י פירש שמדובר כאן לאחר זמן הביעור, אסורים הכל לאכול פירות אלה. ואחרים מסבירים כי בשמינית היו העניים עושים בהם סחורה (תוס׳ ועוד) ובודאי שלא הקפידו בהם לאוכלם בכל הדינים של קדושת פירות שביעית.

יאות שלא חלה קדושה על הפירות של שמינית כיון שלא היו בעין בשנה השביעית (רש״י), או שעל כל פנים לא היו מיוחדים להחזרת חוב זה בזמן שהיו אותם פירות שביעית קיימים (ראב״ד). והעירו בתוס׳ ועוד, כי לפי זה אין הדבר תלוי דווקא בשנה השמינית, אלא אף בשנה השביעית, כל שאין הפירות שהילוו מצויים בעין — שוב אין זה נקרא חליפי שביעית.

וכנגדו באתנן מותר שאם לא נתן את האתנן בשעת הביאה, כדרך נותני אתנן, ולא היה הטלה מיוחד לכך בשעת ביאה — אין זה קרוי אתנן. והסביר הראב״ד טעמו של דבר הוא כי האתנן הרי נאסר בגלל המיאוס שבמעשה הזנות שהוא קשור ותלוי בו, אבל כשלא היה מיוחד לכך באותה שעה של זנות — אין מקום שייאסר. ובתוס׳ הביאו שיטה האומרת שמכאן אפשר ללמוד גם לענין יין נסך, שאם ישראל עושה מסחר ביין כזה, ואינו מקבל תמורה מיד אלא לאחר שהיין כבר יצא מרשותו — לא יחול על דמיו איסור יין נסך. והרמב״ן מחלק, שלדעתו יש להבדיל בין ביאה שאינה בעולם כלל, ואין לה ממשות לפני שנעשתה, לבין יין נסך שמצוי בפועל בעולם גם אם עבר לרשות אחרת.

אורח ההלכה

סתם יינם כשם שאסור ליהנות מסתם יינם ומדמיו — כך אסור להשתכר בו. ולפיכך, מי שנשכר לגוי לעשות לו מלאכה בסתם יינם, או שהשכיר לו חמורו או ספינתו להוליכו בו, או מרתפו להניחו — השכר אסור בהנאה. כדברי רב חסדא. וכתב הרמ״א כי בזמן הזה מקילים בסתם יינם, ואין להחמיר בכל אלה אלא לגבי יין נסך ממש (ולכתחילה אסור להשכיר עצמו או ביתו אפילו לצורך סתם יינם. ש״ך בשם ב״י). (רמב״ם ספר קדושה הלכות מאכלות אסורות פי״ג הט״ו — ט״ז. שו״ע יו״ד קלג, א).

זיל קלינהו ישראל שנשכר לגוי לעשות מלאכה ביין נסך — שכרו אסור בהנאה, ואם נטל מעות בשכרו — שוחק וזורה לרוח או מטיל לים. ואם נטל פירות בשכרו — יוליכם לים המלח או ישרפם ויקבור האפר בבית הקברות. כדברי רב חסדא. (רמב״ם שם הט״ז. שו״ע שם).

כולם נקברים עמו העץ שנתלה עליו הנדון נקבר עמו, כדי שלא יהיה לו זכרון רע, ויאמרו: זה העץ שנתלה עליו פלוני. וכן האבן שנסקל בה, וסייף שנהרג בו, וסודרים שחונקים בהם את הנדונים למות בחניקה — כל אלה נקברים סמוך לנהרג, אבל לא בקבר עצמו, אלא בצדו. (רמב״ם ספר שופטים הלכות סנהדרין פט״ו ה״ט).

יאות הן עבדין מותר ללוות מן העניים פירות שביעית ולעשות ולהחזיר להם פירות בשנה השמינית. וכר׳ יוחנן. (רמב״ם ספר זרעים הלכות שמיטה ויובל פ״ח ה״כ).

מסורת הש״ס

א. ע״ז נו,א (ושם סומנו מקבילות).
ב. ראה ע״ז ל,ב.
ג. סנהדרין מה,ב.
ד. תמורה כט,א (כל הענין). תוספתא תמורה פ״ד ח.

גרסות

ולשתותם בירושלים בכתי״: ולשתותם.

ורבא אמר לעולם דקדוש בכתי״: רבא אמר לעולם דקדיש שכרן.

וקברינהו בקברי בכתי״מ: וקברינהו בכתי״ס: וקבירינהו בי קברי.

דאגר ארביה בכתי״ס: דאוגר ארביה.

ולימא ליה בדרינהו בכתי״מ: ואמאי לבדרינהו.

מי לא תנן בכת״י וכצ״ל: מי לא תניא.

התם דקא קברי בבי דינא מוכחא בכתי״ס: התם מוכחא.

גנב ואייתי קברא בכתי״מ: גנביה וקבריה ליה ובכתי״ס: גנב ואתי וקבר.

הא לא יהיב לה ולא מידי וכיון דלא נתן לה מאי אתננה מותר בכתי״מ: הא לא יהיב לה ולא מידי וכן במקבילה, ובכתי״ס ועוד: כיון דלא נתן לה מאי אתננה מותר.

לכי בא עליה בכתי״מ: כיון דבא עליה.

ליחול עלה [שיחול עליה] על המתנה הזו **איסור אתנן למפרע,** שהרי מתברר למפרע שאתנן נתן! **אמר ר' אליעזר:** מדובר **כשקדמה והקריבתו** למזבח לפני שבא עליה, ואין מה שיחול עליו האיסור למפרע. ומבררים: **היכי דמי** [כיצד בדיוק היה הדבר]? **אי** [אם] **שאמר לה** כשנתנו לה: **"קני ליך** [לך] את האתנן **מעכשיו" — פשיטא דשרי** [פשוט הוא שמותר], **דהא ליתיה** [שהרי אינו קיים] **בשעת ביאה, ומתנה בעלמא** [בלבד] **הוא דיהיב** [שנתן] **לה! ואי** [ואם] **שלא אמר לה "קני ליך מעכשיו", היכי מצי מקרבה** [כיצד יכולה היתה להקריב] אותו קודם? הלוא **"ואיש כי יקדש את ביתו קדש לה'"** (ויקרא כז, יד) **אמר רחמנא** [אמרה התורה], ולמדים מכאן: **מה ביתו ברשותו, אף כל** דבר שאדם מקדיש צריך להיות **ברשותו,** ואין אדם יכול להקדיש דבר שאינו שלו! **אלא** מדובר **שאמר לה: "להוי גביך** [שיהיה האתנן אצלך] **עד שעת ביאה, ואי מיצטריך ליך** [ואם יצטרך לך] **קני** אותו **מעכשיו",** ובכגון זה חידשה הברייתא שהוא מותר.

בעי [שאל] **רב הושעיא: קדמה** הזונה **והקדישתו** את האתנן קודם הביאה, אף שלא הקריבתו עדיין, **מהו,** מה דינו? וצדדי השאלה: **כיון שאמר מר** [החכם]: **אמירתו לגבוה כמסירתו להדיוט** שכל דבר שמקדישים בדיבור בלבד לשם שמים, הרי דינו לענין קניינים כמו מסירה שמוסרים חפץ להדיוט, אם כן, כיון שהקדישתו בדיבור **כמאן דאקריבתיה דמי** [כמי שהקריבה אותו הוא נחשב], ואינו קרוי אתנן. **או דלמא השתא מיהא הא קאי ואיתיה בעיניה** [שמא עכשיו על כל פנים הרי הוא עומד וישנו בעינו] ולכן חל עליו האיסור? ושואלים: **ותפשוט** [ותפתור] בעיה זו מדברי ר' אליעזר, **שאמר ר' אליעזר** שמדובר **בשקדמה והקריבתו,** ונדייק מכאן: **דוקא הקריבתו, אבל הקדישתו — לא!** ודוחים: מה שאמר ר' אליעזר **גופיה** [עצמו] **קא מיבעיא ליה** [היה מסופק לו] לרב הושעיא **מאי** [מה] היתה כוונתו? **מיפשט פשיטא ליה** [האם פשוט לו הדבר] **לר' אליעזר שהקריבתו דוקא, אבל הקדישתו — לא,** והאתנן אסור, **דהא איתיה** [שהרי ישנו] **בשעת ביאה, או דלמא** [שמא] **הקריבתו והקדישתו מספקא ליה** [מסופק לו], **והקדישתו מספקא ליה** [מסופק לו], ולכן לא נקט בדוגמה זו, אבל לא הכריע בדבר. שאלה זו לא נפתרה ונשארה **בתיקו** [תעמוד] השאלה במקומה.

א נאמר בברייתא לעיל שאם **בא עליה ואחר כך נתן לה — אתננה מותר. ורמינהי** [ומשליכים, מראים סתירה], ששנינו בברייתא אחרת: **בא עליה ואחר כך נתן לה, אפילו מכאן עד שלש שנים — אתננה אסור! אמר רב נחמן בר יצחק אמר רב חסדא: לא קשיא** [אין זה קשה]: **הא** [זה] **שאמר** מראש: **"התבעלי לי בטלה זה",** ואז טלה זה נחשב מיד כשלה, אפילו נמסר לה רק לאחר זמן. **הא** [זה] **שאמר לה: "התבעלי בטלה" סתם,** שלא ייחד לה טלה מסויים בשעת הביאה, ולכן כשנתנו לה לאחר ביאה — שוב אין זה נחשב אתנן. ושואלים: **וכי אמר** [וכאשר אומר] **לה "בטלה זה" מאי הוי** [מה בכך] **הא מחסר** [הרי הוא מחוסר] **משיכה,** שלא משכה אותו, ונמצא שלא קנתה אותו עדיין! ומשיבים: מדובר שם **בזונה גויה, דלא קניא** [שאינה קונה] **במשיכה,** אלא בכסף. **ואיבעית אימא** [ואם תרצה אמור]: **לעולם** מדובר **בזונה ישראלית, וכגון דקאי** [שהיה] הטלה עומד כבר **בחצירה,** וקנתה אותו מדין קנין חצר, שאדם קונה לו מה שברשותו. ושואלים: **אי דקאי** [אם מדובר שהוא עומד] **בחצירה,** אין זה מקרה **שבא עליה ואחר כך נתן לה, הא קניא לה** [הרי הוא כבר קנוי לה], מזמן שהיה בחצר, קודם שבא עליה! ומשיבים: **לא צריכא** [נצרכה] הלכה זו אלא במקרה **דשויה ניהלה אפותיקי** [שעשאה הטלה עבודה כמשכון], **שאמר לה: "אי מייתינא ליך זוזי** [אם אביא לך כסף] **מכאן עד יום פלוני — מוטב** ותחזירי לי את הטלה, **ואי** [ואם] **לא אביא כסף — שקליה** [קחי אותו] **באתנניך".**

ב ושבים לדון במה שנהגו בית ר' ינאי ללוות מעניים בשביעית ולפרוע בשמינית, ועל כך אמר ר' יוחנן שאין זה קרוי חליפי שביעית. **מתיב** [מקשה על כך] **רב ששת: אומר אדם לחמריו ולפועליו** שהם גוים או עמי הארץ, שנותן להם כסף ואומר: **"לכו ואכלו בדינר זה",** או אומר **"צאו ושתו בדינר זה", ואינו חושש**

עיונים

איסור אתנן למפרע שהרי נתנו לה על מנת כן, ובשעת הביאה (שהטלה קיים אז. ראב"ד) נגמרה ה"עיסקה" ונעשה טלה זה אתנן. וחל עליו האיסור למפרע משעה שנתנו לה (רש"י).

ומתנה בעלמא הוא דיהיב לה ודאי אין זו מתנה סתם, אלא לשם אתנן נתן לה. אולם מאחר שמתחילה נתן לה דבר בשלמות, והוא שלה לגמרי, שוב לא יחול על כך איסור אתנן. והראב"ד הסביר כי אף שאמר לה בפירוש "על מנת שתיבעלי לי", מכל מקום אין זה נחשב שכר הביאה כמו קרקע הנקנית בכסף, אלא כמי שנותן מתנה על תנאי, כגון שהיה נותן קרקע ואומר: הא לך כסף זה על מנת שתתן לי קרקע פלונית.

מה ביתו ברשותו כתב הריטב"א שאין זה ציטוט שלם של אותו מאמר, אלא למדנו מכתוב זה שאין אדם יכול להקדיש דבר אלא אם כן הוא שלו ונמצא ברשותו. שמפני כן אמרו שהגוזל טלה מחבירו שניהם אינם יכולים להקדישו, הנגזל — לפי שאינו ברשותו, והגזלן — לפי שאינו שלו. ואף כאן עיקר הבעיה היא שאין הטלה שלה עדיין.

והקשה הרשב"א: הרי הטלה הוא שלה משעה שמשכה אותו לרשותה והביאה הריהי כתשלום כסף עבור הטלה, ואנו פוסקים כי משיכה ופסיקת דמים קונה את החפץ בשלימות גם אם לא נתבצע התשלום בפועל (שהוא מעתה מוטל כחוב)! ותירץ הריטב"א כי טעם הדבר שפסיקת דמים מועילה עם המשיכה הוא משום שהמוכר גומר בדעתו להקנות, מפני שהוא יכול לתבוע את הקונה ולכפותו לשלם לו. אבל כאן, כיון שמדובר באתנן אין זה מסתבר שיבוא לתבוע את הזונה על שלא פרעה לו בביאה, ולכן אין הוא גומר ומקנה לה את הטלה, ואין זה אלא כפקדון בלבד. ואילו המאירי מתרץ קושיה זו בפשטות, שלדעתו הביאה היא החפץ הנקנה, והטלה הוא הדמים, ומשום כך הרי זה כתשלום כסף לפני קבלת החפץ שאינו עושה קנין (וכיוון החת"ס לסברה זו).

ואי מיצטריך ליך וכו' ובזה החידוש, שלמרות שהתנה עמה מתחילה שייקנה לה בשעת ביאה, כיון שנתן לה אפשרות לקנות מעכשיו, הרי זה נחשב כמתנה לגמרי, ואינו נחשב לאתנן (רש"י).

השתא מיהא הא קאי ושאלו בתוס': הרי אמרו חכמים שאין אתנן חל על המוקדשים, ואם כן הרי בשעת ביאה כבר היה טלה זה מוקדש, ולא יחול עליו דין אתנן! ותירצו שכיון שנתנו לה קודם שהיה מוקדש, הרי בשעה שבא עליה חל האיסור למפרע על הטלה משעה שנתנו לה.

קדמה והקדישתו הריטב"א מסביר כי הספק הוא בדעתו של האיש, האם אנו מניחים כי דעתו להקנות לה את הטלה כאתנן (בשעת הביאה) אם הטלה קיים באותה שעה, ובאותה שעה הריהו קיים. או שמא אין כוונתו להקנות לה את הטלה אלא אם הוא ברשותה באותה שעה, והרי משהקדישה אותו שוב אינו ברשותה.

בטלה זה שכיון שייחדו לשם כך, הריהו נעשה אתנן, לפי שמשעת נתינתו קנתה אותו (רש"י).

והא מחסרא משיכה דיון זה קשור למחלוקת ר' יוחנן וריש לקיש במסכת בבא מציעא (מז,ב) לגבי קנין מיטלטלין, שלדעת ר' יוחנן מדין תורה מעות קונות, אלא שתיקנו חכמים (לשם תקנת הבריות) שתהא משיכה קונה. ואילו ריש לקיש סבור שבישראל רק משיכה קונה מן התורה. ויש הרבה מן הראשונים הסבורים שסוגייתנו זו כולה לשיטת ריש לקיש היא אמורה, כי אם כדברי ר' יוחנן יש מקום להקשות: הרי איסור אתנן הוא מדברי תורה, ומדין תורה יחול האיסור עליו רק בקנין מעות (ראה ברשב"א וריטב"א ועוד). אכן, בתוס' (ועוד מפרשים) אמרו שאפשר לפרש את הסוגיה אף כדברי ר' יוחנן, שכיון שתיקנו חכמים שתהא רק משיכה קונה בישראל, הרי הפקיעו דין קנין מקנין מעות, והפקעה זו כללית היא וחלה גם על אתנן זונה (וראה עוד בתורי"ד).

דקאי בחצירה וחצירה קונה לה, מדין קנין של חצר. ובתוס' שאלו: מדוע אינו מתרץ שבשני המקרים מדובר ב"טלה זה", אלא שיש לחלק אם עומד בחצירה או אינו עומד שם? ותירצו שבא לומר חידוש, שאם אמר לה טלה סתם, הרי אפילו היה טלה זה עומד בחצירה — אין אומרים שלאחר הביאה הוברר הדבר למפרע וקנאתו. שאף לדעת הסבור שיש ברירה, כאן אין קנין הטלה מבורר בשעת ביאה, שהרי יכול לתת לה טלה אחר.

דשויה ניהלה אפותיקי אף שבשעת ביאה לא הקנה לה את הטלה (ולכן יש להגדיר מקרה זה כבא עליה ואחר כך נתן לה), הואיל ועשה אותו כמשכון מסויים לפרעון והוא עומד בחצירה, הרי בשעת הביאה חל עליו למפרע דין אתנן (רש"י).

אורח ההלכה

כשקדמה והקריבתו נתן לזונה אתנן ולא בא עליה, אלא אמר לה שיהא אצלה עד שיבוא עליה — הריהו נאסר עם הביאה. ואם קדמה והקריבתו קודם שיבוא עליה — כשר. והוא שיאמר לה בשעת נתינה שהוא מקנה אותו לה מעכשיו בשעה שתרצה, אבל אם לא הקנה לה אותו — אינה יכולה להקריב דבר שאינו שלה. כר' אלעזר. (רמב"ם ספר עבודה הלכות איסורי מזבח פ"ד הי"א).

מה ביתו ברשותו וכו' אין אדם יכול להקדיש דבר שאינו שלו, וכן אין אדם יכול להקדיש דבר שאינו ברשותו. (רמב"ם ספר הפלאה הלכות ערכין וחרמין פ"ו הכ"א—כ"ב. וראה שו"ע יו"ד רנח, ז. שם חו"מ שנד, ו).

אמירתו לגבוה כמסירתו להדיוט כאשר מוכר דבר להקדש, ואומר לגזבר סכום מסויים — אינו יכול לחזור בו ולהוסיף עליו, שאמירה לגבוה דינה כמסירה להדיוט. (רמב"ם ספר קנין הלכות מכירה פ"ט ה"א. שו"ע יו"ד רנח, יג).

קדמה והקדישתו נתן אתנן לזונה, והיא קדמה והקדישה אותו קודם שבא עליה, ואחר כך בא עליה — הרי זה ספק אם הוא בגדר אתנן, ולפיכך לכתחילה לא יקרב, ואם קרב — נרצה. ששאלת הגמרא לא נפתרה ונשארה בתיקו. (רמב"ם ספר עבודה הלכות איסורי מזבח פ"ד הי"ב).

בטלה זה וכו' בא על זונה ולא נתן לה אתנן, ולאחר זמן נתנו לה — הרי זה אתנן האסור למקדש. במה דברים אמורים? בגויה שהתנה עמה שתבעל לו בטלה זה, לפי שאינה צריכה קנין במשיכה. או בישראלית, שהיה הטלה כבר בחצירה ואמר לה שאם לא ישלם לה מעות עד יום פלוני תקנה את הטלה. אבל אם אמר לה: "הבעלי לי בטלה" סתם, ובא עליה, ולאחר זמן שלח לה טלה — אין זה אסור משום אתנן. כמסקנת הגמרא. (רמב"ם שם הי"ג).

מסורת הש"ס

א. ב"ק סח,ב. סט,ב. ב"מ ו,א. חולין קלט,א. תמורה ט,א. כט,ב. וראה גם ירושלמי פאה פ"ד ה"ב. שם פ"ז ה"ז. שם פסחים פ"ג ה"ג. שם פ"ד ה"ט. שם גיטין פ"ח ה"ג. שם ב"מ פ"א ה"ד.
ב. תמורה כט,ב, (בשינוי).
ג. נדרים כט,ב. קדושין כח,ב. ב"מ ו,א. ב"ב קלג,ב. תמורה כט,ב. ירושלמי גיטין פ"ז ה"ג. שם קדושין פ"א ה"ו. שם פ"ג ה"א. תוספתא קדושין פ"א ט. שם ב"ק פ"ד ג.
ד. תמורה כט,ב (בשנוי).
ה. ירושלמי דמאי פ"ו ה"ח. שם קדושין פ"ב ה"א. תוספתא דמאי פ"ה יד. שם ע"ז פ"ז י.

גרסות

ר' אליעזר בכל העמוד בכת"י וכצ"ל: ר' אלעזר.

דאמר לה קני ליך מעכשיו בכתי"ס: אי דאקנייה ניהלה מעיקרא.

פשיטא דשרי דהא ליתיה בשעת ביאה ומתנה בעלמא בכתי"ס: מתנה.

ומתנה בעלמא הוא דיהיב לה בכתי"מ ובמקבילה חסר משפט זה וכן הגיה הב"ח.

מצי מקרבה בכתי"מ: מצי מקרבה ליה ובכתי"ס: מציה מקרבה ליה.

אלא דאמר ליה להוי גביך עד שעת בכתי"מ כבמקבילה: לא צריכא דקאמר לה לא ניקני לך עד שעת ובכתי"ס: לא צריכא דאמר לה ליהוי גביך.

הא קאי ואיתיה בכתי"מ: הא איתיה ובכתי"ס: הא קאי.

ותפשוט מדר' אליעזר — אבל הקדישתו בכתי"מ: ותפשוט ליה מדר' אלעזר דאמר הקריבתו אין הקדישתו.

לר' אליעזר דהקריבתו דוקא אבל הקדישתו לא בכתי"מ: לר' אלעזר הקריבתו אין הקדישתו לא.

ורמינהי בכתי"מ כבמקבילה: והתניא.

דאמר התבעלי בכתי"מ: דאמר לה תבעלי ובכתי"ס: דאמר לה התבעלי.

דלא קניא במשיכה בכתי"ס ועוד: דלא בעיא משיכה וראה ברמב"ם.

אי דקאי בחצירה בא עליה ואחר כך נתן לה בכתי"מ כבמקבילה: אי דקאי בחצירה.

הא קניא לה בכתי"מ וכן הגיה הב"ח: הא קניא ליה ובכתי"ס: והא קניא ליה וקאי.

מייתינא ליך זוזי מכאן עד בכתי"מ: מייתנא ליך עד בכתי"ס: משדרנא לך זוזי מוטב.

לכו ואכלו בכת"י: צאו ואכלו.

לשון

התבעלי
בלשון חכמים נהוג להשתמש לענין זה בבנין נפעל, והלשון הרגילה היא "הבעלי". אבל יש בדברי חז"ל גם צורה זו בבנין התפעל, וממנה "התבעלי".

אפותיקי
מקור המלה הוא ביוונית ὑποθήκη (היפותיקי) ומשמעה — משכון, נכס משועבד. חז"ל דרשו את המלה כמורכבת מראשי התיבות של הביטוי הארמי "אפה תהא קאי" = על פה תהיה עומד. כלומר, זהו שיעבוד של דבר מסויים, המשמש כערובה לתשלום התחייבות.

ליחול עלה איסור אתנן למפרע אמר רבי (*אליעזר) [א]כשקדמה והקריבתו ה"ד אי דאמר לה קני ליך מעכשיו פשיטא דשרי דהא ליתיה בשעת ביאה(א) ומתנה בעלמא הוא דיהיב לה ואי דלא אמר לה קני ליך מעכשיו [ב]היכי מצי מקרבה [א]ואיש כי יקדיש את ביתו קדש אמר רחמנא *מה ביתו ברשותו [ג]אף כל ברשותו [י]אלא דאמר לה להוי גביך עד שעת ביאה ואי מיצטריך ליך קני מעכשיו [ב]*בעי רב הושעיא קדמה והקדישתו מהו כיון *דאמר מר [ג]אמירתו לגבוה כמסירתו להדיוט כמאן דאקריבתיה דמי או דלמא השתא מיהא הא קאי ואיתיה בעיניה ותפשוט מדרבי אליעזר דא"ר אליעזר שקדמה והקריבתו דוקא הקריבתו אבל הקדישתו לא דרבי אליעזר גופיה קא מיבעיא ליה מאי מיפשט פשיטא ליה לרבי אליעזר דהקריבתו דוקא אבל הקדישתו לא דהא איתיה בשעת ביאה או דלמא הקריבתו פשיטא ליה והקדישתו מספקא ליה [י]תיקו: בא עליה ואחר כך נתן לה אתננה מותר: ורמינהי [ד]*[ז]בא א עליה ואחר כך נתן לה אפילו מכאן עד שלש שנים אתננה אסור אר"נ בר יצחק אמר רב חסדא לא קשיא [ח]הא דאמר התבעלי לי בטלה זה הא דאמר לה התבעלי בטלה סתם וכי אמר לה בטלה זה מאי הוי הא מחסר משיכה [ט]בזונה גויה דלא קניא במשיכה ואיבעית אימא לעולם בזונה ישראלית [י]וכגון דקאי בחצירה אי דקאי בחצירה בא עליה ואח"כ נתן לה הא קניא(ב) לה לא צריכא [כ]דשויה ניהלה אפותיקי דאמר לה אי מייתינא ליך זוזי מכאן עד יום פלוני מוטב ואי לא שקליה באתננך מתיב רב ששת [ה]*[ל]אומר אדם ב לחמריו ולפועליו לכו ואכלו בדינר זה צאו ושתו בדינר זה ואינו חושש לא

ויקרא כז | [נ"ל א] | [נ"ל א]

ליחול עליה איסור אתנן למפרע. שהרי מתחלה ע"מ ביאה נתנו לה: **קני מעכשיו.** קודם ביאה פשיטא דמותר דאע"ג דע"מ ביאה יהביה ניהלה כיון דמקמי ביאה יהביה ניהלה לאו שכר ביאה הוא: **ואי מצטריך ליך קני מעכשיו.** הלכך איצטריך מתני' לאשמועינן דאע"ג דאמר לה לא ניקני לך עד שעת ביאה כיון דהדר אמר לה אי מצטריך ליך קני מעכשיו הויה לה מתנת חנם כי שקלתיה ואקריבתיה: **כיון דאמר מר.** (*בתוספתא) דקידושין בפ"ק (דף כח:): **בטלה זה.** כל כמה דיהיב לה הוי אתנן דמהשתא קניתיה: **בטלה סתם.** כי יהיב לה לאחר זמן לאו אתנן הוא דהשתא הוא דקנייה (*ליה): **גוי.** לאו בר משיכה דכי כתיבא משיכה בישראל כתיבא או קנה מיד עמיתך: **הא קנייה (*ליה).** מהשתא קודם ביאה והיכי קרי ליה בא עליה ואח"כ נתן לה: **ואי לא שקליה.** ביום פלוני באתננך הלכך בא עליה ואח"כ נתן לה הוא ומיהו הואיל ומשעת ביאה שויה אפותיקי ועמד בחצירה חייל עליה אתנן: **מתיב רב ששת.** לר' ינאי: **לפועליו ולחמריו.** גוים או עמי הארץ: לא

אלא דאמר לה ליהוי גביך. כלומר לא תקני עד שעת ביאה והלכך לא הוי פשיטא דליהוי מותר מאחר שגלה בדעתו שלא תקנה עד שעת ביאה ומשום אתנן נמי ליכא דהא אמר לה אי צריכא ליך קני מעכשיו: **או דלמא השתא מיהא קאי בעיניה.** ואע"פ שאין אתנן חל על המוקדשין דכתיב לכל נדר פרט לנדור שמא הכא מאחר דאיתיה בשעת ביאה חל איסור אתנן למפרע משעה דיהיב לה ואז לא היה הקדש: **והא מחסרא משיכה.** פי' ואפי' לר' יוחנן דאמר *דבר תורה מעות קונות הכא גבי אתנן לא קנו כיון שהפקיעו חכמים דאין קניית מעות קונה ואוקמוה אמשיכה גם ממנה הפקיעו ואין כאן אתנן כלל ולא דמי לההיא דפרק הזהב (ב"מ דף מח.) נתנה לסיטון מעל שקניית הכסף מועיל דכיון דמעל מן התורה מי יפקיע המעילה ממעות הקדש: **בזונה גוים.** לא קניא במשיכה וכרשב"ל משני דאמר *לעמיתך במשיכה הא לגוי בכסף דאילו לר' יוחנן אית ליה לגוי במשיכה ומשום דרב חסדא אית ליה פרק הזהב (ב"מ דף מז:) כר' יוחנן הדר משני שינויא אחרינא דלרבי יוחנן לא תקשי*: **כגון דקאי בחצרה.** וא"ת ליתני תרוייהו בטלה זה הא דקאי בחצירה והא דלא קאי בחצירה וי"ל דניחא ליה לאוקמה בטלה סתם אפילו קאי בחצרה עם טלאים אחרים שלו אע"פ שאינו יכול לדחותה לטלה מן השוק אפילו הכי אין שם אתנן חל אפילו למאן דאית ליה ברירה אלא על המבורר בשעת ביאה: **ואינו חושש לא משום שביעית.** פי' בקונטרס שמא ימסור דמים הללו למי שחשוד על השביעית ותניא אין מוסרין דמי פירות שביעית לעם הארץ ופריך הכי מדקאסר בנאו ואכלו ואני פורע אלמא כי קפרע דמי איסורא קפרע ונקראים דמי שביעית ואע"פ שכבר אכלום הכי נמי דבי ר' ינאי כי קפרעי דמי שביעית הם וקשה מי הזקיקו לשנות(ג) פירות שביעית ממעשר ויין נסך שהטעם מפני שנראה כמאכיל לפועליו דבר שאינו מעושר או יין נסך ה"נ היה לו לפרש שמאכיל שביעית לפועליו ונמצא פורע חובו מדמי שביעית ועוד תקשי לרב ששת דמפרש טעם הברייתא משום דמי פירות שביעית דלמא אחר הביעור איירי ואיסורא משום דנהנה מפירות שביעית בשעת האיסור דומיא דיין נסך דהוי טעמא משום דנהנה מיין נסך אי נמי אפילו קודם הביעור וטעמא משום שפורע חובו מפירות שביעית שקונה פירות שביעית ומאכילן לפועליו ולא דמי כלל לדבי ר' ינאי ועוד קשה בסמוך דמסיק בחנוני המקיפו (ד)דמשעבד ליה דכיון דדרכיה לאקופי קני ליה דינר גביה פי' דכיון דמקיפו לבעל הבית סמך עליו ומשועבד לו בעל הבית לפי שסמך עליו לכך הוי דמי שביעית אבל דבי ר' ינאי לא הוו חנוני המקיפו ולא סמכא דעתייהו כולי האי ולא משעבדי להו דבי ר' ינאי מהשתא וכי פרעי להו אחר זמן לאו חליפי שביעית נינהו וקשיא דמדמי לעיל ההיא דר' ינאי לאתנן דבא עליה ואח"כ נתן לה ואוקימנא אפילו עשאו לה אפותיקי ועומד בשעת ביאה בחצרה ואע"ג דמשעת ביאה אישתעבד לה ואין להתיר מטעם שאין השיעבוד על טלה זה אלא על נכסיו וכשיתן לה טלה זה לפלות השיעבוד מנכסיו הוי חליפי אתנן דשרי כדאמרינן פרק כל האסורין (תמורה דף ל.) דא"כ מאי ראיה מביא לעיל מאתנן על דבי ר' ינאי שאני התם דחליפין מותרין ואילו חליפי שביעית אסורין אלא ודאי אע"ג דמשתעבד אינו נתפס באיסור אתנן כלל וה"ה לדבי ר' ינאי אע"ג דמשעבדי ועוד לפירושו לשון קנה לה דינר גביה יתור לשון הוא(ה) לא היה לו להזכיר רק משתעבד ולא משתעבד לכך נראה לרבינו יצחק לפרש ואינו חושש לא משום שביעית שפורע חובו מפירות שביעית שכבר פרע לו הדינר ואין שום חוב מוטל עליו לפרוע אחר שאכלו האיסור אבל אמר ואני פורע חושש משום שביעית שהוא כאילו לקחם בעל הבית לעצמו ונתנם לפועליו ונמצא פורע חובו מפירות שביעית והשתא אפילו איירי ברייתא לאחר הביעור פריך שפיר אלמא כי קפרע דמי איסורא קפרע ואי איתא דבעלמא לא חשיב דמי פירות שביעית בכי האי גוונא שפורע אחר שכלו הפירות מן העולם גם בכאן לא היה לנו לחשבם כאילו לקחם בעל הבית לעצמו ונתנם לפועליו מאחר שהן לוקחין הפירות מבית החנוני והוא פורע המעות לאחר שאכלום ומסיק תרגמה רב פפא בחנוני המקיפו דמשתעבד ליה דכיון(ו) דדרכיה לאקופי קני ליה דינר גביה פי' דמשתעבד ליה שקונה שיעבוד בנכסיו לאלתר כנגד מה שנותן לפועליו והיינו קני ליה דינר גביה דקאמר לשיעבוד הדינר קונה בנכסיו שוה דינר ולא קנין גמור שיוכל להקדישו מעת שקונה הדינר בנכסי בעל הבית לאלתר כשהן בעין ונותנו לפועליו הוי ליה מה שקונה בנכסי בעל הבית דמי הפירות ולכך חשיב בעל הבית כלוקח הפירות והירק מחנוני ומאכיל לפועליו בשכרן ולבסוף כשיתן הדמים לחנוני לפלות השיעבוד מנכסיו יהיו דמי שביעית אחרון אחרון נתפש ואם היו העניים שלווים מהם דבי ר' ינאי ע"י ר' ינאי כחנוני המקיפו והיה אומר ר' ינאי לבני ביתו לאו ולוו ואני פורע היה נתפש באיסור שביעית מה שר' ינאי פורע להם מטעם זה דפירש אבל הם לא היו כחנוני המקיפו ולהכי לא גמר ומקני להו שיעבוד בנכסיו לאלתר כשנותנין פירות שביעית לבני ביתו דנהי דבתורת ערבות וקבלנות משתעבד להם לעניים סובר עתה זה המתרץ שאין משתעבד בערבות אף בקבלנות רק גוף הערב והקבלן אבל בנכסיו של ערב אין המלוה קונה כלום לאלתר ואפילו שיעבוד אי נמי היה טועה בזה שאין שיעבוד בנכסי ערב אלא במלוה ולוה אבל אם היה אומר תן לפלוני מנה או הלוהו ויהא קנוי לו והוא יהא פטור ממך ואני נותן לך או ואני פורע לך שזהו כעין מעשה דר' ינאי דהכא אין כאן דין ערבות אע"ג דאמרינן בסוף גט פשוט (ב"ב דף קעד.) תן לו ואני נותן לך אין לו למלוה על הלוה כלום דמשמע אבל על הערב יש לו מדלא קאמר אין לו על זה ועל זה לא הוה מסיק אדעתיה השתא מההיא כי היכי דלא אסיק אדעתיה הך דרבא וכי אייתי דרבא חדא מינייהו נקט והתלמוד נושא ונותן לפי טעותו ואמר אבל חנוני שאין מקיפו מאי מותר כו' ותו חנוני שאין מקיפו מי לא מישתעבד כלומר וכי אין נכסיו משועבדין ממש כדין ערב והא אמר רבא כו' קנה מדין ערב וכשהוא תולה

עין משפט נר מצוה

טו א ב מיי' פ"ד מהל' איסורי מזבח הלכ' יא:

טז ג מיי' פ"ו מהלכות ערכין הל' כב סמג עשין קלח:

יז ד מיי' פ"ד מהלכות איסורי מזבח הל' יא:

יח ה מיי' פ"ט מהל' מכירה הלכ' א סמג עשין פב טוש"ע י"ד סי' רנח סעיף יג:

[ב"מ מז:]

יט ו מיי' פ"ד מהלכות איסורי מזבח הל' יב:

כ ז ח ט י כ מיי' שם הלכה יג:

כא ל מיי' פי"ג מהל' מאכלות אסורות הלכ' כו טוש"ע י"ד סי' קלב סעיף ד:

[בכורות יג.]

[ועי' תוס' ב"מ מח. ד"ה נתנה וכו']

מסורת הש"ס

[נ"ל אלעזר וכן בכל העמוד]

[נ"ל במתני']

[ב"ק סח: ע"ש סט: ב"מ ו. חולין קלט. תמורה ט. כט: ערכין כח.]

[תמורה כט: ע"ש]

*קידושין כח: ב"ב קלג: ב"מ ו. [נדרים כט: תמורה כט: תוספ' קידושין פ"א תוספתא ב"ק פ"ד תוספ' לערכין פ"ד]

[תמורה כט:]

[תוספ' פ"ת ותוספ' דדמאי פ"ה]

הגהות הב"ח

(א) גמ' בשעת ביאה (ומתנה בעלמא הוא דיהיב לה) תא"מ ונ"ב ס"א אין זה: (ב) שם הא קניא ליה לא צריכא: (ג) תום' ד"ה ואינו וכו' מי הזקיקו לשנות פירוש שביעית: (ד) בא"ד המקיפו דמשתעבד ליה דכיון לאורחיה לאקופי' קני וכו' סמך עליו חנוני ומשועבד: (ה) בא"ד דלא היה לו וכו' מפירות שביעית כיון שכבר: (ו) בא"ד דכיון לאורחיה לאקופיה וכו' לשיעבוד הדינר קונה וכו' להקדישו מעתה אלא שקונה הדינר:

לא משום שביעית ולא משום מעשר ולא משום יין נסך ואם אמר להם צאו ואכלו ואני פורע צאו ושתו ואני פורע חושש משום שביעית ומשום מעשר ומשום יין נסך אלמא כי קא פרע דמי איסור קא פרע הכא נמי כי קא פרע דמי איסורא קא פרע תרגמה רב חסדא בחנוני המקיפו דמשתעבד ליה דכיון דאורחיה לאקופי קני ליה דינר גביה אבל חנוני שאין מקיפו מאי מותר אי הכי אדתני צאו ואכלו בדינר זה צאו ושתו בדינר זה ליפלוג וליתני בדידה במה דברים אמורים בחנוני המקיפו דמשתעבד ליה אבל חנוני שאין מקיפו מותר ועוד חנוני שאין מקיפו מי לא משתעבד והאמר רבא האומר לחבירו תן מנה לפלוני ויקנו כל נכסאי לך קנה *מדין ערב אלא אמר רבא לא שנא מקיפו ולא שנא שאין מקיפו אע"ג דמשעבד ליה כיון דלא מייחד שיעבודיה לא מיתסר אלא הכא אמאי חושש משום שביעית הא לא מייחד שיעבודיה הא אמר רב פפא כגון שהקדים לו דינר אמר רב כהנא אמריתה לשמעתא קמיה דרב זביד מנהרדעא א"ל אי הכי אדתני צאו ואכלו צאו ושתו ואני פורע צאו ואכלו צאו ושתו ואני מחשב מיבעי ליה א"ל תני צאו ואני מחשב רב אשי אמר כגון שנטל ונתן ביד א"ל רב ימר לרב אשי אי הכי אדתני צאו ואכלו צאו ושתו טלו ואכלו טלו ושתו מיבעי ליה א"ל תני טלו ואכלו טלו ושתו יתיב רב נחמן ועולא ואבימי בר פפי ויתיב רבי חייא בר אמי גבייהו ויתבי וקא מיבעיא להו שכרו לשבור ביין נסך מהו מי אמרינן כיון דרוצה בקיומו אסור או דלמא כל למעוטי תיפלה שפיר דמי אר"נ ישבור ותבא עליו ברכה לימא מסייע ליה אין עודרין עם הגוי בכלאים אבל

רש"י

לא משום שביעית. שמא יקחו בו פירות שביעית מן החשוד למכרם ותניא במס' סוכה (דף לט.) אין מוסרין דמי פירות שביעית לעם הארץ יותר מג' סעודות: **ולא משום מעשר.** דאם עמי הארץ הם ויקחו שאינו מעושר ונמצא זה מאכילו דהא איהו לא ספי להו מידי אלא פריטי יהב להו: **ולא משום יין נסך.** אם גוים הם ונמצא מאכילן יין נסך והרי מזונותיהן עליו ונהנה מיין נסך: **ואני פורע.** הוי איהו לוקח האיסור ומאכילו דהשתא לא סליק נפשיה מינייהו בפריטי: **המקיפו.** שרגיל אצלו בהקפה: **דמשעבד ליה.** האי בעל הבית משעתא דיהיב חנוני פירי והוי כנותן מיד ליד: **קני ליה דינר גביה.** חנוני סמיך על זה שכבר הכיר בו שכל מקום שישנו הדינר קנוי לו לחנוני הלכך חליפי נינהו אבל הנך דבי ר' ינאי כיון דהנך עניי דמוזפי להו פירי לאו חנוני הרגיל להקיפן נינהו לא סמכא דעתיה כולי האי ולא משתעבד להו דבי ר' ינאי הלכך כי פרע לאחר זמן לאו חליפי שביעית נינהו: **אי הכי.** דטעמא משום מקיפו הוא אבל אין מקיפו שרי: **אדתני.** רישא דמהדר תנא בתר היתרא ולא אשכח אלא בצאו ואכלו בדינר זה דסליק מינייהו נפשיה בפריטי: **ליפלוג ולתני.** היתרא אפי' בדלא סליק וכגון צאו ואכלו ואני פורע ובחנוני שאין מקיפו דלא משתעבד ליה האי בעל הבית מידי וכ"ש היכי דנסתלק לגמרי: **ותו חנוני שאין מקיפו.** אי יהיב לשלוחיה דבעל הבית: **מי לא משתעבד.** ליה בעל הבית מהשתא דקא שרית להו לדבי ר' ינאי משום האי טעמא: **והאמר רבא האומר לחבירו תן מנה לפלוני ויקנו נכסאי לך.** באותו מנה ונתן: **קנה.**(א) הלוקח את נכסיו של זה ואע"ג דלא מטא הנאת האי *מנה לידיה: **מדין ערב.** מההוא *דינר דמחייב ערב לשלומי ואע"ג דלא מטי הנאה לידיה והאי נמי לא שנא אלמא אע"ג דלאו חנוני המקיפו הוא כי יהיב ליה לשלוחיה משתעבד ליה האי: **אלא אמר רבא.** לא תיתני טעמא דברייתא משום שיעבודא ובמקיפו דאפילו אין מקיפו איכא שיעבודא ומיהו לדבי ר' ינאי לא תקשי דבין מקיפו בין אין מקיפו: **אע"ג דמשעבדי ליה.** נכסיה לשלומי: **כיון דלא מייחד שיעבודיה.** שלא ייחד לו מיד מעות לכך לאו חליפין נינהו ולא מיתסר: ה"ג **והכא אמר רב פפא** ולא גרסינן אלא הכא דקתני חושש אמר רב פפא: **כשהקדים לו.** בעל הבית דינר לחנוני קודם שלא אכלו דהשתא מדבעל הבית קאכלי ואיסורא דידיה הוא: **ואני פורע.** הא כבר פרע: **ואני מחשב מבעי ליה.** אני אעשה לו חשבון ממה שהקדמתי לו: **שנשא.** מיד החנוני ונתן להם דהשתא איהו ספי להו איסורא ולאו משום פרעון דלאחר זמן הוא אלא דקנאהו במשיכה ואשתכח שלקח יין נסך והשקהו לפועליו אבל הנך דבי רבי ינאי כי שקלי פירי שעת היתר הוא וכי פרעו לאחר זמן בשעת איסור שביעית לאו חליפין נינהו לאיתפוסי: **לאו.** משמע שאינו הולך עמהן: **לשבור ביין נסך.** לשבר חבית ולשפוך את היין: **מהו.** שיהא שכרה מותר: **מי אמרינן כיון.** דישראל זה רוצה בקיומן של חביות הללו שלא ישתברו עכשיו מאליהם עד שישברם הוא ויטול שכרם אסור: **אין עודרין.** אין חופרין: אבל

[קידושין ז.]
בדפו"י הגי' דינא

תוספות

תולה הדבר שאומר קנו(ב) נכסי לך תולה משמע שדין ערב הוא שנכסי הערב משתעבדין למלוה בשעת ערבות ולא גופו לבד ולפי טעות האחר נמי יש להוכיח שייך בו דין ערבות אפי' בענין זה שאמר תן לפלוני מנה ואני פורע לך אלא לא שנא מקיפו ול"ש אין מקיפו משתעבד וקונה חנוני דינר גביה ואפ"ה כיון דלא מייחד שעבודיה לא מיתסר דלא חשיב דינר הקנוי להם בעניים של ר' ינאי דמי שביעית ומה שנחשב בצאו ואכלו ואני פורע בקונה הפירות והיין והאכיל לפועליו ואע"פ שבמשיכתן לא נתכוונו אלא לזכות לעצמו ואף החנוני נתכוון בדעתו להקנות לעצמו רק שיחזור על בעל הבית לא בשביל שמשיפרע יחשוב דמי הפירות דהא אינס בענין בשעת הפרעון(ג) שהקדים לו דינר לזכות לו בעצמו בדמי הפירות כשיתנס לפועלים ובלא קושיא דרבא היה יכול להקשות כיון דאתה מתיר בדבי ר' ינאי מטעם חנוני שאין מקיפו מה היה מדמה ר' יוחנן ההיא דאתנן לדבי ר' ינאי אף לפי טעותו שאין משועבד בערב אלא גופו ולא נכסיו אי נמי לא משתעבד אלא במלוה שאינו פוטר המקבל ויש שם דין ערבות אבל לא בנותן שפוטר המקבל וסומך על חבירו שמלוה ליתן לו ויחזור עליו ולכן לא היו פירות שמינית שפורע ר' ינאי דמי שביעית מ"מ למה לא חשב באתנן שכר ביאה אע"פ שלאחר ביאה נותנה לה הלא בשעת ביאה נקנה הטלה בטלה זה במקום שמעות קונות או דקאי באגרה א"כ גם בטלה סתם ישתעבדו נכסיו בשביל הטלה ועוד כי דבר פשוט הוא שכל המקבל מעות מחבירו בשביל חפץ שיתן לו שנכסיו משועבדין לו דלא גרע ממלוה שהנכסים משתעבדים לו כי אין להתיר שם מטעם חליפי אתנן כדפי' אלא משום הכי אייתי דרבא דניחא ליה לאקשויי על מעשה דר' ינאי גופיה יותר מעל הראיה דאתנן:

כשהקדים לו דינר. הא דלא פריך ליפלוג(ד) בד"א כשהקדים לו דינר דניחא ליה לאוקומי כולה במקדים: **תני טלו ואכלו טלו ושתו.** וא"ת אדמפליג בין דינר זה לדינר סתם לפלוג בין טלו ואכלו לצאו ואכלו י"ל דרישא רבותא קמ"ל דכי אמר להם טלו ואכלו בדינר זה והם נתנו הדינר לחנוני אע"פ שנשא ונתן ביד מותר דאינו אלא שלוחו של חנוני וסיפא רבותא קמ"ל דאע"פ שבשעה שנותן להם האיסור לא קא יהיב לחנוני ולא מידי וס"ד דשליחותיה דחנוני קעביד קמ"ל כיון שלבסוף הוא פורע איגלאי מילתא שהוא קונה האיסור ומדידיה קאכלי: **ויתיב רב חייא בר אמי גבייהו.** ר"ת היה מדקדק שבכל מקום *שהוא אומר ויתיב פלוני גבייהו מזכירו כן לפי שהוא הורה להם דבר חדוש וכאן לא דבר רב חייא בר אמי קמייהו אלא רב נחמן שהשיב להם ואומר כי זה המעשה היה עם אותו דכתובות (דף יח.) אמר להו רב חייא בר אמי תנינא אשתו ארוסה וכו' ועל אותו דבר הוזכר והתלמוד קבע הדברים על סדר המסכתות: **אין עודרין עם הגוי בכלאים.** הרב ר"ת דחק להביא ראיות דכלאים וערלה נוהגין בשל גוים וכולן דחויות הן אך הביא ראיה מההיא דלעיל אסרו גבינות הגוים מפני שמעמידין בשרף ערלה ודוחק הוא לומר שמערלה של ישראל הן לוקחין אכן ראיה גדולה הביא ר"ת מירושלמי דסוף ערלה וסוף *קידושין דתנן מצות התלויות בארץ אין נוהגות אלא בארץ חוץ מן הערלה והכלאים ר' אליעזר אומר אף החדש ר' יוני בעי ולמה לא תנינן אף החלה א"ל ר' יוסי לא(ה) אתיא מתני' אלא דברים שנוהגין בישראל ובגוים חלה בישראל נוהגת ובגוים אינה נוהגת פי' המקשה ס"ל דחלה בזמן הזה דאורייתא כרבנן דפליגי עליה דרב הונא בריה דרב יהושע בפרק שני דכתובות (דף כה. ושם) שמעינן מיהא דערלה וכלאי הכרם וחדש נוהגין בשל גוים ואפי' בחוצה לארץ שנוהג בה חדש כדקי"ל נמי במנחות (סח:) [וע"ע תוס' קידושין לו: ד"ה כל מצוה]: ***אין עודרין עם הגוי בכלאים.** אין לפרש האי כלאים היינו כלאי הכרם ומייתי ראיה מכלאי הכרם דאסירי בהנאה ליין נסך דאסור בהנאה דלמעוטי תיפלה שפיר דמי דא"כ כי מוקי לה כרבנן ופריך מאי אריא לעקור אפי' לקיים נמי שרי והלא משתכר הוא באיסורי הנאה אם הוא מקיים ואין לומר דלהכי שרי לפי שאין

[כתובות פב: גיטין יח:]
[פ"ק דקידושין כג"ל]
גי' מהר"ם הכל ד"א

עין משפט נר מצוה

כב א מיי' פ"א מהל' מכירה הל' ו סמג עשין כב טוש"ע ח"מ סי' קל סעיף ג ועיין שם ובכ"מ ובב"י:
כג ב מיי' פי"ג מהל' מאכלות אסורות הלכה כה סמג לאוין קמח טוש"ע י"ד סי' קלב סעיף ד:
כד ג מיי' שם הל' יז סמג שם טוש"ע י"ד סי' קלג סעיף ז:
כה ד מיי' פ"ה מהל' כלאים הלכה ה טוש"ע י"ד סי' רלו סעיף א:

הגהות הב"ח

(א) רש"י ד"ה קנה הנותן את נכסיו של זה: (ב) תום' ד"ה (בע"א) ואינו תושב כו' קנו כל נכסי לך: (ג) בא"ד בשעת הפרעון אלא כגון שהקדים לו דינר לזכות: (ד) ד"ה כשהקדים וכו' ליפלוג וליתני בדידה בד"א כשהקדים: (ה) ד"ה אין עודרין וכו' א"ל ר' יוסי לא תנינן מתני' אלא דברים:

גליון הש"ס

גמ' לאורחיה לאקופי קני. עי' חידושי הרשב"א גיטין דף י"ג ד"ה אמר אמימר:

לֹא מִשּׁוּם שְׁבִיעִית וְלֹא מִשּׁוּם מַעֲשֵׂר וְלֹא מִשּׁוּם יֵין נֶסֶךְ שאם קנו הפועלים דברים אלה שיש בהם איסור, הרי הם קונים משלהם ועל דעת עצמם. ואולם אִם אָמַר לָהֶם: "צְאוּ וְאִכְלוּ וַאֲנִי פּוֹרֵעַ", "צְאוּ וּשְׁתוּ וַאֲנִי פּוֹרֵעַ" — חוֹשֵׁשׁ כלומר, אסור הדבר, שעליו לחשוש מִשּׁוּם שְׁבִיעִית, מִשּׁוּם מַעֲשֵׂר וּמִשּׁוּם יֵין נֶסֶךְ, שהרי זה כאילו קונה דבר אסור ונותן להם משלו. ונלמד מכאן: אַלְמָא [מכאן] כִּי קָא פָּרַע [כאשר הוא פורע] לאחר זמן, נחשב הדבר שדְּמֵי אִיסּוּר קָא פָּרַע [הוא פורע] למרות שהאיסור שוב אינו קיים, הָכָא נַמִּי [כאן גם כן] באופן שנהגו דבי ר' ינאי, שלוו פירות שביעית כדי לפורעם לאחר זמן, כִּי קָא פָּרַע — דְּמֵי אִיסּוּרָא קָא פָּרַע [כאשר הוא פורע — דמי איסור הוא פורע]! תַּרְגְּמָהּ [הסביר אותה] רַב חִסְדָּא אותה ברייתא בְּחֶנְוָנִי הַמַּקִּיפוֹ שהוא רגיל לקחת אצלו בהקפה, שהוא מִשְׁתַּעְבֵּד לֵיהּ [לו] מזמן שנתן אוכל או משקה לפועליו, שֶׁכֵּיוָן דְּאוֹרְחֵיהּ לְאַקּוּפֵי [שדרכו להקיף לו] — קָנֵי לֵיהּ דִּינָר גַּבֵּיהּ [קונה לו לחנווני הדינר אצלו] מאותה שעה, ולכן הרי זה כקונה ופורע לפועליו מפירות שביעית ממש. ושואלים: אֲבָל חֶנְוָנִי שֶׁאֵין מַקִּיפוֹ מַאי [מה יהא הדין], מוּתָּר? אִי הָכִי [אם כן], אַדְּתָנֵי [עד שהוא שונה] בתחלת הברייתא: "צְאוּ וְאִכְלוּ בְּדִינָר זֶה", "צְאוּ וּשְׁתוּ בְּדִינָר זֶה", שהוא מותר, לִיפְלוֹג וְלִיתְנֵי בְּדִידָהּ [שיחלק וישנה בה עצמה] במקרה שאומר "צאו ואכלו ואני פורע", שאסור: בַּמֶּה דְּבָרִים אֲמוּרִים? בְּחֶנְוָנִי הַמַּקִּיפוֹ, שֶׁמִּשְׁתַּעְבֵּד לֵיהּ [לו], אֲבָל חֶנְוָנִי שֶׁאֵין מַקִּיפוֹ — מוּתָּר! וְעוֹד יש להקשות: חֶנְוָנִי שֶׁאֵין מַקִּיפוֹ מִי [האם] לֹא מִשְׁתַּעְבֵּד לו לבעל הבית במקרה כזה? וְהָאָמַר [והרי אמר] רָבָא, הָאוֹמֵר לַחֲבֵירוֹ: "תֵּן מָנֶה לִפְלוֹנִי וְיִקְנוּ כָּל נְכָסַי לָךְ" אף על פי שבעל הנכסים עצמו לא קיבל תמורה, בכל זאת קָנָה חבירו את הנכסים כאשר נתן את המנה לאותו פלוני, והוא מִדִּין עָרֵב, שכשם שערב (שלא קיבל את ההלוואה) מתחייב בתשלום עבור חובו של אחר, כך בעל הנכסים מתחייב לתת אותם עבור המנה שנתן חבירו לאותו פלוני. ואף כאן משתעבד בעל הבית לחנווני כשהלה נותן אוכל לפועליו במצוותו! אֶלָּא אָמַר רָבָא: לָא שְׁנָא [אינו שונה] אם היה החנווני מַקִּיפוֹ וְלָא שְׁנָא [ואינו שונה] שֶׁאֵין מַקִּיפוֹ, כל התחייבות לשלם גוררת אחריה שיעבוד. ואולם, אַף עַל גַּב דְּמִשַּׁעְבַּד לֵיהּ [אף על פי שהוא משתעבד לו], כֵּיוָן שֶׁלֹּא מְיַיחֵד שִׁיעְבּוּדֵיהּ [מיוחד שיעבודו] לשלם לו במעות מסויימים — לָא מִיתְּסַר [אינו נאסר], כגון במקרה של דבי ר' ינאי. ושואלים: אם כן, אֶלָּא הָכָא אַמַּאי [כאן בברייתא מדוע] חוֹשֵׁשׁ מִשּׁוּם שְׁבִיעִית? הָא לָא מְיַיחֵד שִׁיעְבּוּדֵיהּ הָכָא [הרי לא מיחד שיעבודו כאן]! אָמַר רַב פָּפָּא: כְּגוֹן שֶׁהִקְדִּים לוֹ דִּינָר לשלם לחנווני עבור מה שנתן לפועלים, ונמצא כקונה איסור ומשלם להם ממנו שכרם. אָמַר רַב כָּהֲנָא: אֲמַרִיתַהּ לִשְׁמַעְתָּא קַמֵּיהּ [אמרתי את השמועה הזו לפני] רַב זְבִיד מִנְּהַרְדְּעָא, אָמַר לִי: אִי הָכִי [אם כן] מסבירים, שמדובר כשהקדים לו דינר, אַדְּתָנֵי [עד שהוא שונה בברייתא] בלשון "צְאוּ וְאִכְלוּ, צְאוּ וּשְׁתוּ, וַאֲנִי פּוֹרֵעַ", הרי אין זו הלשון הראויה, אלא "צְאוּ וְאִכְלוּ, צְאוּ וּשְׁתוּ, וַאֲנִי מְחַשֵּׁב" מִיבְּעֵי לֵיהּ [צריך היה לו לומר], כלומר, ואני כבר אחשב מה עוד נותר לי לשלם לו! אָמַר לֵיהּ [לו]: אין זו קושיה, תָּנֵי [שנה] ותקן: "צְאוּ וַאֲנִי מְחַשֵּׁב". רַב אַשִׁי אָמַר: מדובר בברייתא כְּגוֹן שֶׁנָּטַל וְנָתַן בְּיָד שבעל הבית עצמו הוא הלוקח מן החנווני ונותן לפועלים. אָמַר לֵיהּ [לו] רַב יֵימַר לְרַב אַשִׁי: אִי הָכִי אַדְּתָנֵי [אם כך, עד שהוא שונה בברייתא] "צְאוּ וְאִכְלוּ, צְאוּ וּשְׁתוּ", אין זו הלשון הנכונה, אלא "טְלוּ וְאִכְלוּ, טְלוּ וּשְׁתוּ" מִיבְּעֵי לֵיהּ [צריך היה לו לומר]! אָמַר לֵיהּ [לו]: אכן, תָּנֵי [שנה כך]: "טְלוּ וְאִכְלוּ, טְלוּ וּשְׁתוּ".

א ושבים לעיקר דין משנתנו שהעושה ביין נסך שכרו אסור. מסופר, יָתֵיב [יושבים היו] רַב נַחְמָן וְעוּלָּא וַאֲבִימִי בַּר פָּפֵּי וְיָתֵיב [ויושב היה] ר' חִיָּיא בַּר אַמֵּי גַּבַּיְיהוּ [לידם], שהוא היה כתלמיד להם, וְיָתְבִי וְקָא מִיבַּעְיָא לְהוּ [והיו יושבים ונסתפקה להם] בעיה זו: אם שְׂכָרוֹ לפועל לִשְׁבּוֹר בְּיֵין נֶסֶךְ שישבור החביות ויישפך היין, מַהוּ? מה הדין? מִי אָמְרִינַן [האם אומרים אנו]: כֵּיוָן שֶׁרוֹצֶה בְּקִיּוּמוֹ — אָסוּר, והרי הפועל רוצה בקיומן של החביות עד שהוא ישבור אותן, כדי לקבל את שכרו, אוֹ דִּלְמָא [שמא] כָּל דבר שיש בו לְמַעוּטֵי [למעט] תִּיפְלָה (את האיסור) שַׁפִּיר דָּמֵי [יפה] הדבר, גם אם הוא משתכר מעצם השבירה? אָמַר רַב נַחְמָן: יִשְׁבּוֹר וְתָבֹא עָלָיו בְּרָכָה. ומציעים: לֵימָא [האם נאמר] כי מְסַיַּיע לֵיהּ [לו] מה ששנינו בברייתא: אֵין עוֹדְרִין עִם הַגּוֹי בְּשָׂדֶה שֶׁיֵּשׁ בּוֹ כִּלְאַיִם,

עיונים

משום שביעית רש"י מסביר שהכוונה היא שאינו חושש שיקנו פירות מן החשוד למוכרם בשביעית, וכפי שאמרו שאין מוסרים פירות שביעית לעם הארץ. אבל הרי"ד מפרש שמדובר כאן בחשש שמא יקנו פירות שביעית האסורים ממש באכילה, כגון פירות שהם מן השמור (שהוא סבור שהם אסורים), או פירות לאחר זמן הביעור. וראה בתוס' (ובתוס' ר"י מפאריס) שרבינו יצחק התקשה מכמה פנים על פירוש רש"י, ופירש כי הכוונה היא כמסקנת הסוגיה כאן (וכפי שיש לפרש גם לענין מעשר שני ויין נסך), שבמקרה זה, שלא כבמקרה הבא (ואם אמר להם "צאו ואכלו ואני פורע") אין הוא חושש לכך שהוא פורע את שכרו מפירות שביעית.

משום מעשר שמא יקנו מזון שאינו מעושר (או שיקנו דמאי, שהוא ספק מעושר) ונמצא בעל הבית כנהנה מן המעשר (רש"י). ור"י מפאריס מפרש לשיטתו שהכוונה היא כאן לפירות מעשר שני, ולאו דווקא כשהם אסורים באכילה מחוץ לירושלים, אלא אפילו בירושלים ששם רשאים לאוכלם, לומר שאינו נחשב כפורע חובו בפירות אלו.

משום יין נסך שאם היו הפועלים גוים פעמים שהם קונים יין נסך בשכרם, ונמצא בעל הבית נהנה מיין נסך, שהרי מזונות הפועלים עליו, ומרויח מיין הנסך.

ואני פורע רש"י מסביר שעל ידי כך נמצא שבעל הבית הוא כקונה את האיסור ומאכילו לפועלים, שהרי מאותה שעה שוב אינו פורעם במעות.

אלמא כי פרע דמי אסורא פרע שהרי בוודאי אין זה משום שבזמן שהפועלים נטלו איסור נחשב כנותן להם את האיסור בשכרם, שהרי לא קנה תחילה את הפירות, והם עושים זאת על דעת עצמם, ובוודאי אינם נחשבים כעושים את שליחותו. וגם אין כאן גם משום "לפני עיור", שאם כן הוא גם במקרה הראשון היה צריך לחשוש לכך. ואם כן בוודאי אין הוא צריך לחשוש אלא מטעם שכשהוא פורע הרי זה נחשב כפירעון של דמי האיסור (ראה רשב"א וריטב"א). ואם כן גם דבי ר' ינאי הרי הם כפורעים דמי איסור.

בחנוני המקיפו רש"י מסביר שכאן מדובר בחנווני שבעל הבית רגיל לקחת ממנו דברים בהקפה, ומשום כך הרי הוא משתעבד לו וכנותן לו דינר באותה שעה, וכל מה שלוקחים הפועלים הרי זה כאילו לקחו מבעל הבית עצמו. מה שאין כן דבי ר' ינאי, הואיל והעניים לא היו בגדר "חנווני המקיפו" לא סמכה דעתם של דבי ר' ינאי להשתעבד להם מאותה שעה שקיבלו מהם את הפירות. וראה בתוס' ועוד שהתקשו בכך, שהרי כל לווה משתעבד למלוה, ובמה שונה דינם של דבי ר' ינאי. ועוד, מהו ענין הקנין המוזכר כאן, אם עיקר הדיון הוא השיעבוד. ובתוס' ר"י מפאריס פירש שבגלל טובת ההנאה, שמאמינו החנווני ונותן לפועליו את הפירות, הרי הוא מקנה לו דינר המצוי לו עכשיו בכיסו, מה שאין כן דבי ר' ינאי, כיון שלא היו רגילים להקיף לא הקנו להם דינר מאותה שעה. ורמב"ן הוסיף כי דבי ר' ינאי הרי נתחייבו להם פירות שמינית, ופירות אלו לא היו בעולם באותה שעה, ואם כן לא היה זה אלא שיעבוד בלבד.

אדתני צאו וכו' העירו ראשונים כי לשון "אדתני" אינה משמשת בדיוק באופן שהיא משמשת כרגיל, אבל הענין זהה, שבמקום לעשות חילוק בין נותן דינר לשולח פועליו לחנווני, יכול היה לחלק בחנווני גופו.

לא שנא מקיפו וכו' כלומר לדבי ר' ינאי אין זה קושי. שאף שהחנווני משתעבד לבעל הבית מכל מקום הרי זה בגדר שעבוד גופו, שמוטלת עליו אחריות. אבל אין כאן בכל מקרה ענין של קנין ממש, לפי שאין דבר מוגדר שיחול עליו קנין זה, ולכן אין מקום שיחול האיסור כלל.

לא מייחד שעבודיה וכתב הרשב"א שבאמת אפילו היה מייחד מעות לא היה חל איסור על המעות, שהרי לא היתה כאן משיכה ואין כאן קנין ממש. אלא שרצה לומר שאין במעות כל מקום שיחול עליהן האיסור.

שהקדים לו דינר שנתן בעל הבית לחנווני דינר תחילה, ונמצא שממש אוכלים הפועלים משל בעל הבית, שהרי על חשבון דינר זה הוא נותן להם. ושאלו בתוס' מדוע אינו מציע גם כאן "לפלוג וליתני בדידה"? עיי"ש. והרי"ד תירץ כי אנו אכן מעמידים את כל הברייתא במקרה זה, שהקדים לו דינר, אלא שמחלקים בין נתינת דינר ליד הפועל לנתינת דינר ליד חנווני (וכן לפי תירוצו של רב אשי להלן, בשני המקרים מדובר כשנטל ונתן ביד, ומחלקים בין נתינת פירות לנתינת דינר. וראה להלן).

תני צאו ואני מחשב כתב הריטב"א שאין כאן הצעה לתיקון לשון ממש, אלא שלשון "ואני פורע" כוללת בתוכה משמעות זו: אני פורע ומתחשב עם החנווני.

שנטל ונתן וכו' וכתבו בתוס' שגם כאן אפשר לומר שכל הברייתא היא באופן זה שנשא ונתן בידו. אלא רבותא היא, שבמקרה הראשון כיון שקצב להם כסף הריהו נחשב רק כשליחו של החנווני, שעבורו הוא מוליך להם את האוכל. ובסיפא, כיון שאמר שהוא פורע אינו נחשב כשליחו, אלא שהוא קונה את האיסור ונותנו להם.

תני טלו כתב הריטב"א שאף בזה יש רק תיקון משמעות, שלשון "צאו" יש בכללה: צאו ממקומכם וטלו לכם.

אורח ההלכה

תן מנה לפלוני ויקנו נכסי לך האומר לחבירו: תן מנה לפלוני ויקנו נכסי לך — כיון שנתן המנה נקנו לו הנכסים, מדין ערב. (רמב"ם ספר קנין הלכות מכירה פ"א ה"ו. שו"ע חו"מ קצ, ג).

שהקדים לו דינר מי ששכר פועלים גוים ופסק להם מזונות — אסור להשקותם יין נסך. כדברי רב אשי. ואם אמר להם: צאו ושתו מחנווני פלוני ואני פורע, אם הקדים לו דינר — אסור. אבל אם לא הקדים לו דינר — מותר, אף על פי שייחד לו דינר, והוא בעין ביד בעל הבית. כדברי רב פפא (כהסבר הרשב"א בדברי רבא, שלאו דווקא ייחד לו שיעבודו, שהרי ממילא אינו קנוי לו). ודווקא כשאמר לו: יהא דינר זה בידך עד שתשקה לפועלים, ואני אחשב אתך בסוף. אבל אם נתנו לו להוציאו עכשיו אם יצטרך לו — מותר (רשב"א, עפ"י האמור בעמוד הקודם בענין אתנן). והטור חלק על כך, ודבריו עיקר (ש"ך). (רמב"ם ספר קדושה הלכות מאכלות אסורות פי"ג הכ"ה. שו"ע קלב, ד. וראה גם שו"ע או"ח תנ, ו).

ישבור ותבוא עליו ברכה ישראל ששכרו גוי לשבר לו חבית של יין נסך, אף על פי שרוצה בקיומה שלא תישבר מאליה עד שישברנה הוא ויטול שכרה — שכרה מותר, ותבוא עליו ברכה מפני שממעט בתיפלה. וכדברי רב נחמן. (רמב"ם שם הי"ז. שו"ע שם קלג, ז).

אין עודרים עם הגוי וכו' אין עודרים עם הגוי בכלאים, אבל עוקרים עמו כדי למעט תיפלה. (רמב"ם ספר זרעים הלכות כלאים פ"ה ה"ה. שו"ע שם רצו, א).

מסורת הש"ס

א. (הביטוי) שבת מג,ב. מט,ב. עירובין ל,א. פסחים יז,ב. לז,א. ביצה לו,א. יבמות יט,א. פא,א. קיב,ב. כתובות צג,ב. גיטין יא,א. ב"ק טו,ב. כח,א. לא,א. סא,ב. עו,א. קד,א. סנהדרין קיב,ב. שבועות מג,א. זבחים לט,א. מנחות עט,ב. חולין ע,א. בכורות טז,ב. ערכין ז,א.

ב. ראה קדושין ו,ב. ז,א.

ג. ראה ירושלמי ע"ז פ"ה ה"א.

ד. ראה ירושלמי ערלה פ"ג ה"ז. תוספתא כלאים פ"ב טז.

גרסות

הכא נמי כי פרע דמי איסורא קא פרע בכתי"מ משפט זה חסר, ובכתי"ס: **הכא נמי כי קא פרעי דמי שביעית קא פרעי.**

דמשתעבד — גביה בכתי"מ: ומשתעבד ובכתי"ס חסרות המלים דמשתעבד ליה וכן יש במקורות.

מאי מותר בכתי"מ: **מאי לא.**

דמשתעבד ליה בכתי"ס חסרות מלים אלה.

שאין מקיפו מותר ועוד בכתי"מ: **שאין מקיפו דאין משתעביד ליה לא ותו.**

קנה מדין ערב בכתי"מ: **נקנין מדין ערב.**

אף על גב דמשעביד ליה בכתי"ס: **אף על גב דמשתעביד** ובכתי"מ: **אף על גב דמשתעבדי ליה נכסי לשלומי.**

אלא הכא — הכא בכתי"מ: **והכא** ובכתי"ס: **אי הכי אמאי חושש** וראה ברש"י ובריטב"א.

כגון שהקדים לו דינר בכתי"מ: **בשהקדים לו דינר** בכתי"ס: **שהקדים לו דינר.**

אמר לי בכתי"מ ודפו"י מלים אלה חסרות, ובכתי"ס נוספו בין השורות.

צאו ואני מחשב בכתי"מ: **צאו ואכלו ואני מחשב** ובכתי"ס: **צאו ואכלו ושתו ואני מחשב.**

אמר רב נחמן ישבור יש במקורות: **אמר להו רב נחמן ישבור** בכתי"ס: **אמר להו רב נחמן ישבור חביות.**

ותבוא עליו בכתי"ס: **ותבוא לו.**

לשון

תיפלה
המלה נזכרת בכמה מקומות במקרא, ומשמעה שם דבר תפל, שאין בו טעם ותוכן. וגם דברים של גנאי וקללה. ובלשון חכמים משמשת המלה במובן של דבר מגונה, דבר שיש בו חטא (וקרוב ללשון תיפלות, המשמשת לענייני דיבורים של גילוי עריות).

מסורת הש״ס

א. מו״ק ב,ב. מכות כא,ב. ירושלמי כלאים פ״ח ה״א. תוספתא כלאים פ״א טו (בשינוי). ילק״ש תורה תריג.
ב. מו״ק שם. מכות שם (בשינוי). וראה ספרי ומדרש תנאים דברים כב,ט. ילק״ש תורה תתקל.
ג. ע״ז כ,א (ושם סומנו מקבילות).
ד. (הביטוי) עירובין קג,ב. סוכה לו,ב. יבמות לט,א. נזיר כא,א. סנהדרין סב,א. סו,ב. ע״ז כג,א. הוריות ט,ב. חולין קט,א. בכורות יא,א.
ה. ראה ע״ז יב,א. לג,א. עא,א. ירושלמי ע״ז פ״ה ה״א.
ו. ירושלמי שם. תוספתא ע״ז פ״ז טז.
ז. משנה דמאי פ״ו מ״י. קדושין יז,ב. תוספתא דמאי פ״ו יב.
ח. ראה ע״ז לב,א. ט. (הענין) ע״ז סה,ב. וראה שם לב,א.
י. קדושין שם. ילק״ש תורה תרסט.
יא. (הביטוי) עירובין פא,א. גיטין ה,ב. טז,ב. קדושין יז,ב.

גרסות

תלמוד לומר לא כלאים בכת״י כבמקבילות: תלמוד לומר כלאים שדך לא.

ואילו למעוטי תיפלה שרי בכתי״מ: אלמא אמר ר׳ עקיבא מקיים לוקה ואילו למעט את התפלה שפיר דמי.

רבנן היא בכתי״מ: רבנן דאמרי מקיים אינו לוקה.

עוקרין אפילו קיומי — כגון דקא עביד בכתי״מ ועוד: לעקור, אפילו לקיים נמי שרי אלא לאו ר׳ עקיבא היא. לא לעולם רבנן והכא במאי עסקינן דקעביד.

דאמר ליתן להם מתנת חינם אסור מדר׳ יהודה בכתי״מ: דאמר אסור ליתן להם מתנה של חינם. ונהי נמי דר׳ יהודה מדר׳ יהודה בכתי״ס: אסור ליתן להם מתנות חינם.

מי תופסת דמיה ביד גוי בכתי״מ ועוד: תופסת דמיה.

מאי טעמא — מותרין בכת״י חסר משפט זה.

מאי טעמא משום דקסבר בב״ח: מאי טעמא לאו משום דקסבר.

ודאי בטלה בכתי״מ ועוד: ודאי בטלי לה בכתי״ס: בטולי בטיל לה מתחלה וראה רש״י.

דהוה ליה כי רוצה בקיומו בכתי״מ ועוד: שרוצה בקיומו.

אביהן גוי בכתי״ס: אביהן.

לקלקולו בכת״י ועוד: לסורו.

אֲבָל עוֹקְרִין עִמּוֹ את גידולי הכלאים, **כְּדֵי לְמַעוּטֵי** [למעט] **אֶת הַתִּיפְלָה**, למרות שרצונו בקיומם עד שייעקרו, כדי שיטול שכרו. ומעירים: **סְבָרוּהָ** [חשבו חכמים מתחילה] שברייתא **הָא** [זו] כשיטת **מַנִּי** [מי היא]? שיטת **ר׳ עֲקִיבָא הִיא, שֶׁאָמַר: הַמְקַיֵּים בְּכִלְאַיִם — לוֹקֶה**, שלא רק זה שעושה פעולה של זריעה וגידול, אלא גם מי שמאפשר את קיומם — אף הוא לוקה. **דְּתַנְיָא** [ששנויה בברייתא]: **הַמְנַכֵּשׁ** עשבים שוטים המפריעים לצמיחת הגידולים, **וְהַמְחַפֶּה** זרעים באדמה, שעושה מעשה כדי לסייע לגידול **הַכִּלְאַיִם — לוֹקֶה, ר׳ עֲקִיבָא אוֹמֵר: אַף הַמְקַיֵּים** לוקה. ושואלים: **מַאי טַעְמָא** [מה הטעם] של **ר׳ עֲקִיבָא**? ומשיבים, **אֲמַר קְרָא** [הכתוב]: **״שָׂדְךָ לֹא תִזְרַע כִּלְאָיִם״** (ויקרא יט, יט), **אֵין לִי אֶלָּא זוֹרֵעַ** כלאים, **מְקַיֵּים מִנַּיִן** שגם כן אסור? **תַּלְמוּד לוֹמַר: ״לֹא כִלְאַיִם״** כלומר, עשה שבשום אופן שלא יהיו כלאים. **וְאִילּוּ לְמַעוּטֵי** [למעט] **תִּיפְלָה שָׁרֵי** [מותר] לו לעקור עם הגוי בכלאים, למרות שהוא רוצה בינתיים בקיומם כדי לקבל את שכרו. ודוחים: **לֹא, הָא מַנִּי** [זו כשיטת מי היא]? כשיטת **רַבָּנַן** [חכמים] **הִיא**, שמתירים לקיים כלאים אבל לענין יין נסך שאסור לקיימו — אין מכאן ראיה. ושואלים: **אִי רַבָּנַן** [אם הברייתא כשיטת חכמים], **מַאי אִירְיָא** [מה שייך, מדוע דווקא] התירו בברייתא שיהו עוקרין עם הגוי? **אֲפִילּוּ קִיּוּמֵי נַמִּי שַׁפִּיר דָּמֵי** [לקיים גם כן מותר]! ומשיבים: **הָכָא בְּמַאי עָסְקִינַן** [כאן במה אנו עוסקים]? **כְּגוֹן דְּקָא עָבֵיד** [שהוא עושה] את העקירה **בְּחִנָּם**, ושיטת **ר׳ יְהוּדָה הִיא, שֶׁאָמַר: לִיתֵּן לָהֶם** לגוים **מַתְּנַת חִנָּם — אָסוּר**. ואומרים על כך: מכל מקום **מִדְּר׳ יְהוּדָה נִשְׁמַע לְר׳ עֲקִיבָא, לָאו** [האם לא] **אָמַר ר׳ יְהוּדָה: אסור לִיתֵּן לָהֶם מַתְּנַת חִנָּם, אֲבָל** בכל זאת **לְמַעוּטֵי תִּיפְלָה שַׁפִּיר דָּמֵי** [למעט את התיפלה מותר הדבר], אף שהוא עושה זאת בחינם. **לְר׳ עֲקִיבָא נַמִּי** [גם כן], **אַף עַל גַּב** [אף על פי] **שֶׁאָמַר ר׳ עֲקִיבָא: הַמְקַיֵּים בְּכִלְאַיִם — לוֹקֶה, לְמַעוּטֵי** [למעט] **תִּיפְלָה שַׁפִּיר דָּמֵי** [מותר הדבר]! ומוסיפים: **וְתוּ לָא מִידֵי** [ושוב אין לומר על כך דבר].

א ושבים לחבורת החכמים שישבה ודנה בענין הקודם. **הֲדוּר יָתְבִי וְקָמִבַּעְיָא לְהוּ** [שוב היו יושבים ונשאלה להם] שאלה זו: **דְּמֵי עֲבוֹדָה זָרָה בְּיַד גּוֹי** שמכר עבודה זרה, **מַהוּ** דינם? **מִי** [האם] **תּוֹפֶסֶת דָּמֶיהָ בְּיַד גּוֹי** שדמיה נאסרים כמו ביד ישראל, **אוֹ לֹא? אֲמַר לְהוּ** [להם] **רַב נַחְמָן: מִסְתַּבְּרָא** [מסתבר] **שֶׁדְּמֵי עֲבוֹדָה זָרָה בְּיַד גּוֹי מוּתָּרִין**, ומה הראיה? **מִדְּהָנְהוּ דַּאֲתוּ לְקַמֵּיהּ** [מאותם גוים שבאו לפני] **רַבָּה בַּר אֲבוּהּ** כדי להתגייר, **אֲמַר לְהוּ** [להם]: **זִילוּ זַבִּינוּ** [לכו ומכרו] **כָּל מָה דְּאִית לְכוּ** [שיש לכם], ובכלל זה גם עבודה זרה, **וְתוּ אִיתְגַּיְּירוּ** [וחזרו אלי והתגיירו], **מַאי טַעְמָא** [מה טעם הדבר]? האם לא **מִשּׁוּם דְּקָסָבַר** [שהוא סבור]: **דְּמֵי עֲבוֹדָה זָרָה בְּיַד גּוֹי מוּתָּרִין**, ולכן הציע להם למכור תחילה את העבודה זרה שברשותם, כדי שאחר כך כשיתגיירו יוכלו להשתמש בדמיהם? ודוחים: **וְדִלְמָא שָׁאנֵי הָתָם** [ושמא שונה שם], **שֶׁבֵּיוָן דְּדַעְתֵּיהּ לְאִיגַּיּוּרֵי** [שדעתו להתגייר] **וַדַּאי בַּטְלָהּ** את העבודה הזרה הזו, וכשמוכר אותה — היתר הוא מוכר! **אֶלָּא** יש להביא ראיה **מֵהָכָא** [מכאן], ששנינו: **יִשְׂרָאֵל שֶׁהָיָה נוֹשֶׁה בְּגוֹי** שהיה הגוי חייב לו **מָנֶה, וּמָכַר** הגוי **עֲבוֹדָה זָרָה** ומהכסף שקיבל **הֵבִיא לוֹ** את פרעון חובו, או מכר **יַיִן נֶסֶךְ וְהֵבִיא לוֹ** — הרי זה **מוּתָּר. אֲבָל אִם אָמַר לוֹ** הגוי בפירוש: **״הַמְתֵּן לִי עַד שֶׁאֶמְכּוֹר עֲבוֹדָה זָרָה וְאָבִיא לְךָ** את כספך״, או ״אמכור **יַיִן נֶסֶךְ וְאָבִיא לְךָ״ — אָסוּר**. הרי שדמי עבודה זרה ביד הגוי מותרים. ושואלים: **מַאי שְׁנָא רֵישָׁא וּמַאי שְׁנָא סֵיפָא** [במה שונה ההתחלה ובמה שונה הסוף]? מדוע במקרה האחרון אסור? **אָמַר רַב שֵׁשֶׁת: סֵיפָא** [בסוף] נאסר, **מִשּׁוּם דְּהָוְיָא לֵיהּ** [שהרי הוא] **כִּי** [כמו] **שֶׁרוֹצֶה בְּקִיּוּמוֹ**, שכיון שיודע שהגוי צריך למכור אותם כדי לפרוע לו את החוב, מעוניין הישראל שהעבודה זרה או יין הנסך ישארו קיימים עד שימכרם הגוי. ושואלים: **וְכִי** [וכאשר] **רוֹצֶה בְּקִיּוּמוֹ כְּהַאי גַּוְונָא** [בכגון זה] **מִי אָסִיר** [האם הוא אסור]? **וְהָתְנַן** [והרי שנינו במשנה]: שני אחים, האחד **גֵּר וְהַשֵּׁנִי גּוֹי שֶׁיָּרְשׁוּ אֶת אֲבִיהֶן הַגּוֹי, גֵּר יָכוֹל לוֹמַר לוֹ** לאחיו הגוי: **״טוֹל אַתָּה אֶת** כל **הָעֲבוֹדָה זָרָה וַאֲנִי** אטול כנגדה **מָעוֹת״**, וכן **״טוֹל אַתָּה יַיִן נֶסֶךְ וַאֲנִי פֵּירוֹת״**. וכל זה כשלא חלקו עדיין, אבל **אִם מִשֶּׁבָּאוּ** כבר עבודה זרה או יין נסך **לִרְשׁוּת הַגֵּר — אָסוּר**. הרי שלמרות שהגר רוצה בקיומה עד שימכרנה אחיו הגוי — מותר הדבר! **אָמַר רָבָא בַּר עוּלָּא: מַתְנִיתִין** [משנתנו] עוסקת **בַּעֲבוֹדָה זָרָה** העשויה ממתכת יקרה **הַמִּתְחַלֶּקֶת לְפִי שְׁבָרֶיהָ, שֶׁ**גם אם היתה נשברת אין זה משנה את ערכה, ואין הגר חפץ כלל בקיומה. ושואלים: **תֵּינַח** [נניח] הסבר זה לגבי **עֲבוֹדָה זָרָה, יַיִן נֶסֶךְ מַאי אִיכָּא לְמֵימַר** [מה יש לומר]? הרי אין מקרה שאינו רוצה בקיומו של היין עד שיימכר! ומשיבים: מדובר **בְּחֶרֶס הַדְּרִיָּינִי** שהוא ספוג ביין נסך, שמשתמשים בו על ידי שריית החרס במים, ולכן לא איכפת לו שיישבר, שהרי היין נמצא בתוך החרס בכל מקרה. ושואלים: **וַהֲלֹא** בכל זאת **רוֹצֶה בְּקִיּוּמוֹ, שֶׁלֹּא יִגָּנְבוּ וְשֶׁלֹּא יֹאבְדוּ! אֶלָּא אָמַר רַב פַּפָּא: יְרוּשַּׁת הַגֵּר קָאָמְרַתְּ** [אומר אתה]? ממשנה זו רוצה אתה להוכיח? **שָׁאנֵי** [שונה] **יְרוּשַּׁת הַגֵּר, דְּאַקִילוּ** [שהקלו] **בָּהּ רַבָּנַן** [חכמים], **גְּזֵירָה שֶׁמָּא יַחֲזוֹר לְקִלְקוּלוֹ** אם יאסרו עליו לרשת את אביו מחמת חמדת הממון. אבל בכל מקרה אחר שרוצה בקיומו — אסור.

עיונים

עוקרין רש״י מפרש בפשטות שעוקר כל הכלאים כדי לאבדם. ומכאן נלמד לענייננו, שאף שהפועל רוצה בקיומו לפי שעה עד שיעקרם — מכל מקום מותר. והראב״ד מפרש בדרך אחרת לגמרי, שלדעתו ״עוקרין״ האמור כאן הוא ענין ניכוש, שעוקר מעט מן הצמחים הגדלים בצפיפות, אף על פי שעל ידי כך גורם שיתחזקו הצמחים האחרים. שלמרות שהוא עושה מעשה לקיים את הכלאים, כיון שבכל זאת הוא מאבד חלק מהם — הרי זה מותר (וראה במאירי).

סברוה ר׳ עקיבא היא כלומר, אותה הלכה שאמרו שעוקרין בכלאים היא אפילו לדעת ר׳ עקיבא (וכן כנראה גורס רש״י), כי ודאי חכמים מסכימים לכך, שהרי הם מתירים אפילו לקיים.

המקיים בכלאים לוקה רש״י מסביר שכוונתו שעושה מעשה כדי לקיימם, כגון שבונה להם גדר מסביבם. ובתוס׳ הביאו את פירוש הערוך שפירש ״מקיים״ — אפילו שאינו עושה מעשה, שלדעתו סבור ר׳ עקיבא שלאו שאין בו מעשה לוקים עליו. והקשו בתוס׳: מה מקום להשוות בין מקרה שעוקר בשכר, שאינו עושה כלל מעשה קיום אלא רק רוצה בקיומו, לבין מקיים, שעושה מעשה של קיום, וכשעושה מעשה יש לומר כי לדעת ר׳ עקיבא לא יהיה הדבר מותר אף באופן שיש בו מיעוט תיפלה (ולדעת הערוך אין בכך קושיה, שהרי גם כאן מדובר כשאינו עושה מעשה)! ותירצו כי כאשר עוקר, הריהו מראה בעשייה זו את רצונו בקיום, ונמצא שיש כאן מעשה של קיום. ואילו הראב״ד מסביר לדרך זו שאף שהמקיים ועושה מעשה בכך (כגון עושה גדר) לוקה לדברי ר׳ עקיבא, מכל מקום גם אם אינו עושה מעשה עובר בלאו, ואסור הדבר (וכיון לדבריו ר׳ עקיבא איגר בגליון הש״ס). אכן הראב״ד עצמו סבור, כמבואר לעיל כי העקירה שמדובר עליה בברייתא לעיל היא עקירה שיש בה משום קיום הכלאים, ואם כן מדובר אף כאן במעשה של קיום.

לא כלאים אין צירוף לשון כזה במקרא, ובפירוש המיוחס לרש״י במסכת מועד קטן (ב,ב) פירש כי נוקטים בענין זה את הכלל ש״גורעין ומוסיפין ודורשין״. ומדברי רש״י כאן משמע כי זאת מסקנת דרשה אחרת שדורשים בפסוק זה, שמצרפים את המלה ״כלאים״ המופיעה קודם לכן בפסוק לענין הרבעת בהמה (משום שאין ו׳ המפסיקה בין שני האיסורים), וקוראים: ״כלאים שדך לא״ שבשום פנים לא יהיו כלאים בשדה (וראה במסכת מכות, שם פירש ריב״ן חתנו של רש״י בדרך אחרת).

הא מני רבנן היא ומשום כך אין להוכיח לענייננו. שהרי לשיטתם מותר לקיים כלאים, ולכן ודאי יכול לעוקרם. אבל ביין נסך שאסור לקיימו, לפי שהוא תקרובת עבודה זרה, ומצוה לאבד עבודה זרה ומשמשיה — יאסרו אף במקרה שמאבדם אם רוצה בקיומם (רש״י).

אי רבנן אפילו קיומי נמי שרו רש״י מסביר: מדוע הובאה דוגמה של עקירה, שלא הותרה אלא כדי למעט תיפלה? והרי אפילו לקיים ממש מותר. והראב״ד פירש כי לשיטת חכמים אפילו לעדור עם הגוי מותר, שלא נאסרה לשיטתם אלא זריעה ממש, וכל פעולה אחרת הריהי בכלל מקיים (לשיטת רבא במסכת מועד קטן ב,ב).

מדר׳ יהודה נשמע כו׳ שאלו הראשונים: מפני מה אינו מסתפק בהוכחה מדברי ר׳ יהודה עצמו שמתיר מתנת חינם (עבודה בשדה) משום מיעוט התיפלה? ובתוס׳ אמרו שאכן כן הוא, אלא שרצה להביא הוכחה שגם ר׳ עקיבא סבור כן. והריטב״א מסביר ששיטת ר׳ עקיבא דומה יותר לדברי רב נחמן, שאף שיש בקיום איסור מן התורה, מכל מקום מותר לו לעקור. ובתוס׳ ר״י מפריס כתב שאין להוכיח לגמרי מדברי ר׳ יהודה, שמא משום חומרת יין נסך החמירו חכמים יותר מבמתנת חינם.

ואחרונים הקשו: מה ראיה יש מדברי ר׳ יהודה? הרי הוא התיר מיעוט תיפלה למרות שיש בכך איסור מתנת חינם, משום שמיעוט התיפלה הוא עצמו מבטל צד מתנת חינם שיש בכך, שאין אדם עושה זאת לשם מתנה, אלא כדי לעקור. ואילו לשיטת ר׳ עקיבא מדובר על כך שאדם עובר על איסור קיום כלאים (כל זמן שהם קיימים) כדי שיעקרם לאחר מכן! והסבירו כי מדברי ר׳ יהודה יש ללמוד שבכל מקום בו מטרת הקיום היא למעט בתיפלה שוב אין איסור ברצון לקיימו לשם כך (רע״א, חת״ס).

ודאי בטלה שכיון שבדעתו להתגייר ודאי אינו מאמין בעבודה זרה, וביטלה בדעתו מלעובדה, ובהיותו גוי יכול לבטל עבודה זרה. ולאחר שבטלה הרי דמיה אינם נחשבים עוד דמי עבודה זרה. ובתורת חיים שאל: אם מניחים שודאי בטלה, מדוע צריך להמתין עוד? הרי יכול למכור פסלים אלה (שבטלו מתורת עבודה זרה) גם בהיותו ישראל! ותירץ שיש לאסור דבר זה משם מראית העין. אבל הריטב״א פירש כי אין הכוונה כאן שביטלה במפורש קודם המכירה, שאם כן היה אומר להם רבה בר אבוה לבטלה, אלא הכוונה היא שגוי המתגייר ועוזב עבודה זרה מן הסתם מבטל אותה בעצם המכירה (וכן ראה בתוס׳ ד״ה זבינו). ובתוס׳ ועוד שאלו: תירוץ זה מועיל לענין עבודה זרה שיש לה ביטול. אבל מה לענין יין נסך שאין לו ביטול? ותירצו שברור היה לחכמים שכיון שאיסור הנאה מסתם יינם אינו אלא מדברי סופרים, ואפילו ביין נסך אין חליפיו אסורים מן התורה, אין להחמיר בכך.

המתן עד שאמכור בתוס׳ ועוד מסבירים שכאן מדובר כאשר אין לגוי רכוש אחר, שמשום כך ודאי שהכסף שמקבל הישראל תלוי במכירת האיסור, אבל כשיש לו רכוש אחר אין היהודי צריך לחשוש מהיכן בפועל מגיע כסף זה. והרמב״ן ועוד מביאים פירוש דומה, שכאן מדובר דווקא שעשה את העבודה הזרה כאפותיקי (משכון מיוחד) לצורך התשלום. והראב״ד כתב כמעט להיפך, שאיסור זה הוא דווקא כאשר ביד היהודי יש אפשרות לכפות את הגוי שישלם מיד, והוא ממתין לו עד שימכור את האיסור. אבל אם אין לו אפשרות להיפרע ממנו באופן אחר, ומשום כך הוא ממתין לו, נמצא שלא בקיום העבודה זרה הוא רוצה, אלא בכספו, ומותר הדבר.

מאי שנא רישא רש״י מסביר כי ודאי הבעיה שלנו נפתרה, שהרי מוכח מכאן שדמי עבודה זרה שהיו בידו של הגר בעודו גוי מותרים. אלא ששואל עתה לגופה של המשנה, לבאר את ההבדל בין חלקיה.

וכי רוצה בקיומו כהאי גוונא כלומר, רוצה בקיומו לא על מנת להרויח כתוצאה מכך, אלא כדי שלא יפסיד את חלקו ויציל מידם (תורת חיים).

המתחלקת לפי שבריה רש״י מסביר שעבודה זרה זו אינה נמכרת בשלימותה דווקא, אלא נמכרת לפי ערך המתכת היקרה שבה, אפילו כשהיא שבורה, ולכן לא איכפת לגר אם תישבר. ואילו הראב״ד מסביר שמדובר בעבודה זרה שהיתה כבר שבורה (ולא לשם ביטול, וכדעת האומר שעובדים לשברים), וממילא אין חושש עוד לקיומה בשלימות.

דאקילו בה רבנן וכתבו ראשונים שעצם ירושת הגר, שהוא יורש את אביו הגוי, אינה מדין תורה אלא מדברי חכמים. וכיון שעצם זכייתו בירושה אינה מן התורה, לכן יכולים להקל גם מצד אחר ולומר שלא זכה לגמרי אף בעבודה זרה זו.

אורח ההלכה

המנכש והמחפה בכלאים הזורע כלאים, או מנכש בכלאים, או שהיו לפניו זרעי כלאים וחיפה אותם בעפר — הרי זה לוקה. כברייתא. (רמב״ם ספר זרעים הלכות כלאים פ״א ה״ב. שם פ״ה ה״ב. שו״ע יו״ד קצו, א).

אפילו קיומי נמי וכו׳ אסור לאדם לקיים כלאי זרעים בשדהו אלא עוקרם. אבל אם קיימם אינו לוקה. וכדברי חכמים. (רמב״ם שם פ״א ה״ג).

דמי עבודה זרה ביד גוי גוי שמכר עבודה זרה — דמים שקיבל עבורה מותרים בהנאה לישראל. ודווקא כשהדבר ידוע שמכרה לעשות צרכיו, אבל אם אינו ידוע — יש לחוש שמא מכרה לקנות בדמיה עבודה זרה אחרת, והרי המעות מוקצות לעבודה זרה. (רמב״ם ספר מדע הלכות עבודה זרה פ״ט הי״ח. שו״ע יו״ד קמד,א. קמט, ה בהגהה).

ישראל שהיה נושה בגוי וכו׳ ישראל שהיה נושה בגוי כסף, והלך הגוי ומכר עבודה זרה או יין נסך והביא לו דמיהם — מותר לישראל. אבל אם אמר לו הגוי: המתן עד שאמכור עבודה זרה או יין נסך שיש לי ואביא לך — הרי זה אסור, מפני שהיהודי רוצה בקיומו כדי שיפרע ממנו חובו. כברייתא וכדברי רב ששת. וכתב רמ״א: ויש אומרים שאין איסור זה של רוצה בקיומו אלא אם אינו יכול להיפרע ממקום אחר, אבל אם יוכל להיפרע ממקום אחר, וכל שכן אם יש לו ערב — מותר (תוס׳ ומרדכי ועוד). והש״ך הביא להלכה חילוקו של הראב״ד, שדווקא אם כשבידו לנוגשו ומרצונו ממתין לו הרי זה אסור, אבל כשאין בידו אפשרות אחרת לנוגשו — הרי זה מותר. (רמב״ם ספר קדושה הלכות מאכלות אסורות פי״ג הכ״א. שו״ע שם קלב, ז).

גר וגוי שירשו אביהם גר וגוי שירשו את אביהם הגוי יכול הגר לומר לגוי: קח אתה עבודה זרה ואני מעות, קח אתה יין ואני שמן. אבל אם כבר באה העבודה זרה או היין לרשות הגר — אסור ליהנות מהם. כמשנה המובאת כאן. (רמב״ם שם הכ״ב. ספר מדע הלכות עבודה זרה פ״ז ה״ה. שו״ע יו״ד קמו, ד).

אאבל עוקרין עמו כדי למעוטי את התיפלה
סברוה הא מני ר' עקיבא היא דאמר המקיים
בכלאים לוקה דתניא א*בהמנכש והמחפה
בכלאים לוקה ר"ע אומר אף המקיים מ"ט
דר"ע אמר קרא בשדך לא תזרע כלאים אין
לי אלא זורע מקיים מנין ת"ל *לא כלאים
ואילו למעוטי תיפלה שרי לא הא מני רבנן
היא אי רבנן מאי איריא עוקרין אפי' קיומי
נמי שפיר דמי הכא במאי עסקינן כגון דקא
עביד בחנם ור' יהודה היא דאמר* ליתן
להם מתנת חנם אסור מדרבי יהודה
נשמע לר"ע לאו אמר ר' יהודה אסור גליתן
להם מתנת חנם אבל למעוטי תיפלה שפיר
דמי לר"ע נמי אע"ג דא"ר עקיבא המקיים
בכלאים לוקה למעוטי תיפלה שפיר דמי
א ד*ותו לא מידי הדור יתבי וקמבעיא להו דמי
עבודה זרה ביד גוי מהו מי
תופסת דמיה ביד גוי או לא אמר
להו רב נחמן המסתברא הדמי עבודה זרה
ביד גוי מותרין מדהנהו דאתו
לקמיה דרבה בר אבוה אמר להו זילו זבינו
כל מה דאית לכו ותו איתגיירו מ"ט(א) משום
דקסבר דמי עבודה זרה ביד גוי
מותרין ודלמא שאני התם דכיון דדעתיה
לאיגיורי ודאי בטלה אלא מהכא ו*דישראל
שהיה נושה בגוי מנה ומכר
עבודה זרה והביא לו יין נסך והביא לו
מותר אבל אם אמר לו המתן לי עד שאמכור
עבודה זרה ואביא לך יין נסך ואביא
לך אסור מאי שנא רישא ומאי שנא סיפא
אמר רב ששת סיפא משום חדהוה ליה כי
רוצה בקיומו וכי רוצה בקיומו כה"ג מי
אסיר והתנן ז*גר וגוי שירשו אביהן
גוי גר יכול לומר לו טול אתה
עבודה זרה ואני מעות טול אתה יין נסך
ואני פירות אם משבאו לרשות הגר אסור
אמר רבא בר עולא מתני' בעבודה זרה
המתחלקת לפי שבריה תינח עבודה זרה
יין נסך מאי איכא למימר חבחרם הדרייני והלא
טרוצה בקיומו שלא יגנובו ושלא יאבדו אלא
א"ר פפא ירושת הגר קאמרת ישאני ירושת הגר
ידאקילו בה רבנן *גזירה יאשמא יחזור לקלקולו
תניא

רש"י

אבל עוקרין. להשליכן לאיבוד ואע"ג דרוצה בקיומן שלא יעקרו מאליהן עד שיעקרס הוא: **סברוה.** האי דקתני עוקרין: **אפילו לר' עקיבא דאמר המקיים בכלאים לוקה.** דאם זרען אחר ובא זה ועשה להן סייג וגדר כדי לקיימן לוקה אלמא אסור להיות רוצה בקיומן: **המנכש והמחפה.** לאחר זריעתן חופה עפר עליהן כדרך כל הזורעים: **לוקה.** דהיינו נמי זורע דמה דרכו של זורע לצמוחי פירי מכוין הא נמי לצמוחי פירי מכוין: **ת"ל לא כלאים.** כלאים דהרבעה קא דריש מדסמך כלאים דלא תרביע גבי שדה דרשינן (מו"ק דף ב:) כלאים שדך לא מדלא כתיב בהמתך לא תרביע כלאים(ב) ולא תזרע שדך כלאים ש"מ שדך אכלאים דלעיל נמי דרשינן ומשמע דמזהיר הכתוב שלא יהו כלאים בשדה ואילו עוקרין שרי למעוטי תיפלה אע"ג דרוצה בקיומן עד שיעקרס הוא ויטול שכרו: **רבנן הוא.** דלא איכפת להו אי רוצה בקיומן אבל יין נסך דאסור להיות רוצה בקיומן דישראל מצוה לבטל עבודה זרה ותשמישיה אימר לך דאסור: **ומאי איריא עוקרין.** מדאצטריך למישרי עוקרין משמע(ג) דהא רוצה בקיומן דמיעוט תיפלה הוא שרי אבל קיום גמור אסור ואי רבנן אפי' קיום נמי שרי: **לעולם רבנן היא.** והאי דאיצטריך למישרי עוקרין לאו משום איסור רוצה בקיומו אלא משום איסור מתנת חנם ור' יהודה היא דאמר בפ"ק (לעיל כ.) אסור ליתן להם מתנת חנם ואשמעינן דלמעוטי תיפלה שפיר דמי: **ומקשינן ונהי נמי דרבי יהודה היא מדרבי יהודה דשרי איסור דידיה גבי מיעוט תיפלה נשמע לר"ע דשרי נמי איסור קיום משום מיעוט תיפלה וגבי יין נסך נמי משום מיעוט תיפלה שרי: ותו.** ליכא לאקשויי(ד) מיניה: **דמי עבודה זרה.** גוי שמוכר עבודה זרה דמיהן מה הן בהנאה: **ותו איתגיירו.** בואו והתגיירו דלאחר שתתגיירו אסור למכור לכם עבודה זרה שבידכם אלמא כי מזבין ליה בהיותו גוי שרי לאתהנויי בה כשהוא גר: **בטלו להו מקודם.** וגוי מבטל עבודה זרה הלכך דמיה מותרין דהא בטלו: **מותר.** אלמא דמי עבודה זרה ביד גוי מותר: **מאי שנא רישא כו'.** בעיין איפשוט מיהו מתני' היכי מיתרצא: **מפני שרוצה בקיומה.** עד שימכרנה הגוי: **טול אתה עבודה זרה.** אלמא דגר רוצה בקיומה שלא תשתבר עד שיטול מידו כנגדה(ה) מותר: **המתחלקת לפי שבריה.** של זהב או של כסף שאם תשבר יחלקוה לשברים דלא איכפת לגר בשבירתה: **יין נסך מאי איכא למימר.** הא ודאי אם ישתבר יאבד וקתני טול אתה יין ואני פירות: **בחרם הדרייני.** דלא איכפת לן דהיין בלוע בתוכו ופולטו כששורהו במים:

גר

תוספות

שאין תופסין דמיהן דא"כ היכי מייתי ראיה מתחילה מכלאים ליין נסך אלא ודאי בכלאי זרעים איירי וכן משמע מדמייתי עלה קרא דשדך לא תזרע כלאים והלכך אין להביא ראיה מכאן דכלאים נוהגין בשל גוים דע"כ בארץ איירי דאי בחוצה לארץ כלאי זרעים שרו אף לישראל ואם כן נוכל לדחות דאתיא כמאן דאמר אין קנין לגוי בא"י:

סברוה הא מני ר"ע היא. פירוש אפי' לר"ע דאי לרבנן לחודייהו מאי איריא עוקרין אפילו מקיימין נמי שרי אלא תנא עוקרין לד"ה ואפילו לר"ע וכן רישא דתניא אין עודרין לד"ה ואף לרבנן דאי לר"ע ליתני אין מקיימין וכ"ש אין עודרין:

רבי עקיבא אומר אף המקיים. פירש בקונט' שעשה להם סייג וגדר בקולים כדי לקיימן ויפה כוון דהא פ"ב דמכות (דף כא:) מוכיח דר"ע אית ליה לאו שאין בו מעשה אין לוקין עליו ודלא כפירוש הערוך* שפירש מקיים(ו) בהנחה דכלאים ליגדל בתוך שדהו לוקה ואית ליה לאו שאין בו מעשה לוקין עליו *וא"ת היאך ס"ד להוכיח דלעקור היה אסור אי לאו למעוטי תיפלה לפי שרוצה בקיומן כדי להשתכר מדאסר לקיים התם הוא עושה מעשה באיסור שעושה הגדר אבל הכא אין כאן מעשה כלל באיסור וי"ל דמ"מ מחשבתו משויא ליה מעשה כיון שהוא עושה מעשה לבסוף כשהוא עוקרה דודאי אם אינו עוקר אינו עובר כיון שאין עושה שום מעשה שיהא ניכר בו(ז) אבל עוקר מראה שרוצה במה שהוא ולכך היה אסור דדמי למקיים אי לאו טעמא דמעוטי תיפלה:

מדרבי יהודה נשמע לר"ע. ה"ה דמרבי יהודה היה יכול להוכיח אלא בעי לאסוקי מילתיה על ר"ע דאיירי ביה:

מסתברא דמי עבודה זרה ביד גוי מותרין. ונראה הטעם כי מה שעבודה זרה תופסת דמיה משום דכתיב והיית חרם כמוהו כל שאתה מהיה ממנו כמוהו ובישראל דוקא נאמר ולא לבני נח והא דאסרינן לעיל בפ"ק (דף יג. ושם ד"ה דכוותה) דמי עבודה זרה היינו כשדעתו לקנות מן הדמים עבודה זרה אבל כשבא להתגייר או לפרוע חובו מותר:

זבינו כל מאי דאית לכו ותו וכו'. ומה שלא היה אומר להם לבטלה בשבירה ויוכלו למוכרה בגרות לפי שהיה דעתם למוכרה שלימה ביוקר לעובדיה והא דאמרינן לעיל פרק ר' ישמעאל (דף נג.) מכרה לעובדיה לא בטלה שאני הכא כיון דדעתייהו לאיגיורי אינם חוששין בה ובטלה ולא הוו דמי עבודה זרה:

ודלמא שאני התם כיון דדעתייהו לאיגיורי ודאי מבטל להו. הקשה הרב רבי אלחנן תינח עבודה זרה דשייך בה ביטול היו יכולין למכור והיו הדמים מותרין אלא מיין נסך דלא שייך בה ביטול ואפילו הכי קאמר להו זבינו כל מה דאית לכו ואם כן תפשוט בעיין דהא משמע מתוך הברייתא דישראל שנושה בגוי שמוכר עבודה זרה ואביא לך יין נסך ואביא לך אלמא דין אחד לשניהם והשתא ליכא למתלי טעם ההיתר משום ביטול דהא ביין נסך לא שייך ביטול וי"ל דלעולם היה פשוט להן היתר יין נסך יותר מדמי עבודה זרה דחמירא איסורא:

אבל אם אמר לו המתן ואביא לך אסור. רבינו יצחק היה מדקדק מזה הלשון המתן לי כלומר אינך יכול ליפרע ממקום אחר וצריך אתה להמתין עד שאמכור אז הוא ודאי אסור דרוצה הוא בקיומו כגון שאין לו ערב ממנו ואף אין לו נכסים אחרים שיכול ליקח חובו מיד עליהם אבל אם יש לו ערב או שיכול ליפרע ממקום אחר אין אמירתו של גוי מועלת כלום דאם לא כן כל גוי יוכל להפקיע חובו מיד ישראל:

תניא

מסורת הש"ס

מכות כא: מו"ק ב: [תוספתא כלאים פ"א]

[במ"ק ובמכות ע"פ גרסת מהרש"א איתא כלאים שדך לא וצ"ע כאן וכרש"י ומהרש"א. ועי' פי' רש"י במ"ק ופרש"י במכות והוא שונים מב' פנים וצ"ע]

[סוכה לו: וש"נ]

[תוספ' פ"ח]

קידושין יז: דמאי פ"ו מ"י [תוספ' דדמאי פ"ו]

[קידושין יז:]

[לעיל כ.]

[ערך קס ב']

[עי' תוס' מכות ז: ד"ה הא]

עין משפט נר מצוה

כו א מיי' פ"ה מהל' כלאים הלכה ה טוש"ע י"ד סי' רצו סעיף א:

כז ב מיי' שם פ"א הל' ב ופ"ה הל' ב טוש"ע שם:

כח ג מיי' פ"ט מהל' עבודת כוכבים הלכ' יח טוש"ע י"ד סי' קמט סעיף ה בהג"ה וסי' קמח סעיף יא [וברב אלפס עוד במכילתין פרק ב דף קמא:]:

כט ד ה מיי' פי"ג מהל' מאכלות אסורות הל' כא סמג לאוין קמח טוש"ע י"ד סי' קלב סעיף ז:

ל ו מיי' שם הלכה כב ופ"ז מהל' עבודת כוכבי' הלכה ה סמג שם טוש"ע י"ד סי' קמו סעיף ד:

לא ז מיי' פי"ג מהל' מ"א הלכה כב סמג שם:

הגהות הב"ח

(א) גמ' מ"ט לאו משום דקסבר: (ב) רש"י ד"ה תלמוד לומר וכו' ולא תזרע שדך. נ"ב עיין במכות דף כא ע"ב: (ג) ד"ה ומאי איריא וכו' דהאי רוצה וכו' הוא דשרי וכו' קיום גמור נמי שרי: (ד) ד"ה ותו ליכא לאקשויי מידי הס"ד נ"ב כלשון זה הוא בהוריות דף ט ע"ב ולעיל דף כג: (ה) ד"ה טול וכו' ומותר: (ו) תוס' ד"ה רבי עקיבא וכו' דבהנחה דכלאים וכו' להוכיח דבלעקור: (ז) בא"ד שיהא ניכר בו שרוצה בקיומו אבל עוקר וכו' שהוא קיים ולכך היה:

גליון הש"ס

תוס' ד"ה ר"ע וכו' דהא פ"ב דמכות דף כא. נ"ל פ"א דמכות דף ד' ע"ב וע"ש בתוס' ד"ה הא: **בא"ד** וא"ת היאך ס"ד. קשה לי הא מ"מ איסורא לאורייתא בלא מעשה אלא דאין לוקין וא"כ מדמותר לעקור מוכח דלמעט תיפלה שרי וצ"ע:

*תניא נמי הכי [א]*בד"א שירשו אבל נשתתפו
א אסור הדור יתבו וקמיבעיא להו גר תושב מהו שיבטל עבודה זרה דפלח מבטיל דלא פלח לא מבטיל או דלמא כל דבר מיני' מבטיל והאי בר מיניה הוא אמר להו רב נחמן [ב]מסתברא דפלח מבטיל דלא פלח לא מבטיל מיתיבי [ב]*ישראל שמצא עבודה זרה בשוק עד שלא באתה לידו אומר לגוי ומבטלה [ג]משבאתה לידו אינו אומר לגוי ומבטלה מפני שאמרו [ג]*גוי מבטל עבודה זרה שלו ושל חבירו בין עובדה ובין שאין עובדה מאי עובדה ומאי שאינו עובדה אילימא אידי ואידי גוי היינו שלו ושל חבירו אלא לאו עובדה גוי ומאי שאינו עובדה גר תושב וש"מ גר תושב נמי מבטל לא לעולם אימא לך אידי ואידי גוי ודקאמרת היינו שלו ושל חבירו רישא זה וזה לפעור וזה וזה למרקולים סיפא [ד]זה לפעור וזה למרקולים מיתיבי [ד]*איזהו גר תושב כל שקיבל עליו בפני ג' חברים שלא לעבוד עבודה זרה דברי ר"מ וחכ"א [ה]כל שקיבל עליו שבע מצות שקבלו עליהם בני נח אחרים אומרים אלו לא באו לכלל גר תושב אלא איזהו גר תושב זה גר אוכל נבילות שקבל עליו לקיים כל מצות האמורות בתורה חוץ מאיסור נבילות [ו]מייחדין אצלו יין ואין מפקידין אצלו יין ואפי' בעיר שרובה ישראל אבל מייחדין אצלו יין ואפי' בעיר שרובה גוים שמנו כיינו שמנו כיינו ס"ד שמן מי קא הוי(א) יין נסך אלא [ז]יינו כשמנו ולשאר כל דבר הרי הוא כגוי רבן שמעון אומר יינו יין נסך ואמרי לה [ח]מותר בשתיה קתני מיהא ולשאר כל דבריו הרי הוא כגוי למאי הלכתא לאו דמבטל עבודה זרה כגוי אר"נ בר יצחק לא [ט]ליתן רשות ולבטל רשות וכדתניא [ה]* [י]ישראל משומד משמר שבתו בשוק מבטל רשות שאין משמר שבתו בשוק אין מבטל רשות מפני שאמרו [כ]ישראל נותן רשות ומבטל רשות [ל]ובגוי עד שישכור כיצד [מ]אומר לו רשותי קנויה לך רשותי מבוטלת לך קנה ואין צריך לזכות רב יהודה שדר ליה קורבנא לאבידרנא

רש"י

גר תושב. אינו עובד עבודה זרה וכל מיניה של גוי הוא בכל שאר עבירות: **אי נימא אידי ואידי גוי.** קאמר דזה מבטל יראתו של זה ואע"פ שהמבטל לא עבד את זו מעולם כי אם שלו הוא עובד: היינו שלו ושל חבירו: **זה וזה לפעור.** זה יש לו פעור שלו וזה יש לו פעור שלו ואשמעינן רישא דזה מבטל פעורו של חבירו וזה מבטל פעורו של חבירו וסיפא אשמעינן דאפילו זה לפעור וזה למרקולים מבטל זה את של חבירו: **אלו לא באו לכלל גר תושב.** שיהו ישראל מצווים להחיותן שהרי אף גוים גמורים נצטוו על עבודה זרה ועל שאר המצות: **כל שאוכל נבילות.** ושאר כל המצות מקיים אין מפקידין אצלו יין בביתו לזמן מרובה דאיכא למיחש לאיחלופי ביין שלו שהוא אסור כדקתני סיפא יינו כשמנו: **אבל מייחדין אצלו יין.** ישראל מניח(ב) בחנותו עד שילך כדי מיל או יותר מה שאין כן בגוי דהאי כיון דלא פלח לא נגע ולא מנסך ולמגע גוי דאתי מעלמא בביתו לא חיישינן דכיון דאין לו הנאה בכך אינו מניחו ליגע ולאחלופי בזמן מועט ליכא למיחש: **שמנו כיינו.** משמע שמנו אסור כיינו ולהחמיר בא: **ושמנו מי הוי נסך אלא יינו.** מותר בהנאה כשמנו וקודם שהותר השמן באכילה קאי אבל בשתיה אסור: **יינו יין נסך.** דאינו מקפיד על מגע גוי: **הרי הוא כגוי.** דכיון דלא מל חשוד הוא לכל התורה: **ליתן רשות.** שאינו יכול ליתן רשותו לישראל אא"כ שכר ממנו מערב שבת: **משמר שבתו בשוק.** בפרהסיא ואע"פ שהוא מומר לחלל שבת בצינעא: **נותן רשות.** אם היה פתח ביתו פתוח לחצר שישראל דרין בה ושכח ולא עירב עמהן מבטל להם את רשותו של חצר ואם לא ביטל אסור להוציא מבתיהם לחצר דהוה להו מוציאין מרשות המיוחדת לכל אחד לרשות שיש לזה חלק בה וחכמים גזרו שלא להוציא מרשותו לרשות חבירו: **כיצד.** ישראל הנותן רשות אומר רשותי קנויה לך וזה נוטלה ממנו ומוציא לחצר: **קנה.** הנוטל באמירה בעלמא בלא מתן מעות: **ואין צריך לזכות.** על ידי קנין: **קורבנא.** תשורה:
לאבידרנא

תוספות

תניא נמי הכי. פי' כמו שמתרץ רב פפא דירושת גר אקילו בה רבנן דאילו מרישא דגר וגוי שירשו דיכול לומר טול עבודה זרה ליכא למשמע(ג) לזה דהוה אמינא דבדין הוא מטעם ברירה אבל מברייתא דנשתתפו מייתי שפיר דודאי אין טעם ההיתר מכח ברירה דאם כן אף בשנשתתפו היה מותר ומשום הכי בפרק קמא דקידושין (דף יז:) אחר שהוכיח ירושת גר דרבנן מההיא דגר וגוי הוצרך להביא תניא נמי הכי שלא תדחה ראייתו אבל טעם ברירה*: **מסתברא דפלח מבטל דלא פלח לא מבטל.** והא דאמרינן לעיל פרק כל הצלמים (דף מג.) שישראל היה יכול לבטל עבודה זרה של גוי אי לאו טעמא דדלמא מגבה לה והדר מבטל לה היינו דוקא לרשב"ל ור' יוחנן פליג עליה: **איזהו גר תושב כו'.** במסקנא קאמר דהיינו להחיותו וא"ת והלא מיד שעבר שבע מצות חייב מיתה דאזהרת בני נח היא מיתתן בלא עדים והתראה י"ל דכל זמן שלא דנוהו בית דין אינו חייב מיתה תדע דהא אמרינן *הגוים לא מעלין ולא מורידין: **אחרים אומרים כו'.** על כרחך אחרים דהכא לאו היינו ר"מ דהא פליג עליה וכן מצינו בכמה מקומות אחרים במחלוקת אבל ר"מ וי"א אבל ר' נתן*: **אין מפקידין אצלו יין ואפי' בעיר שרובה ישראל.** פירש רש"י לפי שאין מקפיד על מגע גוי והקשה ר"ת על זה דא"כ אפילו ליחד נמי לפי שעה עד שילך כדי מיל או יותר כמו שפירש בקונטרס עצמו היה לנו לאסור דע"כ בהודיעו שהוא מפליג איירי דאי לא הודיעו אף בגוי מותר ואם כן למה לא ניחוש למגע גוי הרגיל בחנותו כיון שאינו מקפיד לכן נראה לר"ת כמו שפירש רש"י והגיה בפירושים שלו ומחק הטעם לפי שאינו מקפיד וכתב אין מפקידין לזמן מרובה דאיכא למיחש לאיחלופי ביין שלו שאסור כדקתני סיפא יינו כשמנו ונראה שרש"י חזר בו מטעם ראשון משום דמדתלי איסור יינו בשמנו משמע שאין לאוסרו כ"א מטעם חתנות ואי לא היה מקפיד על מגע גוי היה(ד) לאסור איסור גמור אבל מייחדין אצלו יין ישראל מניחו בחנותו עד שילך כדי מיל או יותר מה שאין כן בגוי דהא כיון שלא פלח לעבודה זרה לא נגע ולא מנסך עד כאן היה כתוב בפירושיו והוסיף רש"י והגיה ולמגע גוי דאתי מעלמא בביתו לא חיישינן דכיון דאין לו הנאה בכך אין מניחו ליגע ולאיחלופי בזמן מועט ליכא למיחש ולפי זה הפירוש אין להוכיח בבירור שיהא מותר מגע גר תושב ביינו של ישראל להתירו בשתיה ויש ליישב פירוש הקונטרס ראשון דאין מפקידין בביתו יין לפי שאינו מקפיד על מגע שרגילין הגוים ליכנס בביתו אע"ג דיינו כשמנו אלמא שמקפיד על מגע גוי מדשרי בהנאה היינו בשל עצמו אבל בשל ישראל אינו מקפיד א"נ הא דיינו כשמנו בידוע שלא נגע בו הגוי אבל מייחדין יין בחנותו אפילו הודיעו שמפליג כדי מיל או יותר בזמן מועט ליכא למיחש למגע גוי שאין הגוים רגילים ליכנס בתוך החנות ולמגע עצמו לא חיישינן כיון דלא פלח לא נגע ולא מנסך ולגנוב נמי כדי לשתות לא חשיד כיון שקבל עליו שבע מצות מיהו לר"מ שלא קבל עליו אלא שלא לעבוד עבודה זרה צריך לומר אע"פ שגזרו על יינו לא גזרו על מגעו ביין של ישראל אבל רבינו יצחק כתב מייחדין אצלו יין אפילו בעיר שרובה גוים פירוש דמותר מגעו בשתיה והא דלא תנא בהדיא מגעו מותר דרבותא קמ"ל דאפילו בעיר שרובה גוים לא חיישינן שמא יגע בו גוי אע"פ שרוב גוים מצויין שם כיון שאין מניחו אלא לפי שעה ואין מפקידין כו' הטעם כדפיר' בקונט' בהגהה כתב רבינו יהודה מעשה היה בגר אחד שמל ולא טבל טבילה כראוי ועמד בבית ישראל ימים רבים ונגע ביינו והתירו רבינו יצחק בשתיה כפירושו דגר תושב מגעו מותר בשתיה כל שכן זה שמל וקבל עליו מצות ואע"ג דאמרינן לעיל עבדים ובני שפחות שמלו ולא טבלו עושין יין נסך היינו לפי שאימת רבן עליהם ואינם מתגיירין בלב שלם כדפירש לעיל (דף נז.) גבי שיקוע עבודה זרה ועוד ראיה דאמרינן לעיל (דף נט.) גבי גרים שמלו ולא טבלו לא והכריז על בניהם שהם ממזרים ואע"פ שמסתמא נוגעין ביין לא היה מקפיד על יינם כמו במזוגו גוים ושתו ישראל ועוד בשל סופרים הלך אחר המיקל בסתם יינם בשתיה וה"ה במגען ואפילו ללישנא דקאמר יינו כשמנו היינו משום חתנות אבל על מגעו בשל ישראל לא יקפיד אע"פ כן לא רצה רבינו יצחק להקל:

ביקרותיך

עין משפט נר מצוה

לב א מיי' פי"ג מהל' מ"א הלכה כב סמג לאוין קמח:
לג ב מיי' פ"ח מהל' עבודת כוכבים הלכה ט סמג לאוין מה טוש"ע י"ד סי' קמו סעיף ה:
לד ג מיי' שם הלכ' ח טוש"ע שם סעיף ב:
לה ד טוש"ע שם סעי' ה:
[וע' היטב תוס' קידושין יז: ד"ה חליפי]
לו ה מיי' שם פ"י הלכ' ו ופי"א מהל' מאכלות אסורות הלכ' ז טוש"ע י"ד סי' קכד סעיף ב:
לז ו מיי' פי"א מהל' מאכלות אסורות הלכה ז סמג לאוין מה טוש"ע י"ד סי' קכח סעיף א:
לח ז ח מיי' שם סמג שם טוש"ע י"ד סי' קכד סעיף ו:
[לעיל כו.]
לט ט י מיי' פ"ב מהל' עירובין הלכה טז סמג עשין מ"ם א טוש"ע א"ח סי' שפה סעיף ג:
[ועי' תוס' סוטה יב. ד"ה אחרים וכו' ותוס' ב"ב טו: ד"ה ישן]
מ כ מיי' שם וסמג שם טוש"ע א"ח סי' שפ סעיף א:
מא ל מיי' שם הלכה י סמג שם טוש"ע א"ח סי' שפב סעיף א:
מב מ מיי' שם הלכ' ב סמג שם טוש"ע א"ח סי' שפ סעיף א:

מסורת הש"ס

[קידושין יז:] [תוספתא פ"ח] [לעיל כב: וש"נ] [לקמן סה.] חולין ו. עירובין סט:

הגהות הב"ח

(א) גמ' שמן מי קא הוי נסך כצ"ל ותיבת יין נמחק: (ב) רש"י ד"ה אבל וכו' בחנותו עד. נ"ב ע"ל דף סט ע"א: (ג) תום' ד"ה תניא וכו' ליכא למשמע מינה דהוה אמינא דהדין הוא: (ד) ד"ה אין וכו' היה לנו לאסור איסור גמור וכו' על מגע גוי שרגילים וכו' דבזמן מועט:

גליון הש"ס

גמ' איזהו גר תושב. עיין סנהדרין דף נו ע"ב ברש"י ד"ה גר תושב ובבאור שבע שם:

תַּנְיָא נַמִּי הָכִי [שנויה ברייתא גם כן כך]: **בַּמֶּה דְּבָרִים אֲמוּרִים** שמותר לגר ולגוי להתחלק ברכוש משותף שיש בו עבודה זרה? ברכוש **שֶׁיָּרְשׁוּ, אֲבָל אִם נִשְׁתַּתְּפוּ** כלומר, אם היתה שותפות ביניהם — **אָסוּר.**

א ושבים לחבורת החכמים שישבו יחד, רב נחמן ועולא ואבימי בר פפי, עם ר' חייא בר אמי. **הֲדוּר יָתְבוּ וְקָמִיבַּעְיָא לְהוּ** [שוב היו יושבים ונשאלה להם] שאלה: שנינו שגוי יכול לבטל עבודה זרה של גוי, **גֵּר תּוֹשָׁב** (שהוא גוי שאינו עובד עבודה זרה) **מַהוּ** דינו לענין **שֶׁיְּבַטֵּל עֲבוֹדָה זָרָה?** וצדדי השאלה: האם אנו אומרים שדווקא **מִי דְּפָלַח** [שעובד] עבודה זרה — הוא **מְבַטֵּיל** (יכול לבטל) אותה, **דְּלָא פָּלַח** [שאינו עובד אותה] — **לָא מְבַטֵּיל** אותה, **אוֹ דִּלְמָא** [שמא] **כָּל דְּבַר מִינֵּיהּ מְבַטֵּיל, וְהַאי בַּר מִינֵּיהּ הוּא** [כל שהוא בן מינו מבטל, וזה בן מינו הוא] שהרי הוא גוי? **אָמַר לְהוּ** [להם] **רַב נַחְמָן: מִסְתַּבְּרָא** [מסתבר לומר], **דְּפָלַח** [מי שעובד] — **מְבַטֵּיל** [מבטל], מי **דְּלָא פָּלַח** [שאינו עובד] — **לָא מְבַטֵּיל** [אינו מבטל]. **מֵיתִיבִי** [מקשים על כך] ממה ששנינו בברייתא: **יִשְׂרָאֵל שֶׁמָּצָא עֲבוֹדָה זָרָה בַּשּׁוּק, עַד שֶׁלֹּא בָּאתָה לְיָדוֹ — אוֹמֵר לְגוֹי וּמְבַטְּלָהּ, מִשֶּׁבָּאתָה לְיָדוֹ — אֵינוֹ אוֹמֵר לְגוֹי וּמְבַטְּלָהּ.** ויכול אדם לומר לסתם גוי לבטלה, **מִפְּנֵי שֶׁאָמְרוּ** חכמים: **גּוֹי מְבַטֵּל עֲבוֹדָה זָרָה שֶׁלּוֹ וְשֶׁל חֲבֵירוֹ בֵּין עוֹבְדָהּ וּבֵין שֶׁאֵין עוֹבְדָהּ.** ונברר: **מַאי** [מה פירוש] **"עוֹבְדָהּ", וּמַאי** [ומה פירוש] **"שֶׁאֵינוֹ עוֹבְדָהּ"? אִילֵּימָא אִידִי וְאִידִי** [אם תאמר זה וזה] **גּוֹי,** אלא "שאינו עובדה" הוא זה שעובד עבודה זרה אחרת, אם כן **הַיְינוּ** [הרי זה] מה שנאמר קודם לכן שגוי מבטל **שֶׁלּוֹ וְשֶׁל חֲבֵירוֹ! אֶלָּא לָאו** [האם לא] נפרש כך: **"עוֹבְדָהּ"** — פירושו **גּוֹי, וּמַאי** [ומה פירוש] **"שֶׁאֵינוֹ עוֹבְדָהּ"? גֵּר תּוֹשָׁב,** שאינו עובד כלל עבודה זרה, **וּשְׁמַע מִינַּהּ** [ולמד מכאן] **כִּי גֵר תּוֹשָׁב נַמִּי** [גם כן] **מְבַטֵּל!** ודוחים: **לֹא, לְעוֹלָם אֵימָא לָךְ** [אומר לך] בפירוש "עובדה" ו"שאינו עובדה": **אִידִי וְאִידִי** [זה וזה] מדובר **בְּגוֹי, וּדְקָאָמְרַתְּ** [ומה שאמרת] **הַיְינוּ "שֶׁלּוֹ וְשֶׁל חֲבֵירוֹ"** שנאמר בתחילה! יש להסביר: **רֵישָׁא** [בתחילה] מדובר ששניהם עובדים לאותה עבודה זרה, כגון **זֶה וְזֶה עוֹבְדִים לִפְעוֹר,** וכן **זֶה וְזֶה עוֹבְדִים לְמַרְקוּלִיס,** ואומרת הברייתא שביכולתו לבטל עבודה זרה השייכת לאחר. **סֵיפָא** [בסוף], בחלוקה בין "עובדה" ל"שאינו עובדה", מדובר **שֶׁזֶּה עוֹבֵד לִפְעוֹר וְזֶה לְמַרְקוּלִיס,** לומר שאף על פי שאינו עובדה כלל, מכל מקום יכול לבטלה. אבל על כל פנים הוא צריך להיות עובד עבודה זרה, מה שאין כן גר תושב. **מֵיתִיבִי** [מקשים על כך] מברייתא: **אֵיזֶהוּ גֵּר תּוֹשָׁב? כָּל שֶׁקִּיבֵּל עָלָיו בִּפְנֵי שְׁלֹשָׁה חֲבֵרִים** כלומר, אנשים כשרים בישראל **שֶׁלֹּא לַעֲבוֹד עֲבוֹדָה זָרָה,** אלו **דִּבְרֵי ר' מֵאִיר. וַחֲכָמִים אוֹמְרִים: כָּל שֶׁקִּיבֵּל עָלָיו שֶׁבַע מִצְוֹת שֶׁקִּבְּלוּ עֲלֵיהֶם בְּנֵי נֹחַ. אֲחֵרִים אוֹמְרִים: אֵלּוּ לֹא בָּאוּ לִכְלַל גֵּר תּוֹשָׁב,** אלא עדיין הם בגדר גוים. **אֶלָּא אֵיזֶהוּ גֵּר תּוֹשָׁב? זֶה גֵּר אוֹכֵל נְבֵילוֹת, שֶׁקִּבֵּל עָלָיו לְקַיֵּים כָּל מִצְוֹת הָאֲמוּרוֹת בַּתּוֹרָה חוּץ מֵאִיסּוּר נְבֵילוֹת.** על כל פנים, ככל שתהיה הגדרתו של גר תושב, **מְיַיחֲדִין** (מניחים לבד) **אֶצְלוֹ יַיִן** לזמן קצר, בלא שיהא שם ישראל משגיח, **וְאֵין מַפְקִידִין אֶצְלוֹ יַיִן** לזמן מרובה, **וַאֲפִילּוּ בְּעִיר שֶׁרוּבָּהּ יִשְׂרָאֵל, אֲבָל מְיַיחֲדִין אֶצְלוֹ יַיִן וַאֲפִילּוּ בְּעִיר שֶׁרוּבָּהּ גּוֹיִם. שַׁמְנוֹ** דינו **כְּיֵינוֹ.** ותוהים: **שַׁמְנוֹ כְּיֵינוֹ סָלְקָא דַּעְתָּךְ** [עולה על דעתך]? **שֶׁמֶן מִי קָא הָוֵי** [האם הוא נעשה] **יֵין נֶסֶךְ?** ואם כן, כיצד יכול להיות שמנו כיינו? **אֶלָּא** יש לתקן: **יֵינוֹ** דינו **כְּשַׁמְנוֹ,** שמותר בהנאה ואסור באכילה. וממשיכה הברייתא: **וְלִשְׁאָר כָּל דָּבָר הֲרֵי הוּא כְּגוֹי. רַבָּן שִׁמְעוֹן אוֹמֵר: יֵינוֹ יֵין נֶסֶךְ, וְאָמְרִי לַהּ** [ויש אומרים] שהוא אומר שיינו **מוּתָּר בִּשְׁתִיָּה.** עד כאן הברייתא. **קָתָנֵי מִיהָא** [שנה על כל פנים]: **וְלִשְׁאָר כָּל דְּבָרָיו הֲרֵי הוּא כְּגוֹי, לְמַאי הִלְכְתָא** [למה לאיזו הלכה] נאמר הדבר? **לָאו** [האם לא] **שֶׁמְּבַטֵּל עֲבוֹדָה זָרָה כְּגוֹי? אָמַר רַב נַחְמָן בַּר יִצְחָק: לֹא,** לענין **לִיתֵּן רְשׁוּת וּלְבַטֵּל רְשׁוּת** בדין עירובי חצרות בשבת. **וְכִדְתַנְיָא** [וכמו ששנויה ברייתא]: **יִשְׂרָאֵל מְשׁוּמָּד שֶׁמְּשַׁמֵּר שַׁבָּתוֹ בַּשּׁוּק** כלומר, שעדיין שומר שבת בפרהסיא — **מְבַטֵּל רְשׁוּת** שיש לו בחצר המשותפת, כדי שיוכלו לטלטל בתוכה, כדין רשות היחיד. אבל ישראל משומד **שֶׁאֵין מְשַׁמֵּר שַׁבָּתוֹ בַּשּׁוּק** אלא מחלל שבת בפרהסיא — **אֵין מְבַטֵּל רְשׁוּת, מִפְּנֵי שֶׁאָמְרוּ: יִשְׂרָאֵל נוֹתֵן רְשׁוּת וּמְבַטֵּל רְשׁוּת,** והנתינה הזו מועילה לענין עירובין בשבת, שאם לא נשתתף בעירוב החצר יכול לבטל רשותו ויהיו דיירי החצר מותרים לטלטל בה. **וְאוּלָם בְּגוֹי** אין הדבר מועיל — **עַד שֶׁיִּשְׂכּוֹר** ממנו הישראל את רשותו בחצר. **כֵּיצַד** ישראל נותן רשות ומבטל רשות? **אוֹמֵר לוֹ** למי שדר עמו בחצר: **"רְשׁוּתִי קְנוּיָה לָךְ", אוֹ "רְשׁוּתִי מְבוּטֶּלֶת לָךְ" — קָנָה, וְאֵין צָרִיךְ לִזְכּוֹת** על ידי קנין אחר. מסופר, **רַב יְהוּדָה שְׁדַר לֵיהּ קוּרְבָּנָא** [שלח לו מתנה]

עיונים

תניא נמי הכי שמכאן יש הוכחה שטעם ההיתר אינו משום שאומרים שיש ברירה, שהוברר למפרע מה הוא חלקו של כל אחד מהם, וגם לא משום שמדובר במקרה שבא להציל מידם (תו״ח, ראה הסברו בעמוד הקודם), אלא מפני שהוא ירושה, שהקלו בה חכמים (תוס׳ ועוד). והסביר בתורת חיים כי למרות שגם במקרה שנשתתפו יש מקום לטעם שמא יחזור לקלקולו, שם לא התירו חכמים משום ששם הדבר בידו לומר לשותפו שיחלקו קודם שיתגייר, אבל ירושה אינה בידו.

כל שקיבל עליו שבע מצוות וכו׳ ומדברי הרמב״ם מבואר שלדעתו גם חכמים סבורים שצריך שיהא מקבל על עצמו מצוות אלו בפני שלושה חברים.

אלו לא באו לכלל גר תושב שהרי מן הדין כל גוי חייב במצוות אלה (שלא לעבוד עבודה זרה, והיא בכלל שבע מצוות בני נח), ואם כן לא הגיע ליחוד של ״גר תושב״.

גר אוכל נבילות וכו׳ רש״י והרבה מפרשים מסבירים את הדבר כפשוטו, שגר זה שייר מן המצוות רק איסור זה. והראב״ד מסביר ש״אוכל נבילות״ הריהו רק כעין דוגמה, ועניינו שהגר קיבל על עצמו להמנע מן העבירות החמורות שיש בהן איסור כרת וכיוצא, אבל אינו נמנע מאיסורי לאוים (וראה במאירי).

מייחדין אצלו יין רש״י מסביר כי ״מייחדין״ משמעו שמפקידים בחנותו לזמן קצר, בניגוד ל״מפקידין״ שהוא לפרק זמן ארוך יותר. ואילו הר״נ מסביר כי ״מייחדין״ משמעו שמשאירים אותו לבד עם היין ברשותו של הישראל, ו״מפקידין״ הוא ברשותו של אותו גר תושב. ומסביר רש״י שאין חוששים למגעו ביין — שהרי אינו עובד עבודה זרה, ומשום כך אין חוששים שיבוא לגעת ולנסך. וגם אין חוששים למגע גוי אחר, לפי שלא יניחו לעשות כן. וכן אין חוששים שמא יתחלף יין זה ביינו (שהוא אסור בשתיה, כמבואר להלן) שהרי מדובר רק בהחזקת היין אצלו לזמן קצר (וראה בתוס׳ ד״ה אין).

ונחלקו ראשונים האם גר תושב עצמו אוסר את היין של ישראל במגעו. שיש הסבורים כי אין מקום לגזור כלל על מגעו, שהרי אינו עובד עבודה זרה, ואין לחשוש שינסך. ויש שאמרו שאמנם אין לאוסרו בהנאה כמגע גוי, מכל מקום הואיל ויינו אסור בשתיה משום חתנות — אף גזרו על מגעו. אלא שעל כל פנים מורידים אותו דרגה של איסור כאילו היה זה מגע גוי שלא בכוונה, שאינו אסור אלא בשתיה (ראה במאירי ובטור).

ואין מפקידין להשאיר אצלו יין לזמן מרובה, שמא יתחלף ביינו של אותו גר תושב, והרי הוא אסור מכל מקום בשתיה (רש״י). ומדברי הרמב״ם משמע שהוא חושש לכך שהגר עצמו יחליף את היין ביינו. ובמהדורה קודמת של רש״י פירש כי החשש הוא שמא יגע בו גוי כשהוא בביתו (וראה בתוס׳ שדנו בדבר). וכן הסביר הראב״ד כי כאשר מפקיד את היין אצלו הריהו מטלטל את החבית ממקום למקום, והגוי הנכנס לביתו סבור שהיא שלו ונוגע בה אף הוא. אבל כאשר רק מייחדים את היין אצלו לזמן קצר באופן שאינו רשאי להזיז את החבית ממקומה אנו מניחים שאינו מאפשר לגוי הנכנס לביתו לגעת ביין.

אלא יינו כשמנו שכשם ששמנו מותר בהנאה ואסור באכילה (ומדובר כאן בזמן שעוד היתה הגזירה לאסור שמנם של גוים באכילה), כן הדין ליינו. וטעם הדבר, כתב הראב״ד באופן אחד שהוא משום חשש שמא נגע בו גוי ביינו. ובאופן אחר כתב הראב״ד שהוא אסור משום חתנות. והסביר הרשב״א (בתורת הבית) שאף שסתם יינם של גוים נאסר בהנאה, דבר זה נעשה כשלב שני ומשום חשש ניסוך, אבל השלב הראשון של גזירה היה משום בנותיהם ואז לא נאסר אלא בשתיה, והוא הדין לגר תושב שאין בו חשש ניסוך. וכן דעת רוב הראשונים. אבל הרא״ה הסביר כי מה שנאמר כאן יינו כשמנו אינו אמור אלא במגעו ביין ישראל, שאינו אסור אלא בשתיה בלבד, אבל הגזירה על יינם אחת היא ואין בה חילוק.

יינו יין נסך לא משום הגר עצמו, שהוא אינו מנסך, אבל אינו מקפיד על מגעם של גוים אחרים ביין.

יינו מותר בשתיה שאין לחשוש למגעו, שהרי אינו עובד עבודה זרה, וודאי אינו נזהר גם ממגע של גוי אחר. ומה שאמרו שגזרו לאסור יינם של גוים משום חתנות — עיקר טעם הגזירה הוא משום הרחקה מעבודה זרה, וכיון שאינו עובד עבודה זרה, הרי אף שודאי אסור להתחתן עמו, מכל מקום עיקרה של הגזירה איננו (ראב״ד).

למאי הלכתא לכאורה תמוה: הרי ודאי דינו כגוי לכמה וכמה דברים עיקריים, שאין מתחתנים עמו, ואין שחיטתו מותרת, ואינו חייב במצוות רבות. אלא שדבר זה פשוט ואינו צריך להיאמר, שהרי אינו בכלל ישראל. אלא בוודאי בא הדבר ללמד על דבר שבו הוא דומה לישראל — שאינו עובד עבודה זרה, ומשום כך היה מקום לומר שאינו יכול לבטלה, כמו ישראל. ולכן אמרה הברייתא שאין זה כך, ודינו ככל גוי (תורת חיים).

ליתן רשות וכו׳ שאין דינו כישראל לענין זה, אלא כגוי. ויש רבותא בדבר, שהרי ישראל שאינו שומר מצוות, אם הוא מחלל שבת בפרהסיא אינו נחשב כישראל לענין זה, ומכל מקום אם יש בו צד של תורה ויהדות הריהו מבטל רשות, ואם כן אין הדבר תלוי לגמרי בשאלה האם ישראל הוא, אלא האם יש בו צד מסויים של שמירת מצוות. ואם כן היה מקום לומר שגם גר תושב, למרות שאינו ישראל, מאחר ואינו עובד עבודה זרה כלל יש בו צד של שמירת מצוות ויכול לבטל את רשותו. ולכן אמרה הברייתא שדינו כגוי גמור (תורת חיים). והראב״ד פירש כאן לשיטתו שגר תושב הוא זה במקיים את עיקרי המצוות החמורים שיש בהם איסורי כרת וכיוצא בזה, ואם כן מדובר במי ששומר מקצת שבת, אלא שהשמיעה לנו הברייתא שכיון שאינו שומר שבת לגמרי ואינו מודה בעירוב — דינו כישראל משומד וכצדוקי שאינו מבטל רשות.

נותן רשות וכו׳ שאם לא עירבו כל הדיירים (בחצר או במבוי) הרי כל מי שיש לו פתח פתוח למבוי או לחצר אוסר את האחרים להשתמש בה בשבת. ואמרו חכמים שיכול יהודי הדר באותה חצר לבטל רשותו לגבי האחרים, ואז הכל רשאים להשתמש שם. ולענין משמעות הביטויים ״נותן רשות״ ו״מבטל רשות״, הרי״ד סבור כי נתינת רשות וביטול רשות הם אותו דבר עצמו במילים שונות. ואילו מפיה״מ לרמב״ם בעירובין משמע שנתינת רשות היא שעושה כן מערב שבת, וביטול רשות הוא בשבת עצמה.

קנה ואין צריך לזכות שכיון שאין זו הקנאה גמורה לענין ממון, אלא לענין זכות השימוש בחצר בשבת — די באמירה זו בלבד ואין צורך לא בנתינת כסף ואף לא במעשה של קנין (רש״י).

אורח ההלכה

אבל נשתתפו אסור גר וגוי שהיו שותפים — אין הגר רשאי לומר לגוי שיחלקו את הנכסים באופן שיטול הגוי את העבודה זרה והגר את ההיתר, לפי שרוצה בקיומו של האיסור. כברייתא. (רמב״ם ספר קדושה הלכות מאכלות אסורות פי״ג הכ״ב).

דלא פלח לא מבטיל גוי שאינו עובד עבודה זרה, כגון גר תושב — אינו יכול לבטל עבודה זרה, וכדברי רב נחמן. וכתב רמ״א בשם הב״י (עפ״י הרמב״ם) כי משום כך מוסלמים שאינם עובדי עבודה זרה אינם יכולים לבטלה. (רמב״ם ספר מדע הלכות עבודה זרה פ״ח ה״ט. שו״ע יו״ד קמו, ה).

משבאת לידו וכו׳ עבודה זרה של גוי לאחר שבאה ליד ישראל וזכה בה — שוב אין לה ביטול (וכתב הש״ך בשם הב״ח שאפילו לא קנאה ממש, אלא שמצאה לפני יאוש אין גזירה אין לה ביטול). (רמב״ם שם ה״ח. שו״ע שם סעיף ב).

זה לפעור וזה למרקוליס גוי מבטל עבודה זרה אפילו כשאינו עובד לה אלא לעבודה זרה אחרת. (שו״ע שם סעיף ה).

איזהו גר תושב גר תושב הוא גוי שקיבל עליו שבע מצוות בני נח בפני שלושה חברים. והוא לענין המצוה להחיותו (ומצוות נוספות), אבל לענין יינו ומגעו ביין של ישראל — הוא הדין לכל גוי שידוע לנו שאינו עובד עבודה זרה. כדברי רב יהודה בעמוד הבא. (רמב״ם שם פ״י ה״ד ועוד. שם הלכות מאכלות אסורות פי״א ה״ז. ספר שופטים הלכות מלכים פ״ח ה״י. שו״ע שם קכד, ב).

מייחדין אצלו יין וכו׳ גר תושב, וכן כל גוי שאינו עובד עבודה זרה, כגון המוסלמים — מותר לייחד יין אצלו ברשותנו לזמן מועט, כגון כדי שילך כדי מיל או יותר, אפילו בעיר שכולה גוים, ואפילו הודיעו שהוא הולך. אבל אין מפקידים אצלו יין בביתו, ואפילו לא בביתנו, לזמן מרובה. ואם עבר והפקיד — אסור בשתיה ומותר בהנאה. כברייתא, וכדברי רב יהודה בעמוד הבא. (רמב״ם הלכות מאכלות אסורות פי״א ה״ז. שם פי״ג הי״ב. שו״ע שם קכח, א).

יינו כשמנו גר תושב, וגוים שאינם עובדים עבודה זרה, יינם אסור בשתיה ומותר בהנאה. וכדברי חכמים.

ולענין מגעם ביין שלנו, בשו״ע פסק כרשב״א שהוא אסור בשתיה, כיינם. ורמ״א הביא דעת הרא״ש והטור שהתירוהו אף בשתיה. (רמב״ם שם ה״ז. שו״ע קכד, ו. שם סעיף ב).

ישראל משומד יהודי שהוא מומר לעבוד עבודה זרה או לחלל שבת בפרהסיא — הרי הוא כגוי, ואין מערבים עמו ואינו מבטל רשות, אלא שוכרים ממנו כמו מן הגוי. והמחלל שבת בצנעא דינו כישראל. וראה במשנ״ב. (רמב״ם ספר זמנים הלכות עירובין פ״ב הט״ז. שו״ע או״ח שפה, ב).

ישראל נותן רשות ומבטל רשות אחד מבני החצר ששכח ולא עירב עם האחרים — אוסר עליהם לטלטל בחצר. ומה תקנתו — שיבטל להם רשותו (שיאמר: ״רשותי קנויה לכם״ או ״רשותי מבוטלת לכם״), ואין צריך לקנות ממנו בקנין סודר. (רמב״ם שם ה״א. שו״ע שם שפ, א).

בגוי עד שישכור שני ישראלים הדרים בחצר, ולכל אחד בית משלו, ואוסרים זה על זה לטלטל בלא עירוב, אם היה עמהם גוי בחצר — אין ביטול רשות מועיל בזה. ואין להם תקנה עד שישכרו ממנו את רשותו. (רמב״ם שם ה״י. שו״ע שם שפב, א).

מסורת הש"ס

א. קדושין יז,ב. וראה ירושלמי דמאי פ״ו ה״ז.
ב. תוספתא ע״ז פ״ז ג.
ג. ע״ז מב,א (ושם סומנו מקבילות).
ד. ע״ז סה,א. מסכת גרים פ״ג א. וראה ירושלמי יבמות פ״ח ה״א. ילק״ש תורה תרסז.
ה. עירובין סט,ב. חולין ו,א. תוספתא עירובין פ״ה יח.

גרסות

במה דברים אמורים שירשו בכת״י: במה דברים אמורים בשירשו.

אבל נשתתפו בכתי״מ: אבל בשל שותפין.

בפני שלשה חברים בכתי״מ ובדפו״י חסרות מילים אלה.

זה גר אוכל — ואין מפקידין בכת״י: ר׳ יהודה אומר [זה] אוכל נבלות [בכת״ס: מייחדין] ואין מפקידין.

מייחדין אצלו בכתי״מ: מייחדין עמו וראה עיונים.

מי הוי יין נסך בכתי״מ ובב״ח: מי הוי נסך.

ולשאר כל דבר הריהו בכתי״מ: ולשאר כל דבריו הריהו ובכתי״ס: ושאר כל דבריו.

מבטל רשות — אין מבטל רשות בכתי״מ: נותן רשות ומבטל רשות ושאין משמר שבתו בשוק אינו נותן רשות ואינו מבטל רשות.

לגוי אחד שנקרא אבידרנא ביום אידם (חגם) של הגוים, אמר: ידענא ביה דלא פלח [יודע אני בו שאינו עובד] לעבודה זרה, ולכן אין לו דין גוי לענין זה. אמר ליה [לו] רב יוסף, והתניא [והרי שנויה ברייתא]: איזהו גר תושב? כל שקיבל עליו בפני שלשה חברים שלא לעבוד עבודה זרה, ובוודאי אבידרנא זה לא קיבל עליו בפני ישראל! אמר לו רב יהודה: כי תניא ההיא [כאשר שנויה אותה ברייתא] — הרי זה לענין להחיותו, שאם קיבל עליו לפני שלושה מישראל מצוה לדאוג לקיומו ורווחתו אם הוא זקוק לכך.

הקשה לו רב יוסף, והאמר [והרי אמר] רבה בר בר חנה אמר ר' יוחנן: גר תושב שעברו עליו שנים עשר חדש ולא מל, הרי הוא כמין (כופר) שבאומות, והרי אבידרנא זה וודאי לא מל! ענה לו: התם [שם] מדובר כגון שאותו גוי שרצה להיות גר תושב קיבל עליו למול, והתחרט ולא מל, ובמקרה זה אנו סבורים שבגלל כפירה הוא שלא מל, אבל סתם גר תושב אינו נזקק לכך. כיוצא בזה מסופר, רבא אמטי ליה קורבנא [הביא לו מתנה] לשר אחד שנקרא בר שישך ביום אידם (חגם) של הגוים, אמר: ידענא ביה דלא פלח [יודע אני בו שאינו עובד] לעבודה זרה. אזל [הלך] רבא אליו אשכחיה [ומצא אותו את בר שישך] דיתיב עד צואריה בוורדא [שהוא יושב עד צווארו בשמן ורד] וקיימן [ועומדות] זונות ערומות קמיה [לפניו] לשמשו. אמר ליה [לו] בר שישך לרבא: אית לכו כהאי גוונא לעלמא דאתי [יש לכם היהודים כגון זה בעולם הבא שלכם]? אמר ליה [לו] רבא: דידן עדיפא טפי מהאי [עולם הבא שלנו עדיף יותר מזה]. אמר ליה [לו]: טפי מהאי מי הוה [יותר מזה האם יכול להיות]? אמר ליה [לו] רבא: אתון איכא עלייכו אימתא דמלכותא, אנן לא תיהוי עלן אימתא דמלכותא [אתם יש עליכם אימת המלכות, אנו לא תהיה עלינו בעולם הבא אימת המלכות]. אמר ליה [לו] בר שישך: אנא מיהא מאי אימתא דמלכותא איכא עלי [אני על כל פנים איזו אימת מלכות יש עלי]? שאני אדם גדול ואיש אינו מעיז להציק לי. עד דיתבי [שהם יושבים שם] אתא ההוא פריסתקא דמלכא [בא שליח אחד של המלך], אמר ליה [לו] לבר שישך: קום, דקבעי לך מלכא [שצריך אותך המלך]. כי נפיק ואזיל [כאשר יצא בר שישך והלך משם], אמר ליה [לו] לרבא: עינא דבעי למיחזי לכו בישותא [עין שרוצה לראות לכם רע] תיפקע, שהרי רואים כמה אתם צודקים, שמיד הוכחה אמיתות דבריך שאימת המלך עלי, אמר ליה [לו] רבא: אמן, ומסופר פקע עיניה [פקעה התבקעה עינו] של בר שישך שהיתה עינו רעה בישראל. אמר רב פפי: איבעי ליה למימרא ליה מהאי קרא [היה צריך רבא לומר לו תשובה מפסוק זה]: "בנות מלכים ביקרותיך נצבה שגל לימינך בכתם אופיר" (תהלים מה, י), שלעתיד לבוא בנות מלכים ישרתו את בני ישראל. אמר רב נחמן בר יצחק: איבעי ליה למימרא ליה מהכא [היה צריך לומר לו מכאן, מפסוק זה] מה השכר הצפוי לבני ישראל לעתיד לבוא: "עין לא ראתה אלהים זולתך יעשה למחכה לו" (ישעיה סד, ג).

א שנינו במשנה שאם שכרו הגוי לעשות עמו מלאכה אחרת ובתוך מלאכתו אמר לו להעביר לו חבית של יין נסך — שכרו מותר. ומעירים: ומלשונה הכללית של המשנה יש להבין כי הדין כן אף על גב [אף על פי] שלא אמר ליה [לו] דבר זה לעיתותי ערב כלומר, בסוף יום העבודה. ורמינהי [ומשליכים, מראים סתירה], ששנינו בברייתא: גוי השוכר את הפועל, ולעיתותי ערב אמר לו: "העבר חבית של יין נסך ממקום למקום" — שכרו מותר. ונדייק משם: טעמא [הטעם], דווקא כשאמר ליה [לו] לעיתותי ערב — אין [הדין כן], שהוא מותר, מפני שברור שגמר את מלאכתו עליה הוא מקבל את שכרו, והעברת חבית זו אינה שייכת לכך. אבל אם עשה כן במשך כוליה יומא [כל היום] — לא! אמר אביי: כי תנן נמי מתניתין [כאשר שנינו גם כן משנתנו], במקרה שאמר לעיתותי ערב תנן [שנינו]. רבא אמר: לא קשיא [אין זה קשה], הא [זה] שנאסר השכר אם לא היה זה לעיתותי ערב, הרי זה במקרה שאמר ליה [לו]: "העבר לי מאה חביות במאה פרוטות", שאז הבאת כל החביות נחשבת כדבר אחד, ואם היתה אחת מהן יין נסך כל שכרו נאסר משום שכר יין נסך שמעורב בו, הא [זה] שמותר בכל אופן — במקרה שאמר ליה [לו]: "העבר לי חבית חבית בפרוטה", ששכר כל חבית משולם לעצמו. והתניא [וכן שנויה ברייתא]: השוכר את הפועל, ואמר לו: "העבר לי מאה חביות במאה פרוטות", ונמצאת חבית אחת של יין נסך ביניהן — שכרו אסור משום תערובת זו, אבל אם אמר לו: "חבית חבית בפרוטה", ונמצאת חבית של יין נסך ביניהן — שכרו מותר.

ב שנינו במשנה: גוי השוכר את החמור להביא עליה יין נסך — שכרו אסור, אבל אם שכרה כדי לישב עליה, אף על פי שהניח הגוי לגינו (כד) של יין נסך עליו — הרי זה מותר. ושואלים: הא תו [זה עוד] למה לי? היינו רישא [הרי זו אותה הלכה שבתחילה], שהעיקרון הוא אחד, אלא רק בשינוי המעשה! ומשיבים: סיפא איצטריכא ליה [הסוף הוצרך לו] לומר: שכרה לישב עליה, אף על פי שהניח גוי לגינו עליה — שכרו מותר, שלא שילם כלל עבור הנחת הלגין. ומדייקים: למימרא, דלגין לאו דינא הוא לאותוביה [האם לומר מכאן, שהלגין אין דינו להושיבו עליו, על החמור], ומשום כך, הולכת הלגין אינה בכלל תנאי ההובלה? ורמינהי [ומשליכים, מקשים על כך] ממה ששנינו בברייתא: השוכר את החמור — שוכר מניח עליה על החמור את כסותו ולגינתו (כדו) ומזונותיו של אותו הדרך, מכאן ואילך (מעבר לכך) אם רוצה להניח דברים נוספים על אלה חמר מעכב עליו שלא יכביד על החמור. ומצד אחר חמר מניח עליה על החמור שעורים ותבן ומזונותיו של אותו היום, מכאן ואילך אם רוצה להוסיף — שוכר מעכב עליו שלא יפריע לחמור! אמר אביי: נהי [אם אמנם] שלגין דינא [דין] הוא לאותובי [להושיב], מיהא אי לא מותיב ליה, מי אמרינן ליה [על כל פנים אם לא יושיב אותו את הלגין, האם נאמר לו השוכר]: נכי ליה אגרא דלגינתו [נכה לו את השכר של הלגין שלו שלא הניח על החמור]? ומכיון שבעל החמור אינו מנכה לו אם לא הניח את הלגין, הרי גם כאשר הוא מניחו — אינו מתחייב עליו משום שכר יין נסך. ולעצם דין הברייתא שואלים: היכי דמי [כיצד בדיוק מדובר]? אי דשכיח למזבן [אם שמצוי לקנות מזון] במשך הדרך הזו — חמר נמי לעכב [גם כן יעכב] את השוכר שלא יקח מזונות של כל הדרך, אלא רק של יום אחד, ואי דלא שכיח למזבן [ואם שלא מצוי למכור] — שוכר נמי לא לעכב [גם כן לא יעכב] את החמר מלקחת איתו מזונות לכל הדרך! אמר רב פפא: לא צריכא [נצרכה] אלא למקרה דשכיח למיטרח ולמזבן מאונא לאונא [שמצוי לטרוח ולקנות מתחנה לתחנה] ויספיק לו כדי יום אחד, החמר דרכיה למיטרח ולמזבן [דרכו לטרוח ולקנות] בדרך, ולכן אין מתירים לו להניח מזונות כל הדרך על החמור, ואילו השוכר לאו דרכיה למיטרח ולמזבן [אין דרכו לטרוח ולקנות] בדרך, ולכן מאפשרים לו לקחת את כל המזונות יחד איתו. מסופר, אבוה [אביו] של רב אחא בריה [בנו] של רב איקא

עיונים

ביום אידם ויש ששאל: אם ידע בו שאינו עובד לעבודה זרה מפני מה הביא לו דווקא ביום אידם (כמו גם במעשה הבא). ויש לומר שנהגו אלה כמנהג הגוים בימינו, שאינם מאמינים בדתם, ומכל מקום עושים את ימי האיד, כמו יום תחילת השנה, כימי משתה סתם, שאין להם קשר ענייני לעבודה זרה (ריטב"ץ).

ידענא ביה דלא פלח לעבודה זרה ולענין דברים הקשורים באיסורי עבודה זרה, ובהרחקה מעבודה זרה — די בכך שידוע לנו שאינו עובד עבודה זרה. ומכאן למדו הגאונים שדינם של הישמעאלים לענין יינם ומגעם ביין שלנו — הריהו כדין גר תושב (אף שנחלקו מה דין מגעו, ראה ב"אורח ההלכה"), לפי שידוע שאינם נחשבים כעובדי עבודה זרה. וראה ברמב"ם ובכס"מ.

להחיותו שנאמר: "כי ימוך אחיך ומטה ידו והחזקת בו, גר ותושב וחי עמך" (ויקרא כה, לה). וכן נאמר לענין נבילה: "לגר אשר בשעריך תתננה ואכלה או מכור לנכרי" (דברים יד, כא), שלגר אנו מצווים לתת (רמב"ם). וכיוצא בזה מצאנו מצוות אחרות הנוהגות דווקא בגר תושב, כגון לענין תשלום שכרו ביומו (ראב"ד). וכיוצא בזה איסור הונאת דברים, וכן שנותנים לו מתנת חינם, ומוכרים לו קרקע בארץ ישראל.

כמין שבאומות וראה לעיל כו,ב בהגדרת המין. ולפי רש"י שם מין הוא כומר לעבודה זרה, שדינו חמור יותר מסתם גוים עובדי עבודה זרה שמנהג אבותיהם בידיהם, שבהם אין מצוה להמיתם, כמו דינו של המין (ש"מורידין ואין מעלין"), ובוודאי שאין מקום לשלוח לו דורון ביום אידם. ומדברי הראב"ד כאן עולה שהמין מוגדר כמי שיודע על הקב"ה ובכל זאת הוא כופר או מורד בו. ולפי זה, תושב היודע על אלקי ישראל ומצוותיו, ואומר שבדעתו להימול ולהתגייר ואינו עושה כן — הרי זה נחשב לא כסתם גר תושב אלא כמין.

לא תיהוי עלן אימתא דמלכותא יש שהבינו (ראה בענף יוסף בשם ספר לוחות העדות) שהוא כשיטת שמואל, הסבור שאין בין העולם הזה לעולם הבא אלא שיעבוד מלכויות, שלא יהו ישראל אז משועבדים לאומות העולם. ובעיון יעקב פירש לצד אחר, שלא תהא אז כלל אימה, ואף לא אימת מלכות שמים, כי לעתיד לבוא, בזמן קבלת השכר, לא תהא אלא הנאה מזיו השכינה.

בנות מלכים וכו' הרי ששכר ישראל מרובה יותר, שבר שישך היו לפניו רק זונות בזויות, ולישראל מובטחים בנות מלכים (תו"ח). וודאי לא בזה שבח עולם הבא, אלא שרבא צריך היה לומר לבר שישך דבר לפי סברתו ודעתו, ומכאן היה לו להוכיח. וראה בגרסות, שיש כאן גרסה אחרת לפסוק שאמר רב פפי: "ולאום מלאום יאמץ" (בראשית כה, כג).

עין לא ראתה כלומר, מה שהוא למעלה מכל מה שיכול אדם לדעת ולדמות בליבו, שעין לא ראתהו מלבד הקב"ה בעצמו, הוא השכר המובטח למצפה לה' (וראה ברש"י).

דלא אמר לעיתותי ערב בתוס' ועוד ראשונים דנו בשאלה מפני מה אין אומרים שמשנתנו היא כדעת רבן שמעון בן גמליאל הסבור שבכל כעין זה הכל מותר חוץ מדמי יין נסך שבו, או כשיטת ר' אליעזר שיכול לקחת מן הכסף כנגד דמיה של חבית אחת ולהשליך לים, והשאר מותר. ובעיקר הסבירו שרצו להעמיד את המשנה לדעת הכל, ולא כדברי יחידים (גם במקרה שיש סבורים שהלכה כמותם). וכן שהמשנה סותמת כאן את דבריה ואינה מחלקת, ומשמע שכל השכר מותר.

לעיתותי ערב רש"י מסביר שהוא לאחר שכבר נתחייב לו בעל הבית כל שכרו קודם העברת אותה חבית. ובתורי"ד כתב כי לאו דווקא לעיתותי ערב, אלא אף באמצע היום, אם נגמרה מלאכתו שנשכר לה. וכן אם שכרו לעשות מלאכה אחרת לגמרי וביקש ממנו להעביר חבית של יין נסך, שוודאי לא הזמן גורם, אלא היות הדבר חלק ממלאכתו שנשכר לה. והרשב"א כתב (בתורת הבית) שנזכר כאן לעתותי ערב, משום שמדובר כאן במי שנשכר כפועל ליום עבודה (ולא דווקא למלאכה זו של העברת חביות), והחידוש הוא שלמרות שנשכר לכל אותו יום, הואיל ולא נשאר זמן ביום כדי לעשות מלאכה זו — אין זה בכלל השכירות.

שכרו מותר כלומר, שכר עבודת אותו היום שנעשתה בהיתר. והביאו הראשונים מן התוספתא שלכתחילה אסור לעשות עמו עבודה זאת של הולכת החבית בעיתותי ערב. וראה ברשב"א שהבין כי הכוונה שאפילו בחינם אסור הדבר, שכל הנעשה בעיתותי ערב אין בו שכר אלא טובת הנאה, ולמרות זאת אסור הדבר משום שהישראל רוצה בקיומו כדי שיחזיק לו טובה זו (ראה לעיל סג,ב במי ששכרו לשבור חבית של יין נסך). ובירושלמי אמרו שאם עשה לו בטובת הנאה ממשכנים מנכסי הפועל כנגד שכר אותה מלאכה.

מאה חביות וכו' שאם התנה עמו בפרוטה על כל חבית וחבית — הרי שכר כל חבית עומד לעצמו (וכשיבוא לקבל את שכרו אינו רשאי ליהנות משכר חבית יין הנסך, ולא יקבל אותו ממנו, או שישליך אותו לים המלח). אבל כשהתנה עמו על מאה חביות במאה פרוטות, הרי כלל את כולן כאחת, וכל עוד לא העביר את כל החביות שהתנה עליהן לא השלים את מלאכתו ואינו זכאי עדיין לשכר, ומשום כך כל מה שעושה הריהו בכלל שכרו ומעורב בו (והוסיף הראב"ד כי אף אם יש לו פרוטה מיוחדת לכל חבית, ויכול הוא לשלם לו שכר החביות המותרות בלבד, מכל מקום אסורות כולן, משום שבתחילת השכירות לא היו מחולקות). אבל אם היה זה לעתותי ערב, לאחר שכבר נתחייב הלה בשכרו, הרי אין חבית זו בכלל (רש"י). ומדברי רש"י משמע שמדובר כשלא הוסיף לו שכר עבור אותה חבית. אבל מדברי ראשונים אחרים מבואר שעיקר החידוש כאן הוא משום שמדובר בעבודה שיש עליה שכר, לומר שאף שהוסיף לו שכר עבור אותה חבית באותו יחס של פרוטה לחבית — אין רואים זאת כשכר אחד (תר"י). וכן פירשו בתוס', שהבינו כי מדובר כאן בקבלנות, לומר שלמרות שלא עשה עמו תנאי חדש, והוא בהתאם להסכם הקודם — אין זה נכלל יחד.

והרשב"א מקשה: הרי אנו פוסקים כי "ישנה לשכירות מתחילה ועוד סוף", ששכיר זוכה בשכרו בנפרד עבור כל שלב מן המלאכה שהוא עושה, ומדוע לא להתיר אף בחבית שהעביר באמצע היום, שהרי הוא נחשב כמקבל עליה שכר לעצמה? והרי כעין זה אמרו (לעיל יט,ב) במי שבונה מקום לעבודה זרה, ששכר הכאת המכוש האחרונה (שבה עיקר האיסור) הוא כדבר לעצמו, ולכן אין השכר נאסר! (אכן התוס' הבינו כי מדובר כאן בקבלנות ולא בשכירות). ותירץ הרשב"א ששם אינו מתחייב בגלל המכוש האחרון משום שאין בו שווה פרוטה, שלא גזרו עליו חכמים איסור משום שאינו חשוב לעצמו. מה שאין כן בחביות, שמקבל לפחות שווה פרוטה לחבית, ולכן אוסרת הפרוטה של החבית האסורה את השכר כולו. ולשיטה זו, אם היה מקבל פחות מפרוטה עבור כל חבית — היה שכרו מותר.

סיפא איצטריכא ליה והחידוש בדבר הוא כמבואר להלן, שאף על גב שזכותו להניח את הלגין על החמור, מכל מקום הואיל ואינו יכול לנכות מן השכירות, אם אינו עושה כן — אין זה בכלל תשלום השכירות, והרי זה מותר (ריטב"א).

כסותו ולגינתו ר"ת סבור שאין לגרוס כאן כסותו, שהרי לא ייתכן שיסע אדם ערום. ולכן גרס "כסתו", שהוא כר קטן ששם למראשותיו בדרך. אבל הריטב"א הגורס כלפנינו כסותו, מסביר שנוסף לכסות שלובש בדרך מותר לו לקחת עמו כסות אחרת לעיר שהוא מגיע אליה (וראה בתוס').

מי מנכי שאפילו היה החמור חלוש ולא היה יכול לשאת לגין זה, ומשום כך אינו מניח עליו את הלגין, מכל מקום אינו רשאי לנכות לו מן השכר אף במקרה כזה, שהלה אומר לו: לרכוב שכרת אותו, והרי אתה יכול לרכוב עליו (תוהרי"ד).

היכי דמי בירור זה אינו לענייננו, אלא להבנת הברייתא לגופה, מדוע יש הבדל בין השוכר ובין החמר לגבי זכותם להשתמש בחמור.

חמר דרכיה למיטרח דרכו לעשות כן הן משום שהוא רגיל במסעות ויודע היכן נמצאות החנויות. ועוד, שהרי הוא העובד עבור השוכר, ולכן עליו לדאוג קודם לרווחת השוכר, והוא ראוי לו שיטרח יותר.

אורח ההלכה

ידענא ביה דלא פלח אסור לשלוח מתנה לגוי ביום אידם, אלא אם כן יודע בו שאינו מודה בעבודה זרה ואינו עובדה. כמעשה ברב יהודה ואבידרנא, ומעשה ברבא ובר שישך. (רמב"ם ספר מדע הלכות עבודה זרה פ"ט ה"ב. טוש"ע יו"ד קמח, ה).

להחיותו גר תושב, והוא גוי שקיבל עליו בפני שלושה חברים שלא יעבוד עבודה זרה עם שאר מצוות שנצטוו בני נח — מצווים להחיותו, וכן נוהגים בו בדרך ארץ וגמילות חסדים כישראל. ועוד מצוות שונות. ואין דין גר תושב נוהג אלא בזמן שהיובל נוהג. וראה בראב"ד שחילק בין הלכות שונות הנוהגות בו, שיש הנוהגות בו אף בזמן שאין היובל נוהג. (רמב"ם שם פ"י ה"ו וה"ו. ספר קדושה הלכות איסורי ביאה פי"ד ה"ז וה"ח. שם הלכות מאכלות אסורות פי"א ה"ז. ספר קנין הלכות זכיה ומתנה פ"ג הי"א. ספר שופטים הלכות מלכים פ"ח ה"י ועוד).

גר תושב שעברו עליו וכו' כל המקבל עליו למול ולא מל — הרי זה כמין שבאומות. כדברי רבה בר בר חנה בשם ר' יוחנן והכסבר הגמרא. (רמב"ם ספר שופטים הלכות מלכים ומלחמות פ"ח ה"ז).

השוכר את הפועל וכו' גוי השוכר את הפועל להעביר לו מאה חביות שכר במאה פרוטות ונמצא שהיתה אחת מהן של יין — שכרו כולו אסור, כיון שיש בין מעותיו שווה פרוטה מיין נסך. ואם היה פחות משווה פרוטה — מותר בדיעבד (עפ"י הרשב"א, ראה בעיונים). ואם אמר: העבר לי כל חבית בפרוטה, ונמצאת אחת מהן של יין — שכר אותה חבית אסור והשאר מותר. ולכתחילה אין לעשות כן (עפ"י התוספתא). (רמב"ם ספר קדושה הלכות מאכלות אסורות פי"ג הי"ח. שו"ע יו"ד קלג, ג. וראה שם או"ח תנ, ז).

השוכר את החמור וכו' השוכר את החמור לרכוב עליו — מותר לו להניח על החמור את כסותו (ויש גורסים "כסתו") שרוכב עליה (סמ"ע) ולגינו ומזונות אותה הדרך. ואם הניח יותר על כן — בעל החמור יכול לעכב בעדו. וכן מותר לבעל החמור להניח שעורים ותבן ומזונותיו של אותו היום, ואם העמיס יותר על כן — השוכר רשאי לעכב בעדו. ואם אין בדרך מקום שיכול לקנות בו — מניח מזונותיו ומזונות הבהמה של כל אותה הדרך. כברייתא וכדברי רב פפא.

וכל הדברים הללו בשוכר סתם (בלא שהתנה) ובמקום שאין מנהג ידוע, אבל במקום שיש מנהג אחר — הכל לפי המנהג. (רמב"ם ספר משפטים הלכות שכירות פ"ד ה"ח. שו"ע חו"מ שח, ג).

מסורת הש"ס

א. ע"ז סד,ב (ושם סומנו מקבילות).
ב. (בשינוי) תוספתא ע"ז פ"ז ה"ו. וראה ירושלמי ע"ז פ"ה ה"א.
ג. ב"מ עט,ב (כל הענין). תוספתא ב"מ פ"ז ה"א. וראה ירושלמי ע"ז פ"ה ה"ב.

גרסות

לאבידרנא בכתי"מ: לאבינדרא ובכתי"ס: לאבי דורכא ובגליון שם: לאדרבן.
ביום אידם בכתי"י: ביום אידו.
ידענא ביה בכתי"מ: קים לי ביה.
בפני שלשה חברים שלא לעבוד עבודה זרה בכתי"מ: בפני שלשה.
אמטי ליה בכתי"מ: שדר ליה.
לבר שישך בכת"י ועוד: לבר שישך.
דיתיב עד צואריה בוורדא בכתי"ס: דיתיב על צוארי בי וורדי.
כי האי גוונא לעלמא דאתי בכתי"מ: לעלמא דאתי כי האי.
טפי מהאי בכתי"ס: טפי מהאי ומהאי.
טפי מאי מי הוה בכתי"ס: ומאי טפי מהאי ומהאי וכעין זה בעין יעקב.
אתון איכא עלייכו בכתי"מ: לדידכו אית לכו.
בעי לך מלכא בכתי"ס: בעי לך מלכא בי קונפין.
למימרא ליה מהאי קרא בכתי"מ: למימר.
מהכא עין לא ראתה בכתי"מ: מהאי קרא עין לא ראתה ובכתי"ס ועוד: רב נחמן בר יצחק אמר מהכא ולאום מלאום יאמץ ואיבעית אימא מהכא עין לא ראתה.
ורמינהי השוכר בכתי"מ: והתניא השוכר.
העבר חבית בכתי"מ: העבר לי חבית.
טעמא דאמר ליה לעתותי בכתי"מ: לעתותי.
שהניח גוי לגינו בכתי"מ: שהניח לגינו.
לאו דינא הוא בכ"ח: לאו דרכיה.
נכי לי אגרא דלגינתו בכתי"ס: נכה לי כדי אגריה דגיגן.
לא צריכא דשכיח למיטרח ולמזבן בכתי"מ: כגון דשכיח למיזבן.
חמר דרכיה למיטרח ולמזבן בכת"י: חמר דרכיה למיטרח.

לשון

אבידרנא
יש סבורים שהוא השם הפרסי הקדום Vidarna.

פריסתקא
מקור המלה בפרסית הבינונית frestak — ציר, שליח.

אישים

בר שישך
היו שרצו למצוא מקור לשם זה בתואר פרסי, אבל נראה כי הוא שם פרטי בלבד. ויש להשוותו לכינוי "ששך" (ככינוי לבבל) המצוי בספר ירמיה.
המבנה המדיני בפרס (ביותר בזמן הפרתים, אבל במידה מסויימת גם בתקופה הסאסאנית) היה מעין מבנה פיאודלי, שבו היה לאצולה הגבוהה כמעט חופש מוחלט, עד שלעתים נעשו האצילים כעין שליטים עצמאיים במקומותיהם. ומשום כך יכול היה בר שישך לומר בכלל שאין עליו אימת המלכות.

לאבידרנא ביום אידם אמר אידענא ביה *דלא פלח לעבודה זרה א"ל רב יוסף והתניא
א*איזהו גר תושב כל שקיבל עליו בפני ג' חברים שלא לעבוד עבודה זרה כי תניא ההיא להחיותו והאמר רבה בר בר חנה א"ר יוחנן גר תושב שעברו עליו י"ב חדש ולא מל הרי הוא כמין שבגוים התם כגון שקיבל עליו למול ולא מל רבא אמטי ליה קורבנא לבר שישך ביום אידם אמר ידענא ביה דלא פלח לעבודה זרה אזל אשכחיה דיתיב עד צואריה בוורדא וקיימן זונות ערומות קמיה א"ל אית לכו כה"ג לעלמא דאתי א"ל דידן עדיפא טפי מהאי א"ל *טפי מהאי מי הוה א"ל אתון איכא עלייכו אימתא דמלכותא אנן לא תיהוי עלן אימתא דמלכותא א"ל אנא מיהא מאי אימתא דמלכותא איכא עלי עד דיתבי אתא ההוא פריסתקא דמלכא א"ל קום דקבעי לך מלכא כי נפיק ואזיל א"ל עינא דבעי למיחזי לכו בישותא תיפקע א"ל רבא אמן פקע עיניה דבר שישך אמר רב פפי איבעי ליה למימרא ליה מהאי קרא (תהלים מה) בנות מלכים ביקרותיך נצבה שגל לימינך בכתם אופיר אמר ר"נ בר יצחק איבעי ליה למימרא ליה *מהכא (ישעיה סד) עין לא ראתה אלהים זולתך יעשה למחכה
א לו: שכרו לעשות עמו מלאכה אחרת: ואע"ג דלא א"ל לעיתותי ערב ורמינהי ב*השוכר את הפועל ולעיתותי ערב אמר לו העבר חבית של יין נסך ממקום למקום שכרו מותר טעמא דא"ל לעיתותי ערב אין כולי יומא לא אמר אביי כי תנן נמי מתניתין דאמר לעיתותי ערב תנן רבא אמר ל"ק הא דאמר ליה העבר לי מאה חביות במאה פרוטות הא דא"ל העבר לי חבית חבית בפרוטה והתניא בהשוכר את הפועל ואמר לו העבר לי מאה חביות במאה פרוטות ונמצאת חבית של יין נסך ביניהן שכרו אסור חבית חבית
ב בפרוטה ונמצאת חבית של יין נסך ביניהן שכרו מותר: השוכר את החמור להביא עליה יין נסך שכרו אסור: הא תו ל"ל היינו רישא סיפא איצטריכא ליה שכרה לישב עליה אע"פ שהניח גוי לגינו עליה שכרו מותר למימרא דלגין לאו(א) דינא הוא לאותוביה ורמינהי ג*גהשוכר את החמור שוכר מניח עליה כסותו ולגינתו ומזונותיו של אותו הדרך מכאן ואילך חמר מעכב עליו חמר מניח עליה שעורים ותבן ומזונותיו של אותו היום מכאן ואילך שוכר מעכב עליו אמר אביי נהי דלגין דינא הוא לאותובי מיהא אי לא מותיב ליה מי אמרינן ליה נכי ליה אגרא דלגינתו ה"ד אי דשכיח למזבן חמר נמי לעכב ואי דלא שכיח למזבן שוכר נמי לא לעכב אמר רב פפא דלא צריכא דשכיח למיטרח ולמזבן מאונא לאונא חמר דרכיה למיטרח ולמזבן שוכר לאו דרכיה למיטרח ולמזבן אבוה דרב אחא בריה דרב איקא הוה

רש"י

לאבידרנא. שם הגוי: **בוורדא.** במרחץ של וורדים: **עינא דבעיא למחזי לכו בישותא.** עין המתאוה לראות רעתכם תעקר שהרי הקב"ה ממלא כל תאוותכם שאף שיחתכם מתברכת: **ביקרותיך.** לכבוד לך לישראל קא מבשר נביא: **עין לא ראתה.** זולתי עין של הקב"ה את אשר יעשה למחכה לו לא נראה כבוד וגדולה דוגמתה: **ואע"ג.** דהעברת חבית לאו לעיתותי ערב לאחר שנשלם כל זמן שכר פעולתו אלא קודם גמר זמן שכירותו אמר לו העבר חבית של יין נסך קתני מתניתין שכרו מותר בתמיה: **ולעיתותי ערב.** דכבר נתחייב לו כל שכרו קודם העברת חבית: **רבא אמר.** לעולם דלא אמר ליה לעיתותי ערב: **ולא קשיא.** מתני' דקתני מותר כגון העבר לי חבית בפרוטה ונמצאת חבית של יין נסך ביניהן שדי פרוטה לנהרא א"נ לא שקיל מיד גוי ואינך משתרו דהא לא שייך שכר ההוא חבית בהדי אינך דכל חדא קנין אגרא באפי נפשה: **וברייתא** דכי לא אמר ליה לעיתותי ערב הוי כל שכרו אסור כגון דאמר ליה העבר ק' חביות בק' פרוטות דכל כמה דלא אעבריניהו לכולהו לא יהיב ליה מידי הלכך כולי אגרא שייך ביה: **והתניא.** בניחותא: **סיפא אצטריך ליה.** לאשמועינן דאגרא לאו אלגין מקבל ליה ושרי: **לגינו.** של יין נסך לאו דרכיה לאותוביה הלכך אגרא לאו עליה קא מתייהב: **של אותו הדרך.** אפילו הוא מהלך ג' ימים: **מי אמרינן ליה.** לחמר נכי ליה פחת לו שכר הלגין וכיון דכי לא מותיב לא מנכי כי מותיב נמי אגרא לאו עליה מתחייב ושרי: **ס"ד.** דשוכר מניח עליה מזונות כל הדרך וחמר אינו מניח אלא מזונות יום אחד: **אי דשכיח למזבן.** בדרך הליכתן מולאין מזונות ליקח כל שעה: **מאונא לאונא.** ממסע למסע מהלך יום אחד כמו נטל ועבר תלתא אונין* דסנחריב: הוה

תוספות

ביקרותיך. פי' בקונטרס לכבוד לך לשון יקר אבל בתהלים פירש ביקרותיך לשון ביקור וכן *(וזה המזבח) יהיה לי לבקר ואע"פ שהיו"ד יתירה מנויה היא במסורת עם יו"ד של מי נתן למשיסה כלומר מבקרות לך ועומדות לשרתך:

טעמא דא"ל לעיתותי ערב כו'. הא דלא משני מתני' כרשב"ג דאמר *ימכר כולו(ב) חוץ מדמי יין נסך וכאן נמי שכרו מותר חוץ מדמי חבית דניחא ליה לאוקמי כרבנן אי נמי שכרו מותר משמע כל שכרו אי נמי בהא אפילו רבן שמעון בן גמליאל מודי דהתם אין דרך ליקח יין מן הגוי והכא דרך בני אדם ליקח שכר מן הגוי ויש לאסור כל השכר וחילוק זה יש בירושלמי ולעיל ס"פ כל הצלמים (דף מט: *) גבי ארג בו את הבגד ולפי התירוץ דניחא לאוקמא כרבנן ניחא דלא תיקשי נוקמה כר"א דאית ליה לעיל יש פדיון לעבודה זרה ויוליך הנאה לים המלח אף בלא זה וזה גורם וקיימא לן כוותיה ולתירוץ האחר נמי יש לומר שכרו מותר משמע בלא פדיון:

הא דאמר ליה העבר לי ק' חביות בק' פרוטות. וההא אסרה ברייתא כי לא אמר לו לעיתותי ערב דכל כמה דלא אעברינהו לכולהו לא יהיב ליה מידי הלכך כוליה אגרא שייך ביה כן לשון הקונט' משמע הא א"ל לעיתותי ערב מותר ואע"ג שהיא מאותם חביות שהתנה עמו וקשה דמ"מ שכר האיסור מעורב בכל ההיתר לכן נראה לפרש ולעיתותי ערב אחר שהשלים קבלנותו אמר לו כן ואשמעי' שאע"פ שלא עשה עמו תנאי חדש אלא על פי תנאי הראשון הוא מעביר בפרוטה לפי חשבון מאה במאה פרוטות וס"ד שהכל שכר אחד הוא ונמצא בשכרו מעורב שכר יין נסך קא משמע לן דשרי והוה ליה כמעביר ביום של אחריו מאחר שכבר השלים קבלנותו:

ה"ג *ר"ת שוכר מניח עליה כסתו מלשון כסת ולא גרס כסותו דדבר פשוט הוא וכי ילך ערום ואם תפרש כסותו שניה שיש לו אם רגיל ללובשה פשיטא שמותר ואם בא להתיר אע"פ שאינו רגיל היה לו לפרש אלא כסתו גרס והוא כסת קטנה שיושב עליה או נותן תחת ראשו למראשותיו וכר הוא הגדול ששוכב עליו והעולם טועים שאומרים לקטן כר ולגדול כסת וראיה ממסכת תמיד (פ"א מ"א) איש כסתו בארץ וכן תנא בכלים (פ' כ"ח מ"ה) כר שעשאו סדין וכסת שעשאו מטפחות וגם במקרא (יחזקאל יג) למתפרות כסתות על כל אצילי ידים וכר הוא לשכוב עליו כדמשמע פ' השולח (גיטין דף מז. ושם) רשב"ל היה שוכב על מעים ואומר בתי כרסי כרי וכן פ"ב דעירובין (דף ק:) ונעשית כר לבעלה והא דכתיב (בראשית לא) ותשימם בכר הגמל אותו כר עברי של עבוט כדמתרגמינן בעביטא דגמלא וחור כרפס (אסתר א) אותו כר היה גדול כמטות המוצעות לכבוד הבית:

מאונא לאונא. פי' ממסע למסע ממהלך יום למהלך יום כמו *נטל ועבר תלתא אונין דסנחריב והא דאמרי' [בסנהדרין] (דף צד:) עשר מסעות נסע אותו רשע באותו היום בתרגום אינו חושב כי אם עיירות גדולות והא דכתיב גבע מלון לנו דמשמע שלנו שם לילה אחת שמא מקצת אלו הלכו תחילה ולנו מקצת במקומות הללו והוא ושאר החיל הבאים אחריהם עמו עברו עד ירושלים והלכו הכל ביום אחד לפי שהיה ממהר להיות שם באותו היום:

מסורת הש"ס

[ע' תוס' לעיל נז: ד"ה לאפוקי]

[לעיל סד:]

[גי' ע"י ומאי טפי מהאי א"ל]

[תוספ' פ"ח]

[תרגום על עוד היום בנוב ישעיה י']

ב"מ עט: ע"ש

הוא תרגום בישעיה סי' י על פסוק עוד היום בנוב

[נ"ל ומזבח הנחשת במלכים ב טז]

[בב"מ עט: כתבו הכי בשם ר"ח]

כ"א מהכא ולאום מלאום יאמץ א"ר פפא איבעי ליה למימרא מהכא עין כו'

עין משפט נר מצוה

מג א מיי' פ"ט מהל' עבודת כוכבים הלכ' ב סמג לאוין מה טוש"ע י"ד סי' קמח סעיף ה [וברב אלפס רפ"א דמכילתין דף קל:]:

מד ב מיי' פי"ג מהל' מאכלות אסורות הלכה יח סמג לאוין קמח טוש"ע י"ד סי' קלג סעיף ג:

מה ג ד מיי' פ"ד מהל' שכירות הלכה ח סמג עשין פט טוש"ע ח"מ סי' שח סעי' ג:

וסם ד"ה ארג

הגהות הב"ח

(א) גמ' למימרא דלגין לאו דרכיה הוא לאותוביה: (ב) תוס' ד"ה טעמא וכו' כולו לגוי חוץ מדמי יין נסך שבו וכאן:

עין משפט נר מצוה

מו א מיי' פט"ז מהל' מאכלות אסורות הלכה לב סמג לאוין קמח טוש"ע י"ד סי' קלד סעיף ח:
מז ב מיי' שם הלכ' לג וגרס כגי' התוס' טוש"ע שם סעיף ט:
מח ג ד טוש"ע שם סעיף יב:
מט ה מיי' שם הל' לג טוש"ע שם סעי' ט:
נ ו מיי' פ"י מהל' כלאים הלכ' כז סמג לאוין רפג טוש"ע י"ד סי' שא סעיף ח:
נא ז ח מיי' פט"ז מהל' מאכלות אסורות הלכה לד ועיין בהשגות סמג לאוין קמח טוש"ע י"ד סי' קלד סעיף יא:

הוה שפיך להו חמרא לגוים ואזיל מעבר להו מעברא ויהבו ליה גולפי באגרא אתו אמרו ליה לאביי א"ל כי קא טרח בהתירא קא טרח והא [א]רוצה בקיומו דלא נצטרו זיקי דמתני בהדייהו א"נ דמייתו פריסדקי בהדייהו והא קא מעבר להו מעברא דקא טרח באיסורא דא"ל למברויא מעיקרא א"נ דנקיטי ביה קיטרי: **מתני'** [א]יין
א נסך שנפל ע"ג ענבים ידיחן והן מותרות ואם היו מבוקעות אסורות [ב]נפל ע"ג תאנים או על גבי תמרים אם יש בהן בנותן טעם אסור ומעשה בביתוס בן זונן שהביא גרוגרות בספינה ונשתברה חבית של יין נסך *ונפל על גביהן ושאל לחכמים והתירום [ג]זה הכלל כל שבהנאתו בנותן טעם אסור כל שאין בהנאתו בנותן טעם מותר [ד]כגון חומץ
ב שנפל ע"ג גריסין: **גמ'** [ב]מעשה לסתור חסורי מיחסרא והכי קתני [ג*ה]אם נותן טעם לפגם הוא מותר ומעשה נמי בביתוס בן זונן שהיה מביא גרוגרות בספינה ונשתברה חבית של יין נסך ונפל על גביהן ובא מעשה לפני חכמים והתירום ההוא כרי דחיטי דנפל עליה חביתא דיין נסך שרייה רבא לזבוניה לגוים איתיביה רבה בר ליואי לרבא [ד*ו]בגד שאבד בו כלאים *ה"ז לא *ימכרנה [ימכרנו. יעב"ץ] לגוי ולא(א) יעשנה מרדעת לחמור אבל עושה אותו תכריכין למת מצוה לגוי מ"ט לא דלמא אתי לזבוניה לישראל ה"נ אתי לזבוניה לישראל הדר [ז]שרא למיטחינהו ולמפינהו ולזבונינהו לגוים [ח]שלא בפני ישראל תנן יין נסך שנפל ע"ג ענבים ידיחן והן מותרות ואם היו מבוקעות אסורות מבוקעות אין שאין מבוקעות לא אמר רב פפא [ח]שאני חיטי הואיל ואגב צירייהו כמבוקעות דמיין
חמרא

רש"י

הוה שפיך להו חמרא לגוים. הוא היה מוכר להם יין ודרך למוכרי חביות של יין ליתן גם החביות ללוקחין והכי אמרינן בהמפקיד (ב"מ מ:) איכא גולפי *ושדריה שהלוקח מוכרו בחנות [ובגמרא שם אית' ושמרייא] משתכר בהן לבד מה שהוא משתכר ביין ורב איקא הוה שפיך להו מגולפי שלקחו ממנו ויהיב בזיקי דידהו: **ומעבר.** להן את מעבר המים: **ויהבו ליה גולפי.** דזבון מיניה באגרא: **כי קא טרח.** לשפוך: **בדידיה קא טרח.** שהיין אינו נאסר עד שמגיע לקרקעית של זיקי דידהו זיקי של עור גולפי של חרס ולקמיה פריך הא קא מעבר להו מעברא דהיינו לאחר שנאסר: **והא רוצה בקיומו.** לאחר שנאסר: **דלא נצטרו זיקי.** שלא יתבקעו הנודות שלהם ויצטרכו לגולפי ולא יהבי להו ניהליה: **דמתני בהדייהו.** דאי נמי מצטרו זיקי לא יהיב להו גולפי: **א"נ פריסדקי נקיטי בהדייהו.** [ונפלה. יעב"ץ] כלים רקים לקבל היין היוצא מן הנודות כשהן מתבקעין דלא איכפת להו אי מצטרו זיקי: **דא"ל למברויא מעיקרא.** רב איקא ריש נהרא הוה וא"ל למברויא לספן מעיקרא הרי ימים רבים כל עת [לעיל לו. וש"נ] שיגיעו אנשים הללו העבירם בחנם: **קיטרי.** קישרי סימן הוא מוסר להם ומכירם הספן ומעבירם ואיהו לא טרח מידי: **מתני' ידיחם.** במים ואם היו מבוקעות אסורות: וכן יין שנפל לתוך החומץ כו' לא גרס: **גרוגרות.** תאנים יבשים: **כל שבהנאתו בנותן טעם.** [נדה סא: פסחים מ: *[עי' תוס' חולין נה. סד"ה ובנמלא]] שנהנה בטעמו של איסור דהיינו בנותן טעם לשבח אסור(ב) וכל שאין בהנאתו בנותן טעם שנהנה בטעמו: **כגון חומץ שנפל לתוך גריסין.** דנותן טעם לפגם הוא מותר: וכן היו עושין כו' לא גרסי' במתני': **גמ' מעשה לסתור.** יש אדם שמביא ראיות לסתור את דבריו קתני אם יש בהן בנותן טעם אסורות והדר תני מעשה דגרוגרות והתירום: **גרוגרות.** היין פוגמן: **שאבד בו כלאים.** שארוג(ג) כלאים חוט אחד ואין מקומו ניכר: **ולא ימכרנו לגוי.** כדמפרש שמא יחזור וימכור לישראל וה"נ איכא למיחש שמא יחזור וימכרם לישראל: **תכריכין למת.** דכתיב במתים חפשי *כיון שמת אדם נעשה חפשי מן המצות: [שבת ל.] **ולמפינהו.** דתו לא זבין להו ישראל מגוי דפתן אסורה: **שלא בפני ישראל.** דאי חזי ישראל דישראל חבריה מזבין ליה לגוי הדר זבין ליה איהו מיד גוי דסבר פת של היתר היא שישראל אפאה: **לצירייהו.** סדק שבחיטין: **לישנא מילטרו זיקי** (לעיל ל.):
חמרא

תוספות

כי קא טרח בהתירא קא טרח. פרש"י דיין נסך לא הוי עד דמטיין לקרקעיתו דזיקי דידהו והא דלא מיתסר העליון בהנאה בנצוק(ד) כרשב"ג לקמן (דף עב.) דאמר יין ביין ימכר כולו חוץ מדמי יין נסך שבו וקי"ל כוותיה ואפי' היה נשאר יין משלהם בתוך כליהם אין לאסור של מעלה בנצוק ולומר שטורח באיסורי הנאה ולדברי ר"ת דפסק נצוק אינו חיבור לא קשיא מידי ולקמן (דף עב.) בשמעתין דנצוק נאריך בעה"י א"נ איירי הכא שהריקו כליהם יפה שאינו יין נסך עד שיגע: **פריסדקי.** פר"ח(ה) של חרס כדים ריקים ולשמא יבקעו שניהם כולי האי לא חיישינן:

ואם היו מבוקעות אסורות. בירושלמי מפרש דמיירי בענבים המתובדים לאשכול אבל אם ניטל העוקץ הוו כמבוקעות מפני נקב הנשאר בזנבו: **ה"ג** בסדר המשנה יין נסך שנפל ע"ג ענבים ידיחום והם מותרות ואם היו מבוקעות אסורות ומעשה בביתוס בן זונן שהיה מביא גרוגרות כו' זה הכלל כל שבהנאתו כו' כגון חומץ שנפל לגריסים כו' גוי שהיה מעביר כו' עכ"ל רבינו שמואל ולפ"ז צריך לפרש (ו)שמקשה בגמרא מעשה לסתור על נפילת יין בענבים קאי דגרוגרות דמו למבוקעות אבל לספרים דגרסי במשנה נפל ע"ג תמרים ותאנים אם יש בהם בנותן טעם אסור ומעשה בביתוס כו'(ז) ופריך בגמרא בפשיטות מעשה לסתור דפריך מגרוגרות לתאנים ומשני דיין ע"ג גרוגרות נותן טעמא לפגם וקשה שהיה לו לומר חסורי מחסרא והכי קתני בד"א בתמרים ותאנים לחים אבל ביבשות נותן טעם לפגם הוא ומעשה כו' ובספר ר"ת לא הוה גרס ליה:

איתיביה רבה בר ליואי לרבא. כי האי פירכא פרכה רבה בר ליואי לרבא גבי ההיא ארבא דטבעא במיסתה בפסחים (דף מ:) דשרייה רבא לזבוני לגוים והדר ביה רבא נ"ל שאחר שני המעשים אלו הקשה לו אך התלמוד קבע פירכא על שניהם כי אין נכון לומר שטעה [רבא] שתי פעמים:

הבגד שאבד בו כלאים. וא"ת וליבטיל ברובא כדפריך בשילהי תמורה (דף לד.) גבי שער בכור ושער נזיר שארג בבגד ושם היה בטל אי לאו דמוקי לה *[נ"ל בנימרתא] בשופרתא שהוא דבר חשוב ולא בטל ותירץ ה"ר(ח) יוסי בר יום טוב דשאני כלאים דכל עיקרן אין אוסרין אלא ע"י עירוב שהרי שניהם היתר(א) לכך אוסר עירובן ולא בטלי וא"ת והרי בשר בחלב דכל אחד לחוד שרי ועירובו אסור ואפ"ה בטל כדאמרינן פ' כל הבשר (חולין דף קח.) טיפת חלב שנפלה על חתיכת בשר אם יש בנותן טעם וכו' ויש לומר דשאני בשר בחלב דגלי קרא בהדיא דבטיל כדאמרינן התם דרך בישול אסרה תורה: **הרי זה לא ימכרנו לגוי.** דוקא אבד גזרינן שמא ימכרנו לישראל וכן לא יעשנו מרדעת לחמור שמא יקרע בגדו ויתפרנו עליו אבל בכלאים ודאי ליכא למיחש מידי כדתנן (במס' כלאים פ"ט משנה ד') מרדעת החמור ותכריכי המת אין בהן משום כלאים ודוקא בהצעה כגון מרדעת החמור שהוא יושב עליה וטעמא לפי שהוא דרבנן כדאמרינן בפ"ק דביצה (דף יד:) לא יעלה עליך אבל אתה מותר להציעו תחתיך אבל בהעלאה אסור כדתנן ולא יעלנה על כתיפו אפילו להביא עליה הזבל והצעה צריך נמי ליזהר שלא יהא בשרו נוגע בהם ואע"פ שהצעה נמי גזרו חכמים אפילו עשר מצעות זו על גב זו וכלאים תחתיהם גזירה שמא תיכרך נימא על בשרו מ"מ הכא לא גזור: **אבל עושין אותו תכריכין למת מצוה.** וה"ה בלא אבד כדתנן במס' כלאים (פ"ט מ"ד) שהבאתי וא"ת הא איכא לועג לרש כדאמרינן גבי ציצית פ' התכלת (מנחות דף מא.) וההיא שעתא ודאי רמינן להו משום לועג לרש פי' באותה שעה שיקברוהו יטילו בו ציצית משום לועג לרש שנראה שאינו חייב במצות וי"ל דשאני ציצית שהיא שקולה כנגד כל המצות ואיכא לועג טפי ורבי יהודה היא אומר דההיא דמנחות (דף מא.) אליבא דשמואל דאזיל לטעמיה דאית ליה אין מצות בטילות לעתיד לבא נמצא כשיעמדו הצדיקים בלבושיהם יהיו בלא ציצית ויש כאן עבירה והא דתלי טעמא בלועג לרש לפי שבא ליתן טעם שהעומדים יש להן וא"כ הן לועגין שאינן חשובין כו'*(ט) והוא א"י לעשותו ושמואל מוקי הך דהכא כדברי ר' ינאי *דלא שרי אלא לסופדו אבל לקוברו בכלאים אסור מטעם דפרישית ולפ"ז החילוק ניחא מנהגינו שאנו מסירין הציצית מטליתי המתים דקי"ל כרבי יוחנן דפליג אדבי ר' ינאי ושרי אף לקוברו ולטעמיה דאית ליה מצות בטלות ועוד סמך למנהגינו ממס' שמחות (פ' יב) שנוה אבא שאול התירו תכלת מאפיליוני ועל פי ספרים החיצונים אנו נוהגין כמה דברים כגון ויחל משה בלילי תעניות ובמגילה (דף לא.) תנינן קללות וברכות ורבינו יצחק היה מחלק לראשונים שהיו להם(י) בחייהם דהוו זהירי במצות ציצית כל ימיהן אי לא רמינן ההיא שעתא הוי לעג כלומר לא קיימו אבל האידנא דלא זהירי בציצית כולי האי אדרבה אי רמינן הוי לעג לומר שקיים ולא קיים ואפילו לאותן שקיימו אין להטיל שלא לבייש האחרים כדאמרינן במסכת נדה (דף עא.) בראשונה היו מטבילין *ע"ג נדות מתות והיו חיות מתביישות התקינו שיהו מטבילין הכל*: **ולמפינהו ולזבונינהו לגוים שלא בפני ישראל.** ואין לחוש שמא יאכלו הגוים וישראל בקערה אחת כל אחד מפתו(כ) (כדאמרינן) *[כדכתבינן] פ' אין מעמידין (דף לה:) *)דלא חמירא פת של גוים מדמאי שמותר בתערובות כיון דלא שכיחא לא גזרינן למידי:

מכלל

*) [עי' תוס' שם ד"ה מכלל]

מסורת הש"ס

[ובגמרא שם אית' ושמרייא]
[ונפלה. יעב"ץ]
[לעיל לו. וש"נ]
נדה סא: פסחים מ: *[עי' תוס' חולין נה. סד"ה ובנמלא]
[שבת ל.]
[נדה סא:]
[וע"ע תוס' פסחים מ: ד"ה אבל ותוס' ברכות יח. ד"ה למחר ותוס' כ"ב עד. ד"ה פסקי]

הגהות הב"ח

(א) גמ' ולא יעשהו מרדעת: (ב) רש"י ד"ה כל שבהנאתו וכו' אסור הס"ד ואח"כ מ"ה וכל שאין וכו' טעם שאינו נהנה בטעמו כגון כנ"ל והד"א: (ג) ד"ה שאבד וכו' שארוג בו כלאים: (ד) תוס' ד"ה כי קא וכו' והא דלא מיתסר העליון בהנאה בנצוק ואפי' היה נשאר וכו' באיסורי הנאה דס"ל כרשב"ג דאמר יין וכו' וקי"ל כוותיה ולדברי ר"ת דפסק: (ה) ד"ה פריסדקי פר"ח קדים ריקים של חרס ולשמא יבקעו: (ו) ד"ה ה"ג בסדר וכו' צריך לפרש דהא שמקשה וכו' יין בענבים קאי. נ"ב ולפי זה למאי דמשני נמי אין חילוק בין לחים ליבשים דאף בתאנים לחים נט"ל הוא: (ז) בא"ד פריך בגמרא וכו' ומשני דיין ע"ג גרוגרות יבשים נותן טעמא לפגם הוא וקשה: (ח) ד"ה הבגד וכו' ותירץ ה"ר יוסף בר יום טוב וכו' אם יש בה בנותן: (ט) ד"ה אבל וכו' שאינן חשובין כו' האי והוא אינו וכו' אלא לסופדו בכלאים אבל וכו' ולטעמיה אזיל דאית ליה מצות בטלות ל"ל ועוד סמך: (י) בא"ד שהיו להם ציצית בחייהם דהוי: (כ) ד"ה ולמפינהו וכו' כדאמרינן פרק ר' ישמעאל דלא חמירא וכו' דכיון דלא:

הגהות מהר"ב רנשבורג

א] תוס' ד"ה הבגד שאבד בו כלאים וכו' לכך אוסר עירובן ולא בטלי. נ"ב אבל התוס' בחולין נה ע"ה בסד"ה ובנמלא וכו' העלו דמן הדין באמת בטל ורק חומרא דתקנתא דרבנן הוא:

הֲוָה שָׁפֵיךְ לְהוּ חַמְרָא [היה שופך להם יין] שמכר להם לְגוֹיִם מן הקנקנים לנאדות שלהם, וְאָזֵיל מַעֲבַר לְהוּ מַעַבָּרָא [והולך, ומעביר אותם במעבורת] את הגוים, וְיָהֲבוּ לֵיהּ גּוּלְפֵי בְּאַגְרָא [והיו נותנים לו את הקנקנים בשכרו]. אֲתוּ [באו] אָמְרוּ לֵיהּ [לו] לְאַבַּיֵי, להתלונן על שהוא משתכר ביינם של גוים, אָמַר לְהוּ [להם] כִּי קָא טָרַח [כאשר הוא טורח] — בְּהֶתֵּירָא קָא טָרַח [בהיתר הוא טורח], שהרי הוא שופך יין כשר לנאדות, ורק אחר כך היין נאסר בידי הגוים. ומקשים: וְהָא [והרי] עדיין יש איסור בדבר, מפני שהוא רוֹצֶה בְּקִיּוּמוֹ של היין האסור בנאדות, שהרי הוא רוצה שלֹא נִצְטְרוּ זִיקֵי [יתבקעו הנאדות], ואז יצטרך להחזיר להם את הקנקנים שקיבל בשכרו! ומשיבים: מדובר היה במקרה דְּמַתְנֵי בַּהֲדַיְיהוּ [שמתנה איתם] שגם אם יתבקעו הנאדות הרי זה על חשבונם, ואת הקנקנים יקבל בכל מקרה. אִי נַמִי, דְּמַיְיתוּ פְּרִיסְדָּקֵי בַּהֲדַיְיהוּ [או גם כן, מדובר היה שמביאים כדים ריקים של חרס איתם], כך שאם יתבקעו הנאדות ישפכו את היין לכלים אלה, ולכן לא היה חשוב לו קיומם של הנאדות. ומקשים עוד: וְהָא קָא מַעֲבַר לְהוּ מַעַבָּרָא, דְּקָא טָרַח בְּאִיסּוּרָא [והרי מעביר אותם במעבורת לאחר שכבר נאסר היין, והוא טורח באיסור]! ומשיבים: אין הכוונה שהיה מעביר את היין בעצמו במעבורת, אלא דְּאָמַר לֵיהּ לְמַבְרוֹיָא מֵעִיקָּרָא [שהיה אומר לו לבעל המעבורת מתחילה] שיעביר את הקונים והחביות בחינם. אִי נַמִי, דְּנָקְיטֵי בֵּיהּ קִיטְרֵי [או גם כן, שיש לו קשר, סימן] עם בעל המעבורת, והוא מעביר בחינם אנשים אלה. ועל כל פנים, הוא עצמו לא היה טורח בהם.

א משנה יֵין נֶסֶךְ שֶׁנָּפַל עַל גַּבֵּי עֲנָבִים — יְדִיחֵן במים וְהֵן מוּתָּרוֹת, וְאִם הָיוּ הענבים מְבוּקָּעוֹת שהיין נבלע בתוכן — אֲסוּרוֹת. נָפַל יין נסך עַל גַּבֵּי תְּאֵנִים אוֹ עַל גַּבֵּי תְּמָרִים, אִם יֵשׁ בָּהֶן מן היין הזה בְּנוֹתֵן טַעַם — אָסוּר. וּמַעֲשֶׂה בְּבַיְיתוֹס בֶּן זוֹנֵן שֶׁהֵבִיא גְּרוֹגָרוֹת בִּסְפִינָה, וְנִשְׁתַּבְּרָה חָבִית שֶׁל יֵין נֶסֶךְ וְנָפַל עַל גַּבֵּיהֶן, וְשָׁאַל לַחֲכָמִים וְהִתִּירוּם, כפי שיבואר בגמרא מדוע. זֶה הַכְּלָל: כָּל שֶׁיֵּשׁ בַּהֲנָאָתוֹ בְּנוֹתֵן טַעַם לשבח בדבר שנתערב בו — הרי זה אָסוּר, כָּל שֶׁאֵין בַּהֲנָאָתוֹ בְּנוֹתֵן טַעַם לשבח — מוּתָּר, כְּגוֹן למשל חוֹמֶץ שֶׁנָּפַל עַל גַּבֵּי גְּרִיסִין שאינו מוסיף טעם לשבח.

ב גמרא במשנה הובאה תחילה ההלכה כי איסור הנותן טעם בדבר היתר — הריהו אוסרו, ואילו לאחר מכן הובא מעשה ממנו מוכח שהדבר מותר. ותמהים: וכי מביאים מַעֲשֶׂה לִסְתּוֹר ההלכה שנאמרה קודם? ומשיבים: חַסּוּרֵי מִיחַסְּרָא וְהָכִי קָתָנֵי [חסרה המשנה וכך היא שנויה]: אִם נוֹתֵן טַעַם לִפְגָם הוּא — מוּתָּר, וּמַעֲשֶׂה נַמִי [גם כן] בְּבַיְיתוֹס בֶּן זוֹנֵן שֶׁהָיָה מֵבִיא גְּרוֹגָרוֹת בִּסְפִינָה, וְנִשְׁתַּבְּרָה חָבִית שֶׁל יֵין נֶסֶךְ וְנָפַל עַל גַּבֵּיהֶן, וּבָא מַעֲשֶׂה לִפְנֵי חֲכָמִים וְהִתִּירוּם, כי יין הגרוגרות הוא נותן טעם לפגם. מסופר, הַהוּא כְּרִי דְּחִיטֵי דִּנְפַל עֲלֵיהּ חָבִיתָא [כרי אחד ערימה של חיטים שנפלה עליו חבית] של יֵין נֶסֶךְ, שָׁרְיֵיהּ [התיר אותו] רָבָא לְזַבּוּנֵיהּ [למכור] אותו כרי חיטים לְגוֹיִם, שלא נאסר בהנאה. אֵיתִיבֵיהּ [הקשה לו] רַבָּה בַּר לֵיוַאי לְרָבָא ממה ששנינו: בֶּגֶד שֶׁאָבַד בּוֹ כִּלְאַיִם כלומר, בגד צמר שאנו יודעים שיש בו פשתן, אבל לא ניכר היכן הוא — הֲרֵי זֶה לֹא יִמְכְּרֶנָּה לְגוֹי, וְלֹא יַעֲשֶׂנָּה מַרְדַּעַת לַחֲמוֹר, אֲבָל עוֹשֶׂה אוֹתוֹ את הבגד הזה תַּכְרִיכִין לְמֵת מִצְוָה (שאין לו קוברים) שהרי המת פטור מן המצוות. לְגוֹי מַאי טַעְמָא [מה טעם] לֹא מוכרים בגד כזה? דִּלְמָא אָתֵי לְזַבּוּנֵיהּ [שמא יבוא למכור אותו] לְיִשְׂרָאֵל והקונה לא ידע שיש בו איסור וילבשנו, הָכָא נַמִי אָתֵי לְזַבּוּנֵיהּ [כאן גם כן בכרי חיטים זה, יבוא הגוי למכור אותו] לְיִשְׂרָאֵל! הֲדַר [חזר] רבא מדבריו וּשְׁרָא לְמִיטְחִינְהוּ וּלְמֵיפִינְהוּ וּלְזַבּוּנִינְהוּ [והתיר לטחון את החיטים הללו ולאפות מהן לחם ולמוכרם] לְגוֹיִם שֶׁלֹּא בִּפְנֵי יִשְׂרָאֵל, כך שלא יבואו ישראל לקנות מהם, לפי שהם פת גוים. ומקשים על פסקו של רבא, תְּנַן [שנינו במשנה]: יֵין נֶסֶךְ שֶׁנָּפַל עַל גַּבֵּי עֲנָבִים — יְדִיחֵן וְהֵן מוּתָּרוֹת, וְאִם הָיוּ מְבוּקָּעוֹת — אֲסוּרוֹת. ומדייקים: אם היו מְבוּקָּעוֹת — אִין [כן], שֶׁאֵין מְבוּקָּעוֹת — לֹא, ואם כן מפני מה היה לחשוש כאן שנפל על גבי החיטים? הרי די להן בהדחה! אָמַר רַב פַּפָּא: שָׁאנֵי חִיטֵי [שונות חיטים], הוֹאִיל וְאַגַּב צִירַיְיהוּ [כיון שיש בהן מעצם ברייתן סדקים] כִּמְבוּקָּעוֹת דָּמְיָין [הן נחשבות], שהיין נכנס בסדקים ונבלע בהן.

עיונים

שפיך להו חמרא וכו' שהיה מוכר יין, ודרך מוכרי היין למכור את היין עם הקנקנים בהם הוא נתון. אולם כיון שרב איקא היה טורח עבורם הן בשפיכת היין לנאדות, והן במה שהיה דואג להעבירם את הנהר, היו נותנים לו בשכר טרחתו את הקנקנים, והיה מרויח בהם.

בהתירא קא טרח כתב רש"י לפי שאין היין נאסר עד שייגע בתחתית הנאד, ולכן כשהוא שופך את היין ומתעסק בו הריהו עוסק רק ביין כשר. ובתוס' ועוד ראשונים שאלו: והרי יש בנאדות שלהם יין שלהם, ומפני מה לא ייאסר היין משום ניצוק? ומן התוס' עולה (וכן מפורש בתוס' ר"י מפריס) כי אין להחמיר בניצוק יותר מבתערובת, ואנו פוסקים כרבן שמעון בן גמליאל שתערובת של סתם יינם אינה אוסרת בהנאה. והיו שכתבו שמא היו נאדות ריקים לגמרי, ולא היה בהם יין כלל (ראה בתוס'). והרי"ד כתב שהיו אלה נאדות חדשים, כך שנאסרו משום סתם יינם רק לאחר שהגוים לקחום.

רוצה בקיומו שהוא מעוניין שיישאר היין בנאדות, לפי שאם הנאדות נבקעים יצטרך לתת להם את הקנקנים (כדי לשמור בהם את היין שבנאדות. רש"י), ונמצא אם כן רוצה בקיומו של היין האסור בהנאה. ובחת"ס פירש כי הכוונה היא שרצונו בקיומם של הנאדות, ודבר זה עצמו אסור, לפי שהם עצמם נאסרו מחמת היין המצוי בהם, שהם מהווים בסיס לדבר האסור בהנאה (וראה בחזו"א שפירש כי רצונו בקיום היין, מאחר שהוא חושש שיקחו ממנו את הכדים אם יישפך).

פריסדקי בשם הר"ח פירשו שהיו אלה כלי חרס ריקים שהביאו עמם לשם הבטחה שלא יאבד היין על ידי בקיעת הנאדות. ובנמוק"י כתב (והוא על פי משמעות הגרסה האחרת [ראה גרסות] במקומות אחרים) שהיו שולחים עמם שליחים ובידם כלים עודפים.

דקא טרח באיסורא הראב"ד פירש: שאף אם אינו משתכר בגלל העברת הנאדות במעבורת, מכל מקום הריהו טורח באיסורי הנאה, ודבר זה אסור כמבואר בירושלמי שאף בחינם אסור לעשות ביין נסך (מאירי. ראה בעמוד הקודם).

דאמר ליה למברויא מעיקרא וכתב רש"י שרב איקא היה "ריש נהרא", הממונה על הנהר ובכלל זה על המעבורת, והיה אומר מתחילה למשיט את המעבורת שיעבירם בחינם (ואם כן לא עסק בדבר באותה שעה שהיו הנאדות אסורים). ואילו הראב"ד (שהיתה לו כנראה גרסה אחרת קצת בסוגיה זו) סבור שרב איקא היה אדם חשוב שהיו בעלי המעבורת מתחשבים בו, והיה הולך עמם אל המעבורת ומסייע לקונים להפחית משכר המעבורת. והריטב"א דייק בדברי רש"י כי כוונתו היתה להדגיש שלא היה רב איקא בעל המעבורת, שאם כן היה זה כנוטל שכר על העברת יין אסור על חמורו. וכיוצא בזה כתב הראב"ד שאם היה נוטל שכר יותר מאשר אנשים אחרים בגלל העברת החביות במעבורת — הרי זה בוודאי אסור, שהרי הוא נוטל שכר איסור הנאה.

קיטרי שהיו קשרים=סימנים (כעין פתקים של הרשאה והנחה) שהיה נותן לקונים, וכל שהיה בידו סימן כזה לא היו תובעים ממנו שכר (או כדברי הראב"ד שעל ידי סימנים אלה שנתן להם היו מפחיתים משכרם). וכפי שפירש רש"י, גם באופן זה רב איקא לא עסק בכך כלל באותה שעה.

מבוקעות שיין הנסך נכנס ונבלע בתוך הענבים. וכתבו בירושלמי שהוא הדין כאשר "נדלדל חותמן", ועניינו — שהעוקץ (החלק שהענב תלוי בו) אינו מהודק, וכל שכן כאשר נעקר לגמרי. וכן הביאו הראשונים הלכה זו, אם בשם הירושלמי או כפסק סתם.

תאנים או תמרים שבדרך כל יש בהם בקיעים מסויימים כשהם בשלים, ולכן היין נבלע בהם, גם אם אין בהם בקעים מיוחדים.

שבהנאתו בנותן טעם וצריך להבין את הדברים: כל שיש בתערובתו משום נתינת טעם שיש בה הנאה, שטעם זה משביח את התערובת. והרי זה סתם משנה שלא כשיטת ר' מאיר האוסר בכל נותן טעם, אפילו כשהוא לפגם (וראה בירושלמי).

מעשה לסתור כאשר מובא במשנה (או בברייתא) מעשה לאחר הלכה מניחים כי המעשה בא להראות כיצד נהגו בהלכה זו למעשה. ותמיהה זו, (המופיעה כנוסח קבוע בתלמוד במקומות דומים) היא במקום שמביא מעשה הנראה כסותר את ההלכה שנזכרה קודם. כי לכאורה פשוט הוא שאם תאנים עצמן נאסרות על ידי היין, כל שכן גרוגרות שכבר נחתכו ונפצעו קודם ייבושן. וראה בתוס' שהביאו גרסה אחרת במשנה, ולפיה הובא המעשה בבייתוס בן זונן לאחר ההלכה הראשונה במשנה, שאם היו ענבים מבוקעות הרי זה אסור.

ההוא כרי דחיטי וכו' ולא היה בו אחד בששים כדי לבטלו. או שאף שהיה בו אחד בששים היה בו כדי לתת טעם (ומכל מקום לא היה ניכר בהן, ומשום כך הקשו מחוט של כלאים) (ריטב"א).

שרייה רבא לזבוניה יש שפירשו כפשוטו, שהתיר רבא למוכרם, מאחר שהאיסור היה בלוע ולא ניכר בהם, ואין יין נסך אוסר בהנאה בשאינו מינו. ויש שהסבירו כי מדובר היה בסתם יינם שנאסר מדרבנן (מרדכי), ורבא הורה למוכרם חוץ מדמי יין נסך שבהן (ראה ריטב"א ומאירי).

בגד שאבד בו כלאים וכו' ושאלו בתוס' שאלה עקרונית: מדוע אין אומרים בזה — כמו באיסורים אחרים — שייבטל אותו חוט של כלאים ברוב! ותירצו כי יסודו של איסור כלאים הוא עצם התערובת (צמר ופשתים) ולכן לא שייך בכגון זה דין ביטול (וראה בתוס' שהסבירו כי בשר וחלב הוא בגדר יוצא מן הכלל, לפי שאיסורו נאמר בתורה בלשון מיוחדת).

שאבד בו כלאים כתבו בתוס': דווקא כשאבד בו כלאים נאסר למוכרו לגוי ולהשתמש בו למרדעת, שאין יודעים שהיו אלה כלאים, ויבואו ללובשם או להשתמש בהם כטלאי לבגד מחוסר ידיעה. אבל כאשר ניכר שהבגד הוא בגד כלאים — הרי שנינו במשנה שמותר לעשותו מרדעת ותכריכים למת.

תכריכין למת מצוה ואין בכך איסור, שהרי את הכתוב "במתים חופשי" דרשו חכמים: כיון שמת אדם נעשה חופשי מן המצוות, ולפיכך מותר להלבישו בגד שאסור לחיים ללבוש. וכאשר עושים את הבגד כתכריך למת שוב אין לחשוש שיבואו להשתמש בו, שוודאי אסור להשתמש בדבר שהולבש בו המת.

ולמפינהו ולזבונינהו וכו' ומדובר כאן במקום שבו נוהגים ישראל איסור בפת גוים. ומשום כך, כיון שהפת נמכרה לגוים שלא בפני ישראל, לא יבואו יהודים אחרים לקנותה ולהשתמש בה, שהרי אינם יודעים שנאפתה על ידי ישראל. וראה ברי"ד שהאריך לדון בדבר, וכתב כי אף שמצאנו שחכמים אסרו להתעסק באיסור מחשש שמא יבוא להיכשל בו — אין הדברים אמורים במקום בו יש בדבר הפסד מרובה (שאם לא כן יצטרכו לאבד את כל החיטים). ועוד הראה הרי"ד שמחלוקת חכמים היא האם מותר למכור לגוי שלא בפני יהודים, כפי שעשה רבא, שיש חכמים הסבורים שיש מקום לגזור, ואף באופן זה אין למכור לגוי.

צירייהו וכתבו ראשונים שמכאן מובן שבשעורים (שאין בהן סדק) מותר בכגון זה, אלא שיש לומר שאם היה היין מצוי זמן מרובה על השעורים הריהו נבלע בתוכן בכל זאת (רשב"א, ר"ן).

אורח הלכה

יין נסך שנפל על ענבים יין של גוים שנפל על גבי ענבים, אם היו הענבים שלמות — ידיחן והן מותרות. ואם היו מבוקעות (או שניטל עוקצן ויש שם נקב, טור בשם הירושלמי) אם יש ביין בנותן טעם — הענבים אסורות באכילה. כמשנה. (רמב"ם ספר קדושה הלכות מאכלות אסורות פט"ז הל"ב. שו"ע יו"ד קלד, ח).

נפל על גבי תאנים יין גוים שנפל על גבי תאנים — מותרות, מפני שהיין נותן בהן טעם לפגם. כמשנה. (רמב"ם שם הל"ג. שו"ע שם סעיף ט).

חומץ שנפל על גבי גריסין נפל חומץ על גריסים, אם היו רותחים — הרי זה נותן טעם לפגם ומותר. ואם היו צוננים — נותן טעם לשבח. כמשנה וכביאורה בגמרא להלן. (שו"ע שם סעיף יב).

בגד שאבד בו כלאים בגד צמר שהיה ארוג בו חוט פשתן ולא נודע מקומו, או חוט צמר שהיה בבגד פשתן — אסור למוכרו לגוי שמא יחזור וימכרנו ליהודי, ואסור לעשותו מרדעת לחמור שמא ישתמשו בו ללבוש. (רמב"ם ספר זרעים הלכות כלאים פ"י הכ"ז. שו"ע שם שא, ח).

שאני חטין נפל יין גוים על גבי חיטים — אין הדחה מועילה להן, מפני שיש בהן סדק (או לדעת הרמב"ם מפני שהן שואבות היין. וראה בלח"מ), ואם נתן בהם טעם — אסורות באכילה. ולא ימכרן לגוי, שלא יחזור וימכרן ליהודי. אבל טוחנן ועושה מהם פת ומוכרה לגוי שלא בפני ישראל. ואם הוא במקום שנהגו לאכול פת גוים — אין להן תקנה (אלא למכור לגוי פרוסות, שבכל מקום אסור לקנות מהם). (רמב"ם ספר קדושה הלכות מאכלות אסורות פט"ז הל"ד. שו"ע קלד, יא).

מסורת הש"ס

א. (הענין) ע"ז סד,א. וראה שם לב,א.
ב. (מבנה דומה) פסחים עה,א. סוכה כו,ב. כח,ב. ביצה כד,א. נדרים מח,א. סו,א. ב"מ פו,א. קב,ב. חולין לט,ב. ערכין יט,א.
ג. ע"ז לו,א (ושם סומנו מקבילות).
ד. פסחים מ,ב. נדה סא,ב. תוספתא כלאים פ"ה יט.
ה. ראה חולין צד,א.

גרסות

ואזיל — אביי בכתי"מ: **יהבי ליה גולפי באגרייהו מעברי ליה מעבורא אתא לקמיה דאביי.**

דמייתו פריסדקי בהדייהו בכתי"מ: **פרדיסקי נקיטי בהדייהו.**

דנקיטי ביה קיטרי בכתי"ס: **דיהיב להו קיטרי.**

נפל על גבי תאנים — בנותן טעם אסור משפט זה חסר בירושלמי במקורות ובכמה כת"י. וראה ריטב"א.

שהביא גרוגרות בירושלמי ועוד: **שהיה מביא גרוגרות.**

ונשתברה חבית בירושלמי ועוד: **ונשתברו חביות.**

ושאל לחכמים והתירום בירושלמי ובכמה כת"י: **ובא מעשה לפני חכמים והתירו.**

כל שבהנאתו בירושלמי ועוד: **כל שהוא בהנאתו.**

על גבי גריסין בירושלמי ועוד: **לגריסין.**

אם נותן טעם לפגם הוא מותר בכתי"מ: **נותן טעם לפגם מותר.**

כרי דחיטי בכתי"מ: **כריא דחיטי** ובכתי"ס ובמקורות: **ביתא דחיטי.**

לא ימכרנה לגוי ולא יעשנה בכת"י ועוד: **לא ימכרנו לגוי ולא יעשנו.**

עושה אותו תכריכין בכתי"מ ועוד: **עושין ממנו תכריכין.**

למת מצוה בכת"י: **למת.**

למיטחינהו ולמפינהו ולזבונינהו בכתי"ס: **למטחניה ולמיפייה ולזבוניה.**

שאני חיטי הואיל ואגב צירייהו בכתי"מ: **הני חיטי נמי הואיל דאית בהו צירי** ובכתי"ס: **שאני חיטי הואיל ואגב צירייהו בלעי.**

לשון

פריסדקי
ראה בגרסות. מקור המלה לא נתברר (יש סבורים שהוא ממקור יווני, ויש סבורים שהוא ממקור פרסי). ומשימושה בלשון סורסית משמע שהכוונה היא: ריק, ולענייננו — שהיו מביאים עמם כלים ריקים אחרים.

אישים

בייתוס בן זונן
בייתוס זה היה אדם גדול ועשיר שחי בעיר לוד בימי רבן גמליאל דיבנה. ממשנה זו משמע שהיה עוסק ביבוא, וממקורות אחרים עולה שהיו לו נכסים מרובים גם בקרקעות. נראה שהיה מקורב לבית הנשיאים, והיה מקפיד שיהיו כל מעשיו נעשים כהלכה ועל דעת חכמים, ומשום כך הביאו ראיות להלכה מדרך התנהגותו.
בייתוס זה היה אולי בנו של זונין שהיה הממונה של רבן גמליאל. אנו מוצאים אולי את נכדו הקרוי בשמו יושב ושונה לפני רבי יהודה הנשיא. וייתכן כי זונין, הנזכר כאדם חשוב הבקי בהוויות העולם בימי רבי יהודה הנשיא, היה בנו של בייתוס הנזכר כאן.

א **חַמְרָא עַתִּיקָא בְּעִנְבֵי** [יין נסך ישן שנפל בתוך ענבים] **דִּבְרֵי הַכֹּל** שיעורו לאסור אותם הוא **בְּנוֹתֵן** בהם **טַעַם. חַמְרָא חַדְתָּא בְּעִנְבֵי** [יין חדש של נסך, שזה עתה נסחט, שנפל בענבים], **אַבַּיֵי אָמַר:** אוסר **בְּמַשֶּׁהוּ, וְרָבָא אָמַר:** אוסר **בְּנוֹתֵן טַעַם.** ומסבירים את טעמיהם: **אַבַּיֵי אָמַר בְּמַשֶּׁהוּ,** משום שהוא סבור כי בענייני תערובות **בָּתַר טַעְמָא אָזְלִינַן** [אחר הטעם אנו הולכים], **אִידִי וְאִידִי חַד טַעְמָא** [זה וזה, היין והענבים, טעם אחד] **הוּא, דַּהֲוָה לֵיהּ** [שהרי הוא] **מִין בְּמִינוֹ,** וכלל בידינו כי **מִין בְּמִינוֹ** אוסר **בְּמַשֶּׁהוּ.** ואילו **רָבָא אָמַר בְּנוֹתֵן טַעַם,** שהוא סבור: **בָּתַר שְׁמָא אָזְלִינַן** [אחר השם אנו הולכים], **וְהַאי שְׁמָא לְחוּד וְהַאי שְׁמָא לְחוּד** [וזה שם לחוד, שהוא נקרא יין, וזה שם לחוד, שנקרא ענבים], **וַהֲוָה לֵיהּ** [והרי הוא] **מִין בְּשֶׁאֵינוֹ מִינוֹ, וּמִין בְּשֶׁאֵינוֹ מִינוֹ** אוסר רק **בְּנוֹתֵן טַעַם.** ומביאים ראיה לשיטת רבא, **תְּנַן** [שנינו במשנתנו]: **יֵין נֶסֶךְ שֶׁנָּפַל עַל גַּבֵּי עֲנָבִים** אם היו מבוקעות — אסורות. ומקדימים: **קָא סָלְקָא דַּעְתִּין** [עולה על דעתנו לומר] שמדובר **בְּחַמְרָא חַדְתָּא בְּעִנְבֵי** [יין חדש בענבים], **מַאי לָאו** [האם אין] הכוונה שאוסר **בְּנוֹתֵן טַעַם?** ואם כן אחר השם אנו הולכים, שהרי הטעם במקרה זה אחד הוא! ודוחים: **לֹא, בְּמַשֶּׁהוּ.** על כך מקשים: **הָא מִדְּקָתָנֵי סֵיפָא** [הרי ממה ששנה בסופה של המשנה] **"זֶה הַכְּלָל: כָּל שֶׁבַּהֲנָאָתוֹ בְּנוֹתֵן טַעַם — אָסוּר, כָּל שֶׁאֵין בַּהֲנָאָתוֹ בְּנוֹתֵן טַעַם — מוּתָּר", מִכְּלָל** הדברים אתה למד **שֶׁבְּנוֹתֵן טַעַם עָסְקִינַן** [עוסקים אנו במשנה זו]! **וְאַבַּיֵי,** כיצד הוא מתרץ את הדברים? לדעתו **מַתְנִיתִין בְּחַמְרָא עַתִּיקָא בְּעִנְבֵי** [משנתנו עוסקת ביין ישן שנפל בענבים], שאז ודאי אין טעמם אחד, ואינו אוסר אלא בנותן טעם. ובהתאם לשיטותיהם נחלקו אביי ורבא גם בנושא הבא: **חַלָּא דְּחַמְרָא וְחַלָּא דְּשִׁיכְרָא** [חומץ יין וחומץ שיכר] אחד של איסור ואחד של היתר, **וְכֵן חֲמִירָא דְּחִיטֵּי וַחֲמִירָא דְּשַׂעֲרֵי** [שאור של חיטים ושאור של שעורים] שנתערבו זה בזה, **אַבַּיֵי אָמַר:** הרי הוא אוסר **בְּנוֹתֵן טַעַם,** משום **שֶׁבָּתַר טַעְמָא אָזְלִינַן** [אחר הטעם אנו הולכים], **וְהַאי טַעְמָא לְחוּד וְהַאי טַעְמָא לְחוּד** [וזה טעם לחוד וזה טעם לחוד], **וַהֲוָה לֵיהּ** [והרי הוא] **מִין בְּשֶׁאֵינוֹ מִינוֹ, וּמִין בְּשֶׁאֵינוֹ מִינוֹ בְּנוֹתֵן טַעַם. וְרָבָא אָמַר: בְּמַשֶּׁהוּ,** לשיטתו שהוא סבור: **בָּתַר שְׁמָא אָזְלִינַן** [אחר השם אנו הולכים], **וְהַאי חַלָּא מִיקְּרֵי** [וזה חומץ נקרא וזה חומץ נקרא], **וְכֵן הַאי חֲמִירָא מִיקְּרֵי וְהַאי חֲמִירָא מִיקְּרֵי** [וזה שאור נקרא וזה שאור נקרא], **וַהֲוָה לֵיהּ** [והרי הוא] **מִין בְּמִינוֹ, וְכָל מִין בְּמִינוֹ בְּמַשֶּׁהוּ.**

ב **אָמַר אַבַּיֵי: מְנָא אָמִינָא לָהּ דְּבָתַר טַעְמָא אָזְלִינַן** [מנין אני אומר אותה את סברתי שאחר הטעם אנו הולכים]? **דְּתַנְיָא** [ששנויה ברייתא]: **תְּבָלִין** (תבלינים) אסורים, שהם **שְׁנַיִם וּשְׁלֹשָׁה שֵׁמוֹת** כלומר, שלכל אחד יש שם אחר, **וְאוּלָם הֵן מִין אֶחָד, אוֹ מִין שְׁלֹשָׁה** (שלושה מינים) — הרי הם **אֲסוּרִין וּמִצְטָרְפִין** זה לזה לאסור את התבשיל אם יש בהם יחד שיעור איסור. **וְאָמַר חִזְקִיָּה** מדוע שלושה מינים מצטרפים? **הָכָא** [כאן] **בְּמִינֵי מְתִיקָה עָסְקִינַן** [עוסקים אנו], ומשום כך הם מצטרפים — **הוֹאִיל וּרְאוּיִן לְמַתֵּק בָּהֶן אֶת הַקְּדֵירָה,** ולענין זה אין הבדל בטעמיהם. ומעתה, **אִי אָמְרַתְּ בִּשְׁלָמָא בָּתַר טַעְמָא אָזְלִינַן** [נניח אם אומר אתה אחר הטעם אנו הולכים] — **כּוּלֵּי חַד טַעְמָא** [הכל טעם אחד] **הוּא** נחשב, **אֶלָּא אִי אָמְרַתְּ בָּתַר שְׁמָא אָזְלִינַן** [אם אתה אומר אחר השם אנו הולכים], מדוע יצטרפו, גם אם כולם באים למתק? והרי **הַאי שְׁמָא** [זה יש לו שם] **לְחוּד וְהַאי שְׁמָא** [וזה יש לו שם] **לְחוּד! וְרָבָא אָמַר לָךְ** [יכול היה לומר לך]: **הָא מַנִּי** [משנה זו כשיטת מי היא]? כשיטת **ר' מֵאִיר הִיא,** שסבור שכל האיסורים מצטרפים, גם אם אין להם טעם אחד ולא שם אחד. **דְּתַנְיָא** [ששנויה ברייתא], **ר' יְהוּדָה אוֹמֵר מִשּׁוּם** (בשם) **ר' מֵאִיר: מִנַּיִן לְכָל אִיסּוּרִין שֶׁבַּתּוֹרָה שֶׁמִּצְטָרְפִין זֶה עִם זֶה** לכדי שיעור אחד? **שֶׁנֶּאֱמַר: "לֹא תֹאכַל כָּל תּוֹעֵבָה"** (דברים יד, ג), ומכאן הוא למד: **כָּל שֶׁתִּיעַבְתִּי לְךָ** כל דבר שיש בו איסור, שעליך לתעב אותו ולהתרחק ממנו — **הֲרֵי הוּא בְּבַל תֹּאכַל,** ואם כן, יש לגבי כל האיסורים כולם איסור כולל אחד.

ג ועוד נחלקו אביי ורבא בענין זה. ותחילה מקדימים: **חַלָּא לְגוֹ חַמְרָא** [חומץ אסור שנפל לתוך חבית יין] **דִּבְרֵי הַכֹּל** הריהו אוסר **בְּנוֹתֵן טַעַם.** אבל **חַמְרָא לְגוֹ חַלָּא** [יין שנפל לתוך חבית חומץ] שמתוך ריבוי החומץ וחריפותו הוא משפיע על היין, שנעשה ריחו כריח חומץ עוד קודם שנתערב בחומץ, **אַבַּיֵי אָמַר:** אוסר **בְּמַשֶּׁהוּ, וְרָבָא אָמַר: בְּנוֹתֵן טַעַם.** ומסבירים את טעמיהם: **אַבַּיֵי אָמַר** שאוסר אפילו **בְּמַשֶּׁהוּ,**

מסורת הש"ס

א. משנה ע"ז עג,א (ושם סומנו מקבילות).
ב. שם.
ג. משנה ערלה פ"ב מ"י. שבת פט,ב.
ד. ירושלמי ערלה פ"ב ה"ה (בשנוי שם).
ה. ירושלמי שם ה"א. וראה שם נזיר פ"ו ה"א.
ו. חולין קיד,ב. ילק"ש תורה שנט. שם תתצא.

גרסות

אביי אמר במשהו ורבא אמר בנותן טעם בכתי"מ משפט זה חסר.

דהוה ליה מין בכתי"י וכן בב"ח: והוה ליה מין.

ומין בכתי"מ: וכל מין.

האי שמא בכתי"ס: האי שמיה.

ואביי מתניתין בכתי"מ: אמר לך אביי כולה מתניתין בכתי"ס: ואביי כולה מתניתין.

והאי חלא בכתי"מ: האי חלא.

דתניא תבלין בכתי"מ וכצ"ל: דתנן תבלין.

או מין שלשה בכתי"מ: או שלשה.

כולי חד טעמא בכתי"מ: אידי ואידי חד טעמא.

דתניא רבי יהודה אומר משום רבי מאיר בכת"י: דאמר ר' יוחנן משום ר' מאיר.

לכל איסורין שבתורה שמצטרפין בכתי"מ: שכל איסורין שבתורה מצטרפין.

שנאמר לא תאכל בכת"י: תלמוד לומר לא תאכל.

עיונים

חמרא עתיקא שיין ישן (כלומר, יין שכבר תסס, ואינו רק מיץ הענבים כיין חדש) יש לו טעם לעצמו וניכר הטעם היטב בענבים.

רבא אמר בנותן טעם ולא שניתן לחוש בטעם, שהרי מדובר כאן במקרה בו הטעם שווה, אלא שאנו מחשבים כאילו היה זה דבר בעל טעם אחר, וקבעו חכמים את שיעורו באחד לששים (רש"י).

מין במינו במשהו ובטעם הדבר שמין במינו אוסר במשהו, אמרו שכאשר נופל דבר בשאינו מינו הרי טעמו בטל במין האחר, ועם ביטול טעמו אנו אומרים שהוא בטל. אבל מין במינו כיון שהוא טעם אחד — אין לו ביטול. ולהלן (עג,ב) נחלקו בדבר, שדעת רב ושמואל היא שהדין כן בכל איסורים שבתורה, ואילו דעת ר' יוחנן וריש לקיש שאין הדין כן אלא בטבל ויין נסך, ובשאר איסורים הרי זה בנותן טעם. ועל כל פנים, לענייננו, שמדובר ביין נסך — הרי זה לדעת הכל.

חמירא דחיטי רש"י פירש שמדובר כאן בשאור של תרומה שנתערב בשאור של חולין, ואחד מהם של שעורים ואחד של חיטים. והריטב"א דוחה פירוש זה, שהרי תרומה מתבטלת באחד ומאה. והוא מפרש שמדובר בשאר איסורים שאוסרים במשהו מין במינו, כגון טבל או תקרובת עבודה זרה, שאוסרים במשהו לכל הדעות, ומשום כך אוסר רבא. אכן הרמב"ן התקשה בענין זה ממשנה במסכת ערלה, ממנה עולה כי שאור של חיטים נחשב כמין במינו לגבי חיטים, ודבר זה קשה הן לשיטת אביי והן לשיטת רבא, שהרי לא שמם ולא טעמם שווה. והסביר רמב"ן כי הואיל וכל עיסה לאחר זמן הופכת לשאור הרי זה מין במינו. ולפי זה הסביר בחת"ס מדוע לא נחלקו כאן אביי ורבא במקרה של יין ישן ויין חדש, למרות שטעמם שונה — שהרי דרכו של יין חדש להתיישן.

שנים ושלושה שמות רש"י מסביר שיש מין אחד אלא שמחלקים בסוגים בתוכו וקוראים להם בשמות שונים, כגון פלפל, שמחלקים בו בין פלפל שחור ופלפל לבן ופלפל ארוך. ובדומה לכך פירש הראב"ד כי מדובר במין אחד (ומה שמגדיר מהו מין אחד הוא הלכות כלאים) אלא שיש להם שני שמות שונים לגמרי, כמו חיטין וזונין. ואילו בתוס' פירשו (יש ראשונים המביאים פירוש זה בשם ר"ת, והרמב"ן מביאו בשם הר"ח ובשם הירושלמי) ש"שמות" כאן משמעו סוגים של איסור. ושלושה שמות ממין אחד הרי זה כגון פלפל של ערלה ושל כלאים ושל תרומה, שהם איסורים שונים.

או מין שלושה לרש"י פירושו: גם במקרה שהם שלושה מינים ולכל אחד מהם יש שם לעצמו, כגון פלפל וזנגביל וכמון (מאירי) הריהם מצטרפים. אבל לפירוש התוס', ש"שם" הוא איסור, הרי לעומת המקרה הקודם המדבר על שלושה שמות ומין אחד, מדובר כאן על שלושה מינים ולהם שם אחד של איסור, שכולם אסורים משום ערלה או משום תרומה וכדומה (וטעם הדבר שרש"י לא פירש כך — משום שלא הוזכר אלא שהם שלושה מינים, בלא להזכיר צד החידוש, שיש להם צד משותף. רמב"ן). ומדברי הרמב"ם נראה שפירש "שם" כרש"י, אבל הסביר כאן כתוס', שהכוונה כאן לשלושה מינים משם אחד, כגון מה שמצאנו דלעת מצרית ודלעת יוונית ודלעת רמוצה, שהן נחשבות כמינים שונים לענין כלאים. וכן נראה מן הירושלמי, שמדובר כאן בשם אחד.

אסורין ומצטרפין רש"י מסביר שהכוונה היא שאם לא היה באחד מהם כדי שיעור לאסור ונצטרפו כולם יחד לכשיעור הרי הם אוסרים. והקשו בתוס', שלפי רש"י נמצא ש"אסורין ומצטרפין" הוא רק דבר אחד, שמשמעו מצטרפים לאסור, ולא כך משמעות הלשון. והם פירשו: "אסורים" — שכל אחד מהם לחוד אוסר בנתינת טעם, "ומצטרפים" — שאין בטלים אלא אם כן היה מאתים (כשיעור ביטול באיסורים שונים) כנגד כולם יחד. והראב"ד מסביר ש"אסורים" — שהם אוסרים את מה שנתערבו בו על ידי תערובתם, "ומצטרפים" — לא אם נתערבו בהיתר, אלא לשיעור לענין מלקות (וכן מביא המאירי).

במיני מתיקה כי כאשר מדובר בתבלינים אחרים, הרי טעמם שונה ביותר, כגון מלח וחרדל, או חומץ. מה שאין כן במיני מתיקה, כלומר חומרים העשויים למתק, שאף שיש הבדל מסויים ביניהם מכל מקום כולם ממתקים, ולכן הם מצטרפים.

האי שמא לחוד והאי שמא לחוד לפירוש רש"י לענין זה, עיקר הראיה נגד רבא הוא מן הדין השני שבברייתא, שלמרות שמדובר בשלושה שמות (לפי פירוש רש"י) הריהם מצטרפים. ודברי חזקיה אינם נצרכים אלא לשיטת אביי, שהוא צריך להסביר את המשנה לשיטתו. אבל לפירוש התוס' עיקר הראיה נגד רבא הוא מדברי חזקיה (רמב"ן). והריטב"א הסביר כי אף לשיטת התוס', הראיה היא מן הברייתא, אלא שלאו דווקא מחלקה השני, אלא אף מן החלק הראשון, שהרי ייתכן שיהו שלושה שמות חלוקים לגמרי באותו מין עצמו.

ר' מאיר היא שסבור שכל איסורי תורה מצטרפים (וכתב הרמב"ן שאף ר' מאיר מודה שאיסורים שאין שיעורם שווה אינם מצטרפים). וכתב רש"י שלפי זה רבא אף אינו מקבל את דברי חזקיה בפירוש הברייתא, שהרי לשיטת ר' מאיר אין הבדל אם באו כולם למתק או לא. אבל בתוס' אמרו שמה שאמר ר' מאיר שמצטרפים כל האיסורים הרי זה במקרה שהאיסורים נמצאים בעין, אבל כאשר אינם בעינם עוד, כגון כאן שהם בלועים בתבשיל, הרי הם מצטרפים רק כאשר היה טעמם שווה, כגון במיני מתיקה. ולפירוש הרמב"ן לשיטה זו, אף ר' מאיר לא אמר שמצטרפים אלא כשהיה בהם צד כל שהוא של שיתוף, אבל אם היו משני מינים ומשני שמות אינם מצטרפים.

כל שתיעבתי לך כתבו בתוס' שאף לדעת האומרים שאין לוקים על לאו שבכללות (ובודאי האיסור של "לא תאכל כל תועבה" הוא לאו שבכללות, שכולל כל מיני האיסורים) לא אמרו דבר זה אלא לענין ללקות עליו לעצמו, כאשר אין איסורו מפורש במקום אחר. אבל כאן, כיון שמדובר באיסורים שכל אחד מהם אסור ומחייב מלקות לעצמו, הרי הלאו מצרפם יחד לענין שיעור למלקות.

אורח ההלכה

חמרא עתיקא וחדתא יין גוים שנפל על גבי ענבים מבוקעות, בין שהיה יין ישן או יין חדש, אם היה בו בנותן טעם בענבים — הרי זה אוסר, ואם לאו — הריהן מותרות באכילה. וכדברי רבא שהלכה כמותו נגד אביי. (רמב"ם ספר קדושה הלכות מאכלות אסורות פט"ז הל"ב. שו"ע יו"ד קלד, ח).

בתר שמא אזלינן כתב הרמ"א שלענין מין במינו הולכים אחר השם, ואם הוא שם אחד (ואפילו אין טעמו שווה) נחשב למין במינו. וכדברי רבא. (רמב"ם שם הי"ד. שו"ע שם צח,ב בהגהה).

תבלין שנים ושלושה שמות תבלין שהם שנים ושלושה שמות ממין אחד, או שלושה מינים משם אחד — מצטרפים זה לזה לתבל ולאסור, וכן לענין חמץ. כיצד? שאור של חיטים ושאור של שעורים, כיון ששניהם קרויים שאור הריהם נחשבים למין אחד, ומצטרפים לשער בהם כדי לחמץ בעיסה של חיטים כאילו לשניהם טעם חיטים, או לחמץ בעיסה של שעורים כאילו לשניהם טעם שעורים. ושלושה שמות ממין אחד, כגון כרפס של נהרות וכרפס של אפר וכרפס של גינה, אף שלכל אחד שם עצמו, הואיל והם מין אחד מצטרפים. כברייתא וכפירוש רש"י ל"שמות" (לח"מ). והראב"ד מסביר שלושה שמות באופן אחר (עיי"ש). (רמב"ם שם הי"ד—ט"ו).

חלא לגו חמרא חומץ של גוים שנפל לתוך יין של היתר, וכן יין גוים שנפל חומץ היתר — הרי זה בנותן טעם, ובפחות מכן — בטל. וכרבא. (רמב"ם שם הל"ה. שו"ע שם קלד, ו).

חמרא עתיקא. טעמו ניכר בענבים: **חמרא חדתא.** בנותן טעם וכל היכא דאיתמר נותן טעם ואין טעמו ניכר הוה שיעורא בששים: **חלא דחמרא וחלא דשיכרא.** חד דאיסור וחד דהיתר: **חמירא דחיטי וחמירא דשערי.** חד דחולין וחד דתרומה ונפלו זה לתוך זה: **וכל מין במינו במשהו.** (ג)לקמן *פסקינן דלאו הלכתא הכי אלא אפילו מין במינו בנותן טעם חוץ מטבל ויין נסך: **תבלין שנים וג' שמות והן מין אחד או מין ג' אסורין ומצטרפין.** ה"ג במסכת ערלה ג' שמות והן מין אחד כגון פלפל לבן פלפל שחור פלפל ארוך או מין ג' וג' שמות יש להן אסורין ומצטרפין אם נפלו לקדירה ולא בזה כדי לתבל ולא בזה כדי לתבל ונצטרפו ותיבלו והן של איסור מצטרפין לאוסרה ואמר חזקיה הכא דקאמר מין ג' וג' שמות להן מצטרפין אע"ג דתלתא מיני נינהו ובשמא נמי לא שוו: **במיני מתיקה עסקינן.** שכולן טעמן מתוק ומש"ה מצטרפין דטעמן שוה למתק בהן הקדירה: **ורבא אמר לך הא מני ר"מ היא.** ואע"ג דלא שוו לא בשמא ולא בטעמא קאמר דמצטרפין ודחזקיה ליתא: **חלא שנפל לגו חמרא.** חלא דאיסור לגו חמרא דהיתר דברי הכל בנותן טעם דכי נפיל לגויה לא הוי דמי ליה לא בריחא ולא בטעמא שאין היין מבטל ריח החומץ עד *שנתרבה לתוכו ולא החומץ מבטל ריח היין משום דרובא חמרא: **אבל חמרא לגו חלא.** משעה שהגיע לאויר הכלי נהפך היין בריחו לריח החומץ וקודם שנתערבו היו שוין בריחן:

א א חמרא עתיקא בענבי דברי הכל בנותן טעם חמרא חדתא בענבי אביי אמר במשהו ורבא אמר ב בנותן טעם אביי אמר במשהו בתר טעמא אזלינן אידי ואידי חד טעמא הוא (א)דהוה ליה מין במינו א ומין במינו במשהו ורבא אמר בנותן טעם ג בתר שמא אזלינן והאי שמא לחוד והאי שמא לחוד וה"ל מין בשאינו מינו ב ומין בשאינו מינו בנ"ט תנן יין נסך שנפל ע"ג ענבים כו' קס"ד חמרא חדתא בענבי מאי לאו בנ"ט לא במשהו הא מדקתני סיפא זה הכלל כל שבהנאתו בנותן טעם אסור כל שאין בהנאתו בנותן טעם מותר מכלל דבנותן טעם עסקינן ואביי מתניתין בחמרא עתיקא בענבי חלא דחמרא וחלא דשיכרא וחמירא דחיטי וחמירא דשערי אביי אמר בנותן טעם בתר טעמא אזלינן והאי טעמא לחוד והאי טעמא לחוד והוה ליה מין בשאינו מינו ומין בשאינו מינו בנותן טעם ורבא אמר במשהו בתר שמא אזלינן (ב)והאי חלא מיקרי והאי חלא מיקרי והאי חמירא מיקרי והאי חמירא מיקרי וה"ל מין במינו וכל מין במינו במשהו אמר אביי מנא

ב אמינא לה דבתר טעמא אזלינן דתניא ג *ד תבלין ב' וג' שמות והן מין אחד או מין ג' אסורין ומצטרפין ואמר חזקיה ד הכא במיני מתיקה עסקינן הואיל וראוין למתק בהן את הקדירה אי אמרת בשלמא בתר טעמא אזלינן כולי חד טעמא הוא אלא אי אמרת בתר שמא אזלינן האי שמא לחוד והאי שמא לחוד ורבא אמר לך הא מני ר"מ היא דתניא ה רבי יהודה אומר משום רבי מאיר מנין לכל איסורין שבתורה שמצטרפין זה עם זה שנאמר ו לא תאכל כל תועבה *כל שתיעבתי לך הרי הוא בבל תאכל חלא *לגו חמרא דברי הכל בנותן טעם חמרא לגו

ג חלא אביי אמר במשהו ורבא אמר ה בנותן טעם אביי אמר במשהו

ריחיה

מכלל דרישא בנותן טעם עסקינן. יש שהיו מפרשים דכל איסור דהוי במשהו לא אמרינן ביה נותן טעם לפגם מותר דהא אין לך טעם בטל יותר ממשהו באלף(ד) ה"ה נותן טעם לפגם ומפרש כאן מכלל דבנותן טעם עסקינן דלכך מותר בשאין בהנאתן בנותן טעם דאי במשהו הא אפילו לפגם אסור ואין ראיה מכאן דלא דייק הכא אלא מדמפליג בסיפא בהכי מכלל דרישא בנ"ט דבהכי איירי מתני' ועוד דמשהו מין במינו אין הטעם בטל כלל אפילו באלף כיון שהטעם שוה אבל לפגם הטעם בטל ובחמץ בפסח לספרים דגרסי במשהו כרב (פסחים דף ל.) אע"ג דשלא במינו אסור במשהו אע"פ שהטעם בטל מ"מ אין לאסור טעם לפגם שלא יהא טפל חמור מן העיקר דשלא במינו אינו אסור אלא אטו מינו אלא ודאי אין חילוק דכל נותן טעם לפגם מותר: **תבלין של ב' וג' שמות אסורין ומצטרפין.** פ"ה אם נפלו לקדירה ולא בזה כדי לתבל ולא בזה כדי לתבל ונצטרפו ותיבלו והם של איסור מצטרפין לאוסרה וקשה דלפי' משמע דחדא מלתא היא ולישנא דברייתא משמע דתרי מילי נינהו לכן פירש רשב"ם דאסורים דקאמר ר"ל אסורה העיסה או הקדירה בנתינת טעם ומצטרפין בדבר יבש לאסור ואפי' בלא נתינת טעם כגון שנפלו לתוך חולין ויש בו מאתים לבטל אחד מן האיסורין אפ"ה לא בטיל עד שיהו בו מאתים מן השנים וא"ת אמאי תני תרוייהו אסורים ומצטרפין ליתני מצטרפין לחוד ושפיר שמעינן תרוייהו בין בלח בין ביבש וי"ל דאי הוה תני הכי ה"א דר"ש דפליג בסיפא(ה) בתרוייהו פליג בין להצטרף לנותן טעם בקדירה בין להעלות באחד ומאתים מש"ה תני תרוייהו לאשמועינן דר"ש לא פליג בנתינת טעם לקדירה אלא מודה דמצטרפין *(כדחזי') דאע"ג דלא גזרו על תערובת דמאי אפ"ה קאמר *שאני שחור ותבלין דלטעמא עבידי ולא בטלי והא דטעמא לא בטיל לא בעי למימר דלא בטיל כלל אלא דלא בטיל כדין שאר איסורים אבל בטל ודאי שפיר כי ידעינן ודאי דנתבטל הטעם כגון ביורה גדולה: **תבלין של שנים וג' שמות והם מין א'.** פרש"י כגון פלפל לבן פלפל שחור פלפל ארוך והם מין א' וכולן קרוין פלפלין או ג' מיני תבלין כגון פלפל וכמון וקנמון וקשה על זה דבמס' ערלה (פ"ב מ"י) קתני סיפא ר"ש אומר בין ג' שמות והם מין אחד בין ג' מינין והם שם אחד אינם מצטרפין ולפ"ה דפי' דשמות לשון שם ממש בשלמא ג' שמות והם מין א' משכחת לה כדפי' אלא ג' מינים והם שם אחד היכי משכחת לה כיון דשם ר"ל שם ממש וע"ק דבכל דוכתא הוי פירוש שם איסור כמו השמות הללו (*דאיזהו נשך (ב"מ דף עד)) לכן נראה דשמות דקאמר היינו שם דאיסור כמו לא מן השם הוא זה בסוף פ' הזורק (שבת דף קב.) גבי יש אוכל אכילה אחת וחייב עליה ה' חטאות וה"פ הכא תבלין של שנים וג' שמות כגון פלפל דכלאים ופלפל דערלה ופלפל דתרומה דתלתא איסורין וכולן מין פלפלין הם או ג' מינים פלפלים וקנמון ושאר מינים וכולם איסור אחד והשתא ניחא דמשכחת שפיר ג' מינים והם שם אחד כגון מאיסור אחד פי' מתרומה או מערלה או מכלאי הכרם וכן משמע בירושלמי דתנן בפ"ב דמס' ערלה התרומה ותרומת מעשר והחלה והבכורים מצטרפין זה עם זה וקאמר עלה בגמ' לר"ש נצרכה דאע"ג דאמר ר"ש אין ב' שמות מצטרפין מודה הכא שכולם שם תרומה משמע בהדיא דשמות היינו איסורין*: **ורבא אמר הא מני ר"מ היא.** וא"ת א"כ מאי איריא מיני מתיקה דאמר חזקיה אפילו בלא מיני מתיקה נמי מצטרפין משום דכל מה שתיעבתי לך כו' ופרש"י דהא"נ אליבא דרבא ליתא לדחזקיה דמוקי לה במיני מתיקה דוקא ול"נ דא"כ אין הלכה כחזקיה מדפליג רבא עילויה והוא בתראה ובשבת ס"פ ר"ע (דף פט:) משמע שהתלמוד תופס עיקר הא דחזקיה דקא פריך התם והתנן תבלין של ב' וג' שמות כו' ואמר חזקיה במיני מתיקה שנו כאן מדקא פריך תלמודא ממילתיה דחזקיה ש"מ דהלכה כמותו לכן נראה לרבא נמי דמוקי לה כר"מ איתא לחזקיה ואע"ג דאמר ר"מ כל איסורים שבתורה מצטרפין ואפילו בלאו מיני מתיקה משום דדריש כל מה שתיעבתי לך כו' ה"מ כשהאיסורים בעין ואז ודאי מצטרפין חצי זית מזה וחצי מזה לחייב אפילו אינם שוים במתיקה אבל כשהם מעורבין בתבשיל שאינם בעין כי ההיא דתבלין ב' וג' כו' ומיירי שמתבל בהם בקדירה אפילו ר"מ מודי לחזקיה דדוקא במיני מתיקה מצטרפין כיון שהם שוים למתק הקדירה אבל אם אינם שוים במיני מתיקה לא מצטרפין כיון שאינם שוין בנתינת טעם בקדירה שזה בא למתק וזה בא לחזק: **כל שתיעבתי לך כו'.** ואפילו למ"ד לאו שבכללות אין לוקין עליו ה"מ כגון *ענין ולולבין דמפקי מכל אשר יעשה מגפן היין וכן *חי ומבושל בחמי טבריה דמפקינן מכי אם צלי אש אבל היכא דהאיסור מפורש כל אחד לבדו כגון בכל איסורי דעלמא אי חזינן(ו) מהכא שמצטרפי לא חשבינן ליה לאו שבכללות: **ורבא אמר בנותן טעם ריחיה חלא וטעמא חמרא חמרא.** תימה דקשה הלכתא אהלכתא דקי"ל כרבא לגבי אביי וקי"ל(ז) כר' יהושע בן לוי נמי דאמר פרק המוכר פירות (ב"ב דף צו.) דריחיה חלא וטעמא חמרא חלא ור' יוחנן אמר דריחיה חלא וטעמא חמרא חמרא *(כרב כהנא) וי"ל דהתם איכא לישנא אחרינא ודרומאי מתני איפכא(א) דר' יוחנן אמר ריחיה חלא וטעמיה חמרא חלא ורבי יהושע בן לוי אמר חמרא כרבא דהכא ומכאן נראה דמותר לקדש בע"ש על היין שריחו חלא וטעמיה חמרא:

א) [ע"ש היטב בב"ב ותראה דלפנינו שם ליתא הכי אלא דרומאי מתני משמיה דריב"ל וכו' והיינו דגם ריב"ל ס"ל כר' יוחנן דריחיה חלא וטעמא חמרא חמרא]

ד"ה ורבא אמר וכו' דהתם איכא לישנא אחרינא. שם אינו אלא בדריב"ל דקאמר תחילה דהוי חלא ולדרומאי גם ריב"ל ס"ל דהוי חמרא אבל ודאי ס"ל דהוי חמרא ואולי דמספקינא היה כ"ל דצריך למחוק כ"ז ול"ל רק שם דהתם איכא לישנא אחרינא לדרומאי דריב"ל ס"ל ג"כ חמרא:

בת

נב א ב מיי' פט"ו מהל' מאכלות אסורות הלכה לב סמג לאוין קסח טוש"ע י"ד סי' קלד סעיף ח:
נג ג מיי' שם הלכה יד טוש"ע י"ד סי' לח סעיף ב בהגה ועיין כל זה בב"י שם:
נד ד מיי' שם הלכה יד טו וע"ש בהשגות ובכ"מ:
נה ה מיי' שם הלכ' לה וסמג שם טוש"ע י"ד סי' קלד סעי' ו [וברב אלפס עוד בפ' ערבי פסחים קנו.]:

[דף עג: ועמ"ש על זה בתוס' פסחים ל. ד"ה אמר רבא וכו' דרש"י דהכא סותר לדבריו בחולין קט. ד"ה ותו לא]

[נ"ל שנתערב']

שבת פט: ערלה פ"ב מ"י ונ"ל דתנן

דברים יד

[חולין קיד:]

[עי' תוס' ב"ב לה. ד"ה נותן]

[נ"ל כדקיי']

[חולין ו.]

[נ"ל דפרק המקבל קיא.]

[ועיין תוס' שבת פט: ד"ה תבלין]

[נזיר לח:]

[פסחים מא.]

[נ"ל כרבא]

הגהות הב"ח

(א) גמ' חד טעמא הוא והוה: (ב) שם והאי חלא מיקרי והאי חלא. נ"ב נראה דבלשון בני אדם אידי ואידי חלא מיקרי וגם אידי ואידי חמירא מיקרי ולא דמי לתבלין של שני שמות דלא מיקרי בחד שמא אלא פלפל ארוך או פלפל שחור מיקרי: (ג) רש"י ד"ה וכל מין במינו במשהו (לקמן פסקינן וכו' ויין נסך) תא"מ. ונ"ב ס"א והכי הלכתא דכל מין במינו דינו במשהו ונוסחא זו בפי' רש"י עיקר והגה"ה זו שהיא ע"פ פר"ת נדפסה בתוך פרש"י בטעות גם יתכן דפרש"י דהכא הוי קודם חזרה עיין בהגהת אשיר"י המתחיל רש"י פסק: (ד) תוס' ד"ה מכלל וכו' יותר ממשהו באלף וא"ה אסרו רחמנא ה"ה נותן טעם לפגם וכו' הלכך מותר וכו' לפגם נמי אסור: (ה) ד"ה תבלין וכו' דפליג בסיפא. נ"ב עיין בדבור הסמוך: (ו) ד"ה כל וכו' אי חזינן מקרא כהכא דמצטרפי לא: (ז) ד"ה ורבא וכו' וקי"ל נמי כר' יהושע בן לוי דאמר:

גליון הש"ס

תוס' ד"ה מכלל וכו' שלא יהא טפל חמור מעיקר. תמוה לי דנראה מדבריהם דהיכא דשלא במינו במשהו ראוי לאסור גם נותן טעם לפגם דמ"מ הוי כמו משהו אבל היכא דמדין מב"מ במשהו אתינן עלה אין נטל"פ אסור ומש"ה כתבו דבחמץ כיון דהטעם אטו מינו לא חמיר ממינו ונטל"פ מותר. אבל לא זכיתי להבין דמה הפרש בזה דגם במין במינו במשהו נימא בנטל"פ אסור דמשהו מיהו הוי. למה דכתבו תוס' מתחלה ועוד דבמשהו מב"מ וכו' זהו ניחא. דשיעור דבריהם דאף דאם נימא נטל"פ הוי כמשהו מ"מ הכא דפרכינן לאביי דבתר טעמא אזלינן ממילא בנטל"פ דאין טעמן שוה לא הוי מין במינו. אבל לדינא דקיי"ל כרבא דבתר שמא אזלינן ל"ש כן דמה בכך דע"י הפגם אין טעמן שוה מ"מ הא שוה בשמא ואם כן מה חילוק בין היכא דמין בשא"מ במשהו להיכא דמין במינו במשהו לענין נותן טעם לפגם ולע"ג:

נו א מיי' פכ"ט מהל' שבת הל' יז סמג לאוין סה טוש"ע א"ח סי' רד סעיף ג וסי' רבע סעיף ג:
נז ב ג מיי' פי"ג מהל' מאכלות אסורות לכ' יד סמג לאוין קמח טוש"ע י"ד סי' קח סעיף ה:
נח ד מיי' שם טוש"ע שם סעי' א ועיין בהג"ה:

[נקב הוא שנוקבין במגופ' החבית ומניחין פיהם ע"פ הנקב ושואפין את ריחו של יין ויודעין אם החמיץ ואם טוב הוא ערוך ערך תה ד']

נט ה מיי' פט"ו מהל' תרומות הלכה יד:
ס ו ז מיי' שם הל' י"ג ועיין בכ"מ טוש"ע י"ד סי' קח סעיף ז:

בת תיהא. פ"ה נוקבין נקב במגופת חבית להריח מיהו לשון בת קשה ופר"ת שיש קנה שקוע תוך החבית ובולט חוץ ומניחין(ג) לתוך קנה קטן כמין דד ומריחין דרך אותו דד ומש"ה נקט בת וגם יש ליישב פרש"י שבתוך אותו נקב שנקבו במגופה נותנין קנה קטן ומריחין דרך אותו קנה ומש"ה קרי לה בת:

גוי בדישראל שפיר דמי. וקמ"ל דלא גזרינן אטו ישראל בדגוי דאסר אביי: **ישראל בדגוי רבא אמר מותר.** נ"ל דמיירי שאין הגוי נותן לו שכר ולא מחזיק לו טובה דחזקת טובה נמי חשיבא הנאה ונמצא משתכר באיסורי הנאה: **אביי אמר אסור ריחא מילתא היא.** וחשבינן ליה כשותה אבל אין לומר דחשבינן(ד) נהנה דא"כ מאי פריך מכמון של תרומה שנכנס ריחו בפת של ישראל שאני תרומה דשריא לישראל בהנאה שאינה של כלוי כי הכא דליכא אלא ריחא דמיירי שלא הסיק ישראל את התנור דא"כ כלה התרומה אלא שכהן הסיקו אלא ודאי הכי פליגי אי חשבינן כשותה או לא וטעמא דרבא דלא חשיב ליה כשותה לפי שהריח נכנס בפניו ומזיקו והקלקול רבה על התקון ושרי כדאמרינן פ"ק דחולין (דף ח.) גבי

א*ריחיה חלא וטעמא חמרא חלא והוה ליה מין במינו וכל מין במינו במשהו רבא אמר בנותן טעם ב*אריחיה חלא וטעמא חמרא חמרא והוה ליה מין בשאינו מינו וכל מין בשאינו מינו בנותן טעם האי *בת תיהא בגוי בדישראל ש"ד ישראל בדגוי אביי אמר אסור רבא אמר גמותר אביי אמר אסור ריחא מילתא היא רבא אמר מותר גריחא לאו מילתא היא אמר רבא מנא אמינא לה דריחא ולא כלום הוא דתנן ד*התנור שהסיקו בכמון של תרומה ואפה בו את הפת הפת מותרת לפי שאין(א) טעם כמון אלא ריחא כמון ואביי שאני התם דמיקלא איסוריה אמר רב מרי כתנאי ההרודה פת חמה ונתנה ע"פ חבית של יין של תרומה ר"מ אוסר ור' יהודה מתיר רבי יוסי ומתיר בשל חיטין ואוסר בשל שעורים מפני שהשעורים שואבות מאי לאו בהא קמיפלגי דמר סבר ריחא מילתא היא ומר סבר ריחא ולא כלום הוא לרבא ודאי תנאי היא לאביי מי לימא תנאי היא אמר לך אביי לאו מי איתמר עלה אמר רבה בר בר חנה אמר ר"ל זבפת חמה וחבית פתוחה דברי

ריחיה חלא. יין זה סמוך לעירובו היה ריחיה חלא וטעמיה חמרא ובתר ריחיה אזלינן וכשנתערבו הוה ליה מין במינו: **בת תיהא.** נקב נוקבים במגופת חבית להריח את היין לבודקו אם יכול להתקיים(ב): להריח גוי ביין ישראל שפיר דמי: **הפת מותרת.** לזרים: **שאין בה טעם כמון אלא ריח כמון.** ואי משום דהוסק לא איכפת לן דתרומה אין איסורה איסור הנאה: **רבי מאיר אוסר.** לפי ששאבה את ריח היין: **לרבא.** דאמר לאו מילתא היא ודאי על כורחיה כתנאי אמרה למילתיה ולאו דברי הכל היא דהא ר"מ אוסר וליכא למימר איסור אלא משום ריחא: **לאביי.** דאמר מילתא היא: **לימא כתנאי היא.** מי אמרינן ר' יהודה לית ליה דאביי או דלמא לעולם אית ליה וטעמא דרבי יהודה הכא דקסבר אין ריח היין נכנס בפת אבל בבת תיהא דריח נסך נכנס בגוף מודי: דברי

ב"ב צו.
שם
תרומות פ"י מ"ד
שם [מ"ג פסחים עו:]

סכין של עבודה זרה מותר לשחוט בו משום דקלקולו רבה על תקונו אבל זילוף של יין נסך ודאי אסור דהויא הנאה גמורה כדאמרי' בפ"ק דפסחים (דף כ:) שותים מלוג בסלע ומזלפים מלוג בשתים ודאי לא מחשבינן ליה לזילוף מדמתירין בפ"ק דפסחים (דף כ:) לזלף היין של תרומה טמאה ואי כשתיה חשיב ה"ל שותה תרומה טמאה שבמיתה אלא זילוף הנאה לחוד הוא דחשיב ומיתסר גבי יין נסך ולא דמיא לבת תיהא שהריח יוצא דרך הנקב ונכנס בחוזק בגופו ומזיק אבל זילוף הריח מתפזר*: **רבא אמר מותר ריחא לאו מילתא היא.** פרק כילד צולין (פסחים דף עו:) פליגי נמי רב ולוי בריחא גבי בשר שמן שצלאו עם בשר נבילה רב אסר ולוי שרי והתם תניא כוותיה דרב ופי' שם רש"י ואע"ג דתניא כוותיה דרב דאסר מ"מ הלכה כלוי דשרי משום דרבא סבר כוותיה הכא גבי בת תיהא והלכה כרבא לגבי אביי ופסק כך רש"י פרק כילד צולין ולא נראה דהתם קאמר דעובדא הוה בההוא ביניתא דאיטווא בהדי בישרא ואסריה רבא מפרזקא למיכליה בכותחא ומעשה רב וגם מר בר רב אשי אוסר שם אפילו במילחא והלכה כמותו בר מתרי מילי וע"ק דאי פליגי אביי ורבא בפלוגתא דרב ולוי א"כ ה"ל לאיתויי פלוגתייהו התם לכ"נ דודאי הלכה כרב דהתם דריחא מילתא היא והלכה כרבא נמי הכא גבי בת תיהא דריחא לאו מילתא היא ואביי נמי דהכא דאמר ריחא מילתא היא ה"ל אנא דאמרי אפילו כלוי דאמר התם ריחא לאו מילתא היא דשאני הכא שהוא נהנה ומריח מן האיסור היין עצמו הלכך הוי לגמרי כאילו שותה מן היין עצמו אבל התם אינו אלא ריח האיסור נכנס בתוך ההיתר והוא אוכל את ההיתר ובהא אפילו אביי מודה דריחא לאו מילתא היא ורבא נמי דהכא א"ל אנא דאמרי' אפי' כרב דאמר התם ריחא מילתא היא דשאני הכא שהריח מזיק לו לפי שנכנס בגופו ולכך אמר דריחא לאו מילתא היא הלכך בין אביי בין רבא דהכא מצו סברי בין כרב בין כלוי דהתם והשתא הוי טובא גווני דריחא ריח החזק שבכולן פת חמה וחבית פתוחה דאסור לכ"ע וריח בשר פלוגתא דרב ולוי וקי"ל כרב וריח דבת תיהא וקי"ל כרבא למטה מהם פת צוננת וחבית פתוחה או פת חמה וחבית מגופה והמותר לכ"ע פת צוננת וחבית מגופה ולענין ריחא דהתם הלכה כרב דאמר ריחא מילתא היא ה"מ בתנורים שלהם שהיו קטנים וה"ה תחת מחבת שלנו שקורין תרפי"ד בלע"ז שאופין תחתיה הפשטיד"א כמו כן ריחא מילתא היא אבל בתנורים גדולים שלנו אין לחוש לריחא ובלבד שלא יהא פי התנור סתום אין לחוש אם אפו פשטיד"א של בשר *עם טריט"א של גבינה בתנור א' רק שלא יגעו זה בזה או עם האיסור פי' כגון פשטיד"א של נבילה אין לחוש כמו כן אם שמנונית האיסור על המרדה שקורין פאל"ה בלע"ז אסור ליתן היתר עליה כל היום מיהו כשאינה בת יומא מותר להשתמש בה לכתחלה ולא גזרו שאינה בת יומא אטו בת יומא אפילו לכתחלה כיון דלא אפשר שהרי הגוי לא ישמע לו לעשות מרדה חדשה בכל פעם ופעם שישפוך עליה של איסור אבל אם יצא שמנונית האיסור דנבילה ונגע להיתר או תחת היתר אסור וא"ת אמאי לא הביא פרק כילד צולין גבי פלוגתא דרב ולוי ההיא דכמון של תרומה דהכא ולדחותה כמו שהביא בשמעתין וי"ל משום דלא דמי לריחא דהתם מיירי בריחא דפטם כגון בשר ונבילה ולכך אמר רב דריחא מילתא היא דאזיל האי ומפטם האי אבל גבי כמון שהוא מעשה תנור ולא פיטום אפי' רב מודה דריחא לאו מילתא היא ועל חטה וחמץ שנמצאת באחת מן המצות בי"ד לא מיבעיא קודם ו' שעות דמותרות האחרות לפי שבטל בששים כמו חמץ שלא בזמנו אלא אפילו אחר ו' שעות מותרות האחרות משום דלא הוי חמץ בזמנו וחמץ שלא בזמנו אינו במשהו עד זמנו ממש דהיינו בז' ימים של הפסח וכן משמע בפסחים בפ' כל שעה (דף ל.) דקאמרינן לשם חמץ כשהוא לאחר זמנו בנותן טעם אפי' לר' יהודה דקאמר חמץ כשהוא לאחר הפסח בלאו וה"ה לאחר ו' שעות אך אותה מצה נכון לאוסרה ואם אפו המצות בשבעת ימי הפסח ונמצאת חטה וחמץ באחת מהן כולן אסורות ובתנור נמי יש לאסור דאע"ג דתנורים שלנו ריחא לאו מילתא היא מ"מ נהי דטעם ליכא מ"מ משהו בעלמא איכא ואפי' במעשה תנור דלאו פטום: **אמר רבא מנא אמינא לה דריחא לאו מילתא היא דתניא תנור שהסיקו בכמון של תרומה ואפה בו את הפת מותרת.** וא"ת מ"ש מהא דאמר בפסחים פ' כל שעה (דף כו:) תנור שהסיקוהו בקליפי ערלה ואפה בו את הפת אסורה למ"ד יש שבח עצים בפת וי"ל דלא שייך לאסור(ה) שבח עצים בפת אלא דוקא באיסורי הנאה משום דיש שבח עצים בפת היינו שבח הנאה דעצים בתוך הפת וחשיב נהנה מן העצים הלכך התם גבי ערלה דאסור בהנאה אסרינן מהאי טעמא אבל הכא בתרומה דודאי מותרת בהנאה לזרים אין לאסור משום יש שבח עצים בפת ותדע דהאמר *המבשל בשבת בשוגג יאכל במזיד לא יאכל ואמאי בשוגג יאכל הא כל עצים בשבת מוקצים אפילו נתלשו מאתמול ויש שבח עצים בפת א"כ כשאוכל הפת שנאפה עם העצים יש שבח ואוכל מוקצה אלא ודאי כדפי' דלא אסרינן משום שבח עצים אלא דוקא באיסורי הנאה כדפרישי' ומוקצה מותר בהנאה הוא *ומכאן יש להתיר פת חמה *שנאפה בי"ט דאין לאסור משום דשמא העצים שנאפה בהן נתלשו היום ומוקצים הם דמה בכך הא פרישי' דלא אמר יש שבח עצים בפת רק לענין איסורי הנאה ואם משום שמא טחנו החיטין היום וגם נילושו(ו) אין בכך כלום כיון דמעיקרא בעודם חיטין היו ראוין לכוס מיהו בה"ג חשיב להו נולד כשטחנן בי"ט מיהו ר' יחיאל היה נוהג היתר בדבר וגם בשבת יש שמתירין ליקח פת חמה מן הגוי מטעמא דפי' אמנם בב' ימים של ר"ה שמע מורי שיש אוסרין לפי שלפעמים שהקליר נמשך עד ר"ה ויכולין לקלור בי"ט של ר"ה ולאפות בי"ט שני ונכון להחמיר בשני ימים טובים של ר"ה:(ז) **וכן חומץ שנפל לתוך הגריסין.** קשה וכי עד השתא לא אשמועינן דנותן טעם לפגם מותר הא מרישא שמעינן ליה וי"ל דקמ"ל דאע"ג דכי נפל לתוך הגריסין צוננין משביח כדאמר בגמ' אפ"ה לתוך גריסין רותחין שרי דלא גזרינן אטו צוננין:
אמר

[ועי' מ"ש תוס' לעיל יב: ד"ה אלא]
[נ"ל עם פשטיד"א]
[שבת לח.]
שאפאו עובד כוכבים בי"ט כל"ל
[ועי' הטיב תוס' ב"ק קטו. ד"ה הכרעה]

הגהות הב"ח
(א) גמ' שאין בה טעם כמון אלא ריח כמון: (ב) רש"י ד"ה בת תיהא וכו' להתקיים הס"ד ואח"כ מ"ה עובד כוכבים ותיבת להריח נמחק: (ג) תום' ד"ה בת תיהא וכו' ובולט לחוץ ומניחין לתוכו קנה קטן: (ד) ד"ה אביי וכו' לחשבינא ליה נהנה וכו' שהרי נכנס בגופו ומזיקו: (ה) ד"ה אמר רבא וכו' דלא שייך לאסור מטעם יש שבח עצים: (ו) בא"ד וגם נילושו היום אין בכך: (ז) ד"ה כגון חומץ שנפל:

גליון הש"ס
גמ' וטעמא חמרא חלא. קשה לי דמה בכך דנקרא חלא מ"מ להוי כמו חלא דחמרא וחלא דשכרא לאביי דאזל בתר טעמא לא הוי מב"מ וה"נ הא סוף סוף אין טעמן שוין דזה טעמיה חלא וזה טעמיה חמרא וצ"ע גם ק"ל על רבא נהי דלא מקרי חלא מ"מ הא פשוט כיון דקלט ריחא דחלא סופו לעשות חלא לגמרי והוי מין במינו כמ"ש הר"ן גבי שאור בעיסה: **תום'** ד"ה אביי וכו' שותה תרומה (טהורה) [טמאה] דבמיתה תמיהני הא אוכל ושותה תרומה (טהורה) [טמאה] עובר בעשה אבל לא במיתה אא"כ באוכל תרומה טהורה בטומאת הגוף. וכן קשה לי על רש"י בכורות דף יב ע"ב וצ"ע: **ד"ה** רבא וכו' שהריח מזיק לו. עיין תשובת מהרי"ק שרש קל"ג:

כי כל דבר **שריחיה חלא וטעמא חמרא** [ריחו ריח חומץ וטעמו טעם יין] — הרי הוא **חלא** [חומץ], והואיל והיין כשנפל לחלל החבית של החומץ כבר שינה את ריחו לריח חומץ, נמצא שהוא חומץ, **והוה ליה** [ומשנתערב בחומץ הרי הוא] **מין במינו, וכל מין במינו במשהו. רבא אמר** שאוסר **בנותן טעם**, משום שהוא סבור **שריחיה חלא וטעמא חמרא** [מה שריחו חומץ והטעם יין] — **חמרא** [יין], **והוה ליה** [והרי הוא איפוא] **מין בשאינו מינו, וכל מין בשאינו מינו בנותן טעם.**

א **האי בת תיהא** [נקב הרחה] שנוקבים במגופה כדי להריח את היין, אם היה המריח **גוי ביין של ישראל — שפיר דמי** [הרי זה מותר], שאינו אוסר בהרחה. **ישראל** להריח **ביין של גוי, אביי אמר: אסור, רבא אמר: מותר.** ומסבירים את שיטותיהם: **אביי אמר אסור, כי** הוא סבור **שריחא מילתא היא** [ריח דבר הוא] וכיון שמריח בו הריהו כשותה את האיסור עצמו. ואילו **רבא אמר מותר**, וטעמו — **ריחא לאו מילתא היא** [ריח אינו דבר]. **אמר רבא: מנא אמינא לה** [מנין אני אומר אותה] את סברתי זו **שריחא לאו** [ריח אינו] **כלום הוא** לענין איסור? **דתנן** [ששנינו במשנה]: **תנור שהסיקו בכמון** [צמח תבלין ריחני] שהיה **של תרומה, ואפה בו את הפת — הפת מותרת, לפי שאין** **טעם כמון** נכנס בתוך הפת **אלא** רק **ריחא** [הריח] של **כמון**, וזה אינו אוסר. משמע שריח לבדו אין בו איסור! **ואביי**, כיצד דוחה הוא הוכחה זו? **שאני התם, דמיקלא איסוריה** [שונה שם, שנשרף איסורו], שהרי באותו מקרה הריח נכנס בפת לאחר שהכמון האסור נשרף, וריח בלבד שאין בו ממש לא נאסר, אבל במקום שיש לריח עיקר — אף הריח אסור. **אמר רב מרי,** מחלוקת אביי ורבא הריהי **כתנאי** [כמחלוקת תנאים] ששנינו: **הרודה פת חמה** מן התנור **ונתנה על פי חבית של יין של תרומה, ר' מאיר אוסר** את הפת לזרים, שהוא סבור שהפת נאסרת מחמת ריח היין, **ור' יהודה מתיר. ר' יוסי מתיר בפת של חיטין ואוסר בשל שעורים, מפני שהשעורים שואבות** הרבה מאדי היין. ומציעים: **מאי לאו בהא קמיפלגי** [האם לא בזה הם חלוקים], **דמר סבר** [שחכם זה, ר' מאיר, סבור]: **ריחא מילתא היא** [שריח דבר הוא], **ומר סבר** [וחכם זה, ר' יהודה, סבור]: **ריחא** [ריח] **ולא כלום הוא?** ומעירים: **לדעת רבא ודאי תנאי** [מחלוקת תנאים] **היא, לדעת אביי מי לימא תנאי** [האם לומר שמחלוקת תנאים] **היא?** ומשיבים: **אמר** [יכול לומר] **לך אביי: לאו מי איתמר עלה** [האם לא נאמר עליה] על משנה זו, **אמר רבה בר בר חנה אמר ריש לקיש: בפת חמה וחבית פתוחה —**

עיונים

ריחיה חלא וכו' ויש שהקשו: הרי לעיל (בעמוד הקודם) רואים שאביי הולך אחר הטעם (ולא אחר השם), וכאן רואים שאינו מחשיב את הטעם (ומדברי רבא נראה שהוא הולך אחר הטעם. וכן גרס הרי"ף בדבריו)! וכתב הרי"ד באופן אחד שאף הריח הוא בכלל הטעם, וכיון שריחו כחומץ אינו נחשב כיין. ועוד, שכיון שכבר ריחו כחומץ סופו להחמיץ, ונדון כחומץ. ועוד כתב שאין הדברים שייכים זה לזה, שכאן היה הדיון כיצד נחשב הדבר בעיני הבריות, ולדעתו של אביי כל שריחו כחומץ נחשב וקרוי בעיני הבריות חומץ (ודינו כחומץ לכל דבר, כגון קידוש וברכות, כפי שמצאנו מחלוקת בין חכמים אחרים בענין זה). וכן הסביר הריטב"א כי המחלוקת לעיל היתה בדברים ששמם ידוע, האם הולכים אחר הטעם או השם, וכאן השאלה היא כיצד לקרוא לדבר. ובחת"ס כתב שאם יש מקום לדמות את דברי אביי הרי יש לדמותם למחלוקת הבאה לענין "ריחא מילתא" שלאביי הסבור שהריח הוא דבר חשוב, אף כאן הוא מחשיבו ביותר.

בת תיהא רש"י מסביר שהוא נקב קטן שהיו עושים במגופת החבית להריח בו את היין (ובערוך הוסבר שדרך נקב זה היו שואפים בפה את אדי היין. וראה בביאור הגר"א לשו"ע). אבל הר"ח מסביר (לפי המובא ברמב"ן) שמחבית היין היה יוצא צינור, שבאמצעו יוצא צינור קטן, וכשהתוהה שואב את היין לצינור, נשפך היין ממנו לכלי המיועד דרך הצינור הקטן, ואינו מגיע אל פיו (ובתוס' הסבירו לשיטתו שאותו צינור קטן שימש להרחת היין). והעירו בתוס' שלפי פירוש הר"ח מובן מדוע קוראים למכשיר זה "בת תיהא" שהרי הוא צינור קטן היוצא מצינור גדול. ושם הסבירו שלפי רש"י יש להסביר שאינו מריח בנקב עצמו אלא מניח בו קנה קטן (והוא "בת תיהא") ובו הוא מריח.

גוי בדישראל שפיר דמי לפירוש רש"י לענין זה לכאורה הדבר פשוט, וכי משום מה ייאסר היין שהריח בו הגוי? (והריטב"א כתב שאכן לא הובא אלא אגב המקרה השני). והסבירו בתוס' שרצו לומר שאף שיש מקום לאסור ישראל המריח בשל גוי, אין גוזרים לומר שאף גוי המריח בשל ישראל ייאסר. ואילו הראב"ד מסביר שאין חוששים שמא מתוך כך יבוא הגוי לנגוע ביין (וכן בתוס' חכמי אנגליה) או שמא ישאב מן היין לפיו. וכל זה לפירוש רש"י. אבל לפירוש הר"ח מובן הדבר, שאף שהגוי שואב מן היין בנשימה, והיין הולך מכוחו — אין אומרים שייחשב הדבר ככוחו של הגוי, מאחר שנעשה הדבר על ידי אויר בלבד, בלא מגעו. וכדרך שמצאנו כיוצא בזה לדיני נזיקין בסוס שצנף והזיק, שדין צרורות הוא ואינו עושה יין נסך (רמב"ן).

ישראל בדגוי וכו' ואף לשיטת רבא המתיר צריך לומר שמדובר במקום שאין ישראל זה מקבל שכר מן הגוי (שנמצא כמשתכר ביין נסך) ואפילו אינו מקבל ממנו טובת הנאה אחרת, שאף הוא אסור (תוס').

ריחא מילתא כתבו בתוס' ועוד ראשונים שאין האיסור משום הנאה בלבד, אלא לשיטת אביי המריח נחשב כאילו היה שותה (או אוכל, רא"ה) מגופו של האיסור. ומשום כך נאסר גם כאשר אינו מתכוון ליהנות ממנו, כדין כל האוכל מאכל אסור, שגם אם היה בגדר מתעסק בלבד אסור (וכן הסביר הרשב"א כי אף שמצאנו כי אביי מתיר ליהנות בלא מתכוון מריח של בשמי עבודה זרה, לדעתו אין ריחא מילתא אלא בדבר הנאכל, אבל לא בדבר שאינו עשוי לאכילה. ורמב"ן הסביר כי כאן מדובר בשאיפה ישירה של אדי היין אל קרבו, ולא בריח המתפזר באויר).

ריחא לאו מילתא וכתב רמב"ן כי אף שבמקומות אחרים מבואר כי הנאה של ריח אסורה היא לדעת הכל כאשר אדם מתכוון אליה, או כאשר יכול להימנע ממנה ואינו נמנע, גם אם אינו מתכוון — אין הדברים אמורים אלא בדבר שעשוי בעיקרו לריח, כגון חנויות של עבודה זרה המעוטרות בבשמים (לעיל יב,ב), אבל בדבר שעשוי לאכילה ולא להרחה — אין הריח עצמו נחשב דרך הנאתו, ולכן אינו אסור. ואילו הרי"ד הסביר כי רבא מגדיר ריח כדבר האסור רק כאשר הוא חשוב דיו כדי לברך עליו ברכת הבשמים, והואיל ואין ברכה על ריחו של יין, ממילא אין להחשיב את ריחו של יין נסך כדבר של ממש לאוסרו. ועוד הסבירו בתוס' שאף שמצאנו שיש איסור בהנאה של ריח מזילוף של יין נסך — כאן מדובר באופן שהריח נכנס לגופו בריכוז גבוה ומזיק לו. והראשונים עסקו הרבה בהשוואת סוגיה זו (שלכאורה כיון שהיא מחלוקת אביי ורבא הלכה כרבא, וריחא לאו מילתא) עם סוגיות אחרות העוסקות באיסור שמחמת הריח, הן בדברי אביי ורבא עצמם, הן בדברי תנאים ואמוראים אחרים. וראה רמב"ן שכתב כי אף שלעיקר הדין ריחא לאו מילתא, מכל מקום לענין בשר וחלב החמירו גם בענין ריח, משום שהוא היתר בהיתר ואנשים אינם בדלים ממנו.

הפת מותרת כלומר, מותרת לכל, לא רק לכהנים. ואף שנמצא נהנה מחמת הכמון של תרומה שהוסק בו התנור, אין בכך כלום, לפי שאין התרומה אסורה אלא באכילה, אבל מותר ליהנות ממנה (רש"י). ובתוס' כתבו שאין לומר כאן ש"שבח עצים בפת", משום שלא אסרו שבח עצים אלא במקום שהדבר אסור בהנאה, ולא באיסור אכילה.

לרבא ודאי תנאי שהרי ר' מאיר אוסר את הפת, ואין מקום להסביר איסור זה אלא משום הריח שנבלע בה.

מי לימא תנאי כי אביי יכול להסביר שר' יהודה מתיר את הפת משום שבלחם אין ריח היין נכנס היטב, מה שאין כן בבת תיהא שודאי נכנסים אדי היין לגופו.

בפת חמה וכו' ר"ת בספר הישר סבור שדברי ריש לקיש מוסכמים על הכל. ומה שהתיר רבא בבת תיהא הריהו משום שמעיקרו אין המריח מתכוין כלל לשם הנאה אלא רק לצורך בדיקה. ואילו הרי"ד סבור שצריך לומר שרבא אינו מקבל את דברי ריש לקיש אלא מסביר את המשנה כמשמעה.

אורח ההלכה

ריחיה חלא וטעמיה חמרא יין שהחמיץ קצת ויש בו טעם יין אבל ריחו כחומץ — נחשב ליין לכל דבר, ומברכים עליו "בורא פרי הגפן". וכן אפשר לעשות עליו קידוש, אף כי מצוה לבחור יין משובח לקידוש. (רמב"ם ספר זמנים הלכות שבת פכ"ט הי"ז. שו"ע או"ח רד, ג. ושם רעב, ג).

בת תיהא גוי שהריח ביין של ישראל אינו אוסרו. ומותר לשאוף בפיו ריח יין נסך דרך נקב בחבית כדי לעמוד על טיבו אם הוא טוב (משום שאינו מתכוון ליהנות מריח היין. כס"מ. ולפי הגר"א — משום שהוא מזיק). וכתב רמ"א שאסור לזלף יין נסך, מפני שהוא אסור בהנאה, אבל מותר לזלף סתם יינם שאינו אסור בהנאה (וראה ש"ך). (רמב"ם ספר קדושה הלכות מאכלות אסורות פי"ג הי"ד. שו"ע יו"ד קח, ה. וראה עוד שם סעיף ז).

ריחא לאו מילתא לכתחילה אין צולים בשר אסור עם בשר מותר בתנור אחד, ובדיעבד צלאם — מותר. שהלכה כלוי במסכת פסחים שריחא לאו מילתא, ורבא סבור כמותו. אלא שכדברי הרי"ף אף לוי לא התיר אלא בדיעבד. וראה בפרטי הדברים באריכות ברמ"א. (רמב"ם שם פט"ו הל"ג. שו"ע שם סעיף א ובהגהה).

תנור שהסיקו בכמון תרומה תנור שהסיקו בכמון של תרומה ואפה בו את הפת — הפת מותרת, לפי שאין בה טעם הכמון אלא ריחו בלבד, ואין הריח נחשב. (רמב"ם ספר זרעים הלכות תרומות פט"ו הי"ד).

הרודה פת חמה הרודה פת חמה ונתנה על פי חבית של תרומה, אם היתה פת חיטים הריהי מותרת. ופת שעורים אסורה, מפני שהיא שואבת מן היין. ופסק הרמב"ם כדעת ר' יוסי, ולא חילק בין חבית פתוחה וסתומה, שלדעתו אין בריח ממש.

ובשו"ע כתב כי פת חמה המונחת על גבי חבית פתוחה של יין נסך (כנגד המגופה. רמ"א) הרי זו אסורה. ואם היתה הפת צוננת, אפילו אם היתה החבית פתוחה — מותר, וכן אם היתה הפת חמה והחבית סתומה — מותר. ודין זה בפת חיטים, אבל פת שעורים אסורה אם היתה חמה אפילו כשהניחוה על חבית סתומה (והוא הדין פת שעורים צוננת על גבי חבית פתוחה. ש"ך עפ"י סוגייתנו). וכפי שהסביר ריש לקיש. (רמב"ם שם הי"ג. שו"ע יו"ד קח, ד).

מסורת הש"ס

א. ב"ב צו,א.
ב. שם.
ג. שם. וראה פסחים כה,ב.
ד. משנה תרומות פ"י מ"ד.
ה. משנה תרומות פ"י מ"ג. משנה מכשירין פ"ג מ"ג. פסחים עו,ב.

גרסות

וטעמא חמרא חלא... וטעמא חמרא חמרא בכתי"ס ובדומה לכך יש במקורות: **וטעמיה חמרא חלה ובתר ריחא אזלינן... וטעמיה חמרא חמרא בתר טעמא אזלינן** וראה ברי"ד.

בדישראל... בדגוי בכתי"מ ועוד: **לישראל... לגוי.**

אביי אמר אסור ורבא אמר מותר בכתי"מ משפט זה חסר.

שאין טעם כמון בכתי"ס: **שאין בו טעם כמון** ובב"ח: **שאין בה טעם כמון.**

אלא ריחא בכת"י: **אלא ריח.**

ונתנה על פי חבית של יין של תרומה בכתי"מ: **והניחה על פי חבית של יין תרומה.**

ולא כלום הוא בכת"י: **לאו מילתא היא.**

לרבא ודאי תנאי בכתי"ס: **לרבא תנאי.**

לאו מי איתמר עלה בכת"י: **ולאו איתמר עליה.**

לשון

תיהא
משמעות שורש המלה היא לבחון ולבדוק בכלל. ויש סבורים שיש למלה משמעות מוגדרת יותר — לבחון ולהבין בטיבו של יין. לפעולה זאת, של בדיקת היין על ידי טעימה והרחה, נודעת משמעות חשובה כדי לפקח על שלבי התקדמות ייצורו של היין בשלבים השונים, ובתקופות שונות השתמשו בכלים שונים ובאופנים שונים לשם כך. וראה בעיונים.

מסורת הש"ס

א. ראה ירושלמי תרומות פ"י ה"ב.

ב. ע"ז סח,א. וראה ירושלמי שם ה"א. שם ערלה פ"ב ה"ד.

ג. ירושלמי ע"ז פ"ה ה"ג (בשינוי).

ד. ראה ירושלמי ערלה פ"ב ה"ה.

ה. ירושלמי ערלה פ"ב ה"ה. שם נזיר פ"ו ה"א.

גרסות

והא דידי נמי בכתי"י: והאי לדידי.

ולבסוף פגם בכתי"מ ובב"ח: ולבסוף פוגם.

וקוראין אותם שחליים בכתי"מ: והיו קורין אותו שיחליים בכתי"ס: והיו קוראין אותו קדרת שחלים.

לא שיאמרו בכתי"מ: אין אומרין.

אלא השתא מיהא הא פגימה בכתי"מ: השתא מיהת מיפגם פגם בכתי"ס: אלא השתא מיהא הא פגימה וקימה.

אסור לוקין עליו בכת"י ועוד: אסור ולוקין עליו.

דִּבְרֵי הַכֹּל אֲסוּרָה שוודאי ספגה מריח היין, בְּפַת צוֹנֶנֶת וְחָבִית מְגוּפָּה — דִּבְרֵי הַכֹּל מוּתֶּרֶת הפת, לֹא נֶחְלְקוּ אֶלָּא בְּפַת חַמָּה וְחָבִית מְגוּפָּה, או בְּפַת צוֹנֶנֶת וְחָבִית פְּתוּחָה. וְהָא דִּידִי [וזו שלי] כלומר, הדין שאני אוסר בו, בבת תיהא, נַמִּי [גם כן] כְּפַת חַמָּה וְחָבִית פְּתוּחָה דָּמֵי [נחשב], והכל מודים שהוא אסור.

א שנינו במשנה: זֶה הַכְּלָל, כָּל שֶׁבַּהֲנָאָתוֹ בְּנוֹתֵן טַעַם לשבח הריהו אוסר. אבל כל שנותן טעם לפגם, כגון חומץ של איסור בגריסים — אינו אוסר. אָמַר רַב יְהוּדָה אָמַר שְׁמוּאֵל: הָכִי הִלְכְתָא [כך היא ההלכה]. וְעוד אָמַר רַב יְהוּדָה אָמַר שְׁמוּאֵל: לֹא שָׁנוּ אֶלָּא שֶׁנָּפַל החומץ לְתוֹךְ גְּרִיסִין רוֹתְחִין, שאז טעמו פוגם, אֲבָל אם נָפַל לְתוֹךְ גְּרִיסִין צוֹנְנִין הרי אז החומץ משביח טעם הגריסין, וְגם אם אחר כך הִרְתִּיחָן (חימם את התערובת), נַעֲשָׂה כְּמִי שֶׁהִשְׁבִּיחַ מתחילה וּלְבַסּוֹף פָּגַם, וְאָסוּר, לפי שמתחילה היה טעמו בהם לשבח. וְכֵן כִּי אֲתָא [כאשר בא] רָבִין מארץ ישראל מסר כי כך אָמַר רַבָּה בַּר בַּר חָנָה אָמַר ר' יוֹחָנָן: לֹא שָׁנוּ אֶלָּא שֶׁנָּפַל לְתוֹךְ גְּרִיסִין רוֹתְחִין, אֲבָל נָפַל לְתוֹךְ גְּרִיסִין צוֹנְנִין וְהִרְתִּיחָן, נַעֲשָׂה כְּמִי שֶׁהִשְׁבִּיחַ וּלְבַסּוֹף פָּגַם, וְאָסוּר. וְכֵן כִּי אֲתָא [כאשר בא] רַב דִּימִי אמר כן בשם ר' יוחנן. ועוד הוסיף: וְכָךְ הָיוּ עוֹשִׂין בְּעַרְבֵי שַׁבָּתוֹת בְּצִיפּוֹרִי בגריסין וחומץ, וְקוֹרְאִין אוֹתָם בלשון שבח שַׁחֲלַיִים.

ב אָמַר רֵישׁ לָקִישׁ: נוֹתֵן טַעַם לִפְגָם שֶׁאָמְרוּ שאינו אוסר, הגדרתו היא — לֹא שֶׁיֹּאמְרוּ על מאכל זה: קְדֵירָה זוֹ חֲסֵירָה מֶלַח, או יְתֵירָה מֶלַח, חֲסֵירָה תַּבְלִין, או יְתֵירָה תַּבְלִין, ובגלל זה נפגם טעמה על ידי האיסור. אֶלָּא איזהו טעם לפגם? כָּל שֶׁאֵין קדירת התבשיל חֲסֵירָה כְּלוּם מלח או תבלין, וְאֵינָהּ נֶאֱכֶלֶת רק מִפְּנֵי איסור זֶה שפגמה. וְאִיכָּא דְּאָמְרִי [ויש שאומרים] בלשון אחרת, ולהקל: אָמַר רֵישׁ לָקִישׁ: נוֹתֵן טַעַם לִפְגָם שֶׁאָמְרוּ, אֵין אוֹמְרִין: קְדֵירָה זוֹ חֲסֵירָה מֶלַח, יְתֵירָה מֶלַח, חֲסֵירָה תַּבְלִין, יְתֵירָה תַּבְלִין, ומפני זה גרם האיסור לתבשיל שייפגם. אֶלָּא הָשְׁתָּא מִיהָא הָא פְּגִימָה [עכשיו הרי היא פגומה] וכיון שבפועל היא פגומה הרי זה מותר.

ג ועוד בענין איסור שנתערב בהיתר. אָמַר ר' אַבָּהוּ אָמַר ר' יוֹחָנָן: כָּל שֶׁטַּעְמוֹ וגם מַמָּשׁוֹ של האיסור ניכר בהיתר — אָסוּר לאכילה וְלוֹקִין עָלָיו, וְזֶהוּ שקיבלנו במסורת, שהאוכל כְּזַיִת מתערובת האיסור בִּכְדֵי אֲכִילַת פְּרָס, שיש בתערובת שיעור זה של חצי ככר לחם ("פרס") נחשב כאילו היה אוכל מן האיסור עצמו.

עיונים

בפת חמה וכו' מן הגמרא נראה כי פת חמה שואבת את הריח יותר מפת אחרת, ולפיכך היה מקום לדון בה במיוחד. אכן, בתלמוד הירושלמי (מסכת תרומות) הובא גם שיקול הפוך, שפת חמה, מפני ההבל שיש בה הריהי כובשת את ריח היין, ואינה מניחה לו לעלות ולהיכנס בה.

הכי הילכתא כתבו ראשונים כי הוצרך לפסוק הלכה כשיטה זו (אף שהיא סתם משנה, וכרגיל הלכה כסתם משנה, ובפרט שלא נזכר חולק על דעה זו במשנתנו) משום שטעמו של ר' מאיר האוסר בברייתא להלן (עמוד ב) אף בנותן טעם לפגם מסתבר, וראה להלן בענין זה.

נעשה כמי שהשביח וכו' בתוס' תהו על הלשון "נעשה", שהרי כך היא המציאות שמדובר עליה כאן, שהוא משביח ולבסוף פוגם. ותירצו כי עיקר השבח הוא שנותן לתוכם את החומץ לאחר שמרתיחים ומצננים (כך הסביר מהר"ם, וכן הוא ברי"י מפאריס). וראה להלן בתו"ח שלא הבין כך). ובדומה לכך הסביר הריטב"א כי אין הכוונה שהגריסים משביחים ממש בתחילתם, אלא לומר שאינם נפגמים. וראה גם בחת"ס שהסביר כי כאן מדובר בגריסים חיים שנפל עליהם חומץ, שהוא אינו פוגם את טעמם, אף שעדיין אינם ראויים לאכילה, ולכן הרי זה רק "נעשה כמי שהשביח". ואילו בתו"ח הסביר כי כאשר הוא אוכל את הגריסים בחומץ כשהם רותחים הריהו מגלה דעתו שהחומץ לא השביח את הגריסים מתחילה, ואם כן אין זה ממש משביח. ובפשטות יש להבין כי "השביח ולבסוף פגם" הוא במה שנעשה פגום מעצמו במשך הזמן, שיש מקום לומר שהוא מוגדר כנותן טעם לפגם, כיון שבסופו של דבר הריהו פוגם. אבל מקרה זה שונה, שהרי אם לא ירתיח את הגריסים לא ייפגם טעמם על ידי החומץ, ואם כן הוא מה שנאמר כאן "נעשה", שמכל שכן שהוא אסור (ראה במאירי).

ולבסוף פגם ואסור וכתב הרמב"ם שהוא הדין אם פוגם ולבסוף הוא משביח אינו נחשב כנותן טעם לפגם, שאין נחשב נותן טעם לפגם אלא אם כן היה זה מתחילה ועד סוף. וראה בתו"ח שהבין כי גם כאן, אם יצטננו הגריסים לאחר שנפל בהם החומץ כשהם רותחים הריהם משביחים. ותמה לפי זה: מדוע אין הם נאסרים כשנפל בהם החומץ, והרי עתידים הם להשביח כשיצטננו! והסביר שכאן מדובר במי שאוכל הגריסים בעודם חמים, ומה שנאמר שיתן פגם מתחילה עד סוף, כוונתו מזמן נפילת האיסור עד זמן האכילה. וכיוצא בזה כתב המאירי, שתבשיל שדרכו להיאכל קודם שיצטנן הריהו מותר עד שיצטנן. אכן, מדברי רש"י משמע שמשעה שנפל החומץ לתוך הגריסים כשהם רותחים — שוב אינו משביח את טעמם. וראה באורח ההלכה.

וכן היו עושין בערבי שבתות ר"י מפאריס מביא בשם רש"י שלאחר שנתנו חומץ לגריסים הצוננים היו טומנים אותם (ולכן הוזכרו ערבי שבתות) והחום היה משביח אותם (וכן הובא באו"ז בשם רשב"ם כי לאחר שנתנו חומץ לגריסים היו מרתיחים אותם). והתקשה בכך, שהרי כאמור הרתחת הגריסים בחומץ פוגמת אותם. והוא הסביר כי הכוונה היא שהיו שורים אותם לילה שלם בחומץ, בלא הטמנה. וכן ברש"י לפנינו מוסבר שהובא מעשה זה כדי להוכיח שהחומץ משביח את הגריסים. אלא שכאמור לעיל, יש שעיקר השבחת הטעם בגריסים הוא כשהצטננו לאחר שהורתחו בחומץ, ונראה שכך הבינו את דרך העשייה בציפורי.

וקוראין אותם שחליים ודאי שאין גריסים עצמם קרויים שחליים, שהרי הם מין ירק לעצמו. אלא היו קוראים אותם כך לשבח, שטעמם הוא כטעם שחליים שדרכם היתה לאוכלם בחומץ (תוס').

לא שיאמרו הראשונים כולם מסכימים כי שתי הלשונות של ריש לקיש שונות בתוכנן, שלשון ראשונה באה להחמיר ולמעט בהחלת הכלל שנותן טעם לפגם מותר, ואילו הלשון השניה באה להקל, אלא שנחלקו בפירוש המדוייק של הדברים. מדברי רש"י משמע כי מדובר כאן בתבשיל שטעמו נפגם במקצת על ידי האיסור, ואולם לפי הלשון הראשונה רק אם ברור לנו כי האיסור לבדו פגם את טעמו הרי זה מותר, אבל לא במקרה בו ניתן היה לייחס את הפגם שפגם האיסור לתוספת או לחסרון של תבלין (כן נראה מן התוס'). בעוד שלפי הלשון השניה הכיוון הוא הפוך, שאין מייחסים את הפגם שפגם האיסור לחסרון או לתוספת של פרט אחר, ואין מתחשבים בכך, אלא כיון שבפועל נפגם המאכל מחמת האיסור הרי זה מותר. והרי"ד מסביר כי ההבחנה אינה האם יש מקום לתלות או לא לתלות את פגמו של האיסור בחסרון או בתוספת התיבול, אלא מדובר במקרה בו ידוע לנו שהתבשיל היה פגום קודם שנפל לתוכו האיסור, שלפי הלשון הראשונה כיון שהתבשיל כבר היה פגום אין מתחשבים במה שפגם האיסור (גם אם היה יכול לפוגמה בעצמו), ואילו ללשון השניה אין חוששים לכך שהתבשיל כבר היה פגום. וראה להלן בשיטת הריטב"א שהסביר כי בדין נותן טעם לפגם אין מדובר על מקרים בהם מורגשת ממש פגימה בטעמו של התבשיל, אלא על הערכה שאילו היה האיסור מרובה היה פוגם בטעמו. ולפי דרך זו נמצא גם פירוש הדברים כאן שונה.

ואינה נאכלת כתב רש"י ש"אינה נאכלת" אינו דווקא, שאפילו דבר שעדיין ניתן לאכילה, כל שטעמו נפגם — הרי זה בגדר "נותן טעם לפגם". אכן, הראב"ד רוצה להסביר כי "אינה נאכלת" הוא כמשמעו, שרק אם היה הפגם גורם שאי אפשר לאכול את התערובת רק אז הוא נחשב כנותן טעם לפגם. אבל ראה ברמב"ן ועוד רבים שדחו את דבריו, שאינם כשיטת התלמוד. וכתב הריטב"א יתר מכן, ש"נותן טעם לפגם" פעמים אינו דבר הניכר בטעם לכל אדם, שהרי "קדירה שאינה בת יומה" נחשבת כנותן טעם לפגם, אף שרוב בני אדם אינם חשים בכך. אלא מדובר בדבר שאנו יודעים שטעמו אינו נאות לתבשיל, ואילו היה מרובה היה פוגם את טעמו. וראה בעמוד הבא.

שטעמו וממשו אסור וכאן מדובר בדבר איסור שנתערב בהיתר, ולא נימוח בתוכו (שהוא "טעמו ולא ממשו" האמור להלן, שאינו אסור מן התורה) (רש"י). אבל אחרים סבורים כי אף כאן מדובר באיסור שנימוח בהיתר (ראה מאירי ולהלן. וראה בחת"ס). וכתב הריטב"א שהוצרך לומר "טעמו", למרות שאם ממשו נמצא בוודאי שגם טעמו שם, כי על ידי כך מבואר שמדובר כאן במין שנתערב בשאינו מינו, שטעמו ניכר בתערובת. אבל מין במינו בטל מדין תורה ברוב בכל מקרה.

אכן, רבינו תם חולק על רש"י וסבור כי במין בשאינו מינו יש איסור מן התורה ולוקים עליו אף אם היה רק טעמו של האיסור (ראה באריכות בתוס' ועוד). ולפיכך הוא מפרש שמדובר כאן לענין מין במינו, ומה שהוזכר כאן "טעמו וממשו" כוונתו שהאיסור ניכר לעין, שבמקרה זה לוקים על מין במינו. וראה בתוס' ר"י מפאריס, שהגרסה שלפנינו "כל שטעמו וממשו אסור לוקין עליו" היא גרסת רבינו תם, שמחק לשיטתו את הו' של "ולוקין", שעמדה לפני שאר הראשונים. והוא סבור שאין כל חידוש בהלכה זו, ולא הובאה אלא אגב ההלכה הבאה, המלמדת כי אם אין האיסור ניכר, הרי אף שיש בו כזית בכדי אכילת פרס — אין לוקים עליו, לפי שמין במינו בטל ברוב מן התורה.

וזהו כזית וכו' כלומר, ובמקרה כזה, שממשו של האיסור קיים, נאמר שלוקה על כזית בכדי אכילת פרס (רש"י). אבל ראשונים אחרים פירשו כי הכוונה היא שזאת היא היא הגדרת "טעמו וממשו" (ראב"ד, וכן נראית דעת רבינו אליהו בתוס' בעמוד הבא, ועוד).

כזית בכדי אכילת פרס הלכה למשה מסיני היא שלוקים על איסור לא רק כאשר אוכלים אותו בעינו ובבת אחת, אלא גם כאשר יש שיעור (כזית) הנאכל תוך כדי אכילת פרס (חצי ככר לחם, ששיעורה שלוש ביצים לדעת הרמב"ם, ולדעת רש"י ארבע), הן בתערובת עם דברים אחרים, או באכילת אותו כזית במשך זמן זה. שאם היה כזית ביותר מכדי שיעור זה — הרי זו נחשבת כשתי אכילות נבדלות, שאינן מצטרפות יחד לשיעור של חיוב. ויש הסבורים כי הכוונה היא שאם אכל כזית מתערובת זאת (גם אם לא אכל כזית מן האיסור) — הרי זה לוקה, לפי שבמקרה כזה נהפכה כל התערובת לאיסור (רבינו חיים, ראה ברא"ש חולין פרק ז' סי' לא).

אורח ההלכה

נפל לתוך גריסין צוננין חומץ יין של גוים שנפל לתוך גריסין רותחים — הריהו פוגמם, ומותרים. אבל אם נפל לתוך גריסים צוננים הריהו משביח את טעמם, ואסורים אפילו לאחר שמרתיחם ונעשה כטעם לפגם. וכדברי שמואל ור' יוחנן. (שו"ע קלד, ח).

השביח ולבסוף פגם חומץ שנפל על גריסים צוננים, למרות שהרתיחם ונפגמו בכך הריהם אסורים. לפי שמה שאמרו שנותן טעם לפגם מותר, הוא דווקא שיהא פוגם מתחילה עד סוף, אבל אם השביח ולבסוף פוגם הרי זה אסור. והוא הדין אם פגם בתחילה וסופו להשביח (ודווקא לאחר שהשביח, אבל בעודו פגום הוא מותר. ש"ך). ונחלקו המפרשים מה יהא הדין בחומץ שנפל לגריסים רותחים ונצטנן (ראה ט"ז ועוד). (רמב"ם ספר קדושה הלכות מאכלות אסורות פט"ו הכ"ח. שו"ע יו"ד קג,ב. וראה גם שם צח,א).

קדרה זו חסירה מלח וכו' אפילו אין האיסור פוגם אלא על ידי דבר אחר שמסייעו, כגון שנפל איסור לקדרה שיש בה מלח או תבלין, ואלמלא המלח או התבלין לא היה האיסור פוגם — מכל מקום הרי זה נותן טעם לפגם ומותר (וכן להיפך, שהאיסור פוגם מפני שאין שם מלח, ואילו היה מלח לא היה פוגם, כיון שעכשיו הוא פוגם — הרי זה כנותן טעם לפגם ומותר. ש"ך). כלשון שניה של ריש לקיש. (שו"ע שם קג, ג).

כל שטעמו וממשו אסור דבר אסור שנתערב בדבר מותר, אם היה זה מין במינו שאי אפשר לעמוד על טעמו — בטל מן התורה ברוב. ואם היה זה מין בשאינו מינו, כגון חלב (שומן) אסור שנפל לתוך גריסים ונימוח בהם, אם לא נמצא בהם טעם חלב — הרי הם מותרים, ואם נמצא בהם טעם חלב ולא היה בהם ממשו — הרי אלו אסורים מדברי סופרים, ואם נמצא בהם גם ממשו — הרי אלו אסורים מן התורה. כיצד הוא ממשו של איסור? כגון שנפל כזית איסור לתוך שלוש ביצים של היתר ונתערב בהיתר. אם אכל מן התערובת הזו כשלוש ביצים הרי זה לוקה — שהרי טעם טעם האיסור וממשו. אבל אם אכל פחות מכשלוש ביצים, שלא היה זית איסור בתערובת, או שלא היה בתערובת כזית אלא טעמו של האיסור ניכר בהם — אינו לוקה אלא מכת מרדות. (רמב"ם שם ה"א—ג. שו"ע שם צח, א—ב).

דברי הכל אסורה ^אבפת צוננת וחבית מגופה דברי הכל מותרת לא נחלקו אלא בפת חמה וחבית מגופה בפת צוננת וחבית פתוחה והא דידי נמי כפת חמה וחבית
א פתוחה דמי: זה הכלל כל שבהנאתו בנותן טעם כו': אמר רב יהודה אמר שמואל הכי הלכתא ואמר רב יהודה אמר שמואל לא שנו אלא שנפל לתוך גריסין רותחין ^אאבל נפל לתוך גריסין צוננין והרתיחן ^בנעשה כמי שהשביח ולבסוף פגם ואסור וכן כי אתא רבין אמר רבה בר בר חנה ^גאמר ר' יוחנן לא שנו אלא שנפל לתוך גריסין רותחין אבל נפל לתוך גריסין צוננין והרתיחן נעשה כמי שהשביח ולבסוף(א) פגם ואסור וכן כי אתא רב דימי כו' וכך היו עושין בערבי שבתות
ב בציפורי וקוראין אותם שחליים ^דאמר ריש לקיש נותן טעם לפגם שאמרו לא שיאמרו קדירה זו חסירה מלח יתירה מלח חסירה תבלין יתירה תבלין אלא כל שאין חסירה כלום ואינה נאכלת מפני זה ואיכא דאמרי אמר ריש לקיש נותן טעם לפגם שאמרו אין אומרין קדירה זו חסירה מלח יתירה מלח חסירה תבלין יתירה תבלין אלא
ג ^ההשתא מיהא הא פגמה ^האמר ר' אבהו אמר רבי יוחנן ^יכל שטעמו וממשו אסור (*לוקין) עליו וזהו כזית בכדי אכילת פרס טעמו

רש"י

דברי הכל אסורה. דודאי עייל בה ריחא: **ואלו לידי.** הא בת תיהא דאסרנא כפת חמה וחבית פתוחה דמי: **הכי הלכתא.** דנותן טעם לפגם מותר: חומץ פוגם גריסין רותחין ומשביח את הצונן: **והרתיחן.** על האור אחר שנפל החומץ לתוכן: **וכן היו עושין.** נותנין חומץ לתוך הגריסין צונן והיה משביחין ורב דימי קאמר לה: **לא שיאמרו כו'.** חומרא היא כלומר לא שיוכלו לתת פגם בתבשיל מחמת דבר אחר כגון שתהא חסירה מלח או יתירה דאם נפגם מחמת דבר אחר אין תולין הפגם באיסור ואסור: **אלא.** איזהו טעם לפגם שמותר: **כל שאינה חסירה.** שום תקון ואינה נאכלת מפני זה כלומר ואיסור זה פוגם טעמה ואינה נאכלת לאו דוקא דכיון דפגימתה פורתא קרי לה אינה נאכלת: **ואיכא דאמרי.** דריש לקיש לקולא: **נותן טעם לפגם שאמרו אין אומר כו'.** כלומר אין תולין הפגם בדבר אחר לומר חסירה היא מלח ואילו היתה כתיקונה לא היה זה האיסור פוגמה שהמלח היה מבטל את פגימת טעם האיסור ומתקנו אלא כיון דטעם האיסור פוגמה עכשיו כמות שהיא הוי פגם ומותר: **כל שטעמו וממשו** (ג)**לוקין עליו וזהו כזית בכדי אכילת פרס.** ועל כגון זה נאמר שיעור כזית בכדי אכילת פרס הלכה למשה מסיני שאם יש בכשיעור פרס של תבשיל כזית מן האיסור לוקין עליו אע"פ שאין כזית של איסור נאכל בבת אחת כיון דאינו שוהה באכילתו משהתחיל לאוכלו עד שגמרו אלא כדי אכילת פרס מצטרפת אכילתו ולוקה [נ"ל ולוקין] אבל אם אין בכדי אכילת פרס של תבשיל איסור הואיל ושוהה באכילתו כזית יותר מכדי אכילת פרס הוו להו כשתי אכילות של שני ימים ואין לוקין דקים להו לרבנן דאכילת פרס הוי שיעור שהיית אכילה ופרס היא חצי ככר של עירובי תחומין ושיערו חכמים ככר מג' לקב חציה לבית המנוגע שנאמר בה והאוכל בבית יכבס בגדיו פרשוהו חכמים לשוהה בה שיעור אכילה כדתניא והאוכל בבית והשוכב בבית אין לי אלא שוכב ואוכל לא אוכל ולא שוכב מנין תלמוד לומר יכבס את בגדיו ריבה אם כן מה תלמוד לומר האוכל והשוכב ליתן שיעור לשוכב כדי אכילה וכמה היא אכילה כדי אכילת פרס והוא ארבע בילים:

תוספות

אמר רב יהודה אמר שמואל הכי הלכתא. ה"ג בספרים וכן נראה מדאמר בסמוך מדברי כולן נלמוד נותן טעם לפגם מותר ומאי מדברי כולן וכי משום דמפרשינן למתני' ליהוו סברי לה אלא מדגר' הכי הלכתא נימא(ג) מדר' יהודה שמעי' בהדיא וכן מדר' יוחנן בהדיא בסמוך דקאמר אם ריבה נותן טעם לפגם מותר ומסתמא רבה בר בר חנה ורב (*אידי) [נ"ל דימי] נמי שבאו לפרש המשנה כמו כן אזלי בשיטתייהו: **נעשה כמי שהשביח כו'.** תימה אמאי נקט האי לישנא דהא ודאי משביח הוא וי"ל לפי שעיקר השבח לא הוי עד לאחר שירתיחו ויצננו: **וקוראין אותו שחליים.** לפי שהיו רגילין להניח בו חומץ כמו בשחליים כדאמרינן לעיל* [דף ל: ושם ד"ה השחלים] גבי *(תחלי) [נ"ל שחלים] אי איכא בהו חלא מיגרי בהו ואשמעינן רב דימי שהיה משביח מן החומץ: **אמר ריש לקיש נ"ט לפגם.**(ד) לא שיוכל לומר שהקדירה נפגמת מחמת דבר אחר כו' להאי לישנא קמא הוי לחומרא וה"ק מה שהתירו חכמים פגם לא איירי בפגם שיש לתלותו בדבר אחר כגון בחסרון מלח או ביתרון כי אותו פגם ודאי לא התירו כמו שאילו היתה כתקונה ממלח ותבלין היה האיסור נותן בהם טעם לשבח אלא איזהו פגם שמותר כל שאינה חסירה כלום ואינה נאכלת מפני זה פירוש שהאיסור פוגמה ואינה נאכלת לאו דוקא שאינה נאכלת כלל אלא כלומר שנפגמת ואיכא דאמרי אמר ר"ל נותן טעם לפגם שאמרו אין אומר קדירה זו דלקולא קאמר וה"ק אין תולין הפגם בדבר אחר כדי לאסור שיאמרו אין הפגם מחמת האיסור אלא מחמת יתרון או חסרון מלח ואילו היתה כתקונה לא היה האיסור פוגמה ואסור אין אומרין כך אלא כיון שהיא פוגמת עכשיו כמו שהיא בין שתהא חסירה או יתירה מלח מותר: **א"ר יוחנן כל שטעמו וממשו אסור ולוקין עליו טעמו ולא ממשו אסור ואין לוקין עליו.** פי' רש"י בפרק גיד הנשה (חולין דף צח:) מכאן דטעם כעיקר לאו דאורייתא ופי' כגון(ה) חלב שנפל לתוך בשר או חלב שנפל נימוח שאין ממשו בעין ואין נראה מה שפי' רש"י חלב שנפל לתוך בשר דאפילו לפירוש רש"י דטעם כעיקר לאו דאורייתא מודה בבשר בחלב דהוי דאורייתא דדרך בישול אסרה תורה כדאמר בשמעתא דטיפת חלב כו' פ' כל הבשר (דף קח.) ועוד דהאוכל בשר בחלב אוכל ממשו של איסור כשאוכל הבשר כדאמר פרק כל הבשר (שם)(ו) אלא צריך לומר כגון חלב נימוח שנפל ונבלע לתוך הבשר דליכא רק טעם בעלמא וטעם לאו דאורייתא *מדקאמר אביי שמע מינה טעמו ולא ממשו דאורייתא דאי סלקא דעתך דרבנן מבשר בחלב אמאי לא גמרינן דחידוש הוא אי חידוש אע"ג דליכא טעמא נמי משמע דכי נמי ליתא בעלמא אלא מדרבנן גבי בשר בחלב הוי דאורייתא והכי הלכתא כר' יוחנן וכן משמע בפרק כל הבשר בשמעתא דטיפת חלב דאמר אביי טעמו ולא ממשו דאורייתא דאי מדרבנן וכו' ורבא אמר דרך בישול אסרה תורה משמע דסבר רבא טעמו ולא ממשו דהיינו טעם כעיקר לאו דאורייתא והלכתא כרבא לגבי אביי ועוד ראיה מפרק גיד הנשה דקאמר גבי זרוע בשלה דאיל נזיר(ז) והוא היתר מכלל איסור כזה שהתיר הכתוב לבשל הזרוע עם האיל ואמר רבא לא נצרכא אלא לטעם כעיקר דבקדשים אסור מכל אשר יגע בבשרה יקדש וגבי זרוע בשלה מדנקט רבא טעם כעיקר בקדשים אסור משמע הא בחולין שרי וקרא דגיעולי גוים שלוה הכתוב להגעיל כלי מדין אע"פ שלא היה בהם רק טעם מיניה לא גמרינן דחידוש הוא דהא אפי' קדירה בת יומא א"א דלא פגמה פורתא ואפ"ה אסרה רחמנא אלמא חידוש הוא אלא לא גמרינן מיניה ואע"פ דבפרק אלו עוברין בפסחים (דף מד:) מייתי קרא דמשרת ענבים גבי טעם כעיקר לאו דרשא מדאורייתא היא אלא אסמכתא בעלמא ולעולם טעם כעיקר לאו דאורייתא כך שיטת רש"י ולא נראה לר"ת דהא ר' יוחנן אית ליה דר"ע פרק אלו עוברין (שם דף מד:) דיליף טעם כעיקר מגיעולי גוים ואין לומר דאסמכתא בעלמא היא דהא פריך התם והאי משרת מצטרף לאיסור הוא דאתא האי מיבעי ליה לטעם כעיקר מדפריך הכי בהדיא אלמא דרשא גמורה היא דהא ר"ע מוכח מיניה היתר לאיסור לחייב מלקות לנזיר ששרה פתו ביין ויש בו להצטרף מפת ומיין ורבנן מוכחים מיניה טעם כעיקר וכי היכי דלר"ע הוי דרשא גמורה גבי היתר מצטרף לאיסור מדחייב עליה מלקות ה"נ לרבנן הוי דרשא גמורה מדאורייתא דטעם כעיקר דאורייתא וההיא דפרק כל הבשר (חולין דף קח.) דאמר רבא דרך בישול אסרה תורה דמשמע דפליג על אביי ויסבור דטעם כעיקר לאו דאורייתא כדפרישית לפי שיטת רש"י לא היא אלא ודאי גם רבא ס"ל דטעם כעיקר דאורייתא דבפרק התערובות (זבחים דף עט.) קאמר רבא *אימור דאמרי רבנן רובא ובטעמא וכי היכי דברובא הוי דאורייתא מאחרי רבים להטות ה"נ בטעמא והתם בפרק כל הבשר ה"ק רבא לאביי מבשר בחלב לא תוכל להוכיח טעמו ולא ממשו דאורייתא דהיינו טעם כעיקר משום דבשר בחלב דרך בישול אסרה תורה ודחויא בעלמא הוא אבל ודאי טעם דאורייתא כדאמר ליה בפסחים (דף מד:) ממשרת ענבים והיא דפרק גיד הנשה (חולין דף צח:) דגבי זרוע בשלה דקאמר רבא(ח) לא נצרכא אלא להיתר מצטרף לאיסור דבקדשים אסור מכל אשר יגע בבשרה יקדש והכא שרי כגון שמקלת בשר הכתף עם כל חוץ לרוטב ובולע האיל מן הזרוע חצי שיעור כדפי' פרק גיד הנשה (שם דף צט.*) אבל חולין אין היתר מצטרף לאיסור מקדשים לא גמרינן ועוד יש ליישב גירסת הספרים והכי פירושו דבקדשים אסור וה"ה בחולין ונקט קדשים משום דאיירי בה דכל אשר יגע בבשרה יקדש(ט) היינו משום דאי לא אשכחנא קרא אחרינא לאשמעינן טעם כעיקר ואוקימנא קרא דחטאת כעיקר קודם מלהיתר מצטרף לאיסור אבל בתר דחזינן טעם כעיקר ממקום אחר ודאי אוקמינן לקרא דחטאת להיתר לאיסור ומכל מקום מייתי ליה לטעם כעיקר משום דהדרשא פשוטה יותר כי כן רגיל התלמוד גבי מילה לדחות שבת מיום השמיני ובפרק ר"א דמילה (שבת דף קלב.) דריש לה מבן שמונת ימים וכן למול במקום נגע והכי מוכח דטעם כעיקר שרי גבי איל נזיר שמבשל

[מן מדקאמר אביי עד הוי דאורייתא שייך קודם ועוד האוכל וכו' רש"א]

[נ"ל אמור רבנן בטעמא ולאמור רבנן ברותחא וכו' וכן איתא התם]

[ד"ה גלי רחמנא]

עין משפט נר מצוה

סא א טוש"ע י"ד סימן קלד סעיף יב:
סב ב מיי' פט"ו מהל' מאכלות אסורות הלכה כח סמג לאוין קמא טוש"ע י"ד סימן קג סעיף ב:
סג ג טור ש"ע שם סעיף ג:
סד ד מיי' שם הלכה ב והלכה ג:

הגהות הב"ח

(א) גמרא ולבסוף פוגם ואסור: (ב) רש"י ד"ה כל שטעמו וממשו אסור ולוקין וכו' יותר מכבדי: (ג) תוס' ד"ה אמר וכו' נימא למדר' יהודה וכו' מדברי יוחנן שמעינן בהדיא: (ד) ד"ה אמר ריש לקיש וכו' לפגם שאמרו לא שיוכלו וכו' מה שהתירו חכמים נ"ט לפגם לא מיירי וכו' לא התירו כיון שאילו היתה: (ה) ד"ה א"ר יוחנן וכו' כגון חלב שנפל לתוך בשר או חלב נימוח שנפל שאין ממשו: (ו) בא"ד כדאמר פרק כל הבשר דקאמר אביי שמע מינה וכו' אי חדוש הוא אע"ג וכו' בשר בחלב הוי דאורייתא אלא צריך לומר כגון חלב וכו' וטעם לאו דאורייתא והכי הלכתא כר' יוחנן כצ"ל: (ז) בא"ד גבי זרוע בשלה דאיל נזיר זהו היתר מכלל איסור לאיסור כזה דבעלמא אסור כה"ג שהתיר הכתוב לבשל וכו' דבקדשים אסור וכו' אע"ג דבפרק אלו עוברין: (ח) בא"ד דקאמר רבא לא נצרכא וכו' הכי גרסינן לא נצרכא אלא להיתר: (ט) בא"ד והיינו משום וכו' טעם כעיקר הוה אוקימנא:

סה א מיי' פע"ו מהל' מאכלות אסורות הלכה כח סמג לאוין קמא טוש"ע י"ד סימן קג סעיף א:
סו ב מיי' שם פי"ז הל' ב סמג שם טוש"ע שם סעיף ה:

טעמו ולא ממשו אסור ואין לוקין עליו ואם ריבה טעם לפגם מותר ולימא אם נתן טעם לפגם מותר הא קמשמע לן דאע"ג דאיכא מילי אחרנייתא דפגמה בהדיה והלכתא א [א]כלישנא בתרא דריש לקיש אמר *רב כהנא מדברי כולם נלמד * [א]נותן טעם לפגם מותר א"ל אביי בשלמא מכולהו לחיי אלא דר"ל אמרו קאמר וליה לא סבירא ליה מכלל דאיכא למ"ד [ב]נותן טעם לפגם אסור אין והתניא [ג]אחד נותן טעם לפגם ואחד נותן טעם לשבח אסור דברי ר"מ ר"ש אומר לשבח אסור ולפגם מותר מ"ט דר"מ גמר מגיעולי גוים גיעולי גוים לאו נותן טעם לפגם הוא ואסר רחמנא ה"נ לא שנא ואידך כדרב הונא בריה דרב חייא [ד]*דאמר רב הונא בריה דרב חייא [ב]לא אסרה תורה אלא קדירה בת יומא דלא לפגם הוא ואידך קדירה בת יומא נמי אי אפשר דלא פגמה פורתא °ור"ש מאי טעמא *דתניא [ה]לא תאכלו כל נבלה לגר אשר בשעריך כל הראויה לגר קרויה נבילה שאין

טעמו ולא ממשו. כגון חלב שנפל לקדרה או חלב שנפל נימוח שאין ממשו בעין: ואם ריבה טעם לפגם. הא ריבה קולא משמע שאע"פ שנפגם מחמת דבר אחר אם הועיל איסור זה לרבות את הפגם מותר: כלישנא בתרא דר"ש בן לקיש. דאין אומר חסירה מלא יתירה מלא: תורה אור מדברי כולן נלמד. רב יהודה ורבה בר בר חנה ורב דימי וריש לקיש ורבי אבהו: מכלל דאיכא למאן דאמר כו'. בתמיה מדאיצטריך רב כהנא למימר מדברי כולן נלמד מכלל דאיכא למאן דפליג: יליף מגיעולי גוים. דרחמנא אסרינהו בכלי מדין דכתיב כל דבר אשר יבא באש וגו' דמשמע הואיל ונשתמש גוי בכלי חמין צריך להרתיח כדי שיפלוט גיעול שבלע: לאו נותן טעם לפגם הוא. בתמיה דהא פשיטא לן כל תבשיל שלן לילה אחד נפגם טעמו ועובר צורתו: בת יומא. שבישל בה גוי היום דלא נפגם: ואידך. אי אפשר דלא פגימה פורתא בתבשיל הבא אחריו ואפ"ה אסר רחמנא: שאינה

שמבשל הזרוע ברוטב ומקלת[א] היורך עמו ושאר האיל חוץ לרוטב והשתא אין הזרוע מתבטל בס' שאין כל כך מן איל עמו ברוטב והשתא איכא טעמא ואפ"ה שרי והיא להכא טעמו ולא ממשו מיירי במין במינו דבטל ברובא מדאורייתא כדאמרינן פרק התערובות (זבחים דף עט.) אמור רבנן ברובא כגון מין במינו פי' דמן התורה הוי ברובא אבל מדרבנן הוי בס' כדאמר רב פרק גיד הנשה (חולין דף קא) דהוי בס' ולכך אין לוקין עליו וה"ה דאפילו אם היה טעמו וממשו של איסור בעין דאין לוקין עליו אא"כ מכירו ונקט טעמו ולא ממשו לאשמועינן דאפילו הכי איסורא איכא ועי"ל דנקט הכי משום[ב] דהיינו מילתא דפסיקא היא דאין צריך לפרש אם אינו מכירו דאי הוה נקיט בהאי גוונא טעמו וממשו הוה משמע בפי' אפילו אם היה טעם האיסור וממשו בעין ועל כן נקט טעמו ולא ממשו דמילתא דפסיקא היא וטעמו וממשו דלוקין עליו מיירי כמו כן שמכיר ממשו של איסור אבל במין בשאינו מינו הוי טעם גרידא דאורייתא ולוקין עליו ועוד א"ר אליהו דשפיר מיתוקמא הכא במין בשאינו מינו והכי פירושו טעמו ולא ממשו כגון שאין כזית איסור בתוך כדי אכילת פרס אין לוקין עליו וטעמו וממשו דלוקין עליו מיירי דאיכא כזית דאיסור בכדי אכילת פרס מן ההיתר ואז לוקין עליו ועוד אמר הר"ר יוסף דמיירי שפיר בכדי אכילת פרס ומ"מ לא לקי בטעמו ולא ממשו אע"ג דטעם כעיקר דאורייתא דמהיכא ידעינן דטעם כעיקר דאורייתא מגיעולי גוים דקאמר קרא תעבירו באש דמשמע הא אם לא תעבירו אסור ואין זה כי אם עשה בעלמא אבל לאו ליכא ולכך אין לוקין עליו וקשה לר"ת דמכ"מ נימא כיון דאהדריה קרא אהדריה לדוכתיה[ג] דלאו דנבילה ודחלב ושאר איסורי דהכי אמרינן בבכורות (דף טו: ושם) גבי פסולי המוקדשין דכתיב תזבח ואכלת בשר ודרשינן תזבח ולא גיזה ואכלת ולא לכלביך בשר ולא חלב וא"כ אגיזה ליכא רק לאו הבא מכלל עשה כמו דגיעולי גוים ואפ"ה תניא בבכורות (שם) הגוזז והעובד בפסולי המוקדשים סופג את הארבעים אלא ע"כ היינו טעמא דלוקין משום דבקדשים תמימים כתיב לא תעבוד ולא תגוז וכי הוממו ונפדו שרו דאז הם חולין גמורין וקאמר קרא תזבח ודרשינן ולא גיזה וא"כ אהדר איסור גיזה ללאו דלא תגוז ומשום הכי לקי ומשו"ה נמי בגיעולי גוים דאמר קרא תעבירו באש פירוש הכלים הבלועים מן הנבילה וחלב ושאר איסורין ואם לא תעבירו באש אסור תימא נמי דאהדרינהו לאיסורייהו קמא ללאו דנבילה וחלב ושאר איסורין ואשמעינן דפליטת איסור מכלי הוה אסור ולעולם בלאו עוד יש מיישבים זה ופירשתי פרק גיד הנשה אבל לא יכולתי להאריך כי נראה בעיני שהוא גדול ביותר ולכך הוצרכתי לבתר אכן יסייעני מלכא דעלמא לכתוב קדירה בת יומא ויהיה לנו כחומה: **אלא** לרשב"ל אמרו קאמר וליה לא ס"ל. וא"ת דרבי דימי נמי נימא הכי דלא שנו קאמר דקאי אמתניתין ואימא דליה לא ס"ל וי"ל כיון דאשכחנא ר' יוחנן דאמר לא שנו אמתניתין כמו כן וחזינן לר' יוחנן דאמר בפירוש נותן טעם לפגם מותר ה"נ לרב דימי דאמר לא שנו ס"ל דנותן טעם לפגם מותר:

מכלל דאיכא מ"ד נותן טעם לפגם אסור. °וא"ת מאי מיבעיא ליה הא רבי לעיל פרק אין מעמידין (דף לה:) תנא בהדיא משנה שלימה דנותן טעם לפגם דאסור גבי שמן של גוים אסור ומפרש טעמא בגמרא משום שזליפתן של כלים אוסרתן אע"ג דסתם כלים אינם בני יומן ולקמן בסוף פירקין (דף עה:) גבי וכולן נשתמשו בהן עד שלא יטביל דמוקי חד ברייתא כמ"ד נותן טעם לפגם אסור וי"ל שרוצה למצוא תנא שאמר כן בהדיא ועוד י"ל דה"ק מי איכא מ"ד נותן טעם לפגם אסור כי האי גוונא שאפילו היה האיסור בעין היה לפגם ולא דמי לשמן דלעיל דשמן אם היה איסור בעין היה לשבח כדפרישית לעיל: **ואידך** קדירה בת יומא נמי אי אפשר דלא פגמה פורתא. ולהכי יליף מיניה ר"מ לאסור פגם בעלמא משמע אבל לר"ש דשרי ס"ל דבת יומא לא פגמה כלל והא בהא תליא מ"ד נותן טעם לפגם אסור סבר דקדירה בת יומא פגמה פורתא ומאן דשרי פגם סבר דלא פגמה כלל ותימה בפרק אלו עוברין (פסחים דף מד:) פליגי ר"ע ורבנן דר"ע יליף טעם כעיקר מגיעולי גוים ורבנן ילפי ממשרת אבל לא מגיעולי גוים משום דגיעולי גוים חידוש הוא דהא כל נותן טעם לפגם מותר והכא גבי גיעולי גוים אסרה רחמנא ורבי עקיבא סבר לא אסרה תורה אלא קדירה בת יומא דלאו נותן טעם לפגם הוא ורבנן קדירה בת יומא נמי אי אפשר דלא פגמה פורתא הלכך הוי חידוש והשתא כיון דסברי רבנן דהתם דבת יומא נמי אי אפשר דלא פגמה פורתא אם כן נילף מינה בעלמא דפגם אסור כדאמר הכא לרבי מאיר והיכי קאמר התם ורבנן דחידוש הוא דכל נותן טעם לפגם בעלמא מותר ויש לומר דאין הכי נמי דרבנן דהתם סברי דכל נותן טעם לפגם אסור היכא שאם האיסור בעין היה לשבח דילפי לה מגיעולי גוים דפגם פורתא כדאמר התם והא דקאמר התם נותן טעם לפגם בעלמא מותר היינו פגם גמור שגם אם[ד] האיסור בעין הוא פגם דההוא פגם ליכא למילף לאסור מגיעולי גוים דפגמה פורתא דגיעולי גוים אם היה האיסור בעין היה לשבח והא דקאמר גיעולי גוים חידוש הוא אע"ג דלא דמי האי פגם לפגם בעלמא דמותר כדפרישית מ"מ אי לאו דגלי קרא דגיעולי גוים אסור היה מותר מן הדין דמה לי אותו פגם מה לי פגם אחר ואפ"ה אסריה רחמנא וכיון דאסריה רחמנא ילפינן מיהא[ה] דכוותא בו דהיינו פגם שאם היה האיסור בעין היה לשבח וקסברי רבנן דפסחים כמתני' דאין מעמידין ושלשה מחלוקת בדבר דר"מ דשמעתין סבר כל נותן טעם לפגם אסור אפילו כשהוא פגום גם כשהאיסור בעין דיליף לה לגמרי מגיעולי גוים ומנבלה לא יליף כלל להתיר משום דמוקי לה למעוטי סרוחה דמעיקרא כדקאמר[ו] ור"ש מתיר כל פגם אפי' כשהוא שבח כשהאיסור בעין כיון דהשתא לפגם הוא שרי דיליף לגמרי מנבילה ומגיעולי גוים לא יליף כלל דקסבר קדירה בת יומא שאסרה תורה לא פגמה פורתא ורבנן דפסחים דפליגי ארבי עקיבא סברי דדבר שהוא פגם כשהאיסור בעין שרי דילפינן לה מנבילה אבל פגם דהשתא שאין האיסור בעין עכשיו אמנם היה לשבח כשהאיסור בעין אסור דיליף לה מגיעולי גוים מקדירה בת יומא דפגמה פורתא וכן סוברת מתני' דאין מעמידין כרבנן כדפרישית ועי"ל דרבנן דרבי עקיבא דפסחים פרק אלו עוברין היינו ר"ש דשמעתין דשרי כל פגם כדפרישית והא דקאמר התם דקדירה בת יומא פגמה פורתא ולר"ש צ"ל על כרחך דלא פגמה כלל דאי פגמה א"כ ליתסר פגם כדמוכח בשמעתין וכדפרישית י"ל דודאי גם ר"ש מודי דפגמה פורתא ומ"מ לא יליף מיניה לאסור פגם בעלמא כגון שאינה בת יומא דאיכא פגם רבה דפגם רבה מפגם פורתא דבת יומא לא ילפינן הכי סבירא ליה לר"ש ור"מ סבר דילפינן פגם רבה מפגם פורתא ואי כדפירש מעיקרא דפליגי בבת יומא אי פגמה אי לא זה אינו סברא דאם כן נחזי אנן ועוד יש להביא ראיה לזה דמודה רבי שמעון דקדירה בת יומא נמי א"א דלא פגמה פורתא כדפרישית דאי לא פגמה כלל לר"ש גיעולי[ז] דכתב רחמנא ל"ל פשיטא כיון דהוי לשבח דמיתסר דטעם הוי

[לעיל לו. ושם נסמן]

[בכורות כג: איתא דכתיב]

[בתוספות בכורות כג: ד"ה ואידך כו' איתא רבא]

פסחים מד: [ע"ש נזיר לז: לקמן עה: ע"ש]

דברים יד

הגהות הב"ח

(א) תוס' ד"ה אר"י וכו' (בעמוד א') כגון שמבשל הזרוע ברוטב ומקלת האיל עמו ושאר: (ב) בא"ד ועי"ל דנקט הכי משום דמילתא כצ"ל ותיבת דהיינו נמחק: (ג) בא"ד אהדריה לדוכתיה ללאו דנבילה: (ד) תוס' ד"ה ואידך קדירה בת יומא נמי אי אפשר וכו' שגם אם היה האיסור בעין הוא לפגם: (ה) בא"ד וכיון דאסריה רחמנא ילפינן מיהא לאיסור פגם דהיינו: (ו) בא"ד סרוחה מעיקרא כדקאמר בסוגיא ור"ש מתיר וכו' כשהיא לשבח וכו' פגם דהשתא כשאין: (ז) בא"ד גיעולי עובדי כוכבים דכתב רחמנא:

גליון הש"ם

גמ' ור"ש מ"ט וכו'. עי' ערכין כה ע"ב תוד"ה ור"ש: תוס' ד"ה מכלל וכו' וא"ת מה מיבעיא ליה. תמיהני הא אדרבה מתני' דשם ס"ל דדבש שרי ומוכח דס"ל דנותן טעם לפגם מותר וע"כ החילוק משום דפגמו בעין עדיף או דשמן אסור בצירוף חתנות עכ"פ מדשרי דבש מוכח דנטל"פ מותר ובתירוצם הב' חלקו מסברא דנטל"פ בעין עדיף והוא מפורש ומוכח כן מדבש ומה התחלה לקושייתם ולע"ג:

אם היה זה רק טַעְמוֹ וְלֹא מַמָּשׁוֹ כגון שנימוח התבשיל — הרי הוא אָסוּר, וְאולם אֵין לוֹקִין עָלָיו, וְאִם רִיבָּה טַעַם לִפְגָם — מוּתָּר. ושואלים, וְלֵימָא [ושיאמר] בפשטות: אִם נָתַן טַעַם לִפְגָם — מוּתָּר! ומשיבים: הָא קָמַשְׁמַע לָן [דבר זה משמיע לנו] בלשון זאת, דְּאַף עַל גַּב דְּאִיכָּא מִילֵּי אַחֲרָנְיָיתָא דְּפָגְמָה בַּהֲדֵיהּ [שאף על פי שיש דברים אחרים שפוגמים יחד איתו], כגון חוסר מלח או עודף תבלין, אין מתחשבים בכך, אלא כיון שפגם האיסור בטעם ההיתר — מותר. וְהִלְכְתָא כְּלִישָּׁנָא בַּתְרָא [והלכה כלשון אחרונה] של רֵישׁ לָקִישׁ (בעמוד הקודם).

א אָמַר רַב כָּהֲנָא: מִדִּבְרֵי האמוראים כּוּלָּם שהובאו (רב יהודה בשם שמואל, ורבה בר בר חנה, ורב דימי בשם ר' יוחנן, וריש לקיש) נִלְמַד שנוֹתֵן טַעַם לִפְגָם — מוּתָּר. אָמַר לֵיהּ [לו] אַבַּיֵי: בִּשְׁלָמָא מִכּוּלְּהוּ לְחַיֵּי [נניח שאתה אומר שמכולם אפשר ללמוד זאת בסדר]. אֶלָּא מדברי רֵישׁ לָקִישׁ כיצד נלמד? הרי "אָמְרוּ" קָאָמַר [הוא אמר], ומשמע שהוא רק מביא מה שאמרו אחרים, וְלֵיהּ לָא סְבִירָא לֵיהּ [והוא עצמו אינו סובר כן]! וחוזרים לדון בעיקר דברי רב כהנא, ושואלים: האם מִכְּלָל דבריו משמע דְּאִיכָּא לְמַאן דְּאָמַר [שיש מי שאומר] שנוֹתֵן טַעַם לִפְגָם — אָסוּר? ומשיבים: אִין [כן], וְהָתַנְיָא [וכן שנויה ברייתא]: אֶחָד נוֹתֵן טַעַם לִפְגָם וְאֶחָד נוֹתֵן טַעַם לִשְׁבָח — אָסוּר, אלו דִּבְרֵי ר' מֵאִיר. ר' שִׁמְעוֹן אוֹמֵר: לִשְׁבָח — אָסוּר, וְלִפְגָם — מוּתָּר. הרי שר' מאיר סבור כן. ושואלים: מַאי טַעְמָא [מה הטעם] של ר' מֵאִיר? גָּמַר [לומד הוא] מִגֵּיעוּלֵי גוֹיִם, מקדירות שהתבשל בהן מאכל גוים, שהתורה הצריכה הכשר לכלים ששללו ישראל ממדין (במדבר לא, כב — כג), גֵּיעוּלֵי גוֹיִם לָאו [האם אין זה] נוֹתֵן טַעַם לִפְגָם הוּא? שהרי טעם האוכל שבהם נפגם במשך הזמן ואינו אלא פוגם בתבשיל, ובכל זאת אָסַר רַחֲמָנָא [אסרה אותו התורה], הָכִי נַמִּי [כך גם כן] בכל מקרה לָא שְׁנָא [אינו שונה], ואף טעם לפגם אסור. וְאִידָךְ [והאחר, ר' שמעון] שמתיר טעם לפגם, מה הוא משיב לראיה זו? הוא מסביר כְּדברי רַב הוּנָא בְּרֵיהּ [בנו] של רַב חִיָּיא, שאָמַר רַב הוּנָא בְּרֵיהּ [בנו] של רַב חִיָּיא: לֹא אָסְרָה תּוֹרָה אֶלָּא קְדֵירָה בַּת יוֹמָא [יום] כלומר, שנתבשל בה האיסור בו ביום, שהטעם שהיא נותנת שלֹא לִפְגָם הוּא. וְאִידָךְ [והאחר, ר' מאיר], מה הוא אומר? קְדֵירָה בַּת יוֹמָא נַמִּי [גם כן] אִי אֶפְשָׁר שלֹא פָּגְמָה פּוּרְתָּא [תיפגם מעט] מאז שנתבשלה, ובכל זאת אסרה אותה התורה. ושואלים: וְר' שִׁמְעוֹן, שסבור שנותן טעם לפגם מותר, מַאי טַעְמָא [מה הטעם] לשיטתו? דְּתַנְיָא [ששנויה ברייתא], נאמר: "לֹא תֹאכְלוּ כָל נְבֵלָה לַגֵּר אֲשֶׁר בִּשְׁעָרֶיךָ תתננה ואכלה" (דברים יד, כא), ומכאן הוא למד כך: כָּל הָרְאוּיָה לְגֵר שאפשר לאכול אותה — הרי קְרוּיָה נְבֵילָה ואסורה,

עיונים

טעמו ולא ממשו כגון שנפל חֵלב לקדירה ונימוח בה עד שאינו ניכר לעצמו (רש"י), או כגון שמצא את חתיכת האיסור וסילקה משם, כך שממשו של האיסור שוב אינו שם, אלא רק הטעם שנפלט ממנו לתבשיל (שבמקרה כזה משערים כאילו כולו נימוח בתבשיל). וראה להלן.

אסור ואין לוקין עליו לדעת רש"י (במסכת חולין) הכוונה היא שאין זה אסור כלל מן התורה, משום שהאיסור אינו ניכר כלל, ולכן אין לוקים על כך, וכן דעת רמב"ן. אבל ראשונים אחרים מסבירים כי איסור זה הוא מן התורה, ולמדוהו ממקורות שונים, שמכולם עולה כי טעם האיסור אוסר את המאכל שנתערב בו האיסור (מגיעולי גוים, או מבשר וחלב, או מנזיר), ואולם אין לוקים על כך. והסבירו זאת בפנים שונות. יש שאמרו כי אין זה לאו שלוקים עליו, משום שהוא לאו הבא מכלל עשה ("תעבירו באש" האמור בגיעולי גוים. כן דעת רבינו יוסף מאורלינש בתוס'), או (לפי דברי הראב"ד) משום שהוא נלמד לכל האיסורים במידת "מה מצינו" (מגיעולי גוים, או לדעה אחרת מבשר וחלב), או משום שאין עונשין מן הדין (לפי הדעה שהוא נלמד במידת קל וחומר מנזיר). ויש שהסביר כי "טעמו ולא ממשו" הוא כל מקרה בו אין בו כזית בכדי אכילת פרס, שאף הוא אסור מן התורה, שהרי חצי שיעור אסור מן התורה, אלא שאין לוקים עליו (ר"י בעל התוס', וכן דעת רבינו אליהו בתוס'). אכן, כאמור לעיל, לדעת רבינו תם (שגם הוא מסכים לדעה שמין במינו אסור מן התורה) מדובר כאן דווקא בתערובת מין במינו, שהיא אינה אוסרת מן התורה אלא ברוב, ועיקר החידוש כאן אינו בכך שאין לוקים על נתינת טעם (כלומר, שיעור של נתינת טעם אילו היה זה מין אחר), אלא בכך שהדבר אסור על ידי חכמים.

מכלל דאיכא וכו' בתוס' הוכיחו כי יש עוד מקורות שמהם עולה שיש מי שסבור שטעם לפגם גם הוא אוסר. אלא שאין הדברים מפורשים במשנה, אלא רק נובעים מדיוק בלשון ובענין, וכאן רצו למצוא דעה שמפרשת שיטה זו.

אחד נותן טעם לפגם וכו' בתוס' ר"י מפאריס העיר על סדר הדברים שאינו רגיל, שבדרך כלל אומר התנא את הדבר הפשוט קודם ואחר כך מוסיף עוד חידוש. והסביר כי אופן זה מצוי בדרך כלל כאשר מתייחסים לדבר הכתוב במקרא, או לדעה של תנא שהוזכרה קודם לכן, אבל כאשר יש ענין לעצמו פעמים שהחכם פותח בדברים שבהם החידוש גדול יותר (כדרך שימוש הלשון "זו ואין צריך לומר זו").

גמר מגיעולי גוים וכו' כי מפרשת טהרת הכלים שנלקחו במדין עולה שאין שם רק צורך לטהרם מטומאה, אלא נאמר "אך את הזהב וגו' כל אשר יבוא באש תעבירו באש וטהר אך במי נדה יתחטא" (במדבר לא, כב — כג), משמע שנוסף לטהרה במי נדה צריך גם לנקותם מגיעולם על ידי העברתם באש (ראה להלן עה,ב).

קדירה בת יומא כלומר, קדירה שבשלו בה באותו יום. ובהגדרת קדירה שאינה בת יומא נחלקו ראשונים, לדעת רש"י ורבינו תם (ראה בתוס' להלן עו,א) הכוונה היא לקדירה שלא בישלו בה במשך לילה, וכן פירש רבינו תם כי בימים קדמונים לא היתה הדרך לבשל בלילה. אבל שיטת רשב"ם (הובאה באור זרוע) ועוד היא כי הכוונה לכלי שלא נתבשל בו דבר מעת לעת (עשרים וארבע שעות).

והרמ"ה תהה: הרי בודאי כבר שהו הכלים לאחר שהובאו מן השבי לילה אחד, ואם כן לא היתה שם כלל קדירה בת יומה! ולפיכך רצה להסביר בדרך חדשה, ש"בת יומא" משמעה קדירה שבשלו בה רק פעם אחת, וקדירה שבישלו בה בפעם הראשונה איסור אסורה לעולם, אבל כל קדירה אחרת מותרת אף בו ביום. אבל דבריו נדחו על ידי הריטב"א, שאין כן מסורת הגאונים. ולענין שאלתו, יש לומר כי הנשים המדיניות שנלקחו בשבי הן שהמשיכו לבשל באותם כלים (ריטב"א ומאירי).

אי אפשר דלא פגמה פורתא בתוס' פירשו באופן אחד כי המחלוקת בין ר' מאיר ור' שמעון היא בשאלה האם כלי בן יומו נפגם מעט או לא נפגם כלל, שלדעת ר' מאיר נפגם מעט, ולכן למדים מכאן שאף טעם לפגם אוסר, ואילו לדעת ר' שמעון אין כלי בן יומו נפגם כלל. אבל אחרים פירשו כי גם לדעת ר' שמעון יש פגם מועט, אבל אין ללמוד מכך למקרים בהם הפגם גדול יותר, כגון שהקדירה אינה בת יומה.

ור' שמעון מאי טעמא כלומר, מה הביא את ר' שמעון לדחוק ולומר שלא נאסרו אלא כלים בני יומם? הרי פשוט היה לומר שכל הכלים נאסרו! או לדרך האחרת: מנין לר' שמעון לחלק בין פגם מועט ופגם מרובה? ולכן אמרו שהיה לו סמך אחר לשיטתו, ולפיכך הוצרך לומר שהכלים ממדין היו דווקא בני יומם (ראה תוס' ר"י מפריס וריטב"א).

כל הראויה לגר כלומר, ראויה לאכילה לגר, ככתוב "תתננה ואכלה".

ושאל הרשב"א: אם זהו המקור לדין נותן טעם לפגם, מדוע הותרה קדירה שאינה בת יומה? והרי גם אם נפגם הטעם — עדיין ראוי הוא לאכילת אדם! והסביר כי יש להבחין בין איסור הנבילה לעצמה, והיא אכן נאסרת עד שאינה ראויה עוד לאכילה, שכל עוד ראויה היא לאכילה הריהו נהנה ממנה. אבל לענין טעם האיסור שהאיסור נותן בהיתר (שאותו ולא את האיסור, רוצה אותו אדם לאכול), הרי מכיון שנתן טעם לפגם בהיתר שוב אינו נהנה ממנו (וראה בר"נ שרצה להסיק מכאן, שלא כדברי הרשב"א, שאם הכמות שנוספה על ידי האיסור עולה בחשיבותה על הפגם שבטעם הריהי אוסרת). אבל הרא"ה חלק על הרשב"א בעיקר הדברים, והסביר כי הטעם הבלוע בקדירה שאינה בת יומה אכן פגום הוא לגמרי, אלא שאין הוא מורגש כל כך בגלל תערובת ההיתר.

ובצד נוסף של דבר זה עסקו הראשונים — האם אנו אומרים "נותן טעם לפגם" גם בדברים שאיסורם במשהו. שיש שהתירו, ואמרו כי פגימת הדבר עושה אותו כאילו נתבטל ונסתלק איסורו לגמרי, ואף משהו אין בו. ועוד, שכל שנאסר במשהו אינו אלא משום גזירה משום טעמו. ועוד שנמצא כאן "יציבא בארעא וגיורא בשמי שמיא", שאם היה הדבר בשיעור משהו יהא אוסר, ואם נתרבה יהא מותר (ראה ריטב"א ומאירי. וראה עוד תוס' לעיל סו,א). אבל אחרים אמרו לצד האחר, כי הואיל ואיסור משהו בא לומר שהדבר נאסר גם בלא נתינת טעם, ממילא אין חשיבות לטעם כלל, לא לשבח ולא לפגם (ראה בראשונים בשם ראב"ד). ועוד, משום שאיסור משהו אוסר משום חומרתו המיוחדת ולא משום טעמו, ואין אומרים שנסתלק האיסור לגמרי אלא רק אם נעשה כעפר, ובמקרה זה אינו אוסר אפילו בעינו (רשב"א בתשובה).

אורח ההלכה

נותן טעם לפגם כל דבר שטעמו פגום, אינו אוסר תערובתו. ואפילו אין טעמו פגום מחמת עצמו, שבפני עצמו הוא מוטעם ומשובח, אלא שפוגם תערובתו, מותר. וראה עוד בשו"ע באריכות. (רמב"ם שם הכ"ח. שו"ע יו"ד קג,א).

קדירה בת יומא פגם זה שאינו אסור — אין צריך שיפגום לגמרי עד שיהא קץ לאכלו, אלא אפילו פוגם קצת אינו אוסר תערובתו. וכן קדירה שאינה בת יומה נחשב טעמה לפגם ואינה אוסרת. שלא אסרה תורה (בגיעולי גוים ובשאר איסורים) אלא קדירה בת יומה, שלא שהתה מעת לעת אחר שנתבשל בה האיסור, ועדיין לא נפגם טעם האיסור שבלעה. וכדברי רב הונא בריה דרב חייא. אבל מדברי סופרים אסורה הקדירה לעולם לכתחילה לבשל בה (להלן עו,א). (רמב"ם שם פי"ז ה"ב. שו"ע שם סעיפים ב' וה').

מסורת הש"ס

א. ע"ז סז,א.
ב. ע"ז לו,א (ושם סומנו מקבילות).
ג. ירושלמי תרומות פ"י ה"א. שם ערלה פ"ב ה"ד. תוספתא תרומות פ"ח ט. וראה ירושלמי ערלה פ"ב ה"ח. ילק"ש תורה תשפז. שם תתצא.
ד. פסחים מד,ב (עיי"ש). נזיר לז,ב. ע"ז עה,ב. עו,א. ילק"ש תורה תתצא.
ה. בכורות כג,ב. ילק"ש תורה תשפו. שם תתצא.

גרסות

ולימא אם נתן וכו' בכתי"מ: למה ליה למימר ואם רבה טעם לפגם מותר נימא אם נתן וכו'.

מילי אחרנייתא דפגמה בכתי"מ: מילי אחריני דפגמי.

והלכתא כלישנא בכתי"מ: כלישנא.

אלא דריש לקיש בכתי"מ ועוד: אלא מדריש לקיש.

מאי טעמא דרבי מאיר גמר בכתי"מ: מאי טעמא דר' מאיר יליף.

בת יומא דלא לפגם הוא בכתי"מ: בת יומא ובכתי"ס: בת יומא דלא פגמא.

כל הראויה בכתי"מ: תתננה ואכלה הראויה ובכתי"ס: נבלה הראויה לגר.

מסורת הש"ם

א. ראה ירושלמי תרומות פי"א ה"ב.
ב. ירושלמי תרומות פ"י ה"א. שם ערה פ"ב ה"ד (בשינוי שם).
ג. (בשינוי) תוספתא תרומות פ"ח ט.
ד. ירושלמי תרומות פ"י ה"א. שם ערלה פ"ב ה"ד.
ה. משנה ערלה פ"ב מ"ח—ט.

גרסות

שאין בכתי"מ: ושאינה.

סרוחה מעיקרא — בעלמא הוא בכתי"מ: סרוחה מעיקרא.

ולבסוף פגם... פגם מעיקרא בכתי"מ וכן בב"ח: ולבסוף פוגם... פוגם מעיקרו.

לא מידע ידע בכתי"מ: מידע לא ידע בכתי"ס: לא ידע.

ולא תניא לה בכת"י: ולא תנינא לה.

דתניא שאור וצ"ל: דתנן שאור.

העיסה ויש בו כדי להחמיץ בכתי"מ ועוד: העיסה.

שאור — להחמיץ אסור בכתי"מ כבמקבילה: של כלאי הכרם או של תרומה אסור.

לחמע בכתי"מ: לחמץ.

כמה עיסות בכתי"ס: עיסות.

שֶׁאֵין רְאוּיָה לְגֵר, כגון שהתקלקלה והסריחה ואינה ראויה לאכילה — אֵינָהּ קְרוּיָה נְבֵלָה לענין איסור. וְר׳ מֵאִיר, מה הוא משיב על כך? הוא סבור: הַהוּא אותו פסוק בא לְמַעוּטֵי [למעט] זו שהיתה סְרוּחָה מֵעִיקָּרָא [מתחילתה], שגם בחייה לא היתה ראויה לאכילה, מפני שהיה בה פגם מאוס, ומתחילתה לא היתה אסורה כנבילה. אבל זאת שמתחילתה היתה אסורה — אוסרת גם כשטעמה פגום. וְר׳ שִׁמְעוֹן, מה הוא משיב על כך? סְרוּחָה מֵעִיקָּרָא [מתחילתה] לָא צְרִיכָא מִיעוּטָא [אינה צריכה מיעוט מהמקרא], כי עַפְרָא בְּעָלְמָא [עפר סתם] הוּא, ואין עליה כלל שם נבילה.

א אָמַר עוּלָּא: מַחֲלוֹקֶת זו של ר׳ מאיר ור׳ שמעון, היא באיסור שֶׁהִשְׁבִּיחַ בתחילה כשנפל לתבשיל וּלְבַסּוֹף פָּגַם, שבזה ר׳ מאיר אוסר, מאחר שנתן בתחילה טעם לשבח. אֲבָל איסור שפָּגַם מֵעִיקָּרָא [מתחילה] כשנפל להיתר דִּבְרֵי הַכֹּל מוּתָּר. אֵיתִיבֵיהּ [הקשה לו] רַב חַגָּא לְעוּלָּא ממה ששנינו בברייתא: יַיִן שֶׁנָּפַל לְתוֹךְ עֲדָשִׁים, וְחוֹמֶץ שֶׁנָּפַל לְתוֹךְ גְּרִיסִין — אָסוּר, וְר׳ שִׁמְעוֹן מַתִּיר. וְהָא הָכָא [והרי כאן] שפָּגַם מֵעִיקָּרָא [מתחילה] הוּא, וּפְלִיגִי [ונחלקו בכך]! אָמַר עוּלָּא: רב חַגָּא שהקשה את הקושיה, לָא מֵידַע יָדַע מַאי קָאָמְרִי רַבָּנַן [אינו יודע מה אומרים חכמים], תְּיוּבְתָּא קָא מוֹתִיב [קושיות הוא מקשה]? הָכָא בְּמַאי עָסְקִינַן [כאן במה אנו עוסקים]? כְּגוֹן שֶׁנָּפַל לְתוֹךְ גְּרִיסִין צוֹנְנִין וְהִרְתִּיחָם, ובמקרה זה נַעֲשָׂה כְּמִי שֶׁהִשְׁבִּיחַ מתחילה, שחומץ משבח טעמם של גריסין צוננים, וּלְבַסּוֹף פָּגַם כאשר הרתיחם, וְאז הוא אָסוּר לדברי ר׳ מאיר. ובניגוד לדברי עולא, ר׳ יוֹחָנָן אָמַר: בְּפוֹגֵם מֵעִיקָּרָא [מתחילה] מַחֲלוֹקֶת. אִיבַּעְיָא לְהוּ [נשאלה להם ללומדים] בבירור דברי ר׳ יוחנן: בְּפוֹגֵם מֵעִיקָּרָא [מתחילה] מַחֲלוֹקֶת זו של ר׳ מאיר ור׳ שמעון, אֲבָל אם הִשְׁבִּיחַ וּלְבַסּוֹף פָּגַם — דִּבְרֵי הַכֹּל אָסוּר, אוֹ דִּלְמָא [שמא] בֵּין בְּזוֹ וּבֵין בְּזוֹ מַחֲלוֹקֶת? שאלה זו לא נפתרה ונשארה בתֵּיקוּ [תעמוד] במקומה. אָמַר רַב עַמְרָם: אֶפְשָׁר (האם ייתכן) אִיתָא לְהָא [שישנה לזו שאמר] ר׳ יוֹחָנָן שנחלקו בפוגם מעיקרו, וְלָא תַּנְיָא לָהּ בְּמַתְנִיתִין [ואינה שנויה במשנה]? נְפַק דַּק וְאַשְׁכַּח [יצא מבית המדרש ודקדק במשנה ומצא], דְּתַנְיָא [ששנויה] משנה: שְׂאוֹר שֶׁל חוּלִּין שֶׁנָּפַל לְתוֹךְ הָעִיסָּה וְיֵשׁ בּוֹ כְּדֵי לְהַחְמִיץ וְאכן הֶחֱמִיצָה, וְאַחַר כָּךְ נָפַל לתוך עיסה זו שְׂאוֹר שֶׁל תְּרוּמָה אוֹ שְׂאוֹר שֶׁל כִּלְאֵי הַכֶּרֶם וְגם הוא יֵשׁ בּוֹ כְּדֵי לְהַחְמִיץ — הרי זה אָסוּר, משום שאומרים שהשאור של האיסור הוסיף בהחמצה. וְר׳ שִׁמְעוֹן מַתִּיר, משום שהשאור הנוסף רק פוגם בעיסה שהוחמצה כבר. וְהָא הָכָא [והרי כאן] שפָּגַם מֵעִיקָּרָא [מתחילה] הוּא, וּפְלִיגִי [ובכל זאת חולקים הם] שסתם משנה דעת ר׳ מאיר היא. אָמַר ר׳ זֵירָא: יש לדחות, שָׁאנֵי [שונה] עִיסָּה, שאף על פי שטעמה נפגם על ידי השאור הנוסף, מכל מקום מושבחת היא בכך הוֹאִיל וּרְאוּיָה לְחַמֵּעַ (להחמיץ) בָּהּ כַּמָּה עִיסּוֹת אֲחֵרוֹת, שככל שהיא מוחמצת יותר — הרי זה משביח אותה לצורך זה ואין זה נחשב כפוגם מתחילה. ומציעים עוד מקור לדברי ר׳ יוחנן: תָּא שְׁמַע [בוא ושמע] ממה ששנינו בברייתא: שְׂאוֹר שֶׁל תְּרוּמָה וְשֶׁל חוּלִּין שֶׁנָּפְלוּ לְתוֹךְ הָעִיסָּה, היה בְּזֶה עצמו כְּדֵי לְהַחְמִיץ את העיסה וּבְזֶה בלבד כְּדֵי לְהַחְמִיץ, וְחִימְּצוּ שניהם יחד — אָסוּר, משום שיש בעיסה תערובת של חימוץ אסור, ור׳ שִׁמְעוֹן מַתִּיר. אם נָפַל שאור שֶׁל תְּרוּמָה תְּחִלָּה — דִּבְרֵי הַכֹּל אָסוּר. נָפַל שֶׁל חוּלִּין וְאַחַר כָּךְ נָפַל שֶׁל תְּרוּמָה אוֹ שֶׁל כִּלְאֵי הַכֶּרֶם — אף זה אָסוּר, וְר׳ שִׁמְעוֹן מַתִּיר. וְהָא הָכָא [והרי כאן] במקרה האחרון שפָּגַם האיסור מֵעִיקָּרָא [מתחילה] וּפְלִיגִי [ובכל זאת נחלקו בכך] ר׳ מאיר ור׳ שמעון! וְכִי תֵּימָא, הָכָא נַמִי [ואם תאמר, כאן גם כן] יש להסביר

עיונים

סרוחה מעיקרא כגון שהיתה הבהמה מוכת שחין בחייה, והיא מאוסה עוד לפני שנעשתה נבילה (רש"י), או שהיתה מותלעת בחייה ופסולה לאכילה (ראב"ד).

לא צריכא מיעוטא והרבה ראשונים הקשו ממה שר׳ יוחנן (שלפי המסקנה סבור כר׳ שמעון) מביא ראיה מן הכתוב לענין זה עצמו במסכת כריתות. ותירצו שיש להבחין בין ביטול איסור האכילה לבין ביטול חלות הטומאה (רי"ד ועוד. אבל ראה בספר הישר לר"ת).

אמר עולא מחלוקת וכו׳ וכתבו בתוס׳ שצריך לומר כי לדעת עולא אין ר׳ מאיר ור׳ שמעון חלוקים (כפי שהסברנו) בדרשת הכתובים (בגיעולי גוים ובנבילה), ולדעת שניהם למדים דין נותן טעם לפגם מנבילה, שרק הראויה לאכילה נאסרה, אלא שהמחלוקת ביניהם היא בסברה. והסביר הר"נ כי לדעת ר׳ שמעון יש ללמוד מנבילה, שאף שחל עליה שם איסור כשהיתה ראויה לאכילה, מכל מקום כשנפגם טעמה — שוב אינה אסורה. ואילו ר׳ מאיר סבור כי הואיל ומתחילה נתן טעם לשבח הרי חל שם איסור על התבשיל, כנבילה, ואם כן שוב אין אפשרות להתירו עד שייפסל מאכילת אדם.

לא מידע ידע מאי קאמרי רבנן וכו׳ שהרי גם שמואל וגם ר׳ יוחנן הסבירו את משנתנו (ראה לעיל סז,א) שהתירה גריסים שנפל עליהם חומץ, שאין מדובר אלא כשנפל על גבי גריסים רותחים, שאז הוא פוגם. אבל כשנפל על גבי גריסים צוננים והרתיחם נעשה כמי שהשביח ואחר כך פגם ואסור. והוא כדברי עולא רק לדעת ר׳ מאיר.

בפוגם מעיקרא מחלוקת ואין הדבר דומה לנבילה סרוחה. כי בנבילה האיסור עצמו הוא שהיה פגום. אבל כאן מדובר כאשר האיסור עצמו אינו פגום כלל, אלא פוגם בדבר שהוא נופל אל תוכו (ראב"ד. וראה גם במהרש"א).

או דילמא בין בזו וכו׳ על דעה זו תהו: הרי ר׳ יוחנן עצמו פוסק כי פוגם מתחילתו מותר, והשביח ולבסוף פגם אסור. ואם כן, כשיטת מי אמר? שהרי לפי הסבר זה אין דבריו לא כשיטת ר׳ מאיר ולא כשיטת ר׳ שמעון! ותירצו כי מכאן אין הוכחה גמורה, שהרי ייתכן שלענין פסק ההלכה צירף ר׳ יוחנן שתי שיטות, שבפוגם מתחילתו פסק כר׳ שמעון, ובהשביח ולבסוף פגם פסק כר׳ מאיר (תוס׳ ועוד).

תיקו בתוס׳ ועוד ראשונים העירו כי אף שלא הגיעו למסקנה בדברי ר׳ יוחנן והשאירו את הספק בתיקו, מכל מקום לאחר מכן פתרו מן הברייתא שבפוגם מתחילה נחלקו, ובהשביח ולבסוף פגם הכל מודים שאסור. ואמרו כי כן דרך הגמרא (בכמה מקומות) שמסכמים בתיקו את מהלך הסוגיה, ולאחר מכן מוצאים דרך לפתור את הספק.

בזה כדי להחמיץ וכו׳ ושאלו: מדוע אין אנו מעמידים את המחלוקת הזו כמחלוקת לענין "זה וזה גורם", ונאמר כי לדעת ר׳ מאיר זה וזה גורם אסור, ולדעת ר׳ שמעון מותר הוא? ותירצו כי המחלוקת לענין "זה וזה גורם" היא דווקא כאשר אין האחד משני הגורמים כדי לעשות את הדבר בעצמו, ונזקק לצירוף של דבר נוסף. אבל כאן כיון שיש בכל אחד מהם כדי להחמיץ לגמרי, אין כאן עוד צד של "זה וזה גורם" (ר"י מפאריס).

אורח ההלכה

שאור של חולין שנפל לתרומה עיסה מחומצת שנפל לתוכה שאור של תרומה או של כלאי הכרם, אם יש בשאור כדי להחמיץ אילו היתה העיסה לא מחומצת — הרי הכל אסור. כתנא קמא, וכדברי ר׳ זירא (כס"מ). (רמב"ם שם פט"ז הט"ז).

שאין ראויה לגר אינה קרויה נבלה ור"מ ההוא למעוטי סרוחה מעיקרא [א] **ור"ש *סרוחה מעיקרא לא צריכא מיעוטא עפרא בעלמא הוא** [ב] **אמר עולא מחלוקת שהשביח ולבסוף** (א) **פגם אבל פגם מעיקרא דברי הכל מותר איתיביה רב חגא לעולא** [ג] **יין שנפל לתוך עדשים וחומץ שנפל לתוך גריסין אסור ור"ש מתיר והא הכא דפגם מעיקרא הוא ופליגי אמר עולא חגא לא מידע ידע מאי קאמרי רבנן תיובתא קא מותיב הכא במאי עסקינן כגון שנפל לתוך גריסין צוננין והרתיחם נעשה כמי שהשביח ולבסוף פגם ואסור ור' יוחנן אמר בפוגם מעיקרא מחלוקת** [ד] **איבעיא להו בפוגם מעיקרא מחלוקת אבל השביח ולבסוף פגם דברי הכל אסור או דלמא בין בזו ובין בזו מחלוקת תיקו אמר רב עמרם אפשר איתא להא דר' יוחנן ולא תניא לה במתניתין נפק דק ואשכח (*דתניא)** [ה] *** שאור של חולין שנפל לתוך העיסה ויש בו כדי להחמיץ והחמיצה ואח"כ נפל שאור של תרומה או שאור של כלאי הכרם ויש בו כדי להחמיץ אסור ור"ש מתיר והא הכא דפגם מעיקרא הוא ופליגי א"ר זירא שאני עיסה הואיל וראויה לחמע בה כמה עיסות אחרות ת"ש שאור של תרומה ושל חולין שנפלו לתוך העיסה בזה כדי להחמיץ ובזה כדי להחמיץ וחימצו אסור רבי שמעון מתיר נפל של תרומה תחלה ד"ה אסור נפל של חולין ואח"כ נפל של תרומה או של כלאי הכרם אסור ור"ש מתיר והא הכא דפגם מעיקרא ופליגי וכי תימא ה"נ כדרבי**

רש"י

שאינה ראויה לגר. שהסריחה אלמא מדאפגים בטל איסורה: **סרוחה מעיקרא.** מוכת שחין מחיים דהואיל ואיפגמא מקודם שבאה לידי נבלה לא חל שם נבלה עליה אבל היכא דאיתסר מעיקרא תו לא פקע איסור משום פגם: **מחלוקת.** דר"מ ור"ש: **בפוגם מעיקרו.** משעה שנפל לתוכו: **והא הכא דפוגם מעיקרא הוא ופליגי.** דקתני אסור לרבנן: [בכורות כג:] **ר' יוחנן.** אדעולא אתא לאיפלוגי: **איתא לדר' יוחנן.** דמוקי פלוגתייהו בפוגם מעיקרו: **שאור של חולין שנפל לתוך העיסה וחימצה.** כראוי ואח"כ נפל של תרומה או של כלאי הכרם אסור: **ור"ש מתיר.** שהחמיצה יותר מדאי ונפגמה: **והא הכא.** דהאי שאור משעה שנפל ביה פגמה שהרי מחומצת כבר וקאסר ר"מ: **וראויה לחמע בה כמה עיסות אחרות.** של תרומה הלכך חימוץ דיותר מדאי אע"פ שפגם הוא לענין (ב) אכילה שבח הוא לענין חימוע עיסות אחרות: **שאור של תרומה ושל חולין שנפלו.** ביחד לתוך העיסה ויש בכל אחד כדי לחמץ וחימצוה יותר מדאי (ג) לפוגמה: **ר"ש מתיר.** שפגמוה: **נפל של תרומה תחלה ד"ה אסור.** הואיל ומשביחה בתחלה אע"פ שחזר והועיל [נ"ל דתנן] לפוגמה כשנפל שאור של חולין אחריו ושניהם פגמוה הוי משביח ולבסוף פגם ואסור ולקמן פריך אם כן ליפלוג נמי (ד) ר"ש הרי השביח של תרומה עם של חולין תחלה: **נפל של חולין.** (ה) וחימצה: **ואחרי כן נפל של תרומה.** דהיינו פוגם מעיקרו אסור ור"ש מתיר:

תוספות

הוי כעיקר וכ"ת להאי גופיה איצטריך דטעם כעיקר דמגיעולי גוים יליף ר"ש דטעם כעיקר כדאמר לר"ע פרק אלו עוברין א"א לומר כן דאי יליף ר"ש מגיעולי גוים טעם כעיקר א"כ תקשי לר"ש משרת דכתב רחמנא למה לי דהא לא איצטריך לטעם כעיקר כיון דמגיעולי גוים יליף לה ר"ש ואין לומר דאיצטריך משרת להיתר מצטרף לאיסור כדאמר התם פ' אלו עוברין לר"ע ולעולם [*יליף מגיעולי גוים טעם] כעיקר (ו) דלמאי איצטריך משרת להיתר מצטרף לאיסור אי כשאוכל כזית מטעם האיסור הנבלע [בהיתר היינו טעם כעיקר אין] בחצי זית דאיסור עם חצי זית דהיתר לא מצטרפי ומשו"ה שפיר איצטריך להיתר מצטרף לאיסור דהא שמעינן לר"ש דאמר *כל שהוא [מכות יז.] למלקות וא"כ למ"ל היתר מצטרף לאיסור אלא ש"מ דמודה ר"ש דקדירה בת יומא נמי א"א דלא פגמה פורתא כדפרישית כך דקדק הר"ר שמואל מאיור"א והר"ר יקר מקינו"ן דוחה דאיכא למימר דאכתי שפיר איצטריך משרת לר"ש אע"ג דסבר כל שהוא למלקות הא פר"ת בסמוך היינו דוקא כשהאיסור בעין אבל לא ע"י תערובת [ערלה פ"ב מ"ט] כדמוכח מההיא דמייתי בסמוך בערלה וכלאי הכרם אין מצטרפין וכן צ"ל ע"כ דאל"כ לא תמצא איסור כלל [*בטל [רש"א] לר"ש לא ברוב ביבש ולא בס' בלח וא"כ שפיר איצטריך משרת להיתר מצטרף לאיסור כגון בחצי זית שנבלע בחצי זית פת ואכלו כדקאמר התם נזיר ששרה פתו ביין ויש בו כדי לצרף כזית חייב ולעולם טעם כעיקר לר"ש מגיעולי גוים כך דוחה הר"ר יקר ומורי הר"ר פרץ מקיים פירוש הר"ר שמואל ואומר דדיחוי הר"ר יקר אינו כלום דודאי מגיעולי גוים לר"ש תו לא איצטריך משרת להיתר מצטרף לאיסור משום דבלאו לירוף נמי כל שהוא (ז) אע"ג דאינו בעין אלא נבלע בתוך הפת מה בכך הלא כיון דטעם כעיקר מגיעולי גוים א"כ חשוב הטעם הנבלע כאילו היה בעין ואם כן כיון שאילו היה מן האיסור בעין היה מחייב בכל שהוא לר"ש הכי נמי כשהוא נבלע בהיתר כיון שיש בו טעם וטעם כעיקר ותדע דהא כיון דאר"ש כל שהוא למכות בכזית לרבנן אם כן קך לי כל שהוא לר"ש ככזית לרבנן ובכזית לרבנן מחייב עליה אפי' כשאינו בעין אלא נבלע בתוך ההיתר שיאכל כל כך מן ההיתר הבלוע איסור שאכל כזית מטעם איסור הבלוע בתוכו מיחייב עליה כאילו אכל הכזית איסור בעין כיון דטעם כעיקר וא"כ ה"ה כל שהוא לר"ש דכשאכלו בתערובת טעם מיחייב כאילו אכלו בעין כיון דטעם כעיקר וא"כ אי טעם כעיקר (ח) מגיעולי גוים לר"ש תו לא אצטריך לר"ש משרת כלל להיתר מצטרף לאיסור לא איצטריך דהא מכל שהוא מיחייב בטעם כאילו היה בעין כדפירשתי וא"כ (*היכי קא"ל) משרת דכתב רחמנא ל"ל דכתיב גבי נזיר לר"ש אי גיעולי גוים לטעם כעיקר משום דלא פגם כלל אלא ע"כ דקסבר ר"ש דקדירה בת יומא פגמה פורתא והשתא ניחא הכל דלא מצי ר"ש למילף טעם כעיקר מגיעולי גוים דחידוש הוא כיון דפגמו אפילו פגם זוטא והיה לנו להתיר כל פגם אי לאו דגלי קרא והלכך איצטריך משרת לטעם כעיקר ומה שדחה הר"ר יקר ממה שפר"ת לקמן מההיא דערלה והכלאים דבסמוך דלא אר"ש כל שהוא למכות במידי דתערובת רק בדבר שהוא בעין אומר מורי דלק"ל מידי דר"ת לא דיבר רק בתערובת שיש לו להתיר להתבטל כגון יבש ביבש חד בתרי דרחמנא אמר אחרי רבים להטות או בדבר לח היכא דליכא טעמא כגון דאיכא ס' דכל מקום דשייך ליה ביטול לאו אמר ר"ש כל שהוא למכות דהא לא עדיף כל שהוא לר"ש מכזית דרבנן וכי היכי דכזית דרבנן מתבטל ברוב ביבש ובס' בלח ה"ה לר"ש כל שהוא דהא רחמנא אמר דליבטיל אבל היכא דלא שייך ביטול כגון היכא דאיכא טעם דטעם לא בטיל כיון דטעם כעיקר א"כ ה"נ מיחייב בכל שהוא לר"ש כשהוא בתערובת כיון שיש בו טעם כאילו היה בעין כדפי' כן נראה למורי: [וע"ע תוס' שבת פט: ד"ה אסורין ותוס' מעילה יח. ד"ה תני]

אמר עולא מחלוקת בהשביח ולבסוף פגם. והשתא נ"ל לעולא דלא פליגי ר"מ ור"ש בקראי דלעיל (ט) דנבלה דא"כ לא הוי מיסתבר לחלק בין השביח ולבסוף פגם לפגם מעיקרו אלא בסברא פליגי ר"מ סבר כיון שהשביח מעיקרא בשעת נפילה וחל איסור עליה שוב אין לו היתר גם כי פגם אחרי כן ור"ש סבר כיון דהשתא פגמא הוא שרי:

אבל השביח ולבסוף פגם ד"ה אסור. וא"ת והא לעיל משמע דפליגי בהשביח ולבסוף פגם גבי נבלה דר"מ מוקי לה בסרוחה מעיקרא דוקא אבל לא הסריחה מעיקרא והסריחה לבסוף אסורה ור"ש מוקי לה אפילו לא הסריחה מעיקרא והסריחה לבסוף שרי אלמא פליגי בהשביח ולבסוף פגם וי"ל דלא דמי השביח ולבסוף פגם דהכא להאיך נבלה דלעיל דהכא י"ל השביח בשעת התערובת שבשעה שנפל האיסור לתוך ההיתר היה נותן טעם לשבח ולבסוף פגם אותו טעם המעורב שם כגון נתן (י) לתוך גריסין צוננין והרתיחן וע"ז קאמר ד"ה אסור כיון דמעיקרא היה נותן טעם לשבח וחל עליה איסור אבל ההוא דנבלה דלעיל דפליג ר"ש ושרי כשהיא סרוחה עכשיו אע"ג דמעיקרא לא היתה סרוחה מ"מ בעודה נבלה *נפגם ושריא: [נ"ל נפגמת רש"א]

או דלמא בין בזו ובין בזו מחלוקת. וא"ת היכי מספקא ליה בהא א"כ ר' יוחנן דאמר לעיל פגם מעיקרא מותר השביח ולבסוף פגם אסור דאמר כמאן לא כר"מ ולא כר"ש דר"מ אסר כל פגם ור"ש מתיר כל פגם וי"ל דסבר לה כר"ש בחדא בפגם מעיקרו וכר"מ בחדא בהשביח ולבסוף פגם:

תיקו. ואע"ג דלקמן פשטינן לה מברייתא דפגם מעיקרא פליגי השביח ולבסוף פגם דברי הכל אסור מ"מ עלתה להם בבית המדרש בתיקו ושוב פשטוה וכי האי גוונא אשכחנא בנדה בפרק המפלת (דף כה.) גבי מחלוקת בעכור אבל בצלול כו': [וע"ע תוס' לעיל נג. סוף ד"ה או דלמא]

ת"ש

עין משפט נר מצוה

סז א מיי' פט"ז מהל' מאכלות אסורות הלכה טז:

[מסורת הש"ס: עי' רש"א שגורס בענין אחר; נ"ל הכא קושיא לדוכתה וכן נ"ל ומהרש"א גרס הקשה לו]

הגהות הב"ח

(א) גמ' ולבסוף פוגם אבל פוגם מעיקרא כצ"ל וכן בכל העמוד: (ב) רש"י ד"ה וראויה לחמע וכו' לענין אכילת עיסה זו שבח הוא לענין חימוע: (ג) ד"ה שאור וכו' יותר מדאי ונפגמה הס"ד: (ד) ד"ה נפל של תרומה וכו' ריפא נמי אמאי מתיר ר"ש הרי השביח: (ה) ד"ה נפל של חולין תחלה וחמצה: (ו) תום' ד"ה ואידך כו' (בעמוד הקודם) ולעולם יליף מגיעולי גוים טעם כעיקר דהא מה שפי' איצטריך משרת להיתר מצטרף לאיסור היינו כשאוכל כזית מטעם האיסור הנבלע בהיתר אבל חצי זית לאיסור עם חצי זית דהיתר לא מצטרפי והא שמעינן ליה לר"ש דאמר כל שהוא למלקות כצ"ל: (ז) בא"ד כל שהוא אסור אע"ג דאינו בעין וכו' כיון דטעם כעיקר יליף מגיעולי גוים: (ח) בא"ד אי טעם כעיקר יליף מגיעולי גוים לר"ש תו וכו' וא"כ הקשה ליה משרת דכתב רחמנא: (ט) ד"ה אמר וכו' ור"ש בקראי דלעיל דגיעולי גוים ודנבלה דא"כ: (י) ד"ה אבל וכו' כגון נתן חומץ לתוך גריסין:

גליון הש"ס

גמרא ור"ש סרוחה מעיקרא. עיין בכורות דף כג ע"ב תוספות ד"ה ואידך:

כדרבי זירא ת"ש מסיפא היין שנפל לתוך עדשים וחומץ שנפל לתוך גריסין אסור ור"ש מתיר והא ה"נ דפגם מעיקרא ופליגי וכי תימא ה"נ כדשני ליה עולא לרבי חגא כשהשביח ולבסוף פגם ומי פליגי כשהשביח ולבסוף פגם והא קתני נפל של תרומה תחלה דברי הכל אסור אלא לאו ש"מ בפגם מעיקרא מחלוקת שמע מינה הני תלתא בבי דקתני למה לי בשלמא בבא דסיפא קמ"ל בפוגם מעיקרא מחלוקת מציעתא נמי השביח ולבסוף פגם דברי הכל אסור אלא רישא למה לי השתא ומה סיפא דלא קא משבח כלל אסרי רבנן רישא דקא משבח מיבעיא אמר אביי רישא לר"ש אצטריך והכי קאמרי ליה רבנן לר"ש עיסה זו ראויה להחמיץ בשתי שעות מי גרם לה שתחמיץ בשעה אחת איסור ור' שמעון כשהשביחו שניהם השביחו כשפגמו שניהם פגמו לר"ש ליצטרף היתר ואיסור בהדי הדדי וליתסר ר"ש לטעמיה דאמר אפי' איסור ואיסור נמי לא מיצטרפי *דתנן א* [א]הערלה וכלאי הכרם מצטרפין ר"ש
א אומר אין מצטרפין [ב]ההוא עכברא דנפל לחביתא דשיכרא אסריה רב להההוא שיכרא אמרוה רבנן קמיה דרב ששת נימא קסבר [ג]נט"ל אסור אמר להו רב ששת בעלמא סבר רב [ד]נט"ל מותר והכא חידוש הוא דהא מימאס מאים ובדילי אינשי מיניה ואפילו הכי אסריה רחמנא הלכך נט"ל נמי אסור אמרו ליה רבנן לרב ששת אלא מעתה ליטמא לח ויבש אלמה תנן ה* [ב]מטמאין לחים ואין מטמאין יבשים ולטעמיך שכבת זרע תטמא לח ויבש אלמה תנן ו* [ג]מטמאין לחין ואין מטמאין יבשין אלא מאי אית לך למימר ז*שכבת זרע אמר רחמנא בראויה להזריע ה"נ במותם אמר רחמנא כעין מותם מתקיף לה רב שימי מנהרדעא ומי מאים והלא עולה על שלחן של מלכים אמר רב שימי מנהרדעא לא קשיא [ד]הא בדדברא הא בדמתא אמר רבא הלכתא *נותן טעם לפגם מותר ועכברא בשיכרא לא ידענא מאי טעמא דרב אי משום דקסבר נותן טעם לפגם אסור ולית הלכתא כוותיה אי משום *דקסבר נותן טעם לפגם מותר ועכברא בשיכרא אשבוחי משבח איבעיא להו נפל

כדרבי זירא. דחימוץ יותר מדאי שבח הוא לענין חימוץ עיסות אחרות: וקתני נפל של תרומה תחלה. דהשביח ולבסוף פגם הוא ומודי ר"ש בה: תלתא בבי. רישא היכא דנפלו כאחת ואשמועינן פלוגתא: מציעתא. נפל של תרומה תחלה בבא דסיפא יין שנפל לתוך עדשים מציעתא נמי אשמעינן דהשביח ולבסוף פגם דברי הכל אסור: סיפא דלא משבח כלל. יין בעדשים אסרי רבנן: רישא. דתרומה אשבחיה בהדי שאור דחולין ברישא והדר פגמה תרוייהו מיבעיא: לר"ש אצטריך. לאשמועינן דר' שמעון מתיר: מי גרם לה שתחמץ בשעה אחת איסור. ונמצא דהשביחו ולבסוף פגם ובההיא הא קא מודית לן דאסור: שניהם השביחו. ולא האיסור לבדו השביחו: וליתסר. משום משביח ולבסוף פגם דמודי ר"ש בה: הערלה וכלאי הכרם מצטרפין. אם נפלו שניהם לפחות ממאתים: והכא. גבי שרץ היינו טעמא דאסור בפגם: דהא. איסור שרץ חידוש הוא: דהא מימאים. ובלאו אזהרה בדילין אינשי מיניה ולמה ליה דאזהר רחמנא עליה ש"מ אפי' נותן טעם לפגם אסור: אלא מעתה. אי חידוש הוא: יטמא לח ויבש. שהרי מאום הוא ובדילי אינשי ממגעו למה ליה דאזהר רחמנא עליה ש"מ אפי' כשהוא יבש מטמא: אלמה תנן. במסכת נדה (דף נד:) אבל השרץ ושכבת זרע מטמאין לחין ואין מטמאין יבשין אלא לאו ש"מ לא מאים שרץ ולאו חידוש [א]ואיצטריך לאזהורי עליה דגויס אכלי: וליטמיך שכבת זרע. הא ודאי ממאים ובדילי אינשי ממגעו וחידוש הוא תטמא לח ויבש: אלא. שאני לענין טומאה אע"ג דחידוש הוא גזירת הכתוב היא דלח ולא יבש דכתיב כל אשר יפול עליו מהם במותם כעין מותם כשהן לחין: שכבת זרע אמר רחמנא בראויה להזריע. או איש אשר תצא ממנו שכבת זרע: דמתא. עכבר של ייסוב מאים: עכבר דדברא. אסקור"ל בלע"ז: נפל

ת"ש מסיפא. מהך דנפל של תרומה תחלה היה יכול לפשוט כמו שמוכיח לבסוף אלא דניחא ליה להביא כל הברייתות עד שמעמידן על האמת: והני תלתא בבי. תרתי דשאור והך דיין שנפל לתוך עדשים ואע"ג דבשאור איכא תרי בבי נפל של תרומה תחלה ונפל של חולין תחלה תרוייהו חשיב להו חדא דמשום נפל של תרומה תחלה מסיים לפרושי נפל של חולין תחלה לאשמועינן דאפילו בפוגם מעיקרא קאסר ת"ק:

לרבי שמעון ליצטרפו היתר לאיסור. וא"ת אמאי לא תלי פלוגתייהו בזה וזה גורם כההיא דסוף פרק כל הצלמים (לעיל דף מט.) וי"ל דהיינו דוקא שאין בזה כדי להחמיץ ולא בזה[ב] כי מצטרפי ה"ל זה וזה גורם אבל כשיש בכל אחד כדי להחמיץ אין שייך זה וזה גורם ואפי' מאן דשרי התם אסר הכא: [וע' תוס' פסחים כז. ד"ה עד]:

רבי שמעון לטעמיה דאמר אפי' איסור ואיסור לא מצטרפי דתנן הערלה והכלאים מצטרפים ר"ש אומר אין מצטרפין. תימה דבמעילה (דף יח.) פריך מהא דקאמר ר' שמעון הערלה והכלאים אין מצטרפין אההיא דר' שמעון דאמר כל שהוא למכות וא"כ למ"ל צירוף ומשני התם אין מצטרפין אין צריכין לצרף פירוש דבכל שהוא נמי מיחייב והכא משמע דאין מצטרפין ממש קאמר שאין מצטרפין לחייב ותירץ ר"ת דההיא דהתם דפריך מינה במסכת מעילה היינו מתניתא דהתם דמסכת ערלה דאמרינן נמי רבי שמעון אומר אין מצטרפין גבי ערלה וכלאי הכרם והתם איירי בערלה וכלאי הכרם שהם בעינייהו בלא תערובת ולכך קאמר אין צריכין לצרף וההיא דמייתי הכא לאו היינו מתני' דמסכת ערלה אלא היינו מתני' דמיירי בתערובת והכי איתא התם *הערלה והכלאים אסורין ומצטרפין זה עם זה ר"ש אומר אין מצטרפין והכי פירושו דת"ק סבר דמצטרפין זה עם זה לאסור התערובת דהיתר אי ליכא מאתים שאם נפל חצי לוג מערלה וחצי[ג] מכלאי הכרם לפחות ממאתים לוגין דהיתר מצטרפין לאסור התערובת ור"ש אומר אין מצטרפין לאסור דכיון דאיכא מאתים דהיתר מערלה לחוד או מכלאי הכרם מותר אע"ג דליכא מאתים מן כולם והשתא ניחא דעל כרחך הך אין מצטרפין ממש קאמר כדפי' דליכא למימר אין צריכין לצרף קאמר כי ההיא דמסכת ערלה ומשום דכל שהוא למכות כדקאמר התם ר"ש כל שהוא למכות[ד] היינו דוקא באיסור בעיניה אבל ע"י תערובות בהיתר לא דא"כ לא תמצא שום ביטול לר"ש לא ברוב ולא בס' ולא במאתים אלא ודאי באיסור מעורב בהיתר מודה ר"ש כדפי' אבל היכא דלא שייך ביטול כגון היכא דאיכא טעם חשבינן ליה כאילו היה האיסור בעין דהא טעם כעיקר כדפ"ל: [עי' תוס' מעילה יח. ד"ה תני ותוס' שבת פט: ד"ה אסורין ותוס' בכורות כז: ד"ה וכי הואה]:

ההוא עכברא דנפל בגו חביתא דשיכרא אסריה רב לההוא שיכרא. תימה דהא נזון בלנון הוא ואשתרי וי"ל דמיירי ששהה שם יום או יומים והיה כבוש בתוך השכר וכבוש הרי הוא כמבושל: דהא [ה]מאיסא ובדילי אינשי מיניה. פ"ה וא"כ למ"ל דאסריה רחמנא דהיינו חידושיה וכן פירש לקמן גבי שכבת זרע ול"נ דנהי דמאים ובדילי אינשי מיניה מ"מ לא הוה ידעינן דהאוכלו בלאו האוכל שרץ וכן שיהא טמא בשכבת זרע ועוד דא"כ לא הוי חידוש כחידוש בעלמא בכל מקום בתלמוד דחידוש בעלמא ר"ל איסור מכלל היתר או היתר מכלל איסור לכן נראה דהא בדילי אינשי מיניה[ו] וא"כ מן הדין היה לנו להתירו משום דהוי פגם ונותן טעם לפגם בעלמא מותר ואפ"ה אסריה רחמנא *אף כל נט"ל דשרצים אסור כיון שכך איסור דשרצים והשתא ניחא דהוה כשאר חידוש דעלמא שבכל התלמוד דהוא איסור מכלל היתר:

אלא מעתה ליטמא לח ויבש. כיון דחידוש הוא כדאמר וא"ת מאי פריך בשלמא גבי איסור הוי חידוש כיון דנט"ל בעלמא שרי והכא אסריה רחמנא אלא גבי טומאה מה בכך אי הוי פגם הא גבי טומאה אין לחלק בין פגם לשבח וי"ל דגבי טומאה נמי הוי חידוש מה שהוא מטמא במה שהוא פגם שהרי גלי קרא בנבלה דשאינה ראויה לגר דהיינו שהסריחה אינה קרויה נבלה: אמר רבא הלכתא נותן טעם לפגם כו'. פירוש אף בשרצים ולא תימא דבשרצים חידוש כדקאמר לעיל וליתסר משום פגם דשרצים אלא אף בשרצים פגם מותר ועכברא בשיכרא דאסר לא ידענא אי משום נותן טעם לפגם דקסבר אסור *[אף[ז] בשאר שרצים] ולית הלכתא כוותיה פירוש דאף

עין משפט נר מצוה:
סח א מיי' פט"ו מהל' מאכלות אסורות הלכה יז:
סט ב מיי' פ"ד מהל' שאר אבות הטומאות הלכה יב
ע ג מיי' פ"ב מהלכות מטמאי משכב ומושב הלכה א:
עא ד טוש"ע י"ד סימן קד סעיף א:

הגהות הב"ח
(א) רש"י ד"ה אלמה תנן וכו' ולאו חדוש הוא ואצטריך לאזהורי עליה כיון דגויס אכלי לה הס"ד: (ב) תוס' ד"ה לר' שמעון וכו' ולא בזה כדי להחמיץ כי מצטרפי: (ג) ד"ה ר' שמעון וכו' וחצי לוג מכלאי הכרם וכו' או מכלאי הכרם לחוד מותר: (ד) בא"ד כל שהוא למכות דהתם היינו דוקא: (ה) ד"ה דהא ממאיסא וכו' והיינו חידושיה וכו' לא הוי חידוש דהכא כחידוש: (ו) בא"ד דהא בדילי אינשי מיניה ה"ק וא"כ מן הדין: (ז) ד"ה אמר וכו' דקסבר אסור אף בשרצים ולית הלכתא:

לפי' התוס' הגי' דתניא

[המעיין בערלה לא ימצא אלא משנה אחת בערלה וכלאי הכרם ובכן צריך תיקון גדול בכוונת תוס' על משנה דתבלין שנים ושלש שמות וכו' השנויה בפ"ב במס' ערלה משנה י' כמ"ש תוס' במעילה יח. ע"ש]

דכל נט"ל דשרצים כצ"ל ר"מ

מסורת הש"ס:
ערלה פ"ב [מ"א מעילה יח. ועי' תוס' שם ד"ה תני]
[נדה נד:]
[שם]
[שם נז. חולין עז.]
[לעיל לו. וש"נ]
דקסבר עכברא בשיכרא כצ"ל רש"א וע"ש
גי' רש"א וע"ש

כְּמוֹ שהסביר ר׳ זֵירָא, שהחמצה יתירה של העיסה הריהי משביחה אותה, משום שניתן להשתמש בה לחמץ עיסות אחרות, תָּא שְׁמַע מִסֵּיפָא [בוא ושמע ראיה מסופה של אותה ברייתא]: הַיַּיִן שֶׁנָּפַל לְתוֹךְ עֲדָשִׁים, וְחוֹמֶץ שֶׁנָּפַל לְתוֹךְ גְּרִיסִין — אָסוּר, וְר׳ שִׁמְעוֹן מַתִּיר. וְהָא הָכָא נַמִי [והרי כאן גם כן] שֶׁפָּגַם מֵעִיקָּרָא [מתחילה], וּפְלִיגִי [ונחלקו]! וְכִי תֵּימָא, הָכָא נַמִי כִּדְשַׁנֵּי לֵיהּ [ואם תאמר, כאן גם כן מדובר כמו שתירץ לו] עוּלָּא לְר׳ חַגָּא: במקרה כְּשֶׁהִשְׁבִּיחַ וּלְבַסּוֹף פָּגַם כשנפל לצוננין והרתיחם — אין אפשרות לומר כך, וּמִי פְּלִיגִי [והאם חלוקים הם] במקרה שֶׁהִשְׁבִּיחַ וּלְבַסּוֹף פָּגַם? וְהָא קָתָנֵי [והרי שנינו]: נָפַל שֶׁל תְּרוּמָה תְּחִלָּה — דִּבְרֵי הַכֹּל אָסוּר, מאחר שהשביח בתחילה על ידי התרומה, אף שלבסוף פגם השאור של החולין! אֶלָּא לָאו שְׁמַע מִינָּהּ [האם לא תלמד מכאן] שֶׁבְּפָגַם מֵעִיקָּרָא [מתחילה] מַחֲלוֹקֶת, ומסכמים: אכן, שְׁמַע מִינָּהּ [למד מכאן]. ושואלים: הָנֵי תְּלָתָא בָּבֵי דְּקָתָנֵי [אותן שלוש פסקאות ששנה בברייתא] במקרים שונים, לָמָּה לִי את שלושתן? בִּשְׁלָמָא בָּבָא דְּסֵיפָא [נניח בפסקה האחרונה] ביין שנפל לתוך עדשים, קָא מַשְׁמַע לָן [משמיע לנו]: בְּפוֹגֵם מֵעִיקָּרָא [מתחילה] מַחֲלוֹקֶת כפי שהוכחנו, מְצִיעֲתָא נַמִי [בפסקה האמצעית גם כן] שנפל שאור של תרומה תחילה, משמיע לנו כי הִשְׁבִּיחַ וּלְבַסּוֹף פָּגַם — דִּבְרֵי הַכֹּל אָסוּר, אֶלָּא רֵישָׁא [בפסקה הראשונה] בנפלו תרומה וחולין בבת אחת לָמָּה לִי להביאה כלל? שהרי אפשר היה ללמוד מן ההמשך ובאופן זה: הָשְׁתָּא, וּמַה סֵּיפָא דְּלָא קָא מַשְׁבַּח כְּלָל, אָסְרִי רַבָּנַן [עכשיו, ומה בסוף במקרה שנפל היין לעדשים, שאינו משביח כלל, בכל זאת אוסרים חכמים], רֵישָׁא דְּקָא מַשְׁבַּח מִיבָּעֲיָא [במקרה הראשון שהוא משביח בתחילה צריך לומר] שאוסרים? אָמַר אַבַּיֵי: רֵישָׁא [הפסקה הראשונה] לְר׳ שִׁמְעוֹן אִצְטְרִיךְ [הוצרכה] להשמיע לנו שגם בזה הוא מתיר. וְהָכִי קָאָמְרִי לֵיהּ רַבָּנַן [וכך אמרו לו חכמים] לְר׳ שִׁמְעוֹן: עִיסָּה זוֹ רְאוּיָה לְהַחְמִיץ בִּשְׁתֵּי שָׁעוֹת אם היה נופל שם רק שאור של היתר, מִי גָּרַם לָהּ שבח זה שֶׁתַּחְמִיץ בְּשָׁעָה אַחַת? שאור של אִיסּוּר. ואם כן, אף אתה צריך להודות לנו שהוא משביח ולבסוף פוגם! וְר׳ שִׁמְעוֹן מה ענה הוא על כך? כְּשֶׁהִשְׁבִּיחוּ — שְׁנֵיהֶם הִשְׁבִּיחוּ, ולא רק האיסור לבדו, כְּשֶׁפָּגְמוּ — שְׁנֵיהֶם פָּגְמוּ. ושואלים: אף לְדַעַת ר׳ שִׁמְעוֹן, לִיצְטָרֵף [שיצטרפו] הֶיתֵּר וְאִיסּוּר בַּהֲדֵי הֲדָדֵי וְלִיתְּסַר [זה עם זה, ושייאסר], שהרי גם ר׳ שמעון מודה שאם השביח מתחילה — אסור! ומשיבים: ר׳ שִׁמְעוֹן לְטַעְמֵיהּ [לשיטתו], שאָמַר: אֲפִילּוּ אִיסּוּר וְאִיסּוּר נַמִי לָא מִיצְטָרְפִי [גם כן אינם מצטרפים] לאסור, וכל שכן איסור והיתר, דִּתְנַן [ששנינו במשנה]: הָעָרְלָה וְכִלְאֵי הַכֶּרֶם שנפלו בתוך היתר, ואין בכל אחד מהם כדי לאוסרו — מִצְטָרְפִין אם יש בשניהם יחד כשיעור לאסור, ר׳ שִׁמְעוֹן אוֹמֵר: אֵין מִצְטָרְפִין, וכל איסור נידון לעצמו. וגם כאן, הואיל ובשעה הראשונה שהשביח האיסור — לא יכול היה להשביח בעצמו — אין ההיתר מצטרף אליו לאסור.

א מסופר, הַהוּא עַכְבְּרָא [עכבר אחד] שֶׁנָּפַל לְחָבִיתָא דְּשִׁיכְרָא [לחבית שיכר], אַסְרֵיהּ [אסר] רַב לְהַהוּא שִׁיכְרָא [את השיכר ההוא]. אֲמַרוּהָ רַבָּנַן קַמֵּיהּ [חכמים לפני] רַב שֵׁשֶׁת: נֵימָא קָסָבַר [האם נאמר שהוא סבור] שֶׁנּוֹתֵן טַעַם לִפְגָם אָסוּר? שהרי העכבר טעמו בוודאי פוגם! אָמַר לְהוּ [להם] רַב שֵׁשֶׁת: בְּעָלְמָא סָבַר [בכלל סבור] רַב שֶׁנּוֹתֵן טַעַם לִפְגָם מוּתָּר, וְהָכָא [וכאן] חִידּוּשׁ מיוחד הוּא שחידשה התורה בעכבר וכיוצא בו, דְּהָא מִימְאָס מְאִיס וּבְדִילֵי אֱינָשֵׁי מִינֵּיהּ [שהרי מאוס הוא ואנשים בדלים ממנו מעצמם], וַאֲפִילּוּ הָכִי אַסְרֵיהּ רַחֲמָנָא [כך אסרה אותו התורה], הִלְכָּךְ [על כן] נוֹתֵן טַעַם לִפְגָם נַמִי [גם כן] אָסוּר בו, שלא כמו שלמדנו מנבילה. אָמְרוּ לֵיהּ רַבָּנַן [לו חכמים] לְרַב שֵׁשֶׁת: אֶלָּא מֵעַתָּה, לפי הסברך זה, שחידוש הוא, ובא להחמיר יותר משאר איסורים. לִיטַמְּא [שיטמא] העכבר וכיוצא בו כשהוא לַח וְגם כשהוא יָבֵשׁ, אַלָּמָּה תְּנַן [מדוע שנינו במשנה]: השרצים מְטַמְּאִין כשהם לַחִים וְאֵין מְטַמְּאִין יְבֵשִׁים? אמר להם: וּלְטַעֲמֵיךְ [ולשיטתך] שאתם מדמים דין טומאה לדין איסור, שִׁכְבַת זֶרַע שגם היא מאוסה גם כן תְּטַמֵּא לַח וְיָבֵשׁ, אַלָּמָּה תְּנַן [מדוע שנינו במשנה]: בשכבת זרע ושרץ מְטַמְּאִין לַחִין וְאֵין מְטַמְּאִין יְבֵשִׁין? אֶלָּא מַאי אִית לָךְ לְמֵימַר [מה יש לך לומר]? "שִׁכְבַת זֶרַע" אָמַר רַחֲמָנָא [אמרה התורה] כלומר, גזירת הכתוב היא שהיא מטמאה רק כשהיא לחה, כאשר היא רְאוּיָה לְהַזְרִיעַ, הָכָא נַמִי [כאן גם כן] לענין עכבר וכיוצא בו — "בְּמֹתָם" ("וכל אשר יפול עליו מהם במותם יטמא" ויקרא יא, לב) אָמַר רַחֲמָנָא [אמרה התורה] — שהם מטמאים רק כְּעֵין מוֹתָם, כמו שהיו בזמן מותם, ולכן כשהם יבשים אינם מטמאים עוד. ואין מכאן סתירה לדברי שחידוש הוא ויש לאוסרו אף כשנותן טעם לפגם. מַתְקִיף לָהּ [מקשה על כך], על עצם הסברה שהעלנו, רַב שִׁימִי מִנְּהַרְדְּעָא: וּמִי מְאִיס [והאם העכבר הוא מאוס]? וַהֲלֹא עוֹלֶה עַל שֻׁלְחָן שֶׁל מְלָכִים, שנחשב להם כמאכל מובחר! אָמַר רַב שִׁימִי מִנְּהַרְדְּעָא, לָא קַשְׁיָא [אין זה קשה]: הָא בְּדַדְבְרָא [זה בעכבר של שדה] שהוא עולה על שולחן מלכים, הָא בְּדְמָתָא [זה בעכבר של עיר] שהוא מאוס לכל. אָמַר רָבָא: הִלְכְתָא [הלכה היא]: נוֹתֵן טַעַם לִפְגָם — מוּתָּר, וְעַכְבְּרָא בְּשִׁיכְרָא לָא יָדַעְנָא מַאי טַעְמָא [ועכבר בשיכר אין אני יודע מה הטעם] של רַב שאסר, אִי [האם] מִשּׁוּם דְּקָסָבַר [שהוא סבור] בכלל: נוֹתֵן טַעַם לִפְגָם אָסוּר, וְלֵית הִלְכְתָא כְּוָותֵיהּ [ואין הלכה כמותו], אִי [או] מִשּׁוּם דְּקָסָבַר [שהוא סבור] שבכלל נוֹתֵן טַעַם לִפְגָם — מוּתָּר, אלא עַכְבְּרָא בְּשִׁיכְרָא אַשְׁבּוֹחֵי מַשְׁבַּח [עכבר בשיכר הוא משביח את טעמו], ולכן הוא אסור. אִיבַּעְיָא לְהוּ [נשאלה להם ללומדים]:

עיונים

תא שמע מסיפא בתוס׳ העירו כי היה יכול להביא ראיה גמורה לדבריו גם מתחילה, מן הקטע שבו נאמר שאם נפל שאור של תרומה תחילה דברי הכל אסור, משמע שבמשביח מעיקרו הכל מודים שהוא אוסר. וכתבו שבאמת היה יכול להוכיח משם, אלא שרצה להביא עוד מקור אחד, כדי להסביר את עניינו לעצמו, שמדובר בו בפוגם מעיקרו.

כדשני עולא לר׳ חגא שאין מדובר בנפילת יין לעדשים רותחים שהוא פוגם מתחילתו, אלא כשנפל לתוך צוננים ואחר כך הרתיחם שהוא משביח ולבסוף פוגם.

תלתא בבי וכו׳ שאלה זו אינה המשך ישיר לבעיה הקודמת, אלא היא בירור לגופה של המשנה שממנה הובאה קודם ראיה.

ובזיהויין של בבות אלה נחלקו המפרשים, כי נזכרו יותר מאשר שלושה דינים, ואין זה ברור לגמרי באלו מהם מדובר. רש״י מסביר כי הבבא הראשונה היא ההלכה כשנפלו שאור של תרומה וחולין כאחת, שניה — שנפל שאור של תרומה תחילה, ושלישית — יין שנפל על גבי עדשים (והסבירו בתוס׳ שאף שיש לגבי שאור יותר מאשר דין אחד, יש לומר כי הדין בנפל של חולין תחילה אינו עיקר, ולא בא אלא להשלים את הענין). ואילו הרי״ד מסביר ששלש בבות אלה הן כולן בדיני שאור: ראשונה — כשנפלו חולין ותרומה יחד, שניה — שנפל של תרומה תחילה, ושלישית — שנפל של חולין תחילה. ולא נצרך הדין האחרון ביחס ליין אלא כדי להוציא מדעת ר׳ זירא לענין שאור.

רישא דקא משבח כלומר, במקרה שבו נפלו שאור של תרומה ושל חולין ביחד לעיסה, שכמבואר להלן, סבורים חכמים כי בתחילה מושבחת העיסה, ורק לאחר זמן מחמיצה העיסה יותר מדי.

שתחמיץ בשעה אחת ודבר זה הוא שבח, שהרי כוונתו להחמיץ העיסה, וככל שנעשה הדבר מהר יותר הרי זה שבח.

כשהשביחו שניהם השביחו כלומר, כשהחמיצה העיסה בתוך שעה היה זה רק משום שנצטרפו שניהם, ואם לא כן לא היה השאור של התרומה נותן שבח בעיסה, אלא פוגם.

ליצטרף איסור והתר שהרי אף ר׳ שמעון מודה במשביח ולבסוף פגם, וכיון שהיה כאן שבח בדבר (שממהרת העיסה להחמיץ) צריך היה לאסור.

ושאל הר״נ כיצד שואלים בפשטות שאלה זו לגבי צירוף איסור והיתר, כאשר אנו רואים שצירוף כזה אינו פשוט כלל, ולהלכה רק במקרים מסויימים (כגון באיסורי נזיר) אומרים שמצטרפים איסור והיתר לשיעור אחד, אבל בשאור של תרומה שנינו במפורש שאם אין בשאור האיסור לעצמו כדי לחמץ אין מצטרף אליו ההיתר! והסביר כי כאן אין מדובר בצירוף ממש של ההיתר לשיעור של איסור, שהרי יש באיסור עצמו כדי להחמיץ במשך זמן מרובה יותר, וההיתר אינו אלא גורם לו שלא יפגום את טעם העיסה בינתיים. והתשובה לכך היתה שלדעת ר׳ שמעון אפילו איסור אינו מצטרף לאיסור, וכל שכן שלא יצטרף אליו ההיתר כשאין באיסור עצמו כח לאסור את העיסה.

הערלה וכלאי הכרם ששניהם בטלים באחד ומאתים, ונפלו שניהם לחולין, וכל אחד מן האיסורים הללו היה פחות מאחד במאתים, ושניהם יחד הם יותר מאחד במאתים, ולכן אם מצטרפים האיסורים יש כאן כמות שאינה בטילה והכל נאסר, ואם אין מצטרפים שניהם בטלים.

ר׳ שמעון אומר אין מצטרפין וראה בתוס׳ (ועוד ראשונים) שאמרו על פי מסקנת הגמרא במעילה, שהביטוי "אין מצטרפים" יש לו שתי משמעויות שונות כפי שהוא מופיע בשתי משניות שונות (וראה בהגהה בגליון דפוס וילנא, וברש״ש). שלענין חיוב מלקות סבור ר׳ שמעון שלוקים בכל שהוא, ולפיכך "אין מצטרפים" כוונתו שאין צריכים לצירוף. אבל כאן אין מדובר כאשר האיסור הוא בעינו אלא לענין נתינת טעם בתערובת, ובזה הכוונה היא שאין שני איסורים מצטרפים כלל.

עכברא דנפל לחביתא ושאלו בתוס׳: הרי היה כאן צונן שנפל בתוך צונן, וצונן בצונן אינו אוסר, ואם כן מה היה מקום לשאלה בכלל? ותירצו שאמנם נפל לתוך צונן, אך מדובר כאן כגון שנפל ושהה בשכר זמן רב (יותר מאשר מעת לעת) וכל ששהה בתוך נוזל במשך זמן זה נחשב ככבוש בתוכו, וכבוש דינו כאילו נתבשל שם.

והכא חידוש הוא רש״י מסביר כי עצם ההלכה לאסור את העכבר אינה צריכה, שהרי מאוס הוא מעצמו ואין אוכלים אותו, ואם הוא (ושרצים אחרים) נאסרו, משמע מכאן כי הם אוסרים דבר שנתנו בו טעם למרות שהוא טעם לפגם. ובתוס׳ העירו כי מבחינת דיוק הלשון אין זה במשמעות הרגילה של המושג "חידוש" בכל התלמוד. ועוד, שאם לא היה הדבר כתוב לא היינו יודעים שיש איסור לא תעשה על אכילתו (וכן לענין שכבת זרע להלן, אם לא היה הדבר כתוב לא היינו יודעים שהיא טמאה). ולכן הם מסבירים בלשון שונה במקצת, שכיון שהשרץ הוא מאוס ופגום לא היה צריך דין איסור לחול עליו כלל (כפי שלמדנו מנבילה לכל

איסורים שבתורה), והעובדה שלמרות זאת הוא אסור — זה הוא החידוש שבדבר (במשמעות "חידוש" בכל מקום, במובן של דבר האסור למרות שבכל התורה כולה הוא מותר, או להיפך), וממנו יש ללמוד שגם אם נתן טעם לפגם בדבר אחר הריהו אוסר.

ורוב המפרשים מסבירים כי אין מדובר כאן דווקא בעכבר, אלא בכל השרצים. אבל הרא״ה (בבדק הבית) סבור כי האיסור הכללי של אכילת שרצים בתורה אינו כולל שרצים מאוסים, אלא רק אלו שנאכלים, והחידוש שמדובר עליו כאן הוא דווקא בעכבר ושאר שרצים מאוסים שנזכרו במפורש בתורה לאוסרם (וראה להלן).

דהא מימאס מאיס כמו נבילה סרוחה מתחילתה, שגם ר׳ מאיר, הסבור שנותן טעם לפגם אסור, מודה שאינה נאסרת (ראב״ד ועוד).

אלא מעתה ליטמא לח ויבש רש״י מסביר: אלא מעתה, שבדילים ממנו אנשים, מדוע טימאה אותו התורה? והלא אין צורך בכך! אלא צריך היה לומר שחידוש הוא, לומר שהוא מטמא גם כשהוא יבש. והואיל ואין הדין כן יש ללמוד מכאן שאין העכבר מאוס (כמבואר להלן שיש שאוכלים עכברים), ואין בו חידוש. וכבר שאלו בתוס׳: מה ענין מאיסות לטומאה? והם משיבים שאפשר היה ללמוד מנבילה, שאם נמאסה מאכילה בטלו ממנה גם איסורה וגם טומאתה. וכיוצא בזה כתב הרי״ד, שאם שרץ לח ראוי לאכילה, מובן מדוע אינו מטמא יבש — משום שאז אינו ראוי לאכילה, כנבילה, שהרי משום כך אינה מטמאה כשהיא יבישה. אבל אם אינו ראוי לאכילה כלל — מדוע לא יטמא כשהוא יבש, כדין דם הנדה ובשר המת? והראב״ד דחה הבנה זאת, שעצם ההלכה שנבילה אינה מטמאה ביבש הריהו משום שאז היא מאוסה. והוא הסביר שההנחה כאן היא שמקורו של הדין העקרוני, שדברים אינם מטמאים כשהם יבשים, הריהו מגזירת הכתוב בנבילה שדינה כן. ולפיכך, אם שרץ חידוש הוא, שהוא אוסר ומטמא למרות שהוא סרוח, נמצא שאין למדים דינו מנבילה (שאינה אסורה ולא מטמאה כשאינה ראויה לגר) ואם כן גם אין מקום ללמוד ממנה גם דין זה שאינו מטמא ביבש.

וליטעמיך שכבת זרע וכו׳ כלומר, לשיטתכם שאתם סבורים שאם חידוש הוא היה מקום ללמוד כן גם לענין טומאה, הרי לא רק בשרץ צריך הדין להיות כן, אלא גם בדברים אחרים מאוסים. אלא שגזירת כתוב מיוחדת היא לענין טומאה ביבש, שאינה תלויה כלל במיאוס. והראב״ד פירש לשיטתו: לטעמכם, שמדין נבילה למדנו שכל שהוא סרוח ואינו ראוי לגר אינו מטמא (גם כשהוא לח), הרי גם בשכבת זרע לא למדנו דין זה מנבילה, שהרי אינה ראויה לגר ובכל זאת היא מטמאת בלח, ומכל מקום גם לגביה למדנו בהיקש מנבילה שאינה מטמאת יבישה. אלא שטעם הדבר שהיא מטמאת בלח הריהו משום גזירת כתוב מיוחדת, לומר שלענין זה אין למדים דינה מנבילה. והוא הדין לשרץ, אף שלמדים מנבילה שאינו מטמא יבש, מכל מקום אין זה מחייב שלמדים ממנה דין טומאה בלח, אלא הוא נלמד לגביו בגזירת כתוב מיוחדת.

והלא עולה על שולחן מלכים ומכאן קושיה על דברי רב ששת שהניח שהעכבר מאוס, ואין בו אלא חידוש של תורה.

עכברא בשיכרא לא ידענא והסביר הרשב״א (בתורת הבית) שרבא חולק על רב ששת, שהסביר כי משום שעכבר חידוש הוא הריהו אוסר את תערובתו גם אם הוא נותן טעם לפגם. והוא סבור כי דברים מאוסים אינם אוסרים את תערובתם כשנתנו בה טעם לפגם, למרות שהם עצמם אסורים, ולכן אם היה מקום לאסור את השיכר הרי זה משום שיש דברים שאף שלעצמם הם מאוסים, כשהם מתערבים בדבר אחר הריהם משביחים את טעמו. ומדברים אלו של הרשב״א עולה כי הבין שעכבר זה שאסר רב עכבר של עיר הוא. אבל רא״ה הבין (ראה כאן, ובאריכות בבדק הבית) כי לדעת רבא עכבר זה שאסר רב היה עכבר של שדה, שראוי לאכילה, ודווקא אותו אסרה התורה. ואילו היה עכבר של עיר ומאוס — לא היה אסור כלל מן התורה, שלדעתו כל דבר שהוא מאוס אינו נאסר מן התורה אף לעצמו, כדין נבילה סרוחה (אלא אם כן יש בו איסור מפורש של התורה). וראה בדברי תלמידו הריטב״א.

אשבוחי משבח ושאלו ראשונים: הרי דבר כגון זה יש לו בדיקה, שיתנוהו לטבח גוי שהוא מומחה בדבר (ולכן נאמן בדבריו גם לענין הלכה) וישאלוהו אם הוא משביח! ותירצו כי מאחר שהוא כבוש בשיכר, אין לדעת אם בא שבח זה מחמת העכבר או מפני השיכר עצמו. ואילו הנצי״ב הסביר כי אין מדובר כאן בשאלה האם העכבר נותן טעם לשבח בשיכר (או בחומץ, להלן) או לא. אלא ידעו חכמים כי הוא נותן טעם לשבח, אבל מצד אחר, העכבר הריהו מאוס בעיני אנשים, ויש להחשיבו כנותן טעם לפגם אם ידעו אנשים שנפל לשיכר. וספיקו של רבא היה האם רב אוסר עכבר שנפל לשיכר למרות שהוא מאוס בעיני אנשים, ואין הלכה כן (אבל אם היה זה עכבר שדה, שאינו מאוס, יהא אסור). או שמא רב אסר את השיכר מאחר ובאמת הוא משביח למי שאינו יודע שנפל עכבר לתוכו (ואם כן אפילו בעכבר בית, שהוא מאוס, יהא הדין כן).

אורח הלכה

הערלה וכלאי הכרם וכו׳ הערלה וכלאי הכרם בטלים באחד במאתים ומצטרפים זה עם זה. כיצד רביעית יין של ערלה או כלאי הכרם, או תערובת של ערלה וכלאי הכרם שנפלה לתוך מאתים רביעיות של יין — הכל מותר, ואינו צריך להרים משם כלום. ואם נפלה לפחות ממאתים — הכל אסור בהנאה. כתנא קמא. (רמב״ם ספר קדושה הלכות מאכלות אסורות פט״ו הי״ד).

מטמאין לחין וכו׳ בשר השרץ שנפסד והבאיש ונפסל מאכילת כלב — טהור. יבש עד שנעשה כחרס, אם יכול לשרותו בפושרים מעת לעת וייעשה לח כשהיה — מטמא, ואם לאו — טהור. במה דברים אמורים במקצת השרץ. אבל שרץ שיבש ושלדו קיים, הואיל ותבנית כולו קיימת הרי זה מטמא. וכתב הרמב״ם שנראה בעיניו שטומאה זו אינה אלא מדברי סופרים. (רמב״ם ספר טהרה הלכות שאר אבות הטומאות פ״ד הי״ב).

שכבת זרע תטמא לח ויבש שכבת זרע של זב אינה מטמאה אלא כל זמן שהיא לחה. ואם יבשה לגמרי — שוב אינה מטמאה. וכיצד בודקים דבר זה? אם שורים אותה בפושרים מעת לעת וחוזרת להיות לחה כמו שהיתה הריהי מטמאה, ואם לאו — טהורה. (רמב״ם שם הלכות מטמאי משכב ומושב פ״ב ה״א).

נותן טעם לפגם מותר דברים המאוסים שנפשו של אדם קצה בהם, כגון זבובים וחרקים אחרים, אם נמצאו בתבשיל — זורקם והתבשיל מותר, שאין פליטת טעמם אוסרת. ואפילו אם נפלו לתבשיל ונמחה גופם לתוכו, אם ההיתר רבה על האיסור — מותר. כדברי רבא כאן, שנותן טעם לפגם מותר, ולא כהסברו של רב ששת. וכתב רמ״א כי מכל מקום אם נפלו אותם דברים מאוסים לשיכר או לחומץ יש לחוש לנתינת טעם לשבח כמו בעכבר, ראה להלן. (שו״ע שם קד, ג. שם קז,ב)

עכברא בשיכרא עכבר שדה נותן טעם לשבח הוא, שהרי עולה לשולחן מלכים, כדברי רב שימי לעיל. אבל עכבר בית ספק הוא אם משביח בחומץ ושיכר או פוגם, ולפיכך אם אין שישים כנגדו הריהו אוסר. כדברי רבא וכמסקנת הגמרא. והרמב״ם ושאר פוסקים לא חילקו בין עכבר לעכבר, אלא גם בעכבר שדה קיים ספק זה (ש״ך). וכן כתב הגר״א כי לא נאמרה חלוקה זו אלא לשיטת רב ששת בהסבר דינו של רב, ואין הלכה כמותו. (רמב״ם ספר קדושה הלכות מאכלות אסורות פט״ו הל״א. שו״ע יו״ד קד,א).

מסורת הש"ס

א. משנה ערלה פ"ב מ"א. מעילה יח,א. וראה ירושלמי ערלה פ"ב ה"א.
ב. ראה ירושלמי תרומות פ"י ה"ה.
ג. ע"ז לח,ב (ושם סומנו מקבילות).
ד. ע"ז לו,א (ושם סומנו מקבילות).
ה. משנה נדה נד,ב.
ו. שם.
ז. חולין עד,א. נדה נו,א.

גרסות

ומי פליגי כשהשביח ולבסוף פגם בכתי"מ: השביח ולבסוף פוגם מי איכא למאן דאמר לאו אסור.

הני תלתא בבי דקתני בכתי"מ: ותלתא בבי דקתני בגויה ובכתי"ס: הני תלתה באבי דקתני בשאור.

ראויה להחמיץ בכתי"מ: ראויה לחמע ובכתי"ס: ראויה להתחמץ.

לחביתא דשיכרא בכתי"מ ועוד: לשיכרא.

נימא קסבר בכת"י: נימא קסבר רב.

הלכך נותן טעם לפגם נמי אסור בכתי"מ: נותן טעם לפגם דשרץ אסור.

ליטמא לח בכתי"מ: יטמא לח.

כעין מותם בכתי"ס: כעין מיתה.

של מלכים בכתי"ס: של מלכים ההוא בעכברא דדברא איכא דאמרי ומי מאיס והלא עולה על שולחן מלכים.

נותן טעם לפגם מותר בכתי"מ: נותן טעם לפגם בשרצים מותר.

דקסבר נותן טעם לפגם מותר ועכברא בשיכרא בכת"י וכן מהרש"א: דקסבר עכברא בשיכרא.

לעזי רש"י

אשקור"ל (צ"ל: אישקוריי"ל) מן הצרפתית escurel = סנאי.

נָפַל עכבר **לְגוֹ חַלָּא** [לתוך חומץ], **מַאי** [מה] דינו? **אָמַר לֵיהּ** [לו] **רַב הִילֵּל לְרַב אַשִׁי: הֲוָה עוּבְדָּא בֵּי** [היה מעשה כעין זה בביתו] של **רַב כָּהֲנָא, וְאָסַר** אותו **רַב כָּהֲנָא**, ומכאן שהוא נותן טעם לשבח ופוסל. **אָמַר לֵיהּ** [לו] רב אשי: משם אין ראיה, **הַהוּא אִימַּרְטוּטֵי אִימַּרְטַט** [אותו עכבר נתמרטט לחתיכות קטנות] ורב כהנא אסר משום החשש שיבואו לאכול חתיכה ממש מן העכבר בתוך החומץ. מסופר, **רָבִינָא סָבַר** [סבור היה] **לְשַׁעוּרֵי** [לשער אותו] ולבטלו **בְּמֵאָה וְחַד** [ואחד], **אָמַר: לֹא גָּרַע** [גרוע], אינו חמור יותר **מִתְּרוּמָה, דִּתְנַן** [ששנינו במשנה]: **תְּרוּמָה עוֹלָה** (מתבטלת) **בְּאֶחָד וּמֵאָה. אָמַר לֵיהּ** [לו] **רַב תַּחֲלִיפָא בַּר גִּיזָא לְרָבִינָא: דִּלְמָא** [שמא] **כִּתְבָלִין שֶׁל תְּרוּמָה בִּקְדֵירָה דָּמֵי** [נחשב], **שלֹא בָּטִיל טַעֲמַיְיהוּ** [בטל טעמם] באחד ומאה, אלא ביותר מכך! ועוד מסופר, **רַב אַחַאי שִׁיעֵר בְּחַלָּא בְּחַמְשִׁין** [בחומץ בחמישים] שסבור היה שחומץ שטעמו חריף אינו זקוק לשישים כמו שאר איסורים שבתורה כדי לבטל טעמו של העכבר. **וְרַב שְׁמוּאֵל בְּרֵיהּ** [בנו] של **רַב אִיקָא שִׁיעֵר בְּשִׁיכְרָא בְּשִׁיתִּין** [בשיכר בשישים]. ומסכמים: **וְהִלְכְתָא** [והלכה] היא: **אִידִי וְאִידִי בְּשִׁיתִּין** [זה וזה בטלים בשישים], **וְכֵן כָּל אִיסּוּרִין שֶׁבַּתּוֹרָה**, בדרך כלל בטלים בשישים.

א משנה **נָכְרִי שֶׁהָיָה מַעֲבִיר עִם יִשְׂרָאֵל כַּדֵּי יַיִן מִמָּקוֹם לְמָקוֹם, אִם הָיָה בְּחֶזְקַת הַמִּשְׁתַּמֵּר — מוּתָּר, אִם הוֹדִיעוֹ** הישראל לנכרי **שֶׁהוּא מַפְלִיג** (הולך למקום רחוק), הרי שיעור הזמן בו נאסר היין, אם לא היה שם ישראל — **כְּדֵי שֶׁיִּשְׁתּוֹם** שיעשה נקב במגופת החבית (פקק העשוי מטיט וכיוצא בו), **וְיִסְתּוֹם** אחר כך את הנקב, **וְיָגוֹב** ויתייבש המקום שבו עשה את הנקב. **רַבָּן שִׁמְעוֹן בֶּן גַּמְלִיאֵל אוֹמֵר: כְּדֵי שֶׁיִּפְתַּח אֶת הֶחָבִית** על ידי שבירת המגופה כולה, **וְיָגוּף** ויעשה לה מגופה חדשה, **וְתִיגוֹב** (ותתייבש) המגופה הזו. **הַמַּנִּיחַ יֵינוֹ בְּקָרוֹן אוֹ בִּסְפִינָה, וְהָלַךְ לוֹ בְּקַפֶּנְדַּרְיָא** (בדרך קצרה) והנכרי אינו יודע מתי הישראל חוזר, אפילו אם **נִכְנַס** בינתיים **לַמְּדִינָה** (לעיר) **וְרָחַץ** — הרי זה **מוּתָּר**, משום שהגוי לא ינסך, שהוא מפחד שמא יגיע הישראל בכל רגע. **אִם הוֹדִיעוֹ** הישראל לנכרי **שֶׁהוּא מַפְלִיג** לזמן מרובה — הרי הזמן שמותר הוא עד **כְּדֵי שֶׁיִּשְׁתּוֹם** (יעשה נקב) **וְיִסְתּוֹם וְיָגוֹב. רַבָּן שִׁמְעוֹן בֶּן גַּמְלִיאֵל אוֹמֵר: כְּדֵי שֶׁיִּפְתַּח אֶת הֶחָבִית וְיָגוּף** המגופה **וְתִיגוֹב** המגופה. ישראל **הַמַּנִּיחַ נָכְרִי** לבדו **בְּחָנוּת** יין שלו, **אַף עַל פִּי שֶׁיָּצָא וְנִכְנַס** הישראל ואינו נמצא שם כל הזמן — **מוּתָּר, וְאִם הוֹדִיעוֹ שֶׁהוּא מַפְלִיג — כְּדֵי שֶׁיִּשְׁתּוֹם וְיִסְתּוֹם וְיָגוֹב. רַבָּן שִׁמְעוֹן בֶּן גַּמְלִיאֵל אוֹמֵר: כְּדֵי שֶׁיִּפְתַּח אֶת הֶחָבִית וְיָגוּף וְתִיגוֹב. הָיָה** ישראל **אוֹכֵל עִמּוֹ** עם הנכרי **עַל הַשּׁוּלְחָן, וְהִנִּיחַ לָגִינִין** (כדים קטנים) של יין **עַל הַשּׁוּלְחָן, וְלָגִין** אחר **עַל הַדּוּלְבָּקִי** (דלפק, שמניחים עליו כלי אוכל ושתיה) **וְהִנִּיחוֹ** לבדו **וְיָצָא — מַה שֶּׁעַל הַשּׁוּלְחָן אָסוּר**, שמן הסתם לקח ושתה ממנו, ואילו הלגין **שֶׁעַל הַדּוּלְבָּקִי — מוּתָּר. וְאִם אָמַר לוֹ** לגוי: **הֱוֵי מוֹזֵג וְשׁוֹתֶה — אַף הלגין שֶׁעַל הַדּוּלְבָּקִי אָסוּר**, שהרי התיר לו למזוג לעצמו. וכן **חָבִיּוֹת פְּתוּחוֹת** שהיו שם — **אֲסוּרוֹת, סְתוּמוֹת — מוּתָּרוֹת**, אם שהה מחוץ למקום **כְּדֵי שֶׁיִּפְתַּח וְיָגוּף וְתִיגוֹב.**

ב גמרא בפירוש המשנה מבררים: **הֵיכִי דָּמֵי** [כיצד הוא בדיוק] **"בְּחֶזְקַת הַמִּשְׁתַּמֵּר"**? ומסבירים: **כִּדְתַנְיָא** [כמו ששנויה בברייתא]: **הֲרֵי שֶׁהָיוּ חַמָּרָיו וּפוֹעֲלָיו**, שהיו עמי ארצות וחזקתם טמאים, **טְעוּנִין טָהֳרוֹת** (יין או פירות שנעשו בטהרה), והוא מזהירם שלא יגעו בהם, אבל אינו יודע אם עשו כן או לא, **אֲפִילוּ הִפְלִיג מֵהֶן יוֹתֵר מִמִּיל — טָהֳרוֹתָיו טְהוֹרוֹת**, שאנו אומרים שכיון שהזהירם הם חוששים ממנו. **וְאִם אָמַר לָהֶן: "לְכוּ וַאֲנִי בָּא אַחֲרֵיכֶם"**, שידעו שאינו הולך עימם, הרי **כֵּיוָן שֶׁנִּתְעַלְּמָה עֵינוֹ מֵהֶם** ואין הוא עוד רואה אותם — **טָהֳרוֹתָיו טְמֵאוֹת**. ושואלים: **מַאי שְׁנָא רֵישָׁא** [במה שונה בתחילה הראש, במקרה הראשון] שאם הפליג — טהרותיו טהורות, **וּמַאי שְׁנָא סֵיפָא** [ובמה שונה הסוף] שלאחר שנעלמו מעיניו — טמאות? **אָמַר רַב יִצְחָק: רֵישָׁא** [בתחילה] מדובר **בִּמְטַהֵר חַמָּרָיו וּפוֹעֲלָיו לְכָךְ**, כלומר שדואג שיטבלו, כדי שלא יטמאו את הטהרות, ולכן אין לחשוש למגעם. ומקשים: **אִי הָכִי, סֵיפָא נַמִּי** [אם כך, בסוף גם כן] כיון שטיהר אותם לכך, מדוע אנו צריכים לחשוש שטימאו אותם? ומשיבים: **אֵין עַם הָאָרֶץ מַקְפִּיד עַל מַגַּע חֲבֵירוֹ** ואף על פי שהם עצמם היו טהורים, שמא פגעו בדרך בעם הארץ אחר ונטמאו הטהרות על ידו, ובזה אין הם מקפידים. ומקשים: **אִי הָכִי** [אם כך] אם לכך אתה חושש, **אֲפִילוּ רֵישָׁא נַמִּי נֵימָא הָכִי** [בתחילה גם כן נאמר כך]! **אָמַר רָבָא:**

עיונים

נפל לגו חלא והשאלה היתה האם עכבר בחומץ משביח או נותן טעם לפגם (ראב"ד). ורש"י מסביר כי השאלה היתה שמא מחמת חריפותו הרבה של החומץ אין העכבר נותן בו טעם כמו בשיכר. ובתוס' אמרו נימוק לצד ההפוך, שמא מפני חריפות החומץ הריהו גורם שהעכבר יתן טעם לשבח (כעין מה שנאמר בחלתית לעיל לט,א). ובכתי"י מופיע נוסח או הסבר אחר לגמרא, ולפיו השאלה היא כפולה: האם העכבר פולט את טעמו לחומץ ("אפוקי מפיק"), או שמא החומץ גרם לפעולה ההפוכה ("מיצמת צמית"), ואם הוא פולט את טעמו, האם לשבח הוא או לפגם.

אימרטוטי אימרטט [illegible]

במאה וחד [illegible]

כתבלין של תרומה וכו' [illegible]

בחלא בחמשין [illegible]

אידי ואידי בשיתין [illegible]

וכן כל איסורין שבתורה [illegible]

מעביר עם ישראל וכו' במשנה זו מובאים מספר מקרים הנוגעים לחשש נגיעה של הגוי ביינו של ישראל כאשר הישראל אינו במקום, והגמרא בעמוד הבא דנה בחידוש שיש בכל אחד מהם. ונחלקו הראשונים האם באותם מקרים בהם התירה המשנה את היין הרי זה דווקא כשהחביות סתומות (כפי שלכאורה עולה מהמשך הדברים, שאם הודיעו - כדי שישתום כו'), או שמא כשהתירה המשנה מחמת שהיין משתמר על ידו — אף בחביות פתוחות התירה (כפי שמשמע מן הלשון המפורשת במקרה האחרון. רמב"ן). והראב"ד כתב (עפ"י הגמרא לעיל ס,א) כי אף שבמקרים הבאים במשנה מדובר בחביות פתוחות, מכל מקום במקרה בו מעביר הגוי את החביות כי מדובר דווקא בחבית סתומה, שאם בפתוחה הרי יכול הגוי בקלות לשלוח ידו אל היין ולתרץ את מעשיו, שהתכוון להורידה רגע מכתיפו וכדומה. אלא שהרמב"ן כתב שאף שטעמו של הראב"ד מסתבר, אין עולה כן מלשון המשנה, נראה כי כולה עוסקת בחביות פתוחות. אלא שהוסיף הרמב"ן כי אין מדובר בחביות פתוחות ממש (שאין דרך לשאת כך חביות), אלא כשיש עליהן פקק של עץ וכיוצא בו, שהגוי חושש להסירו אם ייתכן שיראוהו. וכיוצא בזה כתב הריטב"א כי יש להעמיד את המשנה בחביות פתוחות שאינן מלאות, כך שאין אפשרות למגע מידי ביין, אלא באופן שירגישו בדבר.

ואם הודיעו שהוא מפליג כדי שישתום וכו' רש"י וכן הרמב"ם מפרשים כי הכוונה היא שאם הוא מודיעו שהוא מתרחק (ולא אמר לו כמה) יש לבחון כמה זמן נעלמו חביות היין מעיני הישראל, והא כדי שישתום וכו'. אבל הראב"ד מסביר כי הכוונה היא שהישראל אמר לגוי לאן כוונתו ללכת, ואם על פי דברי הישראל יש די זמן לעשות דבר זה — הרי זה אסור. ומכאן שאם לא ידע הגוי בדיוק לאן כוונתו ללכת — אין החביות נאסרות, גם אם בפועל נעלמו החביות מעיני הישראל זמן ממושך יותר (וראה בריטב"א).

עד שיפתח כי לדעת רבן שמעון בן גמליאל אין חוששים שיעשה הגוי נקב בחבית, לפי שמקום הנקב והסתימה ניכר לעין. אלא מדובר שהוא פותח את מגופת החבית, וכיון שמדובר בחבית של חרס עליו לשבור את המגופה לגמרי, ואחר כך כשחוזר וסותמה צריך לעשות מגופה חדשה, וצריך להמתין עד שתתייבש, שלא יהא ניכר שזייף.

והלך לו בקפנדריא כלומר, קיצר את הדרך במקום בו הקרון אינו יכול לעבור (רי"ד). ולא נתפרש כאן שהיה זה בחזקת משתמר (אף שהראב"ד הביא מי שגרס כן). ופירש הראב"ד שזו היא כוונת הדברים כאן, לומר כי מאחר שהלך בדרך קיצור, ואין הגוים ההולכים עמו יודעים לאן הלך, ומאין הוא עלול לבוא, הרי זה בחזקת משתמר (בדומה להסבר הגמרא ל"חזקת משתמר" שבמקרה הקודם). ואילו הרמב"ן הסביר כי במקרה זה (וכן במקרים הבאים במשנה, שלא כבמקרה הקודם) הרי אין החבית מצויה בידו של הנכרי, ומשום כך אין צורך בחזקת משתמר, אלא רק במה שלא הודיעו שהוא מפליג. וראה עוד במאירי שהסביר כי הובא כאן ענין הקפנדריא לומר כי אף שההולך בקפנדריא כוונתו להיכנס לעיר, אם לא ידעו שכוונתו להיכנס למרחץ - מותר (ומדובר כאן שהליכה לעיר וחזרה אין בה שיעור מספיק לפתוח את החבית וכו'). וראה בריטב"א.

שיצא ונכנס לאו דווקא, אלא כל שלא הודיעו שהוא מפליג, אפילו יצא לזמן מרובה אינו חושש, מאחר שדרכו של בעל חנות להיכנס ולצאת, והגוי חושש לגעת ביין (רשב"א). וכתב הראב"ד כי במקרה זה אף אם היו החביות פתוחות מותר היין.

שעל השולחן אסור שכיון שהזמינו לאכול עמו, מבין הגוי שהוא יכול למזוג לעצמו יין המונח על השולחן (רש"י).

שעל הדולבקי מותר שכיון שאין יין זה מוכן לסעודה זו, אין חוששים שמא ימזוג הגוי לעצמו משם (רש"י).

הוי מוזג ושותה שכיון שחיזק ידיו (והתיר לו) במקצת הריהו מתיר לעצמו לקחת מן הכל, והכל נאסר (רש"י). והראב"ד מסביר שכיון שאמר לו למזוג, מבין הגוי שלא ליין שעל השולחן נתכוון, שהרי לאותו יין אינו צריך רשות מפורשת, שהרי לשם כך הזמינו, אלא התיר לו למזוג מכל יין שמוצא.

חביות פתוחות אסורות לא רק אלו שעל הדולפקי, אלא גם שאר חביות באותו בית שהניחו שם (רש"י ורמב"ם. וראה במאירי).

סתומות מותרות והעירו בתוס' ועוד כי במקרה זה לא נאמר במשנה "ואם הודיעו שמפליג" וכו', מפני שגם אם לא הודיעו שמפליג אינו חושש מלמזוג. אכן הרי"ד סבור כי גם כאן מדובר כאשר הודיעו שהוא מפליג, כמו במקרים הקודמים במשנה (שאם לא כן — מדוע צריך שיהא זמן לפתוח ולסתום וליגוב? הרי אינו חושש שיראהו לוקח מן היין מאחר שהרשהו).

היכי דמי בחזקת המשתמר והתקשו הראשונים: לכאורה, מהמשך הדברים — "ואם הודיעו שהוא מפליג" — משמע שכל עוד לא הודיעו הרי זה משתמר, ומה מקום לשאלה זו? ומדברי רש"י עולה כי השאלה היא במקרה שאינו מודיעו שהוא מפליג, עד כמה נוכל להחשיב את אי הידיעה של הנכרי כגורם שאפשר לסמוך עליו. אכן בתוס' הסבירו כי דווקא מן הדיוק של ההמשך "אם הודיעו שהוא מפליג" משמע שיש לחביות אלה חזקה מיוחדת של שמירה, מלבד עצם הדבר שלא הודיעו שהוא מפליג. ומסקנת הדברים היא, לפי מסקנת הדיון בדברי הברייתא, שיכול הישראל לבוא בדרך עקלתון, שהגוי חושש שמא יבוא בכל רגע (תוס'). ולרמב"ן בענין זה פירוש אחר, שהוא מסביר כי משנתנו התירה במקרה זה שלא הודיעו, אף בחביות פתוחות, ועל כך שואלת הגמרא: כיצד ניתן לומר כי יין יהא בחזקת משתמר שאין הגוי נוגע בו כאשר הוא מעביר בידו חבית יין פתוחה ואין ישראל רואהו? והרי יכול הוא לראות את הישראל מתקרב ולהסיר את ידו! ועל כך היתה התשובה כי יכולה להיות חזקת משתמר — בדרך עקלתון, כאשר אין הוא יכול לראות את הישראל מגיע.

מאי שנא רישא מסביר רש"י: כיון שאין מדובר כאן כמו במשנתנו בחביות סתומות, אלא בטהרות (שלפי הבנתו מדובר במי שנושא פירות וכיוצא בהם) הרי מיד הן נטמאות על ידי החמרים, גם אם לא הודיעם שהוא מפליג. וכתב הריטב"א שלפי דברי רש"י צריך להבין את השאלה לא כמשמעה, אלא במובן: מה טעם מותר ברישא? הרי ברור שטהרות אלה נטמאות. אבל בתוס' הסבירו שאין מדובר כאן בפירות, אלא בחביות פתוחות שהיו בתוכם טהרות. ומשום כך אין די במקרה זה כשמודיע להם שהוא מפליג, כמו במשנתנו העוסקת בחביות סתומות, ולכן מיד שנעלמו מעיניו הריהן אסורות, גם אם לא היה זמן כדי שישתום וכו'.

אורח ההלכה

אידי ואידי בשיתין עכבר שנפל לחומץ או לשכר — משערים אותו בששים, שאנו חוששים שמא טעמו משביח בהם. וכפסק הגמרא. וכתב הרמב"ם שאם נפל ליין או לשמן או לדבש — פוגם בוודאי, שאלו צריכים להיות מבושמים, ואין צריך ששים לבטל את טעמו. ובשו"ע כתב שהוא הדין לשאר משקים, אבל הרמ"א כתב כי יש מחמירים בשומן (הרא"ש בתשובה, וכפי שמשמע מדברי הרמב"ם (ש"ך). (רמב"ם ספר קדושה הלכות מאכלות אסורות פט"ו הל"א. שו"ע יו"ד קד, א—ב).

וכן כל איסורין שבתורה כל איסורים שבתורה שנתערבו בהיתר, מין בשאינו מינו אוסר בנותן טעם, ואם אין נכרי שיטעמנו — משערים בשישים. וכתב רמ"א שעכשיו משערים הכל בשישים (וראה ש"ך). וכן מין במינו שאין לעמוד על טעמו — שיעורו בשישים. כפסק הגמרא. (רמב"ם שם ה"ו. שו"ע שם צח, א).

נכרי שהיה מעביר עם ישראל כדי יין גוים שהיו מעבירים עם ישראל חביות יין ממקום למקום, והישראל הולך אחריהם לשומרם, אפילו הפליגו ממנו כדי מיל — הרי הן מותרות, משום שאימת ישראל עליהם. והוא שיהיו החביות פקוקות, אבל לא אם היו פתוחות לגמרי (עפ"י רמב"ן). ובשו"ע כתב כי מדובר כאן כאשר יש דרך עקלתון שיכול הישראל לבוא בלא שיראנו הגוי. והוא לפי הסבר הגמרא (וראה בכס"מ מדוע לא פסק הרמב"ם כן). אבל אם אמר להם: "לכו ואני אבוא אחריכם", או אם אמר שהוא הולך למקום מרוחק, ונתעלמו מעיניו כדי שיפתחו את פי החבית ויחזרו ויגיפו אותה ותינגב — כל היין אסור בשתיה. ואם שהה פחות מזה — מותר. ואם היו החביות פתוחות, כיון שנתעלמו מעיניו — הריהן אסורות. וכתב הש"ך כי בזמננו אין לחשוש לנגיעה אלא במקום שיש לגוי הנאה, כגון שישתה או יחליף. כמשנה וכהסברה בגמרא. (רמב"ם שם פי"ב הט"ז. שו"ע שם קכט, סא. שם סעיף ג).

המניח יינו בקרון וכו' המניח גוי עם יינו בקרון או בספינה, והלך לבית המרחץ — היין מותר, אפילו שהה זמן רב, מפני שהוא ירא בכל שעה שיבוא ויראהו, ואפילו היו החביות פתוחות. והוא שהלך דרך עקלתון, שאין הגוי יודע שהלך לבית המרחץ (עפ"י הראב"ד), אבל אם הודיעו שהוא הולך לבית המרחץ, או שראה שהולך לבית המרחץ ויודע שלא ימהר לבוא — חביות פתוחות אסורות מיד כשנתעלמו מעיניו, ואם הן סתומות — בכדי שיפתחו את פי החבית ויחזרו ויגיפו אותה ותינגב. (רמב"ם שם הי"ז. שו"ע שם סעיף א ו—ג).

המניח נכרי בחנות וכו' המניח גוי בחנותו ויצא — היין שבחנות מותר, אפילו היו החביות פתוחות. אבל אם אמר שלו שהוא הולך למקום מרוחק — חביות פתוחות אסורות מיד כשנתעלמו מעיניו, ואם הן סתומות — בכדי שיפתחו את פי החבית ויחזרו ויגיפו אותה ותינגב. (רמב"ם שם. שו"ע שם ושם).

היה אוכל עמו ישראל שהיה אוכל עם הגוי והניח יין פתוח על השולחן ויין פתוח מחוץ לשולחן ויצא — היין שעל השולחן אסור, ושמחוץ לשולחן, את שבתוך מרחק שיפשוט ידיו וייגע בו — אסור, ואת שחוץ למרחק זה מותר (עפ"י הירושלמי). ואם אמר לו: מזוג ושתה — כל היין הפתוח שבבית אסור. וחביות סתומות שבבית מותרות, אלא אם כן שהה כדי שיסיר הגוי את המגופה ויחזירנה ותינגב. כמשנה. (רמב"ם שם הי"ח. שו"ע שם סעיף ז).

חמריו ופועליו טעוי טהרות היו חמריו ופועליו עמי הארץ וטעונים טהרות ועוברים לפניו, אף שהפליגו יותר ממיל — הרי אלו טהורות, מפני שהן בחזקת שהוא שומרן, והם מפחדים ליגע בהם ואומרים: עכשיו יבוא, שהוא הוא אחרינו. ומדובר, כדברי רבא, שיכול ללכת בדרך עקלתון שאי יודעים מתי יבוא (כס"מ). אבל אם אמר להם: צאו ואני הולך אחריכם, כיון שנתכסו מעיניו הרי הן טמאות. (רמב"ם שם ספר טהרה הלכות מטמאי משכב ומושב פי"ג ה"ה).

מסורת הש"ס

א. משנה תרומות פ"ד מ"ז. ירושלמי ערלה פ"ב ה"א. ספרי במדבר יח, כט. ילק"ש תורה תשנט.
ב. ראה ביצה לח,ב.
ג. תוספתא ע"ז פ"ז יג.
ד. חולין ג,א.
ה. ראה ירושלמי ע"ז פ"ה ה"ז.
ו. חגיגה כ,ב (כל הענין). תוספתא טהרות פ"ו טז.

גרסות

ואסר רב כהנא בכתי"מ ועוד: **ואסר.**

לא גרע יש במקורות: **לא חמור.**

כתבלין של תרומה בקדירה דמי בכתי"מ: **כתבלין בקדירה** בכתי"ס: **כתבלין בקדירה דמו.**

דלא בטיל טעמייהו בכתי"ס: **שאנו תבלין דלא מיבטיל טעמיהו** ויש במקורות: **דאפילו באלף לא בטיל.**

שיער בשיכרא בשיתין בכתי"מ: **שיער בששים.**

והלכתא אידי ואידי בשיתין בכתי"מ: **והלכתא בששים.**

וכן כל איסורין שבתורה בכתי"ס ועוד חסרות מלים אלה.

שהיה מעביר עם ישראל בכתי"מ ובמקורות וכן בב"ח: **שהיה מעביר לישראל.**

בחזקת המשתמר בירושלמי ועוד: **בחזקת משתמר.**

אם הודיעו בירושלמי ועוד: **אם מודיעו.**

שיפתח את החבית במשניות ועוד: **שיפתח.**

נכנס יש בכתי"י ועוד: **ונכנס.**

והניח לגינין בכתי"מ: **והניח לגין** במשניות: **והניח לגינה** בירושלמי ועוד: **והניח לפניו לגין.**

דולבקי בירושלמי ועוד: **הדולפקי.**

והניחו בכתי"מ: **והניחן.**

סתומות מותרות במשניות ועוד: **סתומות.**

יותר ממיל בכתי"מ: **יותר מכדי מיל** ובכתי"ס ומקורות: **כדי מיל.**

ואני בא בכתי"מ: **ואבא.**

אפילו רישא נמי נימא הכי בכתי"מ כבמקבילה: **רישא נמי.**

לשון

ישתום השורש "שתם" נמצא במקרא בצירוף "שתום העין" (במדבר כד, ג) שמפרשים אותו כרגיל: גלוי העין, פתוח העין. ונראה כי בדברי חכמים פירושו אינו של פתיחה בכלל, אלא פתיחת חלל קטן, כגון עשיית נקב בדבר.

קפנדריא מקור המלה הוא כנראה בלטינית (via) compendia שמשמעו: (דרך) קיצור, כלומר קיצור־דרך על ידי מעבר דרך חצר או בית.

לגין מקור המלה הוא כנראה ביוונית λάγυνος (לגנוס) או בלטינית lagena שמשמעה כלי הדומה לבקבוק או כד קטן.

דולבקי נראה כי מקור המלה ביוונית δελφική (דלפקי) שולחן בעל שלוש רגליים, כדרך שהיו עושים בעיר דלפי.

דולפקי (Mensa delphica) רומי מתקופת התלמוד

החיים

מגופת חבית, לגין ראה בהשלמות.

לעזי רש"י

משטייר צ"ל: משטיי"ר מן הצרפתית העתיקה mestier — מזנון, ארון לשמירת מאכלים.

נפל לגו חלא מאי א"ל רב הילל לרב אשי הוה עובדא בי רב כהנא ואסר רב כהנא א"ל ההוא אימרטוטי אימרטט רבינא סבר לשעורי במאה וחד אמר לא גרע מתרומה דתנן א*תרומה עולה באחד ומאה א"ל רב תחליפא בר גיזא לרבינא דלמא כתבלין של תרומה בקדירה דמי בדלא בטיל טעמייהו רב אחאי שיער בחלא בחמשין רב שמואל בריה דרב איקא שיער בשיכרא בשיתין אוהלכתא אידי ואידי בשיתין בוכן כל איסורין שבתורה:

א **מתני'** גנכרי שהיה מעביר(א) עם ישראל כדי יין ממקום למקום אם היה בחזקת המשתמר מותר אם הודיעו שהוא מפליג כדי שישתום ויסתום ויגוב רשב"ג אומר דכדי שיפתח את החבית ויגוף ותיגוב: גהמניח יינו בקרון או בספינה והלך לו בקפנדריא (ב)נכנס למדינה ורחץ מותר אם הודיעו שהוא מפליג כדי שישתום ויסתום ויגוב רשב"ג אומר הכדי שיפתח את החבית ויגוף ותיגוב: ד*המניח נכרי בחנות אע"פ(ג) שיצא ונכנס מותר ואם הודיעו שהוא מפליג כדי שישתום ויסתום ויגוב רשב"ג אומר וכדי שיפתח את החבית ויגוף ותיגוב: הזהיה אוכל עמו על השולחן והניח לגינין על השולחן ולגין על *הדולבקי והניחו ויצא מה שעל השולחן אסור שעל הדולבקי מותר ואם אמר לו הוי מוזג ושותה אף שעל הדולבקי אסור חחביות פתוחות אסורות סתומות מותרות

ב כדי שיפתח ויגוף ותיגוב: **גמ'** היכי דמי בחזקת המשתמר כדתניא ו*טהרי שהיו חמריו ופועליו טוענין טהרות אפילו הפליג מהן (ד)יותר ממיל טהרותיו טהורות ואם אמר להן לכו ואני בא אחריכם כיון שנתעלמה עינו מהם טהרותיו טמאות מאי שנא רישא ומאי שנא סיפא אמר(ה) רב יצחק רישא במטהר חמריו ופועליו לכך אי הכי סיפא נמי אין עם הארץ מקפיד על מגע חבירו אי הכי אפילו רישא נמי נימא הכי אמר רבא בבא

נפל לגו חלא מאי. מי אמרינן החומץ טעמו קשה ואין השרץ מפיגו לתת בו טעם: **אימרטוטי אימרטט.** לחתיכות דקות קטנות ושרץ איסורו °בכעדשה כטומאתו וחיישינן דלמא בולע חתיכות שרץ בהדי חומץ: **בחמשין.** כיון דחומץ טעמו קשה לא בעי שתין לבטוליה דאפילו בחמשין לא יהיב ביה טעמא: ה"ג **וכן כל איסור שבתורה.** בששים וכן הלכה רווחת בישראל דמין בשאינו מינו בששים(ו) *חוץ מחמץ אבל מין במינו מוקמינן בפסחים (דף ל.) הלכתא במשהו כרב וטעמא משום דכל איסורין שבתורה מין במינו במשהו כרב ובחמץ גזירה שאינו מינו אטו מינו: **מתני'** **אם היה בחזקת המשתמר.** מפרש בגמרא שאע"פ שהפליג ישראל מן הנכרי מיל אם לא הודיעו שהוא מפליג מותר דמירתת נכרי כל שעתא השתא אתי: **ואם הודיעו שמפליג.** שמתרחק וחביות סתומות היו: **שיעורו בכדי שישתום ויסתום ויגוב.** אם שהה כדי שיקוב הנכרי נקב במגופת החבית ויחזור ויסתום הנקב ותיבש הסתימה אסור: **רשב"ג אומר.** אינו נאסר אלא עד שישהא כדי שיפתח את כל מגופת החבית וא"א לנוטלה שלא תשבר כולה: **ויגוף.** ויעשה מגופה אחרת חדשה: **ותיגוב.** ותיבש אבל לסתימת חור לא חששו משום דמינכרא ושתום לשון שתום העין (במדבר כד) עין פתוחה דשפיר חזי: **המניח יינו בקרון או בספינה.** עם הנכרי: **והלך.** ישראל בקפנדריא דרך קצרה: **ונכנס למדינה ורחץ.** במרחץ מותר כיון דנכרי לא ידע דשהי מרתת ולא נגע: **דולבקי.** משנוי"ר: **מה שעל השולחן אסור.** דמימר אמר נכרי זה ישראל זה זמנני לאכול ולשתות ונגע: **שעל הדולבקי מותר.** דאין מוכן לסעודה זו: **ואם אמר לו הוי מוזג ושותה.** הואיל והחזיק את ידיו ברשות במקצת סמכה דעתיה ונגע בכוליה: **חביות פתוחות.** שבבית אסורות: **סתומות מותרות.** עד שישהא שיפתח ויגוף ויגוב וסתמא כרבן שמעון מדלא קתני שישתום: **גמ' מאי שנא רישא ומאי שנא סיפא.** הא קא(ז) חזו להו דנגע דקתני טעונין טהרות והני לאו חביות נינהו שיהו סתומות: **במטהר חמריו.** שהטבילן ומגען טהור: **על מגע חבירו.** הפוגע בו בדרך ולא נטהר לכך: **רישא נמי.** כיון שהפליג איכא למיחש הכי: בבא

דאף בשאר שרצים פגם מותר אי משום לאשבוחי קמשבח וא"ת וליפשוט ליה טעמיה דרב מהסיא דפ"ק דחולין (דף ח: ושם ד"ה השוחט) השוחט בסכין של גוים רב אמר קולף ושמואל אמר מדיח ואע"ג דסתם כלי גוים אינם בני יומן דהשתא הוי לפגם וי"ל דהתם מיירי בידוע שנשתמשו בו ביום א"נ התם טעמא משום שמנונית דאיסור הנדבק בדופני הסכין שהוא בעין והוי לשבח גם כשאינו בן יומו וא"ת מאי קאמר הכא לא ידענא אי אשבוחי משבח ליטעמיה קפילא ארמאה וי"ל דשמא עכברא בשיכרא מחזק את השכר ומחמצו והשתא כשנתחזק השכר אין ידוע אם מחמת השכר עצמו וקי"ל כרבא דאמר נותן טעם לפגם מותר אף בשרצים ונפקא מינה דכשאינו בת יומו וכיוצא בו מותר אף בשרצים: **איבעיא להו נפל לגו חלא כו'.** וא"ת מ"ש משאר איסורין כמו בשיכרא וי"ל משום דחלא חזק מאד ואגב חורפיה נותן טעם לשבח כמו גבי חילתית או דלמא מעט(ח) השרץ נגד המשקה וא"כ אין לנו לאסור כל כך ולכך היה שואל מה יהיה ממנו: **ההוא אימרטוטי אימרטט.** יש לתמוה עכשיו היאך אנו אוכלים דבש דבורים והלא רגלי הדבורים מעורבים בדבש ואף על גב דהוי פגם מ"מ השרץ עצמו דאיפגם מיתסר לכ"ע לכ"נ לר"ת דודאי רגלי הדבורים כיון דעצמות בעלמא נינהו מותרים דהא העצמות טהורים דתנן במס' (*טהרות פ"א) עצמות החמור טהורות ורגלי הדבורים כעצמות החמור והא דאמרי'* אברים אין להם שיעור אפילו פחות מכזית מן המת ופחות מכעדשה מן השרץ היינו לענין טומאה וכגון דאיכא בשר עליה הא לאו הכי טהורין ולענין אכילה שפיר דמי: **סבר לשעורי בק"א אמר לא גרע מתרומה כו'.** תימה נהי דתרומה נינהו(ט) כשהוא בקדרה בדבר לא בטלה בס' כדאמר פרק גיד הנשה (חולין דף צז.) קדירה שבשל בה תרומה לא יבשל בה חולין ואם בשל בנ"ט וי"ל דס"ל כיון שטעמו חזק בשכר יש לדמותו לתרומה לדבר יבש וא"ת אמאי לא בטיל באחד ומאתים כמו ערלה וכלאי הכרם וי"ל דשאני התם משום דהוו איסור הנאה לכך לא ילפינן מיניה שרצים דשרו בהנאה אבל תרומה שרי בהנאה: **כתבלין ופלפלין דלא בטיל טעמייהו.** לא בס' ולא בק' שהרי מעט תבלין נותן טעם בקדרה גדולה אבל אין לומר דלא בטיל כלל דהא בהדי נותן טעם חשבינן ליה ולא בהדי אוסרין במשהו כדקאמר לעיל (דף סו.) תבלין של שלשה שמות אסור ומצטרף כו': **שיער בחלא בחמשין.** תימה מ"ש דלעיל רוצה להחמיר בו אפילו יותר מס' וק' וכאן מיקל בו וי"ל משום דקסבר דבחלא לא אשבח כ"כ כמו בשיכרא: **אידי ואידי.** פי' בשיכרא וחלא בשיתין בה"ג ובירושלמי קאמר דשרץ לא בטיל כי אם באלף ותלמודינו עיקר דבטל בששים כשאר איסורים: **היכי דמי בחזקת המשתמר כדתני' הרי שהיו חמריו כו'.** דמתוקמא בבא להם דרך עקלתון וה"נ הכא כגון שיבא לו דרך עקלתון ותימה מאי בעי היכי דמי והא מדקתני סיפא ואם הודיעו שהוא מפליג מכלל דרישא בלא הודיעו שמפליג והיינו חזקת המשתמר דידיה וי"ל דאדרבה מדקתני סיפא ואם הודיעו(י) אסור משמע ליה דא"כ רישא דתני בחזקת המשתמר היינו שימור חשיב טפי מלא הודיעו שמפליג מדתני בחזקת המשתמר ואי ר"ל כגון [*שלא] שהודיעו שמפליג לישתוק מלישנא דבחזקת המשתמר ומכללא דסיפא שמעינן ליה אלא ודאי בא לומר שאף לא הודיעו שמפליג יש לחוש בדבר כיון שרואהו הגוי שמתרחק ותדע דצריך שם חזקת שימור אחר וקבעי מאי הוי ומשני כדתניא כו' כגון שיוכל לבא עליו דרך עקלתון: **מאי שנא רישא ומאי שנא סיפא.** פי' דרישא אמאי לא הוי טהרותיו טמאים כמו בסיפא וא"ת ליסני ליה דרישא מיירי בלא הודיעו שהפליג ולכך שרי כדתניא אם הניחו בחזקת המשתמר מותר והיינו כשלא הודיעו שהפליג ותירץ רש"י דלא דמי למתני' דהא מיירי בטהרות כגון פירות שהוא מחזיק בידיו ונוגע בהם בכל שעה ולכך פריך דאין לחלק ומ"מ קשה דלוקמא בחביות ולא תקשי מידי דהא טהרות משמע נמי בחביות ועוד קשה דאי מיירי כמו שפירש הקונטרס א"כ לא הוה ליה למיפרך מרישא לסיפא אלא הוה ליה למיפרך מרישא מיניה וביה בהדיא מ"ט דרישא טהרותיו טהורות כיון שהוא מחזיק בו ונוגע בהם כדפ"ה לכ"נ לר"י דלעולם מיירי בחביות מיהו בפתוחות שקל ליגע בהן לכך לא מצי לשנויי בלא הודיעו שהפליג(כ) מ"מ ליתסר ולא דמי למתני' דשרי גבי יין בלא הודיעו שהפליג דמתני' מיירי בחביות סתומות וא"ת אכתי לוקמא בסתומות כמו מתני' ולא תקשה רישא לסיפא וי"ל דעל כרחך לא מיתוקמא ברייתא בסתומות מדקתני כיון שנתעלמו ממנו טהרותיו טמאות ואי בסתומות הא בעינן כדי שישתום ויסתום ויגוב אף בהודעה שהפליג כדקתני במתניתין:

היה

רש"א אבל מין במינו במשהו חוץ מחמץ לאפי' בשאינו מינו מוקמינן

חולין ג. [ושם איתא המניח עובד כוכבי' בחנותו וישראל יוצא ונכנס מותר]

[גיר' ערוך הדלפקי פירוש כלי עץ שמניח בו כלי של יין וכן גירסת הרב מברטנורא]

חגיגה כ: [מ"ש ותוספתא לטהרות פ"ו]

רש"א

עב א מיי' פט"ו מהל' מאכלות אסורות הלכה לא סמג לאוין קמא טוש"ע י"ד סי' קד סעיף א:

עג ב מיי' שם הל' ו סמג שם טוש"ע י"ד סי' לח סעיף א:

עד ג ד ה ו מיי' שם פי"ב הלכה טז יז סמג לאוין רמח טוש"ע י"ד סי' קכט ס"א:

עה ז ח מיי' שם הלכה יח טוש"ע שם סעי' ז:

עו ט מיי' פי"ג מהל' משכב ומושב הלכה ה וע"ש בכ"מ:

[נ"ל ידים פ"ד מ"ו]

[אהלות פ"א מ"ז עי' מעילה טז: ונדה מג:]

הגהות הב"ח

(א) במשנה עובד כוכבים שהיה מעביר לישראל כצ"ל ותיבת עם נמחק: (ב) שם ונכנס למדינה: (ג) שם אע"פ שיוצא ונכנס: (ד) גמ' הפליג מהן (יותר ממיל) תא"מ ונ"ב ואלפסי והאשר"י והרמב"ם גורסים כדי מיל: (ה) שם אמר רבי יצחק נפחא רישא במטהר: (ו) רש"י ד"ה ה"ג וכן וכו' דמין בשאינו מינו בששים אבל מין במינו במשהו חוץ מחמץ דאפילו בשאינו מינו מוקמינן בפסחים הלכתא במשהו כצ"ל: (ז) ד"ה מאי שנא וכו' הא קא חזינא להו דנגעו דקתני: (ח) תום' ד"ה איבעיא וכו' או דילמא מעט הוא שבח השרץ: (ט) ד"ה סבר וכו' דתרומה נינהו מ"מ כשהוא בקדרה: (י) ד"ה היכי דמי וכו' דאדרבה מדקתני סיפא ואם הודיעו שהוא מפליג אסור וכו' מדתני בחזקת המשתמר דאי ר"ל כגון שלא הודיעו וכו' שאף שלא הודיעו: (כ) ד"ה מאי שנא וכו' דמ"מ ליתסר ולא דמי:

גליון הש"ס

רש"י ד"ה אימרטוטי וכו' בכעדשה. ע' יבמות דף קיד ע"ב תוס' ד"ה משום:

עז א טוש"ע י"ד סי' קכט סעיף א:

כדי שיסתום ויסתום כצ"ל רש"א וע"ש

עח ב מיי' פי"ב מהל' מאכלות אסורות הלכ' כו סמג לאוין קמח טוש"ע י"ד סי' קכט סעיף יד:

ל"ס מ"ז

בבא להם דרך עקלתון אי הכי סיפא נמי כיון דאמר להם לכו ואני(א) בא אחריכם סמכא
א דעתייהו: המניח(ב) נכרי בחנותו כו' המניח יינו בקרון או בספינה כו': וצריכא דאי תנא נכרי דסבר דלמא אתי וחזי ליה אבל בקרון או בספינה אימא דמפליג לה לספינתיה ועביד מאי דבעי ואי תנא בקרון או בספינה משום דסבר דלמא אתי באורחא אחריתי וקאי אגודא וחזי לי אבל נכרי בחנותו אימא אחיד לה
ב לבבא ועביד כל דבעי קמ"ל אמר רבה בר בר חנה א"ר יוחנן מחלוקת בשל סיד אאבל בשל טיט דברי הכל כדי שיפתח ויגוף ויגוב מיתיבי ארשב"ג לחכמים אוהלא(ג) סתומו ניכר בין מלמעלה ובין מלמטה אי אמרת בשלמא בשל טיט מחלוקת היינו דקתני סתומו ניכר בין מלמעלה ובין מלמטה אלא אי אמרת בשל סיד מחלוקת בשלמא למטה ידיע אלא למעלה הא לא ידיע רבן שמעון בן גמליאל הוא דלא ידע מאי קאמרי רבנן וה"ק להו אי בשל טיט קאמריתו סתומו ניכר בין מלמעלה ובין מלמטה ואי בשל סיד קאמריתו נהי דלמעלה לא ידיע למטה מיהא ידיע ורבנן כיון דמלמעלה לא ידיע לא מסיק אדעתיה דאפיך וחזי ליה אי נמי זימנין דחלים אאמר רבא הלכה כרשב"ג הואיל ותנן סתמא כוותיה דתנן היה אוכל(ד) על השולחן עמו והניח לגין על השולחן לגין על הדולבקי והניח ויצא מה שעל השולחן אסור מה שעל הדולבקי מותר ואם אמר לו הוי מזוג ושותה אף שעל הדולבקי אסור חביות פתוחות אסורות סתומות מותרות כדי שיפתח ויגוף ותיגוב פשיטא מהו דתימא כולה רשב"ג קתני לה קמ"ל וכי מאחר דקיימא לן כוותיה דרשב"ג דלא חייש לשתומא בוהלכתא כוותיה דרבי אליעזר דלא חייש לזיופא האידנא מאי טעמא לא
ג מותבינן חמרא ביד גוים משום שייכא אמר רבא גזונה גויה וישראל מסובין אצלה חמרא שרי נהי דתקיף להו יצרא דעבירה יצרא

בבא להן דרך עקלתון. כשבעל הבית יכול לבא דרך עקלתון דמירתת השתא אתי: **לאי תנא נכרי.** נכרי שהיה מעביר כדי יין: **ועביד מאי דבעי.** ואפי' לא הודיעו שהפליג ליתסר: **מחלוקת בשל סיד.** במגופה של סיד שהיא לבנה הוא דחיישי רבנן לשתומא דכיון דלבן הוא לא מינכר בין חדש לישן: **אבל של טיט.** שהוא שחור בתחלתו ואע"פ שהוא נגוב אינו מלבין עד יום או יומים דברי הכל לא חיישינן לשתומא דמינכרא שתימת החור *כשאר המגופה ואינו אסור עד שיהא כדי שיפתח ויגוף מגופה חדשה ותנגוב: **והלא שתומו ניכר.** אם היה נוקב חור הרי הוא ניכר: **בין מלמעלה.** שזה חדש והמגופה ישנה: **בין מלמטה.** כשיפתח ישראל את המגופה יראה מתחתיה אותה סתימה לפי שלמעלה(ה) מירח הגוי והשוה סתומו אבל למטה לא יכול למרח וניכר: **אלא אי אמרת בשל סיד.** קאמרי רבנן הא לא ידיע שתומו מלמעלה והיכי קתני בין מלמעלה בין מלמטה: **דחלים.** מתמלא הנקב מלמטה כלמעלה חלים סלדי"ר בלע"ז: **פשיטא.** דתנא סתם לן כוותיה ורבא מתני' אתא לאשמועינן: **מהו דתימא.** הא בבא דהיה אוכל עמו על השולחן סיפא דמילתיה דרבן שמעון(ו) והוא קתני לה והכי קתני מתני' רבן שמעון אומר כדי שיפתח ויגוף ותיגוב היה אוכל עמו כו' ולא סתמא היא קמ"ל רבא דסתמא היא: **והשתא דקבעינן הלכתא כרבן שמעון דלא חייש לשתומא.** לנקיבת חור שהוא בלא טורח משום דמינכר ולפתיחת חבית כולה נמי דחייש לה רבן שמעון לא קיימא לן כוותיה דהאי זיופא דטירחא הוא ואנן קבעינן באין מעמידין (לעיל דף לא.) הלכה כר' אליעזר דלא חייש לזיופא דחותם אחד האידנא אמאי לא מותבינן חביות סתומות ביד גוים: **משום שייכא.** נקב דק מאד שהוא במגופת חבית להיות ריח היין יוצא ויש לחוש שמא יקדח שם *במקלת ויטעום מן היין: יצרא

בס"א בשאר

[ברש"י שבריש"ף איתא מינקת]

היה אוכל עמו על השולחן כו'. תימה דע"כ מיירי בלא הודיעו שמפליג מדשרי על הדולבקי וא"כ כי א"ל נמי הוי מזוג ושותה אמאי אסור וי"ל דמ"מ כיון שהחזיק ידו למזוג ולשתות לא מירתת כלל וכן על השולחן מהאי טעמא אסור וכן בסיפא דקתני חביות סתומות כדי *שיפתח וישתום ויסתום ויגוב אסורות ואע"ג דנתפס עליו כגנב על הזיוף ואמר לקמן (דף ע.) דנתפס עליו כגנב מותר מ"מ הכא שאני שא"ל הוי מזוג ושותה ולכך לא מירתת כל כך כיון שהחזיק ידיו למזוג ולשתות: **רבן** שמעון בן גמליאל הוא דלא ידע מאי קאמרי רבנן. וא"ת ולימא ר' יוחנן דפליגי בשל (סיד ובשל) טיט ויהא רשב"ג כמשמעו וי"ל דגמר' גמירי ליה הכי: **והאידנא** דקים לן כר' אליעזר(ז) ולא חייש לזיופא. ופרש"י כרשב"ג דלא חייש לשתומא תרוייהו צריכי הא דקים לן כרבי אליעזר וקים לן כרשב"ג דאי קי"ל כר' אליעזר לבד ולא כרשב"ג ה"א דנהי דלא חיישינן לזיופא דהיינו שיסיר כל המגופה ויעשה אחרת תחתיה כר' אליעזר דאמר לא טרח ומזייף מ"מ איכא למיחש לשתומא דליכא זיופא ואי קי"ל כרשב"ג לבד ה"א דנהי דלא חיישינן לשתומא מ"מ איכא למיחש לזיופא שיסיר כל המגופה ויעשה אחרת תחתיה שזהו קל יותר לעשות (ח)מסתימה שאין בו טורח והלכך נקט תרוייהו כרשב"ג וכר' אליעזר: **מאי** טעמא לא מותבינן חמרא משום שייכא. רש"י גריס שייכא בכ"ף משום דהיין נמשך ויוצא דרך שם ובערוך *גריס שיבא בבי"ת על שם ברזא קטנה שסותמין *אותו בהו כמו שיבא דכשורא (סנהדרין דף ז:) והוא נקב קטן שעושין להריח ריח היין דרך שם וקורין לו שוטיא"ל ומכאן משמע דמגופת חבית לבד הוי חותם אחד מדקאמר ודוקא משום שייכא לא מותבינן חמרא ביד גוים ש"מ דהוי חותם אחד סתימת החבית כמו שהיא מגופה בטיט וכן משמע לעיל בסוגיא דאין מעמידין (דף לא.) דקאמר אגנא אפומא דחביתא שריקא ותתימא הוי חותם בתוך חותם משמע הא שריקא לחוד הוי חותם
ג אחד אבל רבינו יצחק בן יהודה שלח לרש"י דוקא לחביות שלהם שהיו של חרס סגי בחותם אחד שעל פי החבית אבל בחביות שלנו שהם מנסרים מחוברים זה לזה אף כי יש חותם אחד על פי החבית מכל מקום יש לחוש שמא יתחוב הגוי חודו של סכין בין הנסרין או בין השוליים או אפי' באמצע הנסר עצמו ולהוציא היין דרך שם *ולתחוב הכוס נגד הנקב ומיהו נראה לר"י שאין לחלק בין החביות שלנו לחביות שלהם שהרי לא מצינו שהקפיד התלמוד אפילו מאן דחייש לשתומא לא חייש אלא לנקיבה דמגופת החביות אבל לנקיבה דדופני החבית לא חיישינן וליכא למימר דהיינו דוקא במגופה שהיתה של טיט היה יכול לעשות הנקב אבל לא בשל חרס דהא מגופה איירי במגופה של חרס אלא ודאי היינו טעמא דלא חיישינן לקלקול לדופני החביות ה"ה בחביות שלנו מותר לשלוח יין בחותם אחד על פי החבית ודוקא כשחוזר ורואהו ומכיר את החותם אבל אם שלחו לחבירו והוא אינו חוזר ורואהו צריך חותם בתוך חותם ומיהו אם שולח כתב ידו והודיע לחבירו ענין החותם סגי בכך כמו בהכרת החותם דהגוי מרתת מכתב כאילו היה הוא חוזר ורואהו ומכירו וכן משמע לעיל ואע"ג דקים לן כרבי אליעזר דסגי בחותם אחד מ"מ בעינן הכרת חותם משום דקשיא לן דרב אדרב כדפי' לעיל פ' אין מעמידין (שם. ד"ה דאמר) וכן משמע נמי בברייתא דקתני פ' אין מעמידין (שם:) השולח יין ביד כותי ושל ציר ושל מוריים ביד גוי אם מכיר חותמו וסתמו מותר ואם לאו אסור אלמא בעינן הכרת חותם ואע"ג דר"ת מוקי לה לעיל כרבנן מדלא נקט יין גבי גוי כדפ"ל מ"מ מדרבנן בציר ומוריים נשמע לר' אליעזר ביין והא ציר ומוריים לרבנן קתני בהך ברייתא דסגי בחותם אחד ואפ"ה בעי הכרת חותם ה"ה נמי יין לרבי אליעזר דאע"ג דסגי בחותם אחד מ"מ בעינן הכרת חותם ועוד יש ליישב הברייתא כרבי אליעזר כדפ"ל לפי' רש"י הלכך שמעינן מיניה דאף לר' אליעזר בעינן הכרת חותם מיהו מדקאמר הכא בשמעתין דקיימא לן כרבי אליעזר דלא חייש לזיופא משמע לישנא דלא חיישינן לזיופא כלל דסגי בחותם אחד אפילו בלא חוזר ומכירו דודאי לא טרח ומזייף כלל וגם מנהג העולם היה בשכבר לשלוח יין בחותם א' בלא חוזר ומכירו ואע"ג דלרב ודאי בעינן הכרת חותם כדפ"ל פ' אין מעמידין (שם. ד"ה דאמר) דאל"כ קשה דרב אדרב מ"מ לא קי"ל בהא כרב אלא קים לן כסתמא דתלמודא דשמעתין וכדפרישית וברייתא דלעיל נמי דציר ומוריים שהבאתי יש ליישב דלא אסרה הברייתא אפילו בלא הכרת חותם דהא דקתני בברייתא אם מכיר חותמו וסתמו מותר ואם לאו אסור אינו רוצה לומר אם לאו *שהלך הישראל ראשון להכירו דאסור אלא ה"ק ואם לאו שהלך לראותו ולא הבין שהוא כמו שעשאו או שכח היאך חתמו ואינו יודע אם הוא כמו שחתמו אם לאו אסור ואז הוא גרוע טפי מאילו לא הלך כלל לראותו שהרי עתה שרואהו ואינו מבחין אם הוא כמו שעשאו יש הוכחה קצת שזייפו הגוי אבל ודאי אם לא הלך ואינו רואהו כלל הישראל ראשון אחרי שחתמו אלא שהישראל שני מצאו חתום

נ"ל ולתפוס רש"א

אולי צ"ל שלא הלך

[ערך שך א ע"ש לפנינו ליתא כך] אותו בה. יעב"ץ

הגהות הב"ח
(א) גמרא ואני אבא אחריכם: (ב) שם בפיסקא המניח יינו בקרון או בספינה כו' המניח גוי בחנותו כו' וצריכא וכו' וחזי לי כצ"ל ואות ה' נמחק: (ג) שם והלא סתומו ניכר כצ"ל וכן בכל העמוד: (ד) שם היה אוכל עמו על השלחן והניח וכו' ולגין על הדולבקי והניחו ויצא: (ה) רש"י ד"ה בין מלמטה וכו' שלמעלה ממרח הגוי: (ו) ד"ה מהו וכו' דרבי שמעון הוא והוא: (ז) תום' ד"ה והאידנא דקים לן כר' אליעזר דלא חייש לזיופא וקי"ל כרשב"ג כצ"ל ותיבת ופרש"י נמחק: (ח) בא"ד קל יותר לעשות משתומא שאין בו טורח:

גליון הש"ס
גמ' אמר רבא הלכה כרשב"ג. עיין ב"ב דף קלג ע"ב ברשב"ם ד"ה ת"ש:

בָּבָא לָהֶם בְּדֶרֶךְ עֲקַלָּתוֹן (מתפתלת) שהוא יכול לבוא בדרך עקומה, מסביב, באופן שהם אינם יכולים לדעת מהיכן הוא בא, ולכן הם מתייראים. ומשיבים: אִי הָכִי [אם כך] שבאופן כזה מדובר, סֵיפָא נַמִי [בסוף גם כן] מדוע לא נאמר שהם מתייראים? ומשיבים: כֵּיוָן שֶׁאָמַר לָהֶם ״לְכוּ וַאֲנִי בָּא אַחֲרֵיכֶם״, סָמְכָא דַּעְתַּיְיהוּ [סומכת דעתם] שלא יפתיע אותם.

א שנינו במשנה כמה דינים דומים: הַמַּנִּיחַ נָכְרִי בְּחָנוּתוֹ כו׳ הַמַּנִּיחַ יֵינוֹ בְּקָרוֹן אוֹ בִּסְפִינָה כו׳. ומעירים: וּצְרִיכָא [ונצרכה לומר] משנה זו על כל המקרים המתוארים בה, אף שלכאורה כולם עניינם דומה, דְּאִי תְּנָא [שאם היה שונה] רק במקרה של נָכְרִי המעביר חביות היינו אומרים: שם אין חוששים, כיון דְּסָבַר [שהגוי סבור]: דִּלְמָא אָתֵי וְחָזֵי לֵיהּ [שמא יבוא בעל הבית ויראה אותו], אֲבָל בְּקָרוֹן אוֹ בִּסְפִינָה — אֵימָא [אמור] שֶׁמַּפְלִיג לָהּ לִסְפִינְתֵּיהּ וְעָבֵיד מַאי דְּבָעֵי [שמרחיק את ספינתו ועושה מה שרוצה] באופן שאין הישראל יכול לראות אותו. וְאִי תְּנָא [ואם היה שונה] בְּקָרוֹן אוֹ בִּסְפִינָה, היינו אומרים: שם הוא חושש מִשּׁוּם דְּסָבַר [שסבור]: דִּלְמָא אָתֵי בְּאוֹרְחָא אַחֲרִיתִי וְקָאֵי אַגּוּדָא וְחָזֵי לִי [שמא הישראל בא בדרך אחרת ועומד על גדת הנהר ורואה אותי], אֲבָל נָכְרִי בְּחָנוּתוֹ אֵימָא אָחֵיד לָהּ לְבָבָא וְעָבֵיד כָּל דְּבָעֵי [אמור שאוחז, סוגר, את הדלת ועושה מה שהוא רוצה] ואינו חושש שמא יראוהו, קָא מַשְׁמַע לָן [משמיע לנו] שבכל המקרים הדין שווה, ואין לחשוש לכך אם לא הודיעו שמפליג.

ב על המחלוקת במשנה מהו פרק הזמן שבו נאסר היין אם הודיעו שהוא מפליג, אָמַר רַבָּה בַּר בַּר חָנָה אָמַר ר׳ יוֹחָנָן: מַחֲלוֹקֶת זו אם הוא זמן של עשיית נקב במגופת החבית וסתימתו עד שיתייבש (כדעת חכמים), או זמן ארוך יותר של פתיחת המגופה ועשיית מגופה חדשה עד שתתייבש (כדעת רבן שמעון בן גמליאל), היא רק במגופה שֶׁל סִיד, שאין סתימה של חור ניכרת בה, אֲבָל בְּשֶׁל טִיט שסתימה חדשה ניכרת בה — דִּבְרֵי הַכֹּל אין היין נאסר אלא עד כְּדֵי שֶׁיִּפְתַּח וְיָגוּף וְיָגוֹב. מֵיתִיבֵי [מקשים] על סברה זו ממה ששנינו בברייתא, שֶׁאָמַר רַבָּן שִׁמְעוֹן בֶּן גַּמְלִיאֵל לַחֲכָמִים: וַהֲלֹא סְתוּמוֹ (סתימתו) של הנקב נִיכָּר בֵּין מִלְמַעְלָה וּבֵין מִלְּמַטָּה, והגוי ירא לעשות זאת. ומעתה, אִי אָמְרַתְּ בִּשְׁלָמָא [נניח אם אומר אתה] גם בְּשֶׁל טִיט מַחֲלוֹקֶת, הַיְינוּ דְּקָתָנֵי [זהו ששנינו שטוען רבן שמעון בן גמליאל]: סְתוּמוֹ נִיכָּר בֵּין מִלְמַעְלָה וּבֵין מִלְּמַטָּה, אֶלָּא אִי אָמְרַתְּ [אם אומר אתה] בְּשֶׁל סִיד מַחֲלוֹקֶת, בִּשְׁלָמָא [נניח] לְמַטָּה יְדִיעַ [ידוע] המקום שסתם, לפי שאינו יכול למלא בסיד את כל החור, ונשאר חלל למטה,

אֶלָּא לְמַעְלָה הָא לָא יְדִיעַ [הרי אינו ידוע] כשסתמו בסיד! ומשיבים: רַבָּן שִׁמְעוֹן בֶּן גַּמְלִיאֵל הוּא שֶׁלֹּא יָדַע ולא היה בטוח מַאי קָאָמְרֵי רַבָּנַן [מה אומרים, במה מדברים, חכמים], וְהָכִי קָאָמַר לְהוּ [וכך אמר להם]: אִי [אם] בסתימה שֶׁל טִיט קָאָמְרִיתוּ [אתם אומרים], הרי בזה סְתוּמוֹ נִיכָּר בֵּין מִלְמַעְלָה וּבֵין מִלְּמַטָּה, וְאִי [ואם] בְּשֶׁל סִיד קָאָמְרִיתוּ [אומרים אתם], נְהִי [אם אמנם] שֶׁלְּמַעְלָה לֹא יְדִיעַ [ידוע], לְמַטָּה מִיהָא יְדִיעַ [על כל פנים ידוע]! וְרַבָּנַן [וחכמים] מה הם משיבים לטענה זו? הם סבורים כי כֵּיוָן שֶׁמִּלְמַעְלָה לֹא יְדִיעַ [ידוע] שהיה שם נקב, לֹא מַסֵּיק אַדַּעְתֵּיהּ דְּאַפֵּיךְ וְחָזֵי לֵיהּ [מעלה הגוי על דעתו שהישראל יהפוך ויראה אותו]. אִי נַמִי [או גם כן] זִימְנִין דְּחָלֵים [פעמים שמתרפא ומתמלא הנקב] ואי אפשר לדעת שעשאו. אָמַר רָבָא: הֲלָכָה כְּרַבָּן שִׁמְעוֹן בֶּן גַּמְלִיאֵל, הוֹאִיל וּתְנַן סְתָמָא כְּוָותֵיהּ [ושנינו במשנה סתם כשיטתו]. דִּתְנַן [ששנינו בסוף המשנה]: הָיָה אוֹכֵל עַל הַשּׁוּלְחָן עִמּוֹ, וְהִנִּיחַ לָגִין עַל הַשּׁוּלְחָן, לָגִין עַל הַדּוּלְבְּקִי וְהִנִּיחַ וְיָצָא — מַה שֶּׁעַל הַשּׁוּלְחָן הוּא אָסוּר, מַה שֶּׁעַל הַדּוּלְבְּקִי מוּתָּר, וְאִם אָמַר לוֹ: ״הֱוֵי מָזוֹג וְשׁוֹתֶה״ — אַף שֶׁעַל הַדּוּלְבְּקִי אָסוּר. חָבִיּוֹת פְּתוּחוֹת — אֲסוּרוֹת, סְתוּמוֹת — מוּתָּרוֹת, כְּדֵי שֶׁיִּפְתַּח וְיָגוּף וְתִיגּוֹב. אם כן, פסקה המשנה במפורש שהשיעור הוא כדי שיפתח ויגוף. ואומרים: פְּשִׁיטָא [פשוט הוא], הרי הדבר נאמר במפורש במשנה! ומשיבים: מַהוּ דְּתֵימָא [שתאמר]: את הפסקה הזו כּוּלָּהּ רַבָּן שִׁמְעוֹן בֶּן גַּמְלִיאֵל קָתָנֵי לָהּ [שנה אותה] והיא עדיין המשך דבריו הקודמים, ולא דברי סתם משנה, קָא מַשְׁמַע לָן [משמיע לנו] רבא שאין הדבר כן. ושואלים: וְכִי מֵאַחַר דְּקַיְימָא לָן כְּוָותֵיהּ [מאחר שמוחזק לנו כשיטתו] של רַבָּן שִׁמְעוֹן בֶּן גַּמְלִיאֵל דְּלָא חָיֵישׁ לִשְׁתוּמָא [שאינו חושש לעשיית נקב בחבית], ומצד אחר אף לדברי רבן שמעון בן גמליאל, שחושש לפתיחה והחזרה של המגופה, אין אנו חוששים, שהרי אנו אומרים כי הִלְכְתָא כְּוָותֵיהּ [הלכה כשיטתו] של ר׳ אֱלִיעֶזֶר דְּלָא חָיֵישׁ לְזִיּוּפָא [שאינו חושש לזיוף], שבמקום שיש טרחה יתירה, כגון ביצירת מגופה חדשה, אין חוששים שיבוא הגוי לזייף, הָאִידָּנָא מַאי טַעְמָא לָא מוֹתְבִינַן חַמְרָא [בזמן הזה מה טעם אין אנו משאירים יין] שבחביות סתומות בְּיַד גּוֹיִם? ומשיבים: מִשּׁוּם שיש בהן שַׁיְיכָא [הנקב הקטן שבמגופת החבית] ואנו חוששים שהגוי ירחיבנו קצת וישתה ממנו.

ג אָמַר רָבָא: זוֹנָה גּוֹיָה, וְיִשְׂרָאֵל מְסוּבִּין אֶצְלָהּ — חַמְרָא שָׁרֵי [היין שנמצא שם מותר], נְהִי [אם אמנם] שֶׁתַּקִּיף (חזק) לְהוּ יִצְרָא [להם יצר] הָעֲבֵירָה של זנות, ולכן הם נמצאים אצלה,

מסורת הש״ס

א. (בשינוי שם) תוספתא ע״ז פ״ז יג.
ב. ע״ז לא,א (ושם סומנו מקבילות).

גרסות

ואני בא בכתי״מ: ואבא בבב״ח: ואני אבא.

דאי תנא נכרי בכתי״מ: דאי תנא נכרי שהיה מעביר כדי יין ממקום למקום.

דסבר דילמא אתי בכתי״מ: משום דסבר השתא אתי השתא אתי.

בקרון או בספינה אימא דמפליג לה לספינתיה בכתי״מ ועוד: בקרוו וספינה מפליג לה ספינה.

ואי תנא בקרון או בספינה בכתי״מ: ואי תנא ספינה.

אימא אחיד — קא משמע לן בכתי״מ: אחיד לה לבבא ועביד מאי דבעי צריכא בכתי״ס: אחיד לה לבבא ועביד מאי דבעי אימא לא צריכא.

סתומו ניכר בכת״י וכן בבב״ח: שתומו ניכר.

בשלמא למטה — לא ידיע בכתי״מ: נהי דלמטה ידיע למעלה לא ידיע.

ורבנן כיון דמלמעלה לא ידיע בכת״י: ורבנן.

ותנן סתמא בכתי״מ: וסתם לן תנא.

אוכל על השולחן עמו והניח לגין בכתי״מ וכן בבב״ח: אוכל עמו על השולחן ולגין.

וכי מאחר דקיימא לן כוותיה בכתי״מ: השתא דקיימא לן.

מאי טעמא לא — שייכא בכתי״מ: אמאי לא מותבינן חמרא בי גויים משום דחיישינן לשייכא בכתי״ס: מאי טעמא לא מותבינן חמרא בי גויים חישינן לשיבי.

לעזי רש״י

סלדי״ר צ״ל: שולדי״ר, מן הצרפתית העתיקה solder שעניינו — לרתך, לסתום חור בכלי.

עיונים

אימא דמפליג לספינתיה מתחילה סבור היה הראב״ד לפרש כי הכוונה היא שיש לחשוש שיפליג עם הספינה ולא יראוהו (וכיוצא בזה לענין החנות, יש לחשוש שיסגור את הדלת), ולכן הובא דין זה להשמיענו (כמו שמובא בהמשך הדברים) שאף אם יפליג בספינה אין לחשוש, כיון שגם במקרה זה הוא ירא מעינו של הישראל. אלא שבתוספתא מפורש שיש לחשוש במקרה שהספינה אכן הפליגה. ולכן פירש הראב״ד ואחרים (ראה רמב״ן ורשב״א) כי הכוונה היא שאין מקום לחשוש שמא הפליג הגוי, אם לא ראהו הישראל עושה כן, שכן אין הגוי עושה כן שמא יחזור הישראל. אף שאם הפליגה הספינה (או סגר את הדלת) אכן ייאסר היין אם יש לו מקום להשתמט ולהסביר מעשיו בדרך כלשהי (כגון שהפליג מפני סערה, או שסגר הדלת לצורך).

לספינתיה ולא הוזכר כאן קרון. וכתב המאירי כי בקרון אין לחשוש, משום ההולכים בדרכים. ובירושלמי מסופר מעשה בקרון שהרחיק ארבעה מילים והכשירו חכמים את היין, משום שהיתה הדרך מלאה יהודים. ושם אמר ר׳ חנינא כי בכל מקרה, גם אם אין אנשים, חושש הגוי מכל שיח שבצד הדרך שמא הוא איש העומד וצופה בו.

בשל סיד שאם היתה המגופה עשויה מסיד, כיון שהוא לבן וממהר להתייבש, יכול לעשות נקב במגופה ולסתום אותו, וכאשר הוא יבש אינו ניכר עוד לעין. מה שאין כן במגופה של טיט, שגם אם סותם אותה, מכל מקום אין הטיט ממהר להתייבש וניכר המקום שבו נעשה הנקב והגוי חושש לעשות זאת.

הוא דלא ידע בתוס׳ שאלו: הרי אפשר היה לישב את הקושי גם באופן אחר, ולומר שהמחלוקת היתה במגופה של טיט, ולא בשל סיד! ותירצו כי דברי ר׳ יוחנן היו מבוססים לא רק על סברה, אלא מסורת היתה בידו שבכך נחלקו (תוס׳).

מהו דתימא וכו׳ ועוד הוסיפו שהיה יכול לומר שפיסקה זו כולה היא כדברי חכמים, ובדרישא מדובר במגופה של סיד, וכאן במגופה של טיט. אלא נראה כדברי התוס׳ שמסורת היתה בידם לגבי מחלוקת רבן שמעון בן גמליאל וחכמים (חת״ס).

דלא חייש לזיופא שהוא התיר (לעיל לא,א) יין המצוי בחצירו של גוי כשיש לו חותם אחד, משום שאנו מניחים שאינו טורח בזיוף חותם כדי לקחת משם יין או כדי לנסכו, ונפסקה הלכה כמותו (שם). ולפי זה גם אין מקום לחשוש למה שחשש לו רבן שמעון בן גמליאל, לפתיחת מגופת החבית והחזרתה, שהרי יש בהחזרתה וסתימתה משום טירחה כמו בחותם. וראה בריטב״א שהעיר כי גם לשיטתו של ר׳ אליעזר, אין הכוונה שדי רק במגופה, אלא בחותם אחד בלבד בנוסף למגופה, ואילו אנו נוהגים להחמיר עד שיהא חותם בתוך חותם. וראה גם בתוס׳ שדנו באריכות האם יש לחשוש וכיצד נוהגים בחביות העץ שבימיהם.

שייכא רש״י מפרש שהוא נקב צר שהיו עושים במגופה כדי שיצא ריח היין מעט, והגוי יכול להרחיבו מעט ולשתות דרכו. ובערוך הביא פירוש נוסף, שהוא כעין צינור קטן שעושים לחבית היין שלא תתפוצץ מחמת התסיסה (תוס׳). ועוד הובאה שם גרסה ״שיבא״, מלשון שאיבה, והכוונה למינקת, צינור ששואבים בו יין מן החבית. וכן פירשו הגאונים (מובא בריטב״א).

חמרא שרי כלומר, היין של הישראל מותר בשתיה, שאינם מניחים לה לגעת בו (ריטב״א). ואפילו כשאין שואל אותם מה טיבו של היין (ראב״ד).

אורח ההלכה

דרך עקלתון מתי מותרות חביות היין כשהניח את הגוי עמהן — כשיש דרך עקלתון, שיכול לבוא עליו בלא שיראנו. כדברי רבא. והוא כשהשאיר גוי אחד לבדו. אבל אם הם שניים או יותר — אסור, שאפשר לאחד מהם לשמור שמא ייגע הישראל, ובינתיים יגע האחר ביין (עפ״י הרשב״א). (שו״ע יו״ד קכט,א—ב).

מחלוקת בשל סיד אמר לגוים המעבירים לו יין שהוא מפליג מהם או שילך אחריהם, אף חביות סתומות אסורות אם שהה בהפלגתו כדי שיוכלו להסיר מגופת החבית ולהחזירה ותינגב. ואין הבדל אם היתה המגופה עשויה טיט או סיד. כדברי ר׳ יוחנן. (שו״ע יו״ד קכט,א).

משום שייכא יש אומרים שאם היו החביות סתומות מותר היין בכל מקרה, כי יין די לו בחותם אחד, ומגופה דינה כחותם (ר״ת). וכתב הרמ״א שיש לסמוך על זה במקום הפסד מרובה. ועל פי הגמרא שחוששים משום שייכא, ומשמע שבלא זה מותר. גר״א. (שם בהגהה).

זונה גויה וכו׳ זונה גויה שהיתה במסיבת יהודים — מותר היין, לפי שאינם מניחים לה לנסך. כדברי רבא. וכתב הט״ז שעכשיו שאיסור סתם יינם נזדלזל, ואפילו מי שאינו חשוד על הזנות חשוד על סתם יינם — אותם שנחשדים על הזנות חשודים על סתם יינם, ואינם נזהרים ממגע הזונה ביינם. (רמב״ם ספר קדושה הלכות מלאכות אסורות פי״ב הכ״ו. שו״ע שם סעיף יד).

— יִצְרָא [היצר] של יֵין נֶסֶךְ לָא תַּקִּיף לְהוּ [אינו חזק אצלם] ולא יניחו לה לנסך. אבל אם היתה זוֹנָה יִשְׂרְאֵלִית וְגוֹיִם מְסוּבִּין אצלה — חַמְרָא [היין] אָסוּר, מַאי טַעְמָא [מה הטעם]? הוֹאִיל וְזִילָה עֲלַיְיהוּ [והיא מוזלזלת בעיניהם], בָּתְרַיְיהוּ גְּרִירָא [אחריהם היא נגררת], והם מנסכים את היין כרצונם בלי להתחשב בה.

א והגמרא מביאה סדרת מעשים הנוגעים לדינים שבמשנתנו. מסופר, הַהוּא בֵּיתָא דַּהֲוָה יָתֵיב בֵּיהּ חַמְרָא [בית אחד שהיה מונח בו יין] של יִשְׂרָאֵל, עַל [נכנס] לשם גּוֹי, אֲחַדָהּ לְדַשָּׁא בְּאַפֵּיהּ [ואחז, סגר את הדלת בפניו] של הישראל, ואולם הֲוָה בִּיזְעָא בְּדַשָּׁא [היה סדק בדלת]. אִישְׁתַּכַּח גּוֹי דְּקָאֵי בֵּינֵי דַנֵּי [נמצא גוי שהיה עומד בין החביות]. אָמַר רָבָא: כָּל מָה דִּלְהָדֵי בִּיזְעָא [שנמצא כנגד הסדק] שניתן לראות דרכו את הגוי — שָׁרֵי [מותר], משום שמתירא הוא לגעת ביין, שמא יראוהו. דְּהַאי גִּיסָא וְהַאי גִּיסָא [ואילו כל שנמצא שבצד זה ובצד זה], שלא ניתן לראותו דרך הסדק — אָסוּר, שמא נסכו הגוי.

עוד מסופר, הַהוּא חַמְרָא [יין] של יִשְׂרָאֵל דַּהֲוָה יָתֵיב בְּבֵיתָא [שהיה מונח בבית], בקומה התחתונה, דַּהֲוָה דָּיֵיר [שהיה גר] בו יִשְׂרָאֵל בְּקוֹמָה הָעֶלְיוֹנָה וְהַגּוֹי בַּתַּחְתּוֹנָה, וניתן לראות את היין מן הקומה העליונה. שָׁמְעוּ קַל תִּיגְרָא [קול מריבה], נְפַקוּ [ויצאו שניהם], קָדֵים אָתָא גּוֹי אֲחַדָהּ לְדַשָּׁא בְּאַפֵּיהּ [קדם ובא הגוי לבית ואחז, סגר את הדלת בפניו] של הישראל. אָמַר רָבָא: חַמְרָא שָׁרֵי [היין מותר], והסברה שבדבר: מֵימַר [אמור] אָמַר הגוי בליבו: כִּי הֵיכִי דְּקָדֵים אֲתַאי אֲנָא [כמו שקדמתי, ובאתי אני], קָדֵים וַאֲתָא [קדם ובא] שכני הַיִּשְׂרְאֵלִי לביתו, וְיָתֵיב [והוא יושב] בקומה העליונה וְקָא חָזֵי לִי [ורואה אותי], ולא ניסך.

עוד מסופר, הַהוּא אוּשְׁפִּיזָא דַּהֲוָה יָתֵיב בֵּיהּ חַמְרָא [בית מלון אחד שהיה מונח בו יין] של יִשְׂרָאֵל, אִישְׁתַּכַּח [נמצא] בו גּוֹי דַּהֲוָה יָתֵיב בֵּי דַנֵּי [שהיה יושב בין החביות של היין]. אָמַר רָבָא: אִם הגוי נִתְפַּס עָלָיו על היין כְּגַנָּב כשמוצאים אותו שם — שָׁרֵי [מותר], כי מחמת יראתו שמא יתפסוהו שם אין לו פנאי לנסך, ואין לחשוש שנגע, וְאִי [ואם] לֹא נתפס עליו כגנב — אָסִיר [אסור].

הַהוּא בֵּיתָא דַּהֲוָה יָתֵיב בֵּיהּ חַמְרָא [בית אחד שהיה מונח בו יין], אִישְׁתַּכַּח [נמצא] גּוֹי דַּהֲוָה קָאֵים בֵּי דַנֵּי [שהיה עומד בין החביות]. אָמַר רָבָא: אִי אִית לֵיהּ לְאִישְׁתַּמּוֹטֵי [אם יש לו דרך לגוי להשתמט] ולהסביר את כניסתו לשם — חַמְרָא אָסִיר [היין אסור], וְאִי [ואם] לֹא — חַמְרָא שָׁרֵי [היין מותר].

מֵיתִיבֵי [מקשים] על כך ממה ששנינו בברייתא: נִנְעַל הַפּוּנְדָּק, אוֹ שֶׁאָמַר לוֹ היהודי לגוי: "שְׁמוֹר את יֵינִי" — היין אָסוּר. מַאי לָאו אַף עַל גַּב דְּלֵית לֵיהּ לְאִישְׁתַּמּוֹטֵי [האם לא אסור היין אף על פי שאין לו דרך להשתמט]? ומשיבים: לֹא, מדובר דְּאִית לֵיהּ לְאִישְׁתַּמּוֹטֵי [בשיש לו דרך להשתמט], ואם אין לו — היין מותר.

הַהוּא יִשְׂרָאֵל וְגוֹי דַּהֲווּ יָתְבִי וְקָא שָׁתוּ חַמְרָא [שהיו יושבים יחד והיו שותים יין], שָׁמַע יִשְׂרָאֵל קַל צַלּוּיֵי בֵּי כְּנִישְׁתָּא [קול תפילה בבית הכנסת], קָם וְאָזַל [עמד והלך] להתפלל, ונשאלה שאלה בדינו של היין שנשאר שם. אָמַר רָבָא: חַמְרָא שָׁרֵי [היין מותר], מדוע? מֵימַר [אמור] אָמַר הגוי בליבו: הַשְׁתָּא מִדְּכַר לֵיהּ לְחַמְרֵיהּ וְהָדַר אָתֵי [עכשיו נזכר היהודי ביינו וחוזר ובא], ולכן הוא חושש לנגוע בו.

הַהוּא יִשְׂרָאֵל וְגוֹי דַּהֲווּ יָתְבִי בְּאַרְבָּא [שהיו יושבים בספינה], שָׁמַע יִשְׂרָאֵל קַל שִׁיפּוּרֵי דְּבֵי שִׁמְשֵׁי [את קול השופר של ערב שבת] שמודיע על כניסת השבת, נְפַק וַאֲזַל [יצא והלך] לעיר לשבות שם. אָמַר רָבָא: חַמְרָא שָׁרֵי [היין מותר], מֵימַר [אמור] אָמַר הגוי בליבו: הַשְׁתָּא מִדְּכַר לֵיהּ לְחַמְרֵיהּ וְהָדַר אָתֵי [עכשיו נזכר היהודי ביינו וחוזר ובא]. ומעירים: וְאִי [ואם] תאמר שאין הגוי חושש מִשּׁוּם שַׁבְּתָא [השבת], שהרי הוא יודע שהיהודי שומר שבת! הָאָמַר [הרי אמר] רָבָא, אָמַר לִי אִיסּוּר גִּיּוֹרָא [הגר]: כִּי הֲוֵינַן בְּאַרְמְיוּתַן [כאשר היינו, הייתי, בגויותינו] אָמְרִינַן [היינו אומרים]: יְהוּדָאֵי לָא מְנַטְרֵי שַׁבְּתָא [היהודים אינם שומרים שבת], דְּאִי מְנַטְרֵי שַׁבְּתָא כַּמָּה כִּיסֵי קָא מִשְׁתַּכְּחִי בְּשׁוּקָא [שאם הם שומרים שבת ואינם מטלטלים כמה כיסים של כסף היו נמצאים בשוק], משום שהיהודים אינם לוקחים אותם. וְלָא יָדְעָנָא דִּסְבִירָא לָן [ולא ידענו שסבורים אנו להלכה] כְּדַעַת ר' יִצְחָק, שֶׁאָמַר ר' יִצְחָק: הַמּוֹצֵא כִּיס בְּשַׁבָּת — מוֹלִיכוֹ פָּחוֹת פָּחוֹת מֵאַרְבַּע אַמּוֹת, שאף על פי שלכתחילה אין עושים כן התירו כאן.

הַהוּא אַרְיָא דַּהֲוָה נָהֵים בְּמַעְצַרְתָּא [אריה אחד שהיה נוהם ביקב], שְׁמַע גּוֹי את קולו, ונבהל, טְשָׁא בֵּינֵי דַנֵּי [והתחבא בין החביות] של יין. אָמַר רָבָא: חַמְרָא שָׁרֵי [היין מותר], ומדוע? מֵימַר [אמור] אָמַר הגוי בליבו: כִּי הֵיכִי דְּטְשֵׁינָא אֲנָא [כמו שאני מתחבא], אִיטְשָׁא נַמִּי [מתחבא גם כן] יִשְׂרָאֵל מֵאֲחוֹרַאי וְקָא חָזֵי לִי [והוא רואה אותי].

ועוד מסופר, הָנְהוּ גַּנָּבֵי דִּסְלִקוּ [אותם גנבים שבאו] לְעִיר פּוּמְבְּדִיתָא וּפָתְחוּ חָבִיתָא טוּבָא [חביות יין הרבה]. אָמַר רָבָא: חַמְרָא שָׁרֵי [היין מותר], מַאי טַעְמָא [מה טעם] הדבר? רוּבָּא גַּנָּבֵי [רוב הגנבים] יִשְׂרָאֵל נִינְהוּ [הם. ואנו הולכים אחר הרוב], ואין היין נאסר. הֲוָה עוּבְדָּא [היה מעשה] כגון זה בִּנְהַרְדְּעָא, וְאָמַר שְׁמוּאֵל: חַמְרָא שָׁרֵי [היין מותר]. ושואלים: כְּמַאן [כדעת מי], האם לא כְּדַעַת ר' אֱלִיעֶזֶר, שֶׁאָמַר: סְפֵק בִּיאָה — טָהוֹר, בכל מקום שלא ברור אם מישהו הגיע למקום מסויים או לא הגיע? דִּתְנַן [ששנינו במשנה]: הַנִּכְנָס לְבִקְעָה בִּימוֹת הַגְּשָׁמִים, וטומאה היתה מצויה בְּשָׂדֶה פְּלוֹנִית בבקעה זו, וְאָמַר: יודע אני כי הָלַכְתִּי בַּמָּקוֹם הַלָּז באותה בקעה, וְאֵינִי יוֹדֵעַ אִם נִכְנַסְתִּי לְאוֹתָהּ שָׂדֶה שיש בה טומאה אִם לֹא נִכְנַסְתִּי, ר' אֱלִיעֶזֶר אוֹמֵר: סְפֵק בִּיאָה אם ספק לו אם נכנס למקום — טָהוֹר, סְפֵק מַגָּע אם יודע שנכנס למקום הטומאה, ורק ספק לו אם נגע בטומאה או לא — טָמֵא. ואילו חכמים מטמאים בכל מקרה. ודוחים: לֹא, אין לתלות את דברי שמואל בדברי ר' אליעזר, כי שָׁאנֵי הָתָם [שונה שם] לענין חביות היין, כֵּיוָן דְּאִיכָּא דְּפָתְחֵי לְשׁוּם מָמוֹנָא [שיש שפותחים את החביות רק לשם ממון] שמחפשים כסף בחביות, ואם היה שם יין אינם מעוניינים בו, אם כן הֲוָה לֵיהּ [הרי זה] סְפֵק סְפֵיקָא ספק אם גוים אם יהודים היו, וגם אם גוים היו — ספק אם נגעו או לא, ובכגון זה לדעת הכל אינו אוסר.

מסורת הש"ס

א. ע"ז סא,ב (עיי"ש). ע,ב.
ב. תוספתא ע"ז פ"ז יב.
ג. (בשינוי) שבת קנג,ב.
ד. ראה ביצה טו,א. חולין קכז,א.
ה. משנה טהרות פ"ו מ"ד—ה (עיי"ש). פסחים י,א. ב"ב נה,ב. ע"ז ע,ב.

גרסות

וגוים מסובין בכתי"מ: וגויים מסובין אצלה.

דהוה יתיב ביה חמרא דישראל בכתי"מ: דהויא מליא חמרא ישראל וגוי ובכתי"ס: דהוה יתיב ביה חמרא דישראל וגוי.

אישתכח גוי דקאי ביני דני בכתי"מ: הוה קאי ביני דני ובכתי"ס משפט זה חסר.

קדים אתא גוי אחדא לדשא בכתי"מ: קדים גוי ואתא אחדא לבבא.

דקדים אתאי אנא בכתי"מ: דקדימי אנא ובכתי"ס: דקדמי אנא ואתאי.

ויתיב בעליונה בכתי"ס: ויתיב בעיליתיה.

וקא חזי לי יש במקורות: ישראל וגוי דהוו יתבי ושתו חמרא שמעי קל תגרא נפוק ואזול אתא גוי אחד לדשא באפיה ואמר רבא חמרא שרי מימר אמרהתא אתי ראה בהשלמה ובמאירי.

ההוא אושפיזא — אסיר בכתי"מ חסר קטע זה.

חמרא דישראל בכתי"ס ובמקורות: חמרא דישראל וגוי.

אם נתפס — אמר רבא בכתי"ס ובמקורות חסר קטע זה.

יתיב ביה חמרא אישתכח גוי דהוה קאים ביני דני בכתי"מ ועוד: יתיב ביה חמרא דישראל אישתכח גוי דקאי התם.

ננעל הפונדק בכתי"מ: נעל הפונדק.

קם ואזל בכתי"ס: קם נפק.

השתא מדכר ליה לחמריה והדר אתי בכתי"מ: השתא אתי השתא אתי.

ההוא ישראל וגוי דהוו יתיבי בארבא בכתי"מ: הוא חמרא דישראל וגוי דהוה יתיב בספינתא.

מדכר ליה לחמריה והדר אתי בכתי"מ ועוד: אתי.

כי הוינן בארמיותן אמרינן בכתי"מ ועוד: כי הואי בגיותא אמינא.

משתכחי בשוקא בכתי"ס: משתכחי מינייהו בשוקא.

ולא ידענא דסבירא לן בכתי"ס: ואיהו לא ידע דסבירא לן יש במקורות: ואינהו לא ידעי.

המוצא כיס בשבת מוליכו בכת"י ועוד: מוליכו.

שמע גוי טשא בכתי"מ ועוד: אישתכח גוי טישא.

חביתא טובא בכת"י ועוד: חביתא.

רובא גנבי ישראל נינהו בכתי"מ ועוד: רוב שורי ישראל נינהו.

רבי אליעזר אומר — מגע טמא בכתי"מ כבמקבילה: ר' אליעזר מטהר וחכמים מטמאים ר' אליעזר מטהר שהיה ר' אליעזר אומר ספק ביאה טהור ספק מגע טמא וחכמים מטמאין את ספק ביאה ספק מגע הוא ובכגון זה בכתי"ס.

עיונים

ההוא ביתא וכו׳ להלן מביאה הגמרא רשימת מקרים שהובאו לפני רבא בענין חשש למגע הגוי ביין של ישראל, וביניהם מספר מקרים בהם פסק רבא כי היין מותר משום שהגוי חושש לכך שהישראל יבוא בכל רגע, ומקרים אחרים בהם התיר רבא את היין בתנאי מסויים, כל פעם בתנאי אחר, והמפרשים דנו מה בין מקרה למקרה, וכיצד יש לפרשם לפי ההלכות שבמשנתנו ובמשניות וסוגיות אחרות.

יתיב ביה חמרא דישראל רש"י מסביר כי היה לגוי חלק ביין זה (וכן גרסו ראשונים רבים: "דישראל ודגוי", ופירש הריטב"א שהיו שותפים ביין או שלכל אחד מהם היו חביות משלו), ומשום כך אין הוא חושש שייתפס עליו כגנב, לא על כניסה ולא על הנעילה (שאם היה חושש, הרי באושפיזא להלן הותר היין), וכל חששו הוא איפוא שיראוהו נוגע ביין, ולכן אם לא היתה הדלת נעולה היה היין מותר (ויש לפרש שהיה בחזקת משתמר, כגון שהבית פתוח לרשות הרבים, או שהיה ישראל דר באותה חצר. ראב"ד. וראה בריטב"א), אבל הואיל והדלת נעולה הרי זה מפקיע את חזקת השימור, וכל שאין רואים אותו אינו חושש לגעת ויש לאסור.

שרי... אסיר וכתב רש"י כי בסוגיה זו כל מקום שנאמר "שרי" כוונתו מותר אפילו בשתיה, שאין לחשוש אף למגע הגוי. ומקום שנאמר בו "אסור" הוא אסור אף בהנאה, שחוששים שמא ניסך ממנו. אבל הראב"ד כתב כי אינו אסור אלא בשתיה, ומה שנאסר בהנאה הוא דווקא יין שהופקד אצל הגוי בלא שום חותם.

אסיר אם היה זה במשך זמן שיכול היה לגעת ביין, אם היו אלו חביות פתוחות, או אם היה די זמן לפתוח את החבית ולסותמה ותיבש אם היתה סתומה, אלא אם כן היה שם חותם בתוך חותם (ראב"ד). ולדעת בעל ההשלמה אין נעילת הדלת מבטלת את חזקת השימור אלא רק בחביות פתוחות, אבל לא בסתומות, שהואיל והחזרת החבית למצבה הקודם הוא דבר הלוקח זמן מרובה יחסית — חושש הגוי, ואין לחשוש לכך גם אם עבר זמן מרובה.

דהוה דייר ישראל בעליונה וכו׳ ובמקרה זה נתברר, שאף שנעילת הדלת מפקיעה את חזקת השימור, מכל מקום אם הגוי עשוי לחשוש שהישראל נמצא בבית — מותר היין, אף שהדלת נעולה והישראל בחוץ (מאירי).

יתיב בעליונה וקא חזי לי ושאל הרי"ד: דבר זה מועיל לגבי שעות היום, אבל מה יהא לגבי הלילה? והוא מגיע למסקנה כי צריך לומר שלא היה היין מצוי שם לזמן מרובה, אלא לפי שעה היה היין שם, ולאחר מכן (לפני הלילה) נוטלים אותו משם. וכן סבור הראב"ד כי בלילה אין ליין תקנה אלא אם כן ידור הישראל בקומה התחתונה. וראה במאירי החולק על כך וסבור שאין לחשוש גם בשעות הלילה.

ההוא אושפיזא וכו׳ ההוא ביתא שני מקרים אלו נראים כזהים הן מבחינת המקרה, והן מבחינת דינו של רבא, לפי שבפשטות ישנה הקבלה בין "נתפס עליו כגנב" לבין "לית ליה לאישתמוטי", שאין הוא נתפס עליו כגנב אם הוא יכול להשתמט (ולגרסת רוב הראשונים מדובר כאן כנראה רק על מקרה אחד, וכך נראה גם מרש"י. והשווה למקרה לעיל סא,ב ולפירוש רש"י שם). והתו"ח וכן הגר"א בביאורו לשו"ע דייקו שבמקרה הראשון מדובר באושפיזא=אכסניא, שיש גם לגוי רשות להיכנס לשם, ולפיכך יש להבין "נתפס כגנב" לא על עצם הכניסה למקום (שהוא המקרה הבא), אלא על הנגיעה ביין. וכפי שהעיר בתו"ח הבדל זה בא לידי ביטוי בגרסת הראשונים, שמדובר כאן במקום שהיה בו גם יין של גוי, שהואיל כך אין הגוי נתפס כגנב. וראה במאירי ולהלן. וראה באורח ההלכה, שמדברי הרמב"ם הבין הכס"מ פירוש חדש ל"נתפס כגנב" — שבאותו אירוע עצמו נבהל ונשתנו פניו, שדבר זה מורה על כך שהוא חושש, ומשום כך יש להניח שלא נגע.

דאית ליה לאשתמוטי רש"י מסביר שהכוונה היא שיש לגוי דרך להשתמט (ולהסביר מעשיו) לגבי הכניסה למקום שמצוי בו היין, אף שאין לו הסבר מפני מה הוא נוגע ביין עצמו. אלא כיון שיש לו תירוץ מדוע נכנס — אינו מתיירא, ומשתמש בהזדמנות ומנסך או נוגע ביין. והסביר רש"י כי אף שהמשנה התירה את היין במקרה שהניח את הגוי בחנותו ואינו נתפס עליו כגנב, כאן אנו חוששים יותר, משום שרגליים לדבר שכוונתו לנסך, שאם לא כן מדוע נכנס למקום שלא ברשות. וראה בתוס׳ ר"י מפאריס הכותב בשם רש"י שמדובר כאן במקרה שיש לגוי דרך להשתמט גם לגבי מגעו ביין. ואילו הראב"ד פירש כי כאן מדובר במקרה שהגוי נעל את הדלת (כך נראה שהיתה גרסתו בענין זה), ומשום כך אין זה דומה לדין המשנה (ולגרסתו, כמו לגרסת ראשונים רבים, מדובר כאן שהיה יין של ישראל ושל נכרי במקום, ו"אית ליה לאישתמוטי" הוא כשלא היתה מחיצה מפסקת בין חביותיו לאלו של ישראל).

שאמר לו שמור שכיון שציוהו לשמור הרי זה כאילו אומר לו שהוא יוצא לזמן מרובה ("מפליג"), ולכן נאסר היין. והראב"ד מסביר שכיון שאמר לו "שמור" הרי זה נתן לגמרי את היין ברשותו, שצריך להשגיח עליו ולטפל בו, ולכן יכול להיות במקום היין בלי לתת הסבר אחר לדבר. ורש"י מסביר כי אמר לו שישמור מבחוץ, ולהלן מדוע פירש כך.

מאי לאו אף על גב דלית ליה לאישתמוטי שהרי הברייתא אינה מחלקת, ואם כן בכל מקרה הוא אסור. ולשיטת הראב"ד שפירש כי מדובר כאן כשנעל הגוי את הדלת, הקושיה היא מן הדין הראשון שננעל הפונדק (כלומר שנעל הגוי את הפונדק). ואילו לשיטת רש"י הקושיה היא מן הדין השני, שאמר לו "שמור", ופירש רש"י שאמר לו שישמור מבחוץ, שבמקרה זה הרי אינו יכול להשתמט, ולמרות זאת הריהו אסור (מאירי). וראה בריטב"א שסבור כי גם לדרכו של רש"י יש לפרש כי הקושיה היא מננעל הפונדק.

וקא שתו חמרא או שמדובר כשהיו שותים כל אחד ביינו שלו, ואין לו לגוי רשות לשתות מן היין (ראב"ד). או שהיו שותים מיינו של ישראל, והישראל הרחיק את היין מן הגוי כשהלך להתפלל, והרי זה כיין שעל הדולבקי שהותר במשנה (ובתוס׳ פירשו שמה שהותר הוא יין שעל הדולבקי). ורא"ה פירש כי כאן מדובר שהניח היהודי פקק על הלגין.

השתא מדכר וכו׳ ולמדנו מכאן שאין זה כמודיעו שהוא מפליג, למרות שהגוי יודע לאן הוא הולך (רא"ש). וכתב רא"ה כי במקרה זה (וכן במקרה של שמיעת קול השופר) מדובר שיצא היהודי בחפזון ממקומו, ומשום כך הגוי חושש שהרי אינו יודע מתי יחזור, וסבור ששכח היהודי לפי שעה את היין, ולאחר מכן ישוב ויבדוק את הדבר. אבל במקרה בו יצא הישראל בישוב הדעת אכן אין מקום להיתר זה. אבל הרשב"א (ראה בתורת הבית) הסביר כי המייחד מקרים אלו הוא שהישראל יכול לעשות דברים אלו גם באותו מקום, כגון להתפלל או לשבות במקום, אלא שהוא בוחר לעשות זאת במקום אחר, ומשום כך דווקא חושש הגוי שמא ייזכר ביינו ויחזור, מה שאין כן בדברים אחרים, כגון שהלך למרחץ. וכתבו ראשונים שמדובר כאן במקרה של דרך עקלתון, שהגוי אינו יודע היכן בית הכנסת, ושהישראל עלול להפתיע אותו (ראה ברשב"א בתורת הבית ובמאירי).

כמה כיסי וכו׳ יש מפרש: אותם הכיסים הנופלים מיד ישראל, שהיו צריכים להימצא רבים מהם בשבת אם לא היו היהודים עצמם נוטלים אותם (תוס׳ חכמי אנגליה). והמאירי פירש שכיון שמחשיך יום השבת כאשר היהודים הם באמצע הדרך היו כיסיהם צריכים להשאר במקום שהניחום בו (מאירי). וממשמעות הלשון ("המוצא כיס") נראה שיש לפרשו כעין הדרך הראשונה: כיון שאנשים (יהודים או גוים) מאבדים את כיסיהם, אם לא היו המוצאים היהודים נוטלים אותם — ודאי היו מוצאים הגוים הרבה מהם. וראה להלן. ויש שהביאו מכאן מקור לדעתו של הרמב"ם שתמהו עליה הראשונים, ולפיה לא רק מי שהיה כיס בידו והחשיך היום שמותר לטלטלו פחות פחות מארבע אמות (כמובא בגמרא במסכת שבת), אלא גם המוצא מציאה בשבת רשאי לעשות כן (קרבן נתנאל). ואולי תלויים הדברים בשינוי הגרסה, שיש שגורסים כאן "המוציא כיס".

פחות פחות מארבע אמות כי החשש העיקרי כאן הוא לגבי טלטול ברשות הרבים. שכל העוקר חפץ ממקומו ומוליכו ארבע אמות ברשות הרבים וחוזר ומניחו — עובר משום מלאכת הוצאה בשבת. אבל כאשר מטלטל בכל פעם פחות מכשיעור אינו עובר מן התורה. ואף שבכל אין לעשות כן, שאסור מדברי חכמים לנהוג כך, הרי במקומות מסויימים, כגון במקום צורך (פעמים כדי לטלטל תינוק קטן, או חפץ של קדושה הנמצא במקום הפקר התירו לעשות כן). וכן התירו במקרים מסויימים משום ההנחה שאין אדם מעמיד עצמו (כלומר, מתאפק) במקום הפסד ממונו, ולכן התירו לעשות באופן זה שלא יבוא להתפתות ולעבור על דברי תורה.

טשא ביני דני והסביר הראב"ד כי החידוש במקרה זה הוא בכך שאף שמדובר כאן במקרה שאין לגוי שייכות לא במקום ולא ביין, מכל מקום אם לא מן הטעם שאמר רבא, שהגוי סבור שגם ישראל מצוי שם — נאסר היין, משום שביכולתו להשתמט בטענה שמפחד האריה ברח והתחבא במקום הראשון שמצא.

רובא גנבי ישראל כתבו ראשונים שלא נאמר הדבר בכל מקום (שהרי לא אמרו טעם זה לגבי נהרדעא) אלא אמרוהו לגבי פומבדיתא, שהיתה מפורסמת בריבוי הגנבים בה, ורובם יהודים היו.

בקעה בימות הגשמים שדין ספק טומאה ברשות הרבים טהור, וברשות היחיד טמא. ובקעה שיש בה שדות אין אנשים מהלכים בה בימות הגשמים, ולכן לענין זה של טומאה (שלא כלענין שבת, שם מחיצות קובעות מה היא רשות היחיד. וכן שלא כלענין קניינים, שם הבעלות קובעת) נחשבת הבקעה בימות הגשמים כרשות היחיד.

פתחי לשום ממונא וכתב הרא"ש שבימינו שאין דרך להחביא ממון בחביות אין לסמוך על היתר זה. אבל יש אחרונים שכתבו שיש מכאן הבדל לגבי מעבר במקום שבודק גוי את המכס, שגם הוא אינו מעוניין ביין אלא בבדיקה שמא מבריחים דבר מה.

הוה ליה ספק ספיקא ובזה אפילו חכמים החולקים על ר׳ אליעזר ומטמאים בבקעה אינם אוסרים, שהם לא אסרו אלא כשהשדה מלאה טומאה, ואין אלא ספק אחד, האם נכנס לשדה (רש"י. וראה אופן פירוש אחר ברשב"ם ב"ב נה,ב). אבל רבינו תם הקשה, שאם במקרה כזה הם חולקים הרי אין מקום לחלק בין ספק מגע וספק טומאה בדברי ר׳ אליעזר. והוא סבור כי מחלוקתם בענין הבקעה היא בשדה שאינה מליאה טומאה, ובספק ספיקא עצמו, שלדעת ר׳ אליעזר מותר, ואילו חכמים סבורים כי אין מקום לחלק בין ספק אחד לספק ספיקא. והוא גורס כאן בניחותא: כדעת מי נאמרו דברים אלו — כדעת ר׳ אליעזר. ועל כך מקשים: והרי גם לדעת ר׳ אליעזר אין כאן בענין החביות אלא ספק אחד (בתוס׳ ר"י מפריס. וכן בתוס׳ בבא בתרא נה,ב ועוד). וראה גם גרסות.

אורח ההלכה

כל דלהדי ביזעא בית שיש לישראל וגוי יין בתוכו, ונכנס הגוי ונעל הדלת במנעול עד שאין הישראל יכול להכנס לשם כשירצה — היין אסור. ואם היו נקבים בדלת באופן שהישראל יכול להסתכל דרכם, כל שהישראל יכול לראותו — היין מותר אפילו בחביות פתוחות (אפילו בשתיה), ומה שאינו יכול לראות — אסור [illegible]

שמע קל צלויי היו יושבים ישראל וגוי לשתות כל אחד מיינו, ושמע הישראל שקוראים לבית הכנסת והלך שם להתפלל — מותר היין אם יש דרך עקלתון שיוכל לבוא עליו פתאום. כדברי רבא. ואם היו שותים יחד מיין ישראל [illegible]

יצרא דיין נסך לא תקיף להו [א]זונה ישראלית וגוים מסובין חמרא אסור מ"ט הואיל וזילה עלייהו בתרייהו גרירא ההוא ביתא דהוה יתיב ביה חמרא דישראל על גוי אחדה לדשא באפיה והוה ביזעא בדשא אישתכח גוי דקאי ביני דני אמר רבא [ב]כל דלהדי ביזעא שרי דהאי גיסא והאי גיסא אסור ההוא חמרא דישראל דהוה יתיב בביתא דהוה דייר ישראל בעליונה וגוי בתחתונה שמעו קל תיגרא נפקי קדים אתא גוי אחדה לדשא באפיה אמר רבא [ג]חמרא שרי מימר אמר כי היכי דקדים אתאי אנא קדים ואתא ישראל ויתיב בעליונה וקא חזי לי(א) ההוא אושפיזא דהוה יתיב ביה חמרא דישראל אישתכח גוי דהוה יתיב בי דני *אמר רבא [אד]אם נתפס עליו כגנב שרי ואי לא אסיר ההוא ביתא דהוה יתיב ביה חמרא אישתכח גוי דהוה קאים בי דני אמר רבא [ה]אי אית ליה לאישתמוטי חמרא אסיר ואי לא חמרא שרי מיתיבי [ב]ננעל הפונדק או שאמר לו שמור אסור מאי לאו אע"ג דלית ליה לאישתמוטי לא בדאית ליה לאישתמוטי ההוא ישראל וגוי דהוו יתיבי וקא שתו חמרא שמע ישראל קל צלויי בי כנישתא קם ואזל אמר רבא [ו]חמרא שרי מימר אמר השתא מדכר ליה לחמריה והדר אתי ההוא ישראל וגוי דהוו יתיבי בארבא שמע ישראל קל שיפורי דבי שימשי נפק ואזל אמר רבא [ז]חמרא שרי מימר אמר השתא מדכר ליה לחמריה והדר אתי ואי משום שבתא האמר (*רבא אמר) לי איסור גיורא כי הוינן בארמיותן [ח]אמרינן יהודאי לא מנטרי שבתא דאי מנטרי שבתא כמה כיסי קא משתכחי בשוקא (*ולא ידענא) דסבירא לן כרבי יצחק [ג]*דא"ר יצחק [ט]המוצא כיס בשבת מוליכו פחות פחות מד' אמות ההוא אריא דהוה נהים במעצרתא שמע גוי טשא ביני דני אמר רבא [י]חמרא שרי מימר אמר כי היכי דטשינא אנא איטשא נמי ישראל אחוריי וקא חזי לי הנהו גנבי דסלקי לפומבדיתא ופתחו חביתא טובא אמר רבא חמרא שרי *מ"ט [ד]*[כ]רובא גנבי ישראל נינהו הוה עובדא בנהרדעי ואמר שמואל חמרא שרי *כמאן כרבי אליעזר דאמר ספק ביאה טהור*) דתנן [ה]הנכנס לבקעה בימות הגשמים וטומאה בשדה פלונית ואמר הלכתי במקום הלז ואיני יודע אם נכנסתי לאותה שדה אם לא נכנסתי *ר"א אומר ספק ביאה טהור ספק מגע טמא לא שאני התם כיון דאיכא דפתחי לשום ממונא הוה ליה ספק ספיקא ההיא

*) פסחים י. ב"ב נה: טהרות פ"ו מ"ה

שבת קנג.

רש"י

יצרא דיין נסך לא תקיף להו. לנסוכי: **בתרייהו גרירא.** דשבקה להו לנסוכי: **להדי ביזעא שרי.** אף בשתיה דמירתת ולא נגע: **דהאי גיסא והאי גיסא אסור.** אף בהנאה וכשאין נתפס על כניסתו כגנב עסקינן שהיה לו חלק ביין דאי נתפס עליו כגנב כוליה שרי ואית דגרסי הוו ביזייני בדשא חורין וסדקין ובקיעין. ובקעהו תרגומו ובזעהו: **ישראל בעליונה וגוי בתחתונה.** ויין בתחתונה וישראל רואהו מלמעלה: **שרי.** כל שרי דהכא שרי אף בשתיה דהא לא נגע קאמרינן וכל אסיר דהכא אף בהנאה וכולהו הלכתא כרבא: **אי אית ליה לאישתמוטי.** ולומר לכך נכנסתי סמכא דעתיה ולא מירתת דכי על להך ביתא מעיקרא אדעתא דלנסוכי על וסבר אי משכחו לי אשתמיטנא ואע"ג דבמגע היין לית ליה לאשתמוטי אסור דאי לאו לנסוכי על למה ליה דעייל ולא דמי למניח גוי בחנותו דהתם דכיון דברשות עייל וידעינן למאי עייל כל זמן שלא הודיעו שמפליג מותר דסבר אי נגענא השתא אתי וחזי לי: **ואי לית ליה לאישתמוטי שרי(ב)** וכיון דבהול הוא על כניסתו מירתת ולא נגע: **ננעל הפונדק.** ונתייחד גוי עם היין או שאמר ישראל לגוי שמור עמוד מבחוץ ושמור: **אסור.** דחיישינן דלמא על כיון דא"ל שמור סמכא דעתיה דמפליג מיניה: **שיפורא דבי שימשי.** של ערב שבת שהיו תוקעין להבדיל בין קדש לחול: **ואי משום שבתא.** וא"ת דסמכא דעתיה דגוי משום דלא אתי ישראל בשבתא האמר לי איסור גיורא כו': **פחות פחות מד' אמות.** ועומד לפוש וליכא עקירה מתחילת ד' לסוף ארבע: **טשא.** נתחבא: **ספק ביאה.** דלא ידעינן גוי אי על אי לא על טהור ומשום הכי שרי דשני לן ספק ביאה מביאה ודאי וספק מגע: **בקעה.** שדות הרבה זו אצל זו בימות הגשמים שזרועה היא ואין רבים דורסין אותה והוי רשות היחיד לטומאה וספיקא שאירעה בה הוי ספיקא טמא: **וטומאה בשדה פלונית.** באחת מן השדות ואין אנו יודעין איזו היא: **הלכתי במקום הלז.** בבקעה זו: **ספק מגע טמא.** דאמר נכנסתי לשדה שהטומאה בה ואיני יודע אם נגעתי בטומאה אם לאו: **כיון דאיכא דפתחי חביות לשום ממונא.** וכיון דחזו דחמרא הוא פרשי דבגניבותייהו טרידי ולא מנסכי: **הוי ספק ספיקא.** ספק ישראל ספק גוי ואת"ל גוי ספק נגע ספק לא נגע ובהא אפילו רבנן מודו וכי פליגי רבנן עליה דר"א היכי דמליא שדה טומאה דאי על לה לא אפשר דלא האהיל דליכא אלא חד ספק: רביתא

שמע ישראל קל צלויי. ודוקא היין שעל הדולבקי שרי כדתנן במתני' ורבא קמ"ל דקל צלויי כלא הודיעו שמפליג דמי*(ד) אי נמי שאפי' על השולחן מותר ובדלא אמר לו הוי מזוג ושותה: **פתחו חביתא טובא.** הכא לאו דוקא טובא כיון דתלינן בישראל אבל בסמוך הוי דוקא כיון דפתחו טובא ואית דל"ג טובא וגרס ליה בסמוך וכיון דאיכא דפתחי לשום ממונא:

בו יין ופתחו רחבה קל הוא ליגע בהם ורגילות ליגע בהן דרך מתעסק לא:

תוספות

חתום מותר כדפרישית דלא חיישינן כלל לכתחילה לעשות כתב החותם או לחזור ולהכירו כדמשמע לפי הפשט ומ"מ נכון להחמיר לכתחלה אך בדיעבד אין להפסיד כיון דאיכא חותם אפי' בלא כתב ומכירו כדפרישית ומיהו אין נכון אם אין אותו חותם אחד מאותיות כ"א ממגופות טיט כדפרישית דמגופת טיט חשיבא חותם אחד או ודאי אינו מותר בלא כתב או הכרה אלא אם כן ראה השני שנשתלח לו היין קודם לכן את היין שהכלי נתנכר ועתה הוא הכיר את הכלי בטביעות עין ואפילו אינו מכיר בחותם לפי שלא היה חתום באותה שעה דאל"כ נהי דלא חיישינן לזיופא מ"מ מנין לנו שהוא אותו חבית של יין ששלח לו חבירו שמא החליפו הגוי בחבית אחר שהיה בו יין במגופה בטיט שגם חביות יין הגוים פעמים שמגופים בטיט כמו כן צריך שיהיה נסתם לגמרי הנקב קטן שקורין שוספריא"ל בלע"ז כדקאמר תלמודא משום שייכא אבל כשהוא חתום באותיות אין לחוש לכל זה דודאי האותיות לא עשאן כי אם ישראל ומ"מ אין לסמוך על המגופה של טיט אך נכון הדבר לסתום פי חבית ולתת עור הסתימה קבוע במסמרות ולכתוב אותיות אליין על העור ואליין על דופני קרשי החבית שאם יגביה גוי העור לא ידע ליישבו כבתחלה ולתת חשוק שקורין נרקל"א סביב העגולים במקום שמחוברים אל דופני החבית ולקובעו שם במסמרים מפני הנעורת התחובה שם סביב שוליו שלא יוכל הגוי להוציא יין דרך שם ולתוחבן אחרי כן במקומן הראשון וכן הברזות לחתוך ולקבוע עליהם עור במסמרים או יקבעו נסרים לכסות כל השולים והברזות בסיגנון זה פירש רבינו ברוך על החתימה בפסק ומיהו נראה שכל זה אינו כי אם לכתחלה אבל בדיעבד סגי בחתימת פי החבית לבד כיון דלא חיישינן לדברי רבינו יצחק בן יהודה כדפרישי' לעיל דאף בהסרת הנעורת ירא הוא פן יתקלקל החבית בכך ולא יוכל לתקנו כבתחלה מיהו אין לאסור גם זה בדיעבד ומ"מ טוב להחמיר כדברי רבינו ברוך הואיל ונפק מפומיה ועוד דפירש רבינו ברוך שצריך שישלח כתב עם החותם או שיחזור [לראותו] ופירש רשב"ם בשם רש"י דכל מה שאנו אוסרים בהודיעו שהפליג היינו דוקא כשיש לחוש שמא גוי גנב יין ונתן מים תחת החסרון או החליף טוב ברע אבל מקום שאין לחוש לכך כגון במקום מעבר בני אדם אפילו הם גוים דמרתת הגוי לגנוב אע"ג דהודיעו שהפליג מותר ולא חיישינן שמא נגע כיון שהגוים בזמן הזה אינם בני ניסוך כך פירש רשב"ם מיהו נראה (ג)זה דהיינו דוקא בחביות או בדרדורים שאין להם רק פתח קטן למעלה אבל גיגית או קנקן וכוס שיש ההיא

עין משפט נר מצוה

עט א מיי' פי"ב מהל' מאכלות אסורות הלכה כו טוש"ע י"ד סי' קכט סעיף יד:

פ ב מיי' שם הל' כא סמג לאוין קמח טוש"ע י"ד סי' קכח ס"ג:

פא ג מיי' שם הלכ' כ סמג שם טוש"ע י"ד סי' קכט סעי' ט:

פב ד ה מיי' שם הלכה כג סמג שם טוש"ע י"ד סי' קכח סעיף ד וסעי' ה וסי' קכט סעיף ה בהגה:

פג ו מיי' שם הלכה יט סמג שם טוש"ע י"ד סי' קכט סעיף ז:

פד ז ח טוש"ע שם סעיף ו:

פה ט מיי' פ"כ מהל' שבת הלכה ז סמג לאוין סה טוש"ע א"ח סי' רסו סעיף ז:

פו י מיי' פי"ב מהל' מאכלות אסורות הלכה כב סמג לאוין קמח טוש"ע י"ד סי' קכט סעיף י:

פז כ מיי' שם הלכה כט טוש"ע שם סעיף יא:

הגהות הב"ח

(א) גמ' ההוא אושפיזא. נ"ב ע"ל ס"פ ר"י איתא עובדא כי הא ההוא כרכא ע"ש בפי' רש"י ותוס': (ב) רש"י ד"ה ואי לית וכו' דכיון דבהול: (ג) תוס' ד"ה (בקף הקודם) מאי טעמא וכו' מיהו נראה דהיינו כצ"ל ותיבת זה נמחק: (ד) ד"ה שמע וכו' שמפליג דמי ובדלא אמר לו הוי מוזג ושותה אי נמי שאפילו על השלחן מותר והכא מיירי שכל א' שותה מיינו הס"ד:

[לעיל סא:]

[ליתא בריי"ף וברא"ש]

[נ"ל ואינהו לא ידעו כ"א בריי"ף וברא"ש]

[פי' דשם הי' דרים רק מתי מעט עובדי כוכבים ועי' תוס' ב"ב נה: ד"ה ר"א וברא"ש לאסבריה היטב]

[עי' טהרות פ"ו משנה ד]

[בילה טו. ע"ש]

[ועי' תוס' ב"ב נה: ד"ה ר"א כו' ביאור נכון על סוגיא דהכא]

נ"ל ובדלא א"ל הוי מזוג ושותה א"נ אפי' שעל השולחן מותר ואיירי הכא שכ"א שותה מיינו. רש"א ועיין בהרא"ש סי' טז

ההיא רביתא דאישתכח דהות בי דני והות נקיטא אופיא בידה אמר רבא חמרא שרי אימר מגבה דחביתא שקלתיה ואע"ג דליכא תו אימר אתרמויי איתרמי לה(א) ההוא פולמוסא דסליק לנהרדעא פתחו חביתא טובא כי אתא רב דימי אמר עובדא הוה קמיה דרבי אלעזר ושרא ולא ידענא אי משום דסבר לה כרבי אליעזר דאמר ספק ביאה טהור אי משום דסבר רובא דאזלי בהדי פולמוסא ישראל נינהו א"ה האי ספק ביאה ספק מגע הוא כיון דמפתחי טובא אימא אדעתא דממונא פתחו וכספק ביאה דמי ההיא מסוביתא דמסרה לה אקלידא(ב) מפתחה לגויה א"ר יצחק א"ר אלעזר עובדא הוה בי מדרשא ואמרו לא מסרה לה אלא שמירת מפתח בלבד אמר אביי אף אנן נמי תנינא *המוסר מפתחות לע"ה טהרותיו טהורות לפי שלא מסר לו אלא שמירת מפתח בלבד השתא טהרותיו טהורות יין

א נסך מיבעיא למימרא דטהרות אלימי מיין נסך אין דאיתמר חצר שחלקה במסיפס אמר רב טהרותיו טמאות ובגוי אינו עושה יין נסך ורבי יוחנן אמר אף טהרותיו טהורות מיתיבי הפנימית של חבר והחיצונה של ע"ה אותו חבר שוטח שם פירות ומניח שם כלים ואע"פ שידו של עם הארץ מגעת לשם קשיא לרב אמר לך רב שאני התם שנתפס עליו כגנב ת"ש *רשב"ג אומר גגו של חבר למעלה מגגו של ע"ה אותו חבר שוטח שם פירות ומניח שם כלים ובלבד שלא תהא ידו של ע"ה מגעת לשם קשיא לרבי יוחנן אמר לך רבי יוחנן שאני התם דאית ליה לאישתמוטי מימר אמר אימצורי קא ממצרא ת"ש *גגו של חבר בצד גגו של עם הארץ אותו חבר שוטח שם פירות ומניח שם כלים ואע"פ שידו של עם הארץ מגעת לשם קשיא לרב אמר לך רב לאו איכא ר"ש בן גמליאל דקאי כוותי אנא דאמרי כר"ש

ב בן גמליאל: מתני' *בולשת שנכנסה לעיר בשעת שלום חביות פתוחות אסורות סתומות מותרות בשעת מלחמה אלו ואלו מותרות לפי שאין פנאי לנסך: גמ' ורמינהי

רביתא. תינוקת גויה: אופיא. אשקומא של יין: אימר מגבה לחביתא שקלתה. ודוקא רביתא דאינה יודעת בטיב ניסוך ולא מסרה נפשה למינגע אבל גדולה מכי חזינן דנקיטא אופיא לא תלינן לקולא: אע"ג דליכא תו. שאין שם אופיא עוד ואיכא למימר הא ודאי בגו חביתא שקלתה: אימר איתרמי. דהך אופיא הוא דהואי התם: פולמוסא. ראש הגייס של צבא: ולא ידענא. אי שרא משום ספק גוי ספק ישראל וכר"א דאמר ספק ביאה טהור ולקמיה פריך הא לאו ספק ביאה הוא דודאי גוים היו: ישראל נינהו. ואזלינן בתר רובא דליכא ספיקא: כיון דמפתחי טובא. הרבה יותר מכדי לורך שתייתן מוכחא מילתא דאדעתא דממונא פתחו ובגנבותייהו טרידי ודמי לבולשת שנכנסה לעיר בשעת מלחמה דקתני מתניתין אלו ואלו מותרות הלכך אע"ג דספק מגע הוא כיון דמוכחא מילתא לקולא כספק ביאה דמי: מסוביתא. מוכרת יין בחנות כמו זולל וסובא (דברים כא) סבאך מהול במים (ישעיה א): אקלידא. מפתח(ג) שמירת מפתחות ולא סמכא דעתה ליכנס ונתפסה כגנב: יין נסך מיבעיא. בניחותא ומסייע לרב דימי: למימרא דטהרות אלימי מיין נסך. מדנקט לה בלשון ק"ו: שחלקה במסיפס. מחילה נמוכה עם הארץ מלד זה וחבר שטהר טהרות מלד זה: אינו עושה יין נסך. דנתפס עליו כגנב אלמא טהרות אלימי: מיתיבי. שתי חלירות זו לפנים מזו הפנימית של חבר: והחיצונה. הפתוחה לרה"ר של עם הארץ דאין לו לעם הארץ דריסת הרגל על הפנימית: שוטח שם. בפנימית אבל אי הוי איפכא דחילונה של חבר כיון דהוי לעם הארץ דריסת הרגל בחילונה אין חבר שוטח שם פירותיו מ"מ קשיא לרב דקתני אע"פ שידו של עם הארץ מגעת לשם:(ד) התם משום דנתפס עליו כגנב. דמה לו בפנימית אבל חלוקה דכחלר אחד דמי כי עייל ידיה לא מתפיס כגנב: אמלרי. דגג קמלרנא אני מכוין למדת בנין שאני רוצה למדוד לכך הושטתי את ידי לשון אחר מתשובת הגאונים מתמוגג אני אשטנדלינ"ר בלע"ז וגרסי' אימלודי קא ממלדנא: *)בלד גגו. שאינו גבוה ממנו וליכא למימר מתמוגג אני כשמושיט ידו שם: אנא דאמרי כרשב"ג. דאמר לעיל ובלבד שלא תהא ידו של עם הארץ מגעת שם ולרב לא שאני ליה בין שגג חבר למעלה בין שהוא שוה לו: מתני' בולשת. חיל של שם שמחפשין ומותרין קרי להו בולשת כדמתרגמינן ויחפש ובלש: גמ' כרקום

ההיא רביתא דהות נקיטא אופיא בידה אמר רבא חמרא שרי. פ"ה דוקא תינוקת שאינה יודעת בטיב ניסוך ולא טרחה ליגע אבל נערה גדולה לא תלינן לקולא מיהו לא מלינו חלוק זה בשום מקום לכך נראה דלאו דוקא רביתא ה"ה גדולה אלא דעובדא הכי הוה ומיהו לפ"ה לא נפקא מניה מידי עכשיו דגם הגדולים אינם בקיאים בטיב ניסוך: אימר מגבה לחביתא קלטתה. ולא נגעה ביין אלא מן האויר קלטתה אבל אי שקלתה מעל גבי היין יאסר מטעם נצוק מיהו יש בספרים ישנים שקלתה ואפילו הכי שרי משום דאינה בקיאה בטיב ניסוך ולא מסרה נפשה למינגע כפ"ה אבל בגדולה כיון דנקיטא אופיא איכא למיחש: ההוא פולמוסא דסליק לנהרדעא פתחו חביתא טובא א"ר חייא בר אבא עובדא הוה קמיה דר' יוחנן ושרא ולא ידענא אי משום דקסבר כר"א כו' ופריך ספק ביאה ספק מגע הוא. דודאי גוים נינהו ואע"ג דגבי גנבי דלעיל אמרינן דהוי ספק ביאה ספק אם הם גוים או אם הם ישראלים ה"מ גנבים דיש מהם שהם ישראל אבל פולמוסא סתם גוים הם דאי הוה ישראל היה הדבר ניכר ונודע ומדלא נודע ש"מ שהם גוים וא"כ ספק מגע הוא וע"כ לא מטהר ר"א אלא בספק ביאה אבל ספק מגע טמא ומשני כיון דפתחי טובא ספק אדעתא דממונא ספק אדעתא דשתיה פתחו ופ"ה דפתחו יותר מכדי שתיה מוכחא מילתא דאדעתא דממונא פתחו ובגנבותייהו טרידי כפ"ה לפי שיטתו דלעיל ופירושו דחוק ועוד קשה דמ"ש גבי גנבי דאמר ספק ישראל נינהו וגבי פולמוסא אמר ודאי גוים נינהו א"כ ה"ל לתלמודא לפרש לכן פי' ר"ת לפי שיטתו דלעיל שפיר דר"א מטהר משום ספק ספיקא והכי פי' הכא ספק ביאה ספק מגע הוא פי' נהי דהוי ספק אם הפולמוסא הם גוים או ישראל כמו בגנבים מ"מ אם הם גוים ודאי נגעי וליכא רק חדא ספיקא דלא דמי להההיא דגנבים דלעיל דאמרינן דהוי ספק מגע אם נגעו אם לאו היינו משום דסתם גנבים אדעתא דממונא אתו אבל פולמוסא סתם באים לאכול ולשתות כדאמר פרק שני דבילה (דף כא.) ושחטו להם עגל והאכלנוס והשקום וא"כ הוי ספק מגע משום דליכא אלא חדא ספיקא ובחדא ספיקא לא אמר ר"א ומשני כיון דפתחו טובא יותר מכדי שתיה איכא למימור אדעתא דממונא פתחו וא"כ הוי ספק ספיקא ספק גוים או ישראל ואת"ל שהם גוים שמא פתחו לשם ממונא ולא אדעתא דשתיה כיון דאיכא טובא:

לא מסרה לה אלא שמירת מפתח. ולא סמכא אדעתא ליכנס דנתפסת כגנב מכאן שאם תפס המושל את היהודי והניח שמירת גוים בביתו ונמסר להם כל המפתחות אף של יין אם אין אוכלים ושותים ממה שבבית הישראל היין מותר ואם אוכלים בבית אסור ואמנם אם מלאן הישראל כמו שהניחם מלאים כשרים דכוותיה אשכחן גבי בגדיו לענין טומאה שאם מלאן כמו שהניחם טהורים ואמרינן עלה וכן ביין נסך ואולי כשמחפשין אותו בכל מקום ובקרקע ובכתלים את מטמוני ישראל גם היין אסור לפי שגם לתוך חביות הכניסו קנה ארוך לחפש בו אכן אם היה לישראל סימן וחבור במגופה מותר דאם הסירוה לחפש בה לא היו מחזירין אותה דהא לא מירתתי מישראל כלל: פתוחות אסורות. משמע אפילו טובא ולא אמרי' אדעתא דממונא פתחו כדאמרי' לעיל גבי פולמוסא והיינו משום דפולמוסא באים לגבות מס המלך וארנונא ולכך איכא למימר דאדעתא דממונא פתחו אבל בולשת אינם באים כי אם דוקא לאכול ולשתות:

עין משפט נר מצוה

פח א מיי' פי"ב מהל' מאכלות אסורות הלכה כג ועיין בהשגות ובכ"מ סמג לאוין קמח טוש"ע י"ד סי' קכח סעיף כ:
פט ב מיי' שם פי"ג הלכה ב ועיין בהשגות ובכ"מ ולחם משנה סמג שם טוש"ע י"ד סי' קכט סעיף ה:
צ ג מיי' פי"ב מהל' מטמאי משכב ומושב הלכה ג:
צא ד מיי' פי"ג מהל' מאכלות אסורות הלכה ז סמג לאוין שם טוש"ע י"ד סי' קכט סעיף טז:
צב ה מיי' פי"ב מהל' מטמאי משכב ומושב הלכ' כא:
צג ו ז מיי' שם הלכ' כ:
צד ח מיי' שם הלכ' יט ואע"פ שידו מגעת מותר:
צה ט מיי' שם ובלבד שלא תהא ידו מגעת ועיין בכסף משנה:
צו י מיי' פי"ב מהלכות מאכלות אסורות הל' כל סמג לאוין קמח טוש"ע י"ד סי' קכט סעי' יב:

הגהות הב"ח

(א) גמ' ההוא פולמוסא. נ"ב עיין פ' חזקת הבתים דף נה ע"ב בתוס' בד"ה ר' אליעזר מטהר: (ב) שם דמסרה לה אקלידא. נ"ב לעובדת כוכבים כצ"ל ותיבת מפתחה נמחק: (ג) רש"י ד"ה אקלידא מפתח ואח"כ מ"ה שמירת מפתח וכו' ונתפסה כגנב: (ד) ד"ה התם משום וכו' דמה לו בפנימית. נ"ב עיין רש"י בב"ב דף ד ע"ב הטעם דלאו נתפס כגנב משום שיכול לומר כלי נפל מידי לכך בלחיצונה וקשה להרי הוא יכול לומר ג"כ כשנכנס לפנימית וכו':

מסורת הש"ס

טהרות פ"ז מ"א
תוספתא פ"ט דטהרות
שם ע"ש וע"ע
[כתובות כז. שבת מח. נדה יג.]
*) זהו דיבור חדש רש"י ע"ש

עוד מסופר, **הַהִיא רְבִיתָא דְּאִישְׁתַּכַּח דַּהֲוַת בֵּי דַנֵּי** [ילדה גויה אחת שנמצאה שהיתה עומדת בין החביות] של יין, **וַהֲוַת נְקִיטָא אוּפְיָא** [והיתה מחזיקה קצף] של יין **בְּיָדָהּ, אָמַר רָבָא: חַמְרָא שָׁרֵי** [היין מותר], **אֵימַר מִגַּבָּהּ דְּחָבִיתָא שְׁקַלְתֵּיהּ** [אמור מגב החבית לקחה אותו, את הקצף] ולא מתוך החבית עצמה. **וְאַף עַל גַּב דְּלֵיכָּא תּוּ** [ואף על פי שאין עוד] קצף כזה על גב החבית, **אֵימַר אִתְרְמוּיֵי אִתְרְמֵי לָהּ** [אמור שנזדמן לה קודם], ולא נשאר שם יותר.

עוד מסופר, **הַהוּא פּוּלְמוּסָא דִּסְלֵיק** [חיל צבא אחד שנכנס] **לעיר נְהַרְדְּעָא, פָּתְחוּ חָבִיתָא טוּבָא** [חביות יין הרבה], **כִּי אֲתָא** [כאשר בא] **רַב דִּימִי אָמַר: עוּבְדָא הֲוָה קַמֵּיהּ** [מעשה היה שהביאו בעיה שכזו לפני] **ר' אֶלְעָזָר, וּשְׁרָא** [והתיר] את היין. **וְלָא יָדַעְנָא** [ואין אני יודע], **אִי** [אם] **מִשּׁוּם דְּסָבַר לָהּ** [שסבור] **כְּדַעַת ר' אֱלִיעֶזֶר שֶׁאָמַר** לענין ספק טומאה: **סְפֵק בִּיאָה** אם נכנס למקום הטומאה — **טָהוֹר,** או **אִי** [אם] **מִשּׁוּם דְּסָבַר** [שסבור הוא]: **רוּבָּא דְּאָזְלֵי בַּהֲדֵי פּוּלְמוּסָא** [רוב האנשים שהולכים עם הצבא] — **יִשְׂרָאֵל נִינְהוּ** [הם], שאף על פי שהצבא עצמו היה של גוים, המלוים היו ישראלים. ושואלים: **אִי הָכִי** [אם כך] מפרשים יש לתמוה: וכי **הַאי** [זה] **סְפֵק בִּיאָה?** הרי ברור שהאנשים הגיעו לשם ופתחו את החביות, ואם כן **סְפֵק מַגָּע הוּא,** האם נגעו ביין או לא נגעו, וגם ר' אליעזר מטמא בספק מגע! ומשיבים: **כֵּיוָן דִּמְפַתְּחִי טוּבָא** [שהיו פותחים חביות רבות], **אֵימָא אַדַּעְתָּא דְּמָמוֹנָא** [אמור שמא שעל דעת ממון בלבד] **פָּתְחוּ,** למצוא שם כסף, ואין להם עניין ביין, **וְכִסְפֵק בִּיאָה דָּמֵי** [נחשב הדבר] להקל, ולא כספק מגע.

מסופר, **הַהִיא מָסוֹבִיתָא** [מוזגת אחת] **שֶׁמָּסְרָה לָהּ אִיקְלִידָא מַפְתְּחָהּ** [את המנעול והמפתח שלה] **לְגוֹיָה, אָמַר ר' יִצְחָק אָמַר ר' אֶלְעָזָר, עוּבְדָא הֲוָה בֵּי מִדְרְשָׁא** [מעשה כזה היה בבית המדרש] שנשאלה שאלה כזו, **וְאָמְרוּ: לֹא מָסְרָה לָהּ אֶלָּא שְׁמִירַת מַפְתֵּחַ בִּלְבַד,** ולא התירה לה להיכנס, וממילא אין לחשוש שהגויה נכנסה וניסכה שם. **אָמַר אַבַּיֵי, אַף אֲנַן נַמִי תָּנֵינָא** [אנו גם כן שנינו כגון זה]: **הַמּוֹסֵר מַפְתְּחוֹת לְעַם הָאָרֶץ** אף על פי שמגעו מטמא — **טָהֳרוֹתָיו** של המוסר **טְהוֹרוֹת, לְפִי שֶׁלֹּא מָסַר לוֹ אֶלָּא שְׁמִירַת מַפְתֵּחַ בִּלְבַד,** ולא הרשה לו להיכנס. ויש ללמוד בקל וחומר: **הַשְׁתָּא** [עכשיו] אם אנו אומרים **טָהֳרוֹתָיו טְהוֹרוֹת, יֵין נֶסֶךְ מִיבָּעֲיָא** [נצרכה לומר] שאין חוששים לו?

א ותוהים על עצם ההנחה שבדבריו של אביי: **לְמֵימְרָא** [האם לומר] מכאן **שטָהֳרוֹת אַלִּימִי** [חמורות] **מִיֵּין נֶסֶךְ?** ומשיבים: **אִין** [כן], **דְּאִיתְּמַר** [שנאמר] שנחלקו בנושא זה: **חָצֵר שֶׁחִלְּקָהּ** (שחילק אותה) **בִּמְסִיפָס** בסורג דק, קטן, שנמוך מעשרה טפחים, **אָמַר רַב:** אם היה בצד השני עם הארץ — **טָהֳרוֹתָיו** של זה בחלק האחר של החצר **טְמֵאוֹת,** אבל אם היה כגון זה **בְּגוֹי** שהיה בצד השני — **אֵינוֹ עוֹשֶׂה יֵין נֶסֶךְ. ור' יוֹחָנָן אָמַר: אַף טָהֳרוֹתָיו טְהוֹרוֹת.** על כל פנים רואים מכאן שלשיטת רב מחמירים יותר בטהרות מאשר חוששים ליין נסך. ועל שיטתו של רב בענין טהרות **מֵיתִיבֵי** [מקשים] ממה ששנינו: היו שתי חצרות זו לפנים מזו, והיתה **הַחָצֵר הַפְּנִימִית שֶׁל חָבֵר** שנזהר בדיני טהרה, **וְהַחִיצוֹנָה שֶׁל עַם הָאָרֶץ** שאינו נזהר בהם, **אוֹתוֹ חָבֵר שׁוֹטֵחַ שָׁם** בחצר הפנימית **פֵּירוֹת וּמַנִּיחַ שָׁם כֵּלִים, וְאַף עַל פִּי שֶׁיָּדוֹ שֶׁל עַם הָאָרֶץ מַגַּעַת לְשָׁם.** אם כן, **קַשְׁיָא** [קשה] הדבר **לְדַעַת רַב,** שהרי אף במקום שיש חלוקה ומחיצה חושש הוא למגע עם הארץ! ומשיבים: **אָמַר לָךְ** [יכול היה לומר לך] **רַב: שָׁאנֵי הָתָם** [שונה שם], **שֶׁנִּתְפָּס עָלָיו כְּגַנָּב,** שהרי בחצר הפנימית אין לו מה לעשות כלל, ואם הוא נכנס לשם הרי הוא נחשב כגנב, ואין אנו חוששים שיעשה כן. ומציעים, **תָּא שְׁמַע** [בוא ושמע] ראיה לשיטתו של רב ממה ששנינו: **רַבָּן שִׁמְעוֹן בֶּן גַּמְלִיאֵל אוֹמֵר: גַּגּוֹ שֶׁל חָבֵר לְמַעְלָה מִגַּגּוֹ שֶׁל עַם הָאָרֶץ, אוֹתוֹ חָבֵר שׁוֹטֵחַ שָׁם פֵּירוֹת וּמַנִּיחַ שָׁם כֵּלִים, וּבִלְבַד שֶׁלֹּא תְּהֵא יָדוֹ שֶׁל עַם הָאָרֶץ מַגַּעַת לְשָׁם,** שאם ידו של עם הארץ מגעת — טהרותיו של החבר טמאות. אם כן, **קַשְׁיָא** [קשה] הדבר **לְר' יוֹחָנָן,** שהתיר טהרות בחצר שחילקה במסיפס! ומשיבים, **אָמַר לָךְ** [יכול לומר לך] **ר' יוֹחָנָן: שָׁאנֵי הָתָם** [שונה שם], **דְּאִית לֵיהּ לְאִישְׁתַּמּוּטֵי** [שיש לו לעם הארץ דרך להשתמט] אם ימצאו אותו שולח ידו לגג העליון, **מֵימַר אָמַר** [אומר הוא]: **אִימְצוּרֵי קָא מַמְצְרָא** [אני רוצה רק להתמתח] ולכן הגבהתי את ידי, אבל לא התכוונתי לעשות דבר. ומציעים, **תָּא שְׁמַע** [בוא ושמע] ראיה ממה ששנינו: **גַּגּוֹ שֶׁל חָבֵר בְּצַד גַּגּוֹ שֶׁל עַם הָאָרֶץ, אוֹתוֹ חָבֵר שׁוֹטֵחַ שָׁם פֵּירוֹת וּמַנִּיחַ שָׁם כֵּלִים, וְאַף עַל פִּי שֶׁיָּדוֹ שֶׁל עַם הָאָרֶץ מַגַּעַת לְשָׁם. קַשְׁיָא** [קשה] הדבר **לְרַב!** ומשיבים: **אָמַר לָךְ** [יכול היה לומר לך] **רַב: לָאו אִיכָּא** [האם לא קיימת] דעת **רַבָּן שִׁמְעוֹן בֶּן גַּמְלִיאֵל דְּקָאֵי כְּוָותִי** [שעומד כשיטתי] בגגות סמוכים זה לזה? **אֲנָא דַּאֲמַרִי** [אני שאומר את דברי] הרי זה **כְּשִׁיטַת רַבָּן שִׁמְעוֹן בֶּן גַּמְלִיאֵל.**

ב משנה

בּוֹלֶשֶׁת (יחידה צבאית) **שֶׁנִּכְנְסָה לָעִיר** לשהות שם או לגבות מסים, אם היה הדבר **בִּשְׁעַת שָׁלוֹם, חָבִיּוֹת** יין **פְּתוּחוֹת — אֲסוּרוֹת,** אם היו **סְתוּמוֹת — מוּתָּרוֹת;** אם היה זה **בִּשְׁעַת מִלְחָמָה — אֵלּוּ וְאֵלּוּ מוּתָּרוֹת** ואפילו הפתוחות, **לְפִי שֶׁאֵין פְּנַאי** לחיילים **לְנַסֵּךְ.**

עיונים

ההיא רביתא רש"י מסביר שהיתה זו ילדה קטנה גויה. ודווקא קטנה, שאינה יודעת בטיב עבודה זרה, ואין חוששים שמא נגעה ביין במכוון על מנת לנסך, אבל אם היתה גדולה לא היינו תולים להקל. וכן נראה שהיא דעת הרמב"ם, שמקרה זה הובא כדי לומר שבקטן אין להבחין האם הוא נתפס כגנב או לא, ובכל מקרה מותר. ואחרים סבורים שאין הבדל לענין זה בין קטנה וגדולה, ומעשה שהיה כך היה (ראה בתוס' וראב"ד ועוד). והסבירו ראשונים שמדובר כאן באופן שהיין מותר, כשהיתה נתפסת עליו כגנב (ראב"ד), או שהיה היין בחזקת המשתמר, שהיה ישראל יוצא ונכנס שם (ראה ר"ן ועוד), ולא הוזכר כאן אלא כדי לומר שלמרות שמצאו בידה את הקצף הרי זה מותר, הואיל ואין כאן הוכחה ברורה שאכן נגעה ביין (מאירי).

אופיא בידה אופיא הוא קצף שישנו על פני היין. ויש שכתב שהיה בידה קנקן מלא בקצף זה (רא"ה).

אימר אף שלשון זו היא כרגיל במקום שיש צד להחמיר, מצאנו שמשתמשים בה גם כן — כמו כאן — לתלות באפשרות של היתר.

מגבה דחביתא שקלתה שהיה זה קצף היין שיצא מן החור הקטן שבמגופה כאשר היין תסס, ולפיכך לא נגעה כלל ביין שבחבית, אלא נטלה מן הקצף שהיה בחוץ. ואחרים כתבו שאין הוכחה כלל שלא נגעה ביין, אלא אף אין לומר שהיה יין זה מחובר (כבגדר ניצוק) עם היין שבתוך החבית (וראה בתוס').

וכספק ביאה דמי כלומר, אף שאין זה ספק ביאה, אלא ספק מגע, שמא יש לתת לכך דין ספק ביאה שר' אליעזר מטהר בו, משום שיש כאן הוכחה שלא התכוונו לנסך (רש"י). ורבינו תם מפרש בעניין זה לשיטתו בהסבר דברי ר' אליעזר, שהוא מטהר בספק ביאה משום ספק ספיקא (ראה בעמוד הקודם), שאף כאן יש ספק כפול, שמא היו הנוגעים יהודים. וגם אם גוים פתחו את החבית — שמא לא נתכוונו כלל ליין, ובוודאי לא לניסוך, לפי שחיפשו רק את הממון (וראה בראב"ד).

וראה בריטב"א שתמה כיצד מעלים אפשרות שר' אלעזר יפסוק כר' אליעזר וכנגד דעת חכמים. והוא מסביר שהואיל ואין מדובר כאן על ספק ביאה ממש, אלא במובן של ספק שיש בו צד גדול להיתר, הרי גם חכמים יסכימו שיש ללכת בו להיתר, לפי שמה שחכמים חולקים על ר' אליעזר הרי זה דווקא לענין ספק טומאה ברשות היחיד, שנלמד כיצד יש ללמוד דין זה מן התורה, אבל לענין יין נסך איסור מודים הם שבמקרה כזה של רגליים לדבר יש להקל.

דמסרה לה וכו' הרמב"ם פסק שכוונה היא שאמרה לה: החזיקי לי את המפתח עד שאבוא. אבל מדברי פוסקים אחרים משמע שמדובר במסירת המפתח עצמה, בלי אמירה כלשהי, שכל שלא אמר לגוי שישמור על הבית, הרי אין בכך אלא שמירת המפתח.

אלא שמירת מפתח בלבד אבל אם אמר לו לשמור את הבית הרי זה כמודיעו שהוא מפליג, ואסור, כבריא בעמוד הקודם (ראה ראב"ד ועוד).

מכאן התיר רבינו תם יינו של אדם שנתן את מפתח המרתף שלו לשפחתו והלך לעיר אחרת להיות שם ביום טוב, שהרי עצם מסירת מפתח אין משמעה אלא החזקה ושמירה של המפתח בלבד, ואין בה כלל מתן רשות להיכנס. אבל הרמב"ן והרשב"א סבורים שלא אמרו דברים אלה כאן אלא כשהיין משתמר ולא הודיעו שהוא מפליג, או כשהמקום פתוח לרשות הרבים וישראל מצויים.

חצר שחלקה במסיפס מסיפס הוא מחיצה קטנה שאינה גבוהה עשרה טפחים, ומשמשת להגדיר את חלקו של כל אחד בחצר, אלא שאינה נחשבת כמחיצה גמורה לענין שיהא השכן נתפס כגנב אם נכנס לצד האחר של המחיצה (ראה ב"ב ב,ב). ולכן לענין יין נסך, כיון שאף הגוי יודע שחלק זה בחצר שייך לחבירו הריהו מחבב להיכנס לשם, אם לא ראינוהו שם אין חוששים שנגע ביין. אבל אם ידוע שנכנס לשם יש לחשוש הואיל ואינו נתפס כגנב. מה שאין כן לענין טהרות, הריהן טמאות בכל מקרה מאחר ואינו נתפס כגנב (ראב"ד).

אינו עושה יין נסך הרמב"ם (וכמה ראשונים אחרים) מסכמים שיש בדבר זה ארבעה דינים שונים עיקריים. המקרה האחד הוא כאשר אין לנכרי שייכות לא לחצר ולא לבית שהיין נמצא בו, שבמקרה זה אפילו נמצא הגוי עומד בצד היין אין חוששים לו שמא נגע. ומקרה שני הוא כאשר יש לגוי שייכות ליין ולא לבית, שאם נמצא הנכרי בצד היין חוששים שמא נגע בו. מקרה שלישי — כשיש לגוי שייכות לבית (או כשיש לו רשות להיות שם) אבל לא ליין, חוששים ליין אם לא כן היה משתמר, או שהיין נעול או חתום. ומקרה רביעי כשיש לגוי רשות גם ביין גם בבית, ואז אינו מותר אלא אם כן היו חתומים או רואים אותו תדיר ומשגיחים שלא יגע.

אימצורי קא ממצרא יש מפרשים: מודד אני את תחומי הרשות שלי. ואחרים מפרשים (בשינוי גירסה קל) שאומר "אני מתמתח להנאתי" (ברש"י). שבשני מקרים אלה אין החבר יכול לתפוש את עם הארץ, וכיון שכך יש לחשוש שהוא נגע בטהרות.

בולשת רש"י מסביר שהיא יחידה צבאית שנכנסה לעיר. ונקראת "בולשת" משום שהם מחפשים ומנסים להחרים דברים לצרכם. ומדברי התוס' עולה שבולשת היא קבוצת חיילים שבאים לעיר ואוכלים ושותים בה, אבל אינם באים לשלול (ראה בפתוחות).

פתוחות אסורות משום שבשעת שלום אינם באים לשלול (שאם כן — נפסק לעיל בענין פולמוס שהיין מותר) אבל יש להם רשות לאכול ולשתות משל אנשי העיר (ראב"ד).

סתומות מותרות ואין לחשוש שפתחו וסתמום, כי מאחר ואינם מתייראים — לא היו טורחים לחזור ולסגור את החביות (ראב"ד). וכתבו ראשונים שאפילו היו סתומות רק במגופה ממש מותר היין, שחזקה ברורה היא (רא"ה, ריטב"א).

שאין פנאי לנסך כלומר, אין דעתם כלל לענין נסך. שגם אם שותים מן היין (שנאסר משום מגעם) מכל מקום אין אוסרים את היין שאינם עוסקים בו על עבודה זרה, ואין דעתם פנויה לכך.

ושאלו: ומכל מקום יש מקום לאוסרם, שהרי נגעו ביין! והשיב רבינו יונה כי משום שכל גזירת מגעם ביין היתה משום חשש ניסוך, אם כן, במקום שהופקע חשש ניסוך מן התורה (לפי שאין מחשבתם כלל על עבודה זרה בשעת מלחמה), אין מקום לגזירת חכמים על מגעם.

אורח הלכה

ההיא רביתא דאשתכח וכו' כתב הרמב"ם: תינוק גוי הנמצא בין החביות, בין שנתפס עליו כגנב או לא — היין מותר. ולמד הרמב"ם כן מהמעשה דההיא רביתא, שהוא מבין (כרש"י) שהיה המעשה בקטנה. ולדעת הראב"ד יש להתיר בין קטנה בין גדולה, ודווקא אם נתפסת עליו כגנב (וכן סבורים בכס"מ ולח"מ שם). וכן פסק בשו"ע. (רמב"ם ספר קדושה הלכות מאכלות אסורות פי"ב הכ"ג. שו"ע יו"ד קכח,ב)

אימר איתרמויי אתרמי אפילו היה ביד הגוי קצף שרגיל להיות על פני היין — היין מותר, שהרי אנו תולים לומר שנטלו מעל פני החביות ולא מבפנים. וכתב הרמ"א שהכל לפי הענין, אבל אם אין לו נחש, כגון שנמצא הגוי בחביות שלא על פי החבית, ואז שהדבר נראה כך כגון שמצא הגוי מחזיק קצף בידו — מניחים שהגוי עקר ממקומו, שאין תולים אלא בדבר הרגיל. (שו"ע שם).

אלא שמירת המפתח המוסר מפתח חנותו לגוי — היין שבו מותר, ואפילו לא נשאר שום יהודי בעיר, ואפילו הודיעו שהולך למרחק, שלא מסר לו אלא שמירת המפתח בלבד. ולא רק אם אמר לו שיחזיק המפתח עד שיבוא, אלא אפילו מסר לו סתם — אומרים שהגוי מפחד לפתוח החנות שלא ברשות. ויש מי שאומר (טור בשם הרמב"ן) שלא התירו אלא כשאינו יודע שהיהודי מפליג, ואז מותר אפילו מצאו עליו כגנב. ויש מי שאומר שאם הודיעו שהוא מפליג — אסור אפילו נתפס עליו כגנב. וכתב הרמ"א שיש להקל כסברא ראשונה. ואם עבר הגוי ונכנס, אם נתפס עליו כגנב — מותר, ואם יכול לתרץ את מעשיו — אסור, ואם ניתן לראותו מבחוץ — בכל מקרה מותר. (רמב"ם שם פי"ב הי"ד. שו"ע יו"ד קכט,ה).

המוסר מפתחות לעם הארץ המוסר מפתח ביתו לעם הארץ — כל שבבית טהור, שלא מסר לו אלא את שמירת המפתח. כמשנה במסכת טהרות. (רמב"ם ספר טהרה הלכות מטמאי משכב ומושב פי"ב ה"ב).

חצר שחלקה במסיפס חצר החלוקה במסיפס (גדר קלה) וחבר בצד זה ועם הארץ בצד זה — טהרותיו טהורות אף על פי שיד עם הארץ מגעת לשם, מפני שהם ברשות החבר. ואם היה גוי בצד אחד וישראל בצד אחד ויש ביניהם מסיפס, גם אם יד הגוי מגיעה לחלקו של הישראל אינו חושש לא משום יין נסך ולא משום טהרות. וכדברי ר' יוחנן. (רמב"ם שם הכ"א. ספר קדושה הלכות מאכלות אסורות פי"ג ה"ז. שו"ע יו"ד קכט, טז).

פנימית של חבר וכו' היו שתי חצרות זו לפנים מזו, פנימית של חבר וחיצונה של עם הארץ, חבר מניח בחצרו כלים ופירות ואינו חושש, אף שיד עם הארץ מגיעה לשם לחצר הפנימית, מפני שנתפס עליו כגנב. כברייתא. (רמב"ם ספר טהרה שם ה"ב).

גגו של חבר למעלה וכו' היה גגו של חבר למעלה מגגו של עם הארץ, הרי זה שוטח שם כלים ומניח טהרות, והן בחזקתן אף על פי שעם הארץ יכול לפשוט ידו ליגע. וכן בגוי, אם היתה חצר הישראל למעלה — אינו חושש לא משום טומאה ולא משום יין נסך. וכדברי חכמים החולקים על רשב"ג (ור' יוחנן תירץ לשיטת רשב"ג. כס"מ). (שם הי"ט).

גגו של חבר בצד גגו וכו' היה גגו של חבר בצד גגו של עם הארץ או שהיה גג החבר נמוך ממנו — כל מקום שיכול עם הארץ לפשוט ידו ולנגע — הרי זה בחזקת טומאה. כדברי תנא קמא בתוספתא (כס"מ). ולענין גוי כתב הרמב"ם שאם יש ביניהם מסיפס אינו חושש אף ליין נסך ולא משום טהרות. והעמידה הרמב"ם במקרה זה, משום שהקשו ממנה על רב שדיבר במקרה כזה (כס"מ). וכן פסק בשו"ע. אבל הרשב"א והטור כתבו כפשטה (גר"א). (רמב"ם שם. ספר קדושה הלכות מאכלות אסורות פי"ג ה"ז. שו"ע יו"ד קכט, טז).

בולשת שנכנסה לעיר חיל צבא שנכנס לעיר לבתי ישראל, אם היה זה בשעת שלום — חביות פתוחות (אפילו היו פקועות) אסורות, והסתומות במגופה של טיט — מותרות. ובשעת מלחמה — כל החביות מותרות. וכמשנה. ודווקא שהבולשת מתחלחלים, אבל סתומות ונפתחו — יש לחשוש להן (ר"ן). (רמב"ם ספר קדושה הלכות מאכלות אסורות פי"ב הכ"ד. שו"ע יו"ד קכט, יב).

מסורת הש"ס

א. משנה טהרות פ"ז מ"א. ירושלמי פסחים פ"ב ה"ב. שם קדושין פ"א ה"ד.
ב. ראה ירושלמי ע"ז פ"ה ה"ו.
ג. ע"ז סא,ב. ע,א.
ד. תוספתא טהרות פ"ט יא. וראה ב"ב ו,ב.
ה. (הביטוי) ראה ב"ב שם.
ו. שם.
ז. שבת מא,א. כתובות כז,א. נדה יג,א.

גרסות

דאשתכח דהות בי דני בכתי"מ: דהוה קיימא בבי דני בכתי"ס: **דאישתכחא בי דני.**

דליכא תו אימר בכתי"מ ועוד: **דליכא השתא.**

דאזלי בהדי פולמוסא בכתי"מ: **דאזלי בתר פולמסא** בכתי"ס: **דקיימי קמיה פלמוסא.**

אי הכי האי ספק ביאה בכת"י ועוד: **האי ספק ביאה.**

דמסרה לה איקלידא מפתחא לגויה בכתי"מ וכעין זה בבב"ח: **דמסרה לה איקלידא לגויה** ובכתי"ס: **דמסרה לה מפתחא לגויה.**

המוסר מפתחות לעם הארץ בכתי"מ ועוד: **חבר המוסר מפתחותיו לעם הארץ** בכתי"ס: **חבר שמסר מפתח לעם הארץ.**

תא שמע רבן שמעון בכתי"מ: **מיתיבי רבן שמעון.**

מימר אמר בכתי"מ נוסף: **בעלמא הוא דקאיתמוגגי בעלמא הוא דקא מתמוגג. לישנא אחרינא.**

אימצורי קא ממצרא בכת"י: **אמ(י)צרי דגג קמצרנא.**

לאו איכא רבן שמעון בן גמליאל דקאי כוותי בכתי"מ חסר משפט זה.

בולשת במשניות: **בלשת גוים** ובכתי"מ: **בלשת של גוים.**

סתומות מותרות בירושלמי ועוד: **ותסתומות מותרות.**

לפי שאין פנאי בירושלמי ועוד: **שאין פנאי** יש בכת"י: **לפי שאין להן פנאי.**

לשון

פולמוסא

מקורה של מלה זו הוא ביוונית πόλεμος (פולימוס) שמשמעה — מלחמה, צבא.

איקלידא

מקור המלה ביוונית κλείς (קליס) שמשמעה: מפתח. או: κλειδίον (קלידיון) מפתח קטן.

אקלידא

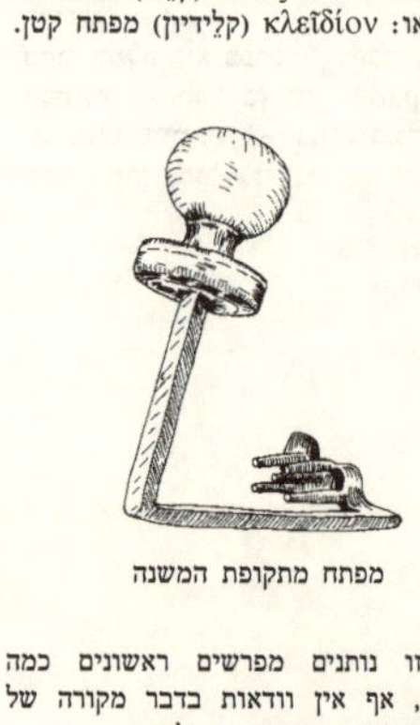

מפתח מתקופת המשנה

מסיפס

למלה זו נותנים מפרשים ראשונים כמה פירושים, אף אין וודאות בדבר מקורה של מלה זו שאולי מוצאה מן הלעז.

יש סבורים (ר"ב) כי מקורה ביוונית μέσοπόδος (מסופודוס) שמשמעה דבר חלול באמצע חלונות. ויש אומרים שמקורה בלטינית sepes שמשמעה גדר, מחיצה, או ביוונית σηκός (סיפוס). אך כנראה קשורה היא לשורש היווני μέσος (מסוס) שמשמעו — אמצע, דבר העומד בתווך.

בולשת

מקור המלה בשורש "בלש" המובן של חיפוש מדוקדק. בולשת היא קבוצה (של אנשי צבא או של משטרה) שנכנסה על מנת לבלוש דברים מסויימים (אנשים שיש לעצור אותם, סחורות גנובות או מוברחות וכיוצא בזה). וכיון שכך יכולה היא להיכנס לכל מקום בעיר ולעשות כמעט כרצונה אפילו בעת שלום.

לעזי רש"י

אשקומ"א מן הצרפתית העתיקה escome = קצף.

אשטנדליי"ר (צ"ל: אשטנדילייר) מן הצרפתית העתיקה estendelier — להתמתח, למתוח איברים.

מסורת הש"ס

א. משנה כתובות כז,א.
ב. כתובות כז,א (עיי"ש).
ג. אה ירושלמי דמאי פ"ו ה"ח.
ד. ע"ז עב,א. ירושלמי קדושין פ"א ה"ד. שם ע"ז פ"ה ה"י.
ה. בכורות יג,ב (עיי"ש).
ו. ראה שבת צד,א. קי,ב. קדושין ע,ב.

גרסות

כהנות שבתוכה בכתי"מ: **כהנות שנמצאות לשם** בכתי"ס: **כוהנות שנמצאו שם** במקבילה: **כהנות שנמצאו בתוכה.**

האומנין של ישראל בירושלמי ועוד וכן בב"ח: **אומנין ישראל.**

מותר לומר במשניות: **מותרים לומר לו** בירושלמי ועוד: **מותר שיאמרו לו.**

משנכנסה לרשותן במשניות: **ואם משנכנסה לרשותן.**

עול תחתי בכתי"ס ובמקורות רבים: **פול תחתי.**

לעוצר בכתי"ס ועוד: **לאוצר** וכן בכתי"מ כלשון אחר.

מלטני בכתי"ס ועוד: **פלטני.**

דרמות רוחא בכת"י: **רמות רוחא.**

כי כייליתו בכתי"מ: **כי מזבניתו.**

שקלו זוזי בכתי"ס: **שקלו דמי.**

לשון

עוצר
משמעות השורש "עצר" במובן הזה היא — להחזיק דבר בחזקה, ומכאן גם — למשול, לשלוט (ראה דברים לב, לו וברש"י שם), ויש במשמעו גם ענין של לחץ ודחיקה. ושמא משום כך בחרו במלה הלא מצויה "עוצר" כדי לכרוך משמעות מושל ונוגש במלה אחת. וראה בגרסות, שיש כאן נוסח "אוצר", במשמעות של אוצרות (מחסנים).

פרדשני
מקור המלה הוא בפרסית, ובפרסית הבינונית הוא בצורה pada dahisn, ועניינה — מתנה כנגד מתנה, מתן גמול על דבר.

א גמרא שנינו במשנתנו כי בשעת מלחמה אין לאנשי הצבא פנאי, ואין לחשוש שעברו עבירה. **ורמינהי** [ומקשים] על כך ממה ששנינו במשנה אחרת: **עיר שכבשוה כרקום** (צבא העורך מצור על עיר) — **כל כהנות שבתוכה פסולות**, שאנו חוששים שמא נאנסו על ידי חיילי הצבא, ואף על פי ששעת מלחמה היא! **אמר רב מרי: לנסך אין פנאי** שהם חוששים מן המלחמה, ואין יצר הניסוך גדול באותה שעה. אבל **לבעול יש פנאי**, שיצר זה גדול, ואפילו בזמן מלחמה.

ב משנה האומנין של ישראל (כלומר, ישראלים) **ששלח להם נכרי חבית של יין נסך בשכרן** (תמורת עבודתם), והרי הוא אסור בהנאה — **מותר** להם **לומר לו: "תן לנו את דמיה"** כמה שהיא שווה, אבל אם **משנכנסה** החבית **לרשותן** — **אסור** לקבל מן הגוי גם את דמיה, שהרי זה כאילו מכרו יין נסך, ונהנו מדמיו.

ג גמרא אמר רב יהודה אמר רב: מותר לאדם לומר לגוי: "צא והפס עלי מנת המלך" כלומר, השתדל עבורי לפייס את השלטונות הגובים את המס מן היין, ואני אחזיר לך לאחר מכן. גם אם אותו גוי ישלם את המס ביין נסך. **מיתיבי** [מקשים] על כך ממה ששנינו בברייתא: **אל יאמר אדם לגוי: "עול תחתי לעוצר"** כלומר, שלם במקומי לגובה היין, כשהגוי משלם ביין נסך! **אמר ליה** [לו] **רב: "עול תחתי לעוצר" קאמרת** [אומר אתה]? כיון שאומר בלשון "תחתי" הרי זה כאילו הגוי עושה זאת במקומו. **הא לא דמיא** [זה אינו דומה] **אלא להא** [לזו] ששנינו, **אבל אומר לו: "מלטני מן העוצר"** כלומר, מצא דרך למלט אותי ממס זה על ידי שתשלם אתה לגובה המס. שאף רב אינו מדבר במקרה שמבקש מן הגוי להיכנס במקומו, אלא רק שיצילנו.

ד משנה המוכר יינו לנכרי, אם **פסק** נקבע והוסכם המחיר **עד שלא** (בטרם) **מדד** לכליו של הגוי את כמות היין הנמכר — **דמיו** של היין **מותרין**, ואין הוא נחשב כמוכר יין נסך, שהרי קנה הגוי את היין קודם שייאסר, וכבר אז היו הדמים שייכים לישראל. אבל אם **מדד** את היין לכליו של הגוי, וכבר נאסר **עד שלא פסק** דמים, קודם שנקנה היין לגוי — **דמיו אסורין**, משום שנעשה כמוכר יין נסך שאסור בהנאה.

ה גמרא אמר אמימר: משיכה בגוי קונה שכאשר גוי מושך חפץ לשם קנין, נגמר הקנין על ידי המשיכה עצמה. **תדע** שכן הוא, **דהני פרסאי משדרי פרדשני להדדי ולא הדרי בהו** [שהרי אותם פרסים שולחים מתנות זה לזה ולא חוזרים בהם], משמע שהם קונים זה מזה על ידי משיכה בלבד! **רב אשי אמר, לעולם אימא** [אומר] **לך שמשיכה בגוי אינה קונה, והאי דלא הדרי בהו** [וזה שאינם חוזרים בהם], לא משום שהוא מדיני קנין, אלא משום **דרמות רוחא הוא דנקיטא להו** [שגסות הרוח היא שאחוזה בהם], שלא נאה להם לחזור בהם. **אמר רב אשי: מנא אמינא לה** [מנין אני אומר אותה] שאין משיכה קונה בגוי? **מדאמר להו** [ממה שאמר להם] **רב להנהו סבויתא** [לאותם מוכרי יין]: **כי כייליתו חמרא** [כאשר אתם מודדים יין] **לגוים, שקלו זוזי מינייהו והדר כיילן להו** [טלו את הכסף מהם ואחר כך מדדו להם]. **ואי לא נקיטו בהדייהו זוזי** [ואם אינם מחזיקים אותם בידם כסף], **אוזיפונהו והדר שקילו מינייהו** [הלוו להם ואחר כך טלו מהם] כסף זה כדמי היין, **כי היכי דתיהוי** [כדי שתהיה] זו **הלואה גבייהו** [אצלם], שמה שישלמו לכם לאחר שיקנו את היין לא יהיה אלא החזרת החוב. **דאי לא עבדיתו הכי** [שאם אין אתם עושים כך], אלא מודדים תחילה, **כי קא הוי** [כאשר הוא נעשה] **יין נסך — ברשותייכו קא הוי** [ברשותכם הוא נעשה], **וכי שקילתו** [וכאשר אתם נוטלים כסף עבורו] **דמי יין נסך קא שקילתו** [אתם לוקחים]. ומכאן יש להוכיח: **ואי סלקא דעתך** [ואם עולה בדעתך] **שמשיכה בגוי קונה,**

עיונים

שכבשוה כרקום בתוס' שאלו: הרי אפשר לומר שכאן מדובר שהיה הדבר לאחר המלחמה, כשיש להם פנאי! ותירצו כי לשון המשנה היא כללית, ומשמע בין שהיה הדבר בתוך המלחמה ובין לאחריה. ואילו רבינו תם כותב (בספר הישר) כי משמעות המשנה שם היא דווקא בשעת מלחמה, לומר שכל הכהנות שהיו באותה שעה שנכבשה העיר הרי הן אסורות, אפילו הלכו משם לאחר מכן, וכפי שמוכח גם מהמשך המשנה שם.

כל כהנות שבתוכה פסולות כי אשת כהן שנבעלה על ידי מי שאינו בעלה, אפילו באונס, נאסרת לבעלה (וכן נפסלות שאר נשים שם לכהנים משום שנבעלו לגוי).

לנסך אין פנאי במסכת כתובות יש תירוץ נוסף שלא הובא כאן, שיש להבדיל בין כרקום של אותה מלכות לבין כרקום של מלכות אחרת (והוסבר הדבר באופנים הפוכים, יש שהסבירו כי כרקום של מלכות אחרת חושש שכל רגע יבוא האויב, ואין לו פנאי, מה שאין כן כרקום של אותה מלכות. ויש שהסבירו להיפך, שמלכה של אותה מלכות אינו מאפשר לחיילים להפר את הסדר, מה שאין כן בכרקום של מלכות אחרת). וכתב ר"ת כי דרך הגמרא כאשר מביאים סוגיה ממקום אחר לקחת רק תירוץ אחד הנראה בעיניהם תירוץ טוב יותר (ספר הישר). ואילו הריטב"א כתב שאותו תירוץ לא התייחס כלל למשנה שלנו, שבה אין הבדל איזה כרקום היה זה. וכן כתבו בתוס' שם, אלא שהסבירו כי אצלנו מדובר בכרקום של מלכות אחרת דווקא.

האומנים של ישראל בפשטות נראה כי מדובר באומנים שעבדו אצל גוי. אבל הראב"ד מסביר כי מדובר כשעבדו אצל ישראל, אלא שהמעביד ביקש מן הגוי שישלם להם. והעיר הרשב"א כי כך נראה גם מן הדיון בגמרא. וראה בחת"ס שכתב שיש קצת ראיה מלשון המשנה כפי שהיא לפנינו (שאינו אומר "אומנים ישראלים").

מותר לומר תן לנו את דמיה ולא רק מפני שהחבית לא הגיעה לידם ולא זכו בה, אלא גם הכסף שהם מקבלים ממנו אינו תמורת החבית, מפני שאינו חייב להם אלא מעות בשכרם. וכתב הראב"ד שאם התנה עימם לתת להם יין בשכרם הרי זה חייב להם יין.

משנכנסה לרשותם לכאורה אין זה פשוט, שהרי לא היה להם מעשה קנין ביין זה, ומדוע ייחשב כשלהם? וראה ברא"ש הסבור כי אכן מדובר כאן כשקיבלו את היין מרצונם, אבל אם לא רצו אין יכול להקנות להם בעל כרחם. והרש"ש כתב שכיון שנכנס לרשותם נאסר משום שנראה כיין נסך ברשות ישראל. ואילו החת"ס תירץ שכיון שהם רוצים בקיומו של היין עד שיחזור לידי הגוי, הרי זה נאסר עליהם משום כך.

הפס עלי מנת המלך רש"י והרבה ראשונים מסבירים שבמקרה זה (ואלה שאחריו) מדובר כאשר הטיל המלך מס על גוף הנכסים, שכל אחד צריך לתת חלק מן היבול, וכיון שכך חייבים לתת למלך גם חלק מן היין. ונמצא כאשר הגוי נותן עבור הישראל את יינו, שהוא יין אסור — נמצא הישראל פורע ומשלם לו תמורת איסורי הנאה (אלא שאנו אומרים כי מאחר שהיתה דרך לפייס את גובה המסים גם בכסף, הרי נתינת יין הנסך על ידי הגוי אינה ממש בתמורה ליינו, ואין זה נפרע חובו ביין נסך). אבל יש מפרשים באופן אחר, שכאן מדובר כשהיה למלך יין הרבה, והוא מחייב את נתיניו לקנות ממנו את היין הזה (והוא "מנת המלך"). ומדובר כאן כאשר הישראל מבקש מן הגוי לקחת את היין (שהוא חייב לקנות, ומשום כך הוא נחשב כשלו) במקומו, והרי זה כמוכר לו יין נסך שלו, אלא שבמקרה שאינו מבקש מן הגוי אלא שיצילנו מחוב זה הרי זה כאילו הגוי הולך מרצונו ומשלם למלך על מנת שלא יכריחו את הישראל לקנות את היין (רמב"ם. וכן מובא ברמב"ן ועוד בשם גאונים).

עול תחתי לעוצר רש"י מביא גירסה זו, ומפרש ש"עוצר" משמעו מושל. ומביא גם גירסה: "אוצר", האיש הממונה על האוצרות.

מלטני מן העוצר רש"י מסביר שמדובר כאן במקרה שיכול הגוי לסלק את התביעה גם בכסף, ואין הגוי נחשב כשליחו אם נותן יין נסך. ובתוס' כתבו שאם יכול לסלקו בדמים או באופן אחר — ודאי שהוא מותר (וכן דעת ר"ת בספר הישר שאם אין המושל תובע יין דווקא ודאי אין מקום לחשש). אלא הכוונה היא שגם אם חייב לשלם ביין, מכיון שאין היהודי אומר לגוי לשלם יין, אלא לסלק מעליו את התביעה בכל דרך — די בכך כדי לסלק כל קשר בין מה שהגוי נותן לבין היין שהישראל היה צריך לתת (וכן בעיקרה דעת הראב"ד).

וראה בראב"ד ורמב"ן ועוד שדנו מה בין הדין האמור כאן לבין הדין האמור לעיל (סג,ב) בו אדם אומר לפועליו שיאכלו וישתו והוא פורע לחנווני, ואינו חושש משום יין נסך שייתן להם החנווני, למרות שהרי ממש כ"עול תחתי".

פסק עד שלא מדד וכו' עיקר דינה של המשנה הוא שאם נגע הגוי ביין קודם שיעבור לבעלותו, נמצא שהיין נאסר כשהוא ביד ישראל, ודמיו אסורים. אבל אם קנה הגוי את היין קודם שנגע בו, הרי אף שלא קיבל הישראל את הדמים עדיין — אין הם דמי יין נסך, שהרי נתחייב הגוי לשלמם לו עוד קודם שנאסר היין. וכפי שמסבירה הגמרא (להלן עמוד ב) פסיקת הדמים מראש היא הנותנת את סמיכות הדעת למעשה הקנין. אלא שנחלקו המפרשים כיצד ובאיזה שלב נעשה מעשה הקנין במשנה. רש"י מסביר כי מעשה הקנין נעשה במדידת היין (על ידי ישראל. רשב"א) לכליו של הגוי (באופן שהוא קונה, כגון שהוא מגביה את הכלי, או בחצירו) ומה שאוסר את היין הוא נגיעת הגוי ביין לאחר מכן, או כאשר יש יין נסך בתחתית הכלי, והיין נופל לתוכו. ואילו ר"ח והראב"ד מפרשים כי הגוי הוא המודד את היין לכליו שלו, והגבהת היין בכלי (של ישראל) קודם שימדוד לכליו היא מעשה הקנין, ולדעתם מעשה העירוי של היין לכליו בזמן המדידה הוא המעשה האוסר את היין, שהגוי אוסר את היין בהנאה בכוחו ולא רק במגעו. ויש שפירשו גם לדרך זו כי היין אינו נאסר בעירוי עצמו, אלא משום שלא ייתכן שלא נגע בו הגוי בתוך כדי המדידה (רא"ה, ריטב"א).

משיכה בגוי קונה כלומר, משיכה גם בלא שנעשה התשלום (רש"י). ומן הלשון הכללית "משיכה בגוי" משמע שהיא שייכת בכל אופן, בין בגוי שקונה מישראל, בין בישראל שקונה מן הגוי, ובין בגוים הקונים זה מזה. ועוד העיר הראב"ד ש"משיכה" לאו דווקא, אלא הכוונה לכל דרכי הקנין חוץ ממעות. ונחלקו הראשונים אם כוונת הדברים היא שדווקא משיכה קונה ולא מעות, או שגם משיכה קונה וגם מעות קונות.

ולדעת רוב הראשונים (על פי הגמרא במסכת בכורות) נראה כי מחלוקת אמימר ורב אשי קשורה (ותלויה) במחלוקת ר' יוחנן וריש לקיש האם לגבי ישראל הקנין מן התורה הוא במשיכה או במעות. שלרוב השיטות יש אופני קנין שונים (מן התורה) בישראל ובגוים. אבל ראה בריטב"א המסביר שאין המחלוקות שייכות זו לזו, והמחלוקת כאן היא בין לפי ר' יוחנן ובין לפי ריש לקיש.

תדע דהני פרסאי וכו' וכתבו בתוס' שלא זה המקור לדברי אמימר, ממה שנוהגים הפרסיים. אלא זו היא סברתו בכלל, ומביא כעין רמז לדבר שהרי הפרסיים נוהגים כן, ומן הסתם הוא מנהג עתיק שיש לו בסיס בתורה (ראה רשב"א).

פרדשני יש כמה פירושים לענין זה. בפירוש ראשון מסביר רש"י שכאן מדובר בנתינת מתנות, שנותנים זה לזה ואינם חוזרים בהם. אלא שכפי שהעירו בתוס' יש קושי בפירוש זה, משום שאין מכאן ראיה למיקח וממכר, שיש בו חובת תשלום. ובפירוש אחר (בשם הגאונים) מסביר רש"י שהיתה דרכם שכאשר קונה אדם כמות גדולה של סחורה מסויימת שולח לו המוכר כמות קטנה כדוגמה, ואם הקונה מתרצה בכך נגמר המיקח. ור"ת מסביר כי הכוונה למתנות שאדם שולח לחבירו כדי שהלה ישלם לו במתנות גם כן. שאף על פי שחבירו אינו משיב לו בעין יפה כפי ששלח לו — אינו חוזר בו. והריטב"א מביא בדומה לכך בשם התוס' שאלה הן מתנות שהיו משלחים לשרים ומושלים כדי שידאגו לענייניהם, שאף על פי שהטיפול בענינם מתעכב אינם חוזרים בהם.

רמות רוחא לדעת רב אשי העובדה שאין חוזרים בהם במתנות אלה אינה משום שהם סבורים שנעשה מעשה קנין על ידי המשיכה. אלא שהוא מנהג של גסות (או בלשון אחר — מנהג הקשור בתפיסת הכבוד שלהם, שאין מחזירים את המתנה), ולפיכך אין להוכיח מכאן דבר לענין דרכי הקנין.

אורח ההלכה

עיר שכבשוה כרקום אם היו גוים מקיפים את העיר מכל רוחותיה כך שאין אשה אחת יכולה להמלט מהם, הרי כל הנשים שבתוכה פסולות לכהונה כשבויות, שחוששים שמא נבעלו לגוים. במה דברים אמורים? בגדוד של אותה מלכות, שהם מתיישבים בעיר ואין יראים, לפיכך חוששים שמא בעלו. אבל גדוד של מלכות אחרת שפשט ושטף ועבר — לא נאסרו הנשים, מפני שאין להם פנאי לבעול, שהם עוסקים בשלל ובורחים להם. כהסבר רב יצחק במסכת כתובות, שאינו חולק על רב מרי לענין יין נסך (כס"מ). ויש חולקים (רי"ף, רמב"ן, רא"ש) ואומרים שאף בגדוד של מלכות אחרת, אסורות. כתירוצו של רב מרי כאן, שלבעול יש פנאי, והוא חולק על הסברו של רב יצחק. (רמב"ם ספר קדושה הלכות איסורי ביאה פי"ח הכ"ו והכ"ט. שו"ע אה"ע ז, י).

האומנין של ישראל וכו' אומנים מישראל ששלח להם גוי חבית של יין בשכרם — מותר להם לומר לו: תן לנו את דמיה. ואם נכנסה לרשותם — אסור (אבל אם לא קבלוה בשכרם, אף שנכנסה ברשותם — אין זו נקראת זכיה, שאין חצר קונה לאדם בעל כרחו. ש"ך) ובזמננו, שסתם יינם מותר בהנאה במקום הפסד, מותר אף לאחר שקיבלה (רמ"א). (רמב"ם שם הלכות מאכלות אסורות פי"ג ה"כ. שו"ע יו"ד קלב, ג).

צא והפס עלי מנת המלך מלך שהיה מחלק יינו ולוקח מאנשים את דמיו כפי מה שירצה, אין לישראל לומר לגוי: "הא לך מאתים זוז והיכנס תחתי באוצר המלך", כדי שיקבל הגוי את היין שנכתב בשם ישראל. אבל מותר לומר לו: "הא לך כסף ומלטני מן האוצר". שכך מפרש הרמב"ם את המשנה.

ויש אומרים שאם נכתב חלקו של הישראל, אינו יכול לפוטרו בשום לשון (בטור. ש"ך). ובשו"ע הביא הלכה זו גם כפירוש רש"י והראב"ד: ישראל שיש לו יין וצריך לתת ממנו חלק ידוע למלך, יכול לומר לגוי: פייס למלך עבורי, אף שהגוי נותן יין נסך והישראל נותן לו דמים. אבל אסור לומר לו במפורש: בוא והיה במקומי לתת למלך. (רמב"ם שם הכ"ז. שו"ע שם סעיפים ה—ו).

המוכר יינו לנכרי ישראל שמכר יינו לגוי, אם פסק עד שלא משך — דמיו מותרים, שמשפסק סמכה דעתו לקנות, ומשמשך קנה, ויין נסך אינו נעשה עד שיגע בו, נמצא שבשעת מכירה היה מותר. אבל אם משך הגוי את היין עד שלא פסק — דמיו אסורים, שהרי לא סמכה דעתו לקנות אף על פי שמשך (ומאחר שבא לרשות הגוי אין הישראל נזהר בו, ויש לחוש שנגע), ונמצא שכשנגע עדיין לא סמכה דעתו ליקח, ונאסר היין בנגיעתו, והרי זה כמוכר סתם יינם. כמשנה. וכתב רמ"א: וכל זה לא נאמר אלא בימיהם, שהיו הגוים מנסכים ואוסרים בהנאה במגעם, אבל בזמן הזה שאין הגוים מנסכים ואין אוסרים במגען אלא רק בשתיה — בכל ענין מותר בהנאה. וכן המנהג פשוט למכור יין לגוי ואין מקפידים בכל אלו הדינים (טור). (רמב"ם שם הכ"ג. שו"ע שם סעיף ב).

משיכה בגוי קונה גוי קונה ומקנה לישראל במשיכה בלא דמים, כדברי אמימר. ולדעת הרמב"ם — גם בדמים בלא משיכה. ולדעת רש"י קונה הגוי דווקא בדמים ולא במשיכה, כרב אשי, וחוששים לדבריו לכתחילה לענין איסורים. (רמב"ם ספר קנין הלכות זכיה ומתנה פ"א הי"ד. שו"ע חו"מ קצד, ג בהגהה. שם יו"ד שכ, ו ובהגהה ועוד).

א ורמינהי א* אעיר שכבשוה כרקום כל כהנות
שבתוכה פסולות באמר רב מרי לנסך אין
ב פנאי לבעול יש פנאי: **מתני'** (א) גהאומנין
של ישראל ששלח להם
חבית של יין נסך בשכרן מותר לומר תן
לנו את דמיה משנכנסה לרשותן אסור:
ג **גמ'** אמר רב יהודה אמר רב דמותר לאדם
לומר לגוי צא והפס עלי מנת
המלך מיתיבי גהאל יאמר אדם לגוי
עול תחתי לעוצר אמר ליה
רב עול תחתי לעוצר קאמרת הא לא
דמיא אלא להא האבל אומר לו מלטני מן
ד העוצר: **מתני'** ד*המוכר יינו לגוי
פסק עד שלא מדד דמיו מותרין מדד עד
ה שלא פסק דמיו אסורין: **גמ'** *אמר אמימר
המשיכה בגוי קונה תדע דהני
פרסאי משדרי פרדשני להדדי ולא הדרי
בהו רב אשי אמר(ב) לעולם אימא לך משיכה
בגוי אינה קונה והאי דלא הדרי
בהו ו*דרמות רוחא הוא דנקיטא להו אמר
רב אשי מנא אמינא לה מדאמר להו רב
להנהו סבויתא כי כיילתו חמרא לגוים
שקלו זוזי מינייהו והדר כיילן להו ואי
לא נקיטו בהדייהו זוזי אוזיפונהו והדר שקילו
מינייהו כי היכי דתיהוי הלואה גבייהו דאי
לא עבדיתו הכי כי קא הוי יין נסך ברשותייכו
קא הוי וכי שקילתו דמי יין נסך קא שקילתו
ואי ס"ד משיכה בגוי קונה
מדמשכה

כרקום.(ג) מתרגמינן מגור *כרקומין: **כל כהנות.** הנמצאות בתוכה פסולות לבעליהן דאשת כהן אסורה אף באונס אבל אשת ישראל לא הא הכא לשעת מלחמה היא וקתני אסורות דיש פנאי לבעול: **לנסך אין פנאי.** דילך הניסוך לא תקיף להו וטרודין במלחמה. **לבעול יש פנאי.** דתקיף להו יצרייהו: **מתני' מותר לומר לו תן לנו את דמיה.** דהא לא קנו לה והוא אינו חייב להן אלא מעות ותניא לעיל (דף סד.) ישראל שעושה בגוי מנה מכר עבודה זרה והביא לו יין נסך והביא לו מותר: **גמ' לא והפס עלי מנת המלך.** ארנונא שהיו נותנין מתבואותיהן ומבהמותיהן (ד) עישור וישראל זה שחייב לתת למלך יין מותר לומר לגוי הפס עלי אע"ג דקא יהיב האי גוי יין נסך והאי ישראל הוא פרעיה דמיה כיון דהוא מצי לסלוקי לשליחא דמלכא בזוזי כי יהיב ליה גוי יין נסך לאו שלוחיה דישראל הוא: **עול תחתי לעוצר.** היכנס במקומי להפיס את השוטר כמו זה יעצור בעמי (שמואל א ט) ל"א לשון אוצר שממונה על אוצרות יין ושמן של מלך לגבות ולאצור: **עול תחתי קאמרת.** כיון דא"ל עול תחתי (ה) הוי משמע הוי במקומי וכל מאי דיהיב ליה גוי הוי כאילו יהביה ישראל דהא במקומו הוא: **הא.** דרב יהודה לא דמיא אלא לסיפא: **אבל אומר לו מלטני מן העוצר.** (ו) דאפשר לסלוקיה בזוזי הלכך למיתב ליה חמרא לאו שלוחיה הוא: **מתני' המוכר יינו לגוי.** פסק עמו מעות עד שלא מדד דמיו מותרין מפרש בגמרא טעמא איכא דמוקי לה משום משיכה בגוי(ז) קנה הלכך כשמודד היינו משיכה וקנייה גוי מיד דהוה ליה לישראל זוזי גבי דגוי בהלואה ויין נסך לא הוי עד דנגע ביה: **מדד עד שלא פסק דמיו אסורין.** דגוי לא קנייה במשיכה דכיון דלא פסק דמיו לא סמכה דעתיה(ח) הלכך כי נגע ביה הוי יין נסך דישראל ואיכא דמוקי לה כשהקדים לו גוי מעות לישראל ובגמרא מפרש לה: **גמ' משיכה בגוי קונה.** אע"ג דלא יהיב גוי דמי לישראל(ט) משיך מיניה קנייה וכן ישראל מגוי: **פרדשני.** דורון: **ולא הדרי בהו.** השולחין אלמא במשיכה קנינהו המקבלין ל"א מתשובת הגאונים פרדשני מי שיש לו כור חיטין למכור פוסק דמים ללוקח והולך לביתו ומסגר לו קב חיטין לראות כמה הן יפות ואם מעכב הלוקח אותו קב אלו מתקיים המקח ואם אינו חפץ בהן מחזירו: **רב אשי אמר אינה קונה.** אלא במתן מעות קנו: **דרמות רוחא.** גסות: **סבויתא.** מוכרי יין:

ורמינהי עיר שכבשוה כרקום. וא"ת דלמא ההיא מיירי לאחר גמר המלחמה דאז יש להם פנאי וי"ל דמשמע בכל ענין אפי' קודם גמר המלחמה: **הא לא דמיא אלא לסיפא אבל אומר מלטני מן העולר.** פי' רש"י משום רבינו יחיאל דכי א"ל הכי מותר משום דמצי לסלוקי בזוזי מן העולר וא"כ כי נמי יהיב הגוי יין לעולר לאו שליחות דישראל קא עביד ומשו"ה שרי(י) כי האי גוונא אבל כי א"ל עול תחתי משמע הלשון היה תחתי במקומי וכל מה דיהיב כאילו יהיב ישראל דמי דהא במקומו הוא כפ"ה ול"נ דא"כ פשיטא דמלטני מן העולר דשרי כיון דמיירי דיכול לסלקו לכן נ"ל שהישראל חייב למלך יין (נסך) מ"מ שרי כי א"ל מלטני מן העולר משום דמשמע ה"ק ליה סלק אותו במה שתוכל אבל אינו מצווה לו לפרוע יין נסך ולכך שרי אפי' לא מצי לסלוקי בזוזי אלא ביין נסך ואפילו הקדיס לו דינר ואמר לעיל (דף סג:) דאסיר גבי פועלים הכא שרי דהתם היינו טעמא משום דהוא מקדיס לו הדינר בשביל שיתן מיין נסך לפועלים אבל הכא קא"ל שיסלקנו במעות אם יכול הלכך לא חשיב כפורע(כ) יין מיין נסך אבל כי א"ל עול תחתי הוי כמו שא"ל פרע למלך תחתי כמו שאני חייב לו יין ונמצא פורע חובו מיין נסך ואפילו לא הקדיס דינר אסור מטעם דפירשתי: **אמר אמימר משיכה בגוי קונה תדע דהני פרסאי משדרי פרדשני אהדדי ולא הדרי בהו.** אומר ר"י דאין זה עיקר הטעם אלא משום דאמימר סביר כר' יוחנן דאמר מעות קונות ודריש לעמיתך בכסף לגוי במשיכה כדאמר בבכורות (דף יג: ושם) ומה שמביא ראיה מפרדשני דפרסאי אין זה כ"א אמתלא בעלמא שמנהג אבותיהם מן הפרסיים שאינם חוזרים אחר המשיכה ש"מ שכך הדין: **פרדשני דורונות ולא הדרי בהו.** אלמא קננהו במשיכה ל"א מתשובת הגאונים מי שיש לו כור חטים כו'(ל) פי' בקונט' זה עיקר דלישנא קמא קני במתנה הוא והוא בא לומר דמשיכה קונה במקח וממכר ואור"י דאפי' למ"ד אינה קונה כרב אשי בסמוך ה"מ כגון דאיכא כספא אבל במציאה ומתנה דליכא כספא כ"ע מודו דקני במשיכה או בהגבהה: **רב אשי אמר משיכה בגוי אינה קונה.** לא לדיחויא בעלמא קאמר רב אשי הכי אלא לפי האמת כדמוכח במסכת בכורות פרק ב' (שם:) דקאמר רב אשי מדרישא משיכה אינה קונה סיפא נמי משיכה אינה קונה אלמא הכי ס"ל לרב אשי הלכך ל"ג במילתא דרב אשי לעולם אימא לך פר"ת דאע"ג דרב אשי בתרא הוה לית הלכתא כוותיה בהאי אלא קי"ל כאמימר דאמר משיכה בגוי קונה דס"ל כר' יוחנן כדפרישית והלכה כרבי יוחנן לגבי רשב"ל ופלוגתא(מ) היא דר' יוחנן פרק הזהב (ב"מ מז:) ר' יוחנן סבר מעות קונות דבר תורה וא"כ לדידיה דרשינן לעמיתך בכסף ולגוי במשיכה ורשב"ל סבר משיכה מפורשת מן התורה בישראל וא"כ דרשינן לעמיתך במשיכה ולגוי בכסף והכי מוכח בבכורות והלכך משיכה בגוי קונה כר' יוחנן ואע"ג דרבא קאמר התם פ' הזהב קרא ומתניתין מסייע לרשב"ל לא משום דס"ל לרבא כרשב"ל אבל מ"מ לא קשיא לר' יוחנן דרבי יוחנן דחי להו שפיר כדפי' התם ותדע דהכי הוה כדפי' דלא משום דרבא סבר כרשב"ל קאמר הכי שהרי רבא גופיה פסיק פרק החולץ (יבמות לו. ושם) כרשב"ל לגבי ר' יוחנן בתלת וחשיב להו התם אבל בעלמא בכל המקומות הלכה כר' יוחנן ואם היה סובר רבא כרשב"ל בההיא דמשיכה מפורשת מן התורה א"כ ה"ל למיחשביה התם וליכא למימר דלא חש למיחשביה משום דמתניתין מסייע ליה לרשב"ל דהא בהני תלת דקחשיב התם איכא דתניא כוותיה דרשב"ל ואפ"ה קחשיב לה התם אלא ודאי סבר כר' יוחנן בההיא דמעות קונות בישראל א"כ לגוי במשיכה כדפי' א"כ המקנה בהמה לגוי כדי לפוטרה מן הבכורה לריך שימשכנה הגוי ובכך סגי בלא כסף מיהו רש"י פי' דמשיכה אינה קונה בגוי אלא כסף דאין הלכה כר' יוחנן אלא כרשב"ל משום דרבא ס"ל כוותיה פ' הזהב מדקאמר קרא ומתניתין מסייע ליה לרשב"ל וכי תימא א"כ אמאי לא חשיב לה בהחולץ בהדי הנהו תלת ל"ל משום דההיא דהזהב משיכה קונה קא"ל רשב"ל פ' שני(נ) בשמיה דר' אושעיא ובפ' החולץ אינו זוכר אלא הנהו דקאמר רשב"ל משמיה דנפשיה דה"נ לא קא חשיב מילתא דישנה לשחיטה מתחילה ועד סוף דפ' השוחט (חולין דף כט:) משום דמשמיה דלוי סבא אמרה רבי שמעון בן לקיש *והרולה לחוש לדברי רש"י ור"ת המקנה בהמה לגוי לפוטרה מן הבכורה לריך שיתן הגוי כסף וגם משיכת הגוי בסימטא או לרשותו של גוי שהוא שלו ואם אין לו רשות לגוי מקנה לו הישראל חדר בביתו והגוי ינעול ויפתח דבהכי קני ליה לרשות כדאמר בגיטין פ' הזורק (דף עז:) ותיחוד ותפתח ואח"כ ימשוך הגוי הבהמה לאותו חדר ובבכורות פ"ק (דף ג.) פליגי אמוראי מה לריך שיקנה הגוי מן הבהמה איכא מ"ד שלריך שיקנה דבר שעושה אותה טרפה ואיכא מ"ד אפי' אזנו ונראה להחמיר ולהקנות לגוי דבר שעושה אותה טרפה כגון הריאה והראש מן הבהמה או מן העובר כשהיא מעוברת אמנם א"ל שיתן הגוי מעות שוה הראש והריאה אלא סגי שיקנם בפרוטה ואע"פ ששוה יותר כפלים אפ"ה אין לחוש משום ביטול מקח שאנן סהדי שהישראל גמר ואקני לגוי כדי להפטר מן(ס) הבהמה: **שקילו זוזי מינייהו והדר כיילו להו כו' ואי ס"ד משיכה בגוי קונה מדמשכה גוי קנייה כו' לא לריכא דכייל ורמי למנא דגוי.** פירוש אבל לעולם משיכה בגוי קונה כדפי' והקשה ר"ת כיון דמשיכה בגוי קונה אם כן מעות אינם קונות ואם כן מה היה מועיל המעות שהיו נותנים מתחלה מ"מ הוי יין נסך ברשותו של ישראל מיד שנגע בו ועדיין אינו של גוי עד שימשכנו כיון דמשיכה קונה ולא מעות ומיד שנגע בו הגוי נעשה יין נסך ברשות ישראל

מסורת הש"ס:
[עי' רש"י כתובות כז. ד"ה כרקום ותע"ק]
כתובות כז.
[לקמן עב.]
[בכורות יג.]
[שבת לד.]
[וע"ע תוס' יבמות לו. ד"ה והלכתא]

עין משפט נר מצוה:
צז א מיי' פי"ח מהל' איסורי ביאה הלכה כו סמג לאוין קכה טוש"ע אה"ע סי' ז סעי' י:
צח ב מיי' פי"ג מהל' מאכלות אסורות הלכה כ סמג לאוין קמח טוש"ע י"ד סי' קלב סעיף ג:
צט ג מיי' שם הלכ' כז ועיין בהשגות ובכסף משנה סמג שם טוש"ע שם סעיף ה:
ק ד ה מיי' שם טוש"ע שם סעיף ו:
רש"א מ"ז
קא ו מיי' שם הלכ' כג טוש"ע שם סעיף ב:
קב ז מיי' פ"א מהל' זכייה הלכה יד סמג עשין פב טוש"ע ח"מ סי' קלד סעיף ג בהג"ה:

הגהות הב"ח
(א) במשנה אומנין ישראל כצ"ל ותיבת של נמחק: (ב) גמ' רב אשי אמר (לעולם אימא לך) תא"מ ונ"ב בתוס' לא גרס ליה וכן משמע בפרש"י שלפנינו: (ג) רש"י ד"ה כרכום מגור מתרגמינן כרכומין ד"ה כל וכו' והא הכא: (ד) ד"ה לא והפס וכו' ומבהמותיהן העישור למלך וישראל זה וכו' ואע"ג דקא יהיב ליה האי גוי יין נסך והאי ישראל פרע ליה דמיה: (ה) ד"ה עול וכו' עול תחתי משמע כצ"ל ותיבת הוי נמחק: (ו) ד"ה אבל וכו' מן העולר דכיון דאפשר לסלוקי בזוזי אי בעי למיתב ליה: (ז) ד"ה המוכר וכו' בגוי קונה הלכך כשמודד והיינו משיכה דעתיה שיכול להעלות דמיו הרבה הלכך כי נגע וכו' מעות לישראל ואי"ה כל זמן שלא פסק לא סמכא דעתיה דגוי ובגמרא מפרש לה: (ט) ד"ה משיכה כו' לישראל מכי משיך: (י) תום' ד"ה הא לא וכו' ומ"ה שרי רב כי האי וכו' דמשמע לה"ק: (כ) בא"ד כפורע חובו מיין נסך: (ל) ד"ה פרדשני וכו' חטים כו' כך פי' בקונטרס: (מ) ד"ה רב אשי וכו' ופלוגתא דרבי יוחנן ורשב"ל היא פ' הזהב: (נ) בא"ד קא"ל רשב"ל פ' שני דבכורות משמיה דר' אושעיא: (ס) בא"ד להפטר מן הבכורה הס"ד:

עין משפט נר מצוה

קג א ב מיי' פי"ג מהל' מאכלות אסורות הלכ' כד ועיין בכ"מ סמג לאוין קמח טוש"ע י"ד סי' קלב סעיף ב:
קד ג מיי' פ"ד מהל' מכירה הלכה ב סמג עשין פב טוש"ע ח"מ סי' ר סעיף ג:
קה ד טוש"ע י"ד סי' קלב סעיף ב וע"ש:
קו ה מיי' פ"ז מהל' עבודת כוכבים הלכה ה סמג לאוין מה טוש"ע י"ד סי' קמו סעיף ג:
קז ו מיי' פי"ג מהל' מאכלות אסורות הלכה כג סמג לאוין קמח טוש"ע י"ד סי' קלב סעיף ב:
[במ"ק יב. דמייתי רש"י הכא לראיה איתא כוזתא ופרש"י שם כוזא כלי קטן]
קח ז מיי' פ"ט מהל' מלכים הלכ' ט:

גמרא

מדמשכה גוי קנייה יין נסך לא הוי עד דנגע ביה אי דקא כייל ורמי למנא דישראל ה"נ לא צריכא אדקא כייל ורמי למנא דגוי סוף סוף כי מטא לאוירא דמנא קנייה יין נסך לא הוי עד דמטי לארעיתיה דמנא *ש"מ אנצוק חבור לא אי דנקיט ליה גוי לכלי בידיה ה"נ לא צריכא בדמנח אארעא ותיקני ליה כליו שמעת מינה ב*כליו של לוקח ברשות מוכר גלא קנה לוקח לא לעולם אימא לך קנה לוקח והכא במאי עסקינן כגון גדאיכא עכבת יין אפומיה *דכוזנתא דקמא קמא אינסיך ליה וכמאן דלא כרשב"ג דדאי רשב"ג האמר *ימכר כולו לגוים חוץ מדמי יין נסך שבו מידי הוא טעמא אלא לרב ההאמר רב *הלכה כרשב"ג חבית בחבית אבל לא יין ביין מיתיבי ו*הלוקח גרוטאות מן הגוים ומצא בהן עבודה זרה אם עד שלא נתן מעות משך יחזיר אם משנתן מעות משך יוליך לים המלח אי ס"ד משיכה בגוי קונה אמאי יחזיר אמר אביי המשום דמיחזי כי מקח טעות אמר רבא רישא מקח טעות סיפא לאו מקח טעות אלא אמר רבא רישא וסיפא מקח טעות ורישא דלא יהיב זוזי לא מיתחזי כעבודה זרה ביד ישראל סיפא דיהיב זוזי מיתחזי כעבודה זרה ביד ישראל

א א"ל מר קשישא בריה דרב חסדא לרב אשי ת"ש המוכר יינו לגוי פסק עד שלא מדד דמיו מותרים ואי אמרת משיכה בגוי אינה קונה אמאי דמיו מותרין הכא במאי עסקינן דאקדים ליה דינר א"ה אימא סיפא מדד עד שלא פסק דמיו אסורין ואי דקדים ליה דינר אמאי דמיו אסורין א"ל ולדידך דאמרת משיכה בגוי קונה אמאי רישא דמיו מותרין וסיפא דמיו אסורין אלא מאי אית לך למימר יפסק סמכא דעתיה לא פסק לא סמכא דעתיה לדידי נמי אע"ג דקדים ליה דינר פסק סמכא דעתיה לא פסק לא סמכא דעתיה א"ל רבינא לרב אשי ת"ש *דאמר ר' חייא בר אבא א"ר יוחנן זבן נח נהרג על פחות משוה פרוטה ולא ניתן להישבון ואי(א) אמרת משיכה בגוי אינה קונה אמאי נהרג משום דצעריה לישראל ומאי

רש"י

מדמשכיה גוי. במדה קנייה ואע"ג דלא יהיב זוזי והוו להו זוזי הלואה גביה מקמי דניהוי יין נסך דהא לא הוי נסך עד שנגע ביה ואפי' אי לא שקלי זוזי מינייהו שפיר דמי: במנא דגוי. דיין שבכלי אוסרו והוי יין נסך מקמי משיכה: מלמטי לאוירא דמנא. דגוי קנייה גוי בהגבהה: שמעת מינה כו'. ואנן איבעויי איבעיא לן בהמוכר את הספינה (ב"ב דף פה:): עכבת יין. אוגנים יש בכליו של גוי שמתעכב היין על פיו כטיפה או כשני טיפין מקמי דנימטי חמרא דישראל באוירא דמנא דגוי ומיתסר בההיא טיפת יין שעל פיו: דכוזנתא. פך קטנה מחבית כדאמר במועד קטן (דף יב.) זופתין כוזנתא ואין זופתין חביתא במועד: כמאן. הא דאמר רב למישקל דמי ברישא מקמי דניתסר בההיא עכבה: דלא כרבן שמעון ב"ג. דקתני מתני' *יין נסך שנפל לבור כולו אסור רשב"ג אומר ימכר כולו לגוים חוץ מדמי יין נסך שבו אלמא משום תערובת יין נסך לא מיתסר בהנאה חמרא דישראל ואנן קיי"ל כל מקום ששנה רבן שמעון(ב) במשנתנו הלכה כמותו: מידי הוא טעמא אלא לרב. הך קושיא למאן דרמיית ליה אלא לרב דאמר לסבוייתא למישקל דמי ברישא לדידיה לא תירמיה דאיהו אמר בהדיא דאין הלכה כרבן שמעון: אלא בחבית שנתערב בחביות אחרות. דשקיל חד מינייהו ושדי לנהר ואינך שרו בהנאה: אבל לא יין ביין. דכי נתערב יין נסך ביין כשר כולו אסור ואי קשיא אביי ורבא היכי מיתרצי אתקפתיה דאמימר הא אינהו הוו קשישי מיניה טובא לא תיקשי דהא במסכת בכורות (דף יג:) תרצינהו אביי ורבא להנך שינויי אליבא דרבי יוחנן דאליביה קאמר אמימר לשמעתיה וקבעוה בעלי תלמוד כאן אמילתיה דאמימר: גרוטאות. שברי כספים: יחזיר. דלא קנייה ולא מיחייב לבערה: יוליך ליס המלח. דכיון דלא מצי לאהדוריה ולמשקל דמי: מקח טעות. הויא משיכה בטעות דלאו אדעתא דעבודה זרה זבן: סיפא לאו מקח טעות. בתמיה ואע"ג דיהיב דמי לישקלינהו: מיחזי כעבודה זרה. לכי הדר שקל זוזי מיחזי כמאן דמזבן לעבודה זרה דמי: פסק עד שלא מדד דמיו מותרין. דכי מדד קניה גוי במשיכה וקמו זוזי בהלואה גביה יין נסך לא הוי עד דנגע ביה(ג): שהקדים לו דינר. שנתן לו מעותיו קודם לכן: שהקדים לו. ונתן לו מעות יותר מכדי דמי היין עד שיפסוק הדמים יחזיר לו ישראל את המותר: אמאי דמיו אסורין: ולדידך דאמרת. טעמא דרישא משום דמשיכה קונה סיפא נמי אמאי דמיו אסורין: סמכא דעתיה. למקני במשיכה: לא פסק. קודם משיכה לא סמכא דעתיה למקנייה במשיכה שמא ירבה לו בדמיו: בן נח. שגזל את ישראל פחות משוה פרוטה אע"ג דגבי ישראל לאו ממונא הוא דמחלי עליה גבי גוי ממונא הוא ובן נח נצטוה על הגזל בסנהדרין (דף נו.) ואזהרה שלהן זו היא מיתתן ואין צריכין התראה: ולא

תוספות

ישראל והמעות שביד ישראל נעשו למפרע דמי יין נסך ואין לומר שהגוים היו נותנין להם המעות במתנה דאטו בשופטני עסקינן ואור"י שבשעת נתינת הדמים היו אומרים להם הגוים אנו מקנים לכם המעות מעכשיו והיין יהיה שלנו מעכשיו והגוים היו מאמינים אותם בטוב ולא היו יראים פן יגזלו ואע"פ שלא בא לידם עדיין א"נ י"ל דסבר האי דדמי דקניא משיכה או מעות בגוי ודריש הכי לעמיתך במשיכה הא לגוי או בהא או בהא ולית ליה הא דאמר בבכורות (דף יג.) מדישראל בחדא גוי נמי בחדא וא"ת ולמה לא למדם להדיח כלי הגוים או למדוד בכלי ישראל וי"ל דבכך יש לטעות כמה פעמים אבל בלקיחת מעות קודם לא יבא לטעות כיון שהיה מנהגם כן: **שמע** מינה נצוק חבור. וא"ת ולימא להו רב לסבוייתא ליקטפי קטופי ובכי האי גוונא שרי גם אי נצוק חבור כדקאמר לקמן (דף עב:) וי"ל לפי שהיו מוכרים יין הרבה היה להם טורח גדול לקטוף: **הכא** במאי עסקינן דאיכא עכבת יין אפומא דכוזנתא. תימה ליבטיל ההוא פורתא בס' י"ל דמין במינו הוא וקסבר דלא בטיל: *ואי ס"ד משיכה בגוי קונה אמאי יחזיר. וא"ת ואלא מאי מעות קונות א"כ אימא סיפא אם משנתן מעות משך יוליך הנאה לים המלח ולמ"ל משך כיון דמעות קונות דכי האי גוונא פריך בבכורות (שם.) ואי ס"ד מעות קונות למ"ל משך וי"ל דבין מקשה הכא ובין מקשה התם בעי למימר דבעינן בגוי תרתי משיכה וכסף וה"ק הכא ואי ס"ד משיכה לחודה קונה בלא מעות אמאי יחזיר והתם נמי ה"ק אי ס"ד מעות לחודייהו קונה (אמאי יחזיר) וא"ת ומ"ט דמקשה דבעינן לומר תרתי וי"ל משום דדריש לעמיתך בחדא במשיכה או בכסף לכל חד כדאית ליה ולגוי עד דאיכא תרתי משיכה וכסף: **מידי** הוא טעמא אלא לרב כו'. וא"ת קשיא דרב אדרב דהכא מוקי אליבא דרב דמשיכה קונה בגוי ובפ' הזהב (ב"מ דף מח. ושם) משמע דס"ל כרשב"ל דמשיכה קונה בישראל ולא בגוי גבי ההיא דמייתי התם נתנה לבלן ואמר רב עלה דוקא בלן דלא מיחסרא משיכה אבל ספר לא מעל עד דמשיך אלמא קסבר דמשיכה קונה בישראל א"כ אינה קונה בגוי ומינה מסייע התם לרשב"ל וא"כ קשה דרב אדרב מיהו יש ספרים דגרסי לעיל אמר רבא לסבוייתא אבל ל"נ מדאמר הכא מידי הוא טעמא אלא לרב האמר רב הלכה כו' דע"כ היינו רב דאמר לקמן סוף פירקא הכי מדמייתי ר' יוחנן אבתריה וא"כ לעיל נמי בעובדא דסבוייתא גרסינן רב ולא רבא וקשה דרב אדרב וי"ל דההוא דבלן מיירי לבלן גוי ולכך קאמר רב דוקא בלן אבל ספר גוי לא עד דמשיך דמשיכה בגוי קונה כדאמר רב הכא והכי נמי צריך לאוקמי לרבי יוחנן דהתם כדפי' שם ותלמודא דמייתי נמי סייעתא לרשב"ל התם פ' הזהב (שם) היינו לפי הפשט דמשמע דמיירי בישראל: **בן** נח נהרג על פחות משוה פרוטה. ובן נח מצווה על הגזל ואזהרתן זו מיתתן ולא ניתן להשבון ודוקא(ד) ישראל דבר מחילה הוא אבל גוי לאו בר מחילה הוא ורש"י פי' דלא ניתן להשבון משום דקם ליה בדרבה מיניה ולא נראה דא"כ לא יתחייב גוי לשלם גזלו בשום ענין: **ואי** ס"ד משיכה בגוי אינה קונה אמאי נהרג. *(פי') הא לא קנייה וכל היכא דאיתיה ברשותיה דישראל הוא וקשה דהא ישראל נמי לא קנה הגזילה להיות שלו ואפ"ה קנייה להתחייב באונסין החיוב דשייך ביה וה"נ יש לנו לומר בבן נח שקנאו להתחייב בה מיתה דהיינו החיוב דשייך בה וי"ל דודאי אי גזל שוה פרוטה דהוי ממונא לגבי ישראל וחיסרו אית לן למימר כדפי' אבל פחות משוה פרוטה שלא חיסר הישראל דלאו ממונא הוא וגם ממון הגוי לא נתרבה שהרי לא קנאה משום הכי פריך אמאי נהרג ומשני לצערא(ה) דישראל: [ועי' תוס' עירובין סב. ד"ה בן נח וכו' ביתר ביאור]:

שייך לקמן אחר ד"ה מידי

למה לי משך. ר"מ

מסורת הש"ס

[לעיל ט: לקמן עב:]
[קידושין כה: ב"מ מז: ב"ב פה:]
[לקמן עד.]
[לקמן עד.]
[שם]
לעיל נג. בכורות יג:
עירובין סב. יבמות מז:
[נ"ל פירק הקונטרס]

הגהות הב"ח

(א) גמ' ואי ס"ד: (ב) רש"י ד"ה דלא כר' שמעון וכו' ר' שמעון ב"ג במשנתנו: (ג) ד"ה פסק וכו' דנגע ביה הס"ד ואח"כ נ"ל ד"ה שהקדים לו וכו' המותר הס"ד ואח"כ מ"ה ואי דקדים ליה דינר שנתן לו מעותיו קודם לכן: (ד) תוס' ד"ה בן נח וכו' ודוקא בגוזל מישראל דבר מחילה הוא אבל בגוזל מגוי לאו וכו' בשום ענין. נ"ב פי' אפי' בגוזל שוה פרוטה לא יתחייב אלא בע"כ דבגוי לא שייך קם ליה בדרבה מינה ועיין בר"פ הדר דף סב במ"ש התוס' בד"ה בן נח: (ה) ד"ה ואי ס"ד וכו' ומשני לצעריה לישראל הס"ד:

גליון הש"ס

תוס' ד"ה הכא וכו' ההוא פורתא בס'. עיין לעיל דף נו ע"ב תוס' ד"ה אבל ולקמן דף עג ע"א תוס' ד"ה יין וחולין דף לז ע"א תוס' ד"ה אמר:

ומאי

מִדְּמַשְׁכָה [משעה שמשך אותו] הַגּוֹי קַנְיֵיהּ [קנה אותו], ואילו יֵין נֶסֶךְ לָא הָוֵי [נהיה] עַד דְּנָגַע בֵּיהּ [שיגע בו], ואם כן, יכול המוכר לקבל את מחיר היין שמכר, שהרי בשעת הקנין היה יין כשר! ודוחים: אִי דְּקָא כָּיֵיל וְרָמֵי לְמָנָא [אם במקרה שהמוכר מודד ושופך לכלי] של יִשְׂרָאֵל, הָכִי נַמִּי [כך הוא גם כן] הדין, ואולם הוראתו זו של רב לֹא צְרִיכָא [נצרכה] אלא במקרה דְּקָא כָּיֵיל וְרָמֵי לְמָנָא [שהוא מודד ושופך לכלי] של הַגּוֹי שיש בו יין נסך, וכך הוא נאסר עוד קודם שקנה אותו. ומקשים: סוֹף סוֹף, גם במקרה כזה, כִּי מְטָא לַאֲוִירָא דְּמָנָא קַנְיֵיהּ [מיד כאשר היין מגיע לאויר, לחלל של הכלי קונה אותו הגוי], ואילו יֵין נֶסֶךְ הוא לֹא הָוֵי [נהיה] עַד דְּמָטֵי לְאַרְעִיתֵיהּ דְּמָנָא [שהוא מגיע לקרקעיתו של הכלי], ויש כאן קנין קודם לאיסור. האם שְׁמַע מִינָּהּ [נלמד מכאן] שלדעת רב נִצּוֹק (סילון, זרם) הוא חִבּוּר, ונחשב כאילו היין האסור שבקרקעית הכלי והיין ששופכים לתוכו מחוברים זה לזה? ודוחים: לֹא, ניצוק אינו חיבור, ולכן, אִי דְּנָקֵיט לֵיהּ גּוֹי לִכְלִי בִּידֵיהּ [אם מחזיק הגוי את הכלי בידו] הָכִי נַמִּי [כך גם כן] הדין, שהקנין קודם והדמים מותרים. ואולם לֹא צְרִיכָא [נצרכה] הוראה זו של רב אלא במקרה דְּמַנַּח אַאַרְעָא [שהכלי של הגוי מונח על הקרקע] של מוכר היין, ולכן לא נקנה לגוי קודם שייאסר. ושואלים: וְתִיקְנֵי לֵיהּ [שיקנו לו] כֵּלָיו של הגוי את היין משיגיע לחלל הכלי! ואם אין אומרים כן, שָׁמְעַת מִינָּהּ [האם לומד אתה מכאן] הלכה כללית לדעת רב, שאם היו כֵּלָיו שֶׁל לוֹקֵחַ בִּרְשׁוּת מוֹכֵר — לֹא קָנָה לוֹקֵחַ דבר שנכנס לכליו? ודבר זה הרי מסופק לחכמים, ונשאר במקורו כבעיה בלתי פתורה! ודוחים: לֹא, לְעוֹלָם אֵימָא [אומר] לָךְ בכלל: קָנָה לוֹקֵחַ, וְהָכָא בְּמַאי עָסְקִינַן [וכאן, שהיין נאסר קודם שנקנה לגוי, במה אנו עוסקים]? כְּגוֹן דְּאִיכָּא [שיש] עַכְבַּת יֵין אַפּוּמֵּיהּ דְּכוּזָנְתָּא [על פי הכד] של הגוי, שיש מעט יין נסך, ומשום כך נאסר היין הנשפך אל הכד, דְּקַמָּא קַמָּא אִינְסִיךְ לֵיהּ [שהראשון ראשון שנשפך מתנסך לו] מפני שמתערב ביין הנסך הנמצא שם. ולכן אמר רב למוכרי היין שיטלו את דמי היין קודם שימדוד לכלי הגוי. ומעירים: וּלְהַסְבִּיר זה, כְּמַאן [כדעת מי] אמר רב דבר זה? שֶׁלֹּא כִּשְׁיטַת רַבָּן שִׁמְעוֹן בֶּן גַּמְלִיאֵל, דְּאִי [שאם] כדעת רַבָּן שִׁמְעוֹן בֶּן גַּמְלִיאֵל, הָאָמַר [הרי אמר]: שיין נסך שנתערב ביין אחר יִמָּכֵר היין כּוּלּוֹ לְנָכְרִים חוּץ מִדְּמֵי יֵין נֶסֶךְ שֶׁבּוֹ, ומותר אפילו ליטול דמים עבור היין שנשפך לכלי הגוי, ואנו פוסקים הלכה כמותו! ומשיבים: מִידֵי הוּא טַעְמָא [כלום לא הוסבר הטעם] של ההלכה הזו אֶלָּא לְדַעַת רַב, הָאָמַר [הרי אמר] רַב: הֲלָכָה כְּרַבָּן שִׁמְעוֹן בֶּן גַּמְלִיאֵל דווקא כשנתערבה חָבִית בַּחֲבִיּוֹת, אֲבָל לֹא יַיִן בְּיַיִן, שאז היין כולו אסור, וגם דמיו. ונמצא על כל פנים, כי אין ראיה מדברי רב שמשיכה אינה קונה בגוי.

מֵיתִיבֵי [מקשים] עוד על דברי אמימר ממה ששנינו: הַלּוֹקֵחַ גְּרוֹטָאוֹת מִן הַגּוֹיִם וּמָצָא בָּהֶן עֲבוֹדָה זָרָה, אִם עַד שֶׁלֹּא נָתַן עבורם מָעוֹת לגוי מָשַׁךְ את הגרוטאות — יַחֲזִיר את הגרוטאה הזו של עבודה זרה, לפי שלא זכה בה עדיין. אִם מִשֶּׁנָּתַן מָעוֹת מָשַׁךְ — יוֹלִיךְ את העבודה הזרה הזו לְיָם הַמֶּלַח, ששלו היא, וחייב לבערה. ומעתה, אִי סָלְקָא דַּעְתָּךְ [אם עולה על דעתך] שֶׁמְּשִׁיכָה בְּגוֹי קוֹנָה כדברי אמימר, אַמַּאי [מדוע] יַחֲזִיר כשמשך? הרי כבר שלו היא! אָמַר אַבָּיֵי: מִשּׁוּם דְּמֶיחֱזֵי כִּי [שנראה הדבר כמו] מִקַּח טָעוּת, שוודאי לא התכוון לקנות עבודה זרה. אָמַר רָבָא: ומדוע במקרה השני, שנתן מעות, אינו יכול להחזיר? וכי רֵישָׁא [בתחילה] הוא מִקַּח טָעוּת, סֵיפָא לָאו [בסוף אינו] מִקַּח טָעוּת? אֶלָּא אָמַר רָבָא: רֵישָׁא וְסֵיפָא [בראש ובסוף] הרי זה מִקַּח טָעוּת, ולכן רֵישָׁא [בתחילה] שֶׁלֹּא יְהֵיב זוּזֵי [נתן עדיין כסף], לֹא מִיתְחֲזֵי [נראה הדבר] כַּעֲבוֹדָה זָרָה בְּיַד יִשְׂרָאֵל, ואילו סֵיפָא דִּיהֵיב זוּזֵי [הסוף שנתן כסף] מִיתְחֲזֵי [נראה הדבר] כַּעֲבוֹדָה זָרָה בְּיַד יִשְׂרָאֵל, ומשום מראית העין הרי חייב לבערה.

א ומעתה מביאים ראיות נגד שיטת רב אשי, הסובר שגוי אינו קונה במשיכה. אֲמַר לֵיהּ [לו] מָר קַשִּׁישָׁא [הזקן] בְּרֵיהּ [בנו] של רַב חִסְדָּא לְרַב אַשִׁי, תָּא שְׁמַע [בוא ושמע] ראיה ממשנתנו, ששנינו: הַמּוֹכֵר יֵינוֹ לְנָכְרִי, אִם פָּסַק את מחירו עַד שֶׁלֹּא מָדַד — דָּמָיו מוּתָּרִים, מאחר וכבר נקנה היין לגוי קודם שנגע בו. וְאִי אָמְרַתְּ [ואם אומר אתה] שֶׁמְּשִׁיכָה בְּגוֹי אֵינָהּ קוֹנָה, אַמַּאי [מדוע] דָּמָיו מוּתָּרִין? השיב לו רב אשי: הָכָא בְּמַאי עָסְקִינַן [כאן במה אנו עוסקים]? דְּאַקְדֵּים לֵיהּ [שהקדים ושילם לו] דִּינָר על החשבון, קודם המדידה, ובכך קנה את היין בכסף. ומקשים: אִי הָכִי [אם כן], שמדובר שהקדים לו, אֵימָא סֵיפָא [אמור את סופה של המשנה]: מָדַד עַד שֶׁלֹּא פָּסַק — דָּמָיו אֲסוּרִין; וְאִי דְּאַקְדֵּים לֵיהּ [ואם הקדים לו] דִּינָר, אַמַּאי [מדוע] דָּמָיו אֲסוּרִין? אָמַר לֵיהּ [לו] רב אשי: וּלְדִידָךְ דְּאָמְרַתְּ [ולשיטתך שאומר אתה] מְשִׁיכָה קוֹנָה, אַמַּאי רֵישָׁא [מדוע בהתחלה] דָּמָיו מוּתָּרִין, וְסֵיפָא [ובסוף] דָּמָיו אֲסוּרִין? אֶלָּא מַאי אִית לָךְ לְמֵימַר [מה יש לך לומר] שאתה מחלק בין הדברים: שאתה אומר כך: כאשר פָּסַק [פוסק] מחיר — סָמְכָא דַּעְתֵּיהּ [סומכת דעתו] שלא תתבטל המכירה, ולכן המכירה נגמרת במשיכה, אבל כאשר לֹא פָּסַק [פוסק] — לֹא סָמְכָא דַּעְתֵּיהּ [אין דעתו סומכת על כך]. לְדִידִי נַמִּי [לשיטתי גם כן]: אַף עַל גַּב דְּקָדֵים לֵיהּ [אף על פי שהקדים לו] דִּינָר, אִם פָּסַק [פוסק] לו מחיר — סָמְכָא דַּעְתֵּיהּ [סומכת דעתו], לֹא פָּסַק [פוסק] מחיר — לֹא סָמְכָא דַּעְתֵּיהּ [לא סומכת דעתו]. אֲמַר לֵיהּ [לו] רְבִינָא לְרַב אַשִׁי: תָּא שְׁמַע [בוא ושמע] ראיה נוספת נגד שיטתך, שֶׁאָמַר ר' חִיָּיא בַּר אַבָּא אָמַר ר' יוֹחָנָן: בֶּן נֹחַ נֶהֱרָג עַל גזילה של פָּחוֹת מִשָּׁוֶה פְּרוּטָה, ואולם בגזל כזה שהוא פחות משוה פרוטה, אם גזל את ישראל — לֹא נִיתָּן לְהִישָּׁבוֹן אינו חייב להשיבו לישראל, מאחר שישראל אינו מקפיד על כך. וְאִי אָמְרַתְּ [ואם אומר אתה] שֶׁמְּשִׁיכָה בְּגוֹי אֵינָהּ קוֹנָה, אַמַּאי [מדוע] נֶהֱרָג הגוי? הרי לא עשה דבר על ידי זה שגזל חפץ, שהרי החפץ נשאר קנין בעליו הראשונים! ומשיבים: מִשּׁוּם דְּצַעֲרֵיהּ [שציער] את יִשְׂרָאֵל על ידי לקיחה זו, שלקח ממון שאינו שלו, אף על פי שמבחינת דיני הקניינים לא קנה.

עיונים

אי דקא כייל ורמי למנא דישראל כלומר, אם הישראל מוכר היין מדד את היין לכלי שלו, ואז משך אותו הגוי וזכה ביין — אכן לא נאסר היין קודם שזכה בו הגוי. והעירו המפרשים שיהא הדין כן אף בכלי של הגוי עצמו, כל שאין בו יין שלו.

לאוירא דמנא כי בכלל (למרות שבדיני שבת יש מחלוקת בדבר) חפץ הנמצא בתוך חלל ("אויר") של רשות מסויימת נחשב כמונח בה. ומשום כך, כיון שהגוי הגביה את הכלי ומחזיק בו — כל מה שנכנס לחלל הכלי נקנה מיד. ואילו לענין יין נסך, הרי אין האיסור חל עד שייגע היין ששופך ביין הנסך.

שמע מינה נצוק חבור ודבר זה הרי נתון במחלוקת בין תלמידיו של רב (להלן עב,א). ושאלו בתוס׳: הרי יש עצה אחרת כדי שלא ייעשה חיבור על ידי נצוק, אם שופכים את היין בדרך של "קטופי" (שאין שופכים זרם קבוע של יין, אלא מפסיקים אותו מדי רגע), וכיון שאין בזה חיבור קבוע אין בו דין נצוק כלל! ותירצו שאפשר באמת לעשות כן, אלא כיון שמדובר במדידת יין הרבה, יש בכך טרחה מרובה מדי.

דנקיט ליה גוי בידיה ושאלו: כיצד נעשה הקנין על ידי שהגוי מחזיק את החפץ בידו? שאף שרש"י אומר כי הגוי קנה על ידי הגבהה (שהיא אחת מדרכי הקנין), הרי כאן לא היה מעשה ההגבהה בחפץ הנקנה (במקרה שלנו, היין) אלא בכלי שהוא ממילא של הגוי! והריטב"א מסביר כי מאחר ואנו מניחים כי דבר שסופו לנוח בכלי נחשב כמונח בו, אם כן כיוונו של הכלי וייצובו כדי שלא יישפך ממנו היין, הרי הם בכלל עשיית מעשה של הגבהה, לא רק לכלי אלא אף ליין הנשפך אליו.

עכבת יין וראה להלן בפירוש המשנה הבאה הבנת בפרטי ביטוי זה.

ובתוס׳ שאלו: הרי היין שבאוגני הכלי מועט ביותר, ומדוע לא ייבטל היין האסור ביין המותר? ותירצו כי בהכרח יש לומר שכל הסוגיה הזו הולכת לפי השיטה שמין במינו אינו בטל (וכן כתבו בפשטות הראב"ד ועוד).

חבית בחבית וכו׳ שרב מבדיל בין תערובת שבה האיסור נמצא לעצמו אלא שאין אנו יודעים להבחין היכן הוא (כגון שנתערבה חבית אחת של יין נסך בכמה חביות של יין כשר), ובין תערובת שבה האיסור וההיתר ממש מתערבים זה בזה, כמו נוזל בנוזל, יין ביין. ורב סבור שתערובת שבה האיסור מצוי בכל חמורה יותר מאשר ספק שמא הגיע לידו הדבר האסור.

ואי סלקא דעתך משיכה וכו׳ הראשונים, הן מתוך עיון בסוגייתנו, והן מתוך השוואה עם הסוגיה המקבילה במסכת בכורות, מגיעים למסקנה כי דעת המקשה היא שלגבי גוי אין קנין אלא בעשיית שתי הדרכים יחד, גם במתן מעות וגם במשיכה (תוס׳, רמב"ן וכן עוד ראשונים).

דמיחזי כי מקח טעות בוודאי מיקח טעות הוא, שאילו היה יודע שעבודה זרה שם, לא היה קונה. אלא שבנוסף לכך אין כאן חשש של מראית עין, שהרי לא שילם עדיין. וראה ברש"י שכנראה לא גרס "דמיחזי כי".

מיחזי כעבודה זרה ביד ישראל כי כאשר מחזיר לגוי את העבודה הזרה בלא לקבל כסף אין זה נראה כמעשה של מסחר. אבל כאשר מחזיר לגוי עבודה זרה ומקבל ממנו כסף הרי זה נראה (למרות שאין הדבר כן באמת) כאילו מוכר לגוי עבודה זרה (רש"י).

פסק עד שלא מדד דמיו מותרים שמגע הגוי ביין אירע לאחר שהיין כבר עבר לרשות הגוי ונתחייב בדמיו. ופסיקת המחיר לבדה בוודאי אינה מעבירה את היין לבעלות הגוי, אלא עם מעשה הקנין ("משיכה"), ואם כן המשיכה היא הקונה (ואין לומר שנתן לו את הדמים קודם שמדד, ובהם נקנה לו היין, שאם כן בוודאי היו הדמים מותרים, שהרי לא נגע הגוי ביין קודם לכן).

וכאמור לעיל, יש שפירשו כי מעשה הקנין היה כשהגביה הגוי את היין בכלי המדידה קודם שמדד לכליו, ובמדידה עצמה אסר את היין (ר"ח, ראב"ד). ויש שפירשו כי במדידה עצמה נקנה היין לגוי, והיין נאסר במגעו לאחר מכן (רש"י ועוד).

בשהקדים לו דינר כלומר, מעשה המשיכה לא הוא שהקנה לו את היין, אלא נתינת המעות, שלדעת רב אשי דווקא מעות קונות בגוי. והראב"ד כתב כי מדובר כאן כאשר לא נעשתה משיכה כלל. שנתינת הדינר, למרות שאין בה כדי לכסות את כל דמי היין, ואין זה אלא עירבון — הריהי גומרת בכך המיקח. ואף שבישראל אין הדין כן, כך דרכם של הגויים לקיים את מיקחם. ורש"י פירש כי מדובר כאן כאשר הקדים לו הגוי דמים מרובים, יותר ממחיר היין, על מנת שתתקיים העיסקה.

סמכא דעתיה ואז נגמר הקנין על ידי המשיכה, או על ידי נתינת הכסף. אבל כשלא נפסק המחיר, גם אם נותן דמי קדימה אין זה מקח גמור, שהרי ייתכן שלא יסכימו לגבי המחיר ויבטלו את המכירה כולה.

נהרג על פחות משוה פרוטה אחת משבע מצוות בני נח היא איסור הגזל, ובן נח שעבר על אחת ממצוותיו חייב מיתה. ואף שבישראל דווקא משווה פרוטה ומעלה נחשב הדבר כגזל (שיש עליו חובת השבה), אמרו בגמרא במסכת סנהדרין (נז,א) כי בפחות משווה פרוטה מוחל אדם על ממונו, אבל בני נח אינם מוחלים כלל, אפילו בפחות משווה פרוטה (ראה רש"י שם). והרמב"ם כתב כי לגבי ישראל יש שיעורים קבועים בדינים שונים (שרבים מהם הם הלכה למשה מסיני) ובפחות מן השיעור אין חיוב, ולכן הואיל ופחות משווה פרוטה אינו נחשב בישראל כממון כלל, וממילא אין שייכים בו דיני גניבה וגזל וכיוצא בהם. אבל בגוים לא נתנו שיעורים אלה, ולכן חייב גם על פחות משווה פרוטה.

ולא ניתן להישבון רש"י מסביר (בעמוד הבא) שלפי דעת המקשה (וכך גם למסקנת הדברים) הלכה זאת מתייחסת דווקא לפחות משווה פרוטה, ו"אינו ניתן להישבון" במובן שאינו חייב להשיבו לישראל, כי מאחר שהוא פחות משווה פרוטה הישראל מוחל עליו ואין עליו חובת השבה. אבל אם גזל גוי מגוי, הואיל ואינו מוחל כלל — בוודאי מוטל עליו להשיבו. ובמקום אחר (עירובין סב,א) מפרש רש"י את הדבר לאו דווקא ביחס לפחות משווה פרוטה, שם הוא מסביר שהטעם שלא ניתן להישבון הוא בגלל "קים ליה בדרבה מיניה", שכיון שחייב מיתה אין בו עוד חיוב ממון. וראה בתוס׳ שדחו הסבר זה. ובערוך (ערך בן נח) פירש כי הכוונה היא שהשבת הגזילה לבעליה אינה מועילה לו לפוטרו מן המיתה. וראה בעמוד הבא.

ואי אמרת משיכה אינה קונה אמאי נהרג שאם משיכה אינה קונה, הרי אף שבפועל נמצא הממון בידי הגוי מכל מקום אינו נחשב כשלו, ולא תיחשב לו כגזילה. ובפשטות נמצא כי השאלה היא מדוע נהרג בכלל על הגזילה, ולאו דווקא על פחות משווה פרוטה (וראה בתו"ח). אכן, בתוס׳ שאלו: הרי גם ישראל הגוזל מישראל אינו קונה את הדבר הגזול, ובכל זאת חל עליו חיוב לגבי דיני אונסים, שייחשב כאילו הוא של הגזלן ומשלם הכל. ואם כן לגבי גוי יתחייב במיתה למרות שלא עבר הכסף לרשותו! ולכן הסבירו כי אם היתה הגזילה שווה פרוטה מובן הדבר, אבל מאחר שהיתה זו גזילה של פחות משווה פרוטה, שגם לא חסר הנגזל דבר, וגם הגזלן לא קנה — הרי זה כאילו לא נעשה דבר. והריטב"א דייק מדברי רש"י כי עיקר הקושיה היא מכך שגזילה זו לא ניתנה להישבון, כלומר שאינו חייב להשיבה, ומכאן יש להוכיח שקנאה, שאם לא כן מדוע אינו חייב להשיבה? והרי של ישראל היא בכל מקום שהיא. ונמצא שגם לדרך זו עיקר הקושיה הוא מגזל של פחות משווה פרוטה.

משום דצעריה לישראל ובמסכת סנהדרין (נז,א) הוגדר הדבר היתר בירור, שאף שאינו חייב להשיב את הגזילה משום שמחלו ישראל, מכל מקום בזמן הגזילה עצמה ציערו (ראה רש"י שם). ובתוס׳ עירובין (סב,א) מסבירים כי אין זה משום עצם הצער של ישראל, שלא משום כך מתחייב בן נח מיתה, אלא משום שלגבי הגוי עצמו גם פחות משווה פרוטה הריהו ממון חשוב, נמצא שהוא עצמו עבר עבירה.

אורח ההלכה

אי דקא כייל וכו׳ במה דברים אמורים שאם פסק עד שלא מדד מותרים דמי היין — כשמדד הישראל לכליו (או לכלי של הגוי שאין בו עכבת יין. טור) אבל ישראל המודד יין לכלי של גוי (או לכלי ישראל שביד הגוי) צריך לקחת את דמיו ואחר כך ימדוד לכלי (שגוי קונה בין במשיכה ובין הכסף). אבל אם מדד ולא לקח דמיו — דמיו אסורים, שמשמגיע היין לכלי הריהו נאסר כסתם יינם. כך פסק הרמב"ם לשיטתו שניצוק נחשב לחיבור (כס"מ, לח"מ). ולשיטת שו"ע אין דמיו אסורים, שאין ניצוק אוסר אלא בשתיה. ודווקא במקרים בהם נאסר היין מיד כשהוא מגיע לכלי, כגון אם מודד לכלי הגוי שיש בו עכבת יין בפיו, או לכלי שהגוי מחזיק בידו באויר, או לכלי המונח בקרקע שהגוי מניד אותו מעט (שאז נאסר היין) — אז צריך לקחת קודם דמים ואחר כך ימדוד. (רמב"ם ספר קדושה הלכות מאכלות אסורות פי"ג הכ"ד. שו"ע יו"ד קלב, ב. וראה שו"ע שם קכד, יז—יח).

אי דנקיט ליה גוי בידיה וכו׳ ישראל המוכר יין ומודד יינו לכלי של הגוי, אם תפס הגוי את הכלי בידו, או אם היה עומד ברשות המוכר ואמר לו המוכר: יקנו לך כליך, או אם היה הכלי בחצירו של הגוי, אפילו אם היה יין בקרקעית הכלי של הגוי — מותר לכתחילה למדוד ואחר כך לקחת את דמי היין, שמיד שבא היין לאויר הכלי — קנאו הגוי, ולא נאסר עד שהגיע ליין שבקרקעית הכלי. וכן אם מדד הגוי בעצמו את היין והגביה תחילה את הכלי כדי לקנות את היין — דמיו מותרים. (שו"ע שם בהגהה).

דאיכא עכבת יין אם היה מעט יין של הגוי בפיו של הכלי שלתוכו מודד המוכר את היין, לכתחילה אין למדוד יין לכלי של הגוי ואחר כך ליטול את הדמים, שהרי היין נאסר מיד קודם שקנה אותו הגוי. אבל הואיל ולא נאסר היין אלא מכח התערובת, הרי בדיעבד מותר הכל בהנאה חוץ מדמי יין נסך, כרבן שמעון בן גמליאל, ושלא כהבנת רב בדעתו. וכתב הרמ"א שבזמן הזה שאין הגויים מנסכים — אין היין נאסר בהנאה אלא בשתיה בלבד, ולכן מוכרים להם יין בכל מקרה. (שם).

הלוקח גרוטאות מן הגוי הקונה גרוטאות מן הגוי ומצא בהן עבודה זרה, אם נתן מעות ולא משך — יחזירם לגוי, וכן אם משך ולא נתן מעות, שאף על פי שמשיכה קונה בגוי — כמיקח טעות הוא. אבל אם נתן מעות ומשך — יוליך עבודה זרה לים המלח. כברייתא וכדברי רבא. (רמב"ם ספר מדע הלכות עבודה זרה פ"ז ה"ה. שו"ע שם קמו, ג).

נהרג על פחות משוה פרוטה בן נח שגזל (בין מגוי בין מישראל) הרי זה חייב מיתה. ובן נח חייב אף על גזל פחות משוה פרוטה. וכן אם חזר גוי אחר וגזל מן הגזלן הראשון — שניהם חייבים. (רמב"ם ספר שופטים הלכות מלכים פ"ט ה"ט).

מסורת הש"ס

א. ע"ז נו,א (ושם סומנו מקבילות).
ב. גיטין עח,א. עט,ב. קדושין כו,א. ב"מ מז,ב. ב"ב פה,ב.
ג. ראה משנה ע"ז עב,א. ירושלמי ע"ז פ"ה ה"י.
ד. ע"ז עד,א. בכורות לז,א. ירושלמי ערלה פ"ג ה"א. שם ע"ז פ"ב ה"ג. שם פ"ג הי"א. שם פ"ה הי"ג.
ה. ע"ז עד,א. וראה ירושלמי ע"ז פ"ה הי"ג.
ו. ע"ז נג,א (ושם סומנו מקבילות).
ז. עירובין סב,א. יבמות מז,ב. וראה סנהדרין נז,א.

גרסות

מדמשכה בכתי"י ועוד: מדמשכיה.
אפומא דכוזנתא בכתי"ס: אפומא דמנא.
אם משנתן מעות משך יוליך בכתי"מ: ואם משנתן משך יוליך.
אי סלקא דעתך משיכה בכתי"מ: אי אמרת משיכה.
רישא מקח טעות סיפא לאו מקח טעות בכתי"ס: רישא כמקח טעות סיפא לאו כמקח טעות.
יהיב זוזי בכתי"מ: יהיב דמי.
אמאי רישא דמיו מותרין וסיפא בכתי"מ: אמאי.
ואי אמרת משיכה בב"ח: ואי סלקא דעתך משיכה.
דצעריה לישראל בכתי"מ: צערא דישראל.

לשון

כוזנתא
המלה הבסיסית המצויה כבר בלשון המשנה היא כוז, שיש כיוצא בה בשפות איראניות kuz, וכעין זה גם בערבית, ובמשמעות כד. כוזנתא הוא צורת נקבה והקטנה של כוז, כלומר כד קטן.

מסורת הש"ס

א. משנה ע"ז ע,א (ושם סומנו מקבילות).
ב. ע"ז נו,א (ושם סומנו מקבילות).
ג. ב"ב פה,ב.
ד. משנה טהרות פ"ח מ"ט. גיטין טז,א.
ה. ירושלמי ע"ז פ"ד ה"ח.
ו. (הביטוי) ע"ז כב,א (ושם סומנו מקבילות).

גרסות

בא חבירו בכתי"ס: בא אחר.

אלא סיפא מאי עביד בכתי"מ: אבל סיפא אמאי.

מזבינגא לה בכתי"מ: מזבנינא.

דכל היכא דלא פסק לא קנה בכתי"מ: דשני לן בין פסק בין לא פסק.

עובדא הוה — בי רב הונא בכתי"מ: הוה עובדא רב חסדא בי רב הונא.

ופשטיה בכתי"מ: ופשטוה.

מהא דתנן בכת"י: מהא ויש מתקנים: מהא דתניא.

לא קנה ושניהם בכתי"ס: שניהם.

אפילו תרי מגו תלתא בכתי"מ: אפילו תרי.

בתלתאו בארבעה בכתי"ס ועוד: בי תלתאו בי ארבעה.

בי ארבעה עד דאמרי בארבעה בכתי"ס: בי ארבעה עד דשימי בי ארבעה.

חזר ומדד בירושלמי ועוד: נטלו ומדד.

עכבת בירושלמי ועוד: עקבת.

מכלי אל כלי בירושלמי ועוד: מכלי לכלי.

את שעירה ממנו בירושלמי וכתי"מ ועוד: המערה ממנו.

נצוק וקטפרס ומשקה טופח חיבור לענין יין נסך בכתי"ס ועוד: נצוק לטומאה ולטהרה לא הוי חיבור לענין יין נסך הוי חיבור.

חיבור לענין יין נסך בכתי"מ: חיבור ליין נסך.

תנן נטל את המשפך בכתי"ס: תא שמע נטל את המשפך.

לשון

קטפרס
מקור המלה הוא ביוונית καταφερές (קטפריס) ומשמעה — שיפוע, מדרון.

אשבורן
קרוב לערבית شابر ומשמעו: מקומות אסיפת מים בערוצים ובמקומות נמוכים.

לעזי רש"י

טרייטו"ר אולי קשור בגרמנית trichter — משפך. ובכתי"מ מצרי: אינטונידויי"ר, מן הצרפתית העתיקה entonedoir — משפך.

וּמַאי [ומה] פירוש "לֹא נִיתָּן לְהִישָּׁבוֹן"? שֶׁאֵינוֹ בְּתוֹרַת הַיִּשָּׁבוֹן אינו בכלל דין השבת גזילה, שהרי באמת לא גזל את החפץ. ומקשים: אִי הָכִי [אם כך] אתה מפרש, אֵימָא סֵיפָא [אמור את סופה] של הלכה זו: גוי שגזל מישראל, וּבָא חֲבֵירוֹ שהוא גם כן גוי וּנְטָלָהּ מִמֶּנּוּ — נֶהֱרָג עָלֶיהָ. בִּשְׁלָמָא רֵישָׁא [נניח בראש] בהלכה הראשונה אתה מפרש מִשּׁוּם דְּצַעֲרֵיהּ [שציער] את יִשְׂרָאֵל, אֶלָּא סֵיפָא [בסוף] מַאי עָבֵיד [מה עשה] השני? אֶלָּא שְׁמַע מִינָּהּ [למד מכאן] כי מְשִׁיכָה בְּגוֹי קוֹנָה, ולכן קנה הראשון את הגזילה, ומשום כך גם חייב השני שגזלה ממנו. ומסכמים: אכן, שְׁמַע מִינָּהּ [למד מכאן] שכן הוא.

א ובענין פסיקת דמים שנזכרה במשנתנו, מסופר, הַהוּא גַּבְרָא דַּאֲמַר לֵיהּ לְחַבְרֵיהּ [אדם אחד שאמר לו לחבירו]: "אִי מְזַבֵּינְנָא לַהּ לְהָא אַרְעָא — לָךְ מְזַבֵּינְנָא לַהּ" [אם מוכר אני את הקרקע הזו, לך אמכור אותה], אֲזַל זַבְּנָהּ לְאִינִישׁ אַחֲרִינָא [הלך ומכר אותה לאיש אחר], אָמַר רַב יוֹסֵף: קָנָה קַמָּא [הראשון] שעימו התנה. אָמַר לֵיהּ [לו] אַבַּיֵי: וְהָא [והרי] לֹא פָּסַק עימו את המחיר! וּמְנָא תֵּימְרָא דְּכָל הֵיכָא [ומנין אתה אומר שכל מקום] שֶׁלֹּא פָּסַק לֹא קָנָה [קונה]? דִּתְנַן [ששנינו במשנתנו]: הַמּוֹכֵר יֵינוֹ לְנָכְרִי, פָּסַק עַד שֶׁלֹּא מָדַד — דָּמָיו מוּתָּרִין, מָדַד עַד שֶׁלֹּא פָּסַק — דָּמָיו אֲסוּרִין. ושואלים: מַאי הֲוֵי עֲלַהּ [מה היה עליה]? מה נאמר על ראיה זו? ותוהים: מַאי הֲוֵי עֲלַהּ [מה היה עליה]? כִּדְקָאָמְרִינַן [כמו שאמרנו] הרי יש לנו הוכחה מפורשת מן המשנה שהפסיקה היא הקובעת! ומשיבים: משם אי אפשר להוכיח הוכחה גמורה, דִּלְמָא חוּמְרָא [שמא חומרת] יֵין נֶסֶךְ שָׁאנֵי [שונה], שמשום כך מקפידים יותר בדבר, אבל בענין אחר לא מקפידים כל כך על הפסיקה. ומציעים: תָּא שְׁמַע [בוא ושמע] ראיה ממה שֶׁאָמַר רַב אִידִי בַּר אָבִין: עוּבְדָא הֲוָה בֵּי [מעשה היה בבית] רַב חִסְדָּא, וְרַב חִסְדָּא היה לו מעשה כגון זה בֵּי [בבית] רַב הוּנָא, וּפַשְׁטֵיהּ מֵהָא דִּתְנַן [ופתרו את הבעיה מזו ששנינו בברייתא]: מָשַׁךְ חַמָּרָיו וּפוֹעֲלָיו של המוכר, שהיו טעונים פירות, וְהִכְנִיסָן לְתוֹךְ בֵּיתוֹ, בֵּין פָּסַק עַד שֶׁלֹּא מָדַד וּבֵין מָדַד עַד שֶׁלֹּא פָּסַק — לֹא קָנָה, וּשְׁנֵיהֶן, בין המוכר ובין הקונה, יְכוֹלִין לַחֲזוֹר בָּהֶן משום שעדיין לא עשה מעשה של קנין בפירות. אבל פֵּרְקָן פירק את המשא שהביאו עימהם וְהִכְנִיסָן לְתוֹךְ בֵּיתוֹ, וכך נעשה מעשה של קנין, שנכנסו לרשותו, אם פָּסַק עַד שֶׁלֹּא מָדַד — אֵין שְׁנֵיהֶן יְכוֹלִין לַחֲזוֹר בָּהֶן, מָדַד עַד שֶׁלֹּא פָּסַק — שְׁנֵיהֶן יְכוֹלִין לַחֲזוֹר בָּהֶן, משמע מכאן שלמרות שנעשה קנין, יכולים הצדדים לחזור בהם עד שיפסקו את המחיר, וכדברי אביי.

ב ובענין דומה של פסיקת מחיר, מסופר, הַהוּא גַּבְרָא דַּאֲמַר לֵיהּ לְחַבְרֵיהּ [אדם אחד שאמר לו לחבירו]: "אִי מְזַבֵּינְנָא לַהּ לְהָא אַרְעָא — מְזַבֵּינְנָא לָךְ בְּמָאָה זוּזֵי" [אם אני מוכר את הקרקע הזו אמכור אותה לך במאה זוזים], אֲזַל זַבְּנָהּ לְאִינִישׁ אַחֲרִינָא [הלך ומכר אותה לאיש אחר] בְּמָאָה וְעֶשְׂרִין [ועשרים], אָמַר רַב כָּהֲנָא: קָנָה קַמָּא [הראשון]. מַתְקִיף לָהּ [מקשה על כך] רַב יַעֲקֹב מִנְּהַר פְּקוֹד: הַאי זוּזֵי אַנְסוּהוּ [אדם זה הכסף אנס אותו] שאמנם התחייב למוכרה לו כשירצה למכור, אבל במקרה זה אין רצונו למכור, אלא כאילו נאנס מחמת הכסף שהוצע לו, ולכן מכירתו האחרונה תקפה. ומסכמים: וְהִלְכְתָא [והלכה] כְּרַב יַעֲקֹב מִנְּהַר פְּקוֹד.

ג ועוד בענין התחייבות מוקדמת של אדם למחיר, אָמַר לֵיהּ [לו] המוכר לקונה שהוא מוכר דבר במחיר "כִּדְשָׁיְימִי בִּתְלָתָא" [כמו שיעריכו אותו בשלושה] — אֲפִילּוּ תְּרֵי מִגּוֹ תְּלָתָא [שנים מתוך שלושה] פוסקים על סכום מסויים, הרי זה בכלל מה שקיבל על עצמו. אבל אם אמר: "כִּדְאָמְרִי בִּתְלָתָא" [כמו שאומרים שלושה] הכוונה היא עַד דְּאָמְרִי בִּתְלָתָא [שיאמרו שלושתם] דבר אחד. אם הוא אמר "כִּדְשָׁיְימִי [כמו ששמים] בְּאַרְבְּעָה" — עַד דְּאָמְרִי [שיאמרו] בְּאַרְבְּעָה, וְכָל שֶׁכֵּן הֵיכָא דְּאָמַר לֵיהּ "כִּדְאָמְרִי בְּאַרְבְּעָה" [כשאמר לו: "כמו שאומרים ארבעה"]. אָמַר לֵיהּ [לו]: "כִּדְשָׁיְימִי בִּתְלָתָא" [כמו שיעריכו בשלושה], וַאֲתוּ תְּלָתָא וְשָׁמוּהָ [ובאו שלושה והעריכו אותה], וְאָמַר לֵיהּ [לו] אִידָךְ [האחר]: לֵיתוֹ תְּלָתָא אַחֲרִינֵי דְּקִים לְהוּ טְפֵי [שיבואו שלושה אחרים שמבינים יותר בדבר] — אָמַר רַב פָּפָּא: דִּינָא [דין] הוּא שֶׁמְּעַכֵּב עד שיבואו השלושה האחרים. מַתְקִיף לָהּ [מקשה על כך] רַב הוּנָא בְּרֵיהּ [בנו] של רַב יְהוֹשֻׁעַ: מִמַּאי דְּהָנֵי קִים לְהוּ טְפֵי [מנין שאלה מבינים יותר]? דִּלְמָא הָנֵי קִים לְהוּ טְפֵי [שמא אלה הראשונים מבינים יותר]! ומסכמים: וְהִלְכְתָא [והלכה] כְּרַב הוּנָא בְּרֵיהּ [בנו] של רַב יְהוֹשֻׁעַ, שכיון ששמוהו שלושה הראשונים — הולכים לפיהם.

ד **משנה** נָטַל אֶת הַמַּשְׁפֵּךְ וּמָדַד לְתוֹךְ צְלוֹחִיתוֹ שֶׁל נָכְרִי, וְחָזַר וּמָדַד באותו משפך יין לְתוֹךְ צְלוֹחִיתוֹ שֶׁל יִשְׂרָאֵל, אִם יֵשׁ בּוֹ במשפך עַכְּבַת יַיִן שמתעכב בתוכו משהו מן היין — כל מה שמשפך דרכו לכלי של ישראל אָסוּר, מאחר ונתערב בו אותו יין. הַמְעָרֶה מִכְּלִי אֶל כְּלִי, אֶת [אותו כלי] שֶׁעִירָה מִמֶּנּוּ — מוּתָּר, וְאֶת שֶׁעִירָה לְתוֹכוֹ — אָסוּר.

ה **גמרא** תְּנַן הָתָם [שנינו שם] במסכת טהרות: הַנִּצּוֹק קילוח של נוזלים, וְהַקַּטַפְרֵס מים הזורמים במדרון, וּמַשְׁקֶה נוזל בכמות כזו שהוא טוֹפֵחַ מרטיב מה שהוא נוגע בו, ולא יותר מכך — כל אחד מאלה אֵינוֹ חִבּוּר בין נוזלים לא לְעִנְיַן טוּמְאָה וְלֹא לְעִנְיַן טָהֳרָה. הָאַשְׁבּוֹרֶן משקה מכונס במקום אחד (ויש בו טופח על מנת להטפיח) — הרי זה חִבּוּר לְטוּמְאָה וּלְטָהֳרָה. אָמַר רַב הוּנָא: נִצּוֹק וְקַטַפְרֵס וּמַשְׁקֶה טוֹפֵחַ — הרי הם חִבּוּר לְעִנְיַן יַיִן נֶסֶךְ. אָמַר לֵיהּ [לו] רַב נַחְמָן לְרַב הוּנָא: מְנָא לָךְ הָא [מנין לך דבר זה]? אִילֵימָא מִדִּתְנַן [אם תאמר מדיוק הלשון, שנינו במשנה]: הַנִּצּוֹק וְהַקַּטַפְרֵס וּמַשְׁקֶה טוֹפֵחַ — אֵינוֹ חִבּוּר לֹא לְטוּמְאָה וְלֹא לְטָהֳרָה, ואתה מדייק מכאן: לְטוּמְאָה וּלְטָהֳרָה הוּא דְּלָא הָוֵי חִבּוּר, הָא [הרי] לְעִנְיַן יַיִן נֶסֶךְ הָוֵי [הרי זה] חִבּוּר. אם כן, אֵימָא סֵיפָא [אמור את סופה] של המשנה: הָאַשְׁבּוֹרֶן — חִבּוּר לְטוּמְאָה וּלְטָהֳרָה, ונדייק מכאן: לְטוּמְאָה וּלְטָהֳרָה הוּא דְּהָוֵי [שהוא] חִבּוּר, הָא [הרי] לְעִנְיַן יַיִן נֶסֶךְ לָא הָוֵי [אין זה] חִבּוּר, ודאי אי אפשר לומר כן! אֶלָּא מֵהָא לֵיכָּא לְמִשְׁמַע מִינָּהּ [מזו אין ללמוד ממנה]. ומנסים להביא ראיה לשיטת רב הונא ממשנתנו: תְּנַן [שנינו]: נָטַל אֶת הַמַּשְׁפֵּךְ וּמָדַד לְתוֹךְ צְלוֹחִיתוֹ שֶׁל נָכְרִי, וְחָזַר וּמָדַד לְתוֹךְ צְלוֹחִיתוֹ שֶׁל יִשְׂרָאֵל,

עיונים

ומאי לא ניתן להישבון ראה בגרסות שראשונים רבים גרסו כאן: "אי הכי אמאי אינו ניתן להישבון". והסביר הראב"ד כי אם משיכה בגוי קונה, יש צורך לומר שאינו חייב להשיבו לישראל — משום שהישראל מוחל, או משום שאינו בכלל החיוב של "והשיב את הגזילה". אבל אם לא קנאו בכלל, מה צורך לומר זאת? שהרי הוא של ישראל בכל מקום!

דאינו בתורת הישבון רש"י מסביר כי לדעה זו יש להבין דין זה לא כמתייחס לגזילה של פחות משווה פרוטה, כמו שסבר המקשה. אלא יש כאן אמירה כללית הנוגעת לכל גזילה של בן נח, וגם זאת שיש בה שווה פרוטה, לומר, שהואיל ואינו קונה במשיכה הרי אינו בכלל דין גזל ודין השבה שיש בו. ואילו מפרשים אחרים (ראב"ד) מסבירים כי הכוונה היא שכיון שאינו נהרג אלא משום שציער את הישראל, ולא משום שבאמת קנה את הגזילה, הרי לדבר זה אין תיקון על ידי השבת הגזילה. אף שבוודאי חייב להחזירה לבעליה. והעיר הריטב"א כי הסבר זה מתאים גם למסקנת הסוגיה, שגוי קונה במשיכה.

מאי עביד שהרי אינו מצער את ישראל, שלא ממנו גזל. וגם אינו נחשב כלוקח ממון שאינו שלו, משום שהישראל כבר מחל על כך לאחר שנגזל על ידי הראשון (שהרי בפחות משווה פרוטה מדובר), ואין מקום לקרותו גזלן (ראב"ד), אלא אם כן הגוי הראשון קנא את הגזילה במשיכה, ולכן זה נחשב כגוזלה ממנו.

ההוא גברא וכו' אגב שהוזכרה במשנתנו פסיקת דמים כקובעת לענין השלמת המכר, מובאים מספר מקרים הנוגעים לענין זה (וכפי שהסביר בספר המקח והממכר לרב האי גאון, המשותף לכולם הוא שמדובר במכירה שתחול בתנאי מסויים). במקרה הראשון דנים לגבי עצם הצורך בפסיקת דמים להשלמת המכר (במקרים רגילים של מכר, ולא רק לענין יין נסך). במקרה השני דנים בכוחה של פסיקת דמים, ובשאלה עד כמה היא מחייבת במקרה של תנאי חדש שנוצר. ובמקרה הנוסף דנים במקרה שאין בו פסיקת דמים, אבל המוכר מקבל עליו מראש הערכת מחיר של אנשים אחרים.

לך מזבנינא רש"י ושאר ראשונים מסבירים כי בשלושת המקרים המובאים להלן מדובר שעשו מעשה קנין על הסכמה זו, כי אם היתה זו הסכמה בדיבור בלבד אין היא מחייבת מן הדין. וכן כתב רב האי גאון שמדובר כאן כשאמר לו שמעכשיו קניה לו השדה כשירצה למוכרה, שאם לא עשה כן הרי זה כאסמכתא (הבטחה) בעלמא, וגם פסיקת הדמים אם היא נעשית אין בה משום גמירות דעת בקנין.

משם חומרא דיין נסך שמא רק בדין זה נאמר כי אין היין נחשב כיוצא מרשות ישראל עד שיפסקו את המחיר, ומשום כך דמיו אסורים אם נגע בו הגוי קודם לכן. אבל לענין רגיל של מקח וממכר די במעשה הקנין.

חמריו ופועליו רש"י מפרש כי מדובר בחמריו ופועליו של המוכר, שהלוקח מושכם לתוך ביתו בעודם טעונים פירות. שהואיל ואין משיכה קונה בני אדם, לכן גם אין הפירות שעליהם נקנים בכך. ואין הפירות נקנים בעצם הכניסה לביתו, משום שאין הם נחשבים כמונחים שם (ראה רשב"ם ב"ב פה,ב). ובתוס' (שם) הסבירו כי גם אם מדובר כאן בחמורים (ויש שגרסו כך) — יש להבין כי לא אמר לו לקנות מה שעליהם, ובמקרה זה גם כן אינו קונה לכל הדעות. ורבינו יונה (שם) מבהיר כי גם אם מדובר כאן בחמריו ופועליו של הלוקח אין זה קונה את הפירות שעליהם, משום שאין כוונתם לזכות עבורו, אלא להציג את הסחורה לפניו. ויש שגרסו בברייתא זו "חמרין ופועלין" (וראה עוד בעיונים בב"ב שם).

בין פסק וכו' כלומר, אם לא נעשו שתי הפעולות, פסיקה ומדידה. אבל אם פסק ומדד (שיש בכך מעשה של קנין, שהרי מודדים את הפירות לתוך כליו של הקונה ובתוך רשותו) — קנה.

זוזי אנסוהו כלומר, הרי זה כאונס שבא עליו, ובדרך כלל כשאדם מתחייב למכור אנו מניחים כי אינו מעלה בדעתו כל אונס שייוולד, ולא על כך התחייב (אלא אם כן נאמרו הדברים במפורש, וכגון כאן — אם היה אומר לו שלעולם כשימכור לא ימכור אלא לו) (רמב"ן). והרי"ד הסביר כי הואיל ואם היה מציע לו הראשון עכשיו מאה זוז לא היה רוצה למכור, נמצא שלא התקיים תנאו, שהרי כשהתחייב למכר היה זה תלוי ברצונו למכור, ולכן לא קנה הראשון. וכתב הראב"ד כי אם היה הקונה הראשון אומר שהוא מוכן לשלם למוכר את הסכום שמשלם לו השני — היה המכר הראשון תופס, לפי שהוא בכלל ההתחייבות הראשונה, ובמקרה כזה אינו נחשב כאנוס. ואף אם קנה השני מידו אין המכר חל, כל זמן שלא נמלך בראשון. אבל ראשונים אחרים (רי"ד, רמב"ן ועוד) חולקים ואומרים שכיון שקיבל הצעה טובה יותר מהמכירה הראשונה, אין חובה על המוכר למכור דווקא לקונה הראשון.

אמר ליה כדשיימי וכו' שאף שאין המכר חל אם אינו פוסק לו דמים, מכל מקום כל שהדבר נתלה בדעת אחרים, שהמוכר אינו יכול להעלות את המחיר כרצונו וגם הקונה אינו יכול לחזור בו — סומכת דעתם, והרי המכר חל לפי דברי השמאים (רשב"א).

כדשיימי בתלתא וכו' שכיון שהשתמש בביטוי "שומא" שהוא דבר הנעשה על ידי בית דין, וגם אמר שלושה (שהם ההרכב הקבוע ביותר של בית דין) הרי מסתמא התכוון לעשותם כבית דין (וראה ברמב"ם שלפי גרסתו מדובר כאן בפירוש בבית דין של שלושה), ובבית דין הולכים לפי הכרעת הרוב, ומשום כן כאשר שנים מתוך שלושה מגיעים למסקנה מסויימת הריהי מחייבת את זה שקיבלם עליו. מה שאין כן כאשר אמר "כמו שיאמרו שלושה", שאז משמע מדבריו שאינו עושה אותם כבית דין, אלא רצה ששלושה אלה הם שיחליטו פה אחד (שאם לא כן, אלא די לו בשנים מתוכם, לא היה דורש שלושה). ולפיכך כאשר אומר "כמו שישומו ארבעה" כיון שאין זה מספר אנשים בבית דין, יש להבין דבריו שהוא רוצה בריבוי דעות, ובהחלטה פה אחד (רש"י).

דלמא הני קים להו טפי וכיון שכן נתקיים התנאי וחל המכר שנתחייב עליו ועשה עליו קנין מתחילה (רמב"ם). ולדעת המאירי, לא רק לאחר שעשו את השומא, אלא משעה שנבררו לכך.

עכבת יין רש"י מסביר שהכוונה היא שיש במשפך מקום (אם מצד מבנהו של המשפך או מפני שיש בו חור או פגימה) שהיין מתעכב ונשאר בו. ובירושלמי מעדיף את הגרסה "עקבת יין" ומפורש שם שהוא כמו לשון המקרא "עקובה מדם" (הושע ו, ח), כלומר מלוכלך ביין. ומכל מקום כתב רמב"ן שמדובר כאן בכמות של יין שהיא בגדר של "טופח על מנת להטפיח", כלומר, רטיבות כזו שהנוגע בה מרטיב את מה שהוא נוגע בו.

אסור וכתב הראב"ד שהאיסור שמדובר עליו כאן הוא איסור הנאה. שאם לאיסור שתיה, הרי כל כלי שעמד בו יין נסך אוסר בשתיה כל שלא הכשירוהו (ראה להלן עד,ב) אף על פי שאין בו עכבת יין. וראה בתוס' בעמוד הבא שהסביר כי המשפך שנאסר שם הוא משפך המיוחד לתשמישו של גוי והוא בולע מן היין, ולפיכך הוצרך ניגוב, מה שאין כאן שמדובר במשפך של ישראל המוכר, שאין זה אלא שימוש זמני. ונחלקו ראשונים האם היין שמדובר עליו כאן הוא סתם יינם או שהוא יין נסך ממש, אבל סתם יינם דינו קל יותר, שכדברי רבן שמעון בן גמליאל, יכול למוכרו חוץ מדמי יין נסך (ראה רמב"ן ורשב"א).
ועוד הביא רמב"ן דעה אחרת, שהאיסור שמדובר עליו כאן הוא איסור שתיה, שאם לא היתה בו עכבת יין, הרי כל כלי שאין מכניסים בו יין לקיום (לדעת הרמב"ן — דווקא משפך שאין בו בית קיבול, ואין היין מתעכב בו), והעמידו בו יין לפי שעה, אינו צריך הדחה אם נתייבש היין שעליו, לפי שכלה היין (וראה ברשב"א שתמה, שהרי משפך צריך ניגוב (להלן עד,ב). ובראה"ה ומאירי שהסבירו, כל אחד מטעמו, ששם מדובר במשפך של גת דווקא).

הניצוק וכו' והוא בדרך של "לא זו אף זו", שלא רק ניצוק שהוא חיבור שאינו קבוע כלל אין בו משום חיבור, אלא אף קטפרס, שהנוזל המחבר מצוי על גבי קרקע, אין בו חיבור. ולא רק קטפרס אינו חיבור, אלא אף משקה טופח, למרות שאינו נייד, מכל מקום אין בו כמות מספקת של נוזל כדי להוות חיבור.

משקה טופח רש"י מדגיש כי צריך להבין שמשקה זה הוא רק "טופח" כלומר כאשר נוגעים בו יש הרגשה של רטיבות, אבל אין בו מספיק נוזלים להיות "טופח על מנת להטפיח", שהרטיבות שבו מספיקה להרטיב גם מה שנוגע במה שנגע במשקה, שטופח על מנת להטפיח יהא בו דין משקה כנוס גמור.

לא לטומאה שאם היה נוזל מקלח מכלי לכלי, או יורד במדרון, ונגע טמא בתחתון — אין המשקה בעליון טמא (רש"י). וכן אם היה משקה מקלח או יורד במדרון מכלי טהור לכלי טמא (ראב"ד). וכן לענין משקה טופח, או אם היה משקה טופח בין שתי גומות של משקה, ונגע אדם טמא במשקים שבאחת הגומות או במשקה הטופח — אין השאר טמא. וכתב הראב"ד שלכאורה יש להקשות: גם אם אין כאן חיבור, מכל מקום ייטמאו המשקים (של ניצוק או קטפרס וכו') מחמת הטומאה, כדין משקים הנעשים ראשונים לטומאה בכל אופן שהם נטמאים בו, והם כשלעצמם (גם בלא להיחשב כחיבור) יחזרו ויטמאו את הכלי או המאכל השני! ותירץ שיש לומר שכאן מדובר בטומאת טבול יום והדומות לה, שאינן עושות את המשקה הנוגע בהן טמא עד כדי לטמא אחרים.

ולא לטהרה רש"י פירש: כגון שתי גומות מלאות מים שיש חיבור נוזל ביניהן (ניצוק או קטפרס או משקה טופח) שאין בכל אחת שיעור מקוה, שאין אומרים שיצטרפו לכדי שיעור מקוה. והראב"ד כתב שדין זה אמור לענין קטפרס וניצוק דווקא לגבי העליונה שבגומות, שאינה נחשבת כחיבור לתחתונה להצטרף לשיעור מקוה, אבל לגבי התחתונה נחשב הדבר כחיבור, כפי שמוכח מברייתא במסכת חגיגה לגבי קטפרס. אבל רבינו תם סבור שאין ראיה מאותה ברייתא, שם מדובר כשיש מקוה שלם בין שתי הגומות המחוברות בקטפרס. ואילו ר"י מפאריס סבור ש"לטהרה" אכן אין כוונתו לצירוף מקוואות, אלא כוונתו לענין טהרת המים על ידי השקה למקוה, שאין המים נטהרים באופנים אלו.

אורח הלכה

והא לא פסק האומר לחבירו: כשאמכור שדה זו הרי היא מכורה לך מעכשיו במאה זוז, וקנו מידו על כך. ולאחר זמן מכרה לאחר במנה — קנה הראשון. אבל אם רק הבטיח שימכור לראשון ולא פסק — הרי השדה מכורה לאחרון. כדברי אביי. (רמב"ם ספר קנין הלכות מכירה פ"ח ה"ז. שו"ע חו"מ רו,א).

משך חמריו ופועליו פועל או חמור הטעונים שקים בהם פירות המיועדים למכירה, ומשכם הקונה לביתו על מנת לקנות את הפירות — לא קנה, אפילו אם פסק את הדמים ומדדם המוכר על החמור. ויש מי שאומר שאפילו אם מדד הקונה על החמור לא קנה, כיון שלא שלא נתכוון למשיכה ולקניה במדידה זאת (ראב"ד). והוסיף רמ"א כי יש אומרים שאם מדד הלוקח קנה (טור). ואם פרקם הלוקח והכניסם לביתו, אם פסק הדמים אחר כך מדד (אפילו המוכר) אינם יכולים לחזור בהם. ואם לפני שפסק מדד — שניהם יכולים לחזור בהם, שאין המכירה נגמרת בסמיכת הדעת עד שיפסוק דמים. (רמב"ם שם פ"ד הי"ג. שו"ע שם ר, ז—ח).

זוזי אנסוהו האומר לחבירו: כשאמכור שדה זה אמכרנו לך במאה זוז, וקנו מידו. ואחר כך מכר השדה לאחר במאה ועשרים — האחרון קנה, שלא אמר לו כשאמכור אלא שיהיה מוכר מדעתו תחלה, וזה לא היה רוצה למכור ולא מכר אלא מפני התוספת שהוסיף זה על שוויו, ונמצא כמי שנאנס ומכר. וכדברי ר' יעקב מנהר פקוד. וכתב רמ"א: ואם אמר מראש שימכרנה רק לו, או שהתנה עמו בפירוש שימכרנה לו אפילו כשאחרים יציעו יותר — תנאו קיים (רמ"א). (רמב"ם שם פ"ח ה"ז. שו"ע שם רו,א).

כדשיימי בתלתא וכו' האומר לחבירו: כשאמכור לך שדה זו הרי היא קנויה לך מעכשיו כמה שישומו אותה בית דין של שלושה — אפילו על פי שנים מן השלושה. אמר לו: כמו שיאמרו שלושה — עד שיאמרו השלושה, וכן אם אמר לו: כמו שישומו אותה בית דין של ארבעה — עד שישומו הארבעה כולם ויסכימו, וימכור לאחר כמו שיסכימו, ואחר כך יקנה הראשון (אבל אם הציע האחר יותר — מיקחו קיים. סמ"ע). (רמב"ם שם ה"ח. שו"ע שם סעיף ב).

ליתו תלתא אחריני שמו אותה שלושה או ארבעה, ואמר המוכר עד שיבאו שלושה אחרים או ארבעה וישומו — אין שומעים לו, שהרי קנו מידו תחילה שמכר מעכשיו. אבל אם לא מכר מעכשיו, הרי אף שקנו מידו שכשימכור לא ימכור אלא לו — לא קנה, שאין זה אלא קנין דברים (רמ"א). (רמב"ם שם. שו"ע שם סעיף ד).

נטל את המשפך ומדד משפך שמדד בו יין לגוי, אם יש בקצה המשפך עכבת יין — לא ימדוד בו לישראל עד שידיחנו וינגבנו (ראה כס"מ). ואם לא עשה כן — הרי יין זה אסור. כמשנה. (רמב"ם ספר קדושה הלכות מאכלות אסורות פי"ב ה"כ. שו"ע יו"ד קכו, ה).

המערה מכלי אל כלי המערה לתוך כלי שיש בו יין של גוי — נאסר כל היין שבכלי העליון, לפי שעמוד הניצוק מחבר את המשקה שבשני הכלים, וכשיטת רב הונא שניצוק חיבור לענין יין נסך (הראב"ד סבור שהיין נאסר רק בשתיה ולא בהנאה). וכתב רמ"א שיש אומרים שדווקא כשהיה היין שבכלי התחתון יין נסך ממש, אבל אם היה סתם יינם אינו אוסר אלא מה שבכלי (רבינו ירוחם). ויש אומרים שאם אין הכלי שעירה ממנו נוגע בכלי התחתון אינו אוסר. (רמב"ם שם פי"ב הכ"ג. שו"ע יו"ד קכו, א).

הנצוק והקטפרס אינם חבור הניצוק אינו חיבור לא לטומאה ולא לטהרה, שאם היה מערה משקים טהורים לכלי טמא (ואפילו על גבי שרץ) — העמוד שבין הכלים — הרי הוא טהור, ואין צריך לומר שמה שבכלי העליון טהור. וכן לטהרה, שאם עירה מים ממקוה אחד לחברו לא נחשבו חיבור להשלים שיעור מקוה. וכן הקטפרס (מקום מדרון) שיש עליו משקה טופח אינו חיבור לשאר המשקים שבמדרון לא לטומאה ולא לטהרה. (רמב"ם ספר טהרה הלכות טומאת אוכלין פי"ד ה"ה).

נצוק וקטפרס לענין יין נסך ניצוק וקטפרס נחשבים חיבור לענין יין נסך, כרב הונא (ולדעת הראב"ד לא לאסור בהנאה אלא בשתיה בלבד). ודווקא ביין האסור בהנאה, אבל לא ביין האסור בשתיה בלבד. ומה שאנו פוסקים שנצוק חיבור לענין יין נסך הוא לפי שיטת הפוסקים שנצוק חיבור להחמיר. (רמב"ם ספר קדושה הלכות מאכלות אסורות פי"ב הכ"ב. שו"ע יו"ד קכו,א—ב).

מסורת הש"ם

עין משפט נר מצוה

ולא ניתן להישבון. ולא מחייב לאהדורה להאי ישראל דהא מחיל עליה: אמאי נהרג. הא לא קניא להך גזילה וכל היכא דאיתא של ישראל היא: ומשני האי דנהרג משום לעריה דישראל: ומאי לא ניתן להישבון. הא לא שייך ביה הישבון דכיון דגוי לא קנייה דישראל היא: אינה בתורת הישבון. כלומר ה"נ קאמר אינה בתורת שום גזילה דגוי דכל היכא דאיתא דמרה היא וה"ה לשוה פרוטה והאי דנקט פחות לאשמועינן דנהרג עליה: אלא ש"מ משיכה קונה. הלכך קניה קמא והדר קניה האי ונהרג על שגזל ולא ניתן להישבון דרישא דוקא פחות משוה פרוטה דישראל מחיל ולא מיחייב גוי לאהדורה: לך מזביננא לה. וקנו מיניה בקנין: והא לא פסק. ראשון דמים ולא סמכא דעתיה אקנין דסבר אם ירלה לחזור ירבה עליו בדמים: דמיו אסורין. אלמא לא קניה משיכה משום דלא פסק קודם לכן הלכך קנין נמי לא מהני: ה"ג מאי הוי עלה מאי הוי עלה כדאמרן. קמא בלשון בעיא ובתרא בלשון תימה: דלמא. מהכא לא פשטינן לקנין דעלמא והכא משום חומרא דיין נסך שאני דאחמירו רבנן למימר דלא קניא משיכה בלא פיסוק אבל בעלמא קני: משך הימנו חמריו ופועליו. הרי שהיה מביא חמריו טעונין פירות ופועליו נושאים בכתף ומשכה חבירו ממנו והכניסן לתוך ביתו(ב) לאו משיכה שאין משיכה קונה בבני אדם ופירות כל זמן שהן עלייהו לא קנה: א]בין פסק. דמים אחרי כן: עד שלא* פסק. כלומר כל זמן שלא פסק יכול מוכר לחזור בו דביתו לא עדיפא ממשיכה ומשיכה גופא לא קניא אלא אם כן פסק אבל מדד ופסק או פסק ומדד קניא ליה ביתו ולא בעי משיכה: פרקן והכניסן לתוך ביתו פסק עד שלא מדד אין שניהן יכולין לחזור בו. דאע"ג דלא מדד כיון דפסק קניא ליה רשותו במשיכה: מדד עד שלא פסק שניהם יכולין לחזור בו. כל זמן שלא פסק דמדידה לא מהניא מידי ורשותו לא קניא עד דיפסוק אלמא משיכה בלא פיסוק לא קניא: קנה קמא. דהא פסק וקנו מיניה: זוזי אנסוהו. זה שנתן לו מאה ועשרין אנסו למכרה וכל כמה דלא יהבו ליה כולי האי לא הוה בדעתיה לזבונה ואיהו אי מזביננא ליה בשוייה קאמר ליה והא לא זבנה מדעתיה אלא בעל כורחיה: א"ל כדשיימי בתלתא. מזביננא לה ניהלך כיון דנקט לישנא דשומא ונקט תלתא שהן ב"ד סתם לתורת דיינין נחת ואפילו תרי מגו תלתא שמין אותו ואם שלישי חלוק על השנים אזלינן בתר רובא: כדאמרי בי תלתא. לשון זה לאו בתורת דיינין נחת ולאמירת שלשתן נתכוון: כדשיימי בארבעה. כיון דנחת לדעות להרבות דעות יותר מכדי ב"ד ודאי לאו לתורת דיינין נחית ולא אזלינן בתר רובא עד דאמרין כולהו דאי חולקין מאי אהנו ליה דעות: מתני' משפך. טרייטו"ר מלמעלה פיו רחב ולמטה נקב *קלר ומושיבין אותו על פי צלוחית של לוקחין שפיהן לר ושופכין היין מן המידה לתוכו והוא יורד לתוך הצלוחית: אם יש בו. בשולי המשפך: עכבת יין. מקום שמתעכבת שם טיפת יין: אסור. לפי שנאסר שם מן היין שמדד לתוך צלוחיתו של גוי ובגמרא מפרש ההוא עכבת יין דמשפך במאי מיתסרא: המערה מכלי אל כלי את שעירה ממנו מותר. ובגמרא מפרש בגוי המערה ואילטריך לאשמועינן את שעירה לתוכו אסור משום כחו והעליון מותר דלא גזור רבנן בכחו למיסר ההוא דגוף: גמ' הנצוק. קלוח לינור הבא מלמעלה למטה בזקיפה כמרזב של גגין: קטפרס. מים הבאין מלמעלה למטה דרך מדרון של תל גבוה זקוף: ומשקה טופח. ואין בו טופח על מנת להטפיח שאם טפח בהן בידו לא יעלה בה משקה שיוכל להטפיח דבר אחר: אינו חיבור לא לטומאה. אם משקין תלושין הן ונגע טמא בתחתון העליון טהור וכן לענין משקה טופח אפילו במקום חלק משקה מכאן ומכאן ומשקה טופח באמצע ונגע טמא במשקה משקין שמכאן ומכאן טהורין ואע"פ שמחוברין לו: ולא לטהרה. גממית שאין בה ארבעים סאה ונלוק או קטפרס או משקה טופח מחבר לגממית זו מקוה שלם אינה חיבור והטובל בגממית לא עלתה לו טבילה: האשבורן. ביקוע ארץ מליאה שנתבקעה ונקוו שם מים חיבור לטומאה ולטהרה: ליין נסך. שהמערה מכלי כשר ליין נסך נאסר אף מה שבכלי העליון דרך נלוק:
הא

ומאי לא ניתן להישבון דאינו בתורת הישבון
אי הכי אימא סיפא יבא חבירו ונטלה ממנו
נהרג עליה בשלמא רישא משום דצעריה
לישראל אלא סיפא מאי עביד אלא ש"מ
א משיכה בגוי קונה ש"מ ההוא
גברא דא"ל לחבריה אי מזביננא לה להא
ארעא לך מזבינגא לה אזל זבנה לאיניש
אחרינא אמר רב יוסף גקנה קמא א"ל אביי
והא לא פסק ומנא תימרא דכל היכא דלא
פסק לא קנה דתנן א*המוכר יינו לנכרי
פסק עד שלא מדד דמיו מותרין
מדד עד שלא פסק דמיו אסורין מאי הוי
עלה [מאי הוי עלה] כדקאמרינן דלמא
בחומרא דיין נסך שאני ת"ש דאמר רב אידי
בר אבין עובדא הוה בי רב חסדא ורב
חסדא בי רב הונא ופשטיה מהא *דתנן
ג* גמשך חמריו ופועליו והכניסן לתוך ביתו
בין פסק עד שלא מדד ובין מדד עד שלא
פסק לא קנה ושניהן יכולין לחזור בהן דפרקן
והכניסן לתוך ביתו פסק עד שלא מדד אין שניהן יכולין לחזור בהן מדד
ב עד שלא פסק שניהן יכולין לחזור בהן ההוא גברא דאמר ליה לחבריה
אי מזבינגא לה להא ארעא מזבינגא לך במאה זוזי אזל זבנה לאיניש אחרינא
במאה ועשרין אמר רב כהנא קנה קמא מתקיף לה רב יעקב מנהר פקוד
ג האי זוזי אנסוהו הוהלכתא כרב יעקב מנהר פקוד א"ל כדשיימי בתלתא
ואפילו תרי מגו תלתא(א) כדאמרי בתלתא יעד דאמרי בתלתא כדשיימי
בארבעה חעד דאמרי בארבעה וכ"ש היכא דא"ל כדאמרי בארבעה א"ל
כדשיימי בתלתא ואתו תלתא ושמוה וא"ל אידך ליתו תלתא אחריני דקים
להו טפי אמר רב פפא דינא הוא דמעכב מתקיף לה רב הונא בריה דרב
יהושע ממאי דהני קים להו טפי דלמא הני קים להו טפי טוהלכתא כרב
ד הונא בריה דרב יהושע: מתני' ינטל את המשפך ומדד לתוך צלוחיתו של
נכרי וחזר ומדד לתוך צלוחיתו של ישראל אם יש בו *עכבת יין
אסור כהמערה מכלי אל כלי את שעירה ממנו מותר ואת שעירה לתוכו
ה אסור: גמ' תנן התם ד*להנצוק והקטפרס ומשקה טופח אינו חיבור לא לטומאה
ולא לטהרה האשבורן חיבור לטומאה ולטהרה האמר רב הונא מנצוק וקטפרס
ומשקה טופח חיבור לענין יין נסך אמר ליה רב נחמן לרב הונא מנא
לך הא אילימא מדתנן הנצוק והקטפרס ומשקה טופח אינו חיבור
לא לטומאה ולא לטהרה לטומאה ולטהרה הוא דלא הוי חיבור
הא לענין יין נסך הוי חיבור אימא סיפא האשבורן חיבור לטומאה
ולטהרה לטומאה ולטהרה הוא דהוי חיבור הא לענין יין נסך לא הוי
חיבור ו*אלא מהא ליכא למשמע מינה תנן נטל את המשפך ומדד
לתוך צלוחיתו של נכרי וחזר ומדד לתוך צלוחיתו של ישראל
אם

ומאי לא ניתן להישבון. פ"ה(ג) דלא שייך ביה הישבון וכל היכא דאיתיה ברשותיה דישראל איתיה ותימה הרי ישראל נמי לא קנה הגזילה ואפ"ה איתיה בתורת הישבון דכתיב והשיב הגזילה ונראה דה"פ מאחר שאין חיוב בה רק משום לערא דישראל אמאי הוצרך לומר ולא ניתן להישבון פשיטא וליכא מ"ד שתהא השבה שייכא ביה וא"ת למאי דפרשי' לעיל דקאמר דמשיכה קונה בגוי לכולי עלמא היכא דליכא זוזי כגון במציאה ובמתנה מאי פריך ומאי מייתי ראיה מגזל למקח וממכר וי"ל דס"ל דאי אינה קונה בגוי במקח אף בגזל נמי לא תקנה דלא דמיא למציאה ומתנה דבהיתירא אתי לידיה אבל גזל דבאיסורא אתי לידיה אי לא מהני משיכה במקח לא מהני אף בגזל:
אם

שייך לדף הקודם ע"כ

לעיל עא.

נ"ל דתניא

ב"ב פה:

[בדפו' ישן הגי' מדד. כלומר כל זמן שלא מדד לא קנה פיסוק דהא ליכא משיכה וביתו נמי לא קנייא דהא עוקן עליהם: בין מדד. דהשתא קניא ליה חצירו: עד שלא פסק כו']

[בירושל' איתא עקבת בקו"ף ועי' תוי"ט]

טהרות פ"ח מ"ט גיטין טז.

[ברכות כה. וש"נ]

כלומר נר וכעין זה במנחות כח: רש"י ד"ה אלכסנדרים פי' ארוכין וקלרין במקום ארוכים ולרין

קט א מיי' פ"ט מהל' מלכים הלכה ט:
קי ב מיי' פ"ח מהל' מכירה הלכ' ז סמג עשין פב טוש"ע ח"מ סי' רו סעיף א [דלא קנה קמא וכן הוא בפירוש בהג"ה כאביי]:
קיא ג מיי' שם פ"ד הלכ' יג סמג עשין פב טור ש"ע ח"מ סי' ר סעיף ח:
קיב ד מיי' שם טוש"ע שם סעיף ז:
קיג ה מיי' שם פ"ח הלכה ז סמג עשין פב טוש"ע ח"מ סי' רו סעיף א [וברב אלפס ב"ב פרק ז דף רז.]:
קיד ו ז מיי' שם הלכ' ח טוש"ע שם סעיף ב:
קטו ח מיי' שם טוש"ע שם סעיף ג:
קטז ט מיי' שם טוש"ע שם ס"ד [וברב אלפס שם]:
קיז י מיי' פי"ב מהל' מאכלות אסורות הלכה יג סמג לאוין קמח (טור י"ד סי' קכה):
קיח כ מיי' שם הלכ' יב סמג שם טוש"ע י"ד סי' קכו סעיף ה:
קיט ל מיי' פ"ז מהל' טומאת אוכלין הל' א והלכה ה:
קכ מ מיי' פי"ג מהל' מאכלות אסורות הל' יב סמג לאוין קמח טוש"ע י"ד סי' קכו סעיף א:

הגהות הב"ח

(א) גמ' כדאמרי בתלתא. נ"ב עיין בתוספות פ"ק דסנהדרין דף ו בד"ה בילוע: (ב) רש"י ד"ה משך וכו' לתוך ביתו ללאו משיכה היא שאין: (ג) תוס' ד"ה מאי וכו' פ"ה הא לא שייך ביה הישבון דכל היכא וכו' והשיב את הגזילה וכו' פשיט' דליכא למ"ד שתהא:

הגהות מהר"ב רנשבורג

א] רש"י ד"ה בין פסק דמים אחרי כן. נ"ב ל"ע מאי בעי בזה ובלשון הרשב"ס ז"ל בב"ב אינו:

אם יש בו עכבת יין אסור הא עכבת יין במאי קא מתסרא לאו בנצוק ש"מ [א]*נצוק חיבור [ב]תני ר' חייא *שפחסתו צלוחיתו אבל לא פחסתו צלוחיתו מאי לא תפשוט דנצוק אינו חיבור לא פחסתו צלוחיתו תפשוט לך דאסור נצוק תיבעי ת"ש המערה מכלי לכלי את שמערה ממנו מותר הא דביני ביני אסור ש"מ נצוק חיבור אי נצוק חיבור אפילו דגויה דמנא נמי ליתסר הא לא קשיא דקא מקטיף קטופי מ"מ נצוק חיבור ולטעמיך אימא סיפא את שעירה לתוכו הוא דאסיר הא דביני ביני שרי [ג]*אלא מהא ליכא למשמע מינה ת"ש המערה מחבית לבור קילוח היורד משפת חבית למטה אסור תרגמה רב ששת [א]בגוי המערה דאתי מכחו אי גוי המערה אפי' גוא דחביתא נמי מתסר כח דגוי מדרבנן הוא דאסיר ההוא דנפק לבראי גזרו ביה רבנן ההוא דלגואי לא גזרו ביה רבנן אמר להו רב חסדא להנהו סביתא כי כייליתו חמרא לגוים [ב]קטפי קטופי אי נמי נפצי נפוצי [ד]אמר להו רבא [ג]להנהו שפוכאי כי שפכיתו חמרא לא ליקרב גוי לסייע בהדייכו דלמא משתליתו ושדיתו ליה עליה וקאתי מכחו ואסיר ההוא גברא דאסיק חמרא בגישתא ובת גישתא אתא גוי אנח ידיה אגישתא [ד]אסריה רבא לכוליה חמרא א"ל רב פפא לרבא וא"ל רב אדא בר מתנה לרבא ואמרי לה רבינא לרבא במאי בנצוק שמעת מינה נצוק חיבור שאני התם דכולי חמרא אגישתא ובת גישתא גריר אמר מר זוטרא בריה דרב נחמן [ה]קנישקנין שרי וה"מ דקדים פסק ישראל אבל קדם פסק גוי לא [ה]*רבה בר רב הונא איקלע לבי ריש גלותא שרא להו למשתא בקנישקנין

איכא

הא עכבת יין. למשפך במאי איתסר הא לא נגע משפך ביין נסך משירד לתוך הצלוחית: אלא בנצוק. שחיבר יין שבמשפך ליין שבקרקעיתה של צלוחית: תני רבי חייא. במתניתיה להך מתניתא ומוסיף בה: שפחסתו צלוחיתו. והכי קתני לה נטל המשפך ומדד לתוך צלוחית של גוי והרי פחסתו צלוחיתו וחזר ומדד לתוך צלוחיתו של ישראל אם יש בו עכבת יין אסור דכיון שנתמלאת צלוחיתו עד שפחס היין בשולי המשפך שנתחבר ממש יין שבמשפך ליין נסך: ומקשינן כיון דהך דרבי חייא מתני' היא וקתני שפחסתו צלוחיתו הא לאו הכי שרי תפשוט דנצוק אינו חיבור: ומשני לא שפחסתו צלוחיתו תפשוט לך לאסיר. והיא גופה איצטריכא לאשמועי' דלא תימא הא נמי דמיא לנצוק ולא תיתסר אבל נצוק תיבעי לך ומהכא לא דייקי בה היתרא דהא גופא איצטריך: המערה מכלי אל כלי. סלקא דעתיה בישראל עסקינן: [א]למפסוקי פסוקי. קוד' שירד הקילוח לתוך כלי הגוי יפסוק ראש הנצוק מכלי העליון דהשתא ליכא חיבור מידי אבל דביני ביני דמיחבר ע"י נצוק אסור לקלטו מן האויר לשתותו[א] וה"נ מחבית לבור ומה שבבור יין נסך: דגואי לא גזור רבנן. והלכה כרב ששת שאין אדם חלוק עליו ואם שפך גוי *[מן] הכלי מותר מה שנשאר בכלי: קטופי. שיפסוק ראש העליון של נצוק קודם שיגיע ראש התחתון לכלי הגוי ואי נגע מקמי דליפסוק ראש העליון תו לא מהני קיטוף דאיתסר לה בנצוק דס"ל נצוק חיבור וכן הלכה: נפצי נפוצי. יעמדו מרחוק ויזרקו היין לכליו של גוי כי היכי דלא ליהוי נצוק: שפוכאי. פועלין ישראל הרגילים לערות יין מכלי אל כלי: ושדיתו ליה עליה. שמא הניחו את כל הכלי שמערין ממנו ביד הגוי והוא יערה לבדו ומיתסר התחתון: גישתא ובת גישתא. היינו דיופי דגרס בעירובין (דף קד.) חותכין שני קנים בשיפוע ומדביקין ראשיהן מלמעלה ושניהן פונין למטה (כזה) ומניחין אחד מן הראשין בחבית מליאה עד שמגיע לשוליה וראש קנה השני נותן בפיו ומוצץ מעט עד שעולה היין ושומטו מפיו ומניח חבית ריקנית כנגד הקילוח ויין עולה מאליו כולו מחבית לחבית: אנח ידיה אגישתא. נגע בראש זה המקלח: לכולי חמרא. אפי' מה שבכלי הראשון: אגישתא ובת גישתא גריר. שהרי מאליו עולה והוה ליה כנוגע בחבית ממש דהויא לה כחבית אריכתא: קנישקנין. כלי רחב ויש לו שני קנין או שלשה יוצאין מצידו ונמשכין ועולין כנגד גובהו וכשנותנין יין בפיו מתמלאין כל הקנים ויכולין כמה בני אדם לשתות בו ביחד וכאן קורין לו קרוגל"א מפני שמוקף קנים כמחולות הללו (קנישקנין) *(שריא) לשתות בה ישראל וגוי ביחד שכל זמן שזה מוצץ אין יין שנוגע בפי גוי חוזר למטה: וה"מ. דקדם ופסק ישראל כו':

מתני'

אם יש בו עכבת יין אסור. וא"ת למה לי עכבת יין תיפוק ליה משום משפך גופיה דאמר לקמן (דף עד:) דבעי ניגוב ותירץ ר"ת דלקמן מיירי במשפך של חרס דבלע טפי והכא בשל עץ דלא בלע כולי האי ושוב חזר בו ר"ת ופי' דהכא והתם בשל עץ אלא דלקמן מיירי בשל עץ שמיוחד לתשמישו של גוי ובלע טפי ולכך בעי ניגוב אבל הכא מיירי שהמשפך של ישראל ולכך לא בעי ניגוב דלפי שעה לא גזרו ביה רבנן ומשו"ה נקט דוקא שיש בו עכבת יין אע"ג דלקמן (שם) קאמר גבי קנקנים דלפי שעה גזרו בהו רבנן התם כדמפרש טעמא משום דמכניסן לקיום אבל גת ומחץ ומשפך שאין מכניסן לקיום לא בלעי כולי האי: פחסתו צלוחיתו תפשוט לך. וא"ת פשיטא דאסור כיון דפחסתו צלוחיתו וי"ל דאשמועינן חידוש דאף על פי שאין היין נשאר כלל במשפך אפ"ה אסור: כחו של גוי דרבנן בססוא לבראי גזרו רבנן לגואי לא גזרו. מכאן שאם היה היין כשר בתוך כלי אחד ונטל הגוי את הכלי מבחוץ ושפך מן היין לחוץ ולא נגע ביין מה שנפל חוץ לכלי אסור אבל מה שבתוך הכלי מותר כדאמרינן הכא דלגואי לא גזור רבנן: אמר להו רב חסדא להנהו סביתא כי כייליתו חמרא לגוים מקטפי קטופי. פרש"י שיפסוק ראש העליון של נצוק מכליו של ישראל קודם שיגיע ראש התחתון לכליו של גוי דאם הגיע ראש התחתון לכליו של גוי קודם שיפסוק ראש העליון מכליו של ישראל תו לא מהני קיטוף דנצוק חיבור ופסק רש"י כרב הונא דאמר נצוק חיבור מדסבר רב חסדא הכא כוותיה ומעשה רב אבל ר"ת פסק דנצוק אינו חיבור ואע"ג דרב חסדא ס"ל דנצוק חיבור מ"מ הא רב ששת דבתרא הוא טפי אמר דנצוק אינו חיבור מדמוקי מתניתין בגוי המערה לעיל וכן מר זוטרא דבתראה הוא אמר לקמן קנישקנין שריא וקנישקנין חשיב נצוק אע"ג דאינו עולה אלא ע"י מציצה דדמי לגישתא ובת גישתא דחשיב ליה לקמן נצוק מדפריך תלמודא עליה ש"מ נצוק חיבור אלמא גבי גישתא אע"ג דאין היין עולה אלא ע"י מציצה ואין סופו להתערב מאליו כשאר נצוק אפילו הכי חשיב ליה נצוק ה"ה נמי קנישקנין ועוד מדתני ר' חייא כשפחסתו צלוחיתו אלמא דקסבר דנצוק אינו חיבור ואע"ג דקאמר נצוק תיבעי לך לא הוי אלא דוחק ותירוצא בעלמא ועוד מביא ר"ת ראיה דנצוק אינו חיבור מדפריך תלמודא בכל דוכתין ש"מ נצוק חיבור משמע דקשה לתלמודא לאסור בנצוק ועוד דרב הונא דדייק דנצוק חיבור מההיא דהנצוק והקטפרס ומשקה טופח כו' ודייק רב הונא מינה לטומאה ולטהרה הוא דלא הוי חיבור הא לענין יין נסך הוי חיבור ולענין משקה טופח ע"כ אין דיוק זה אמת דהא בפרק ר' ישמעאל (לעיל ס:) משמע דלענין יין נסך בעינן טופח על מנת להטפיח גבי ההוא גוי דאשתכח במעצרתא כו' אמר רב אשי אי איכא טופח להטפיח כו' וכי היכי דאין הדיוק אמת לענין משקה טופח כדפי' ה"ה לענין נצוק נמי אינו אמת דהא בהדי הדדי תני להו ועוד מדבעי לעיל (דף מז:) גבי מלתא דרב הונא דגרגותני ש"מ נצוק חיבור מאי קבעי הא רב הונא דאמר בשמעתין נצוק חיבור אלא ש"מ דרב הונא הדר ביה והשתא במקום שיש הפסד גדול יש לסמוך על דברי ר"ת להתיר מגע גוי ע"י נצוק אבל בהפסד מועט יכול להחמיר כדברי רש"י אמנם אם משך יין מן החבית לתוך כלי שיש בו יין נסך אם יש בחבית ששים מן היין שבכלי שיש בו נסך ודאי מותר אפילו למ"ד נצוק חיבור דהא לא גרע חיבורו ע"י נצוק[ב] מאילו מאליו היה כולו מעורב בחבית שהיה אז בטיל בששים כסתם יינם כמו שפר"ת ונצוק דמיתסר היכי דמי כגון שהיה היין מקלח מן החבית ובא הגוי ונגע בקילוח שהוא הנצוק[ג] כי האי מיתסר למ"ד נצוק חיבור ומכל מקום היכא שיש הפסד מרובה סמכינן אפסק רבינו תם: אמר להו רבא לשפוכאי כי שפכיתו חמרא לגוים לא ליקרב גוי ולסייע בהדייכו כו'. והלכך יש להזהר בישראל שופך יין מחבית לכלי אחר שלא יסייע הגוי אא"כ ישראל אחר שמסייע הרבה עמו וכשהיין מקלח מן הגיגית או מן החבית בעגלה לתוך הכובא והגוי מגביה את העגלה כדי שיקלח היין יפה יפה זה היה מעשה ולא היה ר"י רוצה לומר לא איסור ולא היתר ומ"מ נראה דכיון דבלאו הכי נמי היין מקלח ולא הועיל מעשה הגוי אלא שע"י כך הוא מקלח יותר יפה א"כ מותר דהוי מסייע שאין בו ממש אבל יש ליזהר כשנשאר היין בכובא והגוי מטה בכובא בסיוע נער קטן ישראל דהוי מסייע שאין בו ממש כדלקמן:

עין משפט נר מצוה

קכא א מיי' פי"ב מהל' מאכלות אסורות הלכה ב ועיין בכ"מ סמג לאוין קמח טוש"ע י"ד סי' קכה סעיף א:

קכב ב מיי' שם הל' יב ועיין בהשגות ובכסף משנה סמג שם טור ש"ע שם סי' קכו סעיף א:

קכג ג מיי' שם פי"ג הלכה יג טוש"ע שם סי' קכה סעיף ג:

קכד ד מיי' שם פי"ב הלכה יא סמג שם טוש"ע י"ד סי' קכל סעיף כג:

קכה ה מיי' שם הל' יד טוש"ע שם סעי' יא:

הגהות הב"ח

(א) רש"י ד"ה המערה וכו' עסקינן הס"ד ואח"כ מ"ה דקמקטיף קטופי למפסוקי: (ב) תום' ד"ה אמר להו רב חסדא וכו' לא גרע חיבורו ע"י נצוק מאילו כצ"ל ותיבת מאליו נמחק: (ג) בא"ד שהוא הנצוק נצוק כי האי:

הגהות מהר"ב רנשבורג

א] רש"י ד"ה למפסוקי פסוקי וכו' אסור לקלטו מן האויר לשתותו. כאן הס"ד ואח"כ מה"ד וה"נ ונמחק וה"נ וכ"ב וה"ג כצ"ל:

[לעיל נו: עח.] [לעיל נו:] [ברכות כה. וש"נ] כ"ה בדפו"י [שבת סב: ע"ש] [נ"ל שרי]

אם יש בו עכבת יין — אסור. ויש לשאול: **הא** [זו] **עכבת יין במאי קא מתסרא** [במה היא נאסרת]? **לאו** [האם לא] **בנצוק,** מפני שהיין היורד מחבר את מה שבכלי (שהוא יין אסור, של גוי) לעכבה שבמשפך? **שמע מינה** [למד מכאן] **שנצוק הריהו חיבור!** ומשיבים: **תני** [שנה] **ר' חייא** במשנתנו, שמדובר כאן במקרה **שפחסתו צלוחיתו,** שהצלוחית התחתונה נתרבה בה היין עד שעלה למשפך עצמו. ומסיקים: **אבל** במקרה רגיל של משפך **שלא פחסתו צלוחיתו מאי** [מה] יהא הדין? **לא** יהיה אסור. אם כן **תפשוט** [תפתור מכאן] **שנצוק אינו חיבור!** ודוחים: **לא,** מכאן אין ראיה, אלא רק לענין **פחסתו צלוחיתו תפשוט לך** [תפתור מכאן] **שאסור,** אבל בענין **נצוק** עדיין **תיבעי** [תישאל] השאלה. ומציעים, **תא שמע** [בוא ושמע] ראיה מן הדין השני ששנינו במשנתנו: **המערה מכלי לכלי, את** (הכלי) **שמערה ממנו — מותר** היין שבו, ונלמד מכאן: **הא** [הרי] סילון היין עצמו **דביני ביני** [שבאמצע] שיצא מן הכלי ונגע בכלי התחתון — **אסור, שמע מינה** [למד מכאן] **שנצוק** הריהו **חיבור.** ומקשים: **אי** [אם] אתה אומר **שנצוק חיבור, אפילו דגויה דמנא נמי ליתסר** [היין שנמצא תוך הכלי שעירה ממנו גם כן ייאסר]! ודוחים: **הא לא קשיא, דקא מקטיף קטופי** [זה אינו קשה, יש לפרש שהוא עושה בקפיצות], ואין קילוח רצוף המחבר את מה שבשני הכלים. ואומרים: **מכל מקום** אנו למדים מכאן שסילון היין נאסר עוד לפני שנכנס לכלי, ונמצא כי **נצוק** הריהו **חיבור!** ודוחים: **ולטעמיך** [ולשיטתך] שאתה מדייק בדרך זו, **אימא סיפא** [אמור את סופה] של אותה הלכה: **את שעירה לתוכו הוא דאסיר** [שאסור], ונדייק: **הא דביני ביני שרי** [הרי מה שבאמצע מותר], אף שהיה חיבור על ידי ניצוק, והוא היפך ממה שדייקת מתחילת המשנה! **אלא, מהא ליכא למשמע מינה** [מזו אין ללמוד ממנה] מאופן דיוק זה. ומציעים עוד, **תא שמע** [בוא ושמע] ראיה מברייתא: **המערה יין מחבית לבור** שיש בו יין אסור, **קילוח היורד משפת חבית ולמטה — אסור,** משמע שניצוק הוא חיבור, שהרי קילוח זה נאסר רק משום שקצהו התחתון נוגע ביין האסור שבבור! **תרגמה** [תרגם, הסביר אותה] **רב ששת** משנה זו, לא ביין ששופך ישראל לבור שיש בו יין אסור, ומדין ניצוק, אלא **בגוי המערה** מן החבית לבור, והיין שיצא מן החבית נאסר משום **דאתי** [שבא] **מכחו** של גוי. ומקשים: **אי** [אם] מדובר **בגוי המערה, אפילו גוא דחביתא נמי מתסר** [היין שבתוך החבית גם כן נאסר] משום שהגוי מנענע אותו בכוחו! ומשיבים: **כח** של **גוי מדרבנן** [מדברי סופרים] **הוא דאסיר** [שאסור], **ההוא דנפק לבראי** [אותו היין שיצא החוצה] — **גזרו ביה רבנן** [בו חכמים], **ההוא דלגואי** [אותו שבפנים] — **לא גזרו ביה רבנן** [בו חכמים].

ומביאים כיצד נהגו חכמים למעשה בענין זה. **אמר להו** [להם] **רב חסדא להנהו סבסרי** [לאותם מוכרי יין]: **כי כיילתו חמרא** [כאשר אתם מודדים יין] **לגוים** לכלים שלהם — **קטפי קטופי** [שפכו בקפיצה], כלומר, אל תשפכו זרם שהוא מתמשך, אלא הפסיקו בכל פעם, **אי נמי נפצי נפוצי** [או גם כן העבירו בזריקה] בבת אחת אך לא על ידי שפיכה, על מנת שלא יהא קילוח רצוף של יין מן הכלי שלכם לכלי של הגוי. ועוד מסופר, **אמר להו** [להם] **רבא להנהו שפוכאי** [לאותם שופכי יין] שהיו מעבירים יין מכלי לכלי: **כי שפכיתו חמרא** [כאשר אתם שופכים יין], **שלא ליקרב** [יתקרב] **גוי לסייע בהדייכו** [לכם], **דלמא משתליתו ושדיתו ליה עליה** [שמא תשכחו ותטילו את הכלי עליו] כדי שיעזור לכם, **וקאתי** [ויבוא] היין **מכחו, ואסיר** [ואסור]. מסופר, **ההוא גברא דאפסיק חמרא בגישתא ובת גישתא** [אדם אחד שהעלה יין מן החבית על ידי קנה ובן קנה], **אתא גוי אנח ידיה אגישתא** [בא גוי והניח את ידו על הקנה] ונגע ביין, **אסריה** [אסר] **רבא לכוליה חמרא** [את כל היין], גם את זה שבחבית ממנה שאבו את היין. **אמר ליה** [לו] **רב פפא לרבא, ואמרי לה** [ויש אומרים] שאמר זאת **רב אדא בר מתנה לרבא, ואמרי לה** [ויש אומרים] שאמר זאת **רבינא לרבא: במאי** [במה] נאסר היין? **בנצוק,** שזרם היין שבתוך הגישתא נאסר במגע הגוי, וחזר ואסר כל החבית. **שמעת מינה** [האם יש ללמוד מכאן] **שנצוק הריהו חיבור?** ודחה רבא: **שאני התם** [שונה שם], **דכולי חמרא אגישתא ובת גישתא גריר** [שכל היין על ידי הקנה ובן קנה נגרר] שכל היין נמשך לשם, ולכן הרי זה כאילו נוגע בידו בכל היין שבחבית. **אמר מר זוטרא בריה** [בנו] של **רב נחמן: קנישקנין** כלי יין שיש בו כמה קנים, וכמה אנשים שותים ממנו במציצה — **שרי** [מותר] ליהודי וגוי לשתות יחד. **והני מילי דקדים פסק** [ודברים אלה אמורים שקודם ומפסיק] **ישראל** את השתיה, ואחריו מפסיק הגוי, **אבל** אם **קדם פסק** [קודם ומפסיק] **גוי — לא,** שהיין חוזר מפיו לכלי, ואוסר את היין המצוי שם. מסופר, **רבה בר רב הונא איקלע לבי ריש גלותא** [נזדמן לבית ראש הגולה], **שרא להו למשתא** [התיר להם לשתות] **בקנישקנין** יחד עם הגוי.

עיונים

שפחסתו צלוחיתו רש"י מסביר שלדברי ר' חייא יש להוסיף פרט זה ללשון המשנה, לומר שבמקרה שפחסתו צלוחיתו, אם יש עכבת יין — אסור. ומדובר כשהיין שבצלוחית התחתונה עלה עד שנגע בתוך המשפך עצמו, ונמצא כי אין כאן חיבור על ידי ניצוק, אלא מגע היין האסור עצמו ביין שבמשפך. והראב"ד מסביר שמשמעות הביטוי היא שנהפכה הצלוחית ופחסה המשקה תחתיה עד שעלה היין, והוא היין שבעכבה שבמשפך. ומדברי תוס' ניתן להבין כי ר' חייא שונה שפחסתו צלוחיתו במקום מה שנאמר במשנתנו שיש בו עכבת יין (וראה במהר"ם).

פחסתו תפשוט לך דאסור וכו' כלומר, לא באה המשנה לדעת ר' חייא אלא להשמיענו דבר זה שיש בו חידוש לעצמו, שאם פחסתו צלוחיתו אסור, ואין לך ללמוד מכאן דבר לגבי ניצוק. וראה בתוס'. והרי"ד תמה כיצד ניתן להסיק כך מדברי ר' חייא, שהרי הוא מפרש את משנתנו דווקא באופן מסויים, כשפחסתו צלוחיתו, וממילא מובן שכוונתו לומר שאם לא היה זה כך הרי זה מותר (ורבינו תם אכן סבר כי זהו תירוץ דחוק, שאין להתחשב בו להלכה). והוא מציע לפרש כי גם אם ניצוק אסור צריך היה להוסיף ולומר כי גם במקרה שפחסתו צלוחיתו הדין כן, כי היה מקום לומר שניצוק אינו אסור משום שהחיבור ליין האסור הרי הוא חיבור הכרחי (כל זמן שהקילוח נמשך). אבל כאשר היין עולה בצלוחית לתוך המשפך — הרי יש אפשרות להניח אצבע בקצה חלקו הצר של המשפך ולא לתת לו לעלות למעלה, ולכן הוצרך ר' חייא לומר שאף במקרה כזה הרי זה אסור. וראה בריטב"א שמסביר כי לדעת ר' חייא עצמו דינו של ניצוק מוטל בספק, ומה שהוא משמיע במשנתו הוא כי אם ניצוק היה מותר, מכל מקום אם פחסתו צלוחיתו הריהו אסור.

כח דגוי מדרבנן לפי רש"י (לעיל נח,ב) עיקר הניסוך נעשה על ידי שכשוך ומגע הגוי ביין, וכוחו שאין בו מגע אינו נאסר אלא משום הרחקה. ואילו לפי הרי"ד עיקר ניסוך היין לעבודה זרה הריהו בעירוי, ולא על ידי מגע דווקא, אלא בכוחו. ואולם סתם עירוי של גוי אין מקום לאוסרו, משום שסתם מחשבתו של גוי אינה לעבודה זרה, אלא שמצד החשש שמא ניסך גזרו בו, ולכן יש להבחין בין מה שכבר עירה מן החבית, שיש בו דמיון לפעולה של ניסוך, לבין מה שלא יצא ממנה עדיין. וראה בספר הישר (סי' תשיט) שיש שהסבירו כי יש להבחין בין מה שניכר לעין כבא מכוחו לבין מה שלא ניכר.

קטפי קטופי יש ראשונים שרצו להוכיח מכאן שדעת רב חסדא לאסור בניצוק. וכתב הריטב"א בשם רבו כי מכאן אין להוכיח שרב חסדא פסק שנצוק הוא חבור, אלא רב חסדא עצמו לא היה בטוח בהלכה זו, ולכן הורה לשופכי היין לעשות בדרך זו כדי שלא יהיה מקום לכל חשש. ולדעת רבינו תם, הואיל ולא הוזכר כאן ענין ניצוק, וגם מעשה זה מובא בין שני עניינים הנוגעים לכוחו של גוי, יש להבין גם את דבריו של רב חסדא בהקשר זה (ראה בספר הישר וברא"ש).

שפוכאי מרש"י משמע שפועלים אלה שופכים יין מכלי לכלי, אם כדי להעבירו לכלי הנוח יותר להולכה או כדי למנוע החמצתו. והר"ח (המובא ברי"ד) נראה שמפרש שהיו שופכים מכלי מדידה לחביות.

דשדיתו ליה עליה כי סיוע הגוי (כאשר יכול ישראל לעשות הכל גם בלי סיועו) לא היה אוסר, אבל כיון שאנשים אלה עושים מלאכה זו הרבה פעמים, הרי ייתכן שישכחו שהמסייע להם הוא גוי, ויגיעו למצב שבו בעצם הגוי הוא השופך את היין והישראלי אינו אלא כמסייע שאין בו ממש. וכעין הלכה זו פסק גם בירושלמי, שאף שהישראל מחזיק בפי הנוד לא יתנו לגוי לסייע בשפיכה, שמא ירפה הישראל את ידו מן הנוד ונמצא כל העירוי נעשה על ידי הגוי.

גישתא ובת גישתא המפרשים מסבירים שהוא כלי העשוי כמין צינור כפוף (או משני קנים מחוברים בזוית) המשמש להעברת יין מחבית לחבית, ששואבים את היין על ידי יניקה מן הקצה האחר (או לפי תיאור של כלי אחר — על ידי פומית המצויה למעלה, בין שני הקנים) ולאחר מכן הוא ממשיך לקלח ברציפות. ונחלקו המפרשים מהו גישתא ומהו בת גישתא, רש"י מסביר כי כי הגישתא הוא הקנה ממנו מקלח היין לחבית הריקה, ובת גישתא הוא הקנה המצוי בחבית ממנה שואבים את היין. ואילו הראב"ד מסביר להיפך, שהקנה האחד העומד זקוף בתוך הכלי שבו מצוי היין מתחילה הוא הנקרא גישתא, והקנה האחר, המוטה כלפי מטה הוא הנקרא בת גישתא.

אנח ידיה אגישתא כלומר, בקצה הצינור המקלח יין (רש"י). והראב"ד מסביר שהניח ידו בקצהו העליון של הקנה בו שואבים את היין, והפסיק את הזרימה כך שהיין חזר לחבית בגללו.

במאי בנצוק שהרי כמו בניצוק (או קטפרס), מדובר במגע ביין שלא בכלי בו הוא מצוי, והוא נוגע ביין שאינו עתיד להגיע לחבית, שהיא כנגד כיוון הזרימה שלו. והסביר הראב"ד כי אם ניצוק אינו חיבור לא היה מקום לאסור אלא את היין שעלה בגישתא ונדחף בחזרה לחבית על ידי מגעו, ויימכר היין חוץ מדמי אותו יין.

אגישתא גריר שכיון שהיין עולה מאליו לגישתא נמצא שהגישתא הרי היא חלק מן החבית, כעין זרוע ארוכה שלה, והנוגע ביין שבגישתא כנוגע בחבית עצמה (רש"י), ובניצוק מדובר ביין היוצא חוץ מן החבית, ולכן אינו נחשב כחלק מן היין שבתוכה. והראב"ד פירש כי הואיל וכל היין נדחף לצאת דרך הגישתא נמצא שדחיפת היין בחזרה על ידי הפסקת הזרימה הריהי כשכשוך כל היין שבחבית. וראה ברי"ד המסביר שאינו דומה לניצוק, לפי שהניצוק נזקק כל הזמן לכוחו של אדם היוצק מכלי אחד לחבור, ולכן אינו נחשב לחיבור, מה שאין כן בגישתא. וראה גם בר"ת בספר הישר המחלק בין ניצוק (התלוי בכוח אדם) ובין קטפרס, הזורם בהכרח מלמעלה למטה, ולא מכוח מגע מתמיד.

קנישקנין שרי קנשיקנין הוא כלי שיוצאים ממנו כמה צינורות (ולדעת רש"י כולם מסודרים כעין מעגל) ויכולים כמה בני אדם לשתות ממנו בבת אחת. וכל זמן שהגוי אינו פוסק מלשתות אין הוא אוסר את היין שבכלי. וכבר התקשו הראשונים מדוע לא ייאסר היין בניצוק. ויש מן הראשונים שהסבירו כי לדעה זאת בוודאי אין ניצוק חיבור (ראה שיטת ר"ת בתוס' ורא"ה). אבל הראב"ד (בתשובותיו) רוצה לחלק בין זה לניצוק, שבניצוק וכיוצא בו הכל יוצא ממקום אחד, אבל בקנישקנין, כיון שיש צינורות אחרים מהם יוצא היין — אין רואים את היין שעתיד לשתות ישראל כעתיד לצאת משם. ואילו הריטב"א הביא בשם הרמ"ה כי בניגוד לניצוק, שם היין שבחבית מגיע באופן טבעי למקום בו נוגע בו הגוי, ומשום כך הנוגע ביין המצוי שם נחשב כנוגע ביין שבחבית, יין זה שבקנים אינו מהוה חלק של היין שבחבית, משום שהיין מגיע לשם רק על ידי מציצה, ובאופן טבעי אינו עתיד להגיע לשם. ועוד, שמעשה היניקה נעשה (על כל פנים בתחילתו) כאשר הקנים עצמם ריקים ואין בהם יין. וראה במאירי הסבור כי אין שותים מן הקנישקנין בדרך מציצה (שלדעתו אם היו עושים כן היה הכל נאסר מחמת הגוי) אלא היין נשפך מאליו דרך הצנורות, ונמצא שהגוי השותה אינו עושה כל פעולה בשתיית יין זה (אלא רק כשהוא מפסיק לשתות, שאז הוא סותם את פי הצינור וכך הוא נוגע ביין).

דקדים פסק ישראל אבל אם הנכרי מפסיק קודם, נמצא שמקצת היין ששאב דרך הקנישקנין חוזר שוב אל היין שבכלי והוא אוסר את כל מה שבכלי מחמת התערובת, או מחמת שבאופן זה הרי הוא משכשך את כל היין שבכלי (ראב"ד).

שרא להו למישתא וכו' וכתב הרא"ה כי אף שיש מכאן ראיה שניצוק אינו חיבור לענין יין נסך, לכתחילה אין לעשות כן בימינו, והעושה כן גוערים בו. שאף שאינו אסור מעיקר הדין יכול הדבר להביא לידי מכשול וראוי שלא לעשותו. ובתוס' בעמוד הבא הביאו את דברי ר"ח (על פי הגמרא במסכת שבת) כי ענין הקנישקנין שהותר כאן אינו עוסק כלל בשתייה עם גוי, אלא עם יהודי, ומה שנאמר כאן שהדבר מותר הריהו להוציא מדעת הסבור שדבר כזה נאסר לאחר החורבן (ולא הובא לכאן אלא אגב ענין הגישתא. וראה בריטב"א).

אורח הלכה

בגוי המערה נטל הגוי כלי של יין והגביהו עד שיצא משם יין, אף שלא שיכשך בו נאסר בשתיה (ולדעת הרמב"ם נראה שנאסר אף בהנאה. כס"מ) ומה שנשאר בכלי אסור משם ניצוק (ויש אומרים שאין אומרים בזה דין ניצוק. רמ"א). כברייתא וכדברי רב ששת. (רמב"ם ספר קדושה הלכות מאכלות אסורות פי"ב ה"ב. שו"ע יו"ד קכה,א).

קטופי קטופי וכו' המערה יין לתוך כלי שיש בו יין של גוי נאסר היין שבכלי על ידי חבור הניצוק. אבל אם עירה וקיטף, שהפסיק הקילוח לפני שנגע היין הנשפך בתוך הכלי — הרי זה מותר. וכדברי רב חסדא. (רמב"ם שם הי"ב. שו"ע יו"ד קכו,א).

לא ליקרב גוי לסייע לא יסייע הגוי לישראל בשעה שמריק יין מכלי לכלי, שמא יניח הכלי כולו ביד הגוי ונמצא היין בא מכוחו. כרבא. ואם סייעו הגוי — מותר, כרבא. וכתב בשו"ע שאפילו היה הגוי המסייע לישראל יכול לעשות זאת בעצמו, אם היהודי הוא גדול מותר בדיעבד. אבל אם היהודי הוא ילד קטן — אסור, שהוא מסייע שאין בו ממש. (רמב"ם שם פי"ג ה"ג. שו"ע שם קכה, ג).

גישתא ובת גישתא מינקת שעושים ממתכת או זכוכית שהניח ראשה בתוך היין ומצץ והתחיל היין לרדת, ובא גוי והניח אצבעו על פי המינקת ומנע היין מלרדת — נאסר כל היין שבחבית בהנאה, שהכל היה יוצא ונגרר לולי ידו, ונמצא הכל כבא מכוחו. וכדברי רבא. אבל אם לא היתה המינקת מונחת בשולי החבית ולא היה כל היין יוצא, נאסר רק עד מקום שהמינקת מגיעה אליו (ש"ך). (רמב"ם שם פי"ב הי"א. שו"ע שם קכד, כג).

קנישקנין שרי אף שגוי אוסר יין במגע אפילו בפיו, כגון שמוצץ יין במינקת ומעלהו לתוך פיו, ואז כל היין שבכלי נאסר בהנאה, מכל מקום כלי שיש לו כמה פיות ויש בו יין, יכול היהודי למצוץ מפה אחד והגוי מוצץ מן הפה האחר, ובלבד שיפסיק היהודי קודם שיפסיק הגוי. וממידת חסידות להיזהר שלא לעשות כן, שמא יפסיק הגוי קודם ליהודי (ב"י בשם התוס'). (רמב"ם שם הי"ד. שו"ע שם, סעיף יא).

מסורת הש"ס

א. ע"ז נו,א (ושם סומנו מקבילות).
ב. שם נו,ב.
ג. (הביטוי) ע"ז כב,א (ושם סומנו מקבילות).
ד. ראה ירושלמי ע"ז פ"ה ה"י.
ה. שבת סב,ב (עיי"ש).

גרסות

שפחסתו צלוחיתו בכתי"ס: **כגון שפחסתו צלוחיתו.**

שפחסתו צלוחיתו בכת"י: **שפחסתו צלוחיתו טעמא דפחסתו צלוחיתו.**

תפשוט דניצוק בכת"י: **תפשוט מיניה דנצוק.**

תפשוט לך דאסור נצוק תיבעי בכת"י: **תפשוט לך אבל נצוק תיבעי לך.**

אפילו דגויה דמנא בכתי"מ: **אפילו דמנא.**

מכל מקום נצוק חבור בכתי"מ: **מכל מקום שמע מינה נצוק חבור.**

לתוכו הוא דאסיר בכתי"מ: **לתוכו אסור.**

ההוא דלגואי בכת"י: **ההוא דלא נפק לבראי.**

שפכיתו חמרא בכת"י: **שפכיתו חמרא לגוים.**

וקאתי מכוחו ואיסר בכתי"מ: **דקאי מכח גוי ואסיר.**

ידיה אגישתא בכתי"מ ועוד: **ידיה עילויה.**

לכוליה חמרא בכתי"מ: **לחמרא.**

שמעת מינה נצוק חבור בכתי"ס נמחק משפט זה.

קנישקנין בכתי"ס ועוד: **קנישקיז** ובערוך: **קנשקין.**

למשתא בקנישקנין בכתי"מ: **למישתי חמרא בקנישקנין.**

לשון

גישתא ובת גישתא

ציור מצרי עתיק של אנשים השואבים יין על ידי צינור יניקה — גישתא

יש שרצו לקרב לשון גישתא למלה פרסית שמשמעה לינוק, אך אין מלה זו דומה ממש למלה גישתא.

קנישקנין ויש הגורסים: קנישקין (בערוך ועוד). ויש: קנישקיז. מקור המלה לא נתברר, יש הסבורים כי הוא מן היוונית κανίσκιον (קניסקיון) שהוא מין סל קטן. ואף שהמלה דומה בצליל, אין היא דומה במשמעה. ויש מסבירים שהיא מן היוונית κρόνιον (קרוניון), שהוא מין כלי שתייה. ואחרים סבורים שהיא מלה מן הלטינית המאוחרת cannicanna שהיא כלי שתייה שיש בו כמה קני שתייה.

מסורת הש"ס

א. משנה ע"ז עד,א. ירושלמי ערלה פ"ב ה"ו. תוספתא תרומות פ"ח כב.
ב. ראה ירושלמי ערלה פ"ב ה"ו. שם ע"ז פ"ה הי"א.
ג. ראה מנחות כז,א. חולין ק,ב. קח,א.
ד. (הביטוי) עירובין ט,א. בכורות כג,א. ובירושלמי תרומות פ"ה ה"ב. שם ערלה פ"ב ה"ג. שם פסחים פ"ג ה"א (בשינוי לשון).

גרסות

רבה בר רב הונא גופיה בכתי"י: הוא גופיה.

מים במים בכל שהוא בכתי"מ: מים במים במשהו.

מין במינו במשהו בירושלמי ועוד: מין במינו כל שהוא.

תא שמע יין במים בכתי"מ: תא שמע מים במים במשהו מאי לאו דנפיל אסורא לגו התירא. לא התירא לגו אסורא. תא שמע יין במים.

ומדרישא בכתי"מ: תא שמע מים ביין בנותן טעם מאי לאו דנפיל איסורא לגו התירא. לא התירא לגו אסורא. והא מדרישא וכעין זה בכתי"ס.

אמתניתין יין ביין כל שהוא אמר רב שמואל בכתי"מ: אמתניתין יין נסך אסור ואוסר בכל הוא כי אתא רב שמואל.

איתמר יין נסך שנפל לבור בכתי"מ: יין נסך ויין כשר שנפלו וראה רמב"ן.

החיים

צרצור
כלי חרס קטן, מעין בקבוק שהיה משמש להחזיק בתוכו יין או משקים אחרים. נראה כי היה זה כלי בעל פה צר למדי, ובשפתו העליונה היו מעין שיניים ("מסרק"). פי הצרצור היה מכוסה בכעין רשת של חרס, שדרכה היה הנוזל נשפך ממנו בקילוח קטן למדי.

איכא דאמרי [יש שאומרים]: רבה בר רבא הונא גופיה אישתי [הוא עצמו שתה] עם גוי בקנישקנין.

א משנה יין נסך אסור ואוסר בכל שהוא כשהוא מתערב ביינות אחרים. ומפרטים: יין נסך שנתערב ביין של היתר וכן מים שנתנסכו לעבודה זרה, שנתערבו במים של היתר — אוסרים בכל שהוא, אבל יין שנתערב במים ומים שנתערבו ביין — אוסרים בנותן טעם. זה הכלל: מין שנתערב במינו — אוסר במשהו, ושלא במינו — אוסר בנותן טעם.

ב גמרא כי אתא [כאשר בא] רב דימי אמר בשם ר' יוחנן: המערה יין נסך מחבית לבור יין, אפילו עשה כן כל היום כולו — ראשון ראשון שנשפך בטל ביין שבבור והופך לחלק מן ההיתר, וכשיורד היין שאחריו מתבטל אף הוא. ומקשים, תנן [שנינו במשנתנו]: יין נסך אסור ואוסר בכל שהוא; מאי לאו דקא נפיל איסורא לגו התירא [האם לא מדובר כאן שנופל האיסור בתוך ההיתר]? והרי אינו בטל, והוא אוסר במשהו, ואינו מתבטל! ודוחים: לא, מדובר במשנתנו דקא נפיל התירא לגו איסורא [שנופל ההיתר אל תוך האיסור], ואז אנו אומרים שהאיסור אוסר במשהו את ההיתר שנפל לתוכו, למרות שבמשך הזמן מתרבה כמות ההיתר שנופלה לתוכו. ומקשים עוד, תא שמע [בוא ושמע] ממה ששנינו: יין במים בנותן טעם; מאי לאו [האם לא] מדובר דקא נפיל חמרא דאיסורא למיא דהתירא [שנופל יין של איסור לתוך מים של היתר]? והרי אינו בטל, אלא הוא אוסר משעה שיהא בו בנותן טעם! ודוחים: לא, דקא נפיל חמרא דהתירא למיא דאיסורא [מדובר שנופל יין של היתר למים של איסור] וכל זמן שהמים משפיעים על טעמו של היין — הרי הוא אסור. ושואלים: ומדרישא במיא דאיסורא, סיפא נמי במיא דאיסורא [ומתוך שבראשה של אותה הלכה מדובר במים אסורים, סופה גם כן צריך לפרש במים האסורים], וקתני סיפא [ושנה בסופה]: מים ביין — בנותן טעם, ואינו בטל ראשון ראשון, למרות שהוא איסור הנופל להיתר! ומשיבים, אמר לך [יכול היה לומר לך] רב דימי: כולה מתניתין התירא לגו איסורא [בכל משנתנו מדובר על היתר שנפל לתוך איסור], ורישא [ובהתחלה] מדובר דקא נפיל חמרא דהתירא למיא דאיסורא [שנפל יין של היתר למים של איסור], סיפא [בסוף] מדובר דקא נפיל מיא דהתירא לחמרא דאיסורא [שנפלו מים של היתר ליין של איסור]. כי אתא [כאשר בא] רב יצחק בר יוסף אמר בשם ר' יוחנן: המערה יין נסך מצרצור (פך) קטן לבור, אפילו היה מערה אותו כל היום כולו — ראשון ראשון בטל. ומעירים: ודוקא צרצור קטן, דלא נפיש עמודיה [שאין העמוד, הקילוח שלו מרובה], אבל חבית דנפיש עמודיה [שמרובה הקילוח שלה] — לא.

ג כי אתא [כאשר בא] רבין אמר בשם ר' יוחנן: יין נסך שנפל לבור שהיה שם יין של היתר, ונפל שם קיתון של מים — רואין את יין ההיתר כאילו אינו, שאין יין הנסך אוסר אותו, והשאר (היין האסור) המים רבין עליו ומבטלין אותו. כי אתא [כאשר בא] רב שמואל בר יהודה אמר בשם ר' יוחנן: לא שנו אלא שנפל קיתון של מים תחלה, ואחר כך נפל לשם יין נסך, אבל לא נפל שם קיתון של מים תחלה — אנו אומרים שמתחילה מצא מין את מינו (יין נסך את היין שבבור) וניעור שהיין האסור כבר מצא יין היתר שהוא מינו, ואסרו, ובמקרה כזה בוודאי אין במים כדי לבטל טעם היין כולו. איכא דמתני לה אמתניתין [יש ששונים את ההלכה הזו על משנתנו], ששנינו בה: יין ביין — כל שהוא. אמר רב שמואל בר יהודה אמר ר' יוחנן: לא שנו אלא שלא נפל שם קיתון של מים, אבל נפל שם קיתון של מים — רואין את יין ההיתר כאילו אינו, והשאר מים רבין עליו ומבטלין אותו. ושואלים: מאי איכא בין לדמתני לה אמתניתין בין לדמתני לה אדרבין [מה הבדל יש בין זה ששונה את ההלכה הזו על דברי משנתנו, ובין זה ששונה אותה על דברי רבין]? ומסבירים: מאן דמתני לה אמתניתין [מי ששונה אותה על משנתנו] לא בעי [אינו צריך] שיהא קיתון המים תחלה, ובכל מקרה מבטלים המים את היין האסור, ומאן דמתני לה אדרבין [ומי ששונה אותה על דברי רבין] הריהו מוסיף על דבריו, ולפיכך לשיטה זו בעי [צריך] שיפול קיתון המים תחלה. איתמר [נאמר]: יין נסך שנפל לבור ונפל שם קיתון של מים,

עיונים

ואוסר במשהו בענין זה נחלקו הראשונים, כי נראה לפי האמור במסכת כולה, שלענין זה אין הבדל בין יין נסך ממש ובין סתם יינם (וראה בתוי"ט). אבל שיטת ר"ת היא שאיסור משהו הוא דווקא ביין נסך ממש, אבל סתם יינם הוא כשאר איסורים ובטל בששים. והר"י סבור שאמנם בזמן הגמרא לא היה הבדל בין יין נסך לסתם יינם, אבל בזמן הזה (שאין הגויים רגילים לנסך) סתם יינם אינו אוסר יותר משאר איסורי תורה. ומכל מקום כתבו ראשונים כי יין שנאסר רק בשתיה, כגון בכותו של הגוי, אינו נאסר אלא בששים.

ומים במים כלומר, מים שנוסכו לעבודה זרה (רש"י). וכתב הרא"ה שכאן מדובר דווקא שנתערבו מי האיסור במים תלושים. אבל אם נפלו מי האיסור למים מחוברים אינם אוסרים אותם.

המערה יין נסך וכו' הראב"ד כתב כי בהכרח מדובר כאן כאשר העירוי נעשה בדרך של קיטוף, כך שאין ניצוק המחבר שבין החבית והבור, שאם היה ניצוק — נאסר כל היין שבבור כאילו נתערב באותה שעה כל היין שבחבית ביין שבבור. אבל הרמב"ן דחה את דבריו, והסביר כי גם ניצוק אינו אוסר אלא משום שאנו רואים את הניצוק כמעורב באמצעות קילוח זה היורד מעט מעט, ואם קילוח זה בטל ראשון ראשון — כיצד ייאסר על ידי ניצוק! וראה ברשב"א. אכן לגופם של דברים, כתב הרמב"ן כי בוודאי שאם היה בקילוח הראשון כדי לתת טעם בהיתר אין הוא בטל.

ראשון ראשון בטל בתוס' הרבו להקשות ממקורות אחרים שמהם נראה שאין דין זה של "ראשון ראשון בטל" קיים במקרים שונים. ובתוס' ר"י מפאריס מביא שתי שיטות לתרץ קושיות אלה. שלדברי הריב"ם אין אומרים ראשון ראשון בטל כאשר האיסור מגיע בדרך טבעית (כגון גידולי תרומה, שהם טבל, והם רבים על התרומה עצמה) ולא אמרו ביטול זה אלא בדבר שאינו דרכו הרגילה. ואילו שיטת ר"ת היא שאם יש ריבוי האיסור בלא הפסקה כלל אין אומרים בזה שראשון ראשון בטל, אבל כאשר נעשה הדבר בהפסקות — כל הנכנס ראשונה בטל (וראה גם מה שנאמר לשיטת רש"י בסוף תוס' ד"ה כי אתא). ואילו ר"י מפאריס עצמו סבור (והיא שיטת התוס' שלנו) כי מה שאמרו ראשון ראשון בטל הריהו רק כאשר כמות האיסור המתערב בהיתר אינה מגיעה לאחד מששים בהיתר, אבל משהגיעה ליותר מאחד בששים (שהוא שיעור נתינת טעם) שוב אינו בטל.

התירא לגו איסורא רש"י מסביר בפשטות שיש להבין הלכה זו במשנה לפי אותו עקרון עצמו, שראשון ראשון בטל, אלא שמדובר כאן במקרה ההפוך, שההיתר בטל באיסור, ומשום שראשון ראשון בטל, הרי גם אם ההיתר מתרבה עד כדי שאין בו איסור אלא משהו — גם אז אסור. אבל הרמב"ן תמה, שאם "ראשון ראשון בטל" מהווה נימוק להלכה זו, מדוע לא נאמר כן בכל שאר איסורים שבתורה, שהיתר הנופל לתוך איסור בטל ראשון ראשון? והרי אמרו שאף שאין מבטלים איסור לכתחילה, מכל מקום אם עשה כן בשוגג מותר. ואין לומר שהוא משום חומרת יין נסך, שהרי עיקרון זה הולך גם לקולא, כשאיסור נופל לתוך היתר! והוא סבור כי בכלל היתר אינו מתבטל באיסור, ומה שנאמר כאן הוא חומרה מיוחדת ביין נסך, שיין היתר שנפל לתוך יין נסך, אם אין בו באותה שעה כדי לבטלו בשישים — הריהו נאסר מאותה שעה (ומכל מקום גם לדבריו, אם היה זה מין בשאינו מינו בטל איסורו משבטל טעמו). ולרמב"ם שיטה אחרת בענין זה, שהוא סבור שאפילו היתה טיפה אחת של יין נסך בבור ונפלה לשם חבית יין היתר בבת אחת — אסורה כל החבית, כיון שהאיסור במקומו הריהו חשוב ואינו בטל לעולם (רשב"א).

חמרא דהתירא למיא דאיסורא שהמים אוסרים את היין כל זמן שלא ביטל היין את טעמם. ורש"י הסביר כי מדובר כאן כאשר נפלה כמות גדולה של יין בתחילה, באופן שלא היו המים יכולים לבטלה, שאם לא כן — הרי ראשון ראשון בטל. וראה ברמב"ן שתמה, שאם בכך מדובר, הרי גם במקרה שנפל יין של איסור לתוך מים של היתר, לא היה האיסור בטל אם היתה נופלת כמות גדולה מתחילה. והראב"ד הסביר כי אף שאין מדובר כאן על כמות גדולה שנפלה כאחת, יש להבחין בין תערובת של מין במינו, שבה לעולם ייבטל ההיתר באיסור, לבין תערובת של מין בשאינו מינו, שאם יתרבה ההיתר עד כדי שלא יהא באיסור לתת בו טעם — הרי האיסור בטל, כיון שאין ההיתר נאסר אלא בגלל טעם האיסור שבו. ואילו רמב"ן הסביר את טעם הדבר לשיטתו, שהיתר אינו בטל לעולם באיסור, ומשום כך, הואיל ומדובר כאן במין בשאינו מינו הרי משאין בו טעם איסור שוב אינו אסור.

דנפיש עמודיה והוא מחמיר יותר מרב דימי בשם ר' יוחנן שלא חילק בין כלי לכלי, ואף בחבית הוא מתיר. ומכל מקום צריך לומר שגם לדבריו לא התיר ר' יוחנן בחבית גדולה אלא בקטנה דווקא, וחבית גדולה מאד הריהי אוסרת אפילו בבור (רש"י לעיל, וכן מבואר בתוס'). וכן כתב הראב"ד שאין מדובר כאן כאשר הקילוח של החבית דיו כדי לתת טעם ביין שבבור, שאם כן בוודאי הוא אוסר לדעת הכל, אלא שלדברי רב יצחק, אף שאין בו כדי לתת טעם, הואיל והוא דבר חשוב אינו בטל. והר"ן הביא פירוש אחר, שחבית שהקילוח שלה מרובה הרי זה נחשב כאילו כל החבית נופלת כאחת לבור, ולכן אינו בטל ראשון ראשון, מה שאין כן בצרצור שקילוחו דק. ותמה הר"ן כיצד ניתן להגדיר מה נחשב קילוח חשוב ומה לא. ופירש שמנהגם היה לערות מחבית לבור, ולכן, הואיל וסוף כל היין שבחבית לירד לבור ודרכו בכך אי אפשר לומר עליו שראשון ראשון בטל, שהרי הוא עומד כולו להתערב, וכאילו נתערב כבר כולו. מה שאין כן בצרצור קטן, שאין דרך לערות בו — אין אנו רואים אותו כמעורב כולו בבור, אלא רק מה שירד כבר בפועל, וראשון ראשון בטל.

כי אתא רבין אמר ר' יוחנן לדעת רש"י חלוק רבין על רב דימי וגם על רב יצחק בר יוסף, והוא סבור שלדעת ר' יוחנן יין נסך אינו בטל כלל ביין של היתר, אלא דווקא במים. וממילא מפרש גם את משנתנו כפשטה, ביין נסך שנפל ליין של היתר, ולא כרב דימי ורב יצחק, בהיתר שנפל לתוך איסור. ורמב"ן הציע שרבין אינו חולק כלל על רב דימי, ואינו עוסק בענין זה כלל, אלא בא לפרש רק ענין זה של "סלק את מינו", והוא עוסק במקרה בו אוסר יין נסך את יין ההיתר גם לדעת רב דימי. ומדברי הרמב"ם שפסק כרב יצחק לענין צרצור, נראה שהבין כי דברי רבין נאמרו דווקא במקרה של חבית שנפלה לבור, שרב דימי התיר בה ורב יצחק אסר, ועל כך אמר רבין כי יש אפשרות להתיר גם במקרה של חבית.

מים רבין עליו ומדובר שהיתה בלגין כמות מים שרבה על היין עד שהיא מבטלת את טעמו (ראב"ד ועוד).

מצא מין את מינו וניעור רש"י מסביר "ניעור" כמו התעורר, התחזק והתווסף. שמאחר ונתערב יין הנסך ביין המותר שבבור והפך גם אותו לאסור, נתחזק ונתרבה היין על המים ואסרם. והראב"ד מסביר כי "ניעור" הוא מלשון ניעור דברים, שהיין האסור מצא את יין ההיתר שהוא מינו ונתערבב עמו ואסרו.

לא בעי תחילה ונחלקו הראשונים כיצד לפסוק בענין זה, שיש שאמרו שבכל דבר שהוא מחלוקת שבדברי סופרים יש להקל, וכלשון ראשונה. ויש שאמרו שיש להחמיר שהרי אמרו במסכת חולין שחתיכת היתר שנאסרה בגלל איסור שנבלע בה היא עצמה נעשית נבילה. והראשונים האריכו לבאר בענין זה מתי אומרים ש"חתיכה עצמה נעשית נבילה", ומתי אין אומרים כן. שיש שהסבירו כי אין אומרים ש"חתיכה עצמה נעשית נבילה" אלא בחתיכה הניכרת לעצמה, אבל לא בדבר שנתערב כגון יין ביין. ואחרים אמרו שדווקא בדבר שנבלע בו טעם האיסור הרי הוא עצמו הופך לנבילה, אבל לא בדבר שנאסר בכל שהוא. ויש שכתבו כי רק בבשר וחלב "חתיכה עצמה נעשית נבילה", שהרי מדובר בשני היתרים שהחיבור שלהם יוצר איסור בשניהם, מה שאין כן בשאר איסורים, שאין "חתיכה עצמה נעשית נבילה". וראה בענין זה אריכות גדולה בדברי רמב"ן ותלמידיו.

אורח הלכה

יין נסך אסור ואוסר בכל שהוא יין שנתנסך לעבודה זרה שנתערב ביין של היתר — אוסר בהנאה בכלשהו, מפני חומרת עבודה זרה. וכן סתם יינם שנתערב ביין היתר אוסר הכל בשתיה בכלשהו. וכתב רמ"א כי יש אומרים שסתם יינם בזמן הזה בטל בשישים, וכן נוהגים להקל. (רמב"ם ספר קדושה הלכות מאכלות אסורות פט"ו ה"ו—ז. שם פט"ז הכ"ח—כט. שו"ע יו"ד קלד, א—ב).

יין במים בנותן טעם מים אסורים, כגון שהיו נעבדים או תקרובת לעבודה זרה, שנתערבו ביין של היתר, וכן יין נסך שנתערב במים — הרי זה בנותן טעם, ככל מין בשאינו מינו. כמשנה. (רמב"ם שם פט"ו ה"ו. שם פט"ז ה"ל. שו"ע שם סעיף ג).

ראשון ראשון בטל עירה יין נסך מצרצור (פך) קטן לתוך בור של יין, אפילו עירה כל היום כולו — ראשון ראשון בטל. והוא הדין שאם עירה מים מצרצור קטן לתוך יין או להיפך. שפסק הרמב"ם כרב יצחק המחמיר יותר מרב דימי. ובשו"ע הוסיף וכתב לענין יין שנתערב במים, שאם נתרבה המשקה האסור עד שיש בו כדי ליתן טעם בהיתר הרי זה אוסר. וכתב הרמ"א שדבריו סותרים זה את זה, שהרי מתחילה כתב שראשון ראשון בטל. אלא שזו דעת תוס' ועוד החולקת על דעת הרמב"ם, שהם סבורים שאין האיסור בטל לעולם (גם לענין יין ביין), ולכשיתרבה לכדי נתינת טעם הרי הוא חוזר ואוסר, והלכה כמותם. והאחרונים דנו כיצד ליישב דברי המחבר. (רמב"ם שם הכ"ח וה"ל. שו"ע שם סעיף א וסעיף ג).

התירא לגו איסורא במה דברים אמורים שיין נסך אוסר בכל שהוא — כשהורק היין המותר על יין נסך, ואפילו נפלה חבית יין גדולה של יין היתר בבת אחת על טיפת יין נסך. כפירוש המשנה לשיטת רב דימי ורב יצחק בגמרא. ויש הסבורים (רמב"ן ורא"ש וטור) שדווקא אם נפל מעט מעט ולא היה בו בתחילה כדי לבטל טעמו של האיסור — הרי זה אסור, וגם אם נתרבה ההיתר אינו חוזר וניעור. אבל אם יין ההיתר נפל בבת אחת והיה בו שישים ביין נסך — מותר היין, ויש לסמוך עליהם במקום הפסד (ש"ך). (רמב"ם שם הכ"ח. שו"ע שם סעיף א).

חבית דנפיש עמודיה עירה יין מן החבית, בין ששפך יין היתר לתוך יין נסך, או יין נסך לתוך היתר — הכל אסור, מפני שהקילוח היוצא מן החבית מרובה. כרב יצחק בר יוסף בשם ר' יוחנן, שהולכים לחומרה. (רמב"ם שם. שו"ע שם סעיף א).

רואין את ההיתר כאילו אינו וכו' בור יין שנפל לתוכו תחילה קיתון של מים ואחר כך נפל לתוכו יין נסך — רואים את יין ההיתר כאילו לא היה שם, ומשערים אם המים שהיו שם מבטלים את טעם יין הנסך הרי הכל מותר. כדברי רבין, וכלשון ראשונה בגמרא. וכתב בשו"ע שאם סתם יינם נתערב ביין של היתר, הרי גם אם נפל לתוכו קיתון מים לבסוף, אם יש במים כדי לבטל טעם היין האסור — הכל מותר. כלשון שניה של רב שמואל בר יהודה, שהולכים להקל באיסור מדברי סופרים. (רמב"ם שם הל"א. שו"ע שם סעיף ד).

איכא דאמרי רבה בר רב הונא גופיה אישתי
א בקנישקנין: מתני' [א]יין נסך אסור [א]ואוסר
בכל שהוא יין ביין ומים במים בכל שהוא [ב]יין
במים ומים ביין בנותן טעם זה הכלל מין
במינו במשהו ושלא במינו בנותן טעם:
ב גמ' כי אתא רב דימי א"ר יוחנן המערה
יין נסך מחבית לבור אפילו כל היום כולו
ראשון ראשון בטל תנן יין נסך אסור ואוסר
בכל שהוא מאי לאו דקא נפיל איסורא לגו
התירא [ג]לא דקא נפיל התירא לגו איסורא
ת"ש יין במים בנותן טעם מאי לאו דקא נפיל
חמרא דאיסורא למיא דהתירא [ד]לא דקא
נפיל חמרא דהתירא למיא דאיסורא ומדרישא
במיא דאיסורא סיפא נמי במיא דאיסורא
וקתני סיפא מים ביין בנותן טעם אמר לך
רב דימי כולה מתני' התירא לגו איסורא
ורישא דקא נפיל חמרא דהתירא למיא
דאיסורא סיפא דקא נפיל מיא דהתירא
לחמרא דאיסורא כי אתא רב יצחק בר יוסף
א"ר יוחנן [ה]המערה יין נסך מצרצור קטן
לבור אפילו כל היום כולו ראשון ראשון
בטל ודוקא צרצור קטן דלא נפיש
עמודיה [ו]אבל חבית דנפיש עמודיה לא
ג כי אתא רבין [ב]אמר רבי יוחנן [ז]יין נסך
שנפל לבור ונפל שם קיתון של מים
[ג]רואין את ההיתר כאילו אינו והשאר מים
רבין עליו ומבטלין אותו כי אתא רב שמואל
בר יהודה א"ר יוחנן [ח]לא שנו אלא שנפל
קיתון של מים תחלה אבל לא נפל שם
קיתון של מים תחלה [ד]*מצא מין את מינו
וניעור איכא דמתני לה אמתני' יין ביין כל
שהוא אמר רב שמואל בר יהודה א"ר יוחנן
לא שנו אלא שלא נפל שם קיתון של מים
אבל נפל שם קיתון של מים רואין את
ההיתר כאילו אינו והשאר מים רבין עליו
ומבטלין אותו מאי איכא בין לדמתני
לה אמתני' בין לדמתני לה אדרבין מאן
דמתני לה אמתני' לא בעי תחלה ומאן
דמתני לה אדרבין בעי תחלה איתמר יין
נסך שנפל לבור ונפל שם קיתון של מים
אמר

רש"י

מתני' ומים במים כו'. מים שנתנסכו לעבודה זרה נפלו במים דהיתר: **גמ' ראשון ראשון.** שנפל בטיל(א) ביין כשר שבבור ומותר בהנאה והאי דקתני לקמן (דף עד.) יין נסך שנפל בבור כולו אסור מוקי לה כשנפל בחבית גדולה ונשברה ונפל כולו כאחד: **לגו היתירא.** ולא אמרי' קמא קמא בטיל ליה ברוב: **היתירא לגו איסורא.** דקמא קמא דהיתירא בטיל ליה: **ה"ג יין במים בנותן טעם: מאי לאו חמרא דאיסורא לגו מיא דהיתירא.** וקתני מכי יהיב טעמא(ב) בחמרא מיתסר: **ה"ג לא חמרא דהיתירא לגו מיא דאיסורא.** ולאשמעינן דכל כמה דיהבי מיא טעמא בחמרא איתסר עד שיבטל טעם היין את טעם המים וכגון דנפיל כוליה כחדא דלא אפשר למיא דאיסורא לבטולי(ג): **ה"ג ומדרישא מיא.** דאיסורא סיפא נמי מיא דאיסורא וקתני סיפא מים ביין בנותן טעם אלמא איסורא בגו היתירא אע"ג דרובא דהיתירא לא אמרינן קמא קמא בטל: **אמר לך רב דימי כולה מתני' היתירא בגו איסורא.** ורישא מיא דאיסורא וסיפא מיא דהיתירא ואין הלכה כרב דימי שהרי בא רב יצחק והחמיר בא רבין והחמיר ולקמן פסקינן יין נסך במינו במשהו: **לצרור קטן** גרסי' והוא פך קטן ובעירובין גבי בגדים בפ' אחרון (דף קג:) גרסינן ללגול קטן והוא קשר של משי: **רואין את ההיתר כאילו אינו.** ולא אמרינן הרי נאסר כל היין ורבה היין על המים דהא הוי חמרא רובא אלא לאיסור שנפל גרידא משערינן ואיכא מיא רובא אלמא פליג רבין אדרב דימי ולאשמעינן דמיא הוא דמבטל חמרא אבל חמרא לא מבטל חמרא: **תחלה.** קודם יין נסך דכי נפל יין נסך אשכחוה מיא ובטלוה: **מצא מין את מינו.** לבסוף וניעור כלומר נתחזק ונתוסף איסורו ורבה יין על המים ולשון ניעור *כאיש אשר יעור משנתו כמו *הניעור בלילה וכל היכא דתני מצא מין את מינו וניעור היינו פירושו ויש שמפרשין וניעור נוער מתורתו ראשונה ונדבק בחבירו ונתחזק ומ"מ נוער מיבעי ליה: **ואיכא למתני.** להא דרב שמואל בר יהודה אמתני': **מאן דמתני לה אמתני' לא בעי תחלה.** ואפי' נפל קיתון לבסוף ס"ל דמבטלין מים את האיסור: **ומאן דמתני אמילתיה דרבין בעי תחלה.** דאי לאו תחלה אתא לאשמועינן מאי קמשמע לן הא רבין נמי הכי קאמר:

תוספות

איכא דאמרי רבה בר רב הונא גופיה אישתי בקנישקנין. תימה היאך היה שותה בקנישקנין נהי דלא הוי חיבור מ"מ היה לו לחוש דלמא פסיק קדים ברישא גוי ופי' ר"ח דלא מיירי עם הגוי אלא שהיה שותה עם ישראל בקנישקנין וא"ת א"כ מאי קמ"ל י"ל דקמ"ל דלא מיתסר בזמן הזה משום שמחה לאפוקי ממאן דאסר במס' שבת לשתות בקנישקנין בזמן הזה פ' במה אשה (דף סב: ע"ש היטב): **יין ביין ומים במים במשהו.** פר"ת לדוקא יין נסך ממש שנתנסך לעבודה זרה הוא דהוי במשהו אבל סתם יינם בששים *וכן מגע גוי(ד) במים מיירי במים שידוע שנתנסכו לעבודה זרה דאי בסתם מים ליכא איסור דכוותיה קתני יין שידוע שנתנסך לעבודה זרה אבל סתם יינם הוי בששים אפילו מין במינו כמו כל איסורין שבתורה והיא דאגרדמים גוי דקאמר עלה בתוספתא* שטיפת יין אוסרת במשהו אע"ג דלא הוו ודאי נסך איכא למימר דאתיא כר' יהודה דאמר מין במינו אפילו באלף לא בטיל אפי' בשאר איסורין ועוד אומר ר"י דאפי' אם נפשך לומר דסתם יינם במשהו אפ"ה הוי סתם יינם בזמן הזה בששים ודוקא בימי התנאים והאמוראים שהיו בקיאים הגוים בטיב עבודה זרה דאז שייכא ניסוך החמירו בסתם יינם לאוסרו כמו יין נסך ממש הלכך לענין ביטול כשאר איסורין דמי ובטל בששים כמו שאר איסורין: **כי אתא רב דימי א"ר יוחנן המערה יין נסך מחבית לבור אפי' כל היום כולו ראשון ראשון בטל.** פי' אפי' מתרבה היין נסך לבסוף מ"מ אמרינן ראשון ראשון בטל משמע הכא דרב דימי סבר קמא קמא בטיל ותימה דבבכורות פ' הלוקח (דף כב.) אמרינן הלוקח ליר מע"ה משיקו במים וטהור ממה נפשך אי רובא מיא ניניהו הא עביד ליה השקה ואי רובא ליר ליר לא בר קבולי טומאה היא פי' ומיעוט מיא דאית ליה בטלי דליר הוא רוב ומסיק עלה לא שנו אלא לטבול בהן פתו אבל לקדירה לא דמצא מין את מינו וניעור ולא אמר קמא קמא בטיל ורב דימי קאמר לה להא שמעתא התם ועוד קשיא דרבי יוחנן אדרבי יוחנן דבשמעתין א"ר יוחנן ראשון ראשון בטל ובנדרים (דף נז:) א"ר יוחנן(א) גידולין של תרומה שגדלו ורבו הגדילו גידוליו על עקרו אסור אפי' לכהן לאוכלן משום טבל ולא אמרינן ראשון ראשון בטיל וי"ל דבשמעתין נמי דקאמר ראשון ראשון בטיל היינו עד (*שיפול) שם כל כך מן היין נסך בין הכל שלא יהא בהיתר ס' אבל אם נפל כל כך מן הנסך לסירוגין בין הכל שאין בהיתר ס' כדי לבטלו אסור משום דמצא מין את מינו וניעור ותדע שכן הוא דאי לא תימא הכי וכי אם היה אדם מערה חלב בקדירה של היתר מעט מעט בסירוגין עד שנתרבה החלב לבסוף כל כך שהיה בו בנותן טעם לקדירה וכי תעלה על דעתך שהוא מותר משום קמא קמא בטיל אלא ודאי לא אמרינן קמא קמא בטיל כיון שיש כל כך מן האיסור לבסוף שהוא נותן טעם ואם תאמר כיון דעד ס' קאמר כדפרי' אם כן מה חידוש הוא זה לאשמועינן שיהא בטל עד ס' וי"ל דאתא לאשמועינן דאף על גב דקתני מתני' יין ביין במשהו דלא מיירי באיסורא לגו היתירא אלא מיירי בהיתירא לגו איסורא וא"ת ולפי' רש"י דפי' קמא קמא בטיל אפי' אין בו ס' הא *אסרינן במתני' (דף עד.) יין נסך שנפל לבור(ה) וי"ל דנפל בפעם אחת בקילוח אחד דלא אמר קמא קמא בטיל אבל הכא שנפל טיפה אחר טיפה מותר משום דאמר קמא קמא בטיל*: **ת"ש יין במים בנותן טעם מאי לאו דקנפיל חמרא לאיסורא לגו מיא דהיתירא.** וקאמר דלא אמרינן קמא קמא בטיל וקשיא לרבי יוחנן וא"ת ומאי קושיא האמרינן לעיל דלא אמרינן קמא קמא בטיל כי אם עד ס' וא"כ שפיר קאמר דאוסר בנותן טעם דהיינו כי ליכא ס' וי"ל דהכי פריך מאי לאו דקנפיל לגו היתירא ומדהא סיפא מיירי באיסורא לגו היתירא רישא נמי דקתני יין ביין במשהו מיירי בכה"ג דנפל איסורא לגו היתירא וקתני במשהו וקשיא לרב דימי א"ר יוחנן: **ודוקא לצרור קטן דלא נפיש עמודיה אבל חבית דנפיש עמודיה לא.** פר"י דה"ה רב דימי דאמר בחבית דוקא נקט חבית אבל גיגית דנפיש עמודיה טפי מחבית לא אמר קמא קמא בטיל*: **רואין ההיתר כאילו אינו כו'.** רבין אתא לאפלוגי אדרב דימי דאשמועינן דוקא מיא מבטלי חמרא אבל חמרא לא מבטל חמרא ופ"ה דאין הלכה כרב דימי שהרי אחר רב דימי בא רב יצחק והחמיר ובא רבין והחמיר ול"נ טעם זה דאדרבה היה לנו לפסוק בשל סופרים כדברי המיקל והיינו כרב דימי דמיקל טפי מכולהו מ"מ נראה דהלכה כרבין ולא כרב דימי ולא מטעמיה דרש"י אלא משום דרבין בר סמכא הוא טפי כדאיתא ביבמות פרק הבא על יבמתו (דף סד:):

מסורת הש"ס

[זכריה ד]

[אבות פ"ג מ"ד]

[נ"ל שלא יפול]

בדפו"י אמרינן

[עי' תוס' יומא נז: ד"ה עירה ותוס' מנחות כב. ד"ה הדבר]

עין משפט נר מצוה

קכו א מיי' פט"ז מהל' מאכלות אסורות הלכה כח ופט"ו הלכה ו ז סמג לאוין קמח טוש"ע י"ד סי' קלד סעיף א:

קכז ב מיי' שם הלכה ל טוש"ע שם סעי' ג:

קכח ג ד ה מיי' שם הל' כח טוש"ע שם וסעיף א:

קכט ו מיי' שם טוש"ע שם סעיף א:

וכן מים במים מיירי במים שידוע שנתנסכו כצ"ל ר"מ

קל ז ח מיי' שם הלכה לא טוש"ע שם סעיף ד:

[פרק ח]

הגהות הב"ח

(א) רש"י ד"ה ראשון וכו' בטיל ברוב ביין וכו' כשנפל חבית גדולה שנשברה ונפל: (ב) ד"ה ה"ג יין וכו' מאי לאו וכו' יהיב טעמא חמרא במיא מיתסר כצ"ל והד"א: (ג) ד"ה ה"ג לא וכו' לבטיל טעמא דחמרא הס"ד: (ד) תום' ד"ה יין וכו' וכן מגע גוי דומיא במים דמיירי במים: (ה) ד"ה כי אתא וכו' שנפל לבור כולו אסור בהנאה וי"ל דנפל בפעם:

[עירובין ט. בכורות כב. כג.]

גליון הש"ס

תום' ד"ה כי וכו' היינו עד שיפול שם. עיין שבת דף סה ע"ב תוס' ד"ה שמא ועיין ברכות דף כה ע"ב ברש"י ד"ה אבל וביומא דף נז ע"ב תוס' ד"ה עירה: **בא"ד** מה חידוש הוא זה. לא זכיתי להבין הא החידוש הוא אף דאילו נפל בבת אחת לא מהני ס' בהיתר מ"מ בנפל בקלוח אמרי' קמא קמא בטיל ואי דקושייתם מה הפרש בזה ובבת אחת נמי לבטל בס' דמ"ש משהו קטן למשהו גדול הו"ל להקשות בפשיטות דלמאי צריכים לס' קמא קמא בטיל הא אף אם תצטרף לכל הנפילה ליסתרי דהוי ס' וגם אמאי אומר רי"ל אבל חביות לא וזה לא יתישב בהירולם וצ"ע:

[וע"ע תוס' שבת סה: ד"ה שמא ותוס' ב"ק ק: ד"ה אומר ותוס' חולין פז: סד"ה רואין אותו]

א) ע"ש ושם איתא בגלגל של תרומה

חזקיה

אמר חזקיה הגדילו באיסור אסור הגדילו בהיתר מותר ורבי יוחנן אמר אפי' הגדילו באיסור מותר א"ל רבי ירמיה לרבי זירא לימא חזקיה ור' יוחנן בפלוגתא דר"א ורבנן קמיפלגי דתנן [א]*שאור של חולין ושל תרומה שנפלו לתוך העיסה לא בזה כדי לחמץ ולא בזה כדי לחמץ ונצטרפו וחמצו ר"א אומר אחר אחרון אני בא וחכ"א בין שנפל איסור בתחלה ובין בסוף אינו אסור עד שיהא בו כדי להחמיץ ותסברא והאמר אביי לא שנו אלא שקדם וסילק את האיסור אבל לא קדם וסילק את האיסור אסור חזקיה דאמר כמאן אלא הכא ברואין קמיפלגי לחזקיה לית ליה רואין לרבי יוחנן אית ליה ומי אית ליה לרבי יוחנן רואין והא בעי מיניה ר' אסי מרבי יוחנן שני כוסות אחד של חולין ואחד של תרומה ומזגן ועירבן זה בזה מהו ולא פשט ליה מעיקרא לא פשט ליה לבסוף פשט ליה אתמר נמי א"ר אמי א"ר יוחנן ואמרי לה א"ר אסי א"ר יוחנן ב' כוסות אחד של חולין ואחד של תרומה ומזגן ועירבן זה בזה רואין את ההיתר כאילו אינו והשאר מים רבין

א עליו ומבטלין אותו: זה הכלל מין במינו במשהו שלא במינו בנותן טעם: [ב]*רב ושמואל דאמרי תרוייהו כל איסורין שבתורה במינן במשהו שלא במינן בנותן טעם זה הכלל לאתויי מאי לאתויי כל איסורין שבתורה ר' יוחנן ור"ל דאמרי תרוייהו [א]כל איסורין שבתורה בין במינן בין שלא במינן בנותן טעם [ג]חוץ מטבל ויין נסך במינן במשהו ושלא במינן בנותן טעם וזה הכלל לאתויי טבל תניא כוותיה דרב ושמואל תניא כוותיה דרבי יוחנן ור"ל תניא כוותיה דרב ושמואל כל איסורין שבתורה במינן במשהו שלא במינן בנותן טעם תניא כוותיה דר' יוחנן ור"ל כל איסורין שבתורה בין במינן בין שלא במינן בנותן טעם חוץ מטבל ויין נסך במינן במשהו שלא במינן בנותן טעם בשלמא יין נסך [ג]משום חומרא דעבודה זרה אלא טבל מ"ט [ד]כהיתירו כך איסורו *דאמר שמואל [הג]חטה אחת פוטרת את הכרי *(ותניא) נמי הכי [ו]*במה אמרו טבל אוסר בכל שהוא במינו שלא במינו בנותן טעם:

מתני'

הגדילו. המים והיין באיסור שנפל יין נסך בסוף והגדילו אסור ולא אמרינן רואין את ההיתר כאילו אינו אלא יין נסך מתחבר למינו ואין המים רבין עליו וכ"ש אם נפלו מים בסוף כדאמרן לעיל: **הגדילו בהיתר.** שנפל יין היתר בסוף כבר בטל יין נסך במים שהמים רבו עליו בהיותו לבדו ומשבטל לגמרי שוב אינו חוזר וניעור: **ור' יוחנן אמר אפי' הגדילו באיסור.** הואיל ומים נפלו תחלה לא אמרינן מלא מין את מינו: **א"ל ר' ירמיה לר' זירא כו'.** ר' ירמיה לא הוה קים ליה בטעמייהו וסבר דטעמיה דחזקיה משום דאמר אחרון אני בא כר"א הלכך נפל יין נסך בסוף אסור נפל כשר בסוף מותר ור' יוחנן כרבנן דאמר עד שיהא באיסור לבדו כדי לבטל את המים אבל היתר לא יצטרף עמו לבטל את המים ולאסור: **לא שנו.** לר"א דאם נפלה היתר בסוף מותר: **אלא שקדם וסילק את האיסור.** ולא נשלם השיעור אפילו ע"י צירוף: **אבל לא קדם וסילקו.** מצטרף היתר לאיסור להשלים את השיעור: **חזקיה דאמר כמאן.** אי כר"א קאמר אפי' הגדילו בהיתר אסור דהכא ליכא למימר קדם וסילקו ואי כרבנן אפילו הגדילו באיסור מותר דהא אמרינן אפי' נפל איסור בסוף אינו אסור: **אלא.** גבי פלוגתא דשאור איכא למימר חזקיה ור' יוחנן תרוייהו אי כר"א אי כרבנן דטעמא דהכא ודהתם לא דמי דשאור ה"ט דלא בטיל משום דמתקן לכולה עיסה ואיסוריה לאו במשהו ור"א ורבנן בזה וזה גורם פליגי ביין נסך במינו איסורו במשהו ושלא במינו בנותן טעם ופלוגתא דחזקיה ור' יוחנן משום מינו ושאינו מינו: **וברואין קמיפלגי.** חזקיה סבר לא אמרינן רואין את מינו כאילו אינו ושאינו מינו רבה עליו ומבטלו אלא כיון דיין כשר קודם ליין נסך ויין כשר הוה רבה על המים כי נפל יין נסך מלא מין את מינו וניעור אבל כי נפל נסך ברישא בטל ליה במים דמים הוי טפי עליה וכי הדר נפל כשר שרי דמשבטל יין נסך לא אמרינן חוזר וניעור: **ור' יוחנן.** סבר כיון דנפל נסך למינו ושאינו מינו רואין את מינו כאילו אינו ושאינו מינו רבה עליו ומבטלו: **ומזגן.** במים לפי כח היין ויש במים שבשניהם כדי לבטל את התרומה ברוב: **מהו.** מי אמרינן רואין של חולין כאילו אינו והמים רבים על התרומה או דלמא מלא מין את מינו וניעור ורבה היין על המים:

זה הכלל. דמתני' דמשום יין נסך לא איצטריך דהא תנא ליה יין במינו במשהו ויין במים בנותן טעם אלא לאיתויי שאר איסורין אתא כל נותן טעם במינו בששים משערינן כדאמרינן בשחיטת חולין (דף צח.): **חוץ מטבל ויין נסך.** לקמן מפרש טעמא: **חטה אחת פוטרת הכרי.** מתרומה דהא לא אתפרש שיעורא דידה אלא ראשית דגנך כתיב ואפי' כל דהו ורבנן הוא דאמרי *עין יפה אחד מארבעים עין רעה אחד מששים בינונית אחד מחמשים: **במה אמרו טבל איסורו במשהו במינו.** אמרו אבל שלא במינו בנותן טעם משום דבמינו איכא למימר כהיתירו כך איסורו אבל בשלא במינו ליכא למימר הכי אלמא טעמא משום הכי הוא:

מתני'

חזקיה אמר הגדילו באיסור אסור. פרש"י כגון היין של היתר היה בבור ואח"כ נפל עליו יין נסך דמלא מין את מינו וניעור ולא שנא כי נפלו מים תחלה לא שנא לבסוף דלא אמרינן רואין את ההיתר כאילו אינו והשאר מים רבין עליו ומבטלין אותו אלא היין מתחבר למינו ונעשה הכל יין נסך והשתא אין במים שיעור לבטלו הגדילו בהיתר כגון שהיין נסך היה בבור ונפל שם קיתון של מים וכשנפל עליו היין של היתר כבר נתבטל יין נסך במים שהמים *רבין עליו בהיתר לבדו ונתבטל ומשנתבטל לגמרי שוב אינו חוזר וניעור ור' יוחנן הגדילו באיסור נמי מותר דלא אמר מלא מין את מינו וניעור והוא שנפלו מים תחלה כפרש"י. וקשיא לדוחק הוא חדא מה שהעמיד רש"י מלתיה דר' יוחנן כשנפלו מים תחלה דא"כ ה"ל לפרש וע"ק הא דפירש הגדילו בהיתר כגון שנפל יין של היתר לבסוף דהא לישנא דקאמר יין נסך שנפל לבור משמע דאיכא יין של היתר בבור דהכי משמע לישנא כמו ההוא דלעיל דקאמר המערה יין נסך מחבית לבור כו' [א]לכן נ"ל הגדילו המים באיסור כלומר בשעה שנפלו מים לבור היה כבר מעורב היין נסך ביין של היתר אסור דלא אמר רואין ההיתר כאילו אינו כו' כיון שכבר נאסר הגדילו בהיתר כגון שנפל מים של היתר תחלה בבור ואח"כ יין של איסור הכל מותר כיון שבטל דהיינו שלא היה כבר נאסר ור' יוחנן אמר הגדילו נמי באיסור בין שנפלו מים תחלה בין לבסוף מותר דאית ליה רואין: **שני כוסות.** תימה למה לי סלק את מינו אפילו מינו דיין של חולין יסייע לבטל דהא ר' יוחנן לית ליה במינו במשהו אלא טבל ויין נסך ותרומה נמי עולה בק"א אלמא דבטיל במינה וי"ל דהכא מיירי בדליכא ק"א ולכך אינו מבטל*: **חוץ מטבל ויין נסך.** וה"ה דמים במים במשהו: **טבל מאי טעמא דכהיתירו כך איסורו.** מה היתירו במשהו כשמואל דאמר שמואל חטה אחת פוטרת את הכרי וכי היכי דכל שהוא חשוב להתירו חשוב נמי לאסרו ותימה דהכא משמע דטעמא דטבל במשהו דכהתירו כך איסורו ובירושלמי קאמר *דטעמא משום דטבל יש לו מתירין וכל דבר שיש לו מתירין אפי' באלף לא בטיל כגון טבל ושביעית ומעשר והקדש כשהן במינן אבל שלא במינן בנותן טעם והשתא תרי טעמי ל"ל וי"ל דצריכי תרוייהו דאי ליכא אלא חד טעמא דיש לו מתירין הוי אמינא דוקא היכא דהבעלים בעיר דאז יש לו מתירין שהבעלים יכולים להפריש אבל אי ליכא בעיר אע"ג דיכול לילך במקום שהבעלים שם מ"מ כיון שיש לו טורח והולאה הוי כשאין לו מתירין כמו שפר"ת בפ' הזהב (ב"מ דף נג. ושם) דלא מיקרי יש לו מתירין אלא בלא טורח ויציאה הלכך איצטריך טעמא דהכא משום דכהתירו כך איסורו ואי ליכא אלא טעמא דהכא הוי אמינא דלא הוי במשהו אלא טבל גמור דהיתירו במשהו כדשמואל אבל מעשר ראשון הטבול לתרומת מעשר דהיתירו לא הוי במשהו דהא מעשר מן המעשר בעי אפרושי הוי אמינא דאיסורו לא הוי במשהו לכך איצטריך טעמא דירושלמי דיש לו מתירין:

אלו

עין משפט נר מצוה

קלא א מיי' פט"ז מהל' מאכלות אסורות הלכה ו סמג לאוין קמח טוש"ע י"ד סי' לח סעיף א:

קלב ב מיי' שם סמג שם טוש"ע י"ד סי' קלד סעיף א:

קלג ג מיי' פ"ג מהל' תרומות הלכה א:

רבין עליו בהיותו לבדו ונתבטל כצ"ל רש"א

גליון הש"ס

תום' ד"ה שני וכו' ותרומה נמי עולה בק"א. עיין זבחים דף עג ע"א תום' ד"ה רי"א:

[עי' תום' מנחות כב: ד"ה ור' יהודה סבר ותוס' זבחים עג. ד"ה ר"י]

[וכן בגמ' דיקן נדרים נח.]

[נ"ל ותנן]

הגהות הגר"א

[א] תום' ד"ה חזקיה. לכך נ"ל הגדילו כו'. נ"ב אבל בירושלמי כאן ובפ"ב דערלה מפורש כפרש"י נפל איסור בסוף אסור היתר בסוף מותר אבל בר' יוחנן אמר שם דא"ל מים תחלה דבכל ענין מותר. ואיני יודע מי דחקו לרש"י לומר דוקא תחלה:

מסורת הש"ס

לעיל מט. ערלה פ"ב מי"א פסחים כו: תמורה יב.

פסחים כט:

[שבת יז: קידושין נח:]

חולין קלז: [חלה פ"ג מ"י]

[תרומות פ"ד מ"ג]

אָמַר חִזְקִיָּה: אם הִגְדִּילוּ המים והיין בְּאִיסּוּר שיין נסך נפל לשם באחרונה — הרי הכל אָסוּר, שאנו אומרים שיין הנסך אוסר את היין שהיה שם (כדין מין במינו) ואז אין שיעור במים מספיק כדי לבטלו. אבל אם הִגְדִּילוּ בְּהֶיתֵּר שהיתה שם תערובת יין נסך ומים, ובטל יין הנסך במים, ואז נפל לשם יין של היתר, אינו מצטרף לאיסור (שכבר נתבטל) אלא הכל מוּתָּר. ואילו ר׳ יוֹחָנָן אָמַר: אפילו הִגְדִּילוּ בְּאִיסּוּר — מוּתָּר. אָמַר לֵיהּ [לו] ר׳ יִרְמְיָה לְר׳ זֵירָא: לֵימָא [האם לומר] כי חִזְקִיָּה וְר׳ יוֹחָנָן בִּפְלוּגְתָּא [במחלוקת] של ר׳ אֱלִיעֶזֶר וְרַבָּנַן קָמִיפַּלְגִי [הם חולקים], דִּתְנַן [ששנינו במשנה]: שְׂאוֹר שֶׁל חוּלִּין וְשֶׁל תְּרוּמָה שֶׁנָּפְלוּ לְתוֹךְ הָעִיסָּה של חולין, לֹא בְּזֶה של תרומה יש בו כְּדֵי לְחַמֵּץ את העיסה וְלֹא בְּזֶה של חולין יש בו כְּדֵי לְחַמֵּץ, וְנִצְטָרְפוּ זה לזה וביחד חִמְּצוּ את העיסה, ר׳ אֱלִיעֶזֶר אוֹמֵר: אַחַר אַחֲרוֹן אֲנִי בָּא, שאם נפל שאור של תרומה באחרונה — הכל אסור, ואם של חולין נפל באחרונה — מותר. וַחֲכָמִים אוֹמְרִים: בֵּין שֶׁנָּפַל אִיסּוּר בַּתְּחִלָּה וּבֵין בַּסּוֹף — אֵינוֹ אָסוּר עַד שֶׁיְּהֵא בּוֹ באיסור לבדו כְּדֵי לְהַחְמִיץ. ולכאורה חזקיה אמר כדברי ר׳ אליעזר, שאם נפל האיסור באחרונה אוסר, ור׳ יוחנן כדברי חכמים המתירים, משום שאין ביין נסך עצמו כדי לאסור. ותמהים: וְתִסְבְּרָא [וכי יכול אתה לסבור כך] שמדובר באותה מחלוקת? וְהָאָמַר [והרי אמר] אַבַּיֵי: לֹא שָׁנוּ שהתיר ר׳ אליעזר וחכמים אם נפל של היתר בסוף, אֶלָּא במקרה שֶׁקָּדַם וְסִילֵּק אֶת הָאִיסּוּר, שלא נשאר בעיסה שאור של תרומה, אֲבָל אם לֹא קָדַם וְסִילֵּק אֶת הָאִיסּוּר — אָסוּר. ולפי הסבר זה, חִזְקִיָּה דְּאָמַר כְּמַאן [שאומר, כמי אומר]? שאם לשיטת חכמים — הרי הם מתירים בכל אופן, שהרי אין ביין נסך עצמו כדי לאסור. ואם לשיטת ר׳ אליעזר, הרי גם אם נפל יין ההיתר באחרונה תהא התערובת אסורה, שהרי לא קדם וסילק את האיסור! אֶלָּא, הָכָא [כאן] מחלוקת חזקיה ור׳ יוחנן בעניין אחר היא, בשאלה של רוֹאִין קָמִיפַּלְגִי [הם חלוקים], כשיש תערובת שיש בה ממינו של האיסור, וגם דבר שאינו מינו, האם רואים את מינו כאילו אינו ושאינו מינו מבטלו, או לא, לְחִזְקִיָּה לֵית לֵיהּ [אין לו, אינו סבור] רוֹאִין, ולכן אינו מתיר אלא במקרה שיין הנסך נתבטל תחילה במים, ושוב אינו אוסר את יין ההיתר. ואילו לְר׳ יוֹחָנָן אִית לֵיהּ [יש לו], ולכן הוא סבור שבכל מקרה המים מבטלים את היין האסור, ואין מתחשבים ביין ההיתר המצוי שם, שאין יין הנסך אוסרו. ושואלים: וּמִי אִית לֵיהּ [והאם יש לו, סבור] לְר׳ יוֹחָנָן רוֹאִין? וְהָא בָּעֵי מִינֵּיהּ [והרי שאל אותו] ר׳ אַסִי מֵר׳ יוֹחָנָן: שְׁנֵי כּוֹסוֹת של יין, אֶחָד שֶׁל חוּלִּין וְאֶחָד שֶׁל תְּרוּמָה, וּמְזָגָן (מהל אותם) במים, וְעֵירְבָן זֶה בְּזֶה, ויש במים שבשני הכוסות כדי לבטל את יין התרומה, מַהוּ? האם נאמר שיין החולין, שהוא מינו של יין התרומה, נחשב כאילו אינו, והמים שיש בתערובת מבטלים את יין התרומה. או שמא אוסר יין התרומה את יין החולין, ואז אין בכח המים שבשני הכוסות כדי לבטלם? וְלֹא פְּשַׁט לֵיהּ [פתר לו], משמע שלא היתה לו דעה ברורה בענין "רואין"! ומשיבים: מֵעִיקָּרָא [מתחילה] לֹא פְּשַׁט לֵיהּ [פתר לו], לְבַסּוֹף עיין בדבר וּפְשַׁט לֵיהּ [ופתר לו] שרואים את מינו כאילו אינו. ומנין שכן הוא, כי אִתְּמַר נַמִי נאמר גם כן] אָמַר ר׳ אַמִי אָמַר ר׳ יוֹחָנָן: וְאָמְרִי לָהּ [ויש אומרים אותה בנוסח] אָמַר ר׳ אַסִי אָמַר ר׳ יוֹחָנָן: שְׁנֵי כּוֹסוֹת, אֶחָד שֶׁל חוּלִּין וְאֶחָד שֶׁל תְּרוּמָה, וּמְזָגָן וְעֵירְבָן זֶה בְּזֶה — רוֹאִין אֶת יין הַהֶיתֵּר כְּאִילּוּ אֵינוֹ, וְהַשְּׁאָר היין של תרומה, מַיִם רָבִין עָלָיו וּמְבַטְּלִין אוֹתוֹ. הרי שזו דעתו הסופית של ר׳ יוחנן.

א שנינו במשנה, זֶה הַכְּלָל: מִין בְּמִינוֹ — בְּמַשֶּׁהוּ, שֶׁלֹּא בְּמִינוֹ — בְּנוֹתֵן טַעַם. ומביאים מחלוקת אמוראים בענין זה. רַב וּשְׁמוּאֵל דְּאָמְרִי תַּרְוַיְיהוּ [שאמרו שניהם] כלל זה: כָּל אִיסּוּרִין שֶׁבַּתּוֹרָה, אם נתערבו בְּמִינָן — אוסרים בְּמַשֶּׁהוּ, נתערבו שֶׁלֹּא בְּמִינָן — בְּנוֹתֵן טַעַם. ולשיטה זו, "זֶה הַכְּלָל" שנאמר במשנה, לְאַתּוּיֵי מַאי [מה בא להביא להוסיף]? לְאַתּוּיֵי [להביא] כָּל אִיסּוּרִין שֶׁבַּתּוֹרָה, לומר שדין זה לא נאמר דווקא ביין נסך, אלא בכל האיסורים. ואילו ר׳ יוֹחָנָן וְרֵישׁ לָקִישׁ דְּאָמְרִי תַּרְוַיְיהוּ [שאמרו שניהם] כלל זה: כָּל אִיסּוּרִין שֶׁבַּתּוֹרָה, בֵּין שנתערבו בְּמִינָן בֵּין שֶׁלֹּא בְּמִינָן — אוסרים בְּנוֹתֵן טַעַם, חוּץ מִטֶּבֶל וְיֵין נֶסֶךְ שאוסרים בְּמִינָן בְּמַשֶּׁהוּ, וְשֶׁלֹּא בְּמִינָן — בְּנוֹתֵן טַעַם. וְלשיטה זו, "זֶה הַכְּלָל" נאמר במשנה לְאַתּוּיֵי [להביא] טֶבֶל, שלא נזכר במשנתנו. ומעירים: תַּנְיָא כְּוָותֵיהּ [שנויה ברייתא כשיטת] רַב וּשְׁמוּאֵל, ומצד אחר: תַּנְיָא כְּוָותֵיהּ [שנויה ברייתא כשיטת] ר׳ יוֹחָנָן וְרֵישׁ לָקִישׁ. ומפרטים: תַּנְיָא כְּוָותֵיהּ [שנויה ברייתא כשיטת] רַב וּשְׁמוּאֵל: כָּל אִיסּוּרִין שֶׁבַּתּוֹרָה, בְּמִינָן — בְּמַשֶּׁהוּ, שֶׁלֹּא בְּמִינָן — בְּנוֹתֵן טַעַם. תַּנְיָא כְּוָותֵיהּ [שנויה ברייתא כשיטת] ר׳ יוֹחָנָן וְרֵישׁ לָקִישׁ: כָּל אִיסּוּרִין שֶׁבַּתּוֹרָה, בֵּין בְּמִינָן בֵּין שֶׁלֹּא בְּמִינָן — בְּנוֹתֵן טַעַם, חוּץ מִטֶּבֶל וְיֵין נֶסֶךְ, שבְּמִינָן אוסרים בְּמַשֶּׁהוּ, שֶׁלֹּא בְּמִינָן — בְּנוֹתֵן טַעַם. ושואלים: בִּשְׁלָמָא [נניח] יֵין נֶסֶךְ אוסר כל כך, מִשּׁוּם חוּמְרָא [החומרה] שיש בַּעֲבוֹדָה זָרָה, שהחמירו בה ביותר, אֶלָּא טֶבֶל מַאי טַעְמָא [מה הטעם] אוסר אפילו במשהו? ומשיבים: כְּהֶיתֵּירוֹ כָּךְ אִיסּוּרוֹ, שֶׁאָמַר שְׁמוּאֵל: חִטָּה אַחַת שעושים תרומה פּוֹטֶרֶת מדין תורה אֶת כל הַכְּרִי מחובת תרומה, וכיון שחיטה אחת בלבד פוטרת, אף חיטה אחת אוסרת הכל. וְתַנְיָא נַמִי הָכִי [ושנויה ברייתא גם כן כך], בַּמֶּה באיזה מקרה אָמְרוּ: טֶבֶל אוֹסֵר בְּכָל שֶׁהוּא? דווקא בְּמִינוֹ, אבל שֶׁלֹּא בְּמִינוֹ — אוסר בְּנוֹתֵן טַעַם.

עיונים

הגדילו באיסור רש"י (וכן הרז"ה) סבור שלדעת הכל אם נפל תחילה יין נסך ליין שבבור ואסר אותו — שוב אין המים מבטלים את יין הנסך (והוא כפי שנאמר לעיל בדברי רבין, שצריך שיפלו המים תחילה), ולא על כך מדובר כאן. והוא מפרש ש"הגדילו באיסור" כוונתו שהתערובת גדלה על ידי איסור שנוסף לה — כשנפל יין נסך לתערובת של יין כשר ומים, שחזקיה סבור שיין נסך מתחבר ליין המותר ואוסרו, והואיל ואין במים שיעור כדי לבטל את כל היין נאסר הכל. ואילו ר׳ יוחנן סבור שרואים את מינו של האיסור, כלומר את היין הכשר, כאילו אינו, והמים מבטלים את יין הנסך. ו"הגדילו בהיתר" — שיין הנסך נתערב תחילה במים, ונתבטל, ולאחר מכן נתגדלה תערובת זו ביין כשר, ואז לדעת הכל אין אומרים שיתחבר יין ההיתר עם היין האסור ויחזור ויאסור את הכל.

וכבר הקשו על פירוש זה בתוס׳ ועוד מכמה צדדים, ואחד מהם שפירוש "הגדילו בהיתר" מתאים לדרך זו, דווקא ליין כשר שנפל לתערובת (ולא למים שנפלו), והרי דבר זה לא נזכר כאן כלל, וגם הלשון "יין נסך שנפל לבור ונפל לתוכו לגין של מים", משמעה שכבר היה בבור יין של היתר. ופירשו בתוס׳ שבכל מקרה מדובר כשיין כשר מצוי כבר בבור, ו"הגדילו בהיתר" כוונתו שהיתה זו תערובת היתר שגדלה על ידי יין נסך שנפל לתוכה. ומה שנחלקו כשהגדילו באיסור הרי זה כשנפלו המים לתערובת אסורה של יין נסך ויין היתר, ואז לדעת חזקיה אין המים יכולים לבטל את האיסור. ואילו ר׳ יוחנן סבור כי בכל מקרה (גם כשלא נפלו המים תחילה) רואים את מינו כמי שאינו, ושאינו מינו רבה עליו ומבטלו.

אכן גם להסבר התוס׳ יש קושי מסויים, והוא האפשרות שמעלה ר׳ ירמיה להלן, להשוות בין מחלוקת חזקיה ור׳ יוחנן למחלוקת ר׳ אליעזר וחכמים, משום שאין התאמה של ממש בין הדעות, שהרי ר׳ אליעזר מתיר דווקא כשנוסף ההיתר בסוף, ואילו חזקיה אוסר במקרה שנוסף ההיתר בסוף. ואולי משום כך (ראה ברשב"א) מפרש הראב"ד מצד אחד "הגדילו באיסור" כרש"י, כשנפל יין נסך לתערובת יין ההיתר והמים. אך מצד אחר הוא מסביר ש"הגדילו בהיתר" — כשנפלו המים לתערובת האסורה של יין נסך והיין הכשר שבבור. וראה בהגהות הגר"א שהעיר כך מפורש גם בירושלמי.

לימא חזקיה שלר׳ ירמיה לא היה ברור טעם מחלוקתם של חזקיה ור׳ יוחנן, והיה סבור שמחלוקת זו היא בשאלה האם הולכים אחר מה שנפל באחרונה או לא.

אלא ברואין קמיפלגי שמחלוקת ר׳ אליעזר וחכמים הריהי במקרה בו האיסור אוסר את העיסה רק משום שהוא נותן בה טעם, ונחלקו בשאלה של "זה וזה גורם", ויש לומר כי גם ר׳ יוחנן וגם חזקיה יסכימו שאם אין בכוחו של האיסור עצמו להחמיץ את העיסה — זה וזה גורם מותר (או להיפך. רש"י. וראה בראב"ד). אבל כאן אנו עוסקים ביין נסך שאיסורו אינו קשור בטעם, שהרי הוא אוסר לעולם במינו, ואף בכל שהוא, והשאלה היא מה גובר על מה, ביטול טעמו בשאינו מינו, או הצטרפותו לאיסור של מינו. וראה בראב"ד שהאריך להסביר את המחלוקת לפי הבנתו לעיל.

אחד של חולין ומזגן שהוסיף מים רבים ליין בשתי הכוסות (רש"י). וצריך לומר שאין ביין החולין יחד עם המים פי מאה ואחד מיין התרומה, שהרי אז היא בטילה אפילו נפל ליין בשיעור זה, ואז לא היה צורך לומר "רואין" (תוס׳). והראב"ד פירש כי מדובר כאן כגון שכל אחד משני הכוסות היה בו לוג ונמזג בחמשים לוגים, שלדעתו תרומה בטילה רק במאה ואחד וגם אם היה זה מין בשאינו מינו. אבל רוב המפרשים סבורים כי גם תרומה בטילה בששים בשאינה מינה, ואם כן מדובר כשמצרפים את המים בשתי הכוסות אינם מספיקים כדי לבטל את יין התרומה אחד בששים. ובשם ר"י בעל התוספות הביאו שכאן מדובר במזיגה רגילה (פי שלש מים כנגד היין), ואם יש רק אחד משׁשה של יין בתוך מים הרי זה בטל. ואף שבשאר איסורים אין זה כך, אלא דווקא באחד בששים — שונה דינו של יין במים, שאם נמזג בשישה חלקי מים שוב אינו נותן טעם לשבח. ומכאן רצו ללמוד שיין המזוג בשישה שוב אין לו דין יין, וכפי שפסק הב"י. וראה במאירי.

כהתירו כך איסורו וכשם שחיטה אחת מועילה להתיר כרי שלם, כך חיטה אחת של טבל יש בה כדי לאסור כרי שלם. ואף שגם טבל שהופרשה ממנו תרומה אוסר במשהו, למרות שהיתרו ביותר מחיטה אחת (כגון מעשר) — גזירה היא בכל טבל משום טבל של תרומה (רמב"ן). ובתוס׳ ועוד שאלו: הרי בירושלמי (וכן בנדרים נח,א בתלמוד הבבלי) אמרו שהטעם שהטבל אינו בטל הוא משום שהוא "דבר שיש לו מתירים" (שיש דרך להתירו, על ידי הפרשת התרומה ממנו) ודבר שיש לו מתירים אינו בטל, ומדוע הוצרכו לטעם אחר? ותירצו שפעמים שאין שני הטעמים קיימים כאחת, כגון טבל שאין בעליו מצויים במקום (או שיש טרחה יתירה וכו׳ בביטול). ולהיפך, מעשר ראשון שלא ניטלה תרומתו הריהו דבר שיש לו מתירים, אף שיש לו שיעור מוגדר (אחד מעשרה). וראה בדברי ר"ת בספר הישר שפירש במקום אחד (סי׳ תשכד) כי "דבר שיש לו מתירים" הריהו דבר שהיתרו נעשה מעצמו (כגון חמץ לאחר הפסח) ולא שצריך לטרוח ולעשות מעשה כדי להתירו. ואילו הראב"ד הסביר כי למרות שמדובר כאן בטבל שיש לו מתירים, עדיין תמהה הגמרא כיצד יש דבר שמה שאוסרו, דהיינו התרומה, אינו אוסר אלא במאה, ואילו הוא אוסר במשהו. והתשובה לכך היא שכהיתרו כך איסורו. מה שאין כן בתרומה, שאחר שקרא לה שם — שוב אינה ניתרת, הלכך למדים את דינה מתרומת מעשר, שהיא ניתרת באחד ממאה (וראה ברשב"א).

תניא נמי הכי לדעת הראב"ד הכוונה היא למשנה במסכת חלה, שתחילה הובאה ברייתא לסיוע לר׳ יוחנן וריש לקיש, ואחר כך משנה, ואין כאן אלא שיגרת לשון, או טעות (רמב"ן). ופירוש הדברים, כי תרומה הרי אי אפשר להפריש אלא ממין על מינו, ומשום כך דווקא מינו שמתירו על ידי חיטה אחת אוסרו על ידי חיטה אחת. מה שאין כן שאינו מינו, שאינו מתירו כלל, ומשום כך דינו כמו בכל איסורים, בנותן טעם (רש"י).

אורח ההלכה

שני כוסות שני כוסות של יין, אחד תרומה ואחד חולין, מזג כל אחד במים ואחר כך עירבם — רואים את יין החולין כאילו אינו, וכאילו יין התרומה נתערב במים שהרי אינו מינו, אם יש בכמות המים לבטל טעם יין התרומה הרי הכל מותר לזרים, ואם לאו אסור. כר׳ יוחנן. (רמב"ם ספר זרעים הלכות תרומות פט"ו הי"ז).

כל איסורין שבתורה וכו׳ כל איסורים שבתורה (בין איסורי לאוים ובין איסורי כרת או איסורי הנאה) שנתערבו במאכל מותר, אם היה זה מין בשאינו מינו — הריהו אוסר רק אם היה נותן טעם. מין במינו, כיון שאי אפשר לשער טעמו — שיעורו בששים (ובכמה דברים במאה או מאתים). חוץ מיין נסך שאוסר במשהו מפני חומרת עבודה זרה, וחוץ מטבל מפני שאפשר לתקנו, ולכן אוסרים במינם בכלשהו, ושלא במינם בנותן טעם. שהלכה כר׳ יוחנן כנגד רב ושמואל. (רמב"ם ספר קדושה הלכות מאכלות אסורות פט"ו ה"ו. שו"ע יו"ד צח,א).

חטה אחת פוטרת וכו׳ מדין תורה אין שיעור לתרומה גדולה, ולכן אפילו נתן חיטה אחת הריהי פוטרת כרי שלם. ולכתחילה יש לאדם להפריש כשיעורים שקבעו חכמים (מאחד בארבעים עד לאחד בששים). ובזמן הזה שתרומה הולכת לשריפה יש להפריש לכתחילה כלשהו. (רמב"ם ספר זרעים הלכות תרומות פ"ג ה"א. שו"ע שם שלא, יט).

מסורת הש"ס

א. ע"ז מט,א (ושם סומנו מקבילות).
ב. פסחים כט,ב.
ג. ע"ז נו,א (ושם סומנו מקבילות).
ד. ראה ירושלמי שביעית פ"ז ה"ג. שם נדרים פ"ו ה"ד.
ה. קדושין נח,ב. חולין קלז,ב. ירושלמי תרומות פ"ד ה"ג (עיי"ש).
ו. משנה חלה פ"ג מ"י. ירושלמי חלה פ"ג ה"א.

גרסות

באיסור אסור הגדילו בהיתר מותר בכתי"מ: באיסור איסור בהיתר היתר.

לחמץ בכתי"מ: להחמיץ.

בתחילה ובין בסוף אינו אסור בכתי"כ כמקבילות: בתחילה ובין שנפל איסור בסוף אינו אסור.

מעיקרא לא פשט בכתי"ס: אמר ליה מעיקרא לא פשט ליה.

וזה הכלל לאתויי טבל בכתי"מ: וזה הכלל לאתויי מאי לאתויי טבל.

כך איסורו דאמר שמואל בכתי"מ: כך איסורו כדשמואל דאמר שמואל.

ותניא נמי הכי בכתי"מ: תניא נמי הכי ויש מתקנים: ותנן נמי הכי.

א משנה אֵלּוּ דברים אֲסוּרִין לעצמם וְאוֹסְרִין אחרים אם נתערבו **בְּכָל שֶׁהוּ** (בכל כמות שהיא): **יֵין נֶסֶךְ, וַעֲבוֹדָה זָרָה, וְעוֹרוֹת לְבוּבִין** עור של בהמה שחתכו את הלב ממנה בחייה כתקרובת לעבודה זרה, **וְשׁוֹר הַנִּסְקָל** (שנדון לסקילה), **וְעֶגְלָה עֲרוּפָה** שאבדה ונתערבה בין עגלות אסורות, **וְצִיפּוֹרֵי מְצוֹרָע** המשמשים לטהרתו, **וּשְׂעַר נָזִיר** שמגלח, **וּפֶטֶר חֲמוֹר, וּבָשָׂר בְּחָלָב, וְשָׂעִיר הַמִּשְׁתַּלֵּחַ** של יום הכיפורים, **וְחוּלִּין שֶׁנִּשְׁחֲטוּ בָּעֲזָרָה — הֲרֵי כָל אֵלּוּ אֲסוּרִין וְאוֹסְרִין בְּכָל שֶׁהוּא.**

ב גמרא ושואלים: **הַתַּנָּא** שבמשנתנו **מַאי קָחָשֵׁיב** [מה הוא מונה פה]? **אִי** [אם] **דָּבָר שֶׁבְּמִנְיָן קָחָשֵׁיב** [הוא מונה], שלדעתו כל דבר שמונים אותו לעצמו אוסר כל תערובת אפילו הוא אחד לאלף, **לִיתְנֵי נַמִי** [שישנה גם כן] **חֲתִיכוֹת** חשובות של **נְבֵילָה**, שגם הן בכלל זה, למרות שנבילה אסורה רק באכילה, **אִי** [אם] **אִיסּוּרֵי הֲנָאָה קָא חָשֵׁיב** [הוא מונה], **לִיתְנֵי נַמִי** [שישנה גם כן] **חָמֵץ בְּפֶסַח! אָמַר ר' חִיָּיא בַּר אַבָּא, וְאִיתֵּימָא** [ויש אומרים] שאמר זאת **ר' יִצְחָק נַפָּחָא: הַאי תַּנָּא תַּרְתֵּי אִית לֵיהּ** [תנא זה שני דברים יש לו], שיש כאן **דָּבָר שֶׁבְּמִנְיָן** וגם **אִיסּוּרֵי הֲנָאָה**, ושואלים: **וְלִיתְנֵי** [ושישנה] **אֱגוֹזֵי פֶּרֶךְ** (מין אגוזים הנפרכים בקלות, שחשובים הם) **וְרִימּוֹנֵי בָּדָן** (רמונים חשובים מן המקום בדן) אם היו ערלה, **שֶׁדָּבָר שֶׁבְּמִנְיָן וְאִיסּוּרֵי הֲנָאָה הוּא!** ומשיבים: **הָא תְּנָא לֵיהּ הָתָם** [הרי כבר שנה לו שם] במסכת ערלה, שנמנו אגוזי פרך ורימוני בדן בין הדברים שאינם בטלים, ונאמר שם: **הָרָאוּי** מאלה **לְעָרְלָה** — הרי זה נאסר משום **עָרְלָה, הָרָאוּי לְכִלְאֵי הַכֶּרֶם** — אסור משום **כִּלְאֵי הַכֶּרֶם**, ואם כן כבר נמנו שני אלה במקומם. ושואלים עוד: **וְלִיתְנֵי** [ושישנה] **כִּכָּרוֹת שֶׁל בַּעַל הַבַּיִת** שכל אחת מהן מיוחדת וחשובה **לְעִנְיַן חָמֵץ בְּפֶסַח!** ומשיבים: **מַאן** [מי] **שָׁמְעַתְּ דְּאָמַר לָהּ** [שאומר את הדבר הזה] שככרות כאלה חשובות ואינן בטלות? **ר' עֲקִיבָא** היא, **הָא תְּנָא לֵיהּ הָתָם** [הרי שנה את זה שם] במסכת ערלה שר' **עֲקִיבָא מוֹסִיף אַף כִּכָּרוֹת שֶׁל בַּעַל הַבַּיִת.**

חזרנו ושנינו בסוף המשנה: הרי אלו אסורים ואוסרים בכל שהוא. ושואלים: ההדגשה **"הֲרֵי אֵלּוּ"** באה **לְמַעוּטֵי מַאי** [למעט את מה]? ואומרים: **לְמַעוּטֵי** [למעט] **דָּבָר שֶׁבְּמִנְיָן וְלָאו** [ולא, ואין בו] **אִיסּוּרֵי הֲנָאָה**, שהוא אינו בכלל רשימה זו. **אִי נַמִי** [או גם כן], **לְמַעוּטֵי** [למעט] דבר שיש בו **אִיסּוּר הֲנָאָה וְלֹא דָּבָר שֶׁבְּמִנְיָן.**

ג משנה **יֵין נֶסֶךְ שֶׁנָּפַל לְבוֹר** של יין — היין שבבור **כּוּלּוֹ אָסוּר בַּהֲנָאָה**, אף שיין נסך הוא בשיעור מועט לגבי כל היין שבבור. **רַבָּן שִׁמְעוֹן בֶּן גַּמְלִיאֵל אוֹמֵר: יִמָּכֵר** היין שבבור **כּוּלּוֹ לְגוֹי חוּץ מִדְּמֵי יֵין נֶסֶךְ שֶׁבּוֹ.**

ד גמרא **אָמַר רַב: הֲלָכָה כְּרַבָּן שִׁמְעוֹן בֶּן גַּמְלִיאֵל** כשנתערבה **חָבִית** של יין נסך **בְּחָבִיּוֹת** של יין כשר, **אֲבָל לֹא** כשנתערבו **יַיִן בְּיַיִן. וּשְׁמוּאֵל אָמַר: אֲפִילּוּ יַיִן בְּיַיִן. וְכֵן אָמַר רַבָּה בַּר בַּר חָנָה אָמַר ר' יוֹחָנָן: אֲפִילּוּ יַיִן בְּיַיִן. וְכֵן אָמַר ר' שְׁמוּאֵל בַּר נַחְמָנִי אָמַר ר' חֲנִינָא: אֲפִילּוּ יַיִן בְּיַיִן. וְכֵן אָמַר ר' נַחְמָן אָמַר רַבָּה בַּר אֲבוּהּ: אֲפִילּוּ יַיִן בְּיַיִן. אָמַר ר' נַחְמָן: הֲלָכָה לְמַעֲשֶׂה, יֵין נֶסֶךְ** כלומר, יין שנסכוהו לעבודה זרה, אם נתערב **יַיִן בְּיַיִן — אָסוּר, חָבִית בְּחָבִית — מוּתָּר**, באופן שאמר רבן שמעון בן גמליאל. אם נתערב **סְתַם יֵין** של גוים — **אֲפִילּוּ** נתערב **יַיִן בְּיַיִן — מוּתָּר**, על ידי מכירתו לגוי חוץ מדמי היין האסור.

מסורת הש"ס

א. זבחים עא,א. תמורה כח,א.
ב. ראה ירושלמי ע"ז פ"ה הי"ב.
ג. משנה ערלה פ"ג מ"ז. ביצה ג,ב. יבמות פא,ב. זבחים עב,ב.
ד. בכורות לז,א. ירושלמי ערלה פ"ג ה"א. שם ע"ז פ"ב ה"ג.
ה. ע"ז עא,ב.
ו. שם. וראה ירושלמי ע"ז פ"ה הי"ג.
ז. (הביטוי) ברכות כד,א. שבת נד,א. כתובות נו,א. ב"ב קל,ב. סנהדרין יא,א. פח,א. ע"ז לג,א. מסכת סופרים פי"ג ט.

גרסות

ושעיר המשתלח בירושלמי וכמה כת"י ועוד מילים אלה חסרות.

ואיסורי הנאה הוא בכתי"מ: ואיסורי הנאה נינהו.

ולאו איסורי הנאה — דבר שבמנין בכתי"מ: **ולאו איסורי הנאה כגון איסורי חתיכות נבלה אי נמי איסורי הנאה ולאו דבר שבמנין כגון חמץ בפסח.**

יין נסך שבו בירושלמי ועוד: יין נסך שיש בו.

חבית בחביות בכתי"ס: **חבית בחבית.**

סתם יין בכת"י: סתם יינן.

עיונים

ואוסרין בכל שהוא כפי שעולה מדברי הגמרא, אין דברי משנה זו שווים לדברים האמורים במשנה הקודמת מכמה צדדים. כי במשנה הקודמת מדובר ביין נסך שנתערב ביין אחר (תערובת לח בלח) ומה שנאמר שם "ואוסר בכל שהוא" מובנו — אפילו היתה זו כמות קטנה ביותר של יין נסך. ואילו כאן מדובר בסוג אחר של תערובת, כאשר מתערב דבר חשוב ומוגדר ("דבר שבמנין") בהרבה דברים באותו גודל וצורה, שלא נתערב גוף האיסור בגוף היתר, אלא שהוא עומד לעצמו אבל אינו ניכר. ומשום כך שונה המושג "כל שהוא", שאינו מתייחס כאן לדבר האיסור עצמו (שהוא בוודאי אינו "כל שהוא"), אלא למה שנתערב בו, לומר שכל כמות שנתערב בה הריהי נאסרת בהנאה (ראה רש"י, רמב"ן ועוד).

יין נסך ולפי המשך הדברים הכוונה היא כגון שנתערבה חבית של יין נסך בחביות אחרות של יין מותר, שאפילו היתה חבית אחת מתוך אלף הריהי אוסרת את כולן (רש"י). אבל הראב"ד כתב כי ההגדרה של דבר שבמנין אינה נוגעת אלא לשאר האיסורים האמורים במשנה זו, אבל יין נסך, וכמוהו עבודה זרה ועורות לבובים, דינם שאוסרים אילו הם עצמם היו כלשהו, והוא משום חומרת עבודה זרה, וכפי שנאמר במפורש בירושלמי עפ"י הפסוק "ולא ידבק בידך מאומה מן החרם" (דברים יג, יח). וכן דייק רמב"ן מלשון המשנה, כי לא הוזכר כאן, כבשאר האיסורים, שם חפץ של איסור, כגון שור ועגלה, אלא שם האיסור לבדו.

עבודה זרה גם כאן מדובר, לדעת רש"י, בצורה שנעבדה לעבודה זרה ונעשתה איסור הנאה, שנתערבה באלף צורות כמותה שלא נעשו לעבודה זרה אלא לנוי בלבד. ואילו לפירוש הראב"ד — בשברי עבודה זרה שנשברה על ידי ישראל (ומשום כך לא נתבטל מהם שם עבודה זרה).

עורות לבובין שהם תקרובת עבודה זרה, ואסורים בהנאה (לעיל כט,ב). ומדובר בעורות שנחתכו כך שלא ניתן לזהות את הצורה המיוחדת העגולה של חיתוך העור לצורך הוצאת הלב מן הבהמה (ראב"ד).

שור הנסקל ועגלה ערופה מן הכתוב "ולא יאכל את בשרו", למדים ששור הנסקל אסור בהנאה לא רק לאחר שנסקל אלא מיד לאחר שנגמר דינו, וגם אם ישחטוהו כדין אסור הוא (ראה קדושין נו,ב). ואם נתערב שור כזה בשוורים אחרים ואינו ניכר אוסר את כולם. וכן הדין בעגלה ערופה שאסורה בהנאה אף לפני עריפתה, משירדה לנחל, שדין קדשים יש לה, שהרי היא מכפרת (שם נז,א). ואם נתערב שור הנסקל בשוורים או עגלה ערופה בעגלות אחרות, או אם נשחטו ונתערבה חתיכה חשובה מהם בחתיכות בשר אחרות — הרי כולם אסורים בהנאה.

צפורי מצורע צפורים שצריך לשחוט אחת מהן לטהרת המצורע, שהציפור השחוטה אסורה בהנאה. וראה בתוס' קידושין (נז,א) שדייקו מן הלשון "ציפורי" האמורה בענין זה, שאף הציפור המשולחת נאסרת מאותה שעה.

ושער נזיר שער שמגלח הנזיר, בשעת טהרתו (או בשעה שחוזר ומקבל עליו את נזרו) אסור בהנאה, שנאמר "קדוש יהיה גדל פרע שער ראשו", שדין של קודשים יש לו (קדושין נז,ב). ולפי דברי הגמרא, שמדובר כאן בדבר שבמנין, פירש הרמב"ם שמדובר בחבילות של שיער. והגמרא במסכת כריתות (לד,א) העמידה דבר זה באופן ששער הנזיר נארג בצורה מיוחדת. ובירושלמי כאן דנו בדבר, ולפי פירוש הרמב"ן לירושלמי יש מקום להבין ממשנתנו שאיסורי הנאה נאסרים גם אם אינם דבר חשוב (וראה בפנ"מ).

ופטר חמור רש"י מפרש: שלא נפדה, ולפני שפדאוהו נתערב בחמורים אחרים. ואף ר' שמעון הסבור שאינו אסור בהנאה, מודה שאם לא נפדה ונערף הרי הוא אסור בהנאה כעגלה ערופה (בכורות ט,ב).

ובשר בחלב רש"י מדגיש שאין הכוונה לומר (כפי שסבורים היו רבותיו לדייק ממשנתנו. תוס') שחלב אוסר בשר שנתבשל עמו אפילו כשהיה חלב כלשהו. לפי שברור מן המשניות במסכת חולין שאף בשר בחלב בטל באחד משִׁשִּׁים. אלא הכוונה היא לחתיכה שכבר נאסרה משום איסור בשר בחלב (כגון שחתיכת בשר שנתבשלה בחלב), שאינה בטלה בחתיכות אחרות.

ושעיר המשתלח הגר"א סבור שיש למחוק פרט זה מן המשנה, כפי שהוא בירושלמי ועוד. וראה יומא סז,א ובתוס' זבחים עב,א.

דבר שבמנין כלומר, דבר שיש בו חשיבות עד שמונים כל יחידה ממנו לעצמו (ובפרטי הדברים כיצד מגדירים בדיוק דבר הנמנה לעצמו נחלקו חכמים במקומו), ואינו נמכר עם אחרים במשקל או לפי נפח. שכיון שהוא נמנה ונחשב לעצמו הריהו "דבר חשוב" ואינו בטל גם כשמתערב בכל מספר של דברים אחרים, אלא אם כן נימוח או נתערב ונבלל בדבר אחר.

איסורי הנאה שכל הדברים שנמנו במשנה, אף שיש מהם דברים הנאכלים, מכל מקום המשותף לכולם הוא שהם אסורים בהנאה.

ליתני נמי חתיכות נבילה שחתיכה חשובה ("הראויה להתכבד בה") של נבילה אינה בטלה, כמבואר במשנה בחולין (צו,ב).

ליתני נמי חמץ בפסח בירושלמי גם כן הקשה קושיה זו, ומתרץ בדרך אחרת: שאיסור חמץ בפסח שונה מכל האמורים כאן משום שהוא איסור כרת. מה שאין כן בשאר הדברים המנויים במשנה.

תרתי אית ליה שהוא מונה רק דברים שיש בהם שני אלה, איסור הנאה ודבר חשוב. ולכן אינו מונה נבילה שאינה איסור הנאה, ולא חמץ בפסח שאין איסורו רק בדבר חשוב. ומדברי רש"י וכן גם מדברי הרי"ף כאן נראה שלדעת תנא זה יש למעט שני אלה, איסורי הנאה שאינם במנין (ובכלל זה חמץ) ודבר שבמנין שאינו איסור הנאה (כגון נבילה). אבל בתוס' הסבירו, וכן דעת הראב"ד (וכן הסכימו לכך רוב המפרשים) שאין כוונת הגמרא לומר שהתנא במשנתנו סבור שכל דבר שאין בו שתי ההגדרות אלה הריהו בטל, אלא לומר שאין פה אלא מנין של דברים שיש בהם שתי תכונות אלה יחד, ואין בזה משום הכרעה להלכה לגבי דברים אחרים. ובדומה לכך כתב הראב"ד כי כוונת הגמרא לומר שמה ששנו כאן הוא דווקא באיסורי הנאה, לומר שאם הם דבר שבמנין אינם בטלים. ולכן לא שנה נבילה — משום שאינה אסורה בהנאה, וגם לא חמץ כשאינו דבר חשוב, משום שאף שהוא אוסר בכלשהו אין זה אלא לאיסור אכילה, אבל לא לאיסור הנאה. וכן כתב רמב"ן שכהבנה זאת עולה מדברי הירושלמי בסוגייתנו (ראה לעיל).

הא תנא ליה התם ששנינו במסכת ערלה ששני אלה חשובים הם ואינם בטלים וצריך לשרוף את כל התערובת. ושאלו בתוס': אם כן, מה השאלה ביחס לחתיכות נבילה, הרי אף הן שנויות במקומן! ותירצו כי כיון שהזכיר כאן בשר בחלב, היה לו להזכיר גם חתיכות נבילה הדומות לזה, אבל לא שאר מינים. ומה שחזר ומנה יין נסך למרות שהענין כבר נזכר, אפשר לומר שבא לחדש כאן שאיסור זה חל לא רק על יין נסך ממש אלא גם על סתם יינם. או מטעם אחר, שכיון שכל הרשימה הזו מובאת אגב ענין המסכת היה לו להזכיר יין נסך.

למעוטי לפי דברי רש"י הכוונה כאן היא כמו בכל מקום — למעט ולומר שאין להם דין זה של איסור בכלשהו. אבל לפירוש תוס' ושאר ראשונים (ראה לעיל) בהכרח יש לפרש זאת במובן שונה מהרגיל, שאין זה בכלל הרשימה של התנא, שאינו עוסק בכך כלל.

חבית בחבית ושאלו בתוס': הרי במשנה הקודמת אמרו שיין נסך אוסר תערובתו בכל שהוא, והסבירה הגמרא שמדובר בדבר שבמנין, דהיינו חבית בין החביות, וקשה לומר שרבן שמעון בן גמליאל בא לחלוק על אותה משנה! (אכן הראב"ד כבר פירש משנה זו בכל דבר, ראה לעיל). ואילו בתוס' אמרו שלדעת רבן שמעון בן גמליאל חבית יין אסורה אכן אוסרת לענין שאסור לו למכור כל חבית לעצמה, שמא היא החבית האסורה. אבל כאשר מוכר הכל — מותר, שהרי אינו מוכר חבית מסויימת שיש בה חשש יין נסך. והר"נ פירש כי אף שחבית דבר חשוב הוא ואינו בטל במנין, מכל מקום כאשר הוא מוכר את כל החביות והיא בכללן חוץ מדמיה — הרי זה כאילו הכירה ונטלה. או שמא מדובר כאן בחבית קטנה ואינה חשובה.

חבית בחבית מותר כתב הרמב"ן שאם נפלה חבית אחת מחביות אלה והלכה לאיבוד לגמרי (כגון שנפלה ליין), תולים שהחבית האסורה היא שנפלה, והשאר מותרות.

אבל לא יין ביין שאם נתערב יין ביין — הכל נתערב יחד ונאסר, שהרי אמרו שיין נסך אוסר במשהו. ולדעת בעל המאור יש היתר ליין זה על ידי איבוד דמיו של יין כזה, כפי שפסק רב חסדא לעיל (מט,ב) במי שנתערב יין נסך ביינו, לפי שיש בענין זה מעין פדיון, והוא עדיף ממכירה שלו חוץ מדמיו. אכן, מקרה זה עצמו נתפרש באופנים אחרים על ידי הר"ח והרי"ף שם. ויש הסבורים להיפך, שהדרך שמציע רבן שמעון בן גמליאל עדיפה. וכן פירש המאירי, שבדרך של מכירת הכל חוץ מדמי האיסור נמצא שאינו משתמש בגוף האיסור.

אורח ההלכה

עבודה זרה עבודה זרה ומשמשיה והתקרובת שלה אוסרים בכלשהו, שאם נתערבו בדברים אחרים, אפילו אחת בכמה אלפים — יוליך הכל לים המלח. כיצד? עבודה זרה שנתערבה בצורות של נוי, אפילו אחת בכמה אלפים — יוליך הכל לים המלח, וכן אם נתערבה כוס של עבודה זרה בכמה כוסות, או חתיכת בשר בכמה חתיכות — יוליך הכל לים המלח, וכן עור לבוב שנתערב בכמה עורות — הכל אסור בהנאה. (רמב"ם ספר מדע הלכות עבודה זרה פ"ז ה"ט. שו"ע יו"ד קמ,א).

שור הנסקל וכו' כל בעלי חיים חשובים הם ואינם בטלים. ולפיכך שור הנסקל שנתערב באלף שוורים, או עגלה ערופה באלף עגלות, או ציפור מצורע השחוטה באלף צפורים, או פטר חמור באלף חמורים — כולם אסורים בהנאה. כמשנה. (רמב"ם ספר קדושה הלכות מאכלות אסורות פט"ז ה"ז).

בשר בחלב חתיכה של בשר בחלב או חתיכת נבילה אוסרת תערובתה בכלשהו, שהרי מתכבד הוא בה בפני האורחים. (רמב"ם שם ה"ו. שו"ע יו"ד קא,א—ב).

אגוזי פרך וכו' דבר שהוא חשוב אוסר תערובתו במינו בכלשהו, כגון אגוזי פרך ורמוני בדן שהיו ערלה, ונתערבו ברמונים או באגוזים אחרים — הכל אסור בהנאה. (רמב"ם שם ה"ג וה"ד. שו"ע שם קי,א).

הלכה למעשה יין נסך וכו' יין נסך שנתערב ביין היתר — הרי זה אוסר את כל היין בהנאה ואין לו תקנה. אבל נתערב סתם יינם ביין היתר הרי זה אוסר הכל בשתיה, ויימכר הכל לגוי, ולוקח דמי היין האסור שבו ומשליכו לים המלח, ושאר הכסף מותר בהנאה. וכן אם נתערבה חבית של יין נסך בין החביות — הכל אסורות בשתיה ומותרות בהנאה, ויימכרן לגוי, ויוליך דמי חבית אחת לים המלח, ושאר הכסף מותר. וכן בחבית של סתם יינם. כפסקו של רב נחמן. (רמב"ם שם הכ"ט. שו"ע יו"ד קלד,ב).

א מתני' א*אלו אסורין *ואוסרין בכל שהו יין
נסך אועבודה זרה בועורות לבובין גושור
הנסקל דועגלה ערופה הוציפורי מצורע ושער
נזיר ופטר חמור זובשר בחלב[א] ושעיר
המשתלח וחולין שנשחטו בעזרה הרי אלו
ב אסורין ואוסרין בכל שהוא: גמ' תנא מאי
קחשיב באי דבר שבמנין קחשיב ליתני נמי
חתיכות נבילה אי איסורי הנאה קא חשיב
ליתני נמי חמץ בפסח א"ר חייא בר אבא
ואיתימא ר' יצחק נפחא האי תנא תרתי אית
ליה דבר שבמנין ואיסורי הנאה וליתני אגוזי
פרך ורימוני בדן דדבר שבמנין ואיסורי
הנאה הוא הא תנא ליה התם ג*הראוי
לערלה ערלה הראוי לכלאי הכרם כלאי
הכרם וליתני ככרות של בעה"ב לענין חמץ
בפסח *מאן שמעת דא"ל ר"ע הא תנא ליה
התם ר"ע מוסיף אף ככרות של בעה"ב: הרי
אלו: למעוטי מאי למעוטי דבר שבמנין ולאו
איסורי הנאה א"נ למעוטי איסורי הנאה ולא
ג דבר שבמנין: מתני' ד*יין נסך שנפל לבור
כולו אסור בהנאה הרשב"ג אומר *ימכר כולו
ד לגוי חוץ מדמי יי"נ שבו: גמ' ו*אמר
רב הלכה כרשב"ג חבית בחביות אבל לא
יין ביין ושמואל אמר אפי' יין ביין וכן אמר
רבב"ח א"ר יוחנן אפי' יין ביין וכן א"ר שמואל
בר נתן א"ר חנינא אפי' יין ביין וכן א"ר נחמן
אמר רבה בר אבוה אפי' יין ביין א"ר נחמן
ז* ח הלכה למעשה יי"נ ביין אסור חבית
בחבית מותר סתם יין אפי' יין ביין מותר:
מתני'

רש"י

מתני' אלו אסורין ואוסרין בכל שהו. כל מקום שנתערבו שם אפי' אחד באלף לא בטיל ואוסרין את כולן: יין נסך. חבית באלף חביות: ועבודה זרה. צורה שעבדוה ונתערבה באלף צורות שאינן עבודה זרה: ועורות לבובין. דהוו נמי איסורי הנאה כדאמרן באין מעמידין (לעיל כט:): וציפורי מצורע וחולין שנשחטו בעזרה. איסורי הנאה הן ובמס' קדושין (דף נז.) מפרש להו: ושער נזיר. דאיסורי הנאה הוא דכתיב (במדבר ו) ונתן על האש אשר תחת זבח השלמים: ופטר חמור. דאסור בהנאה כל זמן שלא נפדה: [ובשר בחלב]. חתיכת בשר שנתבשלה בחלב ונאסרה בנותן טעם וחזרה ונתערבה באלף חתיכות אוסרת כולן בהנאה והאי תנא סבר בשר בחלב איסור הנאה דפלוגתא היא בכל הבשר בשחיטת חולין (דף קטז.) ויש שלמידים ממשנתנו דבשר בחלב במשהו וסבורין דהאי בכל שהו דקתני כגון טיפת חלב שנפלה לקדירה או חתיכת בשר קטנה שנפלה לקדירה ואפילו אין בה נ"ט וטעות הוא בידם דהא מפרשינן בגמרא דתנא דבר שבמנין קתני כגון חתיכה בחתיכות משום דדרכן לימנות חשיב ולא בטיל ואי בבשר שנתערב טעמו בחלב קמיירי או בטיפת חלב שנפל לקדירת [בשר] מי הוי דבר שבמנין ועוד הא אוקימנא כל איסורין שבתורה שלא במינו בנ"ט ואפי' לרב ושמואל דאמרי במשהו בשלא במינו מודו ובכולה שחיטת חולין אמרינן בשר בחלב בנ"ט(א): שער נזיר דבר הנמכר במנין הוא כמה גיזות בסלע ועושין מהן שקין: גמ' אי דבר שבמנין קחשיב. משום דדרכו לימנות לא בטיל ואפי' לאו איסור הנאה נחשוב נמי חתיכות נבילה: תרתי אית ליה דבר שבמנין ואיסורי הנאה. דאיכא תרתי לחשיבותא דחשיב איסור דידהו הוא דלא בטיל אבל חמץ פרוסה בפסח הואיל ואין דרכו למנות בטיל ומשליך אחד מהן לנהר והשאר נותן לכלבו וחתיכת נבילה אע"ג דדבר שבמנין הוא כיון דלאו איסור הנאה הוא בטלה ברובא וחדא שדי לכלבים ואינך שרו באכילה: אגוזי פרך. מקום וכן רימוני בדן אם של ערלה או של כלאי הכרם הן ונתערבו באלף כולן ידלקו: הא תנא ליה התם. בסדר זרעים ומייתי לה בביצה שנולדה (דף ג:) וביבמות בהערל (דף פא:): וליתני ככרות של בעה"ב. לענין חמץ בפסח דדבר שבמנין הוא ואיסורי הנאה: חבית בחבית. דשקיל חדא ושדי בנהרא ואינך נשתרו בהנאה אבל יין שנתערב ביין כולו אסור בהנאה: הלכה למעשה. להורות על המעשה: יין נסך. ממש חבית בחבית מותר בהנאה חוץ מדמי אותה חבית אבל יין ביין כולו אסור בהנאה: סתם יינן אפי' יין ביין מותר. בהנאה חוץ מדמי אותו יין וכן הלכה:

תוספות

אלו אסורין ואוסרין בכל שהו יי"נ. פ"ה מיירי בחבית יין נסך שנתערב באלף חביות כדאמרינן לקמן בגמ' דדבר שבמנין קחשיב ועבודה זרה צורת עבודה זרה שנתערבה באלף צורות ובשר בחלב חתיכת בשר שנתבשלה בחלב ונאסרה בנ"ט וחזרה ונתערבה באלף חתיכות דהיתר אוסרות כולם והאי תנא סבר דבשר בחלב אסור בהנאה כדמוכח בגמ' דהאי תנא אינו קחשיב רק דאיכא תרתי איסורי הנאה ודבר שבמנין ופלוגתא היא בפ' כל הבשר (חולין דף קטז.) אי אסור בהנאה אי לא רבותיו של רש"י רוצין לפסוק מתוך משנתנו דהכא דבשר בחלב נאסר במשהו ומפרשים דאסורין בכל שהוא דקתני מתני' היינו טיפת חלב שנפלה על חתיכת בשר גדולה אע"ג דליכא טעמא אי נמי חתיכת בשר קטנה שנפלה בקדירה מלאה חלב אע"ג דלא יהיב טעמא וטעות הוא בידם דהא מפרש בגמ' דלא מיירי מתני' אלא בדבר שבמנין כגון חתיכה בחתיכות ומשום דהוי דרכן להימנות לא בטיל ואי בטיפת חלב מיירי או בחתיכת בשר קטנה הא לא הוי דבר שבמניין ועוד הא אסקינן (לעיל דף עג:) כל איסורין שבתורה בנ"ט ואפילו רב ושמואל דאמרי מין במינו במשהו בשלא במינו מודו ועוד דבכולה שמעתא דטיפת חלב דכל הבשר מיירי בהדיא דבשר בחלב בנ"ט: הא תנא ליה התם הראוי לערלה ערלה כו'. וא"ת לעיל נמי דפריך וליתני חתיכת נבילה היה לו לתרץ משום דהא תנא ליה במס' חולין פ' גיד הנשה (דף צו:) דתנן חתיכה של נבלה שנתערבה באלף כולן אסורות וי"ל דודאי גבי חתיכת נבילה ליכא לשנויי הכי דאע"ג דתנא ליה התם בחולין מ"מ הדר איבעי ליה למתנייה הכא *(מדקתני) בשר בחלב *וליכא למימר דבא לאשמועינן דבמשהו זה אינו דע"כ מיירי בחתיכה חשובה הראויה להתכבד דאי בחתיכה כל דהו פשיטא דבטלה וליכא למימר משום דהוי איסור הנאה לא בטלה אע"ג שאין בה חשיבות שהרי ערלה (וכלאים) וכלאי הכרם איסורי הנאה נינהו ואפ"ה אמרינן יעלו באחד ומאתים אלא ודאי מיירי בחתיכה חשובה כי ההיא דחולין אלמא הדר תני ליה אע"ג דכבר תנא ליה התם ולכך הוה פריך וליתני חתיכה של נבילה וא"ת ויי"נ דקתני לה במתני' על כרחך מיירי בחביות סתומות כיון דתרתי אית ליה וא"כ אמאי תנייה הכא הא כבר תנא ליה התם במס' ערלה (פ"ג מ"ז) דקתני וחביות סתומות וי"ל דאיצטריך לאשמועינן חומרא אפי' בסתם יינם אע"פ שהוא מדבריהם ועוד איכא למימר דיי"נ הכא במכילתין עיקר הוא למתנייה לכך תנייה אע"פ ששנה כבר במקומות אחרים כה"ג אבל שאר דברים שאינו שונה אותן כאן כי אם אגב גררא דיין נסך שם אני אומר שלא חש לשנות אותם השנויים במקום אחר: למעוטי דבר שבמנין ואין איסורי הנאה. לכאורה משמע דאתא למעוטי דלא הוי במשהו וא"כ פליגא הך דהכא להיא דפ' גיד הנשה (חולין דף ק. ושם) דקתני התם דחתיכת נבילה אינה בטלה משום דהוי דבר שבמנין אע"ג דלא הוי איסורי הנאה וקשיא דא"כ ה"ל לתלמודא לאתויי מתני' דהתם ולמפרכה מיניה אההיא דהכא לכך נראה לי למעוטי דקאמר הכא היינו דלא חשיב הכא דבר שבמנין ולא איסורי הנאה שלא ירד לשנות רק היכא דאיכא תרתי וכה"ג איכא פ"ק דב"ק (דף ה.) למעוטי מסור ומפגל דהוי נמי פי' שלא ירד לשנותם אע"ג דמחייב עלייהו. [ועיין תוס' חולין דף ק. סילהי ד"ה שאני]: אי נמי למעוטי איסורי הנאה כו'. הכא הוי ודאי למעוטי איסורי הנאה דלא הוי במשהו אלא בטל כיון דלא הוי דבר שבמנין *כדפירש לקמן וקשה השתא לא הוי למעוטי דסיפא דומיא דלמעוטי דרישא דרישא היינו שלא ירד לשנות דבר שבמנין ולאו איסורי הנאה אבל מ"מ אמת הוא דהוי במשהו וסיפא אמר דאתא למעוטי דלא הוי במשהו כלל כדפרישית ושמא יש ליישב למעוטי דסיפא נמי דהיינו שלא ירד לשנותו אבל מ"מ אמת הוא דאיכא איסורא דהוי במשהו כגון חמץ בפסח שאסור בהנאה והוי במשהו אפי' בלא חשיבות דבר שבמנין דהא אפי' תערובת דחמץ בעלמא הוי במשהו והשתא ניחא דלמעוטי דרישא ודסיפא ממעט הנך ב' דברים שהקשה התלמוד מהם חתיכת נבילה וחמץ בפסח מיהו הא לא מתוקמא אלא לרב דאמר (בפסחים כט:) חמץ במשהו: אמר רב הלכה כרשב"ג בחבית לאמר ימכר כולו לגוי כו'. וא"ת וכי פליג רשב"ג אסתם מתני' דקתני יין נסך במשהו ואוקמינן בחבית בין החביות וקאמר במשהו וי"ל דרשב"ג מוקי לה לענין שלא יכול למכור כל אחד ואחד לבדו לפי שאינו בטל למיהוי היין נסך היתר ע"י ביטול אבל כל התערובת (*כחד) ודאי יוכל למכור חוץ מדמי חבית שבו:

הגה"ת

תמורה כח. זבחים עא:

ערלה פ"ג מ"ז [ביצה ג: יבמות פא: זבחים עב:]

[גי' הר"ן מאן שמעת ליה דאמר חמץ בפסח אסור בהנאה רבי עקיבה הא תנא ליה וכו']

בכורות לז.

[לעיל עא:]

[שם]

ברכות כב. וש"נ

[כלפי וקשה כצ"ל רש"א]

קלד א מיי' פ"ז מהל' עבודת כוכבים הלכ' ט סמג לאוין מה טוש"ע י"ד סי' קמ סעיף א:

[ועי' תוס' זבחים עב. ד"ה אלא וכו' שהקשו לליתני' נמי הכא עוד כמה דברי']

קלה ב מיי' שם טוש"ע שם:

קלו ג ד ה ו מיי' פט"ז מהלכות מאכלות אסורות הל' ז סמג לאוין קמא:

קלז ז מיי' שם הל' ו:

קלח ח מיי' שם הלכ' כט סמג שם טוש"ע י"ד סי' קלד סעיף ב:

הגהות הב"ח

(א) רש"י ד"ה ובשר בחלב וכו' בחלב בנותן טעם הס"ד וכאן נ"ל הפיסקא גמרא ואח"כ נ"ל ד"ה אי דבר שבמנין ואח"כ ד"ה שער נזיר דבר הנמכר ואח"כ ד"ה תרתי:

הגהות הגר"א

[א] במשנה ושעיר המשתלח. נמחק. (וכן בירושלמי ורי"ף ורא"ש ליתא ועי' תוס' זבחים עב א' ד"ה אלא. ומיהו הוה מצי למיתני איברי שה"מ למ"ד כו'):

[נ"ל כדקתני]

[ועי"ע תוס' חולין ק. ד"ה שאני חתיכה]

א מתני' [א]גת של אבן שזפתה גוי מנגבה והיא טהורה ושל עץ *רבי אומר ינגב וחכ"א [ב]יקלוף את הזפת ושל חרס אע"פ שקלף את הזפת [ג]הרי זו אסורה:

ב גמ' אמר רבא דוקא זפתה אבל דרך בה לא פשיטא זפתה תנן מהו דתימא הוא הדין אפילו דרך בה והאי דקתני זפתה אורחא דמלתא קתני קמ"ל איכא דאמרי אמר רבא דוקא זפתה אבל דרך בה [ד]לא סגי לה בניגוב פשיטא זפתה תנן מהו דתימא ה"ה דאפילו דרך בה והאי דקתני זפתה אורחא דמלתא קתני קמ"ל דוקא זפתה אבל דרך בה לא סגי לה בניגוב כי ההוא דאתא לקמיה דרבי חייא א"ל הב לי גברא דדכי לי מעצרתאי א"ל לרב [א]זיל בהדיה *וחזי דלא מצוחת עלי בי מדרשא אזל חזייה דהוה שיעא טפי אמר הא ודאי בניגוב סגי לה בהדי דקא אזיל ואתי חזא פילא מתותיה וחזא דהוה מלא חמרא אמר הא לא סגי לה בניגוב אלא בקילוף והיינו דא"ל *חביבי חזי דלא מצוחת עלי בי מדרשא ת"ר [ב]הגת והמחץ והמשפך של גוים רבי מתיר בניגוב וחכמים [ה]אוסרין ומודה רבי בקנקנים של גוים [ו]שהן אסורין ומה הפרש בין זה לזה [ג]זה מכניסו(א) בקיום וזה אין מכניסו בקיום ושל עץ ושל אבן ינגב ואם היו מזופפין אסורין והתנן גת של אבן שזפתה גוי מנגבה והיא טהורה מתניתין דלא דרך בה ברייתא דדרך בה אמר מר הגת והמחץ והמשפך של גוים רבי מתיר בניגוב וחכמים אוסרין והאנן תנן של חרס אע"פ שקלף את הזפת הרי זו אסורה אמר רבא סיפא דמתני' אתאן לרבנן דרש רבא [ז]נעוה ארתחו רבא [ח]כי הוה משדר גולפי להרפניא [ד]סחיף להו אפומייהו וחתים להו אבירצייהו קסבר כל דבר שמכניסו לקיום אפילו לפי שעה גזרו ביה רבנן במה מנגבן רב אמר במים רבה בר בר חנה אמר באפר רב אמר במים במים ולא באפר רבה בר בר חנה אמר באפר ולא במים אלא

רב

שזפתה גוי. ואורחא למירמי ביה חמרא פורתא לעבורי קוטרא דזיפתא: מנגבה. מפרש בגמרא במים ואפר: של עץ. דבעיא זפת טובא ובלעא חמרא טפי רבי אומר ינגב כשל אבן ורבנן פליגי: ושל חרס אע"פ שקילף את הזפת הרי זו אסורה. קס"ד דברי הכל היא ומשום דחרס גופא בלא זיפתא בלע ליה לחמרא: גמ' אבל דרך בה. בשאינה זפותה לא בעיא ניגוב אלא הדחה: אורחא דמילתא קתני. שדרך הזופתין לזרוק בו יין: א"ד אמר רבא דוקא זפתה. ולא דרך בה הוא דסגיא בניגוב: אבל דרך בה. גוי בגת מזופפת: לא סגי לה בניגוב. אלא בקילוף משום דעייל חמרא בפילי דזיפתא: דלא מצוחת עלי. לעשותן בהכשר שלא תפסיד את יינו ונמלא צווח עלי: שיעא. חלקה: מחץ. כלי שדולין בו מן הבור לחבית. הגת והמחץ והמשפך כו' בשל חרס עסקינן מדקתני סיפא של עץ ושל אבן כו' ובשאין מזופפות עסקינן מדקתני סיפא ואם הן מזופפות מכלל דכולה רישא בשאין מזופפין: ר' מתיר בניגוב. ולקמן פריך והא אנן תנן בשל חרס אע"פ שקילף הזפת אסורה: ומודה בקנקנים. של חרס אע"פ שאין מזופפין שאסורין עד שימלאם ג' ימים מים ומערן מעת לעת כדאמרינן באין מעמידין (לעיל לג.): מכניסו. כינוסו של קנקן לקיום שהוא שוהה בו יין זמן מרובה: ושל עץ ושל אבן. מנגבן והן טהורים דברי הכל כל זמן שאין מזופפין: ואם היו מזופפין אסורים. עד שיקלוף: והא אנן. תנן בשל אבן אפילו זיפתה מנגבה דברי הכל ולר' ינגב בשל עץ והכא קתני אפילו בשל אבן דברי הכל אסורין קשיא בשל אבן דברי הכל אדברי הכל ובשל עץ קשיא דרבי אדר': מתני' דלא דרך בה. הלכך בשל אבן דברי הכל בניגוב סגי ובשל עץ לר' ינגב: ברייתא דדרך בה. הלכך אפי' בשל אבן בעי קילוף וכ"ש בשל עץ: אמר מר הגת והמחץ והמשפך של חרס ר' מתיר בניגוב. הואיל ואינם מזופפין: והא אנן תנן ושל חרס אע"פ שקילף את הזפת הרי זו אסורה. אלמא אפילו לר' חרס גופיה בלע ולא סגי בניגוב ואפי' לא דרך וכ"ש הכא דאוקמינן ברייתא דדרך בה: סיפא דמתני' אתאן לרבנן. והכי קאמרי רבנן של אבן ושל עץ יקלוף ושל חרס אסורה ולרבי של חרס יקלוף כדקתני בברייתא דכשאינה מזופפת *ינגב ושריא: נעוה ארתחו. נעוה כמו *יטופון נעוהי בחמר: כי הוה משדר גולפי. כדים רקים: סחיף להו אפומייהו. כופה אותן שוליהן למעלה ופיהן למטה משום חותם בתוך חותם: וחתים להו אבירצייהו. חותם את פי השק כלפי שוליהן: קסבר כל כלי שמכניסו לקיום. אפילו אין מוסרו לגוי אלא לפי שעה גזרו ביה רבנן כיין עצמו כי היכי דלא ליתי לשהוייה ביד גוי: במים ולא באפר. בתמיה מי מיקרי ניגוב:

הגת והמחץ והמשפך כו'. ושל עץ ושל אבן מנגבן וזהו טהרתם כשאינם מזופפים איירי ולקמן מוקמינן בדלך בה גוי וא"ת והא רבא אמר לעיל גבי מתני' בדלך בה גוי סגי לה בהדחה בעלמא וי"ל דמתני' דלעיל איירי בגת של ישראל שדרך בה גוי לפי שעה אבל הכא איירי בשל גוי דבליעא טובא לפי שהרבה פעמים דרך בה הגוי וא"ת א"כ היכי פריך בסמוך ממתני' דקתני דסגי בניגוב במזופפין להך ברייתא דקתני בה ואם היו מזופפין אסורין ומאי קושיא הא אוקימנא מתני' בשל ישראל וברייתא בשל גוים כדפרישי' וי"ל דבמזופפין אין לחלק בין של גוים לשל ישראל לפי שהזפת מבליע בשעה מועטת:

דהוה שיעא. פירש ה"ר פטר כלי שנקב בו ונסתם בזפת אינו חמור ככלי מזופף שהחמירו בו אפילו לפי שעה לפי שמכניסו לקיום ולא משום דבלע ולכך רצה רב להתיר גת של אבן זפותה דהוה שיעא ולא חש לבליעת זפת וא"כ סתימת זפת הכלי שאין עשוי לקיום סגי ליה בהדחה ככלי עצמו או ניגוב אם הוא כלי שצריך ניגוב ולפי זה המשפך שלנו שמזופפין מעט סביב הברזל סגי להו בניגוב כמו המשפך עצמו מיהו בכלים מזופפים יש להחמיר שרגילים ומלוים: דרש רבא נעוה ארתחו. פירוש הגעילו הגתיות הגדולים מכאן אומר ר"ת דעירוי ככלי ראשון מדאמר הכא דעל ידי עירוי מפליט היין הבלוע בגת דעל כרחך ע"י עירוי קאמר הכא שהרי הגת גדולה וכבידה שאין יכולין לתתה לתוך יורה מרותחת כדי להגעילה אלא ע"כ על ידי עירוי קאמר והשתא כיון דהוה ככלי ראשון אם כן הני כלים שנאסרו ע"י כלי ראשון סגי להו בהגעלה ע"י עירוי אבל רשב"ם חולק על ר"ת ואומר דעירוי ככלי שני הוא לגמרי והא דמשמע הכא דגת סגי לה בעירוי שאני יין נסך דתשמישו ע"י צונן ועיקר דברי רשב"ם ור"ת במסכת שבת פרק כירה (דף מב. ושם)(ב) האילפס והקדרה שהעבירן מרותחין ושם האריכו ומסקנא דמילתא פי' רבינו ברוך דמילתא דעירוי תליא בפלוגתא דרב ושמואל דפ' כיצד צולין בפסחים (דף עו.) דפליגי אי תתאה גבר אי עילאה גבר וקיימא לן כמאן דאמר תתאה גבר מיהו גם עילאה מבשל ומבליע כדי קליפה דאדמיקר ליה בלע כדאמרינן פ' כיצד צולין הלכך עירוי אינו לא ככלי ראשון ולא ככלי שני לגמרי אלא מבשל ומבליע הוא כדי קליפה ולא יותר וא"כ כלים שנאסרו ע"י כלי ראשון שהם בלועים מעבר לעבר לא סגי בעירוי שהרי העירוי אינו מפליט אלא כדי קליפה ולא יותר והני קערות שהם בולעות על ידי עירוי היה נראה כמו כן דסגי להו בעירוי להגעילן וכן פירשתי בסדר ביעור חמץ בקרובץ שבת הגדול שיסד רבינו יוסף ט"ע (*פחז) קדירות אין צריך לפלחא כו' וקערות מותרות כי שקיל מדורא עלייהו לאנחא ומיהו אין הלכה כך אלא צריך להגעילן בכלי ראשון משום דפעמים שמותבין הקערות בתוך הכלי ראשון ותוך יורה מרותחת והשתא דפירשתי עירוי אינו לא מבליע ולא מפליט רק כדי קליפה אם כן הני חביות של גוים סגי להו בעירוי דומיא דגת דקאמר הכא נעוה ארתחו ואם היה מנסרן הנגר וקולפן במלקט וברהיטני ומסיר הקליפה של נד היין סגי בהכי בלא עירוי דהא כי נעביד להו עירוי אינו מפליט עירוי כי אם כדי קליפה כו': רבא כי משדר להו גולפי להרפניא סחיף להו אפומייהו וחתים להו אבירצייהו. שמעינן מהכא דישראל השולח חביות ריקניות בבית גוי או מעיר לעיר כדי לתקן צריך לחותמן מכפנים בגחלת או באבן רכה שיהא כאבן סיד כדי שיהא ניכר אם הגוי נותן לתוכן יין מיהו יש לחוש דדוקא לדידהו שהיו חביות שלהם קטנים ונוחים לתת לתוכן יין ולערותם מיד אבל חביות שלנו שהם גדולים ואינם נוחים לתת לתוכן יין ולערותם מיד אין לחוש ואין צריך לחותמם ומכל מקום טוב להחמיר:

איתמר

עין משפט נר מצוה

קלט א ב ג ד מיי' פי"א מהל' מאכלות אסורות הלכ' כ כא כב סמג לאוין קמח טוש"ע י"ד סי' קלח סעיף א:
קמ ה טוש"ע שם סעי' ד:
קמא ו מיי' שם סמג שם טוש"ע י"ד סי' קלה סעיף ז:
קמב ז מיי' שם הלכ' כב ועיין בהשגות שם סמג שם טוש"ע י"ד סי' קלח סעיף א:
קמג ח מיי' וסמג שם טוש"ע י"ד סי' קלה סעיף ז וסי' קלו סעיף א:

הגהות הב"ח

(א) גמ' זה מכניסו לקיום וזה אין מכניסו לקיום: (ב) תום' ד"ה דרש וכו' פ' כירה אהא דתנן האילפס והקדרה:

[נ"ל סחר]

מסורת הש"ס

[וכרב אלפס איתא רבי יהודה]

[עירובין ס. ושם איתא וחזאי דלא מצווחא עלה בי כו']

[פי' דודי עי' רש"י חולין לב. ד"ה אמר להו]

יקלף רש"ח

[כפ' ויחי תרגום אונקלוס של חכלילי עינים מיין יטופון וכו']

א משנה גַּת שֶׁל אֶבֶן שדורכים בה ענבים ליין, שֶׁזְּפָתָהּ גּוֹי ושופכים היו יין על הזפת כדי להפיג את טעמה — מְנַגְּבָהּ (רוחץ) את הזפת הזו וְהִיא טְהוֹרָה. ואם היתה הגת שֶׁל עֵץ, רַבִּי אוֹמֵר: יְנַגֵּב, וַחֲכָמִים אוֹמְרִים: יְקַלֵּף אֶת הַזֶּפֶת כולה. ואם היתה הגת שֶׁל חֶרֶס, אַף עַל פִּי שֶׁקִּלֵּף אֶת הַזֶּפֶת — הֲרֵי זוֹ אֲסוּרָה.

ב גמרא על האמור במשנתנו אָמַר רָבָא: דַּוְקָא גת שזפתה אמרו שצריך לנגבה, אֲבָל אם רק דָּרַךְ בָּהּ הגוי יין בגת הזו, בלא שיזפת אותה — לֹא צריך ניגוב, אלא מספיק שידיחנה. ותוהים: לשם מה לו להגיד זאת? פְּשִׁיטָא [פשוט הדבר], הרי במפורש "זְפָתָהּ" תְּנַן [שנינו במשנה]! ומשיבים, מַהוּ דְּתֵימָא [שתאמר]: הוּא הַדִּין אֲפִילּוּ דָּרַךְ בָּהּ צריכה ניגוב, וְהַאי דְּקָתָנֵי [וזה ששנה] "זְפָתָהּ", אין זה אלא משום שאוֹרְחָא דְּמִלְּתָא קָתָנֵי [דרכו של דבר שנה], שכך הדרך לעשות לפני שדורכים, קָא מַשְׁמַע לָן [משמיע לנו] רבא שלא. אִיכָּא דְּאָמְרֵי [יש שאומרים], אָמַר רָבָא: דַּוְקָא זְפָתָהּ מנגבה והיא טהורה, אֲבָל אם גם דָּרַךְ בָּהּ לֹא סַגִּי [די] לָהּ בְּנִיגּוּב, אלא צריכה הכשר טוב יותר. ומקשים: פְּשִׁיטָא [פשוט הדבר], הרי "זְפָתָהּ" תְּנַן [שנינו במשנה]! ומשיבים, מַהוּ דְּתֵימָא [שתאמר]: הוּא הַדִּין שֶׁאֲפִילּוּ אם גם דָּרַךְ בָּהּ די לה בניגוב, וְהַאי דְּקָתָנֵי [וזה ששנה] זְפָתָהּ, אוֹרְחָא דְּמִלְּתָא קָתָנֵי [דרכו של דבר שנה], קָא מַשְׁמַע לָן [משמיע לנו] שֶׁדַּוְקָא זְפָתָהּ, אֲבָל דָּרַךְ בָּהּ לֹא סַגִּי [די] לָהּ בְּנִיגּוּב. והוא כִּי [כמון] המסופר על הַהוּא דַּאֲתָא לְקַמֵּיהּ [אדם אחד שבא לפני] ר' חִיָּיא, אָמַר לֵיהּ [לו]: הַב לִי גַּבְרָא דְּדַכֵּי לִי מַעֲצַרְתַּאי [תן לי אדם שיטהר לי את הגת שלי] שלקח מן הגוי, אָמַר לֵיהּ [לו] ר' חייא לְרַב: זִיל בַּהֲדֵיהּ, וַחֲזִי דְּלָא מְצַוְּחַת עֲלַי בֵּי מִדְרָשָׁא [לך עמו, וראה שתנהג כך שלא תגרום שיצווחו עלי בבית המדרש]. אֲזַל חַזְיֵיהּ דַּהֲוָה שִׁיעָא טְפֵי [הלך רב, ראה שהיתה הגת מזופפת והיתה חלקה ביותר], אֲמַר: הָא [זה] וַדַּאי בְּנִיגּוּב סַגִּי [מספיק] לָהּ, שהרי אינה בולעת. בַּהֲדֵי דְּקָא אָזֵיל וְאָתֵי [בזמן שהיה הולך ובא], חֲזָא פִּילָא מִתּוּתֵיהּ וַחֲזָא דַּהֲוָה מָלֵא חַמְרָא [ראה סדק מתחתיו, תחת הזפת, וראה שהיה מלא יין], אֲמַר: הָא [זו] לֹא סַגִּי [די] לָהּ בְּנִיגּוּב אֶלָּא בְּקִילּוּף,

וְהַיְינוּ [וזה] שֶׁאָמַר לִי חֲבִיבִי (דודי, ר' חייא): חֲזִי דְּלָא מְצַוְּחַת עֲלַי בֵּי מִדְרָשָׁא [ראה שלא תגרום שיצווחו עלי בבית המדרש]. תָּנוּ רַבָּנַן [שנו חכמים]: הַגַּת, וְהַכֵּלִים המשמשים עמה, הַמַּחַץ (דלי) וְהַמַּשְׁפֵּךְ שֶׁל גּוֹיִם שהיו של חרס, רַבִּי מַתִּיר אותם בְּנִיגּוּב בלבד, וַחֲכָמִים אוֹסְרִין. וּמוֹדֶה רַבִּי בְּקַנְקַנִּים של חרס שֶׁל גּוֹיִם שֶׁהֵן אֲסוּרִין. ויש לשאול: וּמָה הֶפְרֵשׁ בֵּין זֶה לָזֶה בין הגת והקנקנים? ומסבירים: זֶה קנקן מַכְנִיסוֹ בְּקִיּוּם כדי להתקיים זמן רב עם היין שבתוכו, וְזֶה הדברים האחרים אֵין מַכְנִיסוֹ בְּקִיּוּם, אלא היין נמצא בהם לפי שעה. וְאִם היו הגת והמחץ והמשפך שֶׁל עֵץ וְשֶׁל אֶבֶן — יְנַגֵּב, וְאִם הָיוּ מְזוּפָּפִין — אֲסוּרִין, שאין די להם בניגוב. על ההלכה האחרונה שהוזכרה מקשים: וְהָתְנַן [והרי שנינו במשנתנו]: גַּת שֶׁל אֶבֶן שֶׁזְּפָתָהּ גּוֹי — מְנַגְּבָהּ וְהִיא טְהוֹרָה! ומשיבים: מַתְנִיתִין [משנתנו] מדברת במקרה שֶׁלֹּא דָּרַךְ בָּהּ כלל, ואילו בָּבְרַיְיתָא מדובר שֶׁדָּרַךְ בָּהּ יין לאחר מכן. ועוד דנים בברייתא זו. אָמַר מָר [החכם]: הַגַּת וְהַמַּחַץ וְהַמַּשְׁפֵּךְ של חרס שֶׁל גּוֹיִם, רַבִּי מַתִּיר בְּנִיגּוּב, וַחֲכָמִים אוֹסְרִין. ומקשים: וְהָאֲנַן תְּנַן [והרי אנו שנינו במשנתנו]: גת שֶׁל חֶרֶס, אַף עַל פִּי שֶׁקִּלֵּף אֶת הַזֶּפֶת — הֲרֵי זוֹ אֲסוּרָה! אָמַר רָבָא: סֵיפָא דְּמַתְנִיתִין אֲתָאן לְרַבָּנַן [בסוף משנתנו באנו לשיטת חכמים] שאוסרים גם בשל חרס. דָּרַשׁ רָבָא: נְעָוָה אַרְתָּחוֹ [את הגיתות הרתיחו] ברותחים, כדי לטהרן מיין של גוים שבלעו. ועוד מסופר, רָבָא כִּי הֲוָה מְשַׁדַּר גּוּלְפֵי [כאשר היה שולח נאדות, כדים ריקים] למקום הקרוי הַרְפַּנְיָא, סָחֵיף לְהוּ אַפּוּמַיְיהוּ וְחָתֵים לְהוּ אַבִּירְצַיְיהוּ [היה כופה אותם בתוך השק, והיה חותם על פיהו של השק אל שוליהם], קָסָבַר [סבור היה] שֶׁכָּל דָּבָר (כלי) שֶׁמַּכְנִיסוֹ לְקִיּוּם עם היין שבו, אֲפִילּוּ מוסרו לגוים לְפִי שָׁעָה — גָּזְרוּ בֵּיהּ רַבָּנַן [בו חכמים] את כל דיני ההרחקה כאילו היה בו יין.

ג לגוף ההלכה במשנה מבררים: בַּמֶּה מְנַגְּבָן? כיצד היא דרך ניגוב האמורה כאן? רַב אָמַר: מנגבן בְּמַיִם, רַבָּה בַּר בַּר חָנָה אָמַר: מנגבן בְּאֵפֶר. ותוהים: רַב אָמַר בְּמַיִם, וכי אמר בְּמַיִם וְלֹא בְּאֵפֶר? מה ניקוי הוא בזה? רַבָּה בַּר בַּר חָנָה אָמַר בְּאֵפֶר, וכי בְּאֵפֶר יֵשׁ וְלֹא בְּמַיִם? אֶלָּא כך צריך להבין:

עיונים

שזפתה ודרך המכינים את הגת לדריכה היתה לערות מעט יין על הזפת בעת הזיפות (ראה רשב"א ועוד), כדי להפיג את הריח הבלתי נעים שלה (רש"י. וראה לעיל לג,א שפירש כי הדבר נעשה בעוד הזפת חמה. וראה בביאור הגר"א לשו"ע). וכתב הראב"ד שאף יין זה הולך לאיבוד (ועל כל פנים לפי הפירוש שיין זה היה ניתן על הזפת בשעת הזיפות או מיד לאחריו), לא אמרו (לעיל לג,א) שיין הנשפך מותר אלא כגון ששופכו על מקום טיט וכיוצא בזה, שלא היה מקום לאוסרו שמא מנסך הוא לעבודה זרה, משום שלא היו מנסכים כך בכלל. אבל כאן מדובר שהוא שופך מכלי לכלי, וכדרך ניסוך הוא, ולכן הריהו בכלל איסור יין נסך (וראה במאירי).

מנגבה וכפי שמוסבר להלן בגמרא, ניגוב זה הוא רחיצה של ממש, באפר ומים, כדי להוציא ממנה את היין שנבלע בזפת, או שעל כל פנים נמצא על הזפת, שנקרש והתייבש עליה (רשב"א). והראב"ד מפרש שאין מדובר כאן כלל על היין שעל גבי הזפת (שהיין אינו נבלע בה, ואם הוא נבלע הרי זה הולך לאיבוד), אלא שלמרות הזיפות נשארים מקומות גלויים על פני הגת, ושם מצטבר מן היין, ואותו הוא צריך לנגב.

וכתבו רמב"ן ועוד שאף שכלים שאין מכניסים בהם יין לקיום אינם צריכים אלא הדחה, והגת הרי נחשבת ככזאת (בברייתא המובאת להלן בגמרא), שונה הגת שמעמידים בה יין זה משך מספר ימים כדי להפיג את טעם הזפת, ויש שמחליפים את היין פעמיים או שלוש, ולכן יש לה דין מעמד ביניים, שאין היא בכלל כלי שמכניסו לקיום להצריכה הכשר ממש, כגון הגעלה, ומצד אחר לא די לה בהדחה בלבד.

של עץ רש"י מסביר שגת של עץ צריכה לכמות גדולה יותר של זפת, והזפת בולעת יין הרבה, ולכן לדעת חכמים אין די בניגובה. מה שאין כן גת של אבן, ששכבת הזפת דקה, ואינן בולעת (רשב"א). והרי"ד סבור שכלים של עץ לפי שהם לחים מעצמם הריהם גורמים שתבלע הזפת יותר, וגם שיהא קשה יותר לפלוט ממנה את היין. ואילו הראב"ד מסביר לשיטתו, שכלי העץ משום שהם לחים אין הזפת נמרחת עליהם כראוי, וכשמעבירים עליה יין לאחר הזיפות יש להניח שהוא נכנס בין הגת והזפת, ומצטבר על גבי הגת עצמה, ולכן יש לקלף את הזפת ולנגב את הגת.

של חרס שהחרס עצמו בולע את היין. ואמרו חכמים שכלי חרס אין הבלוע בו יוצא כלל מן הכלי (אלא בדרכים מיוחדות שיבוארו להלן).

דרך בה רש"י מסביר שמדובר בגת שאינה זפותה, שעצם דריכת הענבים בה אינה מבליעה בגת את יין הנסך, ולכן אינה צריכה ניגוב, ודי לה בהדחה. ובתוס' תמהו על דברי רבא, שהרי להלן נאמר בברייתא שגת של אבן ושל עץ צריכה ניגוב. והסבירו כי משנתנו, שרבא מתייחס אליה, עוסקת בגת של ישראל, שדרך בה הגוי באופן חד פעמי, ובברייתא להלן מדובר בגת של גוי שדרך בה ענבים באופן קבוע. ובדומה לכך הביאו ראשונים אחרים בשם התוס' שיש להבחין בין גת שדרכה הגוי בראשונה, לבין גת שדרכה ישראל מתחילה, כפי שמצאנו חלוקה מעין זו לעיל לג,א.

איכא דאמרי וללשון זאת מדובר דווקא בגת מזופפת, שאם דרך בה הגוי אין די לה בניגוב, אלא צריך לקלף את הזפת ואחר כך לנגבה (רמב"ן), משום, שכמבואר במעשה המובא כדוגמה לכך, הדריכה יוצרת סדקים בזפת, והיין נכנס פנימה. והסביר הראב"ד (לפי שיטתו בפירוש המשנה), שהיין מצטבר בכמות גדולה על גבי הגת, והרי זה ככלי שמכניסו לקיום, ו"לא סגי לה בניגוב" משמעו לא רק לענין הקילוף, אלא אף לענין ההכשר, שהוא מצריך הגעלה או מילוי מים שלוש פעמים. ויש מן הראשונים (כגון הרמב"ן) הסבורים שיש רק לשון אחת כאן, והיא הלשון השניה, ואין לגרוס כלל לשון ראשונה. או כדברי הראב"ד, שאין הבדל בין שתי הלשונות אלא בשם האומרן, שלפי הראשונה הוא רבא ולפי השניה הוא רבה.

דלא מצווחת רש"י מסביר: שלא תגרום לאסור את היין, ויבוא בעל הגת ויצווח עלי בבית המדרש שלא תקנתי את גתו כראוי. ויש שהציע לתקן מעט את הגרסה, ולפרש כמו במקבילה במסכת עירובין (ס,א) שהכוונה היא שלא יבואו חכמים בבית המדרש עצמם לצווח עלי על שלא נהגתי כדין (רש"ש).

הא לא סגי לה בניגוב שהבין כי הגוי ממנו נלקחה גת זו דרך בה יין, ומשום כך הצטברה כמות גדולה של יין מתחת שכבת הזפת (ראב"ד).

הגת והמחץ וכו' ומדובר כאן כשהיו כל אלה עשויים חרס, כי כמבואר בהמשך הברייתא יש דינים אחרים לכלי אבן ולכלי עץ. וכן מדובר כאן בכלים שאינם מזופפים, שהרי להלן מבארת הברייתא מה דינם של המזופפים.

המחץ הוא כעין דלי שדולים בו יין מן הבור. וראה ברי"ד שרצה לפרש באופן אחר, אבל בסוף מסכים כי פירוש רש"י הוא העיקר.

מכניסו לקיום וכל שעשוי היין לעמוד בו זמן מרובה — יש לו דין אחר. שאינו דומה כלי המשמש ליין לפי שעה (כגון הגת, שהיין מצוי בה רק בשעת דריכה בלבד) לקנקנים שעשויים להחזיק היין בתוכם זמן מרובה. וכל שמחזיק יין לזמן הרבה ודאי בולע יותר.

נעוה ארתחו כלומר, כל מי שלוקח גת של חרס מן הגוי, וכן גת של אבן או של עץ מזופפת, עליו להרתיחה כדי להכשירה. והוא כמעשה ברב לעיל, וכפי שאמר רבא ללשון השניה, שאם דרך הגוי בגת מזופפת לא די לה בניגוב. ולשיטת הראב"ד בפירוש דברי רבא לעיל צריך תחילה לקלוף את הזפת, ורק לאחר מכן להרתיח. אבל ראשונים אחרים כתבו כי כיון שמרתיח אינו צריך לקלוף את הזפת, אלא די בהרתחה בלבד (פסקי רי"ד, רשב"א ועוד).

ולענין הרתחה זו סבור היה ר"ת לומר שמשום גודל הגת צריך לומר שאינה הרתחה ממש אלא עירוי מים רותחים. ומכאן רצה לפסוק הלכה שלכל ענין עירוי נחשב כ"כלי ראשון", כלומר כהכנסה של דבר לתוך כלי שהיה על גבי האש. אבל הרשב"ם ורוב הפוסקים סבורים שאין דין עירוי אלא כ"כלי שני". ומה שדי בגת בעירוי בלבד הריהו משום שהיין אינו נבלע בה ברתיחה אלא בצונן בלבד. אכן, הביאו ראשונים בשם הר"ח שכאן מדובר בגת שהיתה ככלי גדול, וצריך להרתיח אותו ממש על גבי האש.

גולפי כדים ריקים (רש"י) ושל חרס הם (ראב"ד). שאף ששלח כלים ריקים בלבד, יש מקום לחשוש שמא ישתמשו בהם הגוים לפי שעה להכניס בהם יין, שכל כלי שמכניסו לקיום, גם אם בשעה מסויימת אין היין מתקיים בו אלא לשעתו יש להחמיר בו יותר. וכתבו בתוס' שמכאן נראה שכך צריך להעשות לכתחילה, אלא שיש להקל בימינו בחביות גדולות שאין מכניסים לתוכן יין אף לפי שעה.

סחיף להו אפומייהו רש"י מסביר שהיה מניח את הכלים הפוכים בתוך שקים, ואחר כך היה חוזר וחותם את פי השקים בכיוון של שוליהם ("בירצייהו") של הכלים ההפוכים כדי שיהא כחותם בתוך חותם. אבל הרמב"ן ואחרים סבורים שכיון שאין כאן יין, ואין כאן סיבה לחשוש במיוחד שיכניס בהם יין, הרי בכגון זה לכל הדעות די בחותם אחד. ולכן מפרש הרמב"ן שהכוונה היא שהיה כופה סל על פי הכלים ומהדקו, ויש להבין "בירצייהו" במובן של ברזא, שהיה עושה חותם על הברז המצוי בשוליהם, והוא חותם אחד. והראב"ד פירש כרש"י שהיה מניחם הפוכים בסל, והוא חותם אחד, ועוד היה חותם את פי אותו ברז שבשוליו, שבמצב זה היה פיו למעלה.

במה מנגבן אף שפעמים משמעות ניגוב היא יבוש דברים בלבד, הרי כאן אין מדובר ביין המצוי בפועל אלא במה שנבלע (או שעל כל פנים נדבק. רשב"א), ודבר כזה אינו יוצא אלא על ידי רחיצה, ולכן דנו כיצד נעשית רחיצה זו בפועל.

אורח הלכה

גת של אבן שזפתה גוי גת של אבן שזפתה גוי ונתן בה יין בשעת זפיתה, או שזפתה ישראל ונתן בה יין, ונגע בו הגוי כשיש בו טופח על מנת להטפיח — צריכה ניגוב (שיבואר עניינו להלן) ואחר כך מותר לו לדרוך בה. (רמב"ם ספר קדושה הלכות מאכלות אסורות פי"א ה"כ. שו"ע קלח,א).

גת של עץ וכו' גת של עץ שזפתה גוי (אף שלא דרך בה) צריך לקלוף את הזפת ולנגב את הגת. כדעת חכמים. (רמב"ם שם הכ"א. שו"ע שם).

גת של חרס גת של חרס שזפתה גוי ונתן בה יין בעת זפיתה, אינה מותרת בקילוף וניגוב, אלא במילוי ועירוי שלוש פעמים. כסתם משנה. (רמב"ם שם הכ"ב. שו"ע שם).

דרך בה גת של אבן או של עץ שאינה זפותה שדרכה גוי, אם היה תחילת תשמישה על ידי גוי — צריכה ניגוב, כברייתא להלן, ואם היה תחילת תשמישה על ידי ישראל — די לה בהדחה. כלשון ראשונה של רבא. וגת של חרס שאינה זפותה, אם היה תחילת תשמישה על ידי גוי צריכה עירוי, ואם על ידי ישראל די לה בניגוב. (שו"ע שם).

דרך בה לא סגי בניגוב אם דרך הגוי יין בגת זפותה של אבן או של עץ — לא די לה בניגוב, אלא יקלוף הזפת ואחר כך ינגב. כלשון אחרונה של רבא. ואם היתה זו גת של חרס — לא די לה בקילוף וניגוב, אלא צריכה קליפה ומילוי ועירוי (וראה בגר"א), או הגעלה בלא קליפה, או יישון שנים עשר חודש, או להסיקה בכבשן עד שתתרפה הזפת. (רמב"ם שם הכ"א—כב. שו"ע שם).

הגת והמחץ והמשפך וכו' גיגית גדולה שדורכים בה יין, וכן המשפך וכלי המדה והכלי שדולים בו מהבור לחבית — כולם דינם כגת לענין הכשר. (שו"ע שם סעיף ד).

קנקנים של גוים כלים שמכניסים בהם יין לקיום צריכים מילוי ועירוי שלושה ימים, בין שלקחום ישנים מן הגוים ובין שהיו אלו קנקני ישראל שנשתמש בהם הגוי ליין אפילו לפי שעה. ועירוי מועיל להם אפילו היו זפותים. כברייתא, וכפי שהיה רבא נוהג להלן. (רמב"ם שם הט"ו. שו"ע שם קלה, ז).

נעוה ארתחו הגת וכליה הצריכים ניגוב, וכן גת של חרס שזפתה גוי ודרך בה (גר"א), ניתרים בהגעלה על ידי עירוי, שמערה מכלי ראשון עליהם. כדברי רבא, וכפירוש ר"ת ועוד. (רמב"ם שם הכ"ב. שו"ע שם קלח,א).

כי הוה משדר גולפי וכו' המשלח ביד הגוי כלים המיוחדים ליין צריך להחתימם בחותם אחד, כדי שיהא ניכר אם הכניס בהם הגוי יין. כפי שנהג רבא, וכפירוש רמב"ן ועוד. ויש מי שמצריך חותם בתוך חותם, כפירוש רש"י. (שו"ע שם קלו,א).

מסורת הש"ס

א. (כעין זה) עירובין ס,א.
ב. ירושלמי ע"ז פ"ה הי"ד. תוספתא ע"ז פ"ח א.
ג. ראה ע"ז לג,ב.
ד. ראה ע"ז לא,א.

גרסות

דרך בה לא בכתי"מ ועוד: דרך בה אפילו נגוב לא צריך בכתי"ס: דרך בה לא בעי ניגוב.

לא סגי לה בניגוב. פשיטא — לא סגי לה בניגוב בכת"י: לא סגי לה בניגוב.

דדכי לי מעצרתאי בכתי"ס: דמדכי לי למעצרתא.

זיל בהדיה בכתי"מ: זיל סיירי.

חזייה דהוה שיעא — סגי לה בכתי"מ: חזייה למעצרתא דהוה שיע טובא אמר ליה הא בנגוב בעלמא סגי ליה.

ואתי חזא — מלי חמרא בכתי"מ: דאתי עילויה איפלי פילא מתותיה חזייה דמלי חמרא ויש במקורות: דאתי איפלי פילא מתותי כרעיה וכו' בכתי"ס: ואתי איפלי פילא מתותיה אשכחיה דמלי חמרא.

אלא בקילוף בכתי"ס וכן יש במקורות: אלא קילוף בעי.

בקנקנים של גוים בכתי"מ: בקנקנים שלהן ובכתי"ס: בקנקנים.

מכניסו בקיום בכת"י וכן בב"ח: מכניסו לקיום.

ינגב אם היו מזופפין בכתי"מ: מנגבן והן טהורין ואם הן מזופפין.

אפילו לפי שעה בכתי"מ: לפי שעה.

במים ולא באפר... באפר ולא במים בכתי"מ: במים אין באפר לא... באפר אין במים לא.

לשון

בירצייהו
יש מסבירים את המלה מלשון פרסית purza שמשמעה: שולי הבגד. וכן נראה ממשמעות דברי רש"י.

החיים

המחץ
לפי התיאורים וההסברים של הראשונים נראה כי המחץ היה כלי חרס גדול (כנראה כזה שהיו לו גם אוזניים להחזיק בו). בכלי זה היו שואבים יין מן הגת.

מסורת הש״ס

א. (חילוק כזה) שבת מח,ב. מגילה יח,ב. גיטין לה,א. ב״ב פו,א. קמב,ב. קנב,ב. ע״ז לח,א. בכורות לו,ב. נדה מד,ב.
ב. נדה סה,ב. ירושלמי ע״ז פ״ה הי״ד. תוספתא ע״ז פ״ח ג. שם טהרות פי״א טז.
ג. שם. וראה ע״ז ע,ב. ירושלמי ע״ז פ״ה ה״ו.
ד. יבמות סב,ב. שבועות יח,ב. נדה סג,ב. סה,ב. ובירושלמי ע״ז פ״ה הי״ד (בשינוי).
ה. ירושלמי שם.

גרסות

בי רב בכתי״ס: **בבי רב.**

ולא פליגי בכתי״מ: **מר אמר חדא ומר אמר חדא ולא פליגי.**

דארמאי מאי בכתי״מ: **דארמאי היכי עבדינן להו.**

הדפין והעדשין בכת״י: **כיצד עושה הדפין והעדשין.**

מיישנן שנים עשר בכת״י ועוד: **מיישנן וכמה מיישנן שנים עשר.**

היינו תנא קמא בכת״י ועוד: **רבן שמעון בן גמליאל היינו תנא קמא.**

שמימיו רודפין בכתי״מ: **שמימיו רדופין.**

אלא כדרך בכת״י: **אלא אימא כדרך.**

הא בתקופת בכתי״מ: **כאן בתקופת.**

רווקי בכתי״ס ועוד: **דווקי.**

ואי איכא קיטרי בכת״י ובמקורות: **ואי אית בהו קיטרי.**

לשון

גורגי
מקור המלה הוא כנראה בפרסית garac שעניינו עיגול, היקף (וכנראה הושאלה המלה גם לארמית, במשמעות עקום, מפותל). והוא תיאור של העקל, שהוא כעיגול מקיף.

בצבוץ
לדעת הערוך הרי זו צורה מורחבת של בוץ = פשתן. ולדעת רש״י הוא חומר אחר, קנבוס, הדומה לפשתן.

רווקי
מקור המלה הוא כנראה בערבית راووق (ראווק) ומשמעו — משמרת, הכלי שבו מסננים את השמרים מן היין.

החיים

עקלים

בעקל היו מניחים את הזיתים לכבישה בבית הבד, וקורת בית הבד היתה דוחקת ולוחצת עליהם עד שהיה השמן יוצא מבין נקבי העקל. העקל עצמו היה מיועד לשמור את הזיתים במקום אחד, שלא יתפזרו בכבישה.

לעזי רש״י

ריבוס״י צ״ל: רידורט״א מן הצרפתית העתיקה redorte — סורג המקיף את ערימת הזיתים בבית הבד שלא יתפזרו.

אשקיפ״א צ״ל: אישקוב״א מן הצרפתית העתיקה escove — מטאטא.

מיי״ט מן הצרפתית העתיקה meit — עריבה, גיגית. המקום בגת בו מניחים את הענבים.

פויי״ל כנראה מן הצרפתית העתיקה paveil — אחד ממיני הגומא.

יונ״ק מן הצרפתית העתיקה jonc — קנה סוף.

אשקלי״ר צ״ל: אישקלדי״ר מן הצרפתית העתיקה escalder — לחלוט, להכניס לזמן מה בתוך מים רותחים.

ריבד״ש מן הצרפתית העתיקה rebdes — (מים) סוערים, שוטפים בהירות.

רב אמר: במים, והוא הדין לאפר, וכן **רבה בר בר חנה אמר: לאפר, והוא הדין למים, ולא פליגי** [נחלקו]. **הא ברטיבתא** [זה בגת רטובה] שצריך לנקות אפר תחילה ואחר כך לשטוף במים, **הא ביבשתא** [זה ביבישה] שצריך להרטיב במים תחילה ואחר כך להוסיף ולנקות באפר. **איתמר** [נאמר] שנחלקו בדבר, **בי** [בבית] **רב משמיה** [משמו] של **רב אמרי** [היו אומרים]: **תרתי תלת** [שתים שלוש], שתים ברטובה — אפר ומים, ביבישה שלוש — מים ואפר ומים. **ושמואל אמר: תלת** [שלוש] **ארבע** ברטובה — אפר ומים ואפר, וביבישה ארבע — מים ואפר ומים ואפר. **בסורא מתנו הכי** [היו שונים את הדברים כך], ואילו **בפומבדיתא מתנו** [היו שונים] בלשון אחרת: **בי** [בבית] **רב אמרי משמיה** [אמרו משמו] של **רב: תלת** [שלוש] **ארבע** שלוש ברטובה — אפר ומים ואפר, וארבע ביבישה — מים ואפר ומים ואפר, **ושמואל אמר: ארבע חמש**. ומעירים: **ולא פליגי** [נחלקו] רב ושמואל, אלא **מר קא חשיב מיא בתראי** [חכם זה, שמואל, חושב את המים האחרונים] שאינם הכשר הגת, אלא להוציא את האפר, ולכן עם המים שבסוף הם ארבע או חמש, **ומר לא קחשיב מיא בתראי** [וחכם זה, רב, לא חושב את המים בסוף].

א **בעו מיניה** [שאלו אותו] **מר' אבהו** בנושא דומה של הכשר כלי יין של גוים: **הני גורגי דארמאי, מאי** [אותם העקלים של גוים, שמניחים בהם ענבים בזמן הדריכה בגת מה דינם]? **אמר להו** [להם] **ר' אבהו, תניתוה** [כבר למדתם אותה], ששנינו: **הרי שהיו גתיו ובית בדיו** (מקום דריכת הזיתים לשמן) **טמאין, ובקש לעשותן בטהרה**, וצריך תחילה לנקותם ממה שבלעו דבר טמא, את **הדפין** (קרשים שמניחים על הענבים ועליהם מניחים את הקורה) **והעדשין** כלים עגולים, **והלולבין** עמודים להחזיק בהם את הקורה שדורכים בה — **מדיחן, והעקלין** (מעין סלים שמניחים בתוכם את הענבים והזיתים בזמן הדריכה) שהיו **של נצרין** (עלי דקל) **ושל בצבוץ** (קנבוס) — **מנגבן** באפר ומים, ואם היו **של שיפה ושל גמי** שעשויים מקני סוף — **מישנן** (משאיר אותם בלי שימוש) **שנים עשר חדש**, מפני שהם סופגים הרבה מן היין. **רבן שמעון בן גמליאל אומר: מניחן מגת לגת** שמניחם עד לעונת הבציר הבאה **ומבד לבד** כשהיו אלה זיתים. ועל שיטת רבן שמעון בן גמליאל שואלים: **היינו תנא קמא** [הרי זו בדיוק שיטת התנא הראשון] שמיישנן שנים עשר חודש, שהרי מגת לגת עוברת שנה! ומשיבים: **איכא בינייהו** [יש ביניהם הבדל]: **חורפי ואפלי** [המוקדמים והמאוחרים], שרבן שמעון בן גמליאל אומר שאין צורך לדקדק בשנים עשר חודש לעונת הבציר והמסיק, שפעמים ההבדל הוא יותר או פחות משנים עשר חודש. **ר' יוסי אומר: הרוצה לטהרן מיד**, ולא ליישנן שנה — **מגעילן ברותחין** שמערה עליהם, **או חולטן** מרתיח אותן **במי זיתים** מים שחולטים בהם זיתים. **רבן שמעון בן גמליאל משום** (בשם) **ר' יוסי אומר: מניחן תחת צינור שמימיו מקלחין** כל הזמן **או במעין שמימיו רודפין** (שוטפים), ואז אנו מניחים שהמים השוטפים מנקים את הכל. **וכמה** זמן מניח אותן במים זורמים — **עונה** (חצי יממה). ומוסיפה הברייתא: **כדרך שאמרו ביין נסך, כך אמרו בטהרות**. על הלשון תוהים: **כלפי לייא** [היכן]? כלומר, הלוא צריך לומר להיפך, שהרי **בדיני טהרות קיימינן** [אנו עומדים עוסקים בברייתא זו]! **אלא** כך צריך לומר: **כדרך שאמרו בטהרות, כך אמרו ביין נסך**. ושואלים: **כמה היא עונה? אמר ר' חייא בר אבא אמר ר' יוחנן: או יום או לילה. רב חנא שאינה, ואמרי לה** [ויש אומרים] **רב חנא בר שאינה אמר רבה בר בר חנה אמר ר' יוחנן**: מהי עונה? **חצי יום וחצי לילה. אמר ר' שמואל בר יצחק**: והדעות הללו **לא פליגי** [חלוקות] ביניהן: **הא** [זה] שאמר יום או לילה — **בתקופת ניסן ותשרי**, שאז הימים והלילות שווים, **הא** [זה] שאמר חצי יום וחצי לילה — **בתקופת תמוז וטבת**, שהיום והלילה אינם שוים, ולכן חצי יום וחצי לילה הם ביחד שתים עשרה שעות.

ב **אמר רב יהודה: הני רווקי דארמאי** [אותן משמרות שמסננים שמרים מן היין של הגוים] כיצד מכשירים אותן? **דמזיא** [אלה של שיער] של אדם, שאינם בולעים — **מדיחן, דעמרא** [של צמר] — **מנגבן** באפר ומים, **דכיתנא** [של פשתן] שסופגים יותר — **מישנן, ואי איכא קטרי** [ואם יש בהם קשרים] — **שרי להו** [מתיר אותם]. **הני דקולי וחלאתא דארמאי** [אותם סלים ומסננות של הגוים], **דחיטי בחבלי דצורי** [אלה שתפורים בחוטים של דקל] — **מדיחן,**

עיונים

תרתי תלת כיון שלא נאמרו הדברים במפורט, אלא במספרים בלבד, היו כמה שיטות בבאור סוגיה קטנה זו, ושתים מהן הביא רש״י, הראשונה בשם מורו (וכן פירשו רוב הראשונים), ולפיה בגת רטובה יש שתים — אפר ומים, ובגת יבישה שלוש — מים ואפר ומים (והוא הפירוש המובא בפנים). אבל לפירוש אביו של רש״י (שהוא סבור שהוא הפירוש הנכון) וכן לפירוש ר״י בתוס׳ יש להבין להיפך, כי ביבישה יש שתים — מים ואפר, וברטובה יש שלוש — אפר ומים ואפר (ואף שיש מים אחרונים אינו מונה אותם, משום שאינם להכשר הגת אלא לנקות אותה מן האפר).

תלת וארבע לפי פירוש מורו של רש״י והראב״ד, כוונת הדברים היא: ברטובה שלוש — אפר ומים ואפר, וביבישה ארבע — מים ואפר ומים ואפר (ומים אחרונים אינו מונה). ולפי זה נחלקו רב ושמואל בשאלה האם צריך אפר רק פעם אחת או שתי פעמים. ופועל יוצא מדעתו זאת שהוא מצריך גם מים אחרונים, שרב אינו מצריך (ראב״ד). ולפירוש אביו של רש״י (שגם רב מצריך מים אחרונים אלא שאינו מונה אותם) שמואל אינו חולק על רב ברטובה, וגם לדעתו יש בה שלוש — אפר ומים ואפר, ואינו חולק אלא ביבישה, שהוא סבור שיש להוסיף גם בה פעם נוספת של אפר, ולכן יש בה ארבע — מים ואפר ומים ואפר. ואילו לפירוש ר״י בתוס׳ שמואל אינו מוסיף אפר, שהרי גם רב מצריך פעמיים, אלא רק מוסיף ומונה את המים האחרונים, הוא סבור איפוא כי ביבישה שלוש — מים ואפר ומים ואפר, וברטובה ארבע — אפר ומים ואפר ומים.

ולא פליגי לפירוש מורו של רש״י כוונת הדברים היא שלפי הלשון של פומבדיתא אין רב ושמואל חולקים בהלכה (כמו ללשון של סורא), אלא רב גם הוא מצריך פעמיים אפר (כמו דעת שמואל בלשון של סורא), ולפיכך הוא מונה שלוש ברטובה (אפר ומים ואפר) וארבע ברטובה (מים ואפר ומים ואפר) ושמואל רק מונה את המים האחרונים. אבל לפירוש אביו של רש״י (ראה לעיל) גם כאן חולק שמואל על רב (שסבור ביבישה שלוש — מים ואפר ומים, וברטובה ארבע — אפר ומים ואפר ומים) והוא מצריך פעם נוספת של אפר גם ביבישה. ו״לא פליגי״ כוונתו שלשונות סורא ופומבדיתא אינן חלוקות זו על זו, אלא שבסורא לא מנו מים אחרונים לשיטת שני החכמים, ובפומבדיתא מנו אותם. ואילו ר״י בעל התוספות פירש בענין זה כמורו של רש״י, ונמצא לשיטתו (לעיל, שגם ללשון של סורא לא נחלקו רב ושמואל, אלא שרב לא מנה את המים האחרונים ושמואל מנאם) שאין מחלוקת כלל, לא בין רב ושמואל ולא בין סורא לפומבדיתא.

גורגי רש״י מסביר (כנראה בעקבות רבינו גרשום, ראה בערוך ערך לולב) שהם ה״עקלים״ המוזכרים בברייתא להלן, מעין עיגולים עשויים מנצרים או חבלים שמניחים סביב ערימת הענבים הנכבשת תחת הקורה, כדי שלא יתפזרו. ובשם רב האי גאון הוא מביא כי עקלים אלו הם סלים העשויים כעין שבכה, שמניחים בהם את הגפת (מה שנשאר לאחר שדרכו את הענבים וכבשו את הזיתים) וכובשים אותה בתוכם עד שהנוזלים יוצאים דרך הנקבים.

והראב״ד מציע לפרש כי יש כאן שיבוש של ״מוריגי״, והכוונה היא ללוחות עץ המשמשים במלאכת הגת (״דפים״ המוזכרים בברייתא להלן).

לולבין רש״י מפרש שהם ענפי דקל שעושים מהם מטאטא לאסוף את הענבים המתפזרים מן הערימה, ומן הסתם דבק בהם גם נוזל. אבל מפרשים אחרים מסבירים שהם שני עמודים העומדים משני צידי הקורה הכובשת את הזיתים בבית הבד (ראה ב״ב, סז,ב) כדי ליצבה (רבינו גרשום, ראב״ד), או קורות שהיו מעמידים בצד ערימת הענבים או הזיתים (״התפוח״) כדי שלא יפלו הענבים בזמן הדריכה (ר״ת).

עדשים רש״י מפרש (כרבינו גרשום) שהכוונה היא לגת עצמה, שהיא עגולה כעדשה. ולפי זה חלוקה ברייתא זו על משנתנו לענין הלכה, שאינה צריכה ניגוב ודי לה בהדחה במים. אבל שאר מפרשים מסבירים שהם כלים המצויים בגת. ר״ח מפרש כי הכוונה היא לים של הגת, כלומר מעין כלי גדול שיש לו בית קיבול, שם מונח היין לזמן לא רב (רשב״א), או כפי שפירש במקום אחר לענין בית הבד (ראה ב״ב סז,ב), שהכוונה לכלי גדול שבו מביאם את הזיתים לדריכה (רא״ש). ולדעת ר״ת (הטוען שגת מרובעת היא) עדשים הם אבנים או כלים עגולים שמניחים על גבי הדפים המונחים על התפוח כדי לסייע בכבישה (ראה בספר הישר, וכן ראה בתוס׳ נדה סה,א). ויש שפירשו כי הכוונה היא לאבני הריחיים של בית הבד. והראב״ד פירש כי הכוונה היא לאבן הריחים העליונה דווקא, שאין בה בית קיבול. ואילו הרמב״ן פירש להיפך, שהכוונה היא אפילו לתחתונה שיש בה בית קיבול.

מגת לגת שאם מטהרם לאחר עונת הגתות — צריך להמתין עד סוף עונת הגתות הבאה (ראב״ד).

מי זיתים המפרשים מסבירים שהיו נוהגים לחלוט את הזיתים במים חמים כדי לרככם. ולפי זה אין ההגעלה צריכה להיות ברותחים ממש אלא במים חמים. ואולי הכוונה למים שכבר חלטו בהם זיתים, שיש גם חריפות מסויימת במים להוציא את טעם הדבר שנבלע.

רווקי במלה זו יש גרסות שונות בדברי המפרשים, ופירושה מוסכם כרש״י, שהן משמרות, כעין מפות, שדרכן מסננים את השמרים מן היין. וכן נראה לפי המשך הדברים.

ואי איכא קטרי שרי להו ואחר כך מנגבם, באלו הצריכים ניגוב (המתואר לעיל, שהוא רחיצה במים ואפר תוך כדי שפשוף). ולא די להם בהדחה, משום היין הנבלע בהם, והתרת הקשרים מאפשרת להגיע לכל מקום ולנגבו. וכן באלו הצריכים יישון, שהרי טעם הדבר שצריכים יישון הוא משום שכך מתייבש כל מה שבתוכם, ואם אין מתירים את הקשרים אינם מתאווררים ואינם מתייבשים כיאות (ראב״ד). אבל הרשב״א כתב (וכן הבין הטור מדברי רש״י) שאין צורך בהתרת קשרים אלא בניגוב, אבל לא ביישון, משום שפרק זמן של שנים עשר חודש דיו לייבש כל מה שבלוע (וכן אין צורך להתיר קשרים בדברים הצריכים הגעלה או מילוי ועירוי, שבאלה מגיעים המים לכל מקום).

אורח ההלכה

הא ברטיבתא וכו׳ כלים שאמרו שצריכים ניגוב, אם היו לחים — מקנחם תחילה באפר ואחר כך מדיחן במים, ומקנחם באפר פעם שנית וחוזר ומדיחם. ואם היו יבשים — מקדים מים ואחר כך אפר, ואחר כך מים ושוב אפר, ואחר כך מים. כדברי כולם. כלשון של פומבדיתא, שהיא לשון אחרונה, וכפירוש הראשון ברש״י, שלא נחלקו רב ושמואל (כס״מ). ויש שפסקו כרב לפי הלשון של סורא, שהלכה בדברי סופרים כדברי המיקל (טור בשם רמ״ה ורא״ש). (רמב״ם ספר קדושה הלכות מאכלות אסורות פי״א ה״כ. שו״ע יו״ד קלח, י).

הדפין והעדשין והלולבין כלי הגת שדרך בהם הגוי, כגון הקורה שעוצרים בה או הקרשים ששמים על העביט — כולם די להם בהדחה. (רמב״ם שם הכ״ד. שו״ע שם סעיף ו).

העקלין של נצרין וכו׳ העקלים (שהם קופות מסורגות, או מעין עיגולים שמניחים סביב הענבים הנדרכים), אם היו של נצרים ושל בצבוץ — מנגבם, ואם היו עשויים משיפה או מקלעת גומא — מיישנם שנים עשר חודש. ואם רוצה לטהרם מיד — מגעילם ברותחים או חולטם במי זיתים, או מניחם במקום שיש בו מים זורמים (תחת צינור או במעין זורם) שתים עשרה שעות. כדברי חכמים, וכדברי רבן שמעון בן גמליאל. (רמב״ם שם. שו״ע שם).

כך אמרו בטהרות הדורך בטומאה ורצה לטהר כלי בית הבד והעקל מן המשקים הטמאים שנבלעו בהם, כיצד יעשה? כלי של עץ ושל אבנים מדיח, ושל נסרים וכיוצא בהן מנגבם, ושל גמי מיישנם כל שנים עשר חודש או חולטם בחמין או במי זיתים, או מניחם תחת צינור שמימיו מקלחים, או לתוך מעיין שמימיו רודפים, שתים עשרה שעות, ואחר כך מטביל את הכלים שצריכים טבילה ומשתמש בהם בטהרה. (רמב״ם ספר טהרה הלכות טומאת אוכלים פי״א הי״ז).

רווקי דארמאי משמרת יין של גוים, אם היתה עשויה משיער — מדיחה, ואם היתה של צמר — צריכה ניגוב, ואם היתה של פשתן — מיישנה שנים עשר חודש, ולאחר מכן מותר לו להשתמש במשמרת. (רמב״ם ספר קדושה הלכות מאכלות אסורות פי״א הכ״ג. שו״ע יו״ד סעיף ז).

ואי איכא קטרי שרי כל מקום שצריך ניגוב צריך להתיר הקשרים תחילה. אבל בהכשר מילוי ועירוי, וכן ביישון, אין צורך בהתרת הקשרים. ויש הסבורים שגם ביישון צריך, וכן הלכה (ש״ך). (רמב״ם שם. שו״ע שם סעיף ט).

הני דקולי וחלאתא כלי גומא וקליעות דקל שעשו מהם סלים לדרוך בהם יין (או לסנן בהם את היין. שו״ע) אם היו רפויים — מתירם, ואם היו תפורים בחבלים — מדיחם. (רמב״ם שם. שו״ע שם סעיף ח).

רב אמר במים [א]והוא הדין לאפר רבה בר בר חנה אמר *לאפר והוא הדין למים ולא פליגי [ג]הא ברטיבתא הא ביבשתא איתמר בי רב משמיה דרב אמרי תרתי תלת ושמואל אמר תלת ד' [א]בסורא מתנו הכי [ג]בפומבדיתא מתנו בי רב אמרי משמיה דרב תלת ד' ושמואל אמר ד' ה' [ד]ולא פליגי מר קא חשיב מיא בתראי ומר לא קחשיב
א מיא בתראי בעו מיניה מרבי אבהו הני **גורגי דארמאי מאי א"ל רבי אבהו תניתוה [ב]*הרי שהיו גתיו ובית בדיו טמאין ובקש לעשותן בטהרה [ה]הדפין והעדשין והלולבין מדיחן והעקלין של נצרין ושל *בצבוץ מנגבן ושל שיפה ושל גמי מישנן י"ב חדש רשב"ג אומר מניחן מגת לגת ומבד לבד היינו תנא קמא איכא בינייהו חורפי ואפלי ר' יוסי אומר [ו]הרוצה לטהרן מיד מגעילן ברותחין או חולטן במי זיתים רשב"ג משום ר' יוסי אומר [ז]מניחן תחת צינור שמימיו מקלחין או במעין שמימיו רודפין וכמה עונה [ג]כדרך שאמרו ביין נסך כך אמרו בטהרות כלפי לייא בטהרות קיימינן אלא כדרך שאמרו בטהרות [ח]כך אמרו ביין נסך [ד]*כמה עונה אמר רבי חייא בר אבא א"ר יוחנן [ט]או יום או לילה ר' חנא שאינה ואמרי לה ר' חנא בר שאינה אמר רבה בר בר חנה א"ר יוחנן חצי יום וחצי לילה א"ר שמואל בר יצחק [ה]ולא פליגי הא בתקופת ניסן
ב ותשרי הא בתקופת תמוז וטבת אמר רבי יהודה [י]הני רווקי דארמאי דמזיא מדיחן דעמרא מנגבן דכיתנא מישנן ואי איכא קטרי שרי להו [כ]הני דקולי וחלאתא דארמאי *דחיטי בחבלי דצורי מדיחן דצבתא

רב אמר מים. תחלה והוא הדין שצריך אפר *אחריה ורבה בר בר חנה אמר באפר תחלה וה"ה שצריך מים אחריהם: **ברטיבתא.** שיש בה לחלוחית יין נותן אפר תחלה לשפשף עד שתהא נגובה ואחר כך מים: **ביבשתא.** מים תחלה ואחר כך אפר ומשפשף: **תרתי תלת.** ברטיבתא תרתי אפר ומים ביבשתא תלת מים ואפר ומים: **תלת וד'.** תלת ברטיבתא אפר ומים ואפר ואע"פ שחוזר ונותן מים להעביר האפר הנהו מים לא קא חשיב דלאו לשום נגיבה אלא לנקותו מן האפר וד' ביבשתא מים אפר ומים ואפר ומים בתראי לא(א) חשיבא רב לא בעי אפר אלא חדא זימנא ושמואל בעי אפר תרי זימני בין ברטיבתא בין ביבשתא: **בפומבדיתא מתנו.** לרב תלת וד' כדפרישית ולשמואל ד' ברטיבתא וה' ביבשתא דקחשיב מיא בתראי: **ולא פליגי.** רב ושמואל להאי לישנא דפומבדיתא אלא לרב לא חשיב מיא בתראי ושמואל חשיב מיא בתראי ואית דמפרשי ולא פליגי (*ה"ג) דסורא ודפומבדיתא אלא דסורא לא חשבי מיא בתראי ודפומבדיתא חשבי להו אבל רב ושמואל פליגי והכי פירושו דמלתא תרתי תלת תרתי ביבשתא מים ואפר תלת ברטיבתא אפר ומים ואפר ושמואל אמר תלת ברטיבתא כדקאמרת אבל ביבשתא ד' מים ואפר מים ואפר דבכולהו בעינן אפר תרי זימני ובפומבדיתא מתנו לרב תלת וד' ביבשתא תלת מים ואפר מים והיינו נמי כדסורא אלא דהני קא חשבי מיא בתראי וברטיבתא ד' אפר ומים ולשמואל ברטיבתא ד' כדקאמרת אבל ביבשתא ה' מים ואפר ומים ואפר ומים דביבשתא נמי בעי תרי זימני אפר ול"פ(ב) הנך דסורא ודפומבדיתא כו'. אבל רב ושמואל פליגי ביבשתא בין בדסורא בין בדפומבדיתא דרב לא בעי בה אפר אלא חד זימנא ושמואל בעי תרי זימני לשון אבא מורי מנוחתו כבוד והוא נראה בעיני והראשון לשון מורי וקשיא לי בגווה מכדי ללישנא דסורא רב ושמואל מיפלג פליגי מאי שנא דדרב חשיב מיא בתראי ודשמואל לא חשיב מיא בתראי לשמואל ד' וה' איבעי ליה למיתני בשלמא לפומבדיתא אע"ג דדרב לא חשבי ודשמואל חשבי ניחא משום דפלוגתייהו דרב ושמואל ליתא אלא במחשב מים בתראי אלא ללישנא דסורא דסוף סוף פליגי קשיא לי: **גורגי.** עקלים ובלע"ז ריבוס"י וכורכין אותן סביבות התפוח שלא יתפזרו הענבים מכובד הקורה ורב האי פירש עקלים השנויות כאן כגון* ועקל בית הבד עשוין כמין קופה מסורגת במלודה ואחרי סחיטת הזיתים נותן הגפת בתוכו עקל ומניח עליו(ג) ומכבידו להוציא המשקה הנשאר הני דארמאי כילד מנגבן: **הדפין.** הן העשוין כמין דלת ונותנן על התפוח: **הלולבין.** טאטיתא אשקיפ"א שמכבד בה הענבים המתפזרין לאוספן: **והעדשים.** היינו גת עצמה שקורין מיי"ט: **מדיחן.** במים ועל משנה זו יש לסמוך *שאין צריך אפר מדפשיט מינה ר' אבהו ולא אמרינן(ד) זו אינה משנה דקתני בה דסגי לגת בהדחה ומתניתין דקתני דבעי ניגוב שמע מינה דקמו בה רבנן בתראי ופשטי הלכתא כוותיה: **העקלים של נצרים.** שבטים: **ושל בצבוץ.** קנבוס בלעז טפי ובעו ניגוב באפר ומים: **ושל שיפה.** פייו"ר: **ושל גמי.** יונ"ק בלעז טוכא: **חרפי ואפלי.** מגת לגת פעמים שהן יותר מי"ב חדש(ה) דאפלי ופעמים שהן פחות כגון בחרפי: הכי גרסינן בתוספתא **חולטן ברותחין או מולגן במי זיתים.** דרך לבשל זיתים להיות רכין להוציא שומנן חולטן אשקלי"ר בלע"ז כמו לחלוט ולאשישה (פסחים דף לו:): **רודפין.** ריבד"ש שוטפין: **וכמה.** מניחן שם עונה ולקמן מפרש כמה עונה: **בתקופת ניסן ותשרי.** שהיום והלילה שוין או יום או לילה ותקופת תמוז וטבת שאין יום ולילה שוין חצי יום וחצי לילה די"ב שעות שלמות בעינן: **רווקי.** משמרת כמין שקין שנותנין בהן שמרים להוציא את היין: **דמזיא.** של שער אדם בלעז טוכא: **כיתנא.** בלעז טפי מעמרה: **חלתא.** כוורת של שבטים שמסננין בהן יין: **בחבלי דצורי.** חבלים של צורי דקל: דצבתא

איתמר בי רב משמיה דרב אמרי תרתי תלת ושמואל אמר תלת ד'. פ"ה לשון ראשון רב אמר תרתי תלת ברטיבתא תרתי אפר מים תלת ביבשתא מים אפר ומים ושמואל אמר תלת ד' תלת ברטיבתא אפר מים ואפר ואע"פ שנותן מים להעביר האפר מיא בתראי לא קחשיב ד' ביבשתא מים ואפר מים ואפר וכמו כן מיא בתראי לא קחשיב בסורא מתנו הכי בפומבדיתא מתנו רב אמר תלת וד' תלת ברטיבתא אפר מים אפר ד' ביבשתא מים אפר מים אפר ושמואל אמר ד' וה' ד' ברטיבתא אפר מים אפר מים ה' ביבשתא ולא פליגי רב ושמואל ללישנא דפומבדיתא אלא דמר קחשיב מיא בתראי כו' והקשה בקונטרס ללישנא דסורא כיון דפליגי רב ושמואל דלרב סגי בחד אפר בתרוייהו ולשמואל בעינן תרי זימני אפר מאי שנא דדרב חשיב מיא בתראי ודשמואל לא חשיב מיא בתראי בשלמא ללישנא דפומבדיתא לא פליגי אלא במיחשב מיא בתראי לכך נראה לרש"י בענין אחר שפירש אביו רב אמר תרתי תלת תרתי ביבשתא מים ואפר תלת ברטיבתא אפר מים ושמואל אמר תלת ברטיבתא כרב ד' ביבשתא מים אפר מים אפר בפומבדיתא מתנו רב אמר תלת ביבשתא מים אפר מים ד' ברטיבתא אפר מים אפר מים ושמואל אמר ברטיבתא כרב וה' ביבשתא ולא פליגי סורא ופומבדיתא וגם זה לא נראה דאם כן הויא סברתן הפוכה דרב ושמואל שהרי רב מיקל ביבשתא יותר מרטיבתא ושמואל מיקל ברטיבתא יותר מביבשתא לכך נראה לר"י בענין אחר והכי פירושו רב אמר תרתי תלת ביבשתא תרתי מים אפר ברטיבתא תלת אפר מים אפר ושמואל אמר תלת ד' תלת ביבשתא וד' ברטיבתא שמואל בא להוסיף ולפרש מיא בתראי בין ברטיבתא בין ביבשתא בפומבדיתא מתנו רב אמר תלת ארבע כפירוש ראשון שבקונטרס תלת ברטיבתא אפר מים אפר ביבשתא ד' מים אפר מים אפר שמואל אמר ארבע חמש ארבע ברטיבתא וחמש ביבשתא בא להוסיף ולפרש מיא בתראי בתרוייהו ולא פליגי רב ושמואל בין ללישנא דסורא בין ללישנא דפומבדיתא אלא דרב לא חשיב מיא בתראי ושמואל חשיב מיא בתראי: דכיתנא

מסורת הש"ס:
בדפו"י אחריהם
באפר. יעב"ץ
[עי' תוס' נדה סה. ד"ה הדפין]
[פי' פשתן מלשון בוץ ערוך ע' בץ ד']
[נ"ל הני לישני]
[פסחים קיג: יבמות סב: שבועות יח: נדה סג:]
[נ"ל דחייטי כ"ה בערוך ערך תלתא]
[שבת קמב:]
[עי' תוס' סנהדרין ...] — לעקל בית הבד. כל"ל
[ועי' הגהת תוס' על זה בנדה סה. בד"ה הדפין וכו']

עין משפט נר מצוה:
קמד א ב ג ד מיי' פי"א מהלכות מאכלות אסורות הלכ' כ סמג לאוין קמח טוש"ע י"ד סי' קלח סעיף י:
קמה ה ו ז מיי' פי"א מהל' טומאת אוכלין הל' יז:
קמו ח מיי' פי"א מהל' מאכלות אסורות הלכה כד סמג לאוין קמח טוש"ע י"ד סי' קלח סעיף ו:
קמז ט מיי' שם ופי"א מהל' טומאת אוכלין הלכה טז סמג שם טוש"ע שם:
נ"א גורגי
נדה דף סה. [סוף תוספתא טהרות פי"א ע"ש ועי' בר"ש פרק י מ"ח לטהרות]
קמח י מיי' פי"א מהל' מאכלות אסורות הלכה כג סמג שם טוש"ע שם סעיף ז:
קמט כ מיי' שם טוש"ע שם סעיף ח:

הגהות הב"ח
(א) רש"י ד"ה תלת וד' וכו' בתראי לא קא חשיב רב: (ב) ד"ה ולא פליגי וכו' ולא פליגי הני דסורא: (ג) ד"ה גורגי וכו' ומניח עליו קורה ומכבידו: (ד) ד"ה מדיחן וכו' ולא אמרינן ליה זו וכו' דבעי ניגוב ושמע' מינה דקמו בה: (ה) ד"ה חרפי וכו' מי"ב חדש כגון דאפלי:

תורה אור

דצבתא לנגבן דכיתנא מישנן ואי אית בהו
א קיטרי שרי להו איתמר עם הארץ שהושיט
ידו לגת ונגע באשכולות רבי ורבי חייא חד
אמר אאשכול וכל סביבותיו טמאין וכל הגת
כולה טהורה וחד אמר כל הגת כולה נמי
טמאה ולמ"ד אשכול וכל סביבותיו טמאים
וכל הגת כולה טהורה מאי שנא מהא דתנן
א* בשרץ שנמצא ברחים אינו מטמא אלא
מקום מגעו ואם היה משקין מהלך הכל
טמא התם לא מפסק ולא מידי הכא מפסקי
אשכולות אורו ליה רבנן לר' ירמיה ואמרי
לה לבריה דרבי ירמיה כדברי האומר
אשכול וכל סביבותיו טמאין וכל הגת כולה
ב טהורה: **מתני'** גהלוקח כלי תשמיש מן
הגוים את שדרכו להטביל יטביל
להגעיל יגעיל ללבן באור ילבן באור בדהשפוד
והאסכלא מלבנן באור ההסכין שפה והיא
ג טהורה: **גמ'** תנא גוכולן צריכין טבילה
בארבעים סאה מנהני מילי אמר רבא דאמר
קרא וכל דבר אשר יבא באש תעבירו באש (במדבר לא)
וטהר הוסיף לך הכתוב טהרה אחרת תני
בר קפרא מתוך שנאמר ובמי נדה שומע (שם)
אני שצריך הזאה שלישי ושביעי ת"ל אך
חלק א"כ מה ת"ל במי נדה מים שנדה
טובלת בהן הוי אומר ארבעים סאה
איצטריך למיכתב וטהר ואיצטריך למיכתב
במי נדה אי כתב וטהר ה"א וטהר(א) כל דהו
כתב רחמנא במי נדה ואי כתב רחמנא במי
נדה הוה אמינא הערב שמש כנדה כתב
ד רחמנא וטהר לאלתר אמר רב נחמן אמר
רבה בר אבוה ואפי' כלים חדשים במשמע
דהא ישנים וליבנן כחדשים דמו ואפילו
הכי בעי טבילה מתקיף לה רב ששת אי
הכי אפי' זוזא דסרבלא נמי א"ל חכלי סעודה
אמורין בפרשה אמר רב נחמן אמר רבה
בר אבוה לא שנו אלא בלקוחין וכמעשה
שהיה דטאבל שאולין לא רב יצחק בר
יוסף זבן מנא *דמרדא מגוי סבר
להטבילה א"ל ההוא מרבנן ורבי יעקב
שמיה לדידי מפרשא לי מיניה דרבי יוחנן
כלי מתכות אמורין בפרשה אמר רב אשי
יהני כלי זכוכית ה*הואיל וכי נשתברו יש
להן תקנה ככלי מתכות דמו קוניא פליגי
בה רב אחא ורבינא חד אמר כתחלתו וחד
אמר כסופו כוהלכתא כסופו איבעיא להו
משכנתא מאי אמר מר בר רב אשי אבא משכן ליה גוי כסא
דכספא ואטבליה ואישתי ביה לולא ידענא אי משום דקסבר משכנתא כזביני
ה דמיא אי משום דחזי לגוי דדעתיה לשקועיה: ת"ר יהלוקח כלי
תשמיש מן הגוים מדברים שלא נשתמש בהן מטבילן והן טהורין
ידברים שנשתמש בהן ע"י צונן כגון כוסות וקתוניות וצלוחיות מדיחן
ומטבילן והם טהורין דברים שנשתמש בהן ע"י חמין כגון היורות הקומקמוסון
ומחמי חמין מגעילן ומטבילן והן טהורין דברים שנשתמש בהן ע"י האור כגון
השפודין והאסכלאות מלבנן ומטבילן והן טהורין וכולן שנשתמש בהן עד
שלא יטביל ושלא יגעיל ושלא ילבן תני חדא אסור ותניא אידך סמותר ל"ק
הא כמאן דאמר זנותן טעם לפגם אסור הא כמאן דאמר ח*נותן טעם לפגם מותר [לעיל לו. וש"נ]
ולמאן דאמר נותן טעם לפגם מותר גיעולי גוים דאסר רחמנא היכי
משכחת לה ט*אמר רב חייא בריה דרב הונא עלא אסרה תורה אלא קדירה [לעיל סו: ע"ש]
בת

רש"י

לבכתא. מין גמי ליסק"א: **שרי להו.** מתירן ואח"כ מנגבן שהיין נבלע בקשרים: **ונגע באשכולות.** והן מוטלות ביין: **ברחים.** שטוחנין בהם זיתים קודם נתינתן לבד ואח"כ נותנן בבד וטוען בקורה: **לא מפסיק מידי.** שהמשקה מחברן ובזיתים אין אשכולות: **מתני' את שדרכו להטביל.** כלומר כלי הראוי ליטהר בטבילה אין צריך תיקון אחר כגון כלי שתשמישו ע"י צונן יטביל ותו לא צריך: **להגעיל.** במים רותחין כגון כלי שתשמישו בכך דהיינו יורות וקדירות של מתכת יגעיל ובגמרא מפרש דבעי נמי טבילה: **ללבן באור.** כדמפרש ואזיל: **השפוד והאסכלא.** שתשמישן ע"י צלי אסכלא גירדל"א: **שפה.** לוטשה באבן של נפחים מול"א בלע"ז: **שפה.** לשון שופינא לימ"ר בלע"ז: **גמ' תנא וכולן.** אף הנגעלים והמלובנים: **כל דבר אשר יבא באש.** שנשתמשו בו בני מדין על ידי האור תעבירו באש כעין בולעו לאיסור יפליטנו כדאמרן כבולעו כך פולטו: **וטהר.** קרא יתירא הוא האי וטהר: **במי נדה יתחטא.** בכלי מדין כתיב: **בכל דהו.** אפילו במקוה חסר: **זוזא דסרבלא.** מספרים שגוזזים בהן בגדי צמר הואיל וגזירת הכתוב היא ולא משום פילוט איסור דהא חדשים ולא בלעי מידי מצרכת לה טבילה: **כלי סעודה אמורין בפרשה.** דהכתיב כל דבר אשר יבא באש ואין דרך להשתמש ע"י האור אלא כלים של צורכי סעודה ובהנהו כתיב וטהר טבילה אבל זוזא דסרבלא לא: **מנא דמרדא.** אדמה ולפיעי בקר מעורבין ועושין מהן כלי: **כלי מתכות אמורין.** לענין טבילה בכלי גוים דכתיב (במדבר לא) אך את הזהב וגו': **זכוכית.** שנשתבר ראוי להתיכו ולעשותו כלי: ה"ג **הואיל ונשתברו יש להן תקנה ככלי מתכות דמו.** הואיל וכי מתבר חזו לתקיניהו ע"י התכה ככלי מתכות דמו ובעו טבילה: **קוניא.** פלומיר"י תחלתו של חרס וחופין אותן בחופיא של אבר ותשמישו ע"י צונן וניקח מן הגוים: **כתחלתו.** ולא בעי טבילה דלאו מתכות הוא: **כסופו.** בתר סופו אזלינן שחיפהו מתכות וכלי מתכות הוא ובעי טבילה:(ב) **בלקוחין.** שנחלטו ביד ישראל: **וכמעשה שהיה.** במדין שהיו חלוטין להם לישראל הכלים: **לשקועיה.** שלא לפדות עוד: **גיעולי גוים דאסר רחמנא.** במדין דכתיב תעבירו באש וטהר דבעי הגעלה היכי משכחת לה:

בת

[בשאלתות סי' קסז איתא דפחרא]

[שבת טז.]

[טהרות פ"ט מ"ח]

תוספות

דכיתנא מיישן. אור"ת דמפות וסדינין שלנו ששרו ביין נסך אין צריך ליישנן מדלא קאמר כל כלי פשתן סתם אלא הני כלים שמנו חכמים(ג) שהיו בקיאין דוקא בבליעתן ואין לחלק בין יין נסך שהוא צונן ובין שאר איסור רותח שנפל על המפות הכל יש להתיר בכבוס כלי שני כי ודאי ידוע שע"י כבוס גדול שחובטין כמה וכמה פעמים אי אפשר שלא יצא האיסור ושמא יש לחלק בין איסור שנדבק לשאינו נדבק כל כך כמו שמחלק בפרק התערובת (זבחים דף עט:): **הסכין שפה והיא טהורה.** בגמרא מוקי לה לחתוך בה צונן ולא דמי לסכין ששחט בה טרפה דסגי בקינוח אבלוייתא פרק קמא דחולין (דף ח: ושם ד"ה והלכתא) דשאני סכין של גוים שבלוע שמנונית טובא אבל סכין ששחט בה טריפה מחמת הדם דשריק אין השמנונית נבלע: **מים שהנדה טובלת.** אע"ג דרביעית *סגי להטביל מחטין וצינוריות מדאורייתא היינו טבילת טומאה אבל טבילת כלי מדין חידוש הוא ובעי מ' סאה: **והלכתא כסופו.** היינו כלים שמחופין באבר מבפנים אבל אם מחופין מבחוץ וכן כלי עץ המחושקין סביב ברזל מבחוץ אפילו למ"ד *הכל הולך אחר המעמיד אין צריכין טבילה כיון דאין משתמשין בהן דרך המתכת דכלי סעודה האמורים בפרשה היינו שמשתמשין בהן: **אבל שאולין לא.** אומר רבינו שמואל ישראל ששאל כלי מישראל חבירו שקנה מגוי צריך טבילה כיון שבא לידי חיוב טבילה ביד ישראל ראשון: **אי משום דקסבר משכנתא כזביני.** וכיון דלא איפשיטא מטבילין למשכנתא בלא ברכה ואם יש לו כלי שקנה מן הגוי המחויב טבילה יטביל זה עמו ויברך על שניהם והנותן כלי לאומן גוי לתקן ואפילו למאן דאמר אומן קונה בשבח כלי אין צריך טבילה כיון דאין שמו עליו דלא הוי כמעשה שהיה שהיו הכלים של מדין והמוכר כלי לגוי וחזר ולקח ממנו צריך טבילה כיון שנקרא על שם גוי אבל הממשכן כלי לגוי וחזר ופדה אין צריך טבילה אע"ג דמספקא ליה לתלמודא אי משכנתא כזביני לענין הא ודאי פשיטא דלא הוי כזביני: **מגעילן ומטבילן והן טהורין.** לאו דוקא מגעיל ואח"כ יטביל אלא אפילו מטביל ברישא דהך טבילה אינה בשביל טומאה דליהוי כטובל ושרץ בידו דאפילו חדשים צריכין טבילה ותנן נמי סכין שפה והיא טהורה אע"ג דלא טהרה לגמרי שהרי צריכה גיעול לחתוך רותח אפי' הכי מטביל לחתוך בה צונן והא דתני בברייתא מגעילן ברישא משום דחמירא מפני האיסור: **וכולן שנשתמש בהן.** למאן דתני מותר נקט שפיר עד שלא יטביל אבל מאן דתני אסור אין לאסור אם נשתמש בו קודם טבילה מיהו איכא למימר דגזור אטו קודם הגעלה וליבון:

בת

[פסחים יז: נזיר לח.]

[שבת ס.]

עין משפט נר מצוה

קנ א מיי' פ"ע מהל' טומאת אוכלים הלכה ח:
קנא ב מיי' שם הל' ז:
קנב ג מיי' פי"ז מהל' מאכלות אסורות הלכה ג סמג לאוין קמח טוש"ע י"ד סי' קכ סעיף א וסי' קכא סעי' א:
קנג ד מיי' שם סמג שם טוש"ע א"ח סי' תנא סעיף ד:
קנד ה מיי' שם הל' ז סמג שם טוש"ע י"ד סי' קכא סעיף ז:
קנה ו ז ח מיי' שם הל' ו סמג שם טוש"ע י"ד סי' קכ סעיף א:
קנו ט מיי' שם טוש"ע שם סעיף א:
קנז י כ מיי' שם טוש"ע שם סעיף א:
קנח ל מיי' שם ועיין בכ"מ טוש"ע שם סעי' ט ויטביל ובלא ברכה:
קנט מ מיי' שם הל' ג טוש"ע שם סעי' א:
קס נ מיי' שם סמג שם טוש"ע י"ד סי' קכא סעיף א:
קסא ס מיי' שם הל' ד סמג שם טוש"ע סי' קכב סעיף ו:
קסב ע מיי' שם הל' ב טוש"ע שם סי' קג וסי' קכב סעיף ב:

הגהות הב"ח

(א) גמ' וטהר בכל דהו:
(ב) רש"י ד"ה בלקוחין וד"ה וכמעשה נ"ל קודם ד"ה מנא דמרדא:
(ג) תוס' ד"ה דכיתנא וכו' שמנו חכמים דוקא שהיו בקיאין בבליעתן:

אלה שעשויים ממין צמח הקרוי **צִבְתָּא** — צריך **לְנַגְּבָן, דְּכִיתָנָא** [של פשתן] — **מִישַׁנָּן, וְאִי אִית בְּהוּ קִיטְרֵי** [ואם יש בהם קשרים] — **שָׁרֵי לְהוּ** [מתיר אותם תחילה].

א ועוד בענין דיני טומאה וטהרה של גת, **אִיתְּמַר** [נאמר]: **עַם הָאָרֶץ, שֶׁהוֹשִׁיט יָדוֹ לַגַּת וְנָגַע בָּאֶשְׁכּוֹלוֹת** והאשכולות היו בתוך היין, שחזקתו טמא, בכך **רַבִּי וְר׳ חִיָּיא** נחלקו בכך, **חַד אָמַר** [אחד מהם אומר]: **אֶשְׁכּוֹל וְכָל סְבִיבוֹתָיו טְמֵאִין, וְכָל הַגַּת כּוּלָּהּ נַמִּי** [גם כן] **טְמֵאָה**. ושואלים: **וּלְמַאן דְּאָמַר** [ולדעת מי שאומר]: **אֶשְׁכּוֹל וְכָל סְבִיבוֹתָיו טְמֵאִים וְכָל הַגַּת כּוּלָּהּ טְהוֹרָה, מַאי שְׁנָא מֵהָא דִּתְנַן** [במה שונה הדבר מזו ששנינו במשנה]: **שֶׁרֶץ שֶׁנִּמְצָא בָּרֵחַיִם** (של זיתים) **אֵינוֹ מְטַמֵּא אֶלָּא מְקוֹם מַגָּעוֹ, וְאִם הָיָה מַשְׁקֶה מְהַלֵּךְ** שם, כלומר היו שם נוזלים — **הַכֹּל טָמֵא**? ומדוע לא נאמר גם כאן, שמכיון שיש שם משקים יטמא הכל? ומשיבים: **הָתָם לָא מַפְסִיק וְלָא מִידֵּי** [שם ברחיים לא מפסיק דבר] והמשקה מחבר את הכל להיטמא, **הָכָא מַפְסְקִי** [כאן מפסיקים] **אֶשְׁכּוֹלוֹת** ואין חיבור רצוף של היין בגת. **אוֹרֵי לֵיהּ רַבָּנַן** [הורו לו חכמים] **לר׳ יִרְמְיָה, וְאָמְרֵי לָהּ לִבְרֵיהּ** [ויש אומרים שהורו לבנו] של ר׳ **יִרְמְיָה, כְּדִבְרֵי הָאוֹמֵר: אֶשְׁכּוֹל וְכָל סְבִיבוֹתָיו טְמֵאִין, וְכָל הַגַּת כּוּלָּהּ טְהוֹרָה**.

ב משנה **הַלּוֹקֵחַ כְּלֵי תַּשְׁמִישׁ** (של אוכל) **מִן הַגּוֹיִם, אֶת שֶׁדַּרְכּוֹ לְהַטְבִּיל** כלי שאפשר לטהרו בטבילה בלבד — **יַטְבִּיל**, כלי שדרכו **לְהַגְעִיל** במים רותחים משום שמשתמשים בו ברותחים, כגון סירים — **יַגְעִיל**, כלי שדרכו **לְלַבֵּן בָּאוּר** (באש) משום שצולים בו — **יְלַבֵּן בָּאוּר**. ולכן **הַשַּׁפּוּד** שצולים עליו **וְהָאַסְכְּלָא** שהיא מין טבלה מנוקבת לצליה — **מְלַבְּנָן בָּאוּר. הַסַּכִּין — שָׁפָהּ** (משפשף אותה) **וְהִיא טְהוֹרָה** על ידי כך.

ג גמרא **תָּנָא** [שנה החכם]: **וְכוּלָּן צְרִיכִין טְבִילָה** במקוה מים שיש בו **אַרְבָּעִים סְאָה**. ושואלים: **מְנָהָנֵי מִילֵּי** [מנין הדברים הללו]? **אָמַר רָבָא, שֶׁאָמַר קְרָא** [הכתוב] כששבו אנשי הצבא ממלחמת מדין ובידם כלים של המדיינים: **"כָּל דָּבָר אֲשֶׁר יָבֹא בָאֵשׁ תַּעֲבִירוּ בָאֵשׁ וְטָהֵר"** (במדבר לא, כג), ובמילה "וטהר" **הוֹסִיף לְךָ הַכָּתוּב טָהֳרָה אַחֶרֶת** מלבד העברת הכלים באש. ומקור אחר לענין זה **תָּנֵי** [שנה] **בַּר קַפָּרָא: מִתּוֹךְ שֶׁנֶּאֱמַר "אַךְ בְּמֵי נִדָּה יִתְחַטָּא"** (שם), ומשמע שהם מי פרה אדומה, שמשתמשים בהם לטהרה מטומאת המת, **שׁוֹמֵעַ אֲנִי שֶׁצָּרִיךְ הַזָּאָה בַּיּוֹם הַשְּׁלִישִׁי וּבַיּוֹם הַשְּׁבִיעִי** ככל הטהרה מטומאת המת, **תַּלְמוּד לוֹמַר: "אַךְ"**, והיא לשון מיעוט, לחלק שאינו צריך לכך. **אִם כֵּן, מַה תַּלְמוּד לוֹמַר "בְּמֵי נִדָּה"**? איך הכוונה למי חטאת, אלא **לְמַיִם שֶׁהַנִּדָּה טוֹבֶלֶת בָּהֶן, הֱוֵי אוֹמֵר: אַרְבָּעִים סְאָה**. ומעירים: **אִיצְטְרִיךְ לְמִיכְתַּב** [צריך היה לכתוב] **"וְטָהֵר", וְאִיצְטְרִיךְ לְמִיכְתַּב "בְּמֵי נִדָּה"**. שכן **אִי כְּתַב** [אילו היה כתוב] רק **"וְטָהֵר", הֲוָה אָמֵינָא** [הייתי אומר] **וְטָהֵר בְּכָל שֶׁהוּא** בכל שיעור מים, לכן **כְּתַב רַחֲמָנָא** [כתבה התורה] **"בְּמֵי נִדָּה"** ללמדנו בארבעים סאה. **וְאִי כְּתַב רַחֲמָנָא** [ואילו היתה כותבת התורה] **"בְּמֵי נִדָּה", הֲוָה אָמֵינָא** [הייתי אומר] שצריך **הַעֲרֵב שֶׁמֶשׁ כְּנִדָּה**, שאינה נטהרת לגמרי על ידי הטבילה עד שתעריב השמש, לכן **כְּתַב רַחֲמָנָא** [כתבה התורה] **"וְטָהֵר"**, לומר **לְאַלְתַּר** [מיד] הטהרה באה.

ד ובפרטי הכלים שצריכים טבילה. **אָמַר רַב נַחְמָן אָמַר רַבָּה בַּר אֲבוּהּ: אֲפִילוּ כֵּלִים חֲדָשִׁים בְּמַשְׁמָע, דְּהָא** [שהרי] כלים **יְשָׁנִים וּלְבָנִים כַּחֲדָשִׁים דָּמוּ** [נחשבים], שהרי כל איסור שהיה בהם בוודאי נשרף, **וַאֲפִילוּ הָכִי** [כך] **בָּעֵי** [צריכים] **טְבִילָה. מַתְקִיף לַהּ** [מקשה על כך] **רַב שֵׁשֶׁת: אִי הָכִי** [אם כן], **אֲפִילוּ זוּזָא דְּסַרְבְּלָא נַמִּי** [מספריים של גרדים גם כן] צריכים טבילה? **אָמַר לֵיהּ** [לו]: **כְּלֵי סְעוּדָה אֲמוּרִין בְּפָרָשָׁה**, ולא כלים אחרים שאינם משמשים לאוכל. ועוד **אָמַר רַב נַחְמָן אָמַר רַבָּה בַּר אֲבוּהּ: לֹא שָׁנוּ** שצריכים טבילה **אֶלָּא בִּלְקוּחִין** מן הגוי, **וּכְמַעֲשֶׂה שֶׁהָיָה** במלחמת מדין, שהכלים עברו לגמרי לרשות ישראל, **אֲבָל שְׁאוּלִין לֹא**. ה. מסופר, **רַב יִצְחָק בַּר יוֹסֵף זְבַן מָנָא דְּמַרְדָּא** [קנה כלי של אדמה וגללים] **מִגּוֹי, סְבַר** [סבור היה] שצריך **לְהַטְבִּילָה, אָמַר לֵיהּ** [לו] **הַהוּא מֵרַבָּנַן** [אחד מהחכמים] **וְר׳ יַעֲקֹב שְׁמֵיהּ** [שמו]: **לְדִידִי מְפָּרְשָׁא לִי מִינֵּיהּ** [לי מתפרש הדבר ממנו] **מר׳ יוֹחָנָן: כְּלֵי מַתָּכוֹת אֲמוּרִין בְּפָרָשָׁה** ולא אחרים. **אָמַר רַב אָשֵׁי: הָנֵי** [אותם] **כְּלֵי זְכוּכִית, הוֹאִיל וְכִי** [וכאשר] **נִשְׁתַּבְּרוּ יֵשׁ לָהֶן תַּקָּנָה** שיכול להתיכם ולעשות מהם כלים חדשים, **כִּכְלֵי מַתָּכוֹת דָּמוּ** [נחשבים] וצריך להטבילם גם כן. כלי **קוּנְיָא** שהם חרס מצופה במתכת, **פְּלִיגֵי בָּהּ** [נחלקו בכך] **רַב אַחָא וְרָבִינָא, חַד** [אחד] מהם **אָמַר: כְּתַחִלָּתוֹ**, כיון שמעיקרו כלי חרס הוא אינו צריך טבילה, **וְחַד** [ואחד] מהם **אָמַר: כְּסוֹפוֹ**, שכיון שבסוף מצפים אותו במתכת מטבילים אותו. **וְהִלְכְתָא** [והלכה היא]: **כְּסוֹפוֹ. אִיבַּעְיָא לְהוּ** [נשאלה להם שאלה לחכמים]: אם היה כלי של גוי מצוי ביד ישראל **כְּמַשְׁכַּנְתָּא** [משכון] עד שיפרע לו הגוי את חובו, **מַאי** [מה דינו], האם צריך להטבילו או לא? **אָמַר מָר בַּר רַב אָשֵׁי: אַבָּא**, רב אשי, **מִשְׁכַּן לֵיהּ** [לו] **גּוֹי כָּסָא דִּכְסַפָּא** [כוס של כסף], **וְאַטְבְּלֵיהּ וְאִשְׁתִּי בֵּיהּ** [והטבילו ושתה בו], **וְלָא יָדַעְנָא אִי** [ואיני יודע אם] **מִשּׁוּם דְּקָסָבַר** [שהוא סבור] **מַשְׁכַּנְתָּא כִּזְבִינֵי דָמְיָא** [משכון כמכר הוא נחשב] ולכן צריכה טבילה, **אִי** [אם] **מִשּׁוּם דַּחֲזָא לֵיהּ לְגוֹי דַּעְתֵּיהּ לְשַׁקּוּעֵיהּ** [שראה לגוי שאין דעתו לשקעו] שדעתו לשקעו את הכוס אצל רב אשי ולפדות את הכוס מידו, ואם כן שלו היא.

ה **תָּנוּ רַבָּנַן** [שנו חכמים]: **הַלּוֹקֵחַ כְּלֵי תַּשְׁמִישׁ מִן הַגּוֹיִם, דְּבָרִים שֶׁלֹּא נִשְׁתַּמֵּשׁ בָּהֶן הַגּוֹי** — **מַטְבִּילָן וְהֵן טְהוֹרִין** וראויים לשימוש לישראל. **דְּבָרִים שֶׁנִּשְׁתַּמֵּשׁ בָּהֶן הַגּוֹי עַל יְדֵי צוֹנֵן, כְּגוֹן כּוֹסוֹת וּקְתוּנִיּוֹת וּצְלוֹחִיּוֹת — מְדִיחָן** ברחיצה במים בלבד **וּמַטְבִּילָן וְהֵם טְהוֹרִין. דְּבָרִים שֶׁנִּשְׁתַּמֵּשׁ בָּהֶן עַל יְדֵי חַמִּין, כְּגוֹן הַיּוֹרוֹת הַקּוּמְקוּמוֹסִין וּמֵחַמֵּי מִים חַמִּין — מַגְעִילָן** ברותחים **וּמַטְבִּילָן וְהֵן טְהוֹרִין. דְּבָרִים שֶׁנִּשְׁתַּמֵּשׁ בָּהֶן עַל יְדֵי הָאוּר** (האש) **כְּגוֹן הַשַּׁפּוּדִין וְהָאַסְכְּלָאוֹת — מְלַבְּנָן וּמַטְבִּילָן וְהֵן טְהוֹרִין. וְכוּלָּן שֶׁנִּשְׁתַּמֵּשׁ בָּהֶן** היהודי **עַד שֶׁלֹּא יַטְבִּיל וְשֶׁלֹּא יַגְעִיל וְשֶׁלֹּא יְלַבֵּן**, מה דינו? **תָּנֵי חֲדָא** [שנויה ברייתא אחת]: שהאוכל שעשה בהן **אָסוּר, וְתַנְיָא אִידָךְ** [ושנויה ברייתא אחרת]: **מוּתָּר**. ומעירים: **לָא קַשְׁיָא** [אין הדבר קשה]: **הָא כְּמַאן דְּאָמַר** [זה כשיטת מי שאומר]: **נוֹתֵן טַעַם לִפְגָם — אָסוּר**, לכן הוא אומר שמה שהשתמש בהם אסור, **הָא כְּמַאן דְּאָמַר** [זה כדעת האומר] **נוֹתֵן טַעַם לִפְגָם — מוּתָּר**, ולכן אינו אוסר. ושואלים: **וּלְמַאן דְּאָמַר** [ולדעת מי שאומר] **נוֹתֵן טַעַם לִפְגָם — מוּתָּר**, אם כן **גִּיעוּלֵי גּוֹיִם דְּאָסַר רַחֲמָנָא** [שאסרה התורה] **הֵיכִי מַשְׁכַּחַתְּ לַהּ** [איך אתה מוצא אותה]? שהרי מן הסתם עברו כבר עשרים וארבע שעות משעה שהשתמש בהם הגוי, והטעם שבהם הוא לפגם! **אָמַר רַב חִיָּיא בְּרֵיהּ** [בנו] של **רַב הוּנָא: לֹא אָסְרָה תּוֹרָה אֶלָּא קְדֵירָה**

עיונים

דצבתא רש״י מסביר כי זהו סוג של צמח, גמי. וכן מסביר הראב״ד שגורס כאן "צרתא", ומבין כי הכוונה לחבלים עשויים מחומר זה (לעומת החבלים האמורים לעיל, העשויים מקליפת דקל לשיטתו). ואילו הרמב״ם מבין כי אין זה סוג של חומר, אלא "צבתא" מלשון צבת, שהיו אותן כפיפות עשויים מנצרים אחוזים ומסובכים זה בזה. והוא כנראה עפ״י הערוך.

דכיתנא מישנן הרמב״ם מפרש שהיו תפורות בחוטי פשתן. ומדברי התוס׳ נראה כי מדובר כאן בכלים העשויים פשתן. וכתבו בתוס׳ שלא אמרו דין זה במפות או סדינים שנפל עליהם יין נסך. כי מאחר שלא נאמר בכלל כלי פשתן, אלא נזכרו כלים מסויימים בלבד, הרי מדובר דווקא באלה שבולעים הרבה מן היין, ולא באלה שנפל בהם יין לפי שעה.

עם הארץ שכיון שלא היו עמי הארץ נזהרים כלל בדיני טומאה וטהרה, לכן גזרו חכמים שיהא מגעו של עם הארץ סתם מטמא כל מה שהוא נוגע בו.

ונגע באשכולות וכו׳ ומתוך ההשוואה למשנה בענין הריחיים של שמן יש להבין כי מדובר כאן כשהיה שם מיץ הענבים מהלך בגת. והראב״ד וכן הר״י מפאריס התקשו בסוגיה זו, שהרי אם אנו אומרים שמשקה שהיה שם היה בו טופח על מנת להטפיח, הרי משקה זה צריך היה לטמא הכל גם בגת, ואם אין המשקה מספיק כדי לטמא (כגון שהיה טופח שלא על מנת להטפיח) מדוע יטמא בריחיים? ודחה הראב״ד את האפשרות שכיון שמדובר בטומאת עם הארץ, שהיא מעיקרה רק גזירת חכמים, לא החמירו שיטמא את הכל גם אם היה שם טופח על מנת להטפיח. משום שעל כל פנים צריך היין להיטמא מחמת האשכול שנגע בו, ולפי הכללים בענין טומאה הרי הוא הופך ראשון לטומאה לטמא את האוכל שנגע בו, וכן הלאה מאשכול לאשכול. ונשאר הראב״ד בקושיה (ובתוס׳ ר״י מפאריס הסביר כי מלשון המחלוקת, שנגע באשכול, יש להבין כי אין עדיין תורת אוכל על האשכול כדי שיטמא את המשקה להיות תחילה). והרמב״ן כתב כי אין משקה כשהוא טופח על מנת להטפיח מחבר אלא משקה למשקה, ולא בין אוכלים, ואף אם היו משקים על גבי האשכולות אינו מחבר ביניהם משום שהמשקה שעל גבי האשכול בטל לגבי האשכול. ולכן אף שמטמא עם הארץ את האשכול וסביביו (מה שנוגע בו במשירין) אינו נחשב חיבור לטמא כל הגת.

שדרכו להטביל כלומר, אם היה זה כלי שאינו צריך תיקון אחר של הפלטת איסור הבלוע בו, כגון שנשתמשו בו בצונן, ודיו בטבילה בלבד — יטביל. והראב״ד (וכמה מהמפרשים הולכים בעקבותיו) מסביר שהטבלה זו אינה לשון טבילה במקוה, אלא שימוש לשון חכמים הוא להדחה במים צוננים, והוא תיקונו של כל דבר שמשתמשים בו לאוכלים בצונן, והוא מתאים להמשך לשון המשנה. ועוד אמר הראב״ד שאפשר לפרש גם כרש״י שמדובר בטבילה ממש, ומה שלא הזכיר דין זה בשאר המקרים, הרי זה משום שהוזכר דין זה בדבר הקל ביותר, שנשתמש בו בצונן, וממילא מובן שהוא הדין לשאר דברים.

הסכין שפה משפשף אותה, או משחיז אותה שנית שיסיר ממנה מקצת קליפה עליונה שעליה. ורש״י בגמרא להלן (עו,ב) הביא פירוש נוסף, שהכוונה היא שמשפשף אותה בבגד צמר, שהוא מחוספס, כדי להסיר את שאריות השומן. ויש שהבינו כי הכוונה היא כדברי הגמרא להלן, שנועצה עשר פעמים בקרקע (ספר התרומה הלכות איסור והיתר). ושאלו ראשונים: הרי בדרך כלל משתמשים בסכין מתחילה בצונן, ומדוע צריכה אפילו נעיצה בקרקע ולא די לה בטבילה בלבד כשאר כלים שתשמישם בצונן? ותירצו כי מאחר שאת הסכין דוחקים חזק לתוך הדבר הנחתך היא בולעת על ידי כך, ולכן צריכה תיקון טוב יותר. וראה עוד בענין זה בגמרא להלן (עו,ב).

וכולן צריכין טבילה בירושלמי מסביר שצריכים טבילה משום שיצאו מרשות הגוי לקדושת ישראל. וכבר דימו דבר זה לדין טבילת גרים (ריטב״א).

הוסיף לך הכתוב טהרה יתירה שאי אפשר לומר ש"וטהר" הוא תוצאה של ההעברה באש, שהרי נאמר מיד אחר כך "אך במי נדה יתחטא". ולכן יש לפרש: יבוא באש, ואחר כך יעשה בו מעשה טהרה בטבילה. ולהלן מבואר מפני מה הוצרכו שני כתובים לענין זה.

הזאה שלישי ושביעי כי הביטוי "מי נדה" נזכר בתורה הוא בפשטות אותם מים הקרויים בתורה "מי נידה" — המים שמתקינים באפר הפרה האדומה ומזים על הטמא בטומאת המת (במדבר יט, יג. וראה במפרשי התורה, שיש שפירשו כתוב זה לענין טהרה זו). ואם הכוונה לטהרה מטומאת מת וכיוצא בה, הרי צריכה הזאה שלישי ושביעי, ולא בטבילה ולא בפעם אחת.

וטהר כל דהוא כלומר, אפילו במים מועטים שהכלי נכנס בהם (רש״י). וכתבו בתוס׳ שאף שנאמר שמן הדין כלים קטנים אפשר לטהר בטבילה אפילו ברביעית של מים, כאן טהרה זו גזירת הכתוב היא שיטביל בארבעים סאה דווקא (ובסמ״ק דייק מכאן שאפילו במעיין צריך שיהא בהם ארבעים סאה, אף שלענין טומאה וטהרה די מדין תורה במעין במשהו. וראה אריכות גדולה בזה בטור ושולחן ערוך ונושאי כליהם). אבל היה מי שפירש שכל כלי שאינו יכול להיטהר ברביעית הוא הצריך טבילה בארבעים סאה (מובא בתוס׳ חכמי אנגליה ועוד). והרמב״ן כתב עפ״י הגמרא במסכת נזיר (לח,א) שמדין תורה כן היה צריך להיות אפילו במים מועטים, אלא שכבר ביטלו חכמים את הטבילה ברביעית. ויש חכמים שלמדו מכאן שכל דין טבילת כלים אינו אלא מדברי סופרים, והמקראות שהובאו אינם אלא אסמכתא בלבד (כך נראה מדעת הרמב״ם, וכן כתב הרמב״ן בפירושו על התורה. וכן דעת הרי״ד). אבל רוב המפרשים סבורים שהיא גזירת הכתוב ממש, ויש מכאן הבדלים להלכה, הן לענין ברכה, והן לענין ספקות, כגון משכון של גוי, שלא נפתרה בעיה זו להלן.

זוזא דסרבלא כלומר, כל כלי שהוא, אפילו אינו משמש כלל לצורך אכילה. שהרי מדברי רב נחמן עולה שאין טעם טבילה זו משום הוצאת איסור הבלוע בכלים, שהרי אף כלים חדשים צריך להטביל.

כלי סעודה אף שלא נאמר הדבר במפורש, מכל מקום כיון שנזכר "כל אשר יבא באש" הרי רק כלי אוכל הם המשמשים על ידי אש וחימום, ולא כלים אחרים (רש״י).

כלי מתכת שהרי בתורה שם נזכרת רשימה של חומרים: זהב כסף ונחושת, ברזל בדיל ועופרת, וכולם מתכות.

כלי זכוכית הואיל וכי נשתברו וכו׳ ובמסכת שבת (טו,א—טז,ב) דנו בגמרא בטומאה שגזרו חכמים על כלי זכוכית, איזו טומאה נתנו להם, ושם אמר רב אשי שדין כלי חרס נתנו להם, ולא דין כלי מתכת, למרות שאם נשתברו יש להם תקנה. וכתב הראב״ד שצריך לומר שהאמור כאן הוא עיקר, ומה שנאמר שם אינו אלא כתירוץ. וראשונים אחרים כתבו כי שני הטעמים נכונים לדעת רב אשי, כל אחד לעניינו. ויש אומרים שרב אשי הולך לחומרא לפי שני הטעמים (ר״י מפאריס בשם ר״ת. וראה תוס׳ וריטב״א שבת שם).

והלכתא כסופו וכתבו בתוס׳ ועוד שדבר זה נאמר כאשר תוך הכלי המשמש לאכילה הוא המצופה במתכת, אבל כלי חרס המוקף במתכת אינו בכלל זה, וגם אם המתכת חשובה להעמדת הכלי אינה חשובה לענין טבילה, שדווקא מה שמשתמשים בו לאכילה הוא הצריך טבילה. וראה באורח ההלכה.

מדיחן ומטבילן וכתב הראב״ד כי מכאן נראה שהדחה זו אינה העברת מים, אלא שפשוף ממש של הלכלוך, שאם לא כן — די היה בטבילה.

והרשב״ם (מובא בתוס׳ ר״י מפאריס) סבור היה שרק כך יש תיקון לכלי, שתחילה צריך להגעילו ורק אחר כך מטבילו, ואין טבילה קודם הגעלה מועילה, שהרי זה כטובל ושרץ בידו. וכן כתב הראב״ד שמן הכתוב יש לדייק שכך צריך לעשות, שהרי נאמר "תעבירו באש" ורק אחר כך "וטהר" כמובא לעיל. אבל בתוס׳ סיכמו כדעת ר״ת שגם אם הקדים טבילה אין בכך כלום, ולא הוזכרה הגעלה קודם אלא מפני חומרת האיסור שבכלי. אבל כתב הראב״ד שמכל מקום צריך להיזהר שלפני טבילה יסיר מן הכלי לכלוך שבעין, שלא תהא זו חציצה, שהרי הושוותה טבילה זו לטבילת הנידה.

עד שלא יטביל אין חולק על כך שכלי שלא בישלו בו גוים, ואינו צריך הכשר אחר מלבד טבילה, אינו אוסר את מה שנתבשל בו, וכאמור לעיל, אין טבילה זו אלא כדי להעלות מטומאה לקדושת ישראל. ורמב״ן פירש כי טבילה האמורה כאן יש לפרשה כמו במשנה (למי שפירש כך שם) במובן של הדחה, שכל שאינו בן יומו נותן טעם לפגם הוא. וכן נראה שפירש הרמב״ם. אבל הראב״ד כתב כי לא ניתן לפרש כאן "הטבילן" במובן של הדחה, משום שכבר נזכרה לשון הדחה בברייתא זו (ורמב״ן פירש כי מה שנזכרה הדחה במפורש לעיל בברייתא, הרי זה משום שהוזכרה שם גם הדחה). ועוד משום שדבר שנשתמש בו רק בצונן, הואיל ואין מדובר בדבר שנבלע בדופני הקדירה — אינו נותן טעם לפגם, והוא אוסר. וראה ברמב״ן (בסוף חידושיו למסכת) שהאריך לדון ולחלוק על הנחה זו. אך תלמידיו הסכימו לדעת הראב״ד בענין זה (ראה בריטב״א).

גיעולי גוים וכו׳ שהרי מן הכתובים במלחמת מדין למדים שכלי שהשתמש בו הגוי אסור לישראל להשתמש בו אלא לאחר תיקון באש וכיוצא בזה.

אורח ההלכה

דצבתא וכו׳ כלי גומא וקליעות דקל שעשו מהם סלים לדרוך בהם יין (או לסנן בהם את היין. שו״ע) אם היו סבורים זה בזה צריכים התרה וניגוב (באפר ומים ארבע פעמים). והוא "צבתא" לפירוש הרמב״ם. ואם היו תפורים בפשתן — מיישנם שנים עשר חודש, ואם יש בהם קשרים מתירם. וכתב הרמ״א שמפות שלנו שנפל עליהן יין של גויים די להן בהדחה (בצונן. והש״ך כותב בשם הרא״ש שצריכות כיבוס רגיל). (רמב״ם ספר קדושה הלכות מאכלות אסורות פי״א הכ״ג. שו״ע יו״ד קלח, ח).

עם הארץ שהושיט ידו וכו׳ עם הארץ שהושיט ידו לגת ונגע באשכולות — האשכול וכל סביביו טמאים, והגת כולה טהורה, מפני שהאשכולות שמסביב מפסיקים בינו ובין שאר הגת. כפי שהורו חכמים לר׳ ירמיה. (רמב״ם ספר טהרה הלכות טומאת אוכלין פ״ט ה״ח).

שרץ שנמצא בריחים שרץ שנמצא בריחיים של זיתים — מטמא רק מקום מגעו. ואם היה משקה מהלך — הכל טמא, שמכיון שנטמא מקצת המשקה — נטמא כולו, והשמן מטמא את כל הזיתים. (רמב״ם שם ה״ז).

הלוקח כלי תשמיש מן הגוי הלוקח כלים ישנים מן הגוי, כדרך שנשתמש בהם כך הוא הכשרם. ולפיכך הלוקח כלים שהשתמשו בהם בצונן בלבד — מדיחם, וצריך לשפשפם היטב במים כדי להסיר האיסור שעל גביהם, ושוטפם ומטבילם והם מותרים. ודברים שנשתמש בהם בחמין כגון יורות — מגעילם ומטבילם והם מותרים. ודבר שנשתמש בו באור כגון שפודים — מלבנם באש עד שתישר קליפתם ומטבילם והם מותרים. כמשנה וכגמרא. (רמב״ם ספר קדושה הלכות מאכלות אסורות פי״ז ה״ג. שו״ע יו״ד קכא, א—ב. שם או״ח תנא, ד).

הסכין שפה וכו׳ הלוקח סכין מן הגוי — מלבנה באש או משחיזה באבן משחזת. כמשנה. וראה בגמרא להלן עו,ב. (רמב״ם שם ה״ז. שו״ע שם סעיף ז).

וכולן צריכין טבילה הקונה מן הגוי כלי סעודה (וראה להלן באיזה כלים) אף על פי שהם חדשים — צריך להטבילם במקוה, או במעיין של ארבעים סאה. (רמב״ם שם ה״ג. שו״ע שם קכ,א).

הוסיף לך הכתוב טהרה אחרת טבילה שמטבילים כלי סעודה הנלקחים מן הגוים אינה לצורך טומאה וטהרה, אלא מדברי סופרים. (רמב״ם שם ה״ה).

אבל שאולין לא השואל או שוכר כלי מן הגוי אינו טעון טבילה (כדברי רב נחמן). אם קנה ישראל כלי מן הגוי והשאילו לחבירו — טעון טבילה, שכבר נתחייב בטבילה בידי הראשון. ויש מי שאומר שאם לא לקחו הראשון לצורך סעודה אלא לצורך אחר אין השואל ממנו צריך להטבילו, וכן אם קנה אותו לצורך מסחר (וראוי להטבילו בלא ברכה. ש״ך). (רמב״ם שם ה״ו. שו״ע שם סעיף ח).

כלי זכוכית וקוניא הקונה מן הגוי כלי זכוכית או כלים המצופים בעופרת, גם אם הם חדשים, צריך להטבילם (כרב אשי, וכמסקנת הגמרא). וכתב רמ״א: יש אומרים שרק כלים המצופים מכל צד חייבים בטבילה, והמצופים מבפנים בלבד יטבול בלא ברכה (ונראה שיש להטבילם עם כלי אחר בברכה. ש״ך). (רמב״ם שם. שו״ע שם סעיף א).

משכנתא מאי משכן הגוי אצלו כלי מתכת — מכשיר כל כלי כדינו, ואינו צריך להטביל. כך דעת הרמב״ם, שכיון שנשאר הדבר בגמרא בספק, ולדעת הרמב״ם עיקרה של טבילה זו מדרבנן, הרי זה כספק מדרבנן ולקולא. ובשו״ע פסק שאם נראה שבדעת הגוי שיישאר המשכון בידי ישראל — טעון טבילה, ואם לאו — יטבילנו בלי ברכה (והידוע בוודאות שאין דעת הגוי להשאירו בידו אינו צריך טבילה. ש״ך). והוסיף רמ״א שאם בסוף נשתקע בידו — יחזור ויטבלנו בלי ברכה. (רמב״ם שם. שו״ע שם סעיף ט).

נשתמש בהן עד שלא הרתיח וכו׳ כלי הגוים שנשתמש בהם לפני שהכשירם כדין, או לפני שהטבילם — מותר, שמה שיש בה הוא נותן טעם לפגם. כברייתא האחרונה בגמרא. ומכל מקום יש אומרים שאין הדברים אמורים אלא כשהיה הכלי מקונח היטב ואין שמנונית על פניו, אבל אם לא הדיחו יפה ויש שמנונית על פניו — אין אומרים בזה נותן טעם לפגם אפילו כמה ימים (ראב״ד ורשב״א וטור, עפ״י הברייתא כאן שלא הזכירה שלא הדיחן). וכן עיקר (ט״ז וש״ך). (רמב״ם שם ה״ד. שו״ע שם קכב, ו. שם סעיף ג. שם קג, ה).

לא אסרה תורה אלא בני יומן וכו׳ לא אסרה תורה אלא קדירה בת יומה בלבד הואיל ועדיין לא נפגם הטעם שנבלע בה, אבל חכמים אסרו לכתחילה לבשל בה, ולכן לכתחילה אין לוקחים כלי חרס ישנים מן הגוי, ואם לקח והשתמש בהם, אפילו בבישול, מיום שני והלאה — התבשיל מותר. כרב חייא בריה דרב הונא. והוא שהיו מקונחים יפה ולא היתה בהם שמנונית (ראה לעיל). (רמב״ם שם ה״ב. שו״ע שם קכב,ב—ג. קג, ה).

מסורת הש״ס

א. משנה טהרות פ״ט מ״ח.
ב. תנחומא חקת ב. וראה ספרי זוטא במדבר לא,כג. ילק״ש תורה תשפו.
ג. תנחומא שם (בשינויים).
ד. ירושלמי ע״ז פ״ה הט״ו.
ה. שבת טז,א (ועיי״ש). חגיגה טו,א. קה״ר פ״ז. ילק״ש נ״ך תתקטז. שם תתקעד.
ו. (בשינויים) ירושלמי ע״ז פ״ה הט״ו. תוספתא ע״ז פ״ח ב. ילק״ש תורה תשפו.
ז. ע״ז לח,ב (ושם סומנו מקבילות).
ח. שם לו,א (ושם סומנו מקבילות).
ט. שם סז,ב (ושם סומנו מקבילות).

גרסות

דצבתא לנגבן בכתי״מ ובדפו״י: **דצבתא מנגבן**.

וכל הגת כולה בכתי״י: **וכל הגת**.

כל הגת כולה נמי טמאה בכתי״מ: **אפילו הגת טמאה**.

כדברי האומר בכתי״מ: **כמאן דאמר**.

הסכין שפה בירושלמי ועוד: **והסכין שפה**.

שנאמר במי נדה בכתי״מ ומקורות: **שנאמר אך במי נדה יתחטא**.

הוי אומר ארבעים בכתי״י ועוד: **וכמה הן ארבעים**.

איצטריך בכתי״י: **ואיצטריך**.

אי כתב וטהר בכתי״מ: **דאי כתב רחמנא וטהר**.

אך חילק בכתי״ס: **אך**.

וטהר כל דהו בכתי״ס וכן בב״ח: **וטהר בכל דהו**.

הערב שמש כנדה בכתי״מ ועוד: **ליבעי הערב שמש כנדה**.

אפילו זוזא דסרבלא בכתי״מ: **זוזא דסרבלא** ובכתי״ס ועוד: **אפילו זוגא דסרבלא**.

כלי סעודה בכתי״ס נוסף: **וכלי מתכות**.

מנא דמרדא בכתי״ס: **מנא דמדרא חדתא** ויש במקורות: **מנא דפחרא**.

ואטבליה ואישתי ביה בכתי״מ ועוד: **ואטבליה**.

שלא נשתמש בהן בכת״י: **שלא נשתמש בהן כל עיקר**.

דברים שנשתמש בכתי״מ: **כלים שנשתמש**.

קומקמוסון בכתי״ס: **קומקמוסין**.

עד שלא יטביל ושלא יגעיל ושלא ילבן בכתי״מ: **עד שלא יגעיל ועד שלא ילבן** ובכתי״ס: **עד שלא הטביל עד שלא הגעיל עד שלא ליבן**.

תני חדא אסור ותניא אידך מותר בכתי״מ: **תני חדא אסורין ותניא אידך מותרין**.

לשון

שפוד
מקור המילה הוא ביוונית σπόδος (שפודוס) שמשמעו שיפוד עץ או מתכת שתוחבים בתוך הבשר לצלותו על האש.

אסכלא
נראה כי מקור המילה הוא ביוונית ἐσχάρα (אסקרא) בחילוף ר—ל ומשמעה: כלי ברזל העשוי לצלות עליו. ויש סבורים שהמילה קשורה בלטינית scala סולם, ופירושה: כלי כעין סולם לצלות בו (ר״ב).

זוזא דסרבלא
מלה אחרת במקום זוגא, שמקורה ביוונית ζυγόν (זו׳גון) שעיקר משמעה זוג, אבל התרחבה להגדרת דברים שונים הבנויים בזוגות, ובעיקר מספריים.

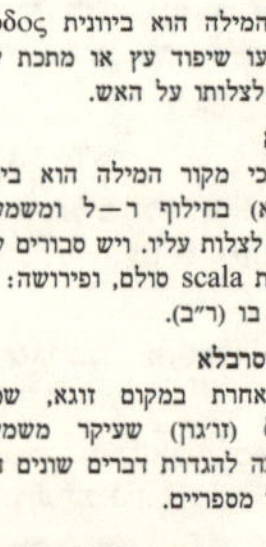

אומן נושא זוזא דסרבלא — מספריים כדי לתקן בהם את האריג (מתוך תבליט רומי מתקופת התלמוד שנמצא בסנס בצרפת)

מרדא
יש אומרים שמקור המלה הוא בלטינית merda — גללים, צואה.

קומקמוסון
ראה דף מג,ב.

לעזי רש״י

לישק״א מן הצרפתית העתיקה lesche — מין גומא.

גירדל״א צ״ל: גרדיל״א מן הצרפתית העתיקה gradile — אסכלא, מכשיר שצולים עליו.

מול״א מן הצרפתית העתיקה mole — אבן משחזת.

לימ״ר מן הצרפתית העתיקה limer — לשייף דבר על ידי פצירה.

פלומיר״י מן הצרפתית העתיקה plomer — לצפות דבר בעופרת.

מסורת הש"ס

א. ראה ע"ז סז,ב.
ב. משנה זבחים צז,א. תו"כ ויקרא ו,כא.
ג. (הביטוי) יבמות לא,ב. ב"מ לא,א. ב"ב יט,א. ירושלמי תרומות פ"י ה"ב.
ד. זבחים צז,א.
ה. ראה ירושלמי ע"ז פ"ה הט"ו. תנחומא בובר חקת ב.

גרסות

דלאו נותן טעם לפגם בכתי"מ ועוד: **דלאו לפגם.**

גזירה קדירה שאינה בת יומא משום בכת"י: **גזירה משום.**

תנן השפודין בכת"י: **תנן השפוד.**

והתניא גבי קדשים בכתי"מ: **והאנן תנן גבי קדשים** ובכתי"ס: **ותנן גבי קדשים.**

מגעילן בחמין בכתי"מ ועוד: **מגעילן.**

הכא התירא... התם איסורא בכת"י ועוד: **התם התירא... הכא איסורא.**

מאי הגעלה נמי שטיפה ומריקה בכת"י ועוד: **מאי הגעלה דקתני התם מריקה ושטיפה.**

הגעלה בחמין בכתי"מ: **הגעלה ברותחין.**

לכולהו בחדא וליתני חדא באידך אחריתי בכתי"מ ועוד: **לתרוייהו בחדא וליתני חדא באידך.**

מקמי דניהוי נותר בדפו"י: **מקמי דניהוו נותר.**

האידנא חטאת הוי נותר בכתי"מ: **האידנא חטאת** ובכתי"ס: **האידנא חטאת הוי נותר למחר.**

או שלמים בכתי"מ: **שלמים.**

דשלמים, דחטאת דלמחר — שלמים דלמחר בכתי"מ קטע זה חסר, ובכתי"ס: **דשלמים דאיתמל, דחטאת דהאידנא ושלמים דאיתמל בהדי הדדי קא שלים זמנייהו והדר מבשל בה שלמים דהאידנא.**

קריד בכת"י: **קריר.**

בעידנא דקא פליט לא איתיה לאיסורא בכת"י ועוד: **ליתא לאיסורא.**

יורה גדולה מאי בכתי"מ: **איבעיא להו יורה גדולה מאי.**

דההוא דודא דהואי בי רב עקביה בכתי"מ: **דרב עוקבא זבן מגוי.**

לעזי רש"י

טרשטרי"ש צ"ל: טרישטריש"ט מן הצרפתית העתיקה trestrest — מחלחל, נבלע בתוך משהו.

בת יומא [יום] שבישל בה הגוי באותו יום, **דלאו** [שלא] **נותן טעם לפגם הוא.** ושואלים: אם כן, **מכאן ואילך** כלי ישן **לישתרי** [שיהא מותר], כיון שהוא רק נותן טעם לפגם! ומשיבים: **גזירה** היא לאסור **קדירה שאינה בת יומא** לכתחילה **משום קדירה בת יומא.** ומן הצד האחר, **ואידך** [והאחר] האומר שנותן טעם לפגם אסור, מה הוא אומר? לדעתו **אף קדירה בת יומא נמי מפגם פגמה** [גם כן פוגמת קצת את טעמה], ובכל זאת אסרה אותה התורה, נמצא שנותן טעם לפגם אינו טעם להתיר.

א **רמי ליה** [השליך, הראה לו סתירה] **רב עמרם לרב ששת, תנן** [שנינו במשנתנו]: **השפודין והאסכלא — מלבנן באור. והתניא גבי** [והרי שנינו במשנה אצל] דיני **קדשים: השפוד והאסכלא** לאחר שהשתמש בהם לצורך קרבן אחר, כיון שיש טעם קרבן זה בשפוד והוא הופך להיות נותר לאחר זמנו, ואסור — **מגעילן בחמין** לפני שמשתמש בהם לקרבן אחר. ומדוע אינם צריכים ליבון? **אמר ליה** [לו]: **עמרם ברי** [בני], **מה ענין קדשים אצל גיעולי גוים? הכא** [כאן] בקדשים **היתירא** [היתר] **בלע** הכלי, די לו בהגעלה, **התם** [שם] בגיעולי גוים **איסורא** [איסור] **בלע,** ולכן צריך תיקון גדול יותר בליבון. **אמר רבא:** עדיין הקושיה במקומה, **סוף סוף כי קא פליט** [כאשר הוא פולט] אותו כלי של קדשים — **איסורא קא פליט** [איסור הוא פולט], שהרי מה שנבלע בכלי נאסר משום נותר, ואם כן, מה ההבדל לי אם בלע היתר או לא? **אלא אמר רבא: מאי** [מה] **הגעלה נמי** [גם כן] האמורה בקדשים? הכוונה היא **לשטיפה ומריקה** שעושים בכל כלי שבישל בו קדשים ("ומורק ושוטף במים" ויקרא ו, כא), והוא בנוסף לליבון שצריך לעשות לכלי זה, כמו בכל כלי אחר שצלו בו. **אמר ליה** [לו] **אביי: מי דמי** [האם דומים הדברים]? כיצד ניתן לקרוא למריקה ושטיפה "הגעלה"? הלוא **מריקה ושטיפה** עושים **בצונן, והגעלה** עושים **בחמין! אלא אמר אביי:** צריך לתרץ דבר זה לפי השיטה של **"יגיד עליו רעו"** (כלשון הכתוב איוב לו, לג), שכל משנה מלמדת על חבירתה, **תנא הכא** [שנה כאן] שעושים בשפוד ואסכלא **ליבון, והוא הדין** שצריך לעשות **הגעלה, תנא התם** [שנה שם] בקדשים **הגעלה, והוא הדין לליבון. אמר ליה** [לו] **רבא: אי הכי** [אם] כן] אתה מסביר, **לתנינהו לכולהו בחדא** [שישנה את כולם, ליבון והגעלה במקום אחד], **וליתני חדא באידך אחריתי** [ושישנה רק דבר אחד באחר], **ולימא** [ונאמר]: **"יגיד עליו רעו",** אבל אין לפרש כן כאשר נאמר דבר אחד במקום אחד ובמקום שני דבר אחר! **אלא אמר רבא: קדשים היינו טעמייהו** [זהו טעמם] שאינם צריכים ליבון — **כמו שאמר רב נחמן אמר רבה בר אבוה, שאמר: כל יום ויום נעשה גיעול לחבירו,** כלומר מה שמשתמשים בו ביום אחד הוא נפלט מן הכלי כשמבשלים בו ביום שלאחריו, קודם שנעשה נותר. ומקשים: **תינח** [נניח] בשלמים, שכיון **שלשני ימים מיתאכלי** [הם נאכלים] כלומר, מותרים לאכילה, נמצא כי **מקמי דניהוי** [עוד לפני שהשלמים נעשים] **נותר קא הוי** [הרי זה] **גיעול,** כלומר, הכלי פולט היתר כשמבשל בו למחרת. **אלא חטאת, כיון שליום ולילה** אחד **מיתאכלא** [היא נאכלת], **כי** [כאשר] **מבשל בה האידנא** [עכשיו, היום] **חטאת — הוי** [הריהו] נעשה למחרת **נותר,** ואם כאן, **כי הדר** [כאשר הוא חוזר] **מבשל בה למחר או שלמים או חטאת, קא פליט** [הרי פולט] הכלי את **הנותר** של **חטאת דהאידנא** [של היום] **בתוך החטאת ושלמים של למחר,** וצריך לאסור! **אמרי** [אומרים] בתשובה לכך: **לא צריכא** [נצרכה] אלא כאשר עושים באופן זה, **דכי** [שכאשר] **מבשל בה חטאת האידנא** [עכשיו] **הדר** [חוזר] **ומבשל בה האידנא** [עכשיו] עוד פעם באותו יום **שלמים,** ואז נפלט טעם החטאת מן הכלי בו ביום, ונבלע בו טעם השלמים, ונמצא **שחטאת של למחר ושלמים של אתמול בהדדי קא שלים זמנייהו** [ביחד נשלם זמנם], שהם כשרים כל יום המחרת. **והדר** [והוא חוזר] **ומבשל שלמים למחר,** ובשר החטאת של מחר שנבלע בכלי ונפלט בו ביום, וכן כל יום ויום. ומקשים: **אי הכי** [אם כן], שכל יום פולט הכלי בשר קדשים שלא נעשה עדיין נותר, **הגעלה נמי לא ליבעי** [גם כן לא יצטרך]! ואומרים: אכן, **קשיא** [קשה] הדבר להסברו של רבא. **רב פפא אמר** הסבר אחר לסתירה בין דין השפוד והאסכלא של גוים שצריכים ליבון, לבין אלו של קדשים שדי להם בהגעלה: **האי** [זה] בישולי גוים, כיון שאין מבשלים בכלי תמיד — **קריד** [הריהו מתקשה ונדבק], וצריך תיקון בליבון. **אבל האי** [זה] בקדשים, שכל הזמן מבשלים בהם, **לא קריד** [נדבק], ולכן אינו צריך ליבון. **רב אשי אמר: לעולם כדאמרן מעיקרא** [תפרש כמו שאמרנו מתחילה], כפי שתירץ רב ששת לעיל: **הכא** [כאן, בקדשים] **התירא** [היתר] **בלע, הכא** [כאן, בשל גוים] **איסורא** [איסור] **בלע. ודקא קשיא לך** [ומה שהיה קשה לך] **דקא פליט, איסורא קא פליט** [שבזמן שהוא פולט, איסור הוא פולט] גם בקדשים, שכבר נעשו נותר! יש לומר: **בעידנא דקא פליט, לא איתיה לאיסורא בעיניה** [בזמן שהוא פולט, אין האיסור נמצא בעינו], שאין זה גוף הנותר אלא טעם בלבד, ולכן אין להחמיר בו, כיון שתחילתו היה היתר.

ב הזכרנו במשנה ליבון והגעלה. ושאלו: **ועד כמה מלבנן** את הצריכים ליבון? **אמר ר' מני: עד שתשיר קליפתן,** שיורד מהן מעין קליפה על ידי הליבון. **וכיצד מגעילן** את הצריכים הגעלה? **אמר רב הונא: יורה קטנה** מכניס **בתוך יורה גדולה** רותחת, ועל ידי זה מגעיל אותה. ושואלים: **יורה גדולה** שאין כלי גדול להגעילה בתוכו **מאי** [מה] עושים לה כדי להגעילה? **תא שמע** [בוא ושמע]: **דההוא דודא דהואי בי** [שהיה דוד אחד שהיה בבית] **רב עקביה** שהיו רוצים להכשירו, **אהדר ליה** [סובב אותו]

עיונים

בת יומא כלומר, מן התורה אסורה רק קדירה שבישל בה באותו יום שלא נפגמה. אבל אם בישל בה היום ועבר עליה לילה הרי נפגם הטעם שבה, ומעתה הוא "נותן טעם לפגם". וראה בתוס' בשם ר"ת שהביא כעין רמז לדבר מדיני קדשים, שכל קדשים שעבר עליהם הלילה לאחר שנפסלו הרי זה "עיבור (קלקול) צורה" ואינם אסורים עוד כפי שהיו. והעירו בתוס' שודאי אין זו ראיה שלמה, אלא כעין רמז בלבד. ולכן אמרו שאין סומכים תמיד על הלילה בלבד אלא ממתינים יממה.

מאי הגעלה נמי מריקה ושטיפה ולפי הסברו זה של רבא לא מדובר באותה משנה כלל כיצד מתקן את השפוד והאסכלא מן האיסור שנבלע בהם, ולכן, כפי ששנינו כאן, צריך ללבן אותם לשם הוצאת הבלוע בהם. אלא שלאחר מכן צריך הכלי מריקה ושטיפה, מריקה — שיש בה ניקוי יסודי, ושטיפה — כדי להעביר את השאריות, שהיא גזירת הכתוב שכלי שבישלו בו חטאת יש בו דין מיוחד של מריקה ושטיפה לאחר מכן. והוסיף הראב"ד שלדברי רבא הוצרך התנא להזכיר בשפוד ואסכלא דבר זה, לפי שהיה מקום לומר שמה שנתלבן אינו צריך מריקה ושטיפה, אלא דווקא כלי שנתבשל בו בשר קדשים (כלשון הכתוב "ואם בכלי נחושת בושלה") שהוא צריך הגעלה.

מריקה ושטיפה בצונן ויש מוכיחים מכאן שאין לגרוס באותה משנה "מגעילן בחמין", שאם כן כיצד יכול היה רבה לטעות בדבר זה (ראב"ד, וכן בתוס' זבחים צז,א). ובתוס' זבחים שם דוחים ואומרים כי אף שדעת רבי היא שמריקה ושטיפה בצונן, חכמים סבורים שמריקה היא בחמין, כמבואר בברייתא שם (וכן בחלק מגרסת המשנה בזבחים) וניתן להסביר איפוא כי "מגעילן בחמין" כוונתו למריקה, שהיא הגעלה לפירוש זה (ראה בגמרא שם).

ויגיד עליו רעו הרי זו מליצה לפי לשון הכתוב באיוב, ועניינה: נלמד ממשנה אחת על חברתה. שבכל אחת מהן לא נזכר כל אופן התיקון בשלמותו. ואנו יודעים כיצד לעשות למעשה מצירוף שתי המשניות.

גיעול לחבירו אין לשון "גיעול" כאן מדוייקת, אלא הכוונה היא שכיון שחוזר ומבשל (או צולה) באותו כלי הריהו חוזר ופלט מה שנבלע בו קודם לכן, והוא בולע טעמו של הדבר שנתבשל בו כעת שהוא מותר, וכך נעשה כל יום ויום, ונמצא שאין בו אף פעם איסור. מה שאין כן בגיעולי גוים, שתמיד יש בהם איסור של תבשיליהם. ולהלן שואלת הגמרא מה צורך יש אף בהגעלה. וכבר הקשה הראב"ד: הרי כאן מדובר בשפוד שצריך ליבון, ואם צולים עליו בשר הרי אינו מתלבן (כמבואר להלן שהליבון צריך שיהא בו להסיר מן השפוד את קליפתו)! ותירץ כי אף שדברי רב נחמן נאמרו לגבי קדירה שבישלו בה, ניתן לפתור את הבעיה בשפוד לפי אותו עקרון, כאשר כל פעם נותן את הבשר על חלק אחר של השפוד, והחלק שהיה מונח עליו הבשר קודם לכן הריהו מתלבן, ואין הבלוע בו בא לידי נותר. ואילו הרשב"א הסביר כי אף שאין כאן ליבון, מכל מקום תוך כדי צליית בשר על השפוד נפלט רוב טעמו של הבשר שנצלה קודם לכן, והמעט שנותר בלוע בשפוד נתמעט ונקלש כל כך עד שאין בו כדי לקבל איסור נותר. ומכל מקום, בגיעולי גוים, גם אם יגעילו את השפוד ברותחים, הואיל ומתחילה בלע איסור (ולא היתר כבקדשים) הרי כל עוד נותר בו אפילו איסור מועט עדיין שם איסורו עליו. ועוד שאין מבטלים איסור לכתחילה, ולכן הוא צריך ליבון.

תינח שלמים וכו' ותמה הרשב"א: והרי טעם השלמים של אתמול נבלע בשלמים של היום, ונמצא ממעט באכילתם, שאינו יכול לאוכלם אלא היום, ודבר זה נאסר! והסביר הרשב"א שאין זו נתינת טעם גמורה בתבשיל, אלא "נותן טעם בר נותן טעם" בזמן שהוא היתר, שהרי בשר השלמים נתן טעם בכלי, והכלי נותן טעם בשלמים של מחר קודם שבאו השלמים של אתמול לידי נותר, ו"נותן טעם בר נותן טעם של היתר" אינו אוסר. ובתוס' חולין (קיא,ב) כתבו כי מדובר כאן בנתינת טעם של מין במינו, ומדין תורה הוא בטל ברוב. ואף שחכמים החמירו לאוסרו בכדי נתינת טעם, בכלי המקדש לא גזרו. והאחרונים האריכו לדון בטעם זה.

מבשל האידנא שלמים ומסביר רש"י שהכוונה לחזה ושוק שמקבלים הכהנים מן השלמים (כאשר רוב הקרבן נאכל על ידי הבעלים), והם המתבשלים בכלים שבישלו בהם הכהנים את בשר החטאת שקיבלו אתמול. שאף שהכהנים רשאים לאוכלם, כמו חלק הישראל, בכל ירושלים, ולא רק בעזרה כבשר חטאת, הרי פעמים שמבשלים אותם במקדש ובתוך כלי המקדש. ונראה כי בפירוש זה, שמדובר בחלק המיועד לכהנים בלבד, פתר רש"י את הקושי שהעלו ראשונים בענין זה (ראה רשב"א ותוס' חולין קיא,ב ובדברי רמב"ן להלן): והרי החטאת נותנת טעם בשלמים, ואם כן נמצא ממעט באכילתם, שאף שלמים אלו אינם יכולים להיאכל אלא כחטאת — לכהנים זכרים!

הגעלה נמי לא ליבעי הרמב"ן כתב שדברים אלה אינם מצויים בעיקר הנוסחאות, ואינם אלא גרסת רש"י (וראה ברשב"א שהעיר כי כך היא גם גרסת הר"ח). והסביר רמב"ן שאין זו שאלה, כי ללא הגעלה בין קודש אחד וחבירו היה הקודש השני בולע מטעם הראשון והיה נאסר לאחר זמנו של הראשון משום נותר (וראה לעיל ובדברי הריטב"א).

האי קריד שאף אם נפרש שבקדשים יש ממש איסור שצריך להוציאו מדופני הכלי, יש להסביר כי בכלי של אדם פרטי בדרך כלל מבשלים רק פעם אחת ביום, והאיסור שנבלע מתקשה במשך השעות וקשה להוציאו ולכן צריך ליבון. מה שאין כן בכלי המקדש, שהיו מבשלים וצולים בהם הרבה בכל שעות היום, ולפיכך אין הטעם הבלוע נקרש, ויכול להוציאו בהגעלה בלבד. וראה בראב"ד שפירש כי ההבדל הוא בין סוגי התבשילים של גוים ושל ישראל.

לא איתיה לאיסורא בעיניה שהרי לא היה כאן איסור בעין מתחילה. ואף שאותה כמות מועטת של טעם החטאת שיש בכלי יש לאוסרה משום שנעשית נותר, הרי אין זה דבר איסור של ממש אלא טעם איסור בלבד, ומשום כך אין צורך בתיקון מרובה של ליבון, ודי בהגעלה. והראב"ד רצה לדייק מכאן כי גם לענין פסח הדין כן, שכלי שבלע חמץ קודם זמן איסורו, אפילו היה זה שפוד — די לו בהגעלה, שהרי כשבלע לא היה זה איסור. אבל הרמב"ן הסביר (והוא מדייק כן מדברי רש"י) כי יש להבין אחרת את הדברים כאן, שאין הכוונה לומר שכל דבר שנהיה לאיסור כשהוא בלוע שוב אינו צריך ליבון ודי לו בהגעלה. אלא לומר שאין שם של איסור חל כלל אלא רק על מה שיכול להיפלט על ידי הגעלה, משום שיש בכמות כזו כדי לתת טעם. אבל מה שאינו יכול לצאת באופן זה אלא בליבון, הואיל והוא מועט ביותר אין שם נותר חל עליו כלל. אבל חמץ, הואיל ומתחילה היה שם חמץ עליו כשהיה בעין (אפילו היה בשעת היתר) שוב אינו יוצא ממנו, והאיסור חל עליו. והפוסקים דנו רבות בשאלה האם יש לדון על חמץ כ"היתרא בלע" ובהשלכות הנובעות מכך לענין תערובות והכשרת הכלים לפסח.

עד שתשיר קליפתן ובירושלמי נתנו סימן אחר לדבר — עד שיהו ניצוצות ניתזים מהם. וראה ב"אורח ההלכה".

אורח ההלכה

השפוד והאסכלא וכו' השפוד והאסכלא שהשתמשו בהם קדשים — מגעילם במים חמים על גבי האש ואחר כך מדיחם, כדי שיוכל להשתמש בהם לקדשים אחרים. (רמב"ם ספר עבודה הלכות מעשה הקרבנות פ"ח הי"ב).

עד שתשיר קליפתן כלים שמשתמשים בהם על ידי האור, כגון שפודים ואסכלאות צריכים ליבון עד שתנשר קליפתם העליונה. כר' מני. או שיהו ניצוצות ניתזים מהם (כירושלמי). וכתב רמ"א כי יש אומרים שדי אם נתלבן כל כך שקש המונח עליו מבחוץ נשרף (במרדכי ועוד), אבל העיקר כסברה הראשונה. (רמב"ם ספר קדושה הלכות מאכלות אסורות פי"ז ה"ג. שו"ע או"ח תנא, ד).

יורה קטנה כלים שנשתמש בהם בכלי ראשון נותן את הכלי לתוך יורה גדולה, וממלא אותה מים עד שיצופו על הכלי הקטן ומרתיח יפה יפה. כדברי רב הונא. (רמב"ם שם ה"ד. וראה שו"ע שם סעיף ה).

יורה גדולה כלי גדול שאינו יכול להכניסו לכלי אחר מחמת גודלו, עושה שפה לפיו בטיט כדי שיתמלא היטב ויגיעו המים לשפתו של הכלי, וממלאו מים ומרתיחו. כרב עקביה. או יקח אבן רותחת או לפיד אש וישליכנו לתוכו בעודו רותח ומתוך כך ירתחו המים ויעלו על שפתו (עפ"י הרא"ש ומרדכי בפסחים). (רמב"ם ספר קדושה שם. ספר זמנים הלכות חמץ ומצה פ"ה הכ"ו. שו"ע שם תנב, ו).

תורה אור

בת יומא דלאו נותן טעם לפגם הוא מכאן ואילך לישתרי אגזירה קדירה שאינה בת יומא משום אקדירה בת יומא ואידך קדירה

א בת יומא נמי מפגם פגמה רמי ליה רב עמרם לרב ששת תנן השפודין והאסכלא מלבנן באור *(והתני') גבי קדשים ב* בהשפוד והאסכלא מגעילן *בחמין א"ל עמרם ברי מה ענין קדשים אצל גיעולי גוים הכא היתירא בלע התם איסורא בלע אמר *רבא סוף סוף כי קא פליט איסורא קא פליט אלא אמר *רבא מאי הגעלה נמי שטיפה ומריקה א"ל אביי מי דמי מריקה ושטיפה בצונן הגעלה בחמין *אלא אמר אביי גיגיד עליו רעו תנא הכא ליבון והוא הדין להגעלה תנא התם הגעלה וה"ה לליבון א"ל רבא אי הכי לתנינהו לכולהו בחדא וליתני חדא באידך אחריתי ולימא יגיד עליו רעו אלא אמר רבא קדשים היינו טעמייהו דכדרב נחמן אמר רבה בר אבוה דאמר כל יום ויום נעשה גיעול לחבירו תינח שלמים דלשני ימים מיתאכלי מקמי דניהוי נותר קא הוי גיעול אלא חטאת כיון דליום ולילה מיתאכלא כי מבשל בה האידנא חטאת הוי נותר כי הדר מבשל בה למחר או שלמים או חטאת קא פליט נותר דחטאת דהאידנא בחטאת ושלמים דלמחר אמרי לא צריכא דכי מבשל בה חטאת האידנא הדר מבשל בה האידנא שלמים דחטאת דלמחר ושלמים דאתמול בהדי הדדי קא שלים זמנייהו והדר מבשל שלמים דלמחר א"ה הגעלה נמי לא ליבעי קשיא רב פפא אמר האי קריד האי לא קריד רב אשי אמר לעולם כדאמרן מעיקרא הכא התירא בלע הכא איסורא בלע ודקא קשיא לך דבעידנא דקא פליט איסורא קא פליט

ב בעידנא דקא פליט לא איתיה לאיסורא בעיניה: הועד כמה מלבנן א"ר מני געד שתשיר קליפתן וכיצד מגעילן א"ר הונא דיורה קטנה בתוך יורה גדולה יורה גדולה מאי ת"ש דההוא דודא דהואי בי רב *עקביה האהדר ליה

גדנפא

בת יומא. שבישל בה גוי היום אבל בישל בה אתמול כבר הפיג בה טעמו בלינת לילה ושוב כשפולטו בתבשיל אחר אינו אלא לפגם: **מכאן ואילך לישתרי.** אף לכתחלה: **מגעילן.** לא חשיב כליבון דליבון שורף את הכלי:(א) **גבי קדשים השפוד והאסכלא.** שצלה בהן בשר קדש משום דכי אתי למחר הוי נותר וכי הדר מבשל בשר קודש למחר פליט שפוד בגויה טעמא ונותר איסור כרת הוא: **עמרם ברי.** עמרם בני: **גבי קדשים כי בלע האי שפוד היתרא בלע.** הלכך סגי ליה בהגעלה: **אלא אמר רבא.** [נ"ל והתנן] האי הגעלה דקתני התם מריקה ושטיפה כלומר לעולם לפלוט האיסור ודאי ליבון בעי כשאר בליעת איסור אלא מצות מלך היא בקדשים ומרק ושטף במים כי היכי דהויא גזירת הכתוב כאשר יזה מדמה על הבגד דבעי כיבוס במקום קדוש ושבירת כלי חרס במקום קדוש הוא וה"ה למריקה ושטיפה: **א"ל אביי מי דמי.** כלומר מי קרי למריקה ושטיפה הגעלה הא כל הגעלה רותחין משמע שכופין להקיא הכלי מה שבלע ומריקה ושטיפה בצונן הוא כדאמרינן בשחיטת קדשים בפ' דם חטאת (זבחים צו:): **אלא אמר אביי.** הגעלה ממש לפלוט מאיסורן ודקא קשיא לך מתניתין דמצרכא להו ליבון לא תקשי דודאי בין בקדשים בין בגיעולי גוים תרוייהו בעינן לפלוט איסור לבד מריקה ושטיפה דקדשים דאינה אלא מצות המלך: **ויגיד עליו רעו.** ונלמד משנה מחבירתה של קדשים ממשנתנו ומשנתנו משל קדשים: **וה"ה לליבון.** שניהם צריך: **יגיד עליו רעו.** איבעי למתנינהו לתרוייהו ליבון והגעלה בחדא או במשנתנו או בקדשים והדר ליתני חדא באידך ותגמר חבירתה מינה מה התם הא בלא הא ליתא ה"נ הא בלא הא ליתא: **כל יום ויום נעשה גיעול לחבירו.** שמבשלין בהן ואינו מספיק להיות נותר עד שתחזור ופולטו בתבשיל אחר ולקמן פריך אי הכי הגעלה נמי לא ליבעי: **מקמי דליהוי נותר הוו להו גיעול.** שהרי כשבישל בו למחר פלט בליעה מיום אתמול: **לא צריכא דכי מבשל ביה חטאת האידנא הדר מבשל ביה.** בו ביום שלמים חזה ושוק של כהנים: **בהדי הדדי שלים זימנייהו.** ואין כאן פליטת נותר והדר מבשל ביה שלמים בו ביום כדאמרינן* בכל פעם מבשל שלמים לאחר חטאת בו ביום כי היכי דלא ניהוו נותר למחר: **ה"ג** אי הכי הגעלה נמי לא ליבעי קשיא: **רב פפא אמר האי קריד האי לא קריד.** לעולם בקדשים איסורא פליט ודקא קשיא לך ניבעי ליבון כי מתני' לא דמי דגיעול גוים איידי דלא מבשלי להו כל שעתא ומתקשה הבליעה בתוכו ונדבקת בו בכולו טרשטריי"ש בלע"ז ואין נוח לפלוט בהגעלה עד שמלבנו באור אבל בקדשים דכל שעתא מבשלי בהו לא קריד ונוח לפלוט הלכך (סגי) בהגעלה קא פלט: **לעולם כדאמרינן מעיקרא.** דהיינו משום דבקדשים היתירא בלע ודקשיא לך כי פליט איסורא פליט לא חמיר איסורו שכשנעשה נותר לא הוי איסור בעיניה שבתוך דופני הכלי היה בלוע ומעולם לא הוכר איסורו: **בתוך יורה גדולה.** שיהיו רותחין עוברין על כולה: **דודא.** קלחת:

גדנפא

בת יומא. פירש בקונטרס שבישל בה גוי היום אבל אם בישל בה אתמול כבר הופג טעמו בלינת לילה משמע לפירושו דלינת לילה פוגמת ולא בעינן מעת לעת וכן פר"ת דלינת לילה פוגמת כי לא היה דרך בימים קדמונים לבשל בלילה כדמשמע בפ"ק דברכות (דף ג:) בזמנים שקבעו לקריאת שמע בזמן שכיבה בכהנים ועניים וכל אדם וזכר לדבר דלינת לילה *מיקרי עבור צורה והוי דברים ק"ו אם אוכל שהוא בעין מעבר צורתו בלילה כ"ש איסור הנבלע בקדירה ולישנא דבת יומא משמע שבישל בה היום מדלא קאמר לא אסרה אלא קדרה מעת לעת ודוקא שעמדה כל הלילה בלא בישול שאין ידוע מה גורם להפיג הטעם תחלת הלילה או סופו או כולו אבל מעת לעת לא בעינן והמחמיר תבא עליו ברכה ויש לתמוה לדברי ר"ת שמביא זכר לדבר מעיבור צורה דתפשוט ליה שסוף לילה גורם הפגם דהיינו עמוד השחר דמשוי ליה נותר להטעינו שריפה ובפ"ב דזבחים (דף יט:) גבי קדוש ידים משמע דבעמוד השחר חשיב לינה ושמא לכך אור"ת דאינה ראיה גמורה אלא זכר לדבר כדי שלא לפשוט זה משם ויש לדקדק דסוף לילה לבד אינו גורם אלא כולו מדהצריך הכתוב שבירה בכלי חרס מריקה ושטיפה בכלי נחשת אחרי בישול חטאת למ"ד נ"ט לפגם מותר ואמאי הלא מותר לבשל בו לכתחלה אחר עמוד השחר וה"ר ברוך כתב בספר התרומה שצריך לחקור שלא היה בכלי אפילו מים חמין לבד בתוך מעת לעת דמים חשיבי כמו האיסור לפי שנעשו נבילה כיון שלא היה בהן ס' לבטל פליטת הכלי דבדידיה משערינן וחזרו ונבלעו ודוקא בכלי של איסור אבל בכלי של היתר כגון בשר בכלי של חלב או איפכא אף על פי שהיו בו מים חמין בתוך מעת לעת אין לחוש שהרי הן היתר דלא אמרינן חתיכה עצמה נעשית נבילה אלא דוקא באיסור ועוד דאיכא נ"ט בר נ"ט דאפי' לפי המפרש *גבי דגים שעלו בקערה אבל נתבשלו לא הכא איכא ג' נותני טעם של היתר הראשון שנבלע בכלי וממנו למים ומן המים חזר ונבלע בכלי:

מכאן ואילך לשתרי. הלכך דבר המבושל בכלי שאינו בן יומא מותר ויש לתת טעם מה ראו להתיר המאכל ולאסור הקדרה לפי שהקדרה היה בה איסור גמור תחלה אבל המאכל לא נבלע בו איסור מעולם והגעלת כלי בן יומא אין להגעיל אלא בס' דשמנונית הנפלט בחמין טעם לשבח הוא דלא שרינן לעיל בפרק ב' (דף לח:) חמין של גוים אלא משום דסתם כליהם אין בני יומן אבל כשמגעילין כלי חמץ בערב הפסח בד' שעות דשעת היתר היא יכול להגעיל אפילו כלי בן יומא בפחות מס' דהוי נ"ט בר נ"ט של היתר החמץ בקערה וממנו למים ומן המים חוזר ונבלע בקערה ועדיין הכל היתר ועוד כי יותר מתקלקל טעם חמץ בכלי שאין ראוי לאכילה ממה שמתקלקל טעם בשר בדגים שנתבשלו אחריו לפי שהדגים ראוין לאכילה והבשר נותן בהן טעם לשבח ומה שנהגו לעשות לתת כלי המוגעל במים צוננין מיד אחר הגעלה אין לידע למה נהגו כן דאין לומר משום דתנן בפרק דם חטאת (זבחים דף צז.) וחכ"א מריקה בחמין ושטיפה בצונן דהיינו בקדשים אבל בתרומה קאמר התם דליתא ויש מפרש הא דקאמר שטיפה יתירתא היינו שתי שטיפות בצונן ובתרומה ליתא דסגי בשטיפה אחת ולשון יתירתא משמע כן ועל זה נהגו בשטיפת צונן בכל הגעלות מיהו בקונטרס פירש שם שטיפה היא שטיפת צונן ובתרומה ליתא כלל ולפיכך צריך טעם למנהג*:

הסכין

עין משפט נר מצוה

קסג א מיי' פי"ז מהל' מאכלות אסורות הלכה ב סמג לאוין קמ טוש"ע י"ד סי' קכב סעיף ב:

קסד ב מיי' פ"ח מהל' מעשה הקרבנות הלכה יב:

[פסחים לד: זבחים עז.]

זבחים לז.

קסה ג מיי' פי"ז מהל' מאכלות אסורות הלכה ג סמג לאוין קמח טוש"ע י"ד סי' קכא סעיף ג טוש"ע א"ח סי' תנא סעיף ד וע"ש:

קסו ד מיי' שם הלכה ד סמג שם טוש"ע א"ח סי' תנא סעיף ה:

קסז ה מיי' שם סמג שם טוש"ע א"ח סי' תנב סעיף ו [וברב אלפס עוד בפסחים פ"ב דף קלט.]:

הגהות הב"ח

(א) רש"י ד"ה גבי קדשים נ"ל קודם ד"ה מגעילן:

[חולין קיא:]

[וע"ע תוס' זבחים לו: ד"ה לא]

מסורת הש"ם

[נ"ל והתנן]

[עי' תוס' זבחים לז. ד"ה השפוד]

[נ"ל רבה]

[נ"ל רבה וכ"א בתוס' לזבחים לז. ד"ה השפוד]

[יבמות לא: וש"נ]

[זבחים לז.]

[בערוך ערך דד ה' אי' רב עוקבא וכן נוסח שאלתות סי' קלז אכן בתוס' פסחים מ: ד"ה האלפס העתיקו מר עוקבא אבל בתוס' שבת מב: ד"ה אבל העתיקו רב עוקבא]

קמח א ב ג ד ה מיי' פי"ז מהלכות מאכלות אסורות הלכ' ז סמג לאוין קמח טוש"ע י"ד סי' קכא סעיף ז:

הסכין שפה. ונועלה עשר פעמים בקרקע בירושלמי קאמר שלש פעמים משמע דהכא לאו דוקא עשר פעמים מיהו מדקאמרינן לקמן דנה עשר פעמים בקרקע משמע דדוקא קאמר ויש להחמיר: **אמר** רב הונא בריה דרב יהושע ולאכול בה צונן. פרש"י אבל לאכול בה רותח בעי הגעלה וכן משמע בפסחים (דף ל:) דקאמר גבי סכיני דפסחא והלכתא אידי ואידי ברותחין פירוש קתייהו ופרזלייהו אבל קשה דבפ"ק דחולין (דף ח: ע"ש*) קאמר גבי סכין של גוים מלבנה באור משמע דצריכה ליבון וכן בתוספתא (פ"ט) תניא הסכין והשפודין והאסכלא ילבנן באור לכך נראה בודאי לחתוך בה רותח צריכה ליבון והא דפסחים דמשמע דסגי ברותחין היינו לפי שבלע היתירא אבל בסכינים של גוים דבלעי איסורא בעו ליבון וכן משמע קצת דיש חילוק בין בלע היתירא לבלע איסורא ואומר ר"ת דהא דקי"ל דסכין בעי ליבון היכא דאיסורא בלע היינו דוקא באיסור דסכין גדולה שדרך לצלות בה בשר דיקא נמי דקתני בתוספתא הסכינין והשפודין כו' סכינין דומיא דשפודין ואסכלא אבל סכינים קטנים שאין דרך לצלות בהם בשר ודאי סגי להו בהגעלה אף בשל גוים וריב"א מצריך ליבון גם בסכינין קטנים לפי שפעמים דרך להפוך בהם בשר על גבי גחלים ור"ת אומר דזה אינו קרוי תשמישו על יד האור

[ושם: ד"ה והלכתא]

גדנפא דלישא אפומא ומליוה מיא וארתחה
אמר רבא מאן חכים למעבד כי הא מילתא
אי לאו רב עקביה דגברא רבא הוא קסבר
[א]כבולעו כך פולטו מה בולעו בנצוצות אף
א פולטו בנצוצות: [א]הסכין שפה והיא טהורה:
אמר רב עוקבא בר חמא [ב]ונועצה עשרה
פעמים בקרקע אמר *רב הונא בריה דרב
יהושע [ג]ובקרקע שאינה עבודה א"ר כהנא
[ד]ובסכין יפה שאין בה גומות תניא נמי הכי
סכין יפה שאין בה גומות [ב]נועצה עשרה
פעמים בקרקע אמר רב הונא בריה דרב
יהושע [ה]לאכול בה צונן כי הא דמר יהודה
ובאטי בר טובי הוו יתבי קמיה דשבור מלכא
אייתו לקמייהו אתרוגא פסק אכל פסק והב
ליה לבאטי בר טובי הדר דצה עשרה זימני
בארעא פסק הב ליה למר יהודה א"ל באטי
בר טובי וההוא גברא לאו בר ישראל
הוא א"ל מר קים לי בגויה ומר לא קים
לי בגויה איכא דאמרי א"ל אידכר מאי
עבדת באורתא:

הדרן עלך השוכר את הפועל וסליקא לה מסכת עבודה זרה

גדנפא דלישא. שפה של עיסה סביבות פיה כדי שתקבל מים הרבה ויעברו הרותחין על שפתה: **כבולעו.** כענין שבלעו שפת הדוד את האיסור יפליטהו: **מה בולעו בניצוצות.** לאו בולעו אלא ע"י ניצוצות שניתזו הרתיחות שם ולא הוכנסה לתוך יורה אחרת בשעת בליעת האיסור: **כך בשעת פליטה.** אע"פ שלא הכניסה לתוך יורה אחרת הואיל ונתמלאת יפה יפה ומעלה ניצוצות על שפתה ופולט ומיהו גדנפא בעינן משום דאי לאו הכי דלמא לא הוה מסקא ניצוצות על השפה בהא זימנא אבל איסור הנתבשל בה פעמים הרבה אם לא העלה ניצוצות כל שעה העלה פעם אחת: **ונועלה.** אע"פ ששפה וי"א משפשפה בבגד למר שאינה חלק ומעביר שמנונית: **שאין בה גומות.** בעובי רחבה שלא תהא שמנונית בגומא: **ולאכול בה צונן.** אבל דבר רותח אסור לחתוך בה עד שיגעילנה ברותחין וכלי ראשון כדאמרינן בכל שעה (פסחים ל:) לענין חמץ בפסח: **דצה.** נעלה: **שבור מלכא.** גוי היה: **מר קים לי בגויה.** רב יהודה מכיר אני בו שהוא פרוש ולא יאכל דבר איסור אבל בך איני מוחזק שתהא פרוש כל כך: **מאי עבדת באורתא.** דרך פרסיים למסור נשים לאכסנאים וכששיגרן להם בלילה שעבר קיבל באטי ורב יהודה לא קיבל:

הדרן עלך השוכר את הפועל וסליקא לה מסכת עבודה זרה

[גר' רי"ף ורא"ש אמר רבא ובמקום קשה]

הגהות הב"ח

הגהות הב"ח

(א) תוס' ד"ה אידכר וכו' עבד קנת. נ"ב ועבד מותר בעובדת כוכבים כדאיתא פ' יולא דופן בדף מ"ז:

כיון דאין תשמיש קבוע ע"י האור סגי בהגעלה וכן בירושלמי דאמר הדא דתימא בסכין קטן אבל בגדול בעי ליבון ויש לדחות אותה ראיה *דקאמר התם מהא דקאמר הסכין שפה והיא טהורה כו' אלמא משמע דאיירי בצונן ובצונן ליכא חילוק בין תשמישו ע"י האור בין אין תשמישו ע"י האור ומפרש הר"ר אלחנן הירושלמי כן הוא הדא דתימא בסכין קטן שאין רגילות להיות בה גומות ואין בלוע בגומות וסגי בנעיצת קרקע אבל סכין גדול שדרך להיות בה גומות צריכה ליבון דנועלה בקרקע אינו מועיל לשפשף ולהעביר האיסור הנדבק בגומות הלכך אפילו לחתוך בה צונן צריכה ליבון ולא סגי בהגעלה אפילו לצונן משום דלא מהניא הגעלה אלא להפליט האיסור הבלוע בתוך הסכין אבל לא מהני להעביר איסור הנדבק והשפשוף בקרקע מהני להעביר איסור הנדבק וכיון שיש גומות אין תקנה להעביר איסור הנדבק רק ע"י ליבון ומ"מ נדחית הראיה דר"ת מן הירושלמי דלא מיירי כלל בתשמישו על ידי האור ורבינו ברוך מיישב הראיה והכי פירושו הדא דתימא בסכין קטן שאין תשמישו ע"י האור וסגי בנעילת קרקע אפילו לחתוך בה רותח ויש ליתן טעם משום דסתם סכין קטן אין תשמישו רק בצונן ואינו בלוע כלל בתוכו רק נדבק בו מבחוץ אבל גדול תשמישו ברותחין וגם תשמישו ע"י האור הלכך בעי ליבון לחתוך בה רותח כך נראה למורי לייש"ב פירוש רבינו ברוך ואומר מורי דהא דקאמר הכא נועלה עשר פעמים בקרקע היינו דוקא בקרקע קשה שהיא מעברת השומן ושפה אבל לא רכה שאינה מעברת השומן וגם לא קרקע קשה יותר מדאי ודוקא נקט קרקע ולא אבן ולא אפר ולא קרקע רכה*: **אידכר** מה דעבדת באורתא. פ"ה ששיגר להם שתי שפחות רב יהודה לא קבלה ובאטי קבלה ונראה דלא חטא בזה שעדיין היה עבד קנת[א] שמעוכב גט שחרור כדאמרינן פרק עשרה יוחסין (קידושין דף ע:) באטי בר טובי ברמות רוחיה לא שקיל גיטא דחירותא*:

בדפו"י דקאי

[וע"ע תוספות חולין ח. ד"ה שלבנה]

[וע"ע תוספות נדה מז. ד"ה מסר להו]

הדרן עלך השוכר את הפועל וסליקא לה מסכת עבודה זרה

אחר השלמת המסכת יאמר זה ויועיל לזכרון בעזרת השם יתברך:

א) **הדרן** עלך מסכת עבודה זרה והדרך עלן דעתן עלך מסכת עבודה זרה ודעתך עלן לא נתנשי מינך מסכת עבודה זרה ולא תתנשי מינן לא בעלמא הדין ולא בעלמא דאתי:

יאמר כן שלש פעמים ואחר כך יאמר

יהי רצון מלפניך יי אלהינו ואלהי אבותינו שתהא תורתך אומנותנו בעולם הזה ותהא עמנו לעולם הבא ב) חנינא בר פפא רמי בר פפא נחמן בר פפא אחאי בר פפא אבא מרי בר פפא רפרם בר פפא רכיש בר פפא סורחב בר פפא אדא בר פפא דרו בר פפא:

הערב נא יי אלהינו את דברי תורתך בפינו ובפיפיות עמך בית ישראל ונהיה כולנו אנחנו וצאצאינו וצאצאי עמך בית ישראל כולנו יודעי שמך ולומדי תורתך: מאויבי תחכמני מצותיך כי לעולם היא לי: יהי לבי תמים בחקיך למען לא אבוש: לעולם לא אשכח פקודיך כי בם חייתני: ברוך אתה יי למדני חקיך: אמן אמן אמן סלה ועד:

מודים אנחנו לפניך יי אלהינו ואלהי אבותינו ששמת חלקנו מיושבי בית המדרש ולא שמת חלקנו מיושבי קרנות שאנו משכימים והם משכימים אנו משכימים לדברי תורה והם משכימים לדברים בטלים אנו עמלים והם עמלים אנו עמלים ומקבלים שכר והם עמלים ואינם מקבלים שכר אנו רצים והם רצים אנו רצים לחיי העולם הבא והם רצים לבאר שחת שנאמר ואתה אלהים תורידם לבאר שחת אנשי דמים ומרמה לא יחצו ימיהם ואני אבטח בך:

יהי רצון מלפניך יי אלהי כשם שעזרתני לסיים מסכת עבודה זרה כן תעזרני להתחיל מסכתות וספרים אחרים ולסיימם ללמוד וללמד לשמור ולעשות ולקיים את כל דברי תלמוד תורתך באהבה וזכות כל התנאים ואמוראים ותלמידי חכמים יעמוד לי ולזרעי שלא תמוש התורה מפי ומפי זרעי וזרע זרעי עד עולם. ויתקיים בי בהתהלכך תנחה אותך בשכבך תשמור עליך והקיצות היא תשיחך: כי בי ירבו ימיך ויוסיפו לך שנות חיים: אורך ימים בימינה בשמאלה עושר וכבוד: ה' עוז לעמו יתן ה' יברך את עמו בשלום:

יִתְגַּדַּל וְיִתְקַדַּשׁ שְׁמֵהּ רַבָּא. בְּעָלְמָא דְּהוּא עָתִיד לְאִתְחַדְּתָא וּלְאַחֲיָא מֵתַיָּא. וּלְאַסָּקָא לְחַיֵּי עָלְמָא. וּלְמִבְנֵי קַרְתָּא דִירוּשְׁלֵם. וּלְשַׁכְלֵל הֵיכְלֵהּ בְּגַוַּהּ. וּלְמֶעְקַר פּוּלְחָנָא נֻכְרָאָה מֵאַרְעָא. וְלַאֲתָבָא פּוּלְחָנָא דִשְׁמַיָּא לְאַתְרֵיהּ. וְיַמְלִיךְ קוּדְשָׁא בְּרִיךְ הוּא בְּמַלְכוּתֵהּ וִיקָרֵיהּ. [וְיַצְמַח פּוּרְקָנֵהּ וִיקָרֵב מְשִׁיחֵהּ.] בְּחַיֵּיכוֹן וּבְיוֹמֵיכוֹן וּבְחַיֵּי דְכָל בֵּית יִשְׂרָאֵל בַּעֲגָלָא וּבִזְמַן קָרִיב. וְאִמְרוּ אָמֵן: יְהֵא שְׁמֵהּ רַבָּא מְבָרַךְ לְעָלַם וּלְעָלְמֵי עָלְמַיָּא. יִתְבָּרַךְ וְיִשְׁתַּבַּח וְיִתְפָּאַר וְיִתְרוֹמַם וְיִתְנַשֵּׂא וְיִתְהַדָּר וְיִתְעַלֶּה וְיִתְהַלָּל שְׁמֵהּ דְּקוּדְשָׁא בְּרִיךְ הוּא. לְעֵלָּא מִן כָּל (בעשי"ת וּלְעֵלָּא מִכָּל) בִּרְכָתָא וְשִׁירָתָא תֻּשְׁבְּחָתָא וְנֶחֱמָתָא דַּאֲמִירָן בְּעָלְמָא וְאִמְרוּ אָמֵן: עַל יִשְׂרָאֵל וְעַל רַבָּנָן וְעַל תַּלְמִידֵיהוֹן וְעַל כָּל תַּלְמִידֵי תַלְמִידֵיהוֹן וְעַל כָּל מָאן דְּעָסְקִין בְּאוֹרַיְתָא דִּי בְּאַתְרָא (בא"י קַדִּישָׁא) הָדֵין וְדִי בְּכָל אֲתַר וַאֲתַר, יְהֵא לְהוֹן וּלְכוֹן שְׁלָמָא רַבָּא חִנָּא וְחִסְדָּא וְרַחֲמִין וְחַיִּין אֲרִיכִין וּמְזוֹנֵי רְוִיחֵי וּפוּרְקָנָא מִן קֳדָם אֲבוּהוֹן דִּבִשְׁמַיָּא וְאַרְעָא וְאִמְרוּ אָמֵן: יְהֵא שְׁלָמָא רַבָּא מִן שְׁמַיָּא וְחַיִּים טוֹבִים עָלֵינוּ וְעַל כָּל יִשְׂרָאֵל וְאִמְרוּ אָמֵן: עֹשֶׂה שָׁלוֹם (בעשי"ת הַשָּׁלוֹם) בִּמְרוֹמָיו הוּא בְּרַחֲמָיו יַעֲשֶׂה שָׁלוֹם עָלֵינוּ וְעַל כָּל יִשְׂרָאֵל וְאִמְרוּ אָמֵן:

א) פי' הגון על זה תמלא בספר החיים שחיבר אחי הגאון מהר"ל מפראג בספר זכיות ח"א פ"ג. ב) בסיומא וסוף תשובת הרמ"א ז"ל וכן בסוף יש"ש בב"ק כתוב רמזים על הזכרת שמות הללו.

גִּדְנְפָא דְּלִישָׁא אַפּוּמָא [מעין זר של עיסה סביב פיה], **וּמַלְיוּהָ מַיָּא וְאַרְתְּחָהּ** [ומילאו אותה מים והרתיחו אותה] כך שהמים רתחו על שפתה. **אָמַר רָבָא: מַאן חַכִּים לְמֶעֱבַד כִּי הָא מִילְּתָא** [מי חכם לעשות דבר כזה] **אִי לָאו** [אם לא] **רַב עֲקַבְיָה דְּגַבְרָא רַבָּא** [שאדם גדול] **הוּא**, וטעמו, כי **קָסָבַר** [סבור הוא] לענין הכשר כלים מאיסור: **כְּדֶרֶךְ** שהוא **בּוֹלְעוֹ כָּךְ** הוא **פּוֹלְטוֹ** שכל איסור יוצא מן הכלי כדרך שנבלע בו. ולענייננו, **מַה** כשהוא **בּוֹלְעוֹ** הרי זה **בְּנִצוֹצוֹת**, שהרי שפת הדוד אין בה תבשיל, אלא רק טיפות קטנות של נוזל ניתזות עליה, **אַף פּוֹלְטוֹ** הוא **בְּנִצוֹצוֹת**, ועל ידי השפה גורם שיהיו ניצוצות מים רותחים על שפת הדוד.

א שנינו במשנה: **הַסַּכִּין — שָׁפָהּ וְהִיא טְהוֹרָה. אָמַר רַב עוּקְבָא בַּר חָמָא: וְנוֹעֲצָהּ עֲשָׂרָה פְּעָמִים בַּקַּרְקַע. אָמַר רַב הוּנָא בְּרֵיהּ** [בנו] של **רַב יְהוֹשֻׁעַ: וְדַוְוקָא בַּקַּרְקַע שֶׁאֵינָהּ עֲבוּדָה** (מעובדת) שהיא קשה. **אָמַר רַב כָּהֲנָא:** ודברים אלה אמורים דווקא **בְּסַכִּין יָפָה** (טובה, חלקה) **שֶׁאֵין בָּהּ גּוּמּוֹת**, שכל שטח הסכין משתפשף בקרקע. **תַּנְיָא נַמִי הָכִי** [שנויה ברייתא גם כן כך]: **סַכִּין יָפָה שֶׁאֵין בָּהּ גּוּמּוֹת, נוֹעֲצָהּ עֲשָׂרָה פְּעָמִים בַּקַּרְקַע. אָמַר רַב הוּנָא בְּרֵיהּ** [בנו] של **רַב יְהוֹשֻׁעַ:** כל זה נאמר כדי **לֶאֱכוֹל בָּהּ צוֹנֵן**, שמספיק בשפשוף זה כדי להכשירה לכך, **כִּי הָא** [כמו מעשה זה] **שמָר יְהוּדָה** שהיה אדם גדול מבית ראש הגולה, **וּבָאטִי בַּר טוֹבִי** שהיה עשיר מופלג, **הָווּ יָתְבִי קַמֵּיהּ** [שהיו יושבים לפני] **שָׁבוֹר מַלְכָּא** מלך פרס. **אַיְיתוּ לְקַמַּיְיהוּ אֶתְרוֹגָא** [הביאו לפניהם אתרוג], **פְּסַק** [חתך] שבור המלך מן האתרוג **וְאָכַל** ממנו משהו, **פְּסַק** [חתך] עוד חתיכה **וְהַב לֵיהּ** [ונתן אותה] **לְבָאטִי בַּר טוֹבִי. הֲדַר דָּצָה עֲשָׂרָה זִימְנֵי בְּאַרְעָא** [אחר כך נעץ את הסכין עשר פעמים בקרקע], **פְּסַק הַב לֵיהּ** [חתך ונתן לו] **לְמָר יְהוּדָה**, שרצה להכשיר את הסכין, כך שהחיתוך בה לא יאסור את האוכל. **אָמַר לֵיהּ** [לו] **בָּאטִי בַּר טוֹבִי: וְהַהוּא גַּבְרָא לָאו בַּר יִשְׂרָאֵל הוּא** [ואדם זה, אני, איני בן ישראל]? ומדוע אתה נוהג בו כבוד זה להרחיק אותו מהאיסור, ולא נהגת בי כך? **אָמַר לֵיהּ** [לו]: **מָר קִים לִי בְּגַוֵּיהּ** [אדון זה, רב יהודה, מוחזק לי בו], אני יודע בו שהוא אדם כשר ומדקדק במצוות, ולא יאכל דבר אסור, **וּמָר לָא קִים לִי בְּגַוֵּיהּ** [ואדון זה לא מוחזק לי בו] שהוא מקפיד על כך. **אִיכָּא דְּאָמְרִי** [יש שאומרים], **שאָמַר לֵיהּ** [לו] לבאטי: **אִידְּכַר מַאי עֲבַדְתְּ בְּאוֹרְתָא** [זכור מה שעשית בלילה] שמנהג הפרסים היה לשלוח נשים לכל אורח, ומר יהודה לא קיבל את האישה ששלחו לו ובאטי בר טובי קיבלה, ואם כן אינו צריך לנהוג בו מנהגי כשרות גם בזמן האוכל.

עיונים

אף פולטו בניצוצות ושאל רש"י: אם כן הוא, לשם מה נזקק לשפה של בצק? והסביר שפעמים אין הניצוצות מגיעים לשפת הדוד, ועל ידי שפה זו יודע בוודאות שאכן הגיעו מים רותחים לשם. ומצד אחר הסביר הראב"ד שפעמים רבות ניצוצות קופצים מעבר לשפת הדוד, והשפה גורמת לכך שהרתיחה תגיע בוודאות לשפת הדוד. וכתב רש"י שאין לומר שאותו ספק קיים לגבי האיסור שנתבשל בדוד, כי לאורך זמן אי אפשר שלא היתה פעם אחת שהגיעו ניצוצות לשם, מה שאין כן בהגעלה שהיא אירוע חד פעמי. וראשונים אחרים כתבו כי על ידי הבישול לאורך זמן נבלע הרבה יותר מן האיסור על ידי הניצוצות, מאשר יכול להיפלט על ידי הניצוצות של ההגעלה (ראה רא"ה ור"ן).

ונועצה וכו' רש"י מסביר שאף על פי ששפה תחילה, מכל מקום צריך גם לנועצה בקרקע. והוא מביא גם דעה אחרת ששיפה זו של סכין היא בבד צמר מחוספס, כדי להעביר מן הסכין שמנונית שבעין, ואחר כך נועצה. אבל ראשונים אחרים תמהים כיצד לא מפרשת המשנה דבר זה. והם סבורים שנעיצה זו דרך נוספת של הכשר היא לסכין, וכפי שמבואר להלן במעשה בשבור מלכא, שדי במעשה זה לבדו (והרי"ד אף מוחק את הו' מן המילה "ונועצה", לומר שהוא דין לעצמו). ויש המפרשים כי רב הונא מפרש מה היא שיפה האמורה במשנה (כך פירש הרי"ד מתחילה וחזר בו. וכך מפרש בספר התרומה).

עשרה פעמים בתוס' הביאו את דברי הירושלמי שנועצה שלש פעמים. ולפיכך אמרו שייתכן שעשר פעמים לאו דווקא, אלא הכוונה שנועצה כמה פעמים. אבל כיון שמספר זה חוזר עוד להלן נראה שיש לדייק בעשר פעמים, וכן ראוי להחמיר.

שאין בה גומות שאם היו בלהב הסכין גומות יש לחשוש שיש שם מעט מן האיסור, ואינו יוצא משם בנעיצה בלבד (רש"י). וכתבו ראשונים שלאו דווקא גומות, אלא אפילו היתה חריטה על הסכין יש לחשוש שמא בחריץ קטן זה יש משהו של איסור.

לאכול בה צונן וכאמור לעיל, לדעת רש"י מדובר כאן על סכין שגם שפה וגם נועצה. ויש הסבורים כי מדובר כאן בין על זו ובין על זו, ששתיהן אינן מועילות אלא לצונן. ולדעת רש"י לא יאכל בה דבר רותח עד שיגעילנה, כפי שעולה מן האמור במסכת פסחים לענין הכשר סכינים לפסח. אבל לדעת הרי"ד אין מדובר כאן אלא על סכין שנועצה, אבל אם שפה — אינה צריכה הגעלה אפילו לדבר רותח, משום שאין לה בית קיבול. ומה שהוזכרה הגעלה במסכת פסחים, הרי זה לכלים שהשתמשו בהם על ידי חום ולא לחיתוך בלבד. אכן העירו ראשונים כי בתוספתא ובירושלמי הוזכר במפורש ליבון כדי להכשיר סכינים. ויש שאמרו (ראה בתוס' ועוד) שדין הכשר לפסח קל יותר, משום שהכלי בלע היתר (כבסוף העמוד הקודם). ולדעת ר"ת לא אמרו שצריך ליבון אלא בסכין גדולה, שפעמים תוחבים עליה בשר וצולים אותו, שאז דינה הוא כשפוד. והיו שרצו להביא ראיה לדבריו מן הירושלמי שמחלק בין סכין קטנה שדיה בשיפה, לבין סכין גדולה שצריכה ליבון, שמסתבר לומר שטעם הדבר הוא שאין צולים אלא על סכין גדולה. אבל היו שכתבו שאפשר להבין את דברי הירושלמי באופן אחר, שסכין גדולה מצוי שיהיו בה גומות ולא בקטנה. ובתוס' ועוד כתבו שבכלל אין אנו מחלקים כדברי הירושלמי. ומכל מקום אמרו שאין נראה שבסכין סתם יהא צורך בליבון, ומה שנזכרה לשון ליבון — אין זה אלא לומר שסכין זו הוכשרה באופן המועיל ביותר.

מאי עבדת באורתא שקיבל אשה ששלח לו המלך, כדרך שהיו המארחים הפרסיים עושים, שהיו שולחים שפחה לאורח. וכתבו ראשונים בשם ר"ת (וכן מובא בתוס' בלי הזכרת שמו) שבאטי בר טובי לא עבר בכך עבירה, כי ממקום אחר בגמרא ידוע לנו שלא היה בן ישראל גמור, אלא היה עבד שלא נשתחרר לגמרי, וכיון שכך יש לו עדיין דין עבד כנעני, שמותר בשפחה.

אורח ההלכה

סכין הלוקח סכין מן הגוי, אם בא להשתמש בה בצונן ואין בסכין גומות — נועצה עשר פעמים בקרקע קשה, וכל נעיצה בקרקע קשה, ולכן צריך לנעוץ במקום אחר משנעץ תחילה. ודי בהכשר זה כדי לחתוך בה אפילו דבר חריף, כפי שלמדים מן המעשה המובא בשבור מלכא והאתרוג. וכתב הרמ"א שכאשר רוצה להשתמש בסכין זו בקביעות יגעילנה, כדרך שמגעילים כל כלי של גוים. ואם יש בסכין גומות, או שרוצה להשתמש בה בחמין (או לשחוט בה) מלבנה באש או משחיזה היטב. וכתב הרמ"א שיש אומרים שההשחזה מועילה רק לצונן, ולא לחמין, וכן נהוג לכתחילה. ואם ליבן הסכין ולא הגעילה, או הגעילה ולא ליבנה ואין בה גומות — לא נאסר האוכל שחותך בסכין, אפילו הסכין בת יומה. ואם השחיזה היטב והגעילה מועיל אפילו לכתחילה אם יכול לנקות הגומות שבה. (רמב"ם ספר קדושה הלכות מאכלות אסורות פי"ז הי"ז. שו"ע יו"ד קכא, ז).

מסורת הש"ס

א. פסחים ל,ב. עד,א-ב. ילק"ש תורה תשפו.
ב. ראה ירושלמי ע"ז פ"ה הט"ו.

גרסות

גדנפא דלישא בכתי"ס: לישא.

דלישא אפומא ומלויה מיא בכתי"מ: דלישא עילויה מיא.

כי הא מילתא בכתי"מ: כי האי גוונא.

ונועצה עשרה בכתי"מ: או נועצה עשרה ובכתי"ס: נועצה וראה עיונים.

ובקרקע שאינה עבודה בכת"י: ובמקום קשה.

ובסכין יפה בכת"י ועוד: ובסכין.

לאכול בה צונן בכתי"מ: ואוכל בה צונן.

וההוא גברא לאו בר ישראל הוא בכתי"מ: מר יהודאה ואנא לא יהודאה בכתי"ס: וההוא גברא לאו יהודאה הוא.

לשון

גדנפא
היא התרגום הארמי של מסגרת, ושורשו העיקרי "גפא" — צד, כנף.

אישים

שבור מלכא
ראה בהשלמות.

מר יהודה
חכם בבלי בדור השלישי לאמוראים.
נראה כי היה תלמיד של החכם אבימי, שמשמו הוא מוסר כמה הלכות. ואנו מוצאים אותו נושא ונותן עם כמה מחכמי דורו וחולק עליהם.
התואר "מר" ניתן כרגיל לחכמים ממשפחת ראש הגולה, וכן נראה מן המסופר עליו כאן כיצד היה מקורב ביותר למלך פרס, שבור מלכא.

סיכום פרק "השוכר את הפועל"

בהשלמת הדברים מן הפרק הקודם, סוכם כי גוי המצוי ביחידות עם יינו של ישראל, אם היה היין בחזקת המשתמר, שהגוי חושש שישראל יבוא ויראהו — אין לחשוש. ואם אינו בחזקת המשתמר, הרי אם היה הנכרי לבדו כדי הזמן שיוכל לשתות ממנו הריהו אסור (ובחבית סתומה — כדי שיוכל לפתוח את מגופת החבית ולהדביקה למקומה באופן שאינו ניכר). ומצד אחר, חיל צבא הנכנס לעיר בשעת מלחמה, אף שביכולתם לעשות כרצונם, הואיל והם טרודים במלחמתם — אין לחשוש שניסכו, ואפילו חביות פתוחות מותרות.

יין נסך (וסתם יינם), הואיל והוא אסור בהנאה, כשם שאסור ליהנות ממנו, אף אסור ליהנות משכר הבא ממנו, שהמוביל יין נסך — שכרו אסור. ודבר זה יש בו חומרה מיוחדת שאינה בכל איסורי הנאה. עוד חומרה מיוחדת יש באיסור יין נסך, שהמערה יין מכלי של ישראל לכלי שיש בו יין נסך — נאסר כל היין שבחבית העליונה משום דין "ניצוק".

מאחר שהגיע יין נסך לרשותו של אדם (כשכר, כמתנה או כירושה) ונעשה קניינו — אינו יכול להחליפו באחר, שהרי זה כמוכר יין נסך ונהנה מדמיו. עם זאת, רשאי המקבל להתנות מראש שיקבל דבר כשר במקום איסור הנאה.

בענייני תערובות אמרו כי יין נסך (ולהלכה, כל איסור נוזל וקר) שנפל על גבי היתר, אם ההיתר אינו בולע — מותר בהדחה בלבד. ואם היה ההיתר בולע (כגון פירות מבוקעים) כל שהאיסור נותן טעם לשבח — הריהו אוסר, אבל נותן טעם לפגם בתערובתו (מתחילה) אינו אוסר.

כאשר איסור מתערב בהיתר ואין אפשרות להבחין ביניהם, יש בכך כמה חילוקים: כל איסורים שבתורה בטלים בשאינם מינם בנותן טעם, ובמינם — רוב האיסורים בנותן טעם, חוץ מיין נסך ותרומה ששיעורם בכל שהוא, ועוד מספר איסורים ששיעוריהם שונים. כל איסור הנאה שיש בו חשיבות לעצמו ("דרכו לימנות") אוסר בכל שיעור שהוא, אפילו היה האיסור פחות מאלף מן ההיתר.

הלכה מיוחדת היא שכל כלי אוכל ושתיה של גוים שעובר לצמיתות לידי ישראל, אם היה של מתכת ושל זכוכית אינו ראוי לשימוש עד שיטבילנו. ודברים אלה אמורים אף בכלי חדש, אבל כלי שכבר השתמשו בו (ומן הסתם השתמשו בו לאיסור) יש להכשירו תחילה. וכלל ההכשר הוא: כבולעו כך פולטו. שאם האיסור היה רק צונן — יכול להדיחו בצונן, נתבשל בו איסור — על ידי בישול ("הגעלה"), ואם נבלע האיסור על האש עצמה תקנתו בליבון באש.

תוספתא

מסכת

עבודה זרה

מפוסקת פיסוק מלא

עם פירוש קצר למילים וביטויים קשים

בשוליים — מראי מקומות ומקבילות

במסכת עבודה זרה

לשון התוספתא וחלוקת הפרקים על פי מהדורת צוקרמנדל (כת"י ערפורט)

תוספתא

פרק א

ז,ב **א** נחום המדי אומר: יום אחד בגליות לפני עידיהן אסור.
במה דברים אמורים — באידין הקבועין, אבל באידין שאינן
קבועין — אין אסור אלא אותו יום בלבד. ואף על פי שאמרו
ו,ב שלשה ימים אסור לישא ולתת עמהן, במה דברים אמורים בדבר
המתקיים, אבל בדבר שאין מתקיים — מותר. ואף בדבר
ו,ב המתקיים, לקח או שמכר — הרי זה מותר. ר' יהושע בן קרחה
אומר: כל מלוה שבשטר אין נפרעין הימנו, ושאינה בשטר
נפרעין הימנו, מפני שהוא כמציל מידם.

ב לא ישא אדם ויתן עם הגוי ביום אידו, ולא יקל עמו את
ראשו, ולא ישאל בשלומו במקום שמתחשב. מצאו לפי דרכו
— שואל בשלומו בכובד ראש.

ג שואלין בשלום הגוים באידיהן מפני דרכי שלום. אומנין
של ישראל שהיו עושין אצל גוי, בביתו של ישראל — מותר,
ובביתו של גוי אסור. ר' שמעון בן אלעזר אומר: אם [היה]
שכ[י]ר היום, בין בביתו של ישראל ובין בביתו של גוי —
אסור, אם היה שכ[י]ר קבלות — בביתו של ישראל מותר,
בביתו של גוי אסור. במחובר לקרקע בין כך ובין כך אסור.
ובעיר אחרת בין כך ובין כך מותר. ואף על פי שגמר את כליו
לפני אידו לא יוליכם לו ביום אידו, מפני שמשמחו.

ד עיר אחת עושה ועיר אחת אינה עושה, אומה אחת עושה
ואומה אחרת אינה עושה, משפחה אחת עושה ומשפחה אחרת
ח,א אינה עושה — העושין אסורין, ושאין עושין מותרין. קלנדא,
אף על פי שהכל עושין — אין אסור אלא לפולחין בלבד.
ח,א ר' י,א סטרנריא, יום שאחזו בו את המלכות, קרטיסים, יום גינוסיא
של מלכים, יום של כל מלך ומלך — הרי [הוא] כרבים. יחיד,
אפילו יום המשתה שלו ויום שנעשה בו שלטון. ר' מאיר אומר
אף יום שעמד בו מחליו אסור.

ה יריד שבאותו הכרך אין הולכין לאותו הכרך ולא לעיירות
הסמוכות לו, מפני שהוא כנראה הולך ליריד, דברי ר' מאיר.
וחכמים אומרים: אין אסור אלא הכרך בלבד.

יא,ב **ו** יריד שבתוך הכרך — תוך הכרך אסור, חוץ לכרך מותר.
ר' יב,ב ושחוץ לכרך — חוץ לכרך אסור, תוך הכרך מותר. וחנויות
המבוללות לו מכל מקום הרי אילו אסורות. עובר אדם בשיירה
ממקום למקום ונכנס לכרך שיריד בתוכו, ואינו חושש שהוא
כנראה הולך ליריד.

ז יריד שנתנה מלכות, ושנתנה מדינה, ושנתנו גדולי מדינה
— מותר. אין אסור אלא יריד של עבודה זרה בלבד.

יג,א **ח** הולכין ליריד של גוים, ומתרפאין מהן ריפוי ממון, אבל
לא ריפוי נפשות. ו(אין) לוקחין מהם בתים שדות וכרמים עבדים
ושפחות מפני שהוא כמציל מידם, וכותב ומעלה בערכאים, כהן
מיטמא להם להעיד ולדון עליהם בחוצה לארץ. וכשם שמיטמא
בחוצה לארץ כך מיטמא בבית הקברות. מיטמא ללמוד תורה
ולישא אשה, ר' יהודה אומר: אם יש לו ממי שילמד — הרי זה
לא יטמא, ואם לאו — הרי זה יטמא. ר' יוסי אומר: אף על פי
שיש לו ממי שילמד — הרי זה יטמא, שאין מכל אדם אדם זוכה
ללמוד אלא ממי שיזכה לו. אמרו עליו על יוסף הכהן שהיה
מיטמא ויוצא אצל ר' יוסי לציידן.

ט לא יצא הכהן לחוצה לארץ אפילו לישא אשה אלא אם כן
הבטיחוהו. תגרין שהקדימו זמנו של יריד או שאיחרו זמנו של
יריד — מותר, אין אסור אלא זמנו של יריד בלבד.

י ארבע אבקאות הן: אבק ריבית, אבק שביעית, אבק עבודה
זרה, ואבק לשון הרע.

יא אבק ריבית — לא ישא אדם ויתן בהלוואתו של חבירו,
מפני אבק ריבית.

יב אבק שביעית — לא ישא אדם ויתן בפירות שביעית,
מפני אבק שביעית.

יג אבק עבודה זרה — לא ישא אדם ויתן עם חבירו ביום
אידו של גוי, מפני אבק עבודה זרה.

יד אבק לשון הרע — לא יסיח אדם אפילו בטובתו של
חבירו מפני אבק לשון הרע.

טו ישראל ההולכין ליריד מותר לישא ולתת עמהן, ובחזירה לג,א
(מותר) [אסור מפני שנהנו בעבודה זרה]. גוים שהולכין לתרפות כט,ב
אסור לישא ולתת עמהם ובחזירה מותר, מפני שהוא כעבודה
זרה שהניחוהו עובדיה. וישראל, בין בהליכה ובין בחזירה אסור. לג,א

טז לא יטייל אדם עם שיירא [בתרפות], אפילו לצאת, אפילו
מקדים, אפילו מחשיך, אפילו מתיירא מפני גוים ומפני ליסטין
ומפני רוח רעה, שנאמר: "לא תלכו אחרי אלהים אחרים" (ר'
ירמיה כה,ו).

יז ר' אליעזר בנו של ר' יוסי הגלילי אומר: אם ראית צדיק
יוצא לדרך ואתה מבקש לצאת לאותה דרך — הקדם על ידיו
שלשת ימים, או אחר על ידיו שלשת ימים כדי שתצא עמו
לדרך, מפני שמלאכי שלום מלווין אותו, שנאמר: "כי מלאכיו
יצוה לך לשמרך בכל דרכיך" (תהילים צא,יא).

יח ואם ראיתה רשע יוצא לדרך ואתה מבקש לצאת לאותה
דרך — הקדם על ידיו שלשת ימים או אחר על ידיו שלשת
ימים כדי שלא תצא עמו לדרך, מפני שמלאכי שטן מלווין אותו
שנאמר: "הפקד עליו רשע ושטן יעמד על ימינו" (תהילים קט,ו).

יט ר' ישמעאל בן אלעזר אומר: אם יאמרו לך ילדים בנה
בית המקדש — אל תשמע להן, ואם יאמרו לך זקנים סתור בית
המקדש — שמע להן. מפני שבינין ילדים סתירה, וסתירת
זקנים בינין. וראיה לדבר רחבעם בן שלמה.

כ שאלו את ר' יהושע: מהו שילמד אדם את בנו (יוני ספר)
[ספר יוונין]? אמר להן: ילמד בשעה שאינה לא מן היום ולא מן
הלילה, שנאמר: "והגית בו יומם ולילה" (יהושע א,ח).

כא מכולן היה מוכר להן חבילה. וכמה היא חבילה? ר' יהודה יד,א
בן פתירה אומר: בלבונה — אין פחות משלשת מנין. מוכר
לתגר ואין מוכר לבעל הבית. ואם היה תגר חשוד — אסור
למכור לו. מוכר לו חזירים ואינו חושש שמא מזבחן לעבודה
זרה, מוכר לו יין ואינו חושש שמא מנסכו לעבודה זרה. ואם
פירש לו — אפילו מים או מלח אסור למכור לו. מוכר לו ר' יג,ב
תרנגול לבן בין התרנגולין. אמר ר' יהודה: במה דברים אמורים
בזמן שאמר לו מכור לי תרנגול סתם. אבל אם פירש לו מפני ר' יג,ב יד,א
שהוא חולה, או למשתה בנו — הרי זה מותר. יד,א

א. **יום אחד וכו'** — והוא סמוך לדברי המשנה האוסרת שלשה ימים, ואמר נחום המדי שדין זה הוא רק בארץ ישראל. **אותו היום בלבד** — וראה בע"ז יא,ב.

ב. **יקל עמו ראשו** — כמנהג אנשים השמחים זה עם זה. **במקום שמתחשב** — כשהשואל הוא אדם חשוב, וגורם נחת רוח לזה ששואל בשלומו. **לפי דרכו** — שלא במתכוון. **בכובד ראש** — ולא בצחוק או שמחה.

ג. **שכר קבלות** — בדפוסים: שכיר קבולת. כלומר, קבלן המקבל שכר על המלאכה המושלמת ולא לפי יום, שהישראל לצרכו שלו עושה. **בביתו של גוי** — שניכר שהוא לגוי. **במחובר לקרקע** — שמפורסם הדבר. **בעיר אחרת** — ששם אין זה יום אידם.

ד. **שהכל עושין** — עושין מחמת שמשועבדים למלכות. **אפילו יום**

המשתה — משתה חתונה, שמכל מקום מודה לעבודה זרה ביום זה. **שנעשה בו שלטון** — שחוגג את התמנותו ופולח לעבודה זרה.

ו. המכוללות לו — בכת"י וינה ובדפו"י: המוכללות לו. כלומר, חנויות שיש עליהן כליל, עטרה לכבודו (מנ"ב).

ז. יריד שנתנה מלכות — שקבעה יום שוק קבוע.

ט. הבטיחוהו — שיש אשה מיועדת לו שם, ולא יצא לחיפוש בלבד. **תגרין שהקדימו וכו'** — שאין אסור לסחור עמם אלא ביום אידם.

י. אבקאות — שאינן גופו של האיסור, אבל הן שייכות לאיסור, ועלולות לגרום לאדם לחטוא בעבירה עצמה.

יא. בהלוואתו של חבירו — אף שהוא עצמו אינו נהנה מן הריבית שיש בהלואה זו, מפני שהוא מסייע לכך.

יב. לא ישא וכו' — שפירות שביעית מעיקרה לא נתנו אלא לאכילה ולא לסחורה. ואף שאיסור של ממש הוא, מכל מקום נחשב כאיסור קל ביחס לעיקר האיסור של עבודת הקרקע בשביעית. ובכתי"ו ובדפו"י הגרסה היא: בפירות עבודה זרה. כלומר, בפירות הגוי, שאין בהם קדושת שביעית.

יג. עם חבירו — בכת"י וינה ודפוסים: הגוי. ואולי אף לגרסתנו, חבירו האמור כאן הוא חבירו הגוי.

יד. בטובתו — שמתוך שמדבר בטובתו יבוא אחר כך לדבר בגנותו.

טו. לתרפות — חג של עבודה זרה.

טז. עם שיירא — בכתי"ו ובדפו"י: עם שיירא בתרפות. שלא יסע עם שיירה ההולכת לחג עבודה זרה. **אפילו לצאת** — שאינו נוסע עמם אלא מעט. **אפילו מקדים** — שאינו נראה כנוסע עמם ממש.

יז. הקדם על ידיו — כלומר, שנה את מועד צאתך לצאת יחד עמו, כדי שזכותו תגן עליך.

יח. הקדם וכו' — כלומר, שנה את מועד צאתך כדי שלא תצא עמו יחד.

יט. ילדים — צעירים. **רחבעם** — ראה מלכים א פרק יב.

כ. ספר יווני — ידיעת הספרות שלהם, שגזרו חכמים על "חכמה יוונית" (ר' מנחות צט,ב).

כא. מכולן — מכל מה שאסרו למכור לגוי מפני שיש בו צורך לעבודה זרה, ראה במשנה יג,ב.

פרק ב

א לוקחין בהמה מהן לניסיון ומחזירין להן כל אותו היום.
וכשם שלוקחין מהם בהמה לנסיון ומחזירין להן כל אותו היום,
כך לוקחין מהן בהמה עבדים ושפחות לנסיון ומחזירין להן כל
אותו היום. כל זמן שאתה רשאי להחזיר לישראל אתה רשאי
להחזיר לגוי, אי אתה רשאי להחזיר לישראל — אי אתה רשאי
ר' טו,א טז,א להחזיר לגוי. מוכר ישראל בהמתו לגוי על מנת לשחוט,
כב,ב וישראל עומד על גביו והגוי שוחט. לוקחין מהן בהמה לקרבן,
ואינו חושש משום רובע ומשום נרבע ומשום מוקצה ומשום
נעבד.

טז,ב **ב** וכשם שאין מוכרין להן בהמה גסה כך אין מוכרין להן חיה
גסה. ואף במקום שאין מוכרין להן בהמה דקה אין מוכרין להם
חיה דקה.

ג ר' שמעון בן אלעזר אומר: מוכרין כלבים כופריים,
וחולדות הסנאות, וחתולות, והקופות — דברים המנקין את
הבית. וכשם שאין מוכרין להם כך אין מחליפין להם, לא רעים
ביפים ולא יפים ברעים, לא שבורים בשלימים ולא שלימים
טז,א בשבורין. ר' יהודה מתיר בשבורה שאינה יכולה להתרפות.
טז,א אמרו לו: הרי הוא מרביעה והיא יולדת. בן פתירא מתיר בסוס,
שאינו עושה מלאכה בשבת שחייבין עליה חטאת. ור' אוסרו
משום שני דברים: משום כלי זיין, ומשום בהמה גסה.

ד אין מוכרין להן לא זיין ולא כלי זיין, ואין משחיזין להן
את הזיין. ואין מוכרין להן את הסד(י)ן, ולא כובלין, ולא
(קוללין) [קולרין], ולא שלשלאות של ברזל. ולא ספרים, ולא
כ,ב תפילין, ולא מזוזות, אחד הגוי ואחד הכותי. מוכרין להן שחת
קצוצה ותבואה קצורה ואילנות קצוצות. ר' יהודה אומר: שחת
לגוז על מנת שתיגזז, ותבואה לקצור — על מנת שתיקצור,
ואילנות לקוץ — על מנת שיקציצו.

יח,ב **ה** העולה לתרטיאות של גוים אסור משום עבודה זרה, דברי
ר' מאיר. וחכמים אומרים: בזמן שמזבחין — אסור משום עבודה
זרה, אם אינן מזבחין — אסור משום מושב לצים.

יח,ב **ו** ההולך לאיצטרטונין ולכרקומין, ורואה את הנחשים ואת
החברין בוקיון ומוקיון מוליון סגלריון סגלריא — הרי זה מושב
לצים, שנאמר: "ובמושב לצים לא ישב כי אם בתורת י"י
חפצו", (תהילים א,א), הא למדת שמביאין את האדם (בטל) לידי
בטול מתלמוד תורה.

יח,ב **ז** העולה לתרטייאות של גוים, אם (היה ציירו) [צווח] מפני
צורך מדינה — הרי זה מותר, אם מתחשב הוא — הרי זה אסור.
יח,ב היושב באיסטרטון הרי זה שופך דמים. ר' נתן מתיר משום שני
דברים: מפני שצווח ומציל נפשות, ומעיד על האשה שתנשא.
יח,ב הולכין לאיצטריונין מפני שצווח ומציל נפשות, ולכרקום מפני
ישוב מדינה, ואם מתחשב הוא — הרי זה אסור.

כ,ב **ח** אין משכירין להם בתים שדות וכרמים, ואין נותנין להם
עיריסיות וקבלנות בהמה, אחד הגוי ואחד הכותי. במה דברים
כא,א אמורים — בארץ ישראל. ובסוריא — משכירין בתים, אבל לא
שדות. כאן וכאן לא ישכיר אדם שדהו לגוי, דברי ר' מאיר. ר'
יוסי אומר: אף בארץ ישראל משכירין בתים ומשכירין שדות,
בחוצה לארץ מוכרין אילו ואילו.

ר' כא,א **ט** כאן וכאן לא ישכיר ישראל את ביתו לגוי, מפני שבידוע
שמכניס לתוכה עבודה זרה. אבל משכירין להן אוריאות אוצרות
ופונדקאות, אף על פי שבידוע שמכניס לתוכו עבודה זרה. ר'
כא,ב שמעון בן גמליאל אומר: מכל מקום לא ישכיר מרחיצו לגוי,
מפני שנקראת על שם ישראל ורוחצין בה בשבתות. ר' ישמעאל
אומר: בכל מקום לא ישכיר שדהו לגוי, מפני שנקראת על שם
ישראל, ועושין בה מלאכה בימים טובים.

א. ומחזירין הן — ואין בזה חשש מכירה לגוי (מנ"ב). **כל זמן שאתה רשאי להחזירו לישראל** — שרק לנסיון נלקח ואינו נחשב שלך.

ג. כך אין מחליפין — שהרי החלפה היא כמכירה לכל דבר, אלא שאינו מקבל תמורתה כסף אלא דברים אחרים.

ד. מוכרין להן שחת וכו' — ואין בזה משום איסור מכירה של דבר המחובר לקרקע.

ה. בזמן שמזבחין — ובגמרא ועוד: בזמן שמזבלין, ויש שפירשו שהוא לשון גנאי ל"מזבחין" (ר"ת).

ח. עיריסיות — אריסות. שאף שאינה של הגוי, הרי בפועל הוא חי שם ומעבד האדמה.

ט. אוריאות — אורוות של סוסים. **אוצרות** — מחסנים.

פרק ג

טו,ב **א** מעמידין בהמה בפונדקאות של כותים, אפילו זכרים אצל
נקבות ונקבות אצל זכרים, ונקבות אצל נקבות. ומוסרין בהמה
לרועה שלהן ומוסרין לו תינוק ללמדו ספר וללמדו אומנות,
להתייחד עמו. בת ישראל, מילדת ומניקה בנה של כותית,
והכותית מיילדת ומניקה את בנה של בת ישראל.

טו,ב **ב** אין מעמידין בהמה בפונדקאות של גוים, אפילו זכרים
אצל זכרים ונקבות אצל נקיבות. מפני שהזכר מביא את הזכר,
ונקיבה מביאה את הנקיבה. ואין צריך לומר זכרים אצל נקבות
טו,ב. כב,ב ונקיבות אצל זכרים. ואין מוסרין בהמה לרועה שלהן, ואין
מוסרין לו תינוק ללמדו ספר וללמדו אומנות ולהתייחד עמו.

כו,א **ג** בת ישראל לא תניק בנה של נכרית, מפני שמגדלת בן
לעבודה זרה, אבל נכרית מניקה את בנה של בת ישראל
ברשותה. בת ישראל לא תילד את הנכרית, מפני שמילדת בן
לעבודה זרה, ונכרית לא תיילד את בת ישראל מפני שחשודין
על הנפשות, דברי ר' מאיר. וחכמים אומרים: נכרית מיילדת
את בת ישראל בזמן שאחרים עומדין על גבה, בינו לבינה —
אסור, מפני שחשודין על הנפשות.

כז,א **ד** מתרפאין מהם ריפוי ממון אבל לא ריפוי נפשות. לא תחתך
נכרית העובר במעיה של בת ישראל ולא תשקנה כוס עיקרין,
ר' כב,ב מפני שחשודין על הנפשות. ולא יתייחד ישראל עם הגוי בבית
כה,ב המרחץ ולא בבית המים. מדבק ישראל עם הגוי — נותנו לימינו
ואין נותנו לשמאלו, ר' ישמעאל בנו של ר' יוחנן בן ברוקה
אומר: בסייף בימינו, במקל בשמאלו. שנים עולין במעלה
ויורדין בירידה — ישראל עולה למעלה וגוי למטה. ולא ישיח
לפניו שמא ירוץ את גולגלתו. וירחיב לו את הדרך. שאלו: לאן
אתה הולך? מפליגו, כדרך שאמר לו יעקב לעשו "עד אשר
אבוא אל אדוני שעירה" (בראשית לג,יד), ובא לו לסוכות.

ר' כט,א **ה** ישראל המסתפר מן הגוי — רואה במראה, מן הכותי —
אין רואה במראה. התירו לבית רבן גמליאל להיות רואין במראה
מפני שהן קרובין למלכות.

כט,א **ו** ישראל המספר את הגוי, כיון שהגיע לבלורית שומט את
ידיו. לוקחין מן הגוי ספרים תפילין ומזוזות, ובלבד שיהו כתובין
כתיקנן.

ז ומעשה בגוי אחד שהיה כותב את הספרים בציידן, ובא
מעשה לפני חכמים, ואמרו: מותר ליקח הימנו.

ח מוכרין לעם הארץ ספרים תפילין ומזוזות, ואין לוקחין
תפילין אלא מן המומחה. ואם לקח ממי שאינו מומחא, ומצא
בידו שנים ושלשה צבתים של תפילין — בודק הימנו תפילין
אחת של יד או של ראש בצבת הראשון, וכן בשיני, וכן
בשלישי, וכן ברביעי.

ט לוקחין מעם הארץ עבדים ושפחות, בין גדולים בין
קטנים, ומוכרין לעם הארץ עבדים ושפחות בין גדולים ובין
קטנים, ולוקחין מהן בנות קטנות אבל לא גדולות, דברי ר'
מאיר. וחכמים אומרים: גדולה ומקבלת עליה. ואין נותנין להן
בנות לא גדולות ולא קטנות, דברי ר' מאיר. וחכמים אומרים:
נותן לו גדולה, ופוסק עמו על מנת שלא תעשה טהרות על
גביו.

י מעשה ברבן גמליאל הזקן שהשיא את בתו לשמעון בן
נתנאל הכהן, ופסק עמו על מנת שלא תעשה טהרות על גביו.
רבן שמעון בן גמליאל אומר: אין צריך, שאין כופין את החבר
שיעשה טהרות על גב עם הארץ. ואיזהו עם הארץ? כל שאינו
אוכל חוליו בטהרה, דברי ר' מאיר. וחכמים אומרים: כל שאינו
מעשר.

נז,א **יא** הלוקח עבדים ערלים מן הגוים ומלן ולא הטבילן, וכן בני
השפחות שלא טבלו, בין מולים בין ערלים — הרי אילו גוים;
מדרסן טמא. יינן מהו? בגדולין אסור, ובקטנים מותר. ואיזהו
גדול — כל הזוכר ומזכיר עבודה זרה ומשמשיה. ר' יוסי אומר:
חזקת עבדים ישראל אפילו ערלים הרי אילו כנעניים
עד שידיע שהן בני השפחות שלא טבלו. חזקת עבדי כהנים
מולין — הרי אילו כותים, ערלים — הרי אילו גוים, עד שידיע
שהן בני שפחות כנעניות. חזקת עבדי גוים, אפילו מולין —
הרי אילו גוים.

כו,ב **יב** ישראל מל את הגוי לשום גר, וגוי לא ימול את ישראל,
מפני שחשודין על הנפשות, דברי ר' מאיר. וחכמים אומרים:
נכרי מל את ישראל בזמן שאחרים עומדין על גביו, בינו לבינו
— אסור, מפני שחשודין על הנפשות.

כז,א **יג** ישראל מל את הכותי וכותי לא ימול את ישראל, מפני
שמלו לשום הר גריזים, דברי ר' יהודה. אמר לו ר' יוסי: היכן
מצינו מילה שאינה לשום ברית? אלא [ימול] לשום הר גריזים
עד שתצא נפשו.

ר' כ,א **יד** ומוכרין להן ונותנין להם מתנת חנם. במה דברים אמורים
— בגוי שאין מכירו, או שהיה עובר ממקום למקום, אבל אם
היה אוהבו או שכינו — הרי זה מותר, שאינו אלא כמוכרו לו.

ר' כ,א **טו** כתוב אחד אומר: "לא תכרת להם ברית" (דברים ו, ב)
וכתוב אחד אומר: "לא תחנם" (שם). אם ללמד על הברית —
הרי ברית אמורה, אם כן למה נאמר "ולא תחנם"? מלמד ש[אין]
נותנין להן מתנות חנם.

טז המוכר עבדו לגוים — יצא בן חורין, וצריך גט שיחרור
מרבו הראשון. אמר ר' שמעון בן גמליאל: בזמן שלא כתב לו
אונו, אבל כתב לו אונו — הרי זה גט שיחרורו. בין שמכרו לו,
בין שנתנו לו במתנה — יצא בן חורין, ואם לאו — לא יצא
בן חורין, (שמה) [שמא] יצא לרשות שאינה רשות. לוה עליו
מן הגוי, אם עשה לו הגוי נימוסות — יצא בן חורין, ואם לאו
— לא יצא בן חורין. נטל בחובו או שנפל לו בסיקריקון —
יצא בן חורין. ירש עבדים מן הגוים, עד שלא באו לרשותו —
מותר למוכרן לגוים, משבאו לרשותו — אסור למוכרן לגוים.
ר' סד,א וכן אתה אומר ביין נסך, עד שלא באו לרשותו — דמיו מותרין,
משבאו לרשותו — דמיו אסורין.

יז ישראל וגוי שלקחו מקח בשותפות וחזרו ולקחו מקח אחר,
לא יאמר לו: טול אתה דברים שבמקום פלוני במקח ראשון,
ואני אקח דברים שבמקום פלוני במקח שיני. אלא אומר לו:
טול אתה דברים שבמקום פלוני ואני דברים שבמקום פלוני
במקח ראשון, טול אתה דברים שבמקום פלוני ואני דברים
שבמקום פלוני במקח שיני.

יח המוכר עבדו בחוצה לארץ — יצא בן חורין, וצריך גט
שיחרור מרבו שיני. רבן שמעון בן גמליאל אומר: פעמים יצא
ופעמים לא יצא. כיצד? אם פלוני בן פלוני מכרני עבדי לפלוני
אנטיוכי — יצא בן חורין. לפלוני אנטיוכי שרוי בלוד — לא
יצא בן חורין. ירש עבדים בחוצה לארץ, עד שלא באו לרשותו
לארץ — מותר למוכרן בחוצה לארץ. עבדו שברח בחוצה לארץ
— אין רבו רשאי למוכרו בחוצה לארץ. יצא עבד עם רבו
בסוריא, לפיכך אם מכרו שם — הרי זה מכור. עבד שיצא עם
רבו [על מנת] לחזור — כופין אותו לחזור, שלא לחזור — אין
כופין אותו לחזור.

יט המוכר עבדו לירידי של גוים — דמיו אסורין, ויוליך לים
המלח. וכופין את רבו שיפדנו אפילו מאה בדמיו, ויוציאנו

יג,א לחירות. נמצאתה אומר: הנושא והנותן ביריד של גוים — בהמה
תיעקר, כסות וכלים ירקבו, מעות וכלי מתכות יוליך הנאה לים המלח.
פירות, את שדרכן לישפך — ישפך, לשרוף — ישרף, לקבור —
מג,ב יקבר. ר' (יהודה) [יוסי] אומר: עבודה זרה עצמה שוחק וזורה לרוח
או מטיל לים. אמרו לו: אף היא נעשית זבל, שנאמר: "ולא ידבק
בידך מאומה מן החרם" (דברים יג, יח) אמר להם ר' יוסי: הרי הוא
אומר "ואת חטאתכם אשר עשיתם את העגל לקחתי ואשרף אותו
באש" (שם ט, יב). אמרו לו: משם ראיה? "ויזר על פני המים וישק
את בני ישראל" (שמות לב, ב), שביקש לבודקן כדרך שבודקין את
מד,א הסוטות. אמר להן ר' יוסי, הרי הוא אומר: "ויעזבו שם את עצביהם
וישאם דוד ואנשיו" (שמואל ב ה, כא). אמרו לו: משם ראיה? "ויאמר
דוד וישרפום באש" (דברי הימים א יד, יב). אמר להן ר' יוסי, הרי הוא
אומר: "וגם מעכה אם אסא המלך ויסירה מגבירה אשר עשתה
מפלצתה לאשירה" (מלכים א טו, יג) מפליא ויצא. אמרו לו: משם
ראיה? "ויכרת אסא את מפלצת וידק וישרף בנחל קדרון" (דברי הימים
ב טו, טז). אמר להן ר' יוסי, הרי הוא אומר: "וכתת נחש הנחשת אשר
ר' מד,א עשה משה כי עד הימים ההם היו ישראל מקטרין לו ויקרא לו נחשתן"
(מלכים ב' יח, ד). אמרו לו: וכי עבודה זרה היה? והלא משה רבינו
עשאו! מלמד שטעו ישראל אחריו, עד שבא חזקיה וגנזו.

ב. מפני שהזכר וכו' — נראה שצריך לגרוס: מפני שהזכר מביא את הנקיבה ונקיבה מביאה את הזכר. והוא דומה, וקצת שונה מן הטעם בגמרא כב,ב.

ג. לא תחתוך וכו' — שפעמים אשה מקשה לולד, וכדי להצילה צריך להוציא את העובר חתוך ממעיה. **כוס עיקרין** — שהיא רפואה למחלות, ועלולה לגרום גם לעקרות או מוות. **בבית המים** — בית הכסא. **ישיח** — ישוח, יתכופף.

ה. רואה במראה — כדי לעקוב אחר מעשי הגוי. **אין רואה** — שאין דרך גבר יהודי להביט במראה. והתירו רק לקרובים למלכות להקפיד על תספורתם.

ו. שהגיע לבלורית — מקום שמגלחים בראש לצורך עבודה זרה.

ז. ומעשה בגוי וכו' — בגמרא (גיטין מה,ב) מוסבר כי היה זה גר שנאלץ מחמת יראה לחזור לדתו הקודמת, ולכן היה רשאי מן הדין לכתוב ספרי תורה.

ח. מוכרין לעם הארץ — ואין חוששים שמא אינו נזהר במצוות כראוי. **מן המומחה** — שידוע שהוא כותב תפילין כראוי. **צבתים** — חבילות. **בודק הימנו וכו'** — ואם מצא שהן כשרות יכול לסמוך על בדיקת אקראי זו.

ט. לוקחין מעם הארץ וכו' — אף שלא הורגלו בטהרה, כיון שעבדים הם, יעשו מה שאומרים להם בעליהם החדשים. **ומוכרין וכו'** — ואין אומרים שכיון שאין נזהרים בטהרות יהא אסור. **ולוקחין מהן בנות** — נושאים את בנותיהם, ואין חוששים שמא לא תנהג בטהרות כפי שהיתה רגילה בבית אביה. **אבל לא גדולות** — שכיון שכבר הורגלו בדרך מסויימת לא ישנו דרכן. **ואין נותנין** — שהרי גורם שבתו שנישאה לעם הארץ לא תאכל בטהרה. **על מנת שלא תעשה טהרות** — אלא בטהרות תעשה לבדה, שלא יבוא לטמאן במגעו.

י. מעשה ברבן גמליאל וכו' — אף שחתנו היה תלמיד חכם (תלמידו של רבן יוחנן) וכהן, מכל מקום רבן גמליאל לא הסתפק בדרגת שמירת הטהרות שלו.

יא. הרי אלו כנעניים — כלומר, חזקתם שהם עבדים כנענים ולא גויים גמורים.

יד. ונותנין — נראה שצ"ל: ואין נותנין (מנ"ב). **כמוכרו לו** — שמתנה שנותנים מכרים זה לזה הריהי כתמורה או כמקדמה על חשבון טובות שעושה האחר, והריהו כעין מכר.

טז. בדפוסים הוא תחילת פ"ד. **יצא בן חורין** — שהמוכרו לגוי מפקיעו מן המצוות, וקנסוהו שיצא בן חורין. **וצריך גט שחרור** — כדי שייחשב כישראל גמור. **אונו** — בגמרא במסכת גיטין (מג,ב) מסבירים שכותב לו שאם יברח מן הקונה אין לו עסק בו. **בין שמכרו לו** — לגוי. **ואם לאו לא יצא וכו' לרשות וכו'** — קטע זה אינו מצוי בדפוסים, ואין גרסתו והבנתו ברורה. **נימוסות** — שכתב לו שטר שאם לא יפרענו יהא שלו, והרי זו כמכירה. **נטל בחובו וכו'** — אם נטל הגוי את העבד עבור החוב שחב לו ישראל. **נפל לו בסיקריקון** — שלקח הגוי את העבד בכוח, בזמן שלאחר החורבן, שהיו הגוים שוללים מישראל כרצונם. **שלא באו לרשותו** — אלא היו חלק מן הירושה שלא נתחלקה לגמרי.

יז. שלקחו מקח — והיו בו דברים אסורים כגון ע"ז או יין נסך. **במקח ראשון וכו'** — העקרון כאן הוא, שאם כל אחד מהם לוקח לעצמו רק חלק מן הדברים שקנו כאחד, הרי זה כדבר שלא בא לרשותו ויכול למוכרו. אבל אם מחליף מקח ראשון כנגד מקח שני — הרי זה כעין מסחר שעושה עם שותפו הגוי למכור לו דברים אסורים.

יח. בחוצה לארץ — לישראל אחר. **יצא בן חורין** — שמפקיעו ממצוות הארץ, וקנסו חכמים שיופקע מעבדותו. **אם פלוני וכו' מכרני עבדי** — בכתי"ו ודפו"י: אמר לו אני פלוני בן פלוני מוכר אני עבדי. **לפלוני אנטיוכי** — שמיד שמכרו לאדם החי באנטיוכיא (בצפון סוריא) נמצא כמוכרו לחוצה לארץ. **שרוי בלוד** — שאם הקונה חי בלוד שבארץ ישראל, אין העבד משתחרר, אף שיתכן שהאנטיוכי בסוף יחזור למקומו. **יצא עבד עם רבו בסוריא** — כלומר, מותר שייצא העבד עם רבו לסוריא, ואין היא נחשבת לחוץ לארץ. **אם מכרו שם** — שישאר בסוריא. **עם רבו על מנת לחזור** — יצא עם רבו לחוץ לארץ על מנת לחזור לארץ, והעבד רוצה לחזור. **שלא לחזור** — אם יצא האדון לחוץ לארץ שלא על מנת לחזור.

יט. ליריד של גוים — עבודה זרה, שנהנה ממעות עבודה זרה (ראה ע"ז יד,א).

פרק ד (ה)

א אין אוצרין בארץ ישראל דברים שיש בהן חיי נפש, כגון יינות, שמנים, וסלתות, פירות. אבל דברים שאין בהן חיי נפש, כגון כמון ותבלין — הרי זה מותר. ועוצרין שלש שנים: ערב שביעית, ושביעית, ומוצאי שביעית. במה דברים אמורים — בלוקח מן השוק, אבל בכונס מתוך שלו — אפילו עשר שנים מותר לאצר. בשנת בצורת — אפילו קב חרובין ולא יעצור, מפני שמכניס מאירה בשערים. אין משתכרין בתבואה, אבל משתכרין ביין ושמן וקטניות. אמרו עליו על ר' אלעזר בן עזריה שהיה משתכר ביין ושמן כל ימיו.

ב אין מוציאין מסוריא דברים שיש בהן חיי נפש, כגון יינות שמנים וסלתות. ור' אומר: אומר אני שמוציאין יין לסוריא, מפני שממעיט את התיפלה. כשם שאין מוציאין לסוריא כך אין מוציאין מהפרכיא להפרכיא, ור' יהודה מתיר מהפרכיא להפרכיא.

ג ישרה אדם בארץ ישראל ואפילו בעיר שרובה גוים, ולא בחוצה לארץ ואפילו בעיר שכולה ישראל. מלמד שישיבת ארץ ישראל שקולה כנגד כל מצות שבתורה, וכל הקבור בארץ ישראל — כאילו קבור תחת המזבח.

תוספתא

ד לא יצא אדם בחוצה לארץ אלא אם כן הולכין חיטין
סאתים בסלע. אמר ר' ישמעאל: במה דברים אמורים — בזמן
שאין מוצא ליקח, אבל בזמן שמוצא ליקח — אפילו סאה בסלע
לא יצא. וכן היה ר' שמעון אומר: אלימלך היה מגדולי הדור
ומפרנסי ציבור, ועל שיצא לחוצה לארץ מת הוא ובניו ברעב,
והיו כל ישראל קיימין על אדמתן, שנאמר: "ותהם כל העיר
עליהם ותאמרנה הזאת נעמי" (רות א, יט), מלמד שהייתה כל
העיר קיימת, ומת הוא ובניו ברעב.

ה הרי הוא אומר: "ושבתי בשלום אל בית אבי" (בראשית כח,
כא) שאין תלמוד לומר: "והיה י"י לי לאלהים" (שם). ואומר:
"לתת לכם את ארץ כנען להיות לכם לאלהים" (ויקרא כה, לח),
כל זמן שאתם בארץ כנען — הריני לכם לאלוה, אין אתם בארץ
כנען — כביכול איני לכם לאלוה. וכן הוא אומר: "כארבעים אלף
חלוצי צבא עברו לפני י"י ולפני עמו" (יהושע ד, יג), וכי תעלה על
דעתך שישראל מכבשין את הארץ לפני המקום? אלא כל זמן שהן
עליה — כאילו היא מכובשת, הא אינן עליה — כאילו אינה מכובשת.
וכן הוא אומר: "כי גרשוני היום מהסתפח בנחלת י"י לאמר לך עבוד
אלהים אחרים" (שמואל א כו, יט). וכי תעלה על דעתך שדוד עובד
עבודה זרה היה? אלא דרש דוד ואמר: כל המניח את הארץ בשעת
שלום ויוצא לחוצה לארץ — כאילו עובד עבודה זרה, שנאמר:
"ונטעתים בארץ הזאת באמת בכל לבי ובכל נפשי" (ירמיה לב, מא),
כל זמן שהן עליה — כאילו נטועין הן לפני באמת בכל לבי ובכל
נפשי, הא אינן עליה — כאילו אינן נטועין הן לפני באמת, לא בכל
לבי לא בכל נפשי.

ח,א **ו** ר' שמעון בן אלעזר אומר: ישראל שבחוצה לארץ עובדי
עבודה זרה הן. כיז[ה] צד? גוי שעשה משתה לבנו והלך וזימן
את כל היהודים היושבים בעירו, אף על פי שהן אוכלין ושותין
משלהן, ושמש שלהן עומד ומשמש עליהן — עובדי עבודה זרה
הן, שנאמר: "וקרא לך ואכלת מזבחו" (שמות לד, טו).

לב,א **ז** ואילו הן עורות לבובין — כל שנקוב כנגד לבו ועשוי כמין
ארובה, אבל אם היה משוך — מותר.

ר' לה,ב **ח** הכבשין והשלקות של גוים שדרכן לתת בהן יין וחומץ,
כט,ב ר' לט,ב וחרס הדרייני איסורין איסור הנאה. זיתים השלחין, הנמכרין על
ר' לט,ב מ,ב פיתחי מרחצאות אסורין באכילה ומותרין בהנאה. ור' יוסי אוסרן
בהנאה, מפני שזולפין עליהן חומץ, כדי שיהו חולצין את
גרעיניהן.

לב,א **ט** הדרדורין והרקובות של גוים, ויין ישראל כנוס בהן —
אסור בשתייה ומותר בהנאה. העיד שמעון בן גודע לפני בנו
של רבן גמליאל, שאמר משום רבן גמליאל הזקן שמותר
בשתייה, ולא הודו לו.

לב,א **י** נודות של גוים, רבן שמעון בן גמליאל אומר משום ר' יהושע
בן קופסאי: אין עושין אנ[ו]תן אלא שטיחין לבהמה. נודות הגוים,
לג,א גרורין — מותרין, חרשין וזפותין — אסורין. גוי עובדו וזופתו ישראל
עומד על גביו — כונס לתוכו יין ושמן ואינו חושש. קנקנים של גוים, לג,א
חדשות — מותרות, ישנות וזפופות — אסורות. ושכנס בה גוי מים
(ישראל ממלא אותה) — מותר ישראל להכניס לתוכה יין ושמן.
ושכנס בהן גוי, ישראל ממלא אותה מים שלשה ימים מעת לעת, כונס
לתוכה יין ואינו חושש. ושכנס בו גוי יין ישראל, ציר ומורייס —
מותר ישראל להכניס לתוכה יין.

יא לוקחין מן הגוים תבואה וקיטנית וגרוגרות, השום
והבצלים מכל מקום, ואין חוששין משום טומאה. האוג בכל
מקום טמא, האנ[ו]רז בכל מקום טהור. נאמן הצייד לומר: "עוף
זה טמא" "עוף זה טהור". נאמן עם הארץ לומר: "כבשין אילו
כבשתים בטהרה ולא ריבצתי עליהם את המשקין". אבל אין
נאמן לומר: "דגים אלו צדתים בטהרה ולא ניערתי עליהן את
המכמרות". הקופרצין והקפטאות והמיטליא, וחמין וקליות לח,ב
שלהן — מותרין, וביצה צלויה שלהן אסורה. ר' יהודה ובית
דינו התירו שמן של גוים במינין. פת שאפה גוי שלא במעמד
ישראל, וגבינה שהעמידה גוי שלא במעמד ישראל — אסורה.
פת שאפאה ישראל אף על פי שהגוי לשה, וגבינה שהעמידה ר' לח,ב
ישראל אף על פי שהגוי עובדה — הרי זו מותרת. ישראל יושב
בסוף עדרו והגוי חולב ומביא לו ואינו חושש. איזו היא טרית לט,ב
שאינה טרופה — כל שהשדרה והראש ניכרין. איזהו ציר שיש לט,ב
בה דגה — כל שכילכית אחת או שתי כולכיות משוטטות
בתוכו. חתיכה שיש בה סימן, בין בכולה בין במקצתה, ואפילו מ,א
באחד מן מאה — הרי זו מותרת. ומעשה שהביאו גרבין של
חתיכות ממין אחד בעכו מלא, ולא נמצא סימן אלא באחת מהן,
ובא מעשה לפני חכמים והתירו כולן. מורייס אומן — הרי זה ר' לד,ב
מותר. [רבי שמעון בן גמליאל אומר: אף חילק אומן הרי זה
מותר].

יב יין מבושל ואלונטית הרי אילו אסורין מפני שתחילתן יין, ל,א
אלנטית כבירייתה הרי זו מותרת. יין תפוחים, מן הפתק ומן מ,ב
האוצר ומן הספינה — הרי זה מותר, ואם היה נמכר בקטלזון
בשוק — הרי זה אסור, מפני שמזדייף. חגבים והקופרין מן לט,ב מ,ב
הפתק ומן האוצר ומן הספינה — הרי אילו מותרין, ואם היו
נמכרין בסלילה לפני חנוני — הרי אילו אסורין, מפני שמרביצין
עליהן יין כדי שיהו יפין למראית העין. מלח סלקונתית, שחורה
— מותרת, לבנה — אסורה, דברי ר' מאיר. ר' יהודה אומר: לט,ב
שחורה אסורה, לבנה מותרת. ר' יהודה בן גמליאל אומר משום
ר' חנניא בן גמלאל: זו וזו הרי זו אסורה.

יג אין לוקחין גבינה ובית הינייקי אלא מן המומחה, ושלוקה לט,ב ר' כט,ו
ניקחת מכל מקום. אין לוקחין קורט של חילתית אלא מן
המומחה, והעלה ניקח מכל מקום. אין לוקחין יין בסוריא אלא לט,ב
מן המומחא, ולא מורייס אלא מן המומחה, ולא חתיכה שאין בה
סימן אלא מן המומחא. וכולן נאכלין אצל מי שאינו מומחא,
ואינו חושש.

א. אין אוצרין וכו' — שעל ידי הכנסת כמויות גדולות למחסנים גורמים למחסור ולעליית המחירים. **ועוצרין** — כמו: ואוצרין. וכן הוא בדפוסים. **שלש שנים** — שלש שנים אלה בלבד, משום שנת השמיטה. **בכונס מתוך שלו** — מתוך יבולי אדמתו. **מאירה** — קללה. שהשוק רגיש, וכל מחסור, אפילו בדבר שאינו חיי נפש, גורם לבהלה, ועשוי לגרום לעליית שערים כללית. **אין משתכרין בתבואה** — סוחרים בה, אלא בעל השדה הוא המוכר אותה, כדי למנוע ייקור עקב פערי תיווך במצרך הבסיסי ביותר.

ב. מסוריא — מארץ ישראל אפילו לסוריא, שיש בה מקצת דיני ארץ ישראל. והטעם בכל אלה — שיהא שפע תבואה בארץ. **שממעיט את התיפלה** — שהיין גורם לפריצות, ומוטב שיתמעט בארץ ישראל. **מהיפרכיא להיפרכיא** — היפרכיא ביוונית מחוז. שאין מוציאים למחוז אחר, אפילו בארץ, לפי שיכול לגרום למחסור במקומו.

ג. ישרה — יגור, יחיה.

ד. הולכין חיטין — ששער החיטים גבוה כל כך. **שמוצא ליקח** — שיש תבואה ויש בידו לקנות, אף שהמחיר יקר מאד. **אלימלך** — שבמגילת רות, שיצא למואב.

ה. בשעת שלום — שאינו בורח מפני המלחמה וסכנת נפשות.

י. אלא שטיחין — בכתי"ו ובדפו"י כמו בגמרא אין המלה "אלא".

יא. משום טומאה — כלומר, שמא היו עליהם מים והוכשרו לקבל טומאה (חס"ד ועוד). **האוג... טמא** — בכתי"ו ובדפו"י: טהור. **נאמן הצייד** — שסומכים שיש בידו מסורת לגבי העופות הנצודים. **ריבצתי וכו'** — שלא שפך עליהם משקים שיוכשרו לקבל טומאה. **ולא ניערתי וכו'** — שאז המים תלושים הם ומכשירים את הדגים לקבל טומאה. שמאחר שדבר זה נעשה כרגיל, אינו נאמן לומר שהקפיד בטהרה. **במינין** — שנמנו עליו. **הקופרצין** — בכתי"ו ובדפו"י: הקפריסין.

מותרין — ואין בהם משום בישולי גוים. וגבינה שהעמידה ישראל
— בכתי"ו ובדפו"י קטע זה חסר. וראה חס"ד.
יב. בקטלוזן בשוק — בכתי"ו ובדפוסים: בקטלוזן מותר, יין

תפוחים מן השוק.
יג. ושלוקה ניקחת וכו' — וכן היו שהתירו חמאה על סמך זה.
והעלה ניקח — שאין לחשוש שנתחך בסכין שיש עליו איסור.

פרק ה (ו)

מ,ב מא,א **א** וחכמים אומרים: אין אסור אלא שיש בו מקל או כדור או
ר' מג,ב צפור, סייף עטרת וטבעת, צלם ונחש. ועל המכובדין — כגון
השיריים והנזמים וקטלאות וטבעות, הרי אילו אסורות. ועל
הבזויין — כגון היורות, מחמי חמין, הטיגנין והקוקמסין והספלין
מ,ב והסדינין והמטבע — הרי אילו מותרין. מצא טבעת ועליה צורת
מג,א חמה צורת לבנה צורת דרקון — יוליך לים המלח, ואף דמות
מניקן וסרפס.
ר' מג,ב **ב** טבעת שיש עליה עבודה זרה, בזמן שהיא בולטת —
אסורה בהנאה, ואם אינה בולטת — מותרת בהנאה, ובין כך
ובין כך אסור לחתום בה. ושאין עליה עבודה זרה — מותרת
בהנאה, ומותר לחתום בה. טבעת שיש עליה חותם — מותר
לחתום בה, ר' יהודה אומר: אם היתה חותמה שוקע — אסור
לחתום בה מפני שנעשה צורה, טבעת שחותמה שוקע — אסור
לחתום בה מפני שנעשה בולט, ומותר ליתנה בידו. טבעת שיש
עליה פרצוף — מותר לחתום בה, ר' חנניה בן גמליאל אומר:
של בית אבא היו חותמין בחותם של פרצופות. ר' אלעזר בר
צדוק אומר: כל הפרצופות היו בירושלם חוץ מפרצוף אדם
בלבד. הרחוש העשוי כמין הדרקון — אסור. ושהדרקון תלוי בו
מג,א — נוטלו ומשליכו, והשאר הרי זה מותר. איזהו מן הדרקון
שאסור? ר' שמעון בן אלעזר אומר: כל שהציצין יוצאין מצוארו.
אם היה חלק — הרי זה מותר.
נג,א **ג** הלוקח גרוטאות מן הגוים ומצא בה עבודה זרה — נוטלה
ומשליכה, והשאר הרי זה מותר. ישראל שמצא עבודה זרה, עד
ר נג,ב כג,א שלא באת לרשותו — אומר לגוי ומבטלה, שהנכרי מבטל
עבודה זרה בין שלו ובין של חבירו, בין עבודה בין שאינו
נא,ב עובדה, בין בשוגג בין במזיד, בין באונס בין ברצון. ישראל
שעשה עבודה זרה — אסורה אף על פי שלא עבדה, לפיכך אין
יכול לבטלה.

נא,ב נב,א **ד** גוי שעשה עבודה זרה — מותרת עד שתיעבד, לפיכך
יכול לבטלה. ר' אומר משום ר' יעקב: אם עשאה ישראל
מתחילה — אין יכול לבטלה.
ר' נג,א **ה** גוי שמכר עבודה זרה, לעובדיה — אסורה, שלא לעובדיה
נג,א—ב — מותרת. לוה עליה, נפלה עליה מפולת, שטפה נהר, או
שנטלוה ליסטין, כגון מלחמתו של יהושע, אם עתידין הבעלים
לחזור עליה — אסורה, ואם לאו — מותרת.
ר' נד,א **ו** בי מוסייאות שהעמידו גוים בשעת השמד, אף על פי שעבר
נב,א השמד — הרי אילו אסורות. יכול עבודה זרה שביטלה גוי יכול
תהא אסורה? תלמוד לומר: "פסילי אלהיהם" (דברים ז, כח) —
את שנוהג לשום אלה אסור, ואת שאין נוהג בו לשום אלוה —
מותר. (יכול עבודה זרה שביטלה גוי תהא מותרת — תלמוד
לומר: "פסילי אלהיהם" (שם) שלהם, את שנוהג בו לשום אלוה
ר' נב,א בין שאינו נוהג בו לשום אלוה — אסור) [ושל ישראל, בין
שנהג בו לשם אלוה בין שלא נהג בו לשם אלוה — אסורן].
נג,א **ז** כיצד מבטלה? ר' מאיר אומר: עד שיכה בקורנס (ויאכל)
[ויחבל]. ר' שמעון אומר: אפילו דחאה וסטרה ונפלה — הרי זו
בטילה. וחכמים אומרים: נכרי מבטל עבודה זרה שלו ושל
נג,א ישראל, וישראל אין מבטל עבודה זרה של נכרי. ר' ישמעאל
בן מנסיא אומר: עבודה זרה של ישראל אין לה בטילה עולמית.
נג,ב **ח** בימוס שנפגם רובו — הרי זה מותר. מזבח שנפגם כולו
— אסור, עד שינתץ. (מ)מוקצה, שלו — מותר, ושל חבירו
אסור. לפני הקדשו — אסור, לאחר הקדשו — מותר.
נד,א **ט** מאימתי נקרא מוקצה — משנעשה בו מעשה.
נד,א **י** איזה הוא נעבד? כל שעובדין אותו, בין בשוגג בין במזיד.
איזהו מוקצה? מוקצה לעבודה זרה. אבל אמר "שור זה לעבודה
ר' מד,ב זרה" "בית זה לעבודה זרה" — לא אמר כלום, לפי שאין הקדש
לעבודה זרה.

א. וקטלאות — שרשראות. **ועל המכובדין** — זהו פירוש דברי רבן שמעון בן גמליאל במשנה (מב,ב). וראה בגמרא (מג,ב). **ומטבע** — מכאן למדו הפוסקים שצורה שעל גבי מטבע אינה אוסרת. **מניקן** — מניקה (כתי"ו ודפו"י).
ב. הרחוש — נראה שהוא כלי העשוי כצורת נחש. **ושהדרקון תלוי בו** — שעל גבי הכלי (או רחוש) תלויה צורת דרקון.
ג. בין עבודה — צריך להיות: בין עובדה.

ו. [ושל ישראל וכו'] — כן הוא בכתי"ו ובדפוסים.
ז. [ויחבל] — כן הוא בכתי"ו ובדפוסים.
ח. מוקצה — שאסור להביאו לקרבן. **לפני הקדשו** — כלומר, אם הקצאהו לעבודה זרה לפני שהקדישו. **לאחר הקדישו מותר** — שלאחר שהוקדש שוב אינו שלו שיוכל להקצותו.
ט. משנעשה בו מעשה — שהרי אומר להלן (הלכה י) שאין הקדש לעבודה זרה. ונחלקו חכמים בהגדרתו של המעשה העושהו מוקצה.

פרק ו (ז)

ר' מט,א **א** פרה שפיטמה בכרשיני עבודה זרה, ירדה לגינה שזיבלה
בזבל עבודה זרה — יבור. גינה שנרה בעצי אשירה — יבור.
קלאילן שדשו בעצי אשירה — ישרף. אחרים אומרים: מטילין
אותו לחומרו, עד שיחזרו מראיו לכמות שהיה. חלילין של
עבודה זרה — אסור לספוד בהם, ואם היו מעלין שכר למדינה,
אף על פי שהן עושין לצורך עבודה זרה — מותר לספוד בהן.
חנויות של עבודה זרה — אסור לשכור מהן, אם היו מעלות

שכר למדינה, אף על פי שהן עושות לצורך עבודה זרה — מותר
לשכור מהם. גבאין של עבודה זרה — אסור ליתן להם, אם היו
מעלין שכר למדינה, אף על פי שהן לצורך עבודה זרה — מותר
ליתן להן.
ב המיחד ביתו לעבודה זרה — כולו מטמא בביאה, והעומד בתוכו
כאילו עומד בתוך עבודה זרה. אם היתה דרך הרבים מפסקתו — אינו
טמא אלא אותו דרך בלבד. (הסומך) [הסמוך] ביתו לעבודה זרה —

תוספתא

ר' מז, א—ב כולו מטמא בביאה. סמכו לו הן — אין כולו מטמא בביאה, אלא
אותו כותל נידון מחצה על מחצה. נפלה — אסור לבנותו, בנאו —
חזר לתחילתו. בנאוהו הן — אין כולן מטמאין בביאה, אלא אותו
כותל נידון מחצה על מחצה. המוכר ביתו לעבודה זרה — דמיו
ר' יג,א אסורין, ויוליך הנאה לים המלח. אבל גוים שאנסו אחד ונטלו ביתו
והעמידו בו עבודה זרה — דמיו מותרין, וכותב ומעלה בערכיים.

ג המכניס ראשו ורובו לבית עבודה זרה — טמא. כלי חרס
שהכניס אוירו לבית עבודה זרה — טמא. הספלין והקתידראות
שהכניס רובן לבית עבודה זרה — טמאין.

ר' מו,א **ד** כל מקומות שנקראו לשבח עבודה זרה מכנין אותן לגנאי,
את שקורין אותה "פני אלה" קורין אותה "פני כלב", "עין כל"
יב,א — קורין אותה "עין קוץ", "גדגיא" — קורין אותה "גליא". מי
שנתפזרו לו מעותיו לבית עבודה זרה — לא יהא שוחה לפניו
ומלקט, מפני שנראה כשוחה לעבודה זרה, אבל הופך לאחוריו
ומלקט. ובמקום שאינו נראה מותר.

יב,א **ה** מעין היוצא מבית עבודה זרה — לא יהא שוחה לפניו
ושותה, מפני שנראה כשוחה לעבודה זרה, אבל הופך לאחוריו
ושותה, ובמקום שאינו נראה מותר.

יב,א **ו** פרצופות המטילין מים לכרכים — לא יניח פיו על פי
פרצוף וישתה, מפני שנראה כנושק עבודה זרה, אבל מקבל
בידו ושותה. יותר על כן אמרו: לא יניח פיו על פי הסילון
וישתה, מפני סכנת נפשות.

נד,ב **ז** שאלו פילוסופין את זקנים ברומי: אם אין רצונו בעבודה
זרה מפני מה אינו מבטלה? אמרו להן: אילו לדבר שאין להן
צורך היו עובדין — היה מבטלן. והרי הן עובדין לחמה וללבנה
ולכוכבים, יאבד עולמו מפני השוטים? אלא הנח העולם שינהגו
כמנהגו, והשוטים שקילקלו יבואו ויתנו את הדין. גנב זרעים
לזרוע לא סופן לצמח? בעל אשת איש לא סופה שתלד? אלא,
הנח את העולם שינהגו כמנהגו, והשוטים שקילקלו יתנו את
הדין.

ר' מה,א **ח** הגוים העובדין את ההרים ואת הגבעות, אף על פי שהן
מותרין — עובדיהן בסקילה. אדם שנעבד, אף על פי שהוא
מח,א מותר — עובדיו בסקילה. ואיזהו אשירה? כל שהגוים עובדין
ומשמרין אותה, ואין טועמין מפירותיה. ר' שמעון בן אלעזר
אומר: שלש אשירות בארץ ישראל: חרוב שבכפר קסס,
ר' מח,ב ושבכפר פגשה, שקמה שכראנו ושבכרמל. אשרה זורעין תחתיה
ירקות בימות הגשמים, אבל לא בימות החמה. החזרים — לא
בימות החמה ולא בימות הגשמים. ר' שמעון בן אלעזר אומר:
אף לא זרעים ולא ירקות בימות הגשמים, מפני שהעלין נושרין
ר' מח,ב והווה להן זבל. הנכנס תחתיו — כנכנס לבית עבודה זרה, ואם
היתה דרך הרבים מפסקתה — הרי זו מותרת.

מב,א **ט** ישראל שפיסל את האשרה, בין לצרכה ובין לצורכו —
אסור. וגוי שפיסל את האשירה, לצורכה — היא אסורה והוא
מותר, לצורכו — בין זה ובין זה אסור.

י לא יעלה אדם לראש הבימוס, אפילו לנוולו אפילו לטנפו,
שנאמר: "לא ידבק בידך מאומה מן החרם" (דברים יג, יח).

יא לא יאמר אדם לחבירו: "המתן לי בצד עבודה זרה פלונית
ואני אמתין לך בצד עבודה זרה פלונית", שנאמר: "ושם אלהים
אחרים לא תזכירו" (שמות כג, יג).

ר' נא,ב **יב** עבודה זרה וכל מה שעליה — הרי זו אסורה. מצא עליה
יינות שמנים וסלתות, וכל דבר שכיוצא בו קרב לגבי מזבח —
אסור. כלים המשתמשין בה ובגופה — אסורין, שלא בגופה —
מותרין. אף כלים המשתמשות בהן ובגופה, גנבום כומרים
ומכרום — הרי אילו מותרין.

ר' נא,ב **יג** כתוב אחד אומר: "לא תחמוד כסף וזהב עליהם ולקחת
לך" (דברים ז, כה), וכתוב אחד אומר: "כסף וזהב אשר עמהם"
(שם כט, טז), כיזה צד יתקיימו שני כתובין הללו? "עליהן" —
בין שגופה לבוש בהן ובין שאין גופה לבוש בהן אסורין.
"עמהם" — את שגופה לבוש בהן אסורין, ואת שאין גופה לבוש
בהן מותרין. ואף כלים שגופה לבוש בהם, מכרום —
הרי אילו מותרין. מרקוליס וכל מה שעליו — אסור. מצא עליו
יינות שמנים וסלתות וכל דבר שכיוצא בו קרב לגבי מזבח —
אסור. מעות וכלים מותרין. אחרים אומרים: אף מעות וכלים
נא,ב שעל גבי אבן העליונה הרי אילו אסורין.

נ,א **יד** אבנים שנשרו מן המרקוליס אם היו נראות עמו אסורות,
ואם לאו מותרות. ר' ישמעאל אומר של תפוסות לו אסורות,
שאין תפוסות לו מותרות. ישראל שהביא אבנים מן המרקוליס
נ,א הרי אילו אסורות, מפני שנאסרו לעבודה זרה. גוי שהביא אבנים
מן המרקוליס הרי אילו מותרות, מפני שהן כעבודה זרה
שהניחוה עובדיה, ומרקוליס שנעקר ממקומו מותר בהנאה.

טו בזורק אבן למרקולס מהו אומר? "כצרור אבן במרגמה כן
נותן לכסיל כבוד" (משלי כו,ח). כשם שזורק אבן למרקוליס
מכבדו ואין יודע כבוד, כך כל המכבד את הרשע, מכבדו ואין
יודע כבוד.

טז דבר אחר: "כצרור אבן במרגמה" (שם), כשם שזורק אבן
למרקוליס הרי זה עובד עבודה זרה, כך כל המכבד את הרשע
הרי הוא כאילו עובד עבודה זרה.

יז דבר אחר: "כצרור אבן במרגמה" (שם), כשם שבזורק אבן
במרקולס הרי זה מתחייב בנפשו, כך כל המשתמש ביצרו הרי
זה מתחייב בנפשו.

יח ר' שמעון בן אלעזר אומר: השונה לתלמיד רשע מהו
אומר? "כצרור אבן במרגמה" (שם), כשם שהוא הזורק אבן
במרקוליס עובד עבודה זרה, כך כל השונה לתלמיד רשע עובד
עבודה זרה.

א. שנרה — בכתי"ו ובדפו"י, וכנראה כנכון: שנטעה. **קלאילן שדשו** — בדפוס: קלא אילן שרשם. ועיקר הדבר נראה שצבע בגד בצבע הקרוי קלא אילן שהופק מאשירה. **עד שיחזרו וכו'** — כלומר, יעשה דבר להסיר את הצבע מן הבגד. **חלילין וכו'** — שהיו נוהגים להשתמש בחלילים בזמן הלויית המת, ואסור ליהנות בשל עבודה זרה. **היו מעלין שכר למדינה** — שאינם שוכרים החלילים מבית עבודה זרה אלא מן העיר, ועל אף שרוב שימושם הוא לעבודה זרה, הריהם נחשבים כרכוש העיר. **גבאין** — אנשים הגובים תרומות או מסים.

ב. כולו מטמא בביאה — שסבור תנא זה שעבודה זרה מטמאה כמת, ולפיכך הנכנס לבית נטמא בטומאת אוהל המת. **אם היתה וכו'** — מפרשים הציעו גרסאות ופירושים שונים. ועיקרו של דבר, שאינו אוסר את דרך הרבים. **הסומך** — המשתמש בכותל עבודה זרה כאחד מכתלי ביתו. **סמכו לו הן** — שהגויים בנו בית עבודה זרה והשתמשו בכותלו לצרכם. **וכותב ומעלה בערכיים** — כלומר, למרות שאסור למכור להם יכול לעשות עמם שטר מכירה בערכאות שלהם, כיון שנטלו ממנו ביתו בעל כרחו.

ג. שהכניס אוירו — כלומר, נכנס באופן שאוירו של הכלי גלוי לעבודה זרה, ולא מאחוריו. הרי זה טמא כדין כלי חרס שמיטמא מאוירו דוקא. **הספלין** — בכתי"ו ובדפו"י: הספסלין. **והקתדראות** — מין כסא של אדם חשוב.

ח. עובדיהן בסקילה — שאף שגזירת הכתוב היא שאין המחוברים לקרקע (או אדם) נאסרים, עבודתם היא עבודה זרה לכל ענין. **שלש אשירות** — נראה שרוצה לומר ששלש אלה הם עצים הנעבדים, ולא רק תוספת לעבודה זרה אחרת.

יב. בה ובגופה — המשמשים בעצמם לפולחן עבודה זרה. **גנבום כומרים וכו'** — שכיון שגנבום ומכרום, משמע שביטלו אותם.

תוספתא

יג. שגופה לבוש בהם — שלא כדרך האמור בגמרא, כאן מחלק
בין דברים שלבושה ומקושטת בהם עבודה זרה ("עליהם"), לבין דברים
אחרים שהם רק לתשמיש לה ("עמהם") (חס"ד). **מכרום** — ועל ידי
כך משמע שביטולם. **אבן העליונה** — שהיא ראשו של גל מרקוליס
זה, ושם עיקר עבודתו.

פרק ז (ח)

נה,ב **א** בראשונה היו אומרין: אין בוצרין עם הגוי, ואין דורכין
עם ישראל העושה בטומאה. אבל בוצרין עם הגוי, ומוליכין עמו
חביות חדשות אבל לא ישנות, דברי ר' מאיר. אחד חדשות ואחד
ישנות מסייעין אותו עד שנתעלם מעיניהן, נתעלם מעיניהם —
יעשה יין נסך.

ר' נה,ב **ב** בראשונה היו אומרים: אין מסייעין את הנחתום העושה
בטומאה, ואין מוליכין עמו גריצות לתנור. חזרו לומר: מסייעין
לנחתום העושה בטומאה, מוליכין עמו גריצות לתנור. ובסוריא
מסייעין את הנחתום העושה בטומאה, ומוליכין עמו גריצות
לתנור.

נה,א ר' נה,ב **ג** ישראל העושה עם הגוי בגת — הרי זה מעלה את הלחם
לגבי התפוח ומוריד את היין מגבי התפוח, אף על פי שהיין צף
על גבי ידיו — מותר, שאין דרכן לנסך כן. הגוי העושה עם
ישראל בגת הרי זה מעלה את הלחם לגבי התפוח, ומוריד את
הלחם מגבי התפוח אף על פי שהיין צף על גבי ידיו — מותר,
שאין דרכן מנסכין כן.

ד השוקל ענבים בכף מאזנים, אף על פי שהיין צף על גבי
ידיו — מותר, שאין דרכן מנסכין. הדורס יין לחבית, אף על
ר' ס,ב פי שהיין צף על גבי ידיו — מותר, שאין דרכן מנסכין כן. נפל
לבאר ונגע בו טיפה כל שהוא — אסור. ירד לשלות החרצנין
והזגין מן באר, זה היה מעשה, ובאו ושאלו לחכמים ואמרו:
ימכר כולו לגוים.

נט,א **ה** גוי שהיה מעלה ענבים בסלין ובדרדורין בגת, אף על פי
שניפצן בגת, והיין מנתז על גבי ענבים — מותר, שאין דרכן
לנסך כן. הלוקח עבוט ענבים מן הגוי ומצא תחתיו גומיות —
[מותר, בצדי גומיות] אסור.

נח,א **ו** חרם שפשט ידו, כמדומה שהיא של שמן ואחר כך נמצאת
של יין. זה היה מעשה, ובאו ושאלו לחכמים, ואמרו: ימכר כולו
נח,א לגוים. אגרונימון שטעם מן הכוס והחזירו לחבית, קדח
ר' עג,א במיניקת ונפלה ממנו טפה כל שהוא — אסורה מפני שטיפה
של יין נסך אסורה, ואוסרת כל שהוא.

ר' סא,א **ז** ישראל שהכניס יין ברשות גוי, אם יש עליו מפתח או חותם
ר' ס,ב — מותר, ואם לאו — אסור. לוה עליו מן הגוי, אף על פי שיש
עליו מפתח או חותם — אסור. ואם היה האוצר פתוח לרשות
הרבים — מותר. בעיר שכולה גוים — אסור, עד שישב ושומר.

סא,א **ח** ישראל שטיהר יינו של גוי, נותנו לרשותו, והלה כותב לו
"התקבלתי ממך מעות". אבל אם ירצה ישראל אין מניחו עד
שיתן את מעותיו — זה היה מעשה [בבית שאן ואמרו: אין זו
אלא ערמה. ישראל שטיהר יינו של גוי, ונתנו ברשות גוי אחר
— זה היה מעשה] ובאו ושאלו את ר' שמעון בן אלעזר, ואמר:
רשות גוים אחת.

ט ישראל שטיהר יינו של גוי ונתנו בשתי חצירות או בשתי
עיירות, אף על פי שיוצא ונכנס מחצר זו לחצר זו, ומעיר זו
לעיר אחרת — מותר, מפני שבחזקת המשתמר. אם היה חזקת
לן במקום אחר — אסור.

י פרוזר שישראל וגוי כונסין לתוכו יין, אף על פי שחביות
פתוחות והגוי יושב — מותר, מפני שבחזקת המשתמר. השוכר
את הפועל לעשות עמו חצי היום באיסור, וחצי היום מותר,
ונתנן כולן בכרך אחד — הרי אילו אסורות. אילו בפני עצמן
ואילו בפני עצמן, ראשונות — אסורות, שניות — מותרות.
השוכר את הפועל לעשות עמו מלאכה ולעיתותי ערב אמר לו סה,א
הליך את הלגין זה במקום פלוני, אף על פי שאין ישראל רשאי
לעשות כן — שכרו מותר. אומר אדם לחמריו ולפועליו: צאו
ואכלו בדינר זה, צאו ושתו בדינר זה, ואינו חושש משום סג,א
מעשרות ומשום שביעית ומשום יין נסך, אבל אם אמר לו: צא
ואכול ככר (ואתה) [ואני] נותן את דמיה — הרי זה חושש משום
מעשרות, ומשום שביעית, ומשום יין נסך.

יא הנותן צמר לצבע גוי לצבוע לו — אינו חושש [שמא]
צבעו בחומץ של יין נסך, אם באו לבית חשבון — אסור.

יב המניח יינו בפונדק ונכנס לכרך, אף על ש(שהיו) [ששהה]
לזמן מרובה — הרי זה מותר. ואם הודיעו או שנעל עליו פונדוק
— אסור.

יג המניח יינו בספינה ונכנס לכרך, אף על פי ששהיו לזמן סט,א
מרובה — מותר. ואם הודיעו, או שהפליגה ספינתו — הרי זה
אסור. ר' שמעון בן אלעזר אומר: היה שם לגין מלא וקשור
בכרעי המיטה ואין הגוי יודע בו — מותר. אמר לו ר' יהודה: סט,ב
והלא השתם ניכר בין למעלה בין למטה! אלא כדי שיפתח שיגוף
(ותיגף) [ותגגבן].

יד המשלח חבית של יין ביד כותי, ושל ציר ושל חומץ ושל ר' לא,א—ב
מורייס ושל שמן ושל דבש ביד הגוי, אם היה מכיר חותמו
ושתמו — מותר, ואם לאו — אסור. יין אצל גוי — השתם
אסור משום יין נסך, אבל הציר והמורייס והשמן והדבש, אם
ראה אותן גוי שמנסכן — אסורין, אם לאו — מותרין.

טו ישראל החשוד — שותין ממרתיפו ואין שותין מלגינו.
אם היה חשוד על השתימה — אף מרתיפו אסור.

טז גוי שהיה חייב לישראל אף על פי שמכר יין נסך והביא סד,א
לו, עבודה זרה והביא לו — מותר. ואם לאו — אסור. אבל אם
אמר לו: המתן עד שאמכור יין נסך עבודה זרה ואביא לך —
אסור.

יז (הפוסק) [המוכר] יינו לנכרי ופסק ומדד, אף על פי
שעתיד למחות את המחצלות ואת המדות — מותר. וחנוני בין
כך ובין כך — מותר, מפני שראשון ראשון זקוף עליו. גוי
ששילח לגינו אצל ישראל, ומקצת עכבת יין לתוכו, הרי זה ר' עב,א
ממלא לו את הלגין ונוטל ממנו דמי כולו, ואינו חושש.

א. ומוליכין עמו חביות — שיש בהן יין. **חדשות אבל לא ישנות**
— שמא היה בישנות יין נסך. **נתעלם מעיניהם וכו'** — שחוששים
שמא אז ניסך מן היין.

ב. גריצות — חלות. **ובסוריא מסייעין** — שבארץ ישראל יש
סבורים שאסור לגרום טומאה לחולין שבה. ואין הדין כן בסוריא.

ג. מעלה את הלחם — אולי צריך לגרוס "הלוחות", או שהכוונה
לגוש של ענבים (חס"ד, מנ"ב). **התפוח** — ערמת הענבים אותה
דורכים בגת. **צף על גבי ידיו** — שיש שם יין שיצא מן הענבים, והוא
רטוב כדי להרטיב את ידיו. **שאין דרכן לנסך כן** — מיין שאינו מצוי
בכלי כלל.

ד. נפל — הגוי. **ירד לשלות** — להוציא, לסנן.

ה. עבוט — עביט, כלי גדול. **גומיות** — גומות מלאות מיץ תחתיו. **מותר** — שרק נטפו מן העביט מצדו. **[מותר וכו׳]** — כן הוא בכתי״ו ובדפו״. **אסור** — לפי שנחשב כיין שנמשך ונאסר.

ח. [בבית שאן וכו׳] — כן הוא בכתי״ו ובדפו״. **אין זו אלא ערמה** — ואינו נחשב כיינו של ישראל.

י. פרואר — חצר פתוחה. **וחצי היום מותר** — בכתי״ו ובדפו״: וחצי היום בהיתר. **הליך לי את הלגין זה** — והיה בלגין יין נסך.

יא. באו לבית חשבון — ואז ספר לו הגוי שצבעו בחומץ יין נסך.

יב. ואם הודיעו — שנכנס לכרך ומתרחק, אין הגוי חושש ומפחד.

יג. [ששהה] — כן הוא בכתי״ו ובדפו״. **והלא השתם וכו׳** — דבר זה הוא כהמשך לדברי המשנה (סט,א) שחוששים שמא הגוי שתם (נקב חור) במגופת החבית ושתה ממנה.

יד. ושתמו — בכת״י ובדפוס: וסתמו, וכן בגמרא. והכוונה שמכיר את דרך הסתימה (רש״י). **השתם אסור** — בכתי״ו: מהסתם אסור.

ומהגרסה שם משמע שסתם יין שביד גוי אסור משום נסך. ולפי הגרסה שלפנינו, אם היה שתם בקנקן — אסור משום יין נסך. **ראה אותן גוי שמנסכן** — ראה שגוי מנסכן.

טו. החשוד — לשתות יין נסך, או לתת לגוי לשתות משלו. **ממרתיפו** — שאין מניח לגוי לשתות ממנו, שלא יאסרו לו כל מרתיפו. אבל לגינו שאינו אלא כמות מעטה חוששים לו. **חשוד על השתימה** — שעושה נקב בקנקן לשתות ממנו, ואין הדבר ניכר.

יז. אף על פי שעתיד וכו׳ — אף שהגוי יגע אחר כך בכלים שהיה בהם היין ויאסור אותו בהנאה — מותר ליטול דמיו ואינו חושש, משום שהיין שייך אז כולו לגוי. **בין כך וכו׳** — כלומר, גם אם לא פסק, מאחר שהדמים שיקבל אחר כך הם דמים שנתחייב לו הגוי קודם שייאסר היין. והגרסה בדפוס: אסור (ראה בחס״ד). **ממלא לו את הלגין** — שהיין נקנה לגוי עוד לפני שנוגע ביין, ולפיכך הוא כיינו של הגוי. **ונוטל ממנו דמי כולו** — דמי כל היין, לפי שמה שמכר היה מותר כששפך, ונאסר רק בתוך הלגין.

פרק ח (ט)

עב,ב **א** המערה מכלי לכלי, קילוח מכנגד שפתיו של חבית ולמטה
עד,ב — הרי זה אסור. הגת והמחץ והמשפך של גוים, ר׳ מתיר
וחכמים אוסרין. ומודה רבי בקנקנים שהן אסורות. ומפני מה
אילו אסורות ואילו מותרות? אילו עשויות למוכנס ואילו עשויות
שלא למוכנס. של עץ ושל אבן צריך לנגב, אם היו זפותין —
צריך לקלף.

עה,ב **ב** הלוקח כלי תשמיש מן הגוים, דברים שבידוע שלא
נשתמש בהן — מטבילן והן טהורין, דברים שבידו שנשתמש
בהם, כגון הכוסות והצלוחיות — מדיחן בצונן. כגון היורות
ומחמי חמין והטיגנין והקומקמיסין — מדיחן ברותחין. כגון
הסכינין והשפודין והאסכלאות — מלבנן באור והן טהורין.
וכולם שנשתמשו בהן עד שלא שף יגעיל, הטביל וליבן — הרי
זה מותר.

עה,א **ג** מי שהיו גתיו ובדיו טמאין ומבקש לטהרן; הדפין והלולבין
והעדשות — מנגבן והן טהורין, העקלין של נצרין ושל בצבוץ
— צריך לנגב, ושל חשיפה ושל גמי — צריך לישן. וכמה
ישונן — שנים עשר חודש. רבן שמעון בן גמליאל אומר: מגת
לגת ומבד לבד. ר׳ יוסי אומר: הרוצה לטהרן מיד — או חולטן
במי רותחין, או מולגן במי זיתים. רבן שמעון בן גמליאל אומר
משום ר׳ יוסי: נותנן בנהר שמימיו מהלכין מלא עונה, או תחת
הצינור שמימיו מקלחין. וכשם שמנגב לטהרה כך מנגב ליין
נסך.

ד על שבע מצוות נצטוו בני נח: על הדינין, ועל עבודה זרה,
ועל קיללת השם, ועל גילוי עריות, ועל שפיכות דמים, ועל
הגזל [ועל אבר מן החי]. על הדינין כיצד? כשם שישראל מצווין
להושיב בתי דינין בעיירות שלהן, [כן בני נח מצווים להושיב
בתי דינים בעיירות שלהם]. על עבודה זרה ועל קיללת השם,

כיצד? [גוי שעבד עבודה זרה וקלל את השם, לא ניתנה מיתה לבני נח אלא בסיף בלבד]. על גילוי עריות, כיצד? כל ערוה שבית דין של ישראל ממיתין עליה — בני נח מוזהרין עליה, דברי ר׳ מאיר. וחכמים אומרים: הרבה עריות שאין בית דין של ישראל ממיתין עליה ובני נח מוזהרין עליה. (באלו) [בא על] העריות האומות — נידון כדיני האומות. [בא על עריות ישראל — נדון בדיני ישראל], ואין לך אלא נערה המאורסה בלבד.

ה על שפיכות דמים, כיצד? גוי בגוי וגוי בישראל — חייב, ישראל בגוי — פטור. על הגזל — גנב, גזל, וכן מוצא יפת תואר וכן כיוצא בו, גוי בגוי וגוי בישראל — אסור, וישראל בגוי — מותר.

ו על אבר מן החי, כיצד? אבר המדולדל בבהמה ואין בו להעלות ארוכה — אסור לבני נוח, ואין צריך לומר לישראל. ואם יש בו להעלות ארוכה — מותר לישראל ואין צריך לומר לבני נח. נטל ציפור שאין בה כזית ואכלה, ר׳ פוטר ור׳ אלעזר בר׳ שמעון מחייב. אמר ר׳ אלעזר בר׳ שמעון: ומה אם על אבר מן הציפור חייב, על כולו לא יהא חייב? חנקה ואכלה — פטור. ר׳ חנניה בן גמליאל אומר: אף על הדם מן החי. ר׳ חידקא אומר: אף על הסירוס. ר׳ שמעון אומר: אף על הכשפים. ר׳ יוסי אומר: כל האמור בפרשה בני נח מוזהרין עליה, שנאמר: ״לא ימצא בך מעביר בנו ובתו באש קסם קסמים מעונן ומנחש ומכשף וחובר חבר ושואל אוב וידעני ודורש אל המתים כי תועבת י״י אלהיך כל עושה אלה ובגלל התועבות האל י״י מורישם מפניך״ (דברים יח, יא).

ז איפשר שהכתוב ענש עד שלא יזהיר? אלא מזהיר ואחר כך ענש, מלמד שהזהירן תחילה ואחר כך ענשן.

ח ר׳ אלעזר אומר: אף על הכלאים. מותר לבן נח לזרוע, ללבוש כלאים, אסור להרביע ולהרכיב אילנות.

א. עשויות למוכנס — שמכניס לקיום (גמרא).

ד. הרבה עריות יש וכו׳ — כגון אחותו ועוד. **אין לך אלא וכו׳** — שנערה המאורסה היא דין השייך רק בישראל, ולפיכך אין בן נוח חייב אלא אם כן בא על נערה מאורסה מישראל ולא מן האומות.

ה. מוצא יפת תואר — שהותרה לישראל במלחמה, ולא הותר כיוצא בזה לאומות.

ו. ואין בו להעלות ארוכה — שאינו יכול להירפא עוד, הרי זה נקרא מדולדל לענין זה. **נטל צפור... ואכלה** — כלומר, אכלה בלא להורגה תחילה. **חנקה ואכלה פטור** — ואף מותר, שהרי אין דין שחיטה לבני נוח. **האמור בפרשה** — שבכללם גם שואל אוב וידעוני ועוד, שאינם אסורים משום כשפים אלא איסור לעצמו הם. **אף על הדם וכו׳** — חייב בן נח.

ז. איפשר וכו׳ — כלומר, ודאי הוזהרו כך, לפי שהכתוב אומר שנענשו על עבירות אלה, ומשמע שכבר הוזהרו על כך בגדר מצוות בני נח.

ח. אף על הכלאים — ומפרט שלא הוזהרו על כל עבירות של כלאים, אלא על הרבעת מינים שונים והרכבת צמחים שונים.

מפתחות

לוח ראשי תיבות וקיצורים

ראשי תיבות וקיצורים, בהם אלו שהובאו במסכת עבודה זרה

אבנ"מ — אבני מילואים
אג"ב — אגדת בראשית
אדר"נ — אבות דרבי נתן
אה"ע — אבן העזר
או"ז — אור זרוע
או"ח — אורח חיים
אוצה"ג — אוצר הגאונים
א"ח — אורחות חיים
איכ"ר — איכה רבה
אסת"ר — אסתר רבה
ב"ב — בבא בתרא
בגמ' — בגמרא
בה"ג — בעל הלכות גדולות
בה"ט — באר היטב
ב"ח — בית חדש
ב"י — בית יוסף
בכת"י — בכתב יד. בכתבי יד
ב"מ — בבא מציעא
במדב"ר — במדבר רבה
בעה"ב — בעל הבית
ב"ק — בבא קמא
ב"ר — בראשית רבה. בן (בר) רבי
ב"ש — בית שמואל. בית שמאי
גר"א — הגאון ר' אליהו (מוילנא)
גרי"ב — הגאון ר' ישעיה (פיק) ברלין
גרי"ז — הגאון ר' יצחק זאב (סולובייצ'יק)
גרנ"ט — הגאון ר' נפתלי טרופ
דב"ר — דברים רבה
ד"ה — דיבור המתחיל
ד"מ — דרכי משה
דפו"י — דפוס ישן. דפוסים ישנים
דרשב"י — דרבי שמעון בר יוחאי
ה" — הלכה. כגון: ה"א = הלכה א
ה"ג — הלכות גדולות
הג"ה — הגהה. הגהת המעתיק
הג"מ — הגהות מיימוניות. הגהות מרדכי
הל' — הלכה
הקב"ה — הקדוש ברוך הוא
הר"מ — הרב רבינו מאיר / מנחם / משה
ויק"ר — ויקרא רבה

וכדו' — וכדומה
זו"ח — זוהר חדש
ז"ל — זכרונו לברכה. זכרונם לברכה
ח" — חלק. כגון: ח"א = חלק א
חו"ל — חוץ לארץ
חו"מ — חושן משפט
חזו"א — חזון איש
חז"ל — חכמינו זכרונם לברכה
ח"מ — חלקת מחוקק
חס"ד — חסדי דוד
חת"ס — חתם סופר
ט"ז — טורי זהב
יו"ד — יורה דעה
ילק"ש (יל"ש) — ילקוט שמעוני
יפ"ת — יפה תואר
יש"ש — ים של שלמה
כ"י — כתב יד. כתבי יד
כ"מ — כסף משנה
כנה"ג — כנסת הגדולה
כת"י — כתב יד. כתבי יד
כתי"ו — כתב יד וינה (לתוספתא)
כתי"מ— כתב יד מינכן
כתי"ס— כתב יד ספרדי
כת"ס— כתב סופר
לה"ר — לשון הרע
לח"מ — לחם משנה
לסה"נ — לספירה הנוצרית
לקו"ת — ליקוטי תורה
מ" — משנה. כגון: מ"א = משנה א
מ"ב — משנה ברורה
מג"א — מגן אברהם
מהדו"ק — מהדורה קמא
מהרא"י — מורנו הרב ר' אסרלין ישראל
מהרי"ו בן לב — מורנו הרב יוסף בן לב
מהר"י בסאן — מורנו הרב ר' יחיאל בסאן
מהרי"ו קורקוס — מורנו הרב ר' יוסף קורקוס
מהרי"ו — מורנו הרב ר' יעקב וייל
מהרי"ט אלגאזי — מורנו הרב ר' יום טוב אלגאזי
מהרי"ק — מורנו הרב ר' יוסף קולון

מהריק"ש — מורנו הרב ר' יעקב קשטרו
מהר"ל — מורנו הרב ר' ליואי (מפראג)
מהר"ם — מורנו הרב ר' מאיר (מלובלין)
מהר"ם מרוטנבורג — מורנו הרב ר' מאיר מרוטנבורג
מהר"ם שיף — מורנו הרב ר' מאיר שיף
מהר"ץ חיות — מורנו הרב ר' צבי חיות
מהרש"א — מורנו הרב ר' שמואל אליעזר (איידליש)
מהרשד"ם — מורנו הרב ר' שמואל די מדינה
מהרש"ל — מורנו הרב ר' שלמה לוריא
מה"ת — מהדורא תניינא
מו"ק — מועד קטן
מלא"ש — מלאכת שלמה
מל"מ — משנה למלך
מ"מ — מגיד משנה. מכל מקום
מנ"ב — מנחת ביכורים
מע"ש — מעשר שני
נ"א — נוסח אחר
נו"ב — נוסחה ב (באבות דרבי נתן)
נוב"י — נודע ביהודה
נו"כ — נושאי כליו
נ"י — נימוקי יוסף
נ"ך — נביאים כתובים
נמוק"י — נימוקי יוסף
נצי"ב — ר' נפתלי צבי יהודה ברלין
ס' — סימן. ספר. סעיף
סה" — סוף הלכה. כגון: סה"א = סוף הלכה א
סוכ"ד — סוכת דוד
ס"מ — סנטימטר
סמ"ג — ספר מצוות גדול
סמ"ע — ספר מאירת עיניים
סמ"ק — ספר מצוות קטן
ספ" — סוף פרק. כגון: ספ"א = סוף פרק א
ס"ק — סימן קטן. סעיף קטן
ע' — עמוד. כגון: ע"א = עמוד א
עה"ש — ערוך השולחן
עה"ת — על התורה

ע"ז — עבודה זרה
עט"ז — עטרת זהב. עטרת זקנים
ע"י — עין יעקב. עיון יעקב. על ידי
עיי"ש — עיין שם
עמ' — עמוד
עפ"י, ע"פ — על פי
ע"ע — עיין ערך
ערל"נ — ערוך לנר
פ' — פרק. פרשה. כגון: פ"א = פרק א. פ"א = פרשה א
פרדר"א — פרקי דרבי אליעזר
פיה"מ — פירוש המשניות (לרמב"ם)
פמ"ג — פרי מגדים
פ"מ, פנ"מ — פני משה
פנ"י — פני יהושע
פסדר"כ — פסיקתא דרב כהנא
פסי"ז — פסיקתא זוטרתא
פסי"ר — פסיקתא רבתי
פר"ח — פרי חדש
פ"ת, פת"ש — פתחי תשובה
צ"ל — צריך להיות. צריך לומר
קה"ע — קרבן העדה
קה"ר — קהלת רבה
ק"מ — קילומטר
קצוה"ח — קצות החושן
ק"ש — קריאת שמע
ר' — רב. רבי. רבינו. ראה
ר"א אב"ד — רבינו אברהם אב בית דין
ראב"ד — רבינו אברהם בן דוד
ראבי"ה — רבינו אליעזר בן יואל הלוי
ראב"ן — רבינו אליעזר בן נתן
ראב"ע — רבינו אברהם (א)בן עזרא
רא"ה — רבינו אהרן הלוי
רא"מ — רבינו אליעזר ממיץ
רא"ש — רבינו אשר
ר"ב — רבינו ברוך
רגמ"ה — רבינו גרשום מאור הגולה
רדב"ז — ר' דוד בן זמרה
רד"ל — ר' דוד לוריא
רד"ק — ר' דוד קמחי
ר"ה — ראש השנה
רה"ג — רב האי גאון
רו"ר — רות רבה

רז"ה — רבינו זרחיה הלוי
ר"ח — רבינו חננאל
ר"ט — רבינו טודרוס
ר"י מפריס — רבינו יצחק (מבעלי התוס')
ר"י בסאן — ר' יחיאל בסאן
ר"י מיגאש — רבינו יוסף (אבן) מיגאש
ריא"ז — רבי ישעיהו אהרון זקן
ריא"ף — ר' יאשיה פינטו
ריב"א — רבינו יצחק בן אשר / בן אברהם
ריב"ם — רבינו יצחק בן מאיר / בן משה
ריב"ן — רבינו יהודה בן נתן
ריב"ש — רבינו יצחק בר ששת
רי"ד — רבינו ישעיה דטראני
ריטב"א — רבינו יום טוב בן אברהם (אשבילי)
ריעב"ץ — ר' יעקב בן צבי (עמדין)
רי"ף — ר' יצחק אלפסי
ריצב"א — רבינו יצחק בן אברהם
רמ"א — ר' משה איסרליש
רמב"ם — רבינו משה בן מימון
ר"מ במז"ל — רמב"ם ז"ל
רמב"ן — רבינו משה בן נחמן
רמ"ה — רבינו מאיר הלוי (אבולעפיה)
ר"ן — רבינו ניסים (גירונדי)
רנב"י — רבינו נתן בר יוסף
רס"ג — רב סעדיה גאון
רע"א — ר' עקיבא איגר
רע"ב — רבינו עובדיה מברטנורא
רע"ז — רבינו עזריאל / עזרא
רעק"א — ר' עקיבא איגר
ר"פ — רבינו פרץ
ר"צ חיות — ר' צבי חיות
ר"ש — רבינו שמשון (משאנץ)
ר"ש איגר — ר' שלמה איגר
ר"ש שקופ — ר' שמעון שקופ
רשב"א — רבינו שלמה בן אדרת
רשב"ג — רבן שמעון בן גמליאל
רשב"י — רבי שמעון בר יוחאי
רשב"ם — רבינו שמואל בן מאיר
רש"ג — רב שרירא גאון
רש"י — רבינו שלמה יצחקי
רש"ש — ר' שמואל שטרשון
ר"ת — רבינו תם
שה"ש — שיר השירים
שהש"ר, שה"ר — שיר השירים רבה
שוח"ט — שוחר טוב
שו"ע — שולחן ערוך
שו"ת — שאלות ותשובות
שטמ"ק — שיטה מקובצת
ש"ך — שפתי כהן
שמו"ר — שמות רבה
ש"ס — ששה סדרים
שפ"א — שפת אמת
ת"ב — תוספות בכורים
תה"ד — תרומת הדשן
תוהרא"ש — תוספות הרא"ש
תו"ח — תורת חיים
תו"י — תוספות ישנים
תוי"ט — תוספות יום טוב
תו"כ — תורת כהנים
תוס' — תוספות
תורי"ד — תוספות רבינו ישעיה דטראני
תור"פ — תוספות רבינו פרץ
תכ"פ — תוספתא כפשוטה
ת"ל — תלמוד לומר
תנדבא"ז — תנא דבי אליהו זוטא
תנדבא"ר — תנא דבי אליהו רבה
תפא"י — תפארת ישראל
תקו"ז — תקוני זהר
תר"י — תלמידי רבינו יונה
תשב"ץ — תשובות שמעון בן צמח (דוראן)

לוח מונחים ומושגים

המבוארים במדור עיונים

מפתח פסוקים

פסוקי המקרא שנדרשו והוזכרו במסכת עבודה זרה

לוח לשון

לוח אישים

לוח ארכיאולוגיה

לוח גיאוגרפיה

לוח הסטוריה

לוח ענייני עבודה זרה

לוח בעלי חיים

לוח צמחים

לוח ציורים ומפות

לוח רפואה

לוח עניינים שונים

לוח לעזי רש"י

לוח ספרים ופירושים

רשימת ספרים ופירושים, מהם המובאים במסכת עבודה זרה

אבות דרבי נתן — מן המסכתות הקטנות, ברייתא העוסקת בנושאי מסכת אבות. מהדורת שכטר.

אבן האזל — לר׳ איסר זלמן מלצר. חידושים על הרמב״ם.

אבן העזר — חלק מספר ״ארבעה טורים״ ו״שולחן ערוך״ העוסק בדיני אישות.

אגדת בראשית — מדרש אגדה לספר בראשית. מהדורת בובר.

אוצר הגאונים — ליקוט של תורת הגאונים על סדר התלמוד על ידי ר׳ בנימין מנשה לוין.

אור זרוע — לרבינו יצחק מווינא. ספר הלכה מתורתם של חכמי אשכנז וצרפת.

אור שמח — לר׳ מאיר שמחה הכהן מדווינסק. חידושים על הרמב״ם.

אורח חיים — חלק מספר ״ארבעה טורים״ ו״שולחן ערוך״ העוסק בדיני ברכות, תפילה, שבת ומועדים.

אורחות חיים — לרבינו אהרן הכהן מלוניל. ספר הלכה.

אורים ותומים — לר׳ יונתן אייבשיץ. חיבור על ״שולחן ערוך״ חו״מ.

איכה זוטא — מדרש אגדה על מגילת איכה. מהדורת בובר.

איכה רבה — מדרש אגדה על מגילת איכה. מהדורת וילנא.

אליה רבה — לר׳ אליהו שפירא. על ״שולחן ערוך״ או״ח.

אסתר רבה — מדרש אגדה על מגילת אסתר. מהדורת וילנא.

ארבעה טורים — ראה: טור.

אשכול — ראה: ספר אשכול.

באר הגולה — לר׳ משה רבקש. ציוני מקורות ל״שולחן ערוך״.

באר היטב — ביאור על ״שולחן ערוך״. לר׳ יהודה אשכנזי מטיקטין (או״ח ואה״ע) ולר׳ זכריה מנדל (יו״ד וחו״מ).

בדק הבית — לר׳ יוסף קארו. הוספות לחיבורו ״בית יוסף״.

ביאור הגר״א — לר׳ אליהו הגאון מוילנא. ביאורו ל״שולחן ערוך״.

בית חדש — לר׳ יואל סירקיס. פירוש על ספר ״ארבעה טורים״ וכן הגהות על התלמוד.

בית יוסף — לר׳ יוסף קארו. פירוש על ספר ״ארבעה טורים״.

בית מאיר — לר׳ מאיר מפוזן. חידושים על ״שולחן ערוך״.

בית שמואל — לר׳ שמואל בר׳ אורי שרגא פייביש מוואדיסלב. פירוש ל״שולחן ערוך״ חלק אבן העזר.

במדבר רבה — מדרש אגדה לספר במדבר. מהדורת וילנא.

בן יהוידע — לר׳ יוסף חיים בר׳ אליהו. חידושי אגדות על התלמוד.

בן סירא — ראה: ספר בן סירא.

בעל המאור — רבינו זרחיה הלוי. מחיבורו ״המאור הגדול״ על הרי״ף.

בעל התרומות — רבינו שמואל הסרדי. בעל ״ספר התרומות״ בענייני ממונות.

בעלי הנפש — לראב״ד (ע״ע). על הלכות נדה.

בעלי התוספות על התורה — פירוש מלוקט מדברי בעלי התוספות על התורה.

בראשית רבה — מדרש אגדה לספר בראשית. מהדורת וילנא ומהדורת תיאודור אלבק.

ברייתא דמלאכת המשכן — ברייתא העוסקת בענייני המשכן.

ברכת שמואל — לר׳ ברוך בער לייבוביץ. חידושים על התלמוד.

גאונים — ראשי ישיבות בבל במאות השנים לאחר חתימת התלמוד. מפירושיהם ותשובותיהם, ומן המובא בשמם בספרי הראשונים.

גליון אלפס — לר׳ שניאור זלמן מגולדינגן. הגהות וחידושים על הרי״ף.

גליון המהרש״א — לר׳ שלמה איגר. הערות על התלמוד.

גליון התלמוד — לר׳ עקיבא איגר. מהערותיו לתלמוד.

גליוני התלמוד — לר׳ יוסף ענגיל. חידושים על התלמוד.

גר״א — הגאון רבי אליהו מוילנא. הגהותיו וביאוריו למשנה ולתלמוד ול״שולחן ערוך״.

גרי״ז — ראה: חידושי הגרי״ז.

דרך ארץ זוטא — מן המסכתות הקטנות, עוסקת בהלכות דרך ארץ.

דרך ארץ רבה — מן המסכתות הקטנות, עוסקת בהלכות דרך ארץ.

דרכי משה — לר׳ משה איסרלש. פירוש על ״ארבעה טורים״.

הבונה — לר׳ יהודה אריה די מודינה. חידושים על ״עין יעקב״.

הגהות אלפסי — הגהות מבעלי התוספות על הלכות הרי״ף.

הגהות אשרי — לרבינו ישראל מקרימז. הגהות על פסקי הרא״ש.

הגהות הגר״א — לר׳ אליהו הגאון מוילנא. הגהות על התלמוד.

הגהות מיימוניות — לרבינו מאיר הכהן. פסקים ותשובות של חכמי אשכנז על סדר ״משנה תורה״ לרמב״ם.

הגהות מרדכי — הוספות לספר ״מרדכי״ מחכמי אשכנז בדור שאחריו.

ההשלמה — לרבינו משולם ב״ר משה מבדרש. השלמה להלכות הרי״ף.

הזכות — ראה: ספר הזכות.

החינוך — ראה: ספר החינוך.

הישר — ראה: ספר הישר.

הכותב — לר׳ יעקב בן חביב ממגורשי ספרד. פירוש על ״עין יעקב״.

הליכות עולם — לרבינו ישועה הלוי. על כללי התלמוד.

הלכות גדולות — לרבי שמעון קיירא. ספר פסקים על סדר התלמוד.

הלכות ראו — תרגום לעברית של ספר הלכות פסוקות של רב יהודאי גאון.

המאור — ראה: ספר המאור.

הנצי״ב — ראה: מרומי שדה.

הפלאה — לר׳ פנחס הלוי הורוויץ. חידושים על התלמוד.

ויקרא רבה — מדרש אגדה לספר ויקרא. מהדורת וילנא.

זהר — מהדורת וילנא.

זהר חדש — מהדורת מרגליות.

חושן משפט — חלק מ״ארבעה טורים״ ו״שולחן ערוך״ העוסק בדיני ממונות.

חזון-איש — לר׳ אברהם ישעיה קרליץ. חידושים על התלמוד ו״שולחן ערוך״.

חזון יחזקאל — לר׳ יחזקאל אברמסקי. פירוש לתוספתא.

חידושי הגרי״ז — לר׳ יצחק זאב הלוי סולובייצ׳יק. חידושים על התלמוד.

חידושי ר׳ חיים הלוי — לר׳ חיים הלוי סולובייצ׳יק. חידושים על הרמב״ם.

חלקת מחוקק — לר׳ משה לימא אב״ד דבריסק. ביאור ל״שולחן ערוך״ (אה״ע).

חסדי דוד — לר׳ דוד פארדו. פירוש לתוספתא.

חשק שלמה — לר׳ שלמה הכהן מווילנא. הערות לתלמוד.

חתם סופר — לר׳ משה סופר. חידושים לתלמוד ושו״ת.

טור, ארבעה טורים — לרבינו יעקב בן הרא״ש (״בעל הטורים״). ספר הלכות.

טורי אבן — לר׳ אריה לייב ממיץ (״השאגת אריה״). חידושים על התלמוד.

טורי זהב — לר׳ דוד בר׳ שמואל הלוי. פירוש על ״שולחן ערוך״.

יד מלאכי — לר׳ מלאכי הכהן. כללי התלמוד והפוסקים.

יד רמה — לרבינו מאיר הלוי אבולעפיה. חידושים על התלמוד.

ר׳ יהוסף אשכנזי — המובא בשמו ב״מלאכת שלמה״ על המשנה.

רבינו יוסף אבן מיגאש — מחידושיו על התלמוד ומהמובא בשמו.

יורה דעה — חלק מ״ארבעה טורים״ ו״שולחן ערוך״ העוסק באיסור והיתר.

ילקוט שמעוני — לרבינו שמעון מפרנקפורט. לקט מדרשי הלכה ואגדה. מהדורת וארשה, תרל״ח.

ים התלמוד — לר׳ משה יהושע העשיל. חידושים למסכת בבא קמא.

יפה מראה — לר׳ שמואל יפה אשכנזי. פירוש להגדות התלמוד הירושלמי.

יפה עינים — לר׳ אריה ליב יעלין. מראי מקומות והשוואות לתלמוד הירושלמי ומדרשים.

יפה תואר — לר׳ שמואל יפה אשכנזי. פירוש ל״מדרש רבה״.

ים של שלמה — לר׳ שלמה לוריא. ספר הלכה על סדר המסכתות.

כלה רבתי — מן המסכתות הקטנות, עוסקת בענייני נישואין. מהדורת היגער.

כנסת הגדולה — לר׳ חיים בנבנישתי. ליקוט על ״שולחן ערוך״.

כסף משנה — לר׳ יוסף קארו. ביאור ל״משנה תורה״ לרמב״ם.

כפתור ופרח — לרבינו אשתורי הפרחי. הלכות ארץ ישראל.

לחם משנה — לר׳ אברהם די בוטון. פירוש ל״משנה תורה״ לרמב״ם.

ליקוטי הלכות — לר׳ ישראל מאיר הכהן מראדין (החפץ חיים). השלמה להלכות הרי״ף.

ליקוטי תורה — לר׳ שניאור זלמן מלאדי בעל התניא. דרושים בחסידות על סדר התורה ומועדים.

מאירי — ספר ״בית הבחירה״ לרבינו מנחם בן שלמה לבית מאיר. פירוש לתלמוד, ומסקנת ההלכה ממנו.

מגדול (מגדל) עוז — לר׳ שם טוב בן אברהם. ביאור ל״משנה תורה״ לרמב״ם.

מגיד משנה — לרבינו וידאל די טולושא. ביאור ל״משנה תורה״ לרמב״ם.

מגילת סתרים — לרב ניסים גאון. אוסף פירושים, חידושים ותשובות.

מגן אברהם — לר׳ אברהם גומבינר. פירוש ל״שולחן ערוך״ או״ח.

מדרש אגדה — מדרש אגדה על התורה. וינה תרנ״ד.

מדרש איכה — הכוונה ל״איכה רבה״. מדרש אגדה על מגילת איכה.

מדרש ל״ב מדות — מדרש המפרט את דרכי מדרש האגדה.

מדרש משלי — מדרש אגדה לספר משלי. מהדורת ורשא.

מדרש רבה — מדרש אגדה על התורה וחמש מגילות. מהדורת וילנא.

מדרש שמואל — מדרש אגדה לספר שמואל. מהדורת ורשא.

מדרש תהלים — מדרש אגדה לספר תהלים. מהדורת בובר.

מדרש תנאים — מדרש הלכה לספר דברים שהוצא לאור ע״י ר׳ דוד צבי הופמן.

מהרי״ קורקוס — מורנו הרב ר׳ יוסף קורקוס. מפירושו למשנה תורה לרמב״ם ספר זרעים.

מהרי״ט אלגאזי — מורנו הרב ר׳ יום טוב אלגאזי. מפירושו להלכות בכורות לרמב״ן.

מהרי״ל — מורנו הרב ר׳ יעקב מולין. תשובות ופסקים.

מהרי״ק — מורנו הרב ר׳ יוסף קולון. שו״ת.

מהר״ל — מורנו הרב ר׳ ליואי מפראג. מביאוריו לאגדות התלמוד ומספריו.

מהר״ם מלובלין — מורנו הרב ר׳ מאיר מלובלין. חידושים לתלמוד.

מהר״ם מרוטנבורג — מורנו הרב ר׳ מאיר מרוטנבורג. מפירושיו תשובותיו ופסקיו.

מהר״ם שיף — מורנו הרב ר׳ מאיר שיף. חידושים על התלמוד.

מהר״ם שיק — מורנו הרב ר׳ משה שיק. חידושים על התלמוד.

מהר״ץ חיות — מורנו הרב ר׳ צבי הירש חיות. מהגהותיו לתלמוד.

מהרש״א — מורנו הרב ר׳ שמואל אליעזר איידליש. חידושי הלכות ואגדות על התלמוד.

מהרש״ל — מורנו הרב ר׳ שלמה לוריא. מהגהותיו והערותיו לתלמוד, וספרו ״ים של שלמה״.

מחנה אפרים — לר׳ אפרים נבון. חידושים ושו״ת על סדר הרמב״ם.

מכילתא — מדרש הלכה מבית מדרשו של ר׳ ישמעאל לספר שמות. מהדורת הורוביץ.

מכילתא דרשב״י — מדרש הלכה מיוחס לר׳ שמעון בן יוחאי לספר שמות.

מלאכת שלמה — לר׳ שלמה העדני. פירוש וחילופי גירסות למשנה.

מלבי״ם — ר׳ מאיר ליבוש בן יחיאל מיכל. מפירושו למקרא.

מלחמות ה׳ — לרבינו משה בן נחמן (הרמב״ן). הגנה על הרי״ף מפני השגות הרז״ה.

מנחת ביכורים — לר׳ שמואל אביגדור. פירוש לתוספתא.

מנחת חינוך — לר׳ יהושע באב״ד. פירוש ל״ספר החינוך״.

מסכת אבות — ממסכתות המשנה. עוסקת בענייני מוסר ודרך ארץ.

מסכת כותים — מן המסכתות הקטנות, עוסקת בעיקר בענייני נישואין.

מסכת כלה — מן המסכתות הקטנות, עוסקת בהלכות הכותים.

מסכת כלה רבתי — מן המסכתות הקטנות, עוסקת בעיקר בענייני נישואין.

מסכת סופרים — מן המסכתות הקטנות, כוללת דיני ספר תורה ותפילה.

מסכת ספר תורה — מן המסכתות הקטנות.

מסכת עבדים — מן המסכתות הקטנות, עוסקת בענייני עבדים.

מסכת שמחות — מן המסכתות הקטנות, עוסקת בדיני אבילות.

מצפה איתן — לר׳ אברהם ״משכיל לאיתן״. הגהות לתלמוד.

מראה הפנים — לר׳ משה מרגליות. חלק מביאורו לתלמוד ירושלמי ״פני משה״.

מרדכי — לרבינו מרדכי בן הלל הכהן. לקט פסקים ותשובות של חכמי אשכנז על סדר הרי״ף (ע״ע).

מרומי שדה — לר׳ נפתלי צבי יהודה ברלין (הנצי״ב). חידושים על התלמוד.

מרכבת המשנה — לר׳ שלמה מחלמא. חידושים על הרמב״ם.

משך חכמה — לר׳ מאיר שמחה מדווינסק. חידושים על התורה.

משנה ברורה — לר׳ ישראל מאיר הכהן מראדין. פירוש ל״שולחן ערוך״ או״ח.

משנה למלך — לר׳ יהודה רוזאניס. חידושים על ״משנה תורה״ לרמב״ם.

נודע ביהודה — לר׳ יחזקאל לנדא. שו״ת.

נימוקי יוסף — לרבינו יוסף חביבא. פירוש להלכות הרי״ף.

נתיבות המשפט — לר׳ יעקב לורברבוים מליסא. פירוש ל״שולחן ערוך״ (חלק ״חושן ומשפט״).

סדר עולם (רבה) — סדר זמני עולם. מיוחס לתנא ר׳ יוסי בן חלפתא.

סוכת דוד — לר׳ דוד קוויאט. חידושים על התלמוד.

סמ״ק — לרבינו יצחק מקורביל. ספר מצוות.

ספר האשכול — ספר הלכה לרבינו אברהם בר׳ יצחק מנרבונא (הר״א אב״ד).

ספר בן סירא — מן הספרים החיצונים. מובא בדברי חז״ל בהזכרת שמו.

ספר הזכות — לרבינו משה בן נחמן (הרמב״ן). הגנה על דברי הרי״ף מפני השגות הראב״ד.

ספר החינוך — מיוחס לרבינו אהרן הלוי. על תרי״ג המצוות.

ספר הישר — לרבינו תם. ביאורים בתלמוד ופסקי הלכה.

ספר המאור — לרבינו זרחיה הלוי, חידושים על התלמוד והשגות על הרי״ף.

ספר המצוות לרמב״ם — לרבינו משה בן מיימון.

ספר המקח והממכר — לרב האי גאון.

ספר העיטור — לרבינו יצחק בן אבא מארי. ספר הלכה.

ספר העתים — לרבינו יהודה אלברצלוני. ספר הלכה.

ספר הנר — לר׳ זכריה האגמתי. אוסף פירושי קדמונים לתלמוד.

ספר התרומה — לרבינו ברוך מגרמייזא. ספר הלכה.

ספר התרומות — לרבינו שמואל הסרדי. ספר הלכה בענייני ממונות.

ספר יראים — לרבינו אליעזר ממיץ. ספר מצוות.

ספר מאירת עינים — לר׳ יהושע וולק כ״ץ. פירוש ל״שולחן ערוך״ חלק חושן משפט.

ספר מצוות גדול — לרבינו משה מקוצי. על המצוות והלכותיהן.

ספרא — מדרש הלכה לספר ויקרא (״תורת כהנים״).

ספרי במדבר — מדרש הלכה לספר במדבר. מהדורת הורוביץ.

ספרי דברים — מדרש הלכה לספר דברים. מהדורת פינקלשטיין.

ספרי זוטא — מדרש הלכה לספר במדבר דברים. מהדורת הורוביץ.

עיון יעקב — לר׳ יעקב בר יוסף ריישר. פירוש על ״עין יעקב״.

העיטור — ראה: ספר העיטור.

עין יעקב — לר׳ יעקב חביב ממגורשי ספרד. ליקוט אגדות התלמוד. עם פירושים של מחברים שונים.

ענף יוסף — לר׳ חנוך זונדל. פירוש וליקוט על ״עין יעקב״.

עץ חיים — לר׳ חיים ויטאל. ספר קבלת האריז״ל.

עץ יוסף — לר׳ חנוך זונדל. פירוש על ״עין יעקב״.

ערוך — לרבינו נתן בן יחיאל מרומי. המילון התלמודי הראשון.

ערוך השולחן — לר׳ יחיאל מיכל הלוי אפשטיין. ספר הלכה על סדר ה״שולחן ערוך״.

ערוך לנר — לר׳ יעקב עטלינגר. חידושים על התלמוד.

ערוך השולחן העתיד — לר׳ יחיאל מיכל אפשטיין. הלכות שאינן נוהגות בזמן הזה ובענייני זרעים.

פאת השולחן — לר׳ ישראל משקלוב. הלכות המצוות התלויות בארץ.

פורת יוסף — לר׳ יוסף שלופר. חידושים והגהות על התלמוד.

פירוש המשניות לרמב״ם — לרבינו משה בן מימון. נקרא גם ״ספר המאור״.

פלפולא חריפתא — לר׳ יום טוב ליפמאן הלוי הלר. ביאור על הלכות הרא״ש.

פני יהושע — לר׳ יעקב יושע. חידושים על התלמוד.

פני משה — לר׳ משה מרגליות. פירוש על התלמוד הירושלמי.

פסיקתא דרב כהנא — מדרש. מהדורת בובר, ליק תרכ״ח.

פסיקתא זוטרתא (לקח טוב) — לרבינו טוביה ב״ר אליעזר. מדרש על התורה.

פסיקתא רבתי — מדרש. מהדורת איש־שלום, וינה תר״מ.

פסקי ריא״ז — פסקי רבינו ישעיה אהרון זקן מטראני, נכדו של הרי״ד. על סדר התלמוד.

פסקי הרי״ד — פסקי רבינו ישעיה דיטראני על סדר התלמוד.

פסקי מהרא״י — לר׳ איסרלין ישראל בעל ״תרומת הדשן״ (ע״ע).

פרדס רמונים — לרבינו שם טוב ב״ר שם טוב שפרוט. ביאורים להגדות התלמוד.

פרי מגדים — לר׳ יוסף תאומים. פירוש למפרשי ה״שולחן ערוך״.

פרישה — לר׳ יהושע וולק כ״ץ. פירוש על ״ארבעה טורים״.

פרקי דרבי אליעזר — מדרש אגדה מיוחס לר׳ אליעזר הגדול. מהדורת ורשא תרי״ב.

פרקי דרך ארץ — מן המסכתות הקטנות.

פרקי היכלות — ספר קבלה קדום.

פתחי תשובה — לר׳ מאיר אייזנשטט. אוסף מספרי שו״ת על ״שולחן ערוך״.

פתיחתא דאיכ״ר — חלקו הראשון של מדרש איכה רבה.

ציון ירושלים — לר׳ יוסף שאול נתנזון. חידושים על התלמוד הירושלמי.

צפנת פענח — לר׳ יוסף רוזין ״הרוגצ׳ובר״. חידושים על הרמב״ם.

קהילות יעקב — לר׳ ישראל יעקב קנייבסקי. חידושים על התלמוד.

קהלת יעקב — לר׳ יעקב ישראל אלגאזי. בנושאים שונים.

קהלת זוטא — מדרש אגדה לקהלת.

קהלת רבה — מדרש אגדה לספר קהלת. מהדורת וילנא תרמ״ז.

קובץ שיעורים — לר׳ אלחנן וסרמן. חידושים על התלמוד.

קצות החושן — לר׳ אריה ליב הכהן הלר. חידושים ל״שולחן ערוך״ חו״מ.

קרבן העדה — לר׳ דוד פרנקל. פירוש לתלמוד הירושלמי.

קרבן נתנאל — לר׳ נתנאל וייל. על הרא״ש לסדר מועד ונשים.

קרית ספר — לר׳ משה מטראני (המבי״ט). פירוש על ״משנה תורה״ לרמב״ם.

ר״א אב״ד — רבינו אברהם ב״ר יצחק אב בית דין, בעל ספר האשכול.

ראב״ד — רבינו אברהם בן דוד. מפירושו למסכת עבודה זרה ומהשגותיו על הרי״ף ועל הרמב״ם.

ראבי״ה — רבינו אלעזר בן יואל הלוי. מספרו ומהמובא בשמו בספרות חכמי אשכנז.

ראב״ן — רבינו אליעזר בן נתן. מספרו ״אבן העזר״.

ראב״ע — רבינו אברהם (א)בן עזרא. מפירושו לתורה.

רא״ה — רבינו אהרן הלוי. מפירושו למסכת עבודה זרה, ומהשגותיו ״בדק הבית״ על ״תורת הבית״ לרשב״א.

רא״ש — רבינו אשר ב״ר יחיאל. מהלכותיו על סדר התלמוד.

רב האי גאון — מגאוני בבל האחרונים (מדבריו המובאים בספרים שונים וכן מתשובותיו).

רבינו אפרים — לרבינו אפרים תלמיד הרי״ף. הגהות והשגות על הרי״ף, הובאו בספרי הראשונים.

רבינו בחיי — ב״ר אשר. פירוש על התורה.

רבינו גרשום מאור הגולה — מפירושו לתלמוד, מופיע בשולי העמוד בדפוס וילנא.

רבינו חננאל — רבינו חננאל בן חושיאל מקירואן. פירוש על התלמוד.

רבינו יהונתן — רבינו יהונתן מלוניל. פירוש על הרי״ף.

רבינו יצחק — ב״ר שמואל. מבעלי התוספות.

רבינו ירוחם — ב״ר משולם. מספרו ״אדם וחוה״.

רבינו ניסים (ר״ן) — רבינו ניסים בן ראובן גירונדי. מחידושיו על התלמוד ולהלכות הרי״ף.

רבינו נסים (גאון) — מקירואן.

רבינו פרץ — רבינו פרץ מקורביל, מבעלי התוספות.

רבינו תם — רבינו יעקב מרומרוג, מבעלי התוספות. מהמובא בשמו בתוספות וב״ספר הישר״.

רדב״ז — ר׳ דוד בן שלמה בן זמרה. מפירושו ל״משנה תורה״ לרמב״ם.

רד״ל — ר׳ דוד לוריא. הגהות לתלמוד.

רות רבה — מדרש אגדה למגילת רות. מהדורת וילנא.

ר״י אלברצלוני — רבינו יהודה מברצלונה. מתורתו שנשתמרה בעיקר בספרי הראשונים.

ר״י מבירינא — רבינו יהודה מבירינא, מבעלי התוספות. מתוספותיו למסכת עבודה זרה.

ר"י מפאריס — רבינו יצחק (הזקן) מפאריס. מתוספותיו למסכת עבודה זרה.
ר"י מיגאש — ר' יוסף אבן מיגאש. תלמיד הרי"ף. מחידושיו לתלמוד.
ר"י קורקוס — רבינו יוסף קורקוס. מביאורו לספר זרעים לרמב"ם.
ריא"ז — רבינו ישעיה אחרון ז"ל דיטראני. מספר פסקיו על סדר התלמוד.
ריא"ף — ר' יאשיה פינטו. פירוש ל"עין יעקב".
ריב"א — רבינו יצחק בן אשר. מבעלי התוספות.
ריב"ם — רבינו יצחק בן מאיר. או רבינו יצחק בן משה. מבעלי התוספות.
ריב"ש — רבינו יצחק בן ששת. שו"ת.
רי"ד — רבינו ישעיה דיטראני. מתוספותיו לתלמוד ומפסקיו שעל סדר התלמוד.
ריטב"א — רבינו יום טוב בן אברהם אשבילי. מחידושיו לתלמוד.
ריעב"ץ — ר' יעקב בן צבי (עמדין). הגהות וחידושים לתלמוד.
רי"ף — רבינו יצחק אלפסי. ספר הלכה על סדר התלמוד.
ריצב"א — רבינו יצחק בן אברהם. מבעלי התוספות.
רמ"א — ר' משה איסרליש. הגהות ל"שולחן ערוך".
רמב"ם — רבינו משה בן מימון. בעל "משנה תורה" ("יד החזקה").
רמב"ן — רבינו משה בן נחמן. מחידושיו על התלמוד, מספר מלחמות ה' על הרי"ף ועוד.
רמ"ה — רבינו מאיר הלוי אבועלפיה. מהמובא בשמו, בעיקר בחדושי הריטב"א.
ר"ן — רבינו נסים מגירונה. מחידושיו לתלמוד ומפירושו לרי"ף.
רס"ג — רב סעדיה גאון. מספריו ומתוך "אוצר הגאונים".
רע"ב — רבינו עובדיה מברטנורא. פירוש על המשנה.
ר' עקיבא איגר — חידושים והערות על התלמוד ו"שולחן ערוך".
ר"צ חיות — ראה: מהרי"ץ חיות.
ר"ש (משאנץ) — רבינו שמשון בר' אברהם משאנץ, מבעלי התוספות. פירוש למשנה ומהדורה של תוספות.
ר"ש מקוצי — רבינו שמשון מקוצי, מבעלי התוספות. מהמובא בשמו בתוספות.
רשב"א — רבינו שלמה בן אדרת. חידושים לתלמוד.
רשב"ם — רבינו שמואל בן מאיר, מבעלי התוספות. מן המובא בשמו.
רש"ג — רב שרירא גאון, מגאוני בבל האחרונים.
רש"י — רבינו שלמה יצחקי. פירוש על התלמוד ועל התורה.
רש"ש — ר' שמואל שטראשון. הגהות וחידושים לתלמוד.
שאילתות — לרב אחא משבחא. דרשות בהלכה ואגדה לפי פרשיות התורה.
שב שמעתתא — לר' אריה לייב הלר בעל "קצות החשן", בענייני ספיקות.
שוחר טוב — מדרש אגדה לספר תהלים.
שולחן ערוך — לר' יוסף קארו. ספר הלכה (חלקיו: אורח חיים, יורה דעה, אבן העזר, חושן משפט).
שושנים לדוד — לר' דוד פארדו. חידושים על משניות.
שו"ת מהרשד"ם — לר' שמואל די מדינה.
שו"ת מן השמים — לרבינו יעקב ממרוי"ש, מבעלי התוספות. תשובות שנתגלו לו בחלום.
שו"ת רעק"א — לר' עקיבא איגר.
שו"ת רשב"א — לרבינו שלמה בן אדרת.
שיטה מקובצת — לר' בצלאל אשכנזי. אוסף פירושים וחידושים של הראשונים על התלמוד.
שיירי קרבן — לר' דוד פרנקל. תוספות לספרו "קרבן העדה" על הירושלמי.
שיר השירים רבה — מדרש אגדה לספר שיר השירים. מהדורת וילנא תרמ"ז.
שלטי הגיבורים — לר' אברהם ב"ר דוד משער אריה. בענייני המקדש ועבודתו.
שלשלת הקבלה — לר' גדליה ב"ר יוסף אבן יחיא. בענייני הסטוריה.
שמות רבה — מדרש אגדה לספר שמות. מהדורת וילנא תרמ"ז.
שער המלך — לר' יצחק נוניס. פירוש וחידושים ל"משנה תורה" לרמב"ם.
שערי יושר — לר' שמעון שקופ. חידושים.
שפת אמת — לר' אריה לייב אלתר מגור. חידושים על התלמוד.
שפתי כהן — לר' שבתאי כהן. פירוש ל"שולחן ערוך" יו"ד וחו"מ.
תוספות — חידושים על התלמוד מבתי המדרש בצרפת ואשכנז.
תוספות חדשים — ליקוט מדברי האחרונים על המשנה.
תוספות חכמי אנגליה — מהדורה של תוספות.
תוספות יום טוב — לר' יום טוב ליפמן הלר. פירוש למשניות.
תוספות הרא"ש — לרבינו אשר ב"ר יחיאל. מהדורה אחרת של התוספות.
תוספות ישנים — מהדורה אחרת של תוספות.
תוספות רי"ד — לרבינו ישעיה די-טראני. תוספות על התלמוד.
תוספות רעק"א — לר' עקיבא איגר. על משניות.
תוספות רבינו אלחנן — מהדורה של תוספות למסכתות עבודה זרה, לרבינו אלחנן בן ר"י הזקן מדמפיר בעל התוספות.
תוספות שאנץ — מיוחסים לרבינו שמשון משאנץ, מבעלי התוספות. נוסח אחר של תוספות.
תוספתא — תוספת למשנה מדברי התנאים. מהדורת ליברמן.
תוספתא כפשוטה — לר' שאול ליברמן. פירוש לתוספתא.
תורה תמימה — לר' ברוך הלוי אפשטיין. ליקוט מדרשי הלכה על התורה בתוספת הערות.
תורי"ד — תוספות רבינו ישעיה דיטראני לתלמוד.
תורת הבית — לרבינו שלמה בן אדרת (רשב"א). ספר הלכה בענייני איסור והיתר ונדה.
תורת חיים — לר' אברהם חיים שור. חידושים על התלמוד.
תורת כהנים — מדרש הלכה לספר ויקרא ("ספרא").
תיקוני זהר — מהדורת מרגליות.
תלמידי רבינו יונה — חידושים מתלמידי רבינו יונה מגירונה למסכת עבודה זרה.
תנא דבי אליהו — מדרש אגדה. מהדורת איש-שלום.
תנחומא — מדרש אגדה לתורה. מהדורת לוין אפשטיין.
תנחומא בובר — מהדורה אחרת של מדרש תנחומא שהוציא ר' שלמה בובר.
תפארת ישראל — לר' ישראל ליפשיץ. פירוש למשנה.
תרגום אונקלוס — תרגום התורה לארמית.
תרגום יונתן — תרגום לתורה, מובא במקראות גדולות.
תרומת הדשן — לר' ישראל איסרלין. שו"ת ופסקים.
תשב"ץ — תשובות שמעון בן צמח דוראן.
תשובות הגאונים — קבצים רבים של ליקוטי תשובות של הגאונים, ממהדורתו של רבינו יוסף טוב עלם עד למהדורת אסף.

מפתח אישים

שמות האישים הנזכרים במסכת עבודה זרה וציון המקומות שבהם נזכרו

מפתח נושאים כללי

א

ל

מ

ע

פ

צ

ת

השלמות לדף ב,ב

החיים

הרבה מרחצאות עשינו
בתי המרחץ הרומיים (ה — "thermae") היו בחלקם מבנים מפוארים ביותר, ובהם אולמות גדולים (tepidarium), גנים, אמבטיות פרטיות וציבוריות, אגפים שונים של מרחצאות חמים (calidarium) ומרחצאות קרים (frigidarium) ובריכות שחייה ואיצטדיון. מקומות אלו שימשו לא רק למרחץ, אלא כמקום בילוי חברתי.

שרידי מרחץ רומאי מבריטניה

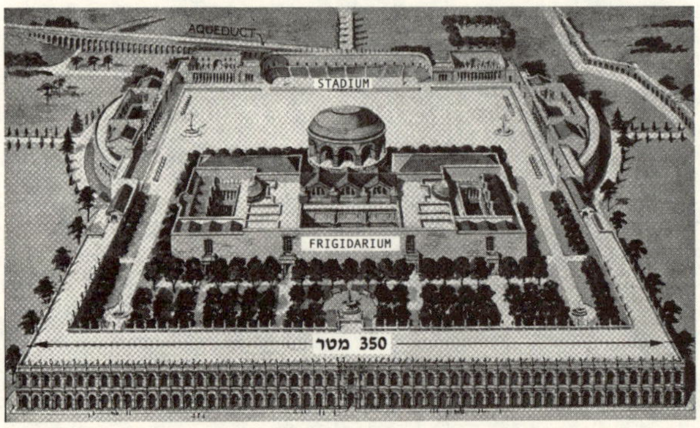

שיחזור בית המרחץ של קרקלה שברומא

מלכות פרס
מלכי פרס (הפרתים, ובמידה רבה גם הפרסים שמשלו אחריהם) השקיעו את רוב מרצם במלחמות. צבא הפרשים הפרסי שהיה עיקר כוחה של פרס לחם מלחמה מתמדת גם ברומאים, וגם בעמים אחרים ממזרח ומצפון.
הגשרים מרמזים לכמה מפעלי בנייה אדירי ממדים שעשו הפרסים, כגון הגשר הענקי על החידקל ליד קטסיפון. המפעלים הללו היו ניכרים ביותר בארץ בבל, שמפני ריבוי הנהרות שבה הוצרכה לבנייה של גשרים גדולים מעל לנהרות הללו.

השלמות לדף ג,ב

העולם

תקופת תמוז
משמעות "תקופת תמוז" כאן היא תקופת הקיץ, למן היום הארוך בשנה (21 ביוני) עד לשוויון היום והלילה הסתוי (21 בספטמבר). כיון שלוח השנה העברי אינו קבוע ביחס למהלך השמש, ייתכן כי תקופת הקיץ נמשכת ומגיעה עד לימי חג הסוכות, ומשום כך מזג האוויר חם יותר בסוכות בשנה מסויימת יותר מאשר בשנים אחרות.

גחלי רתמים

הרותם הוא כנראה הצמח הידוע בשם רותם המדבר (Retama raetam). זהו שיח ממשפחת הקטניות המגיע לגובה של מטר או שניים. לצמח עלים ירוקים קטנים הנושרים בקיץ, כאשר רק ענפיו הירוקים ממשיכים לגדול. לצמח פרחים לבנים ריחניים מאוד, והוא מצוי בכל איזורי הארץ.
הגחלים שעושים משורשי הרותם מצטיינות בטיבן ושומרות את חומן במשך זמן רב.

השלמות לדף ד,א

החיים

מינים
בזמנו של ר' אבהו (סוף המאה ה — 3 לסה"נ) כבר התחזקו כתות המינים, ובעיקר הנוצרים, והיתה להם אחיזה מסויימת בשלטון (ומשום כך יכלו להשפיע על גביית המס מאנשים פרטיים). המינים עסקו הרבה במקרא ובפרשנותו, ולפיכך הרגישו מרומים כאשר התברר להם שרב ספרא לא היה בקי כל כך במקרא.

אישים

רב ספרא
רב ספרא היה מאמוראי בבל בדור השלישי־הרביעי לאמוראים שם.
את רב ספרא מוצאים אנו שהוא נושא ונותן בהלכה כתלמיד־חבר לגדולי החכמים בני הדור השלישי כגון רבה ורב יוסף ועוד, ופעולתו נמשכה גם בזמן תלמידיהם אביי ורבא. כפי הנראה היה רב ספרא סוחר, והיה מצוי גם בארץ ישראל, ושם נשא ונתן עם חכמים כר' אבא ור' אבהו. רב ספרא היה בעיקר מחכמי ההלכה, ולא עסק הרבה באגדה ובמקרא. הוא היה מפורסם במידותיו, בייחוד בהקפדתו על התרחקות משקר בכל צורה.

השלמות לדף ז,ב

העולם

שבת

השבת (שבת ריחני) Anethum graveolens הוא עשב חד (או דו) שנתי ממשפחת הסוככיים.
הצמח מגיע לגובה של 80—50 ס"מ, ולו פרחים צהובים קטנים, ערוכים כסוככים. העלים שסועים לאונות דמויות חוטים. לצמח ריח אופייני. עלי השבת משמשים כתבלין, וכן משתמשים בזרעים ובשמן המופק מהם (בעבר גם כתרופה).
בזמן המשנה היו מגדלים את השבת בגינה. וגם היום מגדלים אותו במקומות מועטים, אולם הצמח גם גדל פרא במקומות שונים.

השלמות לדף ח,ב

לשון

לולניאות (לונכי)
מקור המלה הוא ביוונית λόγχη (לונכי), ומשמעה — רומח, כידון.

חייל רומי ובידו חנית (לונכי), מתקופת התלמוד

החיים

בימי קלפטרא מלכתא
היא המלכה המצרית קליאופטרה (השביעית), האחרונה למלכי מצרים.
נראה שהכוונה היא לכיבושה של מצרים בימי אוגוסטוס קיסר (בשנת 30 — 31 לפני סה"נ), אשר היה למעשה תחילת שלטונה המוחלט של רומי על ארצות המזרח התיכון.
הסנאט הרומי קבע בשעתו את היום הזה (30 באוגוסט שנת 30) ליום חג, ולתחילתו של מנין שנים חדש.
את החג הזה המשיכו לחגוג במשך זמן מסויים, שבאותו יום, כל חמש שנים היו עורכים פולחן לקיסר, ומשחקי קרקס מפוארים.

בימי יוונים
ייתכן כי הכוונה היא לציין נצחונות מכריעים של רומי על היוונים. נצחון מכריע כזה היא בשנת 190 לפנה"ס, בקרב מגנסיה על אנטיוכוס השלישי ("הגדול"). למעשה, מאז התחיל שלטונה העליון של רומא על רוב ארצות המזרח התיכון.

תלתין ותרין קרבי וכו'
קשה לברר את מספר הקרבות (או המלחמות) שניהלו הרומאים כנגד היוונים. אולם מלחמות רבות היו בין אנשי רומי ויוון (מלחמת פירוס, מלחמת אנטיוכוס, מלחמת פתטוס) שלעתים ניצחו בהם היוונים. רק לאחר שנים רבות (יותר ממאתיים שנה) של מלחמות הוכרעה הכף סופית לטובת הרומאים.

חנות
ממקורות שונים נראה כי באיזור הר הבית היה איזור חנויות, שאולי היה מצוי למרגלות צידו המערבי של הר הבית, ולשם גלתה הסנהדרין.

השלמות

אישים

ר׳ יהודה בן בבא
ר׳ יהודה בן בבא היה מן התנאים שפעלו בתקופה שבין חורבן הבית וחורבן ביתר. תחילת לימודו היתה עוד בימים שהיה המקדש קיים, ואולם היה פעיל בעיקר בתקופה בה היה מרכז הסנהדרין ביבנה, ודברי תורתו ועדויותיו נזכרים במקורות שונים.
ר׳ יהודה בן בבא היה מפורסם בחסידותו, ואמרו כי בכל מקום שנזכר "מעשה בחסיד אחד" הרי זה או ר׳ יהודה בן בבא או ר׳ יהודה בן אלעאי.
לפי חשבון הזמנים האריך ימים, ובעת מותו היה כנראה כבן תשעים שנה או יותר.

העולם

אושא ושפרעם

אושא היתה עיר בגליל התחתון ובמשך זמן מסוים היה בה אף מקום מושב הסנהדרין. בימינו קיים באיזור כפר ערבי בשם הושא.
שפרעם היתה עיירה בגליל התחתון (עמק זבולון) אליה עברה הסנהדרין מאושא. כיום מצויה במקום עיירה דרוזית נוצרית.
המרחק בין המקומות הוא כ־3 ק״מ באיזור הררי. יש מסורת המצביעה על מערת ר׳ יהודה בן בבא באמצע הדרך במקום שלידו כתובת יוונית המציינת את תחום השבת מאושא.

השלמות לדף י,א

החיים

שאין מושיבים מלך בן מלך
במשך שנים רבות התנהל כך השלטון הרומאי. מאז מלכותו של הקיסר נרוה (96-98 לסה״נ) היה זמן מלכותם של הקיסרים המאומצים, וכן של הקיסרים האנטונינים. לבד מיוצאים מן הכלל היו כל הקיסרים אנשים שונים שאומצו על ידי הקיסרים שקדמו להם. מצב זה נמשך למעשה עד לזמנו של הקיסר דיוקלטינוס (284).

שאין להם לא כתב וכו׳
הרומאים היו אומה חדשה יחסית, ולשונם היא הלשון הלטינית שאותה קיבלו משכניהם־קרוביהם הלטינים. גם הכתב הרומאי אינו שלהם, וכנראה הוא שינוי צורה של הכתב האטרוסקי.

על ידי שאלה מוקמי
בתוך התקופה שבה לא מלך קיסר בן קיסר היו כמה קיסרים יוצאים מן הכלל, שהוצרכו לתמיכתו של הסנט (ושל הצבא) כדי להמליך את בניהם. דוגמה אחת כזו היא של הקיסר קומודוס (192 — 180 לסה״נ) שנעשה קיסר אחרי אביו מרקוס אורליוס (180 — 161). ואכן יש סבורים שאנטונינוס הנזכר בתלמוד הוא מרקוס אורליוס (אנטונינוס).

אסוירוס בר אנטונינוס
יש סבורים כי אנטונינוס הוא הקיסר הידוע בכינוי קרקלה, ששמו האמיתי היה מרקוס אורליוס אנטונינוס (מלך 217 — 211 לסה״נ). הוא אכן היה ידוע ביחסו הקרוב ליהודים. בימיו הוענקה אזרחות רומית לכל תושבי האימפריה (בשנת 212), וסיפורים על יחסיו הטובים עם היהודים מסופרים על ימי ילדותו. יש סבורים כי הכוונה לקיסר ספטימוס סוורוס (משל 211 — 193) אביו של קרקלה, שאף הוא היה ידידותי ליהודים, והוא אכן המליך את בנו לקיסר. כאמור לעיל, יש אחרים הסבורים כי הכוונה למרקוס אורליוס אנטונינוס (180 — 161).

טיבריא קלניא
קלניא הוא מן הלטינית colonia, מושבה. הכוונה בדרך כלל למושבה של חיילים רומיים משוחררים. עיר שקיבלה מעמד של קולוניה היו לה זכויות יתירות על שאר הערים הכבושות, ובניהן שחרור ממסים, כך ש״קלניא״ הפך לביטוי לחופש, שחרור. ואכן טבריה נעשתה קולוניה כפי שניתן ללמוד מן המטבעות של עיר זו בתקופת הקיסר אלגבלוס (222 — 218 לסה״נ).

השלמות לדף י,ב

לשון

מטרוניתא
צורה ארמית של הלטינית — matrona גבירה, אשה חשובה. בזמן המשנה היו ברומי הרבה נשים ממעמד האצולה שהיו אוהדות את היהדות והיהודים, ואחדות מהן אף התגיירו.

קמוניא
יש סבורים כי מקורה של המלה הוא במקום ברומא Gemoniae scalae, שהיה מדרון שבו היו סוחבים בווים את הנידונים למות (בוגדים וכיוצא בהם).

העולם

גרגירא

הגרגר הקרוי עתה בן חרדל מצוי .Eruca sativa L הוא עשב חד שנתי בגובה 60 — 15 ס״מ. העלים נאכלים חיים כסלט. לפרחי הגרגיר צבע צהבהב ובהם עורקים סגולים. בימי הבית השני היו משתמשים בפירות הגרגר כתחליף לפלפל.
הצמח גדל בתרבות ובצדי דרכים בכל אזורי הארץ פרט לנגב.

כוסברתא

בעברית כוסבר, ובלשון המקרא גד. הכוסבר (.Coriander sativa L) הוא עשב חד־שנתי שגובהו 50 — 30 ס״מ. העלים מחולקים לנימים דקות. הפירות כדוריים וקוטרם כ־4 מ״מ. הפירות וכן גם הצמח הירוק כולו משמשים כתבלין שיש לו ריח וטעם אופיניים. בזמננו אין מרבים לגדל את הכוסבר, אבל הוא גדל בר בשדות בכל איזורי הארץ הצפוניים.

כרתי

הכרתי (Allium porrum) הוא ירק מאכל הקרוב מבחינה בוטנית לבצל ולשום. עליו הפחוסים והשטוחים (30/5 ס״מ) יוצרים כעין גבעול.
בימינו נאכלים העלים כרגיל מבושלים, כתבלין במרק ובשר. אולם במזרח עדיין נאכל הכרתי חי. לדעת המפרשים ה״חציר״ הנזכר כמאכל תאווה של יוצאי מצרים (במדבר יא, ה) הוא הכרתי, שאכן הופיע במצרים העתיקה כירק גינה.

אישים

אנטונינוס בן אסוירוס

הכוונה כאן כנראה לקיסר מרקוס אורליוס אנטונינוס המכונה "קרקלה" (מלך בשנים 217 — 211 לסה״נ), בנו של הקיסר ספטימוס סוורוס, ראה לעיל בהשלמות לדף י,א.

קטיעא בר שלום
נראה שגר צדק זה הוא הסנטור הרומי, Flavius Clemens אשר לפי מקורות אחרים התגייר (הוא ואשתו) בימי הקיסר דומיטיאנוס (96 — 81 לסה״נ). קיסר זה היה קשה ביותר ביחסו ליהודים ולמתייהדים, ומשום כך גם פקד להוציא להורג אותו ואת אשתו.
ייתכן כי השם "בר שלום" הוא כעין תרגום של השם Clemens שמשמעותו היא — עדין, רחום.

אדרכן
אדרכן זה הוא המלך האחרון של הממלכה הפרתית, ארטבן הרביעי (ראה גרסות), בפרסית Ardavan ואצל היוונים Ἀρτάβανος (ארטבנוס).
במשך כל זמן מלכותו היה ארטבן מעורב במלחמות רבות, עם אחיו (שהחזיק במשך שנים בחלק מן הממלכה), עם הרומאים (שנצחם במלחמה בשנת 216 לסה״נ), ולאחר מכן עם מייסד השושלת הסאסאנית אדרשיר הראשון. ארטבן נהרג במלחמה בשנת 224 לסה״נ.

מכמה מקומות בתלמוד נראה כי ארטבן היה מצוי ביחסים קרובים עם חכמי ישראל, ובייחוד היה קשר ידידות הדוק בינו ובין האמורא רב, עד שכמתואר כאן, רב אמר במותו של ארטבן כי "נתפרדה החבילה". במקומות אחרים מסופר שם על חילופי המתנות בינו ובין ר' יהודה הנשיא מראים (נוסף לצד הפוליטי שהיה בדבר) על יחס הכבוד שלו ליהדות ולחכמי ישראל.

השלמות לדף יא,א

לשון

אפיפיורא
מן היוונית πάπιας (פאפיאס) פקיד הממונה על השערים וכיוצא בהם.

דוכסא
מן הלטינית dux וביוונית המאוחרת δούκας (דוכאס) שהוא דרגת אצולה.

קומא
מן הלטינית comes, תואר אצולה גבוה, שאחר כך הגיע לשימוש בשפות אירופיות רבות.

החיים

ניפיורא נקט נורא וכו'
סדרים אלה נרמזים עוד בימי הקיסרות הרומית, והיו מצויים (ומתועדים הרבה) בחצרות הקיסרים הביזנטיים. בחצר המלוכה הביזנטית היו חמש דרגות של אצולה זו למעלה מזו, וייתכן כי הסדרים (וכן הדרגות השונות) אף השתנו במשך הדורות.

מיתה שיש בה שריפה
את הביטוי "מיתה שיש בה שריפה" ניתן להבין בשני אופנים: האחד — המנהג, שנהג גם בישראל (כמתואר כאן) לשרוף לכבודו של המת (המלך או הנשיא) וכסימן של אבילות, חפצים יקרים. טכסים כאלה הקשורים למוות, עשויים להיקשר, וגם נקשרו, בענייני עבודה זרה ובפולחני שאול שונים.
אופן אחר של שריפה הוא שריפת המת עצמו. ברומא, למשל, היו במשך דורות רבים שורפים את המתים (ורק לעתים רחוקות קוברים אותם). שריפה זו, כשלעצמה, לא היתה טכס פולחני, אלא דרך של טיפול בגוויה. ואולם, למן זמנו של יוליוס קיסר נעשה מנהג רווח שהקיסר המת היה מועלה לדרגת אליל על ידי הסנט. במקרים אלה לא רק שהגוויה היתה נשרפת בטכס חגיגי מיוחד (כאשר כעין סימן לדבר היו משחררים עיט, שיתעופף במרום), אלא היה זה במהותו טכס פולחני־דתי.

שבעים מנה צורי
מטבע צורי הוא מטבע בערכים הגדולים, שכל ערכיו היו גדולים פי שמונה מ"מטבע מדינה", שהיו לו אותם שמות, אבל בערך קטן בהרבה.
כדי להעריך במידה מסויימת את גודל הסכום אפשר לומר שהיה זה שווה ערך למשכורת של פועל במשך עשרים שנה ויותר.

העולם

חזרת וצנון
שני צמחים אלה אינם מזינים ביותר, ועיקר שימושם הוא לשם תיאבון. הרופאים הרומיים המליצו הרבה על אכילת צנון כתרופה לכמה חוליים.

קישות
הקישות (הקרויה בימינו מלפפון) ידועה כמאכל שאינו מתעכל היטב. דברים אלה אמורים בעיקר בקישואים (מלפפונים) גדולים, שלא רק שערכם התזונתי מעט אלא גם אינם מתעכלים בקלות. קישות צעירה היא גם מזינה יותר וגם מתעכלת בצורה טובה יותר.

אישים

אונקלוס בר קלונימוס
על אונקלוס מסופר במקום אחר שהיה ממשפחת הקיסרים הרומית, בן אחותו של טיטוס. וכן מסופר עליו, שהיה תלמידם של ר' אליעזר ור' יהושע ותירגם על פיהם את התורה. נחלקו הדעות בדבר אונקלוס הגר, אם הוא זהה עם עקילס Aquila שלפי הירושלמי תירגם את המקרא ליוונית.
תרגום אונקלוס נחשב לתרגום מדוייק, המכוון למסורת ישראל ולהלכה.

השלמות לדף יא,ב

החיים

הנחת בלוריתו
הנוהג הפולחני של גידול הבלורית, הקדשתה ("הנחת בלוריתו") וגזיזתה לכבוד עבודה זרה ("העברת בלוריתו") היה קשור בעיקר בפולחן האלילה המצרית איסיס, ובנה הורוס הרפוקראטס. באותם ימים התפשטו בכל רחבי האימפריה הרומית כמה וכמה דתות סינקרטיסטיות, שצירפו את הפולחנים והאלילים המקומיים עם אלילי המזרח, ופולחן איסיס היה נפוץ בכל האימפריה הרומית (עד גרמניה). אחת מן הדרכים של פולחן איסיס והורוס היה גידול שערות (שכנראה גולחו מסביב, ונשארו כעין צמה), ולאחר מכן גזיזת השיער והקרבתו בטכס חגיגי.

עוד אחרת יש להם
החג הזה הוא כנראה החג הקרוי ברומא Ludi saeculares (משחקי המאה), והיה נועד מתחילתו להיות נחוג אחת למאה שנה. אולם בפועל עשו אותו לעתים קרובות יותר. ידוע כי בחג זה היו מכריזים: איש לא ראה אותם ולא יראם עוד לעולם.
אין אנו יודעים את פרטיה של חגיגה זו, אך מן הסתם היו חגיגות מיוחדות אלה מלוות במשחקי קרקס, בהצגות תיאטרון ובתהלוכות פומביות מסוגים רבים.

בית נבו
נבו היה אליל בבלי שהיה נחשב כממונה על האמנות הכתיבה והנבואה, ושמו הוא חלק משמותיהם של מלכי בבל השונים (כמו נבוכדנצר). המקדש היה בעיר בורסיף (הסמוכה לבבל העתיקה) ושם היה מגדל גדול שהיה משמש מקדש לאליל הזה.

תרעתא שבמפג
תרעתא היא האלילה שבמקורה היתה סורית ונקראה עתרעתא, ומקדשה המרכזי היה בעיר הסורית הקרויה במקורות לטיניים Mabbog (כיום Mambidj). דמותה של אלה זו מצויה על הרבה מטבעות של אותה העיר.

צריפא שבאשקלון
משערים כי שם זה רומז לפולחן של האליל סְרָפִּיס, שהתקיים סמוך לאשקלון, במקום הנקרא ח'רבת א'שריף — על שם סרפיס.

נשרא שבערביא
משערים כי הכוונה היא לפולחן האליל המרכזי של הנבטיים שהיה קרוי דושרא, והיו עובדים לו בערביא — היא הפרובינציה הרומאית שכללה בעיקר את מדינת הנבטים.

מטבע מבצרה, בירת "פרובינקיה ערביה", ועליו מזבח דושרא

יריד שבעין בכי
עין בכי היא כנראה המעין של העיר בעל־בק שבלבנון (שנקראה בזמן הרומאים Heliopolis). במקום זה נבנו מקדשים מפוארים של אלילים אחדים, ופולחנם היה כנראה תדיר, במשך השנה כולה. יש משערים כי יריד כאן הוא חג מיוחד שהיה נקרא "הירידה אל המים".

נדבכא שבעכו
יש שגורסו כאן "נתברא", אולי כלשון של גנאי (כמובן שבירה). ואולי היה זה מדבחא=מזבח, שהיה מקום פולחן קבוע בעיר עכו.

נדבכא שבעין בכי

שרידי מקדש יופיטר בבעל־בק
במרכז התמונה ניתן לראות את שרידי המזבח ("נדבכה שבעין בכי").

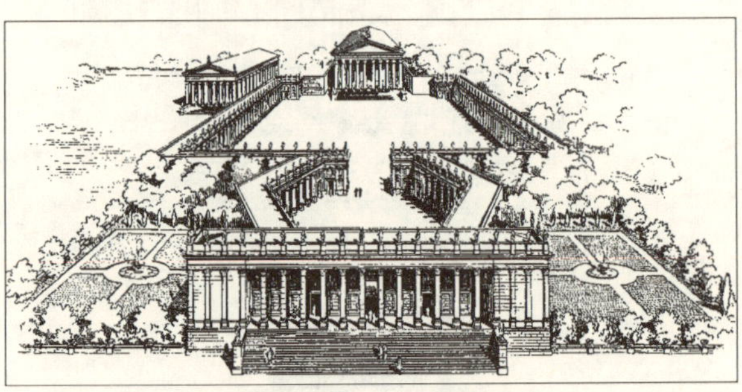

שיחזור מקדש יופיטר שבבעל־בק (מבט ממזרח)
במרכז הרחבה הגדולה מצוי היה המזבח.

השלמות לדף יב,ב

החיים

עלוקה
עלוקה היא תולעת מים (מן המשפחה Hirudinea). תולעים אלה שאורכן (לפי המינים השונים) הוא 15 — 2 ס"מ, הן בעיקר טפילים מוצצי דם. בהיותן קטנות הן דומות למדי לחוט, ההולך ומתעבה ככל שהן מוצצות דם. המשתמשים בעלוקות לצורך הקזת דם.
לעלוקות יש כרגיל שני כפתורי הדבקה בשני קצות גופן. במרכז הכפתור הקדמי מצויות בחלק מן העלוקות לסתות משוננות, שבהן הן עושות חתך בגוף בעל־החיים שהן נטפלות אליו. בסוג ידוע של עלוקה — העלוקה הרפואית — השתמשו (ומשתמשים) להקזת דם. בארץ ישראל מצויה במעיינות ועוד עלוקת היאור (Limnaytus nikotic) הנטפלת גם לבני אדם השותים מים ממקורות אלה, וכדי להמיתה היו משתמשים במים חמים ובחומץ.

בלע זיבורא
עקיצת הצרעה מכאיבה ביותר, ובניגוד לדבורה צרעה יכולה לעקוץ פעמים אחדות. ארס הצרעה עלול להביא אנשים (במיוחד אלה שיש להם רגישות לכך) לסכנת חיים. בליעת צרעה מסוכנת משום שהיא נשארת בוושט ועוקצת במקום שיש בו כלי דם מרובים, דבר העלול גם לגרום להתנפחות ולחנק.

השלמות

השלמות לדף טו,ב

לשון

קולרין
מקור המלה הוא ביוונית κολλάριον (קולריון) ובלטינית kollare. כעין עול שהיו קושרים בצוואריהם של אסירים או בעלי חיים.

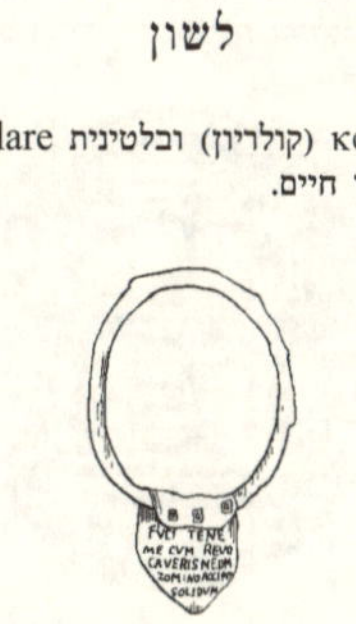

קולר רומאי של אסיר

תריסין
מקור המלה הוא ביוונית θυρεός (תו׳ריאוס) ובין משמעויותיה — מגן מוארך.

חייל רומאי ובידו השמאלית תריס

השלמות לדף טז,א

לשון

בסילקי
מן היוונית βασιλική (בסיליקי) ופירושו: בנין גדול, מלכותי ששימש כמקום משפט. לבסיליקי היתה צורה מיוחדת של בניה — בנין על גבי שורות של עמודים, כאשר חלקו המרכזי של הבנין מוגבה יותר כדי לתת מקום לאור להיכנס ברווח בין הגגות.

שיחזור של הבסיליקי של טריינוס ברומא
(נבנתה בשנת 90 לסה״נ)

שיחזור הבסיליקה של פטר ברומא
בציור זה ניתן לראות את המבנה הכללי של הבסילקי.

גרדום
מקור המלה הוא בלטינית gradus (או בנטיה gradum) שמובנה הראשוני: מדרגות, אבל הושאלה למדרגות שלפני מושב השופט הרומי. ייתכן שיש כאן גם השפעה של הנוהג הרומי להשליך נידונים למוות מן הסלע (ואף בלטינית יש מובן דומה לביטוי — tollere in gradum).

איצטדייא
מקור המלה הוא ביוונית στάδιον (סטאדיון) שהוא מידת אורך, ועיקר שימושו לאיצטדיון, מקום שנערכים בו מירוצים או משחקי ספורט ובכלל זה מופעי מלחמה של בני אדם, או של חיות בבני אדם (ראה: קרקסיאות בהשלמות דף יח, ב).

בימוסיאות
לפי נוסח זה מדובר בצורת הרבים של בימוס — מצבה, מזבח, ואולם הנוסח ״דימוסיאות״ נראה עדיף הרבה בהקשר של המשנה. ולפי זה הוא מן היוונית δημόσια (דימוסיא) שענינה: דבר השייך לציבור, ובכלל זה מבנים ציבוריים. דימוסיאות הן לפיכך בנייני ציבור בכלל, ובלשון חכמים נתייחד למלה זו המובן של מקום מעיינות מרפא.

פירכוס
מקור המלה הוא כנראה ביוונית, ויש הצעות שונות לדבר, יש משערים שהיא מן היוונית φρίξις (פריכיס) שבין מובניה: צמרמורת, רעידה. ולענייננו הוא תנועתם של איברי הגוף לאחר שחיטה. כאשר יש תנועה כזו (בעיקר תנועת עווית של השרירים) הריהי מוכיחה כי היצור שנשחט היה בריא למדי כדי לשמור את הרפלכסים הללו.

החיים

כיפה

את פסלי האלילים היו מניחים כרגיל בתוך גומחה מיוחדת בקירות המבנים הציבוריים. הגומחה העשויה ככיפה היא לפיכך המקום המיוחד לעבודה זרה.

השלמות לדף יז,ב

החיים

דשתיא ודערבא
חוטי השתי והערב של האריגים לא היו דומים לחלוטין זה לזה. כיון שחוטי השתי מחזיקים את מסכת הארג בעודו נארג היו טווים את החוטים הללו דקים וחזקים יותר, ואילו חוטי הערב היו עבים ופחות מעובדים. ההבחנה בין סוגי החוטים הללו היא מבחן בסיסי ביותר למי שעוסק באריגה.

בי אבידן
בי אבידן נזכר כמה פעמים בתלמוד, וחכמים שונים ניסו להסביר הן את עיקר המובן, והן את מקור המלה. למרות הצעות לשוניות שונות (מן היוונית ומן הפרסית ועוד) נראה כי המלה היא כנראה עברית או ארמית. יש סבורים שהיא שם של אדם, או אליל כלשהו. ויש סבורים שהיא שינוי של שם לצורה המזכירה ענין של אבדן וכליון.
ר״ח מסביר כי בי אבידן היה מעין לשכה בתוך בית עבודה זרה, שבה היו יושבים חכמי העיר ודנים בענייני חכמה ודת. נראה כי מקומה של לשכה זו וגם נושאי הדיון והמשתתפים בו גרמו לכך שחכמים נמנעו מלהשתתף באסיפות אלה, אף כאשר היו מוזמנים אליהן.

גזרו עליו לשריפה
מיתת שריפה היתה מצויה בחוקי העונשין של רומא, אך לא היתה נפוצה (ובוודאי לא בעיר רומי עצמה). מכל מקום מסתבר כי העונשים החמורים (מיתת שריפה לעבריין העיקרי, מיתת הריגה — כנראה בסייף לאשתו המסייעת, וקלון לבתו הפנויה) היו ממיני העונשים שבהם דנו אנשים שעברו עבירות חמורות, ובכללם אלו שנחשדו במעשי כשפים.

אישים

ר׳ חנינא (חנניא, חנניה) בן תרדיון
תנא, מן הדור הרביעי־חמישי לתנאים.
מעט מדבריו נזכרים במשנה, וכן בשאר מקורות תנאיים. ר׳ חנינא חי בעיר סיכני (סיכנין) בגליל העליון, ושם היתה לו ישיבה גדולה, והוא היה כנראה רבו של ישוב זה. מכמה מקורות יש ללמוד שהיה גבאי צדקה, והיה מפזר אף ממון עצמו לעניים. בזמן גזירות השמד שלאחר מרד בר־כוכבא לא נכנע ר׳ חנינא והיה מרביץ תורה ברבים, למרות שהיתה בכך סכנת מוות. הוא אכן נתפס על ידי השלטונות ונידון למוות, וכפי שמסופר כרכוהו בספר תורה ושרפוהו עם ספר התורה. במדרשים ובפיוטים הוא נזכר כאחד מעשרה הרוגי מלכות. ידוע כי היו לו שני בנים ושתי בנות. בנו האחד נהרג על ידי השלטונות. כמבואר להלן אשתו נידונה למוות, ועל בתו גזרו שתהיה בקובה של זונות. מפורסמת בתו ברוריה, שהיתה גדולה בתורה כאחד התנאים, וכמבואר להלן היתה אשתו של התנא ר׳ מאיר.

השלמות לדף יח,א

אישים

ר׳ יוסי בן קיסמא
תנא, מן הדור החמישי לתנאים, דור תלמידיו של ר׳ עקיבא.
ר׳ יוסי בן קיסמא חי כנראה בטבריה, ושם לימד תורה לתלמידיו. ידוע לנו שם בנו — ר׳ יוחנן.
לא נשארו לנו מדברי תורתו בהלכה, אבל יש כמה מאמרי אגדה הנזכרים בשמו בתלמוד ושאר מקורות.
מכמה מקומות עולה כי היה נחשב כאדם קדוש שיכול לומר מה יהא בעתיד, ומן הסתם היתה זו הסיבה שר׳ חנינא בן תרדיון בא להתייעץ עמו.
לפי דבריו לר׳ חנינא בן תרדיון, כמו גם מן העובדה שגדולי רומי השתתפו בהלווייתו, מסתבר כי היה ידוע ביחסים טובים עם השלטונות.

השלמות לדף יח,ב

לשון

בלורין
יש מסבירים שהיא המלה היוונית φλυαρος (פלי׳ארוס) דברי שטות, טפשות. ומכאן בחילוף פ—ב בלורין, אותם המדברים דברי שטות וטפשות כדי להצחיק.

סלגורין
יש בנוסחאות גם סגילרין. אולי מן הלטינית Sigillaria, שהוא ההמשך של חג הסטורנאליה (ראה לעיל ו,א), שהיו בו הרבה מעשי צחוק וליצנות. הסלגורין הם איפוא משתתפיה של חגיגה זו, וכל העושים כמעשיה.

השלמות

טרטיאות

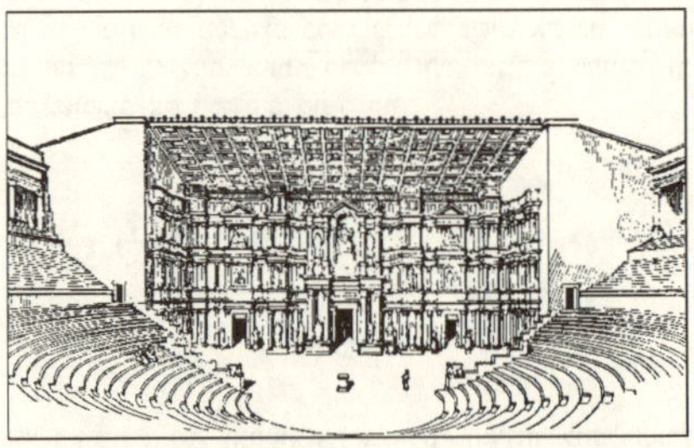

שרידי תיאטרון רומאי מן העיר אורנג׳ שבדרום צרפת (למעלה) ושיחזור תיאטרון זה (למטה)

קרקסיאות

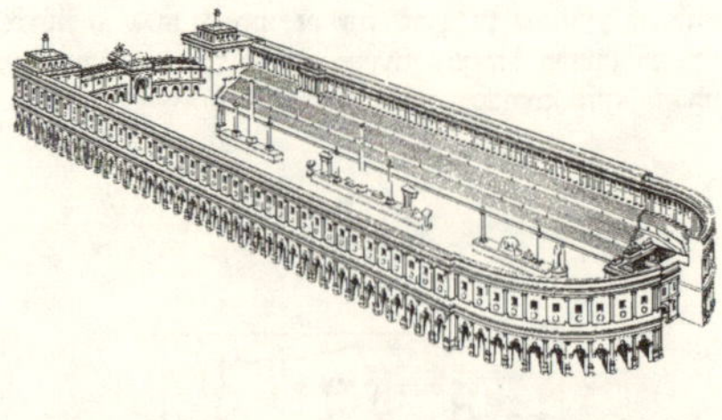

שיחזור הקרקס הגדול (Circus Maximus) ברומא, שאורכו הגיע לכ—600 מטר. קרקס זה הוא מעין חיקוי של האיצטדיון היווני שבאתונה.

שיחזור של הקוליסאום שברומא

הקוליסאום, הידוע גם כאמפיתיאטרון של הפלביאנים, הוא מבנה עצום בממדיו שנבנה במשך 12 שנה, ובתוכו יש מרחב פנוי לקרקס ולמירוצי סוסים.

החיים

מעשה דברוריא
מעשה זה שאינו מבואר בתלמוד בשום מקום, הוא אחד מן האזכורים של מעשים שונים שהיו ידועים בזמנם של חכמים, ומסיבות שונות לא פירשום. וראה ברש״י מסורת על עניינו של מעשה ברוריה.

הנחשים והחברים
לפי רש״י הנחשים הם העושים מעשי נחש, שהוא סוג של כשפים. וכיוצא בהם החברים שגם הם בגדר המכשפים (״חובר חבר״ במקרא). ייתכן שמדובר באנשים שהיו עושים מעשי להטים בפני ההמון. או אולי באנשים הנלווים לקרקסים וכיוצא בהם שהם מנחשים עתידות עבור הקהל.

צווח ומציל
משחקי הלודרים (גלדיאטורים) ברומי היו קרבות בין אנשים, וכרגיל היה המנוצח מומת בידי המנצח. אולם לפעמים היה המנוצח מבקש חנינה, ומנהל המשחקים — לפי תגובת הקהל — היה מציל אותו ממוות. משום כך מציאותו של אדם ש״צווח״ בתוך הקהל יכולה לשנות את גורלו של המנוצח, ולהצילו ממוות.

ציור קיר מפומפיי בו נראה גלדיאטור שנוצח מבקש את רחמי ה״שופטים״ והקהל

השלמות לדף כד,ב

עיזא דקורקוסא
קורקוסא הוא כנראה מן היוונית κίρκος (קירקוס) או κρίκος (קריקוס), שמשמעו — עיגול, דבר עגול, טבעת. ובין מובניו — גלגל המשמש לדישה.

זהו מורג מזמן המשנה (שכמותו מצוי עד היום) המורכב משלוש שורות של גלגלים משוננים, ועל גביו מקום ישיבה לנוהג את הבהמות.

השלמות לדף כח,ב

לשון

אסנא
לפי הערוך זהו מין תמרים, וכן יש באשורית שם דומה למין דקל. וכן יש בלטינית senns, והוא מין תמרים שמשתמשים בהם לרפואה.

קירא
מקור המלה ביוונית κηρός (קירוס) או בלטינית cera — שעווה.

אספסתא
מקור המלה הוא בפרסית aspast והוא מספוא לסוסים.

ברחא
הכוונה לתיש, עז זכר. יש סבורים שמלה זו קרובה לפרסית הבינונית varrak. וכן יש כיוצא בו בערבית, אבל אין זיהוי זה ברור.

זריף
יש סבורים שזה במשמעות הארמית של עשיית פצע, סדק. ויש אומרים שהוא קשור לערבית نوف (זרף) במובן של הוסיף, הכביד, כלומר: שהדבר מכביד ומוסיף על פציעה ראשונה.

שורייני
מקור המלה הוא כנראה בערבית شريان (שריאן) ומשמעו — גידים.

סילוא
משמעות המלה היא כמו הערבית سلا (סולאא) = קוץ של דקל, והם העלעלים הקטנים בכפות התמרים, המתקשים לאחר זמן ונעשים קוצים דוקרים שפגיעתם מכאיבה מאד. נראה כי בלשון המשנה זו היא מלה ״סול״, ואולי היא קשורה ללשון מקרא ״סלון״ (יחזקאל ב, ו. כח, כד) שמשמעה גם כן קוץ דוקר.

סמטא
יש מסבירים את מקורה ביוונית σημᾶτιον (סמטיון) שהיא הקטנה מן σημᾶσία (סמסיא) שהיא סוג של נפיחות או שאת, ובה מתרגמים השבעים את המלה ״צרעת״.

חמה
נראה שהוא מן הסורסית חאמא, שהוא ממיני הצנון (צנון ארוך, שטעמו קרוב לטעם לפת).

החיים

מעלין אזנים
כפי שמסביר רש״י, מדובר כאן במצב שבו נשמטת הלסת התחתונה ממקומה, וצריך להחזירה למקומה. כיון שהאזנים מצויות סמוך למפרק הלסת, נזכר הדבר כהעלאת אזנים.

שורייני דעינא
עצב הראיה קשור במישרין עם המוח, ובמובן מסויים הוא חלק מן המוח עצמו. ומשום כך המאמר שגידי העין קשורים למרכז החיים עצמו (״הלב״). דלקת המגיעה עד לעצב הראיה, לא רק שעלולה לגרום לכהות עינים עד לעיוורון מוחלט, אלא עלולה להשפיע גם על המוח.

לכוחלה
את התרופות לעין (ובינהן השתמשו גם בכוחל, שבגלל האנטימון שיש בו שימש גם כגורם מחטא) היו מנסים להכניס לעין עצמה על ידי מכחול, ולכן טיפול זה בעין בהכנסת סממנים אל תוכה נקרא כחילה.

השלמות

העולם

אהלא

אהל הגבישים

צמחים אחדים הקרויים אהל מצויים בארץ ישראל, אחד מהם הוא אהל הגבישים Mesembryantnemum cristalimum L. שהוא צמח חד שנתי הגדל בשרון ובשפלה בסלעים ובחומות הפונים לצד הים. בשל השלפוחיות הנוצצות שעליו הנראות כגבישים נקרא אהל־גבישים. צמח זה מכיל כמות ניכרת של סודה, שהיו משתמשים בה לכביסה ולרחיצה.

השלמות לדף כט,א

לשון

ניניא
רש״י ורבים אחרים סבורים כי ניניא הוא נענע (בערבית نعنع נענע) שהוא צמח המנתה־נענה (Mentha), צמח בושם ממשפחת השפתניים שמשתמשים בו גם בימינו לבישום משקאות ועוד. ויש סבורים כי ״נענע״ לחוד ו״ניניא״ לחוד, וכי הניניא היא אחד ממיני האמיתה (Ammi sp.) ממשפחת הסוככיים.

כודא
זו היא כנראה מלה בארמית־סורסית, שעניינה כנראה זיבת דם ממושכת שבאה לאשה לאחר לידה.

תרוודא
מלה זו מצויה גם בסורסית ובארמית, והיתה בשימוש גם בערבית. נראה כי מקורה הוא בשפה בלתי ידועה, שממנה הושאל מונח זה. התרווד הוא מעין כף גדולה, שעל ידה היו שואבים נוזלים מן הקדירה.

החיים

סיסין

צמח הסיסין (בבונג) על פרחיו

הסיסין הינו (לדעת הגאונים) הבבונג הדו־גוני Matricaria chamomilla ממשפחת המורכבים. זהו צמח חד־שנתי ריחני, הגדל בר גם בארץ, שעליו גזורים לכמה אונות. הפרחים ערוכים בקרקפות שעלי ההיקף בהן לבנים והעלים המרכזיים צהובים. גם בימינו משמש צמח זה לרפואה, ומכינים מפרחיו משקה המשמש לריפוי הפרעות בדרכי העיכול והצטננות, וכן להחשת ריפויִם של פצעים חיצוניים שונים.

וקיבת והרת
חלקים אלה, שבזמן התלמוד לא היו נאכלים הרבה (שהיו בגדר ״בני מעיים״ שאכלום רק עניים, ובשעת הדחק) מכילים ויטמינים וחומרים אחרים שאינם מצויים בחלקי הבשר הנאכלים על ידי הכל (שהם כרגיל בשר שרירים ושומן).

השלמות לדף כט,ב

לשון

תרפות
בירושלמי ובמקומות אחרים מסבירים את תרפות במלה היוונית תוריבס, שהיא מן היוונית θόρυβος (תורו׳בוס), שעניינה המולה, התקהלות היוצרת המולה. מסתבר כי מדובר כאן בחגיגה רעשנית הנעשית במקום מיוחד שהיה מוקדש לפולחן זה. ייתכן שמדובר בפולחני דיוניסוס או פולחני מסתורין אחרים, שהיו מגיעים לידי השתוללות והפקרות המוניות.
גם אם יש מקור יווני למלה זו, הרי ודאי הצורה ״תרפות״ היא עברית, והיא קשורה למשמעות ״תורפה״ במובן של ערווה, בושת. וכך ביטאו את המלה היוונית בצליל שיש לו משמעות מבזה.

החיים

נודות

את הנודות עושים מעורות שלמים שהופשטו מבעלי חיים שונים. בנודות השתמשו למטרות רבות, בעיקר כדי להחזיק בהם חפצים שונים ומיני מזונות. כשהשתמשו בנוד כמיכל של נוזלים (מים, יין או שמן) היו מקפידים בדרך כלל להפשיט את עור הבהמה בלי לנקבו, ולא חתכו ממנו את עור הרגליים. באחת הרגליים היו תוחבים שפופרת (בדרך כלל של קנה) שממנה היו שופכים את המשקים מתוך הנוד.

השלמות לדף ל,א

לשון

עסיא
מקור המלה הוא ביוונית Ἀσία (אסיא) שהיא הכינוי המיוחד לחבל הארץ הקרוי אסיה הקטנה. כמו כן היה חלק מאסיה הקטנה שאורגן במסגרת של פרובינציה רומית בשם אסיה. בדברי חכמים נראה שהכוונה היא למחוז מסויים (אולי קיליקיה) בתוך חבל ארץ זה.

דאקרים
יש שהחזיקו בגרסה זו שלפנינו, ואף פירשה שדרך יין שמחמיץ שעולה כעין קרום על פניו, והוא ענין ״דאקרים״. אכן, לגרסות אחרות (וכן של הערוך) הנוסח הוא: דאקריס, ויש שפירשה מן הלטינית acris — חמוץ, ואחרים סבורים שהוא מן היוונית ὀξηρός (אוקסירוס) — דבר מעין החומץ.

העולם

בי עכבורי

מקומה של בי עכבורי (עכברי) הוא דרומית־מזרחית לצפת, במקום הקרוי עד היום בשם עכברא.

אישים

אבלט
חכם נכרי זה היה מקורב ביותר לשמואל ומסופר בתלמוד פעמים אחדות על פגישותיהם בתכיפות ושיחותיהם בענייני חכמה. אף נראה כי אבלט ידע והוקיר את מנהגי ישראל. שיחות בינו ובין חכמי ישראל מובאות גם בתלמוד הירושלמי. אף כי אין אנו יודעים על מוצאו של אבלט, הרי לפי שמו (כנראה ״אובאליט״ המצוי כאחד המרכיבים גם בשם סנבלט) נראה שהיה בבלי.

השלמות לדף ל,ב

החיים

לא ירחץ וכו׳
הזהירות מפני מגע עם ארס הנחשים תלויה במידה מסויימת בסוג הנחשים. רוב הנחשים הארסים בארץ ישראל וסביבותיה הם ממיני הצפע, וארסם מורכב בעיקרו מאנזימים. ארס זה אינו פועל על העור, אלא בעיקר על מקומות שיש בהם פצע וחדירה לכלי הדם (בין שנעשתה על ידי נכישת הנחש, ובין בתוך סריטה המצויה בגוף קודם לכן). עם זאת, יש גם מיני נחשים שארסם הוא רעל עצבים, היכול לחדור לגוף גם דרך העינים, ומשום כך רחיצת הפנים במים שיש בהם תערובת ארס עלולה לגרום להרעלה.

שונרא
חתולים מסוגלים לצוד נחשים ולאכול אותם. יכולתם של אלה (ושל יצורים אחרים הצדים נחשים) לעשות זאת תלויה בעיקר בזריזותם. אולם יש מקום להניח כי יש לבעלי חיים מסויימים (ובמידה מסויימת גם לחתולים) חסינות מסויימת כלפי ארס הנחשים. ובדרך כלל, אם אין בורשט ובקיבה פצעים אין ארס הנחש יכול להזיק למי שבולע אותו.

השלמות

העולם

שחליים

השחליים הקרוי בימינו שחליים תרבותי, (.Lepidium sativum L) הוא צמח חד־שנתי בעל עלים ירוקים־כחלחלים, המגיע עד לגובה של כ — 60 ס״מ. פרי השחליים השחוק משמש כתרופה, משתמשים בו גם כתבלין בקדירה או בסלט, ולצורך זה משתמשים בענפי הצמח. כאן מדובר כנראה על פרי השחליים כשהוא שחוק ומעורב ביין או במים.

של בחור שוקע

ארס נחשים טיפוסי כבד קצת ממים ומשום כך הוא שוקע בהם. עם זאת הדבר תלוי בריכוז הארס, ואם יש בו אחוז מסויים של נוזל אחר לא ישקע בקלות.

פעילותו של ארס הנחשים תלויה בכללה במינו ובגילו של הנחש הנושך, וכמו כן משתנה כמות הארס המופרשת בכל פעם.

כל כמה שמזקינים וכו׳

בעלי חיים מסויימים, ובוודאי נחשים ודגים, אין להם זמן מוגדר של סיום גידולם, ולפיכך הם מוסיפים וגדלים כל ימיהם. לעתים הזריזות והמרץ נפגמים עם הזמן, אבל כוחו של בעל חיים התלוי בגודלו ובשרירין גדל עם הזמן.

השלמות לדף לא,ב

העולם

מרגואן

אין אנו יודעים היכן בדיוק היה מקום זה, אבל יש איזור בשם דומה בפלך חוראסן שבמזרח אירן. בגלל ריחוקו של המקום ממרכזי היהודות מובן משום מה לא סמך החכם על מנהגיהם.

מרורא דכשותא

צמח הכשות (Humulus lupulus), המשמש עד היום כתבלין וכתוספת לשיכר, מכיל חומרים אלקלואידים וטנינים, ובוודאי הם מסייעים לפרק את ארס הנחש המצוי במשקה.

כל השרצים יש להן ארס

השרצים אינם שייכים כולם למחלקה זואולוגית מסויימת, ובכוללים סוגים שונים של יצורים קטנים. חלק מאלה (כגון מיני צפרדעים, עקרבים, נדלים) הם ארסיים ממש (אף כי רק לעתים רחוקות ארסם מסוגל להרוג בני אדם).

השלמות לדף לג,ב

החיים

מאני דקוניא

כפי הנראה מן התלמוד "מאני דקוניא" הם כלי חרס המכוסים בזיגוג מסויים. זיגוג זה נעשה מחומרים שונים (יש זיגוג שחור, אדום וירוק) ומשום כך היו הבדלים בין הזיגוגים השונים עד כמה הם סופגים מן הנוזלים שבכלים.

קערת חרס מדורא אירופוס בבבל, מתקופת התלמוד, מצופה בזיגוג אדום.

כד חרס מדורא אירופוס מצופה בזיגוג ירוק, ניתן להבחין בהבדל בין החרס המזוגג והבלתי מזוגג.

השלמות לדף לד,ב

החיים

עקולי ופשורי

הדרך מצור לעכו אינה עוברת ליד חוף ישר וחלק, אלא יש סמוך לים כמה וכמה מקומות הבולטים ויוצאים החוצה, כיפים ושפכי נחלים. ומשום כך, אף שדרך האניות בימים ההם היה לנסוע סמוך ככל האפשר לחוף, מכל מקום בדרך זו הוצרכו להתרחק מן היבשה על מנת שלא להיתקל במכשולים השונים, ולכן לא היה קל למצוא מקום מעגן נוח בסביבה.

השלמות לדף לה,ב

לשון

פלייטין

מקור המלה הוא בלטינית folliatum שהוא שמן (או משחה) מבוסם הנעשה מתמציות עלי ופרחי בושם שונים.

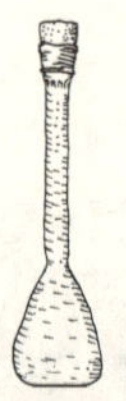

צלוחית של פלייטין מתקופת המשנה

העולם

חלתית

החילתית, שורש, גבעול ועלה

החילתית .Ferula assafoetida L הוא צמח רב שנתי ממשפחת הסוככים. לצמח שורש עבה, וגבעול מסועף עלים. החילתית מגיעה עד לגובה של 3 — 2 מטרים. מקום גידולה בעיקר באפגניסטן וסביבותיה. הצמח גדל במשך שנים אחדות עד הגיעו לפריחה וליצירת פירות, ולאחר מכן הוא מת.

מן השרף המצוי בשורשי הצמח מפיקים את החילתית. החילתית שימשה ומשמשת עד היום כצמח רפואה בצורת אבקות, משחות, גלולות ועוד, הן למחלות מעיים והן לחיזוק מערכת העצבים. במקומות מסויימים משתמשים בחילתית אף כתבלין. אכילת חילתית בכמות גדולה ממחצית הגרם מסוכנת ועלולה לגרום להרעלה.

חלב טהור חיור

בין חלבם של בעלי חיים שונים יש הבדלים, הן ביחס שבין המרכיבים השונים שבחלב, והן בצבעו של החלב. חלבם של בעלי החיים הטמאים המצויים — סוסים וחמורים — אינו לבן לגמרי, ולכן ניכרת תערובת של חלב ממקור כזה.

חלב טהור עומד

חלבם של בעלי חיים טמאים מכיל אחוז גבוה יותר של סוכרים מאשר חלבם של טהורים. משום כך אין תהליך ההגבנה מצוי בהם, וכאשר הם מחמיצים אינם יוצרים גבינה אלא תסיסה אלכוהולית.

נסיובי

כאשר יש הגבנה בחלב מתגבש בעיקר הקזאין שבחלב, וחלק מסויים מן החלב (מים ושאר חומרים) אינם מגיעים לידי הגבנה. הנוזל הנשאר לאחר שכל הקזאין התגבן נקרא בארמית "נסיובי".

השלמות

השלמות לדף לח,ב

לשון

קפלוטות
מקור המלה הוא ביוונית κεφαλωτός (קפלוטוס) שמשמעה ראש, ראש קטן והוא כינוי ל״ראש״ המעובה של צמח הכרתי.

כרתי (כרישין)

קפריסין

מקור המלה ביוונית καππαρις (קפריס) שמשמעה — הצלף או פרי הצלף.

העולם

שבלילתא (תלתן)

התלתן קרוי בימינו גרגרנית יוונית (חילבה) .Trigonella Foenum-graecum L זהו צמח נמוך (פחות ממטר) ממשפחת הקטניות. לצמח גבעולים חלולים ושעירים בעלי עלים משולשים בצבע ירוק בהיר ופרחים לבנים. הפרי נתון בתרמילים דקים (עד 15 ס״מ) ובהם זרעים שטוחים (בגודל של 5 מ״מ בערך). הצמח מגודל בדרך־כלל עבור זרעיו המשמשים למאכל ולהכנת תבלינים רבים. גם הענפים הצעירים משמשים למאכל (תבלין לקדירה) כשהם מבושלים. בארצות שונות משתמשים בתלתן גם כמספוא וגם לזיבול.

השלמות לדף לט,א

לשון

כטפסטיס
יש סבורים שמקור המלה הוא ביוונית ξιφίας (כסיפיאס), הוא דג החרב, שאכן ידוע שמשיר מקצת קשקשיו מחוץ למים, והיה נושא לכמה מחלוקות בהלכה.

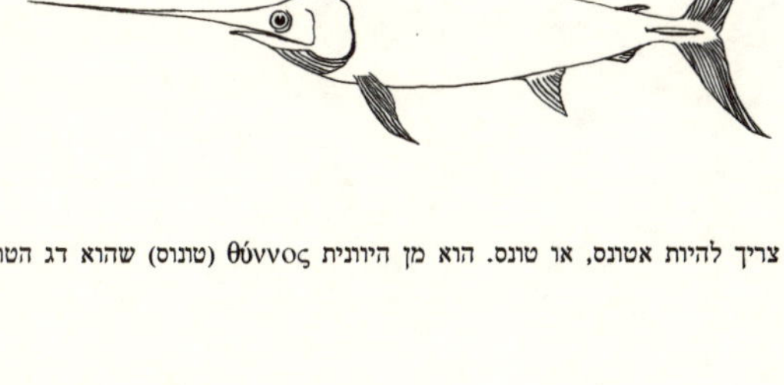

אוטנס
כנראה צריך להיות אטונס, או טונס. הוא מן היוונית θύννος (טונוס) שהוא דג הטונה.

אספמיא
ייתכן כי אספמיא זו, המוזכרת כאן, היא מדינת ספרד, ששמה ביוונית Ισπανία (איספניא) ובלטינית Hispania. ואולי הכוונה לגדולה מבין שלוש הפרובינציות הרומיות ששלטו שם, H. Tarraconensis, שכללה את רובה של ארץ זו.

החיים

חמרא דימא
אין אנו יודעים את זהותו של דג זה. בימינו קוראים כך לדג הקוד (Gadus morhua), דג טהור שממנו מפיקים, בין השאר שמן דגים.

תורא דימא
אין זהותו ברורה, ייתכן שזהו אחד ממיני הבאטיים (ראה להלן) שלאחדים מהם זיזים בראשם, כעין קרניים.

צלופחא

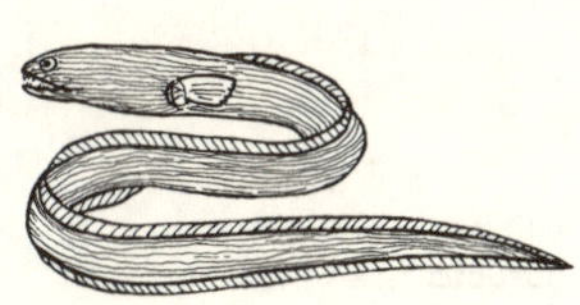

זהו הדג הקרוי גם בימינו צלופח (.Anguilla sp). דג מוארך הדומה בתבניתו לנחש ומשולל קשקשים. יש כמה דגים טהורים הדומים לו בתבניתם הכללית, והם שייכים למשפחות דגים שונות.

באטי

מקור המלה הוא כנראה ביוונית Βάττος (באטוס), אחד מן הדגים ממשפחת הבאטיים (Batoida). אלה הם דגי סחוס, הקרובים לכרישים. המייחד אותם הוא צורתם השטוחה, כאשר עיניהם נמצאות בצד העליון של הגוף. דגים אלה הם בעיקר דגי ים, יש מהם דגים גדולים מאד, ואחרים קטנים יותר. דגים אלה הם כולם דגים טמאים.

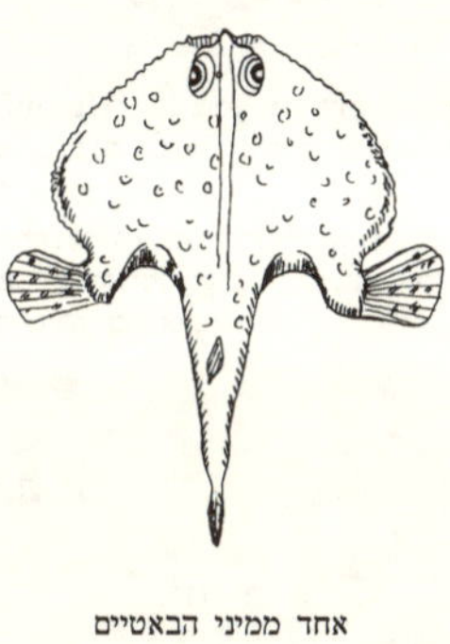

אחד ממיני הבאטיים

האידנא דקא שפכי וכו׳
בבבל היו במשך כל הדורות כורים תעלות מים גדולות, הן לצורך השקיית השדות והן לצורכי תעבורה. משום כך, נהרות מסויימים שלא היו קשורים זה בזה נתחברו במשך הזמן. מובן כי בגלל זרימתם של מים נוספים ודגים המצויים בהם משתנה המצב האקולוגי באותו נהר, ושוב אין לסמוך על הכללים שנקבעו ביחס אליו בעבר.

החיים

קשרי מוכס
במשך דורות רבים (במקומות שונים, עד סמוך לדורות האחרונים) היו המכסים שבמדינה נמסרים על ידי השלטונות לחוכר מכס, והוא היה גובה את המכס בשם השלטונות, ומשלם עבור כך סכום קצוב מסויים. חוכר המכס הראשי היה מוסר את תפקידי הגבייה לחוכרי משנה, שעל פי סידור דומה — היה עליהם לשלם סכום קצוב מסויים לחוכר הראשי. היות שגביית המכס היתה ענין של עסק, שהמוכס היה מרויח ממנו ככל שהרבה לגבות, היה בכך פתח להרבה מאד מעשי עושק וגזל מצד המוכסים. המוכס היה רשאי מצד אחד לוותר לגמרי של תשלום המכסים לידידיו, ומן הצד האחר, להחמיר בגביית מכס מאנשים אחרים, ומשום כך נחשב סתם מוכס כגזלן ורשע.
נראה כי ״קשרי מוכס״ היו מעין תג שעל ידו היו מסמנים (כעין המקובל היום בעוסקים בתפקידים מיוחדים, כגון שומרים או אנשי רפואה) את מי שהיה מוכס, שיש לו זכות לגבות את המכס.

השלמות

השלמות לדף מג,א

החיים

דמות מניקה
דמויות של אלילות מניקות מצויות לרוב מאותם הזמנים. רבים סבורים כי דמות זו של מניקה היא הדמות של האלילה (המצרית במקורה) איסיס, שפולחנה התפשט לכל רחבי האימפריה הרומית. בפסלים וציורים רבים היא נראית מניקה את בנה.
ויש סבורים, שדמות המניקה קשורה בגיסה, שהיא לפי המיתולוגיה היוונית המניקה את האליל דיוניסוס, שפולחנו היה נפוץ ביותר בסביבות ארץ ישראל.

ציצין בין פרקיו

בציורי הדרקונים מכל העולם (בין שהם בעלי כנפיים ובין שאינם בעלי כנפיים) מבחינים בין צורת הדרקון לבין נחש סתם הן בגודלו היוצא דופן של הדרקון, והן במערכת של ציצין — בליטות שונות המצויות על כל גופו, או לפחות על צווארו של הדרקון.

צורות לבנות
כאשר היו העדים באים להעיד על החודש, הרי הם מעידים שראו את הירח החדש. וכדי לאמת את עדותם היו חוקרים אותם לגבי פרטים שונים (הגובה הנראה של הירח מעל הקרקע ועוד). ובין השאר היו שואלים אותם על צורת הירח שראו. דיוקו של דבר זה חשוב במיוחד כי בסוף החודש יש לירח צורה של חרמש דק, כמו בראשית החודש. אלא שכיוונו של הירח הוא הפוך בראש החודש ובסופו, וצריך לברר אם אכן ראו העדים את מולד הירח או את הירח הישן בסוף החודש. כמו כן פעמים שאנשים רואים פיסת ענן ומדמים שהוא הירח, אבל הרבה פעמים צורתו אינה יכולה להיות של ירח ממשי במקום זה. אנשים שאינם בעלי לשון מדוייקת לא יכלו לתאר היטב מה שראו ולכן היו עושים עבורם צורות שיכלו לזהות אותם ולומר כיצד ראו.

השלמות לדף מט,ב

החיים

כרכר

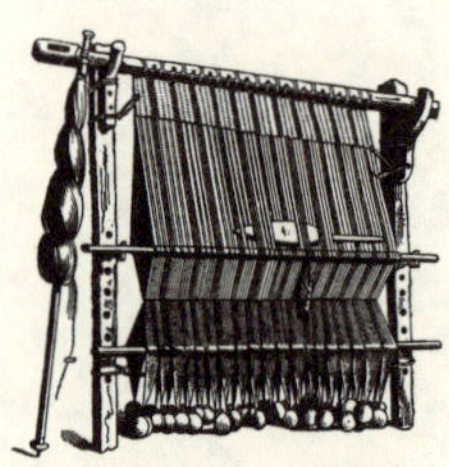

בוכייר ומקל אורג על גבי נול יד קטן. מתוך ציור יוני

הבוכייר אשר חוטי הערב כרוכים עליו נראה מונח כאן בצד מקל האורג שבו הוא שובט ומיישר את חוטי השתי.

מרקוליס
מקור השם הוא שמו של האליל הרומי Mercurius, המקביל לאליל היווני הרמס (השינוי של ר—ל הוא נפוץ, ואולי נעשה גם במקצת כוונה כדי שלא לקרוא בשמו). ויש סבורים כי הכוונה בדברי חכמים בדרך כלל לפולחן של מרקוריוס הליופוליטנוס, שהיה אליל מקומי סורי שקיבל השפעה יוונית — רומית.
אליל זה נחשב בעיני עובדיו, בין השאר, כמגן על הנוסעים בדרכים (וכן על הסוחרים וכו׳). ומשום כך היו מעמידים פסלים שלו בצמתי דרכים. לעתים קרובות לא היה זה פסל שלם, אלא ראש אבן של האליל על גבי מצבה (מבנה שהיה קרוי ״הרמה״). כדרך של פולחן היו משליכים לעבר הפסל צרור אבן, כך שבמשך הזמן היה מצטבר גל אבנים גדול, שהיה נחשב כחלק מן האליל עצמו.
מן המשנה ומקורות אחרים נראה כי פעמים שלא היה שם פסל כלל, אלא היו מציבים רק גל סמלי (שלוש אבנים, שתי אבנים זו בצד זו ואחת על גביהן) כסמל לאליל זה, ואחר כך היו נוהגים בו מנהג פולחן.

השלמות לדף נב,ב

החיים

הדרייאנא טוריינא
הכוונה כנראה למטבעות שטבעו הקיסרים אדריינוס Hadrianus (מלך בשנים 138—117), והקיסר טריינוס (Trajanus) שמשל לפניו בשנים (117—98).

מטבע מימי טריינוס

מטבע מימי אדריינוס

מטבע זה הוטבע ב״איליה קפיטולינה״, העיר שהקים אדריינוס על חורבות ירושלים, ומסתבר הדבר, איפוא, שהחומר ששימש למטבעות אלו הוא כספה וזהבה של ירושלים.

השלמות לדף סט,א

החיים

מגופת חבית

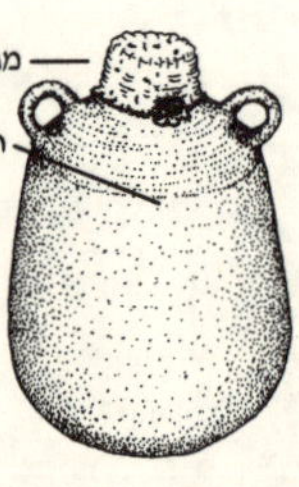

מגופה של חבית יין מתקופת התלמוד

מגופת החבית היתה מעין פקק של חרס שבו היו סותמים את פיה (הצד למדי) של חבית היין. מגופה זו היתה בעצם כלי לעצמו, אלא שבזמן העברת היין ממקום למקום, או כאשר היו שומרים אותו לאחסון במשך זמן ממושך, היו מדביקים מסביב טיט, כדי לאטום לגמרי את פי החבית. כשהיה צורך לפתוח את החבית היו מסירים (שוברים) את כיסוי הטיט, וחולצים את המגופה.

לגין
הלגין הוא כלי שכרגיל נעשה מחרס ושימש להחזיק בו משקאות על גבי שולחן ולמזוג מהם לכוסות (כמו השימוש המודרני בכדים או בבקבוקים). קיבולם של הלגינים היה כ—2 או 3 ליטרים לכל היותר.

לגין עשוי מזכוכית מתקופת התלמוד

השלמות לדף עו,ב

אישים

שבור מלכא

מטבע ועליו דמותו של שבור מלכא הראשון

שבור מלכא (במקור — Shahpuhr) הוא שמם של מלכים פרסיים אחדים.
כאן מדובר כנראה בשבור הראשון, בנו של מייסד השושלת הסאסאנית.
שבור מלכא זה המשיך בהצלחה את המלחמה ברומי, כבש את העיר נציבין והגיע עד סוריה. בשורה של פשיטות ומלחמות לעבר סוריה הצליח לבסוף בקרב ליד אדסה לא רק לנצח את קיסר רומי ולריאנוס אלא גם לקחתו בשבי ולהחזיקו במאסר עד מותו. שבור מלכא בנה, על ידי שבויי המלחמה הללו, ערים וסכרים חשובים.
מבחינת השקפותיו בעניני פנים נראה כי היתה לו עמדה סובלנית כלפי דתות שונות. כפי שרואים כאן, ידע את מנהגי ישראל ונהג בהם כבוד.

מסכת

הוריות

מן

תלמוד בבלי

עם כל המפרשים על הדף כאשר נדפס
מקדם ועם הוספות חדשות כמבואר
בשער השני

נדפס מחדש עם ביאור
הרב עדין אבן-ישראל (שטיינזלץ)
בעיה"ק ירושלים תובב"א
תשפ"ב

הוצאת קורן ירושלים
עבור
המכון הישראלי לפרסומים תלמודיים
ירושלים

הוריות

מן

תלמוד בבלי

עם פירוש רש"י, תוספות, מסורת הש"ס, עין משפט (מראה מקומות הדינים בפוסקים הראשונים), **ונר מצוה** (סמני מנין הדינים שנסמנו בעין משפט), **ותורה אור,** כל אלה סידר וחיבר הג"מ יהושע בועז ז"ל בעה"מ שלטי הגבורים להרי"ף. **חלופי גרסאות.** הגהות לש"ס והוספות במסורת הש"ס ועין משפט להג"מ **יוסף שמואל** ז"ל אבד"ק פפד"מ (כמש"נ בש"ס אמ"ד ופפד"מ בשנות תע"ד-תפ"א), והגהות ותוספות מראה מקומות להג"מ **ישעיה** (פיק) **ברלין** ז"ל אבד"ק ברעסלויא, ומוקפים בחצאי רבוע. **הגהות הב"ח** להג"מ יואל סירקש ז"ל אבד"ק קראקא (בעהמ"ס בית חדש). **הגהות הגר"א** להג"מ אליהו ז"ל הגאון מוילנא (הוגהו ונתקנו ע"פ כי"ק מגליון הש"ס שלמד בו וזכינו למסכתות רבות ממנו). **מראה יחזקאל** הגהות להג"מ יחזקאל הלוי לנדא ז"ל אבד"ק פראג (בעהמ"ס נודע ביהודה כו'). **מעשה ר"ב** הגהות להג"מ בצלאל רנשבורג ז"ל (בעהמ"ס הורה גבר). **גליון הש"ס** להג"מ עקיבא איגר ז"ל אב"ד דק"ק פוזנן.

כל אלה נסדרו בסדר חדש בהשלמת השמטות הצנזורה ובהדגשת דיבור המתחיל ברש"י ובתוספות.

ועליהם נוספו במהדורה זו מאת הרב עדין אבן-ישראל (שטיינזלץ), בסדר ובעריכה חדשים בצד דפי הגמרא

פירוש חדש פירוש חדש המביא את כל לשון התלמוד מנוקד ומפוסק ומבאר כל פרט בהבנת המלים והתוכן ובהסברת דרך המשא והמתן שבתלמוד. בתוך הפירוש - תרגום מלא, מילולי ותוכני, באותיות מיוחדות, של כל לשון ארמית המצויה בתלמוד.

מבואות וסיכומים לפני כל פרק, ולאחריו, דברי הסבר כלליים וסיכומי דברים, וכן הסברת בעיות מיוחדות וסוגיות מרכזיות המופיעות באותו פרק.

עיונים מבחר שיטות ופירושים של הראשונים והאחרונים, דרכי פירוש נוספות, העמקת דברים, בירור מושגי יסוד, וביאור דרכי המחשבה.

אורח ההלכה מסקנת ההלכה בנושאים הנידונים בתלמוד, מדברי התלמוד עד לפוסקים האחרונים.

מסורת הש"ס מקבילות לנאמר במסכת מן המשנה והתוספתא, מן התלמוד הבבלי והירושלמי וממדרשי ההלכה והאגדה, בתוספת מרובה על מסורת הש"ס שעל הדף.

גרסות שינויי הנוסחות החשובים להבנת הענין, מכתבי-יד, קטעי ה"גניזה", דפוסים ישנים וממקבילות בספרי הראשונים.

אישים תיאורים קצרים של אישים המוזכרים בתלמוד, דמותם וקורות חייהם.

לשון ביאורן והבנת מקורותיהן של מלים משפות זרות המוזכרות בתלמוד.

העולם תיאורים ותמונות של בעלי חיים וצמחים המוזכרים בתלמוד.

החיים תיאורים, תמונות ורישומים של חפצים שהשתמשו בהם בימי התלמוד. תיאור דרכי החיים והרקע ההיסטורי של המאורעות.

תוספתא בסוף המסכת - התוספתא למסכת, מפוסקת פיסוק מלא, בצירוף מראי מקומות למסכת, ופירוש קצר להבהרת עניינים וביטויים סתומים.

איורים תרשימים ותצלומים, מעולם החי, הצומח וממצאים שנחשפו, הבאים להאיר ולהסביר את העניינים שמדובר בהם בתלמוד.

מפתחות בסוף המסכת מפתחות מפורטים של הנושאים, הפסוקים, המונחים, האישים וכו' המופיעים בה.

לעזי רש"י ביאור כל הלעזים המובאים בפירוש רש"י.

הוצאת המכון הישראלי לפרסומים תלמודיים ירושלים

עורך ראשי: הרב עדין אבן ישראל (שטיינזלץ)

עורכים – מסכת עבודה זרה: הרב יהונתן אליאב, הרב אהוד גולדברג, הרב דניאל אליאב

עורכים – מסכת הוריות: הרב אהוד גולדברג, הרב יהונתן אליאב, הרב דוד אלעזר, ר׳ ברוך גולדברג

גרסות למסכת הוריות: ד״ר דוד ליינס

עימוד ואיורים: מיכאל אטקין

ייעוץ היסטורי־ארכיאולוגי למסכת עבודה זרה: ד״ר עמנואל פרידהיים

מרכז המערכת: מאיר הנגבי

הספר יצא לאור בסיוע משרד המדע, התרבות והספורט – מנהל התרבות

ובסיוע קרן MATANEL

תלמוד בבלי מנוקד – מהדורת קורן
מבואר ומתורגם ע״י הרב עדין אבן ישראל (שטיינזלץ)
מסכתות עבודה זרה והוריות
מהדורה עברית גדולה

The Koren Talmud Bavli with Classic Vilna Format opposite the Steinsaltz Page
Commentary by Rabbi Adin Steinsaltz
Masekhetot Avoda Zara and Horayot
Hebrew Edition, Large

עמודי ווילנא: ״תוים הוצאה לאור״
ת״ד 7847 ירושלים
עמודי הביאור: ״ספרי מילתא״
ת״ד 1458 ירושלים

Vilna pages: Tavim Publishing
POB 7847 Jerusalem
Commentary pages: Milta Books
POB 1458 Jerusalem

הוצאת קורן ירושלים בע״מ
ת״ד 4044 ירושלים 9104001
טל׳: 02-6330530 פקס: 02-6330534
www.korenpub.co.il

Koren Publishers Jerusalem Ltd.
POB 4044, Jerusalem 9104001, ISRAEL
Pob 8531, New Milford, CT 06776-8531, USA
www.korenpub.com

מסת״ב 978-965-301-510-4

ISBN 978-965-301-510-4

נדפס בישראל 2022

Printed in Israel 2022

פתיחה למסכת הוריות

מסכת הוריות עוסקת בשגגות ששוגגים בית הדין וגדולי ישראל ובקרבנות שעליהם להביא ככפרה על שגגתם.
כבר שאלו חכמים[1] מפני מה מצויה מסכת זו, שעניינה בדיני הקרבנות[2] בסדר נזיקין, ולא במקום הראוי לה בסדר קדשים. ועיקר הטעם הוא משום שאף מסכת זו היא כהוספה והשלמה למסכת סנהדרין. לאחר הלכות הדיינים ובתי הדין (ובפרט בית הדין המרכזי, הסנהדרין הגדולה), דרושה השלמה בענין טעות בית הדין. שהרי מטבע האדם לא יימנע שלעולם לא ישגה, ולכן באה מסכת זו הדנה בשגגת בית הדין ובדרכי הכפרה על שגגה זו[3].
דיני קרבנות הכפרה של העם כולו ושל אישים מיוחדים בו נזכרים בתורה בשני מקומות (ויקרא פרק ד, א—לה. במדבר טו, כב—כט). וחז״ל מסבירים כי הפרשה הראשונה מדברת בשגגה של כל אחת מן המצוות, ובפרשה השניה מדובר בשגגה בעבודה זרה בלבד.
שגגת הקהל כולו, האמורה בכתוב בלשון ״ואם כל עדת ישראל ישגו ונעלם דבר מעיני הקהל״[4] או ״והיה אם מעיני העדה נעשתה לשגגה״[5] מתפרשת בהכרח לענין הוראה שגויה לציבור, שכן יחיד עשוי לעשות דבר בין מתוך אי ידיעת ההלכה, בין מתוך שכחה או אי ידיעה של הזמן והמקום שהוא מצוי בו (כגון ששכח שהוא שבת). ואולם שגגתו של ציבור שלם יכולה להיות רק כאשר מנהיגי הציבור (״עיני העדה״ לפי הסברים שונים) מגיעים להחלטה שגויה וגוררים אחריהם את הציבור כולו.
בתורה מבואר כי בית הדין הגדול (״הכהנים הלויים ואל השופט אשר יהיה בימים ההם... מן המקום אשר יבחר ה׳ אלקיך בו״)[6] הוא הסמכות העליונה, וכי אין לסור מפסיקתו ״ימין ושמאל״, וכל הממרה את פיהם חייב מיתה[7]. ומשום כך מסתבר כי רק בית הדין הגדול עצמו הוא הגורם לכך שכל הקהל ילך אחריו ויעבור עבירה בשגגה, והוא היכול לחזור בו ולהודות שהגיע למסקנה מוטעית.
כיון שמדובר בכתוב בבית הדין הגדול, ובשגגה שעשו, מובן כי לא ייתכן שמדובר בעקירה של דברים מפורשים בתורה. אמנם היו זמנים שבהם הציבור והמנהיגות עברו על דברי התורה, אולם אז עשו את הדברים בזדון[8], ואילו שגגה של בית דין אפשרית רק על ידי פירוש בלתי נכון של פרטים במצוה, הגורם לשגגת הציבור באותם פרטים. אמנם בתורה אין מפורש האם מכלול דינים זה של פרשת השגגות מתייחס לכל מצוה או רק למצוות מסויימות. ואולם מסורת חז״ל הבאה עם משמעות הכתובים, לומר שמדובר כאן בעבירות חמורות דווקא, שלגביהן נאמר כיוצא בו ״והנפש אשר תעשה ביד רמה... ונכרתה״[9].
פרשת השגגות נותנת גם מקום מיוחד לשני אישים בעלי תפקידים מיוחדים, לכהן הגדול (״המשיח״) ולמלך (״הנשיא״). שני אלה הם הנעלים מכל אנשי ישראל במעלתם, האחד במעלת הקדושה, והאחר במעלת ההנהגה. לשני אלה יש מערכת של דינים המיוחדת אך להם[10], ומפני מעלתם יש להם חובות מיוחדות ואף קרבנות שגגתם שונים משל שאר העם.
מתוך שהמסכת עוסקת באישים מיוחדים ובמעלתם המיוחדת, הרי היא המקום שבו נערך דיון עקרוני בסדר המעלות בעם ישראל בכללו. כפי שאנו רואים שלאישים בעלי תפקידים מיוחדים יש מעמד מיוחד לענין קרבן חטאת, אלא שאין הבדלה זו קיימת רק במקרים אלה. בתורה עצמה קיימות הבחנות בין קבוצות שונות — כהנים לויים וישראלים; פסולי חיתון מצד אחד וגדולי יחס מצד אחר; הדיין והשופט מצד אחד, הגר והיתום מצד אחר. הגדרה של סדר המעלות בעם ישראל אינה רק ענין למתן כבוד, אלא אף יסוד לפתרון בעיות מעשיות רבות. אמנם מן הראוי היה שלכל אדם מישראל יינתן כל דבר שהוא נזקק לו, אבל בפועל קיימים מקרים רבים בהם חייבים לבחור ולקבוע למי יש עדיפות. פעמים ששאלה זו באה כאשר יש למנות אדם לתפקיד ודנים מי הוא הראוי ביותר בכך, ופעמים אפשר לסייע או להציל רק חלק מן הנזקקים. קביעת סדרי עדיפויות היא איפוא מן הדברים שהחיים מכריחים לעשותם, וראוי להם להיקבע בהלכה ולא להיות מסורים לשרירות לב.
אלה הם הנושאים המרכזיים שמסכת הוריות עוסקת בהם, ואולם כדרך הגמרא נידונים בה אף נושאים אחרים הקשורים או נובעים מן הנושאים המרכזיים. משיחת הכהן והמלך היא נושא התופס מקום במסכת זו (בהלכה ובאגדה), כמו הבעיות העיוניות והמעשיות הקשורות במתן כבוד ובמתן קדימות לאיש על חבירו.
במסכת הוריות שלושה פרקים. אמנם יש לכל פרק נושא מרכזי לעצמו, אולם יש דברים העוברים מפרק לפרק, כך שמקצת בעיות הנוגעות לפרק הראשון נגמר ביאורן בשני, ודברים השייכים לפרק השני מתבארים בשלישי. ואלו הם:
פרק ראשון ״הורו בית דין״ — דן ב״העלם דבר של ציבור״, באיזה ציבור (״קהל״) מדובר, ביחס בין בית הדין והציבור, ובהגדרתה של השגגה המחייבת קרבן.
פרק שני ״הורה כהן משיח״ — מבאר את דיני השגגה של הכהן המשיח ושל מלך ישראל (״נשיא״). ואף משלים את הגדרת השגגה שחייבים עליה קרבן.

פרק שלישי "כהן משיח" — עוסק בהגדרה מי הוא הכהן הקרוי "כהן משיח" ומי הוא הקרוי "נשיא", ומתי חייבים אלה בקרבנות המיוחדים. ומכאן מתרחב ומגדיר הבדלים בהלכה לגבי מעלה וקדימה של אנשים שונים בעם ישראל בכללו.

1. ראה בספר באר שבע, ובדברי שאר המפרשים.
2. ואכן, ההלכות שבמסכת הוריות מצויות בספר משנה תורה לרמב"ם בספר קרבנות (הלכות שגגות).
3. וכן כתב הרמב"ם בהקדמה לפירוש המשנה.
4. ויקרא ד, יג.
5. במדבר טו, כד.
6. דברים יז, ט—י. וכל הפרשה שם ח—יג.
7. כמבואר בתורה שם. ובמסכת סנהדרין פו,ב—פח,ב.
8. לא חרבה ארץ ישראל עד שעבדו בה שבעה בתי דינין עבודה זרה. ילק"ש תורה תתכז.
9. במדבר טו, ל.
10. לכהן הגדול — ויקרא כא, י—טו, ולמלך — דברים יז, יד—כ.

פתיחה לפרק "הורו בית דין"

"וְאִם כָּל עֲדַת יִשְׂרָאֵל יִשְׁגּוּ וְנֶעְלַם דָּבָר מֵעֵינֵי הַקָּהָל וְעָשׂוּ אַחַת מִכָּל מִצְוֹת ה' אֲשֶׁר לֹא תֵעָשֶׂינָה וְאָשֵׁמוּ. וְנוֹדְעָה הַחַטָּאת אֲשֶׁר חָטְאוּ עָלֶיהָ וְהִקְרִיבוּ הַקָּהָל פַּר בֶּן בָּקָר לְחַטָּאת וְהֵבִיאוּ אֹתוֹ לִפְנֵי אֹהֶל מוֹעֵד. וְסָמְכוּ זִקְנֵי הָעֵדָה אֶת יְדֵיהֶם עַל רֹאשׁ הַפָּר לִפְנֵי ה' וְשָׁחַט אֶת הַפָּר לִפְנֵי ה'. וְהֵבִיא הַכֹּהֵן הַמָּשִׁיחַ מִדַּם הַפָּר אֶל אֹהֶל מוֹעֵד. וְטָבַל הַכֹּהֵן אֶצְבָּעוֹ מִן הַדָּם וְהִזָּה שֶׁבַע פְּעָמִים לִפְנֵי ה' אֵת פְּנֵי הַפָּרֹכֶת. וּמִן הַדָּם יִתֵּן עַל קַרְנֹת הַמִּזְבֵּחַ אֲשֶׁר לִפְנֵי ה' אֲשֶׁר בְּאֹהֶל מוֹעֵד וְאֵת כָּל הַדָּם יִשְׁפֹּךְ אֶל יְסוֹד מִזְבַּח הָעֹלָה אֲשֶׁר פֶּתַח אֹהֶל מוֹעֵד. וְאֵת כָּל חֶלְבּוֹ יָרִים מִמֶּנּוּ וְהִקְטִיר הַמִּזְבֵּחָה. וְעָשָׂה לַפָּר כַּאֲשֶׁר עָשָׂה לְפַר הַחַטָּאת כֵּן יַעֲשֶׂה לּוֹ וְכִפֶּר עֲלֵהֶם הַכֹּהֵן וְנִסְלַח לָהֶם. וְהוֹצִיא אֶת הַפָּר אֶל מִחוּץ לַמַּחֲנֶה וְשָׂרַף אֹתוֹ כַּאֲשֶׁר שָׂרַף אֵת הַפָּר הָרִאשׁוֹן חַטַּאת הַקָּהָל הוּא". (ויקרא ד, יג—כא)

"וְכִי תִשְׁגּוּ וְלֹא תַעֲשׂוּ אֵת כָּל הַמִּצְוֹת הָאֵלֶּה אֲשֶׁר דִּבֶּר ה' אֶל מֹשֶׁה. אֵת כָּל אֲשֶׁר צִוָּה ה' אֲלֵיכֶם בְּיַד מֹשֶׁה מִן הַיּוֹם אֲשֶׁר צִוָּה ה' וָהָלְאָה לְדֹרֹתֵיכֶם. וְהָיָה אִם מֵעֵינֵי הָעֵדָה נֶעֶשְׂתָה לִשְׁגָגָה וְעָשׂוּ כָל הָעֵדָה פַּר בֶּן בָּקָר אֶחָד לְעֹלָה לְרֵיחַ נִיחֹחַ לַה' וּמִנְחָתוֹ וְנִסְכּוֹ כַּמִּשְׁפָּט וּשְׂעִיר עִזִּים אֶחָד לְחַטָּת. וְכִפֶּר הַכֹּהֵן עַל כָּל עֲדַת בְּנֵי יִשְׂרָאֵל וְנִסְלַח לָהֶם כִּי שְׁגָגָה הִוא וְהֵם הֵבִיאוּ אֶת קָרְבָּנָם אִשֶּׁה לַה' וְחַטָּאתָם לִפְנֵי ה' עַל שִׁגְגָתָם. וְנִסְלַח לְכָל עֲדַת בְּנֵי יִשְׂרָאֵל וְלַגֵּר הַגָּר בְּתוֹכָם כִּי לְכָל הָעָם בִּשְׁגָגָה". (במדבר טו, כב—כו)

בפרק הבא[1] נידונות שתי הפרשיות, זו שבספר ויקרא וזו שבספר במדבר, ומבארים חכמים כי אין סתירה ביניהן, שכן הפרשיה הראשונה מדברת בעבירה שעושה הקהל בשגגה באחת מכל המצוות שבתורה, והפרשיה השניה מדברת דווקא בשגגת עבודה זרה. ואולם יש שאלות רבות המתעוררות בהבנת הדברים בתורה וביישומם הלכה למעשה.

שגגת קהל זו הרי היא בוודאי משום שהקהל סומך על הוראה והדרכה של מנהיגיו. ומשום כך עולה השאלה מי הוא בית הדין הקובע את ההלכה המוטעית, וכיצד מגיע בית הדין להכרעה בענין זה. האם כל הכרעה של בית הדין נכנסת לגדר זה, או שיש צורך בהחלטה מיוחדת, ובהסכמה כללית? בעיה אחרת היא בשאלת היחס בין "עיני העדה" ובין הקהל. מה דינו של יחיד או ציבור העושה מדעת עצמו, בלא לסמוך על הוראת בית הדין? ואם שגגת בית הדין היא, האם חייבים הם להביא קרבן על הוראה בלבד או על מעשה עבירה בפועל?

כמו כן, שורה אחרת של שאלות קשורה להגדרת ה"קהל". האם מדובר בציבור כלשהו, בשבט שלם, או בכל קהל ישראל? ובהמשך לכך, כאשר מביאים את קרבן החטאת של הציבור, האם הוא קרבן שבית הדין מביא אותו עבור הכלל, או שהקהל מביא אותו, ואם יש יותר מאשר ציבור אחד (כגון שבטים רבים שחטאו), האם עליהם להביא כל אחד קרבן לעצמו?

שאלה אחרת היא בטיבה של שגגת הקהל. האם מדובר בהוראה שיש בה עקירה של מצוה מן התורה. או שמדובר רק בפרט מסויים של מצוה שלא הובן כהלכה?

בירורן של שאלות אלה הוא עיקר עניינו של פרק זה, אף שכדרך התלמוד דנים בעניינים אחדים המסתעפים מן הבעיות העיקריות הללו.

1. ח,א.

א משנה הורו בית דין בשגגה להתיר לעבור על אחת מכל מצות האמורות בתורה, והלך היחיד ועשה כן בשוגג על פיהם על פי הוראתם, בין שעשו דייני בית הדין עצמם מעשה כהוראתם ועשה אותו יחיד עמהן ביחד, בין שעשו והוא עשה אחריהן, בין שלא עשו והוא עצמו עשה לבדו, בכל אלו המקרים — הרי הוא פטור מלהביא קרבן, מפני שתלה בבית דין. אם הורו בית דין, וידע אחד מהן מן הדיינים שטעו, אף שהרוב היה כנגדו, או שהיה תלמיד והוא ראוי בעצמו להוראה, והלך ועשה על פיהן לפי הוראת בית הדין, בין שהם עשו והוא עשה עמהן, בין שהם עשו והוא עשה אחריהן, בין שהם לא עשו והוא עשה — הרי זה חייב על אותה עבירה, מפני שלא תלה בבית דין אלא בדעת עצמו. זה הכלל: התולה בעצמו — חייב, והתולה בבית דין — פטור.

ב גמרא אמר שמואל: לעולם אין הדיינים שבבית דין חייבין להביא קרבן על הוראתם השגויה עד שיאמרו להם לשואלים אותם: "מותרין אתם". רב דימי מנהרדעא אמר: עד שיאמרו להם "מותרין אתם לעשות"; מאי טעמא [מה הטעם] שצריכים הם להגיד "לעשות"? לפי שלא נגמרה הוראה אם אומרים רק "מותרים אתם", שמא היתה זו רק הבעת דעה ולא הוראה למעשה. אמר אביי, אף אנן נמי תנינא [אנו גם כן שנינו] ראיה לשיטת רב דימי: אחד החכמים שחלק ולא קיבל דעת בית הדין ("זקן ממרא") ובא לירושלים מקום בית הדין הגדול, והם החליטו כנגד דעתו, ואחר כך חזר לעירו ועדיין שנה ולימד כדרך שלימד קודם, ולא שינה את דעתו מפני הוראת בית דין — פטור, שאינו אלא מביע את דעתו, ואולם אם הורה לעשות — הרי הוא חייב מיתה. הרי שלא די באמירת "מותרים אתם" כדי שתיחשב זו הוראה. אמר ר' אבא, אף אנן נמי תנינא [אנו גם כן שנינו] ראיה לשיטת רב דימי: אשה שנשלם בעלה והעידו עדים (או היתה ראיה אחרת) שמת בעלה והורו לה בית דין להנשא, והלכה וקלקלה (וזנתה) ולבסוף נמצא שבעלה חי — חייבת בקרבן חטאת, משום שעשתה עבירה בשגגה, ואינה יכולה לטעון שעשתה על פי בית דין, שכן לא התירו לה בית דין אלא להנשא, משמע שלא די שבית הדין אומרים באופן כללי שהיא מותרת אלא הם צריכים לומר שמותר לה להינשא. אמר רבינא, אף אנן נמי תנינא [אנו גם כן שנינו] דבר זה, מדיוק לשון משנתנו "הורו בית דין לעבור על אחת מכל מצות האמורות בתורה", תו לא מידי [אין צורך עוד בדבר] שהרי הלשון "הורו לעבור" משמעה כאשר הורו לעשות מעשה. עד כאן לשון אחת.

איכא דאמרי [יש שאומרים] להיפך את שיטותיהם של החכמים הללו שאמר שמואל: אין בית דין חייבין עד שיאמרו להם "מותרים אתם לעשות". ואילו רב דימי מנהרדעא אמר: אפילו אמרו "מותרים אתם" — נגמרה הוראה בכך. אמר אביי, והא לא תנן הכי [והרי לא שנינו כן]. כדברי רב דימי, ששנינו בזקן ממרא: חזר לעירו, ושנה או לימד כדרך שלימד — פטור, אם הורה לעשות — חייב, משמע שאין גמר הוראה אלא כשמורה לעשות. אמר ר' אבא, והא לא תנן הכי [והרי לא שנינו כן]: הורו לה בית דין להנשא, והלכה וקלקלה (וזנתה) — חייבת בקרבן, שלא התירו לה אלא להנשא. אמר רבינא, והא לא תנן הכי [והרי לא שנינו כן], ששנינו: הורו בית דין לעבור על אחת מכל מצות האמורות בתורה, תו לא מידי [אין צורך עוד בדבר] בראיה נוספת.

ג שנינו במשנה: והלך היחיד ועשה שוגג על פיהם. ושואלים: וניתני [ושישנה]: רק "ועשה על פיהם", "שוגג" למה לי? והרי ברור שהיה שוגג! אמר רבא: "שוגג" בא לאתויי [להביא, לרבות] מקרה נוסף, הורו בית דין שחלב מותר, ואותו אדם נתחלף לו בשגגה חלב בשומן המותר בודאי, והוא סבר שהוא אוכל שומן, ואכלו — הרי זה פטור, ויהיה הפירוש במשנה "על פיהם" כוונתו על פיהם ממש, ו"שוגג" — כאשר שגג במעשהו שהתחלף לו חלב בשומן. ואיכא דאמרי [ויש שאומרים] שאמר רבא אחרת, וכך הוא פירוש המשנה: "שוגג" — ששגגתו היתה דוקא מפני שעשה על פיהם הוא שפטור, אבל אם נתחלף לו חלב בשומן ואכלו — הרי זה חייב להביא קרבן, משום ששגגתו אינה תלויה בבית דין אלא בטעותו שלו. ומעירים: מילתא דפשיטא ליה [דבר שהיה פשוט לו] לרבא או לצד זה או לצד זה קמיבעיא ליה [היה מסופק לו] לרמי בר חמא, דבעי [ששאל] רמי בר חמא: הורו בית דין שחלב מותר, ונתחלף לו חלב בשומן ואכלו, מהו? אמר רבא, תא שמע [בוא ושמע]: הלך יחיד ועשה שוגג על פיהם כו', שוגג על פיהם הכפילות הזו למה לי? לאו לאתויי [האם לא להביא] שהורו בית דין שחלב מותר, ונתחלף לו חלב בשומן ואכלו — חייב. ודוחים: דלמא [שמא] שוגג על פיהם הוא שפטור, רק כאשר עשה על פיהם ממש, אבל נתחלף לו חלב בשומן ואכלו — הרי זה חייב. איכא דאמרי [יש שאומרים] כך היה: אמר רבא, תא שמע [בוא ושמע] ממשנתנו: הלך יחיד ועשה שוגג על פיהם; מאי לאו [האם לא] כוונת הדברים היא שוגג על פיהם הוא שפטור, אבל נתחלף לו חלב בשומן ואכלו — חייב. ודוחים: דלמא [שמא] כוונת המשנה או שוגג, או על פיהם. ומעירים: בעיה זו כבר היא שנויה בפלוגתא [במחלוקת] של אמוראים קודמים: הורו בית דין שחלב מותר, ונתחלף לו חלב בשומן ואכלו — רב אמר: פטור שהרי בית דין הורו שמותר, ור' יוחנן אמר: חייב, שלא עשה ממש על פיהם. מיתיבי [מקשים] על דברי ר' יוחנן: נאמר "אם נפש אחת תחטא בשגגה מעם הארץ בעשתה אחת ממצות ה' אשר לא תעשינה ואשם" (ויקרא ד, כז), "מעם הארץ" — בא למעט, פרט למשומד המביא קרבן חטאת על שגגתו, שאין מקבלים את קרבנו מפני שמה שעשה בשעתו, נחשב כזדון. ר' שמעון בן יוסי אומר משום (בשם) ר' שמעון: לענין משומד אינו צריך לראיה זו, שכן הרי הוא אומר בכתוב: "אשר לא תעשינה בשגגה ואשם או הודע אליו חטאתו" (שם כז—כח), לומר: דווקא השב ומתחרט על מעשהו כתוצאה מידיעתו, כאשר נודע לו שחטא בשגגה — הוא זה שמביא קרבן על שגגתו, ואולם מי שלא שב מידיעתו, שגם כשנודע לו שחטא אינו חוזר בתשובה על מעשהו — הוא אינו מביא קרבן גם על שגגתו. ואם איתא [יש] מקום להלכה זו, הא [הרי] אף במקרה זה שהתחלף לו חלב בשומן לא שב מידיעתו הוא, שהרי גם אם היה יודע לו שאכל חלב, גם כן לא יתחרט, שהרי הוא סומך על פסק בית הדין שהתירו את הדבר. אמר רב פפא, קסבר [סבור] ר' יוחנן: כיון דכי מתידע להו לבי דינא הדרי בהו [שכאשר יוודע להם הדבר לבית הדין הטעות, הם יחזרו בהם] מהוראתם, והוא נמי הדר ביה [גם כן יחזור בו]. כאשר נודע לו שאכל חלב שהותר בגלל שגגת בית הדין, לכן שב מידיעתו קרינן ביה [קוראים אנו בו] וחייב להביא קרבן. אמר רבא: אף על פי שרב אומר שהוא פטור, וחטאו תלוי בבית הדין, מודה רב שאינו משלים לרוב צבור — אף שבדרך כלל כאשר רוב צבור חטאו על פיהם, ואדם זה שסבור שהוא שומן אינו מצטרף לרוב הציבור, מאי טעמא [מה טעם הדבר]? אמר קרא [הכתוב]: "בשגגה" — לומר: עד שיהו כולן בשגגה אחת והוא שגגה אחרת היתה בידו.

ד שנינו במשנה: בין שעשו ועשה עמהן בין שעשו ועשה אחריהן, בין שלא עשו ועשה — פטור. ושואלים: למה ליה למיתנא כל הני [לו לתנא שבמשנתנו לשנות את כל שלושת המקרים האלה]? בשלמא רישא [נניח בראשה] של ההלכה אפשר לומר שלא זו אף זו קתני [שנה], כלומר שכל מקרה מוסיף חידוש על קודמו, שלא זו בלבד אם עשו ועשה עמהם, הריהו פטור כיון שתלה בבית דין, אלא אפילו עשה אחריהם הריהו פטור. ולא עוד אלא אפילו שעשה הוא בפני עצמו והם לא עשו, בכל זאת נחשב כתולה בהם, ופטור. אלא סיפא דלחיובא [בסוף המשנה שבא הדבר לחייב אותו], איפכא מיבעי ליה [ההיפך היה צריך לו לשנות] ולהתחיל במקרה הפשוט ביותר לחייב — כאשר הם לא עשו והוא עשה, אם התנא משתמש באופן זה של לשון "לא זו אף זו"!

מסורת הש"ס

א. סנהדרין פו,ב.
ב. יבמות פז,ב.
ג. (הביטוי) עירובין קג,ב. סוכה לו,ב. יבמות לט,א. קדושין כא,ב. סד,א. סנהדרין סב,א. סו,א. ע"ז כג,א. הוריות ט,ב. חולין קט,א. בכורות יא,א. נט,ב.
ד. הוריות ד,ב.
ה. שבת סט,א. יומא פ,א. הוריות יא,א. חולין ה,ב. ירושלמי הוריות פ"א ה"א. תו"כ דבורא דחובה פ"ט ז.
ו. ירושלמי הוריות שם (בשינוי שם ועוד).
ז. (הביטוי) יבמות יט,א. גיטין טו,ב. ב"מ לח,א.

גרסות

מכל מצוות יש בכתי"מ ובדפו"י: מכל המצוות.

ועשה פטור בירושלמי ובכת"י ובדפו"י: ועשה הרי זה פטור.

מפני שתלה בכתי"מ: מפני שנתלה.

תלמיד והוא ראוי בירושלמי ובכתי"מ: תלמיד שהוא ראוי ויש בדפו"י תלמיד שראוי.

לעולם אין בית דין בכתי"מ: אין בית דין.

שיאמרו להם יש בכתי"מ: שיאמרו.

שנה ולימד בכת"י: ולימד.

כדרך שלימד בכתי"מ כבמקבילה: כדרך שהיה למד.

והא לא תנן יש בכתי"מ: והאנן לא תנן.

וניתני ועשה על פיהם בכתי"מ: וכיון דתנא על פיהם.

שוגג לאתויי בכת"י: תרתי קתני שוגג לאתויי וראה ברש"י.

ואכלו פטור, דילמא בכתי"מ: ואכלו פטור ותרתי קתני על פיהם על פיהם ממש ואידי ואידי פטור, דילמא חדא קתני.

ר' שמעון בן יוסי יש בכתי"מ: ר' שמעון בר' יוסי וראה להלן בדף יא,א.

אינו צריך הרי הוא אומר בכתי"מ ועוד: הרי הוא אומר וכן גרס המהרש"א.

הדר ביה שב מידיעתו קרינן ביה וחייב בכתי"מ ועוד: הדר שב מידיעתו קרינן ביה.

אמר קרא בשגגה בכתי"מ ובמקורות: אמר קרא כי לכל העם בשגגה.

למה ליה למיתני כל הני בכתי"מ: כל הני למה לי.

החיים

חלב ושומן
אף כי מבחינה פיזיולוגית חלב ושומן זהים בעצם, נשמרת ביניהם הבחנה הלכתית. החלב הוא בדרך כלל ריכוז של שומן במקומות מסויימים שבגוף הבהמה, ומצוי שם כיחידה לעצמה, ואינו דבוק לשרירים (ובלשון הגמרא "תותב קרום ונקלף" חולין מט,ב). משום כך, חתיכה של שומן אחרי שהוצאה ממקומה כמעט אי אפשר להבחין אם היא מהחלב האסור או מהשומן המותר.

עיונים

סדר הפרקים כתב בספר באר שבע שלכאורה היה מן הראוי לסדר את הפרקים במסכת הוריות לפי סדר העניינים הכתוב בתורה, ושם נזכר פר חטאת של כהן גדול קודם לקרבן העדה (הסנהדרין). וטעם הקדמת קרבן העדה הוא משום שמסכת הוריות היא כהשלמה למסכת סנהדרין (כהסברו של הרמב"ם בפירושו למשנה), ולפיכך הקדים בה דיני שגגת בית הדין השייכים לענין הסנהדרין, ואגב כך המשיך בשאר דיני השגגות המיוחדים.

הורו בית דין כתבו בתוס' שהוא בית דין הגדול, סנהדרי של שבעים ואחד. ואכן כך היא מסקנת ההלכה. אבל היו שכתבו כי אפשר להבין בלשון המשנה שאף סנהדרי קטנה של עשרים ושלושה כך הוא דינה, כשיטת ר' יהודה (להלן ה,א) (תפא"י). וראה גם בתוי"ט.

מכל מצוות האמורות בתורה לכל השיטות אין לשון זו מדוייקת, שהרי רק על מצוות מסוימות מביאים בית הדין קרבן. ונראה שנקט התנא בלשון זו משום שהיא כעין לשון הכתוב "אחת מכל מצוות ה' אשר לא תיעשנה". ומה שנאמר "האמורות בתורה" בא למעט מצוות המלך, וכן מצוות ותקנות מדברי סופרים (ב"ש).

והלך היחיד מפשטות דברי הירושלמי נראה שסברת המשנה (ואם אכן זה פירושה, אין כן פסק ההלכה) היא שאף יחיד שעשה בהוראת בית דין פטור, אלא שאם חטאו רוב ציבור מביא בית דין קרבן, ור' יוחנן חולק על פירוש זה. ומכל מקום את לשון המשנה אפשר להבין בדרכים שונות (מגן גבורים).

פטור מפני שתלה וכו' ושאלו בירושלמי: הרי בסופו של דבר נמצא שהאיש עשה מעשה עבירה בשגגה, ומפני מה לא תידון זו כשאר עבירות שמביאים חטאת על שגגתן? ותירצו, כי מן הכתוב "או הודע אליו חטאתו" משמע שחייב בקרבן רק על מעשה עבירה כזה שכאשר נודע לו מה עשה, חוזר בו ממעשהו ומביא קרבן. אבל כאן, כיון שסומך הוא על דברי בית הדין, אינו חוזר בו כשנודע לו (וראה להלן בגמרא כאן).

לעולם אין בית דין חייבים כתב רש"י שבכל אופן שבו מתחייב בית הדין (שבכוונה לא פרט שמואל באיזה אופן חל החיוב עליהם, שכן הדבר שנוי במחלוקת תנאים), מכל מקום הכל מודים שצריכים לגמור הוראתם. ומשום כך אם אמרו ככלל שהדבר מותר — אין זו הוראה אלא הבעת דעתם בלבד, ושמא אמרו להלכה ולא למעשה.

מותרין אתם לעשות שהוא גמר ההוראה (רש"י). ומסביר הרא"ש שיש הבדל כיצד פנו השואלים לבית דין. שודאי אם באו לשאול על דבר מסויים אם לעשותו, ואמרו להם לבית הדין "מותרים אתם" — הרי זו הוראה גמורה למעשה (אף שלא אמרו במפורש "לעשות"). והרמ"ה סבור כי גם אם שאלו מה להורות בענין זה וענו להם (אף שלא אמרו "לעשות") הוא כהוראה למעשה. ואילו הרא"ש סבור שרק אם שואלים בשעה שעומדים לעשות מעשה הרי אז משיבים בבית הדין בכל הדיוק הראוי.

ומן הירושלמי משמע שאם אמרו בלשון "פטורים אתם" אין זו הוראה, לפי שמשמעות "פטור" יכולה להיות גם: פטור מעונש אבל אסור, ונמצא שלא הורו לעשות (ב"ש, אבל ראה בפני משה).

ובצפנת פענח כתב שרק אם הם מורים לעשות הרי זה כאילו עשו מעשה בעצמם. אבל בלא זה לא היו מתחייבים להביא קרבן על דיבור בלבד.

הורו לה בית דין וכו' האחרונים האריכו לדון בדבר, אבל כמעט הכל מסכימים שאין זה בית דין הגדול, אלא כל בית דין מוסמך להורות לה בזה, ואף בית דין של שלושה (ב"ש). וכתב המאירי כי בכגון זה אף בנישאת אין בכך הוראת בית דין, שאין זו הוראה אלא טעות.

וקלקלה רש"י מפרש: זנתה, כלומר שבא עליה אדם בלא נישואין. והר"ח מפרש שנישאה באיסור, כגון שנישאה לכהן גדול (שאסור באלמנה). וההבדל בין הפירושים הללו תלוי במחלוקת אמוראים במסכת יבמות. ואף שכתב רש"י שקלקלה משמעו בזנות אין זו הוכחה שפוסק כר' אלעזר נגד ר' יוחנן שם, אלא שלשון קלקלה משמעו כרגיל בזנות (ב"ש). וראה באריכות בענין זה בהורה גבר.

חייבת בקרבן וכו' לפי שאינה נחשבת כתולה בבית הדין. ומכאן משמע שלא נגמרה ההוראה עד שיאמרו לה בית הדין "מותרת לעשות" (להנשא). ואילו הרמ"ה מסביר שמכאן למדים שאם שינתה מן הדברים המפורשים שהורו לה בית הדין (שהרי התירוה רק להנשא) — אין זה נחשב כאילו עשתה כדבריהם.

ובהורה גבר (ואחרים) תמה על הדבר, שהרי לא מצאנו שהעבריין יהא פטור מקרבן חטאת גם אם עשה בהוראת בית דין רגיל. ולפיכך הוא אומר שאם מדייקים שהעושה בהוראת בית דין פטור מקרבן יהא זה דוקא אם הורו לה כך בבית הדין הגדול.

והא אנן לא תנן וכו' לכאורה היה יכול להקשות כך גם על דברי שמואל, לפי הלשון הראשונה, אלא שיש לומר שלפי לשון ראשונה אפשר לפרש ששמואל אמר דבר, ובא רב דימי לא לחלוק אלא לפרש את דבריו. אבל לפי לשון שניה ודאי שרב דימי אומר דבריו בדקדוק, ולכן יש להקשות עליו (תוס').

שוגג על פיהם ולפי לשון זו הרי זה ביטוי אחד (רש"י). ולכאורה, אם כן הוא מפני מה הוצרך לומר לשון כפולה זו? ויש לומר שרצה להדגיש ששוגג זה הוא דווקא על פיהם (ראה בתוס').

מעם הארץ פרט למומר בתוס' חולין הקשו: הרי להלן נאמר "מעם הארץ" פרט לכהן משיח (וכן אמרו פרט לנשיא). ותירץ בב"ש שכיון שהלימודים הללו משמעם אחד, שלא כל אדם מביא קרבן על חטאתו — הרי ייתכן ללמוד ממיעוט אחד כגון זה כמה מקרים דומים.

פרט למומר שאין מקבלים מידו חטאת, גם אם חטא בשגגה ורוצה להביא קרבן. והקשו: הרי מעיקרו קרבנו פסול משום "זבח רשעים תועבה". ותירץ בב"ש שאפשר היה לומר שכתוב זה אמור רק לגבי קרבן עולה, אבל לענין חטאת שהיא חובה — שמא אינו נפטר משום היותו רשע. ובהורה גבר כתב שמדברי התוס' נראה שמדובר במומר שהביא חטאתו לאחר שחזר בתשובה, ובכל זאת אין מקבלים מידו על מה שעשה בהיותו מומר.

לא שב מידיעתו כתבו המפרשים שמדברי רש"י ואחרים נראה שאף חכמים לא חלקו על עיקר שיטתו של ר' שמעון. אף שנחלקו התנאים האם מומר לדבר אחד ושגג בדבר אחר חייב להביא קרבן.

מודה רב שאינו משלים שלמרות שרב סבור שדינו כתולה בבית דין, מכל מקום אינו ממש כשאר הציבור, שהרי מה שעשה היה לא משום הוראת בית הדין, ולכן אינו נמנה עם הציבור לענין זה (רש"י).

כולן בשגגה אחת בתוס' השאירו בצריך עיון את השאלה מה יהא הדין אם לרוב הציבור נתחלף בפועל חלב בשומן. ורוב המפרשים תמהו הרבה על שאלה זו, שהרי אין כלל מקום לפוטרם מקרבן על שגגה כגון זו.

למה לי למיתני כל הני וכו' לכאורה יש כאן שתי קושיות שונות, האחת — למה לשנות את כל המקרים, והאחרת — מפני מה אינו שונה בדרך זו בסיפא. ותירצו כי שתי השאלות הן שני צדדים של שאלה אחת, שלא היה מקום לתמוה מדוע שונה מקרים שונים, שהרי ידוע לנו שיש לשון של "לא זו אף זו". אבל אם כן הוא — הרי אף בסיפא היה צריך לשנות בדרך זו (ב"ש, אדרת אליהו).

אורח ההלכה

הורו בית דין וכו' אם שגגו בית דין הגדול בהוראה, והורו להתיר דבר שחייבים על שגגתו חטאת קבועה, ולאחר שהורו עשו העם על פי הוראת בית הדין, ואחר כך נודע לבית הדין שטעו — הרי בית הדין חייבים להביא קרבן חטאת מיוחד, ושאר העם פטורים מלהביא קרבן חטאת לכל אחד אף על פי שהם העושים, מפני שתלו בבית דין. (רמב"ם ספר קרבנות הלכות שגגות פי"ב ה"א).

הורו בית דין וידע אחד וכו' הורו בית הדין להתיר דבר איסור וידע אחד מן הסנהדרין (או מיעוט הסנהדרין) שטעו, אבל שתק. [illegible] (שם פי"ג ה"א).

שיאמרו מותרין אתם לעשות אימתי בית דין חייבים בקרבן ושאר העם פטורים — כאשר גמרו הוראתם ואמרו בפירוש לעם: "מותרים אתם לעשות". ואם לא אמרו "מותרים אתם לעשות", אף ששמע השומע בעת שגמרו להתיר והלך ועשה על פיהם — הרי העושה חייב חטאת קבועה, ובית דין פטורים, מפני שלא הורו בפירוש לעשות. וכדברי רב דימי מנהרדעא. (שם פי"ב ה"ב. ופי"ג ה"א).

חזר לעירו ושנה וכו' אין זקן ממרא חייב מיתה עד שיורה לעשות כדבריו. אבל אם היה חכם ושנה ולימד לאחרים כדבריו אבל לא הורה לעשות — פטור. כמובא כאן ממסכת סנהדרין. (שם ספר שופטים הלכות ממרים פ"ג ה"ה וה"ו).

הורו שחלב מותר ונתחלף לו מי שלא ידע שטעו בית דין, ונתכוון לאכול שומן, ואכל בטעות חלב הקיבה שהתירוהו, והוא לא ידע שהוא חלב הקיבה — הרי זה חייב קרבן, מפני שאכילתו היתה בגלל שגגתו שלו ולא מפני הוראת בית דין. וכדברי ר' יוחנן שהלכה כמותו נגד רב (שם ספר קרבנות הלכות שגגות פי"ג ה"ד).

פרט למומר ישראל שהוא מומר לעבודה זרה או שמחלל שבת בפרהסיא אין מקבלים ממנו קרבן כלל. ואם הוא מומר לעבירה אחת אין מקבלים ממנו קרבן על אותה עבירה שהוא מומר לה. (שם פ"ג ה"ז. ושם הלכות מעשה הקרבנות פ"ג ה"ד).

שאינו משלים לרוב צבור מי שנתכוון לאכול שומן, ואכל בשגגה חלב, ואותו חלב התירוהו בית דין בטעות, כיון שאין שגגתו מפני ההוראה, אינו מצטרף למנין השוגגים על פי בית הדין. וכדברי הכל. (שם הלכות שגגות פי"ג ה"ה).

הורו

א
הורו בית דין לעבור על אחת מכל מצות האמורות בתורה והלך היחיד ועשה שוגג על פיהם בין שעשו ועשה עמהן בין שעשו ועשה אחריהן בין שלא עשו ועשה פטור מפני שתלה בב"ד הורו ב"ד וידע אחד מהן שטעו או תלמיד והוא ראוי להוראה והלך ועשה על פיהן בין שעשו ועשה עמהן בין שעשו ועשה אחריהן בין שלא עשו ועשה הרי זה חייב מפני שלא תלה בב"ד זה הכלל התולה בעצמו חייב

ב
והתולה בב"ד פטור: גמ' אמר שמואל לעולם אין ב"ד חייבין עד שיאמרו להם מותרין אתם רב דימי מנהרדעא אמר עד שיאמרו להם מותרין אתם לעשות מ"ט לפי שלא נגמרה הוראה אמר אביי אף אנן נמי תנינא חזר לעירו שנה ולימד כדרך שלימד פטור הורה לעשות חייב א"ר אבא אף אנן נמי תנינא הורו לה ב"ד להנשא והלכה וקלקלה חייבת בקרבן שלא התירו לה אלא להנשא אמר רבינא אף אנן נמי תנינא הורו ב"ד לעבור על אחת מכל מצות האמורות בתורה תו לא מידי איכא דאמרי אמר שמואל אין ב"ד חייבין עד שיאמרו להם מותרים אתם לעשות רב דימי מנהרדעא אמר אפילו מותרים אתם נגמרה הוראה אמר אביי והא לא תנן הכי חזר לעירו ושנה או לימד כדרך שלימד פטור הורה לעשות חייב אמר רבי אבא והא לא תנן הכי הורו לה ב"ד להנשא והלכה וקלקלה חייבת בקרבן שלא התירו לה אלא להנשא אמר רבינא והא לא תנן הכי הורו ב"ד לעבור על אחת מכל מצות האמורות בתורה תו לא

ג
מידי: והלך היחיד ועשה שוגג על פיהם: וניתני ועשה על פיהם שוגג למה לי אמר רבא שוגג לאתויי הורו ב"ד שחלב מותר ונתחלף לו חלב בשומן ואכלו פטור על פיהם ממש ואיכא דאמרי אמר רבא שוגג על פיהם הוא דפטור אבל נתחלף לו חלב בשומן ואכלו חייב מילתא דפשיטא ליה לרבא קמיבעיא ליה לרמי בר חמא דבעי רמי בר חמא הורו ב"ד שחלב מותר ונתחלף לו בשומן ואכלו מהו אמר רבא תא שמע הלך יחיד ועשה שוגג על פיהם כו' שוגג על פיהם למה לי לאו לאתויי הורו ב"ד שחלב מותר ונתחלף לו חלב בשומן ואכלו פטור דלמא שוגג על פיהם הוא דפטור אבל נתחלף לו חלב בשומן ואכלו חייב איכא דאמרי אמר רבא ת"ש הלך יחיד ועשה שוגג על פיהם מאי לאו שוגג על פיהם הוא דפטור אבל נתחלף לו חלב בשומן ואכלו חייב דלמא או שוגג או על פיהם בפלוגתא הורו ב"ד שחלב מותר ונתחלף לו חלב בשומן ואכלו רב אמר פטור ור' יוחנן אמר חייב מיתיבי (מעם הארץ בעשותה פרט למומר רבי שמעון בן יוסי אומר משום ר"ש (אינו צריך) הרי הוא אומר (אשר לא תעשינה בשגגה ואשם או הודע השב מידיעתו מביא קרבן על שגגתו לא שב מידיעתו אינו מביא קרבן על שגגתו ואם איתא הא לא שב מידיעתו הוא אמר ר"פ קסבר ר' יוחנן כיון דכי מתידע להו לבי דינא הדרי בהו והוא נמי הדר ביה שב מידיעתו קרינן ביה וחייב אמר

ד
רבא מודה רב שאינו משלים לרוב צבור מ"ט אמר קרא בשגגה עד שיהו כולן בשגגה אחת: בין שעשו ועשה עמהן כו': למה ליה למיתנא כל הני בשלמא רישא לא זו אף זו קתני אלא סיפא דלחיובא איפכא מיבעי ליה זו

°) ויקרא ד °) שם

ח א מיי' פי"ג מהל' שגגות הלכה ו סמג עשין ריז:
ט ב ג מיי' שם הל' ה סמג שם:
י ד מיי' שם פי"ד ה"ה סמג שם:
יא ה מיי' שם פי"ג ה"א סמג שם:
יב ו מיי' שם הל' ה ופי"ב הל"ב סמג שם:

א אזו ואין צריך לומר זו קתני: וידע אחד מהן שטעו או תלמיד וראוי להוראה: תרתי למה לי אמר רבא איצטריך סלקא דעתך אמינא הני מילי גמיר וסביר אבל גמיר ולא סביר לא אמר ליה אביי להוראה גמיר וסביר משמע אמר ליה אנא הכי קאמינא אי מההיא הוה אמינא ה"מ גמיר וסביר אבל גמיר ולא סביר לא תנא ראוי להוראה ממשנה יתירה אפי' גמיר ולא סביר ולא גמיר: ראוי להוראה וכו': כגון מאן אמר

ב רבא בכגון שמעון בן עזאי ושמעון בן זומא א"ל אביי אכי האי גוונא מזיד הוא ולטעמיך הא דתניא גגיחיד העושה מפי עצמו חייב בהוראת ב"ד פטור כיצד הורו ב"ד שחלב מותר ונודע לאחד מהן שטעו או תלמיד יושב לפניהן וראוי להוראה כגון שמעון בן עזאי יכול יהא פטור ת"ל בעשותה אחת יחיד העושה פי עצמו חייב בהוראת ב"ד פטור גאלא היכי משכחת לה כגון דידע דאסור וקא טעי דדבמצוה לשמוע דברי חכמי' לדידי נמי דטעו במצוה לשמוע דברי חכמי':

ג זה הכלל התולה בעצמו חייב: הלאיתויי מאי לאיתויי גמבעט בהוראה תולה בב"ד לאיתויי הורו ב"ד וידעו שטעו וחזרו בהן הא בהדיא קתני לה תני והדר מפרש אמר רב יהודה

ד אמר שמואל זו דברי ר' יהודה אבל חכמים אומרים היחיד שעשה בהוראת ב"ד חייב מאי ר' יהודה דתניא אם נפש אחת תחטא בשגגה בעשותה יהרי אלו ג' מעוטין העושה מפי עצמו חייב בהוראת ב"ד פטור מאי רבנן הדתניא זעדיין אני אומר מיעוט קהל שחטאו חייבין שאין ב"ד מביאין על ידיהן פר רוב קהל שחטאו יהו פטורין שהרי בית דין מביאין על ידיהם פר ת"ל מעם הארץ אפי' רובו ואפילו כולה במאי אילימא בשגגת מעשה [ב"ד שלא בהוראה] ב"ד מאי עבידתייהו שלא בהוראת בית דין ב"ד מי מייתו שלא בהוראה אלא בהוראה והא כי כתיב מעם הארץ בשגגת מעשה הוא דכתיב אלא לאו הכי קאמר מיעוט קהל שחטאו בשגגת מעשה חייבין שאין ב"ד מביאין על ידיהן פר בהוראה הא הן חייבין חיכול רוב צבור שעשו בשגגת מעשה יהו פטורין שהרי ב"ד מביאין עליהן פר [בהוראה] ת"ל מעם הארץ יאפילו רובו אמר ר"פ ממאי דלמא לא הן ולא ב"ד אי הכי מאי איריא דקמהדר על רובא לחיובא לאו מכלל דמיעוט בהוראה קיימא ליה דמיחייבו בהוראה ונהדר ברישא על מיעוט' דמיחייב בשגגת מעשה ולבסוף ניהדר על רובא לחיובא בשגגת מעשה יאלא לאו מדלא מהדר על מיעוט דמיחייבין בשגגת מעשה ולבסוף מהדר על רובא לחיובא בשגגת מעשה ש"מ מיעוט בהוראה חייבין הן כשבה ושעירה ושלא בהוראה בשגגת מעשה חייבין מכדי תרוייהו סתמי תנן ממאי דקמייתא ר' יהודה ובתרייתא רבנן אימא איפכא מאן שמעת ליה דדריש מיעוטי כי האי גוונא רבי יהודה היא זדתניא רבי יהודה אומר זאת

תורה אור: ויקרא ד

הא לא קשיא דקיפא זו ואין צריך לומר זו קתני. דהכי משמע לא מיבעיא זו דעשה עמהם לא תלה בב"ד ואין צריך לומר זו דעשה אחריהם דודאי לא תלה בב"ד וחייב קרבן וכל שכן אין צריך לומר היכא דלא עשו ועשה דחייב: גמיר. למד הדבר: וסביר. מבין דבר מתוך דבר: תנא משנה יתירה. להכי איצטריך משנה יתירה שלא תאמר לאשמועי' אפילו גמיר ולא סביר ולעולם תלמיד לאו להוראה גמיר וסביר הוא: כגון שמעון בן עזאי ושמעון בן זומא. שהיו יושבין לפני חכמים והיו ראויין להוראה כדאמרינן בפרק קמא דסנהדרין (דף יז:) דנין לפני חכמים שמעון בן עזאי ושמעון בן זומא: אמר ליה אביי. שמעון בן עזאי ושמעון בן זומא כי האי גוונא לדידהו שטעו ואפ"ה עשו מאי חייבין קרבן והא מזידין נינהו ומזיד לאו בר קרבן הוא: וקא טעה במצוה לשמוע דברי חכמים. אפי' למעבד איסורא: לדידי נמי. דאמרי כגון שמעון בן עזאי ושמעון בן זומא כגון דקא טעו במצוה לשמוע דברי חכמים: לאיתויי מבעט בהוראה. שאם היה רגיל להיות מבעט בהוראה ואמר כך הורו שלא מותר והלך זה המבעט ועשה על פיהם ואכל דחייב דהואיל והוא רגיל להיות מבעט בשאר נמי מבעט ובהא נמי ליבא תולה ועל פיו הוא עשה ולאו תולה בב"ד הלכך חייב קרבן: תולה בב"ד פטור לאיתויי הורו ב"ד ועשו ונודעו שטעו וחזרו בהן. שהביאו כפרתן [וכן שלא הביאו] והלך היחיד ועשה על פיהם פטור דתולה בב"ד הוא וכדנשנה שב"ד הוא עושה: הא בהדיא קתני לה. במתני' (לקמן דף ג:) דר' שמעון פוטר: הא לא קשיא תנא כלל והדר מפרש במתניתין: אם נפש אחת תחטא בשגגה בעשותה. דמשמע נפש אחת תחטא בעשותה' מעוטא הרי אלו שלשה מעוטי בעשותה מפי עצמו חייב ולא בהוראה: ולא מעוטי תולה בבית דין לפטור והני שלשה מעוטי מפרש במסכת שבת בפרק המצניע (דף צג.) בר' יהודה חד למעוטי זה עוקר וזה מניח וחד למעוטי זה יכול וזה יכול וחד למעוטי יחיד שעשה בהוראת בית דין דפטור: מביאין על ידיהן. מביאין עליהן: במאי. שחטאו: אילימא בשגגת מעשה שלא בהוראת בית דין. לא הורו בית דין כלל וכגון שנתחלף חלב בשומן ואכלו קהל שחטאו בשגגת מעשה גרידתא שלא בהוראה חייבין אבל רוב קהל שחטאו בשגגת מעשה שלא בהוראה יכול יהו פטורין שהרי ב"ד מביאין פר עליהם ת"ל מעם הארץ דמשמע דאפילו רובן חייבין בקרבן בשגגת מעשה שמייתו כל חד וחד כשבה או שעירה: ומי איכא למימר הכי שהרי ב"ד מביאין עליהם פר כי חטאו רוב קהל בשגגת מעשה שלא בהוראה וכי ב"ד מייתו קרבן שלא בהוראה: אלא לאו הכי קאמר כו'. הכי הוי משמע מיעוט קהל שחטאו בהוראה כגון שהורו ב"ד ועשו על פיהם חייבין כשבה או שעירה שהרי אין ב"ד מביאין פר עליהם רוב צבור שעשו בהוראה יכול יהו פטורין ת"ל מעם הארץ דאפילו רובן חייבין: ומי מלית אמרת הכי. שלצבור מביאין קרבן והא כי כתיב מעם הארץ בשגגת מעשה גרידתא הוא דכתיב ומהכא לא נפקא לדמייתי רוב קהל בהוראה כלל: אלא לאו הכי קאמר מיעוט קהל שחטאו בשגגת מעשה. גרידתא חייבין כשבה או שעירה: שאין ב"ד מביאין עליהם פר בהוראה. כי הורו ב"ד ועשו מיעוט קהל שחטאו (בשגגת מעשה) על פיהם: הא הן חייבין. בהוראה כשבה או שעירה דיחיד שעשה בהוראת ב"ד [חייב] וכי היכי דחייבין בהוראה ה"נ חייבין בשגגת מעשה גרידתא: אבל רוב קהל שחטאו בשגגת מעשה גרידתא יכול יהו פטורין שהרי ב"ד מביאין עליהם פר בהוראה. והן פטורין כדאמר לקמן ר"מ אומר שבעה שבטים שחטאו ב"ד מביאין עליהם פר בהוראה והן פטורין וכי היכי דבהוראה פטורין הן לפטרו נמי בשגגת מעשה גרידתא: ת"ל מעם הארץ לאפי' רובו. חייבין בשגגת מעשה גרידתא דמייתו כל חד וחד כשבה או שעירה דהאי דכתיב מעם הארץ בשגגת מעשה הוא דכתיב אלמא שמעינן מהא מתני' יחיד שעשה בהוראת ב"ד חייב. ועדיין אני אומר רישא דמתני' הכי איתא בת"כ בעשותה יכול יחיד שעשה חייב שנים שעשו פטורין ת"ל מעם הארץ אפילו מרובין ועדיין אני אומר מיעוט קהל שחטאו חייבין שאין ב"ד מביאין פר על ידיהם וכו': אמר רב פפא ממאי דלמא לא הן ולא ב"ד. וה"ק מיעוט קהל שחטאו בשגגת מעשה חייבין שאין ב"ד מביאין פר עליהם בהוראה והן המועט נמי פטורין דיחיד שעשה בהוראת ב"ד פטור: אי הכי כו'. א"כ כדקאמרת לא הן ולא ב"ד לא מחייבי בהוראה כלל א"כ מיעוט קהל בשגגת מעשה גרידתא נמי ליפטרו כי היכי דמיפטרו בהוראה דאי הכי כדקאמרת לא הן ולא ב"ד מאי איריא דקא מהדר על רובא לחיובא בשגגת מעשה דקתני אבל רוב קהל שחטאו בשגגת מעשה גרידתא יכול יהו פטורין שהרי ב"ד מביאין עליהם פר בהוראה והן פטורין ת"ל מעם הארץ ואפי' רובו דחייב בשגגת מעשה: לאו מכלל דמיעוט. קהל בהוראה פשיטא ליה לתנא דמיחייבי בהוראה כדאמר הא הן חייבין דיחיד שעשה בהוראת ב"ד חייב וכי היכי דמיחייבי בהוראה (הס) הכי נמי מיחייבי בשגגת מעשה גרידתא ואמטו להכי קא מהדר לעיל על רובא לחיוב אלא לדידך דאמרת לא הן ולא ב"ד דאכתי לא נפקא לך דמיחייבי מיעוטא בשגגת מעשה גרידתא אי הכי נהדר ברישא על מיעוטא דליחייבו בשגגת מעשה גרידתא ולבסוף נהדר על רובא לחיובא בשגגת מעשה גרידתא: אלא. מדקא מהדר על רובא ושביק מיעוטא: שמע מינה. דמיעוט בהוראה פשיטא ליה לתנא דחייבין כשבה או שעירה דהכי קאמר שאין בית דין מביאין עליהם פר בהוראה הא הן חייבין דיחיד שעשה בהוראת בית דין חייב וכי היכי דחייבין בהוראה (הס) הכי נמי שלא בהוראה בשגגת מעשה חייבין וכיון דקיימא ליה לתנא דמיעוט בשגגת מעשה גרידתא חייבין הלכך קא מהדר על רובא לחיובא ולעולם שמעינן מהא מתניתין דיחיד שעשה בהוראת בית דין חייב שמע מינה: זאת

תוספות

תנא. משנה יתירה דאפי' גמיר ולא סביר. תימה דלא ליתני במתני' כ"א תלמיד שאינו ראוי להוראה וכ"ת דא"כ הוה משמע דלא גמיר ולא סביר דהא מרישא ידעינן דקתני ועשה יחיד על פיהם דפטור. וי"ל דקמ"ל דאפי' גמיר וסביר הוה שוגג דטעה במצוה לשמוע דברי חכמים וחייב דלא תימא מזיד הוה: ולטעמיך הא תניא בעשותה כו'. ברייתא היא בת"כ וגרסי' בה כגון שמעון בן עזאי ולהכי אלימא טפי לאקשויי מינה ממתני' דדוחק לומר דשמעון בן עזאי היה טועה במצוה לשמוע דברי חכמים. ולפי זה לא גרסי' ודידי נמי כו' דהא בברייתא נמי קתני הראוי להוראה וגם בספר מדויק הבא מארץ ישראל ליתא: תנא כלל והדר מפרש. דהך דרישא אתי כרבי שמעון דפטר אם חזרו בהן: הרי אלו מעוטין. בירושלמי פריך בכל מקום הוי מיעוט אחר מיעוט לרבות והכא למעט ומשני היינו דוקא במקום שהן זוגות כמו ספ"ק דסנהדרין (טו.) י' כהנים כתובין בפרשה דראשון ממעט ושני לרבות ושלישי למעט ורביעי לרבות וכן לעולם ובירושלמי (פ"ד) דמגילה פריך מעתה לא ילטרך שום כהן. ומשני דבהנס לא הזכיר כהן. ורשב"א פי' בנדה דהיכא דמיעוט אתי למעוטי דבר אחד כמו גבי כהנים כהן ולא ישראל התם אתי לרבויי. אבל היכא דכל חדא אתא למילתא לחוד כדהכא וגבי זאת היא העולה התם אתי למעוטי: מעם הארץ אפילו מקצתו. לא גרסינן מעם דהא לעיל יליף מיניה פרט למומר ול"ג נמי אפילו מקצתו דבלאו הכי יחיד ואפילו הרבה משמע דמביאין מדמהדר ארובא. וה"ג בת"כ עם הארץ אפילו רובו ואפילו כולו: ש"מ מיעוט בהוראה חייבין. תימה מהיכי תיתי דאפילו אי מברייתא משמע הכי מ"מ אסמכתא מקרא לא חזינן שיהיו חייבין במקום הוראה ועוד היכא משמע ליה מהך ברייתא דאי משום דלא מהדר ברישא ממיעוטא הא לא איצטריך דהא מיחיד ילפינן כי היכי דהוא חייב הכי נמי מיעוט קהל. וכן משמע בתורת כהנים דשנים ושלשה יש להן דין יחיד ונראה כגירסת ספרים דגרסי מאי אריא מיעוט מרובא כלומר מאי שנא מיעוט מרובא ומאי פשיטא מיעוט מרובא למאי דקאמר לא הן ולא בית דין אי לדבריך אלא מדאיצטריך למילף רובא שמע מינה דמיעוט פשיטא ליה משום דמייתי נמי בהוראה כשבה או שעירה:

מסורת הש"ס

א) [עירובין ע. ר"ה לג: לג. יבמות יג. לי: כתובות נח. נדרים יד: כריתות יז:]: ב) ת"כ פ' ויקרא: ג) שבת לג.: ד) [יבמות כ. וש"נ]: ה) ת"כ פ' ויקרא: ו) כ"א אלא לאו מדמהדר על רובא כו' ועי' ב"ש: ז) נדה מ. זבחים כז: ע"ש ופד. ע"ש:

תוספות הרא"ש

הוא שב אבל ידיעת חלב בלא חזרת בית דין לאו ידיעה הוא דאכתי לא אתידע ליה דאיכא איסור ולמה ישוב ואע"ג דכי ידע נמי דחלב אלא שתלה בב"ד שב מידיעתו הוא (דכי) [דכיון] דאי מתידע לבי דינא והדרי בהו איהו נמי הדר בה שאני התם דתולה ממש בב"ד הוה הלכך אפילו שב מידיעתו פטור אבל נתחלף לו חלב בשומן לאו תולה ממש בבית דין הוה וכיון דשב מידיעתו הוא חייב:

ולטעמיך הא דתניא בעשותה יחיד העושה מפי עצמו חייב בהוראת ב"ד פטור כו'. תימה מאי מייתי מברייתא טפי ממתני' וי"ל דברייתא אלימא ליה משום דדריש לה מקרא א"נ משום דמפרשי טפי או תלמיד היושב לפניהם וראוי להוראה כגון א) זה היינו שמעון בן עזאי: כגון דידע דאסור וקא טעי דמלוה לשמוע דברי חכמים. כדכתיב לא תסור מן הדבר אשר יגידו לך ימין ושמאל והיינו שגגה דידיה. ירושל' וכי יש (דין ושגגה) [זדון לשגגה ליחיד] אלא הוראת ב"ד ר' (אומר) [אימי] בשם ריש לקיש מתני' כגון שמעון בן עזאי [מה אנן קיימין אם ביודע כל התור' ואינו יודע אותו דבר אין זה שמעון בן עזאי] ואם יודע את הדבר ואינו יודע כל התורה כולה שמעון בן עזאי הוא אלא אותו דבר כי אנן קיימין ביודע כל התורה כולה ויודע אותו דבר אלא שטעו לומר תורה אמרה אחריהן ואם בטועה לומר תורה אמרה אחריהן אין זה שמעון בן עזאי כהדא דתני (כלל) [יכול] אם יאמרו לך על ימין שהוא שמאל ועל שמאל שהוא ימין תשמע להם ת"ל ללכת ימין ושמאל את שיאמרו לך על ימין ימין ועל שמאל שמאל מאי (כגון) [כדון] ר' יוסי בשם ר' (לאלפי) [הילא לפי] שבכל מקום שוגג פטור ממלקות ומזיד חייב וכא אפי' מזיד פטור מפני שתלה בב"ד. פי' בכ"מ שוגג פטור ממלקות ומזיד חייב וכאן אפי' מזיד פטור ממלקות שאין לך אדם שיתרה בו אל תאכל לפי שהכל תופסין בו היתר ע"פ הוראת ב"ד הלכך אף לענין זה חשיב כשוגג כיון דלכל"ע הוי היתר וגזירת הכתוב היא כי היכי דרבים מביאין ע"פ הוראתם ליחיד נמי חשיב הוראת שגגה: זה הכלל וכו' (ד"א) [זו דברי] ר' יהודה דאמר יחיד שעשה בהוראת ב"ד פטור אבל חכמים אומרים כו'. ומהדר תלמודא למלוא מאי ר"י ומאי רבנן ובתר הכי קאמר אמר רב נחמן אמר שמואל זו דברי [ר"מ כו' והא דליק זו דברי] ר"ש השנוי במשנתנו (דף ג:) הורו ב"ד וידעו שטעו וחזרו בהם בין שהביאו את כפרתם ובין שלא הביאו כפרתם והלך היחיד ועשה על פיהם ר"ש פוטר אלמא ר"ש פוטר התולה בב"ד אפילו אחר שחזרו בהם והביאו כפרתם וכן רבי אלעזר ור"ע ובן עזאי כולהו סבירי התולה בב"ד פטור. משום דעיקר דברי האמוראים למלוא חכמים דמחייבי ומש"ה קאמר רב יהודה זו דברי ר' יהודה אבל חכ"א משום דמייתי ג' ברייתות דפליגי (עלי') [ע"כ] וגס ר"ע אשכח ברייתא דפליגי בה ר"מ (ורב נחמן) [ורבנן] בהא אבל לא אשכחן תנא דפליג על ר"ש דמתני': נפש כי תחטא אחת תחטא בעשותה מיעוטין. ירושל' בכל אתר אתמר מיעוט אחר מיעוט לרבות [וכא אתמר] מיעוט אחר מיעוט למעט. א"ר מתני' שני' היא דכתי' מיעוט אחר מיעוט [אחר מיעוט] כיון דכתבי תלתא מיעוטי דרשינן להו למיעוטא והיכי דכתיב תרי מיעוטי אמרי' אין מיעוט אחר מיעוט אלא לרבות ותלמוד דידן לא סבר הכי דבפ"ק דסנהדרין (דף יד:) דריש עשרה כהנים דכתיבי גבי פדיון הקדש למעט מיעוט אחר מיעוט והכי גמירי לן דכל היכא דאיכא למדרש כולהו למעוטי כי הכא דרשי' כולהו והיכא דליכא למדרש מכולהו מיעוטי אמרינן אין מיעוט אחר מיעוט אלא לרבות: במאי אילימא בשגגת מעשה. (והכא) [וה"ק מיעוט] הקהל שחטאו בשגגת מעשה חייבין כל א' כשבה או שעירה שאין ב"ד מביאין פר על ידיהם לפטרם. רוב הקהל שחטאו בשגגת מעשה יכול יהא פטורין כל א' מלהביא כשבה או שעירה שהרי ב"ד מביאין פר על ידיהם לפטרן: ב"ד מאי עבידתייהו להביא על הצבור בשגגת מעשה והרי לא עשו בהוראתם: אלא בהעלם דבר וה"פ מיעוט הקהל שחטאו בהעלם דבר חייבין כשבה או שעירה שאין ב"ד מביאין בהעלם דבר פר ע"י כל זמן שלא חטאו רוב הצבור. רוב הקהל שחטאו בהעלם דבר יכול יהא פטורין כל א' מלהביא כשבה או שעירה שהרי ב"ד מביאין פר על ידיהם ת"ל מעם הארץ ואע"פ שב"ד מביאין פר צריך כל א' כשבה או שעירה: והא כי כתיב מעם הארץ בשגגת מעשה הוא דכתיב. והיכי מרבה מניה רוב הקהל שעשו בהעלם דבר: אלא לאו ה"ק מיעוט הקהל שחטאו בשגגת מעשה חייבין שאין ב"ד מביאין פר ע"י בהוראה אלא הם חייבין להביא כל א' כשבה או שעירה הלכך אית לן לאוקמי קרא במיעוט הקהל משום דהאי קרבן משכחת לה בין בשגגת מעשה בין בהעלם דבר דלעולם מביאין כשבה או שעירה אבל לא ברוב הקהל שהרי ב"ד מביאין פר על ידיהם והם פטורים הלכך אף בשגגת מעשה יהא פטורין מכשבה או שעירה: א"ה מאי אולמי' דמיעוט מרוב. פירש"י ז"ל אם כדקאמרת דלא הם ולא ב"ד חייבין מאי איריא דקמהדר ארובא לחיובא להו בשגגת מעשה דקתני אבל רוב הקהל שחטאו בשגגת מעשה

א) נראה דרבינו ל"ג בהברייתא כגון שמעון ב"ע ועי' תוס' ואולי גם בפר"ח ע"ש הוא ודוק.

רבינו חננאל

למ"ד צבור מביאין: אמר אביי אף אנן נמי תנינא בפרק אלו הן הנחנקין דגמר הוראה כשאומר המורה עשו דתנן לענין זקן ממרא חזר לעירו ושנה ולימד כדרך שלימד פטור הורה לעשות חייב. פי' דאלמא גמר ההוראה כשמורה לעשות: אמר רבא א) אף אנן נמי תנינא ביבמות פ' האשה שהלך בעלה. הורוה ב"ד להינשא והלכה וקלקלה. פירוש נישאת ב) לכהן גדול ואח"כ בא בעלה תצא וחייבת בקרבן שלא התירוה אלא להינשא פי' בהיתר ואילו עשית כך פטורה היתה מן הקרבן ביופי כח ב"ד דאלמא הכי קאמרו לה מותרת את להנשא דאי אמרו לה מותרת את סתם הוה משמע לכל אדם: אמר רבינא אף אנן נמי תנינא בפירקין הורו ב"ד לעבור על אחת כו'. ותו לא מידי כלומר (משלהן) [משלשתן] נשמעינה ואין אנו צריכין לדב' אחר. דמשמע שאמרו לו עשה כך היינו (עבירה) [הוראה]: איכא דאמרי אמר שמואל אין ב"ד חייב עד שיאמר להן מותרין אתם לעשות רב דימי מנהרדעא אמר אפילו מותרין אתם נגמרה הוראה. אמר אביי והא אנן לא תנן הכי כו' וקי"ל כשמואל בלישנא בתראה דדייקי מתניתין הכי: פיסקא והלך יחיד ועשה שוגג על פיהם אקשינן למה לי' למיתנא שוגג [ניתני] והלך יחיד ועשה על פיהם פירוש דליכא לאיסתפוקי בהא דבין מזיד ובין שוגג פטור הוא מזיד לאו בר קרבן הוא שוגג הא תלה בב"ד כסבריה דהאי תנא. אמר רבא תנא שוגג לאשמעינן דאי הורו ב"ד שחלב מותר לאכול והלך הוא ואכל חתיכת חלב והוא חושב שהוא שומן דפטור דהא אילו הודיעוהו שהוא חלב לא היה נמנע מאכילתו דבכלל היתר הוא בעיניו. ואי קשיא לך אמאי פטור והא עקרי כל הגוף בהוריית. ג) טעמא מפורש בתוספתא (פ"א) הורו ב"ד לעקור את כל הגוף. אמר אין דם בתורה אין חלב בתורה אין פיגול בתורה הרי אלו פטורין. פי' מפר. לבטל מקצת ולקיים מקצת הרי אלו חייבין כיצד יש חלב בתורה אבל אין חייבין אלא על חלב הקרב לשמים כו'. פי' דקטעו בקרא דכתיב כי כל אוכל חלב מן הבהמה אשר יקריבו ממנה וגו' אי נמי חלב שעל גבי הקיבה והדקין כמפרש לקמן (ז ע"ב): א"ד דדייק רבא ממתניתין דקתני שוגג על פיהם פטור כלומר כשהיה שגגתו בדבר שהותר לו על פיהם. אבל אם

א) כ"ה ג"כ בתוס' הרא"ש ועי' ב"ש: ב) עי' מהרש"א על רש"י: ג) נראה דחסר כאן ואולי צ"ל איכא למימר דמיירי כמפורש בתוספ':

ומשיבים: בסוף המשנה בסגנון של "זו ואין צריך לומר זו" קתני [שנה] התנא, כלומר שנויים הם המקרים בסדר שבו כל מקרה פשוט יותר מהמקרה הקודם לו.

א שנינו במשנה: וידע אחד מהן שטעו או תלמיד וראוי להוראה. ושואלים: תרתי [שנים] שני מקרים אלו, למה לי לשנותם? ומדוע לא די באחד בלבד, ואין צורך לשנות גם תלמיד וראוי להוראה? אמר רבא: איצטריך [הוצרך] הדבר להיאמר, שכן סלקא דעתך אמינא [עולה על דעתך לומר] הני מילי [דברים אלה] שחייב, אמורים דווקא במי שהוא גמיר [למד] וגם סביר [סובר] ומבין דברים בעצמו, אבל מי שגמיר [למד] ולא סביר [סובר] — לא חייב בקרבן, לכן השמיענו התנא את המקרה של תלמיד וראוי להוראה — שאף זה חייב. אמר ליה [לו] אביי: והרי תלמיד הראוי להוראה גמיר וסביר משמע [למד וסובר משמעו]! אמר ליה [לו] רבא, אנא הכי קאמינא [אני כך אומר]: אי מההיא [אם מאותה] הלכה ראשונה במשנה ("אחד מהם") בלבד הוה אמינא [הייתי אומר] הני מילי [דברים אלה] אמורים דווקא אם הוא גמיר וסביר [למד וסובר], אבל גמיר [למד] ולא סביר [סובר] — לא, לכן תנא [שנה] תלמיד ראוי להוראה, ממשנה יתירה שנשנה אנו מבינים שאפילו גמיר [למד] ולא סביר [סובר], או סביר [סובר] ולא גמיר [למד] עדיין, בכל זאת כיון שהוא תולה בדעת עצמו הרי הוא חייב.

ב "ראוי להוראה וכו'". ושואלים: כגון מאן [מי] נקרא "תלמיד הראוי להוראה"? אמר רבא: כגון שמעון בן עזאי ושמעון בן זומא, שלא נסמכו והיו גדולי הדור. אמר ליה [לו] אביי: כי האי גוונא [כגון זה] מזיד הוא, שהרי אדם גדול כזה בוודאי אינו טועה, ואם פסק להיתר מזיד הוא ופטור מקרבן! והשיב לו רבא: ולטעמיך [ולשיטתך], הא דתניא [זו ששנויה בברייתא]: על הכתוב: "בעשתה אחת" (ויקרא ד, כז), לומר שהיחיד העושה מפי עצמו — חייב, אם עושה בהוראת בית דין — פטור. כיצד? הורו בית דין שחלב מותר, ונודע לאחד מהן שטעו, או שהיה תלמיד יושב לפניהן וראוי להוראה כגון שמעון בן עזאי, וטעה ועשה על פי בית הדין, יכול יהא פטור? תלמוד לומר: "בעשתה אחת", יחיד העושה על פי עצמו — חייב, ומי שעושה בהוראת בית דין — פטור. ושואלים: והיכן מקום אנו מדובר באדם גדול אלא היכי משכחת לה [איך אתה מוצא אותה] שיהיה אדם כזה עשוי להיחשב כשוגג? ומשיבים: כגון שידע שהדבר הזה שהתירוהו בית הדין הוא אסור, וקא טעי [והוא טועה] במצוה לשמוע דברי חכמים, שהוא סבור שמצוה לשמוע דברי חכמים, אפילו כשהוא בטוח שאינם צודקים. אם כן לדידי נמי [לדעתי גם כן] שאמרתי כגון שמעון בן זומא או שמעון בן עזאי הכוונה שטעי [טועה] במצוה לשמוע דברי חכמים, ומפני שטעו בדבר זה — חייבים בקרבן.

ג שנינו במשנה: זה הכלל: התולה בעצמו — חייב. ושואלים: לשון כללית זו ("זה הכלל") לאיתויי מאי [להביא לרבות מה] היא באה, ואיזה מקרה שלא נזכר היא באה להוסיף? ומשיבים: לאיתויי [להביא] מבעט בהוראה, כלומר מי שרגיל לבוז תמיד להוראות בית הדין, ועושה רק מדעת עצמו. ואם כן, לשון כללית זו שנאמרה במשנה תולה בבית דין פטור מה באה לרבות? ומשיבים: לאיתויי [להביא] הורו בית דין וידעו שטעו וחזרו בהן. והוא לא ידע שחזרו בהם, ונהג על פי הוראתם הראשונה, שנמצא שתלה בדעת בית דין. ושואלים על כך: הא בהדיא קתני לה [הרי מקרה זה בפירוש שנה אותה] במשנה הבאה, ואין צורך לרבות אותו במשנתנו! ומשיבים: תני [שנה] קודם באופן סתום והדר [ואחר כך] מפרש.

ד אמר רב יהודה אמר שמואל: זו כל שיטת משנתנו שיחיד שעשה כהוראת בית דין פטור מקרבן היא דברי ר' יהודה, אבל חכמים אומרים: יחיד שעשה בהוראת בית דין — חייב. ושואלים: מאי [מהי] שיטת ר' יהודה זו שרמזנו לה?

דתניא [ששנויה בברייתא]: "אם נפש אחת תחטא בשגגה בעשתה" (ויקרא ד, כז) — הרי אלו שלשה מיעוטין ("אחת", "בשגגה", "בעשותה"), ואחד המיעוטים הללו בא ללמדנו הלכה זו: העושה מפי עצמו — חייב, עשה בהוראת בית דין — פטור. ושואלים: מאי רבנן [מהי שיטת חכמים]? דתניא [ששנויה בברייתא], עדיין אני אומר: מיעוט קהל שחטאו על פי הוראת בית דין — הם חייבין להביא קרבן על שגגתם, לפי שאין בית דין מביאין על ידיהן (בגללם) קרבן פר העלם דבר של ציבור (אלא אם כן חטאו רוב הקהל), ואולם יש מקום לומר שרוב קהל שחטאו יהו פטורין מלהביא קרבן, שהרי בית דין מביאין על ידיהם פר העלם דבר של ציבור? תלמוד לומר: "מעם הארץ" (שם) — אפילו רובה של קהל, ואפילו כולה אינם נפטרים משום שבית הדין הורו כן. ונברר: במאי [במה מדובר]? כיצד היה חטאם של רוב הקהל? אילימא [אם תאמר] בשגגת מעשה, מפני טעות מסויימת ולא בגלל הוראת בית דין, אם כן מה שנאמר בטעם הדבר "שהרי בית דין מביאין על ידיהם" אינו מובן, שהרי זה בית דין שלא בהוראה, בית דין מאי עבידתייהו [מה מעשיהם]? הרי אין להם קשר לדבר! כי שלא בהוראת בית דין, בית דין מי מייתו [האם הם מביאים] קרבן שלא בהוראה? אלא צריך לומר שעשו רוב הקהל בהוראה, ואולם אף על כך יש לשאול: והא כי כתיב [והרי כאשר נאמר] "מעם הארץ" — בשגגת מעשה הוא דכתיב [שנאמר] ולא בשגגת הוראה כלל! אלא לאו הכי קאמר [האם לא כך אמר]: שצריך להוסיף דברים בברייתא ולשנותה כך: מיעוט קהל שחטאו בשגגת מעשה הם חייבין, שאין בית דין מביאין על ידיהן פר בהוראה, הא [הרי] הן עצמם שעשו בהוראה חייבין בקרבן, וכמו כן חייבים בקרבן גם כשעשו בשגגת מעשה שלא בהוראה, יכול רוב צבור שעשו בשגגת מעשה שלא בהוראה יהו פטורין, שהרי בית דין מביאין עליהם פר בהוראה? תלמוד לומר: "מעם הארץ", אפילו רובו. שאם לא היתה זו שגגה מתוך הוראת בית הדין, אין הבדל כמה היו השוגגים מעטים או רוב הקהל. מכאן ראיה שלדעת חכמים יחיד או מיעוט הקהל שעשה בהוראת בית הדין חייב. אמר רב פפא: ממאי [ממה] מסיק אתה כך? דלמא [שמא] במקרה כזה שחטאו מיעוט קהל בהוראת בית דין, לא הן ולא בית דין מביאים משום שהם תלו בבית דין, ובית דין פטור משום שהיו רק מיעוט! ודוחים: אי הכי [אם כן], מאי איריא דקמהדר על רובא לחיובא [מה שייך, מדוע דווקא שמחזר על רוב לחייבו]? כלומר, מדוע רוצה התנא לחדש שגם אם רוב הקהל חטא יהיו חייבים בקרבן? לאו [האם לא] מכלל הדברים אתה למד שמיעוט שעושים בהוראה קיימא ליה דמחייבי [מוחזק להם כדבר פשוט שמחוייבים] אפילו בהוראה, ולפי שיטת רב פפא: ונהדר ברישא על מיעוטא דמחייב [ושיחזור בראש להוכיח על מיעוט שמחוייב] בשגגת מעשה, ולבסוף ניהדר [יחזור] ויביא ראיה לרובא לחיובא [הרוב לחייב] בשגגת מעשה שהרי אין אנו יודעים עכשיו על מיעוט שעשו בשגגת מעשה שחייבים! אלא לאו [האם לא] מדלא מהדר [משלא מחזר] ולא מביא בברייתא בתחילה הוכחה על מיעוט דמיחייבין [שחייבים] בשגגת מעשה, ובסוף מהדר [חוזר] למצוא הוכחה על רובא לחיובא [רוב שיהיה חייב] בשגגת מעשה, שמע מינה [למד מכאן] שהיה פשוט לברייתא שאם עשו מיעוט בהוראה חייבין הן, וכמו כן שלא בהוראה אף על פי שחטא בשגגה, ומוכח שעשיה בהוראה כשגגה כדין כל חוטא שחטא בשגגת מעשה חייבין המיעוט שחטאו. עוד כאן שתי השיטות בענין זה, אבל שואלים: מכדי תרוייהו סתמי תנן [הרי שתי הברייתות הללו בסתם שנה], ממאי דקמייתא [ממה יודע אתה שהראשונה] היא שיטת ר' יהודה ובתרייתא רבנן [והאחרונה היא שיטת חכמים]? איפוך אנא [אומר להיפך]! ומשיבים: מאן שמעת ליה דדריש מיעוטי כי האי גוונא [את מי שמעת אותו שהוא דורש לשונות מיעוט בדרך כגון זו]? שיטת ר' יהודה היא, דתניא [ששנויה בברייתא], ר' יהודה אומר:

מסורת הש"ס

א. (הביטוי) עירובין עו,א. ר"ה לב,ב. לג,א. יבמות יג,א. ל,ב. כתובות נח,א. נדרים יד,ב. כריתות יז,ב.
ב. ירושלמי הוריות פ"א ה"א. שם ה"ב. שם ה"ה (בשינוי).
ג. שבת צג,א. תו"כ ויקרא ד, כז.
ד. (מצוה זו) יבמות כ,א. קדושין נ,א. ב"מ מח,א. סנהדרין נג,ב. חולין קו,א.
ה. ירושלמי הוריות פ"א ה"ה.
ו. שבת צג,א. ירושלמי הוריות פ"א ה"א.
ז. ירושלמי הוריות שם.
ח. תו"כ פ"ט ה.

גרסות

ולא סביר לא בכתי"מ: ולא סביר לא, קא משמע לן.

להוראה גמיר וסביר בכתי"מ: ראוי להוראה גמיר וסביר.

אנא הכי קאמינא, אי מההיא בכתי"מ: אנא ממשנה יתירא קאמינא דאי מחדא.

כי האי גוונא מזיד הוא בכתי"מ: וכי האי גוונא מי הוי שוגג.

בעשותה אחת בכתי"מ ובמקורות: בעשותה.

לדידי נמי — חכמים בכתי"מ מוחק משפט זה וראה בתוספות.

ונודע לאחד מהן בכתי"מ ובמקורות: וידע אחד מהן.

בעשותה אחת יחיד העושה על פי עצמו בכתי"מ ובספרא: בעשותה העושה מפי עצמו.

אלא היכי משכחת לה כגון דידע בכתי"מ: מי הוי שוגג אלא מאי אית לך למימר דידע.

תולה בבית דין לאיתויי בכתי"מ: תולה בבית דין לאיתויי מאי לאיתויי.

זו דברי ר' יהודה בכתי"מ: זו דברי ר' יהודה דאמר יחיד שעשה בהוראת בית דין פטור.

מאי ר' יהודה בכת"י פריס: מאי ר' יהודה ומאי רבנן.

בשגגה בעשותה בכתי"פ: בשגגה בעשותה לימא אשר נפש תחטא בשגגה למה לי למימר אחת תחתא בעשותה.

אלו שלשה מיעוטין בכתי"מ ובכתי"פ ובדפו"י: אלו מיעוטין.

דתניא עדיין וכו' בכתי"פ: דתניא אם נפש אחת תחטא אין לי אלא אחת שעשאה, שנים ושלשה שעשו יכול יהו פטורין ת"ל מעם הארץ ואפילו הן מרובין ועדיין.

שאין בית דין בכתי"מ: שהרי אין בית דין.

רוב קהל שחטאו יהו פטורין בכתי"מ: רוב צבור שעשו יכול יהו פטורין.

מעם הארץ אפילו רובה ואפילו כולה בכתי"פ: מעם הארץ ואפילו רובו ואפילו כולו ובכתי"מ: עם הארץ אפילו רובה, מעם הארץ אפילו מקצתו.

בית דין שלא בהוראה בית דין בכתי"מ: שלא בהוראת בית דין מאי עבדיתייהו ובכתי"פ: בית דין מאי עבידיתיה.

שלא בהוראת בית דין בית דין מי מייתו שלא בהוראה אלא בהוראה בכת"י: אלא בהעלם דבר.

הא הן חייבין בכתי"מ: הא הן חייבין כשבה או שעירה ובכתי"פ חסרות מלים אלה.

יכול רוב צבור שעשו בשגגת מעשה יהו פטורין בכתי"פ: ורוב הקהל שחטאו, יכול יהו פטורין בשגגת מעשה.

מעם הארץ ואפילו רובו בכתי"פ: מעם הארץ ואפילו מקצתו ואפילו כולו.

ממאי דילמא בכת"י: דלמא.

מאי איריא דקמהדר — בשגגת מעשה חייבין בכתי"פ: מאי אולמיה דמיעוט מרוב אלא לאו שמע מינה הם חייבין שמע מינה ובכתי"מ: מאי איריא דקמהדר תנא בהך רובא לחייב בשגגת מעשה ליהדר תנא בתר מיעוטא בשגגת מעשה ברישא והדר ניהדר ארובא לחיובי בשגגת מעשה גרידתא אלא לאו שמע מינה הוא והן וכתיב חייב שמע מינה.

תרוייהו סתמי תנן בכתי"פ: תרוייהו סתמא.

דדריש מיעוטי בכתי"מ: דדריש.

אישים

בן עזאי
ראה בהשלמות.

בן זומא
הוא שמעון בן זומא, מהחכמים הגדולים שבדור החורבן. תלמידו של ר' יהושע, ותלמיד־חבר לר' עקיבא.
שמעון בן זומא נחשב לאחד מגדולי החכמים בדורו, אך כנראה, בגלל גילו הצעיר לא נסמך ומשום כך לא נקרא בתואר רבי, והוא נקרא רק בשם אביו בן זומא.
כמה וכמה מאמרים בהלכה ובאגדה נאמרו בשמו. ביחוד היה כוחו גדול בדרשות המקרא, עד שאמרו כי "משמת בן זומא בטלו הדרשנים".

עיונים

זו ואין צריך לומר זו כתב בספר חפץ ה', שבפשטות שנה בסופה של המשנה באותו סדר דברים שנשנה גם בראשה. אלא שלגבי הבנת הדברים צריך לומר, שבראשיה ההולך מן המקרה הפשוט אל המסובך יותר, ואילו בסופה תוכן הדברים הוא הפוך שהולך מן המקרה המסובך אל המקרה הפשוט יותר (וכן פירשו גם מפרשים אחרים. ועיי"ש, שמביא גם הסברים אחרים).

תרתי למה לי כלומר, אם היה זה תלמיד הראוי להוראה — אין הבדל בינו לבין אחד מהם (מחברי הסנהדרין), שהרי אף הוא ראוי לדעת שהיתה זו הכרעה מוטעית. ואין אפוא צורך בכפילות הלשון (ב"ש).

גמיר ולא סביר אין הכוונה בזה שאין התלמיד ראוי להוראה — שלמד רק הלכות מרבותיו בעל־פה, וגם "סביר" — מי שיכול להשתמש במה שיודע ולחדש על מה ששמע גם עניינים חדשים. ומי שלא הגיע לדרגה של הבנת הסברה כראוי — בעצם אינו ראוי להורות (וראה ברש"י). והעירו המפרשים שדרגה זו של "סביר" היא הקרויה בתורה "נבון", ובהיותה מדרגה גבוהה, לא כל כך רבים הם מגיעים בעלי דרגה זו.

תנא משנה יתירה רבא מסביר שאין הוא למד הלכה זו מעצם לשון המשנה, שהרי דברי אביי צודקים ש"ראוי להוראה" משמעו "גמיר וסביר". אלא הוא למד מייתור הדברים שבמשנה, שמזכירה שני מקרים, שבא הדבר להוסיף שאפילו מי שאינו ראוי בשלמות להוראה, אם אינו עם הארץ (וכך משמע גם מלשון הרמב"ם) בגדר תלמיד הוא. ובתוס' שאלו: אם כן היה ראוי לכתוב במשנה בלשון פשוטה: ואפילו תלמיד שאינו ראוי להוראה. שלא היינו למדים מלשון זו לגבי מי שלא שנה ולא סבר, שהרי הוא בגדר סתם אדם הנזכר בחלק הראשון של המשנה. ותירצו שהשתמש בלשון זו כדי להשמיענו ענין אחר, שאפילו היה ראוי להוראה, מכל מקום דינו כשוגג (ולא כמזיד) וחייב בקרבן.

כגון מאן וצריך להסביר את השאלה כך: מי הוא זה שראוי להוראה ובכל זאת קרוי "תלמיד"? ועל כך ענה רבא שהוא כגון שמעון בן עזאי ושמעון בן זומא, שלא נסמכו בתואר רבי, ואף על פי כן היו גדולי הדור (ב"ש).

ולטעמיך הא דתניא אף שהברייתא אינה מוסיפה דברים מהותיים על המשנה, מכל מקום מפורש בה כדברי רבא, שתלמיד הראוי להוראה הריהו כגון שמעון בן עזאי (תוס', רא"ש).
ולעצם שאלת אביי תהו המפרשים (בספר ב"ש ועוד רבים): מפני מה מקשה אביי על דברי רבא, הרי לכאורה תמיהה זו היא על המשנה עצמה, שנאמר בה שתלמיד הראוי להוראה אינו נחשב כמזיד אלא מביא קרבן כשוגג! ויש שתירץ כי לולא דברי רבא, היה אביי מפרש שבמשנה מדובר דווקא על תלמיד ש"גמיר ולא סביר", שבו אפשר להבין טעות כזו. ואף שנאמר "וראוי להוראה", הרי כבר אמרו במסכת קדושין שהמקדש אשה "על מנת שאני תלמיד" אין אומרים שצריך להיות גדול כשמעון בן עזאי, אלא שיהא תלמיד חכם במידה מסויימת בלבד (אלף המגן).

וקא טעי במצוה לשמוע וכו' שהוא סבר שכיון שהורו בית הדין, אין לסור מדבריהם כלל, ואפילו במקום שלדעתו יש בכך איסור — צריך לשמוע בקול חכמים (רש"י).
אכן, הרבה מן המפרשים תהו על עצם סברת הגמרא. שהרי לכאורה מצווה התורה ללכת על פי דברי חכמים ולא לסור מדבריהם "ימין ושמאל", וכדרך שדרשו חכמים: אפילו אמרו על ימין שהוא שמאל ועל שמאל שהוא ימין. ועוד הוסיפו, שכל הסוטה מדברי בית הדין הגדול, אף שהוא סבור שטעו בדבריהם, הלא הוא נקרא "זקן ממרא" ודינו במיתה! ויש שרצו להסביר על פי הירושלמי בסוגייתנו הדורש: ולבד שיאמרו לך על ימין שהוא ימין ועל שמאל שהוא שמאל. שמשמע מכאן שאם בטוח שטעו בית הדין, אינו צריך ללכת אחריהם. ובחפץ ה' מסביר שאין סתירה בדברים, כי באמת צריך כל חכם בודד לקבל את הוראת בית הדין, גם אם הוא סבור שהם טועים. ואולם במקום שהחכם סבור שטעה בית הדין — צריך הוא עצמו להימנע ולא לעשות מעשה. שאם הורו בית דין שחלב מסויים מותר — אינו רשאי להורות בניגוד לדעתם, אבל אין עליו כל חיוב לאכול חלב זה. ובנקודה זו היתה שגגת אותו חכם, שסבר שיש ללכת אחרי דברי בית הדין, אפילו כשהוא סבור שהם טועים (ראה בעניין זה בעיונים להלן).
שאלה זו נשאלה גם בתלמוד הירושלמי. ושם עוד הוסיפו להקשות, שאם היה ההולך בעקבות בית הדין חכם היודע כל התורה — אם כן מזיד הוא. ואם אינו יודע הלכה זו, אם כן לענין זה אינו אדם גדול כשמעון בן עזאי, ואינו ראוי להוראה בשלמות. ובחפץ ה' מתרץ שבסוגיא אחת לגמרי, ולדברי הפ"מ מסקנת הירושלמי היא שכיון שמדובר כאן בחטא שכל אחד מהקהל תלה בבית דין להיתר, הרי נחלק דין מזיד משוגג שאינו תלה, ואף מי שעשה כן במזיד (כלומר, שידע בעצמו שהוא אסור) אינו נחשב כמזיד אלא כשוגג, שכל מאחר ששגגתו היתה לא באותו אופן שטעו, לכן אינו חייב קרבן אלא כל כך דין שגגה אחרת (בענין "לא תסור") והיה צריך להביא קרבן על שגגתו כשוגג.

מבעט בהוראה רש"י מסביר: באדם שכרגיל הוא מבעט בהוראות בית הדין, ואינו שומע לדבריהם. ומשום כך, גם כאשר הוא נוהג על פי דברי בית הדין — הריהו תולה רק בדעת עצמו, כפי שעושה תמיד. ואילו מלשון הרמב"ם משמע שמדובר באדם הסבור שאינו צריך להוראת בית הדין, אלא הוא יודע הלכה זו מדעת עצמו. ואם כן נמצא שמעשיו אינם תלויים כלל בהוראת בית הדין ובהכרעתו.

הא בהדיא קתני לה במשנה הבאה, בשם ר' שמעון. ולפי זה צריך לומר שמשנתנו (לענין זה) היא כשיטת ר' שמעון, אלא שמתחילה נאמר בה הדבר בלשון כלל, ולאחר מכן מפרש את דבריו (וראה בתוס').

שלושה מיעוטין ובמסכת שבת מפרש שבאו שלושת המיעוטים הללו למעט שלושה עניינים: האחד, למעט מי שעשה בשבת חצי מלאכה, שאינו חייב על כך קרבן, והשני, למעט מי שעשה בשבת מלאכה בשותפות עם חבירו, אף שכל אחד מהם יכול היה לעשותה לבדו, והשלישי, למעט יחיד שעשה על פי הוראת בית הדין.
ובירושלמי שאלו: הרי כלל בידינו ש"אין מיעוט אחר מיעוט אלא לרבות", ואם כן יש לראות זאת לא כשלושה מיעוטים אלא כריבוי! ויש שהסבירו את תירוץ הירושלמי כך: כאשר יש זוגות של מיעוטים בזה אחר זה אנו אומרים שמיעוט אחר מיעוט בא לרבות, אבל כאן כיון שיש שלושה מיעוטים — אין אלה באים לרבות אלא למעט. ועוד הביאו שיטה אחרת האומרת שכאשר באים כמה מיעוטים בנושא אחד (כלומר, למעט דבר אחד) יש לראותם כריבוי. אבל כאשר יש לשונות מיעוטים שונות, הבאות למעט דברים שונים — הרי אלו מיעוטים. ובדומה לכך תירץ הרא"ש שהכלל "אין מיעוט אחר מיעוט אלא לרבות" אינו אלא כאשר אין ללמוד דברים אחרים למעט מאותן לשונות מיעוט. אבל במקום שיש ללמוד מיעוטים בדברים שונים — אין אלה באים אלא למעט.

מעם הארץ ואפילו רובו ראה בתוס' שגרסו כאן "עם הארץ" אפילו רובו. שלשון "עם הארץ" אינה מחלקת בין מעטים לרבים, וכל שחטאו חטא זה, אפילו הם רבים ואפילו הם רוב הקהל — חייבים להביא קרבן על שגגתם.

דלמא לא הן ולא בית דין כיון שבלשון הברייתא לא נאמר במפורש שמיעוט קהל בהוראת בית דין חייבים להביא קרבן, ולא למדנו דבר זה אלא מפני הקושי שבהבנת דברי הברייתא כפי שהם לפנינו. הרי אפשר לומר שאין ברייתא זו עוסקת כלל בהוראת בית דין אלא בשגגת המעשה בלבד.

מאי איריא דקמהדר על רובא ראה במפרשים ראשונים ואחרונים שאמרו שלשון הגמרא קצת מגומגמת, והציעו דרכים שונות לישב את הלשון (במחיקות והוספות, וראה גם בגרסות). ועיקר ההוכחה היא ממה שבתחילה ברור לברייתא זו שמיעוט קהל בשגגת מעשה חייבים ואינו מביא ראיה מיוחדת לדבר, משמע שברור לו שמיעוט קהל בכל מקרה חייבים, גם בהוראת בית דין. וכל שרצה להוכיח היה שרוב קהל בשגגת מעשה אין דינם כרוב קהל בהוראת בית דין.

אורח ההלכה

אפילו גמיר ולא סביר וכו' מתי חייב התולה בהוראת עצמו — כשהיה חכם או תלמיד שהגיע להוראה. אבל אם היה עם הארץ — הרי זה פטור, מפני שאין ידיעתו באיסורים ידיעה ודאית.
וכתב בלח"מ שנראה שהרמב"ם קורא למי שהוא גמיר ולא סביר או סביר ולא גמיר "הגיע להוראה", שאף שאינו ראוי להוראה, מכל מקום קרוב הוא לכך. ובערוך השולחן סבור שהיתה לרמב"ם כאן גרסה אחרת. (רמב"ם ספר קרבנות הלכות שגגות פי"ג ה"ה).

כי האי גוונא מזיד הוא הורו בית דין בשגגה, וידעו הקהל שטעו ובכל זאת עשו על פיהם — הרי הכל פטורים מקרבן. בית הדין פטורים, מפני שלא סמכו הקהל על הוראתם, והעושים פטורים מקרבן, מפני שמזידים הם. (שם ה"ו).

טעי במצוה לשמוע דברי חכמים הורו בית דין להתיר איסור, ועשה אחד על פיהם אף שידע שטעו בהוראתם, מפני שסבר שראוי לשמוע לבית דין אף על פי שהם טועים — הרי זה חייב חטאת. כגמרא. (שם ה"ה).

לאתויי מבעט בהוראה מי שתלה בדעת עצמו, שלא עשה בגלל הוראת בית דין אלא מפני שהוא סבור שהדבר מותר — הרי זה חייב חטאת. שהרמב"ם מפרש "מבעט בהוראה" במי שאומר שאינו צריך להוראת בית דין ויודע בעצמו שמותר (כס"מ). ולדעת רש"י עניינו מי שרגיל בכל דבר שלא לציית לדברי בית דין, שבוודאי גם כשהורו בית דין עושה רק מדעת עצמו. (שם).

יחיד שעשה בהוראת בית דין הורו בית דין בשגגה, ועשו רק מיעוט הקהל על פיהם — בית הדין פטורים, ואותם בני המיעוט שחטאו חייבים להביא כל אחד קרבן חטאת. וכדברי חכמים. (שם ה"א).

"זאת תורת העולה היא העולה על מוקדה על המזבח..." (ויקרא ו, ב) — הרי אלו שלשה מיעוטין ("זאת", "העולה", "היא") שבאים למעט שלושה מיני קרבנות, שלמרות שעלו על המזבח — מורידים אותם ממנו, והם: עולה שנשחטה בלילה, עולה שנשפך דמה לפני זריקה, וכן עולה שיצא דמה מחוץ לעזרה. הרי שר׳ יהודה הוא הלומד בדרך זו כמה לשונות מיעוט. ואיבעית אימא [ואם תרצה אמור]: הוכחה אחרת שהברייתא השניה זו הפותחת ב"ועדיין אני אומר" לא מצית מוקמת לה [אינך יכול להעמיד אותה] כדעת ר׳ יהודה, דקתני [שהרי שנה] בה: רוב קהל שחטאו — בית דין מביאין על ידיהן פר, ואי [ואם] כשיטת ר׳ יהודה היא, האמר [הרי אמר]: צבור הוא דמייתי [שמביאים] את הפר, בית דין — לא. דתנן [שכן שנינו במשנה], ר׳ יהודה אומר: שבעה שבטים שחטאו — מביאין שבעה פרים, מכאן שהציבור מביאים פר, ולא בית הדין.

א עד כאן ביארנו את משנתנו כדעת ר׳ יהודה, וחכמים חולקים עליו, ואילו רב נחמן אמר שמואל מעמיד את המשנה באופן אחר: זו משנתנו היא דברי ר׳ מאיר, אבל חכמים אומרים: יחיד שעשה בהוראת בית דין — חייב. ושואלים: מאי [מהי] אותה שיטת ר׳ מאיר ומאי רבנן [ומהי שיטת חכמים] אליהן רומז שמואל? דתניא [שנויה ברייתא]: הורו בית דין ועשו — ר׳ מאיר פוטר, וחכמים מחייבין. ונברר: מאן [מי הם אלה] שעשו? אילימא [אם תאמר] בית דין, מאי טעמא דרבנן דמחייבין? [מה הטעם של חכמים שמחייבים?] והתניא [והרי שנויה ברייתא]: יכול הורו בית דין ועשו בית דין בעצמם, יכול יהו חייבין פר העלם דבר של ציבור? תלמוד לומר: "ונעלם דבר מעיני הקהל ועשו" (ויקרא ד, יג), לומר שמעשה תלוי בקהל והוראה תלויה בבית דין! אלא מדובר שכוונה היא הורו בית דין ועשו רוב קהל, אם כן, מאי טעמא [מה הטעם] של ר׳ מאיר שפוטר? אלא לאו [האם לא] מדובר כאן במקרה שהורו בית דין ועשו מיעוט קהל, ובהא קמיפלגי [ובנושא זה הם חלוקים], מר סבר [חכם זה, ר׳ מאיר, סבור]: יחיד (וכמוהו גם מיעוט הקהל) שעשה בהוראת בית דין — פטור, ומר סבר [וחכם זה, חכמים, סבור]: יחיד שעשה בהוראת בית דין — חייב. ומכאן שמשנתנו בה שנינו שיחיד שעשה בהוראת בית דין פטור, הריהי כשיטת ר׳ מאיר. אמר רב פפא: מכאן אין להוכיח לענייננו. כי אפשר לפרש את מחלוקת ר׳ מאיר וחכמים בברייתא באופן אחר: דכולי עלמא [לדעת הכל] יחיד שעשה בהוראת בית דין — פטור, אלא בשאלה האם בית דין משלים לרוב צבור קמיפלגי [חלוקים הם]. במקרה שהעושים בהוראת בית דין לא היו רוב ציבור, אבל אם יצטרפו אליהם את בית הדין עצמו (שהורו ועשו) יהא זה רוב. מר סבר [חכם זה, חכמים, סבור]: בית דין משלים לרוב צבור ולכן הציבור חייב, ומר סבר [וחכם זה, ר׳ מאיר, סבור]: אין בית דין משלים לרוב צבור, והרי זה נחשב כיחיד שעשה בהוראת בית דין ופטור. ואם כן, משנתנו אינה כר׳ מאיר דווקא. ואיבעית אימא [ואם תרצה אמור] והסבר את מחלוקת ר׳ מאיר וחכמים באופן זה: הברייתא מדברת במקרה שהורו בית דין ועשו רובו של קהל, ובית דין הם החייבים להביא פר, ולכן פוטר ר׳ מאיר את הציבור מלהביא קרבן, ומאן [ומיהם] חכמים המחייבים — זה שיטת ר׳ שמעון היא, דאמר: גם צבור מייתי [מביאים] וגם בית דין מייתי [מביאים] את הקרבן. ואיבעית אימא [ואם תרצה אמור] בהסבר מחלוקת ר׳ מאיר וחכמים כך: מדובר בדינו של שבט שעשה בהוראת בית דינו, שלדעת ר׳ מאיר אין דין העלם דבר של ציבור חל על בית דין של שבט, ולכן פטור בית הדין מקרבן, ומאן [ומיהם] חכמים המחייבים? שיטת ר׳ יהודה היא, דתניא [ששנויה בברייתא]: שבט שעשה בהוראת בית דינו, אותו שבט חייב. ואיבעית אימא [ואם תרצה אמור] את מחלוקת ר׳ מאיר וחכמים באופן זה: בברייתא מדובר כגון שחטאו ששה שבטים והן במספרם רובו של קהל, או שבעה שבטים אף על פי שאינן רובו של קהל, ומתניתין מני [ומשנתנו כשיטת מי היא]? כשיטת ר׳ שמעון בן אלעזר היא. דתניא [ששנויה ברייתא], ר׳ שמעון בן אלעזר אומר משמו של ר׳ מאיר: חטאו ששה והן רובו של קהל, או שבעה אף על פי שאינן רובו של קהל — חייבין. ומכל הדחיות הללו עולה שאין הוכחה לדברי רב נחמן בשם שמואל שמשנתנו היא כדעת ר׳ מאיר.

ב אמר רב אסי: ובהוראה לקבוע מהו רובו של קהל הלך אחר רוב בני ישראל, יושבי ארץ ישראל בלבד הם הקובעים, שנאמר: "ויעש שלמה בעת ההיא את החג וכל ישראל עמו קהל גדול מלבוא חמת עד נחל מצרים לפני ה׳ אלהינו שבעת ימים ושבעת ימים ארבעה עשר יום" (מלכים א ח, סה). ונברר את האמור בכתוב זה: מכדי כתיב [הלוא נאמר] "וכל ישראל עמו", אם כן "קהל גדול מלבוא חמת עד נחל מצרים" למה לי, ומה בא זה להוסיף? שמע מינה [למד מכאן] שבא הכתוב הנוסף ללמדנו: הני הוא דאיקרי [אלה היושבים בארץ ישראל הם שנקראים] קהל, אבל הנך לא איקרי [אחרים שנמצאים בחוץ לארץ אינם נקראים] קהל.

ג ועוד בענין רוב הקהל: פשיטא [פשוט לנו], שאם היו העושים בהוראת בית דין מרובין ואחר כך נתמעטו, כגון שמתו מקצתם ונעשו עכשיו מיעוט הקהל — היינו פלוגתא [זוהי המחלוקת] של ר׳ שמעון ורבנן [וחכמים], שחלקו במשנה להלן (י,ב) בענין כהן משיח או מלך שחטאו בשגגה לפני מינויים, ואחר כך נתמנו לכהונות אלה, שלדברי חכמים כיון שבזמן חטאם היו הדיוטות הריהם מביאים קרבן כהדיוטות, ואילו ר׳ שמעון סבור שאם נודע להם החטא בהיותם הדיוטות מביאים כהדיוטות, ואם נודע להם לאחר שנתמנו הריהם פטורים. ולפי שיטות אלה אף במקרה זה של מרובים ונתמעטו חכמים יאמרו שכיון שחטאו בהיותם רוב — מביאים קרבן, ולדעת ר׳ שמעון יהא הדבר תלוי בזמן שנודעה להם השגגה אם היו באותה עת רוב או מיעוט. ואולם יש לשאול להיפך, אם בזמן שחטאו הם היו מועטין ואחר כך נתרבו, כגון שמתו מקצת מרוב הקהל שלא חטאו, רק שעכשיו המיעוט שחטא הוא הרוב, מאי [מה הדין]? מי פליגי [האם חלוקים] בכך ר׳ שמעון ורבנן [וחכמים]? ובאופן זה: ר׳ שמעון דאזיל בתר [שהולך אחר] זמן הידיעה מחייב, ורבנן דאזלי בתר [וחכמים שהולכים אחר] זמן החטאת — פטרי [פוטרים], או לא, אם כן מאי [מהי] המסקנה? ודוחים: ותיסברא [ויכול אתה לסבור כן] לתלות הדין במקרה זה במחלוקת ר׳ שמעון וחכמים? אימור [אמור] ששמעת ליה [אותו] את ר׳ שמעון דאזיל [שהולך] אף בתר [אחר] ידיעה, ומתי? היכי דהוי [במקום שהיו] גם הידיעה וגם החטאה בחיוב, שבין כהדיוט ובין כנשיא או כהן משיח יש חובת קרבן כלשהו על החוטא. אבל ידיעה כזו שלא באה על ידה חטאה מי [האם] שמעת ליה [אותו]? שאם כן, שהיה הולך ר׳ שמעון גם אז רק אחר זמן הידיעה והיה מחייב במועטים ונתרבו. לייתי כי השתא [שיביאו כמו המצב עכשיו] קרבן כהן גדול או מלך כשנודע להם לאחר שנתמנו, ולמה אמר ר׳ שמעון שבמקרה כזה פטור! אלא ודאי שלשיטת ר׳ שמעון חטאה וידיעה בעי [צריך]. ואין איפוא פתרון לשאלה שנשאלה.

ד ועוד איבעיא להו [נשאלה להם ללומדים]: הורו בית דין שחלב מותר, ועשו מיעוט הקהל על פי הוראתם, ואכלו חלב וחזרו בית דין בהן מהוראתם, אבל אחר כך חזרו בהם שוב והורו להתיר, ואז עשו על פיהם מיעוט אחר, מהו הדין? וצדדי השאלה: כיון ששתי ידיעות נינהו [הם] לא מצטרף המיעוט הראשון למיעוט השני, אף ששני מיעוטים אלה הם ביחד רוב קהל, או דלמא [שמא] כיון דאידי ואידי [שזה וזה] איסור חלב הוא, הרי הוא מצטרף? ואם תמצא לומר: כיון דאידי ואידי [שזה וזה] חלב הוא מצטרף, יש מקום לבעיה הבאה: אם היו מיעוט ששגגו על פי הוראה אחת של בית דין בחלב שעל גבי הקבה, ומיעוט שגגו על פי הוראה אחרת בחלב שעל גבי דקין, מהו הדין? וצדדי שאלה זו: הכא [כאן] ודאי כיון דבתרי קראי קאתי [שמשני מקראות הם באים] שלכל סוג של חלב יש מקור אחר בכתוב, לא מצטרף, או דלמא [שמא] כיון דאידי ואידי [שזה וזה] חלב הוא והם נכללים באיסור אחד הריהו מצטרף? ואם תמצי [תמצא] לומר: שם חלב הוא ומצטרף, יש מקום לבעיה הבאה: אם שגגו מיעוט קהל בהוראת בית דין בחלב, ומיעוט שגגו בהוראה שהורו בדם, מהו הדין? וצדדי שאלה זו: הכא [כאן] ודאי כיון דתרי איסורי נינהו [ששני איסורים שונים הם] וכיון שאין איסורן שוה — לא מצטרף, או דלמא [שמא] כיון שקרבנן שוה שעל שניהם מביאים חטאת — מצטרף? ואם תמצי [תמצא] לומר: כיון שקרבנן שוה מצטרף, תתעורר עוד בעיה: אם היו מיעוט ששגגו בהוראה בחלב, ומיעוט אחר שגגו בעבודה זרה, מהו? הכא [כאן] ודאי אין איסורן שוה ואין קרבנן שוה, לפי שאף ביחיד השוגג בעבודה זרה מביא שעירה דוקא לכפרתו, אין המיעוטים מצטרפים, או דלמא [שמא] כיון דאידי ואידי [שזה וזה] עבירה שיש בה במזיד עונש כרת הוא, יש בהם בכל זאת צד שיתוף ומצטרף? שאלות אלה לא נפתרו ונשארו בתיקו [תעמוד] השאלה במקומה.

ה איבעיא להו [נשאלה להם ללומדים]: הורו בית דין שחלב מותר, ועשו על פיהם מיעוט הקהל, ומת אותו בית דין ועמד בית דין אחר במקומם, וחזרו והורו אותה הוראה להיתר, ועשו מיעוט אחר, מה יהא הדין? ומפרטים: אליבא דמאן דאמר [לפי שיטת מי שאומר] בית דין בלבד מייתי [מביא] את הקרבן לא תיבעי [תישאל תסתפק] לך — דהא ליתנהו [שהרי אין כאן אותם] דיינים שהורו ועל פיהם עשה רוב הקהל, שהרי בית הדין הראשון כבר מת, אלא כי תיבעי [כאשר תישאל] לך השאלה — אליבא דמאן דאמר [לפי שיטת מי שאומר] שהצבור הוא שמייתי [מביא], אם כן מאי [מה הדין]? וצדדי השאלה: צבור הא קאי [הרי עומד] שהרי ביחד נמצא שחטאו רוב ציבור,

מסורת הש"ם

א. זבחים פד,א. נדה מ,א.
ב. משנה הוריות ה,א. ירושלמי פ"א ה"ח.
ג. הוריות ה,א—ב. תו"כ ויקרא ד, יג. ילק"ש תורה תסט.
ד. הוריות ה,ב. תוספתא הוריות פ"א ו. תו"כ ויקרא ד, יד. וראה משנה הוריות ה,א.
ה. הוריות ה,א-ב. ירושלמי הוריות פ"א ה"ז. תו"כ פ"ד יד.
ו. ירושלמי הוריות פ"א ה"ב (בשינויים).
ז. הוריות י,א.
ח. ראה כתובות מה,ב.
ט. ירושלמי הוריות שם (בשינויים).

גרסות

שלשה מיעוטין בכתי"מ במקורות ובדפו"י: מיעוטין.

מיעוטין בכתי"מ כבמקבילות: מיעוטין, פרט לשנשחטה בלילה ושנשפך דמה ושיצא דמה חוץ לקלעים.

ואיבעית אימא עדיין בכתי"מ: ואיבעית אימא משום דעדיין.

והתניא יכול הורו בכתי"מ: והתניא הורו.

מעשה תלוי בקהל והוראה תלויה בבית דין בכתי"מ: הוראה תלויה בבית דין ומעשה בקהל.

דר׳ מאיר דפוטר בכתי"מ: דר׳ מאיר דפטר והתנן הורו בית דין ועשה קהל או רובו מביאין פר דברי ר׳ מאיר.

בהוראת בית דין פטור ומר סבר יחיד שעשה בהוראת בית דין חייב בכתי"מ: בהוראת בית דין חייב ומר סבר פטור.

דכולי עלמא בכתי"מ: לא, דכולי עלמא.

אלא בית דין משלים בכתי"מ: והכא בבית דין משלים.

שבט שעשה בהוראת בית דינו בכתי"מ: בשבט אחד בהוראת בית דינו.

ומאן חכמים בכתי"מ: ובהא קמיפלגי ר׳ מאיר פוטר לית ליה שבט אחד, ומאן חכמים דמחייבי.

כגון שחטאו ששה בכתי"מ: בחטאו ששה שבטים.

ומתניתין מני ר׳ שמעון בן אלעזר בכתי"מ: ובהא פליגי ר׳ מאיר פוטר סבר בעינן רובא דגברי רובא דשבטים ומאן חכמים ר׳ שמעון בן אלעזר.

רוב יושבי ארץ ישראל בכת"י ועוד: יושבין בארץ ישראל.

מכדי כתיב וכל ישראל עמו בכתי"מ ועוד: וכי מאחר דכתיב וכל ישראל עמו למה לי למיכתב.

למה לי שמע מינה — לא איקרו קהל בכתי"מ: הא קמשמע לן דעד שיורו לרוב קהל שבארץ ישראל.

היינו פלוגתא בכתי"מ ועוד: פלוגתא.

מי פליגי ר׳ שמעון ורבנן בכתי"מ: מי אמרינן.

ידיעה דלא חטאה בכתי"מ כבמקבילה: דאזיל בתר ידיעה בלא חטאה.

וחזרו בית דין בהן והורו בכתי"מ: וחזרו בהן וחזרו והורו בית דין.

מיעוט אחר מהו בכתי"מ: מיעוט צבור אחר מהו מי מצטרף ההוא מיעוטא קמא למיעוטא בתרא או לא.

שתי ידיעות בכתי"מ ובדפו"י: שתי דעות.

חלב הוא מצטרף — הוא מצטרף בכתי"מ: חלב וחד בית דין מצטרף, ואם תמצא לומר כיון דחלב אחד נינהו וחד בית דין הוא מצטרפי.

מיעוט בחלב שעל גבי הקיבה ומיעוט בחלב שעל גבי דקין בכתי"מ (וראה בתוס׳): הורו בית דין שחלב המכסה את הקרב מותר ועשו מיעוט צבור וחזרו בהן והורו שחלב שעל הדקין מותר ועשו מיעוט צבור אחר.

דבתרי קראי בכתי"מ וכן ברש"י: דמתרי קראי.

כיון דאידי ואידי חלב הוא מצטרף בכתי"מ ועוד: שם חלב אחד הוא.

כיון דתרי איסורי נינהו וכיון דאין איסורן שוה לא מצטרף בכתי"מ ובדפו"י: תרי איסורי נינהו ולא מצטרפי.

כיון דאידי ואידי כרת הוא מצטרף בכתי"מ (וראה ברש"י): כיון דאין משום קרבנם לא מצטרפי דאידי ואידי בחד בי דינא קיימי.

עיונים

שבעה שבטים שחטאו שהם רוב השבטים, וסבור ר׳ יהודה שכל שבט נקרא קהל (כמבואר להלן). ותמהו המפרשים: מפני מה הביא את חלקה השני של המשנה, כאשר היה יכול להביא את תחילתה: שנים עשר שבטים שחטאו מביאים שנים עשר פרים! ואכן, בתוס׳ הביאו שהיתה גרסה כזו לפניה, והיא הגרסה המשובחת (וראה גם בב"ש). ויש שנתן טעם לדבר, כי מן הפיסקה שמביא משמע לא רק שהשבטים מביאים, אלא שרק השבטים שחטאו הם המביאים ולא אחרים, שהרי אם חטאו שבעה, אין שאר השבטים צריכים להביא (חק נתן).

והוראה תלויה בבית דין ככתוב "ונעלם מעיני העדה", שבית הדין הם הקרויים "עיני העדה" (רש"י).

דכולי עלמא יחיד פטור כיון שרב פפא מעמיד את הברייתא במקרה שונה לגמרי, היה יכול גם לומר: דכולי עלמא יחיד חייב. אבל נוח לו לומר שלדעת הכל יחיד פטור, משום שלפי העמדה זו משנתנו היא לדעת הכל. ועוד, שאי אפשר לומר שלדעת הכל יחיד חייב, לפי שהמסקנה במסכת שבת (צג,א) היא שלדברי ר׳ מאיר יחיד שעשה בהוראת בית דין פטור (רא"ש).

משלים לרוב צבור בספר חפץ ה׳ חוקר בכמה בעיות שיש בסברה זו: האם לדעת האומר שאין בית דין משלים לרוב ציבור, כאשר מונים את רוב הציבור, האם מביאים בחשבון את בית הדין, שצריך להיות רוב ציבור גם כנגד בית הדין או לא. וכן דן בשאלה אם בית דין עשו כהוראתם האם צריך רוב ציבור להיות מרובה מן המיעוט בצירוף בית הדין, או שאין בית הדין נמנה כלל.

ובהוראה הלך וכו׳ ושאר ישראל שבחוץ לארץ אינם נכללים במנין (רש"י). וכתב בב"ש ועוד, כי מה שאמר רב אסי "ובהוראה" (בו׳ החיבור) משמע שהוא קשור לענין אחר, שעיקר הדברים הוא שלענין טומאת ציבור הולכים אחר רוב העומדים בעזרה, אבל לענין הוראה הולכים אחר רוב יושבי ארץ ישראל.

ויש שכתב שהולכים אחר רוב יושבי הארץ רק לענין מנין רוב הקהל, אבל לענין מנין רוב שבטים מביאים בחשבון גם את יושבי חוץ לארץ (מנחת חנוך). ובתפא"י כתב בפשטות שהכל, גם לענין שבטים, תלוי רק ביושבי הארץ.

קהל גדול וכו׳ ותמהו בתוס׳: הלא כלל בידינו שאין למדים דברי תורה מדברי קבלה (דברי הנביאים), וכיצד מוכיחים לענייננו בגזירה שוה מן האמור בספר מלכים? ותירצו שאין זו גזירה שוה, אלא רק בגדר "גילוי מילתא" ללמדנו מה הוא הקרוי קהל, ולענין גילוי מילתא למדים גם מדברי קבלה. וכן הגיע לאותה מסקנה בספר ב"ש, שכתב שהכתוב בספר מלכים אין לו כלל ענין להוראה, ואינו שייך לנושא זה, אלא שלמדים בדרך של גילוי מילתא מהו הקרוי קהל. אכן בצפנת פענח מסביר כי כתובים אלה לגבי חנוכת המקדש קשורים בענין (המבואר גם להלן) שבאותה שנה החליטו בית דין לבטל את יום הכיפורים, וזו בודאי הוראה, ויש איפוא קשר עניני בין פסוקים אלה לענין הוראת בית דין.

פלוגתא דר׳ שמעון וכו׳ ומסביר רש"י שעיקר ההשוואה היא שלדעת חכמים הבאת הקרבן תלויה במצב הדברים בשעת החטא, ואילו ר׳ שמעון מביא בחשבון גם את הידיעה, שלפיה קובעים איזה קרבן חייבים החוטאים להביא. וראה בחפץ ה׳ המסביר שעיקר שיטת ר׳ שמעון הוא בהנחה ש"פנים חדשות באו לכאן", שחל שינוי במהותם של החוטאים, ולפיכך משתנה גם דינם, והוא הדי לגבי השאלה כאן, שהרוב נעשה מיעוט.

מועטין ונתרבו מי פליגי וכו׳ רש"י מסביר שההבדל בין הדברים הוא שבמקרה שחלקו חכמים ור׳ שמעון הכל מודים שיש חיוב קרבן בין מתחילה ובין לאחר מכן, ולא נחלקו אלא בשאלה איזה קרבן יש להביא. אבל במקרה של מיעוט שנעשה רוב — הרי לא חל עליהם חיוב קרבן ציבור מתחילה. אכן, הרא"ש מביא בשם הרמ"ה שלאמיתו של דבר אותה פירכה שפרכנו את ההשוואה לגבי מועטים שנתרבו אפשר לפרוך גם לגבי מרובים שנתמעטו (שהרי בהיותם מיעוט אין עליהם חיוב קרבן). ולפיכך הוא מסביר שאף ההנחה הראשונה לא היתה אלא לשם חידוד התלמידים, כי כאשר פורכים את ההשוואה — הרי כל הדמיון בין המקרים בטל כולו.

וחזרו בית דין בהם והורו בתוס׳ כתבו שלאו דווקא אם חזרו בהם, אלא גם אם לא חזרו בהם, אלא שחזרו והורו פעם שניה באותו ענין עצמו (וראה בפירוש הר"ח שאף הוא גרס כעין זה). ויש ששאלו: כיון שהורו בית דין באותו ענין וחזרו בהם, מפני מה שומעים לדבריהם בפעם השניה שחזרו והורו אותה הוראה? וכתבו הראב"ד והמאירי שלענין הוראה אין הבדל אם הורו וחזרו בהם והורו שוב, שבכל מקרה צריך לשמוע לדברי בית הדין, אלא שאם היו מורים באותה חתיכה עצמה אז היה מקום לשאלה.

חלב שעל הקיבה הרבה מן המפרשים (וראה בתוס׳) סבורים שאין גרסה זו נכונה, כי גם האוסר חלב שעל הדקין אוסר אותו מאותו פסוק שבו נאסר חלב שעל הקיבה. ולכן הם מעדיפים את הגרסה: חלב שעל הקרב, שיש לו מקור בכתוב אחר.

אידי ואידי חלב ששניהם קרויים חלב, ועיקר האיסור וההזהרה אחד הוא, שאם מתרים באדם שלא יאכל חלב מתרים בו משום "חלב" סתם, ובכלל זה כל מיני החלב.

כיון דאיסורן שוה יש שמחקו מלים אלה, שהרי מוכח מכמה מקומות שאין איסורם שוה, ושני איסורים אלה חלוקים בדברים רבים. ובב"ש כתב שאיסורם שוה — ששניהם הם איסורי אכילה (מה שאין כן בדוגמה הבאה). ויש שהסביר שאיסורם שוה לענין שיעור האיסור (אדרת).

ומיעוט בעבודה זרה הרמב"ם פסק שבכל מקרה מביאים קרבן, גם כאשר היו מיעוט בחלב ומיעוט בעבודה זרה. וכתבו המפרשים שלגבי המקרים הקודמים הלך הרמב"ם לשיטתו שבכל מקום שיש "אם תמצא לומר" — הרי אנו פוסקים כסברה זו, שהרי נבנית שאלה אחרת על פיה. אלא שלגבי השאלה האחרונה שנשארה בתיקו (והיה ראוי לומר שלא יביאו קרבן) מסתבר שלפני הרמב"ם לא היה בגרסה "תיקו", שסבר שאף שאלה זו נפתרה. וכתב המאירי כי מחלוקת ראשונים (והתוס׳ ד"ה והורו עמדו על שאלה זו) היא איזה קרבן צריכים להביא, שהרי קרבן הציבור בחלב וקרבן הציבור בעבודה זרה הם קרבנות שונים. שיש אומרים שצריך הציבור להביא קרבן כאילו חטאו רובם בחלב, וגם להביא קרבן כאילו חטאו רובם בעבודה זרה. והמאירי עצמו סבור שהציבור מביא קרבן רק על החלב, שבכללו יש גם מקצת הקרבן על עבודה זרה. ואילו הראב"ד סבור כי מה שאמרו שמצטרפים המיעוטים אינו אלא לענין זה שהם נחשבים כרוב קהל ופטורים מלהביא קרבן כיחידים, אבל גם כציבור אינו נחשב ואינו מביא קרבן כלל.

אורח ההלכה

מעשה תלוי בקהל וכו׳ הורו בית דין בטעות והתירו איסור שחייב להביא על שגגתו חטאת קבועה, וסמכו רוב העם על הוראתם ועשו כדבריהם — הרי בית דין חייבים להביא חטאת על שגגתם בהוראה, ואף שהם עצמם לא עשו מעשה. שאין משגיחים לענין זה על מעשי בית הדין אלא על הוראתם בלבד (רמב"ם ספר קרבנות הלכות שגגות פי"ב ה"א).

אין בית דין משלים וכו׳ סנהדרין עצמם שעשו לפי הוראתם המוטעית אינם מצטרפים להמנות עם הקהל, עד שיהא רוב קהל שעשו חוץ מן הסנהדרין. כפירוש רב פפא וכדעת חכמים. ואף שרב פפא אמר את דבריו בדרך דחיה, סבור הרמב"ם שלא היה אומר כן אם לא היתה זו הלכה (כס"מ). (שם פי"ג ה"ב).

ששה והן רובו של קהל וכו׳ עשו רוב הקהל על פי הוראת בית דין המוטעית ואפילו אינם אלא שבט אחד, או אם עשו רוב השבטים אף שהם מיעוט הקהל — בית דין חייבים בקרבן והעושים פטורים. וכדברי ר׳ שמעון בן אלעזר (שם פי"ב ה"א. שם פי"ג ה"ב).

הלך אחר רוב יושבי ארץ ישראל אין קרוי קהל לענין הוראת בית דין אלא היושבים בארץ ישראל, ואין משגיחים בבני חוץ לארץ (שם פי"ג ה"ב).

מרובין ונתמעטו וכו׳ היו העושים מרובים בשעת החטא ונעשו מיעוט בזמן שנודעה הטעות, או שהיו מועטים ונעשו רוב בשעת ידיעה — הכל הולך אחר שעת המעשה. כדברי חכמים, ולא כדעת היחיד של ר׳ שמעון. (שם ה"ג).

מיעוט בחלב ומיעוט בעבודה זרה הורו בית דין באחד ממיני החלב שהוא מותר, ואכל מיעוט הקהל על פיהם, ונודע לבית דין שטעו וחזרו בהם. ואחר כך הורו שעבודה זרה מסויימת מותרת, ועשה מיעוט אחר של הקהל על פיהם — אם שני מיעוטים אלה מצטרפים לרוב, אף שהיתה ידיעה באמצע — הרי בית דין מביאים קרבן והעושים פטורים.

והראב"ד חולק, שהרי זו בעיה שלא נפתרה בגמרא, ולפיכך לא בית דין ולא העושים מביאים קרבן. ובכס"מ סבור שגרסה אחרת היתה לפני הרמב"ם, או שיש לומר בדוחק שמקריבים רק על תנאי, שאם אינם חייבים תהא זו נדבה. (שם ה"ד).

מת אותו בית דין הורה בית דין להתיר דבר איסור, ועשה מיעוט הקהל על פיהם, ומתו חברי אותו בית דין, ובא בית דין אחר והורה, ועשו מיעוט אחר של הקהל על פיהם — אין אלה מצטרפים. שבעיה זו לא נפתרה בגמרא (כס"מ).

זאת תורת העולה היא העולה. זאת היא העולה הרי אלו שלשה מיעוטי חד פרט לנשחטה בלילה וחד פרט לנשפך דמה וחד פרט ליוצאת דמה חוץ לקלעים שאם עלתה על גבי המזבח תרד דלא הויא עולה חשובה והכי נמי מפרש במסכת נדה בפרק יוצא דופן (דף מ.): **ז' שבטים.** דהוו רוב שבטים מביאים שבעה פרים דקסבר ר' יהודה דשבט א' איקרי קהל והן מביאין ולא ב"ד: **הוראה תלויה בב"ד.** דכתיב ונעלם דבר דהיינו שהורו לעבור מעיני הקהל דהיינו ב"ד: **ב"ד משלים לרוב צבור.** דעשו עם מעט צבור והשלימו לרוב צבור: [**צבור** י)**מייתי**]. ור' מאיר פוטר צבור דהא קא מייתי ב"ד כדאמרי' לקמן רבי מאיר אומר שבעה שבטים שחטאו בית דין מביאין עליהם פר והן פטורין ואי קשיא הא אמרי' בכל התורה אין מיעוט אחר מיעוט אלא לרבות והיכי אמרי' אלו ג' מיעוטין דממעטינן אותם בירושלמי מפרש ה"מ היכא דליכא אלא ב' מעוטין אבל הכא דאיכא ג' מיעוטין בזה אחר זה בחד קרא כולהו אתו למעט וכן בל"ב מדות מצאתי: **אותו השבט חייב.** להביא פר דקסבר שבט אחד אקרי קהל: **רבי שמעון בן אלעזר אומר משמו.** של ר' מאיר והא מתניתא מפרש לקמן: **אמר רב אסי ובהוראה.** דקיי"ל כי הורו ב"ד ועשו רוב קהל על פיהם שמביאים פר: **הלך אחר רוב יושבי' בארץ ישראל.** דאותם שבחוצה לארץ אינן מן המנין ולא אותן דמנחל מצרים ולחוץ דחוצה לארץ היא: **פשיטא מרובין ונתמעטו.** כגון שהורו ב"ד ועשו רוב קהל על פיהם דנתחייבו להביא פר ולא הספיקו להביא פר עד שנתמעטו שמתו מקצתן היינו פלוגתא דר' שמעון ורבנן. דתנן (לקמן י.) חטא כהן משוח ונשיא עד שלא נתמנו דהיו חייבים להביא כשבה או שעירה ולא הספיקו להביא עד שנתמנו הרי הן כהדיוטות ונחייבם להביא כשבה או שעירה כבתחלה הכא נמי חייבין פר כבתחלה רבי שמעון אומר וכו' הכא נמי אם נודע להם עד שלא נתמעטו חייבין להביא פר אבל אם נודע להן משנתמעטו פטורין: **מועטין ונתרבו מאי.** כגון שהורו בית דין ועשו מיעוט קהל על פיהם דיחיד שעשה בהוראת בית דין פטור ומתו מקצתן של רוב קהל ונתרבו אלו ולאחר שנתרבו נודע להם שחטאו דהני מועטין ונתרבו לא דמי ממש לחטאו עד שלא נתמנו דמועטין כי חטאו בהוראה לאו בני קרבן נינהו דיחיד שעשה בהוראת בית דין פטור אבל כי חטאו כהן משיח ונשיא עד שלא נתמנו נעשו בני קרבן ומחייבי לאתויי כשבה או שעירה אבל מרובין ונתמעטו דמי ממש לחטאו עד שלא נתמנו דהא מרובין כי חטאו בני קרבן נינהו ואמטו להכי קאמר במרובין ונתמעטו דהוי פלוגתא דר"ש ורבנן אבל במועטין ונתרבו איבעיא לן אי דמי לפלוגתא דר' שמעון ורבנן אי לא מי אמרי' ר"ש דבתר ידיעה אזיל דאמר אם נודע להם עד שלא נתמנו חייבין כבתחלה הכא נמי מחייב דכי אתידע להו בחיובא אתידע להו דכי נתרבו אתידע להו ומביאין פר ורבנן דבתר חטאה אזלי דאמרי הרי אלו כהדיוטות הואיל וחטאו כי לא נתמנו הכא נמי אזלי בתר חטאה וכי חטאו אכתי מועטין היו ופטורין דיחיד שעשה בהוראת בית דין פטור: **ותסברא אימור דשמעת ליה לר"ש דאזיל אף בתר ידיעה.** דאמר אם נודע להם עד שלא נתמנו חייבין היכא דהוי ידיעה וחטאה בחיוב: **כי השתא.** דלהוי כי חטאו משנתמנו דלייתי פר ואמאי קתני משנתמנו פטורין אלא מדקתני פטור ש"מ דר"ש חטאה וידיעה בעי בחיובא ומועטין ונתרבו לדברי הכל פטורין דכי חטאו בפטור חטאו דיחיד שעשה בהוראת בית דין פטור: **או דלמא.** כיון דחלב שם אחד הוא דבין חלב המכסה את הקרב ובין חלב המכסה את הדקין שם אחד הוא שחלב שמם איקרו: **כיון דתרי איסורי נינהו.** דחלב אינו שוה בכל דחלב חיה מותר: **או דלמא.** כיון דאילו צבור אכלי האי חלב והאי דם שלא בהוראה בשגגת מעשה מייתו כל חד וחד אי בעו כשבה מייתו אי בעו שעירה מייתו דמצי אשווי קרבנם השתא נמי כי עשו בהוראה מצטרפי: **ומיעוט בתרא בעבודה זרה.** קרבנם שעירה ולא כשבה: או

תורה אור

ויקרא ו °) זאת תורת העולה היא הרי אלו שלשה מיעוטין ואיבעית אימא עדיין אני אומר לא מצית מוקמת לה כר' יהודה דקתני רוב קהל שחטאו ב"ד מביאין על ידיהן פר ואי רבי יהודה האמר צבור הוא דמייתי ב"ד לא דתנן א) ברבי יהודה אומר שבעה שבטים שחטאו

א מביאין ז' פרים ורב נחמן אמר שמואל זו דברי ר"מ אבל חכמי' אומרי' יחיד שעשה בהוראת ב"ד חייב מאי ר"מ ומאי רבנן דתניא הורו ועשו רבי מאיר פוטר וחכמים מחייבין מאן עשו אילימא ב"ד מ"ט דרבנן דמחייבי והתניא יכול הורו ב"ד ועשו ב"ד יכול יהו חייבין ת"ל הקהל ועשו ג ב)א מעשה תלוי בקהל והוראה תלויה בב"ד אלא הורו ב"ד ועשו רוב קהל מאי טעמא דר' מאיר דפוטר אלא לאו הורו ב"ד ועשו מיעוט קהל ובהא קמיפלגי מר סבר יחיד שעשה בהוראת בית דין פטור ומר סבר יחיד שעשה בהוראת ב"ד חייב אמר רב פפא דכולי עלמא יחיד שעשה בהוראת ב"ד פטור אלא אם ב"ד משלים לרוב צבור קמיפלגי מ"ס ב"ד משלים לרוב צבור ומ"ס באין ב"ד משלים לרוב צבור ואיבעית אימא הורו ב"ד ועשו רובו של קהל ג) ומאן חכמים רבי שמעון היא דאמר צבור מייתי וב"ד מייתי ואיבעית אימא שבט שעשה בהוראת בית דינו ד) ומאן חכמי' רבי יהודה היא דתניא דשבט שעשה בהוראת בית דינו אותו השבט חייב ואב"א כגון שחטאו ששה והן רובו של קהל או שבעה אע"פ שאינן רובו של קהל ומתניתין מני ר' שמעון בן אלעזר היא דתניא ה"ה) רבי שמעון בן אלעזר אומר משמו חטאו ששה והן רובו של קהל או שבעה אע"פ שאינן רובו של קהל חייבין

ב ואמר רב אסי ובהוראה הלך אחר רוב יושבי ארץ ישראל שנאמר °) ויעש שלמה בעת ההיא את החג וכל ישראל עמו קהל גדול מלבוא חמת עד נחל מצרים לפני ה' אלהינו שבעת ימים ושבעת ימים ארבעה עשר יום מכדי כתיב וכל ישראל עמו קהל גדול מלבוא חמת עד נחל מצרים למה לי שמע מינה הני הוא דאיקרי קהל אבל הנך לא איקרי קהל פשיטא מרובין ונתמעטו

ג היינו ופלוגתא דרבי שמעון ורבנן מועטין ונתרבו מאי מי פליגי רבי שמעון ורבנן ר"ש דאזיל בתר ידיעה מחייב ורבנן דאזלי ובתר חטאת פטרי י) [או לא] מאי ותיסברא חאימור דשמעת ליה לר"ש דאזיל אף בתר ידיעה [היכי דהוי ידיעה וחטאה בחיוב] ידיעה דלא חטאה מי שמעת ליה דא"כ לייתי כי השתא אלא ר"ש חטאה וידיעה

ד בעי טאיבעיא להו הורו ב"ד חלב מותר ועשו מיעוט הקהל וחזרו ב"ד בהן והורו ועשו מיעוט אחר מהו כיון דשתי ידיעות נינהו לא מצטרף או דלמא כיון דאידי ואידי חלב הוא מצטרף ואם תמצא לומר כיון דאידי ואידי חלב הוא מצטרף מיעוט בחלב שעל גבי י) הקבה ומיעוט בחלב שעל גבי דקין מהו הכא ודאי כיון דבתרי קראי קאתי לא מצטרף או דלמא כיון דאידי ואידי חלב הוא מצטרף ואת"ל שם חלב הוא ומצטרף מיעוט בחלב ומיעוט בדם מהו הכא ודאי (כיון) דתרי איסורי נינהו ח) [וכיון דאין איסורן שוה] לא מצטרף או דלמא כיון מ) [דאיסורן שוה] דקרבנן שוה מצטרף ואת"ל כיון (דאיסורן שוה) דקרבנן שוה מצטרף מיעוט בחלב ומיעוט בעבודה

ה זרה מהו הכא ודאי אין איסורן שוה ואין קרבנן שוה או דלמא כיון דאידי ואידי כרת הוא מצטרף תיקו איבעיא להו הורו ב"ד שחלב מותר ועשו מיעוט הקהל ומת אותו ב"ד ועמד ב"ד אחר וחזרו והורו ועשו מיעוט אחר אליב' דמ"ד ב"ד מייתי לא תיבעי לך דהא ליתנהו אלא כי תיבעי לך אליבא דמ"ד צבור מייתי מאי צבור הא קאי או

°) מ"א ח

או דלמא [ידיעה] דההוא ב"ד דהורו בעינן
תיקו אמר רבי יונתן מאה שישבו להורות אין
חייבין עד שיורו כולן שנאמר °ואם כל עדת
ישראל ישגו עד שישגו כולן [עד שתפשוט
הוראה בכל עדת ישראל] אמר רב הונא
בריה דרב הושעיא הכי נמי מסתברא דבכל
התורה כולה קיי"ל רובו ככולו והכא כתי' כל
*העדה הואיל וכך אפילו הן מאה [תנן] הורו
ב"ד וידע אחד מהן שטעו או תלמיד וראוי
להוראה והלך ועשה על פיהם בין שעשו
ועשה עמהן ובין שעשו ועשה אחריהן ובין
שלא עשו ועשה ה"ז חייב מפני שלא תלה
בב"ד האי הוא דחייב הא אחר פטור ואמאי
הא לא נגמרה הוראה הכא במאי עסקינן
כגון שהרכין ההוא אחד מהן בראשו ת"ש
הורו ב"ד וידע אחד מהן שטעו ואמר להן
טועין אתם הרי אלו פטורים טעמא דאמר
להן טועין אתם דפטורים הא שתיק מישתק
חייבין וגמר לה הוראה ואמאי והא לא הורו
כולן אמרי ה"נ כגון שהרכין בראשו מתיב רב
משרשיא סמכו רבותינו על דברי רשב"ג ועל
דברי ר"א בר' צדוק שהיו אומרים אין גוזרין
גזירה על הצבור אלא א"כ רוב הצבור יכולין
לעמוד בה ואמר רב אדא בר אבא מאי קרא
°במארה אתם נארים ואותי אתם קובעים הגוי
כולו והא הכא דכתי' הגוי כולו ורובא ככולא
דמי תיובתא דר' (יוחנן) [יונתן] תיובתא ואלא
מאי כל עדת דקאמר רחמנא ה"ק אי איכא
כולם הויא הוראה ואי לא לא הויא הוראה
אמר רבי יהושע י' שושבין בדין קולר תלוי
בצואר כולן פשיטא הא קמ"ל דאפילו תלמיד
בפני רבו רב הונא כי הוה נפיק לבי דינא
מייתי עשרה תנאי דבי רב לקמיה* כי היכי
דנימטיין שיבא מכשורא רב אשי כי הוו מייתי טריפה לקמיה מייתי עשרה טבחי ממתא מחסיא ומותיב
קמיה אמר כי היכא דנימטיין שיבא מכשורא: **מתני'** הורו ב"ד וידעו שטעו וחזרו בהן בין שהביאו כפרתן
ובין שלא הביאו כפרתן והלך ועשה על פיהן ר' שמעון פוטר ור' אלעזר אומר ספק איזהו ספק ישב לו בתוך
ביתו חייב הלך לו למדינת הים פטור אמר רבי עקיבא מודה אני בזה שהוא קרוב לפטור מן החובה אמר לו
בן עזאי מאי שנא זה מן היושב בביתו שהיושב בביתו אפשר היה לו שישמע וזה לא היה לו אפשר שישמע
הורו ב"ד לעקור את כל הגוף אמרו אין נדה בתורה אין שבת בתורה אין עבודה זרה בתורה הרי אלו
פטורין הורו לבטל מקצת ולקיים מקצת הרי אלו חייבין כיצד אמרו יש נדה בתורה אבל הבא על שומרת
יום כנגד יום פטור יש שבת בתורה אבל המוציא מרה"י לרה"ר פטור יש עבודה זרה בתור' אבל המשתחוה
פטור הרי אלו חייבין שנא' °ונעלם דבר דבר ולא כל הגוף: **גמ'** אמר רב יהודה אמר רב מ"ט דר"ש הואיל
וברשות ב"ד הוא עושה איכא דאמרי אמר רב יהודה אמר רב אומר היה ר"ש כל הוראה שיצאה ברוב צבור
יחיד העושה אותה פטור לפי שלא ניתנה הוראה אלא להבחין בין שוגג למזיד מיתיבי פר העלם דבר של צבור
ושעירי עבודה זרה בתחלה גובין עליהן דברי ר"ש ר' יהודה אומר מתרומת הלשכה הן באין אמאי כיון
דגבי להו הוי ליה הודע איבעית אימא כגון שגבו סתם ואב"א כגון דלא הוה ליה במתא ואיבעית אימא
רב כאידך תנא סבר דתניא איפכא בתחילה גובין להן דברי רבי יהודה ר"ש אומר מתרומת הלשכה הן
באין תני ר"מ מחייב ור"ש פוטר ר"א אומר ספק משום סומכוס אמרו תלוי אמר ר' יוחנן אשם תלוי
איכא בינייהו א"ר זירא משל דר"א למה הדבר דומה לאדם שאכל ספק חלב ספק שומן ונודע לו שמביא אשם
ולא

או לא בעינן ההוא בית דין דהורו להם מעיקרא דתהוי להו ידיעה. כלומר לא בעינן דתהוי להו ידיעה לב"ד קמא ומצטרפי: **עד שתפשוט הוראה בכל עדת ישראל.** דהיינו אותן שישבו להורות: **כגון שהרכין ההוא אחד מהם.** או תלמיד בראשו דנראה כהודה לדבריהם ונגמרה הוראה: **במארה אתם נארים וגו'.** כגון שהגוי כולו דיכולין לקבלה: הכי משמע אי איכא גוי כולו וקא עבר עליה האי גברא אותי אתם קובעים והכי כתוב בספרים במס' עבודה זרה בפ' אין מעמידין: **אי איתא לכולהו.** סנהדרין של שבעים וא': **הויא הוראה.** אע"פ שלא הורו כל אותן שישבו להורות: **שיבא.** אופתא: **מתני' הורו ב"ד.** ועשו רוב צבור על פיהם: **וידעו שטעו וחזרו.** מהוראתן: **בין שהביאו כפרתן ובין שלא הביאו כפרתן.** ולאחר שידעו שטעו הלך היחיד ועשה על פיהם דזה אין מצטרף עם רוב הצבור לפי שלאחר שנודע להם עשה זה: **ר' שמעון פוטר.** לפי שברשות ב"ד הוא עושה שזה עדיין לא היה יודע שידעו שטעו וחזרו בהן והוי תולה בב"ד הלכך פטור: **ר' אלעזר אומר ספק.** כלומר ספק אי כתולה בב"ד אי כתולה בעצמו דמי ומביאין אשם תלוי: **ואיזה הוא ספק.** כלומר אמאי הוא חייב אשם תלוי: **ישב לו בביתו חייב.** אשם תלוי: **שהוא קרוב לפטור.** דהוי ודאי תולה בב"ד שלא ידע חזרתן הואיל והלך לו למדינת הים: **אמר לו בן עזאי מאי שנא זה.** שהלך למדינת הים מן היושב בביתו: **אמר לו ר' עקיבא.** לפי שהיושב בביתו אפשר שישמע שב"ד חזרו בהן והוי קרוב לתולה בעצמו ולפיכך חייב להביא אשם תלוי וזה שהלך למדינת הים לא היה יכול לשמוע והוי תולה בבית דין ממש הלכך פטור: **גמ' כל הוראה שיצאה ברוב צבור.** אע"פ שב"ד חזרו בהן יחיד העושה אותה פטור: **לפי שלא ניתנה הוראה אלא להבחין בין שוגג למזיד.** להודיע שהעושה על פיהם שוגג הוא ולא מזיד הוא וזה על פי הוראה הוא עושה לפיכך שוגג הוא ויחיד שעשה בהוראת בית דין פטור [פ"א] לא ניתנה הוראה לפטור יחיד התולה בה אלא להכיר לבין עושה בשגגת עצמו לעושה מזיד וברשות בית דין וזה הרי אומר לנו שלא ידע שחזרו ומזיד עשה על פיהם ולא על שגגת עצמו ויחיד שעשה בהוראת ב"ד פטור: **מיתיבי פר העלם דבר של צבור.** כגון שהורו ב"ד בעבודה זרה ועשו צבור על פיהם וידעו שטעו וחזרו בהם וצריכין מעות כדי ליקח פר ושעירי עבודה זרה של צבור: **בתחלה גובין להם.** שגזברין גובין מכל אחד מישראל מעות לקנות מהם פר ושעירי עבודה זרה לצורך קרבן דברי ר"ש: **ואמאי.** קאמר רבי שמעון דפטור דברשות ב"ד הוא עושה הא כיון דאגבי להו מעות לצורך פר העלם דבר של צבור הוה מיידע ליה שהבית דין טעו וחזרו מהוראתן ואמאי הוי תולה בב"ד: **איבעית אימא שגבו ממנו סתם.** שלא הודיעוהו לצורך מה הן גובין: **ואיבעית אימא דלא הוי במתא.** כי גבו להו ולאחר גבייה הוא דעשה על פיהם: **ר"ש אומר מתרומת הלשכה הם באים.** דלא הוי מפרסמא הלכך כי עשה על פיהם הוי תולה בבית דין הלכך פטר ר' שמעון ותנא דמתניתין הכי סבירא ליה אליבא דרבי שמעון דמתרומת הלשכה הן באין: **תניא ר"מ מחייב.** דתולה בעצמו הוי: **ורבי שמעון פוטר.** דתולה בב"ד הוי: **רבי אלעזר אומר ספק.** מביא אשם תלוי: **איכא בינייהו.** בין ר' אלעזר לסומכוס לסומכוס אינו מביא אשם תלוי דהכי קאמר סומכוס מעשה שלו תלוי הוא וליכא למימר שמא תולה בעצמו הוה דלא הוי בר חיוב מעליא דהיכא דהוי לפניו חתיכה אחת ספק של חלב ספק של שומן ואכלו בדין הוא דמביא אשם תלוי משום דאיכא למימר שמא חלב ממש אכל דהוי בר חיוב מעליא אבל הכא ליכא למימר שמא תולה בעצמו ממש הוא שהרי על פי הוראה הוא עושה הלכך מעשה שלו תלוי הוא דלד חיוב שלו תלוי הוא דלא הוי לד חיוב מעליא הלכך אינו מביא אשם תלוי: **לאדם שאכל ספק חלב ספק שומן.** והרי סבור ששומן הוא ונודע לו שספק הוא שמביא אשם תלוי משום דשמא חלב ממש אכל הכי נמי איכא למימר שמא תולה בעצמו ממש הוא:

תוספות

כל הוראה שיצאה ברוב צבור. למעוטי דאם חטאו חצי צבור ועשה גם הוא חייבין: **שעירי עבודה זרה.** משום הכי נקיט לשון רבים דאיכא טובא שעירים שעירי ראש חודש ושעירי רגלים שהן מרובים. ואיידי דקאמר התם שעירים נקיט נמי הכא אע"ג דאינו [אלא] אחד כמו פר העלם: **משל דרבי אליעזר כו'.** תימה דהתם בספק אכל ספק לו ולכולי עלמא אבל הכא לו אין ספק. וכן בסומכוס. מיהו יש לומר דבהא תרוייהו שוין דספק הוי:

אוֹ דִּלְמָא [שמא] יְדִיעָה דְּהַהוּא [של אותו] בֵּית דִּין שהוֹרוּ בָּעֵינַן [צריכים אנו]; ואותו בית דין הרי אינו קיים עוד! שאלה זו לא נפתרה ונשארה בתֵּיקוּ [תעמוד] השאלה במקומה.

א אָמַר ר' יוֹנָתָן: אפילו מֵאָה דיינים שֶׁיָּשְׁבוּ בדין לְהוֹרוֹת, והם דנו בדבר ושגגו — אֵין חַיָּיבִין בקרבן עַד שֶׁיּוֹרוּ כּוּלָּן, שֶׁנֶּאֱמַר בחיוב הקרבן: "וְאִם כָּל עֲדַת יִשְׂרָאֵל יִשְׁגּוּ" (ויקרא ד, יג), ולשון "כל" באה להדגיש: עַד שֶׁיִּשְׁגּוּ כּוּלָּן כלומר, עַד שֶׁתִּפְשׁוֹט (תתקבל) הוֹרָאָה בְּכָל עֲדַת יִשְׂרָאֵל, שהוראה שגויה זו תהיה על דעת "כל העדה" — הסנהדרין. אָמַר רַב הוּנָא בְּרֵיהּ [בנו] של רַב הוֹשַׁעְיָא: הָכִי נַמִי מִסְתַּבְּרָא [כך גם כן מסתבר], שהרי בְּכָל הַתּוֹרָה כּוּלָּהּ קַיְימָא לָן [מוחזק בידינו] הכלל של רוּבּוֹ כְּכוּלּוֹ, וְאילו הָכָא [כאן] לא נאמר "עדה" בלבד, אלא כְּתִיב [נאמר] "כָּל הָעֵדָה", והרי זו הדגשה יתירה, הוֹאִיל וְכָךְ, אֲפִילּוּ הֵן מֵאָה כולם צריכים להורות. תְּנַן [שנינו במשנתנו]: הוֹרוּ בֵּית דִּין, וְיָדַע אֶחָד מֵהֶן שֶׁטָּעוּ, אוֹ תַּלְמִיד וְרָאוּי לְהוֹרָאָה, וְהָלַךְ וְעָשָׂה עַל פִּיהֶם, בֵּין שֶׁעָשׂוּ וְעָשָׂה עִמָּהֶן, וּבֵין שֶׁעָשׂוּ וְעָשָׂה אַחֲרֵיהֶן, וּבֵין שֶׁלֹּא עָשׂוּ וְעָשָׂה — הֲרֵי זֶה חַיָּיב, מִפְּנֵי שֶׁלֹּא תָּלָה בְּבֵית דִּין. ויש לדייק בלשון המשנה: הַאי [זה] אותו חכם הוּא שֶׁחַיָּיב, הָא [הרי] אם היה אַחֵר שעושה בהוראת בית דין — הריהו פָּטוּר, וְאַמַּאי [ומדוע]? הָא [הרי] לֹא נִגְמְרָה הוֹרָאָה על פי כל הדיינים, שהרי אמרנו שאם לא הורו כל בית הדין כולם אין זו קרויה הוראה! ומשיבים: הָכָא בְּמַאי עָסְקִינַן [כאן במה אנו עוסקים]? כְּגוֹן שֶׁהִרְכִּין הַהוּא אֶחָד מֵהֶן שחלק עליהם בְּרֹאשׁוֹ ונראה היה כמסכים להם. תָּא שְׁמַע [בוא ושמע] ממה ששנינו ראיה הנוגעת לענין זה של ר' יונתן: הוֹרוּ בֵּית דִּין, וְיָדַע אֶחָד מֵהֶן שֶׁטָּעוּ וְאָמַר לָהֶן "טוֹעִין אַתֶּם" — הֲרֵי אֵלּוּ פְּטוּרִים. ונדייק: טַעְמָא [הטעם, דווקא] שֶׁאָמַר לָהֶן "טוֹעִין אַתֶּם" — שפְּטוּרִים, הָא שָׁתֵיק מִישְׁתַּק [הרי אם שתק] — חַיָּיבִין, וְגָמַר לָהּ [ונגמרה על ידי כך] ההוֹרָאָה, וְאַמַּאי [ומדוע]? וְהָא [והרי] לֹא הוֹרוּ כּוּלָּן, ואם כן, הרי זה שלא כדברי ר' יונתן! אָמְרִי [אומרים] בתשובה לכך: הָכִי נַמִי [כאן גם כן] מדובר כְּגוֹן שֶׁהִרְכִּין אותו אחד בְּרֹאשׁוֹ. מְתִיב [מקשה] רַב מְשַׁרְשְׁיָא על דברי ר' יונתן ממה ששנינו: סָמְכוּ רַבּוֹתֵינוּ עַל דִּבְרֵי רַבָּן שִׁמְעוֹן בֶּן גַּמְלִיאֵל וְעַל דִּבְרֵי ר' אֶלְעָזָר בְּר' צָדוֹק, שֶׁהָיוּ אוֹמְרִים: אֵין גּוֹזְרִין גְּזֵירָה עַל הַצִּבּוּר אֶלָּא אִם כֵּן רוֹב הַצִּבּוּר יְכוֹלִין לַעֲמוֹד בָּהּ, וְאָמַר עַל כך רַב אַדָּא בַּר אַבָּא: מַאי קְרָא [מהו המקרא] המלמד על כך? שנאמר: "בַּמְּאֵרָה אַתֶּם נֵאָרִים וְאֹתִי אַתֶּם קֹבְעִים הַגּוֹי כֻּלּוֹ" (מלאכי ג,ט), שכל העם כולו קיבל עליו בשבועה ("במארה") את דיני המעשרות, ובכל זאת עברו עליהם. וְהָא הָכָא דִּכְתִיב [והרי כאן שנאמר] "הַגּוֹי כֻּלּוֹ", וְבכל זאת רוּבָּא כְּכוּלָּא דָּמֵי [הרוב כמו הכל נחשב], שהרי מפסוק זה סמכו רבותינו שאין גוזרים גזירה אלא כן עם רוב הציבור יכולים לעמוד בה, מכאן תְּיוּבְתָּא [קושיה חמורה] לר' יוֹנָתָן. ומסכימים: אכן תְּיוּבְתָּא [קושיה חמורה היא], ונדחו דבריו. ושואלים: אם כן, וְאֶלָּא מעתה שנדחו דבריו של ר' יונתן שנסמכו על ייתור הכתוב, מַאי [מה פירוש] "כָּל עֲדַת" דְּקָאָמַר רַחֲמָנָא [שאמרה התורה]? מה ההדגשה הזו באה ללמדנו? הָכִי קָאָמַר [כך אמר]: אִי אִיכָּא [אם נמצאים] כל הדיינים כּוּלָּם ומחליטים כך (לפי דעת הרוב) — הָוְיָא [הרי זו] הוֹרָאָה, וְאִי [ואם] לֹא נמצאים כולם — לֹא הָוְיָא [אין זו] הוֹרָאָה.

ובענין זה של מושב הדיינים אָמַר ר' יְהוֹשֻׁעַ: עֲשָׂרָה שֶׁיּוֹשְׁבִין בַּדִּין — קוֹלָר (השלשלת של ההולכים להיענש) תָּלוּי בְּצַוַּאר כּוּלָּן. ושואלים: פְּשִׁיטָא [פשוט] שכן הוא! ומשיבים: הָא קָא מַשְׁמַע לָן [דבר זה משמיע לנו], שֶׁאֲפִילּוּ תַּלְמִיד בִּפְנֵי רַבּוֹ אם ראה שנעשתה שגגה ולא תיקן — הרי החוב תלוי בו, ואינו רשאי לשתוק מפני כבוד הרב. מסופר שֶׁרַב הוּנָא כִּי הֲוָה נָפֵיק לְבֵי דִינָא [כאשר היה יוצא לבית הדין], מַיְיתֵי [היה מביא] עֲשָׂרָה תַּנָּאֵי דְּבֵי [שוני משניות מבית] רַב לְקַמֵּיהּ [לפניו] שיהיו כאילו שותפים עמו בדין, שהיה אומר כִּי הֵיכִי דְּנִימְטְיָין שִׁיבָא מִכְּשׁוּרָא [כדי שיגיע לנו רק שבב מן הקורה] כלומר, שיחלקו אלה עמי באחריות לפסק הדין. וכיוצא בזה מסופר שֶׁרַב אַשִׁי כִּי הֲווּ מַיְיתֵי טְרֵפְתָּא לְקַמֵּיהּ [כאשר היו מביאים טריפה לפניו] לשאול אם הבהמה היא טריפה או לא, מַיְיתֵי [היה מביא] עֲשָׂרָה טַבָּחֵי [שוחטים] מִמָּתָא מְחַסְיָא וּמוֹתִיב קַמֵּיהּ [ומושיבם לפניו], אָמַר: כִּי הֵיכָא דְּנִימְטְיָין שִׁיבָא מִכְּשׁוּרָא [כדי שיגיע לנו שבב מן הקורה].

ב משנה הוֹרוּ בֵּית דִּין הוראה בטעות, וְיָדְעוּ שֶׁטָּעוּ וְחָזְרוּ בָּהֶן, בֵּין שֶׁהֵבִיאוּ כַּפָּרָתָן (קרבנם) על מה שהורו וּבֵין שֶׁלֹּא הֵבִיאוּ כַּפָּרָתָן, וְהָלַךְ אדם שלא ידע שחזרו בהם וְעָשָׂה עַל פִּיהֶן — ר' שִׁמְעוֹן פּוֹטֵר אותו מקרבן, ור' אֶלְעָזָר אוֹמֵר: סָפֵק הוּא, ומביא אשם תלוי. אֵיזֶהוּ סָפֵק? מתי נחשב דבר לספק להתחייב עליו באשם תלוי? אִם יָשַׁב לוֹ אדם בְּתוֹךְ בֵּיתוֹ ועשה כן — חַיָּיב באשם, שהיה יכול לדעת שבית הדין חזר בו. הָלַךְ לוֹ לִמְדִינַת הַיָּם והוא סומך עדיין על ההוראה הישנה — פָּטוּר. אָמַר ר' עֲקִיבָא: מוֹדֶה אֲנִי בָּזֶה שהלך למדינת הים שֶׁהוּא קָרוֹב לִפְטוֹר מִן הַחוֹבָה. אָמַר לוֹ בֶּן עַזַּאי: מַאי שְׁנָא [מה שונה] זֶה מִן הַיּוֹשֵׁב בְּבֵיתוֹ? אמר לו: שֶׁהַיּוֹשֵׁב בְּבֵיתוֹ אֶפְשָׁר הָיָה לוֹ שֶׁיִּשְׁמַע, וְזֶה שבמדינת הים לֹא הָיָה לוֹ אֶפְשָׁר שֶׁיִּשְׁמַע.

ומכאן באה המשנה להסביר באיזה ענין נחשב הדבר לשגגת הוראה שהציבור מביא עליה קרבן. הוֹרוּ בֵּית דִּין לַעֲקוֹר אֶת כָּל הַגּוּף של המצוה ולא פרט אחד ממנה, כגון שֶׁאָמְרוּ: אֵין איסור נִדָּה בַּתּוֹרָה, אֵין איסור שַׁבָּת בַּתּוֹרָה, אֵין איסור עֲבוֹדָה זָרָה בַּתּוֹרָה — הֲרֵי אֵלּוּ פְּטוּרִין. שאין זו שגגת הוראה אלא טעות פשוטה. אם הוֹרוּ לְבַטֵּל מִקְצָת מהמצוה וּלְקַיֵּים מִקְצָת — הֲרֵי אֵלּוּ חַיָּיבִין. כֵּיצַד? אם אָמְרוּ: יֵשׁ איסור נִדָּה בַּתּוֹרָה אֲבָל הַבָּא עַל שׁוֹמֶרֶת יוֹם כְּנֶגֶד יוֹם על אשה שראתה דם נידה שלא בזמנה במשך יום אחד, שאז היא צריכה לשמור יום שני ולבדוק אם היא ממשיכה בנידתה, ואף אם לא ראתה ביום השני היא נחשבת אותו יום לנידה, והם הורו שהבא עליה פָּטוּר, או שאמרו: יֵשׁ שַׁבָּת בַּתּוֹרָה, אֲבָל הַמּוֹצִיא מֵרְשׁוּת הַיָּחִיד לִרְשׁוּת הָרַבִּים פָּטוּר. יֵשׁ עֲבוֹדָה זָרָה בַּתּוֹרָה, אֲבָל הַמִּשְׁתַּחֲוֶה (שלא הקריב לה קרבן) פָּטוּר — הֲרֵי אֵלּוּ חַיָּיבִין על הוראת טעות, שֶׁנֶּאֱמַר: "וְנֶעְלַם דָּבָר" (ויקרא ד, יג), לומר "דָּבָר" — פרט אחד, וְלֹא כָּל הַגּוּף.

ג גמרא שנינו במשנה שר' שמעון פוטר את מי שעשה על פי בית דין למרות שחזרו בהם. ועל כך אָמַר רַב יְהוּדָה אָמַר רַב: מַאי טַעְמָא [מה הטעם] של ר' שִׁמְעוֹן? הוֹאִיל וּבִרְשׁוּת בֵּית דִּין הוּא עוֹשֶׂה. אִיכָּא דְּאָמְרִי [יש שאומרים] זאת בלשון אחרת: אָמַר רַב יְהוּדָה אָמַר רַב, אוֹמֵר הָיָה ר' שִׁמְעוֹן: כָּל הוֹרָאָה שֶׁיָּצְאָה (שפשטה) בְּרוֹב צִבּוּר אף שבית הדין חזר בו — יָחִיד הָעוֹשֶׂה אוֹתָהּ פָּטוּר, לְפִי שֶׁלֹּא נִיתְּנָה הוֹרָאָה אֶלָּא לְהַבְחִין בֵּין שׁוֹגֵג לְמֵזִיד שהעושה על פי אותה ההוראה נחשב לשוגג שהרי תלה הדבר בהוראת בית הדין, ואדם זה שלא ידע שבית הדין חזר בו מהוראתו אף הוא הריהו שוגג ולא מזיד. מֵיתִיבֵי [מקשים על כך]: פַּר הֶעְלֵם דָּבָר שֶׁל צִבּוּר וּשְׂעִירֵי עֲבוֹדָה זָרָה — בַּתְּחִלָּה גּוֹבִין עֲלֵיהֶן כלומר, גובים כסף מהציבור במיוחד לצורך זה, אלו דִּבְרֵי ר' שִׁמְעוֹן. ר' יְהוּדָה אוֹמֵר: מִתְּרוּמַת הַלִּשְׁכָּה הֵן בָּאִין כלומר, היו מביאים קרבנות אלה מן התרומה הכללית שהציבור מביא בכלל לצורך הקרבנות. ולשיטת ר' שמעון עצמו, אַמַּאי [מדוע] יהיה אדם זה פטור, הלא כֵּיוָן דְּגָבֵי לְהוּ [שגובים אותם] את הכספים לצורך כל קרבן וקרבן חטאת של הציבור, הֲוֵי לֵיהּ [נהיה לו] הדבר בגדר "הוֹדַע אליו חטאתו", שהרי מתוך המגבית בוודאי נודע לו שטעה בית הדין בהוראתו! ומשיבים: אִיבָּעֵית אֵימָא [אם תרצה אמור]: כְּגוֹן שֶׁגָּבוּ סְתָם, ולא הודיעוהו לשם מה גובים, כך שלא ידע שבית הדין חזרו בהם. וְאִיבָּעֵית אֵימָא [ואם תרצה אמור]: כְּגוֹן שֶׁלֹּא הֲוָה לֵיהּ בְּמָתָא [היה בעיר] בשעה שגבו בעירו, ולא נודע לו. וְאִיבָּעֵית אֵימָא [ואם תרצה אמור]: רַב כְּאִידָךְ תָּנָא סָבַר [כמו התנא האחר הוא סבור], דְּתַנְיָא אִיפְּכָא [ששנויה ברייתא להיפך] שבה נהפכו השיטות הללו וכך נאמר שם: בַּתְּחִילָּה גּוֹבִין לָהֶן, דִּבְרֵי ר' יְהוּדָה, ר' שִׁמְעוֹן אוֹמֵר: מִתְּרוּמַת הַלִּשְׁכָּה הֵן בָּאִין ולפיכך לשיטת ר' שמעון שבברייתא זו יתכן שלא ידע אותו אדם שחזרו בהם בית הדין.

ועוד בענין זה תָּנֵי [שנויה ברייתא]: יחיד שעשה לאחר שחזרו בהם בית הדין ר' מֵאִיר מְחַיֵּיב אותו בקרבן חטאת, ור' שִׁמְעוֹן פּוֹטֵר, ר' אֶלְעָזָר אוֹמֵר: סָפֵק, מִשּׁוּם (בשם) סוּמְכוּס אָמְרוּ: תָּלוּי. אָמַר ר' יוֹחָנָן: לענין אָשָׁם תָּלוּי אִיכָּא בֵּינַיְיהוּ [יש ביניהם, בין ר' אלעזר לסומכוס, הבדל בהלכה] שלדעת ר' אלעזר מביא אשם תלוי, ולדעת סומכוס צד החיוב של האיש תלוי בספק, ואף אשם תלוי אינו מביא. אָמַר ר' זֵירָא: מָשָׁל לשיטת ר' אֶלְעָזָר לְמָה הַדָּבָר דּוֹמֶה? לְאָדָם שֶׁאָכַל חתיכה שהיא סְפֵק חֵלֶב סְפֵק שׁוּמָּן וחשב שהוא שומן, ואכלה. וְאחר כך נוֹדַע לוֹ שהוא ספק איסור כרת, שֶׁבמקרה זה מֵבִיא אָשָׁם תָּלוּי. ואף לענין זה, כיון שנודע לו לאחר זמן שחזרו בית הדין, הרי זה כמי שספק בידו אם חטא.

עיונים

ידיעה דההוא בית דין שיש מקום לומר שרק כאשר בית הדין שהורה הוא שחזר בו אחר כך והחליט ששגגה היתה בידו — אז מביא הציבור קרבן. ואילו החלטת בית דין אחר לא יהא כה בית דין זה, אלא ייחשב הקהל כאילו עשה בשגגת יחידים.

מאה שישבו להורות ובענין שיטה זו יש גם בירושלמי, שמאה שישבו צריכים להחליט כולם כאחד. [illegible]

כל התורה כולה רובו ככולו [illegible]

כגון שהרכין [illegible]

ואמר להן טועין וכו' [illegible]

אין גוזרין גזירה וכו' [illegible] ... מתקנים תקנה חדשה [illegible] — דבר שרוב הציבור יכול לעמוד בו. והמאירי מסכם כי תקנה שהתברר שאין הציבור יכול לקיימה, אין בית הדין צריך להשתדל להחזיקה בתוקף, ואם נתברר שרוב ציבור לא קיבל גזירה מסויימת — מותר לבית דין מאוחר יותר (גם אם הוא קטן מבית הדין שתיקן אותה) אפילו לבטלה.

אלא מאי כל עדת וכו' המפרשים תהו על מהלך הדברים בנושא זה. הרי לכאורה הוכחנו שפירוש המלים "הגוי כולו" אין משמעו כולו ממש, אלא רובו ככולו. ואם כן הוא, אף הביטוי "כל העדה" יכול להתפרש שרובו ככולו (וראה בב"ש ובחפץ ה' ועוד). וכתבו אחרונים שנראה מכל הפירושים הסברו של הרלב"ח (בתשובותיו), האומר שיש להבחין בין דברי תורה ל"דברי קבלה" (דברי נביאים). כי בדברי קבלה, בשל היותם דברי נבואה ושירה, אין להקפיד כל כך שתהא הלשון מדוקדקת לגמרי, מה שאין כן בתורה, וכיון שהמלה "כל עדת" מיותרת בכתוב ודאי באה ללמדנו הלכה.

מייתי עשרה וכו' כתב בספר בן יהוידע שהיה מחזר אחרי עשרה דווקא, משום שעל ידי מספר זה יהיה מנין שלם במקום, וכאמור במסכת סנהדרין שבמקום שיש עשרה מישראל שורה השכינה, וסבר רב הונא שעל ידי כך יהיה סיוע משמים להגיע למסקנה אמיתית.

הורו בית דין וידע וכו' [illegible]

איזהו ספק [illegible]

מודה אני בזה [illegible]

הואיל וברשות בית דין [illegible]

הוראה שיצאה ברוב צבור [illegible]

שלא ניתנה ההוראה וכו' [illegible]

שעירי עבודה זרה [illegible]

ר' מאיר מחייב וכו' [illegible] סבור שהדבר לא קשור למציאות מוחלטת אלא לתפיסתו של החוטא, שאם אינו יודע שחזרו בהם הריהו עדיין כתלוי בהחלטת בית הדין. ואילו ר' אלעזר מסופק האם אדם שאינו יודע בדבר כגון זה באמת לא ידע או שיש בזה צד רשלנות. וסומכוס כנראה מסופק בעקרון, האם לקבל את העקרון של ר' מאיר (שהיה רבו) או של ר' שמעון (ראה בב"ש).

אשם תלוי שלדברי ר' אלעזר הרי זה ספק ככל ספק שיש לאדם לגבי עובדות, ולכן מביא אשם תלוי כדרך שמביא כל מי שיש ספק אם אכן שגג בעבירה שיש בה חיוב קרבן חטאת. ואילו סומכוס סבור שאין זה כספק עובדתי, ואינו בגדר להביא אשם, אלא אותו אדם תלוי ועומד בספקו.

משל דר' אלעזר העירו בתוס' שיש הבדל בין המשל והנמשל, שהרי במקרה של ספק חלב הספק הוא כללי, שגם אחרים אינם יודעים אם שומן הוא או חלב, מה שאין כן במקרה הזה שלו עצמו אין ספק שעשה בהוראת בית דין. ומתרצים כי מכל מקום יש צד דומה לפי שהוא ספק שנובע מחוסר ידיעה. ואילו הרא"ש כותב שבשני המקרים אם היה טורח לברר את העובדות היה יודע, ולכן יש צד של רשלנות בהעדר ידיעתו. וראה בספר ב"ש (וכן בדברי מפרשים שלאחריו) שהעירו שיש מקום (כדברי התוס' ומטעמים אחרים) לומר שאין המשל והנמשל דומים ממש זה לזה.

אורח ההלכה

עד שישגו כולן הורו בית דין וידע אחד מהם שטעו ואמר להם שהם טועים, אף שרבו המתירים ועשו רוב הקהל על פיהם — בית הדין פטורים מקרבן, וכל העושים חייבים להביא כל אחד חטאת. וכדברי ר' יונתן (רמב"ם ספר קרבנות הלכות שגגות פי"ג ה"א).

הא שתיק מישתק הורו רוב הסנהדרין להתיר, וידע אחד מהם (או מיעוטם) שטעו, ושתק ולא אמר דבר, הואיל והורו ולא היה שם חולק, ופשטה ההוראה ברוב ישראל — בית דין מביאים קרבן והעושים פטורים. (שם).

אין גוזרין גזירה וכו' בית דין שנראה להם לגזור גזירה או להתקין תקנה, צריכים להתיישב בדבר ולברר אם רוב ציבור יכולים לעמוד בדברים אלה. שלעולם אין גוזרים גזירה על הציבור אלא אם כן רוב הציבור יכול לעמוד בה. (שם ספר שופטים הלכות ממרים פ"ב ה"ה).

איזהו ספק ישב בתוך ביתו וכו' הורו בית דין וטעו, ולאחר מכן חזרו בהם. ואדם אחד עשה כפי הוראתם לאחר שנודעה להם טעותם, הרי זה מביא אשם תלוי, הואיל והיה יכול לשאול אם נתחדש דבר בבית הדין ולא שאל, הרי זה כמי שנסתפק אם עבר עבירה. אבל אם נסע למדינת הים, אף שעשה המעשה לאחר שנודעה הטעות לבית הדין — פטור, מפני שתלה בהם, ואי אפשר היה לו לשאול. וכדברי ר' אלעזר שגם ר' עקיבא מודה לו. (רמב"ם ספר קרבנות הלכות שגגות פי"ד ה"ה).

הורו בית דין לעקור כל הגוף בית דין ששגגו והורו לעקור גוף מגופי תורה, גם אם עשו כל הקהל על פיהם — בית דין פטורים, וכל אחד מן העושים חייב חטאת. וכסתם משנה. (שם ה"א. שם פי"ב ה"ב).

לבטל מקצת ולקיים מקצת לעולם אין בית דין חייבים עד שיורו לבטל מקצת ולקיים מקצת בדברים שאינם מפורשים בתורה. כגון שטעו ואמרו שאסורה הוצאה מרשות לרשות בשבת אבל הושטה מותרת, או שאמרו שמותרת השתחוואה לעבודה זרה בלא פישוט ידים ורגלים. כסתם משנה וביאורה להלן בגמרא. (שם פי"ד ה"ב).

בתחילה גובין עליהן פר העלם דבר של ציבור ושעירי עבודה זרה גובים עליהם בתחילה, לצורך זה, ואינם באים מתרומת הלשכה. כשיטת ר' יהודה, ולפי גרסת רב. (שם ספר זמנים הלכות שקלים פ"ד ה"א).

אכל ספק חלב ספק שומן אינו חייב באשם תלוי עד שיהא שם איסור ודאי. אבל אם אכל חתיכה אחת ספק חלב ספק שומן — פטור, שהרי אין כאן איסור קבוע לפני הספק. (שם ספר קרבנות הלכות שגגות פ"ח ה"ב).

מסורת הש"ס

א. ירושלמי הוריות פ"א ה"ב (בשינוי שם). תוספתא הוריות פ"א ה"ג.
ב. ראה תו"כ ויקרא ד, יג.
ג. נזיר מב,א. חולין ע,א. נדה כט,א.
ד. הוריות ד,ב.
ה. ראה ירושלמי הוריות שם (בשינוי אחר).
ו. ב"ק עט,ב. ב"ב ס,ב. ע"ז לו,א. שוהי"ט קלו.
ז. סנהדרין ז,ב. (בשינוי שם).
ח. שם.
ט. שם.
י. תו"כ ויקרא ד, יג.
יא. השווה סנהדרין ח,ב. מא,א. מכות ו,ב.
יב. מנחות נב,א (בשינוי שמות).
יג. שם. ירושלמי הוריות פ"א ה"ח.

גרסות

ידיעה דההוא בית דין הורו בכת"י: הוראה דההוא בית דין.

עד שתפשוט הוראה בכל עדת ישראל בכת"י ובדפו"י משפט זה חסר.

כל העדה הואיל וכך בכת"י: אם כל הלכך ובכת"י, וכן צ"ל: כל עדה.

תנן הורו בית דין בכת"י: מיתיבי הורו בית דין.

מפני שלא תלה בבית דין האי הוא בכת"י: איהו הוא.

לא נגמרה הוראה בכת"י: לא אשתרי בהדייהו.

כגון שהרכין ההוא אחד מהן בראשו בכת"י: דכרכינהו ברישיה.

והא לא הורו כולן בכת"י: והא לא אשוו בהדייהו.

ורובא ככולא דמי בכת"י: וקאזלינן בתר רובא.

דר' יוחנן [יונתן] תיובתא בכת"י: חסרות מלים אלה.

כל עדת דקאמר רחמנא הכי קאמר אי איכא כולם בכת"י: הכי קאמר אי איתא לכולא סנהדרי.

אמר ר' יהושע עשרה בכת"י: אמר ר' יהושע בן לוי עשרה.

הא קא משמע לן דאפילו תלמיד בכת"י: לא נצרכא אלא.

נפיק לבי דינא בכת"י: הוה אתי דינא קמיה.

למדינת הים פטור בירושלמי ובכמה כת"י: למדינת הים.

מאי שנא זה בירושלמי ובכת"י ועוד: מה שינה זה.

שהיושב בביתו בכת"י: אמר ליה שהיושב בביתו.

הוא עושה בכת"י: עשה.

שיצאה ברוב צבור יחיד העושה אותה פטור בכת"י: שששטה ברוב צבור והלך יחיד ועשה פטור.

גובין עליהן בכת"י כבמקבילה: מגבין להן.

הוי ליה הודע בכת"י: אתידע ליה.

דלא הוה ליה בכת"י ועוד: דלא הוה.

רב כאידך תנא סבר דתניא איפכא בכת"י: איפכא תני ואיבעית אימא רב סבר לה כי האי תנא דתניא.

משום סומכוס אמרו תלוי בכת"י: סומכוס אומר תלוי. מאי ביניייהו.

לאדם שאכל ספק חלב ספק שומן ונודע לו שעבר בכת"י: שהיה לפניו שתי חתיכות של בשר ואכל אחת מהן ספק חלב אכל ספק שומן אכל מביא.

החיים

מתא מחסיא ראה בהשלמות.

קולר

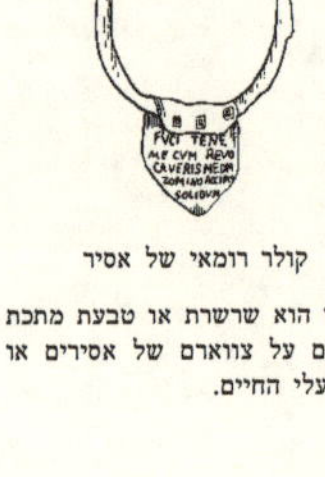

קולר רומאי של אסיר

הקולר הוא שרשרת או טבעת מתכת ששמים על צווארם של אסירים או של בעלי החיים.

וְלֹא מִבַּעְיָא לְמַאן דְּאָמַר [נצרכה לדעת מי שאומר] צִבּוּר מַיְיתֵי [מביא] קרבן, דְּמִפַּרְסְמָא מִלְּתָא [שמתפרסם הדבר] בציבור שחזרו בהם, אֶלָּא אֲפִילּוּ לְמַאן דְּאָמַר [לדעת מי שאומר] בֵּית דִּין מְבִיאִין, שֶׁלֹּא מִפַּרְסְמָא מִלְּתָא [מתפרסם הדבר] שחזרו בהם, מכל מקום יש לומר אִי הֲוָה שָׁאֵיל, הֲווּ אָמְרִין לֵיהּ [אם היה שואל, היו אומרים לו] שחזרו בהם בית דין, ויש מקום לומר שעשה על דעת עצמו ולא תלה בבית הדין, לכן הוא מביא אשם תלוי. אָמַר ר׳ יוֹסֵי בַּר אָבִין, וְאִיתֵּימָא [ויש אומרים] שהיה זה ר׳ יוֹסֵי בַּר זְבִידָא: מָשָׁל לשיטת סוּמָכוֹס לְמָה הַדָּבָר דּוֹמֶה? לְאָדָם שֶׁהֵבִיא קָרְבַּן כַּפָּרָתוֹ בֵּין הַשְּׁמָשׁוֹת, שהוא זמן מסופק, ספק יום ספק לילה, והרי זה סָפֵק מִבְּעוֹד יוֹם נִתְכַּפֵּר לוֹ, סָפֵק מִשֶּׁחָשְׁכָה נִתְכַּפֵּר לוֹ ואין כפרתו כפרה, דינו שֶׁאֵין מֵבִיא אָשָׁם תָּלוּי. אף שבמקום שיש ספק אם חייב חטאת — מביא אשם תלוי, מכל מקום בכגון זה שהשמשות שהוא ספק שאי אפשר לבררו אין זה ספק רגיל ולא מביא אשם תלוי, וְלֹא מִבַּעְיָא לְמַאן דְּאָמַר [נצרכה לדעת מי שאומר] בֵּית דִּין מְבִיאִין, שֶׁלֹּא מִפַּרְסְמָא מִלְּתָא [התפרסם הדבר]. אֶלָּא אֲפִילּוּ לְמַאן דְּאָמַר [לדעת מי שאומר] צִבּוּר מְבִיאִין, דְּמִפַּרְסְמָא מִלְּתָא, וַהֲווּ אָמְרִין לֵיהּ [שמתפרסם הדבר, והיו אומרים לו] שבית הדין חזרו בהם, דְּהָכָא [שכאן] הרי זה דומה לְסָפֵק מִבְּעוֹד יוֹם סָפֵק מִשֶּׁחָשְׁכָה, אִי שָׁאֵיל [אם היה שואל] לָא אַשְׁכַּח אִינִישׁ דְּמִשַׁיְילֵיהּ [היה מוצא אדם לשאול אותו].

א שנינו במשנה, אָמַר לוֹ בֶּן עַזַּאי: מַאי שְׁנָא מִן הַיּוֹשֵׁב בְּבֵיתוֹ? וענה לו ר׳ עקיבא שההולך למדינת הים אין לו אפשרות לשמוע. ושואלים: שַׁפִּיר קָאָמַר לֵיהּ [יפה אמר לו] ר׳ עֲקִיבָא לְבֶן עַזַּאי להסביר את ההבדל, וכיצד לא עמד חכם גדול כבן עזאי על כך? אָמַר רָבָא: כאן מדובר לא במי שכבר הלך למדינת הים, אלא כְּמִי שֶׁהֶחֱזִיק בַּדֶּרֶךְ, שעדיין לא יצא למדינת הים, אלא שהוא טרוד בהכנות ליציאה, ובענין זה אִיכָּא בֵּינַיְיהוּ [יש ביניהם הבדל], לְבֶן עַזַּאי חַיָּיב — דְּהָא בְּבֵיתֵיהּ אִיתֵיהּ [שהרי בביתו הוא נמצא] ואין הבדל בין זה לבין היושב בביתו, לְר׳ עֲקִיבָא פָּטוּר — דְּהָא [שהרי] הֶחֱזִיק בַּדֶּרֶךְ והרי הוא כמי שיצא לדרך.

ב שנינו במשנה שאם הוֹרוּ לוֹ בֵּית דִּין לַעֲקוֹר אֶת כָּל הַגּוּף, אין זו הוראה, ובית דין פטורים. ובענין זה תָּנוּ רַבָּנָן [שנו חכמים]: "וְנֶעְלַם דָּבָר מֵעֵינֵי הַקָּהָל" (ויקרא ד, יג) — וְלֹא שֶׁיֵּעָקֵר הַמִּצְוָה כּוּלָּהּ. כֵּיצַד? אָמְרוּ: אֵין נִדָּה בַּתּוֹרָה, או שאמרו: אֵין שַׁבָּת בַּתּוֹרָה, וכן אם אמרו: אֵין עֲבוֹדָה זָרָה בַּתּוֹרָה, יָכוֹל יְהוּ חַיָּיבִין? תַּלְמוּד לוֹמַר: "וְנֶעְלַם דָּבָר", וְלֹא שֶׁתִּתְעַלֵּם מִצְוָה כּוּלָּהּ, ואם הורו כך בטעות — הֲרֵי אֵלּוּ פְּטוּרִין. אֲבָל אָמְרוּ: יֵשׁ נִדָּה בַּתּוֹרָה אֲבָל הַבָּא עַל שׁוֹמֶרֶת יוֹם כְּנֶגֶד יוֹם פָּטוּר, או שאמרו: יֵשׁ שַׁבָּת בַּתּוֹרָה אֲבָל הַמּוֹצִיא מֵרְשׁוּת הַיָּחִיד לִרְשׁוּת הָרַבִּים פָּטוּר, וכן אם אמרו: יֵשׁ עֲבוֹדָה זָרָה בַּתּוֹרָה אֲבָל הַמִּשְׁתַּחֲוֶה לה פָּטוּר, יָכוֹל יְהוּ פְּטוּרִין? תַּלְמוּד לוֹמַר: "וְנֶעְלַם דָּבָר" וְלֹא כָּל הַגּוּף. ומבררים, אָמַר מָר [החכם]: יָכוֹל יְהוּ פְּטוּרִין. ותוהים: וְאִי [ואם] בְּקִיּוּם מִקְצָת וּבִיטּוּל מִקְצָת פְּטוּרִין, וּבַעֲקִירַת כָּל הַגּוּף כבר אמרנו שהם פְּטוּרִין, בְּמַאי [במה] הֵם חַיָּיבִין? ומשיבים: הָתְנָא הָכִי קָא קַשְׁיָא לֵיהּ [הרי כך היה קשה לו], אֵימָא [אמור]: "דָּבָר" כּוּלָּהּ מִילְּתָא מַשְׁמַע [כל הדבר משמעו]! שעולה עניינה של מצוה שלימה, תַּלְמוּד לוֹמַר: "וְנֶעְלַם דָּבָר". ושואלים: מַאי מַשְׁמַע [מה המשמעות]? כיצד נובע מכאן מה שרצה להוכיח! אָמַר עוּלָּא: קְרֵי בֵּיהּ [קרא בו] כאילו היתה שם מ׳ כפולה "וְנֶעְלַם מִדָּבָר", מקצת הדבר, ולא כולו. חִזְקִיָּה אָמַר, אָמַר קְרָא [הכתוב]: "וְעָשׂוּ אַחַת מִכָּל מִצְוֹת" (שם), "מִכָּל מִצְוֹת" — וְלֹא כָּל מִצְוֹת. ותוהים: "מִצְוֹת" לפחות תַּרְתֵּי [שתים] מַשְׁמַע, אם כן לא יביאו קרבן עד שיטעו באחת מן המצוות הרבות ויעקרו אותה לגמרי! אָמַר רַב נַחְמָן בַּר יִצְחָק: "מִצְוַת" כְּתִיב [כתוב] בו׳ אחת, ואנו קוראים בו "מצות" חסר. רַב אַשִׁי

אָמַר: יָלֵיף [למד] גזירה שווה "דָּבָר" "דָּבָר" מִזָּקֵן מַמְרֵא, דִּכְתִיב בֵּיהּ [שנאמר בו] בְּזָקֵן מַמְרֵא: "כִּי יִפָּלֵא מִמְּךָ דָבָר... לֹא תָסוּר מִן הַדָּבָר אֲשֶׁר יַגִּידוּ לְךָ יָמִין וּשְׂמֹאל" (דברים יז, יא), מַה זָּקֵן מַמְרֵא רק כשחולק על החכמים בענין שהוא מִן הַדָּבָר וְלֹא כָּל דָּבָר, אַף בְּהוֹרָאָה שטעו בה דָּבָר וְלֹא כָּל הַגּוּף.

ג אָמַר רַב יְהוּדָה אָמַר שְׁמוּאֵל: אֵין בֵּית דִּין חַיָּיבִין להביא קרבן עַד שֶׁיּוֹרוּ בְּדָבָר שֶׁאֵין הַצְּדוֹקִין מוֹדִין בּוֹ. שאין הצדוקים מקבלים תורה שבעל פה, אלא מבינים את המקרא ככתבו. כלומר, שיטעו בדבר שאינו מפורש בתורה, או נובע בפשטות מן הדברים. אֲבָל בְּדָבָר שֶׁגַּם הַצְּדוֹקִין מוֹדִין בּוֹ — פְּטוּרִין; מַאי טַעְמָא [מה טעם הדבר]? זִיל קְרֵי בֵּי רַב הוּא [לך קרא בבית הרב הוא] כלומר, דבר זה פשוט עד כדי כך שגם התינוקות בבית הרב יודעים אותו, ואם בית דין טעו בזה אין זה נחשב שגגת בית דין. תְּנַן [שנינו במשנה]: מתי חייבים, כשטעו ואמרו יֵשׁ נִדָּה בַּתּוֹרָה, אֲבָל הַבָּא עַל שׁוֹמֶרֶת יוֹם כְּנֶגֶד יוֹם פָּטוּר; וקשה לדברי שמואל, וְאַמַּאי [ומדוע] חייבים על כך? שׁוֹמֶרֶת יוֹם כְּנֶגֶד יוֹם הָא כְּתִיב [הרי נאמר] בתורה בנדה שלא בזמן הוסת "וְסָפְרָה לָּהּ" (ויקרא טו, כח), מְלַמֵּד שֶׁסּוֹפֶרֶת אֶחָד לְאֶחָד ("שומרת יום כנגד יום") ואם כן נאמר הדבר בכתוב ואף הצדוקים מודים בו! ומשיבים: לא בעצם דין שומרת יום טעו, אלא דְּאָמְרִי [שאמרו]: הַעֲרָאָה (תחילת ביאה) שַׁרְיָא [מותרת] באשה נדה, גְּמַר בִּיאָה הוּא דַּאֲסִירָא [שאסור]. ומקשים: הָא נַמִּי כְּתִיב [הרי זה גם כן כתוב]: "אֶת מְקוֹרָהּ הֶעֱרָה" (שם כ, יח) שמפורש איסור הערראה באשה נדה! ומשיבים: דְּאָמְרִי [שהם אומרים]: אם בא עליה כְּדַרְכָּהּ — אֲסִירָא [אסורה], שֶׁלֹּא כְּדַרְכָּהּ (בפי הטבעת) — שַׁרְיָא [מותרת]. ומקשים: הָא כְּתִיב [הרי נאמר]: "מִשְׁכְּבֵי אִשָּׁה" (שם יח, כב) ומכאן עולה בפשטות שיש שני משכבים באשה, כדרכה ושלא כדרכה והרי זה כאילו כתוב במפורש! ומשיבים: דְּאָמְרִי [שאומרים] כך: כְּדַרְכָּהּ — אָסוּר אֲפִילּוּ הַעֲרָאָה, בְּשֶׁלֹּא כְּדַרְכָּהּ — גְּמַר בִּיאָה הוּא שֶׁאָסוּר, אֲבָל הַעֲרָאָה שַׁרְיָא [מותרת]. ומקשים: אִי הָכִי [אם כך], אֲפִילּוּ נִדָּה עצמה בזמן וסתה נַמִּי [גם כן] יתירו בה ויאמרו שרק גמר ביאה הוא שאסור ומדוע נאמר במשנה שטעו בשומרת יום כנגד יום! אֶלָּא לְעוֹלָם בהעראה כְּדַרְכָּהּ, וּדְאָמְרִי [ושהם אומרים]: הַעֲרָאָה בְּאִשָּׁה דָּוָה (ראה שם יח) בנדה בזמן וסתה הוּא דִּכְתִיבָא [שכתובה] ולא בשומרת יום. וְאִיבָּעֵית אֵימָא [ואם תרצה אמור], דְּאָמְרִי [שהם אומרים]: זָבָה דם ממקורה (שלא בזמן הוסת) לָא הָוְיָא [איננה] אֶלָּא בִּימָמֵי [בימים] ולא בלילות, דִּכְתִיב [שנאמר]: "כָּל יְמֵי זוֹבָהּ" (שם טו, כו). ומיד שואלים: תְּנַן [שנינו במשנה]: יֵשׁ שַׁבָּת בַּתּוֹרָה, אֲבָל הַמּוֹצִיא מֵרְשׁוּת לִרְשׁוּת פָּטוּר. ומקשים: לשמואל וְאַמַּאי [ומדוע]? הוֹצָאָה הָא כְּתִיבָא [הרי נאמרה]: "לֹא תוֹצִיאוּ מַשָּׂא מִבָּתֵּיכֶם" (ירמיהו יז, כב) והצדוקים מודים בה! ומשיבים: דְּאָמְרִי [שהם אומרים]: הוֹצָאָה הוּא שֶׁאָסוּר, אבל הַכְנָסָה מרשות הרבים לרשות היחיד מוּתָּר. וְאִיבָּעֵית אֵימָא [ואם תרצה אמור] דְּאָמְרִי [שהם אומרים]: הוֹצָאָה הוּא דַּאֲסִירָא [שאסורה], אבל מוֹשִׁיט וְזוֹרֵק מרשות לרשות שָׁרֵי [מותר]. ועוד, תְּנַן [שנינו במשנה]: יֵשׁ עֲבוֹדָה זָרָה בַּתּוֹרָה, אֲבָל הַמִּשְׁתַּחֲוֶה פָּטוּר; וְאַמַּאי [ומדוע]? הלא הַמִּשְׁתַּחֲוֶה הָא כְּתִיבָא [הרי נאמר], דִּכְתִיב [שנאמר]: "לֹא תִשְׁתַּחֲוֶה לְאֵל אַחֵר" (שמות לד, יד)! ומשיבים: דְּאָמְרִי [שהם אומרים]: כִּי אֲסִירָא [כאשר אסורה] הִשְׁתַּחֲוָיָה הרי זו כְּדַרְכָּהּ, כאשר זו דרך עבודתה של עבודה זרה זו, אֲבָל שֶׁלֹּא כְּדַרְכָּהּ שאין משתחוים לה — שַׁרְיָא [מותרת]. וְאִיבָּעֵית אֵימָא [ואם תרצה אמור], דְּאָמְרִי [שהם אומרים]: הִשְׁתַּחֲוָיָה גּוּפָהּ [עצמה] כְּדַרְכָּהּ הוּא דַּאֲסִיר [שאסור], ומתי? דְּאִית [שיש] בָּהּ פְּשׁוּט יָדַיִם וְרַגְלַיִם שהיא השתחויה גמורה כמו במקדש, הָא [הרי] הִשְׁתַּחֲוָיָה דְּלֵית [שאין] בָּהּ פְּשׁוּט יָדַיִם וְרַגְלַיִם — שַׁרְיָא [מותרת].

מסורת הש״ס

א. הוריות ז,ב. תוספתא הוריות פ״א ה. תו״כ ויקרא ד, יג.
ב. ירושלמי הוריות פ״א ה״ג (בשינוי שמות).
ג. סנהדרין פז,א. תוספתא הוריות פ״א ה.
ד. סנהדרין לג,ב (עיי״ש).
ה. (הביטוי) סנהדרין שם. כריתות יג,ב.
ו. ראה ירושלמי הוריות שם.
ז. נדה עג,א. וראה תו״כ מצורע טו, כו.
ח. יבמות נד,א.
ט. סנהדרין נה,א.
י. נדה שם. ירושלמי הוריות שם.
יא. ראה ירושלמי שם.
יב. ראה שם.

גרסות

צבור מייתי דמפרסמא בכתי״מ: צבור מביאין דהא מיפרסמא.

אי הוה שאיל בכתי״מ: דהא תלה בבית דין חייב דהוה ליה לאסוקי אדעתיה לשיולי ואי שייל.

מבעוד יום נתכפר לו ספק משחשיכה נתכפר לו שאין מביא אשם תלוי בכתי״מ: מבעוד יום ונתכפר לו ספק משחשיכה ולא נתכפר לו.

דמפרסמא מילתא והוו אמרינן — דמשיילי׳ה בכתי״מ: שמא לא איתרמי ליה דנישייליה לישנא אחרינא צבור מביאין ואי שאיל להו הוו אמרי ליה ספק מבעוד יום ספק משחשיכה אי שייל לא הוה משכח בר נש דיימר ליה.

דהא בביתיה בכתי״מ: דהא במתא.

ולא שיעקר המצוה בכתי״מ: ולא שתתעלם המצוה.

הרי אלו פטורין אבל אמרו בכתי״מ: הורו לבטל מקצת ולקים מקצת כיצד.

ואי בקיום מקצת בכתי״מ: מאי קמיבעיא ליה אי בקיום מקצת.

אימא דבר בכתי״מ: ואימא איפכא דדבר.

דבר ולא כל הגוף בכתי״מ: מן הדבר ולא כל הדבר.

באשה דוה בכתי״מ: באשה נדה.

מרשות לרשות בכתי״מ: מרשות היחיד לרשות הרבים.

לא תוציאו משא מבתיכם בכתי״מ: אל יצא איש ממקומו ביום השבת.

הוצאה הוא דאסור הכנסה מותר בכתי״מ: הוצאה אסירא והכנסה שריא.

המשתחוה הא כתיבא דכתיב בכתי״מ: השתחואה כתיבא.

הוא דאסיר דאית בה פישוט בכתי״מ: כגון פישוט.

עיונים

אי הוה שאיל הוו אמרין וכו׳ ולפיכך, גם אם לא ידע שחזרו בהם בית דין, כיון שהיה יכול לברר בקלות את הדבר ולא עשה כן, יש לראותו כמתרשל, וכאילו היה תולה בדעת עצמו. ומפני שאין הדבר ברור, יביא אשם תלוי (וראה בר״י).

משל דסומכוס יש שהסביר כי ההבדל במשלים שנותנים לדברי ר׳ אלעזר ולדברי סומכוס מבטא את יסוד המחלוקת ביניהם. לדעת ר׳ אלעזר הספק הבסיסי הוא האם אותו אדם נחשב כחוטא או לא. ואילו לדברי סומכוס הספק הוא האם מועילה לו כפרת הציבור ונכלל עמהם או לא. ולכל שיטה הביאו משל המסביר את צדדי הספק (קרן אורה).

שהביא כפרתו בין השמשות הלכה פשוטה היא שאין שום זבח נשחט בלילה, והנשחט בלילה פסול לגמרי. ואולם בין השמשות מוגדר בהלכה כזמן ביניים, שהוא ספק יום ספק לילה. ולפיכך מי שנשחטה כפרתו (כגון קרבן חטאת) בין השמשות, הרי זה ספק אם נתכפר לו על ידי כך.

ספק משחשיכה וכו׳ רש״י העלה את השאלה: אם נשחט הקרבן בין השמשות הרי בוודאי שנשחט לאחר הקרבת תמיד של בין הערבים (הנשחט בשעות אחר הצהרים), והרי אין שוחטים קרבנות לאחר הקרבת התמיד! והסביר רש״י (וכן שיטת עוד ראשונים, ראה במאירי ועוד) שאף שלכתחילה אין שוחטים לאחר הקרבת התמיד, מכל מקום אין זה פוסל כלל את הקרבן. ואילו בתוס׳ מביאים ראיה מברייתא שבה נאמר שקרבן שנשחט לאחר הקרבת תמיד של בין הערבים פסול הוא, ולכן הם נדחקים לפרש שכאן מדובר במי שמקריב קרבן זה בערב פסח, שאז יש היתר מיוחד מן הכתוב לשחוט את הקרבן לאחר הקרבת התמיד (וראה ברא״ש שגם הוא מפרש כך לפי דרכו).

שאין מביא אשם תלוי הרא״ש מסביר כיצד מבהיר המשל את הנמשל: כשם שהמביא חטאת שספק אם הוקרבה כראוי ספק לא הוקרבה כראוי מעמידים אותו על חזקתו הראשונה, שהביא קרבן ומן הסתם נעשה הדבר כראוי ונתכפר לו, אף בענין השגגה אנו מעמידים את האיש על חזקתו, שסמך על הוראה ראשונה, ועל פיה עשה.

לא אשכח איניש דמישייליה רש״י מסביר את האמור שאינו מוצא אדם לשאול לא כמשמעו אלא באופן זה: לא עולה על דעתו של אדם לשאול האם חזר בו בית הדין מהוראתו. ולפיכך צריך להניח שהוא עושה רק על פי הוראת בית דין הראשונה. ומדברי המפרשים עולה שהספק במעמדו של שוגג זה הוא כספק לגבי בין השמשות, שגם אם היה שואל — לא היתה תשובה לדבר. וסומכוס סבור שאף שוגג זה אין דרך לברר את כוונתו ואת מעמדו, ולפיכך אינו צריך לקרבן כפרה, כדרך שאין צריך מי שהיה לו ספק במהות בין השמשות (ראה בב״ש ועוד).

שפיר קאמר וכו׳ ותשובה זו פשוטה כל כך, שתמוה הוא שבן עזאי ישאל שאלה שתשובתה ברורה. ומשום כך מפרש רבא שוודאי לא בא בן עזאי לשאול על מי שנמצא במדינת הים, אלא שהבין מדברי ר׳ עקיבא שהביטוי "הלך למדינת הים" משמעו במי שעומד ללכת לשם, שהוא בתוך דרכו לשם ואינו נמצא עדיין שם.

החזיק בדרך שמפני שהוא טרוד בהכנות לנסיעתו אינו שומע את הדברים המתחדשים בכל יום. ויש ששאל: אם מפני הטירדה, מפני מה דווקא בהולך למדינת הים? מדוע אין חוששים גם במי שהולך לעיר אחרת. ותירץ באופן אחד שיש לחלק בין טירדה שיש בנסיעה קצרה לזו שיש בנסיעה ארוכה. ועוד שאפשר לומר שמה שנאמר מדינת הים הוא לאו דווקא, אלא הכוונה לכל היוצא לדרך רחוקה שטרוד בעניניו, ומשום כך אינו יודע את המתחדש (מגן גבורים).

מאי משמע ביטוי שאלה זה בא לאחר שמביאים הוכחה מן הכתוב, אבל אין אנו מבינים כיצד כתוב זה מוכיח משהו לענין השאלה.

ובתוס׳ מסבירים עוד כי היה מקום לומר שיהא בית הדין חייב הן על עקירת מצוה שלימה, והן על עקירת מקצתה. ומנין ההוכחה שהכתוב בא לצמצם ולומר שרק עקירת מקצת המצוה תחשב לענין זה.

ונעלם מדבר ודרך הדרשה היא: שקוראים את המ׳ הסופית של "ונעלם" כאילו היתה כתובה גם בתחילת המלה הבאה אחריה, ולפיכך הרי זה כאילו נכתב "ונעלם מדבר". ולדרך דרשה זו קוראים בכלל "גורעין ומוסיפין ודורשין". וכן נמצאת ראיה זו בירושלמי (שם בשם חזקיה), ושם אכן מבררים את שיטת דרשה זו. וראה בתוס׳ שכתבו שאין משתמשים בדרך דרשה זו אלא במקום שיש קושי בלשון הכתוב כמות שהוא, ולכן נזקקים לדרשו באופן אחר. (וראה במרומי שדה ועוד שמאריך להסביר מה הקושי שיש במקרא כמו שהוא). והמלבי״ם בפירושו לתורה מסביר את הענין על פי דיוק הלשון (ומכליל בדבריו גם מדברי התוס׳) כי בשימוש הלשון של המלה "דבר" עולה שיש לה שני מובנים; במשפטי חיוב, המלה "דבר" מתפרשת במשמעות: דבר שלם, ולא חצי דבר או חלק ממנו (וכאמור כאן בגמרא "דבר" — כולא מילתא משמע). ואולם במשפטי שלילה (כמו "לא תעשו דבר") משמעות המלה היא כלשהו, כל חלק מן הדבר. וכאן היתה הבעיה האם יש לראות את המשפט כמשפט חיוב או שלילה.

מצוות תרתי משמע לאו דווקא שתים אלא מצוות רבות (אלא שאומר כן משום שמיעוט רבים הם שנים). והכתוב מתפרש כמשמעו שבית הדין עוקר מצוה אחת שלמה מכל המצוות שבתורה.

דבר דבר מזקן ממרא רש״י מסביר כי בזקן ממרא למדים שהוראתו היא בעקירת מקצת מצוה בלבד ממה שנאמר בו (וכן מובא כאן) "מן הדבר", ולא דבר שלם. והעירו בתוס׳ (ועוד מפרשים) שבמסכת סנהדרין נלמד הענין מעניינם של הכתובים שנאמר בהם "כי יפלא" וכן "בין דם לדם" וכו׳ שמשמעם בפשטות שהוא מדבר בפרטי הדינים שבמצווה.

בדבר שאין הצדוקין מודים יש מפרשים שכתבו שמדברי הרמב״ם עולה שהוא מסביר שדברי שמואל ("דבר שהצדוקים מודים") הם רק ניסוח אחר להלכה שאין בית דין חייבים על עקירת מצוה שלמה. ואולם בתוס׳ מסבירים שמדובר בשני דברים שונים. האחד הוא הכלל שאין חייבים על עקירת מצוה שלמה, ומדברי שמואל עולה שגם בעקירת פרט ממצוה, אם הוא דבר המפורש בתורה — אף בו אין חייבים.

זיל קרי בי רב ואין זו שגגת הוראה, אלא היא טעות פשוטה. או שהוא ענין של זדון (וראה ברש״י ומאירי ועוד).

וספרה לה ובב״ש סבור שאין למדים מכאן (לפי שאין הדבר פשוט במשמעות הכתוב, וראה בתוס׳ ובמרא״ש) אלא למדים ממה שנאמר "כמשכב נדתה יהיה לה" (ויקרא טו, כו).

הערראה היא הכנסת מקצת האבר. ובהגדרה המדוייקת של הערראה נחלקו אמוראים במסכת יבמות (וראה בב״ש ועוד).

באשה דוה ושימוש לשון זה — משום שכך היא לשון הכתוב "ואיש אשר ישכב את אשה דוה וגלה את ערותה את מקורה הערה" (ויקרא כ, יח).

אלא ביממי ואם ראתה דם בלילה אינה טמאה (רש״י). או שהרואה ביום דינה כזבה, ובלילה היא כנדה (ר״ח).

לא תוציאו משא יש מתקנים כאן (וכן מובא ברמב״ם) שהראיה היא מן הכתוב "אל יצא איש ממקומו" (שמות טז, כט), והרי זו ראיה מן התורה ולא מדברי הנביאים. ובחק נתן כתב שמביאים ראיה מכתוב זה משום שאף הצדוקים מקבלים דברי הנביאים, ושם ההוכחה ברורה יותר.

הוצאה והכנסה הוא דאסירא יש שמוחק "הכנסה" משום שהרי אמרנו שאינה ברורה מן הכתוב. ויש שכתבו שבענין הכנסה הטעם פשוט, שהכל מבינים שאם יש חילוק רשויות אין הבדל בין הוצאה והכנסה (תוס׳).

כדרכה כי מסקנת ההלכה היא שיש שני אופנים שחייב אדם על עבודה זרה. הדרך האחת היא — כאשר עושה לה פולחן כדרכה. כלומר, לפי האופן שבו עובדים עבודה זרה זו. והדרך האחרת היא — כאשר עושה לעבודה זרה פולחן בדומה למה שעושים לקב״ה, גם אם אין זו דרך עבודתה של אותה עבודה זרה.

השתחואה בפישוט וכו׳ רש״י מביא ראיה מן הכתוב "וישתחו אפים ארצה" (בראשית יט, א). ואחרים סבורים שעיקר הראיה היא מן הכתוב "להשתחוות לך ארצה" (שם לז, י). כי השתחואה על אפים משמעה רק כפיפת הפנים כלפי האדמה (רא״ש, וראה בב״ש ועוד).

אורח ההלכה

החזיק בדרך איכא בינייהו מי שעמד לצאת למדינת הים, ועשה על פי הוראת בית דין שפשטה ברוב הציבור, אף שעשה לאחר שנודעה השגגה לבית הדין — הרי זה פטור. וכדברי ר׳ עקיבא, ושלא כדעת בן עזאי. (רמב״ם ספר קרבנות הלכות שגגות פי״ד ה״ה).

ולא שתתעלם מצוה כולה הורו בית דין לעקור מצוה שלמה בתורה, או שהורו להתיר דבר המפורש בתורה — אין זו נחשבת הוראה לפטור על ידה את העושים. כגון שאמרו בית דין ששומרת יום כנגד יום מותרת הרי זה כאילו עקרו מצוות נדה. או שאמרו שמותר להוציא בשבת מרשות לרשות שהוא כאילו ביטלו מצות שבת כולה. כמשנה וכדברי רב יהודה אמר שמואל שאם טעו בדבר שהצדוקים מודים בו אין זו נחשבת הוראה. (שם ה״ב).

מושיט וזורק שרי אבל אם טעו בית דין בדבר שאינו מפורש בתורה ואינו עקירת כל הגוף, הרי הם מביאים קרבן, וכל העושים פטורים מקרבן חטאת של יחידים. כגון שאמרו שיש איסור הוצאה בשבת ולא דין הושטה, או שהתירו השתחויה לעבודה זרה כשאין בה פישוט ידים ורגלים. (שם).

ולא מיבעיא למ"ד לצבור מביאין. דכי הביאו כפרתן דמי דהא מפרסמא מלתא ולא הוי האי יחיד תולה בב"ד אלא אפילו למ"ד דכי הורו ב"ד ועשו קהל על פיהם דב"ד מביאין עליהם פר והם פטורין דאיכא למימר לא מפרסמא מילתא כל כך והאי יחיד תולה בבית דין הוא אפ"ה לאו תולה בב"ד הוא שהרי היה בידו לישאל מפני מה ב"ד מביאין פר ואי שאיל אומרים לו דטעו וחזרו הלכך תולה בעצמו קרינא

לדבר דמ"ס נדרשת לפניו ולאחריו וקרי ביה ונעלם מדבר דמשמע מדבר ולא כל דבר: **חזקיה אמר.** מסיפא דקרא נפקא מכל מצות דמשמע מכל מצות של שבת דהוי בטול מקלת וקיום מקלת או מכל מצות של עבודה זרה דהוי ביטול מקלת וקיום מקלת או מכל מצות נדה דהוי ביטול מקלת וקיום מקלת ולא כל מצות השבת דהוי עוקר כל הגוף ולא כל מצות דנדה ודעבודה זרה דעוקר כל הגוף: **מצות תרתי משמע.** כלומר מצות טובא משמע כגון נדה שבת ועבודה זרה דהכי משמע ועשה אחת מכל מצות ה' דעבד חד מהני או שבת או עבודה זרה או נדה ולעולם בעוקר כל הגוף קא מיירי: **אמר ר"נ בר יצחק מצות כתיב.** בחד וי"ו דחדא מצוה משמע דהכי משמע ועשה אחת מכל מצות דשבת או אחת מכל מצות דעבודה זרה או אחת מכל מצות דנדה דהוי מקיים מקלת דשבת ומבטל מקלת והוא הדין לעבודה זרה והוא הדין לנדה והוא הדין לשאר מצות דקיום מקלת ובטול מקלת חייב ועוקר כל הגוף פטור: **מה זקן ממרא מן הדבר ולא כל דבר.** דהא כתי' מן הדבר ותנן באלו הן הנחנקין (סנהדרין דף פח:) האומר אין תפלין לעבור על דברי תורה פטור חמש טוטפות להוסיף על דברי סופרים חייב דהיינו מן הדבר ולא כל דבר: **אין ב"ד חייבין.** דלא הוי הוראה מעליא עד שיורו להתיר בדבר שאין הצדוקין מודין שיהא אסור שהורו להיתר בדבר איסור שאין כתוב בתורה בהדיא: **זיל קרי בי רב הוא.** דכיון דאפשר לו ללמוד ולידע לא הוי שוגג מעליא וקרוב למזיד הוי: **אחד לאחד.** היינו יום כנגד יום: **דאמרי כדרכה אסירא.** גמר ביאה ושלא כדרכה שריא: **והא.** שלא כדרכה נמי כתיב משכבי אשה שני משכבות אחד כדרכה ואחד שלא כדרכה: **דאמרי כדרכה אסירא אפי' העראה.** דהאי דכתיב את מקורה הערה בכדרכה: **אי הכי.** מאי איריא דקתני שהורו בשומרת יום כנגד יום אפילו נדה נמי כי האי גוונא קיום מקלת וביטול מקלת הוא והוי בדבר שאין הצדוקין מודין בו: **אלא לעולם בכדרכה.** דאמרי בשומרת יום העראה שריא אפילו בכדרכה וגמר ביאה הוא דאסיר ודקאמרת הא העראה כתיב דאמרי העראה באשה נדה הוא דכתי' ולא בשומרת יום הלכך לא מתוקמא בנדה אלא בשומרת יום והוי בדבר שאין הצדוקין מודין בה: **ואי בעית אימא.** דקאמרת שומרת יום הא כתיבא הא לא קשיא דכי קתני כגון דאמרי זבה לא הוה אלא [היכא דחזיא] ביממא כדכתי' כל ימי זובה אבל היכא דחזיא בליליא טהורה והוא הדין לשומרת יום דאמרי דהוא היכא דקחזיא ביממא דהיינו בימי זיבה הלכך לא מתוקמא בנדה אלא בשומרת יום ובזבה והויא הוראה בדבר שאין הצדוקין מודין: **מושיט וזורק.** לא כתיבי בהדיא: **השתחואה שלא כדרכה.** כגון משתחוה לפעור או למרקולים: **השתחואה.** בפשוט ידים ורגלי' כדכתי' (בראשית יט) וישתחו אפים ארצה:

בעי

תורה אור

ולא מבעיא למ"ד צבור מייתי דמפרסמא מלתא אלא אפילו למ"ד [א]ב"ד מביאין דלא מפרסמא מלתא אי הוה שאיל הוו אמרין ליה אמר ר' יוסי בר אבין ואיתימא רבי יוסי בר זבידא משל דסומכוס למה הדבר דומה לאדם שהביא כפרתו בין השמשות ספק מבעו"י נתכפר לו ספק משחשכה נתכפר לו שאין מביא אשם תלוי ולא מבעיא למ"ד ב"ד מביאין דלא אפרסמא מלתא אלא אפילו למ"ד צבור מביאין דמפרסמא מלתא והוו אמרינן ליה דהכא [א]בספק מבעוד יום ספק משחשכה אי שאיל לא אשכח איניש

א דמשיילי ליה: אמר לו בן עזאי מאי שנא מן היושב כו': שפיר קאמר ליה ר"ע לבן עזאי אמר רבא החזיק בדרך איכא בינייהו לבן עזאי חייב דהא בביתיה איתיה לר"ע [ב]פטור

ב דהא החזיק בדרך: הורו לו ב"ד לעקור את כל הגוף: ת"ר [אב]°ונעלם דבר ולא שיעקר המצוה כולה כיצד [ג]אמרו אין נדה בתורה אין שבת בתורה אין עבודה זרה בתורה יכול יהו חייבין ת"ל ונעלם דבר ולא שתתעלם מצוה כולה הרי אלו פטורין אבל אמרו יש נדה בתורה אבל הבא על שומרת יום כנגד יום פטור יש שבת בתורה אבל המוציא מרשות היחיד לרשות הרבים פטור יש עבודה זרה בתורה אבל המשתחוה פטור יכול יהו פטורין תלמוד לומר ונעלם דבר ולא כל הגוף אמר מר יכול יהו פטורין ואי בקיום מקצת וביטול מקצת פטורין ובעקירת כל הגוף פטורין במאי חייבין תנא הכי קא קשיא ליה אימא דבר כולה מילתא משמע ת"ל ונעלם דבר מאי משמע [ב]אמר עולא קרי ביה ונעלם מדבר חזקיה אמר אמר קרא °ועשו אחת מכל מצות מכל מצות ולא כל מצות מצות תרתי משמע אמר ר"נ בר יצחק מצות כתי' [ג]רב אשי אמר [ג]יליף דבר דבר מזקן ממרא דכתיב ביה בזקן ממרא °כי יפלא ממך דבר לא תסור מן הדבר אשר יגידו לך ימין ושמאל מה ממרא מן הדבר ולא כל דבר אף בהוראה דבר ולא

ג כל הגוף אמר רב יהודה אמר שמואל [ד]אין ב"ד חייבין עד שיורו [ד]בדבר שאין הצדוקין מודין בו אבל בדבר שהצדוקין מודין בו פטורין מאי טעמא [ה]זיל קרי בי רב הוא תנן יש נדה בתורה אבל הבא על [ו]שומרת יום כנגד יום פטור ואמאי שומרת יום כנגד יום הא כתי'[א] [ה]וספרה לה [ז]מלמד שסופרת אחד לאחד דאמרי הערואה שריא גמר ביאה הוא דאסירא [ח]הא נמי כתיב[ב] את מקורה הערה דאמרי כדרכה אסירא שלא כדרכה שריא [ט]הא כתיב משכבי אשה דאמרי כדרכה אסור אפי' הערואה בשלא כדרכה גמר ביאה הוא דאסור אבל הערואה שריא אי הכי אפי' נדה נמי אלא לעולם כדרכה ודאמרי הערואה באשה דוה הוא דכתיבא ואיבעית אימא [י]דאמרי זבה לא הויא אלא ביממי דכתיב[ג] כל ימי זובה תנן יש שבת בתורה אבל המוציא מרשות לרשות פטור ואמאי הוצאה הא כתיבא [ז][ד] לא תוציאו משא מבתיכם [דאמרי [יא]הוצאה הוא דאסור הכנסה מותר ואיבעית אימא] [ה]דאמרי הוצאה [ח](והכנסה) הוא דאסירא מושיט וזורק שרי תנן יש עבודה זרה בתורה אבל המשתחוה פטור ואמאי המשתחוה הא כתיבא דכתיב[ה] לא תשתחוה לאל אחר דאמרי כי אסירא השתחויה כדרכה אבל שלא כדרכה שריא ואיב"א דאמרי [יב]השתחויה גופה כדרכה הוא דאסיר [י]דאית בה פשוט ידים ורגלים הא השתחויה דלית בה פשוט ידים ורגלים שריא

בעי

א] ויקרא טו ב] שם כ ג] שם טו ד] ירמיה יז ה] שמות לד

תוספות

לג א מיי' פי"ד מהל' שגגות הל' ב סמג לאוין ריז:
לד ב ג מיי' פ"ט מהל' יסודי התורה הלכה א והלכה ג ד סמג לאוין שסד:
לה ד מיי' שם הל' ה:
לו ה ו מיי' פי"ג מהל' שגגות הל' א סמג עשין ריז:
לז ז מיי' פי"ב שם הלכה א והלכה ב סמג שם:
לח ח ט מיי' שם פרק י"ג הל' ו סמג שם:
לט י כ מיי' שם פרק י"ב הלכה א:

בעי רב יוסף אין חרישה בשבת מהו מי אמרי' כיון דקא מודו בכולהו מלתא כביטול מקצת וקיום מקצת דמי או דלמא כיון דקא עקריין ליה לחרישה כל עיקר בעקירת גוף דמי ת"ש יש נדה בתורה אבל הבא על שומרת יום כנגד יום פטור ואמאי הא עקריין לשומרת יום כנגד יום כל עיקר אמר לך רב יוסף שומרת יום דקאמרין כדשנין ת"ש יש שבת בתורה אבל המוציא מרה"י לרה"ר פטור ואמאי והא עקריין להוצאה כל עיקר התם נמי כדשנין ת"ש יש עבודה זרה בתורה אבל המשתחוה פטור ואמאי והא עקריין להשתחויה כל עיקר אמרי השתחויה נמי כדשנין בעי ר' זירא אין שבת בשביעית מהו במאי טעו בהדין קרא בחריש ובקציר תשבות בזמן דאיכא חרישה איכא שבת ובזמן דליכא חרישה ליכא שבת מי אמרינן כיון דמקיימין לה בשאר שני שבוע כביטול מקצת וקיום מקצת דמי או דלמא כיון דקא עקריין ליה בשביעית בעקירת הגוף דמי אמר רבינא ת"ש נביא שנתנבא לעקור דבר מדברי תורה חייב לביטול מקצת ולקיום מקצת רבי שמעון אומר פטור ובעבודה זרה אפילו אמר היום עובדה ולמחר בטלה חייב שמע מינה אין שבת בשביעית כביטול מקצת וקיום מקצת דמי שמע מינה: **מתני'** הורו ב"ד וידע אחד מהן שטעו ואמר להן טועין אתם או שלא היה מופלא של ב"ד שם או שהיה אחד מהן גר או ממזר או נתין או זקן שלא ראה לבנים ה"ז פטור שנאמ' כאן עדה ונאמר להלן עדה מה עדה האמורה להלן כולן ראוין להוראה אף עדה האמורה כאן עד שיהיו כולן ראוין להוראה: **גמ'** או שלא היה מופלא של ב"ד שם מנלן אמר רב ששת וכן תנא דבי רבי ישמעאל מפני מה אמרו הורו בדבר שהצדוקין מודין בו פטורין מפני שהיה להם ללמוד ולא למדו לא היה מופלא של ב"ד שם נמי פטורין מפני שהיה להם ללמוד ולא למדו: נאמר שם עדה ונאמר כאן עדה עד שיהיו כולן ראוין להוראה: והתם מנלן דאמר רב חסדא אמר קרא (והתיצבו שם עמך בדומין לך ואימא עמך לשכינה אלא אמר ר"נ בר יצחק אמר קרא ה)ונשאו אתך בדומין לך: **מתני'** הורו ב"ד שוגגין ועשו כל הקהל שוגגין מביאין פר ח)מזידין ועשו שוגגין מביאין כשבה ושעירה שוגגין ועשו מזידין הרי אלו פטורין: **גמ'** שוגגין ועשו מזידין הרי אלו פטורין הא שוגג דומיא דמזיד חייב והיכי דמי שהורו בית דין שחלב מותר ונתחלף לו בשומן ואכלו לימא תפשוט ח)הא ז)דבעי רמי בר חמא אמר לך משום דתנא רישא ט)מזידין ועשו שוגגין תנא סיפא שוגגין ועשו מזידין: **מתני'** הורו ב"ד ועשו כל הקהל או רובן על פיהן מביאין פר ובעבודה זרה מביאין פר ושעיר דברי ר"מ ר' יהודה אומר י)י"ב שבטים מביאין י"ב פרים כ)ובעבודה זרה מביאין י"ב פרים ושנים עשר שעירים

רבי

°) במדבר יא

בעי רב יוסף אין חרישה בשבת מהו. הכא לא מבעיא ליה לרב יוסף בדבר שאין הצדוקין מודין כלל אלא בבטול מקצת וקיום מקצת קא מבעיא ליה: **מי אמרינן כיון דקא מודו.** ב"ד דאסירי בבטול מקצת וקיום מקצת דמי ומיחייב או דלא הוי עקירת כל הגוף דשומרת יום: **(וכולה) כדשנין.** דמושיט וזורק שרי דלא הוי עקירת כל הגוף: **(וכולה) כדשנין.** דהשתחואה שלא כדרכה שריא: **בחריש ובקציר תשבות.** דמשמע בזמן דאיכא חרישה דהיינו בשאר שני שבוע תשבות איכא שבת: **בזמן דליכא חרישה.** דהיינו בשביעית ליכא שבת: **נביא שהתנבא.** כגון שתחלתו נביא של אמת ולבסוף נביא השקר שהתנבא לעקור דבר מדברי תורה חייב ודברי הכל בחנק: **לקיים מקצת ולבטל מקצת.** דשאר מלות ר"ש פוטר וה"ה לרבנן: **ובעבודה זרה אפי' אמר לך היום עובדה ולמחר בטלה.** דהיינו קיום מקצת ובטול מקצת דעבודה זרה חייב דרחמנא אמר להדיחך מן הדרך אפי' מקצת דרך ובעבודה זרה הוא דכתיב וכי קתני חייב כגון לרבנן בסקילה ולר"ש בחנק והכי מתרץ ליה רב חסדא בפ' אלו הן הנחנקין (סנהדרין דף צ.) והיום עובדה ולמחר בטלה כאין שבת בשביעית דמי וקרי להו ביטול מקצת וקיום מקצת ש"מ: **מתני' ואמר להם טועים אתם.** לא הוי הוראה מעליא ופטור דבעינן עד שיורו כולן כדאמר לעיל: **או שלא היה מופלא של ב"ד שם.** אע"ג דלא הוה מסנהדרין עלמן דאילו הוי מסנהדרין עלמן אפי' (אם) קטן שבכולן לא היה שם לא הויא הוראה מעליא כדאמר לקמן מאם כל עדת איתא לכולה סנהדרי הויא הוראה ואי לא לא ואיכא למימר נצטרך אחד מהן לצאת לדרך ומינו אחר במקומו א"נ זקן (או) שאין לו בנים היה לכך נתמנה אחר בסנהדרין: **או זקן שאין ראוי לבנים.** וקשיא לי מפני מה אין ראוי להוראה: **ונאמר להלן עדה.** ושפטו העדה והצילו העדה (במדבר לה) דהיינו סנהדרין כדתנן בפ"ק דסנהדרין (ד' ב.): **נאמר כאן עדה.** דכתיב (ויקרא ד) אם כל עדת ישראל ישגו: (ושפטו את העדה) מה להלן ראוין להוראה כו': **גמ' והתם מנ"ל.** דכולהו דהוין ראוין להוראה: **אמר רב חסדא.** גמר ממשה דמשה אוקי סנהדרין דהוו כולן ראוין להוראה דכתי' והתיצבו שם עמך בדומין לך דליהוי (הם) כולן ראוין להוראה ה"נ בעינן דסנהדרי דעלמא ליהוו ראוין להוראה והואיל ומלינו דעדה האמורה כאן כולן ראוין הוראה שמעינן מינה נמי דהיינו סנהדרי גדולה דתניא בת"כ עדת ישראל עדה המיוחדת לכל ישראל ואיזו זו סנהדרי גדולה: **ואימא עמך משום שכינה.** לגופיה הוא דאתא כלומר שיהו עומדין עמך ולא יכנסו לפני ולפנים במקום שכינה דסלקא דעתא אמינא והואיל דכתב אספה לי דיכנסו במקום שכינה קמ"ל [ל"א] עמך משום שכינה כלומ' ברור לדיקים גמורים שאני רוצה להשרות שכינה עליהם: **אתך בדומין לך.** שיהיו ראוין להוראה: **מתני' הורו ב"ד שוגגין ועשו הקהל שוגגין.** על פיהם ב"ד מביאין פר רבי מאיר כדאית ליה ור' יהודה כדאית ליה ור"ש כדאית ליה דהוי הוראה מעליא: **הורו ב"ד מזידין ועשו הקהל שוגגין.** לא הוי הוראה מעליא דאם כל עדת ישראל ישגו כתיב דבעינן שוגגין בב"ד והכא הוה ליה שגגת מעשה בלא הוראה ומביאין כל אחד מן הקהל כשבה או שעירה דכיחיד דמו: **הורו ב"ד שוגגין ועשו הקהל מזידים פטורים.** דמזיד לאו בר קרבן הוא: **גמ' טעמא דשוגגין ועשו מזידים דפטורין.** דמזיד לאו בר קרבן הוא לא לצבור ולא יחיד הא שוגג דומיא דמזיד דלא הוי ממש תולה בב"ד הוי שוגג תולה בעלמו וחייב בשגגת מעשה קרינא ביה: **כגון שהורו ב"ד שחלב מותר.** שעל הקרב ולא שעל הכליות דלא הוי עוקר כל הגוף: **ונתחלף חלב בשומן ואכלו.** דחייב דתולה בעלמו הוא והאי דקרי ליה דומיא דמזיד משום דכי היכי דמזיד לאו תולה בב"ד הוא האי שוגג נמי לאו תולה בב"ד הוא ותפשוט האי דבעי רמי בר חמא (לעיל דף ג.): **אמר לך.** רמי בר חמא האי דקתני שוגגין ועשו מזידים לאו למידק מינה קא אתי אלא איידי דתנא מזידין ועשו שוגגין תנא נמי שוגגין ועשו מזידים וכדי נסבה ולא דייקי' מינה כלום ובעיא דידי' מהא ליכא למשמע מינה: **מתני' הורו ב"ד ועשו כל הקהל או רובן על פיהן מביאין פר.** (כגון) ב"ד ולא לבור: **בעבודה זרה ב"ד מביאין פר ושעי' דברי ר"מ.** דבעבודה זרה בהוראה פר ושעיר מייתי דכתי' בפ' שלח לך אנשים וכי תשגו ולא תעשו את כל המלות האלה דהיינו בעבודה זרה כדאמר לקמן בפרק הורה כהן משיח איזו היא מלוה ששקולה כנגד כל המלות הוי אומר זה עבודה זרה וכתיב (במדבר טו) ועשו כל העדה פר בן בקר אחד לעולה לריח ניחוח לה' מנחתו ונסכו כמשפט ושעיר עזים אחד לחטאת: **רבי יהודה אומר י"ב שבטים מביאין י"ב פרים.** דכל שבט ושבט אקרי קהל וקסבר לבור מביאין פר ולא בית דין:

רבינו חננאל

דשתי הוריות נינהו לא מצטרפי וכל חד באנפי נפשה קיימא וליכא פר אלא כל חד מייתי חטאתו או דלמא כיון דאידי ואידי חלב היא מצטרף [את"ל כיון וכו' מצטרף] מיעוט בחלב שעל הקיבה. ס"א על הקרב [ומיעוט בחלב שע"ג דקין] פי' הורו בהוראה ראשונה דחלב שעל הקיבה מותר. ובשניה הורו שחלב

תוספות

בעי רב יוסף אין חרישה כו'. רישא דאבות מלאכות דפ' כלל גדול א) נקט אבל חרישה לדוקין מודין בה ולרב יוסף נמי בעי דבר שאין מודין בו כדלקמן אמר לך רב יוסף כו' משמע בסמוך: **ש"מ אין שבת בשביעית כו'.** משמע דאין לדוקין מודין בהאי דרשא אע"ג דלא ליה יהיה לה לשומרת (יבס) [יום]: **או שלא היה מופלא שבב"ד שם.** פרש"י ולא היה במנין דא"כ אפי' קטן שבהם נמי כדאמרי' לעיל שיהיו כולן בהוראה. וקשה דהא אתותב לעיל (נ"ל דלריכין לומר דלפני התו' לא היה כתוב לעיל הא דמסיק ואלא מאי כל עדת דקאמר רחמנא כו' עי' לקמן ברש"י דף (ה') [ז'] ע"א) ובת"כ מוקיף נמי אם אמר א' איני יודע דכמאן דליתי' דמיא: **אחד מהן גר או ממזר.** בירושלמי שעברו ומנוהו. דמי שאין ראוי להוראה נעשה כאבן:

א) סנהדרין ל.: ב) לעיל ג.: ג) [עיין תוי"ט]: ד) קדושין עו: סנהדרין לו: ע"ש: ה) שמות יח עי' רש"י סנהדרין לו:]: ו) עיין לעיל ג. בתוס' ד"ה עד שיהיו ול"ע: ז) לעיל דף ג.: ח) [עי' לח"מ פי"ג מהל' שגגות ה"א] מ"ר: ט) [נ"ל לעיל דף ג:]: י) עי' פי' המשניות להרמב"ם טעם לזה: כ) [דף ח.]:

תוספות הרא"ש

בעי רב יוסף אין איסור חרישה בשבת מהו כו'. [וא"ת] תיפוק ליה דהוה דברים שלדוק וביתוס

א ועוד בענין הוראת בית דין שיש בה עקירת מצוה. **בעי** [שאל] **רב יוסף**: אם הורו בית דין **שאין** איסור **חרישה בשבת, מהו?** וצדדי השאלה: **מי אמרינן** [האם אומרים אנו]: **כיון דקא מודו בכולהו מילתא** [שהם מודים בכל הדבר] בכל איסורי שבת, והוראתם אינה אלא לענין חרישה בלבד, הרי זה **כביטול מקצת וקיום מקצת דמי** [נחשב], **או דלמא** [שמא] **כיון דקא עקרין ליה** [שהם עוקרים את] מלאכת החרישה כל עיקר, הרי זה **כעקירת גוף** מצות שבת **דמי** [נחשב]? ומציעים: **תא שמע** [בוא ושמע] ראיה ממה ששנינו: **יש נדה בתורה אבל הבא על שומרת יום כנגד יום פטור; ואמאי** [ומדוע] **הא עקרין** [הרי עקרו] את הדין המיוחד של שומרת יום כנגד יום **כל עיקר**, משמע שדבר כזה אינו נקרא עקירת כל גוף המצוה! ודוחים: **אמר לך** [יכול היה לומר] **רב יוסף** בתשובה לכך כי **שומרת יום דקאמרין** [שאומרים] **כדשנין** [כמו שתירצנו] בענין הוראה ולא ביטלו את כל האיסור הזה כולו. ומציעים עוד: **תא שמע** [בוא ושמע] ראיה אחרת, ממה ששנינו: **יש שבת בתורה, אבל המוציא מרשות היחיד לרשות הרבים פטור; ואמאי** [ומדוע] **הא עקרין** [הרי עוקרים] בית הדין בכך **להוצאה כל עיקר!** ודוחים: **התם נמי כדשנין** [שם גם כן יש לומר כמו שתירצנו מקודם] שבית הדין עוקרים רק מקצת המלאכה. כגון הזורק והמושיט. ומציעים עוד: **תא שמע** [בוא ושמע] ראיה אחרת, ממה ששנינו: **יש עבודה זרה בתורה, אבל המשתחוה פטור**; ועל כך יש לשאול: **אמאי** [מדוע]? **והא עקרין** [והרי הם עוקרים] **להשתחויה כל עיקר! אמרי** [אומרים] בדחיית אותה ראיה: **השתחויה נמי כדשנין** [גם כן יש לומר כמו שתירצנו מקודם] שהתירו רק השתחוויה מעטה, ולא עקרו את כל האיסור.

ועוד בענין הוראת בית דין שיש בה עקירת מצוה. **בעי** [שאל] **ר' זירא**: הורו בית הדין **שאין** איסור **שבת בשנה השביעית** (שנת השמיטה), **מהו?** ולפני שמבררים את השאלה, מקדימים ושואלים: **במאי** [במה] **טעו**, מה גרם להם לטעות זו? **בהדין קרא** [בפסוק זה] שנאמר במצות השבת: **"בחריש ובקציר תשבת"** (שמות לד, כא), והם מפרשים: **בזמן דאיכא** [שיש] **חרישה** כלומר, בשאר השנים **איכא** [יש] איסור **שבת, ובזמן דליכא** [שאין] **חרישה** בשנת השמיטה, שאסור לחרוש בה **ליכא** [אין] איסור **שבת** נוהג. וצדדי בעייתו של ר' זירא: **מי אמרינן** [האם אנו אומרים]: **כיון דמקיימין לה** [אותה] את השבת **בשאר שני שבוע** (שנות מחזור שבע השנים), ומסכימים שבשאר השנים יש איסור שבת, הרי זה **כביטול מקצת וקיום מקצת דמי** [נחשב], **או דלמא** [שמא] **כיון דקא עקרין ליה** [שהם עוקרים אותה] את השבת **בשביעית** לגמרי, הרי זה **כעקירת הגוף דמי** [נחשב]? **אמר רבינא, תא שמע** [בוא ושמע] ראיה לכך, ממה ששנינו: **נביא שנתנבא לעקור דבר מדברי תורה** — הרי זה חייב מיתה, שהוא נביא שקר. אם נתנבא **לביטול מקצת ולקיום מקצת — ר' שמעון אומר: פטור, ובעבודה זרה, אפילו אמר** הנביא: **היום עובדה, ולמחר בטלה** — הריהו **חייב**, שבעבודה זרה, אפילו ביטול מקצת האיסור הריהו איסור חמור, ולפי זה **שמע מינה** [למד מכאן] לענייננו, בית דין שהורה **שאין שבת בשביעית** — הרי זה **כביטול מקצת וקיום מקצת דמי** [נחשב]. ומסכמים: אכן **שמע מינה** [למד ממנה] שכן הוא.

ב משנה **הורו בית דין, וידע אחד מהן שטעו, ואמר להן: "טועין אתם", או שלא היה מופלא של בית דין** (גדול החכמים) **שם** במושב הסנהדרין שהחליט על כך, **או שהיה אחד מהן** פסול לסנהדרין, כגון שהיה **גר או ממזר או נתין, או זקן שלא ראוי לבנים**, שכל אלה אינם כשרים לשמש בסנהדרין — **הרי זה פטור**, שאין זו הוראה גמורה, **שכן נאמר כאן** בהוראת בית דין בטעות **"עדה"** ("ואם כל עדת ישראל ישגו". ויקרא ד, יג), **ונאמר להלן** בענין בית דין הרוצח בשגגה **"עדה"** ("ושפטו העדה בין המכה ובין גואל הדם". במדבר לה, כד), **מה "עדה" האמורה להלן — כולן ראוין להוראה, אף "עדה" האמורה כאן — עד שיהיו כולן ראוין להוראה.**

ג גמרא שנינו במשנה: **או שלא היה מופלא של בית דין שם** — הרי זה פטור. **מנלן** [מנין לנו] שכך הוא הדין? **אמר רב ששת, וכן תנא דבי** [שנה החכם מבית המדרש] **של ר' ישמעאל**, **מפני מה** אמרו במשנה: **הורו בדבר שהצדוקין מודין בו — פטורין? מפני** שאין דייני בית דין שכזה נחשבים ראויים להוראה, כיון **שהיה להם ללמוד ולא למדו**, ובדומה לזה, כאשר לא היה מופלא של בית דין **שם נמי** [גם כן] **פטורין, מפני שהיה להם ללמוד ולא למדו.**

עוד שנינו במשנה: **"נאמר שם עדה ונאמר כאן עדה... עד שיהו כולן ראוין להוראה".** ושואלים: **והתם מנלן** [ושם מנין לנו] שכולם ראויים להוראה? ומשיבים: שכן **אמר רב חסדא, אמר קרא** [הכתוב] במינוי שבעים הזקנים על ידי משה: **"והתיצבו שם עמך"** (במדבר יא, טז), לומר **"עמך"** כוונתו **בדומין לך**, למשה, שיהיו כולם ראויים להוראה. ושואלים: **ואימא** [ואמור]: ש**"עמך"** כוונתו **לשכינה** וכוונת הכתוב לומר שיתיצבו יחד לקבל השראת השכינה! **אלא אמר רב נחמן בר יצחק**, למדים אנו שכולם צריכים להיות ראויים להוראה ממה **שאמר קרא** [הכתוב] בשופטים אותם מינה משה: **"ושפטו את העם בכל עת... והקל מעליך ונשאו אתך"** (שמות יח, כב), כלומר **"אתך"** משמעו: **בדומין לך.**

ד משנה **הורו בית דין שוגגין, ועשו כל הקהל** שסמכו על בית הדין **שוגגין — מביאין פר**, כמפורש בתורה בהעלם דבר של ציבור. אם היו בית דין **מזידין** שידעו שאין הוראתם נכונה, **ועשו** הקהל **שוגגין** שהם האמינו לדברי בית הדין — **מביאין** היחידים **כשבה ושעירה** (כלומר, כבשה או שעירה) כדין חוטאים בשגגה. אם היו בית הדין **שוגגין** וטעו, **ועשו** הקהל **מזידין** שידעו שטעה בית הדין ובכל זאת עשו — **הרי אלו פטורין.**

ה גמרא שנינו במשנה: **שוגגין ועשו מזידין — הרי אלו פטורין.** ונדייק מכאן: **הא** [הרי] **שוגג דומיא** [בדומה] **למזיד — חייב חטאת**, וזה שחטא בשגגה בדיוק היה הדבר: **שהורו בית דין שחלב מותר, ונתחלף לו חלב בשומן** שחשב ששומן הוא חלב זה שלפניו **ואכלו**. ואם כן, **לימא** [אמור] מכאן: **תפשוט הא דבעי** [תפתור בעיה זו ששאל] **רמי בר חמא** (בדף ב,א) בענין זה ונשארה שאלתו בלא פתרון! ודוחים: **אמר לך** [יכול היה לומר לך] שאין זו ראיה, שכן **משום דתנא רישא** [ששנה בתחילה]: **מזידין ועשו שוגגין, תנא סיפא** [שנה בסוף]: **שוגגין ועשו מזידין**, אבל אין לדייק מכאן.

ו משנה **הורו בית דין ועשו כל הקהל** או רובן של הקהל **על פיהן — מביאין פר** לכפרה, ואם היתה שגגה זו **בעבודה זרה — מביאין פר ושעיר**, כמבואר בתורה (במדבר טו, כד), אלו **דברי ר' מאיר; ר' יהודה אומר**: לא בית הדין מביא קרבן אלא הציבור, ואם חטאו **שנים עשר שבטים — מביאין שנים עשר פרים**, שכל שבט הוא קהל לעצמו. **ובעבודה זרה — מביאין שנים עשר פרים ושנים עשר שעירים;**

מסורת הש"ס

א. ראה ירושלמי הוריות פ"א ה"ג.
ב. ראה שם.
ג. סנהדרין צ,א. וראה ירושלמי שם.
ד. הוריות ג,ב.
ה. ירושלמי הוריות פ"א ה"ד. תו"כ ויקרא ד, יג.
ו. תו"כ שם.
ז. קדושין עו,ב. סנהדרין לו,ב. ירושלמי שם (בשינוי שם).
ח. קדושין שם. סנהדרין שם.
ט. הוריות ב,א.
י. ירושלמי הוריות פ"א ה"ה.

גרסות

אין חרישה בכתי"מ: **אמרי אין חרישה.**

בכולהו מילתא בכתי"מ ובמקורות: **בכולהו מלאכות.**

בעי ר' זירא בכתי"מ: **תא שמע דבעי ר' זירא.**

דבר מדברי תורה בכתי"מ: **דבר מן התורה.**

לביטול מקצת ולקיום מקצת בכתי"מ: **לבטל מקצת ולקיים מקצת.**

שמע מינה אין שבת בכתי"מ: **והא הכא דהיום עובדה ולמחר בטלה דרחמנא אמר להדיחך מן הדרך אפילו מקצת הדרך דכאין שבת בשביעית דמי וקרי ליה בטול מקצת וקיום מקצת.**

זקן שלא ראוי ויש גורסים: **זקן או שלא ראוי.**

שלא ראוי לבנים במשנה ובכת"י ועוד: **שלא ראה לו בנים** ויש: **שלא היו בנים** ויש: **ושלא ראוי לבנים.**

הרי זה פטור במשניות ובכתי"מ: **הרי אלו פטורין.**

עד שיהיו כולן בכתי"מ מלים אלה חסרות ובירושלמי: **כולן.**

כשבה ושעירה בירושלמי ובכתי"מ: **כשבה או שעירה.**

עמך בדומין לך בכתי"מ: **הדומין לך.**

לשון

מופלא
לשון מופלא כאן היא במשמעות: מיוחד יוצא דופן במובן של שבח. והוא כשימוש הפועל הזה בין במשמעות פלא ובין במשמעות נפלה.

עיונים

אין חרישה בשבת כתב רש"י שבעיה זו של רב יוסף אינה כהמשך לסוגיה הקודמת, אלא היא שאלה לעצמה: בית דין שהורה להתיר אחת ממלאכות שבת לגמרי, האם הוא כמורה במקצת או כמבטל דבר שלם.

ואולם המפרשים מעלים שאלה אחרת: הרי מלאכת חרישה נאסרה במפורש בתורה (כאמור "בחריש ובקציר תשבות") והריהי לפיכך דבר שהצדוקים מודים בו, ולפי דברי שמואל אין זו הוראה! ובתוס' אמרו שלגבי חרישה עצמה יודע רב יוסף שאין זו הוראה, אלא הזכיר חרישה כדוגמה לאחת ממלאכות שבת, ונקט בדוגמה זו משום שהיא נמנית ראשונה במנין המלאכות. והמאירי כותב בדומה לזה, שלגבי חרישה, כיון שהיא מפורשת בתורה ודאי שאין זו הוראה. אכן הרא"ש סבור כי רב יוסף אינו מקבל את דעת שמואל, ולפיכך שאלתו היא בהמשך למשנה בלבד: האם דבר זה נקרא מקצת מצוה או מצוה שלמה (וכן כיוון לשיטה זו בחפץ ה', ועוד). ואילו הרמ"ה (המובא ברא"ש) סבור שאף במלאכת חרישה אין הצדוקים מודים, לפי שהם מפרשים את הכתוב "בחריש ובקציר תשבות" לא כאיסור על מלאכות אלה, אלא "חריש" וקציר" הם לדעתם עונות השנה (חורף וקיץ) והם מפרשים שהכתוב אומר שבכל עונות השנה יש לשבות ממלאכה.

תא שמע יש נדה וכו' בספר באר שבע תהה מפני מה הועלו כאן השאלות שכבר נשאלו (בעמוד קודם, ונותנה להן תשובה לקושיה על רב יוסף), וכתב על פי שיטת התוס' במסכת שבת, שפעמים חוזרים ושואלים בגמרא אותן שאלות, שמא יש לחכם תשובה טובה יותר לשאלות אלה. אכן, לפי גרסת הרא"ש אין השאלות מצויות כלל בסוגיה הקודמת, אלא עיקרן הוא כאן. וכן נראה מפירוש הר"ח.

אין שבת בשביעית יש חכמים הסבורים כי שאלה זו אינה קשורה לשאלת רב יוסף, והיא שאלה שונה (מאותו ענין), האם ביטול לזמן מסויים נקרא ביטול מקצת (חפץ ה', מגן גבורים). ובאמת כך משמע קצת מסגנון הדברים בגמרא.

אכן הרא"ש מפרש בדרך אחרת, ונראה מלשונו שהיתה לפניו גרסה אחרת: אם תמצא לומר אין חרישה בשבת דכעוקר את כל הגוף דמי ופטורין, אמרו אין חרישה וקצירה בשבת בשביעית מהו. ולפי גרסה זו מובן פסק הרמב"ם (שרבים תמהו עליו) שפותר את שאלת רב יוסף, לפי שפסק כדרכו כ"אם תמצא לומר".

בחריש ובקציר ויש סברה בדבר, שכיון שכל שנה זו קרויה "שבת" במקרא, היה אפשר לומר שבטלו ממנה דיני השבת שבשבוע.

וידע אחד מהם רש"י מפרש שכיון שאחד מהם אינו מסכים, אין זו הוראה, לפי שצריך שיורו כולם ממש. וכבר תהו עליו המפרשים: הרי לעיל (בדף ג,ב) דחו את דברי ר' יונתן בתיובתא! ויש שפירש שלא נדחו דברי ר' יונתן לגמרי, אלא רק בענין "מאה שישבו לדון", אבל סנהדרין צריכה לפסוק פה אחד (ב"ש). ומכל מקום כתבו שאין לדחות משנה שלימה וברורה מפני הקושיה שהקשו על ר' יונתן. וכך אכן פוסק גם הרמב"ם.

שלא היה מופלא וכו' מופלא שבבית דין הוא גדול החכמים, ראש הישיבה, שהכל הם לגביו כתלמידים. ובדרך כלל הוא האיש שממנים אותו להיות נשיא הסנהדרין (רמב"ם).

ורש"י מפרש (בפירוש שני) שהיה שם מנין שלם של סנהדרין (כי לכל הדעות אם לא הורתה סנהדרין שלמה אין זו הוראה), אלא שהזדמן שהלך מופלא שבבית דין למקום אחר, ומינו אחר במקומו לפי שעה כדי להשלים את המנין (וכעין זה בר"ח, וראה גם בב"ש ועוד). אמנם רש"י מפרש גם פירוש אחר, שמופלא שבבית הדין לא היה מנוי בין חברי הסנהדרין. והדבר ייתכן מפני סיבות שונות, כגון שהיה בחכם גדול זה פסול המונעו מלהיות חבר בית הדין (שהיה בעל מום, או שהיה בו פסול יוחסין, או שהיה זקן מופלג וכיוצא בזה), והרי למרות אלה הוא גדול החכמים והכל צריכים ללמוד ממנו. וכעין זה כתב הרי"ד שמביא כעין ראיה ממה שנזכר "שבעים ושנים זקן", משמע שהיה חכם נוסף שלא נמנה בין שבעים ואחד חברי הסנהדרין (וראה בספר מרגליות הים שהאריך לבאר שיטה זו).

גר או ממזר ובירושלמי מסבירים שאף שאין ממנים אותם לכתחילה, מדובר כאשר עברו ומינוהו. ובפירוש אחר אמרו שלא היה ממנים הסנהדרין אבל היה עימם בזמן הדיונים.

ולעצם הענין יש שכתבו כי במקרים מיוחדים היו ממנים גם פסולים מסוג זה לסנהדרין (והביאו ראיה משמעיה ואבטליון שהיו, כנראה, גרים).

או נתין בענין גר או ממזר יש מקום לומר את שניהם, כי גר בא מטיפה פסולה, וממזר פסול לבוא בקהל, אבל לכאורה נתין פסול מכל צד, ומה טעם נאמר? ותירצו כי איסור הנתינים (לפי כמה שיטות) אינו אלא מדברי סופרים (גזירת דוד המלך), ולכן הוצרך לומר שאף הוא פסול (חק נתן).

זקן שלא ראוי לבנים בהרבה מקורות גרסו: זקן ושלא ראוי לבנים, כשני מקרים שונים (וכך נראה מפסק ההלכה של הרמב"ם בענין זה).

רש"י שואל: מה טעם פסולו של זה? והעיר בספר ב"ש שבמסכת סנהדרין מסביר רש"י עצמו את טעם הדבר שמי שלא היו לו בנים אין בו מדת הרחמנות הנחוצה לחבר הסנהדרין. ובלח"מ מסביר ששאלת רש"י היתה: מפני מה זקן שהיו לו בנים נפסל, אף שעכשיו אינו ראוי. ובר"ח מסביר שמי שלא היו לו בנים נמצא שלא קיים מצות פריה ורביה.

אבל היו שקראו ככתוב לפנינו, שלכאורה אין ראוי להעמיד בסנהדרין זקנים, וגדר הזמן הוא כאשר הוא זקן כל כך ששוב אינו ראוי לבנים.

שהיה להם ללמוד בספר ב"ש תמה מה עניינו של זה לענין מופלא של בית דין. ובחק נתן מסביר כי כשם שבמקום אחר היה להם ללמוד ולא למדו, אף כאן — היה להם להמתין עד שיבוא מופלא שבבית דין ואז יפסקו בשאלה זו.

עמך לשכינה רש"י מסביר בלשון אחת — משום השכינה, שצריכים להיות אנשים גדולים הראויים שתשרה עליהם שכינה. ובפירוש אחר כתב שבא לומר שיהיו עמו, ולא ממש לידו, כי משה נכנס לקודש לקבל נבואתו, והם אסורים בכך. והרא"ש כתב משום שכינה — שיהיו יחד עמו כדי שתשרה שכינה עליהם.

מזידין ועשו שוגגין שאם הזידו בית הדין אין זו הוראה, שהרי נאמר "ואם כל עדת ישראל ישגו" וזו אינה שגגה (רש"י). ור' יונתן כתב שהכוונה היא שהורו להיתר בדבר שאף הצדוקים מודים בו, שטעות כזו נחשבת כזדון.

שוגגין ועשו מזידין ואף לדברי ר' מאיר שבית דין מביאים קרבן ולא הקהל, מכל מקום הוא מסכים שהוראה תלויה בבית דין ומעשה בקהל, וכאן הרי לא סמך הקהל על בית הדין אלא מדעת עצמם עשו (רא"ש).

שוגג דומיא דמזיד ואף שהוא שוגג גמור, הוא דומה למזיד בענין אחד — שאף הוא לא עשה בגלל הוראת בית הדין אלא מפני דעת עצמו. ואף שלא התכוון לאיסור, מכל מקום עשה דבר זה בגלל עצמו.

אורח הלכה

אין חרישה בשבת הורו בית דין שאין חרישה בשבת — הרי הם חייבים להביא קרבן.
וראה בכס"מ ולח"מ שטרחו להסביר בדרכים שונות כיצד פתר הרמב"ם בעיה זו שנשארה בגמרא בלא פתרון. ויש שכתב שהרמב"ם גרס בהמשך הגמרא "תא שמע מדבעי ר' זירא" שמתוך פתרון בעיה זו נפתרה גם בעית רב יוסף. (רמב"ם ספר קרבנות הלכות שגגות פי"ד ה"ב).

נביא שנתנבא לעקור דבר נביא (שמוחזק לנו בו שהוא נביא) שנתנבא לעקור מצוה מדברי התורה, אם אמר שהיא נעקרת לעולם — הריהו נביא שקר ומיתתו בחנק. ואם הורה לעבור לפי שעה, צריך לשמוע לדבריו. וכל זה בשאר מצוות, אבל בעבודה זרה אפילו אמר לעובדה לפי שעה, אין שומעים לו, והוא נביא שקר. וכדברי ר' שמעון שגם חכמים מודים לו. (רמב"ם ספר מדע הלכות יסודי התורה פ"ט ה"ג וה"ד).

לא היה מופלא וכו' הורו בית דין בטעות להתיר איסור מן התורה, ולא היה שם ראש הישיבה ("מופלא שבבית דין") או שהיה אחד מהם מי שאינו ראוי להיות בסנהדרין, כגון גר או ממזר או זקן או מי שלא היו לו בנים (נראה שזו היתה גרסת הרמב"ם. לח"מ). וכיוצא בהם — אין זו הוראה, ובית דין פטורים, והעושים על פיהם חייבים להביא חטאת. כסתם משנה. (שם ספר קרבנות הלכות שגגות פי"ג ה"א).

הורו בית דין שוגגין וכו' שגגו בית הדין והתירו דבר האסור מן התורה, ונהג רוב הקהל על פיהם שחשבו שיפה הורו בית הדין — הרי בית הדין מביאים קרבן, וכל העושים פטורים. (שם פי"ב ה"א וה"ב).

מזידין ועשו שוגגין הורו בית דין בזדון להתיר דבר האסור, ורוב הקהל עשו על פיהם בשגגה. בית הדין פטורים מקרבן מפני שהם מזידים, וכל אחד מן הקהל חייב להביא חטאת. כמשנה. (שם פי"ג ה"ו).

שוגגין ועשו מזידין הורו בית דין בשגגה, וידע הקהל שהם טועים ואף על פי כן עשה על פיהם, הרי הכל פטורים מן הקרבן. שכיון שלא עשה הקהל על פי בית דין הרי הם מזידים ואינם חייבים בקרבן, ובית הדין פטורים מפני שלא על הוראתם סמכו. (שם).

שנים עשר שבטים וכו' אם חטא רוב הקהל, מביאים קרבנות כפי מנין השבטים. שבשאר עבירות מביא כל שבט פר לחטאת, ובעבודה זרה מביא כל שבט פר לעולה ושעיר לחטאת. וכדברי ר' יהודה. שהלכה כמותו נגד ר' מאיר ור' שמעון. (שם פי"ב ה"א).

ר' שמעון אומר: מביאים שלשה עשר פרים שהם פר אחד לכל שבט ושבט, ופר אחד לבית הדין, ובעבודה זרה — שלשה עשר פרים ושלשה עשר שעירים, שהם פר ושעיר לכל שבט ושבט, ועוד פר ושעיר לבית דין. הורו בית דין ועשו שבעה שבטים או רובן על פיהן — מביאין פר, ובעבודה זרה — מביאין פר ושעיר, דברי ר' מאיר. ר' יהודה אומר: שבעה שבטים שחטאו — מביאין שבעה פרים שכל שבט מביא קרבן, ושאר שבטים שלא חטאו — גם הם מביאין על ידיהן (בגללם) של החוטאים פר לכל שבט, שאף אלו שלא חטאו מביאין על ידי החוטאין. ר' שמעון אומר: כשחטאו שבעה שבטים — מביאים רק שמונה פרים, שהם שבעה פרים לשבטים שחטאו ועוד אחד לבית דין, ובעבודה זרה — שמונה פרים ושמונה שעירים, שהם פר ושעיר לכל שבט ושבט, ועוד פר ושעיר לבית דין. הורו בית דין של אחד מן השבטים שהיה בית דין כללי לאותו שבט, ועשה אותו השבט על פיהן — אותו שבט הוא חייב, ושאר כל השבטים פטורין, דברי ר' יהודה. וחכמים אומרים: אין חייבין להביא קרבן העלם דבר של ציבור אלא על הוראת בית דין הגדול בלבד, שנאמר "ואם כל עדת ישראל ישגו" (ויקרא ד, יג), ללמדנו: דווקא בית דין ("עדה") של כל ישראל, ולא עדת (בית דין) של אותו שבט יחיד, שאין זה עדת כל ישראל.

א גמרא שנינו במשנה מחלוקתם של ר' מאיר, ר' יהודה ור' שמעון, ומביאים עוד בענין זה, תנו רבנן [שנו חכמים]: ידעו בית הדין שהורו הוראה מוטעית, וטעו ביחס למה שהורו, שאינם זוכרים מה בדיוק היה הדבר שהורו בו הוראת טעות, יכול יהו חייבין קרבן על כך? תלמוד לומר: "ונודעה החטאת אשר חטאו עליה" (שם יד), ולא שיודעו החוטאין והרי כאן אין החטאת ידועה לבית הדין אלא לחוטאים בלבד. נאמר באותו הפסוק "אשר חטאו", הרי זה מלמד שאם חטאו שני שבטים — מביאין שני פרים, חטאו שלשה שבטים — מביאין שלשה פרים, או אינו אומר אלא שאם חטאו שני יחידים — מביאין שני פרים, חטאו שלשה — מביאין שלשה? תלמוד לומר: "הקהל", ללמדנו: הקהל חייב, וכל קהל וקהל חייב, כיצד? אם חטאו שני שבטים — מביאין שני פרים, חטאו שבעה — מביאין שבעה, ושאר שבטים שלא חטאו — מביאין על ידיהן פר פר לכל שבט, שאפילו אלו שלא חטאו מביאין על ידי החוטאין, לכך נאמר "קהל" בפסוק זה לחייב על כל קהל וקהל, אלו דברי ר' יהודה. ואילו ר' שמעון אומר: שבעה שבטים שחטאו — מביאין שבעה פרים, ובית דין מביאין על ידיהן פר, שנאמר למטה (הלאה) "קהל" ("והקריבו הקהל". ויקרא ד, יד) ונאמר למעלה (מקודם) "הקהל" ("ונעלם דבר מעיני הקהל". שם יג), והרי זה בא ללמדנו: מה "קהל" האמור למעלה — בית דין ("עיני הקהל") עם הקהל, אף "קהל" האמור למטה בהבאת הקרבן — בית דין עם הקהל. ר' מאיר אומר: שבעה שבטים שחטאו — בית דין בלבד מביאין על ידיהם פר, והן (הציבור) פטורין, שכן נאמר "קהל" למטה ונאמר "קהל" למעלה, מה "קהל" האמור למעלה — בית דין ולא צבור, אף "קהל" האמור למטה — בית דין ולא צבור. ר' שמעון בן אלעזר אומר משמו של ר' מאיר: חטאו ששה שבטים והם במספרם רובו של קהל, או שחטאו שבעה שבטים אף על פי שאינו רובו של קהל אבל הם רוב שבטי ישראל — מביאין פר. ומפרשים את הברייתא הזו ודנים בה, אמר מר [החכם]: "ונודעה החטאת" — ולא שיודעו החוטאין. מאן [מיהו] התנא הסבור כן? אמר רב יהודה אמר רב, ואיתימא [ויש אומרים] שאמר זאת רבא: שלא כשיטת ר' אליעזר. דתנן [ששנינו במשנה], לגבי מי שהיו לפניו שתי חתיכות, אחת האסורה באיסור חלב ואחת האסורה באיסור נותר, ואכל אחת מהן ואינו יודע איזו, אמר ר' אליעזר: מה נפשך (רצונך)? בכל אופן שתדון בדבר הריהו חייב להביא קרבן חטאת, אם חלב אכל — חייב, אם נותר אכל — חייב, ולכן יביא קרבן. ואף בענייננו, כיון שטעו בית הדין, וברור להם שטעו בדבר שחייבים עליו קרבן, אין זה משנה אם אינם יודעים בדיוק באיזה ענין הורו בטעות. ולדעת ר' אליעזר הריהם חייבים בקרבן, ואילו בברייתא נאמר שהם פטורים. רב אשי אמר: אפילו תימא [תאמר] שהברייתא כדעת ר' אליעזר, שאני הכא [שונה כאן], דכתיב [שנאמר]: "ונודעה החטאת אשר חטאו עליה" (שם ד, יד), להדגיש מלשון "עליה" שדווקא שידעו על מה הם מביאים קרבן. ושואלים: התם נמי [שם בחטאת יחיד גם כן] הכתיב [הרי נאמר]: "או הודע אליו חטאתו אשר חטא בה" (שם כג)! מן ההדגשה שיש במלה "בה" יש ללמוד אותו לימוד. ומשיבים: ההוא [אותו ביטוי] מיבעי ליה [נצרך לו] להדגיש ענין אחר, שחובת הקרבן היא דווקא למי שהתכוון לאותו מעשה של חטא, פרט למתעסק, שאם לא נתכוון לאותו מעשה של חטא אלא למעשה אחר, ובתוך התעסקותו בדבר אחר גרם לו וחטא, אין זה נחשב. ושואלים: מאי טעמא [מה הטעם] של ר' יהודה (המחייב גם שבט אחד שחטא בקרבן?) ומשיבים: קסבר [סבור הוא]: ארבעה פעמים קהלי כתיבי [נאמר], כיצד? הרי יכול היה לכתוב "קהל", וכתוב "הקהל" הרי שדורשים זאת כאילו היתה המלה "קהל" כתובה פעמים, וכיון שהמלה "הקהל" נמצאת פעמים בענין ("מעיני הקהל", "והקריבו הקהל") ובשתיהן יכל היה לכתוב "קהל" וכתב "הקהל" — הרי ארבעה, חד [אחד מהם] בא לחייב על כל קהל וקהל שאף קהל של שבט קרוי קהל, וחד [ואחד מהם] ("הקהל" ועשו") לומר שהוראה תלויה בבית דין ומעשה תלוי בקהל. וחד [ואחד מהם] בא ללמד גרירה, ששבט שלא חטא נגרר אחרי שבט שחטא, וצריך אף הוא להביא קרבן. וחד [ואחד מהם] בא לענין שבט שעשה בהוראת בית דין שלו, שחייב להביא פר. ור' שמעון סבור כי תלתא קהלי כתיבי [שלושה קהל כתובים] והם: "הקהל", "קהל" כדרך שדורש ר' יהודה, ועוד פעם אחת "הקהל", ומה שנאמר "מעיני הקהל" אורחיה דקרא [דרכו של המקרא] הוא, כדאמרי אינשי [כמו שאומרים אנשים]: מעיני דפלניא [מעיניו של פלוני], ואין זו הדגשה דווקא נוספת לרבות עוד קהל אחר, ולכן חד [אחד מהם] בא לחייב על כל קהל וקהל, ותרי אחריני [ושנים אחרים] באו ללמוד מהם גזירה שווה: נאמר למטה "קהל" ונאמר למעלה "קהל", מה להלן בית דין עם הקהל שהרי ההוראה בטעות היא בבית דין והמעשה תלוי בהם, אף כאן למטה, בענין הבאת קרבן, בית דין עם הקהל שגם בית דין מביא קרבן כפרה כשם שמביא הקהל. וטעמו של ר' מאיר, שאת הייתור של "קהל", "הקהל" הוא לא דריש [דורש], הלכך [על כן] תרי קהלי כתיבי [שני קהלים כתובים], מיבעי ליה [נצרכים לו הדברים] לגזירה שווה נאמר למטה "קהל" ונאמר למעלה "קהל", מה להלן בית דין ולא צבור ("מעיני הקהל" — שגגת בית דין) אף כאן בהבאת הקרבן רק בית דין ולא צבור. ור' שמעון בן אלעזר מאי טעמא [מה הטעם שלו]? כתיב [נאמר]: "והיה אם מעיני העדה" (במדבר טו, כד), אלמא מיעוטא [מכאן שמדובר במיעוט], דכתיב [שנאמר]: "מעיני" למעט — שלא כולם אלא מקצתם עבדו עבודה זרה, וכתיב [ונאמר]: "כי לכל העם בשגגה" (שם כו), למימרא [לומר] גם אם לא נאמר "כי לכל" הכוונה לכולם, לפחות רובא [הרוב] — אין [כן], מיעוטא [מיעוט] — לא, ואם כן יש כאן כעין סתירה, הא [הרי] כיצד? מיישבים את שתי הלשונות: אם עשו ששה שבטים והן מבחינת מספרם רובו של קהל, או שבעה שבטים אף על פי שאינן רובו של קהל — חייבין. שאף שאינם רוב מכל צד — הרי אף המיעוט נכלל במקרא.

עיונים

שבעה שבטים או רובן רובן — רובו של כל שבט, ובלבד שיצטרפו במספר להיות רובו של קהל ישראל כולו (רש"י).

ושאר כל השבטים פטורים כי אף שסבור ר' יהודה שיש גרירה, שהחוטאים גוררים עימם את השבטים שלא חטאו שיקריבו אף הם קרבן, מכל מקום מודה הוא שאין אומרים דבר זה אלא כאשר היתה זו הוראת בית דין הגדול (ר' יהונתן, וכמבואר להלן בגמרא).

וטעו מה הורו שידעו שהורו הוראת טעות, אלא שכחו במה היתה הוראה זו (רש"י).

ובפירוש הדברים במציאות מביא המאירי אפשרויות אחדות. כגון שאכלו הקהל חלב ודם, אחד מהם בהוראת בית דין והשני שלא בהוראה. ויש אפשרות שאף הקהל אינם יודעים באיזו הוראה מדובר. ועוד באופן אחר, שגם אם הקהל יודעים מה היתה הוראת בית הדין (שנהגו כמותה), מכל מקום בית הדין שכחו. ואף שהקהל מודיעים להם — אין זה מועיל. ודרך זו היא שיטת הרמב"ם הסבור שגם אם מודיעים הקהל לבית הדין אין זה מועיל לענין החטאת. ויתכן שהוא גרס בגמרא בשינוי קצת: ולא שיודיעו החוטאים. שגם כאשר מודיעים להם — אין הם מביאים קרבן אלא על מה שיודעים מעצמם.

ובירושלמי מסביר (ואז מתיישבים הדברים היטב גם לשיטת ר' אליעזר להלן) שהורו הוראה אחת בעבודה זרה, ואחת באיסור אחר כגון חלב. שבכגון זה, כיון שהקרבנות חלוקים, אין לומר שמכל מקום חטאו וחייבים בקרבן.

חטאו שני שבטים כתב רש"י שהוא הדין לשבט אחד, אלא הוצרך לומר בשני שבטים שלא נחשוב שיהא די להם בפר אחד (וראה במפרשים).

לחייב על כל קהל וכפי שיוסבר להלן בגמרא כל שבט ושבט נקרא "קהל", ולכן חל חיוב על כל הקרוי קהל. ולא בא "קהל" אלא להוציא יחידים, שיחידים (אפילו הם רבים) שחטאו מביאים כל אחד ואחד קרבן חטאת.

חטאו ששה והן רובו וכו' כתב בספר ב"ש שהוא הדין כשהיו רק חמישה, כל עוד הם רובו של קהל. וכבר העירו המפרשים שאינו כן, כי בירושלמי מפורש שאם היו חמישה שבטים בלבד, אף שהם רוב קהל — אינם מביאים. כי בכל מקרה צריך שיהיו או רוב שבטים, או לפחות מחציתם.

מאן תנא כתב בספר ב"ש כי משמעות שאלה זו כאן (ולדעתו בכל מקום בתלמוד) אינה בעיקר לדעת מי הוא התנא הסובר כן, אלא כדי לברר מה היא השיטה החולקת, על מנת להבין את דעת התנא שלנו.

אם חלב אכל חייב וכו' ובתוס' שאלו: ומה יהא אם תהיה שאלה כזו כאשר יש ספק עבודה זרה וספק חלב? שאז יש קרבן נבדל לכל עבירה! וסיכמו שבהכרח יש לומר שלא אמר ר' אליעזר דבריו כאשר יש בכך גם ספק עבודה זרה (וראה לעיל בשיטת הירושלמי).

פרט למתעסק ההבדל בין שוגג ומתעסק הוא שהשוגג מתכוון לעשות מעשה מסויים, אלא שאינו יודע שבדבר זה יש איסור. ואילו מתעסק עניינו שלא נתכוון כלל לעשות מעשה זה, אלא שבתוך כדי עיסוקו בדבר אחר הגיע לעשות דבר זה. וכאן אנו למדים כי המתעסק ועבר — אינו חייב אף בהבאת קרבן חטאת.

וכבר העירו שיש יוצא מן הכלל הזה, שאמרו חכמים שהמתעסק בחלבים ובעריות, למרות שלא נתכוון למעשה, ונזדמן בתוך כדי התעסקותו שאכל חלב או בא על הערוה שהוא חייב — משום שבמציאות נהנה מן העבירה. ומצד שני לגבי עשיית מלאכה בשבת המתעסק פטור מטעם אחר, משום שהתורה אסרה בשבת רק "מלאכת מחשבת", מלאכה שמתכוון מתחילה לשמה. ולכן המתעסק בכל מקרה פטור. והיו שרצו לחלק שאף במלאכות שבת יש מתעסק ועלתה בידו מלאכה שלא התכוון לה (כגון שנתכוון לחתוך פרי מן העץ, ועלה בידו פרי אחר) שפטור משום מלאכת מחשבת, ובין מי שלא נתכוון כלל למלאכה זו ונזדמן לו שקטף פרי. ועוד חיפשו בשאר איסורים דבר שהמתעסק יהא פטור בו.

לגרירה לומר שגם אותם שבטים שלא חטאו, מכל מקום אף הם צריכים להביא קרבן חטאת עם השבטים שחטאו (רש"י). ובירושלמי הסבירו כי מקור הסברה הוא במה שנאמר שם "ונסלח לכל עדת בני ישראל" ללמד שאף אלה שלא חטאו הם בכלל הכפרה הנחוצה. ויש שמסביר כי מקורו של ר' שמעון, שלא סובר סברת גרירה הוא מן הכתוב "כי לכל העם בשגגה" — שאף אלה שלא חטאו שותפים בדרך מסויימת בשגגה זו (קרן אורה).

תלתא קהלי יש ראשונים שגרסו בדברי ר' שמעון "תרי קהלי". והרא"ש כתב שזו היתה נוסחת ספרי ספרד, ואילו בספרי אשכנז היה כתוב "תלתא קהלי". והרא"ש סבור שהנוסח שלפנינו עדיף. אבל בתוס' דעתם שנוסח ספרי ספרד עדיף.

מעיני הקהל אורחיה דקרא ולפיכך אין לימוד מן הלשון "הקהל" לשון כפולה ("קהל", "הקהל") כדברי ר' יהודה אלא לדרוש אותו רק פעם אחת (רש"י).

והיה אם מעיני העדה והוא לשון מיעוט "מעיני" ולא כל עיני, שמשמעו רק מיעוט העדה (רש"י). והעירו כי הכוונה ב"מעיני העדה" היא לבית דין ולא לקהל, וכתב הרא"ש כי פסוק זה נאמר בשגגת עבודה זרה ושם לא נתפרש ענין שגגת ההוראה של בית הדין אלא "מעיני העדה נעשתה לשגגה", ומשום כך מפרשים שהכוונה היא שמקצת מן העדה שגגו בדבר זה.

אורח ההלכה

שבעה שבטים שחטאו חטאו רוב הקהל (או רוב השבטים) בהוראת בית דין, כל השבטים מביאים קרבנות חטאת. וכדברי ר' יהודה. (רמב"ם ספר קרבנות הלכות שגגות פי"ב ה"א).

הוריית בית דין הגדול בלבד דין זה שבית הדין שטעו בהוראה מביאים קרבן ופוטרים כל אלה שעשו הוא דווקא כאשר הורה בית הדין הגדול של שבעים ואחד. (שם ה"ב. שם פי"ג ה"א).

טעו מה הורו בית דין שהורו בטעות ושכחו במה הורו, אף שהקהל מודיעים אותם מה הורו — בית דין פטורים וכל העושים על פיהם חייבים. כברייתא. (שם פי"ד ה"ד).

חטאו ששה שבטים חטא רוב הקהל אף שאין העושים רוב השבטים. או שחטאו רוב השבטים אף שהם מיעוט הקהל — בית דין חייבים והעושים פטורים. כר' שמעון בן אלעזר. (שם פי"ב ה"א. פי"ג ה"ב).

מסורת הש"ס

א. הוריות ג,א.
ב. שם (ושם סומנו מקבילות).
ג. וראה גם ירושלמי הוריות פ"א ה"א. שם ה"ו. שם פסחים פ"ז ה"ו. תוספתא הוריות פ"א ג.
ד. ירושלמי הוריות פ"א ה"ח. תו"כ ויקרא ד, יד.
ה. תו"כ שם.
ו. שם.
ז. הוריות ג,א (ושם סומנו מקבילות).
ח. כריתות יט,א. ירושלמי שבועות פ"ב ה"ה.
ט. הוריות שם (ושם סומנו מקבילות).

גרסות

לכל שבט ושבט בירושלמי ובכמה כת"י: **לכל שבט.**

מביאין על ידיהן פר בירושלמי ובכת"י: **מביאין על ידיהן פר פר.**

הוריות במשניות: **הוריית** ויש בכת"י: **הוראת.**

טעו מה הורו יש בכתי"מ: **וטעו במה שהורו** ויש: **וטעו מה שהורו.**

או אינו אומר אלא בכתי"מ: **או אינו אלא.**

הקהל הקהל חייב וכל קהל וקהל חייב בכתי"מ: **קהל הקהל לחייב על כל קהל וקהל.**

ושאר שבטים שלא חטאו בכתי"מ: **והשאר שלא חטאו.**

ובית דין מביאין על ידיהן פר בכתי"מ: **ובית דין מביאין פר עמהן.**

דתנן אמר ר' אליעזר בכתי"מ ועוד: **דתניא אמר ר' אלעזר.**

לשבט שעשה בהוראת בית דין בכתי"מ: **לשבט שעשה בהוראת בית דין חייב.**

תלתא קהלי כתיבי הקהל קהל הקהל בכתי"מ: **תרי קהלי כתיבי קהל הקהל** (וראה בתוס').

ותרי אחריני נאמר למטה קהל בכתי"מ: **וחד לנאמר למטה קהל.**

בית דין עם הקהל בכתי"מ: **בית דין עם הצבור.**

אלמא מיעוטא דכתיב מעיני בכתי"מ: **אלמא אפילו מיעוטא.**

רובו של קהל... רובו של קהל בכתי"מ ועוד: **רובן... רובן.**

רבי שמעון אומר י"ג פרים ובעבודה זרה שלשה עשר פרים וי"ג שעירים פר ושעיר לכל שבט ושבט ופר ושעיר לב"ד הורו ב"ד ועשו ז' שבטים או רובן על פיהן מביאין פר ובעבודה זרה מביאין פר ושעיר דברי ר"מ רבי יהודה אומר ז' שבטים שחטאו מביאין ז' פרים ושאר שבטים שלא חטאו מביאין על ידיהן פר שאף אלו שלא חטאו מביאין ע"י חוטאין ר"ש אומר ח' פרים ובעבודה זרה ח' פרים וח' שעירים פר ושעיר לכל שבט ושבט ופר ושעיר לב"ד הורו ב"ד של אחד מן השבטים ועשה אותו השבט על פיהן אותו שבט הוא חייב ושאר כל השבטים פטורין דברי רבי יהודה וחכמים אומרים אין חייבין אלא על הוריות בית דין הגדול בלבד שנאמר ואם כל עדת ישראל ישגו ולא עדת אותו שבט:

גמ' ת"ר ידעו שהורו וטעו מה הורו יכול יהו חייבין ת"ל ונודעה החטאת ולא שיודעו החוטאין אשר חטאו חטאו שני שבטים מביאין שני פרים חטאו שלשה מביאין שלשה או אינו אומר אלא חטאו שני יחידים מביאין שני פרים חטאו ג' מביאין ג' ת"ל הקהל הקהל חייב וכל קהל וקהל חייב כיצד חטאו שני שבטים מביאין שני פרים חטאו ז' מביאין ז' ושאר שבטים שלא חטאו מביאין על ידיהן פר פר שאפילו אלו שלא חטאו מביאין ע"י החוטאין לכך נאמר קהל לחייב על כל קהל וקהל דברי רבי יהודה ר"ש אומר ז' שבטים שחטאו מביאין ז' פרים ובית דין מביאין על ידיהן פר שנאמר למטה קהל ונאמר למעלה קהל מה קהל האמור למעלה ב"ד עם הקהל אף קהל האמור למטה ב"ד עם הקהל רבי מאיר אומר ז' שבטים שחטאו ב"ד מביאין על ידיהם פר והן פטורין נאמר קהל למטה ונאמר קהל למעלה מה קהל האמור למעלה ב"ד ולא צבור אף קהל האמור למטה ב"ד ולא צבור רבי שמעון בן אלעזר אומר משמו חטאו ששה שבטים והם רובו של קהל או ז' אע"פ שאינו רובו של קהל מביאין פר

אמר מר ונודעה החטאת ולא שיודעו החוטאין מאן תנא אמר רב יהודה אמר רב ואיתימא רבא דלא כרבי אליעזר דתנן אמר ר' אליעזר מה נפשך אם חלב אכל חייב נותר אכל חייב רב אשי אמר אפילו תימא רבי אליעזר שאני הכא דכתיב [א]אשר חטאו עליה התם נמי הכתי' [ב]אשר חטא בה ההוא מיבעי ליה פרט למתעסק מ"ט דר' יהודה קסבר ארבעה קהלי כתיבי קהל הקהל קהל הקהל חד לחייב על כל קהל וקהל וחד להוראה תלויה בב"ד ומעשה תלוי בקהל וחד לגרירה וחד לשבט שעשה בהוראת ב"ד ור"ש תלתא קהלי כתיבי הקהל קהל הקהל מעיני הקהל אורחיה דקרא הוא כדאמרי אינשי מעיני דפלניא חד לחייב על כל קהל וקהל ותרי אחריני נאמר למטה קהל ונאמר למעלה קהל מה להלן ב"ד עם הקהל אף כאן ב"ד עם הקהל ור"מ קהל הקהל לא דריש הלכך תרי קהלי כתיבי מיבעי ליה לנאמר למטה קהל ונאמר למעלה קהל מה להלן ב"ד ולא צבור אף כאן ב"ד ולא צבור ורשב"א מ"ט כתי' [ג]והיה אם מעיני העדה אלמא מיעוטא דכתי' מעיני וכתי' [ד]כי לכל העם בשגגה למימרא דרובא אין מיעוטא לא הא כיצד עשו ו' והן רובו של קהל או ז' אע"פ שאינן רובו של קהל חייבין ורבי

א) ויקרא ד. ב) שם. ג) במדבר טו. ד) שם.

רש"י

רבי שמעון אומר שלש עשרה פרים. פר לכל שבט ושבט ופר לבית דין וטעמייהו דכולהו מפרש בגמרא: הורו בית דין ועשו שבעה שבטים או רובו. של כל שבט ושבט דשבעה שבטים וכגון דהוו רובן של ישראל מביאין פר וכו' דברי רבי מאיר [דס"ל] ב"ד מביאין פר ולא צבור: רבי יהודה אומר ז' שבטים שחטאו מביאין ז' פרים ושאר שבטים שלא חטאו מביאין פר על ידיהם. כלומר פר לכל שבט ושבט...

...נפשך. דתנן במסכת כריתות בפ' ספק אכל חלב (דף יט.) חלב ונותר לפניו ואכל את אחד מהם ואינו יודע איזה מהן אכל רבי אליעזר מחייב חטאת ורבי יהושע פוטר ותניא אמר רבי אליעזר מה נפשך אם חלב אכל חייב אם נותר אכל חייב אמר לו רבי יהושע הרי הוא אומר אשר חטא בה עד שיודע לו במאי חטא הכא נמי סבירא ליה לר' אליעזר מה נפשך אם חלב אכלו בהוראה מביאין פר ואם דם אכלו בהוראה מביאין פר וחייבין ממ"נ: אפי' תימא רבי אליעזר ושאני הכא דכתיב ונודעה החטאת אשר חטאו עליה והקריבו. דמשמע שיודע להם החטא שחטאו עליו ע"פ בית דין: התם נמי הא כתיב אשר חטא בה. דמשמע עד שיודע לו במה חטא: בה. (פרט למתעסק דבה) משמע דמתכוין לעשות החטא פרט למתעסק בשבת כגון שנתכוין להגביה את התלוש וחתך את המחובר דפטור אבל מתעסק בחלבי' ובעריות חייב שכבר נהנה כדאמר בפ' ד' מיתות (סנהדרין סב:): ד' קהל כתיבי. מעיני הקהל והקריבו הקהל דלימא קרא מעיני קהל מאי הקהל תרי וליכתוב קרא והקריבו קהל מאי הקהל תרי והרי ארבעה. חטאת הקהל לא קא חשיב דהא לא כתיב לא בהוראה ולא בהקרבה: לחייב על כל קהל וקהל. על כל שבט ושבט דשבט אחד איקרי קהל כדאמר לקמן: וחד להוראה תלויה בב"ד. כדאמר לעיל (דף ג.) הקהל ועשו הוראה תלויה בב"ד ומעשה תלוי בקהל וחד [ט]למידה דשאר שבטין שלא חטאו נגררין אחר החוטאין ומביאין על ידיהם פר פר: וחד לשבט שעשה בהוראת בית דינו. כדתנן בסיפא דמתניתין הורו ב"ד של אחד מן השבטים כו': ג' קהל כתיבי. מעיני הקהל לא דרשינן ביה תרתי דהא לשמוש הוא דאתא דאורחיה דקרא דמשתעי הכי כדאמרי אינשי מעיני דפלניא הכא נמי מעיני הקהל משמע מעיני של קהל וחד הוא אבל והקריבו הקהל דרשינן ביה תרי דלכתוב קרא והקריבו קהל מאי הקהל תרי הא תלת: חד לחייב על כל קהל וקהל. דר"ש נמי ס"ל דשבט אחד איקרי קהל אייתרי ליה תרי לג"ש נאמר קהל למעלה וכו': ור"ש בן אלעזר מ"ט. דכתיב בהוראה דעבודה זרה בפרשת שלח לך אנשים והיה אם מעיני העדה אלמא אפי' מיעוטא חטאו מביאין פר ושעירה דכתיב מעיני משמע מקלת עיני ולא כל עיני וכתיב כי לכל משמע דרובא אין דרובו ככולו ומיעוטא לא הא כילד וכו' דמעיני אפי' מיעוט קהל כגון ברוב שבטים והאי דכתי' כי לכל דבעינן רובא דקהל אפילו במיעוט שבטים:

תוספות

אם חלב אכל חייב כו'. תימה מי דמי התם בין בחלב בין בנותר חד קרבן הוא אבל הכא קרבן דעבודה זרה אינו שוה לחלב. וי"ל דה"נ ידעי דלא איירי אלא בעניינים שקרבנם שוה כעין חלב ודם כדפרש"י: ור"ש תלתא קהלי כתיבי כו'. יש ספרים דגרסי תרי קהל כתיבי וכן נראה ובעי למימר דחד קהל כוליה קרא לאורחא דקרא וחד קהל דדרשינן קהל הקהל והיינו תרי קהל. ולר' מאיר חד קהל כוליה לאורחא דקרא ומיניה נמי שמעינן דאיירי בבית דין ולא בצבור וחד קהל לג"ש ולפי הגירסא הכתוב בספרים בעי למימר דתרוייהו אתו לג"ש ולא נסירא. מיהו אפשר דתלמודא בעי למימר לרבי שמעון דקהל האמור למעלה הוא בית דין עם הצבור ואי לא כתיב הסוא קהל ה"א דקהל למטה היינו צבור ולא בית דין ולרבי מאיר משמע איפכא. וע"ק אליבא דרבי שמעון לימא ד' קהל כתיבי ומייתר ליה חד קהל למעשה תלוי בקהל ולא הוה צריך לאהדורי אקרא אחרינא. מיהו ליכא למפרך לר"מ לדרוש ג' קהל כרבי שמעון למדרש מעשה תלוי בקהל כיון דאית ליה ג"ש דקהל בבית דין אמור א"כ לא מלי למילף מהם מעשה תלוי בקהל דהא לעיל אמר הקהל ועשו הוראה תלויה בב"ד ומעשה תלוי בקהל א"כ מי שלמד מהם סובר דקהל האמור למעלה בצבור מיירי ולר"מ לא ס"ל הכי דבצבור מיירי:

תוספות הרא"ש

...דהא בברייתא דלעיל יליף ר"ש הא דב"ד מייתי מתרי קהל מג"ש וגם משמע דדוקא ה"א דמעיני הקהל לא דריש כדאמרי אינשי מעיני דפלניא: ורבי שמעון בן אלעזר מאי טעמא כתיב והיה אם מעיני העדה א) נעשתה לשגגה אפי' מיעוטא. פי' רש"י ז"ל דמעיני משמע קלת עיני ולא כל עיני. והקשה הרמ"ה ז"ל אם ממ"ס דמעיני קדרים אמאי דייק ממעיני דכתי' גבי ע"ז דלא איירי בה [ס"ל] למילף ממעיני הקהל דכתיב בשאר מלות דאיירי בה ותו הא מעיני העדה בב"ד הוא דכתיב וגבי הוראת ב"ד (ותו) ואכן אמיעוטא דקהל קא מהדרי לענין מעשה ולא אמיעוטא דב"ד ולענין הוראה ועוד הא בהדיא אמרינן בסמוך דהאי מיעוט מנעשתה לשגגה לחוד הוא דדייקי לה מדקאמרינן ולריכי דאי אשמעינן נעשתה לשגגה הוה אמרינן אפילו מיעוטא ולא מלית למימר דמקרא מעיני העדה דכתיב קמא קא דייק דהא מעיני העדה בב"ד כתיב וא"כ משמע דקהל בהדי בי דינא בעי ואכן דייקינן מיניה דלבר מבי דינא הוא מדקאמר אי אשמעינן כי לכל העם ה"א רובא בהדי בי דינא קמ"ל נעשתה לשגגה אלא ודאי ממ"ס מעיני לא משמע מיעוט אלא כענין שנאמר (איוב כח) ונעלמה מעיני כל חי וכדכתיב (ויקרא ה) ונעלם ממנו אלא דריש מפשטיה דכתיב נעשתה לשגגה דמשמע נעשתה מ"מ ואפילו מיעוטא והדר כתיב כי לכל העם בשגגה דמשמע רובא. וכ"ל דלא קשיא מידי דהא מעיני העדה דכתיב [בע"ז] לא דריש ליה הוראת ב"ד דהא לקמן רפ"ב תנינן אין חייבין אלא על העלם דבר עם שגגת מעשה ב"ד וכן המשיח ולא בע"ז אלא על העלם דבר עם שגגת מעשה ומפרש לקמן בגמרא ע"ז כדתניא יכול יהא חייבין על שגגת מעשה שלה ת"ל מעיני מעיני לג"ש נאמר להלן מעיני ונאמר כאן מעיני ב) מה להלן בב"ד אף כאן בב"ד ומה להלן הע"ד עם שגגת מעשה אף כאן העלם דבר עם שגגת מעשה אלמא עיני העדה דכתי' בע"ז לא אב"ד קאי מדלא כתיב ביה ונעלם אלא מעיני העדה אנעשתה לשגגה קאי ותו לא מידי:

א) כ"ה ג"כ בפרש"ח אבל לגירסא שלנו מבואר כפרש"י. ב) עי' גמ' שם ובתו"כ.

רבינו חננאל

פי' כן נמי זה היחיד עשה. ואיכא למימר מזיד ואיכא למימר שוגג הלכך מייתי אשם תלוי (סייך לדף ד ע"א) ולא מבעיא למאן דאמר צבור מייתי הפר דהא מפרסמא מלתא ואיכא למימר בדעת עצמו תלה דחייב. דתניא בתוספתא (פ"א) יחיד שעשה בהוריית עצמו חייב שנאמר והנפש אשר תעשה וגו' אלא אפילו למאן דאמר ב"ד מייתו קרוב לחובה הוא דאי שאיל הוו אמרי ליה: א"ר יוסי בר אבין ואי תימא ר' יוסי בר זבידא משל דסומכוס למה הוא דומה לאדם שהביא כפרתו בין השמשות ספק ביום נתכפר לו ספק בלילה נתכפר לו דפטור מאשם תלוי פי' קי"ל דכל הקרבנות אינן כשרים אלא ביום דכתי' בפרשת צו את אהרן ביום צותו את בני ישראל להקריב וגו' ותניא בסיפרא ביום צותו למדנו לכל הקרבנות שאינן כשרין אלא ביום והשתא אם נזרק דם חטאתו בין השמשות ואיסתפקא ליה אי הוות שהות ויום הוה אי לא ולילה הוה לא מייתו תו על אותו חטא שהביא עליו כפרתו אשם תלוי דכהנים זריזין הן בהו ובחזקת מתכפר קאי א) ואי קשיא לך היכי אפשר זריקת דם בין השמשות והא תמיד בין הערבים קרב. ומפרש בפסחים בתחלת פ' תמיד נשחט אין לך דבר שמתעכב אחר תמיד של בין הערבים אלא קטורת ונרות ופסח ומחוסר כפורים בערבי פסחים שטובל ואוכל פסחו. ר' ישמעאל בנו של ר' יוחנן בן ברוקה אומר אף מחוסר כפורים בשאר ימות השנה שטובל ואוכל בקדשים לערב משכחת דאי עבר ועבד. אי נמי משכחת לה כגון שקדם הקטרת אימוריו לזריקת דמו דכי האי גוונא כשר. ב) ר' ג' ד' ש' דלא עברה חצות לילה. כדגרסינן בשחיטת קדשים פרק המזבח מקדש (דף פה) אמר עולא אימורי קדשים קלים שהעלן לפני זריקת דמים אם עלו לא ירדו נעשו לחמו של מזבח אמר רב זירא אף אנן נמי תנינא ונשפך דמה. ומה התם שאם בא לזרוק אין לו מה לזרוק לא תרד. הכא דאם בא לזרוק זורק לא כ"ש. תרגומה אקדשי קדשים דאלמא פשיטא להו דקדשי קדשים כי האי גוונא אם עלו לא ירדו וסיפא אסיקנא הא דעולא דפשיט ר' יוחנן כוותיה ג) ולא מיבעיא למאן דאמר ב"ד מייתי דצניעא מלתא דוודאי פטור אלא אפי' למאן דאמר צבור מייתי ליכא עלה צד חובה דלא אתרמי ליה איניש לשוליה ולית הלכתא אפי' כחד מתניי' דמתניתין ולא דברייתא. אלא הלכתא כר' מאיר לחודיה דאמר שמואל לעיל אבל חכ"א יחיד שעשה בהוריית ב"ד חייב. אמר ברוך ראינו מי שפירש ד) דאע"פ שהוקרב אחר תמיד של בין הערבים אין בו שום פסול. דהכי אמרינן בפרק תמיד נשחט דאתי עשה דפסח ודאכילת קדשים ודחי עשה דהשלמה. והאי טעמא שיבושא הוא דהנך כפרות דשרינהו רבנן למקרב בתר תמיד הני מילי כפרות דטמאים כגון מצורעים וזבין דמעכבים מלמיכל קדשים כדתנן (פי"ד דנגעים) הביא כפרתו אוכל בקדשים ותנן נמי בתחלת כלים מחוסר כפורים אסור בקדשים אבל כפרות חטאים כגון שגגת שבת עריות וחלבים דלא מעכבי אכילת קדשים לא קרבי בתר תמיד. ומה שהראונו מן השמים כתבנוהו. בין תבין: **פיסקא** איזהו ספק כו'. אקשינן ובן עזאי לא שני ליה בין יושב בביתו למי שהוא במדינת הים ופרקינן החזיק בדרך איכא בינייהו פי' לעולם שני ליה (מאי הואי) [מיהו] כי האי גוונא איכא בינייהו כגון שנודע לצבור בשעה שהיה הוא מתקן הליכתו לעיר אחרת והתחיל ללכת לבן עזאי חייב דהא איתא במתא לר"ע פטור דהא החזיק בדרך. ס"א מר סבר מדהווה במתא איבעי ליה לשולי ומר סבר מטרד טריד: **מתני'** הורו ב"ד לעקור את כל הגוף כו': ת"ר בסיפרא ונעלם דבר ולא שתתעלם כל המצוה. אמרו אין נדה בתורה אין שבת בתורה אין עבודה זרה בתורה יכול יהו חייבין ת"ל ונעלם דבר ולא שתתעלם כל המצוה. הורו לבטל מקצת כו'. אמר מר יכול יהו פטורין ת"ל ונעלם דבר ולא כל הגוף. אי בקיום (מצות) [מקצת] וביטול מקצת פטור' ובעקירת כל הגוף פטור' אלא במאי בו מחייב. פי' כיון דנסיב קרא מרישא לפוטרו על עקירת כל הגוף לא סליקתו אדעתן למימר דפטירי על ביטול מקצת דא"כ על מה אמר הכתוב והקריבו הקהל ובעל כרחם מחייבי ומאי אצטריך ליתני יכול יהו פטורין ופרקינן תנא הכי קא קשיא אימא איפכא דבר כולה מילתא משמע. ת"ל ונעלם דבר. מאי משמע דנעלם דבר ביטול מקצת הוא. אמר עולא קרי ביה ונעלם מדבר חזקיה אמר מהאי נמי משמע דבמקצת מיירי דכתיב אחת מכל מצות ה' מכל ולא כל ואקשינן מצות תרתי משמע ואכתי כתיב מכל דלא תימא כולהון מצות בעינן דנעקור אמר רב נחמן בר יצחק מצות כתיב דמשמע אחת. רב אשי אמר

א) עי' בתוס' כאן ד"ה שספית. ב) נראה דל"ל דכי האי גוונא כשר לגמור הסקטרה ואפי' לאחר הקרבת התמיד כל זמן דלא כו'. ג) כאן שייך מ"ש למטה אמר ברוך כו'. ד) כ"ה ברש"י ועי' רש"ש.

עין משפט נר מצוה

מ א ב מיי' פי"ב מהל' שגגות הלכה א סמג עשין רט:
מא ג מיי' שם הל' ב ופי"ג שם הלכה ה סמג שם:
מב ד מיי' שם פי"ד הלכה ד סמג שם:
מג ה מיי' שם פי"ד הלכה א ופ"ג הלכה ב סמג שם:

מסורת הש"ס

א) לעיל ג. ב) ת"כ פ' ויקרא: ג) [לעיל ג. ע"ש]: ד) [ע"ל דתניא]: ה) [שבועות יח:] ו) [כריתות יט.] ז) [לעיל ג.]: ח) [ע"ע תוס' סוטה יז. ד"ה הלכות וכו' מה שכתבו בקושיו] ט) [בגירסת יעב"ץ]

ורבי שמעון ורבי מאיר א)דהוראה תלויה בבית דין ומעשה תלוי בקהל מנא להו אמר אביי דאמר קרא °והיה אם מעיני העדה נעשתה לשגגה רבא אמר °מלכל העם בשגגה וצריכא דאי כתב רחמנא והיה אם מעיני העדה נעשתה לשגגה הוה אמינא אפילו מיעוטא להכי כתיב לכל העם בשגגה ואי כתב לכל העם בשגגה הוה אמינא עד דעבדי בית דין בהדי רובא להכי כתיב והיה אם מעיני העדה נעשתה לשגגה והא כי כתיבי הני קראי בעבודה זרה הוא

א דכתיבי ב)ילפינן מעיני מעיני: הורו ב"ד של אחד וכו': איבעיא להו שבט אחד לרבי יהודה בהוראת ב"ד הגדול מי מייתו שאר שבטים או לא מי אמרינן שבעה שבטים הוא דמייתו שאר שבטים בהדייהו משום דאיכא רובא אבל חד שבט דליכא רובא לא או דלמא לא שנא תא שמע מה הן מביאין פר אחד רבי שמעון אומר שני פרים במאי עסקינן אילימא שחטאו שבעה ר"ש תמניא בעי אלא דחטא שבט אחד במאי אי בהוראת בית דינו רבי שמעון לית ליה אלא לאו בהוראת בית דין הגדול ותנא קמא מני אי נימא רבי מאיר הא רובא בעי אלא לאו רבי יהודה א)(וכגון שחטא שבט אחד) אמרי הכא במאי עסקינן כגון שחטאו ששה שבטים והן רובן של קהל ורבי שמעון בן אלעזר היא דתניא ג ב)ר"ש בן אלעזר אומר

משמו חטאו ששה והן רובו של קהל או שבעה אף על פי שאינן רובו של קהל מביאין פר תא שמע רבי יהודה
אומר שבט שעשה בהוראת בית דינו אותו השבט חייב ושאר כל השבטים פטורין ד)ובהוראת ב"ד הגדול
אפילו שאר שבטים חייבים שמע מינה אמר רב אשי מתניתין נמי דיקא דקתני ועשה אותו השבט על
פיהם אותו השבט חייב ושאר כל השבטים פטורין למה לי למיתנא ושאר שבטים פטורים הא תנא אותו השבט
חייב וכיון דתנא אותו השבט חייב ממילא ידענא שאר שבטים פטורין אלא הא קמשמע לן דבהוראת בית
דינו הוא דשאר שבטים פטורים אבל בהוראת ב"ד הגדול אפילו שאר שבטים חייבין שמע מינה איבעיא להו
שבט אחד שעשה בהוראת בית דין הגדול לרבי שמעון מי מייתי או לא תא שמע מה הן מביאין פר אחד רבי
שמעון אומר שני פרים (במאי עסקינן אילימא שחטאו שבעה) שני פרים שמנה פרים בעי אלא דחטא שבט
אחד ובמאי אילימא בהוראת בית דינו רבי שמעון לית ליה אלא בהוראת בית דין הגדול ותסברא תנא קמא
מני אי רבי מאיר הא רובא בעי אי רבי יהודה שאר שבטים נמי מייתו (אלא) הא מני רבי שמעון בן אלעזר היא
וכדתניא תא שמע וחכמים אומרים לעולם אינו חייב אלא על הוראת בית דין הגדול ג)מאן חכמים אילימא
רבי מאיר רובא בעי אלא לאו רבי שמעון היא שמע מינה ורבי יהודה ורבי שמעון הד)אשבט אחד דאקרי ב
קהל מנא להו אמרי דכתיב א) ויעמד יהושפט בקהל יהודה וירושלים ה)(נכח חצר בית ה') החדשה ו)מאי חדשה
א"ר יוחנן בשחידשו דברים ואמרו טבול יום אל יכנס במחנה לויה מתקיף לה רב אחא בר יעקב ממאי דלמא
שאני ירושלים דהוה נמי בנימין אלא אמר רב אחא בר יעקב דכתיב ב) ויאמר אלי הנני מפרך והרביתיך ונתתיך
לקהל עמים וגו' ז)מאן אתיליד ליה ההיא שעתא בנימין ש"מ ה"ק רחמנא מתיליד לך השתא קהל אחרינא א"ל
רב שבא לרב כהנא דלמא הכי קא"ל רחמנא לכי מתיליד לך בנימין הוא דהוו י"ב שבטים דמתקריית קהל א"ל
אלא שנים עשר שבטים איקרו קהל אחד עשר שבטים לא איקרו קהל ז)תניא ח)ר"ש אומר מה תלמוד לומר ג
ג) ופר שני בן בקר תקח לחטאת אם ללמד שהם שנים והלא כבר נאמר ד) ועשה את האחד חטאת ואת
האחד עולה לה' [אלא] יכול [תהא] נאכלת חטאת ללוים ת"ל ופר שני לעולה מה עולה לא נאכלת
אף

א) דה"ב כ ב) בראשית מח ג) במדבר ח ד) שם

תוספות

ה"א עד דעבדי בית דין בהדי רובא כו'. תימה השתא אע"פ שמיעוט נשארו מלבור לא חיישינן כ"ש דלא ניחוש לבית דין כיון דרובא נינהו בשלמא אי הוי בעינן כולהו ניחא דליבעי בית דין בהדייהו: שבעה שבטים הוא דמייתו כו'. לר' יהודה דקאמר בברייתא לעיל אפילו שני שבטים ה"מ למיבעי אבל בב' שבטים לא אלא אמתני' מיבעי ליה דאיירי בז' שבטים: כגון שחטאו ששה שבטים והן רובן כו'. תימה א"כ מ"ט דרבי שמעון דלא מחייב אלא פר אחד הא לא אשכחן דפליג אר' יהודה אלא דבעי נמי פר לבית דין אבל מודה מיהו לרבי יהודה דשבט אחד איקרי קהל: הנני מפרך והרביתיך וגו'. תימה דשביק קרא דאמר הקב"ה ליעקב גוי וקהל גוים יהיה ממך:

ושואלים: ר' שמעון ור' מאיר, הלכה זו שהוראה תלויה בבית דין ומעשה תלוי בקהל מנא להו [מנין להם]? אמר אביי, שאמר קרא [המקרא] בלשון נפעל: "והיה אם מעיני העדה נעשתה לשגגה" (במדבר טו, כד), כלומר שמעשה הקהל נעשה על ידי הוראת הסנהדרין. רבא אמר: לומדים זאת ממה שנאמר "לכל העם בשגגה" (שם, כו), שהשגגה היא של כולם, של בית הדין והקהל, בית הדין בהוראתו והקהל במעשהו. ומעירים: וצריכא [וצריכים] להיאמר שני המקראות, דאי כתב רחמנא [שאם היתה כותבת התורה] רק "והיה אם מעיני העדה נעשתה לשגגה", הוה אמינא [הייתי אומר]: אפילו חטא מיעוטא [מיעוט] של הקהל, גם כן יביאו קרבן זה, להכי כתיב [משום כך נכתב] "לכל העם בשגגה", ואי כתיב [ואם היה כותב] רק "לכל העם בשגגה", הוה אמינא [הייתי אומר]: עד דעבדי [שעושים] בית דין בהדי רובא [יחד עם רוב הקהל]. שתהא שגגה אחת לכל העם, להכי כתיב "והיה אם מעיני העדה נעשתה לשגגה" — שהשגגה נעשית על פי הוראה, ואין מעשה בית דין משמעותי בזה. ומקשים: והא כי כתיבי הני קראי [והרי כאשר כתובים המקראות האלה] בשגגת עבודה זרה הוא דכתיבי [שכתובים] ולא בשגגות של הוראות אחרות! ומשיבים: ילפינן [למדים אנו] בגזירה שוה "מעיני" "מעיני הקהל" (הכתוב בשגגת שאר עבירות) "מעיני העדה" הכתוב בשגגת עבודה זרה.

א שנינו במשנה שאם הורו בית דין של אחד מן השבטים, ר' יהודה אומר שאותו שבט מקריב פר ושאר השבטים פטורים. איבעיא להו [נשאלה להם ללומדים]: שבט אחד לדעת ר' יהודה כאשר חטאו בהוראת בית דין הגדול, מי מייתו [האם מביאים] קרבן גם שאר שבטים או לא? וצדדי השאלה: מי אמרינן [האם אומרים אנו]: דווקא כאשר חטאו שבעה שבטים הדין הוא דמייתו [שמביאים] שאר שבטים בהדייהו [יחד איתם], משום דאיכא רובא [שיש רוב שבטים], אבל כאשר חטא חד שבט, דליכא רובא [שבט אחד, שאין רוב] — לא, או דלמא לא שנא [שמא אינו שונה]? ואף שבט אחד גורר את השאר! ומציעים פתרון: תא שמע [בוא ושמע מברייתא]: מה הן מביאין? פר אחד, ר' שמעון אומר: שני פרים. ונברר: במאי עסקינן [במה אנו עוסקים]? אילימא [אם תאמר] במקרה שחטאו שבעה שבטים, אם כן לשיטת ר' שמעון תמניא בעי [שמונה פרים צריך]. שהם אחד לכל שבט ועוד אחד לבית דין! אלא צריך לומר שחטא שבט אחד. ונברר: במאי [במה], כלומר, על פי מי עשו אותו שבט? אי [אם] תאמר שחטאו בהוראת בית דינו של אותו שבט, ר' שמעון לית ליה [אין לו, אינו מקבל] את הסברה שהוראת בית דין של שבט מחייבת קרבן! אלא לאו [האם לא] צריכים לומר שהכוונה שעשו בהוראת בית דין הגדול. ונברר עוד: ותנא קמא מני [והתנא הראשון האומר שמביאים פר אחד מיהו]? אי נימא [אם תאמר] שר' מאיר הוא, הא רובא בעי [הרי רוב הוא צריך]! אלא לאו [האם לא] שיטת ר' יהודה היא, ומדובר כאן שחטא שבט אחד ואף הוא אינו מחייב אלא פר אחד, ואין שאר השבטים מביאים קרבן. את ההוכחה הזאת דוחים: אמרי [אומרים], אפשר להסביר את הברייתא בדרך אחרת: הכא במאי עסקינן [כאן במה אנו עוסקים]? כגון שחטאו ששה שבטים והן רובן של קהל, ושיטת ר' שמעון בן אלעזר היא שמביאים במקרה זה פר. דתניא [ששנויה ברייתא]: ר' שמעון בן אלעזר אומר משום [בשם] ר' מאיר: חטאו ששה שבטים והן רובו של קהל, או שבעה אף על פי שאינן רובו של קהל — מביאין פר. תא שמע [בוא ושמע] פתרון לבעיה מברייתא אחרת, ר' יהודה אומר: שבט שעשה בהוראת בית דינו — אותו השבט חייב ושאר כל השבטים פטורין, ובהוראת בית דין הגדול — אפילו שאר שבטים חייבים. ומסכמים: אכן, שמע מינה [למד מכאן] שכך היא דעת ר' יהודה במקרה זה. אמר רב אשי: מתניתין נמי דיקא [משנתנו גם כן מדוייקת] כשיטה זו, דקתני [ששנה בה]: ועשה אותו השבט על פיהם — אותו השבט חייב ושאר כל השבטים פטורין, ויש לדייק: למה לי למיתנא [לשנות] ושאר שבטים פטורים? הא תנא [הרי שנה] כבר אותו השבט חייב, וכיון דתנא [ששנה] אותו השבט חייב, ממילא ידענא [ידענו] כי שאר שבטים פטורין! אלא הא קמשמע לן [זה משמיע לנו], שבהוראת בית דינו הוא ששאר שבטים פטורים, אבל בהוראת בית דין הגדול — אפילו שאר שבטים חייבין. ומסכמים: אכן שמע מינה [למד מכאן].

איבעיא להו [נשאלה להם ללומדים]: שבט אחד שעשה בהוראת בית דין הגדול, לדעת ר' שמעון מי מייתי [האם הוא מביא] קרבן או לא? ומציעים: תא שמע [בוא ושמע] פתרון לבעיה זו ממה ששנינו: מה הן מביאין? פר אחד, ר' שמעון אומר: שני פרים. ונברר: במאי עסקינן [במה אנו עוסקים]? אילימא [אם תאמר] שחטאו שבעה שבטים, אם כן במקרה זה שני פרים מביאים? שמנה פרים בעי [צריכים] להביא לשיטתו! אלא צריך לומר שחטא שבט אחד, ובמאי [ובמה] חטאו? אילימא [אם תאמר] בהוראת בית דינו של אותו שבט, הלוא אמרנו שר' שמעון לית ליה [אין לו, אינו מקבל] סברה זו שהוראת בית דין של שבט מחייבת! אלא בהוראת בית דין הגדול. משמע שאף הוא היה מסכים שבמקרה זה שבט אחד מביא קרבן! את הראיה הזו דוחים, ותסברא [ויכול אתה לסבור כן] שבמקרה כזה מדובר? אם כן, תנא קמא מני [התנא הראשון מיהו]? אי [אם] תאמר שר' מאיר הוא, הא [הרי] רובא בעי [רוב ישראל צריך] שיחטאו, ושבט אחד שחטא אינו מביא קרבן! אי [אם] ר' יהודה הוא, הרי לשיטתו שאר שבטים נמי מייתו [גם כן מביאים]! אלא הא מני [ברייתא זו כשיטת מי היא]? שיטת ר' שמעון בן אלעזר היא, והכוונה שחטאו ששה שבטים שהם רובו של קהל, ובמקרה זה הוא סובר כר' שמעון שמביאים שני פרים, אחד הקהל ואחד בית הדין, וכדתניא [וכמו ששנינו בברייתא] וכמו שהסברנו קודם. ואין ראיה מכאן לשאלה בשבט אחד שעשה בהוראת בית דין. ומציעים עוד: תא שמע [בוא ושמע] פתרון לבעיה ממשנתנו: וחכמים אומרים: לעולם אינו חייב אלא על הוראת בית דין הגדול. ונברר: מאן [מיהם] חכמים אלה שנזכרו פה? אילימא [אם תאמר] ר' מאיר, הלא לשיטתו, אין צורך בסברה זו, שהרי לדעתו רובא בעי [רוב צריך]! אלא לאו [האם לא] שיטת ר' שמעון היא! ומסכמים: אכן שמע מינה [למד מכאן] שלדעת ר' שמעון שבט אחד שחטא בהוראת בית דין הגדול מביא פר.

ב ומבררים ענין נוסף שהזכרנו קודם: ור' יהודה ור' שמעון שמחייבים שבט אחד שחטא, מפני שהוא "קהל", שבט אחד איקרי [שנקרא] קהל מנא להו [מנין להם]? אמרי [אומרים]: דכתיב [מפני שנאמר]: "ויעמד יהושפט בקהל יהודה וירושלים בבית ה' לפני החצר החדשה" (דברי הימים ב כ, ה). אגב כך שואלים: מַאי [מה פירוש] "חֲדָשָׁה"? אָמַר ר' יוֹחָנָן, שֶׁבְּאוֹתוֹ זמן חִידְּשׁוּ דְּבָרִים וְאָמְרוּ: טְבוּל יוֹם כלומר, מי שנטמא וטבל ועדיין לא העריב השמש ולא נטהר לגמרי, אַל יִכָּנֵס אפילו בְּמַחֲנֵה לְוִיָּה. ומכל מקום למדנו ששבט אחד (יהודה) נקרא קהל. מַתְקִיף לָהּ [מקשה על כך] על הוכחה זו רַב אַחָא בַּר יַעֲקֹב: מִמַּאי [ממה] אתה מסיק ששבט אחד נקרא קהל, דִּלְמָא שָׁאנֵי [שמא שונה] היא יְרוּשָׁלַיִם, דַּהֲוָה נַמִי [שהיה גם כן] שבט בִּנְיָמִין בירושלים והיו בה שני שבטים ולא אחד! אֶלָּא אָמַר רַב אַחָא בַּר יַעֲקֹב, הראיה לכך היא דִּכְתִיב [שנאמר] ליעקב בבואו מפדן ארם: "וַיֹּאמֶר אֵלַי הִנְנִי מַפְרְךָ וְהִרְבִּיתִךָ וּנְתַתִּיךָ לִקְהַל עַמִּים" וגו' (בראשית מח, ד). מַאן אִתְיְלִיד לֵיהּ הַהִיא שַׁעְתָּא [מי נולד לו באותה שעה] נוסף לבנים שהיו לו? רק בִּנְיָמִין, שְׁמַע מִינַּהּ [למד מכאן] כי הָכִי קָאָמַר רַחֲמָנָא [כך אמר לו הקב"ה]: מִתְיְלִיד לָךְ הַשְׁתָּא [יוולד לך היום] קָהָל אַחֲרִינָא [אחר]. הרי ששבט אחד קרוי קהל. אָמַר לֵיהּ [לו] רַב שֵׁבָא לְרַב כָּהֲנָא, דִּלְמָא הָכִי קָאָמַר לֵיהּ רַחֲמָנָא [שמא כך אמר לו הקב"ה]: לְכִי מִתְיְלִיד [כאשר יוולד] לָךְ בִּנְיָמִין, הוּא דְּהָווּ [שיהיו] לך אז שְׁנֵים עָשָׂר שְׁבָטִים דְּמִתְקַרְיַית [שאתה תיקרא] בכך קָהָל! אָמַר לֵיהּ [לו]: אֶלָּא לשיטתך שְׁנֵים עָשָׂר שְׁבָטִים אִיקְרוּ [נקראו] קָהָל, אַחַד עָשָׂר שְׁבָטִים לֹא אִיקְרוּ [נקראו] קָהָל? והרי ודאי הוא שרוב ישראל נקראים קהל, אלא יש ללמוד מכאן שאף שבט אחד קרוי קהל.

ג תַּנְיָא [שנויה ברייתא]: ר' שִׁמְעוֹן אוֹמֵר, מַה תַּלְמוּד לוֹמַר: "וּפַר שֵׁנִי בֶן בָּקָר תִּקַּח לְחַטָּאת" (במדבר ח, ח)? האמור אצל טהרת הלויים אחרי חטא העגל אִם לְלַמֵּד שֶׁהֵם שְׁנַיִם שיש עוד פר שני, וַהֲלֹא כְּבָר נֶאֱמַר: "וַעֲשֵׂה אֶת הָאֶחָד חַטָּאת וְאֶת הָאֶחָד עֹלָה לַה'" (שם יב)! אֶלָּא יָכוֹל תְּהֵא נֶאֱכֶלֶת חַטָּאת לַלְוִיִּם? שחטאת זו שהביאו עבור הלויים תאכל כשאר חטאות, תַּלְמוּד לוֹמַר: "וּפַר שֵׁנִי" שבא הכתוב להדגיש שהיא שֵׁנִי לְעוֹלָה ודומה לה, מָה עוֹלָה לֹא נֶאֱכֶלֶת

עיונים

ור' שמעון ור' מאיר וכו' שהרי כפי שהסברנו את הדרך שדרשו את המקראות, שלמדו מן המלה "קהל" לגזירה שוה, לא נשאר להם ייתור ללמוד ממנו הלכה זו שיש כאן שגגת הוראה של בית דין, ושגגת מעשה של הקהל (רש"י).

אם מעיני העדה בביאור דרך ההוכחה מכתוב זה יש כמה שיטות. רש"י מסביר כי מלשון הכתוב נראה שהשגגה נעשתה על ידי אחרים, כלומר על ידי הוראת בית הדין. והרא"ש אומר כי הלשון "נעשתה לשגגה" משמעה שהשגגה לא היתה תלויה בעושים, אלא שהשגגה נגרמה להם על ידי אחרים. ואילו הר"ח מסביר כי האמור בכתוב זה "עיני העדה" הם בית הדין, שהם ששגגו בדבר זה.

כי לכל העם גם כאן יש אופנים שונים בביאור ההוכחה. רש"י מסביר כי כל העם עשה בשגגה משום שהלכו על פי הוראת בית הדין. ובר"א"ש כתב שמשמעות "כי לכל העם" משמעה שהשגגה היתה כללית, שגם בית הדין שגגו בכך. ובוודאי מדובר לגבי בית הדין בשגגה השייכת להם שהיא שגגת ההוראה (וכעין זה גם בב"ש).

בית דין בהדי רובא שתהא שגגה זו משותפת לכל העם, שאין חייבים אלא אם כן עשו בית דין עצמם כהוראתם (רש"י). ובתוס' תהו על סברה זו: שהרי אם יש רוב קהל שחטאו, מפני מה יתחשבו אם עשה או לא עשה בית הדין כהוראתו? ויש שתירץ כי מאחר שבית הדין הוא הנהגת כל ישראל, לא מספרם הוא הקובע אלא חשיבותם. ואפשר היה לומר שאם הם לא עשו הרי זה גורע מן הכלליות של המעשה (חק נתן).

שבט אחד לר' יהודה וכתב רש"י שלאו דווקא שבט אחד, אלא הוא הדין אם חטאו מיעוט שבטים, יש לדון מה יהא הדין, האם גוררים הם את השבטים האחרים או לא.

ר' שמעון לית ליה רש"י מסביר כי אנו יודעים שאין ר' שמעון מקבל את הסברה ששבט אחד מביא בהוראת בית דינו, משום שלפי הדרך שהוא דורש את המקראות אין ייתור של המלה "קהל" שיבוא ללמד שכן הוא. והרא"ש סבור שזו אינה הוכחה, כי הביאו את שיטת המדרש הזו רק משום שידעו שזו שיטת ר' שמעון. אלא הוא סבור (כדברי הגמרא להלן) שסתם משנה האמורה בסוף שאין מביאים אלא בהוראת בית דין הגדול היא שיטת ר' שמעון, והוא החולק בכך על ר' יהודה.

כגון שחטאו ששה שבטים וכו' על ידי כך אפשר להסביר את דעת תנא קמא, שהיא כשיטת ר' שמעון בן אלעזר, ההולך בשיטת ר' מאיר, ולכן אין מביאים אלא פר אחד — עבור בית הדין. ואולם לפי הסבר זה אין מובנת כלל שיטת ר' שמעון, מפני מה מביאים לשיטתו שני פרים? הרי היו צריכים להביא שבעה (ששה לשבטים שחטאו, ועוד אחד לבית דין)! ורש"י הבחין בקושי זה, והסביר כי לדעת ר' שמעון כיון שאין כאן רוב גמור, אין דנים אותם כששה שבטים, אלא כאילו היו כולם שבט אחד בלבד. וכבר העירו המפרשים שיש קושי ודוחק בסברה זו. ויש שהסביר כי צריך לומר שאכן מדובר כאשר חטא שבט אחד, אלא ששבט זה היה רובו של קהל (כדרך שהיה המצב לאחר גלות עשרת השבטים, שבין יושבי ארץ ישראל היה שבט יהודה רובו של קהל), ולכן סבור ר' שמעון שצריך להביא שני פרים (מרומי שדה). אלא שסברה זו נסתרת על ידי הירושלמי האומר שאף ר' שמעון בן אלעזר לא אמר אלא במחצית השבטים ולא במיעוטם. ומאידך, ראה בדברי הרמב"ם הסבור ששבט אחד שהוא רובו של קהל מביא קרבן.

ויעמד יהושפט בקהל יהודה הרי ששבט יהודה לבדו קרוי קהל (רש"י). וצריך לומר כי ר' מאיר היה טוען כנגד הוכחה זו ואומר ששבט אחד נקרא "קהל יהודה", אבל אינו נקרא סתם "קהל" (חק נתן ועוד).

טבול יום לא יכנס שמן התורה מותר טבול יום להכנס למחנה לויה (שבכללו גם עזרת נשים שבמקדש) ואינו אסור אלא להכנס ל"מחנה שכינה" — מקום הקודש במקדש, האולם וההיכל וכו' (מאירי). והביא בב"ש בשם תוס' פסחים שלא גזרו על מחנה לויה כולו, לפי שלא גזרו איסור לטבול יום להכנס להר הבית (שאף הוא מחנה לויה), אלא לעזרה בלבד.

שאני ירושלים וכו' שהרי ירושלים היתה מעיקרה ברובה בנחלת שבט בנימין, ובני שבט בנימין היו עם שבט יהודה בימי בית ראשון, ונמצא שהיו שם שני שבטים, ולא למדנו מכאן ששבט אחד בלבד קרוי קהל (רש"י). וכבר עסקו המפרשים בביאור דברי הרמב"ם שמביא פסוק זה כהוכחה לשיטה ששבט אחד קרוי קהל. ויש שכתב שכיון שהכתוב מזכיר במפורש רק את שבט יהודה, משמע ששבט אחד נקרא קהל (ר' משה עדאוי).

ונתתיך לקהל עמים וכו' ותהו בתוס': מפני מה מביא פסוק זה שהוא מאוחר, כאשר אפשר היה להביא פסוק ברור יותר, שהוא גם מוקדם יותר, והוא במישרין מדברי ה': "פרה ורבה גוי וקהל גויים יהיה ממך" (בראשית לה, יא). וראה במפרשים שניסו לישב תמיהה זו בדרכים שונות. אכן, הר"ח בפירושו אמנם מביא את הפסוק המוקדם יותר. וכן בירושלמי מובא בפשטות פסוק זה כראיה.

אחד עשר לא איקרו קהל רש"י מסביר כי אי אפשר לומר כן, משום שמן הכתוב "קהל יהודה וירושלים" למדים כי אפילו שני שבטים נקראים קהל (וראה במהרש"א מה שהקשה עליו). ויש שאמרו בפשטות כי ודאי שרוב שבטי ישראל נקראים קהל (ראה בר"ח).

תהא נאכלת חטאת ללויים המפרשים הרבו לתהות על שאלה זו, שהרי לא מצאנו בשום מקום שהלויים אוכלים מבשר החטאת (אלא כהנים בלבד). והמהרש"א דוחק לומר שאולי יש כאן שימוש לשון שקורא לכהנים לויים, או שבאותה שעה שעדיין לא נבדל שבט לוי לגמרי מן הכהנים הותר ללויים לאכול מן החטאת. וכבר כתבו מפרשים כי לא היה צריך להכנס לדוחק זה, משום שבספרים רבים הגרסה היא "חטאת הלויים", כלומר החטאת שהקריבו עבור הלוים, והסברה היתה שתאכל כשאר חטאות. ועוד אמרו כי בספרי נאמר סתם "חטאת" (חק נתן ועוד).

אורח ההלכה

שבט אחד איקרי קהל כל אחד מן השבטים קרוי קהל לענין הוראת בית דין. (רמב"ם ספר קרבנות הלכות שגגות פי"ב ה"א).

טבול יום אל יכנס וכו' משלחים מעזרת נשים טבול יום אבל לא מחוסר כיפורים. ואיסור טבול יום במחנה לויה הוא מדברי סופרים. וכדברי ר' יוחנן. (שם ספר עבודה הלכות ביאת מקדש פ"ג ה"ו).

מסורת הש"ס

א. הוריות ג,א (ושם סומנו מקבילות).
ב. שם ז,ב. ירושלמי הוריות פ"א ה"ח. שם פ"ב ה"ד. שם יבמות פ"ד הט"ו. תו"כ ויקרא ד, יג.
ג. הוריות ג,ב (ושם סומנו מקבילות)
ד. ירושלמי הוריות פ"א ה"ו. שם פסחים פ"ז ה"ו.
ה. פסחים פ,א. וראה מנחות טו,א. ירושלמי הוריות שם.
ו. פסחים צב,ב. יבמות ז,ב. זבחים לב,ב.
ז. ילקו"ש תורה תסט.
ח. תו"כ ויקרא ג, ד.

גרסות

נעשתה לשגגה רבא אמר מלכל העם בשגגה בכתי"מ: **נעשתה בשגגה עד שתעשה בשגגה על ידי אחרים רבא אמר כי לכל העם בשגגה עד שתעשה שגגה על ידי אחרים** ובכתי"פ כנוסח כתי"מ אבל בהיפוך השיטות.

עד דעבדי בית דין בהדי רובא בכתי"מ: **בית דין בהדי רובא** בכתי"פ: **רובא בהדי בי דינא.**

הוא דכתיבי בכתי"מ: **כתיבי.**

ילפינן בכתי"מ: **ילפי** בכתי"פ: **אתיא.**

מייתו שאר שבטים בכת"י: **מייתו שאר שבטים בהדיה.**

מי אמרינן שבעה — דליכא רובא לא בכתי"פ: **כי שמעינן ליה לר' יהודה שני שבטים אבל שבט אחד לא.**

שבעה שבטים הוא דמייתו שאר שבטים בכתי"מ: **שבעה שבטים דמייתו.**

אלא שחטא שבט אחד במאי בכתי"מ: **אלא לאו דחטא שבט אחד ובמאי.**

וכגון שחטא שבט אחד בכתי"מ: **וכגון בחטא שבט אחד** ובכתי"פ וכן מפרשים מוחקים משפט זה.

והן רובן של קהל בכתי"מ: **והן רובן של קהל או שבעה אף על פי שאין רובן מביאין פר.**

לר' שמעון מי מייתי או לא בכת"י: **לר' שמעון מי מייתי או לא, כי שמעינן ליה לר' שמעון בשבעה אבל שבט אחד לא או דילמא לא שנא.**

במאי עסקינן אילימא שחטאו שבעה שני פרים שמונה פרים בעי ובכתי"מ: **במאי עסקינן אילימא שחטאו שבעה ר' שמעון שמונה בעי** ויש שגרסו רק: **שני פרים שמונה פרים בעי.**

אלא בהוראת בית — הא מני בכתי"מ: **אלא לאו בהוראת בית דין הגדול ותנא קמא מני אי ר' מאיר רובא בעי, אלא לאו ר' יהודה היא תרתי סרי בעי אלא.**

אמרי דכתיב בכתי"מ: **אמר ר' יוחנן דכתיב.**

נכח חצר בית ה' החדשה במקרא: **בבית ה' לפני החצר החדשה.**

שחידשו דברים בכתי"מ כבמקבילות: **שחידשו בה דברים.**

דכתיב ויאמר בכתי"מ: **מהכא ויאמר.**

תניא ר' שמעון — נאכלת כיוצא בו בכתי"מ חסר קטע זה.

מסורת הש"ס

א. תמורה טו,ב (כל הענין, בשינוי קל). ירושלמי הוריות פ"א ה"ח. תו"כ ויקרא ג, ד.
ב. הוריות ו,ב. תמורה טו,א. וראה ירושלמי שם.
ג. כריתות כו,א. ירושלמי סוטה פ"ט ה"ו. ספרי דברים כא, ח. ילקו"ש תורה תתקכד.
ד. ירושלמי הוריות שם.
ה. ירושלמי הוריות שם. שם פ"ב ה"ג.
ו. יומא נ,א. סה,א. שבועות יא,א.

גרסות

הבאים מהשבי הגולה... הכל עולה בכתי"פ: הבאים מהשבי בני הגולה הקריבו עולות לאלקי ישראל פרים שנים עשר על כל ישראל אילים תשעים וששה כבשים שבעים ושבעה צפירי חטאת שנים עשר הכל עולה לה' וכן הוא במקרא.

אלא הכל כעולה בכתי"מ: אלא אימא הכל כעולה.

אף חטאת בכתי"פ: אף חטאת זו.

דתניא ר' יהודה בכת"י: ותניא ר' יהודה.

הביאום בכת"י: הקריבום.

שעשו בימי צדקיהו בכת"י: שעבדו בימי צדקיהו.

כגון שחטאו שנים עשר... אינך בגרירה בכתי"פ: דחטאו כולהו אי נמי מקצתם ואינך בגרירה.

ושארא אינך בגרירה בכתי"מ: והשאר מייתי בגרירה.

כגון דחטאו אחד עשר... ואידך דבית דין בכתי"פ: כגון דחטאו אחד עשר ואינך דבית דין.

שנים עשר היכי משכחת לה בכתי"פ: היכי משכחת לה.

והדר חטאו עד תריסר זימני בכתי"מ: תריסר זימני **בכתי"פ:** והדר חטאו תריסר זימנין.

והא מייתי להו הנהו דחטאו בכתי"מ: והא מייתי להו הנהו דחטאו ואין כפרה למתים **בכתי"פ:** והא אין כפרה למתים.

אמר רב פפא — מיתה בציבור בכתי"פ: אמר רב פפא כי אמרינן אין כפרה למתים ביחיד אבל בצבור יש כפרה.

אלא דוקיא דרב פפא בכתי"פ: אלא דרב פפא.

מייתו מתרומת בכת"י: ניתו מתרומת.

והא מייתו להו מישראל בכתי"פ: והא מתו מישראל.

אלא טעמא בכתי"פ: אלא דוקיא.

אשר פדית ה' בכת"י: אשר פדית ה' שאין תלמוד לומר ונכפר להם הדם מה תלמוד לומר ונכפר להם הדם.

מדכתיב אשר פדית בכתי"פ חסרות מלים אלה.

מי דמי התם כולהו איתינון בכתי"פ: דילמא שאני התם.

אלא הכא מי הוו חיים אין הכי נמי דכתיב בכתי"פ: התם נמי מיהווה הוו.

ודלמא מועטין הוו ולא רבים הוו בכתי"פ: ומנא לן דרובא הוו.

ולא הכירו בקול בכת"י כמו במקרא: ואין העם מכירים קול.

הוראת שעה — תימא הכי בכתי"פ: ולטעמיך.

כנגד מי בכתי"פ: בכל התורה כולה מי אשכחן.

הכא נמי הוראת שעה היתה בכתי"פ חסרות מלים אלה.

מת אחד בכת"י: הורו בית דין וידעו שטעו וחזרו בהן ומת אחד.

חטאת שמת אחד מן השותפין בכתי"פ: חטאת שמתו בעליה.

חייבין דהא קאים כוליה בית דין בכתי"פ: חייבין.

ונוקמה כר' שמעון בכתי"פ: ממאי דילמא ר' שמעון היא.

כדאמרינן דחטאת השותפין היא בכתי"פ: דהויא לה חטאת שמתו בעליה.

אינה מתה בכת"יפ: לא אזלא למיתה.

ירעו בכתי"פ: ירעו עד שיסתאבו.

שאני כהנים דאיקרו קהל בכתי"פ: כהנים עם לעצמן איקרו.

אַף חַטָּאת זו **לֹא נֶאֱכֶלֶת. כַּיּוֹצֵא בּוֹ, אָמַר ר' יוֹסֵי:** נאמר בשבים מבבל בימי עזרא "**הַבָּאִים מֵהַשְּׁבִי** בני הַגּוֹלָה הִקְרִיבוּ עֹלוֹת לֵאלֹהֵי יִשְׂרָאֵל **פָּרִים שְׁנֵים עָשָׂר** על כל ישראל אילים תשעים וששה כבשים שבעים ושבעה צפירי חטאת שנים עשר **הַכֹּל עוֹלָה**" (עזרא ח, לה), ויש לשאול: **הַכֹּל עוֹלָה סָלְקָא דַעְתָּךְ** [יעלה על דעתך] לומר כן, וכי **אֶפְשָׁר שֶׁחַטָּאת** האמורה שם היא **עוֹלָה? אֶלָּא** לומר שזו כוונת הכתוב: **הַכֹּל** נעשה **כְּעוֹלָה, מָה עוֹלָה לֹא נֶאֱכֶלֶת, אַף חַטָּאת זו לֹא נֶאֱכֶלֶת. דְּתַנְיָא** [ששנויה ברייתא], **ר' יְהוּדָה אוֹמֵר: עַל עֲבוֹדָה זָרָה הֱבִיאוּם, וְאָמַר רַב יְהוּדָה אָמַר שְׁמוּאֵל: עַל** אותה **עֲבוֹדָה זָרָה שֶׁעָשׂוּ בִּימֵי צִדְקִיָּהוּ.** ומעתה, **בִּשְׁלָמָא** [נניח] **לְשִׁיטַת ר' יְהוּדָה** במשנתנו, **מַשְׁכַּחַת לָהּ לְהָנֵי** [מוצא אתה לאותם] **שְׁנֵים עָשָׂר חַטָּאוֹת כְּגוֹן שֶׁחָטְאוּ שְׁנֵים עָשָׂר שְׁבָטִים** בעבודה זרה, **דְּמַיְיתוּ** [שמביאים] **שְׁנֵים עָשָׂר שְׂעִירִים** ("צפירי חטאת"), **אִי נַמִּי** [או גם כן] אפשרות אחרת **שֶׁחָטְאוּ** רק **שִׁבְעָה שְׁבָטִים וּשְׁאָרָא אִינָךְ** [ושאר השבטים הם] **בִּגְרִירָה, וּלְר' שִׁמְעוֹן נַמִּי מַשְׁכַּחַת לָהּ** [גם כן אתה יכול למצוא אותה] אפשרות שמביאים שנים עשר שעירים, **כְּגוֹן שֶׁחָטְאוּ אַחַד עָשָׂר שְׁבָטִים, דְּמַיְיתוּ** [שמביאים] **אַחַד עָשָׂר שְׂעִירִים וְאִידָךְ** [והשעיר האחר] הוא של **בֵּית דִּין, אֶלָּא לְדַעַת ר' מֵאִיר שֶׁאָמַר: בֵּית דִּין מְבִיאִין וְלֹא צִבּוּר,** ומביאים רק פר אחד, **שְׁנֵים עָשָׂר הֵיכִי מַשְׁכַּחַת לֵיהּ** [כיצד אתה מוצא אותה]? ומשיבים: **כְּגוֹן שֶׁחָטְאוּ וַהֲדַר** [וחזרו] **וְחָטְאוּ, עַד תְּרֵיסַר זִמְנֵי** [שתים עשרה פעמים]. ושואלים: **וְהָא מַיְיתֵי לְהוּ הָנְהוּ** [והרי מתו להם כבר אלה] **שֶׁחָטְאוּ** בעבודה זרה בימי צדקיהו בזמן גלות בבל, וכיצד יכולים בניהם להביא קרבן חטאת בשביל אבותיהם שהיו בימי צדקיהו? והרי דינם כחטאת שמתו בעליה שאינה קריבה למזבח! **אָמַר רַב פַּפָּא: כִּי גְּמִירִי** [כאשר למדו] דין **של חַטָּאת שֶׁמֵּתוּ בְּעָלֶיהָ** שהיא **בְּמִיתָה — הָנֵי מִילֵּי** [דברים אלה] אמורים דווקא **בְּיָחִיד** שמת, **אֲבָל לֹא בְּצִבּוּר, לְפִי שֶׁאֵין מִיתָה בְּצִבּוּר,** שהציבור נשאר קיים. ושואלים: **מְנָא לֵיהּ** [מנין לו] **לְרַב פַּפָּא הָא** [דבר זה]? **אִילֵימָא מִדִּכְתִיב** [אם תאמר ממה שנאמר]: "**תַּחַת אֲבֹתֶיךָ יִהְיוּ בָנֶיךָ**" (תהלים מה, יז), ונחשב כאילו האבות קיימים, **אִי הָכִי** [אם כך], **אֲפִילּוּ בְּיָחִיד נַמִּי** [גם כן] יהיו הבנים תחת האבות שמתו, ויקריבו את חטאתם! **אֶלָּא דּוּקְיָא** [דיוקו] **של רַב פַּפָּא** ולימודו **מִשָּׂעִיר של רֹאשׁ חֹדֶשׁ,** שכן **אָמַר רַחֲמָנָא** [הכתוב]: **מַיְיתֵי** [הָבֵא] אותם **מִתְּרוּמַת הַלִּשְׁכָּה,** בה נמצאות התרומות שנתרמו על ידי עם ישראל עבור הקרבנות בחודש אדר בכל שנה, **וְיֵשׁ** לשאול: **הָא מָיְיתֵי לְהוּ** [הרי מתו להם אנשים] **מִיִּשְׂרָאֵל** בינתיים מחודש אדר ועד לזמן בו יוקרב הקרבן במהלך השנה, **וְאם כן הָנָךְ דִּפַיְישֵׁי הֵיכִי מַיְיתוּ** [ואלה שנשארים היאך מביאים] קרבן חטאת שהרי מקצת מבעלי הקרבן כבר מתו! **אֶלָּא שְׁמַע מִינָּהּ** [למד מכאן] **שחַטָּאת שֶׁמֵּתוּ בְּעָלֶיהָ בְּקָרְבַּן צִבּוּר קְרֵבָה.** ותוהים: **מִי דָּמֵי** [האם הדברים דומים]? **בִּשְׂעִיר רֹאשׁ חֹדֶשׁ** יש מקום לומר **דִּלְמָא** [שמא] **לֹא מָיְיתוּ** [מתו] מן **הַצִּבּוּר** בינתיים, **אֲבָל הָכָא** [כאן] בשבי ציון מבבל **וַדַּאי מָיְיתוּ** [מתו] אותם שחטאו בעבודה זרה בימי צדקיהו, שהרי עברו שנים רבות מאז! **אֶלָּא טַעֲמָא** [הטעם] של **רַב פַּפָּא מֵהָכָא** [מכאן] מכתוב זה, **דִּכְתִיב** [שנאמר] בוידוי על העגלה הערופה: "**כַּפֵּר לְעַמְּךָ יִשְׂרָאֵל אֲשֶׁר פָּדִיתָ ה'**" (דברים כא, ח), לומר: **רְאוּיָה כַּפָּרָה זוֹ שֶׁתְּכַפֵּר עַל יוֹצְאֵי מִצְרַיִם, מִדִּכְתִיב** [ממה שנאמר] "**אֲשֶׁר פְּדִיתָ**", שהם יוצאי מצרים שפדה ה' מן הגלות, ואף שכבר מתו יוצאי מצרים מזמן רב. ועדיין מקשים: **מי דמי** [האם הדברים דומים]? **התם, כולהו איתינהו** [שם, כולם נמצאים] בזמן שמביאים את העגלה לכפרה עליהם, ואפשר לומר **מגו דמכפרה אחיים, מכפרה נמי אמתים** [מתוך שהיא מכפרת על החיים, הריהי מכפרת גם על המתים]. **אלא הכא מי הוו** [כאן האם היו אנשים] **חיים** שנשארו מאז ימי צדקיהו שיתכפר להם חטאם בקרבן זה? ומשיבים: **אין, הכי נמי** [כן, כך גם כן היה] שנשארו עוד אנשים, **דכתיב** [שנאמר]: "**ורבים מהכהנים והלוים וראשי האבות הזקנים** אשר ראו את הבית הראשון ביסדו זה הבית בעיניהם בוכים בקול גדול ורבים בתרועה בשמחה להרים קול" (עזרא ג, יב), ונמצא שהיו אז עדיין אנשים שחיו עוד בזמן הבית הראשון. ושואלים: **ודלמא** [ושמא] אותם הזקנים **מועטין הוו** [היו] **ולא רבים הוו** ורוב הקהל היה מאלה שלא היו בימי צדקיהו? ומשיבים: **הכתיב** [הרי נאמר] בפסוק שלאחריו: "(ולא הכירו בקול) **ואין העם מכירים קול תרועת השמחה לקול בכי העם** כי העם מריעים תרועה גדולה **והקול נשמע עד למרחוק**". משמע שרבים היו הזקנים הבוכים יותר מן הצעירים. ומקשים קושיה בסיסית יותר לעצם הענין: **והא** [והרי] **מזידין הוו** [היו] בעבודה זרה בימי צדקיה, ואם כן מה להם להביא קרבנות חטאת, שמביאים על שגגה? ומשיבים: **הוראת שעה היתה.** ומעירים: **הכי נמי מסתברא** [כך גם כן מסתבר], **דאי לא תימא הכי** [שאם לא תאמר כך], מה שנאמר שם "**אילים תשעים וששה כבשים שבעים ושבעה**", **כנגד מי** הם באים? **אלא הוראת שעה היתה, הכא נמי** [כאן גם כן] לענין הכפרה על הזדונות **הוראת שעה היתה.**

א ובנושא קרוב לזה **תנו רבנן** [שנו חכמים]: שגגו בית דין בהוראתם ועשו הקהל על פיהם, ובינתיים **מת אחד מן הצבור — חייבין** להביא קרבן, אם **מת אחד מבית דין — פטורין.** ושואלים: **מאן** [מיהו] **התנא** הסבור כן? **אמר רב חסדא אמר ר' זירא אמר רב ירמיה אמר רב,** שיטת **ר' מאיר היא, שאמר: בית דין מביאים ולא צבור, הלכך** [על כן] אם **מת אחד מן הצבור — חייבין, דהא קאים כוליה** [שהרי עומד, נמצא כל] **בית הדין,** אבל אם **מת אחד מבית דין — פטורין, דהויא לה** [שהרי היא] **כחטאת שמת אחד מן השותפין, ומשום הכי** [כך] **פטורין. מתקיף לה** [מקשה על כך] **רב יוסף, ונוקמה** [ונעמיד אותה] את ההלכה הזו **כר' שמעון שאמר: בית דין מביאים עם הצבור,** ולכן אם **מת אחד מן הצבור — חייבין,** משום **שאין צבור מתים, מת אחד מבית דין — פטורין, כדאמרינן** [כמו שאמרנו] **שחטאת שותפין היא! אמר ליה** [לו] **אביי** לרב יוסף, **שמעינן ליה** [שמענו אותו] את **ר' שמעון שאמר: חטאת שותפין אינה מתה, דתניא** [ששנויה ברייתא]: **פר ושעיר של יום הכפורים שאבדו, והפריש אחרים תחתיהם** ונמצאו — **ימותו כולן, דברי ר' יהודה. ר' אלעזר ור' שמעון אומר: ירעו, לפי שאין חטאת צבור מתה,** והרי פר זה של יום הכפורים הוא של הכהנים, ונחשב כקרבן של השותפים, ובכל זאת אין דנים בו לדעת ר' שמעון כפר שמתו בעליו. **אמר ליה** [לו] **רב יוסף** לאביי: **כהנים קא אמרת** [אומר אתה]? **שאני** [שונים] **כהנים, דאיקרו** [שהם נקראים בעצמם] **קהל, דכתיב** [שנאמר]: "**על הכהנים ועל כל עם הקהל יכפר**" (ויקרא טז, לג).

עיונים

אף חטאת לא נאכלת ונעשה הדבר כדינו, כי שעירים הבאים לכפר על עבודה זרה דמם נכנס לפני ולפנים, וכחטאת פנימית (שנכנס דמה לפנים) שאינה נאכלת אלא נשרפת (אף כי אינה מוקטרת על גבי המזבח כעולה ממש, אלא נשרפת על בית הדשן. וראה בצפנת פענח).

והא מייתי להו וקושיה זו היא לכל הדעות, שהרי מכל מקום נמצא שמביאים קרבן חטאת זה עבור אנשים שמתו כבר.

תחת אבותיך יהיו בניך ומפרשים כתוב זה במשמעות שהבנים עומדים תחת אבותיהם, והרי זה נחשב כאילו האבות חיים עדיין, לפי שיש להם בנים הבאים במקומם (רש"י). וכבר העירו שבמקום אחר בתלמוד אמרו שפסוק זה לא נאמר לענין הלכה אלא לשון ברכה היא. ובאמת היה יכול לדחות כך את הראיה, אלא שנדחתה כבר מטעם אחר.

ביחיד נמי שאם הבן עומד במקום אביו המת, וכאילו היה האב ממשיך לחיות, אם כן הלכה זו שחטאת שמתו בעליה תמות לא היה לה מקום כאשר יש בנים לאיש שהפריש חטאת זו.

משעיר דראש חודש שהוא קרבן ציבור, והוא קרבן חטאת השייך למוספי ראש החודש.

דילמא לא מייתו וכיון שאין זה ברור שמתו — מקריב מספק (רש"י). והרבה מן המפרשים (ראה בבנ"ש ועוד) הקשו: אם ספק הוא, הרי אדרבא, היו צריכים להמנע מלהקריב מפני הספק! אכן, הרא"ש מסביר שגם אם ברור שמתו מקצת מן הציבור, מכל מקום הרי קרבן זה מביאים רק במקצת מכספי הלשכה, ויש מקום לומר שאין בכלל זה הכסף שנתנו אלו שמתו, שהרי מיעוט היו (וראה במפרשים שדנו בשאלה של ביטול ברוב, הן לגבי מיעוט הציבור והן לגבי הכסף. וראה בהורה גבר).

כפר לעמך ישראל וכו' ובמאירי מביא כגרסת כת"י שהלימוד הוא ממה שנאמר בסוף הכתוב "ונכפר להם הדם", שבא ללמד שיש בכך כפרה לכל, בין לקהל ישראל החיים, ובין לאלה שהיו מאז יציאת מצרים ("אשר פדית ה'"). ויש שכתב שכיון שלא היה דין עגלה ערופה נוהג במדבר, אלא משעה שנכנסו ישראל לארץ, הרי היו הכל צריכים לכפרה זו מזמן יציאת מצרים (ערוך לנר מסכת כריתות).

מי הוו חיים יש ראשונים שהיתה לפניהם הנוסחה (וראה בגרסות): אין כפרה למתים. ובעיקר הסבירו כי לגבי אדם שמת אין משמעות לכפרה הנעשית לאחר מותו. כי אם עשה תשובה בחייו הרי מיתתו היא כלשעצמה מכפרת, ואם לא עשה תשובה — נידון בעונשי גיהנם, ואין כפרה שלאחר מותו יכולה להועיל (מאירי, ר' ידעיה הפניני).

ודילמא מועטין הוו הרמ"ה שואל: הרי אם אומרים שאין מיתה בציבור — הרי אין להבדיל אם מתו רבים או מעטים. ועוד, אם מדברים על דור החוטאים — הרי ודאי שרוב בני דורו של צדקיהו כבר מתו אז. ומשום כך מסביר (וכעין דברי רש"י) שהשאלה היתה שמא אלה שנשארו מימי צדקיהו היו רק מיעוט הקהל שהיה בימי בית שני, והרי זה דומה לבעיה שעלתה לעיל ביחס לחטא שחטאו רוב ציבור ונמצאו בזמן הבאת הקרבן רק מיעוט הציבור.

והא מזידין הוו שהרי נאמר שגלו משום שחטאו בעבודה זרה, וחטא זה בזדון היה ומה ענין קרבן חטאת למי שעשה במזיד (וראה ברש"י).

הוראת שעה היתה שתועיל כפרה זו לכפר גם על הזדונות (רש"י). והעירו בתוס' שעל ידי תירוץ זה שכל אותו קרבן היה הוראת שעה ממילא נפתרו כל השאלות שיש בנושא זה, ואין איפוא להוכיח מכאן דבר לגבי דיני קרבן העלם דבר של ציבור, שהרי לא היה זה קרבן מן הדין אלא הוראת שעה, על פי הנביאים שהיו באותו דור.

חטאת שמת אחד מן השותפין כתב רש"י שבאמת אין מושג של "חטאת השותפין", שהרי אין אדם מביא קרבן חטאת אלא על מה שחטא. ואם חטאו שני אנשים כאחד, הרי כל אחד מהם חייב בקרבן לעצמו. ומסביר רש"י שנקט בלשון זו משום שלגבי בית דין אין לומר שהם "ציבור", אלא הם בגדר שותפים (וכעין זה יש דיון במסכת יומא (נ,ב) לגבי חטאת יום הכיפורים שבאה לכפר על הכהנים, או על אהרן וביתו). והמאירי כותב שיש מקום לומר "חטאת השותפין" כגון שהיו שני שותפים שכל אחד מהם חטא בשוגג, והפרישו יחד שתי בהמות לחטאת, וכיון שלא בירר את הדבר, הרי כל אחת מן הבהמות שייכת עדיין לשותפות, והיא בגדר חטאת השותפים.

ר' מאיר היא דאמר וכו' אכן, בירושלמי מובאת ברייתא דומה, ושם ברור שאינה כשיטת ר' מאיר, משום שר' מאיר עצמו חולק על שיטה זו.

שאין צבור מתים... שותפים בספר צפנת פענח מסביר שיש הבדל מהותי בין ציבור לשותפים. כי הציבור נחשב כיחידה אחת הכוללת את הכלל, ולכן אין ציבור מת, אף שמקצת יחידים שבו מתים. מה שאין כן שותפים, שהם צירוף של יחידים, ולכן כאשר מת אחד מהם יש בכך ביטול של מקצת מן השותפות.

שאני כהנים דאיקרו קהל שכיון שנאמר "על הכהנים ועל כל עם הקהל" הרי השוו בפסוק זה הכהנים והקהל, ללמד שאף הכהנים נחשבים כקהל (רש"י). והרא"ש הקשה, שמן הפסוק משמע לכאורה להיפך, שהכהנים אינם בגדר קהל! ומשום כך הוא מבכר את נוסח הספרי (והוא נמצא גם בגרסות כת"י): כהנים עם לעצמן הם. שכשם שהציבור קרוי "עם" גם הכהנים קרויים "עם". ומפני זה הם נחשבים גם כן כציבור.

אורח ההלכה

חטאת שמתו בעליה חטאות המתות שאמרו — לא נאמרו אלא בחטאת יחיד, אבל בחטאת ציבור אין בה דין חטאת שמתו בעליה, שאין כל ישראל מתים. (רמב"ם ספר עבודה הלכות פסולי המוקדשין פ"ד ה"א).

פר ושעיר של יום הכפורים פר ושעיר של יום הכיפורים שאבדו והפריש אחרים תחתיהם, לאחר שנמצאו ירעו עד שיפול בהם מום וימכרו ויפלו דמיהם לנדבה. וכדברי ר' אלעזר ור' שמעון. (שם ה"ב).

מסורת הש"ס

א) תמורה טו: [כל הענין ע"ש שינויים]: ב) [נ"ל בני הגולה]: ג) [נ"ל דיוקא]: ד) [כריתות כו.]: ה) [נ"ל ואין העם מכירים קול]: ו) (תוספתא): ז) יומא נ. סה. שבועות יא.: ח) [נ"ל אומרים]:

עין משפט נר מצוה

מו א מיי' פ"ד מהל' פסולי מוקדשים הל' א והל' ב:
מז ב מיי' שם הל' ב ופ"ה מהל' עבודת יוה"כ הלכה טז:

תורה אור

אף חטאת לא נאכלת א)כיוצא בו אמר רבי יוסי °הבאים מהשבי ב)הגולה הקריבו [עלות] לאלהי ישראל פרים שנים עשר וגו' הכל עולה הכל עולה סלקא דעתך אפשר שחטאת עולה אלא הכל כעולה מה עולה לא נאכלת אף חטאת לא נאכלת דתניא רבי יהודה אומר על עבודה זרה הביאום ואמר רב יהודה אמר שמואל על עבודה זרה שעשו בימי צדקיהו בשלמא לרבי יהודה משכחת לה להני שנים עשר חטאות כגון דחטאו שנים עשר שבטים דמייתו שנים עשר שעירים אי נמי דחטאו שבעה שבטים ושארא אינך בגרירה ולרבי שמעון נמי משכחת לה כגון דחטאו אחד עשר שבטים דמייתו אחד עשר שעירים ואידך דב"ד אלא לרבי מאיר דאמר בית דין מביאין ולא צבור שנים עשר היכי משכחת ליה כגון דחטאו והדר חטאו והדר חטאו עד תריסר זימני והא מייתי להו הנהו דחטאו ג)אמר רב פפא כי גמירי חטאת שמתו בעליה במיתה הני מילי ביחיד אבל לא בצבור ד)לפי שאין מיתה בצבור מנא ליה לרב פפא הא אילימא מדכתי' °תחת אבותיך יהיו בניך אי הכי אפילו ביחיד נמי אלא ג)דוקיא דרב פפא משעיר דראש חדש דאמר רחמנא מייתי מתרומת הלשכה והא מייתי להו מישראל והנך דפיישי היכי מייתו אלא שמע מינה חטאת שמתו בעליה בצבור קרבה מי דמי שעיר ר"ח דלמא לא מייתו מצבור אבל הכא ודאי מייתו אלא טעמא דרב פפא מהכא דכתיב °כפר לעמך ישראל אשר פדית ה' ג)ראויה כפרה זו שתכפר על יוצאי מצרים מדכתיב אשר פדית מי דמי התם כולהו איתינון מגו דמכפרה אחיים מכפרה נמי אמתים אלא הכא מי הוו חיים אין הכי נמי דכתיב °ורבים מהכהנים והלוים וראשי האבות וגו' ודלמא מועטין הוו ולא רבים הוו הכתיב ה)(ולא הכירו בקול) תרועת השמחה לקול בכי העם (וגו') והקול נשמע עד למרחוק והא מזידין הוו ו)הוראת שעה היתה הכי נמי מסתברא דאי לא תימא הכי °אילים תשעים וששה כבשים שבעים ושבעה כנגד מי אלא הוראת שעה היתה הכא נמי הוראת שעה היתה ז)ת"ר ה)מת אחד מן הצבור חייבין אחד מבית דין פטורין מאן תנא אמר רב חסדא אמר רבי

א

זירא אמר רב ירמיה אמר רב רבי מאיר היא דאמר ב"ד מביאים ולא צבור הלכך מת אחד מן הצבור חייבין דהא קאים כוליה בית דין מת אחד מבית דין פטורין דהויא לה חטאת שמת אחד מן השותפין ומשום הכי פטורין מתקיף לה רב יוסף ונוקמה כרבי שמעון דאמר בית דין עם הצבור מת אחד מן הצבור חייבין דאין צבור מתים מת אחד מבית דין פטורין כדאמרינן דחטאת שותפין היא א"ל אביי שמעינן ליה לר"ש דאמר חטאת שותפין אינה מתה ח)דתניא °פר ושעיר של יום הכפורים שאבדו והפריש אחרים תחתיהם ימותו כולן דברי רבי יהודה ר"א ור"ש ח)אומר ירעו לפי שאין חטאת צבור מתה א"ל רב יוסף כהנים קא אמרת שאני כהנים דאיקרו קהל דכתיב °על הכהנים ועל כל עם הקהל יכפר אלא

הכל עולה סלקא דעתך. והכתיב שעירי עזים לחטאת: **אף חטאת.** דהקריבו לא נאכלת לפי שהיו שעירים של צבור הנשרפין לפי שהכניסו דמן לפני ולפנים כדכתיב וכל חטאת אשר יובא מדמה אל אהל מועד לכפר בקדש כדתנן (זבחים דף מ.) פרים הנשרפים ושעירים הנשרפים דהיינו שעירי עבודה זרה לצבור דאמר רב יהודה על עבודה זרה הביאום: **ואידך לב"ד.** ואמר שהביאו ב"ד הרי י"ב: בין לר' יהודה בין לר' שמעון בין לרבי מאיר היכי קרבי הנהו חטאות והא מייתי הנהו דחטאו בימי צדקיהו דהוו חטאת שמתו בעליהן: **לפי שאין מיתה בצבור.** דאע"ג דמתו לצבור לא אזלה למיתה חטאת דידהו: **אילימא מדכתיב תחת אבותיך יהיו בניך.** דמשמע דבנים במקום אבות קיימי ולבנים חיים דמו והכא איכא בנים דדורו של צדקיהו: **אי הכי אפי' ביחיד נמי.** לימא דבנים שמתו בעליה דלא לאזלה למיתה אזלא דלהוו הבן במקום אב: **משעיר דר"ח.** דהוי חטאת דאמר רחמנא לימתי מתרומת הלשכה דכל קרבנות צבור מתרומת הלשכה הם באין והא דלמא מייתי להו מישראל לאחר שנתרמה תרומת הלשכה: **והנך.** ישראל דפיישי: **היכי מייתו.** שעיר דר"ח דאמתא מתרומת הלשכה והא הוי חטאת שמתו בעליה אלא ש"מ וכו': **מי דמי שעיר לר"ח.** דלמא מיתו מצבור דתרומה חדשה דלכח קודם מתו ליה לספק דספק הוו והכי קרבה אלא הכא דורו של צדקיהו ודאי מתו: **ראויה כפרה זו.** בעגלה ערופה שתכפר על יוצאי מצרים וכיון שתכפר על יוצאי מצרים ויוצאי מצרים מתים נינהו דלמא אין מיתה בצבור דמתו ודור ה' לדורו של צדקיהו דאע"ג דמתו מתכפרין בהנהו חטאות: **סתם.** גבי עגלה ערופה כולהו איתנהו בחיים דעיקר כי אתיא עגלה ערופה אתהי (דהיכי) דאיתנהו קא אתיא ומגו דמכפרה אחיים מכפרה נמי אמתים דהיינו יוצאי מצרים אבל הכא מי הוו חיים הכי דורו של צדקיהו: **ודלמא מעוטי הוו.** דהאי דכתיב ורבים מהכהנים והלוים דלמא מעוטי לצבור דבית שני הוו והוה ליה חטאת שמתו רוב בעליה ולא קרבה: **והכתיב ולא מכירים קול תרועת.** ה) ואין העם מכירים קול תרועת השמחה לקול בכי העם ואותן דבוכים מדור של בית הראשון היו ומדאין מכירין קול השמחה שמע מינה דרובא הוו אותן דבוכין והוי כחטאת שרוב בעליה קיימין ומשום הכי קרבה: **והא מזידין הוו.** דורו של צדקיהו ובני קטלא נינהו ולא בני קרבן נינהו והיכי מתכפרים בהנך חטאות: **הוראת שעה היתה.** דאף על גב דהוו מזידין הוו מתכפרים: **תנו רבנן מת אחד מן הצבור.** כגון שהורו ב"ד ועשו צבור על פיהם ולא הספיקו להביא עד שמת אחד מן הצבור חייבין וכו': **מת אחד מן ב"ד.** והויא ליה חטאת שמת אחד מן השותפין דהויא כמתו מקצת בעליה ולא קרבה הא דאיקרי להו שותפין לא משום דחטאת של שותפין דעלמא קרבה דאין שנים מביאין קרבן אלא האי דאיקרי להו שותפין משום דלא מצי קרי להו צבור דהא לאו צבור נינהו הלכך קרי להו שותפין: **דאין צבור מתים.** דאין דין מיתה בצבור דכי גמירי חטאת שמתו בעליה למיתה אזלא ביחיד ולא בצבור: **שמעינן ליה לר"ש דאמר חטאת השותפין אינה מתה דתניא פר ושעיר של יום הכפורים שאבדו והפריש אחרים תחתיהם.** ונתכפרו בהן ואח"כ נמצאו האבודים כולן ימותו דברי רבי יהודה ר' אלעזר ור' שמעון אומרים ירעו והא הכא דפר של יום הכפורים דהיינו פר של אהרן הוי חטאת השותפין דכהנים מתכפרים בו וקאמר רבי שמעון ירעו דלא הוי כחטאת שכפרו בעליה בעלמא דלמיתה אזלא אלא משום דחטאת שותפות לאו כחטאת יחיד דמיא אלא כחטאת צבור דמיא והוא הדין כי מת אחד מן השותפין דלא כחטאת שמתו בעליה דמיא אלא חטאת השותפין היא ואינה מתה והכא הוא דקאמר ירעו משום דהא כפרו בעליה אבל היכא דמת אחד מן השותפין אימא לך דסבירא ליה לרבי שמעון דקרבה דחטאת השותפין אינה מתה הלכך לא מיתוקמא כרבי שמעון: **רבי יהודה אומר כולן ימותו.** דהכי ס"ל דאפי' חטאת צבור מתה: **אמר ליה רב יוסף כהנים קא אמרת שאני כהנים דאיקרו קהל דכתיב על הכהנים ועל כל עם הקהל יכפר.** דאתקש לקהל וכיון דאיקרו קהל משום הכי קאמר רבי שמעון דפר חטאת דידהו כחטאת שעיר דקהל דמי דאינה מתה אבל בחטאת השותפין לעולם אימא לך דס"ל לרבי שמעון דכי מת אחד מן השותפין דלא קרבה וכי מת אחד מן בית דין פטור ואכתי נוקמה כר"ש: אלא

תוספות הרא"ש

א) **והא** אין כפרה למתים. כלומר היאך הקריבו הבאים מהשבי בני הגולה על דור של צדקיהו שחטאו הלא אין כפרה למתים פירוש מחיים דאין מביאין עליהם אחרי מותם: **מי** דמי שעיר ר"ח דלמא לא מתו. ואף ע"ג דידעי' דודאי מתו קצת מישראל מ"מ אלו מעות שעלו מהקופה דלמא מאותן מעות הן שנתנו אותם שהם עדיין חיים כדתנן בפרק ג' דגיטין השולח חטאתו מקריבין אותו בחזקת שהוא קיים אלמא מספק תולין ומקריבין: **ראויה** כפרה זו שתכפר על יוצאי מצרים. אם נמצא חלל ולא הביאו עגלה ערופה מתכפרין בזו: ב) **ומ"ל** דרובא הוה. פרש"י ז"ל ודלמא מיעוט הוי והוה ליה חטאת שמתו רוב בעליה דלא קריבה. והקשה עליו הרמ"ה ז"ל (והאי) [דלהאי] פירושא לא שני מידי דנהי דהשבים שעבו מהגולה שהיו ד' רבוא היו רובן בחרבן בית ראשון שנשארו מדורו של צדקיהו אכתי הנך דמתו מדורו של צדקיהו הוו נפישי טפי מרוב עולי גולה והוי' ליה חטאת שמתו רוב בעליה. ותו מנ"ל לפלוגי בין חטאת שמתו רוב בעליה לחטאת שמתו מיעוט בעליה. ופי' ודלמא הנך דלא הוו בימי בית ראשון הוו נפישי מהנך דאשתיירו מבית ראשון והוה להו הנך דאשתייר מיעוט קהל ולפטרו לגמרי בשלמא לרבנן דאמרי (לעיל דף ג.) מרובין ונתמעטו כמעיקרא דיינינן להו ניחא אלא לר"ש דאזיל אף בתר ידיעה ממאי דבשעת ידיעה רובה דקהל הוי. ומייתי קרא דעולי גולה רובן היו מאותן שראו בית ראשון: ג) **ממאי** דלמא ר"ש היא. דכר"מ לא מתוקמא שפיר דמאי קמ"ל אי מת א' מן צבור שב"ד חייבין. אבל אי מוקמת לה כר"ש א"ש דאשמועינן אע"פ שמתו מקצתן המביאין קרבן חייבין השאר להביא: **שמעי'** לר"ש דאמר חטאת שותפין לאו למיתה. הלכך לר"ש חייבין: **ר"א** ור"ש אומרים ירעו עד שיסתאבו. ופר יוה"כ חטאת השותפין הוא וקאמר ר"ש דאינה מתה וביוה"כ שמתכפר באחר ירעה. וב"ד שמת א' מהן יקריבו הנשארים: **ה"ג** רש"י א"ל רב יוסף כהנים קאמרת שאני כהנים דאיקרו קהל דכתיב על הכהנים ועל כל עם הקהל יכפר. ופי' דהאי קהל משמע דקאי נמי אכהנים ומשום דאיקרו קהל קאמר ר"ש דחטאת דידהו כחטאת הקהל דמי ואינה מתה אבל חטאת השותפין ס"ל דמתה ומתוקמא שפיר כר"ש. וגירסא זו אינה נכונה דאדרבה מדהוציא הכהנים מכלל עם הקהל מכלל דלאו קהל איקרו. ונראה כגי' ספרי ספרד כהנים קאמרת כהנים עם לעצמן איקרו. מדחלק כהנים מעם הקהל מכלל דחשיבי איניהו עם לעצמן כמו עם הקהל כי שקולים כנגד עם הקהל:
א) כ"ה הגירסא בפר"ח ועי' תוס' תמורה טו ב' ד"ה והא: ב) כ"ה הגירסא ג"כ בפר"ח:

תוספות

ה"ג בת"כ וכן היה ר"י אומר על עבודה זרה הביאום ואתא לפרושי דברי ר' יוסי: **אילים וכבשים.** צריך עיון מאי טעמא נשרפו שהרי אינן באין על עבודה זרה: **הוראת שעה היתה.** הוא הדין דעל כולהו מצי לתרוצי הכי: **ור' שמעון אומר ירעו.** אף על גב דלא דמי דהכא מתו בעליהם מכל מקום לא חזו למקרבה ומה לי פסול זה ומה לי פסול אחר ואפילו הכי שמעינן ליה דירעו:

הדרן עלך הורו בית דין

רבינו חננאל

מאן דאית ליה בני דכתיב כרחם אב על בנים ואיכא לאקשויי אי הכי מאי שנא זקן. ואי קשיא לך לרב חסדא דגמר ממשה מכדי כיון דקי"ל דהאי עדת ישראל בב"ד הגדול קא מיירי כדמפרש בסיפרא לישתוק קרא מיניה. הוא גופיה לגמר ממשה ואמאי גמיר מסנהדרין קטנה. דאיהי גופה ממשה גמרא. איכא לפרוקי אי מהתם הוה אמינא הני מילי דבעי' דומין לו בריני נפשות וכיוצא בהן. אבל (דיחידתה) [דהוראה] היא אע"ג דלא דמו קמ"ל ג"ש. אמרי' מנא לן דהורייתן בלא המופלא דהיינו ראש הישיבה אינה הוראה. ומהדרינן דאמר רב ששת וכן תנא דבי ר' ישמעאל מפני מה הורו בדבר שהצדוקין מודין בו פטורין. ס"א הורו בדבר שבתורה פטורין. הואיל והיו להן ללמוד ולא למדו: א) אמר מר נאמר כאן עדה ונאמר להלן עדה. אמרינן והתם מנא לן דבעינן דלא ליהוי בהו חד מהני. אמר רב חסדא גמר מב"ד של משה שלא היה בו אחד מכל אלו. דכתיב והתיצבו שם עמך. עמך בדומין לך. ואמרינן ואימא עמך לשכינה פי' שלא יכנסו לפנים ממחיצתך. אלא אמר רב נחמן בר יצחק והקל מעליך ונשאו אתך. פי' דהא לאו בסנהדרין גדולה מיירי בפרשת יתרו. אלא בבתי דינין שבכל מקום ומקום דכתיב ואתה תחזה מכל העם וגו' ובסוף פ"א דסנהדרין מפורש [דהא] דבעיא דומין לו ילפינן מקטנה: **מתני'** הורו ב"ד שוגגין ועשו כל הקהל שוגגין מביאין. פי' ב"ד מביאין פר. אבל אם הורו ב"ד מזידין כגון שהיו יודעין שהחלב אסור והתירוהו ועשו הקהל שוגגין כל אחד מהקהל מביא כשבה או שעירה. ואף ע"ג דלא הוו שבין מידיעתן קי"ל כרבי יוחנן בריש פרקין. שמעי' דכל היכא דלא הויא הוראה ועשו הקהל כל אחד מן העושין מביא כשבה או שעירה. אבל אם הורו בית דין שוגגין ועשו הקהל מזידין דידעי דאיסורא קא עבדי ודליתא מצוה לשמור דברי חכמים באיסורא פטורין מלהביא פר דמזיד לאו בר קרבן הוא. אתו למידק שוגגין ועשו מוזידין הוא דפטורין הא שוגגין ועשו שוגגין דומיא דמוזידין חייבין היכי דמי שהורו שחלב מותר ונתחלף להם חלב בשומן ואכלוהו נימא תפשוט בעיא דרמי בריש פרקין בהך גוונא לעניינה חובה. ודחינן לעולם אימא לך דכי האי גוונא פטורין ואי אמרת ליתני הא כ"ש מוזידין הך בבא דשוגגין ועשו מוזידין תנאה אידי דתנא מוזידין ועשו שוגגין ולא תשמע מינה מידי דלאו דוקא היא: **מתני'** הורו ב"ד ועשו כל הקהל או רובו על פיהם מביאין. פי' ב"ד פר ובעבודה זרה מביאין פר ושעיר דברי ר"מ דקסבר ב"ד לחודה מייתי והקהל פטורין: רבי יהודה אומר אם חטאו כל הי"ב שבטים מביאין י"ב פרים דכל שבט אקרי קהל כדמפרש לקמן ובעבודה זרה י"ב פרים וי"ב שעירים דקסבר העושין מביאין וב"ד פטורין: (סייך לדף ה) ר' שמעון אומר [י"ג פרים ובעבודה זרה] י"ג פרים וי"ג שעירים דקסבר הני והני מייתי פר ושעיר כל שבט ושבט דכל חד וחד אקרי קהל ופר ב"ד: הורו ב"ד ועשו ז' שבטים על פיהם. פי' פריש רישא כל הקהל השתא מפרש רובו בשעשו ז' שבטים שהן רוב במספר מביאין על ידיהן ב"ד פר. ובעבודה זרה פר ושעיר דברי ר"מ ר' יהודה אומר ז' שבטים שחטאו מביאין ז' פרים ושאר שבטים שלא חטאו מביאין על ידיהן פר פר. פי' כל שבט ושבט מביא שאע"פ שלא חטאו מביאין על ידי החוטאין. ולפנינו מפורש כי אפי' אם חטא שבט אחד בהוריית ב"ד הגדול כל אחד ואחד מהי"א שבטים מביא פר אע"פ שלא חטאו והכא אגב דתני ר' מאיר ז' תנא נמי איהו: ר' שמעון אומר ח' פרים ובעבודה זרה ח' פרים וח' שעירים [פר] ושעיר לכל שבט ושבט ופר ושעיר לב"ד: ת"ר בספרא ידעו שהורו וטעו מה הורו. פי' כגון שנודע להן שהתירו איסור אבל שכחו אם חלב התירו אם דם יכול יהו חייבין פר ת"ל ונודעה החטאת ולא שיודעו החוטאין: מאן תנא אמר רב ואיתימא רבא דלא כר' אליעזר דתניא בספרא פסוק או הודע אליו חטאתו. אשתו נדה ואחותו עמו בבית שגג באחת מהן ואין ידוע באיזו מהן שגג כו' ר' אליעזר מחייב חטאת ור' יהושע פוטר. א"ר אליעזר מה נפשך כו'. רב אשי אמר אפי' תימא ר' אליעזר שאני התם בהורייה דכתיב ונודעה החטאת [אשר חטאו עליה] אקשינן הכא נמי בשגגת מעשה הכתיב אשר חטא בה. פי' בה דבר ידוע ופרקינן ההוא פרט למתעסק. והא דר' אליעזר עיקרה בכריתות [פרק] ספק אכל חלב והתם גרסינן אמר רב נחמן מתעסק בחלבין ובעריות חייב שכן נהנה מתעסק בשבת פטור מלאכת מחשבת אסרה תורה. וכבר פרשתי בפרק ד' מיתות. והא דר' אליעזר נמי כבר פרשתי בסוף פרק ידיעות הטומאה בשבועות: **ירושלמי** בסוף פרק הזורק בשבת תני אין מתעסקין לא בחלבין ולא בעריות והמתעסק בשבת פטור בחלבין ובעריות חייב. היך עבידה אמר הריני קוצר חצי גרוגרת וקצר כגרוגרת פטור. הריני אוכל חצי זית ואכל כזית חייב. הריני מתחמם בה והערה בה חייב: אשר חטאו עליה והקריבו הקהל חטאו ב' שבטים מביאין ב' פרים ג' מביאין ג' ושאר כל השבטים שלא חטאו מביאין על ידיהן פר פר אע"פ שלא חטאו מביאין על ידי החוטאין לכך נאמר הקהל לחייב על קהל וקהל. פי' דשבט אקרי קהל: מאי טעמא דר' יהודה ד' קהלי הוו קהל קהל הקהל. פי' ונעלם דבר מעיני הקהל והקריבו הקהל הרי ב' ומדהוה ליה למכתבינהו בלא היין וכתוב ב' אחריני הרי ד' חד לומר לך קהל חייב פר ב) ואין יחיד חייב פר [וחד כו' וחד כו'] וחד לומר לך שבט שעשה בהוריית ב"ד חייב: ר' שמעון אומר ז' שבטים שחטאו מביאין ז' פרים וב"ד מביאין על ידיהן פר שנאמר למטה קהל שנא' והקריבו הקהל ונאמר למעלה קהל מעיני הקהל. מה למעלה ב"ד עם הקהל בשגגה אף למטה ב"ד עם הקהל (בשגגה) פי' בקרבן. ולקמן מפרש דלר"ש אפי' חטא שבט אחד בהוריית ב"ד מביאין שני פרים. א' השבט וא' ב"ד. ומשום הכי נקט תנא ז' דקבעי למפלג עליה הני תנאי. מאי טעמא דר"ש קסבר (תרי) [תלתא] קראי הוו והקריבו הקהל קהל הקהל חד לחייב על כל קהל וקהל (וחד) [ותרי] לחיובי ב"ד [עם הקהל] בהאי ג"ש. אבל הקהל קמא לא משמע ליה דדברה תורה כלשון בני אדם דאמרי אינשי מעיני דפלניא פי' (ללתעריף) [דל"ת עודף] ס"א ור' שמעון תרי קראי הוו קהל הקהל חד כו'. מעיני הקהל לא משמע ליה. ור' מאיר [אומר] ז' שבטים שחטאו והן רובה בגברי ב"ד מביאין על ידיהן פר והן פטורין שנא' למטה הקהל והקריבו הקהל ונאמר למעלה קהל מה למעלה ב"ד ולא צבור. פי' בהוראה אף למטה ב"ד ולא צבור בקרבן. דר"מ קהל הקהל לא דריש הלכך תרי קראי כתיבי מיבעי ליה לנאמר למטה קהל וכו': ור"מ קהל הקהל לא דריש חד הוא ולג"ש: ר' אליעזר ב"ד שמעון אומר משמו. פי' משם ר' מאיר חטאו ו' שבטים והן רוב הקהל במספר גברים או ז' שבטים אע"פ שאינן רוב ב"ד מביאין על ידיהן פר. מאי [טעמא] דכתיב בפרשה שלח לך אם מעיני העדה נעשתה לשגגה משמע אפילו מיעוטא. פי' נעשתה מכל מה דהוא וכתיב התם כי לכל העם בשגגה. דמשמע רובה הא כיצד רובה דהוא מיעוטא. פי' ז' שבטים שהן מיעוט הקהל בחשבון גברים ומיעוטה דהוא רובה ו' שבטים שהן רוב הקהל בחשבון גברים: (סייך לדף ה ע"ב) אקשינן ור"מ ור"ש האי דלא מחייבי ב"ד אלא אם עשו קהל (אי) [או] איכא חוב הפר לכל חד כדאית ליה מנא ליה אמר אביי אמר קרא והיה אם מעיני העדה נעשתה לשגגה פי' [עיני] העדה הן ב"ד. ומשמע דעל ידי [אחרים] נעשתה השגגה. ורבא אמר
אמר

א) נראה דל"ל לא היה מופלא של ב"ד נמי היה להם ללמוד ולא למדו. ב) עי' תוס' הרא"ש.

עין משפט
נר מצוה

מח א מיי' פי"ג מהל' שגגות הל' ב:
מט ב ג ד מיי' פ"ד מהל' פסולי מוקדשים ה"א:
א ה מיי' פט"ו מהל' שגגות הלכה א סמג עשין ריז:
ב ו מיי' שם הלכה ב והלכה ג סמג שם:
ג ז מיי' שם והל' א:
ד ח מיי' שם הל' ב:

מסורת הש"ס

א) תמורה טז.: ב) [יומא כ. ושם נסמן]: ג) תמורה טו.: ד) [סוכה כ: יבמות מו. סא: זבחים לח. מנחות יט. פב. תמורה טז: יח: נדה לז:]: ה) ס"א שעשה ב"ש: ו) ב"ש: ז) ת"כ פ' ויקרא: ח) ב"ש מ"ז: ט) ולא מיתוקמא כנ"ל ב"ש: י) ב"ש מ"ז:

אלא מעתה נייתו פר בהוראה וכי תימא הכי נמי טפי להו שבטים אלא אמר רב אחא ברבי יעקב שבטו של לוי לא איקרו קהל דכתיב הנני מפרך והרביתך ונתתיך לקהל עמים וגו' כל שיש לו אחוזה איקרי קהל וכל שאין לו אחוזה לא איקרי קהל א"כ חסרי להו י"ב שבטים אמר אביי אפרים ומנשה כראובן ושמעון יהיו לי אמר רבא והא כתיב על שם אחיהם יקראו בנחלתם לנחלה הוקשו ולא לדבר אחר ולא והא חלוקין בדגלים כנחלתן כך חנייתן כדי לחלק כבוד לדגלים והא חלוקים בנשיאים ההוא לחלוק כבוד לנשיאים דתניא שלמה עשה ז' ימי חנוכה ומה ראה משה לעשות שנים עשר ימי חנוכה כדי לחלוק כבוד לנשיאים מאי הוי עלה ת"ש דתניא ר"ש אומר חמש חטאות מתות ולד חטאת ותמורת חטאת וחטאת שמתו בעליה וחטאת שנתכפרו בעליה וחטאת שעברה שנתה ואי אתה יכול לומר ולד חטאת בצבור שאין צבור מפרישין נקבה ואי אתה יכול לומר תמורת חטאת בצבור שאין תמורה בצבור ואי אתה יכול לומר חטאת שמתו בעליה בצבור שאין צבור מתים שנתכפרו בעליה ושעברה שנתה לא שמענו יכול ימותו אמרת ילמוד סתום מן המפורש מה מצינו בולד חטאת ותמורת חטאת ושמתו בעליה ביחיד דברים אמורים ולא בצבור אף שנתכפרו בעליה ושעברה שנתה ביחיד דברים אמורים ולא בצבור וכי דנין אפשר משאי אפש' ר"ש בחד מקום גמיר:

הדרן עלך הורו בית דין

הורה כהן משיח לעצמו שוגג ועשה שוגג מביא פר שוגג ועשה מזיד מזיד ועשה שוגג פטור שהוראת כהן משיח לעצמו כהוראת ב"ד לצבור: **גמ'** שוגג ועשה שוגג מביא פר פשיטא אמר אביי הכא במאי עסקינן כגון שהורה ושכח מאיזה טעם הורה ובשעה שטעה אמר הריני עושה על דעת הוראתו מהו דתימא כיון דאילו מתידע ליה [שמא] הדר ביה כמזיד דמי ולא לחייב קמ"ל: מזיד ועשה שוגג כו': מנא ה"מ דתנו רבנן לאשמת העם הרי משיח כצבור (שיכול) והלא דין הוא צבור

ויקרא ד

אלא מעתה. דכהנים איקרו קהל לייתו פר בהוראה: **וכ"ת הכי נמי טפי להו שבטים.** לר"ש הויין י"ג שבטים ותנן רבי שמעון אומר י"ג פרים פר לכל שבט ושבט ופר לב"ד דלא הוו אלא י"ב שבטים: **אלא אמר רב אחא בר יעקב שבטו של לוי לא איקרי קהל.** והוא הדין לכהנים דלא איקרו קהל דכהנים הויין בכלל שבט לוי (ולאכתי נוקמה) כר' שמעון: **ונתתיך לקהל עמים ונתתי את הארץ הזאת לזרעך אחריך אחוזת עולם כל שיש לו אחוזה איקרי קהל.** וכהנים ולוים אין להם אחוזה: **כראובן ושמעון יהיו לי.** דבתרי שבטים חשיב להו כראובן ושמעון: **והא כתיב על שם אחיהם יקראו בנחלתם.** דלנחלה הוקשו אפרים ומנשה לשאר שבטים שיהיו נוטלים בנחלה כשאר שני שבטים ולא לדברים אחרים הוקשו אבל אין מביאין ב' פרים ואכתי חסרי להו מי"ב שבטים אלא שמעינן מינה דלוי איקרי קהל וכהנים לא איקרי קהל ושותפין נינהו ולא מתוקמא כר"ש דקרא הכי משמע ומולדתך: **כנחלתם כך חנייתם.** שיעקב אבינו חלק להם את הארץ ולוים היאך יחנו לדגליהם וכן מצינו במדרש תנחומא דיעקב אבינו תקן להם דגלים וחלק להם הארץ וכן מצינו איש על דגלו באותות באות אשר נזה להם אביהם שאותן רוחות שנחלקו לשאת מטתו לאותן רוחות חנו לדגליהם והיינו דאמרי' כנחלתן כך חנייתן: **מאי הוי עלה.** אי הוה דוקא הא דאביי דאמר דשמעינן ליה לר"ש דאמר דחטאת השותפין אינה מתה או לאו דוקא: ת"ש דתניא ר"ש אומר וכו': **שאין לצבור מפרישין נקבה.** שאין אתה מוצא קרבן לצבור שהיתה באה נקבה: **שאין תמורה בצבור.** דכתיב לא יחליפנו ולא ימיר דלשון יחיד הוא ולא צבור ושותפין והכי מפרש בפ"ק דמס' תמורה (דף יג.): **שנתכפרו בעליה ושעברה שנתה לא שמענו.** אם מתים בצבור אי לא: **וכי דנין אפשר משאי אפשר.** הא ולד חטאת ותמורת חטאת ושמתו בעליה אי אפשר בצבור וקא אמר מה מצינו: הא לא קשיא דלא הוי דנין אפשר משאי אפשר משום דר"ש בחד מקום גמיר להו דכי נלמוו ישראל על ד' חטאות בחד מקום גמיר להו הלכה למשה מסיני שיהיו נהוגות יחד במקום אחד או ביחיד או בצבור וקא דייק ר"ש אי ס"ד בצבור הנך כולהו מי איתנהו יחד בצבור אלא ש"מ דביחיד אמורה ולא בצבור דכי היכי שמתו בעליה ולד חטאת ותמורת חטאת ליתנהו בצבור ה"נ שכיפרו בעליה ושעברה שנתה ליתנהו בצבור דעל כרחין ילמוד סתום מן המפורש והכי אמרינן במס' תמורה בפ' יש בקרבנות יחיד (ד' טז:) אמר ר"ש בן לקיש ארבע נתנו להם למתות והחמישי' ירעה ויחד ניתנו שיהיו נוהגות במקו' א' ומספק העמידום על חמש שיהיו ממשתן מתות ואי ס"ד דארבע ניתנו להם בצבור הנך כולהו ד' מתות מי איתנהו בצבור הא לא משכחת לה דאפשר בצבור אלא שנים ותו לא אלא על כרחך ילמוד סתום מן המפורש וקא דייקא מהא מתניתא דכי היכי דאמר ר"ש ה' חטאות מתות ביחיד ולא בצבור דמהא דוקיא דייק ר"ש דיחיד ולא בשותפין דהיינו ב"ד משום דאי אתה יכול לומר ולד חטאת בשותפין שאין השותפין מביאין נקבה דפר ושעיר הוא דמביאין ואי אתה יכול לומר תמורת חטאת בשותפות שאין תמורה בשותפין דעלמא וכ"ש בב"ד דה"נ תנן במס' תמורה (דף יג.) אין השותפין עושין תמורה וילמוד סתום מן המפורש מה מצינו בולד חטאת ותמורת חטאת ביחיד דברים אמורים ולא בשותפין אף חטאת שמתו בעליה ושכפרו (על) בעליה ושעברה שנתה ביחיד ולא בשותפין דחטאת שמת אחד מן השותפין קרבה הלכך הא דקתני מת אחד מב"ד פטור לא מתקומא אליבא דר"ש:

הדרן עלך הורו בית דין

הורה כהן משיח. הורה שוגג ועשה מזיד או שהורה מזיד ועשה שוגג פטור מקרבן שהוראת כהן משיח לעצמו כהוראת ב"ד לצבור מה הוראת ב"ד לצבור אין חייבין אלא על העלם דבר עם שגגת מעשה אף הוראת כהן משיח לעצמו אינו חייב אלא על העלם דבר עם שגגת מעשה כדמפרש בגמרא לאשמת העם הרי משיח כצבור וכי הורו בית דין מזידין ועשו קהל שוגגין לא הוי הוראה והוי שגגת מעשה לחודיה והוו יחידין ומייתו כל חד וחד כשבה או שעירה אבל כהן משיח כי הורה מזיד ועשה שוגג לא דיניה כיחיד ופטור לגמרי דהכי אמרינן בפרק בתרא (דף יא.) מעם הארץ פרט למשיח דאינו מביא קרבן בשגגת מעשה: **גמ' שוגג ועשה שוגג מביא פר פשיטא.** דכי הורה בשוגג ועשה שוגג דהוי שוגג מעליא ומביא פר קרבן: **מהו דתימא כיון דאי מתידע ליה.** מאיזה טעם הורה שמא היה חוזר בו מאותו טעם וכי שכח ההוא טעמא ואף על פי כן הוא עושה ותולה בהוראתו ראשונה אימא כמזיד דמי ולא מחייב קרבן קא משמע לן: **(שיכול.** לגמור מדין קל וחומר שמשיח כצבור ולא צריך למכתב לאשמת העם אע"ג דאילו לא נאמר לאשמת העם הייתי למד מן הדין):

תוספות הרא"ש

[א"ל אביי] א"כ כשחטאו בהוראת ב"ד עם הצבור יביאו פר לעצמן. וכ"ת ה"נ נפישי להו פרים דשבט לוי יביאו ב' פרים: א) אמר רב אחא שבט לוי אינו קרוי קהל דכל אותן שלא נטלו חלק בארץ אינם קרויס קהל. מיהו כהנים (נינהו) [נמי] דלא מקרי קהל מ"מ הכתוב קראם עם הקהל בפ"ע ושקולים עם הקהל וכצבור דמו ואין חטאתם מתה אבל חטאת שותפים ס"ל לר"ש דמתה ומתוקמא שפיר כר"ש: **א"ה** בצרי להו. האי א"כ לא קאי אמלתיה דרב יוסף דהא שני שפיר דאע"ג דכהנים לא אקרי קהל אקרו עם וקרבנם כקרבן צבור דמי. אלא פריך אהא דקאמר דשבט לוי לא אקרי קהל א"כ

רבינו חננאל

אמר קרא כי לכל העם בשגגה עד שתיעשה שגגה ע"י אחרים כלומר (מאדם) [מהעם] היתה המעשה. ועיקר זה אותה הברייתא השנויה לאחור (לעיל דף ג ע"א) יכול הורו ב"ד ועשו הן ב"ד עצמן יהו חייבין כו': וצריכי תרווייהו. פי' בין לאביי בין לרבא דאי אשמעינן נעשתה לשגגה הוה אמינא אפי' מיעוטא קמ"ל לכל העם ואי אשמעינן לכל העם הוה אמינא אפי' רובה לא מחייבי עד דעבדי ב"ד בהדייהו קמ"ל והיה אם מעיני העדה נעשתה כו'. דמשמע אחרים עשו: אקשינן היכי ילפינן מהני קראי לכל מצות והא בעבודה זרה כתיבי ופרקינן אתיא מעיני מעיני פי' כתיב הכא מעיני הקהל וכתי' התם מעיני העדה. איבעיא להו שבט אחד לר' יהודה שחטא בהוריית ב"ד הגדול מי מייתו שאר שבטים כל שבט פר אי לא כי שמענא ליה לר' יהודה בז' שבטים דאיכא למימר על כן חייב השאר הואיל וז' הן רוב הכל וקיי"ל דרובא ככולה וכאילו הן נמי עשו. אבל שבט אחד לא מייתו הנך דלא עבוד על ידיה או דלמא לא שנא. ואתאן למפשט דשבט א' לר' יהודה לא מייתו עליה מהא דתניא סתמא מה הן מביאין פר. ר' שמעון אומר שני פרים. במאי עסקינן אילימא בשחטאו ז' שבטים ר"ש ח' פרים בעי במתני' אלא שבט א' (ומאי היא) [ובמאי אי] בהוריית בית דינו ר"ש לית ליה אלא לאו בהוריית ב"ד הגדול. מאן תנא קמא אי ר"מ רוב כל ישראל בעי אלא לאו ר' יהודה פי' וקתני פר א' ש"מ. ודחינן לא הכא במאי עסקינן כגון שחטאו ו' שבטים והן רובו של קהל או ז' אע"פ שהן מיעוטו ומאן תנא קמא ר' שמעון בן אלעזר. ואי קשיא לך היכי מוקמינן לה בו' שבטים והא ב' פרים תני ר"ש כאן ושמעינן

תוספות

מזיד ועשה שוגג. תימה היכא הוי שוגג בלא הוראה אי אכיל בשתיקה ולא מיקרי הוראה הא מאחר שאינו מורה לאחרים כי אם לעצמו מה לי בשתיקה מה לי בדיבור: **(אין) [כהוראת] בין דין כו'.** כמה ענייניס שונה הכא מה שכבר שנה בפרק קמא אלא משום דאתי לפרושי רישא אמאי שוה להוראת צבור לענין שוגג ועשה כו' משום דשוו פר כהן משיח וצבור להדדי: **שוגג ועשה שוגג פשיטא.** לעיל בפ"ק (ז:) דקתני שוגגין ועשו שוגגין לא פריך נמי פשיטא וצריך לומר אגב דתנא הכא דהתם ליכא לשנויי כדהכא דהיכי סלקא דעתך למימר דכולהו סנהדרין שכחו מאיזה טעם הורו:

ושואלים: אם הכהנים קרויים קהל **אֶלָּא מֵעַתָּה, נַיְיתוּ** [שיביאו] **פַּר** על חטאתם **בְּהוֹרָאָה** של בית דין, כמו שמביא כל שבט (לדעת ר' שמעון) שהרי גם הם קהל! **וְכִי תֵּימָא, הָכִי נַמִּי** [ואם תאמר, אכן כך הוא גם כן], אם כן, **טָפֵי לְהוּ** [התרבו להם] **שְׁבָטִים**, שיש מעתה שלושה עשר שבטים! **אֶלָּא אָמַר רַב אַחָא בַּר יַעֲקֹב: שִׁבְטוֹ שֶׁל לֵוִי לֹא אִיקְרוּ** [נקראו] **קָהָל, דִּכְתִיב** [שנאמר]: "**הִנְנִי מַפְרְךָ וְהִרְבִּיתִךָ וּנְתַתִּיךָ לִקְהַל עַמִּים** ונתתי את הארץ הזאת לזרעך אחריך אחוזת עולם" (בראשית מח, ד), לומר **כָּל שֵׁבֶט שֶׁיֵּשׁ לוֹ אֲחוּזָּה** נחלה בארץ — **אִיקְרֵי** [נקרא] **קָהָל, וְכָל שֶׁאֵין לוֹ אֲחוּזָּה — לֹא אִיקְרֵי** [נקרא] **קָהָל**, ושבט לוי אין לו חלק ונחלה בארץ, וכן הכהנים הבאים משבט לוי. ושואלים: **אִם כֵּן, חַסְרֵי לְהוּ** [חסרים להם] **שְׁנֵים עָשָׂר שְׁבָטִים** כיון שיש רק אחד עשר שבטים בלא לוי! **אָמַר אַבַּיֵי**: נאמר "**אֶפְרַיִם וּמְנַשֶּׁה כִּרְאוּבֵן וְשִׁמְעוֹן יִהְיוּ לִי**" (שם ד), והם נמנים כשני שבטים. **אָמַר רָבָא, וְהָא כְּתִיב** [והרי נאמר]: "**עַל שֵׁם אֲחֵיהֶם יִקָּרְאוּ בְּנַחֲלָתָם**" (שם ו) לומר שדווקא **לְנַחֲלָה הוּקְשׁוּ** (הושוו) לשבטים **וְלֹא לְדָבָר אַחֵר**! ושואלים: **וְלֹא**? וכי אינם נחשבים לשבטים אף לעניינים אחרים? **וְהָא** [והרי] **חֲלוּקִין הֵם בַּדְּגָלִים** במסע בני ישראל במדבר, שבכל דגל היו שלושה שבטים, וגם אפרים ומנשה נמנו במנין השבטים בדגלים כשני שבטים נבדלים! ומשיבים: **כְּנַחֲלָתָן כָּךְ חֲנִיָּיתָן** סביב למשכן, **כְּדֵי לְחַלֵּק כָּבוֹד לַדְּגָלִים**. ושואלים: **וְהָא** [והרי] הם **חֲלוּקִים בַּנְּשִׂיאִים**, שלשבט אפרים ומנשה היו נשיאים נבדלים! ומשיבים: **הַהוּא, לַחֲלוֹק כָּבוֹד לַנְּשִׂיאִים**, ומכאן אין ראיה שהם נחשבים לשני שבטים לענין אחר. **דְּתַנְיָא** [ששנויה ברייתא]: **שְׁלֹמֹה עָשָׂה שִׁבְעָה יְמֵי חֲנוּכָּה** בחנוכת בית המקדש, **וּמָה רָאָה מֹשֶׁה לַעֲשׂוֹת שְׁנֵים עָשָׂר יְמֵי חֲנוּכָּה** בחנוכת המשכן? **כְּדֵי לַחֲלוֹק כָּבוֹד לַנְּשִׂיאִים**, שכל נשיא שבט יקריב באחד מימים אלה, ומפני כבודם של נשיאיהם נחשבים אפרים ומנשה לשנים. ושואלים: לגופו של דבר, האם סבור ר' שמעון שחטאת השותפים שונה מחטאת הציבור, כפי שאמר רב יוסף, או כדברי אביי שאין הבדל ביניהם? **מַאי הָוֵי עֲלָהּ** [מה היה עליה]? ומציעים: **תָּא שְׁמַע** [בוא ושמע] ראיה, **דְּתַנְיָא** [ששנויה ברייתא]: **ר' שִׁמְעוֹן אוֹמֵר, חָמֵשׁ חַטָּאוֹת מֵתוֹת** כלומר, גורמים להן למות, משום שאי אפשר להקריבן, והן: **וְלַד חַטָּאת**, אם בהמת קרבן שהוקדשה לחטאת (שהיא נקבה) ילדה ולד, וולד זה יש בו קדושה אבל אי אפשר להביא אותו לקרבן. **וּתְמוּרַת חַטָּאת**, אם המירו בהמה אחרת בבהמה לחטאת, שנתקדשה באותה קדושה, אבל אי אפשר להקריבה. **וְחַטָּאת שֶׁמֵּתוּ בְּעָלֶיהָ. וְחַטָּאת שֶׁנִּתְכַּפְּרוּ בְּעָלֶיהָ** בקרבן אחר. **וְחַטָּאת שֶׁעָבְרָה שְׁנָתָהּ**, שהיא צריכה להיות בת שנה, ועברה שנתה. **וְאִי אַתָּה יָכוֹל לוֹמַר וְלַד חַטָּאת בְּצִבּוּר, שֶׁאֵין צִבּוּר מַפְרִישִׁין** קרבן חטאת **נְקֵבָה. וְאִי אַתָּה יָכוֹל לוֹמַר תְּמוּרַת חַטָּאת בְּצִבּוּר, שֶׁאֵין תְּמוּרָה בְּצִבּוּר**, שדין התמורה הוא רק ביחיד. **וְאִי אַתָּה יָכוֹל לוֹמַר חַטָּאת שֶׁמֵּתוּ בְּעָלֶיהָ בְּצִבּוּר, שֶׁאֵין צִבּוּר מֵתִים. שֶׁנִּתְכַּפְּרוּ בְּעָלֶיהָ וְשֶׁעָבְרָה שְׁנָתָהּ לֹא שָׁמַעְנוּ** מה דינם, **יָכוֹל יָמוּתוּ? אָמַרְתָּ** (אומר אתה): **יִלְמוֹד סָתוּם מִן הַמְפוֹרָשׁ, מַה מָּצִינוּ בִּוְלַד חַטָּאת וּתְמוּרַת חַטָּאת וְשֶׁמֵּתוּ בְעָלֶיהָ** שדין זה **בְּיָחִיד דְּבָרִים אֲמוּרִים וְלֹא בְּצִבּוּר, אַף חטאת שֶׁנִּתְכַּפְּרוּ בְּעָלֶיהָ וְשֶׁעָבְרָה שְׁנָתָהּ — בְּיָחִיד דְּבָרִים אֲמוּרִים וְלֹא בְּצִבּוּר**. ומאותו לימוד נלמד לענייננו לגבי חטאת השותפים, שכשם שמצינו בולד חטאת ותמורת חטאת שדינם ביחיד ולא בשותפים, כמו כן גם לגבי חטאת השותפים שמת אחד מהשותפים. ושואלים: **וְכִי דָּנִין אֶפְשָׁר מִשֶּׁאִי אֶפְשָׁר?** הרי יש פה דברים שאינם יכולים להיות בציבור מעצם טבעו של הציבור, אבל אין ללמוד מכאן על דברים שהם אפשריים בציבור! ומשיבים: **ר' שִׁמְעוֹן בְּחַד מָקוֹם גְּמִיר** [במקום אחד הוא לומד] שכל דיני חטאות המתות נמסרו כהלכה אחת, ובמקום שאי אפשר לקיים כולה — כל הדין הזה בטל.

עיונים

אלא מעתה שאתה אומר שהכהנים נקראים "קהל" (רש"י). והרא"ש לפי גרסתו אומר: כיון שאמרת שהכהנים נקראים עם, ומשום כך דינם כציבור. אם כן יהא דינם כציבור גם לענין הבאת פר.

טפי להו שבטים שהרי נאמר במשנה שלשיטת ר' שמעון מביאים שנים עשר פרים לשנים עשר שבטים, משמע שלא יותר משנים עשר. ולשיטה זו — הרי יש פר נוסף של הכהנים (רש"י).

שבטו של לוי והוא הדין לכהנים, שהרי הם בכלל שבט לוי. ועוד, שהטעם המונע מלהחשיב את שבט לוי כולו שייך גם בכהנים שאין להם אחוזה בארץ (וראה בצפנת פענח שדן בשאלת ערי הלויים והכהנים ובמעמדן בגדר אחוזה).

חסרי להו וכתב הרא"ש, לשיטתו, שאף לשיטה שהכהנים נחשבים כציבור וקרבנם נחשב כקרבן ציבור (משום שנקראו "עם"), מכל מקום אין הם קרויים "קהל", ולפיכך אינם יכולים להמנות בכלל השבטים המביאים קרבן העלם דבר.

וכמה מן המפרשים העירו שבמסכת קדושין נאמר שיש חמשה קהלים בישראל — ובכללם כהנים ולויים. ויש שכתב שאין כאן סתירה, לפי שלענייננו נאמר בתורה "קהל" סתם, אבל בקידושין שמדובר לענין פסולי נישואין לשון הכתוב היא "קהל ה'", ובכלל זה נמנים גם כהנים ולויים.

כנחלתם כך חנייתן רש"י ואחרים מביאים מן המדרש שיעקב אבינו כבר חילק לבניו את נחלותיהם בארץ, והוא שקבע כיצד ישאו את מטתו, וכפי סדר הנשיאה כך היה סדרם בדגלים. ולפיכך כפי שחולקו לנחלה כך חולקו לדגלים. ויש שפירש כי אף בדגלים, כיון שיש להם מקום עמידה קבוע במחנה הרי זו כעין נחלה (ר"ח).

לחלוק כבוד לדגלים לפי הר"ח זה הוא נימוק מיוחד לעצמו, שכיון ששבט לוי לא נפקד עם שאר ישראל, ואף מקום חנייתו היה סביב למשכן, נמצא שלפי מספר השבטים המקורי היו בדגל אחד רק שני נשיאים, ומשום כך הוצרכו להוסיף נשיא שלישי לאותו דגל.

לחלוק כבוד לנשיאים שהרי נתמנו כבר בדגלים, ואם לא יקציבו לו יום הקרבה כלשאר הנשיאים הרי זו פחיתות כבוד לו. והוא הטעם של שנים עשר ימי הקרבה, שאם היו שבעה בלבד, לא היו כל הנשיאים מקריבים (ר"ח).

מה ראה משה הרבה התקשו המפרשים בשאלה זו, שהרי כל מה שעשה משה — על פי דבר ה' עשה. ועוד, שהיה מן הראוי לשאול להיפך: מפני מה לא עשה שלמה כדרך שעשה משה? ומקצת הסבר נתנו בכך שחגיגת שבעה ימים מקובלת בהרבה עניינים (כגון ברגלים), ואין תמיהה על שלמה שנהג כן. אבל חגיגת שנים עשר יום לא מצאנו במקרים אחרים (חק נתן).

חמש חטאות מתות לעתים יש בהמה המוקדשת לקרבן, אלא שאי אפשר להקריבה מפני טעם כלשהו. ואולם לעתים יש תקנה לבהמה זו כאשר יקריבו אותה לצורך אחר (כגון מותר הפסח שקרב שלמים), ופעמים אומרים שתרעה בהמה זו עד שיפול בה מום ("תסתאב") ואז פודים אותה ומקריבים קרבן אחר בדמיה. אבל קרבן חטאת שהוא מוקדש עבור אדם מסויים ועבור חטא מסויים — מסורת הלכה היא שהן מתות (מניחים אותן למות).

שאין צבור מפרישין נקבה שחטאות ציבור המנויות בתורה (שעירי מועדים וראשי חדשים, העלם דבר), בכולן נאמר שהן זכרים.

דנים אפשר משאי אפשר מחלוקת תנאים היא בנושא זה. שיש אומרים שאין להביא ראיה מהלכה מסויימת ולדמות אליה מקרה אחר אם הסיבה שהלכה הראשונה איננה משום עצם הדין, אלא משום שהדבר אינו אפשרי מסיבות מעשיות שונות. אבל יש אומרים שאין זה מעכב, ואף שאי אפשר — ראיה גמורה היא.

בחד מקום גמיר שר' שמעון קיבל שדין חטאות המתות הוא הלכה למשה מסיני, וכולם הן כיחידה אחת. ולכן סבור הוא שבכל מקרה שאי אפשר (מכל טעם שהוא) לקיים את כל הדינים הללו — בטלה הלכה זו כולה. וכיון שבציבור לא ייתכן שיהיו כל החטאות מתות — ממילא אין אף חטאת ציבור מתה. ומכאן יש ללמוד פתרון גם לבעיית חטאת השותפים. שכיון שבחטאת השותפים אין אפשרות לכל החטאות המתות (שהרי אין תמורה גם בשותפים) — ממילא סבור ר' שמעון שאין חטאת שותפים מתה בכל מקרה (רש"י).

אורח ההלכה

לנחלה הוקשו לענין הוראת בית דין שהולכים אחר רוב שבטים, אין שבטי אפרים ומנשה נחשבים כשני שבטים אלא כשבט אחד. וכדברי רבא שהלכה כמותו נגד אביי. (רמב"ם ספר קרבנות הלכות שגגות פי"ג ה"ב).

חמש חטאות מתות ולד חטאת, ותמורת חטאת, וחטאת שמתו בעליה, וחטאת שאבדה ונמצאה לאחר שנתכפרו בעליה — הרי אלו ימותו. ודברים אלה אמורים בחטאת היחיד, אבל בציבור — ירעו עד שיפול בהם מום ויפלו דמיהן לנדבה. (שם ספר עבודה הלכות פסולי המוקדשים פ"ד ה"א).

מסורת הש"ס

א. ילק"ש תורה קנו.
ב. תמורה טז,א. ירושלמי שבת פ"א ה"ד.
ג. יומא נ,א. נזיר כא,ב. תמורה טו,א. טז,א. כא,ב.
ד. תמורה יג,א. טז,א.
ה. הוריות ו,א (ושם סומנו מקבילות).
ו. (שאלה זו) סוכה נ,ב. יבמות מו,א. סא,ב. זבחים צח,א. מנחות יט,א. פב,א. תמורה טז,ב. יח,ב. נדה לז,ב.

גרסות

טפי להו בכתי"פ: **נפישי להו.**

לא איקרו בכתי"פ: **אינו קרוי.**

חסרי להו בכתי"פ: **בצרי להו.**

לנחלה הוקשו בכתי"פ: **לנחלה הקשתים.**

כדי לחלוק כבוד לדגלים בכתי"מ חסרות מלים אלה.

שבעה ימי חנוכה בכתי"פ: **שבעת ימים בחנוכת הבית.**

ומה ראה משה לעשות בכתי"פ: **ומפני מה עשה משה.**

מפרישין נקבה בכת"י: **מביאין נקבה.**

ואי אתה יכול לומר תמורת — תמורה בצבור בכת"י: **ולא תמורת חטאת בצבור שאין צבור ממירין.**

שנתכפרו בעליה בכתי"פ: **שכפרו בעליה באחר.**

ילמוד סתום מן המפורש בכתי"פ: **ילמדו סתומות ממפורשות.**

מה מצינו בולד בכתי"פ: **מה ולד.**

ביחיד דברים אמורים בכתי"פ: **ביחיד אמורין** בכתי"מ: **ביחיד.**

בחד מקום גמיר בכת"י: **מחד מקום גמר להו.**

סיכום פרק ״הורו בית דין״

בפרק זה נדונו בעיות יסודיות בענייני שגגת בית דין. והרבה גופי דברים שנויים במחלוקת בין התנאים. ובסיכומו של דבר עולות תשובות לבעיות הללו.

בית הדין שמדובר בו בענין זה הוא בית הגדול (״סנהדרי גדולה״) דווקא. שגגת בית הדין המחייבת קרבן צריכה להיות שגגת כל העדה. אין די שרוב חברי הסנהדרין יסכימו בדבר, אלא שלא יהיה מי שמוחה ומתנגד למסקנה זו (גם אם אינו מסכים לה). אין הציבור חייב להביא קרבן על שגגת בית הדין בלבד אלא דווקא כאשר רוב הקהל נהג על פי הוראת בית הדין, ועברו בכך על דברי תורה (״הוראה תלויה בבית דין ומעשה תלוי בקהל״). וכל מי שאינו עושה מתוך הסתמכות על בית הדין, בין משום שהוא סבור שלא כדעתם (אבל נוהג על פיה) או שאינו משגיח בדברי בית הדין — דינו כמי שחטא לעצמו, בשגגה או בזדון.

בשאלה מי הוא הנקרא קהל לענין זה סוכם כי אמנם כל אחד משבטי ישראל נקרא ״קהל״, אבל אין מביאים פר העלם דבר של ציבור אלא אם כן חטא בפועל רוב מנין של ישראל, או שחטאו רוב השבטים. וכאשר מחשבים את מנין ישראל מתחשבים רק ביושבי ארץ ישראל, שעל פיהם קובעים מה הוא רוב קהל. כאשר מביאים קרבנות אלה מביאים אותם כל קהל וקהל, (שגם אם חטאו מקצת השבטים, כל השבטים כולם חייבים להביא קרבן לכפר על עוון הציבור, משום ״גרירה״). כך שבשאר עבירות מביאים שנים עשר פרים, ובשגגת עבודה זרה שנים עשר פרים ושנים עשר שעירים.

בביאור מהותה של שגגת בית הדין לא נדונו כל הצדדים שבדבר, אבל נקבע כי אין קרבן העלם דבר של ציבור אלא כאשר שגג בית הדין בפרט מסויים מתוך איסור שבתורה, ובדבר שאינו מפורש בתורה. ואם הורו בית דין בטעות והתירו דבר שאיסורו מפורש בתורה, או שהורו להתיר מצוה אחת בשלימות (״עקירת כל הגוף״) — אין זו נחשבת להוראה. וכל שסמך על הוראה זו — נדון כיחיד ששגג ומביא קרבן חטאת לכפרה.

פתיחה לפרק "הורה כהן משיח"

"וַיְדַבֵּר ה' אֶל מֹשֶׁה לֵּאמֹר. דַּבֵּר אֶל בְּנֵי יִשְׂרָאֵל לֵאמֹר נֶפֶשׁ כִּי תֶחֱטָא בִשְׁגָגָה מִכֹּל מִצְוֹת ה' אֲשֶׁר לֹא תֵעָשֶׂינָה וְעָשָׂה מֵאַחַת מֵהֵנָּה. אִם הַכֹּהֵן הַמָּשִׁיחַ יֶחֱטָא לְאַשְׁמַת הָעָם וְהִקְרִיב עַל חַטָּאתוֹ אֲשֶׁר חָטָא פַּר בֶּן בָּקָר תָּמִים לה' לְחַטָּאת. וְהֵבִיא אֶת הַפָּר אֶל פֶּתַח אֹהֶל מוֹעֵד לִפְנֵי ה' וְסָמַךְ אֶת יָדוֹ עַל רֹאשׁ הַפָּר וְשָׁחַט אֶת הַפָּר לִפְנֵי ה'. וְלָקַח הַכֹּהֵן הַמָּשִׁיחַ מִדַּם הַפָּר וְהֵבִיא אֹתוֹ אֶל אֹהֶל מוֹעֵד. וְטָבַל הַכֹּהֵן אֶת אֶצְבָּעוֹ בַּדָּם וְהִזָּה מִן הַדָּם שֶׁבַע פְּעָמִים לִפְנֵי ה' אֶת פְּנֵי פָּרֹכֶת הַקֹּדֶשׁ. וְנָתַן הַכֹּהֵן מִן הַדָּם עַל קַרְנוֹת מִזְבַּח קְטֹרֶת הַסַּמִּים לִפְנֵי ה' אֲשֶׁר בְּאֹהֶל מוֹעֵד וְאֵת כָּל דַּם הַפָּר יִשְׁפֹּךְ אֶל יְסוֹד מִזְבַּח הָעֹלָה אֲשֶׁר פֶּתַח אֹהֶל מוֹעֵד". (ויקרא ד, א—ז)

"אֲשֶׁר נָשִׂיא יֶחֱטָא וְעָשָׂה אַחַת מִכָּל מִצְוֹת ה' אֱלֹהָיו אֲשֶׁר לֹא תֵעָשֶׂינָה בִּשְׁגָגָה וְאָשֵׁם. אוֹ הוֹדַע אֵלָיו חַטָּאתוֹ אֲשֶׁר חָטָא בָּהּ וְהֵבִיא אֶת קָרְבָּנוֹ שְׂעִיר עִזִּים זָכָר תָּמִים. וְסָמַךְ יָדוֹ עַל רֹאשׁ הַשָּׂעִיר וְשָׁחַט אֹתוֹ בִּמְקוֹם אֲשֶׁר יִשְׁחַט אֶת הָעֹלָה לִפְנֵי ה' חַטָּאת הוּא. וְלָקַח הַכֹּהֵן מִדַּם הַחַטָּאת בְּאֶצְבָּעוֹ וְנָתַן עַל קַרְנֹת מִזְבַּח הָעֹלָה וְאֶת דָּמוֹ יִשְׁפֹּךְ אֶל יְסוֹד מִזְבַּח הָעֹלָה. וְאֶת כָּל חֶלְבּוֹ יַקְטִיר הַמִּזְבֵּחָה כְּחֵלֶב זֶבַח הַשְּׁלָמִים וְכִפֶּר עָלָיו הַכֹּהֵן מֵחַטָּאתוֹ וְנִסְלַח לוֹ". (שם כב—כו)

"וְאִם נֶפֶשׁ אַחַת תֶּחֱטָא בִשְׁגָגָה מֵעַם הָאָרֶץ בַּעֲשֹׂתָהּ אַחַת מִמִּצְוֹת ה' אֲשֶׁר לֹא תֵעָשֶׂינָה וְאָשֵׁם. אוֹ הוֹדַע אֵלָיו חַטָּאתוֹ אֲשֶׁר חָטָא וְהֵבִיא קָרְבָּנוֹ שְׂעִירַת עִזִּים תְּמִימָה נְקֵבָה עַל חַטָּאתוֹ אֲשֶׁר חָטָא. וְסָמַךְ אֶת יָדוֹ עַל רֹאשׁ הַחַטָּאת וְשָׁחַט אֶת הַחַטָּאת בִּמְקוֹם הָעֹלָה. וְלָקַח הַכֹּהֵן מִדָּמָהּ בְּאֶצְבָּעוֹ וְנָתַן עַל קַרְנֹת מִזְבַּח הָעֹלָה וְאֶת כָּל דָּמָהּ יִשְׁפֹּךְ אֶל יְסוֹד הַמִּזְבֵּחַ. וְאֶת כָּל חֶלְבָּהּ יָסִיר כַּאֲשֶׁר הוּסַר חֵלֶב מֵעַל זֶבַח הַשְּׁלָמִים וְהִקְטִיר הַכֹּהֵן הַמִּזְבֵּחָה לְרֵיחַ נִיחֹחַ לַה' וְכִפֶּר עָלָיו הַכֹּהֵן וְנִסְלַח לוֹ. וְאִם כֶּבֶשׂ יָבִיא קָרְבָּנוֹ לְחַטָּאת נְקֵבָה תְמִימָה יְבִיאֶנָּה. וְסָמַךְ אֶת יָדוֹ עַל רֹאשׁ הַחַטָּאת וְשָׁחַט אֹתָהּ לְחַטָּאת בִּמְקוֹם אֲשֶׁר יִשְׁחַט אֶת הָעֹלָה. וְלָקַח הַכֹּהֵן מִדַּם הַחַטָּאת בְּאֶצְבָּעוֹ וְנָתַן עַל קַרְנֹת מִזְבַּח הָעֹלָה וְאֶת כָּל דָּמָהּ יִשְׁפֹּךְ אֶל יְסוֹד הַמִּזְבֵּחַ. וְאֶת כָּל חֶלְבָּהּ יָסִיר כַּאֲשֶׁר יוּסַר חֵלֶב הַכֶּשֶׂב מִזֶּבַח הַשְּׁלָמִים וְהִקְטִיר הַכֹּהֵן אֹתָם הַמִּזְבֵּחָה עַל אִשֵּׁי ה' וְכִפֶּר עָלָיו הַכֹּהֵן עַל חַטָּאתוֹ אֲשֶׁר חָטָא וְנִסְלַח לוֹ". (שם כז—לה)

"וְאִם נֶפֶשׁ אַחַת תֶּחֱטָא בִשְׁגָגָה וְהִקְרִיבָה עֵז בַּת שְׁנָתָהּ לְחַטָּאת. וְכִפֶּר הַכֹּהֵן עַל הַנֶּפֶשׁ הַשֹּׁגֶגֶת בְּחֶטְאָה בִשְׁגָגָה לִפְנֵי ה' לְכַפֵּר עָלָיו וְנִסְלַח לוֹ. הָאֶזְרָח בִּבְנֵי יִשְׂרָאֵל וְלַגֵּר הַגָּר בְּתוֹכָם תּוֹרָה אַחַת יִהְיֶה לָכֶם לָעֹשֶׂה בִּשְׁגָגָה". (במדבר טו, כז—כט)

פרק זה עוסק בשני עניינים. הנושא האחד הוא קרבנות השגגה המיוחדים של שני אישים מיוחדים בעם ישראל, הכהן הגדול ("המשיח", שנמשח בשמן המשחה) והמלך. בפרק מבררים בעיקר מה הוא טיבה של השגגה שמדובר בה באישים אלו, האם מדובר בשגגת הוראה (כבית דין) או בשגגת מעשה (בעשיית דבר אסור מתוך שכחה או חוסר ידיעה).

מתוך שאלה זו באים לענין אחר, מה דינם של שני אישים אלה לגבי קרבן שגגה נוסף, שיש עבירות שאין להו קרבן חטאת קבוע, אלא בהתאם למעמדו הכלכלי של החוטא ("קרבן עולה ויורד"), האם הם חייבים או פטורים מאלה. וכיוצא בזה לגבי קרבן אשם ודאי ואשם תלוי (אשם שמביאים על ספק עבירה), האם אישים אלה, וכיוצא בהם בית הדין חייבים או פטורים מאותם קרבנות.

נושא אחר של פרק זה הוא בהשלמת הדברים שנדונו בפרק ראשון: האם מדובר על כל הוראה מוטעית, או שמדובר רק במצוות מיוחדות. בעיות אלו אינן ענין רק לקרבן על העלם דבר של ציבור, אלא לכלל דיני קרבנות החטאת, בין על כל המצוות ובין על עבודה זרה, בין על הוראה מוטעית ובין על שגגת מעשה, בין על בית הדין ובין על היחידים.

נושאים אלה הם עיקרו של הפרק, אף שיש בו גם עיון בכמה הלכות מיוחדות המובאות בו אגב הדיון.

עין משפט נר מצוה

מח א מיי' פי"ג מהל' שגגות הל' ב:
מט ב ג ד מיי' פ"ד מהל' פסולי המוקדשין ה"א:
א ה מיי' פט"ו מהל' שגגות הלכה ה סמג עשין ריז:
ב ו מיי' שם הלכה ב והלכה ג סמג שם:
ג ז מיי' שם הל' ח:
ד ח מיי' שם הל' ב:

מסורת הש"ס

א) תמורה טו:, ב) [יומא נ. ושם נסמן], ג) תמורה טו.:, ד) [סוכה נ: יבמות מו. עט. זבחים לא: מנחות יט. פב. תמורה טז: יח: נדה לז:], ה) ס"א שעשה כ"ש:, ו) כ"ש:, ז) ת"כ ויקרא:, ח) ס"א מיו:, ט) ולא מיתוקמא כלל כ"ש:, י) כ"ש מיו:

אלא מעתה נייתו פר בהוראה וכי תימא הכי נמי טפי להו שבטים אלא אמר רב אחא ברבי יעקב שבטו של לוי לא איקרו קהל דכתיב °הנני מפרך והרביתך ונתתיך לקהל עמים וגו' כל שיש לו אחוזה איקרי קהל וכל שאין לו אחוזה לא איקרי קהל א"כ חסרי להו י"ב שבטים אמר אביי °אפרים ומנשה כראובן ושמעון יהיו לי אמר רבא והא כתיב על שם אחיהם יקראו בנחלתם לנחלה הוקשו °ולא לדבר אחר והא חלוקין בדגלים כנחלתן כך חנייתן כדי לחלק כבוד לדגלים והא חלוקים בנשיאים ההוא לחלוק כבוד לנשיאים דתניא שלמה עשה ז' ימי חנוכה ומה ראה משה לעשות שנים עשר ימי חנוכה כדי לחלק כבוד לנשיאים מאי הוי עלה ת"ש א)דתניא ר"ש אומר ב)חמש חטאות מתות ולד חטאת ותמורת חטאת ג)וחטאת שמתו בעליה וחטאת שנתכפרו בעליה וחטאת שעברה שנתה ד)ואי אתה יכול לומר ולד חטאת בצבור שאין צבור מפרישין נקבה ואי אתה יכול לומר תמורת חטאת בצבור שאין תמורה בצבור ואי אתה יכול לומר חטאת שמתו בעליה בצבור שאין צבור מתים שנתכפרו בעליה ושעברה שנתה לא שמענו יכול יהו מתות אמרת ילמוד סתום מן המפורש ה)מה מצינו בולד חטאת ותמורת חטאת ושמתו בעליה ביחיד דברים אמורים ולא בצבור אף ו)שנתכפרו בעליה ושעברה שנתה ביחיד דברים אמורים ולא בצבור ז)וכי דנין אפשר משאי אפשר ר"ש בחד מקום גמיר:

תורה אור: בראשית מח; שם

הדרן עלך הורו בית דין

א **הורה** ה)כהן משיח לעצמו שוגג ועשה שוגג מביא פר ו)שוגג ועשה מזיד מזיד ועשה שוגג פטור ז)שהוראת כהן משיח
ב לעצמו כהוראת ב"ד לצבור: **גמ'** שוגג ועשה שוגג מביא פר פשיטא אמר אביי ח)הכא במאי עסקינן כגון שהורה ושכח מאיזה טעם הורה ובשעה ה)שטעה אמר הריני עושה על דעת *הוראתו דמהו דתימא כיון דאילו מתידע ליה י)[שמא] הדר ביה כמזיד דמי ולא
ג לחייב קמ"ל: מזיד ועשה שוגג כו': מנא ה"מ ז)דתנו רבנן א°לאשמת העם הרי משיח כצבור ח)(שיכול) והלא דין הוא צבור

ויקרא ד

רש"י

אלא מעתה. דכהנים איקרו קהל לייתו פר בהוראה: **וכ"ת הכי נמי טפי להו שבטים.** לר"ש הויין י"ג שבטים ותנן כרבי שמעון אומר י"ג פרים פר לכל שבט ושבט ופר לב"ד דלא הוו אלא י"ב שבטים: **אלא אמר רב אחא בר יעקב שבטו של לוי לא איקרי קהל.** והוא הדין לכהנים דלא איקרו קהל דכהנים הויין בכלל שבט לוי ט)(ואכתי נוקמה) כר' שמעון: **ונתתיך לקהל עמים ונתתי את הארץ הזאת לזרעך אחריך אחוזת עולם כל שיש לו אחוזה איקרי קהל.** וכהנים ולוים אין להם אחוזה: **כראובן ושמעון יהיו לי.** דבתרי שבטים חשיב להו כראובן ושמעון: **והא כתיב על שם אחיהם יקראו בנחלתם.** דלנחלה הוקשו אפרים ומנשה לשאר שבטים שיהיו נוטלים בנחלה כשאר שני שבטים ולא לדברים אחרים הוקשו אבל אין מביאין ב' פרים ואכתי חסרי להו מי"ב שבטים אלא שמעינן מינה דלוי איקרי קהל וכהנים לא איקרי קהל ושותפין נינהו ולא מתוקמא כר"ש דקרא הכי משמע ומולדתך: **כנחלתם כך חנייתם.** שיעקב אבינו חלק להם את הארץ וליום היאך יחנו לדגליהם וכן מצינו במדרש תנחומא דיעקב אבינו תקן להם דגלים וחלק להם הארץ וכן מצינו איש על דגלו באותות באות אשר לוה להם אביהם שלאותן רוחות שנחלקו לשאת מטתו לאותן רוחות חנו לדגליהם והיינו דאמרי' כנחלתן כך חנייתן: **מאי הוי עלה.** אי הוה דוקא הא דאביי דאמר דשמעינן ליה לר"ש דאמר דחטאת השותפין אינה מתה או לאו דוקא: ת"ש דתניא ר"ש אומר וכו': **שאין לצבור מפרישין נקבה.** שאין אתה מוצא קרבן צבור שהיתה באה נקבה: **שאין תמורה בצבור.** דכתיב לא יחליפנו ולא ימיר דלשון יחיד הוא דמיבעי ליה כדאמר בפ"ק דתמורה (דף יג.) דקתני הכי שנתכפרו בעליה ושעברה שנתה לא שמענו. אם מתים בצבור אי לא: **וכי דנין אפשר משאי אפשר.** הא ולד חטאת ותמורת חטאת ושמתו בעליה אי אפשר בצבור וקא אמר מה מצינו: הא קשיא דלא הוי דנין אפשר משאי אפשר דר"ש בחד מקום גמיר להו דכי נכנסו ישראל על ד' חטאות בחד מקום גמיר להו הלכה למשה מסיני שיהיו נהוגות יחד במקום אחד או ביחיד או בצבור וקא דייק ר"ש אי ס"ד בצבור הנך כולהו מי איתנהו יחד בצבור אלא ש"מ דביחיד אמורה ולא בצבור דכי היכי שמתו בעליה ולד חטאת ותמורת חטאת ליתנהו בצבור ה"נ שכיפרו בעליה ושעברה שנתה ליתנהו בצבור דעל כרחין ילמוד סתום מן המפורש והכי אמרינן במס' תמורה בפ' יש בקרבנות יחיד (ד' טו:) אמר ר"ש בן לקיש ארבע נתנו להם למתות והחמישי ירעה ויחד ניתנו שיהיו נוהגות במקו' א' ומספק העמידום על המת שיהיו משמשין מתות ואי ס"ד דארבע ניתנו להם בצבור הנך כולהו ד' מתות מי איתנהו בצבור הא לא משכחת לה דאפשר בצבור אלא שנים ותו לא אלא על כרחך ילמוד סתום מן המפורש וקא דייקא מהא מתניתא דכי היכי דאמר ר"ש ה' חטאות מתות ביחיד ולא בצבור דמההיא דוקיא דייק ר"ש דיחיד ולא בשותפין דהיינו ב"ד משום דאי אתה יכול לומר ולד חטאת בשותפין שאין השותפין מביאין נקבה דפר ושעיר הוא דמביאין ואי אתה יכול לומר תמורת חטאת בשותפות שאין תמורה בשותפין דעלמא וכ"ש בב"ד דה"נ תנן במס' תמורה (דף יג.) אין השותפין עושין תמורה וילמוד סתום מן המפורש מה מצינו בולד חטאת ותמורת חטאת ביחיד דברים אמורים ולא בשותפין אף חטאת שמתו בעליה ושכפרו (על) בעליה ושעברה שנתה ביחיד ולא בשותפין דחטאת שמת אחד מן השותפין קרבה הלכך הא דקתני מת אחד מב"ד פטור לא מתקומא אליבא דר"ש:

הורה כהן משיח. הורה שוגג ועשה מזיד או שהורה מזיד ועשה שוגג פטור מקרבן שהוראת כהן משיח לעצמו כהוראת ב"ד לצבור מה הוראת ב"ד לצבור אין חייבין אלא על העלם דבר עם שגגת מעשה אף הוראת כהן משיח לעצמו אינו חייב אלא על העלם דבר עם שגגת מעשה כדמפרש בגמרא לאשמת העם הרי משיח כצבור וכי הורו בית דין מזידין ועשו קהל שוגגין לא הוי הוראה והוי שגגת מעשה לחודיה והוו יחידין ומייתו כל חד וחד כשבה או שעירה אבל כהן משיח כי הורה מזיד ועשה שוגג לא דייניה כיחיד ופטור לגמרי דהכי אמרינן בפרק בתרא (דף יא.) מעם הארץ פרט למשיח דאינו מביא קרבן בשגגת מעשה: **גמ' שוגג ועשה שוגג מביא פר פשיטא.** דכי הורה בשוגג ועשה שוגג דהוי שוגג מעליא ומביא פר קרבן: **מהו דתימא כיון דאי מתידע ליה.** מאיזה טעם הורה שמא היה חוזר בו מאותו טעם וכי שכח ההוא טעמא ואף על פי כן הוא עושה ותולה בהוראתו ראשונה אימא כמזיד דמי ולא מחייב קרבן קא משמע לן: י)**(שיכול.** לגמור מדין קל וחומר שמשיח כצבור ולא צריך למכתב לאשמת העם אע"ג דאילו לא נאמר לאשמת העם הייתי למד מן הדין):

רבינו חננאל

אמר קרא כי לכל העם בשגגה עד שתיעשה שגגה ע"י אחרים כלומר (מאדם) [מהעם] היתה המעשה. ועיקר זה אותה הברייתא השניה לאחור (לעיל דף ג ע"א) יכול הורו ב"ד ועשו הן ב"ד עצמן יהו חייבין כו': וצריכי תרווייהו. פי' בין לאביי בין לרבא דאי אשמעינן נעשתה לשגגה הוה אמינא אפי' מיעוטא קמ"ל לכל העם ואי אשמעינן לכל העם הוה אמינא אפי' רובה לא מחייבי עד דעבדי ב"ד בהדייהו קמ"ל והיה אם מעיני העדה נעשתה כו'. דמשמע אחרים עשו: אקשינן היכי ילפינן מהני קראי לכל מצות והא בעבודה זרה כתיבי ופרקינן אתיא מעיני מעיני פי' כתיב הכא מעיני הקהל וכתי' התם מעיני העדה. איבעיא להו שבט אחד לר' יהודה שחטא בהוריית ב"ד הגדול מי מייתו שאר שבטים כל שבט פר אי לא כי שמענא ליה לר' יהודה בז' שבטים דאיכא למימר על כן חייב השאר הואיל וז' הן רוב הכל וקיי"ל דרובא ככולה וכאילו הן נמי עשו. אבל שבט אחד לא מייתו הנך דלא עבוד על ידיה או דלמא לא שנא. ואתאן למפשט דשבט א' לר' יהודה לא מייתו עליה מהא דתניא סתמא מה הן מביאין פר. ר' שמעון אומר שני פרים. במאי עסקינן אילימא בשחטאו ז' שבטים ר"ש ח' פרים בעי במתני' אלא שבט א' (ומאי היא) [ובמאי אי] בהוריית בית דינו ר"ש לית ליה אלא לאו בהוריית ב"ד הגדול. מאן תנא קמא אי ר"מ רוב כל ישראל בעי אלא לאו ר' יהודה פי' וקתני פר א' ש"מ. ודחינן לא הכא במאי עסקינן כגון שחטאו ו' שבטים והן רובו של קהל או ז' אע"פ שהן מיעוטו ומאן תנא קמא ר' שמעון בן אלעזר. ואי קשיא לך היכי מוקמינן לה בו' שבטים והא ב' פרים תני ר"ש כאן ושמעינן לר"ש במתני' דבעי פר פר לכל שבט. הני מילי בז' (דנינהו) [דאינהו] רובה דגברי ועד השתא לא פשיטא לן שבט א' לר' שמעון אי [מייתי אי] לא ובעיא לקמן: ת"ש דאית ליה בשבט א' דתניא ר' יהודה אומר שבט שעשה בהוריית בית דינו אותו השבט חייב ושאר כל השבטים פטורין בהוריית ב"ד הגדול מביאין כל השבטים על ידו: אמר רב אשי מתני' נמי דיקא דתנן בסוף (פרק) [פרקין] הורו ב"ד של א' מן השבטים ועשה אותו שבט על פיהם הוא חייב ושאר שבטים פטורין דברי ר' יהודה שאר שבטים פטורין למה לי כיון דתנא אותו שבט חייב פשיטא דשאר שבטים לאו [אלא] לאשמעינן דבהוראת בית דינו שאר שבטים פטורין. אבל בהוריית ב"ד הגדול אפי' שאר שבטים חייבין ש"מ: איבעיא להו שבט א' לר"ש בהוריית ב"ד הגדול מי מייתי הוא ומייתי ב"ד עליה אי לא מייתי חד מינייהו. כי שמענא ליה לר"ש ז' משום דהוו רובא אבל א' לא מייתי או דלמא לא שנא. ת"ש מה הן מביאין פר אחד ר"ש אומר ב' פרים במאי עסקינן אילימא דחטאו ז' ר"ש ח' בעי אלא בשבט א' ובמאי אי בהוריית בית דינו ר"ש לית ליה אלא ...

תוספות הרא"ש

[א"ל אביי] א"כ כשחטאו בהוראת ב"ד עם הצבור יביאו פר לעצמן. וכ"ת ה"נ נפישי להו פרים דשבט לוי יביאו ב' פרים: א) אמר רב אחא שבט לוי אינו קרוי קהל דכל אותן שלא נטלו חלק בארץ אינם קרוים קהל. מיהו כהנים (ניהו) [נהי] דלא מקרי קהל מ"מ הכתוב קראם עם בפ"ע ושקולים עם הקהל וכצבור דמו ואין חטאתם מתה אבל חטאת שותפים ס"ל לר"ש דמתה ומתוקמא שפיר כר"ש: **א"ה** בצרי להו. הא א"ה לא קאי אמלתיה דרב יוסף דהא שני שפיר דאע"ג דכהנים לא אקרי קהל אקרו עם וקרבנם כקרבן צבור דמי. אלא פריך אהא דקאמר דשבט לוי לא אקרי קהל א"כ לא הוי אלא י"א פרים לקהל. ומשני אפרים ומנשה מביאין שני פרים. הדר פריך והא כתיב על שם אחיהם יקראו בנחלתם. לנחלה הוקשו ולא לד"א. וה"פ דקרא ומולדתך אשר הולדת אחריהם. פי' כשיבואו לידי חלוקת הארץ בניס אשר הולדת אז ע"ש אחיהם (יקראו) אפרים ומנשה [יקראו] בנחלתם. כי לא יקראו שבטים ליטול נחלה לבדם כאפרים ומנשה שאותם לבדם עשיתי שבטים לנחלה. אלמא משמע לענין נחלה דוקא הוקשו לראובן ושמעון ולא לד"א. והכי מסקי' דאפרים ומנשה לא אקרו שבטים לענין פר אלא שבט יוסף מייתי פר אחד ושבט לוי אקרי קהל ומייתי פר. אבל כהנים נהי דעם אקרי קהל מיהו (קהל) לא איקרי. וקבעי תלמודא מאי הוה עלה משום דמתוקמא דברי רב יוסף קבעי תלמודא הי מנייהו עיקר דברי אביי או דברי ר"י. ומסיק דדברי אביי עיקר דכי היכי דגבי צבור אר"ש ילמוד סתום מהמפורש ה"נ גבי חטאת השותפין דאין נקבה ותמורה בחטאת השותפין. ולשיטת רש"י ז"ל (ניחא) [נדחו] דברי ר"י דע"כ כהנים לא אקרי קהל דא"כ נפישי להו פרים נמלא דסבר ר"ש דאין חטאת שותפין מתה. וא"כ מאי בעי תלמודא מאי הוי עלה:

תוספות

מזיד ועשה שוגג. תימה היכא הוי שוגג בלא הוראה אי אכיל בשתיקה ולא מיקרי הוראה הא מאחר שאינו מורה לאחרים כי אם לעצמו מה לי בשתיקה מה לי בדיבור: **(אין) [כהוראת] בין דין כו'.** כמה ענינים שונה הכא מה שכבר שנה בפרק קמא אלא משום דאתי לפרושי רישא אמאי שוה להוראת צבור לענין שוגג ועשה כו' משום דשוו פר כהן משיח וצבור להדדי: **שוגג ועשה שוגג פשיטא.** לעיל בפ"ק (ז:) דקתני שוגגין ועשו שוגגין לא פריך נמי פשיטא וצריך לומר אגב דתנא הכא דהתם ליכא לשנויי כדהכא דהיכי סלקא דעתך למימר דכולהו סנהדרין שכחו מאיזה טעם הורו:

פ"ב שהוראת כהן משיח לעצמו כהוראת ב"ד לצבור. הקשה הרמ"ה ז"ל למאי אצטריך ליה השתא האי הקישא דמשיח לצבור. אי להורה שוגג ועשה מזיד תיפוק ליה משום דמזיד לאו בר קרבן הוא. וכן בכהן משיח גופיה ב) שוגג כתיב. ואי להורה מזיד ועשה שוגג תיפוק ליה כיון דהורה במזיד וגמר בדעתו לאכלה באיסור לא שב מידיעתו הוא. ותירץ דאצטריך כגון שהורה במזיד מטעם שאינו נכון וכשבא מעשה לידו שכח זדונו וסבר שמטעם נכון הורה ואכלו בחזקת היתר שאילו נודע לו שהיה איסור לא היה אוכלו ושב מידיעתו הוא. וכה"ג גבי שוגג ועשה שוגג מחייב כדמפרש בגמרא. וי"ל דבחנם דחק דהא דקתני שהוראת כהן המשיח לעצמו כהוראת ב"ד לצבור אחיובא קאי ולא אפטור לאשמועינן דלא מחייב כהן משיח אם לא שהורה היתר מתחלה. וכן משמע מתוך פרש"י ז"ל ...

א משנה הוֹרָה כֹּהֵן מָשִׁיחַ לְעַצְמוֹ להתיר דבר האסור מן התורה שׁוֹגֵג (מתוך טעות), וְעָשָׂה בְשׁוֹגֵג על פי הוראתו — מֵבִיא פָּר העלם דבר של כהן משיח. אם הורה לעצמו שׁוֹגֵג וְעָשָׂה מֵזִיד, או הורה מֵזִיד וְעָשָׂה שׁוֹגֵג — פָּטוּר מכל קרבן. שֶׁכְּלל הוא: הוֹרָאַת כֹּהֵן מָשִׁיחַ שמורה לְעַצְמוֹ הלכה, הרי היא כְּהוֹרָאַת בֵּית דִּין שמורה לַצִּבּוּר. שרק במקרה שהיו מביאים פר העלם דבר של ציבור, מביא הכהן הגדול פר על שגגתו.

ב גמרא שנינו במשנה: שׁוֹגֵג וְעָשָׂה שׁוֹגֵג — מֵבִיא פָּר. ושואלים: פְּשִׁיטָא [פשוט] הדבר, שהרי הוא שוגג ודאי, וחייב קרבן כדינו הכתוב בתורה! אָמַר אַבַּיֵי: הָכָא בְּמַאי עָסְקִינַן [כאן במה אנו עוסקים]? כְּגוֹן שֶׁהוֹרָה להיתר, וְשָׁכַח מֵאֵיזֶה טַעַם הוֹרָה, וּבְשָׁעָה שֶׁטָּעָה ועשה מעשה אָמַר: הֲרֵינִי עוֹשֶׂה עַל דַּעַת הוֹרָאָתוֹ, שֶׁמַּהוּ דְּתֵימָא [שתאמר], כֵּיוָן שֶׁאִילּוּ מִתְיַדַּע לֵיהּ [היה נודע לו] הטעם באותה שעה שֶׁמָּא הָדַר בֵּיהּ [היה חוזר בו], ואם שכח ובכל זאת עשה הריהו כְּמֵזִיד דָּמֵי [נחשב] וְלֹא לְחַיֵּיב [יתחייב] להביא קרבן על כך, קָא מַשְׁמַע לָן [משמיע לנו] שגם זה קרוי שוגג.

ג שנינו במשנה: שוגג ועשה מזיד, מֵזִיד וְעָשָׂה שׁוֹגֵג — פטור. ומבררים: מְנָא הָנֵי מִילֵּי [מנין הדברים האלה], כל הדינים המיוחדים של פר כהן משיח? דְּתָנוּ רַבָּנָן [ששנו חכמים]: נאמר "אם הכהן המשיח יחטא לְאַשְׁמַת הָעָם" (ויקרא ד, ג), הֲרֵי שדין הַמָּשִׁיחַ כְּדִין הַצִּבּוּר, (שאשמתו היא כדרך אשמת העם). ודנים בדבר, שֶׁיָּכוֹל היית לומר שאין צורך בכתוב זה, וַהֲלֹא דִּין הוּא שאפשר ללמוד אותו מן הסברה:

עיונים

מזיד ועשה שוגג בתוס' שאלו: כיון שיש דין הוראת כהן גדול לעצמו, הרי כאשר עשה שוגג משמע שסבר באותה שעה שהדבר מותר (אף שהיתה זו הוראת טעות), ואף אם לא הורה בדיבור מפורש, הרי כיון שלעצמו הוא מורה — אין הבדל אם היה הדבר בדיבור או בשתיקה? והרמ"ה (מובא ברא"ש) מסביר שבזמן המעשה שכח מפני מה התיר לעצמו את הדבר, וסבור היה שמתחילה הורה כדין. ויש שכתב כי הכוונה היא שהורה לעצמו היתר במזיד, ואחר כך עשה בשוגג מתוך טעות מעשית (כגון שהתיר חלב במזיד, ואכל חתיכה שהיה סבור שאינה חלב) (חק נתן), ובאמת כך נראה שהבין הרמב"ם את הסוגיה. ובצפנת פענח נתן הסבר מחודש לדבר (הפורך גם שאלות אחרות בדיוקי המשנה), שכאן מדובר, כשיטת הירושלמי, בכהן משיח שעשה לפי הוראתו של כהן משיח אחר. ולפיכך מזיד מתייחס למי שנתן את ההוראה, ושגג מתייחס למי שעשה.

שוגג ועשה שוגג... פשיטא העירו בתוס' שגם לגבי העלם דבר של ציבור אמרו כלשון זו, ושם לא אמרו שהוא פשיטא. גם תירוץ הגמרא כאן אי אפשר לתרץ שם, שהרי לגבי ציבור קשה להסביר ששכחו כולם? ותירצו כי שם נאמר הדבר משום השלמת הדברים בהקבלה למה שנאמר בפרק שני. ואחרים כתבו שלגבי ציבור אין תמיהה כלל בדבר, שהרי בית דין הם המורים והציבור הם העושים, אבל כאשר מדובר באדם אחד יש מקום לשאלה (קרן אורה).

כמזיד דמי שהיה מקום לומר שכיון שאינו זוכר את הטעם היה עליו לחזור ולדון בנושא זה, ואם נמנע מלעשות כן — הרי זה כאילו הזיד בדבר (או כגרסה אחרת — שאינו שוגג גמור).

יחטא לאשמת העם ואין מקום לפרשו שהוא מורה לאחרים, והעם עושה כפי הוראתו. משום שבענין חטא הכהן המשיח נאמר בכתוב שהוא קשור למעשהו של הכהן, וכעין דין חטאת יחיד.

שיכול והלא דין וכו' כלומר, יכול היית לומר שהדבר נלמד בקל וחומר, ואין צורך בפסוק זה (רש"י). וכבר כתב הרא"ש שיש לתקן את הלשון, שאין כאן קל וחומר אלא בנין אב. ומכל מקום "דין הוא" שהוא דבר הנלמד מן הסברה. ויש שמחקו כאן לשון "שיכול", וסברו שהיא ייתור או סתירה לשונית (ראה ברא"ש, וכן הגיה בב"ש). וכבר נחלקו לגבי ביטוי זה חכמים אחרים, והחיד"א הכריע שכן ראוי לומר.

אורח ההלכה

הורה כהן משיח וכו' הכהן המשיח מביא פר על שגגתו רק כאשר טעה בהוראת עצמו ועשה מעשה בשגגת הוראתו. (רמב"ם ספר קרבנות הלכות שגגות פט"ו ה"א).

שוגג ועשה מזיד כהן משיח שטעה בהוראה לעצמו ועשה כפי טעותו מביא פר, אבל אם לא תלה בהוראת עצמו, או שהיה מזיד בהוראה ושגג במעשה — אינו מביא קרבן כלל. כמשנה. (שם ה"ב).

הורה ושכח הורה כהן משיח לעצמו ושכח מאיזה טעם הורה ובשעת מעשה אמר שהוא עושה על דעת הוראתו הראשונה — הרי זה מביא פר חטאת. (שם).

מסורת הש"ס

ז. הוריות ז,ב. תו"כ ויקרא ד, ג. וראה ירושלמי הוריות פ"ב ה"א.

גרסות

שוגג ועשה שוגג בכתי"מ: אמר מר שוגג ועשה שוגג.

ובשעה שטעה אמר בכתי"מ: ובשעת מעשה אמר בכתי"פ: ואמר.

על דעת הוראתו בכתי"מ: על דעת הוראתי ובכתי"פ: על דעת הראשונה.

כיון דאילו מתידע ליה שמא הדר ביה בכתי"פ: כיון דאילו מדכר לטעמיה דילמא הדר ביה.

כמזיד דמי בכתי"פ: לאו שגגה היא.

משיח כצבור בכתי"פ: משיח כצבור מה צבור אינו מביא אלא על העלם דבר עם שגגת מעשה אף משיח אינו מביא אלא על העלם דבר עם שגגת מעשה.

שיכול והלא דין בכתי"מ: והלא דין וכן בב"ש.

צִבּוּר מוּצָא מִכְּלַל יָחִיד שהרי היחיד מביא כבשה או שעירה על חטאתו, ואילו הציבור מביא פר, וכן כהן מָשִׁיחַ שמוּצָא מִכְּלַל יָחִיד שהריהו מביא פר לחטאתו, מַה צִבּוּר אֵין חַיָּיבִין אֶלָּא עַל הֶעְלֵם דָּבָר עִם שִׁגְגַת מַעֲשֶׂה, אַף מָשִׁיחַ לֹא יְהֵא חַיָּיב אֶלָּא עַל הֶעְלֵם דָּבָר עִם שִׁגְגַת מַעֲשֶׂה. ואולם ראיה זו אינה מכרעת, אוֹ כְּלָךְ (לך) לְדֶרֶךְ זוֹ ועשה השוואה אחרת: נָשִׂיא גם הוא מוּצָא מִכְּלַל יָחִיד, לפי שהנשיא מביא שעיר על חטאתו, וּמָשִׁיחַ מוּצָא מִכְּלַל יָחִיד, מַה נָּשִׂיא מֵבִיא בְּשִׁגְגַת מַעֲשֶׂה בְּלֹא הֶעְלֵם דָּבָר כמו שמביא כל אדם חטאת, אַף מָשִׁיחַ מֵבִיא בְּשִׁגְגַת מַעֲשֶׂה בְּלֹא הֶעְלֵם דָּבָר! אם כן, יש דרכים להשוות לכאן ולכאן את דינו של כהן משיח. וממשיכים לדון: נִרְאֶה לְמִי מבין אלו השניים ציבור ונשיא דּוֹמֶה כהן משיח? צִבּוּר מתכפרים בְּפָר וְאֵין מְבִיאִין אָשָׁם תָּלוּי, ואף מָשִׁיחַ מתכפר בְּפָר וְאֵין מֵבִיא אָשָׁם תָּלוּי, ולכן נוכל לומר: מַה צִבּוּר אֵינוֹ חַיָּיב אֶלָּא עַל הֶעְלֵם דָּבָר עִם שִׁגְגַת מַעֲשֶׂה, אַף מָשִׁיחַ לֹא יְהֵא חַיָּיב אֶלָּא עַל הֶעְלֵם דָּבָר עִם שִׁגְגַת מַעֲשֶׂה. אולם גם כאן אין זו הוכחה גמורה, ואפשר לומר: אוֹ כְּלָךְ (לך) לְדֶרֶךְ זוֹ של השוואה: נָשִׂיא מֵבִיא שְׂעִירָה בַּעֲבוֹדָה זָרָה וּמֵבִיא גם אָשָׁם וַדַּאי על חטאים אחרים, וּמָשִׁיחַ מֵבִיא שְׂעִירָה עַל עֲבוֹדָה זָרָה וּמֵבִיא אָשָׁם וַדַּאי, ואילו הציבור מביא פר חטאת על עבודה זרה, ואינו מביא כלל אשם. ולכן נאמר גם כי מַה נָּשִׂיא מֵבִיא בְּשִׁגְגַת מַעֲשֶׂה בלא העלם דבר, אַף מָשִׁיחַ מֵבִיא בְּשִׁגְגַת מַעֲשֶׂה בלא העלם דבר, ואם כן מצד הסברה יש שיקולים לכל צד, ואין ללמוד את דינו של כהן משיח מבנין אב. תַּלְמוּד לוֹמַר: "לְאַשְׁמַת הָעָם" (ויקרא ד, ג), לומר שהֲרֵי הוּא מָשִׁיחַ כְּצִבּוּר, מַה צִבּוּר אֵינוֹ מֵבִיא אֶלָּא עַל הֶעְלֵם דָּבָר עִם שִׁגְגַת מַעֲשֶׂה, אַף מָשִׁיחַ אֵינוֹ מֵבִיא אֶלָּא עַל הֶעְלֵם דָּבָר עִם שִׁגְגַת מַעֲשֶׂה. ושואלים: אם דין הכהן המשיח כציבור, נשווה ביניהם לגמרי אֵימָא [אמור] כך: מַה צִבּוּר אם הוֹרָה בית הדין וְעָשׂוּ אַחֲרָיו בְּהוֹרָאָתוֹ — חַיָּיבִין, אַף מָשִׁיחַ כְּשֶׁהוֹרָה וְעָשׂוּ אַחֲרָיו הציבור בְּהוֹרָאָתוֹ — יְהֵא חַיָּיב אם סמכו על הוראתו! תַּלְמוּד לוֹמַר: "וְהִקְרִיב עַל חַטָּאתוֹ אֲשֶׁר חָטָא" (שם), עַל מַה שֶּׁחָטָא הוּא עצמו בהוראתו הריהו מֵבִיא, וְאֵין מֵבִיא עַל מַה שֶּׁחָטְאוּ אֲחֵרִים בהוראתו.

ונפנים לברר את האמור למעלה. אָמַר מָר [החכם] בברייתא: מָשִׁיחַ בְּפָר וְאֵין מֵבִיא אָשָׁם תָּלוּי. ושואלים: מְנָא לֵיהּ [מנין לו] דין זה שהכהן המשיח אֵין מֵבִיא אָשָׁם תָּלוּי? דִּכְתִיב [שנאמר] בדין האשם: "וְכִפֶּר עָלָיו הַכֹּהֵן עַל שִׁגְגָתוֹ אֲשֶׁר שָׁגָג" (שם ה, יח), והרי זה בא ללמד: מִי שֶׁחַטָּאתוֹ וְשִׁגְגָתוֹ שָׁוָה, שמביא קרבן כאשר שגג במעשה ולא ידע שהוא אסור, יָצָא מכלל זה מָשִׁיחַ שֶׁאֵין שִׁגְגָתוֹ וְחַטָּאתוֹ שָׁוָה, שהרי הוא מביא קרבן רק אם שגג בהוראה ולא בטעות במעשה בלבד, דִּכְתִיב [שנאמר] בכהן משיח: "לְאַשְׁמַת הָעָם", (שם ד, ג) לומר שהֲרֵי הוּא מָשִׁיחַ כְּצִבּוּר.

על הראיה הזו תוהים: כיצד יכול לסמוך את דבריו על מדרש הכתוב "לְאַשְׁמַת הָעָם" הרי עַד כָּאן לֹא קָאָמַר לֵיהּ [אמר אותו] את הכתוב הזה, שהרי ממנו נובעת עיקר ההוכחה, ונמצא שהתנא של הברייתא מתבסס על ההלכה שאותה עצמה הוא צריך להוכיח. אֶלָּא אָשָׁם כְּדֵי נְסַבָהּ [לריק הביא אותו] כלומר, אף שהדין הוא אמיתי, לא היה מקום להביאו כאן כלל.

א משנה הוֹרָה הכהן הגדול בִּפְנֵי עַצְמוֹ וְעָשָׂה בִּפְנֵי עַצְמוֹ — מִתְכַּפֵּר לוֹ בִּפְנֵי עַצְמוֹ בפר העלם דבר שלו, הוֹרָה עִם הַצִּבּוּר וְעָשָׂה עִם הַצִּבּוּר — מִתְכַּפֵּר לוֹ עִם הַצִּבּוּר, שֶׁאֵין בֵּית דִּין חַיָּיבִין עַד שֶׁיּוֹרוּ לְבַטֵּל מִקְצָת מן המצוה וּלְקַיֵּים מִקְצָת, וְכֵן הַדִּין בהוראת הכהן הַמָּשִׁיחַ, וכן לֹא מתחייבים בשגגת עֲבוֹדָה זָרָה עַד שֶׁיּוֹרוּ לְבַטֵּל מִקְצָת וּלְקַיֵּים מִקְצָת.

ב גמרא ומבררים: מְנָהָנֵי מִילֵּי [מנין הדברים הללו]? שיש הבדל בין שגגת הכהן המשיח לעצמו לבין אם שגג עם הציבור? דְּתָנוּ רַבָּנַן [ששנו חכמים בברייתא]: הוֹרָה עִם הַצִּבּוּר וְעָשָׂה עִם הַצִּבּוּר, יָכוֹל יָבִיא פָּר לְעַצְמוֹ? וְדִין (לימוד) הוּא, שכך אפשר היה ללמוד: נָשִׂיא מוּצָא מִכְּלַל יָחִיד ואף מָשִׁיחַ מוּצָא מִכְּלַל יָחִיד ששניהם מביאים קרבנות חטאת מיוחדים, מַה נָּשִׂיא, אם חָטָא בִּפְנֵי עַצְמוֹ — מֵבִיא חטאת בִּפְנֵי עַצְמוֹ (שעיר נשיא), אם חָטָא עִם הַצִּבּוּר — מִתְכַּפֵּר לוֹ עִם הַצִּבּוּר. אַף מָשִׁיחַ, אם חָטָא בִּפְנֵי עַצְמוֹ — מֵבִיא בִּפְנֵי עַצְמוֹ (פר של כהן משיח), חָטָא עִם הַצִּבּוּר — מִתְכַּפֵּר לוֹ עִם הַצִּבּוּר! ודוחים: לֹא, אִם אָמַרְתָּ בְּנָשִׂיא — שֶׁכֵּן מִתְכַּפֵּר לוֹ עִם הַצִּבּוּר בְּיוֹם הַכִּפּוּרִים, שהרי הוא לענין זה כאחד העם. תֹּאמַר בְּמָשִׁיחַ — שֶׁאֵין מִתְכַּפֵּר לוֹ עִם הַצִּבּוּר בְּיוֹם הַכִּפּוּרִים, אלא מביא פר מיוחד לקרבן לכפר על עצמו! הוֹאִיל וְאֵין מִתְכַּפֵּר לוֹ עִם הַצִּבּוּר בְּיוֹם הַכִּפּוּרִים, יָכוֹל יָבִיא פָּר לְעַצְמוֹ גם אם שגג עם הציבור? תַּלְמוּד לוֹמַר: "עַל חַטָּאתוֹ אֲשֶׁר חָטָא" (ויקרא ד, ג), שמשמע שהוא לבדו חטא, ולא עם הציבור, הָא כֵּיצַד? אם חָטָא בִּפְנֵי עַצְמוֹ — מֵבִיא בִּפְנֵי עַצְמוֹ, חָטָא עִם הַצִּבּוּר — מִתְכַּפֵּר לוֹ עִם הַצִּבּוּר. ומבררים: הֵיכִי דָּמֵי [כיצד בדיוק היה הדבר] שהכהן המשיח הורה בפני עצמו? אִילֵימָא [אם תאמר] שהוא הכהן הגדול מוּפְלָא בחכמתו וְהֵם הדיינים של בית דין הגדול אֵינָן מוּפְלָאִין, פְּשִׁיטָא [פשוט] שמִתְכַּפֵּר לוֹ בִּפְנֵי עַצְמוֹ, כי הַהוֹרָאָה דִּלְהוֹן [שלהם] היא, אינה נחשבת וְלָא כְּלוּם, שהרי לא שאלו את גדול הדור, וּבָעֵי אַתּוּיֵי [והם צריכים להביא] כִּשְׂבָּה אוֹ שְׂעִירָה לחטאת כָּל חַד וְחַד [אחד ואחד], שאין להוראה תוקף של הוראת בית דין! ולהיפך, וְאִי דְּאִינּוּן [ואם שהם] מוּפְלָאִין וְהוּא לָאו [לא] מוּפְלָא, אַמַּאי [מדוע] מִתְכַּפֵּר לוֹ בִּפְנֵי עַצְמוֹ? הָא [הרי] הוֹרָאָה דִּידֵיהּ [שלו] וְלָא כְּלוּם הִיא ואינה נחשבת כהוראה אלא כשגגת מעשה בלבד.

מסורת הש"ס

א. הוריות י,א. תוספתא הוריות פ"א ו. וראה ירושלמי הוריות פ"ב ה"א.
ב. (הביטוי) פסחים סא,ב. יומא מה,ב. נה,א. סוכה מג,א. יבמות נד,א. נה,א. ב"ב קכג,א. סנהדרין ד,א. זבחים ע,א.
ג. ירושלמי הוריות פ"ב ה"א. תו"כ ויקרא ד, ג.
ד. (הביטוי) ר"ה ה,א. ב"מ כז,ב. מנחות פז,א.
ה. תו"כ ויקרא שם.
ו. ירושלמי הוריות פ"ב ה"ב. תו"כ ויקרא שם.

גרסות

בשגגת מעשה בלא העלם דבר בכת"י: בשגגת מעשה.

למי דומה בכתי"פ: למי דומה, אם דומה לצבור נלמדנו מצבור אם דומה לנשיא נלמדנו מנשיא.

צבור אינו חייב בכתי"מ: צבור אין חייבין בכתי"פ: צבור אינו מביא.

עם שגגת מעשה בכתי"מ: בשגגת מעשה בכתי"פ: ושגגת מעשה.

לא יהא חייב בכתי"פ: לא יהא חייב.

הרי הוא משיח בכתי"פ: הרי משיח.

משיח מביא בכתי"פ: לא יביא אלא.

כשהורה ועשו אחריו בהוראתו בכתי"פ: שהורו ועשו אחרים כהוראתן.

כשהורה ועשו אחריו בהוראתו בכתי"פ: שהורה ועשו אחרים בהוראתו.

מנא ליה דאין מביא אשם תלוי דכתיב בכתי"פ: מנא ליה נפקא ליה.

שחטאתו ושגגתו שוה בכתי"פ: שחטאו בשגגה.

עד כאן לא קאמר ליה אלא אשם בכתי"פ: הא לא קמה ליה אשם תלוי וכעין זה בכתי"מ.

שאין בית דין חייבין בכת"י: ואין בית דין וראה בתוי"ט.

הורה עם הצבור... יכול בכת"י: יכול משיח שהורה עם הצבור ועשה עם הצבור יביא פר לעצמו.

מביא בפני עצמו בכתי"פ: מתכפר בפני עצמו.

פשיטא דמתכפר לו — ולא כלום היא בכת"י: הוראה דידהו ולא כלום היא או הן מופלאין והוא אינו מופלא הוראה דידיה לא כלום היא.

עיונים

צבור מוצא מכלל יחיד רש"י מסביר שמוצא מכלל יחיד בקרבנו, שהרי הציבור מביא קרבן שונה על חטאתו. וכן לגבי נשיא, שמביא קרבן שונה משל היחיד. ואילו הרא"ש מסביר שבתורה יש פיסקה מיוחדת המדברת בציבור (וכן כיוצא בזה בנשיא) ולאחר מכן יש פיסקה אחרת המדברת ביחיד. הרי שגם הציבור וגם הנשיא מוצאים בתורה מכלל היחיד.

צבור אין מביאין אשם תלוי וטעמו של דבר, משום שנאמר באשם תלוי "נפש כי תחטא", משמע שמדבר רק ביחיד (רש"י). וראה בצפנת פענח שמראה דוגמה כיצד ייתכן ענין של אשם תלוי בציבור.

ומביא אשם ודאי שבדין האשם נאמר "נפש", וכל שהוא בכלל נפש, בין הדיוט בין נשיא בין כהן משיח, הוא בכלל הבאת אשם ודאי.

שאין שגגתו וחטאתו שוה שצריך שתהא שגגתו בהוראה, וחטאתו במה שעשה כפי הוראתו. ואילו ביחיד ובנשיא, שגגתו היא היא חטאתו, ששגג בהעלם דבר, ובזה חטא.

מה צבור הורה ועשו אחריו וכו' בתוס' שאלו: מפני מה שואל שאלה זו המתייחסת לבית הדין (שהם מורים ואחרים עושים), הרי נאמר "לאשמת העם" ואם כן צריך היה לשאול מדוע לא נדמה אותו לציבור, שאם עשה בהוראת אחרים יהא חייב! והרבה מפרשים אמרו כי יש תשובה לדבר מדברי הירושלמי בסוגייתנו שמביא שתי ברייתות הדורשות מה עניינו של "לאשמת העם", שיש ברייתא המפרשת "העם" = ציבור, אבל יש גם ברייתא אחרת המפרשת "העם" = בית דין. ובוודאי לפי שיטה אחרונה זו נשאלה השאלה כאן (הורה גבר, ועוד מפרשים רבים).

עד כאן לא קאמר וראה נוסח אחר בגרסות. ועיקר הקושיה היא שאינו יכול להוכיח שיש להשוות כהן משיח לציבור מדין אשם תלוי, שהרי פטור הכהן המשיח ממנו אינו נסמך אלא על ההנחה שאנו באים עתה להוכיח, והרי הנחה זו עדיין לא נתקיימה בידו.

כדי נסבה והלימוד נשאר כמו שאמרנו תחילה. ובב"ש הקשה: כיון שמחקנו ענין אשם תלוי מכאן, אם כן ההוכחה השניה היא ממש כמו הראשונה, ומה טעם יש בה? ותירצו כי עיקר ההשוואה היא בטיב הקרבן, שכיון שקרבן משיח הוא כקרבן ציבור (פר) משמע שיש לדמות את דיניהם ככל האפשר (חפץ ה', ר' משה עדאוי ועוד).

הורה בפני עצמו ומסביר רש"י שמדובר שהורה הוא בפני עצמו בהוראה אחת והורו בית דין הוראה אחרת, שכן היא מסקנת הדברים בגמרא, שאם לא כן הרי אין הדבר צריך להאמר כלל.

הורה עם הצבור ברע"ב מסביר שהיה הכהן הגדול אחד מחברי סנהדרי גדולה והורה כאחד מהם. וכתבו המפרשים שכן נראה משמעות דברי הרמב"ם בענין זה. וראה בב"ש שתמה מנין להם ההוכחה לסברה זו. והמפרשים חיפשו למצוא מקור לפירוש זה.

שאין בית דין חייבין וכו' רש"י מסביר לפי דיוק הלשון "שאין" שדברים אלה הם הסבר להלכה הקודמת. שמפני שדומה דין המשיח לדין בית הדין בפרטי דיני ההוראה, אף לענין כפרתו דינו כציבור. אבל הרבה מפרשים סבורים שאין זה שייך למאמר הקודם, ואין ההלכה הקודמת צריכה הוכחה מדבר שאין מקורו מפורש בדברי התורה. אלא הרי זה דין מיוחד לעצמו. כך כתב הרא"ש, וכך מסכם בתוי"ט. וראה בגרסות. וכן הוא בדברי ר' יהונתן שכתב הלכה זו כתחילתה של משנה נפרדת.

ודין הוא כלומר, לכאורה יש סברה (דין) בדבר זה, שלא יביא הכהן המשיח קרבן פר בפני עצמו על חטאתו כאשר חטא עם הציבור, ולא נצטרך לראיה מיוחדת מן הכתוב (רא"ש).

שאין מתכפר לו עם הציבור שאף שקרבנות יום הכפורים מכפרים על כל ישראל, מכל מקום הכהן הגדול מביא פר לעצמו לכפר עליו ועל ביתו, משמע שאין הוא מתכפר בתוך הציבור, אלא צריך קרבן לעצמו.

על חטאתו ומשמע: על חטא שחטא הוא לבדו ("חטאתו") מביא קרבן לעצמו (רש"י).

הן אינן מופלאין הרא"ש כותב שצריך לומר שלשון "מופלא" כאן אין משמע כמו בכל מקום, שהוא החכם הגדול מכל חכמי ישראל, שהכל צריכים לשמוע דעתו. אלא "מופלאים" פירושו — חכמים הראויים לגמרי להיות מורי הוראה בישראל. ויתרה מזו כתב הרמב"ם שלענין זה די כאשר כל אחד מהם הוא "גמיר וסביר".

ובעי אתויי כבשה וכו' כי כאמור בפרק ראשון כאשר לא היה בית הדין ראוי להוראה, או שהורה בלא לשאול את המופלא של בית דין אין זה נחשב להוראה. ואף שגרמו להטעות את ישראל — הרי הדבר נחשב לציבור כאילו חטאו בשגגת מעשה בלבד, ולכן מביאים החוטאים כל אחד כשבה או שעירה, שהיא חטאת יחיד על שגגת המעשה.

הוראה דידיה ולא כלום ובלשון הירושלמי: וכי שוטים מורים? שמי שאינו ראוי להוראה ומורה — אין בדבריו ממש. וכתב רש"י שמשום שאינו ראוי להוראה הרי אף שהורה לעצמו וסמך על הוראתו — דינו כשגגת מעשה בלבד. ולהלן מוכיח שהכהן המשיח בשגגת מעשה אינו מביא קרבן כל עיקר, ופטור אף מקרבן חטאת.

אורח ההלכה

צבור אין מביאין אשם תלוי בית דין שנסתפק להם אם שגגו בהוראתם או לא — אינם חייבים באשם תלוי. (רמב"ם ספר קרבנות הלכות שגגות פי"ב ה"ב).

משיח אין מביא אשם תלוי כהן משיח שנסתפק אם שגג בהוראתו, גם אם עשה מעשה כהוראתו אינו מביא אשם תלוי. (שם פט"ו ה"ז).

הורה בפני עצמו וכו' הורה הכהן המשיח עם בית דין ושגגו הוא והם בהוראה, אף שעשו על פי הוראתו המוטעית כיון שלא סמך הכהן על הוראתו לבדה אלא עם הוראת בית דין הרי זה פטור מן הקרבן. ואם הורה עם בית הדין בשגגה, אלא שהם שגגו בדבר אחד כגון בדם והוא שגג בדבר אחר כגון בחלב — אינו מתכפר עם הציבור אלא מביא פר לעצמו. (שם ה"ד וה"ה).

לבטל מקצת... וכן המשיח משיח דינו כציבור, שאף הוא אינו מביא קרבן על שגגת הוראתו עד שיורה לבטל מקצת המצוה ולקיים מקצתה. (שם ה"א וה"ב).

בעבודה זרה עד שיורו לבטל מקצת וכו' אין בית דין חייבים על שגגת הוראה בעבודה זרה אלא כאשר מורים לבטל מקצת ולקיים מקצת. (שם. פי"ד ה"ב).

מסורת הש"ס

א) [לקמן י.]: ב) ת"כ פרשה ויקרא: ג) צ"ל ומשיח: ד) [לקמן ח.]: ה) צ"ל כלבור:

תורה אור

צבור מוצא מכלל יחיד ומשיח מוצא מכלל
יחיד מה צבור אין חייבין אלא על העלם
דבר עם שגגת מעשה [א]אף משיח לא יהא
חייב [א]אלא על העלם דבר עם שגגת מעשה
[ב]או כלך לדרך זו נשיא מוצא מכלל יחיד
ומשיח מוצא מכלל יחיד מה נשיא מביא
בשגגת מעשה בלא העלם דבר אף משיח
מביא בשגגת מעשה בלא העלם דבר נראה
למי דומה צבור בפר [א]ואין מביאין אשם
תלוי ומשיח בפר [ב]ואין מביא אשם תלוי מה
צבור אינו חייב אלא על העלם דבר עם
שגגת מעשה אף משיח לא יהא חייב אלא
על העלם דבר עם שגגת מעשה או כלך
לדרך זו נשיא מביא שעירה בעבודה זרה
ומביא אשם ודאי ומשיח מביא שעירה
בעבודה זרה ומביא אשם ודאי מה נשיא
מביא בשגגת מעשה אף משיח מביא בשגגת
מעשה ת"ל °לאשמת העם הרי הוא משיח (ויקרא ד)
כצבור מה צבור אינו מביא אלא על העלם
דבר עם שגגת מעשה אף משיח אינו מביא
אלא על העלם דבר עם שגגת מעשה אימא
מה צבור הורה ועשו אחריו בהוראתו חייבין
אף משיח כשהורה ועשו אחריו בהוראתו יהא
חייב ת"ל °והקריב על חטאתו אשר חטא (שם)
[ג]על מה שחטא הוא מביא ואין מביא על
מה שחטאו אחרים אמר מר משיח בפר
ואין מביא אשם תלוי מנא ליה דאין מביא
אשם תלוי דכתיב °וכפר עליו הכהן על (שם ה)
שגגתו אשר שגג מי שחטאתו ושגגתו שוה
יצא משיח שאין שגגתו וחטאתו שוה דכתיב
לאשמת העם הרי הוא משיח כצבור לאשמת
העם ע"כ לא קאמר ליה אלא אשם [ד]כדי
א נסבה: מתני' [ה]הורה בפני עצמו ועשה
בפני עצמו מתכפר לו בפני עצמו [ה]הורה
עם הצבור ועשה עם הצבור מתכפר לו עם
הצבור שאין ב"ד חייבין עד שיורו לבטל
מקצת ולקיים מקצת [ו]וכן המשיח [ו]ולא
בעבודה זרה עד שיורו לבטל מקצת
ב ולקיים מקצת: גמ' מנהני מילי [ז]דת"ר
הורה עם הצבור ועשה עם הצבור יכול
יביא פר לעצמו ודין הוא נשיא מוצא מכלל
יחיד ומשיח מוצא מכלל יחיד מה נשיא
חטא בפני עצמו מביא בפני עצמו חטא עם
הצבור מתכפר לו עם הצבור אף משיח חטא
בפני עצמו מביא בפני עצמו חטא עם הצבור
מתכפר לו עם הצבור לא אם אמרת בנשיא
שכן מתכפר לו עם הצבור ביום הכפורים
תאמר במשיח שאין מתכפר לו עם הצבור ביום הכפורים הואיל ואין מתכפר לו עם הצבור ביום הכפורים
יכול יביא פר לעצמו ת"ל [א]על חטאתו אשר חטא [י]הא כיצד חטא בפני עצמו מביא בפני עצמו
חטא עם הצבור מתכפר לו עם הצבור היכי דמי אילימא דהוא מופלא והם אינן מופלאין פשיטא
דמתכפר לו בפני עצמו הוראה דלהון ולא כלום ובעי אתויי כשבה או שעירה כל חד וחד ואי
דאינון מופלאין והוא לאו מופלא אמאי מתכפר לו בפני עצמו הא הוראה דידיה ולא כלום היא
אמר

א) ויקרא ד

רש"י

צבור מוצא מכלל יחיד. דיחיד מביא כשבה או שעירה וצבור מביא פר: **נשיא מוצא מכלל יחיד.** דבכלל אם נפש אחת הוא ומוצא מכללו דיחיד מביא כשבה או שעירה ונשיא מביא שעיר: מה נשיא בשגגת מעשה בלא העלם דבר וכו': **צבור בפר ואין מביאין אשם תלוי.** כלל כדאמר לקמן דכתיב ביה באשם תלוי ואם נפש כי תחטא וגו' ולא ידע ואשם וכתיב וכפר עליו הכהן על שגגתו אשר שגג והוא לא ידע מי שחטאתו ושגגתו שוה חייב בשגגת מעשה בלא העלם דבר יצא כהן משיח שחטא בהעלם דבר וכ"ש צבור דיצא מאשם תלוי משום דהעלם דבר בהדיא כתיב בהו ואין חטאתו ושגגתו שוה דבעינן העלם דבר עם שגגת מעשה ועוד דצבור אינו בכלל נפש: **נשיא.** [ג]משיח מביאין שעירה בעבודה זרה דכתיב בפרשת שלח לך אנשים בעבודה זרה ואם נפש דאחד יחיד ואחד נשיא ואחד משיח במשמע: **ומביא אשם ודאי.** בין נשיא ובין משיח דכתיב באשם גזילות ובאשם מעילות נפש ומשיח ונשיא בכלל נפש אחת הן וצבור אין מביאין אשם ודאי דאינן בכלל נפש אחת והא דתנן [ד]אין חייבין אלא על דבר שזדונו כרת ושגגתו חטאת וכן המשיח הכי משמע דב"ד הוא דאין חייבין כלל עד שיורו בדבר שחייבין על זדונו כרת ושגגתו חטאת שאם הורו בשחייבין על זדונו כרת ושגגתו אשם פטורין לגמרי ועוד דבאשמות אין בהם דין שוגג דעל זדון הוא מביא אשם וכן המשיח אין מביא פר אלא בדבר שחייבין על זדונו כרת ועל שגגתו חטאת אבל במקום אשם ודאי חייב אשם לפי שהוא בכלל נפש אחת דלהכי הושוה לצבור דאין מביאין פר במקום אשם: **ומנא ליה.** דאין משיח מביא אשם תלוי: **דכתיב.** באשם תלוי וכפר הכהן על שגגתו אשר שגג מחטאתו מי שחטאתו ושגגתו שוה דאינו חייב עד דהוי הכל בשגגת מעשה דהיינו יחיד יצא משיח שחטאתו ושגגתו אין שוה דאינו חייב אלא על העלם דבר עם שגגת מעשה: **לאשמת העם ע"כ לא קאמר ליה.** כלומר מלאשמת העם קאמר דנפקא ליה דאין חטאתו ושגגתו שוה דמשיח כצבור והא אכתי לא קמה ליה היקש דלאשמת העם דעדיין לא הועמד לאשמת העם במקומו דהא קאמר אע"ג דאילו לא נאמר לאשמת העם יכולני ללמוד מן הדין דמשיח צריך העלם דבר עם שגגת מעשה [ה]בצבור וקאמר נראה למי דומה צבור בפר ואין מביאין אשם תלוי ומשיח בפר ואין מביא אשם תלוי בענין זה הוא דומה משיח לצבור אע"ג דאילו לא נאמר לאשמת העם והכא קאמר דמלאשמת העם נפקא ליה דמשיח אין חטאתו ושגגתו שוה דאין מביאין אשם תלוי והלא בלא אשמת העם הוא דן ולמד: **אלא אשם כדי נסבה.** אלא עיקר הדין שהוא דן כך הוא צבור בפר ומשיח בפר מה צבור אינו חייב אלא על העלם דבר עם שגגת מעשה אף משיח לא יהא חייב אלא על העלם דבר ושגגת מעשה: **מתני' הורה.** כהן משיח בעצמו כגון דמורו בתרי איסורי ב"ד בחלב והוא בעבודה זרה: **נתכפר לו בפני עצמו.** דמביא פר בפני עצמו דאי הורה הוא בפני עצמו ולא הורו ב"ד כלל לא איצטריך למיתני דחייב להביא פר דמקרא מלא הוא אלא כי איצטריך למיתני כגון שהורו בשני איסורים: **הורה עם הצבור.** ב"ד כגון דהורו בחדא איסור הוא בחלב והן בחלב: **נתכפר לו עם הצבור.** שהוא מתכפר בשל ב"ד ומפני מה מתכפר בשל בית דין עם הצבור כי הורה עם הצבור לפי שבדברים הרבה שוה משיח לב"ד שאין ב"ד חייבין קרבן עד שיורו לבטל מקצת וכן המשיח וכו' והואיל והושוה משיח לב"ד הלכך כי הורה עם הצבור ועשה עם הצבור מתכפר עם הצבור והא דקתני שאין ב"ד חייבין ולא קתני שאין צבור חייבין סתמא כר"מ דאמר לעיל בפ"ק ב"ד מביאין על ידיהן פר והן פטורין: **ולא בעבודה זרה.** אין חייבין קרבן: **גמ' מה נשיא חטא עם הצבור מתכפר לו עם הצבור.** משום דבשגגת מעשה בלבד הוא מביא שעירה והואיל וחטאתו בשגגת מעשה הוא כיחיד דעלמא הלכך כי חטא ע"פ ב"ד עם הצבור דהוי העלם דבר עם שגגת מעשה מתכפר עם הצבור ועוד שכן מתכפר לו עם הצבור ביוה"כ לפיכך מתכפר לו עם הצבור אף משיח הורה בפני עצמו וכו': **ת"ל.** דכתיב בכהן משיח על חטאתו אשר חטא דמשמע דכי חטא בפני עצמו הוא דיביא בפני עצמו הא אם חטא עם הצבור מתכפר לו עם הצבור: **ה"ד.** דכי הורה משיח בפני עצמו דמורו בתרי איסורי דמתכפר בפני עצמו: **אי דהוא מופלא** ב"ד והן אינן מופלאין פשיטא דמתכפר בפני עצמו דהוראה דידהו לאו כלום היא: **ובעי איתויי.** כל חד וחד מצבור: **כשבה או שעירה.** דהא תנן לעיל בפ"ק (דף ד':) או שלא היה שם מופלא של ב"ד דלא הויא הוראה שאע"פ שאינו מסנהדרין שאילו היה מסנהדרין אפי' [אם] קטן שבכולם לא היה שם לא הויא הוראה כדאמרינן מאי כל עדת דאי איתא לכולה סנהדרין הויא הוראה ואי לא לא הויא הוראה וכשגגת מעשה לחודיה דמי דמייתי כל חד וחד כשבה או שעירה ה"נ כי הוי הוא מופלא והן אינן מופלאין כי הורה בפני עצמו הואיל והוא לא היה שם עמהן פשיטא דמתכפר בפני עצמו דהוראה דידהו לאו כלום היא: **ואי הן מופלאין והוא אינו מופלא.** כי הורה בפני עצמו אמאי מתכפר בפני עצמו: **והא הוראה דידיה לאו כלום היא.** דכיון דאינו מופלא לא ידע מאי קא מורה ולא הוה הוראה מעליא וכשגגת מעשה לחודיה דמי ואשכחן משיח בשגגת מעשה גרידתא פטור לגמרי כדאמרינן בסוף פירקא שאין חטאתו שוה ליחידים:
אמר

תוספות

מה צבור הורו ועשו אחריהן בהוראתן כו'. תימה היאך שייך לדמותו לצ"ד דהכתיב לאשמת העם וטפי מסתבר לומר מה צבור אין חייבין עד שיורו הן אחרים אף משיח לא יהיה חייב כו': **לא אם אמרת בנשיא שכן מכפר לו ביוה"כ.** המ"ל שכן נשיא אין מביא בהוראה אלא דאלימא פריך שמתכפר בצבור: **ואי דאינהו (כו') מופלאים הוראה דידיה כו'.** דהא איתקש לאשמת העם ותנן לעיל כו' כדפרש"י:
דיתבי

תוספות הרא"ש

צבור מוצא מכלל יחיד. דכתיב ואם נפש אחת תחטא בשגגה מעם הארץ. וצבור שחטאו בשג"מ בכלל כדדרשינן לעיל רפ"ק דמייתו כל חד וחד כשבה או שעירה. והוציא הכתוב צבור שעשו (בהוראתו) [בהוראה] מכלל זה להביא פר ומשיח נמי בכלל נפש והוציאו מזה הכלל לחייבו בפר: **או** כלך לדרך זו נשיא מוצא מכלל יחיד. שגם נשיא היה בכלל ואם נפש להביא כשבה או שעירה ויצא לדונו בשעיר. ואית ספרים דגרסי נשיא מוצא מכלל צבור ומשיח מוצא מכלל צבור. וה"פ נשיא [מוצא] מכלל צבור שעשו בשגגת מעשה דמייתו כשבה או שעירה כל חד מנייהו דכתיב מעה"א ואפילו רובא. וגם נשיא היה בכלל ויצא לידון בשעיר. וגם משיח היה בכלל ויצא לידון בפר. וליכא לפרושי דנשיא ומשיח היו בכלל אם מעיני העדה דבהא לא יצא נשיא מכלל שגם הוא בהוראת ב"ד מתכפר עם הצבור: **הורה** בפני עצמו (מתכפר עם שאחרים אינן) מתכפר בפ"ע. מדקתני מתכפר בפ"ע משמע שהיה ראוי להתכפר עמהם. וה"ד כגון שחטאו גם הצבור בהוראת ב"ד ואשמועינן דלא סגי ליה לדידיה פר לצבור. דאי בדלא הורו לצבור כלל מאי מתכפר לו בפ"ע פשיטא אלא במאן מתכפר לו. ועוד קרא במאי מתוקם אם לא בענין זה שחטא (כולא) [בלא] צבור. ובגמ' מוקי לה כגון דאורי בתרי אסורי הוא בחלב וכן בע"ז. הורה עם הצבור דאורו תרווייהו בחלב מתכפר לו עם הצבור. ורישא משנה שאינה צריכה היא דהאיך מתכפר על חלב שאכל דחייב עליו פר בשעיר שמביאין הצבור בע"ז אלא אגב סיפא נקטוה דמקרא דרשינן ליה בגמרא דסד"א כמו שאינו מתכפר עם הצבור ביוה"כ אלא מביא לעצמו. הה"נ אם חטא עם הצבור בהוראה יביא פר לעצמו:
שאין ב"ד חייבין עד שיורו לבטל כו'. ופרש"י ז"ל שבא לפרש הטעם למה מתכפר עם הצבור דהואיל ושוה משיח לצבור שאינו חייב אלא על שגגת מעשה עם העלם דבר מתכפר נמי עמהם כשהורה ועשה (מהם) [עמהם]. ולא נהירא דאין צריך טעם לזה דהאי קרא דריש בגמרא. ועוד מדכליל בהדייהו ולא בע"ז (וליתא) [וליכא] לפרושי דאף אם הורה ועשה משיח עם הצבור בע"ז מתכפר עמהם דהא משיח בעבודה זרה כיחיד. ונראה לפרש שאין ב"ד חייבין כו' תחילת דבור הוא. ואע"ג (תני ושאין) [דתני שאין] כה"ג תנן ברפ"ק דמסכת יו"ט שאפר כירה מוכן הוא ותחילת הדבור [הוא] כאילו תנא ואפר כירה מוכן הוא: **שאין** ב"ד חייבין. פרש"י ז"ל סתמא כר"מ דאמר בפירקא דלעיל ב"ד מביאין על ידיהן והן פטורין. ותימה דברים מכילתין פירש אהא דאמר שמואל אין ב"ד חייבין עד שיאמרו להם מותרים. כלומר כששושין קהל או רובן עבירה ע"פ של ב"ד בין למ"ד ב"ד מביאין פר ובין למ"ד צבור מביאין. וי"ל משום דקתני (הכי) [הכא] וכן המשיח משמע אין ב"ד חייבין על הבאת קרבן קאי דומיא דמשיח: **ת"ר** משיח שהורה עם הצבור ועשה עם הצבור יביא פר לעצמו ודין הוא. פי' ודין הוא שלא יביא ושקלי וטרי עד דסתר האי דינא. וראוי הוא שיביא לעצמו. אלא דיליף לה מקרא שמתכפר עם הצבור: **ה"ד** הא דקאמרת הורה בפ"ע מתכפר בפ"ע. דע"כ בדאיתא תרי הוראות כדפרישית. והיכי משכחת לה דהורה כהן משיח וגם הורו ב"ד. ומוקי לה ר"פ בשוין שכולן מופלאים ולא בררי לי שפיר מאי קפי' מופלא דראוי להוראה היינו דגמיר כולי תלמודא כשמעון בן עזאי וגמיר וסביר ומאי חסיר ליה להיותו נקרא מופלא. ואפשר דמושיבין בסנהדרין אע"פ שאינו ראוי להוראה אי לא משכח ראוי להוראה. ואותן הראוים להוראה נקראים מופלאים. והכא מיירי שכולן ראויים להוראה:

א) כ"ה בפרש"י.

עין משפט
נר מצוה

ה א מיי' פי"ב מהל' שגגות הלכה ב סמג עשין רעז:
ו ב מיי' שם פט"ו הל' ו סמג שם:
ז ג מיי' שם הל' א:
ח ד מיי' שם הלכה ד:
ט ה מיי' שם הל' א:
י ו מיי' שם ופי"ב הל' א [ופי"ג] הלכה ב סמג שם:

רבינו חננאל

כוכבים שעבדו בימי צדקיהו בזדון הוות ומזיד לאו בר קרבן הוא. ומהדרינן ולטעמ' אילים צ"ו וכבשים ע"ז שהקריבו מי אשכחנן להו בכל התורה כולה. פי' חדא דאיל וכבש לא אשכחנן דאתי חטאת בכל התורה כולה. ותו דטפי מפר ושעיר לא אשכח בעבודה זרה אלא הוראת שעה היתה וליכא למיסמך עלה וכל זו השמועה ישנה נמי בתמורה בפרק יש בקרבנות היחיד: **מתני'** הורו ב"ד של אחד מן השבטים ועשה אותו השבט על פיהם אותו שבט חייב ושאר כל השבטים פטורין. דברי ר' יהודה וחכמים אומרים אין חייבים אלא על הורית ב"ד הגדול בלבד שנאמר ואם כל עדת ישראל ולא עדת אותו השבט מפורש בספרא עדת ישראל עדה המיוחדת בכל ישראל זו סנהדרין גדולה שבלשכת הגזית אוקימנא לעיל (דף ה:) דמאן חכמים ר"ש: **ת"ר** הורו ב"ד. פי' ועשו קהל או רובו על פיהם וידעו שטעו וחזרו בהן מת אחד מב"ד פטורים אחד מן הצבור חייבים. מאן תנא אמר ר' זירא ואמרי לה אמר ר' ירמיה בר אבא ר"מ היא דאמר ב"ד מייתו ולא צבור והכין טעמא מת אחד מב"ד פטורים מלהביא פר. דהויא לה חטאת שמתו בעליה מת אחד מן הצבור חייב' ב"ד להביא הפר דהא כולהו ב"ד קיימי. מתקיף לה רב יוסף ממאי דלמא ר"ש היא דאמר צבור מייתי וב"ד מייתי והכי קאמר מת אחד מב"ד פטור' דהוה ליה חטאת שמתו בעליה מת אחד מן הצבור חייבין שאין הצבור מתין. פי' ב"ד לאו צבור נינהו אלא שותפין. א"ל אביי לא מצית לאוקמא כר"ש דהא שמעינן ליה דאמר חטאת השותפין לא אזלא למיתה. דתניא פר ושעיר יוה"כ שאבדו והפריש אחרים תחתיהן פי' ולא הספיק להקריבן עד שנמצאו הראשונים ימותו. דברי ר' יהודה דקסבר ר' יהודה חטאת צבור מתה. והכי מפורש בתוספתא יומא (פ"ג) ר' אלעזר ור' שמעון אומרי' ירעו עד שיסתאבו וימכרו ויפלו דמיהן לנדבה שאין חטאת צבור מתה. פי' הנה הפר של יוה"כ דלאו דצבור הוא אלא דשותפי אהרן וביתו כדכתיב והקריב אהרן את פר החטאת אשר לו וגו' ודינו אצל ר' שמעון כדין השעיר דהוא חטאת צבור דאלמא אם מת אחד מן השותפין קרב כדרך שאם מת אחד מן הצבור קרב. ואמאי קתני מת אחד מב"ד פטורין אפילו כי מת ליקרב. והא מתניתא איתא ביומא בפ' הוציאו לו. והכי תניא בתוספתא תמורה (פ"ג) המפריש חטאתו ואבדה והפריש אחרת תחתיה ולא הספיק להקריבה עד שנמצאת הראשונה והרי שתיהן עומדות יביא איזו מהן שירצה והשניה תרעה עד שתסתאב ותמכר ויפלו דמיה לנדבה. ר' אומר תמות ומודים חכמים לר' במפריש חטאתו ואבדה והפריש אחרת תחתיה והקריבה ואח"כ נמצאת הראשונה שתמות. ות"ר בספרא פרשת יחיד ואם כבש יביא קרבנו ומנין את אומר המפריש חטאתו ואבדה והפריש אחרת תחתיה ואח"כ נמצאת הראשונה והרי שתיהן עומדות שיביא איזה מהן שירצה ת"ל יביא יכול יביא שתיהן ת"ל יביאנה אחת הוא מביא ואינו מביא שתים. ואמרי עלה בתמורה פרק יש בקרבנות היחיד (דף טו) והא חטאת דפיישא מה תהא עלה. אמר רב המנונא תנא ר' יהודה אומר רועה ר' שמעון אומר מתה. ושקלינן וטרינן בה טובא. ואסיקנא דר' יהודה אליבא דרבנן דפליגי על ר' בתוספתא אמרה ודתנן התם חטאות יחיד שכפרו בעלים [מתה] ושל צבור אין מתות. ר' יהודה אומר [ימותו] אוקימנא באבודה ונמצאת בשעת הפרשה ור' יהודה אליבא דר': אמר ליה רב יוסף כהנים קא אמרת כהנים עם לעצמם שנאמר על הכהנים ועל כל עם הקהל יכפר. פי' דינם כדין צבור ולא כשותפין. ולענין חטאת שותפין לר' שמעון מתה. א"ל אביי (סייך לדף ו ע"ב) אלא מעתה נייתי פר בהוראה. וכי תימא הכי נמי מפי להו שבטים. [ס"א נפישו להו פרים] פירוש למאן דאמר כל שבט ושבט מייתי י"ג פרים בעי ולר' שמעון י"ד: אמר רב אחא בר יעקב לא מייתי בהוראה אלא מאן דאקרי קהל ושבטו של לוי לא אקרי קהל שנאמר ויאמר אלי הנני מפרך והרביתך ונתתיך לקהל עמים ונתתי את הארץ הזאת לזרעך אחריך אחוזת עולם כל שיש לו אחוזה קרוי קהל וכל שאין לו אחוזה אינו קרוי קהל. פי' ולוים לית להו אחוזה. אקשי' אי הכי בצרי להו. פירוש י"א הוו ופרקינן משמיה דאביי אפרים ומנשה כראובן ושמעון יהיו לי. א"ל רבא והא כתיב על שם אחיהם יקראו בנחלתם. לנחלה הקשתים לראובן ושמעון ולא לדבר אחר אהדר ליה אביי ולא והא חלוקין בדגלים. פירוש דכתיב דגל מחנה אפרים וגו' ועליו מטה מנשה. ופרקינן כדי לחלוק כבוד לדגלים. פירוש כי כל דגל היו לו ג' נשיאים ואילו לא נחלק שבט יוסף היה נשאר דגל אחד בב' נשיאים בלבד כי שבט לוי לא פוקד דכתיב והלוים לא התפקדו וגו' ס"א והא חלוקין בדגלים כנחלתם כך חנייתם. פירוש הכי קאמר ליה יעקב ליוסף על שם אחיהם יקראו בנחלתם והמתנות נמי מעין נחלה היתה שהן חולקין הרוחות הלכך נחלקו. וראינו במקצת פי' חכמים א) כנחלתם כך חנייתם שיעקב חלק להם את הארץ. וצום האיך יחנו לדגליהם. וכך מצינו במדרש ר' תנחומא איש על דגלו באותות לאות שצוה להם אביהם שלרוחות שנחלקו לשאת מטתו להן נחלקו לדגלים ואקשינן והא חלוקין בנשיאים דכתיב ביום השביעי נשיא לבני אפרים אלישמע בן עמיהוד. ביום השמיני נשיא לבני מנשה גמליאל בן פדהצור ופרקינן כדי לחלוק כבוד לנשיאים.
פי'

תורה אור

א אמר רב פפא כגון שהיו מופלין שניהן סבר אביי למימר חטא בפני עצמו ועשה בפני עצמו היכי דמי דיתבי בשני מקומות וקא מורו בתרי איסורי אמר ליה רבא אטו שני מקומות גורמין אלא אפילו יתבי בחד מקום וכיון דקא מורו בתרי איסורי חטא בפני עצמו הוא: פשיטא הוא בחלב והן בעבודה זרה חטא בפני עצמו הוא דהא חלוקין בטעמייהו וחלוקין בקרבנות דהוא בפר והן בפר ושעיר דהא קא מייתו הני שעיר והוא לא מייתי וכל שכן הוא בעבודה זרה והן בחלב דחלוקין בקרבנותיהן א)[לגמרי] דהוא שעירה ואינהו פר אלא הוא בחלב המכסה את הקרב והן בחלב שעל הדקין מהו מי אמרינן אף על גב דקרבנן שוה כיון דמתרי קראי קאתו הא פליגין בטעמייהו או דלמא שם חלב אחד הוא אם תמצא לומר שם חלב אחד הוא הוא בחלב והן בדם מהו מי אמרינן

ב בטעמייהו הא פליגין או דלמא כיון דשוין בקרבן בתר קרבן אזלינן א)תיקו: שאין בית דין חייבין עד שיורו לבטל מקצת ולקיים מקצת וכו': מנלן דעד שיורו לבטל מקצת ולקיים מקצת כדאמרינן באידך פירקין אב)ונעלם דבר דבר ולא כל הגוף: וכן המשיח: מנלן דכתי' ב)לאשמת העם הרי משיח כצבור ויקרא ד ולא בעבודה זרה כו': מנלן דתנו רבנן לפי שיצאה עבודה זרה לדון בעצמה יכול יהו חייבין על עקירת מצוה כולה ג)נאמר כאן מעיני ונאמר להלן מעיני מה להלן בב"ד אף כאן נמי בב"ד ד)ומה להלן דבר ולא כל הגוף אף כאן נמי דבר ולא כל הגוף:

ג מתני' ה)אין חייבין אלא על העלם דבר עם שגגת המעשה ו)וכן המשיח ולא בעבודה זרה אין חייבין אלא על העלם דבר עם

ד שגגת המעשה: גמ' מנלן דתנו רבנן ו)ישגו יכול יהו חייבין על שגגת מעשה ת"ל ישגו ונעלם דבר אין חייבין אלא על העלם דבר עם שגגת מעשה: וכן המשיח: מנלן דכתיב ז)לאשמת העם הרי משיח כצבור: ולא בעבודה זרה אלא על העלם דבר עם שגגת מעשה: מנלן דת"ר לפי שיצאה עבודה זרה לדון בעצמה יכול יהו חייבין על שגגת המעשה נאמר כאן מעיני ונאמר להלן מעיני מה להלן אין חייבין אלא על העלם דבר עם שגגת מעשה אף כאן אין חייבין אלא על העלם דבר עם שגגת מעשה ואילו משיח בעבודה זרה לא קתני מתניתין מני רבי היא ג)דתניא משיח בעבודה זרה רבי אומר בשגגת מעשה וחכמים אומרים ה)בהעלם דבר ו)ושוין שבשעירה ושוין שאין מביא אשם תלוי ותסברא בזדונו כרת ובשגגתו חטאת מי קתני אלא תני הא והוא הדין להא ה"נ תנא הא והוא הדין להא מ"ט דרבי אמר קרא א)וכפר הכהן על הנפש השוגגת בחטאה בשגגה הנפש זה משיח השוגגת זה נשיא בחטאה בשגגה רבי סבר חטא זה בשגגה יהא ורבנן סברי מי שחטאתו בשגגה יצא משיח שאין חטאתו בשגגה אלא בהעלם דבר ז)ושוין שבשעירה ביחיד ד)מנלן דאמר קרא ב)ואם נפש אחת אחד יחיד ואחד נשיא ואחד משיח כולם בכלל נפש אחת הן:

ושוין

א) במדבר טו: ב) שם:

אמר רב פפא. בשוין דהוא מופלא והן מופלאין דכי חטא בפני עצמו אע"ג דהוראה דידהו הוי הוראה מעליא אפילו הכי מתכפר בפני עצמו משום דקא מורו בשני איסורין ואפילו הוא דהוא מופלא דהוראה דידיה הוי הוראה מעליא אפ"ה מתכפר עם הצבור משום דקא מורו בחדא איסורא: **בשני מקומות.** משיח במקום אחד וב"ד במקום אחר: **בטעמייהו.** בפסוקים דחלב ועבודה זרה מתרי קראי נפקי: **וחלוקין בקרבנות.** דב"ד מייתי שעיר אעבודה זרה והוא לא מייתי שעיר: **דהוא שעירה.** לחודיה דכתיב בעבודה זרה בפרשת שלח לך אנשים ואם נפש דאחד יחיד ואחד נשיא במשמע: **הוא בחלב המכסה את הקרב.** דהוי דבר שאין הצדוקים מודין דהא לא מפרש קרא מאי ניהו דאפי' אמוראי פליגי בשחיטת חולין באלו טריפות (דף נ:) מאי ניהו כרס הפנימי וכ"ש חלב שעל גבי הדקים שאין הצדוקים מודין דהא לא כתיב בהדיא אי נמי דהורו בחלב שעל הקרב בין בכזית לפחות מכזית דכזית לא כתיב בהדיא והוי דבר שאין הצדוקין מודין: **אע"ג דקרבנן שוה.** דהן בפר והוא בפר: **כיון דמתרי קראי קא אתו.** כדאמרינן לעיל בפרק קמא (דף ג.) ואת החלב וי"ו יתירא להביא חלב שעל גבי הדקין: **הא פליגין בטעמייהו.** הא חלוקים בפסוקים ומתכפר בפני עצמו: **או דלמא שם חלב אחד הוא.** והורה עם הצבור הוא ומתכפר עם הצבור: **והן בדם.** כגון בדם המובלע באיברים או בין כזית לפחות מכזית והוי דבר שאין הצדוקין מודין: **בתר קרבן אזלינן.** דכיון דשוין בקרבן הורה עם הצבור הוא ומתכפר עם הצבור תיקו: **לפי שיצאה עבודה זרה.** מכלל פר העלם דבר של צבור לידון בעצמו בהבאת פר ושעיר: **נאמר כאן.** בעבודה זרה מעיני והיה אם מעיני העדה: **ונאמר להלן מעיני.** ונעלם דבר מעיני הקהל: **מה להלן ב"ד.** דכתיב ונעלם דבר מעיני הקהל ועשו ואמרינן לעיל בפ"ק (דף ה.) הוראה תלויה בב"ד דכתיב ונעלם דבר מעיני הקהל דהיינו ב"ד ומעשה תלוי בקהל דכתיב הקהל ועשו ובעבודה זרה לא כתיב ב"ד דכתיב והיה אם מעיני העדה נעשתה לשגגה ואי ס"ד ב"ד והא אין מעשה תלוי בב"ד אלא בקהל דהכא כתיב מעיני העדה נעשתה דהיינו מעשה אלא מה להלן ב"ד דכתיב בפרשת ויקרא אף כאן בית דין: **מתני' אין חייבין בקרבן וכו'.** אין ב"ד חייבין קרבן אלא על העלם דבר עם שגגת מעשה וכן המשיח ולצבור הוא דכי עבדי בשגגת מעשה לחודיה מייתו כל חד וחד כשבה או שעירה דדיניהם כיחידים דכיון דלא עשו ע"פ ב"ד מחלקי כולהו מהדדי והוו יחידים ויחידים חייבין בשגגת מעשה אבל משיח בשגגת מעשה לחודיה פטור מכלום כדאמר לקמן בפרק בתרא (דף יא.) מעם הארץ פרט למשיח דאינו מביא בשגגת מעשה כלל והיינו דקאמר יצא משיח שאין חטאתו בשגגה דהיינו בשגגת מעשה וכו': **גמ' ואילו משיח בעבודה זרה לא קתני.** דקתני ולא בעבודה זרה אין חייבים אלא על העלם דבר עם שגגת מעשה ולא קתני וכן המשיח ומדלא קתני וכן המשיח מכלל דמשיח בעבודה זרה חייב בשגגת מעשה לחודיה: **מתני' מני ר' היא דתניא משיח בעבודה זרה ר' אומר בשגגת מעשה.** לחודיה: **וחכ"א בהעלם דבר.** כלומר עם שגגת מעשה כשאר מצות ושוין שאין מביא שום אשם תלוי: **ותסברא זדונו כרת ושגגתו חטאת.** דעבודה זרה דקתני ולא בעבודה זרה אלא על דבר שחייבין על זדונו כרת ועל שגגתו חטאת מי קתני וכן המשיח והא קי"ל דמשיח נמי בעבודה זרה אינו חייב אלא על דבר שזדונו כרת ועל שגגתו חטאת כדאמרי' לקמן נאמר כאן עליה כו' לאשמת העם הרי משיח כצבור ואפי' הכי לא קתני במתני' וכן המשיח: **אלא תנא בהא.** בדבר שחייבין על זדונו כרת ושגגתו חטאת ה)כשאר מצות וכן המשיח והוא הדין בעבודה זרה דמשיח כצבור דאינו

דיתבי בתרי מקומות וקמורו בחד איסורא. תימה מאי אצטריך בשוין אפי' לא שוו נמי הוראתן הוראה דהא דבעינן לעיל מופלא בב"ד שהיה להן ללמוד ולא למדו הכא מאי אצטריכן ללמוד כיון דבאיסור אחד הורו ושניהן הורו שוה ונראה כספרים דגרסי מלתא דרב*) טפי בשוין בתר דמוקי בתרי אסורי. **נאמר כאן מעיני.** תימה דלעיל בפ"ק משמע בדברי אביי דלא ידעינן שאר מצות אלא מעבודה זרה והכא משמע איפכא וי"ל דאביי נמי הכי בעי למילף כי הכא דעיני דעבודה זרה לא פשוט לן דהוא ב"ד אלא ה"ק ילפינן עיני עיני כלומר האי עיני דעבודה זרה ילפינן משאר מצות שהוא ב"ד והדר ילפינן ההוא מעיני מהאי לענין זה דכי היכי דגבי עבודה זרה מעשה תלוי בקהל כדמשמע נעשתה ה"נ האי עיני דשאר מצות: **דת"ר ישגו יכול יהיו חייבין על שגגת מעשה.** תימה למאי איצטריך הא כבר ילפינן מדבר דבר דמקצת דבר בעינן והא לא שייך כי אם בהוראה ועוד היך יהיו חייבין על שגגת מעשה למ"ד ב"ד מביאין פר טוביה חטא וזיגוד מינגד מה חטאו ב"ד ועוד תניא פ"ק עם הארץ לרבות אפי' רובו ואפי' כולו דמייתו שעירה או כשבה ולא פר. וי"ל דאי לאו דמשמע דבעינן העלם דבר לא הוינו אומרים שב"ד יהיו חייבין אלא צבור דאע"ג דלעיל דרשינן דמעשה תלוי בקהל והוראה תלויה בב"ד השתא מיהו לא דרשינן הכי מיהו הקישא דדבר ל"ל דמתחלה צריך למילף הוא ואח"כ לומר דבר ולא כל הגוף:

*) נ"ל רב פפא.

כלא הוראת ב"ד. ותירץ דסוגיא דלעיל אליבא דר"מ ור"ש דלא מייתר להו קהלי למדרש מעשה תלויה בקהל והוראה בב"ד אבל לר' יהודה דדריש ליה מקהל יתירא לית ליה האי דרשא נעשתה לשגגה ובריתא דהכא ר"י דסתם ספרא ר' יהודה: **ואילו** משיח בעבודה זרה לא קתני. דלא קתני בעבודה זרה וכן המשיח אלמא דמשיח בעבודה זרה מחייב בשגגת מעשה גרידתא. וליכא למימר הא דקתני ולא בעבודה זרה אצבור ומשיח דאיירי בהו מקמי הכי דא"כ הו"ל למשבקי' למשיח עד לבסוף ולתני אין חייבין כו' ולא בעבודה זרה כו' והדר לתני וכן המשיח. והשתא דשבקי' עבודה זרה לבסוף משמע דמשיח בעבודה זרה לא מבעיא העלם דבר: **אלא** תנא הא וה"ה להך. פי' תנא (כו') [עבודה זרה] גבי ב"ד וה"ה לגבי משיח. דמשיח (כו') [כב"ד] אף לענין (כו') [עבודה זרה]: **וכפר הכהן** על הנפש השוגגת. הנפש זה נשיא השוגגת זה משיח. קרא יתירא קדריש שלא תאמר הואיל ויצא נשיא ומשיח מכלל יחיד בשאר מצות. אף בעבודה זרה כן. קמ"ל דבכלל יחיד נינהו. **ורבנן** האי בחטאה בשגגה הכי משמע וכפר הכהן על הנפש השוגגת דהיינו מעשה גרידתא. וכתב עלה בחטאה בשגגה. מי שחטאו בשגגה בשאר מצות דמביא כפרה גם בעבודה זרה בשגגת מעשה. יצא משיח שאין חטאו בשגגה גרידתא בשאר מצות אלא צריך הע"ד. שאינו מביא כפרה גם בעבודה זרה אם לא בהע"ד ושגגת מעשה: **ושוין** שבשעירה כיחיד. דכתיב ואם נפש אחת תחטא בשגגה אחד יחיד אחד נשיא ואחד משיח וכתיב והקריבה עז בת שנתה. ואע"ג בההיא קרא גופיה כתיב תחטא בשגגה דמשמע בשג"מ גרידתא. לא אמרי' דמשיח מייתי בשגגת מעשה דלהכי אהני מיעוטא דבחטאה בשגגה למעט משיח בשגגה גרידתא ואין לומר דמבחטאה בשגגה ממעטי' משיח לגמרי. ואם נפש אתי לרבויי [נשיא]. דא"כ לא לכתוב על הנפש השוגגת אלא הכי לכתוב וכפר עליו הכהן בחטאה (אלא) בשגגה [אלא] כתיב השוגגת לרבות משיח לאשמועינן דלא ממעטינן מבחטאה בשגגה אלא שאינו מביא בשגגה גרידתא אבל בהע"ד עם שגגת מעשה מביא שעירה. ואגב דכתיב השוגגת כתיב נמי הנפש דלרבות נשיא לא אצטריך:

אמר רב פפא: כגון שהיו מופלין שניהן שגם הכהן המשיח וגם בית הדין היו גדולים בתורה ורשאים להורות.

א סבר אביי למימר [לומר] כך: מה שאמרו במשנה חטא בפני עצמו ועשה בפני עצמו היכי דמי [כיצד הוא בדיוק]? דיתבי [שיושבים] הכהן הגדול ובית הדין בשני מקומות שונים וקא מורו בתרי איסורי [והם מורים בשני איסורים שונים], אמר ליה [לו] רבא: אטו [וכי] שני מקומות הם הגורמין שייחשב כחטא בפני עצמו? אלא אפילו יתבי [יושבים] הכהן הגדול ובית הדין בחד מקום [במקום אחד], וכיון דקא מורו בתרי איסורי [שהם מורים בשני איסורים שונים] חטא בפני עצמו הוא.

ומעתה דנים: פשיטא [פשוט] הדבר, אם הוא הורה בחלב והן בעבודה זרה, הרי זה ברור שחטא בפני עצמו הוא, דהא [שהרי] חלוקין בטעמייהו [בטעמיהם], שלכל אחד מהם יש מקור אחר לדבריו מכתובים שונים וגם שהם חלוקין בקרבנות, שהוא הכהן הגדול מתכפר על שגגתו בחטא זה בפר, והן בית הדין בשגגת עבודה זרה מתכפרים בפר ושעיר, דהא קא מייתו הני [שהרי הללו מביאים הם] גם שעיר, והוא לא מייתי [מביא]. וכל שכן אם הוא שגג בעבודה זרה והן הורו בחלב, שחלוקין בקרבנותיהן לגמרי, שהוא מביא שעירה לחטאת, ואינהו [והם] מביאים פר, אלא הספק הוא כאשר הוא הורה למשל בחלב המכסה את הקרב והן הורו בחלב שעל הדקין (מעיים), מהו? מי אמרינן [האם אנו אומרים] במקרה זה: אף על גב [אף על פי] שקרבנן שוה, כיון דמתרי קראי קאתו [שמשני מקראות שונים באים, נובעים] האיסורים הללו הא פליגין בטעמייהו [בטעמיהם], או דלמא [שמא] שם חלב אחד הוא, והוא נחשב כחטא אחד? אם תמצא לומר שם חלב אחד הוא, אם הורה הוא בחלב והן בדם, מהו? מי אמרינן [האם אנו אומרים]: בטעמייהו הא פליגין [בטעמיהם הרי הם חלוקים, שהרי יש לכל איסור מקור אחר בתורה, ואם מתירים אותם הרי זה מפני נימוקים שונים], או דלמא [שמא] כיון ששוין בקרבן (שכפרת חלב ודם שוה) בתר [אחר] הקרבן אזלינן [אנו הולכים]? שאלה זו לא נפתרה, ונשארה בתיקו [תעמוד] במקומה.

ב ומבררים את ההלכות האמורות במשנתנו. שנינו שאין בית דין חייבין עד שיורו לבטל מקצת ולקיים מקצת וכו'. ושואלים: מנלן [מנין לנו] שעד שיורו לבטל מקצת ולקיים מקצת? ומשיבים: כדאמרינן באידך פירקין [כמו שאמרנו בפרק האחר הראשון במסכת שלנו]: "ונעלם דבר" (ויקרא ד, יג) לומר "דבר" ולא כל הגוף. עוד שנינו: וכן המשיח. ושואלים: מנלן [מנין לנו] הלכה זו? דכתיב [שנאמר]: "לאשמת העם" (שם ג), לומר שהרי משיח כצבור. עוד שנינו: ולא בעבודה זרה. ושואלים: מנלן [מנין לנו] דבר זה? דתנו רבנן [ששנו חכמים בברייתא]: לפי שיצאה עבודה זרה לדון בעצמה, שיש פרק מיוחד (במדבר טו) שנתייחד לשגגת עבודה זרה, יכול יהו חייבין בענין זה על עקירת מצוה כולה? ומשיבים: נאמר כאן בעבודה זרה "מעיני" (במדבר טו, כד) ונאמר להלן בהעלם דבר של צבור בשאר עבירות "מעיני" (ויקרא ד, יג), מה להלן מדובר בבית דין, ומה להלן בשגגת צבור, מדובר בבית דין, אף כאן נמי [גם כן] בבית דין,

על העלם דבר מן המצוה ולא כל הגוף, אף כאן נמי [גם כן] דבר ולא כל הגוף.

ג משנה אין חייבין בית הדין אלא על העלם דבר של טעות בהוראה עם שגגת המעשה ששגגו העם ועשו לפי הוראה זו, וכן המשיח אינו חייב אלא באופן זה, בטעות הוראה שהוא נוהג לפיה, ולא בעבודה זרה — אין חייבין בית דין קרבן אלא על העלם דבר עם שגגת המעשה.

ד גמרא ומבררים את ההלכות שבמשנתנו. שנינו שאין חייבים אלא על העלם דבר עם שגגת מעשה. ושואלים: מנלן [מנין לנו] דבר זה? דתנו רבנן [ששנו חכמים]: נאמר "ישגו" (שם ד, יג) — יכול יהו חייבין להביא פר על שגגת מעשה? תלמוד לומר: "ישגו ונעלם דבר" (שם), ללמד שאין חייבין אלא על העלם דבר עם שגגת מעשה. עוד שנינו: וכן המשיח. ושואלים: מנלן [מנין לנו]? דכתיב [שנאמר] במשיח: "לאשמת העם" (שם ג), הרי למדנו כי משיח דינו כצבור. עוד שנינו במשנה: ולא בעבודה זרה אלא על העלם דבר עם שגגת המעשה. ושואלים: מנלן [מנין לנו] דבר זה? דתנו רבנן [ששנו חכמים]: לפי שיצאה עבודה זרה לדון בעצמה, יכול יהו חייבין בה על שגגת המעשה בלבד? ומשיבים: נאמר כאן "מעיני" ונאמר להלן "מעיני", מה להלן אין חייבין בית דין אלא על העלם דבר עם שגגת מעשה, אף כאן אין חייבין אלא על העלם דבר עם שגגת מעשה. ומעירים: ואילו משיח בעבודה זרה לא קתני [שנה] ולא פירש שדינו כבית דין, ואם כן מתניתין מני [משנתנו כשיטת מי היא]? שיטת רבי היא; דתניא [ששנויה ברייתא]: משיח ששגג בעבודה זרה — רבי אומר: מביא קרבן בשגגת מעשה, שאם שגג במעשה בלבד כשאר העם, מביא קרבן. וחכמים אומרים: בהעלם דבר. ושוין שניהם שמביא הכהן המשיח קרבנו לכפר על עבודה זרה בשעירה, ושוין שאין מביא אשם תלוי. וממה שמשנתנו השמיטה את דין הכהן המשיח בעבודה זרה נראה שהיא כדעת רבי האומר שלענין זה דינו כאדם פרטי. ודוחים: ותסברא [וכי יכול אתה לסבור כן] הרי את ההלכה שאין חייב הכהן משיח בעבודה זרה אלא על דבר שבזדונו כרת ובשגגתו חטאת מי קתני [האם שנה]? אלא תני הא [שנה דבר זה] שחייב בשאר עבירות על העלם דבר ושגגת מעשה הוא הדין להא [לזה]. שחייבים בעבודה זרה על דבר שזדונו כרת, הכא נמי תנא הא [כך גם כן שנה זה] שדין המשיח כדין ציבור בשאר עבירות והוא הדין להא [לזה]. דינו של משיח בעבודה זרה. ואם כן אין להוכיח מכאן שמשנתנו איננה כדברי חכמים. ולגופו של דבר, מאי טעמא [מה הטעם] של רבי? אמר קרא [הכתוב] בענין עבודה זרה: "וכפר הכהן על הנפש השגגת בחטאה בשגגה" (במדבר טו, כח), "הנפש" — זה משיח, "השגגת" — זה נשיא, "בחטאה בשגגה" — רבי סבר: חטא זה בשגגה יהא, ולא בהעלם דבר. ורבנן סברי [וחכמים סבורים]: הפסוק בא לומר שדין זה הוא במי שחטאתו בשאר עבירות היא בשגגה, יצא משיח שאין קרבן חטאתו המיוחד בשגגה בלבד אלא בהעלם דבר. שנינו בברייתא: ושוין רבי וחכמים שהוא מביא שעירה כיחיד. ושואלים: מנלן [מנין לנו] דבר זה? ומשיבים: שאמר קרא [המקרא]: "ואם נפש אחת תחטא בשגגה והקריבה עז בת שנתה לחטאת" (שם כז), לומר: אחד יחיד סתם ואחד נשיא ואחד משיח — כולם בכלל נפש אחת הן.

עיונים

דיתבי בשני מקומות ראה בתוס' ועוד, וכן ראה בגרסות שגרסו כאן "דיתבי בשני מקומות וקא מורו בחד איסורא".

ובכל מקרה, לכאורה קושייתו של רבא היא לכאורה טובה מאד: מפני מה יהא הבדל בין מקום אחד לשני מקומות? ויש שהסבירו כי סברת אביי היא שאם יושבים במקום אחד, הרי נראה שהכהן המשיח סומך על הוראת בית הדין (שהרי, אף כאשר היה גם הוא מופלא, מכל מקום רבים הם), ומשום כך יצטרף לבית הדין בהוראתם. אבל כשיושב במקום אחר, ברור שאינו סומך על הוראתם אלא שהוא מורה מדעת עצמו (רש"ש).

חלוקין בטעמייהו מסביר רש"י: חלוקים בפסוקי המקרא. שהרי מן הסתם הם מורים מתוך העיון בפסוקים, וכיון שכל אחד מורה באיסור אחר, שיש לו מקור אחר בתורה — הרי אלה שתי הוראות שונות, שלכל אחת מהן מקור וטעם אחר.

הוא בחלב והן בדם וכו' הרמב"ם פסק כאן שבמקרה זה הכהן הגדול מביא קרבן לעצמו. וכבר תהו על כך המפרשים שהרי הגמרא נשארת בתיקו, ומספק צריך לפסוק לקולא (וראה בכס"מ ובלח"מ). וראה גם במפרשי מסכת הוריות. ובספר מגן גבורים העלה סברה שלפני הרמב"ם היתה אולי גרסה אחרת בגמרא. ואכן, ראה בגרסות שלפי גרסה כזו (וכן היא בר"ח) אין הגמרא הזו הופיעה לפני השאלה לגבי חלב הדקין, ולפיכך פסק הרמב"ם (כדרכו בכל מקום שיש "אם תמצי לומר") כסברה זו.

וכן המשיח, מנלן הקשה הרמ"ה: מפני מה הוצרך להביא ראיה לדבר מן הכתוב "לאשמת העם"? הרי בדין הכהן המשיח נאמר במפורש "מאחת מהנה" ומכאן למדים בפשטות שאינו חייב אלא על פרט במצוה ולא על עקירת כל הגוף. ותירץ, שכתוב זה נאמר בכהן המשיח לגבי מעשה האיסור, ולא לגבי ההוראה. ואילו הרא"ש (הובא בדברי הרמ"ה) סבור שאפשר לתרץ כי הביטוי "מאחת מהנה" נצרך לילמודים אחרים (בפרק שביעי במסכת שבת), ואם כן אי אפשר ללמוד ממנו לענייננו, וחוקקים לראיה אחרת.

שיצאה עבודה זרה שהרי שגגת עבודה זרה לא נאמרה עם שאר שגגות המצוות אלא נתייחד לה פרק לעצמו (ובספר אחר, בספר במדבר), ואם כן היא ודאי יוצאת מכלל כל המצוות, ושמא יש בה דין שונה.

נאמר כאן מעיני וכו' בתוס' העירו (על פי הגמרא בפרק ראשון) שיש כאן לימוד כפול, ההולך הלוך ושוב. כי מתחילה למדים מגזירה שוה זו שכשם שבמצוות האחרות מדובר בבית דין — אף בעבודה זרה הכוונה היא לבית הדין. ואחר כך חוזרים ולמדים מעבודה זרה לגבי שגגת בית דין והקהל.

והרמ"ה הקשה: הרי בעבודה זרה כתוב "מעיני העדה", ואין "עדה" אלא בית דין (כמבואר ושפטו העדה") ואם כן אין צורך ללמוד ממקום אחר? ותירץ שדווקא משום כך היינו יכולים לחשוב כי "מעיני העדה" כוונתו דווקא לבית הדין שאינו מורה לדרך של העדה כולה, כלומר למופלא שבבית דין, שרק אם הוא שוגג בדבר יתחייבו הכל בכך. ולכן הוצרך ללמדו משאר המצוות. ואילו הרא"ש (הובא בדברי הרמ"ה) סבור כי מן הביטוי "מעיני" בלבד לא ברור שמדובר בשגגת הוראה, שהרי בעבודה זרה לא נאמר "ונעלם דבר" אלא "מעיני העדה נעשתה לשגגה", ולפיכך יש ללמוד משאר מצוות שכאן מדובר בשגגת הוראה.

ישגו יכול יהו חייבין וכו' בתוס' תהו: הרי לפי כמה וכמה טעמים אי אפשר לומר שיהיו בית דין חייבים על שגגת המעשה בלבד. ותירצו כי עיקר הצורך בפסוק זה הוא לחייב את בית הדין להביא קרבן, שאף כאשר הם לא עשו מעשה, מכל מקום חייבים הם קרבן מפני הוראתם, ובלי פסוק מיוחד היה הציבור מתחייב בקרבן.

בעבודה זרה מנלן ושאל הרמ"ה: שהרי כבר למדנו הלכה זו בפרק הראשון בדרך אחרת, ומפני מה הוצרך להביא כאן ראיה אחרת? ותירץ הרמ"ה (מובא ברא"ש) כי בפרק ראשון היתה הדרשה לפי שיטת ר' מאיר ור' שמעון, אבל ר' יהודה שאינו דורש כמותם אין לו מקור להלכה זו, וצריך לדורשה ממקור אחר.

ותסברא בזדונו כרת וכו' כלומר, כיון שלא הביא כאן את כל ההלכות שיש להוראה שחייבים עליה קרבן, כגון הלכה זו שאין חייבים אלא על דבר שיש חיוב כרת על עשייתו בזדון — אין לתמוה אם אינו מביא גם שאר פרטים, משום שסומך על האמור קודם לכן (רש"י).

תני הא והוא הדין להא ולא פירש שגם בזה דין הכהן המשיח דומה לבית הדין (רש"י). ובתלמוד הירושלמי גם כן נשאלת שאלה זו, ומתרצים אותה בדרך דומה, שגם במשנה קודמת לא נאמר "וכן המשיח". וראה במפרשים (תוי"ט ועוד) שאכן הקשו מפני מה לא נשאלה שאלה זו גם לגבי המשנה הקודמת. וכבר כתבו המפרשים שמתוך דברי הירושלמי עולה ששתי השאלות מתורצות זו בזו.

הנפש זה משיח וכו' יש שפירשו: "הנפש" זה משיח, שהוא הנפש המיוחדת בישראל בקדושתה. ואילו "השגגת" זה נשיא, משום שכבר נאמר "אשר נשיא יחטא" שמפני גדולתו של המלך עשוי הוא יותר מאחר לחטוא בשגגה (מרומי שדה. וראה בגרסות).

בשגגה יהא כלומר, הרי זה חטא בשגגה בלבד, טעות בעובדות, ואין מדובר כאן בהעלם דבר של הוראה בטעות (רש"י).

כולם בכלל נפש אחת ומכאן למדים שכל יחיד מביא על חטאו בשגגת עבודה זרה קרבן שוה — שעירת עזים. אבל אין ללמוד מכאן שהם שווים לגבי פרטי הדינים. שלענין ההלכה, יחיד סתם ונשיא מביאים קרבן זה כאשר חטאו בשגגת המעשה. ואילו הכהן המשיח אינו מביא קרבן אלא אם כן הורה ונעלם ממנו דבר (רא"ש).

אורח הלכה

הן בחלב והוא בדם הורה הכהן המשיח עם בית הדין בשגגה, ושגגו הם בחלב והוא בדם — אין מתכפר לו עם צבור אלא מביא פר לעצמו.

ולגבי מקור פסיקה זו כתב בכס"מ שכיון שנשארה השאלה בלתי פתורה בגמרא, הריהו מביא קרבן ומתנה עליו שאם הוא פטור יהא לנדבה (כס"מ). וכבר תהו על דברי הכס"מ המתמהים, וראה בלח"מ שמסביר שפסק לחומרא לפי הגמרא בפרק קמא. וראה עוד במפרשים שהאריכו לדון בזה. ואולם נראה כי לפני הרמב"ם היתה גרסה אחרת, ובה היה סדר השאלות שונה (וראה בגרסות), ולפיכך פסק לשיטתו כאם תמצי לומר.

העלם דבר עם שגגת המעשה אין בית דין מביאים קרבן לחטאת העם אלא כאשר היה העלם דבר בידם ושגגו והתירו איסור שחייב היחיד עליו חטאת קבועה, ולכן רק כאשר רוב העם נמשך אחר הוראתם ונהג לפיה. (רמב"ם ספר קרבנות הלכות שגגות פי"ב ה"א).

וכן המשיח הכהן המשיח מביא פר על חטאתו רק כאשר טעה בהוראה ועשה מעשה על פי שגגת הוראתו. (שם פט"ו ה"א וה"ג).

משיח בעבודה זרה אין הכהן המשיח חייב קרבן בעבודה זרה אלא על העלם דבר בהוראה עם שגגת המעשה, ואם שגג במעשה בלבד בלא הוראה אינו מביא קרבן כלל. וכחכמים שהלכה כמותם. (שם ה"ג).

ושוין שבשעירה שגג הכהן המשיח בהוראתו בעבודה זרה והורה לבטל מקצת ולקיים מקצת, ועשה כפי הוראתו — הרי הוא מביא שעירה כהדיוט. (שם).

מסורת הש"ס

א. הוריות ד,א (ושם סומנו מקבילות).
ב. שם ו,ב (ושם סומנו מקבילות).
ג. שם ה,ב (ושם סומנו מקבילות).
ד. ירושלמי הוריות פ"ב ה"ד.
ה. תו"כ ויקרא ד, יג.
ו. סנהדרין סא,ב, ירושלמי הוריות פ"ב ה"ג.
ז. ספרי במדבר טו, כז.

גרסות

כגון שהיו מופלין שניהן בכתי"י: בשוין וראה ברש"י.

חטא בפני עצמו בכתי"מ: הורה בפני עצמו.

מורו בתרי איסורי בכתי"פ ובמקורות: מורו בחד איסורא.

אטו שני מקומות גורמין בכתי"פ: מידי מקום גורם.

אלא אפילו בכתי"פ: אלא אמר רבא.

יתבי בחד מקום וכיון בכתי"פ: יתבי בחד מקום כיון בכתי"פ: יתבי בחד מקום וקא מורו.

חטא בפני עצמו הוא בכתי"פ לא גרס מלים אלה.

זרה, חטא בפני עצמו הוא בכתי"פ: זרה, תרי איסורי נינהו.

דהא חלוקין בטעמייהו וחלוקין בקרבנות בכתי"פ: דהא חלוקין בטעמן וחלוקין בקרבנן.

וחלוקין בקרבנות בכתי"פ: דהא איכא חלוקה בקרבנות.

דהא קמייתו — לא מייתי בכתי"פ משפט זה חסר.

דחלוקין בקרבנותיהן לגמרי בכתי"פ: דחלוקין בקרבנותיהן בכתי"פ לא גרס מלים אלה.

אלא הוא בחלב — בתר קרבן אזלינן בכתי"פ בשינוי גדול: אלא הוא בחלב והן בדם מהו כיון דאיסורן שוה וקרבנן שוה כחד איסורא דמי או דלמא כיון דלא מצטרפי להדדי כתרי איסורי דמו אם תמצא לומר כיון דלא מצטרפי להדדי כתרי איסורי דמו הוא בחלב שעל גבי הקיבה והן בחלב שעל גבי הדקין מהו הכא ודאי שם חלב אחד הוא ומצטרפין או דלמא כיון דמתרי קראי קא אתו כתרי איסורי דמו ועיין זה גם בר"ח ואולי גם לפני הרמב"ם.

מנלן דעד שיורו — ונעלם דבר בכתי"פ: תנו רבנן ונעלם דבר.

מנלן דכתיב בכתי"פ: דכתיב.

על עקירת בכתי"פ: על העלם.

אף כאן נמי בכתי"י: אף כאן.

שגגת המעשה בכתי"י: שגגת מעשה.

אין חייבין אלא בכתי"פ: הא אין חייבין אלא.

מה להלן אין חייבין בכתי"י: מה להלן בבית דין אף כאן בבית דין מה להלן.

מתניתין מני רבי היא בכת"י: לימא מתניתין רבי היא ולא רבנן.

ושוין שבשעירה בכת"י: ושוין שבשעירה כיחיד.

הנפש זה משיח השוגגת זה נשיא בכתי"פ: נפש זה נשיא שוגגת זה משיח.

וְעוד שנינו בברייתא כי רבי וחכמים שָׁוִין שֶׁאֵין מֵבִיא אָשָׁם תָּלוּי. ושואלים: מְנָלַן [מנין לנו] דבר זה? דִּכְתִיב [שנאמר] בענין האשם התלוי: "וְכִפֶּר עָלָיו הַכֹּהֵן עַל שִׁגְגָתוֹ אֲשֶׁר שָׁגָג" (ויקרא ה, יח), ובפירוש כוונת פסוק זה נחלקו רבי וחכמים לשיטותיהם; רַבִּי סָבַר: מִי שֶׁכָּל חֶטְאוֹ בִּשְׁגָגָה כלומר, שכל חטאת שהוא מביא אינה אלא על שגגת מעשה, יָצָא (למעט) זֶה הכהן המשיח שֶׁאֵין כָּל חֶטְאוֹ בִּשְׁגָגָה אֶלָּא מביא חטאת אם היה גם בְּהֶעְלֵם דָּבָר. ותוהים: מִידֵי [וכי] "כָּל חטאו בשגגה" כְּתִיב [נאמר]? הרי נאמר רק "על שגגתו"! ומשיבים: אִין [כן] כלומר, אף שלא נאמר "כל", זו היא משמעות הכתוב, שֶׁאִם כֵּן נִכְתּוֹב [שיכתוב] רק "עַל שִׁגְגָתוֹ", לָמָּה לִי התוספת "אֲשֶׁר שָׁגָג"? הָא קָא מַשְׁמַע לָן [זה משמיע לנו] שֶׁעַד דְּאִיכָּא [שיש] כָּל חֶטְאוֹ בִּשְׁגָגָה, מביא אשם תלוי, יָצָא מָשִׁיחַ שֶׁאֵין כָּל חֶטְאוֹ בִּשְׁגָגָה אֶלָּא בַּעֲבוֹדָה זָרָה, וְלֹא בִּשְׁאָר מִצְוֹת שבהן אינו מביא קרבן אֶלָּא בְּהֶעְלֵם דָּבָר עִם שִׁגְגַת מַעֲשֶׂה. וְרַבָּנַן [וחכמים] מפרשים את הכתוב לשיטתם שהכהן המשיח, גם בעבודה זרה, מביא קרבן רק על העלם דבר ושגגת מעשה: מִי שֶׁחֶטְאוֹ בִּשְׁגָגָה, יָצָא מָשִׁיחַ שֶׁאֵין חֶטְאוֹ בִּשְׁגָגָה לֹא בַּעֲבוֹדָה זָרָה וְלֹא בִּשְׁאָר מִצְוֹת אֶלָּא בְּהֶעְלֵם דָּבָר עִם שִׁגְגַת מַעֲשֶׂה.

א משנה אֵין בֵּית דִּין חַיָּיבִין להביא קרבן על העלם דבר עַד שֶׁיּוֹרוּ בְּדָבָר שֶׁזְּדוֹנוֹ (אם עושים אותו בזדון) חייבים עליו כָּרֵת וְשִׁגְגָתוֹ חַטָּאת, וְכֵן הַמָּשִׁיחַ חייב רק על הוראה כזו, וְכֵן לֹא חייבים בחטאת בַּעֲבוֹדָה זָרָה עַד שֶׁיּוֹרוּ עַל דָּבָר שֶׁזְּדוֹנוֹ כָּרֵת וְשִׁגְגָתוֹ חַטָּאת.

ב גמרא על האמור במשנה שאין חייבים אלא על דבר שזדונו כרת ושגגתו חטאת שואלים: מְנָלַן [מנין לנו] דבר זה? ומשיבים: דְּתַנְיָא [ששנויה בברייתא], רַבִּי אוֹמֵר: נֶאֱמַר כָּאן "עָלֶיהָ" ("החטאת אשר חטאו עליה". ויקרא ד, יד) וְנֶאֱמַר לְהַלָּן באיסור לקיחת שתי אחיות "עָלֶיהָ" ("ואשה אל אחותה לא תקח לצרור לגלות ערותה עליה". שם יח, יח), ללמדנו: מַה לְּהַלָּן הוא דָּבָר שֶׁזְּדוֹנוֹ כָּרֵת וְשִׁגְגָתוֹ חַטָּאת, אַף כָּאן הוא דווקא דָּבָר שֶׁזְּדוֹנוֹ כָּרֵת וְשִׁגְגָתוֹ חַטָּאת. ואומרים: אַשְׁכַּחַן [מצאנו] איפוא ראיה לענין צִבּוּר, ואולם מָשִׁיחַ מְנָלַן [מנין לנו]? ומשיבים: שנאמר בענין המשיח "לְאַשְׁמַת הָעָם" (שם ד, ג), לומר: הֲרֵי מָשִׁיחַ כְּצִבּוּר. ושואלים: נָשִׂיא מנין לנו דין זה בו? ומשיבים: יָלֵיף [לומד] "מִצְוֹת" "מִצְוֹת", כְּתִיב גַּבֵּי [נאמר אצל] נָשִׂיא: "וְעָשָׂה אַחַת מִכָּל מִצְוֹת ה' אשר לא תעשינה" (שם ד, כב), וּכְתִיב [ונאמר] בְּצִבּוּר: "וְעָשׂוּ אַחַת מִכָּל מִצְוֹת ה' אשר לא תעשינה" (שם יג), והרי זה ללמד: מַה צִבּוּר — חייבים על דָּבָר שֶׁזְּדוֹנוֹ כָּרֵת וְשִׁגְגָתוֹ חַטָּאת, אַף נָשִׂיא — חייב על דָּבָר שֶׁזְּדוֹנוֹ כָּרֵת וְשִׁגְגָתוֹ חַטָּאת. ושואלים עוד: יָחִיד מנין שעל דבר שכזה הוא מביא חטאת? ומשיבים: אָמַר קְרָא [המקרא]: "וְאִם נֶפֶשׁ אחת תחטא בשגגה מעם הארץ" (שם כז), שיש ו' החיבור המחבר בין זה לזה שקדם וְיִלְמַד תַּחְתּוֹן מֵעֶלְיוֹן, שכמו שעל הדברים שאמורים קודם ("עליון") מביא רק על דבר שזדונו כרת, כך דין זה שנמצא אחריהם ("תחתון") אף הוא בדבר שזדונו כרת.

ג שנינו במשנה: וְלֹא בַּעֲבוֹדָה זָרָה עַד שֶׁיּוֹרוּ בדבר שזדונו כרת וכו'. ושואלים: בַּעֲבוֹדָה זָרָה מְנָלַן [מנין לנו]? דְּתָנוּ רַבָּנַן [ששנו חכמים]: לְפִי שֶׁיָּצְאָה עֲבוֹדָה זָרָה לָדוּן בְּעַצְמָהּ, שהרי מביאים עליה קרבנות אחרים, יָכוֹל יְהוּ בית דין חַיָּיבִין אֲפִילּוּ עַל דָּבָר שֶׁאֵין זְדוֹנוֹ כָּרֵת וְשִׁגְגָתוֹ חַטָּאת? ומשיבים: נֶאֱמַר כָּאן בענין שגגת עבודה זרה "מֵעֵינֵי" (במדבר טו, כב), וְנֶאֱמַר לְהַלָּן בשאר עבירות "מֵעֵינֵי" (ויקרא ד, יג), מַה לְּהַלָּן דָּבָר שֶׁזְּדוֹנוֹ כָּרֵת וְשִׁגְגָתוֹ חַטָּאת, אַף כָּאן דָּבָר שֶׁזְּדוֹנוֹ כָּרֵת וְשִׁגְגָתוֹ חַטָּאת. אַשְׁכַּחַן [מצאנו] דין זה לגבי צִבּוּר. בְּיָחִיד, נָשִׂיא, מָשִׁיחַ בעבודה זרה מְנָלַן [מנין לנו] שכך הוא הדין? אָמַר קְרָא [המקרא]: "וְאִם נֶפֶשׁ אַחַת" (שם), לומר אֶחָד יָחִיד וְאֶחָד נָשִׂיא וְאֶחָד מָשִׁיחַ כּוּלָּן בִּכְלַל "נֶפֶשׁ אַחַת" הֵן, וְיִלְמַד תַּחְתּוֹן יחיד נשיא ומשיח, מִן הָעֶלְיוֹן מציבור שמביאים רק על דבר שזדונו כרת. ושואלים: הָנִיחָא לְמַאן דְּמַפֵּיק לָהּ [זה נוח לשיטת מי שמוציא את זאת] המלה "עָלֶיהָ" לִגְזֵרָה שָׁוָה ללמוד שאין בית דין חייבים בהוראה אלא בדבר שזדונו כרת, כְּדַאֲמָרַן [כמו שאמרנו], אֶלָּא לְרַבָּנַן [לשיטת חכמים] דְּמַפְּקֵי לָהּ [שמוציאים אותה] את המלה "עָלֶיהָ" האמור בפרשת עריות, ללמד לְענין עֲרָיוֹת וְצָרוֹת לעריות בדיני יבמות, אם כן דָּבָר שֶׁזְּדוֹנוֹ כָּרֵת וְשִׁגְגָתוֹ חַטָּאת בציבור עצמו מְנָא לְהוּ [מנין להם]? ומשיבים: נַפְקָא לְהוּ [יוצא להם] דבר זה מִדְּמַתְנֵי לֵיהּ [כמו שהיה משנה, מלמד אותו] ר' יְהוֹשֻׁעַ בֶּן לֵוִי לִבְרֵיהּ [לבנו]: נאמר "תּוֹרָה אַחַת יִהְיֶה לָכֶם לָעֹשֶׂה בִּשְׁגָגָה וְהַנֶּפֶשׁ אֲשֶׁר תַּעֲשֶׂה בְּיָד רָמָה" וגו' (במדבר טו, כט—ל), הוּקְשָׁה (הושוותה) כָּל הַתּוֹרָה כּוּלָּהּ ("תורה אחת") לַעֲבוֹדָה זָרָה, מָה עֲבוֹדָה זָרָה חייבים עליה קרבן חטאת רק בדבר שֶׁחַיָּיבִין עַל זְדוֹנוֹ כָּרֵת וְעַל שִׁגְגָתוֹ חַטָּאת, אַף כָּאן בכל התורה הדין הוא שֶׁחַיָּיבִין עַל דבר שזְדוֹנוֹ כָּרֵת וְעַל שִׁגְגָתוֹ חַטָּאת. ושואלים: אַשְׁכַּחַן [מצאנו] איפוא דין זה לגבי יָחִיד, נָשִׂיא, וּמָשִׁיחַ בֵּין בַּעֲבוֹדָה זָרָה בֵּין בִּשְׁאָר מִצְוֹת שכל אלו הוקשו בפסוק "ואם נפש וגו'" לעבודה זרה, צִבּוּר מְנָלַן [מנין לנו] שהם מביאים רק על דבר שזדונו כרת? ומשיבים: יָלֵיף [לומד] עֶלְיוֹן שכתוב למעלה בענין הציבור מִתַּחְתּוֹן ממה שכתוב למטה הלאה בענין יחיד. ושואלים: וְרַבִּי שלמד דבר זה מהמילה "עליה", הָא [זה] הכתוב שדרש ר' יְהוֹשֻׁעַ בֶּן לֵוִי מַאי עָבֵיד לֵיהּ [מה עושה הוא לו]? ומשיבים: מַפֵּיק לֵיהּ לְכִדְתַנְיָא [מוציא, דורש אותו לכמו ששנינו בברייתא]: לְפִי שֶׁמָּצִינוּ שֶׁחִלֵּק הַכָּתוּב בדין עבודה זרה בֵּין רַבִּים רוב העיר לִיחִידִים שחטאו, שֶׁרַבִּים בעיר הנדחת נידונים בְּסַיִיף וּמָמוֹנָן אָבֵד שצריכים להשמיד גם את רכושם, ואילו יְחִידִים נידונים בִּסְקִילָה וּמָמוֹנָן פָּלֵט, יָכוֹל אם עשו בשגגה נַחֲלוֹק בְּקָרְבְּנוֹתֵיהֶם? תַּלְמוּד לוֹמַר: "תּוֹרָה אַחַת יִהְיֶה לכם לעושה בשגגה" (שם). מַתְקִיף לָהּ [מקשה על כך] רַב חִלְקִיָּה מֵהַגְרוֹנְיָא: טַעְמָא [הטעם, דווקא] שלֹא חִלֵּק הַכָּתוּב בענין זה, הָא חִלֵּק [הרי אם היה מחלק] הֲוָה אָמִינָא [הייתי אומר] נַחֲלוֹק שיביאו רבים שחטאו קורבן שונה על שגגתם. ונברר: מַאי נַיְיתֵי [מה, איזה קרבן יביאו]? אם נאמר נַיְיתֵי [שיביאו] פָּר, הלוא צִבּוּר בִּשְׁאָר מִצְוֹת הוּא דְּמַיְיתוּ [שמביאים]! אלא תאמר נַיְיתֵי [שיביאו] פָּר לְעוֹלָה וְשָׂעִיר לְחַטָּאת, הרי צִבּוּר בַּעֲבוֹדָה זָרָה הוּא דְּמַיְיתוּ [שמביאים קרבן זה בהעלם דבר! נַיְיתֵי [שיביאו] קרבן שָׂעִיר, הלוא נָשִׂיא בִּשְׁאָר מִצְוֹת הוּא דְּמַיְיתֵי [שמביא] קרבן זה! נַיְיתֵי [שיביאו] שְׂעִירָה, יָחִיד נַמִּי הַיְינוּ [גם כן זהו] קָרְבָּנוֹ שהוא מביא! ודוחים: אַלְמָה [מפני מה] לֹא אִיצְטְרִיךְ [הוצרך] הכתוב "תורה אחת" להשוותם? שהרי יש אפשרות אחרת, סָלְקָא דַעְתָּךְ אָמִינָא [יעלה על דעתך לומר]: צִבּוּר מַיְיתֵי [מביא] פָּר לְעוֹלָה וְשָׂעִיר לְחַטָּאת, הָנֵי נַיְיתֵי אִיפְּכָא [אלה רבים שחטאו שיביאו להיפך], פָּר לְחַטָּאת וְשָׂעִיר לְעוֹלָה. אִי נַמִּי [או גם כן] יכול להיות שצָרִיךְ מספר רב של אנשים ששגגו בעבודה זרה להביא קרבן אחר וְאֵין לוֹ תַּקָּנָה לפי שאין דרך לעשות זאת, קָא מַשְׁמַע לָן [משמיע לנו] הכתוב שאין מחלקים בין רבים ליחידים לענין זה.

ד ושואלים: דְּכוּלֵּי עָלְמָא מִיהַת [על כל פנים לדעת הכל] כִּי כְּתִיבֵי הָנֵי קְרָאֵי [כאשר נאמרו המקראות אלה] בספר במדבר — בַּעֲבוֹדָה זָרָה הוּא דִּכְתִיבִי [שנאמרו], אבל אין הדבר מפורש במקרא שמדובר שם בעבודה זרה, אם כן מַאי מַשְׁמַע [מה המשמעות]? כיצד עולה משמעות זו מן הכתוב! אָמַר רָבָא, וְאִי תֵּימָא [ויש אומרים] ר' יְהוֹשֻׁעַ בֶּן לֵוִי, וְאָמְרִי לָהּ כְּדִי [ויש אומרים אותה סתם] בלי שם, אָמַר קְרָא [המקרא]: "וְכִי תִשְׁגּוּ וְלֹא תַעֲשׂוּ אֵת כָּל הַמִּצְוֹת הָאֵלֶּה אשר דבר ה' אל משה" (במדבר טו, כב), אֵיזוֹ הִיא מִצְוָה שֶׁהִיא שְׁקוּלָה כְּכָל הַמִּצְוֹת? הֱוֵי אוֹמֵר: זוֹ עֲבוֹדָה זָרָה. דְּבֵי [בבית המדרש] של רַבִּי תָּנָא [שנה], אָמַר קְרָא [המקרא]: "אֲשֶׁר דִּבֶּר ה' אֶל מֹשֶׁה" (שם), וּכְתִיב [ונאמר]: "אֲשֶׁר צִוָּה ה' אֲלֵיכֶם בְּיַד מֹשֶׁה" (שם כג), אֵיזוֹ הִיא מִצְוָה שֶׁהִיא בְּדִיבּוּרוֹ שֶׁל הַקָּדוֹשׁ בָּרוּךְ הוּא באופן שגם כל ישראל שמעוה, כשדיבר ה' אל משה, וְגם צִוָּה אותה בתורה עַל יְדֵי מֹשֶׁה? הֱוֵי אוֹמֵר: זוֹ עֲבוֹדָה זָרָה, ומנין שנאסרה מצוה זו מפי ה' אלינו? דְּתָנָא [ששנה] ר' יִשְׁמָעֵאל: הדברות של "אָנֹכִי" וְ"לֹא יִהְיֶה לְךָ אלהים אחרים על פני" (שמות כ, ב—ג) מִפִּי הַגְּבוּרָה שְׁמַעֲנוּם כלומר, כל ישראל שמעו אותם במישרין מפי ה'. דְּבֵי [בבית המדרש] של ר' יִשְׁמָעֵאל תָּנָא [שנה]:

עיונים

רבי סבר וכו' וצריך רבי לדחוק קצת במשמעות הכתוב, שהרי לשיטתו פעמים שגם הכהן המשיח מביא חטאת על שגגת המעשה — בעבודה זרה. ולכן צריך לפרש שהכתוב המדבר באשם אינו דן אלא במי שכל חטאת שהוא מביא אינה אלא בשגגה (הדיוט, נשיא) ולא בכהן משיח.

שזדונו כרת צריך לומר שאין הכוונה שיורו להתיר דווקא דבר שהוא עצמו זדונו כרת ושגגתו חטאת, אלא מדובר כאן בהגדרה מה היא מצוה שחייבים על הוראתה בשגגה להביא חטאת, זו שבעיקרה יש בה כרת במזיד, ובכלל זה גם אם התירו בית דין דבר שאין זדונו בכרת אלא בלאו בלבד, כגון בדם האיברים (רש"ש).

ושגגתו חטאת תמהו בתוס': הלא בענין חטאת עצמה אנו מדברים, ומה טעם לומר שמצוה זו יש בשגגתה חטאת? ותירצו באופן אחד שהוא רק משום שיגרת הלשון, שכיון שמגדירים מצוות אלה באופן זה לעניינים אחרים, אף כאן אמרו "ושגגתו חטאת". ובדרך דומה מסביר גם הרא"ש שהעיקר הוא לזדונו כרת. ומוסיף עוד שמכאן אנו למדים גם לעניינים אחרים שדבר שזדונו כרת תהא שגגתו חטאת בכל מקרה. ועוד אמרו שבא הדבר לומר שכל דבר שהיחיד מביא על שגגתו חטאת בית דין מביא בכיוצא בו פר חטאת. ולפיכך מוציא מכאן דבר שזדונו כרת ואין בשגגתו חטאת, כגון פסח ומילה (שהן מצוות עשה) (תוס' יבמות). והרע"ב מסביר שנוסף לאלה גם מגדף, אף שזדונו כרת אין שגגתו חטאת (שהרי אין בו מעשה), וכן המטמא מקדש או קדשיו שדינו מפורש בקרבן עולה ויורד וכמבואר להלן בגמרא.

נאמר כאן עליה וכו' ובירושלמי מסבירים כי רבי אינו דורש כמו חכמים (בגזירה שווה של "מעיני" "מעיני") משום שהוא סבור שאין ללמוד דין כל המצוות מדין עבודה זרה. שהיינו יכולים לומר שיש בכך עוד דרישה: שיהא זה דבר שאם עושים אותו בזדון ובעדים יהא עליו חיוב מיתת בית דין, כמו בעבודה זרה שיש בה סקילה. ומשום כך הוא לומד מדין אחות אשה, שאין בה חיוב מיתת בית דין. ומדברי התוס' עולה שלדעת חכמים אין דורשים מן הכתוב אלא אותם דברים המפורשים בו, וכיון שלענין עבודה זרה במקום זה (במדבר טו) נתפרש רק עונש כרת אפשר ללמוד ממנו הלכה זו.

אמר קרא ואם נפש והעירו בתוס' שלכאורה היה יכול ללמוד בגזירה שווה של "מצוות" "מצוות" האמורה גם ביחיד, אלא שהיה נוח לו לדרוש מסמיכות הכתובים הנובעת מפשוטו של הכתוב. וכיוצא בו נמצא בשו"ת הרשב"א שהיה אפשר ללמוד גם בכהן הגדול גזירה שווה זו, ולא היה נצרך ללמוד מן הכתוב "לאשמת העם". ואף הוא מתרץ שנוח לו לדרוש ממה שנאמר במפורש ולא להיזקק לגזירה שווה. ועוד הוסיף שבכלל אין מקום לשאלה כזו, שכיון שגזירה שווה אין אדם דורש מעצמו, אם כן ייתכן שבזה לא קיבלו גזירה שווה.

וילמד תחתון מעליון כי הכתוב מחבר במפורש דין זה של חטאת יחיד לדינים הקודמים, שנאמר הדבר בוא"ו החיבור ("ואם"). כי בכל מקום ששתי פרשיות נקשרות בדרך זו, הרי זה בא ללמד שהן קשורות זו בזו ולכן למדות זו מזו.

ובתוס' שאלו: הרי נמצא שיחיד לומד מנשיא, והלכה זו בנשיא גם היא אינה מפורשת אלא נלמדת בגזירה שווה. ולכאורה, הרי בקדשים אין למדים למד מלמד! ותירצו כי לימוד אחרון זה אינו בגדר היקש (שאינו למד מגזירה שווה), אלא כגילוי מילתא בלבד. כי בעצם הדברים מובן שהנשיא והיחיד שניהם נכללים בכלל "נפש אחת".

יכול נחלוק בקרבנותיהם כלומר, כשם שמצאנו שלענין מיתתם ושאר עונשיהם יש הבדל בין רבים החוטאים בזדון בעבודה זרה (רוב בני עיר הנידחת) ובין יחידים (כגון מיעוטה של אותה עיר), אף כאשר הם חוטאים בשגגה יהא דין מיוחד לרבים שחטאו ויביאו קרבן מיוחד.

ורב האי גאון התקשה בדרשה זו, וסבר שאכן מצאנו חילוק בין רבים ליחידים בעבודה זרה, שהרי הציבור כשהוא בהוראת בית הדין מביא קרבן לעצמו (פר ושעיר) ויחיד מביא קרבן אחר. אבל ראה ברי"ף (יבמות פרק ראשון) ועוד שאמרו שמדין עיר הנידחת עולה שיש עוד חלוקה. שיש חטא כל הציבור, ויש חטא של רבים (שהם רוב בני מקום) ויש חטא של יחידים. ולפיכך ראוי שיהא להם קרבן מיוחד אף בשגגתם (וראה בב"ש ובדברי שאר מפרשים).

מאי נייתי כתבו המפרשים שמחפשים למצוא מין קרבן מיוחד שאינו דומה לקרבנם של אחרים, משום שבזדונם יש כמה דינים מיוחדים שאינם מצויים במקרה אחר, שהרי זה הדין היחידי שבו "ממונם אבד", ששורפים את כל רכושם, ואין לדין זה דומה בכל עבירה אחרת. ומשום כך היה ראוי שיביאו גם קרבן שגגה שאינו דומה לקרבנם של אחרים. ומכל מקום מסביר הרא"ש שכיון שאין אנו יכולים לבדות מלבנו מין קרבן שאין דוגמתו כלל בקרבנות החטאת, נמצא שצריך לברר רק אותם דברים שיש כיוצא בהם בחטאות.

איזו היא מצוה וכו' והסביר בספר ב"ש שאין מקום לפרש כתובים אלה שמדובר בכל המצוות כולן ממש, שהרי הכתוב עצמו מדבר שהחטא נעשה בשגגה, ואין עזיבת כל המצוות כולן דבר שבשגגה. ומאידך אין לומר שמדובר בכל מצוה ומצוה שבתורה, שהרי נאמר "כל המצוות". ומשום כך צריך לומר שמדובר כאן במצוה מיוחדת שהיא נחשבת ככל המצוות.

זו עבודה זרה וכתב רש"י שהוא כאמרו: שכל המודה בעבודה זרה הריהו ככופר בכל התורה כולה. וראה במאירי שכתב שכיון שמודה בעבודה זרה — אם כן מה לו עוד לכל קיום המצוות כולן. ולכן היא ממש שקולה ככל המצוות. והעירו אחרונים שאמנם מצאנו בגמרא שנאמר גם על מצוות אחרות שהן שקולות ככל התורה, אלא שכאן יש הדגשה יתירה, שאכן במצוה זו תלויות כל המצוות. ובתוס' הביאו שבספרי למד שכאן מדובר בעבודה זרה ממה שנאמר בסוף הענין "כי דבר ה' בזה ואת מצותו הפר", שמדובר כאן במי שמפר את כל הברית בין ה' לישראל.

בדבורו של הקב"ה וכו' שהרי מצד אחד נאמר "אשר דבר ה' עם משה" שמשמע שכל ישראל שמעו כיצד דבר ה' אל משה, ומצד אחר נאמר "ביד משה". לומר שהיא מצוה ששמענוה גם במישרין וגם על ידי משה.

אנכי ולא יהיה לך וכתב המאירי שבאמת יש כאן ענין אחד, שיש בו צד חיוב ("אנכי") וגם שלילה ("לא יהיה לך"), שהרי שתי דיברות אלה מבטאות את המצוה לעבוד את ה' ולא אחר זולתו.

אורח ההלכה

שאין מביא אשם תלוי כהן משיח שנסתפק לו אם שגג בהוראתו או לא, גם כאשר עשה מעשה כהוראתו אינו מביא אשם תלוי, מפני שדינו לענין זה כציבור. (רמב"ם ספר קרבנות הלכות שגגות פט"ו ה"ו).

יצא משיח שאין חטאו בשגגה אין הכהן המשיח חייב בקרבן אלא בהעלם דבר עם שגגת המעשה, בין בעבודה זרה ובין בשאר עבירות. וכדברי חכמים. (שם ה"ג).

שיורו בדבר שזדונו כרת וכו' כל דבר שחייבים על שגגתו חטאת קבועה, אם שגגו בית הדין והתירוהו ורוב קהל עשה כדבריהם, חייבים להביא חטאת על שגגתם. וכן הכהן המשיח מביא פר אם שגג בהוראה ועשה מעשה בדבר שהיחיד חייב עליו חטאת קבועה. (שם פי"ב ה"א. שם פט"ו ה"א).

יחיד מביא חטאת כל העובר בשגגה על מצוות לא תעשה שיש בה מעשה וחייבים על זדונה כרת, הרי זה חייב להביא קרבן חטאת. (שם פ"א ה"א).

רבים בסייף וכו' כיצד דין עיר הנידחת? באים בית דין ודנים את כל מי שהיו עליו עדים שעבד עבודה זרה. ואם נמצאו רוב בני העיר עובדי עבודה זרה, מעלים אותה לבית הדין הגדול וגומרים את דינם, והורגים את כל אלה שעבדו בסייף, והורגים כל אשר בה. ואחר כך קובצים את כל רכוש העיר לתוך רחובה ושורפים את שללה עם העיר כולה. ואם מיעוט בני העיר (או אנשים ממקום אחר) מעידים עליהם שעבדו עבודה זרה — הרי אלו נידונים בסקילה, ואין נוגעים לרעה ברכושם. (שם ספר מדע הלכות עבודה זרה פ"ד ה"ו).

מצוה השקולה כנגד כל המצוות מצות עבודה זרה שקולה כנגד כל המצוות. וכדברי ר' יהושע בן לוי. (שם פ"ב ה"ד).

מסורת הש"ס

א. ראה ירושלמי הוריות פ"ב ה"ז.
ב. יבמות ח,ב. ירושלמי שם ה"ד.
ג. יבמות ט,א.
ד. הוריות ו,ב (ושם סומנו מקבילות).
ה. שם ה,ב (ושם סומנו מקבילות).
ו. שם ז,ב.
ז. יבמות שם.
ח. שם ג,ב.
ט. שבת סח,ב. יבמות שם.
י. יבמות שם.
יא. (אפשרות זו) ברכות טו,ב. עירובין מח,א. יומא סא,ב. יבמות שם. גיטין מ,א. נזיר מו,ב.
יב. ספרי במדבר טו, כב.
יג. מכות כד,א. ספרי במדבר טו, לא. שמו"ר פל"ג ז. שהש"ר פ"א ב. פרדר"א פמ"ח. שוח"ט פי"ז. וראה סנהדרין צט,א.

גרסות

אשר שגג רבי — יצא משיח כל חטאו בשגגה בכתי"פ: אשר שגג מי שחטאו בשגגה יצא זה שאין חטאו בשגגה. משיח לרבי חטאו בשגגה הוא. אלא מי שכל חטאו בשגגה יצא זה שאין כל חטאו בשגגה. מידי כל שחטאו בשגגה כתיב. אין דאם כן ניכתוב קרא על שגגתו, אשר שגג למה לי אלא מי שכל חטאו בשגגה יצא זה שאין כל חטאו בשגגה.

שאין כל חטאו בשגגה בכתי"מ ובדפו"י: שאין חטאו בשגגה.

אלא בעבודה זרה — שגגת מעשה בכת"י ובמקורות חסר קטע זה, וכן מחקו המהרש"א.

ורבנן — שגגת מעשה בכתי"פ חסר קטע זה.

אין בית דין חייבין בירושלמי ובכת"י: ואין חייבין.

עד שיורו בדבר בירושלמי ובכת"י: אלא על דבר.

עד שיורו על דבר בכת"י: אלא על דבר וכעין זה בירושלמי.

מנלן דתניא בכתי"פ: מנא הני מילי דתנו רבנן.

נשיא יליף — מעליון בכתי"פ: יחיד ונשיא אתיא מצות מצות.

בעבודה זרה מנלן — מן העליון בכתי"פ: צבור בעבודה זרה אתיא מעיני מעיני יחיד ונשיא ומשיח מאם נפש אחד יחיד ואחד נשיא ואחד משיח משמע וילמד תחתון מעליון.

הניחא למאן — אלא בכתי"מ: הניחא לרבי דנפיק ליה האי עליה בכתי"פ חסר המשפט הזה.

דמפקי לה לעליה לעריות וצרות בכתי"מ: דמפקי האי עליה למיסר צרות ועריות בכתי"פ: דמפקי להאי עליה לדרשא אחרינא.

מדמתני ליה בכתי"פ: מדמקרי ליה.

מה עבודה זרה שחייבין בכתי"מ: מה להלן דבר שחייבין בכתי"פ: מה עבודה זרה דבר שחייבין.

אף כאן שחייבין בכת"י: אף כל דבר שחייבין.

צבור מנלן יליף עליון מתחתון בכתי"מ: צבור נמי בעבודה זרה אמר קרא ואם נפש וילמוד עליון מתחתון אלא ציבור בשאר מצות מנלן יליף מעיני מעיני. בכתי"פ: צבור בשאר מצות מנא לן אמר קרא ואם נפש וילמד עליון מתחתון.

ורבי הא בכתי"מ: ורבי האי קרא בכתי"פ: ורבי האי תורה אחת.

מאי עביד ליה בכתי"פ: מאי דריש ביה.

לפי שמצינו שחלק בכת"י: לפי שמצינו בעבודה זרה שחלק.

וממונן בכתי"פ כבמקבילה ובמקורות: ולפיכך ממונן.

טעמא דלא חלק הכתוב הא חלק בכתי"מ: טעמא דלא חלק הכתוב הא לאו הכי בכתי"פ: טעמא דכתב רחמנא תורה אחת הא לאו הכי.

נייתי פר צבור בכת"י ובמקורות: לייתו פר משיח.

הוא דמייתו בכת"י וכן יש במקורות: הוא דמייתו, ליתו כשבה יחיד בשאר מצות הוא דמייתי.

אלמה לא איצטריך בכת"י כבמקבילה: איצטריך.

כי כתיבי הני קראי בכתי"פ: הני קראי בכתי"מ: קראי.

מאי משמע בכת"י: מנלן.

ככל המצות בכתי"פ: כנגד כל המצות כולן.

א)ושוין שאין מביא אשם תלוי מנלן דכתיב
ויקרא ה °וכפר [עליו] הכהן על שגגתו אשר שגג רבי
סבר מי שכל חטאו בשגגה יצא זה שאין
א)[כל] חטאו בשגגה אלא בהעלם דבר מידי
כל כתיב אין דאם כן נכתוב על שגגתו למה
לי אשר שגג הא קמ"ל דעד דאיכא כל
חטאו בשגגה ב)(יצא משיח שאין כל חטאו
בשגגה אלא בעבודה זרה ולא בשאר
מצות אלא בהעלם דבר עם שגגת מעשה)
ורבנן מי שחטאו בשגגה יצא משיח שאין
חטאו בשגגה ב)לא בעבודה זרה ולא
בשאר מצות אלא בהעלם דבר עם שגגת
א מעשה: **מתני'** ב ג)אין בית דין חייבין עד
שיורו בדבר שזדונו כרת ושגגתו חטאת
ד)וכן המשיח ולא בעבודה זרה עד שיורו
על דבר שזדונו כרת ושגגתו חטאת:
ב **גמ'** מנלן דתניא ג ד)רבי אומר נאמר כאן
שם ד °עליה ונאמר להלן °עליה מה להלן דבר שם יח
שזדונו כרת ושגגתו חטאת אף כאן דבר
שזדונו כרת ושגגתו חטאת אשכחן צבור
משיח מנלן לאשמת העם ה)הרי משיח כצבור
נשיא יליף מצות מצות כתיב גבי נשיא
שם ד °ועשה אחת מכל מצות ה' וכתיב בצבור
שם °ועשו אחת מכל מצות מה צבור דבר שזדונו
כרת ושגגתו חטאת אף נשיא דבר שזדונו כרת
שם ושגגתו חטאת יחיד אמר קרא °ואם נפש
ג ו)וילמד תחתון מעליון: ולא בעבודה זרה
עד שיורו: בעבודה זרה מנלן דת"ר
לפי שיצאה עבודה זרה לדון בעצמה
יכול יהו חייבין אפילו על דבר שאין זדונו
כרת ושגגתו חטאת ז)נאמר כאן מעיני ונאמר
להלן מעיני מה להלן דבר שזדונו כרת
ושגגתו חטאת אף כאן דבר שזדונו כרת
ושגגתו חטאת אשכחן צבור יחיד נשיא
שם משיח מנלן אמר קרא °ואם נפש אחת אחד
יחיד ואחד נשיא ואחד משיח כולן בכלל
נפש אחת הן ו)וילמד תחתון מן העליון הניחא
למאן דמפיק לה לעליה לג"ש כדאמרן אלא
ח)לרבנן דמפקי לה לעליה לעריות וצרות דבר
שזדונו כרת ושגגתו חטאת מנא להו נפקא
במדבר טו להו ט ה)מדמתני ליה ר' יהושע בן לוי לבריה °תורה אחת יהיה לכם לעושה בשגגה והנפש אשר תעשה
ביד רמה וגו' הוקשה כל התורה כולה לעבודה זרה י)מה עבודה זרה שחייבין על זדונו כרת
ועל שגגתו חטאת אף כאן ה)שחייבין על זדונו כרת ועל שגגתו חטאת אשכחן יחיד נשיא ומשיח בין
בעבודה זרה בין בשאר מצות צבור מנלן ילף עליון מתחתון ורבי הא דר' יהושע בן לוי מאי
עביד ליה מפיק ליה לכדתניא י ז)לפי שמצינו שחלק הכתוב בין רבים ליחידים רבים בסייף וממונן אבד
[יבמות ע.] ז)יחידים בסקילה וממונן פלט יכול נחלוק בקרבנותיהם ת"ל תורה אחת יהיה וגו' *מתקיף לה רב חלקיה
מהגרוניא טעמא דלא חלק הכתוב הא חלק הוה אמינא נחלוק מאי נייתי נייתי פר צבור בשאר מצות
הוא דמייתו נייתי פר לעולה ושעיר לחטאת צבור בעבודה זרה הוא דמייתו נייתי שעיר נשיא בשאר
מצות הוא דמייתי נייתי שעירה יחיד נמי היינו קרבנו ח)(אלמה לא) איצטריך ס"ד אמינא צבור מייתי פר
ד לעולה ושעיר לחטאת הני נייתי איפכא פר לחטאת ושעיר לעולה א"נ יא ט)צריך ואין לו תקנה קמ"ל דבכרת
מיהת כי כתיבי הני קראי בעבודה זרה הוא דכתיבי מאי משמע אמר רבא ואי תימא ר' יהושע
במדבר טו בן לוי ואמרי לה כדי אמר קרא °וכי תשגו ולא תעשו את כל המצות האלה יב)איזו היא מצוה ח)שהיא שקולה
שם שם ככל המצות הוי אומר זו עבודה זרה דבי רבי תנא אמר קרא °אשר דבר ה' אל משה וכתיב °אשר
צוה ה' אליכם ביד משה איזו היא מצוה שהיא בדיבורו של הקב"ה וצוה על ידי משה הוי אומר זו עבודה
שמות כ זרה י)דתנא רבי ישמעאל יג°אנכי °ולא יהיה לך מפי הגבורה שמענום דבי רבי ישמעאל תנא
למן

ושוין שאין. משיח מביא אשם תלוי דכתיב באשם תלוי וכפר הכהן על שגגתו אשר שגג והוא לא ידע מי שחטאו בשגגה יצא משיח ולרבי היכי מצי אמר יצא משיח והא לרבי חטאו בעבודה זרה בשגגה הוא דהא תניא לעיל משיח בעבודה זרה רבי אומר בשגגת מעשה אלא רבי סבר דהכי מתרץ קרא לטעמיה מי שכל חטאו בשגגה יצא משיח שאין כל חטאו בשגגה דבעבודה זרה בלבד הוא דחטאו בשגגה אבל בשאר מצות אין חטאו בשגגה בלבד אלא בהעלם דבר עם שגגת מעשה: **ורבנן.** סברי יצא משיח שאין חטאו בשגגה לא בעבודה זרה ולא בשאר מצות אלא העלם דבר עם שגגת מעשה ולדברי הכל משיח אין מביא אשם תלוי וכ"ש צבור דאין חייבין אשם תלוי דהעלם דבר כתיב בהו בהדיא: **מתני' אין ב"ד חייבין.** קרבן אלא על דבר שזדונו כרת ושגגתו חטאת ואם הורו בדבר שחייבין אשם ודאי פטורין דכתיב באשם ודאי ואם נפש אחת וב"ד אין הם בכלל נפש אחת ועוד דבאשמות אין בהן דין העלם דבר דחייבין אשם ודאי על המזיד כשוגג: **וכן המשיח.** אין מביא פר אלא על העלם דבר שזדונו כרת ושגגתו חטאת אבל במקום אשם ודאי חייב להביא אשם ודאי לפי שהוא בכלל נפש אחת ולהכי השוה לצבור דאין מביא פר במקום אשם אבל אשם יביא כדתנן לקמן (ד' ט.) אשם ודאי הנשיא המשיח והיחיד חייבין וב"ד פטורין: **גמ' נאמר כאן עליה.** ונודעה החטאת אשר חטאו עליה (ויקרא ד): **ונאמר להלן.** לגלות ערותה עליה (שם יח): **נשיא.** נמי לא יביא שעיר אלא על דבר שזדונו כרת ושגגתו חטאת כדתנן (שם) כל מצות שבתורה שחייבין על זדונן כרת ועל שגגתן חטאת יחיד מביא כשבה או שעירה ונשיא מביא שעיר דיליף מצות מצות: **יחיד.** נמי אינו מביא חטאת אלא על דבר שזדונו כרת דתנן כל מצות שבתורה וכו': **אמר קרא.** בפרשת ויקרא אם נפש: **וילמוד תחתון מעליון.** יחיד מנשיא: **לפי שיצאה עבודה זרה.** דהכא כתיב וכי תשגו ולא תעשו ולא כתיב הכא כרת: **יכול יהו חייבין על דבר שאין זדונו כרת.** כגון מגפף ומנשק ומרבץ כדאמרינן במסכת סנהדרין בפרק ד' מיתות (דף ס:) בלא תעשה ואינו בכרת: **וילמוד תחתון מעליון.** יחיד נשיא ומשיח מצבור: **אלא לרבנן.** דמפקי להאי עליה לדרשא אחרינא כדאמרינן בפ"ק דיבמות (דף ג:) ואשה אל אחותה וגו' עליה מה ת"ל לפי שנאמר יבמה יבא עליה וגו': **תורה**

אחת יהיה לכם לעושה בשגגה והנפש אשר תעשה ביד רמה. בעבודה זרה משמעי קרא דמגיה בספרי ר"ש אומר בעבודה זרה הכתוב מדבר שנא' כי דבר ה' בזה שבזה על דיבור ראשון שנאמר לו אנכי ה' אלהיך ולא יהיה לך אלהים אחרים על פני: **מה עבודה זרה שחייבין על זדונו כרת.** דהכא כתיב הכרת תכרת אף כל: **אשכחן יחיד ונשיא ומשיח בין בעבודה זרה ובין בשאר מצות.** דכתיב ואם נפש וכתיב תורה אחת יהיה לכם והנפש אשר תעשה ביד רמה ויחיד ונשיא ומשיח בכלל נפש אחת: **צבור מנלן ילמוד עליון מן התחתון.** דכתיב בפרשה למעלה וכי תשגו דהיינו צבור וילמד מתחתון מואם נפש מה להלן דבר שחייבין על זדונו כרת ועל שגגתו חטאת בין בעבודה זרה בין בשאר מצות דגבי יחיד הוקשה כל התורה כולה לעבודה זרה אף צבור אין חייבין אלא בדבר שחייבין על זדונו כרת ועל שגגתו חטאת בין בעבודה זרה בין בשאר מצות: **רבים בסייף.** במזיד עיר הנדחת: **יכול נחלוק בשוגג בקרבנותיהם.** דכי היכי דחלוק לגבי מיתה ...

תוספות

אין חייבין אלא על דבר שזדונו כרת ושגגתו חטאת. תימה אמאי קאמר על שגגתו חטאת הא היא גופה חטאת היא ומה שייך לומר אין חייבין חטאת אלא על דבר ששגגתו חטאת ושמא אגב דוכתא אחריתי דנקיט לה גבי מלקות נקיט נמי הכא עי"ל דה"פ דמה שאדם אחר היה מחויב חטאת על שגגתו הכא מביאין פר: **ויחיד דאמר קרא ואם נפש.** ה"נ ה"מ למילף גבי יחיד מצות מצות דה"נ כתיב ואם נפש אחת תחטא ועשתה אחת מכל מצות ה' אלא דהכי ניחא ליה למילף: **ילמוד תחתון מעליון.** וא"ת היכי יליף יחיד מנשיא והא נשיא גמיר מג"ש ואינו חוזר ומלמד בהיקש [כדאיתא בזבחים נ:] ויש לומר דגילוי מילתא בעלמא הוא ולא היקש דתרוייהו בכלל יחיד ובכלל נפש מיהו לעיל קשה דיליף עבודה זרה משאר מצות ושאר מצות מזקן ממרא והלא הלמד מגזירה שוה אין חוזר ומלמד בגזירה שוה [עי' זבחים ניפסט הש"ס דדבר הלמד בגזירה שוה חוזר ומלמד בגזירה שוה ואין חולק על זה וצריך עיון גדול] ויש לומר דבתר מלמד [אזלינן] והמלמד (תולין) כ) [חולין]: **שהיא שקולה כנגד כל המצות.** דכיון דמודה בה מה צורך לו לקיים כל המצות ומסתמא יעבור על כולן ובספרי מפיק לה מאת בריתי היפר משמע שכל הברית מיפר:

תוספות הרא"ש

מה להלן דבר שחייבין על זדונו כרת ושגגתו חטאת. תימה מאחות אשה מייתי בשגגה הא אכתי ... על דדבר שחייבין על זדונו כרת שמביא על שגגתו חטאת. וי"ל דהא דקאמר על שגגתו חטאת לאו דוקא. ...ב סיפא דתני ועל שגגתו חטאת תנא נמי ברישא. וה"פ מה עליה האמור באחות אשה בדבר שזדונו כרת ...ה האמור בחטאת בדבר שזדונו כרת נאמר שמביא על שגגתו חטאת. ועי"ל דעל שגגתו חטאת דרישא נמי ...שמע דג"ש עליה עליה לא אצטריך אלא למעוטי דאין מביא חטאת אלא על דבר שזדונו כרת. דאי לאו ...א דעל כל חטא שיחטא יביא קרבן. הלכך מפרשי' שפיר מה להלן באחות אשה זדונו כרת ושגגתו חטאת. ... הוה אמרי' דעל כל חטא מביא חטאת. אף עליה האמור בקרבן דוקא על זדונו כרת: **מאי** נייתי פר ...אר מצות הוא דמייתו. ופשוט ליה לתלמודא שאין לנו לבדות קרבן חדש שאין מתכפרין בו בשום מקום ...רה. והמ"ל הכי [מאי] נייתי נייתי קרבן הבא על עבירה במקום אחר הא איכא חלוקים בקרבנותיהם. וקרבן חדש שאין מתכפרים בו בשום מקום על עבירה א"א להביא:

רבינו חננאל

הדרן עלך הורו בית דין

... מכל המצות שפירשנו כי ב"ד חייבין עליהן חוץ מעבודה זרה שדינו בה בשעירה כאשר יפורש לפנינו. הה' שתהא הורייתו לבטל מקצת ולקיים מקצת כדרך ב"ד דכתי' לאשמת העם הרי משיח כצבור. הו' שתהא דבר שאין הצדוקים מודין בו. הז' שתהא הורייתו בפני עצמו ולא בשתוף עם ב"ד. הח' שיהא חטאו כשהוא ממונה. בהשלמת אלו השמונה נתחייב הכהן המשיח זה הפר. אבל שאר הכהנים דינם כדין ישראל דלא בעו העלם דבר אלא שמביאין על שגגת מעשה כשבה או שעירה. ואי איכא הוראת ב"ד נכללין עם הצבור. והוא הדין אם אין זה כהן המשיח מופלא ראוי להוראה שדינו כהדיוט בעלמא. אבל הכהן המשיח המופלא אינו חייב על שגגת המעשה בלא העלם דבר שום קרבן כלל. דתניא בספרא מעם הארץ פרט למשיח וכו' ומתרצתא בפרק כהן משיח שחטא (דף יא) והוא הדין הנוהג אם היתה הורייתו שלא במצוות המבוארות בו (אבל) [או] אם עקר כל הגוף או שטעה בדבר שהצדוקים מודין בו הא זיל קרי בי רב הוא ולאו מופלא. ואם הורה עם הצבור מתכפר לו עם הצבור. ואם חטא עד שלא נתמנה הרי דינו כדין הדיוט וכן הלכתא. עכשיו נחזיר למשנתנו הורה כהן משיח שוגג שטעה מעין טעות ב"ד שפירש' בפרק העבר ועשה שוגג שעדיין בשעת עשייתו היה חושב כי מעשהו מותר מביא פר. אבל מזיד ועשה שוגג כגון שגמר לוכל חלב ואח"כ אכל חתיכת חלב והוא חושב שהוא שומן פטור דאינו חייב על שגגת מעשה לחודה שום קרבן כדאמינא. הורה שוגג ועשה מזיד פטור. דמזיד בכי הא לאו בר קרבן הוא: אתמה' שוגג ועשה שוגג מביא פר פשיטא. אמר אביי הכא במאי עסקינן כגון שהורה ושכח מאיזה טעם הורה ואמר הריני עושה על דעת ראשונה מהו דתימא כיון דאילו מדכר טעמיה דלמא הדר

עין משפט נר מצוה

טו א מיי' פ"ב מהל' שגגות הלכה ו סמג עשין ריח:
יז ב מיי' שם הל' ג:
יח ג מיי' שם פי"ב הלכה א:
יט ד מיי' שם פט"ו הלכה ה:
כ ה מיי' שם פי"א הלכה ג והלכה ד ה:
כא ו מיי' פ"ד מהל' עבודת כוכבים הל' ו סמג שם:
כב ז מיי' שם פ"ב הל"ט ופ"ז מהל' שגגות הלכה טז:

מסורת הש"ס

א) כ"ש: ב) רש"א מ"ז: ג) יבמות ח: ד) [יבמות ט.] ה) שבת סח: [יבמות ט.] ו) בס"י מה להלן: ז) [יבמות ע.]: ח) רש"א מ"ז: ט) [ברכות טו: ושם נסמן]: י) מכות כד.: כ) עי' מכות יט סוף ע"א:

למן היום וגו'. הכי משמע את כל אשר צוה ה' אליכם ביד משה דזו עבודה זרה ומנין שזו עבודה זרה מדכתיב בהדי' למן היום אשר צוה ה' והלאה שאר מצות והלאה כלומר מכאן ואילך לדורותיכם איזו היא מצוה שנאמרה בתחילה הוי אומר זו עבודה זרה דכתיב בתחילת עשרת הדברות אנכי ולא יהיה לך דהיינו עבודה זרה: י' מצות נצטוו במרה. דהיינו קודם מתן תורה אלמא עבודה זרה לא נאמרה תחלה: מחוורתא כדשנינן מעיקרא. כדברי ר' יהושע בן לוי או כדברי רבי: מתני' אין ב"ד חייבין קרבן על עשה ועל לא תעשה שבמקדש. דהיינו טומאת מקדש וקדשיו עשה שבמקדש וישלחו מן המחנה כל צרוע לא תעשה ולא יטמאו את מחניהם שאע"פ שהוא דבר שזדונו כרת ושגגתו חטאת הואיל ואין שגגתו חטאת קבועה אלא קרבן חטאת עולה ויורד הלכך פטור לגמרי כדמפרש בגמרא והאי דקתני אין חייבין על עשה ועל לא תעשה שבמקדש לא קא מיירי בכהן משיח כלל משום דהוי פלוגתא דר"ש ור"ע ר"ע לא פטר ליה מפר על טומאת מקדש וקדשיו ור"ש פטר ליה לגמרי כדמפרש בגמרא בסוף פירקין: ואין מביאין. יחידין: אשם תלוי על עשה ועל לא תעשה שבמקדש. דאין אשם תלוי בא אלא על ספק חטאת קבועה כדמפרש בגמ' אבל בב"ד לא איצטריך למיתנא אין מביאין אשם תלוי על עשה ועל לא תעשה שבמקדש שהרי אין ב"ד מביאין אשם תלוי אפי' במקום ספק חטאת קבועה כדאמרי' בריש פירקין משיח בפר ואין מביא אשם תלוי דכתיב באשם תלוי וכפר עליו הכהן על שגגתו אשר שגג מי שחטאתו ושגגתו שוה יצא משיח ומנלן דאין חטאתו ושגגתו שוה דכתיב לאשמת העם הרי משיח כצבור דצבור צריכין העלם דבר עם שגגת מעשה לפיכך אינו באשם תלוי הלכך כי איצטריך אין מביא אשם תלוי על עשה ועל לא תעשה שבמקדש כגון ביחיד דעלמא: אבל חייבין. ב"ד על עשה ועל לא תעשה שבנדה דהוי זדונו כרת ושגגתו חטאת קבועה ומביאין יחידים אשם תלוי על עשה ועל לא תעשה שבנדה משום דהוי ספק חטאת קבועה: אל תבא על הנדה. דכתיב (ויקרא יח) ואל אשה בנדת טומאתה לא תקרב: פרוש מן הנדה. כלומר בסמוך לוסתה כדי שלא תהא רואה בשעת תשמיש דכתיב והזרתם את בני ישראל כדמפרש בגמרא במסכת שבועות בפרק ידיעות הטומאה (דף יח:): גמ' מנא הני מילי. דצבור לא מחייבי שום קרבן בעולם אלא במקום חטאת קבועה: ויחיד אשם תלוי נמי. אין חייבין אלא על ספק חטאת קבועה: אמר רב יצחק בר אבדימי נאמר כאן ואשם. בחטאת קבועה דיחיד דכתיב בפ' ויקרא ואם נפש אחת תחטא בשגגה מעם הארץ בעשותה אחת ממצות ה' אשר לא תעשינה ואשם וכתיב והביא את קרבנו דמביא כשבה או שעירה דאינו בעולה ויורד: ונאמר ואשמו בצבור מה ואשם. האמור בפרשת ויקרא בחטאת יחיד הוי חטאת קבועה אף ואשמו האמור בצבור אין מביאין שום קרבן אלא במקום חטאת קבועה דאילו עשאו יחיד [י]הוי בעולה ויורד ונאמר ואשם (בא) באשם תלוי דכתיב באשם תלוי ואם נפש כי תחטא ועשתה אחת מכל מצות ה' אשר לא תעשינה ולא ידע ואשם מה צבור חטאת בקבועה כלומר מה ואשמו האמור בצבור חטאתו בקבועה דגמרי מואשם דחטאת יחיד: אף. ואשם האמור באשם תלוי אינו בא אלא על ספק חטאת קבועה לאפוקי עשה ולא תעשה שבמקדש דאין אשם תלוי בא עליו משום דהוי חטאת עולה ויורד ולא הוי חטאת קבועה [כ](ועוד דאין אשם תלוי בא עליו)

ותרתי מפקינן מדר' יצחק בר אבדימי חדא דצבור בחטאת קבועה דאין ב"ד חייבין על עשה ועל לא תעשה שבמקדש ואידך דאין אשם תלוי בא עליו אלא על ספק חטאת קבועה דאשם תלוי אפי' דיחיד אינו בא על עשה ועל לא תעשה שבמקדש שהרי אינו ספק חטאת קבועה: אי הכי קרבן עולה ויורד נמי הא כתיב כי יאשם. דכתיב נפש כי תחטא בשגגה ושמעה קול אלה דהיינו שמיעת הקול [וכתיב או נפש אשר תגע וגו' דהיינו טומאת מקדש וקדשיו וכתיב] או נפש כי תשבע לבטא בשפתים וגו' דהיינו בטוי שפתים דכולהו בקרבן עולה ויורד וכתיב והיה כי יאשם לאחת מאלה מה כי יאשם בעולה ויורד אף ואשם דכתיב באשם תלוי תהוי במקום עולה ויורד דלהוי אשם תלוי בא ואפי' על ספק חטאת שאינה קבועה: זו היא שיבה זו היא ביאה. דהא דכתיב ושב הכהן לא תימא ושב הכהן מבית המנוגע לביתו אלא הכי הוא ושב הכהן מביתו לבית המנוגע דהאי שיבה זו היא ביאה לבית המנוגע: נילף ואשם מטומאת מקדש וקדשיו. דכתיב בו או נפש אשר תגע וגו' והוא טמא ואשם דהיינו טומאת מקדש וקדשיו דהוא בקרבן עולה ויורד דחטאת שאינה קבועה הוא: דנין ואשם ומצות ה'. דכתיב באשם תלוי מואשמו ומצות ה' לאפוקי טומאת מקדש וקדשיו דלא כתב ואשם ומצות ה': נילף ואשם ונשיאת עון. דכתיב באשם תלוי ולא ידע ואשם ונשא עונו וכתיב בעולה ויורד אם לא יגיד ונשא עונו והוא ידע ואשם לאחת מאלה: באשם תלוי כתיב ואשם ומצות ה' אשר לא תעשינה ובפר והעלם דבר של צבור כתי' אחת מכל מצות ה' אשר לא תעשינה ואשם הלכך אמרי' מה צבור חטא' בקבוע' אף אשם תלוי אינו בא אלא על ספק חטאת קבועה: מתני' אין ב"ד חייבין על שמיעת קול ועל ביטוי שפתים ועל טומאת מקדש וקדשיו. דכל הני הוין בקרבן עולה ויורד כדאמרינן לעיל דצבור אין מביאין חטאת אלא בקבוע' ובדין הוא דלא איבעי למיתנא דהא תנא לעיל אין חייבין על עשה ועל לא תעשה שבמקדש ואמרינן משום דבעי' צבור בחטאת קבועה וטומאת מקדש וקדשיו הוי בעולה ויורד וה"ה על שמיעת קול ועל בטוי שפתים דלא הוי חטאת קבועה דב"ד פטור והאי דקתני הכא אין ב"ד חייבין על שמיעת קול כו' משום דבעי אפלוגי ר' יוסי הגלילי ור"ע אין ב"ד חייבין על שמיעת קול ועל בטוי שפתים וטומאת מקדש וקדשיו וה"ה למשיח: והנשיא כיוצא בהן. דאינו בקרבן עולה ויורד דברי ר' יוסי הגלילי טעמא דר' יוסי הגלילי מפרש בגמרא: ר"ע אומר הנשיא חייב בכולן. בקרבן עולה ויורד חוץ משמיעת קול שאין שמיעת קול חל עליו שהמלך לא דן ולא דנין אותו לא מעיד ולא מעידין אותו כדתנן במסכת סנהדרין בפרק כ"ג (דף יח.) ור"ע במשיח לא פי' במתניתין ופירש בברייתא כדאמרינן בברייתא תניא ר"ע אומר משוח פטור מכולן מקרבן עולה ויורד ומביא על כולן פר כדאמרי' בסוף פירקין דר"ע לא פטר ליה מפר: גמ' והיה כי יאשם לאחת מאלה. דאשמיעת קול ובטוי שפתים וטומאת מקדש וקדשיו קאי וקסבר ר' יוסי הגלילי כי יאשם לאחת הכי משמע כל שיש באחת כלומר כל שמצווה בכל אחת ואחת מתחייב קרבן בכולן ושאין מתחייב באחת אין מתחייב בכולן ונשיא הואיל ואינו מתחייב באחת מהן דהיינו בשמיעת קול אין מתחייב בכולן דפטור מכולן: ואימא. כי יאשם לאחת הכי משמע כי אפשר שיהא מתחייב אפי' באחת מהן אע"פ שאין

תורה אור

°[א]למן היום אשר צוה ה' והלאה לדורותיכם איזו היא מצוה שהיא נאמרה בתחלה הוי אומר זו עבודה זרה והא אמר מר [בא]עשר מצות נצטוו ישראל במרה [ב](דכתי' °והיה אם שמוע תשמע לקול ה' אלהיך) אלא מחוורתא כדשנינן מעיקרא: מתני' [גג][א]אין חייבין על עשה ועל לא תעשה שבמקדש [ב]ואין מביאין אשם תלוי על עשה ועל לא תעשה שבמקדש אבל חייבין על עשה ועל לא תעשה שבנדה ומביאים אשם תלוי על עשה ועל לא תעשה שבנדה איזו היא מצות עשה שבנדה פרוש מן הנדה ומצות לא תעשה אל תבא על הנדה: גמ' מנא הני מילי דצבור לא מחייבי קרבן בעלמא ויחיד אשם תלוי נמי לא אמר רב יצחק בר אבדימי נאמר ואשם בחטאת ובאשם תלוי ונאמר ואשמו בצבור מה ואשם ביחיד בחטאת קבועה אף ואשמו בצבור [ג]בחטאת קבועה ומה צבור בחטאת קבועה [ד]אף אשם תלוי נמי אין בא אלא על ספק חטאת קבועה אמרי אי הכי קרבן עולה ויורד נמי הא כתיב °והיה כי יאשם לאחת מאלה דנין [ד](אשם מן אשמו) ואין דנין אשם מן יאשם ומאי נ"מ [ד]והא תני דבי רבי ישמעאל °ושב הכהן ובא הכהן [ה]זו היא שיבה זו היא ביאה ועוד נילף מן ואשם מטומאת מקדש וקדשיו דכתיב °והוא טמא ואשם אמר רב פפא דנין ואשם ומצות ה' מן ואשם ומצות ה' א"ל רב שימי בר אשי לרב פפא ונילף ואשם ונשיאת עון מן ואשם ונשיא' עון אלא אמר ר"נ בר יצחק דנין ואשם ומצות ה' אשר לא תעשינה מואשם ומצות ה' אשר לא תעשינה ואל יוכיח שמיעת קול וביטוי שפתים וטומאת מקדש וקדשיו שלא נאמר בהם ואשם ומצות ה' אשר לא תעשינה: מתני' [ו]אין חייבין על שמיעת קול ועל ביטוי שפתים ועל טומאת מקדש וקדשיו [הז][ה]והנשיא כיוצא בהם דברי רבי יוסי הגלילי ר"ע אומר הנשיא חייב בכולן חוץ משמיעת הקול [וח]שהמלך [י]לא דן ולא דנין אותו [ט][לא מעיד ולא מעידין אותו]: גמ' [י]אמר עולא מ"ט דר' יוסי הגלילי אמר קרא והיה כי יאשם לאחת מאלה כל שמתחייב באחת מתחייב בכולן ושאין מתחייב באחת אין מתחיי' בכולן ואימא מתחיי' באחת מהן ואע"פ שאין מתחיי' בכולן אלא טעמא דר' יוסי הגלילי מהכא דתניא היה רבי ירמיה אומר נאמר לא

"לְמִן הַיּוֹם אֲשֶׁר צִוָּה ה' וָהָלְאָה לְדֹרֹתֵיכֶם" (במדבר טו, כג), אֵיזוֹ הִיא מִצְוָה שֶׁהִיא נֶאֶמְרָה בִּתְחִלָּה ראשונה לכל המצות? הֱוֵי אוֹמֵר: זוֹ עֲבוֹדָה זָרָה שנאמרה ראשונה בעשרת הדברות. ומקשים: וְהָא [והרי] אָמַר מָר [החכם]: עֶשֶׂר מִצְוֹת נִצְטַוּוּ יִשְׂרָאֵל בהיותם בְּמָרָה ביציאתם ממצרים, קודם למתן תורה דִּכְתִיב [שנאמר] שם: "וְהָיָה אִם שָׁמוֹעַ תִּשְׁמַע לְקוֹל ה' אֱלֹהֶיךָ ...והאזנת למצותיו" (שמות טו, כו), ואם כן היו מצוות קודמות לכך? אֶלָּא, מְחַוַּורְתָּא כִּדְשַׁנֵּינַן מֵעִיקָּרָא [ברור כמו שתירצנו מתחילה].

א משנה אֵין בית דין חַיָּבִין פר העלם דבר של ציבור עַל הוראת עֲשֵׂה וְעַל לֹא תַעֲשֶׂה שֶׁבַּמִּקְדָּשׁ הנאמר בדין טומאת מקדש, והוא בעשה שצריך להוציא את הטמאים מן המקדש, ובלא תעשה שאסור להיכנס למקדש כשהוא טמא, וְאֵין מְבִיאִין כלל אָשָׁם תָּלוּי עַל עֲשֵׂה וְעַל לֹא תַעֲשֶׂה שֶׁבַּמִּקְדָּשׁ. אֲבָל חַיָּבִין בית דין עַל עֲשֵׂה וְעַל לֹא תַעֲשֶׂה שֶׁבְּנִדָּה, וּמְבִיאִים אָשָׁם תָּלוּי עַל עֲשֵׂה וְעַל לֹא תַעֲשֶׂה שֶׁבְּנִדָּה. אֵיזוֹ הִיא מִצְוַת עֲשֵׂה שֶׁבְּנִדָּה? פְּרוֹשׁ מִן הַנִּדָּה, שאם בא על אשה ונטמאה הנדה — חייב לפרוש ממנה, וּמִצְוַת לֹא תַעֲשֶׂה? אַל תָּבֹא עַל הַנִּדָּה. אם יודע אתה שהיא טמאה.

ב גמרא על האמור במשנתנו שואלים: מְנָא הָנֵי מִילֵּי [מנין הדברים הללו] שצִבּוּר לֹא מְחַיְּיבֵי [חייבים] קָרְבָּן בְּעָלְמָא [בכלל] על חטא כמו זה של טומאת המקדש שיש בו רק לאו ואין חייבים על שגגתו חטאת, וְיָחִיד אָשָׁם תָּלוּי נַמִּי [גם כן] מניין שלָא מביא בטומאת המקדש? אָמַר רַב יִצְחָק בַּר אַבְדִּימִי: נֶאֱמַר "וְאָשֵׁם" (ויקרא ד, כז) בְּחַטָּאת וּבְאָשָׁם תָּלוּי (שם ה, יז), וְנֶאֱמַר "וְאָשֵׁמוּ" (שם ד, יג) בְּצִבּוּר, מַה "וְאָשֵׁם" האמור בְּיָחִיד הרי הוא בא על חטא שהוא בְּחַטָּאת קְבוּעָה, כמפורש שם, אַף "וְאָשֵׁמוּ" האמור בְּחטא של צִבּוּר הרי הוא דווקא בְּחטא שיש עליו חַטָּאת קְבוּעָה, להוציא טומאת המקדש וקדשיו, שהיא בחטאת עולה ויורדת ואינה קבועה. וּמַה צִבּוּר דווקא בְּחַטָּאת קְבוּעָה, אַף אָשָׁם תָּלוּי נַמִּי [גם כן] אֵין בָּא אֶלָּא עַל סְפֵק חַטָּאת קְבוּעָה, ומכאן למדנו שבטומאת המקדש וקדשיו אין הציבור מביא, ואין היחידים מביאים כלל אשם תלוי. אָמְרִי [אומרים]: אִי הָכִי [אם כך], אם על הלימוד ממלה זו אתה נסמך, קָרְבָּן עוֹלֶה וְיוֹרֵד נַמִּי [גם כן] הָא כְּתִיב [הרי נאמר בו]: וְהָיָה כִּי יֶאְשַׁם לְאַחַת מֵאֵלֶּה" (שם ה, ה)! ומשיבים: דָּנִין "אָשֵׁם" מִן "אָשֵׁמוּ" וְאֵין דָּנִין "יֶאְשַׁם" מִן "יֶאְשַׁם", אף ששניהם בלשון יחיד נאמרו. ומקשים: וּמַאי נָפְקָא מִינָּהּ [ומה יוצא מכאן]

שיש הבדל? וְהָא תָּנֵי דְּבֵי [והרי שנה החכם מבית מדרשו] של ר' יִשְׁמָעֵאל: "וְשָׁב הַכֹּהֵן" (שם יד, לט) "וּבָא הַכֹּהֵן" (שם מב) — זוֹ הִיא שִׁיבָה זוֹ הִיא בִּיאָה שעניינם אחד, ויש כאן גזירה שוה, למרות שהמילים אינן דומות כלל! וְעוֹד אפשר להקשות: נֵילַף [נלמד] מִן "וְאָשֵׁם" מִטּוּמְאַת מִקְדָּשׁ וְקָדָשָׁיו, דִּכְתִיב [שנאמר]: "וְהוּא טָמֵא וְאָשֵׁם" (שם ה, ב)! אָמַר רַב פָּפָּא: דָּנִין מקום שכתוב בו "וְאָשֵׁם" וגם "מִצְוֹת ה'" באשם התלוי (שם יז) מִן קרבן הציבור שכתוב בו "וְאָשֵׁם" ו"מִצְוֹת ה'" (שם ד, יג) ולא מקרבן עולה ויורד שלא נאמר בו "מצות ה'". אֲמַר לֵיהּ (לו) רַב שִׁימִי בַּר אַשֵׁי לְרַב פָּפָּא: וְנֵילַף [ונלמד] "וְאָשֵׁם" וּנְשִׂיאַת עָוֹן מִן "וְאָשֵׁם" וּנְשִׂיאַת עָוֹן שכתוב בטומאת מקדש ובאשם תלוי! אֶלָּא יש לדחות מה שאמרנו, אָמַר רַב נַחְמָן בַּר יִצְחָק: דָּנִין מקום שכתוב בו "וְאָשֵׁם" ו"מִצְוֹת ה' אֲשֶׁר לֹא תֵעָשֶׂינָה" באשם תלוי מִמָּקוֹם שכתוב בו "וְאָשֵׁם" ו"מִצְוֹת ה' אֲשֶׁר לֹא תֵעָשֶׂינָה", בחטאת קבועה, וְאַל יוֹכִיחַ שְׁמִיעַת קוֹל וּבִיטּוּי שְׂפָתַיִם וְטוּמְאַת מִקְדָּשׁ וְקָדָשָׁיו (שכולם בעולה ויורד) שֶׁלֹּא נֶאֱמַר בָּהֶם "וְאָשֵׁם" ו"מִצְוֹת ה' אֲשֶׁר לֹא תֵעָשֶׂינָה".

ג משנה אֵין בית דין חַיָּבִין בהוראה עַל שְׁמִיעַת קוֹל (שבועת העדות), שדורשים מאדם להעיד על מה שידע ואינו מעיד, וְעַל בִּיטּוּי שְׂפָתַיִם (שבועת שקר), וְעַל טוּמְאַת מִקְדָּשׁ וְקָדָשָׁיו. וְהַנָּשִׂיא כַּיּוֹצֵא בָּהֶם, שגם הוא פטור מלהביא קרבן על חטאים אלה, אלו דִּבְרֵי ר' יוֹסֵי הַגְּלִילִי. ר' עֲקִיבָא אוֹמֵר: הַנָּשִׂיא חַיָּב בְּכוּלָּן חוּץ מִשְּׁמִיעַת הַקּוֹל, והטעם אינו משום פטור מהותי אלא משום שֶׁהַמֶּלֶךְ לֹא דָן וְלֹא דָּנִין אוֹתוֹ, לֹא מֵעִיד וְלֹא מְעִידִין אוֹתוֹ, וכיון שכך לא שייך בו הציווי שיבוא להעיד עדות.

ד גמרא על האמור במשנה אָמַר עוּלָּא: מַאי טַעְמָא [מה הטעם] של ר' יוֹסֵי הַגְּלִילִי? אָמַר קְרָא [המקרא] בקרבן עולה ויורד: "וְהָיָה כִּי יֶאְשַׁם לְאַחַת מֵאֵלֶּה" (שם ה, ב) לומר: כָּל שֶׁמִּתְחַיֵּיב בְּאַחַת מֵהֶן מִתְחַיֵּיב בְּכוּלָּן, וְשֶׁאֵין מִתְחַיֵּיב בְּאַחַת אֵין מִתְחַיֵּיב בְּכוּלָּן. וכיון שהמלך פטור מאחת (שמיעת קול) הריהו פטור גם מן האחרות. ומקשים: מדוע נאמר כך? וְאֵימָא [ואמור] אחרת: מי שֶׁמִּתְחַיֵּיב בְּאַחַת מֵהֶן וְאַף עַל פִּי שֶׁאֵין מִתְחַיֵּיב בְּכוּלָּן! אֶלָּא טַעְמָא [הטעם] של ר' יוֹסֵי הַגְּלִילִי מֵהָכָא [מכאן], דְּתַנְיָא [ששנויה ברייתא], הָיָה ר' יִרְמְיָה אוֹמֵר: נֶאֱמַר

מסורת הש"ס

א. ראה ספרי במדבר טו, כב.
ב. סנהדרין נו,ב. וראה ירושלמי ביצה פ"ב ה"א. מכילתא בשלח פ"א כה.
ג. שבועות יז,ב. ירושלמי הוריות פ"ב ה"ה.
ד. עירובין נא,א. יומא ב,ב. יבמות יז,ב. נזיר ה,ב. מכות יג,ב. מנחות ד,א. חולין פה,א. בכורות לב,א. נדה כב,ב.
ה. כריתות ב,ב.
ו. סנהדרין יח,א. ירושלמי סנהדרין פ"ב ה"ג. דב"ר פ"ה ח.
ז. הוריות ט,א. ירושלמי הוריות פ"ב ה"ו.

גרסות

שהיא נאמרה בתחלה בכתי"מ: **שנאמרה בתחילה** בכתי"פ: **שהיא תחילה.**

דכתיב — אלהיך בכת"י חסר משפט זה.

איזו היא בירושלמי ובכת"י ועוד: **ואיזוהי.**

קרבן בעלמא בכתי"פ: **קרבן על עשה ועל לא תעשה שבמקדש.**

ובאשם תלוי בכת"י: **ונאמר ואשם באשם תלוי.**

מה ואשם — בחטאת קבועה בכתי"פ: **מה להלן בקבוע אף כאן בקבוע.**

אמרי אי הכי קרבן עולה ויורד נמי הא בכתי"פ: **אי הכי גבי עולה ויורד נמי.**

והנשיא כיוצא בהם בכתי"מ: **והנשיא והמשיח כיוצא בהם.**

אמר עולא מאי טעמא בכת"י: **מאי טעמא.**

אמר קרא בכת"י: **אמר רב המנונא דאמר קרא.**

כל שמתחייב באחת בכת"י: **מתחייב באחת.**

היה ר' ירמיה אומר נאמר בכת"י: **ר' ירמיה אומר דבר הלמד מענינו נאמר אם.**

עיונים

למן היום אשר וכו' רש"י מסביר שהכוונה היא לומר: איזו היא מצוה ראשונה שציוה ה' לישראל והיא קיימת מאז — הרי היא מצוות עבודה זרה (כי כאמור "אנכי" ו"לא יהיה לך" הם הצדדים השונים שבמצוה זו), ומאז יש ציוויים אחרים שבאו לאחר מצוה ראשונה זו. והרבה מן המפרשים מקשים על הסבר זה, שהרי מצוות פסח ומילה נאמרה לישראל קודם לכן (וראה גם להלן), ובב"ש רוצה לומר שמצוות עבודה זרה היא מצוה ראשונה מכל המצוות, לפי שנצטווה בה כבר אדם הראשון, שהיא הראשונה משבע מצות בני נח.

נצטוו ישראל במרה ודבר זה היה מיד לאחר שעברו את ים סוף, לפני מתן תורה. וכתבו שמצוות אלה במרה היו שבע מצות בני נוח, שבת וכיבוד אב ודינים. ובתוס' שאלו: הרי יכול היה להקשות ממצוות אחרות שוודאי קדמו לדברה הראשונה בעשרת הדברות, כגון מצוות מילה לאברהם, ואיסור שפיכות דמים ועריות לבני נח, המפורשות בתורה! ותירצו כי מצוות אלה לא נאמרו לישראל, ולפיכך אינן נמנות בגדר "צוה ה'... לדורותיכם". ומעין זה כתב בב"ש כי ממה שנזכר שנצטוו מצוות אלה במרה, משמע שלא נצטוו עליהן קודם לכן.

דכתיב והיה אם שמוע וכו' מכתוב זה אין ללמוד שהיו עשר מצוות שנצטוו עליהן במרה (ולכן אין הכתוב מובא במקורות אחרים), אבל יש מכאן הוכחה ברורה שנצטוו בדברים מסויימים עוד לפני מתן תורה.

עשה ולא תעשה שבמקדש מצוות עשה — לשלח מן המחנה (כלומר, מחנה שכינה, מקום המקדש לעתיד) את הטמאים, ומצוות לא תעשה — שלא לטמא את המקדש (רש"י). וכתב הרא"ש שיש כיוצא בזה גם האיסור שלא לאכול קדשים בטומאה (שכרגיל מובאים יחד — "טומאת מקדש וקדשיו") ולא הביאו כאן משום שאין בו מצוות עשה, אלא לא תעשה בלבד.

עשה שבמקדש מלבד המצוה הכללית (שהיא חובת בית הדין) להוציא מן המחנה את הטמאים, הרי מצוות עשה שבמקדש יש לה משמעות מוגדרת: שמי שארעה לו טומאה בהיותו בתחום המקדש עצמו — אסור לו לשהות שם, וכאשר יוצא צריך לצאת בדרך הקצרה ביותר (רא"ש).

ואין מביאין אשם תלוי כלומר, אף יחידים אינם מביאים אשם תלוי אם היה להם ספק שמא נכנסו בטומאה למקדש (רש"י, מאירי). אבל ראה בר' יהונתן שכותב דבר תמוה, שאין בית דין מביאים אשם תלוי על עשה שבמקדש, אבל היחיד חייב בו. ושמא היתה לו גרסה אחרת בגמרא.

ומביאין על עשה ולא תעשה שבנדה שהרי הבא על הנדה צריך להביא חטאת קבועה (רש"י). וכתבו ראשונים שהיה יכול להביא כדוגמה לאו דווקא עבירה זו אלא כל אחת מן הכריתות שמביאים עליהן חטאת קבועה. אבל הביאו דווקא את דין הנדה משום שיש צדדים דומים בעבירה זו לטומאת מקדש וקדשיו, שיש בה עשה ולא תעשה, ואף יש דמיון בפרטי ההלכה (ר' יהונתן, מאירי).

פרוש מן הנדה כמעט כל המפרשים מסבירים שהכוונה היא שאם היה באמצע ביאה על אשה ובאותה שעה פירסה דם נדה — שחובה עליו לפרוש. ואף בפרישה זו יש דינים (שהם פרטי מצוות העשה הזו) שעליו לפרוש בדרך שלא תהא בה הנאה לו. כך מפרשים התוס'

והרא"ש, וכן ר"ח. וכן מסביר רש"י עצמו במסכת שבועות (יז,ב). אמנם כאן (וכן מפרש ר' יהונתן) מסביר רש"י שהכוונה היא למצוה שיפרוש מאשתו סמוך לוסתה. וכבר האריכו המפרשים בשאלה האם לדעת רש"י זו היא באמת מצוות עשה מן התורה, או שאף הוא מקבל שהיא הוראה מדברי סופרים (ראה בהורה גבר ועוד).

ואין דנין אשם מן יאשם וצריך לומר שההבדל בין "ואשם" ובין "ואשמו" אינו נחשב להבדל במלים, לפי שהדבר שייך לענין, שבמקום אחד מדובר ביחיד ובמקום אחר ברבים. אבל צורת הלשון "יאשם" צורה אחרת היא, ולכן היה מקום לומר שאין למדים ממנה.

דנין ואשם ומצוות ה' ולפי זה (וכן בדברי רב נחמן בר יצחק) יש כאן גזירה שוה שאינה בנויה על מלה אחת בלבד, אלא על שני דברים הבאים ביחד, שיש בשני המקומות לשון כפולה "ואשם" וגם "מכל מצוות ה'" (רא"ש).

שמיעת קול וכו' סדרן של שלוש מצוות אלה שהן בעולה ויורד אינו כן בתורה. ואת טעם שינוי הסדר מסביר בתוי"ט כי הקדים שמיעת הקול משום שהיא מצוה שזמנה גם כאשר אין בית המקדש קיים, ואגב כך הוסיף גם ביטוי שפתים. ובחק נתן מסביר שכתב דין טומאת מקדש וקדשיו בסוף משום שבשתי הראשונות אין חיוב כרת, ואילו במטמא מקדש וקדשיו יש חיוב זה. וכתב רש"י שהזכיר שוב טומאת מקדש (אף שכבר נאמר הדין במשנה הקודמת) אגב מה שרצה להזכיר את הדברים שיש בהם קרבן עולה ויורד. וברא"ש דן בשאלה מפני מה צריך בכלל להזכיר דיני שמיעת קול וביטוי שפתים, שכיון שאין בהם כרת — הרי אינם בכלל הדברים שבית דין חייב להביא חטאת על העלם דבר בהם. ורש"י מסביר שבאמת לא הוצרך אלא כדי להקדים לכך מחלוקת ר' יוסי הגלילי ור' עקיבא. בדין הנשיא והרמ"ה (מובא ברא"ש) מסביר כי לשון "אין חייבין" באה לומר שאין בית דין חייבים כלל בהבאת קרבן על עבירות אלה, שאין חייבים גם בקרבן עולה ויורד, וטעמו של דבר — משום שכתוב בהן "נפש" כלומר שעבירות אלה שייכות ביחיד ולא בציבור.

והנשיא כיוצא בהן שאף הוא אינו מביא קרבן עולה ויורד. ובדין המשיח כתב רש"י שאף הוא דינו כנשיא, אלא שלא נתפרש הדבר במשנה. אבל ראה בגרסות, וכן נראה שלפני ר' יהונתן היה כתוב "וכן המשיח".

לא מעיד וכו' לכאורה דין זה צמוד לדין "לא דן ולא דנים אותו", ודבר זה אינו שייך בכל המלכים אלא במלכי ישראל בלבד, אבל מלכי בית דוד דנים ודנים אותם. אבל לענין עדות בדיני ממונות נראה ממסכת שבועות שהמלך פטור מלהעיד מן הדין, שאין זה לפי כבודו שיבוא ויעמוד (שהוא קצת דרך בזיון) בפני בית הדין, והרי זה כ"זקן ואינו לפי כבודו" שפטור אף מהשבת אבידה.

ושאין מתחייב באחת והוא מפרש איפוא "כי יאשם לאחת" במשמעות: יאשם לכל אחת מאלה. וכיון שפטור מאחת מהן, פטור מן הכל. ובירושלמי שאלו: אם כן, אף האשה לא תהא חייבת לשיטה זו, שהרי אינה בדין עדות! ואי אפשר לומר כן, שהרי מפורש בתורה (ויקרא יב, ד) שהיא מוזהרת על ביאת מקדש בטומאה.

אורח ההלכה

אין חייבין על עשה ולא תעשה שבמקדש בית הדין מביא חטאת רק על דבר שהיחיד מביא עליו קרבן חטאת קבועה, אבל דבר שיש עליו קרבן עולה ויורד, כגון ביאת מקדש בטומאה — אין בית דין חייבין להביא קרבן עליו. (רמב"ם ספר קרבנות הלכות שגגות פי"ב ה"א).

אין מביאין אשם תלוי וכו' חטא שחייבים עליו חטאת קבועה, אם נסתפק לו אם חטא בו מביא אשם תלוי. אבל עבירה שיש עליה קרבן עולה ויורד, כגון ביאת מקדש בטומאה אין מביאים על ספקו אשם תלוי. (שם פ"ח ה"א).

אין חייבין על שמיעת הקול אין בית דין חייבים להביא קרבן אם שגגו בחטא שאין עליו חטאת קבועה, ובכלל זה שמיעת הקול וביטוי שפתיים, שחייב להביא עליהם קרבן עולה ויורד. (שם פי"ב ה"א).

והנשיא כיוצא בהן המלך (וכן הכהן המשיח) חייב להביא קרבן עולה ויורד על שבועת העדות או שבועת הביטוי או טומאת מקדש וקדשיו, שאין דינו חלוק אלא בדברים שיש עליהם חיוב חטאת קבועה ולא בקרבן עולה ויורד. וכדברי ר' יוסי הגלילי משום שמשמע שדעת ר' עקיבא דעת יחיד היא. ולענין שבועת העדות נראה שהרמב"ם מדבר במלכי בית דוד שדנים ומעידים (כס"מ).

והראב"ד סבור שאין המלך חייב בשמיעת הקול, ולא הכהן המשיח בטומאת מקדש וקדשיו. (שם פי"ה ה"ז)

שהמלך לא דן וכו' אין מלכי ישראל דנים ולא דנים אותם, לא מעידים ולא מעידים אותם. אבל מלכי בית דוד דנים ומעידים. (שם ספר שופטים הלכות סנהדרין פ"ב ה"ה. שם הלכות מלכים פ"ב ה"ז).

מסורת הש"ס

א. משנה הוריות י,א. הוריות יא,א. ירושלמי הוריות פ"ג ה"ג.
ב. יומא יח,א. חולין קלד,ב. ובירושלמי יומא פ"א ה"ג. תוספתא יומא פ"א. תו"כ אמור כא, י (בתוספת). ויק"ר פכ"ו. תנחומא אמור ד.
ג. יומא שם. חולין שם. ירושלמי שם. תו"כ שם.
ד. ראה הוריות י,א. יב,ב.
ה. ירושלמי הוריות פ"ב ה"ו (בשינוי שם).
ו. הוריות ח,ב (ושם סומנו מקבילות).
ז. תו"כ ויקרא ד, כב.
ח. שם ד, יג. שם ד, כב.
ט. הוריות יב,ב. ירושלמי הוריות פ"ב ה"ח.

גרסות

מי שבא לידי עניות ועשירות בכת"י: **מי שבאין לידי עניות.**

נשיא דכתיב בכתי"מ: **בנשיא הוא אומר** בכתי"פ: **בנשיא מהו אומר.**

מי שאין בכת"י: **שאין.**

שהוא גדול בכתי"פ: **שיהא גדול.**

בנוי בכח בחכמה ובעושר בכת"י: **בכח בנוי ובעושר ובחכמה.**

גדלהו משל אחיו בכתי"מ: **שחייבין לגדלו** בכתי"פ: **שאתה חייב לגדלו.**

והכהן הגדול — משל אחיו בכתי"מ: **והכהן הגדול מאחיו אין לו גדלו משל אחיו** בכתי"פ: **והכהן הגדול מאחיו גדלהו משל אחיו.**

חובה לו בכתי"פ: **לו חובה.**

ומאי ניהו עשירית — לא מעטיה רחמנא בכתי"פ: **אבל בדלות או בעשירות לייתי.**

לא סלקא דעתך דכתיב בכתי"פ: **אמר רבא דאמר קרא.**

המתכפר באחת בכתי"פ: **המתכפר באחת מאלה.**

משמע ליה בכת"י: **משמע ליה לר' עקיבא.**

נכתביה להאי — בעשירות בכת"י: **נכתביה רחמנא להאי מאחת מאלה בדלות או בעשירות מאי טעמא כתביה רחמנא בדלי דלות הכי קאמר דמתכפר בהאי מתכפר בכולהו דלא מתכפר בהאי לא מתכפר בכולהו.**

היחיד והנשיא והמשיח בכת"י: **יחיד נשיא ומשיח.**

כהן גדול משיח במשניות: **כהן גדול** בכתי"פ: **כהן משיח.**

חייב על טומאת מקדש בכתי"פ: **חייב חטאת על טומאת מקדש וקדשיו ואין הנשיא חייב על שמיעת הקול.**

נותן כלל בכת"י: **נותן בהם כלל.**

אימא סיפא בכת"י: **והדר תני.**

קתני משיח ובית דין פטורין בכת"י אין מלים אלה.

מה בית דין — מכולהון בכתי"פ חסר משפט זה.

פטורין מכולהון... פטור מכולהון בכתי"מ: **פטורים מכולן... פטור מכולן.**

לשון

גזא
מקור המלה הוא בפרסית ganz ומשמעה אוצר. מלה זו בצורת "גנזך" מופיעה במקרא.

"לֹא תַגִּיעַ יָדוֹ" (ויקרא ה, ז), **וְנֶאֱמַר "לֹא תַשִּׂיג יָדוֹ"** (שם יא), לומר שדינים אלה אמורים דווקא **בְּמִי שֶׁבָּא לִידֵי עֲנִיּוּת וַעֲשִׁירוּת, יָצָא** מכלל זה **נָשִׂיא וּמָשִׁיחַ שֶׁאֵין בָּאִין לִידֵי עֲנִיּוּת**, שהרי **נָשִׂיא** אינו בא לידי עניות — **דִּכְתִיב** [שנאמר]: **"וְעָשָׂה אַחַת מִכָּל מִצְוֹת ה' אֱלֹהָיו"** (שם ד, כב), ולפיכך הגדרת נשיא היא: **מִי שֶׁאֵין עַל גַּבָּיו אֶלָּא ה' אֱלֹהָיו** שהוא גדול מכל העם, ואין הוא עני התלוי באחרים. **מָשִׁיחַ — דִּכְתִיב** [שנאמר]: **"וְהַכֹּהֵן הַגָּדוֹל מֵאֶחָיו"** (שם כא, י), לומר: **שֶׁהוּא גָּדוֹל מֵאֶחָיו בְּנוֹי בְּכֹחַ בְּחָכְמָה וּבְעוֹשֶׁר**, ולכן אינו בא לידי עניות. **אֲחֵרִים אוֹמְרִים: מִנַּיִן שֶׁאִם אֵין לוֹ** לכהן הגדול עושר משלו **יֵשׁ לְגַדְּלוֹ מִכְּסָפִים שֶׁל אֶחָיו? תַּלְמוּד לוֹמַר: "וְהַכֹּהֵן הַגָּדוֹל מֵאֶחָיו אֲשֶׁר יוּצַק עַל רֹאשׁוֹ"** (שם), לומר: **גַּדְּלֵהוּ מֵאֶחָיו** כלומר, שאחיו יתנו לו משלהם עד שיתעשר. **בְּעָא מִינֵּיהּ** [שאל אותו] **רָבִינָא מֵרַב נַחְמָן בַּר יִצְחָק: נָשִׂיא שֶׁנִּצְטָרַע, מַהוּ** דינו לענין קרבן עולה ויורד? וצדדי השאלה: האם **מִידְחָא דָּחֵי** [נדחה לגמרי] **אוֹ** רק **מִיפַּטַר פְּטִיר** [פטור]? כלומר, האם בזמן נשיאותו הוא נדחה לגמרי מקרבן עולה ויורד, ואינו מתחייב עוד על כך, או שרק נפטר מקרבן זה, וכשנצטרע הריהו חוזר לחיובו? **אָמַר לֵיהּ** [לו]: **דִּילָךְ** [משלך] הוא נוטל **אוֹ דְּגַזָּא** [משל האוצר] הפרטי שלו? וכיון שהוא נוטל משל האוצר לא בטל חיובו.

א תַּנְיָא [שנויה ברייתא], **ר' עֲקִיבָא אוֹמֵר: מָשִׁיחַ פָּטוּר מִכּוּלָּן**, מכל קרבן עולה ויורד. **אָמַר רָבָא: מַאי טַעְמָא** [מה הטעם] של **ר' עֲקִיבָא? אָמַר קְרָא** [הכתוב]: **"זֶה קָרְבַּן אַהֲרֹן וּבָנָיו** אשר יקריבו לה' ביום המשח אותו עשירית האיפה סלת מנחה..." (שם ו, יג). ומדייקים: דווקא **זוֹ** עשירית האיפה **בָּאָה חוֹבָה לוֹ, וְאֵין אַחֶרֶת בָּאָה חוֹבָה לוֹ.** ושואלים: **וְאֵימָא** [ואמור]: **כִּי מְמַעֵט לֵיהּ רַחֲמָנָא** [כאשר ממעטת אותו, את כהן משיח, התורה] הרי זה דווקא **מִדַּלֵּי דַּלּוּת**, כלומר, מקרבן מנחת סולת שמביאים העניים שבעניים, **וּמַאי נִיהוּ** [ומהו]? **עֲשִׂירִית הָאֵיפָה**, כאמור בכתוב, **אֲבָל** לגבי דבר שיש בו רק **עֲנִיּוּת וַעֲשִׁירוּת** כשבים או תורים, **לֹא מַעֲטֵיהּ רַחֲמָנָא** [מיעטו הכתוב]! ודוחים: **לֹא סָלְקָא דַּעְתָּךְ** [יעלה על דעתך] לומר כך, **דִּכְתִיב** [שנאמר] בענין קרבן עולה ויורד: **"וְכִפֶּר עָלָיו הַכֹּהֵן עַל חַטָּאתוֹ אֲשֶׁר חָטָא מֵאַחַת מֵאֵלֶּה"** (שם ה, יג), לומר: זה **הַמִּתְכַּפֵּר בְּאַחַת** מהן מכל אחת מקרבנות אלה — **מִתְכַּפֵּר בְּכוּלָּן, וְאִילוּ זה שֶׁאֵין מִתְכַּפֵּר בְּאַחַת** — כהן גדול שאינו מביא קרבן מנחה — **אֵין מִתְכַּפֵּר בְּכוּלָּן.** ותוהים: **אֶלָּא מֵעַתָּה**, לפי דרך דרשה זו, זה **דִּכְתִיב** [שנאמר] שם: **"וְהָיָה כִּי יֶאְשַׁם לְאַחַת מֵאֵלֶּה"** (שם ה), **הָכִי נַמִי** [כך גם כן] תאמר באותו אופן: **שֶׁכָּל הַמִּתְחַיֵּיב בְּאַחַת** מאלה שחייבים בקרבן עולה ויורד — **מִתְחַיֵּיב בְּכוּלָּן, וְשֶׁאֵין מִתְחַיֵּיב בְּאַחַת — אֵין מִתְחַיֵּיב בְּכוּלָּן, אַלְמָּה תְּנַן** [מפני מה שנינו במשנה], **ר' עֲקִיבָא אוֹמֵר: נָשִׂיא חַיָּיב חוּץ מִשְּׁמִיעַת קוֹל**, משמע שיכול להתחייב באחת ולא בכולן! **אַבַּיֵי וְרָבָא דְּאָמְרֵי תַּרְוַיְיהוּ** [שאמרו שניהם] כתירוץ לקושי זה: הכתוב **"מֵאַחַת" מַשְׁמַע לֵיהּ** [נשמע לו] לר' עקיבא ללמוד מכאן, אבל הכתוב **"לְאַחַת" לֹא מַשְׁמַע לֵיהּ** [נשמע לו] כלימוד. ושואלים על כך: **וּמַאי שְׁנָא** [ומה שונה] הכתוב **"מֵאַחַת"** מהכתוב "לאחת" **דְּמַשְׁמַע לֵיהּ** [שנשמע לו] כלימוד? ומשיבים: **דִּכְתָבֵיהּ רַחֲמָנָא** [שכתבה אותו התורה] **לְבַסּוֹף** בסוף פרשת קרבן עולה ויורד **גַּבֵּי** [אצל] **עֲשִׂירִית הָאֵיפָה, לְמֵימְרָא** [לומר] **שֶׁכָּל דְּמִחַיַּיב** [שמתחייב] **בַּהֲבָאַת עֲשִׂירִית הָאֵיפָה — מִחַיַּיב** [מתחייב] **בְּכוּלָּן, דְּאִי סָלְקָא דַּעְתָּךְ** [שאם יעלה על דעתך] לומר **מִתְחַיֵּיב בְּאַחַת אַף עַל פִּי שֶׁאֵין מִתְחַיֵּיב בְּכוּלָּן,** אם כן **נִכְתְּבֵיהּ לְהַאי** [שיכתוב את ההוראה הזו] **"מֵאַחַת מֵאֵלֶּה" בְּדַלּוּת, אִי נַמִי** [או גם כן] **בַּעֲשִׁירוּת**, וכיון שלא כתב קודם לכן — משמע שדווקא בענין זה נאמר שמי שלא מתחייב בזו פטור מן הכל. לפיכך כהן משיח שאינו מתכפר בעשירית האיפה, אינו מתכפר בקרבן עולה ויורד כלל.

ב משנה ובסיכומם של דברים: **כָּל הַמִּצְוֹת שֶׁבַּתּוֹרָה שֶׁחַיָּיבִין עַל זְדוֹנָן כָּרֵת וְעַל שִׁגְגָתָן חַטָּאת — הַיָּחִיד מֵבִיא כִּשְׂבָּה אוֹ שְׂעִירָה, וְהַנָּשִׂיא** מביא **שָׂעִיר** דווקא, **וּמָשִׁיחַ וּבֵית דִּין** שטעו בהוראתם בזה **מְבִיאִין פָּר. וּבַעֲבוֹדָה זָרָה — הַיָּחִיד וְהַנָּשִׂיא וְהַמָּשִׁיחַ מְבִיאִין שְׂעִירָה, וּבֵית דִּין** מביאים **פָּר וְשָׂעִיר, פָּר לְעוֹלָה וְשָׂעִיר לְחַטָּאת. אָשָׁם תָּלוּי — הַיָּחִיד וְהַנָּשִׂיא חַיָּיבִין בּוֹ, וּמָשִׁיחַ וּבֵית דִּין פְּטוּרִין** ממנו. **אָשָׁם וַדַּאי — הַיָּחִיד וְהַנָּשִׂיא וְהַמָּשִׁיחַ חַיָּיבִין, וּבֵית דִּין פְּטוּרִין.** וקרבן עולה ויורד **עַל שְׁמִיעַת הַקּוֹל, וְעַל בִּטּוּי שְׂפָתַיִם, וְעַל טוּמְאַת מִקְדָּשׁ וְקָדָשָׁיו — בֵּית דִּין פְּטוּרִין, וְהַיָּחִיד וְהַנָּשִׂיא וְהַמָּשִׁיחַ חַיָּיבִין, אֶלָּא שֶׁאֵין כֹּהֵן גָּדוֹל מָשִׁיחַ חַיָּיב עַל טוּמְאַת מִקְדָּשׁ וְקָדָשָׁיו, אֵלּוּ דִּבְרֵי ר' שִׁמְעוֹן. וּמַה הֵן מְבִיאִין? קָרְבַּן עוֹלֶה וְיוֹרֵד** לפי רכושם כמבואר בתורה. **ר' אֱלִיעֶזֶר אוֹמֵר: הַנָּשִׂיא מֵבִיא שָׂעִיר.**

ג גמרא תַּנְיָא [שנויה ברייתא], **ר' שִׁמְעוֹן הָיָה נוֹתֵן כְּלָל: כָּל שֶׁהַיָּחִיד בְּאָשָׁם תָּלוּי — אַף הַנָּשִׂיא כַּיּוֹצֵא בּוֹ, מָשִׁיחַ וּבֵית דִּין פְּטוּרִין. וְכָל שֶׁהוּא בְּאָשָׁם וַדַּאי — נָשִׂיא וּמָשִׁיחַ כַּיּוֹצֵא בָּהֶן, וּבֵית דִּין פְּטוּרִין. שְׁמִיעַת הַקּוֹל, וּבִטּוּי שְׂפָתַיִם, וְטוּמְאַת מִקְדָּשׁ וְקָדָשָׁיו — בֵּית דִּין פְּטוּרִין, נָשִׂיא וּמָשִׁיחַ חַיָּיבִין, אֶלָּא שֶׁאֵין הַנָּשִׂיא חַיָּיב בִּשְׁמִיעַת הַקּוֹל** משום שאינו מעיד, **וְלֹא מָשִׁיחַ בְּטוּמְאַת מִקְדָּשׁ וְקָדָשָׁיו.** ובכלל, **כָּל שֶׁהוּא בְּעוֹלֶה וְיוֹרֵד — נָשִׂיא כַּיּוֹצֵא בּוֹ, מָשִׁיחַ וּבֵית דִּין פְּטוּרִין.** ותוהים: **הָא גּוּפָא קַשְׁיָא** [היא עצמה קשה], **אָמַרְתָּ: שֶׁאֵין מָשִׁיחַ חַיָּיב בְּטוּמְאַת מִקְדָּשׁ וְקָדָשָׁיו,** ונדייק מכאן: **בְּטוּמְאַת מִקְדָּשׁ וְקָדָשָׁיו הוּא שֶׁפָּטוּר, אֲבָל בִּשְׁמִיעַת הַקּוֹל וּבִטּוּי שְׂפָתַיִם — חַיָּיב. אֵימָא סֵיפָא** [אמור את סופה] של ברייתא זו **שֶׁכָּל שֶׁהוּא בְּעוֹלֶה וְיוֹרֵד — נָשִׂיא כַּיּוֹצֵא בּוֹ, מָשִׁיחַ וּבֵית דִּין פְּטוּרִין, קָתָנֵי** [שנה] **מָשִׁיחַ וּבֵית דִּין פְּטוּרִין, מַה בֵּית דִּין פְּטוּרִין מִכּוּלְּהוֹן** [מכולן] מכל שלושה האלה, **אַף מָשִׁיחַ פָּטוּר מִכּוּלְּהוֹן** [מכולן], משמע שאינו חייב באף אחת מהן,

עיונים

מי שאין על גביו וכו' היו ששאלו: כיצד משמע מכאן שהמלך הוא עשיר? ויש שהביאו מפירוש הרשב"ם בבבא בתרא, המסביר כי הכתוב בפרשת המלך "לבלתי רום לבבו מאחיו" (דברים יז, כ) גם הוא מתפרש, שאם אין המלך עשיר מגדלים אותו משל אחיו. ובפשטות (וכן נראה מדברי המפרשים) שכיון שאין מי שנמצא מעליו בשררה על ישראל — הריהו גובה מסים מכל ישראל, ומשום כך לעולם אינו מגיע לידי עניות.

בנוי ובכוח וכו' בבן יהוידע תמה: מפני מה אין מזכירים תחילה את החכמה, שהיא מעלה עליונה ראשונה לכל מעלות הכהן הגדול? והוא מסביר שסדר הדברים הריהו לפי גידולו של אדם, שבכל פעם זוכה למעלה אחת מאלה, ומעלת החכמה היא לאחר כולן, כאשר מגיע לבגרותו השלמה לאחר שלמד כראוי.

גדלהו משל אחיו יש סבורים שיש כאן חילוקי דעות, האם צריך הכהן הגדול להיות תמיד עשיר מאחיו, או שלא נאמר דבר זה אלא בזמן שממנים אותו, שאם אין לו צריך אז להעשירו, ואין חובה זו מוטלת על הכהנים לעשות כן לאחר מכן (גבורת ארי ועוד).

נשיא שנצטרע מסביר רש"י שהוא לפי דעת האומרים שנשיא שנצטרע עובר ממלכותו. והמפרשים דנו בשאלה, שאם כן הריהו לאחר שנצטרע כשאר ההדיוטות, ומדוע יהא בו דין מיוחד. ויש שכתבו שהשאלה היא האם דנים לפי זמן החטא (כשהיה נשיא) או לפי זמן הבאת הקרבן. ובצפנת פענח כתב שכאן מדובר בנשיא שנצטרע וחזר ונתרפא, והשאלה היתה האם בזמן שהיה כהדיוט בטלו ממנו דיני הנשיאות לגמרי.

דילך או דגזא וכיון שנותן מתוך אוצרו שלו (שאין רכושו הפרטי מופקע על ידי צרעתו), הרי גם אז אינו בא לידי עניות (רש"י). והרמ"ה הקשה על כך: אם אנו מפרשים כך, הרי לאחר שנצטרע, כיון שאינו נוטל עוד משל ציבור, הריהו כעשיר סתם, וכל אדם עלול להגיע בסופו של דבר לידי עניות! ומשום כך הוא מפרש את הדברים באופן אחר, האם משלך, כלומר מתוך גביית המסים שלך הוא נותן את חיובו או משל אוצרו הפרטי? וכיון שבוודאי נותן משל עצמו, הריהו רק כשאר העשירים, וחייב בקרבן עולה ויורד (וראה ברא"ש המביא דברים אלה וסבור שאין משמע כן מן הגמרא). ואילו בחזו"א מעלה סברה אחרת, שלדעתו גם לאחר שהצטרע הנשיא גם אם אינו עוד מלך, מכל מקום חייבים הכל לכבדו ולגדלו (כפי שמוטל לכבד את המלך שמת בכמה דברים) וממילא מה שנותן הוא משל אוצר המלוכה, ואינו מגיע לידי עניות.

זה קרבן אהרן והכתוב מדבר במנחה שמביא הכהן הגדול בכל יום ("מנחת חביתין"), שרק מנחה זו היא חובה עליו. והרא"ש תוהה קצת על כך, שכן מנחת חינוך אינה רק חובת הכהן הגדול אלא כל כהן הדיוט מביא אותה ביום חנוכו לעבודה. ומשום כך הוא מעדיף את פירושו האחר של רש"י (במסכת מנחות) שמדובר כאן בכתוב אחר, המדבר בימי המלואים, במשיחת אהרן בפעם הראשונה לכהונה.

בירושלמי מביאים גם כן מקור זה מן הכתוב לדברי ר' עקיבא. ושם מעירים כי אין הכוונה שאין הכהן הגדול רשאי להביא קרבן מנחה כנדבה, אלא שמנחת חובה אינו מביא אלא מנחה זו.

אשם תלוי כאשר כבר נתבאר לעיל, שלמדו שלכל הדעות אין בית הדין מביא קרבן זה, ואף לא הכהן הגדול.

אשם ודאי ופטור בית הדין מקרבן זה הוא משום שהוא קרבן יחיד דווקא (שנאמר בו "ואם נפש") ולכן אינו שייך בבית דין. אבל כל יחיד, יהא מי שיהא חייב בו.

שאין משיח חייב וכו' וכמו כן סבור ר' שמעון (כמבואר בדבריו בברייתא) שאין המלך חייב על שמיעת קול. ולא הזכיר דבר זה משום שכבר נאמר למעלה בדברי ר' עקיבא רבו של ר' שמעון (אבל ראה בגרסות).

ומה הן מביאין ומשיב ר' שמעון שהם מביאים קרבן עולה ויורד כדינו. אף שבפועל כיון שגם המלך וגם הכהן הגדול הם עשירים ואינם מביאים בדלות או בדלי דלות.

הא גופא קשיא ושאל הרמ"ה: הרי היה יכול להקשות כמו כן גם ממה שנאמר בברייתא זו בנשיא. שתחילה אמר שהנשיא פטור משמיעת הקול, וחזר ואמר שכל שהוא בעולה ויורד הנשיא חייב בו! ותירץ שהכוונה לומר שבאותם דברים שהוא חייב בהם הריהו מביא קרבן כשאר אדם, ולהוציא מדברי ר' אליעזר הסבור שמביא שעיר.

אורח ההלכה

שהוא גדול מאחיו כהן גדול צריך שיהא גדול מכל אחיו הכהנים בנוי ובכוח, בעושר ובחכמה. ואם אין לו ממון — כל הכהנים נותנים לו משלהם, כל אחד לפי עושרו, עד שיעשיר יותר מכולם. (רמב"ם ספר עבודה הלכות כלי המקדש פ"ה ה"א).

נשיא שנצטרע נשיא שנצטרע הרי הוא עובר מכהונתו, וכל נשיא שעבר מכהונתו דינו כהדיוט. (שם ספר קרבנות הלכות שגגות פט"ו ה"ט).

היחיד מביא כשבה ושעירה יחיד ששגג במצות לא תעשה שיש בה מעשה וחייבים על זדונה כרת מביא חטאת קבועה, או שעירת עזים או כבשה. והמלך מביא שעיר. ובית דין והכהן הגדול ששגגו באחת מאלה בהוראתם מביאים פר חטאת. (שם פ"א ה"ד).

בעבודה זרה שגגו בעבודה זרה, היחיד בין שהוא הדיוט או מלך או כהן גדול מביא עז בת שנתה לחטאת. (שם).

אשם תלוי מי שנסתפק לו אם חטא בעבירה שחייבים עליה חטאת קבועה הרי זה מביא אשם תלוי, ודין זה שווה בהדיוט ובמלך. אבל הכהן המשיח אינו מביא אשם תלוי אם נסתפק בשגגת הוראתו, לפי שדינו בזה כציבור. (שם פט"ו ה"ו).

אשם ודאי בחיוב קרבן אשם ודאי אין חילוק, אלא בין מלך ובין כהן גדול ובין הדיוט מביאים אותו. ואין חיוב קרבן אשם לציבור (ולבית דין) כלל. (שם פ"ט ה"י).

בית דין באשם תלוי בית דין שהורה ונסתפק אם הורה כראוי אין מביאים אשם תלוי על ספק חטאתם. (שם פי"ד ה"א וה"ב).

קרבן עולה ויורד כל יחיד, בין שהוא הדיוט או כהן גדול או מלך חייב להביא קרבן עולה ויורד על שמיעת הקול וביטוי שפתים וטומאת מקדש וקדשיו. כסתם משנה (לח"מ). והראב"ד פוסק כנראה כדברי ר' שמעון, שסבור שכל המשנה היא כשיטתו (תוי"ט). (שם פ"י ה"ז).

לא תגיע ידו ונאמר לא תשיג ידו מי שבא לידי עניות ועשירות יצא נשיא ומשיח שאין באין לידי עניות נשיא דכתיב ועשה אחת מכל מצות ה' אלהיו (א) מי שאין על גביו אלא ה' אלהיו משיח דכתיב והכהן הגדול מאחיו (ב) שהוא גדול מאחיו בנוי בכח בחכמה ובעושר אחרים אומרים מנין שאם אין לו גדלהו משל אחיו ת"ל והכהן הגדול מאחיו אשר יוצק על ראשו גדלהו מאחיו בעא מיניה רבינא מר"נ בר יצחק נשיא שנצטרע מהו מידחא דחי או מיפטר פטיר א"ל דילך או דגזא תניא ר"ע אומר משיח פטור מכולן אמר רבא מ"ט דר"ע אמר קרא זה קרבן אהרן ובניו זו באה חובה לו ואין אחרת באה חובה לו ואימא כי ממעט ליה רחמנא מדלי דלות ומאי ניהו עשירית האיפה אבל עניות ועשירו' לא מעטיה רחמנא לא ס"ד דכתי' וכפר עליו הכהן על חטאתו אשר חטא מאחת מאלה המתכפר באחת מתכפר בכולן ושאין מתכפר באחת אין מתכפר בכולן אלא מעתה דכתיב והיה כי יאשם לאחת מאלה ה"נ דכל המתחייב באחת מתחיי' בכולן ושאין מתחיי' באחת אין מתחייב בכולן אלמה תנן ר"ע אומר נשיא חייב חוץ משמיעת קול אביי ורבא דאמרי תרוייהו מאחת משמע ליה לאחת לא משמע ליה ומ"ש מאחת דמשמע ליה דכתביה רחמנא לבסוף גבי עשירית האיפה למימרא דכל דמחייב בעשירית האיפה מחייב בכולן דאי ס"ד מתחייב באחת אע"פ שאין מתחייב בכולן נכתביה להאי מאחת מאלה בדלות א"נ בעשירות:

מתני' כל המצות שבתורה שחייבין על זדונן כרת ועל שגגתן חטאת היחיד מביא כשבה ושעירה והנשיא שעיר ומשיח וב"ד מביאין פר ובעבודה זרה היחיד והנשיא והמשיח מביאין שעירה וב"ד פר ושעיר פר לעולה ושעיר לחטאת אשם תלוי היחיד והנשיא חייבין ומשיח וב"ד פטורין אשם ודאי היחיד והנשיא והמשיח חייבין וב"ד פטורין על שמיעת הקול ועל בטוי שפתים ועל טומאת מקדש וקדשיו ב"ד פטורין והיחיד והנשיא והמשיח חייבין אלא שאין כ"ג משיח חייב על טומאת מקדש וקדשיו דברי ר"ש ומה הן מביאין קרבן עולה ויורד ר"א אומר הנשיא מביא שעיר:

גמ' תניא ר"ש היה נותן כלל כל שהיחיד באשם תלוי הנשיא כיוצא בו משיח וב"ד פטורין וכל שהוא באשם ודאי נשיא ומשיח כיוצא בהן וב"ד פטורין שמיעת הקול ובטוי שפתים וטומאת מקדש וקדשיו בית דין פטורין נשיא ומשיח חייבין אלא שאין הנשיא חייב בשמיעת הקול ולא משיח בטומאת מקדש וקדשיו כל שהוא בעולה ויורד נשיא כיוצא בו משיח ובית דין פטורין הא גופא קשיא אמרת שאין משיח חייב בטומאת מקדש וקדשיו הוא דפטור אבל בשמיעת הקול ובטוי שפתים חייב אימא סיפא כל שהוא בעולה ויורד נשיא כיוצא בו משיח ובית דין פטורין קתני משיח ובית דין פטורין מה בית דין פטורין מכולהון אף משיח פטור מכולהון קשין

רש"י

לא תגיע ידו לא תשיג ידו. דמשמע מי שבא לידי עניות ועשירות דפעמים עני ופעמים עשיר הוא דישנו בקרבן עולה ויורד יצא משיח ונשיא דלעולם עשירים הם: נשיא. שאין על גביו אלא ה' דהיינו מלך ומלך לעולם עשיר הוא וכ"ג בעינן שיהא גדול מאחיו בעושר דליהוי לעולם עשיר: נשיא שנצטרע. לר' ירמיה ולר' יוסי הגלילי דעבר מנשיאותו שאין ראוי להיות מלך כשהוא מצורע כדאמרי' לקמן בפ"ב (דף י.) וינגע ה' את המלך ויהי מצורע עד יום מותו וישב בבית החפשית דמשמע שנעשה חפשי ממלכותו: מהו. מי אמרי' פטור מקרבן עולה ויורד כשהוא נשיא ועכשיו כשנצטרע דעבר מנשיאותו ליחייב או דלמא מאי דהוי הוי כשהוא נשיא כלומר הואיל ונדחה ידחה כשנצטרע: ל"א מדחא דחי להאי נשיאות מקרבן עולה ויורד לגמרי דהואיל ונדחה ידחה אפילו כשנצטרע או דלמא מיפטר פטר נשיאות מקרבן עולה ויורד ובזמן דליכא נשיאות ליחייב דהיינו משנצטרע: א"ל. ממאי קבעית לחיוביה לאתויי קרבן כשנצטרע מממון שלך או מממון דגזא דידיה הוי אומר מגזא דידי' הוא דבעי לאתויי וכיון דמגזא דידיה קבעי אתויי אמטו להכי פטור לגמרי מקרבן עולה ויורד דה"ק רבי ירמיה ור' יוסי ילא נשיא ומשיח שאין באין לידי עניות האי נשיא שנצטרע נמי אינו בא לידי עניות דגזא דידיה כדקאי קאי הלכך פטור לגמרי: תניא ר"ע אומר משיח פטור מכולם. מקרבן עולה ויורד דכתיב זה קרבן אהרן ובניו ביום המשח אותו עשירית האיפה דהיינו חביתי כהן משיח לחביתין באה לו חובה ואין אחרת באה לו לעשירית האיפה עולה ויורד לא באה לו חובה הלכך פטור מכולם מעולה ויורד ואמרינן לקמן דמפר לא פטר ליה ר"ע ואיכא לתרולי דטעמא דר"ע משום דמעולה ויורד הוא דאמעיט כדכתיב זה קרבן אהרן אבל מפר לא אמעיט: אימא כי מעטי' קרא. לכהן משיח: מדלי דלות. דהיינו מעשירית האיפה דכתיב זה קרבן אהרן דאין אחרת עשירית האיפה באה לו חובה: מדלות לא מעטיה. דעל שמיעת קול ובטוי שפתים וטומאת מקדש וקדשיו לחייב כשבה או שעירה או תורין ובני יונה: לא ס"ד דכתיב. גבי עשירית האיפה וכפר עליו הכהן מאחת מאלה דמשמע כל המתכפר באחת כלומר בכל אחת ואחת אפילו בעשירית האיפה מתכפר בכולן דישנו בעשירות ובדלות ובדלי דלות: ושאין מתכפר באחת מהן. כגון משיח דודאי אין מתכפר בעשירית האיפה דכתיב זה קרבן: אין מתכפר בכולם. דלמעיט נמי דאינו בקרבן עולה ויורד כלל: אלא מעתה האי דכתיב לאחת מאלה הכי נמי דכל למחייב באחת. כלומר בכל אחת ואחת מחייב בכולן ושאין מתחייב באחת כגון נשיא שאין מתחייב בשמיעת הקול אינו חייב בכולן כדאמר ר' יוסי הגלילי והא חוץ משמיעת הקול קתני דקתני ר"ע אומר הנשיא חייב בכולן חוץ משמיעת הקול דלע"ג דלאין מתחייב באחת מהן מתחייב בשאר כולן לבאי מאחת בדלות. בתורין ובני יונה: לאו נמי בעשירות. דהיינו כשבה או שעירה אלא מדכתב ביה רחמנא מאחת גבי עשירית האיפה למימרא דשאין מתחייב בעשירית האיפה אין מתחייב בכולן כלל הלכך פטור משיח מכולן הואיל ואין מתכפר בעשירית האיפה דכתיב זה קרבן דאין באה לו חובה: מתני' כל מצות שבכורת שחייבין על זדונו כרת ועל שגגתן וכו' משיח וב"ד מביאין פר. כדאמרינן לעיל (דף ח.) גמר כהן עליה ונאמר להלן לגלות ערוות עליה וכו' ונשיא ליליף ממלות יחיד ואם נפש יעמוד תחתון מעליון: ובעבודה זרה יחיד ונשיא ומשיח מביאים שעירה. דכתיב בפרשת שלח לך בעבודה זרה ואם נפש וגו' והכולן בכלל נפש אחת הן: וב"ד מביאין פר ושעיר. כדכתיב בפרשת שלח לך דאמר לעיל (דף ח:) יליף מעיני העדה מה להלן ב"ד אף כאן ב"ד: אשם תלוי היחיד והנשיא חייבים בית דין ומשיח פטורים. כדאמר בריש פירקין דכתיב באשם תלוי וכפר הכהן על שגגתו אשר שגג מי שחטאו ושגגתו שוה וכו': אשם ודאי יחיד ונשיא ומשיח חייבין. דכתיב באשמות ואם נפש ונשיא ומשיח בכלל נפש אחת הן והא דתנן לעיל (דף ח.) אין חייבים אלא על דבר שזדונו כרת ושגגתו חטאת ואשם ודאי אין שגגתו חטאת וכן המשיח הכי משמע וכן המשיח דגבי אשם ודאי פר הוא דלא יביא אבל אשם ודאי יביא כהדיוט: וב"ד פטורים. מאשם ודאי דפטורים לגמרי דאינן בכלל נפש אחת: על שמיעת קול ובטוי שפתים וטומאת מקדש וקדשיו ב"ד פטורין. דאמר לעיל (שם:) אין חטאת לצבור אלא בקבועה והני עולה ויורד נינהו: יחיד ונשיא ומשיח חייבין. בשמיעת קול ובטוי שפתים וטומאת מקדש וקדשיו דכולן בכלל נפש אחת הן: אלא שאין כ"ג משיח חייב על טומאת מקדש וקדשיו דברי רבי שמעון. מפרש בגמרא והוא הדין דקאמר רבי שמעון אלא שאין הנשיא חייב על שמיעת הקול דמלך לא מעיד ולא מעידין אותו אלא לא אצטריך ליה למיתנא דהא תנא ליה לעיל ר"ע: ומה הן מביאין. נשיא בבטוי שפתים וטומאת מקדש וקדשיו ומשיח בשמיעת קול ובטוי שפתים קרבן עולה ויורד: ר"א אומר נשיא מביא שעיר. ושלש מחלוקות בדבר ר' יוסי הגלילי סבר נשיא ומשיח פטורין מכולן ור"ע סבר נשיא חייב בכולן חוץ משמיעת הקול ומשיח פטור מכולן מעולה ויורד ור"ש סבר נשיא ומשיח חייבין בכולן בעולה ויורד אלא שאין כ"ג ומשיח חייב על טומאת מקדש וקדשיו: גמ' היה נותן בהן כלל: כל שהוא בעולה ויורד. דהיינו שמיעת קול ובטוי שפתים וטומאת מקדש וקדשיו: משיח וב"ד פטורין. משיח דומיא דב"ד מה ב"ד פטורים מכולהו משמיעת הקול ובטוי שפתים וטומאת מקדש וקדשיו דלצבור אין חטאתו אלא בקבועה אף משיח פטור מכולהו:

תוספות

לא תגיע ידו לא תשיג ידו. ...

תוספות הרא"ש

א"ל דילך או דגזא דידיה. פי' רש"י ז"ל (כו') משלך או מאוצר שלו יביא פשיטא דמשלו יביא הלכך אפילו נצטרע נמי פטור דגזא דידיה כדקאי קאי והרי אינו בא לידי עניות. ולא נהירא להרמ"ה ז"ל דאף על פי שיש לו ממון הרבה יכול לבוא לידי עניות כיון שהוא עבר ממלכותו ואין בידו ליקח מעם הארץ מסים והוי כעשיר שיש לו אוצרות הרבה ואפ"ה חייב דיכול לבוא לידי עניות אם יאבד העושר ההוא בענין רע. ופי' וכי משלך יש לו רשות ליקח או צריך ליקח מאוצרותיו הוה אומר מאוצרותיו ולא משלך כיון שעבר ממלכותו. הלכך הוה כשאר עשיר וחייב כפרושו. אבל לישנא דגמ' משמע כפרש"י ז"ל דה"ל למימר מדידך או מדלי' ומה לו להזכיר אוצרו. אלא דסתם מלך יש לו אוצרות מרובין. וא"א לבוא לידי עניות. הלכך כיון שכבר נפטר מחמת עשרו עדיין הוא עומד באותו הפטור ולא דמי לעשיר (שפטר) [שפע] מתחלה ואין לו כ"כ אוצרות מרובין. ויכול לבוא לידי עניות. אין לפוטרו משום עשרו שיש לו עתה: מ"ט דר"ע א"ק זה קרבן אהרן ובניו אשר יקריבו לה' ביום המשח אותו. א) עשירית האיפה חובה ביום חינוכן. דבמנחות פרק התכלת (דף נא:) תני זה קרבן אהרן ובניו אשר יקריבו לה' וכו' יכול יהו אהרן ובניו מקריבין קרבן אחד ת"ל אשר יקריבו לה' אהרן בפ"ע ובניו בפ"ע. בניו אלו כהנים הדיוטות כו' או אינו אלא כ"ג כשהוא אומר והכהן המשיח תחתיו מבניו הרי כ"ג אמור הא מה אני מקיים בניו אלו כהנים הדיוטות. פירוש שמקריבין עשירית האיפה ביום חינוכן לעבודה ומה לי כהן שמקריבה פעם אחת חובה. ומה לי כ"ג שמקריבה בכל יום חובה. קרא מיהא איירי אף בכהני' הדיוטים שמקריבין חובה. ופי' אחר שפי' רש"י ב) דאמלואים קאי שאז הקריבו בני אהרן ולא לדורות ביום חינוכן ולהכי אל פרושא ניחא: הא גופה קשיא אמרת שאין משיח חייב בטו"מ וקדשיו. וא"ת אמאי לא תקשי לי' מנשיא דקתני רישא אלא שהנשיא פטור בשמיעת קול והדר תני

רבינו חננאל

העם בענין שיש בו לעם חובת קרבן. או מה צבור שהורה. פי' ב"ד ועשו אחרים כהוראתו חייב אף משיח שהורה ועשו אחרים כהוראתו יהא חייב ת"ל על חטאתו אשר חטא. על מה שחטא הוא מביא ואינו מביא על מה שחטאו אחרים: אמר מר ומשיח בפר ואין מביא אשם תלוי. מנא ליה דאין משיח מביא אשם תלוי. ומהדרינן נפקא ליה מדכתיב גבי אשם תלוי על שגגתו אשר שגג מי שחטאו בשגגה כלומר לבד בלא העלם דבר הוא דמייתי אשם תלוי יצא משיח שאין חטאו בשגגה אלא עם העלם דבר. אמרינן ומנא ליה דמשיח חטאו בהעלם דבר. ומהדרינן נפקא ליה מלאשמת העם הרי משיח כצבור. אקשינן עד כאן לא קמה ליה. פי' כשאמר התנא משיח בפר ואין מביא אשם תלוי עדיין לא היה המדרש מעמד על בוריו אלא נושא ונותן היה היאך יעמידנו. ופרקינן אשם תלוי כדי נסבה כלומר לא דייק בה דאינה צורך ובהכי (לא) הוה סגיא [ליה] למימר צבור בפר ומשיח בפר מה צבור כו': פיסקא הורה בפני עצמו ועשה בפני עצמו מתכפר לו בפני עצמו. הורה עם הצבור ועשה עם הצבור מתכפר לו עם הצבור: ת"ר בספרא יכול הורה משיח עם הצבור וחטא עם הצבור יביא פר לעצמו ודין הוא שיתכפר לו עם הצבור נשיא מוצא מכלל צבור. פירוש דמייתי שעיר בשגגת מעשה ומשיח מוצא מכלל צבור מה נשיא חטא בפני עצמו מתכפר לעצמו חטא עם הצבור מתכפר עם הצבור. פירוש דשגגת מעשה לחודה בעי

עין משפט נר מצוה

כט א ב מיי' פ"ח מהל' כלי המקדש הל"ח:
ל ג מיי' פט"ו מהל' שגגות הל' ט:
לא ד מיי' שם פ"א הלכה ז:
לב ה מיי' שם ופט"ו הלכה ח והלכה ז:
לג ו ופי"ב הל' א:
לד ז מיי' פ"ו שם הלכה ה:
לה ח מיי' שם פ"א הלכה ז:
לו ט מיי' שם פי"ב הלכה ו:
לז י מיי' שם פרק ו הלכה ד:
לח כ ל מיי' שם פרק י"ב הלכה א:
לט מ מיי' שם פרק י"ב הל' ב:
מ נ מיי' שם פרק ט הלכה ג:
מא ס מיי' שם פי"ב הלכה ב:
מב ע פ מיי' שם פרק ט הלכה ד ועיין שם בהשגות ובכ"מ:

מסורת הש"ס

א) [לקמן י. יא: ע"ש דאתיא מגז"ש]: ב) יומא יח. חולין קלד: [תוספתא דיומא פ"א]: ג) יבמות ט.: ד) [נזכר לקמן יב:]: ה) שבועות כד: [כריתות כ:]:

תורה אור

ויקרא ה. שם ד. שם כא. שם ו. שם ה. שם.

[illegible]

א א מיי' פט"ו מהל' שגגות הלכה ז סמג עשין רט:
ב ב מיי' שם הלכה ט סמג שם:
ג ג מיי' שם הל' ז:
ד ד מיי' שם הלכה ט:

קשיין אהדדי אמר רב הונא בריה דרב יהושע לא קשיא כאן בדלות כאן בדלי דלות ור"ש סבר לה כר"ע בחדא ופליג עליה בחדא סבר לה כר"ע בדלי דלות דפטור ופליג עליה

א בדלות: אלא שאין כ"ג חייב כו': אמר חזקיה מ"ט דר"ש דכתיב ונכרתה הנפש ההיא מתוך הקהל מי שקרבנו שוה לקהל יצא זה שאין קרבנו שוה לקהל א"כ נשיא נמי אין קרבנו שוה לקהל שוה בכפרה דיוה"כ א"כ כהנים נמי לא שוו לקהל בכפרה דיוה"כ כהנים שוו לקהל בשאר מצות דשנה כולה משיח נמי הא שוה בשאר מצות דשנה אלא אמר רבא אימא הכי מי שחטאתו שוה

ב ליחידים ומאי ניהו קהל: ר"א אומר הנשיא מביא שעיר וכו': א"ר יוחנן לא אמר ר' אליעזר אלא בטומאת מקדש וקדשיו הואיל ונאמר בו כרת כבקבועה אמר רב פפא ה"נ מסתברא דאי ס"ד ר"א על כולהון קאמר מכדי שעיר נשיא ופר משיח במקום יחיד לחטאת קאי ניתני נמי משיח מביא פר בשמיעת קול ובטוי שפתים אלא מדלא קתני משיח ש"מ אטומאת מקדש וקדשיו קאי דמשיח פטור א"ל רב הונא בריה דרב נתן לר"פ ממאי דלמא ר"א אכולהון קאי ובמשיח סבר לה [ג]כר"ע דאמר משיח פטור בכולן א"ל ור"ע מי פטר ליה מפר [דא]ותו לא מידי א"ר יוחנן מודה ר"א שאין מביא [ב]אשם תני תנא קמיה דרב ששת אשם תלוי בא על טומאת מקדש וקדשיו א"ל דאמר לך מני ר"א היא דאמר הואיל ונאמר בו כרת כבקבועה מייתי נשיא שעיר עליה והא"ר יוחנן מודה ר' אליעזר שאין מביא אשם תלוי קשיא:

הדרן עלך הורה כהן משיח

כהן [א]משיח שחטא ואח"כ עבר ממשיחותו [ב]וכן נשיא שחטא ואחר כך עבר מגדולתו כהן משיח מביא פר והנשיא מביא שעיר משיח שעבר ממשיחותו ואחר כך חטא וכן הנשיא שעבר מגדולתו ואח"כ חטא [ג]כהן משיח מביא פר [ד]והנשיא כהדיוט:

גמ' השתא יש לומר עבר ממשיחותו ואח"כ

תורה אור: ונכרתה הנפש ההיא מתוך הקהל (במדבר יט)

קשיין אהדדי. דקתני אלא שאין משיח [חייב] בטומאת מקדש וקדשיו הא בשמיעת קול ובטוי שפתים חייב: **בדלי דלות.** משיח פטור מכולהו דכתיב זה קרבן אהרן והאי דקאמר דמשיח חייב בשמיעת קול ובטוי שפתים כגון בדלות ועשירות: **לר"ש סבר לה כר"ע בחדא.** דפטר ליה למשיח מדלי דלות מזה קרבן אהרן ובניו: **ופליג עליה בחדא.** בדלות דאילו ר"ע פטר ליה נמי בדלות דקאמר אין מתכפר בעשירית האיפה אין מתכפר בכולן ולר"ש בדלי דלות הוא דאין מתכפר הא בדלות ועשירות מתכפר: **מ"ט דר"ש.** דאמר ולא משיח מיהו חייב בטומאת מקדש וקדשיו: **דכתיב.** בטומאת מקדש וקדשיו ונכרתה הנפש ההיא מתוך הקהל: **מי שקרבנו שוה לקהל.** דמתכפר בשל קהל הוא דחייב בטומאת מקדש וקדשיו: **יצא.** משיח שאין קרבנו שוה דאין מתכפר בשל קהל בכפרת יוה"כ דהוא מתכפר בפר והם בשעיר: **א"כ נשיא נמי אין קרבנו שוה לקהל.** דהוא מביא שעיר והם מתכפרין בפר בשאר ימות השנה ואמאי קתני המשיח לחודיה פטור בטומאת מקדש וקדשיו ולא נשיא ויחיד: **ומשני הא לאו מילתא היא** משום דהא שוה לקהל בכפרת יוה"כ: **אי הכי כהנים נמי הא לא שוו לקהל בכפרה דיוה"כ.** דמתכפרין בפרו של אהרן וליפטרו בטומאת מקדש וקדשיו: **הא לא קשיא משום דכהנים שוו לקהל בשאר מצות דשנה כולה.** דמתכפרי עם הצבור בפר הבא על כל המצות הלכך חייבין בטומאת מקדש וקדשיו: **כהן משיח נמי הא שוה לקהל בשאר מצות.** דכל השנה כולה דכי הורה עם הצבור מתכפר עם הצבור וליחייב בטומאת מקדש וקדשיו: **אלא אמר רבא אימא הכי.** מתוך הקהל מי שחטאו שוה ליחידים דמחייבי בשגגת מעשה כיחידים דיחידים שחטאו בשגגת מעשה מייתי כל חד ומאן יחידים קהל דכי חטאו קהל בשגגת מעשה לחודיה בלא העלם דבר מייתו כל חד קרבן דאותן השוה ליחידים בדבר זה הוא דמחייבי בטומאת מקדש וקדשיו יצא משיח שאין חטאו שוה ליחיד דכי חטא בשגגת מעשה בלא העלם דבר פטור לגמרי כדאמרינן לקמן בפרק בתרא (דף יא.) מע"ה פרט למשיח דאין מביא בשגגת מעשה והיינו דאמרינן לעיל (דף ז:) יצא משיח שאין חטאו בשגגה וכיון דאין חטאו שוה ליחיד לפיכך פטור בטומאת מקדש וקדשיו: **א"ר יוחנן לא א"ר אליעזר.** דנשיא מביא שעיר בידיעה במקום עולה ויורד: **אלא בטומאת מקדש וקדשיו הואיל ונאמר בו כרת כבקבועה.** כלומר כבחטאת קבועה דקסבר ר"א דכי היכי דבמקום שחייבים על זדונו כרת ועל שגגתו חטאת דהיינו במקום חטאת קבועה נשיא מביא שעיר ה"נ היכא דחייב לה על זדונו כרת ועל שגגתו עולה ויורד מביא שעיר הואיל ודמי לחטאת קבועה לענין כרת אבל בשמיעת קול ובטוי שפתים דאין חייבין על זדונו כרת דלא דמי לחטאת קבועה לא בזדון ולא בשוגג מודה ר' אליעזר דנשיא אין מביא שעיר אלא קרבן עולה ויורד כהדיוט: **אמר רב פפא הכי נמי מסתברא דאי ס"ד רבי אליעזר.** דאמר נשיא מביא שעיר אכולהו שמיעת קול ובטוי שפתים וטומאת מקדש וקדשיו: **מכדי שעיר.** דנשיא במקום חטאת קבועה דיחיד קאי והוא הדין לפר כהן משיח דבמקום חטאת קבועה דיחיד קאי וכדתנא כל מצות שבתורה שחייבין על זדונן כרת ועל שגגתן חטאת דהיינו חטאת קבועה יחיד מביא כשבה או שעירה ונשיא מביא שעיר ומשיח פר וכיון דשעיר דנשיא ופר כהן משיח במקום קבועה דיחיד קיימי אי אמרת אכולהו קאמר ר"א דנשיא מביא שעיר אע"ג דלית בהו כרת כבקבועה: **ניתני נמי משיח מביא פר בשמיעת קול ובטוי שפתים.** כי דיניה אע"ג דלית בהו כרת כבקבועה: **אלא לאו.** מדלא קתני הכי ש"מ דאטומאת מקדש וקדשיו קא"ר אליעזר דנשיא מביא [ג]שעירה הואיל ונאמר בו כרת כבקבועה והאי דלא קתני ומשיח מביא פר בטומאת מקדש וקדשיו הואיל ונאמר בו כרת כבקבועה משום דמשיח פטור לגמרי בטומאת מקדש וקדשיו דסבר לה כר"ש דפוטר: **א"ל רב הונא בריה דרב נתן לרב פפא וממאי דלמא ר"א אכולהו קאי.** דנשיא מביא שעיר אפי' שלא במקום כרת והאי דלא קתני נמי משיח מביא פר בטומאת מקדש וקדשיו ובשמיעת קול ובטוי שפתים משום דבמשיח סבר לה כר"ע דאמר משיח פטור מכולן משמיעת קול ובטוי שפתים ולעולם אכולהו קאי ר"א דנשיא מביא שעיר: **א"ל ר"ע מי פטר.** נמי למשיח מפר [ד](דלמא) כי קא"ר עקיבא משיח פטור מכולן מטומאת מקדש וקדשיו ושמיעת קול ובטוי שפתים כגון להביא קרבן עולה ויורד אבל להביא פר מחייב וכיון דמחייב בפר א"כ ניתני נמי ר"א משיח מביא פר בשמיעת קול ובטוי שפתים אלא מדלא קתני הכי ש"מ דאטומאת מקדש וקדשיו קאי רבי אליעזר דנשיא מביא שעיר הואיל ונאמר בו כרת כבקבועה והא דלא קתני ומשיח מביא פר בטומאת מקדש וקדשיו משום דסבר לה כר"ש דאמר דאין כהן משיח חייב בטומאת מקדש וקדשיו: **ותו לא מידי.** ותו ליכא למיקשי ולא מידי: **א"ר יוחנן.** אע"ג דקאמר ר"א הואיל ונאמר בו כרת כבקבועה דנשיא מביא שעיר כבחטאת קבועה מודה ר"א לענין אשם תלוי דלאו דיניה כבחטאת קבועה דכי היכי דאמר לעיל אין יחיד מביא אשם תלוי אלא על ספק קבועה ה"נ אין מביא אשם תלוי על ספק טומאת מקדש וקדשיו שאע"פ שנא' בו כרת כבקבועה הואיל ואינה ממש חטאת קבועה אין מביא אשם תלוי: **תני תנא קמיה דרב ששת אשם תלוי בא על ספק טומאת מקדש וקדשיו.** הואיל ונאמר בו כרת כבקבועה: **א"ל דאמר לך מני ר"א היא דאמר.** נשיא מביא שעיר הואיל ונאמר בו כרת כבקבועה וקאמ' דה"ה לענין אשם תלוי: ומי מצית אמרת הכי והא א"ר יוחנן מודה ר"א שאין מביא אשם תלוי: **קשיא.** דמתני' דידך לא מיתוקמא דלא כחד:

הדרן עלך הורה כהן משיח

השתא יש לומר עבר ממשיחותו ואחר כך חטא מביא פר חטא ואחר כך עבר ממשיחותו מיבעיא נשיא איצטריכא ליה סלקא דעתך הואיל ועבר מנשיאותו ואחר כך חטא הוי כהדיוט חטא ואחר כך עבר מנשיאותו נמי ליהוי כהדיוט קמ"ל לישנא אחרינא צריכא למימר דחטא ואחר כך עבר ממשיחותו דמביא פר הא כיון דתנא ליה עבר ממשיחותו דמביא פר כל שכן חטא ואחר כך עבר ממשיחותו דמביא פר הא לא קשיא משום דקתני גבי נשיא כי עבר מגדולתו ואחר כך חטא כי הדיוט מייתי סלקא דעתך אמינא כי חטא ואחר כך עבר נייתי נמי כי הדיוט הלכך תנא גבי נשיא שחטא ואחר כך עבר דמייתי כי נשיא ואיידי דתנא גבי נשיא חטא ואחר כך עבר תנא נמי גבי משיח

בריה דרב נתן לרב פפא ממאי דלמא ר"א אכולהו קאי. רב הונא אותביה לרב פפא דקאמר לאוכוחי לקיים דברי ר"י דלא אמר ר"א אלא בטו"מ וקדשיו ור"א סבר כר"ש דקאמר משיח פטור ואו"ל רב הונא דאין לו כח להוכיח זו דמלי למימר דר"א כר"ע ס"ל דאמר משיח פטור מכולן א"ל ר"ע מי פטר ליה מפר דלמא כי מפטר ליה ר"ע מעולה ויורד אבל פר מייתי הלכך משיח מביא פר. אלא ודאי לא אמר ר"א אלא בטומאת מקדש וקדשיו. ובמשיח סבר לה כר"ש זו ולא נמצאת בספרי ספרד. ואיך יתכן שיאמר רב פפא דלמא לא פטר ר"ע אלא מעולה [ולכן אמרי] ה"נ מסתברא. כי הבא להביא ראיה לקיים דברי תנא או אמורא צריך להביא יוכל אדם לסותרה והבא לסותרה יכול לומר דלמא לא אמר פלוני כך אלא כך ואין לך

רבינו חננאל

לאשמת העם הרי משיח כצבור: ולא בעבודה זרה. פירוש א) ב"ד עד שיורו לבטל מקצת ולקיים מקצת. מנ"ל דתנו רבנן בספרי לפי שיצאת עבודה זרה לידון בעצמה. יכול יהו חייבין על העלם מצוה כולה נאמר כאן אם מעיני העדה ונאמר להלן ונעלם דבר מעיני מה להלן בב"ד אף כאן בב"ד מה להלן דבר ולא כל הגוף אף כאן דבר ולא כל הגוף: **מתני'** אין חייבין. פירוש ב"ד אלא על העלם דבר עם שגגת המעשה: מנא הני מילי דאין ב"ד חייבין [בלא העלם דבר] דת"ר בספרא ישגו. יכול יהו חייבין על שגגת המעשה ת"ל ישגו ונעלם שאין חייבין אלא על העלם דבר עם שגגת מעשה. וכן המשיח לאשמת העם כתיב. הרי משיח כצבור: ולא בעבודה זרה. כדתניא בספרי לפי שיצאת עבודה זרה לידון בעצמה. יכול יהו חייבין על שגגת המעשה שלה. נאמר כאן מעיני ונאמר וכו': אתאן לאוקמא למתניתין מדלא קתני משיח בעבודה זרה לענין שגגת מעשה כרבי ולא רבנן. דתניא בתוספתא משיח בעבודה זרה רבי אומר בשגגת המעשה. פירוש בלא העלם דבר. וחכ"א בהעלם דבר ושוין שבשעירה כיחיד ושוין שאין מביא אשם תלוי: ודחי' ותסברא זדונו כרת ושגגתו חטאת מי קתני וכן המשיח והא קיימא לן לקמן דאין חייבין בעבודה זרה אלא על דבר שזדונו כרת ושגגתו חטאת. אלא תנא ליה בהא. פירוש גבי שאר מצות וה"ה בעבודה זרה הכא נמי תנא ליה גבי מצות וה"ה לעבודה זרה. ולעולם רבנן היא: מ"ט דרבי אמר קרא התם בפרשה שלח לך וכפר הכהן על הנפש השוגגת בחטאה בשגגה נפש זה נשיא ג) שוגגת זה משיח בחטאה בשגגה רבי סבר הכי קאמר רחמנא מי שחטאו בשגגת מעשה לחודה בשאר מצות יביא בעבודה זרה על שגגת מעשה לחודה. יצא משיח שחטאו בשאר מצות בהעלם דבר ושגגת מעשה. ושוין שבשעירה כיחיד. כדאמרן פירוש שוגגת זה משיח. ס"א מנא לן דכתיב ואם נפש אחת אחד יחיד ואחד נשיא ואחד משיח בכלל נפש אחת הם: (סייך לדף ח) ושוין שאין משיח מביא אשם תלוי דכתיב ביה על שגגתו אשר שגג. מי שחטאו בשגגת מעשה לחודה מייתי אשם תלוי. יצא משיח שחטאו בשגגת מעשה עם העלם דבר. אתמהי' משיח ג) חטאו בשגגה הוא. פי' בעבודה זרה לרבי אלא אימא מי שכל חטאו בשגגת מעשה לחודה. יצא משיח דבעי בשאר מצות העלם דבר. אקשינן מכדי כל חטאו בשגגה כתיב. ופרקינן אין דא"כ נכתוב על שגגתו לחודה. אשר שגג למה לי. אלא הכי קאמר מי שכל חטאו בשגגה יצא זה שאין כל חטאו בשגגה: **מתני'** אין חייבין אלא על דבר שזדונו כרת ושגגתו חטאת וכן המשיח. ולא בעבודה זרה אלא על דבר שחייבין על זדונו כרת ועל שגגתו חטאת: מנא הני מילי דתנו רבנן רבי אומר נאמר כאן ונודעה החטאת אשר חטאו עליה. ונאמר להלן לצרור לגלות ערותה עליה מה להלן דבר שחייבין על זדונו כרת ועל שגגתו חטאת אף כאן כן וכן המשיח דכתיב לאשמת העם הרי משיח כצבור יחיד ונשיא אתי' מצות מצות. פירוש כתיב בצבור ועשו אחת מכל מצות ה' ובנשיא כתיב ועשה אחת מכל מצות ה' וביחיד כתיב בעשותה אחת ממצות ה'. ובעבודה זרה אתיא מעיני מעיני יחיד ונשיא ומשיח. אמר קרא ואם נפש אחת כולן נפש אחת הן וילמוד תחתון מעליון: אקשינן. ורבנן דמפקי האי עליה דאחות אשה לדרשא אחרינא בתחלת יבמות מנא להו דאין חייבין אלא על דבר שחייבין על זדונו כרת ועל שגגתו חטאת ופרקינן נפקא להו מדמקרי. ס"א מדמתני ליה רבי יהושע בן לוי לבריה

ואם כן, **קשיין אהדדי** [קשות הן זו על זו] שתי הפסקאות! **אמר רב הונא בריה** [בנו] של **רב יהושע: לא קשיא** [אין זה קשה] שכן יש להבחין ביניהן, **כאן** שחייב — המדובר בהבאה **בדלות, כאן — בדלי דלות, ור' שמעון סבר לה** [סבור הוא] **כשיטת ר' עקיבא בחדא** [בהלכה אחת] **ופליג עליה בחדא** [וחולק עליו באחת], ובאופן זה: **סבר לה** [סבור הוא] **כר' עקיבא בדלי דלות** שהכהן משיח **פטור** מלהביא קרבן מנחה זה, **ופליג עליה** [וחולק עליו] **בדלות** שאינו סבור כר' עקיבא שהכהן המשיח פטור לגמרי מקרבן עולה ויורד.

א שנינו במשנה שר' שמעון אומר: **אלא שאין כהן גדול חייב** על טומאת מקדש וקדשיו. ועל כך **אמר חזקיה: מאי טעמא** [מה הטעם] של **ר' שמעון? דכתיב** [שנאמר] במי שנטמא ונכנס למקדש: "ואיש אשר יטמא ולא יתחטא **ונכרתה הנפש ההיא מתוך הקהל** כי את מקדש ה' טמא מי נדה לא זרק עליו טמא הוא" (במדבר יט, כ), ולמדנו מכאן שדין זה הוא דווקא **במי שקרבנו שוה לקהל, יצא** מכלל **זה** הכהן הגדול **שאין קרבנו שוה לקהל**, שהרי הוא מביא פר לעצמו על שגגתו. ומקשים על כך: **אם כן, נשיא נמי** [גם כן] הלוא **אין קרבנו שוה לקהל** שהוא מביא שעיר! ומשיבים: מכל מקום **שוה** הנשיא לקהל **בכפרה של יום הכיפורים**, שמתכפר עם כל הקהל. ועוד מקשים על חזקיה: **אם כן** אתה אומר, **כהנים נמי** [גם כן] **לא שוו** [שוים] **לקהל בכפרה של יום הכיפורים!** שהם מתכפרים לעצמם בפרו של הכהן הגדול, ויהיו פטורים מלהביא קרבן על טומאת מקדש וקדשיו! ומשיבים: **כהנים שוו** [שוים] **לקהל בשאר מצות של השנה כולה.** ומקשים: **משיח נמי** [גם כן] **הא** [הרי] **שוה בשאר מצות של השנה! אלא אמר רבא, אימא הכי** [אמור כך]: **מי שחטאתו שוה ליחידים, ומאי ניהו** [ומהו] **קהל.** שקהל שחטאו בשגגה בלי הוראת בית דין, נידונים כיחידים, ואילו הכהן הגדול אין חטאתו שוה ליחידים, שהרי הוא מביא קרבן על חטאו רק כשעבר על הוראתו.

ב שנינו במשנה **שר' אליעזר אומר: הנשיא מביא שעיר וכו'** ולא קרבן עולה ויורד. ומסבירים את שיטת ר' אליעזר. **אמר ר' יוחנן: לא אמר ר' אליעזר** את שיטתו זו **אלא בטומאת מקדש וקדשיו, הואיל ונאמר כרת בו** באיסור זה **ככבכל דבר** שיש בו חטאת **קבועה.** והואיל ונשיא מביא על חטא שיש בו כרת שעיר, כמו כן יביא גם בטומאת מקדש וקדשיו שעיר, אבל שאר עבירות שהן בקרבן עולה ויורד ואין עליהן כרת, מביא הנשיא קרבן עולה ויורד ולא שעיר. **אמר רב פפא: הכי נמי מסתברא** [כך גם כן מסתבר], **דאי סלקא דעתך** [שאם עולה על דעתך] לומר שר' **אליעזר על כולהון קאמר** [כולן כל העבירות השנויות במשנה אמר], שהנשיא מביא שעיר במקום קרבן עולה ויורד, **מכדי** [הרי] **שעיר נשיא ופר משיח במקום יחיד לחטאת קאי** [עומד הוא], ואם סבור הוא שבקרבן עולה ויורד מביא הנשיא את קרבן החטאת המיוחד לו — אף בכהן גדול צריך לומר כן, ולכן **ניתני נמי** [שישנה גם כן]: **משיח מביא פר בשמיעת קול ובטוי שפתים, אלא ממה שלא קתני** [שנה] ר' אליעזר **משיח, שמע מינה** [למד מכאן] שעל **טומאת מקדש וקדשיו קאי** [עומד, מתייחס הוא], **שמשיח פטור** ממנה, וכדברי ר' שמעון, ועל חטא זה בלבד מביא הנשיא שעיר. **אמר ליה** [לו] **רב הונא בריה** [בנו] של **רב נתן לרב פפא: ממאי** [ממה] אתה מוכיח זאת? **דלמא** [שמא] **ר' אליעזר אכולהון קאי** [על כולם הוא עומד, מתייחס], **ובמשיח סבר לה** [סבור] **כר' עקיבא, שאמר: משיח פטר בכולן** בכל קרבן עולה ויורד! **אמר ליה** [לו]: **ור' עקיבא מי פטר ליה** [האם הוא פוטר אותו] **מפר?** שמה שאמר ר' עקיבא אינו אלא לפוטרו מקרבן עולה ויורד, אבל הוא מחייב את הכהן הגדול להביא את קרבנו המיוחד, פר העלם דבר. **ותו לא מידי** [ושוב אין לדון בזה].

אמר ר' יוחנן: מודה ר' אליעזר שאין הנשיא **מביא אשם תלוי** על טומאת מקדש וקדשיו. **תני תנא קמיה** [שנה חוזר המשניות לפני] **רב ששת: אשם תלוי בא על טומאת מקדש וקדשיו. אמר ליה** [לו]: אותו חכם **שאמר לך** משנה זו **מני** [כשיטת מי] אמרה לך? שיטת **ר' אליעזר היא, שאמר: הואיל ונאמר בו** בטומאת מקדש **כרת בכבקבועה מייתי** [מביא] **נשיא שעיר עליה.** וכיון שנדון כקבועה, אף מביא אשם תלוי. ומקשים: **והאמר** [והרי אמר] **ר' יוחנן: מודה ר' אליעזר שאין מביא אשם תלוי!** ומשיבים: אכן **קשיא** [קשה] הדבר מדברי ר' יוחנן.

עיונים

סבר לה כר' עקיבא בדלי דלות שהוא מקבל את מדרשו של ר' עקיבא שיש רק מנחת חובה אחת לכהן הגדול, שאותה מביא בכל יום ("מנחת חביתין") ופטור מכל מנחת חובה אחרת, ולכן פטור מלהביא מנחה של דלי דלות.

ופליג עליה בדלות שאינו מקבל את דרשת ר' עקיבא שמי שפטור מדלי דלות פטור מכל קרבן עולה ויורד. שר' שמעון סבור שלא נפטר אלא ממנחה של דלי דלות, אבל חייב בשאר קרבן עולה ויורד. אם בדלות אם בעשירות.

אמר חזקיה מאי טעמא דר' שמעון סוגיה מקבילה נמצאת גם בתלמוד הירושלמי. ושם אומרים שלדברי הכל פטור הכהן הגדול מטומאת מקדש וקדשיו (וראה בתוי"ט שתמה על הרמב"ם שאינו פוסק כשיטת ר' שמעון, למרות שיש סתם משנה כשיטתו). ושם הציעו מתחילה ראיה אחרת מן המקרא האמור בכהן גדול "מן המקדש לא יצא ולא יחלל" (ויקרא כא, יב), ללמד שאם לא יצא מן המקדש אפילו בטומאה — אינו מחלל. אלא שנדחתה ראיה זו, ומביאים את שיטת חזקיה ודנים בה כמו בסוגיה כאן, אבל בדרך שונה במקצת.

המפרשים התקשו בביאור סוגיה זו, משום שנראה (בפרט לפי פירוש רש"י) שהקושיות והתירוצים אינם בנויים על עקרון אחד. ומשום כך פירשו גם בדרכים אחרות.

יצא זה שאין קרבנו שוה לקהל רש"י מסביר שאין קרבן של כהן גדול שוה לקהל ביום הכיפורים, לפי שכל הקהל מתכפר לו על טומאת מקדש וקדשיו בשעיר של יום הכיפורים, ואילו הכהן הגדול מתכפר בפר מיוחד (לו ולשאר הכהנים).

נשיא נמי הרי בכלל אין קרבנו שוה לקהל. אם כדרך רש"י שכאשר חטא כל הקהל בהוראה הם מביאים פר, ואילו הנשיא מביא שעיר. והרמ"ה רואה קושי בכך, שאם חוטא כל הקהל בהוראה ואף הנשיא חוטא עמהם הרי אף הוא מתכפר עימם. אלא מדובר כאן בהיות קרבנו שונה משל בני העם, שהם מביאים כשבה או שעירה לחטאת ואילו הנשיא מביא שעיר. ובספר דברי שמואל מקשה: הרי ההוכחה שהכהן הגדול שונה, היא מיום הכיפורים, ואם כן מה מקום לשאלה לגבי הנשיא? והוא מסביר שאכן המקשן לא הבין את דברי חזקיה, אלא סבר שמדובר כאן במה שבכלל הכהן הגדול מביא פר בהוראה, שלא כשאר אנשים. ואם כן — אף הנשיא יוצא מכלל הציבור בזה. ולפי זה התירוץ בהמשך הוא כהסבר לדברי חזקיה, שממילא מסלק את הקושיה מעיקרה.

בכפרה דיום הכפורים שוה שהרי בכפרה זו (בשעיר יום הכיפורים) מתכפר הנשיא עם כל ישראל, ואינו צריך להביא קרבן לעצמו, מה שאין כן הכהן הגדול.

משיח נמי... בשאר מצוות דשנה כלומר, בשאר מצוות שבכל השנה כולה, אם חטא עם הציבור בהוראת בית דין — הריהו מתכפר עם הציבור. ובב"ש מפרש שכשם שהציבור מביא פר בהוראת בית דין, כהן משיח מביא אף הוא פר בהוראת עצמו.

שחטאו שוה ליחידים רבא מפרש שאין "קהל" האמור כאן במובן קהל שלם שחטא לפי הוראת בית הדין, אלא הכוונה היא ל"קהל" — כל ישראל שחטאו. שאם הם חוטאים שלא בהוראת בית דין הריהם חייבים להביא כשבה או שעירה, ואילו המשיח החוטא לעצמו שלא בהוראתו, אינו מביא קרבן כלל.

כרת בו כבקבועה שאף שאין מביאים על טומאת מקדש חטאת קבועה (אלא קרבן עולה ויורד), מכל מקום דומה לשאר עבירות מיוחדות בזה שיש בו כרת, ומשום כך הנשיא מביא עליו שעיר כפי שמביא על שאר עבירות שעונשן כרת (רש"י). והרא"ש מטעים את הדבר באומרו שהנשיא יצא מכלל היחידים לגמרי בכל מקום שיש עבירה שיש בה חיוב כרת (שמעונש הכרת הוא עיקר ההוכחה לגבי הבאת קרבנות החטאת המיוחדים), ולכן אף בטומאת מקדש, כיון שעונשה כרת הריהי כשאר עבירות שיש בהן כרת.

ניתני נמי משיח מביא פר שהרי דין המשיח כדין הנשיא, שמביא קרבן מיוחד על עבירות שיש בהן כרת. ואם כן יביא אף הוא פר על טומאת מקדש (רש"י).

דלמא ר' אליעזר אכולהון על כל עבירות שיש עליהן קרבן עולה ויורד, שאף הנשיא חייב להביא עליהן קרבן, שאינו מקבל כלל את שיטת ר' יוסי הגלילי (בדף ח,ב) שהנשיא פטור מכולן. ומה שלא הזכיר שהמשיח מביא פר בכולם הריהו משום שהוא סבור כר' עקיבא שהכהן המשיח פטור מקרבן עולה ויורד בכל מקרה.

ור' עקיבא מי פטר ליה מפר שהרי אפשר לפרש את דבריו שאין הכהן הגדול מביא קרבן עולה ויורד (וכפי שהוכחה שיטתו משום שלמד שהכהן הגדול פטור מלהביא בדלי דלות, ולכן פטור גם מדלות ועשירות), אבל לא בא לומר שאין עליו חיוב כלל, אלא שחייב להביא קרבן אחר, כפי שהוא מביא על שאר חטאיו — פר (רש"י). והרא"ש תוהה על הדברים, שהרי לא מצאנו שר' עקיבא מחייב בפר, אלא שהיא אפשרות של פירוש. וכיצד יכול רב פפא לבסס את הוכחתו על השערה שהוא עצמו מעלה בלי הוכחה? ומשום כך סבור הרא"ש שיש להעדיף את גרסת ספרי ספרד שלא גרסו כלל משפט זה (וראה בגרסות).

שאין מביא אשם כלומר, אין בעבירה זו דין אשם תלוי, שהרי אשם תלוי מביאים רק כאשר היה ספק בדבר שיש בו חיוב הבאת חטאת קבועה (רש"י). ואף שנחשב כחיוב חטאת קבועה עצם חיובו של הנשיא להביא על כך שעיר, מכל מקום דין אשם תלוי נאמר סתם ולכל ישראל, ואין הנשיא שונה בכך מאחרים. ובצפנת פענח כתב שאף לסברה שמביאים אשם תלוי על חטא זה — אינו לכל ישראל אלא לנשיא בלבד.

דאמר לך מני כלומר, אין מקום לפרש ברייתא זו אלא לפי שיטת ר' אליעזר, שכיון שעושה טומאת מקדש וקדשיו כאילו היה בכך חיוב חטאת קבועה, ייתכן שאף לענין אשם תלוי הוא סבור כן.

והא אמר ר' יוחנן בדרך כלל אין מקשים מדברי אמורא אחד על חבירו, אלא שנראה שר' יוחנן אמר דבריו כמסקנה המקובלת על הכל. ועוד, שפעמים מקשים מדברי אמורא קודם על אמורא מאוחר ממנו (מגן גבורים).

מסורת הש"ס

א. ירושלמי הוריות פ"ב ה"ח.
ב. שם.
ג. הוריות ט,א.
ד. (הביטוי) שם ב,א (ושם סומנו מקבילות).

גרסות

סבר לה כר' עקיבא — בדלות בכתי"פ משפט זה חסר.

דכתיב ונכרתה בכת"י: דאמר קרא ואיש אשר יטמא ולא יתחטא ונכרתה.

שאין קרבנו שוה בכתי"פ: שאין שוה.

שוה בכפרה בכתי"מ: הא שוה לקהל בכפרה.

אם כן כהנים נמי בכת"י: שאר כהנים נמי.

מצוות דשנה בכתי"מ: מצוות בכתי"פ: מצוות בשאר ימות השנה.

מי שחטאתו שוה ליחידים ומאי ניהו קהל בכתי"מ: מי שחטאתו שוה בקהל בכתי"פ: מי שחטאו שוה לקהל יצא זה שאין חטאו שוה לקהל.

ונאמר כרת בו כבקבועה בכתי"מ: ונאמר בו כרת כבקבועה בכתי"פ: וכרת כתוב בהן בקבועה.

ר' אליעזר על כולהון קאמר בכתי"מ: אמר ר' אליעזר אכולהו בכתי"פ: ר' אליעזר אכולהו קאי.

מכדי שעיר נשיא ופר משיח בכתי"מ: מכדי שעיר נשיא.

מכדי שעיר — ובטוי שפתים בכתי"פ: ליתני משיח מביא פר.

אלא מדלא קתני — דמשיח פטור בכתי"פ: אלא לאו שמע מינה כדאוקימנא.

דמשיח פטור בכת"י: ובמשיח סבר לה כר' שמעון.

דלמא ר' אליעזר בכתי"מ: דילמא לעולם ר' אליעזר.

אמר ליה ור' עקיבא מי פטר ליה מפר בכת"י חסר משפט זה.

מביא אשם בכת"י: מביא אשם תלוי.

דאמר הואיל — שעיר עליה בכתי"פ: דאמר נשיא מביא שעיר.

סיכום פרק "הורה כהן משיח"

בענין שגגת הכהן הגדול והמלך סוכם כי דין הכהן הגדול הוא כדין הציבור, ומשום כך אין הוא מביא את קרבן השגגה המיוחד אלא כאשר הורה הוראה מוטעית ועשה בעצמו על פי הוראה זו. ומבואר כי כדי שתהיה חשיבות להוראתו אין היא נחשבת אלא אם כן היה חכם גדול בתורה, הראוי להורות בפני עצמו.

משום שדינו של הכהן המשיח כציבור, הרי כאשר הוא שוגג במעשה בלבד — אין הוא מביא קרבן כלל. ומפני אותה סיבה אף אין הוא מביא אשם תלוי על ספק שגגתו. אבל מביא הוא קרבן עולה ויורד ואשם ודאי. ואם שגג (על פי הוראתו) בעבודה זרה — מביא שעירה כיחיד.

לעומת זאת, דין המלך הוא כדין כל אדם מישראל, שמביא קרבן חטאת על שגגת המעשה, ובשגגת עבודה זרה מביא שעירה, אלא שנתייחד בדינו במה שחייב להביא דווקא שעיר עזים (ולא כשבה או שעירה) על שאר עבירות.

אין בית הדין מביא אשם תלוי על שגגת הוראה, וכן לגבי אשם ודאי — אין חובה זו מוטלת על ציבור אלא על היחיד בלבד.

לענין הגדרת האיסורים שבית הדין חייב להביא עליהם חטאת סוכם כי אין בית הדין מביא פר העלם דבר (וכיוצא בו אינו מביא פר ושעיר בעבודה זרה) אלא על הוראה במצות לא תעשה שיש בה איסור כרת אם נעשו במזיד, והיחיד מביא עליהן קרבן בשגגה. והוא הדין כאשר שגגו בעבודה זרה — שאין חייבים פר ושעיר אלא על דבר שעונשו כרת ושגגתו חטאת. ומשום כך יוצאים מכלל זה עבירות שיש בהן קרבן עולה ויורד. ודין זה מצטרף להגדרה האמורה כבר בפרק הקודם, שאין חייבים (וכיוצא בהם כהן גדול) אלא כאשר הורו לבטל מקצת מצוה ולקיים מקצתה. מכאן למדים גם לענין חטאת הנשיא והיחיד, שאין מביאים חטאת קבועה אלא על מצות לא תעשה שחייבים עליהן כרת אם עושים אותה בזדון.

פתיחה לפרק "כהן משיח"

"אִם הַכֹּהֵן הַמָּשִׁיחַ יֶחֱטָא לְאַשְׁמַת הָעָם וְהִקְרִיב עַל חַטָּאתוֹ אֲשֶׁר חָטָא פַּר בֶּן בָּקָר תָּמִים לַה' לְחַטָּאת".
(ויקרא ד, ג)

"אֲשֶׁר נָשִׂיא יֶחֱטָא וְעָשָׂה אַחַת מִכָּל מִצְוֹת ה' אֱלֹהָיו אֲשֶׁר לֹא תֵעָשֶׂינָה בִּשְׁגָגָה וְאָשֵׁם". (שם כב)

"וְהַכֹּהֵן הַגָּדוֹל מֵאֶחָיו אֲשֶׁר יוּצַק עַל רֹאשׁוֹ שֶׁמֶן הַמִּשְׁחָה וּמִלֵּא אֶת יָדוֹ לִלְבֹּשׁ אֶת הַבְּגָדִים אֶת רֹאשׁוֹ לֹא יִפְרָע וּבְגָדָיו לֹא יִפְרֹם. וְעַל כָּל נַפְשֹׁת מֵת לֹא יָבֹא לְאָבִיו וּלְאִמּוֹ לֹא יִטַּמָּא. וּמִן הַמִּקְדָּשׁ לֹא יֵצֵא וְלֹא יְחַלֵּל אֵת מִקְדַּשׁ אֱלֹהָיו כִּי נֵזֶר שֶׁמֶן מִשְׁחַת אֱלֹהָיו עָלָיו אֲנִי ה'. וְהוּא אִשָּׁה בִבְתוּלֶיהָ יִקָּח. אַלְמָנָה וּגְרוּשָׁה וַחֲלָלָה זֹנָה אֶת אֵלֶּה לֹא יִקָּח כִּי אִם בְּתוּלָה מֵעַמָּיו יִקַּח אִשָּׁה". (שם כא, י—יד)

בפרק הקודם דובר על שני אישים מיוחדים, הכהן הגדול ("הכהן המשיח") והמלך ("נשיא"). בהמשך לכך, בפרק זה מבררים תחילה מה הן ההגדרות לגבי כל אחד מן התפקידים הללו, מי הוא הנחשב לענין זה "הכהן המשיח", ומי הוא הקרוי "נשיא". ונוסף לכך, האם עצם מינויים נותן להם מעלה אישית גבוהה יותר, או שהדבר תלוי במילוי תפקידים אלה בפועל. ומכאן גם השאלה האם הם מקריבים את קרבנותיהם המיוחדים דווקא על מה ששגגו בהיותם בתפקיד או גם על מה ששגגו לפני כן ואחרי כן?

בירור השאלות הללו, לגבי כהן משיח וכהן מרובה בגדים, כהן שעבר מכהונתו וכהן משוח מלחמה, מוליך לדיון כללי יותר לגבי ההבדלים בשאר דינים שיש בין האישים השונים הממלאים תפקידים דומים.

מתוך בירור ההבדלים בחיובי ההלכה המוטלים על בעלי תפקידים שונים מתרחב הדיון לבעיות של קדימה בתחומים שונים לגבי אישים אלה ואישים אחרים בישראל. במקרים רבים יש צורך ליצור סדר של קדימויות, אם לגבי מתן כבוד לאישים שונים, ואם כאשר אנשים נמצאים במצוקה וצריכים לעזרה ואי אפשר לעזור לכולם, למי עוזרים תחילה. מפני זה יש צורך לבנות מערכת מסודרת של קדימויות, מתוך התחשבות במעלתם האישית-הפרטית של אנשים שונים מעבר למעמדם שמחמת מינוי או יחוס.

נושאים אלה הם עיקרו של הפרק, ומהם מסתעפים גם דיונים בהלכות משיחה (של כהנים ומלכים) ובדיני ומנהגי כבוד ומינויים בכלל.

קשיין אהדדי אמר רב הונא בריה דרב יהושע לא קשיא כאן בדלות כאן בדלי דלות ור"ש סבר לה כר"ע בחדא ופליג עליה בחדא סבר לה כר"ע בדלי דלות דפטור ופליג עליה בדלות: אלא שאין כ"ג חייב כו': אמר חזקיה מ"ט דר"ש דכתיב °ונכרתה הנפש ההיא מתוך הקהל (במדבר יט) אמי שקרבנו שוה לקהל יצא זה שאין קרבנו שוה לקהל א"כ נשיא נמי אין קרבנו שוה לקהל שוה בכפרה דיוה"כ א"כ כהנים נמי לא שוו לקהל בכפרה דיוה"כ כהנים שוו לקהל בשאר מצות דשנה כולה משיח נמי הא שוה בשאר מצות דשנה אלא אמר רבא אימא הכי מי שחטאתו שוה ליחידים ומאי ניהו קהל: ר"א אומר הנשיא מביא שעיר וכו': בא"ר יוחנן לא אמר ר' אליעזר אלא בטומאת מקדש וקדשיו הואיל ונאמר בו כרת כבקבועה אמר רב פפא ה"נ מסתברא דאי ס"ד ר"א על כולהון קאמר מכדי שעיר נשיא ופר משיח במקום יחיד לחטאת קאי ניתני נמי משיח מביא פר בשמיעת קול ובטוי שפתים אלא מדלא קתני משיח ש"מ אטומאת מקדש וקדשיו קאי דמשיח פטור א"ל רב הונא בריה דרב נתן לר"פ ממאי דלמא ר"א אכולהון קאי ובמשיח סבר לה גכר"ע דאמר משיח פטור בכולן א"ל ור"ע מי פטר ליה מפר דאותו לא מידי א"ר יוחנן מודה ר"א שאין מביא באשם תני תנא קמיה דרב ששת אשם תלוי בא על טומאת מקדש וקדשיו א"ל דאמר לך מני ר"א היא דאמר הואיל ונאמר בו כרת כבקבועה מייתי נשיא שעיר עליה והא"ר יוחנן מודה ר' אליעזר שאין מביא אשם תלוי קשיא:

הדרן עלך הורה כהן משיח

א **כהן** אמשיח שחטא ואח"כ עבר ממשיחותו בוכן נשיא שחטא ואחר כך עבר מגדולתו כהן משיח מביא פר והנשיא מביא שעיר משיח שעבר ממשיחותו ואחר כך חטא וכן הנשיא שעבר מגדולתו ואח"כ חטא גכהן משיח מביא פר דוהנשיא כהדיוט:

ב **גמ'** השתא יש לומר עבר ממשיחותו ואח"כ

רש"י

קשיין אהדדי. דקתני אלא שאין משיח [חייב] אטומאת מקדש וקדשיו הא בשמיעת קול ובטוי שפתים משיח חייב: בדלי דלות. משיח פטור מכולהו דכתיב זה קרבן אהרן דאין אמרת בהא בא לו ובהא דקאמר דמשיח חייב בשמיעת קול ובטוי שפתים כגון בדלות בתורין ובני יונה שעדיין לא בא לדלי דלות: לר"ש סבר לה כר"ע בחדא. דפטר ליה למשיח מדלי דלות מזה קרבן אהרן ובניו: ופליג עליה בחדא. בדלות דאילו ר"ע פטר ליה נמי בדלות דקאמר שאין מתכפר בעשירית האיפה אין מתכפר בכולן ולר"ש בדלי דלות הוא דאין מתכפר הא בדלות ועשירית מתכפר: מ"ט דר' שמעון. דאמר ולא משיח אינו חייב בטומאת מקדש וקדשיו: דכתיב. בטומאת מקדש וקדשיו ונכרתה הנפש ההיא מתוך הקהל: מי שקרבנו שוה לקהל. דמתכפר בשל קהל הוא דחייב בטומאת מקדש וקדשיו: יצא. משיח שאין קרבנו שוה לקהל דאין מתכפר בשל קהל בכפרת יוה"כ דהוא מתכפר בפר ושאר בשעיר: א"כ נשיא נמי אין קרבנו שוה לקהל. דהוא מביא שעיר והם מתכפרין בפר בשאר ימות השנה ובחדא קאי דמיתני כמשיח דלחודיה פטור בטומאת מקדש וקדשיו ולא נשיא ויחיד: ומשני הא לאו מילתא היא משום דהא שוה לקהל בכפרת יוה"כ: א"ה כהנים נמי לא שוו לקהל בכפרת יוה"כ. דמתכפרים בפרו של אהרן וליפטרו בטומאת מקדש וקדשיו: הא לא קשיא משום דכהנים שוו לקהל בשאר מצות דשנה כולה. דמתכפרי עם הצבור בפר הבא על כל המצות הלכך חייבין בטומאת מקדש וקדשיו: כהן משיח נמי הא שוה לקהל בשאר מצות. דכל השנה כולה דכי הורה עם הצבור מתכפר עם הצבור וליחייב בטומאת מקדש וקדשיו: אלא אמר רבא אימא הכי. מתוך הקהל מי שחטאתו שוה ליחידים דמחייבי בשגגת מעשה כיחידים ליחידים שחטאו בשגגת מעשה מייתי כל חד ומאן יחידים קהל דכי חטאו קהל בשגגת מעשה לחודיה בלא העלם דבר מייתו כל חד קרבן דאותן השוה ליחידים בדבר זה הוא דמחייבי בטומאת מקדש וקדשיו יצא משיח שאין חטאו שוה ליחיד דכי חטא בשגגת מעשה בלא העלם דבר פטור לגמרי כדאמרינן לקמן בפרק בתרא (דף ח.) מע"ה פרט למשיח דאין מביא בשגגת מעשה והיינו דאמרינן לעיל (דף ז:) יצא משיח שאין חטאו בשגגה וכיון דאין חטאו שוה ליחיד לפיכך פטור בטומאת מקדש וקדשיו: **א"ר יוחנן לא א"ר אליעזר.** דנשיא מביא שעיר בידיעה במקום עולה ויורד: **אלא בטומאת מקדש וקדשיו הואיל ונאמר בו כרת כבקבועה.** כלומר כבחטאת קבועה דקסבר ר"א דכי היכי דבמקום שחייבים על זדונו כרת ועל שגגתו חטאת דהיינו במקום חטאת קבועה נשיא מביא שעיר ה"נ היכא דחייב לה על זדונו כרת ועל שגגתו עולה ויורד מביא שעיר הואיל ודמי לחטאת קבועה לענין כרת אבל בשמיעת קול ובטוי שפתים דאין חייבין על זדונו כרת דלא דמי לחטאת קבועה לא בזדון ולא בשוגג מודה ר' אליעזר דנשיא אין מביא שעיר אלא קרבן עולה ויורד כהדיוט: **אמר רב פפא הכי נמי מסתברא דאי ס"ד רבי אליעזר.** דאמר נשיא מביא שעיר אכולהו שמיעת קול ובטוי שפתים וטומאת מקדש וקדשיו: **מכדי שעיר.** דנשיא במקום חטאת קבועה דיחיד קאי והוא הדין לפר כהן משיח דבמקום חטאת קבועה דיחיד קאי וכדתנא כל מצות שבתורה שחייבין על זדונן כרת ועל שגגתן חטאת דהיינו חטאת קבועה יחיד מביא כשבה או שעירה ונשיא מביא שעיר ומשיח פר וכיון דשעיר דנשיא ופר כהן משיח במקום חטאת קבועה דיחיד קיימי אי אמרת אכולהו קאמר ר"א דנשיא מביא שעיר אע"ג דלית בהו כרת כבקבועה: **ניתני נמי משיח מביא פר בשמיעת קול ובטוי שפתים.** כי דיניה אע"ג דלית בהו כרת כבקבועה: **אלא לאו.** מדלא קתני הכי ש"מ דאטומאת מקדש וקדשיו קא"ר אליעזר דנשיא מביא ג)שעירה הואיל ונאמר בו כרת כבקבועה והאי דלא קתני ומשיח מביא פר בטומאת מקדש וקדשיו הואיל ונאמר בו כרת כבקבועה משום דמשיח פטור לגמרי בטומאת מקדש וקדשיו דסבר לה כר"ש דפוטר: **א"ל רב הונא בריה דרב נתן לרב פפא וממאי דלמא ר"א אכולהו קאי.** דנשיא מביא שעיר אפי' שלא במקום כרת והאי דלא קתני נמי משיח מביא פר בטומאת מקדש וקדשיו ובשמיעת קול ובטוי שפתים משום דבמשיח סבר לה כר"ע דאמר משיח פטור מכולן משמיעת קול ובטוי שפתים ולעולם אכולהו קאי ר"א דנשיא מביא שעיר: **א"ל ר"ע מי פטר.** נמי למשיח מפר ד)(דלמא) כי קא"ר עקיבא משיח פטור מכולן מטומאת מקדש וקדשיו ושמיעת קול ובטוי שפתים כגון להביא קרבן עולה ויורד אבל להביא פר מחייב וכיון דמחייב בפר א"כ ניתני נמי ר"א משיח מביא פר בשמיעת קול ובטוי שפתים אלא מדלא קתני הכי ש"מ דאטומאת מקדש וקדשיו קאי רבי אליעזר דנשיא מביא שעיר הואיל ונאמר בו כרת כבקבועה והא דלא קתני ומשיח מביא פר בטומאת מקדש וקדשיו משום דסבר לה כר"ש דאמר דאין כהן משיח חייב בטומאת מקדש וקדשיו: **ותו לא מידי.** ותו ליכא למיקשי ולא מידי: **א"ר יוחנן.** אע"ג דקאמר ר"א הואיל ונאמר בו כרת כבקבועה דנשיא מביא שעיר כבחטאת קבועה מודה ר"א לענין אשם תלוי דלאו דיניה כבחטאת קבועה דכי היכי דאמר לעיל אין יחיד מביא אשם תלוי אלא על ספק קבועה ה"נ אין מביא אשם תלוי על ספק טומאת מקדש וקדשיו שאע"פ שנא' בו כרת כבקבועה הואיל ואינה ממש חטאת קבועה אין מביא אשם תלוי: **תני תנא קמיה דרב ששת אשם תלוי בא על ספק טומאת מקדש וקדשיו.** הואיל ונאמר בו כרת כבקבועה: **א"ל דאמר לך מני ר"א היא דאמר.** נשיא מביא שעיר הואיל ונאמר בו כרת כבקבועה וקאמ' דה"ה לענין אשם תלוי: ומי מצית אמרת הכי והא א"ר יוחנן מודה ר"א שאין מביא אשם תלוי: **קשיא.** דמתני' דידך לא מיתוקמא דלא כחד:

הדרן עלך הורה כהן משיח

השתא יש לומר עבר ממשיחותו ואחר כך חטא מביא פר חטא ואחר כך עבר ממשיחותו מיבעיא נשיא איצטריכא ליה סלקא דעתך הואיל ועבר מנשיאותו ואחר כך חטא הוי כהדיוט חטא ואחר כך עבר מנשיאותו נמי ליהוי כהדיוט קמ"ל ליסנא אחרינא נריכא למימר דחטא ואחר כך עבר ממשיחותו דמביא פר הא כיון דתנא ליה עבר ממשיחותו דמביא פר כל שכן חטא ואחר כך עבר ממשיחותו דמביא פר הא לא קשיא משום דקתני גבי נשיא כי עבר מגדולתו ואחר כך חטא כי הדיוט מייתי סלקא דעתך אמינא כי חטא ואחר כך עבר נייתי נמי כי הדיוט הלכך תנא גבי נשיא שחטא ואחר כך עבר דמייתי כי נשיא ואיידי דתנא גבי נשיא חטא ואחר כך עבר תנא נמי גבי משיח

רבינו חננאל

לאשמת העם הרי משיח כצבור: ולא בעבודה זרה. פירוש א) ב"ד עד שיורו לבטל מקצת ולקיים מקצת. מנ"ל דתנו רבנן בספרי לפי שיצאת עבודה זרה לידון בעצמה. יכול יהו חייבין על העלם מצוה כולה נאמר כאן אם מעיני העדה ונאמר להלן ונעלם דבר מעיני מה להלן בב"ד אף כאן בב"ד מה להלן דבר ולא כל הגוף אף כאן דבר ולא כל הגוף: **מתני'** אין חייבין. פירוש ב"ד אלא על העלם דבר עם שגגת המעשה: מנא הני מילי דאין ב"ד חייבין [בלא העלם דבר] דת"ר בספרא ישנו. יכול יהו חייבין על שגגת המעשה ת"ל ישנו ונעלם שאין חייבין אלא על העלם דבר עם שגגת מעשה. וכן המשיח לאשמת העם כתיב. הרי משיח כצבור: ולא בעבודה זרה. כדתניא בספרי לפי שיצאת עבודה זרה לידון בעצמה. יכול יהו חייבין על שגגת המעשה שלה. נאמר כאן מעיני ונאמר וכו': אתאן לאוקמא למתניתין מדלא קתני משיח בעבודה זרה לענין שגגת מעשה כרבי ולא רבנן. דתניא בתוספתא משיח בעבודה זרה רבי אומר בשגגת המעשה. פירוש בלא העלם דבר. וחכ"א בהעלם דבר ושוין שבשעירה כיחיד ושוין שאין מביא אשם תלוי: ודחי' ותסברא זדונו כרת ושגגתו חטאת מי קתני וכן המשיח והא קיימא לן לקמן דאין חייבין בעבודה זרה אלא על דבר שזדונו כרת ושגגתו חטאת. אלא תנא ליה בהא. פירוש גבי שאר מצות וה"ה בעבודה זרה הכא נמי תנא ליה גבי מצות וה"ה לעבודה זרה. ולעולם רבנן היא: מ"ט דרבי אמר קרא התם בפרשה שלח לך וכפר הכהן על הנפש השוגגת בחטאה בשגגה נפש זה נשיא ב) שוגגת זה משיח בחטאה בשגגה רבי סבר הכי קאמר רחמנא מי שחטאו בשגגת מעשה לחודה בשאר מצות יביא בעבודה זרה על שגגת מעשה לחודה. יצא משיח שחטאו בשאר מצות בהעלם דבר ושגגת מעשה. ושוין שבשעירה כיחיד. כדאמרן פירוש שוגגת זה משיח. ס"א מנא לן דכתיב ואם נפש אחת אחד יחיד ואחד נשיא ואחד משיח בכלל נפש אחת הם: (סייך לדף ח) ושוין שאין משיח מביא אשם תלוי דכתיב ביה על שגגתו אשר שגג. מי שחטאו בשגגת מעשה לחודה מייתי אשם תלוי. יצא משיח שחטאו בשגגת מעשה עם העלם דבר. אתמהי' משיח ג) חטאו בשגגה הוא. פי' בעבודה זרה לרבי אלא אימא מי שכל חטאו בשגגת מעשה לחודה. יצא משיח דבעי בשאר מצות העלם דבר. אקשינן מכדי כל חטאו בשגגה כתיב. ופרקינן אין דא"כ נכתוב על שגגתו לחודה. אשר שגג למה לי. אלא הכי קאמר מי שכל חטאו בשגגה יצא זה שאין כל חטאו בשגגה: **מתני'** אין חייבין אלא על דבר שזדונו כרת ושגגתו חטאת וכן המשיח. ולא בעבודה זרה אלא אלא על דבר שחייבין על זדונו כרת ועל שגגתו חטאת: מנא הני מילי דתנו רבנן רבי אומר נאמר כאן ונודעה החטאת אשר חטאו עליה. ונאמר להלן לצרור לגלות ערותה עליה מה להלן דבר שחייבין על זדונו כרת ועל שגגתו חטאת אף כאן כן וכן המשיח דכתיב לאשמת העם הרי משיח כצבור יחיד ונשיא אתי' מצות מצות. פירוש כתיב בצבור ועשו אחת מכל מצות ה' ובנשיא כתיב ועשה אחת מכל מצות ה' וביחיד כתיב בעשותה אחת ממצות ה'. ובעבודה זרה אתיא מעיני מעיני יחיד ונשיא ומשיח. אמר קרא ואם נפש אחת כולן נפש אחת הן וילמוד תחתון מעליון: אקשינן. ורבנן דמפקי האי עליה דאחות אשה לדרשא אחרינא בתחלת יבמות מנא להו דאין חייבין אלא על דבר שחייבין על זדונו כרת ועל שגגתו חטאת ופרקינן נפקא להו מדמקרי. ס"א מדמתני ליה רבי יהושע בן לוי לבריה תורה אחת יהיה לכם לעושה בשגגה והנפש אשר תעשה ביד רמה מן האזרח ומן הגר את וגו' מפורש בתחלת פרק חלק דהאי מגדף עובד עבודה זרה הוא. ותניא בספרי רבי ישמעאל אומר בעבודה זרה הכתוב מדבר שנאמר כי דבר ה' בזה. שביזה דבור ראשון שנאמר למשה מפי הקב"ה אנכי ה' אלהיך ולא יהיה לך. הוקשה כל התורה כולה לעבודה זרה מה עבודה זרה דבר שחייבין על זדונה כרת ועל שגגתה חטאת והכי תניא בספרא אשר לא תעשינה יכול דברים שחייבין על זדונם כרת ודברים שאין [חייבין] על זדונם כרת. ת"ל תורה אחת יהיה לכם לעושה בשגגה. הרי כל העושה בשגגה כעבודה זרה. מה עבודה זרה מיוחדת מעשה שחייבין על זדונה כרת ועל שגגתה חטאת אף כל מעשה שחייבין על זדונם כרת ועל שגגתן חטאת. אשכחן

א) נ"ל פירוש ולא בהוראת ב"ד בע"ז. ב) כ"ה ג"כ בתוספות הרא"ש. ג) גי' אחרת לרבינו כאן בגמ' וכ"ע גירס"י.

עין משפט נר מצוה

א א מיי' פט"ו מהל' שגגות הלכה ז סמג עשין ריז:
ב ב מיי' שם הלכה ט סמג שם:
ג ג מיי' שם הל' ז:
ד ד מיי' שם הלכה ט:

מסורת הש"ס

א) [סוכה לו: ושם נסמן]: ב) נ"ל אשם תלוי: ג) נ"ל שעיר: ד) ב"ש מ"ז:

תוספות הרא"ש

א) פי' שאין משיח חייב על טו"מ וקדשיו דברי רש"י ז"ל: **מי** שקרבנו שוה לקהל. שמתכפר עם הקהל בטו"מ וקדשיו. כדאיתא ברפ"ק דשבועות. והוא מתכפר בפר: נשיא נמי הא לא שוה לקהל. פרש"י ז"ל שהוא מביא שעיר והם מתכפרים בפר. ולא נהירא להרמ"ה ז"ל דהא דאפקי' רחמנא לנשיא לידון בשעיר מכלל יחידים הוא דאפקי' דלא לייתי כשבה או שעירה בשגגת מעשה גרידתא. אבל מכלל צבור שחטאו בהעלם דבר לא אפקי' דמתכפר עם הצבור בפר. (והכנסיא) [ופי' נשיא] נמי הא לא שוה לקהל (דאיכו מעשה) [דאיהו מייתי] כשבה או שעירה בשגגת מעשה (ואי) [ואיהו] מייתי שעיר בשאר מצות: בשעיר דיוה"כ שוה מיהו דמתכפר עם הקהל בטו"מ וקדשיו בשעיר: שאר כהנים נמי (הלא היא) [הא לא] שוה לקהל (שהרי מתכפרים עם כה"ג) ביוה"כ בשעיר [שהרי מתכפרים עם כה"ג] (כמו): בשאר מצות בשאר ימות השנה שמתכפרים עם הצבור בפר. א"נ שוה לקהל להתכפר בכשבה או שעירה בשגגת מעשה אבל משיח פטור כדאמרינן לקמן: משיח נמי הא שוה לקהל בשאר מצות כל ימות השנה דכי חטא עם הצבור מתכפר עם הצבור. ואית ספרים דגרסי משיח נמי הא שוה (בשעירים) [בשעירה] דכי חטא בעבודה זרה בשגגת מעשה שוה לצבור להביא שעירה: **אמר** ר' יוחנן לא אמר ר"א דנשיא מביא שעיר במקום שיחיד מביא קרבן עולה ויורד. אלא בטומאת מקדש וקדשיו הואיל ונאמר בהן כרת נידון כקבועה. כלומר כשאר דברים שהיחיד מביא עליהם חטאת קבועה דהיינו דבר שזדונו כרת ומביא עליהם יחיד חטאת קבועה כשבה או שעירה ונשיא מביא שעיר. הה"נ טומאת מקדש וקדשיו שהיחיד בעולה ויורד נשיא מביא שעיר הואיל וחייב על זדונו כרת כבקבועה. לפי שהכרת הוא עיקר חיוב של חטאת קבועה כדילפי' מעליה עליה (אומר

א משנה כֹּהֵן מָשִׁיחַ שֶׁחָטָא לאחר שהורה לעצמו בטעות וְאַחַר כָּךְ עָבַר (פסק) מִמְּשִׁיחוּתוֹ כגון שנפל בו מום ונפסל, לפני שהביא את חטאתו, וְכֵן נָשִׂיא שֶׁחָטָא וְאַחַר כָּךְ עָבַר מִגְּדוּלָּתוֹ (מנשיאותו) לפני שהביא את קרבנו — כֹּהֵן מָשִׁיחַ מֵבִיא פַּר למרות שעבר ממשיחותו, וְהַנָּשִׂיא מֵבִיא שָׂעִיר כמו שהיה בזמן היותו נשיא. אבל מָשִׁיחַ שֶׁעָבַר מִמְּשִׁיחוּתוֹ וְאַחַר כָּךְ חָטָא, וְכֵן הַנָּשִׂיא שֶׁעָבַר מִגְּדוּלָּתוֹ וְאַחַר כָּךְ חָטָא — כֹּהֵן מָשִׁיחַ מֵבִיא פָּר כמו שהיה חייב מתחילה, וְהַנָּשִׂיא דינו כְּהֶדְיוֹט.

ב גמרא על לשון המשנה תוהים: הַשְׁתָּא [עכשיו] יֵשׁ לוֹמַר: אם עָבַר מִמְּשִׁיחוּתוֹ

עיונים

עבר ממשיחותו מפני מום שנפל בו או מפני זיקנה (פיה"מ לרמב"ם, וראה בר' יהונתן). ובאמת יש כיוצא בזה אף בכהן גדול שנתמנה לפי שעה (משום שנטמא הכהן המשמש) ואחר כך יורד מכהונתו כאשר חוזר הראשון.

וכן נשיא שעבר הרא"ש העיר שאין לשון "וכן הנשיא" מדוייקת, שהרי אין דין הנשיא דומה כלל לדין הכהן הגדול.

כהן משיח מביא פר לפי שהכהן הגדול נשאר בקדושתו גם כאשר איננו משמש עוד בכהונה, ומצות כהונה גדולה עליו (כאשר יבואר במשניות לפנינו). מה שאין כן הנשיא, שאין מעלתו אלא בהיותו בתפקידו.

השתא יש לומר וכתב הרא"ש ואין לומר ששנה במשנה בדרך "לא זו אף זו" משום שאם כן הוא היה צריך לשנות דיני הכהן הגדול יחד, ולא להפרידם לשני מקרים.

אורח ההלכה

כהן משיח שעבר כהן משיח שחטא על פי הוראתו בשגגה, ואחר כך עבר ממשיחותו מפני מום או מפני זיקנה, וכיוצא בהם — מביא פר על חטאתו. כמשנה. (רמב"ם ספר קרבנות הלכות שגגות פט"ו ה"ז).

נשיא שעבר מלך שחטא בשגגה ועבר מכהונתו, אם חטא כשהוא מלך — מביא שעיר אף לאחר שעבר. ואם חטא לאחר שעבר — הרי זה מביא קרבן כהדיוט. (שם ה"ט).

גרסות

כהן משיח בכת"י ועוד: משיח.

ממשיחותו בכתי"פ: ממשיחתו.

וכן נשיא שחטא בכתי"מ: נשיא שחטא.

וכן הנשיא שעבר בכתי"מ: הנשיא שעבר.

וְאַחַר כָּךְ חָטָא מֵבִיא פָּר, חָטָא וְאַחַר כָּךְ עָבַר מִמְּשִׁיחוּתוֹ צְרִיכָא לְמִימַר [וכי צריך לומר] דבר זה? מובן מאליו שיצטרך להביא פר! ומשיבים: מִשּׁוּם דְּקָתָנֵי גַּבֵּי [שנשנה אצל בעניין] נָשִׂיא, דִּכִי [שכאשר] עָבַר מִנְּשִׂיאוּתוֹ וְאַחַר כָּךְ חָטָא, כְּהֶדְיוֹט מַיְיתֵי [מביא]. אַהֲכִי תָּנֵי [משום כך שנה] גַּבֵּי [אצל] מָשִׁיחַ: חָטָא וְאַחַר כָּךְ עָבַר מֵבִיא פָּר.

א על האמור במשנה שמשיח שעבר ואחר כך חטא שמביא פר שואלים: מְנָא הָנֵי מִילֵּי [מנין הדברים הללו]? ומשיבים: דְּתָנוּ רַבָּנַן [ששנו חכמים]: נאמר בכהן גדול "וְהִקְרִיב עַל חַטָּאתוֹ אֲשֶׁר חָטָא" (ויקרא ד, ג), מְלַמֵּד שֶׁמֵּבִיא פר לקרבן על חַטָּאתוֹ גם מִשֶּׁעָבַר מכהונתו, ובא לימוד זה, שֶׁכֵּן יָכוֹל, ניתן היה לומר וַהֲלֹא דִּין (קל וחומר) הוּא: וּמָה נָשִׂיא שֶׁמֵּבִיא בְּשִׁגְגַת מַעֲשֶׂה — אֵין מֵבִיא חַטָּאתוֹ שעיר מִשֶּׁעָבַר מגדולתו, מָשִׁיחַ שֶׁאֵין מֵבִיא בְּשִׁגְגַת מַעֲשֶׂה אֶלָּא עַל הֶעְלֵם דָּבָר עִם שִׁגְגַת מַעֲשֶׂה — לֹא כָּל שֶׁכֵּן שלא יביא פר לחטאתו לאחר שעבר מכהונתו זו! תַּלְמוּד לוֹמַר: "וְהִקְרִיב עַל חַטָּאתוֹ אֲשֶׁר חָטָא", מְלַמֵּד שֶׁמֵּבִיא עַל חַטָּאתוֹ מִשֶּׁעָבַר. ושואלים: וְנֵיתֵי נָמֵי [ושיביא גם כן] נָשִׂיא שעבר שעיר לחטאת מִקַּל וָחוֹמֶר זה: וּמָה מָשִׁיחַ שֶׁאֵין מֵבִיא בְּשִׁגְגַת מַעֲשֶׂה — מֵבִיא חַטָּאת מִשֶּׁעָבַר, נָשִׂיא שֶׁמֵּבִיא חַטָּאת בְּשִׁגְגַת מַעֲשֶׂה — אֵינוֹ דִּין שֶׁמֵּבִיא חַטָּאתוֹ מִשֶּׁעָבַר? תַּלְמוּד לוֹמַר: "אֲשֶׁר נָשִׂיא יֶחֱטָא" (שם כב), לומר: כְּשֶׁהוּא נָשִׂיא — אִין, כְּשֶׁהוּא הֶדְיוֹט — לֹא.

ב משנה חָטְאוּ נשיא או כהן משיח עַד שֶׁלֹּא (בטרם) נִתְמַנּוּ, וְאַחַר כָּךְ נִתְמַנּוּ — הֲרֵי אֵלּוּ דינם כְּהֶדְיוֹטוֹת ומביאים קרבן כיחידים. ר' שִׁמְעוֹן אוֹמֵר: אִם נוֹדַע לָהֶם שחטאו עַד שֶׁלֹּא נִתְמַנּוּ — הֲרֵי אֵלּוּ חַיָּיבִים בקרבן כיחידים, ואולם אם נודע לָהֶם מִשֶּׁנִּתְמַנּוּ — פְּטוּרִים לגמרי. ומבארים: אֵיזֶהוּ נָשִׂיא? זֶה מֶלֶךְ, שֶׁנֶּאֱמַר: "אשר נשיא יחטא ועשה אחת מִכָּל מִצְוֹת ה' אֱלֹהָיו אשר לא תעשינה בשגגה ואשם" (שם), לומר: מִי שֶׁאֵין עַל גַּבָּיו אֶלָּא ה' אֱלֹהָיו ולא שררה אחרת, ואין זה אלא מלך.

ג גמרא שנינו במשנה: חטאו עד שלא נתמנו ואחר כך נתמנו — הרי אלו כהדיוטות. ועל כך שואלים: מְנָא הָנֵי מִילֵּי [מנין הדברים הללו]? ומשיבים: דְּתָנוּ רַבָּנַן [ששנו חכמים]: "אִם הַכֹּהֵן הַמָּשִׁיחַ יֶחֱטָא" (שם ג) — פְּרָט לַקּוֹדְמוֹת, לעבירות שעבר בשגגה לפני שנעשה כהן משיח, שֶׁיָּכוֹל, וַהֲלֹא דִּין (קל וחומר) הוּא: וּמָה נָשִׂיא שֶׁמֵּבִיא בְּשִׁגְגַת מַעֲשֶׂה — אֵין מֵבִיא עַל הַקּוֹדְמוֹת, מָשִׁיחַ שֶׁאֵין מֵבִיא אֶלָּא עַל הֶעְלֵם דָּבָר עִם שִׁגְגַת מַעֲשֶׂה — אֵינוֹ דִּין שֶׁלֹּא יָבִיא עַל הַקּוֹדְמוֹת! ודוחים: לֹא, אִם אָמַרְתָּ בְּנָשִׂיא שֶׁכֵּן אֵין מֵבִיא חַטָּאתוֹ (שעיר) מִשֶּׁעָבַר מנשיאותו, אלא מביא חטאת כהדיוט, תֹּאמַר בְּמָשִׁיחַ שֶׁמֵּבִיא פר עבור חַטָּאתוֹ גם מִשֶּׁעָבַר, הוֹאִיל וּמֵבִיא חַטָּאתוֹ מִשֶּׁעָבַר יָבִיא עַל הַקּוֹדְמוֹת על מה שחטא לפני היותו כהן משיח יביא פר לחטאת? תַּלְמוּד לוֹמַר: "הַמָּשִׁיחַ יֶחֱטָא" (שם), לומר: אִם חָטָא כְּשֶׁהוּא מָשִׁיחַ — מביא קרבן כמשיח, כְּשֶׁהוּא הֶדְיוֹט — אֵינוֹ מֵבִיא. וְתַנְיָא נָמֵי [ושנויה בברייתא גם כן] לְגַבֵּי [אצל] נָשִׂיא כְּהַאי גַּוְונָא [כגון זה]: "אֲשֶׁר נָשִׂיא יֶחֱטָא" (שם כב) — פְּרָט לַקּוֹדְמוֹת, וַהֲלֹא דִּין הוּא: וּמָה מָשִׁיחַ שֶׁמֵּבִיא עַל חַטָּאתוֹ מִשֶּׁעָבַר — אֵינוֹ מֵבִיא עַל הַקּוֹדְמוֹת, נָשִׂיא שֶׁאֵין מֵבִיא חַטָּאתוֹ מִשֶּׁעָבַר — אֵינוֹ דִּין שֶׁלֹּא יָבִיא עַל הַקּוֹדְמוֹת! ואם כן אין צריך ללימוד זה! ויש להשיב: לֹא, אִם אָמַרְתָּ בְּמָשִׁיחַ שֶׁכֵּן אֵין מֵבִיא בְּשִׁגְגַת מַעֲשֶׂה לבד, אלא עם הוראת היתר, תֹּאמַר בְּנָשִׂיא שֶׁמֵּבִיא בְּשִׁגְגַת מַעֲשֶׂה? הוֹאִיל וּמֵבִיא בְּשִׁגְגַת מַעֲשֶׂה יָבִיא עַל הַקּוֹדְמוֹת? תַּלְמוּד לוֹמַר: "אֲשֶׁר נָשִׂיא יֶחֱטָא" — שֶׁחָטָא וַהֲרֵי הוּא באותה עת נָשִׂיא, וְלֹא שֶׁחָטָא וְעוֹדֵהוּ הֶדְיוֹט.

ד ועוד בעניין נשיא. תָּנוּ רַבָּנַן [שנו חכמים]: "אֲשֶׁר נָשִׂיא יֶחֱטָא", יָכוֹל גְּזֵרָה היא שהנשיא מתמיד לחטוא? תַּלְמוּד לוֹמַר: "אִם הַכֹּהֵן הַמָּשִׁיחַ יֶחֱטָא" (שם ג), מַה לְּהַלָּן כוונת הכתוב היא לִכְשֶׁיֶּחֱטָא, אַף כָּאן כוונת הכתוב היא לִכְשֶׁיֶּחֱטָא. ומבררים את הברייתא. אָמַר מָר [החכם] בברייתא: יָכוֹל גְּזֵרָה. ותוהים: גְּזֵרָה, מֵהֵיכָא תֵּיתֵי [מהיכן תבוא]? מהיכן יעלה על דעתנו שתהיה גזירה מסוג כזה שיחטא הנשיא? אָמְרִי [אומרים] בתשובה: אִין [כן], יש מקום לסברה זו, שכן אַשְׁכְּחַן [אנו מוצאים], דִּכְתִיב [שנאמר]: "כי תבואו אל ארץ כנען אשר אני נותן לכם לאחוזה וְנָתַתִּי נֶגַע צָרַעַת בְּבֵית אֶרֶץ אֲחֻזַּתְכֶם" (ויקרא יד, לד), הרי זו בְּשׂוֹרָה והודעה מראש הִיא לָהֶם לבני ישראל שֶׁנְּגָעִים בָּאִים עֲלֵיהֶם לכשיהיו בארץ ישראל, דִּבְרֵי ר' יְהוּדָה. ר' שִׁמְעוֹן אוֹמֵר: הפסוק הזה בא לומר שנגעים מטמאים רק אם הם באים מידי שמים, והרי זה בא ללמד מיעוט: פְּרָט לְנִגְעֵי אוֹנָסִין שבאו מחמת סיבה אחרת. ולענייננו, לָאו [וכי לא] אָמַר ר' יְהוּדָה שדבר כמו צרעת הוא בְּשׂוֹרָה? הָכָא נָמֵי אֵימָא [כאן אצל נשיא גם כן אמור] גְּזֵרָה היא שיחטא! הִלְכָּךְ כְּתִיב [על כן נאמר]: "אִם הכהן המשיח יחטא", שאין חטאו ודאי. ושואלים: לגופם של הדברים האמורים בברייתא זו, וּלְר' שִׁמְעוֹן, נִגְעֵי אוֹנָסִין מִי לָא מְטַמּוּ [האם אינם מטמאים]? וְהָא תַּנְיָא [והרי שנויה ברייתא]: "אָדָם כִּי יִהְיֶה בְעוֹר בשרו שאת או ספחת..." (שם יג, ב) — מִן הַדִּבּוּר וְאֵילָךְ כלומר, מזמן שניתנה מצוה זו לישראל והלאה ("כי יהיה"), ואינו כולל נגעים שהיו קודם לכן. וַהֲלֹא דִּין (לימוד) הוּא: טָמֵא בְּזָב וְטָמֵא בִּנְגָעִים, מַה זָּב אינו טמא אלא מִן הַדִּבּוּר וְאֵילָךְ, אַף נְגָעִים מִן הַדִּבּוּר וְאֵילָךְ? ואין צריך לזה לימוד מיוחד! ויש להשיב: לֹא, אִם אָמַרְתָּ בְּזָב שֶׁכֵּן אֵין מְטַמֵּא בְּאוֹנֶס, שאם ראה זוב לאונסו אין זה מטמא, תֹּאמַר בִּנְגָעִים שֶׁמְּטַמְּאִין בְּאוֹנֶס? תַּלְמוּד לוֹמַר: "אָדָם כִּי יִהְיֶה", לומר מִן הַדִּבּוּר וְאֵילָךְ. על כל פנים אנו למדים מכאן שנגעים מטמאים באונס! רָבָא אָמַר: הפסוק "ונתתי נגע צרעת" בא למעט פְּרָט לְנִגְעֵי רוּחוֹת כלומר, שהנגע בא מחמת רוחות רעות ולא על ידי אדם. רַב פַּפָּא אָמַר: הפסוק בא למעט פְּרָט לְנִגְעֵי כְשָׁפִים.

ה ועוד בעניין נשיא. תָּנוּ רַבָּנַן [שנו חכמים]: "אֲשֶׁר נָשִׂיא יֶחֱטָא" — פְּרָט לְחוֹלֶה. ותוהים: מִשּׁוּם דַּהֲוָה לֵיהּ [שנהיה לו] חוֹלֶה, הוּא אִידְּחֵי לֵיהּ מִנְּשִׂיאוּתֵיהּ [נדחה לו מנשיאותו]? אָמַר רַב אַבְדִּימִי בַּר חָמָא: אין הכוונה לכל חולי אלא פְּרָט לְנָשִׂיא שֶׁנִּצְטָרַע, שֶׁנֶּאֱמַר: "וַיְנַגַּע ה' אֶת הַמֶּלֶךְ וַיְהִי מְצֹרָע עַד יוֹם מֹתוֹ וַיֵּשֶׁב בְּבֵית הַחָפְשִׁית וְיוֹתָם בֶּן הַמֶּלֶךְ עַל הַבַּיִת שופט את עם הארץ" (מלכים ב טו, ה). הרי שהוסר ממלכותו כאשר נצטרע. ומעירים בענין זה: מִדְּקָאָמַר [ממה שאומר] הכתוב "בְּבֵית הַחָפְשִׁית", מִכְּלָל [מכאן] שֶׁעַד הַשְׁתָּא [עכשיו] עֶבֶד הֲוָה [היה] לפי שהיה משועבד לצרכי הציבור. כִּי הָא [כמו מעשה זה] דְּרַבָּן גַּמְלִיאֵל וְר' יְהוֹשֻׁעַ הֲווּ אָזְלֵי בִּסְפִינְתָּא [היו הולכים בספינה יחד], בַּהֲדֵי [עם] רַבָּן גַּמְלִיאֵל הֲוָה פִּיתָּא [היה לחם] מספיק לצורך הנסיעה, בַּהֲדֵי [עם] ר' יְהוֹשֻׁעַ הֲוָה פִּיתָּא וְסוֹלְתָּא [היה לחם וסולת]. שְׁלִים פִּיתֵּיהּ [נגמרה פיתו] של רַבָּן גַּמְלִיאֵל, שהנסיעה נמשכה יותר ממה ששיער מראש. סָמַךְ אַסּוֹלְתֵּיהּ [על הסולת] של ר' יְהוֹשֻׁעַ. אָמַר לֵיהּ [לו]: מִי הֲוָה [האם] יָדַעַתְּ מתחילה דַּהֲוָה לַן עִכּוּבָא כּוּלֵּי הַאי, דְּאַיְיתִית סוֹלְתָּא [שיהיה לנו עיכוב כל כך, שבאת אתך סולת]? אָמַר לֵיהּ [לו]: כּוֹכָב אֶחָד יֵשׁ, שאחת לְשִׁבְעִים שָׁנָה הוא עוֹלֶה (מופיע) וּמַתְעֶה אֶת הַסַּפָּנִים בדרכם בים, וגורם לנסיעתם שתתארך, וְאָמַרְתִּי: שֶׁמָּא יַעֲלֶה כוכב זה בדרכנו וְיַתְעֶה אוֹתָנוּ. אָמַר לֵיהּ [לו] רבן גמליאל: כָּל כָּךְ בְּיָדְךָ חכמה וְאַתָּה עוֹלֶה בִּסְפִינָה לצרכי פרנסתך? אָמַר לֵיהּ [לו]: עַד שֶׁאַתָּה תָּמֵהַּ עָלַי שאתה מכיר אותי, תְּמַהּ עַל שְׁנֵי תַלְמִידִים שֶׁיֵּשׁ לְךָ בַּיַּבָּשָׁה, ר' אֶלְעָזָר חִסְמָא וְר' יוֹחָנָן בֶּן גּוּדְגְּדָא, שהם חכמים עד שֶׁיּוֹדְעִין לְשַׁעֵר כַּמָּה טִפּוֹת יֵשׁ בַּיָּם, וְאֵין לָהֶם פַּת לֶאֱכוֹל וְלֹא בֶּגֶד לִלְבּוֹשׁ! נָתַן רבן גמליאל דַּעְתּוֹ למנותם וּלְהוֹשִׁיבָם בָּרֹאשׁ. כְּשֶׁעָלָה מהספינה, שָׁלַח לָהֶם שליח להזמינם לצורך זה וְלֹא בָּאוּ, חָזַר וְשָׁלַח וּבָאוּ. אָמַר לָהֶם: אין אתם רוצים במינוי זה משום שֶׁכִּמְדוּמִּין אַתֶּם שֶׁשְּׂרָרָה אֲנִי נוֹתֵן לָכֶם על ידי מינוי זה?

עיונים

משום תקתני גבי נשיא רש"י מפרש את תשובת הגמרא בשני אופנים. לפי לשון אחת, החידוש במשנה הוא לענין נשיא, ללמדנו שאף לאחר שעבר מנשיאותו מביא שעיר לחטאת על מה ששגג בהיותו נשיא. ובלשון אחרת פירש שעיקר החידוש הוא לגבי משיח, שאף שחטא לאחר שעבר מכהונתו מכל מקום מביא פר לחטאת. וכתב רש"י שלשון ראשונה עיקר, לפי שהיא מתיישבת יותר עם סגנון הגמרא. וראה בב"ש ושאר מפרשים שהסבירו שרש"י אינו רוצה לומר שיש כאן שתי גרסות, אלא שאפשר לפרש את דברי הגמרא בשני מובנים. אבל ראה בגרסות כת"י שהם מפרשים כלשון ראשונה.

נשיא שמביא בשגגת מעשה ומשום שמביא על שגגת מעשה, הרי לכאורה אותו סוג של חטא שחטא בו כשהוא נשיא אף חוטא בו כשהוא הדיוט, שאין קשר בין חטאו לנשיאותו. מה שאין כן בכהן הגדול שחטאו הוא בהוראה בהעלם דבר.

שנאמר מכל מצות וגו' וכתב בספר שושנים לדוד שהביא כתוב זה במשנה כדי ללמד שאין דין זה קשור להיות המלך מבית דוד או ממוצא אחר. אלא הכל תלוי בהיותו העליון בשררה לכל ישראל.

שאין על גביו והכוונה היא שאין בישראל מי שנמצא למעלה ממנו בשררה. וכן מבוארת ההלכה ברמב"ם. אבל דין זה נוהג גם בנשיא שיש על גביו מרות של מלך ממלכי האומות. וכן משמע מדברי הגמרא להלן (יא,ב) המדברת בראש הגולה שהיה כפוף למלכי פרס (מגן גבורים).

אלא ה' אלקיו המלבי"ם מסביר כי אין הכתוב משתמש ביחסי הקנין לגבי שם אלקים אלא כאשר מדובר בכלל ישראל, או לגבי יחיד שהוא מלך ישראל. אבל לא נאמרה לשון זו בבעל שררה נמוכה יותר. אבל ראה להלן בגמרא שיש שם לימוד בדרך גזירה שוה, ואולי הוא שיטה אחרת.

יכול גזרה לפי שלא נאמר בו הלשון "אם יחטא", אלא "אשר יחטא" כאילו מובן מעצמו שהוא חוטא.

ור' ידעיה הפניני כתב שבאים דברי הגמרא להדגיש את הבחירה החופשית, שאין בכך גזירה קדומה אלא כל אדם יוכל לבחור את דרכו להרע או להיטיב.

גזרה מהיכא תיתי ומסביר רש"י שלכאורה לא מצאנו במקרא גזרה כזו, וכדברי הרא"ש שאין הכתוב בא לבשר על דבר רע שיבוא מעצמו.

בשורה היא וכו' משמע שיש עוד דוגמה בכתוב שהמקרא מודיע שבעתיד יבוא דבר רע, כנגע צרעת.

וכתב הרא"ש שאין הדברים דומים לגמרי, שהרי במדרש פירשו שיש בכך צד בשורה, לפי שעל ידי הנגע והחובה להרוס את הבית ימצאו בכותלי הבתים אוצרות שגנזום יושבי הארץ הראשונים. וכן העירו מדברי הרמב"ן שמסביר שנגע הצרעת הוא כמופת שיש השגחה פרטית על ישראל שכאשר הם פוגמים בדבר מה במעשיהם ניתן להם אות משמים על ידי הנגע.

מן הדבור ואילך שמי שהיה בו נגע עוד לפני שניתנה המצוה (וכתבו המפרשים שלפי מה שנאמר שנתרפאו כל ישראל במעמד הר סיני, צריך לומר כי ההדגשה היא על אמירת דיבור זה לישראל, שהיה לאחר הדברות בהר סיני, ואז חזרו למחלותיהם. ולפי זה נגע שהיה לפני הדיבור אינו מטמא, כמו זיבה שהחלה לפני הדיבור שאינה מצטרפת לזוב שלאחר מכן. וכתב המאירי שהוא הדין לגבי גר, שכיון שאין דיני נגעים וזוב שייכים בו לענין טומאה כשהיה גוי, אף אינם נחשבים לענין הלכה כאשר הוא מתגייר.

והראיה לדבר היא מן הלשון "יהיה" שמשמעו: יהיה בעתיד, לאחר שנאמרו דברים אלה.

תאמר בנגעים שמטמאים באונס ויש כאן צד תמיהה: הלא ר' שמעון למעלה דיבר בנגעי בתים וכאן מדבר בנגעי בני אדם? ורש"י כבר הבחין בכך והסביר שכשם שהדין בנגעי אדם כן הוא בנגעי בתים. והרא"ש מביא בשם הרמ"ה שענין נגעי אונסים אינו שייך כלל בבתים, שלגביהם אין הבדל בין אונס לאופן אחר, ונלמד הדבר בדרך "אם אינו ענין", שאם אין הדבר נוגע לנגעי בתים תנהו ענין לנגעי אדם. וכעין זה מבואר גם בשאילתות.

נגעי רוחות וכו' רש"י מסביר: נגעי רוחות — נגע שנעשה ברוח רעה, וכיוצא בו נגעי כשפים שנעשו על ידי כשפים. שיש לחלק בין אונס שבידי אדם (מפני חבלה או כויה) לבין אונס שבא בדרך שאינה טבעית, שאינו נחשב לנגע.

ור' ידעיה הפניני מפרש את הענין כולו בדרך הרמז, ומסביר שהנגעים הם חוליי הנפש, שיש מהם שבאים על ידי "רוחות" — כלומר, שינוי המקומות והשפעותיהם, וכן "נגעי כשפים" — שאנשים מסיתים להאמין באמונות תפלות.

בית החפשית המאירי מסביר שפשוטו של מקרא הוא שהיה למלך מקום שבו היה נופש מטרדות המלכות, ושם ישב המלך עוזיה. אלא שדרשוהו לענין החופש שיש למי שאינו משמש עוד במשרה.

פיתא וסולתא לפי שהלחם מתעפש או מתקשה ואינו ראוי לאכילה אחרי זמן מסויים, ואילו הסולת יכולה להשמר זמן רב (רש"י).

ואתה עולה בספינה שר' יהושע הלך בספינה מפני צורך פרנסתו (רש"י ועוד) ולכאורה אדם חכם כמוהו היה יכול להתפרנס במקומו אם היה יושב ומייעץ לאנשים מה יעשו (בן יהודע ועוד). אבל הרא"ש בשם הרמ"ה תוהה הן על הראיה מן הספינה, שהרי אנשים עשירים יוצאים לעסקיהם למדינות הים, ועוד שאין זה תמוה שאיש חכם לא יהא עשיר, וכאמור במקרא "לא לחכמים לחם". ומשום כך הוא מפרש: אדם חכם כמוך שיודע שנסיעה זו היא מסוכנת, מפני מה הוא יורד לים. ולפי זה השיב לו ר' יהושע שיש לתמוה יותר על חכמים גדולים שלמרות חכמתם לא עלה בידם למצוא פרנסה ראויה.

להושיבם בראש כלומר, לתת להם מינוי כראשי הישיבה כדי שתהא להם פרנסה מכך (רש"י). והרמ"ה תוהה מה פרנסה יש במינוי בישיבה, ולכן מסביר שלא נעשה הדבר לצורך פרנסה, אלא כיון שחכמים גדולים הם מן הראוי שינהיגו את הציבור. והעירו המפרשים שהרמ"ה כתב לפי דברי הרמב"ם המדגיש את האיסור לקבל שכר עבור הוראת התורה. אבל מן הגמרא רואים שראשי הישיבה משום שהיו מנהיגי הרבים היו מספיקים להם (במישרין או בעקיפין) פרנסה כדי לתת להם פנאי ולכבדם לפי מעלתם (ב"ש).

כמדומין אתם ששררה ולכן לא רצו לבוא. שגם אם באו לאחר מכן, מכל מקום דרך ארץ היא שיהא אדם בורח מן הכבוד ומשתמט ממנו.

אורח ההלכה

חטאו עד שלא נתמנו כהן משיח או מלך שחטאו לפני שהתמנו, גם אם נודע להם חטאם לאחר שנתמנו הריהם מביאים קרבן כהדיוטות. כסתם משנה. (רמב"ם ספר קרבנות הלכות שגגות פט"ו ה"י).

איזהו נשיא נשיא האמור בתורה זה מלך ישראל, שאין עליו שליט מישראל העומד למעלה ממנו. (שם ה"ו).

זב מחמת אונס הרואה זוב, אם נגרם הדבר מחמת אונס או חולי אחר — אינו מטמא כזב. שאין מטמא כזב מי שראה זיבה מפני סיבה אחרת. (שם הלכות מחוסרי כפרה פ"ב ה"ב).

נשיא שנצטרע נשיא שנצטרע עובר מכהונתו, וכיון שכך דינו כהדיוט לענין קרבן. כדברי רב אבדימי בר חמא. (שם הלכות שגגות פט"ו ה"ט).

מסורת הש"ס

א. תו"כ ויקרא ד, ג. ילק"ש תורה תסח.
ב. ילק"ש שם תסט.
ג. כתובות מה,א. ירושלמי הוריות פ"ג ה"ג.
ד. הוריות ט,א (ושם סומנו מקבילות)
ה. תו"כ שם. ילק"ש שם תסו.
ו. תו"כ שם ד, כב. ילק"ש שם תסט.
ז. תו"כ שם. ילק"ש שם.
ח. תו"כ מצורע יד, לד.
ט. שם תזריע יג, ב.
י. נדה לו,ב.
יא. ראה הוריות ט,א. ילק"ש שם.

גרסות

עבר ממשיחותו צריכא למימר בכתי"פ: עבר ממשיחתו מיבעיא בכתי"מ: עבר מיבעיא.

משום דקתני — מביא פר בכתי"מ: נשיא אצטריכא סלקא דעתך אמינא הואיל ועבר מנשיאותו ואחר כך חטא הרי הוא כהדיוט כי חטא נמי דעבר בנשיאותו הרי הוא כהדיוט קא משמע לן ובדומה בכתי"פ: נשיא אצטריכא ליה סלקא דעתך אמינא הואיל ועבר מנשיאותו ואחר כך חטא הרי הוא כהדיוט כי חטא נמי ואחר כך עבר מנשיאותו הרי הוא כהדיוט קא משמע לן.

חטאתו משעבר בכתי"מ: על חטאתו משעבר.

שיכול והלא דין בכתי"מ: והלא דין.

לא כל שכן בכת"י: אינו דין שלא יביא חטאתו משעבר.

שמביא חטאת בשגגת בכת"י: שמביא בשגגת.

ואחר כך נתמנו בכתי"מ: ונתמנו.

הרי אלו בכת"י: הרי הן.

כהדיוטות ובדפו"י: כהדיוט.

שאין על גביו במשניות ובכתי"פ: נשיא שאין על גביו.

אם הכהן המשיח יחטא לאשמת בכתי"מ וכן הגיה בב"ש: אם הכהן המשיח יחטא בכתי"פ: אם הכהן המשיח.

לקודמות... הקודמות בכתי"מ: לקדומות... הקדומות.

שיכול והלא דין בכתי"מ: והלא דין.

שאין מביא אלא על העלם דבר עם שגגת מעשה בכתי"פ: שאינו מביא בשגגת מעשה.

לא אם אמרת בנשיא בכתי"פ: מה לנשיא.

המשיח יחטא — אינו מביא בכתי"פ: אם הכהן המשיח יחטא בשגגה בשיחטא והרי הוא משוח ולא בשיחטא ועודהו הדיוט.

ותניא נמי בדפו"י ובכת"י: ותנן נמי.

שחטא... שחטא בכתי"פ: בשיחטא... בשיחטא.

תלמוד לומר אם — לכשיחטא בכתי"פ: יחטא לכשיחטא.

גזרה מהיכי תיתי בכת"י: ומי כתיב קרא הכי.

אשכחן דכתיב ונתתי בכתי"מ: דכתיב בכתי"פ: והתניא ונתתי.

היא להם בכתי"מ: היא לכם.

שנגעים באים עליהם בכתי"מ: שנגעים באים עליכם ובכתי"פ חסרות מלים אלה.

לאו אמר — כתיב אם בכתי"פ משפט זה חסר.

מי לא מטמו בכתי"פ: לא מיטמו.

והלא דין הוא בכתי"פ: שיכול והלא דין הוא הואיל.

רוחות רב פפא אמר פרט לנגעי בכתי"מ חסרות מלים אלה.

מדקאמר בבית החפשית בכתי"פ חסרות מלים אלה.

כי הא בכתי"פ: אין כי הא.

הוה פיתא וסולתא בכתי"פ: הוה סולתא.

דאייתית סולתא בכת"י: דאייתית נמי סולתא.

לשבעים שנה עולה בכת"י: יש שעולה אחת לשבעים שנה.

הספינות בכת"י: הספנין.

עולה בספינה בכת"י: יורד לספינה.

כמה טפות יש בים בכתי"מ: כמה טיפין בים בכתי"פ: כל טיפין שבים.

פת לאכול ולא בגד ללבוש בכתי"פ: לחם לאכול ובגד ללבוש בכתי"מ: פת לאכול.

נתן דעתו בכתי"פ: נתן עיניו.

כשעלה בכת"י: כשעלה ליבשה.

חזר ושלח בכת"י: חזר ושלח להם.

לשון

הדיוט
ראה בהשלמות.

החיים

לשער טפות שבים
ראה בהשלמות.

העולם

כוכב אחד וכו'
ראה בהשלמות.

אישים

ר' אלעזר חסמא, ר' יוחנן בן גודגדא
ראה בהשלמות.

מסורת הש"ס

א) רש"א: ב) ת"כ פ' ויקרא: ג) לעיל ז.: ד) כתובות מה.: ה) [לעיל ט. לקמן יא:]: ו) ב"ש מ"ז: ז) ב"ש מ"ז: ח) ת"כ פ' מלורע: ט) בס"י תמוה אני: י) רש"א [עי' בחלופי גרסאות]:

עין משפט נר מצוה

ה א מיי' פט"ו מהל' שגגות הלכה י:
ו ב מיי' שם הל' ו:
ז ג מיי' פרק ב מהל' מחוסרי כפרה הל' ב:
ח ד מיי' פט"ו מהל' שגגות הל' ט:

גמרא

תורה אור

ואח"כ חטא מביא פר חטא ואח"כ עבר ממשיחותו צריכא למימר משום דקתני גבי נשיא דכי עבר מנשיאותו ואח"כ חטא כהדיוט מייתי אהכי תני גבי משיח א)[חטא ואח"כ עבר] מביא פר מנא ה"מ ב)דתנו רבנן א°והקריב על חטאתו מלמד שמביא חטאתו משעבר שיכול והלא דין הוא ומה נשיא שמביא בשגגת מעשה אין מביא חטאתו משעבר ג)משיח שאין מביא בשגגת מעשה אלא על העלם דבר עם שגגת מעשה *[לא] כ"ש תלמוד לומר והקריב על חטאתו מלמד שמביא על חטאתו משעבר ונייתי נמי נשיא מק"ו ומה משיח שאין מביא בשגגת מעשה מביא חטאת משעבר נשיא שמביא חטאת בשגגת מעשה אינו דין שמביא חטאתו משעבר

סס תלמוד לומר °אשר נשיא יחטא בכשהוא נשיא אין כשהוא הדיוט לא: **מתני'** ג ד)אחטאו עד שלא נתמנו ואח"כ נתמנו הרי אלו כהדיוטות ר"ש אומר אם נודע להם עד שלא נתמנו חייבים ומשנתמנו פטורים באיזהו נשיא זה

סס מלך שנאמר °מכל מצות ה' אלהיו ד ה)שאין על גביו אלא ה' אלהיו: **גמ'** מה"מ דתנו

סס רבנן °אם הכהן המשיח יחטא ו)(לאשמת) הפרט לקודמות ו)(שיכול) והלא דין הוא ומה נשיא שמביא בשגגת מעשה אין מביא על הקודמות משיח שאין מביא אלא על העלם דבר עם שגגת מעשה אינו דין שלא יביא על הקודמות לא אם אמרת בנשיא שכן אין מביא חטאתו משעבר תאמר במשיח שמביא חטאתו משעבר הואיל ומביא חטאתו משעבר יביא על הקודמות תלמוד לומר

סס המשיח יחטא חטא כשהוא משיח מביא כשהוא הדיוט אינו מביא ותניא נמי גבי נשיא כה"ג ו°אשר נשיא יחטא פרט לקודמות ז)(שיכול) והלא דין הוא ומה משיח שמביא חטאתו משעבר אינו מביא על הקודמות נשיא שאין מביא חטאתו משעבר אינו דין שלא יביא על הקודמות מה למשיח שכן אין מביא בשגגת מעשה תאמר בנשיא שמביא בשגגת מעשה הואיל ומביא בשגגת מעשה יביא על הקודמות תלמוד לומר אשר נשיא יחטא

ד שחטא והרי הוא נשיא ולא שחטא ועודהו הדיוט: ת"ר אשר נשיא יחטא יכול גזרה ת"ל אם הכהן המשיח יחטא מה להלן לכשיחטא אף כאן לכשיחטא אמר מר יכול גזרה גזרה מהיכא תיתי אמרי אין אשכחן דכתיב

סס יד °ונתתי נגע צרעת בבית ארץ אחוזתכם ז בשורה היא להם שנגעים באים עליהם דברי רבי יהודה רבי שמעון אומר פרט לנגעי אונסין לאו אמר רבי יהודה בשורה הכא נמי אימא גזרה היא הלכך כתיב אם ולרבי

סס יג שמעון נגעי אונסין מי לא מטמו והא ח)תניא ח°אדם כי יהיה מן הדבור ואילך והלא דין הוא טמא בזב וטמא בנגעים מה זב מן הדבור ואילך אף נגעים מן הדבור ואילך לא ט°אם אמרת בזב שכן ט)אין מטמא באונס תאמר בנגעים שמטמאין באונס תלמוד לומר אדם כי יהיה מן הדבור ואילך רבא אמר פרט לנגעי

ה רוחות רב פפא אמר פרט לנגעי כשפים תנו רבנן אשר נשיא יחטא פרט לחולה משום דהוה ליה חולה אידחי ליה מנשיאותיה אמר רב אבדימי בר חמא י)פרט לנשיא שנצטרע שנאמר °וינגע ה' את המלך (מלכים ב טו)

ויהי מצורע עד יום מותו וישב בבית החפשית ויותם בן המלך על הבית מדקאמר בבית החפשית מכלל דעד השתא עבד הוה כי הא דר' גמליאל ורבי יהושע הוו אזלי בספינתא בהדי דר' גמליאל הוה פיתא בהדי רבי יהושע הוה פיתא וסולתא שלים פיתיה דר' גמליאל סמך אסולתיה דרבי יהושע אמר ליה מי הוה ידעת דהוה לן עכובא כולי האי דאיתית סולתא אמר ליה כוכב אחד לשבעים שנה עולה ומתעה את (הספינות) [הספנים] ואמרתי שמא יעלה ויתעה [אותנו] אמר ליה כל כך בידך ואתה עולה בספינה א"ל עד שאתה תמה עלי ט)תמה על שני תלמידים שיש לך ביבשה רבי אלעזר חסמא ורבי יוחנן בן גודגדא שיודעין לשער כמה טפות יש בים ואין להם פת לאכול ולא בגד ללבוש נתן דעתו להושיבם בראש כשעלה שלח להם ולא באו חזר ושלח ובאו אמר להם כמדומין אתם ששררה אני נותן לכם

עבודות

רש"י

משיח חטא ואח"כ עבר ממשיחותו מביא פר ומה שכתוב בספרים תני גבי משיח עבר ואחר כך חטא לאו מתרלתא היא ולשון ראשון עיקר דקאמר השתא יש לומר כו': **מה"מ.** דמשיח שעבר ואח"כ חטא דמביא פר: **מתני' חטאו עד שלא נתמנו ואח"כ נתמנו הרי אלו כהדיוטות.** דרבנן בתר חטא אזלי: **ר"ש אומר אם נודע להם עד שלא נתמנו חייבין.** דר"ש חטאה וידיעה בעי וה"ה דפליג ר"ש ברישא דקתני נשיא שחטא ואח"כ עבר מגדולתו מביא שעיר דר"ש קאמר נמי דאם נודע לו משעבר דאין מביא שעיר דחטאה וידיעה בעי כשהוא נשיא: **גמ' אם הכהן המשיח יחטא.** חטא במשיחות הוא דמביא פר: **פרט לקודמות.** לשחטא ואח"כ נתמנה דהרי הוא כהדיוט ואין מביא פר: **ומה נשיא שמביא בשגגת מעשה אין מביא על הקודמות.** כדאמר לקמן אשר נשיא יחטא כשיחטא והרי הוא נשיא ולא כשיחטא והרי הוא הדיוט: **שאין מביא חטאתו משעבר.** כדתנן וכן הנשיא שעבר מגדולתו ואח"כ חטא הנשיא כהדיוט: **יכול גזרה.** דגזרת מלך היא שנשיא יחטא מדלא כתיב ואם נשיא יחטא: **ת"ל אם הכהן המשיח יחטא.** מה יחטא האמור להלן לכשיחטא דהא כתיב אם אף יחטא האמור כאן גבי נשיא לכשיחטא: **גזרה מהיכא תיתי.** כלומר היכי מלית למימר יכול גזרה דהיכא אשכחן גזרה כה"ג: **אין.** דודאי אשכחן כה"ג: **דכתיב ונתתי נגע לרעת בבית ארץ אחוזתכם בשורה היא להם.** שהכתוב מבשרן שעתיד להיות אע"פ שדבר רע הוא הכא נמי אימא גזרה הלכך כתיב אם הכהן המשיח יחטא לכשיחטא וה"נ אשר נשיא יחטא לכשיחטא: **ר"ש אומר.** ונתתי נגע לרעת שיהא בא מאליו: **פרט לנגעי אונסין.** שאם באו נגעים ע"י נפיחת שד דלא מיטמו: **אדם כי יהיה בעור בשרו מדבור ואילך.** דנגעים בין באדם ובין בבתים פטור בהן לפני הדבור דאותן נגעים שארעו לפני הדבור אין מטמאין לאחר הדבור: **מה זב מדבור ואילך.** דכתיב כי יהיה זב מבשרו דזבין שהיו לפני הדבור אין מטמאין לאחר הדבור אלא אם כן ראו זיבות אחר הדבור: **תאמר בנגעי אדם שמטמאין באונס.** כגון על ידי נפילה והכאה וכויה או ע"י שד וה"ה לנגעי בתים דמטמאו באונס: **רבא אמר.** לא קשיא הא דקאמר ר"ש פרט לנגעי אונסין כגון נגעי רוחות דע"י נפיחת שד ולא ע"י אדם וכי קתני תאמר בנגעים שמטמאין באונס כגון ע"י הכאה וכויה: **רב פפא אמר.** כי אמר ר"ש פרט לנגעי אונס ע"י כשפים דלא מטמו וכי קתני תאמר בנגעים דמטמאו באונס כגון שלא ע"י כשפים: **וישב בבית החפשית.** דנעשה חפשי מן המלכות כהדיוט דמי ואינו מביא שעיר ודלא כרבי יוסי דאמר לעיל בפרק הורה כהן משיח (דף ט.) מי שבא לידי עניות והאי נצטרע לא בא לידי עניות דגזא דידיה מיהא איתיה: **מכלל דעד השתא עבד הוה.** דשררות עבדות הוא לו לפי שמוטל עליו עול רבים: **וסולתא.** סולת ולהכי נקט בהדי פיתא סולת קמחא לפי שהפת מתעפש ואינו מתקיים כסולת: **ומתעה את הספנים.** שכן דרך של ספנים לשעה הפורשין ליס רב החובל נותן עיניו י)[בלפון והכוכב מתהלך לדרום ורואה] בכוכב אחד העומד לימינו או לשמאלו וכל זמן שרואה אותו כוכב לנגדו אחר יודע שנהפכה הספינה ומיישרה לדרכה וכוכב שעולה אחת לשבעים שנה פעמים נראה בלפון ופעמים נראה בדרום וכשרב החובל נותן עיניו בו בלפון והספינה תהפך בדרום ורואהו לנגדו אחר סבור שנהפכה הספינה ומיישרה אחר הכוכב והוא סבור ליישרה ומהפכה לדרך אחר וכן הוא מתעה את הספנים: **אמר לו כל כך.** חכמה יש בידך ואתה יורד לספינה לסחורה (על) [בשביל] מזונותיך כלומר ואתה צריך לירד לספינה לצורך מזונות: **נתן.** רבן גמליאל דעתו עליהם להושיבם בראש כדי שיהו מתפרנסים [מאותה] שררה שיתן להם: **כמדומין אתם ששררה אני נותן לכם.** שלא באתם בשליחות ראשון שהייתם בורחים מן הגדולה:

עבודות

רבינו חננאל

יחיד נשיא ומשיח בין בעבודה זרה בין בשאר מצו' צבור בעבודה זרה מנ"ל א) אמר קרא ואם נפש: כדתניא רבי אומר לפי שמצינו בעבודה זרה שחלק הכתוב בין מרובין ליחידין מרובין בסייף לפיכך ממונם אבד פירוש אנשי עיר הנדחת. יחידין בסקילה לפיכך ממונם פלט יכול נחלוק בקרבנותיהם [ת"ל תורה אחת] פי' בשגגת מעשה לחודה בלא הוראה שוה דכל חד וחד בין יחיד בין רבים מייתי שעירה. ופירשנו בפרק הא' של זו המסכת כי כל ישראל אם עשו בלא הוראה כל חד וחד מייתי קרבן יחיד והיינו דקא (סמיך) [משוי להו] הכא. אבל בענין הוראת ב"ד לא מיירי כלל: מתקיף לה רב חלקי' מהגרוניא. ס"א רב חייא מהגרוניא אלא טעמא דכתב רחמנא תורה אחת הא לאו הכי הוה אמינא חלוקין הן וכי שגגו רבים במעשה בלא הוראה קרבנם חלוק מהיחיד. דבר זה אי אפשר על הדעת שאין שום קרבן שחייבו בו מאי נייתי פר צבור בשאר מצות הוא דמייתי ליה פירוש בהוראה. נייתו פר ושעיר צבור בעבודה זרה הוא דמייתו להו. פירוש בהוראה. לייתו שעיר. פי' דעדיף משעירה. כדמפרש בספרא דשעירה לא אתיי' קרבן צבור. נשיא בשאר מצות הוא דמייתי ליה. פירוש בשגגת מעשה לחודיה. מאי אייתר לך שעירה יחיד נמי קרבנו. ומהדרינן אצטריך סד"א צבור בעבודה זרה. פירוש בהוראה מייתו פר לעולה ושעיר לחטאת הני דעבוד בשגגת מעשה [לייתו אפכא] פירוש לייתו שעיר לעולה ופר לחטאת (וצבו') [א"נ] צריכין קרבן אחר ואין להם תקנה קמ"ל: אמר ברוך ראיתי שכתב רב האי גאון זצ"ל אנו אומרים כי מדרש רבי בענין תורה אחת לא יתכן שהרי חלק הכתוב בין מרובין ליחידים גם בקרבן עבודה זרה שהרי יחידים מביאין שעירה וצבור שהן ב"ר מביאין פר לעולה ושעיר לחטאת. וכיון שפירש הכתוב וחלק לא הוה סלקא אדעתין שחייבין אנו לחלוק חלוקה אחרת כדי שיהא צריך לאשמעינן תורה אחת. ור' נסים ב"ר [illegible]

תוספות הרא"ש

[illegible]

[illegible]

עין משפט נר מצוה

מ א מיי' פ"ג מהל' ת"ת הלכה ה ופ"י מהל' תשובה הלכה ה סמג עשין יב טוש"ע י"ד סי' רמו סעיף כ:

גמרא

א
עבודות אני נותן לכם שנאמר °וידברו אליו לאמר אם היום תהיה עבד לעם הזה: ת"ר °אשר נשיא יחטא א)אמר ריב"ז אשרי הדור שהנשיא שלו מביא קרבן על שגגתו אם נשיא שלו מביא קרבן צריך אתה לומר מהו הדיוט ואם על שגגתו מביא קרבן צריך אתה לומר מהו זדונו מתקיף לה רבא בריה דרבה אלא מעתה דכתי' °ואת אשר חטא מן הקדש ישלם ובירבעם בן נבט דכתיב ביה °אשר חטא ואשר החטיא הכי נמי דאשרי הדור הוא שאני הכא דשני קרא בדבוריה דרש רב נחמן בר רב חסדא מאי דכתיב °יש הבל אשר נעשה על הארץ וגו' ב)אשריהם לצדיקים שמגיע אליהם כמעשה הרשעים של עולם הבא בעולם הזה אוי להם לרשעים שמגיע אליהם כמעשה הצדיקים של עולם הבא בעולם הזה אמר רבא אטו צדיקי אי אכלי תרי עלמי ג)מי סני להו אלא אמר רבא אשריהם לצדיקים שמגיע אליהם כמעשה הרשעים של עולם הזה בעולם הזה אוי להם לרשעים שמגיע אליהם כמעשה הצדיקים של עולם הזה בעולם הזה רב פפא ורב הונא בריה דרב יהושע אתו לקמיה דרבא אמר להו אוקימתון מסכתא פלן ומסכתא פלן אמרו ליה אין איעתריתו פורתא אמרו ליה אין דזבנן קטינא דארעא קרי עלייהו אשריהם לצדיקים שמגיע אליהם כמעשה הרשעים שבעולם

ב
הזה בעולם הזה ד)אמר רבה בר בר חנה אמר רבי יוחנן מאי דכתיב °כי ישרים דרכי ה' וצדיקים ילכו בם ופושעים יכשלו בם משל לשני בני אדם שצלו פסחיהם אחד אכלו לשום מצוה ואחד אכלו לשום אכילה גסה זה שאכלו לשום מצוה צדיקים ילכו בם וזה שאכלו לשום אכילה גסה ופושעים יכשלו בם א"ל ריש לקיש רשע קרית ליה נהי דלא עביד מצוה מן המובחר פסח מי לא קאכיל אלא משל לשני בני אדם זה אשתו ואחותו עמו בבית וזה אשתו ואחותו עמו בבית אחד נזדמנה לו אשתו ואחד נזדמנה לו אחותו זה שנזדמנה לו אשתו צדיקים ילכו בם וזה שנזדמנה לו אחותו ופושעים יכשלו בם מי דמי אנן קאמרינן חדא דרך והכא שני דרכים אלא משל ללוט ושתי בנותיו הן שנתכוונו לשם מצוה צדיקים ילכו בם הוא שנתכוון לשם עבירה ופושעים יכשלו בם ודלמא הוא נמי לשם מצוה איכוון א"ר יוחנן כל הפסוק הזה לשם עבירה נאמר °וישא לוט °ותשא אשת אדניו את עיניה ויאמר שמשון [וגו'] אותה קח לי כי היא ישרה בעיני °וירא אותה שכם בן חמור את כל ככר הירדן °כי בעד אשה זונה עד ככר לחם כי כלה משקה °אלכה אחרי מאהבי נותני לחמי ומימי צמרי ופשתי שמני ושקויי והא מינס אניס תנא משום רבי יוסי בר רבי חוני ה)למה נקוד על וי"ו שבקומה של בכירה לומר לך שבשכבה לא ידע אבל בקומה ידע ומאי ה"ל למעבד מאי דהוה הוה נפקא מינה דלפניא אחרינא לא איבעי ליה למישתי דרש ו)רבא מאי דכתיב °אח נפשע מקרית עוז ומדינים כבריח ארמון אח נפשע מקרית עוז זה לוט שפירש מאברהם ומדינים כבריח ארמון שהטיל מדינים בין ישראל לעמון שנאמר °לא יבא עמוני ומואבי בקהל ה' ז)דרש רבא ואיתימא ר' יצחק מאי דכתיב °לתאוה יבקש נפרד (ו)בכל תושיה יתגלע לתאוה יבקש נפרד זה לוט שנפרד מאברהם (ו)בכל תושיה יתגלע שנתגלה קלונו בבתי כנסיות ובבתי מדרשות ח)דתנן עמוני ומואבי אסורין איסור עולם ט)אמר עולא תמר זנתה וזמרי זינה תמר זנתה יצאו ממנה מלכים ונביאים זמרי זינה נפלו כמה רבבות מישראל י)אמר רב נחמן בר יצחק גדולה עבירה לשמה ממצוה שלא לשמה שנאמר °תבורך מנשים יעל אשת חבר הקיני מנשים באהל תבורך מאן נינהו נשים באהל שרה רבקה רחל ולאה איני והאמר רב יהודה אמר רב כ)לעולם יעסוק אדם בתורה ובמצות אפילו שלא לשמה שמתוך שלא לשמה בא לשמה אימא כמצוה שלא לשמה אמר רבי יוחנן שבע בעילות בעל אותו רשע באותה שעה שנאמר °בין רגליה כרע נפל שכב וגו' והא קא מיתהניא מעבירה אמר רבי יוחנן משום רבי שמעון בן יוחאי אפילו טובתם של רשעים רעה היא אצל צדיקים אמר רב יהודה אמר רב לעולם יעסוק אדם בתורה ובמצות אפילו שלא לשמה שמתוך שלא לשמה בא לשמה שבשכר
מ"ב קרבנות שהקריב בלק הרשע זכה ויצתה ממנו רות דאמר רבי יוסי ברבי חנינא ל)רות בת בנו של עגלון
ד
בן בנו של בלק מלך מואב מ)א"ר חייא בר אבא א"ר יוחנן מנין שאין הקב"ה מקפח אפילו שכר שיחה נאה מהכא דאילו בכירה דקרייה מואב אמר ליה רחמנא למשה °אל תצר את מואב ואל תתגר בם מלחמה הוא

תורה אור: מלכים א יב; ויקרא ד; שם ה; מלכים א יד; קהלת ח; הושע יד; בראשית יג; שם לט; שופטים יד; בראשית לד; משלי ו; הושע ב; משלי יח; דברים כג; משלי יח; שופטים ה; שם; דברים ב

רש"י

עבודות אני נותן לכם. שהשררות עבודות הוא לו לאדם לפי שמוטל עליו עול רבים: אשר. כמו אשרי: צריך אתה לומר מהו הדיוט. בתמיה כלומר אם המלך שאין לבו כפוף מרגיש ומביא קרבן על שגגתו כ"ש ההדיוטות מרגישין שלבם כפופים: מהו על זדונו. בתמיה כלומר אם על שגגתו מרגיש כ"ש שמרגיש על זדונו וחוזר בתשובה: שאני הכא דשני קרא בדבוריה. דבכולהו כתיב אם כל עדת ישראל ישגו אם הכהן המשיח אם נפש והכא כתיב אשר נשיא יחטא ולא אשרי משמע: אשריהם לצדיקים. כלומר אשרי הצדיקים שמגיע אליהם כמעשה הרשעים שבעולם הבא בעולם הזה כלומר שמגיע צרות לצדיקים בעולם הזה כדרך שמגיע לרשעים בעוה"ב: אוי. כמו ווי דהכא לא כתיב אשר דמשמע אוי להם לרשעים שמגיע אליהם טובות בעולם הזה כדרך שמגיע טובות לצדיקים בעולם הבא דלעולם הזה היא לרשעים כדכתיב ומשלם לשונאיו אל פניו וגו' (דברים ז): לצדיקים אי אכלי תרי עלמי מי סני להו. מי שנאוי הוא להם [כלומר כלום רע להם] לצדיקים שאוכלים שני עולמות שיש להם טובה בעוה"ז ובעוה"ב: אלא אמר רבא אשריהם לצדיקים שמגיע להם. טובות בעולם הזה כמעשה הרשעים שבעוה"ז שיש להם טובה כדכתיב ומשלם לשונאיו דכך מגיע לצדיקים בעוה"ז אשריהם שיש להם טובה בעולם הזה ולעוה"ב: ואוי להם לרשעים שמגיע להם. צרות כמעשה הצדיקים שבעולם הזה [דמשמע שבאים עליהם צרות כמו שבאים על הצדיקים בעוה"ז] דהקב"ה עושה כדי לגבות [חובם] מהצדיקים בעוה"ז כדי שיהא להם שכר טוב בעוה"ב דכך מגיע צרות לרשעים בעוה"ז אוי להם שאין להם טובה לא בעולם הזה ולא בעולם הבא: אוקימתון מסכתא פלן. כלומר יש לכם מסכתא סדורה בפניכם מסכתא פלוני ופלוני: איעתריתו פורתא. כלומר יש לכם עושר ואין לכם לטרוח אחר מזונות ויש לכם פנאי לעסוק תדיר בתורה: אמרו לו אין דזבנן. לכל חד וחד מינן קטינא דארעא ומתזנינן מינה ברווחא: קרי עלייהו אשריהם לצדיקים שמגיע אליהם כמעשה הרשעים שבעוה"ז. דאכלי צדיקים תרי עלמי: לשם אכילה גסה. שלא לשום מצוה אלא נתכוין לאוכלו לשם קנוח סעודה: מי דמי אנן קאמרינן חד דרך. דזה ילך בה וזה יכשל בה: והכא שני דרכים. דלזה נזדמנה לו אשתו ולזה נזדמנה לו אחותו: נפשע. נמרד שמרד בו שפירש ממנו: מקרית עוז. עוז כמו עז אברהם כדכתיב אל צור חוצבתם (ישעיה נא): שהטיל מדינים. בינו ובין בני ישראל כבריחים שנועלים שהחיצונים אינם יכולין ליכנס לפנים וכך אין עמוני ומואבי יכולין להתערב בישראל דכתיב לא יבא עמוני ומואבי: לתאוה. של עבירה יבקש נפרד: זה לוט. דכתיב ביה ויפרדו איש מעל אחיו: יתגלע. כמו לפני התגלע (משלי יז) לשון גלוי: תמר זנתה. ונתכוונה לשום מצוה כדי להעמיד זרע מן הצדיקים כדכתיב כי ראתה כי גדל שלה: זמרי זינה. ונתכוון לשם עבירה: מדקאמר גדולה עבירה לשמה ממצוה שלא לשמה מכלל דמצוה שלא לשמה גריעותא הוא והא אמר רב יהודה וכו': אלא אימא גדולה עבירה לשמה. כלומר לשום מצוה כמצוה שלא לשמה: בין רגליה כרע נפל שכב. בין רגליה כרע נפל באשר כרע שם נפל שדוד הרי שבעה: נתכוונה לשם מצוה. כדי להתיש כחו ותהא יכולה להורגו: מ"ב קרבנות. ג"פ ז' מזבחות פר ואיל במזבח: יצאה ממנו רות. שיצא ממנה דוד שריוה להקב"ה בשירות ובתשבחות (ברכות ז: ב"ב יד:): דקרייה מואב. משמע מאבי: בן

מסורת הש"ס

א) [תוספתא דב"ק פ"ז]: ב) נזיר כג.: ג) [בנזיר כג. איתא רבא]: ד) נזיר כג.: ה) שם יבמות עו.: ו) נזיר כג.: ז) [נזיר כג: ע"ש]: ח) [סנהדרין קה: ע"ש]: ט) פסחים נ: נזיר כג: סוטה כב: מז. סנהדרין קה: ערכין טז.: י) [יבמות קג. נזיר כג:]: כ) [ל"ל גופא אמר רב יהודה כו' וכ"א בנזיר]: ל) [נזיר כג: ע"ש סוטה מז. ע"ש סנהדרין קה:]: מ) ב"ק לח: נזיר כג:

רבינו חננאל

דכולי עלמא מיהת הני קראי. פירוש הכתובין בפרשת שלח לך וכי תשגו וגו' בעבודה זרה הוא דכתיב מנא לן אמר רבא ואיתימא ר' יהושע בן לוי ואמרי לה כדי בלא חכם (סבר) [אחר] אמר קרא וכי תשגו ולא תעשו את כל המצות האלה. איזו היא מצוה ששקולה כנגד כל המצות כולן הוי אומר זו עבודה זרה התם תניא בספרי אשר דבר ה' אל משה מנין אתה אומר שכל המודה בעבודה זרה כופר בעשרת הדברות ת"ל אשר דבר ה'. ולהלן הוא אומר וידבר אלהים. אחת דבר. הלא כה דברי כאש. מנין אף במה שנצטווה משה ת"ל את כל אשר צוה ה' אליכם ביד משה. מנין אף במה שנצטוו הנביאים ת"ל מן היום אשר צוה ה'. מנין אף במה שנצטוו האבות ת"ל והלאה לדורותיכם. ומהיכן מתחיל המקום לצוות האבות. שנאמר ויצו ה' אלהים על האדם. (מנין) [מגיד] הכתוב שכל המודה בעבודה זרה כופר בעשרת הדברות. ובמה שנצטווה משה ובמה שנצטוו הנביאים ובמה שנצטוו האבות: [דבי רבי] תנא את כל אשר [צוה ה' אליכם ביד משה וכתיב אשר] דבר ה' אל משה. איזו היא מצוה שהיא בדבורו של הקב"ה וצוה על ידי משה הוי אומר זו עבודה זרה פירוש דכתיב לא יהיה לך: דבי רבי ישמעאל תנא (סייך לדף ח ע"ב) למן היום אשר צוה ה' והלאה איזו היא מצוה שהיא נאמרת תחלה הוי אומר זו עבודה זרה. פירוש תחלת עשרת הדברות. ודחי' הא. דהא תניא י' מצות נצטוו ישראל במרה וכו' כדאיתא בפרק ד' מיתות אלמא אחרים קדמי. ואסיק' [אלא] מחוורתא (חדא דהנך) [כדשנינן] מעיקרא: מתני' אין חייבין. פירוש ב"ד על עשה ועל לא תעשה שבמקדש. פי' עשה כשנטמא בעזרה לא תעשה כשנטמא בחוץ. כאשר מפורש בפרק ידיעות הטומאה מאי טעמא אין חייבין והא איכא כרת משום דליתא בקבועה וכל מה דליתיה בקבועה לא מחייבי ביה צבור דאין צבור עני. ותו דנפש כתיב בהו. ואין שום אדם מביא אשם תלוי על עשה ועל לא תעשה שבמקדש אבל בית דין חייבין על עשה ועל לא תעשה שבנדה וכל אדם מביא עליהן אשם תלוי דהא איתא בקבועה ומפורש בספרא ובתוספתא מאי טעמא דמחייבי על עשה שבנדה וכבר ביארנום בפרק ידיעות הטומאה: איזו היא מצות עשה שבנדה. פרוש מן הנדה פי' כשנודע לו (בפנים) [בכניסה] איזו היא מצות לא תעשה אל תבוא על הנדה. פירוש כשידע קודם ביאתו: מנא הני מילי. פי' דאין מביאין אשם תלוי על עשה ועל לא תעשה שבמקדש. א"ר יצחק בר אבדימי נאמר באשם תלוי ולא ידע ואשם ונאמר בצבור אשר לא תעשנה בשגגה ואשם א) מה צבור בקבוע אף אשם תלוי בקבוע. פי' מה קרבן צבור אינו בא אלא בקבוע אף אשם תלוי אינו בא אלא [על] חטא שודאי בקבוע. אקשינן אי הכי עולה ויורד נמי דהא כתיב והיה כי יאשם לאחת מאלה וגו' כלומר יכולין אנו ללמוד מיאשם דכתיב גבי עולה ויורד דלהכי אתא לומר לך דאתי אשם תלוי שלא בקבוע. ודחינן דנין אשמו מאשם ואין דנין אשם מיאשם. ודחינן האי סברא מאי נפקא מינה כלומר אין הפרש למדרש בין יאשם לאשמו דהא תנא דבי ר' ישמעאל ושב הכהן ובא הכהן זו היא שיבה וזו היא ביאה. וכבר פירש' הא דר' ישמעאל בתחלת יבמות ובכמה מקומות זולתו יבוקש משם. ועוד יש לנו אשם בהדיא. דכתיב גבי טומאת מקדש וקדשיו והוא ידע ואשם. אלא ב) אמר רב פפא דנין אשם מצות ה' מואשמו מצות ה'. פי' גבי צבור כתיב אחת מכל מצות ה' וכתיב נמי הכי באשם תלוי. ואקשינן לרב פפא נגמר ואשם נשיאות עון מואשם נשיאות עון. פי' גבי עולה ויורד כתיב אם לא יגיד ונשא עונו [ובאשם תלוי כתיב ולא ידע ואשם ונשא עונו] ואסיקנא משמיה דרב נחמן בר יצחק דנין אשם מצות אשר לא תעשינה. מאשם מצות אשר לא תעשינה. פי' תלתיהו כתיבי בצבור. וכתיבי באשם תלוי ואל יוכיחו שמיעת קול וטומאת מקדש דלא כתיב בהו כל הני. ג) ובתחלת פרק איזהו מקומן של זבחים (דף מח) ילפינן דאין מביאין אשם תלוי על טומאת מקדש וקדשיו מגזרה שוה: מתני' אין חייבין. פי' ב"ד (ומשיח) על שמיעת הקול. פירוש אם הורו בהיתירה. ועל ביטוי שפתים ועל טומאת מקדש וקדשיו. פי' דאין צבור בעולה ויורד

תוספות הרא"ש

ואחד אכלו אכילה גסה. פרש"י ז"ל [לשם אכילה גסה] שלא נתכוון לאכלו לשם מצוה אלא נתכוון לאכול בקנוח סעודה (לשם אכילה גסה). ופירושו אינו מובן דמאי פשע אי במה שאכל בקנוח סעודה זו היא עיקר מצותו שיהא נאכל על השבע. ועוד מאי דקאמר לשם אכילה גסה אם הוא שבע כ"כ שהאכילה גם היא לו מה לו להזכיר לשם אכילה גסה. ואם הוא תאב לאכלו ואכל שלא לשם מצוה לימא ואחד אכלו שלא לשם מצוה. אלא נראה לפרש כפשוטו שאכלו לאחר שהיה שבע כ"כ שאינו נהנה כלל מאותה אכילה אע"פ שדרכו להיות נאכל על השובע היינו משום דכתיב למשחה כדרך שהמלכים אוכלים שמביאין התפנוקין הטובים בקינוח סעודה לפי שכבר שבעו משאר מאכלים ונפשם קצה בהם אלא שנהנים ממאכלים הטובים באחרונה. אבל אין לאכול קדשים אחר השבע כ"כ שאין נפשם נהנה מהם שאין זה למשחה. ומ"מ פריך שפיר נהי דלא קא עביד מצוה מן המובחר פסח מיהא עביד דמקריא שפיר אכילה אע"פ שאינו נהנה מהם. והא דאמרינן האוכל אכילה גסה ביוה"כ פטור אלמא דלא מקריא אכילה כלל היינו כשהוא שבע כ"כ שמאכל כואב לו מרוב שבעו: לתאוה יבקש נפרד זה לוט שנפרד מאברהם. אע"פ שלא נפרד עד שאמר לו אברהם כיון שמריבה זו באה מחמת הרועים ה"ל למחות שלא ירינו עוד ללמדך שהיה תאב להפרידו וכיון שפתח לו אברהם מיד נפרד ממנו ומתוך זה נתגלה קלונו שאם נשאר אצל אברהם לא באת תקלה זו ע"י. הרמ"ה ז"ל: גדולה עבירה לשמה מה שנבעלה יעל לסיסרא לא להנאתה כיונה אלא לתשש כוחו שירדו ויהרגנוהו אבל בעילות האמהות להנאתן הלכך קרי להו מצוה שלא לשמה:

א) ג"' רבינו נכונה. ב) וכ"ה בתוס' הרא"ש. ג) זה לא נמצא שם בהדיא רק בכריתות דף כ"ז ע"ב ילפינן בג"ש מצות מצות מחטאת חלב דאין אשם תלוי בא אלא על דבר שזדונו כרת ושגגתו חטאת ואולי כוונת רבינו דאף דליבור גופא ילפינן בג"ש מחטאת יחיד מ"מ ילפינן בג"ש לאשם תלוי משום דבזבחים שם דדבר הלמד בג"ש חוזר ומלמד בג"ש ועדיין צ"ע.

עבדות אני נותן לכם במינויי, שנאמר: "וידברו אליו לאמר אם היום תהיה עבד לעם הזה" (מלכים א יב, ז).

א תנו רבנן [שנו חכמים]: "אשר נשיא יחטא" (ויקרא ד, כב) — אמר רבן יוחנן בן זכאי: לשון "אשר" רמז הוא: אשרי הדור שהנשיא שלו מביא קרבן על שגגתו, שמרגיש צורך להביא קרבן, אם נשיא שלו מביא קרבן צריך אתה לומר מהו הדיוט! ואם על שגגתו מביא הנשיא קרבן, כל שכן צריך אתה לומר מהו עושה תשובה על זדונו! מתקיף לה [מקשה על כך] רבא בריה [בנו] של רבה: אלא מעתה, לפי דרך דרש זו על המלה "אשר", מה זו דכתיב [שנאמר]: "ואת אשר חטא מן הקדש ישלם" (שם ה, טז), וכן בירבעם בן נבט דכתיב ביה [שנאמר בו]: "אשר חטא ואשר החטיא" (מלכים א יד, טז), האם הכי נמי [כך גם כן] תדרוש אשרי הדור שהוא חוטא! ומתרצים: שאני הכא [שונה כאן], דשני קרא בדבוריה [ששנה הכתוב בדיבורו], שהלשון במקרים דומים היא "אם", וכאן נאמר "אשר", מה שאין כן בכתובים האחרים שהמילה "אשר" היא כדרכה.

ובדרך מדרש זו על המלה "אשר" דרש רב נחמן בר רב חסדא, מאי דכתיב [מהו שנאמר]: "יש הבל אשר נעשה על הארץ אשר יש צדיקים אשר מגיע אליהם כמעשה הרשעים ויש רשעים שמגיע אליהם כמעשה הצדיקים" (קהלת ח, יד)? אשריהם לצדיקים שמגיע אליהם (קורה להם) כמעשה הרשעים של עולם הבא שהם סובלים יסורים, וכמו כן מגיע לצדיקים בעולם הזה, אוי להם לרשעים שמגיע אליהם כמעשה (כמו שנענשה) לצדיקים של עולם הבא שיש להם כל טוב, ולרשעים הוא מגיע בעולם הזה. אמר רבא: אטו צדיקי אי אכלי תרי עולמי, מי סני להו [וכי הצדיקים אם היו אוכלים ונהנים משני עולמות, האם היה מגונה להם]? מדוע צריך אתה לומר שהצדיקים חייבים לסבול בעולם הזה? אלא אמר רבא כך צריך לומר: אשריהם לצדיקים שמגיע אליהם בעולם הזה כמעשה הרשעים של עולם הזה (כלומר, כל טוב) בעולם הזה, אוי להם לרשעים שמגיע אליהם כמעשה הצדיקים של עולם הזה (שהרבה מהם סובלים ומתיסרים) וקורה גם לרשעים בעולם הזה. מסופר, רב פפא ורב הונא בריה [בנו] של רב יהושע אתו לקמיה [באו לפני] רבא, אמר להו [להם]: אוקימתון מסכתא פלן ומסכתא פלן [העמדתם, למדתם היטב מסכת פלונית ומסכת פלונית]? אמרו ליה [לו]: אין [כן]. איעתריתו פורתא [האם אתם עשירים מעט]? אמרו ליה [לו]: אין [כן], דזבנן קטינא דארעא [שמכרנו חלקת אדמה ופרנסתנו ממנה]. קרי עלייהו [קרא עליהם]: אשריהם לצדיקים שמגיע אליהם כמעשה הרשעים שבעולם הזה בעולם הזה.

ב אמר רבה בר בר חנה אמר ר' יוחנן, מאי דכתיב [מהו שנאמר]: "כי ישרים דרכי ה' וצדקים ילכו בם ופשעים יכשלו בם" (הושע יד, י)? משל לשני בני אדם שצלו פסחיהם, אחד אכלו לשום מצוה, ואחד אכלו לשום אכילה גסה. זה שאכלו לשום [לשם] מצוה — קוראים בו "צדקים ילכו בם", וזה שאכלו לשום אכילה גסה — "ופשעים יכשלו בם". אמר ליה [לו] ריש לקיש לר' יוחנן: רשע קרית ליה [אתה קורא לו] לזה שאוכל כך? נהי דלא עביד [אם אמנם שלא עשה] מצוה מן המובחר כשאכל לשם אכילה גסה, קרבן פסח מי לא קאכיל [האם לא אכל]? ואם כן, כיצד אפשר לקרוא לו רשע! אלא כך צריך להסביר: משל לשני בני אדם, זה אשתו ואחותו עמו בבית וזה אשתו ואחותו עמו בבית בחשיכה, אחד נזדמנה לו אשתו ובא עליה, ואחד נזדמנה לו אחותו בטעות, זה שנזדמנה לו אשתו — נאמר בו "צדקים ילכו בם", וזה שנזדמנה לו אחותו — "ופשעים יכשלו בם". ומקשים: מי דמי [האם הדברים דומים]? אנן קאמרינן חדא דרך [אנו אומרים דרך אחת] שבאותה דרך עצמה הולך גם הצדיק וגם הרשע, והכא [וכאן] שני דרכים הם, שהרי שני האנשים אינם עושים אותו דבר! אלא משל נכון לדבר הוא ללוט ושתי בנותיו, הן שנתכוונו לשם מצוה בבואן אל אביהן שחשבו שחרב כל העולם ורק הם נשארו בו — "צדקים ילכו בם", הוא שנתכוון לשם עבירה — "ופשעים יכשלו בם". ושואלים: ודלמא [ושמא] הוא נמי [גם כן] לשם מצוה הוא מכוין! אמר ר' יוחנן, כל הפסוק הזה "וישא לוט את עיניו וירא את כל ככר הירדן כי כולה משקה" (בראשית יג, י), לשם עבירה נאמר: נאמר "וישא לוט" מרמז למה שנאמר "ותשא אשת אדניו את עיניה אל יוסף ותאמר שכבה עמי" (שם לט, ז), נאמר "את עיניו" הוא רמז למה שנאמר "ויאמר שמשון אותה קח לי כי היא ישרה בעיני" (שופטים יד, ג), "וירא" שנאמר בלוט הוא כעין "וירא אתה שכם בן חמור... וישכב אותה" (בראשית לד, ב), "את כל ככר הירדן" הוא רמז לכתוב "כי בעד אשה זונה עד ככר לחם" (משלי ו, כו), מה שנאמר "כי כלה משקה" מזכיר את "אלכה אחרי מאהבי נתני לחמי ומימי צמרי ופשתי שמני ושקויי" (הושע ב, ז). ותוהים: מדוע מאשימים את לוט במעשה עם שתי בנותיו והא מינס אניס [והרי אנוס היה לוט] שהיה שיכור וישן! תנא [שנה] משום (בשם) ר' יוסי בר ר' חוני: נאמר (בראשית יט, לג) "ולא ידע בשכבה ובקומה", למה נקוד בספר התורה על וי"ו שבמילה "בקומה" של בכירה? לומר לך, שבשכבה לא ידע אבל בקומה ידע, ואם כן לא היה לגמרי אנוס. ושואלים: ומאי הוה ליה למעבד [ומה היה לו לעשות]? מאי דהוה הוה [מה שהיה היה]! ומשיבים: נפקא מינה דלפניא אחרינא לא איבעי ליה למישתי [יוצא מזה שלערב אחר לא היה לו לשתות], וכיון שחזר ושתה משמע שנתכוון לכך.

דרש רבה, מאי דכתיב [מהו שנאמר]: "אח נפשע מקרית עז ומדינים כבריח ארמון" (משלי יח, יט)? "אח נפשע מקרית עז" — זה לוט שפירש מאברהם, "ומדינים כבריח ארמון" — שהטיל מדינים (מריבות) בין ישראל לעמון, שנאמר: "לא יבא עמוני ומואבי בקהל ה'" (דברים כג, ד). ועוד בענין לוט דרש רבא ואיתימא [ויש אומרים] שהיה זה ר' יצחק, מאי דכתיב [מהו שנאמר]: "לתאוה יבקש נפרד בכל תושיה יתגלע" (משלי יח, א)? "לתאוה יבקש נפרד" — זה לוט שנפרד מאברהם משום תאוותו, "בכל תושיה יתגלע" — שנתגלה קלונו בבתי כנסיות ובבתי מדרשות, שבבתי כנסיות ובבתי מדרשות קוראים ולומדים את מה דתנן [ששנינו במשנה]: עמוני ומואבי שנולדו מלוט אסורין איסור עולם.

ג ואמר עולא כעין אותם הדברים שמעשים דומים אינם שוים זה לזה בערכם: תמר זנתה עם יהודה וזמרי זינה, תמר זנתה — ויצאו ממנה מלכים ונביאים, זמרי זינה — ונפלו בגללו כמה רבבות מישראל. אמר רב נחמן בר יצחק: גדולה עבירה שעושה אדם לשמה לשם שמים ממצוה שלא לשמה, שנאמר: "תברך מנשים יעל אשת חבר הקיני מנשים באהל תברך" (שופטים ה, כד), מאן ניניהו [מי הן] "נשים באהל"? אלו הן שרה, רבקה, רחל ולאה, ויעל ברוכה מהן. ושואלים: איני [כך הוא]? כך צריך לומר? והאמר [והרי אמר] רב יהודה אמר רב: לעולם יעסוק אדם בתורה ובמצות אפילו שלא לשמה, שמתוך שלא לשמה בא לשמה, אם כן מצוה שלא לשמה גם היא דבר חשוב. ומתקנים: אימא [אמור] שעבירה שלא לשמה היא שקולה כמצוה שלא לשמה. ובענין יעל אמר ר' יוחנן: שבע בעילות בעל אותו רשע (סיסרא) באותה שעה, שנאמר: "בין רגליה כרע נפל שכב בין רגליה כרע נפל באשר כרע שם נפל שדוד" (שם, כז), שכל פועל שנאמר שם רומז לבעילה. ומקשים: והא קא מיתהניא [והרי היא נהנית] מעבירה מן העבירה הזו של הביאה, מדוע הכתוב משבחה? אמר ר' יוחנן משום ר' שמעון בן יוחאי: אפילו טובתם של רשעים כלומר, כאשר הרשעים עושים להם טובה רעה היא אצל צדיקים. אמר רב יהודה אמר רב: לעולם יעסוק אדם בתורה ובמצות אפילו שלא לשמה, שמתוך שלא לשמה בא לשמה, כיצד? שבשכר ארבעים ושנים קרבנות שהקריב בלק הרשע, כמסופר בבמדבר פרק כג שהוא הקריב אותם כדי לקלל את ישראל, כיון שבכל זאת הקריב קרבן לה', זכה ויצתה ממנו רות, שאמר ר' יוסי בר' חנינא: רות בת בנו של עגלון בן בנו של בלק מלך מואב היתה.

ד ועוד בענין לוט ובנותיו אמר ר' חייא בר אבא אמר ר' יוחנן: מנין שאין הקדוש ברוך הוא מקפח שכרו של כל מעשה טוב ואפילו שכר שיחה נאה כלומר, לשון נקיה ויפה? מהכא [מכאן], שאילו האחות הבכירה דקרייה [שקראה אותו] את בנה מואב, ורמזה בכך שהוא בא מן האב, אמר ליה [לו] רחמנא [הקדוש ברוך הוא] למשה: "אל תצר את מואב ואל תתגר בם מלחמה" (דברים ב, ט), ומכאן נדייק: מלחמה

מסורת הש"ס

א. ירושלמי הוריות פ"ג ה"ג. תוספתא ב"ק פ"ז ב. תו"כ ויקרא ד, כב.
ב. קה"ר פ"ח יד.
ג. (הביטוי) קדושין ע,א.
ד. (כל הסוגיה) נזיר כג,א.
ה. ראה ב"מ פז,א. ירושלמי פסחים פ"ט ה"ב. ב"ר פמ"ח טו. שם פנ"א ח. שם פע"ח ט. תנחומא וישלח ד.
ו. משנה יבמות עו,ב (וכל הסוגיה בנזיר שם).
ז. נזיר שם.
ח. שם.
ט. פסחים נ,ב. נזיר כג,ב. סוטה כב,ב. מז,א. סנהדרין קה,ב. ערכין טז,ב. ירושלמי חגיגה פ"א ה"ז. כלה רבתי פ"ח. פתיחתא דאיכה רבה ב.
י. ב"ק לח,ב. נזיר שם. וראה ב"ר פנ"א יא. ילק"ש תורה פו.

גרסות

שהנשיא שלו... נשיא שלו בכתי"פ: **שהנשיא... נשיא.**

דכתיב ואת אשר — דכתיב ביה בכתי"פ משפט זה חסר.

שאני הכא בכתי"פ: **אלא.**

אמר רבא בכתי"פ: **מתקיף לה רבא.**

מי סני בכת"י: **מי סגי.**

דזבנן קטינא בכתי"פ ועוד: **זבנינן קטינא קטינא.**

לשום מצוה ואחד אכלו לשום בכתי"פ: **אכילת מצוה ואחד אכלו.**

לשום מצוה בכת"י: **אכילת מצוה.**

רשע קרית ליה בכתי"פ חסרות מלים אלה.

מי לא קאכיל בכתי"פ: **מי לא עביד** וכעין זה בכתי"מ.

הוא מכוין בכת"י: **איכוון.**

לשם עבירה בכת"י: **על שם עבירה.**

שהטיל מדינים בכת"י: **שהטיל בריחים.**

שנפרד מאברהם בכתי"מ ועוד חסרות מלים אלה.

איסורן איסור עולם בכת"י: **אסורין ואיסורן איסור עולם.**

איני והא אמר — צדיקים בכת"י חסר הענין.

אפילו טובתן בכתי"פ: **טובתן.**

שלא לשמה שמתוך שלא לשמה בא לשמה בכת"י: **שלא לשמה.**

בלק הרשע בכת"י: **בלק מלך מואב.**

בת בנו בכתי"פ: **בתו.**

בלק מלך מואב בכתי"פ: **בלק היתה.**

דקרייה בכתי"פ: **דקריתיה.**

עיונים

אשר נשיא יחטא וכו' כתב בעיון יעקב שלשון הכתוב אינה כסדר הראוי, ולכן השינוי מביא לדרשה, שהרי מן הראוי היה לומר "נשיא אשר יחטא".

ויש ששאלו: מפני מה אמר רבן יוחנן בן זכאי "אשרי הדור"? לכאורה היה לו לומר: "אשרי הנשיא", שהרי אין הדור נזכר כאן כלל! ויש שתירץ כי ודאי אין לומר שאשרי הנשיא שחטא, שאין החטא זכיה ואושר לאדם בכל צד. אבל אשרי הדור שנשיאו החוטא מביא קרבן (ב"ש). ובספר קרבן אהרן מסביר כי כיון שנסמך דין חטא הנשיא לחטא הקהל, הרי זה לרמז שאשרי הקהל שיש לו נשיא כזה.

צריך אתה לומר מהו הדיוט כי הנשיא, בשל תוקפו אין לבו כפוף, ועשוי הוא לזלזל בחטאים, ובפרט בחטא שבשגגה. ואם הנשיא כך דואג להביא קרבן, ודאי שההדיוט יעשה כן.

אשריהם לצדיקים וכו' שהוא דורש את הכתוב "אשר יש צדיקים" כאילו נאמר: אשרי הצדיקים שיש להם גורל כזה. אוי להם לרשעים, הוא דרשת המשך הפסוק "ויש רשעים" שהוא נדרש כמו "וי יש לרשעים" (וראה ברש"י ובמפרשים). וטעמה של דרשה זו — משום שהצדיקים נענשים ומתמרקים על מיעוט חטאים שעשו בעולם הזה, ואין להם עוד כל עונש נוסף לעולם הבא. ולהיפך ברשעים, שה' משלם להם שכר מיעוט מעשים טובים כדי שיגיעו לדראון עולם בעולם הבא.

מי סני להו האם שנאוי להם (רש"י). כלומר, האם יש פגם לצדיק שזוכה ליהנות מן העולם הזה?

ובספר גליוני הש"ס כתב שרבא חולק על רב נחמן בנושא הנוגע לתפיסת עולם כוללת. שרב נחמן בר רב חסדא רואה את היסורים והסיגופים של הצדיקים כדרך ראויה שטוב לו לאדם ללכת בה. ואילו רבא סבור שאין מעלה בסיגופים לעצמם, ואף שלא הכל זוכים לכך טוב לצדיק הזוכה לעבוד את ה' מתוך רווחה ומנוחה.

כמעשה הצדיקים של עולם הזה וכו' לפי שרשעים הם הרי היסורים המגיעים להם אינם מביאים אותם לשנות את דרכם, והם ממשיכים לעשות מעשים רעים. ולפיכך נמצא שהם סובלים בשני עולמות, הן בעולם הזה והן בעולם הבא (רש"י).

אוקימתון מסכתא וכו' כלומר האם העמדתם, סדרתם לכם בדרך ברורה וסדורה מסכת פלונית (רש"י). וכתבו המפרשים שלמרות שאמרו חכמים (במסכת מגילה) שראוי לחכם לשנות מן האמת מפני הענווה ולא לומר שלמד מסכת מסויימת, הרי כאן כיון שנשאלו שאלה ישירה — חייבים היו לענות את האמת.

דזבנן קטינא וכו' ואמרו בלשון צניעות, שלא להפליג שיש להם חלקת אדמה שקנו ומתפרנסים מפירותיה (ראה ברש"י ובן יהוידע). וראה בגרסות שיש נוסח אחר קצת שעניינו שמכרו חלקת אדמה ומתפרנסים מכסף המכירה.

מאי דכתיב כי ישרים וכו' יש שהסביר את קשר העניינים באופן זה: לאחר שהסביר כי בענייני עולם הזה יש מקום לדון אם עושר וגדולה מביאים להצלחה רוחנית, הריהו מוסיף ומסביר שאף בדרכי ה' יש צדדים שונים, ופעמים שאדם נכשל אף באלה.

אכלו לשום אכילה גסה רש"י מסביר שלא אכל את הפסח לשם מצוה, אלא לשם הנאת אכילה בלבד, כקינוח סעודה. והרבה מן המפרשים דנו בצדדים שונים בדבר, וכבר נרמז עיקר הדיון בדברי הרא"ש המקשה על רש"י, שהרי אף לכתחילה צריך קרבן הפסח להאכל על השובע, ואם כן מה צד הפחיתות שבדבר? ומשום כך הוא מסביר, כדי לישב את הסוגיה מכל צד שיש שני סוגים של אכילה הנקראת אכילה גסה: יש אכילה גסה שהיא כאשר אדם אוכל לאחר שהוא כבר שבע כל צורכו ושוב אינו נהנה כלל מן האוכל. ובזה מדובר כאן, שלא קיים האוכל את המצוה כראוי לה ואכל את הפסח לא מרצון אלא בדוחק. ויש אכילה גסה כאשר אכל כה הרבה עד שאכילה נוספת גורמת לו יסורים, וזו אינה נחשבת אכילה כלל בהלכה (וראה בגרסות שהנוסח "אכלו אכילה גסה" מסייע לדברי הרא"ש). וכתב המאירי כי בפשטות עולה מכאן שאף שפעמים מקיים אדם את המצוה במובן החוקי כשלעצמו, מכל מקום כאשר עושה זאת שלא מתוך רצון יש בכך צד פחיתות.

לוט ושתי בנותיו וכאן המקרה הולם בדיוק את דברי הכתוב, שהרי נמצא ששנים שותפים באותו מעשה עצמו, ובכל זאת לגבי האחד יש בכך צד מצוה ולגבי האחר כולו עבירה.

לשם עבירה נאמר שכלל הוא שתולים את הקלקלה במקולקל, וכיון שנתגלה קלונו לאחר מכן, מסתבר שעוד מתחילתו היה נוטה לחטא זה (תורה תמימה). והעירו המפרשים שכיון שפסוק זה אינו נצרך לענייננו, ואינו בא אלא להסביר שנתאוה לוט למה שראו עיניו בלי לחשוש לצד המוסרי שבדבר, הרי אין זה דרש רחוק.

נקוד על ו' שבקומה מכללי מדרש המקרא שבכל מקום שיש נקודות על הכתוב הרי זה כעין צד של פקפוק וספק בענין. ללמדנו שאף שבאמת לא ידע כלל בשכבה, אבל בקומה היתה לו ידיעה מסויימת. וראה גם במהרש"א.

מקרית עוז "נפשע" מתפרש כאן במובן מי שפשע, התרחק. "וקרית עוז" היא כינוי לאברהם שנאמר בו "הביטו אל צור חוצבתם... אל אברהם אביכם" (רש"י).

שהטיל מדינים וראה בגרסות שמפורש יותר, שיצר כביכול בריחים שלא יוכלו עמונים ומואבים לבוא בקהל ה' (וראה ברש"י).

לוטו שנפרד מאברהם ואף שאברהם הוא שבקש מלוט שיפרד ממנו, הרי מבואר בכתוב שהיה זה לאחר שגרם לוט במעשיו שלא יוכל אברהם להיות סמוך אליו (רא"ש).

עבירה לשמה שהרי יעל לא נתכוונה כלל להנאת עצמה, ולא עשתה כן אלא להתיש את כוחו של סיסרא. ואילו האמהות היה להן צד של הנאת עצמן, אף שנתכוונו לשם מצוה (רא"ש).

שבע בעילות ונדרש ממה שנאמר "בין רגליה כרע נפל שכב, בין רגליה כרע נפל באשר כרע שם נפל שדוד", והרי אלו שבעה פעלים שעשה סיסרא ביחס ליעל הנזכרים באותו פסוק עצמו. וראה מה שכתבו המפרשים (ובניגוד לדברי הרד"ק בפירוש לפרשה זו) שבוודאי הלשון "בין רגליה" יש בה כינוי של ביאה.

טובתם של רשעים ומבואר במקבילה בגמרא, שלא זו בלבד שאין הצדיק נהנה מן הטובה שמעניק לו הרשע, אלא שמקרה זה היה הדבר נמאס בעיניה, וסבלה ממנו.

בת בנו של עגלון בתוס' במסכת נזיר ועוד מסבירים כי "בת בנו" לאו דווקא, שאין הדבר מכוון לפי סדר הדורות, אלא רצונו לומר — מצאצאיו.

דקרייה מואב ואין לומר שנאמרו דברים אלה על מואב משום שבניגוד לעמונים ניסו להשמיד ולהחטיא את ישראל, כי כתוב זה ("אל תצר את מואב וגו'") נאמר עוד לפני שהגיעו בני ישראל סמוך לארץ מואב (חפץ ה').

אורח ההלכה

לעולם יעסוק בתורה שלא לשמה וכו' תחילת דינו של אדם היא על לימוד התורה, ולפיכך אמרו חכמים שלעולם יעסוק בתורה ואפילו שלא לשמה, שמתוך שלא לשמה בא לשמה. וכל העוסק בתורה כדי לקבל שכר או כדי להגן עליו מן הפורענות, הרי זה כלומד שלא לשמה. (רמב"ם ספר מדע הלכות תלמוד תורה פ"ג ה"ה. שם הלכות תשובה פ"י ה"ה).

מסורת הש"ס

א. נזיר כג,ב. ב"ק לח,ב. ילק"ש תורה פז.
ב. תו"כ ויקרא ד, כז.
ג. הוריות י,א (ושם סומנו מקבילות).
ד. ירושלמי הוריות פ"ג ה"ג.
ה. ראה שם.
ו. סנהדרין מז,א. זבחים יב,ב. כריתות ז,א. ירושלמי הוריות פ"א ה"ב (עיי"ש).
ז. הוריות ב,א (ושם סומנו מקבילות)
ח. שם (ושם סומנו מקבילות)
ט. תוספתא הוריות פ"א ד.
י. ע"ז כו,ב.
יא. ירושלמי הוריות פ"ג ה"ג. תו"כ ויקרא ד, כב. וראה תוספתא הוריות פ"ב ב.

גרסות

דקרייה בכתי"פ: **דקריתיה.**

למלכות בכתי"פ: **לישראל למלכות עובד וישי ודוד ושלמה.**

על העלם — כשבה ושעירה בכתי"מ: **בהעלם דבר מביא פר בשגגת מעשה מביא כשבה או שעירה.**

תינח משיח — דמייתי בכת"י: **תינח משיח דמייתי בהעלם דבר נשיא דמייתי בשגגת מעשה מאי איכא למימר.**

ונתמנה והשלימו בכתי"פ: **ונתמנה והשלימו בכדי אכילת פרס.**

סלקא דעתך אמינא נצטרף ונייתי בכת"י: **מהו דתימא מייתי.**

ועבר והשלימו בכתי"פ: **ועבר מנשיאותו והשלימו.**

או דילמא לא שנא בכתי"פ: **או דילמא כיון דאלו השלימו כשהוא נשיא לא מצטרף.** וכעי"ז בכתי"מ.

והמיר בכתי"פ: **ונשתמד.**

הכי השתא — אתויי קרבן הוא בכת"י: **התם גברא לאו בר קרבן הוא הכא גברא בר קרבן הוא.**

אכל ספק חלב — ספקו מהו בכתי"מ: **נתחלף לו חלב בשומן ואכלו ונתמנה מהו.**

דמייתי אשם תלוי בכתי"פ: **דכיון דודאי מייתי אשם תלוי נמי מייתי.**

למשומד בדפוסים שונה על ידי הצנזור: **למומר.**

השב בידיעתו בכת"י בכל הענין: **השב מידיעתו.**

והא רבא אמר בכתי"פ: **רבא אמר.**

ונתחלף לו בשומן בכת"י: **ונתחלף לו חלב בשומן.**

דלתיאבון אכיל במזיד בכת"י: **דלתיאבון אכיל במזיד נמי אכיל.**

לאו משומד הוא בכת"י: **שב מידיעתו קרינן ביה.**

אכל נבלות.. ושתה בכת"י: **אוכל נבלות.. ושותה.**

מין בדפוסים שונה על ידי הצנזור **לצדוקי.**

כלאים כיון — הוי משומד בכתי"פ: **שאני כלאים כיון דמיפרסמא מילתא כדאוריתא דמי.**

כל העובד בכתי"מ: **זה העובד** בכתי"פ: **העובד.**

התם דאמר אטעום טעם בכת"י: **התם דקבעי למיטעם טעמא.**

החיים

מינים
בסוף ימי הבית השני ולאחר מכן היו בישראל קבוצות שונות שסטו מדרכי החכמים ברב או במעט. בין הכתות הללו היו גם הנוצרים הראשונים (ר' רש"י) ובעיקר היו אלה כתות גנוסטיות מסוגים שונים. כתות אלה נבדלו הרבה מן ההלכה המקובלת, והיו נוטות להאשים את חכמי ישראל בהאשמות שונות, וביניהן שאף החכמים אינם שומרים את התורה כהלכה.

הוא שלא עושים איתם, הא צעורי צעוריניהו [הרי לצער מותר לצער אותם]. ואילו צעירה דקרייה [שקראה אותו] "בן עמי" אלא שאמרה בלשון נקיה שהוא מן המשפחה, אמר ליה [לו] הקב"ה למשה: "אל תצרם ואל תתגר בם" (דברים ב, יט), כלומר אסור להתגרות בהם כלל, אפילו צעורי [לצער] לא. אמר ר' חייא בר אבין אמר ר' יהושע בן קרחה: לעולם יקדים אדם לדבר מצוה, שבשכר לילה אחת שקדמה בכירה לצעירה, זכתה וקדמתה ארבע דורות למלכות, לפי שממואב יצאה רות המואביה שקדמה בכמה דורות לנעמה העמונית שנכנסה גם כן לתוך מלכות ישראל.

א תנו רבנן [שנו חכמים]: "ואם נפש אחת תחטא בשגגה מעם הארץ" (ויקרא ד, כז) — הרי זה לשון מיעוט — פרט למשיח, "מעם הארץ" — פרט לנשיא, ויש לשאול: הלא כבר יצאו במפורש בפסוקים הקודמים משיח לידון ולהביא פר, נשיא לידון בשעיר, ואם כן, לשם מה צריך מיעוט נוסף! ומשיבים: שיכול, הייתי לומר כך: משיח על העלם דבר עם שגגת מעשה מביא פר, על שגגת מעשה לחודיה [בלבד] מביא כשבה ושעירה כשאר אדם? תלמוד לומר: "מעם הארץ" — לומר פרט למשיח, שפטור לגמרי מקרבן. וכן "מעם הארץ" — פרט לנשיא. ומקשים: תינח [נניח] משיח, שהסברנו מדוע נצרך הכתוב אלא נשיא הלוא בשגגת מעשה הוא דמייתי [שמביא]! ואם כן, מה בא למעט? אמר רב זביד משמיה [משמו] של רבא: הכא במאי עסקינן [כאן במה אנו עוסקים]? כגון שאכל בשגגה כזית חלב כשהוא הדיוט, ונתמנה למלכות ואחר כך נודע לו שחטא, סלקא דעתך אמינא [יעלה על דעתך לומר] נייתי [שיביא] כשבה או שעירה שהרי חטא כהדיוט, קמשמע לן [משמיע לנו] שיביא שעיר כנשיא. ושואלים: הניחא [זה נוח] לשיטת ר' שמעון דאזיל בתר [שהולך אחר] הידיעה, ולפי הזמן שנודע לו כך מביא את הקרבן, אלא לרבנן [שנו חכמים] דאזלו בתר חטאה מאי איכא למימר [לדעת חכמים שהולכים אחר זמן החטא מה יש לומר]? אלא אמר רב זביד משמיה [משמו] של רבא: הכא במאי עסקינן [כאן במה אנו עוסקים]? כגון שאכל בשגגה חצי כזית חלב כשהוא הדיוט, ונתמנה לנשיאות והשלימו לכזית שלם שחזר ואכל עוד חצי זית מזה, ואחר כך נודע לו שהיה זה חלב, סלקא דעתך אמינא [יעלה על דעתך לומר] נצטרף שיצטרפו שני חצאי הזיתים, ונייתי [ויביא] כשבה או שעירה, על כן קא משמע לן [משמיע לנו]. הכתוב שאין הנשיא ככל אדם, וכיון שיש לו קרבן מיוחד אין חטאו מצטרף כהדיוט. בעא מיניה [שאל אותו] רבא מרב נחמן: נשיאות מהו שתפסיק שלא יצטרפו שני חלקים של עבירה, היכי דמי [כיצד בדיוק היה הדבר]? כגון שאכל חצי כזית חלב כשהוא הדיוט, ונתמנה לנשיאות ואחר כך ועבר ממינויו, והשלימו אכל עוד מחצית כזית באותו העלם, וצדדי השאלה: האם נאמר, התם [שם] הוא במקרה הקודם שלא מצטרף, דאכליה פלגא [שאכל אותו חצי] כשהוא הדיוט ופלגא [וחצי] כשהוא נשיא, אבל הכא [כאן] דאידי ואידי [שזה וזה] כשהוא הדיוט אכליה [אכלו] — מצטרף והרי זה כאוכל שיעור שלם באותו מצב, או דלמא לא שנא [שמא אינו שונה], שכיון שנתמנה לנשיאות נשתנה דינו בינתיים. מאי [מה הדין]? ומציעים: תפשוט ליה מהא [תפתור את הבעיה הזו מזו] שאמר עולא אמר ר' יוחנן: מי שאכל חלב והפריש קרבן על שגגתו והמיר דתו, ואחר כך חזר בו מהמרתו, אף על פי כן הואיל ונדחה מהקרבן הזה בהיותו מומר — ידחה לגמרי. ודוחים: הכי השתא [כיצד אתה משווה]! התם מומר לאו בר אתויי [לא בן הבאת] קרבן הוא, הכא בר אתויי [בן הבאת] קרבן הוא, אלא שמביא קרבן אחר. בעא מיניה [שאל אותו] ר' זירא מרב ששת: אכל ספק חלב כשהוא הדיוט, ונתמנה ונודע לו על ספקו, מהו? ומעתה, אליבא דרבנן דאזלי בתר חטאה [לדעת חכמים שהולכים אחר החטא] לא תבעי [תשאל], שבודאי מייתי [מביא] אשם תלוי, כי תבעי לך [כאשר תשאל] אליבא [לפי שיטתו] של ר' שמעון, האם נאמר מדאשתני [מכיון שהשתנה דינו] לגבי ודאי, [illegible] פטור מאשם תלוי, או דלמא [שמא] כי אשתני [כאשר השתנה דינו] לגבי ודאי, [illegible] קרבן דידיה [שלו], שהרי כנשיא חייב בשעיר אבל הכא דלא אשתני [כאן שלא השתנה] קרבן דידיה [שלו] אימא לייתי [אמור יביא] אשם תלוי? שאלה זו נפתרה ונשארה בתיקו [תעמוד] השאלה במקומה.

ב תנו רבנן [שנו חכמים]: "מעם הארץ" (ויקרא ד, כז) — הרי זה מעט? פרט למשומד. ר' שמעון בן יוסי אומר משום (בשם) ר' שמעון: ראיה אחרת יש לכך, שנאמר בסוף הפסוק "אשר לא תעשינה בשגגה ואשם" (שם), לומר: השב בידיעתו כלומר, כאשר נודע לו שחטא — חוזר מיד בתשובה, הוא האיש שמביא קרבן על שגגתו, אבל מי שלא שב מידיעתו שהוא משומד ואינו עושה תשובה על חטאיו, אינו מביא כלל קרבן על שגגתו. ושואלים: מאי בינייהו [מה ההבדל ביניהם] בין חכמים ור' שמעון למעשה אם זו או זו הראיה? אמר רב המנונא: ההבדל הוא לגבי מי שהיה משומד לאכול חלב, שהוא אוכל חלב מתוך זדון, ומביא קרבן על הדם שחטא בו בשגגה, דאיכא בינייהו [יש ביניהם הבדל], מר סבר [חכם זה סבור]: כיון שמשומד לאכול חלב — לגבי דם נמי [גם כן] משומד הוי [הוא]. ומר סבר [וחכם זה סבור]: לדם מיהא [על כל פנים] שב בידיעתו הוא, שהרי אינו אוכל דם, ומשנודע לו הוא חוזר בתשובה. ומקשים: והא [והרי] רבא אמר: דכולי עלמא [לדעת הכל] משומד לאכול חלב לא הוי [אינו נחשב] משומד לדם! אלא, הכא [כאן] באוכל נבלה לתאבון כלומר, הוא שאוכל נבלה אוכל דבר איסור מרצון, לשם נחת, ונתחלף לו במקרה חלב בשומן ואכלו, בזה קמיפלגי [חלוקים הם], מר סבר [חכם זה סבור]: כיון שלתאבון אכיל [הוא אוכל] במזיד הרי הוא משומד, ומר סבר [וחכם זה סבור]: כיון שאילו אשכח היתירא [היה מוצא היתר] לא הוה אכיל [היה אוכל] איסורא [דבר איסור], לאו משומד הוא.

תנו רבנן [שנו חכמים]: אכל חלב — זהו משומד, ואיזהו משומד? אכל נבילות וטריפות, שקצים ורמשים, ושתה יין נסך. ר' יוסי בר' יהודה אומר: אף הלובש כלאים. ומקשים על הברייתא: אמר מר [החכם]: אכל חלב זהו משומד, ואיזהו משומד? אוכל נבילות כו'. ותוהים: מאי קאמר [מה אמר]? הרי יש פה שינוי דברים לא מובן! אמר רבה בר בר חנה אמר ר' יוחנן, הכי קאמר [כך אמר]: אכל חלב לתאבון — זהו משומד, ואם אכל להכעיס — הרי זה מין [כופר], ואיזהו משומד שבמשומדין [שמתוך מעשיו מתברר שהוא מין]? הוי אומר: אוכל נבילה וטריפה, שקצים ורמשים, ושתה יין נסך שרואים שעובר על איסורים חמורים, ועל דברים שאין בהם תאוה, ובודאי מוכיח שהוא כופר בכל התורה כולה. ר' יוסי בר' יהודה אומר: אף הלובש כלאים. ושואלים: מאי בינייהו [מה ההבדל ביניהם]? בין נבלה לכלאים. ומשיבים: איכא בינייהו [יש ביניהם הבדל] לגבי הלובש בגד שהוא כלאים רק מדרבנן. מר סבר [חכם זה סבור]: מי שעובר על עבירה מדאורייתא [מן התורה] הוי [הרי הוא] משומד, מדרבנן [מדברי סופרים] לא הוי [אינו] משומד. ומר סבר [חכם זה סבור]: כיון שמפרסם איסוריה [שמפורסם האיסור שלו] אפילו בדרבנן [בדבר האסור מדברי חכמים] הוי [הרי הוא] משומד. פליגי בה [נחלקו בכך] רב אחא ורבינא, חד [אחד מהם] אמר כך: מי שאוכל איסור לתאבון מפני תאוות ליבו או מפני שזה נוח לו — הריהו משומד, מי שאוכל להכעיס — הריהו מין. וחד [ואחד מהם] אמר: להכעיס נמי [גם כן] משומד, אלא איזהו מין? כל העובד עבודה זרה. מיתיבי [מקשים על כך]: אכל פרעוש אחד או יתוש אחד — הרי זה משומד. והא הכא [והרי כאן] שלהכעיס הוא, שודאי אינו אוכל אותם לתיאבון, וקא קרי ליה [והוא קורא לו] משומד! ומשיבים: כאן מדובר במי שאוכל פרעוש לתיאבון, ומה התיאבון שבדבר? התם דאמר [שם שהוא אומר]: אטעום טעם דאיסורא [של האיסור] שהוא רוצה לטעום טעמו של דבר האסור, ולא משום כפירה, אלא משום תאוה לטעום טעם של דבר שאף פעם לא אכלו.

ג שנינו במשנה: ואיזהו נשיא? זה מלך כו'. תנו רבנן [שנו חכמים]: "נשיא" — יכול נשיא שבט כנחשון בן עמינדב? תלמוד לומר בהמשך הפסוק: "מכל מצות ה' אלהיו" (ויקרא ד, כב), ולהלן בדין מלך: הוא אומר "למען ילמד ליראה את ה' אלהיו" (דברים יז, יט),

עיונים

לדבר מצוה אף שהמעשה ודאי לא היה מעשה מצוה, כיון שמצד אחד נתכוונו בנות לוט למצוה, כדי לקיים את העולם, ומאידך יצאו מהן נשים שהוסיפו ברכה בישראל הרי אפשר לקרוא לך "דבר מצוה" (מחשבת חרוץ).

ונתמנה ואחר כך נודע לו בתלמוד הירושלמי נידונה בעיה זו ועוד בעיות רבות הקשורות לשינוי מעמדו של הדיוט לנשיא, [illegible]

כגון שאכל כחצי זית וכו' [illegible]

נשיאות מהו שתפסיק [illegible]

תפשוט מהא דאמר עולא וכו' [illegible] הקרבן כי אם לגבי האדם, האם מינויו מחשיבו כדחוי מחובה ראשונה (ראה רש"ש ומרומי שדה). וראה בב"ש שכתב שאכן יש דיון במקומות אחרים שיש סבורים שדיחויו של הקרבן חשוב יותר מאשר דחייתו של המקריב, ויש סבורים להיפך, שדחייתו של אדם נחשבת יותר מדחייתו של קרבן.

מדאשתני לודאי וכו' ובירושלמי אמרו שלפי ההסבר שהגדולה מכפרת, צריך לומר שכשם שמכפרת על חטא ודאי, מכל שכן שמכפרת על הספק. ולפי שיטה זו פטור מאשם תלוי, שחטאו נתכפר לו בעלייתו לגדולה.

מעם הארץ פרט למשומד ולפי שיטה זו היותו משומד מוציאה אותו מכלל ישראל, והריהו נחשב (כל עוד הוא משומד) כמי שאינו מישראל, ולכן אינו שייך כלל בתורת הקרבנות. ואילו לדברי ר' שמעון אין הוא מוצא מן הכלל, אלא שמבחינת עצמו אין לומר שעשה תשובה על חטאו, ולפיכך הקרבן שהוא מפריש אינו נחשב לקרבן.

להכעיס הרי זה מין כי העובר עבירה לתיאבון הריהו כשאר כל העבריינים שמפני תאוותם הם נכשלים בעבירה, אבל אין מעשיהם מורים על אמונתם. ואילו המשומד להכעיס, כיון שכופר במצוה, אפילו כפר במצוה אחת יש לומר שעל ידי כך מראה שאינו מאמין בכלל בתורה האלוקית, ולכן הריהו נחשב לא כעבריין אלא כמין (ר' ידעיה הפניני).

והא רבא אמר וכו' שאלה זו תמוהה: כיצד מקשים מדעת חכם אחד על חבירו. ומה גם שרב המנונא קדם לרבא, וכיצד אפשר להקשות על דבריו מדברי רבא. ויש מסבירים שאין זו קושיה על רב המנונא, אלא שאלה זו: כיון שאמר רבא כך, כיצד מיישבים את הסוגיה לפי שיטתו (ב"ש). וראה במפרשים שרצו לשנות כאן את הגרסה כדי לישב קושי זה (וראה בגרסות).
ואף לענין ההלכה הרבו לדון בדבר, בעיקר בבירור שיטת הרמב"ם, האם פוסק הוא כרבא (שמכל מקום הוא אחרון, והלכה כמותו) או כפי דברי רב המנונא שנראה מן הגמרא בחולין שמקשים בסתם מדבריו.

הרי זה מין במאירי מאריך להסביר את ההבדלים שיש בדין בין משומד ומין. ובעיקרם של דברים המשומד לדבר אחד (מלבד כמה עבירות חמורות, כגון העובד עבודה זרה, או המחלל שבת בפרהסיא) ובפרט המשומד לתיאבון נחשב כעבריין, ומשום כך הוא חשוד על עבירה זו, ואינו נאמן לגביה כלל (לא במעשה ולא כעד). ויש מקום גם לפוסלו לכל עדות, כיון שמעשיו מוכיחים שמפני התיאבון אינו חושב זאת לעבירה (וראה במסכת סנהדרין). אבל המין, שהוא הכופר בעיקר, יש מקום לומר שיצא לגמרי מכלל ישראל, ואינו נחשב כישראל לכל מצוה שמצווים בני ישראל לעשות לאחיהם, ויין שהוא נוגע בו הריהו כיין נסך, ויש בו דין מורידים ועוד.

משומד דבסתמו מין לכאורה טעמו של דבר שכל העובר עבירות שאינן לתיאבון הריהו מוכיח במעשיו שהוא מין, שמפני כפירה ולא מפני תאוה הוא עושה. אלא שהרבו המפרשים לדון בדוגמאות הנזכרות כאן. שלגבי אכילת שקצים ורמשים, כיון שהנפש קצה בהם אפשר לומר שעושה כן מחמת מינות. אבל מדוע ייחשב כן האוכל נבלות וטרפות, והשותה יין נסך (ובפרט שמפורש במקום אחר שהשותה יין נסך אינו בגדר הדברים שהנפש קצה בהם). ויש מסבירים שנבלות הנזכרות כאן הן כאן בעלי חיים שמתו מעצמם והם כבר רקובים למחצה (ויש שסבר שלא גרס רש"י טרפות). ויש שפירש שכאן מדובר באוכל טרפות תדיר, שכיון שעושה כן תמיד נראה שהוא מבטל מכל וכל את האיסור שבדבר, וביין נסך מדובר לא ביין שהוא מגע נכרים, אלא ביין שנתנסך ממש לעבודה זרה, שאדם מישראל נפשו קצה בו (רא"ש בשם הרמ"ה). ויש שמסביר שיין נסך (שנוסך לעבודה זרה), מחמת שאיסורו חמור הרי השותהו מעיד בעצמו שהוא מין (הורה גבר).

כלאים דרבנן שאיסור כלאים מן התורה הוא בעיקרו כאשר שוזר חוטי צמר ופשתן ועושה מהם בגד. ואילו כאן מדובר במי שלובש דבר שיש בו תערובת חומרים שלא בדרך אריגה (כגון מיני לבד) שאין זה איסור מן התורה (רא"ש).

כיון שמפרסם איסוריה שהרי בשאר איסורים אינו עושה כן בפרהסיא, ובמקום שלובש על עצמו בגד אסור הריהו מראה לרבים שאינו חושש לאיסור, ומשום כך יש בזה צד מינות.

דאמר אטעום טעמא וכו' ויש שכתב שדווקא כאשר אומר כן, שדבריו מוכיחים שאין כוונתו לאיסור אלא שרוצה לטעום טעם מיוחד ומחמת תאותו עובר על האיסור (ב"ש).

נשיא שבט כנחשון יש שכתב שהזכיר נחשון משום שהיה החשוב מכל נשיאי השבטים (אדרת אליהו). ואחרים כתבו שמביא דוגמה זו משום שנחשון היה רק נשיא שבט שהיה על גביו משה רבינו. אבל כאשר יש נשיא שבט שהוא עצמאי לגמרי הריהו בגדר נשיא, וכפי שמבואר לגבי מלכי יהודה, שאף שמלכו על שבט אחד דינם כמלכים לכל ענין (מגן גבורים).

אורח ההלכה

מעם הארץ פרט למשיח כהן משיח ששגג במעשה (שלא על ידי הוראה) אינו מביא כלל קרבן חטאת. (רמב"ם ספר קרבנות הלכות שגגות פט"ו ה"ב).

אכל כחצי זית וכו' מלך שאכל כחצי זית חלב כשהוא הדיוט וחצי זית לאחר שנתמנה נשיא, אף שאכל שניהם בהעלם אחד — אינם מצטרפים ופטור מקרבן. (שם ה"י).

נשיאות מהו שתפסיק מלך שאכל חצי זית חלב כשהוא הדיוט, ונתמנה ועבר ממלכותו, וחזר ואכל חצי זית כשהוא שוב הדיוט, ואכל שניהם בהעלם אחד, ספק הוא עם הנשיאות מפסקת. (שם).

אכל חלב וכו' והמיר מי ששגג והפריש חטאתו, ואחר כך נעשה מומר, וחזר בתשובה, אף שנדחה הקרבן בינתים (בזמן מומרותו) — לאחר שחזר בו הקרבן כשר, לפי שאין בעלי חיים נדחים. ופסק הרמב"ם שלא כדברי ר' יוחנן, מפני שלא פסק כמותו בעיקר הלכה זו, אלא כדברי רב (כס"מ). (שם פ"ג ה"ח).

מומר לאו בר אתויי קרבן המומר לעבודה זרה או לחלל שבת בפרהסיא אין מקבלים ממנו קרבן כלל. (שם ה"ז).

אכל ספק חלב כשהוא הדיוט כהן משיח או מלך, אם אכלו ספק חלב כשהם הדיוטות ולאחר מכן נתמנו — הרי אלו מביאים אשם תלוי. וכדברי חכמים (שלא כר' שמעון) שהולכים אחר זמן החטא. (שם פט"ו ה"י).

משומד לאכול חלב וכו' מי שהיה משומד לעבירה אחת אין מקבלים ממנו קרבן חטאת על עבירה זו (אפילו כשעשאה בשגגה, כגון משומד לחלב שנתחלף לו חלב בשומן ואכלו), אבל מקבלים ממנו על שאר עבירות. וכדברי רבא. (שם פ"ג ה"ז. ספר עבודה הלכות מעשה הקרבנות פ"ג ה"ד).

איזהו משומד כל העובר עבירות לתיאבון — הרי זה משומד לאותן עבירות. (שם ספר נזיקין הלכות רוצח פ"ד ה"י).

איזהו מין מין (אפיקורוס) מישראל הוא העובד עבודה זרה, או מי שעובר על דבר האסור מן התורה להכעיס. (רמב"ם שם. שו"ע יו"ד קנח, ב. שם חו"מ תכה, ה).

הוא דלא הא צעורי צערינהו ואילו צעירה דקרייה בן עמי א"ל °אל תצורם ואל תתגר דברים ב
בם כלל אפילו צעורי לא א)א"ר חייא בר
אבין א"ר יהושע בן קרחה לעולם יקדים
אדם לדבר מצוה שבשכר לילה אחת
שקדמה בכירה לצעירה זכתה וקדמתה
ארבע דורות למלכות ב)תנו רבנן °מעם ויקרא ד
הארץ פרט למשיח מעם הארץ פרט לנשיא
והלא כבר יצאו משיח לידון בפר נשיא
לידון בשעיר שיכול משיח על העלם דבר
עם שגגת מעשה מביא פר על שגגת מעשה
לחודיה מביא כשבה ושעירה ת"ל מעם
הארץ פרט למשיח במעם הארץ פרט לנשיא
תינח משיח אלא נשיא בשגגת מעשה הוא
דמייתי אמר רב זביד משמיה דרבא הכא
במאי עסקינן כגון שאכל כזית חלב כשהוא
הדיוט ונתמנה ואח"כ נודע לו סלקא דעתך
אמינא נייתי כשבה או שעירה קמ"ל הניחא
גלר"ש דאזל בתר ידיעה אלא לרבנן דאזלו
בתר חטאה מאי איכא למימר אלא אמר רב
זביד משמיה דרבא הכא במאי עסקינן דכגון
שאכל חצי כזית חלב כשהוא הדיוט ונתמנה
והשלימו ואח"כ נודע לו סלקא דעתך אמינא
נצטרף ונייתי כשבה או שעירה קמ"ל יבעא
מיניה רבא מרב נחמן הנשיאות מהו שתפסיק
היכי דמי כגון שאכל חצי כזית חלב כשהוא
הדיוט ונתמנה ועבר והשלימו התם הוא
דלא מצטרף דאכליה פלגא כשהוא הדיוט
ופלגא כשהוא נשיא אבל הכא דאידי ואידי
כשהוא הדיוט אכליה מצטרף או דלמא לא
שנא מאי תפשוט ליה מהא וג)דאמר עולא
א"ר יוחנן גאכל חלב והפריש קרבן והמיר
וחזר בו הואיל ונדחה ידחה הכי השתא
מומר ילאו בר אתויי קרבן הוא האי בר
אתויי קרבן הוא בעא מיניה רבי זירא מרב
ששת אכל ספק חלב כשהוא הדיוט ונתמנה
ונודע לו על ספקו מהו אליבא דרבנן דאזלי
בתר חטאה לא תבעי לך הדמייתי אשם
תלוי אלא כי תבעי לך אליבא דרבי שמעון
מדאשתני לודאי אשתני לספק או דלמא כי
אשתני לודאי דאשתני קרבן דידיה אבל
הכא דלא אשתני קרבן דידיה אימא לייתי
אשם תלוי תיקו ד)ת"ר ימעם הארץ יפרט
למומר ר"ש בר יוסי אומר משום ר"ש °אשר לא תעשינה בשגגה ואשם חה)השב בידיעתו מביא קרבן על ויקרא ד
שגגתו לא שב בידיעתו אינו מביא קרבן על שגגתו מאי בינייהו א"ר המנונא מומר לאכול חלב ומביא
קרבן על הדם איכא בינייהו מ"ס כיון דמומר לאכול חלב לדם נמי מומר הוי ומ"ס ילדם מיהא שב בידיעתו
הוא והא רבא אמר דכולי עלמא מומר לאכול חלב לא הוי מומר לדם אלא הכא באוכל נבלה לתאבון
ונתחלף לו בשומן ואכלו קמיפלגי מר סבר הכיון דלתאבון אכיל במזיד מומר הוא ומ"ס כיון דאילו אשכח
דהיתרא לא אכל דאיסורא לאו מומר הוא תנו רבנן ט)אכל חלב זהו מומר ואיזהו מומר אכל נבילות
וטריפות שקצים ורמשים ושתה יין נסך ז)רבי יהודה אומר אף הלובש כלאים אמר מר אכל חלב זהו
מומר ואיזהו מומר אוכל נבילות כו' מאי קאמר אמר רבה בר בר חנה א"ר יוחנן ה"ק טאכל חלב לתאבון
הרי זה מומר ילהכעיס הרי זה א)צדוקי ואיזהו מומר דבסתמו צדוקי הוי אומר אוכל ח)נבילה וטריפה שקצים
ורמשים ושתה יין נסך רבי יוסי ברבי יהודה אומר כאף הלובש כלאים מאי בינייהו איכא בינייהו כלאים
דרבנן מר סבר מדאורייתא הוי מומר דרבנן לא הוי מומר ומר סבר כלאים כיון דמפרסם אסוריה אפי' בדרבנן
הוי מומר יט)פליגי בה רב אחא ורבינא חד אמר לתאבון מומר להכעיס צדוקי וחד אמר להכעיס נמי מומר אלא
איזהו צדוקי לכל העובד עבודה זרה מיתיבי אכל פרעוש אחד או יתוש אחד ה"ז מומר והא הכא דלהכעיס
הוא וקא קרי ליה מומר התם דאמר אטעום טעם דאיסורא: ואיזהו נשיא זה מלך כו': יתנו רבנן נשיא יכול
נשיא שבט כנחשון בן עמינדב ת"ל °מכל מצות ה' אלהיו ולהלן הוא אומר °למען ילמד ליראה את ה' אלהיו ויקרא ד דברים יז
מה

א) בדפוס ווינציא הגירסא מין

רש"י

בן עמי. בלשון נקיה הוא דלא רצתה להודיע דמואביה נתעברה: **אל תצורם ואל תתגר בם.** ומדלא כתיב בהו מלחמה ש"מ דאפילו לצערן לא ליעבד להם ולא עוד אפילו בכירה דקרייתיה אב הכתוב פירסמה דכתיב (בראשית יט) ותשכב את אביה ובצעירה כתיב ותשכב עמו: **וקדמתה ארבע דורות.** בישראל עובד ישי דוד שלמה ואילו צעירה לא הוה בישראל עד רחבעם בן שלמה דהוה בן נעמה העמונית: **ת"ר ולא כנפש אחת תחטא בשגגה מעם הארץ.** ולא כל ע"כ פרט למשיח דמשמע דלא יביא כשבה או שעירה כיחיד: **למה לי מעם הארץ.** למעוטי הני והלא כבר יצא משיח מכלל יחיד לידון בפר ונשיא יצא מכלל יחיד לידון בשעיר: **שיכול.** כלומר אילו לא נאמר מעם הארץ הייתי אומר משיח על העלם דבר עם שגגת מעשה יביא פר ועל שגגת מעשה לחודיה יביא כשבה או שעירה כהדיוט: **ת"ל מעם הארץ פרט למשיח.** דאינו מביא בשגגת מעשה לחודה כלל והיינו דקאמרן בפרק לעיל (דף ז:) אין משיח חייב אלא בהעלם דבר עם שגגת מעשה: **אלא נשיא הא בשגגת מעשה הוא מייתי.** ומאי קא ממעט דקאמר מעם הארץ פרט לנשיא: **ס"ד אמינא.** הואיל ונתמנה כשהוא הדיוט נייתי כשבה או שעירה כהדיוט: **קמ"ל.** מעם הארץ פרט לנשיא דאינו מביא כשבה או שעירה: **אלא לרבנן דאזלי בתר חטאה.** ומייתי ודאי כשבה או שעירה כדתנן חטאו עד שלא נתמנו ואח"כ נתמנו הרי אלו כהדיוטות: **מאי איכא למימר.** דממאי קא ממעט לנשיא דקתני פרט לנשיא: **ס"ד אמינא נצטרף.** חצי זית בתרא לחצי זית קמא ולייתי כשבה או שעירה: **קמ"ל.** מעם הארץ פרט לנשיא דכהאי גוונא לא מייתי כשבה או שעירה וכהאי גוונא נמי לא מייתי שעיר דהא לא מצטרפי כלל והוא הדין דמצי למימר סלקא דעתך אמינא נצטרף ונייתי שעיר אלא משום דקרא קא מישתעי בכשבה או שעירה: **כגון שאכל חצי זית חלב כשהוא הדיוט ונתמנה ועבר.** מנשיאותו והשלימו: **אכל ספק חלב כשהוא הדיוט.** דקא סבור דשומן הוא: **ונתמנה ונודע לו על ספקו.** שנודע לו לאחר שנתמנה שספק חלב אכל: **מהו.** מי מייתי אשם תלוי או לא: **מדאישתני לודאי.** דקאמר ר' שמעון דקודם לכן היו שוגגים שלא ידעו אם אכלו כלל וההיא ליכא אשם תלוי אם נודע להם משנתמנו פטורים לפי שנשתנה גופם דהשתא נתמנו ומדאישתנו לקרבן ודאי אישתנו נמי לקרבן ספק ופטור ואין מביאין אשם תלוי: **או דלמא כי אישתני לודאי.** היינו טעמא דר' שמעון דפטר משום דלאישתני קרבן דידיה דכשהוא הדיוט מביא כשבה או שעירה והשתא כי נתמנה מביא שעיר: **אבל הכא.** כי נודע לו על ספק ספק חלב אכל: **דלא אישתני קרבן דידיה.** דבין כשהוא הדיוט ובין כשהוא נשיא מביא אשם תלוי מודה רבי שמעון דמייתי אשם תלוי תיקו: **מעם הארץ.** מביא קרבן ולא כל עם הארץ: **פרט למומר.** שאין מקבלין מידו: **אלא הכא באוכל נבילה לתאבון.** דכי אין לו בשר דהיתרא אוכל חלב ונבלה ונתחלף לו לזה חלב בשומן ואכלו דסבור דשומן הוא קא מיפלגי ולכשנודע לו דחלב הוא רוצה להקריב קרבן ת"ק סבר כיון דלתאבון אכיל במזיד מומר הוא ואין מקבלין מידו ור"ש בר יוסי סבר כיון דבמזיד אי משכח היתרא לא אכיל איסורא שב מידיעתו קרינא ביה ולא מומר הוא ומקבלין מידו: קתני אכל חלב שחוטה זה מומר והדר תני איזהו מומר מאי קאמר: **להכעיס.** דאית ליה היתרא ואכיל איסורא: **הרי זה צדוקי.** ושחיטתו לעבודת כוכבים: **אוכל נבילה וטריפה שקצים ורמשים ושתה יין נסך.** הואיל והני אוכלין הוו דברים שהנפש קצה בהם ודאי להכעיס הוא עושה וסתמו א)רע הוא: **ר' יוסי בר רבי יהודה אומר אף הלובש כלאים.** הרי זה מומר: **מאי איכא.** בין ת"ק לרבי יוסי בר רבי יהודה כיון דאמר ת"ק אכל חלב הרי זה מומר מה לי אוכל חלב מה לי לובש כלאים אידי ואידי דאורייתא ואסור: ת"ק סבר כלאים דאורייתא דומיא דחלב הוי מומר דהיינו ארוג ביה חוט של צמר וחוט של פשתים יחד על פני כולו: ור' יוסי סבר אף הלובש נמי כלאים דרבנן הוי מומר דהיינו או שוע או טווי או נוז דהכי מפרשי רבנן שעטנז שוע טווי ונוז כדאמרינן במסכת נדה (דף סא:) ורבנן גזור בחד מנייהו שוע שמנפץ כאחת ועשה מהם לבד טווי שנטוה כאחת ותכף בו שתי תכיפות נוז שארוג אפי' חוט אחד של צמר בבגד פשתן או חוט אחד של פשתן בבגד צמר דכולהו אסור מדרבנן: **חד אמר.** האוכל חלב ונבילה לתאבון הרי זה מומר: **להכעיס.** דאית ליה היתרא ואפי' הכי אכיל איסורא צדוקי הוא: **אכל פרעוש או יתוש הרי זה מומר.** דהכא ודאי להכעיס קא עביד דלאו מידי דבר מיכל הוא וקתני הרי זה מומר ואינו צדוקי וקשיא למאן דאמר להכעיס צדוקי הוא: לעולם אימא לך להכעיס צדוקי הוא והכא היינו טעמא דהוי מומר ולא הוי צדוקי משום דקאמר בעינא למיטעם טעמא דאיסורא שתאב לטעום דבר אסור ולא להכעיס קא עביד:

א) בדפוס ווינציא הגי' מין.

עין משפט נר מצוה

י א ב מיי' פט"ו מהל' שגגות הלכה י:
יא ג מיי' שם פ"ג הל' ח ולא כר"י ע"ש:
יב ד מיי' שם הלכה ז:
יג ה מיי' פט"ו שם הלכה י:
יד ו ז ח מיי' שם פ"ג הלכה ז ופרק ג מהל' מעשה קרבנות הל' ד:
טו ט י כ ל מיי' פ"ד מהל' רוצח הלכה י סמג לאוין קסג טוש"ע ח"מ סי' תכה סעיף ה וטור שו"ע יו"ד סי' קנח סעיף ב:

רבינו חננאל

ויורד וה"ה למשיח ונשיא כיוצא בהן דברי ר' יוסי הגלילי. רבי עקיבא אומר נשיא חייב בכלן חוץ משמיעת הקול שהמלך לא מעיד ולא מעידין לו. כדמפרש בסנהדרין. וטעמיה דר' עקיבא במשיח מפרש במתניתא: מאי טעמא דר' יוסי הגלילי. פירוש בנשיא. אמר רב המנונא אמר קרא גבי שמיעת קול ובטוי שפתים וטומאת מקדש וקדשיו. והיה כי יאשם לאחת מאלה. כל שישנו באחת כלומר דמצווה על כל אחת ואחת ישנו (בכללן) [בכולן] נשיא הואיל ואינו בשמיעת הקול אינו באחרות. ודחינן אימא מתחייב באחת אע"פ שאינו מתחייב בכולן אלא טעמא דר' יוסי הגלילי מהכא. דתניא ר' ירמיה אומר נאמר ואם לא תגיע ידו ונאמר ואם לא תשיג ידו. מי שבאין לידי עניות ועשירות בנשיא הוא אומר מכל מצות: (והשאר חסר הכל על דאבדין)

מסורת הש"ס

א) נזיר כג: ב"ק לח: ע"ש: ב) ת"כ פ' ויקרא: ג) זבחים יב: כריתות ז. סנהדרין מז.: ד) חולין ה: [שבת סט.] יומא פ. לעיל ב.: ה) [שבועות כו:]: ו) [תוספתא פרק א]: ז) [צ"ל ר' יוסי בר' יהודה אומר]: ח) [עי' תוס' בכורות לז. ד"ה ויין נסך וע"ע תוספות בע"ז כו: שמפרשו נבילה שמתה מחמת חולי וטרפה שנשברה מפרקתה שמתה והולכת ואינה ראוי' לאכילה ע"ש ד"ה וחד אמר]: ט) ע"ז כו:: י) ת"כ פ' ויקרא:

תוספות הרא"ש

א **הכא** במ"ע כגון שאכל חלב כשהוא הדיוט ונתמנה ואח"כ נודע לו מהו דתימא נייתי כשבה או שעירה קמ"ל תינח לר"ש דאזיל בתר ידיעה הלכך פטור אלא לרבנן דאזלי בתר חטאה גרידא אמאי פטור. הב"ע שאכל חצי זית חלב כשהוא הדיוט ונתמנה והשלימו בכדי אכילת פרס מהו דתימא נייתי כשבה או שעירה דלרף אכילה בתרייתא בהדי אכילה קמייתא קמ"ל. ואיכא גירסא אחרת בספרים הב"ע כגון שאכל כזית חלב כשהוא נשיא ועבר ואח"כ נודע לו מהו דתימא נייתי כשבה או שעירה קמ"ל. תינח לר"ש דאזיל בתר ידיעה הלכך לא יכול למפרך והלא כבר יצא נשיא לידון בשעיר דנשיא בכה"ג לאו בכלל חיובא דשעיר הוה ואצטריך ליה למעוטי מדין הדיוט דסד"א לייתי כשעת ידיעה. ואע"ג דחטא עד שלא נתמנה ונתמנה ונודע לו לא אזיל ר"ש בתר ידיעה להביא שעיר אע"ג דליכא קרא למעוטי אלא מסברא הוא דאית ליה [הכי] הכא (ה"נ) צריך קרא דהיכא דהוה חטאה וידיעה בתרי גווני מסתבר טפי לילך אחר ידיעה הגורמת הבאת קרבן להשוות קרבן זה לרוב צבור כגון אכל כשהוא נשיא ועבר ונודע לו דסד"א ניזל בתר ידיעה להביא כשבה או שעירה כרוב צבור להכי אצטריך קרא למעוטי. **ב** אבל אכל כשהוא הדיוט ונתמנה ונודע לו מסברא לא אזלי' בתר ידיעה להביא קרבן נשיא. אלא לרבנן דאזלי בתר חטא דתנן כהן המשיח שחטא ואחר כך עבר ממשיחתו וכן נשיא שחטא ואח"כ עבר מגדולתו משיח מביא פר ונשיא מביא שעיר מאי איכא למימר כיון דנשיא בכלל חיובא דשעיר ל"ל למעוטי לנשיא ממעוטא דעם הארץ והלא כבר יצא נשיא לידון בשעיר. הב"ע שאכל חצי זית חלב כשהוא נשיא ועבר והשלימה בכדי אכילת פרס ונודע לו מהו דתימא כיון דלא השלים השעור כשהוא נשיא לא קרינן ביה אשר נשיא יחטא לצטרף חצי זית קמא בהדי חצי זית בתרא וליתי כשבה או שעירה כרוב צבור (דאיכא) **ג** [דליכא] למפרך והלא כבר יצא נשיא לידון בשעיר דבכה"ג לא יצא לידון בשעיר קמ"ל דפטור אף מכשבה או שעירה.

וגירסא זו נראה עיקר דאמר א) נשיא יחטא משמע דאתי למעוטי כשאכל כשהוא נשיא וללישנא קמא במאי דבעי למימר מעיקרא אכל כשהוא הדיוט. ועוד דמסתברא דהא דאזיל ר"ש בתר ידיעה מסברא ידע ליה ולאו מקרא מדלא מייתי האי קרא למדרש טעמיה דר"ש: **ואיזה** מומר דבסתמא הוה מין אוכל נבלות כו'. פרש"י ז"ל כיון דאוכל דברים שאין הגוף נהנה בו וקשה תינח נבלות דאיכא למוקי בנבלות מוסרחות אבל טרפות מאי איכא למימר [ובפרש"י ז"ל לא הזכיר טרפות משמע דל"ג ליה (ברש"י שלנו כתוב טרפות). אלא יי"ל מאי איכא למימר. ומיהו יי"ל איכא לאוקמי ביין שנתנסך לעבודה זרה ולאו משום דאין הגוף תאב לו אלא כיון דפקר כולי האי לשתות יין שנתנסך לעבודה זרה. ומיהו קשה אפילו בנבלות סרוחות שקצים ורמשים אמאי הוי מין הא קתני לקמן אכל פרעוש אחד כו' אע"ג דאין הגוף מתאוה לו. וי"ל דלא אכל אלא פ"א כדקתני אכל פרעוש אחד דנפשו חומדת לטעום כל דבר ואפי' דבר איסור. אבל הכא דאתפקר כולי האי לאכול נבלות וטרפות תדיר בדבר שאין הגוף נהנה ודאי מין הוא. הרמ"ה ז"ל] ב): **רבי** יהודה אומר אף (על הכלאים) [הלובש כלאים] פרש"י ז"ל דאריסא קאי ואמר אף הלובש כלאים כמו אוכל חלב. והרמ"ה ז"ל פירש דאסיפא קאי [דהלובש כלאים בסתמא הוי מין כיון דלית ביה הנאה טפי מבשאר בגדים. ומסתברא כפרש"י ז"ל]: כלאים דרבנן כגון לבדים שהן שוע ואינו טווי וארוג דמדאורייתא לא הוה כלאים עד שיהא שוע כל אחד לבד וטווי כל אחד לבד ונוז דהיינו שזור כל אחד לבד ואח"כ אורגו יחד. כפר"ת ועיקר ג): **ת"ר** יכול נשיא שבט כנחשון בן עמינדב ת"ל מכל מצות ה' אלהיו ולהלן הוא אומר למען ילמד ליראה את ה' אלהיו. הך ברייתא מפרשה למתניתין דקתני איזהו נשיא זה מלך שנאמר מכל מצות ה' [אלהיו] שאין גביו אלא ה' אלהיו. דלא תימא ממשמעות קרא דריש קמ"ל דלא דטובא קראי כתיבי ה' אלהיו ה' אלהיך אלהיכם ואחד מלך ואחד הדיוט במשמע. אלא מגזירה שוה דפרשת מלך קדריש:

א) אולי צ"ל תחטא מעם הארץ ולא נשיא כו': ב) כ"ה בס' ש"י: ג) עי' רא"ש פ"ט דנדה סי' ח:

טז א ב מיי' פרק טו מהל' שגגות הל' ו: יז ד מיי' פ"ד מהל' כלי מקדש הל' יד: יח ה מיי' פט"ו מהל' שגגות הל' ז: יט ו מיי' פ"א מהל' עבודת יוה"כ הל' ב: כ ז מיי' פ"ו מהל' איסורי ביאה הל' א והל' יג סמג לאוין קכא ועשין לג: כא ח מיי' שם הל' ח: כב ט מיי' פ"ג מהל' כלי המקדש הל' י סמג לאוין לג: כג י מיי' פ"ו מהל' ביאת מקדש הל' י סמג לאוין קו: כד כ מיי' פ"ה מהל' רוצח הל' ט: כה ל מיי' פ"א מהל' כלי המקדש הל' ב סמג עשין קסו: כו מ מיי' שם הל' ח: כז נ ס מיי' שם הלכה יא ופ"א מהל' מלכים הלכה יב: כח ע מיי' פ"א מהל' כלי המקדש הל' ז ופ"א מהל' מלכים הל' ז: כט פ מיי' פ"א מהל' כלי המקדש הל' יא ופ"א מהל' מלכים הל' ז: ל צ ק מיי' פ"ד מהל' כלי המקדש הל' ו ופ"א מהל' מלכים הל' י סמג עשין קטו:

מה להלן שאין על גביו אלא ה' אלהיו. דבמלך קא משתעי קרא דכתיב שום תשים עליך מלך (דברים יז): **כגון אני מהו בשעיר.** כלומר נשיאות דידי מי הוי נשיאות מעליא דאילו הוינא בזמן שבית המקדש קיים מייתינא שעיר או לא: **א"ל הרי צרתך בבבל.** ראש גולה שבבבל דהוי על גבך ואנן בעינן שאין על גביו אלא ה' אלהיו: **התם שבט.** דהיינו מקל כמו כי תכנו בשבט לא ימות (משלי כג): **והכא מחוקק.** חכם: **מתני' איזה הוא המשיח.** שמביא פר בהוראה זה המשוח בשמן המשחה: **ולא מרובה בבגדים.** שבבית שני שלא היה להם שמן המשחה: **אין בין כהן משוח בשמן המשחה למרובה בגדים אלא פר הבא על כל המצות.** שמרובה בגדים אינו מביא פר העלם דבר לא משלו ולא משל צבור אבל מביא כשבה או שעירה ל)דיחיד: **ואין בין כהן המשמש.** והיינו ראשון שחזר לעבודתו ולאחר שחזר הוי פר של יוה"כ שלו ועשירית האיפה שלו: **וזה וזה.** בין כהן המשמש דהיינו ראשון שחזר לעבודתו ובין כהן שעבר דהיינו שני שמינו תחתיו דלאחר (שנעבר) [שחזר] הראשון מעבירין השני: **שוים בעבודת היום.** דמקרבי קרבנות היום ביוה"כ איזה שירצה: **גמ' שמן המשחה שעשה משה.** כדכתיב שמן משחת קדש יהיה זה לי (שמות ל): **בו שולקין את העקרים.** אותם שרשים של בשמים האמורים בפרשה דכתיב ואתה קח לך בשמים ראש מר דרור וגו':

תורה אור

מה להלן שאין על גביו אלא ה' אלהיו א)אף א נשיא שאין על גביו אלא ה' אלהיו ב בעא מיניה רבי מרבי חייא כגון אני מהו בשעיר אמר ליה הרי צרתך בבבל איתיביה ג א מלכי ישראל ומלכי בית דוד אלו מביאים לעצמם ואלו מביאים לעצמם אמר ליה התם ב לא כייפי אהדדי הכא אנן כייפינן להו לדידהו רב ספרא מתני הכי בעא מיניה רבי מרבי חייא כגון אני מהו בשעיר א"ל ד ב)התם שבט הכא מחוקק ותניא °לא יסור שבט מיהודה זה ראש גולה שבבבל שרודה את ישראל ג)במקל °ומחוקק מבין רגליו אלו בני בניו של הלל שמלמדים תורה לישראל ברבים:

בראשית מט

א **מתני'** ואיזהו המשיח ג המשוח בשמן המשחה לא המרובה בבגדים ה ד)ד אין בין כהן המשוח בשמן המשחה למרובה בגדים אלא פר הבא על כל המצות ה ואין בין כהן משמש לכהן שעבר אלא פר יוה"כ ועשירית האיפה ו זה וזה שוים בעבודת יוה"כ ז ומצווים על הבתולה ח ואסורים על האלמנה ט ואינם מטמאים בקרוביהם י ולא

ב פורעים ולא פורמים כ ומחזירין הרוצח: **גמ'** ה)ת"ר י שמן המשחה שעשה משה במדבר היו שולקים בו את העיקרים דברי ו)רבי יהודה רבי יוסי אומר והלא לסוף את העקרים אינו סופק אלא ל שורין את העקרים במים ומציף עליו שמן וקולט את הריח וקפחו אמר לו רבי יהודה וכי נס אחד נעשה בשמן המשחה והלא תחלתו שנים עשר לוגין וממנו היה נמשח משכן וכליו אהרן ובניו כל שבעת ימי המלואים וכולו קיים לעתיד לבוא שנאמר °שמן משחת קדש יהיה זה לי לדורותיכם ז)תניא אידך °ויקח משה את שמן המשחה וימשח [את] המשכן [ואת] כל אשר בו ז רבי יהודה אומר שמן המשחה שעשה משה במדבר כמה נסים נעשו בו מתחלה ועד סוף תחלתו לא היה אלא שנים עשר לוגין ראה כמה יורה בולעת וכמה עקרים בולעים וכמה האור שורף ובו נמשח משכן וכליו ואהרן ובניו כל שבעת ימי המלואים ובו נמשחו כהנים גדולים ומלכים ח מ ואפילו כהן גדול בן כהן גדול טעון משיחה נ ואין מושחים מלך בן מלך ואם תאמר מפני מה משחו את שלמה ס מפני מחלוקתו של אדוניה ואת יואש מפני עתליה ואת יהואחז מפני יהויקים שהיה גדול ממנו שתי שנים ואותו שמן קיים לעתיד לבוא שנאמר שמן משחת קדש יהיה זה לי לדורותיכם ט ח)זה בגימטריא שנים עשר לוגין הוו אמר מר ואפילו כהן גדול בן כהן

שמות ל ויקרא ח

ג גדול טעון משיחה מנלן דכתיב °והכהן המשיח תחתיו מבניו נימא קרא והכהן מתחתיו מבניו מאי המשיח קמ"ל דמבניו דכהן גדול אי הוי משיח הוי כהן גדול ואי לא לא הוי כהן גדול אמר מר ואין מושחין מלך בן מלך מנלן אמר רב אחא בר יעקב דכתיב °למען יאריך ימים על ממלכתו וגו' ירושה היא לכם ומנלן דכי איכא מחלוקת בעי משיחה ולאו כל דבעי מלכא מורית מלכותא לבניה אמר רב פפא אמר קרא הוא ובניו בקרב ישראל בזמן ששלום בישראל קרינא ביה הוא ובניו ואפילו בלא משיחה תנא אף יהוא בן נמשי לא נמשח אלא מפני מחלוקתו של יורם ותיפוק ליה משום דראשון הוא חסורי מחסרא והכי קתני ע מלכי בית דוד מושחין מלכי ישראל אין מושחין מנלן אמר רבא אמר קרא °קום משחהו כי זה הוא זה טעון משיחה ואין אחר טעון משיחה אמר מר אף יהוא בן נמשי לא נמשח אלא מפני מחלוקתו של יורם ומשום מחלוקתו של יורם בן אחאב נמעול בשמן ט)כדאמר רב פפא פ באפרסמא דכיא ה"נ באפרסמא דכיא ואת יהואחז מפני יהויקים שהיה גדול ממנו שתי שנים ומי קשיש מיניה והכתיב °ובני יאשיהו הבכור יוחנן השני יהויקים השלישי צדקיהו הרביעי שלום וא"ר יוחנן הוא שלום הוא צדקיהו הוא יוחנן הוא יהואחז לעולם יהויקים קשיש ומאי בכור בכור למלכות צ ומי מלכי זוטרי מקמי קשישי והא כתיב °ואת הממלכה נתן ליהורם כי הוא הבכור יהורם ק ממלא מקום אבותיו הוה יהויקים לאו ממלא מקום אבותיו הוה אמר מר הוא שלום הוא צדקיהו הוא יוחנן הוא יהואחז והא חד חד קא חשיב דכתי' °השלישי הרביעי מאי שלישי שלישי לבנים ומאי רביעי רביעי למלכות דמעיקרא מלך יהואחז ולבסוף יהויקים ולבסוף יכניה ולבסוף צדקיהו ת"ר הוא שלום הוא צדקיהו ולמה נקרא שמו שלום י)שהיה משולם במעשיו איכא דאמרי שלום שבימיו שלמה מלכות בית דוד בימיו ומה שמו מתניה שמו שנאמר °וימלך מלך בבל את מתניה דודו תחתיו ויסב את שמו צדקיהו כ א"ל יה יצדיק עליך את הדין אם תמרוד בי כ)(שנאמר °ויביאהו בבלה) וכתיב °וגם במלך נבוכד נצר מרד אשר השביעו באלהים ומי

ויקרא ו; דברים יז; שמואל א טז; דה"א ג; דה"ב כא; שם ג; מלכים ב כד; דה"ב לו

והלא לסוף בו את העקרים אינו מספיק. לפי שהשמן לא היה אלא שנים עשר לוגין כדמפרש לקמן והעקרים היו מרובים ואפילו בסיכה היה נבלע בעקרים כל שכן בשליקה: **אלא שורה את העקרים במים.** ברישא שהיו מתמלאים מן המים ושוב לא יהו בולעים מן השמן כל כך: **ומציף עליהן שמן.** לאחר שהוציאם מן המים כדי שיקלוט השמן מריח הבשמים: **וקפחו.** ומוליא השמן לאלתר וקפחו כמו קפחתי את הרועה (יומא דף פג:): **טעון משיחה.** ואי לא משוח בשמן לא הוי כה"ג: **מפני מחלוקתו.** דהיכא דאיכא מחלוקת בעי משיחה: **ממלכתו הוא ובניו בקרב ישראל.** משמע ירושה היא להם כאדם שמוריש ירושה לבניו: **ולאו כל דבעי מלכא מורית לבניה מלכותא.** אפילו בלא משיחה: **ירושה היא.** בזמן ששלום בישראל: **משום דמלך ראשון הוא.** ממשפחתו דאינו מלך בן מלך: **זה.** דמלכות בית דוד טעון משיחה: **ואין אחר.** שאינו ממלכי בית דוד טעון משיחה: **משום מחלוקתו של יורם נמעול בשמן המשחה.** דאמרינן לעיל דמלכי ישראל אין מושחין ממנו: **באפרסמא דכיא.** דלא הוי משמן המשחה: **ומאי בכור.** דקרי ליה הבכור יוחנן: **בכור למלכות.** שמלך ראשון: **יורם ממלא מקום אבותיו הוה.** דכי מלך אכתי הוה לדיק ממלא מקום אבותיו הוה ואחר כך החמיץ: **משולם במעשיו.** דלדיק גמור הוה בעל מעשים טובים: **אמר לו.** נבוכד נלר יה ילדיק עליך את הדין אם תמרוד בי:

ומי

א) [לעיל ט. י.] ב) סנהדרין ה. ג) [צ"ל בשבט וכך אי' בסנהדרין ועי' רש"י דהתם ודהכא]: ד) מגילה ט: ה) כריתות ה. [כל הענין ע"ש כמה וכמה שינויים] ו) [בפרש"י בנימוקי החומש פרשת תשא ל' פכ"ד גרס דברי ר' מאיר אמר לו ר' יהודה והלא לסוף וכו' וכך גרס הרמב"ן בפירושו שם ועי' ירושלמי שקלים פ"ו] ז) ת"כ פרשה לו: ח) [מנחות פט.] ט) [לקמן יב:] י) [מגילה כג.]: כ) בע"י ל"ג: ל) [צ"ל כיחיד]:

תוספות הרא"ש

בעי מיניה רבי מרבי חייא. אע"ג דרבי חייא תלמידיה הוה אפ"ה מגדולי תלמידיו [היה] דהיה נושא ונותן (בו) [רבי] עמו: **כגון** אני. אם הייתי בזמן הבית מביא שעיר או לאו. וא"ל לא לפי שראש גולה גדול ממנו כדמפרש ואזיל לפי שרודין את העם בשבט: **ובו** נמשחו כהנים גדולי' ומלכים. ואע"ג דכתיב בקרא אשר יתן ממנו על זר ונכרת ומלך בכלל זר. אפשר דדריש ליה מדכתיב על בשר אדם לא ייסך ודרשי' אדם ולא מלך כדדרשי' (מגילה דף יא.) בקום עלינו אדם ולא מלך זה המן הרשע:

מה להלן בספר דברים מדובר במלך שאין על גביו אלא ה' אלהיו, אף נשיא הכתוב בספר ויקרא הוא מי שאין על גביו אלא ה' אלהיו. בעא מיניה [שאל אותו] רבי מר' חייא: כגון אני שאני נשיא בארץ ישראל מהו בשעיר, האם דיני כנשיא או לא? אמר ליה [לו]: הרי צרתך (שותפך) בבבל שהרי יש בבבל ראש הגולה שהוא גדול כמותך. איתיביה [הקשה לו] רבי: מלכי ישראל ומלכי בית דוד, אלו מביאים קרבן לעצמם כמלכים, ואלו מביאים לעצמם, משמע שאף שיש מלך כמותו גם הוא נחשב מלך! אמר ליה [לו]: התם לא כייפי אהדדי [שם לא היו כפופים זה לזה], הכא אנן כייפינן להו לדידהו [כאן אנו כפופים להם] משום שכוח שררתו של ראש הגולה גדול משל הנשיא. רב ספרא מתני הכי [היה שונה את המעשה הזה כך], בעא מיניה [שאל אותו] רבי מר' חייא: כגון אני מהו בשעיר? אמר ליה [לו]: התם [שם] בגולה ראש הגולה יש לו "שבט" (סמכות), הכא [כאן] "מחוקק", ותניא [ושנויה ברייתא]: "לא יסור שבט מיהודה" (בראשית מט, י) — זה ראש גולה שבבבל, שיש שבט בידו, שרודה את ישראל במקל מפני שיש לו כוח מטעם המלכות. "ומחוקק מבין רגליו" (שם) — אלו הנשיאים בני בניו של הלל שמלמדים תורה לישראל ברבים, אבל אין להם כוח סמכות מטעם הממשלה.

א משנה ואיזהו הכהן המשיח? זה הכהן הגדול המשוח בשמן המשחה, לא זה המרובה בבגדים שלא היה שמן המשחה למשוח אותו, אף על פי שהוא מכהן בכהונה גדולה ולובש כל שמונה בגדי כהונה. אין בין כהן המשוח בשמן המשחה למרובה בגדים, ההבדל להלכה אלא לענין פר הבא על כל המצות, שהכהן המשוח מביא על שגגתו פר וכהן גדול אחר אינו מביא. ואין בין כהן גדול שמשמש בפועל לכהן שעבר מאיזה סיבה אלא פר יום הכיפורים שהכהן המשמש מביא משלו, ועשירית האיפה, שהכהן המשמש מביא מנחה זו בכל יום. וזה שעבר אינו מביא. אבל זה וזה שוים בעבודת יום הכיפורים שהם יכולים לעשות את שאר העבודה של יום הכיפורים, ומצווים על הבתולה שיש להם מצוות עשה לשאת רק נערה בתולה, ואסורים על האלמנה ושניהם אסורים לשאת אלמנה, ואינם מטמאים בקרוביהם שאסור להם להיטמא אפילו לקרובי המשפחה שלהם, ולא פורעים מגדלים שערם, ולא פורמים את בגדיהם בזמן שהם אבלים, ומחזירין הרוצח, אם אחד מהם מת הרי הרוצח בעיר המקלט יכול לחזור לביתו בגלל מותו של הכהן הגדול.

ב גמרא תנו רבנן [שנו חכמים]: שמן המשחה שעשה משה במדבר, כיצד עשו אותו? היו שולקים (מבשלים) בו את העיקרים את השורשים של הסמים המנויים שם, דברי ר' יהודה. ר' יוסי אומר: והלא הכמות של השמן אפילו לסוך בו את העקרים אינו סופק (מספיק) לפי שהיה נבלע בהם, ואיך יכלו לבשל בו?! אלא כך היו עושים: שורין את העקרים במים, כדי שלא יבלע בהם השמן, והיה הבושם עולה מעט מעט ומציף עליו על המים שמן, וקולט השמן את הריח וקפחו ואחר כך היה מוריד את השמן מלמעלה ומכאן נעשה שמן המשחה. אמר לו ר' יהודה: וכי נס אחד נעשה בשמן המשחה? והלא תחלתו היה רק שנים עשר לוגין, וממנו היה נמשח משכן וכליו אהרן ובניו כל שבעת ימי המלואים, וכולו קיים לעתיד לבוא, שנאמר: "שמן משחת קדש יהיה זה לי לדורותיכם" (שמות ל, לא), ואם כן כיון שנעשו בו נסים כאלה אין לתמוה שגם דרך עשייתו מתחילה היתה בדרך נס. תניא אידך [שנויה ברייתא אחרת]: "ויקח משה את שמן המשחה וימשח את המשכן ואת כל אשר בו" (ויקרא ח, י) — ר' יהודה אומר: שמן המשחה שעשה משה במדבר, כמה נסים נעשו בו מתחלה ועד סוף, תחלתו לא היה אלא שנים עשר לוגין, ראה כמה יורה (סיר) שבה מבשלים בולעת ממה שמבשלים בה, וכמה עקרים (השורשים) בולעים מתוכם, וכמה האור (האש) שורף, ובו בשמן המשחה הזה נמשח משכן וכליו ואהרן ובניו כל שבעת ימי המלואים, ובו נמשחו כהנים גדולים ומלכים במשך הדורות. ואומרים עוד בענין שמן המשחה: ואפילו כהן גדול בן כהן גדול בכל זאת היה טעון משיחה, ואין מושחים מלך בן מלך משום שאינו צריך לכך. ואם תאמר: מפני מה משחו בכל זאת את שלמה המלך שהיה בן מלך? מפני מחלוקתו של אדוניה שהיה אדוניה חולק עליו ומתנשא למלוך, ואת יואש משחו מפני עתליה שהיתה המושלת, ואת יהואחז משחו מפני יהויקים, שהיה גדול ממנו שתי שנים, ולכן היה צריך להדגיש שהוא המלך. ואותו שמן עצמו קיים לעתיד לבוא, שנאמר: "שמן משחת קדש יהיה זה לי לדורותיכם", "זה" — בגימטריא שנים עשר לוגין הוו [היו] וכך נשאר תמיד באותו שיעור למרות השימוש בו.

ג ומעתה מבארים כמה דברים בברייתא זו. אמר מר [החכם]: ואפילו כהן גדול בן כהן גדול טעון משיחה. ושואלים: מנלן [מנין לנו]? דכתיב [שנאמר]: "והכהן המשיח תחתיו מבניו" (ויקרא ו, טו), נימא קרא [שיאמר הפסוק] רק "והכהן מתחתיו מבניו", מאי [מה] הצורך לומר המשיח? קא משמע לן [משמיע לנו] שגם אם הוא מבניו של כהן גדול, אי הוי [אם הוא] משיח כלומר, משוח בשמן — הוי [הריהו] כהן גדול, ואי [ואם] לא — לא הוי [איננו] כהן גדול. אמר מר [החכם]: ואין מושחין מלך בן מלך. ושואלים: מנלן [מנין לנו]? אמר רב אחא בר יעקב, דכתיב [שנאמר]: "למען יאריך ימים על ממלכתו הוא ובניו בקרב ישראל" (דברים יז, כ), שכיון שנזכרו כאן בניו, הרי זה ללמד כי ירושה היא לכם המלוכה. ושואלים: ומנלן דכי איכא [ומנין לנו שכאשר יש] מחלוקת בעי [צריך] משיחה, ולאו כל דבעי מלכא מורית מלכותא לבניה [ולא את כל מי שרוצה המלך מוריש את המלכות לבניו] ודי בכך, אמר רב פפא, אמר קרא [המקרא]: "הוא ובניו בקרב ישראל" (שם), בזמן ששלום בישראל קרינא ביה [קוראים אנו בו] "הוא ובניו", ואפילו בלא משיחה, ולא כשיש מחלוקת. תנא [שנה החכם]: אף יהוא בן נמשי מלך ישראל לא נמשח אלא מפני מחלוקתו של יורם. ואומרים: ותיפוק ליה [ושתצא לו] הלכה זו שצריך משיחה משום שראשון הוא, שהרי יהוא לא היה בן מלך! ומשיבים: חסורי מחסרא והכי קתני [חסרה הברייתא וכך צריך לשנותה]: מלכי בית דוד מושחין בשמן המשחה, מלכי ישראל אין מושחין. ושואלים: מנלן [מנין לנו] דבר זה? אמר רבא, אמר קרא [המקרא]: "קום משחהו כי זה הוא" (שמואל א טז, יז), ללמדנו: זה דוד המלך טעון משיחה ואין מלך אחר מבית אחר טעון משיחה. ועל דין זה אמר מר [החכם]: אף יהוא בן נמשי שהיה מלך ישראל לא נמשח אלא מפני מחלוקתו של יורם. ושואלים: ומשום מחלוקתו של יורם בן אחאב נמעול בשמן ונשתמש בו שלא לצורך? שהרי אמרנו שמלכי ישראל אינם נמשחים! ומשיבים: כדאמר [כמו שאמר] רב פפא בענין אחר: שמשחו אותו באפרסמא דכיא [באפרסמון זך] ולא בשמן המשחה, הכי נמי באפרסמא דכיא [כאן גם כן באפרסמון זך] ולא בשמן המשחה. אמרנו שמשחו את יהואחז מפני יהויקים, שהיה גדול ממנו שתי שנים. ושואלים: ומי קשיש מיניה [והאם גדול היה ממנו]? והכתיב [והרי נאמר]: "ובני יאשיהו הבכור יוחנן השני יהויקים השלישי צדקיהו הרביעי שלום" (דברי הימים א ג, טו), ואמר ר' יוחנן: הוא שלום הוא צדקיהו שהוא שני שמות של איש אחד, וכן הוא יוחנן הנזכר כאן הוא יהואחז הנזכר בספר מלכים, נמצא שיהואחז היה הבן הגדול, ואם כן מפני מה היו צריכים למשוח אותו?! ומשיבים: לעולם יש לומר שיהויקים קשיש [מבוגר], יותר מיהואחז, ומאי [ומהו] מה שכתוב במקרא ה"בכור יוחנן"? כוונתו בכור למלכות. ושואלים: ומי מלכי זוטרי מקמי קשישי [והאם מולכים הבנים הקטנים לפני הגדולים]? והא כתיב [והרי נאמר]: "ואת הממלכה נתן ליהורם כי הוא הבכור" (דברי הימים ב כא, ג)! ומשיבים: יהורם ממלא מקום אבותיו הוה [היה] והיה ראוי להיות מלך, וכיון שבכור היה, קיבל את המלוכה, יהויקים לאו [לא] ממלא מקום אבותיו הוה [היה] ולא היה ראוי להיות מלך, ולכן הומלך אחיו תחילה. אמר מר [החכם]: הוא שלום הוא צדקיהו, הוא יוחנן הוא יהואחז. ושואלים: והא חד חד קא חשיב [והרי אחד אחד הוא מונה], דכתיב [שנאמר]: "השלישי... הרביעי" (דברי הימים א ג, טו) משמע ששנים הם! ומשיבים: מאי [מה פירוש] "שלישי" כוונתו שלישי לבנים, ומאי [ומה פירוש] "רביעי" — רביעי למלכות, כיצד? דמעיקרא [שמתחילה] מלך יהואחז, ולבסוף ואחר כך יהויקים, ולבסוף יכניה ולבסוף צדקיהו, והיה איפוא הרביעי למלכות. תנו רבנן [שנו חכמים]: הוא שלום הוא צדקיהו, ולמה נקרא שמו שלום? שהיה משולם במעשיו הטובים. איכא דאמרי [יש שאומרים]: נתכנה "שלום" — ששלמה (נגמרה) מלכות בית דוד בימיו, ומה שמו האמיתי? מתניה שמו, שנאמר: "וימלך מלך בבל את מתניה דודו תחתיו ויסב את שמו צדקיהו" (מלכים ב כד, יז), ומדוע קרא לו בשם זה? אמר ליה [לו]: יה יצדיק עליך את הדין אם תמרוד בי, וכתיב [ונאמר]: "וגם במלך נבוכדנצר מרד אשר השביעו באלהים" (דברי הימים ב לו, יג).

עיונים

ואין על גביו וכו' ורש"י לומד זאת ממה שנאמרה פרשה זו במלך, שבפשטות עניינו העומד בראש ישראל ואין ממונה על גביו. והאחרונים הביאו ראיות אחרות מלשון הכתוב שמדובר שם במלך שאין איש בישראל העומד למעלה ממנו בשלטון.

בעא מיניה רבי מר' חייא ותמהו המפרשים: הלא ר' חייא היה תלמידו של רבי, ומשום מה שואל אותו רבי? והרא"ש כתב שאין זו תמיהה, לפי שר' חייא היה גדול התלמידים, ובגדר תלמיד — חבר, ולפיכך שאל אותו...

כהנים גדולים ומלכים והרא"ש תמה: לענין משיחת כהן גדול נאמר הדבר במפורש בתורה. אבל לכאורה הרי נאמר בתורה "ועל בשר אדם לא ייסך" (שם לב) ויש חיוב כרת על זר הסך משמן המשחה, ואם כן כיצד מושחים בו מלכים? ותירץ כי בגמרא (במסכת מגילה) מדייקים מלשון "אדם" שהכוונה לאדם פשוט, שאינו מלך. ואם כן אין מלכים בכלל איסור זה.

וכולו קיים לעתיד לבוא ר' ידעיה הפניני מפרש, לפי דרכו, את הכל בדרך הרמז. ששמן המשחה הוא...

אורח הלכה

[illegible]

מסורת הש"ס

[illegible]

גרסות

[illegible]

לשון

[illegible]

החיים

[illegible]

העולם

[illegible]

וּשׁוֹאֲלִים על מה שנאמר שמשחו את יהואחז: וּמִי הֲוָה [והאם היה] בימי יהואחז שֶׁמֶן הַמִּשְׁחָה? וְהָתַנְיָא [והרי שנויה ברייתא]: מִשֶּׁנִּגְנַז אֲרוֹן הברית נִגְנַז עמו גם שֶׁמֶן הַמִּשְׁחָה, וְצִנְצֶנֶת הַמָּן, וּמַקְּלוֹ שֶׁל אַהֲרֹן וּבוֹ שְׁקֵדֶיהָ וּפְרָחֶיהָ, וְאַרְגָּז שֶׁשִּׁלְּחוּ פְּלִשְׁתִּים דּוֹרוֹן לְיִשְׂרָאֵל, שֶׁנֶּאֱמַר בּוֹ: "וְאֵת כְּלֵי הַזָּהָב אֲשֶׁר הֲשֵׁבֹתֶם לוֹ אָשָׁם תָּשִׂימוּ בָאַרְגַּז מִצִּדּוֹ וְשִׁלַּחְתֶּם אֹתוֹ וְהָלָךְ" (שמואל א ו, ח), וּמִי גְּנָזוֹ את הארון? יֹאשִׁיָּהוּ מֶלֶךְ יְהוּדָה גְּנָזוֹ, כיון שֶׁרָאָה מה שֶׁכָּתוּב בַּתּוֹרָה בפרשת התוכחה: "יוֹלֵךְ ה' אֹתְךָ וְאֶת מַלְכְּךָ אשר תקים עליך אל גוי אשר לא ידעת" (דברים כח, לו), צִוָּה וּגְנָזוּם, שֶׁנֶּאֱמַר: "וַיֹּאמֶר לַלְוִיִּם הַמְּבִינִים לְכָל יִשְׂרָאֵל הַקְּדוֹשִׁים לַה' תְּנוּ אֶת אֲרוֹן הַקֹּדֶשׁ בַּבַּיִת אֲשֶׁר בָּנָה שְׁלֹמֹה בֶן דָּוִיד מֶלֶךְ יִשְׂרָאֵל אֵין לָכֶם מַשָּׂא בַּכָּתֵף עַתָּה עִבְדוּ אֶת ה' אֱלֹהֵיכֶם וְאֵת עַמּוֹ יִשְׂרָאֵל" (דברי הימים ב לה, ג), וְאָמַר ר' אֶלְעָזָר: אָתְיָא [באה נלמדת] בגזירה שוה המלים "שָׁם" "שָׁם", כתובה המלה "שמה" בארון (שמות כט, מג) וכן נאמר "שמה" בצנצנת המן (שם טז, לג), וכמו כן אָתְיָא [באה] "מִשְׁמֶרֶת" "מִשְׁמֶרֶת" בגזירה שוה, שכתובה בצנצנת המן (שם) וכתובה במקלו של אהרן (במדבר יז כה-כו), וכן אָתְיָא [באה] גזירה שוה של "דוֹרוֹת" "דוֹרוֹת" שנאמרה בצנצנת המן, וכן נאמרה בשמן המשחה (שמות ל, לא) שכל אותם הדברים שנאמרה בהם גזירה שוה מצויים במקום אחד, ליד הארון, ולכן נגנזו יחד עם הארון! אָמַר רַב פַּפָּא: לא בשמן המשחה משחו את יהואחז אלא בַּאֲפַרְסְמָא דַּכְיָא [באפרסמון זך].

א תָּנוּ רַבָּנַן [שנו חכמים]: כֵּיצַד מוֹשְׁחִין אֶת הַמְּלָכִים? המשיחה היא כְּמִין נֵזֶר (כתר) סביב הראש, וְכיצד מושחים אֶת הַכֹּהֲנִים? כְּמִין כִּי. ושואלים: מַאי [מה פירוש] "כְּמִין כִּי"? אָמַר רַב מְנַשְּׁיָא בַּר גַּדָּא: כְּמִין האות כַּף יְוָנִי. תָּנֵי חֲדָא [שנויה ברייתא אחת]: בַּתְּחִלָּה מוֹצְקִין שֶׁמֶן עַל רֹאשׁוֹ של הכהן, וְאַחַר כָּךְ נוֹתְנִין לוֹ שֶׁמֶן בֵּין רִיסֵי עֵינָיו, וְתַנְיָא אַחֲרִיתִי [ושנויה ברייתא אחרת]: בַּתְּחִלָּה נוֹתְנִין לוֹ שֶׁמֶן בֵּין רִיסֵי עֵינָיו, וְאַחַר כָּךְ מוֹצְקִים לוֹ שֶׁמֶן עַל רֹאשׁוֹ! ומעירים: תַּנָּאֵי [מחלוקת תנאים] הִיא, אִיכָּא דְּאָמְרִי [יש שאומרים]: מְשִׁיחָה בין עיניו עֲדִיפָא [עדיפה] מיציקה וקודמת לה, וְאִיכָּא דְּאָמְרִי [ויש שאומרים]: יְצִיקָה עֲדִיפָא [עדיפה]. ממשיחה וקודמת לה. מַאי טַעְמָא דְּמַאן דְּאָמַר [מה הטעם של מי שאומר] יְצִיקָה עֲדִיפָא [עדיפה]? דִּכְתִיב [שנאמר]: "וַיִּצֹק מִשֶּׁמֶן הַמִּשְׁחָה עַל רֹאשׁ אַהֲרֹן וַיִּמְשַׁח אֹתוֹ לְקַדְּשׁוֹ" (ויקרא ח, יב), משמע שהיציקה היא תחילה ואחריה משיחה. וּמַאן דְּאָמַר [ומי שאומר] מְשִׁיחָה עֲדִיפָא [עדיפה] מיציקה וקודמת לה, מַאי טַעְמָא [מה טעם הדבר]? ומשיבים: קָסָבַר [סבור הוא]: שֶׁכֵּן אַתָּה מוֹצֵא אַף אֵצֶל כְּלֵי שָׁרֵת. שנמשחו ולא יצקו עליהם שמן משמן המשחה. ומקשים על דעה זו: וְהָכְתִיב [והרי נאמר] "וַיִּצֹק", וּבַסּוֹף "וַיִּמְשַׁח"! ומשיבים: הָכִי קָאָמַר [כך אמר]: זו היא כוונת הכתוב: מַאי [מה] טַעַם "וַיִּצֹק"? מִשּׁוּם שֶׁ"וַיִּמְשַׁח" כלומר, שהיציקה היתה לאחר המשיחה, שהיא העיקר. ועוד בענין משיחה, תָּנוּ רַבָּנַן [שנו חכמים]: "כַּשֶּׁמֶן הַטּוֹב על הראש יֹרֵד עַל הַזָּקָן זְקַן אַהֲרֹן שיורד על פי מדותיו" (תהלים קלג, ב) — כְּמִין שְׁנֵי טִפֵּי מַרְגָּלִיּוֹת הָיוּ תְּלוּיוֹת לְאַהֲרֹן בִּזְקָנוֹ משמן המשחה. אָמַר רַב פַּפָּא, תָּנָא [שנה החכם]: כְּשֶׁהוּא מְסַפֵּר (מדבר), ואגב כך היה זקנו נע והיו טיפות אלה עוֹלוֹת בדרך נס וְיוֹשְׁבוֹת לוֹ בְּעִיקַּר זְקָנוֹ כדי שלא תפולנה, וְעַל דָּבָר זֶה הָיָה מֹשֶׁה דּוֹאֵג, אָמַר: שֶׁמָּא חַס וְשָׁלוֹם מָעַלְתִּי בְּשֶׁמֶן הַמִּשְׁחָה שיצקתי יותר מדי, שהרי יש שתי טיפות נוספות? יָצְתָה (יצאה) בַּת קוֹל וְאָמְרָה: "כַּשֶּׁמֶן הַטּוֹב וגו' כְּטַל חֶרְמוֹן" (שם ג), והשוואה זו באה ללמד: מַה טַּל חֶרְמוֹן אֵין בּוֹ מְעִילָה שהרי אין הוא קדוש, אַף שֶׁמֶן הַמִּשְׁחָה שֶׁבִּזְקַן אַהֲרֹן אֵין בּוֹ מְעִילָה. וַעֲדַיִין הָיָה אַהֲרֹן עצמו דּוֹאֵג, אָמַר: שֶׁמָּא מֹשֶׁה לֹא מָעַל שהוא עשה כדין אֲבָל אֲנִי מָעַלְתִּי שהשמן הנוסף נמצא עלי ואני נהנה ממנו? יָצְתָה בַּת קוֹל וְאָמְרָה לוֹ: "הִנֵּה מַה טּוֹב וּמַה נָּעִים שֶׁבֶת אַחִים גַּם יָחַד" (שם ט), מַה מֹּשֶׁה אחיך לֹא מָעַל, אַף אַתָּה לֹא מָעַלְתָּ. תָּנוּ רַבָּנַן [שנו חכמים]: אֵין מוֹשְׁחִים אֶת הַמְּלָכִים אֶלָּא עַל הַמַּעְיָן, לסימן טוב כְּדֵי שֶׁתִּמָּשֵׁךְ מַלְכוּתָם כמעין, שֶׁנֶּאֱמַר בהמלכת שלמה בימי דוד: "וַיֹּאמֶר הַמֶּלֶךְ לָהֶם קְחוּ עִמָּכֶם אֶת עַבְדֵי אֲדֹנֵיכֶם והרכבתם את שלמה בני על הפרדה אשר לי וְהוֹרַדְתֶּם אֹתוֹ אֶל גִּחוֹן ומשח אותו שם צדוק הכהן ונתן הנביא למלך על ישראל ותקעתם בשופר ואמרתם יחי המלך שלמה" (מלכים א א, לג—לד).

ב אגב הזכרת ענין זה של עשיית דבר לסימן טוב מביאים מה שֶׁאָמַר ר' אַמִי: הַאי מַאן דְּבָעֵי לֵידַע אִי מַסֵּיק שַׁתֵּיהּ אִי לָא [מי שרוצה לדעת אם תעלה שנתו ולא ימות בה, או לא], נִיתְלֵי שְׁרָגָא [שידליק נר] בַּעֲשָׂרָה יוֹמֵי [ימים] שֶׁבֵּין רֹאשׁ הַשָּׁנָה לְיוֹם הַכִּפּוּרִים בְּבֵיתָא דְּלָא נָשֵׁיב זִיקָא [בבית שאין נושבת בו רוח], ויתבונן בו: אִי מָשֵׁיךְ נְהוֹרֵיהּ נֵידַע דְּמַסֵּיק שַׁתֵּיהּ [אם נמשך אורו ידע שתעלה שנתו] ויחיה. וּמַאן דְּבָעֵי לְמֶיעֱבַד בְּעִיסְקָא [ומי שרוצה לעשות עסק], וּבָעֵי לְמֵידַע אִי לָא מַצְלַח [ורוצה לדעת אם יצליח או לא יצליח בו], לִירַבֵּי תַּרְנְגוֹלָא [שיגדל תרנגול], אִי שָׁמֵין וְשָׁפַר, מַצְלַח [אם משמין ומתייפה מצליח העסק]. ועוד, הַאי מַאן דְּבָעֵי לְמֵיפַּק לְאוֹרְחָא [מי שרוצה לצאת לדרך], וּבָעֵי לְמֵידַע אִי חָזַר וְאָתֵי לְבֵיתָא אִי לָא [ורוצה לדעת אם יחזור ויבוא לביתו אם לא], נֵיקוּם בְּבֵיתָא דַּחֲבָרָא [שילך בבית אפל], אִי חָזֵי [אם הוא רואה] בָּבוּאָה (צל) של בָּבוּאָה לֵידַע דַּהֲדַר וְאָתֵי לְבֵיתָא [שידע שהוא חוזר ובא לביתו]. ועל כל זה אומרים: וְלָאו מִלְּתָא [ולא דבר הנהגה ראויה] הִיא ואין לעשות כך, דִּלְמָא חָלְשָׁא דַּעְתֵּיהּ [שמא תחלש דעתו] אם יראה שלא עלה הסימן יפה, וּמִיתְרַע מַזָּלֵיהּ [וירע מזלו] וזה עצמו יגרום לו לאסון. אָמַר אַבַּיֵי: הַשְׁתָּא דְּאָמְרַת [עכשיו שאתה אומר] סִימָנָא, מִילְּתָא הִיא [סימן, דבר הוא] ויש בו ממש, לְעוֹלָם יְהֵא אדם רָגִיל לְמֵיחֱזֵי בְּרֵישׁ שַׁתָּא [לראות בראש השנה בסעודתו] קְרָא וְרוּבְיָא, כְּרָתֵי וְסִילְקָא וְתַמְרֵי [דלעת ורוביא כרישין ותרדים ותמרים] שכל אלה גדלים ומתרבים במהירות, כסימן טוב למעשי השנה הבאה. ועוד בענין עשיית סימן טוב אָמַר לְהוּ [להם] רַב מְשָׁרְשְׁיָא לִבְרֵיהּ [לבניו]: כִּי בָּעֵיתוּ מֵיעַל וּמִיגְמְרֵי קַמֵּי רַבַּיְיכוּ [כאשר אתם רוצים להכנס וללמוד אצל רבכם], גְּרְסוּ מַתְנִיתָא וְעָלוּ לְקַמֵּי רַבַּיְיכוּ [לימדו קודם את המשניות והכנסו לפני רבכם]. וְכִי יָתְבִיתוּ קַמֵּיהּ, חֲזוּ לְפוּמֵּיהּ [וכאשר אתם יושבים לפניו, הסתכלו בפיו], דִּכְתִיב [שנאמר]: "וְהָיוּ עֵינֶיךָ רֹאוֹת אֶת מוֹרֶיךָ" (ישעיהו ל, כ). וְכִי גָּרְסִיתוּ, גְּרְסוּ עַל נַהֲרָא דְּמַיָּא [וכאשר אתם לומדים, לימדו על נהר מים], דְּכִי הֵיכִי דְּמִשְׁכָן מַיָּא מַשְׁכָן שְׁמַעֲתַיְיכוּ [שכמו שנמשכים המים יימשך גם למודכם] ולא ייפסקו. ועוד עצה כללית אמר להם: וְתִיבוּ אַקִּילְקְלֵי [ומוטב לכם לשבת על האשפות] של העיר מָתָא מַחְסְיָא וְלָא תֵּיבוּ אַפַּדְנֵי [ואל תשבו בארמונות] של העיר פּוּמְבְּדִיתָא, טָב גִּלְדָנָא סַרְיָא [טוב דג מסריח] של מָתָא מַחְסְיָא מִכּוּתְחָא דְּרָמֵי כֵּיפֵי [מכותח שעוקר (ומשליך) סלעים ממקומם], כלומר, כתבלין חריף וחזק מאד. ועוד לענין סימן טוב במשיחה, נאמר בתפילת חנה אם שמואל "רָמָה קַרְנִי בֵּאלֹהָי" (שמואל א ב, א), ומדייקים: "רָמָה קַרְנִי" וְלֹא רָמָה פַּכִּי, דָּוִד וּשְׁלֹמֹה שֶׁנִּמְשְׁחוּ בְּקֶרֶן — סימן טוב היה להם וְנִמְשְׁכָה מַלְכוּתָן, שָׁאוּל וְיֵהוּא שֶׁנִּמְשְׁחוּ בְּפַךְ — לֹא נִמְשְׁכָה מַלְכוּתָן.

ג בענין ששנינו במשנה הַמָּשׁוּחַ בְּשֶׁמֶן הַמִּשְׁחָה ולא המרובה בבגדים. תָּנוּ רַבָּנַן [שנו חכמים]: נאמר "מָשִׁיחַ" — יָכוֹל שהכוונה היא לַמֶּלֶךְ? תַּלְמוּד לוֹמַר: "כֹּהֵן". אִי [אם] כֹּהֵן, יָכוֹל מְרוּבֶּה בְגָדִים? תַּלְמוּד לוֹמַר: "מָשִׁיחַ". אִי [אם] מָשִׁיחַ, יָכוֹל מְשׁוּחַ מִלְחָמָה בכלל זה? תַּלְמוּד לוֹמַר: "וְהַכֹּהֵן הַמָּשִׁיחַ", לומר שֶׁאֵינוֹ [שאין] מָשִׁיחַ עַל גַּבָּיו אלא הוא הגדול שבכהנים. ושואלים: מַאי מַשְׁמַע [מה כיצד נובעת מכאן משמעות זו]? ומשיבים: כִּדְאָמַר [כמו שאמר] רָבָא על המלה "הַיָּרֵךְ" הנאמרת באיסור גיד הנשה (בראשית לב, לב) — שהכוונה היא הַמְיוּמֶּנֶת (החשובה) שֶׁבַּיָּרֵךְ, הָכָא נַמִּי [כאן גם כן] "הַמָּשִׁיחַ" — הַמְיוּמָּן שֶׁבַּמְּשׁוּחִים והחשוב שבהם שהוא הכהן הגדול. ודנים בנאמר בברייתא, אָמַר מַר [החכם]: "מָשִׁיחַ" — יָכוֹל מֶלֶךְ. ותוהים: מֶלֶךְ בַּר פַּר הוּא דְּמַיְיתֵי [שמביא]? הלוא שָׂעִיר הוּא דְּמַיְיתֵי [שמביא] כמו שמבואר הלאה! ומשיבים: אִיצְטְרִיךְ [נצרך הדבר להיאמר], שכן סָלְקָא דַּעְתָּךְ אָמֵינָא [עולה על דעתך לומר]: עַל שִׁגְגַת מַעֲשֶׂה כמו של שאר אדם יָבִיא שָׂעִיר, אבל עַל הֶעְלֵם דָּבָר של שגגת הוראה יָבִיא פַּר, קָא מַשְׁמַע לָן [משמיע לנו] שאינו מביא פר אלא רק הכהן הגדול.

ד שנינו במשנה: אֵין בֵּין מָשׁוּחַ בְּשֶׁמֶן הַמִּשְׁחָה לכהן גדול מרובה בבגדים אלא הבאת פר של העלם דבר. ומעירים: מַתְנִיתִין [משנתנו] שֶׁלֹּא כְּדַעַת ר' מֵאִיר, דְּאִי [שאם] ר' מֵאִיר, הָא תַּנְיָא [והרי שנויה ברייתא]: מְרוּבֶּה בְגָדִים מֵבִיא פַּר הַבָּא עַל כָּל הַמִּצְוֹת, דִּבְרֵי ר' מֵאִיר, וְלֹא הוֹדוּ לוֹ חֲכָמִים. ושואלים: מַאי טַעְמָא [מה הטעם] של ר' מֵאִיר? דְּתַנְיָא [ששנויה בברייתא]: "מָשִׁיחַ" — אֵין לִי אֶלָּא מָשׁוּחַ בְּשֶׁמֶן הַמִּשְׁחָה, מְרוּבֶּה בְגָדִים מִנַּיִן? תַּלְמוּד לוֹמַר: "הַכֹּהֵן הַמָּשִׁיחַ" שממנו למדים ריבוי לכל מי שהוא כהן גדול בפועל, אף שאינו משוח. ושואלים: בְּמַאי אוֹקִימְתֵּיהּ [במה העמדת את משנתנו]? כְּרַבָּנַן [כשיטת חכמים]

מסורת הש"ס

א. יומא נב,א. כריתות ה,ב (כל הסוגיה). ירושלמי שקלים פ"ו ה"א. שם סוטה פ"ח ה"ג. תוספתא יומא פ"ב יג. שם סוטה פי"ג ב. אדר"נ פמ"א יב.
ב. כריתות שם (כל הסוגיה).
ג. שם. תו"כ שמיני י,ד. ויק"ר פ"ג ו. במדב"ר פי"ח ט. שוח"ט קלג. ילק"ש נ"ך תתפג.
ד. ירושלמי שקלים שם. שם סוטה פ"ח ה"ג. שם הוריות פ"ג ה"ג. ויק"ר פ"י ח. ילק"ש שם קסז.
ה. כריתות שם.
ו. שם ו,א.
ז. שם.
ח. מגילה יד,א. ילק"ש שם פא.
ט. ירושלמי שקלים שם. שם סוטה. שם הוריות. ילק"ש שם.
י. ירושלמי הוריות שם. תו"כ ויקרא ד,ג.
יא. חולין צא,א. קלד,ב.
יב. מגילה ט,ב. קדושין כא,ב. ירושלמי מגילה פ"א ה"י. שם הוריות ה"ג.

גרסות

שמן המשחה בכתי"מ: שמן המשחה בימיו ויש שגרסו: שמן המשחה בימי יהואחז.

נגנז שמן המשחה וצנצנת המן בכתי"פ ובמקורות: נגנז עמו צנצנת המן וצלוחית של שמן המשחה.

ששלחו בכתי"פ ובמקורות: ששיגרו.

דורון לישראל בכת"י: לאלקי ישראל.

ושלחתם אותו והלך בכת"י ובמקורות חסרות מלים אלה.

שראה שכתוב בכתי"פ: לפי שנמצא כתוב.

אתיא שם שם בכתי"פ: אתיא שמה שמה.

מאי כמין — יוני בכתי"פ: אמר רב מנשיא כמין כי יוני.

מוצקין בכת"י: מציקין לו.

שכן אתה מוצא בכתי"פ: שכן ישנה.

אמר רב פפא תנא בכתי"מ: תנא בכתי"פ המלים חסרות.

מה טל חרמון בכת"י: מה טל זה.

משה לא מעל בכתי"פ: הוא לא מעל שלא נהנה.

אבל אני מעלתי בכתי"מ: ואני מעלתי בכתי"פ: ואני מעלתי שנהנתי.

ראש השנה ליום הכפורים בכת"י: ריש שתא ליומא דכפורי.

למיעבד בעיסקא בכתי"פ: למיעבד עיסקא.

אי לא מצלח בכתי"פ: עסקיה.

אי חזר ואתי לביתיה בכתי"פ: אי הדר לביתיה.

בביתא דחברא בכתי"פ: בביתא דהוברא.

לעולם יהא רגיל בכתי"פ: יהא רגיל איניש.

לבריה בכת"י ועוד: לבניה.

לעולו לקמי רבייכו בכת"י: ועולו לקמיה.

שאינו משיח על גביו בכתי"פ: שאין על גביו משיח.

אצטריך סלקא דעתך בכת"י: סלקא דעתך.

אוקימתיה כרבנן בכת"י: אוקימתיה דלא כר' מאיר.

לשון

כי

X

כי היא האות היוונית χ (כי).
תבניתה של אות זו אינה מצויה באלף בית העברי, ולכן הוצרכו להסביר את צורת המשיחה על ידי האות היוונית. במשך הדורות, כאשר היוונית לא היתה עוד בשימוש, וכאשר מעטים מאוד ידעו אותה הציעו תבניות שונות מן הסברה.
לפי צורת האות מובן כי היו מתחילים בין ריסי העינים וממשיכים בקו אלכסוני כלפי הראש, ועל ידי כך נעשתה איפוא המשיחה בצורת האות כי.

חברא
המלה היא כנראה מלה ארמית — סורסית (הבארא או חבארא), וענינה: חושך, אפילה. וכן היא מצויה בתרגום כתובים שלנו.

קילקלי
ויש גם גרסה: קיקלי. זוהי מלה ארמית שמשמעה — אשפה, מקום שמשליכים אליו את הדברים שנתקלקלו. האשפה שבעיר היתה מגרש בתוך העיר או בצידה ושימשה בעיקר כמקום שבו היו משליכים את הגרוטאות (ולא זבל), ומשום כך ייתכן שמגיעים לשם אנשים מדי פעם.

אפדני
מלה זו נזכרת כבר במקרא (דניאל יא, מה), ומקורה בפרסית העתיקה apadana ומשם הושאלה לשפות אחרות עוד בימי קדם. ומשמעה — ארמון, בית מבוצר, בנין מפואר.

גלדנא (גילדני דבי גילי)
יש סבורים כי מקור המלה הוא ביוונית χελιδών (כלידון) שבין מובניו גם — מין דג, אחד ממיני הדגים המעופפים. אבל בלשון חז"ל נראה שהוא שם לסוגים שונים של דגים, גדולים וקטנים.

כותחא
ראה בהשלמות.

העולם

סילקא
ראה בהשלמות.

עיונים

שראה שכתוב בתורה וכו' ותהו: והרי המלך יאשיה מלך צדיק היה ועסק בתורה, וכי לא ידע שכתוב מקרא זה עד שנאמר "שראה שכתוב"? ותירצו כי כאשר מצא הכהן הגדול חלקיה את ספר התורה במקדש היה הספר פתוח בפסוק זה, ומשום כך ראה בו יאשיה אזהרה והוראה שבזמן לא רב יצא עם ישראל לגלות, ומשום כך החליט לגנוז את הארון (יפה מראה, ב"ש)

צוה וגנזום כתב הרא"ש שהמעיין בכתובים אלה בדקדוק יכול למצוא בהם רמז לענין זה של גניזת הארון. שהרי הארון היה נמצא תמיד בבית המקדש, ומה עניינה של ההוראה "תנו את ארון הקדש בבית" אלא לומר שיגנזו אותו בבית המקדש, וידעו כי שוב לא יצטרכו עוד לשאתו למקום אחר. ועוד, שמה שהוסיף ואמר "בבית אשר בנה שלמה" נראה ללא צורך, ובא לרמז שכבר שלמה המלך הכין בזמן בניית המקדש מקום סתר שיוכלו לגנוז בו את הארון. והוסיפו המפרשים כי אף בתפילת שלמה יש רמז לדבר שאמר "ואשים שם מקום לארון" (מלכים א' ח, כא) לרמז שעשה עוד מקום מיוחד לארון הברית לגנוזו בשעת הצורך.

אתיא שם שם ולכאורה תמוה: וכי באה גזירה שוה זו בתורה ללמד לענין גניזת כל הדברים בזמן יאשיה? וכתב בספר גבורת ארי (במסכת יומא) שמגזירה שוה זו למדים שכל אותם דברים צריכים להיות מונחים סמוכים זה לזה. ומשום כך כאשר נגנז ארון הברית נגנזו אף אלה עמו.

כמין נזר שהיו מושחים את המלך באצבע בשמן המשחה סביב ראשו, כעין כתר (רש"י).

כשהוא מספר רש"י מסביר: כשהיה מדבר, כאשר פיו (ועמו גם זקנו) נעים, ועשוי השמן ליפול. ואילו הרמ"ה מסביר (כפירוש אחד ברש"י בכריתות) שהכוונה היא — כאשר היה הכהן הגדול מסתפר, שלא יפול השמן עם השערות המסופרות. ובבן יהוידע הוסיף שאולי הכוונה "מספר" — משמש מטתו. ומה שהיו טיפות יתירות אלה הריהו משום שרצה משה רבינו לפרסם משיחתו וכהונתו של אהרן, אבל לכתחילה ודאי ראוי להקפיד שלא יצוק יותר מן ההכרחי.

בעיקרי זקנו בשרשי השערות. והרמ"ה מסביר: במקום שאין בו שיער.

שמא מעלתי רש"י מסביר: שמא מעלתי, שהרי נגעתי בשמן בזמן משיחתו על אהרן. ורוב המפרשים תוהים על הסבר זה, והרבה פירשו שהכוונה היא שהיה חושש בגלל טיפות יתירות אלה שמא מעל בשמן המשחה, שהוסיף יתר מן הראוי (ב"ש ועוד).

אבל אני מעלתי ראה בגרסות שהיה נוסח (או פירוש) שאהרן חשש שמא הוא המועל, לפי שהוא הנהנה בפועל משמן זה. ורש"י מסביר שחשש שמא מאחר שנמצא מקצת השמן על הזקן, שאינו מקום הראש למשיחה, שמא יש בכך מעילה (וראה במאור עינים). ויש שכתב שחשש אהרן שמא יש מעילה במה ששמן זה גורם לבשם גם את בגדיו וכעין זה פרש"י בכריתות (חק נתן).

ניתלי שרגא רש"י מפרש שידליק נר. ואילו הרמ"ה מסביר שיתלנו באויר. והנר הוא סמל לנשמה ככתוב "נר ה' נשמת אדם" (משלי כ, כז) (מגן גבורים).

אי משיך נהוריה רש"י מפרש: אם יימשך אורו, שידלק כל המצוי מן השמן בכלי הקיבול. ואילו הרמ"ה מסביר שאם יימשך האור ויעלה ישר בלא להתנועע.

לירבי תרנגולא והסימן בתרנגול, משום שאף הוא קרוי "גבר" (מגן גבורים).

בבואה דבבואה וכתבו המפרשים שהוא צל הצל, כעין צל שני שאינו ניכר. ורמז הוא כאמור: "ה' צלך" תהלים קכא, ה (וכן כתוב "סר צלם" במדבר יד, ט) שיש לו הגנה, שיש מלאך השומרו.

ולאו מילתא היא מדברי רש"י כאן נראה שהוא מפרש דווקא לענין סימן ליוצא לדרך, שהולך למקום סכנה. אבל מדברי רש"י בכריתות עולה שהכוונה לכל הסימנים כולם. וכן כתב המאירי שאין ראוי לו לאדם לנחש, ואין ראוי לסמוך על ניחושים. [illegible]

סימנא מילתא היא [illegible]

קרא ורוביא וכו' [illegible]

גרסו מתניתא וכו' [illegible]

אפומא דרביכו [illegible]

אנהרא [illegible]

ותיבו אקילקלי [illegible]

טב גלדנא וכו' [illegible]

המשיחה יכול מלך [illegible]

המיומן [illegible]

מרובה בגדים מנין וכו' [illegible]

אורח ההלכה

כיצד מושחין כיצד מושחים את הכהן, תחילה יוצק שמן על ראשו וסך ממנו על גבי עיניו (כברייתא ראשונה שמסתבר טעמה. כס"מ). ומשיחה זו כמין כי יוונית היא. ואת מלכי בית דוד מושחים כמין נזר על ראשו. (רמב"ם ספר עבודה הלכות כלי המקדש פ"א ה"ט).

אלא על המעין אין מושחים מלכי בית דוד אלא סמוך למעין. (שם הי"א. שם ספר שופטים הלכות מלכים פ"א ה"י).

בריש שתא קרא ורוביא וכו' יהא אדם רגיל לאכול בראש השנה, לשם סימן טוב, מאכלים ששמם מרמז לדברים טובים: תלתן, סילקא, תמרים וקרא (מין דלעת). (שו"ע או"ח תקפג, א).

לא א ב ג מיי' פרק א מהל' כלי המקדש הלכה ט:
לב ד מיי' שם הל' יא ופ"א מהל' מלכים הל' יא:
לג ה טוש"ע או"ח סי' תקפג ס"א:

א) יומא נב: [כריתות ה: תוספתא סוטה פי"ג ותוספתא דיומא פ"ב אדר"נ פמ"א]: ב) כריתות ה:: ג) [שם ע"ש מנחות עה. ע"ש]: ד) [כריתות ה:]: ה) [כריתות שם]: ו) [בערוך הגי' דהברא פי' חושך ועי' בכריתות ה:] ועי' ערוך ערך הבר ב: ז) ג"ז שם: ח) ב"ש: ט) [נ"ל למיכל כן איתא בכריתות וכן הוא גרסת הטור או"ח סי' תקפ"ג אמנם בערוך ע' קרא ד' איתא למחזי]: י) [נ"ל לבניה]: כ) [עי' רש"י בע"ז כח. ד"ה נקרא ורש"י ב"ק כא. ד"ה אקילקלתא]: ל) [מגילה יד.]: מ) ת"כ פ' לו: נ) חולין לא. קלד:: ס) קדושין כא: מגילה ט:: ע) צורה זו מסובבת ונכונה היא ברמב"ם בפרק א מהל' כלי מקדש הלכה ט וצורתו כזה X:

תורה אור

ומי הוה שמן המשחה והתניא א)משנגנז ארון נגנז שמן המשחה וצנצנת המן ומקלו של אהרן שקדיה ופרחיה וארגז ששלחו פלשתים דורון לישראל שנאמר °ואת כלי הזהב אשר השבותם לו אשם תשימו בארגז מצדו ושלחתם אותו והלך ומי גנזו יאשיהו מלך יהודה גנזו שראה שכתוב בתורה °יולך ה' אותך ואת מלכך וגו' צוה וגנזום שנאמר °ויאמר ללוים המבינים לכל ישראל הקדושים לה' תנו את ארון הקדש בבית אשר בנה שלמה בן דוד מלך ישראל אין לכם משא בכתף עתה עבדו את ה' אלהיכם ואת עמו ישראל ואמר רבי אלעזר אתיא שם שם אתיא משמרת משמרת אתיא דורות דורות
א אמר רב פפא באפרסמא דכיא ת"ר ב)כיצד מושחין את המלכים א)כמין נזר ואת הכהנים כמין כי ג)מאי כמין כי אמר רב מנשיא בר גדא ב)כמין כף יוני תני חדא ג)בתחלה מוצקין שמן על ראשו ואח"כ נותנין לו שמן בין ריסי עיניו ותניא אחריתי בתחלה נותנין לו שמן בין ריסי עיניו ואח"כ מוצקים לו שמן על ראשו תנאי היא איכא דאמרי משיחה עדיפא ואיכא דאמרי יציקה עדיפא מ"ט דמאן דאמר יציקה עדיפא דכתיב °ויצוק משמן המשחה על ראש אהרן וימשח אותו לקדשו ומאן דאמר משיחה עדיפא מ"ט קסבר שכן אתה מוצא אצל כלי שרת והכתיב ויצוק ובסוף וימשח הכי קאמר מאי טעם ויצוק משום דוימשח ת"ר ד)°כשמן הטוב [וגו'] יורד על הזקן זקן אהרן וגו' כמין שני טפי מרגליות היו תלויות לאהרן בזקנו אמר רב פפא תנא כשהוא מספר עולות ויושבות לו בעיקר זקנו ג)ועל דבר זה היה משה דואג אמר שמא חס ושלום מעלתי בשמן המשחה יצתה בת קול ואמרה °כשמן הטוב וגו' °כטל חרמון מה טל חרמון אין בו מעילה אף שמן המשחה שבזקן אהרן אין בו מעילה ועדיין היה אהרן דואג אמר שמא משה לא מעל אבל אני מעלתי יצתה בת קול ואמרה לו °הנה מה טוב ומה נעים שבת אחים גם יחד מה משה לא מעל אף אתה לא מעלת ת"ר ד)אין מושחים את המלכים אלא על המעין כדי שתמשך מלכותם שנא' °ויאמר המלך להם קחו עמכם את עבדי אדוניכם [וגו']
ב והורדתם אותו אל גיחון ה)אמר רבי אמי האי מאן דבעי לידע אי מסיק שתיה אי לא ניתלי שרגא בעשרה יומי דבין ראש השנה ליום הכפורים בביתא דלא נשיב זיקא אי משיך נהוריה נידע דמסיק שתיה ומאן דבעי למיעבד *בעיסקא ובעי למידע אי מצלח אי לא מצלח לירבי תרנגולא אי שמין ושפר מצלח האי מאן דבעי למיפק [לאורחא] ובעי למידע אי חזר ואתי לביתא אי לא ניקום בביתא ו)דחברא אי חזי בבואה דבבואה לידע דהדר ואתי לביתא ולאו מלתא היא דלמא חלשא דעתיה ומיתרע מזליה ו ז)אמר אביי השתא דאמרת סימנא מילתא היא ח)[לעולם] יהא רגיל ט)למיחזי בריש שתא קרא ורוביא כרתי וסילקא ותמרי ז)אמר להו רב משרשיא י)לבריה כי בעיתו מיעל ומיגמרי קמי רבייכו גרסו מתניתא ועלו לקמי רבייכו וכי יתביתו קמיה חזו לפומיה דכתיב °והיו עיניך רואות את מוריך וכי גריסיתו גרסו על נהרא דמיא דכי היכי דמשכן מיא משכן שמעתתייכו ותיבו כ)אקילקלי דמתא מחסיא ולא תיבו אפדני דפומבדיתא טב גלדנא סריא [דמתא מחסיא למיכל] מכותחא דרמי כיפי ח)°רמה קרני באלהי ל)רמה קרני ולא רמה פכי ט)דוד ושלמה שנמשחו בקרן נמשכה מלכותן שאול ויהוא שנמשחו בפך
ג לא נמשכה מלכותן: המשוח בשמן המשחה וכו': ת"ר י)מ)משיח יכול מלך ת"ל כהן אי כהן יכול מרובה בגדים ת"ל משיח אי משיח יכול משוח מלחמה תלמוד לומר והכהן המשיח שאינו משיח על גביו מאי משמע יא)ג)כדאמר רבא הירך המיומנת שבירך הכא נמי המשיח המיומן שבמשוחים אמר מר משיח יכול מלך מלך פר הוא דמייתי שעיר הוא דמייתי איצטריך ס"ד אמינא על שגגת מעשה יביא שעיר על העלם
ד דבר יביא פר קמ"ל: אין בין משוח בשמן המשחה כו': מתניתין דלא כרבי מאיר דאי ר"מ הא ס)תניא מרובה בגדים מביא פר הבא על כל המצות דברי ר"מ ולא הודו לו חכמים מ"ט דר"מ דתניא °משיח אין לי אלא משוח בשמן המשחה יב)מרובה בגדים מנין תלמוד לומר הכהן המשיח במאי אוקימתיה כרבנן אימא

שמואל א ו
דברים כח
דה"ב לה
ויקרא ח
תהלים קלג
שם
שם
מלכים א א
נ"ל עסקא. יעב"ץ
ישעיה ל
שמואל א ב
ויקרא ד

ומי הוה שמן המשחה. בימי יהואחז דקתני ויהואחז נמשח מפני יהויקים: והתניא משנגנז הארון וכו'. מדכתיב תשימו בארגז מצדו דארגז בצד ארון קאי אלמא בהדי ארון נגנז ומדקאמר יאשיהו תנו את ארון ה' בבית וגו' משמע שלוה לגונזו: אין לכם משא בכתף. אם גולה עמכם שוב אינכם מחזירין אותו בכתפיכם לוה לגונזו: אתיא שם שם. דכתיב בארון ונועדתי לך שם ודברתי אתך מעל הכפורת וגו' וכתיב ונועדתי שמה לבני ישראל וכתיב בצנצנת המן ותן שמה מלא העומר מן מה ארון נגנז אף צנצנת המן נגנז: אתיא דורות דורות. דכתיב בצנצנת המן והנח אותו לפני ה' למשמרת לדורותיכם וכתיב בשמן המשחה שמן משחת קדש יהיה זה לי לדורותיכם מה צנצנת המן נגנז אף שמן המשחה נגנז: משמרת משמרת. דכתיב בצנצנת המן דהוי נגנז למשמרת לדורותיכם וכתיב במקלו של אהרן למשמרת לאות לבני מרי וגו' מה צנצנת המן נגנז אף מקלו של אהרן נגנז: אמר רב פפא באפרסמא דכיא. משחו את יהואחז: כמין נזר. דהדר ליה הודרני באצבעתיה ככלילא (כזה): כמין כף יוני. שמתחיל למשוח באצבעו בין ריסי עיניו ומושך אצבעו על הראש והולך עד שמגיע לעורף ככף יוני כזה ח ע): נותנים לו שמן בין ריסי עיניו. ושם מושחים לכהן כמין כף יוני כדפרישנא: מאן דאמר יציקה עדיפא דכתיב ויצוק משמן המשחה. והדר וימשח: שכן אתה מוצא אצל כלי שרת. דהוה משיחה ולא יציקה: מה טעם ויצוק משום דוימשח. כבר: כשהוא מספר. כשהיה מדבר עם אחרים: עולות ויושבות. בעקרי זקנו כדי שלא יפלו: שמא ח"ו מעלתי בשמן המשחה. שנהנתי בו כשהלבשתיו: ואני מעלתי. שמא נפל עלי מן השמן במקום שאין ראוי למשיחה ומעלתי: והורדתם אותו אל גיחון. אלמא בעי משיחה על המעיין: ניתלי. ידליק: אי משוך נהוריה. לירבי תרנגולא. על שם ההוא עיסקא: שמין ושפיר. שמשמנת ומשבחת: ביתא דחבריה. בית חשוך: ולאו מילתא היא. דזימנא דאף על גב דלית ליה בבואה דבבואה הדר אתי ואפי' הכי לא ליעבד הכי דדלמא לא חזי בבואה דבבואה חלשה דעתיה ומתרע מזליה ולא הדר אתי [משום דמיתרע מזליה דלאו לא הוה עביד הכי לא הוה מיתרע מזליה והדר אתי] הלכך לא ליעביד: קרא ורוביא כרתי וסילקא ותמרי. הנך גדלי לעגל טפי משאר ירקות קרא דלעת רוביא תלתן: גרסו מתניתא. מעיקרא כי היכי דתסור מרגלא מילתא בפומייכו והדר ידעין למשאל ליה: משכן שמעתא. דלא ליפסוק מפומייכו כמעין זה שמושך והולך: דמתא מחסיא. הוו תלמידי חכמים ראויים להוראה ותרבות יפה היה בהם אבל בפומבדיתא לא הוי תרבות מעליא כל כך וקאמר ליה מוטב לו לדור באשפה במתא מחסיא מלדור באפדנא בפומבדיתא: גילדנא סריא. מוטב לאכול דג קטן מוסרח כדאמרינן בפ"ק דמו"ק (דף יא:) כוורא סמוך למיסרחיה מעלי: מכותחא דרמי כיפי. אפילו מכותח שהוא משובח וחזק שמשבר את האבן כשטופלים ימנו אעפ"כ לא תאכל הימנו כדאמרינן בפרק (ערבי פסחים) [ואלו עוברין (פסחים מב.)] שלשה דברים נאמרו בכותח מטמטם את הלב וכו' כיפי סלעים כדמתרגמינן סלע כיפא אית דמפרשי מוטב תאכל גילדנא סריא שאין דמיהם יקרים מכותח שאוכלים אותו עשירים ושרים הדרים ברמי כיפי כלומ' במגדלים וחומות גדולות לפי שדמיהם יקרים: אם סכהן המשיח יכול מלך. יביא פר שהיה משוח ת"ל כהן: המיומן שבמשוחים. דהיינו כהן גדול: מרובה בגדים מנין תלמוד לומר והביא הכהן המשיח:
אימא

תוספות הרא"ש
וגנזו שנאמר ויאמר ללוים המבינים [לכל ישראל] (בעם) הקדושים לה' תנו את ארון הקודש בבית אשר בנה שלמה בן דוד מלך ישראל. ומשמע לשון פשטי' דקרא דלמגנזי' קאמר. חדא דארון בבית המקדש הוי קאי דמאן אפקי' מהתם דאיצטריך יאשיהו המלך (ולדוכתי' להדורי קאמר להו) [למימר להו לאהדורי לדוכתיה] ועוד לכתוב קרא בבית ה' וממילא ידענא דשלמה בניה למקדש ל"ל לכתוב בבית אשר בנה שלמה בן דוד מלך ישראל. אלא משמע מהכא דכי בניי' שלמה לבית המקדש הוה ידע דסופי' ליחרב וישראל יגלו מעל אדמת' והכין בית תחת הקרקע שיהי' מוכן לגנוז בו ארון כדי שלא ישלטו [בו] יד אומות העולם. ועליו קאמר יאשיהו בבית אשר בנה שלמה. ואיכא למימר הא דקאמר שלמה (ואכין) [ואשים] שם מקום לארון (מלכים א ח) אההיא דוכתא קאמר. ולאו כ"ע ידעי ליה להסיא [illegible] כהונה ולויה דהוה מסור להו דור אחר דור והיינו דכתיב ללוים המבינים (בעם) [לכל ישראל] הקדושים לה' שהיו מבינים ויודעים את מקומו: ובשהוא מספר א) את זקנו עולות ויושבות בעקרי זקנו ונדבקין בב[illegible] הרמ"ה ז"ל: והורדתם אותו אל גיחון. הוא מעין קטן שהוא למטה מירושלים והוא מי שלוח: אמשיך נהורה. מתמר ועולה (בעליה) [כעלה] משוך ולא מקטף אקטיפי שאינה נוטה לכאן ולכאן כדרך (ששלה[illegible] ידי רוח. כדאמרי' (פסחים דף ח) גבי אור הנר יפה לבדיקה משום דמשיך נהורא והכך מקטף אקטיפי: ב) פר הבא על כל המצות. דכתיב ביה הכהן המשיח. ואע"ג דגבי עשירית האיפה כתיב נמי המשיח. ביום המשח אותו ואין מעוט אחר מיעוט אלא לרבות. הרמ"ה ז"ל: ומצווים על הבתולה. (ליקח) פי' [ליקח] בתולה ולא בעולה ולישנא דקרא נקט והוא אשה בבתוליה יקח ולא בעולה. ולאו הבא מכלל עשה עשה: דתניא משיח אין לי אלא משיח בשמן המשחה מרובה בגדים מנין ת"ל המשיח דה"א דמשיח משמע נמי מעוט כדאמרי' שבירך המיומנת שבירך ומעוט אחר מעוט לרבות [מרובה] בגדים. ורש"י ז"ל גריס ת"ל הכהן משמע דמי[illegible]

א) וכן פרש"י בכריתות לל"א: ב) דבור זה ודבור שלאחריו שייך לעיל במתני': ג) עיין בתורת כהנים פ' לו ובירושלמי פ"א דמגילה:

אימא סיפא אין בין כהן המשמש לכהן שעבר. דהיינו שני: אלא פר יום הכפורים ועשירית האיפה. דמשל ראשון הן בשין הא לא כל שאר דבריהם זה וזה שוין דשני נמי כל מצות כהונה גדולה עליו: אתאן לרבי מאיר דתניא וכו'. עבר דברייתא לא דמי לשעבר דמתניתין: רבי סיא ונסיב לה אליבא דתניא. בחדא סבר לה כרבי מאיר וסתמה כרבי מאיר ובריפא סבר לה כרבנן וסתמה כרבנן: רבי שמעון סבר לה כרבי מאיר בחדא. דכהן שעבר דשני כל מצות כהונה עליו חוץ מפר יוה"כ ועשירית האיפה: ופליג עליה בחדא. דאילו רבי מאיר סבר מרובה בגדים מביא פר הבא על כל המצות ק)דהיינו פר העלם דבר של צבור ואילו ר' שמעון סבר דאינו מביא פר הבא על כל המצות כדתנן אין בין משוח בשמן המשחה למרובה בגדים אלא פר הבא על כל המצות: ונוטל חלק בראש. אע"פ שאינו מקריב: ומשמש בח' כלים. וההדיוט בד': וכולם נוהגין במשיח שעבר. דהיינו שני: חוץ מפר יוה"כ ועשירית האיפה. דאין בין כהן המשמש לכהן שעבר אלא פר יוה"כ ועשירית האיפה: מאן שמעת ליה דאמר פטור על טומאת מקדש וקדשיו רבי שמעון: ת"ל כי נזר שמן משחת (קדש) אלהיו עליו ולא על משיח חבירו. למעוטי משוח מלחמה דאין מקריב אונן אבל כהן גדול מקריב אונן בין מרובה בגדים ובין ראשון שחוזר לעבודה ואפילו שני מפני שהן בכלל כהונה [גדולה] לאפוקי משוח מלחמה דלאו בכלל כהונה גדולה הוא: ואחר שחלקו הכתוב. למשוח מלחמה שאינו מקריב אונן ככהן גדול יכול לא יהא מצווה על הבתולה: אלא שעבר מחמת קריו. דהוי כהן גדול מעליא שהרי חוזר לעבודתו הוא: עבר מחמת מומו. דאינו חוזר לעבודתו מפני המום מנין שמצווה על הבתולה תלמוד לומר והוא: משיח שנצטרע. כלומר כהן גדול שנצטרע מהו באלמנה: מי אמרינן כהונה גדולה מדחא דחי להאי מאלמנה או דלמא כהונה גדולה מיפטר פטר ליה להאי מאלמנה וכי נצטרע דליכא כהונה גדולה לא פטר ומותר באלמנה: עבר מחמת מומו מנין תלמוד לומר והוא. דאפילו עבר ראשון מחמת מומו אסור באלמנה וכי נצטרע אין לך מום גדול מזה ושמעי' מינה דאפילו הכי אסור באלמנה: למטה למטה ממש. דהיינו בשפת חלוקו: למעלה למעלה ממש. בצואר בשפה במפתח חלוקו: למטה מקמי שפה. שקורעין למטה משפה לפיו שהוא למטה מבית הצואר: למעלה מקמי שפה. שקורעין בית הצואר ממש: כיון דבעלמא הוי קרע. דאם רצה אינו מבדיל אלא קורעין למטה משפה ויצא ידי קריעה אם כן כהן גדול היכי מצי קרע למטה מקמי שפה קרי כאן בגדיו לא יפרום: אינו אלא קרע של תפלות. דבעלמא לא יצא ידי קריעה הלכך מותר בכהן גדול: בראש ובגד של סוטה. דכתיב ופרע את ראש האשה (במדבר ה) ותנן במס' סוטה (דף ז.) הכהן אוחז בבגדיה אם נקרעו נקרעו ואם נפרמו נפרמו: שמואל סבר לה בחדא כרבי יהודה. דכל שאינו מבדיל מקמי שפה הוי קרע של תפלות: ופליג עליה בחדא. דאילו רבי יהודה סבר דכהן גדול אינו בפריעה ופרימה כל עיקר ושמואל סבר דפורס מלמטה למטה מקמי שפה: למה לי למכתב אשר לעולת התמיד. אלא לכל דתדירא בכל מקום היא קדמה דזה בנה אב דבכל מקום תדיר קודם דמשמע אשר לעולת התמיד שהיתה כבר: לפתוח ראשון. לקרות בתורה: ולברך ראשון. בזימון:

תורה אור

אימא סיפא אין בין כהן משמש לכהן שעבר אלא פר יום הכפורים ועשירית האיפה אתאן לרבי מאיר א)דתניא אירע בו פסול בכהן גדול ועבר ומינו כהן אחר תחתיו הראשון חוזר לעבודתו והשני כל מצות כהונה עליו דברי ר"מ ב)[רבי יוסי אומר ראשון חוזר לעבודתו ושני אינו ראוי לא לכהן גדול ולא לכהן הדיוט] אמר רבי יוסי מעשה ביוסף בן אילים מצפורי שאירע בו פסול בכהן גדול ג)(ועבר ומינו אחר תחתיו ולא הניחוהו אחיו הכהנים להיות לא כהן גדול ולא כהן הדיוט) כהן גדול משום איבה כהן הדיוט משום ד)מעלין בקדש ואין מורידין רישא רבנן וסיפא ר"מ אמר רב חסדא אין רישא רבנן וסיפא ר"מ רב יוסף אמר רבי היא ונסיב לה אליבא דתנאי רבא אמר ר"ש היא וסבר לה כר"מ בחדא ופליג עליה בחדא ה)דתניא דברים שבין כהן גדול לכהן הדיוט אלו הם פר הבא על כל המצות ופר יוה"כ ועשירית האיפה ולא פורע ולא פורם אבל הוא פורם מלמטה וההדיוט מלמעלה ואין מטמא לקרובים ומוזהר על הבתולה ואסור באלמנה ומחזיר את הרוצח ומקריב אונן ואינו אוכל ו)[ואינו חולק] מקריב חלק בראש ונוטל חלק בראש ומשמש בשמונה כלים ה"ז)וכל עבודת יום הכפורים אינה כשרה אלא בו ופטור על טומאת מקדש וקדשיו וכולן נוהגין במרובה בגדים חוץ מפר המביא על כל המצות וכולן נוהגין במשיח שעבר חוץ מפר יוה"כ ועשירית האיפה וכולן אין נוהגין במשוח מלחמה חוץ מה' דברים האמורים בפרשה לא פורע ולא פורם ואין מטמא לקרובים ומוזהר על הבתולה ואסור באלמנה ח)ומחזיר את הרוצח דברי רבי יהודה וחכמים אומרים אינו מחזיר והאי ממאי דר"ש היא א"ר פפא

א מאן שמעת ליה דאמר פטור על טומאת מקדש וקדשיו ט)ר"ש: חוץ מה' דברים האמורים בפרשה: ויקרא כא
מה"מ דת"ר °והכהן הגדול מאחיו זה כהן גדול אשר יוצק על ראשו שמן המשחה זה משוח מלחמה ומלא את ידו ללבוש את הבגדים זה מרובה בגדים על כולן הוא אומר ראשו לא יפרע ובגדיו לא יפרום ועל כל נפשות מת לא יבא יכול יהו כולן מקריבין אוננים ת"ל °כי נזר שמן משחת אלהיו עליו ולא על חבירו ואחר שחלקו הכתוב יכול לא יהא מצווה על הבתולה ת"ל °והוא אשה בבתוליה יקח אחר שחלק הכתוב ריבה דברי רבי ישמעאל רבי עקיבא אומר אין לי אלא שעבר מחמת קריו מחמת מומין מנין ת"ל והוא בעא מיניה רבא מרב נחמן משיח שנצטרע מהו באלמנה מידחא דחי או מיפטר פטר לא הוה בידיה זימנין הוי יתיב רב פפא וקמבעיא ליה א"ל הונא בריה דרב נחמן לרב פפא תנינא אין לי אלא שעבר מחמת קריו עבר מחמת מומין מנין ת"ל והוא קם נשקיה ברישיה ויהיב ליה ברתיה:

ב מתני' כהן גדול פורם מלמטה וההדיוט מלמעלה י)כהן גדול מקריב אונן ולא אוכל וההדיוט לא
ג מקריב ולא אוכל: גמ' יא)אמר [רב] למטה למטה ממש למעלה למעלה ממש ושמואל אמר למטה מקמי שפה למעלה מקמי שפה וזה וזה בצואר מיתיבי יב)על כל המתים כולן רצה מבדיל קמי שפה שלו רצה אינו מבדיל ועל אביו ועל אמו מבדיל כיון דבעלמא הוי קרע קרי כאן בגדיו לא יפרום שמואל כרבי יהודה סבירא ליה דאמר יג)כל קרע שאינו מבדיל שפה שלו אינו אלא קרע של תפלות ומי אית ליה לר"י קריעה בכהן גדול והא תניא יד)אילו נאמר ראש לא יפרע ובגד לא יפרום הייתי אומר בראש ובגד של סוטה הכתוב מדבר ת"ל °את ראשו לא יפרע ובגדיו לא יפרום שאינו בפריעה ופרימה כל עיקר דברי רבי יהודה רבי ישמעאל אומר אינו פורם כדרך שבני אדם פורמין אלא הוא מלמטה וההדיוט מלמעלה שמואל סבר לה כר"י בחדא ופליג עליה בחדא:

ד מתני' טו)כל התדיר מחבירו קודם את חבירו וכל המקודש מחבירו קודם את חבירו פר המשיח ופר
ה העדה עומדים פר המשיח קודם לפר העדה בכל מעשיו: גמ' מנא הני מילי טז)אמר אביי דאמר קרא °מלבד עולת הבקר אשר לעולת התמיד ע)(למה לי) מכדי כתיב עולת הבקר עולת התמיד למה לי במדבר כח
הכי קאמר רחמנא כל דתדירה קדמה: וכל המקודש מחבירו הוא קודם את חבירו: מנלן יז)דתנא דבי רבי ישמעאל וקדשתו לכל דבר שבקדושה לפתוח ראשון ולברך ראשון וליטול מנה יפה ראשון:

פר

איבעית אימא סיפא [אמור את סופה]: אין בין כהן משמש לכהן שעבר שנתמנה לשעתו ועבר מכהונתו אלא פר יום הכפורים ועשירית האיפה, אבל בשאר דברים שניהם שוים, ואם כן בדברים אלה אתאן [הגענו] לשיטת ר׳ מאיר. דתניא [ששנויה ברייתא]: אירע בו פסול בכהן גדול ועבר מכהונתו ומינו כהן אחר תחתיו — הראשון חוזר לעבודתו, והשני כל מצות ואיסורי כהונה חלים עליו, דברי ר׳ מאיר. ר׳ יוסי אומר: ראשון חוזר לעבודתו, שני אינו ראוי לא לכהן גדול ולא לכהן הדיוט ואינו עובד כלל. אמר ר׳ יוסי: מעשה בכהן ושמו יוסף בן אילים מציפורי שאירע בו פסול בכהן גדול, ועבר, ומינוהו זה את יוסף בן אילים תחתיו, ואחר כך, כשחזר הכהן הקבוע לשמש, לא הניחוהו לו ליוסף להיות אחד הכהנים להיות לא כהן גדול ולא כהן הדיוט, וטעם הדבר: כהן גדול אינו יכול להיות משום איבה, כדי שלא יהיו יחד שני כהנים גדולים ותהא איבה ביניהם, ואילו כהן הדיוט אינו יכול להיות משום הכלל של מעלין בקדש ואין מורידין, שכיון שהיה כבר כהן גדול שוב אין מורידים אותו מגדולתו. ואם כן נמצא שמשנתנו רישא רבנן [ראשה כדברי חכמים] וסיפא [וסופה] כשיטת ר׳ מאיר? אמר רב חסדא: אין [כן], רישא רבנן [ראשה כדעת חכמים] וסיפא [וסופה] כדעת ר׳ מאיר. רב יוסף אמר: אין זו משנה חלוקה, אלא כולה כשיטת רבי היא, ונסיב לה אליבא דתנאי [ולוקח אותה כשיטת שני תנאים]. שמקבל דעת חכמים בענין אחד, ודעת ר׳ מאיר באחר. רבא אמר: כל המשנה כולה, שיטת ר׳ שמעון היא וסבר לה כר׳ מאיר בחדא [ובדבר אחד] ופליג עליה בחדא [וחולק עליו באחד]. דתניא [ששנויה ברייתא]: דברים שבין כהן גדול לכהן הדיוט אלו הן: שכהן גדול מביא פר הבא על כל המצות [על העלם דבר], ופר יום הכפורים, ועשירית האיפה בכל יום, ולא פורע ולא פורם בהיותו באבילות, אבל הוא הכהן הגדול פורם בגדיו מלמטה וההדיוט פורם מלמעלה, ואין מטמא לקרובים שלו שמתו, ומוזהר (מחוייב) בנישואיו על הבתולה בלבד, ואסור באלמנה, ומחזיר את הרוצח מעיר המקלט כאשר הוא מת, ומקריב אונן אפילו ביום אבילותו, ואינו אוכל מן הקדשים בהיותו אונן, ואינו חולק בקדשים שהוקרבו באותו יום שמת לו אחד מקרוביו. מקריב חלק בראש כלומר, מתי שירצה, ונוטל מן הקרבנות כל חלק שירצה בראש, ומשמש ועושה את עבודתו בשמונה כלים (בגדי כהונה), וכל עבודת יום הכפורים אינה כשרה אלא בו, ופטור על טומאת מקדש וקדשיו, וכולן נוהגין במרובה בגדים חוץ מפר המביא על כל המצות. וכולן נוהגין בכהן שעבר חוץ מפר יום הכפורים ועשירית האיפה, וכולן אין נוהגין במשוח מלחמה חוץ מחמשה דברים האמורים בפרשה של דיני הכהן הגדול (ויקרא כא): לא פורע ולא פורם, ואין מטמא לקרובים, ומוזהר על הבתולה, ואסור באלמנה, ומחזיר את הרוצח, אלו דברי ר׳ יהודה. וחכמים אומרים: אינו מחזיר. ושואלים: והאי מסאי [ובריתא זו מנין] ששיטת ר׳ שמעון היא? אמר רב פפא: מאן שמעת ליה [מי שמעת אותו] שאמר שהכהן הגדול פטור על טומאת מקדש וקדשיו? הרי זה ר׳ שמעון.

וסובר כר׳ מאיר בכהן שעבר וכרבנן בכהן מרובה בגדים, שאינו מביא פר העלם דבר.

א נאמר בברייתא שמשוח מלחמה אין בו דין כהן גדול חוץ מחמשה דברים האמורים בפרשה. ושואלים: מנא הני מילי [מנין הדברים הללו]? ומשיבים: דתנו רבנן [ששנו חכמים]: "והכהן הגדול מאחיו" (ויקרא כא, י) — זה כהן גדול, "אשר יוצק על ראשו שמן המשחה" — זה משוח מלחמה, "ומלא את ידו ללבש את הבגדים" — זה מרובה בגדים, על כולן הוא אומר מה שכתוב בהמשך: "ראשו לא יפרע ובגדיו לא יפרם ועל כל נפשת מת לא יבא" (שם). יכול יהו כולן מקריבין אוננים? תלמוד לומר: "כי נזר שמן משחת אלהיו עליו" (שם יב), להדגיש "עליו" ולא על חבירו כלומר, רק על הכהן הגדול. ואחר שחלקו הכתוב, יכול לא יהא משוח מלחמה מצווה על הבתולה? תלמוד לומר: בתוספת ו׳ "והוא אשה בבתוליה יקח" (שם יג) ובא לרבות משוח מלחמה. ומעירים: כתנאי [כתנאים] שנחלקו בענין זה. נאמר: "והוא אשה בבתוליה יקח" (שם), אחר שחלק הכתוב בין כהן משוח מלחמה לכהן גדול לענין שאינו מקריב כשהוא אונן, ריבה אחר כך, את משוח המלחמה בדינים אלה. אלו דברי ר׳ ישמעאל. ר׳ עקיבא אומר: אין לי אלא כהן גדול שעבר מחמת קריו, שאינו יכול לשמש במשך זמן קצר, עבר מחמת מומין שאינו חוזר להכשרו מנין שאף הוא עדיין מצווה על הבתולה? תלמוד לומר: "והוא" לרבות כשעבר מחמת מום, אבל לענין משוח מלחמה אין ריבוי. בעא מיניה [שאל אותו] רבא מרב נחמן: כהן משיח שנצטרע מהו באלמנה? האם נאמר כי מידחא דחי [דחוי הוא] לפי שעה אבל עדיין כהן גדול הוא, או מיפטר פטר [פטור לגמרי] שיצא מגדר כהן גדול לחלוטין? לא הוה בידיה [היתה בידו תשובה]. זימנין הוה יתיב [פעם אחרת ישב] רב פפא וקמיבעיא ליה [ונשאלה לו אותה שאלה]. אמר ליה [לו] הונא בריה [בנו] של רב נחמן לרב פפא, תנינא [שנינו ברייתא]: אין לי אלא שעבר מחמת קרי, עבר מחמת מומין מנין? תלמוד לומר: "והוא". ומצורע נחשב גם כבעל מום, ואסור באלמנה. כיון ששמע רב פפא ראיה זו, התפעל קם נשקיה ברישיה [נשקו בראשו] ויהיב ליה ברתיה [ונתן לו את בתו לאשה] מחמת ההערכה על גדולתו בתורה.

ב משנה כהן גדול פורם באבילותו את בגדו מלמטה, וההדיוט פורם מלמעלה כשאר אדם. כהן גדול מקריב אונן (ביום שמת אחד מקרוביו) ולא אוכל באותו יום מה שהוא מקריב, וההדיוט לא מקריב ולא אוכל.

ג גמרא אמר רב: למטה — האמור במשנה שכהן גדול פורם מלמטה, כוונתו למטה ממש בתחתית הבגד, למעלה — למעלה ממש. ושמואל אמר: למטה — פירושו למטה מקמי [מפני] שפה, לא בשפת הבגד עצמה אלא למטה ממנו, כלא לקרוע את השפה. למעלה — כוונתו למעלה מקמי [מפני] שפה, כלומר בשפת הבגד עצמו. וזה וזה פורמים בצואר הבגד. מיתיבי [מקשים]: על שיטת שמואל על כל המתים כולן כשקורע עליהם — רצה מבדיל [מחלק לשניים] קמי [מפני] שפה, רצה אינו מבדיל קמי [מפני] שפה, ועל אביו ועל אמו — מבדיל. כיון דבעלמא הוי [שבכלל זה נחשב] קרע גם לא מבדיל, אם כן קרי [קרא בו] כאן אצל כהן גדול "בגדיו לא יפרם"! וראיה לשיטת רב שכהן גדול אינו פורם למעלה רק למטה. ומשיבים: שמואל כדעת ר׳ יהודה סבירא ליה [סבור הוא], שאמר: כל קרע שאינו מבדיל שפה שלו, אינו אלא קרע של תפלות (שטות) ואינו נחשב כקרע ממש. ויכול הכהן הגדול לפרום למעלה ולא להבדיל. ושואלים: ומי אית ליה [והאם יש לו] לר׳ יהודה בכלל סברה זו שיש קריעה בכהן גדול? והא תניא [והרי שנויה ברייתא]: אילו נאמר "ראש לא יפרע ובגד לא יפרם", הייתי אומר: בראש ובגד של סוטה הכתוב מדבר שאין הכהן הגדול פורע את ראש האשה ופורם בגדה, כדרך שעושה כהן הדיוט לסוטה, תלמוד לומר: "את ראשו לא יפרע ובגדיו לא יפרם" (שם), ללמד שאינו בפריעה ופרימה כל עיקר, אלו דברי ר׳ יהודה. ר׳ ישמעאל אומר: אינו פורם כדרך שבני אדם אחרים פורמין, אלא הוא מלמטה וההדיוט מלמעלה. אם כן לדברי ר׳ יהודה הכהן הגדול אינו פורם כלל! ומשיבים: שמואל סבר לה [סבור הוא] כר׳ יהודה בחדא [ובדבר אחד] בדיני קריעה בכלל, ופליג עליה בחדא [וחולק עליו בדבר אחד] שסבור שכהן גדול צריך לקרוע.

ד משנה כל התדיר מחבירו כל דבר מצוה שהוא מצוי יותר להיעשות קודם את חבירו אם שניהם באים יחד, וכל המקודש מחבירו קודם את חבירו. אם היו פר המשיח ופר העדה שמביאים על שגגת העלם דבר עומדים ושניהם צריכים הקרבה — פר המשיח קודם לפר העדה בכל מעשיו.

ה גמרא על האמור במשנה שהתדיר קודם, שואלים: מנא הני מילי [מנין הדברים הללו]? אמר אביי, שאמר קרא [המקרא]: "מלבד עולת הבקר אשר לעולת התמיד" (במדבר כח, כג), מכדי כתיב [הרי נאמר] "עולת הבקר", אם כן "עולת התמיד" למה לי? הרי יודעים שהיא עולת תמיד של בוקר! הכי קאמר רחמנא [כך אמרה התורה]: כל שתדירה יותר קדמה [קודמת], וכיון שהיא עולת התמיד ותדירה לכן היא קודמת לקרבנות אחרים.

ועוד שנינו במשנה וכל המקודש מחבירו הוא קודם את חבירו. ושואלים: מנלן [מנין לנו]? דתנא דבי [ששנה החכם מבית מדרשו] של ר׳ ישמעאל: נאמר "וקדשתו כי את לחם אלהיו הוא מקריב והיה קודש" (ויקרא כא, ח) — לומר שיש לתת לו חשיבות וקדימה לכל דבר שבקדושה, לפתוח ראשון בקריאת התורה, ולברך ראשון בזימון, וליטול מנה יפה ראשון, ומכאן שהמקודש קודם לאחרים.

עיונים

כל מצות כהונה וכו׳ כתבו המפרשים שאף ר׳ מאיר מודה שהשני אינו מביא פר יום הכיפורים ועשירית האיפה, אלא שמפני פשטות הדברים לא הוצרך לאומרם במפורש (ראה בב״ש ועוד).

כהן גדול משום איבה וכן מסקנת הדברים בתלמוד הירושלמי (אף שרצו לומר תחילה שמן התורה אין מושחים שני כהנים גדולים). ושם הוסיפו ואמרו שאף אין מייחדים אותם באותו מקום, שמפני שיש ביניהם תחרות שמא יהרוג אחד מהם את חבירו.

וכתב בב״ש שאף מדברי ר׳ יוסי משמע שהשני יש בו קדושת כהן גדול, אלא שבפועל אין מניחים אותו לשמש. ומכאן עולה להלכה שאף שאין לשני זכויות הכהן הגדול (שאינו לובש שמונה בגדים ואינו משמש בתפקידי כהונה גדולה) מכל מקום חובות הכהן גדול (לענין איסורי נישואין, ואבלות ועוד) מוטלות עדיין עליו.

וסבר לה כר׳ מאיר בחדא כתב הרא״ש כי לדיוקו של דבר סבור ר׳ שמעון כר׳ מאיר כמעט בכל דבר, ולא נחלק עליו אלא לענין פר הבא על כל המצוות.

מקריב חלק בראש וכו׳ מבואר במקומו כי הכהן הגדול יכול בכל עת לומר שרצונו להקריב קרבן מסויים, ואז הוא המקריב אותו (בשלימותו או בחלקו, כרצונו) אף שעבודה זו היתה תחילה ביד כהן אחר, לפי סדר המשמרות והפייסות. וכן נוטל חלק בראש, שיכול לקחת כל חלק שירצה מכל קרבן שהוקרב על ידי כהנים אחרים.

ומחזיר את הרוצח וכו׳ במסכת מכות שבה מקור הדין הזה מבואר כי ר׳ יהודה וחכמים חלוקים ביחס לריבוי שלמדים ממספר הפעמים שמוזכר "כהן" בפרשת החזרת הרוצח בשגגה. ולפיכך אינו ענין לחשיבות משוח המלחמה כשלעצמה (רא״ש).

והאי ממאי דר׳ שמעון היא העירו המפרשים שבתוספתא מפורש כי השיטה שאין משוח מלחמה מחזיר את הרוצח היא שיטת ר׳ שמעון, אלא שרצו להביא ראיה גם לגבי חלקה הראשון, הסתמי, של ברייתא זו (ראה צפנת פענח ועוד).

עליו ולא על חבירו ומלשון זו רואים שבא הכתוב למעט לא מרובה בגדים אלא דווקא כהן אחר שהוא משוח כמותו, והוא משוח המלחמה. ועוד, שפשוט שמרובה בגדים, כיון שעבודתו במקדש, הוא בגדר האיסור "מן המקדש לא יצא" (רא״ש).

מחמת מומין שמי שנפסל מחמת קריו (או שאר טומאה זמנית) אינו נפסל מכהונתו, אלא שאינו יכול לשמש באותה שעה. מה שאין כן בנפסל מחמת מום, ששוב אינו משמש כלל (רש״י).

תלמוד לומר והוא הרמ״ה מפרש כי ר׳ עקיבא מקבל את שיטת ר׳ ישמעאל, אלא שמוסיף לכך עוד דרשה נוספת. והטעם שיכול לדרוש שני דברים משום שכל המלה "והוא" מיותרת, והוא למד הן מן המלה עצמה והן מן התוספת של ו׳ בראשיתה, שבאה להוסיף דבר נוסף (ולשיטה זו מבוארים גם דברי הרמב״ם הפוסק שמשוח מלחמה מצווה על הבתולה וכו׳, אף שפוסק גם כר׳ עקיבא). אבל הרא״ש סבור שר׳ עקיבא דורש רק דרשה אחת, ואנו מקבל דברי ר׳ ישמעאל.

ויש ששאלו: מכתוב זה עולה שהוא מצווה על הבתולה (כאמור "והוא אשה בבתוליה יקח"), אבל מנין שאסור באלמנה (או בפריעה ופרימה)? ויש לומר שיש כאן המשך אחד, שאיסור האלמנה הוא כהמשך למצוותו בבתולה (ב״ש).

מידחא דחי וכו׳ רש״י מפרש כך: האם מצות כהונה גדולה היא הדוחה אותו מן האלמנה, או שהוא רק פטור לפי שעה משום שיש עליו חובת כהונה, וכשאינו משמש עוד — יכול לשאתה. והרבה מן המפרשים תהו על פירוש זה, הן לענין הלשון והן מצד הענין. ומשום כך העדיפו את פירוש הרמ״ה (מובא ברא״ש) המסביר את השאלה כך: האם המום רק דוחה את הכהן הגדול מלעשות דברים שאינו יכול לקיים בהיותו מצורע, או שמא הוא נפטר לגמרי מחובות הכהונה הגדולה.

פורם מלמטה בפשטות מדובר כאן בדיני קריעה באבלות על מת, וכן דעת רוב המפרשים. אמנם בצפנת פענח מציע פירוש אחר, שכאן מדובר בענין כהן שנעשה מצורע, שמן התורה חובה עליו לפרום בגדו. ובזה היה הדיון, האם האיסור לכהן שלא לקרוע חל גם במקרה זה, וכיצד.

למטה ממש כלומר, שיקרע את שולי הבגד (כגון חלוק או טלית) בחלק התחתון שלו. וכעין מחלוקת זו יש גם בירושלמי, בשם חכמים אחרים.

כיון דבעלמא הוה קרע שאמנם על אביו ועל אמו צריך לעשות קריעה יתירה, אבל גם כאשר אינו מבדיל הרי זו קריעה של אבילות לגבי שאר מתים, אם כן אין לומר שקריעה כזו אינה נחשבת כלל.

על אביו ועל אמו וכו׳ ולמדו דבר זה מאלישע שנאמר בו שקרע את בגדו כאבל על אליהו "לשנים קרעים" (מלכים ב ב, יב) ולמדו מכאן שהקרע הגמור הוא קרע שנראה אחריו שהבגד קרוע לגמרי. ולמדו מכאן לענין אבלות על אביו ממה שנאמר באלישע "אבי אבי" (שם), והוא הדין לאמו (רא״ש).

ראש ובגד של סוטה המפרשים מסבירים שהיינו יכולים לומר שאין הכהן הגדול רשאי לפרוע ראש האשה הסוטה. ולא ניתן הסבר ראוי מפני מה נאמר כן. אבל בצפנת פענח מסביר באופן אחר, שהיינו סבורים כי איסור קריעה של כהן גדול הריהו כפריעה של ראש הסוטה, שהוא פריעה גמורה. ומשום כך למד ר׳ יהודה שאינו בפריעה כל עיקר, אפילו פריעה ופרימה כל שהם.

כל התדיר וכו׳ דבר זה הובא כאן כהקדמה למה שנאמר בענין פר המשיח ופר העדה, וכתב הרא״ש שבאמת מה שפר המשיח קודם אינו ענין לא לתדיר ולא למקודש אלא גזירת הכתוב היא, אלא משום דמיון הדברים הביאו הלכה כללית זו. אבל המאירי סבור שפר המשיח קודם משום שקדושתו מרובה. או מן הטעם האמור להלן (וכן מובא ברע״ב כהסבר למשנה) שהמכפר קודם למתכפר, וכיון שהכהן הוא המכפר על ישראל ראוי שהוא יהא קודם.

אשר לעולת התמיד ופשוט מן המקראות שעולת הבוקר קרבה קודם, והביטוי "אשר לעולת התמיד" אינו נחוץ להסביר מה היא עולת הבוקר (וראה באותו פרק שנזכרת עולת הבוקר כמה פעמים כמוקדמת לעולות החגים), אלא כדי לתת טעם מפני מה היא קודמת — משום שהיא עולת התמיד.

וקדשתו במרומי שדה כתב כי בעצם מן המלה "וקדשתו" אין ללמוד אלא שהמקודש יש לו מעלה של כבוד מרובה, אבל לא מבואר שכבודו זה הוא בהקדמה, וייתכן לומר להפך שהאחרון חביב. ולכן יש להסתמך גם על דין פר משיח הקודם לפר העדה, להוכיח שהמקודש אכן קודם. וכתבו שבמסכת זבחים הביא ראיה לדבר מכתוב אחר, ושם עיקר ההוכחה היא שקרבן מקודש קודם, וכאן בא להוכיח שאדם המקודש קודם (קרן אורה).

ליטול מנה יפה מדברי המפרשים עולה שבכל מקום שאנשים מתחלקים בדברים (ולא רק בדברים שבקדושה) יש לכהן עדיפות, שהוא רשאי לקחת את המנה היפה יותר. ואף שאמרו שהנותן עיניו בחלק יפה אינו מדה ראויה, הרי כיון שהוא עושה כן מכוח קדושת הכהונה — מותר לו. וכן נראה מדברי הרמב״ם בענין זה (ב״ש).

אורח ההלכה

ארע פסול בכהן גדול ערב יום הכפורים מתקינים כהן אחר שישמש ככהן גדול אם זה שמשמש יפסל. ואם נפסל הכהן המשמש כרגיל (כגון שנטמא), ממלא המקום עובד תחתיו. ולאחר שעבר הפסול, הראשון חוזר לעבודתו והשני יש עליו כל מצוות כהונה גדולה אלא שאינו עובד ככהן גדול. כר׳ יוסי, שאינו חולק על ר׳ מאיר לענין איסורי כהונה (כס״מ). (רמב״ם ספר עבודה הלכות עבודת יום הכפורים פ״א ה״ג).

מקריב חלק בראש כהן גדול יכול להקריב כל קרבן בכל עת שירצה. שאם רוצה להקטיר הקטורת מקטיר, ואם רוצה יכול לעשות עבודה בכל קרבן שיהא במקדש. (שם הלכות כלי המקדש פ״ה הי״ב).

ונוטל חלק בראש כהן גדול אוכל מן הקדשים שלא בחלוקה, אלא נוטל מה שירצה. (שם הלכות מעשה הקרבנות פ״י ה״ח).

ומשמש בשמונה בגדים כהן גדול משמש בשמונה בגדי כהונה, שמלבד ארבעה של כהן הדיוט הוא לובש מעיל ואפוד וחושן וציץ. ואם שימש בפחות משמונה בגדים — עבודתו פסולה וחייב מיתה בידי שמים. (שם הלכות כלי המקדש פ״ח ה״ב. שם פ״י ה״ד).

עבודת יום כפורים כל קרבנות שמקריבים ביום הכיפורים אינם כשרים אלא בכהן גדול (בין משוח ובין מרובה בגדים). (שם הלכות עבודת יום הכפורים פ״א ה״ב).

ומוזהר על הבתולה וכו כל כהן גדול (משוח או מרובה בגדים, מכהן או שעבר) וכן הכהן משוח המלחמה מצווים לשאת רק בתולה ואסורים באלמנה. (שם ספר קדושה הלכות איסורי ביאה פי״ז ה״א).

ומחזיר את הרוצח כהן גדול (משוח או מרובה בגדים, מכהן או שעבר) במותו מחזיר את הרוצח מעיר מקלטו. אבל מות משוח מלחמה אינו מחזיר את הרוצח. (שם ספר נזיקין הלכות רוצח פ״ז ה״ט).

עבר מחמת מומין כהן גדול שעבר מכהונתו (ומשמע שבין עבר מחמת טומאה או מחמת מומים) עדיין מוזהר על הבתולה ואסור באלמנה. וכר׳ עקיבא. (שם ספר קדושה הלכות איסורי ביאה פי״ז ה״א).

כהן גדול פורם מלמטה כהן גדול אינו קורע על מתו כשאר אבלים, אבל קורע הוא בגדיו מלמטה כנגד רגליו. כרב שהלכה כמותו באיסורים. (שם ספר עבודה הלכות כלי המקדש פ״ה ה״ו. שם ספר שופטים הלכות אבל פ״ז ה״ו).

כהן גדול מקריב אונן כהן גדול עובד עבודת הקדש גם כשהוא אונן על מתו. אבל אינו אוכל מן הקדשים באותו יום, ואינו חולק לאכול בהם בערב. (שם ספר עבודה הלכות ביאת מקדש פ״ב ה״ו. שם ה״ח).

וההדיוט לא מקריב וכו׳ כהן הדיוט אינו עובד במקדש כשהוא אונן, ועבודתו פסולה. ואינו אוכל מן הקדשים. (שם ה״ז).

מבדיל קמי שפה האבל שמצווה לקרוע על מתו, יכול שלא לקרוע את שפת הבגד אלא לעשות הקריעה מן השפה ולמטה. אבל על אביו ועל אמו צריך לקרוע כל שפת הבגד. כדברי תנא קמא. ויש אומרים שאף על שאר מתים יש לקרוע את השפה (מרדכי, וכן נוהגים). (שם ספר שופטים הלכות אבל פ״ח ה״ג. שו״ע יו״ד שמ, יב).

כל התדיר מחבירו כל קרבן התדיר מחבירו קודם לו בהקרבה, וכל המקודש מחבירו קודם לו. ואם היו לפניו תדיר ומקודש יקריב איזה מהם שירצה. שבעיה זו לא נפתרה במסכת זבחים. (רמב״ם ספר עבודה הלכות תמידין ומוספין פ״ט ה״ב).

פר כהן משיח קודם פר חטאת של כהן משיח קודם לפר העלם דבר של ציבור. (שם ה״ז).

וקדשתו לכל דבר שבקדושה צריך כל אדם מישראל לנהוג כבוד בכהנים ולהקדימם לכל דבר שבקדושה, לקרוא בתורה ראשון ולברך ראשון וליטול מנה יפה ראשון. וכהן תלמיד חכם מצוה להקדימו (אפילו היה שם חכם גדול ממנו. משנה ברורה). ובכל הכיבודים רשאי הכהן למחול חוץ מקריאה בתורה ראשון. (שם הלכות כלי המקדש פ״ד ה״ב. שו״ע או״ח רא, ב).

מסורת הש״ס

א. יומא יב,ב (כל הסוגיה). ירושלמי הוריות פ״ג ה״ג (בשינויים קטנים). שם יומא פ״א ה״א. שם מגילה פ״א ה״י. תוספתא יומא פ״א א.

ב. ברכות כח,א. שבת כא,ב. יומא שם. עג,א. מגילה ט,ב. כא,ב. מנחות לט,א. צט,א. ירושלמי בכורים פ״ג ה״ג. שם יומא פ״ג ה״ח. שם מגילה פ״ד הי״ב. שם שבועות פ״א ה״ה.

ג. (תירוץ כזה) ר״ה ז,ב. מגילה ט,ב. שבועות ד,א. חולין פד,א. קד,א.

ד. יומא עג,א. תוספתא הוריות פ״ב א.

ה. יומא לב,ב. עג,א. חולין כט,ב.

ו. מכות יא,א. תוספתא שם

ז. הוריות ט,א.

ח. ירושלמי הוריות פ״ג ה״ד.

ט. ראה הוריות שם.

י. יומא יג,ב. מו״ק יד,ב. ב״ק קי,א. זבחים צט,א. ירושלמי הוריות פ״ג ה״ה.

יא. ילק״ש תורה תרלא.

יב. מו״ק כב,ב. ירושלמי הוריות שם. מסכת שמחות פ״ט.

יג. שם.

יד. תו״כ אמור כא,י. ילק״ש שם. וראה ירושלמי הוריות שם.

טו. זבחים פט,א. צט,א. וראה פסחים קיד,א. ירושלמי ברכות פ״ח ה״א. שם יומא פ״ב ה״ב. שם שקלים פ״ח ה״ו. שם סוכה פ״ה ה״ו. שם תענית פ״ד ה״ג. שם נזיר פ״ז ה״א.

טז. זבחים שם. ילק״ש שם תשפ״ב.

יז. מו״ק כח,ב. נדרים סב,א. גיטין נט,ב. וראה ירושלמי ברכות פ״ה ה״ד. שם גיטין פ״ה ה״ט. ילק״ש תורה תרל.

גרסות

ועשירית האיפה בכתי״פ: ועשירית האיפה הא לכל דבריהם זה וזה שוין.

ומינו כהן אחר בכת״י: ומינו אחר.

מצות כהונה בכתי״פ: מצות כהונה גדולה.

ומינו אחר בכתי״פ: ומינוהו.

ולא הניחוהו — הדיוט בכתי״פ: ובא מעשה לפני חכמים ואמרו אינו ראוי לא לכהן גדול ולא לכהן הדיוט.

ר׳ שמעון היא בכתי״פ: כולה ר׳ שמעון היא.

אבל הוא פורם בכתי״פ: אלא שכהן גדול פורם.

ומוזהר — באלמנה בכתי״פ: ומצווה על הבתולה ומוזהר על האלמנה.

ואינו חולק מקריב בכת״י: ומקריב.

על טומאת בכת״י: מטומאת.

ואין מטמא לקרובים בכתי״פ: ולא מיטמא לקרוביו.

דברי ר׳ יהודה וחכמים בכתי״פ: וחכמים.

חוץ מחמשה בכתי״פ: אמר מר כולן אין נוהגין במשוח מלחמה חוץ מחמשה.

על כולן הוא אומר בכתי״פ: וכולן אני קורא בהן.

יכול יהו כולן מקריבין אוננים בכתי״פ: יכול יקריב אונן שהרי כבר נאמר מן המקדש לא יצא תלמוד לומר והוא בכתי״פ: תלמוד לומר והוא ריבה.

מחמת מומין בכתי״פ: מחמת מומו ובכתי״מ: מחמת מומיו.

כהן גדול פורם בכת״י: אלא שכהן גדול פורם.

מלמעלה... מלמטה בירושלמי ועוד: מלמעלן... מלמטן.

בצואר בכת״י: מן הצואר.

שאינו מבדיל שפה בכת״י: שאינו מבדיל קמי שפה.

קריעה בכהן בכתי״פ: קריעה כלל בכהן.

בראש ובגד בכתי״פ: אפילו ראש ובגד.

שאינו בפריעה בכתי״פ: לימד על כהן גדול שאינו בפריעה.

ר׳ ישמעאל אומר בכת״י: ר׳ שמעון אומר.

כדרך שבני אדם פורמין בכתי״פ: כשאר כל אדם.

קודם את חברו בכתי״פ: הוא קודם את חברו.

למה לי מכדי בכת״י כבמקבילה: מכדי.

אישים

יוסף בן אילים
מעשה זה מסופר גם בקדמוניות היהודים של יוסף בן מתתיהו (ספר יז פרק ו) כי כאשר אירע הפסול בכהן הגדול מתתיהו מינו במקומו, ליום אחד, את קרובו יוסף בן אילים.

הונא בריה דרב נחמן
חכם בשם זה היה בנו של האמורא המפורסם רב נחמן, ואולם אין הדבר מסתבר לפי סדר הדורות, לפי שרב הונא זה היה חבירו של רבא (רבו של רב פפא). ומשום כך הציעו לגרוס כאן: הונא בריה דרב נחמיה. חכם זה הנזכר כבן גילו (ואולי גדול בשנים) של רב אשי, הנושא ונותן אתו בהלכה. יש יותר ממקום אחד שבו נראה ששני השמות הללו נתערבו. הונא בריה דרב נחמיה (הקרוי גם הונא מר) היה כנראה ממשפחת ראש הגולה.

א שנינו במשנה: **פַּר כֹּהֵן מָשִׁיחַ וּפַר עֵדָה עוֹמְדִים**, פר הכהן המשיח קודם. ועל כך שואלים: **מְנָא הָנֵי מִילֵּי?** [מנין הדברים הללו?] **דְּתָנוּ רַבָּנַן** [ששנו חכמים]: **"וְשָׂרַף אֹתוֹ כַּאֲשֶׁר שָׂרַף אֵת הַפָּר הָרִאשׁוֹן"** (ויקרא ד, כא), **מַה תַּלְמוּד לוֹמַר "הָרִאשׁוֹן"?** לאחר שנאמר כבר שפר זה נעשה כפר כהן משיח? למדנו **שֶׁיְּהֵא רִאשׁוֹן לְכָל**, כלומר, לפני **פַּר הָעֵדָה בְּכָל מַעֲשָׂיו**. עוד **תָּנוּ רַבָּנַן** [שנו חכמים]: **פַּר כֹּהֵן מָשִׁיחַ וּפַר הָעֵדָה עוֹמְדִים — פַּר כֹּהֵן מָשִׁיחַ קוֹדֵם לְפַר הָעֵדָה בְּכָל מַעֲשָׂיו**, וטעמו של דבר: **הוֹאִיל וּמָשִׁיחַ מְכַפֵּר** על ישראל בכלל, **וְעֵדָה הִיא הַמִּתְכַּפֶּרֶת, דִּין הוּא שֶׁיְּקַדֵּם הַמְכַפֵּר לַמִּתְכַּפֵּר, וְכֵן הוּא אוֹמֵר: "וְכִפֶּר בַּעֲדוֹ וּבְעַד בֵּיתוֹ וּבְעַד כָּל קְהַל יִשְׂרָאֵל"** (ויקרא טז, יז). **פַּר הֶעְלֵם דָּבָר שֶׁל צִבּוּר קוֹדֵם לְפַר שֶׁל עֲבוֹדָה זָרָה. מַאי טַעְמָא** [מה טעם הדבר]? **הַאי** [זה] פר העלם דבר הוא פר **חַטָּאת וְהַאי** [וזה] פר עבודה זרה **עוֹלָה, וְתַנְיָא** [ושנויה ברייתא]: **"וְהִקְרִיב אֶת אֲשֶׁר לַחַטָּאת רִאשׁוֹנָה"** (שם ה, ח), **מַה תַּלְמוּד לוֹמַר? אִם לְלַמֵּד** שהוא ראשון — **הֲרֵי כְּבָר נֶאֱמַר: "וְאֶת הַשֵּׁנִי יַעֲשֶׂה עֹלָה כַּמִּשְׁפָּט"** (שם י)! **אֶלָּא זֶה בָּנָה אָב** שממנו למדים לכל מקום **שֶׁיְּהוּ כָּל חַטָּאוֹת קוֹדְמוֹת לְעוֹלוֹת הַבָּאִים עִמָּהֶן**. וכן שנינו **שֶׁאֲפִילּוּ חַטַּאת הָעוֹף קוֹדֶמֶת לְעוֹלַת בְּהֵמָה. פַּר עֲבוֹדָה זָרָה קוֹדֵם לִשְׂעִיר עֲבוֹדָה זָרָה** שמביאים כל העדה. ושואלים: **אַמַּאי?** [מדוע] הלא **הַאי** [זה] השעיר **חַטָּאת וְהַאי** [וזה] הפר **עוֹלָה! אָמְרֵי בְּמַעַרְבָא מִשְּׁמֵיהּ** [אומרים בארץ ישראל משמו] של **רַבָּא בַּר מָרִי**: חטאת ראשונה, **הֲרֵי "לְחַטָּת" כְּתִיב** (במדבר טו, כד), ללמד שאין בה כל דיני חטאת. **רָבָא אָמַר: "כַּמִּשְׁפָּט" כְּתִיב בֵּיהּ** [נאמר בו] (שם), שיש לעשותו כסדר הכתובים, ושם קודם הפר לשעיר. **שְׂעִיר עֲבוֹדָה זָרָה** שמביאים אותה על העדה **קוֹדֵם לִשְׂעִיר נָשִׂיא**. ושואלים: **מַאי טַעְמָא** [מה טעם הדבר]? **הַאי** [זה] **צִבּוּר וְהַאי** [וזה] **יָחִיד**, וציבור קודם ליחיד אפילו הוא מלך. **שְׂעִיר נָשִׂיא קוֹדֵם לִשְׂעִירַת יָחִיד. מַאי טַעְמָא** [מה טעם הדבר]? **הַאי** [זה] **מֶלֶךְ וְהַאי** [וזה] **הֶדְיוֹט** (אדם פשוט). **שְׂעִירַת יָחִיד קוֹדֶמֶת לְכִבְשַׂת יָחִיד**. ומקשים: **וְהָא תַּנְיָא** [והרי שנויה ברייתא]: **כִּבְשַׂת יָחִיד קוֹדֶמֶת לִשְׂעִירַת יָחִיד! אָמַר אַבַּיֵּי: תַּנָּאֵי הִיא** [מחלוקת תנאים היא], **מָר סָבַר** [חכם זה סבור]: **שְׂעִירָה עֲדִיפָא** [עדיפה], **שֶׁכֵּן נִתְרַבְּתָה אֵצֶל עֲבוֹדָה זָרָה בְּיָחִיד**, ששם מקריבים דווקא שעירה ולא כבשה. **וּמָר סָבַר** [וחכם זה סבור]: **כִּבְשָׂה עֲדִיפָא** [עדיפה], **שֶׁכֵּן נִתְרַבְּתָה בְּאַלְיָה**, שמביאים ממנה גם את האליה למזבח, ולכן היא קרבן עדיף. **עוֹמֶר קוֹדֵם לְכֶבֶשׂ הַבָּא עִמּוֹ, שְׁתֵּי הַלֶּחֶם קוֹדְמִים לַכְּבָשִׂים הַבָּאִים עִמָּהֶם. זֶה הַכְּלָל: דָּבָר הַבָּא בִּגְלַל הַיּוֹם** [בשביל היום, משום מצוות היום], **קוֹדֵם לְדָבָר הַבָּא בִּגְלַל לֶחֶם**, והכבשים הללו הם רק תוספת לקרבן העיקרי, והקרבן העיקרי הוא העומר ושתי הלחם.

ב מִשְׁנָה הָאִישׁ קוֹדֵם לָאִשָּׁה בזמן שיש ספק במי מהם לבחור **לְהַחֲיוֹת אוֹ לְהָשֵׁב אֲבֵדָה** של אחד מהם, **וְהָאִשָּׁה קוֹדֶמֶת לָאִישׁ** בזמן שצריך לדאוג **לִכְסוּת** לפי שבושתה מרובה, **אוֹ לְהוֹצִיא מִבֵּית הַשֶּׁבִי**, שמלבד היסורים והסכנה יש חשש שיאנסוה. **בִּזְמַן שֶׁשְּׁנֵיהֶם עוֹמְדִים בְּקַלְקָלָה**, כאשר גם האיש שבוי לצורך משכב זכר — **הָאִישׁ קוֹדֵם לָאִשָּׁה** לפדותו.

ג גְּמָרָא ועוד בענין קדימויות. **תָּנוּ רַבָּנַן** [שנו חכמים]: **הָיָה הוּא וְאָבִיו וְרַבּוֹ בְּשֶׁבִי — הוּא קוֹדֵם לְרַבּוֹ** מפני שחייו קודמים, **וְרַבּוֹ קוֹדֵם לְאָבִיו, אִמּוֹ** במקרה זה **קוֹדֶמֶת לְכוּלָּם. חָכָם קוֹדֵם לְמֶלֶךְ יִשְׂרָאֵל**, וטעמו של דבר: **חָכָם שֶׁמֵּת — אֵין לָנוּ כַּיּוֹצֵא בּוֹ, מֶלֶךְ יִשְׂרָאֵל שֶׁמֵּת — כָּל יִשְׂרָאֵל רְאוּיִם לְמַלְכוּת. מֶלֶךְ קוֹדֵם לְכֹהֵן גָּדוֹל, שֶׁנֶּאֱמַר: "וַיֹּאמֶר הַמֶּלֶךְ לָהֶם קְחוּ עִמָּכֶם אֶת עַבְדֵי אֲדֹנֵיכֶם"** וגו' (מלכים א א, לג), שקרא דוד המלך לעצמו אדון כלפי צדוק הכהן. **כֹּהֵן גָּדוֹל קוֹדֵם לְנָבִיא, שֶׁנֶּאֱמַר: "וּמָשַׁח אֹתוֹ שָׁם צָדוֹק הַכֹּהֵן וְנָתָן הַנָּבִיא"** (שם לד), **הִקְדִּים צָדוֹק לְנָתָן. וְאוֹמֵר: "שְׁמַע נָא יְהוֹשֻׁעַ הַכֹּהֵן הַגָּדוֹל אַתָּה וְרֵעֶיךָ"** וגו' (זכריה ג, ח), **יָכוֹל** אותם הרעים **הֶדְיוֹטוֹת הָיוּ? תַּלְמוּד לוֹמַר: "כִּי אַנְשֵׁי מוֹפֵת הֵמָּה"** (שם), **וְאֵין "מוֹפֵת" אֶלָּא נָבִיא, שֶׁנֶּאֱמַר: "וְנָתַן אֵלֶיךָ אוֹת אוֹ מוֹפֵת"** (דברים יג, ב), הרי שהנביאים הם כנספחים כלפי הכהן הגדול. כהן גדול **מָשׁוּחַ בְּשֶׁמֶן הַמִּשְׁחָה קוֹדֵם לִמְרוּבֵּה בְּגָדִים; מְרוּבֵּה בְּגָדִים קוֹדֵם לַמָּשִׁיחַ שֶׁעָבַר** מכהונתו אפילו עבר **מֵחֲמַת קֶרִי, מָשִׁיחַ שֶׁעָבַר מֵחֲמַת קִרְיוֹ קוֹדֵם לְעָבַר מֵחֲמַת מוּמוֹ**; מי **שֶׁעָבַר מֵחֲמַת מוּמוֹ** עדיין **קוֹדֵם לִמְשׁוּחַ מִלְחָמָה; מְשׁוּחַ מִלְחָמָה קוֹדֵם לְסָגָן** הכהן הגדול, שכאשר אין הכהן הגדול יכול לשמש במקדש, הסגן ממלא את מקומו. **סְגָן קוֹדֵם לְאַמַרְכָּל**, אחד משבעה הממונים על המקדש. ושואלים: **מַאי** [מה פירוש] **אֲמַרְכָּל? אָמַר רַב חִסְדָּא:** אמרכל פירושו **מַר כּוֹלָּא**. כלומר, ממונה כללי על המקדש. **אֲמַרְכָּל קוֹדֵם לְגִזְבָּר** הממונה על אוצרות המקדש; **גִּזְבָּר קוֹדֵם לְרֹאשׁ מִשְׁמָר** מעשרים וארבעה משמרות שנחלקו בהם הכהנים; **רֹאשׁ מִשְׁמָר קוֹדֵם לְרֹאשׁ בֵּית אָב** שהוא יחידה בתוך המשמר, ובדרך כלל עובדים אלה יום אחד בשבוע של המשמר; **רֹאשׁ בֵּית אָב קוֹדֵם לְכֹהֵן הֶדְיוֹט. אִיבַּעְיָא לְהוּ** [נשאלה להם לחכמים] שאלה זו: **לְעִנְיַן טוּמְאָה, סְגָן** כהן גדול **וּמְשׁוּחַ מִלְחָמָה אֵיזֶה מֵהֶם קוֹדֵם** אם היה לפניהם מת מצוה שיש צורך לקוברו, והכל (אף כהן ונזיר) מצווים על כך, מי מהם יטמא? **אָמַר מָר זוּטְרָא בְּרֵיהּ** [בנו] **שֶׁל רַב נַחְמָן: תָּא שְׁמַע** [בוא ושמע], **דְּתַנְיָא** [ששנויה ברייתא]: **סְגָן וּמְשׁוּחַ מִלְחָמָה שֶׁהָיוּ מְהַלְּכִים בַּדֶּרֶךְ וּפָגְעוּ בָּהֶם מֵת מִצְוָה** וצריך אחד מהם להיטמא לו, **מוּטָב שֶׁיִּטַּמֵּא מְשׁוּחַ מִלְחָמָה וְאַל יִטַּמֵּא סְגָן, שֶׁאִם יֶאֱרַע בּוֹ פְּסוּל בְּכֹהֵן גָּדוֹל, נִכְנָס הַסְּגָן וּמְשַׁמֵּשׁ תַּחְתָּיו**, ולכן יש לדאוג ככל האפשר שיישאר הסגן בטהרתו. ומקשים: **וְהָתַנְיָא** [והרי שנויה ברייתא]: **מְשׁוּחַ מִלְחָמָה קוֹדֵם לְסָגָן! אָמַר רָבִינָא: כִּי תַּנְיָא** [כאשר שנויה הברייתא] **הַהִיא** לא לענין טומאה, אלא **לְהַחֲיוֹתוֹ**, שמבחינת דרגתו משוח מלחמה נחשב בדרגה גבוהה יותר.

ד מִשְׁנָה כֹּהֵן קוֹדֵם לְלֵוִי, לֵוִי לְיִשְׂרָאֵל, יִשְׂרָאֵל לְמַמְזֵר, וּמַמְזֵר לְנָתִין (מצאצאי הגבעונים), **וְנָתִין לְגֵר, וְגֵר לְעֶבֶד מְשׁוּחְרָר. אֵימָתַי** דיני קדימות אלה? **בִּזְמַן שֶׁכּוּלָּם שָׁוִים** בחכמה. **אֲבָל אִם הָיָה מַמְזֵר תַּלְמִיד חָכָם וְכֹהֵן גָּדוֹל עַם הָאָרֶץ — מַמְזֵר תַּלְמִיד חָכָם קוֹדֵם לְכֹהֵן גָּדוֹל עַם הָאָרֶץ**, שגדולת התורה עולה על כולם.

ה גְּמָרָא ומסבירים את האמור במשנה: **כֹּהֵן קוֹדֵם לְלֵוִי — שֶׁנֶּאֱמַר: "בְּנֵי עַמְרָם אַהֲרֹן וּמֹשֶׁה וַיִּבָּדֵל אַהֲרֹן לְהַקְדִּישׁוֹ קֹדֶשׁ קָדָשִׁים"** (דברי הימים א כג, יג). **לֵוִי לְיִשְׂרָאֵל — שֶׁנֶּאֱמַר: "בָּעֵת הַהִוא הִבְדִּיל ה' אֶת שֵׁבֶט הַלֵּוִי"** וגו' (דברים י, ח). **יִשְׂרָאֵל קוֹדֵם לְמַמְזֵר** — לפי **שֶׁזֶּה** הישראל **מְיוּחָס, וְזֶה** הממזר **אֵינוֹ מְיוּחָס** ופסול לבוא בקהל. **מַמְזֵר קוֹדֵם לְנָתִין** — כי **זֶה** הממזר על כל פנים **בָּא מִטִּפָּה כְּשֵׁרָה, וְזֶה** הנתין **בָּא מִטִּפָּה פְּסוּלָה** של גבעוני. **נָתִין קוֹדֵם לְגֵר** — כי **זֶה** הנתין **גָּדַל עִמָּנוּ בִּקְדוּשָּׁה** שכל ימיו נהג כישראל, **וְזֶה** הגר **לֹא גָּדַל עִמָּנוּ בִּקְדוּשָּׁה. גֵּר קוֹדֵם לְעֶבֶד מְשׁוּחְרָר** — כי **זֶה** העבד המשוחרר **הָיָה** בהיותו עבד **בִּכְלַל אָרוּר, וְזֶה** הגר **לֹא הָיָה בִּכְלַל אָרוּר.**

שנינו במשנה: **אֵימָתַי? בִּזְמַן שֶׁכּוּלָּן שָׁוִין** כו'. **מְנָא הָנֵי מִילֵּי** [מנין דברים אלה]? **אָמַר רַב אַחָא בְּרַבִּי חֲנִינָא, שֶׁאָמַר קְרָא** [המקרא]: **"יְקָרָה הִיא מִפְּנִינִים"** (משלי ג, טו), לומר יקרה התורה אפילו **מִכֹּהֵן גָּדוֹל שֶׁנִּכְנָס לִפְנַי וְלִפְנִים** ולקודש הקדשים. **תַּנְיָא** [שנויה ברייתא]: **ר' שִׁמְעוֹן בֶּן יוֹחַאי אוֹמֵר: בְּדִין הוּא שֶׁיְּהֵא עֶבֶד מְשׁוּחְרָר קוֹדֵם לְגֵר**, משום **שֶׁזֶּה** העבד המשוחרר **גָּדַל עִמָּנוּ בִּקְדוּשָּׁה, וְזֶה** הגר **לֹא גָּדַל עִמָּנוּ בִּקְדוּשָּׁה, אֶלָּא זֶה** העבד **הָיָה בִּכְלַל אָרוּר, וְזֶה לֹא הָיָה בִּכְלַל אָרוּר**, לפיכך הגר קודם. **שָׁאֲלוּ תַּלְמִידָיו אֶת ר' אֶלְעָזָר בְּרַבִּי צָדוֹק: מִפְּנֵי מָה הַכֹּל רָצִין לִישָּׂא גִּיּוֹרֶת** כלומר, יש רבים יותר שרוצים לישא גיורת, **וְאֵין הַכֹּל רָצִין לִישָּׂא מְשׁוּחְרֶרֶת? אָמַר לָהֶם: זוֹ** השפחה **הָיְתָה בִּכְלַל אָרוּר, וְזוֹ** הגיורת **לֹא הָיְתָה בִּכְלַל אָרוּר. דָּבָר אַחֵר: זוֹ** הגיורת **הָיְתָה בְּחֶזְקַת שְׁמוּר** כלומר, שמן הסתם שמרה את עצמה בצניעות, **וְזוֹ** השפחה **לֹא הָיְתָה בְּחֶזְקַת שְׁמוּר. שָׁאֲלוּ תַּלְמִידָיו אֶת ר' אֶלְעָזָר: מִפְּנֵי מָה הַכֶּלֶב מַכִּיר אֶת קוֹנוֹ** (אדוניו), **וְחָתוּל אֵינוֹ מַכִּיר אֶת קוֹנוֹ? אָמַר לָהֶם:** לא פלא, **וּמָה** כמו שמקובל בידינו **שֶׁהָאוֹכֵל מִמָּה שֶׁעַכְבָּר אוֹכֵל — מְשַׁכֵּחַ** דברים, החתול **הָאוֹכֵל** את **הָעַכְבָּר עַצְמוֹ, עַל אַחַת כַּמָּה וְכַמָּה. שָׁאֲלוּ תַּלְמִידָיו אֶת ר' אֶלְעָזָר: מִפְּנֵי מָה הַכֹּל מוֹשְׁלִים בָּעֲכְבָּרִים**, שכל הטורפים אוכלים אותם? **אמר להם: מִפְּנֵי שֶׁסּוּרָן** (שיצרם) **רַע** כלומר, יש להם מנהגים רעים. ושואלים: **מַאי** [מה] **הִיא**, מה הם אותם מנהגים רעים? **רָבָא אָמַר: אֲפִילּוּ גְּלִימֵי גָּיְיצִי** [גלימות הם מכרסמים] אף על פי שאינם מזון להם.

מסורת הש"ס

א. תו"כ ויקרא ד, כא.
ב. ירושלמי הוריות פ"ג ה"ו. ילק"ש תורה תסט.
ג. זבחים צ,ב.
ד. שם צ,א. ילק"ש שם תשמח.
ה. זבחים צ,ב. וראה ירושלמי הוריות שם.
ו. זבחים שם. ילק"ש שם.
ז. תוספתא הוריות פ"ב ד.
ח. ראה כתובות סז,א. תוספתא הוריות פ"ב ו.
ט. ירושלמי הוריות פ"ג ה"ז.
י. שם ה"ח. תוספתא הוריות פ"ב ח.
יא. נזיר מז,ב (בשינויים קלים).
יב. גיטין נט,א.
יג. סוטה ד,ב. ירושלמי הוריות פ"ג ה"ח. שם שבת פי"ב ה"ג. תוספתא הוריות פ"ב ז.
יד. ירושלמי הוריות שם.
טו. שם (בשינוי לשון).

גרסות

מה תלמוד לומר בכת"י: שאין תלמוד לומר הראשון, מה תלמוד לומר.

שיהא ראשון קודם בכת"י: שיהא ראשון.

בכל מעשיו בכתי"פ: בכל מעשה.

פר כהן משיח בכת"י: פר משיח.

פר העלם דבר של צבור בכתי"פ: פר הבא על כל המצות.

שכן נתרבתה בעבודה זרה ביחיד בכת"י: דנתרבתה בעבודה זרה.

בגין ליום בכתי"פ: בגין היום.

ולהוציא בכתי"פ: ולהוציאה.

בקלקלה במשניות: לקלקלה בכתי"פ: על הקלקלה.

היה הוא בכתי"פ: הוא.

למלך ישראל בכתי"פ: למלך.

צדוק לנתן בכתי"פ: כהן לנביא.

יכול הדיוטות בכתי"פ: שמא תאמר.

אלא נביא בכתי"פ: אלא נבואה.

משיח שעבר בכת"י: שעבר.

ראש משמר בכתי"פ: לראש המשמרה.

שהיו מהלכים — מוטב שיטמא בכתי"פ: יטמא.

לוי לישראל בכת"י: ולוי קודם לישראל.

ישראל... ממזר... נתין... וגר בכתי"פ: ישראל קודם... ממזר קודם... נתין קודם... וגר קודם.

שכולם שוים בכתי"מ: ששניהם שוים.

שזה מיוחס וזה אינו מיוחס בכתי"פ: מאי טעמא האי מיוחס והאי לא מיוחס.

זה בא בכתי"פ: מאי טעמא שזה בא.

גר קודם לעבד משוחרר בכתי"פ: גר קודם לעבד מאי טעמא.

בכלל ארור בכתי"פ: בכלל ארורה.

את ר' אלעזר בכת"י: את ר' אלעזר בן צדוק.

שעכבר אוכל משכח בכתי"מ: שאכל ממנו עכבר.

משכח בכתי"פ: משכח תלמודו.

האוכל בכתי"פ: חתול האוכל.

על אחת כמה וכמה בכת"י: לא כל שכן.

הכל מושלים בעכברים בכתי"פ: הכל מושלין בעכבר בכתי"מ: חתולין מושלין את העכברים.

לשון

אמרכל
מקור מלה זו הוא בפרסית, כנראה מן הצורה hamarkar או amarkare שמובנה המילולי הוא: עושה חשבון. ותפקידו, לפי התעודות, הוא להיות גובה המסים וכדומה לכך. מסתבר כי כבר בזמן קדום התרחבה גם בפרסית משמעות המלה להיות כינוי לא רק לגזבר אלא גם לממונה בעל חשיבות. וכן משמשת המלה בתרגומים הארמיים למקרא, וכן בלשון המשנה.

סורן
יש מסבירים מלשון מקרא במשמעות דבר שמתקלקל, כמו "הכל סר יחדיו נאלחו" (תהלים יד, ג), ויש סבורים שהוא כקיצור של סְיאוּר — דבר שמחמיץ, במשמעות שיש לביטוי זה של קלקול המידות.

העולם

כלב וחתול
בדרך כלל (למרות שיש בכך שינויים בין הפרטים) הכלב נקשר לבעליו ("קונו") בקשר אישי הדוק והוא נשאר כרוך אחריו. לעומת זאת החתול נקשר בעיקר לטריטוריה, למקום מגורים מסויים, ואילו הקשר עם הבעלים הוא רופף הרבה יותר. משום כך אמרו שהחתול נראה כשוכח את בעליו ונשאר באותו בית למרות שינוי הבעלים.

סורן רע
העכברים הם אוכלי-כל, וניזונים ממזון מן החי ומן הצומח. אולם, כמו הרבה מכרסמים אחרים, העכברים מכרסמים גם חומרים שאינם ניזונים מהם, וזאת על מנת לעכב את גידול שיניהם (הצומחות ללא הרף), ופעמים גם כדי לקבל מינרלים שונים המצויים בהם. מכאן נוצר הרושם שהעכברים שבבית מזיקים הרבה יותר ממה שהם נצרכים למזונם מן הדברים שהם אוכלים.

גלימי גייצי
העכברים משתמשים בפיסות בד כדי לרפד בהן את מאורותיהם (בעיקר המקומות שבהם הם מגדלים את הוולדות), ולכן אף שאינם ניזונים מן הבד, הריהם עושים בבגדים חורים ניכרים.

עיונים

ושרף אותו כאשר וכו' רש"י מסביר כי בפסוק קודם כבר נאמר "ועשה לפר כאשר עשה לפר החטאת", ואם כן אין צורך כלל בפסוק האחר שיש לשרפו כמו את פר הכהן המשיח, ולכן למדים מכאן שפר כהן משיח קודם בכל דבר לפר העדה. ואילו הרא"ש מסביר כי לא היה צריך לכתוב "הראשון", אלא לכתוב רק "פרו". ומן המלה "הראשון" למדים שצריך פר הכהן להיות ראשון בכל.
והעירו המפרשים שדברי הרא"ש מתאימים יותר לנוסח הגמרא שלנינו, ואילו מרש"י נראה שהיתה לו גרסה שונה בגמרא (ואכן, ראה בגרסות).

חטאת העוף קודמת לעולת בהמה אף שהבהמה היא "זבח" ואין העוף נחשב לזבח, מכל מקום חטאת קודמת. והעיר הרא"ש כי דבר זה הוא עיקרו של הלימוד. כי לענין הקדמת דם חטאת לדם עולה ברור שדם החטאת יקדם, משום שהוא מרצה ומכפר, מה שאין כן בעולה שאינה באה לכפרה. ולא נצרך הכתוב אלא לקדימת חטאת העוף.

כמשפט כתיב ביה ומן המלה "כמשפט" למדים בכל מקום שהוא חוקה קבועה שאין לשנות ממנה. ו"כמשפט" כאן בא ללמד שיש לשמור על הדברים ככתבם, וכיון שבכתוב נזכר הפר ראשונה — כך צריך להיות גם סדר הקרבתם. והמאירי מעיר כי גם בקרבנות החג כתובה פעמים רבות המלה "כמשפט" ללמד שתהא ההקרבה כסדר הכתוב, שמביאים בחג קרבנות פרים ואילים לעולה ושעירי חטאת, שיקדמו הפרים והאילים, למרות שהם עולות.

האי צבור והאי יחיד וכבר העירו המפרשים כי מצאנו שלענין דין שמים קודם המלך לציבור. והסבירו שיש הבדל בין דיני קדימה בקרבנות לדיני משפט שמים. אכן, בתלמוד הירושלמי בסוגייתנו נאמר כי קרבן הנשיא קודם לקרבן הקהל (וראה במראה הפנים).

כבשת יחיד כתב המאירי שבסוגיה זו לא נמנו כל דיני הקדימה בקרבנות, ויש עוד רשימה ארוכה (שהוא מביא חלק ממנה) של קדימות בין קרבנות שונים הבאים להקרבה באותו זמן.

קודמים לכבשים הבאים עמהם שהרי מצוות היום היא בעומר ובשתי הלחם, והכבשים הם כקרבן נוסף לקרבן היום. והמפרשים דנו בשאלה כיצד נעשית בפועל קדימה זו, שהרי הכבשים מונפים יחד עם שתי הלחם. והסבירו כי יש מכאן נפקא מינה לענין הכנתם מבעוד יום.

האיש קודם לאשה לאחר שדן בדיני הקדימה של קרבנות שונים בא להסביר כי אף לגבי אישים שונים יש דיני קדימה. כי לעתים יש מצבים בהם אפשר לדאוג רק לאדם אחד בין שנים (או רבים), ויש לקבוע הלכה למי מהם יש לדאוג תחילה.
ומה שהאיש קודם לענין להחיותו ולהשבת אבידה, מסבירים, כי מאחר שיש על האיש מצוות מרובות יותר הוא קודם (שהרי איבוד זמנו בחיפוש אבידה מבטלו ממצוות). וראה גם במרומי שדה.

להחיותו... לכסות בספר ב"ש כתב כי "להחיותו" משמעו להצילו מסכנת נפשות. אבל לענין מזונות — האשה קודמת לאיש, וכן מבואר במסכת פאה.
ואף שהלכה היא שאין דוחים נפש מפני נפש, ואין מצילים אדם אחד בדמו של חבירו. אבל דבר זה נאמר כאשר באים אויבים להרוג, ולא במקום כגון הצלת אדם מטביעה.

עומדים בקלקלה ומסבירים בירושלמי שכיון שהאיש אין דרכו להיבעל, יש לדאוג להצילו תחילה. ומשום כך קודם הוא אף לאשת איש או נערה מאורסה (ראה ברש"י בעין יעקב ובב"ש).

הוא קודם לרבו לפי הכלל שבכל מקום חייך קודמים לשל אחרים. ועוד, שאם הוא ניצל יכול הוא לאחר מכן לדאוג להצלתם של האחרים (רמ"ה).

רבו קודם לאביו ובירושלמי דנים בסוגיה זו מי הוא הקרוי "רבו" לענין זה. ובמסכת בבא מציעא אמרו כי אם היה אביו חכם — אביו קודם לרבו (וראה בב"ש, ובהורה גבר, וראה ב"אורח ההלכה").

אמו קודמת לכולם וקודמת אף לו עצמו (ב"ש). שבכלל אשה קודמת לאיש, וכאן מפני כבוד אמו ומפני שיכולה להיות בזה בושת מרובה ראוי לו להקדימה.

חכם שמת וכו' ואף שאמרו חז"ל כי במותו של צדיק נולד צדיק כמותו, מכל מקום אין הוא יכול למלא את מקומו בזמן הקרוב (מאור עינים). והוסיפו, שגם אם מצויים חכמים גדולים אחרים, הרי יש לכל חכם דרך יחודית שלו, שאין אחר יכול לעשות ממש כמותה (מרומי שדה).

כל ישראל ראוין למלכות שמעיקר הדין כל איש ישראל ראויים למלכות. וגם לאחר שניתנה המלוכה לבית דוד, הרי זו המלכות לעולם, אבל ייתכן שיהא מלך על חלק מעם ישראל שאינו מבית דוד (ובירושלמי דנו בשאלה האם ראויים להיות גם מלכים כהנים, אף שבפועל היו מלכי החשמונאים כהנים).

קחו עבדי אדוניכם ודבר זה נאמר לכהן הגדול ולנביא (רש"י). וממה שנקראו כולם עבדים, משמע שהכל כפופים לו (מאירי).

ואומר שמע נא יהושע הרא"ש כתב שהוצרך לראיה מפסוק נוסף, כדי שלא נאמר שכהן גדול שאינו נביא (כי הכהנים הגדולים המשוחים בבית ראשון היו גם מתנבאים על ידי האורים והתומים) אף הוא גדול מנביא, ולכן הוכיח מיהושע הכהן הגדול בבית השני (וכן מבואר באופן אחר קצת בחק נתן). ויש שכתב כי מפסוק ראשון אין ראיה, שהרי בהכרח צריך להקדים שם אחד לחבירו ולכן הוצרך לראיה נוספת. ועיקר הראיה אינו מן ההקדמה של צדוק הכהן לנתן הנביא, אלא ממה שהדבר חוזר ונאמר בסדר זה כמה פעמים, ולא שינה הכתוב את הסדר (בן יהוידע).

משוח... קודם למרובה בגדים כבר בתוס' (במסכת נזיר ועוד) שאלו: כיצד ייתכן שיהיו משוח בשמן המשחה ומרובה בגדים בזמן אחד שיהא צורך לדון בדין הקדימה ביניהם, והרי בבית שני כשהיו הכהנים מרובי בגדים לא היה כלל שמן המשחה, שכבר נגנז בימי יאשיה? וכן שואלים רוב המפרשים שאלה זו. ובתוס' כתבו כי הדבר היה יכול להיות בימי יאשיה עצמו, שהיה כהן גדול משוח בשמן המשחה, ופעמים שהיה בלתי כשיר לעבודתו ואז נתמנה במקומו מרובה בגדים (וראה ברא"ש). ובהורה גבר הביא מפירוש הרמב"ן לתורה שאף בימי בית ראשון פעמים שלא היו מספיקים למשוח את הכהן הגדול, והיה משמש כמרובה בגדים בלבד.

אמרכל קודם לגזבר ושבעה אמרכלים היו, והם כמבואר כאן ממונים כלליים, למעלה מן הגזבר שיש לו תפקיד מוגדר. והרמב"ם מביא בהלכה (ומקורו בירושלמי שקלים) שהיה תפקיד אחר למעלה מזה של האמרכל ומתחת לסגן הכהן הגדול, והוא הקתיכל, שהיו שני ממונים בתואר זה במקדש, והם היו בראש כל המשמשים במקדש בשאר הדרגות.

לוי לישראל בספר ב"ש העיר כי מן הירושלמי עולה שאין דין קדימה זו אלא "בזמן הדוכן", כלומר בזמן שהכהנים משמשים במקדש. וכן עולה מדברי רש"י שקדימת הלוי היא רק בארץ ישראל (ומקורו בספרי). ולענין הלכה נחלקו בכך הפוסקים, שיש אומרים שגם בזמן הזה ובחוץ לארץ יש דין קדימה ללוי על ישראל.

ישראל קודם לממזר ובתוספתא נמנו עוד דרגות ממוצעות, שכל שיש פגם גדול יותר ביחוסו (כגון הפסולים לענין כהונה, והפסולים לקהל לזמן מסויים ולכל הדור) הריהו עומד נמוך יותר בדרגות אלה. וכן הביא הרמב"ם להלכה.

ממזר תלמיד חכם וכו' בירושלמי אמרו שאינו רק לענין להחיותו, אלא אף לישיבה ולכל שאר דרכי כבוד נוהגים בו בכבוד יותר מבכהן גדול עם הארץ. ודנו המפרשים בשאלה מפני מה לא הוסיף ואמר שאפילו עבד משוחרר תלמיד חכם גדול מכהן גדול. ויש אומרים שלא אמרו אלא בממזר משום שראוי להיות במושב בית דין (חק נתן) ובשושנים לדוד אומר בפשטות שהוא הדין גם לנתין או עבד משוחרר.

יקרה היא מפנינים יש שהסביר ענין זה כך: מצד אחד הכהן הגדול חשוב מכל ישראל במה שהוא נכנס לפני ולפנים, והממזר אינו נכנס כלל, שהרי הוא אסור לבוא בקהל ה'. ולכן העמיד ממזר מול כהן גדול. ולעצם הדרשה, במקרא הכתיב הוא "מפניים" ועניינו — ממה שהוא פנימי ביותר (מאור עינים).

זה היה בכלל ארור היו שרצו לומר כי לא נאמר דבר זה אלא בעבד שהוא מבני כנען, שהרי כך קללו נח בארור, אבל מדברי רש"י עולה שהוא הדין לכל עבד, והוא מסביר כי מאחר שעונשו של הארור היה בעבדות ("עבד עבדים יהיה"), ולא מצא נח קללה חמורה מזו, משמע שכל עבד הוא בכלל ארור.

היתה בחזקת שמור רש"י מסביר בשני אופנים. האחד הוא שאין לחשוש לכל נכרית שנוהגת בפריצות, מה שאין כן בשפחות (שאין להן דין נשואין של ממש). ועוד אמר שהגיורת כיון שבדעתה להתגייר משמרת עצמה. והשפחה אפילו משוחררת, הרי אינה יודעת שתשתחרר, ולכן נוהגת בהפקרות.

מכיר את קונו היו שרצו לפרש "קונו" במובן בוראו. שהרי נאמר בכלבים, ביציאת מצרים ("ולכל בני ישראל לא יחרץ כלב לשונו". שמות יא, ז) ובכמה מקרים אחרים, שהם נהגו כרצון הבורא, מה שלא נאמר כן בחתול. אבל עיקר הדבר שהכלב נקשר לבעליו, מה שאין כן בחתול (רמ"ה).

הכל מושלים בעכברים שכל מיני הבריות טורפות אותם. ובבן יהוידע כתב שרואים שאפילו חתול אחד מטיל אימה על עכברים רבים.

אורח ההלכה

פר העלם דבר וכו' פר החטאת שמביא הציבור על העלם דבר קודם לפר שמביא הציבור על העלם עבודה זרה. (רמב"ם ספר עבודה הלכות תמידין ומוספין פ"ט ה"ז).

חטאת קודמת לעולה כל חטאת קודמת לעולה, ואפילו חטאת העוף קודמת לעולת בהמה. (שם ה"ו).

פר עבודה זרה וכו' פר שמקריב הציבור לכפר על שגגת עבודה זרה (אף שהוא עולה) קודם לשעיר הבא עמו (אף שהוא חטאת), שכן למדו מלשון הכתוב. (שם ה"ז).

שעיר עבודה זרה קודם וכו' שעיר שמביא הציבור בשגגת עבודה זרה קודם לשעיר חטאת של הנשיא, משום שהנשיא הוא יחיד. (שם).

שעיר נשיא קודם שעיר נשיא קודם לחטאת של יחיד הדיוט. (שם).

שעירה קודמת לכבשה שעירה שמביאים לחטאת קודמת לכבשת חטאת. כברייתא הראשונה המובאת סתם (כס"מ). (שם).

עומר קודם לכבש הקרבת העומר קודמת להקרבת הכבש הבא עמו, והבאת שתי הלחם קודמת להקרבת הכבשים הבאים עמם. (שם ה"ט).

האיש קודם לאשה היו איש ואשה בסכנת נפשות, מציל האיש תחילה (שמצווה במצוות מרובות. ט"ז). וכן מקדים האיש להשבת אבידה. (שו"ע יו"ד רנב, ח).

האשה קודמת לאיש כאשר באים איש ואשה לבקש מזונות — האשה קודמת. וכן קודמת האשה לענין נתינת כסות לה. (רמב"ם הלכות מתנות עניים פ"ח הט"ו. שו"ע שם רנא, ח).

להוציא מבית השבי כאשר פודים שבויים, פודים האשה קודם. ואם היו רגילים במשכב זכור, פודים האיש קודם. (שו"ע שם רנב, ח).

הוא קודם לרבו וכו' השבת אבידה לעצמו קודמת לשל אביו ולשל רבו. ואבידת רבו קודמת לאבידת אביו, ואם היה אביו תלמיד חכם — אביו קודם, וכן לענין הוצאה מבית השבי, ואמו קודמת לכולם (ש"ך). (שם רמב, לה. קנב, ט).

משוח בשמן המשחה קודם כהן המשוח בשמן המשחה קודם למרובה בגדים, ומרובה בגדים המשמש בכהונה קודם למשוח שעבר (אף מחמת טומאה), והעובר מחמת טומאה קודם לעובר מחמת מום, והעובר מחמת מום קודם למשוח מלחמה, ומשוח מלחמה קודם לסגן, וסגן קודם לקתיקול, וקתיקול קודם לאמרכל, ואמרכל קודם לגזבר, וגזבר קודם לראש משמר, וראש משמר לראש בית אב, וראש בית אב קודם לכהן הדיוט. (רמב"ם ספר עבודה הלכות כלי המקדש פי"ד ה"ט).

סגן ומשוח מלחמה במת מצוה כל הקודם את חבירו במעלה מאוחר ממנו לענין המצוה להטמא לצורך מת מצוה. אבל סגן ומשוח מלחמה שפגעו במת מצוה — ייטמא משוח מלחמה תחילה. (שם ספר שופטים הלכות אבל פ"ג ה"ט).

כהן קודם ללוי מי שבאו לפניו נצרכים הרבה ואין בידו מספיק כסף לספק צרכי כולם, מקדים כהן ללוי, ולוי לישראל, וישראל לחלל, וחלל לשתוקי, ושתוקי לאסופי, והאסופי לממזר, והממזר לנתין, והנתין לגר, והגר לעבד משוחרר. במה דברים אמורים? בזמן שהיו שווים בחכמה, אבל אם היה ממזר תלמיד חכם וכהן גדול עם הארץ, ממזר תלמיד חכם קודם, וכל הגדול בחכמה קודם לחבירו. (שם הלכות מתנות עניים פ"ח הי"ז-הי"ח. שו"ע שם רנא, ט).

א) זבחים ל:: ב) שם. פסחים נט.: ג) [בזבחים ל: איתא רבינא: ד) כתובות סז. ע"ש: ה) נזיר מז: [ע"ש שינויים גדולים]: ו) גיטין נט.: ז) לא נמצא בכתוב ועיין בב"ש: ח) [סוטה ד:]: ט) [כדכתיב ארור כנען פר' נח ט פכ"ה]:

פרשת פר כהן משיח כתיבא ברישא והדר כתיבא פר העלם דבר של צבור ועשה לפר כאשר עשה לפר החטאת דהיינו לפר כהן משיח למה ליה למיהדר וכתב כאשר שרף את הפר הראשון: וכפר בעדו. והדר ובעד ביתו ובעד כל קהל ישראל: פר דעבודה זרה הוי עולה: חסירא אל"ף. למימרא דעולה קדמה: כמשפט כתיב ביה. בפר דעבודה זרה דבתר כתיבה אזלינן ועולה ברישא כתיבא: שעיר יחיד קודם לכבשת יחיד. כגון שהיו שנים זה הביא כשבה וזה הביא שעירה: שכן נתרבתה באליה. דעז אינה טעונה אליה: בגין יום. בגלל יום כבש גלל עומר וכבשים בגלל שתי הלחם: מתני' עומדים בקלקלה. האיש למשכב זכור: גמ' אמו קודמת לכולם. דאית לה זילותא טפי: [חכם קודם למלך ישראל. שאין כל ישראל ראוין לחכמה אבל מלך כל ישראל ראוין למלכות]: מלך קודם לכהן גדול. מדאמר מלך לכהן גדול קחו עמכם מעבדי אדוניכם [וע"כ אנפשיה קאמר] אלמא מלך עדיף: אמרכלא. שממונה על כולם ואין משיבין על דבריו: גזבר. הממונה על האוצרות שבמקדש: איבעיא להו לענין טומאה. ליטמא למת מצוה סגן ומשוח מלחמה אי זה מהם קודם: להחיותו. הוא קודם לסגן משום דלצבור צריכים לו למשוח מלחמה לצורך מלחמה טפי מסגן: דכתיב ויבדל אהרן. אלמא כהן עדיף מלוי: [בכלל ארור. כנען לא מצא נח קללה לכנען גדולה מזו שיהא עבד לאחיו מכאן שכל עבד הרי הוא בכלל ארור]: הכל רוצין לישא גיורת. שמתרצין לישא גיורת מלישא משוחררת: משוחררת לא היתה בחזקת שמור. דסתם שפחה מופקרת לשון אחר גיורת בעיא לאיגיורי ומשמרת עצמה לפי שבדעתה להתגייר אבל שפחה אין בידה לשחרר עצמה ואינה משמרת עצמה: מפני מה הכל מושלין בעכברים. כלומר מפני מה נתנה מפלה יתירה לעכברים שנרדפין תדיר תדיר: אמר להם מפני שסורן רע. שיצר לבם רע הוא יותר מדאי סורו שר שלהם כדאמר (ב"מ דף נט:) בגר שסורו רע דהיינו יצר הרע שסר שלו רע הוא: מאי היא. היכי הוי סורן רע: אמר רבא אפילו גלימי. דלאו מאכל ולית בהו הנאה אפי' הכי גייזי להו: גייזי. נושכין: שופתא

נא א מיי' פ"ט מהל' תמידין ומוספין הלכה ז:
נב ב מיי' שם הל' ו:
נג ג מיי' שם הל' ח:
נד ד ה ו ז מיי' שם הלכה ז:
נה ח ט י מיי' שם הל"ט:
נו כ טוש"ע יו"ד סי' רנב סעיף ח בהג"ה:
נז ל מיי' פ"ח מהל' מתנות עניים הל' טו סמג עשין קסב טוש"ע יו"ד סי' רנא סעיף ח:
נח מ נ מיי' וסמג שם טוש"ע יו"ד סי' רנב סעיף ח:
נט ס מיי' פי"ב מהל' אבידה הלכה א טור שו"ע יו"ד סי' רמב סעי' לה וסי' רנב ס"ט:
ס ע מיי' שם הלכה ב ופ"ה מהל' ת"ת הלכה א סמג עשין יב טור שו"ע יו"ד סי' רמב סעיף לד וסי' רנב סעי' ט:
סא פ טור שו"ע יו"ד סי' רנב סעיף ט:
סב צ הכל במיי' פ"ד מהל' כלי מקדש הלכה יט:
סג ק מיי' פ"ג מהל' אבל הלכה ט:
סד ר מיי' פ"ח מהל' מתנות עניים הלכה יז סמג עשין קסב טור שו"ע יו"ד סי' רנא סעיף ט הכל שם:

תורה אור

א פר כהן משיח ופר עדה כו': מנא הני מילי דת"ר ושרף אותו כאשר שרף את הפר הראשון מה ת"ל הראשון שיהא ראשון קודם לפר העדה בכל מעשיו ת"ר פר כהן משיח ופר העדה עומדים פר כהן משיח קודם לפר העדה בכל מעשיו הואיל ומשיח מכפר ועדה מתכפרת דין הוא שיקדים המכפר למתכפר וכן הוא אומר וכפר בעדו ובעד ביתו ובעד כל קהל ישראל פר העלם דבר של צבור קודם לפר של עבודה זרה מ"ט האי חטאת והאי עולה ותניא והקריב את אשר לחטאת ראשונה מה ת"ל אם ללמד שתהא חטאת ראשונה הרי כבר נאמר ואת השני יעשה עולה כמשפט אלא זה בנה אב שיהו כל חטאות קודמות לעולות הבאים עמהם וקיי"ל דאפילו חטאת העוף קודמת לעולת בהמה פר עבודה זרה קודם לשעיר עבודה זרה אמאי האי חטאת והאי עולה אמרי במערבא משמיה *דרבא בר מרי חטאת עבודה זרה חסירא אל"ף לחטת כתיב רבא אמר כמשפט כתיב ביה שעיר עבודה זרה קודם לשעיר נשיא מ"ט האי צבור והאי יחיד שעיר נשיא קודם לשעירת יחיד מ"ט האי מלך והאי הדיוט שעירת יחיד קודמת לכבשת יחיד והא תניא כבשת יחיד קודמת לשעירת יחיד אמר אביי תנאי היא מר סבר שעירה עדיפא שכן נתרבתה אצל עבודה זרה ביחיד ומר סבר כבשה עדיפא שכן נתרבתה באליה עומר קודם לכבש הבא עמו שתי הלחם קודמים לכבשים הבאים עמהם זה הכלל דבר הבא ביום קודם לדבר הבא בגין לחם:

ב מתני' האיש קודם לאשה להחיות ולהשב אבדה והאשה קודמת לאיש לכסות ולהוציא

ג מבית השבי בזמן ששניהם עומדים בקלקלה האיש קודם לאשה: גמ' ת"ר היה הוא ואביו ורבו בשבי הוא קודם לרבו ורבו קודם לאביו אמו קודמת לכולם חכם קודם למלך ישראל חכם שמת אין לנו כיוצא בו מלך ישראל שמת כל ישראל ראוים למלכות מלך קודם לכהן גדול שנאמר ויאמר המלך (אליהם) [להם] קחו עמכם* (או מ)עבדי אדוניכם וגו' כהן גדול קודם לנביא שנאמר ומשח אותו שם צדוק הכהן ונתן הנביא הקדים צדוק לנתן ואומר שמע נא יהושע הכהן הגדול אתה ורעיך וגו' יכול הדיוטות היו ת"ל כי אנשי מופת המה ואין מופת אלא נביא שנאמר ונתן אליך אות או מופת משוח בשמן המשחה קודם למרובה בגדים מרובה בגדים קודם למשיח שעבר משיח שעבר מחמת קריו קודם לעבר מחמת מומו עבר מחמת מומו קודם למשוח מלחמה משוח מלחמה קודם לסגן סגן קודם לאמרכל מאי אמרכל אמר רב חסדא אמר כולא אמרכל קודם לגזבר גזבר קודם לראש משמר ראש משמר קודם לראש בית אב ראש בית אב קודם לכהן הדיוט איבעיא להו לענין טומאה סגן ומשוח מלחמה איזה מהם קודם אמר מר זוטרא בריה דרב נחמן ת"ש דתניא סגן ומשוח מלחמה שהיו מהלכים בדרך ופגע בהם מת מצוה מוטב שיטמא משוח מלחמה ואל יטמא סגן שאם יארע בו פסול בכהן גדול נכנס הסגן ומשמש תחתיו והתניא משוח מלחמה קודם לסגן אמר רבינא כי תניא ההיא להחיותו:

ד מתני' כהן קודם ללוי לוי לישראל ישראל לממזר וממזר לנתין ונתין לגר וגר לעבד משוחרר אימתי בזמן שכולם שוים אבל אם היה ממזר תלמיד חכם וכהן גדול עם הארץ ממזר תלמיד חכם

ה קודם לכהן גדול עם הארץ: גמ' כהן קודם ללוי שנאמר (ו)בני עמרם אהרן ומשה ויבדל אהרן (להקריב) [להקדישו] קדש (ה)קדשים לוי קודם לישראל שנאמר בעת ההיא הבדיל ה' את שבט הלוי (מתוך) וגו' ישראל קודם לממזר שזה מיוחס וזה אינו מיוחס ממזר קודם לנתין זה בא מטפה כשרה וזה בא מטפה פסולה נתין קודם לגר זה גדל עמנו בקדושה וזה לא גדל עמנו בקדושה גר קודם לעבד משוחרר זה היה בכלל ארור וזה לא היה בכלל ארור: אימתי בזמן שכולן שוין כו': מה"מ א"ר אחא ברבי חנינא דאמר קרא יקרה היא מפנינים מכהן גדול שנכנס לפני ולפנים תניא רשב"י אומר בדין הוא שיקדים עבד משוחרר לגר שזה גדל עמנו בקדושה וזה לא גדל עמנו בקדושה אלא זה היה בכלל ארור וזה לא היה בכלל ארור שאלו תלמידיו את רבי אלעזר ברבי צדוק מפני מה הכל רצין לישא גיורת ואין הכל רצין לישא משוחררת אמר להם זו היתה בכלל ארור וזו לא היתה בכלל ארור דבר אחר זו היתה בחזקת שמור וזו לא היתה בחזקת שמור שאלו תלמידיו את רבי אלעזר מפני מה הכלב מכיר את קונו וחתול אינו מכיר את קונו אמר להם ומה האוכל ממה שעכבר אוכל משכח האוכל עכבר עצמו עאכ"ו שאלו תלמידיו את ר"א מפני מה הכל מושלים בעכברים מפני שסורן רע מאי היא רבא אמר אפילו גלימי גייצי

רב

ויקרא ד — שם טז — שם ה — נ"ל דרבה. יעב"ץ. — במדבר טו — מלכים א א — נ"ל את — זכריה ג — שם — דברים יג — דה"א כג — דברים י — משלי ג

תוספות הרא"ש

מה"מ דת"ר ושרף אותו כאשר שרף את הפר הראשון וה"ל למכתב כאשר שרף את פרו מה ת"ל הראשון [שיהא] ראשון (לכל העבודה) [לפר העדה] לכל מעשיו: דתני' והקריב את אשר לחטאת ראשונה. בקרבן עולה ויורד בשמיעת קול וביטוי שפתים וטומאת מקדש וקדשיו כתיב: אלא זה בנין אב שיהא חטאות קודמות לעולות הבאים עמהם: וקיי"ל דאפילו חטאת העוף קודמת לעולת הבהמה. ואע"ג דבהמה עדיפא דהוי מין זבח. דלהכי אהני קרא יתירא. דאי לחטאת בהמה הא לא צריך קרא דהא חטאת קודם לדם העולה שהוא מרצה. אלא לאשמעי' דאי מתרמי חטאת העוף דרחובן ועולת בהמה דשמעון דקודמת חטאת העוף. אבל בחד גברא לא משכחת דמייתי חטאת העוף ועולת בהמה: לחטת חסר כתיב. אלא למימר דמעלת חטאת זו חסירה ממעלת שאר חטאת: (דמ"ש) [מ"ט] האי דיחיד והאי דצבור ולצבור קודמין ליחיד אפי' הוא נשיא. והא דאמרי' בפ"ק דר"ה (דף ח: וש"מ) מלך וצבור מלך נכנס תחילה לדין התם שאני כדמפרש טעמא לאו אורח ארעא למיתב מלכא אברא: ואב"א מקמי דלפוש חרון אף: ואומר שמע נא יהושע הכהן הגדול. מאי ואומר וכ"ת שאני לדוק הכהן דהוה משמש באורים ותומים וה"ל כמו נביא כמו (במדבר כז) ולפני אלעזר [הכהן] יעמוד ושאל לו במשפט האורים (ותומים) ויהושע נביא היה ואפ"ה היה צריך לאלעזר. אבל כה"ג שאינו משמש באורים ותומים לא עדיף מנביא ת"ל שמע נא יהושע ובבית שני הוה וכבר פסקו אורים ותומים (קודם): משוח בשמן המשחה קודם למרובה בגדים. וה"נ איתא במסכת נזיר ר"פ כהן גדול משוח בשמן המשחה ומרובה בגדים משוח בשמן המשחה עדיף דמביא פר הבא על כל המצות אבל מרובה בגדים לא. ותימה האיך הוה ב' כהנים גדולים כאחד. וי"מ שאירע טומאה לכהן משיח. אחר שגנז יאשיהו המלך השמן המשחה (ואינו) [ומינו] מרובה בגדים לשמש תחתיו. ולא נהירא דא"כ ה"ל למכתב משוח בשמן המשחה קודם למרובה בגדים שעבר כדאמרינן מרובה בגדים קודם למשיח שעבר ועוד דהתם בנזיר ה"ל למימר משוח בשמן המשחה עדיף דחזי לעבודה ומרובה בגדים לא חזי לעבודה כדקאמר התם מרובה בגדים ומשיח שעבר מרובה בגדים עדיף דאילו מרובה בגדים עביד עבודה ואילו משיח שעבר לאו בר עבודה הוא דאינו ראוי לא לכה"ג ולא לכהן הדיוט. ופי' הרב ר' משה מאוברא דכגון [שגלה או] שחלה כה"ג ואוקמו אחר תחתיו וכיון ששימש ימים רבים בכה"ג מסתמא אין מעבירין אותו אף כשחזר או שנתרפא דדוקא באירע קרי שהשני אינו משמש אלא לפי שעה חוזר ראשון לעבודתו: מרובה בגדים קודם למשיח שעבר. כגון שאירע קרי לכה"ג קודם שגנז שמן המשחה ומשחו אחר תחתיו ומת כה"ג ומינו אחר תחתיו אחר שגנז שמן המשחה. ומה שלא מינו משוח שעבר (אע"פ) [אפשר] שהאחר נתחכם ונתעלה יותר או שמא ע"פ מלך מינוהו כמו שמלינו שהיו נתמנים עפ"י מלך בבית שני ברבוי דמים (יומא דף ח: יח. יבמות סא.): אבעיא להו לענין טומאה סגן ומשוח מלחמה איזו מהן קודם. הך בעיא איתא נמי בנזיר בריש כ"ג ואין (וכתב) [כתוב] שם לענין טומאה. אלא סגן ומשוח מלחמה מאי. ומשום דקאי אמתניתין כה"ג ונזיר שהיו מהלכין בדרך ומלאו מת מצוה ר' אלעזר אומר יטמא כה"ג ואל יטמא נזיר. וחכ"א יטמא נזיר ואל יטמא כה"ג. ועלי' קאי הבעי' משוח מלחמה וסגן מאי. אבל הכא מתניתין בקדימה להחיותו איירי ומשום הכי הוצרך לפרש לענין מאי (והא דלא מבעיא) (ופשיטא) [ליה] לענין החיותו משוח מלחמה קודם לפי שהוא ראש ערכי מלחמה וחיי ישראל תלוין בו אבל לענין טומאה מספקא ליה אי סגן עדיף לפי שהוא מזומן לשמש תחת כה"ג:

סה א ב ג מיי' פרק ו מהל' ת"ת הל' ו סמג עשין יג טור שו"ע יו"ד סי' רמ"ד סעיף טו [וברב אלפס קידושין פרק א דף רכא: ע"ש היטב שהשמיט הא דרבא האידנא דחלשא עלמא אפי' לגדולים נמי]:
סו ד מיי' שם הל' ז טוש"ע שם סעיף טז:
סז ה מיי' שם טוש"ע שם סעי"ז:
סח ו טור יו"ד סי' רמד:
סט ז מיי' פ"י מהל' זכייה ומתנה הלכה ז סמג עשין פב טוש"ע ח"מ סי' רנה סעיף ט:

תורה אור

רב פפא אמר אפילו שופתא מרא גייצי
א ת"ר חמשה דברים משכחים את *) הלימוד
האוכל ממה שאוכל עכבר וממה שאוכל
חתול והאוכל לב של בהמה והרגיל בזיתים
והשותה מים של שיורי רחיצה והרוחץ
רגליו זו על גבי זו ויש אומרים אף המניח
כליו תחת מראשותיו חמשה דברים א)משיבים
את הלימוד פת פחמין וכל שכן פחמין עצמן
והאוכל ביצה מגולגלת בלא מלח והרגיל
בשמן זית והרגיל ביין ובשמים והשותה מים
של שיורי עיסה ויש אומרים אף הטובל
אצבעו במלח ואוכל הרגיל בשמן זית מסייע
ליה לרבי יוחנן דאמר רבי יוחנן כשם שהזית
משכח לימוד של שבעים שנה כך שמן
זית משיב לימוד של שבעים שנה: והרגיל
ביין ובשמים: מסייע ליה לרבא ב)דאמר רבא
חמרא וריחני פקחין: והטובל אצבעו במלח:
אמר ר"ל ובאחת כתנאי ר' יהודה אומר אחת
ולא שתים רבי יוסי אומר שתים ולא שלש
וסימניך קמיצה עשרה דברים קשים ללימוד
העובר תחת האפסר [הגמל] וכל שכן תחת
גמל [עצמו] והעובר בין שני גמלים והעובר
בין שתי נשים והאשה העוברת בין שני
אנשים והעובר מתחת ריח רע של נבילה
והעובר תחת הגשר שלא עברו תחתיו מים
מ' יום והאוכל פת שלא בשל כל צרכו
והאוכל בשר מזוהמא ליסטרון והשותה
מאמת המים העוברת בבית הקברות
והמסתכל בפני המת ויש אומרים אף הקורא

רש"י

שופתא. מ)ביתד של מרא דעץ הוא גיין: המניח כליו. מלבושיו: פת פחמין. פת האפוי בגחלים: של שיורי העיסה. שנשתיירה מלישה: משכח למוד של ע' שנה. שסדור בפיו כל ע' שנה: משיב. מחזיר את הלמוד שנשתכח הימנו כבר ע' שנה: וסימנך. לגרסא שלא תטעה שאם לא תדע אם אחד אומר אחד ולא שתים ואחד אומר שתים ולא שלש או שמא אחד אומר שתים ולא שלש ואחד אומר שלש ולא ארבע יהא סימן קמילה כלומר כפוף הקמילה ונשתיירו מאותן אצבעות של יד העומדין לבד שתי אצבעות זקופין כסדרן מכאן דהיינו אצבע ואמה מכאן וזרת מכאן דהיינו שתי אצבעות מכאן ואצבע אחד מכאן ובכך תהא זכור שאחד אומר אחת ולא שתים ואחד אומר שתים ולא שלש גודל לא קא חשיב הכא עם שאר אצבעות משום דלא קאי בסדר אצבעות: נ)האוכל פת ופחמין עצמן כחדא חשיב להו: קשים ללמוד. שהעושה אותן יהא קשה לשמוע: העובר תחת אפסר גמל כ"ש תחת גמל עצמו כחדא חשיב להו: העובר תחת ריח של נבילה. כלומר ההולך ומריח ריח נבילה דכל ההולך ומריח הוי עובר תחת אותו ריח שהריח הולך ועולה: זוהמא ליסטרון. אותו כף שבוחשין את הקדרה קרי להו הכי על שם שמעבירין הזוהמא לצדדין [על שני צדיו תרגום על תרין סטרוהי]: כל העם עומדין. כל השורות כולן אפילו הן מאה: ועושין לו שתי שורות בלבד: עושין אותן. לבני חכמים שממונים אביהם פרנס על הצבור: סניפין. שמושיבין אותן בצד הזקנים מפני כבוד אביהם דהויין סניפין לזקנים כסניף זה שמצניפין לקורה גדולה סני"ף בלע"ז: אלא לקטנים. דאנוס הוא אבל יצא לגדולים אינו נכנס ויושב במקומו דפושע הוא משום דהוה ליה למיבדק נפשיה: כדי שלא יתרחק. דהיוצא לפנות ביום צריך שיתרחק מן הדרך כדי שלא יהו אחרים רואים אותו

כדאמרינן במסכת ברכות: אמר רבא ובחיי אביהם. הא דעושים סניפין מפני כבוד אביהם: נשנית משנה. הא דתניא לעיל כשהנשיא נכנס וכו': נתקין מילתא כי לדידן. כלומר נעבד ליה כי היכי דעבד הוא לדידן ואית דגרסי נתקין מילתא כי ליתנן כלומר נתקין מילתא דלהוי לזכרון לעולם לדורות אפילו כי אינן בעולם ואית דאמרי נתקין מילתא כי ליתני לומר לו שילמדנו דבר שאינו יודע ללמוד ויתבייש: גלי עוקצים. ידרוש לן מסכת עוקצין: דלית ליה. שאין סדור לו: פשט. פירש: גרס ותנא. גרס ושנה: אמר. רבן שמעון בן גמליאל מאי דקמא דלמא חס ושלום כו': בתר דאוקים. בתר שסיים: ושדו ליה. לפיתקא בי מדרשא: שאלות דהוה מיפריק מתרץ ומה שלא היה מתרץ כתבו אינהו הפירוקין ושדו בי מדרשא: [תורה מבחוץ כו'. או הם יכנסו לבהמ"ד או אנו נצא אליהם ונשב עמהם]: נהי דאהני לך קמרא דאבוך. כלומר דאהני לך חשיבותא דאביך דהוית אב ב"ד אבל למהוי נשיא מי אהני לך דקא בעית למהוי נשיא: קמרא. אבנט מוזהב כדאמרי' במסכת שבת בפ' במה אשה (דף נט:): מתני ליה רבי לרבי שמעון בריה אחרים אומרים אילו (לא) היה תמורה לא היה קרב. דתנן במס' בכורות בפ' בתרא (דף ס.) קרא לתשיעי עשירי ולעשירי תשיעי ולאחד עשר עשירי שלשתן מקודשין התשיעי נאכל במומו והעשירי מעשר והאחד עשר קרב שלמים ועושהו תמורה דברי ר"מ אמר לו רבי יהודה וכי יש תמורה עושה תמורה והא קיימא לן דאין תמורה עושה תמורה כדתנן במסכת תמורה בפ' קמא (דף ה:) אך בכור שור קדש הן וכו' הן קריבין ואין תמורתן קריבין ומעשר יליף עברה עברה מבכור כתיב הכא כל אשר יעבור תחת השבט וכתיב התם בבכור והעברת כל פטר רחם וגו': אמר

ב כתב שעל גבי הקבר ת"ר ב ג)א כשהנשיא נכנס כל העם עומדים ואין יושבים עד שאומר להם שבו בכשאב
ב"ד נכנס עושים לו שורה אחת מכאן ושורה אחת מכאן עד שישב במקומו גכשחכם נכנס אחד עומד
ואחד יושב עד שישב במקומו דבני חכמים ותלמידי חכמים בזמן שרבים צריכים להם מפסיעין על ראשי
העם יצא ד)לצורך יכנס וישב במקומו הבני ת"ח שממונים אביהם פרנס על הצבור בזמן שיש להם
דעת לשמוע נכנסים ויושבים לפני אביהם ואחוריהם כלפי העם בזמן שאין להם דעת לשמוע נכנסים
ויושבים ה)לפני אביהם ופניהם כלפי העם רבי אלעזר בר ר' [צדוק] אומר אף בבית המשתה עושים
אותם סניפין [אמר מר] יצא לצורך נכנס ויושב במקומו אמר רב פפא לא אמרו אלא לקטנים אבל
לגדולים לא הוה ליה למבדק נפשיה מעיקרא ו)דאמר רב יהודה אמר רב לעולם ילמד אדם עצמו
להשכים ולהעריב כדי שלא יתרחק ז)(אמר רבא) האידנא דחלשא עלמא ואפילו לגדולים נמי רבי אלעזר
ג ב"ר [צדוק] אומר אף בבית המשתה עושים אותם סניפים אמר רבא בחיי אביהם בפני אביהם א"ר
יוחנן ח)בימי רשב"ג נישנית משנה זו רבן שמעון בן גמליאל נשיא רבי מאיר חכם רבי נתן אב"ד כי הוה
רשב"ג התם הוו קיימי כולי עלמא מקמיה כי הוו עיילי רבי מאיר ורבי נתן הוו קיימי כולי עלמא
מקמייהו אמר רשב"ג לא בעו למיהוי היכרא בין דילי לדידהו תקין הא מתניתא ההוא יומא לא הוו
רבי מאיר ורבי נתן התם למחר כי אתו חזו דלא קמו מקמייהו כדרגילא מילתא אמרי מאי האי אמרו
להו הכי תקין רשב"ג אמר ליה ר"מ לרבי נתן אנא חכם ואת אב"ד נתקין מילתא כי לדידן מאי נעביד
ליה נימא ליה גלי עוקצים דלית ליה וכיון דלא גמר נימא ליה °מי ימלל גבורות ה' ישמיע כל תהלתו תהלים קו
ט)למי נאה למלל גבורות ה' מי שיכול להשמיע כל י)תהלותיו נעבריה והוי אנא אב"ד ואת נשיא
שמעינהו רבי יעקב בן קרשי אמר דלמא חס ושלום אתיא מלתא לידי כיסופא אזל יתיב אחורי עיליתיה
דרשב"ג פשט גרס ותנא גרס ותנא אמר מאי דקמא דלמא חס ושלום איכא בי מדרשא מידי יהב דעתיה
וגרסה למחר אמרו ליה ניתי מר וניתני בעוקצין פתח ואמר בתר דאוקים אמר להו אי לא גמירנא כסיפיתנן
פקיד ואפקינהו מבי מדרשא הוו כתבי קושייתא [בפתקא] ושדו התם דהוה מיפריק מיפריק דלא הוו
מיפריק כתבי פירוקי ושדו אמר להו רבי יוסי תורה מבחוץ ואנו מבפנים אמר להן רבן [שמעון בן]
גמליאל ניעיילינהו מיהו ניקנסינהו דלא נימרו שמעתא משמייהו אסיקו לרבי מאיר כ)אחרים ולר' נתן
יש אומרים אחוו להו בחלמייהו זילו פייסוהו [לרבן שמעון ב"ג] רבי נתן אזל רבי מאיר לא אזל אמר
ל)דברי חלומות לא מעלין ולא מורידין כי אזל רבי נתן אמר ליה רשב"ג נהי דאהני לך קמרא דאבוך
למהוי אב ב"ד שוינך נמי נשיא מתני ליה רבי לרבן שמעון בריה אחרים אומרים אילו היה תמורה
לא

*) בכל הס"י הגי' בגמ' וברש"י תלמוד בכל העמוד וכצ"ל

מסורת הש"ס

א) כ"א יפים לתלמוד האוכל פת חטין ואצ"ל חטין עצמן: ב) יומא עו: [סנהדרין ע.]: ג) [תוספ' סנהדרין פ"ז]: ד) [עיין תוס' יבמות קה: ד"ה מי שצריך]: ה) ס"א אחורי: ו) ברכות סב.: ז) ס"א לא גרסי ועי' ב"ש: ח) [עי' תוס' ב"ק לד: ד"ה בימי]: ט) מגילה יח. מכות י.: י) [צ"ל תהלתו]: כ) [עי' תוס' סוטה יב. ד"ה אחרים]: ל) סנהדרין ל. [גיטין נב.]: מ) צ"ל בית יד: נ) [דבור זה שייך לעיל אחר דיבור פת פחמין]:

תוספות הרא"ש

וסמנך קמילה. וסימנך שלא תטעה לומר שמא חד אמר אחת ולא שתים וחד אמר שתים ולא שלש. או שמא אחד אומר שתים ולא שלש ואחד אומר שלש ולא ארבע. יהיה סימנך קמילה. כלומר כפוף הקמילה וישאר ב' אצבעות זקופין ואצבע מצד זה. ובזה תזכור שא' אומר אחת ולא שתים. והא דלא קאמר וסימנך אמה שאם תכפוף אצבע אח' הארוך שמו אמה ישארו כמו כן אצבע מכאן וזרת מכאן וקמילה מכאן משום דדרך לכפוף הקמילה כדי לקמץ נקט קמילה. אי נמי דלא הוי סימן מסוים כ"כ דאיכא למימר אגודל מן המנין ויהיו שתים מכאן ושתים מכאן אבל כשתכפוף הקמילה וישאר רק הזרת מצד א' ממילא ידענא דאין הגודל בכלל דא"א לומר אחד ולא שלש:
גרס ותנא. במשנת עוקצין:

רַב פַּפָּא אָמַר: אֲפִילּוּ שׁוּפְתָּא מָרָא גָּרְיֵיצֵי [קת של מעדר הם מכרסמים].

א תָּנוּ רַבָּנַן [שנו חכמים]. חֲמִשָּׁה דְּבָרִים מְשַׁכְּחִים אֶת הַתַּלְמוּד: הָאוֹכֵל מִמַּה שֶּׁאוֹכֵל עַכְבָּר וּמִמַּה שֶּׁאוֹכֵל חָתוּל, וְהָאוֹכֵל לֵב שֶׁל בְּהֵמָה, וְהָרָגִיל בְּזֵיתִים, וְהַשּׁוֹתֶה מַיִם שֶׁל שִׁיּוּרֵי רְחִיצָה, וְהָרוֹחֵץ רַגְלָיו זוֹ עַל גַּבֵּי זוֹ. וְיֵשׁ אוֹמְרִים: אַף הַמַּנִּיחַ כֵּלָיו (בגדיו) תַּחַת מְרַאֲשׁוֹתָיו. ולעומת זאת חֲמִשָּׁה דְּבָרִים מְשִׁיבִים מחזירים אֶת הַתַּלְמוּד שנשכח: פַּת שנאפתה עַל פֶּחָמִין וְכָל שֶׁכֵּן המתחמם בְּפֶחָמִין עַצְמָן, וְהָאוֹכֵל בֵּיצָה מְגוּלְגֶּלֶת (קשה) בְּלֹא מֶלַח, וְהָרָגִיל בְּשֶׁמֶן זַיִת, וְהָרָגִיל בְּיַיִן וּבְשָׂמִים, וְהַשּׁוֹתֶה מַיִם שֶׁל שִׁיּוּרֵי עִיסָּה שנשארו מים בכלי לאחר שנילוש הבצק כל צרכו. וְיֵשׁ אוֹמְרִים: אַף הַטּוֹבֵל אֶצְבָּעוֹ בְּמֶלַח וְאוֹכֵל. ודנים בברייתא זו. נאמר בה "הָרָגִיל בְּשֶׁמֶן זַיִת". ומעירים: מְסַיֵּיעַ לֵיהּ [לו] הדבר לְדברי ר׳ יוֹחָנָן, שֶׁאָמַר ר׳ יוֹחָנָן: כְּשֵׁם שֶׁהַזַּיִת באכילתו מְשַׁכֵּחַ תַּלְמוּד שֶׁל שִׁבְעִים שָׁנָה, כָּךְ שֶׁמֶן זַיִת מֵשִׁיב תַּלְמוּד שֶׁל שִׁבְעִים שָׁנָה. "וְהָרָגִיל בְּיַיִן וּבְשָׂמִים". מְסַיֵּיעַ לֵיהּ [לו] לְרָבָא, שֶׁאָמַר רָבָא: חַמְרָא וְרֵיחָנֵי פַּקְחִין [היין והבשמים עשו אותי פיקח]. "וְהַטּוֹבֵל אֶצְבָּעוֹ בְּמֶלַח". אוֹמֵר רֵישׁ לָקִישׁ: וּבְאֶצְבַּע אַחַת. ומעירים: כְּתַנָּאֵי [כתנאים] שחלקו בענין זה, ר׳ יְהוּדָה אוֹמֵר: אַחַת וְלֹא שְׁתַּיִם, ר׳ יוֹסֵי אוֹמֵר: שְׁתַּיִם וְלֹא שָׁלֹשׁ. וְסִימָנֵיךְ שהמחלוקת באחת ושתים: קְמִיצָה, שמקפלים שתי אצבעות על היד ואצבע אחת זקופה.

עֲשָׂרָה דְּבָרִים קָשִׁים לַתַּלְמוּד: הָעוֹבֵר תַּחַת אַפְסָר הַגָּמָל וְכָל שֶׁכֵּן תַּחַת גָּמָל עַצְמוֹ, וְהָעוֹבֵר בֵּין שְׁנֵי גְּמַלִּים, וְהָעוֹבֵר בֵּין שְׁתֵּי נָשִׁים, וְהָאִשָּׁה הָעוֹבֶרֶת בֵּין שְׁנֵי אֲנָשִׁים, וְהָעוֹבֵר מִתַּחַת מקום שיש בו רֵיחַ רַע שֶׁל נְבֵילָה, וְהָעוֹבֵר תַּחַת הַגֶּשֶׁר שֶׁלֹּא עָבְרוּ תַּחְתָּיו מַיִם אַרְבָּעִים יוֹם, וְהָאוֹכֵל פַּת שֶׁלֹּא בָּשֵׁל (נאפה) כָּל צָרְכּוֹ, וְהָאוֹכֵל בָּשָׂר מִזּוּהֲמָא לִיסְטְרוֹן מין כף גדולה של טבחים, וְהַשּׁוֹתֶה מֵאַמַּת (תעלת) הַמַּיִם הָעוֹבֶרֶת בְּבֵית הַקְּבָרוֹת, וְהַמִּסְתַּכֵּל בִּפְנֵי הַמֵּת. וְיֵשׁ אוֹמְרִים: אַף הַקּוֹרֵא כְּתָב שֶׁעַל גַּבֵּי הַקֶּבֶר.

ב ושוב לענין דרגות של חשיבות. תָּנוּ רַבָּנַן [שנו חכמים]: כְּשֶׁהַנָּשִׂיא של הסנהדרין נִכְנָס כָּל הָעָם עוֹמְדִים, וְאֵין יוֹשְׁבִים עַד שֶׁאוֹמֵר לָהֶם: שְׁבוּ. כְּשֶׁאַב בֵּית דִּין נִכְנָס, עוֹשִׂים לוֹ בדרכו שׁוּרָה אַחַת מִכָּאן וְשׁוּרָה אַחַת מִכָּאן של אנשים העומדים לכבודו עַד שֶׁיֵּשֵׁב בִּמְקוֹמוֹ ואז הם יושבים בעצמם. כְּשֶׁחָכָם (השלישי בדרגה בסנהדרין) נִכְנָס, אֶחָד עוֹמֵד וְאֶחָד יוֹשֵׁב שמי שהחכם בתוך ארבע אמותיו עומד, וכשיוצא משם — חוזר ויושב. עַד שֶׁיֵּשֵׁב החכם בִּמְקוֹמוֹ. בְּנֵי חֲכָמִים וְתַלְמִידֵי חֲכָמִים, בִּזְמַן שֶׁרַבִּים צְרִיכִים לָהֶם — מַפְסִיעִין עַל רָאשֵׁי הָעָם כלומר, כשהעם יושבים על הארץ מותר להם ללכת למקומם למרות שהם נראים כפוסעים מעל ראשיהם של היושבים. יָצָא אחד מהחכמים לְצוֹרֶךְ (לעשות את צרכיו) — יִכָּנֵס ויחזור וְיֵשֵׁב בִּמְקוֹמוֹ ואינו חושש לטירחת הציבור. בְּנֵי תַלְמִידֵי חֲכָמִים שֶׁמְּמוּנִּים אֲבִיהֶם פַּרְנָס עַל הַצִּבּוּר, בִּזְמַן שֶׁיֵּשׁ לָהֶם דַּעַת לִשְׁמוֹעַ כלומר, שהם מבינים ויכולים ללמוד — נִכְנָסִים וְיוֹשְׁבִים לִפְנֵי אֲבִיהֶם ויושבים כשאֲחוֹרֵיהֶם כְּלַפֵּי הָעָם, בִּזְמַן שֶׁאֵין לָהֶם דַּעַת לִשְׁמוֹעַ — נִכְנָסִים וְיוֹשְׁבִים לִפְנֵי אֲבִיהֶם אבל פְּנֵיהֶם כְּלַפֵּי הָעָם, שרואים שהם יושבים שם מפני הכבוד אבל לא כלומדים. ר׳ אֶלְעָזָר בַּר (בנו של) ר׳ צָדוֹק אוֹמֵר: אַף בְּבֵית הַמִּשְׁתֶּה (החתונה) עוֹשִׂים אוֹתָם סְנִיפִּין כלומר, מושיבים אותם סמוך לאבותיהם. אָמַר מָר [החכם]: יָצָא לְצוֹרֶךְ — נִכְנָס וְיוֹשֵׁב בִּמְקוֹמוֹ. אָמַר רַב פַּפָּא: לֹא אָמְרוּ אֶלָּא לצורך של צרכים קְטַנִּים, אֲבָל לִגְדוֹלִים — לֹא, מדוע? משום שֶׁהֲוָה לֵיהּ לְמִבְדַּק נַפְשֵׁיהּ מֵעִיקָּרָא [היה לו לבדוק את עצמו מתחילה] שלא יזדקק לצאת, ואם יצא הרי זו רשלנות ואינו צריך להטריח אנשים כשהוא חוזר. שֶׁאָמַר רַב יְהוּדָה אָמַר רַב: לְעוֹלָם יְלַמֵּד אָדָם עַצְמוֹ לְהַשְׁכִּים וּלְהַעֲרִיב לבית הכסא, כְּדֵי שֶׁלֹּא יִתְרַחֵק בשעות אחרות למצוא לו מקום מוצנע. אָמַר רָבָא: הָאִידָּנָא דְּחַלְשָׁא עָלְמָא [בימינו שחלוש העולם], אֲפִילּוּ לִגְדוֹלִים נַמִּי [גם כן] יכול לחזור, מפני שאין אנשים בריאים כל

כך. שנינו, ר׳ אֶלְעָזָר בַּר [בנו של] ר׳ צָדוֹק אוֹמֵר: אַף בְּבֵית הַמִּשְׁתֶּה עוֹשִׂים אוֹתָם סְנִיפִּים ומושיבים אותם סמוך לאבותיהם. אָמַר רָבָא: כוונתו בְּחַיֵּי אֲבִיהֶם וּבִפְנֵי אֲבִיהֶם.

ג אָמַר ר׳ יוֹחָנָן: בִּימֵי רַבָּן שִׁמְעוֹן בֶּן גַּמְלִיאֵל נִישְׁנֵית מִשְׁנָה זוֹ ששנינו קודם, כי רַבָּן שִׁמְעוֹן בֶּן גַּמְלִיאֵל היה נָשִׂיא, ר׳ מֵאִיר היה חָכָם, ר׳ נָתָן היה אַב בֵּית דִּין, כִּי הֲוָה [כאשר היה בא] רַבָּן שִׁמְעוֹן בֶּן גַּמְלִיאֵל הָתָם [שם], הָווּ קַיְימֵי כּוּלֵּי עָלְמָא מִקַּמֵּיהּ [היו עומדים הכל לפניו], כִּי הָווּ עָיְילֵי [כאשר היו נכנסים] ר׳ מֵאִיר וְר׳ נָתָן, הָווּ קַיְימֵי כּוּלֵּי עָלְמָא מִקַּמַּיְיהוּ [היו קמים הכל מפניהם], אָמַר רַבָּן שִׁמְעוֹן בֶּן גַּמְלִיאֵל: לָא בָּעוּ לְמֶיהֱוֵי הֶיכֵּרָא בֵּין דִּילִי לְדִידְהוּ [האם לא צריך להיות היכר ביני ובינם] בדרכי הכבוד? תַּקֵּין הָא מַתְנִיתָא [תיקן את הברייתא הזו] את הכלל הזה שיש הבדל בין הנשיא לשאר החכמים בענין חיוב הקימה. הַהוּא יוֹמָא [אותו יום] שתיקנו זאת לֹא הָווּ [היו] ר׳ מֵאִיר וְר׳ נָתָן הָתָם [שם], לְמָחָר כִּי אָתוּ [כאשר באו] חֲזוּ [ראו] שֶׁלֹּא קָמוּ מִקַּמַּיְיהוּ כְּדִרְגִילָא מִילְּתָא [עומדים לפניהם כמו שהיה הדבר רגיל], אָמְרֵי [אמרו]: מַאי הַאי [מה זה]? אָמְרוּ לְהוּ [להם]: הָכִי תַּקֵּין [כך תיקן] רַבָּן שִׁמְעוֹן בֶּן גַּמְלִיאֵל. אָמַר לֵיהּ [לו] ר׳ מֵאִיר לְר׳ נָתָן: אֲנָא [אני] חָכָם וְאַתְּ [ואתה] אַב בֵּית דִּין, נַתְקִין מִילְּתָא כִּי לְדִידָן [נעשה דבר שיהיה עבורנו]. מַאי נַעֲבֵיד לֵיהּ [מה נעשה לו]? נֵימָא לֵיהּ [נאמר לו]: גַּלֵּי [שיגלה] כלומר, שידרוש במסכת עוּקָצִים, דְּלֵית לֵיהּ [שאין לו], שאינו יודע אותה. וְכֵיוָן שֶׁלֹּא גָּמַר [למד] ולא יוכל לומר דבר ואז נֵימָא לֵיהּ [נאמר לו]: נאמר "מִי יְמַלֵּל גְּבוּרוֹת ה׳ יַשְׁמִיעַ כָּל תְּהִלָּתוֹ" (תהלים קו, ב), לְמִי נָאֶה לְמַלֵּל גְּבוּרוֹת ה׳? לְמִי שֶׁיָּכוֹל לְהַשְׁמִיעַ כָּל תְּהִלּוֹתָיו, ולא זה שאינו יודע הכל, נַעַבְרֵיהּ [נעביר אותו] מנשיאותו, וְהָוֵי אֲנָא [ואהיה אני] אַב בֵּית דִּין וְאַתְּ [ואתה] נָשִׂיא. שְׁמָעִינְהוּ [שמע אותם] ר׳ יַעֲקֹב בֶּן קָרְשֵׁי שהם משוחחים, אָמַר: דִּלְמָא [שמא] חַס וְשָׁלוֹם אָתְיָא מִלְּתָא [יבוא הדבר] לִידֵי כִּיסּוּפָא [בושה] אם כך יקרה, אבל לא רצה לדבר לשון הרע, ומשום כך אֲזַל יָתִיב [הלך ישב] אֲחוֹרֵי עִילִּיתֵיהּ [עלייתו] של רַבָּן שִׁמְעוֹן בֶּן גַּמְלִיאֵל, פָּשַׁט [פירש] את מסכת עוקצים, גָּרַס וּתְנָא [ושנה], גָּרַס וּתְנָא [ושנה]. אָמַר רבן שמעון בן גמליאל בליבו: מַאי דְּקַמָּא [מהו זה שלפנינו]? דִּלְמָא [שמא] חַס וְשָׁלוֹם אִיכָּא בֵּי מִדְרָשָׁא מִידֵי [יש בבית המדרש משהו] כלומר, שרוצים לעשות דבר כעין זה שחשבו ר׳ מאיר ור׳ נתן לעשות, יְהַב דַּעְתֵּיהּ וּגְרָסַהּ [נתן דעתו וגרס אותה] את מסכת עוקצים. לְמָחָר אָמְרוּ לֵיהּ [לו] ר׳ מאיר ור׳ נתן: נֵיתֵי מָר וְנִיתְנֵי [יבוא אדוני וישנה] בְּמַסֶּכֶת עוּקָצִין, פָּתַח וְאָמַר משום שכבר התכונן יפה. בָּתַר דְּאוֹקִים [אחרי שסיים] להסביר, אָמַר לְהוּ [להם]: אִי לָא גְּמִירְנָא, כְּסִיפִיתֻּנַן [אם לא הייתי לומד, הייתם מביישים אותי], פְּקִיד וְאַפְּקִינְהוּ מִבֵּי מִדְרָשָׁא [ציוה והוציאו אותם מבית המדרש] כעונש. הָווּ כָּתְבֵי קוּשְׁיָיתָא בְּפִתְקָא וּשְׁדוּ הָתָם [היו כותבים קושיות בפתק והיו משליכים לשם, לבית המדרש], דַּהֲוָה מִיפְרִיק מִיפְרִיק [בעיה זו שהיתה נפתרת היתה נפתרת], דְּלָא הָוֵי מִיפְרִיק כָּתְבֵי פֵּירוּקֵי וְשָׁדוּ [זה שלא יכלו לפתור היו הם כותבים פתרונות וזורקים]. אָמַר לְהוּ [להם] ר׳ יוֹסֵי לחכמים: תּוֹרָה נִמְצֵאת מִבַּחוּץ וְאָנוּ מִבִּפְנִים? הלוא הם גדולי התורה! אָמַר לָהֶן רַבָּן שִׁמְעוֹן בֶּן גַּמְלִיאֵל: נֵיעַיְילִינְהוּ [נכניס אותם], מִיהוּ נִיקְנְסִינְהוּ דְּלָא נֵימְרוּ שְׁמַעֲתָא מִשְּׁמַיְיהוּ [אולם נקנוס אותם שלא יאמרו דבר הלכה משמם]. אַסִּיקוּ [העלו] לְר׳ מֵאִיר את הכינוי "אֲחֵרִים", וּלְר׳ נָתָן כינו "יֵשׁ אוֹמְרִים". אַחֲווּ לְהוּ בְּחֶלְמַיְיהוּ: זִילוּ פַּיְיסוּהוּ [קראו להם בחלומם: לכו פייסוהו] את רַבָּן שִׁמְעוֹן בֶּן גַּמְלִיאֵל, ר׳ נָתָן אֲזַל [הלך], ר׳ מֵאִיר לֹא אֲזַל [הלך], כִּי אָמַר בליבו: דִּבְרֵי חֲלוֹמוֹת לֹא מַעֲלִין וְלֹא מוֹרִידִין. כִּי אֲזַל [כאשר הלך] ר׳ נָתָן, אָמַר לֵיהּ [לו] רַבָּן שִׁמְעוֹן בֶּן גַּמְלִיאֵל: נְהִי דְּאַהֲנֵי לָךְ קַמְרָא דַּאֲבוּךְ [אם אמנם הועיל לך חגורת הפאר של אביך] שהיה ראש הגולה בבבל לְמֶהֱוֵי [להיות] אַב בֵּית דִּין, שְׁוִינֵיךְ נַמִּי [יעשה אותך גם כן] נָשִׂיא?! לאחר זמן מַתְנֵי לֵיהּ [היה שונה לו] רַבִּי לְרַבָּן שִׁמְעוֹן בְּרֵיהּ [בנו], אֲחֵרִים אוֹמְרִים: אִילּוּ (אילו לא) הָיָה תְּמוּרָה

עיונים

וסימניך קמיצה שכך עושים קמיצה במקדש, שמחזיק את הסולת בשתי האצבעות האמצעיות שביד (אמה וקמיצה), ונמצאת אצבע אחת זקופה בצידה ושתי אצבעות בצד השני. והרי זה סימן למחלוקת, שהאחד אומר אצבע אחת והאחר אומר שתים (רש״י). והרא״ש שאל: מפני מה לא נתן סימן אחר כשכופף את האמה, ונמצאו שתי אצבעות בכל צד. ומסביר שאין זה סימן ברור כמו הקמיצה, שהיא דבר של הלכה.

חמשה דברים ושאלו: הרי מניים שם ששה דברים (וראה בגרסות). ויש שתירץ שהשתיית שיורי רחיצה ורחיצת שתי רגלים הן ענין אחד (ב״ש). ויש מסבירים שהאוכל ממה שאכל עכבר וחתול נמנים כאחד (מרומי שדה, וזרע של אברהם). ויש שפירש שנמנו חמשה דברים של אכילה ושתיה, ונוסף להם עוד ענין מסוג אחר ברחיצה (בן יהוידע).

והרגיל בזיתים יש אומרים זיתים מלוחים (מאירי). ויש שכתב שמדובר בזיתים חיים, שלא נכבשו (ריב״ץ).

והרוחץ רגליו ושאלו: הרי ברחיצת ידים ורגלים במקדש היו הכהנים עושים כן? ותירצו שבדבר שהוא מצוה אין לחשוש לסכנה שהיא רק מדרך הסגולה (מרומי שדה, אלף המגן). ובזה מתורץ גם לענין מניחו כליו תחת מראשותיו שהיו הכהנים עושים (כמבואר במסכת תמיד פ״א משנה א). אבל שם העירו כי לא היו מניחים אותם תחת ראשם ממש (ב״ש).

פת פחמין וכו׳ רש״י מסביר שפת פחמין ופחמין עצמם נמנים כדבר אחד (ולכן גם כאן יש חמישה דברים ולא ששה). וראה בגרסות, וכן הוא בעין יעקב: פת חטין וחטין.

עשרה דברים קשים וכו׳ ר׳ ידעיה הפניני רוצה להסביר דברים אלה בדרך מושכלת. ואומר כי העובר בין שתי נשים וכן אשה העוברת בין שני אנשים הרי זה כנגד דרכי הצניעות, וההולכת בין שני אנשים הוא כגורמים להסיט את המחשבה להרהורי עבירה. וריח רע מכל סוג וכן מים שאין בהם זרם יש בהם עיפוש הגורם לנזק. ולענין המסתכל בפני המת והקורא כתב שעל מציבה — משום שפעמים מדובר באנשים קרובים לו, ויש בדבר ערבוב רוחני.

כשהנשיא נכנס וכו׳ במסכת קודשין נאמר שהרואה את החכם צריך לעמוד מלפניו בתוך ארבע אמות, ואם הוא רבו — מיד כשרואהו, וכאן נראה שמקילים בדבר. והרא״ש (שם) מסביר שמדובר ברואהו בבית המדרש, וכאן נותנים את הכבוד רק לשעת הכניסה ולא לכל זמן שהוא יושב, אבל לתלמיד בבית המדרש עצמו מהיום אין חייבים לעמוד. וכב״ש כתב שאולי (כאמור להלן) לא נאמרה משנה זו אלא לאותו זמן בלבד (וראה בחק נתן שהביא דעות ראשונים הסבורים כך, אף שאין כן דעת הרמב״ם).

מפסיעין על ראשי העם אף שנאמר במסכת סנהדרין (ז,ב) שלא להפסיע על ראשי עם קודש, שנראה כמבזה אותם. מכל מקום כיון שצריכים להם הרבים — מוטב שיעשו כדרך זו ולא יטריחו הכל לעמוד (ב״ש).

יצא לצורך בפשטות מדובר כאן במי שהלך לעשות צרכיו, וכן מובן מן ההמשך. ובב״ש תמה על התוס׳ ביבמות (קה,ב) המפרשים שהכוונה היא למי שהלך לצורך הרבים. ומשום כן סבר שאולי

לא היה בגרסתם מה שכתוב בהמשך. אבל בחק נתן מדגיש שכמו כן מפורש בתוספתא "שיצאו לצורך העם", ומסביר שאין כאן סתירה, לפי שבכל מקרה מדובר במי שיצא מפני הכרח.

כשאין בהן דעת וכו׳ במאירי גרס שיושבים הבנים אחורי אביהם ופניהם כנגד העם. וכן היא הגרסה ברי״ף (וראה גם בב״ש ועוד).

סניפים כלומר, מושיבים אותם סמוך לאביהם, כמו שעושים סניפים — קורות עזר לקורה גדולה. ויש בזה משום כבוד לאבותיהם.

שלא יתרחק שבתי כסא שלהם היו ברחבות ובשדות, וביום צריך להתרחק הרבה כדי שלא יראוהו. וכתב בספר ב״ש שאף בימינו, ראוי משום נקיות שלפני התפילה לעשות כן.

כי לדידן רש״י מביא כמה גרסות. לפי הגרסה שלפנינו הוא מפרש: נעשה לו כמו שעשה הוא לנו. וגם גרס: כי ליתנן. כלומר נעשה לנו שם שיזכר גם כאשר לא נהיה עוד. שבוודאי בהיותו בישיבה דבריו נשמעים ונזכרים יותר. עוד גרס: כי ליתני = כאשר ילמד. שעל ידי לימודו נכשיל אותו.

עוקצין זו היא מסכת קטנה בסדר טהרות, וענינה דיני "שומר" ו"יד" לטומאה, שהם מפרטי דיני הטומאה. וכיון שכבר בדורות ההם מיעטו בלימוד סדר טהרות כולו (שאין עליו תלמוד לא בבלי ולא ירושלמי, מלבד מסכת נדה הנחוצה), הרי אף חכם גדול כרבן שמעון בן גמליאל לא היה בקי בה (וראה גם ברכות כ,א ועוד, שאף היו גדולי האמוראים שלא היו בקיאים במסכת זו).

והוי אנא אב בית דין וכו׳ בן יהוידע מפרש שאף הם לא רצו לעשות שינוי זה לדורות (וראה בבבא מציעא פד,א ואילך) אלא לפי שעה, כדי שיכיר רבן שמעון בן גמליאל את העלבון שבדבר.

אחרים ועשה כינויים בלשון רבים, משום שר׳ מאיר היה המתחיל בדבר ואחרים הלכו בעקבותיו. ולא רצה לקראו "אחר" בלשון יחיד, שיש בכך גנאי מרובה (ב״ש). והמהרש״א מסביר כי לשון רבים באה כדי להשכיח את שמותיהם, שאם היה מכנה אותם "אחר" ו"יש אומר" היו שואלים מיד מי הם אלה. וקצת ברמז אמרו שכינהו "אחרים" משום שהיה לומד מפי "אחר" — אלישע בן אבויה (מרומי שדה).

ובב״ש העיר כי מצאנו כמה פעמים ר׳ מאיר ו"אחרים" שתי דעות שונות. והסביר כי דברים שאמר ר׳ מאיר לפני המעשה השאירו בשמו, ו"אחרים" הוא מה שאמר לאחר מכן. ויש שאמרו שמה שאמר בשם אלישע בן אבויה קראוהו "אחרים". אבל התוס׳ במסכת סוטה (יב,א) הוכיחו כי לעתים "אחרים" אינו ר׳ מאיר אלא חכמים אחרים שלא נזכר שמם.

קמרא דאבוך שרצה לרמוז לו שאף תפקידו כאב בית דין לא היה לגמרי בזכות עצמו, שהרי היו חכמים גדולים (כר׳ יהודה ור׳ יוסי), אלא משום יחוס אבותיו (מרומי שדה).

אם היה תמורה מדובר שם במחלוקת בענין הטועה במעשר בהמה שקרא לתשיעי "עשירי", וסבר לתקן וקרא לעשירי "תשיעי", ולאחד עשר "עשירי". ודנו בדינו של אחד עשר זה, האם הוא נחשב כמקודש בעצמו או רק כתמורה של העשירי.

אורח הלכה

כשהנשיא נכנס כשהנשיא נכנס לבית המדרש, הכל עומדים, ואינם יושבים עד שיאמר להם "שבו". כשנכנס אב בית דין, עושים לו שורה ועומדים מכאן ומכאן, עד שישב במקומו. כשהחכם נכנס, כל שמגיע בארבע אמותיו עומד מלפניו, עד שנכנס במקומו.

וכתב הש״ך שבימינו שאין נשיא וסנהדרין לא נהגו לעשות שורות, ונהגו שלא לקום אלא מפני ראש ישיבה ואב בית דין, כדי שלא לחלק בין החכמים. (רמב״ם ספר מדע הלכות תלמוד תורה פ״ו ה״ו. שו״ע יו״ד רמד, טו).

בני תלמידי חכמים תלמידי חכמים ובני תלמידי חכמים, בזמן שהרבים צריכים להם, מפסיעים מעל ראשי העם ובאים לשבת במקומם. ואין שבח לתלמיד חכם שייכנס באחרונה. ואם יצא לצרכיו — חוזר ויושב במקומו. (שם ה״ז. שו״ע שם סעיף טו).

בני תלמידי חכמים שממונים בני תלמידי חכמים שאבותיהם ממונים כפרנסים על הציבור, בזמן שיש בהם דעת לשמוע ולהבין, נכנסים ויושבים לפני אביהם ופניהם אליו. ואם אין בהם דעת לשמוע, יושבים לפני אביהם והופכים פניהם כנגד העם. (רמב״ם, שם. שו״ע שם סעיף יז).

דברי חלומות דברי חלומות אינם מעלים ולא מורידים. ואפילו היה הדבר שהיה שייך לאביו המת וחלם שהפקדון נמצא בידי פלוני, או שנמצא במקום פלוני. או שאמר לו אביו בחלום מעות אלה שייכות לאחר, או שהן של פלוני, אם אין בדק ונמצא שהיה הכסף מצוי כפי שנאמר בחלום — הרי הכסף שלו ואינו צריך לחשוש לשאר דברים שבחלומו. (רמב״ם ספר קנין הלכות זכיה ומתנה פ״ד ה״ז. שו״ע חו״מ רנה, ט).

גרסות

שופתא מרא בכת״י ובמקורות: שופינא דמרא.
חמשה בכת״י ובמקורות: ששה.
התלמוד... תלמוד בדפוסים שונה על ידי הצנזור הלמוד... למוד.
שאוכל עכבר וממה שאוכל בכת״י: שאכל ממנו עכבר ומה שאכל ממנו.
והרוחץ בכת״י: והמטביל.
משיבים את התלמוד בכת״י: יפין לתלמוד.
פת פחמין... פחמין בכת״י: פת חטין... חטין.
מסייע ליה לר׳ יוחנן בכת״י חסרות מלים אלה.
משיב תלמוד בכת״י: מחזיר תלמוד.
מסייע ליה לרבא בכת״י מלים אלה חסרות.
האפסר הגמל בכת״י: אפסר של גמל בכת״י איפסר גמל.
מתחת ריח רע בכת״י: תחת ריח.
מזוהמא בכת״י: מזומא.
בבית הקברות בכת״י: בין הקברות.
עומדים ואין יושבים בכת״י: עומדין לפניו ואין יושבין.
שאומר בכת״י: שיאמר.
שממונים אביהם פרנס בכת״י: שממונין אבותיהם פרנסים.
לפני אביהם בכת״י ובמקורות: אחורי אביהן.
אדם עצמו בכת״י: אדם.
ולהעריב בכת״י: ולהעריב ולעשות צרכיו.
אמר רבא האידנא דחלשא עלמא בכת״י: והאידנא דנפישא חולשא.
כי הוה רבן שמעון בן גמליאל התם בכת״י: כי הוה עייל רבן שמעון בן גמליאל.
כדרגילא מילתא בכת״י: כדרגילי ובכת״י חסר.
תהלותיו בכת״י: תהילתו.
אתיא מלתא בכת״י: אתי.
פשט גרס בכת״י: גרס.
וגרסה בכת״י: עיין בה וגרסה.
בפתקא בכת״י: בפתקי בכת״י: חסר.
אסיקו בכת״י: אסיקו ליה.
אחוו בכת״י: אחזו.
שוויניך נמי נשיא בכת״י: למהוי נשיא מי אהני.

לשון

ביצה מגולגלת
היא ביצה מבושלת. ונקראת כך משום שביצה רכה אינה מתגלגלת היטב בגלל הנוזלים שבה. ואולם לאחר בישולה של הביצה, כאשר החומרים שבה נקרשים ונעשים מוצקים, היא ניתנת לגלגול.

זוהמא ליסטרון
בתלמוד ירושלמי מופיעה המלה בצורה "זומי ליסטרן" הקרובה יותר למקור היווני ζωμάρυστρον (זומאריסטרון). ביוונית היתה גם הצורה ζωμολίστεον (זומוליסטרון) הזהה למעשה לביטוי התלמודי, ומשמעו — כף גדולה לשאוב בה מרק.

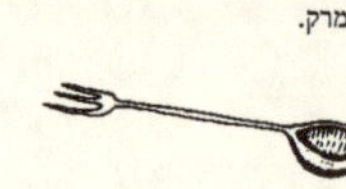

סניפין
משמעות המלה העיקרית היא חתיכות עץ קטנות שמחברים אותן בקצה של קורה גדולה. כמו כן ישנו פועל "סנף" שמשמעו — לספח דבר לדברים אחרים.
יש שרשים דומים גם בסורית וגם בערבית, ויש הסבורים שהוא כמו "צנף" בעברית (אולי צורת הפעל של השורש הזה, כענין קיצור של סנוף).

פתקא (פתק)
מקורה של המלה הוא ביוונית (פיתקיון) πιττάκιον ומשמעה: טבלה קטנה, פיסת נייר או עור שכותבים עליה.

החיים

קמרא
ראה בהשלמות.

אישים

ר׳ נתן, ר׳ יעקב בן קרשי
ראה בהשלמות.

לֹא הָיָה קָרֵב. שכל קרבן שאי אפשר לעשותו תמורה אינו ראוי להקרבה. אָמַר לוֹ בנו: מִי הֵם הַלָּלוּ אותם אחרים שֶׁמֵּימֵיהֶם אָנוּ שׁוֹתִים וּשְׁמוֹתָם אֵין אָנוּ מַזְכִּירִים? אָמַר לֵיהּ [לו]: אלה היו בְּנֵי אָדָם שֶׁבִּקְּשׁוּ לַעֲקוֹר כְּבוֹדְךָ וּכְבוֹד בֵּית אָבִיךָ. אָמַר לֵיהּ [לו] בנו בלשון הכתוב: "גַּם אַהֲבָתָם גַּם שִׂנְאָתָם גַּם קִנְאָתָם כְּבָר אָבָדָה" (קהלת ט, ו), כלומר שכבר מתו אותם חכמים ואפשר להזכיר את שמם! אָמַר לֵיהּ [לו] רבי: הלוא נאמר "הָאוֹיֵב תַּמּוּ חֳרָבוֹת לָנֶצַח" (תהלים ט, ז), כלומר אף על פי שאנשי האויב תמו, בכל אופן מקומותיהם נשארים חרבות לנצח, ואף אלו החכמים אין להזכירם למרות שמתו כבר. אָמַר לֵיהּ [לו]: הָנֵי מִלֵּי הֵיכָא דְּאַהֲנוּ מַעֲשַׂיְיהוּ [דברים אלה אמורים במקום שהועילו מעשיהם] והצליחו, לכן מחריבים את מקומותיהם, ואילו אותם רַבָּנַן [חכמים] לֹא אַהֲנוּ מַעֲשַׂיְיהוּ [הועילו מעשיהם] ולא קרה שום דבר! הֲדַר אַתְנֵי לֵיהּ [חזר והשנה לו] בלשון זו, אָמְרוּ מִשּׁוּם (בשם) ר' מֵאִיר: אִילּוּ הָיָה תְּמוּרָה לֹא הָיָה קָרֵב. אָמַר רָבָא: אֲפִילּוּ רַבִּי דְּעַנְוְותָנָא הוּא [שהיה ענוותן] תְּנָא [שנה] "אָמְרוּ מִשּׁוּם ר' מֵאִיר", אבל "אָמַר ר' מֵאִיר" לֹא אָמַר.

א אָמַר ר' יוֹחָנָן: פְּלִיגוּ [נחלקו] בָּהּ במחלוקת זו רַבָּן שִׁמְעוֹן בֶּן גַּמְלִיאֵל וְרַבָּנַן [וחכמים], חַד [אחד מהם] אָמַר: סִינַי (חכם בקי גדול) עָדִיף, וְחַד [ואחד מהם] אָמַר: עוֹקֵר הָרִים (חכם חריף ביותר) עָדִיף. ומספרים שהבעיה הזו לא היתה רק בעיה עיונית אלא פעם היא נעשתה בעיה מעשית. רַב יוֹסֵף היה סִינַי ואילו רַבָּה היה עוֹקֵר הָרִים, שָׁלְחוּ מבבל לְתַמָּן [לשם לארץ ישראל]: אֵיזֶה מֵהֶם קוֹדֵם? שָׁלְחוּ לְהוּ [להם] בתשובה: סִינַי עָדִיף, שֶׁאָמַר מָר [החכם]: הַכֹּל צְרִיכִין לְמָרֵי חִטַּיָּא [את בעל החיטים], ומכיון שיש בידו הרבה הלכות ברורות הרי הוא עדיף, וַאֲפִילּוּ הָכִי [כך] לֹא קַבֵּיל [קיבל] רַב יוֹסֵף עֲלֵיהּ [עליו] את הגדולה, וּמָלַךְ (התמנה ראש ישיבה) רַבָּה עֶשְׂרִין וְתַרְתֵּי שְׁנִין [עשרים ושתים שנה], וַהֲדַר [ואחר חזר] וּמָלַךְ התמנה לראשות הישיבה רַב יוֹסֵף. ומעירים: וְכָל אותן שְׁנֵי [השנים] שֶׁמָּלַךְ רַבָּה והיה ראש הישיבה, רַב יוֹסֵף אֲפִילּוּ אוּמָּנָא לְבֵיתֵיהּ [את מקיז הדם לביתו] לֹא חָלֵיף [היה מזמין] אלא היה הולך אליו, משום שנזהר שלא לקחת לעצמו גדולה כלל שלא לפגוע ברבה. מספרים כי אַבַּיֵי וְרָבָא וְר' זֵירָא וְרַבָּה בַּר מַתָּנָה הָווּ יָתְבֵי וְהָווּ צְרִיכֵי רֵישָׁא [היו יושבים כחבורה אחת והיו צריכים ראש] לחבורתם, אָמְרֵי [אמרו]: כָּל דְּאָמַר מִלְּתָא [שיאמר דבר] וְלֹא מִפְרִיךְ [ישבר] לא יפרך על ידי קושיות, לֶהֱוֵי רֵישָׁא [שיהיה הראש]. דְּכוּלְּהוּ אִיפְרִיךְ [של כולם הופרך], ושל אַבַּיֵי לֹא אִיפְרִיךְ [הופרך]. חַזְיֵיהּ [ראה בו] רַבָּה לְאַבַּיֵי דְּגָבַהּ רֵישָׁא [שהורם ראשו], אָמַר לֵיהּ [לו]: נַחְמָנִי, פְּתַח וְאֵימָא [ואמור] את שיעורך, שקרא לו לאביי בשמו הפרטי ולא בכינוי שלו. אִיבַּעְיָא לְהוּ [נשאלה להם]: ר' זֵירָא וְרַבָּה בַּר רַב מַתָּנָה הֵי מִנַּיְיהוּ [איזה מהם] עָדִיף? וצדדי השאלה היו: ר' זֵירָא היה חָרִיף וּמַקְשֶׁה, וְרַבָּה בַּר רַב מַתָּנָה היה מָתוּן ולא חריף כל כך, אבל בסוף היה מסכם וּמַסִּיק שמועות כראוי, מַאי [מה] עדיף ביניהם? שאלה זו לא נפתרה ונשארה בְּתֵיקוּ [תעמוד] השאלה במקומה.

עיונים

כבודך וכבוד בית אביך כלומר, גם אם רצונך למחול על כבודך שלך, אינך יכול למחול על כבוד בית אביך (מהרש"א).

האויב תמו רש"י מפרש: אף כי האויב תמו, מכל מקום יש להשאיר חרבות לנצח, ואין ראוי להזכירם. והרמ"ה הקשה על פירוש רש"י, ולכן הוא מסביר שכך יש להבין: האויב תמו אף כי השאירו אחריהם חרבות לנצח. ועל כך סמך ר' שמעון בן רבי באומרו שדברים אלה אמורים כאשר הועילו מעשי האויב, אבל כאשר היו בכך רק כוונות — צריך הדבר להשכח עם הזמן.

פליגו בה וכו' בב"ש ועוד מסבירים כי דברי ר' יוחנן הם כביאור למעשה שסיפר על רבן שמעון בן גמליאל. כי רבן שמעון בן גמליאל היה חריף אבל לא היה בקי כר' מאיר ור' נתן, ומשום כך מצאו סיבה ודרך להדיחו. ואילו הוא סבר שחריפותו היא מעלה יתירה.

סיני כלומר, מי ששנה הרבה והמשנה והברייתא סדורות לפניו כמי שקבלן מסיני. ור' ידעיה הפניני מסביר ש"סיני" הוא באמת מי שבקי ביותר, אבל אינו יכול לחדש דברים מן הסברה, ומשום כך כאשר תבואנה לפניו בעיות חדשות לא יוכל לפותרן כראוי.

עוקר הרים כלומר, מי שהוא חריף ביותר ומפולפל (רש"י). ויש שהסביר את הביטוי כאמירה שאף קושיות חמורות הנראות כהרים הוא עוקר ממקומן (רמ"ה). ויש שהסביר שהוא כחוצב זהב ומתכות יקרות מן ההרים (ר' ידעיה הפניני).

הכל צריכין למרי חטיא שהכל נצרכים לידיעות הבסיסיות שהן המשנה ופסקי ההלכה (רש"י). וביאור המשל: בסופו של דבר, כסף וזהב ושאר רכוש אין מהם פרנסה לעצמם, אלא הכל צריכים לבסוף לבעל החטים כדי לאכול (רמ"ה). וכתב המאירי כי כעין זה כתבו בתלמוד הירושלמי: הסדרן קודם לפלפלן. משום שבסופו של דבר גם שונה ההלכות מדמה דבר לדבר, ואילו הפלפלן פעמים שהוא טועה בסברה, ואין בידו ידיעות מספיקות כדי להימנע משגיאות (מאירי). ור' ידעיה הפניני כותב כי אף שאין "סיני" מצליח לחדש הלכות חדשות, הרי דבר זה נצרך רק לעתים רחוקות. ואילו הלכה סדורה וברורה היא הנחוצה למי שמלמד לרבים.

אומנא לביתיה לא חליף וראה הגרסה המצויה ברוב המקורות: לא קרא. ובביאור הדבר מסביר רש"י באופן אחד שרב יוסף לא נהג כל שררה בעצמו, ואפילו לא היה מזמין לביתו את מקיז הדם (אלא שהיה הולך לבית האומן רש"י בברכות, או שהיה הולך לבית רבה — רש"י כאן). ורב האי גאון פירש כי אף שנעשה רבה ראש הישיבה היה נוהג כבוד גדול ברב יוסף, והיה דואג לכל צרכיו, כך שאפילו כשהיה נזקק לאומן היה רבה דואג להזמין עבורו. ואילו הרמ"ה מפרש כי מפני שנהג רב יוסף מנהג ענוה זכה להיות בבריאות שלימה, כך שלא היה נזקק אפילו לטיפול מצוי כמו של מקיז הדם. וכעין זה מבואר בתוך פירוש הרמב"ן לתורה. וכן מסכים הרא"ש (הוא מתאים היטב לנוסח שלפנינו. דק"ס).

צריכי רישא יש שפירש שמדובר בראשות הישיבה אחרי פטירתו של רב יוסף, שאכן אביי הוא שהיה ראש הישיבה לאחר מכן (ב"ש ועוד). אבל הרמ"ה מפרש שהיו צריכים ראש לחבורתם, שרצו לעשות לעצמם סדר לימוד שבו האחד יהיה האומר את הדברים והאחרים יעירו הערות על דבריו.

דאמר מילתא ולא מיפריך ואף שידעו כבר מה ששלחו מארץ ישראל, ולפיכך היו צריכים למצוא רק את הבקי שביניהם, באמת לא רצו למצוא מי שמפלפל ומקשה על האחרים, אלא מי שיוכל לומר הלכה ברורה שאין לה פירכה כסיני (ב"ש). ויש שכתב כי בבקיאות היו כולם שווים, ולכן הוצרכו לחפש מי שיוכל לחדש (חק נתן).

דגבה רישא מדברי רש"י נראה שראה בו שיש לו הרמת ראש והתנשאות קצת. וכעין זה כתב הרמ"ה (המובא ברא"ש) שראה בו הצהלת פנים, לפי שדבריו לא נפרכו. אבל אחרים כתבו שראה בו רוממות כי מן השמים זכו לו (זרע אברהם, וראה גם בדומה לזה על דרך הסוד בבן יהוידע ועוד).

נחמני פתח לפי רש"י קרא לו בשמו כדי לומר לו שאין זה מחמת חכמתו היתירה אלא שזכה לכך. ואחרים אמרו כי רבא שהיה חבירו הקרוב הוא שמצא מקום להזמינו להיות בראש, ורבא אכן קורא לאביי תמיד בשמו הפרטי (וראה בערוך, על פי דברי רב האי גאון).

חריף ומקשה שיש בו כח פלפול מרובה (רש"י). ויש שפירש: שכוחו גדול להקשות קושיות עד שאין איש יודע לתרץ את הקושיות הללו (מאירי).

מתון ומסיק אינו חריף כל כך, אלא מתיישב הרבה בדברים עד שמגיע למסקנות על פי ההלכה (רש"י). והמאירי מסביר שאף שאינו חריף הוא מכל מקום מגיע לסיכום ואינו נשאר בקושיות.

ומן הענין נראה שאין זה ממש כעין סיני ועוקר הרים. לפי שכאן אין אחד מהם בגדר "סיני", אלא יש הבדל ביניהם בדרכי הלימוד (וראה בצפנת פענח בענין זה).

מסורת הש"ס

א. משנה בכורות ה,א.
ב. ברכות סד,א.
ג. ב"ב קמה,ב.

גרסות

לא היה קרב בכתי"פ: **לא היתה קרבה.**

מזכירים בכתי"מ: **מכירין.**

רבנן לא אהנו בכתי"פ: **הני לא אהנו.**

אתני ליה בכת"י: **אתנייה.**

איזה מהם קודם בכת"י: **סיני ועוקר הרים הי מינייהו עדיף.**

לא חליף בכת"י ובמקורות: **לא קרא.**

מאי בכתי"מ: **הי מינייהו עדיף.**

חזייה רבה בכת"י: **חזייה רבא.**

תיקו בכתי"פ: **לא ידעינן.**

החיים

אומנא
מקצוע מעין־רפואי. בדרך כלל היתה מלאכתו של האומן הקזת דם (שנחשבה במשך דורות כאמצעי ריפוי למחלות שונות, וכדרך לחיזוק הבריאות בכלל). פעמים שהאומן היה עוסק גם בניתוחים פשוטים, כגון מילה וכיוצא בהם.

אישים

רב יוסף
(רב יוסף בר חמא) מאמוראי בבל בדור השלישי לאמוראים. רב יוסף בר חמא חי בעיר מחוזא, ואולי היה רבה של קהילה זו. רב יוסף בר חמא היה תלמידו של רב ששת, ועמד בקשרי לימוד התורה וההלכה גם עם חכמים אחרים, ומצאנוהו נושא ונותן בהלכה עם ר' זירא.
בנו של רב יוסף היה האמורא הגדול רבא, וכבר בחיי אביו היה מחשובי החכמים, וכמה פעמים מוצאים אנו בתלמוד שהבן הגדול מעיר או מציע לאביו ענייני הלכה שונים, כדרכם של חכמים ובלשון כבוד, כדרך שצריך הבן לנהוג כלפי אביו.

רבה
ראה בהשלמות.

רבה בר מתנה
אמורא מן הדור הרביעי לאמוראי בבל. הוא נזכר פעמים אחדות בתלמוד, כתלמידם של רבה ורב ששת.
יש שסבר כי רבה בר מתנה הוא האמורא הקרוי כרגיל ר' אבא (השני), שאולי עלה לארץ ישראל ואחר כך חזר לבבל עקב גזירות השמד שבארץ. ואם כן הוא, הריהו נזכר גם בתלמוד הבבלי וגם בירושלמי.

מסורת הש"ס

א) [בכורות ס.]: ב) ברכות סד.: ג) (כ"ב) [בבא] בתרא קמה:: ד) בדפו"י רבא: ה) [בברכות פי' רש"י שהיה רב יוסף הולך לבית הרופא]: ו) ב"ש מ"ז:

תורה אור

קהלת ט: תהלים ט

לא היה קרב אמר לו מי הם הללו שמימיהם
אנו שותים ושמותם אין אנו מזכירים אמר
ליה בני אדם שבקשו לעקור כבודך וכבוד
בית אביך אמר ליה °גם אהבתם גם שנאתם
גם קנאתם כבר אבדה אמר ליה °האויב תמו
חרבות לנצח אמר ליה הני מלי היכא דאהנו
מעשייהו רבנן לא אהנו מעשייהו הדר
אתני ליה אמרו משום רבי מאיר אילו היה
תמורה לא היה קרב אמר רבא אפילו רבי
דענוותנא הוא תנא [א]אמרו משום ר"מ אמר
א ר"מ לא אמר אמר רבי יוחנן פליגו בה רבן שמעון בן גמליאל ורבנן חד אמר סיני עדיף וחד אמר עוקר
הרים עדיף [ב]רב יוסף סיני רבה עוקר הרים שלחו לתמן איזה מהם קודם שלחו להו סיני עדיף [ג]דאמר
מר הכל צריכין למרי חטיא ואפילו הכי לא קביל רב יוסף עליה מלך רבה עשרין ותרתי שנין והדר
מלך רב יוסף וכל שני דמלך רבה רב יוסף אפילו אומנא לביתיה לא חליף אביי ורבא ורבי זירא ורבה
בר מתנה הוו יתבי והוו צריכי רישא אמרי כל דאמר מלתא ולא מפריך להוי רישא דכולהו איפריך דאביי
לא איפריך חזייה [ד]רבה לאביי דגבה רישא א"ל נחמני פתח ואימא איבעיא להו רבי זירא ורבה בר רב מתנה
הי מנייהו עדיף רבי זירא חריף ומקשה ורבה בר רב מתנה מתון ומסיק מאי תיקו:

הדרן עלך כהן משיח וסליקא לה מסכת הוריות

אמר ליה האויב תמו חרבות לנצח. דמשמע אע"פ שכבר מתו חרבות לנצח ואין יפה להזכירם: **אפי' רבי.** דעניו הוה הכא לא נהוג ענותנותא יתירא דאמר משום רבי מאיר ולא רצה לומר בהדיא אמר ר"מ: **סיני עדיף.** מי ששנה משנה וברייתא סדורין לו כנתינתן מהר סיני: **וחד אמר עוקר הרים.** דחריף ומפולפל בתורה אע"פ שאין משנה וברייתא סדורין לו כל כך: רב יוסף קרו ליה סיני לפי שהיו משניות וברייתות סדורות לו כנתינתן מהר סיני אבל לא היה מפולפל כרבה: **הכל צריכין למרי חטיא.** כלומר רב יוסף הוא מרי חטיא שמשנה וברייתא סדורין לו מפי השמועה כנתינתן מהר סיני דמשנה וברייתא אבוהון דהלכתא: **אומנא לביתיה לא קרא.** שלא רצה לנהוג שררה בעצמו כל אותן השנים שמלך רבה אפילו בהאי שררותא שלא רצה להביא שום אומן בתוך ביתו אלא כשהוא רוצה להקיז דם [ה]היה האומן על לביתיה דרבה ושם היה מקיז ואית דגרסי שלא רצה לנהוג שררות בעצמו כל אותן שנים שמלך רבה כלומר שלא היה לו פנאי להקיז עצמו אלא היה עוסק כל שעה בתורה לפני רבה: **חזייה לאביי דגבה רישיה.** כלומר ראה לו הרמת ראש: **נחמני פתח.** ואמור דרשא דמשמיא פסקו ליה רבותא אביי קרו ליה נחמני [ו](איכא דאמרי דבלשון גנאי קרי ליה נחמני כלומר עדיין אתה תלמידו של רב נחמן): **חריף ומקשה.** מתוך פלפול יתירא דהוה ליה הוה מקשה ומתרץ אבל רבה בר מתנה לא הוה חריף כל כך אלא מתוך שהוא שוהה ומעיין יפה יפה מסיק אליבא דהלכתא:

הדרן עלך כהן משיח וסליקא לה מסכת הוריות

תוספות הרא"ש

אפילו אומנא לביתיה לא קרא. הרבה מהמון עם הולכין לבית האומן להקיז דם. והנכבדים קוראים לאומן ובא לביתם וכ"כ השפיל עצמו שלא רצה לקרוא את האומן לביתו. ורב האי גאון פי' כד שלחו מתם סיני עדיף והשפיל רב יוסף עצמו ולא רצה לנהוג שררה בפני רבה היה חולק לו רבה כבוד ואפי' מקיז דם לא קרא אותו לביתו לפי שהיו עושין כל צרכו בביתו של רבה. והרמ"ה ז"ל פי' כך הואיל שהשפיל רב יוסף את עצמו ולא רצה לנהוג שררה בפני רבה הגינה זכות ענותנותו עליו ועל אנשי ביתו שלא חלה אחד מהם כל השנים שמלך רבה ואפי' אומן להקיז דם לא קרא לביתו. והדין פירוש מסתבר לן: אביי ורבא ורב זירא ורבה בר מתנה הוו יתבו בהדדי והוו צריכי רישא. כלומר היו צריכין למנות ראש עליהם לאותה שעה כדי שישנה להם ויסדר להם משניות וברייתות והם יקשו לו והוא מתרץ ולפי שהיו כלם חכמים ונבונים ראוים להיות ראשים ולא אחד מהם כפוף לחבירו ולא היה אפשר לאחד מהם למנות את השני כדי שלא יתקנאו בו שלישי או רביעי. לפיכך אמרו כל מאן דאמר מלתא ולא מפרכי להוי רישא. אמר כל חד מנייהו מלתא (דכל הוה) [דכולהו] אפריך ואילו דאביי לא אפרך חזייה רבא לאביי דגבה רישא. כלומר ראה לו הרמת ראש והלהלת פנים מחמת דלא איפרך ליה מלתא אמר ליה נחמני פתח ואימא דרוש לקמן דמן שמיא פסקי לך רבותא. ופי' רב האי גאון ז"ל [א] דאביי נחמני שמו ומפרש' בכמה דוכתי בגמרא ונקטי (נן ד) רבנן דבר אחוהי דרבה בר נחמני הוה ותלמידו וכיון דהוה שמו נחמני כשם אבוהי דרבה לא הוה קרא לו בכל שנותיו נחמני בשם אבוהי אלא דהוה קרא ליה אביי בלשון ארמי כאדם שקורא אבי וסליק ליה אביי. וכיון שהיה מן האבות והגדולה קריוה רבנן הכי עכ"ד ז"ל: **איבעיא** להו רבי זירא ורבה בר מתנה הי מנייהו עדיף. נפיק מינה להיכי דמתרמי כזו ומלטרך עלמא לחד מנייהו ובעיא הי מנייהו עדיף. והשתא מפרש (מזה) [מדה] דלכל חד מנייהו. ר' זירא חריף ומקשה מתוך פילפולא היה יודע להקשות ולתרץ (מי לא) [מיד] הוה ידע לאסוקי שמעתתא אליבא דהלכתא רבה בר מתנה מתון ומסיק כלומר לא היה מפולפל וחריף כ"כ להקשות ולתרץ מיד אלא שוהה ומעיין יפה עד דמסלקא ליה שמעתי' אליבא דהלכתא מאי הי מנייהו עדיף וסלקא בתיקו:

הדרן עלך כהן משיח וסליקא לה מסכת הוריות

א) עי' בערוך ערך אביי.

סיכום פרק "כהן משיח"

בהגדרת הנשיא והכהן המשיח נאמר כי לענין הבאת פר העלם דבר יש לעשות כדיוק הכתוב, לאמור: רק הכהן הגדול שנמשח בשמן המשחה מביא קרבן זה. ה"נשיא" האמור בתורה הוא מלך, זה שעומד בראש ציבור גדול מישראל, ואין אדם אחר מישראל על גביו, ומשום כך ייתכן שיהיו בישראל כמה נשיאים, כאשר אין הם כפופים זה לזה. יש הבדל בין הכהן הגדול והמלך, לפי שהכהן הגדול המשוח נשאר במעלת קדושתו ומביא פר העלם דבר גם אם חטא כאשר עבר מכהונתו ואינו משמש עוד, ואילו המלך מביא את הקרבן המיוחד לו רק אם חטא בעודו מולך בפועל.

מה שאמרו שכהן גדול שלא נמשח הריהו פחות במעלה מכהן משיח, הרי זה לענין קרבן העלם דבר בלבד, אבל לשאר מצוות האמורות בתורה בכהן גדול — כל המצוות הללו נוהגות בו. כהן שעבר מכהונתו — קדושת כהונה גדולה עליו, אלא שאינו מביא את מנחת חביתין, ולא את פר יום הכפורים. משוח מלחמה דינו ככהן גדול לגבי איסורים החלים על כהן גדול, אבל מעלתו פחותה, ואינו מחזיר במותו את הרוצח בשגגה מעיר מקלטו.

כיון שדובר בהגדרת הכהן המשיח, דנו בדיני משיחת הכהן והמלך. שמן המשחה שעשה משה רבינו מקודש היה ביותר, ואין מושחים בו אלא כהן גדול ומלך מבית דוד בלבד (ומלך בן מלך נמשח רק בזמן שהדבר נחוץ וחשוב). מתוך שנדונו מעלות הכהנים נאמרו בקיצור גם ההבדלים בין כהן גדול לכהן הדיוט. הכהן הגדול אסור לשאת אלמנה (מוסף על איסורו ככהן לשאת גרושה) ומצווה לשאת רק בתולה. אין הכהן הגדול מיטמא לכל מת (אף לא לקרובים ביותר, שכהן הדיוט מיטמא להם), ואינו קורע ואינו פורם בגדיו באבלותו כדרך כל אדם. הכהן הגדול משמש בבית המקדש גם ביום מות קרובו (כשהוא "אונן") אף שאינו אוכל אז מן הקדשים.

דברים אלה, שהכהן הגדול נמצא במעלה יתירה מכל ישראל, נאמרו לענין קדושתו. אבל לענין כבודו בסדר המעלות — העומד בראש הוא המלך, ואחריו הכהן הגדול. ובסדרי קדימויות בכלל אמרו כי בכלל הדברים כל שנמצא בתפקיד חשוב יותר במקדש קודם לאחרים (לכבוד ואף להצלה), וכן כל שיחוסו מיוחד יותר קודם לאחרים, וכל שיחוסו פגום יותר (כגון ממזר או עבד משוחרר) הריהו מאוחר יותר בסדר זה. יש דברים שבהם איש קודם לאשה, ויש דברים שבהם מקדימים אשה לאיש.

כיוצא בזה יש גם סדרי מעלות לגבי חכמים, הן לענין בחירת האיש שממנים אותו, והן בכבוד שנוהגים בכל אדם לפי מעלת תפקידו בסנהדרין.

כל הדברים הללו נאמרו כאשר היו האישים שווים במעלתם העצמית, אבל תלמיד חכם קודם לכל אדם אחר, אפילו למלך או לכהן גדול, גם כאשר הוא אינו מיוחס כלל.

כמה דברי אגדה מצויים בפרק זה, מקצתם בדברים הנוגעים לשמן המשחה, כיצד נעשה, את מי משחו בו במשך הדורות, וכיצד נגנז. וכן עניינים שונים במעשים שארעו באישים שונים, הן במקרא והן בימי התנאים והאמוראים.

תוספתא
מסכת הוריות

מפוסקת פיסוק מלא
עם פירוש קצר למילים וביטויים קשים
מראי מקומות ומקבילות במסכת הוריות

לשון התוספתא על פי כתב יד ערפורט (מהדורת צוקרמנדל)

ר' ב,ב **א** הורו בית דין וידע אחד מהן שטעו, או שהיה אחד מן התלמידים ותיקין יושב לפניהן וראוי להוראה כשמעון בן עזאי והלך ועשה על פיהם — הרי זה חייב, מפני שלא תלה בבית דין. הורו בית דין ועשה כל הקהל או רובן על פיהם, בזמן שהוראתן הוראת בית דין — פטורין, והעושין על פיהם מביאין [פר] [אין הוראתן הוראת בית דין — אין מביאין פר, והעושין על פיהן מביאין] (כשבה ושעירה).

ר' ה,א **ב** הורו בית דין ועשו שנים או שלשה שבטים או רובן על פיהן, בזמן שהוראתן הוראת בית דין — פטורין, והעושין על פיהן מביאין פר. אין הוראתן הוראת בית דין — חייבין, והעושין על פיהם מביאין
ר' ז,א כשבה ושעירה. עשו על הוראת עצמן — פטורין. על הוראת כהן
ר' ד,ב משיח — חייבין. הורו בית דין ואחד מהן אין שם — פטורין, ורבי אומר: אומר אני עד שיהא מופלא שבהן.

ג חומר בהוראה מה שאין כן בדיני נפשות, וחומר בדיני נפשות
ר' ג,ב מה שאין כן בהוראה. שבהוראה עד שהורו כולן, ובדיני נפשות הולכין אחר הרוב.

ה,א **ד** שבהוראה עד שהורו בית דין שבלשכת הגזית, ובדיני נפשות
ב,ב נוהגין בכל מקום. יחיד שהורה על פיו ועשה — הרי זה חייב, שנאמר ״והנפש אשר תעשה ביד רמה״ (במדבר טו, ל).

ר' יא,א **ה** האוכל שקצים — הרי זה משומד, אכל נבילות וטריפות שקצים ורמשים, האוכל בשר חזיר והשותה יין נסך, והמחלל את השבת, והמשוך. ר' יוסי בר' יהודה אומר: אף הלבוש כלאים. ר' שמעון בן אלעזר אומר: אף העושה דבר שאין היצר תאב לו.

ו הורו בין דין שהוא מוצאי שבת, ואחר כך זרחה חמה — אין זו הוראה אלא טעות.

ר' ג,ב **ז** הורו בין דין לעקור את כל הגוף, אמרו: אין דם בתורה, ואין
ד,א חלב בתורה, ואין פיגול בתורה — הרי אילו פטורין. הורו לבטל מקצת ולקיים מקצת — הרי אילו חייבין. כיצד? יש דם בתורה אבל אין חייבין [אלא] על (הדם) הקרב שלמים, [יש חלב בתורה אבל אין חייבים אלא על חלב הקרב לשלמים], יש פיגול בתורה אבל אין חייבין אלא על פיגול של שלמים — הרי אילו חייבין, שנאמר ״דבר״ (י״י)
ר' ד,א נאמר כאן ״דבר״, ונאמר להלן ״דבר״ (דברים יז, ח), מה ״דבר״ האמור להלן — דבר מקצתו ולא כולו, אף ״דבר״ האמור כאן — מקצתו ולא כולו. אתה אומר ״דבר״ מקצתו ולא כולו, או אינו אלא כולו? תלמוד לומר ״בין דם לדם״ (שם) — ולא כל דם, ״בין דין לדין״ (שם) — ולא כל דין, ״בין נגע לנגע״ (שם) — ולא כל נגע,
ג,א הא אין צריך לומר כלשון אחרון אלא כלשון ראשון; נאמר כאן ״דבר״ ונאמר להלן ״דבר״ מה להלן ״דבר״ האמור — מקצתו ולא כולו, אף ״דבר״ האמור כאן — מקצתו ולא כולו. ר' שמעון בן אלעזר אומר משום ר' מאיר: חטאו ששה והן רובו או שבעה אף על פי שאין רובו — הרי אילו חייבין.

ה,א **ח** הורו בית דין של אחד מן השבטים ועשה אותו השבט על פיהם — אותו השבט חייב, ושאר כל השבטים פטורין. ר' יוסי בר' יהודה אומר: הוראת בית דין של כל שבט ושבט כהוראת בית דין לציבור.
ר' ז,א שאין בית דין ומשיח חייבין אלא על העלם דבר עם שגגת המעשה, העלם דבר בבית דין ושיגגת המעשה בקהל. עשו על הוראת עצמן
ח,א — פטורין, על הוראת כהן משיח — חייבין. ואין חייבין אלא על דבר שזדונו כרת ושגגתו חטאת. וכהן משיח ולא בעבודה זרה אלא
ז,ב על דבר שזדונו כרת ושגגתו חטאת, וכהן משיח בעבודה זרה חייב על שיגגת המעשה, דברי רבי, וחכמים אומרים: הרי הוא כשאר מצוות, העלם דבר עם שיגגת המעשה. שוין שהוא בשעירה כיחיד. ובכל שוין
ר' ח,א שאין באשם תלוי. משיח בעבודה זרה, ר' יהודה אומר: על שיגגת המעשה מביא אשם תלוי.

ח,ב **ט** אין חייבין על עשה ועל לא תעשה שבמקדש, אין מביאין אשם תלוי על עשה ועל לא תעשה שבמקדש.

ח,ב **י** אבל חייבין על עשה ועל לא תעשה שבנידה. אמר ר' שמעון: מפני מה חייבין על מצות עשה שבנידה — מפני שיש בה לא תעשה.
ט,א ר' שמעון היה אומר בהן כלל: כשהיחיד באשם תלוי — נשיא כיוצא בו, ומשיח ובית דין פטורין. כשהוא באשם ודאי — נשיא ומשיח כיוצא בו, ובית דין פטורין. שמיעת הקול וביטוי שפתים וטומאת מקדש וקדשיו — בית דין פטורין, יחיד נשיא ומשיח חייבין. אלא שאין הנשיא חייב אלא על שמיעת הקול, ולא כהן משיח על טומאת מקדש וקדשיו שהן בעולה ויורד, ונשיא כיוצא בו ומשיח ובית דין פטורין. כשהוא בקבועה — יחיד נשיא ומשיח מביאין שעירה, ובית דין פר ושעיר, פר לעולה ושעיר לחטאת.

א. התלמידים ותיקין — כלומר, תלמיד חשוב ומעולה (כפירוש המלה ותיק בדברי חז״ל). **שהוראתם הוראת בית דין** — שנתקיימו בה התנאים להוראת בית דין (הסכמה כללית, ביטול מקצת וכו') בענין זה (מנ״ב).

ב. ועשו שנים וכו' — כשיטת ר' יהודה שאף שבט אחד שחטא בהוראת בית דין מביא חטאת הקהל. **עשו על הוראת עצמן** — בית דין שעשו כהוראת עצמם (ולפי מסקנת הגמרא, כאשר עשה רוב הקהל). **על הוראת כהן משיח** — בין שמורה לבית דין או לקהל, שאין הוראתו אלא לעצמו.

ג. הולכין אחר הרוב — ואף יש אומרים שאם כולם מחייבים, הנאשם יוצא זכאי.

ד. שבלשכת הגזית — שאין הוראה זו אלא בבית הדין הגדול. ויש אומרים שדווקא כאשר הם מצויים במקומם זה (מצפה שמואל).

ה. בגמרא מובאת הברייתא בקצת שינויים, ומסקנת הדברים שם שהעובר עבירות חמורות ומפורסמות, והעובר על דברים שלא להנאתו הרי זה מין. **המשוך** — מי שמושך את ערלתו, לבטל את המילה.

ו. אלא טעות — ואם עשו על פיהם חייבים להביא קרבן כשוגגים יחידים.

ז. הדם הקרב שלמים — ולא על דם התמצית. **חלב הקרב לשלמים** — ולא חלב שעל הקרב. ויש מפרשים שאין חייבים אלא על דם וחלב של מוקדשים ולא של חולין (ר' מנ״ב). **פיגול של שלמים** — שהכתוב (ויקרא ז,יח) מדבר שם במפורש על ״זבח תודת שלמיו״. **ונאמר להלן ״דבר״** — בדיני זקן ממרא.

ח. ר' יוסי בר' יהודה וכו' — שאין חייבים אלא על דבר שבית הדין הגדול חייב, ורק כאשר חטא רובו של השבט. **ר' יהודה אומר וכו'** — והוא כשיטת רבי, ולא כדברי הגמרא שם, אלא בדרך קיצונית יותר.

י. על מצות עשה שבנדה — אף שאין בית דין חייבים בדרך כלל על מצוות עשה, וכן לענין אשם תלוי.

פרק ב

ר׳ יב,ב **א** אילו דברים שבין כהן גדול לכהן הדיוט: פר הבא על כל המצות, ופר יום הכיפורים ועשירית האיפה. לא פורע ולא פורם, אבל פורם הוא מלמטה וההדיוט מלמעלה. אין מיטמא בקרובים, ומצווה על הבתולה, ומוזהר באלמנה, ומחזיר את הרוצח, ומקריב אונן ואינו אוכל, ומקריב חלק בראש, ונוטל חלק בראש, וכל עבודות יום הכיפורים אינן כשירות אלא בו. ופטור על טומאת מקדש וקדשיו. וכולן נוהגין במשיח שעבר, חוץ מיום הכיפורים ועשירית האיפה. וכולן נוהגין במרובה בגדים שעבר, חוץ מפר הבא על כל המצוות. וכולן אין נוהגין במשוח מלחמה, חוץ מחמשה דברים שפירש הכתוב בפרשה: לא פורם, ולא מיטמא בקרובים, ומצווה על הבתולה, ומוזהר על האלמנה, מחזיר את הרוצח דברי ר׳ יהודה, וחכמים אומרים: אין מחזיר את הרוצח.

ר׳ יא,א **ב** איזהו נשיא — נשיא ישראל ולא נשיא שבטים. נשיא ישראל,
יא,ב נשיא בית דוד — זה מביא לעצמו וזה מביא לעצמו.

יא,ב **ג** איזהו משיח — משוח בשמן המשחה ולא מרובה בגדים. אלא
יב,א שהמרובה בגדים צריך להביא פר, דברי ר׳ מאיר. וחכמים אומרים: אין צריך להביא פר.

יג,א **ד** פר משיח, פר העדה עומדין — פר משיח קודם לפר העדה לכל מעשיו, והואיל ומשיח מכפר ועדהו מתכפרת מוטב שיקדם מכפר למתכפר, שנאמר ״וכפר בעדו ובעד ביתו ובעד כל קהל ישראל״ (ויקרא טז, יז). פר הבא על כל המצוות קודם לפר ושעיר של עבודה זרה, ופר של עבודה זרה קודם לשעיר של עבודה זרה, ושעיר של עבודה זרה קודם לשעיר של נשיא, ושעיר של נשיא קודם לשעיר [של יחיד, ושעיר של יחיד קודם לכשבה של יחיד. שתי הלחם קדמה לכבשים]. (וכבשים), העומר קודם לכבש הקרב עמו, זה הכלל: הבא בגין היום — קודם לבא בגין הלחם.

יג,א **ה** הוא ואביו ורבו עומדין בשבי — הוא קודם לרבו, ורבו קודם לאביו, ואמו קודמת לכל אדם. איזהו רבו — רבו שלימדו חכמה, ולא רבו שלימדו אומנות. ואיזה זה — זה שפתח בו תחילה. ר׳ מאיר אומר: רבו שלימדו חכמה, ולא רבו שלימדו אומנות. ור׳ יהודה אומר: כל שרוב תלמודו הימנו. ור׳ יוסי אומר: כל שהאיר עיניו במשנתו.
יג,א האיש קודם לאשה להחיות ולהשיב אבידה, האשה קודמת לאיש לכסות ולהוציא מבית השבי. בזמן ששניהם עומדין בקלון — האיש קודם לאשה. מעשה שהלך ר׳ יהושע, ואמרו לו: יש כאן תינוק אחד ירושלמי, יפי עינים וטוב רואי, ועומד לקלון. והלך ר׳ יהושע לבודקו. כיון שהגיע לפתח אמר המקרא הזה ״מי נתן למשיסה יעקב ישראל לבוזזים״ (ישעיה מב, כד).

ו נענה אותו תינוק ואמר ״הלא י״י זו חטאנו לו ולא אבו בדרכיו״ (שם). באותה שעה אמר ר׳ יהושע: מעידני עלי שמים וארץ שאיני זז מיכאן עד שאפדה אותו, פדאו בממון הרבה ושיגרו בארץ ישראל, ועליו אמר ״בני ציון היקרים המסולאים בפז״ (איכה ד, ב).

ז מנין שכל המשנה לחבירו מעלין עליו כאילו יצרו וריקמו והביאו לעולם — שנאמר ״אם תוציא יקר מזולל כפי תהיה״ (ירמיה טו, יט) [באותו הפה] שזרק בו נשמה באדם, כך כל המכניס ביריא אחת תחת כנפי השמים מעלין עליו כאילו יצרו וריקמו והביאו לעולם. ״יקר״ — זו תורה, שנאמר ״יקרה היא מפנינים וכל חפצים לא ישוו בה״ (משלי ג, טו) ואומר ״יש זהב ורב פנינים וכלי יקר שפתי דעת״ (שם כ, טו).

יג,א **ח** חכם קודם למלך, מת חכם — אין לנו כיוצא בו, מת מלך — כל ישראל ראויין למלכות.

יג,א **ט** המלך קודם לכהן גדול, שנאמר ״ויאמר להם קחו עמכם את עבדי אדניכם והרכבתם את שלמה בני על הפרדה אשר לי והורדתם אתו אל גיחון״ (מלכים א א, לג). כהן גדול קודם לנביא, שנאמר ״ומשח אותו שם צדוק הכהן ונתן הנביא״ (שם לד) הקדים צדוק לנתן, ואומר ״שמע נא יהושע הכהן הגדול אתה וריעיך היושבים לפניך כי אנשי מופת המה״ (זכריה ג, ח). יכול בני אדם הדיוטות — תלמוד לומר ״כי אנשי מופת המה״, ואין ״מופת״ אלא נבואה שנאמר ״ונתן אליך אות או מופת״ (דברים יג, ב).

יג,א **י** משוח בשמן המשחה קודם למרובה בגדים, ומרובה בגדים קודם למשוח מלחמה, ומשוח מלחמה קודם לסגן, וסגן קודם לראש המשמר, וראש המשמר קודם לראש בית אב, וראש בית אב קודם לאמרכל, ואמרכל קודם לגיזבר, וגיזבר קודם לכהן הדיוט, וכהן הדיוט קודם ללוי. ולוי קודם לישראל, וישראל קודם לממזר, וממזר קודם לנתין, ונתין קודם לגר, וגר לעבד משוחרר. אימתי? בזמן שכולן שוין. אבל אם היה הממזר תלמיד חכם וכהן גדול עם הארץ — ממזר תלמיד חכם קודם הוא לכהן גדול עם הארץ, שנאמר ״יקרה היא מפנינים״
יג,א (משלי ג, טו) — מכהן גדול הנכנס לפניי לפנים. ר׳ שמעון בן אלעזר אומר: בדין הוא שיקדים עבד משוחרר לגר מפני שזה גדל בקדושה וזה לא גדל בקדושה, אלא מפני שזה היה בכלל ארור וזה לא היה בכלל ארור.

יג,א **יא** מפני מה הכל קופצים לישא את הגיורת, ואין הכל קופצין לישא את המשוחררת — מפני שהגיורת היא היתה בחזקת המשתמרת, והשפחה המשוחררת היא היתה בכלל המופקרת.

ר׳ יג,א **יב** ר׳ אלעזר בר׳ צדוק אומר: מפני שמצויין קללה בפי כל הביריות.

ר׳ יג,א **יג** מפני מה הכל נשאלין על העכבר — מפני שעיסקו רע, שנאמר: ״בית ישראל ברכו את י״י בית אהרן ברכו את י״י״ (תהלים קלה, יט), ״בית הלוי ברכו את י״י יראי י״י ברכו את י״י״ (שם כ) — נמצאו ישראל מברכין אחת, בית אהרן מברכין שתים, בית הלוי מברכין שלש, יראי י״י מברכין ארבע.

ה. **שפתח בו תחילה** — שתחילת לימוד תורתו היתה ממנו. **שלימדו חכמה** — כלומר, משנה ותלמוד, ולא זה שלימדו מקרא. **שרוב תלמודו הימנו** — והוא לכן רבו מובהק, גם אם למד מפי אחרים. **שהאיר עיניו במשנתו** — אפילו אינו רבו לענין אחר, אלא שלימדו דבר שלא ידע. **והלך ר׳ יהושע לבודקו** — לפי ההמשך והמקבילה שהיו מבקשים עבורו ממון רב, וכרגיל אין פודים שבויים יותר מדמיהם.

ו. **בני ציון וגו׳** — כלומר, שראויים הם שישלמו עבורם אפילו מחיר גדול.

ז. **מנין שכל המשנה** — הובא דבר זה להסביר מפני מה רבו קודם לאביו. **כפי תהיה** — מפרש את הכתוב: כאשר מלמד אדם תורה (״אם תוציא יקר״) הרי הוא כמו פיו של הקב״ה (״כפי״), שבמאמרו ברא את האדם.

יב. **שמצויין קללה וכו׳** — כעין המובא בגמרא שם ״שהיתה בכלל ארור״ (ועיי״ש ברש״י ועוד).

יג. **נשאלין על העכבר** — בנוסח הגמרא: מושלין בעכבר. ויש שגרסו כאן ״נשאלין על העבר״. **בית ישראל וכו׳** — הוא הסבר למעלות כהנים על לויים וכו׳. **נמצאו ישראל וכו׳** — נראה שמפרש כאן ״ישראל״ — כלל ישראל הכולל כהנים ולויים. **בית אהרן** — הם הכהנים. **מברכים שתיים** — כלומר הם מברכים בפעם השניה, וכן הלויים פעם שלישית. **יראי ה׳ מברכים ארבע** — סתם ישראל שהם יראי ה׳ הם מברכים ברביעית (מנ״ב).

מפתחות

לוח ראשי תיבות וקיצורים

ראשי תיבות וקיצורים, בהם אלו שהובאו במסכת הוריות

אבנ״מ — אבני מילואים
אג״ב — אגדת בראשית
אדר״נ — אבות דרבי נתן
אה״ע — אבן העזר
או״ז — אור זרוע
או״ח — אורח חיים
אוצה״ג — אוצר הגאונים
א״ח — אורחות חיים
איכ״ר — איכה רבה
אסת״ר — אסתר רבה
ב״ב — בבא בתרא
בגמ׳ — בגמרא
בה״ג — בעל הלכות גדולות
בה״ט — באר היטב
ב״ח — בית חדש
ב״י — בית יוסף
בכת״י — בכתב יד. בכתבי יד
ב״מ — בבא מציעא
במדב״ר — במדבר רבה
בעה״ב — בעל הבית
ב״ק — בבא קמא
ב״ר — בראשית רבה. בן (בר) רבי
ב״ש — באר שבע. בית שמואל. בית שמאי
גר״א — הגאון ר׳ אליהו (מוילנא)
גרי״ב — הגאון ר׳ ישעיה (פיק) ברלין
גרי״ז — הגאון ר׳ יצחק זאב (סולובייציק)
גרנ״ט — הגאון ר׳ נפתלי טרופ
דב״ר — דברים רבה
ד״ה — דיבור המתחיל
ד״מ — דרכי משה
דפו״י — דפוס ישן. דפוסים ישנים
דרשב״י — דרבי שמעון בר יוחאי
ה״ — הלכה. כגון: ה״א = הלכה א
ה״ג — הלכות גדולות
הג״ה — הגהה. הגהת המעתיק
הג״מ — הגהות מיימוניות. הגהות מרדכי
הל׳ — הלכה
הקב״ה — הקדוש ברוך הוא
הר״מ — הרב רבינו מאיר / מנחם / משה
ויק״ר — ויקרא רבה
וכדו׳ — וכדומה
זו״ח — זוהר חדש
ז״ל — זכרונו לברכה. זכרונם לברכה
ח״ — חלק. כגון: ח״א = חלק א
חו״ל — חוץ לארץ
חו״מ — חושן משפט
חזו״א — חזון איש
חז״ל — חכמינו זכרונם לברכה
ח״מ — חלקת מחוקק
חס״ד — חסדי דוד
חת״ס — חתם סופר
ט״ז — טורי זהב
יו״ד — יורה דעה
ילק״ש (יל״ש) — ילקוט שמעוני
יפ״ת — יפה תואר
יש״ש — ים של שלמה
כ״י — כתב יד. כתבי יד
כ״מ — כסף משנה
כנה״ג — כנסת הגדולה
כת״י — כתב יד. כתבי יד
כתי״מ — כתב יד מינכן
כת״ס — כתב סופר
לה״ר — לשון הרע
לח״מ — לחם משנה
לסה״נ — לספירה הנוצרית
לקו״ת — ליקוטי תורה
מ״ — משנה. כגון: מ״א = משנה א
מ״ב — משנה ברורה
מג״א — מגן אברהם
מהדו״ק — מהדורה קמא
מהרא״י — מורנו הרב ר׳ אסרלין ישראל
מהר״י בן לב — מורנו הרב יוסף בן לב
מהר״י בסאן — מורנו הרב ר׳ יחיאל בסאן
מהר״י קורקוס — מורנו הרב ר׳ יוסף קורקוס
מהרי״ו — מורנו הרב ר׳ יעקב וייל
מהרי״ט אלגאזי — מורנו הרב ר׳ יום טוב אלגאזי
מהרי״ק — מורנו הרב ר׳ יוסף קולון
מהריק״ש — מורנו הרב ר׳ יעקב קשטרו
מהר״ל — מורנו הרב ר׳ ליואי (מפראג)
מהר״ם — מורנו הרב ר׳ מאיר (מלובלין)
מהר״ם מרוטנבורג — מורנו הרב ר׳ מאיר מרוטנבורג
מהר״ם שיף — מורנו הרב ר׳ מאיר שיף
מהר״ם שיק — מורנו הרב ר׳ משה שיק
מהר״ץ חיות — מורנו הרב ר׳ צבי חיות
מהרש״א — מורנו הרב ר׳ שמואל אליעזר (איידליש)
מהרשד״ם — מורנו הרב ר׳ שמואל די מדינה
מהרש״ל — מורנו הרב ר׳ שלמה לוריא
מה״ת — מהדורא תניינא
מו״ק — מועד קטן
מלא״ש — מלאכת שלמה
מל״מ — משנה למלך
מ״מ — מגיד משנה. מכל מקום
מנ״ב — מנחת ביכורים
מע״ש — מעשר שני
נ״א — נוסח אחר
נו״ב — נוסחה ב (באבות דרבי נתן)
נוב״י — נודע ביהודה
נו״כ — נושאי כליו
נ״י — נימוקי יוסף
נ״ך — נביאים כתובים
נמוק״י — נימוקי יוסף
נצי״ב — ר׳ נפתלי צבי יהודה ברלין
ס׳ — סימן. ספר. סעיף
סה״ — סוף הלכה. כגון: סה״א = סוף הלכה א
סוכ״ד — סוכת דוד
ס״מ — סנטימטר
סמ״ג — ספר מצוות גדול
סמ״ע — ספר מאירת עיניים
סמ״ק — ספר מצוות קטן
ספ״ — סוף פרק. כגון: ספ״א = סוף פרק א
ס״ק — סימן קטן
ע״ — עמוד. כגון: ע״א = עמוד א
עה״ש — ערוך השולחן
עה״ת — על התורה
ע״ז — עבודה זרה
עט״ז — עטרת זהב. עטרת זקנים
ע״י — עין יעקב. עיון יעקב. על ידי
עיי״ש — עיין שם
עמ׳ — עמוד
עפ״י — על פי
ע״ע — עיין ערך
ערל״נ — ערוך לנר
פ״ — פרק. פרשה. כגון: פ״א = פרק א. פ״א = פרשה א
פרדר״א — פרקי דרבי אליעזר
פיה״מ — פירוש המשניות (לרמב״ם)
פמ״ג — פרי מגדים
פ״מ, פנ״מ — פני משה
פנ״י — פני יהושע
פסדר״כ — פסיקתא דרב כהנא
פסי״ז — פסיקתא זוטרתא
פסי״ר — פסיקתא רבתי
פר״ח — פרי חדש
פ״ת — פתחי תשובה
צ״ל — צריך להיות. צריך לומר
קה״ע — קרבן העדה
קה״ר — קהלת רבה
ק״מ — קילומטר
קצוה״ח — קצות החושן
ק״ש — קריאת שמע
ר׳ — רב. רבי. רבינו. ראה
ר״א אב״ד — רבינו אברהם אב בית דין
ראב״ד — רבינו אברהם בן דוד
ראבי״ה — רבינו אליעזר בן יואל הלוי
ראב״ן — רבינו אליעזר בן נתן
ראב״ע — רבינו אברהם (א)בן עזרא
רא״ה — רבינו אהרן הלוי
רא״מ — רבינו אליעזר ממיץ
רא״ש — רבינו אשר
ר״ב — רבינו ברוך
רגמ״ה — רבינו גרשום מאור הגולה
רדב״ז — ר׳ דוד בן זמרה
רד״ל — ר׳ דוד לוריא
רד״ק — ר׳ דוד קמחי
ר״ה — ראש השנה
רה״ג — רב האי גאון
רו״ר — רות רבה
רז״ה — רבינו זרחיה הלוי
ר״ח — רבינו חננאל
ר״ט — רבינו טודרוס
ר״י — רבינו יצחק (מבעלי התוס׳)
ר״י בסאן — ר׳ יחיאל בסאן

ר"י מיגאש — רבינו יוסף (אבן) מיגאש
ריא"ף — ר' יאשיה פינטו
ריב"א — רבינו יצחק בן אשר
ריב"ם — רבינו יצחק בן מאיר / בן משה
ריב"ן — רבינו יהודה בן נתן
ריב"ש — רבינו יצחק בר ששת
רי"ד — רבינו ישעיה דטראני
ריטב"א — רבינו יום טוב בן אברהם (אשבילי)
ריעב"ץ — ר' יעקב בן צבי (עמדין)
רי"ף — ר' יצחק אלפסי
ריצב"א — רבינו יצחק בן אברהם
רמ"א — ר' משה איסרליש
רמב"ם — רבינו משה בן מימון
ר"מ במז"ל — רמב"ם ז"ל

רמב"ן — רבינו משה בן נחמן
רמ"ה — רבינו מאיר הלוי (אבולעפיה)
ר"נ — רבינו ניסים (גירונדי)
רנב"י — רבינו נתן בר יוסף
רס"ג — רב סעדיה גאון
רע"א — ר' עקיבא איגר
רע"ב — רבינו עובדיה מברטנורא
רע"ז — רבינו עזריאל / עזרא
רעק"א — ר' עקיבא איגר
ר"פ — רבינו פרץ
ר"צ חיות — ר' צבי חיות
ר"ש — רבינו שמשון (משאנץ)
ר"ש איגר — ר' שלמה איגר
ר"ש שקופ — ר' שמעון שקופ
רש"א (מהרש"א) — ר' שמואל אליעזר (איידליש)
רשב"א — רבינו שלמה בן אדרת

רשב"ג — רבן שמעון בן גמליאל
רשב"י — רבי שמעון בר יוחאי
רשב"ם — רבינו שמואל בן מאיר
רש"ג — רב שרירא גאון
רש"י — רבינו שלמה יצחקי
רש"ש — ר' שמואל שטרשון
ר"ת — רבינו תם
שה"ש — שיר השירים
שהש"ר — שיר השירים רבה
שוח"ט — שוחר טוב
שו"ע — שולחן ערוך
שו"ת — שאלות ותשובות
שטמ"ק — שיטה מקובצת
ש"ך — שפתי כהן
שמו"ר — שמות רבה
ש"ס — ששה סדרים
שפ"א — שפת אמת
ת"ב — תוספות בכורים

תה"ד — תרומת הדשן
תוהרא"ש — תוספות הרא"ש
תו"ח — תורת חיים
תו"י — תוספות ישנים
תוי"ט — תוספות יום טוב
תו"כ — תורת כהנים
תוס' — תוספות
תורי"ד — תוספות רבינו ישעיה דיטראני
תור"פ — תוספות רבינו פרץ
תכ"פ — תוספתא כפשוטה
ת"ל — תלמוד לומר
תנדבא"ז — תנא דבי אליהו זוטא
תנדבא"ר — תנא דבי אליהו רבה
תפא"י — תפארת ישראל
תקו"ז — תקוני זהר
תשב"ץ — תשובות שמעון בן צמח (דוראן)

לוחות שונים

לוח מונחים ומושגים

המבוארים במדור עיונים

אומנא לביתיה לא חליף יד,א
אחרים יג,ב
אין גוזרים גזירה על הציבור ג,ב
אכילה גסה י,ב
בבואה דבבואה יב,א
דילך או דגזא ט,א
ונעלם (מ)דבר ד,א
זדונו כרת ושגגתו חטאת ח,א
חטאת השותפים ו,א
חרישה בשבת ד,ב
טעות במצוה לשמוע דברי חכמים ב,ב
יאשיהו גנזו יב,א
הכל צריכין למרי חטיא יד,א
להחיותו יג,א
מאה שישבו להורות ג,ב
מבעט בהוראה ב,ב
מופלא של בית דין ד,ב
מותרין אתם לעשות ב,א
מן הדיבור ואילך י,א
מצוות שנצטוו במרה ח,ב
משומד ומין יא,א
משיחה במלכי ישראל יא,ב
מתעסק ה,א
סימנים יב,א

עבודה זרה שקולה וכו' ח,א
עוקצין יג,ב
עשה שבנדה ח,ב
ציבור ושותפים ו,א
קרבן משומד (מומר) ב,א
שאין על גביו י,א
שלושה מיעוטים ב,ב

לוח לשון

אמרכל יג,א
אפדני יב,א
ביצה מגולגלת יג,ב
גזא ט,א
גלדנא יב,א
הדיוט י,א. השלמות
זוהמא ליסטרון יג,ב
חברא יב,א
כותחא יב,א. השלמות
כי יב,א
מופלא ד,ב
סורן (רע) יג,א
סניפין יג,ב
פתקא (פתק) יג,ב
קילקלי יב,א
קפחו יא,ב

לוח היסטוריה

אומנא יד,א

יוסף בן אילים יב,ב
כותחא יב,א
מינים יא,א
ראש הגולה יא,ב. השלמות

לוח ארכיאולוגיה

קולר ג,ב

לוח גיאוגרפיה

מתא מחסיא ג,ב. השלמות

לוח צמחים

אפרסמא יא,ב. השלמות
סילקא יב,א. השלמות

לוח בעלי חיים

גלדנא יב,א
חלב ושומן ב,א
כלב וחתול יג,א
עכברים יג,א

לוח רפואה

אומנא יד,א

לוח אישים

בן זומא ב,ב
בן עזאי ב,ב. השלמות
הונא בריה דרב נחמן יב,ב

יוסף בן אילים יב,ב
ר' אלעזר חסמא י,א. השלמות
ר' יוחנן בן גודגדא י,א.השלמות
ר' יעקב בן קרשי יג,ב. השלמות
ר' נתן יג,ב. השלמות
ראש הגולה יא, ב.
רב יוסף (בר חמא) יד,א
רבה יד,א. השלמות
רבה בר מתנה יד,א

לוח עניינים שונים

ביצה מגולגלת יג,ב
חלב ושומן ב,א
כוכב אחד עולה וכו' י,א. השלמות
כמה יורה בולעת יא,ב. השלמות
לשער טיפות שבים י,א. השלמות
מציף עליו שמן יא,ב. השלמות

לוחתמונות/רישומים

אפרסמא יא,ב. השלמות
זוהמא ליסטרון יג,ב
כי יב,א
מתא מחסיא ג,ב. השלמות
סילקא יב,א. השלמות
קולר ג,ב
קמרא יג,ב. השלמות

מפתח פסוקים

פסוקי המקרא שנדרשו והוזכרו במסכת הוריות

בראשית
יג, י י,ב
לב, לב יב,א
לד, ב י,ב
לט, ז י,ב
מח, ד ה,ב. ו,ב
מח, ו ו,ב
מט, י יא,ב

שמות
טו, כו ח,ב
יח, כב ד,ב
כ, ב—ג ח,א
לד, כא ד,ב

ויקרא
ה, ה ח,ב. ט,א
ה, ז ט,א
ה, יא ט,א
ה, יב ח,ב
ה, יג ח,ב. ט,א
ה, טז י,ב
ה, יח ז,א. ח,א
ד, ג ו,ב. ז,א. ז,ב. ח,א. י,א
ד, יג ג,א. ג,ב. ד,א. ה,א. ז,ב.
ח,א
ד, יד ה,א. ח,א
ד, כא יג,א
ד, כב ח,א. ט,א. י,א. י,ב. יא,א
ד, כג ה,א
ד, כז—כח ב,א
ד, כז ה,חב,א. ב,ב. ח,ב. יא,א
ה, ח יג,א
ה, י יג,א
ח, י יא,ב
ו, ב ג,א
ו, יג ט,א
ו, טו יא,ב
ח, יב יב,א

יג, ב י,א
יד, לד י,א
טו, כח ד,א
טז, יז יג,א
טז, לג ו,א
יח, כב ד,א
כ, יח ד,א, ד,ב
כא, ח יב,ב
כא, י ט,א, יב,ב
כא, יב יב,ב
כא, יג יב,ב

במדבר
ד, יד ד,ב
ח, ח ה,ב
יא, טו ד,ב
טו, כב ח,א
טו, כג ח,א. ח,ב
טו, כד ה,א. ה,ב. ז,ב. יג,א
טו, כו ה,ב
טו, כז ז,ב
טו, כח ז,ב
טו, כט—ל ח,א
יז, כה—כו יב,א
כח, כג יב,ב

דברים
ב, ט י,ב
ב, יט יא,א
יז, ח יג,א
יז, יא ד,א
יז, יט יא,א
יז, כ יא,ב
כא, ח ו,א
כג, ד י,ב

שופטים
ה, כד י,ב

ה, כז י,ב
יד, ג י,ב

שמואל א
ב, א יב,א
ו, ח יב,א
טז, יז יא,ב

מלכים א
א, לג יג,א
א, לג—לד יב,א
א, לד יג,א
ח, סה ג,ב
יב, ח י,ב
יד, טו י,ב

מלכים ב
טו, ה י,א

ישעיה
ל, כ יב,א

הושע
ב, ז י,ב
יד, י י,ב

זכריה
ג, ח יג,א

מלאכי
ג, ט ג,ב

תהלים
ט, ז יד,א

מה, יז ו,א
קו, ב יג,ב
קלג, ב יב,א
קלג, ג יב,א
קלג, ט יב,א

משלי
ג, טו יג,א
ו, כו י,ב
יח, א י,ב
יח, יט י,ב

קהלת
ח, יד י ב
ט, ו יד,א

עזרא
ג, יב ו,א
ח, לה ו,א

דברי הימים א
ג, ב יא,ב
ג, טו ה,ב
כג, יג יג,א

דברי הימים ב
כ, ה ה,ב
לה, ג יב,א
לו, יג יא,ב

לוח ספרים ופירושים

רשימת הספרים והפירושים המובאים במסכת הוריות

אבות דרבי נתן — מן המסכתות הקטנות, ברייתא העוסקת בנושאי מסכת אבות. מהדורת שכטר.
אבן האזל — לר׳ איסר זלמן מלצר. חידושים על הרמב״ם.
אבן העזר — חלק מספר ״ארבעה טורים״ ו״שולחן ערוך״ העוסק בדיני אישות.
אגדת בראשית — מדרש אגדה לספר בראשית. מהדורת בובר.
אדרת — ר׳ אליהו דוד רבינוביץ׳ תאומים. חידושים למסכת הוריות.
אדרת אליהו — לר׳ עמנואל חי ריקי. חידושים על הש״ס.
אוצר הגאונים — ליקוט של תורת הגאונים על סדר הש״ס על ידי ר׳ בנימין מנשה לוין.
אור זרוע — לרבינו יצחק מווינא. ספר הלכה מתורתם של חכמי אשכנז וצרפת.
אור שמח — לר׳ מאיר שמחה הכהן מדווינסק. חידושים על הרמב״ם.
אורח חיים — חלק מספר ״ארבעה טורים״ ו״שולחן ערוך״ העוסק בדיני ברכות, תפילה, שבת ומועדים.
אורחות חיים — לרבינו אהרן הכהן מלוניל. ספר הלכה.
אורים ותומים — לר׳ יונתן אייבשיץ. חיבור על ״שולחן ערוך״ חו״מ.
איכה זוטא — מדרש אגדה על מגילת איכה. מהדורת בובר.
איכה רבה — מדרש אגדה על מגילת איכה. מהדורת וילנא.
אליה רבה — לר׳ אליהו שפירא. על ״שולחן ערוך״ או״ח.
אלן המגן — לר׳ מרדכי גימפל יפה מרוז׳ינוי. חידושים למסכת הוריות.
אסתר רבה — מדרש אגדה על מגילת אסתר. מהדורת וילנא.
ארבעה טורים — ראה טור.
אשכול — ראה: ספר אשכול.
אשל אברהם — לר׳ אברהם ניימרק. חידושים על הש״ס.
באר הגולה — לר׳ משה רבקש. ציוני מקורות ל״שולחן ערוך״.
באר היטב — ביאור על ״שולחן ערוך״. לר׳ יהודה אשכנזי מטיקטין (או״ח ואה״ע) ולר׳ זכריה מנדל (יו״ד וחו״מ).
באר שבע — לר׳ יששכר בער מאיילנבורג. חידושים על הש״ס.
בדק הבית — לר׳ יוסף קארו. הוספות לחיבורו ״בית יוסף״.
ביאור הגר״א — לר׳ אליהו הגאון מוילנא. ביאורו ל״שולחן ערוך״.
בית אהרן — לר׳ אהרן וואלקין. חידושים על הש״ס.
בית חדש — לר׳ יואל סירקיס. פירוש על ספר ״ארבעה טורים״ וכן הגהות על הש״ס.
בית יוסף — לר׳ יוסף קארו. פירוש על ספר ״ארבעה טורים״.
בית מאיר — לר׳ מאיר מפוזן. חידושים על ״שולחן ערוך״.
בית שמואל — לר׳ שמואל בר׳ אורי שרגא פייביש מוואדיסלב. פירוש ל״שולחן ערוך״ חלק אבן העזר.
במדבר רבה — מדרש אגדה לספר במדבר. מהדורת וילנא.
בן יהוידע — לר׳ יוסף חיים בר׳ אליהו מבגדד. חידושי אגדות על הש״ס.
בן סירא — ראה: ספר בן סירא.
בעל המאור — רבינו זרחיה הלוי. מחיבורו ״המאור הגדול״ על הרי״ף.
בעל התרומות — רבינו שמואל הסרדי. בעל ״ספר התרומות״ בענייני ממונות.
בעלי הנפש — לראב״ד (ע״ע). על הלכות נדה.
בעלי התוספות על התורה — פירוש מלוקט מדברי בעלי התוספות על התורה.
בראשית רבה — מדרש אגדה לספר בראשית. מהדורת וילנא ומהדורת תיאודור אלבק.

ברייתא דמלאכת המשכן — ברייתא העוסקת בענייני המשכן.
ברכת שמואל — לר׳ ברוך בער לייבוביץ. חידושים על הש״ס.
גאונים — ראשי ישיבות בבל במאות השנים לאחר חתימת התלמוד. מתוך ״אוצר הגאונים״, ומתוך ״גנזי הגאונים״ למסכת בבא בתרא.
גבורת ארי — לר׳ אריה לייב ממיץ, בעל שאגת אריה. חידושים למסכת מכות.
גליון אלפס — לר׳ שניאור זלמן מגולדינגן. הגהות וחידושים על הרי״ף.
גליון המהרש״א — לר׳ שלמה איגר. הערות על הש״ס.
גליון הש״ס — לר׳ עקיבא איגר. מהערותיו לש״ס.
גליוני הש״ס — לר׳ יוסף ענגיל. חידושים על הש״ס.
גר״א — הגאון רבי אליהו מוילנא. הגהותיו וביאוריו למשנה ולתלמוד ול״שולחן ערוך״.
גרי״ז — ראה חידושי הגרי״ז.
דרך ארץ זוטא — מן המסכתות הקטנות, עוסקת בהלכות דרך ארץ.
דרך ארץ רבה — מן המסכתות הקטנות, עוסקת בהלכות דרך ארץ.
דרכי משה — לר׳ משה איסרלש. פירוש על ״ארבעה טורים״.
הבונה — לר׳ יהודה אריה די מודינה. חידושים על ״עין יעקב״.
הגהות אלפסי — הגהות מבעלי התוספות על הלכות הרי״ף.
הגהות אשרי — לרבינו ישראל מקרימז. הגהות על פסקי הרא״ש.
הגהות הגר״א — לר׳ אליהו הגאון מוילנא. הגהות על הש״ס.
הגהות מיימוניות — לרבינו מאיר הכהן. פסקים ותשובות של חכמי אשכנז על סדר ״משנה תורה״ לרמב״ם.
הגהות מרדכי — הוספות לספר ״מרדכי״ מחכמי אשכנז בדור שאחריו.
ההשלמה — לרבינו משולם ב״ר משה מבדרש. השלמה להלכות הרי״ף.
הורה גבר — לר׳ בצלאל רנשבורג. חידושים למסכת הוריות.
הזכות — ראה: ספר הזכות.
החינוך — ראה: ספר החינוך.
הישר — ראה: ספר הישר.
הכותב — לר׳ יעקב בן חביב ממגורשי ספרד. פירוש על ״עין יעקב״.
הליכות עולם — לרבינו ישועה הלוי. על כללי הש״ס.
הלכות גדולות — לרב שמעון קיירא. ספר פסקים על סדר הש״ס.
הלכות ראו — תרגום לעברית של ספר הלכות פסוקות של רב יהודאי גאון.
המאור — לרבינו זרחיה הלוי. חידושים על התלמוד והשגות על הרי״ף.
הנצי״ב — ראה מרומי שדה.
הפלאה — לר׳ פנחס הלוי הורוויץ. חידושים על הש״ס.
ויקרא רבה — מדרש אגדה לספר ויקרא. מהדורת וילנא.
זהר — מהדורת וילנא.
זהר חדש — מהדורת מרגליות.
זרעו של אברהם — לר׳ אברהם חג׳אג׳ מתוניס. חידושים על הש״ס.
הזכות — ראה: ספר הזכות.
חושן משפט — חלק מ״ארבעה טורים״ ו״שולחן ערוך״ העוסק בדיני ממונות.
חזון־איש — לר׳ אברהם ישעיה קרליץ. חידושים על התלמוד ו״שולחן ערוך״.
חזון יחזקאל — לר׳ יחזקאל אברמסקי. פירוש לתוספתא.
חידושי בתרא — לר״מ אלטוסקי. חידושים למסכתות הש״ס.

חידושי הגרי"ז — לר' יצחק זאב הלוי סולובייצ'יק. חידושים על הש"ס.
חידושי הגרנ"ט — לר' נפתלי טרופ. חידושים על הש"ס.
חידושי ר' חיים הלוי — לר' חיים הלוי סולובייצ'יק מבריסק. חידושים על הרמב"ם.
חידושי ר"ש שקופ — לר' שמעון שקופ. חידושים על הש"ס.
חלקת מחוקק — לר' משה לימא אב"ד דבריסק. ביאור ל"שולחן ערוך" (אה"ע).
חסדי דוד — לר' דוד פארדו. פירוש לתוספתא.
חפץ ה' — לר' חיים בן עטר, בעל "אור החיים" על התורה. חידושים על הש"ס.
חק נתן — לר' נתן בורגיל מתוניס. חידושים לסדר קדשים ולמסכת הוריות.
הזכות — ראה: ספר הזכות.
חשק שלמה — לר' שלמה הכהן מווילנא. הערות לש"ס.
חתם סופר — לר' משה סופר. חידושים לש"ס ושו"ת.
טור, ארבעה טורים — לרבינו יעקב בן הרא"ש ("בעל הטורים"). ספר הלכות.
טורי אבן — לר' אריה לייב ממיץ ("השאגת אריה"). חידושים על הש"ס.
טורי זהב — לר' דוד בר' שמואל הלוי. פירוש על "שולחן ערוך".
יד מלאכי — לר' מלאכי הכהן. כללי התלמוד והפוסקים.
יד רמה — לרבינו מאיר הלוי אבולעפיה. חידושים על הש"ס.
יורה דעה — חלק מ"ארבעה טורים" ו"שולחן ערוך" העוסק באיסור והיתר.
ילקוט שמעוני — לרבינו שמעון מפרנקפורט. לקט מדרשי הלכה ואגדה. מהדורת וארשה, תרל"ח.
ים התלמוד — לר' משה יהושע העשיל. חידושים למסכת בבא קמא.
יפה מראה — לר' שמואל יפה אשכנזי. פירוש להגדות התלמוד הירושלמי.
יפה עינים — לר' אריה לייב יעלין. מראי מקומות והשוואות לתלמוד הירושלמי ומדרשים.
יפה תואר — לר' שמואל יפה אשכנזי. פירוש ל"מדרש רבה".
ים של שלמה — לר' שלמה לוריא. ספר הלכה על סדר המסכתות.
כלה רבתי — מן המסכתות הקטנות, עוסקת בענייני נישואין. מהדורת היגער.
כנסת הגדולה — לר' חיים בנבנישתי. ליקוט על "שולחן ערוך".
כסף משנה — לר' יוסף קארו. ביאור ל"משנה תורה" לרמב"ם.
כפתור ופרח — לרבינו אשתורי הפרחי. הלכות ארץ ישראל.
לחם משנה — לר' אברהם די בוטון. פירוש ל"משנה תורה" לרמב"ם.
ליקוטי הלכות — לר' ישראל מאיר הכהן מראדין (החפץ חיים). השלמה לרי"ף.
ליקוטי תורה — לר' שניאור זלמן מלאדי בעל התניא. דרושים בחסידות על סדר התורה ומועדים.
מאור עינים — לר' יאשיהו פינטו (הרי"ף על עין יעקב). חידושים על אגדות הש"ס.
מאירי — ספר "בית הבחירה" לרבינו מנחם בן שלמה לבית מאיר. פירוש לתלמוד, ומסקנת ההלכה ממנו.
מגדול (מגדל) עוז — לר' שם טוב בן אברהם. ביאור ל"משנה תורה" לרמב"ם.
מגיד משנה — לרבינו וידאל די טולושא. ביאור ל"משנה תורה" לרמב"ם.
מגילת סתרים — לרב ניסים גאון. אוסף פירושים, חידושים ותשובות.
מגן אברהם — לר' אברהם גומבינר. פירוש ל"שולחן ערוך" או"ח.
מגן גבורים — לר' אליעזר די אבילה. חידושים על הש"ס.
מדרש אגדה — מדרש אגדה על התורה. וינה תרנ"ד.
מדרש איכה — הכוונה ל"איכה רבה". מדרש אגדה על מגילת איכה.
מדרש ל"ב מדות — מדרש המפרט את דרכי מדרש האגדה.
מדרש משלי — מדרש אגדה לספר משלי. מהדורת ורשא.
מדרש רבה — מדרש אגדה על התורה וחמש מגילות. מהדורת וילנא.
מדרש שמואל — מדרש אגדה לספר שמואל. מהדורת ורשא.
מדרש תהלים — מדרש אגדה לספר תהלים. מהדורת בובר.
מדרש תנאים — מדרש הלכה לספר דברים שהוצא לאור ע"י ר' דוד צבי הופמן.
מהר"י קורקוס — מורנו הרב ר' יוסף קורקוס. מפירושו למשנה תורה לרמב"ם ספר זרעים.
מהרי"ט אלגאזי — מורנו הרב ר' יום טוב אלגאזי. מפירושו להלכות בכורות לרמב"ן.
מהרי"ל — מורנו הרב ר' יעקב מולין. תשובות ופסקים.
מהרי"ק — מורנו הרב ר' יוסף קולון. שו"ת.
מהר"ל — מורנו הרב ר' ליואי מפראג. מביאוריו לאגדות התלמוד ומספריו.
מהר"ם מלובלין — מורנו הרב ר' מאיר מלובלין. חידושים לתלמוד.
מהר"ם מרוטנבורג — מורנו הרב ר' מאיר מרוטנבורג. מפירושיו תשובותיו ופסקיו.
מהר"ם שיף — מורנו הרב ר' מאיר שיף. חידושים על הש"ס.
מהר"ם שיק — מורנו הרב ר' משה שיק. חידושים על הש"ס.
מהר"ץ חיות — ר' צבי הירש חיות. מהגהותיו לש"ס.
מהרש"א — מורנו הרב ר' שמואל אליעזר איידליש. חידושי הלכות ואגדות על הש"ס.
מהרש"ל — מורנו הרב ר' שלמה לוריא. מהגהותיו והערותיו לש"ס, וספרו "ים של שלמה".
מחנה אפרים — לר' אפרים נבון. חידושים ושו"ת על סדר הרמב"ם.
מכילתא — מדרש הלכה מבית מדרשו של ר' ישמעאל לספר שמות. מהדורת הורוביץ.
מכילתא דרשב"י — מדרש הלכה מיוחס לר' שמעון בן יוחאי לספר שמות.
מלאכת שלמה — לר' שלמה העדני. פירוש וחילופי גירסות למשנה.
מלבי"ם — ר' מאיר לייבוש בן יחיאל מיכל. מפירושו למקרא.
מלחמות ה' — לרבינו משה בן נחמן (הרמב"ן). הגנה על הרי"ף מפני השגות הרז"ה.
מנחת ביכורים — לר' שמואל אביגדור. פירוש לתוספתא.
מנחת חינוך — לר' יהושע באב"ד. פירוש ל"ספר החינוך".
מסכת אבות — ממסכתות המשנה. עוסקת בענייני מוסר ודרך ארץ.
מסכת כותים — מן המסכתות הקטנות, עוסקת בעיקר בענייני נישואין.
מסכת כלה — מן המסכתות הקטנות, עוסקת בהלכות הכותים.
מסכת כלה רבתי — מן המסכתות הקטנות, עוסקת בעיקר בענייני נישואין.
מסכת סופרים — מן המסכתות הקטנות, כוללת דיני ספר תורה ותפילה.
מסכת ספר תורה — מן המסכתות הקטנות.
מסכת עבדים — מן המסכתות הקטנות, עוסקת בענייני עבדים.
מסכת שמחות — מן המסכתות הקטנות, עוסקת בדיני אבילות.
מצפה איתן — לר' אברהם "משכיל לאיתן". הגהות לש"ס.
מראה הפנים — לר' משה מרגליות. חלק מביאורו לתלמוד הירושלמי "פני משה".
מרגליות הים — לר' ראובן מרגליות. ליקוטים וחידושים למסכת סנהדרין.

מרדכי — לרבינו מרדכי בן הלל הכהן. לקט פסקים ותשובות של חכמי אשכנז על סדר הרי"ף (ע"ע).

מרומי שדה — לר' נפתלי צבי יהודה ברלין (הנצי"ב). חידושים על הש"ס.

מרכבת המשנה — לר' שלמה מחלמא. חידושים על הרמב"ם.

משך חכמה — לר' מאיר שמחה מדווינסק. חידושים על התורה.

משנה ברורה — לר' ישראל מאיר הכהן מראדין. פירוש ל"שולחן ערוך" או"ח.

משנה למלך — לר' יהודה רוזאניס. חידושים על "משנה תורה" לרמב"ם.

נודע ביהודה — לר' יחזקאל לנדא. שו"ת.

נחלת דוד — לר' דוד טעביל ממינסק. חידושים על הש"ס.

נימוקי יוסף — לרבינו יוסף חביבא. פירוש להלכות הרי"ף.

נתיבות המשפט — לר' יעקב לורברבוים מליסא. פירוש ל"שולחן ערוך" (חלק חושן ומשפט).

סדר עולם (רבה) — סדר זמני עולם. מיוחס לתנא ר' יוסי בן חלפתא.

סמ"ק — לרבינו יצחק מקורביל. ספר מצוות.

ספר האשכול — חידושי הלכה לרבינו אברהם בר' יצחק מנרבונא.

ספר בן סירא — מן הספרים החיצונים. מובא בדברי חז"ל בהזכרת שמו.

ספר הזכות — לרבינו משה בן נחמן (הרמב"ן). הגנה על דברי הרי"ף מפני השגות הראב"ד.

ספר החינוך — מיוחס לרבינו אהרן הלוי. על תרי"ג המצוות.

ספר הישר — לרבינו תם. ביאורים בתלמוד ופסקי הלכה.

ספר המאור — ראה: המאור.

ספר המצוות לרמב"ם — לרבינו משה בן מיימון.

ספר המקח והממכר — לרב האי גאון.

ספר המקנה — לר' פנחס הלוי הורוויץ בעל ה"הפלאה". חידושים למסכת קידושין.

ספר העתים — לרבינו יהודה אלברצלוני. ספר הלכה.

ספר הנר — לר' זכריה האגמתי. אוסף פירושי קדמונים לתלמוד.

ספר התרומה — לרבינו ברוך מגרמייזא. ספר הלכה.

ספר התרומות — לרבינו שמואל הסרדי. ספר הלכה בענייני ממונות.

ספר יראים — לרבינו אליעזר ממיץ. ספר מצוות.

ספר מאירת עינים — לר' יהושע ולק כ"ץ. פירוש ל"שולחן ערוך" חלק חושן משפט.

ספר מצוות גדול — לרבינו משה מקוצי. על המצוות והלכותיהן.

ספרא — מדרש הלכה לספר ויקרא ("תורת כהנים").

ספרי במדבר — מדרש הלכה לספר במדבר. מהדורת הורוביץ.

ספרי דברים — מדרש הלכה לספר דברים. מהדורת פינקלשטיין.

ספרי זוטא — מדרש הלכה לספר במדבר דברים. מהדורת הורוביץ.

עיון יעקב — לר' יעקב בר יוסף ריישר. פירוש על "עין יעקב".

עיטור — לרבינו יצחק בן אבא מארי. ספר הלכה.

עין יעקב — לר' יעקב חביב ממגורשי ספרד. ליקוט אגדות הש"ס. עם פירושים של מחברים שונים.

ענף יוסף — לר' חנוך זונדל. פירוש וליקוט על "עין יעקב".

עץ חיים — לר' חיים ויטאל. ספר קבלת האריז"ל.

עץ יוסף — לר' חנוך זונדל. פירוש על "עין יעקב".

ערוך — לרבינו נתן בן יחיאל מרומי. המילון התלמודי הראשון.

ערוך השולחן — לר' יחיאל מיכל הלוי אפשטיין. ספר הלכה על סדר ה"שולחן ערוך".

ערוך לנר — לר' יעקב עטלינגר. חידושים על הש"ס.

ערוך השולחן העתיד — לר' יחיאל מיכל אפשטיין. הלכות שאינן נוהגות בזמן הזה ובעניני זרעים.

פאת השולחן — לר' ישראל משקלוב. הלכות המצוות התלויות בארץ.

פורת יוסף — לר' יוסף שלופר. חידושים והגהות על הש"ס.

פירוש המשניות לרמב"ם — לרבינו משה בן מימון. נקרא גם "ספר המאור".

פלפולא חריפתא — לר' יום טוב ליפמאן הלוי הלר. ביאור על הלכות הרא"ש.

פני יהושע — לר' יעקב יושע. חידושים על הש"ס.

פני משה — לר' משה מרגליות. פירוש על התלמוד הירושלמי.

פסיקתא דרב כהנא — מדרש. מהדורת בובר, ליק תרכ"ח.

פסיקתא זוטרתא (לקח טוב) — לרבינו טוביה ב"ר אליעזר. מדרש על התורה.

פסיקתא רבתי — מדרש. מהדורת איש־שלום, וינה תר"מ.

פסקי מהרא"י — לר' איסרלין ישראל בעל "תרומת הדשן" (ע"ע).

פרדס רמונים — לרבינו שם טוב ב"ר שם טוב שפרוט. ביאורים להגדות התלמוד.

פרי יצחק — לר' יצחק בלזר. שו"ת וחקרי הלכה.

פרי מגדים — לר' יוסף תאומים. פירוש למפרשי ה"שולחן ערוך".

פרישה — לר' יהושע ולק כ"ץ. פירוש על "ארבעה טורים".

פרקי דרבי אליעזר — מדרש אגדה מיוחס לר' אליעזר הגדול. מהדורת ורשא תרי"ב.

פרקי דרך ארץ — מן המסכתות הקטנות.

פרקי היכלות — ספר קבלה קדום.

פתחי תשובה — לר' מאיר אייזנשטט. אוסף מספרי שו"ת על "שולחן ערוך".

פתיחתא דאיכ"ר — חלקו הראשון של מדרש איכה רבה.

ציון ירושלים — לר' יוסף שאול נתנזון. חידושים על התלמוד הירושלמי.

צפנת פענח — לר' יוסף רוזין "הרוגצ'ובר". חידושים למסכת הוריות.

קהילות יעקב — לר' ישראל יעקב קנייבסקי. חידושים על הש"ס.

קהלת זוטא — מדרש אגדה לקהלת.

קהלת רבה — מדרש אגדה לספר קהלת. מהדורת וילנא תרמ"ז.

קובץ שיעורים — לר' אלחנן וסרמן. חידושים על הש"ס.

קצות החושן — לר' אריה לייב הכהן הלר. חידושים ל"שולחן ערוך" חו"מ.

קרבן העדה — לר' דוד פרנקל. פירוש לתלמוד הירושלמי.

קרבן נתנאל — לר' נתנאל וייל. על הרא"ש לסדר מועד ונשים.

קרן אורה — לר' יצחק ב"ר אהרן מינקובסקי מקרלין. חידושים על הש"ס.

קרית ספר — לר' משה מטראני (המבי"ט). פירוש על "משנה תורה" לרמב"ם.

קרני ראם — לר' אהרן משה טויבש. הערות על מהרש"א.

ר"א אב"ד — רבינו אברהם ב"ר יצחק אב בית דין, בעל ספר האשכול.

ראב"ד — רבינו אברהם בן דוד. מפירושיו לתלמוד ומהשגותיו על הרי"ף ועל הרמב"ם.

ראבי"ה — רבינו אלעזר בן יואל הלוי. מספרו ומהמובא בשמו בספרות חכמי אשכנז.

ראב"ן — רבינו אליעזר בן נתן. מספרו "אבן העזר".

ראב"ע — רבינו אברהם (א)בן עזרא. מפירושו לתורה.

רא"ה — רבינו אהרן הלוי. מהמובא בשמו, בעיקר בחידושי הריטב"א.

רא"ש — רבינו אשר ב"ר יחיאל. מתוספותיו שהובאו על הדף במהדורת וילנא.

רב האי גאון — מגאוני בבל האחרונים (מדבריו המובאים בספרים שונים וכן מתשובותיו).

רבינו אפרים — לרבינו אפרים תלמיד הרי"ף. הגהות והשגות על הרי"ף, הובאו בספרי הראשונים.
רבינו בחיי — ב"ר אשר. פירוש על התורה.
רבינו ברוך — רבינו ברוך ב"ר שמואל מארץ יוון (מחלב). פירוש לתלמוד.הוא כנראה בעל הפירוש המיוחס לרבינו חננאל על מסכת הוריות מהדורת וילנא.
רבינו גרשום מאור הגולה — מפירושו לתלמוד, מופיע בשולי העמוד בדפוס וילנא.
רבינו חננאל — רבינו חננאל בן חושיאל מקירואן. פירוש על הש"ס. הפירוש המיוחס לו במהדורת וילנא אינו שלו אלא כנראה של רבינו ברוך (ע"ע).
רבינו ידעיה הפניני — מפרובאנס, בעל "מבחר הפנינים". פירוש לאגדות הש"ס.
רבינו יהונתן — רבינו יהונתן מלוניל. פירוש למסכת הוריות.
רבינו יצחק — ב"ר שמואל. מבעלי התוספות.
רבינו ירוחם — ב"ר משולם. מספרו "אדם וחוה".
רבינו ניסים (ר"ן) — רבינו ניסים בן ראובן גירונדי. מחידושיו על הש"ס ולהלכות הרי"ף.
רבינו נסים (גאון) — מקירואן.
רבינו פרץ — רבינו פרץ מקורביל, מבעלי התוספות.
רבינו תם — רבינו יעקב מרומרוג, מבעלי התוספות. מהמובא בשמו בתוספות וב"ספר הישר".
רדב"ז — ר' דוד בן שלמה בן זמרה. מפירושו ל"משנה תורה" לרמב"ם.
רד"ל — ר' דוד לוריא. הגהות לש"ס.
רות רבה — מדרש אגדה למגילת רות. מהדורת וילנא.
ר"י אלברצלוני — רבינו יהודה מברצלונה. מתורתו שנשתמרה בעיקר בספרי הראשונים.
ר' יהוסף אשכנזי — מהמובא בשמו ב"מלאכת שלמה" על המשנה.
ר"י מיגאש — ר' יוסף אבן מיגאש. תלמיד הרי"ף. מחדושיו למסכת מכות.
ר"י קורקוס — רבינו יוסף קורקוס. מביאורו לספר זרעים לרמב"ם.
ריא"ז — רבינו ישעיה אחרון ז"ל דיטראני. מספר פסקיו על סדר הש"ס.
ריא"ף — ר' יאשיה פינטו. פירוש ל"עין יעקב".
ריב"א — רבינו יצחק בן אשר. מבעלי התוספות.
ריב"ם — רבינו יצחק בן מאיר. או רבינו יצחק בן משה. מבעלי התוספות.
ריב"ש — רבינו יצחק בן ששת. שו"ת.
רי"ד — רבינו ישעיה דיטראני. מתוספותיו לתלמוד ומפסקיו שעל סדר התלמוד.
ריטב"א — רבינו יום טוב בן אברהם אשבילי. מחידושיו לש"ס.
ריעב"ץ — ר' יעקב בן צבי (עמדין). הגהות וחידושים לש"ס.
רי"ף — רבינו יצחק אלפסי. ספר הלכה על סדר התלמוד.
ריצב"א — רבינו יצחק בן אברהם. מבעלי התוספות.
רמ"א — ר' משה איסרליש. הגהות ל"שולחן ערוך".
רמב"ם — רבינו משה בן מימון. בעל "משנה תורה" ("יד החזקה").
רמב"ן — רבינו משה בן נחמן. מחידושיו על הש"ס, מספר מלחמות ה' על הרי"ף ועוד.
רמ"ה — רבינו מאיר הלוי אבועלפיה. מספרו ("פרטי") למסכת הוריות, כפי שהובאו אצל מפרשי המסכת, הרא"ש, הכותב ועוד.
ר"נ — רבינו נסים מגירונה. מחידושיו לש"ס.
רס"ג — רב סעדיה גאון. מספריו ומתוך "אוצר הגאונים".
רע"ב — רבינו עובדיה מברטנורא. פירוש על המשנה.
ר' עקיבא איגר — חידושים והערות על הש"ס ו"שולחן ערוך".
ר"צ חיות — ראה: מהרי"ץ חיות.

ר"ש (משאנץ) — רבינו שמשון בר' אברהם משאנץ, מבעלי התוספות. פירוש למשנה ומהדורה של תוספות.
ר"ש מקוצי — רבינו שמשון מקוצי, מבעלי התוספות. מהמובא בשמו בתוספות.
רשב"א — רבינו שלמה בן אדרת. חידושים לש"ס.
רשב"ם — רבינו שמואל בן מאיר, מבעלי התוספות.
רש"ג — רב שרירא גאון, מגאוני בבל האחרונים. מהמובא בשמו ב"אוצר הגאונים".
רש"י — רבינו שלמה יצחקי. פירוש על התלמוד ועל התורה. הפירוש להוריות המיוחס לו כנראה אינו שלו, אלא של אחד מחכמי מגנצא בדורות שלפניו.
רש"ש — ר' שמואל שטראשון. הגהות וחידושים לש"ס.
שאילתות — לרב אחא משבחא. דרשות בהלכה ואגדה לפי פרשיות התורה.
שב שמעתתא — לר' אריה לייב הלר "קצות החשן", בענייני ספיקות.
שוחר טוב — מדרש אגדה לספר תהלים.
שולחן ערוך — לר' יוסף קארו. ספר הלכה (חלקיו: אורח חיים, יורה דעה, אבן העזר, חושן משפט).
שושנים לדוד — לר' דוד פארדו. חידושים על משניות.
שו"ת מהרשד"ם — לר' שמואל די מדינה.
שו"ת מן השמים — לרבינו יעקב ממרוי"ש, מבעלי התוספות. תשובות שנתגלו לו בחלום.
שו"ת רעק"א — לר' עקיבא איגר.
שו"ת רשב"א — לרבינו שלמה בן אדרת.
שיטה מקובצת — לר' בצלאל אשכנזי. אוסף פירושים וחידושים של הראשונים על הש"ס.
שיירי קרבן — לר' דוד פרנקל. תוספות לספרו "קרבן העדה" על התלמוד הירושלמי.
שיר השירים רבה — מדרש אגדה לספר שיר השירים. מהדורת וילנא תרמ"ז.
שלטי הגיבורים — לר' אברהם ב"ר דוד משער אריה. בענייני המקדש ועבודתו.
שלשלת הקבלה — לר' גדליה ב"ר יוסף אבן יחיא. בענייני הסטוריה.
שמות רבה — מדרש אגדה לספר שמות. מהדורת וילנא תרמ"ז.
שער המלך — לר' יצחק נוניס. פירוש וחידושים ל"משנה תורה" לרמב"ם.
שערי יושר — לר' שמעון שקופ. חידושים.
שפת אמת — לר' אריה לייב אלתר מגור. חידושים על הש"ס.
שפתי כהן — לר' שבתאי כהן. פירוש ל"שולחן ערוך" יו"ד וחו"מ.
תוספות — חידושים על הש"ס מבתי המדרש בצרפת ואשכנז.
תוספות חדשים — ליקוט מדברי האחרונים על המשנה.
תוספות יום טוב — לר' יום טוב ליפמן הלר. פירוש למשניות.
תוספות הרא"ש — לרבינו אשר ב"ר יחיאל. מהדורה אחרת של התוספות.
תוספות ישנים — מהדורה אחרת של תוספות.
תוספות רי"ד — לרבינו ישעיה די-טראני. תוספות על התלמוד.
תוספות רעק"א — לר' עקיבא איגר. על משניות.
תוספות שאנץ — מיוחסים לרבינו שמשון משאנץ, מבעלי התוספות. נוסח אחר של תוספות.
תוספתא — תוספת למשנה מדברי התנאים. מהדורת ליברמן.
תוספתא כפשוטה — לר' שאול ליברמן. פירוש לתוספתא.
תורה תמימה — לר' ברוך הלוי אפשטיין. ליקוט מדרשי הלכה על התורה בתוספת הערות.
תורי"ד — תוספת רבינו ישעיה דיטראני לש"ס.

תורת חיים — לר' אברהם חיים שור. חידושים על הש"ס.
תורת כהנים — מדרש הלכה לספר ויקרא ("ספרא").
תיקוני זהר — מהדורת מרגליות.
תנא דבי אליהו — מדרש אגדה. מהדורת איש-שלום.
תנחומא — מדרש אגדה לתורה. מהדורת לוין אפשטיין.
תנחומא בובר — מהדורה אחרת של מדרש תנחומא שהוציא ר' שלמה בובר.
תפארת ישראל — לר' ישראל ליפשיץ. פירוש למשנה.
תרגום אונקלוס — תרגום התורה לארמית.
תרגום יונתן — תרגום לתורה, מובא במקראות גדולות.
תרומת הדשן — לר' ישראל איסרלין. שו"ת ופסקים.
תשב"ץ — תשובות שמעון בן צמח דוראן.
תשובות הגאונים — קבצים רבים של ליקוטי תשובות של הגאונים, ממהדורתו של רבינו יוסף טוב עלם עד למהדורת אסף.

מפתח אישים

שמות האישים הנזכרים במסכת הוריות וציון המקורות שבהם נזכרו.

מפתח נושאים כללי

ג

ד

נ

ס

ע

השלמות

השלמות לדף ב,ב

אישים

בן עזאי

הוא שמעון בן עזאי, מן התנאים ביבנה.

אף על פי ששמעון בן עזאי לא זכה להיסמך (ולכן הוא נקרא בשמו בלבד, בלי תואר, לרוב רק בן עזאי). הוא נחשב לאחד מגדולי החכמים, וחכמתו הרבה היתה למשל במשך דורות רבים.

כפי הנראה לא למד תורה בצעירותו, אלא שלאחר זמן פגש את בתו של ר׳ עקיבא והיא הבטיחה לו שתינשא לו אם ילמד תורה, ואכן למד בן עזאי מפי ר׳ יהושע ור׳ ישמעאל, ובעיקר היה תלמיד מובהק ואפילו (תלמיד־חבר) לר׳ עקיבא, שאותו החשיב כגדול חכמי ישראל בדורו.

אין זה ברור אם אכן נשא לאשה את בתו של ר׳ עקיבא ופרש ממנה לאחר זמן קצר, כי בשל חשקו בתורה (עליו אמרו ״משמת בן עזאי בטלו השקדנין״) התמסר כולו ועסק בתורה בלבד.

דברי הלכה ואגדה שלו מצויים במשנה, בברייתות, ובתלמוד, וכפי הנראה אף הספיק להעמיד תלמידים בטבריה עירו.

בן עזאי עסק גם בנסתרות והוא נמנה עם הארבעה שנכנסו לפרדס, ועליו נאמר ש״הציץ ומת״, וקרא עליו את המקרא ״יקר בעיני ה׳ המותה לחסידיו״ (תהילים קטז, טו).

השלמות לדף ג,ב

החיים

מתא מחסיא

מתא מחסיא היתה עיירה סמוכה לעיר סורא. סורא היתה בשעתה עיר גדולה (ואף שימשה כעיר בירה של הממלכה הפרתית), ואילו מתא מחסיא היתה מקום ישוב קטן ביחס, ונראה כי רוב תושביו היו יהודים. ייתכן שהיה זה ישוב יהודי עוד מראשית ישיבתם של היהודים בבבל. בזמנו של רב אשי הועברה ישיבת סורא למתא מחסיא, ובגלל הקירבה בין המקומות משמשים שני השמות בעירבוביה בימי הגאונים (וישיבת סורא קרויה לעיתים ישיבת מחסיא). עם זאת נראה כי העיירה נשארה כמות שהיתה, שיצאה בכלל כפר ולכלל כרך לא הגיעה.

השלמות לדף י,א

לשון

הדיוט

מקור המלה ביוונית ἰδιώτης (אדיוטיס) שמשמעותה הבסיסית — אדם פשוט שאינו נושא כל משרה. בתלמוד מופיעה המלה הן כצירוף (כגון ״כהן הדיוט״, להבדילו מכהן גדול), והן כהגדרה כוללת של סתם אדם (בניגוד למלך), או לרכושו של אדם פרטי (בניגוד לרכוש בית המקדש).

החיים

לשער טפות שבים

הדברים הללו באים להסביר את גודל חכמתם של חכמים אלה במתימטיקה. יש כאן מצד אחד הגדרה מפליגה על חכמתם בגיאומטריה, המאפשרת להם לחשב את נפח מי הים. מאידך, יש בכך ביטוי להבנתם במספרים בכלל.

העולם

כוכב אחד וכו׳

מצויים כוכבי לכת (כוכבי שביט) המופיעים אחת לכמה שנים, ונראים במשך זמן מסויים ברקיע. כוכב שביט כזה המופיע פעם בשבעים ושש שנה הוא כוכב השביט הקרוי על שם האליי. ייתכן כי הכוכב שר׳ יהושע מדבר עליו הוא הוא אותו כוכב עצמו, ולפיכך זה הוא איזכור ראשון של הכוכב במדע של העולם.

אישים

ר׳ אלעזר חסמא

תנא מן הדור הרביעי לתנאים. ר׳ אלעזר חסמא היה כנראה בעיקר תלמידו של ר׳ עקיבא, מתלמידיו הראשונים שהיו מצויים בכרם ביבנה, וקיבלו גם מפי ר׳ יהושע ושאר חכמי הדור. מן המעט שאנו יודעים על תולדות חייו נראה שהיה עני ביותר. מן המסופר עליו כאן, כמו גם ממאמרו בפרקי אבות נראה כי היה גדול גם בחכמות אחרות, ובפרט במתימטיקה. דבריו נזכרים במשנה ובברייתות, הן בהלכה והן באגדה. השם ״חסמא״ הוא כינוי, ומשמעו כנראה: מי שהתחזק, התגבר. ויש במדרש רבה מעשה המסביר כיצד זכה לכינוי זה.

ר׳ יוחנן בן גודגדא

ר׳ יוחנן בן גודגדא היה משבט לוי, והוא עצמו היה מהלויים ששימשו בבית המקדש, ואף היה ממונה על נעילת שערים. מסופר כי היה נוהג מנהג חסידות והיה אוכל כל מאכליו על טהרת הקודש.

לאחר החורבן עוד היה פעיל בבית המדרש ביבנה, והעיד כמה עדויות על מנהגי ימי קדם (מובאות במסכת עדויות ובמסכת חולין ועוד). מסופר כי היו לו נכדים, שמחמת ליקוי תורשתי נולדו אילמים, אבל התברר לאחר מכן כי היו גדולים בתורה. וכן נמסר כי בניו החרשים היו ממונים על עשיית הטהרות בירושלים.

השלמות לדף יא,ב

החיים

ראש הגולה

ראש הגולה שבבבל היה מצאצאיו הישירים של בית דוד (מזרע יהויכין מלך יהודה). השלטונות הפרתיים, הפרסים הסאסאניים, ולאחריהם גם השליטים המוסלמים של בבל, נתנו כולם לראש הגולה את ראשות השלטון הפנימי על היהודים שבתחום שליטתם.

ראש הגולה היה מבחינת דרגתו כשלישי למלך (לאחר המשנה למלך) וכל הנהגתו היתה כשל אחד משרי המלוכה הגדולים. שלטון ראש הגולה היה איפוא שלטון ממשי מאוד, והיה ברשותו למנות שופטים ודיינים ולכפות את דיניהם מכוח דין המלכות.

מציף עליו שמן

דרך זו של ר׳ יוסי (וכן פסק הרמב״ם להלכה) היא הדרך המקובלת בכל הדורות, גם בזמן הזה, ביצירת שמנים ריחניים. את הצמח שמפיקים ממנו ריח ערב מבשלים או שורים במים, ואז מתמצה ויוצא גורם הריח (בדרך כלל שמן אתרי) ובהיות משקלו קל מן המים הוא צף על גביהם. ואז מציפים על המים שמן כלשהו כדי שחומר הריח יספג בתוכו, ובתרכובת זו של השמן הריחני שנוצר משתמשים לבשמים שונים.

כמה יורה בולעת

בכל תהליך של בישול יש בלאי מסויים בעצם התהליך. חלק מן החומר נספג בדרך מסויימת בתוך הכלי עצמו, ובבישול שורשי צמחים בשמן — הרבה מאד נספג בתוך השורשים הללו, וכן יש חלק המתאדה עם הבישול.

העולם

אפרסמא

האפרסמון (שאולי זהה עם הצרי הנזכר במקרא) הוא כנראה הצמח Commiphora apobalsamum שיח או עץ נמוך (גובהו 5 — 3 מ׳) שענפיו דקים מאוד ועליו מורכבים. הבושם המובחר ביותר נוטף מקצות הגבעולים בטיפות זעירות, אך רוב הבושם מופק על ידי הרתחת הענפים.

שמן האפרסמון שימש גם לתרופות, אך בעיקר לקטורת ולשמן ריחני. האפרסמון היה חשוב כל כך עד שהיו משלמים עבורו כמשקלו בזהב.

השלמות

השלמות לדף יב,א

לשון

כותחא

הכותחא (או בעברית כותח) היה מאכל שהותקן לתבל בו את הפת או לעורר תיאבון. מאכל זה היה נפוץ בעיקר בבבל (ומשום כך נתכנה כותח הבבלי), והיה מורכב מלחם שהתעפש, מנסיוב החלב (הנוזל הנשאר לאחר הפרדת הגבינה מן החלב), וממלח.

העולם

סילקא

הסילקא היא ירק גינה חד שנתי. ממשפחת הסילקיים. עליו הבשרניים הגדולים (עד 30—15 ס"מ) נאכלים כשהם מבושלים, וטעמם דומה לטעם התרד. צמח זה מוסיף וגדל כאשר קוצצים חלק מעליו בכל פעם. בימינו משמשים העלים גם כמאכל לעופות.

השלמות לדף יג,ב

החיים

קמרא

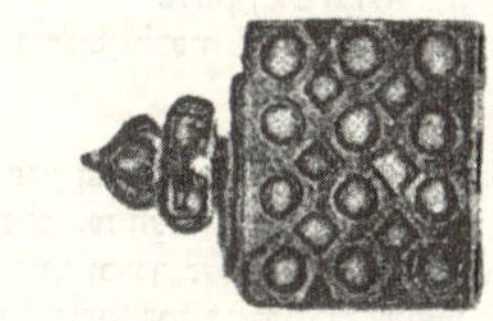

אבזם זהב של חגורה (ואולי של קמרא) מזמנו של המלך ארדשיר הראשון בראשית תקופת אמוראי בבל.

אישים

ר' נתן

הוא ר' נתן הבבלי, מגדולי התנאים בדור שלפני חתימת המשנה. ר' נתן היה בנו של ראש הגולה בבבל, ובן המשפחה שמצאצאי דוד המלך ובית מלכות דוד — המשפחה המיוחסת ביותר בישראל. משום גדלותו בתורה וייחוסו נתמנה לאב בית הדין — המשרה השניה בחשיבותה בסנהדרין. ר' נתן היה מפורסם בבקיאותו ובהעמקתו בדיני ממונות. כמו כן היה ידוע בחסידותו, ומסופר שאליהו הנביא היה נגלה אליו.

ר' נתן חיבר קבצי משניות אחדים, ומסכת "אבות דר' נתן" קרויה על שמו.

רבים מבני הדור הבא היו תלמידיו, הבולט שבהם היה רבי יהודה הנשיא.

ר' יעקב בן קרשי

הוא ר' יעקב בן קורשאי, תנא מן הדור שלפני חתימת המשנה.

ר' יעקב היה בקי בתורת התנאים, ונראה כי היה מורו של ר' יהודה הנשיא שקיבל ממנו דברי הלכה רבים. דברי תורתו נזכרים גם במשנה וגם בתלמוד בהלכה ובאגדה. יש הסבורים כי ר' יעקב היה בן בתו של אלישע בן אבויה — "אחר".

השלמות לדף יד,א

אישים

רבה

הוא רב אבא (בקצור רבה, אבל בירושלמי נקרא תמיד ר' אבא) בר נחמני הכהן, מגדולי אמוראי בבל בדור השלישי. רבה היה תלמיד מובהק לרב הונא, תלמידו של רב, וכל שיטתו בהלכה היתה על פי דברי רב. אכן הוא מקבל תורה גם מרב יהודה וגם מרב נחמן, והיה כתלמיד־חבר לרב חסדא. עוד בנעוריו היה נחשב כגדול כל בני דורו בחריפות, וכונה "עוקר הרים". לאחר מותו של רב יהודה נבחר רבה, אף כי היה צעיר לימים, להיות ראש הישיבה בפומבדיתא, אף כי לא קיבל על עצמו את המינוי השלם עד קרוב לזמן מותו. רבה נשא ונתן בהלכה עם כל גדולי דורו והמחלוקות המפורסמות שבינו ובין חברו רב יוסף (שבהן כמעט בכל מקום הלכה כרבה) הן מיסודות התלמוד הבבלי. רבה העמיד תלמידים הרבה, ולמעשה כל חכמי הדור הבא היו מתלמידיו, וביחוד היה בן אחיו, אביי, תלמידו המובהק. ידוע כי חייו הפרטיים היו מלאים יסורים, וכנראה מתו מבניו בחייו, ואף היה עני ביותר והתפרנס בדוחק מעבודתו החקלאית. אף אנשי עירו רדפוהו. רבה נפטר בגיל צעיר יחסית, אבל הספיק להיות מעמודי התווך של התלמוד הבבלי. בנו, רבא בריה דרבה, היה אף הוא חכם חשוב בדור הבא.